广发银行|CGB
25周年
广发银行小企业金融快车
高效 赢商机
广发银行|CGB
小企业融资方案
广发银行
CGB
广发银行
小企业金融快车
广发银行
小企业金融快车
高效 赢商机
专业 专营机构、专业团队、专项产品、专业流程、专门系统、专项资源，为小企业提供专业、全面的服务。
专注 密切关注小企业成长，致力打造最高效的小企业金融服务平台。
高效 3天完成审批流程，快速满足小企业融资需求，全面保障小企业高效运转。
详情请登录广发银行网站：www.cgbchina.com.cn

开放
随意定制
才是未来趋势
融合
弹性配置
击碎一切限制
实效
时间才是你
最昂贵的成本
轻盈IT大不同
开放 随意定制 才是未来趋势；
融合 弹性配置 击碎一切限制；
实效 时间才是你最昂贵的成本！
轻盈IT，世界从此不同！
DELL
戴尔 激发无限

聚成股份
JUCHENG CORP.
同聚天下精英 共成千秋伟业
巅峰就是起点
推动中国智慧型经济发展的先行者

成长·无限
中银信贷工厂
中小企业全面金融服务
担保更灵活 | 服务更专业 | 审批更高效 产品更丰富

中国民生银行
CHINA MINSHENG BANK

民生银行董事长董文标（中）在深圳分行行长欧阳勇（左一）的陪同下查看深圳分行营业部小微服务专区

2013年2月23日，民生银行南京分行举行零售业务转型启动会，董文标董事长在会上发言

民生银行行长洪崎在小微企业贷款突破4000亿元发布会上致词

微贷
“零”等待，“零”抵押，“零”担保
帮您把握每一个微小的机会
作为国内小微金融服务的领军者，中国民生银行把“做小微企业的银行”作为战略
定位之一，以2009年“商贷通”面世为标志，创新商业模式，变革作业模式，打造核心
竞争力，小微贷款规模一年一个台阶，2010年突破1000亿，2011年突破2000亿，2012年
突破3000亿，2013年9月末突破4000亿关口，余额达到4040亿元，5年来累计发放小微贷
款1.2万亿元，共服务小微客户170万户，不良贷款率有效控制在0.52%。中国民生银行
正在以更快的步伐向中国乃至全球最大的小微金融服务商这一发展目标迈进。
小微金融 服务专线
4008695568
www.cmbc.com.cn

以诚相贷
建设未来

发挥开发性金融作用 积极支持中小企业发展

——国家开发银行中小企业融资业务简介

一、国家开发银行概况

作为我国中长期投融资领域的主力银行，国家开发银行以“增强国力、改善民生”为使命，在积极贯彻国家宏观经济政策，重点支持基础设施、基础产业、支柱产业以及高新技术等重大领域建设的同时，不断加大力度支持中小企业、新农村建设、低收入家庭住房、节能环保、医疗卫生、微贷款、助学贷款、应急贷款等与百姓生活息息相关的领域，促进社会主义和谐社会建设，在经济社会发展中发挥了重要而独特的作用。

二、中小企业贷款业务工作进展

近年来，国家开发银行认真贯彻国务院关于促进中小企业发展的战略方针，服务于社会建设。继续探索以金融促进社会公平与社会和谐的有效手段，发展民生金融业务。国家开发银行从市场建设、信用建设和制度建设入手，深入实践开展中小企业贷款，形成了以“开发银行融资推动、政府组织协调、企业主体协助管理、担保公司担保、信用协会等群众组织民主评议与监督、中小金融机构代理结算”为主要特色的批发融资模式，支持了制造业、农林牧渔业等近20个行业，惠及中小型企业、微型企业、个体工商户、创业青年、城市下岗职工及农村劳动妇女等各类社会群体。

三、中小企业贷款业务产品与服务创新

（一）金融产品“量身定做”，差别服务特殊人群

国家开发银行坚持以客户为中心，致力建立多元化、个性化的金融产品体系，满足不同类型不同发展阶段的中小企业客户融资需求。

——“输血”变“造血”，产业化开发扶贫

在贵州，国家开发银行通过与政府合作建立农业产业化扶贫机制，有效解决当地茶农融资难问题，变“输血”式为“造血”式扶贫，以产业化发展带动当地农民脱贫致富。

——以批发融资助力小微商户

在浙江，国家开发银行以浙江小商品城集团为统贷平台，向义乌国际小商品城的商户发放小额贷款。2012年首期授信人民币5亿元，867户商户收益，户均贷款人民币58万元，有效解决了小商品城内众多小微商户融资难问题。

——开发性金融孵化，扶持园区中小企业

在江西，国家开发银行建立了“园区政府选择项目入口—开发性金融信用孵化—实现战略客户培育”全省工业园区中小企业融资服务体系。重点支持了鄱阳、奉新、东乡等13个工业园区，累计发放园区小企业贷款13.4亿元，支持企业500余家，解决就业3万余人。

（二）业务模式“因地制宜”，创新支持经济发展

国家开发银行针对不同区域经济发展特征，积极开展金融创新，不断完善业务模式，探索以批发方式解决零售问题，为促进当地经济建设和社会发展发挥了重要的作用。

——支持地方龙头企业，带动周边经济发展

在甘肃，国家开发银行大力扶持地方龙头企业—长城果汁集团，该集团带动天水、陇南当地5万多户果农户均年增收1500元以上，并出现万元户占比超过95%的“万元户村”。

——与政府合作，共同推动产业发展

在广西，国家开发银行与广西壮族自治区政府签订了《支持广西“南菜北运”工程暨服务国家农产品物流业开发性金融合作备忘录》，国家开发银行将融资500亿元支持广西“南菜北运”工程，有力缓解广西蔬菜产业目前面临的产业发展落后、流通环境不健全等问题，助力广西逐步完善农产品流通、信息服务、加工转化、收储调节、流通追溯等“五个体系”。目前，广西年输出秋冬蔬菜1548万吨，种植面积和产量居全国第一，已成为全国最大的“南菜北运”生产基地。

借风上万里，双翼展鹏程。支持中小企业成长与发展，开发性金融责无旁贷。在当前和今后一个时期，国家开发银行将继续秉承“金融普惠”的目标，以政府合作为基础，不断创新符合中国国情、具有国家开发银行特色的金融服务模式及产品，为国家经济发展与社会和谐做出新的、更多更大的贡献！

吉林省促进中小企业发展服务中心

吉林省促进中小企业发展服务中心承担着贯彻落实中小企业法律法规和方针政策，集聚、带动、指导社会服务机构为中小企业提供优质服务，推进中小企业服务体系建设，建设、运营、管理、指导吉林省中小企业公共服务平台网络等重要职责。中心始终坚持“服务企业、促进发展”的宗旨，为全省中小企业及民营经济提供信息咨询、人才培训、技术支持、创业辅导、市场开拓、管理咨询、融资担保、法律维权、政策宣贯等服务，同时，发挥省级中小企业综合服务机构的龙头示范带动作用，指导全省市、县中小企业服务中心的业务建设。中心是全国中小企业服务联盟副主任单位、吉林省中小企业服务联盟理事长单位、吉林省政府批准成立的吉林省中小企业融资服务平台和吉林省信用担保协会会长单位。中心已通过ISO9001质量管理体系认证，先后获得“吉林省十佳中小企业社会服务机构”、“国家首批中小企业公共服务示范平台”、全国“优秀综合服务机构”、“中国中小企业首选服务商”、“吉林省人民满意金牌形象单位”等荣誉和称号。

2013年，共服务企业27144户（次），服务人数48378人（次），集聚服务资源近300家。为3450户中小企业融资23.735亿元；培训各类人才9002人；帮助企业解决技术难题63个；举办了百场人才招聘会；为1150户企业提供管理咨询、管理诊断、健康体检等服务；组织百余户企业参加国内各类专业展会；为1450户企业提供法律服务；为4110户企业进行了政策的宣传、解读；开展创业辅导服务，提高创业成功率；为120户企业及产品进行了免费的网上宣传展示。

全国人大财经委邵宁副主任到省中心调研

吉林省省长巴音朝鲁到省中心调研

8月29日，吉林省中小企业公共服务平台网络正式开通

省中心在市县开展产学研对接活动

省中心举办技能工人培训班

省中心常年举办人才招聘会

北京市中小企业投融资服务平台

2013年，北京市中小企业投融资服务平台（以下简称“平台”）在国家工信部和北京市经济和信息化委员会（以下简称“市经济信息化委”）的指导下，认真贯彻落实国家中小企业公共服务示范平台建设的相关规定，以政策为引导，以中小企业融资需求为核心，不断创新服务模式，开展了一系列富有成效的工作。

平台运营管理水平进一步提升

2013年，平台加大运营管理投入力度。一是加大人员投入。2013年平台新增工作人员5人，全部为硕士以上学历，其中海外留学人员1人，拥有中级职称以上2人，进一步充实了管理人员队伍；二是对平台网站（www.bjtrz.cn）和后台业务处理系统进行了全新改版升级，突出中小企业重点关注的政策信息、融资动态等栏目，建立了网上融资超市，提供场景式办公。自2013年9月正式上线以来，访问者近30万人次。三是进一步规范平台管理流程，将平台服务功能和服务流程纳入公司质量体系统一管理，进一步提升管理质量。

平台社会影响力进一步提升

2013年，平台发挥政策性优势，进一步加大宣传力度，社会影响力不断提升。一是经市经济信息化委推荐，通过新华社北京分社、北京电视台等主流媒体进行宣传报道。其中，北京电视台分三期报道平台为解决中小企业融资难问题开展的主要工作成就；二是通过在北京中小企业手机报（北京市经济信息化委与新华社北京分社合办）设立投融资服务平台专栏，以彩信的形式每周发布最新融资政策、产品、案例、活动动态等信息，2013年已累计发送22期，每期固定接收用户超过2万人；三是为《北京市中小企业杂志》提供相关素材，宣传推广平台服务企业经验和案例；四是通过微信、微博、QQ群等方式宣传北京市扶持中小企业融资政策和平台服务功能，增强与企业的互动性，受到企业普遍欢迎。

公益服务开展富有成效

2013年，平台针对企业政策需求和融资需求开展了丰富多彩的公益性服务。一是开展各类公益性的政策培训、融资对接、项目路演等活动共15次，培训涉及1,000余人次，对接项目200余项。二是针对融资比较复杂、有一定难度、希望获得有针对性支持的企业，平台组织专门的业务团队联合有关金融机构和专家深入企业开展了一对一的融资策划服务。为了提高服务质量该项服务采用了半公益性半市场化的收费策略，收费标准远低于市场平均标准。三是不断创新服务模式，开拓了“新三板”、“小微企业信用贷款”等创新服务，通过梳理融资产品和创新融资模式进一步拓展了企业融资渠道。

创新融资取得新突破

在平台推动下，2013年，北京市中小企业通过集合信托、中小企业私募债、融资租赁等创新融资方式获得融资58.3亿元，比2012年增长43.7%。其中，中小企业集合信托37亿元，增长一倍多；中小企业私募债20.4亿元，增长30%。2013年，北京市中小企业发展专项资金为138家创新融资企业和金融机构提供贴息和奖励支持共8074万元，有效支持了中小企业创新融资发展。

发挥引导示范作用，推动体系建设

2013年，平台继续发挥市级投融资服务平台作用，积极联系北京市16家区县中小企业投融资服务平台，引导带动100余家金融机构，建立长效沟通联动机制，在项目征集申报、政策培训实施、融资项目对接、信息传递共享等方面建立工作协调机制，全面形成了以市级融资服务平台为核心，16家区县融资服务平台为支撑，带动100家金融机构开展公共服务的“1+16+100”中小企业融资服务体系。

鞍山市中小企业服务中心

鞍山市中小企业服务中心是经鞍山市政府批准设立，隶属于鞍山市中小企业局的全额事业单位，现有服务场地3048平方米，下设8个部门，31名员工平均年龄38岁，98%具有大学文化，其中研究生学历6人。中心以促进中小企业的制度创新、管理创新和技术创新，促进中小企业在新的机制、新的管理模式和新科技的基础上获得更快发展为根本宗旨。中心是鞍山市中小企业服务体系建设发起单位；是国家首批中小企业服务体系建设试点单位；是国家首批中小企业公共服务示范平台建设单位；是辽宁省中小企业共技术服务平台建设单位；是为本市中小微企业创办与发展提供技术创新、信息网络、创业辅导、法律维权、投资融资、技术支持、人才引进、人员培训、对外合作、展览展销和政策咨询等服务的区域辐射能力较强的专业服务组织；是市政府在市场经济条件下组建的中小企业服务体系的重要组成部分；是中小企业发展过程中的助推器。

鞍山市中小企业公共服务平台

鞍山市中小企业公共服务平台是鞍山市中小企业服务中心在国家工信部、辽宁省中小企业厅大力扶持下，在鞍山市中小企业局直接领导下，为促进鞍山地区广大中小微企业的创办、生存、发展而建立的提供“一站式”服务的综合平台，现有服务场地3048平米，一楼建设有1000平米的中小企业公共服务大厅，开设13个服务窗口，入驻30家专业服务单位。鞍山市中小企业公共服务平台是鞍山市中小企业服务体系的重要组成部分，2011年3月被国家工信部选定为全国首批示范平台。多年来，鞍山市中小企业公共服务平台的运行始终以“坚持公益、科技创新、诚信服务、促进发展”为宗旨，组织协调各类专业服务机构为全市中小企业提供全方位、多层次、多形式、多渠道服务。是依托科技、信息、培训、技术开展各类服务的综合服务平台，并与区（县）、街道（乡镇）基础服务平台实现互通互联覆盖全地区17万户中小企业。

山东沂源恒健全蝎制品有限公司

山东沂源恒健全蝎制品有限公司（原淄博沂蒙技术开发研究所）是专业从事钳蝎养殖及蝎制品开发的科研机构。地处革命老区沂蒙山腹地，沂河源头--沂源，北依山东第四高峰鲁山，东邻四镇之首东镇沂山，济青高速公路南线穿境而过，山清水秀，风景如画，交通便利，人文资源丰厚。

山东沂源恒健全蝎制品有限公司经理，淄博市沂源县科委高级工程师孙纯孝，20多年来矢志不移，潜心研究探索沂蒙全蝎养殖及蝎制品开发。创造出“塔式仿生快速养蝎法”技术，获得国家专利，并在国内得到广泛推广。同时试验开发出：蝎毒素、龙蝎酒、蝎精口服液、蝎精胶囊、焙全蝎、全蝎罐头、蝎宝灵、蝎精美容霜、蝎蛋白饮料等系列产品，填补了国内空白。该系列产品改变了蝎制品传统的油炸、盐渍、食用方法，有效的保持了全蝎的营养、保健功能，展现出全蝎的全新价值。该系列产品对防治风湿、心脑血管系统、神经系统、皮肤病、癌症、各类炎症等有着显著的效果，得到了国家科委、国家药检局、中国科学院、中国医师协会等单位充分认可。

对事业全身心的投入赢得了事业的成功和发展，也赢得社会各界的充分尊敬和信任。在长期艰苦的探索和实践中，孙纯孝所长获得了数不清的荣誉和称号，先后被评为中国科技之星、中国医疗卫生著名专家、中国自主创新优秀专家、中国国际权威专家，2007年度中国影响力人物，2008年度中国改革开放30年行业百名功勋人物，被誉为“中华蝎王”，被聘为香港国际科学院院士，中国管理科学院高级研究员，入编《当代世界华人杰出科技专家》、《中国世纪专家》、《世界名人大典》、《中华魂》等书，中央电视台、山东电视台、淄博电视台等多家媒体进行了报道，并受到了国家领导人的亲切接见。

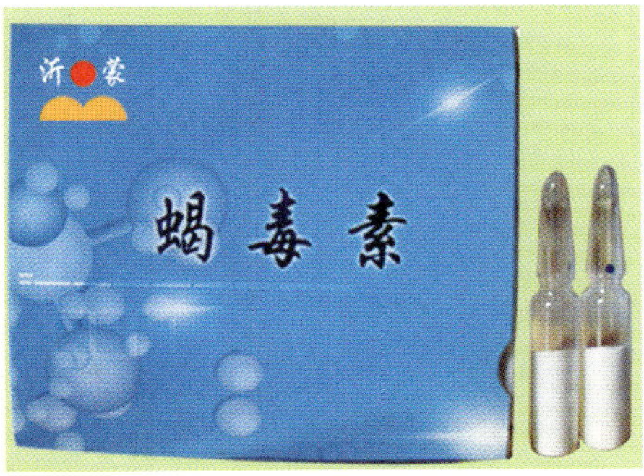

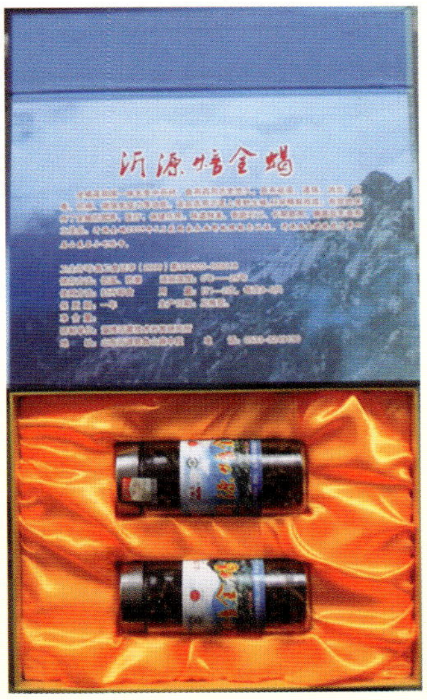

北京传世诚广告有限公司
Beijing Chuan Shi Cheng Ad.Company LImlted
传世广告 真诚永远
传世广告 真诚永远

中国中小企业年鉴(2013)

YEARBOOK OF CHINA SMALL AND MEDIUM ENTERPRISES

《中国中小企业年鉴》编委会　编

企业管理出版社

图书在版编目（CIP）数据

中国中小企业年鉴. 2013 /《中国中小企业年鉴》编委会编. -- 北京 : 企业管理出版社, 2014. 1

ISBN 978-7-5164-0667-0

Ⅰ. ①中… Ⅱ. ①中… Ⅲ. ①中小企业-中国-2013-年鉴 Ⅳ. ①F279.243

中国版本图书馆 CIP 数据核字（2013）第 306917 号

书　　名：中国中小企业年鉴（2013）
作　　者：《中国中小企业年鉴》编委会
责任编辑：杜敏　尤颖
书　　号：ISBN 978-7-5164-0667-0
出版发行：企业管理出版社
地　　址：北京市海淀区紫竹院南路 17 号　　邮编：100048
网　　址：http：//www.emph.cn
电　　话：总编室（010）68701719　发行部（010）68414644　编辑部（010）68414643
电子信箱：80147@sina.com
印　　刷：廊坊市安次区码头镇继全纸塑制品厂
经　　销：新华书店
规　　格：215 毫米 × 290 毫米　16 开本　46.5 印张　1800 千字
版　　次：2013 年 12 月 第 1 版　2013 年 12 月 第 1 次印刷
定　　价：460.00 元

中国中小企业年鉴（2013）

中国中小企业年鉴编委会（2013）

刘向阳　大连市经济和信息化委员会（中小企业局）处长
白绪贵　吉林省工业和信息化厅（中小企业局）副厅长
王　磊　黑龙江省工业和信息化委员会主任
傅新华　上海市经济和信息化委员会副主任
周毅彪　江苏省中小企业局副局长
吴家曦　浙江省中小企业局局长
林克宇　宁波市经济和信息化委员会主任
陈冬克　安徽省经济和信息化委员会中小企业局局长
郑李亭　福建省经济贸易委员会副主任
邓建华　厦门市经济发展局副局长
吴治云　江西省中小企业局党组书记、局长
刑亚民　山东省中小企业局党组成员、副局长
朱祥庆　青岛市经济和信息化委员会中小企业发展局副巡视员
鞠　亚　河南省工业和信息化厅中小企业服务局副局长
刘进文　湖北省经济和信息化委员会副主任
黄东红　湖南省经济和信息化委员会党组成员、中小企业局局长
何佐贤　广东省中小企业局副局长
顾宏伟　深圳市中小企业服务中心主任
束　华　广西壮族自治区工业和信息化委员会主任
韩　勇　海南省工业与信息化厅厅长
王任林　重庆市中小企业发展指导局副局长
张国斌　四川省经济和信息化委员会副主任
龙超亚　贵州省经济和信息化委员会副主任，中小企业局局长
许　坚　云南省工业和信息化委员会云南省工信委巡视员、省非公办常务副主任
朱太中　西藏自治区工业和信息化厅中小企业处副厅长
诸秀文　陕西省中小企业促进局副局长
冯玉旗　甘肃省工业和信息化委员会处长
陶兴德　青海省经济委员会中小企业发展局局长
张作理　宁夏回族自治区经济和信息化委员会党组书记 主任
周　超　新疆自治区经济和信息化委员会副书记、副主任
李　鸣　新疆兵团工业和信息化委员会副主任

联络员

李　方　工业和信息化部中小企业发展促进中心国际合作处副处长
魏　颖　北京市经济和信息化委员会中小企业处副处长
姜洪娥　天津市中小企业发展促进局综合处调研员
李延军　河北省中小企业局规划统计处主任科员
原晋军　山西省中小企业局办公室副调研员
葛胜敏　内蒙古自治区中小企业局处长
姚东辉　辽宁省中小企业厅经济运行处副处长
邹春发　大连市经济和信息化委员会（中小企业局）中小企业处
胡志森　吉林省工业和信息化厅（中小企业局）中小企业处处长
梁其娟　黑龙江省工业和信息化委员会中小企业局局长
宋晓辉　上海市促进小企业发展协调办公室副主任
程　旭　江苏省中小企业局副处长
应云进　浙江省中小企业局发展规划处处长
董其岳　宁波市经济和信息化委员会调研员
齐　晓　安徽省经济和信息化委员会中小企业局中小企业培训中心副主任

罗天进　福建省经济贸易委员会中小企业处副主任科员
张朝进　厦门中小在线信息股份有限公司董事长
徐星龙　江西省中小企业局办公室主任科员
王功永　山东省中小企业局政策调研处副处长
仇博先　青岛市经济和信息化委员会中小企业发展局规划发展处副处长
刘　青　河南省工业和信息化厅中小企业服务局
雷培德　湖北省经济和信息化委员会中小企业发展处处长
聂　霞　湖南省经济和信息化委员会产业政策处副处长
阮富友　广东省中小企业局改革发展处副处长
刘　广　深圳市中小企业服务中心
黄　加　广西工业和信息化委员会中小企业处副调研员
蔡胤彦　海南省工业与信息化厅中小企业处副处长
廖　冰　重庆市中小企业发展指导局融资服务处处长
熊　庄　四川省经济和信息化委员会企业处副处长
周　航　贵州省中小企业局副局长
张云江　云南省工业和信息化委员会中小企业处副主任科员
蒋达春　西藏自治区工业和信息化厅中小企业处副处长
蒋海清　陕西省中小企业促进局政策法规处副主任科员
周　钰　甘肃省工业和信息化委员会
杨守文　青海省经济委员会中小企业发展局
马　伟　宁夏回族自治区经济和信息化委员会中小企业处主任科员
游　炜　新疆自治区经济和信息化委员会企业处副调研员
尤文明　新疆兵团工业和信息化委员会企业处调研员

编辑说明

一、《中国中小企业年鉴（2013）》（以下简称《年鉴》）收录内容为2012年1月1日至12月31日间的相关文献、资料，记述了这一阶段我国中小企业改革与发展的重大事件和主要成就。

二、本《年鉴》收录范围为除香港、澳门、台湾三地外全国31个省、自治区、直辖市、5个计划单列市以及新疆生产建设兵团。各地相关资料按最新发布的全国行政区划顺序编排。

三、本《年鉴》以工具书形式编排，分成重要文献、综述、国家扶持中小企业政策与措施、各地中小企业改革与发展、中小企业统计、政策法规、调研与实践、附录等八篇。

四、2012年中小企业主要经济指标由国家统计局特别提供，包括除香港、澳门、台湾三地外全国规模以上中小工业企业的主要经济指标。地方统计数据由各地中小企业管理部门协助提供。

五、附录中“年度推荐企业”由各地中小企业管理部门推荐，是宣传展示优秀中小企业的公益性平台。

六、本书的编辑出版得到了工业和信息化部领导和中小企业司领导的重视，得到国家统计局等部门的大力支持，也得到各省市中小企业主管部门和服务机构的大力配合和支持。在各方共同努力下，《年鉴》稿件质量不断提高，使本书信息服务功能不断完善和加强。在此我们向支持、参与本书工作的所有同志致以深深的敬意。

七、对于本书存在的不足、疏漏与错误请大家批评指正。让我们共同努力，不断提高《年鉴》的质量和水平，为我国中小企业事业的发展做出贡献。

《中国中小企业年鉴》编委会

2013年12月1日

“中小企业服务年”活动

2012年1月6日，中国中小企业信息网“中小企业服务年”活动启动仪式在北京国宏宾馆举行，工业和信息化部党组成员、总工程师朱宏任到会并启动了该活动。参加启动仪式的还有工信部中小企业司司长郑昕，副司长许科敏等。

2012年3月22日，工业和信息化部中小企业服务年电视电话会议在北京召开，会议部署了在全国开展中小企业服务年的各项工作。会议在北京设立主会场，在各省、自治区、直辖市和计划单列市设立34个分会场。各省市区经贸委、中小企业局（办）和相关服务机构、工业和信息化部相关司局共1700人参加了主会场和分会场会议。苗圩部长出席主会场会议并作重要讲话，部党组成员、总工程师朱宏任主持会议。

2012年4月18日，2012中小企业服务年中小企业政策大讲堂全国巡讲启动仪式暨首讲式在北京举办。工业和信息化部党组成员、总工程师朱宏任和有关司局负责人出席仪式。

国务院促进中小企业发展工作领导小组召开办公室会议

国务院促进中小企业发展工作领导小组办公室第一次和第二次会议分别于2012年1月10日和2012年5月7日召开，工业和信息化部党组成员、总工程师、国务院促进中小企业发展工作领导小组办公室主任朱宏任主持了两次会议并讲话。

中小企业公共服务平台网络建设

2012年1月16日，由工业和信息化部中小企业司组织召开的首批中小企业公共服务平台网络建设协调会在京召开。中小企业司司长郑昕，副司长许科敏、王建翔，相关处室的工作人员和来自十个省市的首批中小企业公共服务平台建设分管部门的有关负责人出席了会议。

2012年10月25日上午，全国中小企业公共服务平台网络建设工作交流会在杭州召开。工业和信息化部中小企业司司长郑昕，浙江省中小企业局局长高鹰忠出席会议并致辞，会议由工信部中小企业司副司长许科敏主持。

西南地区中小企业发展情况座谈会在重庆举行

2012年2月11日，西南地区中小企业发展情况座谈会在重庆市举行。会议由工业和信息化部中小企业司司长郑昕主持，工信部党组成员、总工程师朱宏任出席会议并讲话。

中新中小企业合作与交流

2012年2月16日，工业和信息化部总工程师朱宏任在新加坡会见了新加坡标准、生产力与创新局副局长陈德钧。双方就两国中小企业发展情况、支持政策及双边合作等进行了交流。

工业和信息化部部长苗圩一行到百度公司调研

2012年2月17日，工业和信息化部党组书记、部长苗圩一行到百度公司调研。在百度公司董事长兼首席执行官李彦宏的陪同下，苗圩参观了百度公司历史和产品展厅，亲自体验了百度人性化办公设施，并听取了百度公司关于互联网和云计算发展、推助中小企业成长等方面的工作介绍。

工业和信息化部与中国建设银行签署战略合作协议

2012年3月16日，工业和信息化部与中国建设银行在京共同签署《中小企业金融服务战略合作协议》。

中德中小企业合作与交流

2012年4月24日，由工业和信息化部、德国联邦经济和技术部共同主办，中国中小企业发展促进中心、德国国际合作机构承办的中德中小企业合作论坛在德国汉诺威展览中心举行。工业和信息化部副部长刘利华、德国联邦经济和技术部副部长卡尔·布劳诺出席论坛并致辞。

2012年10月19日，工业和信息化部党组成员、总工程师朱宏任在江苏省太仓市会见江苏省委常委、苏州市委书记蒋宏坤，苏州市副市长浦荣皋，江苏省经济和信息化委员会党组成员、中小企业局副局长陆元刚，朱宏任和蒋宏坤、浦荣皋、陆元刚、德国驻沪总领事共同出席中德（太仓）中小企业合作示范区揭牌仪式，并为中德中小企业工业园奠基。

2012年11月5日上午，工业和信息化部中小企业司郑昕司长出席德国中小企业经营管理人员来华交流培训班并介绍中国中小企业发展情况和中国政府促进中小企业发展的政策和措施。中小企业司田川副司长，中国中小企业发展促进中心主任秦志辉、副主任郑红，以及德国驻华大使馆代表、德国国际合作机构GIZ和德国来华企业家共30余人参加。

全国非公有制企业党组织书记示范培训班在京举办

2012年5月3日，全国非公有制企业党组织书记示范培训班在北京举办。工业和信息化部党组成员、总工程师朱宏任出席了开班式，并在5日上午做了《加大政策支持力度 促进非公有制经济和中小企业发展》的专题辅导报告。

贯彻落实国务院支持小微企业发展意见工作座谈会在津召开

2012年5月17日，工业和信息化部在天津召开贯彻落实国务院支持小微企业发展意见工作座谈会。工业和信息化部部长苗圩出席会议，工业和信息化部党组成员、总工程师朱宏任主持会议并作总结讲话。

2012中国（新疆）非公有制经济发展论坛在乌市举办

2012年7月16日，由中国民主建国会中央委员会、工业和信息化部、新疆维吾尔自治区人民政府共同主办的2012中国（新疆）非公有制经济发展论坛在乌鲁木齐市隆重开幕。全国人大常委会副委员长、民建中央主席陈昌智出席论坛并做主旨演讲。工业和信息化部党组成员、总工程师朱宏任出席开幕式并发表演讲。

第19届APEC中小企业部长会议在俄召开

2012年8月3日，第19届APEC中小企业部长会议在俄罗斯圣彼得堡市召开。工业和信息化部党组成员、总工程师朱宏任出席会议并作题为“大力扶持小型微型企业发展，进一步加强对创业和青年企业家支持”的发言。

工业和信息化部中小企业司司长郑昕一行赴丰宁县调研

2012年8月13-14日，工业和信息化部中小企业司司长郑昕一行赴承德市丰宁县开展对口帮扶调研工作。

中小企业公共服务平台调研

2012年8月10日，工业和信息化部党组成员、总工程师朱宏任在青岛市委常委、副市长牛俊宪、青岛市政府副秘书长陈勇、青岛市经信委副主任董德义和工信部中小企业司副司长田川等陪同下，专程到青岛市中小企业公共服务中心考察调研。

2012年10月12日，工业和信息化部党组成员、总工程师朱宏任在武汉中小企业公共服务平台考察调研。武汉市经信委主任余信国、总工程师王振陪同考察。湖北省经信委中小企业发展处、市经信委中小企业处、市服务中心及相关部门参加了交流座谈。

2012年11月18日至19日，工业和信息化部党组成员、总工程师朱宏任同志赴江苏省常州市考察小企业创业基地和中小企业公共服务平台。工信部中小企业司郑昕司长、消费品司吴海东副司长，江苏省中小企业局陆元刚副局长陪同考察。

第九届中国国际中小企业博览会在广州举办

2012年9月22日，第九届中国国际中小企业博览会在广州开幕。

2012年9月22日，工业和信息化部党组成员、总工程师朱宏任出席第九届中国国际中小企业博览会中国中小企业高峰论坛，并作了题为“服务企业、助力成长，营造健康发展环境”的主旨演讲。

全国中小企业工作座谈会在广州召开

2012年9月22日，全国中小企业工作座谈会在广州召开。来自全国各省、自治区、直辖市及计划单列市、新疆生产建设兵团经济和信息化、中小企业主管部门主要负责同志共130多人参加了会议。工业和信息化部部长苗圩、总工程师朱宏任出席会议。苗圩在听取了广东、辽宁、湖南、陕西、重庆、山东、浙江等地发言后作了重要讲话。

中小企业信息化应用推广活动暨中小企业信息化论坛在广州举办

2012年9月23日，第九届中国国际中小企业博览会“中小企业信息化应用推广活动暨中小企业信息化论坛”在广州隆重举行。本届论坛的主题是“携手同行　合作共赢”。论坛由第九届中博会组委会主办，中国中小企业信息网承办。

第四次中欧中小企业政策对话会议在广州举行

2012年9月24日上午，第四次中欧中小企业政策对话会议在广州举行。受朱宏任总工程师委托，会议由工业和信息化部中小企业司司长郑昕与欧盟企业和工业总司司长乔安娜•德瑞克共同主持。

中欧中小企业国际化发展论坛在广州举办

2012年9月24日下午，由中国工业和信息化部、欧盟委员会企业和工业总司共同主办，工业和信息化部中小企业发展促进中心、中欧世贸项目（二期）承办的中欧中小企业国际化发展论坛在广州举行。该论坛以中欧中小企业国际化发展的措施与实践为主题，旨在推动中欧中小企业务实合作。工信部中小企业司郑昕司长和欧盟企业与工业总司司长德瑞克女士出席论坛并致辞。

科学技术部和工业和信息化部签署合作协议

2012年9月29日，科学技术部和工业和信息化部联合举行促进中小企业技术创新合作协议签字仪式。全国政协副主席、科技部部长万钢和工信部部长苗圩签署了《科学技术部工业和信息化部促进中小企业技术创新合作协议》并发布重要讲话。

“中小企业经理人证书考试项目”正式启动

2012年10月23日，“中小企业经理人证书考试项目”正式启动新闻发布会在北京举行。工业和信息化部党组成员、总工程师朱宏任在讲话中指出，促进中小企业平稳健康发展、提升中小企业的竞争力是一项长期性、战略性的重要任务。

全国中小企业培训工作座谈会在西安召开

2012年10月26日，工业和信息化部在西安召开全国中小企业培训工作座谈会。工信部党组成员、总工程师朱宏任出席会议并作重要讲话。陕西省人民政府副省长祝列克出席会议并致辞。会上，陕西、江苏、上海、江西等地中小企业主管部门负责同志及中兴通讯学院、工业和信息化部人才交流中心、工业和信息化部中小企业发展促进中心、武汉市中小企业服务中心负责同志作了交流发言。

第十三届全国中小企业信用担保再担保机构负责人联席会议在南京召开

2012年12月11日，第十三届全国中小企业信用担保再担保机构负责人联席会议在南京召开，工业和信息化部党组成员、总工程师朱宏任出席会议并作重要讲话。

目 录

二、省市区领导讲话

第二篇 综述

第三篇 国家扶持中小企业政策与措施

第四篇 各地中小企业改革与发展

第六篇 政策法规

一、相关法律、法规、部门规章及规范性文件

二、地方性法规、规章及规范性文件

第七篇 调研与实践

第八篇 附录

序

中小企业是我国国民经济和社会发展的重要力量。中小企业数量占企业总数的99%以上,对我国GDP贡献超过了60%,并提供了80%以上的城镇就业岗位。中小企业的发展状况,直接影响了整个国民经济的发展水平。随着工业化和信息化深度融合,国内外经济运行环境日趋复杂,中小企业发展既有难得的历史机遇,也面临严峻的挑战。国际经验表明,中小企业的高速发展,离不开有效的社会化服务体系尤其是信息服务体系的支撑。我国在建立完善中小企业服务体系方面也做了大量的工作,取得了显著成效,但其服务功能如创业服务、创新服务、融资服务、管理咨询服务、信息服务、人才培养、市场开拓服务等功能仍需进一步加强。其中,信息服务是其他各项服务的基础。

《中国中小企业年鉴》自创办以来,在中小企业信息服务体系中发挥了重要的作用。作为我国第一部系统、全面介绍我国中小企业现状及趋势分析的信息服务工具书,年鉴多年来坚持不懈地为中小企业、为政府、为各类服务机构提供全面、有效的数据和信息服务。通过整理汇编国务院及各部门指导、扶持中小企业的政策、法规,为中小企业提供政策信息,帮助中小企业了解并充分利用各类扶持资金、政策;通过宣传交流地方中小企业工作成绩和成功经验,促进各地发挥地区优势,发展地方特色产业;通过提供各类中小企业服务机构信息,为中小企业解决资金、技术、人才、市场等问题提供信息支持。

经过多年的积累,年鉴形成了全面、高效的信息征集系统。国家统计局为年鉴提供年度中小企业主要指标数据,并专门撰写中小企业发展状况分析报告。各级中小企业主管部门也为年鉴提供了权威、翔实的数据和资料。在大家共同努力下,年鉴编辑质量伴随着我国中小企业事业的发展而不断提高,年鉴的信息服务功能不断增强和完善,年鉴工作已成为中小企业服务体系建设的一项重要内容,成为增强服务能力、优化服务环境的重要抓手。在此我对年鉴各组稿单位的辛勤努力表示诚挚的感谢!我相信,在社会各界的支持下,《中国中小企业年鉴》会越办越好,为促进我国中小企业又好又快发展做出更大贡献!

朱宏任

2011年12月2日

第一篇

重要文献

一、部委领导讲话及论述

在中小企业发展促进中心调研时的讲话

工业和信息化部党组书记、部长　苗圩

同志们：

大家好！

今天我们过来看看大家，首先祝贺中小企业发展促进中心乔迁之喜，希望中心入新址换新颜，生活欣欣向荣，事业蒸蒸日上。刚才，听了志辉同志的汇报，我觉得中心从成立到现在，经历了多次改革，从原经贸委到发改委，再到工信部，发展经历丰富。在促进中小企业发展方面做了大量卓有成效的工作，在支撑我部相关工作中发挥了重要的作用，成绩很大，值得肯定。几位司长们刚才的发言，我都赞同。下面，我讲几点意见。

一、促进中小企业发展是一项重大战略任务

中小企业是促进国民经济平稳较快发展的基础，在繁荣城乡经济、增加财政收入、扩大社会就业、促进科技创新、优化经济结构等方面，发挥着不可替代的作用。2010 年初以来，国内外复杂多变的经济形势，给中小企业发展带来巨大的挑战和新的困难。主要是生产要素成本上升快，小型微型企业融资困难，资源环境约束进一步趋紧，服务体系亟需改进和完善，以及中小企业自身素质有待提高等。同时，还有一些长期制约中小企业发展的老问题，如法制环境、市场环境、政策环境有待改善，技术装备、科技水平不高等。新老问题叠加，一些中小企业一时难以适应，小型微型企业更加困难。

面对中小企业发展出现的新情况新问题，党中央、国务院高度重视。2010 年 11 月，德江副总理在国务院促进中小企业发展工作领导小组办公室简报上做出重要批示，要求我部“对中小企业发展中出现的新情况、新问题，要会同有关部门深入调研，落实好 36 号文件，提出新的政策建议”。

去年 9 月 17 日，温家宝总理批示要求我部会同发改委、人民银行、银监会、商务部等部门，深入研究实际情况，提出有针对性的促进中小企业发展的具体解决办法。按照总理的批示要求，我部会同有关部门对全国中小企业发展情况开展了调研，研究提出了政策建议上报了国务院。10 月 3～4 日，我陪温总理到浙江温州调研中小企业发展情况，10 月 12 日，国务院 175 次常务会议研究部署支持中小企业，特别是小型和微型企业发展的金融、财税等九项政策措施。

去年 11 月 22 日，德江副总理在江苏南通主持召开了部分地区中小企业工作座谈会，并发表了重要讲话。德江副总理在讲话中指出，大力发展中小企业是我国一项长期的战略任务。12 月 9 日，德江副总理又主持召开国务院促进中小企业发展工作领导小组会议，研究进一步支持中小企业持续健康发展的政策措施。今年 2 月 1 日，温家宝总理主持召开国务院 190 次常务会，研究部署进一步支持小型和微型企业健康发展的政策措施，并原则同意了由我部牵头起草的进一步支持小型微型企业发展的政策文件，现该文件正在进一步修改完善中，之后将上报国务院印发。

党中央、国务院如此高度重视中小企业，就说明促进中小企业发展绝不是可抓可不抓的工作，而是一项全局性和战略性工作，是贯穿整个现代化建设过程的一项战略任务。

二、围绕部重点工作，做好支撑服务

面对中小企业发展出现的新情况新问题，我部作为中小企业宏观指导部门，一方面会同有关部门研究制定相关政策。另一方面，我们积极推动国发 36 号文件的贯彻落实，发布了中小企业划型标准，加大了财税支持力度，积极缓解中小企业融资难担保难问题，加大中小企业结构调整力度和中小企业服务体系建设，推动中小企业合作交流，各项工作取得了重要进展。今年的中小企业工作，全国工业和信息化工作会议上提出了六项重点工作，明确了今年工作的总体思路，就是以转变中小企业发展方式为主线，以实施“十二五”中小企业成长规划为重点，以开展“中小企业服务年”活动为抓手，加大对创新型、劳动密集型、创业型中小企业特别是小型微型企业扶持力度，把改善发展环境与引导中小企业提高自身素质结合起来，完善公共服务，扎实推进中小企业稳中求进，再上新水平、新台阶。

中心作为国家层面中小企业综合性服务机构，在推动中小企业提升竞争能力、开展管理及技术人员培训、开拓对外交流合作以及有关课题研究等方面，做了大量细致有效的工作，积累了丰富的经验和好的做法。我想，中心在推动中小企业发展这个大舞台上可以大有作为，也应该大有作为。中心要积极发挥自身优势，做好部内重点工作支撑，为中小企业做好服务。下面，我提三点希望和要求。

第一，要进一步转变观念，树立为中小企业服务的宗旨。中心工作要围绕重点，服务大局，认真贯彻落实党中央、国务院关于促进中小企业发展的各项政策措施。作为部属事业单位，承担着支撑部相关工作的重要任务，但更主要的是，要通过实实

在在的优质服务赢得中小企业的信任和欢迎。今年就是要以开展中小企业服务年活动为抓手，以全面实施中小企业“十二五”成长规划为契机，牢固树立为中小企业服务的宗旨，为促进中小企业持续健康发展提供切实有效的服务。

第二，要进一步加强能力建设，努力成为中小企业服务机构的“领头羊”。中心作为国家层面的中小企业服务机构，要不断加强能力建设，提高服务水平。中心的“三定”方案已经批复，中心班子要认真落实，按照相关职能要求定好岗、配好人，同时注意抓好人才引进与人才培养工作，打造一支专业素质强、业务水平高、工作作风实的职工队伍，加强团队建设。要不断建立健全各项工作制度，完善管理体制机制。坚持用制度管权、管事、管人，坚持民主集中制以及集体决策制度，建立高效的工作运转体系。同时，中心要在服务机构中积极发挥引导带动作用，调动社会各方面的力量为中小企业发展贡献力量，成为中小企业服务机构的“领头羊”。

第三，要进一步创新工作思路和方法，不断提升服务水平。面对中小企业在发展中不断面临的新情况新问题，中心要不断解放思想、创新思路，积极开展调查研究工作，及时掌握中小企业发展动态，针对企业需要、市场需求不断完善服务功能、扩展服务内容，提升服务水平，在推进中小企业社会化服务体系建设方面发挥重要作用。不断加强与各类中小企业专业服务机构的沟通协调，积极整合优质社会服务资源为中小企业提供服务，形成服务中小企业发展的良好氛围。

部内相关司局也要为中心的发展提供必要的支持，最后预祝中心发展越来越好。

在工业和信息化部与建设银行签署《中小企业金融服务战略合作协议》仪式上的致辞

工业和信息化部党组书记、部长　苗圩

尊敬的王洪章董事长，各位来宾：

大家好！

乘着两会的春风，今天，我们隆重举行工业和信息化部与建设银行关于《中小企业金融服务战略合作协议》签约仪式。首先，我代表工业和信息化部对合作协议的签署表示热烈祝贺！对长期以来为支持中小企业发展做出不懈努力和积极贡献的各界人士表示衷心感谢！

中小企业是促进国民经济平稳较快发展的基础，在繁荣城乡经济、扩大社会就业、增加财政收入、促进科技创新、优化经济结构等方面发挥着不可替代的作用。党中央、国务院高度重视中小企业发展问题，出台了一系列方针政策。改革开放30多年来，我国中小企业发展取得了前所未有的成就。同时，我们也看到，中小企业特别是小型微型企业与大型企业相比，本身存在一些天然的弱势因素，包括规模小、企业管理和财务制度不规范、信用记录不健全、缺乏抵质押物等，这些因素使小型微型企业在获取金融服务资源上处于弱势地位，也容易受到宏观政策调整的影响。融资难成为长期以来制约小型微型企业发展壮大的突出问题之一。

目前，中小企业融资仍然比较依赖银行贷款，近年来，在有关部门积极推动下，金融机构加大了对中小企业信贷支持力度，但仍难以惠及数以千万计的小型微型企业，特别是去年以来随着生产经营综合成本的不断上升以及宏观政策趋紧，小型微型企业融资难、融资贵问题更加突出，受到社会广泛关注。

针对这些问题，去年下半年以来，国务院召开两次常务会议，专题研究进一步促进小型微型企业健康发展问题，其中金融政策是重点。3月5日，温总理在《2012年政府工作报告》里关于今年工作总体部署中也强调“加强对符合产业政策、有市场需求的企业特别是小型微型企业的信贷支持，切实降低实体经济融资成本。”今年，国家将出台一揽子小型微型企业扶持政策，并开展“中小企业服务年”活动，重点支持创新型、创业型、劳动密集型中小企业特别是小型微型企业发展，加强引导，完善服务，促进中小企业发展环境不断优化。此次我部与建设银行关于《中小企业金融服务战略合作协议》的签署，就是落实国务院会议精神、开展“中小企业服务年”活动的重要举措。

2009年底，我部曾与建设银行等四大行分别签署《中小企业金融服务合作备忘录》，今天我部与建设银行再次签署《合作协议》，目的就是全面贯彻落实党中央国务院关于促进中小企业发展的战略部署，发挥我部的中小企业宏观管理职能作用和大型商业银行的专业金融服务资源优势，继续改善中小企业特别是小型微型企业信贷环境，通过金融服务引导和推动中小企业结构调整和转型升级。

根据协议，双方建立战略合作关系，按照“顶层设计，上下联动；政策叠加，优势互补；以资源促服务”的原则，重点加强对小型微型企业金融服务。在扩大对符合产业政策导向中小企业信贷支持、推进银担合作、支持小型微型企业创业创新、推进第三方融资服务平台建设、加强金融创新及提升中小企业整体能力等六大领域实现深度合作。双方还将建立基层组织合作机制，充分调动并发挥地方中小企业管理部门和建设银行分支机构的积极性，促进协议落实。

工业和信息化部高度重视与建设银行的合作，将认真履行协议承诺和责任，积极发挥统筹指导和组织协调作用，将落实协议作为“中小企业服务年”活动的一项重要内容，通过加强与建设银行沟通合作，引导企业用好建设银行的信贷规模和各种综合金融服务，切实缓解中小企业特别是小型微型企业融资的实际困难。

朋友们，大力发展中小企业，是我国一项长期的战略任务，也是一项社会性系统工程，让我们共同携手努力，进一步优化中小企业融资环境，支持中小企业创新发展，为我国经济社会发展做出更大贡献。

统一思想 精心组织 确保中小企业服务年活动取得实效

——在全国中小企业服务年电视电话动员会上的讲话提纲

工业和信息化部党组书记、部长 苗圩

同志们：

今天我们召开会议，主要任务是，贯彻落实党中央国务院对中小企业工作的决策部署，进一步统一思想，明确目标，对全面深入开展中小企业服务年活动进行动员。在这里，我就做好这项工作讲三点意见。

一、统一思想，充分认识在新的形势下深入开展中小企业服务年活动的重要意义

过去的一年，面对复杂多变的国内外经济环境，各地区各部门认真贯彻落实党中央国务院扶持中小企业发展的一系列政策措施，求真务实，开拓进取，巩固和扩大了应对国际金融危机冲击成果。全国中小企业管理部门认真履职，扎实工作，中小企业继续向着平稳较快方向发展，实现了“十二五”时期良好开局。

在取得成绩的同时，我们也要清醒地看到，今年我国经济社会发展仍然面临不少困难和挑战，一些长期矛盾与短期问题相互交织，结构性因素和周期性因素相互作用，国内问题和国际问题相互关联，中小企业发展面临的形势仍将十分严峻和复杂。从国际看，世界经济复苏进程艰难曲折，国际金融危机的深层次影响进一步显现，一些国家主权债务危机短期内难以缓解，主要发达经济体失业率居高难下，增长动力不足，主要货币汇率剧烈波动，全球大宗商品价格震荡加剧，国际贸易投资保护主义强化；从国内看，由于各种挑战和风险相互叠加，以小型微型企业为主的中小企业面临不少新情况新问题。主要是：经济增长下行压力加大，生产要素成本上升较快，融资难、融资贵问题依然突出，企业总体素质亟待提高，资源环境约束进一步趋紧。总的来看，我国中小企业发展正面临着前所未有的挑战，小型微型企业困难更加突出。

2012 年是实施“十二五”规划承上启下的重要一年。为全面贯彻落实党中央国务院对中小企业工作总体部署，帮助小型微型企业积极应对国际金融危机赢得长远发展，工业和信息化部党组决定把 2012 年定为中小企业服务年，在全国范围深入开展以“服务企业，助力成长”为主题的中小企业服务年活动。我们要把思想和行动统一到中央对形势的分析判断上来，统一到中央进一步扶持小型微型企业发展的决策部署上来，切实把中小企业服务年活动不断引向深入。

（一）深入开展中小企业服务年活动是贯彻落实党中央国务院支持中小企业特别是小型微型企业平稳健康发展的重要举措

小型微型企业是中小企业的主体，是实体经济的重要基础，关系国民经济和社会发展的全局。去年 10 月 12 日，国务院常务会议专门研究制定了扶持小型微型企业发展的 9 条财税金融政策。今年春节刚过，也就是 2 月 1 日，温家宝总理主持国务院常务会议，再次专题研究部署支持小型微型企业发展。这是在五个月之内，温家宝总理第二次主持国务院常务会议研究部署有关小型微型企业工作，充分体现了党中央国务院对小型微型企业的关心和重视。会上，温家宝总理指出，如何应对今年的经济困难，有两个途径非常重要：一是支持实体经济，特别是支持小型微型企业发展。二是放活民间资本，支持民营企业发展。由于民营企业和中小企业互为主体，温总理提出的这两个途径的实质，归根到底，就是要大力支持中小企业特别是小型微型企业发展。在全国工业和信息化工作会议上，张德江副总理在部署今年重点工作时，把“促进中小企业健康发展，进一步夯实实体经济基础”摆在了第一位。今年，我们在全系统组织开展中小企业服务年活动，其出发点和落脚点就是要组织和动员全社会力量来关心和支持中小企业发展，帮助中小企业特别是小型微型企业渡过难关，加快结构调整和转型升级，实现平稳健康发展。为此，组织实施中小企业服务年，是各级中小企业管理部门在新的形势下，全面贯彻落实党中央国务院的决策部署，围绕中心、服务大局的重要举措。

（二）深入开展中小企业服务年活动是保就业、惠民生，促进社会和谐稳定的有效措施

就业是民生之本，是最大的民生，关系人民群众的切身利益，关系改革发展稳定的大局。“十二五”时期，我国就业形势将更加复杂，就业总量压力将继续加大，城镇需就业的劳动力年均达到 2500 万人，还有相当数量的农业富余劳动力需要转移就业。以高校毕业生为重点的青年就业、农业富余劳动力转移就业、失业人员再就业，以及就业困难群体实现就业的难度依然很大。中小企业提供了近 80% 的城镇就业岗位，是吸纳就业的主渠道。通过深入开展中小企业服务年活动，大力实施“创办小企业计划”，进一步完善创业服务体系，积极扶持吸纳就业能力强的创新型、创业型、劳动密集型中小企业特别是小型微型企业的发展。只有中小企业发展了，就业规模扩大了，才能从根本上保障和改善民生，维护社会和谐稳定。

（三）深入开展中小企业服务年活动是各级中小企业管理部门加快建设服务型政府，全面履行职责的重要抓手

建设服务型政府、为中小企业发展提供完善的公共服务，营造良好的发展环境是转变政府职能的

关键所在。通过深入开展中小企业服务年活动，一方面要着力提高各级政府的公共服务能力和水平，进一步完善中小企业服务体系，帮助中小企业解决技术、信息、融资、创业、管理等方面的困难和问题。通过“政府支持中介，中介服务企业”，让更多的中小企业获得支持和发展。另一方面，促进中小企业发展是党中央国务院赋予我们的重要职责，各级中小企业管理部门必须要以高度的使命感和责任感，全力以赴促进中小企业发展。同时，中小企业工作绝不是中小企业管理部门一家的事，需要各部门的配合、支持和协调，需要全社会的关心和支持。我们要把深入开展中小企业服务年活动作为桥梁和纽带，凝聚各方面力量来支持中小企业发展。

二、精心组织，确保中小企业服务年活动取得实效

目前，中小企业服务年活动方案已经印发，全国各级中小企业管理部门要认真学习领会，全面贯彻落实，从实际出发，补充完善各自的工作方案与部署，突出特色，创新载体，注重实效，扎实推进中小企业工作再上新水平、再上新台阶。

（一）全面把握总体要求

中小企业服务年要紧紧围绕“服务企业，助力成长”这个主题，以全面落实国务院扶持小型微型企业健康发展政策措施，优化发展环境为核心，以完善政策法规体系，构建公共服务体系为支撑，以促进创新型、创业型、劳动密集型中小企业特别是小型微型企业发展为工作重点，全面实施“十二五”工业转型升级规划和中小企业成长规划，进一步转变政府职能，组织、协调和动员各方力量，集聚资源，为中小企业送政策、送服务、送温暖，着力解决企业发展中面临的突出问题和困难，全面提升企业自身素质和水平，营造全社会关注、服务中小企业的良好氛围，促进中小企业平稳健康发展。

要按照“狠抓落实、全面覆盖、力求实效、社会认可”的工作要求，坚持因地制宜，分类指导，有序推进中小企业服务年的各项工作。狠抓落实，就是把党中央国务院支持小型微型企业发展的一系列部署要求落到实处，及时总结推广各地方的成功经验和好的做法，推动工作。全面覆盖，就是一级抓一级，层层负责，进一步加强与各有关部门的沟通、协调与配合。全国各级中小企业管理部门都要积极行动起来，中小企业服务机构都要主动参与进来。力求实效，就是扎扎实实抓几件实事，解决几个突出问题，不做表面文章，力戒形式主义。社会认可，就是要贴近企业需求，回应企业关切，顺应企业期盼，让企业满意、基层满意、群众满意。

（二）着力实现“三个结合”

深入开展中小企业服务年活动是全面推动中小企业工作的重要载体，各地方中小企业管理部门要在地方党委、政府的统一领导下，把本地区的活动部署与促进中小企业发展的中心工作紧密结合起来。

第一个结合就是把深入开展中小企业服务年活动与加快转变经济发展方式结合起来。以科学发展观为主题，加快转变经济发展方式为主线是贯穿于中小企业服务年活动的主题和主线。温家宝总理在今年政府报告中讲到，解决发展中不平衡、不协调、不可持续的问题，关键在于加快转变经济发展方式，推进经济结构的战略性调整。总理说，这既是一个长期过程，又是当前最紧迫的任务。一个关键，一个最紧迫，充分地说明了这个问题的重要性以及完成这项任务的紧迫性。目前，“十二五”工业转型升级规划已经国务院批准印发，相应的实施意见也很快就要下发。面广量大的中小企业既是我国经济结构战略性调整的重点和难点，也是实现我国经济发展方式转变的主战场。各地方中小企业管理部门要牢牢把握稳中求进的工作总基调，既要全力保持中小企业平稳较快发展，又要在转变经济发展方式上取得新进展。要紧紧围绕“十二五”工业转型升级规划和中小企业成长规划确定的目标，做好规划的实施意见与本地区活动方案的衔接，积极引导中小企业走新型工业化道路。

第二个结合就是把深入开展中小企业服务年活动与进一步优化中小企业发展环境结合起来。优化中小企业发展的环境，激发中小企业的内在活力和内生动力是深入开展中小企业服务年活动的核心任务。在今年的政府工作报告中，温家宝总理再次强调要落实并完善支持小型微型企业发展的政策措施，进一步减轻企业的负担。目前，按照国务院部署，我部正在会同国务院有关部门，认真贯彻落实国务院常务会议精神，在完善财税支持政策、缓解融资困难、提升创新能力、加强服务和管理等四个方面，研究提出进一步支持小型微型企业健康发展的政策措施。不久，国务院将以正式文件印发，这将是继国发 36 号文件之后，又一个促进中小企业发展的纲领性文件。我们要通过深入开展中小企业服务年活动，把中央的各项政策落实好，宣传好，让广大中小企业得到实实在在的实惠，切实感受到活动带来的新变化、新气象。

第三个结合就是把深入开展中小企业服务年活动与加强中小企业服务体系建设结合起来。中小企业服务体系是深入开展中小企业服务年活动的重要支撑。从去年开始，我们以省级平台为中心，从加强顶层设计、完善运行机制入手，改变过去支持单个服务平台建设的做法，引导各地方抓体系、抓网络、抓服务，重点支持了 10 个省市和中国中小企业信息网的平台网络建设，认定了 99 个国家中小企业公共服务示范平台。今年，各地方中小企业管理部门要结合制定中小企业服务年活动方案，贯彻落实好《关于加快推进中小企业服务体系建设的指导意见》，发挥政策引导和市场机制作用，调动和优化配置服务资源，培育一批服务枢纽和服务“窗口”，进一步完善中小企业服务体系，加强对示范平台的管理，发挥示范效应，为中小企业发展提供支撑服务。与此同时，各地方要在加快建设省级公共服务示范平台的基础上，再争创一批国家中小企业公共服务示范平台，创建的重点要向新型工业化产业示范基地的公共服务平台倾斜。

（三）重点抓好“五个关键环节”

一要强化服务意识。中小企业工作关系民生，连着民心。各级中小企业管理部门要把深入开展中小企业服务年活动作为“为民服务创先争优”的重要内容，加快推进服务型政府建设。要及时进行思想动员，增强服务意识，树立公仆意识，围绕中小企业的诉求，进一步完善创先争优服务承诺，切实为中小企业多办事、办好事、办实事，自觉接受监督和评议。

二要突出服务重点。政策咨询服务、投资融资服务、创业创新服务、转型升级服务、管理提升服务、舆论宣传服务是中小企业服务年活动方案提出的六个重点服务领域，也是当前服务中小企业的关键领域和薄弱环节，基本涵盖了我们的工作重点。各地方在结合本地实际、制定活动方案的时候，可以不限于以上六个服务领域，形成具有当地特色的重点服务领域。要把创新型、创业型、劳动密集型中小企业特别是小型微型企业作为服务的重点对象，从企业最关心的问题抓起，从企业最能受益的工作做起，分类帮扶，提高服务的针对性和有效性。

三要创新服务形式。在服务中小企业的工作中，各地方不断创新服务形式，已经取得了很好的成效。如天津市召开了首届“圆梦津城”全民创业大会；江苏省组织中小企业信息化专家深入企业，提供免费咨询服务；内蒙古开展了送政策进旗县、进园区、进企业活动；湖北省组织机关干部深入中小企业，实地解决发展难题；辽宁省把2011年确定为“创业年”，大力开展创业服务。由于时间的关系，我就不一一列举了。一会儿将会有4个地方中小企业管理部门的同志在会上介绍他们的经验和好的做法，大家可以相互学习借鉴。在这里，我想强调的是，希望各地方中小企业管理部门和中小企业服务机构针对不同地区和领域中小企业的特殊需求，在服务内容、服务产品、服务方式等方面进行创新，主动联系其他部门和行业协会，争取合作与支持，不断丰富中小企业服务年的各项活动。

四要改进服务作风。各级中小企业管理部门和中小企业服务机构要把作风建设作为重要内容纳入活动方案，进一步改进服务作风。要带着真挚的感情开展服务，真正把中小企业的困难当成自己的困难，努力把优质的服务送到企业。要带着诚恳的态度去开展服务，多深入基层调查研究，多深入一线现场办公，多听取中小企业的呼声和建议。要积极推行阳光服务、微笑服务、规范服务、高效服务和廉洁服务，在改进作风中优化服务，在开展服务中改进作风，展示全国中小企业系统的良好形象。

五要提高服务质量。中小企业服务年活动是否能够取得实效，关键要看服务质量。要坚持把中小企业满意不满意作为检验活动成效的根本标准，认真开展中小企业满意度测评，检验活动的实际成效。当前中小企业面临的问题，最难解决的是长期积累的体制性、机制性和结构性问题，可以说是一些“难啃的骨头”，比如融资难问题、结构调整问题、市场准入难问题、税费负担重问题等等，这些都是中小企业反映最强烈的问题。如果这些问题解决的不好，中小企业对我们的服务满意度就会大打折扣。对此，我们要迎难而上，加大工作力度，强化工作措施，切实履行职责，主动加强与财税、金融、发改等部门的政策协调。已经建立中小企业政策协调机制的地方，要充分利用协调机制的作用，共同协商解决。同时，各地方要以深入开展中小企业服务年活动为契机，加快制定服务标准，完善服务质量测评方法，形成激励机制，促进优质服务机构加快发展。

三、切实加强组织领导

一要加强领导，形成合力。各级中小企业管理部门要结合自身实际制定具体的活动方案，明确目标任务、时序进度、工作责任和推进措施，及时搞好动员部署。主要负责人要亲自抓，抓紧成立深入开展中小企业服务年活动工作领导小组，有条件的地方要建立跨部门的工作机制。要加强对活动开展情况的督促检查，加强考核评价。一朵鲜花打扮不出美丽的春天，领导小组要充分动员各有关部门、行业协会、服务机构等社会各方面力量，汇聚各方智慧与资源优势，大力协同，密切配合，努力形成全社会积极参与中小企业服务年活动的生动局面。

二要加强宣传，营造氛围。中小企业发展一直得到全社会的高度关注。要使中小企业服务年活动得到全社会的认可，其中最关键的一条，就是要加强对中小企业服务年的新闻宣传。各地方要把加强新闻宣传作为各项工作的重中之重抓紧抓好。要制定专门的新闻宣传计划，牢牢把握正确的舆论导向，加强与各地新闻媒体的联系，利用报刊、电台、电视、网络以及户外广告等媒体，大力宣传中小企业服务年。要确保每个月都要有突出的亮点，通过典型引路，让广大中小企业和全社会了解中小企业服务年的目的、意义和成效，提高中小企业服务年的知名度和美誉度，营造有利于中小企业发展的社会舆论环境。

三要长短结合，完善机制。在深入开展中小企业服务年活动当中，各地方要着眼当前，立足长远，大胆探索创新，不断总结经验，逐步形成“服务企业、助力成长”的长效机制，使之制度化常态化，着力营造优质高效的服务环境，推动建立有利于中小企业科学发展的体制机制。

同志们，深入开展中小企业服务年活动是一项责任重大、使命光荣的重要任务。我们要团结一致，开拓创新，扎实推进中小企业服务年各项工作的落实，全力促进中小企业平稳健康发展，用优异的成绩迎接党的十八大胜利召开。

谢谢大家！

在省部级领导干部中小企业发展研讨班开班式上的讲话

工业和信息化部党组书记、部长　苗圩

同志们：

大家上午好！由中组部、国家行政学院和我部共同举办的“省部级领导干部中小企业发展研讨班”今天正式开班了，这是贯彻落实党中央国务院支持促进中小企业特别是小型微型企业发展的一项重要举措。国务院领导同志对这次研讨班非常重视，国务委员、国务院秘书长兼国家行政学院院长马凯将出席结业式并作重要讲话。通过研讨班的学习，大家将进一步系统学习领会党中央国务院促进中小企业发展方针政策的精神，进一步统一思想，提高对新时期扶持小型微型企业发展具有重大意义的认识，增强紧迫感、责任感和使命感，进一步理清思路，结合本地和本部门实际推动中小企业发展工作再上新水平、新台阶。借此机会，我代表工业和信息化部感谢中组部、国家行政学院及在座各位对中小企业工作和我部工作的关心支持。下面，我讲几点意见，供大家参考。

一、进一步提高对促进中小企业特别是小型微型企业发展战略意义的认识

中小企业是促进国民经济平稳较快发展的基础，在繁荣城乡经济、增加财政收入、扩大社会就业、促进科技创新、优化经济结构等方面，发挥着不可替代的作用，对国民经济和社会发展具有重要的战略意义。受国际金融危机和国内外复杂多变经济形势的影响，2010 年以来，中小企业在总体保持正常健康发展的同时，也面临着巨大的挑战和新的困难。主要是生产要素成本上升快，小型微型企业融资困难，资源环境约束进一步趋紧，服务体系亟需改进和完善，以及中小企业自身素质有待提高等。同时，还有一些长期制约中小企业发展的老问题，如法制环境、市场环境、政策环境有待改善，技术装备、科技水平不高等。新老问题叠加，一些中小企业一时难以适应，小型微型企业更加困难。

面对中小企业发展出现的新情况新问题，党中央、国务院高度重视。家宝总理专门赴浙江等地调研，并主持召开国务院常务会议，研究确定支持小型微型企业发展的 9 条财税金融政策。克强副总理在安徽等地调研时，多次强调要改善中小企业发展环境。德江副总理2010 年四季度以来多次作出重要批示，去年 11 月和 12 月，分别主持召开部分地区中小企业工作座谈会和国务院促进中小企业发展工作领导小组会议，听取地方和部门意见建议。我部按照国务院领导同志的批示要求，先后三次会同国务院促进中小企业发展工作领导小组成员单位，配合国研室、国务院发展研究中心等单位，组成十几个调研组，分赴 20 多个省（区、市）调研，了解中小企业发展困难和问题，广泛听取全国工商联、中国中小企业协会、地方主管部门和中小企业的意见建议。同时，先后五次召开领导小组办公室会议，沟通和分析中小企业发展的新情况新问题，加强政策协调，研究进一步的扶持政策和措施。

今年 2 月 1 日，温家宝总理主持召开国务院 190 次常务会，研究部署进一步支持小型和微型企业健康发展的政策措施，原则同意了由我部牵头起草的进一步支持小型微型企业发展的政策文件。4 月 19 日，国务院正式印发了《关于进一步支持小型微型企业健康发展的意见》（国发［2012］14 号，以下简称《意见》），这体现了党中央、国务院对中小企业特别是小型微型企业发展的高度重视，充分说明促进中小企业发展绝不是可抓可不抓的工作，而是一项全局性和战略性的工作，是贯穿整个现代化建设过程的一项战略任务。

二、政策文件的主要精神

《意见》以解决当前中小企业特别是小型微型企业发展面临的突出问题为重点，在贯彻落实国务院两次常务会议确定的支持小型微型企业发展政策的同时，延续了国发 36 号文件部分已到期的政策，提出了针对性更强的新政策，完善了促进企业平稳较快发展的长效机制。政策体现了针对性、连续性和可操作性，是对国发 36 号文件的补充、丰富和完善。

我们在研究起草《意见》的过程中主要考虑以下几点：一是要继续深入贯彻落实国发 36 号文件，持续推进已经确定的长期任务，进一步发挥其政策效应；二是当前小型微型企业困难尤其突出，应出台针对性更强的扶持政策；三是多数中小企业处于产业链低端、抗风险能力弱，难以适应经济形势变化和转型升级要求。因此，必须加快转变发展方式，提高整体素质和市场竞争力。

《意见》从加大财税支持、缓解融资困难、推动创新发展、支持开拓市场、提高管理水平，促进集聚发展、加强公共服务等方面，提出了 29 条政策措施。既帮助企业解决当前困难，又注重引导企业增强内生动力，还提出了支持企业长期平稳健康发展的长效机制。

（一）突出了支持小型微型企业发展。当前，中小企业发展出现了一些困难和问题，但不是所有的企业都有问题，从企业规模上看，小型微型企业的困难更突出。以前，我们很多政策都落到了大中型企业身上，小型微型企业很难享受，而小型微型企业恰恰又是基础薄弱、科研能力低，抗风险能力差，处于弱势的企业群体。因此，《意见》按照新的划型标准把政策的重点放在小型微型企业上，提出了有针对性的政策措施。这也是国务院首次专门针对小型微型企业出台的政策文件，政策重点明确，含金量很高，内容丰富。如：在资金方面，提出逐年扩大中小企业专项资金规模，并向小型微型企业

和中西部地区适当倾斜。在政府采购方面，明确各部门政府采购应当安排不低于年度政府采购项目预算总额18%的份额专门面向小型微型企业采购，实际上给中小企业市场往往比给资金更重要。在解决融资难方面，优先支持符合条件的商业银行发行专项用于小型微型企业贷款的金融债；适当放宽限制，加快发展小金融机构；鼓励为中小企业提供设备融资租赁服务；推动建立担保机构与银行业金融机构间的风险分担机制等。

（二）突出了技术创新和转型升级。当前中小企业发展的困难，不仅有政策性因素，也有结构调整缓慢和不适应等原因。因此，《意见》在强调贯彻落实现行对小型微型企业财税金融政策以外，还特别强调要提升小型微型企业的创新能力，把支持创新型、创业型和劳动密集型企业作为重点，加强和提高小型微型企业知识产权的创造、保护、运用和管理。如：中央预算内投资扩大安排用于中小企业技术进步和技术改造资金规模；实施中小企业创新能力建设计划、知识产权战略推进工程和信息化推进工程；实施中小企业管理提升计划；加强质量诚信体系和质量检验检疫公共服务平台建设；支持和培育小企业创业基地、科技孵化器，鼓励小型微型企业发展战略性新兴产业，走"专精特新"之路，发展运用电子商务、信用销售、信用保险，培育商贸企业集聚区，加大市场开拓等。

（三）突出了建立促进小型微型企业发展的长效机制。《意见》中政策的出发点和着力点，不仅针对当前融资难、税费负担重、生产成本上升等问题，更紧紧抓住中小企业转型升级缓慢、创新能力弱、管理粗放、自身素质不高，难以适应国内外经济形势变化和经济结构战略性调整这个主要矛盾，重点推进结构调整、提升创新能力、健全服务体系、提高企业素质、加大财税支持、结构性减税、改进金融服务等方面研究制定了一揽子政策措施，重点在建立支持小型微型企业健康发展长效机制上提出了具体要求。主要通过财税、社会保障及监督考核等手段保障政策的延续性和长效性。例如，结合深化税收体制改革，提出了完善结构性减税政策，研究完善扶持小型微型企业发展的税收制度；中央财政从2012年起，分5年安排150亿元，设立国家中小企业发展基金，引导社会资金投资早期创业企业；对企事业单位、社会团体和个人等向基金捐赠资金的，给予一定比例的所得税税前扣除；完善职工社会保障政策。针对目前大企业拖欠小企业资金突出的问题，《意见》特别提出了要研究制定防止大企业长期拖欠小企业资金的政策措施。

（四）突出了发挥领导小组机制的作用。中小企业工作涉及方方面面，为此，《意见》强调了要发挥国务院促进中小企业发展工作领导小组的统筹规划、组织领导和政策协调的作用。《意见》还要求把促进中小企业发展列入各地区、各有关部门年度工作考核范围，以加强监督检查和政策评估。同时，还对建立和完善小型微型企业统计调查、监测分析和定期发布制度提出了要求，这是当前中小企业工作的一个薄弱环节。

三、下一步的重点工作

当前，我们要按照党中央、国务院关于促进中小企业发展的决策部署，准确把握形势，狠抓政策落实，把贯彻落实《意见》与推动中小企业科学发展和转变经济发展方式结合起来，与深入开展中小企业服务年活动结合起来，与优化中小企业发展环境结合起来，围绕《意见》的贯彻落实抓好以下工作。

（一）抓紧研究细化各部门分工。《意见》的内容丰富，需要进一步细化配套措施，才能确保《意见》落实到位。我们将积极发挥国务院促进中小企业发展工作领导小组办公室的政策协调作用，会同各部门认真研究制定分工细则。昨天我们已经召开了国务院促进中小企业发展工作领导小组办公室会议，就分工意见进行了研究讨论，争取尽快上报，早日印发实施。

（二）加强工作部署，推进《意见》贯彻落实。《意见》的落实主要靠各地党委、政府的重视和支持，需要结合本地实际，研究制定具体贯彻落实办法。浙江、广东等地已经下发扶持小型微型企业发展的相关政策意见。作为中小企业的主管部门，我们将积极做好服务、协调和推动工作。近期我们将专门召开全国中小企业管理系统会议研究部署进一步促进中小企业特别是小型微型企业健康发展的相关工作。

（三）加强舆论宣传，形成贯彻落实文件精神的良好氛围。引导和动员各类新闻媒体加强政策宣传，确保文件精神及时传达到小型微型企业。《意见》正式印发后，我们迅速对《意见》进行了解读，后续将通过专访、专栏、专题报道等形式不断加强宣传力度，扩大宣传范围，努力营造全社会关注支持小型微型企业发展的良好氛围。

同志们，这次研讨班中组部、国家行政学院做了精心的安排，内容丰富，既有有关部门领导和专家学者的授课，还有现场教学、研讨、论坛等。各位学员都是经验丰富的各方面的领导同志，我相信通过专家的讲授以及在座各位的深入交流探讨，大家一定会收获很大，不断创新工作思路和方法，为促进中小企业特别是小型微型企业发展做出更大贡献。

预祝本次研讨班取得圆满成功。

最后，祝大家学习生活愉快，谢谢大家！

狠抓落实 加大工作力度 促进小型微型企业健康发展

工业和信息化部党组书记、部长　苗圩

同志们：

今天，我们召开这个会议的主要目的是，传达贯彻国务委员、国务院秘书长马凯同志在省部级领导干部中小企业发展研讨班暨座谈会上的重要讲话精神，研究部署贯彻落实《国务院关于进一步支持小型微型企业健康发展的意见》（国发［2012］14号）（以下简称国发14号文件）的工作。这次会议开的很及时很重要。刚才，天津、福建、黑龙江、浙江、山东、重庆六个省市介绍了贯彻落实国发14号文件的工作情况，大家都讲得很好。下面，我首先传达马凯同志讲话的重要精神。

为进一步系统学习领会和贯彻落实党中央、国务院促进中小企业发展的方针、政策，统一思想认识，推动中小企业工作再上新台阶，中组部、工业和信息化部、国家行政学院于5月8日～14日举办了省部级领导干部中小企业发展研讨班。5月14日，国务委员、国务院秘书长马凯同志出席研讨班结业式暨座谈会，并作重要讲话。中央组织部、国研室、国家行政学院的领导同志，各省、自治区、直辖市34名省部级领导干部和有关方面负责同志，国务院促进中小企业发展领导小组成员单位的负责同志，共60多人出席了座谈会。马凯同志在讲话中提出了四点意见。

第一，要以高度的责任感、紧迫感支持小型微型企业发展。马凯同志说，把小型微型企业发展工作做好，是关系经济社会发展全局的一件大事。当前制约小型微型企业发展的障碍仍然存在，小型微型企业生产经营仍然面临不少困难。一是面临需求拉力减弱的困难；二是面临成本上升、压力加大的困难；三是影响小型微型企业发展的突出问题，特别是体制机制问题还没有得到根本解决，市场准入方面的“玻璃门”、“弹簧门”现象、融资难问题突出等。这些问题如果不抓紧解决，势必影响小型微型企业的生存和发展，进而影响我国经济社会的健康发展。我们一定要充分认识促进小型微型企业发展的极端重要性，以高度的责任感和使命感，落实好中央支持小型微型企业发展的各项政策，积极主动帮助企业排忧解难，真正把小型微型企业发展这项大事办实、实事办好。

第二，要切实抓好国务院14号文件的贯彻落实。马凯同志说，14号文件政策力度之大，前所未有，是促进小型微型企业健康发展的纲领性文件。当前和今后一个时期的中心任务：一是下决心采取有效措施，切实解决小型微型企业面临的突出问题，把14号文件的政策落到实处，把原则变成具有可操作性的措施，把措施变成具体的行动。工信部要牵头把14号文件的任务分工落实到各部门。任务分工以国务院名义下发，各部门要逐项细化，要有明确的时间表。配套政策不能光讲原则、讲口号，要具体管用，具有可操作性。要让小微企业负担得到减轻，支持资金要到位，融资难要明显缓解。二是要继续研究新情况、新问题、新政策，要两手抓，一手抓政策落实，一手抓新情况、新问题的调查研究，要把学习的体会认识运用到本地本部门的实际工作，进一步创新，有关部门要及时向国务院提出政策建议。

第三，要加快建立促进小型微型企业健康发展的长效机制。促进小型微型企业发展，要深化改革，理顺体制机制。一是融资难问题。要完善金融体系，大力发展为小型微型企业服务的金融机构，明确市场定位，细化差异化政策。二是市场准入问题。要进一步深化行政管理体制改革，加快转变政府职能，精简针对小型微型企业的行政审批项目，提高办事效率，扩大市场准入。三是完善服务。要加大对中小企业公共服务体系建设的支持力度，完善公共服务平台，丰富服务内容，规范服务行为和收费标准。四是加强社会保障体制建设。社会保障体制对中小企业很重要，这是一个薄弱问题。有关部门要加快研究中小企业社会保障问题。五是解决小微企业的财税问题。有关部门要加快研究中小企业发展的资金和税收政策。

第四，要积极引导和支持小微企业提高自身素质。小微企业要适应市场规律的要求，优胜劣汰，加强基础管理，提高自身素质和竞争能力。要在技术创新、人才引进、经营管理者培训、企业信息化等方面采取措施。

马凯同志要求，各级政府要高度重视中小企业特别是小型微型企业发展，切实把这项工作纳入重要工作日程，加强组织领导，建立工作机制，加强督促检查。各级政府主要负责同志要经常听取中小企业工作部门的工作汇报，在人力、物力、财力等方面予以支持，保证他们顺利开展工作。国务院促进中小企业发展工作领导小组各成员单位要加强协调配合，形成工作合力，领导小组办公室要做好综合协调工作。对这次培训班学员提出的各项建议，国务院各有关部门要带回去，逐一研究，哪些是短期能够解决的，哪些是长期能够解决的。如所得税问题，有的学员提出，要在现有的基础上，增加一档10%的税率问题，进一步提高增值税、营业税起征点，并扩大到小微企业，财政部、税务总局要抓紧研究。再如中小企业发展资金问题，今年确定了规模，明年是多少？怎么办？财政部、工信部要抓紧研究。再如关于金融机构落实对小微企业差异化监管问题，银监会要拿出具体意见。还有，改革审批制度，市场准入问题，每个部门都要细化，像工商登记、目录调整等。还有的学员提出，年内国务院要对小微企业政策落实情况开展督促检查的建议，要认真研究，吸取采纳。

马凯同志的重要讲话，分析深刻，要求明确，对我们研究分析形势，统一思想，贯彻落实国发14号文件，做好中小企业的各项工作，促进小微企业健康发展，具有重要的指导意义。我们要认真学习贯彻落实。下面，我再谈三点意见。

一、充分认识新形势下促进小型微型企业健康发展的重大战略意义

小型微型企业是数量最大、最具活力的企业群体，占企业总量的90%以上，是我国实体经济的重要基础，在促进经济增长、增加就业、科技创新和社会和谐稳定等方面具有不可替代的作用。受国际金融危机和国内外复杂多变经济形势的影响，2010年以来，中小企业总体保持健康发展的同时，也面

临着一些新的困难和挑战，特别是小型微型企业的困难和矛盾更加突出。促进小型微型企业健康发展刻不容缓。

（一）促进小型微型企业发展是应对严峻复杂经济形势，实现经济稳中求进的重要途径

当前，国际金融危机的深层次影响还在继续显现。全球经济增长乏力，欧元区经济处在衰退边缘，欧洲主权债务危机特别是希腊债务危机仍可能恶化。贸易保护主义升温。我国稳定出口压力很大，保持内需较快增长面临较多制约因素，物价上行压力仍然存在。企业销售收入增速明显回落，实体经济盈利能力下降，部分行业利润下降过快，一季度规模以上工业企业实现利润 10449 亿元，同比减少 1.3%。这当中，小型微型企业面临的困难和挑战更加突出，主要是生产要素成本快速上升，融资困难，税费负担偏重，资源环境约束进一步趋紧，服务体系亟需改进和完善以及企业自身素质有待提高等。

这些因素叠加，造成小型微型企业生存压力大，生产经营困难，亏损面不断扩大，效益下滑。据国家统计局对全国 3.9 万户规模以下工业企业抽样调查，受多重因素影响，今年一季度，工业小型微型企业经营状况好或很好的比例仅为 21.1%，比去年底下降了 1.7 个百分点，其中，微型企业经营状况好或很好的比例仅为 18.3%，比小型企业的 26% 低了 7.7 个百分点。企业普遍反映，目前市场需求萎缩，出现“订单荒”。广东、浙江、重庆等制造业出口企业反映订单普遍减少 20% ~30%，七成企业预计今年出口订单持平或下降。融资难、贷款难仍然是小型微型企业发展中面临的突出问题。尽管金融部门针对中小企业融资问题做了大量工作，但小型微型企业融资难仍未根本解决。国家统计局对全国 3.9 万户规模以下小型微型工业企业抽样调查显示，今年一季度有银行贷款需求的企业中，41.9% 的企业没能从银行获得资金，微型企业达 45.7%。一些大企业拖欠小型微型企业货款的行为，加剧了小型微型企业流动资金的紧张。很多小型微型企业形象地说，不和大企业配套就没有市场，是“等死”，而配套了是“找死”。

小型微型企业面临的这些新问题，不仅影响自身发展，也直接影响着我国经济健康运行与社会和谐发展。去年，企业老板“跑路”、“高利贷”等问题的出现，表明小型微型企业经营困难已经对经济和社会发展产生了重要的影响。对此，党中央、国务院高度重视，家宝、克强、德江、岐山、马凯等国务院领导同志多次批示要求相关部门研究应对措施。家宝总理去年 10 月去浙江温州调研，去年 10 月 12 日和今年 2 月 1 日两次主持召开国务院常务会议专题，研究部署支持小型微型企业发展的政策措施，提出了支持小型微型企业财税金融方面的 9 条措施。德江同志也两次主持召开会议，研究部署支持小型微型企业发展的政策措施，多次强调要大力发展中小企业，进一步夯实实体经济基础。4 月 19 日，国务院正式印发了国发 14 号文件。为应对今年的经济困难，温总理说有两个途径非常重要，一是支持实体经济，特别是小型微型企业发展；二是放活民间资本，支持民营企业发展。由于民营企业和中小企业互为主体，温总理提出的这两个途径，都是要求支持中小企业特别是小型微型企业发展。因此，大力支持小型微型企业发展，是应对复杂经济形势、实现经济稳中求进的重要途径。

今年，“两会”（十一届全国人大五次会议和全国政协十一届五次会议）代表对小型微型企业也十分关注。去年我部共办理“两会”建议和提案 730 件，其中，中小企业领域 68 件。今年我部办理“两会”建议和提案 768 件，其中，中小企业领域猛增到 137 件，位居全部各司局之首。此外，全国人大今年首次要求我部牵头重点办理“关于扶持中小企业发展，健全服务小型微型企业体制机制的建议”，共打包了 23 条建议，涉及其他部委 16 个，涉及代表 132 人次。这表明，中小企业特别是小型微型企业发展问题，引起了全社会的广泛关注和重视。

（二）促进小型微型企业发展是转变经济发展方式的重要抓手

小型微型企业量大面广，行业分布几乎涉及所有的行业和领域。特别是创新型小微企业，科技含量高，带动作用强，发展潜力大，是技术创新和商业模式创新的主力军，无论是在 IT、生物、新材料等高新技术领域，还是在信息咨询、工业设计、现代物流等领域，都十分活跃。2010 年底，国家高新技术企业中的中小企业比例达 82.6%。在发展战略性新兴产业和改造传统产业，中小企业都是重要的担当者和关键之所在，是转变经济发展方式的主体力量。但小型微型企业增长方式粗放，总体素质较低，产业层次不高，协作配套差，创新能力弱等结构性问题较为突出，客观上又成为转方式、调结构的难点。如果量大面广的小型微型企业的发展方式不能转变，整个经济发展方式的转变就缺乏基础，也无从谈起。抓住了小型微型企业转变发展方式，就抓住了关键，这是重要抓手。

（三）促进小型微型企业发展是保就业、惠民生，促进社会和谐稳定的重大举措。

就业是民生之本，是最大的民生，关系人民群众的切身利益，是社会和谐安定的基础。“十二五”时期，我国就业形势将更加复杂，就业总量压力将继续加大，城镇需就业的劳动力年均达到 2500 万人，还有相当数量的农业富余劳动力需要转移就业。以高校毕业生为重点的青年就业，农业富余劳动力的转移就业，失业人员的再就业，以及就业困难群体实现就业，难度依然很大。中小企业提供了近 80% 的城镇就业岗位，是吸纳就业的主渠道。通过各种手段支持创办新企业，进一步完善创业服务体系，积极扶持吸纳就业能力强的创业型、劳动密集型中小企业特别是小型微型企业健康发展，才能扩大就业规模，切实解决就业难题，从根本上保障和改善民生，维护社会和谐稳定。

小型微型企业规模虽小，但社会贡献大，科技创新多创新快，就业覆盖广，机制灵活。经济繁荣这棵大树，离不开粗壮的主根和密密麻麻的须根输送养料，主根和须根互为依托。大企业覆盖不到的市场，其主体都是小微企业。有了合适的条件，不起眼的小微企业，也会成长为骨干企业，“须根”会成长为“主根”。因此，做好小型微型企业工作，事关经济社会发展全局，是贯穿整个现代化建设过程的一项重要战略任务。我们要从全局和战略的高度，充分认识促进中小企业特别是小型微型企业健康发展的重要性、紧迫性，切实把做好中小企业工作，作为巩固和扩大应对国际金融危机冲击成果、保持经济平稳较快发展的重要任务，采取更加有力的政策措施，着力改善小型微型企业发展环境，建立健全有利于小型微型企业发展的长效机制，促进小型微型企业持续健康、又好又快发展。

二、全面准确领会国发 14 号文件的政策精神

国发 14 号文件是国务院首次针对小型微型企业发展出台的政策意见，是当前和今后一个时期指导小型微型企业发展的纲领性文件，对帮助小型微型企业应对困难和挑战、提振信心、提升竞争能力和实现可持续发展，都具有重大而现实的意义。在国发 14 号文件起草过程中，按照国务院领导同志的要求，我们会同有关部门，吸取了各方面的意见，在大量调查研究和反复沟通的基础上，历时一年半形成了支持小型微型企业发展的一揽子政策。主要考虑了以下几个方面的情况：一是要继续深入贯彻落实《国务院关于进一步促进中小企业发展的若干意见》（国发［2009］36 号）文件，持续推进已经确定的长期任务，进一步发挥其政策效应；二是充分考虑当前小型微型企业困难尤其突出，应出台针对性更强的扶持政策；三是多数小型微型企业处于产业链低端，抗风险能力弱，必须着力引导小型微型企业加快转变发展方式和结构调整，不断提高整体素质和市场竞争力。

国发 14 号文件以解决当前中小企业特别是小型微型企业发展面临的突出问题为重点，在贯彻落实国务院两次常务会议确定的支持小型微型企业发展政策的同时，延续了国发 36 号文件部分已到期的政策，提出了针对性更强的新政策，完善了促进小型微型企业平稳较快发展的长效机制。这些政策体现了针对性、连续性和可操作性，是对国发 36 号文件的补充、丰富和完善。总体看，国发 14 号文件具有几个鲜明的特点：

一是突出了支持小型微型企业发展。当前，中小企业发展出现了一些困难和问题，但不是所有的企业都有问题。从企业规模上看，小型微型企业的困难更为突出。以前，我们很多政策实际上都落到了大中型企业身上，小型微型企业难以享受。但是，小型微型企业基础薄弱，科研能力低，抗风险能力差，处于弱势，恰恰又是最需要得到帮助的企业群体。国发 14 号文件按照新的划型标准，重点支持小型微型企业，提出了有针对性的政策措施，重点明确，含金量高，内容丰富。

二是突出了对小型微型企业财税、金融支持。当前，小型微型企业遇到的困难，有人说超过金融危机时期。因此，国发 14 号文件针对小型微型企业困难，提出了一系列财税、金融、市场等方面的政策措施。如：在资金方面，提出逐年扩大中小企业专项资金规模，并向小型微型企业和中西部地区适当倾斜，今年为 141.7 亿元。在税收方面，提高了增值税和营业税的起征点，将小型微利企业减半征收所得税政策延长到 2015 年底并扩大范围等。在政府采购方面，明确各部门政府年度采购应当安排不低于项目预算总额 18% 的份额，专门面向小型微型企业。实际上，给中小企业市场往往比给资金更重要。在解决融资难方面，优先支持符合条件的商业银行，发行专项用于小型微型企业贷款的金融债；适当放宽限制，加快发展小金融机构；鼓励为中小企业提供设备融资租赁服务；推动建立担保机构与银行业金融机构间的风险分担机制等。在减轻企业负担方面，清理取消各种不合理收费，加大减负工作的监督检查力度，三年内对小型微型企业免征部分管理类、登记类和证照类行政事业性收费等。对小型微型企业要少取多予，不合理的负担要坚决取缔。

三是突出了技术创新和转型升级。当前中小企业发展的困难，不仅有政策性因素，也有结构调整缓慢和不适应等问题。国发 14 号文件在贯彻落实现行对小型微型企业的财税金融扶持政策以外，还特别强调要提升小型微型企业的创新能力，以支持创新型、创业型和劳动密集型企业作为重点，加强小型微型企业知识产权的创造、保护、运用和管理。如：中央预算内投资扩大安排用于中小企业技术进步和技术改造资金规模；实施中小企业创新能力建设计划、知识产权战略推进工程和信息化推进工程；实施中小企业管理提升计划；加强质量诚信体系和质量检验检疫公共服务平台建设；支持和培育小企业创业基地、科技孵化器，鼓励小型微型企业发展战略性新兴产业，走“专精特新”之路，发展运用电子商务、信用销售、信用保险，培育商贸企业集聚区，加大市场开拓力度等。

四是突出了建立促进小型微型企业发展的长效机制。国发 14 号文件中政策的出发点和着力点，不仅针对当前融资难、税费负担重、生产成本上升快等问题，而且紧紧抓住中小企业转型升级缓慢、创新能力弱、管理粗放、自身素质不高、难以适应国内外经济形势变化和经济结构战略性调整这个主要矛盾，在推进结构调整、提升创新能力、健全服务体系、提高企业素质、加大财税支持、结构性减税、改进金融服务等方面，研究制定了一揽子政策措施，重点在建立支持小型微型企业健康发展长效机制上提出了具体要求。主要通过财税、社会保障及监督考核等手段，保障政策的延续性和长效性。比如，结合深化税收体制改革，提出了完善结构性减税政策，研究完善扶持小型微型企业发展的税收制度；中央财政从 2012 年起，分 5 年安排 150 亿元，设立国家中小企业发展基金，引导社会资金投资早期创业企业；对企事业单位、社会团体和个人等向基金捐赠资金的，给予一定比例的所得税税前扣除；完善职工社会保障政策。针对目前大企业拖欠小企业

资金的突出问题，国发 14 号文件特别提出了，要研究制定防止大企业长期拖欠小企业资金的政策措施。在提升企业自身素质方面，提出了要支持管理创新、提高质量管理水平、加强人力资源开发等，强调要继续实施国家中小企业银河培训工程和企业经营管理人才素质提升工程，以小型微型企业为重点，每年培训 50 万名经营管理人员和创业者。国发 14 号文件还明确支持鼓励高校毕业生到小型微型企业就业。

五是突出了营造小型微型企业的发展环境。从根本上讲，促进小型微型企业发展要靠环境、靠服务。国发 14 号文件在这方面提出了很多要求。比如，在公共服务体系建设方面，提出了到 2015 年，支持建立和完善 4000 个为小型微型企业服务的公共服务平台，重点培育和认定 500 个国家中小企业公共服务示范平台。实施中小企业公共服务平台网络建设工程。在土地安排方面，要优先安排用地指标，规划建设小型微型企业发展基地、孵化器和集聚区，着力解决小型微型企业用地难问题。在改善集聚发展环境方面，提出要建立支持集聚发展的电子商务、物流和信息等公共服务体系，加大财政资金对集聚区建立标准厂房的支持和补贴等。

六是突出了完善体制机制。中小企业工作涉及方方面面，是一项系统性工程。为此，国发 14 号文件强调，要发挥国务院促进中小企业发展工作领导小组的统筹规划、组织领导和政策协调的作用。国发 14 号文件还要求，把小型微型企业有关工作列入各地区、各有关部门年度工作考核范围，加强监督检查和政策评估。同时，还对建立和完善小型微型企业统计调查、监测分析和定期发布制度等提出了要求。这方面，也是当前中小企业工作中的一个薄弱环节。

三、加大力度，狠抓落实，做好文件的贯彻落实工作

当前和今后一个时期，各级中小企业管理部门要认真贯彻马凯同志的重要讲话精神，全面落实党中央、国务院关于促进小型微型企业发展的决策部署，准确把握形势，狠抓政策落实，把贯彻落实国发 14 号文件与推动中小企业科学发展和转变经济发展方式结合起来，与深入开展中小企业服务年活动结合起来，与优化小型微型企业发展环境结合起来，扎实抓好各项工作。

（一）抓紧细化配套政策措施

大家经常说，政策制定难，落实更难。国发 14 号文件的内容丰富，指向明确，需要进一步细化配套措施，确保落实到位。我们已经召开了国务院促进中小企业发展工作领导小组办公室会议，研究了各部门的分工意见，要按照国务院领导同志的要求，抓紧协调上报。各地需要结合本地实际，从融资、服务、用地、减轻企业负担等企业最关心的关键点入手，研究制定配套办法，上下联动，促进本地小型微型企业发展工作的机制化、长效化。天津、浙江、广东等地已经下发扶持小型微型企业发展的相关政策意见，行动迅速，措施有力。各地中小企业主管部门要充分发挥本地中小企业领导协调机制的作用，加强与相关部门的沟通协调，形成合力，促进小型微型企业健康发展。

（二）与深入开展中小企业服务年活动结合

今年，我部在全国深入开展了以“服务企业，助力成长”为主题的中小企业服务年活动。深入开展中小企业服务年活动，是全面推动中小企业工作的重要载体。目前，各地服务年活动都在紧张有序地开展。要把宣传贯彻国发 14 号文件，与中小企业服务年活动有机结合起来，以优化环境为核心，以完善政策法规体系，构建公共服务体系为支撑，全面实施“十二五”工业转型升级规划和中小企业成长规划，着力解决小型微型企业发展中面临的突出困难和问题，全面提升小型微型企业的素质和管理水平。要不断创新工作思路和方法，切实改进机关工作作风，提高效率，让中央的政策落地，让小型微型企业实实在在受益。

（三）切实减轻企业负担，加大监督检查力度

相对而言，小型微型企业税费负担较重，也比较敏感。因此，各地要充分认识到减轻小型微型企业负担的重要性，要按照文件的要求，加大对乱收费、乱罚款和各种摊派行为的监督检查力度，坚决清理和取消各种不合理收费。要加强社会监督，特别是发挥媒体的作用，对那些随意性大、规范性差的部门收费项目，要进行曝光。要与有关部门协调，对虽然合理但对小型微型企业来说负担较重的收费项目进行研究，能减的要切实减下来。最近，我部要召开企业减负专项行动电视电话会议，专题部署相关工作。

（四）加强对促进小型微型企业发展工作的监督考核

不管是政策的落实，还是工作的推进，都要靠好的体制机制来保证，在工作中形成常态，目标管理和考核机制至关重要。国发 14 号文件明确将小型微型企业有关工作列入各地区、各部门年度考核范围。各地要推动建立对小型微型企业发展的目标管理和考核奖惩机制，把小型微型企业发展目标分解到部门，落实到人，加强督促检查和跟踪问效。各地要加强小型微型企业运行监测工作，密切关注小型微型企业的发展动态，对小型微型企业遇到的困难，及时总结上报。

（五）加强舆论宣传，营造良好氛围

引导和动员各类新闻媒体加强政策宣传，确保文件精神及时传达到小型微型企业。国发 14 号文件正式印发后，我们迅速对文件进行了解读，后续还将通过专访、专栏、专题报道等形式，不断加大宣传力度，扩大宣传范围，努力营造全社会关注支持小型微型企业发展的良好氛围。

同志们，促进小型微型企业健康发展，是我国经济社会发展的长期战略。深入贯彻落实国发 14 号文件，是一项责任重大、使命光荣的重要任务。各地要通过贯彻落实国发 14 号文件，切实提高部门工作的能力和水平，改进对小型微型企业的服务质量，

让千家万户的小型微型企业实实在在受益，感受到党和政府的温暖，让人民群众满意。我们要按照科学发展观的要求，立足长远，开拓创新，扎实推进各项工作，全力促进小型微型企业平稳健康发展，以优异的成绩迎接党的十八大胜利召开。

谢谢大家！

在第七届 APEC 中小企业技术交流暨展览会开幕式上的致辞

工业和信息化部党组书记、部长　苗圩

尊敬的伊尔曼·古斯曼主席，尊敬的桑国卫副委员长，尊敬的刘奇葆书记，各位来宾、女士们、先生们：

上午好。今天，第七届 APEC 中小企业技术交流暨展览会在成都隆重开幕了。这是 APEC 地区中小企业的又一次盛会。在此，我代表组委会，对出席开幕式的各位来宾、各位朋友表示热烈的欢迎！

中小企业是推动经济和社会发展的重要力量。APEC 各成员经济体高度重视中小企业发展，不断强化政策支持、营造良好环境，充分发挥其在繁荣经济、增加就业、改善民生、推动创新等方面的重要作用。

当前，世界经济正在缓慢复苏，但曲折性、艰巨性进一步显现，国际金融危机深层次影响仍在持续，欧债危机前景依旧复杂多变，中小企业发展面临着严峻的挑战。但是，经济全球化、信息化深入发展，和平、发展、合作仍是时代潮流，世界正在进入空前的创新密集和产业振兴时代，新的市场、新的需求和新的经济增长点正在形成，机遇总是大于挑战。APEC 各成员经济体中小企业数量众多，进一步加强彼此间中小企业的交流合作，有利于推动中小企业共同应对挑战、渡过难关，有利于增强本地区经济社会发展的后劲与活力。中国愿继续同 APEC 各成员经济体一道，不断拓展合作领域，深化合作机制，提升合作水平，大力推动 APEC 地区中小企业共同、可持续发展。

APEC 中小企业技展会是在中国举办的规模最大、层次最高的亚太经合组织展会，也是 APEC 组织重点倡导和支持的活动之一，旨在为亚太地区中小企业搭建一个技术交流、经贸合作与投资促进的平台，帮助中小企业开拓国际市场，提高国际竞争力。APEC 中小企业技展会已成功举办六届，展会规模不断扩大，规格不断提高，影响力不断增强，为促进亚太地区中小企业间的技术交流与经贸合作发挥了重要作用。本届 APEC 中小企业技展会以“技术提升经济，合作创造未来”为主题，将集中展示 APEC 各成员经济体中小企业的新技术、新产品，深入探讨中小企业转型成长等热点话题，推动 APEC 各成员经济体中小企业间的交流与合作提高到一个新的层次和水平。

我相信，通过各方面的共同努力，本届 APEC 中小企业技展会一定能够取得圆满成功。

谢谢大家！

在第四届 APEC 中小企业对话世界 500 强财富论坛上的主旨演讲

工业和信息化部党组书记、部长　苗圩

尊敬的桑国卫副委员长，尊敬的刘奇葆书记，女士们、先生们、朋友们：

上午好。在中国的传统佳节端午节即将到来之际，来自世界各地的专家学者、企业家、政府官员和国际组织代表汇聚一堂，共同参加第四届 APEC 中小企业对话世界 500 强财富论坛。论坛以“创新与传承”为主题，深入探讨中小企业与大企业合作共赢、创新发展的热点话题，很有意义也很有必要。我代表中国工业和信息化部，对各位嘉宾的到来表示诚挚的欢迎！

科学技术是第一生产力，是推动人类文明进步的革命性力量。特别是在当今时代，科技竞争在综合国力竞争中的地位更加突出，科技创新和技术进步已成为经济增长的主要动力源泉。当前，世界主要国家为了摆脱国际金融危机影响和推动经济复苏增长，克服全球共同面临的能源资源环境等重大问题，纷纷加大科技投入，抢占科技制高点，争取发展主动权。全球正进入到一个创新密集和新兴产业快速发展的时代，新技术革命和产业革命初现端倪，一些重要科技领域显现发生革命性突破的先兆。信息技术、生物技术、纳米科技、认知科技呈现群发突破的生动景象，知识创新、技术创新和产业创新深度融合催生新一代技术群和新产业生长点。能源资源科技将推动能源结构战略性调整、促进可持续能源和资源体系的形成，材料和制造技术将加速绿色化、智能化、可再生循环的进程，空间海洋和平利用和开发将为可持续发展提供巨大增量资源，生态环境保护能力提升将有力促进人与自然和谐相处。紧紧抓住新一轮科技革命机遇，充分发挥科技的引领和支撑作用，大力加强科技创新、加快科技进步，是促进世界经济复苏以至强劲增长的必然要求，是加快产业结构调整升级、增强核心竞争力的迫切需要，是保障和改善民生的重要任务。

中国高度重视加强科技创新，按照建设创新型国家、加快转变经济发展方式的要求，深入实施科教兴国战略和人才强国战略，大力增强科技创新能力，加快科技成果转化和产业化，促进科技和经济紧密结合。中国致力于推动企业成为科技创新投入、科技创新活动、科技成果应用的主体。目前，在中国，中小企业提供了全国约 65% 的发明专利、75% 以上的企业技术创新和 80% 以上的新产品开发，已成为促进我国科技进步的重要主体和生力军。无论是在信息、生物、新材料等高新技术领域，还是在信息咨询、工业设计、现代物流等新兴服务业，中小企业的创新都十分活跃。大量新技术、新产品和新服务、新的商业模式源自中小企业。改造提升传统产业，培育发展战略性新兴产业，中小企业都是重要的担当者和关键之所在。

女士们、先生们，中小企业是推动经济和社会发展的重要力量。在中国，中小企业数量占企业总数的99%，创造了近六成左右的经济总量和近一半的财政税收，提供了近八成的就业岗位，在繁荣城乡经济、增加财政收入、扩大社会就业、促进科技创新、优化经济结构等方面，发挥着不可替代的重要作用。当前，世界经济正在缓慢复苏，但曲折性、艰巨性进一步显现，国际金融危机深层次影响仍在持续，欧债危机前景依旧复杂多变，中小企业特别是小型微型企业发展面临的困难尤为突出。加强中小企业科技创新，通过应用新型适用技术，大力发展专业化生产，主动融入大企业的技术、产品协作配套体系，与大企业形成合理的市场分工，能够增强其抗风险能力和适应经济形势变化的能力；加强技术创新和商业模式创新，进入大企业没有涉及的领域，可以更好地拓展自身发展空间，填补市场空白；通过加强技术创新，将不仅能够实现自身的成长和发展，也将有力促进与大企业的合作共赢发展。在科技创新中，大企业是引领者，中小企业是重要担当者。中国工业和信息化部将进一步采取有效措施，大力推进中小企业科技创新，不断提高整体素质和抗风险能力，促进中小企业特别是小型微型企业实现创新发展。

一是着力提升中小企业创新能力。继续实施中小企业创新能力建设计划，加快完善和落实相关政策，引导和支持创新要素向中小企业集聚，推动建立以企业为主体、市场为导向、产学研相结合的技术创新体系，增强中小企业创新的动力和活力。鼓励和引导中小企业加大创新投入，建立研发机构，大力加强技术创新、管理创新和商业模式创新，参与产业共性关键技术研发、重要科技计划项目以及标准制定。

二是着力推进中小企业结构调整。大力加强企业技术改造，支持中小企业运用先进适用技术以及新工艺、新材料、新装备，改造提升传统产业，培育发展战略性新兴产业，淘汰落后产能、加快技术和产品升级换代、提高先进产能比重，增强新产品开发和品牌创建能力，提升节能减排和安全生产水平。实施中小企业成长规划，引导中小企业走集聚发展和“专精特新”之路，支持高成长性和优势中小企业做强做大。

三是着力推进科技成果转移、扩散和应用。继续实施中小企业信息化推进工程，加快信息技术在中小企业研发、制造、管理和服务等方面的普及推广和深化应用，鼓励信息技术企业等为中小企业提供信息化应用平台。推进产学研密切合作，鼓励面向中小企业转移扩散技术创新成果，加快新技术和先进适用技术在中小企业的推广应用，促进科技成果转化和产业化。

四是着力加强和改进对中小企业的创新服务。实施中小企业知识产权战略推进工程，不断提高中小企业知识产权创造、运用、保护和管理水平。发挥政策引导和市场机制作用，调动和优化配置服务资源，健全和完善中小企业服务体系。支持建设面向中小企业的技术创新服务平台，鼓励各类技术服务机构、技术市场和研究院所为中小企业提供优质的技术服务。进一步提高中小企业信息获取能力和信息开发能力。

五是着力加强中小企业领域的国际交流与合作。目前，中国与美国、德国、瑞典、韩国、日本等12个国家签订了中小企业合作协议，推动中小企业参与经济技术交流合作。中国政府愿同各方分享鼓励中小企业技术创新的经验和有效做法，与亚太各成员经济体加强合作，相互借鉴，携手共进，互惠共赢，促进亚太地区中小企业形成良性互动发展，不断实现新的跨越，为全球经济复苏增长发挥更大的作用。

女士们、先生们，推动中小企业的经济技术交流是APEC重点合作领域，受到各成员经济体的高度重视。APEC中小企业技展会，是APEC重点倡导和支持在中国举办的规模最大、层次最高的重要展会活动，同时也是中国政府积极参与APEC事务、推动亚太地区中小企业经济技术合作的重要举措。本次论坛紧扣时代主题，深入探讨中小企业在实现科技与经济融合中的重要作用，研究如何加强中小企业与大企业的分工协作，促进创新成果在APEC中小企业与世界500强企业之间的交流合作。我相信，通过举办本次论坛，必将有力地促进亚太地区中小企业的合作共赢与创新发展。

谢谢大家！

深入贯彻国发14号文件促进小型微型企业健康发展

——在《紫光阁》杂志2012年第6期上的署名文章

工业和信息化部党组书记、部长　苗圩

为进一步支持小型微型企业健康发展，4月19日，国务院发布了《关于进一步支持小型微型企业健康发展的意见》（国发〔2012〕14号，以下简称国发14号文件）。这是国务院针对当前小型微型企业经营压力大、成本上升、融资困难和税费偏重等问题出台的全面支持小型微型企业健康发展的重要的政策性文件，对于帮助小型微型企业提振信心，稳健经营，提高盈利水平和发展后劲，增强企业的可持续发展能力具有重要的现实意义。

一、支持小型微型企业健康发展具有重要意义

中小企业特别是小型微型企业在增加就业、促

进经济增长、科技创新与社会和谐稳定等方面具有不可替代的作用，对国民经济和社会发展具有重要的战略意义。党中央、国务院始终高度重视中小企业发展，相继制定了一系列促进中小企业发展的法律法规和政策措施。2003年国家颁布了《中小企业促进法》，2005年国务院下发了鼓励、支持和引导非公有制经济发展的文件，2009年为应对国际金融危机出台了进一步促进中小企业发展的文件（以下简称国发36号文件），2010年为鼓励引导民间投资健康发展国务院又制定了促进民间投资的文件。各地区、各部门认真贯彻落实中央的决策部署和政策措施，并结合本地区、本部门实际出台了一系列配套政策措施。

受国际金融危机和国内外复杂多变的经济形势的影响，2010年下半年以来，中小企业发展遇到了一些新的困难和挑战。突出表现在资金、用工、原材料等方面生产要素成本不断上升，融资难更加突出，税费负担偏重，生产经营压力加大，同时企业自身素质还有待提高，这些问题引起社会各方面的广泛关注。面对新情况、新问题，党中央、国务院高度重视，要求有关部门科学地、准确地判断中小企业面临的形势、发展的态势，全面地分析中小企业面临的困难、存在的问题，认真研究相关措施加以解决。

去年以来，温家宝总理专门赴浙江等地调研，并主持召开国务院常务会议，研究确定了支持小型微型企业发展的9条财税金融政策。李克强副总理在安徽等地调研时，多次强调要改善中小企业发展环境。张德江副总理2010年四季度以来多次作出重要批示，去年11月和12月，还分别主持召开部分地区中小企业工作座谈会和国务院促进中小企业发展工作领导小组会议，听取地方和部门意见建议。按照国务院领导同志的批示要求，工业和信息化部发挥国务院促进中小企业发展工作领导小组办公室的作用，先后三次会同领导小组成员单位开展了密集调研，广泛听取了中小企业和社会各方面的意见建议，并先后五次召开领导小组办公室会议，研究分析中小企业发展的新情况新问题，加强协调，研究进一步的扶持政策和措施。今年2月1日，温家宝总理主持召开国务院常务会议，研究部署进一步支持小型和微型企业健康发展的政策措施。4月19日，《国务院关于进一步支持小型微型企业健康发展的意见》正式印发。

国发14号文件在加大财税支持、缓解融资困难、推动创新发展、支持开拓市场、提高管理水平、促进集聚发展、加强公共服务等方面，提出了29条政策措施。这些政策重点突出、指向性强，既帮助企业解决外部困难，又注重引导企业增强内生动力，还提出了支持企业长期平稳健康发展的长效机制。

二、准确把握文件的主要精神

在研究起草国发14号文件的过程中，我们主要考虑了以下几个方面的情况：一是要继续深入贯彻落实国发36号文件，持续推进已经确定的长期任务，进一步发挥其政策效应；二是充分考虑当前小型微型企业困难尤其突出，应出台针对性更强的扶持政策；三是多数中小企业处于产业链低端，抗风险能力弱，必须着力引导中小企业加快转变发展方式和结构调整，不断提高整体素质和市场竞争力。

为此，国发14号文件以解决当前中小企业特别是小型微型企业发展面临的突出问题为重点，在贯彻落实国务院两次常务会议确定的支持小型微型企业发展政策的同时，延续了国发36号文件部分已到期的政策，提出了针对性更强的新政策，完善了促进中小企业平稳较快发展的长效机制。

一是突出了支持小型微型企业发展。当前，中小企业发展出现的困难和问题有以下特点。从企业规模上看，小型微型企业存在的困难更突出。以前，我们很多政策实际上都落到了大中型企业身上，小型微型企业难以惠及，而小型微型企业恰恰又是抗风险能力差、处于弱势的企业群体。国发14号文件按照新的划型标准，把政策支持的重点放在小型微型企业上，提出了有针对性的政策措施。如：在资金方面，提出逐年扩大中小企业专项资金规模，并向小型微型企业和中西部地区适当倾斜。在政府采购方面，明确各部门政府采购应当安排不低于年度政府采购项目预算总额18%的份额专门面向小型微型企业。在解决融资难方面，优先支持符合条件的商业银行发行专项用于小型微型企业贷款的金融债；适当放宽限制，加快发展小金融机构；鼓励为中小企业提供设备融资租赁服务；推动建立担保机构与银行业金融机构间的风险分担机制等。

二是突出了技术创新和转型升级。当前造成中小企业发展困难，不仅有发展环境的因素，也有结构调整缓慢和不适应等问题。国发14号文件在贯彻落实现行对小型微型企业财税金融扶持政策同时，还特别强调要提升小型微型企业的创新能力，以支持创新型、创业型和劳动密集型企业作为重点，加强对小型微型企业知识产权的创造、保护、运用和管理。如：中央预算内投资扩大安排用于中小企业技术进步和技术改造资金规模；实施中小企业创新能力建设计划、知识产权战略推进工程和信息化推进工程；实施中小企业管理提升计划；加强质量诚信体系和质量检验检疫公共服务平台建设；支持和培育小企业创业基地、科技孵化器，鼓励小型微型企业发展战略性新兴产业，走“专精特新”之路，发展运用电子商务、信用销售、信用保险，培育商贸企业集聚区，加大市场开拓力度等。

三是突出了建立促进小型微型企业发展的长效机制。国发14号文件中在建立支持小型微型企业健康发展长效机制上提出了具体要求。主要通过财税、社会保障及监督考核等手段，保障政策的延续性和长效性。比如，结合深化税收体制改革，提出了完善结构性减税政策，研究完善扶持小型微型企业发展的税收制度；中央财政从2012年起，分5年安排150亿元，设立国家中小企业发展基金，引导社会资金投资早期创业企业；对企事业单位、社会团体和个人等向基金捐赠资金的，给予一定比例的所得税税前扣除；完善职工社会保障政策。针对目前大企业拖欠小企业资金的突出问题，国发 14 号文件特别提出了要研究制定防止大企业长期拖欠小企业资金的政策措施。

四是突出了发挥领导小组机制的作用。中小企业工作涉及方方面面，是一项系统性工程。为此，国发 14 号文件强调了要发挥国务院促进中小企业发展工作领导小组的统筹规划、组织领导和政策协调的作用。国发 14 号文件还要求把促进中小企业发展列入各地区、各有关部门年度工作考核范围，加强监督检查和政策评估。同时，还对建立和完善小型微型企业统计调查、监测分析和定期发布制度提出了要求。

三、切实抓好国发 14 号文件的贯彻落实，确保各项政策措施落到实处

促进小型微型企业平稳较快发展是一项具有长期性、战略性的重要任务。党中央、国务院关于进一步支持小型微型企业健康发展的方针政策已定，如何将这些方针政策落到实处，是当前和今后一段时期的重要任务。我们要准确把握形势，狠抓政策落实，把贯彻落实国发 14 号文件与推动中小企业科学发展和转变经济发展方式结合起来，与深入开展中小企业服务年活动结合起来，与优化中小企业发展环境结合起来，围绕国发 14 号文件的贯彻落实，扎实抓好各项工作。

一方面，为落实好进一步支持小型微型企业健康发展的各项政策，国发 14 号文件明确了各地区、各部门的工作职责。一是要求各级政府和有关部门按照分工和职责确保文件的政策尽快落实到位；二是要求充分发挥领导小组的统筹规划、组织领导和政策协调作用，加强监督检查和政策评估，将小型微型企业有关工作列入各地区、各有关部门年度考核范围；三是要求各地区、各部门要结合实际，制定贯彻国发 14 号文件的具体办法，加大对小型微型企业的扶持力度，创造有利于小型微型企业发展的良好环境。

另一方面，为进一步促进中小企业特别是小型微型企业健康发展，3 月 22 日，工业和信息化部在全国范围启动实施了以“服务企业、助力成长”为主题的中小企业服务年活动，并以贯彻落实国发 14 号文件作为服务年的重点服务内容。一是以推动国务院扶持小型微型企业健康发展政策措施的贯彻落实和“十二五”中小企业成长规划实施为重点，建立完善的多层次宣贯体系，为小型微型企业提供政策咨询服务。二是以缓解中小企业融资难为重点，促进中小企业间接融资环境优化，继续落实工业和信息化部与工、农、中、建四大银行签署的合作备忘录，务实推进与建行、交行、国开行等银行签署的合作协议，加快中小企业融资第三方平台建设，为小型微型企业提供投资融资服务。三是以支持三型企业为重点，细化三型企业标准，加大支持力度，为小型微型企业提供创业创新服务。四是以改善中小企业公共服务、帮助企业开拓市场为重点，组织带动服务资源，提升中小企业公共服务水平，促进中小企业转型升级，为小型微型企业提供转型升级服务。五是以实施管理提升计划为重点，组织开展人员培训和管理咨询等服务活动，帮助中小企业培养人才，提高管理水平，为小型微型企业提供管理提升服务。六是加大宣传力度，营造良好舆论氛围，提升全社会对中小企业的认识，形成扶持、促进中小企业发展的共识，提振中小企业信心，扩大中小企业服务年活动的社会影响，为小型微型企业提供舆论宣传服务。

在第九届中国国际中小企业博览会开幕式上的致辞

工业和信息化部党组书记、部长 苗圩

尊敬的汪洋书记，尊敬的厄瓜多尔胡安·弗朗西斯科·巴彦先生，尊敬的越南阮成辺先生，各位来宾、女士们、先生们：

大家上午好！

今天，第九届中国国际中小企业博览会在广州隆重开幕了。在此，我谨代表中国工业和信息化部和组委会，向联合主办国厄瓜多尔、越南两国表示感谢，向来自世界各国的各位来宾、各位朋友表示热烈的欢迎！

中小企业是推动经济和社会发展的重要力量，也是世界各国繁荣经济、增加就业、改善民生、推动创新的重要基础。

中国政府高度重视中小企业发展，坚持以“互利互惠、合作共赢”的原则，积极推动世界各国的中小企业在更大范围、更广领域、更高层次上加强合作。

中国国际中小企业博览会是在中国举办的规模最大、层次最高的国际中小企业展会，旨在为世界各国的中小企业搭建一个“展示、交易、交流、合作”的平台，帮助中小企业开拓国际市场，提高竞争能力，已经成为世界各国的中小企业进入中国、中国的中小企业走向世界的重要桥梁。

当前，国际金融危机深层次影响远未消除，世界经济复苏进程艰难曲折，中小企业面临的困难和挑战明显增多，所受的冲击更为严重。但是，危机永远阻挡不了人类社会发展进步的脚步。历史经验表明，每一次危机的背后都蕴含着巨大的机遇，机遇总是大于挑战。当今世界正在进入空前的创新密集和产业振兴的时代，各领域的科技创新层出不穷，新的市场、新的需求和新的经济增长点正在形成。为此，中国政府正在积极引导中小企业加快结构调整和产业升级，抢抓新一轮的发展机遇，出台了一系列扶持中小企业发展的政策措施。目前，中国经济的基本面是好的，发展的态势没有改变，有条件保持经济长期平稳较快发展。我们愿同世界各国一道，携手共进，充分发挥中国国际中小企业博览会

的桥梁和纽带作用，不断拓宽合作领域，深化合作机制，积极帮助中小企业应对危机，进一步推动世界各国中小企业的共同发展，为促进世界经济恢复增长、赢得长远发展奠定更加坚实的基础。

最后，预祝第九届中国国际中小企业博览会取得圆满成功！

谢谢大家！

在全国中小企业工作座谈会上的讲话

工业和信息化部党组书记、部长　苗圩

同志们：

这次在中博会期间召开全国中小企业工作座谈会，主要目的是总结交流贯彻落实国发14号文件的工作情况，研究分析当前中小微企业发展面临的新形势、新问题，部署相关工作，进一步统一思想，增强信心，促进中小微企业平稳健康发展。刚才，广东、辽宁、湖南、陕西、重庆、山东、浙江等七省（市）介绍了贯彻落实国发14号文件的工作情况，大家都讲得很好，我很受启发。下面，我讲几点意见。

一、贯彻落实国发14号文件取得积极进展

党中央、国务院高度重视中小微企业发展，出台了一系列方针政策，今年又针对小型微型企业发展，出台了《国务院关于进一步支持小型微型企业健康发展的意见》，就是国发14号文件，政策的密集度和力度前所未有，方针和任务十分明确。我们迅速召开了会议，传达了国务委员、国务院秘书长马凯同志的重要讲话精神，部署了国发14号文件的贯彻落实工作。最近，家宝总理先后到湖北、江苏、四川、浙江、广东等地调研经济运行情况，总理在调研和主持的经济形势分析座谈会中，多次强调要高度关注中小企业发展和各项政策措施效果。总理说，在经济比较困难的情况下，更要增强信心，尤其对劳动密集型企业和中小企业要给予特殊扶持。总理还多次指示，要加大对现有政策的贯彻落实。应该说，经过各地、各部门的共同努力，促进中小微企业发展的各项工作，特别是国发14号文件的贯彻落实工作取得积极进展。

（一）深化国发14号文件的学习贯彻工作。各地、各部门全面做好学习宣传工作，采取多种方式，组织和利用各种媒体，广泛宣传国发14号文件精神和政策内容，形成有利于小型微型企业发展的良好氛围。进一步细化、实化国发14号文件分工和配套政策。截至8月底，全国21个省（区、市）出台了国发14号文件的实施意见，9个省（区、市）的实施意见将于近期出台。刚才，广东等7个发言的省（市）介绍了这方面的情况。

国务院相关部门围绕国发14号文件的贯彻落实，加大了财税、金融、产业、科技、就业、公共服务等方面政策的协同与配合，形成了落实国发14号文件的分工方案，上报国务院。8月2日，国务院办公厅印发了《进一步支持小型微型企业健康发展重点工作部门分工方案》，涉及27个相关部门，75项具体任务。目前，各部门正在根据分工方案，明确进度安排，抓紧出台相关政策。

（二）推动财税政策逐步落实。在各地、各部门的共同努力下，国发14号文件的相关财税政策逐步兑现。在资金支持方面，中央预算内扶持中小企业发展的141.7亿元专项资金已全部安排，今年既有增加，也在使用方式上进行了调整，主要是切块地方安排，突出加强对小型微型企业和中西部地区的支持。其中，涉及我部掌握的33.2亿元资金已经安排，80%以上的发展专项资金用于直接支持小型微型企业项目和改善中小企业服务环境项目，90%的信用担保资金用于支持对小型微型企业的担保业务。国家中小企业发展基金相关工作也有了新的进展，方案和办法已经多次讨论修改。财政部部长助理刘红薇同志和宏任同志，多次主持会议，听取了有关部门和专家对方案和办法的意见。全国省级中小企业管理部门掌握的省级中小企业专项资金，规模由去年的39.67亿元增加到今年的52.40亿元，增速超过30%。其中，25个省（市）加大了财政资金的支持力度，辽宁省的中小企业发展专项资金增长100%，江苏、四川省还分别新增5000万元，专项用于扶持小微企业发展。此外，山东省17个市的专项资金同比增长了36.5%。在税收政策方面，比如提高增值税、营业税起征点政策，各省（区、市）都按起征点上限执行。据税务总局测算，提高增值税、营业税起征点，2011年全年减少约290亿元税收收入，惠及924万个体工商户。我部与财政部、海关总署、税务总局下发通知，明确了国家中小企业公共技术服务示范平台科技开发用品进口享受免税政策的条件和程序。上海浦东软件平台有限公司等首批10家示范平台获得免税资格。在减轻小型微型企业负担方面，组织实施了全国企业减负专项行动，特别在减轻企业负担电视电话会议后，各地迅速行动起来，陆续出台具体实施方案。江苏、浙江、山西、湖南、四川等地出台了清理行政事业性收费、建立小微企业直通车、推行收费明白卡制度等具体措施，帮助小微企业减轻负担。

（三）缓解小型微型企业融资难取得新进展。各地、各部门采取积极措施，推动金融机构加大对小型微型企业融资的支持力度。据人民银行统计，截至今年6月末，小微企业贷款余额10.87万亿元，占全部企业贷款的28.2%，同比增长21.4%，增速比同期大、中型企业贷款分别高10.1个和5.9个百分点。小额贷款公司快速发展，截至今年6月末，全国共有小额贷款公司5267家，比去年底增加了1085家，增长了25.3%；贷款余额4893亿元，上半年新增贷款977亿元。引导融资性担保机构加大对小型微型企业的贷款担保支持。提高了对小型微

型企业和较小额度担保业务的补助比例，2012年支持小型微型企业低收费担保业务达到6038亿元，受保企业超过16万户。我部与税务总局继续开展对符合条件的中小企业信用担保机构免征三年营业税工作。依托现有的电子商务平台，积极推进中小企业第三方融资服务平台建设。

（四）着力支持创新型、创业型和劳动密集型小型微型企业发展，加快结构调整步伐。中小企业发展专项资金今年把创新型、创业型和劳动密集型小型微型企业作为支持重点。进一步加大企业技术改造和技术创新的支持力度。中小企业工业技术改造资金，我部与发展改革委下达了2012年资金35亿元，支持项目1803个，带动企业投资425亿元。最近，国务院下发了《关于促进企业技术改造的指导意见》，全国企业技术改造工作会议已进行部署，小型微型企业的技术改造将得到进一步加强。继续深入实施中小企业信息化推进工程、中小企业知识产权战略推进工程，大力推动创业兴业工作。贯彻落实国务院常务会议的要求，我部会同国家工商总局、财政部印发了《关于大力支持小型微型企业创业兴业的实施意见》，推动降低企业注册门槛，简化企业创办审批程序，完善小微企业创业兴业政策，大力支持小微企业创业兴业。继续推进小企业创业基地建设，加强创业辅导服务，以创业促就业。贵州省每年拿出10亿元，采取“3个15万元”的措施，大力扶持微型企业创业兴业，即投资者出资达到10万元后，政府给予5万元补助，15万元的税收奖励，15万元额度的银行贷款支持等。今年在我们系统，河北省中小企业局创新服务处和南京理工大学机械工程学院，获得国务院授予的“全国就业先进单位”称号，值得表扬。

（五）进一步加强中小企业公共服务体系建设。实施中小企业公共服务平台网络建设工程，支持10个省市续建项目的同时，今年又批复北京等15个省（区、市）项目建设方案，新开建设项目10个，其中，省级平台10个、市县和产业集群平台277个，配合财政部安排补助资金3亿元。加强培训和信息服务，提升企业素质和管理水平。实施国家中小企业银河培训工程，加大中央财政资金支持力度，安排服务业务补助额5000万元，支持123家服务机构为中小企业提供培训和信息服务。加强中小企业人才队伍建设，实施中小企业经营管理领军人才培训工作，安排中央财政资金1000万元。引导和支持中小企业提升管理水平。继续搭建中小企业市场开拓和合作交流平台。办好今年中国国际中小企业博览会、第七届APEC中小企业技术交流暨展览会、德国汉诺威中小企业博览会等，为中小企业搭建合作交流平台。与德国经济和技术部共同举办中德中小企业合作论坛，推进中德中小企业合作示范园区建设。举办中瑞中小企业创新论坛，签署中瑞中小企业行动计划，等等。

（六）加强政府考核，落实中小微企业发展工作目标责任制。加强考核是国发14号文件的要求，是推动中小微企业工作的重要抓手。目前，各地已行动起来，强化政府目标责任，实行年度目标考核。陕西省政府对各市县区中小企业发展制定目标，实行年度考核表彰，强化各级政府责任。辽宁省将省中小企业发展年度计划目标分解落实到县区，落实了县（区）级政府中小微企业发展目标责任制；将中小微企业发展工作纳入省政府对各市政府绩效考评体系；制定了市、县（区）两级政府中小微企业发展工作的考评办法。山东首次将小型微型企业发展目标写入省政府正式文件，纳入各级政府年度考核范围，并根据职责分工分解落实到省政府各部门。其他一些省市也在着手研究考虑。这方面的工作应该提到重要议程，加大力度，加强绩效考核。

（七）深入开展中小企业服务年活动。今年是我部确定的中小企业服务年，主旨是“服务企业、助力成长”，以促进中小企业特别是小型微型企业健康发展为重点，集聚服务资源开展一系列服务活动，为企业送政策、送服务、送温暖。我们把贯彻落实国发14号文件与正在广泛开展的中小企业服务年活动有机结合起来，以服务促贯彻。各地积极响应，采取了多种方式对中小企业进行服务，收到了很好的效果。比如，在政策咨询服务方面，我部中小企业发展促进中心已组织开展中小企业政策巡讲61场，发放政策百问百答手册和国发14号文件宣传册3万余册。在创业服务方面，编印了《创办小型微型企业政策百问百答》，已组织开展创业专题巡讲15场；与教育部联合开展中小企业网上百日招聘高校毕业生活动，为8106家中小企业免费发布招聘岗位9.6万个。其他服务活动，如投融资服务、转型升级服务、管理提升服务、舆论宣传服务等，也正按计划有序推进。

总的来看，目前国发14号文件的贯彻落实各项工作都在积极推动，相关政策都在落实，为小型微型企业发展，为稳增长发挥了重要的作用，成绩应该充分肯定。当然，也要看到，国发14号文件的政策措施落实力度还有待加强，各地工作还不平衡，有的支持政策还未到位，等等。对此，各地中小企业管理部门要从大局出发，认真履职，增强责任感、使命感、紧迫感，改进作风，提高效率，切实把促进小型微型企业发展的各项工作抓紧抓好。

二、要以高度的责任感紧迫感，全力做好当前中小微企业工作

当前，我国经济发展的基本面是好的，经济增速仍处于合理区间。但也要看到，国际政治经济环境仍然严峻，影响经济平稳运行的不利因素仍然较多，经济发展面临诸多困难和挑战，外需、内需增速双双放缓，产能利用率不足，生产活跃度降低，经济运行出现了不少值得关注的新情况，特别是小型微型企业面临的困难和问题比较突出。主要是生产经营成本持续上升，这是目前最突出的问题。前不久，我们做了一次小微企业的专题调研。我们发现，在小微企业生产成本中，用工成本上升最大，普遍在20%～30%，有的达到50%。原材料成本稍好一些，但仍高于产品出厂价格上涨幅度。融资成

本上涨厉害，贷款利率加上担保费率等综合成本，一般在 11% ~13%；民间借款年化利率超过 20%。物流成本已占到企业成本的 18% ~20%，这一块上涨也在 10% 以上。另一个突出问题，市场需求萎缩，订单不足。不少小微企业反映，订单下降 20% ~50%。我们面临着的问题，创新型企业发展不足，而劳动密集型企业由于成本上升其优势正在逐步丧失，出口订单向周边国家转移的趋势越来越明显，市场问题确实是个大问题。另外，制约中小微企业发展的融资难、税费负担重等问题仍然比较突出，中小企业结构调整难度在加大。这些问题相互影响和叠加，挤压了中小微企业的利润空间，造成中小企业特别是小型微型企业生产经营困难，停产、半停产企业增多，而且小微企业生产经营困难的趋势还在扩大。对此，党中央、国务院高度重视，密集调研，进行部署。我随国务院领导同志，几次到浙江、广东等地调研，感受很深。如果中小微企业出了问题，社会稳定就缺乏基础，直接影响着社会和谐的大局，影响着稳增长、调结构的实现。

作为中小微企业工作的牵头部门，各级中小企业管理部门要以高度的责任感和紧迫感，全力做好中小微企业的各项工作。当前和今后一个时期，中小微企业工作要以贯彻落实国发 14 号文件和国务院最近关于促进外贸增长的政策措施等为重点，以改善中小微企业发展环境为核心，以完善政策法规体系、构建公共服务体系为支撑，努力促进中小微企业平稳健康发展。当前要重点做好以下工作：

第一，进一步抓好国发 14 号文件的贯彻落实。国发 14 号文件的部门分工方案国务院办公厅已经下发，各部门正在按照分工方案要求，出台配套政策。各地要抓紧细化本地贯彻落实意见。已经出台的省市，要抓好逐项落实。尚未出台的省市区，要抓紧推动，尽快出台。配套政策要细化、实化，要有时间表，不能光喊口号，流于形式，要真正落到实处。上次天津会上我也强调过，不管是政策的落实，还是工作的推进，要在工作中形成常态，目标管理和考核机制至关重要。要按照国发 14 号文件要求，加强对各地、各部门促进小微企业发展工作的监督考核。要对各地的贯彻落实情况进行督促检查和政策评估，有关情况适时上报国务院。比如，年度政府采购项目预算总额的 30% 以上专门面向中小企业，其中 18% 的份额要面向小型微型企业的政策，我们要算算账，看看有没有真正落实。今年的中小企业专项资金切块地方，这种方式和效果怎样，要进行评估，要管好用好，发挥资金效率，防止资金在分配过程中的阻塞和不规范行为。再比如，中小企业公共服务网络平台建设，已经批复的省市，要加大力度，落实好地方配套资金；没有启动的省市，要结合本地实际制定方案，尽快开展相关工作等。

第二，进一步深化中小企业服务年活动。中小企业服务年活动，是全面推动中小微企业工作的重要载体，也是贯彻落实国发 14 号文件的重要途径。当前中小微企业运行出现了一些困难，更需要我们有针对性的服务，送政策、送服务、送温暖不是一句空话。要结合新的形势，在服务年活动六项服务的基础上，深化服务内容，创新服务模式。比如，中小微企业流动资金困难，有些地方财政建立起“过桥资金”，帮助企业缓解急需，防止资金链断裂。北京市管理与服务并重，简化工作流程，为中小微企业提高便捷高效服务。有的地方像济南市探索加大财政对社会保险的支持，减轻小型微型企业社会保险负担。还有些地方引导企业“抱团”开拓市场，政府相关部门给予必要的支持，当然，像我们今天举办的中博会，也是帮助中小微企业开拓市场的一条重要途径。还有的地方开展“一对一”的帮扶活动，也是很有效的。总之，要结合本地实际和中小微企业需求，开展多种方式的服务，着力解决中小微企业面临的突出困难和问题，措施要管用，要让国发 14 号文件的政策真正落地，让小型微型企业实实在在受益。

第三，进一步优化中小微企业发展环境。从根本上说，促进中小微企业发展，重在优化发展环境。要加强对中小微企业工作的组织领导，创新体制机制，进一步完善中小企业工作协调机制，加强工作的协调能力和权威性，积极争取地方党委和政府支持。要加强政策协调。各地中小企业管理部门作为牵头部门，要针对新形势和变化，围绕中小微企业融资、市场、财税政策、土地等，主动与相关部门加强沟通协调，形成合力，千方百计解决当前中小微企业遇到的突出问题。要落实中小微企业的公平待遇，提高它们的社会地位，保障它们与大企业、大项目一样，享有平等的投资机会、平等的政策支持、平等的政务服务、平等的权益保障。

第四，进一步加强中小微企业的态势监测与预警。在当前的经济形势下，各地更要密切跟踪中小微企业运行情况，特别是资金周转、市场、劳动用工等新的苗头性、倾向性问题，及时向当地政府提出对策建议。对停产、亏损中小微企业可能存在的失业增加、影响社会稳定等问题和隐患，一旦出现要及早反映，防止矛盾扩大。

第五，进一步加大舆论宣传，营造良好氛围。要充分发挥宣传舆论的导向作用，通过报纸、电视、广播、网络等新闻媒体，多种途径、多种形式，深入、持久地大力宣传中小微企业在国民经济和社会发展中的重要地位和作用，宣传党和国家关于鼓励、支持中小企业特别是小型微型企业发展的方针政策，宣传各地、各部门加快发展中小微企业的成绩和经验，宣传有关部门、企业和个人的先进事迹，切实营造促进中小微企业发展的良好氛围。

三、进一步增强中小微企业发展的内生动力

推动中小微企业健康发展，不仅需要政策措施的大力支持，更重要的是要不断提高它们的自身素质和竞争力。一句话，企业在市场上发展，归根到底要靠提高自身素质，要靠自身的内生动力。当前，我国经济下行压力不断加大，中小微企业面临着更多的困难和问题，这一方面对中小微企业发展是挑战，另一方面也是倒逼企业提高自身素质的机遇。

如何引导和提升中小微企业发展的内生动力，各地都探索了一些好的途径和经验，企业自己也在探索。我看关键是要紧紧围绕加快转变经济发展方式主线，以贯彻落实《工业转型升级规划》和《“十二五”中小企业成长规划》为重点，积极引导和支持中小微企业加快技术进步、提升管理、优化结构和转型升级，不断提高整体素质和竞争力，切实增强抵抗市场风险的能力，推动中小微企业走上内生增长、创新驱动的发展轨道。

结构调整和转型升级是当前经济工作的重要任务，也是促进中小微企业发展的重要途径。各地、各部门在推动中小微企业发展中，必须把引导和支持中小微企业加快结构调整和转型升级摆在突出重要的位置。要着力提升中小微企业创新能力，推动创新要素向中小微企业集聚，加大科技资源对中小微企业的支持力度，加快建立以企业为主体、市场为导向、产学研相结合的技术创新体系，走联合创新、合作发展的道路，降低研发成本和风险，不断提高创新能力。要贯彻落实国务院关于促进企业技术改造的意见，加强中小微企业技术改造，加大中小微企业推广采用新技术的力度，推动中小微企业运用先进适用技术以及新工艺、新设备、新材料，改造提升传统产业，加快技术升级，提高产品质量。积极鼓励和引导中小微企业进入战略性新兴产业，大力发展新一代信息技术、节能环保、生物、高端装备制造、新能源、新材料、新能源汽车等产业。要着力加强和改进对中小微企业的创新服务，在中小企业产业集群，支持建立中小企业公共技术服务平台，为中小微企业提供设计研发、信息咨询、试验检测等技术和服务。

要引导和支持中小微企业全面提升管理水平，加强基础管理，强化战略、财务、营销、品牌、风险、安全和节能管理。要按照工业化和信息化深度融合的要求，鼓励中小微企业提升信息化管理水平，积极采用现代信息技术，提高研发设计、生产流通、企业管理等环节的信息化水平。要大力发展中小企业电子商务，引导中小微企业开拓市场。要引导中小微企业增强品牌意识，培育和壮大名牌产品和驰名商标。引导和鼓励中小微企业加强管理创新，适应时代和企业发展要求，采用新的管理理念、管理手段、管理方法和管理模式，不断提高管理水平。要提高职工素质，注重企业职工职业培训和职业教育，注重培养专业技能人才，增强培训的针对性和有效性。要增强企业诚信，将诚信建设贯穿于企业经营生产的全过程，树立企业良好形象，自觉承担社会责任。

同志们，在新的形势下推进中小微企业平稳健康发展，意义更加重大，任务也更加艰巨。我们要全面贯彻落实党中央、国务院的重大决策部署，进一步解放思想，开拓创新，求真务实，拼搏进取，扎实推进中小微企业各项工作，为我国经济社会发展做出更大的贡献，以实际行动迎接党的十八大胜利召开。

谢谢大家！

在工业和信息化部与科技部促进中小企业技术创新合作协议签约仪式上的讲话

工业和信息化部党组书记、部长　苗圩

尊敬的万钢部长，同志们、朋友们：

上午好。刚才，工业和信息化部和科技部签署了促进中小企业技术创新的合作协议。这是我们全面贯彻落实全国科技创新大会和《中共中央、国务院关于深化科技体制改革、加快国家创新体系建设的意见》（中发〔2012〕6号）精神，贯彻落实党中央、国务院关于支持中小企业特别是小型微型企业平稳较快发展决策部署的重要举措，为进一步强化两部门合作，共同推动中小企业创新发展，奠定了良好基础。

当今时代，科技创新和技术进步已日益成为经济社会发展的主要驱动力。中小企业是我国经济和社会发展的重要力量，在繁荣城乡经济、增加财政收入、扩大社会就业、促进科技创新、优化经济结构等方面，发挥着不可替代的重要作用。大力推进中小企业科技创新意义重大，是贯彻落实党中央、国务院决策部署，促进中小企业又好又快发展的重要举措，是加快经济结构调整和发展方式转变、不断提高发展质量和效益的关键环节，是不断增强自主创新能力、加快建设创新型国家的必然要求。近年来，工业和信息化部认真贯彻落实《国务院关于进一步促进中小企业发展的若干意见》（国发［2009］36号），以及《国务院关于进一步支持小型微型企业健康发展的意见》（国发［2012］14号）等文件精神，加强与各方面沟通协作，大力推进中小企业技术创新，完善和落实相关政策措施，加强以企业为主体的创新体系建设，推进科技成果转化和产业化。通过各方面共同努力，中小企业技术创新能力不断增强。目前，中小企业提供了全国约65%的发明专利、75%以上的企业技术创新和80%以上的新产品开发，已成为促进我国科技进步的重要主体和生力军。

我国已进入全面建设小康社会的关键时期和加快转变经济发展方式的攻坚时期，特别是当前中小企业发展面临形势仍然严峻复杂，生产要素成本上升较快，融资难、融资贵问题依然突出，资源环境约束加大，总体素质和水平不高，大力提升中小企业创新能力尤为迫切。今年7月，党中央、国务院召开全国科技创新大会，强调要促进科技和经济紧密结合，推动企业成为科技创新的主体，增强企业创新能力。当前和今后一个时期，工业和信息化部将认真贯彻落实党中央、国务院的决策部署，贯彻落实全国科技创新大会和中共中央、国务院关于深化科技体制改革、加快国家创新体系建设的意见精神，深入实施“十二五”中小企业成长规划，把提升中小企业创新能力放在更加突出位置，加强与科技部等各方面沟通协作，综合采取多方面措施，进一步加大工作力度，全面提升中小企业的发展质量和整体素质，不断增强中小企业市场竞争力和抗风险能力，努力实现中小企业创新发展。

一是着力推进中小企业结构调整。进一步加强企业技术改造，支持中小企业运用先进适用技术以及新工艺、新材料、新装备，改造提升传统产业，培育发展战略性新兴产业，淘汰落后产能、提高先进产能比重，增强新产品开发和品牌创建能力，提升节能减排和安全生产水平。针对不同情况加强分类指导，支持和引导高成长性和优势中小企业做强做大，推动中小企业提高“专精特新”和产业集群发展水平。

二是着力提升中小企业创新能力。实施中小企业创新能力建设计划，推动完善和落实支持企业创新的财税、金融、产业技术等政策，强化企业科技创新的主体地位，激发中小企业创新动力和活力。鼓励和引导中小企业进一步增强创新意识，加大创新投入，大力加强技术创新、管理创新和商业模式创新。支持有条件的中小企业建立研发机构，参与产业共性关键技术研发、国家和地方科技计划项目以及标准制定。实施中小企业知识产权战略推进工程，不断提高中小企业知识产权创造、运用、保护和管理水平。

三是着力推进科技成果转移、扩散和应用。继续实施中小企业信息化推进工程，加快信息技术在中小企业研发、制造、管理和服务等方面的普及推广和深化应用，鼓励信息技术企业、通信运营商为中小企业提供信息化应用平台。推进产学研密切合作，鼓励面向中小企业转移扩散技术创新成果，加快新技术和先进适用技术在中小企业的推广应用，促进科技成果转化和产业化。围绕建立和完善军民结合、寓军于民武器装备科研生产体系，促进军民两用技术双向转移。

四是着力加强和改进对中小企业的创新服务。发挥政策引导和市场机制作用，调动和优化配置服务资源，健全和完善中小企业服务体系。支持建设面向中小企业的技术创新服务平台，鼓励各类技术服务机构、技术市场和研究院所为中小企业提供优质的技术服务。加快建设中小企业信息网络和信息发布渠道，提高中小企业信息获取能力和信息开发能力。

推动中小企业技术创新，增强中小企业整体素质和竞争力，是工业和信息化部、科技部两部门的共同任务。这次两部门签署合作协议，将在深入实施国家技术创新工程和“十二五”中小企业创新能力建设计划、推动技术创新服务体系建设等七个方面开展合作，发挥各自优势，加强政策引导，集成创新资源，共同推动中小企业特别是小型微型企业的技术创新。工业和信息化部将加强与科技部的沟通协商，切实采取有效措施，认真抓好协议各项条款的落实。同时，密切关注中小企业技术创新中出现的新情况、新问题，深入实际加强调查研究，进一步细化和充实合作协议内容，不断推动中小企业创新取得新进展新成效。

同志们、朋友们，推进中小企业技术创新意义重大。我相信，通过两个部门的密切协作和不懈努力，我们一定能够开创中小企业技术创新的新局面，为促进经济社会平稳较快发展作出新的贡献。

谢谢大家。

在广东省委理论学习中心组辅导报告中关于中小企业发展的讲话材料

工业和信息化部副部长　苏波

一、我国中小企业发展的基本情况

（一）中小企业的地位和作用

中小企业是我国企业中数量最大、最具活力的企业群体，在经济增长、推动创新、增加税收、吸纳就业、改善民生等方面发挥着举足轻重的作用。截至 2011 年底，全国工商登记实有企业 1253.1 万户，个体工商户 3756.5 万户，这其中大都是中小微企业。根据新的中小企业划型标准和第二次经济普查数据测算，目前中小微企业占全国企业总数的 99.7%，其中小型微型企业占 97.3%。中小微企业提供了 80% 的城镇就业岗位，其中小型微型占 55% 以上；创造了 60% 的国内生产总值、59% 的税收和 60% 的进出口；完成了 65% 的发明专利以及 75% 以上的新产品开发。从工业来看，截至 2011 年底，全国规模以上中小企业（销售收入 2000 万以上）占全部工业企业总数的 98.8%，从业人员占 75.2%，工业总产值占 69.2%，主营业务收入占 67.4%，利润占 67.3%，上缴税金占 55.2%。

（二）促进中小企业发展工作取得积极成效

党中央、国务院高度重视中小企业的发展，先后就促进中小企业发展作出一系列决策部署，出台了一系列法律和政策措施。

在法律和政策方面，先后出台了《中小企业促进法》《国务院关于鼓励支持和引导个体私营等非公有制经济发展的若干意见》（国发［2005］3 号，简称非公 36 条）《国务院关于进一步促进中小企业发展的若干意见》（国发［2009］36 号，简称国发 36 号文件）《国务院关于鼓励和引导民间投资健康发展的若干意见》（国发［2010］13 号，简称民间投资 36 条）。最近国务院又出台了《国务院关于进一步支持小型微型企业健康发展的意见》（国发［2012］14 号，简称国发 14 号文件）。各地和相关部门也出台了一系列具体政策措施，比如“非公 36 条”中央各部门配套文件 50 多个，地方 200 多个。

在财政资金支持方面，中央财政预算设立了中小企业科目，安排了扶持中小企业发展的专项资金，科技型中小企业技术创新基金、中小企业发展专项资金、中小企业公共服务体系专项补助资金等8个专项资金，资金规模由最初的10亿元增至今年的141.7亿元。“国发14号文件”提出，今年开始，中央财政将安排150亿元资金专门设立国家中小企业发展基金。各地也陆续设立了中小企业发展资金或民营经济发展资金，为促进中小企业发展提供了财政支持。

在税收优惠及减负方面，税收政策对中小企业发展更具有普遍意义，近些年出台了一系列税收优惠政策。比如，对符合条件的小型微型企业和高新技术企业，分别减按20%和15%的税率征收企业所得税；对年应纳税所得额低于6万元（含6万元）的小型微利企业，其所得减按50%计入应纳税所得额，按20%的税率缴纳企业所得税；提高了小型微型企业增值税、营业税起征点；连续上调部分劳动密集型、高技术含量、高附加值商品的出口退税率；对小规模纳税人增值税征收率由6%和4%统一降至3%；出台了创业投资企业股权投资税收优惠政策；并提出结合深化税收体制改革，完善结构性减税政策，研究进一步支持小型微型企业发展的税收制度。在减轻企业负担方面，金融危机时期对困难企业缴纳职工社会保险实行“五缓、四减、三补贴”等援企稳岗政策。从2011年2月开始，国家取消31项涉企行政事业性收费和20项社团收费，每年可减轻企业负担约65亿元。2012年1月1日至2014年12月31日，对小型微型企业免征管理类、登记类和证照类等部分行政事业性收费；从2012年2月1日起，取消253项各省、自治区、直辖市设立的涉企行政事业性收费，每年减轻企业负担约100亿元。

在缓解中小企业融资难方面，在金融机构中建立中小企业信贷部门，实行了针对小型微型企业的差异化监管和激励政策，连续三年实现了小企业信贷增速、信贷增量“两个不低于”目标。截至2011年末，银行业金融机构小企业贷款余额达到10.8万亿元，同比增长25.8%，占全部贷款的19.6%。大力发展中小金融机构，截至2011年底，全国小额贷款公司4282家，贷款余额达到3914亿元。通过营业税减免、各项准备金税前提取、资本金注入、担保费用补贴等扶持政策，支持中小企业信用担保机构。从2006年到2011年六年，中央财政累计安排担保专项资金45.38亿元，扶持2762家/次中小企业信用担保机构，为28.7万户/次中小企业提供1.24万亿元贷款担保服务。14个省还建立了省级中小企业信用再担保机构。积极推动中小企业通过资本市场融资，截至2011年底，276家中小企业通过创业板上市，中小企业板上市企业达到631家。

在支持中小企业结构调整方面，2009年至今，中央财政支持中小企业技术进步项目4160个，技术改造项目8527个，科技创新项目1.6万个。实施了中小企业信息化推进工程和知识产权战略推进工程。推动建立促进中小企业节能减排的政策激励和约束机制。去年我部编制发布了《“十二五”中小企业成长规划》，提出了“两个关键工程”和“四个行动计划”。

在中小企业服务体系建设方面，2010年，我部会同发展改革委等7部门下发了《关于促进中小企业公共服务平台建设的指导意见》（工信部联企业［2010］175号）和《国家中小企业公共服务示范平台管理暂行办法》（工信部企业［2010］240号）。去年，我部与科技部、财政部、人力资源社保障部和税务总局联合印发了《关于加快推进中小企业服务体系建设的指导意见》，提出了培育服务队伍、加快服务平台建设、创新服务机制和加强措施保障等方面的意见。2011年我部组织认定了首批99家国家中小企业公共服务示范平台，“十二五”期间，将培育认定500家国家示范平台。据不完全统计，全国各类中小企业服务中心发展到818家；小企业创业基地1800多家。2011年，我部会同财政部，安排3.5亿元服务体系发展专项资金，支持了10个省市中小企业服务平台网络和中国中小企业信息网建设，对中小企业服务机构开展的培训服务和信息服务给予补助。积极推进创办小企业，中央财政中小企业服务体系专项补助资金共安排了7000多万元，重点支持了528家服务机构为18.3万个创业者和创办初期的小企业提供创业辅导服务，2009～2011年中小企业发展专项资金共安排5.38亿元，支持了433家小企业创业基地建设项目。大力实施国家中小企业银河培训工程和企业经营管理人才素质提升工程，中央财政重点支持中小企业经营管理领军人才的培训和培养。实施中小企业管理提升计划，在中小企业发展专项资金中安排4.8亿元，支持了566个中小企业素质提升项目。

在推动中小企业合作交流方面，我国政府与有关国家和国际组织先后签署合作协议12个。中国—东盟中小企业投资基金、中国—比利时直接股权投资基金和中意曼达林基金相继批准成立。中德中小企业合作示范园，中德中小企业经营管理人员培训项目启动实施。与法国、德国、韩国、欧盟等双边和多边合作机制及政策磋商在不断深化。经国务院批准，每年9月份在广州举办中国国际中小企业博览会（简称“中博会”），已成功举办八届。APEC中小企业技术交流暨展览会已举办了六届。同时，加大了中小企业国际市场开拓资金、出口退税、出口优惠信贷以及出口信用保险等政策支持。

二、当前中小企业发展存在的主要问题

当前，国际金融危机的深层次影响还在继续显现。全球经济增长乏力，欧元区经济处在衰退边缘，欧洲主权债务危机特别是希腊债务危机仍可能恶化。贸易保护主义升温。我国稳定出口压力很大，保持内需较快增长面临较多制约因素，物价上行压力仍然存在。企业销售收入增速明显回落，实体经济盈利能力下降，部分行业利润下降过快。这当中，小型微型企业面临的困难和挑战更加突出。概括起来主要是以下几个方面的困难和问题：

（一）需求下行压力过大

根据国家统计局对全国3.9万户规模以下工业企业抽样调查，受多重因素影响，今年一季度，工

业小型微型企业经营状况好或很好的比例仅为21.1%，比去年底下降了1.7个百分点，其中，微型企业经营状况好或很好的比例仅为18.3%，比小型企业的26%低了7.7个百分点。企业普遍反映，目前市场需求萎缩，出现“订单荒”。广东、浙江、重庆等制造业出口企业反映订单普遍减少20%～30%，七成企业预计今年出口订单持平或下降。

（二）生产成本上升过快

工业生产者购进价格指数涨幅高于同期出厂价格指数涨幅。各地区连续大幅上调最低工资标准，劳动用工成本不断提高。企业场地租金普遍上涨。运输成本明显增加。以工业为例，2011年中小企业主营业务成本同比增长31.2%，其中，小型企业主营业务成本增长了37.6%。中小企业消化成本能力弱，利润空间不断受到挤压。

（三）融资难进一步突显

2009年和2011年均实现了小企业信贷投放增速不低于全部贷款增速、信贷投放增量不低于上年的目标，但小型微型企业融资渠道缺乏、贷款规模和比重低等问题依然突出。据国家统计局统计，2012年一季度仅有8.6%的有银行借款需求的小型微型企业能够从银行获得全部借款，比2011年又下降了1个百分点，反映融资难有所加剧。中小企业普遍反映，贷款利率一般上浮20%～30%，甚至高达50%，还需承担担保、评估、财务顾问等相关费用，融资成本明显增加，审贷周期也普遍延长了2～3个月。此外，一些大企业拖欠小型微型企业货款的行为，加剧了小型微型企业流动资金的紧张。很多小型微型企业形象地说，不和大企业配套就没有市场，是“等死”，而配套了是“找死”。

（四）税费负担过重

尽管国家已对小型微型企业出台结构性减税措施，但中小企业仍然反映，相关税收起征点偏低、税率偏高、优惠幅度小。作为重要措施推出的3万元以下小型微利企业减半征收所得税政策，山东和河北两省2010年实际受益企业2.2万户，减免税额仅5337万元。涉企收费偏多，违法、违规收费屡禁不止，不少小企业反映不堪重负。

（五）企业用工缺口大

“用工荒”已经从珠三角、长三角等经济发达地区波及到主要的内陆省份。企业普遍反映不仅高层次技术工人难找，普通工人也远远满足不了需求。招工难已由地区性、季节性难题，演变为普遍性、常态化的难题。据国家统计局抽样统计，因员工薪资、福利待遇以及个人发展要求与企业承受能力之间的矛盾，2011年57.2%的有招工需求的小型微型企业没有或基本没有招到所需员工。到2012年一季度，这一比例进一步上升了0.5个百分点。

（六）稳定国际市场难度加大

近几个月来，我国外贸增长势头明显放缓。首先是出口增速大幅回落，去年12月出口增速为13.4%，比当年1月和8月回落24.2个百分点和11个百分点，今年1～2月，又进一步回落到6.9%。如果说2011年中小企业还只是受人民币持续升值影响而不敢接长单、大单的话，今年一些中小企业将处于无单可接的困境。

（七）企业转型压力大

随着我国加快推进转变发展方式，节能减排和环境保护力度不断加强，一些资源消耗高、环境污染大的中小企业面临十分紧迫的调整压力。部分中小企业基础差，素质不高，管理粗放，创新能力不强，缺乏自主知识产权的产品和技术，难以适应经济形势变化和转型升级步伐加快的要求。由于缺少资金、技术和人才，不少中小企业处于不转型难生存、想转型没能力的窘迫境地。

小型微型企业面临的这些新问题，不仅影响自身发展，也直接影响着我国经济健康运行与社会和谐发展。去年，企业老板“跑路”“高利贷”等问题的出现，表明小型微型企业经营困难已经对经济和社会发展产生了重要的影响。对此，党中央、国务院高度重视，家宝、克强、德江、岐山、马凯等国务院领导同志多次批示要求相关部门研究应对措施。家宝总理去年10月去浙江温州调研，去年10月12日和今年2月1日两次主持召开国务院常务会议专题，研究部署支持小型微型企业发展的政策措施，提出了支持小型微型企业财税金融方面的9条措施。德江同志也两次主持召开会议，研究部署支持小型微型企业发展的政策措施，多次强调要大力发展中小企业，进一步夯实实体经济基础。为应对当前的经济困难，温总理说有两个途径非常重要，一是支持实体经济，特别是小型微型企业发展；二是放活民间资本，支持民营企业发展。由于民营企业和中小企业互为主体，温总理提出的这两个途径，都是要求支持中小企业特别是小型微型企业发展。今年4月19日，国务院正式印发了国发14号文件。文件以解决当前中小企业特别是小型微型企业发展面临的突出问题为重点，在贯彻落实国务院两次常务会议确定的支持小型微型企业发展政策的同时，延续了国发36号文件部分已到期的政策，提出了针对性更强的新政策，完善了促进小型微型企业平稳较快发展的长效机制。这些政策体现了针对性、连续性和可操作性，是对国发36号文件的补充、丰富和完善。这也是国务院首次针对小型微型企业发展出台的政策意见，是当前和今后一个时期指导小型微型企业发展的纲领性文件，对帮助小型微型企业应对困难和挑战、提振信心、提升竞争能力和实现可持续发展，都具有重大而现实的意义。

三、促进中小企业发展的任务和主要措施

国发14号文件下发后，各部门及各地方都在积极贯彻落实。我们与中央组织部、中央统战部联合举办了“全国非公有制企业党组织书记示范培训班”。举办了“省部级领导干部中小企业发展研讨班”，34位省部级领导干部和有关方面的负责同志以及国务院促进中小企业发展工作领导小组成员（17个国务院有关部门及单位）参加了研讨班，国务委员、国务院秘书长马凯出席结业式并作重要讲话。我们还召开了贯彻落实国务院支持小微企业发

展意见工作座谈会进行学习、贯彻和部署。当前和今后一个时期促进中小企业发展工作总体思路是以贯彻落实国发14号文件，改善中小企业发展环境为核心，以完善政策法规体系，构建公共服务体系为支撑，以促进创新型、创业型、劳动密集型中小企业特别是小型微型企业发展为工作重点，努力提高中小企业发展的质量和效益，全面提升中小企业自身素质和水平。

今后一个时期促进中小企业发展的主要任务：

一是进一步增强创业创新活力和吸纳就业能力。鼓励创办小企业，开发新岗位，提供更多的就业机会。落实并完善鼓励创业的扶持政策，加强创业服务，切实放宽市场准入。坚持提升中小企业技术创新能力，促进中小企业走创新发展道路。

二是进一步优化产业结构。坚持把中小企业结构调整作为提高成长质量的主攻方向，力争到“十二五”末在优化产业分布结构、优化企业规模结构、优化企业产品结构以及加快淘汰落后产能等方面取得重大进展。

三是进一步提高“专精特新”和产业集群发展水平。坚持把走“专精特新”之路作为促进中小企业发展的重要途径，把集聚发展作为促进中小企业发展的着力点，建立起企业间紧密的分工协作关系，努力形成中小企业“专精特新”竞相发展的新格局。加强产业集群环境建设，改善产业集聚条件。

四是进一步提升企业管理水平。坚持把推进管理创新、提升企业整体素质作为促进中小企业成长的重要基础，力争到“十二五”末基本建立较为完善、易于实施、行之有效的中小企业科学管理制度；形成一大批战略管理意识、社会责任意识、节能环保意识、诚信意识强，质量管理、品牌管理、安全管理、营销管理水平高，财务管理规范，治理结构比较完善的中小企业。

五是进一步完善中小企业服务体系。坚持把完善服务体系作为促进中小企业发展的重要保障，力争到“十二五”末中小企业服务环境进一步优化。发挥政策引导和市场机制作用，调动和优化配置服务资源，推动形成以中小企业服务机构为核心，以行业协会（商会）和专业服务机构等为依托，各层级服务机构纵向贯通、各类服务机构横向协同、各类服务资源开放共享的中小企业服务体系。

促进中小企业发展的政策措施：

一是加大对小型微型企业财税、金融支持。在资金方面，要逐年扩大中小企业专项资金规模，并向小型微型企业和中西部地区适当倾斜，今年为141.7亿元。在税收方面，提高了增值税和营业税的起征点，将小型微利企业减半征收所得税政策延长到2015年底并扩大范围；将符合条件的国家中小企业公共服务示范平台中的技术类服务平台纳入现行科技开发用品进口税收优惠政策范围等。在政府采购方面，各部门政府年度采购应当安排不低于项目预算总额18%的份额，专门面向小型微型企业。在政府采购评审中，对小型微型企业产品可视不同行业情况给予6%～10%的价格扣除等。实际上，给中小企业市场往往比给资金更重要。在解决融资难方面，优先支持符合条件的商业银行，发行专项用于小型微型企业贷款的金融债；适当放宽限制，加快发展小金融机构；鼓励为中小企业提供设备融资租赁服务；推动建立担保机构与银行业金融机构间的风险分担机制等。在减轻企业负担方面，清理取消各种不合理收费，加大减负工作的监督检查力度，严格执行收费公示制度，加强社会和舆论监督。对小型微型企业要少取多予，不合理的负担要坚决取缔。

二是加大对小型微型企业技术创新和转型升级支持。中央预算内投资扩大安排用于中小企业技术进步和技术改造资金规模，目前为每年30亿元；实施中小企业创新能力建设计划、知识产权战略推进工程和信息化推进工程；实施中小企业管理提升计划；加强质量诚信体系和质量检验检疫公共服务平台建设；支持和培育小企业创业基地、科技孵化器，鼓励小型微型企业发展战略性新兴产业，走“专精特新”之路，发展运用电子商务、信用销售、信用保险，培育商贸企业集聚区，加大市场开拓力度等。

三是建立促进小型微型企业发展的长效机制。促进中小企业发展，不仅要针对当前融资难、税费负担重、生产成本上升快等问题，而且紧紧抓住中小企业转型升级缓慢、创新能力弱、管理粗放、自身素质不高、难以适应国内外经济形势变化和经济结构战略性调整这个主要矛盾，在推进结构调整、提升创新能力、健全服务体系、提高企业素质、加大财税支持、结构性减税、改进金融服务等方面，研究制定一揽子政策措施，重点通过财税、社会保障及监督考核等手段建立支持小型微型企业健康发展长效机制。中央财政从2012年起，分5年安排150亿元，设立国家中小企业发展基金，引导社会资金投资早期创业企业，对企事业单位、社会团体和个人等向基金捐赠资金的，给予一定比例的所得税税前扣除；结合深化税收体制改革，研究完善结构性减税政策，加大对小型微型企业的税收扶持；完善职工社会保障政策；研究制定防止大企业长期拖欠小企业资金的政策措施。为提升企业自身素质，中央财政安排企业经营管理人才素质提升工程专项，培养中小企业经营管理领军人才，纳入《国家中长期人才发展规划纲要（2010～2020）》；中央财政支持实施国家中小企业银河培训工程，每年培训50万名经营管理人员和创业者。

四是营造小型微型企业的发展环境。从根本上讲，促进小型微型企业发展要靠环境、靠服务。中央财政安排资金中小企业公共服务平台网络建设。到2015年，支持建立和完善4000个为小型微型企业服务的公共服务平台，重点培育和认定500个国家中小企业公共服务示范平台。在土地安排方面，要优先安排用地指标，规划建设小型微型企业发展基地、孵化器和集聚区，着力解决小型微型企业用地难问题。在改善集聚发展环境方面，提出要建立支持集聚发展的电子商务、物流和信息等公共服务体系，加大财政资金对集聚区建立标准厂房的支持和补贴等。

五是完善中小企业发展的体制机制。中小企业工作涉及方方面面，是一项系统性工程。国务院已经成立德江同志任组长、17个有关部门参加的国务院促进中小企业发展工作领导小组（办公室设在工业和信息化部），统筹对中小企业发展工作的规划、组织领导和政策协调的作用。国务院还要求把小型微型企业有关工作列入各地区、各有关部门年度工作考核范围，加强监督检查和政策评估。同时，要建立和完善小型微型企业统计调查、监测分析和定期发布制度。

此外，促进中小企业发展还应借鉴其他国家的经验和做法。美、日、欧国家普遍重视中小企业发展（中小企业占全部企业的比例均在98%以上），把发展中小企业置于国家经济发展的战略高度。美国通过法律把保护中小企业作为一项长期的基本国策。美国、日本、欧盟等国家和地区都建立了比较完善的法律和政策体系，如美国的《小企业法》、日本的《中小企业基本法》、欧盟的《小企业宪章》。都采取了一系列支持措施，如美国的贷款担保、技术和管理援助，日本、韩国的中小企业政策银行等。都建立了社会化的服务体系，美国政府牵头成立小企业发展中心，为小企业提供技术援助和管理指导。发达国家还建立权威的中小企业管理机构统筹管理，美国1953年成立了部级小企业局，局长由总统任命，并在议会设立中小企业委员会等。

携手共创中德中小企业合作的美好明天

——在中德中小企业合作论坛上的致辞

工业和信息化部副部长　刘利华

尊敬的德国联邦经济和技术部副部长卡尔·布劳诺先生，尊敬的中国驻德国大使吴红波先生，女士们，先生们：

在中德建交40周年之际，很高兴与大家欢聚一堂，共同商讨合作大计、展望美好明天。我代表中国工业和信息化部，向各位嘉宾，向长期以来为促进中德中小企业合作作出积极贡献的各界人士，表示衷心的感谢，并致以良好的祝愿！

中小企业是推动经济和社会发展的重要力量，也是各国支持的重点。中国政府高度重视中小企业发展，出台了一系列政策措施，促进了中小企业持续快速发展。目前，中小企业数量占中国企业总数的99%，创造了近六成左右的经济总量和近一半的财政税收，提供了近八成的就业岗位，在繁荣经济、增加就业、推动创新、改善民生等方面发挥了不可替代的重要作用。

随着经济全球化深入发展，中国中小企业的发展同世界经济的联系日益紧密，交流合作广泛深入开展，其中中德合作成为一大亮点。早在2004年，中德签署了《中德中小企业合作备忘录》，建立了定期中小企业对话磋商机制。2006年以来，双方召开了三次中小企业政策磋商会议，达成了一系列共识。去年6月，中德首轮政府磋商进一步明确将加强中小企业合作作为双边合作的重点领域之一。今天上午，中国工业和信息化部部长苗圩先生和德国联邦经济和技术部部长罗斯勒先生共同签署了新的中德中小企业合作协议，为深化两国中小企业交流与合作奠定了坚实基础。

女士们、先生们、朋友们，当前，国际金融危机深层次影响继续显现，世界经济复苏进程艰难曲折，各国中小企业所受冲击更为严重，迫切需要各国加大支持力度，并增进彼此间的交流合作，积极帮助中小企业渡过危机、增强活力，为促进世界经济复苏和强劲增长奠定坚实基础。

中德两国中小企业数量众多，经济结构有着较强的互补性，双方合作有着广阔的发展空间。德国中小企业在装备制造、机械加工、电子电气、工业设计等领域一直保持着强大的国际竞争力，以科技研发领先、工艺设计先进、质量管理精细闻名于世。在加工制造、商贸服务等行业，中国中小企业有着生产成本较低、产业配套齐全、生产动员能力强的优势。同时，中国国内市场潜力巨大，中小企业成长发展空间广阔。加强中德两国中小企业合作，充分发挥各自优势，有助于促进两国中小企业共同发展，增强两国经济持续健康发展的动力和后劲。这里，我愿就进一步加强两国中小企业合作，提出以下几点建议：

第一，构建中小企业合作平台。充分发挥两国中小企业服务机构和行业协会等中介组织的桥梁纽带作用，创造交流机会，拓宽合作渠道，进一步实施并扩大中德中小企业经营管理人员培训项目。积极搭建科技研发、工业设计、文化及创意等方面的合作平台。

第二，拓展中小企业合作领域。充分挖掘合作潜力，在继续巩固和加强在装备制造、机械加工、电子电气等传统领域合作的基础上，进一步拓展在节能环保、新能源、新材料、生物科技等领域的交流。

第三，提升中小企业合作层次。立足各自特点和优势，赋予合作新内涵、培育合作增长点，不断提升合作层次和水平。目前，中国工业和信息化部准备在中国有条件的地区设立中德中小企业合作示范区和中德中小企业产业合作区，并将大力支持园区的建设和发展，力争将园区建设成为中德中小企业合作的典范和重要基地。我们欢迎德国的中小企业和行业协会，共同参与园区建设与发展。

第四，营造中小企业合作环境。为应对国际金融危机，两国都出台了扶持中小企业发展的政策措施。应进一步发挥中小企业政策磋商机制作用，为对方中小企业进入本国市场提供更好条件，为两国中小企业互利合作创造更为公平、开放的贸易投资环境。

中国政府一贯高度重视知识产权保护，实施知识产权国家战略，并建立了比较完善、符合WTO规则的知识产权法律体系和保护制度。中德两国政府在知识产权领域也已建立合作机制。我们将积极为各类企业保护知识产权提供有力的保障。

女士们、先生们、朋友们，交流凝聚友谊，合作共铸辉煌。衷心希望中德中小企业深化交流、加强合作、加快发展，为推动中德两国经济繁荣、社会进步、人民幸福作出积极贡献。

预祝中德中小企业合作论坛取得圆满成功！

谢谢大家。

在中国女企业家协会 2012 年度工作会议上的致辞

工业和信息化部党组成员、总工程师　朱宏任

各位领导、女企业家姐妹们：

大家上午好！三月的背景，乍暖还寒，会议中心已春意盎然。在“两会”即将召开之际，“三八”节即将来临之际，中国女企业家协会召开 2012 年度工作会议，举办当前经济走势和中小企业健康发展专题论坛，很及时，很有意义。在此，我谨代表工业和信息化部，对会议的召开表示热烈的祝贺！刚才朱蕤会长的报告，充分体现了一年来中国女企业家协会在认真学习党的十七届五中、六中全会精神，践行科学发展观，在贯彻、落实党和国家方针政策，服务国家大局，服务广大女企业家，当好桥梁、纽带，为女企业家企业的健康发展营造良好环境等方面做了大量的工作，协会帮助女企业家了解国家政策取向，积极应对复杂多变的经济形势，开拓国内外市场，为女企业家提供有针对性的服务，取得了积极的成效。女企业家协会的队伍不断壮大，协会水平不断提高。特别是朱蕤会长，是我敬重的老大姐，借此机会，表示我深深的敬意！2012 年，我们将一如既往的继续关心、关注、支持中国女企业家协会的工作。

女企业家的主体活跃在中小企业领域，大企业的姐妹们也经历了由小到大的创业和发展历程。众所周知，中小企业是我国国民经济的重要组成部分，在促进经济增长、增加就业、科技创新与社会和谐稳定等方面具有不可替代的作用，对国民经济和社会发展具有重要的战略意义。党中央、国务院高度重视中小企业发展，近年来特别是国际金融危机以来，出台了《国务院关于进一步促进中小企业发展的若干意见》（以下简称国发 36 号文件）等一系列政策措施，帮助中小企业率先实现企稳回升，在我国应对国际金融危机、保持经济平稳较快发展方面发挥了重要作用。各部门、各地区积极采取措施，认真贯彻落实党中央、国务院的决策部署，各部门制定了国发 36 号文件的配套文件 30 多个，22 个省（区、市）出台了贯彻落实国发 36 号文件的政策意见，有效地促进中小企业发展。

2011 年以来，世界经济增长放缓，国际贸易增速回落，国际金融市场剧烈动荡，各类风险明显增多。今年世界经济形势总体上仍将十分严峻复杂，世界经济复苏的不稳定性不确定性上升。当前，我国经济发展中不平衡、不协调、不可持续的矛盾和问题仍比较突出，经济增长下行压力和物价上涨压力并存。国内外复杂多变的经济形势，给中小企业发展带来新的挑战和困难。突出表现在资金、用工、原材料等方面成本不断上升，出口面临的不确定性增多，生产经营压力加大，社会各方面广为关注。女企业家们也一定感同身受。对此，党中央、国务院高度重视，要求有关部门科学地、准确地判断中小企业面临的形势、发展的态势，全面地、辩证地分析中小企业面临的困难、存在的问题，采取措施加以解决。

去年 10 月 3 日 ~4 日，温家宝总理专程到浙江绍兴、温州等地就中小企业问题进行视察，先后召开三次中小企业座谈会。10 月 12 日温总理主持召开国务院常务会议研究确定支持小型微型企业发展的金融、财税政策。张德江副总理 11 月 22 日，在江苏南通主持召开部分地区中小企业工作座谈会，听取地方和企业意见。要求认真贯彻落实国务院有关文件和国务院常务会议精神，切实把财税金融等各项政策措施落到实处，并密切关注形势变化，加快制定政策措施。根据国务院领导的指示，我部会同有关部门加大工作力度，进一步完善相关政策。

今年 2 月 1 日，温家宝总理又一次主持召开有关小微企业方面的国务院常务会议，研究确定进一步支持小型和微型企业健康发展的政策措施。会议要求认真落实 2011 年 10 月 12 日国务院常务会议确定的各项财税和金融支持政策，并确定了进一步支持小型微型企业健康发展的政策措施。这些措施正在形成过程中，其主要内容包括：完善财税支持政策；扩大中小企业专项资金规模，中央财政安排 150 亿元设立中小企业发展基金，主要支持初创小型微型企业，政府采购将安排一定比例专门面向小型微型企业；努力缓解融资困难，建立小企业信贷奖励考核制度，支持符合条件的商业银行发行专项用于小型微型企业贷款的金融债。加快发展小金融机构，适当放宽民间资本、外资和国际组织资金参股设立小金融机构的条件，放宽小额贷款公司单一投资者持股比例限制，符合条件的小额贷款公司可改制为村镇银行。支持小型微型企业上市融资。继续对符合条件的中小企业信用担保机构免征营业税；制定防止大企业长期拖欠小企业资金的政策措施；加快技术改造，提高装备水平，提升创新能力。中央财政扩大技术改造资金规模，重点支持小型微型企业应用新技术、新工艺、新装备。落实企业研发费用所得税税前加计扣除政策，支持技术创新。鼓励有条件的小型微型企业参与产业共性关键技术研发、国家和地方科技项目以及标准制定。实施创办小企业计划，培育和支持 3000 家小企业创业基地。加强服务和管理。建立和完善 4000 个中小企业公共服务平台。支持小型微型企业参加国内外展览展销活动，为符合条件的企业提供便利通关措施，简化加工贸易内销手续。对小型微型企业招用高校毕业生给予培训费和社会保险补贴。

同志们，党中央、国务院领导同志近期这一系

列针对中小企业，特别是小型微型企业的考察、会议和部署，充分体现了党中央、国务院对中小企业发展的关心和重视，也是对女企业家群体的支持，同时也要求我们，要进一步解放思想，从经济社会发展、更加关注民生和促进社会和谐稳定等方面，充分认识中小企业的重要地位和作用。大力发展中小企业是贯穿于整个现代化建设过程的一项长期任务，具有全局和战略性的重要意义。经过改革开放30多年来的发展，中小企业已经站在一个新的历史起点上，女企业家已经成为企业家队伍的重要组成部分。我们坚信，在党中央、国务院的领导下，在各级政府和社会各界的大力支持下，中小企业发展的政策环境将日趋完善。工业和信息化部作为国务院负责促进中小企业发展的宏观指导部门，将认真履行促进中小企业发展的职责，会同有关部门，发挥社会各方面的积极性，共同促进中小企业健康发展。也将对女企业家群体、协会给予更多的支持。

谢谢大家！

在中小企业政策大讲堂全国巡讲启动仪式上的讲话

工业和信息化部党组成员、总工程师　朱宏任

各位专家，全国中小企业服务联盟成员单位代表，各位企业家，新闻界的朋友们、同志们：

大家上午好！

中小企业是国民经济和社会发展的重要力量。支持中小企业健康发展，是保持国民经济平稳较快发展的重要基础，是关系民生和社会和谐的重大战略任务。为进一步促进中小企业特别是小型微型企业健康发展，工业和信息化部将2012年定为中小企业服务年，在全国范围深入开展以“服务企业、助力成长”为主题的中小企业服务年活动。今天，我们非常高兴地看到，作为服务年的重要活动之一，中小企业发展促进中心在这里举行中小企业政策大讲堂全国巡讲的启动仪式，我代表工业和信息化部，对全国巡讲的启动表示热烈的祝贺！

一、根据统一部署，深入开展中小企业服务年活动

当前，面对复杂多变的国内外经济环境，各地区各部门认真贯彻落实党中央国务院扶持中小企业发展的一系列政策措施，全国中小企业管理部门认真履行职责、扎实工作，中小企业继续向着平稳较快发展的方向发展。同时，我们也应看到中小企业发展面临的形势仍然十分严峻和复杂，中小企业尤其是小型微型企业面临着不少新情况和新问题。主要是：经济运行存在下行压力，生产要素成本上升较快，融资难、融资贵问题依然突出，企业亏损问题显著增加，另外企业总体素质亟待提高，资源环境约束进一步趋紧。

中小企业占我国企业总数的99%以上，是企业的主体、实体经济的重要基础。中小企业的健康发展直接关系国民经济和社会发展全局。党中央、国务院高度重视中小企业发展，去年10月12日和今年2月1日，国务院两次召开常务会议，专门研究扶持中小企业特别是小型微型企业的发展问题，出台了9条财税金融政策，进一步支持小型微型企业健康发展的政策文件很快就会出台。深入贯彻落实党中央、国务院大力发展实体经济，支持中小企业特别是小型微型企业健康发展的战略部署和各项政策措施，组织动员全社会力量关心支持中小企业发展，帮助中小企业应对挑战，加快结构调整和转型升级，对于巩固应对国际金融危机成果，实现我国经济发展方式转变和经济的持续平稳健康发展具有重要意义。

据此，中小企业服务年活动以全面落实国务院支持小型微型企业发展政策措施，改善企业发展环境为核心，通过全面开展政策咨询、投资融资、创业创新、转型升级、管理提升、舆论宣传等六项重点服务，为中小企业送政策、送服务、送温暖，全方位服务中小企业，立体化提供帮扶。其中，首先要做好的就是政策咨询服务。一方面，要通过新闻媒体宣传、开展政策大讲堂现场宣讲、印发政策手册、网络在线解读等多种途径和方式，广泛宣传党中央、国务院对中小企业发展的关注与支持，宣传各项支持中小企业健康发展的财税金融政策、产业政策、“十二五”中小企业成长规划等，让中小企业了解各项政策内容，掌握鼓励发展的方向。另一方面，要通过组织经济部门干部，特别是一些专业知识经验丰富的、退休的老同志、老干部，以及组织专家团队深入集群和园区，提供现场政策咨询服务，帮助企业解决落实政策中的问题，促进各项政策真正落到实处。

二、关注企业需求，确保政策咨询服务取得实效

开展政策咨询服务是我们根据广大中小企业特别是小型微型企业的实际需求决定的，要从企业的需要出发，根据本地区实际情况，安排政策咨询内容，通过各种形式，把中央的各项政策宣传好，让中小企业了解最关心的问题，得到实实在在的实惠。

一要精心设计政策咨询的内容。从当前了解的情况来看，有相当一部分小型微型企业还不了解国家和本地区有哪些支持企业健康发展的政策措施。大家知道，仅《国务院关于进一步促进中小企业发展的若干意见》（国发〔2009〕36号）出台以来，国务院相关部门已经相继制定了三十余个配套文件，各地出台的具体措施和实施办法有200多件。一方面是国家密集出台扶持政策，另一方面是许多企业急待了解政策，这种情况也使得一些重要的政策在落实中间，企业得不到充分的享用，效果打了折扣，

因此非常有必要加强政策咨询的宣传，把重点放在效果好、见效快、含金量足的政策方面。

二要动员各方面力量主动服务。中小企业量大面广，涉及到国民经济的诸多方面。很多企业面临的困扰是，不知道通过何种渠道向哪个层级的有关部门咨询政策，出现困难时，不知道哪些需要向政府部门反映，哪些需要向服务机构求助。因此，各级中小企业服务机构要通过主动上门送政策、送服务，为中小企业特别是小型微型企业搭建寻求服务的长效通道，答疑解惑，做企业的知心朋友。

三要帮助企业享受政策。目前我国有许多支持企业发展的财税政策。2011 年中央财政安排中小企业各类专项资金共 128.7 亿元，比上年增长 8.6%，共安排中央预算内中小企业技术改造投资约 30 亿元，支持了 2752 个中小企业产业振兴和技术改造项目。一直以来，为鼓励企业创新，相关部门也有许多针对特定行业和领域企业的税收减免政策。各种政策支持行业或领域的特定性决定了扶持对象不同，申报程序也有所区别。很多中小企业不熟悉申请资金支持或获得税收优惠的具体办法，非常渴望了解如何按照相关要求申请国家对特定产业或领域的支持。大家手中拿到的《中小企业政策百问百答》和稍后的专题宣讲都将有助于解决这一问题。我们开展政策咨询服务不但要让企业了解政策，更要帮助企业享受政策。

四要充分体现地方的特点。我国幅员辽阔，各地经济发展差异显著，因此中小企业工作也具有一定的地域性。在支持中小企业健康发展方面，各地相关部门一方面结合本地特点制定贯彻落实国家政策的具体办法，另一方面也制定了很多地方性扶持政策，在推动本地中小企业转型发展方面发挥了重要作用。由于针对性和指向性更强，在一定程度上，一些中小企业甚至更加关注国家政策在本地区的落实办法和本地区制定的扶持政策。这也是政策咨询扶持工作、服务工作要重点考虑的方面。

中小企业政策大讲堂正是专门针对这些问题精心设计的。希望在各地中小企业主管部门的支持配合下，依托全国中小企业服务联盟，通过全国巡讲、专家辅导、发放《中小企业政策百问百答》手册和网上政策问答等方式，使中小企业了解政策、促进发展，在最大程度上满足企业对政策信息的需求。

三、精心策划，做好政策大讲堂巡讲工作

3 月 22 日，工业和信息化部组织召开了中小企业服务年活动电视电话会议，在会上苗圩部长做了动员。今天的活动就是落实动员的具体行动。这里我就政策咨询服务和中小企业政策大讲堂活动再提几点要求。

一是认真组织，精心设计。希望中小企业政策大讲堂活动按照中小企业服务年活动要求，始终以企业的需求为重点，以企业的关注为方向，以企业的建议为动力，以企业的满意为目标，在课程设计和讲授方式上广泛听取企业的意见和建议，做好政策宣传、宣讲和全国巡讲工作。

二是深入地方，重在引导。今天中小企业政策大讲堂全国巡讲正式启动了。我想特别说明、强调的是：中小企业主管部门是服务年的组织者和实施者，而广大中小企业的服务机构则是活动的参与者和生力军，是我们这项活动最为重要的力量。我们在开展这项活动的过程中，要更好的发挥中小企业服务机构在其中的作用，形成全社会关心、支持、扶持中小企业的氛围。希望中小企业发展促进中心紧紧依靠各地中小企业主管部门，充分发挥各地中小企业服务机构的作用，充分发挥专家团队的优势，充分发挥引导和示范作用，按既定计划推进全国巡讲的各项活动，花开满地，把国家对中小企业特别是小型微型企业的关心和支持带到各地。

三是因地制宜，突出特色。在开展政策咨询服务工作中，政策大讲堂的全国巡讲可以与地方中小企业服务年的相关工作有机的结合在一起，因地制宜，充分发挥中央与地方各自优势，形成服务企业发展的合力。工作中，要突出各地的重点和特色，结合企业需求创新服务形式和服务内容，把服务年工作与加快转变发展方式、优化企业发展环境、加强服务体系建设结合起来，不断提高服务能力和水平。

四是立体宣贯，务求实效。希望政策大讲堂要不断丰富宣传服务的方式、内容和载体，通过多种形式，开展全方位的政策宣传活动，扩大服务面，提高惠及度。通过创新，力争把政策大讲堂活动建设成为我部中小企业政策宣贯的长效机制，持之以恒，务求实效。

五是强化服务意识，改进服务作风。中小企业量大面广，发展水平和企业素质参差不齐。各级中小企业主管部门和服务机构的同志们，应该按照苗部长的要求，进一步强化服务意识，改进服务作风，想企业之所想，急企业之所急，尽心尽力，百问不厌，帮助广大的中小企业了解政策，享受政策。

各位专家、全国中小企业服务联盟成员代表、中小企业代表，根据我部制订的《中小企业服务年活动方案》，政策大讲堂是当前的宣传重点。我衷心的希望参加活动的相关各方能够群策群力，密切配合，共同努力，扎实推进政策大讲堂全国巡讲的各项活动，把中央、国务院支持、扶持中小企业政策的阳光雨露播撒到千千万万个中小企业的身边和心田。中央期待你们，中小企业欢迎你们。让我们用双手和汗水迎来中小企业蓬勃、健康发展的艳阳天！

谢谢大家！

加大政策支持力度 促进非公有制经济和中小企业发展

——在全国非公有制企业党组织书记示范培训班上的讲话

工业和信息化部党组成员、总工程师 朱宏任

同志们：

大家上午好！很高兴有这次机会与大家进行交流。中央组织部和全国非公有制经济组织创先争优活动指导小组成员单位在京联合举办非公有制企业党组织书记示范培训班，对于非公有制企业党组织书记全面了解党和国家的各项方针政策，务实推动非公有制企业党建工作，切实发挥好示范带头作用有着重要意义。过去一年，中小企业特别是小型微型企业的生存与发展问题引起了社会的广泛关注，也成为了一个热点问题。对此，党中央国务院高度重视，国务院领导同志多次作出重要批示并进行专题考察。特别是在近半年内，国务院两次召开常务会议研究部署扶持小型微型企业的相关措施，并要求我部会同有关部门抓紧研究制定支持小型微型企业发展的一揽子政策措施。文件制定过程中，也得到了社会各方面的大力支持。4月19日《国务院关于进一步支持小型微型企业健康发展的意见》（国发［2012］14号，以下简称“国发14号文件”）正式印发。文件针对小型微型企业当前存在的新情况、新问题，提出多项重要举措，对于帮助小型微型企业提振信心，稳健经营，提高盈利水平和发展后劲，增强可持续发展能力有着重要意义。下面，我根据安排就国家促进中小企业和非公有制经济发展的政策和工作介绍一些情况，供大家参考，不对之处请指正。

一、促进中小企业和非公有制经济发展，是完善我国现阶段基本经济制度的必然要求

在我国，非公有制经济大部分是中小企业，中小企业大部分属于非公有制经济，两者互为主体。公有制为主体、多种所有制经济共同发展作为我国现阶段的基本经济制度，体现了社会主义初级阶段生产力发展的客观要求。坚持和完善社会主义初级阶段的基本经济制度，必须毫不动摇地巩固和发展公有制经济，必须毫不动摇地鼓励、支持和引导非公有制经济发展。促进非公有制经济和中小企业健康发展，绝不是权宜之计，而是由我国社会主义初级阶段的生产力水平所决定的，是由社会主义市场经济的基本体制和制度所决定的，也是由中小企业和非公有制经济的重要地位和作用所决定的。

第一，中小企业是保持国民经济平稳较快发展的重要力量。我国经济保持30年的持续高速增长，得益于我们党改革开放的路线和方针，也得益于广大中小企业的快速发展。中小企业是数量最大、最具活力的企业群体，是社会主义市场经济的重要组成部分，是我国实体经济的重要基础。据国家统计局数据显示，截至2011年底全国规模以上中小工业企业数量占全部规模以上工业企业总数的98.8%。目前，中小企业创造的最终产品和服务价值已占到国内生产总值的60%，纳税约为国家税收总额的50%。在一些沿海地区，中小企业发展呈现出增长快、势头猛、后劲足、质量好的良好势头。如“长三角”、“珠三角”的部分省份，这几年中小企业仍保持快速发展的态势。与此同时，中西部地区在承接产业转移和发展特色经济方面，取得积极成效，中小企业已成为县域经济的主体。

第二，中小企业是关系改善民生与社会和谐的重要基础。就业是民生之本，是社会和谐安定之基。中小企业以劳动密集型产业、服务业居多，就业容量大，就业方式灵活，是扩大就业的主渠道。目前，中小企业提供了75%以上的城镇就业岗位。国有企业下岗失业人员80%以上在中小企业实现了再就业，大量农民工主要在中小企业务工。近年来不少高校毕业生也把中小企业作为就业的重要选择，相当数量军队退役人员在中小企业实现就业。大型企业随着自动化程度越来越高，在提高生产效率和增加财政收入方面作用巨大，但在解决就业方面的作用却逐渐减小。所以，今后缓解就业压力，仅指望大企业是不行的，必须大力发展中小企业，特别是小型微型企业。中小企业发展得好，人们的收入就能提高，社会就能稳定。

第三，中小企业是推动科技创新的生力军。中小企业尤其是科技型中小企业，是技术创新和商业模式创新的生力军。大量新技术、新产品和新的服务、新的商业模式源自中小企业。当前，随着信息技术和互联网的快速发展，中小企业创新活动更加活跃、创新领域更加广泛。目前，我国65%的发明专利、75%以上的新产品开发是由中小企业完成的。无论在信息技术、生物、新材料等高新技术领域，还是在信息咨询、工业设计、现代物流等新兴服务业，中小企业创新都十分活跃。不少拥有自主知识产权的优强中小企业在市场中快速成长为带动力强的大企业。

第四，中小企业是实现经济发展方式转变的关键。目前，中小企业已占全国经济总量的半壁江山以上，可以说没有中小企业的发展方式转变，就无法完成经济发展方式转变的总体任务。中小企业大多起步于传统工业与商贸流通领域，劳动密集型产业居多，随着自身的不断发展壮大，部分企业进入了新的产业，促进了产业结构调整优化。目前，不少中小企业已从早期的加工、建筑、运输、商贸等传统领域，向基础设施、机电制造、新兴服务、高新技术等领域拓展，在现代服务业、信息技术、生物医药等新兴产业，中小企业已成为主体。特别是在珠江三角洲、长江三角洲以及环渤海地区，中小

型高新技术企业迅速崛起。部分中小企业突出“专、精、特、新”，积极与大企业配套，优化了企业组织结构。一些地区中小企业发展，带动了农村和县域经济，形成了行业区域特色明显的产业集群、“块状经济”，极大地促进了区域经济的发展。改造提升传统产业，发展新产业，开拓新领域，调整优化经济结构，加快经济发展方式转变，中小企业是重要的担当者和关键所在。

第五，中小企业在改革开放的作用日益增强。中小企业发展，既是改革开放的重要成果，也是改革开放的重要力量。量大面广、机制灵活的中小企业参与竞争，形成了充满活力的市场环境，为充分发挥市场在配置资源中的基础性作用创造了条件。中小企业贴近市场，活跃在市场竞争最激烈的领域，与市场有着本质的联系，是构建市场经济体制的微观基础，它的发展为社会主义市场经济创造了多元竞争、充满活力的环境。实践证明，中小企业发展好的地区，往往也是人民生活较为富裕的地区，也是率先实现小康的地区。

二、进一步认识当前中小企业发展面临的新形势

综合分析国内外经济发展环境、我国政策环境和中小企业自身状况，今后一个时期，中小企业仍然处于发展的重要战略机遇期，但面临的环境将更加具有复杂性、不确定性。总的来看，机遇与挑战并存。

从外部环境看，近一段时间世界经济运行出现一些好的迹象，美国就业、消费等部分经济数据持续改善，欧债危机风险没有进一步恶化，国际资本市场震荡回升，全球通胀水平有所降低，总体形势比原来预期的要好。但国际金融危机的深层次影响还在继续显现，世界经济能否持续好转仍存在较大不确定性。一是世界经济复苏乏力。美国房地产市场依然低迷，失业率仍居高位，经济回升的基础还不稳固；欧元区经济受财政紧缩和银行业信贷收缩等影响，处在衰退边缘；日本灾后重建、出口增长缓慢，经济难有大的起色；新兴经济体面临经济增速放缓和通胀压力仍然较大的双重压力。国际货币基金组织再次将 2012 年世界经济增速的预测从 4% 下调到 3.3%，对欧元区经济增速也从 1.1% 下调至负增长 0.5%。二是一些国家主权债务危机仍可能出现反复和蔓延。欧洲主权债务危机由边缘国家向核心国家扩散，金融市场持续动荡，成为威胁全球经济复苏的重要因素。据国际货币基金组织预测，今年欧元区政府债务率将达到 91.1%，比去年进一步上升。希腊主权债务危机仍可能再度恶化，西班牙、意大利等欧元区大国进入偿债高峰期，如果应对不当，有可能引发国际金融市场的严重动荡。三是全球贸易环境趋紧。在国际市场需求持续低迷、各国发展不平衡的情况下，保护主义明显升温，不仅欧美等发达经济体纷纷设置各种壁垒，一些新兴市场国家贸易限制性措施也明显增多，全球多边贸易谈判长期陷入僵局，这些都对全球贸易稳定增长形成制约。2011 年，我国出口产品遭遇贸易救济调查 69 起，美国还对我国发起 337 调查 16 起。我国已经连续 17 年成为遭遇贸易摩擦最多的国家。四是地区紧张因素对经济的影响可能进一步加大。西亚北非紧张局势向地区大国扩散，叙利亚局势仍在僵持，伊朗核危机有可能进一步升级，并推动国际原油价格继续走高，朝鲜半岛以及我周边一些热点问题需高度关注。总的来看，世界经济运行中各种风险因素仍在累积，我国经济发展的外部环境依然复杂严峻。

从国内环境看，我国经济运行总体实现平稳开局，国家对中小企业发展支持力度不断加大，这些因素使中小企业发展还有巨大潜力和机遇。与此同时，也存在一些突出矛盾和问题。一是内外需拉动作用趋弱。受需求回落、产能过剩、价格下滑、成本上升等因素影响，企业投资能力和意愿减弱，固定资产投资主要以在建和续建项目为主，新开工项目偏少。基础设施、制造业和房地产投资面临下行压力。同时，国际市场需求减弱对我国出口的制约进一步凸显，出口对工业增长的拉动明显减弱。而且我国要素成本低的传统优势正在减弱，特别是劳动密集型产品的国际市场份额受到挤压。二是企业生产经营压力加大。能源原材料价格继续高位震荡，国内电价上调、油价上涨推动企业成本连锁上升，人工成本上升，融资难问题依然困扰广大中小企业。去年以来，国际大宗商品市场价格高位震荡，全年铁矿砂和原油进口均价比上年上涨了 27% 和 35%。今年以来，国际大宗商品价格指数重新回到 3 个月高点 600 点关口，较去年末上涨 6%。2002 ~ 2011 年我国平均工资年度涨幅均超过了 15%，预计今年涨幅仍将达到 20% 左右。今年一季度，实体经济盈利能力下降，部分行业利润下降过快。三是物价上行压力仍然存在。目前物价涨幅已明显回落，但也要看到，国际市场原油价格持续高位震荡，输入性通胀预期增强，国内要素成本呈上升趋势，推动价格上涨的因素依然较多。四是转型升级形势紧迫任务艰巨。我国工业总体上仍处于国际产业价值链的中低端，有效需求增长乏力，产能过剩问题凸显，企业创新能力较弱，管理水平不高。

综合分析各方面情况，国内外复杂多变的经济形势，给中小企业发展带来新的挑战和困难。突出表现在能源、原材料、用工等方面生产要素成本不断上升，融资难问题突出，生产经营压力加大，税费负担偏重、资源环境约束加大，同时企业自身素质还有待提高。对此，党中央国务院领导同志多次批示要求相关部门抓紧研究制定相关措施。2011 年 10 月，温总理专程到浙江就中小企业问题进行视察，并召开三次中小企业座谈会。2011 年 10 月 12 日和今年 2 月 1 日两次主持召开国务院常务会议专题研究部署支持小型微型企业发展的政策措施，提出了支持小型微型企业发展的一系列政策措施。张德江副总理两次主持召开专题会议，研究部署支持小型微型企业发展的政策措施，多次强调要大力发展中小企业，进一步夯实实体经济基础。4 月 19 日，国发 14 号文件正式印发。

总体来看，经济发展的基本面是好的，工业生产增速适度放缓，既是对当前需求特别是外需减弱的客观反映，也有宏观层面主动调控的因素，稳中求进是工作中要牢牢把握的总基调。同时，也必须高度重视面临形势的复杂性和严峻性，对外需持续低迷带来的影响和中小企业特别是小型微型企业面临的困难程度不可低估，对经济运行中的潜在风险不可低估，要把稳增长放在更重要的位置上。既要肯定成绩，增强信心，也要增强忧患意识，把困难和问题估计得更充分一些，把工作做得更扎实一些。

三、国家促进中小企业和非公有制经济发展的主要政策措施

党中央、国务院始终高度重视中小企业和非公有制经济发展，相继制定了一系列促进中小企业发展的法律法规和政策措施。在各级党委政府和各项政策支持下，经过广大中小企业自身的努力，近年来中小企业继续快速发展，在国民经济和社会发展中的地位作用进一步增强。

第一，扶持中小企业发展的法律和综合性政策。

截至目前，我国出台了支持中小企业和非公有制经济的一部法律和四个综合性政策文件。一部法律，是指2002年6月29日，九届全国人大常委会第二十八次会议通过的《中华人民共和国中小企业促进法》。这一法律的实施，标志着我国促进中小企业发展走上规范化和法制化轨道。20多个省（区、市）制定了中小企业促进法的实施办法。

四个综合性政策文件，是指国务院印发的4个与中小企业和非公有制经济直接相关的重要文件。第一个文件是，2005年出台的《国务院关于鼓励支持和引导个体私营等非公有制经济发展的若干意见》（国发［2005］3号，又称非公36条），文件提出36条鼓励支持和引导个体私营等非公有制经济发展的政策措施。根据非公36条要求，160万件法规、规章、政策性文件得到清理，5000多项（件）限制中小企业和非公有制经济发展的地方政策和规范性文件被废除或修订。第二个文件是，2009年出台的《国务院关于进一步促进中小企业发展的若干意见》（国发［2009］36号，又称国发36号文件），文件提出了帮助中小企业克服金融危机、保持稳定发展的29条政策。根据国发36号文件要求，国务院相关部门在加强财税支持、完善金融服务、健全服务体系、提升创新能力等方面制定配套文件36个。第三个文件是，2010年出台的《关于鼓励和引导民间投资健康发展的若干意见》（国发［2010］13号，又称民间投资36条），文件提出进一步拓宽民间投资的领域和范围，形成推动经济可持续发展的内生动力。第四个文件是，4月26日刚刚公布的“国发14号文件”，文件针对当前小型微型企业经营压力大、成本上升、融资困难和税费偏重等问题，在加大财税支持、缓解融资困难、推动创新发展、支持开拓市场、提高管理水平、促进集聚发展、加强公共服务等八个方面，提出了29条政策措施。这个文件是国务院第一个专门针对小型微型企业的综合性文件，对于推动小型微型企业健康发展具有重要意义。文件中还有多个政策“亮点”，比如减轻税费负担、建立国家中小企业发展基金、定向政府采购、统筹安排产业集群发展用地等方面。

除此之外，2011年6月，经国务院同意，工业和信息化部、国家统计局、发展改革委和财政部向社会公布了新修订的中小企业划型标准。新标准增加了微型企业标准，突出了国家扶持小型微型企业发展的政策取向。9月，我部又向社会公布了《“十二五”中小企业成长规划》，提出了“十二五”时期促进中小企业进一步优化结构和转型成长的主要任务。

为加强组织领导，国务院成立了以张德江副总理为组长，17个部门负责同志为成员的促进中小企业发展工作领导小组，领导小组办公室设在工业和信息化部，承担领导小组的日常工作。从地方来看，22个省（区、市）建立了相应的协调机构。

第二，促进中小企业发展的财政支持政策。

按照《中华人民共和国中小企业促进法》的规定，2003年中央财政预算设立了中小企业科目。目前中央财政安排的促进中小企业发展的专项资金（基金）主要有中小企业发展专项资金、中小企业服务体系发展专项资金、科技型中小企业技术创新基金、中小企业国际市场开拓资金等几个方面，主要用于支持中小企业专业化发展、与大企业协作配套、技术创新与进步、建立公共服务平台、开拓国际市场、改善中小企业发展环境等。资金规模由最初的10亿元增至2011年的128.7亿元，增长11.9倍。2009年以来，中央财政累计安排支持中小企业发展的各类专项资金356亿元。“国发14号文件”中专门提出，中央财政将安排150亿元资金专门设立国家中小企业发展基金，主要用于引导地方、创业投资机构及其他社会资金支持初创期的小型微型企业等。同时，2012年中小企业专项资金总规模由128.7亿元扩大至141.7亿元，以后逐年增加。文件还要求，政府采购要支持小型微型企业发展。负有编制部门预算职责的各部门，应当安排不低于年度政府采购项目预算总额18%的份额专门面向小型微型企业采购。

第三，促进中小企业发展的税收支持政策。

一是提高了小型微型企业增值税、营业税起征点。自2011年11月1日起，将销售货物、应税劳务增值税的起征点分别由月销售额2000～5000元、1500～3000元统一提高到5000～20000元；将按次纳税的增值税起征点幅度由现行每次（日）销售额150～200元提高到300～500元。将按期纳税的营业税起征点幅度由月营业额1000～5000元提高到5000～20000元；将按次纳税的营业税起征点幅度由每次（日）营业额100元提高到300～500元。

二是延长了小型微利企业减半征收企业所得税政策，并扩大了覆盖面。自2012年1月1日至2015年12月31日，对年应纳税所得额低于6万元（含6万元）的小型微利企业，其所得减按50%计入应纳税所得额，按20%的税率缴纳企业所得税。同时，

将符合条件的国家中小企业公共技术服务示范平台纳入科技开发用品进口税收优惠政策范围。

三是国务院有关部门着重开展了治理和规范涉企行政事业性收费、经营服务性收费和社会团体收费等工作，对中央和地方涉企收费进行统一清理规范。如，从2011年2月开始，国家取消31项涉企行政事业性收费和20项社团收费，每年可减轻企业负担约65亿元。自2012年1月1日至2014年12月31日，对小型微型企业免征管理类、登记类和证照类等部分行政事业性收费，具体包括注册登记费、税务发票工本费、海关监管手续费、货物原产地证明书费、农机监理费等22项收费，每年减轻企业负担约50亿元；自2012年2月1日起，取消253项各省、自治区、直辖市设立的涉企行政事业性收费，每年减轻企业负担约100亿元。

四是支持金融机构加强对小型微型企业的金融服务。清理纠正金融服务不合理收费，切实降低企业融资的实际成本。除银团贷款外，禁止商业银行对小型微型企业贷款收取承诺费、资金管理费。严格限制商业银行向小型微型企业收取财务顾问费、咨询费等费用。对金融机构向小型微型企业贷款合同三年内免征印花税。将金融企业涉农贷款和中小企业贷款损失准备金税前扣除政策延长至2013年底。将符合条件的农村金融机构金融保险收入减按3%征收营业税的政策，延长至2015年底。对非营利性中小企业信用担保、再担保机构从事担保业务取得收入，3年内免征营业税。

第四，扶持中小企业发展的金融政策。

一是进一步加大对中小企业的信贷支持。2009年底我部与工农中建四大银行签署《中小企业金融服务合作备忘录》，今年又与建设银行、交通银行签订《中小企业金融服务战略合作协议》，充分发挥双方资源优势，在客户推介、融资平台建设、制度完善和交流培训等方面加强合作，重点改善对小型微型企业的金融服务。2011年，银监会先后下发了《关于支持商业银行进一步改进小企业金融服务的通知》（银监发［2011］59号）和《关于支持商业银行进一步改进小型微型企业金融服务的补充通知》（银监发［2011］94号），提出具体的针对小型微型企业的差异化监管和激励政策。积极引导银行业金融机构加大对中小企业的信贷投放力度，连续三年实现了小企业信贷增速、信贷增量“两个不低于”目标。商业银行重点加大对单户授信500万元以下小型微型企业的信贷支持。截至2011年末，银行业金融机构小企业贷款余额达到10.8万亿，同比增长25.8%，占全部贷款的19.6%。“国发14号文件”中也提出，要建立小企业信贷奖励考核制度，落实已出台的小型微型企业金融服务的差异化监管政策，适当提高对小型微型企业贷款不良率的容忍度。

二是积极拓宽中小企业融资渠道。“国发14号文件”规定，要逐步扩大小型微型企业集合票据、集合债券、短期融资券发行规模，积极稳妥发展私募股权投资和创业投资等融资工具。进一步推动交易所市场和场外市场建设，改善小型微型企业股权质押融资环境。积极发展小型微型企业贷款保证保险和信用保险。2004年和2009年中小企业板块和创业板分别开通，一批符合条件的成长性中小企业获得了上市融资机会。截至去年底，276家中小企业通过创业板上市，中小企业板上市企业达到631家。鼓励创业投资企业提供资本重点扶持处于初创期、成长期的创新型企业和高成长性中小企业。自2007年试点以来，中小企业集合债券迅速发展。2009年发行了5.15亿元大连市中小企业集合债券，2010年发行了4.9亿元河南省中小企业集合债券、5.08亿元常州市中小企业集合债券和4.2亿元成都市中小企业集合债券，在一定程度上克服了中小企业规模小、融资难的问题。

三是大力发展中小金融机构和构建多层次中小企业信用担保体系。加快发展小金融机构和加强对小型微型企业的信用担保服务，也是“国发14号文件”中提出的重要政策之一。文件中规定，在加强监管和防范风险的前提下，适当放宽民间资本、外资、国际组织资金参股设立小金融机构的条件。适当放宽小额贷款公司单一投资者持股比例限制。强化小金融机构重点服务小型微型企业的市场定位，符合条件的小额贷款公司可根据有关规定改制为村镇银行。截至2011年底，全国小额贷款公司4282家，贷款余额达到3914亿元。通过营业税减免、各项准备金税前提取、资本金注入、担保费用补贴等扶持政策，中小企业信用担保体系取得了迅速发展。截至2011年底，全国4400多家中小企业信用担保机构当年为38万户中小企业提供贷款担保1.57万亿元。14个省还建立了省级中小企业信用再担保机构。

第五，促进中小企业服务体系建设的政策。

一是大力实施中小企业银河培训工程和企业经营管理人才素质提升工程。为提高中小企业管理和工作人员素质，国家实施了中小企业银河培训工程，面向广大中小企业广泛开展政策法规、产业政策、战略管理、财务管理、人力资源、市场营销、品牌管理、安全生产等方面的培训，大力开展职业培训。自实施以来，中央财政投入约2亿元，引导各地积极投入，共支持了600万人次的培训，包括30万人次集中免费培训，60万人次远程培训，110万人次信息化培训等方面，为缓解就业压力和提高中小企业整体素质做出贡献。去年，我们还开始实施企业经营者素质提升工程，中央财政重点支持中小企业领军人才培训和培养。

二是促进各类人员积极创办小企业。近年来，我们按照“创办小企业，开发新岗位，以创业促就业”的工作思路，积极做好促进创业的各项工作。中央财政中小企业服务体系专项补助资金共安排了7000多万元，重点支持了500多家服务机构为18.3万个创业者和创办初期的小企业提供创业辅导服务。2009～2011年中小企业发展专项资金共安排5.38亿元，支持了430多家小企业创业基地建设项目。据不完全统计，目前，全国小企业创业基地有1600多家，入驻企业达12万家，既解决了创业场地问题，降低了创业成本，又孵化和培育了一批小企业，帮助创业者实现了创业，并带动了一批人就业。

三是促进中小企业创新和技术改造。中央财政扩大技术改造资金规模，重点支持中小企业应用新技术、新工艺、新材料、新装备。完善企业研究开发费用所得税前加计扣除政策，支持企业技术创新。2009年至今，中央财政支持中小企业技术进步项目4000多个，技术改造项目8000多个，科技创新项目1.6万个。在中小企业发展专项资金中安排15亿元支持中小企业加强专业化生产，发展新兴产业。我部会同教育部、科技部、财政部等12个部门下发了《关于支持中小企业技术创新的若干政策的通知》。实施了中小企业信息化推进工程和知识产权战略推进工程。

四是搭建中小企业公共服务平台。2011年，我部组织认定了首批99个国家中小企业公共服务示范平台。这些平台服务内容涉及信息、融资、创业、培训、咨询、技术、检测等方面，年服务中小企业近百万家。此外，各省市认定了1131个省级公共服务平台。规划到2015年，支持建立和完善4000个为小型微型企业服务的公共服务平台，重点培育认定500个国家中小企业公共服务示范平台，发挥示范带动作用。在全国80%的省基本建成平台网络，为中小企业提供找得着、用得起、有保证的服务。

第六，促进中小企业开拓市场、扩大对外开放的政策。

近年来，我国政府与有关国家和国际组织在中小企业领域的合作与交流步伐加快，先后签署合作协议12个。继续深化与法国、德国、韩国、欧盟等双边和多边合作机制及政策磋商，帮助中小企业"走出去"。成立中德中小企业合作推动工作小组，启动实施了中德中小企业合作示范园，中德中小企业经营管理人员培训项目。

为了给国内外中小企业搭建一个展示、交易、交流、合作的平台，推动我国中小企业与世界其他国家（地区）中小企业的交流与合作，经国务院批准，每年9月份在广州举办中国国际中小企业博览会（简称"中博会"）。中博会自2004年创办以来，已成功举办八届，先后邀请法国、意大利、日本、韩国、西班牙、澳大利亚、泰国等担任主宾国联合办展，为各国中小企业提供了相互借鉴和交流合作的宝贵商机。2011年第八届中博会展会面积超过10万平方米，包括中国在内的34个国家和地区参展企业3040家。合同成交、意向协议金额共计537.1亿元。此外，我国还成功举办了六届APEC中小企业技术交流暨展览会。

四、"十二五"促进中小企业成长的主要任务、关键工程和行动计划

"十二五"时期，我国仍处于可以大有作为的重要战略机遇期，也是中小企业可以大有作为的战略机遇期。为适应国内外发展的新形势，促进中小企业"转方式、调结构、上水平"，工业和信息化部2011年9月向社会公布了《"十二五"中小企业成长规划》，提出了"十二五"时期促进中小企业成长的总体思路、发展目标、主要任务和重要措施。

第一，"十二五"促进中小企业成长的主要任务：

促进中小企业成长的中心任务是努力提高中小企业发展的质量和效益。具体表现在以下五个方面：

一是进一步增强创业创新活力和吸纳就业能力。鼓励创办小企业，开发新岗位，提供更多的就业机会。落实并完善鼓励创业的扶持政策，加强创业服务，切实放宽市场准入。坚持提升中小企业技术创新能力，促进中小企业走创新发展道路。

二是进一步优化产业结构。坚持把中小企业结构调整作为提高成长质量的主攻方向，力争到"十二五"末在优化产业分布结构、优化企业规模结构、优化企业产品结构以及加快淘汰落后产能等方面取得重大进展。

三是进一步提高"专精特新"和产业集群发展水平。坚持把走"专精特新"之路作为促进中小企业发展的重要途径，把集聚发展作为促进中小企业发展的着力点，建立起企业间紧密的分工协作关系，努力形成中小企业"专精特新"竞相发展的新格局。支持中小企业专业化、精细化、特色化和新颖化发展。加强产业集群环境建设，改善产业集聚条件。

四是进一步提升企业管理水平。坚持把推进管理创新、提升企业整体素质作为促进中小企业成长的重要基础，力争到"十二五"末基本建立较为完善、易于实施、行之有效的中小企业科学管理制度；形成一大批战略管理意识、社会责任意识、节能环保意识、诚信意识强，质量管理、品牌管理、安全管理、营销管理水平高，财务管理规范，治理结构比较完善的中小企业。

五是进一步完善中小企业服务体系。坚持把完善服务体系作为促进中小企业发展的重要保障，力争到"十二五"末中小企业服务环境进一步优化。发挥政策引导和市场机制作用，调动和优化配置服务资源，推动形成以中小企业服务机构为核心，以行业协会（商会）和专业服务机构等为依托，各层级服务机构纵向贯通、各类服务机构横向协同、各类服务资源开放共享的中小企业服务体系。

第二，"十二五"促进中小企业成长的关键工程和行动计划：

为实现"十二五"时期中小企业成长的目标和任务，提高中小企业的质量和效益，要切实做好"两个关键工程"和"四个行动计划"。

一是中小企业公共服务平台网络建设工程。加快建立省级中小企业公共服务平台与所属重点城市、产业集群公共服务平台互联互通的公共服务平台网络。用五年时间，在80%以上的省市基本形成信息畅通、功能完善、服务协同、资源共享、供需对接便捷的中小企业服务平台网络，培育国家中小企业公共服务平台，形成社会化服务体系。

二是中小企业信息化推进工程。按照"政府倡导、企业主体、社会参与"原则，加快信息技术在中小企业核心业务环节的普及推广和深化应用。重点是：加强分类指导，提高中小企业生产装备、经

营管理和决策环节的信息技术应用水平，加强信息安全防护；建立健全信息化服务平台，重点建设面向区域、行业中小企业的研发、管理、电子商务、电子签名与认证、信用融资等信息化应用服务平台；培育示范企业，宣传推广典型企业经验；完善中国中小企业信息网，提高服务能力和质量，整合和带动更多优质服务资源参与中小企业信息服务。

三是中小企业创新能力建设计划。支持中小企业加强技术改造和技术创新，参与国家科技计划项目、军民两用技术开发和产业化；实施中小企业知识产权推进工程，开展"专利服务中小企业"活动，促进知识产权开发运用；支持建立技术服务平台；促进产学研合作；加强质量和标准工作，建立质量诚信体系；加强中小企业品牌建设指导；推动中小企业开展标准化良好行为企业创建活动，提高标准化管理水平。

四是创办小企业计划。明确"创办小企业，开发新岗位，以创业促就业"的工作方针，重点培育创业主体、强化创业培训、深化创业服务、支持建立小企业创业基地、建立和健全创业辅导服务队伍，以及加快形成政策扶持、创业培训、辅导服务的工作机制，营造良好的创业环境。

五是中小企业管理提升计划。引导中小企业加强管理和管理创新，努力提高规范管理和科学管理水平。推广中小企业管理创新经验，通过标杆示范，推动中小企业提高管理水平。鼓励开展管理咨询服务，帮助中小企业改善管理。继续实施国家中小企业银河培训工程，启动实施企业经营管理人才素质提升专项，提高中小企业管理人员素质。

六是中小企业市场拓展计划。发展专业市场，推广连锁经营、特许经营等现代经营方式。支持中小企业利用内贸信用险拓展内贸市场。鼓励大企业与中小企业协作参与政府采购活动。支持建立中小企业产品技术展示中心，鼓励中小企业利用电子商务拓展市场。继续办好中国国际中小企业博览会。加大出口信用保险以及各类出口信贷对中小企业的支持力度。扶持和鼓励中小企业到境外开展投资并购。指导和帮助中小企业运用世界贸易组织规则维护企业合法权益。规范中小企业进出口经营秩序。务实推进中小企业国际经贸交流和合作。

五、下一步中小企业工作的重点

促进中小企业和非公有制经济平稳较快发展是一项具有长期性、战略性的重要任务。下一步，一方面我们要全力贯彻落实好刚刚下发的国发 14 号文件，提高政策的针对性、导向性和可操作性。另一方面，要把营造良好环境、加强和改进对中小企业服务作为扶持中小企业发展的重要措施，帮助中小企业克服困难、提振信心。实施"中小企业服务年"，调动各方面力量，集聚社会资源，为中小企业特别是小型微型企业送政策、送服务、送温暖，体现党中央、国务院对中小企业发展的关心和各地区、各部门对中小企业的支持帮助，营造全社会扶持中小企业发展的良好氛围，促进中小企业发展再上水平，实现新突破。

第一，全力贯彻落实国务院支持小型微型企业健康发展的一揽子政策意见。充分发挥国务院促进中小企业发展领导小组办公室的组织协调作用，贯彻两次国务院常务会议精神，全力落实好"国发 14 号文件"的内容。将已出台的各项扶持政策落实到位，不断完善扶持中小企业发展的政策法规体系。继续清理取消或减免涉企收费。

第二，组织开展"中小企业服务年"活动。要把营造良好环境、加强和改进对中小企业服务作为扶持中小企业发展的重要措施，以"服务企业，助力成长"为主旨，充分发挥行业协会（商会）等社会各方面的积极性，组织地方中小企业主管部门，带动各类社会服务机构，开展政策咨询、投资融资、创业创新、转型升级、管理提升、舆论宣传六大服务专项活动。

第三，推动缓解中小企业融资难。深化工业和信息化部与工、农、中、建、交五大银行和国家开发银行战略合作内容。进一步拓宽小型微型企业融资渠道，搭建方便快捷的融资平台。完善创业投资机制，支持初创型和创新性小型微型企业发展。大力推进中小企业的信用担保体系建设，鼓励担保机构提高小型微型企业担保业务规模，降低对小型微型企业的担保收费，积极发展再担保机构。

第四，进一步完善中小企业服务体系。加大对中小企业服务体系建设的支持力度，完善中小企业公共服务平台，重点培育国家中小企业公共服务示范平台，加快中小企业公共服务平台网络建设，推动小企业创业基地建设。继续实施中小企业信息化推进工程和知识产权战略推进工程。继续办好中国国际中小企业博览会和 APEC 中小企业技展会，支持中小企业参加国内外展览展销活动，帮助中小企业拓展市场。

第五，引导中小企业提高自身素质和发展水平。一是要引导小企业加强管理，全面提升小企业内部管理水平；二是要加强中小企业经营者的培训，提高人员素质和管理水平；三是要加大技术创新力度，提高生产效率，加强品牌建设，提高产品质量；四是要增强企业诚信意识，构建和谐劳动关系，切实保障职工的合法权益，自觉承担社会责任。

第六，扎实推进非公有制经济党组织创先争优活动，推动企业实现科学发展。按照中央的部署，我部将继续做好全国非公有制经济组织创先争优活动指导小组的各项工作。在日常工作中做到"三个结合"，把引导非公有制企业党组织和党员创先争优活动与促进中小企业平稳较快发展结合起来，把做好中小企业管理提升计划与引领建设先进企业文化结合起来，把实施国家中小企业银河培训工程、企业经营管理人才素质提升工程与做好企业经营管理人才培养结合起来。充分发挥党员爱岗敬业的模范作用，积极组织职工群众参与创先争优活动，动员和凝聚各方力量，有效地推动中小企业实现科学发展。

在国务院促进中小企业发展工作领导小组办公室2012年第2次会议上的讲话提纲

工业和信息化部党组成员、总工程师　朱宏任

大家上午好：

本次会议是国务院促进中小企业发展工作领导小组（以下简称领导小组）2012年度的第2次办公室会议。感谢大家百忙中抽时间来参加这次会议，这里我代表领导小组办公室对各位的到来表示热烈的欢迎！

日前，国务院发布了《关于进一步支持小型微型企业健康发展的意见》（国发〔2012〕14号，以下简称《意见》）。这份文件是在国务院的领导下，在领导小组各成员单位的通力合作下，在有关单位的关心和支持下，得以顺利制定和出台的。

一、鼎力支持、密切配合，共同推动《意见》出台

为了起草《意见》，各成员单位都付出了极大的努力，这份文件是大家集体智慧的结晶，是辛勤和汗水浇灌出来的共同成果。回顾起草过程，领导小组各成员单位多次开展调研，广泛听取意见，并多次召开领导小组办公室会议进行专题研究（在座很多同志也都参加了相关调研和专题会议）；张德江副总理去年12月主持召开领导小组会议，听取意见建议，对文件修改提出具体要求；温家宝总理今年2月1日召开国务院常务会议，专门研究制定此次出台的一揽子支持政策；根据这次常务会议精神，《意见》进一步修改完善，主要有四方面变化：一是将扶持对象明确为小型微型企业；二是坚持扶持和规范并重，增加淘汰落后产能和强化企业管理有关内容；三是与落实民间投资有关政策相衔接，增加拓宽小型微型企业投资领域的内容；四是进一步充实有关政策措施。

这期间，领导小组各成员单位都在繁忙的工作中，对《意见》的起草、修改和完善，倾注了大量的心血和宝贵的时间，对领导小组办公室的各项工作，给予了极大支持、鼓励和配合。在此，我代表领导小组办公室对各位的支持表示衷心的感谢！

二、认识作用、居安思危，高度重视当前形势的紧迫性

针对小型微型企业经营压力大、成本上升、融资困难和税费偏重等问题，党中央、国务院高度重视，去年下半年以来，密集出台了一系列财税金融政策，现在又出台了《意见》，这是国务院首次专门针对小型微型企业出台的文件，足以表明国务院领导对小型微型企业平稳健康发展的高度关注。

但是，我们应该清醒地认识到，国内外复杂多变的经济形势仍未改变，影响经济发展的不稳定、不确定因素仍然存在。从一季度经济运行情况看，我国经济增速逐渐放缓，下行压力在不断加大。去年三季度规模以上工业同比增长是13.8%，四季度工业增长的速度是12.8%，今年一季度工业增长速度是11.6%，继续保持平稳较快发展的压力增大。此外，对外贸易增速明显放缓，受固定资产投资增幅收窄等因素影响，社会消费品零售总额扣除价格因素增幅也处在较低水平。从国家统计局一季度对小微企业生产经营状况的调查分析看，小型微型企业总体经营状况没有明显改善，微型企业相对更加困难。成本上升、融资难仍然是企业反映的突出问题。

因此，文件的出台只是万里长征的第一步，如何落实好《意见》，帮助小型微型企业提振信心，克服当前困难，保持平稳健康发展势头，对于实现国务院稳增长、调结构、惠民生的总体部署具有重要意义。下一步，我们肩负的任务仍很艰巨。

三、加强宣贯、强化落实，支持小型微型企业健康发展

应该说，领导小组成立两年多以来，各项工作机制日趋完善、成员单位间的配合也日益紧密，同志们之间更是缔结了深厚的友谊。在领导小组这个工作平台上，促进中小企业发展的各项工作取得了积极成效。目前，我们根据各成员单位提供的材料，以领导小组办公室名义印发了各成员单位2012年重点工作的通知，并通过专报信息的形式，向中办、国办和中央财经领导小组报告了各成员单位2011年的工作成效。下一步，我们要继续发挥领导小组办公室工作机制作用，加强相互配合，共同做好《意见》的贯彻落实工作。

围绕贯彻落实《意见》，近期，希望各成员单位共同做好以下几项工作：

一是明确分工，共同推动配套政策出台。《意见》内容丰富，29条中，既有解决当前小型微型企业突出问题的针对性政策措施，也有引导企业提高发展质量、增强内生动力的政策措施，还提出了一些长效机制。为推动各项政策的贯彻落实，需要明确职责，细化分工任务，抓好配套政策措施的制定实施，我们起草了贯彻落实《意见》部门分工方案（征求意见稿），已印发给大家。同时，我们会将此文件交换到各单位办公厅。请大家研究提出意见，在5月15日下班前将正式书面意见反馈给我们。修改后的分工方案将报请国务院办公厅印发。

二是密切合作，共同做好宣传工作。《意见》内容涉及财税、金融、技术进步、结构调整、市场开拓、经营管理、集聚发展、公共服务等各个方面，一些内容有关成员单位已有很好的工作基础和政策

考虑。为让更多的中小企业特别是小型微型企业尽快的了解政策内容，近1至两个月内，我们拟会同各成员单位利用各类新闻媒体，通过政策解读、在线访谈、署名文章等多种方式，密集开展《意见》宣传工作，希望得到大家的积极配合。同时，各成员单位在贯彻落实《意见》方面的好做法、新动态，也希望多沟通，多交流，我们将通过领导小组办公室专报信息方式，及时报送国务院领导。

三是开拓创新，确保各项政策落到实处。《意见》主要针对小型微型企业，这部分群体数量众多，分布广泛，对政策的宣贯落实也提出了更高的要求。因此，光有文件或光有宣传还不够，要针对小型微型企业的特点，采取更加有效的措施，推动《意见》的贯彻落实。各成员单位要组织动员本系统的各类资源，组织熟悉政策、经验丰富的专家团队，送政策到基层、到企业，提供现场政策咨询服务，帮助企业解决落实政策中的实际问题，使小型微型企业真正感受到政策的支持，增强发展信心。

为推动各项支持中小企业特别是小型微型企业发展政策措施的贯彻落实，今年，工业和信息化部启动实施了以“服务企业、助力成长”为主题的中小企业服务年活动（在今年第1次领导小组办公室会上，我已经给大家介绍了有关情况）。这项活动也得到了有关成员单位的积极响应。例如，在中小企业政策大讲堂全国巡讲活动中，得到了财政部、税务总局所属服务机构的支持；在我部与金融机构深度合作，服务中小企业方面，银监会积极配合；我部与科技部即将就共同推动创新型中小企业发展签订战略合作协议等。在此，我想向大家再次发出邀请，诚挚地邀请各成员单位与我们一起，为小型微型企业送政策、送服务，用我们的实际行动为小型微型企业营造良好发展环境。让我们共同努力，加强沟通、密切合作，以此次《意见》发布为新起点，推动中小企业工作再上新台阶！

谢谢大家！

在中小企业信息化服务信息发布会上的讲话

工业和信息化部党组成员、总工程师 朱宏任

各位来宾，新闻界的朋友们：

大家下午好！

按照中小企业服务年的部署和中小企业信息化推进工作计划安排，今天，我部在这里隆重举行中小企业信息化服务信息发布会，宣传党中央、国务院促进中小企业，特别是小型微型企业发展扶持政策，宣传推进信息化与工业化深度融合，促进经济发展方式转变和工业转型升级的工作部署，进一步统一思想认识，明确任务目标，推动信息化应用和信息化服务平台发展，促进“两化”深度融合，使信息化切实成为支撑中小企业创新和健康成长的重要“引擎”。

信息化是当今世界发展的大趋势，党中央、国务院及时做出推动信息化和工业化深度融合的重大战略决策，对促进我国经济发展方式转变，走中国特色新型工业化道路具有重大意义。中小企业信息化是两化深度融合的重要内容，是提高中小企业发展质量、整体素质和竞争能力的有效途径，对中小企业拓展生存和发展的空间、提升生产效率和管理水平、增强自主创新能力、创新商业模式发挥着积极而重要的作用。当前，我国中小企业发展面临的形势依然严峻和复杂，国际经济复苏迟缓带来的市场动力不足、需求下滑、汇率波动和大宗商品价格震荡，以及国内生产要素成本上涨、融资难、用人贵等给中小企业特别是小型微型企业带来了巨大的生存压力，提高发展质量，提高竞争能力，实现转型升级是中小企业面临的紧迫任务。为帮助中小企业特别是小型微型企业渡过难关，落实党中央、国务院的扶持政策和决策部署，工业和信息化部党组决定，把今年确定为中小企业服务年，在全国范围深入开展以“服务企业，助力成长”为主题的服务活动，给中小企业送政策、送温暖、送服务。今天以“携手同行，合作共赢”为主题的信息发布会，既是中小企业服务年的重要内容，也是中小企业信息化推进工作的一项重要活动。

2005年，为充分利用信息技术支持中小企业创新发展，几部委联合启动了中小企业信息化推进工程，六年来，经历了宣传发动和试点探索两个阶段。期间，8部委联合印发了《关于强化服务 促进中小企业信息化的意见》；启动了百万中小企业信息化培训工程；围绕提高中小企业的创新能力、管理水平和市场开拓能力，缓解融资难等难点问题，开展了精益研发、管理升级、电子商务、融资服务信息化服务平台试点和推动中小企业信息化应用等工作。通过对中小企业信息化应用案例的研究分析可以看到，信息化能够支持中小企业健康发展，有利于提高创新能力，缩短新产品开发周期；有利于提升管理水平，降低经营成本，提高效率和效益；有利于促进节能减排、安全生产，引导中小企业绿色发展。信息化是中小企业成长的助推器，是中小企业实现转型升级的必然选择。

根据“十二五”中小企业成长规划和中小企业发展提出的要求，近期中小企业信息化推进工作要把“强化服务”和“促进应用”放在更加突出的位置。

一是要加强对中小企业的分类指导，更有效地动员和组织信息化服务资源，针对创新型企业、创业型企业和劳动密集型企业的不同特点和需求，提供更加适用的信息化服务。

二是要进一步发挥信息化服务商的专业服务优势，以及在人才、技术、资金等方面的优势，促进中小企业的研发协同化、管理数字化、营销网络化，提升创新能力、管理水平和市场开拓能力。

三是探索运用云计算、移动商务等新一代信息技术，加强信息服务、融资服务、培训服务，为助力小型微型企业发展搭建平台，进一步降低门槛、降低成本，让更多小微企业便捷、有效地通过信息

化实现转型升级和创新发展。

我相信，在社会各界的参与和支持下，中小企业信息化工作定能开创新局面，在信息化支持中小企业，特别是小型微型企业成长方面获得更多经验，取得更好成效。

让我们为开创中小企业信息化更加美好的明天，促进信息化与工业化的深度融合而共同努力！

谢谢大家！

优化中小企业发展环境 促进中小企业健康发展

——国家行政学院《行政管理改革》署名文章

工业和信息化部党组成员、总工程师 朱宏任

党中央、国务院高度重视中小企业的发展。在市场机制和政府支持的共同作用下，我国中小企业迅速增长，不但成为经济社会发展的重要力量，而且在活跃经济、吸纳就业、推动创新、增加税收等方面发挥着举足轻重的作用。中小企业的长期平稳较快发展，已关系到我国科学发展和和谐社会建设大局。

一、我国促进中小企业发展的主要阶段和做法

根据我国对中小企业地位的认识以及工作重点的不同，我个人认为，我国促进中小企业发展可以分为以下四个阶段。

第一阶段，1978 年到 1997 年，主要特点是“抓大放小”。党的十一届三中全中召开，我国开始改革开放，宏观政策允许个体私营经济发展，非公有制经济被认为是我国社会主义市场经济的必要补充。在此期间，我国经济属于短缺经济，以中小企业为主体的乡镇企业异军突起，个体私营经济蓬勃发展。

第二阶段，1998 年至 2002 年，主要特点是“大中小并举”。党的十五大确立了以公有制为主体、多种所有制经济共同发展的基本经济制度，非公经济成为我国社会主义市场经济的重要组成部分。1998 年首次设立负责中小企业工作的专门司局。这一时期主要做了四件事：一是推动以明晰产权、实现投资主体多元化的中小企业改革，二是起草出台中小企业促进法，三是制定与国际接轨的中小企业划型标准，四是研究有关扶持政策。

第三阶段，2003 年至 2010 年，主要特点是“依法推动、公平准入”。党的十六大提出坚持和完善基本经济制度以及两个“毫不动摇”。在此期间，我国第一部关于中小企业的专门法律——中小企业促进法施行。2005 年出台《国务院关于鼓励支持和引导个体私营等非公有制经济发展的若干意见》，其核心思想是“公平准入、规范发展”。2009 年出台《国务院关于进一步促进中小企业发展的若干意见》，作为国务院第一个中小企业综合性政策文件，它指出，促进中小企业发展，是保持国民经济平稳较快发展的基础，是关系民生和社会稳定的重大战略任务。

第四个阶段，从 2011 年开始，主要特点是“营造环境、重在小微”。经国务院批准印发了新的《中小企业划型标准规定》，增加了微型企业类型。去年以来，国务院领导密切开展中小企业专题调研，国务院两次召开常务会议，研究创造有利环境促进小型微型企业发展。中小企业扶持政策的重心转向小型微型企业，优化环境和完善服务成为扶持政策最重要的着力点。

为促进中小企业发展，当前我们主要做了七个方面工作：

（一）努力形成有利于中小企业发展的法律和政策环境。截至 2011 年底，我国出台了一部中小企业专门法律、三个与中小企业直接相关的国务院综合性政策文件，各地区、各部门制定了相应的配套政策和法规，使我国促进中小企业发展的法律和政策不断完善。此外，国务院于 2009 年底成立了以张德江副总理为组长，17 个部门负责同志为成员的促进中小企业发展工作领导小组。22 个省（区市）建立了相应的协调机构。

（二）利用财税政策支持中小企业发展。中央财政预算设立了中小企业科目，安排多项扶持中小企业发展的专项资金，2011 年专项资金规模达到 128.7 亿元。从 2009 年开始，中央预算内企业技术改造专项投资每年安排 30 亿元支持中小企业技术改造（2012 年 35 亿元）。税收政策方面，对符合条件的小型微利企业和高新技术企业，分别减按 20% 和 15% 的税率征收企业所得税，对小规模纳税人增值税征收率统一下调到 3%。同时，按照正税清费原则减轻企业负担，惠及广大中小企业。

（三）积极采取措施缓解中小企业融资困难。一是完善金融服务。实施小企业信贷差异化监管政策，引导银行业金融机构建立小企业金融服务专营机构。推动村镇银行、贷款公司等地区性中小金融机构发展。二是拓宽中小企业融资渠道。先后推出中小企业板、创业板，加快统一监管的场外交易市场建设。同时，推进发行中小企业短期融资券和集合债券、集合票据、集合信托等。三是通过税收减免、资本金注入、担保费用补贴等扶持政策，支持开展中小企业信用担保业务。2006 年至今，中央财政累计安排担保资金 45 亿元，支持 2762 家（次）担保机构为 28.7 万户（次）中小企业提供 1.24 万亿元贷款担保。

（四）积极推进中小企业结构调整和优化升级。实施中小企业成长工程，引导中小企业加快调整结构、加强技术创新、实现集聚发展和开展节能减排。仅 2009 年至 2011 年，中央财政就支持中小企业技术进步项目 4100 个，技术改造项目 8000 个，科技创新项目 1.8 万个。此外，利用中央财政关闭小企

业补助资金，支持地方政府根据国家有关法律法规和产业政策，对资源能源浪费、环境污染、安全隐患突出等问题的小企业实施行政性关闭，补助资金主要用于关闭企业职工安置等支出。

（五）加强和改善对中小企业的服务。支持为中小企业提供职业培训、管理咨询、信息、创业辅导等服务。2003 年开始组织实施中小企业银河培训工程，现每年培训 50 万人次。2007 年至 2011 年，支持公共服务平台建设项目 491 个，支持 10 个省市建设中小企业公共服务平台网络。2011 年认定首批国家中小企业公共服务示范平台 99 家，年服务中小企业近百万家。截至 2010 年底，省级公共服务平台达到 1131 个，各类中小企业服务中心 818 家，小企业创业基地 1600 多家。

（六）加强对中小企业发展的规划引导。历时两年编制了《“十二五”中小企业成长规划》。规划要求，根据中小企业发展特点，突出外部环境营造和服务体系建设，更加注重扶持小型微型企业发展，在保持企业数量合理增长的同时，重点在“优”的方面下功夫，不断提高中小企业成长的质量。就业优先、内涵发展、“专精特新”、分类指导成为“十二五”时期促进中小企业成长的四个基本原则。

（七）为中小企业开拓国际市场创造有利环境

加强与有关国家和国际组织在中小企业领域的合作与交流，先后与美国、欧盟等签署合作协议 12 个，举办亚太经合组织中小企业部长会议和首届亚欧会议中小企业部长级会议等大型国际会议。先后举办八届中国（国际）中小企业博览会和六届亚太经合组织中小企业技术交流暨展览会，为中小企业提供相互借鉴和交流合作的宝贵商机。

二、当前中小企业发展正面临着更多的困难

国际金融危机爆发后，党中央、国务院积极应对，我国经济特别是中小企业率先实现企稳回升。当前，我国中小企业总体处于正常发展水平。但受国际国内经济大环境影响，它们正面临比以往更多的困难。主要体现在以下几个方面：

（一）生产成本上升过快。工业生产者购进价格指数涨幅高于同期出厂价格指数涨幅。劳动用工、企业场地租金、运输成本不断提高。以工业为例，2011 年中小企业主营业务成本同比增长 31.2%，其中，小型企业主营业务成本增长了 37.6%。中小企业消化成本能力弱，利润空间不断受到挤压。

（二）融资难进一步突显。据国家统计局统计，2012 年一季度仅有 8.6% 的有银行借款需求的小型微型企业能够从银行获得全部借款，比 2011 年下降了 1 个百分点。中小企业普遍反映，贷款利率一般上浮 20% ~30%，甚至高达 50%。审贷周期也普遍延长。此外，小型微型企业融资渠道缺乏问题依然突出。

（三）税费负担重。尽管国家出台了结构性减税措施，但中小企业仍然反映，相关税收起征点偏低、税率偏高、优惠幅度小。此前作为重要措施推出的 3 万元以下小型微利企业减半征收所得税政策，受益企业数量和减免税额明显低于预期。涉企收费偏多，违法违规收费屡禁不止，不少小企业不堪重负。

（四）企业用工缺口大。“用工荒”已经从珠三角、长三角等经济发达地区波及到主要的内陆省份。企业普遍反映不仅高层次技术工人难找，普通工人也满足不了需求，招工难已成为普遍性、常态化难题。因员工薪资、福利待遇以及个人发展要求与企业承受能力之间的矛盾，中小企业用工缺口更大。

（五）稳定国际市场难度加大。去年以来，我国外贸增长势头明显放缓。如果说 2011 年前三季度中小企业还只是受人民币持续升值影响而不敢接长单、大单的话，今年一些中小企业可能处于无单可接的困境。广东、浙江、重庆制造业出口企业今年订单普遍减少 20% ~30%，中小企业下降幅度更大。

（六）企业转型压力大。随着我国加快推进转变发展方式，节能减排力度不断加强，不少资源消耗高、环境污染大的中小企业面临十分紧迫的调整压力。由于缺少资金、技术和人才，一些中小企业处于不转型难生存、想转型没能力的窘迫境地。

此外，以中小企业为主体的非公有制经济进入垄断行业和领域还存在一些体制和机制障碍，用地难、用电难以及中小企业服务体系不健全等问题，也制约了中小企业的发展。

三、应对当前困难需要新政策

为中小企业特别是小型微型企业克服当前困难，2011 年 10 月 12 日，温家宝总理主持召开国务院常务会议，研究提出支持小型微型企业发展的三条财税政策和六条金融政策。

财政税政策方面：首先对小型微型企业减税。提高增值税、营业税起征点。将小型微利企业减半征收企业所得税政策，延长至 2015 年底并扩大范围。将符合条件的国家中小企业公共技术服务示范平台纳入现行科技开发用品进口税收优惠政策范围。其次，支持金融机构加强对小型微型企业的信贷服务。对金融机构与小型微型企业签订的借款合同三年内免征印花税，将金融企业涉农贷款和中小企业贷款损失准备金税前扣除政策延长至 2013 年底，将符合条件的农村金融机构金融保险收入减按 3% 的税率征收营业税的政策延长至 2015 年底。第三，扩大中小企业专项资金规模，更多运用间接方式扶持小型微型企业。清理规范涉企收费，减轻中小企业负担。取消 20 项社会团体、31 项全国性及中央部门涉企行政事业性收费，清理取消 253 项各省（区、市）设立的涉企行政事业性收费；对小型微型企业三年免征 22 项管理类、登记类和证照类收费。

金融政策方面：一是加大对小型微型企业的信贷支持。银行业金融机构对小型微型企业贷款的增速不低于全部贷款平均增速，增量高于上年同期水平，对达到要求的小金融机构继续执行较低存款准备金率。商业银行重点加大对单户授信 500 万元以

下小型微型企业的信贷支持。二是清理纠正金融服务不合理收费，切实降低企业融资的实际成本。除银团贷款外，禁止商业银行对小型微型企业贷款收取承诺费、资金管理费。严格限制商业银行向小型微型企业收取财务顾问费、咨询费等费用。三是拓宽小型微型企业融资渠道。逐步扩大小型微型企业集合票据、集合债券、短期融资券发行规模，积极稳妥发展私募股权投资和创业投资等融资工具。进一步推动交易所市场和场外市场建设，改善小型微型企业股权质押融资环境。积极发展小型微型企业贷款保证保险和信用保险。四是细化对小型微型企业金融服务的差异化监管政策。对小型微型企业贷款余额和客户数量超过一定比例的商业银行放宽机构准入限制。对商业银行发行金融债所对应的单户500万元以下的小型微型企业贷款，在计算存贷比时可不纳入考核范围。允许商业银行将单户授信500万元以下的小型微型企业贷款视同零售贷款计算风险权重，降低资本占用。适当提高对小型微型企业贷款不良率的容忍度。五是促进小金融机构改革与发展。强化小金融机构重点服务小型微型企业、社区、居民和“三农”的市场定位。在审慎监管的基础上促进农村新型金融机构组建，引导小金融机构增加服务网点，向辖内县域和乡镇地区延伸机构。六是在规范管理、防范风险的基础上促进民间借贷健康发展。

今年2月1日召开的国务院常务会议，原则同意我部代拟的进一步支持小型微型企业健康发展的一揽子政策。4月19日，《国务院关于进一步支持小型微型企业健康发展的意见》（国发〔2012〕14号）正式印发。《意见》坚持解决当前突出问题和增强企业内生动力相结合，坚持扶持和规范并重，从八个方面提出29条政策措施。这些政策非常实，含金量很高，在突出强调落实好一些已有政策的同时，主要从三个大的方面对小型微型企业扶持政策作了进一步补充、丰富和完善。

（一）立足当前，针对当前小型微型企业经营困难，进一步提出了一些有针对性的政策措施。主要是：

——加大对小型微型企业的资金支持。充分发挥中小企业专项资金的支持引导作用，逐年扩大资金规模，并向小型微型企业和中西部地区倾斜。

——通过政府采购支持小型微型企业发展。负有编制部门预算职责的各部门，应当安排不低于年度政府采购项目预算总额18%的份额专门面向小型微型企业采购。在政府采购评审中，对小型微型企业产品、对大中型企业与小型微型企业组成的联合体，可按规定给予一定的价格扣除。鼓励为小型微型企业参与政府采购提供投标担保、履约担保和融资担保等服务。

——继续减免部分涉企收费并清理取消不合规收费。规范涉及行政许可和强制准入的经营服务性收费。做好收费公路专项清理工作，降低企业物流成本。加大对向企业乱收费、乱罚款和各种摊派行为监督检查的力度，严格执行收费公示制度，加强社会和舆论监督。完善涉企收费维权机制。

（二）结合小型微型企业转型升级的客观要求，进一步提出支持和引导其增强发展后劲的具体政策。主要是：

——支持创新发展和调整结构。中央预算内投资扩大安排用于中小企业技术进步和技术改造资金规模。实施中小企业创新能力建设计划、知识产权战略推进工程和信息化推进工程，完善企业研究开发费用所得税前加计扣除政策。综合运用法律、财税、金融、环保、土地、产业政策等手段，引导和支持小型微型企业加快淘汰落后技术、工艺和装备。

——支持管理创新。以小型微型企业为重点，实施中小企业管理提升计划；实施国家中小企业银河培训工程和企业经营管理人才素质提升工程，每年培训50万名经营管理人员和创业者。开展培训和会计代理服务，实施小企业会计准则。

——提高质量管理水平。落实小型微型企业产品质量主体责任，严格执行生产许可、经营许可、强制认证等准入管理。鼓励制定先进企业联盟标准，带动小型微型企业提升质量保证能力。加快质量检验检疫公共服务平台建设。

——加强人力资源开发。国家专业技术人才知识更新工程等重大人才工程要向小型微型企业倾斜。对小型微型企业新招用高校毕业生并组织开展岗前培训的，按规定给予培训费补贴，并适当提高培训费补贴标准；与毕业年度高校毕业生签订1年以上劳动合同并按时足额缴纳社会保险费的，给予1年的社会保险补贴，政策执行期限截止到2014年底。

——统筹安排小型微型企业发展用地。优先安排小企业创业基地、科技孵化器、商贸企业集聚区用地计划指标，各类园区要集中建设标准厂房，为小型微型企业提供生产经营场地。对创办三年内租用经营场地和店铺的小型微型企业，符合条件的，给予一定比例的租金补贴。到2015年，培育3000家小企业创业基地，科技孵化器在孵企业达到10万家以上。

——大力推进服务体系建设。实施中小企业公共服务平台网络建设工程；支持建立和完善4000个中小企业公共服务平台，重点培育500个国家中小企业公共服务示范平台。

（三）在促进小型微型企业长期平稳较快发展方面，提出一些长效机制。主要是：

——结合深化税收体制改革，完善结构性减税政策，研究扶持小型微型企业发展的税收制度。

——中央财政安排150亿元，设立国家中小企业发展基金。基金主要用于引导地方、创业投资机构及其他社会资金支持初创期小型微型企业等。向基金捐赠资金的，给予一定比例的所得税税前扣除。

——完善小型微型企业职工社会保障政策，研究制定防止大企业长期拖欠小型微型企业资金的政策措施。

——适当放宽民间资本、外资和国际组织资金参股设立小金融机构的条件，放宽小额贷款公司单一投资者持股比例限制，符合条件的小额贷款公司可改制为村镇银行。

——尽快出台国家鼓励和引导民间投资健康发

展政策的实施细则，促进民间投资便利化、规范化，鼓励和引导小型微型企业进入教育、社会福利、科技、文化、旅游、体育、商贸流通等领域。各类政府性资金对各类投资主体同等对待。

——完善中型、小型和微型企业分类统计和分析制度。

——将促进小型微型企业发展列入各地区、各有关部门年度工作考核范围等。

目前，我国扶持中小企业的各项政策正在不断完善，特别是随着去年和今年小型微型企业扶持政策集中出台和进入实施，中小企业发展环境将会进一步得到优化。这些必将为中小企业的长期平稳健康发展创造更加有利的条件。

在贯彻落实国务院支持小型微型企业发展意见工作座谈会上的总结讲话提纲

工业和信息化部党组成员、总工程师　朱宏任

同志们：

经过全体与会代表的共同努力，本次会议已经圆满完成了各项议程，就要结束了。这次会议，是在全国各地方、各部门全面贯彻落实《国务院关于进一步支持小型微型企业健康发展的意见》，深入开展中小企业服务年活动，全力扶持小型微型企业积极应对国际金融危机影响、加快转变发展方式的关键时期召开的一次具有全局意义的重要会议。苗圩部长亲自出席会议并作重要讲话。当前，中小企业工作的目标、任务和要求已经明确，关键是要一件一件地安排部署，一步一个脚印地抓好落实，确保会议确定的各项目标任务顺利完成。下面，我就贯彻落实好会议精神，讲三点意见。

一、要充分认识这次会议的重要意义

一是召开的时机很关键。第一，这次会议是在做好迎接十八大各项准备的重要时刻召开的。党的十八大将于今年下半年召开，这是党在全面建设小康社会，加快转变经济发展方式的关键时期，召开的一次具有里程碑意义的重要会议。当前，全国各地方、各部门正在深入贯彻落实党中央国务院对中小企业工作的最新决策部署，按照稳中求进的总要求，不断巩固和扩大应对国际金融危机成果，努力以优异的成绩迎接党的十八大胜利召开。第二，这次会议是在全面贯彻落实国发 14 号文件的重要时刻召开的。今年是实施“十二五”规划承上启下的重要一年，也是继续深化改革、实现稳中求进的关键一年。针对中小企业发展面临的新情况、新问题，党中央国务院高瞻远瞩，及时出台了国发 14 号文件。第三，这次会议是在积极应对经济下行风险的重要时刻召开的。受国际金融危机影响，经济下行压力正在不断加大。今年一季度，规模以上工业增加值同比增长 11.6%，比去年三季度、四季度分别减缓 2.2 个和 1.2 个百分点。4 月份，规模以上工业增加值同比增长 9.3%，比 3 月份回落 2.6 个百分点。在这样的关键时期，中小企业工作怎么做，从工作任务、工作方法到思想观念、工作作风，如何适应这样一个新的形势，是摆在我们面前的重大课题，也是前所未有的新课题。因此，在这样一个特殊的背景下和时机点上召开此次会议，有利于我们进一步统一思想、抢抓机遇、扎实工作，准确把握当前中小企业发展的新形势，落实好党中央国务院对中小企业工作的新部署、新要求，实现中小企业工作的新突破。

二是会议的精神很重要。这次会议的精神，集中体现在苗圩部长的重要讲话之中。苗圩部长传达了 5 月 14 日马凯国务委员在省部级领导干部中小企业发展研讨班上的重要讲话，在深入分析形势的基础上，明确指出了支持小型微型企业健康发展的重大战略意义，全面深入地阐述了国发 14 号文件的政策精神，强调要采取有效措施，切实把文件提出的 8 个方面、29 条意见落实到实处。我们要坚决把会议精神转化为推动小型微型企业健康发展的自觉行动，更好地为深化改革开放、加快转变经济发展方式服务，更好地为保持国民经济又好又快发展服务。

三是会议的成效很明显。部领导高度重视此次会议，苗圩部长亲自出席会议并作重要讲话。全国中小企业管理部门的主要领导、国务院办公厅、国研室、部有关司局领导参加了会议。有关新闻单位还将对会议进行全面深入的报道。会上，苗圩部长对中小企业工作和全国中小企业系统取得的成绩，给予了充分肯定和积极鼓励，提出了殷切的希望和要求。会议气氛热烈，催人奋进。大家深受启发，深受鼓舞，认清了形势，提高了认识，统一了思想，明确了任务，坚定了信心。这次会议是一次解放思想、实事求是，增强全局观念的会议，是一次群策群力、共商大计、突出务实精神的会议。我们相信，这次会议对于提高中小企业工作水平，开创新的工作局面，更好地完成中央交给我们的任务，必将产生积极而重大的影响。

四是交流的经验很宝贵。会议安排了天津、福建、黑龙江、浙江、山东、重庆等 6 个省市作了大会交流。在今天下午的座谈会上，大家又认真学习领会了苗圩部长的重要讲话，畅谈体会和收获，提出了很多很好的建议。这些都是各地方认真贯彻落实党中央国务院对中小企业工作的决策部署，结合实际，不断探索和总结出来的成功经验，既有地域性，也有普遍性，希望大家认真学习、借鉴和推广。对于大家提出意见和建议，我们将认真研究采纳。在今后工作中，我们要在继续抓好国发 14 号文件贯彻落实的基础上，进一步解放思想、改革创新，在实践中不断积累经验，在新的起点上争取更大的成绩，努力谱写中小企业发展的新篇章。

二、要认真抓好会议精神的贯彻落实

苗圩部长在讲话中明确指出：“文件出台不易，落实更难”。为此，各地方中小企业管理部门要把贯彻落实好国发 14 号文件和这次会议精神作为当前和今后一段时期工作的重中之重，切实抓紧抓好。

一是抓好学习传达。会后，大家要认真学习领会马凯国务委员的重要指示和苗圩部长的重要讲话。结合本地实际，抓紧起草贯彻落实国发 14 号文件的意见，并及时向当地党委、政府汇报，争取支持。同时，要组织好系统内的传达和学习，尽快把思想和行动统一到这次会议精神上来，统一到部党组的工作安排上来，统一到中央的决策部署上来。

二是明确责任措施。苗圩部长在讲话中明确提出“三个结合”，就是要把贯彻落实国发 14 号文件与推动中小企业科学发展和转变经济发展方式结合起来，与深入开展中小企业服务年活动结合起来，与优化小型微型企业发展环境结合起来。各地方中小企业主管部门要认真结合本地区实际和深入开展中小企业服务年活动的总体要求，抓紧研究制定工作方案，细化目标任务，突出工作重点，落实责任措施。同时，要加强与有关部门的沟通协调，争取出台更多有利于小型微型企业发展的具体政策和措施，切实把会议的安排部署落到实处、抓出成效。

三是加大工作力度。当前我国中小企业发展的总体情况是好的，一些主要经济指标虽然有所回落，但仍然处在合理水平，中小企业继续向着平稳较快方向发展。我们要充分看到有利条件和积极因素，坚定做好中小企业工作的信心。同时我们也要清醒地看到，世界经济远远没有走出国际金融危机的阴影，国际金融危机还将会在较长的时期里影响全球经济。苗圩部长在讲话中指出“受国际金融危机和国内外复杂多变经济形势的影响，小型微型企业的困难和矛盾更加突出，促进小型微型企业健康发展刻不容缓”。为此，我们要增强忧患意识，进一步提高工作的紧迫感和责任感，在支持小型微型企业健康发展上，下更大的力气、付出更多的努力。

四是强化检查督办。各地方中小企业管理部门要深刻领会这次会议的要求，把国发 14 号文件的贯彻落实作为一项重要工作来抓。按照国发 14 号文件的精神，主动把小型微型企业有关工作列入本部门年度考核范围，制定科学合理的考核体系，建立责任追究制度，开展效能监察和责任监察，强化检查督办，并定期通报情况。

五是切实转变工作作风。面对复杂的形势和繁重的任务，全国中小企业系统各级领导干部要立即行动起来，进一步转变作风，把时间和精力集中到抓落实上来，大力发扬求真务实的精神，雷厉风行，真抓实干。多深入基层，深入一线，密切跟踪国发 14 号文件的落实情况和政策效果，及时发现和解决工作中遇到的困难和问题，切实保障和推动中小企业持续健康发展。

三、要切实做好当前的重点工作

上午，郑昕同志对近期的主要工作进行了部署。同志们在讨论中提出了很多重要、中肯的意见，我们将带回去认真研究，以促进工作。在这里，我再强调几点：

一要把握好贯彻落实国发 14 号文件与做好当前工作的关系。贯彻落实好国发 14 号文件是纲，其他的重点工作是目，纲举则目张。大家要以贯彻落实国发 14 号文件为主线，努力推进当前各项工作取得积极进展。例如，中小企业发展专项资金、中小企业服务体系建设资金是我们支持中小企业发展的重要抓手，在加快产业升级、缓解融资困难、完善服务体系等方面发挥着非常重要的作用。国发 14 号文件已经明确提出，今年中央财政中小企业专项资金总规模由 128.7 亿元扩大到 141.7 亿元，以后逐年增加，并向小型微型企业和中西部地区适当倾斜。各地方中小企业管理部门要以贯彻落实国发 14 号文件为契机，积极争取和扩大地方财政支持中小企业发展的资金规模，充分发挥财政资金的引导作用，进一步优化中小企业发展环境、提升公共服务能力，力争在关键领域和薄弱环节有所突破，为中小企业平稳健康发展提供强有力的支撑。

二要把握好工作总基调。当前，我国中小企业发展面临的国内外环境十分复杂严峻，解决制约中小企业健康发展的体制性、结构性矛盾和不平衡、不协调、不可持续的问题，更为迫切、难度更大，同时又面临不少新情况、新问题。我们必须知难而进，扎实工作，要密切关注中小企业发展中的新情况、新问题，牢牢把握稳中求进的总基调，既要努力实现中小企业平稳较快发展，为实现全年国民经济社会发展目标，提供必不可少的支撑，还要在推动中小企业加快结构调整和产业升级上取得积极进展，为中小企业长期健康发展打下更为坚实的基础。

三要把握好难得的政策机遇期。党中央国务院高度重视中小企业发展面临的问题，果断决策，密集出台了一系列政策措施，其政策力度前所未有。落实好这些政策，既是当前中小企业工作的中心任务，也是的一项重大政治任务，对于保持中小企业平稳健康发展，为十八大的胜利召开，营造和谐稳定的政治局面具有十分重要的意义。各地方中小企业管理部门要按照苗圩部长重要讲话的要求，抓住和用好这个难得的政策机遇期，努力在细化、实化、量化配套政策上推出新举措，在加快结构调整和产业升级上迈出新步伐，在推进中小企业服务体系建设上取得新成效，在创新体制机制上实现新突破，在促进中小企业科学发展上再创新佳绩，向党的十八大献礼。

四要把握好中小企业管理部门的定位。全面落实好国发 14 号文件是一项复杂的系统工程，其中涉及财税、金融、发改、人社、工商等诸多部门。作为中小企业工作的牵头部门，责任重大，任务艰巨。在贯彻落实国发 14 号文件的工作中，各级中小企业管理部门必须要准确把握好角色定位，在全力履职尽责的基础上，着力当好促进中小企业发展的“服务员”、“协调员”、“宣传员”，全面推动国发14号文件的贯彻落实。一要做好服务员。一方面要大力推进中小企业服务体系建设，提高公共服务水平，为中小企业健康发展倾心服务；另一方面，要站在全局和战略的高度，加强政策研究，全力形成支持中小企业发展的宏观环境，提出措施建议，主动为领导决策提供服务。二要做好协调员。要深入开展调研，及时了解国发14号文件的落实和执行情况，加强沟通和政策协调，重点做好引导、规划、组织、推动等工作，集聚各方面资源，努力形成支持中小企业发展的强大合力。三要做好宣传员。要大力宣传国发14号文件以及配套政策，及时向社会发布政策解读，开展政策培训，使广大中小企业能够及时充分地了解政策、领会政策、享受政策，切实形成支持中小企业发展的良好氛围。

同志们，做好中小企业工作，支持小型微型企业健康发展意义重大，机遇难得，任务艰巨。让我们以这次会议为新的起点，以更加积极的态度，更加务实的作风，切实把国发14号文件落到实处，以中小企业工作的优异成绩，迎接十八大的胜利召开！

谢谢大家！

在工业和信息化部与交通银行全面合作推进交流活动上的致辞

工业和信息化部党组成员、总工程师　朱宏任

尊敬的侯维栋副行长，交通银行各位朋友，各地中小企业主管部门各位同志：

大家上午好！

首先非常感谢交通银行精心安排组织了这样一个交流活动，也感谢吉林省工信厅、交通银行吉林省分行、延边州的同志们，使工业和信息化部及地方中小企业主管部门的同志和交通银行总行及分支机构的同志相聚在一起，在美丽如画的延吉市共同交流推进双方务实合作，这是落实双方共同签署的《中小企业金融服务战略合作协议》的一项重要活动，是推进政银交流的一种有效形式和有益探索。希望大家在活动期间多接触、多交流，畅所欲言，加深了解，紧紧围绕深化合作、改善中小企业金融服务这一主题，探讨问题，分享经验，交流看法，提出建议。为了将工信系统与交通银行的合作引向深入、拓宽范围、扩大影响、突出效果，下面我先谈几点看法：

一、着眼把握全局，把稳增长、调结构、大力发展中小企业作为政银合作的重点任务抓紧抓好

从统计数据看，今年1～5月固定资产投资增速为20.1%，逐月下降并创2003年以来新低；除3月份略有上涨外，社会消费品零售总额增速也是逐月放缓，5月份为13.8%，为2006年8月以来新低；出口增长持续低迷，今年1～4月同比增长6.9%，4月仅为4.9%，5月份有所好转，为15.3%。今年前5个月，规模以上工业增加值增速为10.7%，同比下降3.3个百分点，三大需求及工业产出回落幅度之大超出市场预期。5月23日国务院召开常务会议分析了当前经济形势，部署了近期工作。针对当前经济下行压力加大的态势，会议提出要把稳增长放在更加重要的位置。同时，会议强调，要加快转变经济发展方式，积极推进经济结构调整。这是提出当前我国经济工作的两个重要方面：稳增长是基础，调结构是关键，二者相辅相成。

中小企业规模小、实力弱，抗风险能力不强，对市场环境变化更加敏感。自金融危机以来，受国内外复杂多变的经济形势等因素影响，中小企业生存环境一直不容乐观。在当前经济下行压力明显加大的形势下，中小企业无疑将面临更大的经营压力。中小企业是促进我国经济发展、稳定社会就业的基础力量，实现“稳增长、调结构”的总任务，不能缺少中小企业的广泛参与。可以说没有中小企业的稳步增长和结构优化，经济的“稳增长、调结构”也就无从谈起。因此，作为实体经济基础的中小企业必须承担起更多稳增长的责任。

稳增长、调结构是当前经济工作最为紧迫的任务，也是中小企业工作的重要着力方向。各地中小企业主管部门要从“稳增长、调结构”的大局出发，密切关注经济形势变化及对中小企业的影响，在稳增长中促进中小企业加快转变发展方式，在促转变中实现中小企业平稳较快发展。要进一步加大对中小企业的扶持力度，把稳增长的各项政策真正落实到中小企业。面对发展中的困难，中小企业中的大多数都把融资难的缓解作为最大的企盼。政府部门要把采取切实有效的措施、营造良好环境、缓解中小企业融资难作为“稳增长”的重要环节，大力支持金融机构坚持服务实体经济的本质要求，全面提高服务实体经济的质量和水平，调整优化信贷结构，把金融服务作为引导和促进中小企业“稳增长、调结构”的有效手段，重点支持中小企业加快转变发展方式，调整结构、自主创新、创业兴业、专业化发展和节能减排，为保持经济平稳较快发展服务。

二、着眼夯实基础，把提高中小企业素质作为推动政银合作的基础性工作抓紧抓好

企业的生存与发展，归根到底还是取决于企业自身素质。当前中小企业融资难的原因是多方面的，其中中小企业自身发展水平低、管理不规范、信息不对称、资信不透明是重要因素。从资金供给方来讲，应该看到近年来我国银行业金融机构的经营理念已经发生了较大转变，银行从自身业务持续发展要求出发，也在挖掘潜在的优质中小企业客户群，对中小企业的服务意识和主动性显著提高。创业投资等风险资本更是扎堆争夺发展前景好、高成长性的优秀中小企业。因此，各地中小企业主管部门要正确认识当前金融形势和中小企业融资环境变化，增强工作责任感和紧迫感，加强工作针对性和有效性，采取措施，不遗余力地提高中小企业素质和发展水平。要对照金融机构的要求，切实帮助中小企业特别是小微企业提高经营管理水平，完善中小企业服务体系建设，加强财务、安全、质量管理、诚信、节能、环保、用工等方面的培训、咨询服务，推动中小企业专业化、集聚化发展。通过全面提高中小企业素质和发展水平，提高中小企业自身融资能力，为中小企业与金融机构供需对接奠定坚实的基础。

三、着眼合作创新，把培育各方优势、改善本地中小企业融资环境作为政银合作的重要环节抓紧抓好

中小企业数量众多，情况复杂，区域、行业、规模、商业模式等差异较大，我部与交通银行签署的合作协议，做出了指导性的规定，明确了双方合作的基本方向和内容。进一步贯彻落实工作还需要各地因地制宜，结合中小企业发展实际，创造性地开展工作，延伸和进一步细化双方合作协议和有关支持中小企业发展的政策措施，创新合作形式，深化合作领域，务求合作实效。各地中小企业主管部门要加强与金融机构的沟通联系，以促进中小企业持续健康发展、推动中小企业结构调整和转型升级为目标，帮助银行按照“区别对待、有扶有控”原则优化信贷结构。要做好优质中小企业推介工作，向交通银行分支机构推荐在技术改造、节能减排、创业创新、专业化发展、吸纳就业等方面符合国家产业政策导向的中小企业名单，加强产业政策与信贷政策结合，支持这些企业优先获得金融服务，用好用足交通银行的中小企业信贷产品和信贷规模，共同探索小微企业贷款创新模式。央行 6 月 8 日降息，同时加大了存贷款利率的浮动范围，这无疑将加大商业银行之间的竞争，“揽存争贷”的局面将不可避免，尤其是大型国有商业银行之间以及和中小银行之间的竞争会越加激烈。在这种形势下，交通银行加强和政府部门联系，通过加大为中小企业服务的形式提高竞争力，有着重要意义。交通银行各分支机构也要把好金融政策关，把信贷资金更多投向符合条件的中小企业，特别是产品有市场、有发展前景、诚信经营的小微企业。在此，也进一步说明与强调，政府部门在与金融部门合作过程中，为中小企业缓解融资难要着眼于方向引导、政策支持、环境营造、信息沟通，切忌以行政手段干预代替市场行为，要帮助银行把控好信贷资金流向及用途的合规性，有效防范风险。

四、着眼确保实效，把贯彻落实国发 14 号文件作为政银合作的优先领域抓紧抓好

4 月 19 日，国务院发布了《关于进一步支持小型微型企业健康发展的意见》（国发［2012］14 号），这是国务院首次针对小微企业发展出台的政策意见，有关财税和金融政策全面向小微企业倾斜，文件明确要求“加大支持力度，把支持小型微型企业健康发展作为保持经济平稳较快发展的重要举措，放在更加重要的位置上”。

当前，我们的核心工作就是狠抓国发 14 号文件的贯彻落实。各地在推进与交通银行合作过程中，要坚持以 14 号文件为依据，加大向小微企业倾斜力度，在执行合作协议的过程中贯彻落实好 14 号文件。需要强调的是，要在双方合作过程中结合 14 号文件的一些规定，共同探索落实的具体措施。例如文件提出的建立小企业信贷奖励考核制度，如何建立？适当提高对小微企业贷款不良率的容忍度，提高多少？简化小企业贷款呆账核销程序，如何简化？还有，如何解决小微企业在利用知识产权质押、设备融资租赁、贷款保证保险等融资服务中的障碍？如何加快以小微企业为重点的金融产品创新、服务方式创新和机制创新等。这些问题都需要双方在实践中探索，从点上突破，再在面上推广。希望交通银行利用金融服务专业优势和全牌照经营优势，在落实小微企业信贷政策，拓宽小微企业融资渠道上勇于开拓，先行一步，中小企业主管部门要加强配合，共同探索解决实际操作层面的问题，使有关政策落到实处。这应该成为体现双方合作重要的工作领域，这样的成果越多，我们合作的层次也就会越深入，也才能够把合作协议真正落到实处。

五、着眼长期合作，把形成工作机制、加强沟通交流作为推进政银合作的关键措施抓紧抓好

各地中小企业主管部门要把建立双方战略合作机制作为“中小企业服务年”的一项重要内容认真贯彻落实。要以此次交流推进活动为契机，与交通银行分支机构主动沟通，加强配合，做好工作衔接，共同尽快启动合作，争取在一个月内签署相关合作协议，落

实合作的重点领域、合作目标和工作计划，形成落实双方合作协议的工作切入点。双方要加强有关中小企业的产业和财税政策、生产经营和融资情况等信息交流，同时要注意加强宣传，及时总结金融机构支持中小企业发展的好的做法，突出典型，树立标杆，不断推进本地中小企业金融服务水平的提高。

最后，希望大家珍惜这次交流机会，在这几天的交流学习活动中有所收获，为今后的合作打下好的基础。同时，也希望双方以此次交流活动为契机，形成共同携手优化中小企业融资环境的新的工作局面，积极推动双方合作在各地开花，结出丰硕的果实。

谢谢大家！

在推进中小企业发展“两会”代表委员座谈会上的讲话

工业和信息化部党组成员、总工程师　朱宏任

尊敬的各位代表委员，各部委有关司局的负责同志：

大家下午好！

今天，我们在这里举办推进中小企业发展“两会”代表委员座谈会，来自四川省、重庆市的人大代表、政协委员不辞辛劳，从四川省的不同地市和重庆市赶来成都参加会议，有的代表甚至是从国外风尘仆仆赶回来。首先，我代表工业和信息化部对各位代表委员表示衷心的感谢和热烈的欢迎！今天的会议，一方面是为了向各位代表委员通报近期中小企业发展情况，另一方面，主要是听取各位代表委员的意见、建议和批评，请各位代表委员对推动中小企业发展建言献策。各部委参会的同志，也会将各位代表委员的意见带回去，进一步改进我们的工作。

下面，我首先向各位代表委员通报有关情况。

一、中小企业发展形势总体平稳，但增速有所回落，实现利润下降

中小企业是我国国民经济和社会发展的重要力量，中小企业的长期平稳较快发展，关系到我国经济建设和发展的大局。中小企业是数量最大、最具活力的企业群体，在促进经济增长、增加就业、科技创新和社会和谐稳定等方面具有不可替代的作用。据国家统计局数据显示，截至2011年底全国规模以上中小工业企业数量占全部规模以上工业企业总数的98.8%。目前，中小企业创造的最终产品和服务价值已占到国内生产总值的60%，纳税约为国家税收总额的50%。

今年上半年，中小工业企业的生产运行状况总体平稳。1～5月份，规模以上中小工业企业实现工业总产值20.8万亿元，同比增长16.55%，但增速较去年同期回落16.16个百分点；产销率97.44%，较去年同期97.62%稍有回落。今年1～4月，规模以上工业企业实现营业收入270416亿元，同比增长12.69%；完成税金总额12095亿元，同比增长12.14%；实现利润总额14525亿元，同比下降1.57%。

从总体上看，我国中小企业正处于平稳健康发展的快车道，面临着重要的战略机遇期。我国经济长期保持平稳较快发展，战略性新兴产业和现代服务业方兴未艾，国家对中小企业支持力度不断加大，特别是我国有广阔的国内市场，具有巨大的需求潜力，为中小企业创造了良好的市场条件，也为中小企业的长期平稳健康发展奠定了坚实的基础。

概括来说，当前中小企业在改革开放中的作用日益增强，已经成为推动科技创新的生力军，同时也是改善民生、社会和谐的重要基础和实现经济发展方式转变的关键，在保持国民经济平稳较快发展方面具有重大的意义。

二、当前，中小企业特别是小微企业的发展，仍面临很多困难和挑战

当前，我国中小企业发展的总体形势是好的。但受复杂的国内外经济形势的影响，中小企业的发展也面临着新的挑战。

从外部环境来看，国际金融危机的深层次影响还在继续显现。全球经济增长乏力，欧元区经济处在衰退边缘，欧洲主权债务危机特别是希腊债务危机仍可能恶化，短期内看不到欧洲主权债务危机解决的出路和办法。贸易保护主义升温。我国稳定出口压力很大。

从内部来看，当前，保持内需较快增长面临较多制约因素，物价上行压力仍然存在。企业销售收入增速明显回落，实体经济盈利能力下降，部分行业利润下降过快，据国家统计局数据显示，一季度规模以上工业企业盈亏相抵实现利润同比下降5.2%，企业亏损面为20.4%，分行业看装备制造业利润下降幅度略快于规模以上工业整体水平，冶金、电子两个行业较为困难。

这当中，小型微型企业面临的困难和挑战更加突出，主要是生产要素成本快速上升，融资困难，税费负担偏重，资源环境约束进一步趋紧，服务体系亟需改进和完善以及企业自身素质有待提高等。相比较中型企业而言，小型微型企业更加弱小，对经济波动的冲击更加敏感，生存压力更大，应该引起方方面面的关注。据国家统计局对全国3.9万户规模以下工业企业抽样调查，受多重因素影响，今年一季度，工业小型微型企业经营状况好或很好的比例仅为21.1%，比去年底下降了1.7个百分点，其中，微型企业经营状况好或很好的比例仅为18.3%，比小型企业的26%低了7.7个百分点。企业普遍反映，目前市场需求萎缩，出现“订单荒”。广东、浙江、重庆等制造业出口企业反映订单普遍减少20%～30%，七成企业预计今年出口订单持平

或下降。融资难、贷款难仍然是小型微型企业发展中面临的突出问题。尽管金融部门针对中小企业融资问题做了大量工作，但量大面广的小型微型企业融资难仍难以得到根本解决。据国家统计局对全国3.9万户规模以下小型微型工业企业抽样调查显示，今年一季度有银行贷款需求的企业中，41.9%的企业没能从银行获得资金，微型企业达45.7%。一些大企业拖欠小型微型企业货款的行为，加剧了小型微型企业流动资金的紧张。

三、国发14号文件的主要内容和精神

今年4月19日，《国务院关于进一步支持小型微型企业健康发展的意见》（国发［2012］14号文）正式发布，这是国务院首次针对小型微型企业发展出台的政策意见，对帮助小型微型企业应对困难和挑战、提振信心、提升竞争能力和实现可持续发展，都有重要意义。

在国发14号文件起草过程中，按照国务院领导同志的要求，工业和信息化部会同各有关部门，吸取了各方面的意见，在大量调查研究和反复沟通的基础上，历时一年半形成了支持小型微型企业发展的一揽子政策。

国发14号文件延续了国发36号文件部分已到期的政策，提出了针对性更强的新政策，完善了促进小型微型企业平稳较快发展的长效机制。这些政策体现了针对性、连续性和可操作性，是对国发36号文件的补充、丰富和完善。同时，代表委员们在“两会”期间提出的部分意见建议，在国发14号文中也有所体现。总体看，国发14号文件具有几个鲜明的特点：

一是突出了支持小型微型企业发展。国发14号文件按照新的划型标准，重点支持小型微型企业，提出了有针对性的政策措施，重点明确，含金量高，内容丰富。

二是突出了对小型微型企业财税、金融支持，提出了一系列财税、金融、市场等方面的政策措施。如：在资金方面，提出逐年扩大中小企业专项资金规模，并向小型微型企业和中西部地区适当倾斜，今年为141.7亿元。在税收方面，提高了增值税和营业税的起征点，将小型微利企业减半征收所得税政策延长到2015年底并扩大范围等。

三是突出了技术创新和转型升级。特别强调要提升小型微型企业的创新能力，以支持创新型、创业型和劳动密集型企业作为重点，加强小型微型企业知识产权的创造、保护、运用和管理。

四是突出了建立促进小型微型企业发展的长效机制。在推进结构调整、提升创新能力、健全服务体系、提高企业素质、加大财税支持、结构性减税、改进金融服务等方面，研究制定了一揽子政策措施，比如，中央财政从2012年起，分5年安排150亿元，设立国家中小企业发展基金，引导社会资金投资早期创业企业；强调要继续实施国家中小企业银河培训工程和企业经营管理人才素质提升工程。

五是突出了营造小型微型企业的发展环境。比如，在公共服务体系建设方面，提出了到2015年，支持建立和完善4000个为小型微型企业服务的公共服务平台，重点培育和认定500个国家中小企业公共服务示范平台。

六是突出了完善体制机制。要求把小型微型企业有关工作列入各地区、各有关部门年度工作考核范围，加强监督检查和政策评估。同时，还对建立和完善小型微型企业统计调查、监测分析和定期发布制度等提出了要求。

四、今年我部“两会”建议提案办理工作的情况

今年“两会”闭幕后，工业和信息化部共承办十一届全国人大五次会议代表建议406件，全国政协十一届五次会议委员提案353件，分别交由部机关22个司局承办。其中，涉及中小企业的“两会”建议提案137件，是建议提案最集中的领域。2011年涉及中小企业发展的建议提案数量为68件，今年增长到137件。这一明显的变化，反映了当前中小企业发展面临的特殊形势，也反映了代表委员们对中小企业发展的高度关注。总的来看，建议提案主要涉及优化中小企业发展环境、继续推动钢铁、纺织、汽车、有色金属等产业调整振兴和转型升级、推进企业实施清洁生产、加强食品药品安全监管、加强国家和省级新型工业化产业示范基地建设等各个领域，都是社会关注、百姓关心的重大问题。

此外，全国人大常委会办公厅今年首次要求工业和信息化部牵头重点办理“关于扶持中小企业发展，健全服务小型微型企业体制机制的建议”，涉及其他部委16个，涉及代表132人次。今天参会的中央编办、发展改革委等各个部委的同志，都来自各部委负责办理重点建议的司局。希望各个部委的同志，把今天代表委员们所提的意见建议，带回所在的部委，认真研究解决，并反映到建议提案的办理工作中。

今年，四川省、重庆市两地代表委员在中小企业领域主要提出了以下一些意见建议：

杜黎明委员提出，大企业富国，小企业富民，要求把培育和发展小微企业作为重要战略举措，多予少取，进一步推动我国小微企业健康发展。

李钺（音：“越”）锋委员提出，加大扶持中小企业发展的力度，进一步夯实我国实体经济发展基础。还提出了通过放宽前置准入等一系列措施，扶持小微企业的发展。

王孝询委员提出，小型微型企业弱势地位十分突出，缺乏保护，创业环境、融资、行业管理问题突出，建议改善小微企业的发展环境，做好帮扶等工作。

戴晓雁委员提出，继续执行国家中小企业培训银河计划，改进银河培训的考核方式和补贴方式，增大对西部的小微企业人才培训投入。

刘永好委员提出，制定支持非公经济发展的政

策实施细则，进一步支持非公经济发展。通过金融、信贷政策大力扶持民营企业的发展。行业的公平准入要继续加大力度，取缔一切不公平的市场待遇。

花欣等8位代表分析了自主创新的信息技术企业面临的困难，这些企业的主体都是中小企业，代表们提出加强我国自主创新，完善鼓励创业创新的机制，对信息科技创业创新企业给予税费减免和财政补贴，鼓励采用国产自主创新的信息技术产品，保障我国信息安全。

涂建华代表提出，给制造业企业减负，呵护企业家的成长，为企业家做强企业、做精企业多鼓劲，呼吁社会更多关注和尊重这些不依靠垄断资源生存、在激烈市场竞争中打拼的企业家。

吴江林代表提出，当前，出现了大学生就业难与民工荒并存的现象，建议通过政府引导和市场调剂相结合等一系列方式，逐步解决这一难题。

童若春代表提出，小微企业面临着很多实际的困难，比如银行开户难、缴税不许“零申报”、难以找到合适的厂房、水电气等资源价格不合理、“门槛”多和“门槛”高导致小微企业不能参与公平竞争等，提出了一系列改善小微企业发展环境的政策建议。

杨梅等4名代表提出，与其他社会阶层相比，企业基层工人工资增长相对明显滞后。由于中国劳动力市场长期以来严重供大于求，工人群体在收入分配机制和权益保障机制下都是弱势群体，待遇差导致了招工难的现象。提出了增加工人收入，增强居民特别是中低收入者消费能力的政策建议，还强调要提高广大第二产业工人的收入。

中小企业特别是小型微型企业的发展问题牵动着两会代表的心，是代表委员们密切关注的国家大事。各位代表委员通过大量的调查走访，完成了一份份饱含心血的建议提案，这些政策建议，是政府机关改进工作、完善政策、落实科学发展观的重要推动力。作为中小企业的职能部门，办理这些建议提案，让我们深感责任重大、使命光荣。

今年“两会”结束后，工业和信息化部党组高度重视建议提案办理工作，多次召开会议进行布置，要求各司局明确工作第一责任人，各级人员各负其责，把建议提案办理工作既当成专项任务完成好，也作为日常工作进行管理，确保件件有着落、事事有落实，严格按照全国人大、全国政协规定的时间节点完成好相关任务。部党组要求各司局把办理工作放在突出位置抓紧抓好，对提案建议关注的问题认真研究，提出处理办法，高质量完成办理工作，同时，通过办理提案建议，认真听取代表委员意见建议和舆论社情，不断改进我们的工作。各司局都制定了建议提案办理的详细工作方案，对工作进行了细化分工。

目前，工业和信息化部各司局都已经落实了办理工作责任制度，通过召开专题会议、定期听取情况汇报、开展调研和座谈等多种形式，确保工作顺利开展。

此外，我们制定了详细的考核评价办法，依据《工业和信息化部人大建议和政协提案办理工作评价暂行办法》（工信厅办［2011］152号），对办理工作进行日常监测、督查，定期印发办理情况通报，召开情况通报会，考核评价激励机制收到了明显的成效。

各位代表委员，工业和信息化部将力争使代表委员参政议政、建言献策的成果体现到工作的过程中，体现到推动经济社会平稳较快发展的实践中，体现到推动落实“十二五”规划的各项目标任务中。全国人大常委会办公厅联络局、四川省经信委等各个部门为此次座谈会做了大量的工作，邀请工作十分繁忙的各位代表委员来参会，这是我们听取意见的一个很好的机会，希望代表委员们继续对中小企业发展给予关注和支持，对我们的工作多提意见、批评和建议。

谢谢大家！

要把“稳增长、调结构”作为当前中小企业工作的关键来抓

——在全国中小企业厅局长圆桌会议上的讲话提纲

工业和信息化部党组成员、总工程师　朱宏任

一、充分认识当前中小企业面临的新形势

当前我国经济运行总体平稳，经济增速保持在年初预期的目标区间内，但国内外环境更加错综复杂，出现了一些新的变化。世界经济复苏的曲折性、艰巨性进一步凸显。国内经济运行中仍然存在一些突出矛盾和问题，特别是经济下行压力加大，规模以上工业增加值呈逐季回落态势。今年一季度，规模以上工业增加值同比增长11.6%，比去年三季度、四季度分别减缓2.2个和1.2个百分点。今年1~5月份，规模以上工业增加值同比增长10.7%，同比下降3.3个百分点，比一季度又回落了0.9个百分点。因此，中小企业稳增长所面临的形势更加严峻复杂，调结构任务更加繁重艰巨，做好中小企业工作更具挑战性。

一方面，要增强忧患意识，充分认识到形势的严峻性和复杂性。一是世界经济形势更趋复杂。国际金融危机和欧债危机不断蔓延发展，世界经济增长动力明显减弱，美欧等发达经济体失业率居高不下，新兴经济体增速放缓，需求疲软难以改变。由于外需不振，企业订单减少。第111届广交会欧美成交同比下降30.9%和41%，出口总额同比下降2.3%。二是国际竞争更趋激烈。一方面，发达国家更加注重出口和招商引资，积极发展新兴产业，抢占新的战略制高点，并通过知识产权保护、贸易救济等手段限制我国产品出口。另一方面，发展中国

家在劳动密集型产品领域与我竞争增强。受生产要素成本和人民币汇率上升影响，我国中小企业传统竞争优势有所削弱，传统劳动密集型产品份额在发达国家市场呈现下降态势。三是贸易摩擦更趋频繁。我国贸易摩擦处在高发期。2011 年，国外共对我发起贸易反倾销、反补贴、保障措施、特保调查 67 起，居全球之首。随着国际金融危机影响长期化和国际市场竞争加剧，各种形式的保护主义还会愈演愈烈，将严重影响我国中小企业稳定国际市场。

另一方面，要牢固树立机遇意识，善于把握国内外产业调整带来的重大机遇。一是要善于把握市场需求变化带来的新机遇。目前，我国经济继续处于快速发展时期，工业化、信息化、城镇化、市场化、国际化深入发展，居民消费能力不断增强，市场需求潜力巨大。民生优先、内需主导、消费驱动的政策取向，为中小企业开拓国内市场带来了新的市场机会。与此同时，国际金融危机引发的全球产业调整，有利于中小企业加强与大企业和跨国企业的分工合作，加速融入全球产业链。二是善于把握我国中小企业竞争力不断增强的新机遇。我国中小企业转型升级步伐加快，战略性新兴产业、现代服务业和现代农业孕育发展，区域间产业转移加快，中小企业以技术、品牌、质量和服务为核心的竞争新优势正在加快形成。三是要善于把握中小企业发展环境不断优化的新机遇。党中央、国务院高度重视中小企业发展，相继出台了一系列促进中小企业发展的政策措施。在国发 36 号文件和国发 14 号文件中，都把支持中小企业开拓市场作为重要内容之一。随着政策支持力度的持续加大，中小企业的市场预期和发展信心不断增强。四是要善于把握世界主要国家重视与我开展中小企业合作的新机遇。在与世界主要国家的交往中，我们深深地感受到，由于各自的发展阶段和历史不同，在有些经济领域，双方会有一些不同的看法和矛盾。但在支持中小企业发展的方面，大家都有共识，可以形成最大的交集。特别在国际金融危机的大背景下，各国与我加强中小企业合作的意愿明显增强，国内中小企业可以从中获取稳增长、调结构的新空间。

二、从战略和全局的高度，提高对中小企业在“稳增长、调结构”中重要性的认识

中小企业是经济和社会发展的基础，全国中小企业管理部门要把中小企业作为稳增长、调结构、扩内需的关键来抓。

（一）中小企业健康发展是稳增长的重要内容。中央明确提出，要认真贯彻稳中求进的工作总基调，把稳增长放在更加重要的位置。当前，稳增长的压力，首先来自作为市场主体的各类企业。要同时把握供给和需求两个方面。与大企业相比，中小企业的生产经营受市场需求不足的影响更为严重，已经成为实现今年稳增长目标的主要矛盾之一。苗圩部长在天津会议上指出，在当前的形势下，中小企业最需要的是市场，给市场、给订单在一定程度上比给资金更为重要。因此，帮助中小企业开拓国内外市场，是稳增长的主要环节，必须清醒认识到，在经济快速增长期形成的充足生产能力，与经济下行阶段的需求不足是当前经济能否平稳运行的主要矛盾。

（二）中小企业转型升级是调结构的重要动力。当前的市场需求不足，实质上是落后产能过剩、低端产品供大于求，那些依靠“高投入、高能耗、高排放”和“低成本、低价格、低利润”参与市场竞争的企业，将难以为继。而国际金融危机催生的新兴产业，如节能环保、新一代信息技术、高端装备制造、新材料、新能源等产业的发展方兴未艾，具有非常广阔的市场前景。我们要因势利导，充分利用市场的倒逼机制和导向作用，引导中小企业加快结构调整和模式创新，提高发展质量和效益，这是帮助中小企业应对当前金融危机，攻坚克难保发展的关键所在，也是抓机遇、转方式，再创新优势的必由之路。

（三）中小企业改善供给是扩内需的重要保障。过去两年，面对国际金融危机冲击，我们主要依靠扩大内需，实现了经济回升向好。当前，国际金融危机的深层次影响继续显现，国际贸易增长仍呈放缓态势，我国出口增长出现明显回落态势。在这种情况下，为保持经济平稳较快发展，中央明确提出，要着力扩大内需，完善促进消费的政策措施。制定和采取了中小企业政府采购优惠政策、扩大节能产品惠民工程实施范围、支持新能源产品进入公共设施和家庭、鼓励民间投资参与基础设施建设等一系列政策措施。中小企业是提供有效供给、满足市场需求的主力军，我们要重点帮助中小企业开拓国内市场，充分发挥中小企业在扩大内需中的积极作用，这是我国中小企业应对国际需求萎缩，加快形成新的经济增长点的重要举措。

三、采取有效措施，积极帮助中小企业形成新优势

面对发展中的重大机遇和严峻挑战，各级中小企业管理部门一定要充分认识稳增长、调结构的重要性，切实增强危机感和紧迫感，精心部署，开拓进取，加快构建中小企业面对新形势、新情况的竞争能力。

一要优化结构，推动升级。一方面，要加强政策引导，用好两项资金，把稳增长与加快结构调整和产业升级有机地结合起来。做好中小企业工作，必须坚持突出主题、贯穿主线。各地方要发挥好中小企业发展专项资金和中小企业技术改造专项资金作用，全面实施“十二五”工业转型升级规划和中小企业成长规划，按照国办新近转发的《关于加快培育国际合作和竞争新优势的指导意见》的要求，把改造提升传统产业，加快培育和发展战略性新兴产业作为提高中小企业国际竞争力的战略突破口。在这里，我要特别强调，专项资金切块地方后，各地方在审核项目时，一定要严格限制高耗能、高污

染和低水平、产能过剩项目，要重点支持符合产业政策、市场前景广阔的“专精特新”项目。各地方要及时建立项目跟踪评价机制和问责机制，防止出现“半拉子”工程、“钓鱼”工程、政绩工程，切实提高财政资金使用效果。另一方面，要用好两个市场、两个资源，把国内合作与国际开拓、把“走出去”和“引进来”有机地结合起来。既要鼓励和支持有条件的中小企业“抱团出海”，重点支持产业集群的龙头企业“走出去”，带动中小配套企业“走出去”，到境外建立原材料基地、加工制造基地、研发设计基地和营销渠道，支持中小企业加速境外产业集群发展，稳步扩大投资规模，拓宽投资渠道，深化在能源、资源、高新技术和先进制造业等领域的互利合作，提高国际化经营水平。又要鼓励和支持我国中小企业通过企业并购、技术转让、人才引进、职业培训等方式，积极引进国外先进技术、设备和管理经验，实现跨越式发展。

二要深化合作，创新机制。首先，要夯实基础，趁势而上。各地方要积极开展国际区域经济合作，注重发挥多边和双边中小企业合作机制和政策对话的作用，主动配合国家经济外交总体战略，结合本地实际，建立和完善地方政府之间、协会商会之间的中小企业合作机制，夯实中小企业务实合作的基础。要及时总结经验和好的做法，把合作基础好、体制机制新、发展前景广的好项目及时上升到国家层面，通过多边和双边中小企业政策磋商机制，或配合国家领导人的高访，力争在更高层次、更广领域、更高水平上加以推进。其次，要打造载体，务实推进。中小企业国际合作的领域非常广泛，头绪很多，要把各项工作真正落在实处，就必须要有抓手和载体。比如，今年，经过对建设方案的评审，工信部批复成立了中德太仓中小企业合作示范区和中德连云港中小企业产业合作区，以示范区和合作区建设为抓手，引导和聚集各方资源来支持两区发展。各地方要结合实际，以点带面，典型引路，学习借鉴示范区的发展经验，“实”字当先，突出特色，选好载体，着力提升国际合作水平。第三，要一国一策，互利互惠。每个国家的优势产业、对外政策、政府定位等等，都不尽相同。要针对不同的国家，制定符合两国国情的产业合作目录，取长补短，注重发挥各自优势。要平衡照顾好彼此关切，求同存异，妥善处理分歧，逐步扩大利益汇合点。积极探索更多更有效的合作共赢方式，提高合作的质量和效益。

三要加强服务，搭建平台。一是增强能力，加强服务体系建设。要结合事业单位改革，深化各地方中小企业服务机构、工业行业协会的管理体制和运行机制改革，完善和强化其在信息服务、行业自律、维护企业权益等方面的功能和作用。重点扶持贸易投资、法律咨询、财务会计和研发服务等中介机构加快发展。指导和帮助中小企业开拓市场，运用世界贸易组织规则维护企业合法权益，为中小企业提供应对反补贴、反倾销、知识产权保护等方面的法律援助。规范中小企业进出口经营秩序，避免恶性竞争和贸易纠纷。二是拓宽领域，鼓励和支持服务机构用好多元资源。随着中小企业“走出去”的步伐加快，迫切需要服务机构也要为“走出去”的中小企业，提供信息、法律、人才、技术等方面的服务。三是改革创新，重点办好两个展会。中博会和APEC技展会是全国中小企业系统最重要的两个展会。面对中小企业发展新形势、新要求，广大中小企业对两个展会提出了更高的要求，寄予了更大的期盼。在新的历史起点、新的形势面前，中博会和APEC技展会能否越办越好，能否具有更强大的生命力和影响力，关键就在于能否与时俱进，持续创新。今年是中博会国际化、市场化、专业化改革迈出实质性步伐的第一年，距离开幕的时间只有短短的三个月了，希望大家认真贯彻落实深圳会议精神，积极稳妥地推进中博会改革创新，抓紧做好各项筹备工作，共同把中博会越办越好。昨天，第七届APEC技展会已经开幕了，在大家的共同努力下，本届技展会的办展水平较往届有了很大的提升。今后，技展会要更加突出“技术提升经济、合作创造未来”这个主题，不仅要在展会具体内容、形式和环节上创新，丰富展会内容，还要在展会的运作模式上创新。要以持续创新的理念，再接再厉，瞄准一流，努力将技展会办出新意、办出实效、办出特色，力争水平越来越高，影响力越来越大，形成不同与中博会的定位和特色。

四要完善政策，优化环境。从国家政治经济外交大局出发，进一步强化政治外交与经济外交的协调配合。推进政府间多边和双边合作，拓展中小企业政策协调的深度和广度。完善政策对话、合作论坛、双边培训、联合办展等机制化合作平台，深化互利合作。着力加强多边、双边中小企业合作机制，重点加强与德国、法国、瑞典、韩国、日本、美国等国家和APEC、欧盟、东盟等国际组织在中小企业领域的政策交流和合作，为中小企业“走出去，引进来”创造良好的政策环境。要结合本地产业优势，制定产业合作指导目录和国别指导政策，提高指导中小企业“走出去，引进来”的针对性和有效性。通过“政府搭台，企业唱戏”，办好以“走出去，引进来”为主题的经贸活动，帮助中小企业参加投资推介会、合作论坛、洽谈会、博览会等，为中小企业提供增进信息交流、寻找拓展商机的渠道。要在银河培训工程中，强化对跨国经营人才、市场营销人才的培训。要加强对其他国家法律、法规、政策的研究和信息服务，及时发布可靠、权威的市场需求、投资环境、法律法规等信息。

五要加强领导，形成合力。部领导高度重视市场开拓工作，已经将中小企业市场开拓工作列入我部年度工作目标责任制和关键业绩指标。各级中小企业管理部门要指定或建立专门机构负责市场拓展工作，主要负责同志要经常听取工作汇报，并将市场开拓工作列入年度工作计划，制定科学合理的考核指标。要按照“十二五”中小企业成长规划提出的中小企业市场开拓计划的总体要求，加强统筹规划，做好顶层设计，结合实际，制定和实施本地区的市场拓展计划，明确总体目标和阶段性目标，有计划、有步骤，全面统筹地推进各项工作。要充分发挥商务、海关、质检、金融、外办等部门、行业协会、服务机构和合作对象国的积极性、创造性和主观能动性，争取社会各方面的理解和支持。有条件的地方，可以建立跨部门的政策协调机制。作为中小企业工作的牵头部门，我们要重点做好引导、规划、推动、协调等工作，顺势而为，“四两拨千斤”，凝聚全社会力量，形成推动中小企业“走出去”，“引进来”的强大合力。

帮助中小企业“走出去”和“引进来”，增强市场开拓能力，是深入开展中小企业服务年活动、全面落实国发14号文件的重要举措，任务繁重而艰巨。全国各级中小企业管理部门要高度重视，精心组织，努力把开拓市场这项事关当前、事关大局、事关长远的大事抓紧抓好，为“稳增长、调结构、扩内需”做出新的贡献，以优异的成绩迎接党的十八大胜利召开。

在部分地区中小企业信用担保工作座谈会上的讲话

工业和信息化部党组成员、总工程师　朱宏任

同志们：

大家上午好！

今天我们在此召开部分地区中小企业信用担保工作座谈会，一方面是了解各地中小企业信用担保业务发展情况和监管情况，另一方面也对行业中存在的一些问题共同交流看法，探索如何促进担保行业进一步规范和发展。刚才各地中小企业主管部门介绍了有关情况，中小企业司的同志介绍了担保行业发展的总体情况。对于大家所反映的问题司里同志会带回去与银监会等部门加强沟通协调，认真研究提出解决的建议。下面结合会议的主题和大家反映的情况，对下一步如何做好中小企业信用担保工作，充分发挥其对缓解中小企业融资难、促进中小企业健康发展的重要作用，谈几点看法：

一、紧紧围绕“稳增长、调结构”大局，着力做好促进中小企业健康发展工作

从统计数据看，今年1～5月固定资产投资增速为20.1%，逐月下降并创2003年以来新低；除3月份略有上涨外，社会消费品零售总额增速也是逐月放缓，5月份为13.8%，为2006年8月以来新低；出口增长持续低迷，今年1～4月同比增长6.9%，4月仅为4.9%，5月份有所好转，为15.3%。今年前5个月，规模以上工业增加值增速为10.7%，同比下降3.3个百分点，三大需求及工业产出回落幅度之大超出市场预期。5月23日国务院召开常务会议分析了当前经济形势，部署了近期工作。针对当前经济下行压力加大的态势，会议提出要把稳增长放在更加重要的位置。同时，会议强调，要加快转变经济发展方式，积极推进经济结构调整。这是提出当前我国经济工作的两个重要方面：稳增长是基础，调结构是关键，二者相辅相成。

稳增长、调结构是当前经济工作最为紧迫的任务，中小企业是促进我国经济发展、稳定社会就业的基础力量，实现“稳增长、调结构”的总任务，不能缺少中小企业的广泛参与。可以说没有中小企业的稳步增长和结构优化，经济的“稳增长、调结构”也就无从谈起。因此，作为实体经济基础的中小企业必须承担起更多稳增长的责任。但自金融危机以来，受国内外复杂多变的经济形势等因素影响，中小企业生存环境一直不容乐观。在当前经济下行压力明显加大的形势下，中小企业生产增速放缓，盈利能力下降，亏损面扩大，部分小微企业生产经营难度加大。1～5月，规模以上中小工业企业增加值同比增长12.9%，同比回落3.6个百分点，3～5月三个月增速连续回落；截至4月末，规上中小工业企业亏损面为17.8%，同比扩大3.4个百分点，比上年全年扩大8.1个百分点。

面对当前形势，各地中小企业主管部门要从“稳增长、调结构”的大局出发，密切关注经济形势变化及对中小企业的影响，在稳增长中促进中小企业加快转变发展方式，在促转变中实现中小企业平稳较快发展。面对发展中的困难，中小企业中的大多数都把融资难的缓解作为最大的企盼。各级中小企业管理部门要积极配合有关部门，把采取切实有效的措施、缓解中小企业融资难作为“稳增长”的重要环节，想中小企业之所想，急中小企业之所急，特别是进一步发挥担保在缓解中小企业融资难中的积极作用，全力营造有利于中小企业发展的融资服务环境。

二、紧紧围绕缓解融资难题，着力发挥担保机构在银企合作中的桥梁作用

我国担保业是伴随着市场经济体制的逐步建立和中小企业的快速发展建立起来的。上世纪90年代，随着我国对非公经济市场准入的放宽，并出台一系列扶持政策，中小企业进入快速发展期，同时依靠自我积累实现发展的传统方式已无法适应激烈市场竞争和现代企业发展的需要，企业对外部融资需求急剧增加。但相对于大企业，中小企业普遍信用匮乏，在寻求外部融资时，与金融机构和金融市场间存在严重的信息不对称，在金融资源稀缺形势下，中小企业持续发展带来的资金需求与融资渠道短缺的矛盾不可避免。信用匮乏的中小企业为了满足贷款条件，产生对第三方信用保证的需求。担保机构的出现，适时弥补了中小企业这种信用短缺，在一定程度上缓解了由此带来的中小企业融资难，也造就了十多年来担保业的发展壮大，一定程度上成就了中小企业的持续快速发展。追本溯源，一方面是为了让我们认识到担保机构在缓解中小企业融资难中发挥的不可忽视的作用，另一方面是为了让我们认识到：今天，中小企业信用短缺、银企之间

信息不对称的局面仍然存在，中小企业融资仍然需要担保。只有站在历史的和缓解中小企业融资难的高度，才能把握好行业发展大局。

中小企业信用担保机构归根结底是以服务中小企业为主的融资服务机构，这应当是中小企业服务体系建设的一个重要组成部分，各地中小企业主管部门要从这个出发点着力，充分发挥担保机构在银企合作中的桥梁作用，进一步缓解中小企业融资难。当然，我们还要坚持不懈地抓中小企业自身素质提升，抓中小企业信用体系建设，这是提高中小企业自身融资能力的根本，也是一项长期性的工作。当前，我们必须继续把担保作为缓解中小企业融资难的一条有效途径抓好。

下面结合担保业发展形势和中小企业工作实际，提几点要求：

在七部委下发《融资性担保公司管理暂行办法》后，各地明确了担保行业的监管部门，目前全国有10个省（区、市）的监管职责在中小企业主管部门，19个在金融局，2个在财政厅。从中央层面，融资性担保业务监管部际联席会议充分发挥职能，针对近期担保业出现的一些风险隐患加大工作力度，今年四月连续出台了有关客户担保保证金管理和开展风险排查工作的两个文件。“中担”等三家机构风险事件引起国务院领导同志的高度重视，专门召开有关部门参加的专题会议，听取情况，研究提出相关措施。针对当前的工作，承担行业监管职责的各地中小企业主管部门要注意做好以下几方面工作：

一是在行业发展思路上坚持“发展”与“规范”并重原则，规范是为了更好地发展。十几年来担保行业为缓解中小企业特别是小微企业融资难做出的贡献有目共睹，在促进中小企业快速发展中起到重要作用，取得了较好的社会效益，既要充分认识和肯定所取得的成绩，并继续采取有效措施进一步发挥担保的作用，也要正视行业发展中存在的问题，落实部际联席会议文件精神，加强有效监管，避免个别违规机构损害行业整体形象，例如“中担”等机构出现的风险使部分银行对民营担保机构失去信任，波及所有民营机构。各地要及时排查运作不规范，甚至抽逃资本金、非法经营金融业务等违法违规问题，提早防范化解风险，促进担保机构依法审慎经营，加强风险管控制度建设，维护行业的健康发展和长远发展，这有利于提高社会特别是银行业金融机构对担保业的认可度，有利于更好的支持和促进广大中小企业发展。

二是做好中小企业信用担保行业发展统筹规划，进一步发挥其在缓解中小企业融资难中的积极作用。总体上看，担保行业目前运行基本平稳，发展速度较快。但部分地区机构数量增长过快、单体规模小、良莠不齐，出现恶性竞争等不良现象，有的地区担保机构平均信用放大倍数过低，盈利水平难以提升。地方监管部门要认真梳理本地中小企业融资需求情况、担保机构业务发展情况，统筹规划行业有序竞争发展。与此同时，要加强对行业发展方向与政策导向的研究，指导担保机构重点开拓小微企业担保业务，创新担保业务品种，探索商业模式创新，推动担保行业可持续发展。

三是密切关注经济形势变化对担保业的传导，防范系统性风险。地方监管部门除了做好担保业务监管工作，还要注重做好行业发展指导工作，特别是结合当前经济形势变化和经济金融政策调整，及时了解中小企业生产经营出现的新情况新问题，及早发现苗头性、倾向性问题，指导担保机构及时作出风险预案，防范由于宏观环境变化、应对不及时而出现的系统性风险。目前担保机构在银担合作中处于弱势地位，几乎承担100%风险，受保企业一旦出险，担保机构风险骤增。去年温州地区出现的部分企业资金链断裂、企业主跑路现象就直接影响到相关的担保机构。有的省市反映，今年以来，受中小企业经营压力增大等因素影响，出现中小企业担保业务增速放缓、代偿有所上升等现象。各地都要对此现象有所警惕，指导担保机构建立有效的风险识别、预警和应急处理机制，避免大面积损失。

四是做好中小企业信用担保业务统计和日常监管工作。这段时间，各地正在申报中小企业信用担保资金补助项目。从申报程序上，要求担保机构首先进入中小企业信用担保业务信息报送系统。这个系统对我们及时了解行业发展情况发挥了重要作用，特别是在这两年担保资金补助项目审核过程中，通过这个系统设立政策所要求的一系列指标，对担保机构进行了初步筛选，避免不符合政策要求的担保机构进入项目库，大量减少了审核时间和成本；同时通过计算机自动化操作，避免了过多人为干扰，提高了项目补助的科学性和公正性。各地要注重发挥信息报送系统在行业日常监管中的作用，一方面督促担保机构按时填报相关信息，另一方面也可结合本地实际，配合日常监管要求，建立地方的信息报送系统，加强对担保行业运营情况的统计监测，作为监管手段之一，提高监管效率和效果。

五是加强与相关部门沟通联系，加强信息通报。为加强对融资性担保业务的监督管理，促进行业健康发展，国务院建立了由七部门组成的融资性担保业务监管部际联席会议制度。应当看到，担保工作是一项政策性很强、涉及面较广的工作，行业发展中许多重大问题涉及多个部门，例如财税扶持政策协调涉及财税部门，银担合作协调涉及金融监管部门，风险处置涉及更多部门。承担监管职责的10省市中小企业管理部门，在牵好头的同时，要会同有关部门建立各司其责的工作机制，从各自职能出发做好工作。对重点担保机构和风险点加强跟踪，发现问题要及时向当地政府和有关部门通报，协调共同解决行业发展和业务监管中的重大问题。

会后，大家要把会议精神带回去，向各自政府主管领导汇报，向相关部门通报，争取领导和相关部门的理解与支持，加强组织和协调，积极创造有利于担保行业发展和监管工作的良好氛围，促进担保业持续健康发展，为缓解本地中小企业融资难做出更大贡献。

在2012中国（新疆）非公有制经济发展论坛上的演讲

工业和信息化部党组成员、总工程师　朱宏任

尊敬的各位领导，各位来宾，朋友们：

大家上午好！

很高兴和大家相聚在天山脚下美丽的城市乌鲁木齐，共同出席2012中国（新疆）非公有制经济发展论坛。刚一踏上新疆的土地，我们就感受到天山南北热潮涌动，形成了科学发展的新局面。本次论坛以“鼓励民间投资，助推区域经济发展”为主题，探讨新形势下促进中小企业和非公有制经济发展大计，意义重大。在此，我谨代表工业和信息化部对论坛的召开表示热烈祝贺。对民建中央长期以来给予我部工作的帮助和支持表示衷心感谢。对新疆维吾尔自治区党委、政府的杰出工作以及为论坛成功举办进行的精心筹备表示衷心感谢。下面，我就中小企业和非公有制经济发展问题谈几点意见，供大家参考。

一、促进中小企业发展与促进非公有制经济发展具有高度统一性

公有制为主体、多种所有制经济共同发展是我国现阶段的基本经济制度，体现了社会主义初级阶段生产力发展的客观要求。坚持和完善社会主义初级阶段的基本经济制度，必须毫不动摇地巩固和发展公有制经济，必须毫不动摇地鼓励、支持和引导非公有制经济发展。在我国，当前非公有制经济从规模上大部分属于中小企业，中小企业大部分采取了非公有制经济的形式，两者互为主体，高度统一。可以说，促进中小企业发展，就是促进非公有制经济发展。

一方面，扶持中小企业发展是各国政府的通行做法，在国际上有广泛共识。无论是发达国家还是发展中国家，都十分重视中小企业发展。像美国、日本、德国这样的经济强国，不仅有声誉卓著的大型企业、跨国集团，而且有一大批市场竞争力很强的中小企业。同时，中小企业一直以来也都是双边、多边以及国际组织交流合作的重要议题。各国政要来到中国，或我们去其他国家交流，大家都非常关注怎样发展中小企业，怎样为中小企业服务，怎样为中小企业合作搭建双边或多边的平台。

另一方面，为应对今年经济运行中出现的新情况、新问题，国务院领导强调两个途径非常重要，一是支持实体经济，特别是小型微型企业发展；二是放活民间资本，支持民营企业发展。由于民营企业和中小企业的高度统一性，这两个途径，落脚点都在于支持中小企业特别是小型微型企业发展。这几年，为促进非公有制经济和民间投资发展，各地区、各部门做了大量的工作，想了不少办法，但社会上仍有反映，认为进展还不够快，力度还不够大。这说明我们的工作还有值得改进的地方，还应该做得更好。也有些同志存在一些思想认识方面的问题，还需要进一步转变观念，进一步把思想统一到中央的大政方针上来。

因此，大力促进中小企业发展，不仅在国内外有广泛共识，而且与促进非公有制经济发展高度统一，中小企业发展好了，非公有制经济也就发展好了，老百姓就会有更多的就业机会，群众生活就会有更大的改善，这是我们落实中央提出的“稳增长、调结构、惠民生”战略部署的重要举措。

二、促进中小企业发展工作取得积极进展

自国际金融危机爆发以后，各地区、各部门认真贯彻落实党中央、国务院一系列政策措施，在促进中小企业发展方面取得了积极进展。今年以来，为帮助中小企业克服遇到的新困难，中小企业工作进一步明确了重点，加大了力度。

一是更加注重支持小型微型企业发展。以前，我们许多政策基本上都落到了大中型企业身上，小型微型企业享受不多，然而小型微型企业恰恰又是基础薄弱，科研能力低，抗风险能力差，最需要扶持的企业群体。为解决这类企业面临的新情况、新问题，4月19日，国务院印发了《关于进一步支持小型微型企业健康发展的意见》（国发［2012］14号，以下简称国发14号文件）。国发14号文件突出着眼于小型微型企业，在贯彻国务院两次常务会议先后确定的支持小型微型企业发展政策同时，延续了2009年国务院下发的《关于进一步促进中小企业发展的若干意见》（国发［2009］36号）文件部分已到期的政策，提出了29条针对性更强的新政策。

二是更加注重鼓励民间投资健康发展。温总理高度重视《国务院关于鼓励和引导民间投资健康发展的若干意见》（国发〔2010〕13号，以下简称“新36条”）的贯彻落实工作，在多种场合反复强调，有关部门务必要在今年上半年出台具体的实施细则。近期，各有关部门密集出台“新36条”的实施细则，进一步明确鼓励民间资本参与能源、交通运输、金融、社会事业等领域的实施办法。我部于6月底发布文件明确，鼓励民间资本进一步进入包括鼓励民间资本开展移动通信转售业务试点；鼓励民间资本开展接入网业务试点和用户驻地网业务；鼓励民间资本开展增值电信业务等八个重点电信业领域，并提出了五项保障措施。

三是更加注重推动中小企业转型升级。去年底，国务院下发了《工业转型升级规划（2011～2015年）》，明确提出促进中小企业走“专精特新”发展道路。2009年至今，中央财政支持中小企业技术进步项目4000多个，技术改造项目8000多个，科技创新项目1.6万个。2011年，中央预算内投资安排工业中小企业技术改造资金30亿元，在中小企业发展专项资金中安排15亿元支持中小企业加强专业化

生产，发展新兴产业。工业和信息化部等12个部门下发了《关于支持中小企业技术创新的若干政策的通知》。大力推动工业化和信息化融合，实施中小企业信息化推进工程和知识产权战略推进工程。

四是更加注重加大中小企业的财税支持。在资金方面，2012年中央财政安排各类扶持中小企业专项资金总规模扩大至141.7亿元。中央财政还将安排150亿元专门设立国家中小企业发展基金，主要用于引导地方、创业投资机构及其他社会资金支持初创期的小型微型企业等。在税收方面，国家出台多项扶持政策。如，将减半征收所得税政策优惠范围扩大到年应纳税所得额低于6万元的小型微利企业；上调个体工商户增值税和营业税起征点；将符合条件的国家中小企业公共技术服务示范平台纳入科技开发用品进口税收优惠政策范围；对金融机构与小型微型企业签订的借款合同免征印花税等。

五是更加注重缓解中小企业的融资难题。金融系统连续三年实现小企业信贷增速、信贷增量“两个不低于”目标。截至2011年末，银行业金融机构小企业贷款余额达到10.8万亿元，同比增长25.8%，占全部贷款的19.6%。大力发展中小金融机构，截至2012年一季度，全国小额贷款公司4878家，贷款余额达到4447亿元。进一步加强中小企业信用担保体系建设，财政部与我部安排的中小企业担保服务补助资金从2006年的5000万元增至2011年的14亿元，六年累计安排担保专项资金45.38亿元，共计扶持2762家/次中小企业信用担保机构，已累计为28.7万户/次中小企业提供1.24万亿元贷款担保服务。我部会同税务总局，对符合条件的中小企业信用担保机构免征三年营业税。积极推动中小企业通过资本市场融资，截至目前，333家中小企业通过创业板上市，中小企业板上市企业达到684家。各地通过加强政府与金融机构合作，探索发行中小企业集合票据、开展租赁业务融资、采用信用保险融资等方式，拓宽中小企业直接融资渠道等。

六是更加注重建设中小企业服务体系。2011年，我部组织认定了首批99个国家中小企业公共服务示范平台，各省市认定了1131个省级公共服务平台。去年起，我部会同财政部安排专项资金支持了部分省市中小企业服务平台网络和中国中小企业信息网建设。培育创业辅导师队伍，加强小企业创业基地建设，据不完全统计，全国小企业创业基地有1600多家，入驻企业达12万家。大力实施国家中小企业银河培训工程和企业经营管理人才素质提升工程，中央财政重点支持中小企业经营管理领军人才的培训和培养。积极推动中小企业加强自身管理，《小企业会计准则》已下发实施。近年来，我国政府与有关国家和国际组织在中小企业领域的合作与交流步伐加快，先后签署合作协议十余个。成功举办8届中博会和7届APEC中小企业技术交流暨展览会。

三、加强合作，共同促进中小企业健康发展

当前，我国经济运行总体平稳。为了应对较大的下行压力，中央加大了稳增长的措施力度，正在逐步见到成效。面对国内外经济环境的新情况新变化，相当一部分实力较弱的中小企业受到生产成本过快增长，融资难融资贵，国内外市场不振低迷的困扰，迫切需要各地区、各部门的高度重视，需要全社会各方面的关心、支持和帮助。同时，更需要企业自身的努力拼搏。下一步，我们将按照党中央、国务院关于促进中小企业发展的决策部署，狠抓政策落实，把贯彻落实国发14号文件与帮助中小企业应对当前挑战和困难结合起来，与推动中小企业科学发展和转变发展方式结合起来，与深入开展中小企业服务年活动结合起来，与优化中小企业发展环境结合起来，切实推动中小企业健康发展。

一是协同配合，进一步做好国发14号文件的贯彻落实工作。充分发挥国务院促进中小企业发展工作领导小组的组织协调作用，紧紧依靠各地党委和政府，全力落实好国发14号文件。加强财税、金融、产业、科技、就业、公共服务等方面政策的协同与配合，重点扶持创新型、创业型和劳动密集型的中小企业，提高政策的针对性、导向性和可操作性。将已出台的扶持政策落实到位，不断完善扶持中小企业发展的政策法规体系。继续清理取消或减免涉企收费。

二是进一步加强部省合作，推动新疆区域经济健康发展。为更有针对性的推动各地工业和信息化工作，促进区域经济健康发展，我部建立了部省合作机制。近年来，我部已与近二十个省（市、区）人民政府签订了部省（市、区）战略合作协议。2010年，我部与新疆自治区政府签署了《关于共同推进新疆工业和信息化发展的合作协议》。新疆的发展和稳定，关系全国改革发展和稳定大局，国家实施西部大开发战略以来，新疆的经济增长速度明显加快，基础设施建设和生态环境建设取得长足进展，人民生活不断改善，经济社会发展已经迈上新台阶。下一步，我们将进一步密切合作机制，加大新一轮对口援疆的工作力度，深入开展产业援疆，实施产业政策和倾斜措施，促进新疆产业结构调整，加速新型工业化进程和中小企业发展，共同推进新疆实现跨越式发展和长治久安。

三是进一步深化与民建中央的沟通合作，共促非公有制经济健康发展。多年来，我们与民建中央建立了良好的沟通合作机制。民建中央的会员多为经济界、企业界的代表性人士，长期以来，在促进中小企业和非公有制经济发展方面建言献策、身体力行做出了积极贡献。自2003年民建中央创办“中国非公有制经济发展论坛”以来，与我们和举办地省级人民政府已成功举办了十届，对于推动中小企业和非公有制经济发展，营造良好氛围等方面起到了积极作用。下一步，我们将进一步深化双方沟通合作，共同推动我国中小企业和非公有制经济实现

又好又快发展。

四是进一步加强舆论宣传，形成促进中小企业和非公有制经济发展的良好氛围。引导和动员各类新闻媒体加强政策宣传，确保国家扶持中小企业和非公有制经济的政策及时传递给广大中小企业。还将通过专访、专栏、专题报道等形式，不断加大政策宣传力度，扩大宣传范围，努力营造全社会关注和支持中小企业发展的良好氛围。

同志们，我国的中小企业和非公有制经济伴随着改革开放和社会主义建设理论创新成长起来，在逐步完善社会主义市场经济体制和基本经济制度过程中得到发展壮大，今后，在科学发展、构建和谐社会和改善民生中还将发挥更大、更重要的作用。我相信通过举办这次论坛，与会各位领导、专家提出许多真知灼见，必将更加有力地推动中小企业和非公有制经济发展再上新水平、再上新台阶；同时，也将为新疆经济社会又好又快发展做出贡献。

最后预祝论坛圆满成功。谢谢大家！

大力扶持小型微型企业发展进一步加强对创业和青年企业家的支持

——在第19届APEC中小企业部长会议上的发言

工业和信息化部党组成员、总工程师　朱宏任

尊敬的主席先生，女士们，先生们：

首先，感谢东道主俄罗斯为此次会议作出的周到细致的安排。借此机会，我就“大力扶持小型微型企业发展，进一步加强对创业和青年企业家的支持”谈几点意见与各经济体交流。

从某种意义上说，一部人类发展史，就是一部创新、创业的历史。创新创业不仅能促进技术发展，推动经济增长，也是扩大就业和增进人民福祉的重要途径。创新创业内在蕴含的开创精神，符合当今时代潮流，有利于推动社会的发展和进步。

青年是最富创造活力、最具创业潜力的群体，提升青年人的创新创业能力已成为国际社会的基本共识。激励和扶持更多的青年人创业，培育更多创新创业的青年企业家，对于促进青年人的全面发展，对经济发展和社会进步具有十分重要的意义。

中国历来高度重视创业和青年企业家的培养，把扶持青年创业作为扩大就业的重要内容。今天的中国，创业政策体系基本建立，创业扶持机制日益完善，创业在经济社会发展中的倍增效应日益凸显。10年来，中国的中小企业和个体工商户的数量增加了75%，其中中小企业约1100万家，个体工商户约3400万户，平均每年增长5.8%。

众所周知，处于初创期的企业绝大多数都是小型微型企业。当前，国际金融危机深层次影响进一步显现，世界经济复苏进程艰难曲折，小型微型企业经营压力大、成本上升、融资困难和税收负担偏重等问题更加突出。为此，中国出台了一系列政策措施，主要从以下五个方面扶持小型微型企业发展。

一是便捷市场准入。大力支持自主创业，对各类投资主体同等对待，允许进入法律法规未明文禁止准入的所有行业和领域。完善注册登记服务，为投资者提供公开公正、便捷高效的准入服务。鼓励和支持小型微型企业进入现代服务业、现代农业、战略性新兴产业以及公共基础设施建设领域。

二是进一步加大财税支持力度。完善结构性减税政策，进一步减轻小型微型企业税收负担。设立国家中小企业发展基金，重点支持处于初创期的小型微型企业。政府采购每年安排不低于18%的项目预算总额专门面向小型微型企业。对高校毕业生自主创业给予税费减免、小额担保贷款等扶持政策。

三是努力缓解融资困难。要求银行业金融机构对小型微型企业贷款的增速不低于全部贷款平均增速，增量高于上年同期水平。适当提高对小型微型企业贷款不良率的容忍度。鼓励和支持担保机构提高小型微型企业担保业务规模，降低对小型微型企业的担保收费。制定防止大企业长期拖欠小型微型企业资金的政策措施。

四是帮助小型微型企业提高经营管理水平。建立小型微型企业管理咨询服务制度，支持管理咨询机构和志愿者面向小型微型企业开展管理咨询服务，每年免费培训50万名经营管理人员和创业者。

五是大力推进服务体系建设。到2015年，支持建立4000个为小型微型企业服务的公共服务平台，重点培育认定500个国家中小企业公共服务示范平台，为小型微型企业提供政策咨询、投资融资、管理诊断、检验检测、人才培训、市场开拓等服务。实施创办小企业计划，培育和支持3000家小企业创业基地，大力开展创业培训和辅导。积极发展科技孵化器，到2015年，在孵企业规模达到10万家以上。

女士们，先生们，当今世界，随着经济全球化深入发展，科技进步日新月异，产业转移加快进行，APEC各成员经济体之间的联系日益紧密，相互依存不断加深。走深化合作、互利共赢的发展道路已经成为APEC各成员经济体应对全球共同挑战、谋求共同发展的重要趋势。中国愿同APEC各成员经济体分享鼓励创业的经验和有效做法，加强合作，相互借鉴，共同促进亚太地区中小企业良性互动发展，不断实现新的跨越，为全球经济的复苏增长发挥更大的作用。

谢谢大家！

在国务院促进中小企业发展工作领导小组办公室2012年第3次会议上的讲话提纲

工业和信息化部党组成员、总工程师 朱宏任

同志们！

今天请大家来，主要是为了研究落实《国务院办公厅关于印发进一步支持小型微型企业健康发展重点工作部门分工方案的通知》（国办函〔2012〕141号，以下简称《分工方案》）的工作安排。

本次会议是国务院促进中小企业发展工作领导小组（以下简称领导小组）办公室今年召开的第3次会议，也是一次扩大会议。除国务院促进中小企业发展工作领导小组17个成员单位以外，我们还邀请到了教育部、监察部（纠风办）、国土资源部、环境保护部、交通运输部、审计署、国资委、知识产权局、保监会、能源局等单位的同志们。感谢大家百忙中来参加这次会议，这里我代表领导小组办公室对各位新老朋友的到来，表示热烈的欢迎和衷心的感谢！

一、凝聚共识，形成工作合力

《国务院关于进一步支持小型微型企业健康发展的意见》（国发〔2012〕14号，以下简称国发14号文件）正式印发实施以来，各地区各部门认真贯彻落实，结合各自职责，积极开展有关工作，特别是部门间的合作与交流明显增加，政策面上形成了支持中小企业特别是小型微型企业健康发展的工作合力。

为贯彻落实好国发14号文件，根据国务院有关领导要求，在国务院办公厅的领导下，我部会同有关部门研究起草了贯彻落实国发14号文件的分工方案。起草过程中，我们先后两次发文征求意见，各部门积极配合，及时反馈，提出了很多很好的意见和建议。应该说，《分工方案》是各部门共同努力的成果。经过这段时间的沟通交流，各部门凝聚了共识，形成了默契，建立了友谊。今天，我们也很高兴地看到，根据《分工方案》的工作部署，有更多的部门加入到支持中小企业发展工作中来，工作合力更为强大，沟通配合更加紧密。

二、贯彻落实《分工方案》，充分发挥政策积极作用

（一）当前的经济形势要求必须增强落实好《分工方案》的紧迫性

面对复杂严峻的国内外经济形势，党中央、国务院坚持稳中求进的工作总基调，加大政策预调微调力度，国民经济运行总体平稳，经济发展稳中有进。上半年，国内生产总值同比增长7.8%，仍保持在年初确定的7.5%预期范围内。但经济仍面临下行压力。上半年，全国规模以上工业增加值同比增长10.5%，已滑出11%的预期目标区间，增速比上年同期回落3.8个百分点；同时，固定资产投资和进出口总额的增速分别比上年同期回落5.2个百分点和17.8个百分点。1～5月份，规模以上工业企业实现利润同比下降2.4%，企业困难有所加重。下半年影响经济平稳运行的不利因素依然较多，稳增长的难度仍然较大，因此我们要全面估量形势，以贯彻落实好支持实体经济、小型微型企业健康发展的政策措施为抓手，牢牢把握经济工作的主动权。

从中小企业的生产运行情况来看，上半年中小企业生产经营情况总体平稳，各主要经济指标仍保持稳步增长。今年1～7月，全国规模以上中小工业企业增加值同比增长12.4%，实现销售产值29.91万亿元，同比增长15.42%。上半年，全国规模以上中小工业企业实现主营业务收入24.71亿元，占全部工业企业的58.00%，同比增长14.35%；完成税金总额8015亿元，占全部工业企业的43.94%，同比增长13.72%；实现利润总额1.31万亿元，占全部工业企业的56.70%，同比增长5.93%。但是，中小企业发展增速继续保持放缓态势，各主要经济指标的增速指标全面回落。统计显示，规模以上中小工业企业增加值的增速较去年同期回落4.4个百分点；销售产值增速回落18.17；主营业务收入增速回落19.45个百分点；完成税金增速回落18.13个百分点；利润总额增速回落29.92个百分点，中小企业仍面临经济下行压力的挑战。受成本上涨等因素的影响，中小企业的盈利水平仍在下滑。上半年，规模以上中小工业企业的亏损面为16.54%，但亏损总额增加明显，达2031亿元，同比增长50.07%，增速较去年同期提高21.06个百分点。前面提到的各项经济指标中，企业利润总额的增长幅度最低，而增速回落最大。

虽然当前中小企业生产经营状况趋稳，经济结构趋于优化，各项扶持政策和服务活动也提振了中小企业发展信心，但是，我们应该清醒认识到，国内外复杂多变的经济形势仍未改变，影响经济发展的不稳定、不确定因素仍然存在。一是市场需求减弱仍未改观。全球经济增长普遍弱于年初预期。美国失业率回升至8.2%，财政风险仍然突出；欧债危机尚未根本解决，欧元区经济增长停滞，失业率升至11.2%的历史最高水平；新兴经济体增速普遍放缓。同时，国内投资需求受到制约，消费需求拉动乏力。市场需求不足的局面短期内难以改变，需引起高度重视。二是成本持续上涨正在挤压企业利润空间。用工难、用工贵问题仍较严重，且正在从东部沿海地区向中西部地区蔓延，河南省调研指出省内各地不同程度出现了“招工难”和“用工荒”现象，安徽省调查显示有三成企业用工遇到困难，半数以上有招工需求的企业招不到或很少招到工人，工资、社保费用上涨极大削弱了以往的劳动力成本优势，劳动力相对短缺将可能成为一种长期现象。

融资难问题未得到有效解决，许多地方反映，银行机构对小型微型企业的贷款利率普遍在基准利率基础上再上浮 30% ~40%，企业利息支出快速上涨，进一步压缩利润空间。企业间特别是大企业拖欠小型微型企业货款加重了企业的财务负担。三是企业税费负担仍较为严重，一些深层次问题正在显现。有企业反映，一些优惠政策优惠数额小、前置条件多、审批手续繁杂，企业积极性不高。当前对小型微型企业实行的费用减免政策，多属于企业承担各项费用中比重较小的，而数额较大的费种没有实质性减少。重庆市重点监测企业 1 ~4 月应缴税费同比增长 27.3%，税费总额接近利润总额。四是发展环境仍需不断优化。在政策执行中经常面临“越是好的政策，越难落实”的问题；同时，在支持中小企业发展的协调机制方面，中央层面已经较为完善，形成了工作合力，但是很多地方仍片面注重大企业、大项目，实行“特事特办、现场办公”，忽略了小型微型企业发展，一些地区的部门间协调配合机制尚未形成，广大小型微型企业的权益难以从根本上得到保障。

总的来看，虽然当前经济运行仍处于合理区间，但中小企业特别是小型微型企业经营压力大的问题仍然突出，部分地区甚至出现了就业减少的情况。这说明经济趋稳的基础还不牢固，企业经营困难可能还会持续一段时间，保持经济平稳发展的任务还相当艰巨，需要引起各方高度重视，这也更加凸显落实好《分工方案》的重要性。

（二）从战略高度认识落实好《分工方案》的重要意义

中小企业特别是小型微型企业在增加就业、促进经济增长、科技创新与社会和谐稳定等方面具有不可替代的作用，对国民经济和社会发展具有重要的战略意义。可以说，小型微型企业稳则经济稳、就业稳、社会稳，因此，党中央、国务院高度重视小型微型企业的发展。

中共中央政治局 7 月 31 日召开会议，分析研究上半年经济形势和下半年经济工作。会议认为，今年以来，国际政治经济环境复杂多变，国内经济发展面临的困难增多。下半年经济工作要以科学发展为主题，以加快转变经济发展方式为主线，坚持稳中求进的工作总基调，把稳增长放在更加重要的位置，以扩大内需为战略基点，以发展实体经济为坚实基础，以加快改革创新为强大动力，以保障和改善民生为根本目的，统筹当前与长远，更加注重拓宽增长空间，更加注重提高增长质量，更加注重激发发展活力，更加注重共享发展成果，着力破解经济社会发展中的难题，促进经济平稳较快发展，保持社会和谐稳定。会议把大力支持小型微型企业发展作为各地区各部门的工作重点之一。在这一背景下，落实好《分工方案》事关稳增长、调结构、惠民生的大局，完成好各项任务意义重大。

为应对今年的经济困难，温总理曾指出两个途径非常重要，一是支持实体经济，特别是小型微型企业发展；二是放活民间资本，支持民营企业发展。由于民营企业和中小企业互为主体，温总理提出的这两个途径，都是要求支持中小企业特别是小型微型企业发展。8 月 14 日至 15 日，温家宝总理在浙江调研时再次强调了中小企业对国计民生的重要意义。他指出，中国是人口大国，劳动密集型企业将长期存在，他们的发展与就业和人民生活密切相关。对劳动密集型企业和中小企业，要落实好扶持政策，帮助解决融资难问题，减轻企业负担。一定要从制度和法律上保护民营企业平等的经营权利和合法的财产权利，让企业放心经营。在经济比较困难的情况下，必须高度重视就业工作，要鼓励企业稳定就业岗位，尤其对劳动密集型企业和中小企业要给予特殊扶持，并抓住缺工缓解的有利时机，大力开展职业技能培训和创业培训。

因此，大力支持小型微型企业发展，是应对复杂经济形势、实现经济稳中求进的重要途径，落实好《分工方案》是各部门贯彻国务院决策部署的重要抓手。

同志们，好的政策需要依靠各部门、各地区全力贯彻落实，才能充分发挥和放大政策效应。《分工方案》对进一步支持小型微型企业健康发展做出了工作部署。根据国务院有关领导同志的要求，贯彻落实好国发 14 号文件及《分工方案》，是当前和下一阶段中小企业工作的重点。正因如此，今天，我们召集大家交流一下近期工作情况和下一步落实《分工方案》的工作安排。

三、要求和希望

刚才各部门的发言都很好。看来，很多部门行动非常迅速、及时，已经或正在研究出台相关配套政策，并为促进企业健康发展采取了积极的举措。我们很受启发、很受鼓舞。

根据《分工方案》的要求，领导小组办公室将继续发挥好统筹协调作用，在各部门的支持和配合下，继续加强对有关工作落实情况的监督检查。下面，我想就贯彻好国发 14 号文件、落实好《分工方案》、加强工作的衔接与配合、形成促进企业发展的工作合力，谈几点希望。

一是强化服务意识。中小企业特别是小型微型企业对国民经济和社会发展具有重要战略意义，其健康发展事关稳增长、调结构、惠民生的大局。各部门务必充分认识促进小型微型企业发展的极端重要性，以高度的责任感和使命感，落实好中央支持小型微型企业发展的各项政策，强化服务意识，深入了解小型微型企业，研究小型微型企业实际需求，想企业之所想、急企业之所急，积极主动帮助企业排忧解难，丰富服务内容、提高服务品质、创新服务方式，真正把小型微型企业发展这项大事办实、实事办好。

二是加大落实力度。希望各部门能够将进一步切实抓好现有政策的贯彻落实，充分发挥和放大政策效应。在着重解决当前困难的同时，更应注重建立一些服务企业发展长效机制。加强监督检查和政策评估，各部门应组织动员全系统的力量，宣传扶持政策，跟踪落实情况，评估实施效果，及时总结完善。我们下一阶段将会同有关部门着重加强对落实情况的监督检查、效果评估和跟踪问效，及时发现和解决遇到的困难和问题，共同把好的政策细化、实化、具体化。

三是尽快细化分解任务。国务委员马凯同志在今年5月举行的省部级领导干部中小企业发展研讨班上指出，落实分工方案，“各部门要逐项细化，要有明确的时间表。配套政策不能光讲原则、讲口号，要具体管用，具有可操作性。”因此，请各部门按照《分工方案》的要求，对涉及本部门的工作进一步分解细化，制定具体措施，明确进度安排，对涉及多个部门的工作，部门间要密切配合，牵头部门要负总责，加强协调，其他部门要积极配合，形成合力。为便于开展后续工作，请各部门于9月7日前将当前工作进展和下一步工作安排情况（包括时间节点）及《分工方案》落实情况登记表（详见有关函件）的书面材料及电子版反馈我部。

希望各部门在落实《分工方案》的工作部署时，及时沟通协调，严格执行进度，跟踪发展动态，并将有关情况及时反馈领导小组办公室（工业和信息化部中小企业司），便于我们总结和推广经验，及时向国务院报告重要情况。

谢谢大家！

服务企业、助力成长，营造健康发展环境

——在第九届中国国际中小企业博览会中国中小企业高峰论坛上的演讲

工业和信息化部党组成员、总工程师　朱宏任

女士们、先生们、朋友们！

大家下午好！第九届中国国际中小企业博览会今天开幕了，中国中小企业高峰论坛是中博会的一项重要活动。很高兴可以借此机会与各位新老朋友，以“服务·自强 创新·共赢”为主题，共同探讨政府强化服务、促进中小企业发展的有关问题。在此，我谨代表工业和信息化部对各位嘉宾的到来表示热烈的欢迎和衷心的感谢！

众所周知，中小企业是保持国民经济平稳较快发展的重要力量，是转变经济发展方式的生力军，是关系民生改善和社会和谐的重要基础，是国际合作和交流的重要主体。因此，各国政府都高度重视促进中小企业健康发展，把服务中小企业、营造良好环境，作为一项重要任务。

当前，世界经济缓慢复苏，不稳定不确定性依然存在，国际金融危机深层次影响远未消除，一些国家主权债务危机问题复杂难解，经济下行风险增大。面对国内外经济形势的变化，中国政府始终高度重视发挥中小企业在稳增长、调结构、惠民生方面的积极作用。针对中小企业面临的需求减弱、成本上涨、融资困难、税费负担偏重等问题，近年来密集出台了一系列扶持政策。同时，将支持小型微型企业放在更为突出的位置，坚持以服务为本，积极完善政策体系，开展专题服务活动，助力企业健康成长。下面，我想与各位分享一下中国政府在这方面的一些情况。

一、营造环境，应对挑战：更加突出对小型微型企业的帮扶

面临新形势、新变化，中国政府积极应对挑战，及时完善中小企业政策，将服务对象重点定位小型微型企业，各项扶持政策的重心也明确向小型微型企业倾斜。

经国务院批准，工业和信息化部、统计局、发展改革委、财政部于2011年6月印发了《中小企业划型标准规定》。与2003年标准相比，新标准最大的变化就是增加了微型企业标准，如工业企业从业人员20人以下或年营业收入300万元以下，即可认定为微型企业。根据新的划型标准和第二次经济普查数据测算，目前小型微型企业占我国企业总户数97.3%；提供了55%城镇就业岗位；贡献了38%的税收。可以说，小型微型企业在增加就业、促进经济增长、科技创新与社会和谐稳定等方面具有不可替代的作用，对国民经济和社会发展具有重要的战略意义。

去年以来，针对小型微型企业受经济波动影响大、生产经营困难的情况，国务院两次召开常务会议研究支持小型微型企业发展的政策，强调要把支持小型微型企业健康发展作为巩固和扩大应对国际金融危机冲击成果、保持经济平稳较快发展的重要举措，放在更加重要的位置上。国务院今年4月出台了《关于进一步支持小型微型企业健康发展的意见》（国发〔2012〕14号，简称国发14号文件），这是我国第一个专门支持小型微型企业发展的综合性政策文件，对于推动小型微型企业健康发展具有重要意义。文件既考虑解决小型微型企业当前面临的生产经营困难，又注重引导企业增强内生动力，还提出了支持企业长期平稳健康发展的长效机制，在加大财税支持、缓解融资困难、推动创新发展、支持开拓市场、提高管理水平、促进集聚发展、加强公共服务等八个方面，提出了29条政策措施。

以此为标志，原有的中小企业扶持政策开始向小型微型企业聚焦，新出台的扶持政策也基本上针对小型微型企业。同时，优化发展环境和完善社会服务等进一步成为扶持政策最重要的着力点。

二、服务为本、完善政策：服务小微企业健康发展的主要做法

为了促进中小企业特别是小型微型企业健康发

展，各部门各地区积极采取有效措施，强化服务，建立健全政策体系，加大服务和支持力度。

（一）积极营造政策环境。我国于2010年出台《关于鼓励和引导民间投资健康发展的若干意见》（又称民间投资36条），放宽民间资本的准入限制，拓宽民间投资的领域和范围。各部门相继出台了42项配套政策，共同营造公平竞争、平等准入的市场环境。新出台的国发14号文件更是将政策重点聚焦小型微型企业，据不完全统计，仅各省（区、市）政府就已出台20余个贯彻落实文件的实施意见和办法，政策环境不断优化。

（二）加大财税政策支持力度。中央财政设立了中小企业发展专项资金、科技型中小企业技术创新基金、中小企业服务体系发展专项资金等多项扶持中小企业发展的专项资金，资金规模由最初的10亿元增至2012年的141.7亿元。国发14号文件进一步提出专项资金要体现政策导向，增强针对性、连续性和可操作性，突出资金使用重点，向小型微型企业和中西部地区倾斜。同时，中央财政将安排150亿元设立国家中小企业发展基金，其中2012年安排30亿元，主要用于引导地方、创业投资机构及其他社会资金支持初创期的小型微型企业等。

为减轻小微企业的税费负担，一是大幅提高增值税和营业税起征点。其中，将按期纳税的营业税起征点幅度由月销售额1000～5000元提高到5000～20000元的政策，各省区市几乎无一例外将起征点确定为20000元的最高限。据测算，提高起征点政策预计年减少税收约290亿元，使全国924万余户个体工商户无需缴纳增值税和营业税，占全部个体工商户的24.6%。二是开展营业税改增值税试点。从实施效果看，年销售额低于500万元的小规模纳税人普遍受益，由试点前缴纳5%的营业税降为缴纳3%的增值税，税负明显减轻。三是将小型微利企业减半征收企业所得税政策延长至2015年底，并将实施范围扩大到年应税所得额6万元（含）以下的小微企业。该项政策实质上降低了中小企业的税负，实际税率相当于10%。四是将符合条件的国家中小企业公共技术服务示范平台纳入科技开发用品进口税收优惠政策范围。五是2011年11月1日起3年内免征金融机构对小型微型企业贷款合同印花税，等等。同时，自2012年1月1日起3年内对小型微型企业免收22项管理类、登记类、证照类行政事业性收费，每年可减轻企业负担约50亿元。

（三）积极缓解融资困难。各有关部门积极完善金融服务，增加中小企业贷款规模，银行对小微企业信贷投放已连续三年实现“两个不低于”——增速不低于全部贷款增速，增量不低于上年；并积极推进多层次资本市场建设，拓宽中小企业融资渠道。工业和信息化部今年继续落实与工农中建四大银行中小企业金融服务合作备忘录。各金融机构积极设立小微企业专营机构，提供符合小微企业需求的特色服务。同时，通过营业税减免、各项准备金税前提取、资本金注入、担保费用补贴等扶持政策，支持中小企业信用担保机构和再担保机构为中小企业特别是小微企业提供信用担保服务。截至2011年底，全国中小企业信用担保机构共计4439家，基本形成了政策性担保为主导、民营担保为主体的服务架构。

（四）积极推进结构调整和转型升级。实施中小企业成长工程，引导中小企业加快调整结构、加强技术创新、实现集聚发展和开展节能减排。中央预算内投资安排工业中小企业改造资金35亿元，重点支持中小企业采用新技术、新工艺、新设备、新材料对现有设施、工艺条件等进行改造提升，带动企业投资424.5亿元。继续实施中小企业信息化推进工程和知识产权战略推进工程，帮助企业提高信息化应用水平，提高创造、运用、保护和管理知识产权能力。

（五）始终重视加强服务体系建设。一是加强公共服务平台建设，2010年工业和信息化部等7部门联合印发了《关于促进中小企业公共服务平台建设的指导意见》（工信部联企业〔2010〕175号），明确了服务平台的含义、基本条件、发展要求、建设目标等。据不完全统计，全国已有20多个省出台了推动公共服务平台建设的文件，全国各类中小企业服务中心已发展到818家，小企业创业基地1800多家。二是修订印发《国家中小企业公共服务示范平台认定的管理办法》，通过树立业绩突出、公信度高、服务面广的示范平台，发挥示范带动效应，带动公共服务平台提升服务质量和服务水平。2011年已认定99家，今年将再认定200家。三是为解决信息不对称、服务资源分布不均衡，企业找不到、不敢用、用不起服务的问题，工业和信息化部会同财政部，2011年以来安排6元服务体系发展专项资金，支持了20个省市建设省级服务平台与所辖市级服务平台和产业集群服务平台互联互通、资源共享的中小企业公共服务平台网络。通过横向到边、纵向到底的平台网络，畅通服务渠道，组织带动资源，服务小微企业。

（六）帮助企业开拓市场。一年一度的中国国际中小企业博览会就是我们帮助中小企业开拓市场，促进国际合作的重要平台。同时，我们举办了多届亚太经合组织中小企业技术交流暨展览会，举办亚太经合组织中小企业部长会议和首届亚欧会议中小企业部长级会议等大型国际会议，签署了十余项国际合作协议，加强中小企业国际合作与交流，为各国中小企业提供相互借鉴和交流合作的宝贵商机。

三、服务企业、助力成长：深入开展中小企业服务年活动

为进一步促进中小企业特别是小型微型企业健康发展，营造全社会关注支持中小企业发展的良好氛围，今年工业和信息化部组织开展了中小企业服务年活动。活动以落实国务院扶持小型微型企业健康发展政策措施，改善企业发展环境为核心，以“服务企业、助力成长”为主题，以完善政策法规体系、构建公共服务体系为支撑，以促进创新型、创业型、劳动密集型中小企业特别是小型微型企业

发展为工作重点，进一步转变政府职能，依靠各方力量，集聚资源，为中小企业送政策、送服务、送温暖，帮助中小企业应对挑战，实现平稳健康发展。

服务年活动启动以来，有关部门和地方积极响应，开展了一系列服务活动，成效突出。在政策咨询服务方面，启动了“中小企业政策大讲堂全国巡讲活动”，印发了《中小企业政策百问百答》和《国发14号文件宣传手册》，组建了专家咨询团队等。在融资服务方面，举办中小企业直接融资培训班，近500家中小企业参加培训等。在创业创新服务方面，启动创办小企业巡讲活动；与教育部联合开展中小企业网上百日招聘高校毕业生活动，8106家中小企业在网上发布或更新了招聘信息，提供就业岗位9.6万个。在管理提升服务方面，继续开展国家中小企业银河培训工程，支持66家培训服务机构培训中小企业人员12万人。

总的看，服务年活动各项工作正在有序开展，各有关部门、各地不断创新服务方式，深入企业开展服务活动，受到企业的一致好评，活动影响力不断扩大，引起社会各界的广泛关注和认可。

女士们、先生们、朋友们，加强中小企业间的交流与合作，一直以来都是国际交流合作的一个重要议题。中国传统的中秋佳节将至，这是一个团圆、团聚的节日。今天我们聚在美丽的珠江畔，交流经验、分享智慧，共话中小企业的美好明天。我们有理由相信，在各位嘉宾的共同努力下，一定可以进一步营造服务企业、助力成长的良好氛围，开拓中小企业锐意创新、合作共赢的新局面！

最后，预祝第九届中国国际中小企业博览会和中国中小企业高峰论坛圆满成功，祝各位嘉宾在广州工作和生活愉快！

谢谢大家！

在中德（太仓）中小企业合作示范区揭牌仪式上的致辞

工业和信息化部党组成员、总工程师　朱宏任

各位来宾、各位朋友，女士们、先生们：

大家上午好！

在中德两国建交40周年之际，很高兴来到太仓参加中德中小企业合作示范区的挂牌仪式。首先，我谨代表中国工业和信息化部，向中德（太仓）中小企业合作示范区正式挂牌成立表示热烈的祝贺！向长期以来为促进中德中小企业合作作出积极贡献、给予大力支持的有关方面和各界人士，表示衷心的感谢！

中德经济互补性很强，同是制造业大国和贸易大国，经济都保持着平稳较快发展的良好势头。目前，中德已互为各自地区最大的贸易伙伴，两国经贸合作无论在广度还是深度上，都走在中欧经贸合作的前列，2011年两国贸易达到了近1700亿美元，占中国与欧盟贸易总额的30%。德国在华投资设立的企业共计7000余家，其中绝大多数都是中小企业，投资总额超过了180亿美元。中德政府商定，力争到2015年双边贸易额翻一番，达到2800亿美元。因此两国中小企业合作的前景非常广阔，潜力巨大。早在2004年，中德两国政府就签署了《中德中小企业合作备忘录》，建立了定期的中小企业政策对话机制。2006年以来，双方召开了三次中小企业政策磋商会议，达成了一系列重要共识。去年6月，中德首轮政府磋商会议明确提出，要把加强中小企业合作作为双边合作的重点领域之一。今年4月24日，中国工业和信息化部部长苗圩先生和德国副总理罗斯勒先生共同签署了新的中德中小企业合作协议，为两国中小企业在新的历史时期继续深化交流合作奠定了坚实基础。

在江苏省经信委，苏州市经信委，太仓市委、市政府的高度重视和正确领导下，太仓市紧紧抓住中德全面加强战略合作伙伴关系的有利时机，积极促进中德中小企业合作，取得了很好的成效。今年4月19日，中国工业和信息化部在太仓正式设立了“中德中小企业合作示范区”。作为全国第一个也是目前唯一的“中德中小企业合作示范区”，希望江苏省经信委，苏州市经信委和太仓市，在新的起点上，努力推动中德中小企业务实合作迈上新台阶。一是把握机遇、乘势而上，不断拓展合作领域，深化合作机制，紧紧抓住中德两国广泛开展多领域务实合作的重大机遇，把示范区建设成为中德合作中的突出亮点。二是统筹规划、培育优势，积极推进战略性新兴产业的发展。充分发挥太仓市作为全国专利保护重点联系基地的优势和国家开发银行中德中小企业合作专项贷款的作用，进一步强化知识产权保护，鼓励和支持两国中小企业加强技术、人才等方面的合作交流，提升产业链整体水平，促进产业升级和结构调整。三是集聚资源、稳步推进，引导更多的优势资源支持示范区建设，充分发挥示范区的引领和带动作用。中国工业和信息化部将继续大力支持示范区的建设和发展，将在产业规划、政策制定、项目安排等方面，对示范区给予重点支持，力争将示范区建设成为中德中小企业合作的窗口和典范。

女士们、先生们、朋友们，交流凝聚友谊，合作共铸辉煌。衷心希望中德中小企业深入交流、加强合作、加快发展，为推动中德两国经济繁荣、社会进步、人民幸福作出积极贡献。

谢谢大家！

在中小企业公共服务平台网络工作交流会上的讲话

工业和信息化部党组成员、总工程师　朱宏任

同志们：

今天，我们召开中小企业公共服务平台网络（以下简称平台网络）建设工作交流会，请首批开

展平台网络项目建设的省市介绍建设工作情况、展示取得的阶段性成果，各省市之间交流平台网络建设经验和工作体会，目的是贯彻落实《国务院关于进一步支持小型微型企业健康发展的意见》（国发〔2012〕14号，以下简称国发14号文件），加快平台网络建设，完善中小企业服务体系，为中小企业特别是小型微型企业健康发展提供有力支撑。下面，我就加快推进中小企业公共平台网络建设讲几点意见。

一、充分认识加快推进平台网络建设的重要意义

中小企业公共服务平台网络建设，是建立和完善中小企业服务体系的重要内容，是服务中小企业，促进中小企业健康发展的重要举措，各地中小企业主管部门、平台网络建设单位要高度重视。

（一）加快推进平台网络建设是落实国发14号文件的具体行动

党中央国务院高度重视中小企业特别是小型微型企业的发展。针对中小企业面临的新情况、新问题，今年4月，国务院出台了国发14号文件。文件从加大财税支持、缓解融资困难、推动创新发展、支持开拓市场、提高管理水平、促进集聚发展、加强公共服务等八个方面，提出了29条政策措施，对帮助中小企业特别是小型微型企业应对挑战、提振信心、稳健经营、提高盈利水平和发展后劲，增强可持续发展能力，实现健康发展具有重要意义，是当前和今后一段时间促进中小企业健康发展的纲领性文件。

有了好的政策，还需要加以认真、全面的贯彻落实，才能发挥好政策的作用。加快推进平台网络建设，既是国发14号文件的要求，也是落实好相关政策的帮手。国发14号文件明确提出，实施中小企业公共服务平台网络工程，支持各省（区、市）统筹建设资源共享、服务协同的公共服务平台网络。这是党中央、国务院对我们提出的要求，各级中小企业工作部门责无旁贷，必须把平台网络建设工作放到更加突出的位置，作为促进中小企业工作的有力抓手。同时，平台网络上下贯通、左右联结，集聚了大量专业化服务资源，面对量大面广的中小企业，在宣传政策、帮助企业落实政策的方面具有不可替代的作用。

（二）加快推进平台网络建设是缓解当前小型微型企业发展面临问题的重要抓手

当前，国民经济运行正由缓中趋稳到筑底企稳转变，四季度经济企稳温和回升的可能性比较大。但也要看到，今年国内外形势复杂严峻，市场需求持续低迷，通胀压力还是比较大，不稳定、不确定因素仍然比较多，保持经济稳定增长的基础还不牢固，小型微型企业面临的困难和问题仍很突出。一是生产经营成本持续上升，用工、原材料、融资和物流成本上升明显。二是市场需求萎缩，订单不足。不少小型微型企业反映，订单下降达20%～50%。三是融资难、税费负担重等问题仍然突出，中小企业结构调整的难度在加大。

中小企业规模小、资金少、人员素质不高、创新能力不强，无法完全依靠自身的力量解决这些问题，需要外来的帮助和支持。平台网络集聚了大量的服务资源，能够为中小企业提供全方位、多层次的培训服务、融资服务、信息服务、技术服务、创业服务等，能够帮助企业顺畅融资渠道，降低用工成本，开拓国内外市场，缓解经营压力，提升创新能力。从首批开展平台网络建设的10个省市来看，在支持建设的243个窗口平台中，集聚了3600多家服务机构。已有211个平台开展了各类服务，服务企业44万家，122万人次。为缓解当前中小企业特别是小型微型企业的生产经营困难、开拓市场、推动企业转型升级发挥了积极作用。

（三）加快推进平台网络建设是完善中小企业服务体系的核心内容

中小企业服务体系经过十几年的建设发展，从无到有、从小到大取得了显著成效。但是，还远远不能满足中小企业转型升级的需要。为此，我们提出平台网络建设，旨在解决当前中小企业服务体系发展中存在的问题。一是通过畅通信息、集聚服务机构，共享服务资源，构建协同机制，能有效缓解当前服务体系建设中存在的服务信息渠道不畅，服务资源辐射带动性不强，缺乏协同机制等问题，解决服务"找不着"的问题；二是通过服务能力建设，完善服务基础设施，改善服务环境，改变服务机构"小、散、弱"现象，解决服务"不敢用"的问题；三是通过增强服务功能，拓展服务领域，开展个性化、特色化、专业化服务，解决服务"不好用"的问题；四是通过完善服务机制，加强服务质量管理，使对中小企业的服务"有保证"。

二、加大工作力度全面推动平台网络建设

"十二五"期间，中小企业公共服务平台网络建设总体目标是，以省级公共服务平台为枢纽，以主要城市和重点产业集群公共服务平台为"窗口"，通过互联互通、资源共享、功能互补、服务协同，形成信息畅通，供需对接便捷，具有较强社会影响力的平台网络。

去年以来，中央财政安排了6亿元资金支持20个省（区、市）开展平台网络建设。在财政部门的大力支持下，在各级中小企业主管部门的共同努力下，平台网络建设工作取得了积极的进展。截至今年6月底，首批平台网络项目完成投资8.2亿元，占计划总投资的37%，中央财政资金累计下达4.1亿元，累计使用1.86亿元占计划下达的45%，改造面积27万平方米，占计划的55.3%，已采购仪器、设备1.35万台，购置金额3.79亿元，建设了10个省平台和233个窗口服务平台，集聚服务资源3600多家。

平台网络建设从思路的提出到现在，已有1年半的时间，总的来看，首批平台网络的建设进度偏

慢，这与我们工作力度不够有直接关系。如平台网络建设项目前期准备不够充足，方案分解和细化不够深入，阶段性建设目标不甚明确，只注重了建设的内容和目标，而忽略了通过互联互通、共享资源实现这些目标的方式。“窗口”平台对平台网络建设的认识不到位，只停留在“互联网联通”“呼叫联通”的层面，没有向平台网络提出共享资源的需求，预期效果的实现方式不明确。对国家公共财政资金使用程序不熟悉，资金拨付速度慢。平台网络建设是一项系统工程，不仅仅是编制方案、落实资金，更重要的是要结合本地区中小企业的发展需求，加强服务资源的整合、各种制度建设、项目和运维管理，以及促进平台网络的可持续发展。要着重做好以下几个方面的工作。

（一）要注重组织领导

平台网络建设是一项长期的、系统的和全新的工作，涉及到多个政府部门、项目承建单位和社会各类服务机构，在建设过程中会遇到诸多的困难，有大量的问题需要通过统筹、协调来解决。为此，必须加强组织领导，要建立工作协调制度，推进平台网络建设顺利开展。目前，首批10个省市均建立由中小企业主管部门、财政部门和相关部门组成的领导小组，明确工作职责，形成了联合工作机制。今年批复方案的15个省（区、市）有的也成立了领导小组，这点非常重要，是平台网络建设的组织保障。没有建立领导小组的省（区、市）要抓紧，省级中小企业主管部门的领导要有专人负责此项工作。当然，更重要是发挥领导小组的作用，把工作抓实抓好。

（二）要注重制度建设

制度是行动的准则和依据，开展任何工作都需要有规章制度来规范和约束，以便工作的顺利执行和实施。对于平台网络建设，这样一个庞大的系统工程，更加需要制度建设。一是建立管理制度。要制定相关文件，指导和规范平台网络建设工作。要对工作流程、方案编制、专家评审、招投标、项目管理、考核评估、资金使用和质量监督等环节进行明确的规定。如浙江省制定了《中小企业公共服务平台网络项目管理办法》；江西省制定了《中小企业服务平台网络建设工作规范》；四川省制定了《平台网络建设工作指导意见》等，保证了建设项目顺利推进。二是建立工作调度机制。为了掌握工作进展情况，资金使用情况，及时了解和解决项目建设存在的问题，省级中小企业主管部门要建立工作调度机制。如黑龙江、山东、安徽都建立了项目建设调度机制，每月定期报送建设进度，并不定期进行项目抽查，及时了解项目建设过程中存在的问题，研究解决对策。三是建立监管制度。对项目建设、建设进度、资金使用等进行监管，确保资金严格按财政部相关规定和平台网络建设指南要求专款专用，建立相应制度，加强资金管理、监督和检查。比如，浙江省通过工程监理的方式对项目建设全过程进行监管，按照“五控、两管、一协调”原则，对项目建设中的质量、进度和资金使用进行严格监控，起到了很好的作用。

（三）要注重集聚和带动服务资源

平台网络建设不同于网站建设，而是一个聚集公共服务资源的平台，是一个互联互通、服务协同的服务平台。这里有政府部门的资源、公益性服务机构的资源和专业性服务机构的资源等等。用有限的力量撬动更多的资源，把这些资源积聚起来，建成一个省平台与窗口平台互联互通，平台网络与促进中小企业发展的各项工作互联互通的服务网络、工作网络，为中小企业提供高质量、全覆盖、更便捷的服务，是平台网络建设的目的。如何实现，考验的是我们顶层设计的能力和科学合理的实现方式。因此，要加强服务资源统筹，强化平台网络的运行管理，建立服务协同机制、激励机制，这是决定平台网络成败的关键环节。中小企业主管部门要转变职能，创新工作方法，优化工作机制，积极引导和调动各类服务资源，充分发挥大型企业、软件服务商和电信运营商的资源优势、技术优势，为平台网络建设提供服务支撑。

一要注重共享特色服务。中小企业量大面广，行业分布广泛，发展阶段各异，对服务需求更是大不相同，依靠政府的扶持和单一的服务是不够的，这就要求平台网络能够提供更多个性的、专业的特色服务。平台网络要充分运用互联网及通信技术等手段，整合各“窗口”平台的特色服务资源，放大服务资源的辐射范围，便捷高效地为中小企业提供各种服务。例如，四川省针对中小企业的共性需求，采取全省“统一下单、低价采购、定向派送”的方式，为中小企业提供团购服务，降低企业采购成本。山东省将威海海参交易平台，临沂金银花电子商务平台，日照木材网上交易平台等窗口平台现有的特色服务系统直接嵌入省平台，实现省内共享，扩大了服务范围，方便了广大中小企业。

二要注重建立长效运营机制。当前，在中小企业公共服务平台网络建设工作中，各地普遍反映的是平台网络运营的可持续性问题。平台网络建设初期投入比较大，提供的服务大多是公益性或低收费的，需要政府给予一定的补贴。但是从发展看，要积极探索建立长效运营机制，实现平台网络的可持续运营。山东省提出：合作建设、共同运营、资源共享、风险共担、利益共享的服务模式；安徽省提出：公益性与市场性，综合性和专业性，规范性服务与个性化服务，实体服务与网上虚拟服务，依托平台网络开展服务与带动社会资源服务等“五结合”的模式；江西省提出：深入挖掘企业的服务需求，有针对性地开发和推广新的服务项目，提供增值服务，延伸服务产业链，用市场化服务覆盖公共服务成本，实现可持续运营的模式。由于各省情况不同、形式多样，没用统一的、固定的模式，希望大家积极探索和总结适合自己的模式，走出可持续发展的路子。

三、对平台网络建设工作的几点要求

2013年，平台网络建设依然是中小企业工作的重中之重，要进一步加大支持力度，充分发挥财政资金的引导带动作用，扶持中小企业发展的各类资金要向公共服务聚焦，支持平台网络的建设和运营。中央财政支持中小企业服务体系发展专项资金将继续支持平台网络建设，我们也在积极研究，希望能够在服务补贴方面给予资金支持。各地也要积极争取得到财政部门的支持。

（一）树立“边建设、边服务”的理念

平台网络建设是一项创新性的工作，既要有顶层设计，又要在实践中探索。需要“边建设、边服务”，在建设中开展服务，在服务中完善建设。我们要重视固定资产投资，建设好在线服务和呼叫服务系统、服务平台网络运营管理系统、共享数据资源中心，进一步完善硬件设备，改善服务场地。更要充分利用现有服务条件，通过组织开展服务活动，探索总结集聚服务资源的模式，服务企业的方式，协同服务的机制，不断完善平台网络建设方案，实现为中小企业提供“找得着、用得起、有保证”服务的目标。

（二）加强平台网络建设项目的管理

去年底，我部办公厅印发了《关于建立首批中小企业公共服务平台网络建设项目协调制度的通知》（工信厅〔2011〕846 号），要求各省市每月编发项目建设动态信息，及时反映项目进展情况、存在问题、主要措施和工作建议，报工业和信息化部中小企业司。从首批项目建设情况来看，大家做了很多工作，取得了很多成绩，积累了很多经验，但是没有按照文件的要求报上来。希望大家在下一步的工作中，不断总结经验，把好做法、好模式，成功案例、典型经验，及时报上来，每省市每季度至少报一篇。

为及时掌握项目建设进度，交流项目建设情况，研究解决项目建设中的共性问题，我们开发了“中小企业公共服务平台网络建设情况报送系统”。这个系统，既是各地向中小企业司报送项目建设情况的渠道，也是各省区市全面掌握项目建设进度、开展服务情况的工具。请省级中小企业主管部门认真组织省平台和窗口平台，按时准确填报相关信息，以便加强信息沟通和项目管理。中小企业司要把各地区报上来的项目建设情况摘编成《平台网络项目建设动态》，印发给大家，我们共同促进平台网络建设。

（三）积极开展平台网络建设工作经验交流

地方经验是我们顶层设计的重要内容和支撑，良好的经验交流和沟通机制能够有效推动平台网络建设工作的顺利开展。下一步，我们还要不定期地召开平台网络工作交流会，总结和交流各地建设经验和心得，推广先进做法和经验，协调解决共性问题。同时，各地中小企业主管部门要组织平台网络建设单位认真学习和领会平台网络建设的意义和内涵，加强培训学习，现场观摩和总结交流。今年批准方案的平台网络建设省市要加强与首批省市的学习交流，借鉴成功经验，结合本地区实际情况，在细化方案上下功夫，少走弯路，加快平台网络建设进度。

（四）发挥“示范平台”的带动作用

在平台网络建设中，很多省平台、窗口平台是国家中小企业公共服务示范平台（第二批 208 家示范平台名单已公示）或省级示范平台，这些平台是平台网络建设的骨干力量，要充分发挥示范带动作用，进一步完善服务功能，不断提高服务能力和组织带动社会服务资源的能力，积极参与平台网络互联互通的建设，畅通信息渠道，提供共享服务资源，主动开展公益性服务。在解决中小企业共性需求，改善经营管理，提高发展质量，增强市场竞争力，实现创新发展等方面发挥支撑和示范带动作用。

同志们，中小企业公共服务平台网络建设是“十二五”中小企业成长规划的重要内容。要实现“十二五”末，80% 以上的省（区、市）基本形成信息畅通、功能完善、服务协同、资源共享、供需对接便捷的中小企业公共服务平台网络的目标，需要相关部门、服务机构、社会组织等各个方面的共同推动，让我们共同努力，群策群力，加快推进平台网络建设进度，更好地为中小企业提供服务，促进中小企业健康发展。

加大力度、开拓创新，全面推进中小企业人才队伍建设

——在全国中小企业培训工作座谈会上的讲话

工业和信息化部党组成员、总工程师　朱宏任

同志们：

今天，我们在这里召开会议，主要目的是总结和交流各地开展中小企业培训工作的经验，研究部署国家中小企业银河培训工程和企业经营管理人才素质提升工程工作，积极推进中小企业人才队伍建设。刚才听了陕西、上海、江苏、江西四个省市和几个培训机构的负责同志介绍了开展培训工作的经验，很受启发。大家讲得都很生动，有血有肉，有经验、有思路，还有创新。下午在分组讨论中大家可能还会提出更多更好的经验做法，希望大家好好总结交流。下面，我讲几点意见。

一、中小企业培训工作取得积极成效

人才是中小企业发展最主要的资本，是企业竞争能力和素质的核心要素。加强中小企业人才队伍建设是中小企业工作的重要内容和基础工作。为此，国家从 2003 年开始实施以国家财政资金支持为引导，以各级中小企业主管部门和各类社会服务（培训）机构为依托的国家中小企业银河培训工程。在各地各部门和广大培训机构的共同努力下，以银河培训工程为重点的中小企业培训工作取得积极成效。目前，银河培训已完成了 35 万多人次的免费集中培

训、35 万人次的远程网络培训和 110 万人次的信息化培训，带动各地完成了约 600 万人次的培训。

（一）银河培训工程已成为落实人才强国战略的重要抓手。2006 年至 2011 年，银河培训工程每年都列入中央人才工作协调小组工作要点。2009 年印发的《国务院关于进一步促进中小企业发展的若干意见》（国发［2009］36 号）中明确指出要“实施中小企业银河培训工程，加大财政支持力度”，提出了“在 3 年内选择 100 万家成长型中小企业，对其经营管理者实施全面培训”的具体目标。2010 年出台的《国家中长期人才发展规划纲要》中明确指出实施国家中小企业银河培训工程是企业经营管理人才队伍建设的重要途径之一，对银河培训工程工作的开展给予充分肯定并提出相关要求。今年出台的国发 14 号文件中提出，要加强人力资源开发，实施国家中小企业银河培训工程和企业经营管理人才素质提升工程，以小型微型企业为重点，每年培训 50 万名经营管理者和创业人员。银河培训工程作为中小企业工作的重点之一，已经成为全国中小企业管理系统的重要品牌和工作抓手，成为提升中小企业经营管理人才素质的重要途径，成为国家人才强国战略的重要组成部分。

（二）银河培训工程工作体系形成，效果显著。银河培训工程的开展，积极整合了优质的社会教育培训资源，不断完善中小企业培训体系。目前，以全国中小企业管理系统优质培训机构为主体，基础条件好，培养水平高的大学、协会和企业培训机构为支撑，以专业化培训机构为依托，中央单位与地方机构纵向贯通，公益性机构与社会机构相互补充，覆盖全面的培训网络已经形成。到 2011 年底，全国共有 139 家银河培训授权培训机构，其中中央直属机构 37 个、地方培训机构 92 个、高校 10 个。2011 年，我部认定的首批 99 家国家中小企业公共服务示范平台中，有 19 家是培训机构。

银河培训工程的有效实施，大大推动了中小企业经营管理者素质的提升，为企业推进结构调整，加强质量和品牌管理和制度创新提供了重要人才资源保障，在应对国际金融危机和当前中小企业生产经营压力都发挥了重要作用，受到广大中小企业管理者的好评。同时，银河培训工程也体现了政府对广大中小企业的关心和扶持，是中小企业的温暖工程和智力支持工程，许多地方新闻媒体对银河培训工程进行了很好的报道。银河培训工程已成为国家对中小企业服务的一个特色品牌，取得了良好的社会效益。

（三）银河培训工程方式多样，模式不断创新。在银河培训工程的开展中，除了短期集中面授培训等常规培训方式外，我们积极鼓励引导各培训机构探索创新培训方式，以不断满足中小企业的培训需求。发挥高等院校的优势教育资源为中小企业提供培训，如我部与清华大学联合举办了七期一年制中小企业 MBA 课程研修班，已完成对 700 名中小企业经营管理人才的培训，社会反响和效果很好。积极利用现代信息网络开展培训，利用中小企业信息网向全国中小企业经营者进行了“工商管理基础知识”、“职业经理人职业水平提升”以及“中小企业信息化知识”三个系列课程的免费网络培训。开展了以创业辅导师为特色的赛飞培训，已面向全国开展了六期，培训了近 200 人，目前已从以安徽为基地逐步拓展到走向各地的培训。再比如部中小企业发展促进中心与教育部考试中心开展的中小企业职业经理人考试也是一种新的探索。

借鉴国际经验，积极开展“走出去”和“请进来”等多形式的国际培训也取得明显成效。如，依托部中小企业发展促进中心，与日本国际合作协会合作开展了中小企业经营者培训，连续 5 年在全国选拔了 500 名中小企业经营管理者赴日进行培训；选拔了 300 名中小企业经营管理人员赴德培训，学习借鉴德国的先进管理经验；大家都反映，中日、中德培训内容实用，效果明显。此外，我们还先后与世界银行学院（WBI）和德国继续教育协会合作，成功举办了“西部地区投资环境培训研讨班”和“中小企业信用担保国际研讨会”。这些根据中小企业实际需要采取的新型培训方式有效地提高了培训质量，使学员能够真正的学以致用，使银河培训工程真正成为促进中小企业经营管理人才素质提升，推动中小企业健康发展的有效途径。

各地结合本地实际也开展了形式多样，针对性很强的培训。如陕西省对创业培训成绩比较好的学员提供获得创业贷款方面的帮助；宁波市多次针对本地实际开展富二代专题培训；山东省中小企业办公室与清华大学联合开展中小企业高级经营管理人才培训。河北、黑龙江等省中小企业管理部门选派优秀民营中小企业家到中央党校学习培训等。

（四）政策不断完善，扶持力度不断加大。为推动中小企业培训，《中小企业促进法》和国家一系列促进中小企业发展的政策中，都明确提出加强中小企业培训工作的要求。国家对职工教育培训经费规定，一般企业按照职工工资总额的 1.5% 足额提取教育培训经费，从业人员技术要求高、培训任务重、经济效益较好的企业，可按 2.5% 提取。对于企业按规定提取并使用职工教育培训经费的，按照计税工资总额和税法规定提取比例的标准在企业所得税税前扣除。今年出台的国发 14 号文件明确提出了对小型微型企业新招用高校毕业生并组织开展岗前培训的，按规定给予培训费补贴，并适当提高培训费补贴标准。国家中小企业服务体系发展专项资金中列支专项培训补贴经费，自银河培训工程实施以来，中央财政累计投入近 2 亿元，带动各地方政府投入近 10 亿元，带动培训机构、企业、个人投入 50 亿元，带动培训设备、基础建设固定资产投资近 15 亿元。中央带动地方的培训人数比约为 1：8.5，中央财政资金放大效应约为 30 倍。银河培训工程的实施推动了各地对中小企业人才培训工作的重视，根据我们初步统计，目前各地为促进中小企业培训工作共出台了各项配套政策 300 多项。

在大力推进以银河培训为重点的培训工作的同时，我们深感在中小企业经营管理者中，培养一批领军人才或者说叫拔尖人才至关重要，这是促进中小企业长远发展的战略需要，也是我们国家人才战略的需要。2010 年，中共中央、国务院颁布了《国家中长期人才发展规划纲要》，提出了包括企业经营管理人才素质提升工程在内的12项重大人才工程，其中企业经营管理人才素质提升工程由我部与国资委共同组织实施。2011年，按照中央人才工作协调小组的要求，经国务院同意，我部与国资委印发了《企业经营管理人才素质提升工程实施方案》，中央财政设立专项资金用于中小企业经营管理领军人才培训。苗圩部长高度重视这项工作，多次做出重要批示要求部人事教育司和中小企业司组织实施好此项工程。为实施好该工程，我部建立了工作协调机制，委托部人才交流中心开展了大量调研、规划等前期工作。在大量准备工作的基础上，中小企业经营管理领军人才培训工作已正式启动。领军人才培训将主要依托知名高校、专业机构等，针对成长性良好、创新能力强、容纳就业能力强、在区域或行业中处于龙头骨干地位的中小企业企业家及高级职业经理人，兼顾具有发展潜质的创业型中小企业企业家，开展系统培训，同时加强对领军人才的跟踪和评价。领军人才培训与银河培训工程普惠性培训互为补充，为填补中小企业高端经营管理人才队伍空白将发挥重要作用。这次会议我们也邀请了今年承担领军人才培训工作相关机构的负责同志。

总之，以两个工程为重点的中小企业培训工作取得了重要进展，成绩要充分肯定。在此，我代表工业和信息化部对各地中小企业主管部门，各有关高校，培训机构以及各相关专家的辛勤劳动和不懈努力表示感谢！

二、充分认识新形势下加强中小企业培训工作的重大意义

当前，我国经济发展的基本面是好的，经济增速趋于稳定并继续出现积极变化。9月份规模以上工业增加值同比实际增长9.2%，社会消费品零售总额同比增长14.2%，固定资产投资前三季度累计同比增长20.5%，货运量增长11.8%。特别是出口增长9.9%，大幅高于7月份1%和8月份2.7%的增速。但经济社会发展面临的国内外环境仍然错综复杂，中小企业特别是小型微型企业面临的困难和问题仍然比较突出。对此，我们要贯彻落实党中央、国务院促进中小企业发展的方针政策，按照9月22日召开的全国中小企业工作座谈会的要求，以抓好《国务院关于进一步支持小型微型企业健康发展的意见》和国务院办公厅《进一步支持小型微型企业健康发展重点工作部门分工方案》的贯彻落实为重点，狠抓政策落实和服务，优化中小企业发展环境。同时，要针对中小企业特别是小型微型企业发展出现的新情况新问题，从提高企业自身素质和竞争力上下功夫。我看，解决企业素质问题的关键是人才。“致治之道，首重人才”，人才是中小企业发展的第一资源。人才从哪里来，我想培训是推动中小企业人才队伍建设，提高中小企业素质最有效、最便捷的方式。大家一定要从中小企业发展的实际和促进经济持续健康发展的战略高度，深刻认识加强中小企业培训工作的重要性和紧迫性。

从国际上看，世界各国都把加强中小企业人力资源开发和人才培养工作作为促进中小企业发展的一项重要举措。美国的中小企业培训工作得到了美国政府的大力支持，美国联邦政府成立专门的机构—美国小企业管理局，统筹组织为中小企业提供培训技术服务、咨询和资金援助计划，并在一些知名高校组织成立了小企业发展促进中心，专门为小企业提供技术培训、咨询以及研究顾问等服务。《欧洲小企业宪章》提出：欧洲将从小孩抓起，培育企业家精神和新技能。意大利、德国、比利时等国家政府对中小企业的职工培训都给予了补贴、资助计划以及政策和法律上的保证。意大利政府在全国各地设立了中小企业联合组织，为中小企业提供信息咨询服务以及培训技术人员。分布于德国全国各地的技术管理培训中心，为中小企业提供免费的技术与管理培训。比利时政府则对中小企业的培训活动给予津贴支持，鼓励中小企业的管理者和职工进行不同层次的带薪培训。英国政府在全国12所大学设立小企业人员培训中心，按企业性质划分制订各行业的培训大纲。全国各地成立相应的中小企业培训和咨询机构，组织数以万计的由政府支薪的退休工程技术人员及各方面专家为中小企业提供服务。日本在支持中小企业人才培养方面主要有三点做法，一是根据中小企业支援法，建立了中小企业诊断指导制度，帮助中小企业提高经营管理水平。中小企业诊断人员通过培训和考试获得国家承认的资格，目前日本已拥有2万多名中小企业诊断士，他们在促进中小企业经营管理水平提升中发挥着积极的作用；二是政府出资创办中小企业大学，实行非学历教育，在全国各地设立分校，主要是培养中小企业经营管理者和中小企业指导员；三是利用社会各种力量培养发展中小企业人才。通过中小企业事业团、商工会、中小企业协会为中小企业提供指导、诊断、人才培训。

上述国家和地区都从法律层面明确了人才培训工作的地位，并制定了统一的中小企业人才发展及培训计划并由各级地方政府负责实施。同时，还积极调动社会中介机构、民间团体为中小企业提供培训、信息咨询等服务。这些都对我们进一步加强中小企业培训工作具有重要的借鉴意义。

从我国的情况来看，当前，我国中小企业经济结构调整和转变发展方式任务艰巨。中小企业总体素质不高，技术装备水平落后，人才缺乏，管理粗放，客观上成为结构调整和转变发展方式的重点和难点。企业必须转变投入要素的结构，由主要依靠增加物质资源消耗，向主要依靠科技进步、劳动者素质提高、管理创新转变；由主要依靠物质资源开发向主要依靠人才资源开发，依靠人才创新优势转变。这就要求要把中小企业人力资源开发和利用放在更加突出的地位。“人才之于国家，得之则安，失之则倾”，人才于企业也是如此。从应对金融危机的经验中我们可以看出，越是重视品牌、质量、人才的企业，抗冲击的能力就越强。变化，是企业发展环境的永恒主题；应变，是企业生存发展的基本任

务。面对错综复杂的经济形势，中小企业要发展，归根结底要靠人才。靠人才推动发展，走人才强企之路，是企业持续发展的唯一途径。

企业要在市场上发展壮大，要受到经济发展环境、政策因素等一系列外因影响，但说到底最重要的还是要靠提高自身素质，要靠企业的内生动力。这个内生动力的关键便是人才竞争力，谁拥有人才和智力资源，谁就能在市场竞争中赢得主动权。目前，我国经济总量已排在世界第二位，但我们的人才竞争力还比较薄弱，人才匮乏作为制约中小企业发展的重要瓶颈问题之一，还没有得到根本缓解。因此，增强中小企业竞争力，关键在于增强人才竞争力。同时，我国经济的可持续发展，从根本上要靠提高自主创新能力，寻找新的经济增长点，彻底摈弃“高投入、高消耗、高污染、低效率、不循环、不协调”的粗放发展方式，按照科学发展观的要求，走中国特色的新型工业化道路。而高素质的人才资源，是实现经济发展方式转变，提高自主创新能力，实现科学发展的基础和核心动力。人才支撑发展，培训支撑人才，我们必须大力加强中小企业人力资源能力建设，大力开展面向中小企业的各类培训，不断提高人才素质和能力，不断提高中小企业整体竞争力。

加强中小企业人才培训也是扩就业、保民生的迫切需要。中小企业吸纳了我国近 8 成的城镇就业人口，转移了 2.5 亿农村富余劳动力。作为发展中大国，制造业和服务业是吸纳劳动力的两大领域，在我国仍有很大的发展空间与潜力。但近年来，我国高校毕业生就业面临着比以前更加趋紧的形势，大学毕业生去年是 660 万人，今年是 680 万人，就业形势十分严峻。加强大学生职业指导培训、就业岗位培训，帮助各高校、职业院校解决就业难题，成为全社会关注的问题。培训是人才队伍建设的重要手段，是提高大学生就业能力的有效途径。在当前情况下加强培训工作，不仅有助于改善求职者的就业能力，也有利于高校毕业生到中小企业就业，提高企业的竞争力。同时，大力开展创业培训，提升创业者能力水平，积极发挥“以创业促就业”的作用，也是当前缓解就业压力的重要途径。

三、进一步加大支持力度，不断提高中小企业经营管理人才素质

当前和今后一个时期，中小企业培训工作总的要求是，全面贯彻落实国发 14 号文件和《国家中长期人才发展规划纲要》，以组织实施“两个工程”为重点，组织和动员社会各方面力量，完善配套政策，以中小企业人力资源开发和人才队伍建设为目标，不断加大工作力度，重点要做好以下工作：

（一）明确目标和重点，狠抓落实。要贯彻落实《国家中长期人才发展规划纲要》和国发 14 号文件，每年完成对 1000 名中小企业经营管理领军人才和 50 万名中小企业经营管理人员和创业者的培训。要根据总体目标积极制定中小企业人才发展及培训工作规划，分层次、分类别、有计划、有目的地推进中小企业人才队伍建设。要把目标分解到各地各单位，加强考核和评价。各地要根据本地区实际和中小企业发展需求，制定中小企业人才队伍建设及培训规划，编制切实可行的实施方案和年度推进计划，明确目标任务，完善工作措施，强化分解落实。同时，要不断建立和完善中小企业人才发展及培训相关政策措施，鼓励和引导行业组织、社会培训机构积极参与中小企业人才培训。要引导和支持中小企业高度重视人才培训和培养，完善企业自主培训制度，加大自主培训投入。各地要研究制定鼓励支持中小企业开展自主培训的政策，引导企业加强继续教育，完善在职学习、带薪学习制度，建立自主培训体系和培训制度，建设学习型组织。

（二）切实抓好“两个工程”的组织实施。继续抓好银河培训工程和企业经营管理人才素质提升工程的组织实施，强化品牌建设，在师资配置、课程设计、教务安排、培训成果管理等方面体现出国家级的水平。要着力针对所在地区具有较好成长性的中小企业、具有自主知识产权的创新型中小企业、容纳就业能力强的劳动密集型中小企业、产业集群中的龙头骨干中小企业的经营管理者，特别是核心人才和领军人才，分层次、分类别组织培训。要围绕转变发展方式这条主线，开展中小企业相关政策法规、节能减排、淘汰落后、安全生产、知识产权等方面的培训，当前要重点做好国发 14 号文件的培训宣传。要围绕提高中小企业经营管理水平，促进中小企业专业技术人才知识更新和能力提升，开展战略管理、财务管理、资本经营、人力资源、市场营销等经营管理能力提升培训以及信息化、装备制造等专业技术培训。围绕扩大创业和提高创业成功率，开展创业培训，引导各类创业人员提高创业技能，增强自主创业意识。要不断丰富培训形式，创新培训手段，综合应用讲座、案例教学、实战演练、专题研讨、参观考察，以及远程培训等多种培训方式。支持培训机构充分利用现代科技手段，建设远程培训服务系统，开展网络培训、移动互联培训等。要积极拓展境外培训渠道，大力引进国际智力，学习借鉴国外先进管理经验。各地中小企业管理部门一定要高度重视，做好工作对接，共同实施好这两项工程，积极培养造就一批优秀企业家和高水平的中小企业经营管理人才队伍。

（三）组织和动员社会资源，建立和完善中小企业培训体系。要发挥好中小企业管理系统重点培训机构的作用，继续完善一批优质的培训机构，充分利用和优化配置高等院校、职业技术学校和各类中小企业培训机构等社会教育培训资源。择优选择一批教育质量高、社会信誉好、管理制度完备的培训机构作为重点合作单位。支持建立一批中小企业培训示范基地。逐渐形成能组织经营管理培训、职业技术培训、创业培训等在内的布局合理、功能完备、特色鲜明、优势互补的中小企业培训基地网络。要引导和支持培训机构充分整合政府、企业、高校、研究院所等机构的专家学者和知名企业家资源，建立数量充足、质量一流、专兼结合的中小企业人才

培训师资队伍，加快中央和地方两级师资库建设。抓好中小企业培训教材、课件、案例库等开发工作，形成结构合理、形式多样、内容丰富、符合实际的中小企业培训知识体系。鼓励各地及有条件的培训机构建立中小企业人才培训资源数据库和人才服务平台，形成关联信息共建共享，实现对中小企业人才培训信息的动态统计分析，为培训管理和服务提供客观、有效的参考。同时，要积极丰富完善包括人才测评、人才交流、高端人才寻访等一系列人才配套服务。

（四）加大资金支持力度。要用好两个工程专项资金，充分发挥中央资金的引导作用，要研究提高财政补助资金的使用效率，健全财政补助资金与培训成本、培训质量、培训项目实施效果挂钩的绩效评估机制，推行以奖代补的财政支持方式。要建立健全政府、社会、企业和个人等多元化的中小企业人才培训投入机制。各地中小企业管理部门要积极争取扩大地方财政投入，充分利用各类中小企业发展资金，创造条件建立中小企业培训专项资金，不断加大对培训工作的支持。

（五）加强领导，完善服务。各地中小企业管理部门要把中小企业培训工作作为中小企业工作的重点，加强领导和目标考核，充实必要的人力和财力，要建立健全中小企业人才培训工作协调机制，会同各有关部门做好培训工作规划，加强统筹协同，形成工作合力。要加强对中小企业管理部门、中小企业培训机构的能力建设，完善服务功能。要抓紧建立“两个工程”的服务平台。同时，各级中小企业管理部门要加强调查研究，及时掌握本地区培训工作动态，客观总结成效和经验，加强与兄弟省（区、市）之间的信息交流与培训合作，推广好的经验和做法。

同志们，中小企业人才培训工作任重道远，正所谓，“人才之难万冀一，一士其重九鼎轻”。我们一定要高度重视人才在企业、社会发展中起到的关键作用。充分认识到加强中小企业人才培训，提高人才素质是贯彻落实《国家中长期人才发展规划纲要》，促进中小企业平稳健康发展的重要保障，是实施人才强国战略的重要举措。要准确把握当前中小企业培训工作的新特点和新任务，认真总结经验，创造性地开展工作，加快提高中小企业整体素质和竞争力，努力开创中小企业培训工作的新局面。

在“金融支持小微企业发展”主题座谈会上的讲话

工业和信息化部党组成员、总工程师　朱宏任

尊敬的李金华副主席，各位政协委员，同志们：

大家下午好！很高兴参加“金融支持小微企业发展”主题座谈会。小微企业是社会就业的重要渠道，也是市场经济的微观基础，还是最需要政府扶持的弱势群体。小微企业事关民生大局，其健康稳定发展不仅受到党中央国务院高度重视，也为社会各界所普遍关注。政协委员们关注社会热点难点问题，积极为促进小微企业发展建言献策，既反映了社情民意，也认真履行了民主监督职责。今年由我部承办的涉及小微企业发展问题的政协提案多达70件，创历史之最，提案反映情况真实，分析问题深刻，建议明确具体，针对性、可行性较强，对完善中小企业政策体系、推进外部环境建设，改进工作方法等具有重要参考价值，体现了政协委员的高度社会责任心和参政议政的能力。还望委员们继续关注小微企业发展，提出更多更好的意见建议，加强对政府工作的监督，共同促进小微企业健康发展。下面我就委员们今年关注的小微企业热点问题，和贯彻落实国发 14 号文件有关情况，向大家作一汇报。

一、今年委员提案中反映小微企业的主要问题及相关工作进展

今年是政协提案反映小微企业问题最为集中的一年，我部承办的70件提案几乎涉及小微企业发展的所有方面。归纳起来主要包括以下 10 个问题，即：优化中小企业发展环境、扶持小微企业发展、缓解小微企业融资难融资贵、建立完善支持中小企业发展的法律体系、设立国家中小企业发展基金、加大结构性减税力度、减轻企业负担、加强中小企业人才队伍建设、支持科技型中小企业和西部地区中小企业发展等。

我部苗圩部长、刘利华副部长对认真负责地办理好提案高度重视，多次做出重要批示，要求发挥好国务院促进中小企业发展工作领导小组办公室的作用，切实抓紧抓好提案办理工作。按照部领导指示和我部工作职责，我们会同有关部门对上述问题进行全面梳理，并认真答复。提案所涉及问题有的已经在今年4月印发的《国务院关于进一步支持小型微型企业健康发展的意见》（国发［2012］14 号）中作出明确规定，需要在贯彻落实过程中逐步予以解决。有的是长期积累的问题，涉及到新的制度安排和政策调整，需要加强调查研究，加大工作力度，逐步予以解决。

当前，促进小微企业发展已经形成了广泛的社会共识，我部作为国务院负责中小企业工作的宏观指导部门，负责国务院促进中小企业发展工作领导小组办公室具体工作，在各有关部门协调配合下，共同推进政策落实，相关工作取得积极进展。在加大对小微企业财税支持力度方面，今年中央财政中小企业发展专项资金规模由128.7亿元扩大至141.7亿元，突出资金使用重点，向小微企业和中西部地区倾斜；设立国家中小企业发展基金，中央财政安排150亿元，分5年到位，今年安排30亿元。进一步加大结构性减税力度，提出了一系列小微企业税收减免政策。在缓解小微企业融资难方面，人民银行通过多种货币政策工具、开展中小企业信贷政策导向效果评估、推进金融创新等方式，引导金融机

构认真落实已出台的各项政策措施，加大对中小企业的贷款投放。银监会等部门引导大中型银行提升服务效率，推动小型银行发展小微企业融资业务，鼓励和引导民间资本进入银行业重点满足小微企业融资需求。证监会持续推进多层次资本市场建设，继中小板和创业板之后，中小企业通过场外交易市场、多层次债券市场融资渠道逐步拓宽。在支持企业技术改造和技术创新方面，2012 年，我部与国家发改委下达中小企业工业技术改造资金 35 亿元，支持项目 1803 个，带动企业投资 425 亿元。按照国务院近期下发的《关于促进企业技术改造的指导意见》以及全国企业技术改造工作会议的部署，小微企业的技术改造将得到进一步加强。在减轻企业负担方面，按照国务院要求，国家发改委、财政部继续减免部分涉企行政事业性收费，并加大监督检查力度。在加强中小企业公共服务体系建设方面，今年我部开展了以“服务企业、助力成长”为主题的中小企业服务年活动，围绕政策咨询、投资融资、创业创新、转型升级、市场开拓、管理提升六大领域开展服务活动，把贯彻落实国发 14 号文件、办理政协提案与中小企业服务年活动有机结合起来，以服务促贯彻。中央财政安排 3 亿元专项资金，支持北京等 10 个省（区、市）中小企业公共服务平台网络建设项目。加大对培训和信息服务支持力度，实施国家中小企业银河培训工程，提升企业素质和管理水平。为推动创业兴业，我部联合财政部、工商总局印发了《关于大力支持小微企业创业兴业的意见》，推动降低企业注册门槛，简化企业创业程序，完善小微企业创业兴业政策。

此外，我部配合全国人大常委会法制工作委员会开展了《中小企业促进法》立法后评估工作，重点关注中小企业在获取金融支持、直接融资、创办及吸纳就业等方面的总体情况、存在的问题和原因，以及相关政策措施的实施情况，为下一步完善促进中小企业发展的法律法规打下了基础。

为推动国发 14 号文件贯彻落实，国务院办公厅印发了《关于进一步支持小型微型企业健康发展重点工作部门分工方案的通知》，将国发 14 号文件的重点工作分解为 75 项具体任务，落实到 27 个相关部门，这将进一步解决委员们关心的小微企业困难和问题，推进政策落实。

二、加大工作力度，努力推动缓解小微企业融资难

近年来，国务院有关部门为缓解小微企业融资难做了大量工作，在改善小微企业融资环境、加大信贷支持力度、拓展融资渠道、加强金融创新、完善信用担保体系建设等方面积极探索，小微企业融资工作取得了积极成效。我部加强与人民银行、银监会、证监会等职能部门的配合，重点开展了以下工作：

一是深化与银行业金融机构的务实合作。在我部与工农中建四大国有商业银行签订的中小企业金融服务合作备忘录基础上，去年底和今年初我部分别与交通银行、建设银行签订了中小企业金融服务战略合作协议，重点在客户推介、银担合作、产品创新、融资服务、信息共享等方面深化合作内容，推动银行业金融机构不断加大对符合产业政策的小微企业信贷支持力度。继续扩大与国家开发银行的合作，充分利用国家开发银行的政策、技术和资金优势，推进构建支持中小企业的社会化金融体系。

二是加强中小企业信用担保服务。借鉴市场经济国家的通行做法，我国逐步建立了中小企业信用担保体系，作为提升小微企业信用能力、缓解其融资困境的重要手段。中央财政设立专项资金鼓励中小企业信用担保机构提升服务能力，提高小微企业担保业务规模，降低对小微企业的担保收费。今年，安排 14 亿元中央财政专项资金，支持 566 家中小企业信用担保（再担保）机构，其中担保机构小微企业担保贷款业务补助占总额的 94.17%，再担保机构小微企业比例风险分担业务补助占总额的 87.07%。支持的担保机构小微企业低收费担保业务达到 6038 亿元，受保企业超过 16 万户。自 2001 年以来，与税务总局共同开展对符合条件的中小企业信用担保机构担保业务收入免征三年营业税政策，今年给予 179 家信用担保机构免征营业税优惠。中央出台的一系列财税扶持政策，有力地促进了中小企业信用担保体系建设，体现了国家对通过中小企业信用担保机构缓解中小企业融资难题的政策导向，在一定程度上改善了中小企业特别是小微企业的融资环境。

三是推进开展小微企业融资服务工作。充分利用信息和互联网技术，搭建集银行、担保、商会（协会）、法律和会计服务等多功能的一站式中小企业融资服务平台，创新融资模式，加强信息沟通，帮助小微企业便利融资，提高效率。开展以中小企业上市、“三集”发行等为主要内容的中小企业融资培训和咨询工作，引导中小企业利用资本市场获得资金。推进开展中小企业和担保机构信用评级工作。

三、继续做好促进小微企业发展的各项工作

当前的首要任务是狠抓已有政策的贯彻落实。我部将积极履行职能，认真做好统筹协调，与有关部门一道，全面贯彻落实国发 14 号文件各项政策特别是分工方案明确的 75 项任务尽快落实。抓实已经出台具体措施的政策，如税费减免、政府采购等普惠政策，重点在操作环节上下功夫，用足政策，扩大受惠面。尚未出台具体措施的，尽快提出具体措施；属于长期任务的，努力实现阶段性目标，按照国务院要求，会同有关部门加强工作沟通和监督检查，推动各项工作的顺利开展。

其次，加强小微企业运行监测。目前，各项扶持政策陆续实施，政策效果逐步显现。但仍需继续深入调研，储备一些新的扶持政策。根据小微企业经济运行情况，特别是资金周转、市场、劳动用工等新的苗头性、倾向性问题，及时提出新的扶持政

策建议。对现有政策贯彻落实中的问题，及时提出调整和完善。对停产、亏损中小企业可能存在的影响社会稳定的问题和隐患及早反映，并配合有关部门做好矛盾化解工作。

三是，继续推进重点工作。按计划、保质保量完成中小企业服务年各项活动。认定200家左右的国家中小企业公共服务示范平台。加快推进中小企业公共服务平台网络建设，提高公共服务平台网络覆盖面。引导担保机构扩大对小微企业的服务，努力实现全年新增担保额1.5万亿元、新增服务企业25万户的工作目标。启动实施中小企业经营管理人才素质提升工程。研究制定支持劳动密集型中小企业发展的指导意见。利用中央财政关闭小企业奖励资金，支持地方政府依法关闭一批能耗高、污染重、安全隐患突出的小企业。配合财政部尽快出台国家中小企业发展基金有关政策并实现实际运作。加强政策宣传和舆论导向，营造全社会关注的良好氛围，增强中小企业平稳较快发展的信心。

李金华副主席，各位委员，各位同志，缓解小微企业融资难是一项系统工程，需要各方面共同努力。根据全国政协的要求，工信部门将与国务院有关部门和金融机构密切合作，在加强金融监管的基础上，完善制度规定，推进金融创新，加快建立促进小微企业融资的激励约束机制，努力促进小微企业融资难问题的不断解决。同时，也感谢全国政协及各位委员对小微企业融资问题的关心和关注，希望委员们发挥自身优势，继续关注和支持小微企业发展，提出更多更好的建议。

谢谢大家！

在第十三届全国中小企业信用担保机构负责人联席会议上的致辞

工业和信息化部党组成员、总工程师　朱宏任

各位领导，各位来宾：

大家上午好！很高兴与大家共聚南京，参加“第十三届全国中小企业信用担保机构负责人联席会议”。十三年来，随着服务中小企业的信用担保机构由少到多，联席会议制度逐步形成，在支持中小企业健康成长，及促进机构自身规范有序发展方面，发挥着越来越重要的影响。在全国上下认真贯彻党的十八大精神之际，会议的召开将有利于大家统一思想，认清形势，开拓创新，更好地为中小企业服务，努力形成中小企业信用担保工作的新局面。在此，我谨代表工业和信息化部对第十三届联席会的召开表示热烈祝贺，对大家为支持中小企业发展所作出的不懈努力表示衷心感谢！

中小企业特别是数量众多的小微企业，作为市场经济的主体，在吸纳社会就业，巩固实体经济基础，推动创新发展，构建小康社会方面，发挥着关系全局的重要作用。伴随着中小企业发展应运而生的中小企业融资担保业，已成为中小企业克服融资困难不可或缺的重要组成部分。近年来，中小企业信用担保体系在一系列财税扶持政策、各类投资者的共同支持下不断完善，现已成为中小企业融资服务体系的重要组成部分：2011年全国4439家中小企业信用担保机构当年新增担保额1.56万亿元，新增受保企业38万户，平均单笔担保额385万元。特别是在当前国内外经济形势复杂多变，部分中小企业经营困难的情况下，服务小微企业的特点更加突出。

在为中小企业提供服务的同时，一大批担保再担保机构也取得了快速增长。各地都涌现出一批严格规范、热情服务、创新模式、效果显著的担保机构。在再担保领域，江苏省以省再担保公司为龙头，担保机构、金融机构积极参与，探索形成了“资本结构多元化，经营机制市场化，合作模式多样化，服务方式一体化”的新模式，取得了实体经济与中小企业，担保机构与银行合作共赢的喜人局面。

与此同时也应看到，担保企业也还面临着一些严峻的挑战。在经济下行压力较大，企业效益下降，亏损面扩大的形势下，担保机构的代偿率普遍存在着明显上升的风险；部分银行业金融机构提高了与担保机构合作的门槛，压缩了担保业务发展空间；也有一些担保机构运作不规范，存在高收费、乱投资，甚至非法集资现象。对此必须引起高度重视，采取有效措施加以解决。

国家对支持中小企业信用担保机构健康发展是坚定不移的。今年4月，国务院下发《关于进一步支持小型微型企业健康发展的意见》（国发［2012］14号），这是第一个专门面向小微企业的纲领性文件。其中专节讲到“加强对小型微型企业的信用担保服务”，并强调指出，大力推进中小企业信用担保体系建设，积极发展再担保机构。今年中央财政安排14亿元担保专项资金，补助565家中小企业信用担保（再担保）机构，其中对小型和微型企业担保（再担保）业务补助额占比89.7%，体现了补助重点向小微企业倾斜原则。据统计，今年平均每万元补助资金拉动中小企业贷款担保371万元，政策扶持的示范与杠杆效应进一步凸显。中央财政对担保机构的支持力度不断加大，这充分体现了国家对通过中小企业信用担保机构缓解小微企业融资难题的政策导向，也是对担保工作的充分认可与巨大鼓励。

2013年正向我们走来。在新的一年中，我们要认真贯彻落实即将召开的中央经济工作会议精神，加快转变经济发展方式的步伐，抓住新的发展机遇，在支持中小企业健康发展的同时，统一思想认识，形成发展合力，争取担保工作再上新台阶。

一是牢牢把握诚信经营，大力促进规范发展。各中小企业担保机构要在业务经营上坚持“发展”与“规范”并重，社会效益与经济效益兼顾。发展需要规范保障，规范是为了更好地发展。目前担保机构数量较多，参差不齐，去年以来个别违规事件直接损害了行业整体形象，也提示行业中可能存在的风险隐患。作为经营信用、管理风险的行业，我们经不起失去信用的风险。希望广大担保机构能专注主业、规范发展，加强诚信建设和风险管控，杜

绝违法违规行为，珍惜并维护好行业声誉，以自己的实际行动，提高社会特别是银行业金融机构对行业的认同，有效支持和促进广大中小企业特别是小微企业健康发展。与此同时，大家也要在满足监管前提下，通过市场化运作，不断探索可持续发展的盈利模式，在帮助小微企业缓解融资难的同时，成就自身的发展壮大，服务企业，共同成长，不断提高中小企业信用担保的社会和经济效益。

二是牢牢把握错位经营，大力促进服务小微。在市场定位上重心下移，突出小型微型企业。小微企业是实体经济的基础，其健康发展事关民生大局。担保业从诞生之日就承载着服务小微、改善民生的社会责任和重要使命，服务小微企业的事业也是长青事业，随着小微企业不断产生和发展壮大，其融资需求永无止境，这正是我们的市场所在，价值所在。随着中小企业融资需求细分和金融市场服务的定位，以及中小金融机构、小额贷款公司等草根金融的快速发展，小微企业资金来源和融资渠道必将更加丰富。在这种情况下，担保机构更要随行就市，进一步放下身段，尽可能地降低成本，下调担保费率，下沉服务重心，更加突出小微，与其他融资服务商错位竞争，提供差异化服务，这既符合市场趋势，也满足政策导向。

三是牢牢把握创新经营，大力促进可持续发展。在业务发展上积极创新，提高可持续发展能力。业精于勤，行成于思。目前担保行业存在同质化竞争、放大倍数较低、盈利水平不高等问题。担保机构要密切关注小微企业需求和市场变化，不断创新担保方式、产品类型和商业模式，拓展业务领域，提高盈利能力。一方面，要看到在相当长时间内，间接融资仍是小微企业融资主渠道，但适合小微企业需求特点的融资产品仍比较缺乏，市场潜在空间很大。担保机构要加强与银行等金融机构合作，探索低成本、可复制、易推广的融资产品和服务模式，增强小微企业金融服务的针对性和灵活性，降低小微企业融资成本，提高融资覆盖面。另一方面，也要关注直接融资渠道快速拓宽带来的金融服务需求，围绕小微企业融资服务链条，搭建多元化一体化融资服务综合平台，在为企业发展不同阶段提供适合的资金支持方式的同时，拓展自身发展空间。通过直接融资与间接融资结合、较高收益与低收益互补，实现自身可持续发展。从再担保机构发展情况看，目前已有15省市建立中小企业信用再担保机构，覆盖18省市，已达半壁江山，总体看效果较好。江苏再担保公司的实践说明，政府财政资金投入到再担保领域，往往可以起到事半功倍的作用。而担保机构的普遍加入，不仅有利于机构增信，而且可以最大限度降低成本。在金融机构普遍抬高与之合作的担保机构门槛时，再担保无疑可以形成担保机构的助推器。从世界各国援助中小企业的经验看，再担保是最有效的放大或杠杆工具。再担保机构要进一步探索体制机制创新、加强与银行合作，明确自身模式、与担保机构的合作机制，以及保证自身可持续发展的政策条件。同时，要创造性地发挥风险分散、信用增进、行业规范和产业导向重要功能，完善中小企业信用担保体系。

四是牢牢把握规范经营，大力促进优质服务。在行业整合上顺势而为，做大做强。当前中小企业特别是小微企业生产经营仍面临诸多困难，担保机构要密切关注企业发展形势变化对担保业的传导，建立有效的风险识别、预警和应急处置机制，加强风险防范，避免系统性风险和大面积损失。据部分地方反映，受代偿风险骤增、银担合作下降、盈利模式不明、行业监管强化等因素影响，目前部分担保机构信心特别是民间投资意愿受到较大影响。下一步，在促进行业规范发展的同时，我们要突出强调担保的积极作用，加强正面宣传与业内交流，进一步增强行业的凝聚力和从业信心。这也是对第十三届联席会的一个期盼。同时也要客观认识到，在当前复杂的内外部环境影响下，担保业已进入调整期，整合已成大势所趋，机构数量将稳中有降，行业集中度将稳步上升。因此，资本规模较大、市场能力较强、发展水平较高、信用记录较好的大型担保（再担保）机构要顺势而为，通过兼并重组进一步做大做强，提升服务能力，扩大服务范围，提高辐射力和影响力，在行业发展中发挥越来越重要的引领作用。

同志们，朋友们，随着中小企业的健康发展和转型升级，信用担保将大有可为。我部也将继续与财政部等有关部门加强沟通协调，积极创造有利于担保行业规范发展的政策环境和良好氛围。希望大家在服务中小企业的过程中大显身手，促进行业持续健康发展，为缓解中小企业融资难、促进企业更好发展再创佳绩。谢谢大家！

健全多层次融资体系，助推小微企业健康发展，共创小康社会

——在“财经战略年会2012”上的讲话

工业和信息化部党组成员、总工程师 朱宏任

各位嘉宾：

乘着党的十八大东风，近期召开的中央经济工作会议对明年经济工作作出了全面部署。再过一天就是新的一年，在这辞旧迎新之际，我很高兴参加“财经战略年会2012”，与各位领导、专家学者、企业家一起感受十八大后的新气象、新思想、新论断。下面我结合会议主题，重点从小微企业发展方面谈几点想法。

十八大为小微企业发展描绘了新蓝图，开创了新机遇

党的十八大提出到2020年实现全面建成小康社

会和全面深化改革开放宏伟目标。实现这两大目标，中小企业特别是小微企业的健康发展是重要基础。企业是国民经济的基本细胞，是最重要的市场主体。据测算，我国企业数量构成中，大型企业约占0.3%，中型企业约占2.4%，小型和微型企业占比达97.3%。近5年来，注册资本1000万元以下的中小企业成为增长主力，对企业总体数量增长贡献率达到89.1%，有力地促进经济增长，扩大就业，提高人民生活水平。

离开小微企业的广泛参与，建成小康社会无从谈起。十八大提出到2020年国内生产总值和城乡居民人均收入比2010年翻一番。改革开放三十多年来的实践证明，没有作为实体经济基础的中小企业的蓬勃发展，也就没有人民生活水平和国民经济发展水平的大幅提升。1300多万中小企业创造了全国60%的国内生产总值，特别是在扩大内需这一战略基点上，中小企业千方百计增加供给，扩大市场竞争，一方面作为日用消费品和社会化服务的主要提供者满足百姓消费需求，另一方面还通过技术和产品创新不断创造和丰富消费需求，扩大内需，而这又反过来促进中小企业发展，增强了经济发展的内生动力，可谓相辅相成。

张德江副总理说“大企业强省，小企业富民”。十八大报告再次强调“就业是民生之本”，促进就业正是中小企业的最突出贡献，近5年来，中小企业每年解决900万左右城镇新增就业，占80%以上，并吸纳了农村转移出来的绝大部分剩余劳动力。目前工资性收入占城镇居民可支配收入的71.7%，占农村居民纯收入的41.1%；二者平均64.5%。工资性收入已成为居民收入的主要来源，是提高百姓生活水平的基础保障。只有充分就业才能从根本上改善民生，百姓安居乐业才能社会和谐稳定。中小企业特别是小微企业是稳定扩大就业的主力军，是保障百姓劳动权和增加收入的基本途径。目前，大型企业在转型升级过程中更多依赖技术、资本类生产要素，通过兼并重组等方式扩大规模，发展趋于稳定，提供新增就业岗位数量较少。今后一个时期，我国促进充分就业的任务十分繁重，大力发展小微企业，是缓解我国就业压力的必由之路。

离开小微企业的广泛参与，实现全面改革开放无从谈起。要全面建成小康社会，靠的是改革开放，改革是最大的红利。面对世界经济低迷趋势，中国作为大国要立足内需，城镇化就是最大的内需，把城镇化最大潜力和改革最大红利结合起来，形成叠加效应，中国经济就有长久持续的动力。小微企业机制灵活，应变能力强，善于利用市场配置资源的基础性作用，不断推动我国开放型经济从“中国制造”向“中国创造”转变。要充分利用制度红利，进一步激发小微企业增长动力和创新活力，促进中小城市和小城镇传统产业升级，优化产业结构，拓宽民间资本的投资领域，增强地方自主发展能力，使全体人民实实在在享受到改革开放的好处。

促进小微企业健康发展要着力解决小微企业面临的突出问题

小微企业规模小，实力弱，抗风险能力不强，与大企业相比属于弱势群体，在发展中往往面临更多困难，特别在宏观环境恶化时可能会受到更大的冲击。即使小微企业在成本、原材料、税负等方面与大企业面临相似的环境，相较而言，其承受力更弱、痛感更强、化解难度更大。当前我国经济增长下行压力和产能相对过剩的矛盾有所加剧，企业生产经营成本上升和创新能力不足的问题并存，经济发展和资源环境的矛盾仍然突出。宏观环境错综复杂，矛盾直接反映在小微企业身上。一方面是融资难、准入难、信用体系不健全等体制性、长期性问题尚未根本解决，同时，成本上升、订单减少、节能减排等环境约束使中小企业感受更大的经营压力。在新旧问题交织中，融资难广受关注，年年关注，但仍很突出，其中既有小微企业自身的原因，也有金融体制机制方面的问题。融资难的表现也不一，一般地，企业规模越小越难，越是轻资产型企业越难，越是初创期小企业越难，有的是达不到融资门槛，有的是受制于融资贵。

应该看到，近年来金融部门做了大量工作，想了不少办法，金融机构经营理念也逐步转变，对中小企业服务主动性显著提高，创业投资等风险资本更是扎堆争夺前景好、高成长的优秀中小企业。我看到人民银行发布的一个调查数据，截至2008年5月末，全国中小企业贷款覆盖率为18.7%，虽然比发达国家54%的水平还有很大的改善空间，但比发展中国家平均水平10.1%高出8.6个百分点，中小企业贷款满足率则与国际水平基本相当。据统计，到今年10月末，我国小微企业贷款余额已占全部贷款余额的21.72%，连续三年实现持续增长目标。可以说，近年来我国中小企业特别是中型企业融资环境已大有改善，但距离小微企业的需求还有不小差距。这一差距的主要症结在于目前以服务大中型企业为主导的金融系统资金供给与量大面广的小微企业资金需求之间存在较大缺口，也存在一定程度的错位。

小微企业分散，因地区、行业、规模不同，情况千差万别，发展参差不齐，要有效解决小微企业融资难问题，就必须建立完善匹配不同层次中小企业需求特点的多层次融资体系。企业划型有大中小微型企业，金融组织体系也要相应匹配大中小微型金融机构，并为不同成长阶段的中小企业匹配多元化的融资渠道。对于专精特新型、高成长性中小企业，要重点拓宽其上市、发债等直接融资渠道，助推其专业化发展，做大做强；对于发展平稳、承担较多就业的劳动密集型中小企业，以间接融资为主，重在提高其贷款覆盖率和满足率，培育发展相应的区域性中小金融机构，通过金融产品创新，改善融资环境；对于初创型小微企业，要重点发挥政策性基金杠杆作用，引导社会风险资本的投资取向；对于大量个体小微企业，重在发挥小额贷款公司、信托、典当等各类机构作用，探索担保等增信方式，拓宽抵质押范围，创新信用贷款等手段，提高其融资能力。

多方协作，多措并举，探索建立完善适合小微企业特点的多层次融资体系，形成缓解小微企业融资难的长效机制，既是小微企业的殷切期盼，也是政府管理部门和金融机构的重大责任。

下面，我就建立完善适合小微企业特点的多层次融资体系，谈几点想法：

一是创新体制机制，完善制度建设，让更多符合条件的小微企业享受银行信贷服务。在一段时期内，银行贷款仍将是小微企业融资主渠道，要继续改善信贷环境，满足那些有抵质押担保条件、符合国家产业政策小微企业的信贷需求。一方面，要通过制度建设完善金融资源投入的激励和保障措施，构建风险补偿机制，完善差异化监管指标，加强财税、金融和产业政策协调配合，提高金融机构支持小微企业的内生动力；另一方面，银行业金融机构应增强服务小微企业的社会责任感，切实转变经营理念，按照新的划型标准，优化信贷结构，改进审贷流程，创新金融产品和信贷模式。特别是充分发挥广泛分布于县域的12万多个银行业网点作用，鼓励县域金融机构加大对当地小微企业信贷投入，“立足地方，服务小微”，突出地缘优势，把当地存款用于当地企业贷款，使国家出台的支持小微企业发展的各项金融政策在基层得到落实。

二是加快发展小金融机构，培育专业服务于小微企业的多层次金融组织体系。加快发展小金融机构是我国构建多层次金融组织体系的重要内容，对于满足小微企业多样化融资需求，弥补大银行市场供应不足，丰富金融产品具有重要作用。一方面，中小金融机构如部分城市商业银行、村镇银行、信用社、小额贷款公司等可以发挥信用半径优势，强化为小微企业服务的市场定位，全力为当地经济服务；另一方面，要贯彻落实国务院有关鼓励和引导民间资本进入金融服务领域的政策，在加强监管和防范风险前提下，放宽投资者持股比例限制，给予民间资本更多地参与金融改革与发展的机会。

三是创新业务品种，拓宽渠道，构建多元化的小微企业直接融资体系。小微企业直接融资和间接融资比例失调加剧了融资矛盾。应加快改革力度，建立完善适合中小企业需求的多元化直接融资市场体系，扩大融资规模，使处于不同成长阶段的中小企业可以“各得其所”，便利获得适合自己的融资渠道。创新型、成长型小企业可通过中小板、创业板融资，具有良好发展潜力的技术型企业可赴场外交易市场融资，规模小、实力弱的小企业可通过集合票据、集合债券、短期融资券、私募债等直接债务融资方式融资。各类初创型企业可通过创业投资机构、天使基金和私募基金等实现融资。继续引导和发挥融资租赁、典当、信托等机构在小微企业“短小频急”融资需求中的积极作用。

四是加强政策引导，强化体系建设，充分发挥担保再担保机构在小微企业融资中的增信作用。从世界各国援助中小企业的经验看，扶持担保再担保是最有效的放大工具。当前我国中小企业信用担保行业发展已成规模，在一系列财税政策引导下，担保也成为民间资本进入金融服务领域，进而服务实体经济的重要通道，推动民间资本与中小企业融资需求有效对接。在已有担保体系基础上，下一步，财政资金应重在发展再担保机构，完善担保体系，强化分散风险、增加信用功能。推动担保机构加强业务创新，探索低成本、可复制、易推广的融资产品和服务模式，降低小微企业融资成本。同时，鼓励担保机构积极探索规避风险的多种方式，增强服务小微企业的灵活性。

五是完善政策环境，引导小微企业提高自身素质，提升融资能力。企业生存发展，归根到底取决于企业自身素质。小微企业融资难也与自身管理不规范、发展水平低、资信不透明有关。应通过财税政策、产业政策引导小微企业切实提高自身素质，加快转变发展方式，坚持自主创新，加大技术改造和升级，改善企业管理，推进品牌建设，加强企业诚信，增强市场竞争能力，通过提高小微企业发展水平增强其融资能力。进一步加大税收优惠力度，减轻小微企业负担，规范对小微企业融资服务，提高其自我滚动发展能力。

各位嘉宾，各位朋友，展望十八大后的中国，促进小微企业平稳较快发展，既是关系建成小康社会全局的一项战略任务，也是实现转方式、调结构、扩内需、惠民生的一项紧迫任务。缓解小微企业融资难是一项系统工程，需要各方面共同努力。工信部门希望与有关部门和社会各界密切合作，完善制度环境，推进金融创新，努力促进小微企业融资难问题的有效解决。也希望在座的各位专家学者、企业家朋友们，关注小微企业融资问题，支持小微企业发展，提出好的意见建议，帮助我们改进工作。谢谢大家！

在中匈企业家洽谈会上的致辞

商务部副部长　钟山

尊敬的普莱辛格·久洛国务秘书，各位企业家朋友们，女士们，先生们！

大家好！

很高兴出席今天的中匈企业家洽谈会。作为本次活动的共同主办方，我谨代表中国商务部对应邀出席洽谈会的中匈双方政府代表、企业家朋友表示热烈的欢迎，对承办单位的精心安排和组织表示衷心的感谢，对长期以来为中匈经贸合作发展做出积极贡献的各界友人致以良好的祝愿！

“相知无远近，万里可为邻”。中匈两国虽相距遥远，但两国人民友谊源远流长。中匈互为重要经贸伙伴。近年来，两国高层交往频繁：2009年10月、2011年6月习近平副主席、温家宝总理先后访匈；2010年10月，欧尔班总理访华。今天，李克强副总理率团抵达匈牙利进行友好访问。两国良好的政治关系为经贸合作发展打下了坚实的基础。

我们高兴地看到，在双方领导人的关心和支持下，在两国企业家朋友的共同努力下，两国经贸合作取得丰硕成果：

——双边贸易再创新高。2011年，中匈双边贸易额达92.6亿美元，增长6.2%，历史上首次突破90亿美元。

——相互投资不断深化。据不完全统计，截至目前，中国对匈投资额累计超过20亿美元，投资规模在我对中东欧国家里高居榜首，投资领域涵盖金融、化工、电信、太阳能电池生产设备等行业，直接和间接解决当地就业上万人。匈环保企业在华开展的合作项目成效显著。

——金融合作更加深入。两国开发银行即将签署10亿欧元专项贷款框架协议、中国银行匈牙利分行增设营业网点、中国银联卡率先在匈开通受理。

两国经贸合作前景广阔，形势喜人。

女士们，先生们，朋友们，当前，世界经济复苏面临十分严峻的困难，不确定、不稳定因素增多。中国政府愿与包括匈牙利在内的各国政府一道，共克时艰，通过加强宏观经济政策协调、深化贸易投资互利合作，助推实体经济快速成长，努力推动全球经济的持续稳定复苏。几天前，温家宝总理在华沙举行的“中国－中东欧国家经贸论坛”上宣布了一系列加强与中东欧国家经贸合作的建议和举措，为双方深化和扩大互利经贸合作注入了强大的动力。希望中匈两国企业家朋友们抓住机遇，积极进取，乘势而上，努力开拓中匈经贸合作的新局面。为此，我提出三点建议：

第一，营造良好环境，提高双向投资水平。双向投资合作有利于促进两国经济结构调整，加快产业升级，扩大社会就业。中国政府将继续鼓励有实力的中国企业来匈投资，也欢迎更多匈牙利企业赴华投资兴业。希望两国企业在10亿欧元专项贷款资金等金融支持下，积极探讨加强投资、开展重大项目合作的可行性，不断提升两国合作的水平。

第二，发挥各自优势，拓展新兴产业合作。匈牙利是具有创新传统的民族，在电子、信息通信、生物制药、再生能源等高新技术产业方面具有较强的创新研发能力。高新技术与新兴产业合作可以成为中匈经贸合作的新领域。希望两国企业家充分发挥各自优势，在拓展高新技术和新兴产业合作中增创互利合作新优势。

第三，加强机制建设，推动中小企业务实合作。中小企业既是两国最活跃的市场主体，也是经贸合作的生力军。此访期间，中国商务部将和匈牙利国家经济部签署《关于促进中小企业交流与合作的谅解备忘录》，旨在为双方中小企业创造更多发展机会。希望两国中小企业充分发挥在技术、研发、人才、市场和产业结构等方面的互补优势，积极拓展合作领域，提升合作层次，促进共同发展，使之成为两国经贸合作新亮点。

女士们，先生们，朋友们，今天的中匈企业家洽谈会，是巩固和深化两国经贸关系的友谊之桥、机会之窗，体现了两国工商界齐心协力、抓住机遇、共克时艰的信心和决心。中国政府愿与匈牙利政府一道，努力为双方企业合作创造良好的环境。在座各位都是中匈两国经济界的精英，深化两国经贸合作的历史重担落在你们肩上。我坚信，通过双方的不懈努力，两国传统友谊一定会进一步加深，经贸合作一定会取得更大成果。

最后，预祝此次洽谈会圆满成功！

谢谢大家。

持续推动小微企业金融服务转型升级

——在“2012年APEC中小企业峰会”开幕式上的讲话

中国银监会副主席　阎庆民

各位来宾，女士们，先生们：

大家上午好！

在当前复杂多变的国际经济金融形势下，亚太经合组织（APEC）各成员国专家学者与工商界代表齐聚一堂，共谋发展，寻求突破，立意深远。我很高兴受邀出席“2012年APEC中小企业峰会”。下面，我就银监会推动小微企业金融服务谈三点情况。

一、坚持三个导向

为强化金融对实体经济的服务功能，加快转变经济发展方式，银监会推动银行业不断提升服务小微企业的层次和水平，主要坚持了“三个导向”：

一是专业服务导向。为尽可能提高与小微企业金融需求特点相匹配的专属服务，一直积极引导大型银行，努力打造扁平化、批量化、流程化的小微企业专业服务模式；持续推动中小银行，着力打造“立足当地、立足基层、立足社区”的服务小微企业专业品牌，不断提高服务的专业化、精细化水平。

二是商业持续导向。为将支持小微企业发展成一项长期的事业，要求重点支持符合国家政策、满足商业可持续条件的小微企业，帮助那些暂时遇到困难但长期前景较好的小微企业渡过难关，同时按照贴近市场、贴近客户、贴近需求的原则，提供高附加值综合服务，力争银行业发展与小微企业成长良性互动。

三是合作联动导向。为尽力破解小微企业融资这一世界性难题，积极推动企业、银行、社会、政府形成合力，落实并改进各项财政贴息、税收优惠和费用补贴政策，推动各地财政主导建立小微企业贷款风险分担和补偿机制，构建小微企业征信和信用担保体系等，引领信贷资金更多投向小微企业等资金稀缺领域。

二、把握四项重点

实践表明，要提高小微企业金融服务的社会满意度，就要把握好“机构为主、机制为重、政策引领、目标先导”这四项重点：

一是机构为主。主要就是积极推动设立专营机构。目前，已有100多家商业银行成立了专营机构，较好地发挥了小微企业服务先锋作用；中小商业银行加快设立专业支行、特色网点，不少已成为服务小微企业的市场品牌；近年新设的800多家新型农村金融机构，已经成为服务“三农”和小微企业的重要生力军。

二是机制为重。主要就是积极推动体制机制建设。近年来，一直大力推动建立专门的利率风险定价机制、独立核算机制、高效审批机制、激励约束机制、专业培训机制和违约通报机制，近期还积极创新还款机制，不断提高服务效能。例如，有的银行对小微企业的信贷审批周期已从至少1个月缩短到3天以内。

三是政策引领。主要就是积极实施差异化监管政策。目前已经出台了一系列差异化监管政策措施，如适当调整机构业务准入，提高不良贷款容忍度，允许发行小微企业贷款专项金融债等（截至今年10月末，已批复小微企业金融债3195亿元）。这些措施有效激发了银行业支持小微企业的内生自觉和内在潜力。

四是目标先导。主要就是积极推动信贷目标落实。2008年国际金融危机爆发以后，及时提出小微企业信贷持续增长目标。截至今年10月末，小微企业贷款余额达14.35万亿元，占全部贷款余额的21.72%，连续三年实现持续增长目标。

三、加快五个转型

为进一步提升小微企业金融服务的深度和广度，还需要加快“五个转变”：

一是融资渠道要从单纯的债务融资向多元化融资模式转变。要更加充分地利用股票市场、公募基金、私募基金、风险投资基金等渠道融资，推动解决小微企业“借不到，借不起，借不长”等问题。

二是担保体系要从单纯的商业性担保向政策性担保转变。要加快政策性担保机构建设，进一步增强担保机构的风险缓释功能，降低小微企业的融资成本。

三是创新创业的科技型小微企业要从完全依靠自主积累向部分依靠财政贴息转变。针对这些企业孵化期长、商业风险大等问题，要加大专项补贴力度，并部分补贴到银行，推动破解融资障碍。

四是金融机构要从单纯的融资服务向综合服务转变。要根据小微企业生命周期不同发展阶段的金融需求特点，量身打造集融资、结算、理财、咨询等为一体的综合性金融服务，全程支持小微企业发展壮大。

五是政策支持重点要从中小企业向小微企业转变。实践表明，真正面临“融资难、融资贵”困境的主要是小微企业。接下来，将推动银行业根据新的企业划型标准，重点加强对小微企业的支持力度。

女士们，先生们，小微企业是国家经济发展的重要力量之一。站在新的历史起点，我们将以做好小微企业金融服务为己任，为全面建成小康社会做出更大贡献。

最后，预祝本届峰会取得圆满成功！

谢谢大家！

把保生存、谋发展作为当前帮扶中小企业着力点

——在中国民营经济发展形势分析会的演讲

全国工商联党组书记、第一副主席　全哲洙

各位来宾，同志们，朋友们。2011年国内外经济形势复杂多变，党中央国务院审时度势，积极应对坚持以科学发展观为主题，以加快转变发展方式为主线，推动国民经济总体呈现出增长趋稳、效益较好、民生改善的良好态势。这一年虽然民营经济发展遇到了较大的困难和挑战，但依然展示出蓬勃生机与强劲的活力。

第一，民营经济为“十二五”良好开局作出了积极的贡献。在“十二五”开局之年，民营经济在稳增长、调结构、保民生三个方面发挥了重要作用。在稳增长方面，民营经济发展规模不断增大，投资和出口增幅较快；从数量规模看，截至2011年9月份的统计，全国登记政策的私营企业已超过900万家。全国登记注册的私营企业已超过注册资金总额25万亿，个体工商户超过3600万户，注册资金总额超过1500亿；从投资看，截至2011年10月民营经济城镇固定资产投资14.2万亿，占全国的58.9%；从出口看，截至2011年11月份，民营经济出口总额超过5700亿美元，同比增长33.3%，占全国的1/3。

在调结构方面，民营经济在产业布局、区域发展上的结构更趋合理，民营经济自身更加注重转型升级；在产业分布上，截至2011年9月第三产业的私营企业超过550万户，占比仅70%，注册资金超过16万亿元，占比达2/3；在区域发展上，2011年9月相较2010年底中部地区私营企业增长户数，增长的幅度13.1%，注册资金增长27.6%。西部地区户数增长13.8%，注册资金增长35.4%，均快于东部地区；在组织结构上，公司制企业发展迅速，截至2011年9月份，私营有限责任公司和股份有限公司分别超过780万家和2600多万家，各增长12%和

27.7%，增长率显著高于独资企业与合伙企业。2011年4月我国的民营上市公司数量首次突破1000家，延续了近两年来民营公司上市的强劲势头。在组织结构日趋优化的同时，越来越多的民营经济把科技创新作为企业发展的重要支撑，不少已拥有行业内的关键核心技术。

在保民生方面，民营企业在稳定并扩大就业岗位的同时，主动参与创新社会管理，积极履行社会责任，并通过参与经贸活动推动地区经济发展和人民生活改善；在吸纳就业上，民营经济仅私营企业2011年前9个月就提供新增就业岗位800多万个。按个体户新增户数计算，以创业带动就业200多万，民营经济特别是中小企业的快速发展，已经成为吸纳社会就业，增加城乡居民工资型收入不断改善人民生活的重要来源。

在履行社会责任上，越来越多的民营企业自觉践行"义利兼顾，以义为先"的理念，积极投身光彩事业和感恩行动。据统计，在"光彩事业新疆行"活动中，民营企业在新疆新增投资总额达1200多亿元，在"感恩行动"中13万2000家民营企业积极参与，受助对象30.6万人，资助金额和物资总计75.7亿元，招工扶贫60万人，惠民项目到位资金90亿元。在发展企业的同时，许多民营企业坚持以人为本，关爱员工，建立工资增长的机制，努力构建和谐劳动关系，在加强和创新社会管理中发挥了积极的作用。在推动地区经济发展上，近两年来在珠三角海西经济区、青海、安徽、贵州全国工商联积极搭建平台，通过一系列的经贸活动，累计组织民营企业投资总额超过3500亿元，也就是前年的12月份到去年，民营企业在区域经济发展当中投资总额已经超过3500亿元。民营企业已成为发达地区加速经济腾飞，人民实现全面小康欠发达地区不断发展壮大县域经济，夯实经济基础，不断改善人民生活的重要推动力量。

第二，民营经济尤其是中小企业的发展机遇与挑战并存。当前世界经济格局发生深刻的复杂变化，国际金融危机继续蔓延，国内经济运行出现不少新情况、新变化的情况下，经济下行压力明显增大。民营经济，特别是中小企业量大、面广，事淡利微，本小利薄，经不起危机的冲击，在发展中遇到诸多挑战，突出表现为"两高两难"，即生产经营成本高、税费过高；融资难、招工难的问题。最主要的问题是生产经营成本高，很多中小企业，特别是制造业小型工业性企业由于应对能源、原材料、劳动力、土地、赎金、汇率的变动等生产要素成本上升的消化能力弱，生产经营处于微利和无利状况，有的甚至难以为继。税费过高，企业涉税种类多，部分小型、微型企业缴纳总额高于净利润。个别税种设置不合理，存在重复征税现象，缴费项目过多，征收随意性大。

第三，融资难。商业银行虽然也做了许多努力和尝试，但仍然不足，从贷款投向上看主要是投放给大中型企业，小型微型企业的村镇银行和小额贷款公司等小型金融机构发展不足，民营融资成本普遍偏高。

第四，招工难，小型、微型企业职工招不进、留不住。聘用技能型人才，小城镇比大城市难。招收普通工人，东南沿海比西部地区难，这种用工的结构性矛盾将会在较长时期内仍然存在。

综合分析，民营经济当前遇到的突出困难与我国经济发展阶段和民营企业的自身素质密切相关。目前我国正处在经济结构深入调整发展方式加快转变的攻坚阶段，抑制部分产业的盲目扩张和无序发展，大量淘汰落后产能将是国家长期采取的政策导向。这必将给那些自主创新能力弱，处于产业链低端，管理水平不高，粗放式经营，产品缺乏竞争力，信息不灵等，尤其是以简单加工为主的小微企业带来很大的生存压力。尽管如此，现阶段在我国努力促进经济平稳较快发展，大力发展战略性新兴产业和现代服务业不断扩大国内需求，加快城镇化建设的背景下，民营经济，尤其是中小企业发展正迎来新一轮的重大机遇。

一是中小企业发展环境进一步完善，2009年中小企业29条通过减免税费，改善金融服务等扶持政策，从事中小企业发展环境优化，2010年初，《民间投资36条》为民间资本进入重点行业和领域带来了新的契机。针对当前中小企业发展遇到的突出困难和问题，国务院前一阶段还专门出台了支持中小企业，特别是小型、微型企业发展的金融、财税等九项政策措施。工信部编制了"十二五"中小企业成长规划，今年将组织开展中小企业服务年的活动，以支持创新性、劳动密集型、创业型中小企业，特别是小型、微型企业为重点推动出台，进一步扶持中小企业健康发展的一揽子政策意见。更好完善落实扶持政策，加强引导、改进服务，促进中小企业发展环境不断优化。最近召开的中央经济工作会议和中央金融工作会议强调要加大金融服务力度，支持实体经济发展。这一系列的政策举措充分表明了党中央国务院坚定扶持中小企业发展，重点抓好实体经济的决心和信心，为中小企业发展营造了良好的政策环境，以制造业和服务业为主体的中小企业作为实体经济的重要基础，即将迎来大有作为的机遇。"十二五"时期我国将加快推进产业结构的优化调整，大力发展先进制造业，加快发展现代农业和现代服务业，进一步加大知识产权保护力度，推进自主创新机制的形成，稳步推进城镇化建设，大力实施区域经济发展战略，这都为中小企业高效配制各种生产要素资源，有效增强核心竞争力提供了重要机遇。

二是国际市场环境孕育着新的机遇，世界范围新技术革命的兴起，各种新兴主导产业的出现，将创造大量的发展机会，有条件的民营企业通过技术创新、商业模式的创新，有可能发展成为行业领先的"小巨人"和跨国企业集团公司，尤其欧洲东盟、东北亚、西亚等国家和地区更加关注中国游资企业，提供更多优惠政策吸引中国企业的投资，也可能减少投资的成本，为民营企业充分利用两个市场、两种资源发展自己提供了重要机遇。最近由全国工商联发起成立的中国民营经济国际合作商会将在中国民营企业"走出去"方面发挥积极的作用。

三是文化产业迎来加快发展的新时期。党的十七届六中全会明确提出要推动文化产业成为国民经济支柱性产业，积极引导文化领域的非公有制经济发展，这将使中小企业参与国有文化单位转体改制、重大文化产业项目实施和文化产业园区建设的渠道更加畅通，将使中小企业进入出版发行、影视制作、演艺娱乐等传统文化产业和发展文化创意数字出版、动漫游戏等新兴产业的意愿更加迫切，将使中小企业与旅游、体育、物流、信息等产业融合更加深入。随着更多的民间资本进入文化产业，一批拥有中国特色的指明民族文化品牌的企业将应运而生。

大力帮扶中小企业是一项重要的战略任务，发展中小企业不是权宜之计，而是社会主义初级阶段的基本国情的必然要求。在我国经济社会发展中，中小企业发挥着不可替代的作用，是社会主义现代化建设的重要战略任务。现在中小企业不是发展太多，而是远远不够，尤其当前我们要把“保生存、谋发展”作为帮扶中小企业的重要着力点。

一是对中小企业特别是小型微型企业实施普惠的税收政策。一方面建议把直接帮助企业渡过难关作为紧要任务，将小型微利企业所得税减半征收作为一项长期的政策，设定灵活的年纳税所得额的门槛，进一步提高小型微型企业的增值税、营业税的起征点，实行大、中、小微型企业社会保险费率差异化的政策，严格落实国家取消253项涉及行政事业性收费的要求，全面清理不合理的收费项目。另一方面建议把引导企业转型升级作为一项长期任务，发挥好减税在企业调整结构、转方式中的积极作用，鼓励中小企业依靠技术创新，提高核心竞争力。

二是对缓解中小企业融资难、融资贵的问题，给予有利的政策倾斜。继续鼓励商业银行积极开发，适合中小企业需求的多种金融产品，拓宽抵押品范围。改革银行对中小企业贷款的考核方式，将贷款发放数量、企业授予户数都纳入考核范围，允许符合条件的民间资本作为主要发起人设立村镇银行，在防范金融风险的前提下，放宽小额贷款公司转制条件。创新发展社区银行、科技银行、融资、租赁公司等方面专门面向小型、微型企业的金融机构。最关键的是让中小企业以合理的价格，用得起资金。要不断创造条件，推动小型金融机构降低贷款利率，创建小型微型企业征信机制，整合分散在工商税务海关等部门的企业信用记录，加强信用管理，规避信用风险，加快建立银行与担保公司风险公担机制，进一步提高担保公司资金放贷。

三是不断扩大民间投资，发展实体经济，努力实现稳增长、调结构的宏观经济目标，必须引导民间资本合理投向实体经济，应加大对民间投资36条的贯彻落实力度，加快制定配套政策，及时开展民间投资36条贯彻落实情况的监督检查，针对当前突出的问题，深化体制改革，将对部分垄断行业以及战略性新兴产业的市场准入门槛，明确国有资本和民间资本进入领域和功能定位，破除不合理的准入壁垒，坚持国民共进的理念，利用市场机制，以混合所有制形式促进国有资本和民间资本的相互融合。

四是为民营企业积极稳妥走出去创造有利条件，要切实加大法律保障力度，加快制定中国企业海外投资总体规划，尽快起动海外投资促进法的立法程序，支持相关领域的海外并购，坚持政府指导、社会为主、市场运作的原则，逐渐全范围的走出去，进一步扩大，支持经济技术合作和国际市场开拓的财政资金规模。探索建立境外投资损失准备金制度和海外投资收入税收减免制度，大力支持社会资金、设立专门的境外投资私募基金和风险投资基金，逐步建立企业海外投资服务体系。

五是切实发挥工商联的作用。2010年办法的《中共中央国务院关于加强和改进新形势下工商联工作的意见》明确提出，要积极配合发展中国特色商会组织，目前体现统战性、经济性、民间性有机统一的工商联的各类商会已经超过4万多家。在服务中小企业，特别是小型、微型企业方面有独特的优势，当前要把发挥工商联商会作用作为中小企业“保生存、谋发展”的重要措施。充分利用商会熟悉行业、贴近企业的优势，引导商会在帮扶企业困难转型升级，汲取发展方面下工夫，为更好的发挥商会作用，必须进一步完善政策法律，深化商会管理体制改革，加快政府职能转变，加大财税扶持力度，努力为商会营造公平、规范的发展环境。

各位来宾，破解民营经济发展中的各种难题，关键在于政策，根本在于企业自身，面对机遇和挑战我们坚信，只有广大民营企业在各级党委、政府的正确领导和社会各界的大力支持下，顺应形势、提振精神、坚定信心，努力提高自身素质，就一定会在转变经济发展方式上取得新的进展，为完成“十二五”经济社会发展目标作出积极的贡献。

我通过这次发布会，特别感谢多年来民生银行对民营小微企业发展，为他们的发展所作的贡献。我们搞中小企业综合调研的时候，民生银行也抽出了一部分骨干，一起做了调查特别是小微企业的调查，也做了很多自己的努力，有很多成果，我代表全国工商联表示感谢，谢谢大家！

在“2012中国民营企业峰会”开幕式上的讲话

全国工商联党组书记、第一副主席　全哲洙

为认真学习贯彻党的十八大精神和中央经济工作会议精神，进一步促进民营经济持续健康发展，今天，中国民（私）营经济研究会和中国社会科学院民营经济研究中心、全国工商联宣教部以“转型、升级、迎接挑战”为主题，在北京联合召开“2012中国民营企业峰会”。

党的十八大明确提出，要适应国内外经济形势新变化，加快形成新的经济发展方式，把推动发展的立足点转到提高质量和效益上来。这对于民营经济而言，既是挑战，更是机遇。当前，从国际看，全球仍处于金融危机的影响之中，欧债危机持续发酵，新兴经济体增长速度整体减缓，贸易投资保护主义抬头，世界经济增长的不稳定不确定性因素增多。同时，发达国家更加重视科技创新，不少产业和技术正在孕育新突破。从国内看，我国经济总体趋稳向好态势明显，尤其是党的十八大就经济社会发展作出一系列重大部署，特别强调要保证各种所有制经济依法平等使用生产要素、公平参与市场竞争、同等受到法律保护，要实行更加有利于实体经济发展的政策措施，支持小微企业特别是科技型小微企业发展等，为民营经济发展带来广阔空间。同时，我国发展中不平衡、不协调、不可持续的问题依然突出，经济增长下行压力加大，财政收入增速放缓，消化过剩产能和稳定就业之间存在两难选择，企业生产经营成本上升和创新能力不足的问题并存，经济发展面临的资源环境约束进一步加剧。

综合判断，我国发展仍处于重要战略机遇期，但内涵和条件已发生很大变化。广大民营企业必须清醒地认识到，转型升级已成为企业适应经济发展规律、有效增强可持续发展能力的必由之路。目前，我国已有一批民营企业积极主动地推进发展方式转变，在近几年经济形势复杂多变的情况下，多数都保持了较好发展态势，显示出较强的抵御风险能力。但也要看到，我国大多数民营企业还属于加工贸易型、资源依赖型、能源消耗型，真正打赢转变经济发展方式这场硬仗，形势还很紧迫，任务还很艰巨。今后，考量我们的发展水平，主要不是看增速有多快，关键是怎样确保持续健康发展，让增长更有质量与效益。民营企业一定要下大力做好、做足、做实“加快转变经济发展方式”这篇大文章，努力实现从依赖规模扩张推动企业发展向注重质量提升带动企业发展转变，从主要依靠资源消耗和投资驱动向主要依靠资源节约和创新驱动转变，从传统产业低端低附加值生产方式向现代产业高端高附加值生产方式转变，从家族为主的企业运营体制机制和治理结构向现代企业体制机制和治理结构转变，在转变中实现新的飞跃，在转变中创造新的业绩。

2013 年是全面贯彻落实十八大精神的开局之年。对于广大民营企业而言，也是风险和困难较多的一年。刚刚闭幕的中央经济工作会议明确指出，做好明年经济工作，要继续把握好稳中求进的工作总基调，继续实行积极的财政政策和稳健的货币政策。会议研究了明年经济的大体增速和新增就业人数等宏观指标。为实现上述预期，中央在宏观调控、农业基础、调整结构、城镇化、民生保障、改革开放等六个方面作出了重要部署，特别强调实现的根本途径是加快转变经济发展方式，关键是深化产业结构战略性调整。为了更好地促进民营经济持续健康发展，无论是政府还是企业自身，都要坚持深入贯彻落实科学发展观，坚持把科学发展理念贯彻落实到各项政策举措中，贯彻到企业的生产经营活动中。从政府的角度，当前，尤其要着力推进改革创新，一要深化行政管理体制改革，进一步简化审批程序，优化民营企业发展环境。实践证明，转变经济发展方式必须与转变政府职能同步推进，政府职能不尽快转变，转方式难以真正落实。二要加快出台发展民营金融机构的具体实施细则。大中型民营企业面临的突出问题是准入难，而小微型民营企业则普遍存在融资难问题，特别是作为弱势群体的小微企业，亟需通过加大发起人制度改革力度，多设立一些小微金融机构为其服务。三要加大对小微企业特别是科技型小微企业的扶持力度，积极推进小微企业服务体系建设，推动建立政府主导、市场运作、多方参与的小微企业社会化服务体系。要在 2020 年全面建成小康社会，实现两个翻一番，没有广大小微企业的积极参与是不可能的。各级政府及社会各有关方面都应“多设路标，少设路障”，更加满腔热忱地支持小微企业生存发展，想方设法为其排忧解难，多提供各种优质服务，使之成长得更好更快更健康。从民营企业自身的角度，一要注重把握全球技术革命新趋势，积极投身战略性新兴产业、现代农业、现代服务业、文化产业等领域，积极参与实施国家区域经济发展战略，努力培育新的增长点。二要把技术创新作为发展的重要支撑，加快新技术尤其是关键核心技术研发应用，着力改造提升传统产业，更加注重节能减排，努力形成新的竞争优势。三要积极创新商业模式，努力将价值链向研发、标准制定、销售服务和品牌建设拓展，不断探索差异化的新兴业态。四是有条件的企业要积极制定跨国经营战略，学会开展对外投资和并购，努力在国际市场获取技术、知识产权、人才、渠道、资源等要素，逐步实现研发、生产、销售的全球化布局。

以改革创新为动力，以科技创新为支撑，加快经济结构战略性调整，追求更可持续的经济增长、追求更趋科学的产业结构、追求更高质量的城镇化建设，这是新时期我们面临的重要任务，也是民营经济实现科学发展的必由之路。只要我们继续坚定不移地沿着中国特色社会主义道路奋勇前进，尊重市场经济规律，勇于迎接和战胜各种挑战，就一定能够不断开创我国民营经济加快转变发展方式的新局面！

二、省市区领导讲话

在北京市促进小微企业发展工作会议上的讲话提纲

北京市委常委　苟仲文

同志们：

2012年是我市中小企业发展历史上重要的一年。针对中小企业特别是小微企业出现的新情况、新问题，我市积极落实国务院文件精神，出台了《北京市人民政府关于进一步支持小型微型企业发展的意见》（京政发［2012］40号）；组织和动员各方面力量在全市范围内开展了以“服务企业，助力成长”为主题的中小企业服务年活动，在活动中，创新了服务机制，整合了扶持政策，进一步优化了中小企业发展环境。

刚才，市促进中小企业发展工作领导小组办公室介绍了我市2012年促进中小企业发展工作总体情况，我完全同意。北京银监局、石景山区政府、小企业创业基地和中小企业公共服务平台代表就如何贯彻市政府文件精神，服务中小企业，做了很好的发言。2013年，我们要以深入贯彻落实市政府文件精神为契机，从加强对中小企业服务入手，深入扎实地开展工作，切实帮助中小企业特别是小型微型企业克服困难，解决难题，实现健康发展。下面谈三点意见。

一、抓好政策措施的贯彻落实

当前时期是我市中小企业发展的最好机遇期，我市相继出台的《北京市人民政府关于贯彻国务院关于进一步促进中小企业发展若干意见的实施意见》、《北京市人民政府关于进一步支持小型微型企业发展的意见》，上述文件是我市促进小型微型企业健康发展的纲领性文件，政策支持力度前所未有，抓好贯彻落实是重中之重。一是市政府有关部门、各区县政府，要根据各自职责，主动工作，加强调查研究，及时了解和解决中小企业特别是小微企业发展中面临的共性突出问题，尽快细化配套政策措施，让广大中小企业切身感受到春天的暖意和阳光的温度，坚定发展信心。二是政策措施不仅体现在文件上，要狠抓落地，全市各相关部门应进一步加强考核监督，对重点任务进行督办，确保我市各项支持中小企业发展的政策措施能够真正地贯彻落实到企业中去。三是中小企业工作涉及的点多、面广，很多问题需要我市职能部门协作配合方能很好解决。各相关部门应切实履行职责，以服务为导向，创新工作思路，加强配合，提高协作紧密度，确保各项政策执行到位。

二、用好公共财政资金

目前，我市“中小企业发展专项资金”增加了60%，新设立了“北京市中小企业发展基金”，财政部门正在积极筹措，资金支持力度持续加强，用好资金尤为重要。一是要切实发挥财政资金作用。要从制度、机制入手，实现资金投向重点突出，资金管理统筹联动，决策机制严谨公正，绩效目标明确细化。资金使用上，要在如何为我市中小企业健康发展提供有效支持上下功夫，要围绕改善中小企业服务环境、引导中小企业结构优化调整、促进中小企业融资等方面多做文章，最大限度发挥财政资金扶持和杠杆作用。二是要加强资金使用监管。各相关部门要严格执行资金使用制度，明晰绩效目标，强化支出责任意识，完善责任追究机制，实现资金闭环管理，确保资金使用万无一失。

三、加快推进中小企业公共服务体系建设

促进中小企业发展，政府的直接投入重要，但更重要的是建立社会化、可持续、多层面的间接扶持机制。当前，要充分调动、集聚方方面面的资源，尽快建立政府主导、全社会参与、多种资源介入的中小企业公共服务体系。一是要加快推进实施我市中小企业公共服务平台网络建设总体方案，完善中小企业创业创新、管理咨询、信息服务、人才培养、市场开拓等公共服务，整合各类“实时、易用、价廉、高效”的中小企业公共服务资源，不断提升服务能力。我市各级政府是建立中小企业公共服务体系的重要主体，要确保资源配备及时到位，总体建设进度满足要求。二是加强对已认定的公共服务平台、小企业创业基地的管理，建立激励和监督机制，加大扶持力度，健全服务规范，不断提高服务标准和满意度，有效集聚更多资源为中小企业服务，切实起到示范带动作用。

此外，《促进中小企业发展条例》的立法工作已进入重要阶段，现已向社会公开征求意见，各相关部门要高度重视，多关注舆情，加强调研、积极配合做好立法审议前的各项准备工作。

同志们，今年是贯彻落实党的十八大精神的开局之年，我市促进中小企业发展工作任务将十分繁重，责任重大，使命光荣。我们一定要深入贯彻落实党的十八大精神，紧密地团结在市委、市政府周围，积极创新，扎实工作，努力使中小企业工作迈

上新的台阶，为促进我市中小企业特别是小型微型企业持续、稳定、健康发展做出新的更大的贡献！谢谢大家！

在全市中小企业工作会议上的讲话

天津市副市长　李文喜

同志们：

今天我们召开全市中小企业工作会议，主要任务是，深入贯彻落实全国农业工作会议、全国工业和信息化工作会议和市委九届十二次全会精神，总结去年全市中小企业工作，部署今年各项工作任务，进一步统一思想，开拓创新，推动全市中小企业工作再上新水平。

市委、市政府对中小企业工作非常重视，给予了很多关注和政策支持。刚才，忠诚同志传达了兴国市长和利军同志的重要批示，两位领导对一年来中小企业工作给予了充分肯定，并对今年工作提出了明确要求，大家要认真贯彻落实。

上午，永久同志对去年全市中小企业工作进行了总结，对今年工作作了部署，我完全同意。大家分组又进行了讨论，刚才三位同志代表各自小组介绍了分组讨论情况，交流了经验，讲得都很好，开阔了思路，起到了取长补短、相互促进、相互借鉴的作用。去年全市中小企业工作总结和今年工作要点，很全面，也很具体，大家要认真抓好工作落实。下面，我讲四点意见：

一、充分肯定我市中小企业工作取得的显著成效

刚刚过去的2011年，面对复杂多变的国际国内经济环境，我们紧紧围绕全市中心工作和重点任务，开拓创新，锐意进取，真抓实干，攻坚克难，全市中小企业呈现加快发展的良好态势，实现了“十二五”良好开局。有五个方面的突出表现：

一是重点工作加速推进。大项目小巨人楼宇经济和示范工业园区建设成为区县经济工作的主要抓手和重要支撑，对区县发展的拉动作用不断增强。我们新推出了两批200个区县重大项目，已推出的800个区县重大项目已全部开工，计划总投资5800亿元，竣工项目达到430个，竣工率超过55%，累计完成投资3033亿元。3315家中小企业转型升级为科技型中小企业，全市科技型中小企业发展到2.1万家。先后推出了两批128个重点支持楼宇项目，有32个楼宇实现“亿元楼”目标，实实在在讲，抓与不抓不一样，重点抓和一般抓不一样。去年年初我们在制定这项政策的时候，预计有56亿元的税收，9个达到亿元楼，经过大家实实在在地抓，我们达到了32个，以市内六区为主，滨海新区和各区县也认认真真地抓。这项工作在市人大常委会视察的时候，肖怀远主任特别给予了充分肯定。兴国市长同样对这项工作高度重视。示范工业园区起步区载体功能不断提升，第一批14个园区拓展区顺利推进。示范园区经过两年的努力，财政用了不到20亿元的引导资金，引来了200多亿元的基础设施投资，1300多亿元的项目到位投资，总的投资额达到了4800多亿元，为郊区县做大做强提供了重要的支撑。最近，高丽书记和兴国市长都指示，要求我们进一步加大对示范工业园区的工作力度，特别是对拓展区还没有进展的，我们要加大工作力度。

二是招商引资成效显著。从强化招商队伍建设和招商基础工作两个方面着手，围绕示范工业园区和亿元楼宇两大招商载体，全力开拓招商引资渠道。31个示范工业园区累计签约项目1450个，计划总投资4778亿元。亿元楼宇新引进企业2200家，企业总户数超过6500家，增长48%。一批又一批大项目好项目入驻园区和楼宇，为区县经济发展提供了源源不断的后劲和支撑。

三是中小企业加快发展。出台了《关于进一步促进我市中小企业发展的若干意见》，开通了全市中小企业经济运行网，成功举办圆梦津城全民创业大会和中小企业品牌建设与发展天津高峰论坛，成立了全市中小企业发展促进中心，建设了一批小企业创业基地，对中小企业的支持服务力度进一步加大。全市中小企业达到18.2万家，从业人员超过360万人，占全市企业从业人员的85%以上；实现税收收入1350亿元，占全市65%；实现增加值占全市国民生产总值的55%。中小企业已经成为带动全市经济发展、市场繁荣、科技创新、扩大就业的重要力量。

四是民营经济实力增强。制定了民营经济十二五发展规划，深入开展“调结构、增活力、上水平”活动，对民营企业发展的支持服务力度不断加大。到去年底，全市民营企业达到16.7万家，注册资本1.1万亿元；个体工商户达到24万户，注册资本达到135亿元。全年民营经济实现税收收入830亿元，同比增长35%，增加值占全市生产总值的比重超过40%。民营经济已经成为推动全市经济又好又快发展的重要力量。特别是民营企业积极参与社会公益事业活动，用实际行动回报社会，广大民营企业积极响应市委、市政府的号召，积极投身对口支援和扶贫开发工作以及抗震救灾等工作，为新一轮对口援疆、援藏、援青、援陕等工作实现良好开局做出了重要贡献。

五是系统建设得到加强。我市中小企业系统虽然成立时间较短，但承担着多项全市重点工作，可以说任务重、责任大。面对这些任务和责任，全市中小企业系统狠抓工作体制机制完善和干部队伍建设，充分利用考察、会议、讲座等多种形式，不断理顺强化市与区县中小企业工作关系，及时进行区县与区县间的工作交流，形成了心往一处想、劲往一处使、相互学习、共同提高的良好局面。

正是得益于以上各项工作的强力支撑，去年区县经济各项经济指标均超额完成了市委、市政府下

达的任务目标，区县生产总值预计增长20%以上，财政收入增长39%，固定资产投入预计增长30%以上，农民收入增长12%以上，为全市经济社会又好又快发展做出了重要贡献。这些成绩的取得，是市委、市政府正确领导、科学决策的结果，是市有关部门和各级党委政府大力支持、密切配合的结果，是中小企业系统广大干部职工奋力拼搏、苦干实干的结果。在此，我代表市政府，向在座的同志们、向中小企业系统广大干部职工表示亲切的慰问和衷心的感谢！

目前来看，我市中小企业发展已经有了一个良好态势，但必须清醒地看到，与市委、市政府的要求相比，与先进省市区相比，特别是与广大人民群众的期盼相比，我们还有较大差距。一是中小企业和民营经济不大不强。体现在三个方面：首先是规模还不够大。到2010年底，浙江省有民营企业68.4万家，个体工商户187万家，省内有各类市场4200余家，交易额亿元以上的有630家，民营经济占全省生产总值的比重达到了70%以上。上海有中小企业近40万家，深圳是35.7万家，北京有27万家，而我们到去年底才有18万家，差距是很明显的。其次是实力不够强。浙江、江苏分别有144家和118家企业进入2011年中国民营企业500强，上海有17家，深圳有10家，其中华为以200亿元的净利润排名榜首，重庆有10家，而天津只有9家。再者是带动能力不够强。浙江有广厦、娃哈哈，深圳有华为、中兴、腾讯，上海有复星、盛大等有影响力的大型民营企业，而我们天津，有像天狮集团、天士力集团这样影响力的企业还不多。在企业上市方面，天津只有55家企业的60只股票在境内外上市交易，同上海、北京、广东、江苏、浙江相比差距很大，只相当于江苏省的一个地级市江阴市。二是项目建设水平还有待进一步提升。引进的产业层次高、带动能力强、税收规模大的龙头企业、支柱产业和高端项目还不多，企业总部、区域性总部和结算中心等高端服务业比重还不高，像空客、凌智等对区县经济有重大拉动作用的项目还很少，同时，对重大项目的服务和支持方面还存在薄弱环节，特别是在当前融资难的情况下，部分干部对项目建设存在畏难情绪。三是全民创业不足。创业氛围还不浓，创业活力还不够，创业机制还不健全，创业主体，特别是科技创业还不多。部分传统垄断行业和领域，还存在着限制民间投资进入的“玻璃门”和“弹簧门”。四是服务水平还有待于提高。特别是对于现有的企业的服务应该进一步加强。服务好现有的一家投资企业是最好的招商引资，这就是我们通常讲的以商招商，以情招商。个别区县存在着重引轻管的现象，存在着现有企业离去的现象。另外个别区县个别干部对中小企业和民营经济发展重视程度还不够，重视大项目而忽视对中小微企业的发展。应该认识到数以十万计的中小企业是我们区县经济的主体。希望同志们高度重视中小企业和民营经济的发展，这是科技型中小企业发展的基础，科技小巨人的基础。对于以上问题，我们还需要深入研究，采取有力措施，认真加以解决。

二、准确把握当前中小企业发展面临的形势

今年我们党将召开十八大，我市将召开第十次党代会，做好中小企业工作，对于保持我市经济社会又好又快发展具有十分重要的意义。

展望今年，经济形势总体上仍将十分严峻复杂，存在着许多可以预料和难以预料的困难。从国际上看，世界经济复苏的不稳定性不确定性上升，国际金融危机的深层次影响不断显露，世界经济下行风险在增大。全球大宗商品和金融市场震荡加剧，贸易和投资保护主义倾向更加突出，发达国家和新兴市场国家的经济摩擦日益增多，特别是针对我国的贸易和投资保护主义更加明显。外部环境对我国的不利影响明显加大，经济发展环境可能进一步恶化。从国内看，经济增长回落与物价仍处高位相互交织，实体经济面临的困难明显增大。三大需求拉动乏力，经济增长存在下行压力。企业生产经营面临较大困难，劳动力、土地、能源等要素上涨呈长期化趋势，部分中小企业融资难、融资贵的问题日益突出，宏观调控面临更多“两难”选择。从我市看，汽车、钢材等产品产量下降，建设资金趋紧，消费增速趋缓，外贸出口增长回落。总之，国际问题和国内问题相互交织，短期问题与长期问题相互作用，对我国经济冲击会增多，挑战会增加，难度会增大，我们必须予以高度重视。

看到困难的同时，也要看到，我们有自身的优势和良好的工作基础。一是，国内外形势的变化没有改变我国经济发展的基本面，中小企业仍处于重要战略机遇期，保持平稳较快发展具有不少有利条件。今年中央和市委、市政府支持中小企业加快发展的政策措施将进一步加大，更有针对性，更有力度，支持中小企业的氛围更加浓厚。二是，我们多年工作打下了坚实基础，大力推进农村“三区”联动发展，搭建了充裕的发展平台，拓展了区县发展空间，为加快增长提供了强力支撑；我们加快大项目小巨人楼宇经济发展，储备了一大批大项目好项目，形成了一大批新的经济增长点，为加快发展备足了后劲；连续三年分别开展“保渡上、保增上、调增上”活动，优化了发展环境，积累了应对风险的经验，增强了发展信心；三是，我们形成了加快发展的良好氛围。多年来，区县广大干部群众以饱满昂扬的精神状态，大力发扬“五加二、白加黑”的工作精神，不需扬鞭自奋蹄，自加压力，形成了肯干事、会干事、干成事的好作风。我坚信，只要我们坚定发展信心，积极做好应对准备，扎实做好各项工作，坚持稳中求进、稳中求好、稳中求快，我们的中小企业工作就一定能克服暂时的困难，实现又好又快发展，为全市发展做出更大的贡献。

三、努力开创中小企业工作新局面

关于今年中小企业工作，市中小企业局提出了

实施“载体支撑、项目引擎、创新提升、服务保障”四轮驱动工作思路，重点突出，简明扼要。上午，永久同志作了具体部署，我再强调几点：

一要加快载体建设。今年是示范工业园区和亿元楼宇建设的关键一年，做好今年工作对五年完成园区建设和三年实现亿元楼宇目标至关重要。已经列入第一批拓展区建设范围的14个示范工业园区，要加紧启动基础设施建设，对还不具备条件列入拓展区建设范围的园区，要加紧工作，尽快达到启动拓展区建设条件。我们的原则是符合一个审批一个，争取年底前全部园区列入拓展区建设范围。去年推出的第二批亿元楼宇项目，要尽快落实好支持专项资金，各区和楼宇要组建每个楼宇工作班子，尽快启动亿元楼宇建设。各楼宇要加大提升改造、“腾笼换鸟”和资源整合力度。此外，载体尚包括示范小城镇、众多市场、经济开发区和功能区。

二要加快区县重大项目建设。大项目好项目是发展实体经济的重要抓手。高丽书记在市委九届十二次全会上的讲话强调要下更大力量抓好大项目好项目建设，要求“我们任何时候都要把项目建设摆在重要位置，毫不放松地抓，坚持不懈地抓，把‘三个一批’的要求贯穿始终，更好地促进结构调整，培育更多的增长点，不断增强发展后劲”。各区县、各部门要拿出更大的精力研究项目，洽谈项目，建设项目。要狠抓进度，一季度已推出的项目要力争早建设，全年竣工项目达到80%。要加大项目储备，加快推动已签署合作协议项目的落实，积极准备再推出一批新项目。要进一步搞好服务，优化投资环境，提供全方位、全过程服务，狠抓资金筹借，促进项目早竣工、早见效。

三要加快招商引资和全民创业。强化招商引资、借助外力推动经济发展和推进全民创业、用足内力加快经济发展是发展经济两种途径。要紧紧围绕示范工业园区和亿元楼宇两大载体，瞄准高端制造业和现代服务业两个重点，力争在“专业招商、产业招商、渠道招商、平台招商和重点招商”五个方面提高水平，千方百计引进一批大项目好项目落户园区和楼宇。要围绕落实好科技型中小企业、小型微型企业相关政策，举办好全民创业大会，积极营造全民创业氛围，大力培育创业主体，搭建创业平台，拓展创业空间，强化创业服务，激发创业活力，以创业带就业，以创业促发展，努力推动全民创业，扩大就业规模，维护社会稳定。要放宽投资主体准入条件，降低全民创业门槛，坚持“非禁即入”原则，鼓励和支持各类社会资本进入各个领域投资建设。

四要加快中小企业转型升级和科技创新。加快经济转型、注重创新驱动、促进内生增长，是经济工作必须切实抓好的战略任务，也是推动经济发展方式转变的重要举措。要充分利用国家和我市支持中小企业技术改造、技术创新等财政资金，大力推动传统产业优化升级。要大力扶持企业转型升级，各区县要明确转型升级企业指标和名单，实施分类扶持。认定、扶持和培育一批为中小企业提供公益性和共享性服务的公共服务平台，帮助企业降低创新成本，提高创新水平。全年力争实现中小企业转型升级4500家。

五要加快提升中小企业和民营经济服务水平。要结合全市“调结构、惠民生、上水平”活动，组织开展好“中小企业服务年”活动，实施“政策咨询、投资融资、转型升级、管理提升、创业创新、舆论宣传”六大行动，为广大中小企业送政策、送服务、送温暖。要加快小企业创业基地建设，市中小企业局要会同市有关部门，抓紧制定工作方案和扶持政策，加紧与工信部进行对接，尽快启动小型企业基地建设工作，提高小型微型企业创业成功率。要加快中小企业、民营经济规划和政策落实，落实好国家和我市中小企业、民营经济特别是小型微型企业扶持政策措施，重点加大对创新型、创业型和劳动密集型企业扶持力度。要高度关注民营经济和中小企业运营，建立和完善中小企业统计、监测和分析制度，及时掌握中小企业运行情况。要围绕中小企业和民营经济融资难、融资贵等难点、热点问题，开展专题调研，及时帮助他们渡过难关。毕竟，只要企业能正常运行，就有就业，有就业才有社会稳定。

四、扎实推进中小企业系统干部队伍建设

今年艰巨繁重的任务，对中小企业系统提出了新的更高要求，我们必须主动适应新形势，进一步加强干部队伍建设，打造一支政治坚定、业务精良、务实为民、作风过硬的队伍，为完成各项重点任务提供有力保证。

一是要明确责任目标。全市各项重点工作目标任务已经确定，各区县、各部门和每个工作人员、每一项重点工作都要制定跳一跳能够得着的工作目标，细化具体工作保证措施，明确工作责任和时间要求，全力抓好落实。

二是要创新发展思路。思路决定出路，好的思路需要不断完善，不断创新。要在去年创新工作的基础上，总结完善已有好的做法，进一步解放思想，积极进取，用创新的思维、创新的招法，去破解中小企业发展中遇到的各种难题，去推动各项工作再上新水平。

三是要保持良好精神状态。今年要在全市中小企业系统开展创建学习型、创新型、文化型、和谐型机关活动，加强政治和业务知识学习，以学习改进作风，强化素质，树立良好形象，提升服务能力，努力打造一支素质好、能干事的干部队伍。

四是要确保首季开门红。一年之计在于春，一年工作看首季，实现首季开门红对做好全年的工作极为重要。高丽书记、兴国市长多次强调，去年天津发展形势很好，在几个方面都走在了全国的前列，要保持这种好势头，实现今年首季开门红极为关键。我想，实现开门红的标准有两个：一是各项主要经济指标增速要好于去年；二是区县重大项目要尽最大努力使一批重大项目要竣工，同时要确保一批新项目开工。第一批园区拓展区建设、亿元楼宇等各

项重点工作全面启动，进展顺利。会后，各区县尽快细化目标任务和责任制，一级抓一级，层层抓落实。我们要抓紧每一天，干好每一月，以百倍的努力，争取最快的速度，达到最好的结果和最高的水平，确保首季各项工作高起步、开门红，为圆满完成全年目标任务打下坚实的基础。

在全省民营经济工作会议上的讲话

河北省省长　张庆伟

同志们：

推动新时期民营经济大发展快发展，是建设经济强省、和谐河北的重要举措。省委、省政府对开好全省民营经济工作会议高度重视，省委书记张庆黎同志作出重要批示，对加快发展民营经济提出了新的明确的要求。今天我们这个会，省委常委、省委统战部长田向丽同志，今天上午还在北京开会，开完会议后，为了参加咱们这个会议，马上跑回来，对民营企业家、民营企业非常关心。最近省委常委多次研究有关非公、民营企业的发展有关事宜，省人大的黄荣副主任，也是我们省工商联主席，省政协的崔江水副主席，今天我们一同来开这个会，那么刚才呢，我们隆重表彰了民营经济发展先进市县、百强民营企业、优秀民营企业家和创业功臣。张杰辉副省长对全省民营经济工作进行了全面总结和安排部署，讲得很好，我都赞同。借此机会，我代表省委、省政府，代表省委书记张庆黎同志，向受表彰的先进单位和先进个人，表示热烈的祝贺！向全省广大民营企业家和所有关心支持民营经济发展的各界人士，致以崇高的敬意和衷心的感谢！下面，我着重就提高民营经济发展水平讲几点意见。

一、高度重视，毫不动摇地鼓励支持和引导民营经济发展公有制为主体、多种所有制经济共同发展是我国社会主义初级阶段的基本经济制度。民营经济等非公有制经济是社会主义市场经济的重要组成部分。党中央、国务院始终高度重视发展非公有制经济，相继出台了一系列促进非公有制经济发展的政策措施，有力地保障了非公有制经济的持续快速健康发展。针对后金融危机时代国际经济环境发生的新变化和国内经济运行出现的新情况，国家不断加大对民营经济特别是小微企业的扶持力度，制定实施了“新36条”“国9条”“国4条”，为民营经济摆脱困境、健康发展提供了政策保障。温家宝总理在今年《政府工作报告》中对落实扶持政策、促进非公有制经济发展提出了明确要求，为我们进一步加快民营经济发展指明了方向。

民营经济事关河北改革发展大局，事关社会和谐稳定。近年来，我省坚持以科学发展观为指导，围绕贯彻落实中央关于大力发展非公有制经济的方针政策，先后出台了13个鼓励支持民营经济发展的政策性文件，不断在强化服务、重点帮扶、深化改革、优化环境等方面加大力度，推动我省民营经济发展空间有了新拓展、规模总量跨上新台阶、结构调整迈出新步伐、自主创新取得新突破、综合实力得到新提高，为改善民生、增加就业、维护稳定发挥了重要作用，为保持全省经济平稳较快发展做出了突出贡献。

当前，我省民营经济发展已站在新的历史起点上，具备了新一轮发展的时代机遇。省第八次党代会开启了建设经济强省、和谐河北的新征程，河北沿海地区发展规划启动实施，为民营经济发展提供了更大的舞台、更广阔的空间。但是也要清醒看到，与先进省份相比，我省民营经济发展规模还不够大、结构还不够优、水平还不够高，在产业层次、创新能力、融资用工、发展环境等方面还存在着一些突出矛盾和困难，下大力解决好这些困难和问题，对保持经济平稳较快发展、促进社会和谐稳定具有十分重要的意义。

民营经济是就业经济、富民经济，也是强省经济。放眼全国各地民营经济竞相发展的新形势新局面，面对建设经济强省和谐河北的新任务新要求，我省民营经济发展既面临难得机遇，也面临严峻挑战，时不我待，不进则退。

各级各部门一定要从全局和战略的高度，切实增强紧迫感和责任感，以更宽的视野、更大的气魄、更有效的举措，推动民营经济实现科学发展、创新发展、持续发展。

二、完善措施，不折不扣地落实支持民营经济发展的各项政策。发展民营经济，政策是支撑，关键在落实。要围绕贯彻国家支持民营经济发展的各项政策，对我省现有的政策措施进行梳理完善，进一步深化、细化、具体化，确保落实到位、发挥效力。

放宽民营经济市场准入。对民营企业与其他所有制企业一视同仁，实行同等待遇。要按照“非禁即入”的原则，打破垄断、放宽准入，支持民间资本平等参与国有、集体企业改制改组，鼓励民间资本进入铁路、市政、金融、能源、电信、教育、医疗等领域，促进各类所有制经济公平竞争、共同发展。要降低准入门槛，放宽技术、商标等入股限制，扩大创业者范围，鼓励各类人才创办民营企业。

这个省政府研究室做了个调研，对民营经济发展当中出现的一些情况和问题做了些分析，分析当中也表明，我们省的民营经济在发展过程当中，切实需要在政策层面更进一步的加以支持，从2003年以来的10年，省一级，就是省委、省政府下发的文件就有6个，部门下发的总数牵扯政策类的有30多个，一个是政策本身呢，需要能够得到贯彻落实，这个调研当中也发现，就3个市16家民营企业中，有多数的企业对有些政策不了解，不知道有些政策或者说支持性的一些意见，这个，相应的内容，一方面反应我们基层宣传贯彻政策的力度不够，另一方面也反映出，我们民营企业家，或者民营企业管理的团队，对如何进一步吃透政策，运用好政策，对自己发展这方面的大环境、大的形势了解的不多，吃的不透。另外也发现，政策在执行过程当中，也出现一些部门之间重叠打架的现象，也有在政策执行过程当中，下一级的地方政府，以红头文件或者其他形式，跟政策相悖的这些问题还不少，所以我们今年要加强这方面的检查落实，特别对行政权力运用、实施和落实相关政策方面，要加强这方面的监督检查。这个不是检查我们企业，是检查我们政府的部门在执行省一级的政策过程当中的落实情况。

加大财税金融扶持力度。要用足用好国家财税政策，扩大扶持中小企业发展专项资金规模，重点支持小微企业技术改造和公共服务体系建设，降低民营企业税收负担。政府采购要安排一定比例专门面向民营企业特别是小微企业。鼓励各类金融机构积极开展金融产品创新，改进金融服务，增加信贷投放。规范发展小额贷款公司、村镇银行和担保机构等新型金融组织，支持民营企业上市融资、债券融资、股权融资，提高企业融资能力。

这方面，要找一些典型的案例，我们鼓励通过资本的作用来进一步促进企业能够长期的发展，扩大企业的筹融资的能力，所以前不久，我也请我们省长助理江波同志，就关心一两个民营企业上市过程当中出现的一些情况做一些调研和分析，能够帮助企业在上市过程当中加快，同时反过来看在企业筹融资过程中，我们相关的一些部门，特别是基层部门，在这其中存在的一些问题。

精简行政许可和收费项目。要对现有行政许可项目进行全面清理，依法保留的，要向社会公布；不在公布之列的，一律停止执行。除国家法律法规规定外，对民营企业的各类前置行政许可一律取消。按照能免则免、能减则减的原则，减少收费项目，降低收费标准。严格落实国家减免小微企业的22项行政事业性收费项目，所有涉及民营企业的行政事业性收费项目一律按收费标准的下限收取。

这方面的任务非常重，这个项目也比较多，覆盖的面都比较宽，类型比较多，所以在这个方面，有很大的改进和做好工作的空间，我们还是层层落实责任制，这个还是要一级抓一级，把我们这个所在每个层级的工作有效行使好，结合好。这个乱收费“三乱”的现象还依然存在，而且还很顽固，顽固不化，而且也是民营企业反应最为强烈的问题之一，这个有很多管理方法需要改进。过去有很多部门所谓的管理就是收费，执法呢就是罚款，帮助促进企业的一些办法，搞好服务的一些做法，为企业出主意的一些办法我看都比较简单粗暴。我点一点“三乱”现象的形式，一类是没有收费许可部门的自定收费，你收上来以后，咱们是收支两条线，没地方放，大体上可能变成了小金库；二类是弹性大的收费，执法人员滥用自由裁量权，这个动不动就罚，或变相的让企业赞助；第三类，大家反映比较多的就是重复罚款，一个部门当中的不同的科，也都在那罚款。这方面也是今年我们行政效能监督检查的一个重点要改进的一个方面，讲到发展环境，大体上拿到面上说的不多，你说不重视，不支持，或者说没有相关的一些要求，恐怕也不实际，通过这个综合排序，不同的地，不同的市，它有不同的情况，都不是绝对的，但是其中呢我们也要分析，走在前列的，搞得好的，有很多好的做法，值得我们吸取、推广和总结，所以在这方面我们不简单的把排序作为衡量一个市县发展民营经济的一个优劣，但是其中呢，我觉得排到后面的这些当中啊，也确实需要认真的查找不足和加以改进。

加快构建公平竞争平台。要坚持以市场为导向，推动生产要素的合理流动和资源的优化配置。在充分发挥市场对资源配置基础性作用的同时，要公平合理配置资源，对民营企业统筹平等安排各类生产要素。在土地供应、国债项目立项、工业技改贴息、科技成果转化资金、出口退税等方面，保证民营企业享受与国有企业的同等待遇。这就我们过去通常说的“国民待遇”，最近呢，政府常务会议讨论了省里的重点项目的管理办法，对这个过去进行加以总结，也要求市县完善重大项目管理办法。

三、转变方式，奋发有为地推动民营经济做优做强。当前，我省民营经济发展已进入转型升级、提升水平的关键阶段。要把转变民营经济发展方式作为促进全省经济转型的重要突破口，在产业结构调整、加快自主创新、改进管理方式上下功夫、见实效，带动和活跃我省经济全局。

加快结构调整步伐。结构调整是转变民营经济发展方式的主攻方向。要把发展民营经济与构建现代产业体系结合起来，大力实施“传统产业升级、新兴产业倍增、现代服务业提速”三大计划，鼓励民营企业通过新工艺、新装备、新技术改造提升传统产业，加快发展新能源、新材料、电子信息等新兴产业，大力发展生产性服务业和生活性服务业。鼓励民营企业突破瓶颈制约，拓宽新领域、催生新业态、培育新热点，走“专精新特”发展之路。

最近我们向国务院上报了我省钢铁行业调整的一个实施方案，待国务院批复，大家知道，钢铁行业，就全国来说是个产能过剩的一个行业，钢铁行业的调整是由国务院批的，不是由哪个部门，我省是产能大省，是产量大省，我们大量的钢铁企业当中是民营经济的。我们在研究讨论上报方案当中，特别强点了一条基本原则，我们在钢铁行业下一步实施调整过程当中，不论是国有民营的都一视同仁，但是必须要达到国家准入的行业标准，淘汰落后的一些要求，还有就是我们在注重技术改造、节能、环保方面，统筹这些要求，我们省的民营经济发展当中，重要的大块头的，或者说作为一个产业一个群体在国家排序当中，500强也好，100强也好，钢铁企业占了相当大的比重。这些企业来之不易，发展起来更不容易，对比外省的发展，我们这方面还是发展好的，包括有很多好的民营企业这个装备新，节能减排效果好，品种竞争力强，注重后续的研发，企业管理比较精细，成本控制相对比较好。但是大量的低水平的，节能环保没有达到的，普通的产品生产量，依然比较大。其他的产业当中，也有类似现象，比如说水泥，建材还有玻璃，这些方面，所以说我们还有很多事情需要做，有很多的事情需要我们政府的部门，跟企业一道来，提高认识，来通过我们的努力，增强自己自我发展的本领和能力，所以我们承诺一条，下一步在行业调整当中，决不搞国进民退，谁好我们就支持谁，国有的不行我们照样给它关了，在加大兼并重组的过程当中，我们就是要以标准、技术、创新等，来推动企业提高核心竞争力。加快结构调整，转型升级对工业企业来说，这个标准是唯一的，所以昨天工信部的苗圩部长到我们省里来调研，调研很重要的一方面就是推进工业的转型升级，推动战略性新兴产业的发展这些方面，大家要相信，我们政府部门的设置当中，国资委是代表政府作为出资人，对国有企业的监管部门，我们所有的部门都不带有对国有或者对民营或者对其他形式的市场主体的，只有国资委是单独的。所以在调整产业结构步伐当中，我们特别期待民营经济能够走在前列，因为你这决策来得快，你的效率比较高，也就是说，船小好调头，有很多方面你只要判断的准，把握的好，你的战略发展的符合，你发展起来的步伐就会快得多。

推动产业集约集聚。产业园区是民营经济集约发展、增强实力的重要载体。要按照布局合理、特色鲜明、用地集约、生态环保的原则，突出抓好省级重点园区、开发区和工业聚集区，搭建技术、电子商务、物流、信息等服务平台，引导民营企业集约集聚发展。大力实施产业集群示范工程，壮大一批重点产业集群，增强上下游产业和相关产业的集聚度，延长产业链条，提升专业化分工协作水平。

在这方面政府也有很多事要做，特别对这个产业集群，比较大的一些县域经济和园区经济的发展，要搭建技术服务、电子商务、物流信息方面的一些平台。这些平台主要以服务为主，增强我们对产业聚集的服务能力，做好这方面的服务，我觉得意义大于我们给一个企业一点支持，用好这些平台也是我们下一步在搭建过程当中和企业要进行共同推动的。

提高自主创新能力。自主创新是企业发展的内生动力。要发挥好财政资金的引领和导向作用，鼓励和支持民营企业加大研发投入，充分释放创新潜能。要推进产学研紧密结合，促进民营企业与大专院校、科研院所联姻和协作，加快科技成果转化和产业化。要加强品牌建设，引导民营企业争创中国驰名商标、河北省著名商标，支持“中华老字号”做大做强，努力打造一批国家和省名牌产品。企业要以质量求生存、促发展。

全面推进开放合作。民营经济是我省国际合作的主力军，要加快实施“走出去”战略，大力发展外向型民营经济，支持民营企业在做好本地市场的基础上，充分利用好各种平台，如中博会、广交会、深交会、APBC 等平台，有效拓展省外、国外市场。鼓励有条件的企业积极参与行业领域细分，适时对国内外互补企业进行并购，开展境外投资和跨国经营，在更大范围、更深层次上参与国内外竞争，抢占新的制高点。前不久我去美国，接触了不少企业家，我们要紧紧抓住与央企对接合作的有利时机，加强协作，配套生产，加快发展壮大。

加强人才队伍建设。民营企业能否在激烈的市场竞争中做大做强，归根到底要靠人才、靠素质、靠管理。要围绕实施“民营经济组织人才队伍建设提高工程”，深入开展“适用人才聚集、重点人才培养、全员素质提高”三大行动，建设一支熟悉国内外市场、具有战略眼光、管理水平先进的优秀民营企业家队伍。要加快民营企业经营管理人才职业化、市场化进程，推动经营模式转变和管理创新，促进民营企业健康发展。

四、营造环境，优质高效地为民营经济发展搞好服务。在社会主义市场经济条件下，政府是创造环境的主体，民众是创造财富的主体，企业是市场竞争的主体。努力营造良好的发展环境，是对民营经济最直接、最有效的支持，也是各级政府引导和促进民营经济发展的主要任务。

要大力营造服务到位、办事高效的政务环境。结合政府机关标准化建设，全面推行服务质量公开承诺制，完善网上审批业务系统，规范政务公开，简化办事程序，提高行政效率。要及时把国家和省的有关政策信息、行业信息、技术信息传递到民营企业，指导企业了解政策、掌握政策、用好政策。要转变工作作风，建立健全民营企业联系制度，积极为企业排忧解难。

要大力营造严明规范、公平公正的法制环境。全面推进依法行政，严格执法、公正执法、文明执法，坚决治理乱收费、乱罚款、乱摊派、乱检查、乱评比、乱培训等现象，对巧立名目、转嫁负担的问题要坚决查处，对重复检查、借机敛财的行为要坚决取缔，切实维护好民营企业的合法权益。要进一步规范市场经营秩序，坚决打击各种扰乱市场公平竞争的行为，创造健康有序的市场经营环境。

要大力营造放心投资、安心创业的社会环境。加大社会管理创新力度，加强社会治安综合治理，创造良好的社会治安环境。要加强社会诚信体系建设，支持和引导民营企业依法、规范、诚信经营。充分发挥舆论导向作用，大力宣传民营经济发展的先进典型和成功经验，在全省形成尊重纳税人、关爱企业家、扶持创业者的浓厚氛围。

五、加强领导，卓有成效地推进民营经济更好更快更大发展。促进我省民营经济大发展大提高，需要全省上下齐心协力、共同推动。各级各部门要把民营经济发展摆上重要位置，进一步解放思想，加强组织领导，改进工作方法，创新服务机制，为民营经济发展提供有力保障。

要落实责任、形成合力。各级党委、政府要加强对民营经济发展的领导，认真落实中央关于加强非公有制经济组织党的建设的要求，健全领导体制，完善工作机制，打牢基层基础。各级政府要切实履行好鼓励、扶持、指导民营经济发展的职责，把民营经济发展纳入目标管理，精心组织，统筹推进。省民营经济领导小组办公室要切实负起责任，加强指导协调，研究解决问题。各有关部门要各司其职、各负其责，密切配合、相互支持，形成整体合力。各级工商联等社会团体和行业协会要发挥好桥梁纽带作用，搞好对民营企业的指导、管理和服务。政府的部门要加强对企业的关心，这项工作是很具体的。举个例子，这个例子很痛心，赵县克尔化工的例子，如果部门对这个企业多关心的话，不至于发展到这个程度，等最后结论出来以后，我们各个部门包括安监、质检、工信部门还有省中小企业局要多去关心它们，对企业要进行严格的管理。企业一定要接受国家制度和标准的管理。企业要是盲目追求利益，不注重生产方面，早晚都要走到自己把自己搞垮这个路子。有些企业开始是不错的，但后来为了追求利益，置安全、质量、信誉不管的情况，我们要依法、坚决地进行整顿，直至关掉，这是毫不含糊的。面对这种情况，我们生产部门、技术部门要对企业进行监管指导，不要等企业走到不可以收拾的地步再去监管，对企业的关心要形成合力，监管要监管到位、关心要关心到底，真正能在企业增强竞争实力上给企业把好关、服好务，这是我们的责任。

要科学监测、把握动态。完善民营经济运行监测制度，改进统计方法，完善统计指标，强化基层基础，加强对小微企业的专项统计和对成长型民营企业的直报监控，逐步建立协调有序的省、市、县（市）民营经济运行监测网络，全面、客观、及时地反映全省民营经济进展和分布情况。做好民营经济发展的态势分析工作，及时把握民营经济发展动态，合理制定政策措施，引导民营经济快速健康发展。

要强化督导、增强实效。建立健全民营经济发展长效机制，加强对民营经济发展指标、重点任务、政策落实情况的督促检查，使各项工作有布置、有检查、有评估、有奖惩。积极发挥新闻媒体舆论监督作用，完善企业权益保护机制，对侵犯民营企业合法权益、干扰企业经营活动的典型案例予以曝光，确保政策到位、工作到位、服务到位。

今天受表彰的民营企业家和创业功臣，是我省民营企业家的杰出代表。各级党委、政府和全社会都要关心他们、爱护他们、支持他们，为他们施展才华、创业发展创造良好的条件。希望广大民营企业家以实业报国，或者说小一点实业兴省、实业兴河北、实业兴冀，奉献社会为己任，以遵纪守法、诚信经营为理念，以创新发展、做优做强为追求，争做优秀的中国特色社会主义建设者，为建设经济强省、和谐河北贡献力量。

我想今天借这个会议提一个要求，我们期望今后在河北已经创业的民营企业家，特别是我们本省籍的、河北籍的，要做到一点，就是企业的总部不要搬走。最近听说有些民营企业家把总部搬到北京、天津等外地市，我们鼓励企业出去设厂、鼓励企业“走出去”，也知道某些企业的总部所在的市、县条件有限，但是毕竟它是创业发起的最初的土壤，企业在这片热土上创业发展，总部搬走对我省经济发展影响很大。我们反过来也希望，各市县领导要早知道、早关心，与企业家去谈、去了解企业家的情况，一旦发现有搬出去念头的，我们要早沟通、早做工作，让他们打消总部搬出去的念头。同时，我们在进一步工作中，要切实分析企业总部搬走的原因，要找出问题，切实分析。我们要严肃对待此类事情，总部搬离不在于企业的大小，我们要的是企业总部继续留在河北，最后借这个机会，希望大家互相转达！要是发现有企业总部要搬离河北的，要早做工作、早协商。

同志们，在推动科学发展的伟大实践中，民营经济作用举足轻重、发展前景无限广阔。我们要在以胡锦涛同志为总书记的党中央坚强领导下，深入贯彻落实科学发展观，按照党中央、国务院和省委、省政府的部署要求，坚定信心、迎难而上，开拓创新、真抓实干，不断谱写我省民营经济发展的新篇章，以优异成绩迎接党的十八大胜利召开！

完善服务 优化环境
努力开创中小企业工作新局面

——王波副主席在内蒙古自治区推进中小企业服务年主题活动电视电话会上的讲话

同志们：

今年自治区党委、政府决定继续巩固深化 2011 年全区促进中小企业政策落实年活动成果，与全国部署一致，在全区深入开展以”服务企业、助力成长”为主题的中小企业服务年主题活动。自治区政府办公厅已下发了主题年活动方案，今天我们再次召开这次电视电话会议，目的是进一步深入推进主题年活动，贯彻落实《国务院关于进一步支持小型微型企业健康发展的意见》（国发［2012］14 号）以及《自治区人民政府关于促进小型微型企业持续健康发展的意见》（内政发［2012］88 号）精神，进一步统一思想，优化中小企业特别是小微企业发展环境，开创中小企业工作的新局面。下面我讲几点意见。

一、统一思想，形成推进中小企业发展合力

近年来，在国家和自治区一系列政策的扶持下，我区中小企业迅速发展。截至 2012 年 7 月，全区中小企业和个体工商户达 107.9 万户，其中中小企业 17.1 万户。规模以上工业中小企业增加值占全部规模以上工业增加值的 68.9%，对全区工业增长贡献率达 73.1%。中小企业提供了全区 75% 以上的就业岗位，完成了 60% 的 GDP，实现了 50% 的税收。在推动经济增长、开展技术创新、扩大城乡就业、促进民生发展和社会稳定等方面具有不可替代的作用。促进中小企业健康发展具有全局性和战略性的重要意义。

针对中小企业扶持政策落实难的问题，我区在 2011 年开展了促进中小企业政策落实年活动，目的是让中小企业了解并享受国家和自治区促进中小企业发展的政策，让各级政府部门明确并落实支持中小企业发展的责任。这一活动得到了各级党委政府的高度重视和社会各界的积极响应，取得了明显成

效。我区地域辽阔，中小企业量大面广，行业分布广泛，发展阶段各异。加之，国家和自治区各项政策落实主体分属不同的部门。依靠任何单个部门都难以满足广大中小企业的发展需求，只有形成协调联动机制，才能动员社会各方力量来支持中小企业发展。一年来的实践表明，通过这种主题年活动，有利于形成各部门协同扶持中小企业发展的合力和联动机制；有利于营造良好的舆论氛围，整合社会资源服务中小企业；有利于突破瓶颈制约，以主题年活动为主线，统筹推进中小企业各项工作；更有利于加快创建服务型政府。因此，“十二五”期间，我们按照“整体规划、提前部署、持续开展”的原则，依次开展促进中小企业政策落实年、服务年、创新年、集群化发展年、质量效益年活动。这是在对中小企业工作规律性认识和把握的基础上对中小企业工作方式的创新和探索。

2012 年是实施“十二五”规划承上启下的重要一年，也是保持经济持续稳定发展的关键一年。我们要以中小企业服务年为契机，把思想和行动统一到党中央、国务院和自治区党委、政府对形势的分析判断上来，统一到国家和自治区进一步扶持小型微型企业发展的决策部署上来，形成合力，切实把中小企业服务年活动不断引向深入，力争使我区中小企业工作迈上新的台阶。

二、突出重点，切实在完善中小企业服务上取得新突破

深入开展中小企业服务年主题活动要以实施“3610”行动计划（深入实施“三项示范工程”、落实完善“六项政策措施”，切实办好“十件实事”）为抓手，突出重点工作和关键措施，力争实现突破性进展，努力形成全社会扶持服务中小微企业发展的合力，培育大中小微企业协调发展的良好企业生态，推动中小企业在更高层次上实现集群集约发展，开创我区中小企业发展新局面。

（一）重点落实好扶持小微企业发展政策，进一步优化小微企业发展环境。今年以来，国内外复杂多变的宏观经济形势和日趋严峻的国内外市场环境，给中小企业特别是小微企业生存和发展带来新的冲击和考验，部分小微企业融资难、用工难、创业难、盈利难等问题更加突出。中央、国务院审时度势、果断决策，4 月 19 日适时出台了《关于进一步支持小型微型企业健康发展意见》，从财税、金融、公共服务等领域加大对小微企业支持力度，创造更加良好的发展环境。自治区党委、政府根据我区实际，及时出台了《关于促进小型微型企业持续健康发展的意见》（内政发［2012］88 号），从八个方面 59 条具体措施，改善小微型企业发展环境，引导和帮助小微企业不断增强盈利能力和发展后劲。这既是自治区党委、政府立足小微企业在保增长、惠民生中的重要作用，为应对经济下行压力采取的一项重要措施，也是为促进小微企业持续健康发展而采取的一揽子政策措施，对广大小微企业不只是渡过难关的雪中送炭，更是谋求更大发展的新机遇。各级政府各有关部门要切实提高认识，把贯彻落实好国家和自治区两个《意见》精神，促进小微企业健康发展作为应对当前经济下行压力的一项重要措施，作为提高居民收入水平、促进民生发展的有效途径，以深入开展中小企业服务年活动作为桥梁和纽带，凝聚各方面的力量来支持中小企业的发展，不断优化其发展环境。要把促进小微企业发展作为长期性战略任务列入地区经济社会发展总体规划，研究解决小微企业发展中的问题，根据自治区意见，制定详细具体可操作性强的配套实施办法，建立健全责任机制，把原则变成具有可操作性的措施，把措施变成具体行动，确保各项扶持小微企业发展的政策措施切切实实落到实处。自治区政府办公厅要尽快把 88 号文件的任务分工落实到各部门，要逐项细化。配套政策不能光讲原则、讲口号，要具体管用，具有可操作性。要让小微企业负担得到减轻，支持资金要到位，融资难要明显缓解。各级中小企业主管部门必须要以高度的使命感和责任感，切实履行好各级党委政府赋予的重要职责，全力以赴促进中小微企业发展。

（二）重点加强示范引导，加快中小企业发展方式转变。中小企业是国民经济的重要组成部分，也是区域经济发展和结构调整最具活力的内生动力。没有中小企业的产业结构调整和发展方式转变，就没有整体经济结构调整和发展方式转变。以更大的决心和力度，加快推进产业结构调整和发展方式转变，努力构建多元发展的现代工业体系是自治区党委、政府促进我区经济又好又快发展的重要举措，以此为主线，实施了沿黄沿线经济带发展战略和“双百亿工程”，提出了加快推进非资源型产业、中小企业、富民工程一体化发展等一系列新思路、新举措，为中小企业发展、结构调整和转型升级提供了空间。因此，我们推进中小企业工作不仅要解决当前小微企业发展中面临的融资难、税负重等困难和问题，更要着眼于长远，紧紧抓住中小企业转型升级难这个根本矛盾，将引导中小企业创新发展和集群化发展作为长期发展方向和工作目标。要把推进非资源型产业、中小企业、富民工程一体化发展贯彻于我区中小企业工作始终，作为中小企业服务年活动的重要内容贯彻落实到位。要围绕转变发展方式，深入研究我区中小企业的规律性特点，引导中小企业提高盈利能力、提升管理水平、积累创新升级所需的经济实力，探索出一条符合我区实际的中小企业创新发展、集群化发展之路。要通过实施工业中小企业成长工程、“以创业带就业”工程、生产性服务业领域中小企业发展工程“三大示范工程”，分类引导中小微企业科学发展。要围绕重点培育的七大类非资源型产业和 60 个产业集群建设，促进中小企业围绕优势产业搞延伸、围绕重点项目搞协作、围绕产业基地搞配套，在延伸、协作、配套中实现有效的集聚和融合，推动中小企业在更高层次上实现集群化发展。要以工业园区为载体，优化承接产业转移环境，加强对外交流合作，加大招商引资力度，以盟市旗县为主战场，以中小企业为生

力军，积极承接产业层次起点较高、与现有产业接续性强和有利于产业多元、产业延伸和产业升级的非资源型项目。

（三）重点加强中小企业服务体系建设，建立长效服务机制。中小企业"小、散、弱"的特点决定了他们在发展中会遇到许多自身难以解决的问题，需要完善的社会化服务体系为其提供有效的服务。中小企业服务体系建设滞后，既是制约我区中小企业发展的主要问题，也是我区中小企业工作与发达省市的主要差距。我们要着眼于满足中小企业最迫切、最现实的需求，把中小企业服务体系建设作为中小企业工作的主要抓手和促进中小企业发展的重要手段。整合资源，加大投入，完善机制，建立起与经济发展水平相匹配、与中小企业基本需求相适应的公共服务体系，全面提升服务品质，扩大覆盖面。从今年起，自治区财政每年将拿出1亿元专项资金，用以促进中小企业服务体系建设。一方面要公益和公共服务先行，抓住国家扶持我区建设全区中小企业服务平台网络的机遇，加快建设全区统一的"信息畅通、功能完善、服务协同、资源共享、供需对接便捷"的中小企业公共服务平台网络，为我区中小企业提供"找得着、用得起、有保障"的全程一站式、综合性、公益性服务。另一方面，要积极引导和扶持社会优质服务资源，为广大中小企业提供专业化服务，与公益平台互为补充。

（四）重点抓好办实事活动，让小微企业真正得到实惠。小微企业相对于大企业处于社会弱势地位，对于小微企业最好的政策就是能使他们实实在在得到实惠的政策；最好的服务莫过于为他们办实事。政府各部门要立足各自职能职责，在服务年活动中，为全区中小企业发展切实办好2～3件实事，改变企业对我们一些部门"说得多、做得少，政策多、落实少"的看法。自治区中小企业局要发挥主管部门的优势，在办好实事的岂不是，加强对相关部门办实事活动情况的收集、汇总与督查落实。同时，要通过多种活动形式，引导社会力量为中小企业特别是小微企业开展办实事活动，要研究探索建立各级各部门乃至全社会为中小企业办实事的长效机制，培养一种重服务、办实事、求实效的良好作风。

三、强化措施，确保中小企业服务年活动取得实效

（一）加强领导促服务。各地各有关部门要把深入开展中小企业服务年主题活动作为"为民服务创先争优"的重要内容，加快推进服务型政府建设。各盟市要成立"促进中小企业及非公经济发展领导小组"，领导、协调和推动本地区中小企业服务年活动的有效开展，明确目标任务、工作责任和推进措施，积极探索和建立促进政策落实和加强服务的协调联动机制。

（二）强化宣传促服务。要制定专门的新闻宣传计划，牢牢把握正确的舆论导向，多形式、多渠道大力宣传国家和自治区促进中小企业特别是小微企业发展的扶持政策，宣传中小企业主题年活动的目的、意义和成效，增强企业了解、掌握、享受政策的水平和能力，营造有利于中小企业发展的社会舆论环境。

（三）改进作风促服务。为了缓解中小企业融资难、融资贵的压力，自治区中小企业局开展了"送金融服务进旗县、进园区、进企业"活动。从2011年3月至2012年8月底，共深入了65个旗县（园区），组织154家（次）金融机构，走访了754户企业，安排23次不同规模的银企对接会，促成协议贷款金额484.5亿元。变坐等企业上门跑贷款为主动到基层送服务，体现出一种积极深入基层，主动联系企业，为中小企业办实事的良好作风。要大力推广这种优良作风，各级各部门特别是中小企业主管部门和中小企业服务机构要真正把中小企业的困难当成自己的困难，带着感情和责任去开展服务。多深入基层摸情况，多深入一线抓落实，多听取中小企业的呼声和建议，有针对性地研究解决问题的具体办法。要围绕中小企业的诉求，进一步完善创先争优服务承诺，自觉接受监督和评议。要积极推行阳光服务、微笑服务、规范服务、高效服务和廉洁服务，在改进作风中优化服务，在开展服务中改进作风。

（四）重视监督检查促服务。中小企业服务年活动能否取得实效，关键看服务质量。要坚持把中小企业满意不满意作为检验活动成效的根本标准。要把创新型、创业型、劳动密集型中小企业特别是小微型企业作为服务的重点对象，从企业最关心的问题抓起，从企业最能受益的工作做起，提高服务的针对性和有效性。自治区党委政府将组织有关部门，对各地区开展中小企业服务年活动和扶持小微企业发展政策落实情况进行调研督查，切实加强中小企业重点工作的目标考核。各地区在活动中要依法加强对中小企业政策落实和服务的监督检查，严肃查处不作为或刁难企业的行为，切实维护企业权益，减轻企业负担。

（五）建立长效机制促服务。在深入开展中小企业服务年活动当中，各地区要着眼当前，立足长远，大胆探索创新，不断总结经验，逐步形成"服务企业、助力成长"的长效机制，使之制度化常态化，着力构建自治区、盟市、旗县三级和多部门协作联动的机制，着力营造优质高效的服务环境。各级中小企业主管门要在以往工作的基础上针对不同产业层次、不同发展质量、不同发展阶段的中小企业分类引导和帮扶，不断在工作中创新服务机制。

同志们，我们要通过服务年活动的开展，进一步形成全社会扶持服务中小微企业发展的合力，开创我区推动中小企业工作新局面，为促进全区经济发展、扩大社会就业、实现富民强区做出新贡献，以优异的成绩迎接党的十八大的胜利召开。

在全省落实小型微型企业政策工作会议上的讲话

山东省副省长　张建国

同志们：

省政府召开这次落实小微企业政策工作会议，主要任务是，学习贯彻党的十八大精神，检查国务院14号文件的落实情况，总结经验，查找问题和不足，进一步推动政策落实，促进小微企业平稳健康发展，为稳增长、转方式、调结构作出更大贡献。刚才，部分单位作了交流发言，省中小办和省银监局共同组织39家银行为5512家小微企业提供优惠利率贷款支持，并签署了协议，启动了山东省中小企业公共服务平台网络，向信用良好企业和省级创业辅导师授牌颁证，会议开得很充实、很紧凑。下面，我讲几点意见。

一、我省落实小微企业政策行动快、效果显著

今年4月19日国务院出台《关于进一步支持小型微型企业健康发展的意见》（国发〔2012〕14号）后，我省在全国率先出台了实施意见（鲁政发〔2012〕28号），省直有关部门纷纷出台具体意见，形成了配套的扶持政策，其密度之大、含金量之高、操作性之强，是近年来少有的。各市、县也纷纷制定贯彻意见，细化支持措施，认真抓好落实，取得了实实在在的效果。

一是财政支持力度进一步加大。省财政厅出台《关于加大财税扶持力度促进中小企业健康发展的实施意见》，上半年省级财政落实各方面支持中小企业发展资金4.78亿元；会同省中小办争取中央财政专项资金2.2亿元，省本级安排专项资金1.3亿元。17个市在本级财政预算中设立的中小企业发展专项资金，总量达到2.9亿元，比上年净增加7850万元；全省94个县（市、区）设立中小企业专项资金12.2亿元，同比增长74.3%。11个市设立过桥还贷资金11.3亿元，同比增长17.7%；89个县（市、区）设立过桥还贷资金29.9亿元，同比增长31.4%。

二是积极实施税费减免，减轻企业负担。国家提高小微企业增值税、营业税起征点政策，我省均执行最高限，每年可为28万户小微企业和个体工商户减税9亿元。年应纳税所得额低于6万元的小微企业减半、减按20%征收所得税政策，全省国税系统以预缴减征形式落实优惠9800万元。全省免征登记费、税务发票工本费等38项行政事业性收费政策，一年可为小微企业减免3.79亿元。随着这些优惠政策的落实，小微企业减负效果明显。

三是强化金融服务，助力小微企业发展。银监部门加强了对金融机构支持小微企业贷款增长的考核和监管，金融支持力度进一步加强。截至9月末，全省小微企业贷款余额7046.5亿元，较年初增加1047.2亿元，增幅达到17.5%，高于全部企业贷款增幅7个百分点。临沂市银监局和中小企业局组织15家银行为128家小企业提供优惠贷款利率支持，共安排贷款15.5亿元。这次会上，省里组织金融机构为中小企业提供优惠贷款利率支持，2012年新增授信523.3亿元。全省担保行业上半年实现477亿元的担保贷款额，承担了2.51亿元的代偿，既保全了银行债权，又解了企业之急。直接融资取得新突破，今年有12家中小企业境内外上市，占全省新上市公司的92%。今年以来，全省发行中小企业集合票据6支，为21家企业融资14.55亿元，全省已累计发行中小企业集合票据13支，集合信托7支，为79家中小企业融资54.9亿元，进一步拓宽了融资渠道。

四是在改善创业环境，推进创业兴业方面迈出新步伐。省工商局推出放宽小微企业登记条件、鼓励民间资本进入等32条措施，其中仅“零首付”登记就能为全省创业者释放300多亿元的创业资金。济宁市把全民创业作为富民强市的重要战略，前三季度全市新增小微企业5075户。济南市高新区全力打造“零收费”园区，凡在高新区登记注册的所有企事业单位和个体工商户，由财政“买单”实行行政审批和政府服务项目“零收费”，一年可为1万多家企业减负逾600万元。

五是中小企业服务体系建设取得新进展。列入全国首批支持计划的山东省中小企业公共服务平台网络今天正式启动，连接着市级窗口平台、20个产业集群公共服务平台和410家服务机构，服务功能大大强化。中小企业管理咨询服务工作，通过开展百家咨询机构、进入千家企业、带动万家企业升级的“百千万”活动，搞得有声有色，接受咨询服务的企业管理水平明显提升。全省中小企业服务年活动扎实有效，大大促进了中小企业服务体系建设。

小微企业政策的贯彻落实，为推动企业稳增长、转调创发挥了明显作用，提供了有力支撑。前三季度，全省新增私营企业5.4万户，同比增长11.1%，新增个体工商户15万户。1～9月，规模以上中小企业与去年同期相比，增加值增长13.4%，利润增长18%，利税增长18.3%，主营业务收入增长18.2%，这些指标均好于全部规模工业，也高于东部沿海省份。在经济下行压力如此大的环境下，中小企业能有这样的发展，与各级政府扶持政策的落实和各部门的大力支持是分不开的。

但是我们也必须看到，小微企业政策落实工作还存在着一些问题。一是由于经济下行、效益下降带来的税收压力，在某种程度上使小微企业结构性减税政策的实施受到影响。个别县为了保证刚性的财政收入和支出，对小微企业不管盈利与否，采取了按销售额甚至按机台数量征收所得税的问题，该减的税不但没减下来，不盈利也要交所得税。二是一部分企业的资金更加紧张。这些企业有的是受市场和订单的影响，有的是效益下降的原因。为防止

坏账，有的基层行对这些企业加紧催收贷款，甚至用承诺还旧借新的方式来催收贷款。另一方面，由于受大环境影响，企业投资意愿下降，生产勉强维持，贷款需求也相应减少，出现了银行有钱、想贷却贷不出去的状况。三是从企业层面上看，相当一部分小微企业对政策的学习研究不够，在了解、掌握、争取政策方面缺乏积极性和主动性。“没有政策要政策、有了政策不会用”的现象比较突出，与南方兄弟省份相比，研发费用加计扣除、所得税减半征收等政策落实上有较大差距。

二、认真学习贯彻党的十八大精神，进一步加大政策落实力度，促进小微企业平稳健康发展

由于受经济下行、市场低迷、效益下降的多重压力叠加影响，当前实现稳增长的任务非常艰巨。我省工业占全省经济总量的46%，规模以上工业中，中小企业增加值又占到近七成。中小企业能不能稳增长，将会直接影响全局，影响到全省增长目标的实现。在这种情况下，抓好政策落实、促进小微企业稳增长，确保全省增长目标的实现，就显得尤为重要。党的十八大报告提出，牢牢把握发展实体经济这一坚实基础，支持小微企业特别是科技型小微企业发展。我们一定要认真学习贯彻党的十八大精神，站在全局的高度，坚定信心，争取更加有力的措施扎扎实实地抓好小微企业政策落实工作，推动小微企业科学发展。

一是着力在优化小微企业创业环境、成长环境上下功夫。党的十八大指出，毫不动摇鼓励、支持、引导非公有制经济发展，保证各种所有制经济依法平等使用生产要素、公平参与市场竞争、同等受到法律保护。国务院和省政府关于支持小微企业的政策措施，归结到一点，就是从各个方面来优化小微企业的发展环境，加快完善社会主义市场经济体制和加快转变经济发展方式。我们要学习江浙粤沪等省市的经验，改善发展环境，促进小微企业健康发展。一是改进政府服务。要由过去的管控为主，转变为服务为主。政府为了民生、为了扩大就业、为了发展经济和活跃市场，对小微企业面临的准入、注册、融资、用地等难题，要做到能优则优、能减则减、能停则停、能免则免。要改善政务环境，减少审批事项，简化办事手续，做到帮助不包办、帮忙不添乱、帮扶不索取，充分保护和发挥小微企业发展的积极性和创造性，形成理解、关心、支持小微企业发展的舆论氛围，形成尊重、支持、善待民营企业家的社会风尚。二是对处于初创期的小企业、新企业发生的过失要宽容。对发现的问题要帮助指导纠正，不要“一棍子打死”，不能随意去关去卡，甚至设租寻租、吃拿卡要。省政府28号文件中对此有明确的规定，对那些乱检查、乱摊派的，企业有权拒绝，拒绝不了的可以向上级主管部门和检察机关举报。三是完善市场环境，健全法制环境。工商部门要坚决打击扰乱市场经济秩序的行为，司法部门要依法保护小微企业的财产不受侵犯，合法经营不受干扰。

二是完善政策措施，进一步扶小、扶优、扶强。党的十八大指出，实行更加有利于实体经济发展的政策措施，推动经济结构的战略性调整。小微企业是实体经济的重要组成部。小微企业的发展，也要遵循市场规律和市场配置资源的法则。一些产品过时、产能落后、浪费资源、污染环境的落后企业被淘汰是自然的、正常的。但是对大量有市场、有销路、有效益、有创新能力、有自主知识产权的小企业、好企业，还是要着力于帮扶，促其由弱到强，由小到大，迅速成长。各级各部门要加大对口帮扶力度，推广有关市派干部包靠企业的做法，提供差别化、个性化服务，一企一策、一事一议、分类指导，与企业一道想办法、谋思路，帮助企业成长壮大。要继续完善财政资金支持小微企业的政策，还没有设立中小企业发展专项资金的县（市、区）要尽快设立并逐步增加规模。要加大政府采购向小微企业倾斜力度，做到政府采购比例不低于18%，并搞好政府采购信用担保试点工作。税务部门要切实执行好结构性减税优惠政策，加强指导、搞好服务，扩大受益面，确保政策落实到位。银行要加大金融支持力度，继续发挥信贷融资的主渠道作用。金融业服务实体经济，关键时候、困难时期更要体现出来，在发展环境趋紧的情况下要勇于担当，对有市场、有效益、资金一时周转困难的小企业，要采取展期还贷或收回续贷。尤其是银行承诺收回再贷的，不论是口头承诺还是书面保证，都必须信守承诺，防止企业因资金链断裂而倒闭，因高利贷逼债而跑路。银监部门在这方面要加强监督，并指导帮助企业化解融资风险。担保机构也要重点向小微企业倾斜。国家和省拿出大量的财政资金来扶持担保机构，看重的就是担保机构为小微企业增信担保的功能，担保机构就要把业务重点盯在小微企业身上，执行优惠的担保费率，减轻企业融资负担。各级政府要按照十八大要求，深化行政审批制度改革，继续简政放权，推动政府职能向创造良好发展环境、提供优质公共服务、维护社会公平正义转变，为小微企业发展创造良好的环境。

三是大力抓好企业家队伍建设。我们抓小微企业发展，要从抓带头人、抓企业家队伍入手。一是抓好企业家培训。今年我省组织开展了中小企业管理者培训“巡回大讲堂”，已经在十五个市开展了十六讲，培训人员近一万人，反响很好。下一步要继续开展下去，逐渐成为一个长效机制。二是指导企业家学政策、用政策。技术研发费用加计扣除政策，我省所以受益面小，很重要的一个方面就是企业对政策研究不够，例如有的没有对研发费用设置专门账户管理，有的虽进行了研发但没有进行研发成果鉴定，也有的没按规定正确归集研发费用发生额，所以无法享受到政策优惠。现在大家都说招工难、留人难，一个重要原因是员工住宿问题不好解决。去年省政府办公厅专门下发了《关于进一步加快解决企业职工住房问题的意见》，规定经市、县人民政府批准，企业可用自有土地建设公共租赁房，

向本企业职工出租。青岛即发集团就是利用这项政策，在厂区建宿舍，使员工在企业安下心，扎下根，增强了企业的凝聚力。据了解，小微企业中利用这一政策解决用工问题的并不多。企业是优惠政策的受益者，也是政策落实的主体，作为一个企业的带头人、掌舵者，必须潜心研究小微企业的扶持政策，了解它、掌握它，并积极争取享受优惠。三是继续广泛深入开展管理咨询服务“百千万”活动。通过专业的组织管理咨询机构对企业管理中的“跑冒滴漏”进行排查和诊断，对症下药，苦练内功，在管理上挖潜力，向管理要效益，不断消化成本上升压力，尽快扭转盈利水平下降、效益滑坡的局面。

四是利用倒逼机制，加快结构调整和转型升级。党的十八大对加快转变经济发展方式，实施创新驱动发展战略，提高经济发展活力和竞争力进行了重点阐述。结构调整和转型升级是当前经济工作的重要任务，也是促进中小微型企业发展的重要途径。当前小微企业面临的困难和问题，既对小微企业的严峻挑战，也是倒逼企业提高自身素质、加快结构调整的重要时机。小微企业要运用好国家和省支持创新的政策，按专精特新的要求，加大技术创新力度，实现创新驱动、内生增长。我省开展的中小企业“一企一技术”创新活动，是鼓励中小企业技术创新的重要举措，目前全省认定的省级“一企一技术”研发中心达119家，省级“一企一技术”创新企业50家。要把这项活动继续广泛深入地开展下去，引导企业依靠技术创新创造原始需求、开发新需求，靠质量品牌提升抢占市场，提高附加值，培育新的经济增长点，开拓新的发展空间。青岛海丽有限公司针对7月21日北京水灾发生的事故，马上开发出一种能发电、又能破窗的随车工具，市场很好。这说明只要贴近需求，加快创新，商机无限。要依靠产品创新打造自主品牌，改变靠代工、贴牌给国外公司打工的现状。还要积极鼓励和引导中小微企业进入战略性新兴产业领域，大力发展新一代信息技术、节能环保、生物、新材料等产业。

三、进一步加强领导，促进小微企业健康发展

小微企业关系到民生、就业、经济增长和社会稳定，抓好小微企业发展，是各级政府的职责。我们要充分认识小微企业在经济社会发展中的重要地位和作用，把蕴藏在人民群众中的巨大创造力激发出来，把发展小微企业、民营经济的积极性调动起来。

一是加强组织领导。各级政府要把促进小微企业发展摆到更加重要的位置，党政主要领导要经常听取中小企业工作情况汇报，研究解决小微企业发展中存在的困难和问题。还没有出台贯彻意见的市要尽快出台扶持小微企业发展的政策措施，已经出台贯彻意见的要进一步细化和做好配套政策的落实工作。各有关部门要按照职责分工，加强协调，密切配合，形成推动小微企业发展的强大合力。要大力宣传国家关于鼓励、支持中小企业特别是小型微型企业发展的方针政策，进一步深化中小企业服务年活动，切实营造促进小微企业发展的良好氛围。

二是加强检查考核。国务院和省政府支持小微企业健康发展的意见中，一个比较突出的要求就是加强工作考核，将小微企业的发展纳入各级政府年度考核范围，并建立绩效考核和激励奖惩机制。国务院14号文件出台后，国务院办公厅又专门印发了重点工作部门分工方案。我省在28号文件中，也列出了省直各部门落实支持小型微型企业政策任务分工表。省中小办将会同省监察厅尽快制定考核评价指标体系，年底进行绩效评估和考核。各部门要按照自己在落实小微企业政策中的任务分工事项，落实责任，加大工作力度，年底进行总结检查，向省促进中小企业发展领导小组汇报。聊城、威海、莱芜、枣庄今年在考核办法上都有创新，各市县要学习借鉴他们的经验。

三是加强小微企业运行监测。在当前经济形势下，各地要更加密切跟踪中小微企业运行情况，特别是资金周转、市场、劳动用工等新问题，对一些苗头性和倾向性问题要及时提出对策建议。对停产、亏损的中小企业可能存在的失业增加、影响社会稳定等问题和隐患，要及时反映，防止矛盾扩大。

同志们，促进小微企业健康发展，事关我省经济社会发展大局。各级各部门要在省委、省政府的坚强领导下，认真贯彻党的十八大和省第十次党代会精神，全面落实扶持小微企业发展的政策措施，努力营造良好的发展环境，推动小微企业平稳较快发展，为经济文化强省建设作出更大贡献。

在全省中小企业成长工程暨银企合作工作会议上的讲话提纲

湖北省副省长　许克振

同志们：

今天会议很重要，开得很好、很及时。刚才，万坤同志报告了全省中小企业成长工程工作情况和下步工作安排，省统计局、人行武汉分行、湖北银监局分别讲了很好的意见，我都赞成。会上，金融机构承诺对2324家重点中小企业贷款392亿元。在这里，我代表省委、省政府感谢金融机构的大力支持，希望有关单位抓好后续落实工作。下面，我讲三点意见。

一、肯定成绩，坚定发展中小企业的决心和信心

过去的一年，在各级政府、各个部门的重视支

持下，全省中小企业努力克服经济下行和要素约束压力以及在成长阶段面临的特殊困难，在激烈市场竞争中求发展，呈现市场主体增多、经济总量壮大、质量效益提升、地位作用更加突出的良好态势。

一是市场主体日趋活跃。2012 年末，全省市场主体总数突破 255 万户，比上年增长 16.4%；企业总数达到 51 万户，增加 4.4 万户；规模以上工业企业达到 1.12 万户，比上年净增 1312 户，形成了稳定的“宝塔型”规模结构。

二是板块领域特色鲜明。院所科技型、产业配套型、特色产品型、县域综合型和城区服务型等“五型”板块领域支撑着全省中小企业发展。院所科技型企业势头强劲，约占中小企业的 10%；产业配套型和特色产品型企业素质提升，约占中小企业的 15%；县域劳动密集型企业基础稳固，约占中小企业的 20%；城区服务型企业数量庞大、繁荣活跃，约占中小企业的 50%。五类企业约占全省中小企业总数的 95%。

三是地位作用更加突出。占全省企业总数 99% 的中小企业，提供了 80% 的就业岗位，创造了 70% 创新成果，占据了工业的大半江山，为全省稳增长、调结构、壮规模作出重要贡献。全省规模以上中小工业企业实现主营业务收入 1.87 万亿元，增长 26.1%，占全省工业的 60%；实现利润 912 亿元，增长 26.6%，占全省工业的 57%；税金总额 543 亿元，同比增长 29.7%，占全省工业的 39%。

在肯定成绩的同时，我们更要看到中小企业发展的困难问题，与先进省市比，中小企业仍是我省经济发展的最大短板，普遍面临经营成本增加、融资压力加大、市场需求不足等困难问题。

从中小企业自身看，存在着数量不多、速度不快、素质不高、特色群体不强大的“四不”现象。从中小企业占比达 99% 以上的规模以上工业企业数看，与先进省市比，我省差距较大，江苏（43810 家）比我省多 32476 家，广东（38544 家）比我省多 27210 家；周边省市发展也比我们快，安徽规模以上企业 12970 家、湖南 12949 家，分别比我省多 1636 家、1615 家，我省在中部退居第四位；大多数中小企业实行家族式管理，普遍缺人才、缺技术、缺管理，创新能力总体偏弱；缺少像鄂州金刚石、仙桃无纺布和食品物流园、通城涂附磨具这样的特色产品集群及市场，更缺少像浙江眼镜、打火机、皮革城这样全国闻名的特色集群和市场。这些差距说明，我省的创业意识还不强、环境还不优、工作力度还不够、办法还不多，民间创业热情有待进一步释放。

从中小企业发展外部环境看，经济下行压力给中小企业带来巨大冲击。原材料价格上涨导致企业盈利难，劳动力成本上升引发招工难，汇率上升带来出口难，融资成本上升加剧融资难。同时，当前国际国内经济环境依然错综复杂，积极因素和隐忧并存。我国宏观经济基本面依然较好，但投资、消费、出口三大需求低于预期，经济增速下行期间，大中型企业对小微型企业的“挤出效应”加大，处在弱势地位的小微型企业，资金被占用现象比较普遍。此外，受资源禀赋限制，我省缺煤、少电、乏气，跨越发展与资源要素制约的矛盾更加突出，中小企业转变发展方式、走集约化发展道路的任务艰巨。

大力发展中小企业、民营经济，是建设富强湖北、全面建成小康社会和构建战略支点的重要途径。随着“中部崛起”战略的深入推进，东部沿海产业加快向中部转移，中部六省工业化进程加速，“板块效应”还将持续放大，湖北正处在科级创新、产业升级、跨越发展的“黄金十年”机遇期，各种生产要素加速聚集、重组和优化，综合优势更加明显。经过多年的探索推进，中小企业发展工作不断积累经验、显示成效，建立了扶助创业的“育苗”机制、支持成长的“助长”机制、促进壮大的“培优”机制，全省每年新创办企业 5 万户，新“进规”企业超千户，新培育大中型企业逾百户，以东湖高新区为代表的科技创新，催生了一大批科技型企业；开发区和各类工业园区建设提速，培育了一大批“专精特新”配套型企业；县域经济加快发展、城镇化加速推进、工业化与信息化深度融合，辐射带动了一大批创业创新型、劳动密集型和生产生活服务型企业发展，形成了比学赶超、竞相发展的浓厚氛围。

总之，我们既要看到中小企业发展取得的成绩，增强发展信心，同时要正确把握发展面临的形势，保持清醒头脑，增强责任意识，抢抓发展机遇，广聚民心民力、广纳民资民智，进一步加快中小企业发展。

二、扎实工作，进一步加快中小微企业发展壮大

中小企业是推动经济发展的重要力量，对于转变发展方式、加快战略性新兴产业发展、推动技术进步与创新、实现节能减排和资源循环利用，具有重要的促进作用。要进一步加大力度，壮大中小企业数量和规模，提升发展的质量和效益。

一是在依托县域经济中推动全民创业。中小企业是县域经济的主体。在省委、省政府的高度重视下，我省县域经济的快速发展，县域正在成为中小企业创业、成长和壮大的摇篮、基地。各级政府、各个部门要因势利导，依托县域经济大力推动全民创业。要积极倡导创业是就业之路、发展之源、富民之本、和谐之基的文化，鼓励和引导城乡居民宜农则农，宜工则共，宜商则商，创业致富。要坚持公平待遇、非禁即入原则，拓宽中小企业发展领域，实行全业进入、全程培植、全面服务，做到放开领域、放宽条件、放手发展、放心创业。要不断完善政策措施，把湖北打造成思想最解放、资源要素最开放、创新创业活力最强大的发展高地，在更大范围、更宽领域招商引资、聚集要素，不论体制内外，不分国际国内，不限大小强弱，只要有利于湖北科学发展、跨越式发展，都要大力引进、为我所用。要一手抓招商引资、一手抓全民创业，更加重视小微企业发展，广泛动员组织各类市场主体投入湖北

经济建设，培育和保护好经济发展的内生动力。

二是在依托产业集群中推动专精特新发展。要引导中小企业与城镇化发展融合，统筹县域经济、产业集群和中小企业发展，依托工业园区、产业集群和小城镇，通过企业集中、产业集聚、资源集约、技术集成，实现新型工业化与新型城镇化共生共荣、相互促进。要大力推进创业基地和新型工业化基地建设，完善基础设施，聚集服务资源，为中小企业发展提供良好设施和服务。要大力支持成长型产业集群发展，打造一批百亿元、千亿元级的产业集群，辐射和带动专精特新企业发展。要以装备制造、食品、电子信息、船舶和海洋工程、医药、资源循环利用等六大产业为重点，引导小微型企业与大中型企业的协作配套，壮大产业规模、形成新的集群，构筑中小企业发展新的产业支点。要大力培育细分行业领军企业，促进大中小企业协作配套，支持有核心竞争优势的企业实施兼并重组，加快培育和发展一批跨行业、跨地区、跨所有制的企业集团，发挥领军企业的产品辐射、技术示范、信息扩散和销售网络的优势，带动一大批专业化配套企业。要充分发挥产业集群和工业园区污染集中治理、资源循环利用的功能，引导企业推行清洁生产，发展低碳经济，走“绿色发展”发展的道路。

三是在抓项目建设中支持中小企业技术创新、管理创新。中小企业贴近市场、贴近需求，具有船小好掉头、转向快的灵活优势，对一个小项目的支持，往往可以使企业活力迸发、快速成长，对一大批企业形成示范效应。各级政府和有关部门，要大力支持企业技术改造，鼓励企业成为研发投入、技术创新和成果应用的主体，不断增强创新能力。要大力扶持科技型、创新型项目，根据科技型企业不同成长阶段的特点，采取不同的扶持措施。对初创期企业，以提高生存能力为目标，支持企业提高创新能力；对成长期企业，以做大做强为目标，支持企业实施技术创新；对于扩张期的企业，以管理创新、品牌建设为目标，支持企业成为国内知名企业和上市企业。要通过持续跟踪和扶持，培育一大批快速成长的科技型企业。要帮助中小企业申报各类技术创新计划项目，引导中小企业与高等院校、科研院所加强合作，联合开发新产品、新技术，建立产学研合作联动机制。广大中小企业要切实加强能力素质建设，大力推进技术创新、管理创新和品牌建设，不断增强创新能力，逐步从家长制、家族式管理向公司制、合伙制、期权制等现代管理模式转变，推进资本结构和管理制度的科学化、现代化。

四是在抓金融创新中缓解中小企业融资难。要深化政银企担合作。各级政府要建立中小企业贷款投放激励机制，依据贷款增量对金融机构给予奖励、补偿风险；经信部门和金融部门要加强合作，建立健全银企合作的长效机制；要大力支持村镇银行、小贷款公司等地方中小金融机构拓展业务、壮大实力，引导和聚集社会资金支持中小企业发展。要大力支持银行业金融机构创新服务机制、服务产品和业务模式，建立“金额可大可小、利率可高可低、期限可长可短”的信贷文化和信贷机制，优化审批流程，提高审批效率；鼓励银行创新符合中小企业特点和需要的金融产品，通过发放封闭贷款、打包贷款、贴息贷款、出口退税账户托管贷款及保险保证贷款等业务，支持中小企业发展。要创新融资渠道，综合运用各种金融工具和产品，开展信贷、投资、债权、信托、保险等各种工具整合的一揽子金融服务；要加大中小企业上市辅导培育力度，支持符合条件的企业在中小板和创业板上市融资；要遵循“法不禁止即允许”原则，鼓励基层和中小企业探索民间融资渠道。要完善融资担保体系，推进担保业务创新，着力培育一批实力强大、经营规范、诚实守信的担保公司，支持有实力的担保公司通过分保、联保、再担保和相互参股等方式向弱小公司输出信用，引导担保公司逐步向集团化、联盟式经营方向发展，做大做强融资担保业务。

五是在抓人才培训中提升中小企业核心竞争力。企业家是企业成长壮大的核心、灵魂。各级政府要把培育一大批优秀企业家，作为提升中小企业核心竞争力的重要举措予以强力推进。要大力实施“123”企业家培育计划，每年选拔一批年轻的企业高管人员进行重点培养，采取理论集中授课、国内外高端交流、专家结对指导、高级学位攻读等多种形式进行强化培训，努力培养造就一支具有全球战略眼光、品牌建设意识、市场开拓精神、管理创新能力和社会责任感的领军企业家和职业经理人队伍。要整合现有培训资源，依托高等院校、科研院所和各类社会培训机构，建立一批中小企业人才培训基地。要抓好国家中小企业“银河培训工程”，为企业培训大批专业技术和紧缺型高技能人才，提高企业员工的文化素养、专业技术和职业技能水平，建立一支高素质、职业化、永久型的人才队伍。

六是在抓平台建设中推动中小企业服务工作创新。各级经信部门要大力加强能力素质建设，不断适应中小企业发展的新形势、新任务、新要求，大力推进中小企业服务工作创新。要大力推进中小企业社会化服务体系建设，按照“一心（中小企业服务中心）、两业（专业服务机构、行业服务组织）、三层次（省市县）”的架构，加快建设“中小企业公共服务平台网络”项目，督促落实1.74亿元项目建设资金，充分发挥省枢纽平台和32个窗口平台的服务功能，把服务大楼立起来、服务牌子挂起来、服务活动搞起来；要整合优质服务资源、运用现代网络技术，为中小企业提供找得着、用得起、有保证的优质便捷服务。要广泛开展以转型成长为主题，以“三行、三建”为内容的“扶助小微企业楚天行”活动，着力建平台、建基地、建机制，开展融资行、专家行、院校行，积极化解中小企业融资难、创业难、缺人才、缺技术、缺管理等困难矛盾。要依托大企业直通车服务的协调机制和工作平台，将服务职能和服务工作向中小微企业延伸。要充分发挥工业园区、创业基地的设施条件和服务功能，降低创业门槛，提升服务质量，支持全民创业，尤其是要为投资战略性新兴产业和现代服务业的创业者提供良好设施条件和孵化辅导服务。要充分发挥全省46个企业负担监督监测点的作用，及时掌握企业负担情况，大力度整治加重企业负担的不良现象。

三、狠抓落实，确保完成全年目标任务

今年是新一届政府的开局之年，人民群众对经济发展、民生改善寄予厚望。面对新形势、新任务，各级政府、各个部门要更加重视中小企业发展工作，按照省委、省政府竞进提质和“三抓一促”要求，确保完成今年全省新增规模以上工业企业1000家的目标任务。

一是要加大政策措施落实力度。现在扶持中小企业发展的政策措施都很明确，关键是要落实到位。要坚持“放水养鱼”、“多浇水、少挑刺”的政策取向，把财税、金融等扶持政策措施之“水”“放”到位，全面落实国家和省关于促进中小企业发展的一系列法律法规和政策规定。各级要通过整合项目资金、争取国家扶持，加大对中小企业的财政支持力度，引导社会资本更多地投向中小企业。要按照“从优、从快、从低”原则，落实国家税收优惠政策。加大要深化审批制度改革，减少审批事项、简化办事程序、减轻企业负担，提升行政服务效能。各有关部门要进一步转变工作职能，提高办事效率，切实做好协调指导、排忧解难工作，特别要在项目扶持、资金融通、技术创新、品牌建设、税费减免等方面，给予更多的关心和帮助。

二是要凝聚部门合力。要进一步发挥各级“促进中小企业发展领导小组”的作用，加强部门合作与协调配合，强化促进中小企业快速成长的工作机制。省经信委作为全省中小企业的主管部门，要进一步完善工作目标和规划措施，并协调各方落实；要定期召开协调会议，及时研究解决企业成长中的突出矛盾和问题。科技部门要进一步强化科技扶持措施，积极安排和组织申报创新型科技项目，支持成长型、科技型中小企业技术创新。财政部门要逐年增加扶持中小企业发展的专项资金，支持和引导中小企业成长壮大。统计部门要进一步完善中小企业统计制度，加强统计业务培训。金融部门要积极推进金融创新，建立符合中小企业特别是小微企业贷款需求特点的信用评级、业务流程、风险控制、绩效考核等制度，合理界定小微企业贷款不良率容忍度，不断加大信贷支持。各部门要密切配合、加强督办，形成促进中小企业发展的强大合力。

三是要营造良好氛围。要牢固树立“产业第一，企业家老大”的理念，广泛宣传中小企业和企业家的成功经验、社会贡献，培育亲商、敬商、懂商、悦商、护商的重商文化，创造公平公正的市场环境。要继续开展优秀民营企业评选表彰活动，在全社会形成崇尚发展、尊重创造、开放包容、互利合作、诚实守信、重商护企的良好氛围和社会心态。各级党政领导和政府部门，要带头尊重企业家、培育企业家、扶持企业家、依靠企业家，充分发挥优秀企业家在企业、行业、产业的领军作用和示范效应，着力打造品牌、技术和管理优势，提高企业核心竞争力，加快中小企业成长。

同志们，中小企业是广大民众的事业，地位重要，事关全局；大力实施“中小企业成长工程”，是省委、省政府推动湖北科学发展、跨越式发展和加快建设战略支点的重要部署，希望各级政府、各个部门不负党和人民期望，以大视野谋求大发展，以大作为赢得大跨越，为建设“五个湖北”、实现富民强省目标做出新贡献。

谢谢大家！

在全区万家成长型小企业信贷扶持工程启动仪式上的讲话

广西壮族自治区副主席　杨道喜

同志们：

今天，我们在这里举行全区万家成长型小企业信贷扶持工程启动仪式，这是贯彻落实国务院《关于进一步支持小型微型企业健康发展的意见》和自治区《关于实施抓大壮小扶微工程的意见》等重要文件精神的重大举措，对解决我区中小企业融资难题，促进中小企业健康发展具有重要的意义。我谨代表自治区人民政府表示热烈祝贺！对长期以来关心支持我区经济社会发展的金融机构表示衷心的感谢！

中小企业是我国国民经济的重要组成部分，也是经济社会发展的重要推动力量。它在保持经济活力、推动经济增长、促进产业发展、增加劳动就业、推动机制创新等方面具有举足轻重的作用。党中央、国务院高度重视中小企业的发展，及时研究出台了《国务院关于进一步支持小型微型企业健康发展的意见》，出台了一系列财税金融扶持政策，支持小型微型企业发展。今年4月温家宝总理在我区调研时明确提出要大力发展实体经济，引导资金流向实体经济，不断增加实体经济的资金来源。一系列政策措施的出台，对推动中小企业健康持续快速发展具有十分重要的意义。

自治区党委、政府非常重视中小企业的发展，把加快中小企业发展作为产业优先发展、做大做强做优工业的重要组成部分，强力推进，在各级各部门和全区中小企业的共同努力下，“十一五”我区中小企业发展取得了突破性发展，完成增加值年均增长21％。2011年，全区规模以上中小工业企业完成产值突破1万亿元，占全区工业总产值的2/3以上；实现利润599亿元，完成税收380.6亿元；全区中小企业从业人员达423.8万人；14个市及80％的县完成了中小企业网建设，建立企业信息网站的中小企业达5000家。

“十二五”是我区加快发展的关键时期，中小企业是我区加快发展，实现“富民强桂”新跨越的重要力量，在全区经济社会发展中具有重要的作用和地位。当前和今后一个时期，我区中小企业加快发展面临着重大的机遇。但受国内外复杂多变的经济形势影响，中小型和微型企业经营压力大、成本

上升、融资困难、税费偏重等问题仍很突出，必须引起高度重视。抓好万家成长型小企业信贷扶持工作对推动我区小型企业上规模，加快实施抓大壮小扶微工程，促进产业转型升级意义重大。

各级各相关部门要切实增强支持我区中小企业发展的使命感和紧迫感，把思想认识统一到中央和自治区的决策部署上来，认真贯彻落实国家和自治区制定的税收优惠政策，制定出台各项配套方案，用好用足各项税收优惠政策，确保企业享受应得的税收扶持。自治区已经明确每年安排1.6亿元中小企业发展专项资金，重点支持小企业上规模工程。各级政府每年也要根据本级财力安排一定的资金，用于扶持创新型、创业型、劳动密集型中小企业发展。要加快推进万家成长型小企业信用制度建设，开展信用信息征集和评价活动，加快信息共享机制建设。要继续减免部分涉企收费并清理取消各种不合规收费，禁止对万家成长型小企业贷款收取承诺费、资金管理费，降低万家成长型小企业抵押登记评估费用。要对金融机构支持万家成长型小企业融资实行减税、贴息、补贴等优惠政策，降低银行业金融机构对小企业融资的风险。要加大工作力度，促进各银行业金融机构全面推行“阳光信贷”工程，力争到2015年“阳光信贷”工程覆盖1万家成长型小企业。

银行业金融机构是中小企业融资的主渠道，在缓解中小企业融资难的问题上有着举足轻重的作用。希望银行业金融机构进一步创新思路，加强对万家成长型小企业的信贷扶持，设立专项资金支持万家成长型小企业，确保万家成长型小企业信贷投放的增速不低于全部贷款增速。要进一步简化贷款审批程序，提高信贷审批效率，对信誉好、有市场小微企业提高信贷决策效率，做到不抽贷、不压贷、不延贷。要优先满足符合国家产业和环保政策、能够吸纳就业的科技、服务和加工业等小企业的信贷投放，保障资金供给。对创新能力强、项目有发展、市场前景好、经营健康的优质小企业，给予优惠信贷政策；对纳入环境保护、节能节水企业所得税优惠目录投资项目要给予重点信贷支持。要针对小企业融资需求“短、频、急”的特点推出更多的适合万家成长型小企业特点的融资产品，为小企业提供方便快捷、多元化的融资服务。

中小企业融资难既有客观原因，也有企业自身主观原因。中小企业要围绕“转方式、调结构、上水平”，加强自身建设提升素质。要主动加强与金融机构的沟通联系，及时向银行介绍企业的生产形势、盈利概况、发展前景等相关信息，解决信息不对称问题，加深理解，增进互信，求得共赢。

同志们，加强政银企合作，破解中小企业融资难题，促进经济平稳较快发展，是当前非常紧迫的任务。我们要以此次活动为契机，积极探索“政府搭台，银企唱戏，产业与资本对接”的新途径、新办法，努力拓宽中小企业投融资渠道，加快实施抓大壮小扶微工程，以优异的成绩喜迎党的十八大胜利召开！

谢谢！

在全省加快民营企业发展工作座谈会上的讲话

甘肃省副省长　虞海燕

同志们：

今天请大家来，主要是听一听民营企业发展的情况、存在的突出困难和相关建议，研究采取支持措施，加快民营企业发展步伐。

刚才听了省工信委关于民营企业发展的情况介绍和8户企业的发言，总的感到，近年来，在省委、省政府的正确领导下，经过全省上下的共同努力，特别是民营企业的奋力拼搏，全省民营经济得到了较快的发展，显示出很强的生命力和活力，已经成为全省经济增长的重要推动力量和社会就业的重要渠道。据统计，全省民营企业已吸纳社会就业占全省工业企业从业人员的48 %；实现总产值占全省的38%；民营经济上缴税金占全省的16.25%。拥有中国驰名商标9个，占全省的53%。同时，在“联村联户、为民富民”活动中，民营企业扮演了更加重要的角色。因此，在我省条件较差、困难较多的情况下，能取得这样的成绩，非常不容易。但是与全国相比，我省民营经济发展仍然比较滞后，企业的规模较小、层次较低、自主创新能力偏弱。我省民营企业存在的主要问题表现在三个方面：一是企业个体因素。个体不活跃，企业自主创新能力不强；二是政府思想解放不够。体现为两点：①服务不够；②行政审批繁琐；三是发展优势不强。与江苏等沿海发达地区相比，我省欠缺市场优势、信息优势，与周边省份相比较我省资源优势也并不明显。

省委、省政府特别是王三运书记和刘伟平省长对民营企业发展非常重视，多次强调要在加快推动省属企业和在甘央企发展的同时，更加关注和支持民营企业，既要形成几个大型航母企业，又要促进中小企业竞相发展，充分发挥民营企业在促进全省经济转型跨越发展、社会和谐稳定发展、民族共同繁荣发展中的重要作用。为了贯彻王书记和刘省长的重要指示精神，确保实现全省工业16%的增长目标，前一阶段，省政府先后组织召开了全省承接产业转移工作座谈会、加快省属企业项目建设促进工业平稳较快发展座谈会和加快央企合作项目落地工作座谈会，就加快工业项目建设进行了安排布置。今天召开的这个会议，主要是研究如何推进民营企业发展的问题。本来这个会议拟定在周一召开，考虑到要把这项工作做实做细，抓出成效，所以推迟了几天。

对促进民营企业发展，我想讲四个方面的意见：

一、明确发展目标

省政府工作报告明确提出今年全省规模以上工业增加值增长16%。要实现这个目标，必须做大规模以上企业这块蛋糕。2011 年，由于国家统计局提高了规模以上企业统计标准，主营业务收入由 500 万元提高到了 2000 万元。我省原有规模以上工业企业数量有所幅度下降。经省工信委要与各市州衔接，通过采取支持措施，实现三个目标：一是催生一批主营业务收入 500 万元以下的企业，达到主营业务收入 500 万元以上的范围；二是催生一批主营业务收入 500 万元至 2000 万元的企业，进入规模以上企业行列；三是每年培育一批主营业务收入 100 万元以下的小型微型企业，用这个目标来支撑前两个目标。省工信委要将这些目标逐户分解到各市州，落实支持措施，加强督促检查；各市州要细化任务分解，落实工作责任，确保实现年度目标。

二、突出支持重点

结合我省民营企业发展中存在的突出问题，当前和今后一个时期，要把支持工作的重点放在以下几个方面：一是放宽市场准入。对国家规划和法律法规允许的领域，要按照“非禁即入”原则，支持民营资本以多种形式，进入地方电力、电信、铁路、民航、公路运输、金融、证券、保险、石油等国有经济行业，依托骨干企业建设产业链配套项目。二是改善融资服务。要督促银行业金融机构落实信贷政策，确保对民营企业贷款增速应不低于全部贷款平均增速，增量高于上年同期水平。大力支持民营企业依照有关规定，发行企业债券，加快上市步伐，通过资本市场融通发展资金。三是提升服务水平。要进一步加快中小企业公共服务网络平台建设，在省、市州和有条件的县市区，建设综合服务平台或骨干服务机构，逐步形成以省级平台为“枢纽”、以市州平台为“窗口”、以重点县市区平台为“触角”的公共服务平台网络，为企业提供找得到、用得起、有保证的服务。四是促进技术创新。支持民营企业组建重点实验室、工程技术研究中心、省级以上企业技术中心等技术创新机构，促进科技成果产业化、规模化；对获得中国驰名商标、甘肃省著名商标的民营企业，给予奖励；让民营企业人高层人才同等享受国家和省上的相应奖励、补贴和资助。五是保障要素供应。对民营企业发展所需煤电油运气等生产要素，要统筹考虑，同等对待，基本满足生产需求，确保正常的生产经营，推动企业做大做强。

三、落实支持政策

当前，我省正处在黄金发展期、政策叠加期和奋力跨越期。为了用足用好国家和省上出台的政策，上周，省委举办了省市主要领导干部“学习研究政策经营，谋划推动转型跨越”研讨班，邀请国家有关部委和兄弟省区的负责同志、有关科研院所的知名学者做专题讲座，目的是学深学透、用足用活政策，充分发挥政策叠加效应，借鉴借用先进经验，着力提高领导干部推动跨越发展的能力和水平。我听了以后，很受启发。实事求是的说，近年来，国家和省上出台了一系列支持经济社会发展的政策，但是我们用得不够充分，落实的也不够到位，这是我省经济发展的一个软肋，必须下大工夫抓紧抓好这项工作，确保取得实实在在的成效。

在落实民营企业扶持政策方面，要突出抓好 3 项工作：一是认真落实国家、有关部委和省上已经出台的政策。包括国务院《关于进一步促进中小企业发展的若干意见》《关于鼓励和引导民间投资健康发展的若干意见》（“新 36 条”），以及《甘肃省促进中小企业发展条例》和省政府最近出台的《关于解决当前突出问题，促进工业平稳较快发展的意见》和《关于促进小微型企业发展的指导意见》。各部门、各市州要结合工作实际，研究制定具体的落实办法，确保政策真正落到实处，努力为民营企业创造更有利、更宽松的发展环境，让民营企业得到实实在在的实惠。省工信委要及时督促检查落实情况。二是尽快出台《关于促进非公有制经济跨越发展的意见》和《加快规模以下工业企业发展考核奖励试行办法》。这两个政策性文件，省工信委已经征求各市州和省直有关部门的意见，拿出了初稿。刚才省工信委姜义德副主任对《关于促进非公有制经济跨越发展的意见》的主要内容做了介绍，包括如何拓宽民营资本投资领域和范围、加大财政支持力度、改善融资服务、提升公共服务水平、提供人才技术支持、保障企业生产经营，等等，每一条都包含了很多含金量很高的政策，希望有关部门特别是在座的民营企业家，认真研读，提出修改意见，切实提高政策的针对性和可操作性。三是要加快专项资金拨付和新上项目审批进度。对国家已经确定的中小企业发展专项资金和已经列入省级财政预算的中小企业发展、担保体系建设、工业发展“六大行动”等专项资金，要尽快审核，尽早拨付，确保发挥效益。对新上项目，凡符合条件的，省工信委要按照三定方案确定的职能，优化工作流程，加快审批进度，确保多上项目，快上项目，早日建成投产。

四、强化保障措施

确定发展目标、支持重点和扶持政策之后，保障措施一定要跟上。一是加强服务。省促进中小企业发展工作领导小组及其办公室要承担起促进民营企业发展的职责，细化目标任务分解，落实工作责任制，加强部门协作，形成工作合力，确保各项工作有序、有力开展。各市州政府要把推进民营企业发展作为一项重要工作，统筹安排力量，精心组织实施，确保服务水平不断提升。二是加强关心。及时收集企业诉求，及时反馈有关部门，积极为民营企业加快发展创造条件，提供服务。三是加强帮助。省工信委要定期开展督查，及时解决发展中存在的困难和问题。

我就讲这些。谢谢大家！

在促进小型微型企业加快发展工作会议上的讲话

青海省委常委 副省长　骆玉林

同志们：

今天，召开促进小微企业加快发展工作会议，主要目的是认真贯彻落实省政府关于支持小微企业发展的60条政策措施，推动全省小微企业快速健康发展。上午，省经委、省金融办、省财政厅等部门对省政府60条政策措施进行了解读培训。刚才，省经委提出了工作安排意见；两户企业负责人代表全省小微企业表了态；西宁市政府、海东行署及格尔木市、门源县政府作了很好的发言。特别是高云龙副省长围绕金融支持小微企业发展作了重要讲话，希望大家认真学习、深刻领会，切实抓好这次会议精神的贯彻落实。下面，我讲几点意见。

一、小微企业在经济社会发展中的作用不可替代

近年来，我省坚持把发展小微企业作为增加劳动就业、优化经济结构、提高经济质量的重中之重，坚持服务引导，放手发展，小微企业取得了长足进步，为我省经济快速增长做出了重要贡献。概括讲，表现在以下几个方面：

一是小微企业已经成为国民经济发展的生力军。目前，全省共有小微企业1.3万户，占全省企业单位总数的93.1%；营业收入249亿元，占全部企业营业收入的10.6%。小微企业遍布全省各地、各行各业，有力地支撑了全省经济持续快速发展。在一些县域地区，小微企业是地方财政收入的主要来源。

二是小微企业是我省扩大就业的有效途径。目前，全省小微企业资产总计1301.9亿元，只占全省企业总资产的17.8%。但小微企业从业人员就有28.8万人，占全省从业人口总数的48.8%，以不到五分之一的资产承担起了将近一半的就业，发放了全省企业工资总额的一半还多，小微企业在扩大就业、维护社会稳定方面发挥了不可替代的作用。

三是小微企业是富民增收的主要渠道。小微企业准入门槛低，所需资源少，适应环境能力强，创办速度快，适合民众自主创业，特别是适合大学生、归国人员、回乡青年、退伍军人创业。在广大农村牧区，许多家庭靠着经营小微企业走上了发家致富之路。

四是小微企业是培育企业家的摇篮。相关资料显示，目前，36.9%的民营企业家是从干个体户开始起家的，再加上有相当一部分农民企业家原来就是个体户，我省小微企业中超过70%是从个体创业成长起来的，每年有超过10%的个体工商户在实现了原始积累后注册成为小微企业。可以说，小微企业培养了大批的企业家，有效提高了全社会的创造力。

五是小微企业是技术创新的重要力量。小微企业具有创新的快速反应能力，是市场经济中最具活力的因素，在自主创新的许多方面并不亚于大中型企业，正在成为我省科技创新的重要力量。2011年我省开展的一次企业调研中，有19%的企业建立了专门的研发部门，26.9%的企业有自主研发的核心技术，60%的企业技术装备水平达到了国际或国内先进，90%的企业正在积极引进先进实用技术。

我省小微企业虽然取得了长足发展，但从总体来看，发展水平不高，产业层次和集中度低，自主创新能力较弱，专业技术人员和优秀管理人才匮乏，企业管理方式粗放，总体竞争力不够强。受经营规模小、知名度低和配套设施不完善等条件限制，企业发展中遇到的困难和问题比较多，融资难、人才缺乏等制约小微企业发展的瓶颈一直没有得到根本解决，风险控制能力比较弱。特别是自去年以来，受国内外经济环境影响，小微企业遇到了非常大的困难。这些困难和问题，需要我们在今后的工作中不断加以解决。

二、充分认识省政府出台“六十条”政策措施的重大意义

去年10月12日，国务院常务会议研究确定了进一步支持小型和微型企业健康发展政策措施，省政府也及时召开专题会议安排部署，制定了一系列具体办法。特别是去年底，为了应对工业运行中的突出问题，省委、省政府迅速决策，出台了一揽子举措，帮助企业解决问题，共度难关。其中，切块安排资金5000万元，专项用于中小微企业贷款贴息和投资补助。由于出手快、措施硬，有效拉动了工业企稳回升，为中小微企业渡过难关、持续发展奠定了良好基础。今年以来，针对小微企业发展面临的突出问题，省委、省政府高度重视，骆惠宁省长亲自深入企业调研，并召开小微企业座谈会，充分听取意见。在此基础上，按照省政府的部署和要求，省经委等26个部门系统研究梳理了近年来国家和省上制定的有关优惠政策，结合当前我省实际，从加大财政扶持力度、落实税费优惠政策、解决融资难问题、增强市场开拓能力、加快公共服务平台建设等方面提出了60条政策措施。这60条政策措施谋求长远、覆盖面广、含金量高、针对性很强。特别是在财政扶持方面，在整合现有中小企业发展各类专项资金的基础上，从今年起省财政每年安排8000万元，设立小微企业发展专项资金，省级财政扶持小微企业的资金总量将达到4.3亿元，支持力度是空前的，这对加快小微企业发展提供了坚强保证。在税费优惠方面，落实好国家和我省相关税收优惠政策的基础上，又从税收起征点、企业所得税征减免、税率、计税范围等方面制定了操作性很强的具

体办法。仅提高增值税、营业税起征点一项，就有1万多户企业和个体经营户受益，减轻税赋1.24亿元。同时，还免征30多项行政事业性收费。在解决融资难问题方面，明确了11项具体措施，包括各银行加大融资支持、确保贷款增速不低于全部贷款平均增速、增量不低于上年增量、贷款利率最高上浮幅度不超过基准利率的15%、设立贷款专用窗口开辟“绿色通道”、建立贷款定期监测制度、加大信贷投入力度等等，切实为小微企业可持续发展创造了良好的金融环境。在公共服务平台建设方面。明确要进一步加大平台网络建设力度，在重点区域和行业建设、充实和完善20个左右的省、州（地、市）级服务平台，大幅度提高服务能力和水平。支持创业基地和大学生创业园建设，鼓励发展各具特色的创业孵化园和创业基地。对认定为省级科技企业孵化器、大学科技园的机构和省级科技服务平台，一次性资助100万元。每年安排500万元，通过科技项目的形式扶持小微科技企业，并组织企业申报国家创新基金项目。在市场开拓方面。从组织小微企业参加各种展览会，帮助开拓国内外市场，建立营销渠道，支持特色产品出口，并根据出口实绩给予适当补助等方面作了具体安排。同时，还将加大国际标准和国外技术性贸易措施咨询等方面的指导，为小微企业参与国际竞争提供了保障。在人力资源保障方面。为帮助解决小微企业招工难、留不住等问题，在社会保障、就业、企业经营者和员工培训、职业技能鉴定等方面制定了具体的措施，通过政府引导和扶持，促进就业，提升员工素质。

省政府制定的这60条政策措施，对统筹处理好保增长与调结构、抓当前与谋长远、给帮扶与练内功的关系，加大政策扶持力度、加快小微企业健康快速发展至关重要。全省各地区、各部门、各企业一定要吃透政策精神，认真贯彻落实60条，切实把政策用足、用好、用活，进一步坚定信心，抢抓机遇，坚持不懈地推进小微企业健康发展，努力开创小微企业发展的新局面。

三、提高认识、加强领导，切实把“六十条”政策措施落实到位

全省各地区、各部门要以60条政策措施为指导，把破解小微企业发展难题作为当前工作的重点，认真研究对策措施，千方百计鼓励、扶持和引导小微企业发展。

一要进一步提高思想认识。当前，我省正处于经济快速发展、产业加快转型的关键时期，进入了一个由数量向质量、由速度向效益转变的重大调整期，小微企业也在这样的调整期内进行不断的转型、重新洗牌和组合。多年来的实践证明，小微企业在资源转换和循环利用、衔接产业空白、延长产业链条、承接产业转移、推动产业集群、提升产业效益等方面的作用日益增强。可以说，没有小微企业的发展，就无法实现我省经济发展方式的转变，就无法实现“四个发展”。我们要深刻认识小微企业在全省经济社会发展中的重要地位和作用，切实增强加快小微企业发展的责任感和紧迫感，进一步解放思想认识，不折不扣地贯彻落实好60条政策措施，努力在加强领导、完善服务、改善环境上下功夫，切实解决好小微企业最关心、最现实、最直接的利益问题，促进小微企业健康快速发展。

二要切实加强组织领导。省上已经成立促进小微企业发展协调工作小组，加强对小微企业工作的统筹规划、组织领导和政策协调。各地区、各有关部门要成立相应的领导或协调机构，明确分工，落实责任，加强沟通，协作配合，形成推动小微企业加快发展的强大合力。特别是市（县、区）政府及街道办事处要负起主体责任，每一个小微企业都要有专门的工作人员负责联系，建立起小微企业发展档案，确保各项政策措施落到实处。

三要强化资金监督管理。省政府在财力并不富裕的情况下，大幅增加专项资金，支持小微企业发展，实属不易。各地区、部门要有强烈的责任意识，珍惜并用好每一笔资金。要进一步完善资金使用和项目评审、公示、验收、绩效评价等管理制度，与企业签订责任书，确保资金切实用到“刀刃”上，发挥最佳效益。同时，要创新思路和方式方法，充分发挥财政资金“四两拨千斤”的作用，通过扩大担保、阶段参股、风险补助、投资保障等方式，提高专项资金的综合效益。各级财政也要根据财力情况，在年度预算中安排小微企业发展专项资金，优先扶持本地区成长型较好的小微企业快速发展。

四要加快服务体系建设。要紧紧围绕“四区两带一线”发展战略和十大特色产业发展，以壮大产业规模、延伸产业链条、提升产业质量、打造区域经济竞争优势为目标，以中小企业集中区、创业园、孵化器等为重点大力推进服务平台建设。小微企业较为发达的地区，要结合现代服务业的发展，建设以各类社会中介机构、科研院所、大专院校为主，公益性或非盈利性服务和政府机构提供的公共服务为补充的服务体系。小微企业尚不发达的地区，加快转变政府职能，建设以公共服务和公益性服务为主，商业性服务为补充的服务体系，特别要注意整合资源，与相关服务机构和平台衔接，使其延伸服务半径，扩大覆盖范围。

五要加大宣传培训力度。各地区、各部门要加大60条政策措施的宣传培训力度，省有关部门在实施方案中要强化宣传培训工作内容，组织业务骨干编写宣传辅导材料，加大宣传培训力度，确保各地区、各部门以及所有小微企业都能熟悉了解和正确运用60条。上午，我们已经对省级部门、县以上政府和小微企业进行了专门培训，下一步各地也要举办到部门、到乡镇和街道、到企业的培训班，宣讲60条，不留死角。省内新闻媒体要大力宣传60条，及时报道各地区、各部门贯彻落实60条的好经验、好做法，树立典型，发挥示范引导作用，营造落实政策措施的良好氛围，提振小微企业发展的信心。

六要提高企业管理水平。要引导小微企业引用、借鉴和逐步建立现代企业制度，降低企业运营成本，提高管理水平，增强核心竞争力。要抓好技术创新，

采取政府引导、市场化运作、开放服务的方式，引导企业加大投入力度，建立产学研利益协调机制，加强小微企业在设计、研发、试验、检测、新技术推广、技术培训等方面的能力，不断提高生产过程的科技含量和产品附加值，提升自我发展的质量和水平。

七要建立人才培养机制。各工业园区、企业、高校、劳动部门四方联合起来，充分利用高等教育、职业教育资源，积极开展大学生就业技能培训，长期稳定地为企业发展做好人才储备。要充分利用“银河培训”、“阳光工程”、扶贫培训等平台，为已有小微企业提供人才培训服务，建立起以企业为主、政府补助、个人适当承担的教育培训投入体系。

八要加强监督检查工作。60条政策措施内容丰富，含金量高，关键是要落实到位。各地区、各部门，特别是金融、财税系统等要认真学习，不打折扣，逐条落实，用足用活用好这些优惠政策，指导帮助企业解决实际困难。要加强政策执行的监督检查，在省、州地市和县有关部门设立投诉电话，倾听反映、解疑释惑、督促政策落实。省政府将定期开展专项督查，对执行政策不力、落实不到位的地区和部门给予通报批评，并视情况追究领导责任。同时，要积极研究建立专门的考核机制，把政策落实情况与领导干部的绩效考核挂起钩来，确保政策落实到位。

同志们，做好小微企业工作，事关全局，事关长远，也是当前我们面临的一项非常紧迫、艰巨的任务。各级各部门要进一步解放思想，开拓创新，攻坚克难，千方百计帮助小微企业排忧解难，推动小微企业快速健康发展，努力为全省经济社会又好又快发展做出新的更大贡献。

中国中小企业年鉴（2013）

YEARBOOK OF CHINA SMALL AND MEDIUM ENTERPRISES

第二篇 综述

2012 年规模以上工业中小企业现状分析

中小企业是我国国民经济和社会发展的重要力量，促进中小企业又好又快发展，是国民经济健康发展的基础，对民生和社会稳定具有重大意义。

我国中小企业对经济的贡献不断扩大，就业主渠道作用进一步突出，技术创新能力不断提高，企业人员素质和管理水平稳步提高。

2011 年，国家统计局发布了实施新的工业企业规模划分标准，新增了微型企业的划分。具体划分方法见表 1：

表 1

指标名称	计量单位单位	大型	中型	小型	微型
从业人员（X）	人	X≥1000	300≤X<1000	20≤X<300	X<20
营业收入（Y）	万元	Y≥40000	2000≤Y<40000	300≤Y<2000	Y<300

国家统计局同时调整了规模以上工业企业统计数据的上报口径，上报范围由年主营业务收入 500 万元以上的独立核算法人企业调整为年主营业务收入 2000 万元以上的独立核算法人企业。本文在对企业进行分析时，将中型、小型、微型企业统一定义为规模以上工业中的中小企业，特此说明。

根据 2012 年采用的新的国民经济行业分类标准（GB/T 4754－2011）对行业进行统计，共涉及 41 个行业大类。

一、中小企业总体概况

中小企业在数量上占绝对优势。2012 年全国共有规模以上中小工业企业①33.4 万家，占规模以上工业企业的 97.3%，遍及全部工业 41 个大类行业和全国 31 个地区。

2012 年，中小企业实现销售产值 54.2 万亿元，占规模以上工业的 59.6%；实现主营业务收入 54.5 万亿元，占规模以上工业的 58.6%；资产规模为 38.9 万亿元，占规模以上工业的 50.6%；实现利润 3.7 万亿元，占规模以上工业的 59.3%；实现税金 2.1 万亿元，占规模以上工业的 47.1%；实现出口交货值 4.4 万亿元，占规模以上工业的 41.5%，见表 2。

表 2　2012 年规模以上工业中小型工业企业各项经济指标占全部比重

指标名称	规模以上工业	中小企业	中小企业占规模以上工业比重%
企业数量（万个）	34.4	33.4	97.3
资产合计（亿元）	768421.2	388802.8	50.6
主营业务收入（亿元）	929291.5	544627.0	58.6
利润总额（亿元）	61910.1	36740.2	59.3
税金（亿元）	44242.2	20817.9	47.1
销售产值（亿元）	909797.2	542298.8	59.6
出口交货值（亿元）	106610.2	44229.7	41.5

二、中小企业行业概况

从中小企业数量占规模以上工业企业数量比重来看，除烟草制品业、石油和天然气开采业、开采辅助活动三个行业低于 87% 以外，其他 38 个行业均高于 90%，其中超过 99% 的有 5 个行业，98% ~99% 的有 11 个行业，97% ~98% 的有 7 个行业，96% ~97% 的有 4 个行业，位于 90% ~96% 的有 11 个行业。

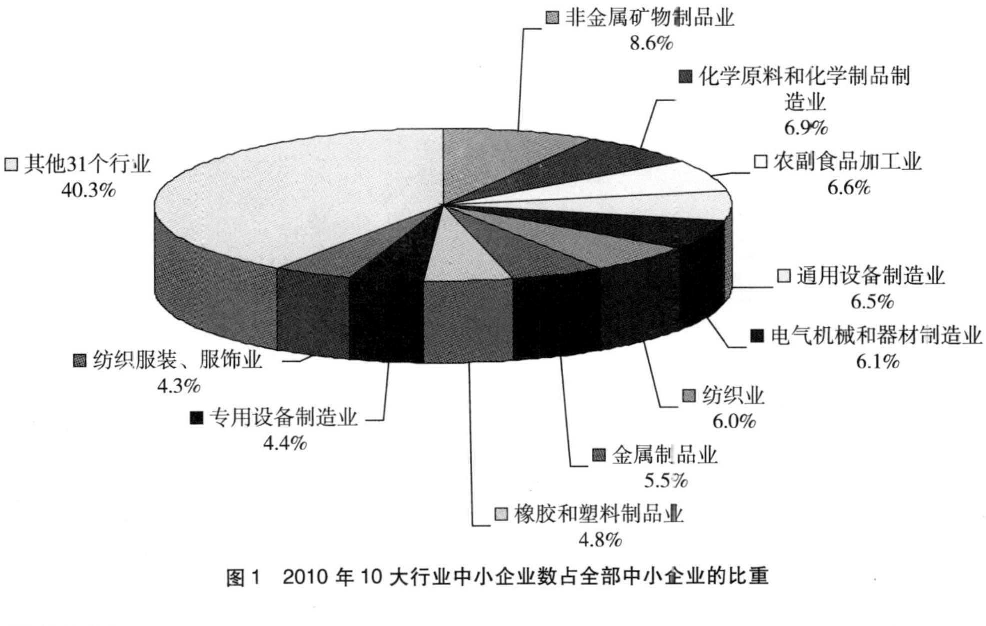

图 1　2010 年 10 大行业中小企业数占全部中小企业的比重

① 本文中所有中小企业均指规模以上工业企业，即年主营业务收入 2000 万元以上的企业。

2012年企业数排名前十位的大类行业依次是：非金属矿物制品业、化学原料和化学制品制造业、农副食品加工业、通用设备制造业、电气机械和器材制造业、纺织业、金属制品业、橡胶和塑料制品业、专用设备制造业、纺织服装服饰业，上述十个行业中小企业数总计20.0万家，占全部中小型工业企业的59.7%。

非金属矿物制品业、化学原料和化学制品制造业在2.3万家以上，纺织业、电气机械和器材制造业、通用设备制造业、农副食品加工业在2.0～2.2万家之间，纺织服装服饰业、专用设备制造业、橡胶和塑料制品业、金属制品业在1.4～1.8万家之间。上述数据表明，劳动密集型和技术资本有机构成相对较低的产业仍是中小企业的主体。

从销售产值来看，39个大类行业中有12个行业中小企业销售产值占规模以上工业的比重超过80%。

中小企业创造销售产值最高的十大行业是：化学原料和化学制品制造业（4.7万亿元），农副食品加工业（超过4.2万亿元），非金属矿物制品业、电气机械和器材制造业（超过3.3万亿元），通用设备制造业、黑色金属冶炼和压延加工业（超过2.5万亿元），金属制品业、电力热力生产和供应业、纺织业、有色金属冶炼和压延加工业（均超过2.2万亿元）。见表3。十大行业的销售产值占中小企业销售产值比重为57.0%。

表3　2012年中小企业实现销售产值最高的十大行业

行业	销售产值（亿元）		中小企业占规模以上工业比重%
	总计	中小企业	
化学原料和化学制品制造业	66432.8	46748.9	70.4
农副食品加工业	51601.6	42821.8	83.0
非金属矿物制品业	44156.2	39301.5	89.0
电气机械和器材制造业	54195.5	33602.2	62.0
通用设备制造业	37813.1	27657.2	73.1
黑色金属冶炼和压延加工业	68173.9	25215.7	37.0
金属制品业	28970.6	23810.2	82.2
电力、热力生产和供应业	51273.6	23706.5	46.2
纺织业	31776.7	23584.8	74.2
有色金属冶炼和压延加工业	37551.6	22742.9	60.6

表4　2012年中小企业资产规模最高的十大行业

行业	资产（亿元）		中小企业占规模以上工业比重%
	总计	中小企业	
电力、热力生产和供应业	92072.5	44810.1	48.7
化学原料和化学制品制造业	53382.1	32567.7	61.0

续表

行业	资产（亿元）		中小企业占规模以上工业比重%
	总计	中小企业	
非金属矿物制品业	35407.8	28910.7	81.7
电气机械和器材制造业	42317.4	24102.1	57.0
通用设备制造业	31493.6	19690.0	62.5
农副食品加工业	23454.1	18027.2	76.9
计算机、通信和其他电子设备制造业	46427.8	15764.3	34.0
专用设备制造业	26403.5	15536.7	58.8
金属制品业	19410.9	14717.2	75.8
纺织业	20480.0	14593.1	71.3

中小企业资产规模最高的十大行业是：电力热力生产和供应业4.5万亿元，化学原料和化学制品制造业3.3万亿元，非金属矿物制品业、电气机械和器材制造业超过2.4万亿元，通用设备制造业接近2万亿元，农副食品加工业、计算机通信和其他电子设备制造业、专用设备制造业超过1.5万亿元，金属制品业、纺织业超过1.4万亿元。见表4。十大行业的资产占中小企业资产的比重为58.8%。

中小企业实现主营业务收入最高的十大行业是：化学原料和化学制品制造业、农副食品加工业超过4.3万亿元，非金属矿物制品业、电气机械和器材制造业超过3.3万亿元，有色金属冶炼和压延加工业、纺织业、金属制品业、电力热力生产和供应业、黑色金属冶炼和压延加工业、通用设备制造业均超过2.2万亿，见表5。十大行业实现的主营业务收入占中小企业主营业务收入的比重接近六成。

表5　2012年中小企业主营业务收入最高的十大行业

行业	主营业务收入（亿元）		中小企业占规模以上工业比重%
	总计	中小企业	
化学原料和化学制品制造业	67756.2	47228.6	69.7
农副食品加工业	52145.6	43069.3	82.6
非金属矿物制品业	43989.0	39120.7	88.9
电气机械和器材制造业	54522.6	33731.7	61.9
通用设备制造业	38043.3	27658.3	72.7
黑色金属冶炼和压延加工业	71559.2	25658.0	35.9
电力、热力生产和供应业	52732.5	24841.5	47.1
金属制品业	29069.7	23931.4	82.3
纺织业	32241.1	23775.9	73.7
有色金属冶炼和压延加工业	41267.2	22977.9	55.7

中小企业实现利润最高的十大行业是：化学原料和化学制品制造业在3000亿元以上，非金属矿物制品业接近3000亿元，农副食品加工业、电气机械和器材制造业超过2000亿元，通用设备制造业超过1900亿元，专用设备制造业、煤炭开采和洗选业超过1500亿元，金属制品业、电力热力生产和供应业、纺织业超过1300亿元。见表6。十大行业实现利润占中小企业利润的比重超过50%。

表6 2012年中小企业利润总额最高的十大行业

行业	利润总额（亿元）		中小企业占规模以上工业比重%
	总计	中小企业	
化学原料和化学制品制造业	4121.6	3198.2	77.6
非金属矿物制品业	3438.2	2999.6	87.2
农副食品加工业	3202.7	2645.6	82.6
电气机械和器材制造业	3419.7	2079.1	60.8
通用设备制造业	2735.5	1973.8	72.2
专用设备制造业	2144.4	1540.8	71.9
煤炭开采和洗选业	3808.1	1529.1	40.2
金属制品业	1843.8	1498.0	81.2
电力、热力生产和供应业	2745.8	1486.5	54.1
纺织业	1894.3	1381.4	72.9

表7 2012年中小企业税金总额最高的十大行业

行业	税金总额（亿元）		中小企业占规模以上工业比重%
	总计	中小企业	
非金属矿物制品业	1938.4	1708.2	88.1
化学原料和化学制品制造业	2420.0	1652.5	68.3
石油加工、炼焦和核燃料加工业	4377.6	1247.1	28.5
电力、热力生产和供应业	2480.2	1223.9	49.3
农副食品加工业	1312.3	1075.0	81.9
煤炭开采和洗选业	2829.3	1014.9	35.9
通用设备制造业	1345.9	988.0	73.4
电气机械和器材制造业	1703.7	978.1	57.4
金属制品业	926.3	766.8	82.8
纺织业	984.5	746.1	75.8

中小企业实现税金总额最高的十大行业是：非金属矿物制品业超过1700亿元，化学原料和化学制品制造业超过1600亿元，煤炭开采和洗选业、农副食品加工业、电力热力生产和供应业、石油加工炼焦和核燃料加工业超过1000亿元，电气机械和器材制造业、通用设备制造业接近1000亿元，纺织业、金属制品业超过740亿元，见表7。十大行业税金总额占中小企业税金总额的比重为56.3%。

中小企业出口最高的十大行业是：计算机通信和其他电子设备制造业接近6000亿元，电气机械和器材制造业超过4000亿元，纺织服装服饰业超过3500亿元，文教工美体育和娱乐用品制造业、化学原料和化学制品制造业、纺织业、通用设备制造业、金属制品业超过2300亿元，皮革毛皮羽毛及其制品和制鞋业、橡胶和塑料制品业超过2000亿元，见表8。十大行业出口占中小企业出口的比重接近七成。

表8 2012年中小企业出口交货值最高的十大行业

行业	出口交货值（亿元）		中小企业占规模以上工业比重%
	总计	中小企业	
计算机、通信和其他电子设备制造业	42454.7	5848.9	13.8
电气机械和器材制造业	9125.0	4156.2	45.5
纺织服装、服饰业	4420.5	3586.8	81.1
文教、工美、体育和娱乐用品制造业	3338.0	2731.0	81.8
化学原料和化学制品制造业	3693.5	2606.2	70.6
纺织业	3735.0	2479.1	66.4
通用设备制造业	4782.1	2450.3	51.2
金属制品业	3299.9	2338.4	70.9
皮革、毛皮、羽毛及其制品和制鞋业	2970.5	2082.9	70.1
橡胶和塑料制品业	3496.5	2064.7	59.1

从主要经济效益指标看，15个大类行业的中小企业资产规模、主营业务收入、利润总额、税金总额所占规模以上工业企业的比例超过70%。这15个行业分别是：其他采矿业、废弃资源综合利用业、木材加工和木竹藤棕草制品业、印刷和记录媒介复制业、非金属矿物制品业、非金属矿采选业、家具制造业、文教工美体育和娱乐用品制造业、农副食品加工业、金属制品业、有色金属矿采选业、橡胶和塑料制品业、仪器仪表制造业、纺织业、纺织服装服饰业。无论是企业数量，还是主要经济效益指标，中小企业在劳动密集型行业上都占有绝对优势。

三、中小企业所有制分布

从中小企业的数量分布来看，私营企业最多，共有18.8万家，其次是有限责任公司6.5万家，外商投资企业2.9万家，港澳台商投资企业2.5万家，股份有限公司0.8万家，国有企业0.6万家，集体企业0.5万家，股份合作企业0.2万家，联营企业只有470家。

表9　2012年不同所有制中小企业数量分布（个）

所有制	规模以上工业企业数量	中小企业数量	占规模以上工业比重%	占中小企业比重%
私营企业	189289	187651	99.1	56.1
有限责任公司	66955	64643	96.5	19.3
外商投资企业	30973	29078	93.9	8.7
港、澳、台商投资企业	25935	24595	94.8	7.4
股份有限公司	9012	7770	86.2	2.3

续表

所有制	规模以上工业企业数量	中小企业数量	占规模以上工业比重%	占中小企业比重%
其他企业	7143	7050	98.7	2.1
国有企业	6770	5989	88.5	1.8
集体企业	4814	4715	97.9	1.4
股份合作企业	2397	2360	98.5	0.7
联营企业	481	470	97.7	0.1

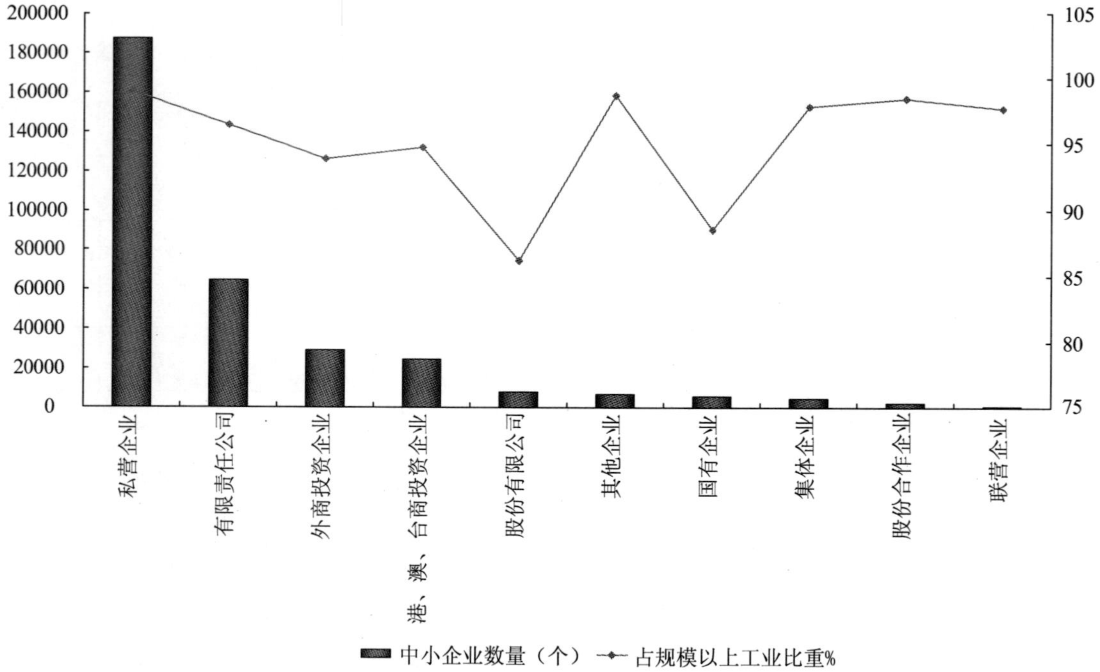

图2　2012年规模以上工业中小企业各经济类型企业数量及其占规模以上工业比重

从各所有制中小企业厂家数量比重看，私营企业占56.1%，有限责任公司占19.3%，外商投资企业占8.7%，港澳台商投资企业占7.4%，其他类型企业都在3%以下。外商投资企业和港澳台商投资企业所占比重较2011年有所下降。

中小私营企业实现销售产值25.1万亿元，占中小企业的46.2%；有限责任公司为11.5万亿元，占中小企业的21.2%；外商投资企业为6.6万亿元，占中小企业的12.1%；港澳台商投资企业为4.3万亿元，占中小企业的8.0%；股份有限公司、国有企业、其他企业、集体企业、股份合作企业、联营企业合计为6.8万亿元，占中小企业的12.6%。

表10　2012年不同所有制中小企业销售产值（亿元）

所有制	规模以上工业销售产值	中小企业销售产值	占规模以上工业比重%	占中小企业比重%
私营企业	285331.8	250763.5	87.9	46.2
有限责任公司	214008.4	114704.4	53.6	21.2
外商投资企业	139772.0	65561.6	46.9	12.1

续表

所有制	规模以上工业销售产值	中小企业销售产值	占规模以上工业比重%	占中小企业比重%
港、澳、台商投资企业	80171.3	43430.4	54.2	8.0
股份有限公司	88410.4	22563.7	25.5	4.2
其他企业	13463.4	10679.7	79.3	2.0
国有企业	72674.2	23356.1	32.1	4.3
集体企业	10756.0	7189.0	66.8	1.3
股份合作企业	4079.5	3123.2	76.6	0.6
联营企业	1130.2	927.2	82.0	0.2

中小私营企业资产规模为12.8万亿元，占中小企业的32.9%；有限责任公司为10.0万亿元，占中小企业的25.7%；外商投资企业为5.4万亿元，占中小企业的13.9%；港澳台商投资企业为3.8万亿元，占中小企业的9.7%；股份有限公司、国有企

业、其他企业、集体企业、股份合作企业、联营企业合计为7.0万亿元，占中小企业的17.9%。外商投资企业、港澳台商投资企业资产所占比重较2011年有所下降。

表11　2012年不同所有制中小企业资产规模（亿元）

所有制	规模以上工业资产	中小企业资产	占规模以上工业比重%	占中小企业比重%
私营企业	152548.1	127843.3	83.8	32.9
有限责任公司	224762.5	99732.8	44.4	25.7
外商投资企业	106107.4	54043.4	50.9	13.9
港、澳、台商投资企业	66212.8	37588.7	56.8	9.7
股份有限公司	98056.5	25626.7	26.1	6.6
其他企业	8858.1	6238.7	70.4	1.6
国有企业	102035.5	31942.5	31.3	8.2
集体企业	5666.2	3105.9	54.8	0.8
股份合作企业	3138.3	1845.3	58.8	0.5
联营企业	1035.7	835.6	80.7	0.2

中小私营企业、有限责任公司、外商投资企业、港澳台商投资企业占全部中小企业资产规模的比重超过八成，较2011年有所提高。这主要是私营企业和有限责任公司所占资产份额较2011年有所提高，抵消了外商投资企业、港澳台商投资企业份额下降的影响。

中小私营企业实现主营业务收入25.1万亿元，有限责任公司为11.5万亿元，外商投资企业为6.6万亿元，港澳台商投资企业为4.3万亿元，股份有限公司、国有企业、其他企业、集体企业、股份合作企业、联营企业主营业务收入合计为7.0万亿元。

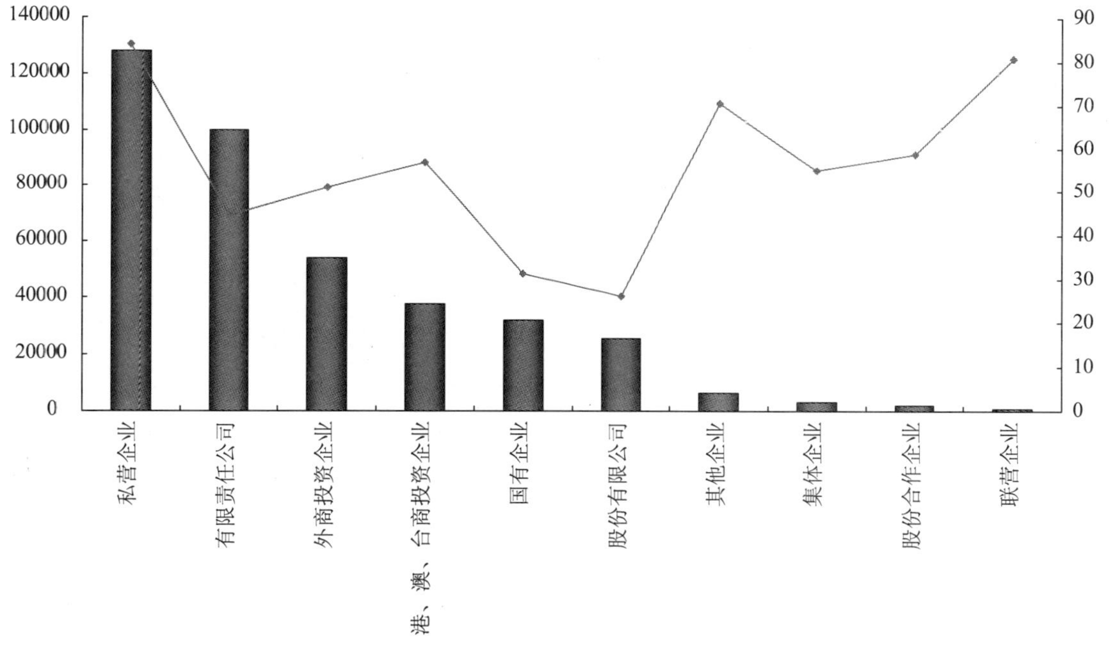

图3　2012年规模以上工业中小企业各经济类型企业资产规模及其占规模以上工业比重

表12　2012年不同所有制中小企业主营业务收入（亿元）

所有制	规模以上工业主营业务收入	中小企业主营业务收入	占规模以上工业比重%	占中小企业比重%
私营企业	285621.5	251016.8	87.9	46.1
有限责任公司	224155.0	115392.7	51.5	21.2
外商投资企业	141270.6	65591.6	46.4	12.0
港、澳、台商投资企业	80678.2	43260.5	53.6	7.9
股份有限公司	90111.7	22743.3	25.2	4.2
其他企业	13759.9	10908.7	79.3	2.0
国有企业	77520.6	24512.1	31.6	4.5
集体企业	10970.3	7179.3	65.4	1.3
股份合作企业	4073.7	3100.9	76.1	0.6
联营企业	1130.1	921.1	81.5	0.2

中小私营企业共实现利润总额17828.8亿元，占中小企业的48.5%；有限责任公司为7556.3亿元，占中小企业的20.6%；外商投资企业为4193.5亿元，

占中小企业的 11.4%；港澳台商投资企业为 2474.4 亿元，占中小企业的 6.7%；股份有限公司、国有企业、其他企业、集体企业、股份合作企业、联营企业合计为 4399.1 亿元，占中小企业的 12.7%。

表 13　2012 年不同所有制中小企业利润总额（亿元）

所有制	规模以上工业利润总额	中小企业利润总额	占规模以上工业比重%	占中小企业比重%
私营企业	20191.9	17828.8	88.3	48.5
有限责任公司	13916.7	7556.3	54.3	20.6
外商投资企业	9019.0	4193.5	46.5	11.4
港、澳、台商投资企业	4947.0	2474.4	50.0	6.7
股份有限公司	7649.6	1919.1	25.1	5.2
国有企业	1040.4	735.7	70.7	2.0
其他企业	3881.7	1120.2	28.9	3.0
集体企业	894.6	603.7	67.5	1.6
股份合作企业	302.0	250.1	82.8	0.7
联营企业	67.3	58.4	86.8	0.2

中小私营企业的销售产值、主营业务收入、利润总额占规模以上工业私营企业的 87.0% 以上，占全部中小企业的 46.0% 以上；有限责任公司的销售产值、主营业务收入、利润总额占规模以上工业有限责任公司的一半以上，占全部中小企业的两成以上；外商投资企业销售产值、主营业务收入、利润总额占规模以上工业外商投资企业的 46.0% 以上，占中小企业的 11.0% 以上；股份有限公司、国有企业、其他企业、集体企业、股份合作企业、联营企业占中小企业的 12.0% 以上。

中小私营企业实现税金 8948.0 亿元，占中小企业的 43.0%；有限责任公司为 4506.0 亿元，占中小企业的 21.6%；外商投资企业为 2371.8 亿元，占中小企业的 11.4%；港澳台商投资企业为 1416.4 亿元，占中小企业的 6.8%；股份有限公司、国有企业、其他企业、集体企业、股份合作企业、联营企业合计为 3575.7 亿元，占中小企业的 17.2%。

表 14　2012 年不同所有制中小企业税金总额（亿元）

所有制	规模以上工业税金总额	中小企业税金总额	占规模以上工业比重%	占中小企业比重%
私营企业	10146.9	8948.0	88.2	43.0
有限责任公司	12011.1	4506.0	37.5	21.6
外商投资企业	5415.8	2371.8	43.8	11.4
港、澳、台商投资企业	2739.8	1416.4	51.7	6.8
股份有限公司	6556.7	1077.4	16.4	5.2
其他企业	529.9	385.7	72.8	1.9
国有企业	6239.0	1662.2	26.6	8.0
集体企业	385.9	278.7	72.2	1.3
股份合作企业	166.2	127.3	76.6	0.6
联营企业	50.8	44.4	87.4	0.2

中小私营企业贡献了四成以上的中小企业的税金总额，有限责任公司超过两成，外资为一成以上，三者合计超过税金总额的 3/4。

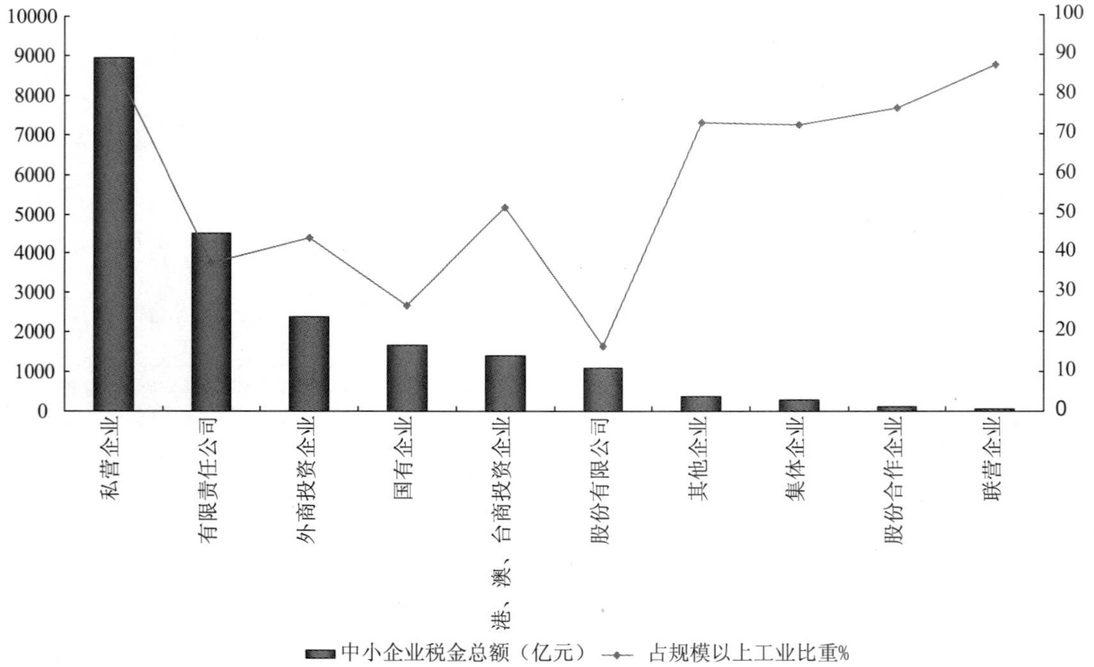

图 4　2012 年规模以上工业中小企业各经济类型企业上缴税金及其占规模以上工业比重

中小外商投资企业共实现出口交货值 14901.7 亿元，占中小企业的 33.7%，超过三成；私营企业 12126.6 亿元，占中小企业的 27.4%；港澳台商投资企业为 11071.7 亿元，占中小企业的 25.0%；有限责任公司为 4084.8 亿元，占中小企业的 9.2%；股份有限公司、国有企业、其他企业、集体企业、股份合作企业、联营企业合计为 2045.0 亿元，占中小企业的 4.7%。

表 15　2012 年不同所有制中小企业出口交货值（亿元）

所有制	规模以上工业出口交货值	中小企业出口交货值	占规模以上工业比重%	占中小企业比重%
外商投资企业	45566.6	14901.7	32.7	33.7
私营企业	14810.6	12126.6	81.9	27.4
港、澳、台商投资企业	27286.0	11071.7	40.6	25.0
有限责任公司	10679.5	4084.8	38.2	9.2
股份有限公司	6051.3	1171.8	19.4	2.6
其他企业	493.2	343.3	69.6	0.8
国有企业	1073.7	201.2	18.7	0.5
集体企业	382.6	164.3	42.9	0.4
股份合作企业	230.3	136.3	59.2	0.3
联营企业	36.2	28.1	77.6	0.1

外资企业是中小企业出口的主力军，其次是私营企业和港澳台商投资企业，所占比例均为 1/4，三者的比重合计超过中小企业出口额的 86%。

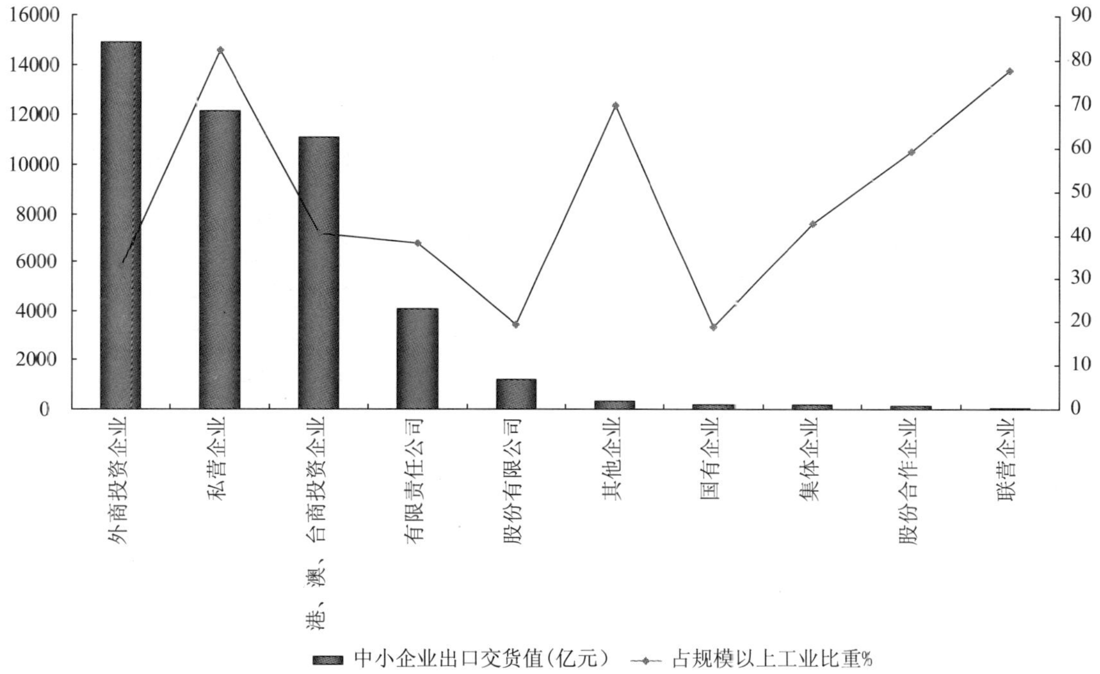

图 5　2012 年规模以上工业中小企业各经济类型企业出口额及其占规模以上工业比重

四、中小企业区域状况分析

由于各省份自然条件与资源状况的不同，目前中小企业仍然存在着比较明显的区域发展不均衡的特点。

从中小企业数量分布看，明显呈现出东部多，中西部和东北地区①少的格局。东北共有 2.6 万家，占 7.8%；东部共有 19.9 万家，占 59.5%；西部共有 4.1 万家，占 12.3%；中部地区共有 6.8 万家，占 20.4%。

东部地区中小企业占中小企业的比重接近六成，中部地区超过两成，西部地区占一成以上，东北地区则不到一成。

表 16　2012 年不同区域中小企业数量分布（个）

区域	规模以上工业企业数量	中小企业企业数量	占规模以上工业比重%	占中小企业比重%
东北	26544	26006	98.0	7.8
东部	204646	199002	97.2	59.5
西部	42480	41002	96.5	12.3
中部	70099	68311	97.4	20.4

① 东部地区包括：北京、天津、河北、上海、江苏、浙江、福建、山东、广东和海南。中部地区包括：山西、安徽、江西、河南、湖北和湖南。西部地区包括：内蒙古、广西、重庆、四川、贵州、云南、西藏、陕西、甘肃、青海、宁夏和新疆。东北地区包括：辽宁、吉林和黑龙江。

分省市看，江苏、广东、山东、浙江，共有15.4万家中小企业，占全部中小企业的46.1%，每个省中小企业所占比重都超过了10.0%。

从中小企业销售产值的分布看，东部为31.0万亿元，占57.2%；西部为7.0万亿元，占13.0%；中部为11.2万亿元，占20.6%；东北为5.0万亿元，占9.3%。

表17　2012年不同区域中小企业销售产值分布（亿元）

区域	规模以上工业销售产值	中小企业销售产值	占规模以上工业比重%	占中小企业比重%
东北	79826.4	50229.8	62.9	9.3
东部	526318.7	310015.0	58.9	57.2
西部	126286.2	70399.1	55.7	13.0
中部	177365.8	111654.9	63.0	20.6

从中小企业资产规模的分布看，东部为22.2万亿元，占57.1%；西部为7.1万亿元，占18.2%；中部为6.7万亿元，占17.2%；东北为2.9万亿元，占7.4%。

表18　2012年不同区域中小企业资产规模分布（亿元）

区域	规模以上工业资产	中小企业资产	占规模以上工业比重%	占中小企业比重%
东北	61899.9	28736.8	46.4	7.4
东部	419392.6	222154.4	53.0	57.1
西部	147184.6	70913.6	48.2	18.2
中部	139944.1	66998.0	47.9	17.2

江苏、浙江、广东、山东四省中小企业资产合计为16.0万亿元，占中小企业资产的41.3%，江苏、浙江、广东、山东的资产规模分别为4.6万亿元、4.1万亿元、3.8万亿元、3.5万亿元，占中小企业资产的比重分别为12.0%、10.6%、9.8%、8.9%。

从各地区中小企业实现的主营业务收入来看，东部为31.4万亿元，占58.4%；西部为7.0万亿元，占12.8%；中部为11.1万亿元，占20.4%；东北为5.0万亿元，占9.1%。

江苏、浙江、广东、山东四省中小企业共实现主营业务收入23.6万亿元，占中小企业主营业务收入的43.4%。

表19　2012年不同区域中小工业主营业务收入分布（亿元）

区域	规模以上工业主营业务收入	中小企业主营业务收入	占规模以上工业比重%	占中小企业比重%
东北	80561.6	49596.1	61.6	9.1
东部	538073.1	314122.7	58.4	57.7
西部	128673.8	69926.4	54.3	12.8
中部	181983.0	110981.8	61.0	20.4

从各地区中小企业实现的利润总额来看，东部为19820.2亿元，占53.9%；西部为5441.6亿元，占14.8%；中部为8385.4亿元，占22.8%；东北为3093.1亿元，占8.4%。

山东、江苏、河南、广东四省中小企业利润总额分别为4924.1亿元、4582.4亿元、3093.6亿元、2949.8亿元，占中小企业利润的比重分别为13.4%、12.5%、8.4%、8.0%。四省共实现利润1.6万亿元，占中小企业利润的42.3%。

从各地区中小企业实现税金来看，东部为11457.1亿元，占55.0%；西部为3468.9亿元，占16.7%；中部为4141.45亿元，占19.9 %；东北为1750.5亿元，占8.4%。

表20　2012年不同区域中小企业利润总额分布（亿元）

区域	规模以上工业利润总额	中小企业利润总额	占规模以上工业比重%	占中小企业比重%
东北	4989.3	3093.1	62.0	8.4
东部	34078.2	19820.2	58.2	53.9
西部	10601.3	5441.6	51.3	14.8
中部	12241.3	8385.4	68.5	22.8

表21　2012年不同区域中小企业税金分布（亿元）

区域	规模以上工业税金总额	中小企业税金总额	占规模以上工业比重%	占中小企业比重%
东北	4508.2	1750.5	38.8	8.4
东部	22291.0	11457.1	51.4	55.0
西部	8770.8	3468.9	39.6	16.7
中部	8672.1	4141.4	47.8	19.9

山东、江苏、广东、浙江四省中小企业分别实现税金2769.1亿元、2645.5亿元、1790.1亿元、1546.1亿元，占中小企业税金的比重分别为13.3%、12.7%、8.6%、7.4%。四省实现税金8750.8亿元，占中小企业税金的42.0%

从各地区中小企业的出口来看，东部为38215.1亿元，占86.4%；西部为1147.0亿元，占2.6%；中部为2957.1亿元，占6.7%；东北为1910.6亿元，占4.3%。

表22　2012年不同区域中小企业出口额分布（亿元）

区域	规模以上工业出口交货值	中小企业出口交货值	占规模以上工业比重%	占中小企业比重%
东北	3622.4	1910.6	52.7	4.3
东部	89850.2	38215.1	42.5	86.4
西部	5279.7	1147.0	21.7	2.6
中部	7857.9	2957.1	37.6	6.7

广东、江苏、浙江、山东中小企业分别实现出口交货值11064.2亿元、7962.9亿元、7883.2亿元、

3582.0 亿元，占中小企业出口额的比重分别为 25.0%、18.0%、17.8%、8.1%。四省出口额合计 3.1 万亿元，占中小企业出口的 68.9%，接近七成。

综合来看，东部地区中小企业经济实力远远强于中西部及东北地区。从东中西部及东北地区内部中小企业所占比例看，东部地区的中小企业在区域内发挥的作用也大于中西部及东北地区。上述主要经济指标，除出口交货值外，东部地区中小企业所占比例基本都在 53.7% ~59.5%之间，而中部在 17.2% ~22.8%之间，西部在 12.3% ~18.2%之间，东北地区在 7.4% ~9.3%之间，见表 23。

表 23　2012 年东中西部及东北地区中小企业主要指标所占比重（%）

指标	企业个数	资产	主营业务收入	利润	利税	税金	销售产值	出口交货值
全国	100	100	100	100	100	100	100	100
东北	7.8	7.4	9.1	8.4	8.4	8.4	9.3	4.3
东部	59.5	57.1	57.7	53.9	54.3	55.0	57.2	86.4
西部	12.3	18.2	12.8	14.8	15.5	16.7	13.0	2.6
中部	20.4	17.2	20.4	22.8	21.8	19.9	20.6	6.7

出口型中小企业集中在沿海开放地区，占中小企业超过 85.0%的出口市场比重，而中西部和东北总共才接近 15%。

东部地区规模以上工业五成以上的资产分布在中小企业，中部、西部、东北地区中小企业的资产比例在 46.0%以上。

中部地区 68.5%的利润是由中小企业贡献的，东部和东北地区 51%以上的利润来源于中小企业，西部地区不到五成的利润来自中小企业。

表 24　2012 年东中西部及东北地区中小企业主要指标占区域内规模以上工业企业比重（%）

指标	企业个数	资产	主营业务收入	利润	利税	税金	销售产值	出口交货值
全国	97.3	50.6	58.6	59.3	54.2	47.1	59.6	41.5
东北	98.0	46.4	61.6	62.0	51.0	38.8	62.9	52.7
东部	97.2	53.0	58.4	58.2	55.5	51.4	58.9	42.5
西部	96.5	48.2	54.3	51.3	46.0	39.6	55.7	21.7
中部	97.4	47.9	61.0	68.5	59.9	47.8	63.0	37.6

东部中小企业贡献了规模以上工业超过五成的税金，中部地区中小企业贡献了接近五成的税金，西部和东北地区接近四成的税金来自中小企业。

东部地区中小企业创造了规模以上工业近六成的销售产值，西部地区销售产值比重也超过了 55%，中部和东北地区的销售产值则超过了六成。

东部、东北地区规模以上工业四成以上的出口额由中小企业贡献，西部地区中小企业的出口额超过二成，中部地区中小企业的出口额接近四成。

中小企业在数量上占绝对优势，成为我国经济发展的重要组成部分。中小企业是缓解我国就业压力的重要力量。目前中小企业依然存在着比较明显的区域发展不均衡的特点。

中小企业是科技创新的重要源泉。中小企业体制灵活，市场嗅觉灵敏，国家应当设立中小企业创新发展基金，对于有潜力、有技术创新意识的中小企业重点鼓励扶持，加快中小企业的转型步伐。

国家有关部门应当根据中小企业的行业、所有制结构、就业、出口、地区特点，在法律法规、税收、就业、培训、教育等方面制定有针对性的鼓励政策，不断拓展中小企业的市场空间，拓宽企业发展领域，形成比较完善的财税、金融、社保、就业、公共服务政策支持体系，为中小企业的成长发展提供保障，加快中小企业公共服务平台建设，优化产业结构，增强中小企业发展的后劲，在企业品牌建设、企业成长、资金支持、税收减免等方面提供政策支持，推动我国中小企业的健康发展。

（国家统计局工业统计司行业指导处　刘耀东）

2012 年中小企业工作情况

据国家工商总局数据显示，截至 2012 年底，全国工商登记实有企业 1366.6 万户，个体工商户 4059.3 万户。根据新的中小企业划型标准和国家统计局第二次经济普查数据测算，全国中小微企业数量和从业人员分布情况详见图 1 和图 2。

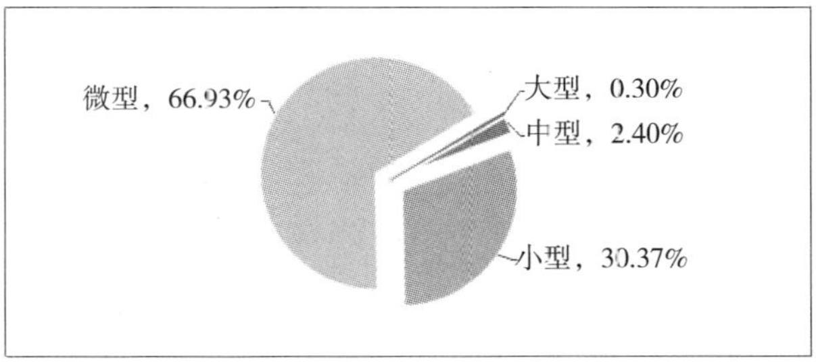

图 1　全国中小微企业数量分布情况

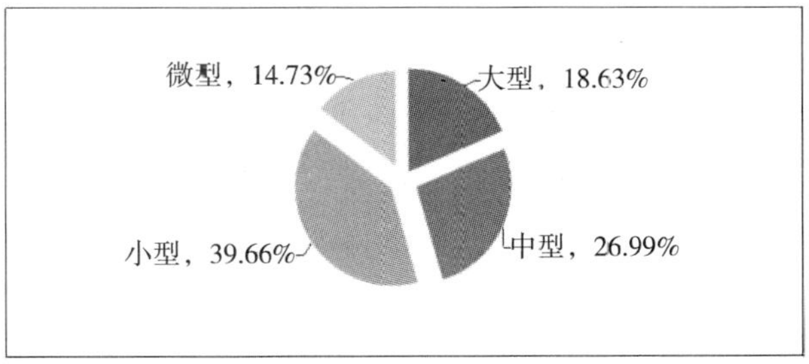

图 2　全国中小微企业从业人员分布情况

据国家统计局数据显示，截至 2012 年底，全国规模以上中小工业企业 32.47 万家，占工业企业数量的 97.36%；从业人员 6129 万人，占工业企业从业人员的 66.11%。其中，中型企业 50485 家，占中小企业数量的 15.55%；从业人员 2727 万人，占中小企业从业人员的 44.49%。小型企业 274180 家，占中小企业数量的 84.45%；从业人员 3402 万人，占中小企业从业人员的 55.51%。实现销售产值 55.45 万亿元，比上年增长 16.55%，比工业企业销售产值增速高 3.75 个百分点，占工业企业销售产值的 61.34%。

积极营造政策环境。2012 年，国务院出台了《国务院关于进一步支持小型微型企业健康发展的意见》（国发［2012］14 号），文件从加大财税支持、缓解融资困难、推动创新发展、支持开拓市场、提高管理水平、促进集聚发展、加强公共服务等方面，提出了 29 条政策措施。既帮助企业解决当前困难，又注重引导企业增强内生动力，还提出了支持企业长期平稳健康发展的长效机制，这也是国务院首次针对小型微型企业专门制定的相关政策性文件。各地和相关部门也出台了一系列具体政策措施，截至 2012 年底，全国 14 个省（区、市）出台了贯彻落实国发 14 号文件的实施意见。各有关部门共出台配套政策 38 项。

加大财政扶持力度。中央财政中小企业专项资金总规模继续扩大，到 2013 年达到 141 亿元，重点支持中小企业特别是小型微型企业技术进步、结构调整、转变发展方式、扩大就业，以及改善服务环境等方面。中央财政设立 150 亿元国家中小企业发展基金，每年安排 30 亿元，分 5 年到位，主要用于引导地方、创业投资机构及其他社会资金支持初创期的小型微型企业等，目前，基金各项筹备工作正在推进。财政部、工业和信息化部出台了《政府采购促进中小企业发展暂行办法》，要求各部门政府年度采购安排不低于项目预算总额 18% 的份额，专门面向小型微型企业。在政府采购评审中，对小型微型企业产品可视不同行业情况给予 6% ~10% 的价格扣除等。

着力缓解融资难。金融机构中普遍建立了中小企业信贷部门，实行了针对小型微型企业的差异化监管和激励政策。大力发展中小企业金融机构，截至 2012 年底，小额贷款公司达到 6080 家，贷款余额 5921 亿元，全年新增贷款 2005 亿元。拓宽融资渠道，中小板和创业板上市企业分别达到 701 家和 355 家。通过营业税减免、各项准备金税前提取、资本金注入、担保费用补贴等扶持政策，支持中小企业信用担保机构发展。2012 年，中央财政安排 14 亿元专项资金支持 565 家中小企业信用担保和再担保机构，所支持担保机构的新增贷款担保业务额达 5686 亿元，受保中小企业 12 万户，其中小微企业占 85%。14 个省建立了省级中小企业信用再担保机构。

加强服务体系建设。继续实施中小企业公共服务平台网络建设工程，支持了 20 个省建设互联互通、资源共享的中小企业公共服务平台网络，畅通渠道，为企业提供便捷服务。认定了第二批国家中小企业公共服务示范平台 208 家。深入实施国家中小企业银河培训工程，全年完成 50 万人次的中小企业经营管理人员培训；贯彻落实《国家中长期人才发展规划纲要（2010－2020）》，实施企业经营管理人才素质提升工程，全年共开设领军人才培训班 18 期，培养中小企业经营管理领军人才 1265 名。在广州成功举办了第九届中国国际中小企业博览会，厄瓜多尔、越南共同担任联合主办国，展会面积达 10 万平米，吸引了 2400 余家国内外企业和机构参展，参展参会客商超过 24 万人次，达成合同金额 60.4 亿元，意向金额 306.56 亿元。在成都成功举办了第七届 APEC 中小企业技术交流暨展览会，展会共有展示面积 34600 平方米，约 1300 余家企业参展，集中展示各 APEC 成员经济体中小企业生产的节能环保产品、汽车及配件、新型建材、电子产品及零部件、纺织品、新型专用机械、自主知识产权产品及专利产品等。

（工业和信息化部中小企业司）

第三篇

国家扶持中小企业政策与措施

2012 年国家中小企业银河培训工程

根据《国家中长期人才发展规划纲要（2010 年~2020 年）》2012 年，工业和信息化部继续实施以中小企业经营管理者和创业者为主要培训对象的国家中小企业银河培训工程，重点围绕法律法规、安全生产、节能减排、经营管理等开展培训，全年共完成 50 万人次的中小企业经营管理人员培训。为进一步推动“创办小企业，开发新岗位，以创业促就业，以创业促发展”工作，在国家中小企业银河培训工程的支持下，湖南、吉林、河北、山东、四川等省中小企业主管部门还组织开展了赛飞创业辅导师培训，各地参训学员积极响应，把学到的赛飞创业辅导知识和方法运用到实践中，取得良好成效。2011 年，中央财政设立“企业经营管理人才素质提升工程”专项资金，重点支持中央企业和中小企业经营管理领军人才的培训和培养。根据《企业经营管理人才素质提升工程实施方案》，启动实施了企业经营管理人才素质提升工程，制定年度实施方案，充分发挥部属机构、高校、社会培训机构的积极性，今年共开设领军人才培训班 18 期，培养中小企业经营管理领军人才 1265 名。

2012 年支持中小企业发展财税政策情况

2012 年，按照国务院的统一部署，财政部、税务总局会同国务院有关部门及时出台和完善相关财税政策，加大了小微企业发展的财税政策力度，帮助缓解小微企业融资难，减轻税费负担，促进结构调整和转型升级。

一、完善税收优惠政策

一是降低企业所得税税负。将小型微利企业减半征收企业所得税政策，延长执行期限并扩大范围。自 2012 年 1 月 1 日至 2015 年 12 月 31 日，对年应纳税所得额低于 6 万元（含 6 万元）的小型微利企业，其所得减按 50% 计入应纳税所得额，按 20% 的税率缴纳企业所得税。

二是进一步提高增值税、营业税的起征点。自 2011 年 11 月 1 日起，将个体工商户增值税和营业税起征点由原来最高 5000 元统一提高至月销售额（或营业额）5000 元至 20000 元。纳税人销售额或营业额未达到增值税或营业税起征点的，免征增值税或营业税。

三是免征金融机构对小微企业贷款印花税。2011 年 11 月 1 日起至 2014 年 10 月 31 日，三年内免征金融机构与小型、微型企业签订的借款合同印花税。

四是延长农村金融机构营业税优惠政策。将 2011 年底到期的农村信用社、村镇银行、农村资金互助社、由银行业机构全资发起设立的贷款公司以及法人机构所在地在县及县（市）以下地区的农村合作银行、农村商业银行的金融保险收入，减按 3% 税率征收营业税的政策，执行期限延长至 2015 年底。

五是延长金融企业中小企业贷款损失准备金税前扣除政策。对金融企业涉农贷款和中小企业贷款进行风险分类后，按照规定比例计提的贷款损失专项准备金准予在计算应纳税所得额时扣除的政策，再延长执行三年，即延长执行至 2013 年底。

六是对符合条件的国家中小企业公共服务示范平台中的技术类服务平台纳入现行科技开发用品进口税收优惠政策范围。对其在 2015 年 12 月 31 日前，在合理数量范围内进口国内不能生产或者国内产品性能不能满足需要的科技开发用品，免征进口关税和进口环节增值税、消费税。

二、加大财政资金支持力度

中央财政依法设立了中小企业科目，先后设立了科技型中小企业技术创新基金、中小企业发展专项资金、中小企业国际市场开拓资金等专项政策，采取无偿资助、贷款贴息等方式，促进中小企业技术创新和科技成果转化，加快转型升级，拓宽融资渠道，发展特色产业，开拓国际市场，以及改善公共服务环境等。近年来，中央财政支持中小企业资金规模实现了较快增长，总规模从 2002 年的 9.8 亿元增加到 2012 年的 141.7 亿元。其中，2012 年中小企业发展专项资金安排 19.2 亿元，重点支持产业升级、结构调整、专业化发展和改善服务环境，以引导解决当前我国中小企业发展中存在的发展方式粗放、专业化分工水平低、产业结构不合理、服务环境较差等问题。2012 年中央财政安排中小企业信用担保资金 14 亿元，对 565 家中小企业信用担保机构开展的 4437 亿元贷款担保给予资助，涉及中小企业 17 万户，其中小微型企业 12 万户。另外，推动设立国家中小企业发展基金，撬动各类社会资本共同支持小微企业发展。根据《国务院关于进一步支持小型微型企业健康发展的意见》（国发〔2012〕14 号）精神，中央财政分 5 年安排 150 亿元设立国家中小企业发展基金，将采用市场化方式运作，引导地方政府、创业投资企业及其他社会资金支持处于初创期的小型微型企业等发展。目前中小企业企业发展基金管理办法已拟定完成，待报国务院批准后正式实施。

三、加大清理收费力度

财政部、发展改革委等部门出台了多项减免企业收费的政策。主要包括：自2012年1月1日至2014年底，对小型微型企业免征管理类、登记类和证照类等22项行政事业性收费，每年可减轻企业负担约50亿元；自2012年2月1日起，取消253项各省（自治区、直辖市）设立的涉企行政事业性收费，每年可减轻企业负担约100亿元；自2012年10月1日起，取消海关监管手续费；自2012年10月1日起至2012年12月31日止，对所有出入境货物、运输工具、集装箱及其他法定检验检疫物免收出入境检验检疫费，以上两项措施可减轻外贸企业负担约35亿元。自2011年12月起，增值税一般纳税人购买增值税税控系统专用设备支付的费用以及缴纳的技术维护费可在增值税应纳税额中全额抵减。银监会开展了银行业金融机构不规范经营专项整治工作，交通运输部深入推进了物流领域乱收费治理工作等。

四、加大政府采购力度

财政部会同工业和信息化部出台了政府采购促进中小企业发展暂行办法，自2012年1月1日起，采取预留采购份额、评审优惠、鼓励联合体投标和分包等措施，大力支持中小企业特别是小型微型企业参与政府采购，并通过计划管理、合同管理、报告和公开制度、信息化建设等措施予以保障。按照暂行办法，负有预算编制职责的各部门应当预留本部门年度政府采购项目预算总额的30%以上专门面向中小企业采购，其中预留给小微企业的比例不低于60%；在政府采购评审活动中对小微企业投标产品的价格给予6%～10%扣除，用扣除后的价格参与评审；对大中型企业与小微企业组成联合体参与政府采购活动，小微企业合同金额占30%以上的，可给予联合体2%～3%的价格扣除。据初步统计，2012年全国政府采购金额13900多亿，其中小型和微型企业获得的合同金额5800多亿，占40%以上。

2012年非公有制经济发展情况

非公有制经济是我国国民经济和社会发展的重要组成部分，党中央、国务院高度重视非公有制经济的发展，2012年11月召开的党的十八大再次明确指出，“毫不动摇巩固和发展公有制经济”，“毫不动摇鼓励、支持、引导非公有制经济发展”。2012年4月，发布了《国务院关于进一步支持小型微型企业健康发展的意见》（国发［2012］14号）；6月底，《国务院关于鼓励和引导民间投资健康发展的若干意见》（国发［2010］13号，以下简称“民间投资36条”）42项实施细则全部出台，大多地区也出台了落实“民间投资36条”的实施办法和政策措施。随着党和国家各项政策措施的贯彻落实，2012年全年非公有制经济继续保持快速增长的态势。

一、非公有制经济运行总体状况

（一）非公有制经济总量持续扩大

在国家一系列方针政策引导下，个体私营等非公有制经济继续保持快速发展势头，企业数量不断增加，规模实力持续增强。据国家工商总局统计，截至2012年底，登记注册的私营企业达1086万户，比上年底增长12.2%，占全国企业数量的79.5%，成为数量最多、比例最大的企业群体；注册资本共计31.1万亿元，比上年增长20.6%，户均注册资金达286万元，比上年增长7.5%，企业规模实力继续增强。登记注册的个体工商户实有4059万户，首次突破4000万户，比上年底增长8.1%；注册资金数额1.98万亿元，比上年增长22.2%。

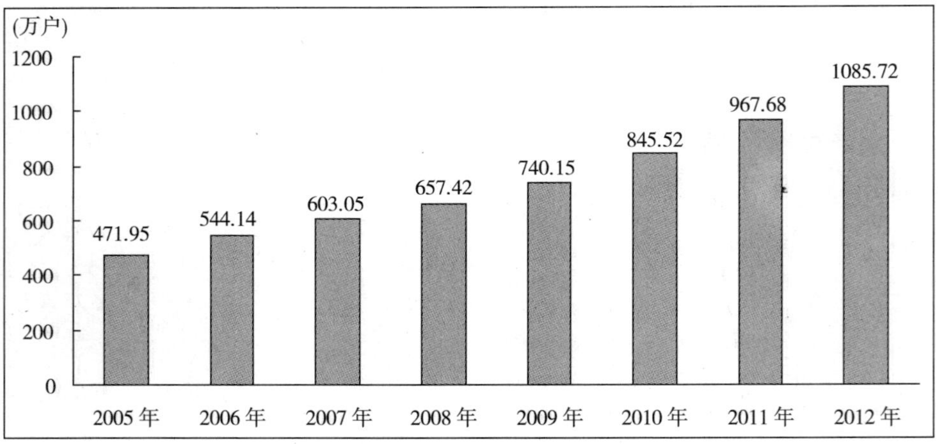

数据来源：国家工商行政管理总局

图1　2005～2012年全国私营企业实有基本情况

（二）非公有制经济贡献作用继续增加

近几年，我国财政收入连年大幅增长，国家财政实力显著增强。在国家财政增收中，相当大一部分来自非公有制经济上缴的税收，非公有制经济对国家贡献逐年提高。国家统计局数据显示，2012 年全国规模以上非公有制工业企业（以下简称“非公有制工业企业”）[①]实现税金总额 2.1 万亿元，占规上工业企业税金总额的 50.4%，较上年提高 3 个百分点，比上年增长 16.1%，增速比同期规上工业企业高 4.4 个百分点。

（三）非公有制企业经济效益逐步改善

国家统计局数据显示，2012 年非公有制工业企业实现主营业务收入 64.4 万亿元，比上年增长 13.0%，增幅比同期规上工业企业营业收入高 2.0 个百分点；全年实现利润总额 3.9 万亿元，占规上工业企业的 70.9%，比上年增长 9.7%，增幅比同期规上工业企业利润高 4.4 个百分点。

（四）非公有制企业成为吸纳就业主要渠道

近年来，非公有制经济快速发展，岗位需求也在不断增加，吸纳了绝大部分劳动力的增量和存量转移，有效缓解了社会就业压力。国家工商总局数据显示，截至 2012 年底，全国私营企业雇工 9096 万人，比 2011 年 8368 万人增加 728 万人，增长 8.7%。全国个体工商户从业人员 8628 万人，比 2011 年 7945 万人增加 683 万人，增长 8.6%。

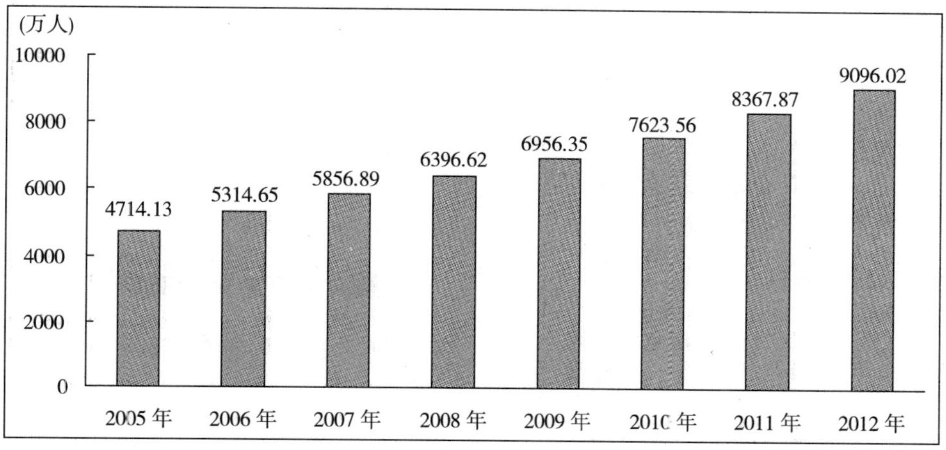

数据来源：国家工商行政管理总局

图 2　2005～2012 年全国私营企业从业人员基本情况

（五）非公有制经济对外出口保持较快增长

非公有制企业在实施“走出去”战略，奋力开拓国际市场，提高对外开放水平方面发挥了重要作用。海关总署数据显示，2012 年，非公有制企业（不含外商投资企业）实现出口总值 7699 亿美元，占全国出口总值的 37.6%，比上年提高 4.1 个百分点；比上年增长 21.1%，比全国出口增速（7.9%）高 13.2 个百分点。

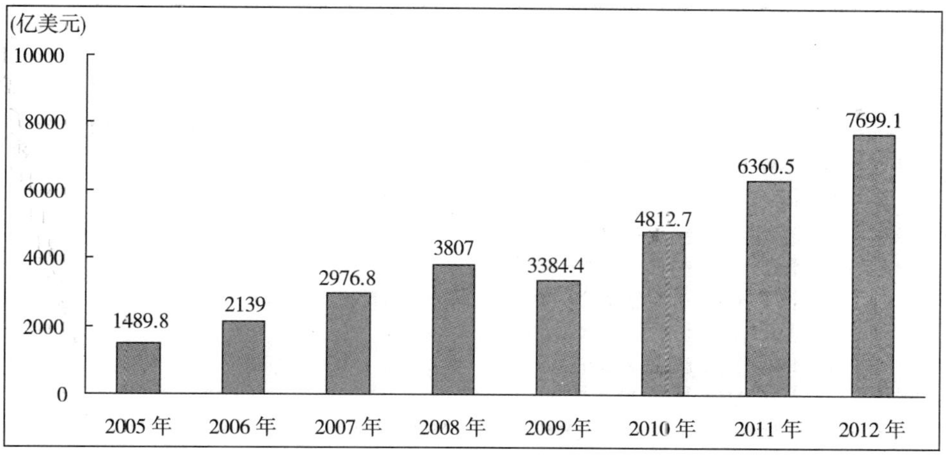

数据来源：海关总署

图 2　2005～2012 年全国私营企业从业人员基本情况

① 本文中所有非公有制工业企业均指规模以上工业企业，即年主营业务收入 2000 万元以上的企业，包括私营、外商、港、澳、台及其所控股的企业。非公有制工业企业数据来源于国家统计局。

二、非公有制经济固定资产投资增速加快

2010 年 5 月 7 日出台的《国务院关于鼓励和引导民间投资健康发展的若干意见》（国发〔2010〕13 号，简称“民间投资 36 条”）明确提出鼓励和引导民间资本进入法律法规未明确禁止准入的行业和领域，为民间投资创造良好环境。2012 年上半年，42 个相关配套细则全部出台，进一步优化民间投资的政策环境。2012 年 12 月，国务院对江苏、河南、湖南、广东、四川、陕西等 6 省贯彻落实民间投资 36 条政策措施情况进行了督促检查，从督查情况看，各地高度重视国务院决策部署的贯彻落实，创新体制机制，采取一系列有力措施鼓励和引导民间投资健康发展，取得了明显成效。

随着民间投资环境的逐步改善，民间投资的积极性逐步提高。全年全国民间固定资产投资 22.4 万亿元，比上年增长 24.8%，增速比全国固定资产投资（不含农户）增速高 4.2 个百分点，占全国固定资产投资的 61.4%。其中，工业行业民间固定资产投资 11.5 万亿元，同比增长 26.6%，占民间固定资产投资的 51.3%。

三、组织开展好非公有制经济组织创先争优活动

根据中央的统一部署，2010 年至 2012 年在全国非公有制经济组织中开展了以“推动加快经济发展方式转变，促进企业实现科学发展”为主题的创先争优活动，这是改革开放以来在非公有制经济组织中开展的持续时间最长、覆盖企业最广、参加人数最多的一次党内教育活动。不断加强非公有制经济组织党建工作，是夯实党的执政基础、促进企业健康发展的迫切需要，是解决当前中小企业特别是小型微型企业生产经营困难的一项重要举措。对此，工业和信息化部党组书记、部长苗圩高度重视非公有制经济组织创先争优活动的开展，多次召开专题会议，学习十七届四中、五中、六中全会精神，学习中央领导同志讲话、批示和中央创先争优活动领导小组有关文件，研究部署有关工作。

在中央创先争优活动领导小组和全国非公有制经济组织创先争优活动指导小组（以下简称“指导小组”）的统一部署下，工业和信息化部积极组织开展好非公有制经济组织创先争优活动。一是向各地中小企业主管部门下发了开展好非公有制经济组织创先争优活动的通知，要求各地中小企业主管部门，充分认识在非公有制经济组织党组织和党员中开展创先争优活动的重大意义，要在各地的指导小组统一协调下积极开展工作。二是与指导小组各单位联合举办了非公有制经济人士纪念建党 90 周年座谈会，与中央组织部、指导小组各成员单位共同组织了全国非公有制经济党组织书记示范培训班等。三是结合促进中小企业和非公有制经济发展工作，重点对辽宁、浙江、广东、江苏、宁夏、四川等地进行调研，通过召开座谈会、到企业实地考察等形式，对开展非公有制经济组织创先争优活动及群众评议活动进行指导，对各地好经验好做法进行总结。2012 年 1 月，部党组成员、总工程师朱宏任专门赴辽宁就非公有制经济组织创先争优活动情况调研并指导开展创先争优群众评议活动。

2013 年是“十二五”规划关键之年，也是全国非公有制企业摆脱金融危机，实现恢复性增长关键之年。要在毫不动摇地巩固和发展公有制经济的同时，毫不动摇地鼓励、支持和引导非公有制经济发展，进一步鼓励和引导民间投资，推动各种所有制经济平等竞争、共同发展。

2012 年中小企业融资及信用担保情况

一、中小企业间接融资发展情况

2012 年，国务院出台《关于进一步支持小型微型企业健康发展的意见》（国发［2012］14 号），从落实支持小微企业发展的各项金融政策，加快发展小金融机构，拓宽融资渠道，加强对小微企业的信用担保服务，规范对小微企业的融资服务 5 个方面努力缓解小微企业融资困难。金融部门继续改善中小企业融资环境，支持完善小微企业金融服务体系，健全小微企业金融服务机制，改进对实体经济的金融服务。

（一）小微企业信贷规模持续扩大

据银监会数据，截至 2012 年底，全国用于小微企业的贷款（包括小型微型企业贷款、个体工商户贷款和小微企业主贷款）余额达 14.77 万亿元，占全部贷款余额的 21.95%，比年初增加 2.43 万亿元，增速 19.73%，比各项贷款平均增速高 4.09 个百分点，超过 80% 的小微企业贷款投向了制造业、批发零售业等实体经济支柱产业和民生领域。其中小型微型企业贷款余额 12.04 万亿元，比全部贷款增速高 2.62 个百分点，增量比上年同期多 19.6 亿元，已连续 4 年实现信贷增速、信贷增量“两个不低于”目标。同时，银监会已批复 30 多家商业银行的小微企业专项金融债发行申请，合计约为 4000 亿元，专门支持小微企业。2013 年《中国银监会关于深化小微企业金融服务的意见》（银监发［2013］7 号），采取一系列措施提高小微企业贷款可获得性，拓宽小微企业金融服务覆盖面。

（二）中小金融机构加快发展

据银监会数据，截至 2012 年底，我国共有 800 家村镇银行，14 家贷款公司以及 49 家农村资金互助社。据人民银行数据，截至 2012 年 12 月末，全国共有小额贷款公司 6080 家，贷款余额 5921 亿元，

全年新增贷款2005亿元，实收资本5146.97亿元。截至2013年3月末，全国共有小额贷款公司6555家，贷款余额6357亿元，全年新增贷款434亿元。

（三）融资贵问题有所缓解

2012年银监会发布《关于整治银行业金融机构不规范经营的通知》（银监发［2012］3号），对银行业金融机构提出“不得以贷转存、不得存贷挂钩、不得以贷收费、不得浮利分费、不得借贷搭售、不得一浮到顶、不得转嫁成本”七不准，规范小微企业融资服务。国发14号文件强调，禁止金融机构对小微企业贷款收取承诺费、资金管理费，限制金融机构向小微企业收取财务顾问费、咨询费等费用，清理纠正金融服务不合理收费。2012年6月和7月，人民银行连续两次下调存贷款基准利率，并小幅扩大利率浮动区间，金融机构贷款利率有所下降。据人民银行数据，12月，贷款加权平均利率为6.78%，比年初下降1.23个百分点。其中，一般贷款加权平均利率为7.07%，比年初下降0.73个百分点；票据融资加权平均利率为5.64%，比年初下降3.42个百分点。从利率浮动情况看，执行下浮利率的贷款占比有所上升。12月份，一般贷款中执行下浮利率的贷款占比为14.16%，比年初上升7.14个百分点；执行基准和上浮利率的贷款占比分别为26.10%和59.74%，比年初分别下降0.86个和6.28个百分点。民间借贷利率逐渐回落。2012年，在人民币贷款基准利率下调等因素的带动下，民间借贷利率总体逐步下降。

（四）中小企业融资产品创新加快

2012年全国知识产权质押融资金额达141亿元人民币。其同比增长56.7%，涉及专利数量3399件，同比增长74%。2013年，银监会、国家知识产权局、工商总局、国家版权局联合发布《关于商业银行知识产权质押贷款业务的指导意见》（银监发［2013］6号），进一步促进中小企业知识产权质押贷款。近年来，人民银行推动建立了我国的动产权属登记系统，目前包括应收账款质押登记公示系统和融资租赁登记公示系统。到2013年5月末，登记系统具有登记及查询权限的用户达6625家，系统登记信息达95万余笔，累计查询量超过120万次。其中，应收账款登记系统中超过80%是中小微企业，2012年约9万家登记的中小微企业获得了应收账款融资，累计融资额超过5万亿元。中小企业信用体系建设继续推进。截至年末，为未与银行发生信贷关系的235.3多万户中小企业建立了信用档案，其中，29万户中小企业获得银行贷款，贷款余额5.60万亿元。2012年，商务部印发《商务部关于商业保理试点有关工作的通知》（商资函［2012］419号），鼓励各类商业保理公司面向中小微型企业提供服务，积极开展国际和国内保理业务。

二、中小企业直接融资发展情况

中小企业直接融资渠道也不断拓展，多层次资本市场建设加快，中小企业债券融资品种更加丰富。

（一）进一步完善多层次资本市场体系，提高服务中小企业的能力

继续完善主板、中小企业板和创业板市场，建立创业板再融资规则体系。2012年3月，国务院明确要求按照“稳妥有序”的原则，健全退市制度。4月，深圳证券交易所修订发布了《深圳证券交易所创业板股票上市规则》，建立了新的创业板退市制度，规定创业板公司退市后统一平移到代办股份转让系统挂牌，不支持已退市公司通过借壳恢复上市。截至2012年末，创业板上市公司355家，中小板上市公司701家。2012年5月，全国场外市场筹建工作启动；2012年9月，非上市股份公司股份转让（简称“新三板”）试点扩大，逐步放宽现有对新三板挂牌企业注册地的限制，允许更多素质优良的中小企业到新三板挂牌交易。除北京中关村科技园区外，新增上海张江高新产业开发区、武汉东湖新技术产业开发区、天津滨海高新区。2013年1月，经国务院批准，全国中小企业股份转让系统设立，制定并发布非上市公众公司监督管理办法，规范非上市公众公司股票转让和发行行为，加强新三板在融资方式和交易机制方面的创新，通过提升市场的融资便利性和定价效率，吸引更多中小企业到新三板挂牌交易。全年新增挂牌企业98家，截至2012年末，挂牌的园区企业已达200家。进一步明确区域性股权交易市场的定位和作用，促进新三板市场和区域性股权交易市场的协调发展，合理分配上市资源，为不同规模、不同类型、不同成长阶段的企业提供差异化服务。

（二）中小企业债券融资品种更加丰富，融资方式多元化

继中小企业集合债券、集合票据之后，2012年有关部门探索推出私募债券、小微企业增信集合债券等债券新品种，进一步丰富中小企业融资工具和途径。2012年，中小企业累计发行集合票据71亿元，中小企业区域集优票据29亿元。2012年5月，沪深两交易所启动中小企业私募债券业务试点，截至2012年底，两所共有81只中小企业私募债完成发行，募集资金90.83亿元。2013年3月，首批四期小微企业增信集合债券面世，共募集资金35亿元人民币，债券性质为发改委主管的企业债，资金使用形式类委托贷款。《国家发改委办公厅关于进一步改进企业债券发行审核工作的通知》（发改办财金［2013］957号），将加快和简化审核小微企业增信集合债券和中小企业集合债券。

（三）创业投资规模快速增长，但对中早期企业支持力度不够

截至2011年末，全国备案创业投资企业882家，增长34.3%，备案创业投资企业资产总规模达2207亿元，增长41.5%。2011年度新增投资案例1928个，年末投资案例余额7104个，历年累计投资案例增加到9216个。2011年度新增投资金额297.32亿元，年末投资余额1018.03亿元，历年累计投资金额增加到1204.72亿元。从不同投资阶段的案例分布看，2011年度，创业投资企业投资于种子期、起步期、扩张期、成熟期和重建期的占比分别为：13.07%、34.28%、43.34%、8.70%和0.61%。从投资案例看，2011年度股本退出项目按持股不足1年、持股1~2年、持股2~4年、持股4~7年、持股7年以上等5个类别进行分析，投资占比分别为：10.83%、19.92%、30.95%、21.28%和17.02%。短期投资占比仍较大，不利于支持中早期企业。

三、中小企业信用担保服务发展情况

（一）财税政策扶持力度加强

国发14号文件提出大力推进中小企业信用担保体系建设，继续执行对符合条件的信用担保机构免征营业税政策，加大中央财政资金的引导支持力度，鼓励担保机构提高小型微型企业担保业务规模，降低对小型微型企业的担保收费。积极发展再担保机构，强化分散风险、增加信用功能。推动建立担保机构与银行业金融机构间的风险分担机制。2012年，工业和信息化部、国家税务总局联合发布《关于公布免征营业税中小企业信用担保机构名单有关问题的通知》（工信部联企业〔2011〕68号），给予141家中小企业信用担保机构免征三年营业税政策优惠。截至目前，全国共计11批1963家/次中小企业信用担保机构享受该优惠政策，有效提升担保能力，降低中小企业融资成本。中央财政专项资金的扶持力度逐年大幅增强，从2006年的5000万元增至2012年的14亿元，累计安排担保专项资金已达59.38亿元，共计扶持3328家/次中小企业信用担保（再担保）机构，政策扶持的担保机构已累计为中小企业提供1.71万亿元贷款担保服务。其中2012年安排资金14亿元，包括担保补助项目557个，补助资金13.41亿元（含担保业务补助81615万元，保费补助52485万元），受益中小企业11.8万户，占全国机构担保户数的31%；为中小企业提供新增贷款担保5199亿元，占全国机构新增担保额的35%。再担保补助项目8个，补助资金5900万元（含一般责任保证业务补助3292万元；比例风险分担业务补助2608万元）。

（二）中小企业信用担保机构规模扩大、能力提升，服务小微企业作用显著增强

2012年底，我国中小企业信用担保机构已有4374多家，户均注册资本额达1.1亿元。其中注册资本2亿元以上的担保、再担保机构已达566家，占13%；注册资本1亿元以上的担保、再担保机构共计2315家，占比53%，超过一半。全国4374家中小企业信用担保机构当年服务新增受保企业63.5万户，其中小微企业新增25.1万户；新增担保总额1.7万亿元，其中小微企业新增担保额1万亿元。中小企业信用担保机构已发展成为中小企业融资服务体系的重要组成部分，为缓解中小企业特别是小微企业贷款难发挥重要作用。

2012年中小企业服务体系建设及服务情况

加快中小企业服务体系建设是提高中小企业发展质量，促进中小企业加快转变发展方式，实现持续健康发展的重要支撑。2012年，结合中小企业服务年活动，中小企业服务体系建设及服务主要开展了以下几方面工作。

一、加强政策引导

2012年6月，工业和信息化部、财政部、海关总署、国家税务总局联合印发了《关于公布享受科技开发用品进口税收优惠政策的国家中小企业公共服务示范平台名单的通知》（工信部联企业〔2012〕287号），上海浦东软件平台有限公司等10家示范平台获得免税资格。

7月，工业和信息化部、财政部、国家工商总局联合下发了《关于大力支持小型微型企业创业兴业的实施意见》（工信部联企业〔2012〕347号），提出了便捷市场主体准入，拓宽创业出资方式，放宽对经营场所的限制等13个方面的扶持政策。各地中小企业主管部门根据本地实际出台了相应的配套政策，如深圳市出台了《深圳经济特区商事登记若干规定》，通过简化程序、改进流程、降低标准等方式，极大提高商事主体注册登记和管理效率，减轻企业负担。

2012年，中小企业发展专项资金加大了对改善中小企业服务环境项目的支持力度。其中，小企业创业基地建设项目重点支持为满足小企业创业发展需求，改造现有场地以及相应的公用工程、公共服务设施，新建、扩建小企业创业标准厂房项目。服务机构改造提升项目重点支持为中小企业提供技术、质量、信息、集中治污减排等服务的生产性服务企业和机构的技术改造项目。

二、加强中小企业公共服务平台建设

2012年5月，工业和信息化部修订印发了《国家中小企业公共服务示范平台认定的管理办法》（工信部企业〔2012〕179号）。11月28日，工业和信息化部印发了《关于公布第二批“国家中小企业公共服务示范平台”名单的通知》（工信部企业〔2012〕566号)》，共有208家平台获得“国家中小企业公共服务示范平台”（以下简称“示范平台”）称号。

截至2012年底，工业和信息化部共认定两批示范平台307家。其中，首批99家示范平台服务能力不断增强，服务业绩表现良好。从事为中小企业服务的人数增长 2%，组织带动社会服务资源 1060 家，年服务中小企业户数达到 30.18 万户，增长 14.45%。各省、市积极推进中小企业公共服务平台建设，其中省级认定的（示范）平台 1600 多个。

三、继续实施中小企业公共服务平台网络建设工程

2012 年，中央财政继续安排 3 亿元资金支持 10 个省市开展平台网络建设工作。截至 2012 年底，共有 20 个省市启动平台网络建设，项目总投资为 36.09 亿元，参与建设的平台共计 407 个。其中，省级平台 20 个，中国中小企业信息网平台 1 个，市综合服务窗口平台 193 个，产业集群窗口服务平台 193 个。目前，各平台已与 9300 多个服务机构签订了合作协议，为中小企业提供信息服务、人才培训、创业服务、投融资、市场开拓、管理咨询、法律维权等服务，累计服务企业 99 万家，服务人数 348 万人次。

四、实施中小企业信息化推进工程

按照"政府扶持中介、中介服务企业"的思路和"政府倡导、企业主体、社会参与"的原则，推动大型信息化服务商开展信息化服务。2012 年 5 月 7 日，工业和信息化部召开了中小企业信息化服务信息发布会，组织信息化服务商发布支持中小企业信息化应用的解决方案，6 家服务商与地方中小企业主管部门、工业园区、产业集群等签署战略合作协议；5 月底，召开了全国中小企业信息化推进工作会议，会议分为政府组织推进、市场化服务、产业集群两化融合和通信业助力中小企业信息化四个主题进行了研讨；6 月底，在工信部举办的两化融合成果展上，以"携手同行、合作共赢"为主题，全面展示了中小企业信息化推进工程七年来取得的成效。13 家信息化服务商、服务机构展示了实施扶助小型微型企业发展行动计划，解决中小企业创新、管理、市场、信息、融资、人才六大难题，促进中小企业研发协同化、管理数字化、营销网络化，加强信息服务、融资服务、培训服务和信息化服务平台建设所开展的信息化服务；9 月，在第九届中博会上举办了第八届中小企业信息化论坛，中国联通、畅捷通、百度、铭万、赛门铁克等信息化服务商，围绕"信息化助力中小企业健康成长"介绍了为中小企业开展信息化服务的方法和途径；动员中小企业信息网、中国生产力促进中心协会、计算机世界等开展创新中国行、九州行活动，进行中小企业技术创新方法、能力提升和信息化的宣传、培训与方案推介，共举办各项活动 30 余场，培训 6000 余人次；推动部分信息化服务商开展中小企业信息化培训活动 23000 余场，参加培训的人数达 2000 多万人；推动信息化服务平台试点单位在全国建立了 400 个中小企业信息化辅导站和 60 家中小企业信息化服务中心，形成了覆盖全国的信息化服务网络。

五、实施中小企业知识产权战略推进工程

2012 年，工业和信息化部与国家知识产权局共同下发了《关于报送中小企业知识产权战略推进工程中期实施情况总结的通知》（国知办管字〔2012〕53 号），对 32 个城市中小企业知识产权战略推进工程首批实施单位的工作进展情况进行中期总结。推进工程实施三年来，取得了显著成效。一是中小企业的创新能力得到增强。每年集聚区内有研发活动和专利申请的中小企业的数量以 20% 左右的速度增长；每年研发投入资金量的增速为 43.85%。二是中小企业的知识产权意识有所提高。集聚区内中小企业的专利申请数量以年均 53.8% 的速度上升，专利授权的增速超过 30%。三是培育了具有知识产权优势的中小企业。中小企业参与制定行业标准、国家标准、国际标准的数量显著上升，年均增速在 30% 以上。四是建立了知识产权服务支撑体系。集聚区中小企业知识产权工作人员的数量每年增长 40.45%；现有知识产权专业服务机构 216 家；年平均每个集聚区服务中小企业的数量为 172.9 家，服务次数 354.9 次。

六、鼓励创业和加强小企业创业基地建设

2012 年，结合中小企业服务年，工业和信息化部组织开展创业巡讲活动，编制印发了《创办小型微型企业政策百问百答》。创业巡讲活动历时 5 个多月，在 11 个省（自治区、直辖市）举办了 22 场培训，学员 2000 多人次。创业巡讲让创业者开拓了思路，丰富了创业知识，熟悉了创业流程，激发创业热情，增加创业信心，受到创业者的欢迎。

各地利用闲置厂房和场地或在现有经济技术开发区、工业园区、高新技术产业开发区、大学科技园区、创业园区、国家新型工业化产业示范基地等建立小企业创业基地。目前，经省级中小企业主管部门认定的小企业创业基地有 1500 多个，入驻企业 10 万多家，提供就业岗位 415 万个。中小企业发展专项资金每年支持一批小企业创业基地建设项目，为小微企业创立发展提供必要的场地和辅导服务，促进中小企业集聚发展。

2012 年我国中小企业对外合作与市场开拓进展情况

近年来，通过积极探索中小企业的国际合作新途径和新机制，我国与各国和地区之间的中小企业合作与交流得到巩固和加强。2012 年以加大支持小

型微型企业开拓市场的力度为重点，进一步深化双边多边国际合作机制，加强政策交流与合作，成功组织第九届中博会及第七届 APEC 中小企业技展会等展览展销活动。

一、继续深化双边和多边的合作机制，为中小企业“走出去”和“引进来”营造良好的外部环境

（一）组织参加了第 19 次 APEC 中小企业部长会议

4 月赴文莱参加第 34 次 APEC 中小企业工作组会议及相关活动。会议围绕第 19 次 APEC 中小企业部长会主题及相关安排、2013～2016 年中小企业战略行动计划等方面进行了深入研讨。同年 8 月组团参加在俄罗斯圣彼得堡召开的第 19 次 APEC 中小企业部长会议，会议主题是“推动中小企业合作，促进亚太地区创新型增长”。通过了《第 19 次 APEC 中小企业部长联合声明》，提出将在帮助中小企业国际化发展、支持出口型中小企业、培养创新型中小企业发展、支持初创型企业和青年创业等三项议题上达成共识。

（二）积极搭建平台，推进中瑞中小企业交流合作

5 月在北京成功举办中瑞中小企业创新论坛。双方同签署《中瑞中小企业合作的行动计划》。根据行动计划，双方将在未来五年中，通过搭建“中瑞中小企业对话论坛”这一平台，加强双方在国际市场信息、项目对接、激励创新与企业家精神等方面的交流，探讨在新材料、信息通讯技术、中小企业产业集群等方面开展合作，借鉴彼此经验做法，推动中瑞中小企业共同发展和共同繁荣。

（三）成功举办第 4 次中欧中小企业政策对话及中欧中小企业国际化发展论坛

郑昕司长和欧盟企业与工业总司司长德瑞克女士共同主持政策对话会议和出席论坛并致辞。双方进一步加强了政策交流，探讨了务实合作。论坛期间，中小中心、太仓市、中国人民大学及北京 WTO 事务咨询中心，以及欧盟中小企业中心、中国欧盟商会、欧盟中小企业中国知识产权中心、宁波北欧工业园区管理有限公司等分别做了演讲，探讨了合作意向。

二、务实推进中德中小企业合作

（一）发挥中德中小企业合作推动工作小组作用，形成合力，加快推进中德中小企业合作示范区建设

1 月份，部党组成员、总工程师朱宏任同志主持召开了中德中小企业合作推动工作领导小组会议。外交部欧洲司、国家知识产权局国际合作司、国开行国际业务局以及中小中心等成员单位参加会议，会议总结交流了各成员单位推进中德中小企业合作的好经验好做法，研究部署了 2012 年工作思路和重点。根据规划研究并报部领导批准，批复同意设立中德（太仓）中小企业合作示范区和中德（连云港）中小企业产业合作区，拟从不同角度和定位，探索中德中小企业合作的有效途径。

（二）办好 2012 年汉诺威工业博览会中德中小企业合作论坛，共同签署中小企业合作备忘录

4 月 24 日苗圩部长和德国联邦经济和技术部部长罗斯勒共同签署新的中德中小企业合作协议，为深化两国中小企业交流与合作奠定了坚实基础。4 月 24 日下午，中德中小企业合作论坛在汉诺威展览中心成功举办。刘利华副部长、德国联邦经济和技术部副部长卡尔·布劳诺出席论坛并致辞。论坛期间，3 家中国中小企业与德国合作伙伴签署合作协议，合同金额近 4 亿元人民币。两国中小企业达成 16 个合作意向，合同金额约 30 亿元人民币。双方共同签署《关于继续开展中国中小企业经营管理人员培训合作备忘录之补充协议》《在中德中小企业经营管理人员培训合作项目框架下合作谅解备忘录》。

（三）执行好第二期中德政府合作培训项目，组织和参与第 4 次指导委员会会议

4 月 26 日，我部与德国经济和技术部中小企业经营管理人员培训合作项目指导委员会第四次会议在德国策勒市召开。会议听取了中方学员代表有关培训成果的汇报以及中小中心、德国国际合作机构有关项目实施情况的介绍，并就进一步加强培训合作深入交换了意见。双方就进一步加强双边培训和交流达成共识：一是中方安排第一期德国中小企业经营管理者来华交流培训。二是德方承诺进一步扩大中方人员赴德培训规模，力争 2013 年底达 200 人规模。三是双方表示愿续签新的合作备忘录。四是一致同意指导委员会第五次会议在中国召开。

三、引导中小企业提高市场竞争能力，积极开拓国内外市场

近年来，各级政府积极搭建中小企业“合作、交流、展示和交易”平台，鼓励和支持中小企业积极开拓国内外市场，不断提高中小企业的市场竞争能力。

（一）稳步推进中博会改革创新，成功举办第九届中博会

认真组织完成中博会动员会、联络员会议、新闻发布会、开幕式以及论坛等重要活动。

一是改革创新，积极做好第九届中博会筹备工作。组委会秘书处在组委会的领导下开展了中博会创新机制研究。经过大量调研、多方论证，形成《中国国际中小企业博览会办展改革方案》。2 月份，组委会在深圳召开第八届中博会总结会和第九届中博会动员会，总结回顾了历届中博会成功办展的好经验、好做法，研究讨论了中博会改革方案，对第九届中博会筹备工作进行了部署。

二是成功举办第九届中博会。9 月 22 日至 25 日

第九届中博会在广州成功举办。中共中央政治局委员、广东省委书记汪洋，我部苗圩部长、宏任总师，厄瓜多尔工业生产部副部长、越南工业贸易部副部长等中外领导和嘉宾出席本届中博会相关活动。参展中外中小企业2472家，展览面积10万平方米，展位5000个，其中境外中小企业448家；有近24万人次进场参观、洽谈、采购，其中专业客商近10万人次；同期举办59场论坛及对接活动。达成交易金额366.9亿元，其中合同金额60.4亿元，意向金额306.5亿元。

三是认真总结第九届中博会创新办展成果。协同中博会组委会秘书处及时商各主办单位将第九届中博会取得的主要成果、做法以及下一步工作设想形成总结报告，并与各主办单位联合上报国务院。

（二）积极筹备并成功举办了第七届APEC中小企业技展会

组织协调四川省、中小企业发展促进中心等，研究制定技展会总体方案，圆满完成第七届APEC技展会有关会议和重要活动的组织实施工作。6月22日上午，第七届APEC中小企业技术交流暨展览会在成都开幕。全国人大常委会副委员长桑国卫、印尼地方代表理事会主席伊尔曼·古斯曼、四川省委书记刘奇葆等出席开幕式。苗圩部长出席开幕式并致辞。部党组成员、总工程师朱宏任陪同出席开幕式。来自20个APEC成员经济体的1600中小企业报名参展，其中，境外企业约300家。共预定展位1877个，其中境内参展团组38个，展位1553个，境外参展团组19个，展位324个。吸引了世界500强企业、跨国公司、境内外商协会相关负责人，境内外知名采购商、供应商代表参展参会，观众超过3.5万人次。展会期间投资贸易签约总额为187.9亿元，其中：投资项目135个，签约额99.4亿元；贸易合同270个，成交额88.5亿元。除中小企业产品和技术的展示、洽谈和交易外，还组织了一系列论坛及相关活动。与以往相比，本届技展会参展企业数量更多，展品的科技含量更高，采用特装的展位面积也有大幅度增加。

期间，成功举办举办第四届APEC中小企业对话世界500强财富论坛。全国人大常委会副委员长桑国卫、印尼地方代表理事会主席伊尔曼·古斯曼、四川省委书记刘奇葆、苗圩部长、朱宏任总工程师等领导出席论坛。苗圩部长发表主旨演讲。论坛深入探讨了中小企业与大企业合作共赢、创新发展的热点话题，为中小企业和世界500强企业进行多层面、深层次的交流与探讨创造了良好机会。来自APEC成员经济体代表、知名商协会负责人、世界500强企业代表以及有关专家学者等300余人参加。

（工业和信息化部中小企业司）

中国中小企业年鉴（2013）

YEARBOOK OF CHINA SMALL AND MEDIUM ENTERPRISES

第四篇

各地中小企业改革与发展

北京市

2012年是中小企业服务年，也是我市促进中小企业发展工作尤为重要的一年。在委党组及主管领导的正确领导下，中小企业处认真贯彻落实《国务院关于进一步促进中小企业发展的若干意见》《国务院关于进一步支持小型微型企业健康发展的意见》及《北京市人民政府关于进一步促进中小企业发展若干意见的实施意见》文件精神，紧紧围绕我委中心工作，不断转变政府职能，创新服务机制，在优化政策发展环境、完善公共服务体系、创新融资及开展中小企业服务年等重点工作中不断获得新的突破。

一、优化政策环境，为中小企业持续发展提供有效扶持

（一）贯彻落实国发14号文，出台实施意见，扶持政策不断取得新突破

为切实落实《国务院关于进一步支持小型微型企业健康发展的意见》（国发〔2012〕14号），按照市政府要求，我委牵头起草了《北京市关于进一步支持小型微型企业发展的意见》（以下简称《意见》）。《意见》在全面落实国发〔2012〕14号文件精神的同时，结合北京实际，提出了一些具有创新性、突破性的关键措施。一是市级中小企业发展专项资金由每年5亿元增至8亿元，增长60%；二是设立北京市中小企业发展基金，初期规模20亿元。三是在全面落实国家现有政府采购支持小型微型企业政策基础上，提出“预算金额在300万元以下的政府采购项目，应当从小型微型企业采购”，使政策更加刚性、更易理解、更易操作、更加透明。四是建设1万平米的市级中小企业公共服务平台，设立服务大厅、汇聚服务资源，形成综合共享的信息服务体系。五是政策由支持单一项目重点向中小企业公共服务体系、小企业创业基地、创新融资、科技创新、结构调整、民生服务、稳定就业等转变，实现对全行业中小企业的全覆盖。

（二）出台配套措施，政策法规体系不断完善

我委制定出台了《中小企业公共服务平台管理暂行办法》、《小企业创业基地管理暂行办法》。《支持中小企业公共服务平台资金管理暂行办法》《支持小企业创业基地资金管理暂行办法》和《支持中小企业创新融资资金管理办法》于3月14日向社会发布。积极推进《北京市中小企业促进条例》立法进程，已完成相关调研起草工作。

二、全面推进公共服务体系建设，为中小企业平稳发展提供有力支撑

（一）启动北京市中小企业公共服务平台网络建设

2012年4月，北京市财政局与我委共同研究起草了《北京市中小企业公共服务平台网络总体建设方案》，已获工信部、财政部批复。根据建设方案，计划利用3年时间，总投资1.6亿元，依托市、区县两级中小企业服务中心和具有一定服务基础的社会专业服务机构，以北京市中小企业网为网络核心载体，以各区县中小企业网为辅助载体，以各社会专业服务机构现有信息系统为支撑，构建“1×（16+31）”的“信息畅通、功能完善、服务协同、资源共享、供需对接便捷、具有较强社会影响力”的立体式中小企业公共服务骨干网络体系。目前北京市枢纽平台和一期15家窗口平台项目建设工作已全面启动，累计投资额1774万元，完成总投资额的11%，其他各项工作正按计划逐步展开。

（二）开展首批中小企业公共服务平台和小企业创业基地认定工作

组织了2012年度的中小企业公共服务平台和小企业创业基地申报工作。在严格履行相关程序的基础上，认定北京北航科技园有限公司、北京嘉捷美锦科技发展有限公司等19个单位为第一批“北京市中小企业公共服务平台”；认定汇龙森国际企业孵化（北京）有限公司、北京瀚海智业投资管理有限公司等20个单位为第一批“北京市小企业创业基地”。此外，2012年，市经济信息化委推荐了17家中小企业服务机构申报第二批国家中小企业公共服务示范平台。

（三）实施中小企业网升级改造

以提升服务水平为核心，满足用户全面需求为宗旨，实施了北京中小企业网升级改造，努力将中小企业网建成服务体系的展示窗口，服务职能的有效载体，扶持政策的传播平台，真正实现政务网站与便民网站的有效融合，更好地服务中小企业的发展。目前，已完成系统安装、框架搭建，年底前正式上线。

三、提高融资服务水平，为中小企业健康发展提供充沛动力

（一）发挥政策、体系和机制作用，加大融资服务力度

一是完善市区两级中小企业融资服务体系，努力形成以市中小企业投融资服务平台为核心，16个区县投融资服务平台为支撑，带动100家金融服务机构的“1+16+100”融资服务体系。二是建立协调及合作机制，加强北京市中小企业投融资服务平台和金融服务平台合作互动，整合社会资源，推动银行、担保等金融服务机构与企业对接。三是发挥政策导向作用，通过实施奖励、免征营业税等措施调动金融服务机构的服务积极性；通过实施贴息补助措施，有效降低了中小企业融资服务成本。截止12月末，成功发行集合融资的中小企业贴息补助5487万元；对信托公司、担保公司等金融服务机构给予奖励资金3493万元；争取国家中小企业信用担保补助资金4670万元，4家中小企业信用担保机构获得3年内免征营业税资格。

金融机构支持小微企业力度进一步加大。在京金融机构不断优化中小企业融资环境，着力以政策、培训、产品、机制等四项服务为杠杆，不断深化中小企业金融服务内涵；开展北京银行业小微企业金融服务宣传月活动，推动商业银行走出营业网点，主动服务小微企业。2012 年 1 ~ 12 月，我市小微企业人民币贷款余额 3014.9 亿元，比年初增加 210.2 亿元；余额同比增长 7.5%，比大型企业贷款同比增速高 5.7 个百分点。金融机构贷款加权平均利率水平持续下降，以 6 月至 1 年（含）期贷款加权平均利率为例，12 月末该期限加权平均利率 5.921%，比去年同期下降 11.5%。

积极推进创新融资。通过集合信托、集合票据、中小企业私募债等创新融资方式实现融资额 46.37 亿元，创新融资规模继续保持快速增长态势，在全国仍然处于领先的地位。其中发行集合信托 16.96 亿元，比去年全年 10.84 亿元增长 56%；发行了全国第一支农产品加工业中小企业集合票据，集合了 7 家中小企业，发行额 4.3 亿元；2012 年推出私募债以来，当年发行额达 16.5 亿元。

（二）规范引导基金运作，切实服务初创期小型微型企业发展

在创业引导基金管理工作中，建立完善了一系列日常管理制度，加强对合作创投公司绩效考核、考评、退出等制度建设，确保引导基金制度化、规范化运作。

本年度与北京市财政局共同完成了第五批引导基金合作创投机构的公开征集工作。目前，引导基金以参股方式分 5 批设立了 22 家参股创投企业，注册金额达到 35 亿元，其中，引导基金协议出资约 9 亿元，合作创投机构协议出资约 26 亿元，财政资金放大倍数将近 4 倍。截至 12 月末，引导基金参股创投企业已对 63 家中小企业进行了股权投资，投资额约 8.93 亿元，主要集中在北京市战略新兴、文化创意类企业，有效地支持了我市初创期小型微型企业发展，促进了我市“科技创新、文化创新”双轮驱动战略实施。

四、开展服务年各项工作，为中小企业创新发展注入新的活力

（一）认真策划，统筹制定工作方案

依据《国务院关于进一步支持小型微型企业健康发展的意见》文件、工业和信息化部《关于印发中小企业服务年活动方案》文件精神和中小企业服务年电视电话会议工作部署，经与“北京市促进中小企业发展工作领导小组”各成员单位充分沟通，4 月份，制定了《北京市中小企业服务年活动方案》。“方案”以“服务企业、助力成长”为主题，全面贯彻我市“科技创新、文化创新”双轮驱动战略，围绕政策服务、体系建设、融资服务、创新服务、培训服务、创业服务、市场拓展服务、宣传服务等八个方面，统筹策划了 52 项市级活动。5 月 30 日，组织召开了“北京市服务中小企业工作推进大会”，工业信息化部总工程师朱宏任、北京市副市长苟仲文出席会议并发表重要讲话。会议对我市中小企业服务年工作进行了全面部署，为中小企业服务年各项工作顺利推进奠定了坚实基础。

（二）加强协调，形成合力，推进服务年各项工作顺利开展

与各相关部门加强合作与协调，充分动员各方面社会力量，汇聚各方面的智慧与优势资源，协同推进各项服务活动开展。一是加强横向合作，提供专业化服务。注重发挥各职能部门行业与资源优势，实现横向协作，整合优势资源，为中小企业提供专业化服务。例如，与市财政局合作，组织开展了《小企业会计准则》宣贯；与市知识产权局合作，开展中小企业专利试点、示范工作，组织系列知识产权培训活动、专利申请资助、知识产权问题分析诊断；与市质监局合作，组织了食品安全、节能减排系列认证以及先进质量管理方法培训。二是组织社会资源，实现协同化服务。通过政策引导，示范带动，集聚社会各类优势资源，协同服务于中小企业发展。利用社会资源，围绕管理提升、中小企业信息化、市场拓展等主题，组织开展了“青云计划－扶助中小企业成长”“中小企业管理升级系列行动”“中小企业创业大讲堂－企业家面对面”“财税管控避风险、优惠政策我知道专题讲座”“520 关怀日－小企业会计准则活动”等系列公益活动。

通过各方力量协同推进，截止 12 月底，服务年系列活动开展了 600 余场，参加活动的小微企业近 18000 家，近 40000 名中小企业管理人员现场接受了指导和培训，累计免费发放各类管理和学习教材、软件 20000 余套。

（三）加强宣传，努力扩大社会影响

通过定期刊发“北京中小企业工作”简报、召开“中小企业服务年新闻发布会”、首都之窗专访、新华社专访等多种形式，加大了北京市中小企业工作的宣传力度，并以新华网、首都之窗、中国中小企业网等网站为窗口，对中小企业工作进行了全方位展示，有效地营造了政府关心、全社会关注的良好舆论氛围，扩大了促进中小企业发展工作的社会影响。

五、加强日常工作，夯实服务基础

（一）做好人大建议政协提案的办理

认真调查研究，积极与有关部门协调沟通，努力提高建议和提案的办理质量，全年共办理人大代表建议案 6 件，政协委员提案 7 件，办理结果获得代表委员广泛认可。

（二）积极做好国家中小企业发展专项资金申报工作

积极争取国家财政资金支持我市中小企业发展，认真组织中小企业申报国家中小企业发展专项资金项目，全年共 51 个项目获得支持，支持资金额度 4585 万元。其中：中型企业项目 14 项，建议支持资金 823 万元，占比 17.9%；小型企业及服务环境类

项目37项，建议支持资金3762万元，占比82.1%。

（三）组织协调镇村土地利用及规划工作

年初制定了镇村产业聚集区一级开发问题研究课题，会同相关处室及北京城市系统工程研究中心对京郊镇村产业聚集区土地一级开发现状、存在的关键问题、有效途径等方面重点内容进行调研，通过成功案例分析，结合镇村产业集聚区调整改造，提出具了政策建议。此外，为落实“探索农村集体建设用地利用和管理新模式，加快区县开发区、农民就业基地建设，积极承接高端产业项目”折子工程，探索农村集体建设用地利用和管理新模式，加强规划引导，积极协调市政府相关部门及相关区县，制定了工作方案，深入区县实地调研，分析产业结构，研究措施建议，有效地推动相关工作开展。

（四）努力推动中小企业信息化建设

大力推进中小企业信息化建设，努力提升企业经营管理水平。加强中小企业信息化应用普及，遵循“资源换服务”的原则，联合大型IT企业、中小企业信息化应用服务商开展信息化培训和技术服务，内容涉及管理信息化、电子商务及企业信息化推广等领域，举办活动100余场，覆盖企业近10000个，为企业培训信息化人才近15000人；推动信息化服务商为5000家优秀中小企业免费建设网站，努力普及网络营销和电子商务。上述举措，有效地引导了中小企业信息化发展，促进了《2012年北京市两化融合重点工作任务计划》顺利实施。

（五）努力完善中小企业运行监测体系

按照工信部中小司生产经营运行监测工作的部署，共监测中小企业112户，每月上报监测报告和分析报告。此外，与北京市统计局、国家统计局北京调查总队等单位进行了多次座谈，针对如何在北京地区建立科学的中小企业运行监测体系等议题进行了深入的讨论，并就一些合作事项达成了共识。在镇村企业运行监测工作中，坚持月报、季报、年报制度，确保各项经济社会指标的及时性、准确性。每季度组织召开镇村企业经济运行分析会，互通情况，交流经验，积极探索企业监测办法，不断完善镇村企业运行监测机制。目前，中小企业运行监测与镇村运行监测两套体系整合的前期调研与准备工作已基本就绪，待软件系统改造完成后，实现并网运行。

（六）组织中小企业深入开拓市场

采取多种措施，帮助中小企业拓展市场。一是组织全市百余家优秀中小企业参加第七届APEC中小企业技术交流暨展览会、第九届国际中小企业博览会2012中国东北及环渤海地区创新型中小企业“专精特新”产品展洽会和全国农产品加工业投资贸易洽谈会等展会，大力宣传我市中小企业。二是推动搜索营销服务商为20000家企业提供网络营销推广补助资金，帮助中小企业，特别是小微企业利用信息化技术，实现市场拓展。三是深入开展“农商直供”体系建设，减少企业农产品加工的流通与销售环节，探索新的产销模式，拓展销售渠道。

（北京市经济和信息化委员会中小企业处）

天津市

一、2012年天津市中小企业发展基本情况

2012年，在复杂的国际环境下，我市中小企业坚持以科学发展为主题，以加快转变经济发展方式为主线，把稳增长放在重要的位置，实现了中小企业持续稳定发展。

（一）基本情况

全市中小企业市场主体22.03万户，其中，中小企业19.63万家，比上年增加1.3万家；注册资本金2.77万亿元，比上年增加2157亿元；从业人员394.77万人，比上年增加14.56万人。增加值6674.97亿元，同比增长16.27%；税收收入（地方留成）1542.03亿元，同比增长7.82%；外贸出口总额141.72亿美元，同比增长9.1%。

我市有限额以上中小企业1.47万家，职工人数135.46万人，总资产4.1万亿元。营业收入2.71万亿元，同比增长23.9%；利润总额1022.8亿元，同比增长9.47%；税金总额608.08亿元，同比增长34.99%。

中小企业数量占全市总量的99.92%，注册资金占全市总量的97%，从业人员占全市城镇企业的80.6%，增加值占全市总量的51.8%，营业收入占全市的58.65%，税收收入（地方留成）占全市总量的65.79%，外贸出口额占全市总量的29.33%。

全市民营经济市场主体发展达44.26万户，比上年增加3.25万户；注册资本金12087.59亿元，比上年增加1059亿元；从业人员323.91万人，比上年增加23.53万人。增加值5179.84亿元，同比增长18.08%；税收收入（地方留成）855.51亿元，同比增长3.82%；外贸出口额80.23亿美元，同比增长12.03%。

其中，民营企业17.12万家，比上年增加1.24万家；从业人员276.82万人，比上年增加20.04万人；注册资本金11932.23亿元，比上年增加1041.68亿元；税收收入（地方留成）833.04亿元，同比增长4.69%。个体工商户26.06万户，比上年增加1.88万户；从业人员47.09万人，比上年增加3.5万人；注册资本金155.36亿元，比上年增加17.32亿元；税收收入（地方留成）22.47亿元，同比下降20.53%。

全市限额以上民营企业8719家，当年实现营业收入10248.90亿元，同比增长23.15%；实现利润总353.96亿元，同比增长38.98%；实现税金总额161.74亿元，同比增长38.33%。

民营企业数量占全市内资企业的92.44%，注册资金占全市内资企业的49.11%，从业人员占全市城镇企业的75%，民营经济增加值占全市地区生产总值的40.4%，税收收入（地方留成）占全市总量的36.5%，外贸出口额占全市总量的16.61%。

（二）产业结构

我市中小企业中，第一产业1348家，同比增加

29家；第二产业5.65万家，同比增加1570家；第三产业13.85万家，同比增加11364家。三次产业数量比重为0.69：28.77：70.54，第三产业比重同比提高1.2个百分点，第一产业和第二产业比重分别下降0.03和1.17个百分点。

我市限额以上中小企业中，第二产业与第三产业数量的比重为43.11：56.89；营业收入的比重为43.19：56.81。第二产业6319家，实现营业收入1.17万亿，同比增长15.28%。其中工业企业4848家，实现营业收入1.04万亿，同比增长15.64%；建筑业企业1471家，实现营业收入1307.61亿元，同比增长12.49%。第三产业8339家，实现营业收入1.54万亿，同比增长31.35%。

（三）行业结构

我市规模以上工业的中小企业以重工业为主。重工业销售收入8086.41亿元，同比增长13.3%，占工业77.86%；轻工业销售收入2299.52亿元，同比增长24.67%，占工业22.14%。年收入超500亿元的行业有冶金、食品、交通运输设备、通用与专用设备、化学原料及制品、通信电子及计算机设备、金属制品、电气机械及器材等；上述行业实现销售收入7673.46亿元，同比增长15.63%，占总量73.88%。

我市限额以上中小企业服务业中，批发零售业3784家，营业收入11977.83亿元；住宿餐饮业568家，营业收入79.23亿元；交通运输业1008家，营业收入1022.93亿元；房地产业743家，营业收入352.84亿元；社会服务业2236家，营业收入1951.15亿元。

（四）区域结构

我市的19.63万家中小企业分布情况是，市内六区6.02万家，占总量30.64%；涉农区县8.59万家，占总量43.74%；滨海新区5.03万家，占总量25.62%。

营业收入超1500亿元的单位有5家，分别是滨海新区13706.45亿元，中央企业2548.08亿元，北辰区1972.92亿元，静海县1610.88亿元，西青区1582.38亿元。上述区县共实现营业收入21420.72亿元，占全市中小企业营业总收入的79.11%。

（五）中小企业完成固定资产投资

我市中小企业共有固定资产投资项目4437项，本年完成固定资产投资3111.77亿元，同比增长11.29%。其中，当年竣工投产项目3152项，新增固定资产1957.32亿元。

投资项目中，第一产业499项，本年完成投资176.82亿元，同比增长25.97%。其中当年竣工投产项目428项，新增固定资产138.06亿元。

第二产业3173项，本年完成投资2359.96亿元，同比增长15.5%。其中当年竣工投产项目2165项，新增固定资产1486.15亿元。其中工业2998项，本年完成投资2141.61亿元，同比增长15.49%。其中当年竣工投产项目2075项，新增固定资产1397.74亿元。

第三产业765项，本年完成投资574.99亿元，同比下降6.12%。其中当年竣工投产项目559项，新增固定资产333.11亿元。

二、2012年主要工作

（一）实施载体支撑驱动，拓展了中小企业发展空间

1. 示范工业园区建设取得新进展

年初市中小企业发展促进局会同市政府督查室等部门，对31个示范工业园区建设、招商等情况考核验收，评出了10个优秀园区和17个达标园区。市中小企业发展促进局领导带队到优秀园区授牌，并深入未达标园区调研服务，帮助解决困难和问题。加快推进拓展区建设，到2012年底，累计批准12个园区启动拓展区建设，新建成37.7平方公里，新投入基础设施建设资金30亿元。31个园区全年完成工业总产值2090亿元，同比增长58.3%；完成出口交货值106亿元，吸纳就业18万人。

2. 楼宇经济发展实现新突破

年初市中小企业发展促进局会同有关部门，对市政府重点支持的第一批94个亿元楼宇项目进行考核，评出了32个优秀楼宇和40个良好楼宇。中心城区各区及时下拨市财政扶持资金1.64亿元，累计投入资金4亿元，完善提升了70个楼宇软硬件设施和载体功能。组织中心城区和市有关部门学习考察先进地区楼宇经济经验和做法，推动提升工作水平。促成银行与楼宇对接，其中天津银行为30余个楼宇及入驻企业提供贷款48亿元。市政府重点支持的两批128个亿元楼宇项目，共入驻企业1.2万家；从业人员达14.5万人，新增3.5万人；全年实现税收155亿元，占全部楼宇税收的49%，其中54个楼宇税收过亿元。全市运营商务楼宇505座，商务面积2791万平方米，入驻企业3.6万家，全年实现税收316亿元，其中86个楼宇税收过亿元。

（二）实施项目引擎驱动，壮大了中小企业综合实力

1. 区县重大项目建设加快实施

在全市“调惠上”活动动员大会暨新一批重大项目建设推动会上，推出了第八批80个区县重大项目，计划总投资600亿元。市中小企业发展促进局开展“副处级以上干部服务区县重大项目”活动，确定19个帮扶工作联系点；会同市发改委开展区县重大项目进展情况普查，重点协调帮助解决31个规划、资金、土地等难题；利用郊县工业技改项目市财政扶持资金支持重大项目，促进了项目建设。到2012年底，累计八批880个区县重大项目全部开工，竣工投产660个，竣工投产率达75%；计划总投资6041亿元，累计完成投资4420亿元，投资率达73.2%。

2. 招商引资力度加大吸引高新高质高端项目落户

立足示范工业园区和亿元楼宇项目，着重从专业招商、产业招商、渠道招商、平台招商、重点招商五个方面拓展项目源，促进大项目、好项目向示范工业园区、亿元楼宇集聚。搭建苏商天津行、在津异地商会对接会等平台，推动外地驻津商会、外地商协会以及海外机构与示范工业园区、亿元楼宇的战略合作，变招商引资“挑水”为“引渠”；组织开展了内燃机招商、储能产品招商、汽车零部件招商、机电产品招商等专项招商活动；组织相关园区多批次、小团队、高密度地赴上海、江苏、浙江、福建、山西、广州、深圳、珠海、济南等地拜访当地知名企业，开拓招商引资渠道，逐步实现从“对接个体”到“对接组织”的深化；国外招商聚焦日韩、欧美。2012 年，31 个园区新引进项目 585 个，总投资 1450 亿元。31 个园区累计签约引进项目 2046 个，总投资 6080 亿元，累计完成固定资产投入 1046 亿元；已竣工项目 1180 个，在建项目 460 个；亿元以上项目 680 个，5 亿元以上项目 220 个，50 亿元以上项目 18 个。128 个亿元楼宇新引进入驻企业 2631 个，注册资本金 203 亿元。

（三）实施创新提升驱动，增强了中小企业发展活力

1. 中小企业转型升级步伐明显加快

分解中小企业转型升级目标责任，加大推动落实力度；全年安排市财政资金，并争取到国家资金，共扶持 170 个技改项目，鼓励支持企业加大技术改造和技术创新力度，加速转型升级，两年来累计有 6394 家企业成功转型升级为科技型中小企业。

2. 技术创新公共服务平台相继建成

累计认定市级中小企业公共服务示范平台 28 家，国家级示范平台 8 家；安排市财政资金并争取国家资金，支持示范工业园区和其他产业园建设了 8 个科技企业孵化转化载体，累计达到 11 个。

3. 中小企业知识产权和名牌战略深入推进

实施中小企业“专利消零行动”，促进示范工业园区专利产业化，自行车王国、西青汽车、宝坻九园、天津专用汽车等 4 个园区成为本市首批专利试点园区。组织推荐中小企业申报名牌产品，有 53 个企业产品获得了天津市名牌产品称号。

4. 区域中小企业合作交流不断深化

以环渤海区域中小企业发展联盟名义与日韩中小企业机构举办 2012 中日韩（环渤海）中小企业绿色产业峰会。组织 70 家企业分别参加第七届 APEC 中小企业技术交流暨展览会和第九届中小企业博览会，获“最佳组织奖”和“最佳设计奖”。承办“2012 中小企业服务年—创新中国行”走进天津的系列活动。

5. 全民创业活力有效激发

安排市财政资金并争取国家资金支持了 35 家小企业创业基地环境提升改造项目。成功举办“圆梦津城·第二届全民创业大会”，开展“创业零距离”首届全民创业大赛以及创业巡讲和一系列创业沙龙等活动，吸引 5000 余人参赛，12 名创业者获“创业金钥匙”、“梦想金钥匙”和“财富金钥匙”奖，得到直接投资和融资协议 4700 万元；新授牌 20 家优秀创业基地、示范创业基地；推出收录 500 个创业项目、创业创新扶持政策及金融服务产品等内容的《创业宝典》，并布置展板现场展示，促进各种创业要素有效对接。

（四）实施服务保障驱动，营造了中小企业发展环境

1. 政策法制环境持续优化

出台了《天津市政府关于大力支持小型微型企业发展的若干意见》。圆满承办工信部贯彻落实国务院支持小微企业发展意见工作座谈会。借助新闻媒体广泛宣传国家和天津扶持小微企业政策，并举行“中小企业政策大讲堂全国巡讲天津行”活动，开展多种形式的政策解读活动。启动修改《天津市实施〈中华人民共和国中小企业促进法〉办法》，形成了《天津市促进中小企业发展条例（草案）》。

2. 综合服务实体平台正式运行

市中小企业发展促进中心和中小企业生产力促进中心落户河西区陈塘科技商务区服务中心大厦，引入服务机构，开展多种形式的公益活动。

3. 中小企业服务年活动扎实开展

市、区县中小企业主管部门开展为中小企业“送温暖、送政策、送服务”活动共 429 项，惠及 50000 多家企业、10 万多人次。

4. 融资服务平台不断强化

举办各类大型银企对接活动，先后与中国银行等 10 余家银行签订金融支持合作协议，促进银企结对子。编印特色金融产品手册，免费发放上万户中小企业，并通过网络平台广泛宣传。安排专项资金 120 万元，组织各区县开展了 5000 人次融资知识培训。引导鼓励信用担保机构强化中小企业融资担保服务，纳入全市中小企业信用担保体系的担保机构全年为中小企业提供贷款担保 150 亿元。高新区中小企业信用体系试验区建设成效明显，92 户企业累计获得银行信贷资金 24.26 亿元，其中信用贷款 12.7 亿元。

5. 信息平台功能有效提升

全市 16 个区县中小企业网站全部建成开通，市级网站累计点击量逾 1000 万次；开辟《天津日报》“中小企业·民营经济”专版，并充分发挥各类新闻媒体作用，全方位加大宣传力度，全年发布信息 100 多篇。

6. 培训诊断服务深入实施

落实国家中小企业银河培训工程，组织实施“圆梦津城”中小企业培训工程和管理提升工程，全年培训中小企业经营管理人员 3.5 万人次，为 150 户企业提供了管理咨询诊断服务，启动了“百名律师进企业，牵手同行促发展”法律服务活动，促进了企业管理提升。

7. 经济运行监测体系逐步完善

制定了《天津市中小企业运行监测报表制度》，健全了市、区县、乡镇（街）和企业四级运行监测工作机制，开通运行了全市中小企业经济运行网，及时编印《天津市中小企业和民营经济运行情况》《规模以下和小微企业监测运行分析报告》，编撰了《2012 中国天津中小企业发展白皮书》，为领导决策提供依据。

（天津市中小企业发展促进局）

河北省

2012 年，全省各级中小企业主管部门认真贯彻党中央、国务院大力扶持小微企业和省委、省政府加快发展民营经济的决策部署，坚决落实全省民营经济工作会议精神，围绕国家工信部“中小企业服务年”安排部署，大力开展“强服务、解难题、帮企业、保增长”主题活动，积极营造全社会支持服务中小企业、促进发展民营经济的良好环境，进一步加快引导企业转变发展方式、推进结构调整、深化转型升级，民营经济总体保持了平稳增长的发展态势。

一、2012 年基本情况

2012 年，全省民营经济单位总数达 247.4 万个，比上年同期增加 11.4 万个，同比增长 4.8%，其中民营企业法人单位 26.1 万个，比上年同期增加 1.9 万个；从业人员数达 1938.1 万人，同比增长 7.4%，其中民营企业法人单位从业人员 915 万人，同比增长 9.4%。

全省民营经济累计完成增加值 17659.4 亿元，同比增长 15.6%，占全省 GDP 比重为 64.8%，比上年提高 1.7 个百分点；实现营业收入 76759.6 亿元，同比增长 18.4%；上交税金 2342.6 亿元，同比增长 18.4%，占全省全部财政收入比重为 67.3%，比上年提高 1.8 个百分点；完成固定资产投资 11333.5 亿元，同比增长 29.5%，占全社会固定资产投资比重 57.5%，比上年提高 5.9 个百分点；实现出口产品交货值总额 1430.4 亿元，同比增长 15.3%。

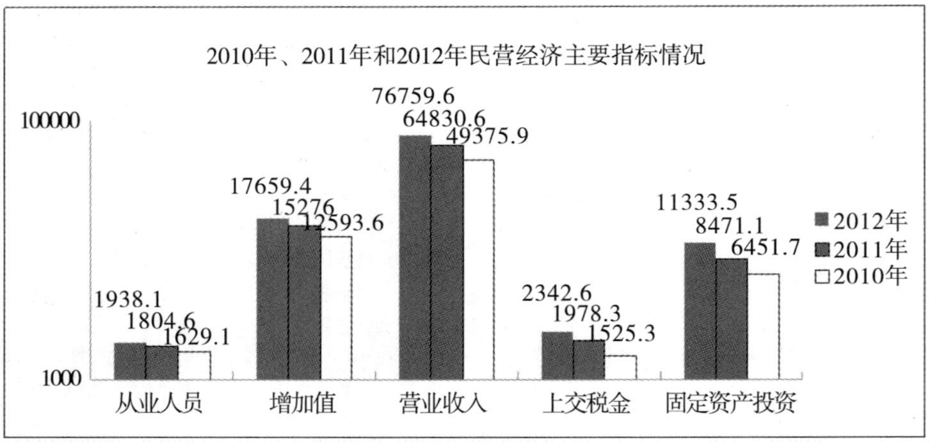

（民营经济发展情况图表指标单位：万人、亿元）

2012 年，我省民营经济在市场环境及诸多困难情况下保持这样的发展态势实属不易，为全省的经济发展与社会稳定做出了重要贡献。

二、2012 年主要特点

（一）规模工业企业发挥重要支撑作用

2012 年，全省民营规模以上工业企业 11018 个，比上年增加 836 个；实现增加值 7345 亿元，同比增长 11.2%，占全部民营经济总量的 41.6%；上交税金 917.4 亿元，同比增长 26%，高于全部民营经济 7.6 个百分点，占全部民营经济比重 39.2%。规模以上工业企业支撑着民营经济持续平稳快速发展，2012 年，我省民营规上工业行业中，18 个行业的增加值、销售产值、营业收入和税金实现了两位数增长，其中食品制造业、服装制造业、医药制造业、家具制造业、塑料制品业、金属制品业、装备制造业等行业主要经济指标同比增幅较高。

规模工业企业较集中的钢铁制造、建材制造、皮革制造、粮油食品加工等产业企业加快推进产能整合，向优势企业和地区集中，规模效益日益显现。2012 年，由全国工商联发布的“中国民营企业 500 强”榜单中，我省 25 个民营企业上榜，比上年榜单增加 5 个企业，其中新上榜企业 11 个；25 个民营企业入围“2012 中国制造业企业 500 强”。我省汽车及配件、工程机械等装备制造业拉动作用增强。保定市 102 家规模以上汽车及零部件企业，实现销售收入 912.51 亿元，同比增长 23.90%。其中长城汽车 420 亿元，同比增长 30.84%，出口同比增长 16.06%，居全国第三位。廊坊市五大主导产业同比增长 22.4%，对全市工业经济贡献率为 70.8%，拉动全市工业经济增长 16.3 个百分点。

（二）固定资产投资呈高速高质增长

2012 年，全省民营企业固定资产投资 11333.5 亿元，同比增长 29.5%；其中民营工业企业固定资产投入6081亿元，同比增长21.3%。全省11个设区市中10个市的民营企业固定资产投资增幅超过30%。民营企业固定资产投入占全省全社会固定资产投入的57.5%，成为全省经济持续发展的强力拉动和重要支撑。民营企业固定资产投资围绕企业转型升级，结构调整，紧抓国家政策重点支持产业、发展较快区域和科技优势性项目，突出县域特色，发挥产业优势，开拓新的领域，开辟新的市场。房地产、煤炭、水泥、玻璃等国家调控的行业，资金加速向其他领域转移，民营企业投向重点以高、精、新的工业项目为主，呈现多元化，包括冶金精加工、精细化工、机械制造、信息产业、装备升级、农产品深加工、清洁循环能源等特色和优势产业。

2012年，全省民营企业投资千万元以上项目达11527个，其中亿元以上项目2236个，11个设区市中，唐山市363个，石家庄、保定、沧州、衡水、邢台和邯郸等6个市均超过200个。保定市总投资14.6亿元的长城技术中心，总投资160亿元的长城汽车扩能，总投资19.1亿元的奥润顺达新型节能门窗生产，投资资金10亿元的河北日新集团新上易拉罐和啤酒瓶托盘等项目，正在按期建设；衡水市投资53.3亿元的乾瑞金属丝网，投资52亿元的金宝钢丝绳有限公司冀中能源矿用设备，投资59亿元的泰纳新材料有限公司氯化聚乙烯改性合成橡胶新材料，广东欧意电器投资12.5亿元新建节能环保太阳能热水器等项目，均顺利施工。民营企业的大项目大投资为经济持续快速发展奠定了良好基础。

（三）小微型企业经济贡献量增大

2012年，全省小微型企业总数增多，增幅加大，经济贡献量持续提高，成为推动全省经济增长和社会稳定的一支重要力量。全省小微型企业数22.7万个，同比增长10.2%，从业人员数606.8万人，同比增长11.3%，完成营业收入23393.3亿元，同比增长22.7%，高于全部民营经济4.3个百分点；上交税金717亿元，同比增长25.8%，高于全部民营经济7.4个百分点。根据国家中小企业生产经营运行监测平台数据统计，全省2760个监测企业中，2012年小微型企业经营状况明显好于中型企业，占全部企业总量比重上升明显。其中，营业收入增长比大中型企业高6.7个百分点，占比38.5%，比上年提高1.2个百分点；上缴税金增长25.5%，比大中型企业高19.6个百分点，占比46.3%，比上年提高4.2个百分点；用电量增长30.1%，比大中型企业高13.7个百分点，占比27.6%，比上年提高2.2个百分点。传统主导行业企业的平稳增长是全省中小企业保持稳中有升的主体力量。煤炭采选业、食品制造业、纺织服装业和金属制品业等行业营业收入分别同比增长50.7%、33.5%、23%和17.5%；黑色金属矿采选业、家具制造业、装备制造业等行业也保持了平稳增长。

全省中小企业公共服务体系助推小微型企业快速成长。一是提供创业场所。切实加快县级创业辅导基地建设，努力解决创业者和小企业用地难题，全省新建创业辅导基地40个，总数达到380个，入驻小微型企业15000家，安置就业39万人；开展了50场次“订单式”服务活动，服务企业4000多家。二是拓展融资渠道。进一步规范省市县三级融资性担保体系建设，全省达到613家，担保能力431亿元；全年与10家金融机构签订了总额4760亿元的支持中小企业合作协议，落实资金6169亿元；省市县三级累计组织对接活动269次，向银行推荐符合信贷政策项目4100余个，解决贷款865亿元。三是扶持产业升级。全年争取国家级中小企业发展和工业企业技改专项资金2.4多亿元，扶持中小微企业项目超过220个；10个设区市和96个县级中小企业发展专项资金情况已足额或超额设立，全省各类中小企业发展资金规模达到16亿元，同比增长15%；组织认定了30个省中小企业公共服务示范平台，评选推荐了7个国家级公共服务示范平台。四是搭建服务平台。努力提升公共技术服务平台建设水平，重新认定了115个省级公共技术服务平台，评选确定了9个省级产业集群公共技术服务示范平台，上报了2个国家级示范平台。组织动员170个公共技术服务平台和2000多名技术服务人员，开展了技术支持小微企业转型升级的“百千万”活动，年内服务中小微企业超过1万家。

（四）县域经济实力显著增强

随着主导产业布局的优化调整，城市工业的不断转移和加速改制，以及大企业（集团）产业的延伸和辐射，全省县域经济发展逐步加快，经济支撑和拉动作用得到稳步提高。县域经济的主体是民营经济，2012年全省135个县（市）民营经济完成增加值合计13558.4亿元，占全省国民经济生产总值的51%，比上年上升0.6个百分点，其中92个县（市）增加值占本区域经济总量的比重超过70%；上缴税金亿元1149.9亿元，同比增长18.6%，占全省全部财政收入的比重达33%。产业集群的快速发展壮大已成为推动县域经济发展的主要模式，全省产业集群依托县域鲜明的区域特色，逐步实现市场分化、错位发展。2012年，省市县三级协调联动，共同抓好百强企业、千家成长型企业和120家重点产业集群帮扶工作，大力实施产业集群示范工程，评定了第二批12个省级示范产业集群。截止2012年底，全省年营业收入5亿元以上产业集群370个，其中超100亿的67个，比上年增加12个；这370个产业集群中的生产企业10.6万个，全部企业数达17.3万个，从业人员472.6万人，完成增加值5701.8亿元，实现营业收入22384.7亿元，上缴税金504亿元。在全省民营企业品牌创建上成果显著，我省民营企业共创中国名牌26项，占全省总量的53.06%，创驰名商标86件，占全省总量的69.5%，在全国具有较高的知名度；创省名牌产品625项，占总量的70.3%，创省著名商标154项，占总量的71.4%，创中小企业名牌产品592项。2012年，我省组织了60个民营企业争创省著名商标，并评选了200个省级中小企业名牌产品。

农产品加工业是多数县域经济的传统产业，近几年随着深加工的技术、层次和水平大幅提高，实现了从种植到餐桌，从玉米到医药，从饲料到肉食加工，形成许多一条龙产业链，竞争实力逐渐增强，市场占有量不断提升，成为县域经济的支柱产业之一。县域经济的持续快速发展带动了本区域农业、农村逐步走向产业化、工业化，成为现代农村和小城镇建设的重要载体。

（五）部分主导行业经营效益下滑

2012年，我省部分主导行业受国内国际经济不利因素影响，如两个市场供求竞争，原材料、经营成本持续快速上涨和产品销售不畅等，生产经营压力持续增大，利润空间快速压缩，特别是钢铁、焦化、水泥三大行业在国家政策刚性调控和市场需求疲软的双重挤压下，企业经营非常困难，效益明显下滑。

钢铁行业生产经营艰难。2012年，全省规模以上民营钢铁制造业企业完成增加值1678.4亿元，同比增长4%；完成营业收入7465亿元，与上年基本持平；实现利润187亿元，同比下降24%；上缴税金168亿元，同比增长15.3%。邯郸市是钢铁大市，18家规模以上钢铁企业利润同比降低102%，61座高炉停产最多时达21座，46座转炉停产最多时达14条，26条轧材生产线停产6条。钢铁出口呈下降态势，民营钢铁企业产能过剩，品种单一，市场需求不足，在政策调控等诸多因素影响下，处境艰难。

建材行业增速和效益下降。由于国际市场复苏缓慢，国基础建设放缓、房地产持续调控，导致建材需求明显回落，价格大幅下跌，企业效益明显下降。水泥行业强制性压缩产能，熟料最低时190元/吨，每吨下降了140～160元。三季度，水泥开始企稳回升。装饰材料呈低位运行，轻质矿棉板行业销量同比降低了50%，基本无利润；纸面石膏板滞销严重，库存是往年的2～3倍。

纺织行业整体效益继续回落。延续2011年下半年以来的减速、疲软态势，停产减产企业增多，亏损面增加，外销不振，内需不足，纺织业遇到了前所未有的困难。据石家庄市调查，近半小型纺织企业出现停产，大中型纺织企业开工不足，空岗率近40%。如石家庄市晋州纺织企业300多万纱锭，开工率不足一半，库存超出正常时期的3－4倍。下游消费不足，上游价格下滑，订单款式多样化、小批量提高了管理成本。国内外价差不断拉大，我国棉花经历了从每吨18000元到34000元，再下跌到18000元“过山车”式震荡，使纺织企业伤了元气。国内棉价为18853元/吨，高出国际价格5460元/吨。用工成本大幅提高，职工工资每月3000元以上，比印度等东南亚、南亚国家高1倍以上，许多企业无法参与国际竞争，国内市场无法消化，竞争日趋激烈。

化工行业利润空间不断缩小。近两年来，焦化行业受钢铁产能过剩影响较大，焦炭低谷时比2012年初每吨下降500多元，降幅30%，价格出现了成本倒挂。由于运输成本上涨，部分用煤大户直接从国外采购廉价煤，山西煤价出现下跌等因素，致使我省煤炭企业无利可图，小规模企业基本停产。因山西省对国有煤矿企业实施战略性改组，使洗煤企业原煤货源紧张，石家庄市洗煤业产量降低三成。焦化行业一直处于限产状态，限产50%左右，利润下降。化工行业主要产品炭黑、苯系列、硅酸钠、光固化涂料、炭素制品、硝酸盐，受国家宏观经济影响增速减缓，全省化工行业总体经济走势趋稳略有下降，效益缩水，利润下降。

新能源行业被遭遇“严冬”。受美国“双反”、欧盟反倾销的影响，光伏行业经营十分困难。主要是光伏产能严重过剩，企业以降价方式维持生存，太阳能电池片2.36元/瓦，同比下降29.6%，6.5寸硅片5.33元/片，同比下降33.6%。国际市场秩序不稳，制造贸易壁垒，也是重要因素。欧美市场占到中国光伏产品出口量的75－90%。美国商务部对华太阳能光伏产品31.14%－249.96%的惩罚性关税。欧盟委员会对从中国光伏企业进口的硅片、电池、组件启动反补贴调查。光伏企业集体亏损，部分中小企业被迫停产，很多昔日龙头企业面临破产危险，光伏产业发展前景黯淡。

三、民营经济发展中存在的主要问题

（一）企业资本需求增加快，融资难度加大

2012年，全省中小企业进入转型升级的重要时期，需要大量的资金进行调整及生产条件的改善，使得融资形势更加严峻。中小企业特别是小微型企业资金短缺问题非常普遍，十分突出。国家支持中小企业发展的金融政策力度不断加大，地方金融部门努力落实“两个不低于”，但实施环节限制多，突破少，针对中小企业金融政策的调控效果不大。民营企业固定资产投入资金75.6%是自有资金，金融机构的贷款仅占12%。2012年底，全省中小监测企业调查，64.5%的企业流动资金紧张，12.2%的企业流动资金严重不足。应收款比例提高，上游企业资金短缺，影响了处于产业链低端的小微企业，小微型企业应收款增长17.8%，应收账款占营业收入的11.1%，造成企业财务费用同比增长20.3%。根本的问题是多数中小微企业没有土地证和房产证，无法获得有效的抵押融资。企业租赁土地短期费用较低，若征地，就得支付一大笔费用，企业满足了贷款条件，但是企业得到的贷款支付不起土地的价款。受市场大环境的影响，今年诸多行业效益欠佳，部分企业尽管具备借贷条件，但金融机构紧缩贷款，不予考虑。跨企业间个人或企业的短期借款尤为常见，但能贷款的中小企业多为个人信贷，靠自身房产等实物抵押。民间借贷保障制度尚不规范、有序，存在潜在的较大风险和不安定因素。

（二）中小企业用工成本增大，盈利空间减小

2012年，我省民营经济工人工资上涨成为生产成本增加的重要因素，全省民营企业职工工资收入普遍增长了20%以上，工业生产企业工人平均月工资增加300元以上，部分行业熟练技工月工资上涨40%以上。用工成本上涨过快，对传统行业带来较大冲击。今年，全省民营经济工人年人均工资16529元，同比增长14.9%，比上年提高3.2个百分点。在增值率、税率、折旧率相对固定的情况下，劳动者报酬和企业利润此涨彼消，尤其是劳动密集型企业，附加值低的行业出现亏损较大，如纺织服装企业空岗40%，招工难，用不起，留不住。加上生产要素价格的上涨，民营企业盈利空间越来越窄。据中小企业生产经营运行监测统计，2012年底，全省12.9%的监测企业亏损，中型企业亏损面占20%，小微型企业亏损面为11.5%；中小企业亏损额增长168.1%，比上年上升45个百分点，中型企业亏损额增长197.4%，上升60.4个百分点，小微型企业亏损额增长132.9%，上升26.6个百分点；监测企业平均利润率为3.23%，比去年同期低1.6个百分点，小微型企业利润率为4.93%，比去年同期低1.14个百分点。

（三）中小企业经营场地不足，征用土地困难

由于受国家土地政策制约、新增项目用地指标不能满足新上项目建设需求，有限的用地指标一般都用于大企业、大项目上，重大轻小现象较严重，中小企业用地需求难以满足。企业用地难严重制约了部分中小企业特别是成长型企业的生产扩张和产业升级。市场准入放开后，制约中小企业发展的主要瓶颈就是土地。石家庄市高举打造药都的旗帜，一个潜力极大的创新型医药企业，因为土地不能解决，不得不选择了到南方发展。省政府明文要求各县每年用于中小企业创业辅导基地的50亩用地指标，2012年，全省135个县（市）中，41个县（市）未能全部落实，部分已规划落实的土地要投入建设和建成仍需较长时间。由于我省各地创业基地、孵化基地、工业“园中园”建设相对滞后，使较多的小微型企业难以找到合适场所，散居各处，无法形成产业聚集。

（四）小微型企业困难大，政策落实难

结构性缺陷仍是中小企业发展的主要短板，我省小微型企业主要从事传统行业，现代新型企业很少，创新型企业、高新技术企业、现代服务业数量更少，多数处于市场产业链低端，缺乏科技实力，创新能力不足，在品牌建设、产权保护、队伍培育方面重视不够，过度依赖资源能源消耗、低层次扩张，靠低价格、低利润来生存。规模以下工业90%的企业属于劳动密集型、资源消耗型产业，尤其是县域小微型企业，产能过剩、同质竞争严重，结构劣势凸显。

招工难、人才紧缺在小微型企业表现突出，知识结构参差不齐，企业需求与队伍素质、实际报酬与心理预期都不适应，低素质用不上，高素质用不起。产业向农村转移，人员向城市流动，加剧用工困难。企业文化建设淡漠，多数人在家族企业缺乏归属感。现有企业升级后，现有队伍不适应，技术成熟的职工，企业留不住。队伍的频繁流动，致使用工成本轮番上升。

支持小微型企业的金融、财税政策尤其是财政直补、减免税等，由于多数小微型企业不规范的财务管理和手续不全的小建设项目，导致无法落实到位。

四、下一步推进我省民营经济发展的主要举措

2013年，是贯彻落实党的十八大精神的开局之年，是顺利实现“十二五”规划的关键一年，是加快建设经济强省、和谐河北的重要一年。我们将全面贯彻党的十八大精神，围绕落实省委省政府提出的“工业强省战略”和发展民营经济的决策部署，结合国家工信部“扶持小微企业专项行动”，深入实施“中小企业和民营经济成长计划”，着力优化发展环境、着力完善服务体系、着力提高发展速度、着力提升质量效益，促进全省民营经济、中小企业上规模、优结构、提档次、增贡献，为建设经济强省、和谐河北提供强力支撑。力争到年底，全省民营经济增加值增长15%，占全省GDP的65%左右；上缴税金增长17%，占全省财政收入的66%左右。

（一）抓好四大重点

一是做强产业集群，增强县域经济新实力。认真落实我省政府关于做强产业集群工作的部署，以培育壮大中小企业产业集群为突破口，加速提升县域经济整体实力。指导各县（市）制定产业集群发展规划，组织开展省级产业集群规划论证，大力实施产业集群示范工程，加快培育100个年营业收入超百亿元的产业集群，年内新增5个以上省级示范产业集群。重点扶持一批龙头骨干企业项目，不断提升集群发展水平。

二是引进百家知名民企，创造民营经济新优势。配合省工商联组织开展“百家知名民企进河北”活动。根据我省企业发展需求，瞄准相关产业领军集团和制标企业，千方百计引进一批综合实力强、市场占有率高、能促进我省产业升级的大企业、大集团。同时组织省内有较好条件的中小企业、民营企业，采取多种形式与百家知名民企进行对接合作，加快形成优势互补、互利共赢、共同发展的良好机制。积极协调省有关部门和相关市县，帮助企业做好土地、资金、用工、设备等各项前期工作，推进项目尽快落地，争取早开工、早建成、早投产、早见效。

三是壮大市场主体，迈出“两个转变”新步伐。以扶持创业者、催生小企业为目标，推进个体工商户向小微企业转变，全年新增小微企业5000家以上。加快中小企业创业辅导基地建设，指导各设区市优先安排用地计划，科学实施创业辅导基地发展规划论证，全年新建30个，总数达到410个。修订完善《河北省中小企业创业辅导基地管理办法》，突出抓好基地评价认定和人员素质培训工作，努力提升辅导基地综合服务能力和辅导水平。省市县三级协调联动、共同促进小微企业向规上工业企业转变。

四是推进平台网络建设，实现公共服务新进展。按照《河北省中小企业公共服务平台网络建设方案》要求，逐步建立健全我省中小企业公共服务平台网络。组织第一批和第二批窗口平台承建单位进

一步细化完善建设方案，积极申报2013年国家财政资金，协调省财政厅落实省级配套资金，组织承德、廊坊、唐山等市，完成第一批省平台基础设施建设和15个市县窗口平台建设并实现联通。启动第二批石家庄、秦皇岛两市综合窗口和井陉钙镁、盐山管道等14个产业集群窗口服务平台建设，年内全省累计联通窗口达到29个。开展中小企业公共服务示范平台创建活动，年内认定20个省级示范平台，总数达到101个；争取新增3个国家级示范平台。

（二）深化六项服务

一是优化环境服务。按照省委“着力改善发展环境”的决策部署，重点抓好我省“新36条”实施细则等扶持民营企业、小微型企业发展政策措施的落实。充分发挥省民营办职能，配合省发改委协调省有关部门贯彻好《关于进一步鼓励和引导民间投资健康发展的实施意见》，降低准入门槛、打破隐形障碍，坚决破除民间资本进入交通、水利、能源、工程建设和市政公用事业等领域的“玻璃门”“弹簧门”，年内联合省委、省政府督查室开展一次各市县发展民营经济、落实政策措施的检查督导活动，确保政策真正发挥效力。指导市县开展4期以政策宣传、法律咨询、普法教育为主要内容的区域性“金色阳光行动”。组织各类新闻媒体开展多种形式的政策宣传解读和典型宣扬报道活动，营造浓厚的舆论氛围。会同有关部门狠抓“三乱”治理，加快中小企业信用体系建设，评定100家省级诚信守法示范企业，进一步提升企业信用水平和社会信誉度。

二是融资扶持服务。在加强担保机构风险排查和日常监管的基础上，着力做强省级、做大市级、做实县级担保机构，促进省市县三级融资性担保体系规范快速建设，年内全省担保机构达到600家，担保资本金达到400亿元，担保能力达到1500亿元以上。扩大再担保业务、健全再担保体系。大力开展政银合作，联合省工商联、河北银监局与省内银行业金融机构签订支持中小企业贷款协议，争取支持中小企业发展资金3000亿元以上。指导市县开展银企保对接活动，全省组织不低于200次、推荐项目不少于3000个，力争为中小企业解决贷款800亿元以上。配合省发改委、省金融办等部门，进一步规范民间借贷，发展小额贷款公司、村镇银行等新型金融组织，支持企业上市融资、债券融资、股权融资，扩大企业融资渠道。

三是创业辅导服务。积极组织创业辅导师、创业辅导员两支队伍，深入集群、深入园区、深入基地，年内开展50场次“订单式”服务活动，为广大创业者和初创小微企业提供创业咨询、创业诊断、创业辅导、创业培训等服务，全年服务企业4000家以上。充分发挥省政府鼓励创业工作领导小组办公室职能，组织省有关部门和各市县大力开展鼓励创业、支持创业等形式多样的活动，引导社会创业源泉充分涌流，力争全省每万人拥有企业数量达到33个。

四是人才支撑服务。围绕实施“民营经济组织人才队伍建设提高工程”，深入落实《加强民营经济组织人才队伍建设意见》《民营经济组织人才中长期发展规划》（2012～2020年），认真做好适用人才聚集、重点人才培养、全员素质提高三项工作。推进省、市、县三级民营企业人才培训基地建设，切实加强企业各级各类人员培训，充分发挥清华等优势资源，组织举办卓越管理研修班、短训班和中小企业名家讲坛市县巡讲、“清华远程（网络）企业学堂”等教育活动。年内，全省完成各级各类培训200万人次，其中各级中小企业管理部门完成培训20万人次，省级直接培训1万人次。有效开展人才对接交流，年内举办2次大型人才交流合作活动，引进企业各类人才1万名左右。

五是技术支持服务。加快县域产业集群公共技术服务平台建设，着力解决一批企业共性和关键性技术问题，努力提高平台服务的综合性和有效性。年内新增40个省级公共技术服务平台，总数达到155个；新增7个省级示范平台，总数达到30个；争取新增2个国家级示范平台，总数达到6个。鼓励引导企业加大研发投入，促进产学研成果转化，建设一批产业技术研究院（所）、产业技术联盟。继续开展“百个公共平台、千名技术人员、服务万家企业”的“百千万”活动，加快小微企业转型升级，年内服务中小微企业10000家以上。大力实施品牌战略，全省产业集群中新创国家级区域品牌10个、省级区域品牌20个，培育河北省中小企业名牌产品200个以上。

六是市场开拓服务。积极帮助企业“走出去”，组织省内中小企业、民营企业参加第十届中国中小企业博览会、中国—阿拉伯中小企业经济技术与贸易对口洽谈等境内外经贸活动，扩大我省企业国际影响力和社会知名度。大力开展省内产销对接，依托县域主导特色产业，年内组织开展3次区域产销对接活动。适时组团赴澳新、欧盟、北欧进行境外招商考察，开展经贸洽谈和交流合作。进一步扩大国际国内两个市场，年内引进资金同比增长10%以上。

（河北省中小企业局）

山西省

一、2012年基本情况

2012年，山西省中小企业（民营经济）面对严峻复杂的经济形势，努力克服成本上涨较快，市场需求不足，经营效益较差等困难，在整体经济趋缓的大格局下实现了平稳较快发展，为拉动全省经济发展作出了积极贡献。

（一）社会贡献继续扩大

民营经济：2012年，全省民营经济单位总户数达到83.3万户，比2011年净增6.5万户；从业人数535万人，比2011年净增31万人；完成增加值6348亿元，同比增长18.14%，占全省GDP的52.3%，比2011年提高3.9个百分点；上缴税金992亿元，同比增长18.13%，占全省财政收入的37.4%，比2011年提高0.2个百分点。

中小企业：2012年，全省中小企业（法人单位）数量达到11.27万户，比2011年同期净增2万户；从业人数345万人，比2011年同期净增16万人；完成增加值5243亿元，同比增长18.14%，占全省GDP的43.2%，比2011年提高3.2个百分点；上缴税金945亿元，同比增长18.13%，占全省财政收入的35.7%，比2011年提高0.3个百分点。

在全省3716户规模以上工业企业中，中小企业户数达3435户，占全省规模以上工业企业总数的92.4%；完成工业增加值2786亿元，占全省规模以上工业增加值的43.4%，同比增长12.9%，快于全省规模以上工业增速1个百分点，快于全省GDP增速2.8个百分点。

（二）发展走势平稳较快

从全年发展走势来看，1～12月份，全省中小企业增加值累计同比增长18.14%，增幅与2011年同期相比降低了8.45个百分点；12月份与前11个月相比，环比下降了0.34个百分点。

从季度走势来看，一季度增长19.49%，二季度增长18.60%，三季度增长16.65%，四季度增长18.14%。前三季度逐季下滑，第四季度略有反弹。整体看，全年中小企业运行态势呈现平稳较快的势头。

分地市看，1～12月份，增加值增速高于全省平均速度的有五个市，分别为吕梁增长23.11%，长治增长21.90%，太原增长21.62%，忻州增长21.43%，朔州增长21.31%。其余六个市增速低于全省。

（三）企业成长进展明显

2012年，全省正常生产经营的中小企业（法人单位）数量比2011年净增2万户，为推动全省中小企业快速发展注入了新的力量。2012年，全省新增规模以上工业企业473户，规模以上中小工业企业总数达到3435户。在规模以上工业中，2012年，全省营业收入最高的中小企业是孝义市兴安化工有限公司，营业收入达53亿元；上缴税金最高的中小企业是山西华瑞煤业有限公司，上缴税金达4.1亿元；从业人员最多的中小企业是山西平定古州煤业有限公司，从业人员达3253人。2012年全省亿元以上中小企业净增109个，总数达到932个。

（四）投资总额较快增长

2012年，全省中小企业完成投资1680亿元，同比增长19.67%，比2011年增幅回落近12个百分点。其中本年施工项目数2637个，同比增长11.22%；本年新开工项目数1525个，同比增长2.21%；本年投产项目数1094个，同比下降3.78%。在完成投资总额中，金融机构贷款228.7亿元，同比增长87.42%，占投资总额的13.6%；引进资金186.9亿元，同比增长8.51%，占投资总额的11.5%；自有资金1017亿元，同比下降74.66%，占投资总额的62.8%。

（五）出口形势缓中趋稳

2012年，全省中小企业完成出口交货值144亿元，同比增长1.88%，比2011年同期增幅回落近23个百分点。全年来看，我省中小企业出口形势变化较大，2、3、6月份增速下降，8月份增速最高达到11.7%，其他月份均为1位数增长，从后半年发展来看，形势趋稳。

（六）工业生产销售稳定

从产销情况来看，1～12月份，全省中小企业产销率为93.5%，比2011年同期上升3.61个百分点，比前11个月上升0.3个百分点。

从主要工业产品产量看，1～12月份，全省监测的44种主要工业产品中，24种产品产量保持增长，发电量、铸铁件、粗钢、成品钢材、原煤、水泥分别增长32.03%、31.84%、27.39%、15.54%、5.57%、2.86%；20种产品产量下降，电解铝、金属镁、生铁、焦炭分别下降88.69%、33.09%、12.81%、0.35%。在轻工产品中，肉制品、乳制品、酒类、活性炭、陶瓷、磁性材料等产品产量保持较快增长，药品、罐头食品、干果系列产品、食用植物油等产品产量出现下降。

主要工业产品价格环比变化不大。据调查，12月份，主焦煤价格比11月份每吨下跌70元左右，配煤上涨60元，电煤价格未变；焦炭上涨160元左右，生铁下跌20元左右，钢材下跌80元左右，水泥下跌15元左右。

（七）经营效益有所改善

1～12月份，全省中小企业营业收入同比增长17.05%；利润总额同比增长12.76%；上缴税金同比增长18.13%；劳动者报酬同比增长18.62%。总体看，尽管三、四季度企业利润和税金增幅下降，但全年我省中小企业效益指标相对稳定。

从重点监测企业来看，1～12月份，重点监测企业营业收入增长0.61%，应交税金同比增长0.26%，应收账款同比下降45.03%，环比下降60个百分点；营业成本同比增长0.11%，环比下降10.6个百分点；利润总额同比下降22.38%，环比降幅缩小17.5个百分点；企业亏损面28.46%，环比缩小1.91个百分点，主要效益指标环比均明显改善。

从重点监测行业来看，1～12月份，计算机、通信和其他电子设备制造业营业收入同比增长39%，利润同比下降2.98%，总产值同比增长32.02%。农副食品加工营业收入同比增长20.31%，利润同比增长21.90%，总产值同比增长21.30%。医药制造业营业收入同比增长22.03%，利润同比增长55.12%，总产值同比增长20.65%。非金属矿物制品业营业收入同比增长8.92%，利润同比增长126.71%，总产值同比增长7.38%。设备制造业营业收入同比下降1.08%，利润同比增长7.22%，总产值同比增长7.38%。第三产业营业收入同比增长21.71%，环比下降19.94个百分点。

二、2012年主要工作

（一）加强政策支持，优化中小企业发展环境

制定一揽子政策措施。2012年是我省中小企业发展历史上重要的一年。针对中小企业、特别是小微企业发展出现的新情况、新问题，省政府研究出台了《关于扶持小型微型企业加快发展的若干政策措施》（晋政办发［2012］42号）。太原、大同、长治、晋城、朔州、忻州、晋中、临汾等市，也先后出台了扶持中小微企业发展的政策措施。据不完全统计，全年全省各级、各部门出台的关于中小企业发展的政策文件达50余件。我省促进中小企业发展的政策体系进一步配套完善。

加大资金支持力度。省级中小企业发展资金增加了1亿元。市县两级“两金”（中小企业发展专项资金、服务体系建设专项资金）增加了9040万元。争取国家各类中小企业专项资金1.04亿元，扶持企业项目128个。

落实税费优惠政策。仅“增值税起征点调至最高限2万元”一项，每年可使全省中小企业享受税收优惠3.1亿元。暂免征收小型微型企业行政事业性收费26项，每年可为企业减轻负担近5000万元。

营造良好发展氛围。以“服务企业、助力成长”为主题，以深入开展公益性双代理服务为重点，在全省范围内先后开展了“中小企业服务年”活动500多场次，服务企业近万家。组织和动员各方面力量，第一次在全省范围内开展了“送政策、送专家、送服务”三送活动，提高了企业对政策的知晓率，提高了社会各界对中小企业工作的关注度。省中小企业局首次代省政府向省人大常委会做了《关于全省中小企业发展情况的报告》，省人大常委会组成人员对进一步加强和改进我省中小企业发展工作，提出一系列指导性、针对性很强的意见和建议，起到了积极的推动作用。

（二）加强运行协调，促进全省中小企业稳增长

认真做好运行监测。完善中小企业经济运行监测平台，重点监测企业由2012年年初的405户扩大到1200户，实行每月数据网上直报，及时了解中小企业生产经营动态。

切实加强综合协调。每月召开中小企业经济运行分析会，全面掌握中小企业发展情况，为各级各部门指导中小企业发展提供决策依据。每月参加省政府召开的经济形势分析部门联席会议，积极协调解决中小企业生产经营中遇到的困难和问题。

探索建立统计制度。省中小企业局联合省统计局在全国率先开展中小企业统计制度课题研究，取得了阶段性成果，2013年起在全省范围试行。2012年，全省中小企业增加值同比增长18.14%，高于全省GDP同期增速8.14个百分点，为全省经济稳增长做出了积极贡献。

（三）坚持分类指导，推动中小企业快速成长

大力创办小微企业。积极开展创业辅导，在政策咨询、项目开发、创业培训、创业孵化、小额贷款、开业指导、跟踪辅导等方面为创业者提供全方位服务。联合省教育厅、团省委、省妇联等有关部门，开展了以大学生、青年、妇女、进城务工返乡人员等为主体的“四大创业工程”。各市县通过创业项目推介、创业明星评比、创业成果展览等多种方式，积极营造创业氛围。2012年，全省新创办小微企业3.02万户，超额完成新创办1万户以上小微企业的年度任务。

培育壮大“小巨人”企业。制定下发了《培育“小巨人”企业实施意见》，召开全省推进中小企业“小巨人”工作现场会，实行干部定点联系企业制度，对培育对象进行点对点帮扶指导。强化“小巨人”培育企业的生产要素保障，在项目推动、资金支持、政策优惠等方面给予倾斜。2012年，全省新培育销售收入超亿元的“小巨人”企业118户，超额完成新培育100户“小巨人”企业的年度任务。全省“小巨人”企业达809户，实现主营业务收入3000亿元左右。

（四）加快结构调整，推进中小企业转型升级

着力推进产业转型。编制《2012年山西中小企业产业指导目录》，充分发挥中小企业发展资金、煤炭可持续发展基金的引导作用，积极支持中小企业实施技术改造，开展节能降耗，淘汰落后产能，退出传统行业，进入装备制造、精细化工、高新技术、新型材料、特色食品、现代服务业等新兴产业领域。目前，我省中小企业已基本退出煤炭开采业，采掘业企业数量由2008年的9.1%下降到3%以下。新兴产业发展迅速，2012年，电子设备制造、医药、特色食品等行业营业收入同比大幅增长39%、22.03%、20.31%，规模和效益持续提升。

着力推进技术创新。支持中小企业技术中心建设，认定首批省级中小企业技术中心28个。积极开展中小企业技术需求征集活动，深入推进产学研合作，中小企业新技术、新产品研发能力逐步提高。太原市组织产学研对接，签订合作意向28个，涉及项目总投资近10亿元。

着力推进集聚发展。全省已形成120个左右产业特色鲜明的中小企业集聚区，成为县域经济发展的重要增长极。其中，太原不锈钢制品、清徐食醋加工、汾阳白酒酿造、代县黄酒酿造、原平皮带加工、榆次改装车制造、阳泉耐火材料、定襄法兰等产业集群，比较优势突出，在全国具有一定的影响力。

着力推进协作配套。依托山西中小企业信息网，搭建小微企业与大中型企业协作配套平台，定期发布中小企业产品推介目录和大企业产品需求目录，2012年，重点推动了86户和116户中小微企业，分别与太钢集团、太重集团开展协作配套，带动中小微企业发展。

大力开展招商引资。组织242家企业、350多种产品，参加了第十二届金属冶金展、第七届APEC中小企业技术交流暨展览会、第九届中国国际中小企业博览会等大型展会，签约156个项目，引进资金近60亿元。

（五）强化管理创新，提升中小企业整体素质

推进企业管理创新。鼓励有条件的中小企业完善法人治理结构，健全质量、计量、节能、安全、用工等管理，依法经营，诚实守信，履行社会责任。连续四年组织开展“最具社会责任中小企业”评价活动，2012年又有101户中小企业入选“山西最具社会责任中小企业”。

广泛开展管理咨询。各市县积极组织行业协会、专业管理咨询机构，为中小企业提供管理咨询服务，帮助中小企业改善经营管理。晋中市开展中小企业规范化管理评价活动，对山西鸿基实业等9户企业进行了管理规范化评价。晋城市在泽州县开展企业标准化管理试点，15户装备制造企业通过相关管理体系认证，为企业标准化管理积累了宝贵经验。

积极开展各类培训。一是开展能力素质培训。举办了全省中小企业管理系统领导干部能力素质提升专题培训班，近200名领导干部和业务骨干参加了培训，提升了服务中小企业发展的能力。二是开展“银河培训”。2012年共举办培训班5期、培训中小企业中高层管理人员1250余人。“银河培训”已经成为全省最具影响力的政府公益性培训特色品牌。三是开展创业培训。启动了“山西中小企业创业大讲堂”，累计培训创业者3万人次以上，带动就业超过30万人。四是开展实用技能培训。整合利用社会资源，累计培训技术工人10万人次以上。五是鼓励企业自主培训。据不完全统计，全省中小企业全年开展的自主培训，累计达20万人次以上。

（六）坚持多措并举，缓解中小企业融资困难

推动金融机构改善对中小微企业的服务。到2012年底，全省小微企业贷款余额2114.43亿元，与2012年年初相比，增加了342.3亿元，同比多增41.3亿元、增长18.12%，增速高于全省银行业各项贷款平均增速0.93个百分点，实现了“两个不低于的目标”，中小企业融资难的问题得到一定程度的缓解。

创新“政银企保”合作机制。加强与银行业金融机构沟通协调，完善客户推介机制，推进政银企合作。在前几年与各大国有商业银行签订合作协议的基础上，省中小企业局与民生银行签订了政银企战略合作协议，在交城县联合开展加强政银企合作、支持县域经济发展活动，为50户小微企业提供了1亿元贷款授信额度。2012年，全省中小企业系统组织各层次金融产品推介会、银企洽谈会等百余场，向金融机构推荐企业2600多户，帮助1057户企业落实贷款170亿元，落实率41%。

加强信用担保服务。为7家担保机构申请国家风险补偿资金3440万元，为3家担保机构申报取得了免征营业税资格，提高了担保机构的担保能力和抗风险能力。

拓宽直接融资渠道。榆缆线缆、华南纸业、湖滨餐饮、斯普瑞机械制造等4家企业在天交所挂牌，我省在天交所挂牌交易的中小企业达到8家，其中晋中市在天交所挂牌的企业数量占全省一半。吕梁交城试点的省内首只中小企业集合票据已完成前期申报工作。

（七）创新服务理念，强化中小企业公共服务

启动建设平台网络。编制完成全省《中小企业公共服务平台网络建设方案》，争取到中央财政扶持资金5000万元，场地改造、软件开发、硬件购置等工作正有序推进。

推进示范平台建设。山西省青年创业指导服务中心、太原市中小企业创业服务中心、阳泉市不定形耐火材料研究所等三个单位，成为第二批“国家中小企业公共服务示范平台”，全省“国家中小企业公共服务示范平台”达到6个。

积极拓展服务领域。一是试点建设了全国首家“小微企业服务站”，为创业兴业者提供一站式、全方位免费服务。二是支持新建了30个中小企业创业基地，认定29个省级中小企业创业基地。三是举办了首届山西中小微文化企业博览会，推动中小微文化企业发展。四是与山西财经大学联合组建山西省中小企业发展研究院，开展中小企业信息的收集整理、数据的统计分析、决策咨询服务和战略性、前瞻性的政策研究。

（山西省中小企业局）

内蒙古自治区

2012年，自治区中小企业局认真贯彻落实国家和自治区各项中小企业政策措施。深入开展“服务企业，助力成长”为主题的中小企业服务年，继续组织实施“三项示范工程”，落实完善“六项政策措施”，切实办好“十件实事”。认真落实各项扶持中小微企业发展的政策措施，中小企业发展环境不断优化，为全区工业经济质量和效益不断提高及县域经济的进一步壮大做出了应有的贡献。

一、2012年发展成就

近年来，内蒙古自治区党委、政府高度重视民营经济及中小企业的发展，先后出台了一系列促进民营经济及中小企业发展的政策措施，不断优化发展环境。有力地促进了全区民营经济及中小企业持续稳定发展。截止到2012年底，全区中小企业和个体工商户达114.63万户，占全区市场主体的97.86%，比2009年的82.9万户增加了31.73万户。其中，中小企业17.9万户，占全部企业的98.36%，比2009年的12.9万户增加了5万户。工业中小企业单位数（包括个体工业企业）由2009年的12.24万户增加到2012年的12.6万户（其中工业中小企业1.74万户），从业人员由2009年的157.23万人增加到了2012年的214.18万人，增长了36.22%。民营经济及中小企业创造了全区50%以上的税收、60%以上的GDP、75%以上的企业技术创新成果，提供了80%以上的城镇就业岗位、90%以上的新增就业岗位，已经成为我区推动经济发展、转变经济发展方式，扩大社会就业、改善民生、构建和谐内蒙古和协调推动工业化、城镇化和农牧业现代化的重要力量。

工业中小企业及民营经济成为拉动工业经济发展的主要力量。从企业规模分析看，2012年，全区工业中小微型企业单位数达到12.6万户，占全部工业企业的99.90%。其中，规模以上工业中小企业单位数达到4187个，占全部规模以上工业企业的

96.97%。工业中小企业创造的产值达到1.55万亿元，占全区工业产值的74.04%。其中，规模以上工业中小企业产值达到12754.04亿元，占全部规模以上工业企业产值的70.18%，对工业增长的贡献率达到76.3%。133家中小企业拥有175个“内蒙古名牌产品”称号，占全区名牌产品总数80.28%。

（一）培育了一批特色产业集群

全区重点规划建设60个特色优势产业集群，认定并扶持建设自治区级小微企业创业基地44个。集宁区正建成“一城一园一基地”（集宁国际皮革城、集宁皮革产业园、土牧尔台制革基地）的皮革产业集群，入驻商户600多家，加工企业12户。霍林河市依托丰富的褐煤资源，形成煤－电－铝－铝后加工循环产业链，集聚企业30家，煤电铝及铝后加工产业增加值占全市工业增加值的20.3%。奇瑞汽车股份有限公司在鄂尔多斯装备制造基地规划建设汽车零部件工业园，计划园内的配套率达70%以上，已入驻项目27个。

（二）承接产业转移成为催生工业主体的主渠道

各地以工业园区为载体，积极承接发达地区产业转移。翁牛特旗2010～2012年全旗产业转移工业项目总投资达90.16亿元，占全旗工业总投资的41.56%。奈曼旗工业园区入驻企业156家，其中引进的外地企业149家，工业经济总量的90%由引进企业提供。

（三）中小企业技术创新能力增强

实施了千户创新型工业中小企业成长工程，扶持了一批成长型中小企业做强做大，培育了一批具有自主知识产权的科技名牌产品和企业，建设了一批创新型企业牵头、高校和科研院所共建的研发机构和产业技术创新战略联盟。中小企业成为技术创新的主体。截止到2012年底，全区有133家中小企业拥有175个内蒙古名牌产品，占全区总数的80.28%。中小企业专利占全区职务专利授权的88.15%。

（四）公共服务体系建设步伐加快

全区已有中小企业公共服务国家级示范平台4个，自治区级示范平台56个。中小企业电视频道、全国中小企业在线内蒙古网、《内蒙古中小企业》期刊影响不断扩大。呼和浩特市、呼伦贝尔市、鄂尔多斯市、赤峰市等盟市级中小企业“窗口”平台已开展服务。赤峰市12个旗县区建成中小企业公共服务中心15个。扎兰屯市中小企业局建立了工业产品展示中心，将70家企业1000余种产品集中展示。伊金霍洛旗服务中心推行“政府引领、中介参与”的服务模式，20余家中介机构免费入驻，建立了全旗中小微企业统计台帐和创业项目库，开展了融资担保、政策咨询等11项服务。自治区枢纽平台已开工建设，投入使用后将形成以政府主导的公共服务平台为核心、以行业协会和专业服务机构为依托的平台网络。

（五）小微企业融资服务有所创新

一是自治区中小企业局连续二年在全区开展送“金融服务进旗县、进园区、进企业”活动。截止2012年年底，促成协议贷款金额500亿元以上，协议贷款到位资金100亿元以上。“三进”活动促进了金融创新产品的推广应用。自治区中小企业局与内蒙古建设银行在赤峰市共同推动“助保贷”业务，在赤峰市中小企业服务中心建立了800万元的重点企业风险补偿基金，按1：10比例放大为企业进行融资服务。呼伦贝尔市中小企业投资担保有限公司借鉴p2p信贷模式，创建了“亿网贷”产品，依托银行委托贷款业务和自身担保平台，引导民间资金快捷、灵活地支持小微企业，已累计为69户借款人与260多位投资人实现投融资对接，额度达6465万元。二是发挥担保机构的倍增效能为中小微企业融资。2010年以来，自治区中小企业局累计免费培训担保机构负责人400多人次，为54家担保机构争取国家补贴资金1亿多元。年度争取国家补助资金额度由2010年的1730万元增加到2012年的3900万元。政府主导、市场化运作的担保机构经营规范，效益较好。锡盟中小企业信用担保和咨询服务中心累计为369户中小微企业担保贷款11.4亿元，占全盟累计担保额的46.27%。

（六）中小企业发展环境不断优化

近年来，自治区党委、政府高度重视中小企业及非公经济发展，出台了一系列扶持政策。2012年自治区人民政府出台了《关于促进小型微型企业持续健康发展的意见》（内政发〔2012〕88号），自治区工商等部门以及鄂尔多斯等地出台了实施意见。从2011年开始，自治区政府在全区逐年开展了中小企业政策落实年、服务年、创新年主题活动，推动了中小企业发展环境的优化。中小企业工作力量不断加强，目前除呼和浩特市、巴彦淖尔市、兴安盟外，大部分盟市组建了与自治区对应的中小企业工作机构。部分旗县在经信局加挂了中小企业局的牌子，增加了全口径中小企业运行监测和宏观指导职能，有的旗县如伊金霍洛旗、奈曼旗等还配备了专职人员。

二、2012年存在主要问题

（一）中小企业数量增长慢，主要原因是产业低端环节产能过剩和企业关联度、集聚度不高

近年来，我区工业中小企业数量年均增长不足1%，企业总量占全国比重不足1%。调查中发现，主要原因是产业链低端企业多，产能普遍过剩，许多特色产业关联度集聚度不高，企业分工协作配套的产业空间小，限制了市场主体总量扩张的空间。许多园区只是企业在地域上的简单集中，没有形成产业链上的协作配套。如我区特色农畜产品加工产业，许多产业初级加工环节产能过剩，前端稳定的原料基地建设滞后，后端精深产品加工延伸不足，呈两端小中间大的“纺锤型”结构。锡林郭勒盟肉食品加工企业125家，日加工能力为20万羊单位，大多加工企业停留在初加工环节，由于羊源不足，平均日剩余产能达14万羊单位。肉羊产业链中大量皮、毛、骨、血等资源未进行综合利用，全盟只有3家生化企业从事副产品加工。呼伦贝尔市17家蓝莓加工企业产品都以饮料、果酒、果干等初加工为主，年加工能力约9000吨，实际年加工量约3000吨，近2/3产能闲置。通辽市玉米加工产业大量产能在淀粉、酒精、葡萄糖等20几种初级产品，与美国可生产3000多种产品、国内可生产200多种产品相比则显产业链条短，产品附加值低。据调查，在22.5吨玉米—15吨玉米淀粉—10吨葡萄糖—1吨甘露糖这样一个玉米加工链中，目前只有生产甘露糖有盈利，其他产品均亏损。

（二）创新能力不足严重制约着中小企业的成长

截止2012年底，全区专利授权量仅占全国的0.26%。全区拥有国家驰名商标49件，仅占广东省的12%、辽宁省的32%，其中属于中小企业的仅有17件。拥有"内蒙古名牌产品"的中小企业仅占全部工业中小企业的千分之一。中小企业电子商务等信息化应用水平亦低。

（三）融资难、融资贵问题突出，生产成本上升、利润空间缩小，中小企业经营压力加大

据抽样调查，80%以上的小微企业反映得不到银行的支持，50%以上反映贷不上款的主要原因是有效抵押物不足，70%的银行反映不给小微企业放贷的主要原因是财务制度不健全。从融资贵看，我区银行机构对大企业贷款实行的是基准利率甚至下浮，对中小企业贷款利率：国家政策性银行基本按同期基准利率；国有商业银行在基准利率上浮20%～50%；股份制商业银行在基准利率上浮30%～40%；地方性商业银行在基准利率上浮70%～200%。中小企业申请贷款，还需缴纳（按贷款额计）3‰～6‰的抵押登记费用、3‰左右的合同公证费用，或1‰～3‰的保险费用，如需担保机构增信，还要增加约2%的担保费用。由于90%以上的小企业贷款是1年期的流动资金贷款，多数企业贷款到期后，会选择通过民间融资渠道过桥转贷，月息约为贷款额的3%～5%（1～30日内均按1个月计）。企业反映，在同一家银行办理续贷手续时，还需对相同的固定资产再次评估和办理抵押登记。综合下来，小微企业贷款成本一般是大企业的3～5倍。在企业利润空间缩小的情况下，利息等财务费用比重加大。兴安盟宏达压铸公司产品销售价格为28元/公斤（铝合金），扣除原辅材料、人工和能源等成本26元/公斤，其中财务成本1元/公斤，最终利润在2元/公斤左右。万佳公司是以农产品加工为主的企业，2012年企业盈利570万元，而利息支出却达650万元。

（四）政府公共服务体系建设滞后，投入不足

目前，全国已有23个省（区、市）财政预算对公共服务平台的建设和运营安排了资金支持。全国1/3以上的省市初步形成了省、市、县三级中小企业服务中心全覆盖、各类市场化服务组织参与的服务网络架构。我区政府主导的自治区、盟市级公共服务平台建设刚刚起步，绝大多数工业园区和产业集聚区没有公共服务平台；各类社会专业服务机构数量少、能力弱。全区国家级服务平台仅占全国的1.3%。

（五）企业税费负担重，市场秩序、环境有待进一步优化

据统计，工业企业从取得登记开业资格到投产，需要在20多个部门办理几十项流程和相关手续。企业生产经营要交纳17%增值税、25%所得税和城建税、土地房产使用税、印花税、房屋租赁税以及水资源费、教育附加费、地方教育附加费、工会经费、残疾人基金、员工社会保险、仪器设备检测等税费。有的承接产业转移来的企业反映，在发达地区，相关税费是按国家规定的下限收取，我区却按上限收取，有的减免项目我区还在收取。林西冷山糖业是一家投资5亿元的糖业加工龙头企业，年交各项税金占销售收入的9.88%，净利润占销售收入的6.42%，在没有设备折旧的情况下企业年投资回报率仅4.5%。企业反映农产品加工企业购进一种原料，出三种产品，三种产品都交税而进项只减一次，不合理。同时，多数企业迫切希望政府加大对于假冒伪劣产品、侵犯知识产权、欺行霸市、垄断经营等违法行为打击力度，建立"扶优扶强扶创新扶合法经营"的公平竞争的市场秩序。

三、贯彻落实自治区"8337"发展思路的初步想法

（一）催生主体，引导集聚

一是围绕五大基地建设，做好特色产业中小企业集群化发展规划。围绕清洁能源输出基地建设，规划建设蒙东、蒙西电力装备制造产业集群；围绕新型煤化工基地建设，培育精细化工等下游产业集群；围绕有色及装备制造等新型产业基地建设，培育新材料及机械装备制造产业集群；围绕绿色农畜产品生产加工输出基地建设，培育绿色农畜产品精深加工和印刷包装产业集群；围绕旅游基地建设，培育民族特色旅游产品产业集群等。

二是培育一批县域特色产业中小企业集群化发展典型，推动县域经济发展。要在面上指导全区县域特色产业集群发展的基础上，通过命名、项目支持及共建等形式，总结和培育一批示范典型，探索催生主体与促进集聚有机结合的成功模式并加以推广。近期重点抓好集宁皮件园区、化德县羊驼绒服装产业园区、青山区装备园区、东胜装备园区、准格尔陶瓷产业园区、霍林河铝后加工产业园区、翁牛特玉龙工业园区等特色产业基地的扶持引导。同时，自治区中小企业局积极开展与地方政府、龙头企业共建特色产业基地的试点工作。计划在和林盛乐园区依托浩源新材料有限公司建设内蒙古中小企业盛乐园区新材料产业园，在商都县依托内蒙古迈拓新型建筑材料有限公司，建设内蒙古中小企业长绒纤维保温材料产业园。

三是鼓励整产业链承接产业转移。借鉴自治区支持光伏产业发展的相关政策，依托中小企业集聚地，出台特色产业链配套企业集中"打捆"配置煤炭资源等具体政策，加大整产业链招商力度。相关专项资金重点支持围绕特色产业"空白点、衔接点和支撑点"引进的"立业成链"项目。

通过努力，力争到2017年，全区工业中小企业增长50%以上，达到20万户。

（二）鼓励创新，助力成长

一是培育一批位于产业链中高端的创新型工业中小企业。以培育自主知识产权、自主知名品牌、高新技术企业为重点，促进创新资源向创新型企业集聚，由自治区、盟市、旗县分级培育，实施千户创新型工业中小企业成长工程。自治区重点选择百户高成长型企业，在利用发展专项资金重点扶持的同时，借助自治区重点产业基金，引入风险投资机制，尽快促其做强做大，争取5年内百户企业中一半以上上市。

二是引导企业加大技术创新投入。自治区产业发展基金应重点支持自治区级创新型企业采用新技术、新工艺、新设备、新材料进行技术改造。将信息化技术运用纳入中小企业专项资金扶持范围，引导企业运用现代信息技术和产品。对新列为国家高新技术企业、国家企业技术中心和自治区工程技术研究中心、自治区企业研发中心的企业，各级财政给予相应奖励。落实科技企业税收优惠政策，对特色产业下游精深加工企业实现的增值税、所得税、土地使用税地方留成部分给予减免支持。

三是大力推进企业管理创新。鼓励个体工商户转为企业法人，引导企业建立和完善法人治理结构。推动企业建立质量诚信体系。鼓励企业实施管理体系认证，积极争创自治区和国家名牌产品。支持企业参与国际标准、国家标准、行业标准的制（修）订。以贯彻《中小企业会计准则》为抓手，督促和指导企业加强企业财务管理。鼓励企业创建自主品牌和商标，对新取得中国驰名商标、自治区著名商标的企业各级财政给予奖励。

（三）创建平台，破解难题

一是按照“政府搭建平台，平台积聚资源，资源服务企业”的理念，以财政资金为引导，带动社会投入，加快建设包括1个自治区枢纽平台、12个盟市2个计划单列市公共服务“窗口”平台和大量产业集聚区共享平台的三级中小企业公共服务平台网络，发挥其资源共享、协同服务的功能。

二是通过认定国家级、自治区级公共服务示范平台、项目支持等方式，培育一批专业化、社会化、网络化的示范性服务机构，通过市场化机制满足企业个性化需求。探索政府通过购买公共服务等方式，引导平台建立良好的运行机制。

三是加强中小企业融资服务创新。综合运用信贷政策、货币政策工具、建立激励约束机制和开展银企对接，鼓励金融机构创新服务，不断扩大小微企业贷款规模。继续开展送金融服务“三进”活动，重点加强对接后的跟踪服务，提高协议资金到位率，推动活动常态化开展。拓宽企业有效抵押物范围，重点开发推广知识产权抵押贷款产品。将特色产业集群内小微企业“打捆贷款”项目纳入中小企业技术改造贴息资金扶持范围，建立“助保贷”专项资金对盟市、旗县小微企业贷款风险补偿“资金池”给予奖励补贴，引导产业链条上的小微企业互助合作，推广建设银行“助保贷”等各种小微企业集中融资产品。综合运用资本金注入、风险补偿、奖励补助等方式，不断提高担保机构对小微企业的融资担保能力。推广呼伦贝尔市担保中心“亿网贷”产品的成功做法，引导民间资金服务小微企业。

（四）落实政策，优化环境

一要建立责任机制。把促进小微企业发展作为对盟市、旗县（市区）党政领导班子实绩考核的专项考核内容。重点考核市场主体、中小企业带动就业增长以及中小企业管理机构、公共服务体系建设情况。

二要“松绑减负”。启动新一轮行政审批和事业性收费事项的精简，该取消的坚决取消，该下放的必须下放。许可审批要尽可能从宽，办事程序要尽可能从简，提供服务要尽可能从优，强制收费要依下限，优惠让利要取上限。严禁行政部门指定专门中介机构垄断服务。建立全区中小企业政策库，在各政务网站建立办事指南，规范办事流程、收费标准和办结时限，向社会公开。

三要建立公平竞争的市场秩序。切实抓好产品质量监管，严厉打击假冒伪劣产品、侵犯知识产权、欺行霸市、垄断经营等违法行为。

四要合力联动。探索和建立多部门形成合力落实政策的协调联动机制。继续逐年开展中小企业主题年活动，统筹推进中小企业各项工作。发挥纪检监察部门作用，畅通中小企业维权举报通道，健全投诉、查访和责任追究机制，确保政令畅通。

（内蒙古自治区中小企业局）

辽宁省

2012年是国内外宏观经济环境最为复杂多变，不确定因素影响最为严重，经济运行下行压力最大的时期，也是民营经济发展遭遇困难最多、最集中的一年。从2012年末上报数据看，全省民营经济主要经济指标增幅与去年同期相比普遍下降，有的甚至大幅下降，经济增长压力依然很大。尽管形势严峻，但是在省委、省政府的正确领导下，通过各级民营经济主管部门的积极工作及广大中小企业的坚持和努力，积极化解不利因素的影响，2012年全省民营经济生产经营活动并未出现剧烈震荡和大的起伏，民营经济总体上仍保持了平稳较快的增长。

一、2012年辽宁省民营经济运行基本情况

（一）2012年民营经济主要指标完成情况

2012年底，全省民营经济实现增加值15900亿元，同比增长16.9%，比去年实际增幅下降了6.1个百分点；出口交货值1925.3亿元，同比增长9.4%，比去年实际增幅下降了7.8个百分点；利润总额4304.5元，同比增长16.5%，比去年实际增幅下降了12.4个百分点；上交税金1962.2亿元，同比增长18.9%，比去年实际增幅下降了12.4个百分点；固定资产投资13925.6亿元，同比增长17.4%，比去年实际增幅下降了14.4个百分点。

从全年指标完成情况看，主要经济指标下降幅

度较大，从2012年下半年运行趋势看，主要生产经营性指标增幅逐步回升，民营经济增长已趋于稳定。

（二）工业生产销售情况

作为民营经济的主要实体，2012年全省民营工业实现增加值10009亿元，增长15.9%，低于民营经济增加值增幅0.8个百分点；工业产销率为97.1%，高于去年同期1.1个百分点。工业经济生产经营质量有所提高。

截止2012年11月底，据对规模以上工业企业停产半停产情况调查显示，规模以上民营工业企业停产、半停产率为3.9%，属正常范畴；据对千户规模以下工业企业停产半停产情况调查显示，规模以下民营工业企业停产、半停产率为19.1%，比10月底下降7.2个百分点。工业企业开工情况明显好转。

总的看，2012年全省民营经济运行基本正常。主要表现为：一是民营经济总量仍实现较快增长。2012年，全省民营经济增加值增长16.9%，在一些行业，特别是大型企业限产、减产的情况下，这一增速对稳定全省经济的增长起到了重要作用。二是实现了速度和效益的同步增长。2012年全省民营经济利润总额增长16.5%，上交税金增长18.9%，在一些大宗产品价格下降，生产成本刚性增长的情况下，民营经济运行质量基本良好。三是固定资产投资增速虽有较大回落，但在宏观经济普遍不振的情况下，全年民营经济固定资产投资17.4%的增幅仍是一个较高的水平，为民营经济的可持续发展提供了新的、较大的空间。

二、2012年民营经济发展的主要特点

面对严峻的经济环境，我省民营经济坚持在困境中求生存、求发展、求提高，并取得了积极的效果。

（一）固定资产投资项目起点高、规模大，高科技项目成为投资热点

大连市民营企业固定资产资投资持续、快速增长，全年增长22.1%，竣工投产的新项目明显增多。其中第二产业特别是新材料、新能源、生物医药项目投资额度显著增加：大连天久碳纤维复合材料、大连创元新材料、海林新能技术和锦绣生物等一批新材料、高科技项目相继落地；第一互感器投资8亿元互感器项目、投资6.9亿元北首节能光源项目、智云股份投资3亿元发动机清洁项目均已开工建设。本溪市的一批高科技项目进展顺利：辽宁沈煤龙盟新型环保材料项目完成投资7.5亿元；本溪恒康制药有限公司前列地尔脂微球、醋酸奥曲肽注射液生产项目完成投资4.98亿元；辽宁千千生物科技有限公司甜叶菊糖提取及提纯产业化示范项目完成投资2.82亿元。抚顺市加快推进民营企业重点技改项目：山推抚起公司专用车制造技术改造项目已完成投资4.1亿元，并开始生产；恒德磁业公司高性能稀土永磁材料搬迁项目，主体工程及生产装置已竣工投产，今年可新增产值2亿元；同益化工公司年产11.5万吨丙烯项目，已完成全部投资5.8亿元，目前生产负荷已达60%；伊科思新材料公司15万吨/年裂解碳五分离，4万吨/年异戊橡胶项目，现已完成全部投资，裂解碳五分离转入正常生产，异戊橡胶工程竣工，待石化大乙烯项目生产供料后，启动生产。高水平、高质量的投资项目对于改善我省民营工业结构，形成新的民营经济增长点具有非常重要的推动作用。

（二）第三产业发展势头上升，增长速度超过工业

多年来，我省民营工业的增速一直明显高于第三产业。2012年以来，这一态势开始转变。全年民营经济中第三产业增加值增幅达18.1%，高于工业增幅2.2个百分点。沈阳市大力发展现代服务业成效显著。该市苏家屯区的会展商务业蓬勃发展，今年以来已成功举办了涉及农业、制造业、建筑业、房地产等行业的众多大型知名展会，累计参展面积50余万平方米，参观人员超过120万人次，会展业务收入大幅增长；和平区的总部和楼宇经济快速发展，瞄准税源型、总部型和新型业态，持续大力引进总部企业，成果显著。其中嘉润金融广场已入驻涵盖股权投资、企业上市、中介服务等领域企业，华润大厦作为国际超5A级标准写字楼，东北首个国家级会计服务示范基地也已落户。鞍山市今年以来大力推行第三产业中小企业成长计划，通过进一步增强创业创新活力和吸纳就业能力、优化产业结构、提升企业管理水平、完善中小企业服务体系等一系列措施，推动民营经济发展。据该市8月末统计，全市第三产业增加值完成505.7亿元，较去年同期净增77亿元，占全市增加值42.2%，较去年同期上升0.7个百分点；上缴税金49亿元，较去年同期净增9.8亿元，较去年同期上升2.5个百分点；为社会提供了52万个就业岗位较去年同期多提供4万个就业岗位。该市铁东区现代服务业发展迅速，占民营经济增加值的比重不断加大，2012年达到了19%，比去年同期增加3个百分点。第三产业的加快发展有效地促进了全省民营经济产业结构的优化和改善。

（三）产业集群和工业园区规模不断扩展，产业集聚效应带动经济增长作用突出

铁岭市近年来经济快速增长的主要动力来自产业集群的健康发展。到2012年8月末，铁岭专用车产业集群完成销售收入同比增长93%；昌图换热设备产业集群完成销售收入同比增长46%；开原起重机械产业集群完成销售收入同比增长71%；铁岭工程机械产业集群完成销售收入同比增长92%；铁岭汽车零部件产业集群完成销售收入同比增长61%；调兵山矿山机械产业集群完成销售收入同比增长82%；西丰医药保健品产业集群完成销售收入同比增长123%，全年仍保持了高速增长势头。盘锦市不断扩大工业园区规模，产业集聚效应日益显现，2012年该市四大工业产业集群总收入超过800亿元，其中石化及精细化工产业集群、石油天然气装备制造产业集群、新材料产业集群占海洋工程、装备制造产业集群占站占全市工业比重大幅上升。营口市大力实施“458”产业集群发展战略，17个重点产

业集群快速发展壮大，经济总量已占全市上述产业总量的三分之二以上。葫芦岛市产业集群快速发展，其中4个列入省重点产业集群的聚氨酯、打渔山泵阀、海洋工程装备、泳装产业集群2012年都实现了高速增长。产业集群的快速发展和壮大，不仅有力地推动了区域经济的快速增长，也有效地促进了民营经济发展方式的转变。

三、当前制约民营经济发展的突出问题

（一）产业结构落后、产能过剩的矛盾严重制约我省中小企业的可持续发展

随着我国经济发展水平的不断快速提高，我国产业结构已开始进入转型期，其方向是以产品结构调整为重点，以提高企业的综合竞争能力和经济增长的质量与效益为目标，走科技含量高、经济效益好、资源消耗低、环境污染少、人力资源优势得到充分发挥的新型工业化道路。在这方面，珠三角和长三角地区已经走在前面，而我省的中小企业则明显落后。主要表现为：劳动密集型、资源初加工型、工艺落后的传统型产业仍然比重过高，导致产能过剩，竞争力不强等。鞍山市2012年的调查显示，该市的钢铁深加工产业开工率为73%，菱镁加工产业开工率为81%，纺织产业开工率为82%，滑石加工产业也出现了订单减少的情况。辽阳市反映受市场需求不足的影响，该市的传统产业陷入低谷，2012年8月底钢铁工业产值同比仅增长0.5%，黑色金属矿采选业产值同比下降7.2%，铁精粉产量同比下降9%。朝阳市的矿产资源型企业是该市民营经济的骨干行业，也是该市财政和税收的重要来源，2011年该行业上交的税金占全市税收总额的三分之一。今年以来，受钢铁行业整体下滑影响，目前该市513家铁选企业已有287家停产，停产面达56%，导致上交税金和利润总额大幅下降。因此，结构落后、产能过剩的矛盾已成地区中小企业发展瓶颈。

（二）企业生产经营成本持续上升给企业的生产经营活动造成严重困难

一是主要原材料价格总体仍呈上升趋势，尽管受房地产调控政策影响及部分行业产能过剩导致部分相关产品价格有所回落，但多数原材料价格上升趋势未变，很多企业难以承受。丹东市52户停产的规模以上民营企业中，受原材料涨价影响停产的企业就达10户；盘锦中润化工公司受天然气、水、电、蒸汽等价格大幅上涨因素影响，尿素成本提高至2300元/吨左右，而销售平均价格为2350元/吨，利润空间大幅缩减。二是随着我国经济发展水平的提高，低端劳动力市场近年来出现的结构性拐点变化开启了全局性工资形成机制的变革，劳动者工资持续加速上涨。本溪市反映，随着最低工资标准的提高和物价水平的较快上涨，该市中小企业普遍提升了工资水平，劳动力成本明显上升，但提高后的工资水平仍缺乏吸引力而难以招到工人。葫芦岛市今年对中小企业进行的一次调研显示，2007年以来，被调查企业的工资持续增长，且增幅不断提高，仅2011年的平均增幅就达20.6%。此外，由于房屋、运输及新型服务类价格的持续攀升，使中小企业的经营成本居高不下，利润空间受到严重挤压。成本上升已成困扰企业生产经营的严重问题。

（三）中小企业资金短缺直接影响中小企业生产经营活动的正常进行

2012年，中小企业资金不足，融资困难仍是持续影响中小企业的突出问题。一是中小企业固定资产投资所需资金不足，严重制约企业发展。2012年锦州市调查显示，全市中小企业资金缺口在150亿元以上，80%以上中小企业因资金不足难以扩大生产规模和进行技术改造。二是中小企业流动资金短缺，严重影响正常的生产经营活动。2012年盘锦市对318户中小企业进行了流动资金需求调查，其中有贷款需求的企业为114户，资金缺口达38.3亿元，生产所需流动资金不足，特别是一些农产品加工企业和制药企业，在原材料收购高峰季节，所需流动资金量大，因资金不足，致使大量产品订单流失。三是为大企业配套的中小企业销售货款被超期拖欠，造成企业资金周转困难，难以为继。朝阳市反映，建平县惠营化工有限公司正常年份同期应收货款2000万元，2012年已达6000万元，且回款多为四个月以上的承兑汇票；朝阳龙源实业有限公司主要为船厂、沈阳机床厂、沈阳车辆公司等大企业配套，2011年回款期平均为45天，2012年则全是半年期承兑汇票；凌源市耐火材料有限公司年销售收入仅4000万左右，2011年同期应收货款为500万元，2012年已突破2000万元。调查显示，全省约50%的中小企业都不同程度地存在销售货款被超期拖欠的问题，且存在常态化的可能。

四、2012年主要工作

2012年，面对严峻复杂的国内外经济形势，全省中小企业系统深入贯彻落实科学发展观，紧紧围绕保持平稳较快发展这个中心，牢牢把握“稳中求进、稳中求快”的总基调，全面落实国务院和省委、省政府支持中小企业发展的政策措施，着力解决突出问题、加大支持力度、强化公共服务，深入实施民营经济腾飞计划和中小企业成长计划，有效促进了全省民营经济、中小企业的发展。预计全年民营经济增加值累计实现15900亿元，增长16.9%，占全省经济总量的64.1%，比上年增加了2.3个百分点；出口1895.3亿元，同比增长17.7%；利润总额4084.6亿元，同比增长19%；上交税金1960.6亿元，同比增长21%；固定资产投资13450.4亿元，同比增长19.9%。虽然多数经济指标增幅均低于上年同期水平，但除固定资产投资外，均高于全省总体增幅，为全省经济实现稳中有进，做出了较大贡献。

（一）制定和落实稳增长的政策措施，中小微型企业扶持力度明显加大

一是制定出台支持小微企业发展政策措施。为有效帮助中小企业克服生产经营困难，在国内较早

制定出台了包括加大财政资金支持力度等五个方面的26条政策措施，5月印发了《辽宁省人民政府关于支持小微型企业发展的若干意见》。增加了5200万元的中小企业发展专项资金，落实了小微型企业减半征收所得税、城镇土地使用税和房产税的优惠政策。二是积极推动中小微型企业发展政策的落实。召开了小微型企业发展政策新闻发布会，编辑印刷了近五年来出台的有关中小企业、民营经济的政策和法规汇编，免费发放给中小企业。会同省监察厅、省政府督察室对国发［2012］14号和辽政发［2012］19号落实情况进行了检查。三是组织开展《中小企业促进法》实施评估工作。会同省人大有关部门配合国家立法评估调研组，对我省贯彻实施《中小企业促进法》的情况进行了考察评估，进一步推动了《中小企业促进法》在我省的实施。

（二）落实小微型企业金融支持政策，融资服务工作力度明显加大

一是制定了促进小微型企业贷款增长的政策措施。推动了加快发展小型银行和小额贷款公司、对小微型企业金融服务实行差异化监管、支持小微型企业直接融资等政策措施的落实，实现了小微型企业贷款“两个高于”的目标。二是深入开展“金融服务进园区”活动。与工农中建交五大国有银行签署了《中小微型企业金融服务战略合作协议》，建立了共建融资合作平台和创新贷款模式、推广新型融资方式的工作机制。组织银行、担保、投资、租赁机构先后深入沈北新区等9个园区开展金融服务，共帮助39户企业贷款5.18亿元。各市组织开展金融服务进园区活动33次，实际融资额23.28亿元。三是引导信用担保体系为中小企业提供担保服务。认真落实担保机构风险补偿政策，共对70户担保机构2011年度中小企业贷款担保业务给予了风险补偿。加强对担保机构的指导，对110多家担保机构负责人进行了业务培训。截止上年11月底，全省193家备案担保机构实收资本达到207亿元，共为全省9168户中小企业提供了担保服务，在保余额556.1亿元。四是努力拓宽中小企业融资渠道。组织中小企业参加了工信部举办的“中小企业直接融资培训班”；举办了“中小企业股权融资推介会暨投融资洽谈会”，邀请了19家风险投资机构参加了会议，现场为企业提供了咨询服务，积极推广了股权融资、融资租赁、债务融资等融资模式。五是积极促进中小企业财务和信用管理水平的提升。会同省财政厅等部门举办了2期“《小企业会计准则》师资培训班”，对140多家小企业财务负责人和10家会计师事务所从业人员进行了培训。

（三）落实支持市场开拓的政策措施，帮助中小企业开拓市场的力度明显加大

一是落实了提高政府采购小微型产品和服务比例、扶持出口企业、改善和加强出口企业服务等政策。举办了“辽宁省促进中小企业发展政府采购推介会”，推动了政府采购项目预算总额30%面向中小微型企业采购政策的落实，中小企业中标额占政府采购支出的70%以上。二是推进大小企业协作配套工作。组织了两次大企业与中小企业协作配套对接会，调度35家大企业协作配套项目2000余项，涉及金额600多亿元，实现采购额123亿元。三是组织中小企业参加第七届APEC技展会和第九届中博会，签约金额2亿多元。四是积极推动我省中小企业的国际合作。与美国领事馆合作举办美国投资说明会；组织企业参加了韩国京畿道在沈阳组织的2次中韩企业贸易洽谈会，推动和促成了韩国好丽友食品公司和万都株式会社落户我省，实现一期投资3200万美元；推进了三菱重工平地机项目与铁岭专用车生产基地的合作；举办了“辽台（铁岭）中小企业产业合作研讨会”。

（四）开展创业服务年活动，扶持和推动创业的力度明显加大

将2012年作为“创业服务年”，5月在铁岭举办了服务年启动仪式。一是构建了推动各市建立创业基金的激励机制，促进创业融资体系建设。设立了5000万元的省创业种子基金，制定了按照各市建立创业基金总额的10%给予补助的支持政策，支持各市建立创业基金。辽阳、铁岭、鞍山、锦州、营口、盘锦、葫芦岛等7市设立了中小企业创业基金，基金额度达2.38亿元。二是推进小企业创业基地建设，推动创办小企业。将全省44个县（市）小企业创业基地建设工作纳入到今年省政府绩效考核指标体系；总结推广了营口中小企业创业园等五个单位加强创业基地建设、扶持创办小企业的经验，在营口召开了现场经验交流会，推动了创业基地的建设。三是与辽宁广播电视台经济频道、东北新闻网联合举办“百名创业先锋走进直播间活动”。新建了10个省级中小企业创业辅导（孵化）基地，全年完成创业辅导与创业培训10万人次，创办各类小企业、微型企业10万户，带动就业达50万人。

（五）实施“专精特新”工程，推动中小企业技术和产品创新的力度明显加大

一是加大了对“专精特新”产品和技术开发生产项目的支持力度。争取国家中小企业发展专项资金5601万元，安排省中小企业发展专项资金2665万元，支持了168个中小企业发展项目，有效推动了“专精特新”产品和技术的开发、生产。2012年有484项“专精特新”产品技术项目被认定辽宁省中小企业“专精特新”产品技术，其中有49项产品技术填补了国内空白，有124项达到了国际、国内先进水平。2012年全省中小企业共完成新产品开发21500项，实现新产品增加值1865亿元，比去年同期提高1.2个百分点。二是举办东北及环渤海地区中小企业“专精特新”产品展洽会，推动中小企业区域合作。展洽会期间，达成各类合作意向104项，签署合作协议43项，签约合同金额31.2亿元。三是组织产学研项目对接，解决中小企业发展技术难题。组织召开了产学研项目对接会，省内15所理工科院校及中科院沈阳分院所属各研究所向与会的500多家企业，推介了1200多项最新科技成果，达成合作意向39项，成交金额超过了10亿元。征集省内中小企业技术难题、技术需求，累计为中小企业化解技术难题5万多个。四是支持各地和产业园区建设中小企业公共技术服务平台。辽宁省建筑材料监督检验院等39家技术服务机构被认定为“省中小企业公共技术服务平台”。

（六）强化企业素质提升和维权工作，企业素质提升和维权工作力度明显加大

一是加强人才培训工作。与清华大学合作举办了2期高级工商管理总裁培训班，培训中小企业董事长、总经理80多人；组织开展高级职业经理人培训工作，培训职业经理人100人。赛飞培训，取得了很好的效果。二是积极推进中小企业信息化建设。与省移动通信公司签署了《“十二五”时期共同促进辽宁省中小企业信息化发展战略合作框架协议》，推进了中小企业信息化“百千万工程”的实施工作。与新华社和中国移动通信公司合作推出了盘古搜索，助力并推动了中小企业的信息化应用。三是组织汇聚国际集团、辽宁瑞文思等多家专业管理咨询公司，免费为中小企业提供企业诊断、管理咨询服务；深入各市开展管理进步成果培训和交流活动，帮助120户中小企业申报国家、省、市级管理进步成果，42项成果获省一、二等成果奖。四是切实加强了企业维权投诉工作。开展了“辽宁民营企业维权服务月”活动，举办“7.28企业维权咨询服务日”活动。全省各级维权机构（含14市）共受理维权投诉336件，已办理296件，办结率为88%。

（七）加快推进公共服务网络平台建设，中小企业服务体系建设工作力度明显加大。

一是组建了全省中小企业公共服务平台网络建设项目的推进机构，制定印发了《关于加快推进全省中小企业公共服务平台网络建设的实施意见》（辽中小企发［2012］4号），明确了今后3年全省中小企业公共服务网络平台的建设目标。编制完成了2012年全省中小企业公共服务网络平台建设项目计划上报国家工信部、财政部并获得批准。二是争取国家专项补助资金4100万元，为列入国家计划的21个“窗口”平台项目建设提供了资金保障。三是加强网络平台项目建设的指导和推进工作。逐户听取了省平台和28个“窗口”平台项目建设情况汇报，提出了加快建设工作的指导意见。定期调度网络平台建设情况，及时协调解决建设中的问题。列入2011年国家计划的14个建设项目已有13个达到了国家的建设要求；列入2012年国家计划的7个“窗口”建设项目进展顺利，有望年底前完成。在抓好网络服务平台建设的同时，省厅投入了165万元支持了7个创业基地的建设。投入1850万元，支持服务机构面向中小企业开展了人才培训、创业辅导、管理咨询等服务。

（八）积极做好创新型中小企业培育工程实施的各项准备工作，为明年启动培育工程实施工作创造了条件

一是制定了《全省创新型示范中小企业推荐标准及认定办法》，举办了创新型中小企业申报和培育工作培训班，组织完成了创新型中小企业申报工作。二是编制创新型中小企业培育五年规划。现已将征求意见稿印发给大家，并将根据大家的意见进一步修改。三是制定了创新型示范中小企业的运行监测办法。开发定制专项软件，落实了月报和季度分析制度。

另外，按省委、省政府的要求，积极推进了铁岭专用车、葫芦岛打渔山泵业、鞍山阀门产业基地的建设工作。三个产业基地在国内外经济形势十分严峻的形势下，保持了强劲的发展势头，预计全年增长均在25%以上。

五、2013年重点工作任务

省委十一届五次全会暨经济工作会议对我省经济发展形势进行了深刻分析，明确提出了今年经济工作的总体要求、发展目标和主要措施。强调坚持主题主线，以提高经济增长质量和效益为中心，按照“稳中求进”的工作总基调，着力推进改革开放，着力强化创新驱动。

根据省委、省政府今年经济工作的指导思想和发展计划，2013年全省民营经济、中小企业发展工作的总体要求是：深入贯彻落实党的十八大精神，坚持以邓小平理论、“三个代表”重要思想、科学发展观为指导，坚持“稳中求进”的总基调，以全面落实中小企业发展政策为抓手，以实施创新型中小企业培育工程为重点，以解决制约中小企业发展的突出问题为着力点，以转变服务方式和提高服务水平为手段，推动全省民营经济、中小企业总量增长、结构升级和效益攀升，为建设富庶、文明、幸福新辽宁做出新的更大贡献。全省明年民营经济、中小企业发展的目标是：增加值实现18409亿元，增长16%；出口交货值实现2198亿元，增长16%；利润总额实现4738亿元，增长16%；上交税金2313亿元，增长18%；固定资产投资实现16140亿元，增长20%。千户创新型中小企业营业收入增长25%。

（一）创新和落实中小企业发展政策，进一步完善法规体系

创新和落实中小企业发展政策，推动中小企业法规的实施，对促进和保障中小企业平稳较快发展具有十分重要的意义。一是要继续推动国发［2012］14号和辽政发［2012］19号文件在全省的深入落实。坚持突出重点，突出抓好中小企业财税政策、融资政策和市场开拓政策的落实。开展政策落实情况问卷调查，根据政策落实中存在的问题，制定有针对性的工作措施，真正将中小企业发展政策落实到位，使企业受益。二是推进政策创新。要加强政策调研工作，正确把握中小企业发展中的突出问题，研究制定有针对性的政策措施，通过政策创新，有效解决好中小企业发展中的问题。三是继续抓好《中小企业促进法》和《促进中小企业发展条例》的实施工作。“一法一条例”的贯彻实施工作，要以强化中小企业主管部门工作职能、支持手段和促进发展的能力为着力点，积极争取同级党委、政府的重视和有关部门的支持，努力增加中小企业发展专项资金、中小企业贷款风险补偿资金，建立和增加创业种子基金，加大对中小企业的支持力度。四是推进《辽宁省中小微型企业合法权益保护条例》

立法工作，做好减负和维权工作。加强与省人大财经委、法制委和省政府法制办的沟通协调，争取将该条例列入2013年省政府立法计划。会同有关部门做好立法调研、立法论证工作，力争2013年出台《辽宁省中小微企业合法权益保护条例》。将创新型中小企业作为维权投诉联络点，切实加强对创新型中小企业的维权工作。构建中小企业维权法律服务平台，组织开展“全省中小企业维权减负法律咨询日”活动，抓好重点投诉案件的办理工作，努力提高办结率和满意率。

（二）实施创新型中小企业培育工程，做强做大重点骨干企业

实施创新型中小企业培育工程是强化创新驱动和稳增长带动力量的重要措施，是今后五年中小企业发展工作的重中之重。创新型中小企业培育工作要坚持以提高企业创新能力和成长性为主攻方向。要将培育工作的着力点放到提高企业科技创新、管理创新、产品创新能力上，放到提高融资能力、市场开拓能力上。创新型中小企业培育工程实施工作的目标和主要任务是，1000户创新型中小企业营业收入年增长25%以上，到2017年1000户创新型中小企业营业收入达到1万亿元。扶持建立500个企业研发中心（其中省级400个、国家级100个）；实施100项科技攻关项目、100个引进消化吸收再创新项目、100个重大高新技术产业化项目。重点支持1000个省级专精特新产品研发生产；建立1000个产学研技术联盟。今年要围绕上述目标和任务，重点做好以下几项工作：一是根据《辽宁省创新型中小企业推荐标准和认定办法》，按照优中选优、宁缺勿滥的原则，以科技创新能力和成长性为主要根据，评价认定1000户创新型中小企业，作为今后五年的培育对象。二是完成《辽宁省创新型中小企业培育五年规划》编制工作。通过规划，进一步确定今后五年培育工作的目标、任务和工作措施，并通过规划实施工作，指导和推动创新型中小企业培育工作的开展。《辽宁省创新型中小企业培育五年规划（征求意见稿）》和《2013年创新型中小企业培育工程实施工作要点（征求意见稿）》已印发给大家，请大家提出意见，以便我们集中全系统的智慧，提高规划和工作要点的质量和水平，增强指导性。筹备召开创新型中小企业培育工程实施工作会议，对培育工程的实施工作做出全面部署。全国人代会后，以省政府的名义，召开培育工程实施启动大会。三是集中整合资源，加大对创新型中小企业的支持力度。研究制定创新型中小企业培育专项资金使用管理办法，用好2亿元的专项资金，提高支持效率。省中小企业发展资金，除用于支持服务体系建设的资金外，全部用于支持创新型中小企业。各市和两个扩权县，也要参照省里的做法，集中更多的中小企业发展资金加大对创新型中小企业的支持力度。此外，每年选择20户创新型中小企业申报国家中小企业发展专项资金补助项目。积极协调有关部门，将创新型中小企业作为各类专项资金的支持重点，提高资金支持规模。四是加强创新型中小企业经济运行工作，及时解决创新型中小企业发展中的问题。制定对创新型中小企业经济运行的统计监测办法，加强经济运行分析工作，协调解决土地、融资、电力等要素供给等问题。

（三）实施总量扩张工程，保持持续较快增长的势头

实施总量扩张工程，是夯实企稳回升基础，促进经济总量较快增长的客观要求。一是加大创业扶持力度，促进民营经济单位数量增加。我省的经济总量低于广东、江苏、浙江，主要是因为我们企业的数量只有人家的三分之一。加快辽宁经济发展，既要注重推进结构调整，更要注重增加总量。增加总量，一是靠现有企业的增量，更重要的是靠企业数量的增加。支持各地依托各类园区，规划建设创业孵化基地，逐步建立覆盖县域、城区的创业孵化基地和服务体系；资助支持创业辅导（孵化）基地和中介服务机构，为创业者提供创业服务。继续开展创业培训进学校、进军营、进社区活动，力争完成1万人的培训计划。指导和帮助各市利用创业种子基金扶持创业。今年全省新创办小微型企业力争达到10万户，带动50万人就业。二是加大招商引资力度，争取招商引资额和引进企业数量有一个较大的增长。辽宁省企业数量的增加，当然要重视增强内生能力，但更多的是靠招商引资。要进一步加强招商队伍建设，建立目标责任制、强力推动招商引资工作的开展，促进生产要素向本地区积聚，增加发展能量。规模以上工业企业要增加500家以上，力争新增1000家。三是做好固定资产投资工作，实现固定资产投资的较快增长。去年全省民营经济固定资产投资低于全省平均增长水平，增幅比上年回落了9.8个百分点，投资拉动作用和发展后劲明显减弱，今年要力争恢复到2011年的增长水平。

（四）实施转型升级工程，优化提升产业结构

转型升级是破解资源约束难题的根本途径，是抵御市场风险、实现稳定可持续发展的治本之策。一是要推动中小企业由内向型向外向型转变。去年我们全省中小企业外向依存度占全省2.7%，全国达到60%以上，全省接近40%。各级中小企业主管部门，要积极协调落实出口政策，鼓励支持民营企业、中小企业提高产品质量，积极扩大出口，逐步提高出口比重，并注意鼓励支持有条件的企业“走出去”投资办厂。二是大力发展新兴战略产业，以增量促进产业结构优化。省委、省政府提出靠增量促进产业结构优化是十分正确的，辽宁省与发达省份相比存在两方面的问题，一是总量不足，二是结构不优化。我非常赞成辽阳的做法，积极推进小钢铁、采选企业的兼并、合作，通过技术升级改造，保持和优化存量。要认真做好新兴战略产业项目的储备和招商工作，重点发展高端装备制造业、新能源、新材料、新医药、信息技术、节能环保、海洋产业、生物育种等新兴产业和现代服务业，抓好一批新兴战略产业骨干重点项目的投资建设，培育和打造新的支柱产业。三是重点支持装备制造及其配套、原材料及其加工企业的技术改造。要做好国家中小企业技术改造资金的申报工作，积极争取国家增加对辽宁的投入，用好省中小企业发展资金，引导银行资金，支持中小企业的技术改造、设备更新，提高企业产品技术附加值，降低能源消耗和环境污染，推动发展方式转变。四是继续实施中小企业信息化百千万发展计划，支持有条件的中小企业实施资源计划管理（ERP）、供应链管理（SCM）、客户关系管理（CRM）以及物流配送现代化，促进“两化”融合，提升产业结构。十八大提出新“四化”，工业化、信息化、城镇化、农业现代化。产业结构没有信息化，改造提升传统产业，就是一句空话。加快信息化发展步伐，是今后我们国家扩大内需的主要拉动力。五是促进产业集聚，推动产业集群发展。推动有条件的市、县规划建设中小企业集聚区。下大力量引进和培育龙头企业，发展配套企业，提高产业丰厚度。鼓励支持各类园区建立产业发展服务体系，重点推进公共技术服务平台建设，今年力争在产业集聚区建立20个公共技术平台，优化园区创业发展环境。继续支持鞍山阀门、葫芦岛泵业产业园和铁岭汽车改装基地的建设和发展。

（五）实施素质提升工程，增强企业内生竞争力

实施素质提升工程，增强企业内生竞争力，是增强企业成长性，促进企业长期稳定发展的治本之策。在市场状况不是很好的情况下，企业能否生存发展，主要是看企业素质的高低，企业家和企业员工的素质以及产品结构的好坏。一是要加强人才培训工作，提高企业人才队伍素质。今年的人才培训工作要坚持以提高企业人才队伍素质为目标，以中小企业银河培训工程和中小企业经营管理领军人才提升工程为载体，突出抓好骨干企业家、企业高层经营管理者的培训。加强与省内外高等院校合作，重点抓好创新型中小企业董事长、总经理等企业高端人才培训，力争完成500人的培训计划；以职业技能鉴定工作站和职业技能鉴定基地为依托，重点抓好创新型中小企业的技工培训，力争完成3000人的培训计划。二是加强管理咨询工作，促进企业管理升级。加强中小企业管理咨询体系建设，整合社会管理咨询资源，支持资助管理咨询机构深入企业开展企业诊断和管理咨询工作；组织开展中小企业管理创新成果评选工作，总结推广企业管理创新经验，促进企业管理科学化水平的提高。三是加强中小企业信用管理体系建设，提升中小企业信用水平。加大征信工作力度，争取新征集信用信息达到2500户以上。建立信用信息网络互联互通以及数据库等系统平台，推动信用信息共享和利用。

（六）强化融资服务工作，增加中小企业资金供给

做好融资服务工作，促进中小企业贷款规模增长，是培育创新型企业，实现中小企业持续较快增长的重要措施。今年融资服务工作要坚持以提高创新型中小企业融资能力为重点，积极协调利用各类金融资源，促进创新型中小企业融资规模增长。一是继续开展金融服务进园区活动。深入了解企业发展的融资需求，建立融资项目库，包装一批融资项目，向银行等各类金融机构推荐。组织银行等各类金融机构，深入园区企业，分行业、分地区组织融资对接活动。通过风险补偿、税收减免等手段，支持和引导信用担保机构为中小企业提供担保服务。开展“融资顾问进企业”活动，协调各相关银行业机构，为每户创新型企业指定一名客户经理作为企业融资顾问，实行“一对一”跟踪服务，建立形成常态化的银企合作机制。二是开展企业融资培训工作。注意培训内容的实用性，包括资产评估、抵押和担保办理，与银行的对接等，在提高企业融资能力上下功夫。三是举办全省中小企业多渠道融资业务推介会，邀请银行、投资、租赁、中介机构参会，普及和推广适合中小企业特点的金融产品与服务，为中小企业搭建融资平台。四是继续推进中小企业信用担保体系建设。推动各级政府和信用担保机构增加资本金投入，增强担保机构的担保能力；鼓励各类社会资本投资建立担保机构，增加担保机构区域覆盖。通过加强业务指导、业务培训、促进银担合作等措施，提升担保机构的服务水平和能力。将创新型中小企业贷款担保业务作为省贷款担保风险金支持重点，鼓励担保机构为创新型中小企业提供贷款担保服务。五是努力拓宽中小企业融资渠道。加强与风险投资、中介机构加强合作，开展上市培育辅导工作，支持具备条件的中小企业上市融资。积极推广股权融资、债券融资、票据融资、融资租赁等融资模式，帮助中小企业通过多种渠道解决资金需求问题。我省企业不重视股权融资等直接融资方式，直接融资只占融资总额的30%，国内发达地区与我们正相反。银行融资的成本高达10%。因此，要高度重视上市融资，上市不仅能够解决资金问题，对提升企业管理水平也很有益处。六是建设国际融资平台，争取境外融资取得新突破。充分利用韩国产业银行沈阳分行成立的契机，进一步扩大与境外银行和投融资机构的合作，争取在项目融资、项目投资、企业并购重组等多方面为我省企业提供服务。加强与境外证券市场及上市中介服务机构的合作，重点推进创新型中小企业到境外上市。

（七）加大工作力度，帮助企业开拓市场

帮助中小企业开拓市场，是增强创新型中小企业成长性，克服需求不足，实现中小企业持续较快增长的重要措施。一是要协调落实支持中小企业发展的政府采购政策，确保政府采购总额的30%面向中小微型企业采购，并逐步提高面向中小企业的采购比例，加大政府采购对中小企业的支持力度。会同有关部门组织一次面对中小企业的政府采购活动。鼓励中小企业与大企业合作参与政府采购活动，提升竞争能力。二是搭建中小企业交易平台，支持中小企业参与各类展销活动。支持有条件的市要积极主办或承办大型展销展洽活动，为中小企业提供产品展销平台。继续通过展位费补贴方式资助中小企业参加中博会等全国性展销展洽活动。三是组织开展大小企业协作配套项目对接活动，支持中小企业围绕大企业的配套需求，开发生产配套产品，提高配套能力和水平。四是推动创牌奖励政策的落实，支持中小企业争创省级和国家级品牌。支持中小企业开展各类国际标准认证和在境外注册商标。鼓励中小企业设立境外自主品牌专营店或售后服务机构，重点支持企业以并购等方式获取国际知名品牌。五是推动中小企业国际合作。密切与境外中小企业管理部门和服务机构的合作，包装一批创新型企业国际合作项目，组织2～3个中小企业经贸代表团出访，举办中日韩中小企业合作项目对接会，与省外经贸厅合作，继续推进“万户企业国际行”活动，组织境内外中小企业经贸洽谈和合作项目对接活动，帮助企业引进境外先进技术，促进中小企业与美、欧、日、韩企业的合资合作。

（八）推进公共服务网络平台建设，集成提升服务资源和服务能力

一是编制《辽宁省中小企业服务体系五年建设规划》，做好规划的实施工作，全面推进中小企业社会化服务体系建设。二是建设完成包括研发、创业、项目、技术、信息、市场和投融资、人才与培训、管理咨询等200个在线专业服务机构的中小企业公共服务网络中枢平台，实现中小企业服务资源的互联互通、功能互补和服务协同，年底前实现全系统上线运行，为中小企业提供找得着、用得起、有保证、高质量的专业化综合服务。三是重点推进抚顺、阜新和朝阳3个市中小企业公共服务平台“窗口”建设，全面完成2011、2012中小企业公共服务网络平台的建设任务，组织做好2013年中小企业公共服务平台网络“窗口”建设项目的启动与实施工作，积极推进并完成10个省级公共服务“窗口”平台建设。四是加强中小企业服务联盟建设，强化中小企业公共服务网络平台运行的组织体系。建立资质认证、资源共享、服务协同、绩效考核等制度，建立健全并逐步完善平台网络运行的规范和制度，充分发挥服务联盟的组织作用，协调推动公共服务网络平台的高效规范运行，为中小企业发展提供强有力的服务支撑。

（辽宁省中小企业厅）

吉林省

近年来，吉林省委、省政府高度重视民营经济发展，相继出台了促进民营经济发展的一揽子政策，先后实施了两轮民营经济腾飞计划，推动了民营经济持续较快发展。截止2012年末，民营经济总量已经占据了全省经济的半壁江山，成为拉动全省经济增长的重要动力，财政收入的重要来源和吸纳就业的重要渠道。

一、2012年吉林省民营经济发展情况

在省委、省政府高度重视下，我省自2007年开始先后实施了民营经济腾飞计划、中小企业成长计划和新一轮民营经济腾飞计划，有力推动了民营经济加快发展。总体可以概括为三句话：即速度比较快、质量比较好、贡献比较大。

一是速度比较快。2012年，全省民营企业户数达到14.5万户，是2006年的2.1倍；个体工商户达到99.1万户，是2006年的2.1倍。民营经济实现主营业务收入2.3万亿元，是2006年（4553亿元）的5倍，年均增长30.8%；完成增加值6064亿元，是2006年的4.1倍，年均增长26.5%，成为拉动全省经济的重要力量。

二是质量比较好。2012年，全省民营经济实缴税金实现678.4亿元，同比增长13.6%。，占全口径财政收入的35.5%，占全省地方级财政收入的65.2%。全省规上民营工业实现利润463.7亿元，同比增长了21.4%；全省“三上”民营企业户数超过1万户，达到11542户，主营业务收入超亿元的民营企业达到3051户，10亿元以上企业112户，50亿元以上企业10户，100亿元以上企业3户。

三是贡献比较大。2012年，民营经济增加值占全省GDP的比重由2006年的35%提高到50.8%；上缴税金占全口径财政收入的比重由25.4%提高到35.5%；从业人员由296万人增加到602.6万人，增长1.03倍。全省民间固定资产投资额6735.6亿元，占全省城镇固定资产投资（不含农户）的比重为71.2%。民营经济对促进经济增长、增加就业再就业、扩大财政收入和保持社会和谐稳定都发挥了重要作用。

虽然全省民营经济发展取得了可喜的成绩，但也还存在一些实际困难。近期看，民营经济发展存在着一些具有自身特点的、个性化的矛盾和问题。市场需求不旺、成本不断上升、民营企业用工缺口加大、货款拖欠较为严重、融资难、融资贵现象突出成为当前制约我省民营经济发展的突出问题。长远看，同发达省份比较，我省民营经济发展还存在着阶段性差距。从现象看，可以概括为“六多六少”和“四个不够”。“六多六少”即个体工商户多、私营企业少，小企业多、规模企业少，加工型企业多、创新型企业少，传统产业多、新兴产业少，低端产品多、高端产品少，单打独斗多、集群发展少。“四个不够”：一是总量不够大。我省私营企业户数是广东的12.7%、江苏的12.2%。注册资金分别是浙江的13.6%、广东的10.7%、江苏的7.9%。二是层次不够高。我省民营企业多数仍然处在产业链的低端。三是创新能力不够强。全省规模以上民营企业新产品产值率只有5.8%，低于全国平均水平4个百分点。四是市场体系发育不够健全。我省土地、资源、资本、科技、信息、环境等要素市场发展尚不完善，民营经济经营成本偏高。

二、2012年吉林省促进民营经济发展的主要工作

（一）不断强化政策支持与保障

自2007年开始实施民营经济腾飞计划、中小企业成长计划和新一轮民营经济腾飞计划期间，省政府相继出台了《关于促进全民创业的若干政策》《吉林省促进中小企业发展的若干政策》和《关于进一步促进小型微型企业发展的意见》等政策措施。今年，省委、省政府出台了《关于突出发展民营经

济的意见》（吉发［2013］5号），既延续了多年来出台的鼓励政策，又有诸多创新突破，主要从放宽准入领域和条件、鼓励全民创业、支持科技创新、培育开拓市场、强化金融服务、加强财政扶持、提供税收优惠、改善发展环境等十个方面提出了40条意见。这些政策措施的实施，有力地推动了全省民营经济的发展。

（二）全面启动中小企业服务年活动

在去年服务年活动的基础上，今年按照工信部在全国开展中小企业服务活动的总体要求，吉林省工信厅组织召开了服务年活动启动大会，主管副省长到会并亲自讲话，制定下发了具体的实施方案。组织5个调查组分赴9个市州和长白山管委会开展要素衔接工作，同时了解企业生产运行中的实际问题，并给予积极协调和解决。通过开展要素衔接工作，共梳理出5大类50多个问题，多数问题已经得到解决，个别问题正在解决中。同时，省里还成立了促进民营经济腾飞领导小组办公室，并由主管副省长为组长，21个省直部门为成员，不定期召开办公会议，研究商讨促进中小企业和民营经济发展及服务年活动的重要事项。

（三）积极开展全民创业，提升创业孵化能力

进一步推进创业孵化基地建设。今年底，省级创业孵化基地总数将达到100个以上，孵化企业总规模达到5000户以上。同时，开展示范孵化基地培育工作，研究制定创业孵化示范基地评选标准，明确建设内容，确定了10个示范基地开展建设工作。建立孵化基地项目库，对省级创业孵化基地实行了备案制。实施创业孵化基地绩效考核制度，进一步促进孵化基地科学规范快速发展。开展多层次创业培训服务，其中“万名创业者、万名小老板”培训200余个班次，培训创业者和创业小老板2.2万余人；高技能人才培训，全省共培训6000人，其中，高技能人才1000人，普通技能人才5000人。

（四）积极推进素质提升，提高企业发展实力

结合吉林省经济发展实际，充分利用政策加大对小微企业和成长型企业的技术改造扶持力度。今年，吉林省级中小企业专项资金追加2000万元，增至1.8亿元；积极争取国家专项资金8354万元。为提升企业技改能力，专项资金扶持和服务企业发展上加大力度，全年省级专项列支近1.2亿元用于扶持小微企业、成长型企业、孵化基地、产业集群的发展。国家专项资金中4884万元用于扶持企业发展。这些政策的倾斜和专项资金的投入，传达了国家和省里大力扶持企业发展的信息，也稳定了企业家的信心。

（五）不断加强融资担保能力，缓解企业融资难题

强化政银企保合作机制，定期召开金融机构支持中小企业发展联席会议。加强银企保对接，组织召开2次省级银企对接大会，金融机构推介了金融产品，宣讲当前国家货币政策，省内18家银行业金融机构与企业代表签订了贷款协议，累计实现签约项目7376个，签约金额553亿元。全面推进融资模式创新，基金运营机构吉林省创新企业投资有限公司先后与深创投和拓世诺金两家基金合作，成立2家子基金，并以股权融资的方式支持企业发展，共带动深创投等外部投资机构实现投资18.52亿元，实现引导基金放大效应82倍。完善融资担保体系建设，开展担保行业年度专项审计，共审计担保机构151户，受审单位注册资本金122.3亿元，实收资本119.8亿元，对审计发现的资本金不实、风险准备金提取不足等问题，出台组合措施，及时纠改，避免风险发生。开展融资性担保机构资信评级工作，参与评级的137户担保机构中，AA级企业11户，A级企业85户，BBB级企业41户，未出现系统性风险迹象。继续实施担保机构业绩考核奖励机制。对收取保费率较低，为中小微企业服务较好的43家担保机构给予奖励，奖励资金共计1000万元。

（六）积极推进网络平台建设，扩升服务领域和效率

吉林省获得国家首批网络平台建设试点单位，积极开展此项工作。分两批建设了21个窗口服务平台，预计在今年底其中的14家窗口单位可实现同省平台的呼叫服务和互联互通试运营，其中的13家窗口单位可实现视频联通。吉林省在加强平台网络建设的同时，边建设边服务，不断完善和发挥其功能。据统计，截止目前，今年共服务企业5.3万户，服务13.2万人次。其中，为1.63万户企业提供了创业辅导服务，对1600户企业开展了管理咨询服务，帮助500多户中小企业解决软环境问题和提供法律维权服务。

（七）积极开展管理提升服务，为企业量身定制解决方案

在省内建立了2家中小企业健康辅导站，整合社会资源，广泛开展管理咨询培训班，以健康体检的方式为企业提供了义务咨询诊断，对有需求的企业免费提供管理软件。通过跟踪调查发现，经过管理咨询及使用了管理软件的企业，财务基础数据的准确性由从94%提高至100%；财务指标分析支持决策率由38%变为72%；企业财务指标报出时间与多维度指标提供水平由量变产生质变，极大提升了财务核算水平及财务分析能力。继续抓好管理咨询试点企业，探索提高企业管理水平的有效路径。连续2年与深圳立正管理公司合作，对部分企业开展现场改善管理咨询和流程改善管理咨询试点项目。涉及企业的销售、生产、研发设计等多个重点环节，有效缩短了企业研发设计的周期和生产销售的周期，有效降低了企业成本。同时对企业的法人治理结构、管理制度、考核奖励制度等方面进行全面的完善和提升，对提高企业运营效率发挥了重要作用，拟于近期召开现场经验交流会，并不断总结经验，组织编辑管理创新案例，推广经验。

（八）开展要素保障服务，稳定经济增长增强发展信心

积极开展产需衔接服务，今年共组织139户企业参加国内5个展会，宣传推进吉货300种，50户鉴定合作意向93项，金额2亿元。推进产学研对接，聘请省内行业专家，组成技术团队，为300多户企业解决近百个技术问题。同时，建立专家信息资源库，吸纳专家600多名。组织用人对接，全省9个市（州）普遍开展了创业项目推介和小微企业用人对接活动，累计向社会推介创业项目4000多个，达成意向型合作500多个；提供工作岗位2万多个，就业意向5000多人；发放《创业项目汇编》及各种类宣传资料3万多份，提供各种咨询服务608次，参加活动人员累计达6万余人。开展“创建数字企业”活动，与中国电信吉林公司联合创建了300家“数字企业”，同时，推广应用电子商务，组织315户企业分别应用阿里巴巴“诚信通”和“出口通”产品，大大提高了企业的信息化建设。加强重点企业煤电油气运协调服务，帮助企业协调铁路专用线、电量电价问题，降低企业运营成本。加强运行监测分析。搞好300户国家直调企业月度数据上报，全省中小企业和民营经济主要指标季度监测等工作，把握发展形势。

（九）开展政策咨询服务，抓好政策落实

今年6月份吉林省政府出台了《吉林省关于进一步促进小型微型企业发展的意见》（吉政发［2012］22号），有关省直部门也陆续出台政策性文件，扶持小微企业发展。开展了全省政策进企入园活动，编印国家及吉林省促进中小企业发展的政策汇编5000册，并免费发放给成长型企业和部分小微企业，以更好的传递政府信息，促进民营经济发展。开展了《吉林省促进中小企业发展条例》前期调研工作，目前初稿正在起草过程中。开展中小企业减负政策宣传活动，对近两年国家及省里扶持中小微企业发展的政策进行解读宣传，提升企业充分灵活应用既有政策的意识，力争实现政策效应最大化。

（吉林省工业和信息化厅）

黑龙江省

一、2012年黑龙江省中小企业改革发展总体情况

（一）非公经济及中小企业基本情况

2012年，黑龙江省工业和信息化委员会紧紧围绕省委、省政府提出的建设“八大经济区”和实施“十大工程”的总体建设目标，认真贯彻落实国发14号文件，解放思想，强化服务，努力营造非公有制经济、中小企业发展的良好环境，全省非公经济及中小企业取得了长足发展。

截至2012年底，全省非公经济增加值7026亿元，同比增长14.1%，占地区生产总值的51.3%。非公经济户数207.7万户，同比降低0.24%。其中：非公有制企业21.9万户，比上年下降4.8%；个体经营户185.8万户，比上年增长0.32%。非公经济从业人员745.6万人，同比增长0.54%，其中：新增就业人数26.3万人。非公经济从业人员占全社会就业人员比重为37.3 %，比上年下降1.58%。非公经济税收总额达804.9亿元，同比增长7%，占全社会税收总额的38.3%，同比下降3.2%。非公经济固定资产投资5410亿元，同比增长50.24%，占全部固定资产投资的57.7%。非公经济进出口总额207.5亿美元，同比降低7.1%，占全省进出口总额的54.9 %，同比下降3.1%。全省规模以上非公企业主营业务收入5130.6亿元，同比增长17.05%，占全省规模以上工业企业主营业务收入的41.7%；全省规模以上非公企业利润总额300.9亿元，同比增长11.6%，占全省规模以上工业企业利润总额的25.1%。全省规模以上非公企业利税总额495.3亿元，同比增长15.5%，占全省规模以上工业企业利税总额的19.8%。从上述经济指标分析来看，非公经济增加值、非公经济固定资产投资、非公经济进出口总额等几项重要经济指标均超过全社会的50%，说明非公经济在全省经济发展仍占有重要的地位。

（二）非公经济发展的主要特点

1. 非公经济占据半壁江山

2012年，非公经济增加值达到7026亿元，占地区GDP的51.3%。全省14个市地（含农垦）中，增加值增长超过全省平均水平的有7个市地，占比前三位的市地是七台河、牡丹江、双鸭山，占比分别为67%、64.4%、55.8%。全省非公经济增加值增速为17.3%，增速比全省生产总值增速高6.8个百分点，增速最快的市地是鹤岗、大兴安岭、农垦，增速分别是24.5%、24.3%、24.2%。

2. 非公经济产业结构继续优化

2012年，全省地区生产总值为13691.6亿元，其中：一、二、三次产业分别为2113.7亿元、6456.4亿元和5121.4亿元。全省非公有制经济一、二、三次产业增加值分别为781.2亿元、3208.3亿元和3036.5亿元，同比分别增长12.2%、12.1%和10.6%。非公有制经济一、二、三次产业增加值占地区一、二、三次产业生产总值的比重分别为37%、49.7%和59.3%。虽然非公有制经济第三产业增加值增速低于第一和第二产业，但占比仍然最高，第一产业的比重继续降低，产业结构调整得到继续优化。

3. 规模以上非公有制企业继续保持快速成长

2012年，全省规模以上非公企业主营业务收入5130.6亿元，同比增长21.3%，增加值增长超过全省平均水平12.9个百分点，占全省规模以上工业企业主营业务收入的41.7%，比上年提高3.6个百分点；全省规模以上非公企业利润总额300.9亿元，同比增长26.3%，比全省规模以上工业企业利润总额增速高29.7百分点，占全省规模以上工业企业利润总额的25.1%；全省规模以上非公企业利税总额495.3亿元，同比增长25.6%，占全省规模以上工业企业利税总额的19.8%。

4. 非公经济固定资产投资继续保持快速增长

2012年，全口径固定资产投资（不含农户）达9376.1亿元，非公经济固定资产投资5410亿元，同比增长67.5 46.9%，较上年提高20.6个百分点，其投资总额占全口径固定资产投资的57.7%，比2011年的50%提高了7.7个百分点，对全省经济

会发展起到了重要的推动作用。

5. 非公经济拉动社会就业作用明显

2012 年，全省非公经济从业人员为 745.6 万人，比上年同期增长 3.7%，新增就业人数 26.3 万人。其中，企业人数为 301.8 万人，新增 11 万人；个体为 443.8 万人，新增 15.3 万人。非公经济成为社会就业的重要渠道，极大缓解了社会就业压力，对扩大社会就业具有重要意义。

（三）非公经济及中小企业发展存在的主要问题

1. 宏观环境问题

2012 年，国际政治经济形势错综复杂，走势仍不明朗，虽然略显复苏迹象，但增速比较缓慢，全球经济将低速增。2012 年，国内经济环境总体向好。一方面"十二五"规划第二年进入投资项目集中建设阶段中西部不断承接东部产业转移逐步成为带动经济增长的新亮点扩大居民消费的政策体系不断完善将进一步扩大消费对经济增长的贡献。另一方面经济增长也存在一些不利因素刺激性政策逐步退出以及严厉的房地产调控政策将使得经济增速进一步放缓地方财政风险和土地市场交易趋冷对地方投资融资能力形成制约资源、劳动力成本上升抬高了经济增长的成本出口放缓，以上不利因素对中小企业发展在一定程度上均形成压力。

2. 政策环境问题

在政策贯彻落实过程中，存在的问题如下：一是中小企业部门职责缺陷问题。这一点严重限制了中小企业作为牵头部门职能的发挥。二是税收政策方面存在的问题，这是反映比较多的问题。主要包括优惠手段、对象单一，涉及税种少；优惠幅度小，优惠条件高；现行税法扶持小微企业的政策体系不完善；对人力资本投资缺乏旨在鼓励的税收政策，使得小微企业技术创新成效不明显等问题。三是专项资金政策。国发 14 号文件仅仅规定了国家层面的作法，对各省市区并没有一个明确的要求或说法，导致各省市区在操作时没有明确的目标。以我省为例，省级中小企业发展专项资金一直维持在 6000 万元规模，无法有较大规模的增加。更不用说小微企业技术改造资金的设立了。四是金融政策和民间投资政策。仍然显得比较笼统，操作性不强。

3. 企业自身问题

主要表现以下几个方面：一是管理粗放，成长难度大。全省 90% 以上的中小企业存在提升发展难的问题。二是融资渠道窄，资金链条不畅。目前中小企业流动资金情况紧张，全省 70% 以上中小企业存在融资难的问题。三是成本上升，效益明显下滑。受物价上涨影响，原材料、能源、用工、物流等成本持续上升，压缩了企业的利润空间。四是营销手段单一，市场销售困难。全省 80% 以上中小企业存在市场开拓难、销售难问题。五是环境不够宽松，引导服务滞后。目前中小企业市场准入仍有不少障碍，相关政策不明朗，执行不到位，企业负担仍然较重。

二、2012 年主要工作

（一）大力发展非公有制经济

省工信委进一步落实国家、省关于促进中小企业和非公有制经济发展的系列政策措施，创造宽松发展环境。大力宣传今年 2 月 1 日起正式施行的、我省历史上第一部专门鼓励、引导、扶持中小企业发展的重要法规《黑龙江省促进中小企业发展条例》，配合省人大法工委抓紧研究起草《条例》释义，预计年底前可正式印发。根据工信部工作部署，研究起草了我省中小企业活动年活动方案，经副省长张建星同意后 7 月以省非公领导小组名义印发全省施行，围绕政策咨询、投融资、创业创新、管理提升、改善环境等方面开展了系列活动。国发 14 号文件发布后，省工信委积极协调中省直部门抓好贯彻落实，并向省政府第 76 次常务会议专题汇报全省小微企业发展情况，8 月 15 日又组织召开了全省发展非公有制经济（中小企业）工作领导小组会议，副省长张建星参会并做重要讲话。协调省政府督办室以省政府督办名义专门针对出台扶持小微企业发展相关优惠政策进行了部门任务分解，抓紧出台我省促进小微企业发展的配套措施。经过前段时期的努力，截至 12 月份，全省非公有制经济实现增加值 7026 亿元，同比增长 14.1%；占全省 GDP 的 51.3% 以上。全省民间固定资产投资完成 5561.2 亿元，增长 50.5%，占全省投资的 59.3%，比上年提高 8 个百分点，保持了较高的增长态势。

（二）开展全省非公有制经济发展目标考核工作

2012 年初，省工信委组成调查组赴市（地）组织开展了上年度非公有制经济发展检查考核工作，重点考核了上年度非公有制经济主要发展指标和重要工作完成情况。从总体情况看，各市（地）全面完成了年初确定的发展目标，非公有制经济取得了长足进步。通过这项工作的深入开展，进一步在全省营造了重视非公经济、保护非公经济、发展非公经济的良好氛围。

（三）实施中小企业成长计划

一是开展了成长型中小企业评价工作。省工信委会同省统计局开展 1000 户成长型中小企业评价认定工作，省工信委主要负责规模以下工业企业的评价认定工作，组织专家修订评价方案，开发数据处理软件，统计局主要负责规模以上工业企业评价认定工作，此项工作在 11 月底完成，2012 年底正式公告。二是组织我省中小企业参加"专精特新"展洽会。为进一步推进走"专、精、特、新"和产业集群的发展道路，在评价认定"专、精、特、新"的基础上，我省应邀组织近 40 户中小企业参加于 10 月 30～31 日在大连举办的东北地区及环渤海地区"专、精、特、新"展洽会，打响了龙江品牌，有效开拓了省外市场。三是实施了中小企业成长工程试点工作。围绕中小企业成长工程，开展了成长工程试点工作，帮助企业提升素质、开拓市场。具体内容包括"管理咨询"、编制企业规划、直邮服务和中小企业云管理工作等。与省邮政公司、中国电信联合分别开展150户“直邮”和300户云管理服务。“管理咨询”方面，聘请北京三家专业咨询公司，召开试点企业座谈会，此项工作正在有序进行。同时，已正式开展帮助企业编制成长规划工作，组织30家企业正式开展试点。四是举办了中小企业成长工程（试点工作）培训讲座。分别在哈尔滨市和齐齐哈尔市举办了两次中小企业成长工程专题讲座。在专题讲座中，重点针对成长服务和试点工作，聘请国家和省内专家进行专题讲座，受到广大企业的好评。

（四）促进县域工业经济加快发展

按照省政府主要领导和委领导指示精神，省工信委代拟了《中共黑龙江省委 黑龙江省人民政府关于促进全省县域工业经济加快发展的实施意见》，并反复征求了中省直有关部门意见。后因职能调整，这项工作于4月份移交县域办负责。与此同时，按照委里统一安排部署，省工信委中小企业局定期赴齐齐哈尔市进行督导服务，同时赴富裕、甘南和拜泉开展县域经济包扶工作。

（五）加快中小企业服务体系建设

针对中小企业服务体系不健全等问题，组织实施中小企业公共服务平台网络三年建设方案，建设一体化中小企业公共服务平台。省工信委3月初带领第一批建设的6个综合窗口、6个集群窗口赴青岛、成都进行了实地考察学习；4月份在佳木斯市召开了全省公共服务平台网络建设现场推进会。为进一步推进网络平台建设工作，省工信委邀请在平台建设方面走在前列的外省或本省地市及集群窗口介绍经验，请北京专家把关、拓宽建设思路，找准定位，完善服务功能。目前，省服务平台建设取得了阶段性成果。为了保证省服务平台的建设能够满足《黑龙江省中小企业公共服务平台网络建设方案》的设计要求，制定了《黑龙江省中小企业公共服务平台网络省服务平台实施方案》，并通过了专家的论证评审；对承建单位省中小企业技术创新服务中心全体人员进行项目启动前的培训，包括国家有关文件精神及领导讲话的解读、总体建设方案的制定及怎样实施、任务分工等。为保障省服务平台网络建设的顺利实施，成立了省服务平台建设项目办公室。包括标准规范组、培训组、技术应用组、运营组、财务组、后勤保障组等；并完成了系统软件、硬件设备的招标和应用系统软件采购及服务工作。成立电子商务运营中心，电子商务运营中心是省服务平台的重要组成部分，为全省中小企业在全国范围内搭建起一个市场开拓能力强、销售渠道广的销售窗口。2012年3月份挂牌运营，为中小企业在市场开拓，产品销售和融资等多方面提供服务，收到了良好的效果。与此同时，一、二批窗口平台建设进展顺利。一、二批“窗口”平台建设单位为23家，其中市（地）综合窗口8家，产业集群窗口15家，2012年底前省平台和窗口平台将实现互联互通，试运行。

（六）加强对非公经济的运行监测

按照国家工信部工作要求，进一步加强非公经济（中小企业）运行监测工作，扩大监测面，目前已有200户成长型中小企业纳入监测范围。按月报送相关运行指标。同时，会同省直有关部门逐步探索将小微企业纳入监测范围，以及时掌握非公经济、中小微企业发展态势，引导企业健康发展。目前小微企业监测软件正处于调试阶段，预计年底前可投入使用。在此基础上，按照农业部乡镇企业局的工作部署，按月开展乡镇企业统计工作，加强了对乡镇企业工作的指导力度。

（七）开展中小企业服务年活动

根据全国工业和信息化工作会议精神、国家“中小企业服务年”活动安排计划要求，结合我省中小企业发展实际，省工信委制定我省中小企业活动年活动方案。主要围绕中小企业特别是小微企业发展中的一些难点问题，组织带动各部门、社会服务机构共同开展中小企业服务活动，围绕政策咨询、投融资、创业创新、管理提升、改善环境五个方面开展活动。截止目前，涉及我局的18项工作已顺利开展了17项，相继组织中省直有关部门政策宣讲团赴市（地）、农垦等进行了政策宣讲解读、编制了中小企业发展相关政策宣传册，积极与新闻媒体合作，解读政策及热点问题，开展了中小企业公共服务平台、电子商务等宣贯工作；组织中小企业赴大连参加“专精特新”产品推介活动，会同省邮政公司组织企业推广直邮服务，在中小企业网上搭建了小微企业产品展示合作平台、筹建电子商务运营中心，在大连建立了第一家地面连锁店，网上商城建设正在稳步推进，目前已经取得了“龙江特产商城”的网站域名，其它功能正在不断完善中。推进中小企业成长工程，组织专家指导企业编制成长规划，组织中省直有关部门包扶重点中小企业，联合管理咨询机构开展管理咨询诊断活动，结合中国电信中小企业云活动推广中小企业云管理提升活动，有效提高了企业管理水平。同时，积极配合省财政厅落实政府对中小企业采购政策，建设全省中小企业公共服务平台网络，2012年底正式运营。11月初，会同省政协开展视察活动，深入重点中小微企业走访考察。积极落实小微企业减免税收政策，预计有15.2万户个体工商户受益，可免征税额9亿元。

（八）落实小微企业政策

在省政府召开76次常务会议专题听取全省小微企业发展情况报告、全省发展非公有制经济（中小企业）工作领导小组会议召开后，省工信委又组织召开了非公有制经济（中小企业）工作领导小组联络员会议，进一步听取中省直部门贯彻落实情况。为加快我省小微企业发展，在中省直部门出台相关政策措施的基础上，省工信委中小企业局结合国发14号文件精神起草制订我省配套措施。目前配套措施初稿已经形成，并于10月18日征求有关中省直部门意见。待进一步修改完善后呈报委领导审议。

（九）推进休闲农业工作

培育一批国家级休闲农业示范县、示范点。根据《农业部、国家旅游局关于开展全国休闲农业与乡村旅游示范县和全国休闲农业示范点创建活动的意见》，省工信委中小企业局积极组织开展了2012年全国休闲农业与乡村旅游示范县和休闲农业示范点创建与申报活动。经会同省旅游局组织专家初审、实地考查基础上，我省申报了1个示范县，即友谊县；8个示范点。目前国家正组织专家进行评审，友谊县和北大荒闫家岗国际温泉旅游度假区、苇河林业局青山森林生态旅游区、佳木斯市敖其赫哲新村、大庆市杜尔伯特县银沙湾景区等4个示范点有望获得国家批复。与此同时，组织参加了华北东北区休闲农业创意精品分赛和全国休闲农业创意精品大赛活动。我省展品及展区获得组办方与专业观众的高度肯定。中央电视台、魅力城乡网等专业媒体对我省展区进行了集中宣传和报道。

（十）进一步优化非公经济发展环境

出台了中小企业发展条例。我省历史上第一部专门鼓励、引导、扶持中小企业发展的重要法规《黑龙江省促进中小企业发展条例》已于2012年2月1日起正式施行。为做好《条例》的宣传和贯彻落实，省工信委将2012年5月份定为《条例》宣传月，并于4月26日召开了启动仪式，省政府张建星副省长出席启动仪式。同时，省工信委会同中省直部门开展了中小企业减负行动，以“优化成长环境、服务企业发展”为主题，以着力解决损害企业利益的不合理负担问题为主线，以清理规范涉企收费行为为重点，旨在充分发挥减负工作部门的合力作用，切实减轻企业负担，积极营造企业成长发展的良好环境。继续开展重点监察非公有制经济发展环境工作，建立检查通报制度。

（十一）全面开展创业培训，创业巡讲成效显著

一年来，全省积极组织协调有关部门开展以赛飞模式为主的创业培训，共培训各类创业小企业及创业人员17000人，取得了良好的社会效果。积极争取工信部支持承办了全国“中小企业服务年”创业巡讲活动。2012年7月下旬~8月下旬，分别在我省哈尔滨市、伊春市和鸡西市举办了《中小企业服务年之创业巡讲》三期活动。经过精心组织、周密安排，三期共组织了300余名创业者和创业初期小企业主参加活动。活动内容锲合创业者和创业企业渴求，教与学互动活跃，深受学员欢迎，活动成效显著，社会反响强烈。

（十二）重点推进省工业企业助保金贷款风险补偿试点工作

一是与省财政厅沟通协调，在吸收哈尔滨、齐齐哈尔、鹤岗、绥化加入第一批助保金试点的基础上，2012年，把肇东、宁安和萝北3个县（市）纳入助保金贷款试点。目前，7个试点市、县（市）政府共出资2.91亿元作为市、县（市）助保金贷款风险补偿金，加上省级1亿元出资，助保金贷款风险补偿金总额已达3.91亿元。积极引导其他县（市）参加试点，目前富锦市政府已正式提出申请加入助保金贷款试点。二是推进省级助保金贷款合作平台的搭建工作，将省级和第二批试点县（市）风险补偿金集中，以龙江银行为依托，建立了省级助保金贷款风险补偿金平台，实现资金集中监管。协调龙江银行作为助保金贷款合作平台，签订了《助保金贷款合作协议》，建立了工作协调机制，指定专人定期、不定期通报工作情况，研究解决工作中遇到的问题。三是指导各试点市、县（市）开展助保金贷款项目的储备、合作平台对接等工作，组成工作组赴齐齐哈尔、鹤岗、绥化、肇东、宁安、萝北等市、县（市）进行工作推进和督导。四是建立完善了助保金贷款的统计、信息沟通、情况通报、评价考核和工作奖励等各项工作制度，及时掌握工作进展和开展情况。借助各级电视台、电台、报纸和平面媒介，加大对助保金贷款风险补偿试点工作的宣传力度，并及时将哈尔滨市、齐齐哈尔市和萝北县开展助保金贷款的经验进行总结并进行宣传推广。五是为完善助保金贷款风险补偿试点工作的运作模式，加强对政府风险补偿金的监管，对《全省工业企业助保金贷款风险补偿管理试行办法》进行了修改、补充和完善，引导更多的银行、担保机构参与助保金贷款试点工作。六是举办助保金贷款专项培训活动，学习和借鉴山东省助保金贷款风险补偿的成功经验，指导试点市、县（市）推进和开展助保金贷款业务。

据统计，2012年全省助保金贷款风险补偿试点7个市、县（市）共推荐助保金贷款企业460户，助保金贷款合作平台共为249户企业发放助保金贷款24.5亿元，预计到年底助保金贷款总额可达28亿元，放大7.3倍。试点两年来，各试点市、县（市）助保金管委会与助保金贷款合作平台协作共为501户企业发放助保金贷款49亿元。

（十三）积极推进多渠道融资，推动抵质押融资担保方式创新

一是推进中小企业知识产权质押融资工作。确定哈尔滨市为全省中小企业知识产权质押融资试点市，哈尔滨市政府拿出风险补偿金2500元。协调和推进中小企业知识产权专利权质押融资工作。截至到9月末，哈尔滨市企业信用融资担保中心知识产权质押融资平台为9户企业发放知识产权质押组合贷款17笔，金额2.05亿元。2012年，省财政厅拿出2000万元资金作为风险补偿金，会同省科技厅开展了科技型中小企业专利权质押担保贷款风险补偿工作。省科力投资担保公司专利权质押融资服务平台共为16户企业发放知识产权专利权质押贷款8000多万元。我委会同省知识产权局牵头，联系其他部门参与，研究拟定我省中小企业知识产权质押融资指导意见，起草了讨论稿，正在征求相关部门、银行和担保机构的意见，若可行争取尽快出台。二是推进中小企业集合票据等融资产品的发行工作。与人民银行哈中心支行共同建立“全省直接债务融资工具发行企业储备库”，组织申报入库企业100余户。指导齐齐哈尔市全力推进中小企业集合票据发行工作。初步筛选有4户企业参与发行一单集合票据，拟发行金额1.6亿元。市政府计划拿出5000万元风险补偿资金，用于解决发行集合票据企业抵质押不足问题，齐市工信委已与发行商签订了相关协议，力争年内发行。三是加强与省内外风险投资机构沟通与协作，推动风险投资和私募股权在我省拓展业务。2012年，上海海亿投资管理有限公司与大庆北研石油设备制造有限公司开展投资合作，双方已正式确定向企业注资参股5000万元。该公司还与黑龙江公准肉股份有限公司签订投资合同，拟向该企业投资8000万元。四是完善中小企业上市库建设，在原有的22家基础上，2012年新增24家，入库企业已达到46家。五是与中国长城资产管理公司、中国东方资产管理公司、远东国际租赁有限公司驻哈办事机构建立了联系沟通机制，组织开展企业融资租赁和其它融资服务。

（黑龙江省中小企业服务中心）

上海市

2012年，在党中央、国务院和市委、市政府的坚强领导下，面对复杂严峻的国内外经济环境，全市中小企业紧紧围绕创新驱动、转型发展这一主线，在社会各界的大力支持下，稳步健康发展，为上海市国民经济增长和社会和谐稳定作出了重大贡献。

据市统计局快报数据显示，截至2012年底，全市共有中小微型法人企业37.96万户，占全市法人企业总数的99.61%；吸纳从业人员867.54万人，占全市法人企业总数的77.3%；实现营业收入7.17万亿元，占全市法人企业总额的56.13%；实收资本总额为4.02万亿元，占全市法人企业总额的77.68%。

一、2012年中小企业发展概况

（一）2012年上海中小企业总体发展情况

1. 中小企业数量保持稳定增长

截至2012年底，全市共有中小企业37.96万户，占全市法人企业总数的99.61%，比2011年净增加1.88万户，增长5.21%，增速略高于全市企业0.02个百分点。其中，微型企业数量最大，增长最快。2012年中型企业1.02万户，比2011年增加185户，增长1.86%；小型企业7.50万户，增加614家，增长0.82%；微型企业29.45万户，增加1.80万户，增长6.51%。

全市各类法人企业的规模结构：大型企业1478家，占比0.39%，比上年新增126家；中型企业10151家，占比2.66%，比上年新增185家；小型企业75039家，占比19.69%，比上年新增614家；微型企业294452家，占比77.26%，比上年新增1.8万家。

2. 中小企业吸纳就业能力增强

2012年底，全市中小企业从业人员867.54万人，占全市法人企业从业人员总数的77.30%，比2011年底增加16.02万人，增长1.88%，增速较全市企业高0.2个百分点。其中，小型企业吸纳就业人员比重较大，中型企业从业人数增长较快。2012年，中型企业吸纳从业人员261.71万人，占全市中小企业从业人员总数的30.17%，比2011年底增长2.53%；小型企业从业人员349.42万人，占40.28%，增长1.58%；微型企业从业人员256.41万人，占29.56%，增长1.64%。

3. 中小企业实收资本增长明显

2012年，全市中小企业实收资本达40185.00亿元，占全市法人企业实收资本总额的77.68%，比2011年底增加11004.69亿元，增长37.71%，增速快于全市企业1.3个百分点。其中，微型、小型企业实收资本比重较大，且增速迅猛。2012年中型企业实收资本8647.42亿元，占全市中小企业实收资本总额的21.52%，比2011年增长16.37%；小型企业实收资本15259.45亿元，占37.97%，增长46.02%；微型企业实收资本16278.12亿元，占40.51%，增长44.07%。

4. 中小企业营业收入略有下降

2012年，全市中小企业实现营业收入总额71699.55亿元，占全市法人企业总额的56.13%，比2011年增长1.92%，增速快于全市企业1.91个百分点。其中，中型企业营业收入比重较大，小型企业增长较快。2012年，中型企业实现营业收入37581.52亿元，占全市中小企业营业收入总额的52.42%，与2011年同比下降0.58%；小型企业实现营业收入27879.29亿元，占38.88%，增长5.63%；微型企业实现营业收入6238.73亿元，占8.70%，增长1.33%。

（二）2012年上海中小企业按照三次产业发展情况

1. 三次产业中小企业在全市中的地位

2012年，三次产业中小企业的数量均占9成以上，从业人数占比均在7成以上，实收资本占比均在6成以上，营业收入占比基本在5成以上。

2. 三次产业中小企业的分布情况

（1）中小企业在数量上主要分布在第三产业。2012年，第一产业、第二产业、第三产业中小企业的户数分别为1578户、10.42万户、27.38万户，三次产业中小企业之间的比例为0.004：0.275：0.721。与2011年相比，分别增长-42.70%、0.48%、7.65%，第一产业户数锐减，第三产业户数增长较快。

（2）中小企业从业人员主要分布在第二产业和第三产业。第二产业中小企业吸纳从业人员433.30万人，占中小企业总量的49.95%；第三产业从业人员430.69万人，占中小企业总量的49.64%；第一产业从业人员3.55万人，仅占0.41%。与2011年相比，第一产业、第二产业、第三产业从业人员分别增长-34.78%、0.61%、3.68%，第一产业从业人员大幅减少，第三产业从业人员继续增长，与第二产业吸纳的就业人员已经非常接近。

（3）第三产业中小企业实收资本遥遥领先。第三产业中小企业实收资本达32623.84亿元，占中小企业实收资本总量的81.18%，较2011年增长47.01%；第二产业、第一产业实收资本分别为7452.69亿元、108.47亿元，分别占18.55%、0.27%，较2011年分别增长8.13%、12.76%。

（4）第三产业中小企业实现的营业收入规模较

大。第一产业、第二产业、第三产业中小企业的营业收入分别为60.36亿元、21950.10亿元、49689.09亿元，分别占全市中小企业营业收入总额的0.08%、30.61%、69.30%，较2011年分别增长-26.67%、0.74%、2.50%。

（三）2012年中小企业按照注册类型发展情况

1. 中小微企业在全市各注册类型中的地位

截至2012年底，在全市国有企业、集体企业、私营企业、港澳台及外商投资企业、混合型企业（除国有、集体、私营、港澳台及外商投资企业以外的所有企业，以下同）中，中小微型私营企业和集体企业在数量、从业人员、营业收入、实收资本上占绝对优势，在全市的比重均在9成以上；中小微型国有企业、港澳台及外商投资企业、混合型企业尽管在数量上优势明显，但在营业收入、吸纳就业等方面不够突出，如中小微型国有企业营业收入仅占全市国有企业营业收入的39.11%。

2. 中小微企业注册类型分布情况

2012年底，中小微企业从数量上以私营企业为主，中小微型私营企业占中小微企业总数的78.63%，遥遥领先其他注册类型的中小微企业；在从业人员上，主要集中在中小微型私营企业和港澳台及外商投资企业，分别占53.92%、23.89%；在营业收入上，主要集中在中小微型私营企业和港澳台及外商投资企业，分别占36.01%、29.59%；在实收资本上，中小微型港澳台及外商投资企业、私营企业、混合型企业分别占48.62%、19.59%、18.0%。

3. 各类注册类型中小微企业发展情况

（1）中小微型国有企业。2012年，上海市中小微型国有企业5632户，吸纳从业人员46.23万人，实现营业收入0.72万亿元，累计实收资本0.51万亿元。

（2）中小微型集体企业。2012年，上海市中小微型集体企业1.021万户，吸纳从业人员34.1万人，实现营业收入0.11万亿元，累计实收资本0.04万亿元。

（3）中小微型私营企业。2012年，上海市中小微型私营企业29.85万户，吸纳从业人员467.78万人，实现营业收入2.58万亿元，累计实收资本0.79万亿元。

（4）中小微型港澳台及外商投资企业。2012年，上海市中小微型港澳台及外商投资企业3.86万户，吸纳从业人员198.54万人，实现营业收入2.12万亿元，累计实收资本1.95万亿元。

（5）中小微混合型企业。2012年，上海市中小微型混合型企业2.67万户，吸纳从业人员120.89万人，实现营业收入1.63万亿元，累计实收资本0.72万亿元。

（四）2012年中小企业资本来源情况

1. 中小微企业资本来源的总体分布

2012年，上海市中小微企业累计实收资本4.02万亿元。其中，国家资本0.5万亿元，占全市中小微企业资本投入总额的12.38%；集体资本0.09万亿元，占2.19%；法人资本1.05万亿元，占26.1%；个人资本0.65万亿元，占16.11%；港澳台商资本0.38万亿元，占9.37%；外商资本1.36万亿元，占33.86%。

2. 中小微企业主要资本来源情况

（1）国家资本。2012年，中小微企业国家资本为0.5万亿元。从三次产业看，国家资本主要投向第三产业，第三产业中小微企业国家资本0.43万亿元，占中小微企业国家资本总额的86.36%；从注册类型上看，国家资本主要投向国有企业，资本总额为0.34万亿元，占67.92%；从行业大类来看，国家资本主要投向商务服务业、房地产业、工业、交通运输业等，3个行业分别占中小微企业国家资本总额的46.15%、22.87%、11.53%。

（2）法人资本。2012年，中小微企业法人资本为1.05万亿元。从三次产业看，法人资本投向第三产业的资本总额累计为0.84万亿元，占中小微企业法人资本总额的80.28%，投向第二产业的资本总额累计为0.2万亿元，占19.06%；从注册类型上看，法人资本主要投向混合型企业，资本总额累计为0.45万亿元，占42.86%；从行业大类来看，法人资本主要投向房地产业、商务服务业、工业等，3个行业分别占中小微企业法人资本总额的35.1%、22.42%、16.65%。

（3）个人资本。2012年，中小微企业个人资本为0.65万亿元。从三次产业看，个人资本投向第三产业的资本总额累计为0.45万亿元，占中小微企业个人资本总额的70.12%，投向第二产业的资本总额累计为0.19万亿元，占29.61%；从注册类型上看，个人资本主要投向私营企业，资本总额累计为0.53万亿元，占81.24%；从行业大类来看，个人资本主要投向工业、商务服务业、批发业、房地产业、建筑业等，5个行业分别占中小微企业个人资本总额的20.08%、19.31%、18.66%、14.06%、9.53%。

（4）外商资本。2012年，中小微企业外商资本为1.36万亿元。从三次产业看，个人资本投向第三产业的资本总额累计为1.16万亿元，占中小微企业外商资本总额的85.27%，投向第二产业的资本总额累计为0.2万亿元，占14.69%；；从行业大类来看，外商资本主要投向金融业、仓储业、工业、批发业、商务服务业等，5个行业分别占中小微企业外商资本总额的33.79%、24.13%、14.56%、10.07%、7.81%。

二、2012年开展的主要工作

2012年，国家及上海市委、市政府高度重视中小微企业发展工作。党的十八大及中央经济工作会议明确要求支持小微企业发展，国务院两次常务会议专题研究部署促进小型微型企业发展政策举措并于4月19日正式印发《国务院关于进一步支持小型微型企业健康发展的意见》（国发〔2012〕14号，以下简称“国发14号文件”）。上海市坚决贯彻国家部署，市政府常务会议审议通过了《上海市人民政府贯彻<国务院关于进一步支持小型微型企业健康发展的意见>的实施意见》（沪府发〔2012〕98

号，以下简称“市政府98号文”)。各委办局加强协同，市区加强联动，创新工作举措，完善服务体系，优化发展环境，贴近企业寻求，进一步加大中小微企业扶持服务力度。

（一）健全政策法规，优化中小企业发展环境

1. 完成上海市贯彻“国发14号文件”实施意见制订发布

根据“国发14号文件”要求，制订了上海市《实施意见》，从加大对小微企业的财税支持、金融支持、创业创新、公共服务等四个方面提出了十八条具体政策，并以市政府名义正式发布（市政府98号文)。为贯彻落实“市政府98号文”，上海市还出台了《上海市小型微型企业信贷风险补偿办法》、《上海市小型微型企业信贷业务奖励暂行办法》等政策举措。浦东新区、松江区、奉贤区等部分区县也结合实际，制订发布了支持中小微企业发展的政策意见。

2. 加大财税扶持

在财政扶持方面：上海市积极落实“三个10亿元”，进一步增加财政专项资金投入规模（至50亿元)，扩大资金使用范围。持续扩大市中小企业发展专项资金规模，2012年度增加至8000万元。全年由市中小企业办牵头，获得中央和市级财政有关中小企业专项资金资助累计达2.7亿元，较上年增长9.4%。2012年还落实了7000多万元中小企业开拓国际市场资金及1.73亿元科技型中小企业创新资金；市级财政还专门新设了中小企业发展专项转移支付项目，2012年向区县转移支付3500万元。浦东新区、虹口区等还设立了区中小企业专项扶持资金。在税收扶持方面：扎实推进“营改增”试点工作，上海市有15.9万户企业纳入试点范围，参与试点的小规模纳税人全部实现了减负，减税幅度平均达到40%。进一步简化纳税申报，提高办税效率，积极宣传并落实涉及小微企业的各项税收优惠政策，对符合条件小型微利企业溢缴的税款及时退税；将对小规模纳税人增值税征收率由过去的6%和4%降至3%；对符合上海市产业发展方向的中小企业，发生亏损的，落实免征城镇土地使用税政策，2012年减免了12家发生亏损的“专精特新”企业城镇土地使用税157.7万元；实施启运港退税政策试点。

3. 落实中小企业减负工作

落实实现行政效率最高、透明度最高、收费最少的“两高一少”目标，进一步加强行政事业性收费管理，公布了《上海市行政事业性收费项目目录》(2012年版)，对上海市行政事业性收费进行动态化、目录化管理。自2012年1月1日起，取消了22项收费项目，降低2类收费的征收标准，涉及金额约3500万元。市工商部门免征小微企业变更登记费、分支机构开业注册登记费、补（换）证照费、年检费，全市64万多户小微企业减免年检费用超过3200多万元。开展行政事业性收费年审以及统计汇总工作，规范经营服务收费行为，开展市级行政机关、事业单位的经营服务性收费专项治理。

4. 改善提升政府服务

积极推进并联审批工作，创新行政服务，进一步提高行政效率。协调扩大纳入并联审批的事项范围，推进网上并联审批系统建设，进一步优化对中小企业的行政服务。全市市共有13个部门参与，72个事项纳入。截至2012年底，全市有24.7万户新设内资企业通过工商部门“一口收件”纳入并联审批流程，占新设企业总数80%以上，全市17个区(县）审批平台与市级审批平台均实现对接，新设企业平均审批时间从14天缩短至6天。上海海关通关作业无纸化改革试点正式启动，口岸部门拓展“一单两报”试点；财政部门为符合条件的小微企业购买代理记账服务，宣传《小企业会计准则》，7万余家小企业提前执行准则；深化、细化差别化供地方式，对符合条件的可由区县人民政府或指定部门采取集体决策、认定项目的方式定向供地，探索存量建设用地盘活管理政策，鼓励园区平台“二次开发”低效工业用地，用于引进更多符合产业发展方向的中小企业。

（二）切实完善中小企业服务体系提升服务能力

1. 完成市区两级中小企业服务中心建设

按照上海市中小企业服务体系“1+17+X”核心架构建设要求，2012年全面完成了“1+17”市区两级联动、服务全市中小企业的服务网络。同时指导区县在中小企业集聚的乡镇街道、产业园区、办公楼宇建立中小企业服务中心分中心或服务站，实现中小企业公共服务体系全覆盖。金山区、虹口区、长宁区、松江区等年内已经完成了区中小企业服务中心向街镇、主要园区延伸工作。统一服务标识、服务规范，出台了《上海市中小企业服务工作指引》，打造一支服务意识强、能力过硬的服务队伍。

2. 搭建中小企业公共服务平台

稳步推进上海市“中小企业服务云”项目建设，逐步培育了9类服务机构，包括32家国家及市级中小企业公共服务示范平台、15家窗口服务平台和第一批78家市级中小企业公共服务机构。充分发挥研发服务公共平台功能，建设了14家技术创新服务平台和61家专业技术服务平台，并设立了69个服务站点；推出了“上海银行业小微信贷产品信息查询平台”，汇集了上海60家中外资商业银行的341款服务小微企业的特色金融产品；积极推进上海电子口岸平台、上海陆交中心56135物流平台等各类物流服务平台建设。

3. 缓解信息不对称矛盾，开展中小企业服务年活动

为打通政府服务工作的“最后一公里”，推动政策落地，市中小企业办牵头按月编印了《上海中小企业信息速递》，通过纸质版和“上海中小企业网”等渠道向中小企业免费发放和主动推送，为更多的中小微型企业提供“看得见、找得到、读得懂、来得及、用得上”的政府服务信息及与中小企业经营有关的分类信息，降低获取成本。如各类融资服务产品介绍、国内外最新科技信息、出口风险预警、展览博览会预告以及企业税务、财务、法务、知识产权、人力资源、品牌建设等管理知识，满足企业多方面的信息需求。截至2012年底，《上海中小企业信息速递》纸质版已覆盖10万多家企业的主要经营者。

科技企业服务信息专递推送邮箱总数超过3.3万个，累计推送服务专递175期。2012年，上海市150多个单位开展了445项中小企业服务年活动，2.2万多家中小企业直接参加。开展了小微企业金融服务宣传月活动，免费发放《小微企业金融服务政策、产品与特色网点宣传册》近20万册。“税收宣传月”活动期间印发20余万册《税收政策操作指南》和15万册《办税须知》；世界知识产权宣传周活动中小企业受众面逾万人次。

（三）支持中小企业创业创新和转型发展

1. 加大扶持，完成1000家“专精特新”中小企业阶段性培育目标

根据市政府文件要求，上海市组织实施了“专精特新”中小企业培育工程，截止2012年底，全市“专精特新”中小企业数量达到1008家，其中全国细分产品市场占有率第1位的企业有101家，部分企业已成为国际市场的龙头老大，749家企业研发投入占营业收入的比例超过3%，337家企业获得中国驰名商标、上海市著名商标等品牌。政策聚焦，细化扶持举措，市级层面对发生亏损的“专精特新”中小企业减免城镇土地使用税，组织开展“中小企业管理提升培训计划”，2012年共培训“专精特新”中小企业领军人才240人，累计培训360人。进一步完善中小企业运行监测体系，及时协调和解决企业的诉求和问题，做好运行保障。

2. 提升中小企业创业能力

上海市启动实施新一轮“鼓励创业带动就业三年行动计划（2012－2014年）”，提出了“8932”的工作目标，重点鼓励和培育青年及大学生创业群体，扶持和发展小微创业组织。2012年帮助成功创业1.07万人。启动创业型城区创建工作，浦东、杨浦、黄浦、长宁等12个区成为首批创建城区。进一步完善小额担保贷款和房租补贴两项政策，将小额担保贷款政策的适用范围从创业三年以内的创业组织扩大到所有小微创业组织，自主创业微量开业贷款担保政策延续实施至2014年底，创业场地补贴政策扩展至创业苗圃。2012年，全市发放小额担保贷款1.1亿元、贴息423万元，发放房租补贴7131万元。加强创业指导，全市近600位开业指导专家志愿者为创业者提供各类咨询指导达4.4万人次，全年组织创业培训1673人、创业见习1630人；激发创业热情，启动了上海创业计划大赛。上海市还出台政策，允许不扰民、不影响周边环境和公共安全的中小型文化创意企业及科技型企业在政府指定的场地集中登记，进一步降低初创企业成本。

3. 支持中小企业提升创新能力

加大科技创新政策扶持，组织落实研发费用加计扣除政策，2011年度3206家企业享受研发费用加计扣除总额198.2亿，比上年增长15.6%；落实高新技术成果转化政策，2012年共认定高新技术成果转化项目714项，落实成果转化专项资金超过7亿元；继续实施科技小巨人工程，2012年新增小巨人企业41家，科技小巨人培育企业104家，市、区两级政府支持经费3.3亿元。加大创业创新载体建设，支持科技创业孵化器和创业苗圃项目，促进企业成长壮大。组织申报、评审命名了500家市级创新型企业，11家被认定为第五批国家创新型试点企业。支持中小企业拥有自主知识产权，修订出台《上海市专利资助办法》，开展“知识产权托管服务”试点。面向中小企业集中发布上海及全国高校技术转移信息，组织17所高校与17个区县134家企业进行了产学研对接，141个项目达成初步合作意向，6个项目已达成合作协议，8个项目达成了交易。加大主动调整力度，围绕“三高一低”企业，2012年共启动实施产业结构调整项目897项，形成中小企业转型升级倒逼机制。

4. 帮助中小企业提高市场拓展能力

加强中小企业品牌培育，引导中小企业提高产品知名度。落实政府采购促进中小微企业发展的政策举措，开展政府采购信用担保工作试点。2012年1－3季度，上海市共授予中小企业政府采购合同金额208.3亿元，占全部政府采购合同金额的96.6%。继续推进国资国企开放性市场化重组，2012年120户国有企业股权向民营资本、外资企业和自然人转让。支持中小企业电子商务发展，启动上海市战略性新兴产业电子商务与新型贸易现代化专项工程；开展“推动电子商务平台企业创新发展，推动中小企业应用电子商务平台”的“双推对接工程”，支持第三方电子商务平台建设，鼓励中小企业应用电子商务开拓国内外市场；支持中小企业信息化建设，提升中小企业市场开拓能力。搭建合作交流平台，组织120多家企业近200个展位参加了第七届APEC中小企业技术交流暨展览会、第九届中博会、第九届中国东盟博览会等展会。

（四）创新中小企业融资服务，努力缓解融资难

1. 发展小微企业金融服务机构建设融资服务平台

上海市积极引进专营小微金融服务银行，同时引导原有银行特别是中小商业银行开展小微金融业务，实施差异化准入政策，鼓励银行多设小微专营支行，截止2012年末上海持牌小企业专营机构3家，专营小微企业分行3家，小微企业（包括科技特色支行）157家；创新科技金融服务，支持设立了国内首家专注科技企业的独立法人银行—浦发硅谷银行，鼓励上海市8家商业银行26家支行作为科技金融服务专业特色支行；探索社区银行经营模式，制定《关于鼓励上海银行业金融机构加强社区金融服务的指导意见》；积极发展村镇银行，上海市已有9家村镇银行开业；积极发展小额贷款公司，设立首家外资小贷公司，累计101家小贷公司获批设立，其中87家小贷公司开业，累计放贷金额712亿元，贷款余额150亿元；进一步推动典当业发展，全市典当企业229家，分支机构59家，共计288家典当经营网点，全行业注册资金总额48.4亿元。按照中小企业融资批量化、便利化、多样化要求，下发《指导意见》，积极搭建小微企业融资服务平台；支持区县推进“小微企业金融服务合作社”建设。

2. 加大信贷投放政策支持和引导

建立小微企业信贷风险补偿机制，2012年26家商业银行列入信贷风险实施补偿的专项试点范围，对上海市小微企业信贷工作突出的银行业金融机构实施专项奖励；银监部门创新监管方式，加强对在沪银行业机构小微企业信贷数据的定期监测和考核，上海银行业整体小微金融服务服务效率提升，各银行在信贷材料齐全的情况下基本上5个工作日内可完成审批，新发放小微企业贷款利率加权浮动整体水平较上年有所下降；上海市加强融资服务的规划和统筹指导，按季度召开中小企业信贷工作例会，公布了全市1101家重点中小微企业名单，要求商业银行重点予以信贷支持；开展了2012年“中小企业融资服务最佳合作伙伴”评选活动，推出了25家金融机构，认定了10家服务贸易和服务外包最佳伙伴银行。鼓励金融机构创新金融产品，定期发布上海银行业金融创新报告，在沪各家银行针对小微企业的金融产品已达300余款；举办了“融资产品推介会”，中小企业部门与5家金融机构签订了《服务中小企业融资产品推介协议》；人行上海总部设立了10亿元资金池的“再融资工具定向支持实体产业项目”，聚焦支持文化创意、战略性新兴等领域的企业和项目；创新科技金融产品，着手建立覆盖科技企业各发展阶段的“3+x”科技信贷产品体系，193家企业累计获得履约贷款6.5亿，小巨人信用贷累计发放贷款近6亿元；积极推进专利质押融资，2012年，全市97家企业获得专利质押融资2.56亿元；大力支持推动保险机构实现产品创新、服务创新，平安财产保险公司首家在沪开展小微企业贷款保证保险的试点工作。截至2012年12月末，上海银行业小微企业贷款（含同口径个人经营贷）余额8353.9亿元，较上年同期增幅14.6%，高于同期各项贷款增幅4.6个百分点。单户授信总额500万（含）以下小微企业贷款（含同口径个人经营贷）余额975.5亿元，较上年同期增幅36.7%，高于同期各项贷款增幅26.7个百分点。

3. 加大改制上市培育推进直接融资

加强指导培训，做好拟上市企业辅导和协调服务。2012年举办了6期中小企业改制上市系列培训，近400名中小企业经营管理者参加；证监部门对41家公司进行了辅导验收现场评估并出具监管报告；2012年，上海市9家中小企业境内上市（3家主板，1家中小板，5家创业板），募集资金40.4亿元，上海市累计60家中小企业实现境内上市，募集资金403.02亿元，不完全统计，加上海外上市企业数量，上海市境内外上市中小企业数量已超过100家。另有4家公司已过会尚待发行，61家公司正在中国证监会审核中，74家公司正在证监局局辅导备案中，进入改制上市后备资源库的企业数已超过600家。同时，拓宽融资渠道，鼓励多种途径融资。加大中小企业集合票据工作推进力度，2012年2只中小企业集合票据成功发行，5家企业融资4.53亿元；鼓励发行私募债，2012年全市有14家企业获准发行中小企业私募债，融资规模达12.55亿元；大力推动上海市创业投资发展，推出创业投资引导基金第三批招标，共设立新一代信息技术、生物等战略新兴产业领域共17家创投基金。

4. 加大对担保机构扶持力度

积极稳妥推动融资性担保行业发展，截至2012年末，审核通过了80家机构的新设或重新确认申请，其中71家持有有效经营许可证，融资性担保金额累计2716亿元，融资性担保贷款余额427亿元。加大担保扶持，鼓励开展中小微企业担保业务。2012年市财政再增加10亿元专项资金，进一步扩大有关市级国有投资公司投资参股的总量和范围；积极推进投贷保联动试点，截止2012年末，正式立项项目16个，完成投资决策及国资备案项目4个，已立项项目总计投资规模约2.5亿元，总计撬动社会资本投入超过3亿元；拨付上海联合融资担保有限公司、上海市再担保有限公司两家担保机构各5000万元专项资金，鼓励更好开展中小外贸企业融资担保业务，并对实际担保损失给予一定比例的风险补偿，截止年底，上海市已有98家中小外贸企业获得了总计5.09亿元信用担保贷款，企业综合融资成本控制在年9%以下；完成对40家担保机构的信用评级，向国家推荐了6家中小企业担保机构享受免征营业税政策；专项资金向重点开展小微企业的担保机构倾斜，2012年组织获得中央及上海市中小企业信用担保业务补助资金5862.2万元，组织获得商务部中小商贸企业发展专项资金1749万元。

（上海市促进中小企业发展协调办公室）

江苏省

2012年江苏省中小企业发展情况

2012年，在省委、省政府的正确领导下，全省各级中小企业管理部门克难奋进，千方百计克服各种不利影响，促进全省中小企业保持平稳健康发展的良好态势。全省中小企业总数达150万家，其中：工业企业约有49万家，约占总数的32.7%。按照新的企业划型标准，全省规模以上工业企业中，大型工业企业1145家，中型工业企业5516家，小型工业企业约37149家；规模以下小型微型工业企业约44.61万家。

（一）完善政策支撑体系，着力优化发展环境

近年来，省政府先后出台了《关于促进中小企业平稳健康发展的意见》《关于进一步促进中小企业发展的实施意见》和《关于改善中小企业经营环境的政策意见》。2012年，省政府专门下发了《关于开展中小企业服务年活动的通知》，提出了支持和服务中小企业的25条政策措施。

（二）完善服务体系建设，不断提高服务水平

省政府连续3年（从2009年始）把中小企业公共服务平台建设、小企业创业基地建设和担保体系建设列入省政府年度重点工作任务，进行目标考核。全省上下按照“12318”目标，着力构建中小企业服务体系。目前省、市、县（区）三级服务网络基本形成，全省中小企业服务中心和小企业创业基地已实现市、县（区）全覆盖。2012年，我省有13家单位被工信部认定为国家中小企业公共服务示范平台。

（三）努力拓宽融资渠道，缓解企业融资困难

鼓励银行增加对小企业的信贷投放，会同财政厅组织开展小额贷款风险补偿资金申报工作，去年对全省312家商业银行分支机构小企业贷款增长补偿和奖励9370万元。加快担保体系建设，为中小企业进行融资担保服务，全省担保机构市县覆盖率达到100%。2012年，全省785家融资性担保机构，在保余额2528亿元，在保企业近10.5万家。拓展直接融资渠道，支持中小企业发行集合票据和上市融资。去年分别与中行江苏省分行、江苏银行和国信集团分别签署中小企业发展基金战略合作协议。开展中小微企业统贷统还业务试点工作，与中国进出口银行江苏省分行选定七个县（市、区）作为统贷平台建设首批试点单位。

（四）支持企业自主创新，激发发展内生动力

积极引导和鼓励支持中小企业加快产业升级，提高中小企业创新发展水平。加快建设公共技术平台，围绕新兴产业、主导产业、工业集中区，全省已建立中小企业公共技术服务示范平台70家，为中小企业提供研发、孵化、检测、信息咨询、知识产权保护等服务。实施数字企业创建活动。全省累计开展"数字企业"巡展活动120场次，星级数字企业3000家，其中五星级数字企业100家。开通数字企业云服务平台。组织开展江苏省中小企业信息化推进工程专家行活动，推进中小企业利用电子商务和两化融合。引导中小企业加强管理创新，培育认定一批管理创新示范企业，举办"江苏省经信委－清华大学中小企业管理创新高级研修班"，促进中小企业提高经营管理水平。

（五）优化整合各类资源，推进集约集聚发展

以规划为先导，推动中小工业企业向园区集中，实现产业集聚发展。全省中小企业集聚区入驻企业约11万户，2012年实现营业收入超过5.1万亿元，营业收入超50亿元的产业集聚区270多家，超500亿元的产业集聚区15家。会同省国土资源厅联合出台了《关于鼓励高标准厂房建设，促进产业集聚规模发展，推进土地节约集约利用的意见》，建立相应的奖励制度。对在中小企业产业集聚示范区内建设四层以上标准厂房的，优先安排土地指标；对中小企业在初创期租赁标准厂房的。

（六）大力开拓国内外市场，提升发展空间

积极搭建对外交流与合作平台，鼓励和支持有条件的企业"走出去"，利用国际国内两个市场、两种资源，加快发展，提高市场竞争能力。支持各地举办专业展览会，启东电动工具五金交易会、常州横林地板国际博览会、昆山模具国际博览会等一批地区专业性展会形成了较高的影响力，提升了我省特色产业集群的知名度。每年组织和支持1000多家中小企业参加"中博会"和APEC等全国性的中小企业展销活动。促进中小企业开展国际经贸合作交流，近年来，我省加强与意大利政府合作，双方每年组织部分中小企业进行面对面的贸易洽谈，帮助和推动我省中小企业开拓欧洲市场。

（江苏省中小企业局）

浙江省

2012年，面对复杂严峻的国内外经济环境，浙江省各级中小企业工作部门在省委省政府的领导下，及早预见、积极应对，以加快转变经济发展方式、推进转型升级为主线，按照"稳中求进、转中求好"的工作总基调，狠抓国发14号文件、全省促进小微企业发展工作会议和浙政办发47号文件的贯彻落实，及时出台了一系列调整举措，扭转了2011年3季度以来的逐步下行态势，经济运行逐步趋稳，主要指标逐季回升。到2012年底，全省规模以上工业中小企业达到34520家，其中：中型企业4839家，占14%；小型企业29032家，占84.1%。全省规模以上中小企业实现工业总产值41904.5亿元，实现出口交货值7884.1亿元，实现利润总额1913.2亿元，上交税金1303.4亿元。中小微企业发展呈现"企稳趋升、稳中有进、总体健康"的良好态势。

抓政策环境建设，紧紧围绕国务院14号文件和浙政办发47号文件的贯彻落实，抓政策制定、抓配套措施、抓氛围营造。省政府出台了促进小微企业再创新优势的意见，召开全省首次促进小微企业发展的工作会议，明确了今后一段时期推动小微企业再创新优势的方向、路径和重点任务，这是近十年来首次由省政府组织召开的全省性中小企业工作会议。省级相关部门围绕浙政办发47号文件的贯彻落实，加大了财税、金融、科技、就业、公共服务等方面政策的协同和配合。省促进中小企业发展领导小组办公室分解落实了浙政办发47号文件工作任务，涉及35个相关部门，113项具体任务。各市、县（市、区）针对本地区经济发展的特点，在促进小微企业上规模、发展科技型小微企业，以及解决小微企业融资难、用地难、用工难、盈利难、服务难等方面，纷纷有针对性地制定一些扶持小微企业的特色举措，最大限度给予小微企业要素、政策和环境保障。

抓服务体系建设，以公共服务平台网络建设为重要抓手，调动社会各方面的资源和建设积极性，立足浙江实际和特色，创新建设模式、创新技术手段、创新服务思路。经过一年多的组织实施，今年9月浙江省中小企业公共服务平台网络正式启动运营，建设并联通了杭州、湖州、绍兴、台州、舟山5个市综合"窗口"服务平台，和6个产业集群"窗口"服务平台。通过服务大厅、96871服务热线、96871门户网站、移动终端、多媒体终端等多种途径，为我省中小微企业提供多门类、多角度、全方位的专业服务。制定省级中小企业服务机构认定管理办法，推动建设和规范一批综合服务、信息服务、管理咨询服务、融资服务、人才技术服务、法律服务、营销服务等公共服务机构和23个省级中小企业专业协会。有145家机构被认定为省级中小企业服务机构，有11家服务机构被认定为国家级中小企业公共服务示范平台。务实推进创业基地建设和创业辅导培训，把重点聚焦到科技人员创业、大学生创业上来，着力扶持一批先进制造、研发设计、文化创意、都市楼宇型创业基地，有50家小企业创业基地认定为省级示范基地。全年完成各类创业辅导活动700余场，辅导企业2500余家，参加人数3万余人次，辅导满意率达95%以上。在工信部运行监测平台的基础上，结合实际自主开发设计了浙江省中小微企业培育与运行监测平台系统，实现了省、市、县、乡镇、企业多级联通、资源共享的服务平台，编印《全省中小微企业月度监测报告》，为各级党委政府和相关部门决策提供参考依据。

抓帮扶机制建设，立足自身职责，围绕中小微企业面临的融资难、经营难、转型难等问题，建机制、搭平台、抓试点。组织实施"十百千万"中小企业服务年活动。针对中小微企业发展面临的严峻压力，按照工信部关于开展"中小企业服务年"活动的总体安排，结合省委"进村入企大走访"活动的统一部署，在全省开展了以"十项活动、百场宣讲、千家示范、万企走访"为主要内容的"十百千万"中小企业服务年活动，通过送政策、解难题、树典型、促转型，进一步优化中小企业政策环境、融资环境和服务环境。推进小微企业"扶优助长"上规模培育计划。按照省政府主要领导的要求，推进万家小微企业上规模，作为"稳增长、调结构、促转型、增后劲"的重要工作。通过对现有产值500万~2000万元之间的小微企业进行排摸，建立万家小微企业动态培育库。建立激励考核机制，分解落实小微企业上规模工作指标，对各市上规模工作实施情况进行责任制考核。加强融资担保行业的监管与扶持，下决心淘汰了一批规模小、实力弱、风险高、不规范的担保机构，并对392家融资性担保机构按风险排查情况发出提醒、警告和严重警告三个等级的整改通知，要求限期整改。我省融资性担保机构已从2009年的1341家，减量提质到2012年的589家，整体实力和行业形象都得到了较大改观。建立并实施全省融资担保行业业务监管联席会议制度，制定出台《关于进一步促进融资性担保行业规范健康发展意见》以及《浙江省融资担保行业发展五年规划》，统一了行业标识。召开首次行业发展大会，着力推动行业监管从注重审批监管向注重风险监管、从笼统粗放监管向分类分级监管、从阶段性监管向常态化监管转变。着力探索中小微企业融资模式创新。在全国率先开展小微企业信用评级，从源头上解决中小微企业与金融机构的信息不对称问题，构建中小微企业信用体系。2012年完成10个试点县（市、区）近2000家小微企业信用评级。连续三年成功举办"浙江成长型企业投融资大会"，积极搭建"产业、资本、科技"三个对接平台，推动成长型、科技型、创新型企业直接融资。

抓内外市场建设，狠抓"抱团"拓市场，在积极组织中小微企业参加国内外高层次展会的同时，集中精力举办高层次的中小企业合作周，得到了省委省政府和工信部的高度肯定。打造"合作周"品牌，2012年6月与联合国工业发展组织合作举办"浙江欧盟中小企业合作周暨中国中小企业全球发展论坛"，在联合国工发组织总部奥地利中心举行。在各地的共同努力下，组织省内100余家中小企业与欧盟200多家中小企业进行对接，有50多家中方企业与欧盟企业达成了投资合作、技术合作、品牌合作等意向，涉及金额4亿多欧元。省中小企业协会与德中经济联合会签署了合作协议，并与德国国际信息技术合作公司达成了合作共建中小企业职业教育培训研究院意向。举办第二届浙江中小企业"名优新"产品博览会，各市县和省级专业协会共组织参展企业480家，520多个展位，650多个种类的产品。在参展企业中，90%以上的参展产品均获得省市以上名牌产品、新产品和优质产品称号，其中中国名牌产品23个，中国驰名商标64个，浙江名牌产品119个，浙江省著名商标126个，浙江省知名商号51家。三天的展会期间，有超过5万多名市民进馆参观购物，160多家企业与经销商有合作意向，达成协议并签约的金额达9200多万元，现场零售商品成交金额达4270多万元。

（浙江省中小企业局）

安徽省

一、2012年全省中小企业和民营经济运行基本情况

2012年，安徽省中小企业和民营经济发展克服宏观环境错综复杂、经济下行压力加大、企业困难增多等多重不利因素影响，总体保持了"稳中有进"的发展态势。

从规模以上中小工业企业运行情况看，一是销售收入增速居全国第二，中部第一（数据来源于国家统计局）。2012年全省规模以上中小工业企业实现销售产值1.81万亿元，同比增长27.07%，高出全国10.52个百分点，增速居全国第2，中部第1，为有史以来我省中小企业发展的最好成绩。二是主营业务收入增速居全国第一。2012年全省规模以上中小工业企业业务收入1.76万亿元，同比增长26.46%，高出全国12.19个百分点，居全国第一。三是从业人员增速居第二。2012年，全省规模以上中小工业企业从业人员182万人，同比增长11.1%，居全国第2；全省规模以上中小工业企业户数较上年净增1978家，达到12734家。

从民营经济运行情况看，在国家和省委、省政府发展民营经济政策叠加促进和"五大攻坚"活动强力推进下，民营经济呈现出"总量扩大、贡献增强"的良好态势，以高于全省GDP增速的发展势头，成为支撑"建设美好安徽"的重要战略支点。一是实力进一步增强。2012年民营企业数达到30.4万户，民营经济增加值达到9618亿元，分别是2006年的2.8倍和3.1倍；个体工商户152.3万户，比

2006年增加42.3万户。二是发展速度进一步加快。“十一五”期间，全省民营经济增加值年均增长16.5%，高于同期GDP增速3.1个百分点。2011年以来，虽然受到宏观环境的不利影响，民营经济增速仍然快于同期GDP增速。民营经济的比重，已经由2006年的50.8%提高到2012年的56%。三是结构进一步优化。民营经济正在向规模化、集群式方向发展，以合肥家电、芜湖汽车、蚌埠电子信息等为代表的民营经济产业集群发展迅猛，带动效应明显。自主创新能力不断提升，一大批“专精特新”创新型企业迅速崛起，全省高新技术企业中，民营企业占到85%以上。2012年全省100个省级产业集群专业镇实现工业增加值1210亿元，同比增长23%。四是贡献进一步突出。2012年，民营经济对全省经济增长的贡献率达61.8%，上缴税收占全省税收60.9%，提供的就业岗位占城镇就业岗位的77%。

二、2012年经济运行中存在的主要问题

（一）融资难问题没有得到缓解

突出表现在四个方面：一是贷款难度加大。在国家信贷规模控制的情况下，银行将有限的信贷资源更多地投向大企业、大项目，这样产生的“挤出”效应首当其冲的是中小企业，小微企业贷款基本上处于停滞、甚至下降状态。二是放贷周期延长。目前银行业金融机构放款周期普遍延长，贷款排队情况十分普遍，一笔贷款从审核批准到放款时间基本上由原先的15个工作日延长到1个月以上。三是融资成本提高。据企业反映，部分商业银行在发放贷款时仍然以“财务费用”、“理财产品”等名目收取一定费用，这种做法间接地造成中小企业实际获取贷款额的减少。四是经营风险增大。由于上下游客户、债务单位等关联方的融资压力、经营压力，企业的资金回收期拉长，资金周转率下降，加上部分中小企业为保证资金链的延续，迫不得已从民间高息融资，从而导致了资金链的潜在风险隐患。

（二）劳动力和土地制约仍然偏紧

随着全省工业化进程的不断加快，中小企业用工出现了较为明显的短缺，部分企业由于用工缺口较大，已陷入“大单不敢接、新单不敢要”的窘境。调查显示，全省有三成企业用工遇到困难，其中一半缺少技术工人。在用地方面，由于用地指标少，造成新企业难成立、新项目难落地，企业不能办理抵押贷款。

（三）中小企业生产成本大幅上升

一是企业社保负担仍然较重，虽然实行了缓缴和降率政策，但缓缴只是权宜之计。二是处于产业下游的中小企业因竞争力和议价能力弱，发展能力遭遇瓶颈，利润微薄；供应链上的大企业强势和小微企业弱势形成的“两极分化”，大企业拖欠中小企业企业的资金，小企业难以为继，往往成为“三角债”中最容易受伤的群体。实体企业面临"成本太高、利润太薄"的压力，与非实体经济之间投资回报反差巨大，做实业不如做投机和投资赚钱多、赚钱快，比较利益诱导要素流向非实体经济。

（四）市场竞争更加激烈

中小企业在相当大的范围内存在低水平过度竞争问题，同类企业为了争夺市场竞相压价；特别是中小企业集群内部缺乏必要的组织度和协调能力，有时造成集群内企业同质产品过度竞争，企业出现压价竞销、仿冒、偷工减料、降低质量标准等竞争局面。

（五）公平竞争的市场环境须进一步优化

虽然政策规定一般性竞争领域允许中小企业和国有企业、外资企业站在统一起跑线上竞争。但是市场准入方面还存在的一些体制性障碍，没有真正做到一视同仁，市场环境尚须进一步优化。

（六）贸易壁垒困境

随着欧美市场不断提高技术壁垒以及新兴市场国家频发贸易保护措施，全省越来越多的中小外贸企业受到涉及，特别是化工、轻工、机电和部分农产品等中小企业聚集的行业。

三、2012年促进中小企业和民营经济发展的措施

一是以开展中小企业“融资服务年”活动为依托，有效缓解中小企业资金瓶颈。为缓解中小企业融资难，经报请委里同意，确定2012年在全省开展中小企业“融资服务年”活动，积极组织和协调商业银行、担保公司、中小企业服务机构与中小微企业对接，开展了一系列活动。举办了2012全省中小企业“融资服务年”活动启动仪式，召开融资服务年活动新闻发布会，与建行安徽分行、省担保集团、徽商银行签订了《2012中小企业“融资服务年”战略合作框架协议》；下发了《关于印发2012年中小企业融资服务年活动方案的通知》；联合招商银行共同主办2012“投贷结合、助力中小、合作共赢、银企对接”活动，共有33家银行业金融机构和90多家基金公司应邀参会，参与对接企业和项目共3950个，191个项目集中签署了信贷合作、债务融资工具合作、基金投资等三类协议，融资需求4509亿元，达成对接金额3229亿元；联合徽商银行推出“提升服务，助力小微”活动，发行50亿小企业“金融债”，同时选择桐城市、宁国市、凤台、舒城、当涂等20个县域，筛选20个特色产业集群进行“银、县、企”对接活动，完成小企业贷款业务369.57亿元，小企业授信户数7344户，全年小企业贷款累计投放预计超过500亿元；联合建设银行安徽分行开展融资服务合作，向全省3057家中小企业投放小企业贷款186亿元，小企业非贴贷款余额202亿元，小企业信贷客户3055户；联合合肥科技农村商业银行推出“天翼”小微企业集合贷款担保计划的创新项目，完成5000万的放款；组织省担保集团开展“集合信托计划”试点，先期在桐城市展开，同时在宿松、岳西两县推开，采取集合担保贷款的方式降低中小企业融资成本，共同探索合作新模式；

联合工商银行宁国支行、万向租赁公司，组织开展了小微企业供应链金融与物流金融现场推介会，提供物流金融、融资租赁融资服务；帮助符合条件的担保机构申报享受免征营业税政策，全省共有26家信用担保机构入围，占全国的14.5%，预计可为我省中小企业担保机构免征营业税3000万元左右。严格按照工信部有关要求，会同省财政厅认真开展2012年国家中小企业信用担保资金项目申报工作，重点对小微企业的贷款担保业务、再担保业务和低担保费率的贷款担保业务给予补助，争取国家资金7230万元，占全国的5.16%。

二是完善服务体系建设，为中小微企业提供全方位服务。围绕国家重点扶持中小企业公共服务体系网络试点省建设，成立了省经信委和财政厅共同组建的安徽省中小企业公共服务平台网络项目建设领导小组，分别于3月和6月召开两次工作调度会议，在兼顾区域平衡原则的基础上，今年列入蚌埠市、滁州市服务中心项目2个，并优选了13家中小企业服务机构和5家培训服务中心上报工信部、财政部，争取国家资金1015万元。全省平台实施的“纵向牵引，横向推动”模式，得到工信部中小司领导高度评价。组织开展了2011年度安徽省中小企业公共服务示范平台的认定工作，认定19家服务机构为2011年度安徽省中小企业公共服务示范平台；同时对已经认定的2009年度省级示范平台进行了测评审定，审定安徽省中小企业服务中心等17家服务机构为示范平台测评合格单位。在认定的省级示范平台基础上，向国家工信部推荐了安徽恒明模具有限公司等10家中小企业服务机构申报国家级公共服务示范平台，经国家评审筛选，全省有7家服务机构被认定为国家级公共服务示范平台。同时，落实中小企业服务平台建设指导意见，建立全省平台网络项目建设项目管理、资金运行调度制度，研究制订示范服务评价标准，对中小企业服务机构给予资金扶持和免税等政策扶持。今年省中小企业专项资金支持中小企业服务建设项目43项，安排资金645万元。为加快推进“安徽省中小企业公共服务平台网络”项目建设，在合肥举办了全省首批窗口平台服务能力培训班。同时，注重听取中小企业和社会有关方面的意见和建议，办理人大、政协提案或议案近30件。

三是加大培育力度，促进中小微企业做大做强。把“专、精、特、新”作为促进中小微企业成长的重要途径，用好用活有限的财政资金，通过财政资金的引导，鼓励中小微企业走专业化、差异化发展路子，发展一批专业化、特色化经营企业和“小巨人”企业。省中小企业发展专项资金支持全省中小企业发展项目190项，安排资金3000万元。按照国家中小企业发展专项资金项目申报工作的要求，结合安徽中小企业发展工作实际情况，制定了《安徽省2012年国家中小企业发展专项资金实施方案》，充分发挥国家中小企业专项资金引领和放大作用，规范资金管理，提高使用效率，进一步推动我省中小企业结构调整、产业升级、专业化发展、节能减排、增加就业以及改善中小企业发展环境，争取国家中小企业发展专项资金6028万元。

四是着力促进产业集群专业镇加快发展。制定印发了《安徽省“十二五”产业集群专业镇发展规划》，从资金、技术、人才、土地、信息服务等方面引导产业聚集发展。按照关于加快产业集群专业镇发展的若干政策意见要求，加强100个省级产业集群专业镇公共服务平台建设。强化龙头企业扶持，实施《安徽省产业集群专业镇资金管理办法》，积极协调督促工商银行，努力推进担保贷款发放进度，完成四批产业集群专业镇专项担保资金推荐工作，为20多家企业解决了6000多万元的流动资金需求。

五是积极开展中小企业人才培训。围绕提高企业家经营管理理念，提升企业素质，分三个层次打造中小企业培训品牌。积极开展赛飞创业辅导培训，在青阳承办1期辽宁省赛飞创业辅导师培训班、为湖南省开办赛飞创业辅导师培训班。大力开展企业经营管理人员培训，举办“名师大讲堂”和全省“专、精、特、新”中小企业经营管理者培训活动，组织“五大攻坚”重点企业、合肥经济圈中小企业及成长型小企业高管参加培训。继续与北大民营经济研究院联合开办3期EMBA总裁班，全年共培训企业经营管理人员约3000余人。

六是帮助企业开拓市场，促进中小企业产品销售。为帮助企业开拓市场，按照委里工作部署，组织开展了安徽产品青海行活动，于6月10日~13日在西宁城南国际展览中心成功举办；活动展出总面积1080平方米，全省近百家企业、200多人参会参展，青海省省长骆惠宁等青海省相关领导亲临展馆视察，活动吸引了大批客商与参展企业洽谈合作，取得了良好成效，共签订合同、意向项目24亿元，参展企业共获得销售定单9800万元。以省政府名义组团参加了第九届中国国际中小企业博览会，组织了43家企业参展参会，企业通过展示、洽谈，共签订销售定单1.95亿元，实现了展前预定的相关目标。

四、2013年工作目标

力争全省民营经济增加值1.1万亿元，占全省GDP的比重57%左右；新创办企业4万户以上，企业总数达34万户，培训各类中小企业经营管理人才4000人次。

主要做好以下几个方面的工作：

一是筹备召开全省发展民营经济大会。总结近年来安徽民营经济发展的成效和经验，表彰一批优秀民营企业和民营企业家，研究部署当前和今后一个时期民营经济发展的主要任务和措施。举全局之力做好会议有关材料收集整理以及拟定表彰名单等各项筹备工作，努力营造全省上下关注、关心和大力支持民营经济发展的浓厚氛围。

二是出台大力发展民营经济的意见。在深入调研的基础上，结合安徽省“十二五”发展规划和当前经济形势发展需要，全面梳理近年来省里出台的支持民营经济、引导民间投资健康发展等政策内容，提出今后较长时期全省发展民营经济的目标任务和政策措施，以省委、省政府名义出台大力发展民营经济的意见。文件出台后，联合省直有关部门分赴各市开展“民营经济大发展”宣讲活动，再掀发展民营经济的热潮。

三是加大政策贯彻落实力度。认真贯彻落实国家和省关于民营经济和中小企业发展的政策，特别是《关于进一步支持小型微型企业健康发展的意见》（国发〔2012〕14号）和即将出台的《关于大力发展民营经济的意见》等文件，切实把政策规定转化为促进发展的动力。省发展非公有制经济推进全民创业领导小组办公室和省监察厅将重点督查各县（市）、区人民政府就政策法制环境、行政审批环境、市场规范环境、舆论宣传环境情况，对落实的政策进一步巩固，对正在落实的政策加大力度推进。

四是创新融资方式实现中小企业融资品种新突破。推进面向产业集群镇的动产质押、供应链贷款融资和中小企业集合债发行工作，召开不同类型的中小企业融资新产品培训推介会，配合建设银行开展“信用贷”、“助保金贷款”，联合徽商银行开展快捷贷、助保贷、循环贷等重点产品的完善和推广工作等。继续加大对中小企业信用担保机构的支持力度，落实对融资性担保机构的财政、税收等政策支持。

五是推进服务体系和平台建设。加快推进中小企业综合服务机构建设，打造中小企业公共服务平台，优化政府对中小企业的服务。抓好全省中小企业公共服务平台网络建设，重点扶持建设好三年规划安排的44个中小企业公共服务平台网络项目。继续做好省级、国家级公共服务示范平台的认定、测评、推荐工作。根据工信部“到2015年，实现培育和支持3000家小企业创业基地，支持建立和完善4000个为小型微型企业服务的公共服务平台，重点培育认定500个国家中小企业公共服务示范平台的目标”，研究制定并出台小企业创业基地建设指导意见和认定管理办法，规范管理现有小企业创业基地建设情况。落实中小企业服务平台建设指导意见，研究制订示范服务评价标准，指导各类中小企业公共服务网络平台“边建设、边服务”，在建设中开展服务，在服务中完善建设。对中小企业服务机构给予资金扶持和免税等政策扶持。继续开展“专、精、特、新”，赛飞、名师大讲堂和北大总裁研修班等多层次、多形式的职业技能培训和经营管理培训，力争全年培训中小企业经营管理人员4000人次，为民营经济和中小企业发展提供智力支持和服务。开展小企业创业基地调研，认定、扶持一批省级小企业创业基地，为下一步申报国家级小企业创业基地奠定基础。

六是进一步推进产业集群专业镇建设。再认定一批省级产业集群专业镇，落实关于加快产业集群专业镇发展扶持政策，重点落实担保政策，有效发挥产业集群专业镇资金的引导作用。开展产业集群专业镇重点优势企业与金融机构有效对接，有针对性地创新金融产品和服务方式。支持、引导产业集群专业镇制定发展规划、培育龙头企业、延伸产业链条、完善产业配套和公共服务平台建设。推动民营企业主动参与皖江示范区建设，组织民营企业参与长三角、珠三角地区交流合作，主动承接产业转移。

七是继续培育“专、精、特、新”中小企业和成长型小企业。坚持“小而专、小而精、小而特、小而新”的方针，调整充实“专、精、特、新”中小企业名单，做到动态监测，加大资金扶持，培育1000户小企业上规模、上档次。积极跟踪国家支持中小企业发展的方向，做好项目储备与调度，争取国家资金更多份额的支持。组织企业参加第十届中国国际中小企业博览会、全国农产品加工业投资贸易洽谈会等大型展览及贸易洽谈会，帮助企业开拓市场。积极引导银行业金融机构加大对“专、精、特、新”中小企业信贷支持。

八是抓好中小企业与民营经济运行监测。加强全省500户“专、精、特、新”中小企业和1000户成长型小企业为重点的中小企业统计监测，建立健全民营经济统计监测制度，完善产业集群专业镇统计体系，按季度分析运行情况并形成分析报告。充实我省列入国家工信部中小企业司重点监测企业户数，力争增加到800户，并督促及时上报数据。

（安徽省经信委中小企业局）

福建省

一、2012年发展概况

（一）全部中小微工业

2012年，我省全部中小微工业生产和效益主要指标均呈两位数增长，同比增幅均高于全部工业（见下表）。对全部工业产值、增加值、主营业务收入增长的贡献率分别为77.4%、79.3%、84.7%；对全部工业利润总额增长的贡献率超过100%，达118.5%。

2012年全部中小微工业生产和效益主要指标

指标	计量单位	数值	比上年增长（%）	占全部工业的比重（%）	同比增幅比全部工业（%）
产值	亿元	23919.49	15.9	74.5	0.7
增加值	亿元	6551.12	15.4	75.8	0.8
主营业务收入	亿元	22646.89	15.2	71.8	2.6
利润总额	亿元	1333.83	18.3	70.6	8.1

（二）规模以上中小微工业

1. 生产保持较快增长，累计同比增幅较为平稳

2012年，我省规模以上中小微工业实现产值21244.21亿元、增加值5763.22亿元，比上年分别增长16.8%和16.3%，增幅比规模以上工业分别高出1.0个百分点和1.1个百分点，占规模以上工业

的比重分别为72.2%和72.2%。①从全年走势看，增加值累计同比增幅较为平稳（见图1），除1～3月增幅较高外，其它月份均在15.0～17.0%之间浮动。②分大类行业观察，非金属矿物制品业（增加值534.51亿元，贡献率11.3%），皮革、毛皮、羽毛及其制品和制鞋业（增加值458.79亿元，贡献率8.2%），农副食品加工业（增加值370.87亿元，贡献率6.6%），纺织业（增加值286.64亿元，贡献率6.2%），橡胶和塑料制品业（增加值278.31亿元，贡献率5.7%）等5个行业对增加值增长的贡献率较大，居行业前列。③分地区观察，泉州市仍然是我省中小微工业增加值比重最大的设区市，2012年实现增加值1577.51亿元，占全省的27.4%，对全省中小微工业增加值增长的贡献率达34.3%，居设区市首位。

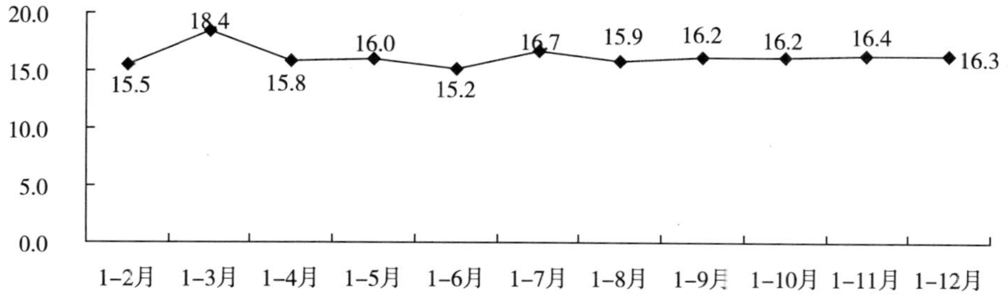

图1　2012年规模以上中小微工业增加值同比增幅情况（%）

2. 出口交货值累计同比增幅总体下降

2012年，我省规模以上中小微工业实现出口交货值3585.95亿元，比上年增长12.3%，占规模以上工业的比重为61.4%。从全年走势看，出口交货值累计同比增幅从1～4月始，除1～9月和1～11月略有回升外，总体逐月下降（见图2）。分大类行业看，在有出口的32个大类行业中，通用设备制造业、有色金属冶炼和压延加工业等7个行业出口交货值同比下降。

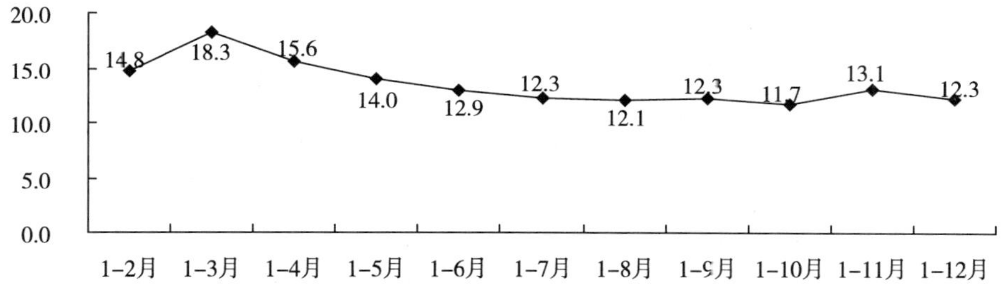

图2　2012年规模以上中小微工业出口交货值同比增幅情况（%）

3. 主营业务收入增长，累计同比增幅总体逐月回落

2012年，我省规模以上中小微工业实现主营业务收入19998.10亿元，比上年增长16.0%，增幅比规模以上工业高出3.1个百分点，占规模以上工业的比重为69.2%。从全年走势看，主营业务收入累计同比增幅总体逐月回落（见图3）：1～3月实现全年最高增幅，1～10月小幅回升之外，其他月份总体回落，1～12月降至全年最低增幅。

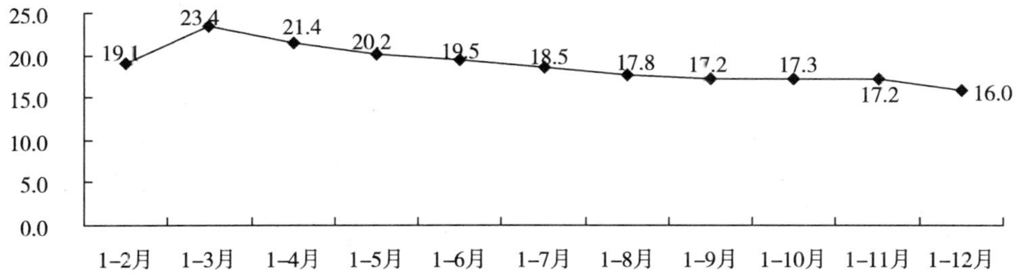

图3　2012年规模以上中小微工业主营业务收入同比增幅情况（%）

4. 利润总额两位数增长，累计同比增幅“前低后高”。

2012 年，我省规模以上中小微工业实现利润总额 1223.83 亿元，比上年增长 18.3%，同比增幅比规模以上工业高出 8.6 个百分点，占规模以上工业比重为 68.8%。从全年走势看，利润总额累计同比增幅“前低后高”（见图4）：1～4 月逐月上升；受生产成本大幅上涨影响，1～5 月增幅大幅下挫；1～9月始增幅逐月回升。分大类行业观察，化学原料和化学制品制造业，烟草制品业，黑色金属冶炼和压延加工业等 9 个行业利润总额比上年下降，其余 29 个行业利润总额比上年增长。其中，有 3 个行业增幅在 50% 以上。在上网电价上调和降水量较往年丰富等共同作用下，电力、热力生产和供应业利润总额增幅达 130.8%，对小微工业利润总额增长的贡献率达 16.8%，增幅和贡献率均居行业首位。

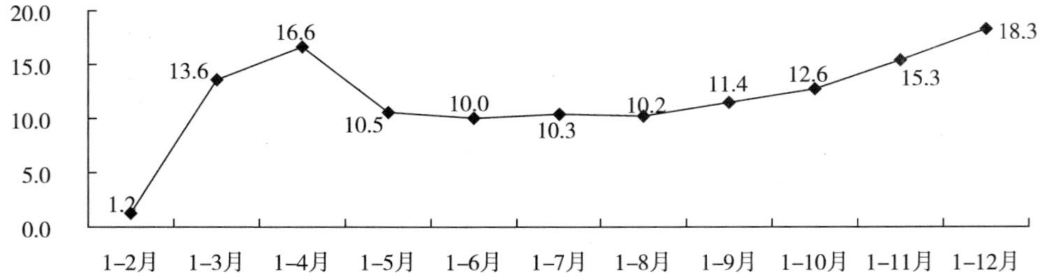

图4 2012 年规模以上中小微工业利润总额同比增幅（%）

5. 盈利能力上升，营运能力和偿债能力下降。一是盈利能力上升

2012 年，我省规模以上中小微工业总资产报酬率为 8.8%，比上年提高 0.1 个百分点；利润率为 6.1%，提高了 0.1 个百分点。二是营运能力下降。2012 年，我省规模以上中小微工业总资产周转率为 1.4 次，比上年减少 0.1 次；流动资产周转率 2.6 次，也比上年减少 0.1 次。三是偿债能力下降。12 月末，我省规模以上中小微工业资产负债率和产权比率分别为 52.0% 和 108.2%，比上年分别提高了 0.3 个百分点和 1.2 个百分点。分大类行业看，资产负债率最低的是烟草制品业，为 19.7%；最高的是非金属矿物制品业，达 72.1%；14 个行业资产负债率在 50%～70% 之间；22 个行业资产负债率在 20%～50% 之间。

6. 对规模以上工业从业人员增长的贡献率达 99.1%

12 月末，我省规模以上中小微工业从业人员 299.51 万人，比上年增长 6.7%，占规模以上工业从业人员的比重为 75.5%，对规模以上工业从业人员增长的贡献率达 99.1%。分大类行业观察，农副食品加工业，非金属矿物制品业，纺织服装、服饰业等 3 个行业对中小微工业从业人员增长的贡献率较大，均在 7.0% 以上。

（三）规模以下中小微工业（规模以下小微工业）

1. 生产较为平稳，季度同比增幅呈 V 型

2012 年，我省规模以下小微工业产值和增加值分别为 2675.28 亿元和 787.90 亿元，均比上年增长 9.4%。分季度观察，产值和增加值同比增幅均呈 V 型变化，总体在 10% 上下浮动。一季度均为 10.2%，二、三季度有所回落，四季度略有回升，均为 10.5%。

2. 运行质量提高，主要指标有所好转

2012 年，我省规模以下小微工业实现主营业务收入 2648.79 亿元，比上年增长 9.4%，高于广东省（比上年增长 8.5%），低于山东省（增长 18.2%）和江西省（增长 10.1%）；实现利润总额 110.00 亿元，增长 18.6%，增幅比生产增幅快 9.2 个百分点，高于江西省（增长 7.5%）和浙江省（下降 7.2%）；总资产报酬率为 6.2%，比上年提高 0.8 个百分点；成本利润率为 7.7%，提高 0.7 个百分点。

3. 从业人数增长，工资收入提高

截至 12 月末，我省规模以下小微工业企业从业人员合计 119.73 万人，比上年增长 6.2%；为从业人员带来了 297 亿元工资性收入，增长 13.5%。

二、2012 年发展特点

（一）对全部工业利润总额和从业人员增长的贡献率超 100%

2012 年，我省全部小微工业实现利润总额 799.35 亿元，比上年增长 32.6%，占全部工业的比重为 42.3%，对全部工业利润总额增长的贡献率达 112.8%。同期，大型工业、中型工业利润总额分别比上年下降 5.5%、增长 1.9%。12 月末，我省全部小微工业企业从业人员有 279.56 万人，比上年增长 11.1%，占全部工业企业从业人员的比重为 54.1%，对全部工业企业从业人员增长的贡献率为 108.1%。同期，大型工业、中型工业从业人员分别比上年增长 0.2% 和下降 1.6%。

（二）税负低于其他规模工业

近年来，各级政府部门出台了一系列扶持小微企业的税收优惠政策，如提高增值税、营业税起征点，减半征收企业所得税，免征印花税等，对小微企业的税收减负起到了一定的作用。2012 年，我省规模以上小微工业税金总额为 379.06 亿元，占主营业务收入的比重达 3.1%，比规模以上大、中型工业分别低 2.1 个百分点、0.3 个百分点。

（三）小微企业金融扶持政策取得成效

一是贷款增速较高。12 月末，我省小微企业贷

款余额为4846.32亿元（本外币不含票据），比上年增长19.7%，增幅比全省平均水平高出4.5个百分点，比大型企业、中型企业分别高出12.1个百分点、4.2个百分点。二是专项治理降低了融资成本。自2012年2月开展治理以来，我省银行业（不含厦门）累计取消服务收费项目539项，调低服务收费标准203项，清退针对小微企业的不合理收费1602笔、金额达3566万元，一定程度上降低了融资成本。三是金融产品创新一定程度上缓解了融资困难。如：建设银行福建省分行与省政府合作推出小微企业“助保贷”产品，将财政与企业资金搭成担保基金池，有效放大财政资金杠杆效应；在信用贷款方面，兴业银行、建设银行福建省分行、民生银行泉州分行分别推出“积分贷”、“信用贷”、“流水贷”等无抵押信贷产品，一定程度上破解了小微企业缺乏抵押物的难题。

三、我省小微工业面临的主要困难和问题

（一）融资成本和用工成本上升增大企业经营压力

一是融资成本上升。尽管各级政府积极采取措施，鼓励金融机构降低对小微企业的融资门槛，2012年国家也下调金融机构人民币存贷款基准利率。但受抵（质）押物有限、担保要求严格、放贷时间长等影响，民间借贷仍是部分小微工业企业的重要融资渠道。而目前民间借款年利率基本在20%左右，增加了企业利息支出。2012年，我省规模以上小微工业利息支出120.22亿元，比上年增长35.6%，增幅分别比规模以上大、中型工业高出23.8个百分点、17.2个百分点；规模以下工业企业利息支出24.10亿元，增长27.7%。二是用工成本上升。据对全省973户规模以下小微工业企业调查显示，45.8%的企业反映用工成本高是目前影响发展的主要原因，比重比上年提高15.8个百分点，居各问题之首。部分企业反映员工工资上涨后，用工成本高于承接订单的利润，因此放弃了订单；部分企业反映员工工资上涨，较大程度增加了生产经营成本，不敢招工。

（二）资金短缺现象更加严重

尽管近年来各级政府以及有关部门加大对小微企业的资金扶持，但在生产经营规模扩大、成本上升、货款回收不及时等因素影响下，我省部分小微工业企业资金短缺现象更加严重。据小微工业监测调查显示：一是反映流动资金短缺的企业比重上升。在4237家小微工业企业中，反映流动资金短缺的企业占48.7%，比重比上年同期提高2.5个百分点。其中，缺口额占本期流动资产平均余额比重在10%以上的企业占48.3%，提高0.9个百分点。二是反映固定资产投资资金短缺的企业比重上升。在有进行固定资产投资的3682户企业中，反映固定资产投资资金短缺的企业达35.1%，比上年提高4.5个百分点。三是反映改建及技术改造资金短缺的企业比重上升。在有进行改建及技术改造的3613户企业中，反映改建及技术改造资金短缺的调查企业达35.1%，比上年提高3.5个百分点。

（三）出口面临更多挑战

一是市场需求不振，新签外贸订单额下降。据国际有关机构发布的报告显示，2012年世界经济增长幅度为2.2%，不仅低于2011年2.7%的增长率，也远低于2010年4.0%的增长水平。低速的经济增长使国际市场需求不振，我省小微工业企业新签外贸订单额下降。小微工业监测调查显示，2012年，列入调查有承接新签外贸订单的1431户小微工业企业新签外贸订单额为549.43亿元，比上年下降4.5%。二是人民币持续升值，削弱出口竞争优势。自2005年人民币汇改以来，人民币对美元每年都在升值，2006～2012年人民币对美元每年的升值幅度分别为6.8%、6.9%、3.3%、0.1%、3.1%、5.1%和0.3%。人民币持续升值使得出口企业压力进一步加大，削弱小微工业出口竞争优势。三是新兴国家迅速崛起。越南、印尼等新兴国家具备货币贬值、人力成本相对较低等优势，近年来加快工业化进程，成为我省强有力的竞争对手。而我省出口型小微工业企业面临人民币持续升值、成本上升等困难，竞争优势逐渐减弱，境外客户订单逐渐向新兴国家转移。如：2012年，越南对美国的出口额为196亿美元，比上年增长16.2%，同期我省对美国的出口额下降1.1%；越南对欧盟的出口额为200.31亿美元，增长22.7%，同期我省对欧盟的出口额下降8.4%。

四、2012年促进中小企业发展相关工作情况

2012年，我委以贯彻落实《国务院关于进一步支持小型微型企业健康发展的意见》（国发〔2012〕14号）及省政府出台的各项政策措施为契机，以开展“中小企业服务年”活动为抓手，创新思路、多措并举，全面为中小发展创造良好的环境和条件，取得了良好成效。主要措施如下：

（一）突出政策引导

2012年4月19日，国发〔2012〕14号文件颁布后，我委及时跟进，积极与国家政策对接，配合省政府出台《关于进一步落实扶持小型微型企业发展政策措施的意见》（闽政办〔2012〕71号），从落实税收优惠政策、保障发展用地、推动技术创新、支持开拓市场等9方面，对小微工业的转型升级予以支持。同时，保持金融危机以来省里出台的《关于进一步减轻企业负担促进经济发展的若干意见》、《关于营造优良环境提供优势服务支持民营企业加快发展的若干意见》、《关于扶持小微企业发展的十二条金融财税措施》等政策的延续性，增强各项政策的连贯性和协调性。这一系列政策举措，为全省中小企业发展营造了良好的政策环境。

（二）突出政策宣传

围绕深入细化落实国家、省里出台的扶持中小微企业健康发展的政策措施，切实让企业看懂、用

着、用好、用足各项政策，我们对各类扶持政策进行了认真梳理、汇编成册，并通过新闻媒体宣传、现场宣讲、面对面咨询、政策培训等多种形式进行深入宣传。2012 年，共编印分发《企业政策汇编》《“二次创业”扶持政策》《中小企业政策问答》等 170217 册，举办送政策进企业政策宣讲会及培训班 376 场，对企业管理人员进行政策宣讲解读及培训 47502 人，组织“服务小分队”进企业咨询 929 次，切实建立与企业的常态沟通机制，确保企业遇到的难题能及时解决。

（三）突出政策落实

以减轻企业负担，改善中小企业经营环境为目标，深入贯彻执行有关税收减免、经营服务性收费减免等政策。2012 年，各级各部门落实国家税收优惠政策，减轻企业负担 814 亿元；落实省政府出台的税费减、免、缓政策，减轻企业负担 36 亿元；开展清理审批收费工作，取消经营服务性收费 118 项，减轻企业负担 2 亿元。

（四）突出融资服务

以缓解中小企业融资难为重点，不断完善政银企会商机制，发挥行业协会作用，通过举办融资知识讲座、组织银企对接活动等方式，帮助小微工业企业解决融资难问题，为其转型升级提供资金支撑。一是深入推进小额贷款公司规范发展工作。制定出台《福建省试点小额贷款公司暂行管理办法》等文件，规范小贷公司发展，2012 年全省新增小贷公司 30 家，累计新增注册资本金 79.4 亿元，增资扩股 5 家，增资金额 10.3 亿元，截止 2012 年底全省共设立小贷公司 80 家，注册资本金合计 174.67 亿元，12 月末贷款余额达 166.28 亿元。二是积极推动融资性担保机构发展。截止 2012 年年底，我省有融资性担保机构 653 家，注册资本 653 亿元人民币，2012 年 1～12 月，全省融资性担保机构担保总额 1892 亿元，其中融资性担保总额 1650.6 亿元，累计为 2.81 万户（次）中小企业提供 1505 亿元的融资担保服务。三是深入开展政银企对接。2012 年 4 月 11 日省经贸委与福建银监局联合举办“关注民生、关爱小微——福建银行业小微企业金融服务宣传月主题活动”，共组织 300 多家小微企业与各银行进行服务对接，有 117 家企业、25 位个人分别与 20 家银行签订协议授信金额达 26.1 亿元。2012 年全省开展银企对接 184 场，签约金额 578.82 亿元。

（五）突出创新推动

一是加大技术改造。2012 年省级工商发展企业技术改造专项设备补助资金安排 6930 万元，对 48 个项目进行补助，贴息补助资金预算 2.5 亿元。此外，积极组织申报国家产业振兴和技术改造专项，2012 年全省共有 52 个项目获得工业中小企业专项资金补助 1.16 亿元，16 个项目重点产业振兴和技术改造专项资金补助 2.26 亿元。共有 53 家企业获得中央财政中小企业发展专项资金补助 5200 万元。二是提升创新能力。积极推进省级行业技术开发基地建设，通过基地向企业推广新技术、新工艺和新成果，实现技术成果的对接和转化。积极开展企业技术提升诊断辅导，2012 年来共组织 4 批 38 个专业领域的企业技术提升服务，组织专家 400 多人次，对 380 多家企业进行诊断辅导。不断完善产学研合作机制，把“6.18”作为推动企业技术创新的重要平台，2012 年项目成果交易会上共组织 116 家企业参展，1000 多家企业参会，推介企业技术需求 528 项、项目成果 1572 项，实现项目对接 351 项。积极推动创新项目实施，引导企业增加自主创新投入，提升研发水平，2012 年省工商发展资金对 75 个企业技术创新项目给予 4005 万元专项资金补助，对 25 个软件项目给予 1740 万元专项资金补助。三是积极淘汰落后产能。2012 年全省完成 10 个行业、179 家企业的淘汰落后产能任务。此外，严格落实淘汰落后产能相关政策，2012 年共组织 61 家企业申报淘汰落后产能中央财政奖励资金 8726 万元。

（六）突出结构调整

一是积极保障中小企业发展用地。引导和帮助小微企业在新一轮土地利用规划确定的建设用地区落位，统筹安排中小企业用地计划指标，通过一系列措施，保障中小企业用地。二是引导、鼓励龙头企业将一些配套及特定工艺分离出来，将中小企业纳入专业化协作配套体系，实现产业集聚发展。三是开展电子、机械、石化、轻工、纺织、冶金、建材、医药、林产等产业梳理，发布投资导向，引导中小企业投资。四是出台加快产业集聚培育产业集群专项规划和举措，引导中小企业集聚发展。五是推进工业园区和具有地方特色的产业基地建设，建立中小企业集聚发展的有效载体，充分发挥全省 38 个重点产业集群的集聚作用。

（七）突出平台建设

着眼为中小企业提供便捷高效的服务，积极推进服务体系建设，积极转变政府职能，坚持走“政府扶持中介，中介服务企业”的道路，充分利用有限的资金资源服务好数量庞大的小微企业。一方面，加强资源整合，开展省级中小企业公共服务平台和小微企业创业基地培育认定工作。2012 年共认定 45 家省级示范平台、26 个创业基地，并从省级中小企业发展资金中安排 932.5 万元对其中 55 个平台（基地）进行补助。做好二批国家级中小企业公共服务示范平台申报工作，截止目前，共有 8 家服务机构得到工信部认定。另一方面，推进中小企业公共服务平台网络项目建设，2012 年共从省中小企业服务体系专项资金中安排 720 万对 16 个平台项目进行扶持，2013 年将全面启动项目建设，实施项目 36 个，预计今年底初步实现部分窗口平台与省平台的互联互通。

（八）突出深化协作

针对中小企业走出去难的问题，积极搭建平台，帮助中小企业拓展市场。一是积极为中小企业搭建展示、交易、交流、合作平台。2012 年组织中小企业参加了“西洽会”“哈洽会”“中博会”“企博会”“农洽会”等 38 场省外重点展会。二是加强与知名电子商务网站合作，通过开展免费电子商务培训等方式，支持中小企业应用省内外知名电子商务平台促进产品销售，提升企业电子商务开拓市场能力。三是与香港贸发局合作组织我省企业赴港开展区域品牌推介，提升我省优势产业国际影响力，2012年分别组织我省电子信息企业和漳州钟表企业赴港参展、开展宣传推介活动。2012年10月份，还组织我省品牌服装企业参加“第十七届澳门国际贸易投资展览会”。

（九）突出管理提升

大力开展企业成长培训、企业管理咨询诊断，并推广先进管理经验，引导、鼓励中小提升管理水平。一是开展企业成长培训。不断创新企业精细化管理培训、企业高级管理提升培训和举办企业总裁卓越管理高级研修班等模式，提升培训效果。2012年，全省共举办106场企业精细化管理培训，培训企业中高层人员16778名；举办10期企业高级管理培训班，培训高管人员2905人。二是实施企业管理咨询诊断。依托企业管理咨询平台，通过开展战略管理、运作管理、人力资源管理、财务及成本管理等方面诊断，帮助企业找准问题，2012年，全省组织召开10多场对接会，吸引50多家省内外知名企业管理咨询机构与300多家中小企业进行需求对接。三是推广优秀企业管理典型。2012年共举办3场管理现场会推广优秀企业管理典型，引导企业提升管理水平。

（福建省经贸委中小企业处）

江西省

一、2012年工作总结

2012年，面对严峻复杂的国内外发展环境，在省委、省政府的坚强领导下，全省中小企业和工业园区坚持以科学发展观为主题，加快转变经济发展方式，全面推进中小企业成长工程，不断完善四大服务体系，积极引导工业园区实现四个转变，顺利完成年初预定的各项目标任务，全省中小企业、非公经济、工业园区始终保持稳中有进的良好势头。

（一）主要经济指标实现平稳较快增长

2012年，全省中小企业实现增加值7350亿元，上缴税金1180亿元，安置就业人员900万人，分别占全省GDP的56.8%、全省财政总收入的57.7%、提供了80%以上的城镇就业岗位。非公经济稳定增长，实现增加值7246亿元，增长12.0%；上缴税金1164亿元，增长9.2%；出口创汇236亿美元，增长16.8%，占全省出口总额的94.2%；完成固定资产投资8635亿元，增长31.5%，占全省固定资产投资总额的75.8%。全省个私企业总数达到149.2万户，同比增长10.7%。其中私营企业22.6万户，新增3.2万户；个体工商户126.6万户，新增11.2万户。工业园区保持平稳运行，实现主营业务收入1.62万亿元，增长16.5%；上缴税金622亿元，增长24.2%；完成工业增加值3466亿元，增长14.2%。过百亿园区规模进一步扩大，全省主营业务收入过百亿园区达到59个，同比新增13个，占全省园区总数的67%。其中，过200亿元园区25个，过500亿元园区5个，南昌高新区达到902亿元。

（二）中小企业培训辅导深入推进

认真贯彻落实国务院、省政府支持小型微型企业发展的政策意见，大力开展中小企业品质和服务提升年活动，争取国家中小企业专项扶持资金1.31亿元，省级中小企业发展专项资金规模从1900万元新增到3000万元，有力促进了小型微型企业发展。坚持以成长工程为主线，依托创业大学开展培训辅导，打造江西中小企业成长培训品牌，初步形成“省市联动、助推成长”的良好氛围。全省有8个设区市创办了创业大学，共开设常设特色教学班级21个，拥有学员企业2837家，培训学员近2万人次；完成了拟上市企业总裁、非公有制企业高管、担保公司总裁以及旅游企业高层管理人员等4个高级研修班近300名企业高管为期一年的培训辅导；依托九江旭阳雷迪实训基地、新余创业大学实训基地分别对600名中小企业高层管理人员、130名园区企业市场总监开展短期班培训，帮助提升中小企业管理理念和经营管理水平，深受广大企业欢迎。

（三）小微企业创业园建设扎实开展

积极整合有关创业扶持政策，将小企业创业基地与中小企业公共服务平台建设有机结合，集中打造一批小微企业创业园，鼓励支持有资金积累、有技术专长、有创业愿望的返乡人员、下岗工人、失地农民、退伍军人、出国留学人员和大学毕业生入园创业。出台了《创建省级小微企业创业园实施办法（试行）》以及《省级小微企业创业园建设用地计划管理暂行办法》等政策文件，并在各地推荐申报的基础上，审核认定了5个省级小微企业创业园、22个省级小微企业创业园创建单位。其中，有8个创业园共获得省级建设用地指标1000亩，有7个创业园争取450万元国家专项资金扶持，11个创业园获得500万省级专项资金支持。

（四）中小企业公共服务体系加快推进

利用国家支持试点的契机，加快推进全省中小企业公共网络服务平台建设，与浙江全球网、北京中国网库等合作，在省网络服务平台建立综合金融服务和电子商务服务两大服务板块；与用友软件公司合作开展呼叫服务外包，建立呼叫中心热线。在樟树市、九江市组织召开了全省服务平台网络试点项目建设推进现场会，深入推进25个设区市综合窗口平台和产业集群窗口平台建设。完成了首批29家省级中小企业公共服务示范平台的认定工作，其中8家单位获得国家中小企业公共服务示范平台称号。通过认定公共服务示范平台，鼓励服务机构为中小微型企业提供公益性服务，助推企业成长。

（五）中小企业融资难得到有效缓解

为帮助中小企业缓解融资难，降低企业融资成本，着力构建以担保机构为载体的投融资服务体系。中小企业担保机构实力进一步增强，截止到2012年底，全省中小企业信用担保机构数量达到178家，其中注册资金在1亿元以上的担保机构75家，担保资金总额达到115亿元，累计为9065家中小企业提供贷款担保322亿元。中小企业直接融资渠道进一步拓宽，我省首只中小企业集合票据——“江西丰城中小企业集合票据”成功发行，第一期募集资金1.7亿元人民币。金融机构与企业合作积极推进，成功举办第二届“百园千企”政银企对接活动，累计为3147家企业授信610.8亿元，有效缓解了部分中小企业的融资难题。

（六）工业园区发展水平不断提高。积极推进产业集群发展

围绕规划、龙头和配套三个关键环节，不断加强对工业园区产业集群的培育力度。顺利开展2012年度省级产业集群试点工作，制定试点工作方案和规划编制指导意见，建立产业集群考核指标体系，推进了20个试点园区编制产业集群规划。成功举办第一期清华大学拟上市企业总裁班，促进推动一批企业向上市方向发展，培育产业集群龙头。依托工业园区建设一批小微企业创业园，发展专、精、特、新小微企业集群，提高零部件本地配套率。深入开展生态工业园区创建工作，努力实现由水平开发向立体开发转变，工业园区绿色生态水平明显提高。截止2012年底，全省有90个工业园区完成生态工业园区建设规划编制，82个工业园区列入省级生态工业园区创建试点单位，其中20个园区通过考核验收被批准为省级生态工业园区，2个园区纳入国家生态工业示范园区建设范畴。依托省林科院的技术力量，顺利完成第一批8个工业园区绿化提升试点，完成绿化面积7047.8亩，栽种各种苗木478万株，7个园区绿化覆盖率达到了35%以上，启动了第二批19个工业园区绿化提升试点，5个苗林一体化建设试点。在丰城市成功组织召开了全省工业园区绿化提升试点工作会，有力推动了全省工业园区绿化建设。加快形成园区发展激励机制。会同省编办对全省78个设在县（市、区）的省级工业园区机构编制情况进行了专题调研，进一步摸清全省工业园区管理体制情况，努力探讨解决我省工业园区激励机制等问题。在省委、省政府领导的关心、支持下，省政府出台了《关于印发江西省重点省级工业园区综合考核认定办法的通知》（赣府厅发［2012］47号），同意开展重点省级工业园区的认定工作，优先支持部分重点省级工业园区进行体制机制创新、支持符合条件的地方筹建省级工业园区；省编办制定了《关于规范和加强县（市、区）的省级工业园区机构编制管理的指导意见》（赣编办发［2012］19号），从7个方面理顺我省工业园区的机构编制问题。经省政府同意，认定了南昌昌东工业园区等18个工业园区为首批重点省级工业园区。

当前，我省中小企业、工业园区总体保持良好发展态势的同时，也面临不少矛盾和挑战，不确定性、不稳定性因素日益增多。美国金融危机、欧债危机正全面性扩散，外需减弱、出口受阻；国内要素成本不断上升，中小企业内在素质不高，融资难、融资贵、融资渠道单一等问题还比较突出；工业园区产业集群不明显、协作配套不紧密、服务体系不健全，各地发展不平衡等问题依然存在。

二、2013年工作思路和打算

2013年，是贯彻落实党的十八大精神的开局之年，也是全省中小企业、工业园区继续稳中求进、加快转型提升的重要一年。今年工作的总体思路是：深入贯彻落实十八大精神，以科学发展观为指导，坚持“与中小企业共成长”的服务理念，围绕工信部扶助小微企业专项行动和中小企业品牌、品质和服务提升年活动这条主线，进一步完善四大服务体系，实施中小微型企业人才培育、创业孵化、企业成长、诚信四大工程，深入推进工业园区产业集群、生态建设、新型社区发展、体制机制创新四项重点工作，切实提高园区集约集群化、经济生态化、服务社会化水平，实现全省中小企业、非公经济、工业园区经济持续平稳较快发展。

主要目标是：全省中小企业完成增加值8300亿元，增长12.5%，上交税金1450亿元，增长20%；力争孵化催生1万家小微企业，培育1000家小微企业上规模，重点扶持100家科技型企业、成长型企业和拟上市企业。全省非公经济完成增加值8200亿元，增长13%；上缴税金1380亿元，增长20%；从业人员1350万人，新增50万人。全省工业园区主营业务收入实现19500亿元，增长20%；完成工业增加值4150亿元，增长15%；上缴税金745亿元，增长20%；力争主营业务收入过百亿园区新增10个。

围绕上述工作思路和目标要求，今年重点抓好以下几个方面的工作：

（一）加大中小企业人才培养培训力度

大力实施中小企业人才培育工程，不断完善培训辅导和组织网络体系。一是以公益性创业大学为平台，建立创业导师库，按照不同层次、不同专业对企业开展培训辅导。探索创业大学跨区域合作办学。二是开展管理咨询“进园区、进企业”大型公益性专项活动，组织管理专家、优秀企业家对中小企业进行管理诊断、咨询辅导，帮助提高企业整体运营效率。三是按照“学员转会员”的原则，提高中小企业的组织化程度。四是配合省人保厅，稳步开展非国有企业高级职称评审工作，进一步落实全省工业园区与职业院校双向对接工作，建立企业人才库，为中小企业提供人才保障。五是落实省政府文件精神，开展首届“省长中小企业管理创新奖”评选活动，树立一批中小企业管理创新标杆，促进全省中小企业管理上水平。

（二）大力推进小微企业创业园建设

坚持以小微企业创业园为载体，积极实施创业孵化工程，进一步完善创业孵化体系。一是鼓励建设多层标准厂房和楼宇，重视改造老旧企业等存量厂房、资产，按照“同类集聚、上下配套”的思路，建设一批有特色的小微企业创业园，降低创业成本，鼓励返乡创业和科技创业，提高创业人员占总人口的比重。二是加强对小微企业创业园的考核管理，建立运行分析调度机制，定期分析创业园运行情况，协调解决发展中的问题，切实促进入园企业发展。

三是要搭建小微企业公共服务平台，发展创业服务业。争取人保、税务等部门的支持，“放水养鱼”，出台系列扶持政策措施，为创业园内的企业提供小额担保贷款、税收优惠、培训辅导等多种服务，降低创业门槛，提高创业成功率，孵化形成一批既能为龙头企业配套，又能为行业配套的专、精、特、新小微企业集群。

（三）全面构建中小企业公共服务体系

大力实施中小企业成长工程，建立健全中小微型企业公共服务体系。一是加快建成省网络服务平台，有选择地聚集各类服务机构，重点打造金融、电子商务、数据分析、行业预警等专业模块，加强与各设区市综合窗口服务平台和产业窗口服务平台的合作，建立上下互联互通、资源共享的平台网络，提高协同服务能力和资源配置效率。二是按照国家工信部的要求，开展“扶助小微企业专项行动”。整理汇编有关支持小微企业发展的政策文件，修改完善工业园区产业集群发展专项资金、中小企业发展专项资金使用办法，重点扶持科技型中小微企业、拟上市企业和有潜质成为小微企业创业园龙头的企业。鼓励中小企业与大专院校、科研机构加强合作，构建政府引导、中小企业共同参与的协同创新平台，研发运用共性技术和关键技术。三是推进企业信息化建设，促进“两化”融合。搭建软件企业与制造企业合作机制，推广先进管理软件，引导企业在研发设计、流程管理和产品销售等环节广泛运用信息技术，提高企业的生产管理和技术装备水平。四是帮助企业开拓国内外市场，组织企业参加中小企业博览会、农产品加工业博览会等全国性的专业展会，有重点的组织中小企业参加国际专业会展。加强同上海等发达地区的合作，举办江西“专、精、特、新”产品展示展销活动。五是积极参与实施农业部“南米北面”工程，加强与山东、山西、河南等地面制品企业的对接合作，提高江西米制品中小企业的知名度和影响力，打造一批主食加工业品牌企业。

（四）积极破解中小企业融资难题

以实施中小企业诚信工程为突破口，进一步完善中小微型企业投融资服务体系。一是探索开展中小企业信用示范区建设。按照省政府《关于在全省工业园区创建中小企业信用示范区的实施意见》（赣府厅发［2012］39号）要求，会同省政府金融办、人民银行南昌中心支行、江西省银监局，在各地自愿申报的基础上，选择吉泰走廊、赣县经济开发区、奉新工业园区3个区域开展试点，共同打造中小企业信用示范区。二是开展诚信中小企业评选活动，探索建立企业诚信档案和企业数据库，实行差别化的信贷优惠政策，营造全社会支持企业诚信的良好氛围。三是创新担保模式，选择产业集群度较高的工业园区、小微企业创业园进行试点，依法依规探索建立由信用担保机构牵头，中小微型企业自愿加入、金融机构参与的互利合作组织，通过票据发行、信用贷款、设备租赁、联合担保等融资形式，引导企业抱团发展。四是进一步创新支持模式，用好有关专项资金，开展设备租赁贴息和政策性技改项目设备投资试点，引导中小企业开展技术改造，提升装备水平。五是利用省中小企业网络服务平台，建立网上融资超市，为企业提供“一站式”融资服务，开展常态性的“百园千企”网上政银企合作对接活动。

（五）深入推进工业园区产业集群发展

根据省政府《关于在全省工业园区推进产业集群促进集约发展的指导意见》（赣府厅发［2011］65号）要求，将园区产业集群发展同县域经济、小城镇建设有机结合，进一步优化产业结构，培育壮大产业集群，有力促进园区和城区互动发展。一是要明确园区产业定位。各地要立足于自身的产业基础、区位优势和资源禀赋，结合土地利用总体规划和城镇建设规划，进一步完善园区产业发展规划，重点培育发展1－2个产业集群，形成特色产业和核心竞争力。二是要培植龙头企业。形成产业集群，关键靠龙头企业带动。要一手抓引进，一手抓培育，在引进中培育，在培育中引进。有条件的园区，特别是高新区，要借鉴或引进先进发达地区“创业工场、创新工场”的成功孵化模式，吸引高层次创新创业人才，转化科研成果创办科技型企业，培育成为战略性新兴产业的有生力量。三是要狠抓配套，延伸产业链条，逐步实现配套零部件本地造，缩小供应半径，降低物流成本。要通过建立“配套项目库”，创造产业条件，引进龙头企业；围绕龙头企业，培育一批配套型小微企业集群。

（六）扎实开展工业园区生态建设

党的十八大把建设生态文明写入了党章，提出建设美丽中国，为子孙后代留下天蓝、地绿、水净的美好家园的要求。全省经济工作会议也提出，要大力推进生态文明建设，努力建设秀美江西，为人民群众创造更加良好的生产生活环境。因此，在推进工业园区发展中要更加重视生态文明建设，注重节能减排，注重发展质量。一是要加强自然生态保护，在工业园区开发建设过程中，要实行依山就势、因地制宜的立体式开发，充分保护原有的生态植被和自然环境，保护山水。二是要大力推进绿化提升试点，树立“还债”意识，坚持把工业园区绿化作为构建未来城镇新区的生态基础来谋划，切实抓好试点园区公共绿化、企业绿化和苗林一体化建设，为打造宜居宜业工业新区提供生态保障。三是要进一步完善生态工业园区建设有关考核奖励办法，支持工业园区进行生态化改造，支持企业节能减排，开展清洁生产。四是要严把项目准入关，控制“两高一资”项目进驻工业园区，积极培育园区生态产业，加快形成低投入、低消耗、低排放和高效率的节约型增长方式。

（七）加快发展园区新型社区

要按照城镇化的要求，进一步完善工业园区的服务功能，积极推动工业园区由企业办社会向园区办社会转变，实现园区、城区互动发展。一是要适应园区转型升级对人才的新需求和新生代农民工的新特点，建设一批集人才公寓、新市民公寓等为一体的新型社区，把新市民公寓同保障房建设结合起来，配套建设生活服务设施，留住人才，聚集人气。二是要通过政府引导，促进以企业为主体、以市场为导向，以现代物流、研发设计、融资担保、管理咨询、信息服务、市场开拓、人才培训服务为支撑的园区公共服务体系建设。三是要做好土地节约和综合利用工作，缓解土地供需矛盾，鼓励现有企业利用原有场地更新改造，提高产能，引导各地集中规划和统一建设多层标准厂房，发展综合性工业地产，打造园区工业综合体，实现由单纯的出让土地向租用土地和租售厂房转型，着力提高投资强度、提高产出水平。

（八）稳步推进园区管理体制创新

随着园区规模的扩大，工业园区管委会既要服务经济发展，又要管理社会事务，尤其是社会管理任务不断加重，目前的体制已经难以适应发展的需要。今年，要进一步理顺工业园区管理体制，提高园区工作效率，增强工业园区的组织管理、协调服务能力，保持工业园区发展的体制机制优势。一是要按照《关于规范和加强县（市、区）的省级工业园区机构编制管理的指导意见》要求，对省级工业园区管理机构设置、机构级别、内设机构等方面进行规范化管理。二是要增强园区的服务功能，重点是落实好省政府《关于进一步提升工业园区用工保障能力的实施意见》（赣府厅发［2012］64 号）文件，通过开展工业园区用工保障能力提升试点，探索园区企业员工户籍管理、住房保障、用工培训以及企业文化建设等方面的新途径，缓解工业园区用工难题。三是要稳步开展重点省级工业园区认定工作，形成全省工业园区梯级发展格局，形成激励机制。四是进一步完善工业园区考评机制，将机制创新、土地集约利用、招商引资、产业集群、生态建设、服务业发展等情况统筹纳入先进工业园区年度考评范围，建立统一规范、科学合理的园区发展评价考核体系，推动工业园区平稳较快发展。

（江西省中小企业局）

山东省

一、2012 年山东中小企业发展概况

2012 年，面对复杂的经济环境和严重的下行压力，全省中小企业紧紧围绕主题主线，牢牢把握稳中求进的工作总基调，制定和实施支持中小微企业发展的政策措施，全面开展“中小企业服务年”活动，推动中小企业实现了平稳较快发展。

全民创业兴业促进企业户数增加。全年新增 6 万户，达到 81.4 万户。其中，私企户数达到了 66.1 万户，从业人员、注册资金分别比上年增长 7.6% 和 19.9%。

规模以上中小企业主要经济指标在全国力拔头筹。销售产值、营收、利润、税金四项指标创全国第一，分别占全国的 13%、14%、15%，实现增加值同比增长 13.9%，实现营收、利税、利润，同比分别增长 20% 以上，增速超全国平均水平，超东部地区水平，超苏、浙、粤，超全省全部规模以上企业。

小微企业稳步增长。2012 年，规模以下小微工业企业达到 13 万户，从业人员达到 279.5 万人；实现主营业务收入 5290.8 亿元，同比增长 16.6%；税金总额达到 212.9 亿元，同比增长 3.1%（上年增速为 17.5%）；规模以下工业实现增加值 2117.7 亿元，同比增长 10.2%。

表 1　2012 年我省与全国、江浙粤的主要经济指标增速比较

省市	企业数		主营业务收入		利润总额		税金总额		从业人员		销售产值	
	个	亏损面（%）	累计	同比（%）	累计	同比（%）	累计	同比（%）	万人	同比（%）	累计	同比（%）
全国	324665	11.96	545972	14.27	33945	14.09	19546	16.43	6129	2.38	554473	16.6
江苏	42665	13.14	70784	13.57	4452	18.01	2546	19.36	731	1.82	70863	14.8
浙江	34521	14.1	41271	3.47	1959	-4.02	1367	5.25	564	-3.57	41581	5.8
广东	37205	15.46	52975	4.81	2762	8.73	1743	7.14	912	-3.72	54028	11.7
山东	35981	5.51	71154	19.54	4683	22.72	2608	22.03	592	0.31	73563	20.0

2012 年与 2011 年同期增长比较

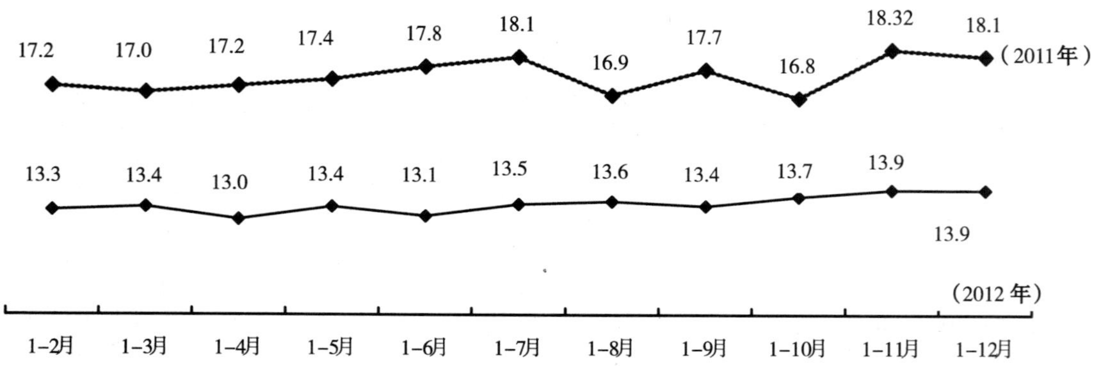

图 1　增加值增速与 2011 年比较

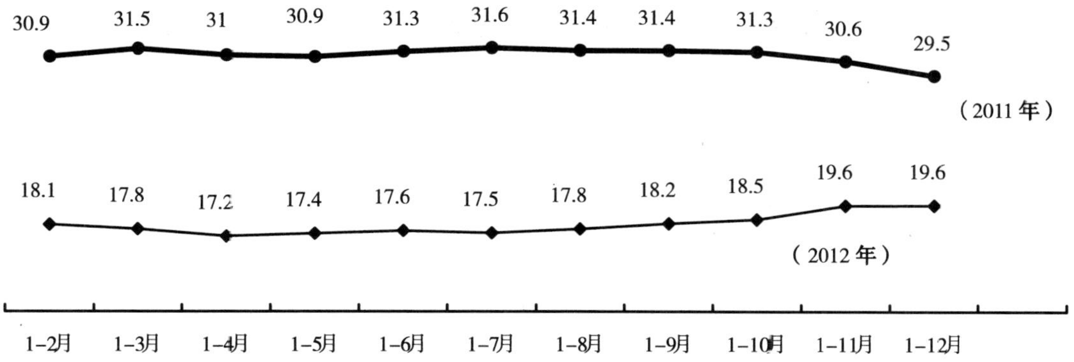

图2 营收增速与2011年比较

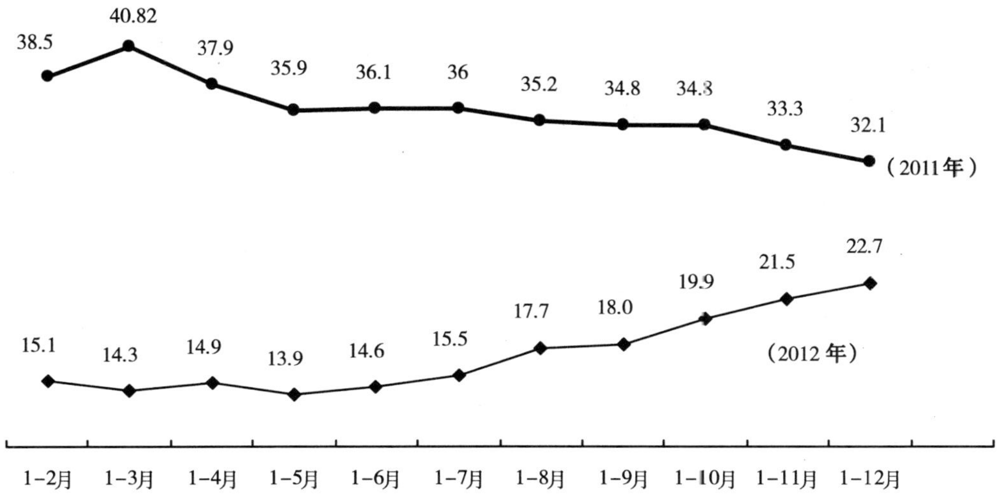

图3 利润增速与2011年比较

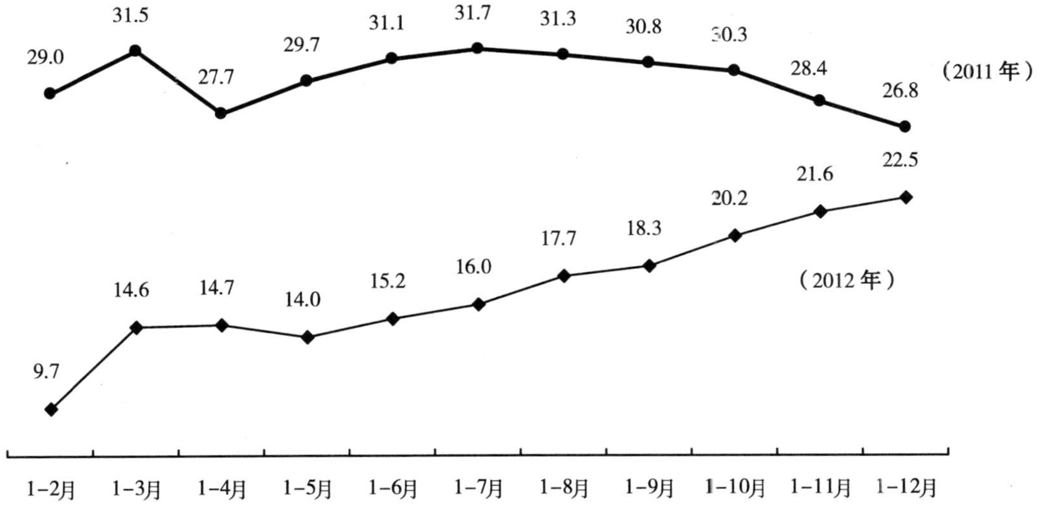

图4 利税增速与去年比较

二、2012年主要工作

(一)抓政策落实,促发展环境优化

为进一步支持小型微型企业健康发展,2012年4月19日,国务院发布了《关于进一步支持小型微型企业健康发展的意见》([2012]14号文件,以下简称《意见》)。7月9日,山东省人民政府出台了《关于贯彻国发[2012]14号文件进一步支持小型微型企业健康发展的实施意见》,相关措施共计31条,提出从加大财政支持力度、为小微企业减税减负、加大融资支持与服务、加强公共服务等10个方面帮扶小微企业。明确了我省小微企业发展的三大

目标：加快实现由粗放发展向小而精、小而专、小而特的转变；推进全民创业兴业，形成小微企业“铺天盖地”发展新局面；加快产业集群壮大提升，增强小微企业配套能力。力争到2016年，全省小微企业达到100万家，容纳就业1000万人；其中，科技创新型小微企业达到1万家，1000个产品成为自主品牌，3000家企业实现“一企一技术”；打造100个由大企业引领的，年营业收入过200亿元的高等级产业集群，形成一批为之配套的小微企业群，尽快形成三次产业小微企业协调配套发展的新格局。省直有关部门相继出台具体意见，形成了配套的扶持政策。省财政厅出台关于加大财税扶持力度促进中小企业健康发展的22条意见，安排省级中小企业发展专项资金1.3亿元；省工商局推出“零首付”登记，为全省创业者释放300多亿元的创业资金；税务部门提高小微企业增值税、营业税起征点至国家规定最高限，每年可为28万户小微企业和个体工商户减税9亿元。各市地也出台了一系列配套措施，改善中小微企业发展环境，加大扶持力度，促进中小微企业健康发展。11月12日，省政府召开全省落实小型微型企业政策工作会议，会上，张建国副省长作重要讲话，部分落实政策好的省直部门和市地做了大会发言。由于全省各级、各部门扶持小微企业政策的到位和实施，进一步释放了企业发展活力，优化了发展环境，增强了发展动力。

（二）抓调查研究、促宏观指导及时有效

“扶持小微企业发展政策落实情况调研”和“扶持小微企业、民营经济发展的调研”是省委省政府确定的2012年度重大调研课题，省委政研室、省政府研究室、省中小企业局组成联合调研组，采取到外省考察学习、到本省实地调研、座谈讨论等多种形式，就进一步扶持小微企业、民营经济发展问题进行了专题研究。同时，专门组织了一次小微企业生存状态及发展诉求问卷调查，调查区域涵盖了全省14个市50多个县（市、区），涉及第一、二、三产业内的10多个重点行业，共收集有效问卷457份，形成了《关于扶持小微企业发展政策落实情况调研报告》，《关于进一步扶持小微企业、民营经济发展问题研究》，受到省委、省政府领导的充分肯定，姜大明省长做出重要批示。省中小企业局开展了小微企业金融、财税政策贯彻情况专题调研，并向工信部报送了山东省《关于小微企业优惠政策落实情况的调研报告》，该《调研报告》被工信部以“第103期工业和信息化部信息”报送中共中央办公厅、国务院办公厅和中央财经领导小组办公室。通过深入的调查研究，为各级领导准确把握和预判全省中小企业发展形势，加强宏观指导，制定相应政策措施提供了重要依据，为帮助中小企业积极应对严峻的经济形势，保持稳定快速发展发挥了积极作用。

（三）抓“转、调、创”，促转型升级

一是积极组织全省千项重点技术改造项目中的200个中小企业项目。从中央、省专项资金中安排1.08亿元扶持了204个重点项目，共拉动投资63.3亿元，拉动贷款21.76亿元，新增产出能力206亿元，达产后新增利润28.2亿元，税金12.8亿元。二是广泛开展“一企一技术”创新活动。2012年，新认定省级“一企一技术”研发中心97家，“一企一技术”创新企业141家。省、市两级共有“一企一技术”研发中心和企业共计826家。为推进这项创新活动开展，在潍坊召开了现场推进会；安排国家和省专项资金近1000万元扶持了35个一企一技术和企业研发中心项目；2012年“研发费用税前加计扣除”计划，共安排60家“一企一技术”研发中心、71个研发项目、研发费用总额30558万元，并在税务部门备案，其中有37家“一企一技术”研发中心享受政策支持，加计扣除额达到2893万元，占年计划的9.5%，实现了零的突破。2012年，全省中小企业开发新产品1万多种，用先进技术装备取代淘汰落后设备（生产线）1万多台套。三是开展合同能源管理和设备融资租赁试点，组织合同能源管理试点项目26个、设备融资租赁项目15个。四是抓质量、树品牌、育名牌，开展中小企业“品牌建设年”活动。省中小企业局组织重点培育品牌316个，在山东卫视、大众日报宣介品牌260个，在11个市25个县（市、区）设立了30个省级产业集群的户外标志牌，加大品牌宣传力度。

（四）抓产业集群，促集聚发展

一是继续集约资金、集中扶持重点产业集群。省中小企业局切块安排省专项资金4000万元，支持4个市8个产业集群32个项目，总投资17.9亿元，项目达产后可新增销售收入65.3亿元，利税2.06亿元。到2012年底，全省年销售收入过10亿元的产业集群达到393个，其中，过50亿元的238个、过100亿元的136个、过200亿元的47个。二是建立产业集群公共服务平台重点项目储备库，初步审定110个项目入库。三是加强跟踪调度。财政支持过的产业集群“一月一调度”、省级重点产业集群“半年一调度”，覆盖全省的产业集群和特色产业镇的数据报送制度基本建立完成。四是排出了130个产业强镇名单进行重点支持和培育，在资金扶持上优先安排，推进城镇化进程。

（五）抓融资和市场开拓服务，促经济平稳运行

一是融资服务取得新突破。为破解融资贵，与省银监局联合组织39家金融机构为5512家高成长性、信用良好中小企业2012年新增优惠利率贷款授信523亿元。融资渠道进一步拓宽，发行中小企业集合票据8支，为30家中小企业融资23.4亿元，发行数量和融资规模均居全国第一位；抓拟上市重点企业培育辅导，今年12家中小企业境内外上市，占全省新上市公司的92%。信用担保体系建设加快推进。认定了第二批信用良好中小企业1272家。争取国家担保专项7470万元、安排省级专项3200万元，对103个担保机构实行奖补，有7家担保机构获批免征营业税，开展了担保机构创星升级活动，组织了一系列担保业务培训、赴台考察、担保高峰论坛等活动。二是市场开拓成效明显。组织近300家企业参加了第九届中博会、2012年专精特新展洽会、全国农产品加工业投资贸易洽谈会、第七届APEC展洽会等多个展览展会，能够有效统计的成交合同和意向近60亿元。我省组织参加的展览展会均获得了最佳组织奖。三是点面结合加强经济运行监测、预警和分析。我们制定了“中小企业快报表”制度，编印了《规模以上工业企业统计年鉴》、《规模以下小微工业简明资料》，建立了2120家重点监测直报企业，每月上报汇总1万多个数据，通过对数据变化动态的分析，及时有效的把握了运行态势和加强预警。

（六）抓“百千万”活动，促中小企业管理提升

在全国率先开展中小微企业管理提升“百千万”活动，切块安排专项资金600万元对30家管理咨询机构给予奖补。去年，参加管理提升活动的企业达2318家，实现管理提升的企业有2135家；组织了60家咨询机构进入468家企业，完成管理咨询合作项目461个；通过考核评比，有30家企业升级为“精细化管理样板企业”，有50家被评为“管理提升优秀企业”。

（七）抓服务平台建设，促服务体系发展

一是加快推进公共服务平台网络建设。我省是全国第一批、第一个开通运行的省级中小企业公共服务平台网络，现已有8个市级窗口平台、14个产业集群窗口平台投入使用，并与省平台互联互通。其中，10家平台被认定为省级中小企业公共服务示范平台，有8家被认定为国家中小企业公共服务示范平台。二是加快发展专业化服务机构。按照《山东省中小企业服务机构认定管理办法》，首批认定了100家山东省中小企业服务机构。以政府购买服务方式，安排省专项资金2800万元、争取国家服务体系专项资金150万元，对服务业务予以财政补助。三是开展“中小企业服务年”活动，启动了十项专项行动。2012年培训中小企业管理者3万人，近三年累计培训11万人，超额完成三年10万人的培训目标。其中，开展的“巡回大讲堂”活动，就培训了1万余人。法律服务方面，组织全省律师为中小企业提供法律咨询服务1.3万次，协助企业起草内部文件3800余件，为4000余家中小企业完成了法律体检，发现解决问题8300余件；免费印发建议书、风险防范手册2.8万余册，免费开展讲座培训1450场次，制定完善危机处理预案等法律文书5700余件。政策宣传服务方面，在《山东卫视》推出“中小企业做精做专，推动经济转型升级”系列报道。在《大众日报》组织了“小微企业不能不知道的好政策”的宣传，在《山东通讯》推出“进一步支持小型微型企业健康发展”专栏。创业辅导服务方面，认定了第七批省级创业辅导基地25家，培育小企业1052家，安排就业34220人。认定第一批100名省级创业辅导师，为创业者提供创业指导服务。

（山东省中小企业局政策调研处）

河南省

2012年，在省委、省政府的坚强领导下，全省上下坚持“四个重在”（重在持续、重在提升、重在统筹、重在为民）实践要领，抢抓中原经济区建设重大战略机遇，齐心协力、克难攻坚，全省中小企业和民营经济保持了平稳运行、较快增长态势，经济总量增长迅速，整体实力不断提高，社会贡献日益突出，在全省经济社会发展中的地位和作用不断提升。

一、2012年中小企业及民营经济基本情况和特点

截至2012年底，全省中小企业达41.63万家，比上年增加1.55万家，同比增长3.89%；从业人员1152.65万人，比上年增加37.11万人，同比增长3.33%；增加值15697.14亿元，同比增长18.55%；总产出50819.53亿元，同比增长17.51%；营业收入49332.49亿元，同比增长16.09%；实交税金1438.2亿元，同比增长11.48%；利润总额5242.24亿元，同比增长19.75%；出口交货值966.79亿元，同比增长31.82%。

全省民营经济单位数达278万家，比上年增加1.16万家，同比增长0.42%；从业人员2171.59万人，比上年增加90.87万人，同比增长4.37%；增加值20433.51亿元，同比增长13.43%；总产出66416.24亿元，同比增长15.81%；营业收入64844.48亿元，同比增长14.8%；实交税金1808.13亿元，同比增长14.18%；利润总额7155.54亿元，同比增长16.34%；出口交货值1062.45亿元，同比增长32.77%。主要呈现出以下特点：

（一）规模总量扩张迅速

2012年，全省中小企业总数突破41万家，民营经济增加值首次突破2万亿大关，均创历史新高。中小企业和民营经济贡献了全省55%的地方财政收入、58%的出口交货值、68.5%的GDP、70%以上企业技术创新和80%以上新增就业，占全省企业总数的98%以上，社会贡献进一步凸显。中小企业和民营经济随着规模总量的迅速扩张，已成为构建现代产业体系的重要组成部分、扩大就业的主要途径、促进科技创新最活跃的生力军，在国民经济发展中发挥着越来越重要的作用。

（二）产业升级明显加快

通过实施产业结构升级工程、技改提升工程，有效推动了全省中小企业和民营经济产业升级。近几年，仅扶持中小企业的发展资金和技术改造资金就达15亿元，拉动投资300个亿，推动了全省中小企业技术改造。目前，规模以上中小工业企业1.88万家，占全省规模以上工业企业数量的90%；实现工业增加值9771.43亿元，占全省中小企业增加值的62.25%。初步形成了具有较强竞争力的产业结构，已成为调整和优化经济结构的重要推动力量。加快淘汰落后产能和节能减排，从2010年起三年共淘汰落后产能涉及540家企业，淘汰落后生产线923条，关闭污染和技术落后小企业385家。一大批中小企业、民营企业的产品结构正从低档次、松散型

逐步向系列化、群体化方向转变，并逐渐注重品牌塑造和科技创新，传统优势产业得到了全面提升，整体结构趋向合理。

（三）集群集聚成效明显

2012年，全省各类产业集聚区、工业园区、中小企业集中区共达305个，入驻中小企业33446个，比上年增长4.73%，从业人员358.35万人，同比增长1.88%。产业集聚区内中小企业实现增加值5326.34亿元，总产出21029.12亿元，营业收入20191.76亿元，利润总额1579.86亿元，分别同比增长22.45%、19.67%、9.74%和9.85%。产业集聚区入驻企业数量不断增加，从业人员、产值、利润同步提升，辐射和带动作用进一步增强，集聚和关联效应进一步显现，形成产业发展新格局。

（四）创新能力不断增强

目前，全省中小企业拥有各类科研人员达13.11万人，同比增长5.47%；科研经费投入253.89亿元，同比增长11.62%；中小工业企业科研项目共计8672个，同比增加318个，增长3.81%。其中获得专利项目数5315个，同比增长2.09%。中小企业获国家名牌产品331个，省名牌产品673个。全省中小企业新产品研发项目数3808个，同比增长40.31%。各类新技术、新产品生产增加销售收入1264.85亿元，同比增长29.03%。企业技术创新能力的不断提高，成果转化良好，为经济发展提供了有力支撑。

（五）民间投资快速增长

近年来，全省民间固定资产投资额占全省城镇固定资产投资额的比重逐年增加，2012年全省民间投资完成1.69万亿元，同比增长26.7%，占全省投资的比重为80.8%，同比提高2.2个百分点。全省民营企业500万元以上固定资产投资新开工项目14170个，完成投资额10769.88亿元，同比增长17.12%。新增固定资产6160.52亿元，同比增长15.55%。各类项目的建成投产推动了全省经济和社会发展，为经济发展增添新的活力和后劲。

（六）经济运行态势平稳

2012年，受需求不足、成本上升等因素影响，全省中小企业、民营经济高开低走，下行压力较大，上半年呈现逐步下滑趋势，到第四季度各项指标企稳回升，总体上呈现出缓中趋稳、稳中有升的态势，保持了平稳较快发展。全年中小企业增加值增幅为18.55%，民营经济增加值增幅为13.43%，分别高出全省工业增速8.4、3.3个百分点；全省中小企业利润同比增长19.75%，民营经济利润同比增长16.34%，在全国近半数省份利润下降的情况下保持了增长。

二、存在的主要问题和困难

（一）企业总量依然不足

2012年，河南省每千人拥有中小企业数为4.16家，不足全国平均数的一半；每万人拥有民营经济单位数278家，仅为全国平均数的73.5%，实现增加值与发达省份仍有较大差距。

（二）发展质量依然不高

企业规模普遍较小，中小企业中小微企业的比例高达94%以上；传统产业企业，资源型企业和初加工企业多，专精特新企业少，现代服务业和新兴产业比重低；创新能力弱，人才匮乏，产业小而散、集而不群的问题仍带有普遍性。

（三）经营形势依然严峻

主要是三高三难：大多数中小企业在生产经营中，用钱是高利贷，用工是高成本，用料是高价格；融资难、招工难、用地难的问题仍是普遍现象。与去年同期相比，大部分中小企业经营成本较去年上涨30%以上，利润空间受“多重挤压”，导致很多企业处于微利生产，甚至亏本经营。尤其是四大传统优势行业，如化工、有色、钢铁、纺织服装行业，产能过剩明显，生产经营依然困难，转型升级任务繁重。

三、2013年全省中小企业经济发展趋势判断

从外部环境看，随着“欧债危机”和美国“财政悬崖”的初步缓解，2013年世界经济运行将会缓慢复苏，国际贸易形势也会稳步回升。外部经济贸易形势好转，有利于国内经济向好发展态势，中小企业外部环境将有所改善。从国内经济走势看，去年四季度以来，制造业PMI逐步上升，出现扩张态势。2012年我国GDP同比增长7.8%，经济下滑态势得到初步遏制。从我省情况看，一是优势行业和高成长行业占工业比重逐步扩大，产业集聚区产值占工业比重越来越高。随着集聚程度提高，规模效应、聚集效应、溢出效应等产业集聚效应将会逐步发挥。二是总的需求结构出现优化态势，中小企业出口额保持高速增长，外向化程度不断提高，成为我省外贸出口重要支柱。

综合分析，2013年虽然宏观环境不确定、不稳定因素依然很多，但国内外形势变化并没有改变我省中小企业发展的基本面。随着党的十八大提出加快推进新型城镇化及《中原经济区规划》进入实施阶段，给我省中小企业带来广阔的回升空间和发展动力。预计2013年我省中小企业、民营经济发展的趋势仍将总体向好，有望保持平稳增长的势头。

四、2012年所做主要工作

2012年，为促进中小企业、民营经济持续健康发展，我省主要开展了如下工作：

（一）注重在建立中小企业服务长效机制上下功夫。一是建立政府服务长效机制

2012年3月份，河南省政府成立了由陈雪枫副省长任组长，19个省直部门领导为成员的河南省促进中小企业发展工作领导小组，建立了部门联席会议制度，逐步形成了政府领导负责、部门分工明确、

责任到位、合力扶持中小企业发展的良好局面。二是构建社会化服务体系。按照“政府引导、公共服务带动、社会服务广泛参与、协同发展”的思路，整合社会服务资源，积极培育发展面向中小企业的社会化服务机构，在全省开展了中小企业公共服务平台网络建设调研，研究制定了全省中小企业公共服务平台网络建设方案并获得工信部批准。上报并获工信部批准5家国家中小企业公共服务示范平台认证。

（二）注重在贯彻落实中小企业发展政策上下功夫

以国发〔2012〕14号颁布出台为契机，把认真抓好国家和省促进中小企业发展政策的落实工作作为重要内容。一是广泛宣传贯彻。为让广大中小微企业及时学习政策、了解政策、掌握政策、运用政策、用足用好政策，我省对近年来国家和省颁布的各项惠企政策措施进行了梳理、汇总，编印了《中小企业发展政策汇编》《中小企业政策百问百答》和《小微企业税收指南》。在全省开展了“送政策进万企”活动，深入产业集聚区和中小企业开展送政策、讲政策大巡讲和专题培训活动，积极营造全社会支持促进小型微型企业发展的浓厚氛围。二是制定配套政策。以贯彻落实国发〔2012〕14号文件精神为宗旨，针对我省小型微型企业发展中的突出问题，制定下发了《河南省人民政府关于进一步促进小型微型企业健康发展的若干意见》（豫政〔2012〕81号）。从财政扶持、税收优惠、降费减负、融资支持、市场准入、创业创新、市场开拓、企业管理和公共服务等方面，提出促进小型微型企业发展的政策措施，为小微企业发展提供了良好的政策环境。三是认真抓好落实。豫政〔2012〕81号文件下发后，为抓好贯彻落实工作，明确部门分工，省政府办公厅下发了《落实豫政〔2012〕81号文件进一步促进小型微型企业健康发展重点工作部门分工方案》。同时，把促进小型微型企业发展列入各级政府年度考核范围，对各地、各部门贯彻落实工作进行督导检查和绩效考核，确保各项政策落到实处。

（三）注重在优化中小企业发展环境上下功夫

坚持把优化中小企业发展环境作为促进中小企业发展的重要内容，一是进一步优化政务环境。全省统一开展了以转变政府职能，转变工作作风，提高行政效能，提高公务员素质为内容的“两转两提”活动，从进一步规范行政行为入手，实行公开政策规定、公开办事内容、公开服务程序、公开时间要求的行政服务公示制度，进一步规范了各部门的服务承诺、首问负责、限时办结等工作制度。严格执行涉企“十不准”规定，严肃查纠“四乱”、“四难”、“吃拿卡要”等行政不作为、乱作为问题。二是组织开展企业减负专项行动。以减轻中小企业特别是小微企业负担为重点，组织开展了企业负担专题调研，出台了《河南省2012年减轻企业负担工作实施方案》，在全省开展中小企业减负专项治理活动。三是积极营造崇尚创业、创业有功的良好氛围。河南省工业和信息化厅与河南电视台共同创办了《河南中小企业》电视专题栏目，积极宣传中小企业政策法规、创业典型和企业先锋，以“政策解读，支持小微企业意见”、“服务企业，我们在行动”、“经济大省背景下的河南中小企业透视”、“支持小微企业，河南先行之力”、“ 创业典型和企业先锋”等系列报道，努力营造有利于中小企业发展的良好氛围。

（四）注重在解决中小企业面临的突出问题上下功夫

一是下大力解决融资难问题。①组织开展驻豫银行业金融机构“小微企业金融服务月”活动，共帮助小微企业获得贷款3501.35亿元，比去年增加743.12亿元。②组织实施中小企业千家“小巨人”信贷培育计划。在全省选择1000户成长型中小微企业，通过建立企业名录、开展财务辅导、实施信用培植、设计融资方案、优化信贷审批等政策措施进行信贷培育，帮助826家企业获得了贷款支持，贷款余额达192.77亿元。③组织开展银企对接活动。采取省市结合、政企联动、银企联手、银担合作与小贷互动的方式，联合全省各商业银行、融资性担保公司、小额贷款公司与中小企业贷款融资项目进行系列对接活动。分别于7月份和9月份，在全省组织开展了两次大型银企系列对接会。同时，分区域、分行业举办专项银企对接会共105场。共推荐中小企业贷款项目7300余个，签订贷款合同2400亿元。带动了全省各类金融机构为15719家中小企业授信7275亿元，签订贷款合同4253亿元。④开设网络融资服务平台。将中小企业、互联网、融资服务三个要素有机结合，做到与银行系统的全流程实时对接。截至2012年底，与40余家银行业金融机构、担保公司及中介服务机构建立了合作关系，放贷企业290家，放贷总额7亿元。⑤积极发挥以政策性担保机构为主体的省、市、县三级融资性担保体系主体作用，共为12391家中小企业提供担保余额540.22亿元。⑥积极稳妥地推进小额贷款公司试点工作，鼓励和引导其扩大对中小微企业的服务，共为36541家中小企业发放贷款173.01亿元。二是下大力解决用地难问题。鼓励小型微型企业主要通过购买或租赁标准化厂房等方式解决生产经营和发展用地。将小型微型企业用地纳入各级年度土地利用计划，依托产业集聚区规划建设小企业创业基地，发挥中小企业发展专项等政府性资金的引导作用，重点支持小企业创业基地建设和创业兴业项目。三是下大力解决用工难问题。①完善企业用工服务平台。全省普遍建立了就业服务机构与辖区内小型微型企业固定联系制度，根据企业需求适时安排招聘活动，为企业用工服务。活动开展至今，全省共组织中小企业专场招聘活动3520场次，帮助企业招聘人员122万人。②大力推动校企合作。以企业为主体，职业院校为基础，采取学校教育与企业培养相结合、政府推动与社会支持相结合的技能人才培训体系，开展校企合作，支持学校将实训基地设在产业集聚区企业，为企业培训输送技术员工，引导企业员工到职业院校对口接受技能培训。③组织开展网上百日招聘。河南省工业和信息化厅组织河南网积极参与工业和信息化部、教育部联合举办的“全国中小企业网上百日招聘高校毕业生活动”，与中小企业网总站合作，开辟了“百日招聘河南专场”，共组织1000余家企业成功参与了网上招聘活动，提供就业岗位13000余个，组织企业数和提供就业岗位数均稳居全国第一。

（五）注重在提升中小企业内生素质上下功夫

一是实施企业人才素质提升工程。采取政府资金引导和企业自主参加相结合，依托高等学校和优质社会培训机构，实施“中小企业经营管理领军人才”培训计划，“中小企业经营管理骨干人才”培训计划、“中小企业中层经营管理人才”培训计划和小微企业“创业培训计划”。分别与北京大学、清华大学、复旦大学、浙江大学、厦门大学等高等院校组织了中小企业领军人才高级研修班培训，有近500名企业董事长（总经理）参加培训。全年培训中小企业经营管理骨干人才3000人次；培训中小企业中层经营管理人才1.5万人次；开展小微企业创业培训及中小企业员工技能培训3万人次。二是实施“数字企业”建设工程。在全省开展“数字企业”建设活动，为5000家中小企业进行了细化需求分析、产品匹配和联合调测，其中4000家中小企业成功建设为“数字企业”。三是实施技术改造提升工程。充分发挥产业政策和政府资金的引导作用，大力组织实施中小企业技术改造、淘汰落后产能和信息化助推工程，引导中小企业从一般加工制造、批发零售等传统行业，向高新技术产业、现代服务业、现代农业等领域扩展，不断优化产业结构，提高产业层次。

（六）注重在帮助中小企业开拓市场上下功夫

为应对宏观市场需求不足，经济下行压力对中小企业生产经营带来的不利影响，采取了多项措施，帮助企业开拓市场。一是积极推动大型企业与中小企业分工协作和产销对接。组织开展了2012年河南五大产业链产销对接活动。全省钢铁、装备（汽车）、煤电铝、纺织服装、光伏五大产业链的458家企业参会，签定对接合同（协议）367个，签约金额757.35亿元。二是联合百度公司，实施助推中小企业市场开拓“翔计划”。利用百度搜索营销服务平台优势，为全省中小企业提供成本低、见效快、效益好的百度推广服务。组织举办中小企业电子商务培训25场次，培训企业4826家、培训人员6486人次，免费为1013家中小企业建立了电子商务营销网站，有825家中小企业通过百度搜索营销服务平台开拓市场，打开了产品销路。三是组织企业参加第九届中国中小企业博览会。组织50家企业300余人参展参会，通过参展，共有11家企业与102家客商签订了供货合同，有7家企业找到代理商，其中35个项目当场签订了代理合同，意向协议金额4.28亿元，合同金额达3.61亿元；达成合作投资协议51个，合同金额达6.13亿元。

（河南省工业和信息化厅中小企业服务局）

湖北省

一、2012年中小企业发展情况

（一）市场主体不断壮大

截止2012年底，全省市场主体总户数达到255万户，增长16.48%；企业总户数50.93万户，比上年增加4.42万户；规模以上工业企业达到11230户，比上年净增1312户，中小企业快速成长，市场主体发展壮大。

（二）经济效益稳步提高

2012年，全省规模以上中小工业企业实现主营业务收入18717亿元，同比增长26.1%；实现利润912亿元，同比增长26.6%；税金总额543亿元，同比增长29.7%，经济效益保持在较快增长区间，为全省“稳增长”作出了重要贡献。今年1～2月，全省规模以上中小工业企业实现主营业务收入2805.1亿元，同比增长21.5%；实现利润124.8亿元，同比增长24.4%；税金总额78.3亿元，同比增长18.5%，实现平稳开局。

（三）社会贡献更加突出

经初步核算，2012年，以中小企业为主体的全省民营经济实现增加值11805.95亿元，同比增加1815.04亿元，按可比价格计算，比上年同期增长14.8%；占GDP的比重为53.1%，比上年提高了2.1个百分点，对全省GDP的贡献率达到60.6%。

（四）产业结构更趋优化

中小企业向专、精、特、新发展，积极与大企业协调配套，不断优化企业组织结构，从传统领域向基础设施、装备制造、高新技术、新型服务等领域拓展，有利推动了产业结构调整升级，我省轻工业比重进一步提高，轻重工业结构调整为34.6:65.4，中小企业已成为我省战略性新兴产业和现代服务业的主体。

（五）服务体系逐步健全

全省中小企业服务体系建设取得明显进步，融资担保体系建设发展迅速，公共技术服务平台逐步完善，中小企业公共服务平台网络建设稳步推进，创业基地与培训机构规范发展，省、市、县三级互联互通的中小企业服务体系框架初步建成，为中小企业服务的质量和水平不断提高。

（六）发展后劲进一步增强

中小企业不断加大研发和技改投入，改进装备、改善工艺、提升水平，全省中小企业和县域企业完成技术改造投资占全省完成技术改造投资的90%，成为全省技术改造和技术创新的生力军，转型升级步伐加快，发展后劲进一步增强。

二、2012年所做的主要工作

（一）着力改善中小企业发展环境

一是召开全省民营经济工作会议。认真做好省委省政府召开的全省民营经济工作会议各项筹划工作，调研起草并提请省政府出台了《关于大力推动民营经济跨越式发展的意见》，报请省政府同意，出台了《全省民营经济发展“十二五”规划纲要》，会上还表彰奖励了一批创新能力强、发展速度快、管理水平高、企业信用好、社会贡献大的优秀民营企业，进一步营造了竞相服务和支持民营经济发展的良好氛围。

二是加大国家和省惠企政策的落实力度。做好《国务院关于进一步支持小型微型企业健康发展的意见》的落实，特别是积极协调相关部门，做好税费减免政策的落实，支持各地出台配套实施意见。加大政策宣传力度，编印《中小微企业政策百问百答》免费发放给全省中小微企业，在省内媒体开设《帮扶中小微》专栏，解答中小微企业和创业者的各类政策咨询，让中小微企业尽快知晓政策、掌握政策，帮助他们用足、用好政策。

三是持续开展治乱减负专项行动。针对中小企业反映突出的涉企收费问题，协调相关部门重点整治了行政许可、行政审批前置性和强制准入规定的中介收费等企业反映强烈的涉企收费问题，进一步减轻企业负担。省级行政审批事项减少23%，成为全国最少的省份之一。中小企业发展的政策环境、市场环境、创业环境、成长环境、服务环境和舆论环境不断改善。

（二）着力推动中小企业创业兴业

一是优化创业环境。各地坚持将推进全民创业作为增强中小企业发展活力的重要途径，认真落实国家支持创业和扶持小微企业的政策措施，出台配套政策，加大财税支持力度，着力缓解融资困难，不断优化创业环境，推动全民创业工作向更广领域、更深层次、更具创新能力方向发展。

二是营造创业氛围。积极营造“想创业、敢创业、能创业”和崇尚成功、宽容失败的舆论氛围，各地广泛开展“十佳创业人物”“十佳创业导师”“全民创业示范基地”等评选活动，树立创业典型。武汉市还持续开展了“创业十佳巡回演讲”“全民创业大讲堂”“全民创业赶集会”等活动，积极营造全民创业的良好氛围。

三是强化分类指导。按照“一手抓大企业培育、一手抓中小企业成长”的要求，突出支持小微企业创办、加快发展规模企业、大力培植龙头企业，加强对中小企业分类指导，促进了小企业快速成长和骨干企业发展壮大。切实抓好“成长工程100户重点培育企业”“100户重点企业技术改造示范工程”“100户两化融合试点示范企业”等重点培育工作，形成民营经济加快发展，大中小企业协调配套的发展格局。

（三）着力推动中小企业结构调整升级

一是推进传统优势产业改造。围绕实施“两计划一工程”，支持和引导传统产业改造升级以及新兴产业的培育发展，推动传统产业新型化，新兴产业规模化。编制发布了《湖北省2012年技术改造投资项目导向计划》，引导中小企业技改投入，中小企业成为全省技术改造投资的生力军。

二是推动中小企业技术创新。引导创新要素向企业聚集，推动以企业为主体的创新体系建设。推动各类技术中心、工程中心和重点实验室建设，加强授牌共性技术研发推广中心跟踪考核和管理。成功承办了第八届产学研合作项目洽谈会，合作与交易成果丰硕，会上签订正式合同项目333个，项目总投资169亿元，技术交易额8.2亿元。

三是引导中小企业集聚发展。加快园区建设和产业集群培育，支持中小企业围绕大企业配套协作，努力形成中小企业“专精特新”竞相发展的新格局；会同有关部门用好县域财政专项资金，支持县域重点企业加快发展；用好产业集群发展专项资金，支持了67个成长型重点产业集群发展；实施重点产业集群动态管理，促进了重点产业集群加快发展，过百亿元的产业集群达25家，中小企业集聚度进一步提高。

四是提升中小企业信息化水平。召开“两化”融合工作现场会，组织“两化”融合试点交流会，突出抓重点、抓应用、抓示范，实施“两化”融合试点示范工程和中小企业信息化应用推广工程。

五是淘汰落后产能和推进节能减排。全面履行牵头部门职责，按照“严格、严肃、严厉”的要求高位推进淘汰落后产能工作，淘汰落后工作平稳有力有序，涉及11个行业的63家企业（生产线）落后产能全部淘汰。组织开展能耗对标活动，开展能效限额管理；推进节能技术改造，淘汰了一批能耗水平高、污染物排放量大的工艺和技术。大力发展循环经济，推行资源节约与综合利用，推进再制造产业发展。

（四）着力缓解中小企业融资难

一是银企合作进一步深化。与人行武汉分行和湖北银监局建立了银行贷款和中小企业发展情况通报制度，及时掌握融资动态；积极向金融机构推荐符合国家产业和环保政策，有市场、有技术、有发展前景的企业和项目，定期发布年度各银行拟支持省重点中小企业名单。各地通过多种形式的银企合作促进会、对接会、洽谈会、中小企业融资园区行等活动，积极搭建银企合作平台，银企合作进一步深化。

二是融资服务进一步改善。全省金融机构加大对中小企业支持力度，大力实施中小企业信贷客户培植工程，银企合作的深度和广度不断拓展。同时，各金融机构创新中小企业融资产品和服务模式，不断推出适应中小企业发展的产品与服务，金融支持中小企业的力度不断增强。截至2012年末，全省中小企业贷款余额7163亿元，占全省贷款余额的37.64%，占比高于上年同期2.96个百分点，增幅20.4%，高于全省贷款增幅3.21个百分点。有力支持了中小企业发展。

三是担保实力进一步增强。各地把加大担保体系建设作为缓解中小企业融资难的重要手段，积极培育和发展担保机构，切实加强对担保机构的监管工作，持续开展担保行业风险排查与防范工作，在规范中推进担保体系健康发展。积极争取国家相关部门的支持，去年我省共有36家担保机构获中央财政7200万元支持，居全国前列。2012年末，全省

415 家担保机构总资产 498 亿元，净资产 430 亿元，注册资本 414 亿元，注册资本、资产总额分别是 2009 年的 6.2 倍和 4.5 倍；年担保总额超 50 亿元的担保机构 4 家、担保总额超 10 亿元的 27 家；全省融资性担保机构为 2.14 万家企业提供担保 1074 亿元，年末在保余额 799 亿元，为缓解中小企业融资难做出了积极贡献。

（五）着力提升中小企业服务水平

一是推进中小企业公共服务平台网络建设。大力推进以中小企业公共服务平台网络建设为重点的服务体系建设，在现有省、市、县三级中小企业服务体系基本框架的基础上，统筹建设面向产业、贴近企业、集聚资源、集成服务、省级服务平台与市州和重点产业集群各服务平台间互联互通、资源共享的平台网络。同时，积极争取国家支持，中央财政分 3 年无偿支持我省 5000 万元平台网络建设资金，目前，各平台建设正在稳步推进。

二是培育一批中小企业示范服务机构。以融资担保、创业辅导、技术咨询和人才培训为突破口，以各级中小企业服务中心建设为重点，扎实推进全省中小企业社会化服务体系建设。培育了一批省级创业示范基地、担保示范机构、培训示范机构，创建了一批国家和省级技术创新服务示范平台和综合服务示范平台。武汉市中小企业服务中心等 9 家服务机构被评为“国家中小企业公共服务示范平台”。

三是积极开展中小企业服务年活动。广泛开展以“服务企业、助力成长”为主题的中小企业服务年活动，全省经信系统组织近 1000 名机关干部深入近万家企业协调解决发展难题，组织开展“融资行”“专家行”“院校行”“中小企业信息化楚天行”“创新中国行”“送政策、送服务、送温暖——中小微企业解难帮困服务行”等系列活动 100 余场。四是培育领军民营企业家。与省委组织部一道，首次在民营企业中实施湖北省重大人才工程“123”企业家培育计划，每年选拔 50 名年龄不超过 45 周岁，具有本科以上文化程度发展潜力大的民营企业董事长或总经理进行重点培养。首批培养人选遴选工作在社会上引起广泛关注，我们本着公开、公平和公正的原则，确定了 44 名培养人选，先后组织他们参加亚布力中国企业家论坛夏季高峰会和全省民营经济工作会议等活动，进行集中培训，直接聆听省主要领导的报告，与全国知名企业家和专家学者交流，帮助企业家开拓了视野；还结合我委工作职能，对企业家所在企业给予政策和项目支持，促进了企业发展。

三、存在的主要问题

与兄弟省市相比，我省中小企业规模较小，产业层次偏低，多数处在生产链前端和价值链的中低端，传统行业占比 70% 以上，产能过剩行业多；产品结构不优，初（粗）加工、技术含量低的大路产品多，终端产品少，叫得响的品牌少，且同质化现象突出，产品结构与需求结构不相适应；竞争力不强，自主创新能力弱、发展方式粗放，技术装备水平和管理水平较低的问题依然明显。同时，社会化服务体系有待进一步建立健全，创业辅导、信用评价、技术服务、人才培训、信息咨询、市场营销和法律援助等方面的社会中介组织仍有待进一步发展和完善。

四、2013 年工作安排

（一）进一步加大政策落实力度，大力推动小微企业发展

一是做好扶持政策落实。贯彻落实国务院《关于进一步支持小型微型企业健康发展的意见》以及省政府《进一步促进全省中小企业发展的意见》和《大力推动民营经济跨越式发展的意见》等政策措施，围绕降低门槛、拓宽领域、改善环境以及小微企业结构性减税、信贷倾斜等政策措施，加大落实协调和督导力度，推动政策落实。

二是积极鼓励创业兴业。进一步完善创业激励和推动机制，真正形成政府鼓励创业、社会支持创业、民众积极创业的良好氛围，加强创业引导，注重鼓励和引导创业者进入战略性新兴产业领域，优化新创办中小企业结构。要大力推进创业基地建设，逐步建立覆盖县域、城区的创业孵化基地和服务体系，不断提高孵化能力和水平。

三是切实减轻中小企业负担。深化行政审批制度改革，从源头上减轻企业负担。推动建立中小企业减负长效机制，建立和完善省、市、县三级非公企业维权投诉中心。持续开展涉企收费专项治理，规范收费行为，降低收费标准。

四是开展“扶助小微企业专项行动”。把支持小微企业发展作为今年中小企业工作的重点，按照工信部的统一部署，以“扶助小微、转型成长”为主题，在优化小微企业创业环境、成长环境上下功夫，扎实开展好“扶助小微企业专项行动”。要认真落实《全省扶助小微企业专项行动实施方案》，突出解决小微企业发展难题；要集聚服务资源，集成服务手段，为小微企业提供及时便捷的服务，并努力形成长效机制；要重点培育和发展一批创新型、创业型和劳动密集型小微企业，积极支持和引导小微企业加快技术进步、提升管理水平，不断提高整体素质，切实增强抵御市场风险的能力。

（二）坚持专精特新发展方向，加快中小企业转型升级步伐

一是强化与大企业的配套协作。围绕全省支柱产业及 75 个重点成长型产业集群发展，引导中小企业与大企业、大集团的协作配套，走“专、精、特、新”的发展路子。发挥大企业、主导产品的辐射带动作用，努力形成一批专为制造业大企业和工业集成产品配套零部件的小型微型企业群，尽快形成大小企业互为依托、交相呼应、协调配套发展的新格局。

二是改造提升传统优势产业。集中力量抓好一批投资大、对提高品种、质量和工艺技术水平具有带动作用，对推动传统产业改造升级、优势产业优势发挥具有突破带动作用的共性技术和关键技术改造项目，加大争取国家项目申报对接力度。做好以信息化改造和提升传统产业工作，使信息化成为中小企业结构调整和转变发展方式的重要途径和手段。

三是推动中小企业技术创新。加强共性技术研发推广中心的管理和扶持，支持由企业牵头组织、产学研相结合的创新团队，推动以企业为主体的创新体系建设，推动共性技术研究和成果应用。借助节能减排和产业政策约束机制，引导中小企业退出高消耗、高污染行业，更多地进入高新技术产业，进入生产性服务业，进入劳动密集型和农产品深加工等领域。

四是大力发展战略性新兴产业。支持中小企业重点发展或配套发展装备制造、食品、电子信息、船舶和海洋工程、医药、资源循环利用等重点产业和现代服务业，抓好一批重点项目投资建设，培育和打造一批新的骨干企业。

（三）做好重点扶持和分类指导，促进大中小企业协调发展

一是扎实推进中小企业成长工程，完善年度考核激励和通报制度，抓好责任落实和跟踪检查，及时通报进度情况，确保完成全年新增1000家规模以上工业企业目标任务。

二是重点扶持一批市场潜力大、发展前景好的小企业，使其尽快成长为规模以上企业。

三是加强对销售过亿元中小企业的协调服务，搞好生产要素协调，及时解决企业发展难题，帮助破解发展瓶颈，促进一批中小企业尽快跃上5亿、10亿元台阶。

四是继续抓好重点企业培育试点示范工作，做好“成长工程100户重点培育企业”“100户重点企业技术改造示范工程”“100户两化融合试点示范企业”的示范工作，实行动态管理，通过重点扶持、试点示范、科学引导，培育一大批有实力、有潜力、有竞争力的中小企业，使之成长为核心竞争力强的行业龙头、产业骨干。

（四）加快推进服务体系建设，提高服务中小企业能力水平

一是推进公共服务平台建设。按照政府搭建平台、平台集聚资源、资源服务企业的工作思路，以省级枢纽平台和32个市州窗口平台建设为重点，加快推进中小企业公共服务平台网络建设，通过努力，基本形成信息畅通、功能完善、服务协同、资源共享、供需对接便捷、具有较强社会影响力的中小企业服务体系骨干架构，为中小企业提供找得着、用得起、有保证的服务。

二是做好公共服务示范平台创建工作。继续开展示范服务平台评选认定工作，通过评选认定一批业绩突出、信誉良好、公信度高的省级示范服务平台，培育一批“国家中小企业公共服务示范平台”，发挥示范带动作用，促进服务体系建设。

三是成立中小企业服务联盟。配合扶助小微企业专项行动的开展，以服务中小企业特别是小微企业为重点，整合各类社会专业服务资源，建立服务联盟，以定期和不定期方式，开展多种形式、多个专题的服务活动。

（五）健全担保体系深化银企合作，缓解中小企业融资困难

一是推进担保体系建设。按照做强一批、规范一批、淘汰一批的工作思路，加强担保行业监管，提高担保机构资质和信用水平，推动担保体系建设。积极争取国家专项扶持，重点支持实力强、经营规范、诚实守信的担保机构加快发展，鼓励担保机构建立业务联盟，成立担保集团，做大担保业务，扶持和培育一批年担保额过50亿、过100亿的担保公司和集团。

二是继续深化银企合作。做好经常性对接，组织专门性的对接活动；推动银企合作产品创新，积极推进中小企业公共网络服务平台融资服务应用系统建设，推动银企担网上合作对接；会同金融部门组织开展金融机构创新产品网上展示活动，促进金融机构与中小企业建立互信合作的新型融资关系；拓展融资渠道，协调落实对接成果，提高对接实效。

（六）加强人才培养推动管理创新，着力提升中小企业素质

一是大力培育领军民营企业家。继续实施“123”企业家培育计划，继续做好首批培养人选的专家结对指导、高级学位攻读、考察挂职学习、政策项目支持等培育工作，启动第二批培养对象的遴选工作，力争用几年时间，造就一批具有战略思维、品牌意识、开拓精神、创新能力和社会责任感的企业家队伍，引领企业不断发展。

二是指导企业加强内部管理。指导和帮助具有一定规模的企业按照《公司法》要求，完善法人治理结构，通过创新机制，创新管理，创新方法，夯实管理基础，建立健全现代企业制度。

三是支持各类信息运营服务机构为企业提供信息化服务。支持各类信息运营服务机构创新服务模式，为中小企业提供电子政务、电子商务、市场营销等信息化服务，提升中小企业信息化管理水平。

四是指导中小企业抓好安全生产工作。切实落实企业主体责任，加强源头预防、现场管理和隐患排查，不断改善劳动者作业条件，提高中小企业安全保障能力和企业本质安全水平。

（湖北省经信委中小企业发展处）

湖南省

一、2012年中小企业和非公有制经济发展情况和主要特点

（一）发展速度较快

2012年，我省中小企业和非公经济保持平稳健康发展。截至2012年末，我省共有中小企业20.22万户，比2011年增加1.73万户，增长9.4%，占全省企业总数的99.8%。中小企业实现增加值

9357.91 亿元，比 2011 年增长 14.1%；完成各种税收 1311.43 亿元，比 2011 年增长 18.2%；吸纳从业人员 650.04 万人。2012 年，全省非公经济实现增加值 12791.20 亿元，比 2011 年增长 13%，增速较上年同期降低 1.5 个百分点。但比全省 GDP 增速快 1.7 个百分点（年快报数）。截止 2012 年底，全省私营企业达 24.89 万户，注册资金 8032.93 亿元，分别比 2011 年增长 13.6% 和 28.7 %。个体工商户 168.04 万户、注册资金 951.06 亿元，分别比 2011 年增长 9.4% 和 23.6%。

（二）产业结构逐步优化

一、二、三产业协调发展。2012 年，全省非公经济三次产业结构比为 6：56.4：37.6。这些年来，非公经济和中小企业从一般加工制造等传统领域向基础设施、战略性新兴产业、高新技术产业、生产性服务业等行业扩展，发展领域遍布几十个行业。中小工业企业集聚发展趋势明显。近年来，越来越多的中小工业企业进入集群发展模式，已形成了长沙工程机械、汽车零部件、电子信息、生物医药、株洲轨道交通、衡阳特高压输变电设备、娄底精品钢材、郴州数码、浏阳花炮、醴陵陶瓷、双峰农机等一批具有区域特色的中小企业产业集群。另外，中小企业已经成为科技创新的主力军，约 70% 的发明专利，80% 以上的企业技术创新和新产品开发来自中小企业。

（三）贡献、作用和地位日益突出

一是成为全省经济的强力支撑。2012 年，我省非公经济实现增加值占全省 GDP 的 57.7%，比 2008 年提高 1.7 个百分点。全省中小企业完成增加值占全省 GDP 的 42.2%，比 2011 年提高 0.7 个百分点。非公经济和中小企业已经成为我省经济中最具活力的增长点。二是成为财税收入的重要源泉。全省中小企业实缴税金占全部企业税收的 59.8%。三是成为劳动力就业的主要渠道。全省中小企业从业人员占全省全部企业从业人员的 83.1 %，中小企业和非公经济已经成为提供就业岗位，促进社会稳定和谐的重要力量。

二、存在的主要问题

（一）市场需求萎缩，订单不足

2012 年，受宏观经济环境影响，市场需求萎缩成为影响中小企业发展最为突出的问题。存在企业订单减少、开工不足、产品库存积压等现象。特别是产能过剩行业以及受国家房地产调控政策等因素影响的行业更为明显。工程机械、建材、冶金、纺织、造纸等行业市场均不景气。

（二）生产要素成本持续上升

主要表现为：用工成本高，涨幅达到 30% 左右，有的高达 50%；资金流面临较大压力，因订单减少，产品销路不畅，企业库存产品积压增多，库存产品资金高额占用。另外，为大企业配套的中小企业，因大企业的拖欠和付款方式的弊端，配套企业资金压力增大；原材料成本上涨，涨幅高于产品出厂价格上涨幅度；融资成本高；用电及运输成本上升。

（三）企业税负较重

近年来国家采取了一系列措施减轻中小微企业负担，深受企业拥护和欢迎。但仍有很多企业反映税负较重，国家对小型微型企业的减免税负政策仍然存在一些亟须解决的问题。主要体现为：一是减免力度微弱，二是减免认定程序复杂，三是申报减免办理成本高。此外，还存在“包税”和征收“预缴税”、“过头税”的现象。

（四）融资难问题依然突出

主要表现在 3 个方面：一是贷款难。中小企业规模小、实力弱，抵押物不足，加上部分中小企业管理和诚信上的原因，以及银信部门体制问题，小微企业很难获得银信部门的贷款。二是融资成本高。小微企业得到的贷款，基本上都在基准贷款利率上浮 20% 以上，利率负担远高于大中型企业。加之各种费用，小微企业的实际融资成本超过 12%，最高的达到了 36%。三是融资渠道单一。中小企业融资主要以银行贷款为主，而票据、信托、股权、基金等直接融资较少。

三、主要工作

2012 年，全省上下深入贯彻落实促进中小企业和非公经济发展的政策措施，各级党委、政府及相关部门结合自身职能，加大工作力度，加强扶持和服务，着力优化发展环境，共同促进非公经济和中小企业平稳健康发展。主要做了以下工作：

（一）出台了促进中小微企业发展的政策文件

2012 年，湖南省出台了一系列促进中小微企业和非公经济发展的政策措施。2 月 3 日，省政府出台了 1 号文件《湖南省人民政府关于切实改善企业运营环境促进工业经济平稳较快发展的若干意见》（湘政发〔2012〕1 号），从加大资金支持力度、推动全民创业、完善中小企业服务体系等 3 个方面加大对中小微企业的扶持力度。《国务院关于进一步支持小型微型企业健康发展的意见》（国发［2012］14 号）文件出台后，湖南省迅速出台了实施意见。6 月 10 日，《湖南省人民政府关于进一步支持中小微企业发展的实施意见》（湘政发［2012］18 号）出台。18 号文件是我省首个专门针对中小微企业发展出台的政策性文件，不仅出台快，而且措施实，力度大。在财政资金、政府采购、信贷支持、创业注资等方面，都出台了实实在在的具体措施，提出了量化的指标，不仅含金量高，且具有可操作性。比如，省中小企业发展专项资金，在年初出台的省政府 1 号文件中，已经增加 2000 万元，在不到半年时间出台的 18 号文件中，又明确增加 2000 万元，并将贷款贴息资金全部合并，总额将达到 1.6 亿元。

（二）推动财税政策逐步落实

落实国务院 14 号文件和省政府 18 号文件的相关财税政策逐步兑现。在资金支持方面，2012 年，分 4 批下达了省中小企业发展专项资金 5950 万元，扶持中小企业“百千万”成长工程“小巨人”计划、“创业”计划企业和中小企业服务项目324个。同时，争取国家中小企业发展专项资金6296万元，扶持企业和服务项目108个，有力地推动了我省中小企业转型发展。同时，各相关部门在安排扶持资金时，都把非公经济和中小企业作为扶持重点，加大支持力度。在税收政策方面，湖南省增值税、营业税起征点提高到国家规定幅度的上限。2012年全省共有12.71万户个体工商户因起征点上调而免征增值税，共计减收增值税4.02亿元。营业税起征点上调后，70%以上的个体工商户及部分小微企业享受到免税政策。2012年共为1.7万余户小型微利企业减免2011年度企业所得税3700余万元。在减轻企业负担方面，湖南省明确除国家规定的免征收费项目外，还将网络文化经营许可证收费等10项省级设立的行政事业性收费同时纳入免征范围。2012年对18.4万余户小微企业免征发票工本费近976.6万元，对11万余户纳税人减免税务登记证工本费159.6余万元。同时，积极开展有关减负和规范收费行为的活动。如，减轻企业负担专项行动；“规范贷款行为、科学合理收费”专项治理活动等。

（三）缓解非公经济和中小企业融资难取得新进展

采取积极措施，推动金融机构加大对非公经济和中小企业融资的支持力度。一是加大对小微企业的信贷支持。全省金融机构进一步完善小微企业信贷管理服务机制，创新小微企业信贷产品和服务方式，扩大对中小企业的信贷投入。2012年末，全省中小微企业贷款余额6016.1亿元，占全部企业贷款的比重达58.4%；全年新增中小微企业贷款1007.4亿元，占全部新增企业贷款总量的78.4%。二是加快担保体系建设。通过资金补助，免征营业税等方式，引导中小企业信用担保机构加大对中小微企业的贷款担保支持。截止2012年底，全省融资性担保机构发展到194家，比上年增加35家；注册资本金总额208亿元，比上年增长18%。其中，开展中小企业信用担保业务的担保机构99家，全年累计为15813户中小微企业提供贷款担保573亿元，同比分别增长20%和22.7%。三是小额贷款公司快速发展。积极稳妥推进小额贷款公司试点工作，探索成立省小额贷款公司。截至2012年末，全省有小额贷款公司120家，注册资本78.85亿元，开业以来累计发放贷款310亿元，其中“三农”和中小企业贷款占比61%。四是创新融资服务平台。建立了中小企业网上融资超市，开通了网上融资超市园区服务站；积极推进中小企业集合票据、集合债券、集合信托计划的发行工作；积极举办中小企业融资服务对接会、旅游投融资合作洽谈会、战略性新兴产业发展银企合作洽谈会等多项融资服务对接活动。

（四）实施中小企业“百千万”成长工程，推动转型升级

2012年，开始实施中小企业“百千万”成长工程，即从2012年至“十二五”末，全省每年培育新增营业收入过4亿元的大企业100户以上，新增营业收入过亿元的中型企业1000户以上，新创办小型微型企业30000户以上。一方面加大对创新型、创业型和劳动密集型中小企业的支持力度。结合“百千万”成长工程的实施，进一步加大对“三型”中小企业技术改造、技术创新的资金支持和服务的力度。另一方面，大力推动创业工作。创业扶持资金不断增加。除了中小企业发展专项资金有一部分用于支持初创企业和创业基地之外，我省还设立了大学生创业专项扶持资金、创业孵化基地专项扶持资金、省青年创业基金会等。加强创业基地建设，省经信委会同相关部门，研究制定大力推进中小企业创业基地建设的政策意见。积极开展创业活动，组织了创业培训、创业巡讲、“创富大赛”等活动，营造浓厚的创业氛围。

（五）深入开展中小企业服务年活动

2012年，按照“服务企业、助力成长”的主旨，深入开展中小企业服务年活动，为企业送政策、送服务、送温暖。组织机构和工作机制上，一是成立了中小企业服务年活动领导小组。二是由省经信委、省财政厅等相关部门组成了7个服务工作组，深入到市州、企业现场调研，解决企业发展的实际困难。三是形成了上下联动的工作机制，各市州、县积极响应，精心组织，深入开展相关活动。服务活动上，在政策服务、投融资服务、转型升级服务、管理提升服务等方面，开展了一系列特色活动，收到了很好的效果。开展了“送政策到企业”活动、融资服务进园区活动、管理提升级竞赛活动等。

（六）进一步加强中小企业公共服务体系建设

一是启动了省中小企业公共服务平台网络建设。二是加强培训服务。组织了中小企业银河培训，北大、清华民营及中小企业家研修班等培训活动。省人社厅、省金融办、省住建厅、省农业厅等单位也结合各自职能，在创业、融资、提升管理水平等方面，组织了非公经济和中小企业培训活动。三是搭建市场开拓和合作交流平台。积极开展产需对接合作活动。如，开展了在建工程与装备制造企业、政府采购与省内相关企业、新材料产业对接等一系列产需对接合作活动。举办非公经济和中小企业产销洽谈会。省经协办会同省中小企业局、省乡镇企业局组织了2012湖南中小微型企业产品产销洽谈会。全国30个省区68个营销采购代表团参会，全省近1000家中小微生产企业参加展览，展出各类名优特新产品4000多种。共签约产销合作项目910个，合同协议资金454亿元。充分展示了湖南省中小微企业“专、精、特、新”的特点，有力推动了“湘品出湘”。同时，相关部门积极组织非公经济和中小企业参加国际中小企业博览会、APEC中小企业技展会、民营经济投资洽谈会、名特优农产品拓展市场合作洽谈会等活动，帮助企业开拓市场。

（七）加强对非公经济和中小企业目标管理考核

一是开展了2011年度市州非公经济目标管理考核奖励工作。二是进一步完善非公经济和中小企业考核奖励办法。在非公经济目标管理考核奖励办法的基础上，将中小企业发展经济指标和工作情况也纳入了目标管理考核的范围，进一步完善了考核奖励办法。

（湖南省经济和信息化委员会）

广东省

一、2012年广东省中小企业民营经济发展情况及主要工作

2012年，面对外需疲软、内需不足的国内外经济环境，我省中小企业、民营经济发展面临较大下行压力，发展速度有所放缓，经营效益有所下滑，但是随着国家和省一系列扶持政策的落实，我省中小微企业、民营经济发展逐月向好。

（一）中小企业发展情况

生产增速快于全省平均。2012年1～12月，全省规模以上中小微工业企业实现工业增加值12021.56亿元，同比增长8.9%，较全省规模以上工业增加值增速快0.5个百分点，较2012年5月最低增速3.8%已回升5.1个百分点。其中，全省规模以上小型工业企业实现增加值5417.49亿元，同比增长13.3%，较全省规模以上工业企业增加值增速快4.9个百分点。

销售增速快于全省平均。2012年1～12月，全省规模以上中小微企业实现营业收入50766.53亿元，同比增长7.3%，较全省规模以上工业企业营业收入增速快2.3个百分点。我省监测的1324家中小企业，营业收入同比增长11.02%，出口交货值同比增长8.06%。

利润增速快于全省平均。2012年1～12月，全省规模以上中小微企业实现利润总额2642.32亿元，同比增长10%，较全省规模以上工业企业利润增速快7.6个百分点；中小微企业亏损面为15.6%，较2012年11月下降1.9个百分点，为2012年的最低值。我省监测的1324家中小企业，利润总额同比增长1.06%，企业亏损面为17.9%。

但是，一些关系中小企业健康发展的关键问题没有明显改善，存在显著的“三高”问题。

税费负担仍然较高。2012年1～12月，全省规模以上中小微工业企业应缴税收1585.64亿元，同比增长8.1%，较全省规模以上工业企业税收增速快3.5个点；我省监测的1324家中小企业，应缴纳税同比增长30.3%。

融资成本仍然较高。2012年1～12月，全省规模以上中小微工业企业利息支出357.59亿元，同比增长18.4%，较全省规模以上工业企业利息增速快4.2个百分点。

用工成本继续升高。2012年1～12月，全省规模以上中小微工业企业用工人数减少3.6%，应付职工薪酬同比增长13.6%；我省监测的1324家中小企业，应付职工薪酬同比增长28.03%。

（二）民营经济发展情况

2012年，广东省民营经济共完成增加值29319.97亿元，同比增长9.1%，占全省GDP的比重为51.4%，增速较全省GDP增速快0.9个百分点，对全省经济增长的贡献率高达55.9%。其中，第一产业2798.78亿元，第二产业13188.68亿元，第三产业13332.51亿元，分别同比增长3.9%、10%和9.2%。

民营企业数量继续增加。至2012年底，全省民营经济单位数突破500万，达502.16万个，比去年同期增长7.2%，其中个体工商户（361.91万户）和私营企业数（125.62万户），比去年同期分别增长3.9%和13.3%，数量继续分别居全国第一位和第二位。

民营工业较快发展。2012年，全省规模以上民营工业完成增加值8606.28亿元，同比增长11.96%，较全省规模以上工业企业、国有控股企业、外商及港澳台企业工业增加值增速分别快3.56、4.62和6.28个百分点，占全省规模以上工业增加值比重为39.1%。

民营经济贡献突出。2012年，全省民营经济从业人数达2924.11万人，同比增长1.7%；全省民营经济上缴税收6467.82亿元，较去年同期增长22.5%。2012年，全省民营企业进出口2870.9亿美元，同比增长19%，占全省进出口总额的29.2%，其中，全省民营企业出口1814.95亿美元，同比增长20.9%；全省民间投资达10177.28亿元，较去年同期增长22.5%，占全省固定资产总投资的比重为52.7%。

与此同时，我省民营经济发展还存在以下一些突出问题。

民间投资渠道较为单一，基础性行业投资深度不足。2012年，广东民间投资主要集中在制造业和房地产业，比重分别为34.4%和43.1%，而金融业、信息传输、软件和信息技术服务业等现代服务业民间投资总额占投资的比重还不到4.0%。一些基础性、垄断性的行业如电力、燃气及水的生产和供应业、金融业、信息传输、软件和信息技术服务业、卫生和社会工作等民间投资额占行业固定资产投资额的比重不高，分别为12.1%、8.9%、8.4%、19.8%。

民营经济产业层次不高，经济效益相对偏低。2012年广东个体工商户主要集中在批发和零售业、制造业、居民服务和其他服务业、住宿和餐饮业，四大行业单位数346.95万个，占全部个体工商户的比重为95.9%。私营企业主要分布在批发和零售业、制造业，两大行业单位数76.17万个，占全部私营企业单位数的比重为60.6%。在金融业、信息传输、计算机服务和软件业、教育、卫生、文化、体育和娱乐业等现代服务业领域，民营企业涉足较少。同时，以规模以上民营工业为例，2012年广东规模以上民营工业企业增加值劳动生产率为15.5万元/人，低于全省规模以上工业的16.0万元/人，更远远低于国有及国有控股企业的50.4万元/人。

二、2012年扶持中小微企业、民营经济发展的主要措施及成效

近年来，围绕贯彻落实国发新36条及国发14

号文，省委、省政府采取一系列差别化政策，营造中小微企业健康平稳发展的环境，对技术含量高、市场前景广、发展潜力大、扩张能力强的高成长性中小企业予以重点扶持。我省中小企业特别是高成长性企业显现出蓬勃生机和旺盛生命力，不仅经受住国际金融危机的考验，实现恢复性增长，而且着眼长远发展，进一步强化技术创新，人才、技术、研发能力和自有品牌等优势，不断加快转型升级，全力向“专精特新”发展。

（一）政策环境进一步优化

2012年省政府相继出台《2012年扶持中小微企业发展若干政策措施》（粤府〔2012〕15号）、《广东省中小微企业综合服务体系建设的实施意见》（粤府〔2012〕52号）、《关于支持中小微企业融资的若干意见》（粤府〔2012〕17号）、《关于加快专业镇中小微企业服务平台建设的意见》（粤府〔2012〕98号）和《关于印发鼓励和引导民间投资健康发展实施细则的通知》（粤府〔2012〕100号），对民营经济中小企业进行全方位支持，促进平稳健康发展。

（二）政策落实进一步到位

实施了创新帮扶中小企业和落实民企招商成果两个行动计划。开展全方位、多角度的宣传解读，在广州、湛江、阳江、顺德、江门、中山、茂名、汕头等地举办了10多场政策解读会，在省政府门户网站进行了在线专访，组织南方网推出专栏《56条观察》，在媒体上设置政策解读专版专刊，形成《广东省中小微企业政策百问百答》宣传册，共计解答100个问题，及时发布权威信息，广受企业欢迎和热评。开展全省民营经济工作考核，重点加大中小微企业的减负力度。2012年通过提高营业税起征点约为195万户个体工商户及其他个人减负近17.8亿元，减免社会保险、检验检疫等涉企费用超过37亿元。

（三）民间投资潜力进一步释放

跟踪落实联合全国工商联举办广东与全国知名民营企业合作发展共促转型升级大会签约成功，164个重点签约项目履约率达79.3%，其中70%以上投资于战略性新兴产业、传统产业转型升级和现代服务业。配合相关部门举办广东省面向民间投资公开招标重大项目推介会，推出182个涵盖交通、能源、城建、社会事业、水利等领域的大项目、好项目。2012年1－12月，民间投资达10177.28亿元，同比增长22.5%，增速比固定资产投资高7个百分点，占全省固定资产投资的52.7%。

（四）企业创新能力有效提升

在全省认定和重点扶持71家中小企业公共（技术）服务示范平台和150家民营企业（中小企业）创新产业化示范基地。抓好省地共建基地、公共技术服务示范平台、创新产业化示范基地建设，推进产学研合作和高等院校、科研院所、企业技术中心开放科技资源，有效提升民营企业自主创新水平。认定和扶持200家高成长性中小企业（民营企业），在项目建设、融资服务、产业配套、技术服务、自主创新等方面进行重点扶持。

（五）融资扶持力度持续加大

推动形成省、市、县三级中小企业信用担保网络，目前全省在工商局注册的担保机构达1200家，其中纳入备案登记的310家，累计为23.5万多户中小企业担保融资5518.3亿元。推动有条件的民营企业改制上市和参与发行集合债券、集合票据、集合信托，筹集发展资金。目前全省共有境内上市公司391家，其中中小企业板上市公司161家，创业板上市公司81家，均居全国首位。广州、佛山等地已成功发行中小企业集合票据和区域集优票据。

（六）综合服务水平大幅提升

加快1个省级平台和22个产业集群窗口平台建设，认定省中小企业公共服务、创业或创新产业化示范平台（基地）500多家，形成由21个市级分网、67个县区分网组成的全省中小企业信息网络系统。目前全省共有中小微企业综合服务机构165家，综合服务机构市、县（区）覆盖率达87.6%。建立中小企业运行监测系统，监测企业达1100多家，占全国监测数的十分之一。

（七）开拓国内外市场成效显著

通过经贸洽谈会、博览会等多种方式帮助民营企业中小企业开拓市场，2012年全省共举办各类经贸洽谈促销活动190场，签订经贸合同7500亿元。成功举办2012年第9届中博会，共有34个国家和地区的客商参展参会，近24万人次进场参观、洽谈、采购。

（广东省中小企业局）

广西壮族自治区

今年以来，各级中小企业管理部门认真学习党中央十八会议精神，贯彻落实自治区党委、政府“抓大壮小扶微”的决定，紧密结合工作职责和实际，认真做好服务工作，努力完成自治区工信目标的各项任务，不断推进中小企业实现健康发展。

一、2012年中小企业发展主要成绩

针对当前复杂的经济发展环境，围绕“抓大壮小扶微”工程目标，委领导带队，分派多个工作组深入14个市调研，了解掌握中小企业面临的问题，给予有针对性的指导解决，同时做好服务工作，中小企业发展呈现出“量的增长、质的提升”。

（一）中小企业平稳发展，呈现“量的增长”

工业增长值增长。2012年全区中小企业工业增加值3884.7亿元，同比增长11.6%。

企业数量增多。为加快推进小企业上规模，各市根据自治区分解的工作目标，想方设法，努力工作，取得了较好的成效，2012年全区规模以上工业企业户数5190户，新增609户。

（二）中小企业转型初见成效，呈现“质的提升”

利税增加。2012年全区规模以上中小企业实现

利润 367.1 亿元，增长 5.6%，上交税金 325.2 亿元，增长 20.5%。

技术改造加快。2012 年重点扶持了 315 个项目中小企业项目，总投资 120 亿元，全年完成技术改造投资 890 亿元。

竞争力增强。一是一批技术含量高的产业增长速度增长，计算机、通信和其他电子设备制造业增长 35.14% 比全区增幅高 16.2 个百分点；仪器仪表制造业增长 32.6%，比全区高 13.6 个百分点；通用设备制造业同比增长 21.9%，比全区增幅高 2.9 个百分点。二是一批传统产业由于利用了先进技术改造，增长速度明显加快。纺织服装、服饰业同比增长 26.9%，比全区增幅高 7.9 个百分点；家具制造业同比增长 39.4%，比全区增幅高 20.4 个百分点；酒、饮料和精制茶制造业同比增长 24.21%，比全区增幅高 5.2 个百分点。

二、2012 年中小企业发展的主要工作

（一）紧抓政策机遇，不断优化中小企业发展环境

出台《自治区党委、自治区人民政府关于实施抓大壮小扶微工程的意见》2012 年 2 月，自治区党委、政府出台了《自治区党委、自治区人民政府关于实施抓大壮小扶微工程的意见》和《关于加快推进我区万家小型企业上规模工程实施方案》等 6 个配套文件，并将 2012 年全区抓大壮小扶微工程主要目标任务分解到各市，要求各市制定扶持措施，努力完成目标任务。各市结合工作实际，努力帮助中小企业借助政策优势打破发展困境，实现加快发展。14 个市都已出台了“抓大壮小扶微工程”的实施意见等政策性文件，从财税、融资等方面支持中小企业发展。

起草制定《广西壮族自治区人民政府关于进一步支持小型微型企业健康发展的实施意见》。今年 4 月，国务院出台《关于进一步支持小型微型企业健康发展的意见》后，自治区党委、政府高度重视。5 月 8 日，自治区党委常委、常务副主席黄道伟主持会议研究贯彻落实国发 14 号文件，会后我委根据自治区领导的批示精神，会同自治区党委政策研究室组成联合课题组，开始代自治区政府起草《关于贯彻落实国务院关于进一步支持小型微型企业健康发展的实施意见》。目前，《意见》（送审稿）已报送自治区人民政府。

成立了促进中小企业发展工作领导小组。为加强对促进中小企业发展工作的组织领导和政策协调，2012 年 5 月 31 日，自治区成立了促进中小企业发展工作领导小组。领导小组由自治区党委常委、常务副主席黄道伟任组长，自治区副主席杨道喜、高雄任副组长，成员单位有工信委、发改委、科技厅、财政厅等 16 个中直、区直部门，负责研究提出促进中小企业发展的政策建议，及时协调解决中小企业发展中存在的问题，同时加强密切配合，形成推动中小企业发展的合力。

（二）加强各方协调，破解中小企业融资难题

开展万家成长型小企业信贷扶持工程活动。自治区工信委与中国人民银行南宁中心支行于 2012 年 4 月 24 日联合下发《实施万家成长型小企业信贷扶持工程支持广西实体经济发展的指导意见》和《2012 年度广西万家成长型小企业信贷扶持工程实施方案的通知》后，5 月 21 日举行了万家成长型小企业信贷扶持工程启动仪式，19 家银行业金融机构与小型企业代表现场签订 2.1 亿元的信贷合同，并推出 2137 个企业产业项目与银行业金融机构进行对接，破解小型企业解决了融资难题。此外，指导各市开展多种形式的活动推动成长型小企业上规模。2012 年 6 月，玉林市举行了千家成长型小企业信贷扶持工程启动仪式，玉林市工信委与人民银行玉林中心支行签署了战略合作协议，8 家银行业金融机构与 8 家小企业代表签订信贷合同，总金额达 4.25 亿元。柳州市工信委、中小企业服务中心与农信社共同举办了柳州市中小企业成长项目融资扶助工程启动仪式，6 家企业与农信社签订了合计 4500 万元的信用贷款意向协议。截止目前，柳州市已帮助 144 家中小企业落实信贷资金 10 亿元以上。钦州市筛选出 117 家成长型小企业信贷扶持工程企业给予重点扶持。

为一批成长性强的小型企业解决贷款。为加快推进小企业上规模，与人民银行南宁中心支行开展融资调研，并确定了一批成长性强的“2012 年度广西首批万家成长型小企业名单”1335 家企业，争取金融机构加大对企业技术改造和流动资金信贷支持力度，对列入重点扶持的企业提供融资便利，利用贷款优惠利率、担保资金等为企业解决贷款问题。

开展政银企对接会活动。为破解中小企业融资难题，今年以来指导各市开展一系列帮助企业解难题的融资活动。各市通过组织召开融资推介会、银企专场对接会、金融租赁融资专题会、区域集优直接债务融资宣传推介会等方式为中小企业拓宽融资渠道。截止目前，全区共举办各类银企对接会 124 次，帮助 1358 家中小企业融资 198 亿元。

聘请融资顾问。自治区工信委与人民银行南宁中心支行联合聘请了第一批 19 位金融专家作为万家成长型小企业信贷顾问，对有融资服务需求的中小企业实行一对一持续跟踪服务，帮助企业设计经济有效的解决方案和建议，为企业提供个性化、差异化和精细化的融资服务，提高企业融资成功率。

向金融机构推荐诚信中小企业。为帮助中小企业通过信用评级获得更多的融资渠道和额度，全区开展向银行推荐诚信中小企业活动。南宁市与交通银行合作，为 5 家 A 级信用企业提供了 3000 万元的组合式信用贷款，同时完成了 2012 年 92 家企业的中小企业信用评级工作。钦州市开展 2012 年度诚信中小企业推荐、评审、公示工作，向市各金融机构推荐了 95 家中小企业。据统计，南宁、柳州、桂林等 14 个市共向银行推荐诚信中小企业近 2500 家。

举办融资培训班。举办中小企业融资培训班等各种形式活动，为银行业金融机构、担保机构、风险投资机构等中小企业融资服务机构提供与中小企

业面对面交流合作的机会。柳州市举办了小微企业融资实战技术培训：针对小微企业融资难、融资渠道、融资风险控制等问题，柳州市举办了小微企业融资实战技术培训，对财务、融资管理人员开展企业融资实战技术培训。

组织担保机构申报国家中小企业信用担保风险补偿资金，鼓励担保机构积极开展中小企业信用担保业务。对符合条件的信用担保机构给予风险补偿和奖励，帮助中小企业信用担保机构积极申请国家中小企业专项资金补助，调动担保机构为中小企业担保的积极性；同时动员全区中小企业信用担保机构积极为中小企开展担保，努力缓解中小企业融资难、担保难问题。

（三）狠抓工作落实，深入开展中小企业服务年活动

按照工信部的部署，我委于 4 月 20 日组织召开了全区抓大壮小扶微工程（玉林）经验交流现场会暨中小企业服务年启动仪式，要求各市从政策法规、融资、节能、技术创新、信息化、经验交流、人才推进等方面为中小企业提供一系列公益性服务。各市积极响应，各项工作进展顺利。柳州市开展了以“创新创业、转型升级、管理提升、助力成长”为主题的中小企业服务月活动；梧州市开展了结对帮扶企业活动，为市级 40 家企业存在的扩大再生产、融资、用水、用电、用地困难服务了 3593 次。北海市通过“政风行风热线”平台，认真受理企业投诉有关部门乱收费问题，整改企业发展环境。钦州市开展了“学文件、用政策、强企业”政策宣传服务，共发放 2000 多套宣传资料促使企业全面了解发展中小企业政策。其他各市也结合实际情况开展了相应的服务活动，为企业提供方便快捷的服务。

（四）推进项目建设，为中小企业转型升级注入活力

以国家中小企业发展专项资金和自治区中小企业发展专项资金为引导，支持中小企业围绕自治区“14 + 10”现代产业，以理念创新、技术装备、研发设计、工艺保障、产品标准、节能减排、经营管理等为重点，加快企业转型升级，同时狠抓项目建设的进度，加强对项目建设的管理力度，做好跟踪服务协调工作，及时与业主进行沟通，帮助协调解决存在的问题，确保项目按时开工、提前开工。督促业主加快建设进度，在保证质量和安全的前提下，鼓励业主争取超额完成投资量，力争早日通过项目验收并投产见效。

（五）借助展览平台，帮助中小企业开拓市场

参加第七届 APEC 中小企业技术交流暨展览会。认真贯彻落实自治区政府和工信部有关文件的部署，深入细致地做好参展参会的组织和筹备工作。精心挑选我区新技术、新产品、具有自主知识产权及专利技术产品和专、精、特、新等名牌产品的 63 家生产企业参会参展，技展会到会意向批发商 40 人，签定意向合同金额 2200 万元，现金销售金额 45500 元。通过展会平台积极展示我区中小企业和农产品加工企业发展成果，展示企业形象，达到宣传广西、扩大企业知名度目的。

组织企业参加第九届中国国际中小企业博览会开拓国内外市场。工信部等部门 9 月在广州举办第九届中国国际中小企业博览会。根据自治区副主席杨道喜指示组团参加第九届中国国际中小企业博览会的精神和束华主任的批示精神，我区以“抓大壮小扶微，龙头企业带动发展”为主题，重点组织汽车及零部件企业参会参展。广西政府代表团有近 300 多人参会参展，参展企业 83 家，有展展位 78 个。中博会期间，客商云集，纷纷签订合同，共签订销售合同 83 份，总金额 19 亿元。通过中博会平台，从汽车零部件到整车产业链专业展示广西工业发展的成果，促进我区中小企业与国内外先进企业交流与合作，帮助我区中小企业拓展区外市场和国际市场，推动区域间、国际间经济合作。

组织农产品加工业参加名特优农产品交易会。为扩大我区名特优农产品知名度，进一步开拓区内外市场，树立我区名特优农产品品牌，我委积极发动企业参加第二届广西名特优农产品交易会。经自治区工信委、农业厅、林业厅、水产畜牧局严格初审后，推荐至评比委员会的参评产品共 127 个。评比委员会成员对所有入选产品进行了严格的评审，经投票后共评出奖项 108 个，含金奖 36 个，银奖 72 个。其中种植类金奖 14 个、银奖 28 个；养殖类金奖 10 个、银奖 20 个；林业类金奖 4 个、银奖 8 个；其他类金奖 8 个、银奖 16 个。通过交易会平台，打响广西农产品品牌，促进广西名特优农产品销售，加快农产品加工业升级。

（六）建设公共平台，为中小企业提供优质服务

为实现全区中小企业公共服务平台网络互联互通、资源统筹、信息共享，更好地为全区中小企业技术创新提供公共支持与服务，推进中小企业信息化建设，我委召开广西中小企业公共服务平台网络建设项目工作会议，明确今后三年时间将整合和新建一批中小企业亟需的公共服务平台，建设统一形象、统一接口、统一规范、互联互通的自治区级、市级中小企业公共服务枢纽平台网络，形成“1 + 3 + 14”的广西中小企业公共服务平台网络体系，即建设 1 个自治区公共服务枢纽平台、3 个自治区专业服务窗口平台、14 个地市区域窗口平台，形成覆盖全区所有地市的中小企业公共服务平台网络；并把广西中小企业公共服务平台网络建设项目的任务分解到各市。目前，各市已上报中小企业公共服务平台网络建设方案，并积极为企业提供各类服务。

（七）加强培训辅导，提升中小企业经营管理人员素质

根据企业的需求，为帮助企业经营管理人员提高业务素质和水平，在全区 14 个市集中举办了内容丰富、形式多样的培训班。一是为中小企业经营管理人员、相关服务机构人员和行政管理人员免费举办政策法规、信用担保、产业集群、职业经理人、技术创新、经营管理人员、信息技术、中小企业信用担保机构孵化及业务操作、创办小企业等银河培训班；二是针对中小企业管理人才现状开展中小企业创业培训、中小企业融资管理培训、节能减排培训、质量兴企培训等培训班，通过举办一系列的培训班，丰富了企业的管理和技术知识，提高了企业的整体素质。据统计，全区各级中小企业管理部门共举办各类中小企业管理人才培训班110期，培训总人数超10万人。

（八）强化监测，做好镇企业和中小企业主要经济指标统计工作

按照《中华人民共和国统计法》和《全国乡镇企业报表制度》的规定，认真做好全区乡镇企业和中小企业统计工作，对属于乡镇企业和中小企业统计范围的企业进行统计，坚持实事求是，以科学严谨的态度进行统计工作，强化汇总工作；通过进一步完善乡镇企业和中小企业运行监测和统计体系建设，建立常态乡镇企业和中小企业统计体系，为我区乡镇企业和中小企业解决经济发展中的热点及面临的主要困难和问题提供可靠、可用的调查依据。同时加强对在岗统计人员特别是基层统计工作人员的综合素质培训，积极组织统计人员的培训和交流工作，进一步加强统计队伍建设。

三、2012年中小企业发展工作的主要经验和体会

今年以来，我们经济应对复杂的经济形势带来的各种困难，迎难而上，保持了我区中小企业良好的发展势头。在推进中小企业发展的过程中，积累了宝贵的经验。我们的主要体会有：一是必须认真学习党中央十八大精神，深入贯彻落实科学发展观，按照自治区党委、政府的重要指示精神和各项决策部署抓好各项工作的落实，努力推动我区中小企业加快发展，促进我区经济社会又好又快发展。二是必须狠抓政策落实，将促进中小企业发展的各项政策措施落实到位，为中小企业发展营造良好的政策环境。三是必须加快服务创新，进一步提出服务中小企业加快发展的新举措，为中小企业提供一系列有效的服务，降低门槛、放宽条件、强化服务，同时加强政策引导，全面改善服务环境。四是必须加大融资支持，采取多项措施，减轻企业负担；鼓励银行业金融机构和信用担保机构充分发挥自身的优势，加大对中小企业的信贷扶持力度，缓解中小企业融资难问题。

四、2013年中小企业发展工作计划和安排

（一）抓好政策落实

《广西壮族自治区人民政府关于进一步支持小型微型企业健康发展的实施意见》出台后，召开中小企业发展工作领导小组和各市中小企业管理部门会议，认真学习领会文件精神，督促有关部门和各市出台实施意见，同时加强密切配合，形成推动中小企业发展的合力。

（二）继续深入实施“抓大壮小扶微”工程

以项目为抓手，通过扩大一批、重组一批、引进一批的“三个一批”工作，加快推进实施“亿元工业企业工程”和“万家小型企业上规模工程”。力争到2013年底亿元工业企业达到2400家以上，增长21%以上；上规模企业户数近6500家，增长27%以上。

（三）开展中小企业服务年活动

一是定期开展企业帮扶活动。针对企业提出的困难和问题，制定切实可行的帮扶方案，及时掌握企业生产经营情况，帮助企业解决生产经营中遇到的资金、技术、管理等困难，减轻企业负担。二是根据工信部开展中小企业服务年的要求，以“服务企业、助力成长”为主题，加大力度开展中小企业服务年活动，要求各市围绕政策咨询服务、投资融资服务、创业创新服务、转型升级服务、管理提升服务和舆论宣传服务等开展活动，引导和调动各类社会服务资源参与服务年活动，为中小企业送政策、送服务、送温暖。

（四）加大力度狠抓项目建设

一是围绕自治区“14+10”现代产业体系，重点支持采用新产品、新技术、新工艺，促进产业升级的项目，通过鼓励企业进行技术改造推动一批项目上规模，提升企业竞争力。二是加强对项目建设的管理，引导各级中小企业主管部门细化对中小企业新开工项目、续建项目和计划竣工投产项目的管理，确保项目管理的连续性。加强项目建设的跟踪，及时与业主进行沟通，帮助协调解决存在的问题，确保项目按时开工、提前开工。督促业主加快建设进度，在保证质量和安全的前提下，鼓励业主争取超额完成投资量，力争早日通过项目验收并投产见效。

（五）加快中小企业公共服务平台建设

一是加快建立健全中小企业服务中心。加强与各市的沟通协调，要求还未成立中小企业服务中心的市必须在2013年底前建成，鼓励有条件的市尝试探索建立县级中小企业服务中心。二是加快推进“1+3+14”广西中小企业服务平台网络建设项目，力争到2013年底初步形成“1+3+14”的平台构架体系，即建成一个广西中小企业网络服务中心、三个自治区专业网络服务平台和十个市中小企业信息网络服务窗口，推进形成覆盖全区所有地市的中小企业公共服务平台网络。

五、对2013年全区工信工作的建议

（1）围绕十八大提出的“幸福中国”和“居民收入倍增”，建议将农产品加工列入自治区工信委支持的重点。

（2）围绕“14+10”现代产业体系，建议加大对一批项目建设的支持力度，选择一批重点项目给予政策、资金、土地等方面的扶持，加快中小企业项目建设进度。

（广西壮族自治区工业和信息化委员会中小企业发展处）

海南省

一、2012年海南省中小企业发展情况

（一）基本情况

截至2012年末，全省中小微企业约13.6万家，其中，小微企业约10.9万家，涉及34个行业门类，其中85%集中分布于批发和零售、租赁和商贸服务、建筑、房地产开发经营、农林牧渔、工业等7个行业。2012年，全省中小微企业及个体经济实现增加值1399.51亿元，占同期全省GDP总量的49.01%；创造税收511.45亿元，占全省全口径公共财政收入的66.34%；吸纳就业约138万人，占全省企业就业总数150余万人的92%。可以说，我省中小微企业在解决就业、调整分配结构、改善群众生活水平、维护社会和谐稳定、促进海南经济社会全面发展方面具有不可或缺的作用。

经过多年的发展，海南省中小微企业由早期的分散粗放型逐步向规模集约化转变，初步形成了以海马汽车为基础的汽车制造及配件产业集聚，以海口药谷为依托的医药产业集聚，以生态软件园为载体的软件和电子信息制造业产业集聚，以春光、南国为代表的椰子加工产业集聚，以翔泰、通威等为代表的罗非鱼、南美对虾等水（海）产品加工出口产业集聚等。

（二）主要问题

一是融资难、融资贵。2012年，海南全省新增中小微企业贷款382.5亿元，其中新增小微企业贷款为41.2亿元，仅占全省新增企业贷款的7.5%。相对于小微企业数量及对经济发展的作用而言，其占有的信贷资源比例实在太低，企业的融资需求远远得不到满足。

二是成本高、税负重。我省中小企业特别是小型微型企业，大多属于劳动密集型的微利企业，长期处于用工成本高、原材料价格不断上涨的困境，再加之正规税负项目较多，普遍包括营业税、增值税、所得税、土地税等10余种税收，据调查，中小企业税费比例普遍占到企业总成本10%，有的甚至超过了25%，让企业感到不堪重负。

三是规模小、分布不均、集群化程度低。我省小微企业70%以上从业人数在10人以下、资产规模100万元以下，基础薄弱，科发能力和管理水平低，且企业经营分散，集群化程度低，抗风险能力弱。据统计，我省中小企业生命周期2年左右，而全国平均在3年以上；同时还存在着行业、地区、城乡分布不平衡，海口、三亚等地发展较快，东部明显优于中西部发展。

四是服务体系不健全，发展环境亟待优化。中小企业的快速发展需要完善的社会化服务体系。而我省的中小企业社会化服务体系发展滞后、功能不健全，面向中小企业的技术创新、融资服务等社会化服务体系尚不完善，对中小企业还存在服务质量不高的问题，严重影响了中小企业的快速发展。

（三）发展趋势

未来几年，中小企业将在海南省委、省政府政策、资金、服务等多方面措施的共同作用下平稳健康发展，持续优化结构，转型升级。未来中小企业尤其是小微企业将享有更加宽松的政策环境，畅通的融资渠道和完善的社会公共服务体系，逐步实现大中小微企业间的配套合作，企业集聚化发展明显，并形成完善的产业链，进而更深入地参与国际分工，进入国际竞争，参与世界经济一体化。

二、2012年海南省中小企业工作

近年来，海南省针对中小企业的发展情况，及时出台多项政策措施，在财政扶持、税费优惠、信用担保、投资融资和机制体制建设等方面，加大了鼓励扶持的密度和力度，有力地支持了中小企业和非公有制经济发展。

（一）优化政策环境，多措并举扶持中小企业发展。

我省认真贯彻2011年国务院常务会议专门研究制定的扶持小型微型企业发展的9条财税金融政策及国发14号文件，在已有一系列支持政策的基础上，又相继配套出台了《海南省支持资本市场发展的若干政策》《海南省资本市场发展专项资金管理暂行办法》《海南省鼓励和扶持战略性新兴产业和高新技术产业发展的若干政策（暂行）》《海南省促进高新技术产业发展的若干规定》《海南省人民政府办公厅关于深入推进小额贷款公司改革发展的若干意见》《海南省促进知识产权发展的若干规定》《海南省中小企业成长性奖励资金管理暂行办法（修订）》等一系列政策措施，这些政策的出台，将从财税、金融、市场等方面给予中小企业尤其是小型微型企业更大力度的支持。

（二）加大财政资金支持力度，全力扶持中小企业发展壮大

2012年，海南省充分发挥财政职能作用，加大对企业资金的扶持力度，积极推进经济结构调整。全年共安排省产业发展引导资金和省中小企业发展专项资金等扶持资金3.95亿元，争取国家资金3.05亿元，支持中小企业特别是文化产业、战略新兴产业、现代服务业、高新技术产业发展。

在国家财政资金支持企业发展方面，一是争取国家中小企业发展专项资金以无偿资助、贷款贴息等方式，资助海南省36家中小企业4510万元项目资金。二是海南省发展和改革委员会培训中心、海南信息岛技术服务中心等4个中小企业服务机构获批国家中小企业服务体系发展专项资金90万元的服务业务项目专项资金等。

在省级财政资金支持企业发展方面，一是安排海南省中小企业发展专项资金8040万元，按照3个1%的比例（即按当年实际发生信用担保贷款额对中小企业给予1%贴息、对担保机构给予1%风险补偿、对与担保机构合作的银行金融机构给予1%奖励），鼓励和引导银行金融机构加大中小企业的信贷

支持。2012年安排财政资金8040万元，为414家中小企业担保融资25.97亿元，同比增长13.4%，年内全省中小企业贷款余额1708.1亿，占全部企业贷款余额的58.3%，其中新增中小企业贷款382.5亿元，达到全部新增企业贷款的69.9%。二是安排海南省中小企业成长性奖励资金，给予海南元创机械有限公司、海南椰国食品有限公司等5个行业43家在2012年度成长性较好的中小企业给予895万元的资金奖励并通报表彰。三是安排海南省地方特色产业中小企业发展专项资金，琼海佳泰实业有限公司建设的佳泰农产品物流集散基地等80家企业的项目获得资金扶持。四是安排海南省高新技术产业发展专项资金，海南新软软件有限公司等23家高新技术企业获得1150万元资金支持。五是安排海南省科技园区建设专项资金，共下达650万元支持10个科技园区公共创新平台、科技孵化器建设和高新项目，鼓励科技创新、成果转化应用和示范推广。此外，海南省还设立电子信息产业发展专项资金、节能专项资金等，多领域多层次共同促进中小企业的健康发展。

（三）拓宽融资渠道，缓解中小微企业融资压力

一是充分发挥财政资金对中小微企业融资担保的撬动作用，2010年至2012年，海南省中小企业发展专项资金共安排发放2.45亿元，撬动银行金融机构为中小微型企业累计提供新增担保贷款76.57亿元。省金融发展专项资金累计发放498万元，在一定程度上调动了银行机构对小微企业的信贷积极性。二是积极发展地方小型金融机构，增加中小微企业信贷资源。目前全省已成立了9家村镇银行、3家农村资金互助社、35家小额贷款公司，增加了我省小微企业金融服务的有效供给。三是推动省级信用担保平台建设，强化中小微企业的融资担保服务。2012年我省认定了7家省级中小企业信用担保平台单位，并分别向省担保公司和海口市担保投资有限公司注入资本金3000万元和4800万元，增强了其资本实力，增加了服务中小微企业的能力。四是推动优质中小微型企业直接融资。在我省相关部门的大力推动下，截至目前，共推动中小企业成功上市6家，实现上市融资68亿元、发行债券融资286亿元。

（四）构建服务体系，为中小企业开展多种形式的服务

在专项行动方面，开展海南省中小企业服务年活动。根据国家工业和信息化部2012年3月22日中小企业服务年电视电话会议精神和《关于印发中小企业服务年活动方案的通知》要求，我省将2012年定为中小企业服务年，制定了省中小企业服务年活动方案，成立了工作领导小组，并举行了启动仪式。同时，省政府从省中小企业发展专项资金中安排193.2万元，保障了中小企业服务年各项活动的顺利开展。在搭建公共服务平台方面，以海南省中小企业服务中心为核心，引导和带动各类社会服务机构和行业协会为中小微企业提供全方位社会化服务。同时，开展省级中小企业服务平台和小企业创业基地的认定工作。共认定了海南省发展和改革委员会培训中心等20家海南省中小企业公共服务示范平台单位和海南生态软件园科技孵化基地等4家海南省小企业创业基地，并在2012年全省中小企业工作座谈会上举行授牌仪式。

在开展培训方面，利用国家银河培训、“海南中小企业大讲堂”和“海南省中小企业融资大讲堂”等平台，针对性地开展中小微企业创业辅导、技术创新、经营管理、政策解读以及小企业会计准则等专题培训，帮助企业提升经营者和服务人员素质。2012年共举办37期培训班，培训人数达15000多人次。

在拓展市场方面，组团参加第七届APEC中小企业技展会和第九届中国国际中小企业博览会，根据展会组委会的安排，共组织27家企业参加两个会，企业现场销售各类产品32.7万元；签订合同项目7个，涉及金额58万元；达成合作意向27个，共计金额6868万元。我省代表团获得两个展会组委会颁发的最佳设计奖、最佳组织奖。

（海南省中小企业局）

重庆市

2012年，在市委、市政府的坚强领导下，在国家有关部委和市区县部门的大力支持下，重庆中小企业系统坚持以科学发展为主题，以加快转变发展方式为主线、以“万户中小企业成长工程”为抓手，重指导，强协调，求实效，全市非公有制经、中小企业济发展呈现稳中有进的良好态势。

一、2012年重庆市非公有制经济中小企业发展基本情况

（一）非公有制经济

2012年，全市非公有制经济产业活动单位达到131.5万个（其中，非公有制企业29.7万户，个体工商户101.7万户），比上年末新增23.2万户，同比增长21.4%；实现增加值7136.5亿元，，同比增长16.9%，占全市GDP的比重达到62.3%，较上年末0.6个百分点；实现税金1135.3亿，同比增长7.4%；提供劳动者报酬2880.5亿元，同比增长17.1%；实现利润1140.2亿元，同比增长8.9%。

（二）中小企业

2011年，全市中小企业达到33.5万户，比上年末新增6.6万户，增长24.6%；实现增加值4090.9亿元，同比增长15.6%；占全市GDP的比重为35.7%，较上年末提高0.5个百分点；新增从业人员38.9万人，达到523万人。上交税金657.2亿元，同比增长5.4%，提供劳动者报酬1650.1亿元，同比年增长16.9%，实现利润643.7亿元，同比增长7.5%。

二、运行特点

（一）创业活力持续释放，社会贡献更加凸显

在微企“1+3+3+3”及民企“1+3”政策支

撑下，2012 年是我市近年来激发民间创业活力最好的一年，全年非公有经济产业活动单位累计达到 131.5 万户，平均每月增加 1.9 万户；中小微企业累计达到 33.5 万户，平均月增加 6000 户。按行业来看，新增企业主要集中在批发和零售业（40.8%）、商务服务业（14.3%）、制造业（10.8%）、住宿和餐饮业（5.9%）、居民服务（5.3%）、信息传输、计算机服务和软件业（4.6%）等六大行业。市场主体的快速增长带动社会成效明显，全市非公经济累计吸纳从业人员 910.1 万人，提供劳动报酬 2880.5 亿元。

（二）非公经济总量上台阶，占 GDP 比重稳步提高

2012 年全市非公有制经济总量突破 7000 亿元，达到 7136.46 亿元，增长 16.9%，快于 GDP 增速 3.3 个百分点。非公经济增加值占 GDP 的比重逐年攀升，2012 年达到 62.3%，较上年提高 0.6 个百分点（见图 1）。

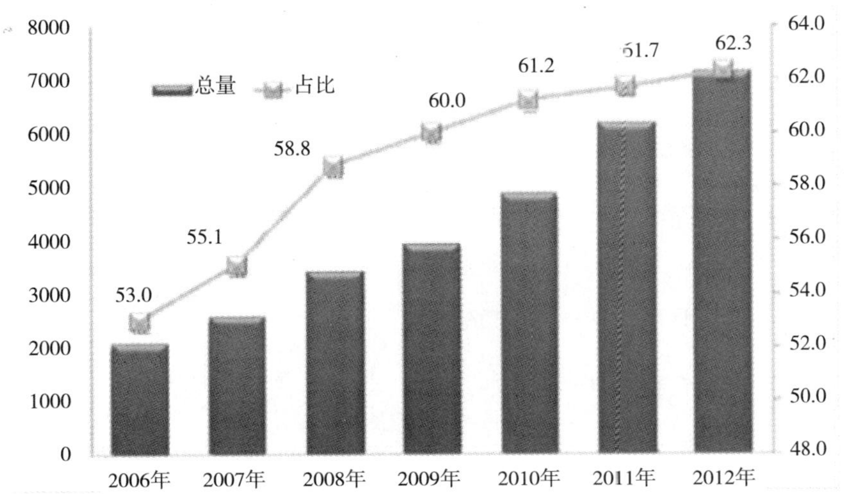

图 1　2006 年以来重庆市非公有制经济总量和占比（单位：亿元、%）

（三）产业结构不断优化，一二产业占比有所下降

2012 年全市非公经济三次产业增加值结构比例为：3.3：65.2：31.5，与全市产业结构比：第一产业和第三产业比全市低 4.9 和 6.4 个百分点，第二产业比全市高 11.3 个百分点；与上年同期相比：第一产业和第二产业分别下降 0.2 和 1.1 个百分点，第三产业提高 1.3 个百分点。随着产业结构的调整，我市非公经济的增长逐步向第三产业转移，第一、二产业占比呈现下降态势。2012 年全市非公经济第一产业实现增加值 232 亿元，占全市第一产业增加值的 24.7%，较上年下降 1.1 个百分点。第二产业、第三产业分别实现增加值 4650.1 亿元和 2254.4 亿元，分别占全市比重的 75.3% 和 51.9%，第二产业占比较上年下降 1.5 个百分点，第三产业占比较上年提高 0.4 个百分点。

（四）民营经济增长较快，外商、港澳台经济逆势上扬

2012 年全市民营经济实现增加值 5622.88 亿元，增长 14.2%，高出 GDP 增速 0.6 个百分点。民营经济增加值占 GDP 的比重达到 49.1%，较上年提高 0.2 个百分点，占比分别比公有经济和外商、港澳台经济高出 11.4 和 35.9 个百分点（见图 2）。

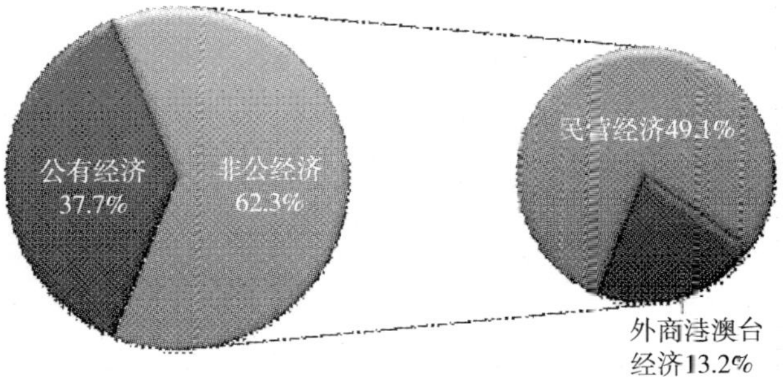

图 2　2012 年重庆市分所有制经济增加值占比

2012 年，全市积极深化对外开放，“内陆开放高地”效能进一步释放，外商、港澳台经济逆势上扬。2012 年，全市外商、港澳台经济实现增加值 1513.58 亿元，增长 26.7%，增速较上年提高 3.7 个百分点；占 GDP 比重达到 13.2%，较上年提高 0.4 个百分点。

（五）工业支撑作用凸显，第三产业稳中有升

2012 年，全市非公有制工业在笔电、汽车等支柱产业的强力带动下，实现增加值 3924.36 亿元，增长 20.2%，高出工业增加值增速 4.3 个百分点；占全市工业增加值的比重为 75.7%，较上年提高 1.7 个百分点，进一步发挥了工业支撑作用。第三产业在物流、科技、信息、软件、文化创意等新兴服务业加速发展推动下，实现稳步增长。2012 年全市非公服务业实现增加值 2254.35 亿元，增长 12.4%，占全市第三产业的比重达到 51.9%，较上年提高0.4个百分点，主要是房地产业、非营利性服务业和住宿餐饮业提升较快，分别较上年提高2.5、1.5和0.9个百分点。

（六）外贸出口渐趋平缓，投资保持稳定增长

2012年，全市非公有制经济实现出口371.7亿美元，同比增长104.1%，较上年增速明显放缓。占全市对外出口比重96.4%，较上年末提高4.6个百分点。其中：民营企业出口210亿美元，同比增长84.9%，较上年回落77.5个百分点；外资企业出口161.7亿美元，同比增长135.8%，较上年回落179.5个百分点。2012年全市民间投资增长较为稳定，全年完成民间投资4041.62亿元，占全市投资总量的43.1%，增长25.9%，为全市民营经济发展注入了强大动力。

三、主要举措

2012年，面对国内外经济下行压力不断增长的复杂局面，我市及时出台一系列稳增长的政策措施，并着力在发展环境营造、服务体系建设、发展空间拓展和破解融资难题等方面推出了系列应对举措，实现了三类经济的稳步增长。

（一）坚持科学发展，完善政策体系

近几年来，市委、市政府不断完善中小企业法律政策体系，我市先后出台了《重庆市人民政府贯彻落实<国务院关于进一步促进中小企业发展的若干意见>的通知》等一系列政策法规。先后出台微型企业“1+3+3+3”等52个配套文件和《重庆市人民政府关于大力发展民营经济的意见》（渝府发〔2012〕62号）为主体的“1+3”政策体系，设立了20亿元的民营企业发展专项资金。截止2012年12月底，全市20亿元民营经济发展专项资金中，已安排使用17.95亿元，完成89.75%，支持了一大批民营中小企业的发展。

（二）督促政策落实，优化发展环境。一是认真做好方针政策宣传贯彻

我市民营企业中90%以上属于中小企业，定期出版《重庆中小企业》杂志，编印《中小企业政策问答》、《中小企业政策法规汇编》、《重庆市微企创业简明读本》等资料免费送基层、送企业；并举办多种形式宣传报道等活动，深入宣传落实促进中小微企业的各项政策措施。二是加强政策研究，当好参谋助手。多渠道开展政策建议。促成了市政协专题协商“减轻负担优化环境促进中小企业健康发展”、市人大常委会专题研究中小企业发展问题；为《重庆市人民政府关于大力发展民营经济的意见》等一大批政策的制定提出了一系列建议意见并得到采纳。会同财政局制定出台了《关于政府采购促进中小企业发展的实施细则》。三是切实维护企业合法权益。充分发挥设在我局的重庆市人民政府民营企业维权投诉中心的作用，利用已构建的4个民营企业维权投诉分中心、70个市级维权监测点、70个监督员的维权网络，积极推进企业合法权益保护工作。高质量完成投诉案件、求助、建议及政策咨询等办理工作，结案率达95%以上。

（三）科学规划与监测，引导健康发展

制定并实施了中小企业、乡镇企业等“十二五”发展规划，积极引导企业调整结构，转变发展方式。按照《“十二五”中小企业成长规划》（工信部规〔2011〕434号）要求，协调市政府办公厅出台了《关于实施万户中小企业成长工程的意见》（渝办发〔2012〕167号），在全市实施了“万户中小企业成长工程”，并成为我市未来几年中小企业发展的重要抓手。目前已对6200户入库企业实施培育。单独确定和重点培育1000户成长型微型企业。同时，加大了对中小微企业的运行监测和分析力度，及时发现问题、解决问题，保障中小微企业持续健康发展。

（四）着力载体建设，拓展发展空间

着力抓好都市工业园（楼宇）、小企业创业基地建设，拓展民营企业发展空间。已创建市级都市工业园（楼宇）92个、小企业创业基地148个。都市工业园（楼宇）和小企业基地2012年分别实现销售收入1283亿元、790亿元；累计提供就业岗位20万个和30万个。同时，市中小企业局等有关市级部门还着力推进中小企业和民营企业服务体系建设。近年来，通过政策引导，财政资金倾斜帮扶等措施，构建了一批专门为中小企业和民营企业服务的公共服务平台，基本形成了覆盖面较广的服务网络。

（五）强化融资服务，缓解融资困难

一是加大银行对中小企业贷款投放力度。2012年全市中小微企业本外币贷款余额6404.7亿元，本年新增贷款1129.5亿元，增长21.4%，中小微企业占全部企业贷款余额的60.6% 。二是加大银企保合作。担保机构全年新增担保发生额800亿元，比上年增加300亿元，增长60%；累计担保总额2200亿元，在保余额超1000亿元。三是搭建融资服务平台，为重庆17家金融单位开通了网上金融产品展台，提供各项融资信息和中介服务3000多次；举办“企业融资需求项目信息发布会”共发布融资需求项目130多个，资金需求量39.45亿元；依托市促进中小企业发展服务中心帮助5000余家中小企业成功融资8.5亿元。推进中小企业私募债融资进程，到年底私募债发行达到3000万元。

（六）推动技术进步，增强竞争实力。一是大力推进科技创新成果产业化

组织企业申报国家和市级重点新产品，提高企业科技成果转化率；为中小企业与大专院校产学研搭建桥梁，帮助中小企业解决技术难题。二是实施研发中心培育工程。鼓励企业以创新促转型、以转型促发展，首年在全市中小企业中建立并认定了市级研发中心62个。三是提高知识产权保护意识。新增82家知识产权工作试点单位，累计达到190家，实现了38个区县全覆盖。全市申请专利15590件，授权专利9950件，分别比上年同期增长23.5%和25.5%，其中申请发明专利4530件，受理发明专利1350件，分别比上年同期增长29.1%和39.2%。四是深化企业信息化建设。全年为近1000家中小企业进行了免费建网站，“全市万家中小企业免费建网站活动”累计近2000家；联合重庆信迈驰科技有限公司为50家中小企业（制造型）免费提供3个月“虚拟IT部”服务，帮助企业建立健全信息化管理制度。

（七）扩大对外开放，开拓国内市场

一是建立了对外投资重点民营企业数据库，入库民营企业2000户。二是举办首届重庆中小企业服务博览会暨巡回服务月活动，签订意向合作协议398宗，累计金额3.5亿元；组织服务机构深入区县和园区巡回服务10余场次，服务企业2000余家，解决各种困难和问题3213个，为企业解决融资7.8亿元，培训经营管理人员1700人。积极做好第十五届中国（重庆）国际投资暨全球采购会工作，签订产销订单2.6亿元，受到了企业好评。三是开展“走出去”投资考察活动。先后组织226家（人）企业到境外开展对外投资考察活动19批次。在中小企业发展专项资金中安排了400万元支持民营企业“走出去”。

（八）强化人才培育，提高整体素质

以实施工信部“国家中小企业银河培训工程”等为载体，全年培训17500人次，其中局属培训机构全年举办各类培训65期，培训7500余人次，举办创业培训9期，培训创业者2000余人。各级中小企业主管部门坚持把提高中小企业经营管理素质为重要工作，争取财政资金，立足本地实际开展各类培训2万人。对为提升服务水平，对全市中小企业系统开展融资、信息化、载体建设、统计监测等各类业务培训合计2000余人次。

四、主要问题

（一）中小工业产业结构调整任务较重

我市现有中小型工业企业5.3万家，对资源的依赖度较高。多数从事机械制造、劳动密集型传统工业行业领域，特别是部分产能过剩、同质化竞争严重的行业，面临的转型升级压力很大。

（二）生产要素成本上涨较快

去年以来，我市民营中小工业企业生产成本不断上升。我市电价经过3次上调，上涨10%；部分区县工业用天然气价格上调，上涨13%。与此同时，近几年我市人工工资每年以20%左右的幅度增长，用工成本与沿海省市相差已不大。据调研情况，我市部分区县企业人工成本上涨20%以上。尤其是我市“五险一金”总的缴费比例为57.2%～75.2%，其中企业承担的比例占到了职工工资总额的39.2%～49.2%，进一步加大了企业人工支出成本。

（三）融资贵、融资难问题依然突出

融资贵主要表现在银行对中小工业企业的贷款利率一般上浮30%以上，有的甚至高达80%。一些银行还要收取中间业务费，0.5～3%的额度占用费等。担保贷款上，担保费率从去年的2%上涨到2.5%～3%，保证金也上涨了2%。据保守测算，我市民营中小工业企业的平均贷款成本达15%左右，小贷公司贷款成本接近30%，有的民间借贷月利息高达3－5分。融资难主要表现在部分民营中小企业因财务制度不健全、缺乏有效抵押物等原因，从银行获取信贷资金难，且无其他融资渠道。部分区县中小企业和民营企业流动资金缺口较大。

（四）用地、劳动力等要素供需矛盾突出

我市多数工业园区供地时都设置了较高准入门槛，一些中小工业企业一时无法顺利再落户而失去生存空间。尤其是乡镇一级，绝大部分中小民营企业因无法解决用地指标问题，冒险采取“以租代征”方式解决，违反了国家城乡规划和土地管理相关法律法规，面临高额罚款等。由此，企业始终为不确定性担忧而不敢按照市场前景全力拓展经营规模。同时，区域性“用工荒”正从沿海向内地蔓延。企业用工出现“招不进、留不住、留不久”的现象，在劳动密集型行业尤为突出。部分区县工业企业的车工、焊工等技术工缺口，占到总需求量50%左右。

五、发展趋势

2013年，是实施“十二五”规划承前启后的关键一年，更是全面贯彻落实党的十八大开局之年。我市将坚持以提升经济增长质量和效益为中心，优化发展环境，力促中小企业稳步发展，为“科学发展、富民兴渝”做出新成绩。

（一）2013年主要预期目标

2013年，全市非公有制经济增加值达到8400亿元，增长15%；新增从业人员50万人，达到960万人。

中小企业（新标准）增加值达到4800亿元，增长14%；新增从业人员40万人，达到560万人。

（二）工作重点

一是抓好主体培育。2013年纳入“万户中小企业成长工程”重点扶持的企业超过8000户；年营业收入2000万元以上企业增加2000户，达到15000户；年营业收入5000万元的企业增加1000户，达到7200户；年营业收入1亿元以上的企业500户，达到4000户。

二是抓好载体建设。新增市级小企业创业基地15个，累计达到163个；新增市级中小企业特色产业基地5个，累计达到35个；新增认定市级都市工业园（楼宇）5个，累计达到97个；新增市级农产品加工基地5个，累计达到20个；新增市级农产品加工示范企业20户，累计达到190户；新增市级公共服务示范平台5个，累计达到27个；新增科技创新和信息化公共服务平台15家，累计达到35家；新增市级中小企业创业服务重点机构5家，累计达到80家。

三是抓好科技创新。培育认定市级中小企业信息化示范企业50家，累计达到360家；培育认定市级中小企业技术研发中心60家，累计达到120家；新增知识产权工作试点单位90家，累计达到270家；新增高新技术产品250个，高新技术企业300家；申请专利17000件，授权专利10000件。

四是抓好金融“输血”。力争全年新增担保发生额1000亿元，累计担保总额达到3000亿元；新增中小民营企业贷款1000亿元以上。

五是抓好人才培训。以实施“国家中小企业银河培训工程”和“国家中小企业经营管理者素质提升工程”为载体，依托现有的培训网络体系，力争2013年全市培训中小企业经营管理人才1.5万人次，带动其他区县和社会优质培训机构抓好中小微企业经营管理者培训，力争达到2.5万人次。

六是抓好统计监测。进一步加强民营中小企业运行监测预测分析，认真分析和研究经济运行中出现的苗头性、倾向性问题，准确把握我市三类经济运行情况和发展态势，为领导决策提供参考，当好参谋助手。

（重庆市中小企业发展指导局）

四川省

一、2012年基本情况与年度特点

2012年，面对错综复杂的国际经济形势和国内经济下行的巨大压力、全球经济复苏乏力、外部需求疲软、国内经济增长放缓、经营成本高企、转型升级困难和资源环境约束压力加大等宏观经济层面不利条件，四川中小企业工作紧紧围绕“十二五”倍增计划年度目标，在保增长、保就业、保民生、保稳定、保创新方面作用进一步凸显，继续保持了平稳较快的发展态势。

（一）总量规模跃上新台阶

截止2012年底，四川中小企业、个体工商户及农民专业合作社户数达到316万户，比2011年增加21.82万户。其中企业60.8万户，增加4.48万户，私营企业占比达73.55%；个体工商户252.62万户，增加16.66万户，87%的个体工商户主要从事门槛较低和资金、技术要求不高的生活性服务业，其中批发和零售业集聚了63.7%的个体工商户；农民专业合作社2.72万户，增加0.69万户，增长34%，继续保持近年来的高速发展势头。全省工业中小微型企业及个体工业户达26.8万（个）户；从业人员数达439.5万人；实现营业收入23180亿元，比2011年增长15.8%。

其中规模以上工业中小企业12238户，比2011年增加511户，工业增加值同比增长16.1%，增速比全国平均水平高出6.1个百分点，比西部地区平均水平高出3.5个百分点；规模以下小微企业37433户，从业人员72.66万人，营业收入1375.83亿元，总产值比2011年增长11.4%；个体工业户21.86万户，从业人员106.67万人，营业收入1556.46亿元，总产值比2011年增长9.4%。

（二）经济效益继续保持较快增长

一是规模以上中小工业企业全年主营业务收入、利润、利税和从业人员数分别为20103亿元、1421亿元、2384亿元和260.21万人，分别占规模以上工业的64.71%、66.31%、61.25%和67.36%。此四项指标同比分别增长15.4%、20.9%、18.8%和6.6%。其中，主营业务收入和从业人员数同比增速分别比规模以上工业多2.16和0.81个百分点，比大企业多5.92和2.46个百分点。二是规模以下小微工业企业及个体工业户达25.6万户，实现营业收入2932亿元，从业人员179.33万人。其中，规模以下工业企业达3.74万户，实现营业收入1375.83亿元，总产值增速为11.4%。个体工业户达21.86万户，实现营业收入1556.46亿元，总产值增速为9.4%。

（三）构成比向做大做强明显

规模以上中小工业企业12238户，占规模以上工业企业总数的97.31%，同比增长4.36%。中小企业做大做强动力继续增强；大型企业同比增加205户，中型企业同比增加537户；中型企业与小型企业户数比由2011年的1：5.46提升到1：4。规下企业向规上迈进和小型企业向中型企业升级的步伐加快。

（四）产学研协同创新能力进一步增强

一是积极引导中小企业与大企业和省内外院所合作。全省415家省级以上企业技术中心通过共建实验室、研发平台等方式与科研院所建立固定、长期的产学研合作关系。二是深入开展院地合作。签署委院、院地、院企合作协议，面向“7+3”优势产业中的关键共性技术和重要创新项目进行重点联合攻关，聚集中科院国内高端院所、人才在川研发，助力四川中小企业提升创新能力。

（五）全省中小微型企业融资能力进一步提高

一是中小微企业信贷投放力度加大。全省中小微型企业本外币贷款新增1691亿元，比大型企业多增1166亿元，占全部境内企业新增贷款的76.3%，高于其余额占比12.3个百分点。二是担保机构全省备案中小企业信用担保机构351家，共为2万余户中小企业提供贷款担保1250亿元，同比增长38.4%，实现累计担保额4073亿元。三是中小微企业贷款余额10852.6亿元，比年初增长18.45%。小微企业融资需求得到一定程度满足。四是2012年第一支中小企业集合票据已获中国银行间市场交易商协会注册。上市工业企业3户，实现直接融资35.81亿元。已获证监会受理上市材料的工业企业21户，拟实现融资105亿元。

（六）中小企业吸纳就业作用明显

规模以上中小工业企业从业人员达到260.2万人，同比增长7.3%，比规模以上工业高出1.5个百分点，占全省规模以上工业的67.4%。中小企业在吸纳就业方面的作用日益突出。

（七）市场开拓能力大幅提升

规模以上工业企业出口交货值共计2042.5亿元，其中中小企业出口交货值377.7亿元，同比增长20.8%，占规模以上工业企业出口交货值总额的18.5%。

二、推动中小企业发展的主要举措

2012年，围绕中小企业“十二五”倍增目标，强力推进实施中小企业“一个计划、五项工程”，以“专、精、特、新、配”为方向，以产业—企业—产品（技术）—市场为重点，从强化组织领导、加大政策支持、强化人才支撑、加强运行监测、加快公共服务体系建设和优化发展环境等方面入手，推动中小企业转型成长、加快发展，为“十二五”规模以上中小工业企业主营业务收入实现“万亿元倍增”奠定了坚实基础。

（一）积极出台促进中小企业发展的政策措施

2012年初，成立了“四川省促进中小企业和小微企业发展工作领导小组”，进一步加强了对全省中小企业和小微企业发展工作的组织领导，协调推进全省中小企业和小微企业发展工作。根据《国务院关于进一步支持小型微型企业健康发展的意见》（国发〔2012〕14号）精神，结合四川实际，出台了《关于大力扶持小型微型企业发展的实施意见》（川府发〔2012〕39号），共31条，涉及鼓励创业、缓解融资困难、完善公共服务等方面。

（二）编制完成《四川省“十二五”中小企业发展规划》和《2011四川中小企业年度发展报告》

完成2011年全省中小企业发展总结及2012年工作计划；按照《国家中小企业“十二五”转型成长规划》要求，与省社科院合作，印发《四川省“十二五”中小企业发展规划》及《2012年年度实施计划》，编撰出版《2011四川中小企业年度发展报告》。并在4月召开了全省企业工作座谈会，安排部署了相关工作。

（三）继续抓好重点企业的梯度培育

即以创业促就业的万户小微企业培育、以主营业务收入300万～2000万元的700户中小企业创新升规培育、以主营业务收入2000万～1亿元的400户“成长型”中小企业转型成长培育、以主营业务收入1亿～10亿元的200户“小巨人”企业升级（进入大企业行列）培育、以主营业务收入10亿元以上的重点骨干企业跨入百亿（千亿）元企业培育；持续推进“成长型”中小企业和“小巨人”企业计划。一是完成2012～2013年度全省“小巨人·成长型”中小企业（第一批）名单调整工作，2012年末小巨人企业已达到400户，成长型企业将达到800户。二是按《关于切实做好工业经济稳增长工作的通知》（川府办发电〔2012〕40号）要求，2012年四川将小微企业升规入统工作纳入了目标考核内容（川经信办创服〔2012〕139号）。2012年规模以下工业企业升为规模以上企业数量实际达到824户，超额完成小微企业升规700户的计划目标。

（四）不断强化中小企业发展专项资金项目管理

一是做好2012年度国家、省中小企业发展专项资金、省“小巨人”资金的申报、安排工作及2013年项目工作储备。2012年由全省财政预算安排支持中小企业的资金规模增长17%以上，中小企业发展专项资金增长38%。二是召开了中小企业发展专项及“小巨人”专项资金项目管理工作培训会。通过以上措施，有力地支持了全省中小企业发展，进一步提升了各地项目申报和管理的能力和水平。

（五）做好中小企业网上百日招聘大学生活动工作

3月1日至6月8日，组织中小企业参加“全国中小企业网上百日招聘高校毕业生”活动。与省教育厅在四川中小企业信息网和高校就业指导服务网上免费发布中小企业招聘信息和高校毕业生的求职信息。我省在今年百日招聘活动中共发布463个单位，575个职务，4085个人员需求，全国综合排名第五。

（六）积极开展中小企业调查研究

完成省人大关于中小企业促进法有关制度后评估情况的报告和关于中小企业发展的提案回复工作；配合国务院办公厅完成中小企业发展情况调研工作，配合全国人大法工委完成“中小企业促进法立法后评估”来川调研工作。

（七）开展做好中小企业服务年活动

为贯彻落实2012年国家“中小企业服务年”的总体精神和部署安排，助力中小企业发展，进一步营造全社会扶持中小企业发展的良好氛围，促进中小企业特别是小微企业实现“量的突破、质的提升”，开展了2012四川省中小企业服务年活动，取得明显成效。活动以“服务企业、助力成长”为主旨，紧紧围绕四川中小企业“十二五倍增计划”的年度实施目标和“一个计划、五项工程”实施推进，有效整合各级行政资源和充分利用多方服务资源，采用“软、硬资源”整合服务与“线下、线上”活动支撑相结合的方式，以“两项工程、两大活动、三项行动、四个计划”为主的“2234”式一揽子服务为抓手，为中小企业特别是小型微型企业提供了政策咨询、投资融资、创业创新、转型升级、管理提升、市场拓展、企业减负、舆论宣传等八大系列服务。

（八）做好融资扶持措施

一是搭建银政企互动平台以银政企对接会为抓手，召开全省优势产业项目银企对接会，推介重点优势产业项目。省经信委与交行签署《银政合作协议》，共同扶持四川工业经济和中小企业的发展。二是加强担保体系建设2012年新增备案担保机构26家，变更77家，增加资本金50.84亿元。三是拓宽企业直接融资渠道对2011年15户上市工业企业和3户上市非工业企业共奖励1900万元。建立2012年“拟改制上市工业企业储备资源库”。四是落实财政奖励政策省财政厅会同人行成都分行确定了对小微企业等实体经济重点行业贷款增量奖励、对农村支付环境和信用体系建设补助、推动银行间市场债券承销奖励和涉外企业人民币结算业务奖励等支持措施的实施方案。五是改善融资结构，2012年四川中小企业融资结构从主要依赖银行贷款融资，向多种融资尤其是直接融资过渡，全省企业在银行间市场直接债务融资规模创下历史同期新高。

（九）加强市场开拓，努力提升中小企业对外开放合作水平

一是组织我省中小企业参加第七届 APEC 中小企业技术交流暨展览会，取得显著成效。本届 APEC 技展会上，共组织省内参展中小企业 374 个，展位数达 425 个，分别占到全部参展企业总数和参展总面积的 23.2% 和 22.4%；参展面积达 3824 平方米，占到参展总面积的 11%，以上数据均创我省参加历届 APEC 技展会的新高。据初步统计，我省参展企业共完成现场销售总金额 1.13 亿元，签署项目投资合作协议金额 22.5 亿元；签订合同总金额达 14.0 亿元，比上届增长 218 倍，不仅创下历届参展签约新记录，且超过历届参展签约金额的总和，取得了丰硕的成果。二是组织中小企业参加第九届中国中小企业国际博览会，为中小企业搭建“合作、交流、展示、交易”平台，进一步加强了我省中小企业对外交流与合作。组织我省 56 家企业参展，展区面积 531 平方米，共布置展位 59 个。据统计，我省参展企业在本届“中博会”上签约金额 1.5 亿元，达成意向性协议总金额约 3.7 亿元。

（十）做好中小企业培训工作

继续推进实施以“银河培训工程”、省委组织部“千名企业培育计划”“天府英才工程”等为重点的中小企业经营管理者培训，实施万名中小微企业家能力素质提升培训工程，开展万名企业家大讲堂活动、举办“中小企业领导能力提升”专题培训、中小微企业精英总裁集训营、企业管理创新论坛、开展“智慧助力中小企业成长”活动等。

（十一）做好中小企业统计工作

加强统计分析、做好实施中小企业统计工作。12 月正式启动按季上报的“成长型·小巨人”企业经济运行监测工作。

（十二）做好治乱减压工作

进一步优化发展环境，切实减轻中小企业负担围绕建设服务型、创新型、效率型政府的要求，在全省治乱减负工作中进一步体现和发挥政府的引导和服务职能。努力提高减负工作的针对性和实效性，切实减轻中小企业负担，为中小企业营造了良好发展环境。

三、目前存在的主要问题

从中小企业运行情况看，规上中小工业企业在总体保持增长的同时，亏损企业持续增加，出口仍是企业瓶颈。“增势疲软、信心不足，融资困难、要素趋紧，订单减少、库存增加，利润趋薄、市场趋紧”等困难和问题在绝大多数中小企业中不同程度存在，企业生存难、经营难、盈利难、发展难等共性困难普遍存在。

（一）生产成本不断攀升

一方面，原材料价格波动较大、用工成本不断增加、融资成本昂贵，导致中小企业成本压力不断增大，利润空间受到严重挤压；另一方面，产品库存上升较快，企业财务费用居高不下，生产和销售“两头挤压”，小型微型企业生产成本不断上涨，经营压力不断增大。

（二）市场前景预期不明

一方面，受世界整体经济不景气和对市场、投资预期不稳定因素影响，中小企业订单减少、开工不足趋势更加明显；另一方面，企业利润下降导致经营困难，企业信心不足，忧虑加重；再一方面，因日本政府私自购买钓鱼岛问题引发中日关系紧张，中日合资企业和对日出口企业无可避免受到一定程度影响。

（三）融资瓶颈制约明显

一方面，由于银行贷款准入门槛高，中小企业即使有厂房、设备等可做抵押的资产也难获资金；另一方面银行贷款审批周期长，对于资金周转困难的企业往往不能救急，在银根紧缩的背景下，银行贷款利率上浮 20% ~30% 是较为普遍的情况，更有甚者利率上浮 50%，对于利润单薄的小微型企业更是不堪重负。

（四）要素保障难度加大

一方面，受各地天然气、电力指标缺口较大和工业用地指标存量较少且总量有限影响，中小企业的要素供应更趋紧张；另一方面，伴随国家产业结构调整、加快转变经济发展方式的推进，节能减排和环境保护力度不断加大，中小企业面临巨大而紧迫的调整转型压力。

（五）自主创新能力不强

一方面，企业对技术创新的重要性和紧迫性认识不够，没有真正把企业发展、结构调整的重心放到依靠技术进步和创新上来；另一方面，中小企业普遍存在资金、人才和核心技术匮乏，导致企业技术创新整体实力不足，拥有自主知识产权的核心技术少，产业关键技术受制于人；再一方面，政府和金融机构对中小企业技术创新的引导和扶持力度还有待进一步加大。

（四川省经济和信息化委企业处）

贵州省

2012 年，贵州省委、省政府高度重视并大力支持中小企业、民营经济工作，全省中小企业、民营经济发展获得巨大的动力和广阔的空间，中小企业在我省经济社会发展中越来越体现重要作用，特别是抓住国发 2 号文件发展机遇，延续去年的高速发展态势，中小企业已成为实施“两加一推，三化同步”战略的生力军，呈现出主体增长、规模扩大、效益提升的良好发展态势。

一、2012 年中小企业、民营经济发展概况

2012 年，贵州省积极实施民营经济三年倍增计划，大力发展创业型、创新型、劳动密集型企业，加大对县域经济和特色优势产业的培育力度，全力推动中小企业成长工程和万户小老板创业行动计划，

发展专、精、特、新中小企业，加大企业技术创新力度，促进融资性担保和小额贷款快速发展，全面构建中小企业社会化服务体系，取得了优异的成绩。

一是发展快。经济总量稳步提升，整体实力明显增强。近年来，贵州省民营经济名义增速持续以每年高出全省 GDP 平均增速 8～12 个百分点的趋势迅猛增长，“十一五”期间的年平均增速达到23.1%，“十二五”开局以来的年平均增速达到 29.5%。至 2012 年全省民营经济增加值首次突破 2500 亿元大关，达到 2740 亿元，增长 28.3%，占全省生产总值比重为 40.3%。其他各项主要指标也取得长足进步，个体、私营等民营经济市场主体达到 104.3 万户，超过企业总数的 99.98% 以上；从业人员 276.64 万人，新增 60.78 万人，占全省新增就业的 80% 以上；上缴税金 600.73 亿元，占全省税收 45% 以上。

二是投资增速快。增加投资是民营经济的关键，2012 年全省民间投资 3533 亿元，增长 67%，占全省的比重 46.5%。完成民间投资 2400 亿元，新增约 1000 亿元。可以预见，这批规模强大的民间投资注入实体经济形成厂房、生产线、设备最后转化为产品、商品之后，必将进一步增强我省经济特别是产业经济的后劲和综合竞争力。

三是新增企业多。在工业强省战略和民营经济三年倍增计划的巨大政策效应下，全省各地、各部门制定创业政策、鼓舞创业热情、落实创业补助、开展创业培训、引进创业人才、建设创业基地，使全省私营企业达到 14.4 万户，当年新增 4.9 万户，增长率为 52.11%，是近五年来增速最快的一年。

四是对工业的贡献大。全年规模以上中小工业企业增加值 1038.82 亿元，增长 25.3%，占全省规模以上工业增加值的比重为 63.4%；全年规模以上民营工业企业增加值 713.79 亿元，增长 33.4%，占全省规模以上工业增加值的比重为 43.9%。

二、主要工作

（一）强力推进“民营经济三年倍增计划”

2012 年作为民营经济三年倍增计划实施的第二年度，实现了“三个提前、五个突破”。三个提前：民营经济比重、民营经济专利申请量及授权量提前实现倍增要求；五个突破：市场主体突破 100 万户、民营经济增加值突破 2600 亿元、民间投资突破 3400 亿元、新增就业突破 60 万人、缴纳税金突破 550 亿元。具体情况如表 1、表 2 所示：

表 1 2012 年民营经济三年倍增计划执行情况及 2013 年工作目标

指标		单位	倍增计划	2010	2011	2012	2013 工作目标
市场主体	私营企业数量	万户	15	8.86	9.46	14.39	20
	个体工商户户数	万户	120	64.7	75.5	89.91	120
	民营经济注册资本	亿元	4000	1861	2500	3791.7	4200
经济总量	民营经济增加值	亿元	3200	1607	2105.1	2600	3400
	民营经济占 GDP 比重	%	40%	35%	36.9%	40% *	43%
	民间投资总额	亿元	4000	1551	2400	3400	5000
社会贡献	民营经济年新增就业	万人	30	14.92	19.11	60.78 *	60
创新能力	国家级、省级企业技术中心	户	70	44	58	66	75
	专利申请受理量	件	2500	1200	2327	4413 *	4500
	专利授权量	件	2200	1100	1120	3041 *	3500

注：带“*”为提前完成民营经济三年倍增计划指标。

表 2 2012 年各地区民营经济增加值完成情况及 2013 年任务安排

市州	2011 年	2012 年		2013 年计划
		计划	完成	
贵阳	613	800	800	1100
遵义	519.8	630	632	800
六盘水	247.6	300	300	400
安顺	154	200	200	240
毕节	318	400	420	500
铜仁	154	200	199	220
黔东南	168.89	220	220	280
黔南	150.6	195	234	280
黔西南	153	200	180	200

注：本表 2012 年完成数据为各地区自报数。

（二）形成推动中小企业快速发展的合力

各地、各部门在贯彻落实省委、省政府方针政策过程中，不断形成政策合力、资金合力、金融合力、服务合力，持续推进中小企业加快发展。

1. 形成政策合力

各地各单位放宽领域、降低门槛，减少行政许可审批项目 108 项，非行政许可审批项目减少 35 项，下放审批事项 16 项，下放行政许可 3 项。

2. 形成资金合力

发挥各级财政资金引导作用，省工业和信息化资金、科技资金、农业资金、扶贫资金、国际市场开拓资金等均把民营经济作为重点支持方向，各部门累计安排民营企业项目 774 个，拨付专项资金 99327 万元，拉动投资 85.35 亿元。

3. 形成金融合力

全省金融机构面向民营经济加大信贷投放力度，新增贷款 70% 以上用于民营企业和中小微企业。省民营经济发展局、中小企业局破解融资难，频出新招，联合 20 多家金融和融资服务机构建立政银企担一体化融资服务平台。

4. 形成服务合力

各地各部门扎实转变工作作风，落实“简、优、限”要求，简化行政审批流程，压缩申报审批时间，优化政府服务效能。民营经济主管部门支持建立省中小企业总部基地、贵阳市中小企业服务大厅等一站式服务成效明显，走在全国中小企业服务前列。

（三）推进“四个服务计划”

1. 大力推进民营经济政策服务计划，优环境，扩投资

认真落实国家和省促进民间投资的各项政策措施，重点围绕贯彻落实国发 2 号文件、“国务院民间投资 36 条”和“贵州民营经济 38 条”，全面放宽市场准入，鼓励民间资本进入基础设施、市政、金融、能源、教育、文化、铁路等领域，促进民间投资快速增长。

深入开展“简、优、限”，切实为实体经济和民营企业松绑、减负。按照“放权强县”的思路，将相关审批权下放到县。继续做好民营经济发展情况督查工作，营造良好环境，让民营经济在实现稳中求进、又好又快发展举大旗、扛大梁。

充分发挥省推动非公有制经济中小企业发展工作联席会议的作用，认真做好省直部门和单位、市（州）政府支持民营经济、中小企业发展的政策成册，并向社会公布，推动促进民营经济发展的政策能够广知晓，让民营经济多享受、得实惠。

2. 大力推进民营经济产业服务计划，建集群，增比重

一是培育龙头民营企业和创业企业“两手”都要硬。坚持“引进”和“培育”龙头企业，带动产业链发展。实施“万户小老板工程”，用足、用好“3 个 15 万”等政策，大力发展创业型、创新型、配套型民营企业。围绕省经信委“251”计划，加快建设中小企业孵化平台、中小企业融资服务平台和民族医药、特色食品及旅游商品特色优势产业团队建设。二是加快中小企业社会化服务体系建设。力争我省“1+9+N”中小企业服务网络平台项目获得国家支持，继续争取认定国家级中小企业公共服务示范平台，继续认定一批省级中小企业公共服务示范平台，提升小企业创业基地和中小企业服务中心服务功能，“银河”和“星光”工程免费培训超过 10000 人次。三是加强产业统计监测和民营经济统计监测制度建设。四是创新办好“多彩贵州”旅游商品“两赛一会”，推动我省旅游商品走向国际化。

3. 大力推进民营经济融资服务计划，广覆盖、解难题

落实好国务院和省解决小型微型企业融资难的金融服务和财税支持政策，积极搭建“政银企担”融资服务体系，开通“黔贷通”中小企业网络融资平台，与中国银行省分行、中国工商银行省分行、农业银行省分行、交通银行省分行等金融机构及部分大型融资性担保机构签订战略合作协议，创新中小企业金融服务和产品。持续推进缓解中小企业融资难担保机构、小额贷款公司发展，将有关审批权限移交给省金融办，实现“监管与扶持”的分力。进一步加大对融资性担保机构、小额贷款公司开展中小微贷款的业务补助。推动股权投融资方式及管理模式的试点工作，推动探索资本金注入、股权投资等形式帮助优强民营企业做大做强的有关工作。鼓励和支持民营企业利用集合票据、集合债券和私募债等债务融资工具拓展中小企业融资规模。

4. 大力推进民营经济项目服务计划，促进民营经济项目早投产、早见效

项目是推进民营经济、中小企业发展的主要载体，是民营经济、中小企业工作的“牛鼻子”。今年中小企业专项资金将以县域经济为重点、以园区入驻企业为重点、以创业型小微企业为重点、以公共服务平台、人才培训为重点，向优强中小企业、创业型、创新型和配套型小微企业倾斜，向服务体系建设倾斜。继续开展 2012 年中小企业信用评级工作。配合做好招商引资、民营企业助推贵州发展大会签约项目落地、建设工作。做好对口帮扶地的项目建设工作。

（四）开展六大系列活动

按照工信部“中小企业服务年”活动的安排部署，围绕我省“四个服务计划”，与相关部门、单位一起，以各市、州中小企业服务中心、国家和省级中小企业公共服务示范平台为载体，在政策咨询、投资融资、创业创新、转型升级、管理提升、舆论宣传等六个方面开展 42 项服务活动，如“送服务到企业”、促进中小企业发展政策贯彻落实满意度调查、中小企业金融服务行、中小企业信用评级、中小网百日招聘、中博会、中小企业银河培训工程、贵州中小企业星光培训工程、“民营经济扛大梁”专栏宣传、“转型铸造品牌”——贵州中小企业访谈、等。

（五）抓好六项工作

1. 企业为基

通过产业政策导向鼓励和引导企业向专业化、精细化、特色化、新颖化发展，构建以中小企业为主体的特色产业体系。推动全社会创业就业，继续实施“万户小老板工程”，扶持了创业小老板 2000 户。

2. 服务至上

全省各级中小企业服务中心达到 80 多户，基本实现“县县有中心、企企有服务”。建成国家级中小企业公共服务示范平台 7 个，省级中小企业公共服务示范平台 13 个。开展“中小企业服务年”活动。

3. 人才为要

实施国家中小企业银河培训和贵州省中小企业

星光培训两个培训工程，全年免费培训企业经营管理人才和技术、技能人才上万人。

4. 融资促进

开通了“黔贷通”政银企担一体化网上融资平台，数十家金融及服务机构、上百家企业面对面进行融资对接。

5. 资金支持

充分发挥省中小企业发展专项资金和国家各类中小企业专项资金的引导作用，对企业技术改造、结构调整、创业创新服务等给予无偿资助和贷款贴息。

6. 市场开拓

举办2012多彩贵州旅游商品两赛一会，首次引入国际办会机制，举行“贵州与世界的对话”旅游商品国际论坛系列活动。带领企业家前往美国、俄国斯、瑞士等发达国家考察学习。组织企业参加2012中国国际中小企业博览会、2012香港国际中小企业博览会等国际大型展会。

（贵州省民营经济发展局）

云南省

2012年，是打响民营经济发展战役的第一年，全省民营经济工作在省委、省政府的正确领导下，围绕“稳增长、冲万亿、促跨越”目标，坚持把保持经济平稳较快发展和调整经济结构紧密结合起来，全省民营经济继续保持了平稳较快发展势头，为全省经济社会持续快速健康发展作出了积极贡献。

一、2012年民营经济运行态势及特点

（一）主要指标完成情况

全省民营经济主要指标多数保持两位数以上增长，但增速均较上年有所下降（见表1）。增加值及从业人员均全面完成省政府下达的年度发展目标（见表2）。

表1　2012年全省民营经济主要指标完成情况表

指标名称	2012年	2011年	2012增长率（%）	
民营经济户数（万户）	160.3	142.3		12.6
其中：私营企业（万户）	20.3	17.9		13.4
注册资金（亿元）	7112.9	6540		8.8
民营经济增加值（亿元）	4546.62	3679.78	可比价	16.4
			现价	23.6
其中：第一产业	455	364.62	可比价	13.2
第二产业	2081.4	1828.74	可比价	16.5
民营工业增加值	1545.93	1400.85	可比价	15.0
第三产业	2010.22	1486.42	可比价	17.0

续表

指标名称	2012年	2011年	2012增长率（%）
上缴税金（亿元）	504.65	445.4	13.3
民间投资（亿元）	3581.14	3632.05	30.1
社会消费品零售额（亿元）	2869.02	2435.5	17.8
外贸进出口总额（亿美元）	111.8	98.1	13 9
个私从业人员（万人）	568.7	514.1	10.6

表2　2012年民营2项考核指标完成情况表

指标	完成数	目标数	完成进度%
民营经济增加值（亿元）	4546.62	4540	100.1
从业人员（万人）	568.7	568.5	100.3

（二）民营经济运行主要特点

从2012年全省民营经济运行情况来看，主要呈现以下特点：

一是民营经济总量继续扩大。2012年，全省民营经济户数达160.3万户，同比增长12.6%，其中，个体工商户140万户，同比增长12.7%，私营企业20.3万户，同比增长13.4%；注册资金7112.9亿元，同比增长8.8%；全年民营经济完成增加值4546.62亿元，可比增长16.4%（现价比增长23.6%），占全省GDP的44.1%，所占比重比2011年提高2个百分点，拉动GDP增长6.9个百分点，对全省经济的贡献率达53.1%。其中，第一产业完成增加值455.00亿元，占全省第一产业增加值的27.5%，同比增长13.2%；第二产业完成增加值2081.40亿元，占全省第二产业增加值的47.1%，同比增长16.5%，其中工业实现增加值1545.93亿元，占工业增加值的44.8%，同比增长15.0%；第三产业完成增加值2010.22亿元，占全省第三产业增加值的47.5%，同比增长17.0%。

二是消费需求保持平稳增长。2012年全省民营经济消费品零售额2869.02亿元，比上年增长17.8%，占全省社会消费品零售额的81%。

三是民间投资稳步增长。2012年全省民营经济投资3581.14亿元，同比增长30.1%，占全社会固定资产投资的47.4%。（口径说明：2012年开始适用新调整的规上企业统计口径，民间投资数据为调整后数据）

四是信贷资金小幅增长。2012年1至12月，全省对中小微企业贷款余额为5005.24亿元（其中小微企业贷款会额为2414.45亿元），比年初增加了603.36亿元，比2011年增加818.16亿元，占全省新增贷款的34.8%，比2011年增加6.7个百分点。

五是民营企业进出口贸易小幅增长。2012年全省民营企业共完成进出口总额111.8亿美元，比上年增长13.9%，占全省进出口总额的53.2%，比2011年减少8个百分点。其中，民营企业进口额完成37.2亿元，增长18.1%，占全省进口总额的

33.9%；民营企业出口额完成 74.6 亿元，增长 7.9%，占全省出口总额的 74.4%。

六是民营企业的经济效益下滑严重。2012 年，全省民营企业营业收入增速放缓，实现利润大幅下降，企业成本费用增加，非主营业务收入比重过大。纳入财政快报统计的 2978 户民营企业累计实现营业收入 2143 亿元，同比增长 4.5%，增幅较上年同期回落 16.4 个百分点，低于国有企业 20 个百分点；纳入统计民营企业盈亏相抵后累计实现利润达到 122 亿元，同比下降 25.5%。分行业看，纳入统计的民营企业利润主要集中在冶金业、轻工业、煤炭业、医药业与建材业，分别实现利润 20 亿元、11 亿元、13 亿元、9.8 亿元和 6.2 亿元，五个行业利润总和占民营企业实现利润的 49%；非主营业务收入高于营业利润，在政府补助目类中，民营企业获得的补助仅占总额的 26%。

七是社会贡献继续加大。2012 年全省民营经济上缴税金完成 504.65 亿元，同比增长 13.3%，相当于全省地方财政收入的 37.7%；民营经济从业人员达到 568.7 万人，净增 54.6 万人，比上年同期增长 10.6%，其中，个体工商户从业人员 268.29 万人，同比增长 9.9%；私营企业从业人员 294.72 万人，同比增长 9.1%，外资企业从业人员 5.7 万人，同比增长 13%。

八是规模以上中小工业企业利润增幅大幅缩减。2012 年，全省规模以上中小工业企业共有 2609 户，其中轻工业 752 户，重工业 2087 户；资产合计 7179.86 亿元，同比增长 19.2%；主营业务收入 4555.61 亿元，同比增长 23.2%；利润总额 276.05 亿元，同比下降 3.8%；利税总额 497.75 亿元，同比增长 1.7%；从业人员 66.6 万人，同比增长 10.1%。

九是年度考核目标全面完成。2012 年，因国际金融危机深入持续发展，全省民营经济完成增加值 4546.62 亿元，完成年度目标的 100.1%；从业人员完成 568.7 万人，比 2011 年增长 10.6%，完成年初预定增长 10% 的目标。但从全省 16 个州市民营经济两项考核指标的完成情况来看，不少州市完成年度目标仍有一定差距。

二、2013 年民营经济发展展望

2013 年，是“十二五”时期承上启下的一年，是践行党的十八大精神开局之年，同时也是全省民营经济战役走向深入的关键一年。展望 2013 年，全省民营经济发展机遇和挑战并存。

从有利因素看：党的十八大提出了全面建成小康社会的新要求，发展仍是长期坚持的首要任务。城镇化建设加速推进、改革进一步深化都将为民营经济带来更大的发展空间和更好的发展环境。中央中央经济工作会议明确 2013 年将进一步扩大内需，实施积极的财政政策，继续加大结构性减税力度，民营经济、中小企业的扶持力度进一步加大，负担将进一步减轻。

从我省来看，省委九届四次全会将 2013 年确定为产业建设年，园区经济、县域经济、民营经济三大战役将深入推进，《省委、省政府关于加快民营经济发展的决定》（云发〔2012〕12 号）及相关配套政策将细化落实，加快民营经济发展的动力强大。省政府出台解决项目落地难改善投资环境的政策措施，省、州市、县三级投资项目审批服务中心联网运行，长期困扰民营经济、中小企业发展的用地难、审批难等问题将得到缓解。云南省服务业发展三年行动计划的实施和我省产品消费鼓励政策的推出，将进一步增强服务业的发展活力。2013 年全省将有 150 万人农转城，为民营经济发展带来稳定的劳动力保障，也将增添强大的创业力量。

从不利因素看：金融危机的深层次影响还在不断显现，世界经济面临的下行压力和潜在风险加大，经济低迷成为全球经济新常态，外需萎缩短期内难以根本好转。国内看，产能过剩、产成品积压的困扰尚未消除，CPI 重拾升势的苗头已经显现，生产经营成本将继续上升，市场信心和预期不稳，民间投资壁垒仍未消除，中小企业发展环境亟等改善。从我省来看，民营经济、中小企业以资源型、原料型为主，处于产业链低端，创业创新能力不足，发展方式粗放，竞争能力不强，转方式、调结构任务艰巨。

三、2013 年民营经济、中小企业工作思路、发展目标和主要措施

（一）工作思路

认真贯彻落实党的十八大、中央经济工作会议精神和省委九届四次全会精神，围绕全省加快民营经济发展大会确定的目标任务，落实政策、拓展领域、抓大扶小、强化服务，深入推进民营经济发展战役，促进全省民营经济、中小企业规模和队伍进一步壮大，发展的质量和效益进一步增强，为使云南与全国同步全面建成小康社会奠定坚实基础。

（二）发展目标

2013 年力争全省民营经济增加值增长 20% 以上，占全省 GDP 的 46% 左右；民间投资增长 30%；从业人员增长 9%；新增达规企业 250 户以上；省级成长型中小企业 800 户以上；完成 15 个中小企业公共服务平台网络项目建设；引进 16 户以上全国民营经济企业 500 强、民营制造业企业 500 强等大型知名民营企业入滇投资兴业。

（三）主要措施

1. 深入推进贯彻落实各项政策措施

以科学发展观为指导，按照省九次党代会及全省民营经济发展大会精神要求，以落实今年出台的《决定》及其配套政策为重点，推动民营经济战役工作继续深入开展，配合省非公经济督导组，进一步做好民营经济督导工作，确保国家、省级促进民营中小微企业政策落到实处，发挥实效，促进我省民营中小企业的全面发展。

2. 继续做好民企入滇工作

根据省委、省政府要求，协调各地各部门资源，

积极跟进做好已引进民营项目的服务工作，解决土地、环评、人力资源等方面问题，推进民企入滇项目尽快落地，正常生产。及时更新招商引资项目库，积极开展多层次、多渠道的招商引资活动，逐步建立起引入省外民营企业来滇投资的长效机制，确保明年继续引进全国民营企业500强、民营制造企业500强等民营大企业集团16户以上入滇发展。

3. 切实拓宽民间投资领域

抓好2012年公布的300个鼓励民间投资项目的跟踪落实和统计工作，继续定期公布适合民间投资的重点项目，引导民间资本投向。大力支持民营企业积极参与国有企业改革，制定国有经济从竞争性行业退出的总体方案和时间表。鼓励民间资本抓住城镇化建设机遇，积极参与市政基础设施、公共服务配套设施建设和改造。抓住2013年电力供需矛盾缓解，供应量放开的机遇，促进清洁载能产业发展。推进服务业和制造业融合，拓展新型服务领域。

4. 加快推进民营中小企业服务体系建设

围绕工信部提出的“扶助小微企业专项行动”各项要求，继续大力推进中小企业公共服务平台建设；增强民营中小企业融资协调服务，推动开展银企对接活动，特别是中小企业集合债等新型直接融资服务工作；进一步开展强化民营企业经营管理者素质提升培训；稳步推进中小企业信用担保体系建设和小企业创业示范基地建设；探索建立“两大机制、一个联盟”，即：企业减负长效工作机制，服务机构示范认定和绩效考核激励机制，云南省中小企业服务联盟。

5. 进一步提高财政资金使用效果

统筹安排国家和省民营经济、中小企业财政扶持资金，重点扶持企业项目建设和创新能力建设，加快以省、州（市）、县（市、区）综合服务中心为重点的服务平台建设，充分发挥财政资金在转方式、调结构方面的引导作用。规范工作程序，强化绩效考核、项目管理和验收工作，提高财政资金使用效果。各地要公开组织项目申报，进行实地考察，对推荐项目和申报材料的真实性负责，加强扶持项目督促检查和跟踪服务，加快建设进度。

6. 做好中小企业运行监测工作

建立民营经济统计制度，完善指标体系，明确相关部门责任，及时全面准确反映民营经济发展情况。认真做好民营经济运行分析工作，按季度召开运行分析会议，结合运行中存在的困难和问题，提出针对性的对策措施。完善民营经济考核奖励办法，更加突出争先进位的导向，增强各地各部门发展民营经济的责任意识。继续组织省级成长型民营中小企业评定工作，建立成长型中小企业运行情况监测系统。

7. 积极帮助民营企业开拓市场

启动“滇之粹”网上联合促销行动，搭建企业集中推介电子商务交易平台。配合财政部门研究制定落实政府采购促进中小企业发展的政策措施，编制纳入政府采购的产品和服务目录，确保各级政府采购本地中小企业货物、工程和服务的比例达到30%以上。做好第十届中博会和第一届中国—南亚博览会的组展和宣传工作，促进合作交流，展示特色产品，开阔发展视野。

（云南省工业信息化委员会中小企业处）

西藏自治区

2012年，在西藏自治区工信厅党组的正确领导下，在各有关部门及相关处室的积极配合和团结协作下，中小企业处上下以继续深入贯彻落实好藏政发〔2009〕79号文件为主线，以加快结构调整、转变发展方式为重点，着力解决影响和制约中小企业又好又快发展的突出问题，提高中小企业和非公有制经济的整体素质和竞争力，支持引导中小企业健康发展，努力营造中小企业发展的良好环境。按照全区经济工作会议、全区工信工作会议总体部署和安排，充分履行中小企业管理、服务职能，本着急企业之所急，想企业之所想，办企业之所需的原则，开拓创新，求真务实，锐意进取，不断开创我区中小企业和非公经济发展工作新局面。

一、2012年开展的主要工作

（一）以完善非公有制经济为主体的中小企业发展政策体系为突破口，进一步优化非公有制经济发展环境

1. 贯彻落实藏政发〔2009〕79号文件取得积极进展。自治区中小企业发展专项资金正式启动运作。成为贯彻落实藏政发〔2009〕79号文件的最大“亮点”。同时，为着力解决我区中小企业融资难，建立健全中小企业信用担保体系，积极引导金融机构全面落实中央赋予西藏的一系列特殊金融优惠政策，主动为中小企业特别是小型微型企业做好金融服务。会同财政厅等部门，制定出台了《西藏自治区中小企业信用担保风险补偿资金管理暂行办法》和《西藏自治区中小企业贷款风险补偿资金管理暂行办法》，一系列扶持以非公有制经济为主体的中小企业财税优惠政策得到全面落实。

2. 为贯彻落实好《国务院关于进一步支持小型微型企业健康发展的意见》（国发〔2012〕14号），帮助小型微型企业提振信心、稳健经营、提高盈利水平和发展后劲，增强企业可持续发展能力。根据政府主要领导的批示精神，我厅起草了《西藏自治区人民政府关于贯彻国务院关于进一步支持小型微型企业健康发展的意见的实施意见》（代拟稿）。积极研究制定出台一系列比内地放得更宽、突破性更强、含金量更高的有针对性、有实效性、有延续性的政策措施，坚定信心，迎难而上，积极应对，切实把解决小型微型企业困难，保持经济平稳较快发展摆在全面建设小康社会和富民强区的一项大战略，抓紧抓实，抓出成效。目前，正在征求相关部门的修改意见。

（二）以加大非公有制为主体的企业结构调整和优化升级力度为重点，增强我区各类中小企业发展活力

我们紧紧抓住中央给予西藏的一系列特殊优惠政策和国家、自治区加大企业技术改造资金投入的有利时机，会同财政等部门，积极组织各类中小企业结构调整项目，夯实发展基础，助推中小企业平稳较快发展。2012年全区共落实国家、自治区促进中小企业发展扶持项目140多个，下达资金近2亿元；其中：非公有制经济落实项目120多个，占扶持项目总数的85%以上。把自治区党委、政府相关文件明确的用于支持非公有制经济发展，不低于资金总量的50%的要求落到了实处。

通过组织实施这批项目，将极大地提高我区以非公有制经济为主体的中小企业创新能力，增强中小企业发展活力，提升中小企业核心竞争力，有效提高产品质量、节能减排、清洁生产和安全生产水平。同时，对增加地方财政收入、繁荣城乡经济、扩大社会就业、促进科技创新、优化经济结构等方面将发挥重要作用。

（三）以建立健全中小企业服务体系建设为抓手，为广大中小企业提供优质贴身服务

自治区政府高度重视我区中小企业服务体系建设。为进一步规范各类中小企业服务机构建设，打破中小企业“不敢用、用不起”服务，以及服务机构“小、散、弱”并存现象，我厅会同财政厅，下发了《关于组织开展认定自治区中小企业（非公有制经济）公共服务示范平台工作的通知》和《关于拟聘自治区中小企业（非公有制经济）技术服务专家的通知》。截至目前，共收到涉及创业辅导、人才培训、技术创新、市场开拓、财务管理等各类中小企业服务机构56家。按照市场化、专业化、社会化的发展方向，引导和支持现有各类中介机构拓展服务领域，提高服务能力，我厅拟定了西藏自治区中小企业（非公有制经济）公共服务示范平台认定管理办法。近期，商区财政厅后，重点抓好公共服务综合平台建设和认定一批自治区级公共服务示范平台。同时，借鉴区外省区做法，成立自治区中小企业协会。目前，正在履行成立协会的相关前期工作。

（四）以开展中小企业服务年活动为载体，为各类中小企业营造良好宽松的环境

国家工业和信息化部决定在2012年开展“服务企业、助力成长”为主题的中小企业服务年活动。根据国家有关文件精神，我厅及时下发了贯彻落实意见。并要求区直行业主管部门和各地（市）中小企业主管部门认真加以落实。为各类中小企业送政策、送服务、送温暖，着力解决影响和制约中小企业科学发展的突出问题，全面提升各类中小企业整体素质和核心竞争力，营造全社会关注、服务、支持各类中小企业的良好氛围。开展了以下工作：

一是组织开展全区中小企业发展情况调查问卷（2012年）。为各类中小企业发放调查问卷600册。通过采取最直接、最全面、最客观地了解掌握我区中小企业，特别是小型微型企业发展面临的主要制约瓶颈；体制机制问题；市场准入方面存在的“玻璃门”“弹簧门”等问题。为起草好我区贯彻落实小型微型企业发展政策以及区党委、政府领导决策提供重要依据。

二是狠抓政策咨询服务。以推动国家和自治区一系列扶持和发展中小企业和非公有制经济的政策措施的贯彻落实和“十二五”国家中小企业成长规划实施为重点，建立完善的多层次宣贯体系。

三是充分发挥领导小组办公室的作用，从企业最关心、最直接、最现实的问题抓起，从企业最能受益的工作做起，共同推动已出台各项政策措施的贯彻落实；加强监督检查力度，确保已出台的各项政策措施落地。

四是抓好政策宣传服务。通过新闻媒体宣传、现场宣讲等多种途径，把党和国家的惠企政策做到家喻户晓。同时，正在编辑《西藏自治区中小企业（非公有制经济）文件汇编》（藏、汉）。拟向各类中小企业免费发放

（五）多种举措，齐抓共管，缓解中小企业融资困难

一是狠抓中小企业信用担保体系建设。加快推进自治区信用担保体系建设，逐步完善政府出资担保机构资本金注入机制，鼓励组建商业性担保机构，截至目前已向5家担保机构颁发融资性担保机构经营许可证，新备案商业性融资担保机构2家。截至目前，我区9家担保公司累计为120多户中小企业，提供约4．5亿元的贷款担保。安排两家政策性担保公司担保业务补助资金790万元。并召开了“全区融资性担保机构座谈会”，就如何推进担保业务的发展、创新担保模式以及加强银担合作方式等献计献策，提出了切实可行的意见及建议。

二是建立与银行业金融机构工作联系机制，搭建银企合作平台，积极开展中小微企业和非公有制企业融资服务工作。

三是鼓励和支持符合条件的中小企业股份制改组和上市，鼓励和支持中小企业通过信托融资、租赁融资、股权融资、企业联户担保等新型融资模式，缓解融资需求。并加大了支持中小企业上市所需证券、审计、资产评估、法律等专业服务项目的补助力度。

（六）加强合作与交流服务

鼓励和支持中小企业积极参加中小企业博览会、高交会、企业技术交流会等活动，为中小企业发展搭建“展示、交易、交流、合作”平台。组织一批企业参加2012年中国（青海）藏毯国际展览会和第七届APEC中小企业技术交流暨展览会，为中小企业提供新产品新技术展示、推介、对接和合作平台等服务，加快推动我区中小企业发展。

（七）积极开展结构调整和优化升级服务工作

鼓励、引导中小企业采用新技术、新工艺、新设备、新材料进行技术改造，支持企业向“专、精、特、新”方向发展。进一步加大各类中小企业技术改造和新建项目前期工作力度，积极争取年度国家中小企业发展专项资金、国家重点产业振兴资金和技术改造等专项资金的支持，重点支持以非公有制经济为主体的小型微型中小企业技术创新、结构调

整、节能减排、市场开拓，以及改善中小企业发展环境项目。让千家万户的小型微型企业实实在在受益，感受到党和政府的亲切关怀和特殊厚爱。会同自治区财政厅继续加大对中小企业（非公有制经济）发展专项资金项目跟踪考核工作力度，建立项目绩效评估长效机制。

二、2013 年工作思路

（一）加强社会化服务体系建设

重点抓好公共服务综合平台建设和认定一批自治区级公共服务示范平台工作，加大社会化服务机构的投入力度，提升服务质量和深度及服务标准规范工作。推进中国中小企业信息网西藏分网建设。成立西藏自治区中小企业协会，积极有序推进我区各类中小企业服务体系建设。

（二）管理提升服务

在中小企业发展专项资金中安排培训经费，用于政府购买培训服务、扶持培训机构，鼓励企业自主培训。加强与国家工业和信息化部下属培训机构联系，在适当的时候，举办 1－2 次全区各类中小企业政策法规、企业财务管理、项目申报、专业技能等各类免费培训。积极利用我区现有各类培训机构、高等院校、行业管理部门，选择 200－300 家成长型中小企业，开展各类人员培训工作。引导和支持中小企业建立健全财务、质量、安全、劳动等各项管理制度，逐步建立和完善政府引导、社会广泛参与的中小企业培训体系建设。

（三）多措并举，主动做好融资服务

安排使用好西藏自治区中小企业信用担保风险补偿资金。支持建立和完善中小企业信用担保体系。通过营业税减免、担保业务补贴、资本金注入等扶持政策，提高担保机构担保能力和抗风险能力。安排使用好西藏自治区中小企业贷款风险补偿资金。积极引导金融机构全面落实中央赋予西藏的一系列特殊金融优惠政策，主动为中小企业，特别是小型微型企业做好金融服务。引导银行业金融机构，建立符合西藏实际的差异化信贷管理办法和单独考核办法，合理扩大授信审批权限，鼓励增加信贷投放，把中小企业作为新的信贷增长点。继续开展 1－2 次银企合作座谈会、项目推介会等有效措施，促进形成银企、银担合作长效机制。积极拓宽中小企业融资渠道，破解中小企业融资难问题。

（四）支持自主创新能力服务

支持中小企业走科技兴企、品牌兴企之路，着力提高企业技术创新能力建设。同时，加强中小企业与高等院校、科研院所的合作与交流，推动产学研成果转化与应用。开展中小企业品牌创建活动，鼓励争创国家和自治区级品牌。重点对获得国家和自治区级品牌的中小企业给予资金倾斜。鼓励、支持地理标志认定工作，增强我区各类中小企业的市场竞争能力。

（西藏自治区工业和信息化厅中小企业处）

陕西省

2012 年，在省委省政府正确领导下，全省中小企业工作以李金柱副省长年初部署的十项重点工作为推动，着力优化发展环境，加快服务体系建设，发展壮大县域工业集中区，积极培植市场主体，使我省中小企业保持了平稳较快发展的态势。全省中小企业营业收入增长 24.5%，增加值增长 18.5%；新增小微型企业 3 万户，其中工业企业 5000 户；新增从业人员 30 万人；全省县域工业集中区营业收入完成 3200 亿元，增长超过 30%，营业收入过 20 亿元的县域工业集中区达到 40 个，过 50 亿元的达到 20 个，全面和超额完成了年度发展目标任务。

一、2012 年全省中小企业发展的基本情况和主要特点

一是发展速度位居全国前列，对全省经济增长的贡献率提高。全年全省中小企业营业收入 20218 亿元、增加值 7128 亿元、利润总额 1741 亿元，同比分别增长 24.8%、18.3% 和 18.5%；中小工业营业收入同比增长 26.3%；中小企业增加值占全省 GDP 比重为 49.3%，比上年提高 1.3 个百分点。据工信部全国中小企业生产运行监测平台提供的国家统计局监测数据，陕西省规模以上中小工业销售产值 7048 亿元，同比增长 29.9%，增速位居全国第一。

二是多数市区中小企业发展较快，陕南中小企业增速领先。西安、宝鸡、咸阳、榆林等 4 个市区中小企业营业收入超过 2000 亿元，其中西安市为 8610 亿元，对全省中小企业营业收入增长的贡献率达到 40%。陕南中小企业营业收入增长 34%，关中增长 26%，陕北增长 22.67%。

三是重点项目投产较多，整体实力和竞争力不断增强。全省中小企业完成固定资产投资 4073 亿元，同比增长 28.6%；中小工业完成固定资产投资 2786 亿元，同比增长 28.9%。建成投产投资 1000 万元以上的重点项目 1375 个，同比增加 350 个；1 亿元以上项目 305 个，同比增加 113 个。全省中小企业拥有总资产超过 1.4 万亿元、固定资产原值超过 7000 亿元；年营业收入 500 万元以上的成长性企业超过 1 万个，亿元以上的中小企业、非公企业（集团）超过 1300 个。

四是县域园区企业快速发展，中小农业企业、建筑企业和第三产业企业平稳增长。全省重点建设的县域工业集中区企业营业收入同比增长 30% 以上。陕西省中小企业促进局重点监测的中小农业企业营业收入同比增长 35%，建筑企业增长 25%，交通运输及仓储企业增长 23%，批发零售业增长 22%，餐饮企业增长 20%，居民服务和娱乐业增长 31%，房地产开发业增长 26%。

五是从业人数继续增加，劳动者报酬增幅较大。

省中小企业促进局重点监测的中小企业的从业人数同比增加4.7%；监测企业的从业人员人均年工资收入2.2万元，同比增加24.7%。全省中小企业（含个体经营户）发展到143.8万个，同比新增3.4万户，从业人员763万人，同比新增33万人；支付劳动者报酬1361亿元，同比增长27.4%。中小企业在繁荣经济、增加就业、推动创新、改善民生等方面，发挥着越来越重要的作用，已经成为陕西经济社会发展的重要力量，为全省经济回升向好平稳较快发展做出了重要贡献。

二、2012年所做重点工作

一是加强政策落实，营造了良好发展环境。及时制定出台了省政府《关于支持小型微型企业健康发展的实施意见》，明确了重点工作分工，落实部门责任。启动了“百名律师与百家中小企业对接”活动，组织律师为300家企业“送法律、送政策、送服务”。完善了全省中小企业、非公经济发展环境评议实施方案，联合省纠风办，对宝鸡等6市的10个县（区）30余家不同类型企业就中小企业治乱减负工作进行抽查。省人大常委会副主任罗振江、李晓东分别带队，对20多家非公企业进行实地视察，对近年来我省非公经济快速发展给予肯定。

二是以中小企业服务年活动为契机，加快我省服务体系建设与发展。贯彻工信部部署，认真组织开展中小企业服务年活动，受到广大中小微企业欢迎，工信部有3期简报刊登了我省活动情况。推动中小企业公共服务平台发展，建成了省级综合服务平台，近30家服务机构入驻，目前已经陆续开展91项200余场活动。加快推进省中小企业产品技术展示中心建设，已与航天基地签订了入区协议，正在按照项目建设计划推进工作。

三是加强监测考核，有力地调动了各地工作的积极性。全省中小企业预警监测网入网企业超过4000户，成为全国最大的省级中小企业预警监测网，进入全国监测平台的企业数量也位居各省市前列。经省政府同意，对全省中小企业发展及重点建设县域工业集中区实施了考核，由省政府对先进单位通报表彰。我省成为全国省级政府考核中小企业发展的第一家，工信部将我省做法通过内刊向各省作了交流。

四是创新融资模式，拓宽融资渠道，有效缓解了中小企业资金困难。加快担保体系建设，目前在我局备案的中小企业信用担保机构达到156户，其中亿元以上33户，注册资本金总额突破100亿元，在保企业13486户，预计到2012年底累计担保额突破600亿元。积极组织融资对接活动，为1500户中小企业协议融资75亿元。推动企业直接融资，引导中小企业发行集合票据3期，融资5.12亿元。继续支持县域工业集中区小额贷款公司发展，2012年新确定17家小额贷款公司给予参股支持，对县域中小企业发展起到积极的促进作用。

五是加强重点工业集中区建设，促进招商引资和项目建设。在西洽会上举办重点建设县域工业集中区项目推介会，现场签约24个项目，总投资66.57亿元，合同引资56.23亿元。联合有关部门主办了新兴产业馆，聚集了很高人气。我局被评为本届西洽会先进单位。组织200多种产品参加第九届中博会，推介了28个项目，签约金额达50亿元，我省粗布制品、荞麦食品，富硒饮料、魔芋食品、圣妃羊奶、圣桑果汁、秦宝牛肉等特色产品吸引了众多客商。召开全省县域工业集中区创新发展现场会，提出了全省县域工业集中区新的发展目标——“12381”发展目标。

六是加强工作措施，推动技术创新和创业。扶持中小企业创新研发基地建设，支持中小企业科技创新，科技型中小企业超过2万户。实施知识产权战略，提升企业创新发展能力和竞争力，认定了我省首批中小企业专利新产品66个。开展知识产权质押贷款，帮助23家科技型中小企业获贷款5.09亿元。支持建设创业培训基地，加强创业辅导，陕西省创业促进会采取多种形式举办创业大讲堂7期，培训创业人员1400人，扶持创业项目20个。

七是实施中小企业信息化推进工程，帮助中小微企业改善经营管理，增强市场竞争力。加快建设全省中小企业信息网站群，全省11个市区和93个县区已建成了中小企业分网。开展信息化应用示范企业和重点行业中小企业电子商务平台建设。联合陕西邮政开展“直邮营销”，参加小微企业超过3万户，增加销售收入30亿元。联合陕西电信开展“数字企业”建设活动，降低企业宽带接入成本，目前已有2000多户企业启动建设。支持建设宝鸡先进装备制造与配套加工中小企业电子商务平台、杨凌的陕西农产品加工业电子商务平台和陕西中小企业软件超市。

八是发挥专项资金引导作用，提升中小企业项目建设水平。一是推动市县两级中小企业发展专项资金的设立，目前全省11个市（区）均已设立专项资金，总规模57800万元。主要用于小微企业培育、服务体系建设及融资担保业务开展等方面。二是争取国家中小企业发展专项资金项目，争取到切块额度位于西部地区第二。申报落实中央投资工业中小企业技改项目资金，额度较去年提高了39%。三是支持县域工业集中区基础设施、公共服务平台建设，共安排扶持了各类项目66个。

九是加强自身建设，干部职工队伍精神面貌、工作状态有了新的提升。认真开展“三问三解”活动，领导班子成员和机关处室干部深入企业，分析形势，协调解决实际问题。做好“两联一包”扶贫工作。认真答复办理了18件省人大建议和省政协提案。进一步加强党风廉政建设，深入开展“双提、双比、一争创”活动。

近年我省中小企业发展取得了很大的进步，成果显著。但是从总体上看，我省中小企业无论是经营管理水平，还是发展的规模与质量，在全国仍处相对落后位置，一些主要指标与全国平均水平和先进省市区相比，仍有明显差距。一是中小企业、非公经济占GDP的比重仍低于全国平均水平和周边部分省市。2011 年，我省中小企业增加值占 GDP 的比重为 48%，比全国的 60% 低 12 个百分点；非公经济增加值占 GDP 的比重为 50.5%，比全国的 53% 低 2.5 个百分点；中小企业、非公经济提供的税收占全省税收的比例比全国平均水平 50% 低 4 个百分点。二是企业数量增长速度、县均和万人拥有企业个数均低于全国平均水平，规模以上工业企业较少。2011 年，陕西县均拥有法人企业 1378 个，是全国平均水平的 53.6%，明显少于东部的江苏 、浙江 、广东等省区，也少于周边的重庆、湖北、河南等省市。2011 年，陕西万人拥有法人企业 39 个，是全国平均水平 54 个的 72%。三是民营企业缺少“航母旗舰”、制造业不强、产业带动力弱。2011 年，陕西有营业收入亿元以上的中小企业、非公控股企业（集团）1208 个，比上年增加 271 个，同比增长 30%。虽然亿元以上企业的数量增长较快，但 2011 年全省只有 2 个民营企业的营业收入超过 100 亿元，在全国排第 19 位，仅有 4 户进入全国民营企业 500 强。四是在全国有影响力的品牌产品少。2012 年底，陕西拥有中国驰名商标 23 个，居全国第 22 位。周边的重庆、四川、河南、湖北、山西、内蒙均多于我省。五是县均工业增加值和县均 GDP 低于全国平均水平。2011 年，陕西县均工业增加值 54 亿元，是全国平均水平 66 亿元的 81.8%，居全国第 19 位。县均 GDP 为 116 亿元，是全国平均水平 166 亿元的 70%，在全国排名第 21 位。只有 2 个县进入全国县域经济 100 强。

三、2013 年工作思路和安排

2013 年是贯彻落实党的十八大精神、抢抓机遇、加快发展的重要之年，是实施中小企业“十二五”发展规划的关键之年。全省中小企业发展工作的总要求是：以十八大精神为指导，深入贯彻落实我省关于支持中小微企业发展的政策措施，突出创新优化环境、加快服务体系建设、小微企业培育成长和县域工业集中区发展，促进我省中小企业和非公经济持续健康发展，为陕西经济“拐弯超车”做出新的贡献。发展预期目标：全省中小企业营业收入增长 22%，增加值增长 17%，占全省 GDP 的比重提高 1 个百分点，达到 50%；非公经济增加值占全省 GDP 的比重达到 51.5%；新增小微型企业 2.5 万户，其中工业企业 5000 户；新增规模以上工业企业 300 户；新增从业人员 25 万人；新增重点县域工业集中区 50 个，全省县域工业集中区营业收入增长 25% 以上；省级中小企业公共服务示范平台新增 20 个。全省主要抓十项重点工作：

（一）继续完善发展环境

一是建立促进中小微企业发展的政策落实制度体系，按照省政府 36 号文件的分工方案要求，抓好 40 项分工任务的落实。积极推动有关部门破解中小企业、非公经济面临的“玻璃门”、“弹簧门”问题。二是配合搞好《陕西省实施＜中小企业促进法＞办法》的修订工作。继续做好法律服务进企业活动。三是加强我省中小企业、非公经济发展战略性问题研究，推动政策理论创新。四是做好宣传报道，大力营造有利于中小企业、非公经济发展的社会氛围。五是完善加强中小企业和县域工业集中区两个考核体系，组织好目标考核工作。

（二）加快服务体系建设

一是以省级中小企业服务平台建设为引导，完善机制，创新服务，加强宣传，带动市及重点县区平台建设。加快陕西省中小企业产品技术展示中心建设。二是抓好第一批、第二批省市及产业集群公共服务平台网络窗口平台建设，力争第一批年底建成，并与省级平台实现互联互通。组织有关平台网络单位和示范平台到外省考察学习，拓展视野。三是培育发展社会化服务机构，省级中小企业公共服务示范平台新增 20 个。四是重视支持中小企业各类行业协会工作，鼓励其发挥好桥梁纽带作用。

（三）推进市场主体建设

一是结合贯彻落实工信部关于大力支持小微型企业创业兴业的实施意见，依托创业基地、企业孵化器、县域工业集中区，重点支持创新型、创业型和劳动密集型小微企业发展，新增小微型企业 2.5 万户，其中工业企业 5000 户；通过政策引导、项目扶持等措施，促进中小企业成长，力争全年新增规模以上企业 300 户。二是抓好一批骨干企业的技术改造，引导其不断优化产业、产品结构，做强做大。三是联合相关部门，抓好省内大中小企业协作配套工作，发展配套型中小企业。四是完善专项资金项目管理规章制度，搞好绩效评价，充分发挥财政资金引导和撬动作用。五是联合省财政厅，制定面向小微企业的政府采购实施办法，确保小微企业在政府采购中的份额不低于 20%。

（四）突出县域工业集中区建设

一是完善扶持政策，强化保障措施，确保实现“12381”发展目标，争取到“十二五”末，全省县域工业集中区实现营业收入超过 10000 亿元，建设重点县域工业集中区 200 个，培育营业收入超过 100 亿元的工业集中区 30 个、超过 50 亿元的 80 个，吸纳就业超过 100 万人。二是指导各地分批规划重点建设县域工业集中区，争取今年新增重点建设县域工业集中区 50 个。三是完善财政扶持机制，增加县域工业集中区专项资金额度，重点扶持基础设施、标准厂房和中小企业创业基地（企业孵化器）等公共服务平台建设项目。四是突出招商引资，促进项目建设，帮助中小企业开拓市场。五是强化集中区统计监测和考核工作。

（五）进一步破解融资难题

一是开展多种形式的融资对接服务活动，推动金融机构加大对中小企业的支持力度，力争实现小微企业贷款增速不低于全部贷款平均增速，增量不低于上年同期水平。二是推进设立中小企业发展基金。三是搞好中小企业信用担保体系建设，加大政策扶持，强化信息报送、备案管理和技能培训，引导担保机构进行产品创新、业务拓展。四是创新直接融资方式。做好中小企业债务融资、集合债发行试点推进工作。继续做好中小板、创业板拟上市中小企业的培育和资源库建设，推进企业上市。

（六）大力推进企业创新发展

一是鼓励支持以中小企业为主体、以市场为导向、产学研用相结合的企业技术创新研发中心建设，促进企业加大技术研发投入，走“专精特新”发展道路。二是借鉴兄弟省开展中小企业技术创新活动的经验做法，认真搞好我省已认定的中小企业创新研发机构的调研和经验总结，适时召开推进中小企业技术创新现场经验交流会。三是积极实施知识产权战略，促进中小企业创新能力建设，继续鼓励支持中小企业知识产权质押贷款项目。认真开展中小企业专利新产品认定活动，加快专利产品产业化步伐。四是促进企业管理提升，不断提高中小企业整体素质。

（七）实施信息化应用推进计划

一是联合提供信息技术服务的大企业，开展中小微企业重点行业信息化应用培训活动。二是确定全省第二批200户信息化应用试点中小企业。培育一批企业管理信息化应用示范企业。建设陕西中小企业智慧云平台。推进数字企业建设工作，全省加入“数字企业”建设活动的企业达到2万户，确认第二批100户全省示范数字企业。三是支持一批中小企业重点行业电子商务平台建设，服务产业链和产业集群，提高产业竞争力。四是加快全省中小企业名录库和预警监测网建设。争取我省进入全国中小企业监测平台的企业达到1500户。开通运行陕西省中小企业名录库网上查询系统，到年底入库企业法人单位超过3万户，争取达到5万户。

（八）搞好减负维权工作

一是发挥省促进非公经济发展联席会议作用，开展非公经济发展环境评议工作，建立完善减轻企业负担工作机制，加大社会监督。二是配合工信部企业负担情况网上直报系统建设，做好重点调查企业选择，加强减负调查体系建设。三是搞好全省维权体系建设，继续支持市、县维权中心搭建工作。举办维权工作专题培训班。四是搞好“清费返税”试点工作。在试点基础上，提出中小企业，特别是小微企业减免税费的可操作方案。五是筹备召开全省非公经济发展大会，评选表彰全省发展非公经济先进单位和先进个人。

（九）强化人才培育支持

一是不断优化人才队伍建设机制，以创新创业人才为重点，吸引更多高层次人才到中小企业创业发展。二是强化人才培训工作。抓好银河培训工程的落实，扩大培训工作覆盖面。继续在沿海等中小企业发展较快的地区举办市县局长培训班，开阔视野，拓展思路。坚持重点培训和普遍培训相结合的办法，完成经营管理人才和创业人才培训3万人以上；通过省、市、县三级培训网络，实现全省20万人次接受技能培训的目标。三是健全非公有制企业人才评价激励机制，拓宽职称工作覆盖面，按照专业技术职称评审条件，全年完成职称评审1500人次。

（十）进一步改进工作作风

一是认真学习贯彻十八大精神，结合“为民、务实、清廉”主题实践教育活动，在局机关开展“转作风、强服务、抓落实、创一流”活动。二是进一步加大局机关干部教育培训力度，坚持政治理论学习、业务学习与工作实践相结合，不断提高政治素养和业务水平。三是加强反腐倡廉建设，认真落实党风廉政建设责任制，严格执行各项规章制度，严格履行“一岗双责”，不断增强自律意识。四是围绕重点工作，加强调查研究。领导班子成员和各处室主要负责同志要深入基层，研究问题，撰写有价值的调研报告和工作信息，做到分管工作有思路、有研究、有创新。

（陕西省中小企业促进局）

甘肃省

截至2012年12月底，全省共有工业中小企业68127户（含个体工业企业），其中规模以上1382户（中型企业278户，小型企业1064户，微型企业40户），规模以下66745户；从业人员68万人，其中规模以上27.68万人，规模以下40.32万人。累计完成工业增加值776.16亿元，同比增长23%，其中规模以上完成633.32亿元，同比增长25.62%；规模以下完成142.84亿元，同比增长12.6%。规模以上工业中小微型企业实现主营业务收入1743.49亿元，同比增长18.6%；实现利润75.23亿元，同比增长8.1%；上缴税金62.47亿元，同比增长10.09%。

从企业效益看，全省规模以上工业中小企业亏损企业数为398户，比去年同期增加了56户，亏损企业亏损额为40.47亿元，同比增加了4.97亿元，增长14%，亏损企业户数和亏损额较上半年有了较大幅度的减少，企业应收账款286.8亿元，同比增长17.6%，较上半年减少幅度较大，企业投资收益同比下降了18.7%。利润和投资收益上从整体情况看，全省中小企业保持了较为平稳的运行态势，上半年亏损企业数及亏损额都较多，产品销售情况不很景气，企业资金周转较慢，下半年全省中小企业运行情况有所好转，回暖迹象明显。

截至12月底，全省新增担保额238.6亿元，各类担保机构共计310户，较去年增加92户；总注册资本145亿元，其中注册资本1亿元以上的有36户，注册资本2000万元以上的担保机构共267户。

截至12月底，全省中小企业贷款余额达2359.52亿元，比年初增加470.73亿元，其中：中型企业贷款余额1076.36亿元，比年初增加247.22亿元；小型企业贷款余额1110.41亿元，比年初增加199.04亿元；微型企业贷款余额172.75亿元，比年初增加24.47亿元。中小微型企业贷款占全省企业贷款的60.00%。

一、2012 年重点工作完成情况

（一）贯彻落实支持中小微型企业发展的各项政策

为认真贯彻落实国务院关于支持小微企业发展的常务会议精神和《国务院关于进一步支持小型微型企业健康发展的意见》（国发〔2012〕14 号），3 月 23 日，我省出台了《甘肃省人民政府关于促进小型微型企业发展的指导意见》（甘政发〔2012〕39 号），5 月份，以“省促进中小企业发展工作领导小组办公室”发出通知，要求省直各相关部门将根据《意见》制定的本部门相应措施细则和具体办法以及工作落实情况报我委，向国家专门报送了我省国发 14 号文的贯彻落实情况。为加强政策的宣传力度，在甘肃日报等主要媒体上开辟专栏，对《甘肃省人民政府关于促进小型微型企业发展的指导意见》进行宣传。会同工信部中小企业司印发了《支持小微企业发展答问》《中小企业政策百问百答》《创办小微企业百问百答》和《甘肃省促进小型微型企业发展指导意见解读》。

（二）召开了全省加快民营经济发展工作座谈会

3 月 30 日，虞海燕省长主持召开了由各市州分管领导、市州工信委主任等参加的全省加快民营经济发展工作座谈会，对全省今年非公经济发展工作进行了安排部署。我处会同政策法规处起草了《关于促进非公有制经济跨越发展意见》（征求意见稿），于 4 月 20 日报省政府。此项工作，按省政府安排已移交省工商局全面负责。专题对国家和省里近些年出台的扶持中小企业和非公经济发展的《关于鼓励支持和引导个体私营等非公有制经济发展的若干意见》（国发〔2005〕3 号）、《国务院关于进一步促进中小企业发展的若干意见》（国发〔2009〕36 号）、《国务院关于鼓励和引导民间投资健康发展的若干意见》（国发〔2010〕13 号）、《国务院关于进一步支持小型微型企业健康发展的意见》（国发〔2012〕14 号）和《中共甘肃省委甘肃省人民政府贯彻<国务院关于鼓励支持和引导个体私营等非公有制经济发展的若干意见>的实施意见》（省委发〔2005〕63 号）、《甘肃省人民政府关于鼓励和引导民间投资健康发展的实施意见》（甘政发〔2011〕62 号）、《甘肃省人民政府关于促进小型微型企业发展的指导意见》（甘政发〔2012〕29 号）等 7 个文件共 224 条政策进行了认真梳理和分类归并，在省直相关部门和企业两个层面上进行了调查了解，掌握了政策落实情况的第一手资料。在全省非公有制经济大会召开后，起草了《甘肃省工业和信息化委员会关于印发推动非公有制经济跨越发展实施意见的通知》（甘工信发〔2012〕899 号）。

（三）加快推进了中小企业服务体系建设

根据工业和信息化部《关于加快推进中小企业服务体系建设的指导意见》（工信部联企业〔2011〕575 号）文件精神，于 2012 年 3 月 5 日在兰召开了全省中小企业服务体系发展工作座谈会，各市州工信委分管主任及负责服务体系建设的科长共计 40 余人参加会议，对全省 2012 年中小企业服务体系建设工作进行了部署。3 月 12 日下发了《关于加快推进中小企业服务体系建设的指导意见》（甘工信发〔2012〕150 号）。同时按照《甘肃省中小企业公共服务示范平台认定和管理暂行办法》《甘肃省中小企业公共服务示范平台考核细则》和《关于做好 2012 年第二批甘肃省中小企业公共服务示范平台申报工作的通知》，开展了 2012 年省级示范平台认定工作，今年重点支持以节能监察为重点的技术服务、以“银政投”平台为重点的融资服务、创业孵化基地为重点的创业服务，今年认定省级示范平台 45 户，全省累计认定省级平台已达 79 户。同时，今年我省又有 5 家平台被认定为国家级中小企业公共服务示范平台，目前全省国家级示范平台已达 7 家。制定出台了《甘肃省中小企业创业孵化基地评价认定办法（试行）》（甘工信发〔2012〕500 号），重点培育和扶持 15 个小微型企业创业基地。下发了《关于加强中小企业服务机构统计监测工作的通知》，建立服务机构统计监测库，进一步摸清全省中小企业服务机构数量、规模、服务功能等现状。

启动建设以省级综合服务平台为“枢纽”、14 个市州及产业开发区（集聚区、循环经济区）综合服务平台为“窗口”、重点县（市、区）综合服务平台为“触角”的全省中小企业公共服务平台网络，目前已完成了省级中心枢纽的方案设计，各市州窗口平台已通过初审，临夏州和嘉峪关市“窗口”平台已正式挂牌运营。

（四）加快实施中小企业成长工程

为加快中小企业培育，实施中小企业成长工程。5 月份对 2012～2015 年对新增初始创业小微型企业、主营业务收入由 100～500 万元达到 500～2000 万元的工业企业和主营业务收入由 500～2000 万元达到 2000 万元以上工业企业情况进行了统计调查，汇总了各市州上报的《加快培育规模以下中小汇总表》，提出了发展目标，制定了《甘肃省工业和信息化委员会关于加快规模以下企业发展考核奖励试行办法》报委规划发展处，目前，此项工作由经济运行处牵头。

起草了《富民兴陇创业行动计划》，于 4 月 17 日报省政府，此项工作按省政府安排已移交省人社厅全面负责。按照省政府全民创业领导小组要求，起草了《甘肃省全民创业行动创业孵化基地建设专项工作方案》。

（五）开展了中小企业服务年活动

今年是工信部确定的“全国中小企业服务年”，根据工业和信息化部《关于印发中小企业服务年活动方案的通知》（工信部企业〔2012〕121 号）要求，结合我省实际，下发了《关于印发中小企业服务年活动方案的通知》（甘工信发〔2012〕404 号）。我委成立了由李平主任任组长、姜主任任副组长的中小企业服务年活动领导小组，确定了以政策咨询、投资融资、创业创新、转型升级、管理提升、舆论宣传 6 个方面为主要内容的 20 项具体活动并认真组织开展相关活动。各项工作得到落实，并于 12 月 17

日将工作情况报工信部。

为配合服务年活动，深入宣传和了解国家关于扶持中小企业发展的相关政策，推动中小企业健康成长，我委在平凉市人民会堂成功举办了中小企业政策大讲堂全国巡讲（甘肃行）活动，邀请了国务院津贴专家、国务院发展研究中心企业研究所副所长马骏研究员做了专题演讲。各市州工信委、86个县区工信局、7个国家级中小企业公共服务示范平台、14个市州网络窗口平台承建单位、800余户企业等相关单位，共计约1200人参加了大讲堂活动。

（六）加大招商引资工作力度

组织参展了在四川成都举办的第7届APEC中小企业技术交流暨展览会，共有46家企业，100余人参会，参展商品达12类140多种，推介项目40个。经我委和张掖市前期共同与各方企业多次协调沟通后，成功举办"甘肃省张掖市重点招商引资项目推介暨签约仪式"，签约项目13个，签约项目合同引资总额达67.6亿元。并获得组委会最高奖项"最佳组织奖"和"最佳设计奖"。

做好每年的兰洽会的招商引资和接待工作，获得了兰洽会执行委员会"宾客邀请及接待工作先进单位"、"招商引资先进单位"和"兰洽会先进单位"等荣誉。

（七）继续做好重点中小企业运行监测工作

督促我省358户重点监测中小企业，定期向国家报送数据，同时相应建立中小企业经济运行监测体系，实现对我省中小企业的综合情况、专项情况、倾向性问题和主要经济指标数据定期收集、汇总分析，并按季度发布《甘肃省工业中小企业运行监测》。

（八）加大中小企业支持力度、强化项目跟踪监督管理

今年国家已安排我省工业中小企业技术改造项目72个，中小企业发展专项项目86个，公共服务示范平台项目4个，省级中小企业专项项目61个。2月份，配合委监察室、规划发展处对部分市州项目的实施情况和资金落实情况进行了督查；3月份，联合财政厅上报了《2011年中小企业发展专项资金项目实施情况的报告》（甘工信发〔2012〕247号）。

印发了《甘肃省中小企业专项资金项目竣工验收暂行办法》（甘工信发〔2012〕374号），并下发通知，要求各市州组织对竣工项目进行验收。

二、存在的主要问题和困难

（一）企业运行方面

一是人工成本上升过快。我省中小企业与外省竞争的主要优势集中在土地和用工成本上，但这一优势目前已基本不存在。据企业反映，工人工资水平较几年前翻了1倍，有的行业达到120~150元/天甚至更高，与经济发达地区的产业工人工资相当。其主要原因，一方面是劳动力数量减少，需求供给关系不匹，物价水平的提升也间接推高了劳动力成本；另一方面则由于中小企业员工流动性大，工资渐进式上涨负担重，订单少时工人容易被同行以高工资吸引走，订单多时需以更高的工资进行招工。

二是行业抵抗风险能力弱。大部分小微型企业技术产品单一，受市场行情影响大，抗风险能力弱。如今年春季出现禽流感疫情，我省饲料加工企业马上受到影响，普遍产量下降30%，面临巨大的生存压力；再如年初铜库存率高，价格倒挂，导致下游铜材八成厂家尚未开工，线缆企业开工不足六成，需求明显不足。截至12月底，全省规模以上工业中小企业产成品库存达157.4亿元，同比增长21.16%；实现利润7.3亿元，同比减少507.73%。

三是金周转运行困难。受经济形势下行影响，处于产业链下游的中小微型企业承担的压力最大，面临着"两头挤压"的形势。一方面银行贷款难度大、周期长，无法适应企业"短、快、频"的资金需求，另一方面应收账款增多，企业无法第一时间收回资金，对正常生产和资金周转造成巨大影响。有企业反映，当前生产销售越多赔得就越多，而停产又会丧失顾客订单，工人流失现象也很严重。

（二）企业融资方面

一是企业贷款难。虽然金融机构对中小企业的信贷政策相对有所宽松，但实际操作却困难重重、门槛过高。小微企业贷款抵押物一般为房产、土地等固定资产，但抵押折扣率较低，有些企业反映，从银行获得贷款额只有抵押价值的40%~50%，达不到规定的70%标准，由于贷款数额偏低，一些发展初期的中小企业更是无充足抵押资产而被挡在信贷大门外。同时，中小企业自身的管理劣势，很难从银行直接获得信用贷款，尤其是很难获得固定资产贷款。

二是贷款成本高。银行给中小企业的贷款利率都要高于大企业，并且还有40%左右的授信留存金额，再加上抵押评估费用、担保费用等，加起来可以达到企业财务费用的20%。目前大部分小微企业贷款以流动资金贷款为主，以1年期贷款为例，从审核到放款要1~2个月，到10个月的时候就开始筹资还款，实际使用资金时间只有半年左右，无形中加大了企业的融资成本。有些银行为了规避风险，放款时先扣除了贷款利息，致使许多中小微企业因成本高而不得不放弃从银行获得贷款。

三是贷款渠道单一。大部分小微企业地处县域，获得银行贷款主要是从国开行、农发行和农村信用合作社等机构，其他基层商业银行对小微企业放贷积极性不高、贷款很少。集合票据、债券等直接从金融市场融资的方式在实际工作中可操作性不强，投行和风险投资机构融资的渠道不畅通，综合利率甚至高于商业银行的利率。

（三）企业负担方面

一是税费负担依然较重。据调研测算，中小微企业的综合税费负担已经超过企业营业收入的30%，负担比大企业更重。相比于大企业在垄断性行业的丰厚利润，中小微企业竞争激烈，利润微薄；在经营环境恶劣、高成本、利润微薄的情况下，税制结构也不尽合理，导致中小微企业与大企业相比利润少，交税却不少。此外，税费征收方式难以灵活调整等也加剧了中小微企业的税费负担，一定程度上造成了经营困难。

二是强制性收费较多。据调研了解，由于行政性收费关系到相关部门利益，多项行政性收费虽然取消了，却又以另一种形式被其他部门收取，企业负担有减更有增，许多原来禁止的行政事业性收费，现在变为由协会、商会等转变名目继续征收，如营业执照年检时，个别协会收取会员年费，若不交就取不上营业执照。有企业反映，改造自己厂区的水路、电路等，光自己出钱不行，还要给自来水公司、电力公司缴纳相关费用，否则就会停水限电。有些员工岗位需要相关专业技术培训后持有证件才能上岗，但是有效期太短，需要经常由企业出钱培训，而且培训的证件省内还不通用，无形中加大了企业的负担。

（四）政企沟通方面

政府与中小微企业之间的信息不对等，沟通不通畅。一是政府制定的一些政策或开展的一些活动，缺乏前期有效的论证，企业认为没有针对性，对企业帮助不大，往往没有积极性；二是政府部门出台许多好的政策宣传力度不够，企业也缺乏了解，政策的效用没有得到充分发挥；三是企业迫切需要解决的问题，不能反映到政府层面，难以形成支持政策措施。四是企业自身不重视对政策的学习和了解，有的市州反映，政府部门免费举办的政策讲座和培训，许多企业不参加或只随便派人员来应付充数，没有起到应有的宣贯效果。

三、2013 年工业主要预期目标和重点任务

预期目标：2013 年工业中小企业增加值增长达到 18% 以上。

（一）优化环境、强化扶持企业各项政策的落实

重点督察《国务院关于进一步支持小型微型企业健康发展的意见》（国发〔2012〕14 号）、《甘肃省人民政府关于促进小型微型企业发展的指导意见》（甘政发〔2012〕39 号）及已出台各项政策的落实情况。落实好国家和省上扶持小微型企业加快发展的各项政策措施，支持中小企业做强做大。

（二）创新服务、强化中小企业服务体系建设

初步建成以省级综合服务平台为“枢纽”、14 个市州及产业开发区（集聚区、循环经济区）综合服务平台为“窗口”、重点县（市、区）综合服务平台为“触角”的全省中小企业公共服务平台网络体系。按照《甘肃省中小企业公共服务示范平台认定和管理暂行办法》，《甘肃省中小企业公共服务示范平台考核细则》对省级中小企业公共服务平台进行考核，新认定 10 户以上平台。根据《甘肃省中小企业创业孵化基地评价认定办法（试行）》（甘工信发〔2012〕500 号），今后每年重点培育和扶持 15 个小微型企业创业孵化基地。

（三）培育亮点、强化中小企业成长工程实施力度

实施中小企业成长工程，加大重点成长性企业支持力度。同时，根据《甘肃省中小企业专项资金项目竣工验收暂行办法》（甘工信发〔2012〕374 号），对重点项目进行督察。

（四）加强监测、强化经济运行调控

扩大工信部重点中小企业生产经营运行监测平台企业数量，力争达到 500 户并定期报送数据。同时加强中小企业经济运行监测体系，尤其是小微企业监测，实现对我省中小企业的综合情况、专项情况、倾向性问题和主要经济指标数据定期收集、汇总分析，并按季度发布《甘肃省工业中小企业运行监测》。

（甘肃省工信委中小企业处）

青海省

一、2012 年非公有制经济改革发展基本情况

近年来，在省委、省政府的正确领导下，全省上下采取有效措施，积极营造加快非公有制经济发展的良好环境，非公有制经济组织快速发展，综合实力和市场竞争能力不断增强，对活跃地方经济、扩大就业渠道、增加财税收入等方面发挥了重要作用，成为我省国民经济的重要组成部分和推动经济社会各项事业又好又快发展的新增长点。

（一）规模实力不断增强

截至 2012 年底，全省从事非公有制经济企业、个体户数为 22.28 万户，比上年增长 5.73%。非公经济注册资金 981.82 亿元，比上年增长 41.86%；固定资产规模达到 822.76 亿元，比上年增长 21.35%；实现销售（营业）收入 2054.60 亿元，总产出 1815.72 亿元、营业盈余 201.94 亿元，分别比上年增长 12.79%、33.66% 和 42.07%；从业人员 74.85 万人，比上年增长 2.99%。实现增加值 621.15 亿元，占全省经济总量的 32.80%，比上年上升 0.5 个百分点。非公有制经济涉足医疗教育、城市公交、废物处置、供水供热、燃气供应、电力、石油开采、军工等诸多领域，经济结构调整和经济增长方式转变的步伐不断加快。

（二）经济和社会贡献全面提升

截至 2012 年底，我省个体户 20.57 万户，从业人员 39.94 万人，非公经济企业数 1.7 万户，从业人员 34.9 万人，个体户数和从业人员分别比上年增长了 3.78 %、4.29%，企业户数和从业人员分别比上年增长了 36.38%、1.54%。个体经济实现销售收入 364.08 亿元，增加值为 130.47 亿元；私营经济实现销售收入 956.26 亿元，增加值为 257.02 亿元。劳动者报酬增速较快。2012 年，全省非公有制经济发放劳动者报酬 243.81 亿元，较上年净增 33.15 亿元。人均达到 3.26 万元，是上年的 1.12 倍；税收增速较快，2012 年上缴税金 70.66 亿元，比上年增长 6.48% 。

（三）技术创新能力不断提高

技术创新是企业持续发展的源动力，我省非公有制企业把技术创新作为培育核心竞争能力的重要途径，通过新技术、新产品研发，提升了市场竞争能力，赢得了广阔的市场。部分企业依靠技术上的重大突破，实现了一定程度上的技术垄断，在市场竞争中取得了显著成效，非公经济发展质量和整体素质不断提升。同时，非公有制企业高度重视知识产权保护和专利技术的申请，对调整优化产业结构、加快转变经济发展方式的起到了积极的支撑作用。

二、存在的主要问题

我省非公有制经济发展成就显著，但在发展中还存在一些问题和困难，主要表现在以下几个方面：

（一）基础设施薄弱

从总体上看，我省大部分地区目前所依托的铁路、公路、电网等基础设施建设仍显不足，不能完全满足企业快速发展的需求。电力方面：重点资源开发区、工矿区电网覆盖不足，且基本是单回路电源供电，供电可靠性、安全性程度低，对冶炼、化工等高耗能企业正常的生产经营影响较大，严重制约了企业的发展。交通方面：路网密度仍显不足，铁路运力季节性缺口较大。水资源方面：开发和综合利用程度总体较低，工程性缺水问题依然存在，部分区域内农业、工业、城镇等用水困难，结构性供水矛盾日趋突出。

（二）融资难问题仍比较突出

融资难是制约非公经济发展的最突出的瓶颈问题。我省非公经济绝大多数规模较小，普遍缺乏银行认可的抵押物，致使企业很难向银行贷到款。部分企业特别是农产品加工企业因投入大、周期长、季节性强，流动资金占用大，常因资金短缺影响生产和发展；社会信用服务体系和非公经济信用环境尚待改善。

（三）经济发展方式有待改变

经济结构不合理的深层次矛盾和问题始终存在，我省非公经济整体上产业层次不高，区域发展不平衡，特色产业、特色经济不明显；大部分企业创新能力弱，技术装备水平低，生产工艺落后，产品竞争能力弱。与循环经济、绿色经济发展方式还存在较大差距。同时，经济社会发展的众多矛盾和压力更加突出，收入差距较大，通胀压力，资源环境压力和就业压力等矛盾突出，经济发展方式转变已进入关键时期。

（四）发展环境仍需改善

一些行业和领域市场准入的障碍较多，待遇不平等。一些非公有制经济发展的政策在执行过程中还有许多不如人意的地方，政策措施扶持力度需要进一步加大。个别政府部门在思想认识上还存在偏差，服务意识不强，政府管理体制有待完善。同时，社会服务机构数量少，内容单一，服务能力低，覆盖面不足，为非公经济提供的支持和帮助有限，难以适应非公经济快速发展的需要。

（五）企业自身素质有待提高

非公有制企业总体素质不高，产品质量较差，竞争能力不强，难以适应市场经济发展的需要；优质企业和品牌产品较少，品牌意识、诚信意识不足；技术、管理水平不高，整体素质偏低，制约了非公经济创新能力、抗风险能力和可持续发展能力。同时，大多数非公经济创业能力很弱，知识型、创新型、复合型的企业家人才稀缺；少数企业还存在污染环境、浪费资源的现象。

三、2012 年主要工作开展情况

2012 年，在委党组的正确领导下，我局不断强化工作职能，以服务企业为宗旨，坚持以科学发展观统领全局，积极致力于全面落实国家和我省支持中小微企业发展各项方针政策，紧紧围绕扩大经济总量、提高经济增长质量和可持续发展目标，不断优化发展环境，努力排除制约非公经济和中小微企业发展的不利因素，全力推动中小企业成长工程，全省非公经济和中小微企业保持了稳步健康的发展态势。

（一）制定和宣传落实扶持小微企业发展政策措施

依据国务院 2 次常务会议研究确定的进一步支持小型和微型企业健康发展政策措施以及我省相关会议精神，牵头起草了《青海省支持小型和微型企业发展的若干政策措施》（青政〔2012〕16 号）。《政策措施》通过进一步加大财政资金扶持力度，落实各项税费优惠政策，有效缓解融资难，增强市场开拓能力和加快公共服务平台建设等方面的 60 条政策措施，不断加强小微企业扶持力度，优化企业发展环境，促进企业健康快速发展。

为有效提高社会各界对国家和我省扶持小微企业优惠政策措施的认知度，帮助小微企业用足、用活、用好各项优惠政策，确保各项政策措施全面落实到位，不断增强企业发展信心，编印下发了《青海省扶持小微企业发展政策文件汇编》《青海省创办小微企业政策百问百答》《青海省中小微企业政策百问百答》《中小企业融资指南》《中小企业服务指南》和《中小企业信息指南》等资料 2 万余册，刻印下发小微企业政策专家解读光盘 10000 张。同时，按照省政府的部署，组织召开了《政策措施》解读培训会和促进小微企业加快发展工作会议，会同和督促各地各部门开展多种形式的宣传和培训工作，有效提升政策措施的知晓率和企业发展能力，取得了良好成效。期间，会同省银监局组织省内 12 家银行业金融机构和西宁市 7 家担保公司开展中小微企业融资服务宣传活动，近千家中小企业到现场咨询和洽谈，发放各类宣传材料 1 万余份。省促进小微企业发展协调工作小组办公室组织工作小组成员单位、省内各银行业金融机构和中小企业信用担保机构等 54 个部门和单位，在西宁市中心广场开展以“创新服务、加快发展”为主题的青海省小微企业政策集中宣传活动，活动期间共发放了各类小微企业宣传材料1万多份，2千余家小微企业到活动现场咨询和了解相关政策措施。省委常委、副省长骆玉林也应邀出席活动，对活动取得的成效给予了充分肯定。各州地市和相关部门也组织召开各种形式的培训班，不断扩大政策的宣传面，通过全省各界共同努力，全社会关心支持小微企业发展的社会氛围逐渐浓厚，企业发展环境得到不断优化，企业发展信心得到全面提升。

（二）不断加大专项资金支持力度

为支持中小微企业加快项目建设，鼓励和帮助企业稳步发展，我省本级财政预算安排中小企业发展专项资金5000万元和工业产业升级专项资金（中小企业）1196万元，重点支持中小企业固定资产投资、服务体系和担保体系建设项目，并对符合条件的企业流动资金贷款给予贴息补助。其中：安排1000万元专项资金，对省内20户中小企业服务机构给予支持，帮助服务机构提升服务水平和服务质量；安排3000万元，支持81个中小微企业固定资产投资项目，项目总投资8.78亿元。预计可新增销售收入23.55亿元，实现利税3.34亿元，新增就业7960人；安排1000万元，对25户企业的33笔共2.97亿新增流动资金贷款给予贴息补助，支持企业健康稳步发展。安排工业产业升级专项资金1196万元，对符合支持条件的湟源天源奶制品有限责任公司等27个企业的27笔共3.14亿元流动资金贷款项目给予贴息补助。

累计争取国家专项资金5656万元，比上年增长12.45%，我省62个中小企业项目和4户中小企业信用担保机构获得资金支持，其中对小微型企业和改善中小企业服务环境项目的资助额占比达到82%。

省级和国家专项资金支持项目涉及生物医药、食品、农副产品深加工、机械制造、轻工纺织、装备制造、物流等生产型服务业、大企业配套等多个行业，财政资金的助推放大效应十分显著，全省中小企业项目建设进度不断加快，服务体系不断完善，发展环境不断优化，对促进全省工业经济稳定增长发挥了积极的助推作用。

（三）深入开展企业帮扶活动

为进一步宣传政策，解决小微企业生产经营中的实际困难，实现“帮企业、稳增长、调结构”的目的，省委省政府开展了为期3个月的“万名干部帮扶企业活动”，活动突出宣传政策、掌握情况、解决问题、锻炼干部四项重点任务，组织成立工业组，紧紧围绕帮扶活动四项主要任务，以“解决当前问题、谋划长远发展”为目标，明确责任主体，完善协调机制，创新方式方法，强化督促检查，通过系统了解了企业的基本情况、存在的问题、发展的意愿和对政府工作的意见建议等，摸清小微企业的基本情况，掌握第一手资料，为谋划今后的发展提供了可靠依据，更是一次倾听民声、了解民意、为民解忧的重大民心活动，为今后制定政策措施、推进小微企业发展奠定了坚实的基础。

同时，为有效巩固扩大帮扶活动成果，推动帮扶工作向纵深发展，以“既注重解决当期问题，更注重增强企业后劲”为原则，参与制定了《青海省经济委员会关于解决帮扶企业存在突出问题的通知》，全面启动工业组“六项工程”，取得了显著成效。此次活动工作面接近全部工业企业的50%，累计落实信贷资金10.52亿元；减免小微企业各类税费近10多亿元；帮助企业编制并申报项目近千项，已落实380余项，争取扶持资金近3亿元，梳理出企业反映的问题1238件，已经解决问题近千件，正在协调解决的问题180多件，反映到省有关部门逐步研究解决的30多件。活动在有效解决企业反映突出问题的同时，有力推动了全省中小微企业结构调整和转型升级步伐，为促进全省工业平稳较快发展做出了积极贡献。

（四）加快中小企业服务体系建设

组织编制了《青海省中小企业公共服务网络平台建设方案》，并及时上报国家工信部和财政部，积极争取国家支持。同时，累计争取和安排国家及省级中小企业发展专项资金2220万元，支持省内中小企业服务机构提升服务能力和服务水平，通过资金支持和吸引社会投资，重点在我省小微企业集聚区和重点行业建设20个省、州（地、市）级服务平台。在逐步实现各州地市统筹与协同服务的基础上，建立和完善全省公共服务平台网络，在更大范围和更高层次上整合资源，全面提高我省中小企业服务水平和效率。为加强我省中小企业信用担保机构的监测工作，组织开发了青海省中小企业信用担保业务报送系统，该系统的投入运行，将为我省加强担保机构信息管理，制定相关措施和规范业务管理发挥积极的推动作用。

根据工业和信息化部办公厅《关于推荐第二批国家中小企业公共服务示范平台的通知》要求，本着统筹规划、合理配置资源、规范有序推进的原则，及时开展2012年度国家中小企业公共服务示范平台申报工作，组织专家对申请单位的申报材料进行了严格细致的审核，选定6户符合申报条件、具有示范作用和可持续发展能力的服务机构，向国家工信部推荐申报第二批国家中小企业公共服务示范平台，有3户服务机构获得国家认定，至此我省已有5户服务机构被国家工信部认定为国家中小企业公共服务示范平台。同时，组织开展了省级服务机构认定和中小企业担保机构备案工作，对符合条件的29户中小企业信用担保机构和11户服务机构下达了认定和备案文件。通过一系列工作的有效开展，我省中小企业服务体系建设步伐不断加快，对促进全省中小企业服务水平的全面提升和中小企业健康稳步发展发挥了积极作用。

（五）加强银企对接，有效缓解融资难

会同相关部门协调省内各银行业金融机构积极争取总行的信贷规模和额度，成立服务于中小微企业的专门机构，全面加强中小微企业信贷服务工作，确保完成小微企业贷款增速不低于全部贷款平均增速、增量不低于上年增量的既定目标。先后组织开展多种形式的银企对接活动、小微企业金融产品推介会和小微企业座谈会，600余户中小微企业参加会议，部分企业与银行签订了合作协议，对有效缓解中小企业融资难产生了积极的影响。同时，我委与浦发银行西宁分行签订了战略合作协议，支持金融机构不断加强中小企业信贷服务工作，通过各方共同努力，较好地满足了中小微企业的信贷需求，取得了显著成效。截至 11 月末，全省工业贷款 1277.93 亿元，较年初增加 183.16 亿元，同比增长 17.74%。全省中小企业贷款余额 1126.87 亿元，比年初增加 251.24 亿元，其中：中型企业贷款余额 715.35 亿元，比年初增加 144.66 亿元，同比增长 31.69%；小型企业贷款余额 367.14 亿元，比年初增加 62.2 亿元，同比增长 24.18%；微型企业贷款余额 44.38 亿元，比年初增加 12.32 亿元。

同时，鼓励和引导企业积极利用信托融资、融资租赁、企业债、短期融资券等债务融资工具，上半年完成直接融资 146.26 亿元，创历史新高。充分挖掘上市后备企业资源，后备上市企业由 75 家扩展到 100 家。

（六）加强人才培训服务，有效缓解用工难

为有效提升我省中小企业经营管理水平，增强企业综合实力，缓解小微企业“用工难”问题，会同相关部门积极开展培训和招聘活动。一是承办了由工信部中小司主办的“中小企业服务年活动之创业巡讲青海培训班”，全省 40 多家中小企业管理人员及创业者 80 余人参加培训，培训活动的授课方式新颖，针对性和实用性较强，得到了学员的高度评价；二是联合有关厅局开展了“园区用工万人培训活动”，全省共组织农牧民、工业企业、职业技术教育等各类培训 1.1 万人次；三是会同相关部门举办 7 期“小微企业金融培训”，培训企业负责人和财务主管 1000 人次，针对小微企业开展金融政策、融资知识等方面的培训，有效提高企业融资能力；四是积极开展国家银河工程培训，根据企业需求先后举办中小企业管理和技术人员、大中专学生创业就业培训班七期 14 班次，培训人员近 2000 余名；五是开展网上百日招聘和“重点企业、重点项目招聘周”活动，组织 720 余家小微企业参加招聘会，向社会提供就业岗位 11800 多个，签订意向性就业协议 5300 多份。

通过举办各类培训班和招聘会，广泛宣传国家和我省扶持小微企业政策措施，强化技能培训和管理能力提升，对进一步提高企业管理和技术人员的综合素质及经营管理水平，提高大中专毕业生就业创业能力，缓解中小企业用工难问题发挥了积极作用，也有力带动了我省中小企业和社会各项事业的健康稳步发展。

（七）帮助企业开拓市场，提升综合竞争力

为帮助我省中小企业开拓国内、国际市场，提高企业知名度和产品竞争力，组织中小企业积极参加省内外各类展会，并为参展企业免除展位及装修费 30 余万元，取得了良好的实效。一是组织省内 9 户民族工艺品加工企业，参加由工信部等部委共同举办的第七届 APEC 中小企业技术交流暨展览会。期间，参会企业与国内外客商签订合同和意向性协议 11 项，取得了较为丰硕的成果；二是组织省内 4 户优秀企业参加湖南省政府举办的“2012 中国·湖南中小微型企业产品产销洽谈会”；三是组织青海康普生物、青海春天药用资源、青海昆玉实业等 8 家代表青海特色的中小企业，参加由工信部等八部委共同举办的第九届中博会。省委常委、副省长骆玉林任团长，省经委、省财政厅、西宁（国家级）经济技术开发区、省工商局、省工商联等相关单位负责人和青海电视台、青海日报等省内主要媒体记者组成的政府代表团和参展企业代表组成的经贸团 50 余人参会参展；四是组织中小企业参加我省举办的青海省绿色经济投资贸易洽谈会、清真食品博览会和藏毯博览会等各类展会。

通过为我省中小企业提供多种形式的交流合作平台，引导和鼓励中小企业与省外、乃至国外企业和采购商建立广泛的业务联系，有力地促进了我省中小企业的区域性合作、外向型发展，扩大了企业的市场竞争力和影响力，取得了良好的经济和社会效益，也有力地带动了我省特色优势产业的快速健康发展。

今年以来，通过积极研究和制定一系列帮助中小企业脱困、发展的政策和措施，以解决制约企业发展的突出问题为突破口，不断创新为中小企业服务的体制机制，全面改善服务环境，增强服务功能，切实提高综合服务水平和服务质量，充分调动社会各界的积极性和主动性，努力创造中小微企业宽松发展环境，全省中小企业发展呈现出企稳回升态势，为推动我省经济和社会各项事业稳步健康发展奠定了基础。

四、下一步重点工作

（一）全面贯彻落实支持小微企业发展政策措施

继续加大政策宣传工作力度，引导和帮助企业用足用好各类扶持政策。研究出台《关于加快中小企业工业集中区（创业园）发展的意见》、青海省中小企业发展基金设立方案和管理使用办法，修改和完善《青海省中小企业发展专项资金管理办法》等。

（二）加强政策引导和资金支持

积极争取国家中小企业发展专项资金，管好、用好省级专项资金，充分发挥中小企业发展专项资金的积极引导作用。加强项目征集、专家联审、项目跟踪等各项工作。支持和鼓励中小企业与大企业开展多种形式的经济技术合作，加快在毛纺、农畜产品加工等特色优势行业形成一批专业化、科技型骨干企业，加快中小企业技术创新步伐，引导我省中小企业走集约化、特色化发展道路，加快形成一批中小企业集群。

（三）全面推进千户中小微企业培育工程

进一步建立和完善千户企业联系制度，加大协调服务和专项资金投入力度，及时了解掌握千户中小微企业运行情况，加强企业监测，及时采取有效措施协调解决企业出现的问题和困难。加快推动县域中小企业工业集中区（创业园）建设，优先支持中小企业集中区的基础设施、产业项目和公共服务平台建设，并以集中区为载体鼓励民众创业、吸引民间投资，促进中小企业结构优化和产业升级。

（四）加快中小企业服务体系建设，全面提升服务水平和服务质量

充分发挥全省各类中小企业服务机构的积极作用，加强对服务机构各项业务的指导和服务资源的整合，进一步提高服务机构服务中小企业的能力和水平。积极争取工信部中小企业服务体系发展专项资金的支持，加快推进省级中小企业公共服务平台网络和省级中小企业综合服务大厅建设，为中小企业提供一站式服务，构建成长型中小企业创新支持体系，促进中小企业做精做优。

（五）深入开展银企对接，努力缓解中小企业融资难

推动融资服务创新，继续开展银政、银企对接，深化与省内商业银行以及开发银行的合作，推动各类金融机构加大服务小型微型企业的力度，组织各金融机构中小企业贷款部门与企业的项目对接会。鼓励和支持各类担保机构扩大对中小微企业的服务。

（六）做好人才培训工作

通过争取国家和省级中小企业发展专项资金，继续开展全方位、多层次、形式多样的培训工作，通过政府的引导和社会力量的广泛参与，使广大中小企业的经营管理人员、专业技术人员、中介服务机构的服务人员普遍接受培训，全面提高中小企业整体素质。

（七）支持中小企业开拓市场

积极组织企业参加省内外各类展会和产品推介会，为企业提供更加广阔的合作交流平台，全面提升我省中小企业产品竞争力和品牌知名度，促进企业的区域性合作、外向型发展。

（青海省经济委员会中小企业发展局）

宁夏回族自治区

2012年，宁夏回族自治区坚决贯彻国家促进中小企业健康发展的政策，努力推动中小企业发展。中小企业已成为全区国民经济增长和社会发展的重要力量，在数量和规模、质量和效益上不断提高，为全区经济社会发展、产业结构调整、促进社会和谐做出了积极贡献。

一、中小企业发展前景光明

（一）企业数量快速增加

据自治区工商局统计，2012年全区共有各类中小企业5.4万户，占企业总数的99%以上，比2011年增加了0.63万户，增长了13.1%，基本涵盖了国民经济领域的所有行业。其中，工业中小企业1.51万户，占全部工业企业的99.7%，比上年提高0.6个百分点。

（二）经济规模稳步扩大

据自治区统计局统计，2012年全区工业中小企业实现主营业务收入1341.8亿元，占全部工业的42.5%。规模以上工业中小企业实现主营业务收入1163.1亿元，同比增长17.6%，占规模以上工业企业的39.1%；完成增加值220.2亿元，占规模以上的26.9%。

（三）吸纳就业稳定增长

据统计资料显示，全区中小企业从业人员达90万人，占全区企业就业人数的70%以上；工业中小企业从业人员18.6万人，占工业企业从业人数的60%以上，比上年增加了0.97万人。

（四）非公活力持续提高

据自治区工商局注册资料显示，全区私营企业达5.28万户，占所有企业的95.6%；2012年，全区非公有制经济完成固定投资突破1000亿元大关，占全区固定资产投资近50%；实现社会消费品零售总额近400亿元，占全区的70%左右；完成外贸进出口13多亿美元，占全区进出口总额的近60%；实现税收总额占全部税收的70%以上，成为国民经济的“半壁江山”。

（五）科研能力逐步增强

全区10户国家级企业技术中心中有6户为中小企业，51个自治区区级企业技术中36户为中小企业，44户国家级高新技术企业中33户为中小企业，分别占60%、70%、75%。全区著名商标123件、驰名商标达到33件，宁夏名牌达296个，95%以上都为中小企业。

（六）产业集聚开始显现

全区已形成了以中小企业为主体的基础原材料、机械装备、特色农副产品深加工、羊绒、生物发酵、物流、新一代信息技术等产业集群，成为调整产业结构、转变发展方式的骨干力量。

二、2012年开展工作情况

2012年，自治区结合进一步营造风清气正的发展环境活动，深入开展了优化中小企业发展环境活动，通过完善制度创新举措，使全区中小微企业发展环境不断改善，发展政策更加宽松，发展氛围更加浓厚。

（一）政策体系逐步健全

自治区先后制定实施了《关于金融支持小型微型企业和“三农”发展的若干实施意见》《进一步鼓励全民创业的意见》《关于促进科技和金融结合加快科技型中小微企业发展的实施意见》等多个促进中小企业发展的政策。今年2月，自治区党委、政府召开了全区发展非公有制经济大会，出台了《关于加快发展非公有制经济的若干意见》，从放宽投资领域、放宽准入条件、创新金融服务、加大财政扶持、减轻税费负担、健全服务体系、加强组织领导等七个方面，为促进非公经济特别是广大中小企业快速健康发展增添了新的动力。

（二）实施“百家成长千家培育”工程

评价并确定第一批自治区“百家成长千家培育企业”1028家，通过强化金融、税收、资金、科技、人才等方面的支持，促其成长壮大。2012年自治区财政安排专项资金 8104 万元，对银行向百千企业发放不超过同期基准利率贷款（41.3 亿元）给予逆向贴息，317 户企业受益。2013 年自治区重新认定“百千企业”1253 户，覆盖了全区超过 30% 的工业中小企业，要求相关部门及金融机构继续落实优惠配套政策，强力推进百千工程，带动广大中小微企业发展。

（三）加大财政资金支持力度

2010～2012 年，自治区财政支持企业发展的资金分别达到 15.1 亿元、15.3 亿元和 21.7 亿元，约 85% 用于支持中小微企业发展。自治区经信、财政、科技、商贸等部门，共争取国家中小企业发展专项资金、技改资金 5.7 亿元以上，支持企业（项目）近 1000 多个，撬动中小微企业投资近百亿元。自治区小企业发展专项资金将按每年增加 10% 的比例递增，重点支持中小企业自主创新、两化融合、转型升级。

（四）强化金融服务支撑

2009 年以来，自治区财政共下达担保体系建设和业务补助资金 5.2 亿元；全区 150 多家小额贷款公司累计发放贷款余额突破 220 多亿元，为 38 万家农户、个体工商户和小微企业提供服务；2012 年，自治区新增企业贷款的 77%（约 243 亿元）投向了中小微企业；全区银行金融机构已设立中小微企业金融服务专营机构和特色支行 190 多家，仅宁夏银行小企业信贷中心累计向 4000 多个小微企业发放贷款 23 亿元；设立科技金融专项资金 1000 万元，支持科技型中小企业项目贷款。工商系统共办理股权出质登记 240 件，融资 135 亿元。大力支持中小企业直接融资，目前已有 8 家企业在天交所挂牌交易，通过股权融资 3 亿多元。

（五）完善中小微公共服务体系

积极推动区、市、县三级联动的中小企业公共服务平台网络建设，累计认定自治区级中小企业公共服务示范平台 27 个，有 7 个平台被认定为国家级示范平台，为中小微企业提供管理、法律、咨询、人才、营销等方面的低费或免费服务；全区已建立了 6 家科技企业孵化器；中小企业银河和星光培训工程每年为广大中小企业开展各类培训 2000 人/次；中国青年创业国际计划项目（YBC），每年培育 50 多个小老板，开展创业培训 5000 人次以上。

（六）优化中小微企业发展环境

自治区将优化中小企业发展环境作为重点工作，各职能部门深入广大中小企业调查研究，梳理解决具体困难，制定了多项整改措施。先后将小微型企业的纳税起征点从 5000 元调高到 2 万元，免征近 40 项行政事业性收费，对涉及小微企业的检验、检测行政事业性收费按 70% 执行。实行跨地区的企业注册登记绿色通道，进一步简化行政审批手续。今年 5 月 1 日起，又免征小微企业的地方教育费和水利建设基金两项政府性基金。全区上下为中小企业服务的法制、政务、金融、市场、人文等环境得到极大优化。

三、中小微企业发展面临重重困难

（一）企业发展情况复杂

受国际市场大环境不景气、原材料价格上涨、企业劳动成本增加等不利因素影响，我区相当一部分中小微企业经济效益明显下滑或停产。2012 年末，仅规模以上工业中小企业就有 306 户亏损，亏损额为 32.3 亿元，亏损面达 38.6%，较上年上涨了 12.5 个百分点，极大影响了中小微企业健康发展。

（二）企业融资渠道单一

我区资本市场发育不健全，为中小微企业服务的融资担保机构规模小、力量弱，中小微企业融资难、融资贵成为制约发展的“瓶颈”。据人民银行统计，2012 年全区获得各类银行贷款的小微企业不到 30%。政策性担保机构尚未形成系统的体系。

（三）扶持资金有限

虽然近三年财政累计用于支持企业发展的资金达 52 亿元，但仅有 30% 左右的中小微享受过扶持，有限的财政资源还不能满足所有中小微企业的发展需求。同时，这些发展资金又涉及 30 多项名目，分散在各厅局，难以形成更加有效的扶持效果。

（四）服务体系不健全

为中小微企业创立、发展提供策划、指导、协调、管理等服务的机构不健全，自治区、市、县和园区四级服务体系缺场所、缺人员、缺经费。

（五）全民创业氛围还需进一步提升

创业光荣、尊重创业、服务创业的意识还不强。万人中的小老板比例不高，我国发达地区万人拥有小微企业 148 个，而我区只有 38 个。

（六）企业总体素质还不高

发达地区中小企业对经济贡献比已达到 70% 以上，我区只有 53%。科技创新能力还不强，小微企业加工链条短，产品档次低；初级加工产品多，高科技、高附加值产品少，市场竞争力弱。

（七）相关政策需进一步落实

大量优惠政策需要进一步细化和出台配套措施，加大执行力度。企业减负、保障、维权法律体系仍需不断强化。

四、下一步工作措施

中小企业作为市场经济最活跃的细胞，决定着地方经济的繁荣程度。国务院批准在宁夏建立首个内陆开放型经济试验区，离不开广大中小企业健康发展。自治区将以打造“在西部最优、比东部更优”的企业发展环境为契机，继续加大中小微企业工作力度，促进中小企业持续健康快速发展。

（一）理顺综合管理体系

借鉴广东、浙江、天津等发达省区的经验，整合行政资源、优化职能配置，成立自治区中小企业促进局，理顺区、市、县（区）三级中小企业综合管理体系，为中小企业创立、发展、壮大提供更加有效的服务。

（二）狠抓政策贯彻落实

以贯彻落实《关于进一步加快非公有制经济的若干意见》为契机要求，制定实施细则和办法，特别是进一步加大金融财税支持的力度，进一步加大为企业减负的力度，建立中小企业负担监测评估报告制度和中小企业投诉机制，定期向社会公布企业负担情况，掀起落实非公经济和中小企业政策的高潮。

（三）大力推动百千工程

将百千工程作为促进中小企业发展的重要抓手，强化效能目标考核，进行动态调整，优先培育和扶持具有成长性、潜力大、两化融合和科技含量水平高、带动性强的中小企业，促其加快科技创新、结构调整、信息化和融资多元化，带动全区中小企业的快速发展。

（四）加快公共服务体系建设

全力推动自治区中小企业公共服务平台网络体系建设，建成宁夏中小企业服务大厦、宁夏企业家学院、中阿中小企业合作平台网站等服务平台，聚集并带动一批优秀中小企业服务机构为广大中小企业提供看得见、用得起的服务。

（五）积极拓宽企业融资渠道

制定政策，鼓励、支持新型融资机构来我区发展，支持中小企业通过上市、股权交易、发行债券、集合票据等方式进行直接融资。加快引进天津股权交易所等股权交易机构，制定优惠政策，促进其开展业务；不断发展壮大政策性担保机构，加大财政资本金注入力度，做大做强自治区担保集团和五市担保中心。

（六）加快建设公用产业廉租厂房

自治区各级财政按一定比例出资，引导房地产企业、煤炭经营企业从事工业地产行业，建设一批中小企业创业及科技小微企业廉租厂房，采取政府补贴、廉价租赁、税收减免、园区让利等措施，减少企业先期在厂房上的投资，把有限的财力用到购置设备和流动资金上。

（七）设立中小企业发展专项资金

将自治区分散在各部门的中小企业专项资金进行整合，提高资金使用效率，主要用于建立中小微企业发展平台和机制，支持中小微企业科技创新、技改贴息、提升能力及营造发展环境等方面。

五、几点建议

第一，鉴于我区属于西部落后地区，中小企业发展相对缓慢，建议国家中小企发展专项资金对宁夏进行切块支持，并逐年增加额度。

第二，鉴于宁夏中小企业信用担保机构规模小、实力弱，建议降低担保体系专项资金和信用担保机构免征营业税政策门槛。

第三，建议将宁夏中小企业服务大厦项目列入2013年国家中小企业公共服务平台网络项目支持计划，给予重点支持。

（宁夏回族自治区经济和信息化委员会）

新疆维吾尔自治区

2012年是“十二五”承上启下之年，面对世界经济复杂多变、国内经济下行压力加大的严峻形势，自治区认真贯彻落实党中央、国务院的各项决策部署，按照“稳增长、控物价、惠民生、促和谐”的要求，围绕“服务企业，助力成长”，认真落实中小企业服务年各项活动安排，调动各方面力量，营造全社会扶持中小企业发展的良好氛围，中小企业发展迈上了新的台阶。

一、我区中小微型企业发展的基本现状

依照《国家统计局关于印发统计上大中小微型企业划分办法的通知》（国统字〔2011〕75号），截至2012年底，除金融服务业外，全区共有中小微型企业63907家，占全部企业的99.6%，比2011年增加7429家；中小微型企业总资产14041.34亿元，占68.9%，比2011年增长11.5%；主营业务收入9239.69亿元，占63.9%，比2011年增长8.7%；期末从业人数170.1万人，占72.3%，比2011年增长9.0%。（见下表）

2012年新疆中小企业基本情况

	单位数（家）	比重（%）	从业人员（万人）	比重（%）	营业收入（亿元）	比重（%）	资产总额（亿元）	比重（%）
全区企业	64135		235.1		14937.2		20381.4	
中小微型企业	63907	99.6	170.3	72.3	9546.7	63.9	14041.3	68.9
中型	2054	3.2	69.5	29.6	5862.0	39.2	6378.0	31.3
小型	10031	15.6	57.8	24.6	2862.5	19.2	4978.7	24.4
微型	51822	80.8	42.8	18.2	822.7	5.5	2684.6	13.2

二、我区中小微企业的特点

2012年末，我区中型、小型、微型企业数比例为：3.2∶15.7∶81.1。从业人数的比例为：40.8∶34.0∶25.2。

一是吸纳就业的主渠道。中小微从业人员占城镇就业单位的60.9%，主要在制造业、农业、建筑业和批零业，共计吸纳从业人员116.30万人，占中小微的68.4%。

二是第三产业占绝对优势。第三产业的中小微企业44387个，营业收入5333.56亿元，分别占全部中小微企业的69.5%、57.7%。其中，贸易业企业25836家，占中小微企业的40.4%，占第三产业的58.2%。

三是超六成企业集中在四个地区。主要集中在乌鲁木齐市、巴州、阿克苏地区和昌吉州。其总和的企业个数、从业人员和营业收入分别占62.6%、49.8%、65.6%。

四是外资企业比例低。港澳台商和外商投资企业数、从业人数和营业收入分别仅占0.6%、2.2%和2.7%。

三、促进中小微企业发展采取的主要措施

1. 贯彻落实扶持中小企业发展的政策措施

自治区相关部门组成五个督导组，对全疆15个地区落实《自治区促进中小企业发展实施意见》情况进行了督导检查。为认真贯彻落实《国务院关于进一步支持小型微型企业健康发展的意见》（国发〔2012〕14号），促进小型微型企业健康发展，按照自治区人民政府努尔主席的批示，自治区各相关部门对该意见进行了细化分解，在此基础上，并借鉴兄弟省市意见，我委向自治区人民政府报送了《自治区关于进一步支持小型微型企业健康发展的实施意见》（送审稿）。自治区人民政府已于2013年5月以新政发［2013］52号文件下发。

2. 加大财政资金对中小企业的扶持力度

按照扶优扶强、优势优先的要求，在重点扶持纺织、农产品加工行业的基础上，2012年向100户成长型、小微企业倾斜，重点培育300户中小企业做大做强，引导中小企业创新发展，鼓励中小企业与大企业协作配套，促进中小企业产品升级、结构优化。自治区财政加大力度支持中小企业发展，安排1.4亿元中小企业发展专项资金，分两批对符合条件的274个项目给予支持。其中第一批217个，9605万元支持固定资产建设项目。第二批57个，4795万元支持担保体系和服务体系建设。向工信部争取中小企业发展专项资金5156万元，共支持87个项目。

3. 扎实开展中小企业服务年活动

按照工业和信息化部的要求，围绕“服务企业，助力成长”，扎实开展自治区中小企业服务年活动。在新疆日报开辟专版，开展《中小企业促进法》实施十周年纪念、《自治区促进中小企业发展实施意见》《实施意见细则》等宣贯活动，使广大中小企业充分了解政策，用好、用足政策。启动自治区中小企业服务“枢纽”平台项目建设，调动和优化配置服务资源，为中小企业提供支撑服务。

4. 努力拓宽中小企业融资渠道

通过召开银企座谈会，为13家中小企业解决了总额为1.06亿元的贷款。配合人民银行开展中小企业“集合票据”工作，乌市3户企业成功发行1.7亿元集合票据。推进中小企业担保体系建设，通过担保业务补助、营业税减免等手段，增强担保机构为中小微企业提供担保的能力。截至2012年末，全区领取备案的融资性担保机构136户，注册资金97亿元，当年为上万户企业及个人提供贷款担保125亿元，同比增长13%。

5. 积极为我区中小企业走出去搭建服务平台

先后组织我区100多家中小企业共计200多人参加第九届中国国际中小企业博览会及第七届APEC中小企业技术交流暨展览会，参展产品涉及石油、化工、建材、通信、矿产、农用机械、电力产品及特色林果、农产品深加工、民族手工艺品等10多个领域，促进我区中小企业与国内外中小企业开展贸易洽谈，共签订意向协议12.6亿元。

6. 大力加强企业经营管理人员综合素质培训工作

为全面提升中小企业管理者素质，自治区中小企业银河培训共举办21期培训班，培训3437人，超额完成年初制定的3000人培训计划。同时，创新培训模式，与浙江省中小企业培训中心合作，组织我区31家企业管理人员赴浙江企业挂职培训；组织70余人参加全国赛飞创业培训；组织部分中小企业协会成员赴台湾参观考察。

7. 大力促进民生工业建设

一是推进民生工业示范基地创建工作。自治区组织召开民生工业示范基地创建现场会，命名了10个自治区民生工业示范基地。二是加大专项资金支持力度，安排2930万元对86个民生工业企业项目给予支持。三是搭建民生工业企业合作交流平台。组织13个地州的22家民生工业企业参加“第十三届中国工艺美术大师作品暨国际艺术精品博览会”，取得了2金、4银、4铜、7个优秀奖。四是引导各地州积极发展民生工业。出台支持政策，制定规划思路，培育产业示范基地，扶持民生企业加快发展。五是支持和田地毯产业发展。积极落实自治区人民政府印发的《和田地区手工羊毛地毯产业发展规划》，制定《和田地区手工羊毛地毯产业发展规划实施细则》。举办地毯图案设计信息技术应用培训班。为12家地毯骨干企业及93家织毯大户，制作3000张地毯工艺图纸。组织专家编写了《和田地毯与地毯文化》《和田地毯编织技术》《和田地毯图案集》等三本地毯书籍。

四、中小微企业发展面临的主要问题

虽然我区中小微企业发展初见成效，但受产能过剩、有效需求不足等因素影响，面临下行压力加大的严峻形势，中小微企业生存发展面临的“两高三难”问题更加突出。

高成本：融资成本高、资金短缺导致材料成本增加、用工成本高等原因导致企业高成本。

高税费。规模以上工业的中小微企业产值税率高于大型企业 5.93 个百分点，利润税率高于大型企业 7.59 个百分点，收入税率高于大型企业 5.87 个百分点。

融资难：尽管近些年来对小微企业的贷款权重持续加大，但由于小微企业自身的规模小、信誉低等原因，能够从银行获得贷款的小微企业仍然非常少。融资渠道单一、融资成本高、融资不畅仍然是制约中小微企业发展的重要瓶颈。

招工难。各类用工短缺现象日益突出。据调查，小微企业用工紧缺已由季节性转变成全年，由部分行业转变成大部分行业。有 54.2% 的企业有招工需求，只有 5.4% 的企业招到员工，一个也没有招到的企业占 14.8%。

运输难：我区独特的地理位置和产业结构，至使进出疆物资运量不平衡，我区出疆物资运量远大于进疆物资运量。我区在保证石油、棉花、化肥、钢材等重点物资和大型企业的铁路运输外，兼顾其他物资的余地很小，导致我区企业特别是中小企业产品出疆运输十分困难。

五、今后自治区中小企业工作思路和工作要点

2013 年，自治区中小企业工作以党的十八大、自治区第八次党代会会议精神为指导，深入学习实践科学发展观，认真贯彻落实《国务院关于进一步支持小型微型企业健康发展的意见》和《自治区关于促进中小企业发展的实施意见》《自治区关于支持小型微型企业健康发展的实施意见》，以“服务企业，助力成长”为目标，以推进政策落实为重点，以项目支持为手段，以构建社会化服务体系为支撑，以中小企业运营监测为基础，不断强化推进机制，全力构建全社会扶持、支持、帮助中小企业加快发展的工作格局，促进中小企业持续健康发展。

一是贯彻落实扶持中小微企业发展的法律体系。贯彻落实《关于进一步支持小型微型企业健康发展的实施意见》《新疆中小企业服务体系建设指导意见》《新疆小企业创业基地管理暂行办法》等文件，为小微企业发展提供政策保障。

二是深入实施中小微企业成长工程。继续加强财政资金的引导作用，培育扶持 300 户中小微企业加快转型升级，提升企业竞争力。重点是推动创新型、创业型和劳动密集型小微企业发展。

三是加快中小微企业服务体系建设。重点建设、完善一批公共服务平台，面向产业、贴近企业、集聚资源、集成服务、开展对小微企业的公共服务。

四是加快融资担保体系建设。继续深化我委与金融机构的战略合作，加大对小微企业信贷支持。摸清 2013 年全区重点中小微企业流动资金需求情况，召开银企座谈会，着力缓解中小企业融资难问题。引导中小企业发行集合票据、区域集优票据，鼓励金融机构小微企业提供贷款支持。对符合条件的中小企业信用担保机构继续给予资金扶持和税收减免。

五是继续实施中小企业银河培训工程。创新培训模式，采取请进来、送出去和走下去、集中和分片、远程网络和短期集中面授相结合的方式开展中小企业银河培训，提高中小企业人才队伍素质。

六是深入开展减轻企业负担活动。落实各项减轻企业负担政策，建立企业负担调查评价体系，推进企业减负长效机制建设。继续组织开展减轻企业负担政策宣传活动，营造良好舆论氛围，并指导各地改进减负工作。

七是深入开展小微企业政策宣贯活动。进一步加大国家、自治区促进中小微企业发展的各项政策措施的宣传力度，采取点、线、面相结合的方式，通过电视、广播、报纸、网络等新闻媒体，广泛、深入、系列地宣传政策，推广经验，优化环境，推动工作。

八是积极做好中小微企业的调查和统计监测工作。加强与自治区统计局、新疆城调总队的合作，积极做好中小微企业运行监测工作，建立中小微企业数据库，实行月度通报制度，为领导决策提供依据。

（新疆维吾尔自治区经济和信息化委员会）

大连市

一、2012 年中小企业发展情况

2012 年，全市中小企业知难而上，奋力拼搏，克服诸多不利因素影响，继续保持平稳增长，全年实现增加值 4972 亿元，同比增长 22%；营业收入 15363 亿元，同比增长 20%；上交税金 484 亿元，同比增长 20%；固定资产投资 3794 亿元，同比增长 21.9%。中小企业在我市“调结构、保增长、促振兴”中显示出巨大的带动作用，现已成为支撑我市经济建设的重要推动力量，已成为科技创新和县域经济发展的主力军、安置就业的主渠道、城乡居民收入的主要来源。主要特点：

（一）规模企业增长较快，拉动作用突出

规模以上中小企业增加值同比增长 20%，高于全市中小企业增加值增幅 5 个百分点。在生产相对疲软的情况下，全市中小企业仍能保持平稳增长，规模以上企业发挥了重要作用。

（二）固定资产投资稳定增长，项目建设起点高

中小企业固定资产投入表现出持续增长，开工建设的新项目明显增多，投资额度显著增加，对中小企业持续、较快、健康发展具有决定性作用。

（三）科技型中小企业逆时上升，创新能力增强

虽然经济下行压力较大，但具有自主知识产权的科技创新型企业仍然保持较快增长态势。长城光电、环宇科技、汇能科技、力软科技、齐维科技、华信计算机、大森数控、融科储能等一批创新型企业呈现出快速增长态势。中小企业开发的LED照明、太阳能电池、新能源汽车、静脉产业等一系列创新产品走上产业化，成为中小企业向战略新兴产业方向发展的重要标志，中小企业对全市科技进步的贡献率达70%以上。

二、2012年主要工作

（一）推动政策落实，帮助企业减负增利

为贯彻落实好国发〔2012〕14号和辽政发〔2012〕19号文件，我们召开专题工作会议，成立以副市长为组长、18个政府部门主要负责人组成的大连市促进中小微企业发展工作领导小组，协调政府相关部门从融资、服务、用地、减轻企业负担等企业最关心的关键点入手，研究制定配套办法，支持企业发展。政府各部门新制定8个支持性政策文件，新增政府扶持资金3个亿，新设立5000万元小微企业发展基金，为中小企业减免各项税费10亿元。全年落实国家、省中小企业专项资金5000万元，落实我市中小企业专项资金1个多亿，有力地推动中小企业技改项目建设。同时，编辑出版《扶持中小企业发展政策汇编》和《高新技术企业认定政策解读》，通过多种形式，反复向企业宣讲和解读各类优惠政策，让企业用好、用实。

（二）开展服务年活动，为企业办实事解难题

2012年，围绕中小企业服务年和市软环境建设年工作要求，召开中小企业服务年专题工作会议，以市政府文件形式印发2012年“中小企业服务年”活动方案，确定三项工作任务和二十二个特色突出的服务活动，建立中小企业服务年联系会制度和中小企业服务年工作信息报送制度，深入开展“关爱企业、服务企业”主题实践活动，召开座谈会30余次，发放调查问卷2000余份，走近百余户企业，累计为企业办实事200余件。对企业提出的土地动迁、房屋办证、道路维修、项目投资、融资支持、政策扶持等方面问题，积极协调相关部门解决落实。在宣传上，制定中小企业服务年宣传方案，在各大新闻媒体和主流网站上开辟“中小企业服务年”宣传专栏，加大宣传力度，初步形成全社会关注、服务中小企业的良好氛围。通过服务年活动，让广大中小企业从服务年活动中切实得到受益。政府各部门之间形成互联互通、资源共享、协同服务的工作格局，有力地促进中小企业服务年工作开展。各区市县结合各地实际，也相继开展丰富多彩的服务活动。

（三）强化银企合作，拓展企业融资渠道

在全市开展中小微企业融资促进行动，切实缓解企业融资难、融资贵问题，创立“央行票据通”，专门拿出1亿元再贴现额度，定向支持小微企业。进一步强化银企合作，在全市开展“融资服务进园区”活动，成功举办“融资项目管理精英培训月”活动和银企对接洽谈会，开通我市中小企业投融资服务平台，141家担保机构全年提供担保贷款319亿元，73家小额贷款公司当年累计发放贷款超过117亿元。进一步推进中小企业创业风险专项贷款发放工作，目前，累计为47户民营中小企业发放专项贷款15亿元，缓解部分企业资金紧张局面。同时，加强信用体系建设工作，帮助企业增强信用意识，全年为1533户民营企业建立融资信用档案。会同人民银行等相关部门推动企业集合票据和集合债发行启动工作。

（四）推动对外交流，支持企业开拓市场

积极资助企业拓展国内外市场，发放市场开拓资金1.1亿元，成功承办2012中国东北及环渤海地区中小企业‘专精特新’产品技术展览洽谈会、中法经贸交流暨欧洲商贸中心项目对接会，IT企业信息化项目对接会；先后组织企业参加23届大连国际服装节、第十届中国软交会、轴承产业博览会、丹东国际仪器仪表展、“2012中日韩（环渤海）中小企业绿色产业峰会”，第六届中国中小企业节、在成都举行的APEC展会，在广州举办的第九届“中博会”等，全力推进区域间中小企业合作与交流，实现企业项目和产品对接。各区市县组织招商活动189次，新开工亿元以上项目135个，实际到位资金达426.7亿元。

（五）开展创业活动，促进中小企业成长

大力实施中小企业创业培训工程，成功举办"中小企业百千万工程" 企业家大连论坛、“苗圃杯”大学生创业大赛、2012中国海外学子创业周、第十届创业项目洽谈会和“印象·大连”首届文化创意设计大赛、经济形势报告会等多项活动，并通过报刊、网络、咨询热线等多种途径，大力宣传鼓励自主创业政策，普及创业知识，介绍创业成功案例，在全市上下营造有利于创业的舆论环境，形成全社会参与创业、鼓励创业和创新创业的良好氛围。全年新增小企业创业基地3个，累计达24个；新办中小微企业达1.2万户，新增个体工商户5.4万户以上。各级公共创业服务机构根据创业者的特点和需求，组织开展政策咨询、信息服务、项目开发、风险评估、开业指导、融资服务、跟踪扶持等“一条龙”服务。进一步加大免费培训力度，全年完成各类培训2714班次，培训企业各类业务人员16.8万人次。在国内率先开通“96366”中小企业维权法律服务平台，在100家重点企业建立维权联络点，全年免费为企业提供法律咨询、法律援助等综合性法律服务达1.6万人/次。同时，加大对小企业创业基地和中小企业公共服务平台的支持力度，全年发放补助资金1000多万元。

（六）鼓励创新发展，加快推进产业集聚

积极鼓励支持企业创新转型，结构调整，积极支持企业研发新材料、新能源、节能环保产品，走“专精特新”之路，促进中小企业向新型业态转变。推动创新型中小企业培育工作开展，组织推荐162家企业申报全省创新型中小企业。今年有4户企业跨入中国中小企业创新100强行列，7户企业获得“中国中小企业优秀创新成果”称号，30户中小企业获得省市级管理进步成果奖，142户被认定为省“专精特新”企业，占全省32%。运用各种政策手段，鼓励支持和引导中小企业加大研发投入，开发新技术和新产品，支持一批中小企业创新项目建设。全年新创建企业技术中心5户，累计达84户。通过产学研合作，达明科技、连城数控、华阳密封、三垒机械、百亿欧粉笔、荣科储能、智云股份等一批企业实现了技术创新的突破，提升了企业产品的技术竞争力。按照省政府三年倍增计划的要求，围绕重点工业园区建设，鼓励企业实施专业化发展，拉长产业链，发展产业集群。21个重点产业集群完成销售收入同比增长22%以上。

（大连市中小企业局）

宁波市

2012年，面对严峻复杂的经济环境，宁波市中小企业在宁波市委市政府正确领导下，以科学发展观为指导，认真贯彻落实宁波市十二次党代会、宁波市工业转型升级大会和工业经济工作会议精神，坚定发展信心，破解发展难题，全力推进工业稳增长、调结构、促转型，中小企业在紧运行中呈现“低开－下探－企稳－向好”的态势，总体实现平稳发展、创新发展、转型发展。

一、中小企业基本情况

2012年，宁波市中小企业实现工业增加值3170亿元，同比增长6.0%，其中规上企业完成工业增加值2133亿元，同比增长5.0%；完成全部工业产值15844亿元、规上工业总产值11962亿元、规上销售产值11610亿元、规上出口交货值2659亿元，在PPI指数只有97.1的低迷前提下，比上年分别增长2.7%、1.3%、－0.1%和－2.2%；累计产销率97.1%，比上年下降1.3个百分点；全年规上工业实现利税1058亿元，利润520亿元，同比分别下降8.3%和15.2%，但自三季度开始总体保持探底快速回升态势，降幅比三季度分别收窄10.0个和16.0个百分点。

（一）2012年宁波市中小企业主要成就

1. 工业生产四季度快速回升，全年累计增速实现正增长

前三季度宁波市中小企业规上工业总产值累计增长－2.4%，呈现低位（负增长区间）徘徊态势，四季度在宏观经济回暖等多重因素作用下，当季实现12.1%的增长，比前三季度平均增速提高14.5个百分点，工业总产值累计增速在全年的最后一个月扭转负增长局面（1.3%），比上半年增速提高2.5个百分点。总体看，我市规上工业生产月度增速和累计增速从9月份开始，进入较稳定的上升区间。

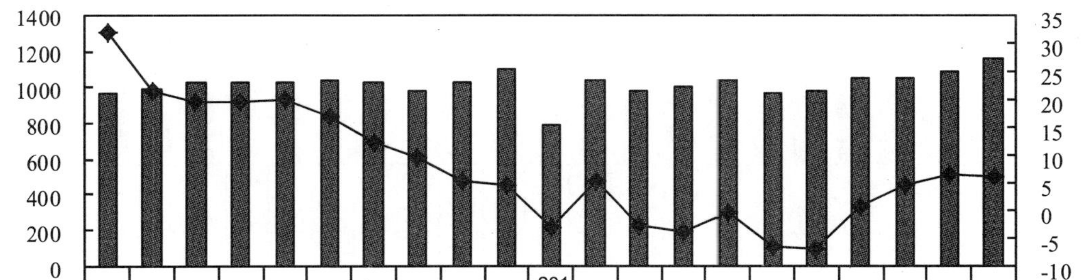

	3月	4月	5月	6月	7月	8月	9月	10月	11月	12月	2012年1-2月	3月	4月	5月	6月	7月	8月	9月	10月	11月	12月
当月产值	968	986	1022	1026	1023	1041	1021	979	1027	1094	786	1034	984	998	1036	971	983	1048	1046	1092	1164
当月增速	32.0	21.4	19.4	19.7	20.0	17.0	12.2	9.4	5.1	4.3	-3.3	5.3	-2.9	-4.1	-0.5	-6.6	-7.0	0.6	4.7	6.3	6.1

图1　2011年以来工业总产值月度增长走势（亿元、%）

分县（市）、区看，鄞州（全年增长11.1%）、保税（6.1%）、余姚（5.7%）、海曙（5.2%）和宁海（3.3%）等8个县（市）、区累计工业总产值实现正增长；与上半年增速相比，江东、慈溪和江北3个地区有所下降，其余县（市）、区均有不同程度回升。

分行业看，轻、重工业总产值分别增长4.5%和持平。全市35个大类行业中，有21个行业累计产值实现正增长，比年初增加10个，其中食品（55.0%）、医药（19.7%）、汽车制造（16.8%）和铁路船舶（11.2%）等7个行业增速超过10%。前十大制造行业中，汽车制造、计算机通信和金属制品3个行业生产增幅逐季提高，石油加工（－3.0%）、黑色金属（－6.1%）、有色金属（－0.7%）和金属制品（－1.5%）合计减产94亿元，影响全市规上工业增速0.8个百分点（见表1）。

表1　全市产值前十大制造业今年分季度增长情况

行业名称	1～3月累计增速（%）	1～6月累计增速（%）	1～9月累计增速（%）	1～12月累计增速（%）
石油加工、炼焦和核燃料加工业	1.5	-6.0	-6.5	-3.0
电气机械和器材制造业	-0.5	2.7	0.0	3.5
化学原料和化学制品制造业	4.7	2.9	-0.6	2.0
计算机、通信和其他电子设备制造业	0.0	2.3	3.6	5.6
通用设备制造业	-0.7	-1.6	-2.9	0.3
纺织服装、服饰业	1.4	-1.4	-2.7	0.7
汽车制造业	7.4	11.6	12.2	16.8
黑色金属冶炼和压延加工业	-10.9	-9.4	-9.8	-6.1
有色金属冶炼和压延加工业	-6.5	-5.6	-7.4	-0.7
金属制品业	-14.7	-7.4	-4.5	-1.5

2. 中小企业销售基本持平，出口逐步回暖并创单月历史最高水平

2012年宁波市中小企业规上工业企业累计完成销售产值11610亿元，比上年下降0.1%，但比上半年增速回升2.9个百分点；销售增速略低于生产增速1.4个百分点，累计产销率97.1%，比上年下降1.3个百分点。

从出口情况看，全市中小企业规上企业累计完成出口交货值2659亿元，比上年下降2.2%，但比上半年增速回升7.4个百分点。月度出口增速和绝对额基本呈逐月提高态势，从四季度开始月度出口额已恢复正增长，其中12月当月出口额264亿元，创历史单月最高水平（见图2）。全市29个大类出口行业中，有16个行业出口增速比上半年加快，16个行业累计出口实现正增长，比上半年增加3个；出口增速居前的行业有食品制造（65.2%）、造纸（39.3%）、印刷（23.5%）、汽车制造（11.0%）和医药制造（10.0%）等；前10大出口行业中的电气机械及器材（1.9%）、橡胶塑料制品（3.1%）、文教体育用品（1.9%）、汽车制造（11.0%）和专用设备制造（3.0%）等5个行业实现正增长。

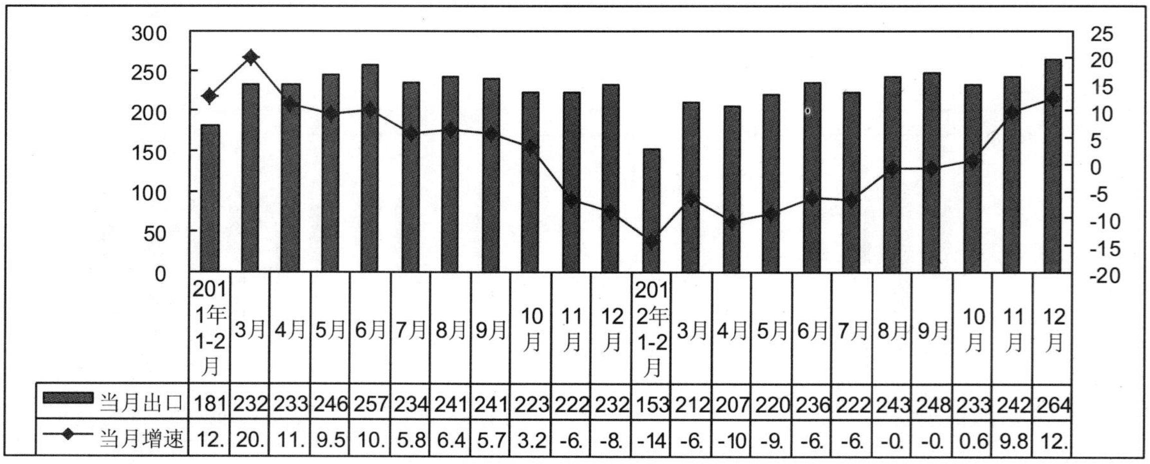

图2　2011年以来工业出口交货值月度增长走势（亿元、%）

从内销情况看，1～12月累计内销额8951亿元，同比增长0.6%，比上半年增速提高1.5个百分点，同时高于外销增速2.8个百分点；内销占销售总额的77.1%，比去年同期提高0.5个百分点。全市35个大类行业中，有22个行业内销实现正增长，比上半年增加6个；增速居前的有食品（40.5%）、医药（23.6%）、计算机通信（18.3%）、汽车制造（16.6%）和文教体育用品（10.3%）等。

3. 中小企业经济效益总体虽处负增长区间，但回升强劲

2012年宁波市中小企业规上工业企业实现利税总额1058亿元、利润总额520亿元，同比分别下降8.3%和15.6%，但降幅比上半年分别收窄15.5个和21.7个百分点；十一项经济效益考核指标综合得分264.6分，同比下降11.5分，但比上半年提高15.3分；企业亏损面为16.5%，比上年上升4.1个百分点，但比上半年和三季度分别降低6.8个和4.8个百分点。我市工业经济效益总体呈现低开企稳而后快速回升态势（见图3）。特别是9月份以后，月度利税和利润基本达到历史较高水平。

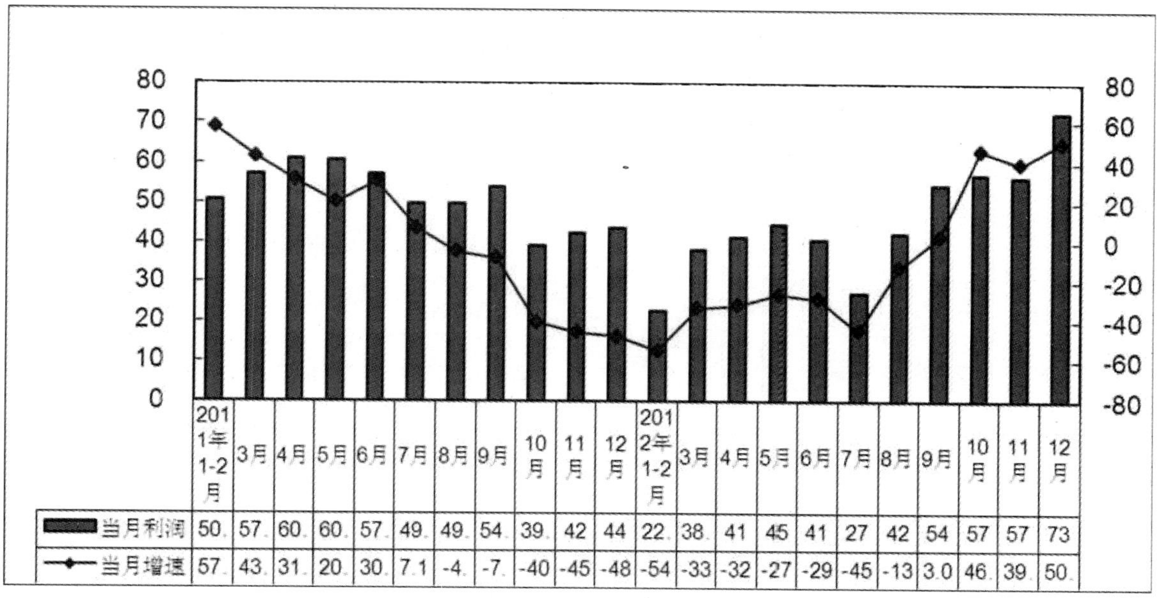

图 3　2011 年以来宁波规上工业月度利润增长走势（亿元、%）

2012 年宁波市 35 个大类行业中，有 28 个行业累计利润增速比上半年回升，占 80.0%，其中利润正增长行业 12 个，比上半年增加 1 个。利润增长较快的行业主要有食品（108.7%）、电力（40.7%）、医药（36.4%）、汽车（18.2%）和电气机械及器材制造业（13.9%）等；全行业累计亏损的行业主要有黑色金属冶炼、化纤和废弃资源综合利用业，利润降幅较大的行业主要有：黑色金属（89.1%）、化学原料制品制造业（－55.4%）、石油加工业（－43.8%）、纺织（－34.8%）、铁路船舶（－33.9%）、造纸（－27.1%）、有色金属（－26.6%）和仪器仪表制造业（－21.7%）等。

4. 中小企业工业投资较快增长，重点行业投资大幅提高

2012 年宁波市中小企业完成工业投资 817.2 亿元，比上年增长 22.3%，高于全市固定资产投资增速 0.7 个百分点；工业投资占全市固定资产投资总额的 28.2%，比重比上年提高 0.2 个百分点。完成技改投资 563.5 亿元，比上年增长 19.6%，占全市工业投资 69.0%，基本改变了“十一五”以来工业投资持续低迷的局面，重视实业、加快实体经济发展的氛围正在形成。

11 个县（市）区中，有 10 个县（市）区工业投资实现正增长；31 个制造业大类行业中有 21 个行业实现增长，其中医药、汽车、纺织服装、仪器仪表和专用设备等我市重点支持的优势行业，投资分别增长 119.6%、94.9%、54.6%、40.9% 和 33.2%。

表 2　2012 年各县市区工业投资（技改）情况

	工业投资（亿元）	增幅%	工业技改（亿元）	增幅%
宁波市	817.2	22.3	563.5	19.6
慈溪市	178.6	35.4	82.4	37.8
北仑区	147.2	20.3	105.6	17.8
余姚市	128.0	26.7	104.1	34.9
鄞州区	125.1	25.0	105.5	32.4
镇海区	75.9	31.7	33.6	3.8
宁海县	43.7	16.3	41.3	17.9
象山县	30.0	4.8	14.6	－24.0
大榭开发区	26.0	148.3	25.3	160.9
奉化市	21.1	－29.5	13.6	－38.7
江北区	14.3	－13.9	14.3	－13.9
高新园区	7.1	2.5	4.8	0.9
保税区	4.1	－64.9	4.1	－65.6
海曙区	1.6	90.1	0.1	－90.9
江东区	0.1	－84.1	0.1	－84.1

5. 中小企业产业结构加快调整，信息化水平较快提升

2012 年宁波市中小企业高新技术产业实现产值 3434.0 亿元，同比增长 4.0%，高于规上工业总产值增幅 2.7 个百分点，占规上工业总产值的 28.7%，比上年提高 2.7 个百分点。全市软件产业实现业务收入 178 亿元，同比增长 33%。

信息化水平较快提升。截至 2012 年底，全大市互联网宽带接入用户达 221 万户，光网覆盖家庭户数累计达 185 万户，实现城镇化地区光纤到户全覆盖，具有 3G 业务的用户达到 200 万户，同比增长 78.1%，3G 的无线宽带网络已覆盖城区，全市累计

建成7200无线热点、54000个AP，互联网城域出口带宽已达1200G。宁波获“2012中国城市信息化50强”和“2012中国智慧城市推进十强城市”称号。

6. 中小企业创新能力趋好，内生动力保持强劲

2012年宁波市中小企业规上企业科技活动经费支出156.5亿元，同比增长12.5%，高于主营业务收入增速14.1个百分点。全市发明专利授权量2065件，同比增长27.1%；规上工业新产品产值2415亿元，同比增长10.4%，高于产值增速9.1个百分点；新产品产值率达20.2%，创历史新高。

主要指标目标完成情况：全部工业增加值和规上工业增加值增长指标未能完成年初制定的目标，增加值增速在全国十五个副省级城市和全省十一个地市中处于较低水平；万元GDP能耗、工业投资（技改投资）增速、淘汰落后产能等指标超额完成年度目标任务。

（二）2012年宁波市中小企业经济增速回落原因

2012年，宁波市中小企业延续前年下半年以来回落态势，增长速度较低，基本符合2012年年初预期。经济增速的回落，从外部上看，受全球经济增长放缓、消费需求萎缩、要素成本全面上涨等外部因素影响，究内部原因是经济结构性、素质性矛盾相互叠加的结果，造成我市中小企业在外部形势趋紧的情况下，比许多其他兄弟城市更易于大起大落。主要原因有以下七个方面：

一是经济外向度高。出口历来是拉动我市经济发展的主动力之一。出口下降是今年工业经济增速下滑的主要原因。

二是临港工业比重大。宁波是国家和浙江省重要的能源和原材料基地。国际原材料和大宗商品价格大幅下滑、市场需求不旺、产品价格下降，直接影响全市工业经济增长。

三是高新产业发展滞后。近年来我市高新技术产业和战略性新兴产业快速发展，但是规模总体仍然偏小，远落后于深圳、苏州、无锡等国内先进发达城市，尚难成为引领工业经济发展的新增长点。

四是投资乏力滞后效应显现。“十一五”以来，由于片面强调发展三产，工业投资环境日益严峻，我市工业有效投资增长持续低迷徘徊，“十一五”期间，工业年投资额不增反降，严重影响全市工业发展后劲。虽然自前年起工业投资开始恢复增长，一改连续五年增幅总体下滑局面，但其转化为现实生产力有滞后效应。

五是虚拟经济的诱惑。由于“十五”“十一五”以来虚拟经济飞速发展，国家调控力度滞后，先期进入房地产、矿产、股票、期货的企业赢得暴利，相当一部分民营大企业和少数中型企业相继效仿，进行多元化经营，不再专注实体经济，甚至抽调实体经济资金投入虚拟经济。在近年国家加强宏观调控形势下，虚拟项目被困、资金被套现象不时出现。

六是中小企业经营成本大幅上涨。由于我市数年来房价和居家商务成本大幅攀升，引才难留才更难、招工难招技术工人更难的局面加剧，加上财务成本大幅上升，工业企业竞争力呈下降趋势。

七是基层主抓工业的力量薄弱。乡镇企业改制后乡镇工办的力量逐渐削弱，绝大多数已更改名称，而且即使名义上主管工业的队伍也已经从事安全生产管理、社会稳定管理、工程拆迁等工作，懂工业经济、会管理并实际在岗的人员已属凤毛麟角。

二、中小企业主要工作

2012年，宁波市结合“中小企业服务年”的方案要求，以科学发展观为指导，认真贯彻落实全国工业和信息化工作会议精神，以“服务企业、助力发展”为主题，紧密结合全省“进万企解难题”、全市“干部进村入企一线解难创优”等活动，整合社会资源，优化企业发展环境，推进服务企业的长效机制建设，切实促进中小微企业快速、健康发展。

1. 抓环境重保障，全力推动中小企业工业稳定增长

一是优化中小企业发展的政策环境。面对工业经济低开、增速下滑的严峻形势，注重经济形势分析和政策调研，快速制定并由市政府出台了《关于推进工业经济稳增长调结构促转型的若干意见》（甬政发〔2012〕）71号）。从“切实减轻企业税费负担”等七个方面提出26条政策举措支持企业攻难克艰，在全国引起较大反响，为工业经济企稳回升创造良好条件。

二是扎实推进中小企业重大工业项目建设。建立完善重大工业项目领导联系制、协调推进机制、要素保障机制，实行全程检查督促和跟踪服务，促进项目早落地、早竣工、早投产。上海大众汽车、中国南车宁波基地、江北长阳科技、海越股份等一批总投资20亿元以上的重大工业项目加速推进；一大批3～5亿元的工业项目今年陆续开工建设和投资释放。前三季度，全市重大工业项目完成投资167亿元，同比增长157%。

三是加大中小企业清费减负力度。以“五项治理”为重点，开展企业治乱减负专项整治。全面落实各项税收、社会保险缴费优惠政策，切实降低行政事业性和经营服务性收费。全年在增值税转型、提高出口退税率、职工保险费减免、行政事业性收费减免停、高新企业税收优惠和土地房产税减免等六项主要惠企减负政策方面，共为企业减轻负担150亿元左右。

四是帮助中小企业拓展市场和产业对接。成功举办第十六届宁波服博会和2012宁波能博会，加大宁波工业“TOP50”品牌宣传，提升宁波制造的整体形象。充分利用各类“宁波周”、浙洽会、市外重要展会等平台，组织我市企业外出参展和参加产业对接；编制地方优质品牌采购目录，开展招投标工作培训，利用政府采购帮助企业拓展本地市场。搭建民营企业与军品市场需求信息交流平台，积极推进与世界500强企业、央企、军工集团等对接交流，4家企业取得武器装备科研生产许可，10家企业通过装备承制资格和军标体系认证。做好与新疆库车产业对接和贵州黄平对口支援工作。

2. 抓改造重培育，稳步推进中小企业产业结构调整

一是改造提升传统产业。启动龙头企业创一流工程，认定市百家工业行业龙头骨干企业。狠抓技术改造，发布《2012 年度宁波市企业技术改造重点领域导向目录》，编制《2012 年度宁波市千万以上工业技术改造项目计划》，共有 438 个项目列入，计划总投资 605 亿元。推进市级技改专项建设，组织实施重点技术改造专项项目 79 个、“产业链技改”项目 13 个、重点产业技改项目 101 个，计划总投资 60.9 亿元。积极争取国家专项资金支持，共有 35 个项目获得中央技改专项资金 1.96 亿元。

二是积极培育战略性新兴产业。启动实施“高成长企业培育行动”。确定并公布 125 家高成长企业重点培育名单，其中，“4 +4”战略性新兴产业企业 113 家；制定发布《高成长企业培育行动管理办法》。大力培育发展新一代信息技术产业，1 ~ 11 月，软件产业实现业务收入 142.7 亿元，同比增长 30.9%。成功举办 2012 年中国（宁波）智慧城市技术与应用产品博览会，有 23 个总投资约 91 亿元的智慧城市合作项目签约落户宁波。成功组织第三届“和丰奖”工业设计大赛，开展“工业设计乡镇行”等活动，推进工业设计网上市场建设，目前有 93 家设计机构加盟，有 420 多家企业累计发布 1800 余项设计需求，设计合同预算达 1.2 亿元。

三是进一步推进产业集群发展。以产业基地建设为抓手，加快推进我市块状经济向产业集群发展。鄞州区成功申报“军民结合国家新型工业化产业示范基地”，我市已有国家级新型工业化示范基地 3 个。宁波软件园成功申报“国家火炬计划软件产业基地”。先行试点的高新区智慧软件研发推广产业基地和杭州湾新区智慧装备研发制造基地培育工作稳步推进，其中高新区软件基地已引入 IBM 智慧物流软件园、华为智慧健康研究院等重点项目。

3. 抓创新重提升，着力增强中小企业核心竞争力

一是推进中小企业技术创新。去年新增省级企业技术（研发）中心 12 家，比去年有较大提升。推动技术研究和应用，新认定市级重点工业新产品 22 个。出台产学研对接相关政策，对接企业急需的技术攻关课题 65 项，其中正在突破的 55 项，成功攻关的 10 项。全市有 4 个项目获国家专项资金支持达 2.36 亿元，远远领先于全省各地。

二是提升中小企业管理水平。组织实施“企业素质提升系列培训”，举办 EMBA 班 2 期，短训班 35 期，在不同层面培训企业不同层次不同类型人员 4000 余人。民企二代传承、企业导入精细化管理、企业流程标准化等系列培训深受企业好评。实施“百家中小企业管理诊断计划”，引导广大中小企业开展管理咨询。我市推进企业开展管理咨询的做法，分别在“全国中小企业管理咨询工作经验交流会”和“省企业管理创新工作座谈会”上作了经验介绍。

三是提高两化深度融合水平。开展中小企业信息化普及工程，750 余家企业受益，评选出 10 家两化融合标杆企业和 38 个两化融合示范项目，一个企业项目入选国家两化融合重点项目。加大信息化在制造业中的应用，全市规模以上电子信息产品制造业总产值在全省十一个地市中继续保持首位。四是发挥示范企业引领作用。组织工业“创业创新”倍增计划并对实施情况进行终期考核，表彰奖励 119 家实现销售、利税“双倍增”的“两创”示范企业。圆满组织“2011 宁波创业创新风云榜”表彰颁奖活动，表彰 2011 年度全市经济领域先进典型，激发了广大企业创业创新热情。

4. 抓平台重服务，大力促进中小微企业发展

一是着力缓解中小企业要素制约。建立“宁波中小微企业网上融资平台”，整合银行、担保等金融（服务）机构，成功为 26 家融资困难企业获得银行贷款 1.45 亿元。完善《宁波市中小企业融资性担保公司风险补偿资金使用管理办法》，给 38 家符合条件的融资性担保机构拨付风险补偿资金 3500 万元并获得工信部 4000 多万元的担保风险补助。与市国土局联合下发《关于加强小微企业用地保障工作的通知》，每年从国家下达的土地计划中，专项安排 5% 用地指标用于保障小微企业发展及配套设施建设，去年 9 个县（市）区共获得 1441 亩专项用地指标，计划建设 19 个小微企业集聚区，用地供需矛盾有望缓解。

二是深入开展服务中小企业破解难题活动。建立健全服务企业长效机制，组织开展全市“干部进企业服务促发展”活动和全市经信系统“进万企解难题”专项行动。据不完全统计，各级领导干部“进村入企”走访企业 5708 家，梳理企业发展中碰到的问题和困难 7018 个，协调解决企业难题 6771 个。组织涉企政策宣传发布和“下基层送政策”活动，累计发放政策材料 2 万余份。刘奇市长三次在《企业服务简报》上作出批示，有力推动全市企业服务工作的开展。

三是推进中小企业服务平台建设。制定《中小企业公共技术服务平台和小微企业创业基地认定管理办法》，新认定 4 家公共技术服务平台与 6 家市级小微企业创业基地。制定《中小企业公共服务平台网络总体建设方案》，整合全市 300 多家生产性服务资源，为全市中小企业提供信息、技术、咨询、人才、市场和融资等服务。完善和拓展 8718 企业公共服务平台功能，新建企业政策查询平台，深受中小微企业欢迎。

四是强化行业管理。做好重点行业企业经济运行分析，做好钢铁、水泥、印染及粘胶纤维生产企业、联合收割（获）机和拖拉机、农药等行业准入工作，开展食品安全大整治百日行动，推进食品工业企业诚信体系建设，开展服装家纺自主品牌调查。推进行业协会建设，新成立市电工电气行业协会等 3 个行业协会。

5. 抓节能重淘汰，促进中小企业资源能源集约利用

一是继续实施“2463”节能行动计划。分解落实节能降耗目标任务，市政府与 15 个县（市）区政府（管委会）、177 家重点工业用能企业签订和下达了节能减排目标责任书。对县（市）区节能目标实

施 GDP 能耗强度为主和能耗总量为辅的“双控制指标”。组织开展 2011 年度节能目标完成情况现场考核工作，及时预警通报各地和重点用能企业的节能目标完成进度。全年规上工业单位 GDP 能耗下降 7.0%、单位 GDP 能耗下降 6.0% 均超额完成年度计划。

二是深挖中小企业节能潜力。下达 2012 年度宁波市重点节能改造项目计划 1128 项，预期形成年节能能力 92 万吨标准煤。对 43 项综合能耗 3000 吨标准煤以上的市级工业项目进行节能审查批复，平均万元增加值能耗为 0.46 吨标准煤，从源头上严控高耗能、高排放项目。加大清洁生产工作力度，下达了 330 家企业清洁生产审核计划。加强工业循环经济和资源综合利用，认定 2 家宁波市工业循环经济示范园区和 30 家工业循环经济示范企业；新认定 20 余家资源综合利用企业，总数达到 60 多家。北仑区循环经济工作有力推进，获得国家 1.37 亿元财政专项支持。

三是加快淘汰落后产能。制定出台淘汰落后产能促进节能减排专项行动三年行动方案，全市全年完成淘汰落后产能任务企业 568 家，关停淘汰企业 64 家，淘汰 S7 变压器 2560 台，淘汰燃煤锅炉 479 台，腾出用能空间 42.8 万吨标煤，腾出土地 1705 亩。完成余姚河姆渡镇等 7 个高污染高耗能区域的整治提升。今年累计征收差别电价 6296 万元，46 家不锈钢企业淘汰或转型升级。我市淘汰落后产能工作得到省考核组的高度评价。

6. 抓基础重示范，迅猛发展中小企业，加快建设“智慧城市”

一是推进智慧基础设施建设。光网城市工程正式启动实施，截止三季度，全大市新增光网覆盖家庭 68 万户，主城区基本实现光纤到户覆盖。“无线城市”工程建设步伐加快，在海曙区试点实施“市民免费上网”项目，在国际会展中心片区建成全市第一个 4G（TD－LTE）试验网，在高新区实验学校基本建成智慧教育试点等，着力打造无线城市门户。编制《宁波市三网融合试点实施总方案》，“三网融合”试点工程开局良好。宁波广电网络股份有限公司组建工作基本完成，有线电视网络数字化和双向化升级改造全面推进，“全市一网”格局基本形成。信息安全工程稳步推进，开展全市重点领域网络与信息安全检查行动，有力保障了我市的信息网络安全。

二是推进智慧应用体系建设。加快推进智慧物流、智慧健康保障等“智慧浙江”首批试点项目，IBM 智慧物流产业园工程建设进展顺利，智慧物流云基础平台建设完成。智慧健康保障体系已建立了横向联通市级医疗卫生单位、纵向联接各县（市）区卫生局的千兆裸光纤骨干网络，网上预约挂号系统已开通 15 家市、县级医院的预约挂号服务，累计挂号数已超 120 万人次。全面建成智慧社会管理系统、智慧城管一期、农村综合信息服务站、81890 工程三期、肉菜流通追溯体系市级管理平台。市政府和中兴通讯股份有限公司签订合作框架性协议，共建智慧交通体系。宁波市智慧城市建设应用成果常年展示厅建成，集中展示我市智慧城市建设的应用成果。

三是数据库建设取得重大突破。市人口基础数据库已实现公安、人社、教育、卫生、计生、民政六个部门人口数据的有效整合；法人单位基础数据库已形成有效法人库单位约 25 万家，自然资源和空间地理数据库共享交换平台建成使用，涵盖 240 类空间专题数据；智慧信用宁波系统涵盖全市 53 万家在册经济主体、信息量达到 4200 余万条。

7. 抓队伍重建设，有效履行工作职能

一是努力提高党建工作水平。积极推进学习型党组织建设，紧紧围绕党的十七届五中、六中全会和十八大精神开展理论学习，通过集中轮训、网上培训、专家讲座等形式，进一步提高党员干部的理论素养和业务能力。继续深化“创先争优”主题实践活动，加强承诺、履诺，积极开展民主评议和公开点评活动。坚持“党建带团建”，深入推进系统团组织建设。积极开展文明机关创建活动，努力做好帮扶助困活动，加强城乡结对共建工作，稳步推进老干部管理与服务、企业稳定、综合治理、档案、保密、信访、提案议案办理等工作。

二是扎实推进机关效能建设。深入推进“三思三创”主题教育活动，牢固确立“鼓干劲、强服务、破难题，促转型”主基调，认真转变自身作风，自觉为企业提供优质、高效服务。进一步深化行政审批职能归并改革，加大对行政审批处授权，减少审批环节，提升审批效率，审批提速达 44.2%。大力开展政风行风建设，按提能增效要求，定期对委办公经费、出国经费、公务用车经费、接待经费、会议经费等行政经费开支情况进行监督检查，有效控制和降低行政成本，委公用经费有较大幅度下降。

三是加强廉政建设。成立委党风廉政建设领导小组，制定印发《市经信委党工委履行党风廉政建设责任制工作制度》，对领导班子及成员落实责任制作出制度规定，组织对委 13 名市管干部和 39 名处级干部公开述职述廉。强化党员干部廉洁自律意识，对干部选拔任用、行政审批、行政执法、专项资金使用管理，领导干部家属子女从业、经商、出国定居等进行全面检查。加强对 7 大类 126 个中央财政扶持项目和 19 个市级财政专项资金扶持项目执行和绩效评估的监督检查。

（宁波市经济和信息化委员会）

厦门市

2012 年我市认真贯彻落实《国务院关于进一步支持小型微型企业发展的意见》（国发〔2012〕14 号）精神，积极开展中小企业服务年工作，从立法工作、政策扶持、投资融资、创业创新、转型升级、管理提升、舆论宣传等方面积极服务企业，推动中小企业工作开展。

一、抓政策引导，改善中小企业发展环境

（一）完成中小企业立法工作

收集、整理国内外中小企业立法资料，编印《厦门经济特区中小企业立法参考资料汇编》；召开多场企业座谈会、部门座谈会、专家论证会征求各方对《厦门经济特区中小企业促进条例（草案）》修改意见，多次讨论、修改后经相关程序报市人大；市人大财经委组织赴河北、浙江考察当地开展中小企业立法情况，完成立法考察报告；开展调研，开展中小企业立法询问问题答复及相关准备工作，形成《厦门市中小企业发展情况汇报》。经过立法询问、一审、二审、三审等程序，市人大常委会于10月25日表决通过《厦门经济特区中小企业促进条例》，将于2013年1月1日正式实施。

（二）完善扶持中小微企业政策体系

《福建省人民政府关于支持厦门建设两岸区域性金融服务中心的若干意见》（闽政〔2012〕49号）明确将小额贷款公司、融资性担保公司等地方性准金融机构的审批权下放给厦门，我市在广泛征求意见基础上起草了《厦门市小额贷款公司暂行管理办法》《厦门市融资性担保机构管理暂行办法》，并经市政府常务会研究通过。

贯彻落实国发〔2012〕14号文件精神，市政府出台《厦门市人民政府关于进一步支持小型微型企业健康发展的意见》。制定出台《转发财政部和工信部联合关于政府采购促进中小企业发展暂行办法的通知》《厦门市贯彻财政部工业和信息化部中小企业发展专项资金管理办法的实施细则》《厦门市中小企业信贷风险专项补偿资金管理办法》《厦门市小微企业还贷应急资金管理暂行办法》等政策。

（三）开展调研、走访和政策宣传活动

深入开展走基层、解民忧、办实事、促发展活动，组织市中小企业服务中心、相关银行、担保机构、中小企业协会、中小在线等单位分批走访了近200家成长型中小企业，调研当前中小企业生产运行状况，宣传扶持政策，形成《厦门市中小企业发展情况汇报》《厦门市部分中小企业2012年节后用工情况的报告》等，并针对企业反映的融资难、融资成本高，用工短缺等普遍性或个性化问题，积极协调相关部门机构予以解决。

今年中小企业服务博览会首次设立政策宣讲会，邀请工商、国地税等9个单位解读中小企业扶持政策，组织中小企业服务中心、银行等相关机构深入各区、管委会开展“成长型中小企业及国家专项扶持资金申报说明会”等政策宣讲

为深入宣传《厦门经济特区中小企业促进条例》，召开了《条例》颁布施行座谈会、厦门市中小企业扶持政策宣讲会进行专题宣传，并在民建厦门中小企业发展论坛及中小企业服务中心、厦门农行等单位组织的会议、活动上进行《条例》和相关政策宣讲。

（四）帮助中小企业申请各级专项扶持资金

下达我市中小企业成长支持资金，对77家2012年度成长型中小企业给予中小企业发展专项资金1310万元的贷款贴息补助资金。积极争取国家、省专项资金扶持，组织中小企业服务中心、管理咨询机构等中小企业服务机构，申报2012年国家中小企业服务体系发展专项资金服务业务项目和省级企业管理提升平台资金补助项目，市中小企业服务中心等7家单位获得省级2012年第一批企业管理提升平台项目补助资金，共计113万元；市中小企业服务中心及中小在线获国家中小企业服务体系资金支持共67万元。为融资性担保公司争取国家补贴640万元、省级补助1375万元、市级补助2125万元。同时争取2012年国家中小企业发展专项资金1949万元扶持我市中小微企业。

（五）加强舆论宣传

我市以中小企业政策宣讲会、中小企业服务博览会、中小企业立法等工作为切入点，利用报纸、广播、电视和新闻网站等各种宣传载体，大力宣传国家、省、市关于鼓励、支持和引导中小企业发展的方针、政策和措施，解读政策及热点问题，宣传中小企业的社会贡献，宣传与中小企业有关的各种活动，报道成长型中小企业在创业创新、转型升级、诚信经营等方面的成功经验，营造有利于中小企业发展的舆论氛围。如在厦门市中小企业服务博览会活动中，从2012年3月15日至5月15日，通过报纸、网络、杂志、视频等方式，对博览会及相关配套活动进行全方位宣传，包括厦门日报四个整版宣传报道、厦门中小在线全程宣传报道、博览会官方网站制作与维护、小微企业金融服务宣传专题、编印《厦门民营经济与中小企业》（厦门中小企业服务博览会专刊）等，对博览会系列活动进行集中报道，此外厦门商报、海峡导报、厦门电视台、东南快报等多家媒体均对博览会活动进行报道。

二、抓结构优化，推动中小企业发展转型升级

（一）推进成长型企业培育

按照“分类指导、突出重点、梯度扶持”的原则，开展成长型中小企业评选，2012年597家企业参评，比增63.11%，评选出产生成长型中小企业550家，其中“最具成长性企业”98家，“成长型企业”350家，“具有成长潜力小企业”102家。企业处会同相关单位深入走访企业，进行政策宣传和扶持，各银行都制定了针对成长型中小企业的信贷产品。通过信息服务、融资担保、管理咨询、科技创新、创业辅导、市场开拓等全方位服务，极大地改善了中小企业发展的外部经营环境，使一大批中小企业得以健康、快速地发展。

我市还根据企业需求，创新成长型中小企业评选活动，主要包括新增“成长型中小企业”称号两年有效、企业参评的信用评级费用全部由政府买单、新增“具有成长潜力小微企业”评选、扩大行业范

围、启用了网上申报系统等，更好地服务企业。

（二）开展企业管理咨询活动

加强中小企业管理咨询义诊工作，组织管理咨询机构开展“巡回义诊”活动和管理咨询诊断活动，推广富有示范效应的优秀中小企业管理典型。厦门市管理咨询协会举办了6场企业管理咨询义诊，参加义诊活动机构达34多家，受益企业88多家；举办“海西法务论坛”等5场/次的咨询服务公益论坛/沙龙活动，共有中小企业120多家460多人参加。同时积极整合资源，搭建平台，加大与知名的大企业和机构（如特步、象屿集团等）的联系互动，探索包括两岸在内的多体系跨行业的横向合作，促进行业规范发展、品牌建设，提高行业综合服务水平和服务质量。在2012年全国中小企业管理咨询经验交流会议上，厦门市经发局作了《创新服务，促进中小企业管理提升》的经验介绍，作为先进典型向全国推广。

（三）加强企业公益培训

顺利完成第三期中小企业经营管理创新（总裁）高级研修班，积极开展“国家银河工程”“企业成长培训”“创业者家园”“品牌厦门”“市场开拓”等中小企业公益培训，2012年共开展培训18期，合计培训人数达3582人次；依托“厦门中小企业网络商学院”（中小企业网络公共培训服务平台），大力开展“百企千场万人”公益培训工程，为企业提供多层次、个性化的线上培训服务，为我市100户中小企业免费提供一年共21大类1200余门在线管理课程的学习。2012年累计组织112户中小企业开展集中培训772场/次、培训8412人/次、累计培训1948个学时。

（四）促进创业扶持

依托市创业者协会，搭建创业培训服务平台，为我市初期创业者、厦门高等院校大学生和会员开展公益性创业辅导培训、创业论坛、创业项目、资金对接会和会员企业考察交流等一系列活动，被市政府表彰为“厦门市创业先进集体”。举办“初创企业管理基本要领及常见问题的解决方法”等6场公益性创业辅导培训创业论坛，参与会员近千名；举行大型创业项目推介会，推介约50多个创业项目，参加人数约500人，现场创业项目对接成功率达40%以上。设立了“厦门市创业者商务中心”（面积约1500平米）和“厦门市创业者商务中心（万项分部，面积约3000平米）两个“创业孵化基地”并运营正常，80多家初创的小、微企业入驻。协会还分别与厦门工商银行、厦门银行分别签订授信贷款额度各20亿元的战略合作协议，与YBC青年创业基金会签订战略合作协议，为会员创业提供了融资帮助。

（五）推动企业信息化进程

持续推进中小企业信息化服务水平，依托厦门中小在线网站，推出厦门中小在线人才频道、“融资超市”，开展百日招聘高校毕业生活动等服务活动，推进积极推进中小企业在内部管理、产供销、开发设计、电子商务、网络推广等领域的信息化进程。推出了首个国内终身免费的中小企业在线管理软件应用平台——厦门中小在线“E管通”企业在线管理软件应用平台，截至2012年底已有2000家小微企业注册使用。

（六）支持企业开拓国内外市场

组织中小企业企业积极参加中国国际中小企业博览会、香港举行的国际中小企博览会、APEC中小企业技术交流暨展览会、哈尔滨投资贸易洽谈会、中国（重庆）国际投资暨全球采购会等各种展会，助力企业开拓国内外市场，并荣获第七届APEC技展会参展组织奖。厦门市经发局获得第九届中国国际中小企业博览会优秀组织奖，邵铁鹰同志荣获第九届中国国际中小企业博览会“先进个人”称号。同时加强对企业应对和运用贸易救济措施的服务和指导，为我市为遭受国外贸易救济措施的中小企业提供应诉辅导，为企业开拓国际市场保驾护航。

（七）开展贸易救济与维护产业工作

做好产业安全数据库扩容工作，对重点产品进行预警监测，加强产业损害预警；加强中国产业安全指南厦门子站建设，编制《厦门市维护产业安全工作信息简报》，促进维护产业安全信息服务工作；举办厦门市贸易救济与维护产业安全业务培训班，商务部产业损害调查局领导来厦讲授贸易救济与维护产业安全知识；及时总结我市第一起反倾销申诉案，配合商务部做好产业损害调查工作，加强企业应对和运用贸易救济措施的能力，构建维护产业安全平台，助力企业平稳发展。根据商务部要求，组织我市100家工业企业开展全国外贸出口订单数据直报工作。今年我处获得全国2011年度产业安全数据库扩容工作优秀奖表彰，邱忠强、林友鑫、季方同志获得全国2012年度全国产业损害预警工作优秀工作者荣誉。

三、抓难点问题，破解中小企业融资瓶颈

（一）开展银行小微企业金融服务工作考核

上半年，我市对13家银行发放了2011年度风险补偿金392万元，对获得2012年度厦门市银行小微企业金融服务工作的先进单位和先进个人进行表彰和奖励，鼓励银行创新服务项目、提高小微企业贷款的总量和比例，确保今年厦门辖内各银行业金融机构对小企业信贷投放高于全部贷款平均增速、增量高于去年。通过多管齐下，今年以来约有1万多家中小微企业获得金融机构贷款、典当或担保等支持。

（二）发挥担保典当机构和小额贷款公司为中小微企业融资服务的作用

严格把关2012年新增典当行审批，积极组织开展2013年新增典当行申报工作，认真受理审核辖内典当企业变更申请事项；依托新的典当行业管理信息系统，定期收集、统计行业发展数据，开展非现场监管；加强与工商、公安部门联系，加大现场检查工作力度；开展行业调研评估、年审、资金及业务检查等专项工作；组织从业人员参加4场主题突出的教育培训和经验交流活动；利用中小企业服务

博览会平台开展典当行业宣传。

在广泛征求意见基础上修订了《厦门市融资性担保机构管理办法》，并经市政府常务会研究通过；以市政务服务中心成立为契机，建立完善由政务服务中心窗口统一受理、监管会成员单位联合审批的融资性担保机构行政审批工作机制；研发“厦门市融资担保季报系统”，结合省管理平台，认真开展定期非现场检查工作；定期召开监管联席会议研究解决行业监管与发展问题，多次组织开展多部门联合高管约谈和现场检查；认真开展经营许可证摸底排查、客户保证金管理专项调研、报表真实性及资金流向检查、规范保证金管理和风险排查等专项检查工作，发现并督促整改存在问题20余处，劝退13企业，取得明显整治成效；争取财政支持推动辖内全部融资担保机构年内全部完成信用评级；组织开展2场/次从业人员培训活动，并与到访的河北唐山、四川绵阳同行开展行业交流座谈；通过网络、电视、报刊等新闻媒体广泛开展行业宣传，组织企业参展2012年中小企业服务博览会；协助企业申领国家补助资金640万元、省级补助资金1375万元、市级补助资金2125万元，扶持企业发展壮大。

（三）推动小额贷款公司设立工作

建立、完善小额贷款公司各项制度。今年4月份市政府办公厅出台了《转发福建省人民政府办公厅关于小额贷款公司暂行管理办法的通知》，市经发局立即组织各区开展小额贷款公司筹建工作并建立市小额贷款公司监督管理工作联席会议制度、市处置小额贷款公司风险性突发事件处置预案领导小组等，组建了我市小额贷款公司及融资性担保公司典当行准入审核库，建立小额贷款公司各项工作制度。同时在广泛征求意见的基础上起草了《厦门市小额贷款公司暂行管理办法》，并经市政府常务会研究通过。

目前思明区、湖里区、海沧区三家小额贷款公司申报材料均经市级小额贷款公司准入审核专家组评审通过。待《管理办法》出台后，将按规定对这三家小额贷款公司予以批复。此外，集美区、同安区、翔安区均已确定小额贷款公司主发起人并推进各项筹备工作。

（四）开展小企业信贷风险专项补偿资金试点工作

针对小微企业整体实力弱、缺乏抵押担保品的现状，制定出台《厦门市中小企业信贷风险资金管理办法》，创新推出免抵押、免担保的金融产品，市财政设立中小企业信贷风险专项补偿资金，银行按15倍放大倍数为小微企业提供免抵押、免担保信用贷款。在与农商行合作并安排1200万元中小企业信贷风险专项补偿资金试点“绿荫计划”成功后，又进一步扩大资金规模和参与银行数量，并推出放大抵押物价值贷款的金融产品（最高可放大5倍），深受企业欢迎。目前中小企业信贷风险资金已达5000万元，将为小微企业提供8亿元融资。

（五）设立还贷应急周转金

出台《厦门市小微企业还贷应急周转金管理暂行办法》、设立还贷应急周转金，帮助资金周转暂时困难的中小企业按时归还到期贷款，有效防止和化解小微企业资金链断裂风险，保障小微企业正常生产经营活动和健康发展。应急资金总额为4000万元，遵循“总额控制、封闭运作、滚动使用、注重安全”的原则进行运作。

（六）继续发行中小企业集合资金信托

牵头厦门市担保公司和厦门国际信托有限公司开始第2期成长型中小企业集合资金信托计划；同时还引进福建省华兴中小企业融资担保公司参与中小企业集合资金信托计划，全年计划组织优质成长型中小企业抱团发债募集资金2亿元。

（七）积极推动企业投融资工作的开展

推广融资租赁这一融资方式，举办了厦门市融资租赁业研讨会暨中小企业融资租赁项目推介会，100余家成长型中小企业的负责人参加了会议；举办海峡两岸成长型企业项目对接会，突出我市对台优势，邀请了30家台湾中小企业、50家投资基金携200亿美元来厦对接，推动两岸先进制造业转移。

四、抓服务体系，提升中小企业服务水平

（一）举办厦门市中小企业服务博览会

5月11～12日，举办了2012厦门中小企业服务博览会，开设综合服务、融资服务、管理咨询、信息化服务、技术创新服务、成长型中小企业、海峡两岸成长型企业项目对接等七大服务展区共300个展位，同时举办以“融资服务、市场商机、管理提升、品牌战略”为主题的10多场座谈会、培训会、推介会，为中小企业提供一站式专业服务，成为最权威、最全面、最有效同时也是最受中小企业欢迎的服务平台。围绕厦门市中小企业的各类技术需求，首次开通“网上博览会”，举办“高新技术成果在线对接会”，在线对接会采取现场与网络同步对接服务的方式进行，展会现场热闹，在线对接火爆，据统计在线对接会参展人员达2.1万多人，达成合作意向291次，达成意向102次。

在中博会期间，还圆满完成工信部在厦召开全国中小企业管理交流会，得到工信部领导和与会代表的肯定。同期举办的“鹭岛中小企业之夜”，与建行签订战略合作协议，为银行和企业搭建合作平台。

（二）组织中小企业服务联盟开展活动

以中小企业服务中心为纽带，将全市商协会、中小企业服务机构等各类社会资源整合和优化，推动公益性服务机构与市场化服务机构的结合，形成一个比较完善和系统的中小企业服务联盟。2012年，服务联盟举办4次座谈会、2场专题研讨会、3期培训班，加强联盟服务中小微企业的交流与协作，提升联盟成员的管理水平和服务能力。

为帮助各行业协会、异地商会的会员企业解决融资难题，还邀请厦门工行工作人员向与会联盟成员详细介绍了工行小企业信贷业务品种和国际贸易融资业务，并现场安排银行工作人员与联盟成员对接。

（三）加快中小企业公共服务平台网络建设

根据工信部的要求，结合我市中小企业服务体系建设的实际情况，制定了厦门市中小企业公共服务平台网络建设总体方案，向工信部申报中小企业公共服务平台网络项目并获得国家中小企业发展专项资金支持，同时在市政府支持下取得2300平方米的办公场所，解决了中小企业服务大厅建设场所问题。目前中心正在进行平台设计装修工作，将尽快把服务平台建成投入使用，以利于我们改善中小企业服务环境。

（四）做好中小企业生产经营运行监测工作

按照工信部的统一部署，开展中小企业运行监测工作，2012年底样本企业达到320户，实现样本企业常态化的数据直报，提前超额完成了2012年实现300家的工作目标。同时加强对监测企业的运行分析，每月形成中小企业运行分析报告。

编制《厦门市融资担保机构监管工作简报》《厦门市典当行业业务运行分析报告》，按月对我市担保典当行业运行情况进行分析，加强监督管理。编制《厦门市维护产业安全工作简报》，对可能影响我市的国际贸易争端进行梳理，及时通报给企业。

此外，提高《厦门民营经济与中小企业》（期刊）内容质量和设计水平，加大了期刊的商业化运作力度，在数量与质量更上一个档次，每期发行数量实现5000册以上，争取打造成为我市中小企业、民营经济的品牌期刊。

同时按照农业部乡镇企业局、省经贸委的统一部署，做好乡镇企业统计工作，加强直报点工作。

五、2013年工作计划

2013年我市将认真落实国家及省市相关政策，继续深入开展中小企业服务年活动工作，从以下方面开展工作，进一步促进我市中小民营企业发展：

（一）加强政策法规制定和宣传落实

积极促进《厦门经济特区中小企业促进条例》颁布实施，加强《厦门市中小企业促进条例》《厦门市关于扶持小型微型企业健康发展的实施意见》《厦门市小额贷款公司暂行管理办法》《厦门市融资性担保机构管理暂行办法》等政策法规的宣传落实。同时积极调研，根据国家、省、市政策要求和我市实际情况，制定出台新的政策措施，进一步完善政策扶持体系，促进中小微企业、民营经济工作发展。

深入开展“走基层、解民忧、办实事、促发展”活动，组织市中小企业服务中心、银行、担保机构等相关单位深入走访中小微企业和各区、管委会开展政策宣讲，帮助企业用好用活各种扶持政策，组织企业申报国家、省市各级扶持资金，促进企业健康发展。

（二）促进中小企业发展转型升级

实施中小微企业成长工程，开展成长型中小微企业评选活动，并以此为切入点，加大对有市场、有效益、有发展前景重点企业的扶持，培养一批快速健康成长的示范企业，带动更多企业发展。

加强中小企业管理咨询义诊工作，组织管理咨询机构开展“巡回义诊”活动和管理咨询诊断活动，推广富有示范效应的优秀中小企业管理典型。加强企业公益培训，开展“企业成长培训”“百企千场万人”等公益培训工程，举办中小企业经营管理创新（总裁）高级研修班，提升企业水平。

促进创业扶持，推动企业信息化进程，支持企业参展参会，开展贸易救济与维护产业工作，帮助企业开拓国内外市场，促进企业发展。

（三）破解中小企业融资难题

继续开展银行业金融机构小企业贷款评价工作，加强银行业小企业贷款考核和评比表彰，提高银行业金融机构对小微企业贷款的增速和规模。

大力发展各类融资服务机构，完善融资性担保机构监管机制，鼓励典当行创新业务品种，推动小额贷款公司工作，推进中小企业集合发债、创业投资等工作，形成以银行业金融机构为主渠道、其它融资服务机构为补充的多层次融资服务网，加强各类准金融机构的监督管理工作，发挥准金融机构为中小微企业和民营企业的融资服务作用，促进中小微企业和民营企业健康发展。

积极推动金融服务创新，继续推动银政企合作，推广与厦门农商银行为小微企业量身定制专属融资服务方案“绿荫计划”；推动发行中小企业集资金信托；积极推动企业投融资工作的开展等，拓宽中小微企业融资新渠道。

（四）加强服务体系建设

举办2013厦门中小企业服务博览会。创新服务形式，拓展服务项目，为企业提供政策宣讲会、融资服务、管理咨询、信息化服务、技术创新服务以及各种主题的座谈会、培训会、推介会，为中小企业提供一站式专业服务，打造最权威、最全面、最有效同时也是最受中小企业欢迎的服务平台。

加快中小企业公共服务平台网络建设。积极协调相关部门，加快我市中小企业公共服务平台网络2300平方米的办公场所软硬件建设，争取尽快入驻湖滨南路83号港澳中心，为我市中小微企业提供更优质的服务。

继续组织中小企业服务联盟开展活动，以中小企业服务中心为纽带，整合和优化全市商协会、中小企业服务机构等各类社会资源，推动公益性服务机构与市场化服务机构的结合。加强中小在线工作，做好中小企业生产经营运行监测工作，提高《厦门民营经济与中小企业》（期刊）数量与质量。

（厦门市经济发展局）

青岛市

2012年，国际、国内经济形势复杂多变，市场需求明显不足，中小企业生产经营面临较大压力。我市积极制定出台系列政策措施，引导和帮助中小企业克服生产成本上涨、销售下滑、资金紧张等不利因素，全市中小企业总体保持平稳健康发展态势。

一、2012年中小企业改革发展基本情况

（一）企业户数稳步增加

截至2012年底，全市共有个体工商户和私营企业46.6万户，增长4.7%。其中，私营企业14.6万户，增长10.6%，占企业总数的84.6%；个体工商户32万户，增长2.2%。规模以上工业中小企业4683户，占全部规模以上工业的97.9%。规模以下工业约6.8万户，其中工业企业2.2万户，个体工业4.6万户。

（二）民生贡献更加突出

截至2012年底，全市工业中小企业吸纳从业人员159.4万人，占全部工业的83.6%，占全市从业人员的56.3%。规模以上工业中小企业年人均薪酬3.7万元，增长27.2%；规模以下工业年人均薪酬2.9万元，同比增长13.5%，中小企业成为我市扩大就业、增加居民收入的主渠道，社会和谐的稳定器。

（三）经济贡献不断增大

全年规模以上工业中小企业完成总产值突破万亿元，达到10200亿元，同比增长20.5%，占规模以上工业的70.7%；实现主营业务收入、利润和税金分别为9204亿元、464.4亿元和438.1亿元，同比分别增长19.3%、15.5%和15.8%，增幅高于规模以上工业6.7、5.8和1.5个百分点，分别占规模以上工业的66.9%、69.2%和74.9%，为全市经济社会发展提供了强劲动力和重要支撑。

（四）科技含量不断提升

2012年，在市以上认定的293家企业技术中心中，中小企业226家，占77.1%。认定的首批110个中小企业专精特新产品（技术）中，有95%的企业采用国际国内同行业的先进技术和标准，全部产品（技术）拥有国家专利，其中发明专利71项，实用新型专利289项。

二、促进中小企业发展的工作措施

（一）加强政策体系建设，着力优化发展环境

一是不断完善政策体系。先后以市政府名义出台《关于进一步支持小微企业发展的若干意见》《关于贯彻国发14号文件进一步支持小型微型企业健康发展的意见》，配套出台《关于进一步优化小型微型企业登记注册工作的实施意见》《关于加快小企业产业园和创业基地建设的通知》《青岛市“十二五”中小企业成长规划》等系列文件，从财税支持、税费减免、融资扶持、创新发展、市场开拓、园区建设、公共服务等多方面制定具体措施，着力解决中小企业发展中普遍存在的“三难”“三缺”（融资难、用地难、用工难，缺技术、缺人才、缺管理）问题。

二是加大政策宣传力度。通过举行新闻发布会、在线访谈、热线专题日、媒体解读等多种渠道宣传扶持中小企业的政策措施，努力提高政策知晓面。组织56讲“小企业之家”半月讲坛，邀请相关职能部门和管理咨询机构免费为中小企业讲解政策、法律、财务等方面的内容，现场听课人员达5300人次，授课内容网络访问量10万余次。组织开展“送政策进千企”活动，发放政策汇编5000余册。

三是全面推进政策落实。①加大财政资金支持力度。市级财政安排4500万元专项资金，重点支持专精特新和科技型小微企业发展；安排产业振兴、创新能力建设等专项约1.5亿元，重点支持中小微型企业技术创新和转型升级；安排市级创业投资引导基金1.5亿元，吸引社会资本设立4支创业投资基金，基金总规模达7.5亿元，对节能环保、新材料、先进制造等领域的科技型企业进行股权投资；发放各类创业补贴2800多万元，支持和鼓励创办企业；全年落实中小企业政府采购113.3亿元，占总采购金额的69.6%，比政策规定的下限高出近40个百分点。②落实税费减免政策。对符合条件的中小微型企业减免税收25.6亿元；暂停20项涉企行政事业性收费并降低16项经营服务性收费标准，减少收费9000多万元。③优化企业发展环境。为解决政府部门工作效率低、服务态度差、乱评比乱收费等问题，督促有关部门落实税费减免等扶持政策，减轻中小企业负担，按照我市2012年优化经济发展环境工作部署，设立优化环境中小企业工作组，整治中小企业发展环境。工作组成立一年来，涉及中小企业登记注册、行政审批、公共服务等方面取得了良好实效。

（二）加强公共服务平台建设，不断提升服务功能

一是不断深化平台服务功能建设。近年来，构建以市级平台为中枢、以区市二级平台为骨干、以镇街园区三级平台为基础、以专业化窗口平台为分支的中小企业公共服务体系，全市各级各类公共服务平台达到152家；培育并认定市级示范平台18个，获得国家级示范平台认定总数达到5个。2012年，争取国家中小企业公共服务平台网络建设专项资金2000万元，启动市级云服务平台建设项目，推动13个骨干窗口平台升级改造。

二是不断创新服务方式。制定《青岛市中小企业服务年活动实施方案》，协调政府涉企部门、服务平台网络和专业机构三支骨干力量，采取横向联合、纵向联动方式，组织开展劳务对接、融资服务、产学研合作等9大板块26个专项的服务活动。通过政府购买服务方式为1200家中小企业提供免费财税代理服务。积极搭建劳务对接平台，建立劳动用工网上登记系统，拓宽小企业人才招聘渠道。全年共组织开展各类活动1245次，服务企业5.8万家/次13.6万人/次，政府涉企部门服务企业25万家/次30余万人/次。

三是大力帮助企业开拓市场。制定出台《关于进一步稳定外贸增长，促进全市对外贸易转型升级的意见》及配套政策，重点支持中小企业参加境内外展会开拓国际市场、科技研发、品牌建设和开展

电子商务等方面工作，努力推动市场结构、产品结构、主体结构和贸易方式结构的调整。增强出口信用保险对中小外贸企业拓展市场的保障作用，为中小外贸企业量身定做“小微信保易”专项产品，加大政策倾斜支持。以帮助中小企业开拓市场为重点，举办“双周两会”展会活动，组织572家企业和155家国内外采购商参会，达成采购意向金额8.8亿元；组织1600多户企业参加广交会、中美企业峰会、中日韩绿色产业峰会、APEC技展会、中博会等国内外展会；组织对非洲、南美、中欧等新兴市场展会、考察活动，积极帮助企业开拓新兴市场。

（三）强化专精特新发展，引导企业加快转型升级

一是规范提升“专精特新”培育体系。在推动和引导传统行业中小企业加快转型升级步伐、提升发展质量和内涵的同时，突出蓝色、高端、新兴培育方向，大力发展新能源、新材料、节能环保、生物医药等新兴领域中小企业。制定出台《专精特新产品（技术）认定办法》，引导企业走“专业化、精细化、特色化、新颖化”发展之路。在全国率先开通常态化、开放式的“专精特新”产品（技术）网上公开申报认定系统，建立了及时发现确定培育对象、编制培育计划、跟踪服务扶持的工作模式，对围绕“专精特新”产品（技术）上项目的企业，给予政策、资金、技术、人才等方面重点扶持。利用国家和市级专项资金4120万元，扶持85家拥有“专精特新”产品（技术）的“小巨人”企业，拉动投资逾12亿元。实施中小企业“百千万成长工程”，构建“专精特新”示范企业、成长型企业、初创型企业成长梯队。初步完成了100户“专精特新”示范企业和1000户成长型小企业建库工作，启动万户初创小企业建库工作，为建立三级成长梯队奠定基础。

二是促进企业集聚发展。以解决小企业用地难和实现产业集聚为目标，出台相关政策措施，按照产业集聚、资源集约、服务集中的要求，采取锁定单子、分类指导、跟踪培育等措施，培育并认定市内小企业创业基地和特色产业基地20个。组织实施首批3个小企业产业园建设试点，2个小企业产业园开工建设。小企业创业和集聚载体建设进入快速发展新阶段。

三是提高企业管理者素质。与清华大学共同举办企业高层管理人员EMBA培训班和2012全市企业高级工商管理春、秋季培训班，编制精品课程，创立“新发展大讲堂”，全年共培训各类管理人员5000多人/次。与联想控股集团建立创业联盟战略合作关系，先后向“联想之星”创业CEO特训班推荐企业40余家，其中9家企业入选，并有沃林蓝莓等4家学员企业先后获得联想控股或其主导的战略联盟的基金投资，累计达6.5亿元。

四是实施中小企业创新能力建设工程。重点推动规模以上工业企业建立技术开发机构，引导中小企业加大研发投入。支持企业积极申请专利，拥有自主知识产权。加快中小企业产业优化升级，扶持中小企业大力发展新能源、新材料、节能环保、软件及服务外包等新兴产业。鼓励中小企业建立和实施标准体系，积极采用国际标准提高产品质量。实施中小企业知识产权战略，支持中小企业创立企业品牌。涌现出一批如海洋深海缆绳、压载水系统、电动汽车、风力发电设备、新型墙体材料、空气源热泵等海洋经济、新能源、节能环保领域新产品的“专精特新”中小企业。

（四）加强融资服务，着力拓宽融资渠道

一是实施多渠道融资的政策扶持。在银行信贷方面，实施了小企业贷款风险补偿机制，引导银行向小企业信贷尤其是信用和质押贷款倾斜。2011和2012年，市财政共承诺风险补偿金5365万元。同时采取政府补助、市场化运作的方式，为企业提供低成本过桥资金服务，保证企业资金链的有效接续。在担保体系建设方面，通过建立担保业务补助机制，争取国家对担保机构实行免征营业税政策，成立担保行业联盟等政策措施，引导担保机构创新并扩大针对小微企业的担保业务。在融资租赁、股权融资方面，也都出台并实施了补助政策，鼓励企业多渠道融资。

二是搭建多元化融资服务体系。建立了“融资通、统借统还、信用信息”三个平台，分别为企业提供网上融资、低息贷款、免费信用评级服务；拓展了“银行、担保、过桥、融资租赁、直接融资、项目扶持”六条路径，为企业疏通了信贷、担保、债券、股权、租赁等多条渠道，融资服务的辐射面逐步扩大。2012年解决中小企业担保性融资244.9亿元，省委办公厅在全省推广我市做法。其中，倡导成立担保联盟，扩大组团担保统贷平台规模，发放低息贷款5.9亿元，增长78.8%。拓展过桥业务渠道，为中小企业提供低费过桥资金56.4亿元，增长7.4%。推进中小企业信用担保体系建设，中小企业担保贷款额达到182.6亿元，同比增长15.6%。

三是建立完善企业信用评价体系。人民银行青岛分行致力于中小企业信用体系建设工作，大力采集未与银行发生信贷业务的中小企业信用信息，为其在征信系统里建立电子档案，供各银行机构查询并从中发掘潜在客户，已经累计为3万余户未与银行发生信贷业务的企业建立信用档案，并在黄岛区和胶州市开展全国中小企业信用体系建设示范区创建工作。市经济信息化委联合市财政局、人民银行青岛分行开展中小企业第三方评级工作，通过独立的第三方评级机构进行评级，保证评价的客观性，并初步形成有青岛特色的财政全额补贴和使用方即银行付费的模式，目前已为1719户中小企业进行了外部评级。

三、存在的主要问题

一是融资难、融资贵问题依然突出。绝大部分中小企业受制于自身规模小、寿命周期短，缺少符合银行风险控制要求的抵押担保能力，加上银行坏账责任终身追究制度，难以获取银行贷款，只能转向利率较银行贷款高得多的其他融资渠道。同时，银行对500万元以下的小额贷款按基准利率上浮20%～30%执行，抵押贷款利息和费用约9%，担保贷款还要再负担2%～3%的担保费，真实利率已超过10%，融资成本高。此外，目前的村镇银行（小额贷款公司）只贷不存，除了自有资金外都是从上游大银行获取资金再转贷出去，村镇银行贷款利率普遍在16%以上才能取得基本回报，这也无疑进一步推高了中小企业融资成本。

二是招工难、用工贵同时并存。随着最低工资标准的提高和物价水平的较快上涨，自2011年以来，中小企业员工工资已上涨超过30%，劳动力成本明显上升，但纺织服装、食品加工等行业仍缺乏吸引力难以招到工人，部分工作条件艰苦、劳动强度大的企业缺工情况更为突出。另外，小微企业长期存在招聘人才困难、用人成本高、容留人才难的"三难现象"。招工难和用工贵并存，既加重了企业生产经营的困难，也导致部分企业因人手紧缺有单不敢接，加剧了企业开工不足情况。另外，新一代打工者对福利待遇、人文关怀、工作环境等期望较高，员工流动性和管理难度加大，影响企业的正常生产经营，从而加剧挫伤了企业创业创新的积极性。

三是小微企业税负仍旧比较沉重。虽然国家近期将月销售额不超过2万元的小微企业，纳入增值税和营业税暂免征收范围，但按照划型标准，工业企业年销售额在2000万以下、300万以上为小型企业，300万以下为微型企业，这样只有极少数微型企业才能享受该政策，制造业领域能够享受该政策的微型企业更少，该政策的普惠性不够明显，当前小微企业所承担的税负仍然较重，这在一定程度上降低了小微企业的创业创新发展活力。

四、2013年主要任务

深入贯彻落实党的十八大精神，紧紧围绕优化环境、稳定增长、促进升级三大任务，突出抓好政策落实、服务提升、融资增量、专精特新及企业成长梯队建设，努力促进全市中小企业健康平稳发展。

一是做好政策落实。协调市直部门和各区市抓好国家和省市政府关于促进中小企业发展的系列政策落实工作，继续做好扶持政策的宣传和解读，扩大政策知晓面。积极协调解决中小企业运行中遇到的实际难题，建立完善的中小企业年度考核机制。

二是做好企业服务工作。推进公共服务平台网络改造升级项目建设，创新服务形式，提升服务水平，努力推动和完善中小企业服务体系建设。

三是做好融资服务工作。继续推进企业多渠道融资，推进中小企业信用担保体系建设，扩大统借统还低成本贷款平台规模，通过"完善一项机制，扶持一批企业，培育三类平台，深化四条渠道"，进一步扩大融资服务的辐射面和覆盖面。

四是做好专精特新发展和企业成长梯队建设。实施百家"专精特新"示范和千家成长型企业培育计划，培育认定100项"专精特新"产品（技术），完善1000户成长性企业库，重点支持精密模具、环境监测检测装置等具有发展优势和潜力的行业加快发展。

五是做好小企业创业集聚载体建设。引导支持社会投资，改造利用市区闲置楼宇厂房，新培育3个小企业创业（孵化）基地；整合提升地方传统特色产业资源，新培育10个小企业特色产业基地；依托产业集聚区，梯次推进6个小企业园区建设试点项目。

六是做好市场开拓工作。时装周期间举办第二届专精特新成果展，以区市为单位展示专精特新产品（技术）成果和工作成果，同时举办服务平台成果展，为参展企业提供市场开拓、产学研、融资、用工等服务。组织中小企业参加中博会等重点展会，策划组织中小企业参加行业性、专业性会展。组织中小企业参加青岛名牌产品神州行活动。引导鼓励中小企业企业利用电子商务拓展市场空间。

七是做好管理素质提升工作。分类引导和组织有条件的中小企业学习应用六西格玛管理、平衡计分卡等先进管理模式，培育选树一批小微企业管理"小精灵"样板企业。通过举办清华MBA、春秋季高级工商管理培训班和新发展大讲堂等形式，邀请知名专家学者诊断剖析中小微企业发展遇到的难题，组织培训中小微企业管理者3000人以上。

（青岛市经济和信息化委员会）

深圳市

2012年，在深圳市委、市政府的高度重视和正确领导下，我市中小企业工作坚持以科学发展观为指导，认真贯彻落实《中小企业促进法》、《国务院关于进一步促进中小企业发展的若干意见》（国发〔2009〕36号）和《国务院关于进一步支持小型微型企业健康发展的意见》（国发〔2012〕14号）要求，各项工作有序推进，中小企业和民营经济在全市国民经济和社会发展中发挥着越来越重要的作用。

一、2012年中小企业改革发展总体情况

（一）中小企业发展情况

2012年，我市中小企业发展总体呈现以下几个特点：一是发展速度快。我市中小企业总量规模继续扩大。截至2012年底，我市工商登记注册的中小企业48.3万家，占全市企业总数的99.6%，较上年同期增加8.6万家。2012年全市中小企业实现生产总值6035亿元，占全市生产总值的61.2%（不含金融业和房地产业）。中小企业出口和纳税保持较快增长。全年中小企业外贸进出口总额1508亿美元，占全市外贸进出口总额的32.3%，同比增长43%，高于全市外贸进出口增速30.3个百分点。二是创新能力强。2012年，全市中小企业发明专利授权量近5000件，位居全国前列。商业模式不断创新，一大批中小企业通过销售模式和运营模式等方面的创新，

有效整合配置资源，快速占领市场，实现了跨越式发展。三是发展质量高。2012年，我市共有15家企业在境内外上市，募集资金53.72亿元。我市中小板和创业板上市企业达110家，占两个板块上市企业总量的10.7%，连续六年位居国内大中城市首位。淘汰“两高一低”企业1575家。四是社会贡献大。全年中小企业上缴税收1338亿元，占全市企业纳税额51%，同比增长11.5%。全市中小企业安排就业人数约610万人，占全市就业总人数的80%以上。

从对纳入国家中小企业生产经营运行监测平台1200家样本企业监测数据分析来看，2012年中小企业运行情况如下：

1. 工业开工状况趋于稳定

从企业用电量指标来看，2012年，样本企业累计用电量较去年同期增长了20.7%，较前3季度回升了1.1个百分点。从趋势上看，用电量自3月出现大幅下降以来，逐月回升，下半年各季增长趋于稳定，上半年、前三季度、全年的累计用电增速分别为16.4%、19.6%和20.7%。

2. 工业营业收入增长逐月回升

2012年，样本企业累计营业收入同比增长6.9%，较前3季度回升了1.1个百分点。从趋势上看，营业收入自3月出现下降以来，逐月回升。其中，中型企业累计营业收入同比增长20.6%，小微企业累计营业收入同比增长3.6%。

工业主要行业方面。2012年，纺织服装业营业收入增幅同比下降0.9个百分点，计算机与通信和其它电子设备制造业、工艺礼品业、机械制造业、家具制造业、医药制造业、仪器仪表制造业等行业较去年同期分别增长了4.4%、1.0%、6.5%、24.9%、1.7%和6.7%。除家具制造业外，其它主要行业增幅明显放缓，其中纺织服装业下降。

3. 外贸出口增速回升

2012年，样本企业累计出口交货值较去年同期增长24.3%，较前3季度回升了14.2个百分点。从趋势上看，出口额增幅自3月出现较大幅度回落以来，总体呈现回升态势。

4. 商贸业增速企稳

2012年，商贸业样本企业累计营业收入同比增长15.1%。其中，批发业累计营业收入同比增长了6.0%；零售业累计营业收入同比增长了28.2%。从趋势上看，商贸业前8月均保持快速增长，9月份出现了大幅回落，10月份之后又逐月回升。商贸业出现回落的主要原因是零售业增速快速回落，批发业一直维持下降趋势所致。但是，批发业9月份降幅收窄，10月份之后开始增长，增幅逐月回升。

5. 物流业保持较快增长

2012年，物流业样本企业累计营业收入同比增长51.1%，继续保持较快速度增长。其中仓储业同比增长79.2%、装卸搬运和运输代理业同比增长42.5%、道路运输业同比下降8.3%。从趋势上看，道路运输业各月均较去年同期下降，装卸搬运和运输代理业增幅快速回升，而仓储业各月均保持快速增长。

总体来看，2012年，全市中小企业经济运行的主要特征是：工业增幅在年初明显放缓后，从3月份开始企稳并逐月回升，主要表现是工业用电、营业收入、出口交货值等主要指标趋稳回升；商贸业增速在年中出现回落放缓并呈现趋稳回升的运行态势；物流业全年均保持较快速度增长。

（二）民营经济发展情况

截至2012年底，全市登记注册的民营企业42.8万家，较去年同期净增加6.7万家，占全市登记注册企业数量的89.5%。初步核算，2012年全市民营经济完成增加值4959亿元，约占全市本地生产总值的38.3%，同比增长13.6%左右，增速高于全市生产总值增速3.6个百分点左右。我市民营经济运行呈现以下特点：

1. 民营工业销售收入较快增长

2012年，全市规模以上民营工业企业实现销售收入3140亿元，约占全市规模以上工业企业销售产值的15.3%，同比增长12.8%，增速高于全市水平6.6个百分点。

2. 民营商贸业稳步增长

2012年，全市民营批发零售企业实现社会消费品零售总额3248亿元，同比增长约16.8%，继续保持较快增长，约占全市社会消费品零售总额的81%。

3. 民营企业外贸进出口快速增长

2012年，我市民营企业外贸进出口总额1508亿美元，同比增长43%，约占全市外贸进出口总额的32.3%。其中，民营企业外贸出口额929.7亿美元，同比增长42%，占全市外贸出口总额的34.3%；民营企业外贸进口额578.5亿美元，同比增长44.3%，占全市外贸进口总额的29.6%。总的看来，今年以来，我市民营企业外贸进出口总额、出口以及进口增幅稳步较快增长，增速均快于全市其它所有制性质企业。

4. 民营固定资产投资加快增长

2012年，全市民营固定资产投资额695.9亿元，约占全市固定资产投资总额的30%，同比增长41.1%，增速高于全市水平28.8个百分点。

5. 民营经济税收保持增长

2012年，全市民营企业共上缴税收（不含海关关税、海关代征税、股票交易印花税和车辆购置税）1541.6亿元，同比增长约14.7%，增速高于全市水平4.7个百分点左右，占全市企业上缴税收的58.7%。其中，国税系统征收684.3亿元，同比增长7.5%；地税系统征收857亿元，同比增长21.1%。

总的看来，2012年，我市民营经济表现出较强的发展后劲，主要指标增长情况均好于全市总体水平。趋势上，各项指标均呈现逐步回升的运行趋势。

（三）中小企业发展面临的主要问题

去年，虽然我市中小企业发展取得了一定的成绩，但是我市中小企业特别是小微企业的发展还面临一些突出的困难和问题：

一是企业税费负担较重。2012年起，我市企业所得税率按25%执行，企业税负相应增加。其他税费也有不同程度的加重。如城建税税率由原来的1%增加至7%，教育费附加率由原来的3%提高到

5%（含2%的地方教育费附加）。

二是中小企业特别是小微企业融资难问题依然突出。据测算，全市中小企业融资需求总额约为1.45万亿元。我市中小企业通过各种直接和间接方式获得融资总额为8363.8亿元，融资缺口仍有6136.2亿元，缺口比例为43%。

三是用工成本增长较快。受住房等生活成本影响以及社保缴费基数、最低工资标准上调等因素影响，劳动用工成本较快增长。根据对10个行业的问卷调查显示，有7个行业反映用工成本出现10%～20%的增长。

四是中小企业用房用地难日益突出。用房用地不足严重制约中小企业快速发展壮大，一方面初创企业普遍缺乏成本低、服务全的创业场地；另一方面上市中小企业总部用地难和募集资金落地难问题日益突出，我市110家中小板和创业板上市企业中，44.8%的募投项目和54.4%的募集资金投到外地。

（四）2013年运行趋势判断

2013年，我市仍将面临错综复杂、充满变数的国际国内环境。一方面，全球经济正处于深度转型调整期，低速增长的态势仍将延续，主要经济体需求疲软，各种形式的保护主义明显抬头，发展的外部环境仍将偏紧，但是，总体上看，欧美等世界主要经济体经济发展继续恶化和下行的风险减小，转而朝向积极方向发展，有利于我市中小企业外贸出口回暖。另一方面，国内经济持续健康发展的积极因素增多，经济增长更加突出提高质量和效益，在积极的财政政策和稳健的货币政策以及一系列逆周期宏观经济政策作用逐步显现的背景下，中小企业营商成本、融资状况、消费购买力和社会投资等主要经济状况将得以进一步改善。总体而言，受2012年前期基数较低影响，2013年中小企业发展仍将延续2012年逐月回升的趋势，预计全年将会在2012年全年增速的基础上继续回升。

二、2012年中小企业主要工作

2012年，我市主要从以下几个方面做好中小企业工作：

（一）创新扶持政策，优化营商环境

一是制定扶持中小企业的政策措施。出台《关于加强和改善金融服务支持实体经济发展的若干意见》，通过构筑金融服务实体经济的长效政策体系和工作机制，进一步支持和引导我市金融业不断提升服务水平、拓宽服务范围、加大对经济社会发展重点领域和薄弱环节的支持力度。出台《关于优化服务提升质量促进经贸稳定发展的若干措施》，进一步关注和缓解中小企业当前面临的主要困难。组织起草《深圳市关于支持中小微企业健康发展的若干措施》（以下简称"《若干措施》"），贯彻落实国家和省有关中小微企业扶持政策，切实缓解中小微企业面临的突出困难和问题。《若干措施》密切结合我市中小微企业的实际情况，充分借鉴上海、北京等地相关政策文件，数易其稿，力争措施有创新，有亮点，有力度。

二是开展"中小企业服务年"活动。以"服务企业、助力成长"为主题，在全市开展"中小企业服务年"活动，实施"百千万工程"，即百家上市企业帮扶千家中小企业、百家金融机构为中小企业融资千亿、百家服务机构为千家中小企业上门服务、百项服务活动牵手万家中小企业等系列主题活动。通过开展该项活动，实现政府各个部门、金融机构、行业协会（商会）、社会专业服务机构联动，建立长效合作机制；营造有利于中小企业创业、成长、发展的良好生态环境，进一步完善了中小企业发展的各项扶持政策，初步形成全社会关心、服务、帮助中小企业的良好氛围，取得了较好效果。

（二）加大财税支持，降低经营成本

为降低中小企业经营成本，我市一方面及时贯彻落实国家各项扶持中小企业发展的税收优惠政策，积极改善中小企业税费环境；另一方面不断加大财政资金扶持力度。

减轻税费负担。用足国家规定的各项税收优惠政策。2012年，国税系统为企业减免税收141.5亿元；地税系统减免税收125亿元，同比增长13.2%。自2012年起，对小微企业暂免征收管理类、登记类、证照类等行政事业收费。自2012年7月1日起，我市工伤保险基准费率下浮20%。加大财政资金扶持力度。市财政全年安排支出中小企业和创新创业资金超过30亿元，占全年产业资金近一半，支出效率进一步提高。市民营及中小企业发展专项资金新增小型微型企业银行贷款担保费补贴、小型微型企业培育、公共服务平台网络建设和公共服务项目等4项资助计划，资助对象覆盖更多的中小微企业。市科技研发资金增设"创业资助计划"，专门对成立三年内的科技型中小微企业的创业创新予以资助。积极争取国家资金的支持，我市共有96家企业获得国家中小企业专项资金3065万元的资助，114个项目获得国家科技型中小企业技术创新基金8415万元的资助。

（三）拓宽融资渠道，破解发展瓶颈

一是进一步加大银行对中小微企业信贷力度。深圳银监局制定了《深圳银行业小微企业金融服务工作指引》，在收费项目、收费标准、坏账准备等多个方面，对银行业金融机构服务小微企业提出了明确规定，有效地改善了对小微企业的服务。我市连续四年实现银行业对小型微型企业贷款增长"两个不低于"。截至2012年底，全市中小企业贷款余额7531.8亿元，占全部贷款余额30.5%，高出大型企业贷款占比3个百分点。

二是引导融资性担保机构支持中小企业融资。截至2012年底，我市共有87家融资性担保公司取得融资性担保机构经营许可证。2012年，全市融资性担保公司累计为3861家企业提供银行贷款担保300.6亿元，其中，中小微企业3816家，担保贷款额294.9亿元，分别占总数的98.8%和98.3%，较上年同期分别增加34.9和3.4个百分点。市再担保中心累计受理1743家（次）中小企业再担保贷款业务，贷款金额合计122.1亿元。

三是健全中小微企业金融专营服务机构。2012年深圳银行业机构新增支行58家。各大型银行专设小微企业金融服务部门、团队或中心，对小微企业授信实行专业化管理。积极争取村镇银行试点名额，批准设立7家村镇银行。截至2012年底，全市已开业小额贷款公司59家，贷款余额80.7亿元，同比增长75.8%。深圳金融创新奖增设“中小微企业金融服务创新奖”，鼓励金融机构对中小微企业的金融服务创新。

（四）提升企业质量，增强发展后劲

一是推动上市引导中小企业跨越式发展。通过上市培育引导，一大批中小企业建立现代企业制度，实现规范发展，加快转型升级步伐，并为我市经济社会发展发挥了积极作用。

二是引导产业集聚促进中小企业集群发展。升级改造产业园区，通过空间再造，实现土地集约、产业集聚、企业集群、服务集中。南山区依托旧工业区和旧城改造，为符合条件的企业提供总部用房，扶持重点中小总部企业发展。盐田区将“田心老工业区”重新规划改造为“田心国际创意港”，为文化创意和电子商务企业提供专门的发展空间。

三是促进产品质量和管理提升推动中小企业高品质发展。2012年我市有4家中小企业入围“市长质量奖”，占入围企业总数的50%。罗湖区黄金珠宝产业基地、南山区移动电话研发制造产业集聚区分别获批“全国知名品牌创建示范区”，进一步推动了集聚区中小企业集群发展和品牌化运营。通过参与国家认证机构制定认证标准并率先导入试点、开创性组织企业碳排放核查等，引导中小企业低碳发展。

四是培育高端和紧缺人才助力中小企业可持续发展。继续推进中小企业家培育工程。2012年，首次启动企业家境外研修班，与中国人民大学联合举办重点中小企业创新领军人才战略研修班，组织我市一批中小企业家赴美国斯坦福大学学习，取得了良好效果。2012年，我市中小企业产业紧缺人才培训计划共开设233个班/次，22000人次参加了培训，有效帮助中小企业提升人才素质。

（五）鼓励创业创新，打造核心竞争力

1. 创业方面

一是开展创业培训。认定8家省级创业培训机构，建立创业培训师资库和创业培训考核体系，2012年组织逾18000人参加创业培训。

二是提供创业服务。成立创业指导专家志愿团，为创业者提供专业服务；进一步加强创业项目库建设。

三是加强创业服务平台建设。通过政府服务外包、购买服务成果的方式构建社会化创业服务平台；认定市级创业孵化基地16家，2家被认定为省级创业孵化示范基地；认定深圳大学、深圳职业技术学院2家大学生创业孵化园。

2. 创新方面

一是实施中小企业创新帮扶计划。开展创新型中小微企业备案工作，截至2012年底，已备案企业426家，并设立专项计划予以资助。组织一批符合条件的企业申报省重点创新帮扶高成长性中小企业。

二是积极推动科技型企业孵化载体发展。市科技研发资金每年安排专项经费支持孵化载体建设，截至2012年底，我市已拥有科技型企业孵化器63家，累计育成企业2155家，育成企业中有上市企业30家。

三是加大中小企业知识产权和标准化服务力度。通过知识产权和标准化战略资金扶持，强化中小企业参与知识产权和标准化建设的意识。开展百所千企知识产权对接培训，增强企业创新能力并及时将研发成果转化为标准，受培训企业均实现了“专利申请零突破”。

（六）完善服务体系，提升服务效果

一是启动中小企业公共服务平台网络建设。2012年6月，我市中小企业公共服务平台网络建设项目获国家重点支持。同时，市专项资金对平台网络建设给予配套资助。

二是完善开拓国内外市场服务平台。2012年，市政府共组团参加中国国际中小企业博览会、APEC中小企业技术交流暨展览会等市外国内综合性展会24场，参展企业1500多家，签约总金额1000亿元。组团参加国内重点专业展会14场，参展企业500多家。2012年，专项资金共对1496家中小企业自行参加国内展会给予了5769万元的资助，受资助企业家数较上年提高57.6%。组织实施重点境外展览项目26个，意向成交金额14.7亿美元。

三是建立完善电子商务服务平台。创新电子商务模式，由政府引导推动的“深商e天下”深圳商品网上市场正式运营。该网上平台覆盖深圳电子商务全产业链，涵盖电子商务交易平台、电子商务服务企业、网上商城、网店、电子商务公共服务机构和传统企业六大类市场主体，引入可信交易环境建设，帮助中小企业开拓国内国际市场。

三、下一步工作措施

中小微企业是我市企业的主体、就业的主要渠道、财税收入的重要来源，也是大型企业成长的必经阶段。培育更高质量的中小微企业，是实现企业、产业和经济可持续发展的重要举措。2013年，我市中小企业工作思路是：深入贯彻落实党的十八大精神和习近平总书记对深圳“三个定位、两个率先”的要求，围绕加快转变发展方式的主线，进一步优化发展环境，强化政府服务，完善服务体系，缓解融资难题，推动创业创新，促进中小企业实现有质量的稳定增长，可持续的全面发展。

今年重点抓好“六个一”，即出台一个文件，创新一个制度，健全一个体系，完善一个机制，设立一个基金，建立一个平台。

一是出台《深圳市关于支持中小微企业健康发展的若干措施》。为全面优化中小微企业发展环境，促进中小微企业健康发展，出台《深圳市关于支持中小微企业健康发展的若干措施》，紧扣打造“深圳质量”和促进发展方式转变的主线，围绕促进中小企业创新发展的核心，从促进转型升级和创新发展、扶持做大做强、加大财税支持力度、加强融资支持、保障发展空间、健全公共服务体系、优化企业服务等几大方面全力扶持中小微企业发展。狠抓《若干措施》的贯彻落实，突出“干”字当头，切实加强政府服务，把企业需求、经济社会发展需求作为政府转变职能、改进作风的方向，全面提高行政效率和服务质量，提振企业发展信心，帮助企业共度难关。

二是推行商事登记制度改革。改变以“营业执照”为中心的商事登记制度，建立商事主体登记与经营项目审批相互分离、审批与监管相统一的商事登记制度，解决申办营业执照审批多、门槛高、注册难等问题，激发民间创业热情，营造良好创业氛围，为中小微企业进入市场创造宽松的制度环境。

三是健全中小微企业公共服务体系。按照“社会化、专业化、市场化”发展方向，以行业协会等服务机构为主要载体，建立健全政府指导监督、公益性服务与市场化运作相结合的中小企业公共服务平台。重点支持建设1个总平台和15个分平台，引导督促公共服务平台面向小微企业提供公益性或低收费服务。为我市广大中小微企业提供“找得着、用得起、有保障”的公共服务，进一步完善中小企业公共服务体系。

四是完善重点中小企业用房用地机制。为解决重点中小企业发展空间问题，进一步细化落实优化空间资源配置“1+6”文件，强化市区联动，增强各区（新区）责任，鼓励各区（新区）创新思路，想方设法解决本辖区上市企业总部用房和募投项目用地。确实难以解决的，由市政府统筹协调推进落实，大力支持上市企业等重点中小企业扎根深圳，做大做强。

五是设立深圳市中小微企业发展基金。通过政府出资引导，设立中小微企业发展基金是调动社会力量、完善扶持中小微企业发展长效机制的重要手段和有效途径。根据我市实际情况，创新基金设立模式，由市创业投资引导基金和市民营及中小企业发展资金通过调整原有资金的使用结构，共同出资发起设立中小微企业发展基金，并积极争取国家中小企业发展基金支持，采取鼓励大企业捐赠、企业或机构认购基金份额等多种形式吸引社会资金参与，通过市场化运作，重点支持初创期、成长期中小微企业创新发展。

六是建立中小微企业贷款联保增信与补偿平台。针对中小微企业抵押物不足、贷款信用级别低导致的贷款难问题，创新工作思路，按照政府增信、企业联保的原则，建立深圳市中小微企业贷款联保增信与补偿平台。联保平台与重点民营企业共享10亿元的政府增信资金，通过政府增信降低融资门槛、降低融资成本、提高信用比例，调动商业银行为中小微企业贷款的积极性，进一步拓宽中小微企业融资渠道，解决中小微企业短期流动资金融资问题。

（深圳市中小企业服务中心）

新疆生产建设兵团

2012年，兵团中小企业系统认真贯彻落实中央新疆工作座谈会、全国工业和信息化工作会议和兵团党委六届十次全委（扩大）会议精神，积极克服市场需求不足、国内经济下行压力加大等诸多不利因素影响，坚持把促进中小企业平稳较快发展作为工作的中心任务，抢抓机遇，加快“两化”深度融合，积极推进新型工业化进程，实现了兵团确立的“稳中求进、进中求快、又好又快”的发展目标。截至2012年末，兵团中小企业数量近4000家，占全兵团企业总量的99%以上，期末从业人数近20万人，中小企业已成为推动兵团经济发展、促进社会稳定的基础力量，在确保经济增长、缓解就业压力、推动科技创新、优化经济结构、加快产业升级、构建和谐兵团等方面，发挥着越来越重要的作用。

一、2012年兵团中小企业主要工作

（一）加强政策引导，优化发展环境

2012年，兵团出台了《关于加快推进兵团新型工业化进程的意见》，明确了今后一个时期新型工业化发展的目标、思路、重点，突出支持发挥中小企业在新型工业化进程中的作用；出台了《兵团工业企业税收返还支持新型工业化发展专项资金使用管理办法（试行）》，初步缓解了长期制约兵团企业发展资金不足的问题。出台《关于加快推进兵团信息化与工业化融合的指导意见》和《两化融合试点示范企业认定管理办法》，对促进兵团企业两化融合做出了具体部署。制定《关于加快兵团工业园区发展的指导意见》和《兵团工业园区考核评价办法》，重点对中小企业入驻园区实现集聚发展提出了具体的支持政策和考核办法。出台的《关于促进兵团纺织产业健康持续发展的指导意见》，支持兵团纺织企业向下游发展，增强可持续发展能力。

（二）转变管理方式，增强服务中小企业发展的能力

2012年，兵团工业和信息化系统努力转换角色，工作更加务实、贴近实际，职能建设取得明显进步，服务工业经济发展的能力进一步增强。一是完善重点联系企业统计分析。建立起百家联系企业统计分析制度及优强型、成长型企业实时运行监测制度，提高了运行调控的针对性和时效性。二是加大推进中小企业发展的力度。对运行较为困难的行业中小企业加强调查研究，不断完善应对措施。及时召开了兵团纺织行业座谈会和化工业座谈会，研讨行业发展存在的困难和问题，出台应对措施办法。针对棉纺，出台了阶段性棉纺扶持措施，从生产销售、棉花供应等多方面给予扶持，帮助企业渡过难关，同时又出台了促进纺织产业结构调整、延伸产业链的长效措施，增强了企业发展信心。通过一系列政策扶持，兵团棉纺企业开工率提高，行业呈现

企稳回升的态势。三是加强中小企业人才培训。重点进行了国家银河工程项目类、劳动技能类及生产经营类的培训，举办培训班6期，培训876人次。四是不断提高兵团各级各类园区的集聚平台作用。审核、批准了九师莫合台、兵团新型建材工业园区，加速建设霍尔果斯经济开发区兵团分区和喀什经济开发区兵团分区，加快推进兵团已有工业园区的发展，出台相关政策支持中小企业入驻园区与大企业协同发展，一批主业突出、特色鲜明、竞争力较强的中小企业产业集群正在形成。五是组织兵团中小企业参加APEC中小企业技术交流会、中国国际中小企业博览会和中国2012新材料博览会。

（三）加强项目建设，促进中小企业快速发展

积极争取国家项目资金支持。争取国家重点产业振兴和技术改造及公共服务平台项目资金5590万元。落实中央支持中小企业发展的各类专项资金6740万元。组织申报兵团新型工业化发展资金项目，安排各类项目补助资金5900万元。

（四）抓好企业技术创新，加快中小企业产业升级

制定出台了《技术创新示范企业认定管理办法》，确定了首批兵团技术创新示范企业，引导企业不断加大新产品开发和新技术推广应用力度。推进企业质量管理和品牌建设，制定知识产权培育工程实施方案，组织知识产权培育工程标杆企业试点工作。加快淘汰落后产能，按照兵团工业淘汰落后产能“十二五”目标任务，淘汰了小火电、小焦炉，节约标煤64万吨，减少二氧化硫排放4810吨。积极推进企业清洁生产示范工程，争取中央财政补助资金650万元。召开“重点耗能工业企业座谈会”，推广综合节能项目、智能化综合节能控管平台项目、合同能源管理。

（五）积极组织，全面推进中小企业信息化工作

印发《两化融合试点示范企业认定管理办法》，确立兵团首批20家两化融合示范企业和试点企业，发起成立由100余家企业参加的两化融合推进联盟，与工信部联合举办“全国两化融合深度行——兵团行动”走进八师、五师等活动，建设完成了兵团工业企业信息管理系统。

二、2013年中小企业发展目标任务和重点工作

2013年是“十二五”承上启下的关键一年，也是全面落实党的十八大精神的开局之年，做好兵团2013年中小企业工作的总体思路是：深入贯彻党的十八大、中央新疆工作座谈会精神，全面落实兵团党委六届十一次全委（扩大）会议的工作部署，抓住国家支持新疆跨越式发展和对口援疆、产业转移的机遇，以科学发展观为统领，坚定不移推进“工业强兵团”战略，围绕一个主题（结构调整），强化两个支撑（工业投资、科技创新），打造两大平台（经济开发区、工业园区），切实抓好经济运行调节、节能减排，转变经济发展方式，以开展质量管理效益年活动为契机，着力推进信息化和工业化、城镇化、农业现代化深度融合，推进兵团中小企业持续健康发展。

（一）提高认识，切实做好中小企业工作

要结合兵团实际，深入学习贯彻十八大和兵团党委六届十一次全委（扩大）会议精神，充分认识到中小企业对促进兵团经济发展的重要作用，要按照兵团党委提出的“两个率先、两个力争”的战略目标和坚定不移地以“三化”建设为抓手，全面落实《关于加快推进兵团新型工业化进程的意见》，切实推进兵团中小企业发展。

（二）加大力度，增强中小企业发展动力

一是抓好项目建设，促进项目尽快投产，早日发挥作用；协调做好新开工项目的各项前期手续，尽早开工一批项目。二是积极鼓励和支持现有企业通过增资扩股，用信息技术和先进适用技术加大对现有工业企业的技术改造，进一步扩大产业规模，提高装备技术水平，尽快达产、达标、达效。三是充分利用国家差别化产业政策，积极承接中东部特别是对口援疆省市产业转移，瞄准国内外大企业，瞄准行业内竞争力强、产业衔接性强、互补性强的企业，加大招商力度，拓宽兵团产业领域，围绕上下游和相关配套，延伸产业链，提升兵团工业园区发展水平。推进对口支援工业园区的发展和项目建设。支持国家级经济技术开发区和喀什、霍尔果斯经济开发区兵团分区建设，优化产业布局，明确产业发展定位，形成引资优势。

（三）扶持企业发展，增强企业创新能力

一是大力支持兵团优势和主导产业，使优势资源、优质资产向优势企业聚集。二是积极支持中小微企业和民营企业发展，扶持企业做精做优。提出《扶持中小企业发展的指导意见》，加大中小企业技术改造力度，争取兵团设立中小企业发展专项资金。支持中小企业创业基地和创新服务平台建设，重点支持创新型、创业型和劳动密集型小微企业。加快中小企业服务体系建设，积极开展综合服务和咨询。按照国家“银河”培训工程的要求，创新中小企业培训工作方式，提高培训的针对性和时效性。三是与有关部门共同研究制定《关于进一步加快企业技术创新的若干意见》，推进新产品开发和新技术推广应用工作。着力构建以企业为主体、市场为导向、产学研相结合的技术创新体系。

（四）加强企业管理，提高企业质量效益

为认真贯彻落实兵团党委六届十一次全委（扩大）会议提出的在全兵团范围内开展“质量管理效益年”活动的部署，我们将在兵团中小企业中深入开展此项活动。要坚持盘活存量、做大增量，引导和督促中小企业加快转变发展方式，推进先进质量管理方法，实施品牌能力建设，提升产品质量、档次和附加值。通过开展“质量管理效益年”活动，力争使全兵团中小企业管理水平进一步提高，创新能力稳步提升，产业结构不断优化，节能减排深入推进，发展方式有效转变，企业质量和效益水平大幅提升，主要指标趋于优化，发展后劲持续增强，综合素质和市场竞争力得到全面提高。

（五）推进节能减排，提升中小企业能效

以企业节能降耗、清洁生产、资源综合利用和淘汰落后产能为重点，加强行业指导，强化监督管理，加大节能技术改造力度，推动技术进步。一是推进化工、电力、建材、有色、纺织、食品加工等行业节能减排，提升能源利用效率。二是按照国家发布的钢铁、石化、有色、建材等行业重点用能产品能效标杆企业及标杆指标，组织企业深入开展能效水平对标达标活动。开展企业能耗限额标准执行情况专项监督检查，督促超标企业整改落实。三是推进节能信息监测系统建设，做好数据信息报送工作，强化对高耗能企业节能减排跟踪监测。四是采用国家重点节能推广技术和推荐工艺，加大节能技术改造力度，促进企业生产工艺优化和产品结构升级。五是继续开展清洁生产技术示范工程建设，做好关键工艺技术示范和应用，积极争取中央财政资金支持。六是在兵团重点用水行业和企业中开展节水型企业创建活动。七是按照国家有关淘汰落后产能工作的要求，结合兵团“十二五”淘汰落后产能目标任务，分解落实今年的具体项目。

（六）加快信息化建设步伐，促进“两化”深度融合

大力推进两化深度融合，深入开展“两化融合深度行——兵团行动、走进各师”活动，不断提升企业“两化”融合的发展水平。继续做好兵团工业企业信息管理系统二期建设。积极培育电子信息产业，加快兵团（石河子）软件园建设前期工作。加强与对口援疆省市的沟通，建立信息产业合作试验区，打造国家向西布局的重要的信息产品加工和出口基地。加强与央企合作，发展军民结合信息产业。

（七）创新工作方法，提高服务水平

要切实转变观念、转变职能、转变作风，创新工作方法，努力提高驾驭市场经济的能力和水平，提高解决问题、服务企业的能力和水平，想大事、谋大事，成为推进兵团中小企业发展的行家理手。严格执行中央关于改进工作作风、密切联系群众的八项规定和自治区、兵团党委的有关规定，不折不扣抓好落实。

（新疆生产建设兵团工信委企业处）

第五篇 中小企业统计

各地区规模以上工业企业主要指标（2012）

地区代码	地区名称	企业单位数量（个）		资产（亿元）		主营业务收入（亿元）		利润总额（亿元）		税金总额（亿元）		销售产值（亿元）		出口交货值（亿元）	
		总数	中小企业	总计	中小企业	总计	中小企业	总计	中小企业	总计	中小企业	总计	中小企业	总计	中小企业
	全国总计	343769	334321	768421.2	388802.8	929291.5	544627.0	61910.1	36740.2	44242.2	20817.9	909797.2	542298.8	106610.2	44229.7
110000	北京	3692	3526	28613.2	8222.3	16905.1	6948.5	1267.9	460.2	722.3	244.3	15446.6	6396.7	1516.5	449.4
120000	天津	5342	5126	19986.1	8825.6	23645.7	10037.7	2100.7	628.4	1217.2	380.3	23166.7	9583.2	2729.5	795.2
130000	河北	12360	11933	33567.2	14307.7	43643.8	23821.9	2559.5	1861.9	1583.2	746.8	42097.8	23613.1	1512.0	763.5
140000	山西	3905	3610	25342.1	10417.0	18118.9	7189.0	1010.9	297.7	996.7	364.9	16594.7	7634.9	487.8	54.7
150000	内蒙	4244	4088	21754.2	11686.6	18135.1	11753.5	1931.7	1126.5	993.9	526.6	18038.1	11931.2	249.5	88.3
210000	辽宁	17347	17051	34779.8	17407.4	48199.8	33052.0	2435.7	2115.4	2176.6	1151.1	47945.5	33256.4	3100.6	1673.4
220000	吉林	5286	5176	13897.0	6412.4	19835.6	10716.4	1215.0	618.2	1003.8	365.9	19627.6	11074.9	330.8	180.3
230000	黑龙江	3911	3779	13223.1	4917.1	12526.1	5827.6	1338.6	359.5	1327.7	233.4	12253.3	5898.5	191.0	56.9
310000	上海	9772	9447	31160.9	14287.8	34096.3	15145.6	2149.4	836.6	1664.1	412.2	31559.6	14400.3	8102.8	2486.6
320000	江苏	45859	44663	84550.4	46513.9	119286.8	70868.3	7250.2	4582.4	4694.5	2645.5	118705.5	70819.7	23137.8	7962.9
330000	浙江	36496	35904	55654.2	41407.0	57682.7	41913.1	3112.7	2105.5	2212.8	1546.1	57615.8	42046.0	10967.9	7883.2
340000	安徽	14514	14255	22797.6	11131.8	28905.1	17736.2	1870.3	1260.5	1283.9	546.2	28584.1	17913.9	1387.5	670.6
350000	福建	15333	14926	21386.0	14711.4	29206.8	20394.4	2023.3	1369.7	1253.1	774.6	29059.0	20353.4	5880.2	3138.5
360000	江西	7217	7058	11967.7	6838.0	22533.4	15808.8	1506.5	1226.0	907.9	589.9	20757.1	15260.9	1525.8	955.9
370000	山东	37625	36687	71107.7	34566.5	118086.9	72655.5	8016.4	4924.1	4854.7	2769.1	113114.2	70297.0	7345.4	3582.0
410000	河南	19237	18675	35174.8	18223.3	52276.4	32301.5	4016.4	3093.6	2091.1	1066.2	50770.5	32244.7	2029.2	303.6
420000	湖北	12441	12122	26877.7	11106.2	32326.0	18302.2	2046.3	1204.2	1482.5	579.4	32474.0	18757.8	1393.6	542.1
430000	湖南	12785	12591	17784.2	9281.7	27823.3	19644.2	1791.0	1303.3	1909.9	994.8	28185.4	19842.7	1034.0	430.1
440000	广东	37790	36426	71343.8	37924.5	93821.7	50981.1	5464.9	2949.8	3918.7	1790.1	93754.4	51102.9	28540.5	11064.2
450000	广西	5239	5066	11759.6	7206.9	14733.6	9880.1	932.8	651.1	824.8	525.5	14950.7	10041.5	580.2	297.8
460000	海南	377	364	2023.2	1387.7	1697.1	1356.6	133.3	101.6	170.5	148.0	1799.1	1402.8	117.6	89.5
500000	重庆	4985	4793	11113.4	5631.0	12880.3	6728.7	645.4	393.7	579.0	264.5	12812.5	6634.5	1669.8	226.7
510000	四川	12719	12342	30362.9	16390.2	31427.2	19837.5	2333.8	1454.3	1806.5	966.9	30227.9	19251.9	2025.6	259.9
520000	贵州	2752	2690	8302.3	4421.2	5966.5	3398.5	627.0	302.0	545.1	200.9	6170.8	3702.3	109.7	23.4
530000	云南	3211	3102	13077.0	6523.3	8942.2	4608.5	586.5	305.8	1172.1	221.1	8783.3	4597.5	125.6	87.4
540000	西藏	64	62	506.9	260.5	91.9	74.3	12.9	20.7	9.4	8.5	89.0	72.8	0.0	0.0
610000	陕西	4284	4095	20591.2	6954.3	16328.2	7019.9	2057.2	767.2	1417.7	475.4	16307.3	7321.6	342.4	87.7
620000	甘肃	1735	1675	9146.0	3386.8	7787.3	1910.8	285.2	86.8	479.1	62.7	6556.0	2153.0	64.1	20.2
630000	青海	423	398	4041.9	1680.0	1889.4	889.4	168.9	59.8	131.4	40.7	2045.7	975.5	6.8	5.1
640000	宁夏	865	816	4860.2	1886.3	2981.5	1205.8	131.2	43.5	159.9	35.6	2956.6	1192.2	63.9	19.9
650000	新疆	1959	1875	11669.2	4886.5	7510.7	2619.5	888.6	230.1	651.9	140.5	7348.4	2525.2	42.0	30.6

各行业规模以上工业企业主要指标（2012）

行业代码	行业名称	企业单位数量（个）		资产（亿元）		主营业务收入（亿元）		利润总额（亿元）		税金总额（亿元）		销售产值（亿元）		出口交货值（亿元）	
		总数	中小企业	总计	中小企业	总计	中小企业	总计	中小企业	总计	中小企业	总计	中小企业	总计	中小企业
	全国总计	343769	334321	768421.2	388802.8	929291.5	544627.0	61910.1	36740.2	44242.2	20817.9	909797.2	542298.8	106610.2	44229.7
06	**煤炭开采和洗选业**	7869	7453	44807.0	12880.8	34050.0	12979.6	3808.1	1529.1	2829.3	1014.9	30240.6	13565.8	58.2	2.7
061	烟煤和无烟煤开采洗选	7618	7226	41886.5	12146.0	31164.3	12004.4	3385.6	1338.5	2544.7	934.3	27381.7	12586.7	38.5	2.7
062	褐煤开采洗选	218	195	2853.7	721.6	2821.8	936.9	411.1	187.2	279.2	78.7	2801.5	945.4	19.7	0.0
069	其他煤炭采选	33	32	66.8	13.2	63.9	38.2	11.4	3.4	5.3	2.0	57.4	33.7	0.0	0.0
07	**石油和天然气开采业**	134	102	17592.6	1660.0	11665.3	1030.1	4048.9	102.7	2322.6	51.8	11800.5	968.8	34.1	0.0
071	石油开采	103	77	16473.5	1353.1	10712.9	522.2	3811.8	17.3	2270.8	43.0	10804.0	447.8	13.7	0.0
072	天然气开采	31	25	1119.1	306.9	952.3	507.9	237.1	85.4	51.8	8.7	996.5	521.0	20.4	0.0
08	**黑色金属矿采选业**	3497	3426	8173.8	4078.0	8758.4	6956.8	1132.7	848.1	572.4	438.5	8416.4	6981.7	3.6	3.6
081	铁矿采选	3256	3187	7923.4	3868.6	8391.1	6683.1	1097.9	826.3	549.9	421.5	8053.6	6703.2	3.5	3.5
082	锰矿、铬矿采选	186	185	179.9	150.9	224.7	206.6	15.8	14.7	12.8	12.0	229.7	211.2	0.0	0.0
089	其他黑色金属矿采选	55	54	70.5	58.5	142.7	67.2	19.0	7.1	9.6	4.9	133.0	67.3	0.2	0.2
09	**有色金属矿采选业**	2077	2030	4158.9	3078.1	5652.8	4465.2	787.2	604.1	258.0	217.4	5573.7	4462.6	16.0	14.1
091	常用有色金属矿采选	1293	1264	2246.7	1733.8	2681.6	2305.1	359.3	301.9	182.9	153.5	2683.0	2299.1	13.9	13.9
092	贵金属矿采选	469	454	1272.4	763.3	2312.2	1551.3	357.8	239.3	28.1	21.7	2231.2	1544.1	2.1	0.1
093	稀有稀土金属矿采选	315	312	639.9	581.0	659.0	608.8	70.2	62.9	47.0	42.1	659.5	619.5	0.0	0.0
10	**非金属矿采选业**	3377	3346	2623.1	2093.3	4211.8	3916.2	384.8	362.5	253.5	233.5	4173.3	3870.6	29.6	27.1
101	土砂石开采	2413	2403	1087.5	1052.3	2826.9	2726.3	248.6	238.7	156.4	152.4	2772.7	2669.6	11.7	11.7
102	化学矿开采	309	303	532.6	399.7	456.6	386.4	63.1	57.5	44.1	36.4	474.8	398.9	1.3	1.3
103	采盐	138	124	736.3	377.5	326.3	207.7	21.6	16.4	21.6	14.2	313.0	195.6	1.3	0.3
109	石棉及其他非金属矿采选	517	516	266.7	263.9	602.1	595.8	51.5	49.9	31.5	30.5	612.8	606.5	15.3	13.9
11	**开采辅助活动**	159	138	2543.0	894.6	1868.9	781.4	37.5	64.9	103.0	41.5	1511.8	635.4	29.7	0.4
111	煤炭开采和洗选辅助活动	15	15	12.5	12.5	29.0	29.0	3.1	3.1	1.4	1.4	28.7	28.7	0.0	0.0
112	石油和天然气开采辅助活动	138	117	2526.5	878.1	1835.7	748.3	33.8	61.2	101.3	39.8	1478.7	602.3	29.7	0.4
119	其他开采辅助活动	6	6	4.0	4.0	4.1	4.1	0.6	0.6	0.2	0.2	4.4	4.4	0.0	0.0
12	**其他采矿业**	21	21	13.3	13.3	21.2	21.2	2.5	2.5	1.1	1.1	22.8	22.8	0.0	0.0

续表

行业代码	行业名称	企业单位数量（个）		资产（亿元）		主营业务收入（亿元）		利润总额（亿元）		税金总额（亿元）		销售产值（亿元）		出口交货值（亿元）	
		总数	中小企业	总计	中小企业	总计	中小企业	总计	中小企业	总计	中小企业	总计	中小企业	总计	中小企业
120	其他采矿业	21	21	13.3	13.3	21.2	21.2	2.5	2.5	1.1	1.1	22.8	22.8	0.0	0.0
13	**农副食品加工业**	22356	21991	23454.1	18027.2	52145.6	43069.3	3202.7	2645.6	1312.3	1075.0	51601.6	42821.8	2602.7	1998.8
131	谷物磨制	5708	5681	3430.9	3191.3	9972.6	9429.3	622.3	596.8	227.3	218.4	9845.8	9359.5	28.1	25.8
132	饲料加工	3510	3484	2823.3	2541.9	8557.2	7881.2	513.5	474.8	164.9	155.0	8456.5	7786.4	48.7	46.4
133	植物油加工	2154	2131	4992.9	3922.0	9198.7	7690.4	431.1	362.3	221.4	179.2	9069.2	7615.3	60.6	50.7
134	制糖业	294	264	1380.0	880.3	1098.1	692.5	91.8	45.8	60.6	38.3	1049.2	668.0	1.0	0.9
135	屠宰及肉类加工	3579	3447	4552.6	2710.5	10449.4	7096.8	629.8	432.9	240.9	170.2	10260.9	7102.6	227.2	127.3
136	水产品加工	2017	1947	2273.6	1631.7	4426.4	3458.0	323.7	234.7	152.5	117.3	4502.2	3481.6	1403.9	981.7
137	蔬菜、水果和坚果加工	2902	2883	1737.6	1522.8	3838.1	3576.4	311.0	284.6	114.5	104.4	3829.4	3569.0	616.8	589.6
139	其他农副食品加工	2192	2154	2263.2	1626.5	4605.0	3244.6	279.4	213.8	130.1	92.2	4588.4	3239.5	216.3	176.4
14	**食品制造业**	7306	7086	10009.7	6573.4	15834.3	10608.4	1423.1	833.8	666.5	398.6	15573.5	10621.5	955.8	796.2
141	焙烤食品制造	1146	1116	967.0	747.8	1877.2	1401.6	166.6	125.9	75.9	57.7	1808.7	1381.3	34.8	30.3
142	糖果、巧克力及蜜饯制造	707	681	812.7	430.0	1324.9	797.2	149.8	68.5	64.5	30.4	1273.5	786.4	83.8	69.6
143	方便食品制造	1149	1099	1530.3	767.9	2839.8	1501.5	225.6	108.8	109.4	54.3	2879.6	1485.9	88.6	63.6
144	乳制品制造	650	606	1782.5	943.4	2502.0	1438.0	174.0	95.3	111.9	50.3	2462.2	1515.8	7.2	7.2
145	罐头食品制造	806	788	747.0	635.1	1310.2	1168.0	82.2	75.3	49.1	44.0	1300.2	1158.5	299.1	266.5
146	调味品、发酵制品制造	1045	1020	1561.2	979.3	2097.5	1400.6	183.9	121.0	79.7	53.3	2053.1	1402.0	114.8	79.2
149	其他食品制造	1803	1776	2609.0	2069.8	3882.7	2901.5	440.9	238.9	176.1	108.6	3796.1	2891.6	327.6	279.9
15	**酒、饮料和精制茶制造业**	5311	5123	11176.8	5767.5	13549.1	8048.3	1602.4	661.6	1085.2	519.4	13233.1	8096.5	243.2	172.1
151	酒的制造	2474	2372	7345.6	3072.8	7752.8	4023.4	1097.9	317.9	847.4	363.1	7482.6	4018.7	74.9	21.9
152	饮料制造	1615	1537	3180.9	2097.7	4619.2	2942.5	389.0	245.4	189.8	112.1	4563.5	2986.8	108.9	90.9
153	精制茶加工	1222	1214	650.3	597.1	1177.1	1082.5	115.4	98.4	48.0	44.3	1187.0	1090.9	59.5	59.3
16	**烟草制品业**	135	100	7084.3	739.5	7571.5	715.0	1071.5	99.7	4959.8	367.3	7940.4	848.0	34.8	2.6
161	烟叶复烤	47	43	267.8	160.0	167.5	88.8	38.1	25.8	18.6	11.3	168.9	91.7	0.0	0.0
162	卷烟制造	54	24	6720.4	491.8	7308.4	542.0	1017.6	58.5	4934.5	350.5	7674.7	670.9	28.3	2.6
169	其他烟草制品制造	34	33	96.2	87.6	95.6	84.2	15.7	15.4	6.8	5.5	96.9	85.4	6.5	0.0
17	**纺织业**	20435	20008	20480.0	14593.1	32241.1	23775.9	1894.3	1381.4	981.5	746.1	31776.7	23581.8	3735.0	2479.1

续表

行业代码	行业名称	企业单位数量（个）		资产（亿元）		主营业务收入（亿元）		利润总额（亿元）		税金总额（亿元）		销售产值（亿元）		出口交货值（亿元）	
		总数	中小企业	总计	中小企业	总计	中小企业	总计	中小企业	总计	中小企业	总计	中小企业	总计	中小企业
171	棉纺织及印染精加工	10950	10650	12695.9	8506.3	20483.6	14281.6	1190.6	819.5	626.9	454.6	20133.9	14129.8	1570.9	814.9
172	毛纺织及染整精加工	1188	1164	1384.3	902.9	2039.2	1377.4	116.0	81.0	56.0	37.6	2019.0	1357.2	252.0	121.6
173	麻纺织及染整精加工	288	282	278.0	221.9	445.6	382.3	27.6	23.4	15.7	13.0	433.3	376.9	38.1	32.7
174	丝绢纺织及印染精加工	958	941	627.0	520.7	1094.4	925.6	64.1	52.4	39.0	31.8	1090.1	922.7	104.0	84.1
175	化纤织造及印染精加工	1148	1137	924.9	797.2	996.6	850.6	50.9	40.3	27.9	22.5	1002.0	853.9	132.4	107.0
176	针织或钩针编织物及其制品制造	2444	2418	1963.1	1493.6	2720.4	2315.0	161.9	132.4	73.4	65.8	2714.2	2311.9	662.1	508.5
177	家用纺织制成品制造	1786	1755	1301.6	985.0	2408.3	1879.8	156.3	118.1	79.6	62.9	2395.6	1868.3	580.6	468.2
178	非家用纺织制成品制造	1673	1661	1305.3	1165.5	2052.9	1763.6	126.8	114.4	65.9	57.9	1988.6	1764.0	394.9	342.1
18	**纺织服装、服饰业**	14788	14525	9985.2	6988.8	17285.9	13611.7	1143.7	800.9	604.3	458.4	17200.3	13565.8	4420.5	3586.8
181	机织服装制造	11063	10847	7712.4	5193.1	13560.5	10491.3	923.3	639.7	480.8	358.5	13483.5	10458.6	3002.3	2468.4
182	针织或钩针编织服装制造	2842	2799	1777.7	1349.9	2887.0	2330.5	167.4	115.5	93.0	72.0	2884.8	2325.3	1137.6	856.3
183	服饰制造	883	879	495.1	445.8	838.3	789.8	53.0	45.7	30.5	27.8	831.9	782.0	280.6	262.1
19	**皮革、毛皮、羽毛及其制品和制鞋业**	7806	7545	5598.7	3907.9	11268.7	8288.6	822.0	533.1	381.3	272.4	11145.8	8271.8	2970.5	2082.9
191	皮革鞣制加工	671	651	726.8	583.9	1474.8	1161.8	105.0	79.0	47.0	38.4	1478.9	1157.5	110.0	87.4
192	皮革制品制造	2086	2037	1167.1	902.0	2546.6	2120.6	188.8	149.6	76.6	62.9	2532.2	2108.2	774.6	618.0
193	毛皮鞣制及制品加工	493	489	256.2	213.9	696.3	613.6	59.4	52.6	22.9	20.1	692.4	615.2	100.0	76.4
194	羽毛（绒）加工及制品制造	462	454	388.1	342.9	709.3	636.4	43.4	36.6	22.4	19.8	709.3	637.6	148.2	116.5
195	制鞋业	4094	3914	3060.5	1865.2	5841.7	3756.2	425.4	215.4	212.4	131.2	5732.9	3753.3	1837.6	1184.6
20	**木材加工和木、竹、藤、棕、草制品业**	8498	8467	4441.3	4158.2	10274.9	9851.5	740.1	712.9	370.5	353.9	10283.8	9860.5	708.6	642.3
201	木材加工	1351	1348	529.9	507.0	1436.7	1419.3	101.1	98.6	49.4	49.2	1458.8	1439.9	30.2	30.2
202	人造板制造	4640	4619	2623.2	2397.5	6006.4	5656.4	450.1	428.5	228.4	213.2	5991.6	5634.9	264.3	216.8
203	木制品制造	1756	1752	1020.2	988.5	2179.6	2145.0	139.7	138.1	68.7	68.1	2185.5	2156.5	271.0	259.0
204	竹、藤、棕、草等制品制造	751	748	268.0	265.1	652.2	630.8	49.3	47.8	24.1	23.5	647.9	629.3	143.1	136.2
21	**家具制造业**	4559	4471	3545.9	2820.7	5669.9	4754.2	387.1	307.9	202.5	167.5	5647.5	4728.0	1316.8	970.4
211	木质家具制造	2873	2822	2151.3	1707.7	3580.1	3031.4	245.3	203.7	137.7	114.8	3570.2	3014.1	659.1	472.3
212	竹、藤家具制造	81	81	46.2	46.2	80.5	80.5	6.3	6.3	2.8	2.8	78.1	78.1	15.9	15.9
213	金属家具制造	905	885	847.9	661.6	1166.5	966.0	89.7	63.7	38.5	31.2	1166.7	968.8	372.6	302.9

续表

行业代码	行业名称	企业单位数量（个）		资产（亿元）		主营业务收入（亿元）		利润总额（亿元）		税金总额（亿元）		销售产值（亿元）		出口交货值（亿元）	
		总数	中小企业	总计	中小企业	总计	中小企业	总计	中小企业	总计	中小企业	总计	中小企业	总计	中小企业
214	塑料家具制造	74	73	47.2	42.8	81.4	76.0	4.0	4.0	1.6	1.6	77.4	72.2	30.6	29.7
219	其他家具制造	626	610	453.3	362.5	761.4	600.2	41.6	30.2	21.9	17.2	755.0	594.7	238.6	149.6
22	**造纸和纸制品业**	7128	7003	11862.7	6737.6	12501.5	9130.1	774.2	599.4	421.4	312.4	12559.0	9109.9	589.2	319.8
221	纸浆制造	62	59	550.1	293.3	187.8	130.9	5.0	2.5	7.3	6.1	207.8	134.7	0.0	0.0
222	造纸	2865	2768	8197.2	3568.6	7100.5	4108.3	394.6	251.0	226.7	138.4	7156.7	4090.7	331.4	102.8
223	纸制品制造	4201	4176	3115.5	2875.6	5213.1	4890.8	374.6	345.9	187.4	167.8	5194.5	4884.5	257.7	217.0
23	**印刷和记录媒介复制业**	4189	4150	3780.7	3316.9	4535.4	4075.6	397.8	342.3	180.6	160.8	4533.6	4072.4	331.0	226.2
231	印刷	4012	3973	3621.1	3157.2	4378.8	3919.0	384.9	329.4	174.3	154.5	4373.2	3912.0	316.3	211.5
232	装订及印刷相关服务	122	122	75.4	75.4	99.4	99.4	8.6	8.6	4.2	4.2	101.2	101.2	2.8	2.8
233	记录媒介复制	55	55	84.2	84.2	57.2	57.2	4.3	4.3	2.1	2.1	59.2	59.2	11.9	11.9
24	**文教、工美、体育和娱乐用品制造业**	6920	6800	5086.8	4005.1	10277.4	8418.0	592.7	481.7	291.1	238.9	10076.6	8277.7	3338.0	2731.0
241	文教办公用品制造	663	655	396.9	312.4	632.0	524.6	41.6	32.7	19.1	16.4	628.5	519.6	169.8	146.6
242	乐器制造	223	213	178.1	130.0	267.9	196.6	15.6	9.8	8.4	7.0	268.5	197.3	73.3	41.1
243	工艺美术品制造	3735	3679	3062.7	2450.9	6734.0	5570.8	393.3	326.7	187.1	150.4	6550.3	5452.4	1829.0	1615.7
244	体育用品制造	888	872	591.3	443.6	1010.7	821.9	56.1	42.4	31.6	25.3	999.7	810.6	473.1	355.0
245	玩具制造	1266	1238	746.8	578.3	1437.4	1169.9	70.2	59.3	38.5	34.7	1435.6	1165.0	723.8	538.2
246	游艺器材及娱乐用品制造	145	143	111.0	89.8	195.4	134.4	15.8	10.9	6.5	5.1	193.9	132.8	69.1	34.6
25	**石油加工、炼焦和核燃料加工业**	2036	1848	20938.8	7278.2	39399.0	13466.4	300.1	292.6	4377.6	1247.1	39023.4	13390.6	380.1	206.4
251	精炼石油产品制造	1317	1237	14038.5	4168.6	33555.0	10670.1	211.8	271.2	4206.5	1169.1	33005.8	10458.1	352.1	197.8
252	炼焦	715	609	6706.2	3102.8	5775.7	2791.1	85.6	21.2	170.6	77.9	5901.5	2877.7	27.9	8.6
253	核燃料加工	4	2	194.1	6.8	68.3	5.2	2.7	0.2	0.5	0.1	116.0	54.7	0.0	0.0
26	**化学原料和化学制品制造业**	23694	23131	53382.1	32567.7	67756.2	47228.6	4121.6	3198.2	2420.0	1652.5	66432.8	46748.9	3693.5	2606.2
261	基础化学原料制造	5839	5699	16553.8	10052.6	19778.0	13354.1	892.4	790.7	793.4	519.9	19331.2	13300.0	807.2	499.5
262	肥料制造	2277	2134	8698.9	3418.6	8382.9	4425.7	555.2	325.1	166.7	97.9	7854.0	4185.4	152.1	47.8
263	农药制造	824	793	1665.1	1030.1	2372.9	1628.9	184.7	133.8	61.8	44.5	2360.4	1644.9	302.6	177.9
264	涂料、油墨、颜料及类似产品制造	3072	3051	3389.5	2846.3	4948.4	4320.3	368.8	322.4	180.4	155.9	4915.8	4290.1	286.2	245.2
265	合成材料制造	2655	2563	9335.2	5306.2	12334.2	7871.3	556.2	407.7	380.9	212.0	12233.9	7812.7	791.0	575.5

续表

行业代码	行业名称	企业单位数量（个）		资产（亿元）		主营业务收入（亿元）		利润总额（亿元）		税金总额（亿元）		销售产值（亿元）		出口交货值（亿元）	
		总数	中小企业	总计	中小企业	总计	中小企业	总计	中小企业	总计	中小企业	总计	中小企业	总计	中小企业
266	专用化学产品制造	6376	6307	10345.4	7801.4	14764.1	12269.9	1031.4	900.9	509.0	434.6	14691.8	12195.3	898.4	669.1
267	炸药、火工及焰火产品制造	1312	1287	1066.0	725.4	1600.2	1359.6	165.2	144.1	106.1	94.3	1614.7	1372.2	211.8	203.7
268	日用化学产品制造	1339	1297	2328.2	1387.1	3575.5	1998.7	367.7	173.4	221.8	93.3	3431.1	1948.3	244.3	187.5
27	**医药制造业**	6387	6140	15768.5	9562.3	17337.7	11466.5	1865.9	1238.3	952.6	592.8	16935.7	11545.0	1164.9	723.3
271	化学药品原料药制造	1186	1130	3207.5	1670.9	3346.8	2237.5	270.5	186.8	130.2	83.5	3176.9	2184.6	543.5	286.0
272	化学药品制剂制造	1088	1007	4915.0	2421.5	4957.5	2451.1	567.6	290.7	332.4	158.1	4781.9	2479.8	155.4	62.1
273	中药饮片加工	745	742	700.8	659.5	1020.4	997.8	78.8	75.6	38.0	36.2	1008.0	985.4	28.9	28.9
274	中成药生产	1493	1424	3817.6	2348.1	4112.5	2614.2	471.6	300.3	269.2	162.3	4051.2	2679.8	54.7	33.5
275	兽用药品制造	451	446	426.9	364.2	794.5	750.5	84.9	79.8	34.5	32.2	792.6	745.7	47.0	31.2
276	生物药品制造	821	801	1964.9	1622.5	1978.8	1634.5	273.4	232.9	99.6	87.4	2002.1	1671.0	183.9	170.2
277	卫生材料及医药用品制造	603	590	736.0	475.4	1127.1	780.9	119.0	72.3	48.7	33.2	1123.1	798.6	151.5	111.6
28	**化学纤维制造业**	1873	1795	5737.4	2649.7	6744.2	3287.8	271.1	161.0	146.5	76.8	6613.1	3301.8	474.2	160.1
281	纤维素纤维原料及纤维制造	346	315	1702.5	552.1	1832.5	740.3	89.7	60.5	59.0	28.5	1794.1	744.6	208.7	38.3
282	合成纤维制造	1527	1480	4034.9	2097.6	4911.7	2547.5	181.4	100.5	87.5	48.2	4819.0	2557.2	265.4	121.8
29	**橡胶和塑料制品业**	16356	16131	16151.2	11901.7	24156.9	18685.8	1568.7	1218.4	734.0	587.8	24299.9	18799.0	3496.5	2064.7
291	橡胶制品业	2922	2808	5336.5	2407.6	7759.9	3917.6	501.3	261.8	232.0	128.2	7765.3	3914.9	1420.7	442.8
292	塑料制品业	13434	13323	10814.8	9494.0	16396.9	14768.1	1067.5	956.6	502.0	459.6	16534.7	14884.1	2075.8	1621.9
30	**非金属矿物制品业**	29121	28779	35407.8	28910.7	43989.0	39120.7	3438.2	2999.6	1938.4	1708.2	44156.2	39301.5	1780.2	1282.8
301	水泥、石灰和石膏制造	4340	4274	12168.7	9694.3	9495.7	8200.6	754.0	622.8	473.6	401.8	9683.5	8351.3	20.5	16.0
302	石膏、水泥制品及类似制品制造	6710	6680	6093.4	5697.2	7843.0	7505.7	527.9	496.4	347.0	330.0	7870.7	7551.4	37.8	37.6
303	砖瓦、石材等建筑材料制造	7838	7750	5158.4	4492.7	10051.1	9198.3	827.0	757.3	412.4	377.3	10067.0	9219.1	298.1	251.1
304	玻璃制造	535	505	1660.3	1009.4	1129.5	801.8	48.4	21.4	38.7	25.1	1130.6	803.5	110.9	75.5
305	玻璃制品制造	2032	1984	2636.8	1819.8	3234.6	2601.2	222.6	181.9	120.1	99.5	3292.1	2655.1	409.9	220.8
306	玻璃纤维和玻璃纤维增强塑料制品制造	1097	1081	1552.6	1009.3	1875.5	1630.6	140.0	127.0	82.2	71.4	1841.0	1597.9	140.6	80.9
307	陶瓷制品制造	1848	1820	1413.1	1196.3	2607.1	2336.1	221.6	195.4	119.9	107.8	2624.1	2351.6	426.4	348.1
308	耐火材料制品制造	2249	2232	2121.3	1775.8	3890.0	3358.1	417.6	341.2	191.3	161.6	3836.7	3332.5	174.4	120.8
309	石墨及其他非金属矿物制品制造	2472	2453	2603.2	2215.9	3862.7	3488.2	279.1	256.3	153.3	133.8	3810.5	3439.1	161.7	132.0

续表

行业代码	行业名称	企业单位数量（个）		资产（亿元）		主营业务收入（亿元）		利润总额（亿元）		税金总额（亿元）		销售产值（亿元）		出口交货值（亿元）	
		总数	中小企业	总计	中小企业	总计	中小企业	总计	中小企业	总计	中小企业	总计	中小企业	总计	中小企业
31	**黑色金属冶炼和压延加工业**	10880	10418	58183.5	13428.9	71559.2	25658.0	1698.4	1209.2	1799.2	678.1	68173.9	25215.7	2397.8	741.8
311	炼铁	453	415	2491.2	757.1	3152.0	1243.2	102.3	56.3	91.3	38.4	3101.6	1206.4	12.5	6.7
312	炼钢	268	190	8818.8	497.1	8824.2	829.0	138.7	34.1	232.7	26.3	8411.1	807.9	210.4	1.5
313	黑色金属铸造	3970	3938	2842.8	2447.4	5853.9	5423.2	400.3	363.4	197.8	185.2	5832.6	5398.1	324.9	262.3
314	钢压延加工	4664	4380	41600.8	8217.5	49952.3	15278.1	936.3	657.7	1148.9	331.3	47043.4	14903.2	1801.4	442.9
315	铁合金冶炼	1525	1495	2429.8	1509.9	3776.6	2884.4	120.8	97.7	128.5	97.0	3785.2	2900.1	48.6	28.4
32	**有色金属冶炼和压延加工业**	6954	6672	28109.7	11254.6	41267.2	22977.9	1759.9	1174.2	1064.3	631.6	37551.6	22742.9	1130.0	645.8
321	常用有色金属冶炼	1612	1471	14470.2	3032.8	17393.4	5247.4	426.6	286.5	487.2	193.5	13915.5	5158.0	192.0	31.9
322	贵金属冶炼	312	298	1536.8	758.8	2673.3	1884.7	227.3	134.7	47.2	34.9	2587.1	1855.9	3.4	2.3
323	稀有稀土金属冶炼	459	444	1616.6	749.0	1860.6	1219.3	182.0	98.4	93.0	61.1	1840.8	1212.2	136.8	74.8
324	有色金属合金制造	801	784	1637.3	1022.1	2240.0	1724.9	104.6	89.4	64.9	48.6	2256.8	1725.1	129.1	96.4
325	有色金属铸造	122	120	137.8	111.6	177.5	149.7	7.9	6.3	7.1	6.1	178.6	151.1	9.7	8.2
326	有色金属压延加工	3648	3555	8710.9	5580.3	16922.3	12751.7	811.4	558.8	364.9	287.3	16772.8	12640.7	659.0	432.2
33	**金属制品业**	18557	18272	19410.9	14717.2	29069.7	23931.4	1843.8	1498.0	926.3	766.8	28970.6	23810.2	3299.9	2338.4
331	结构性金属制品制造	5457	5390	5825.1	4602.7	8955.1	7683.3	577.3	491.6	282.0	245.3	8924.2	7633.4	416.1	325.0
332	金属工具制造	1647	1627	1088.7	926.5	1800.9	1638.9	138.9	124.4	70.3	62.8	1770.8	1615.4	418.9	377.9
333	集装箱及金属包装容器制造	1267	1233	1808.6	1392.0	2504.1	1932.9	173.1	122.3	80.1	61.1	2470.2	1919.7	594.4	258.8
334	金属丝绳及其制品制造	1366	1343	1855.6	1135.5	2604.2	1938.6	144.8	107.6	89.6	59.2	2578.2	1915.4	191.1	138.3
335	建筑、安全用金属制品制造	2166	2138	2095.6	1814.0	2784.7	2466.4	189.9	162.7	87.8	77.0	2796.3	2481.4	522.9	401.8
336	金属表面处理及热处理加工	1299	1286	1309.5	1198.5	2224.4	1897.3	131.2	94.7	58.5	47.1	2162.7	1839.8	96.2	76.2
337	搪瓷制品制造	178	176	131.3	118.5	225.4	215.2	12.1	13.1	7.4	7.2	223.9	213.7	29.9	29.8
338	金属制日用品制造	1782	1757	1206.2	1015.1	1970.8	1738.8	124.9	109.2	63.3	53.5	1982.0	1743.1	524.3	418.7
339	其他金属制品制造	3395	3322	4090.3	2514.5	6000.1	4419.9	351.5	272.4	187.3	153.7	6062.2	4448.3	506.2	312.1
34	**通用设备制造业**	22032	21636	31493.6	19690.0	38043.3	27658.3	2735.5	1973.8	1345.9	988.0	37813.1	27657.2	4782.1	2450.3
341	锅炉及原动设备制造	1557	1490	5258.0	1857.6	4395.1	2335.8	351.9	161.7	183.5	80.8	4351.8	2324.2	282.6	103.8
342	金属加工机械制造	3142	3110	3874.4	2750.4	4525.6	3741.7	309.1	273.9	161.7	136.7	4346.2	3735.3	227.5	194.2
343	物料搬运设备制造	1928	1878	4973.4	2397.4	5547.1	3153.1	398.7	213.6	187.0	109.0	5546.0	3193.2	599.4	199.0

续表

行业代码	行业名称	企业单位数量（个）		资产（亿元）		主营业务收入（亿元）		利润总额（亿元）		税金总额（亿元）		销售产值（亿元）		出口交货值（亿元）	
		总数	中小企业	总计	中小企业	总计	中小企业	总计	中小企业	总计	中小企业	总计	中小企业	总计	中小企业
344	泵、阀门、压缩机及类似机械制造	4630	4545	5276.9	3945.9	7130.7	5621.6	546.0	437.1	253.7	210.2	7055.4	5581.0	817.3	600.4
345	轴承、齿轮和传动部件制造	2652	2623	2928.7	2355.5	3672.9	3272.7	248.8	218.4	120.2	107.4	3649.7	3273.7	346.8	267.6
346	烘炉、风机、衡器、包装等设备制造	2736	2680	4333.6	2826.5	4994.1	3676.5	399.9	281.6	179.2	135.8	5094.6	3670.5	730.1	457.0
347	文化、办公用机械制造	401	363	1005.8	451.8	1802.5	557.4	71.9	27.0	45.4	15.8	1788.0	553.9	1301.5	256.5
348	通用零部件制造	4125	4094	2928.9	2445.5	4874.4	4390.6	321.9	284.5	177.1	160.6	4874.3	4406.9	411.7	314.5
349	其他通用设备制造业	861	853	913.9	659.4	1100.8	908.9	87.3	75.9	38.2	31.8	1107.1	918.6	65.2	57.4
35	**专用设备制造业**	15068	14768	26403.5	15536.7	28711.4	20132.6	2144.4	1540.8	990.9	709.0	28421.2	20096.0	2826.8	1586.8
351	采矿、冶金、建筑专用设备制造	4417	4276	13458.2	5370.1	13277.7	7298.6	897.8	512.2	440.0	242.3	13061.3	7271.2	1033.9	339.5
352	化工、木材、非金属加工专用设备制造	3006	2970	3245.1	2731.0	3619.7	3151.4	268.7	233.5	124.6	107.5	3641.9	3184.5	506.9	377.7
353	食品、饮料、烟草及饲料生产专用设备制造	657	648	580.3	468.4	854.7	732.7	77.8	66.1	32.9	28.2	853.2	728.8	51.6	44.7
354	印刷、制药、日化及日用品生产专用设备制	839	829	932.1	754.2	1068.6	948.6	95.2	82.9	43.2	38.8	1066.7	948.9	80.6	73.9
355	纺织、服装和皮革加工专用设备制造	1027	1013	1202.1	919.8	1487.9	1296.7	101.5	95.3	60.0	52.8	1474.5	1292.5	183.1	134.3
356	电子和电工机械专用设备制造	770	751	1126.3	708.0	1254.9	944.2	93.2	73.0	46.4	33.1	1280.8	947.1	186.2	103.0
357	农、林、牧、渔专用机械制造	1308	1289	1311.1	982.8	2222.5	1762.2	152.3	127.1	56.7	51.0	2167.3	1755.9	160.2	96.2
358	医疗仪器设备及器械制造	974	953	1340.3	1071.8	1602.0	1295.3	187.1	140.7	63.3	51.1	1579.1	1281.3	394.2	273.2
359	环保、社会公共服务及其他专用设备制造	2070	2039	3208.1	2530.5	3323.4	2702.7	270.9	210.0	123.7	104.1	3296.2	2685.8	230.0	144.3
36	**汽车制造业**	11270	10749	40399.6	13699.1	51235.6	18889.3	4321.2	1331.9	2613.8	639.2	49986.6	19076.4	2740.6	1102.1
361	汽车整车制造	334	187	21272.8	1067.0	25194.3	1295.3	2487.6	122.5	1797.2	78.6	24294.3	1485.5	862.5	67.7
362	改装汽车制造	540	513	1629.8	1111.0	2059.9	1560.8	107.0	85.1	62.1	50.7	2086.3	1592.1	84.4	55.8
363	低速载货汽车制造	25	22	103.5	23.0	232.6	85.3	10.1	6.4	4.0	3.9	236.6	86.9	1.1	0.2
364	电车制造	49	49	45.1	45.1	63.3	63.3	4.2	4.2	1.9	1.9	64.8	64.8	1.1	1.1
365	汽车车身、挂车制造	287	277	452.7	305.2	675.0	476.5	46.9	27.4	23.1	17.1	681.6	477.2	33.7	8.4
366	汽车零部件及配件制造	10035	9701	16895.7	11147.8	23010.5	15408.2	1665.5	1086.4	725.5	487.0	22623.0	15370.0	1757.7	968.9
37	**铁路、船舶、航空航天和其他运输设备制造业**	4761	4463	18694.6	6027.2	15748.4	7036.7	924.0	426.5	520.9	257.0	16186.0	7243.0	3636.7	948.6
371	铁路运输设备制造	726	669	3320.9	948.6	3052.2	1039.6	226.7	88.0	140.3	48.9	3067.8	1039.4	210.1	30.6

续表

行业代码	行业名称	企业单位数量（个）		资产（亿元）		主营业务收入（亿元）		利润总额（亿元）		税金总额（亿元）		销售产值（亿元）		出口交货值（亿元）	
		总数	中小企业	总计	中小企业	总计	中小企业	总计	中小企业	总计	中小企业	总计	中小企业	总计	中小企业
372	城市轨道交通设备制造	20	18	91.5	57.8	87.3	59.6	9.1	6.9	1.5	0.6	82.2	54.9	0.9	0.9
373	船舶及相关装置制造	1461	1355	8845.6	2443.1	6401.7	2701.2	345.1	138.0	195.8	103.4	6866.1	2907.7	2384.2	431.3
374	航空、航天器及设备制造	255	203	3777.0	970.9	2068.9	596.8	109.9	48.5	51.7	23.6	2018.0	591.0	232.2	55.2
375	摩托车制造	1327	1276	1760.2	963.0	2678.7	1586.5	149.0	89.3	86.9	47.0	2716.7	1610.0	478.0	216.4
376	自行车制造	780	754	753.2	529.2	1159.2	843.0	63.5	41.3	31.5	23.2	1135.3	826.8	269.8	176.8
377	非公路休闲车及零配件制造	84	82	69.7	55.1	111.2	98.8	6.9	5.4	4.8	4.0	112.4	99.9	24.3	20.7
379	潜水救捞及其他未列明运输设备制造	108	106	76.6	59.5	189.2	111.2	14.0	9.1	8.4	6.3	187.6	113.2	37.1	16.6
38	**电气机械和器材制造业**	21055	20288	42317.4	24102.1	54522.6	33731.7	3419.7	2079.1	1703.7	978.1	54195.5	33602.2	9125.0	4156.2
381	电机制造	2542	2415	6490.8	3770.0	6693.9	4334.0	464.4	285.0	210.2	128.7	6712.6	4336.1	1169.6	626.9
382	输配电及控制设备制造	6841	6654	13979.1	8293.7	15008.9	10120.7	918.9	666.8	538.1	340.0	14929.7	10071.7	2116.7	938.0
383	电线、电缆、光缆及电工器材制造	4577	4480	7973.6	5977.0	13131.9	10234.7	822.5	602.4	341.5	249.4	13165.5	10237.9	1024.2	652.3
384	电池制造	1137	1055	2898.6	1596.5	3708.2	2112.8	192.8	102.3	89.5	53.1	3643.8	1994.5	863.5	311.7
385	家用电力器具制造	2531	2347	7751.2	2016.0	11285.7	3236.2	669.3	154.2	376.6	91.5	11050.6	3270.6	2953.8	896.3
386	非电力家用器具制造	653	636	798.2	601.1	1077.3	844.1	74.7	55.3	36.7	27.3	1083.2	844.6	105.5	87.3
387	照明器具制造	2428	2359	2120.5	1566.0	3158.8	2421.2	234.5	171.5	94.8	73.0	3152.5	2418.8	848.2	605.8
389	其他电气机械及器材制造	346	342	305.4	281.8	458.0	428.1	42.5	41.5	16.2	15.1	457.6	427.9	43.4	37.9
39	**计算机、通信和其他电子设备制造业**	12328	11207	46427.8	15764.3	70430.1	18504.1	3194.2	957.7	1775.6	494.9	69480.9	18361.3	42454.7	5848.9
391	计算机制造	1193	1002	9025.7	1519.1	21016.1	1924.1	742.0	82.2	290.6	41.3	20599.6	1944.3	16185.7	891.5
392	通信设备制造	1323	1170	10150.7	2280.1	13770.0	2392.6	702.9	146.0	624.8	69.2	13593.3	2309.5	7055.0	411.9
393	广播电视设备制造	447	422	850.1	493.3	927.7	584.9	77.7	35.5	26.8	19.0	920.5	573.3	332.3	146.4
394	雷达及配套设备制造	61	52	445.9	162.6	313.1	148.6	24.0	11.4	7.9	2.4	279.4	152.4	58.1	50.4
395	视听设备制造	897	801	3699.9	1116.2	6172.2	1698.7	242.7	64.1	189.0	41.6	5905.5	1661.9	2885.4	692.0
396	电子器件制造	2356	2093	11613.3	4518.4	12725.4	3599.0	642.3	164.5	260.1	88.8	12675.8	3573.3	8376.6	1257.3
397	电子元件制造	5091	4751	9118.4	4741.8	13065.7	6814.0	614.9	363.8	304.0	190.6	13087.0	6822.0	6597.1	2110.9
399	其他电子设备制造	960	916	1523.9	932.7	2439.9	1342.2	147.6	90.2	72.5	42.0	2419.6	1324.6	964.5	288.4
40	**仪器仪表制造业**	3802	3709	5845.0	4178.8	6656.5	5173.9	575.5	445.2	262.7	209.6	6620.7	5120.6	1045.5	770.3
401	通用仪器仪表制造	2198	2150	3594.6	2502.6	4147.3	3233.8	369.7	291.3	172.4	136.5	4127.5	3185.8	423.6	300.5
402	专用仪器仪表制造	776	757	1270.8	1002.5	1415.4	1112.0	128.9	101.4	58.6	45.3	1404.5	1104.4	188.9	128.7

续表

行业代码	行业名称	企业单位数量（个）		资产（亿元）		主营业务收入（亿元）		利润总额（亿元）		税金总额（亿元）		销售产值（亿元）		出口交货值（亿元）	
		总数	中小企业	总计	中小企业	总计	中小企业	总计	中小企业	总计	中小企业	总计	中小企业	总计	中小企业
403	钟表与计时仪器制造	217	210	186.8	145.3	266.1	210.5	18.6	13.2	9.0	6.7	268.6	213.8	150.2	121.2
404	光学仪器及眼镜制造	496	477	708.5	444.1	671.5	461.4	48.2	29.1	15.5	13.8	664.1	460.6	233.3	170.4
409	其他仪器仪表制造业	115	115	84.3	84.3	156.2	156.2	10.2	10.2	7.2	7.2	156.0	156.0	49.4	49.4
41	**其他制造业**	1554	1510	1720.2	1046.7	2073.6	1511.6	128.6	95.2	67.7	52.7	2038.3	1483.6	457.4	339.9
411	日用杂品制造	1007	981	704.2	452.9	1137.3	853.5	71.1	50.6	41.7	30.3	1128.9	848.3	394.6	288.2
412	煤制品制造	102	101	168.3	144.6	192.6	185.6	8.5	8.5	7.4	6.9	189.0	182.5	0.5	0.5
413	核辐射加工	10	10	5.2	5.2	5.3	5.3	0.8	0.8	0.3	0.3	5.4	5.4	0.0	0.0
419	其他未列明制造业	435	418	842.6	444.0	738.4	467.1	48.2	35.3	18.3	15.2	715.0	447.4	62.3	51.2
42	**废弃资源综合利用业**	1192	1185	1412.0	1332.1	2920.5	2699.5	162.7	149.3	116.2	93.3	2870.8	2653.8	5.1	5.1
421	金属废料和碎屑加工处理	815	809	1183.4	1112.2	2571.2	2376.7	137.3	125.2	99.9	81.2	2528.1	2337.6	3.7	3.7
422	非金属废料和碎屑加工处理	377	376	228.6	219.9	349.4	322.8	25.4	24.1	16.3	12.1	342.7	316.2	1.4	1.4
43	**金属制品、机械和设备修理业**	421	395	1170.8	601.4	885.9	559.8	45.2	31.6	32.1	25.9	886.5	571.9	184.6	84.6
431	金属制品修理	56	56	35.1	35.1	82.0	82.0	4.6	4.6	3.3	3.3	80.1	80.1	1.1	1.1
432	通用设备修理	48	48	34.9	34.9	59.9	59.9	1.6	1.6	1.5	1.5	60.7	60.7	0.2	0.2
433	专用设备修理	43	39	89.5	55.6	77.7	55.5	6.9	4.1	3.2	2.1	72.7	49.7	12.7	5.1
434	铁路、船舶、航空航天等运输设备修理	219	197	937.9	402.5	597.1	293.2	25.0	14.2	17.1	11.9	602.3	310.7	170.1	77.6
435	电气设备修理	15	15	8.7	8.7	13.9	13.9	0.4	0.4	0.8	0.8	13.6	13.6	0.0	0.0
439	其他机械和设备修理业	40	40	64.5	64.5	55.2	55.2	6.7	6.7	6.2	6.2	57.2	57.2	0.5	0.5
44	**电力、热力生产和供应业**	5614	5264	92072.5	44810.1	52732.5	24841.5	2745.8	1486.5	2480.2	1223.9	51273.6	23706.5	58.6	54.3
441	电力生产	3198	3011	48102.1	33276.8	17076.4	11670.3	1586.7	1093.1	1152.8	758.1	17049.0	11767.9	48.2	44.4
442	电力供应	1541	1397	40694.4	9024.8	34439.3	12170.2	1159.8	384.7	1298.3	440.8	33040.9	10951.2	6.6	6.4
443	热力生产和供应	875	856	3276.0	2508.5	1216.8	1001.0	-0.7	8.7	29.1	25.0	1183.7	987.4	3.8	3.4
45	**燃气生产和供应业**	990	949	4471.6	2886.9	3358.5	2532.4	319.4	248.8	102.1	82.5	3277.8	2490.0	26.4	26.4
450	燃气生产和供应业	990	949	4471.6	2886.9	3358.5	2532.4	319.4	248.8	102.1	82.5	3277.8	2490.0	26.4	26.4
46	**水的生产和供应业**	1259	1227	6484.5	4522.5	1309.8	1035.4	72.6	70.2	71.4	52.5	1278.0	1014.4	32.6	30.9
461	自来水生产和供应	997	967	5287.6	3554.4	994.8	738.7	31.8	30.0	63.6	44.8	977.1	722.6	1.7	0.0
462	污水处理及其再生利用	241	240	947.6	720.1	252.9	238.9	29.2	28.7	6.2	6.2	242.4	233.6	2.1	2.1
469	其他水的处理、利用与分配	21	20	249.4	248.0	62.1	57.8	11.5	11.5	1.7	1.5	58.6	58.2	28.8	28.8

按企业登记注册类型划分规模以上工业企业主要指标（2012）

代码	企业登记注册类型	企业单位数量（个）		资产（亿元）		主营业务收入（亿元）		利润总额（亿元）		税金总额（亿元）		销售产值（亿元）		出口交货值（亿元）	
		总数	中小企业	总计	中小企业	总计	中小企业	总计	中小企业	总计	中小企业	总计	中小企业	总计	中小企业
	全国总计	343769	334321	768421.2	388802.8	929291.5	544627.0	61910.1	36740.2	44242.2	20817.9	909797.2	542298.8	106610.2	44229.7
110	国有企业	6770	5989	102035.5	31942.5	77520.6	24512.1	3881.7	1120.2	6239.0	1662.2	72674.2	23356.1	1073.7	201.2
120	集体企业	4814	4715	5666.2	3105.9	10970.3	7179.3	894.6	603.7	385.9	278.7	10756.0	7189.0	382.6	164.3
130	股份合作企业	2397	2360	3138.3	1845.3	4073.7	3100.9	302.0	250.1	166.2	127.3	4079.5	3123.2	230.3	136.3
141	国有联营企业	103	99	590.4	424.9	499.3	385.0	17.7	19.5	26.1	21.9	489.1	379.3	15.6	12.1
142	集体联营企业	131	127	104.3	79.2	228.0	167.0	16.5	10.2	8.3	7.1	230.7	170.8	10.2	5.5
143	国有与集体联营企业	101	100	203.5	200.1	170.6	164.7	12.3	12.5	7.6	7.5	176.4	170.3	3.4	3.4
149	其他联营企业	146	144	137.7	131.5	232.2	204.5	20.8	16.2	8.8	7.9	234.1	206.8	7.1	7.1
151	国有独资公司	1444	1089	49088.7	6264.6	33113.8	3949.4	1633.1	147.3	3046.3	127.6	29587.0	3951.6	1079.2	72.0
159	其他有限责任公司	65511	63554	175673.8	93468.1	191041.2	111443.4	12283.6	7409.0	8964.8	4378.5	184421.4	110752.8	9600.3	4012.7
160	股份有限公司	9012	7770	98056.5	25626.7	90111.7	22743.3	7649.6	1919.1	6556.7	1077.4	88410.4	22563.7	6051.3	1171.8
171	私营独资企业	34678	34545	17474.9	16306.4	48318.3	45998.8	4029.2	3848.1	1892.7	1798.5	48225.7	45924.2	1235.5	1144.4
172	私营合伙企业	5576	5561	2735.9	2656.9	6878.5	6678.9	616.0	596.5	327.5	316.7	7158.2	6965.0	178.6	178.5
173	私营有限责任公司	141884	140603	119629.0	100936.6	211678.0	185774.4	14104.2	12352.0	7271.4	6375.0	211241.9	185372.0	12202.5	10253.4
174	私营股份有限公司	7151	6942	12708.3	7943.5	18746.7	12564.7	1442.4	1032.2	655.3	457.8	18706.0	12502.4	1194.0	550.3
190	其他企业	7143	7050	8858.1	6238.7	13759.9	10908.7	1040.4	735.7	529.9	385.7	13463.4	10679.7	493.2	343.3
210	合资经营企业（港或澳、台资）	8467	8054	25497.9	16156.9	28080.9	18018.3	1825.7	1120.5	973.0	656.8	28283.7	18162.1	5680.6	2852.9
220	合作经营企业（港或澳、台资）	820	797	1563.2	1112.1	1937.2	1415.1	146.0	101.9	75.0	51.1	1958.2	1434.0	480.2	311.1
230	港、澳、台商独资经营企业	16113	15269	35022.6	18706.4	47070.0	22560.6	2756.5	1149.2	1533.4	659.2	46365.6	22564.2	20446.0	7701.2
240	港、澳、台商投资股份有限公司	472	416	3951.6	1518.3	3361.8	1162.3	205.5	96.2	151.1	44.9	3338.2	1165.1	619.6	177.5
290	其他港、澳、台商投资企业	63	59	177.6	94.9	228.3	104.3	13.3	6.5	7.3	4.3	225.6	105.0	59.7	29.1
310	中外合资经营企业	11498	10802	48725.7	23064.3	63255.4	28140.5	4736.7	1984.9	3197.4	1168.3	62487.5	28448.6	11073.1	4569.6
320	中外合作经营企业	861	824	2743.3	1724.7	2990.5	2090.4	234.7	152.2	176.6	137.1	2916.5	2074.3	513.9	342.0
330	外资企业	17986	16911	48781.4	27407.2	69531.8	33682.7	3600.3	1899.5	1808.4	1007.3	69080.8	33354.7	32317.4	9707.1
340	外商投资股份有限公司	505	424	5595.4	1699.3	5080.3	1473.3	424.7	144.9	222.0	54.1	4910.5	1480.9	1623.4	251.0
390	其他外商投资企业	123	117	261.6	147.9	412.6	204.6	22.6	12.0	11.5	5.1	376.7	203.1	38.7	31.9

2012 年天津市中小企业主要经济指标统计表（分地区）

地区	企业单位数（个）		资产合计（亿元）		营业收入（亿元）		增加值合计（亿元）		出口创汇（亿美元）		税金总额（亿元）		从业人员期末数（万人）	
	小型	中型	小型	中型	小型	中型	小型	中型	小型	中型	小型	中型	小型	中型
合 计	14658		41011.09		27077.51		—		149.74		608.08		135.47	
和平区	424		1098.47		362.06		—		—		2.17		1.73	
河东区	333		415.54		217.46		—		0.23		1.89		1.16	
河西区	573		712.22		432.57		—		0.33		3.14		1.88	
南开区	355		664.46		199.68		—		0.49		3.21		1.53	
河北区	358		287.71		191.03		—		0.07		2.11		1.13	
红桥区	142		209.28		36.48		—		0.04		0.58		0.44	
东丽区	763		1925.99		793.99		—		4.47		9.48		3.69	
西青区	971		1326.69		1582.38		—		13.85		49.37		11.00	
津南区	962		1379.58		1278.04		—		10.22		31.91		9.45	
北辰区	1219		1831.15		1972.92		—		8.69		38.01		8.58	
武清区	688		1234.76		1011.55		—		14.43		31.79		9.98	
宝坻区	531		298.88		547.66		—		15.90		14.51		8.13	
宁河县	280		254.41		378.63		—		2.56		7.51		3.99	
静海县	820		1101.82		1610.88		—		4.48		20.28		7.01	
蓟 县	322		293.37		207.65		—		2.28		6.97		3.70	
滨海新区	5478		24058.08		13706.45		—		68.98		291.80		52.08	
中央企业	273		3558.60		2063.63		—		0.94		80.71		6.96	
其他	166		360.08		484.45		—		1.78		12.64		3.03	

以上全部为限额以上中小企业数据，出口创汇全部为规上工业企业出口创汇额

2012 年天津市中小企业主要经济指标统计表（分行业）

行业代码	行业名称	企业单位数（个）	资产合计（亿元）	营业收入（亿元）	增加值合计（亿元）	出口创汇（亿美元）	税金总额（亿元）	从业人员期末数（万人）
0000	总计	14658	41011.10	27077.53	—	149.74	608.08	135.46
0100	农业	—	—	—	—	—	—	—
0200	林业	—	—	—	—	—	—	—
0300	畜牧业	—	—	—	—	—	—	—
0400	渔业	—	—	—	—	—	—	—
0500	农、林、牧、渔服务业	—	—	—	—	—	—	—
0600	煤炭开采和洗选业	1	71.19	78.66	—	—	0.65	0.15
0700	石油和天然气开采业	1	—	—	—	—	—	—
0800	黑色金属矿采选业	2	—	—	—	—	—	—
0900	有色金属矿采选业	—	296.74	426.98	—	—	3.16	1.88
1000	非金属矿采选业	5	124.12	125.07	—	—	3.51	2.05
1100	其他采矿业	5	72.63	73.30	—	—	22.29	0.77
1300	农副食品加工业	135	47.76	97.19	—	1.69	3.99	4.69
1400	食品制造业	98	19.18	25.59	—	4.90	0.74	0.91
1500	饮料制造业	30	9.30	14.17	—	0.18	0.34	0.31
1600	烟草制品业	1	38.41	50.90	—		1.00	1.45
1700	纺织业	57	87.22	120.73		2.34	4.07	1.82
1800	纺织服装、鞋、帽制造业	161	47.92	39.52	—	9.56	1.42	0.90
1900	皮革、毛皮、羽毛（绒）及其制品业	40	39.87	92.53	—	2.31	1.97	2.03
2000	木材加工及木、竹、藤、棕、草制品业	26	76.24	156.14	—	0.36	6.95	0.32
2100	家具制造业	68	499.43	581.30	—	3.64	13.17	4.22
2200	造纸及纸制品业	132	251.16	139.69	—	0.93	7.42	2.14
2300	印刷业和记录媒介的复制	51	9.53	13.65	—	0.16	0.47	0.13
2400	文教体育用品制造业	93	251.80	285.25	—	9.01	8.24	4.30
2500	石油加工、炼焦及核燃料加工业	32	338.52	361.63	—	0.11	12.18	3.34
2600	化学原料及化学制品制造业	368	964.29	1736.85	—	7.02	20.95	5.77
2700	医药制造业	93	150.87	431.33	—	3.58	7.31	0.97

续表

行业代码	行业名称	企业单位数（个）	资产合计（亿元）	营业收入（亿元）	增加值合计（亿元）	出口创汇（亿美元）	税金总额（亿元）	从业人员期末数（万人）
2800	化学纤维制造业	11	463.88	678.70	—	0.11	13.52	7.07
2900	橡胶制品业	274	378.92	386.62	—	3.02	12.39	4.96
3000	塑料制品业	—	—	—	—	—	—	—
3100	非金属矿物制品业	234	427.73	388.57	—	1.94	11.41	4.96
3200	黑色金属冶炼及压延加工业	363	402.30	537.61	—	2.35	20.13	5.37
3300	有色金属冶炼及压延加工业	90	224.99	304.48	—	1.82	13.60	3.07
3400	金属制品业	514	1191.72	956.40	—	14.98	67.86	8.08
3500	通用设备制造业	331	349.00	478.37	—	7.77	15.45	7.17
3600	专用设备制造业	327	59.99	62.90	—	11.46	2.60	0.86
3700	交通运输设备制造业	395	97.52	219.35	—	18.83	6.71	1.60
3900	电气机械及器材制造业	319	14.41	7.80	—	14.13	0.20	0.11
4000	通信设备、计算机及其他电子设备制造业	291	474.11	259.47	—	23.01	9.11	1.67
4100	仪器仪表及文化、办公用机械制造业	71	50.37	37.49	—	2.22	0.87	0.25
4200	工艺品及其他制造业	59	74.84	23.45	—	1.58	1.28	0.25
4300	废弃资源和废旧材料回收加工业	72	—	—	—	0.16	—	—
4400	电力、热力的生产和供应业	61	—	—	—	0.56	—	—
4500	燃气生产和供应业	15	0.15	0.27	—	—	0.03	0.03
4600	水的生产和供应业	22	7.41	9.92	—	—	0.37	0.14
E	建筑业	1471	2620.63	1307.61	—	—	37.96	17.15
F	交通运输、仓储及邮政业	1008	2089.26	1022.93	—	—	14.39	4.6
G	信息传输、计算机服务和软件业	226	554.57	271.47	—	—	6.96	2.3
H	批发和零售业	3784	6076	11977.83	—	—	146.41	6.94
I	住宿和餐饮业	568	166.69	79.23	—	—	3.9	3.38
J	金融业	—	—	—	—	—	—	—
K	房地产业	743	8875.63	352.84	—	—	1.14	1.64
L	租赁和商务服务业	837	11888.86	950.38	—	—	15.22	6.18
	其它行业 *	1173	1125.95	1913.34	—	—	86.74	9.52

注：⑴以上全部为限额以上中小企业数据；⑵其他行业指上述行业以外的所有其他行业。

2012 年河北省民营经济主要指标综合表

指标名称	单位个数（个）	从业人员（人）	增加值（万元）	营业收入（万元）	利润总额（万元）	上缴税金（万元）	劳动者报酬（万元）
总 计	2474433	19380827	176593664	767596221	59652328	23425335	32055369
按国民经济行业大类分组							
1. 农、林、牧、渔业	52656	336921	2071129	8661583	812958	145765	503208
2. 工业	707751	10985034	115949987	493461482	39358096	14871083	19149902
其中：采矿业	35256	829179	11851556	51029059	4855658	2021582	1420469
制造业	670258	10076498	103107023	438562904	34064555	12670983	17612245
其中：农产品加工业	85930	1491770	12876284	55264000	4069132	1114111	2182614
电力、燃气及水的生产和供应业	2237	79357	991408	3869519	437883	178518	117188
3. 建筑业	63571	1496216	9638026	41781891	3165549	1349598	2502764
其中：具有资质等级的建筑业	7688	363300	4094910	16985697	1123130	511293	724384
4. 交通运输仓储业	361648	1200357	9694730	45470825	3493196	1031989	1801069
5. 批发零售业	811213	3034850	22877868	104960403	7243166	3241071	4631273
6. 住宿及餐饮业	214533	1169361	7177680	30795522	2641468	1029613	1614878
其中：餐饮业	67189	358819	2234360	10203881	815142	308448	534334
7. 居民服务、其他服务和娱乐业	204146	811173	4885618	21934577	1693913	787622	1245698
8. 其他	58915	346915	4298626	20529938	1243982	968594	606577

2012 年河北省各市民营经济主要指标综合表

单位：个、人、万元

	单位个数	从业人员	增加值	营业收入	利润总额	上缴税金	劳动者报酬
河北省	2474433	19380827	176593664	767596221	59652328	23425536	32055369
石家庄市	288282	2867782	30084545	130036219	10329877	3637933	4485680
承德市	177807	868542	7219000	33812646	2508795	1527236	1803050
张家口市	177621	974700	7069300	23403894	2029479	1080555	1645274
秦皇岛市	125467	749252	7956282	37543190	1539283	1471864	1611174
唐山市	309838	2229557	39289332	163008609	10708875	4744913	4279342
廊坊市	185433	1486686	12303695	62863685	5054724	2658848	2990911
保定市	272708	2745702	18492699	74743141	6973497	2300406	4406087
沧州市	212741	2030287	17237366	80889329	6486997	1940535	2520570
衡水市	197246	1226505	7001225	34968864	3267561	830273	1964013
邢台市	205175	1611923	10267130	45628305	3474590	1197898	2108218
邯郸市	322115	2589891	19493090	100285081	7278650	1942315	4241050

2012年内蒙古自治区工业非公经济占比情况

类型＼年度		2012			备注
		规模以上	规模以下	全部	
企业数	工业企业总数	4318	121813	126131	
	法人企业数	4318	13128	17446	
	非公企业总数	3561	121119	124680	
	非公法人企业数	3561	12434	15995	
	非公总数占比%	82.47%	99.43%	98.85%	
	非公法人占比%	82.47%	—	91.68%	占全部12.68%
产值	全部工业产值	18174.25	2706.53	20880.78	
	法人企业产值	18174.25	1126.55	19300.8	
	非公企业产值	12124.49	2644.97	14769.46	
	非公法人产值	12124.49	1064.38	13188.87	
	非公总数占比%	66.71%	97.73%	70.73%	
	非公法人占比%	66.71%	—	68.33%	占全部63.16%
就业人员	工业总就业数	127.12	87.06	214.18	
	法人企业就业数	127.12	34.86	161.98	
	非公企业就业数	109.41	84.42	193.83	
	非公法人就业数	109.41	32.22	141.63	
	非公总数占比%	86.07%	96.97%	90.50%	
	非公法人占比%	86.07%	—	87.44%	占全部66.13%

2012年内蒙古自治区中小工业企业按规模划分情况

类型＼规模		规模以上				规模以下			合计	备注
		大型企业	中型企业	小型企业	小计	法人企业	个体工商户	小计		
企业数	工业企业总数	131	699	3488	4318	13128	108685	121813	126131	中小企业占99.90%
	法人企业数	131	699	3488	4318	13128	0	13128	17446	
	非公企业总数	—	—	—	3561	12434	108685	121119	124680	非公企业占98.85%
	非公法人企业数	—	—	—	3561	12434	0	12434	15995	
产值	全部工业产值	5420.21	4709.96	8044.08	18174.25	1126.55	1579.98	2706.53	20880.78	中小企业占74.04%
	法人企业产值	5420.21	4709.96	8044.08	18174.25	1126.55	0	1126.55	19300.80	
	非公企业产值	—	—	—	12124.49	1064.38	1580.59	2644.97	14769.46	非公企业占70.73%
	非公法人产值	—	—	—	12124.49	1064.38	0	1064.38	13188.87	
就业人员	工业总就业数	—	—	—	127.12	34.86	52.2	87.06	214.18	
	法人企业就业数	—	—	—	127.12	34.86	0	34.86	161.98	
	非公企业就业数	—	—	—	109.41	32.22	52.2	84.42	193.83	非公企业占90.95%
	非公法人就业数	—	—	—	109.41	32.22	0	32.22	141.63	

2012 年辽宁省 44 个县主要经济指标完成情况表

计算单位：个、人、万元

地区	企业个数	从业人员年末数	增加值	总产值	出口交货值	营业收入	利润总额	上交税金	劳动者报酬	固定资产投资
甲	1	2	3	4	5	6	7	8	9	10
瓦房店市	40703	295784	7900971	24654052	630188	23417758	557045	278826	452346	3892783
海城市	58133	393613	7201262	25584132	581103	22662234	1653894	412606	777528	6721843
庄河市	39172	296736	6602522	20303837	2151033	20151912	1010754	235414	679897	3401258
大石桥市	32561	216454	4609267	17457904	695991	16485211	947734	199621	409278	1469680
开原市	17763	146001	3387357	14995818	62341	14150970	764026	252786	263370	1757127
普兰店市	21132	152046	3027365	8241370	988110	7829590	495084	267998	389085	849673
凤城市	31198	158261	2839116	17547221	329526	15068902	417653	110822	197833	786169
新民市	23175	134477	2750025	12239357	28439	11666258	622328	131578	294330	1956321
辽中县	18800	120363	2621230	12004521	39000	11683138	601606	110282	320038	2001450
铁岭县	11170	79781	2600759	9900239	93839	9700071	303299	161336	173608	1800258
凌海市	24277	137701	2323135	8543704	285447	8295371	677218	126622	239502	1067945
法库县	13300	115845	2104000	9248000	4000	9170000	790000	120000	260000	1100000
本溪县	11383	62572	2088455	7023906	11431	6056454	276586	203509	128684	629293
东港市	18400	118625	2057483	11378164	460118	11033914	436981	78190	155885	459802
盖州市	16710	134144	2022272	7878348	357409	7470967	657591	77141	246174	980158
台安县	19244	106919	1992829	7057925	113247	6865834	517545	83474	273670	1339188
宽甸县	21488	115380	1842047	10848362	272038	10402149	352633	93295	204154	534576
辽阳县	15533	112764	1816461	6965582	125067	6718364	260224	183084	192436	1144526
灯塔市	21686	133653	1814242	8280421	124302	7699239	1714326	192872	256446	1223634
北票市	23461	107755	1806900	5726483	3356	5824546	516643	148204	207557	420719
岫岩县	30106	125196	1798274	5862299	443596	5707598	532724	90795	205739	1146774
黑山县	23520	137316	1744980	7612039	145193	7609117	316109	122284	174465	1395418
北镇市	16797	108286	1642944	7432724	50000	6776073	451759	66282	168197	1009268
大洼县	19441	98928	1538704	14210000	23270	12661703	174969	155461	185682	2870722
清原县	17621	92369	1467026	5088340	44859	4819911	620192	138701	143407	593300
昌图县	25262	152384	1421943	6169175	21439	5904737	406289	45366	266964	1209391
义 县	14014	65175	1391668	7620023	60848	7462785	788395	102994	91875	1151704
桓仁县	18135	79462	1342363	4456330	24144	4218268	176596	92052	171348	531051
盘山县	7022	41619	1212484	7451453	19537	7435130	314161	59321	127355	1077117
康平县	15980	95680	1204210	4456840	6705	4191160	104779	73813	183808	951829
新宾县	14018	68884	1133846	4688408	142359	4283224	148852	91909	96263	738870
抚顺县	6996	47500	1056556	3773544	35325	3373447	585668	99628	85971	334953
朝阳县	18504	69683	910362	3851200	2464	3751807	305252	123787	112160	540368
建平县	18893	77337	898443	4235195	8412	4260635	322450	210259	110314	659068
喀左县	16329	73600	813901	2806658	39408	2807945	175049	91639	139082	396709
凌源市	22125	92443	813350	3413901	14470	3406866	238513	102232	178831	816769
兴城市	20002	128204	810385	4414095	185940	4365309	210881	48862	231532	316087
阜蒙县	20542	110900	683346	2651269	1574	3241986	351959	64079	195467	390286
绥中县	26109	128565	666346	3597259	43944	3129917	174837	60297	258077	1327386
长海县	9452	37095	630023	1449832	63860	1354577	222744	22441	154064	619429
西丰县	11180	43091	552800	2684716	7010	2423562	125870	34220	43595	428623
彰武县	12257	64000	449020	2400011	1643	2200301	80400	33802	81813	880000
建昌县	19175	71111	237039	918516	9800	927311	57576	38427	80329	327605
盘山县	14	3007	162960	906970	—	907743	27933	10393	8678	185525

2012 年辽宁省民营经济

指标	企业个数			从业人员年末数			增加值		
	2012 年	2011 年	增长%	2012 年	2011 年	增长%	2012 年	2011 年	增长%
总计	1839448	1832803	0.4	11344694	11295686	0.4	191597613	161732270	18.5
一、按登记注册类型分组									
1. 内资企业小计	1832300	1825987	0.3	11032582	10994351	0.3	182385068	153769090	18.6
其中：(1) 集体企业	7000	7789	-10.1	338426	337743	0.2	5315458	4272904	24.4
(2) 股份合作企业	7214	7579	-4.8	106138	100869	5.2	3206814	2279062	40.7
(3) 联营企业	836	686	21.9	33119	31794	4.2	1417883	1153552	22.9
(4) 有限责任公司	56775	52932	7.3	1559736	1421177	9.7	37832767	32336956	17.0
(5) 股份有限公司	29633	30130	-1.6	585461	611640	-4.3	11953427	9238270	29.4
(6) 私营企业	244466	243893	0.2	3444659	3461748	-0.5	69416216	57504502	20.7
(7) 个体工商户	1486376	1482978	0.2	4965043	5029380	-1.3	53242503	46983844	13.3
2. 港澳台商投资企业	3098	2831	9.4	92104	85984	7.1	3498675	2929709	19.4
3. 外商投资企业	4050	3985	1.6	220008	215351	2.2	5713870	5033471	13.5
二、按国民经济行业分组									
第二产业	375782	376483	-0.2	5943832	5967633	-0.4	129897949	110466235	17.6
(一) 工业	341408	343101	-0.5	5161417	5171221	-0.2	119028642	101096646	17.7
1. 采矿业	15495	18661	-17.0	451463	416786	8.3	10113437	8486284	19.2
2. 制造业	323713	322858	0.3	4648015	4702199	-1.2	107334742	91696632	17.1
3. 电力、燃气及水的生产和供应业	2200	1582	39.1	61939	52236	18.6	1580463	913730	73.0
(二) 建筑业	34374	33382	3.0	782415	796412	-1.8	10869307	9369589	16.0
其中：资质等级企业	2578	2294	12.4	212226	210711	0.7	3478934	2578083	34.9
第三产业	1463666	1456320	0.5	5400862	5328053	1.4	61699664	51266035	20.4
1. 交通运输仓储业	258361	283953	-9.0	731802	727475	0.6	9795738	8266451	18.5
2. 批发零售业	636793	638877	-0.3	2301892	2318651	-0.7	23697609	21268343	11.4
3. 住宿及餐饮业	191497	184882	3.6	1016133	957882	6.1	9676865	8051023	20.2
其中：餐饮业	112872	104981	7.5	611886	558709	9.5	4970929	4181079	18.9
4. 生活服务业	226297	206180	9.8	816939	776470	5.2	10452344	7555835	38.3
5. 其他	150718	142428	5.8	534096	547575	-2.5	8077108	6124383	31.9

主要经济指标对比表

单位：个、人、万元

上交税金			劳动者报酬			总产值			营业收入			利润总额		
2012 年	2011 年	增长%	2012 年	2011 年	增长%	2012 年	2011 年	增长%	2012 年	2011 年	增长%	2012 年	2011 年	增长%
19621937	16509357	18.9	25141237	21862208	15.0	743913309	616280680	20.7	716048047	592134728	20.9	43045165	36947589	16.5
18378879	15575722	18.0	24192334	20928807	15.6	707734640	584030350	21.2	681488314	563390144	21.0	40715643	35035043	16.2
519236	397220	30.7	777633	676796	14.9	17764032	14552450	22.1	16254348	12893452	26.1	1184918	699969	69.3
483982	242088	99.9	226506	180478	25.5	11510861	9165729	25.6	11804904	6435197	83.4	587104	344331	70.5
148893	149229	-0.2	112772	224339	-49.7	4971513	4698890	5.8	4741480	4711238	0.6	219039	229031	-4.4
4432938	3708895	19.5	4155980	3452006	20.4	143048897	122368124	16.9	138990153	118135268	17.7	8359293	7450606	12.2
1702435	1293638	31.6	1706666	1432777	19.1	40213683	32608041	23.3	39513818	28783436	37.3	2588149	1944740	33.1
6805428	6028489	12.9	8048349	7084432	13.6	273769069	219081971	25.0	260246891	215052333	21.0	15161115	12699627	19.4
4285967	3756163	14.1	9164428	7877979	16.3	216456585	181555145	19.2	209936720	177379220	18.4	12616025	11666739	8.1
579597	412711	40.4	305478	342852	-10.9	13941836	11040098	26.3	12673714	10849131	16.8	980573	749652	30.8
663461	520924	27.4	643425	590549	9.0	22236833	21210232	4.8	21886019	17895453	22.3	1348949	1162894	16.0
12048874	10358625	16.3	13761979	12864484	7.0	529122658	436833866	21.1	501757411	412441412	21.7	28642005	24017652	19.3
10490592	9057897	15.8	11804186	11221860	5.2	488517135	403807430	21.0	462975374	379975822	21.8	26046379	21878735	19.0
1513830	1476523	2.5	963521	848717	13.5	40294392	31884257	26.4	38771548	30643785	26.5	3084585	2523662	22.2
8842319	7393730	19.6	10676363	10189501	4.8	442749898	367198222	20.6	418815722	345768736	21.1	22675236	19080392	18.8
134443	187644	-28.4	164302	183642	-10.5	5472845	4724951	15.8	5388104	3563301	51.2	286558	274681	4.3
1558282	1300728	19.8	1957793	1642624	19.2	40605523	33026436	22.9	38782037	32465590	19.5	2595626	2138917	21.4
400324	309941	29.2	649008	560176	15.9	11004516	9692074	13.5	11315234	8383196	35.0	755461	567509	33.1
7573063	6150732	23.1	11379258	8997724	26.5	214790651	179446814	19.7	214290636	179693316	19.3	14403160	12929937	11.4
888433	724526	22.6	1454004	1247868	16.5	38492893	30508682	26.2	37044861	31001889	19.5	2385349	2194727	8.7
2883265	2675249	7.8	4777815	3647637	31.0	84015384	76338480	10.1	86498913	77770551	11.2	5465458	5368275	1.8
1132248	934847	21.1	1965257	1515461	29.7	32881342	27494340	19.6	31021471	26039432	19.1	2535921	2052822	23.5
555547	476048	16.7	1104505	846396	30.5	18457507	14181232	30.2	16991625	13864732	22.6	1399627	1115054	25.5
1372054	889627	54.2	1818579	1393811	30.5	31597328	24546648	28.7	33337778	26038275	28.0	2254280	1666909	35.2
1297063	926483	40.0	1363603	1192947	14.3	27803704	20558664	35.2	26387613	18843169	40.0	1762152	1647204	7.0

2012 年吉林省中小企业暨民营经济主要指标完成情况表

指标 / 地区	全部主营业务收入（亿元）			实缴税金（亿元）			企业户数（户）			规模以上企业户数（户）			个体工商业户数（万户）			从业人员（万人）			增加值（亿元）		
	本期实际	去年同期	同比增长（%）	本期实际	去年同期	同比增长（%）	本期实际	去年同期	同比增长（%）	本期实际	去年同期	同比增长（%）	本期实际	去年同期	同比增长（%）	本期实际	去年同期	同比增长（%）	本期实际	去年同期	GDP 占比（%）
全 省	23012.2	18862.5	22.0	678.4	597.0	13.6	144947	128937	13.6	11542	10341	11.6	135.4	125.5	7.9	602.6	550.0	9.6	6064.4	5318.0	50.8
长春市	9148.3	7720.1	18.5	295.5	267.1	10.6	72817	64014	10.6	2702	2096	28.9	38.9	37.2	4.3	191.9	178.0	7.8	1867.3	1661.2	41.9
吉林市	4060.6	3349.5	21.2	103.3	92.1	12.2	20715	18587	12.2	2446	2055	19.0	24.0	22.4	7.1	103.6	96.4	7.5	1132.4	1047.5	46.6
四平市	1735.3	1428.0	21.5	44.9	38.7	16.0	9054	7662	16.0	974	1058	-7.9	13.9	12.6	10.5	51.0	47.1	8.3	587.1	498.6	52.3
辽源市	1106.7	840.9	31.6	18.9	16.1	17.4	5279	4448	17.4	638	593	7.6	4.8	4.3	10.4	26.8	22.8	17.5	365.7	271.0	60.4
通化市	1862.9	1489.1	25.1	66.3	51.5	28.7	7861	7514	28.7	1089	968	12.5	14.5	13.9	4.0	56.7	50.3	12.7	474.1	412.0	53.8
白山市	1032.9	834.1	23.8	39.0	33.4	16.8	5842	5787	16.8	728	704	3.4	5.8	5.0	16.4	31.3	28.5	9.8	312.9	287.5	52.1
白城市	818.0	660.5	23.8	25.1	23.9	5.0	4596	3803	5.0	605	593	2.0	7.5	6.9	8.5	24.2	22.2	9.0	255.4	210.1	41.5
松原市	1568.8	1286.2	22.0	36.7	32.7	12.2	7698	6884	12.2	1235	1272	-2.9	13.9	11.7	18.8	59.5	52.7	12.9	738.5	625.8	46.0
延边州	1619.0	1312.0	23.4	47.2	40.1	18.0	10874	9989	18.0	1119	1002	11.7	11.8	11.1	5.7	55.7	50.4	10.5	392.5	304.4	51.3
管委会	30.8	24.2	27.3	1.6	1.4	14.3	211	249	-14.3	29	22	31.8	0.6	0.6	-3.4	1.9	1.6	18.8	14.7	305.4	60.6

2012年黑龙江省非公经济主要指标统计表

指标	计量单位	1~12月	增幅+-%
一、非公经济增加值	亿元	7026	14.1
1. 企业	亿元	4522.1	17.6
2. 个体	亿元	2503.9	16.7
二、非公有制经济户数	万户	207.7	0.2
1. 企业	万户	21.9	-0.2
2. 个体	万户	185.8	0.3
三、非公有制经济从业人员	万人	745.6	3.7
其中：新增就业人数	万人	26.3	
非公经济从业人员占全社会就业人员的比重	%	37.3	下降0.2%
1. 企业	万人	301.8	3.8
其中：新增就业人数	万人	11	
企业从业人员占全社会就业人员的比重*	%	15.1	提高0.9%
2. 个体	万人	443.8	3.6
其中：新增就业人数	万人	15.3	
个体从业人员占全社会就业人员的比重*	%	22.2	下降1.1%
私营企业投资者人数（来源省工商局）*	万人	46.8	18.7
四、非公有制经济税收总额	亿元	804.9	7
占全省税收的比重	%	38.3	下降3.2%
五、全口径固定资产投资（不含农户）	亿元	9376.1	30.1
其中：（1）全省民间固定资产投资	亿元	5561.2	50.5
占全部固定资产投资的比重	%	59.3	8
（2）非公有固定资产投资（不含农户）	亿元	5410	67.5
占全部固定资产投资的比重	%	57.7	7.7
（3）外商及港澳台投资	亿元	106	-12.1
占全部固定资产投资的比重	%	1.1	-0.6
六、全省进出口总额	亿美元	378.2	-1.8
非公有制经济进出口总额	亿美元	207.5	-7.1
占全省进出口总额的比重	%	54.9	-3.1
1. 私营企业进出口总额	亿美元	196.6	-7.3
占全省进出口总额的比重	%	52	-3
2. 个体企业进出口总额	万美元	5069	495.7
3. 外资企业进出口总额	亿美元	10.5	-8
七、私营企业注册资金总额*	亿元	5292.3	71.8
个体户注册资金数额*	亿元	514	14.5
八、规模以上工业非公企业主营业务收入	亿元	5130.6	21.3
全省规模以上工业企业主营业务收入	亿元	12295.6	8.4
占全省规模以上工业企业主营业务收入比重	%	41.7	
规模以上工业非公企业利润总额	亿元	300.9	26.3
全省规模以上工业企业利润总额	亿元	1201	-3.4
占全省规模以上工业企业利润总额比重	%	25.1	
规模以上工业非公企业利税总额	亿元	495.3	25.6

2012 年黑龙江省非公经济增加值占地区生产总值比重、增幅

	现价地区生产总值（亿元）			现价非公有制经济增加值（亿元）			非公有制经济增加值占 GDP（％）		非公增加值可比价增速（％）
	本期累计	上年同期	现价比上年增减（％）	本期累计	上年同期	现价比上年增减（％）	本期累计	上年同期	
甲	1	2	3	4	5	6	7	8	9
合 计	13691.6	12582	10.5	7026	6303.3	17.3	51.3	50.1	14.1
哈尔滨	4550.1	4243.4	7.2	2461.3	2138.4	15.1	54.1	50.4	12.1
齐齐哈尔	1091.4	1000.4	9.1	570.1	498	14.5	52.2	49.8	11.1
鸡西	451.1	395.3	14.1	212.5	175.2	21.3	47.1	44.3	16.4
鹤岗	234.1	195.1	20	102.1	82	24.5	43.6	42	15.6
双鸭山	419.5	373.2	12.4	234.2	205.3	14.1	55.8	55	14.3
大庆	4000.5	3741.5	6.9	915.1	771.8	18.6	22.9	20.6	13.3
伊春	260	229.7	13.2	113.5	99.7	13.8	43.6	43.4	13
佳木斯	578.9	501	15.6	295.5	244.8	20.7	51	48.9	17.1
七台河	298.9	308.9	3.2	200.2	196.1	2.1	67	63.5	9.2
牡丹江	1092.7	940.3	16.2	703.7	576.9	22	64.4	61.3	16.3
黑河	235.6	203.9	15.5	92.6	78.5	18	39.3	38.5	13.3
绥化	1055.5	901.6	17.1	582.8	488.4	19.3	55.2	54.2	16.8
大兴安岭	146.9	124.7	17.8	51.4	41.4	24.3	35	33.2	16.2
农垦	1143.4	916.4	24.8	491.1	395.5	24.2	43	43.2	22.2
其中：绥芬河	111.3	92.2	20.7	95.8	75.3	27.2	86.1	81.7	15.6
其中：扶远	273658	227400	20.3	116311	101282	14.8	42.5	44.5	12.5

2012年黑龙江省非公经济总量分地市汇总表

	本期累计				上年同期				增加值可比价增速（%）
	总产出（万元）	增加值（万元）	单位数（个）	从业人员数（人）	总产出（万元）	增加值（万元）	单位数（个）	从业人员数（人）	
甲	1	2	3	4	5	6	7	8	9
合 计	197261164.3	70260403.9	2077592	7456429	164839423.9	59919039.3	2072939	7193489	14.1
哈尔滨市	68634266.1	24612655.1	360002	2054008	58887622.3	21383624.6	358576	1853125	12.1
齐齐哈尔市	14887459.6	5701044.2	225827	730288	13006156.1	4979686.3	225826	730068	11.1
鸡西市	6220229.6	2125309	92450	290919	4983732.1	1752380.2	92378	287467	16.4
鹤岗市	3577199.5	1020597.4	30552	137236	2827826.6	819943.6	30529	136818	15.6
双鸭山市	7131459.2	2341726.3	46842	151119	6034487.8	2052635.8	46557	150079	14.3
大庆市	21225281.7	9151257.4	322989	835015	17798905.5	7717909.8	322725	824173	13.3
伊春市	3346128.8	1134925.5	79428	320903	3135408.6	997022.1	79279	317439	13
佳木斯市	9572328.3	2954964	193464	604835	7384665.6	2448399	193466	599751	17.1
七台河市	4634224.4	2001758.8	37019	138049	4530505.8	1961240	37850	140919	9.2
牡丹江市	25339162.3	7037226.9	158486	658558	20641173.2	5768870.8	156344	645850	16.3
黑河市	2417618.6	926006	108173	200781	1958006	784618.8	108160	200522	13.3
绥化市	16217681.8	5827869	262338	937869	13626187.7	4883760.1	262283	919120	16.8
大兴安岭地区	1244787.6	514304.7	16579	56187	1040608.1	413679.5	16068	56618	16.2
农垦	12813336.8	4910759.6	143443	340662	8984138.5	3955268.7	142898	331540	22.2
其中：绥芬河	3421986	958155	11110	35364	2779023	753112	9453	33169	15.6
其中：抚远	375863	116311	4974	15320	367350	101282	5075	15320	12.5

2012 年黑龙江省非公有制经济增加值可比价增长速度

	合计	第一产业	第二产业	工业	规上	规下	建筑业	资质内	资质外	第三产业	批发和零售业	住宿和餐饮业	其他
全省合计	14.1	13.4	15	15.3	18.1	11.2	13.7	13.1	15.3	13.3	14.6	9.4	13
哈尔滨	12.1	10.1	12.5	10.6	13	7.9	17.7	19.1	13.9	12.1	11	5.5	13.8
齐齐哈尔	11.1	3.5	11.7	12.5	12.1	13.3	3.5	2.9	10.6	13.7	17	13.3	10.6
鸡西	16.4	13.8	21.6	21.3	29.6	11.5	29.2	29.4	28	9.7	15.4	12.7	6.2
鹤岗	15.6	9.9	17.2	17.1	19.2	8.4	18.4	18.9	6.3	12.8	14.2	10.1	13.1
双鸭山	14.3	11.2	15.8	16.4	17.2	9.8	1.5	0.3	7	8.1	12.7	6.6	5.3
大庆	13.3	20	11.2	11.4	13.7	9.5	5.6	5.2	14.6	14.8	14.2	14.5	15.4
伊春	13	16.3	10.9	15.4	17.7	11.1	-16.7	-17.8	0.6	15.8	15.1	10.1	19.6
佳木斯	17.1	16.1	19.6	21.9	22.7	16.2	3.1	0.4	27.9	15.5	22.2	10.5	11.6
七台河	9.2	13.6	9.5	9.8	10.4	8.3	-2.8	-3	-1	7.8	10	8.3	6
牡丹江	16.3	15.4	17.7	18.4	24.7	10.8	13.8	12.9	19.3	15	19	16.8	12.4
黑河	13.3	13.3	24.3	21.2	28.2	7.5	36.1	42.2	11.5	7.9	11.5	4.8	7
绥化	16.8	13.5	24.3	30.3	35.4	17.7	-1.3	-7.7	10.3	12.6	13.5	10.8	12.3
大兴安岭	16.2	9.7	16	12.7	16.9	6.5	26.5	27.8	12.8	17.4	34.6	15.5	12.4
农垦总局	22.2	19.6	25.9	30	37.3	26.7	15.5	0.8	19.3	20.6	23.9	19.6	18.1
绥芬河	15.6	3.9	15.1	16.6	26.4	6.5	3.9	3.9	3.9	15.8	15.9	14.3	15.7
扶远	12.5	17.6	8.9	17.7	9	25.6	-7.2	-7.9	22.8	11	9.5	9.2	12.3

2012 年黑龙江省非公有制经济增加值分产业占地区生产总值比重、增幅

	现价地区生产总值（亿元）			现价非公有制经济增加值（亿元）			非公有制经济增加值占 GDP%	
	本期累计	上年同期	现价比上年增减（%）	本期累计	上年同期	现价比上年增减（%）	本期累计	上年同期
合计	13691.6	12582	8.8	7026	6303.3	11.5	51.3	50.1
一、第一产业	2113.7	1701.5	24.2	781.2	696.4	12.2	37	40.9
二、第二产业	6456.4	6330.5	2	3208.3	2861.6	12.1	49.7	45.2
1. 工业	5659.3	5602.8	1	2733.2	2423	12.8	48.3	43.2
规模以上工业	4759.9	4712.6	1	1638.9	1468.2	11.6	34.4	31.2
2. 建筑业	797.1	727.7	9.5	475.1	438.6	8.3	59.6	60.3
三、第三产业	5121.4	4550	12.6	3036.5	2745.3	10.6	59.3	60.3
1. 批发和零售业	1185.3	1060.3	11.8	1084.6	950.9	14.1	91.5	89.7
2. 住宿和餐饮业	308.3	275.8	11.8	275	243.9	12.8	89.2	88.4
3. 其他	3627.8	3213.9	12.9	1676.9	1550.5	8.2	46.2	48.2

2012年黑龙江省中小企业统计数据对比情况表

	增加值（亿元）		现价±%	单位数（个）		现价±%	从业人员数（万人）		现价±%
	本期	同期		本期	同期		本期	同期	
合计	4151.7	3412.2	21.7	111942	110082	1.7	333.7	329.8	1.2
一、第二产业	2970.2	2423.7	22.5	44099	42850	2.9	182.5	180.5	1.1
1. 工 业	2620	2121.1	23.5	37221	36052	3.2	134	132	1.5
(1) 规模以上工业	1677.7	1343.1	24.9	3660	3621	1.1	59.9	59.6	0.6
① 装备制造业	199.8	162.7	22.8	518	512	1.2	7.2	7.2	-0.4
② 石油化工业	188.2	147.2	27.8	347	340	2.1	4.5	4.6	-2.3
③ 能源工业	291.6	253.8	14.9	484	483	0.2	16.8	16.9	-0.7
④ 食品加工业	536.7	424.2	26.5	929	920	1	13.3	12.5	6.3
其中：农副产品加工业	347.4	269.6	28.8	620	617	0.5	7.6	7.3	4.2
⑤ 医药工业	74.6	57.9	28.9	123	122	0.8	1.9	1.9	0.5
⑥ 林业加工业	117.8	88.9	32.5	326	324	0.6	5.2	5.2	-0.5
⑦ 其它工业	269	208.4	29.1	933	920	1.4	11.1	11.3	-1.6
(2) 规模以下工业	942.2	778	21.1	33561	32431	3.5	74.1	72.4	2.3
① 装备制造业	202.3	164.3	23.2	8917	8812	1.2	17.5	16.6	5.8
② 石油化工业	64.7	52.6	23	2845	2727	4.3	4.4	4.4	-0.6
③ 能源工业	74	73.9	0.1	1450	1404	3.3	6.5	6.3	2.2
④ 食品加工业	295.7	237.8	24.4	7012	6747	3.9	11.8	11.5	1.9
其中：农副产品加工业	149.4	117.7	27	3965	3808	4.1	6.8	6.8	-0.8
⑤ 医药工业	34	29.2	16.5	338	286	18.2	0.5	0.5	-2.1
⑥ 林业加工业	68.9	50.3	37	5504	5393	2.1	10.8	10	7.9
⑦ 其它工业	202.5	169.9	19.2	7495	7062	6.1	22.6	23	-1.8
2. 建筑业	350.3	302.6	15.7	6878	6798	1.2	48.5	48.5	0.1
(1) 有资质等级的建筑业	220.8	197	12.1	2745	2749	-0.1	35.8	35.7	0.1
(2) 无资质等级的建筑业	129.5	105.6	22.6	4133	4049	2.1	12.8	12.7	0.2
二、第三产业	1181.5	988.5	19.5	67843	67232	0.9	151.2	149.4	1.3
1. 批发和零售贸易业	483.2	407.4	18.6	32423	32323	0.3	63.6	62.6	1.6
2. 住宿和餐饮业	38.3	31.1	23.3	3897	3782	3	7.3	7.4	-1.4
3. 其他	660	550	20	31523	31127	1.3	80.3	79.3	1.2

2012 年黑龙江省中小企业主要指标构成情况表

	增加值（亿元）	构成（%）	单位数（个）	构成（%）	从业人员数（万人）	构成（%）
甲	1	2	3	4	5	6
合 计	4151.7	100	111942	100	333.7	100
一、第二产业	2970.2	71.5	44099	39.4	182.5	54.7
1. 工 业	2620	63.1	37221	33.3	134	40.1
（1）规模以上工业	1677.7	40.4	3660	3.3	59.9	18
（2）规模以下工业	942.2	22.7	33561	30	74.1	22.2
2. 建筑业	350.3	8.4	6878	6.1	48.5	14.5
（1）有资质等级的建筑业	220.8	5.3	2745	2.5	35.8	10.7
（2）无资质等级的建筑业	129.5	3.1	4133	3.7	12.8	3.8
二、第三产业	1181.5	28.5	67843	60.6	151.2	45.3
1. 批发和零售贸易业	483.2	11.6	32423	29	63.6	19.1
2. 住宿和餐饮业	38.3	0.9	3897	3.5	7.3	2.2
3. 其 他	660	15.9	31523	28.2	80.3	24.1

2012 年黑龙江省中小企业增加值可比价增长速度

	合计	第二产业	工业	规上	规下	建筑业	资质内	资质外	第三产业	批发和零售业	住宿和餐饮业	其他
全省合计	15.4	16	16.4	18.1	13.4	13.6	11.2	18.1	13.8	13.1	11.9	14.5
哈尔滨	14	13.7	12.6	11.2	14	19.1	23.2	17.2	15.1	16.6	14.5	15
齐齐哈尔	12.8	13	13	12.6	14	12.6	12.6	12.2	12.4	14.7	5.7	11.2
鸡西	16.6	19.2	20.5	25	14.8	2.6	0.7	35.7	10	9.6	-1.9	11.4
鹤岗	16.5	18.9	18.8	22.3	7.9	19.5	19.8	6.9	12.7	12.6	11.8	13
双鸭山	16.5	17.3	18.2	19.2	10.1	0.6	0.3	6.7	10.1	12.7	6.6	4.9
大庆	13.7	13.5	14.2	16.6	11.5	2.1	2	19.3	14.1	8.9	9.7	18.9
伊春	13.5	12.2	16.8	17.3	13.9	-7.4	-8.1	11	19	16.3	13.6	23.1
佳木斯	19.8	21.6	22.9	23.8	11.9	14.2	13.1	26.7	13.4	19.8	13	5.4
七台河	9.5	10.3	9.2	10.7	5.7	37.4	37.7	-29.7	6.2	6.9	6.8	4.9
牡丹江	17	20.7	22.3	24.8	17.9	9.7	8.4	17.1	11	9.9	14.8	12.2
黑河	14.7	16.1	17.5	19.7	7.8	11.8	12.1	1.1	9.5	11.5	6.5	8.3
绥化	19.6	22.6	25.6	30	9.8	8.3	8.8	6.5	13.2	13.2	1.3	13.4
大兴安岭	16.6	10.6	10.2	12.5	4.9	11.5	11.5	12.1	22.6	35.4	3.8	11.2
农垦总局	24.8	23.3	23.8	29.5	19	21.2	12	27.1	29.5	30.6	42.7	22.3
绥芬河	18.7	15.9	17.9	18.4	17.2	3.9	3.9	3.9	19.2	18	16.4	22.4
抚远	12	15.6	15	11.3	26.1	16.3	16.3	24.8	7.1	7.6	16.2	6

2012 年黑龙江省中小企业总量表

	本期				同期			
	总产出	增加值	单位数	从业人员	总产出	增加值	单位数	从业人员
合 计	137196117.8	41517395.8	111942	3337495	112065950.3	34122330	110082	3298084
一、按产业分组	137196117.8	41517395.8	111942	3337495	112065950.3	34122330	110082	3298084
(一) 第二产业	102410645.5	29702324.4	44099	1825177	82604431.6	24237337.6	42850	1804572
1. 工业	89791528	26199678.2	37221	1339917	71708446.2	21210863.4	36052	1319919
(1) 规模以上工业	58636279.9	16777290.3	3660	599165	47036890.2	13430770.9	3621	595860
a、装备制造业	7251817.8	1998187.5	518	71672	5971454.4	1626828.2	512	71965
b、石油化工业	6084715.3	1881789.1	347	45015	4962950.5	1472331.7	340	46092
c、能源工业	7544914.3	2916319.7	484	167531	6333225	2538454.4	483	168749
d、食品加工业	22264095.9	5367288.3	929	132990	17631313.6	4241616.6	920	125160
其中：农副产品加工	15850274.5	3474035	620	76299	12143199.1	2696363.2	617	73218
e、医药工业	1722267.7	745935.3	123	19390	1470967.7	578798.6	122	19300
f、林业加工业	4284908.3	1177863.9	326	51656	3231184.7	889213.4	324	51918
g、其他工业	9483560.6	2689906.5	933	110911	7435794.3	2083528	920	112676
(2) 规模以下工业	31155248.1	9422387.9	33561	740752	24671556	7780092.5	32431	724059
a、装备制造业	6240871.8	2023210.7	8917	175281	4992999.2	1642721.4	8812	165601
b、石油化工业	1784531.4	647196.9	2845	43646	1477804.4	526149.1	2727	43910
c、能源工业	1835075.9	739821.7	1450	64779	1815297.6	739211.5	1404	63367
d、食品加工业	12125264.6	2957489.7	7012	117565	8853745.7	2377742.2	6747	115383
其中：农副产品加工	4227497.6	1494340.6	3965	67648	3021459	1176630.1	3808	68208
e、医药工业	822146.1	340122.3	338	5286	651607.1	292053.4	286	5401
f、林业加工业	2827496.3	689489.4	5504	108142	2201155.7	503202.5	5393	100224
g、其他工业	5519862	2025057.2	7495	226053	4678946.3	1699012.4	7062	230173
2. 建筑业	12619117.5	3502646.2	6878	485260	10895985.4	3026474.2	6798	484653
(1) 有资质等级建筑业	8796556.8	2207551.7	2745	357747	7719025.7	1970141.8	2749	357444
(2) 无资质等级建筑业	3822560.7	1295094.5	4133	127513	3176959.7	1056332.4	4049	127209
(二) 第三产业	34785472.3	11815071.4	67843	1512318	29461518.7	9884992.4	67232	1493512
1. 批发和零售业	12594088.3	4831883.9	32423	635883	10577657.2	4074331.6	32323	625715
2. 住宿和餐饮业	899978.3	383267.5	3897	73475	728751.7	310944.9	3782	74495
3. 其他服务业	21291405.7	6599920	31523	802960	18155109.8	5499715.9	31127	793302
二、中小企业按经济类型分组	137196117.8	41517395.8	111942	3337495	112065950.3	34122330	110082	3298084
(一) 非公有制企业	111335163.8	33619807.4	102581	2923014	91055002.8	28014863	97992	2890313
1. 民营企业	102540600.5	31223499.1	99208	2806769	83596312.9	26034268.9	94752	2773379
2. 港澳台及外商投资企业	8794563.3	2396308.3	3373	116245	7458689.9	1980594.1	3240	116934
(二) 国有、集体企业	25860954	7897588.4	9361	414481	21010947.5	6107467	12090	407771

2012年黑龙江省中小企业增加值占地区生产总值比重

名称	地区生产总值（亿元）	中小企业增加值（亿元）	比重（%）	可比价增长速度（%）
合 计	13691.6	4151.7	30.3	15.4
一、第一产业	2113.7		0	
二、第二产业	6456.4	2970.2	46	16
1. 工业	5659.3	2620	46.3	16.4
2. 建筑业	797.1	350.2	43.9	13.6
三、第三产业	5121.4	1181.5	23.1	13.8
1. 批发和零售业	1185.3	483.2	40.8	13.1
2. 住宿和餐饮业	308.3	38.3	12.4	11.9
3. 其他	3627.8	660	18.2	14.5

2012年黑龙江省中小企业主要指标统计表

	本期			同期			增加值可比价（%）	单位数同比（%）	从业人员数同比（%）
	增加值（万元）	单位数（个）	从业人员数（人）	增加值（万元）	单位数（个）	从业人员数（人）			
全 省	41517396	111942	3337495	34122330	110082	3298084	15.4	1.7	1.2
哈尔滨	10001255	48082	1133969	8046692	47046	1133799	14	2.2	0
齐齐哈尔	3904550	7964	387577	3412310	7964	383363	12.8	0	1.1
鸡西	1634038	3683	123246	1339270	3600	121499	16.6	2.3	1.4
鹤岗	1059659	1227	147285	851132	1204	147251	16.5	1.9	0
双鸭山	1762698	2146	85025	1516714	2114	84511	16.5	1.5	0.6
大庆	8656314	13970	252321	7200650	13880	248651	13.7	0.6	1.5
伊春	573144	1919	107465	475829	1922	105508	13.5	-0.2	1.9
佳木斯	1636831	4557	155572	1314598	4564	153791	19.8	-0.2	1.2
七台河	1240304	1529	65293	1235836	1517	66540	9.5	0.8	-1.9
牡丹江	5013151	14871	435993	4072201	14651	423153	17	1.5	3
黑河	614262	2949	63181	519093	2924	60105	14.7	0.9	5.1
绥化	2808314	5248	260160	2183721	5234	256919	19.6	0.3	1.3
大兴安岭	527367	1255	31740	391318	1178	32760	16.6	6.5	-3.1
农垦总局	2085509	2542	88668	1562968	2284	80234	24.8	11.3	10.5
绥芬河	791620	9137	27306	620919	7683	25354	18.7	18.9	7.7
扶远	38191	141	2815	37592	141	2805	12	0	0.4

上海市中型法人企业情况（2012年快报数）

	单位数（个）	从业人员（人）	营业收入（千元）	实收资本（千元）
总 计	10151	2617127	3758152195	864742359
一、按三次产业分				
第一产业	252	14177	4954447	4360231
第二产业	2461	1389767	979738012	227389189
第三产业	7438	1213183	2773459736	632992939
二、按主要登记注册类型分				
内 资	6985	1698292	2481643354	500703180
国 有	862	237192	563788065	210064092
集 体	281	82324	35717904	5091165
私 营	3551	790028	796268099	83641503
私营独资	192	53084	29158113	12040971
私营合伙	60	8911	8485299	393082
私营有限责任公司	3124	688546	722430688	66111822
私营股份有限公司	175	39487	36193999	5095628
港澳台商及外商投资	3166	918835	1276508841	364039179
港澳台商投资	1096	307096	378571687	138945039
外商投资	2070	611739	897937154	225094140
三、按主要行业分				
农业 01－05	252	14177	4954447	4360231
工业 06－46	1652	907699	758008071	190321347
建筑业 47－50	809	482068	211729941	37067842
交通运输业 51－57	162	148964	131954676	45876875
仓储业 58	116	24810	16327843	4262592
邮政业 59	11	8530	1386279	347100
信息传输、计算机服务和软件业 60－62	362	113459	51053092	14411732
批发业 63	2699	215234	1855852131	32213280
零售业 65	921	124815	167650112	6149260
住宿业 66	173	42136	8414584	1964117
餐饮业 67	308	63996	13302352	1352970
金融业 68－71	150	25072	99954312	59495456
房地产业 72	1528	140946	272927117	294832819
租赁业 73	9	7120	2186533	1106082
商务服务业 74	311	186381	112445068	159512156
科研及技术服务业 75－77	314	51798	23559776	5810820
居民服务业 82	64	10351	2131364	293833
文化、体育和娱乐业 88－92	64	10502	5205552	2195830
其他	246	39069	9108945	3168017

上海市小型法人企业情况（2012 年快报数）

	单位数（个）	从业人员（人）	营业收入（千元）	实收资本（千元）
总 计	75039	3494166	2787929163	1525945291
一、按三次产业分				
第一产业	575	15882	997547	2205688
第二产业	26687	2039759	1070213399	344497344
第三产业	47777	1438525	1716718217	1179242259
二、按主要登记注册类型分				
内 资	62715	2689904	2030511829	690502803
国 有	2314	176931	133703954	183242757
集 体	3295	178025	62886527	19347195
私 营	49672	1912313	1334852317	245862353
私营独资	4383	155392	73542223	19957359
私营合伙	1835	56440	54343630	11428155
私营有限责任公司	41570	1623139	1143015137	197696143
私营股份有限公司	1884	77342	63951327	16780696
港澳台商及外商投资	12324	804262	757417334	835442488
港澳台商投资	4069	262097	194221591	193131423
外商投资	8255	542165	563195743	642311065
三、按主要行业分				
农业 01－05	575	15882	997547	2205688
工业 06－46	23051	1671614	983107705	309914157
建筑业 47－50	3636	368145	87105694	34583187
交通运输业 51－57	2071	147131	145484661	39135756
仓储业 58	540	24038	14448868	7302977
邮政业 59	45	4349	862928	243872
信息传输、计算机服务和软件业 60－62	2551	79353	34298625	18436162
批发业 63	12408	210455	1083545111	57928133
零售业 65	3905	77875	87200355	8494435
住宿业 66	781	34527	5249006	2063290
餐饮业 67	2779	110633	16519518	2872412
金融业 68－71	885	27225	56936246	497599901
房地产业 72	2168	92008	21125218	180142864
租赁业 73	250	13783	5594403	5329843
商务服务业 74	8067	350102	180803979	285645152
科研及技术服务业 75－77	5624	128810	36073052	32967927
居民服务业 82	1569	34163	5136462	2142339
文化、体育和娱乐业 88－92	1029	26353	5205752	23181666
其他	3105	77720	18234033	15755530

上海市微型法人企业情况（2012 年快报数）

	单位数（个）	从业人员（人）	营业收入（千元）	实收资本（千元）
总 计	294452	2564072	623873241	1627811995
一、按三次产业分				
第一产业	751	5393	83558	4280773
第二产业	75093	903523	145058703	173382577
第三产业	218608	1655156	478730980	1450148645
二、按主要登记注册类型分				
内 资	271347	2301740	536360665	873662031
国 有	2456	48170	27014550	120424813
集 体	6575	80661	12091930	16048168
私 营	245298	1975427	450843839	457842767
私营独资	34307	240997	40998207	24575638
私营合伙	7990	62439	14437682	28528937
私营有限责任公司	197279	1617699	378693221	390114641
私营股份有限公司	5722	54292	16714729	14623551
港澳台商及外商投资	23105	262332	87512576	754149964
港澳台商投资	8603	103460	33288082	160770500
外商投资	14502	158872	54224494	593379464
三、按主要行业分				
农业 01－05	751	5393	83558	4280773
工业 06－46	60854	744996	131795962	140989482
建筑业 47－50	14239	158527	13262741	32393095
交通运输业 51－57	8951	85033	39402008	37729570
仓储业 58	1699	16860	8056493	334684527
邮政业 59	967	5777	376264	1144715
信息传输、计算机服务和软件业 60－62	9527	71244	6498917	24605216
批发业 63	86219	658851	286742329	257791709
零售业 65	27812	166501	34734478	24854518
住宿业 66	1754	16195	542597	2649121
餐饮业 67	5170	58836	2015048	4353010
金融业 68－71	480	2602	8389554	23157186
房地产业 72	9295	144932	20361430	366658568
租赁业 73	1187	8431	839951	3748591
商务服务业 74	42015	308733	53869973	336398267
科研及技术服务业 75－77	12317	59177	10500087	18966379
居民服务业 82	4199	18562	1011315	1095000
文化、体育和娱乐业 88－92	2069	8922	1409786	7292685
其他	4947	24500	3980750	5019583

2012 年江苏省规模以上中小工业分行业主要经济指标（分行业）

单位：亿元、%

行业＼指标	总产值		销售收入		利税总额		利润总额	
	本期	增长	本期	增长	本期	增长	本期	增长
总 计	72098.20	14.9	70783.56	13.6	6998.06	18.5	4452.28	18.0
冶 金（有 色）	7239.94	8.7	7148.49	7.8	528.12	13.3	331.43	11.0
其中：冶 金	4327.27	8.5	4255.69	7.4	344.41	12.1	211.98	12.2
有 色	2912.67	8.9	2892.80	8.4	183.71	15.7	119.45	8.9
机 械	20721.93	15.5	20247.95	14.2	2124.68	17.8	1377.27	15.8
建 材	3657.03	15.5	3586.36	13.5	381.00	12.4	223.00	11.4
石油石化	11195.48	16.7	11018.99	15.4	1129.48	11.2	731.04	7.6
轻 工（烟 草）	12589.04	19.7	12397.74	17.9	1275.70	21.5	793.40	23.5
其中：轻 工	12578.23	19.6	12387.13	17.9	1274.07	21.5	792.25	23.6
烟 草	10.81	5.6	10.61	3.7	1.63	－4.2	1.15	－6.9
纺 织	8192.93	10.4	8025.36	9.7	684.65	17.7	407.49	18.0
电 子	4753.49	10.7	4668.29	8.6	320.11	14.0	212.34	12.0
医 药	1600.95	29.0	1563.59	28.7	251.39	40.1	166.09	44.8
煤 炭	15.20	2.6	15.08	－2.8	2.36	－13.7	0.91	10.1
电 力	1108.04	5.1	1112.24	5.2	188.05	97.7	130.18	154.5
其 他	1024.16	24.1	999.44	20.9	112.52	23.0	79.12	29.7

2012 年江苏省规模以上中小工业主要经济指标

单位：个、亿元

主要经济指标	企业个数	销售收入		利税总额		利润总额	
		实绩	增长（%）	实绩	增长（%）	实绩	增长（%）
总 计	42665	70783.56	13.6	6998.06	18.5	4452.28	18.0
1. 国有企业	260	1159.44	12.8	124.41	42.5	66.94	77.1
2. 集体企业	475	654.45	0.7	59.00	5.8	33.5	9.2
3. 股份合作企业	213	333.00	4.4	38.68	17.1	24.01	20.4
4. 股份制企业	25983	39555.52	17.4	3970.35	23.8	2476.45	25.3
5. 外商和港澳台投资企业	10401	22894.44	5.9	2123.68	6.4	1433.43	2.9
6. 其他企业	5333	6186.71	23.4	681.95	29.6	417.95	33.0
在总计中：国有控股企业	697	3578.60	10.1	399.73	26.8	238.18	35.6
在总计中：民营工业	31659	44873.00	18.2	4560.17	24.3	2844.08	25.8
其中：私营工业	27064	35525.14	18.5	3589.37	26.6	2230.31	29.5

2012年江苏省规模以上中小工业分地区主要经济指标（分地区）

单位：个、亿元

地区＼指标	企业个数	销售收入		利税总额		利润总额	
		实绩	增长%	实绩	增长%	实绩	增长%
苏南地区	22762	35634.49	5.1	2926.75	4.7	1900.22	0.8
南京市	2412	4854.46	10.7	468.79	10.5	293.84	7.5
无锡市	5115	7954.63	-1.8	681.03	-4.5	474.43	-8.6
常州市	3573	5768.77	11.2	488.89	13.1	306.16	12.1
苏州市	9510	12734.54	1.2	888.82	-0.7	572.77	-6.5
镇江市	2152	4322.09	18.8	399.23	21.0	253.02	22.1
苏中地区	9803	17426.32	17.8	2041.2	26.8	1288.57	29.3
南通市	4851	7749.91	17.2	868.40	22.5	596.06	25.0
扬州市	2512	4784.14	13.1	570.72	21.0	342.78	22.8
泰州市	2440	4892.27	24.0	602.08	40.4	349.73	45.3
苏北地区	10100	17722.75	29.9	2030.08	35.2	1263.5	41.9
徐州市	2776	6509.94	35.7	923.28	32.6	569.30	42.0
连云港市	1251	2406.90	27.2	265.39	35.1	176.16	39.3
淮安市	1671	2781.93	27.0	200.94	35.5	130.82	39.4
盐城市	2574	4409.67	22.9	462.87	33.0	265.78	39.0
宿迁市	1828	1614.31	36.8	177.60	57.9	121.44	55.4

2012年江苏省私营企业注册情况分市表

项目	户数（户）				注册资本（万元）	
	本期末	比上年底增长（%）	今年新注册	同比增长（%）	本期末	比上年底增长（%）
全省合计	1312895	9.6	218120	-4.8	423070281	16.9
省级	6117	6.1	517	-36.6	9762675	8.9
南京市	157938	6.4	20671	-4.5	34064189	20.2
无锡市	138987	9.0	16397	-2.4	53003864	9.7
徐州市	85766	7.0	9349	-34.9	19467044	16.4
常州市	80216	6.6	9778	-3.9	25040852	15.4
苏州市	229618	23.0	33326	-7.8	84646807	41.1
南通市	201178	13.3	30561	-3.3	59303779	20.6
连云港市	35188	7.6	4760	-22.9	11842692	13.7
淮安市	42756	4.2	11051	-13.2	14024038	16.3
盐城市	117932	8.9	35229	3.2	32269825	15.7
扬州市	59817	8.3	15831	1.4	23248095	12.5
镇江市	60181	13.8	9667	9.2	28645135	30.7
泰州市	50781	7.4	7401	-0.9	17150490	22.1
宿迁市	46420	22.3	13582	21.9	10600799	19.4

2012 年江苏省个体工商户注册情况分市表

项 目	户数（户）		注册资本（万元）	
	本期末	比上年底增（%）	本期末	比上年底增（%）
全省合计	3527847	6.8	32243977	14.5
南京市	277419	8.2	2278391	13.3
无锡市	229031	5.2	906384	13.1
徐州市	294847	10.0	1380258	28.2
常州市	182669	7.0	859789	21.8
苏州市	415030	8.4	2514339	15.3
南通市	492384	11.1	2039797	18.9
连云港市	114560	2.3	660791	21.0
淮安市	169373	-2.0	1825338	-11.6
盐城市	571440	-3.4	10643642	14.4
扬州市	162052	10.6	1391354	11.8
镇江市	163048	1.2	3750394	13.2
泰州市	179371	5.7	2957054	18.0
宿迁市	276623	31.0	1036445	48.2

2012 年江西省中小企业主要经济指标统计表（分地区）

地区	企业单位数（个）		资产合计（万元）		营业收入（万元）		税金总额（万元）		从业人员期末数（人）	
	中型	小型	中型	小型	中型	小型	中型	小型	中型	小型
全省	1250	5337	28346263	37288459	52684669	105885296	1942447	3538581	660453	874794
南昌市	157	814	4636412	6018129	8109526	14145361	198206	327859	78765	126673
景德镇市	47	237	1769453	1280843	2168696	4047399	85752	128168	23870	31151
萍乡市	43	549	792028	3868082	1413846	11635624	81216	565266	21863	126657
九江市	237	583	3704487	4772466	8328776	12657684	261171	324905	107624	110556
新余市	43	228	1683898	1678486	2397170	4532440	68012	127789	21642	26757
鹰潭市	22	151	1460654	1794977	1750514	7003181	32607	147553	15350	22128
赣州市	167	695	3474094	5726925	5204104	13702997	251504	467571	101535	110655
吉安市	164	484	2708305	2638678	7265498	10356652	304175	435825	88390	79141
宜春市	178	572	4282046	3701390	8038425	10334772	311579	414631	104801	98594
抚州市	81	586	1216252	2113622	2155833	7886418	63370	222474	40023	72489
上饶市	111	438	2618634	3694861	5852281	9582768	284855	376540	56590	69993

2012 年江西省中小企业主要经济指标统计表（分行业）

行业名称	企业单位数（个）		资产合计（万元）		营业收入（万元）		税金总额（万元）		从业人员期末数（人）	
	中型	小型	中型	小型	中型	小型	中型	小型	中型	小型
煤炭开采和洗选业	25	134	230746	459861	303350	1228748	29807	94918	18602	22747
石油和天然气开采业	0	0	0	0	0	0	0	0	0	0
黑色金属矿采选业	4	91	97378	587337	180833	1672579	7605	93123	1910	10355
有色金属矿采选业	25	111	853038	840437	760421	2379075	54744	102597	17560	17587
非金属矿采选业	4	87	95605	466715	113984	1025597	16990	49678	1385	10359
其他采矿业	0	0	0	0	0	0	0	0	0	0
农副食品加工业	45	259	1046200	1989076	3225372	6259382	56592	104144	22225	37621
食品制造业	42	98	788572	588704	2056991	1344354	85639	40781	21685	14500
酒、饮料和精制茶制造业	24	71	702985	864324	653870	1179463	50280	41831	14267	10196
烟草制品业	0	2	0	150222	0	108617	0	13352	0	428
纺织业	88	196	955115	1021381	2717463	2763117	98509	71554	43683	32116
纺织服装、服饰业	112	350	705315	892003	2551187	4054916	79030	138267	55083	68017
皮革、毛皮、羽毛及其制品和制鞋业	51	78	315055	353566	957763	1212213	26665	45484	36168	21436
木材加工和木、竹、藤、棕、草制品业	25	173	351112	796193	976319	2182971	36917	70376	15766	26614
家具制造业	8	69	42339	187003	233704	757699	7627	19568	3747	11519
造纸和纸制品业	15	128	548454	721878	732059	1865635	22790	60005	8258	20995
印刷和记录媒介复制业	11	63	246931	352756	272958	846951	7042	26844	4293	9365
文教、工美、体育和娱乐用品制造业	43	81	335223	280816	1365106	996383	45532	33280	25388	16145
石油加工、炼焦和核燃料加工业	6	10	285255	410454	445030	530691	16586	13015	2348	6485
化学原料和化学制品制造业	64	596	2005472	3515690	3397011	10853539	151847	409739	28272	87140
医药制造业	40	208	917237	1308070	1598611	3638438	87035	133344	18530	34139
化学纤维制造业	4	6	732167	52652	501724	203122	2640	7405	4261	1042
橡胶和塑料制品业	35	191	498095	721606	1372830	2675473	44652	82145	16923	28953
非金属矿物制品业	132	640	3947289	4144455	4764039	11199641	225856	451299	70436	112417
黑色金属冶炼和压延加工业	19	85	342028	1610256	1063975	4698981	33263	87181	7409	21952
有色金属冶炼和压延加工业	60	418	2499086	6018233	8078577	20297906	340200	697735	27519	62324
金属制品业	25	168	520990	793805	1219919	2809066	32515	91881	11992	23742
通用设备制造业	29	160	454192	808930	1047977	2389110	33598	78854	15666	24091
专用设备制造业	27	111	535636	594426	860028	1842615	34065	63934	13693	17362
汽车制造业	16	131	251823	535611	786910	2085363	19586	65422	7927	19073
铁路、船舶、航空航天和其他运输设备制造业	10	28	195164	202740	207850	317630	5624	6461	4336	4331
电气机械和器材制造业	89	259	2262154	2299323	3849887	6916762	109301	146697	45103	46089
计算机、通信和其他电子设备制造业	69	129	1028872	679462	2436104	2120440	55947	62117	48028	25830

续表

行业名称	企业单位数（个）		资产合计（万元）		营业收入（万元）		税金总额（万元）		从业人员期末数（人）	
	中型	小型	中型	小型	中型	小型	中型	小型	中型	小型
仪器仪表制造业	8	43	155503	179153	208420	498681	6643	18615	4473	6851
其他制造业	11	24	71637	33737	236104	135437	7576	3648	4917	2701
废弃资源综合利用业	2	24	106028	160747	34826	493878	82	21676	621	2847
金属制品、机械和设备修理业	0	2	0	3535	0	17181	0	881	0	208
电力、热力生产和供应业	74	65	3794683	2082592	3304982	1785960	99172	70989	34456	10506
燃气生产和供应业	2	22	159015	253067	125065	316613	8828	13237	1092	2915
水的生产和供应业	6	26	269873	327645	43420	181072	1662	6506	2431	3796

2012 年江西省非公有制经济主要经济指标统计表（分地区）

地区	企业单位数（个）	资产合计（亿元）	增加值合计（亿元）	出口创汇（亿美元）	税金总额（亿元）	从业人员期末数（万人）
合计	225897	6029.8049	7246.0500	251.1054	1163.9934	1303.53
南昌市	59282	1538.7833	1719.1754	64.6556	22.583	143.90
景德镇市	6993	134.6506	370.486	12.1266	43.6262	61.79
萍乡市	9059	171.1964	492.0538	11.0060	72.7511	72.12
九江市	26840	763.3442	891.0454	35.2589	120.3768	189.88
新余市	8712	332.9313	508.7186	14.2019	74.2849	38.22
鹰潭市	6188	164.0972	237.4154	8.0909	38.4550	39.31
赣州市	27580	755.6472	922.9864	28.3945	155.4901	265.30
吉安市	16425	340.6241	606.7831	14.9288	86.0944	111.40
宜春市	21273	656.9323	755.8257	25.7275	146.8181	173.99
抚州市	18066	310.2767	518.9038	10.4534	77.8557	97.45
上饶市	24443	677.9483	819.4369	26.2613	122.0243	200.66

2012 年河南省中小企业主要经济指标统计表（分地区）

地区	企业单位数（个）	营业收入（亿元）	增加值合计（亿元）	实交税金（亿元）	从业人员期末数（万人）
合计	416240	49332.49	15697.14	1438.20	1152.65
郑州市	101450	8000.00	3569.50	434.50	174.13
开封市	17789	2461.43	631.47	39.82	49.35
洛阳市	21182	3656.41	1220.88	134.19	72.82
平顶山	27160	2428.55	816.71	75.93	63.84
安阳市	9104	3919.42	993.19	118.72	63.30
鹤壁市	5042	769.01	237.91	31.69	17.43
新乡市	24846	2658.68	781.57	72.85	69.94
焦作市	8583	2852.32	816.85	62.36	41.96
濮阳市	14745	3279.43	944.80	64.86	60.27
许昌市	29486	3796.51	1126.97	101.35	81.28
漯河市	10127	1398.84	406.38	40.67	28.24
三门峡	4117	1354.58	374.99	39.84	17.83
南阳市	44675	4035.62	1297.62	76.15	122.24
商丘市	31584	2028.69	558.22	27.62	69.72
信阳市	22628	1794.83	578.45	22.80	72.62
周口市	26667	2512.95	660.96	36.68	65.95
驻马店	13070	1574.96	461.46	27.62	67.00
济源市	3985	810.26	219.21	30.55	14.73

2012年河南省非公有制经济主要经济指标统计表（分地区）

地区	企业单位数（个）	营业收入（亿元）	增加值合计（亿元）	实交税金（亿元）	从业人员期末数（万人）
合计	2780054	64844.48	20433.51	1808.13	2171.59
郑州市	369603	9451.50	3993.30	601.14	210.54
开封市	91980	2922.87	760.46	44.94	76.22
洛阳市	210959	5203.57	1663.95	181.16	151.55
平顶山	202689	3656.31	1313.89	96.52	114.92
安阳市	135254	4779.89	1193.87	126.35	106.80
鹤壁市	23427	941.58	327.24	40.23	73.79
新乡市	110332	3793.56	1197.71	86.30	111.53
焦作市	63701	3329.22	958.81	72.69	66.19
濮阳市	134096	3904.04	1050.36	72.45	99.74
许昌市	171103	4753.88	1445.63	96.98	140.11
漯河市	48513	1429.01	411.54	36.31	59.30
三门峡	68301	1411.26	406.55	42.30	43.50
南阳市	286682	5622.35	1797.95	112.02	239.62
商丘市	232194	3264.25	897.95	38.53	150.39
信阳市	231741	2784.73	876.01	26.33	154.52
周口市	134997	3278.20	892.34	50.29	121.73
驻马店	240399	3407.58	971.97	47.10	225.98
济源市	24083	910.68	273.98	36.49	25.16

2012 年河南省中小企业主要经济指标统计表（分行业）

行业代码	行业名称	企业单位数（个）	资产合计（亿元）	营业收入（亿元）	增加值合计（亿元）
0000	总计	416240	24991.09	49332.49	15697.14
0100	农业	15118	454.32	760.44	254.08
0600	煤炭开采和洗选业	635	—	2994.65	—
0700	石油和天然气开采业	3	—	327.26	—
0800	黑色金属矿采选业	142	—	179.17	—
0900	有色金属矿采选业	339	—	1337.28	—
1000	非金属矿采选业	238	—	357.25	—
1100	其他采矿业	—	—	—	—
1300	农副食品加工业	1909	—	4176.01	—
1400	食品制造业	644	—	1573.91	—
1500	饮料制造业	425	—	987.34	—
1600	烟草制品业	18	—	412.06	—
1700	纺织业	1001	—	1921.74	—
1800	纺织服装、鞋、帽制造业	422	—	566.7	—
1900	皮革、毛皮、羽毛（绒）及其制品业	441	—	907.24	—
2000	木材加工及木、竹、藤、棕、草制品业	542	—	626.96	—
2100	家具制造业	290	—	404.84	—
2200	造纸及纸制品业	387	—	898.28	—
2300	印刷业和记录媒介的复制	189	—	240.26	—
2400	文教体育用品制造业	271	—	458.76	—
2500	石油加工、炼焦及核燃料加工业	97	—	1287.26	—
2600	化学原料及化学制品制造业	1048	—	2698.62	—
2700	医药制造业	390	—	1084.26	—
2800	化学纤维制造业	40	—	93.94	—
2900	橡胶制品业	—	—	—	—
3000	塑料制品业	—	—	—	—
3100	非金属矿物制品业	2981	—	5530.11	—
3200	黑色金属冶炼及压延加工业	585	—	2926.47	—
3300	有色金属冶炼及压延加工业	437	—	3769.09	—
3400	金属制品业	671	—	1292.67	—
3500	通用设备制造业	833	—	1664.89	—
3600	专用设备制造业	1089	—	2546.01	—
3700	交通运输设备制造业	—	—	—	—
3900	电气机械及器材制造业	595	—	1739.71	—

续表

行业代码	行业名称	企业单位数（个）	资产合计（亿元）	营业收入（亿元）	增加值合计（亿元）
4000	通信设备、计算机及其他电子设备制造业	195	—	1691.6	—
4100	仪器仪表及文化、办公用机械制造业	148	—	202.36	—
4200	工艺品及其他制造业	48	—	109.7	—
4300	废弃资源和废旧材料回收加工业	45	—	61.88	—
4400	电力、热力的生产和供应业	227	—	2886.98	—
4500	燃气生产和供应业	45	—	161.22	—
4600	水的生产和供应业	42	—	32.75	—
E	建筑业	16363	1168	2533.04	763.96
F	交通运输、仓储及邮政业	23941	562.89	1210.15	468.83
G	信息传输、计算机服务和软件业	1882	107.86	270.88	185.68
H	批发和零售业	74402	1867.75	4132.57	1291.17
I	住宿和餐饮业	40916	854.84	1772.97	595.73
J	金融业	—	—	—	—
K	房地产业	1840	258.11	508.41	189.45
L	租赁和商务服务业	12555	153.62	326.9	130.34
	其它行业 *	22639	604.47	1046.01	399.18

2012 年湖北省规模以上工业主要指标（分地区）

地区代码	地区名称	亏损企业			年初存货			流动资产合计		
		2012 年（个）	上年同期（个）	增减（%）	2012 年（亿元）	上年同期（亿元）	增减（%）	2012 年（亿元）	上年同期（亿元）	增减（%）
420000	湖北	1115	965	15.5	1660.27	1052.64	57.7	11746.99	10284.03	14.2
420100	武汉	328	300	9.3	569.03	383.75	48.3	4601.62	4069.76	13.1
420200	黄石	69	73	-5.5	138.41	107.92	28.3	746.42	633.70	17.8
420300	十堰	134	111	20.7	91.99	56.13	63.9	1369.24	1335.16	2.6
420500	宜昌	93	80	16.3	193.27	136.52	41.6	1197.60	1090.58	9.8
420600	襄阳	128	99	29.3	150.39	88.27	70.4	923.14	786.71	17.3
420700	鄂州	24	20	20.0	63.13	18.71	237.4	175.20	172.95	1.3
420800	荆门	57	38	50.0	122.30	83.55	46.4	392.93	341.71	15.0
420900	孝感	54	37	46.0	53.59	26.04	105.8	431.04	348.62	23.6
421000	荆州	48	42	14.3	82.82	57.83	43.2	415.52	365.36	13.7
421100	黄冈	70	59	18.6	52.50	18.12	189.7	271.93	227.16	19.7
421200	咸宁	42	49	-14.3	26.03	10.36	151.3	264.32	214.89	23.0
421300	随州	15	15	0.0	21.71	12.33	76.1	184.04	154.46	19.2
422800	恩施	21	13	61.5	8.23	3.54	132.5	79.82	66.68	19.7
429004	仙桃	14	12	16.7	22.02	12.74	72.8	155.14	118.92	30.5
429005	潜江	13	10	30.0	50.13	31.30	60.2	367.94	197.62	86.2
429006	天门	2	4	-50.0	13.72	4.91	179.4	154.78	143.19	8.1
429021	林区	3	3	0.0	1.01	0.61	65.6	16.30	16.56	-1.6

续表

地区代码	地区名称	其中：应收账款			存货			其中：产成品			资产合计		
		2012 年（个）	上年同期（个）	增减（%）	2012 年（亿元）	上年同期（亿元）	增减（%）	2012 年（亿元）	上年同期（亿元）	增减（%）	2012 年（亿元）	上年同期（亿元）	增减（%）
420000	湖北	2288.68	1810.58	26.4	3017.45	2656.01	13.6	1079.81	994.58	8.6	25720.50	22803.60	12.8
420100	武汉	1041.66	784.81	32.7	1322.05	1177.73	12.3	381.67	345.98	10.3	9410.97	8299.13	13.4
420200	黄石	93.34	76.95	21.3	183.15	167.92	9.1	56.18	56.83	-1.1	1458.59	1303.02	11.9
420300	十堰	155.80	144.11	8.1	136.13	145.53	- 6.5	79.12	93.11	-15.0	2531.51	2497.55	1.4
420500	宜昌	198.11	165.55	19.7	289.43	236.71	22.3	113.70	96.83	17.4	4187.84	3847.42	8.9
420600	襄阳	242.56	197.55	22.8	264.94	212.08	24.9	102.63	93.86	9.3	1724.17	1481.85	16.4
420700	鄂州	32.56	27.34	19.1	58.37	69.17	-15.6	23.73	26.96	-12.0	486.98	473.73	2.8
420800	荆门	57.89	47.35	22.3	146.67	131.60	11.5	57.68	53.40	8.0	907.47	792.43	14.5
420900	孝感	91.33	76.67	19.1	126.78	101.80	24.5	41.28	36.84	12.1	938.47	851.23	10.3
421000	荆州	96.01	82.73	16.1	140.36	125.46	11.9	66.68	59.9	11.3	778.62	664.48	17.2
421100	黄冈	60.63	45.09	34.5	93.77	80.52	16.5	45.13	37.69	19.7	608.97	525.27	15.9
421200	咸宁	49.44	40.30	22.7	50.33	43.32	16.2	25.12	21.11	19.0	515.80	424.55	21.5
421300	随州	46.34	39.73	16.6	55.85	44.89	24.4	26.60	22.68	17.3	378.18	300.04	26.0
422800	恩施	15.95	9.51	67.7	15.03	10.44	44.0	7.48	5.46	37.0	336.42	321.30	4.7
429004	仙桃	34.60	23.59	46.7	39.67	29.27	35.5	19.42	14.11	37.6	315.08	236.88	33.0
429005	潜江	51.66	40.37	28.0	72.89	58.50	24.6	25.47	18.72	36.1	696.72	473.20	47.2
429006	天门	20.51	8.86	131.5	21.11	20.08	5.1	7.63	10.28	-25.8	408.05	276.48	47.6
429021	林区	0.31	0.08	287.5	0.90	1.01	-10.9	0.29	0.83	-65.1	36.66	35.04	4.6

续表

地区代码	地区名称	负债合计			营业收入			其中：主营业务收入			营业成本		
		2012 年（个）	上年同期（个）	增减（%）	2012 年（亿元）	上年同期（亿元）	增减（%）	2012 年（亿元）	上年同期（亿元）	增减（%）	2012 年（亿元）	上年同期（亿元）	增减（%）
420000	湖北	14957.76	13565.23	10.3	31861.13	27089.95	17.6	31372.82	26700.74	17.5	27299.66	23078.73	18.3
420100	武汉	5924.06	5183.56	14.3	9549.00	8895.89	7.3	9440.52	8793.99	7.4	8167.81	7458.66	9.5
420200	黄石	927.12	851.51	8.9	2206.80	1709.18	29.1	2056.11	1636.44	25.7	2015.29	1515.71	33.0
420300	十堰	1368.89	1430.30	-4.3	1318.50	1348.36	-2.2	1240.97	1249.40	-0.7	1178.31	1210.87	-2.7
420500	宜昌	2554.21	2390.01	6.9	3745.50	3035.38	23.4	3715.40	3009.35	23.5	3072.63	2517.50	22.1
420600	襄阳	946.83	809.23	17.0	3348.44	2582.22	29.7	3301.17	2542.54	29.8	2924.72	2288.16	27.8
420700	鄂州	302.93	298.22	1.6	1014.86	879.30	15.4	1013.63	877.53	15.5	937.99	803.99	16.7
420800	荆门	456.53	424.40	7.6	2117.21	1745.16	21.3	2110.26	1733.60	21.7	1819.60	1498.62	21.4
420900	孝感	461.32	399.75	15.4	1754.68	1418.81	23.7	1748.63	1417.29	23.4	1466.38	1178.76	24.4
421000	荆州	404.50	370.72	9.1	1347.45	1101.67	22.3	1342.30	1094.33	22.7	1183.12	961.43	23.1
421100	黄冈	287.72	291.29	-1.2	1047.48	851.04	23.1	1043.24	846.18	23.3	914.95	736.65	24.2
421200	咸宁	260.96	215.30	21.2	1111.11	865.43	28.4	1108.38	863.08	28.4	942.55	747.12	26.2
421300	随州	178.55	144.05	24.0	860.18	708.90	21.3	857.53	697.74	22.9	699.62	574.05	21.9
422800	恩施	211.98	203.28	4.3	248.59	201.31	23.5	245.44	199.98	22.7	200.24	161.75	23.8
429004	仙桃	142.79	118.62	20.4	801.58	627.27	27.8	798.47	624.53	27.9	620.63	487.15	27.4
429005	潜江	303.74	260.89	16.4	846.58	673.98	25.6	807.88	668.97	20.8	738.15	577.29	27.9
429006	天门	196.03	144.85	35.3	532.56	437.46	21.7	532.26	437.20	21.7	411.94	355.98	15.7
429021	林区	29.61	29.26	1.2	10.62	8.58	23.8	10.62	8.58	23.8	5.74	5.05	13.7

续表

地区代码	地区名称	其中：主营业务成本			营业税金及附加			其中：主营业务税金及附加		
		2012 年（亿元）	上年同期（亿元）	增减（%）	2012 年（亿元）	上年同期（亿元）	增减（%）	2012 年（亿元）	上年同期（亿元）	增减（%）
420000	湖北	26798.51	22722.06	17.9	641.46	571.67	12.2	632.42	559.32	13.1
420100	武汉	8060.86	7366.06	9.4	406.78	363.02	12.1	403.20	359.64	12.1
420200	黄石	1868.28	1465.36	27.5	11.73	9.13	28.5	10.54	8.75	20.5
420300	十堰	1097.33	1104.07	-0.6	8.81	6.51	35.3	8.71	6.45	35.0
420500	宜昌	3037.39	2475.49	22.7	28.78	26.35	9.2	28.07	24.41	15.0
420600	襄阳	2870.28	2255.33	27.3	19.83	18.89	5.0	19.41	16.23	19.6
420700	鄂州	937.18	802.69	16.8	5.71	4.57	25.0	5.70	4.55	25.3
420800	荆门	1812.75	1492.24	21.5	60.36	54.16	11.5	60.27	54.16	11.3
420900	孝感	1459.83	1176.76	24.1	24.70	21.88	12.9	24.65	21.17	16.4
421000	荆州	1174.97	954.50	23.1	8.92	7.46	19.6	8.89	7.38	20.5
421100	黄冈	907.89	732.78	23.9	9.10	9.17	-0.8	8.01	6.88	16.4
421200	咸宁	938.40	743.81	26.2	10.16	7.80	30.3	10.04	7.80	28.7
421300	随州	698.38	572.92	21.9	6.34	5.67	11.8	6.27	5.52	13.6
422800	恩施	198.19	160.47	23.5	2.74	2.21	24.0	2.73	2.14	27.6
429004	仙桃	619.25	485.28	27.6	4.81	4.92	-2.2	4.06	4.36	-6.9
429005	潜江	700.66	574.31	22.0	27.81	25.87	7.5	26.97	25.83	4.4
429006	天门	411.72	355.59	15.8	4.03	3.39	18.9	4.02	3.39	18.6
429021	林区	5.15	4.42	16.5	0.87	0.67	29.9	0.87	0.67	29.9

续表

地区代码	地区名称	销售费用			管理费用			其中：税金		
		2012 年（亿元）	上年同期（亿元）	增减（%）	2012 年（亿元）	上年同期（亿元）	增减（%）	2012 年（亿元）	上年同期（亿元）	增减（%）
420000	湖北	877.54	722.24	21.5	1140.45	964.77	18.2	51.86	38.62	34.3
420100	武汉	283.12	240.20	17.9	403.58	372.81	8.3	8.92	7.27	22.7
420200	黄石	43.05	38.07	13.1	61.10	47.79	27.9	2.77	2.06	34.5
420300	十堰	46.89	39.20	19.6	82.27	77.96	5.5	6.29	5.92	6.3
420500	宜昌	110.64	89.63	23.4	120.37	92.07	30.7	9.30	5.25	77.1
420600	襄阳	63.34	49.32	28.4	89.48	68.19	31.2	4.56	3.36	35.7
420700	鄂州	13.68	10.35	32.2	22.29	17.43	27.9	1.37	1.37	0.0
420800	荆门	48.24	40.13	20.2	58.09	47.28	22.9	2.43	1.63	49.1
420900	孝感	52.95	38.36	38.0	62.08	45.29	37.1	5.16	3.55	45.4
421000	荆州	44.50	39.67	12.2	38.54	33.63	14.6	1.70	1.31	29.8
421100	黄冈	23.85	19.85	20.2	24.87	20.41	21.8	2.21	1.77	24.9
421200	咸宁	24.76	19.98	23.9	26.78	21.04	27.3	1.30	0.95	36.8
421300	随州	26.48	22.66	16.9	27.00	22.29	21.1	1.08	0.72	50.0
422800	恩施	7.86	6.06	29.7	12.50	10.47	19.4	0.37	0.25	48.0
429004	仙桃	51.96	41.85	24.2	48.58	37.38	30.0	2.78	1.90	46.3
429005	潜江	11.92	9.42	26.5	30.66	29.37	4.4	0.84	1.10	-23.6
429006	天门	24.00	16.97	41.4	31.25	20.76	50.5	0.68	0.09	655.6
429021	林区	0.29	0.52	-44.2	1.01	0.60	68.3	0.09	0.12	-25.0

续表

地区代码	地区名称	财务费用			其中：利息收入			利息支出		
		2012 年（亿元）	上年同期（亿元）	增减（%）	2012 年（亿元）	上年同期（亿元）	增减（%）	2012 年（亿元）	上年同期（亿元）	增减（%）
420000	湖北	426.17	338.08	26.1	15.35	13.83	11.0	371.23	319.06	16.4
420100	武汉	104.05	76.33	36.3	0.04	-0.80	-105.0	100.03	91.17	9.7
420200	黄石	22.88	19.56	17.0	4.27	2.43	75.7	16.90	14.89	13.5
420300	十堰	12.86	9.68	32.9	5.71	8.19	-30.3	17.09	14.92	14.5
420500	宜昌	106.50	93.37	14.1	1.33	0.67	98.5	100.53	86.60	16.1
420600	襄阳	27.94	21.28	31.3	1.82	1.59	14.5	23.32	19.07	22.3
420700	鄂州	8.10	8.00	1.3	0.07	0.25	-72.0	9.19	7.01	31.1
420800	荆门	20.97	16.57	26.6	0.19	0.11	72.7	17.77	14.53	22.3
420900	孝感	27.52	18.82	46.2	0.42	0.40	5.0	13.15	10.90	20.6
421000	荆州	13.89	11.79	17.8	0.03	0.21	-85.7	10.61	9.07	17.0
421100	黄冈	14.33	11.39	25.8	0.20	0.10	100.0	9.44	8.37	12.8
421200	咸宁	9.74	6.80	43.2	0.08	-0.02	-500.0	7.28	6.46	12.7
421300	随州	12.92	10.69	20.9	0.14	0.07	100.0	7.45	5.81	28.2
422800	恩施	8.51	7.55	12.7	0.20	0.13	53.9	8.32	7.05	18.0
429004	仙桃	8.88	6.86	29.5	0.11	0.01	1000.0	7.87	6.11	28.8
429005	潜江	10.08	6.94	45.2	0.42	0.48	-12.5	7.82	5.79	35.1
429006	天门	15.40	11.09	38.9	0.29	0.01	2800.0	13.24	10.22	29.6
429021	林区	1.60	1.37	16.8	0.03	0.01	200.0	1.19	1.08	10.2

续表

地区代码	地区名称	投资收益			营业利润			利润总额		
		2012 年（亿元）	上年同期（亿元）	增减（%）	2012 年（亿元）	上年同期（亿元）	增减（%）	2012 年（亿元）	上年同期（亿元）	增减（%）
420000	湖北	204.73	232.81	-12.1	1524.08	1361.40	12.0	1602.90	1449.30	10.6
420100	武汉	10.82	6.49	66.7	327.44	334.12	-2.0	363.19	358.56	1.3
420200	黄石	2.95	3.32	-11.1	51.71	62.26	-17.0	60.91	66.04	-7.8
420300	十堰	147.30	186.53	-21.0	143.01	189.47	-24.5	149.65	191.35	-21.8
420500	宜昌	15.51	13.45	15.3	280.63	219.86	27.6	292.48	242.95	20.4
420600	襄阳	5.57	10.78	-48.3	121.32	102.82	18.0	131.30	112.14	17.1
420700	鄂州	0.62	0.34	82.4	19.38	20.37	-4.9	22.46	21.24	5.7
420800	荆门	4.03	0.84	379.8	101.22	73.08	38.5	102.53	77.52	32.3
420900	孝感	1.77	0.28	532.1	93.91	74.18	26.6	92.75	76.00	22.0
421000	荆州	7.23	5.92	22.1	56.81	48.19	17.9	57.73	49.35	17.0
421100	黄冈	1.00	0.35	185.7	35.48	34.34	3.3	34.44	35.24	-2.3
421200	咸宁	0.34	0.32	6.3	72.19	55.62	29.8	70.86	60.77	16.6
421300	随州	6.62	3.57	85.4	77.75	46.07	68.8	79.13	51.34	54.1
422800	恩施	0.21	0.11	90.9	14.27	12.00	18.9	15.00	12.59	19.1
429004	仙桃	0.41	0.30	36.7	64.58	48.27	33.8	65.41	51.77	26.4
429005	潜江	0.34	0.21	61.9	16.59	10.42	59.2	17.13	11.83	44.8
429006	天门	0.00	0.00	-100.0	46.13	29.33	57.3	46.26	29.46	57.0
429021	林区	0.00	0.00	-100.0	1.66	0.99	67.7	1.67	1.17	42.7

续表

地区代码	地区名称	亏损企业亏损总额			税金总额			本年应付职工薪酬		
		2012 年（亿元）	上年同期（亿元）	增减（%）	2012 年（亿元）	上年同期（亿元）	增减（%）	2012 年（亿元）	上年同期（亿元）	增减（%）
420000	湖北	154.27	132.58	16.4	1402.21	1179.40	18.9	1161.00	937.16	23.9
420100	武汉	66.60	57.19	16.4	658.00	592.49	11.1	446.81	378.54	18.0
420200	黄石	7.79	6.74	15.6	49.67	35.88	38.4	51.14	45.29	12.9
420300	十堰	5.51	3.19	72.7	25.41	21.81	16.5	62.18	53.56	16.1
420500	宜昌	14.34	5.62	155.2	161.63	109.98	47.0	101.99	73.31	39.1
420600	襄阳	9.07	9.13	-0.7	77.06	61.07	26.2	87.65	69.30	26.5
420700	鄂州	13.42	11.15	20.4	21.69	20.98	3.4	24.13	21.88	10.3
420800	荆门	9.31	16.97	-45.1	105.91	87.46	21.1	45.61	37.77	20.8
420900	孝感	3.87	3.38	14.5	62.31	50.31	23.9	61.52	45.62	34.9
421000	荆州	5.48	5.48	0.0	31.65	28.31	11.8	39.93	32.57	22.6
421100	黄冈	4.90	1.57	212.1	27.08	21.91	23.6	32.67	24.75	32.0
421200	咸宁	1.58	1.24	27.4	29.24	25.12	16.4	28.17	22.53	25.0
421300	随州	1.38	0.73	89.0	34.26	27.56	24.3	28.01	19.97	40.3
422800	恩施	1.10	0.23	378.3	11.01	9.21	19.5	11.71	9.73	20.3
429004	仙桃	2.18	5.66	-61.5	35.95	25.36	41.8	30.28	25.02	21.0
429005	潜江	7.10	3.86	83.9	44.24	40.61	8.9	64.64	50.89	27.0
429006	天门	0.03	0.05	-40.0	25.04	19.65	27.4	44.29	26.18	69.2
429021	林区	0.62	0.38	63.2	2.07	1.70	21.8	0.27	0.23	17.4

续表

地区代码	地区名称	应交增值税			土地和固定资产支出			从业人员平均人数		
		2012 年（亿元）	上年同期（亿元）	增减（%）	2012 年（亿元）	上年同期（亿元）	增减（%）	2012 年（万人）	上年同期（万人）	增减（%）
420000	湖北	769.78	620.08	24.1	464.20	373.13	24.4	294.18	273.54	7.6
420100	武汉	254.80	232.85	9.4	126.18	113.37	11.3	74.11	71.57	3.6
420200	黄石	39.13	27.13	44.2	25.73	27.81	-7.5	16.51	16.34	1.0
420300	十堰	16.70	15.37	8.7	24.89	6.78	267.1	15.83	15.35	3.1
420500	宜昌	133.56	85.57	56.1	64.73	90.36	-28.4	29.43	26.39	11.5
420600	襄阳	57.65	44.84	28.6	61.93	33.83	83.1	27.69	24.79	11.7
420700	鄂州	15.99	16.42	-2.6	7.65	4.24	80.4	7.55	7.18	5.1
420800	荆门	45.64	33.30	37.1	34.13	17.15	99.0	14.35	13.13	9.4
420900	孝感	37.66	29.13	29.3	16.70	13.93	19.9	21.92	19.35	13.3
421000	荆州	22.76	20.93	8.7	16.74	7.63	119.4	13.80	13.03	5.9
421100	黄冈	19.07	15.03	26.9	12.17	5.28	130.5	14.21	13.08	8.6
421200	咸宁	19.20	17.32	10.9	9.71	8.08	20.2	11.26	10.65	5.7
421300	随州	27.98	22.04	27.0	5.91	2.85	107.4	9.35	8.38	11.6
422800	恩施	8.28	7.07	17.1	8.60	2.89	197.6	3.72	3.62	2.6
429004	仙桃	31.90	21.00	51.9	4.21	2.31	82.3	11.78	10.42	13.1
429005	潜江	17.27	14.78	16.9	41.46	34.34	20.7	12.28	12.28	0.0
429006	天门	21.01	16.26	29.2	0.95	0.21	352.4	10.31	7.89	30.7
429021	林区	1.20	1.04	15.4	2.5	2.07	20.8	0.08	0.09	-2.3

2012 年湖北省规模以上

指标代码	指标名称	企业单位数	亏损企业		
		2012 年（个）	2012 年（个）	上年同期（个）	增减（%）
01	总计	11334	1115	965	15.5
02	在总计中：1. 国有企业	275	63	56	12.5
03	2. 集体企业	169	18	12	50.0
04	3. 股份合作制企业	102	4	6	-33.3
05	4. 股份制企业	8420	814	695	17.1
06	5. 外商及港澳台投资企业	779	153	137	11.7
07	6. 其它企业	1589	63	59	6.8
08	在总计中：亏损企业	1115	1115	611	82.5
09	在总计中：国有控股企业	664	139	127	9.5
10	其中：亏损企业	139	139	88	58.0
11	其中：中央企业	26	26	17	52.9
12	在总计中：新建企业	820	58	16	262.5
13	在总计中：大中型工业	1791	280	227	23.4
14	其中：国有控股企业	328	79	72	9.7
15	其中：亏损企业	79	79	51	54.9
16	在总计中：1. 国有控股	664	139	127	9.5
17	2. 集体控股	369	46	34	35.3
18	3. 私人控股	9117	740	642	15.3
19	4. 港澳台商控股	261	51	45	13.3
20	5. 外商控股	280	62	59	5.1
21	6. 其他	642	77	57	35.1

工业主要指标（分组）

年初存货			流动资产合计			其中：应收账款			存货		
2012年（亿元）	上年同期（亿元）	增减（%）	2012年（亿元）	上年同期（亿元）	增减（%）	2012年（亿元）	上年同期（亿元）	增减（%）	2012年（亿元）	上年同期（亿元）	增减（%）
1660.27	1052.64	57.7	11746.99	10284.03	14.2	2288.68	1810.58	26.4	3017.45	2656.01	13.6
312.60	184.69	69.3	2346.10	2171.80	8.0	362.11	253.91	42.6	881.44	779.56	13.1
6.35	2.74	131.8	40.12	38.64	3.8	9.16	9.44	-3.0	10.00	10.14	-1.4
3.63	2.45	48.2	43.89	32.97	33.1	13.12	9.67	35.7	9.99	8.28	20.7
998.80	611.59	63.3	6411.17	5275.15	21.5	1366.89	1047.09	30.5	1617.59	1368.24	18.2
293.06	229.23	27.9	2525.32	2498.37	1.1	451.66	431.03	4.8	406.21	418.49	-2.9
45.82	21.95	108.8	380.40	267.10	42.4	85.73	59.44	44.2	92.21	71.29	29.3
306.19	178.48	71.5	1403.09	1259.47	11.4	289.54	236.99	22.2	426.35	403.78	5.6
790.56	514.37	53.7	5456.40	5160.94	5.7	869.79	715.81	21.5	1509.77	1366.28	10.5
163.05	85.67	90.3	552.81	532.25	3.9	117.87	88.36	33.4	195.18	183.56	6.3
105.37	46.19	128.1	260.53	285.65	-8.8	63.21	47.54	33.0	112.72	107.71	4.7
15.92	3.48	357.5	270.22	59.78	352.0	50.96	9.60	430.8	72.54	17.83	306.8
1258.31	854.56	47.3	8702.76	7909.94	10.0	1515.82	1223.52	23.9	2211.92	2041.58	8.3
752.91	494.22	52.3	5198.95	4943.22	5.2	805.12	658.20	22.3	1443.92	1313.99	9.9
154.60	81.47	89.8	496.57	491.39	1.1	107.02	77.35	38.4	176.02	172.93	1.8
790.56	514.37	53.7	5456.40	5160.94	5.7	869.79	715.81	21.5	1509.77	1366.28	10.5
34.69	24.75	40.2	278.34	247.00	12.7	68.76	59.22	16.1	66.29	59.05	12.3
587.52	318.67	84.4	4355.91	3389.49	28.5	932.23	674.41	38.2	1087.90	883.68	23.1
82.20	76.85	7.0	471.18	416.19	13.2	120.52	106.51	13.2	98.80	111.45	-11.3
64.76	43.82	47.8	569.88	540.65	5.4	168.92	147.89	14.2	109.84	106.22	3.4
100.55	74.18	35.6	614.86	529.51	16.1	128.35	106.68	20.3	144.83	129.33	12.0

指标代码	指标名称	其中：产成品			资产合计			负债合计			营业收入		
		2012年（亿元）	上年同期（亿元）	增减（%）	2012年（亿元）	上年同期（亿元）	增减（%）	2012年（亿元）	上年同期（亿元）	增减（%）	2012年（亿元）	上年同期（亿元）	增减（%）
01	总计	1079.81	994.58	8.6	25720.50	22803.60	12.8	14957.76	13565.23	10.3	31861.13	27089.95	17.6
02	在总计中：1. 国有企业	191.67	169.26	13.2	7557.02	6980.30	8.3	4740.03	4410.79	7.5	5546.08	5264.27	5.4
03	2. 集体企业	6.51	5.91	10.2	83.73	76.64	9.3	45.19	40.06	12.8	263.40	220.18	19.6
04	3. 股份合作制企业	4.12	3.01	36.9	75.63	54.95	37.6	28.95	21.03	37.7	112.10	88.53	26.6
05	4. 股份制企业	667.48	576.69	15.7	12736.50	10717.92	18.8	7012.25	6016.85	16.5	18650.83	14962.94	24.7
06	5. 外商及港澳台投资企业	163.61	201.38	-18.8	4522.01	4412.90	2.5	2817.10	2814.04	0.1	5158.61	4922.98	4.8
07	6. 其它企业	46.42	38.33	21.1	745.62	560.89	32.9	314.24	262.45	19.7	2130.12	1631.04	30.6
08	在总计中：亏损企业	165.71	160.56	3.2	3121.05	2753.89	13.3	2224.96	1926.48	15.5	3012.20	2925.56	3.0
09	在总计中：国有控股企业	426.30	399.11	6.8	13921.93	13136.19	6.0	8649.95	8279.92	4.5	11208.48	10333.49	8.5
10	其中：亏损企业	62.89	61.05	3.0	1550.75	1376.50	12.7	1091.39	952.43	14.6	1517.75	1512.39	0.4
11	其中：中央企业	22.95	25.12	-8.6	897.21	793.56	13.1	588.48	543.39	8.3	1117.28	1138.66	-1.9
12	在总计中：新建企业	37.20	8.78	323.7	629.92	139.25	352.4	322.53	77.45	316.4	726.26	108.61	568.7
13	在总计中：大中型工业	704.52	694.19	1.5	19892.72	18229.60	9.1	12031.09	11129.33	8.1	19830.80	17974.46	10.3
14	其中：国有控股企业	394.31	377.88	4.4	13301.35	12598.23	5.6	8256.08	7929.02	4.1	10587.57	9819.00	7.8
15	其中：亏损企业	53.18	58.83	-9.6	1424.87	1288.38	10.6	995.09	885.74	12.4	1437.16	1453.72	-1.1
16	在总计中：1. 国有控股	426.30	399.11	6.8	13921.93	13136.19	6.0	8649.95	8279.92	4.5	11208.48	10333.49	8.5
17	2. 集体控股	30.59	27.60	10.8	453.57	399.30	13.6	255.06	217.89	17.1	824.26	733.58	12.4
18	3. 私人控股	491.38	419.85	17.0	8123.06	6407.06	26.8	4305.81	3425.18	25.7	15741.74	12439.19	26.6
19	4. 港澳台商控股	32.73	48.25	-32.2	944.79	857.25	10.2	496.47	497.36	-0.2	1379.75	1178.63	17.1
20	5. 外商控股	35.11	40.29	-12.9	1183.38	1090.86	8.5	674.78	647.30	4.3	1252.74	1194.67	4.9
21	6. 其他	63.70	59.47	7.1	1093.15	912.43	19.8	575.25	497.28	15.7	1453.84	1210.09	20.1

续表

其中：主营业务收入			营业成本			其中：主营业务成本			营业税金及附加		
2012 年（亿元）	上年同期（亿元）	增减（%）	2012 年（亿元）	上年同期（亿元）	增减（%）	2012 年（亿元）	上年同期（亿元）	增减（%）	2012 年（亿元）	上年同期（亿元）	增减（%）
31372.82	26700.74	17.5	27299.66	23078.73	18.3	26798.51	22722.06	17.9	641.46	571.67	12.2
5483.05	5212.83	5.2	4750.05	4427.22	7.3	4693.19	4387.27	7.0	324.30	280.62	15.6
262.06	218.56	19.9	226.57	189.53	19.5	225.47	187.87	20.0	4.51	4.08	10.5
111.41	85.11	30.9	90.42	72.17	25.3	89.47	69.93	27.9	2.27	1.33	70.7
18490.88	14830.41	24.7	16141.77	12883.67	25.3	15959.16	12759.95	25.1	196.78	187.33	5.0
4897.33	4725.50	3.6	4280.30	4112.59	4.1	4023.44	3925.19	2.5	90.02	78.71	14.4
2128.09	1628.32	30.7	1810.55	1393.54	29.9	1807.78	1391.84	29.9	23.59	19.59	20.4
2932.15	2866.99	2.3	2776.77	2621.73	5.9	2698.55	2589.07	4.2	113.52	114.93	-1.2
10951.83	10109.17	8.3	9575.56	8721.51	9.8	9307.52	8489.86	9.6	468.72	420.31	11.5
1463.50	1499.65	-2.4	1371.51	1349.05	1.7	1317.83	1335.10	-1.3	103.55	104.46	-0.9
1074.32	1132.52	-5.1	987.14	999.01	-1.2	944.86	991.40	-4.7	95.55	102.09	-6.4
718.69	108.06	565.1	626.47	93.29	571.5	618.23	92.52	568.2	6.63	0.80	728.8
19401.20	17650.13	9.9	16949.48	15246.06	11.2	16510.69	14943.35	10.5	536.29	476.59	12.5
10348.76	9614.44	7.6	9050.20	8289.69	9.2	8800.30	8078.65	8.9	461.91	414.63	11.4
1385.57	1441.45	-3.9	1297.21	1297.53	0.0	1246.28	1286.35	-3.1	103.15	104.14	-1.0
10951.83	10109.17	8.3	9575.56	8721.51	9.8	9307.52	8489.86	9.6	468.72	420.31	11.5
818.05	729.04	12.2	706.74	626.24	12.9	701.32	622.80	12.6	9.59	8.95	7.2
15681.06	12353.23	26.9	13518.15	10659.87	26.8	13458.55	10608.96	26.9	134.10	119.07	12.6
1249.96	1138.75	9.8	1222.93	1040.12	17.6	1093.27	1004.09	8.9	5.63	4.74	18.8
1235.41	1175.86	5.1	1023.02	977.75	4.6	1006.60	963.11	4.5	13.01	10.39	25.2
1436.18	1194.37	20.3	1252.97	1052.92	19.0	1230.94	1032.94	19.2	10.41	8.21	26.8

指标代码	指标名称	其中：主营业务税金及附加			销售费用			管理费用			其中：税金		
		2012 年（亿元）	上年同期（亿元）	增减（%）	2012 年（亿元）	上年同期（亿元）	增减（%）	2012 年（亿元）	上年同期（亿元）	增减（%）	2012 年（亿元）	上年同期（亿元）	增减（%）
01	总计	632.42	559.32	13.1	877.54	722.24	21.5	1140.45	964.77	18.2	51.86	38.62	34.3
02	在总计中：1. 国有企业	323.93	280.25	15.6	81.63	71.16	14.7	212.12	209.42	1.3	5.03	4.16	20.9
03	2. 集体企业	4.38	4.05	8.2	4.72	3.94	19.8	9.40	8.05	16.8	0.70	0.84	-16.7
04	3. 股份合作制企业	1.62	1.25	29.6	4.12	3.00	37.3	4.74	3.21	47.7	0.07	0.05	40.0
05	4. 股份制企业	193.91	178.25	8.8	531.25	418.24	27.0	654.75	513.86	27.4	35.40	23.29	52.0
06	5. 外商及港澳台投资企业	87.40	77.69	12.5	202.25	182.70	10.7	204.56	187.47	9.1	7.38	8.11	-9.0
07	6. 其它企业	21.19	17.82	18.9	53.58	43.20	24.0	54.88	42.76	28.3	3.28	2.17	51.2
08	在总计中：亏损企业	110.40	113.19	-2.5	75.98	68.81	10.4	129.15	125.12	3.2	8.64	7.21	19.8
09	在总计中：国有控股企业	465.10	419.57	10.9	250.46	217.56	15.1	463.62	438.17	5.8	14.13	13.66	3.4
10	其中：亏损企业	100.52	104.42	-3.7	31.55	24.31	29.8	68.87	68.75	0.2	3.12	3.14	-0.6
11	其中：中央企业	95.46	102.07	-6.5	8.26	8.00	3.3	44.12	48.48	-9.0	1.57	1.61	-2.5
12	在总计中：新建企业	6.00	0.78	669.2	18.07	2.88	527.4	25.09	4.40	470.2	1.35	0.14	864.3
13	在总计中：大中型工业	530.29	473.75	11.9	565.69	492.09	15.0	764.47	689.61	10.9	30.97	26.67	16.1
14	其中：国有控股企业	458.39	414.11	10.7	231.35	205.30	12.7	433.19	416.19	4.1	12.90	12.68	1.7
15	其中：亏损企业	100.12	104.12	-3.8	29.82	22.67	31.5	63.70	64.97	-2.0	2.77	2.91	-4.8
16	在总计中：1. 国有控股	465.10	419.57	10.9	250.46	217.56	15.1	463.62	438.17	5.8	14.13	13.66	3.4
17	2. 集体控股	9.45	8.92	5.9	18.68	17.60	6.1	32.85	30.50	7.7	2.77	2.54	9.1
18	3. 私人控股	132.00	109.97	20.0	454.75	356.03	27.7	479.75	361.11	32.9	29.13	17.91	62.7
19	4. 港澳台商控股	4.16	3.87	7.5	39.82	33.15	20.1	47.61	36.16	31.7	1.85	1.35	37.0
20	5. 外商控股	12.91	9.96	29.6	67.36	59.47	13.3	57.92	49.94	16.0	1.41	1.15	22.6
21	6. 其他	8.80	7.03	25.2	46.47	38.43	20.9	58.71	48.89	20.1	2.56	2.02	26.7

续表

财务费用			其中：利息收入			利息支出			投资收益		
2012 年（亿元）	上年同期（亿元）	增减（%）	2012 年（亿元）	上年同期（亿元）	增减（%）	2012 年（亿元）	上年同期（亿元）	增减（%）	2012 年（亿元）	上年同期（亿元）	增减（%）
426.17	338.08	26.1	15.35	13.83	11.0	371.23	319.06	16.4	204.73	232.81	-12.1
131.36	114.27	15.0	3.04	1.95	55.9	131.18	121.47	8.0	39.38	33.25	18.4
1.42	1.59	-10.7	0.01	0.01	0.0	0.98	1.20	-18.3	0.04	0.08	-50.0
1.25	0.93	34.4	-0.12	-0.07	71.4	0.80	0.51	56.9	0.12	0.01	1100.0
232.17	182.36	27.3	11.87	9.29	27.8	184.21	151.93	21.3	143.71	155.82	-7.8
36.62	22.02	66.3	0.36	2.54	-85.8	39.66	32.32	22.7	18.66	42.28	-55.9
23.37	16.92	38.1	0.19	0.10	90.0	14.39	11.63	23.7	2.81	1.37	105.1
53.50	41.68	28.4	3.11	1.07	190.7	42.20	35.78	17.9	0.92	0.90	2.2
196.20	165.26	18.7	9.08	10.40	-12.7	208.07	188.69	10.3	174.35	211.55	-17.6
20.33	17.66	15.1	2.53	0.78	224.4	18.60	17.56	5.9	0.69	1.10	-37.3
11.40	9.72	17.3	1.42	0.51	178.4	10.36	9.63	7.6	0.21	0.28	-25.0
8.07	1.07	654.2	0.21	0.07	200.0	5.44	0.83	555.4	0.28	0.08	250.0
299.73	244.79	22.4	13.41	12.89	4.0	286.42	255.49	12.1	187.38	223.47	-16.2
185.02	155.79	18.8	8.83	10.16	-13.1	198.53	180.91	9.7	173.61	211.21	-17.8
19.01	16.57	14.7	2.49	0.78	219.2	17.31	16.55	4.6	0.66	1.13	-41.6
196.20	165.26	18.7	9.08	10.40	-12.7	208.07	188.69	10.3	174.35	211.55	-17.6
6.47	5.45	18.7	0.50	0.29	72.4	5.18	4.77	8.6	0.54	1.28	-57.8
180.83	138.08	31.0	3.36	1.74	93.1	125.07	98.01	27.6	22.00	13.31	65.3
9.60	5.01	91.6	0.48	0.25	92.0	8.98	7.70	16.6	0.81	0.58	39.7
14.14	10.96	29.0	0.94	0.41	129.3	8.15	6.99	16.6	1.65	0.94	75.5
18.93	13.30	42.3	0.98	0.73	34.3	15.78	12.89	22.4	5.37	5.14	4.5

指标代码	指标名称	营业利润			利润总额			亏损企业亏损总额			税金总额		
		2012 年（亿元）	上年同期（亿元）	增减（%）	2012 年（亿元）	上年同期（亿元）	增减（%）	2012 年（亿元）	上年同期（亿元）	增减（%）	2012 年（亿元）	上年同期（亿元）	增减（%）
01	总计	1524.08	1361.40	11.9	1602.90	1449.30	10.6	154.27	132.58	16.4	1402.21	1179.40	18.9
02	在总计中：1. 国有企业	232.22	212.18	9.4	267.69	242.63	10.3	26.07	32.30	-19.3	553.88	455.22	21.7
03	2. 集体企业	14.12	10.95	28.9	14.13	11.11	27.2	0.60	0.30	100.0	11.83	10.22	15.8
04	3. 股份合作制企业	6.95	5.06	37.4	6.90	5.30	30.2	0.13	0.09	44.4	3.83	2.98	28.5
05	4. 股份制企业	853.48	736.42	15.9	894.68	785.39	13.9	90.18	69.79	29.2	564.38	486.38	16.0
06	5. 外商及港澳台投资企业	307.16	318.88	-3.7	310.10	325.09	-4.6	33.24	26.15	27.1	210.50	178.25	18.1
07	6. 其它企业	110.15	77.91	41.4	109.39	79.80	37.1	4.05	3.94	2.8	57.79	46.35	24.7
08	在总计中：亏损企业	-158.25	-162.11	2.4	-154.27	-72.90	111.6	154.27	105.31	46.5	158.25	1179.40	-86.6
09	在总计中：国有控股企业	509.46	540.87	-5.8	576.88	582.62	-1.0	80.11	83.71	-4.3	815.32	713.34	14.3
10	其中：亏损企业	-89.32	-713.34	87.5	-80.11	-59.15	35.4	80.11	66.48	20.5	128.88	713.34	-81.9
11	其中：中央企业	-44.36	-125.11	64.5	-39.05	-38.83	0.6	39.05	41.21	-5.2	117.15	125.11	-6.4
12	在总计中：新建企业	31.39	3.78	730.4	31.62	4.70	572.8	5.93	0.67	785.1	19.64	2.19	796.8
13	在总计中：大中型工业	935.69	953.50	-1.9	1020.89	1021.77	-0.1	117.07	106.22	10.2	1067.93	925.40	15.4
14	其中：国有控股企业	481.25	518.60	-7.2	545.08	558.31	-2.4	76.57	80.43	-4.8	791.18	695.09	13.8
15	其中：亏损企业	-84.05	-63.40	-32.6	-76.57	-57.86	32.3	76.57	64.48	18.8	126.94	695.09	-81.7
16	在总计中：1. 国有控股	509.46	540.87	-5.8	576.88	582.62	-1.0	80.11	83.71	-4.3	815.32	713.34	14.3
17	2. 集体控股	40.25	37.46	7.4	43.37	42.78	1.4	1.99	1.10	80.9	30.45	27.79	9.6
18	3. 私人控股	774.79	591.63	31.0	788.16	623.11	26.5	38.64	24.81	55.7	430.74	352.81	22.1
19	4. 港澳台商控股	53.30	53.18	0.2	53.11	56.80	-6.5	8.06	4.10	96.6	28.16	19.80	42.2
20	5. 外商控股	73.44	82.39	-10.9	75.60	83.82	-9.8	19.06	16.05	18.8	57.45	33.44	71.8
21	6. 其他	72.83	55.90	30.3	65.79	60.21	9.3	6.42	2.78	130.9	40.08	32.22	24.4

续表

本年应付职工薪酬			应交增值税			土地和固定资产支出			从业人员平均人数		
2012 年（亿元）	上年同期（亿元）	增减（%）	2012 年（亿元）	上年同期（亿元）	增减（%）	2012 年（亿元）	上年同期（亿元）	增减（%）	2012 年（万人）	上年同期（万人）	增减（%）
1161.00	937.16	23.9	769.78	620.08	24.1	464.20	373.13	24.4	294.18	273.54	7.6
285.93	254.38	12.4	229.95	174.98	31.4	45.78	34.02	34.6	37.08	37.85	-2.1
10.38	9.25	12.2	7.46	6.17	20.8	2.08	1.49	39.4	3.77	3.94	-4.2
4.81	3.48	38.2	2.20	1.72	27.8	0.79	1.16	-32.1	1.49	1.31	13.7
615.70	474.85	29.7	370.48	308.13	20.2	334.84	248.77	34.6	187.41	170.39	10.0
188.78	155.68	21.3	123.10	100.55	22.4	70.86	81.32	-12.9	43.39	40.99	5.8
55.40	39.51	40.2	36.60	28.53	28.3	9.85	6.38	54.5	21.04	19.05	10.5
169.01	142.70	18.4	47.85	48.92	-2.2	112.86	117.69	-4.1	38.52	37.95	1.5
507.70	445.49	14.0	350.23	293.76	19.2	175.74	149.19	17.8	76.71	75.80	1.2
103.03	86.50	19.1	28.37	28.70	-1.2	83.86	71.54	17.2	16.11	15.65	2.9
74.57	63.21	18.0	21.70	23.03	-5.8	51.15	42.81	19.5	9.35	9.15	2.3
27.18	5.35	408.0	13.64	1.41	867.1	61.34	20.08	205.6	11.84	2.99	296.2
847.68	720.08	17.7	537.64	451.66	19.0	272.38	280.15	-2.8	184.85	182.08	1.5
480.33	425.02	13.0	332.79	280.98	18.4	141.26	129.39	9.2	70.87	70.86	0.0
98.09	83.08	18.1	26.82	27.91	-3.9	68.74	62.22	10.5	14.69	14.55	1.0
507.70	445.49	14.0	350.23	293.76	19.2	175.74	149.19	17.8	76.71	75.80	1.2
37.62	32.21	16.8	21.01	18.88	11.3	12.97	4.82	169.3	12.24	12.16	0.7
449.14	324.95	38.2	298.73	242.85	23.0	201.42	139.55	44.3	161.91	145.11	11.6
53.76	42.07	27.8	24.00	15.93	50.6	7.33	20.81	-64.8	13.79	12.60	9.5
53.33	42.87	24.4	44.54	23.48	89.7	25.92	34.00	-23.8	12.61	11.50	9.7
59.43	49.56	19.9	31.28	25.19	24.2	40.81	24.76	64.8	16.91	16.36	3.4

2012 年湖北省规模以上

行业代码	行业名称	企业单位数	亏损企业		
		2012 年（个）	2012 年（个）	上年同期（个）	增减（%）
	总 计	11334	1115	965	15.5
06	煤炭开采和洗选业	102	5	3	66.7
07	石油和天然气开采业	1	1	0	0.0
08	黑色金属矿采选业	130	12	10	20.0
09	有色金属矿采选业	52	3	5	-40.0
10	非金属矿采选业	328	11	7	57.1
11	开采辅助活动	5	2	2	0.0
12	其他采矿业	2	0	0	0.0
13	农副食品加工业	1283	55	50	10.0
14	食品制造业	300	17	10	70.0
15	酒、饮料和精制茶制造业	270	17	15	13.3
16	烟草制品业	9	0	0	0.0
17	纺织业	888	104	101	3.0
18	纺织服装、服饰业	435	27	27	0.0
19	皮革、毛皮、羽毛及其制品和制鞋业	64	3	6	-50.0
20	木材加工和木、竹、藤、棕、草制品业	184	14	9	55.6
21	家具制造业	60	6	5	20.0
22	造纸和纸制品业	215	32	23	39.1
23	印刷和记录媒介复制业	130	17	8	112.5
24	文教、工美、体育和娱乐用品制造业	54	8	4	100.0
25	石油加工、炼焦和核燃料加工业	41	9	9	0.0
26	化学原料和化学制品制造业	820	83	73	13.7
27	医药制造业	288	27	32	-15.6
28	化学纤维制造业	20	3	3	0.0
29	橡胶和塑料制品业	459	29	24	20.8
30	非金属矿物制品业	1211	87	81	7.4
31	黑色金属冶炼和压延加工业	332	52	36	44.4
32	有色金属冶炼和压延加工业	150	26	21	23.8
33	金属制品业	505	53	41	29.3
34	通用设备制造业	514	42	34	23.5
35	专用设备制造业	416	37	36	2.8
36	汽车制造业	916	167	124	34.7
37	铁路、船舶、航空航天和其他运输设备制造业	126	11	16	-31.3
38	电气机械和器材制造业	437	56	53	5.7
39	计算机、通信和其他电子设备制造业	199	32	22	45.5
40	仪器仪表制造业	76	4	7	-42.9
41	其他制造业	53	3	3	0.0
42	废弃资源综合利用业	24	6	2	200.0
43	金属制品、机械和设备修理业	18	4	3	33.3
44	电力、热力生产和供应业	129	33	41	-19.5
45	燃气生产和供应业	41	2	3	-33.3
46	水的生产和供应业	47	15	16	-6.3

工业主要指标（分行业）

年初存货			流动资产合计			其中：应收账款			存货		
2012年（亿元）	上年同期（亿元）	增减（%）	2012年（亿元）	上年同期（亿元）	增减（%）	2012年（亿元）	上年同期（亿元）	增减（%）	2012年（亿元）	上年同期（亿元）	增减（%）
1660.27	1052.64	57.7	11746.99	10284.03	14.2	2288.68	1810.58	26.4	3017.45	2656.01	13.6
0.27	0.20	35.0	15.85	11.24	41.0	2.06	1.16	77.6	2.63	1.50	75.3
2.25	1.98	13.6	13.46	23.60	-43.0	3.25	1.11	192.8	2.15	2.25	-4.4
16.04	9.39	70.8	42.76	50.62	-15.5	9.74	10.74	-9.3	16.47	20.68	-20.4
2.95	0.96	207.3	20.16	17.14	17.6	5.17	4.02	28.6	4.59	3.15	45.7
6.46	1.89	241.8	102.17	82.51	23.8	20.86	11.65	79.1	13.20	8.14	62.2
36.01	21.47	67.7	104.73	80.71	29.8	34.85	26.56	31.2	45.88	35.99	27.5
0.00	0.00	0.0	0.45	0.74	-39.2	0.41	0.44	-6.8	0.00	0.00	0.0
111.56	57.73	93.2	493.58	399.70	23.5	73.78	49.02	50.5	194.97	171.28	13.8
23.67	12.62	87.6	159.88	128.00	24.9	36.88	31.58	16.8	40.31	37.30	8.1
50.02	28.00	78.6	472.28	398.52	18.5	40.81	41.29	-1.2	86.17	70.83	21.7
0.24	0.06	300.0	291.01	243.16	19.7	24.34	27.01	-9.9	202.53	147.80	37.0
67.79	44.14	53.6	323.87	278.46	16.3	55.41	40.73	36.0	124.07	105.10	18.0
22.05	11.50	91.7	170.07	138.86	22.5	29.92	23.31	28.4	35.69	33.84	5.5
3.84	1.53	151.0	19.92	17.09	16.6	5.18	4.67	10.9	6.42	5.98	7.4
9.61	6.05	58.8	74.44	46.39	60.5	7.78	6.70	16.1	21.04	18.39	14.4
2.64	0.50	428.0	20.69	17.87	15.8	3.70	2.90	27.6	5.27	4.31	22.3
19.04	11.91	59.9	120.69	97.61	23.6	25.97	19.29	34.6	26.34	24.18	8.9
11.21	9.65	16.2	66.59	59.62	11.7	19.06	13.44	41.8	15.79	15.77	0.1
5.98	4.37	36.8	23.50	22.39	5.0	4.21	3.53	19.3	11.71	8.41	39.2
29.73	18.79	58.2	126.90	109.96	15.4	14.51	10.68	35.9	41.70	32.32	29.0
168.07	112.36	49.6	878.80	758.64	15.8	126.23	106.69	18.3	257.00	211.94	21.3
43.06	30.95	39.1	288.72	236.75	22.0	54.38	39.55	37.5	65.23	53.37	22.2
3.27	3.25	0.6	19.74	17.14	15.2	2.77	1.77	56.5	5.77	5.07	13.8
34.79	20.63	68.6	199.83	154.52	29.3	51.86	36.01	44.0	52.88	43.85	20.6
50.88	25.46	99.8	491.80	377.25	30.4	105.85	74.57	41.9	103.97	84.02	23.7
92.69	53.35	73.7	1192.37	1137.40	4.8	133.78	74.23	80.2	443.54	432.09	2.6
64.15	52.97	21.1	272.61	207.83	31.2	29.64	25.84	14.7	93.35	75.35	23.9
64.4	43.66	47.5	350.64	298.02	17.7	92.30	72.64	27.1	107.24	85.50	25.4
82.62	46.14	79.1	537.15	428.01	25.5	160.84	111.23	44.6	102.91	110.11	-6.5
50.69	28.94	75.2	377.93	288.03	31.2	91.55	72.22	26.8	76.41	63.49	20.3
225.52	149.14	51.2	2337.88	2282.07	2.4	369.78	352.25	5.0	329.65	305.79	7.8
117.87	56.38	109.1	396.87	339.26	17.0	103.74	70.54	47.1	111.90	107.66	3.9
65.33	56.56	15.5	472.29	400.65	17.9	157.97	118.99	32.8	108.97	85.65	27.2
124.63	99.42	25.4	720.45	611.39	17.8	241.54	189.29	27.6	185.88	178.35	4.2
7.38	5.63	31.1	51.85	46.63	11.2	20.54	14.61	40.6	10.46	9.37	11.6
4.18	0.57	633.3	44.20	37.33	18.4	8.78	7.73	13.6	19.23	17.04	12.9
2.34	0.28	735.7	29.95	17.12	74.9	5.27	2.73	93.0	8.33	3.66	127.6
7.86	8.56	-8.2	24.26	20.77	16.8	6.52	3.96	64.6	8.47	7.74	9.4
25.88	12.22	111.8	299.23	321.82	-7.0	96.63	94.82	1.9	23.96	23.70	1.1
1.32	1.67	-21.0	37.65	33.12	13.7	4.34	4.46	-2.7	2.41	1.94	24.2
1.97	1.77	11.3	59.79	46.08	29.8	6.47	6.63	-2.4	2.99	3.14	-4.8

行业名称	行业代码	其中：产成品			资产合计			负债合计		
		2012年（亿元）	上年同期（亿元）	增减（%）	2012年（亿元）	上年同期（亿元）	增减（%）	2012年（亿元）	上年同期（亿元）	增减（%）
	总计	1079.81	994.58	8.6	25720.50	22803.60	12.8	14957.76	13565.23	10.3
06	煤炭开采和洗选业	0.96	0.49	95.9	43.73	31.52	38.7	21.76	14.30	52.2
07	石油和天然气开采业	0.99	0.72	37.5	154.45	148.62	3.9	54.56	68.68	-20.6
08	黑色金属矿采选业	8.70	12.23	-28.9	93.14	94.19	-1.1	47.35	46.19	2.5
09	有色金属矿采选业	2.43	1.74	39.7	40.37	36.42	10.8	20.14	18.33	9.9
10	非金属矿采选业	8.22	6.48	26.9	209.72	170.21	23.2	109.03	91.79	18.8
11	开采辅助活动	8.85	8.04	10.1	182.07	150.41	21.0	128.42	101.04	27.1
12	其他采矿业	0.00	0.00	0.0	1.02	0.96	6.3	0.10	0.94	-89.4
13	农副食品加工业	85.01	88.79	-4.3	929.00	737.34	26.0	447.43	364.13	22.9
14	食品制造业	22.18	18.94	17.1	330.07	273.17	20.8	154.93	126.69	22.3
15	酒、饮料和精制茶制造业	25.52	21.79	17.1	744.99	611.92	21.7	468.98	397.30	18.0
16	烟草制品业	13.89	11.59	19.8	367.23	345.47	6.3	191.99	207.21	-7.3
17	纺织业	59.22	49.94	18.6	657.34	573.36	14.6	348.10	294.96	18.0
18	纺织服装、服饰业	17.57	17.73	-0.9	311.49	239.96	29.8	147.53	133.68	10.4
19	皮革、毛皮、羽毛及其制品和制鞋业	2.78	2.60	6.9	42.39	33.18	27.8	22.09	18.59	18.8
20	木材加工和木、竹、藤、棕、草制品业	11.55	10.04	15.0	149.27	103.83	43.8	59.36	45.44	30.6
21	家具制造业	1.69	1.73	-2.3	41.72	31.96	30.5	17.73	16.53	7.3
22	造纸和纸制品业	12.00	10.37	15.7	232.78	195.58	19.0	128.75	110.86	16.1
23	印刷和记录媒介复制业	5.94	8.20	-27.6	114.01	103.51	10.1	59.06	53.00	11.4
24	文教、工美、体育和娱乐用品制造业	3.76	3.80	-1.1	39.37	34.80	13.1	20.83	20.09	3.7
25	石油加工、炼焦和核燃料加工业	13.21	9.07	45.6	388.91	267.26	45.5	270.14	207.50	30.2
26	化学原料和化学制品制造业	96.13	74.94	28.3	1900.76	1612.44	17.9	1209.13	1021.94	18.3
27	医药制造业	35.03	30.64	14.3	585.36	470.99	24.3	281.46	227.09	23.9
28	化学纤维制造业	1.83	2.25	-18.7	46.74	41.95	11.4	23.83	22.59	5.5
29	橡胶和塑料制品业	26.98	22.22	21.4	379.36	304.97	24.4	183.20	146.75	24.8
30	非金属矿物制品业	55.26	44.48	24.2	1241.75	1014.90	22.4	642.17	552.76	16.2
31	黑色金属冶炼和压延加工业	119.29	105.23	13.4	3273.23	3057.68	7.0	2144.67	1950.09	10.0
32	有色金属冶炼和压延加工业	26.05	21.44	21.5	456.08	370.77	23.0	294.16	251.44	17.0
33	金属制品业	53.24	40.69	30.8	647.97	557.74	16.2	339.90	302.47	12.4
34	通用设备制造业	39.66	41.47	-4.4	941.00	702.43	34.0	593.93	428.12	38.7
35	专用设备制造业	29.35	26.63	10.2	545.13	423.94	28.6	293.58	246.01	19.3
36	汽车制造业	155.59	154.97	0.4	4108.63	3985.00	3.1	2253.02	2231.69	1.0
37	铁路、船舶、航空航天和其他运输设备制造业	13.47	15.35	-12.2	626.95	541.57	15.8	446.92	377.54	18.4
38	电气机械和器材制造业	43.68	40.99	6.6	791.34	668.13	18.4	447.71	376.09	19.0
39	计算机、通信和其他电子设备制造业	70.54	81.83	-13.8	1054.50	918.65	14.8	574.04	508.21	13.0
40	仪器仪表制造业	3.57	2.79	28.0	72.38	65.83	9.9	36.05	32.34	11.5
41	其他制造业	2.19	1.86	17.7	69.37	57.61	20.4	42.14	34.30	22.9
42	废弃资源综合利用业	1.92	1.15	67.0	39.45	23.59	67.2	31.39	16.78	87.1
43	金属制品、机械和设备修理业	0.49	0.30	63.3	41.16	34.88	18.0	28.69	24.88	15.3
44	电力、热力生产和供应业	0.32	0.39	-17.9	3553.38	3529.59	0.7	2196.93	2328.14	-5.6
45	燃气生产和供应业	0.40	0.46	-13.0	106.95	95.32	12.2	71.47	61.81	15.6
46	水的生产和供应业	0.34	0.23	47.8	165.96	141.94	16.9	105.11	86.97	20.9

续表

营业收入			其中：主营业务收入			营业成本			其中：主营业务成本		
2012 年（亿元）	上年同期（亿元）	增减（%）	2012 年（亿元）	上年同期（亿元）	增减（%）	2012 年（亿元）	上年同期（亿元）	增减（%）	2012 年（亿元）	上年同期（亿元）	增减（%）
31861. 13	27089. 95	17. 6	31372. 82	26700. 74	17. 5	27299. 66	23078. 73	18. 3	26798. 51	22722. 06	17. 9
83. 78	64. 24	30. 4	83. 78	64. 13	30. 6	66. 24	51. 72	28. 1	66. 08	51. 49	28. 3
118. 21	109. 50	8. 0	84. 11	109. 50	－23. 2	80. 12	68. 16	17. 5	45. 98	68. 16	－32. 5
355. 84	302. 95	17. 5	353. 12	301. 15	17. 3	315. 39	270. 77	16. 5	312. 97	269. 10	16. 3
85. 32	64. 08	33. 1	85. 15	63. 95	33. 2	67. 67	46. 56	45. 3	67. 58	46. 44	45. 5
373. 12	274. 49	35. 9	372. 19	272. 83	36. 4	260. 03	193. 49	34. 4	258. 17	191. 21	35. 0
205. 90	163. 90	25. 6	202. 71	161. 20	25. 8	175. 72	142. 60	23. 2	173. 10	140. 32	23. 4
0. 69	0. 50	38. 0	0. 69	0. 50	38. 0	0. 43	0. 31	38. 7	0. 43	0. 31	38. 7
3028. 92	2276. 68	33. 0	3024. 79	2267. 29	33. 4	2716. 51	2035. 78	33. 4	2709. 44	2029. 16	33. 5
661. 10	541. 15	22. 2	659. 10	519. 29	26. 9	534. 73	424. 59	25. 9	531. 89	420. 75	26. 4
957. 36	780. 71	22. 6	949. 64	771. 75	23. 1	700. 48	572. 00	22. 5	693. 13	565. 56	22. 6
448. 83	382. 25	17. 4	448. 74	382. 23	17. 4	98. 09	94. 58	3. 7	97. 97	94. 42	3. 8
1564. 96	1235. 89	26. 6	1562. 79	1232. 94	26. 8	1361. 82	1079. 68	26. 1	1357. 44	1076. 96	26. 0
648. 36	512. 48	26. 5	647. 62	509. 99	27. 0	550. 92	434. 23	26. 9	550. 25	433. 38	27. 0
79. 81	55. 59	43. 6	79. 76	55. 54	43. 6	67. 48	47. 74	41. 3	67. 33	47. 61	41. 4
254. 37	182. 27	39. 6	254. 23	182. 11	39. 6	215. 65	153. 24	40. 7	215. 50	153. 00	40. 8
73. 59	46. 99	56. 6	73. 42	46. 95	56. 4	60. 95	39. 17	55. 6	60. 72	39. 07	55. 4
420. 39	333. 18	26. 2	418. 03	331. 84	26. 0	376. 76	296. 66	27. 0	374. 07	295. 39	26. 6
151. 49	133. 60	13. 4	150. 67	124. 48	21. 0	121. 79	100. 10	21. 7	121. 06	99. 30	21. 9
77. 91	66. 66	16. 9	77. 84	66. 59	16. 9	67. 03	59. 73	12. 2	66. 90	59. 35	12. 7
763. 69	774. 99	－1. 5	731. 15	768. 79	－4. 9	677. 14	694. 47	－2. 5	643. 89	688. 53	－6. 5
2786. 14	2196. 07	26. 9	2755. 42	2163. 69	27. 3	2428. 76	1893. 89	28. 2	2405. 55	1858. 47	29. 4
675. 99	520. 41	29. 9	674. 31	516. 47	30. 6	520. 71	404. 83	28. 6	519. 11	402. 82	28. 9
81. 71	65. 58	24. 6	81. 52	65. 28	24. 9	76. 54	62. 08	23. 3	75. 27	60. 96	23. 5
693. 58	531. 95	30. 4	689. 72	530. 34	30. 1	583. 14	448. 31	30. 1	579. 46	446. 43	29. 8
1791. 82	1411. 30	27. 0	1784. 50	1406. 60	26. 9	1493. 66	1167. 87	27. 9	1487. 02	1164. 44	27. 7
3540. 98	3529. 68	0. 3	3421. 26	3482. 01	－1. 7	3474. 54	3266. 75	6. 4	3355. 68	3221. 02	4. 2
1194. 22	896. 62	33. 2	1187. 77	891. 03	33. 3	1150. 20	852. 07	35. 0	1145. 32	848. 24	35. 0
902. 40	726. 21	24. 3	896. 73	721. 32	24. 3	786. 57	623. 54	26. 1	780. 32	618. 89	26. 1
780. 77	705. 73	10. 6	775. 05	699. 47	10. 8	659. 30	578. 99	13. 9	651. 88	572. 88	13. 8
577. 95	455. 73	26. 8	574. 87	453. 46	26. 8	483. 46	376. 23	28. 5	481. 11	373. 86	28. 7
3775. 62	3536. 46	6. 8	3649. 20	3400. 32	7. 3	3097. 19	2954. 99	4. 8	2963. 00	2813. 25	5. 3
474. 86	427. 01	11. 2	467. 56	421. 67	10. 9	411. 48	369. 34	11. 4	405. 27	363. 98	11. 3
1008. 34	917. 60	9. 9	984. 29	897. 76	9. 6	866. 02	788. 13	9. 9	845. 09	772. 67	9. 4
944. 94	888. 95	6. 3	938. 10	880. 88	6. 5	809. 07	764. 37	5. 8	802. 79	758. 66	5. 8
79. 28	68. 25	16. 2	78. 64	67. 81	16. 0	60. 14	52. 56	14. 4	58. 41	51. 26	13. 9
105. 48	77. 14	36. 7	105. 20	77. 09	36. 5	82. 16	61. 84	32. 9	81. 60	61. 77	32. 1
90. 06	61. 75	45. 8	89. 70	61. 21	46. 5	84. 27	57. 11	47. 6	84. 00	56. 77	48. 0
40. 50	31. 02	30. 6	40. 48	30. 95	30. 8	34. 47	27. 12	27. 1	34. 47	27. 12	27. 1
1849. 78	1610. 85	14. 8	1810. 16	1574. 30	15. 0	1590. 50	1421. 86	11. 9	1542. 41	1381. 42	11. 7
80. 01	73. 04	9. 5	78. 11	71. 84	8. 7	61. 35	56. 13	9. 3	60. 41	55. 56	8. 7
33. 05	56. 52	－41. 5	30. 71	54. 20	－43. 3	31. 24	45. 16	－30. 8	26. 46	42. 09	－37. 1

行业名称	行业代码	营业税金及附加			其中：主营业务税金及附加			销售费用		
		2012 年（亿元）	上年同期（亿元）	增减（%）	2012 年（亿元）	上年同期（亿元）	增减（%）	2012 年（亿元）	上年同期（亿元）	增减（%）
	总 计	641.46	571.67	12.2	632.42	559.32	13.1	877.54	722.24	21.5
06	煤炭开采和洗选业	1.94	1.22	59.0	1.93	1.22	58.2	1.63	1.24	31.5
07	石油和天然气开采业	17.17	18.38	-6.6	17.10	18.38	-7.0	1.31	1.28	2.3
08	黑色金属矿采选业	3.17	2.31	37.2	3.06	2.27	34.8	7.47	6.31	18.4
09	有色金属矿采选业	0.85	0.69	23.2	0.85	0.69	23.2	0.81	0.76	6.6
10	非金属矿采选业	11.02	9.11	21.0	10.33	8.54	21.0	11.16	9.66	15.5
11	开采辅助活动	2.75	1.63	68.7	2.73	1.63	67.5	3.75	2.24	67.4
12	其他采矿业	0.01	0.02	-50.0	0.01	0.02	-50.0	0.01	0.01	0.0
13	农副食品加工业	16.00	12.73	25.7	15.96	12.62	26.5	68.96	49.75	38.6
14	食品制造业	6.20	5.42	14.4	6.20	4.68	32.5	40.99	32.27	27.0
15	酒、饮料和精制茶制造业	26.11	18.78	39.0	26.04	18.13	43.6	102.13	89.45	14.2
16	烟草制品业	263.76	215.19	22.6	263.76	215.19	22.6	15.85	13.41	18.2
17	纺织业	11.64	9.77	19.1	11.54	9.54	21.0	36.42	27.74	31.3
18	纺织服装、服饰业	5.58	4.33	28.9	4.90	4.19	16.9	22.37	18.94	18.1
19	皮革、毛皮、羽毛及其制品和制鞋业	1.56	1.35	15.6	0.81	0.81	0.0	2.37	1.61	47.2
20	木材加工和木、竹、藤、棕、草制品业	2.53	2.06	22.8	2.52	2.06	22.3	6.59	5.46	20.7
21	家具制造业	0.60	0.45	33.3	0.60	0.45	33.3	2.43	1.87	29.9
22	造纸和纸制品业	2.66	3.01	-11.6	2.66	3.01	-11.6	10.92	8.21	33.0
23	印刷和记录媒介复制业	1.22	1.03	18.4	1.20	1.00	20.0	5.48	4.22	29.9
24	文教、工美、体育和娱乐用品制造业	0.53	0.43	23.3	0.53	0.43	23.3	1.93	1.32	46.2
25	石油加工、炼焦和核燃料加工业	81.10	85.49	-5.1	81.04	85.48	-5.2	2.27	2.27	0.0
26	化学原料和化学制品制造业	16.04	13.24	21.1	15.81	13.07	21.0	76.81	66.87	14.9
27	医药制造业	4.55	3.72	22.3	4.51	3.09	46.0	46.02	33.78	36.2
28	化学纤维制造业	1.08	0.78	38.5	1.08	0.78	38.5	1.02	0.76	34.2
29	橡胶和塑料制品业	6.08	5.62	8.2	5.13	4.55	12.7	19.27	14.03	37.3
30	非金属矿物制品业	20.49	18.07	13.4	19.89	15.70	26.7	62.33	48.46	28.6
31	黑色金属冶炼和压延加工业	12.30	12.54	-1.9	11.53	12.23	-5.7	34.84	32.27	8.0
32	有色金属冶炼和压延加工业	2.12	2.19	-3.2	2.12	2.19	-3.2	5.70	5.86	-2.7
33	金属制品业	6.58	7.06	-6.8	6.54	7.01	-6.7	23.29	20.84	11.8
34	通用设备制造业	5.11	7.37	-30.7	5.04	7.32	-31.1	24.10	21.57	11.7
35	专用设备制造业	3.80	3.80	0.0	3.76	3.78	-0.5	17.52	12.37	41.6
36	汽车制造业	75.77	69.03	9.8	75.56	68.09	11.0	133.94	116.55	14.9
37	铁路、船舶、航空航天和其他运输设备制造业	2.78	3.99	-30.3	2.74	2.61	5.0	6.28	5.14	22.2
38	电气机械和器材制造业	7.02	3.98	76.4	5.92	3.94	50.3	31.48	24.52	28.4
39	计算机、通信和其他电子设备制造业	5.98	12.62	-52.6	4.00	12.17	-67.1	36.10	29.55	22.2
40	仪器仪表制造业	0.56	0.56	0.0	0.54	0.55	-1.8	3.70	3.04	21.7
41	其他制造业	1.18	1.21	-2.5	1.18	1.21	-2.5	2.40	1.77	35.6
42	废弃资源综合利用业	0.39	0.38	2.6	0.39	0.38	2.6	0.68	0.38	78.9
43	金属制品、机械和设备修理业	0.60	0.49	22.4	0.60	0.49	22.4	1.00	0.49	104.1
44	电力、热力生产和供应业	11.63	10.70	8.7	11.35	8.96	26.7	1.37	1.91	-28.3
45	燃气生产和供应业	0.64	0.57	12.3	0.62	0.56	10.7	2.57	2.15	19.5
46	水的生产和供应业	0.36	0.35	2.9	0.33	0.31	6.5	2.27	1.93	17.6

续表

管理费用			其中：税金			财务费用			其中：利息收入		
2012年（亿元）	上年同期（亿元）	增减（%）	2012年（亿元）	上年同期（亿元）	增减（%）	2012年（亿元）	上年同期（亿元）	增减（%）	2012年（亿元）	上年同期（亿元）	增减（%）
1140.45	964.77	18.2	51.86	38.62	34.3	426.17	338.08	26.1	15.35	13.83	11.0
5.84	4.67	25.1	0.14	0.10	40.0	0.57	0.49	16.3	0.01	0.01	0.0
9.94	9.99	-0.5	0.11	0.09	22.2	0.99	0.8	23.8	0.26	0.44	-40.9
10.63	9.22	15.3	0.51	0.70	-27.1	2.27	1.88	20.7	0.02	0.01	100.0
4.02	3.80	5.8	0.05	0.05	0.0	0.19	0.35	-45.7	-0.20	-0.14	42.9
16.70	12.38	34.9	0.65	0.51	27.5	8.50	5.88	44.6	0.03	0.04	-25.0
11.78	12.74	-7.5	0.33	0.75	-56.0	2.72	2.01	35.3	0.02	0.02	0.0
0.01	0.01	0.0	0.00	0.00	0.0	0.00	0.00	0.0	0.00	0.00	0.0
59.81	42.06	42.2	2.49	1.41	76.6	25.76	19.02	35.4	0.85	0.26	226.9
27.45	21.27	29.1	3.00	1.13	165.5	5.69	4.94	15.2	0.11	-0.08	-237.5
43.08	35.80	20.3	2.82	2.02	39.6	6.44	5.99	7.5	0.87	0.60	45.0
24.27	20.52	18.3	0.03	0.02	50.0	2.95	2.81	5.0	-0.04	-0.03	33.3
51.61	38.64	33.6	2.96	2.37	24.9	23.50	16.14	45.6	0.21	0.17	23.5
23.84	19.59	21.7	0.87	0.51	70.6	6.57	5.55	18.4	0.06	0.04	50.0
3.86	2.78	38.8	0.37	0.04	825.0	1.19	0.76	56.6	0.03	0.01	200.0
7.70	5.84	31.8	0.34	0.20	70.0	3.26	2.33	39.9	0.02	0.01	100.0
2.65	1.81	46.4	0.10	0.07	42.9	0.83	0.56	48.2	0.01	0.00	0.0
11.41	8.65	31.9	0.95	0.38	150.0	3.98	3.02	31.8	0.26	0.04	550.0
9.93	7.05	40.9	0.31	0.26	19.2	1.56	1.22	27.9	0.05	0.08	-37.5
2.82	2.19	28.8	0.15	0.17	-11.8	0.98	0.80	22.5	0.01	0.07	-85.7
11.37	15.13	-24.9	0.20	0.09	122.2	2.29	2.25	1.8	0.19	0.05	280.0
85.22	68.74	24.0	5.96	4.82	23.7	42.08	31.23	34.7	1.45	0.70	107.1
37.23	28.14	32.3	2.39	1.38	73.2	7.35	5.87	25.2	0.42	0.19	121.1
1.79	1.70	5.3	0.05	0.05	0.0	1.33	1.03	29.1	-0.04	-0.03	33.3
23.77	17.80	33.5	1.51	1.09	38.5	8.17	5.90	38.5	0.06	0.04	50.0
58.27	45.87	27.0	3.39	2.05	65.4	27.88	22.44	24.2	0.38	0.29	31.0
113.20	104.95	7.9	1.77	1.59	11.3	62.73	50.12	25.2	-0.14	0.01	-1500.0
15.74	15.21	3.5	1.11	1.03	7.8	7.49	8.12	-7.8	3.41	2.01	69.7
31.01	25.77	20.3	1.30	0.81	60.5	10.51	8.71	20.7	0.44	0.12	266.7
42.61	35.53	19.9	2.04	1.66	22.9	10.92	9.40	16.2	0.29	0.16	81.3
31.04	24.16	28.5	1.15	0.74	55.4	8.45	5.33	58.5	0.13	0.12	8.3
179.78	167.22	7.5	8.65	8.30	4.2	13.71	6.08	125.5	3.51	6.64	-47.1
29.27	26.03	12.4	0.69	0.51	35.3	3.94	3.20	23.1	1.00	0.66	51.5
42.58	32.76	30.0	2.42	1.47	64.6	11.01	7.22	52.5	0.31	0.01	3000.0
63.18	55.00	14.9	0.59	0.36	63.9	6.56	1.29	408.5	0.11	0.19	-42.1
7.34	6.32	16.1	0.19	0.11	72.7	1.01	0.89	13.5	0.03	0.01	200.0
6.21	4.94	25.7	0.15	0.35	-57.1	2.18	0.83	162.7	0.10	0.26	-61.5
1.81	1.43	26.6	0.05	0.01	400.0	0.79	0.55	43.6	0.01	0.01	0.0
3.39	2.31	46.8	0.02	0.01	100.0	0.66	0.28	135.7	0.04	0.03	33.3
21.76	21.27	2.3	1.58	1.02	54.9	95.33	89.75	6.2	0.95	0.72	31.9
2.55	1.96	30.1	0.14	0.10	40.0	1.76	1.18	49.2	0.09	0.10	-10.0
3.98	3.53	12.7	0.35	0.27	29.6	2.08	1.84	13.0	0.04	-0.02	-300.0

行业名称	行业代码	利息支出			投资收益			营业利润		
		2012 年（亿元）	上年同期（亿元）	增减（%）	2012 年（亿元）	上年同期（亿元）	增减（%）	2012 年（亿元）	上年同期（亿元）	增减（%）
	总 计	371.23	319.06	16.4	204.73	232.81	-12.1	1524.08	1361.40	11.9
06	煤炭开采和洗选业	0.37	0.28	32.1	0.00	0.00	0.0	6.57	3.95	66.3
07	石油和天然气开采业	1.24	1.24	0.0	0.00	0.00	0.0	-0.82	1.20	-168.3
08	黑色金属矿采选业	1.49	1.28	16.4	0.00	0.00	0.0	11.04	9.62	14.8
09	有色金属矿采选业	0.28	0.40	-30.0	0.02	0.11	-81.8	11.55	11.32	2.0
10	非金属矿采选业	4.44	2.84	56.3	4.26	3.18	34.0	42.45	29.68	43.0
11	开采辅助活动	2.21	1.76	25.6	-0.03	0.03	-200.0	-1.92	-2.49	-22.9
12	其他采矿业	0.00	0.00	0.0	0.00	0.00	0.0	0.02	0.02	0.0
13	农副食品加工业	19.77	15.92	24.2	1.54	0.69	123.2	117.98	85.77	37.6
14	食品制造业	4.59	3.74	22.7	0.31	0.07	342.9	40.23	29.79	35.0
15	酒、饮料和精制茶制造业	6.19	5.85	5.8	1.85	3.98	-53.5	79.40	70.44	12.7
16	烟草制品业	3.08	2.83	8.8	0.00	0.00	0.0	43.37	28.68	51.2
17	纺织业	15.06	11.23	34.1	0.53	0.22	140.9	61.17	49.56	23.4
18	纺织服装、服饰业	4.87	4.29	13.5	0.23	0.16	43.8	36.23	24.05	50.6
19	皮革、毛皮、羽毛及其制品和制鞋业	0.99	0.59	67.8	0.20	0.00	0.0	3.42	2.01	70.1
20	木材加工和木、竹、藤、棕、草制品业	2.07	1.97	5.1	0.36	0.23	56.5	13.49	8.80	53.3
21	家具制造业	0.52	0.38	36.8	0.00	0.00	0.0	3.57	1.83	95.1
22	造纸和纸制品业	3.13	2.12	47.6	0.63	0.57	10.5	14.71	12.07	21.9
23	印刷和记录媒介复制业	1.07	0.79	35.4	0.15	0.23	-34.8	9.68	10.30	-6.0
24	文教、工美、体育和娱乐用品制造业	0.84	0.68	23.5	0.08	0.07	14.3	3.11	1.82	70.9
25	石油加工、炼焦和核燃料加工业	2.21	2.30	-3.9	0.38	0.00	0.0	-11.43	-25.21	-54.7
26	化学原料和化学制品制造业	36.90	27.38	34.8	8.38	4.31	94.4	112.79	105.34	7.1
27	医药制造业	6.98	4.73	47.6	2.44	-0.03	-8233.3	60.49	37.60	60.9
28	化学纤维制造业	1.18	0.83	42.2	-0.21	0.09	-333.3	0.86	-0.04	-2250.0
29	橡胶和塑料制品业	6.14	4.49	36.7	0.38	0.19	100.0	46.67	32.23	44.8
30	非金属矿物制品业	16.82	13.38	25.7	4.58	2.15	113.0	101.84	88.74	14.8
31	黑色金属冶炼和压延加工业	60.47	56.24	7.5	1.38	0.83	66.3	13.95	96.67	-85.6
32	有色金属冶炼和压延加工业	6.41	7.79	-17.7	0.04	0.37	-89.2	12.06	11.76	2.6
33	金属制品业	8.11	7.36	10.2	1.01	0.08	1162.5	39.37	32.32	21.8
34	通用设备制造业	5.19	5.83	-11.0	0.84	3.66	-77.0	39.52	34.50	14.6
35	专用设备制造业	5.91	3.64	62.4	2.18	0.37	489.2	23.83	20.62	15.6
36	汽车制造业	24.80	21.25	16.7	152.06	192.59	-21.0	326.61	353.10	-7.5
37	铁路、船舶、航空航天和其他运输设备制造业	3.19	2.33	36.9	-0.24	0.05	-580.0	17.28	18.25	-5.3
38	电气机械和器材制造业	8.17	6.46	26.5	1.93	0.22	777.3	46.20	37.36	23.7
39	计算机、通信和其他电子设备制造业	5.74	4.46	28.7	3.34	3.34	0.0	24.27	29.44	-17.6
40	仪器仪表制造业	0.62	0.45	37.8	0.55	0.24	129.2	6.64	4.65	42.8
41	其他制造业	0.96	0.62	54.8	0.10	0.09	11.1	5.48	4.74	15.6
42	废弃资源综合利用业	0.20	0.17	17.6	0.02	0.00	0.0	1.91	1.39	37.4
43	金属制品、机械和设备修理业	0.52	0.22	136.4	0.03	0.06	-50.0	0.38	0.36	5.6
44	电力、热力生产和供应业	95.16	88.38	7.7	15.07	13.64	10.5	154.51	88.00	75.6
45	燃气生产和供应业	1.50	1.01	48.5	0.06	0.07	-14.3	9.23	9.75	-5.3
46	水的生产和供应业	1.85	1.54	20.1	0.30	0.94	-68.1	-3.63	1.40	-359.3

续表

利润总额			亏损企业亏损总额			税金总额			本年应付职工薪酬		
2012 年（亿元）	上年同期（亿元）	增减（%）	2012 年（亿元）	上年同期（亿元）	增减（%）	2012 年（亿元）	上年同期（亿元）	增减（%）	2012 年（亿元）	上年同期（亿元）	增减（%）
1602.90	1449.30	10.6	154.27	132.58	16.4	1402.21	1179.40	18.9	1161.00	937.16	23.9
6.14	4.25	44.5	0.63	0.20	215.0	6.02	4.75	26.7	6.79	5.29	28.4
-1.07	1.38	-177.5	1.07	0.00	0.0	23.86	24.74	-3.6	17.03	14.52	17.3
11.04	9.67	14.2	3.91	3.30	18.5	10.68	7.88	35.5	9.18	8.30	10.6
11.47	11.47	0.0	0.20	0.19	5.3	4.55	3.49	30.4	3.09	2.55	21.2
42.41	30.78	37.8	0.30	0.17	76.5	25.90	20.01	29.4	11.82	9.20	28.5
-1.27	-1.32	3.8	3.48	2.47	40.9	8.81	6.30	39.8	32.13	24.58	30.7
0.02	0.02	0.0	0.00	0.00	0.0	0.02	0.03	-33.3	0.04	0.04	0.0
119.15	88.40	34.8	5.00	1.67	199.4	47.16	33.90	39.1	52.51	36.40	44.3
41.22	31.56	30.6	1.69	0.24	604.2	25.30	19.16	32.0	22.91	17.32	32.3
81.45	66.96	21.6	2.21	1.17	88.9	65.05	42.40	53.4	27.17	18.93	43.5
43.58	27.73	57.2	0.00	0.00	0.0	321.92	259.12	24.2	5.45	6.68	-18.4
61.18	52.26	17.1	6.93	4.74	46.2	44.75	35.97	24.4	66.85	51.74	29.2
36.75	27.25	34.9	0.84	0.84	0.0	18.23	14.59	24.9	41.10	30.88	33.1
3.69	2.23	65.5	0.25	0.64	-60.9	2.78	1.90	46.3	7.81	4.93	58.4
14.12	9.42	49.9	0.64	0.22	190.9	9.29	6.82	36.2	8.44	6.09	38.6
3.60	1.81	98.9	0.14	0.10	40.0	1.71	1.36	25.7	3.62	2.42	49.6
15.26	13.40	13.9	2.96	2.49	18.9	10.68	9.30	14.8	11.74	8.75	34.2
9.68	10.64	-9.0	0.96	0.10	860.0	5.35	5.26	1.7	7.59	6.47	17.3
3.05	1.96	55.6	0.28	0.26	7.7	1.92	1.37	40.1	2.81	2.10	33.8
-11.38	-25.35	55.1	15.37	29.97	-48.7	88.66	96.00	-7.6	9.54	8.36	14.1
113.75	109.48	3.9	17.41	10.71	62.6	51.31	44.47	15.4	64.58	51.49	25.4
55.06	40.84	34.8	1.44	3.67	-60.8	30.83	20.86	47.8	31.57	22.14	42.6
0.96	0.02	4700.0	1.74	2.50	-30.4	4.12	1.83	125.1	3.24	2.68	20.9
44.08	35.61	23.8	0.92	0.59	55.9	22.79	18.27	24.7	24.16	16.72	44.5
104.68	98.95	5.8	3.99	3.08	29.5	74.69	55.77	33.9	51.93	38.19	36.0
29.28	96.70	-69.7	14.50	8.17	77.5	61.05	71.01	-14.0	93.02	94.13	-1.2
10.70	12.99	-17.6	6.07	1.42	327.5	9.06	11.62	-22.0	18.01	17.26	4.3
35.85	34.33	4.4	4.87	2.03	139.9	20.49	20.12	1.8	32.64	26.50	23.2
43.20	38.13	13.3	3.55	2.36	50.4	19.83	20.33	-2.5	40.60	31.51	28.8
25.22	23.07	9.3	5.87	3.04	93.1	14.37	12.56	14.4	24.92	19.11	30.4
341.59	367.27	-7.0	17.18	8.02	114.2	152.59	147.77	3.3	140.83	115.75	21.7
18.30	20.86	-12.3	0.98	0.49	100.0	13.45	12.10	11.2	34.70	30.95	12.1
48.89	42.46	15.1	8.47	5.63	50.4	24.58	18.26	34.6	42.99	33.88	26.9
37.39	36.61	2.1	8.32	7.43	12.0	16.43	21.70	-24.3	66.42	53.11	25.1
7.26	5.02	44.6	0.06	0.19	-68.4	3.23	2.61	23.8	7.96	5.75	38.4
5.79	4.89	18.4	0.18	0.11	63.6	2.77	2.21	25.3	4.40	3.38	30.2
1.90	1.63	16.6	0.50	0.06	733.3	1.55	1.86	-16.7	1.97	1.74	13.2
0.39	0.42	-7.1	0.21	0.08	162.5	1.17	1.00	17.0	3.49	3.13	11.5
181.19	104.04	74.2	6.21	20.04	-69.0	151.25	97.00	55.9	116.34	96.50	20.6
10.05	10.16	-1.1	0.13	0.09	44.4	2.31	2.28	1.3	3.97	3.19	24.5
-2.70	1.33	-303.0	4.81	4.08	17.9	1.67	1.43	16.8	5.59	4.51	23.9

续表

行业名称	行业代码	应交增值税			土地和固定资产支出			从业人员平均数		
		2012 年（亿元）	上年同期（亿元）	增减（%）	2012 年（亿元）	上年同期（亿元）	增减（%）	2012 年（亿元）	上年同期（亿元）	增减（%）
	总 计	769.78	620.08	24.1	464.20	373.13	24.4	294.18	273.54	7.5
06	煤炭开采和洗选业	4.08	3.53	15.6	1.97	0.78	152.6	2.35	2.12	11.0
07	石油和天然气开采业	6.77	6.35	6.6	22.03	24.20	-9.0	1.94	1.92	0.8
08	黑色金属矿采选业	7.62	5.61	35.8	6.05	5.51	9.8	2.39	2.29	4.3
09	有色金属矿采选业	3.70	2.79	32.6	0.20	0.06	233.3	0.83	0.79	5.2
10	非金属矿采选业	15.57	11.47	35.7	6.34	3.00	111.3	4.03	3.63	11.0
11	开采辅助活动	6.07	4.67	30.0	19.21	10.88	76.6	3.53	3.63	-2.9
12	其他采矿业	0.01	0.01	0.0	0.00	0.00	0.0	0.03	0.04	-25.8
13	农副食品加工业	31.20	21.28	46.6	30.70	15.44	98.8	18.21	15.99	13.9
14	食品制造业	19.11	14.47	32.1	4.31	3.13	37.7	8.01	7.84	2.2
15	酒、饮料和精制茶制造业	39.01	24.28	60.7	16.07	21.83	-26.4	9.73	7.65	27.1
16	烟草制品业	58.16	43.93	32.4	0.09	0.07	28.6	0.99	0.97	1.6
17	纺织业	33.22	26.43	25.7	8.85	5.49	61.2	27.63	26.47	4.4
18	纺织服装、服饰业	13.33	10.40	28.2	7.68	0.65	1081.5	15.47	14.27	8.4
19	皮革、毛皮、羽毛及其制品和制鞋业	1.97	1.09	80.7	3.78	0.24	1475.0	2.92	2.51	16.5
20	木材加工和木、竹、藤、棕、草制品业	6.77	4.76	42.2	0.78	0.36	116.7	3.14	2.72	15.6
21	家具制造业	1.11	0.91	22.0	1.09	0.00	0.0	1.07	0.88	21.7
22	造纸和纸制品业	8.02	6.29	27.5	2.33	1.90	22.6	4.15	3.82	8.8
23	印刷和记录媒介复制业	4.15	4.26	-2.6	3.01	2.20	36.8	2.26	2.20	2.7
24	文教、工美、体育和娱乐用品制造业	1.39	0.94	47.9	0.59	0.24	145.8	1.05	1.03	2.8
25	石油加工、炼焦和核燃料加工业	7.62	10.51	-27.5	14.24	8.56	66.4	1.20	1.01	18.7
26	化学原料和化学制品制造业	35.50	31.40	13.1	32.77	39.46	-17.0	19.17	17.54	9.2
27	医药制造业	26.32	17.77	48.1	17.14	12.65	35.5	8.62	7.48	15.1
28	化学纤维制造业	3.04	1.05	189.5	0.34	0.11	209.1	0.90	0.80	12.0
29	橡胶和塑料制品业	17.65	13.72	28.6	4.93	1.67	195.2	8.37	7.21	16.1
30	非金属矿物制品业	54.80	40.08	36.7	26.62	16.98	56.8	19.40	17.06	13.7
31	黑色金属冶炼和压延加工业	49.52	58.78	-15.8	19.63	43.42	-54.8	18.40	19.53	-5.8
32	有色金属冶炼和压延加工业	6.94	9.43	-26.4	4.42	1.47	200.7	4.67	4.49	4.1
33	金属制品业	13.95	13.10	6.5	17.71	12.33	43.6	9.32	8.44	10.4
34	通用设备制造业	14.79	13.02	13.6	14.31	8.02	78.4	9.76	9.49	2.9
35	专用设备制造业	10.62	8.78	21.0	13.56	10.64	27.4	6.89	5.95	15.9
36	汽车制造业	77.02	79.68	-3.3	45.69	26.68	71.3	30.11	28.85	4.4
37	铁路、船舶、航空航天和其他运输设备制造业	10.71	9.49	12.9	11.46	11.93	-3.9	6.71	6.54	2.5
38	电气机械和器材制造业	18.67	14.32	30.4	50.67	41.97	20.7	11.82	10.54	12.1
39	计算机、通信和其他电子设备制造业	12.43	9.53	30.4	29.03	29.40	-1.3	13.17	12.65	4.2
40	仪器仪表制造业	2.68	2.07	29.5	0.80	0.88	-9.1	1.90	1.81	5.0
41	其他制造业	1.59	1.00	59.0	0.86	0.21	309.5	1.69	1.45	16.6
42	废弃资源综合利用业	1.15	1.47	-21.8	1.66	0.10	1560.0	0.56	0.55	3.3
43	金属制品、机械和设备修理业	0.57	0.51	11.8	0.70	0.71	-1.4	1.05	1.06	-1.1
44	电力、热力生产和供应业	139.90	88.03	58.9	12.43	5.45	128.1	8.23	8.10	1.6
45	燃气生产和供应业	1.69	1.72	-1.7	3.09	2.89	6.9	0.79	0.72	9.9
46	水的生产和供应业	1.34	1.11	20.7	7.05	1.63	332.5	1.67	1.49	12.7

2012 年广东省民营经济主要经济指标统计表（分地区）

地区	企业个数（万个）	增加值合计（亿元）	出口创汇（亿美元）	税金总额（亿元）	从业人员期末数（万人）
全省	502. 16	29319. 97	1814. 95	6467. 82	2855. 49
广州市	97. 74	5374. 15	—	1564. 17	400. 87
深圳市	95. 05	4959. 36	—	1537. 48	567. 83
珠海市	13. 75	482. 16	—	74. 56	55. 15
汕头市	16. 68	1000. 15	—	99. 45	144. 42
佛山市	36. 78	4088. 48	—	672. 53	339. 75
韶关市	9. 83	450. 20	—	27. 51	48. 91
河源市	8. 51	347. 93	—	40. 75	37. 77
梅州市	13. 22	445. 43	—	88. 56	95. 65
惠州市	24. 68	887. 15	—	292. 34	122. 62
汕尾市	8. 62	436. 64	—	32. 28	40. 00
东莞市	51. 70	2329. 46	—	573. 78	184. 11
中山市	22. 10	1236. 34	—	223. 74	128. 97
江门市	19. 42	958. 63	—	182. 99	164. 53
阳江市	7. 91	604. 47	—	54. 97	30. 63
湛江市	14. 93	1121. 81	—	218. 19	92. 45
茂名市	19. 67	1259. 27	—	94. 86	97. 17
肇庆市	13. 29	989. 73	—	113. 40	65. 34
清远市	11. 48	576. 25	—	92. 80	66. 46
潮州市	5. 82	507. 65	—	51. 02	46. 72
揭阳市	9. 41	1070. 61	—	70. 94	95. 54
云浮市	5. 71	363. 17	—	24. 37	47. 15
顺德区	—	1283. 95	—	—	—

2012 年海南省中小型企业及个体经济增加值及构成

	增加值（亿元）		同比增长（%）	构成	
	2011 年	2012 年		2011 年	2012 年
合计	1245.09	1399.51	9.9	100.0	100.0
第二产业	607.16	687.63	11.6	48.7	49.1
工业	367.70	405.11	9.3	29.5	28.9
建筑业	239.46	282.52	15.1	19.2	20.2
第三产业	637.93	711.88	8.3	51.3	50.9
交通运输邮政仓储业	67.70	72.73	5.8	5.5	5.2
批发和零售业	196.28	223.74	11.0	15.8	16.0
住宿和餐饮业	71.33	81.26	6.6	5.7	5.8
房地产业	193.00	210.13	5.0	15.5	15.0
其他服务业	109.62	124.02	12.2	8.8	8.9

注：1. 中小微型企业口径按照 2011 年《统计上大中小微型企业划分办法》进行了调整；2. 2012 年全省中小型企业及个体经济增加值占同期全省 GDP 总量的 49.0%，2011 年中小型企业及个体经济增加值占同期全省 GDP 总量的 49.4%；3. 调查范围不包括农业、金融保险、行政事业单位；4. 交通运输邮政仓储业不包铁路业；5. 行业增加值增长速度按可比价格计算。

2012 年海南省中小型企业及个体经济税收情况

单位：亿元

	2012 年	2011 年	增长（%）
合计	511.45	453.43	12.8
第二产业	239.89	214.62	11.8
工业	183.26	168.09	9.0
建筑业	56.63	46.53	21.7
第三产业	271.56	238.81	13.7
交通运输邮政仓储业	16.58	16.79	－1.3
批发和零售业	34.86	33.74	3.3
住宿和餐饮业	13.14	12.10	8.6
房地产业	149.07	129.82	14.8
其他服务业	57.91	46.36	24.9

注：1. 调查范围不包括农业、金融保险、行政事业单位；2. 建筑业不包括省外产业活动单位；3. 交通运输邮政仓储业不包括航空、铁路和管道运输业。

2012 年重庆市非公有制经济主要指标

甲	产业单位数	从业人员年末数	增加值	总产值	营业收入	利润总额	上交税金	劳动者报酬	资本金	固定资产投资完成额
2012 年	1314819	9101041	71364613	233982338	236486115	11402037	11353011	28805103	89644178	53034410
其中：非公企业	297385	6282749	57734465	184236943	181157479	9799428	9422999	23702789	85403756	—
个体工商户	1017434	2818292	13630148	49745394	55328636	1602609	1930012	5102314	4240422	—
2011 年	1083048	8564304	61750120	198088671	200530921	10469228	10568806	24592421	74055496	42047419
同比 ± %	21.40	6.27	16.93	18.12	17.93	8.91	7.42	17.13	21.05	26.13

2012 年全市非公经济增加值占全市 GDP 的比重由上年的 61.7% 提高到 62.3%。
注：增加值的绝对值为现价，增速为可比价。

2012 年重庆市中小微企业主要经济指标完成情况

单位：个、人、万元

甲	企业个数	从业人员年末数	增加值	总产值	营业收入	利润总额	上交税金	劳动者报酬	资本金	固定资产投资完成额
2012 年	335010	5230105	40909437	135720313	134070633	6436731	6572307	16501024	57645440	31903725
2011 年	269401	4841034	34610532	115359382	114025032	5986542	6233811	14113089	48539441	26959370
同比 ± %	24.35	8.04	15.60	17.65	17.58	7.52	5.43	16.91	18.76	18.34

2012 年全市中小微企业增加值占全市 GDP 的比重由上年的 35.2% 提高到 35.7%。
注：增加值的绝对值为现价，增速为可比价。

2012 年重庆市中小企业主要经济指标（按行业分）

甲	企业个数	从业人员年末数	增加值	总产值	营业收入	利润总额	上交税金	劳动者报酬	资产总额	固定资产原价	固定资产净值	负债总额	资本金	出口产品交货值	固定资产投资完成额
总 计	335010	5230105	40909437	135720313	134070633	6436731	6572307	16501024	122179195	55566071	40012647	73271646	57645440	9821017	31903725
二、按国民经济行业分组															
1. 农、林、牧、渔业	31721	186348	740512	2415703	2386340	138275	40414	361364	1142149	869095	61888	44462	220474	707	554971
2. 采矿业	2285	396671	3238631	10744418	10613819	573823	534284	1498609	4602505	3371912	215195	250927	526801	—	2276293
其中：规模以上	648	214856	1600009	5462390	5439490	385819	407411	1073329	3262469	2136356	144431	173193	358021	—	1481090
3. 制造业	48259	2318383	21300272	72796979	71912132	3284247	3338554	7549880	50633895	30737156	38333768	68368335	51573028	9059638	18746340
其中：规模以上	4002	1463372	17217619	59482507	59520895	3041915	2727503	5133034	40923254	25736852	32951271	53518325	47155704	8444010	12536067
4. 电力、燃气及水的生产和供应业	2190	99124	1262411	4188148	4137241	164993	246178	379126	26788881	9201881	666594	957253	926900	—	2410046
其中：规模以上	137	72298	995158	3769549	3724012	153528	218999	319412	23032126	8361802	604401	815753	739919	—	1567989
5. 建筑业	16675	1197299	3665502	14027002	13856504	614723	657205	3601302	8900729	3674782	231342	824255	1030458	—	2353237
6. 交通运输仓储业	10001	170765	916920	3041956	3004981	222723	154422	506032	2331946	1757875	111652	156755	260534	5113	679907
7. 批发零售业	112482	397809	3310113	10981563	10848082	786643	972339	1238283	9681714	2307576	142699	816172	1837317	754138	942246
8. 住宿及餐饮业	10813	119265	1026078	3404094	3362717	116213	88909	323408	1417763	1060400	70167	89202	192161	—	263841
其中：餐饮业	8064	65245	595211	1974352	1967628	79493	53326	187129	809734	612114	40594	49944	87139	—	129330
9. 社会服务业	65496	91693	2407243	4028825	3979855	134065	100230	290700	4103297	900333	56884	506392	193924	1421	606638
10. 其他业	35088	252748	3041864	10091625	9968961	401026	439772	752320	12576315	1685059	122457	1257895	883844	—	3070206

2012 年重庆市中小企业主要经济指标（按登记类型分组）

甲	企业个数	从业人员年末数	增加值	总产值	营业收入	利润总额	上交税金	劳动者报酬	资产总额	固定资产原价	固定资产净值	负债总额	资本金	出口产品交货值	固定资产投资完成额
总 计	335010	5230105	40909437	135720313	134070633	6436731	6572307	16501024	122179195	55566071	40012647	73271646	57645440	9821017	31903725
一、按登记注册类型分组															
1. 内资企业小计	334251	5196311	40086050	132423344	131014201	6347319	6484574	16358618	117057554	52558385	39782146	72887998	57280348	8347081	31194513
其中：（1）国有企业	1965	135274	1970000	5364738	5062464	291720	1086349	546345	28811873	7062240	510897	1149273	824018	245349	3476678
（2）集体企业	3991	75228	347034	1029075	933034	51249	48369	225546	801829	361605	25290	53815	89724	—	166217
（3）股份合作企业	525	8702	151974	266946	219557	10019	12751	26895	293869	124552	9857	26070	27120	—	119455
（4）联营企业	904	25225	157693	532582	625259	18440	26560	64299	564690	215666	25760	74812	57938	—	100743
（5）有限责任公司	25925	778824	7330910	23587091	27844207	990260	1065124	2808361	20888821	11570754	36962295	66080534	48971866	1795429	4803386
（6）股份有限公司	6492	250501	2489448	8360402	7281098	418172	374111	894357	8323705	3320337	217190	894086	589882	883558	2586425
（7）私营企业	294448	3922556	27638991	93282512	89048582	4567458	3871310	11792815	57372767	29903231	2030857	4609409	6719800	5422744	19941610
2. 港、澳、台商投资企业	396	17948	321314	1182900	1126034	13105	9470	74672	3175149	2023717	170343	203019	111236	1058321	517946
3. 外商投资企业	363	15846	502072	2114068	1930398	76307	78264	67734	1946492	983969	60158	180629	253855	415616	191265

2012年陕西省中小企业主要经济指标统计表（分地区）

地区	企业单位个数（个）	资产合计（亿元）	营业收入（亿元）	增加值合计（亿元）	出口创汇（亿美元）	税金总额（亿元）	从业人员期末数（万人）
陕西省	1438710	13663.65	20128	7128	155.57	821.59	773.00
西安市	359811	6276.49	8610	2342	116.18	346.04	237.21
铜川市	33188	207.90	378	149	—	18.95	16.38
宝鸡市	171049	964.25	2210	680	8.73	41.18	102.10
咸阳市	156185	782.22	2187	819	5.18	36.51	88.19
渭南市	167976	661.09	1600	607	16.98	29.66	82.86
汉中市	141532	479.64	917	390	1.99	22.03	66.85
安康市	100820	617.19	797	276	3.28	28.18	36.57
商洛市	96177	441.79	538	237	1.85	20.37	45.99
榆林市	130558	2436.55	2649	1448	—	224.65	61.32
延安市	75261	418.71	831	251	1.37	29.14	31.41
杨凌示范区	6891	130.48	104	37	—	9.60	3.89

2012年甘肃省中小企业主要经济指标统计表（分地区）

地区	企业单位数（个）	营业收入（亿元）	税金总额（亿元）	从业人员期末数（万人）
合计	1382	1743.49	62.47	27.68
兰州市	317	445.96	15.28	7.86
嘉峪关市	26	69.06	2.40	0.89
酒泉市	192	250.73	7.68	2.65
张掖市	126	137.85	5.44	2.02
武威市	119	154.98	2.74	2.28
金昌市	32	58.83	0.94	0.51
白银市	140	141.43	5.33	2.02
定西市	55	62.25	1.26	0.83
平凉市	82	121.71	6.29	2.16
庆阳市	60	57.58	2.05	—
天水市	116	111.81	3.07	3.03
陇南市	65	62.11	5.08	1.46
甘南州	17	27.66	1.26	0.32
临夏州	35	41.53	3.01	0.73

2012 年甘肃省中小企业主要经济指标统计表（分行业）

行业代码	行业名称	企业单位数（个）	营业收入（亿元）	税金总额（亿元）	从业人员期末数（万人）
0000	总计	1382	1743.49	104.87	27.68
0100	农业	—	—	—	—
0200	林业	—	—	—	—
0300	畜牧业	—	—	—	—
0400	渔业	—	—	—	—
0500	农、林、牧、渔服务业	—	—	—	—
0600	煤炭开采和洗选业	68	49.60	7.28	1.92
0700	石油和天然气开采业	2	7.03	0.76	0.02
0800	黑色金属矿采选业	26	29.29	2.11	0.43
0900	有色金属矿采选业	51	59.31	3.71	1.31
1000	非金属矿采选业	18	22.33	1.72	0.35
1100	其他采矿业	0	0.00	0.00	0.00
1300	农副食品加工业	182	213.11	1.76	2.25
1400	食品制造业	52	40.93	0.98	0.88
1500	饮料制造业	68	86.56	6.07	1.45
1600	烟草制品业	1	0.96	0.11	0.04
1700	纺织业	21	19.73	0.26	0.61
1800	纺织服装、鞋、帽制造业	6	3.75	0.06	0.17
1900	皮革、毛皮、羽毛（绒）及其制品业	8	15.04	0.32	0.18
2000	木材加工及木、竹、藤、棕、草制品业	1	0.13	0.01	0.01
2100	家具制造业	1	0.21	0.02	0.03
2200	造纸及纸制品业	17	13.39	0.26	0.43
2300	印刷业和记录媒介的复制	6	4.43	0.27	0.34
2400	文教体育用品制造业	4	1.71	0.67	0.06
2500	石油加工、炼焦及核燃料加工业	12	43.26	4.34	0.13
2600	化学原料及化学制品制造业	102	180.21	2.41	2.49
2700	医药制造业	45	50.46	0.03	0.92
2800	化学纤维制造业	2	2.95	0.71	0.03
2900	橡胶制品业	38	30.25	6.71	0.81
3000	塑料制品业	10	10.00	1.52	2.95
3100	非金属矿物制品业	170	156.89	1.14	1.26
3200	黑色金属冶炼及压延加工业	89	97.49	0.61	0.87
3300	有色金属冶炼及压延加工业	33	81.62	0.84	0.47
3400	金属制品业	40	22.83	1.03	0.91
3500	通用设备制造业	28	29.93	1.03	0.98
3600	专用设备制造业	40	28.93	0.06	0.98
3700	交通运输设备制造业	6	8.03	3.11	0.33

续表

行业代码	行业名称	企业单位数（个）	营业收入（亿元）	税金总额（亿元）	从业人员期末数（万人）
3900	电气机械及器材制造业	49	127.34	0.08	0.09
4000	通信设备、计算机及其他电子设备制造业	6	6.53	0.09	0.05
4100	仪器仪表及文化、办公用机械制造业	5	2.11	0.12	0.06
4200	工艺品及其他制造业	0	0.00	0.13	0.27
4300	废弃资源和废旧材料回收加工业	2	2.23	13.69	2.53
4400	电力、热力的生产和供应业	141	264.93	0.07	0.03
4500	燃气生产和供应业	4	2.25	0.47	0.41
4600	水的生产和供应业	10	7.43	0.63	0.68
E	建筑业	—	—	—	—
F	交通运输、仓储及邮政业	—	—	—	—
G	信息传输、计算机服务和软件业	—	—	—	—
H	批发和零售业	—	—	—	—
I	住宿和餐饮业	—	—	—	—
J	金融业	—	—	—	—
K	房地产业	—	—	—	—
L	租赁和商务服务业	—	—	—	—
	其它行业 *	9	20.13	40	—

填表说明：根据甘肃省统计部门提供的规模以上1382户中小企业数据，将企业数量、主营业务收入、税金总额、从业人数等数据填报。

2012年青海省非公有制基本情况和生产经营活动状况汇总表

单位：户、人、万元

指标	代码	户数	从业人员	注册资金	销售收入或营业收入	本年上交税金	利润总额	固定资产
一、按经济类型分	01	222806	748462	9818152	20546042	706649	803492	8227577
股份合作企业	02	155	5020	28289	76505	3050	1062	44651
联营企业	03	44	1381	20123	9827	510	835	10087
有限责任公司	04	2244	116446	1731599	4999437	222850	219745	2053101
股份有限公司	05	154	16695	347140	653902	60235	-11191	486237
私营企业	06	13940	186060	6517644	9562629	336806	467976	4400783
个体经济	07	205659	399441	501930	3640845	46952	0	0
港澳台商投资企业	08	66	5193	184784	810126	8967	4135	279615
外商企业	09	96	8151	341894	582963	18424	113857	638524
其他企业	10	449	10074	144750	209808	8855	7073	314580
二、按行业类别分	11	222806	748462	9818152	20546042	706649	803492	8227577
第一产业	12	1734	17042	259302	266015	12561	2516	17139
农林牧渔业	13	1734	17042	259302	266015	12561	2516	17139
第二产业	14	19874	234114	4605665	11188100	446239	522114	6127632
工业	15	13025	129236	3658814	9154207	372631	478522	5525979
建筑业	16	6849	104878	946851	2033893	73608	43592	601653
第三产业	17	201198	497306	4953185	9091927	247850	278862	2082806
交通运输、仓储及邮政业	18	31675	50708	96493	517174	4037	6137	182416
信息传输、计算机服务和软件业	19	1464	10174	208598	469619	11910	93769	449950
批发和零售业	20	116804	241966	2471805	6100664	144639	164096	540401
住宿和餐饮业	21	19502	90010	285695	408937	10575	-5910	195820
金融业	22	50	82	0	0	0	0	0
房地产业	23	989	14654	1336355	1059633	51002	5806	427711
租赁和商务服务业	24	4158	24534	228742	219015	8410	-1608	96611
科学研究、技术服务和地质勘察业	25	368	6603	100648	78304	4140	13167	26784
水利、环境和公共设施管理业	26	183	984	27467	2884	235	701	7338
居民服务和其他服务业	27	19016	37891	124626	183539	5575	480	50953
教育	28	966	6495	11385	14152	444	1118	44292
卫生、社会保障和社会福利业	29	3841	8140	18533	15695	78	480	17717
文化、体育和娱乐业	30	2167	5025	42840	22313	6806	626	42812
公共管理和社会组织	31	15	40	0	0	0	0	0

2012 年青海省非公有制增加值构成表

单位：万元

指标	编码	总产出	增加值	劳动者报酬	固定资产折旧	生产税净额	营业盈余
一、按经济类型分	01	18157172	6211467	2438093	861149	892860	2019365
股份合作企业	02	59215	21228	7858	3018	3703	6648
联营企业	03	9480	4199	2238	817	483	661
有限责任公司	04	4749266	1662697	391271	199160	259673	812592
股份有限公司	05	536213	222137	62974	89921	68813	429
私营企业	06	8547429	2570214	743018	392904	448566	985726
个体经济	07	3054299	1304687	1145607	100000	59081	0
港澳台商投资企业	08	407359	114237	17638	12157	16970	67473
外商企业	09	555077	240557	36798	46217	25280	132262
其他企业	10	238835	71510	30692	16956	10290	13573
二、按行业类别分	11	18157172	6211467	2438093	861149	892860	2019365
第一产业	12	954003	363300	338723	673	19934	3969
农林牧渔业	13	954003	363300	338723	673	19934	3969
第二产业	14	13648574	3892155	1125293	517781	584864	1664218
工业	15	11614728	3380438	749997	480551	511825	1638065
建筑业	16	2033846	511716	375296	37229	73039	26152
第三产业	17	3554595	1956013	974077	342695	288062	351179
交通运输、仓储及邮政业	18	517174	218754	202930	1434	8058	6332
信息传输、计算机服务和软件业	19	414288	205981	50836	43499	12415	99231
批发和零售业	20	1067716	836800	362892	39936	205734	228237
住宿和餐饮业	21	408937	165937	151615	7581	10205	-3463
金融业	22	0	0	0	0	0	0
房地产业	23	617254	304031	40990	228410	31537	3094
租赁和商务服务业	24	219015	91937	74558	9317	9407	-1345
科学研究、技术服务和地质勘察业	25	78240	35944	14430	4122	3830	13562
水利、环境和公共设施管理业	26	2884	1174	538	27	146	462
居民服务和其他服务业	27	183539	61762	47419	6836	4605	2902
教育	28	13922	12206	9770	686	344	1406
卫生、社会保障和社会福利业	29	8750	6602	5309	335	444	514
文化、体育和娱乐业	30	22876	14885	12790	512	1337	246
公共管理和社会组织	31	0	0	0	0	0	0

2012年宁夏回族自治区中小企业主要经济指标统计表（分行业）

行业代码	行业名称	企业单位数（个）		资产合计（亿元）		营业收入（亿元）		税金总（亿元）		从业人员期末数（万人）	
		中型	小微型	中型	小微型	中型	小微型	中型	小微型	中型	小微型
0000	总计	116	675	922.35	1159.00	589.21	624.30	17.60	14.24	6.89	6.57
0600	煤炭开采和洗选业	6	62	47.83	65.78	48.13	51.49	0.92	1.10	—	—
0700	石油和天然气开采业	0	2	00.00	3.68	0.00	1.20	0.00	0.11	—	—
1000	非金属矿采选业	0	3	00.00	1.43	0.00	1.25	0.00	0.21	—	—
1300	农副食品加工业	4	68	11.34	49.56	15.86	56.79	0.11	0.31	—	—
1400	食品制造业	2	30	7.86	32.38	14.68	21.54	0.21	0.40	—	—
1500	酒、饮料和精制茶制造业	4	11	18.92	27.25	11.09	8.19	1.36	0.39	—	—
1600	烟草制品业	0	1	00.00	0.21	0.00	0.24	0.00	0.01	—	—
1700	纺织业	5	43	61.80	52.20	29.19	42.01	0.89	0.21	—	—
1800	纺织服装、鞋、帽制造业	1	0	1.49	0.00	1.25	0.00	0.07	0.00	—	—
1900	皮革、毛皮、羽毛（绒）及其制品业	0	14	00.00	6.13	0.00	9.37	0.00	0.13	—	—
2000	木材加工及木、竹、藤、棕、草制品业	0	4	00.00	1.48	0.00	4.44	0.00	0.01	—	—
2100	家具制造业	1	0	0.91	0.00	2.44	0.00	0.04	0.00	—	—
2200	造纸及纸制品业	1	10	2.19	17.89	0.93	7.94	0.01	0.17	—	—
2300	印刷业和记录媒介的复制	2	3	2.22	2.15	2.20	1.49	0.05	0.04	—	—
2500	石油加工、炼焦及核燃料加工业	7	16	70.85	15.26	26.59	15.18	1.31	0.89	—	—
2600	化学原料及化学制品制造业	22	71	102.14	89.23	75.41	69.74	1.23	1.00	—	—
2700	医药制造业	1	6	1.14	88.50	0.75	3.95	0.07	0.21	—	—
2900	橡胶和塑料制品业	2	20	3.85	8.65	3.67	8.08	0.28	0.16	—	—
3100	非金属矿物制品业	10	100	62.66	112.31	22.37	73.68	0.88	2.88	—	—
3200	黑色金属冶炼及压延加工业	17	80	70.53	64.98	67.26	76.06	0.96	1.39	—	—
3300	有色金属冶炼及压延加工业	5	10	66.10	23.00	98.88	21.86	0.33	0.19	—	—
3400	金属制品业	1	14	6.76	10.18	6.84	9.47	0.13	0.33	—	—
3500	通用设备制造业	7	18	41.08	20.74	24.66	23.74	0.07	0.22	—	—
3600	专用设备制造业	1	13	1.83	9.28	0.65	10.88	1.13	0.55	—	—
3700	汽车制造业	1	4	1.35	5.68	3.60	1.33	0.03	0.01	—	—
3800	铁路、床波、航空航天和其他运输设备制造业	0	1	00.00	1.01	0.00	0.45	0.00	0.04	—	—
3900	电气机械及器材制造业	4	21	15.39	31.80	11.66	25.23	0.42	0.80	—	—
4100	仪器仪表制造业	1	5	5.54	3.59	4.62	2.83	0.17	0.38	—	—
4300	废弃资源和废旧材料回收加工业	0	1	00.00	0.35	0.00	1.12	0.00	0.03	—	—
4400	电力、热力的生产和供应业	7	32	285.42	361.94	110.65	55.76	6.82	1.39	—	—
4500	燃气生产和供应业	1	7	20.89	35.04	3.26	15.44	0.00	0.42	—	—
4600	水的生产和供应业	2	5	12.26	17.32	2.57	3.55	0.11	0.27	—	—

注：以上均为规模以上工业企业数，截至2012年底。

2012 年新疆维吾尔自治区中小企业主要经济指标统计表（分地区）

地区	企业单位数（个）		资产合计（亿元）		营业收入（亿元）		从业人员期末数（万人）	
	中型	小型	中型	小型	中型	小型	中型	小型
合计	2054	61853	6378.0	7663.3	5862.0	3684.7	69.5	100.6
乌鲁木齐市	652	24660	2673.1	3003.8	3187.7	1225.7	16.6	29.3
克拉玛依市	110	2386	257.6	196.5	234.3	148.9	3.7	4.5
吐鲁番地区	37	1600	161.4	188.0	67.9	95.3	1.3	2.8
哈密地区	83	3180	221.6	402.1	149.5	133.8	2.9	4.8
昌吉回族自治州	174	4198	579.2	601.0	249.1	346.9	5.7	8.0
博尔塔拉蒙古自治州	56	1656	68.2	253.1	81.4	106.2	1.5	3.5
巴音郭楞蒙古自治州	177	5611	327.2	467.0	288.4	218.2	5.1	7.7
阿克苏地区	199	4364	448.5	621.4	528.4	230.0	4.4	8.0
克孜勒苏柯尔克孜自治州	14	880	20.7	82.6	11.5	27.8	0.2	1.5
喀什地区	93	2680	211.7	279.3	167.9	167.6	3.7	6.2
和田地区	36	1815	39.1	114.4	43.9	44.1	1.8	3.6
伊犁哈萨克自治州	175	3411	417.4	638.3	287.6	487.1	9.4	7.9
塔城地区	73	1164	286.6	216.5	154.6	162.8	4.9	4.4
阿勒泰地区	33	1829	97.6	200.6	67.6	100.3	1.6	3.3
自治区直辖县级行政区划	142	2419	568.3	398.6	342.2	190.3	6.6	5.2

2012 年新疆维吾尔自治区中小企业主要经济指标统计表（分行业）

行业代码	行业名称	企业单位数（个）		资产合计（亿元）		营业收入（亿元）		从业人员期末数（万人）	
		中型	小型	中型	小型	中型	小型	中型	小型
0000	总计	2054	61853	6378.0	7663.3	5862.0	3684.7	69.5	100.6
0100	农业	138	963	187.8	29.7	82.0	2.2	18.6	3.2
0200	林业	5	194	0.9	4.3	0.7	0.6	0.0	0.4
0300	畜牧业	34	904	15.5	12.6	11.8	1.9	1.3	2.5
0400	渔业	1	49	0.3	0.9	0.1	0.2	0.0	0.1
0500	农、林、牧、渔服务业	86	685	52.5	11.9	29.7	2.2	0.4	1.3
0600	煤炭开采和洗选业	32	397	129.8	199.3	54.1	65.8	2.0	2.7
0700	石油和天然气开采业	15	104	105.5	19.6	31.1	15.5	0.7	0.2
0800	黑色金属矿采选业	7	646	84.7	160.0	40.2	60.7	0.4	1.1
0900	有色金属矿采选业	8	363	58.3	105.8	32.9	18.8	0.5	0.9
1000	非金属矿采选业	3	638	3.3	39.4	3.8	20.0	0.2	1.0
1100	其他采矿业	0	86	0.0	3.5	0.0	2.2	0.0	0.1
1300	农副食品加工业	24	1096	74.9	268.1	56.3	246.5	2.2	3.6
1400	食品制造业	13	455	49.9	152.3	27.8	86.8	0.6	1.9
1500	饮料制造业	7	384	34.5	72.5	20.5	42.5	0.4	1.2
1600	烟草制品业	1	0	37.2	0.0	30.2	0.0	0.1	0.0
1700	纺织业	43	343	108.8	93.1	76.0	42.0	2.6	1.9
1800	纺织服装、鞋、帽制造业	2	124	3.7	2.6	2.6	2.1	0.2	0.3
1900	皮革、毛皮、羽毛（绒）及其制品业	0	77	0.0	3.9	0.0	7.8	0.0	0.1
2000	木材加工及木、竹、藤、棕、草制品业	0	202	0.0	16.3	0.0	10.8	0.0	0.4
2100	家具制造业	1	152	2.0	10.8	3.7	4.5	0.1	0.2
2200	造纸及纸制品业	4	244	13.5	23.6	9.8	16.5	0.3	0.7
2300	印刷业和记录媒介的复制	1	331	2.5	15.9	0.8	9.9	0.1	0.6
2400	文教体育用品制造业	0	21	0.0	0.2	0.0	0.5	0.0	0.1
2500	石油加工、炼焦及核燃料加工业	14	239	131.2	136.2	289.0	117.3	0.8	1.1
2600	化学原料及化学制品制造业	28	848	305.3	171.8	88.6	106.9	2.2	2.1
2700	医药制造业	2	112	4.5	27.0	2.0	11.0	0.1	0.5
2800	化学纤维制造业	7	21	47.9	18.0	44.0	12.9	0.4	0.2
2900	橡胶制品业	0	64	0.0	10.9	0.0	2.2	0.0	0.2
3000	塑料制品业	2	961	3.6	121.9	4.9	81.6	0.1	2.5
3100	非金属矿物制品业	38	2472	169.1	378.8	78.8	210.8	1.8	7.0
3200	黑色金属冶炼及压延加工业	14	158	40.8	104.9	47.1	80.1	0.7	1.0
3300	有色金属冶炼及压延加工业	12	113	214.9	91.6	58.6	44.6	0.9	0.4
3400	金属制品业	4	751	9.3	75.9	7.2	75.5	0.2	1.4
3500	通用设备制造业	1	424	2.3	34.6	1.7	23.6	0.0	0.8

续表

行业代码	行业名称	企业单位数（个）		资产合计（亿元）		营业收入（亿元）		从业人员期末数（万人）	
		中型	小型	中型	小型	中型	小型	中型	小型
3600	专用设备制造业	3	373	10.8	41.8	6.6	26.7	0.2	0.8
3700	交通运输设备制造业	2	171	5.0	18.5	23.7	12.2	0.1	0.9
3900	电气机械及器材制造业	5	285	130.2	39.7	110.1	20.8	0.2	0.6
4000	通信设备、计算机及其他电子设备制造业	0	19	0.0	3.1	0.0	1.1	0.0	0.0
4100	仪器仪表及文化、办公用机械制造业	0	25	0.0	3.3	0.0	1.2	0.0	0.0
4200	工艺品及其他制造业	1	144	8.5	5.7	0.3	2.1	0.1	0.3
4300	废弃资源和废旧材料回收加工业	0	34	0.0	6.3	0.0	2.3	0.0	0.0
4400	电力、热力的生产和供应业	29	591	424.7	803.0	103.4	119.4	1.7	2.7
4500	燃气生产和供应业	1	80	25.0	41.1	8.9	11.5	0.1	0.3
4600	水的生产和供应业	2	145	32.3	54.8	2.7	8.4	0.1	0.7
E	建筑业	252	2190	651.6	238.5	724.3	280.7	12.8	9.2
F	交通运输、仓储及邮政业	36	2666	181.1	234.1	63.9	102.8	3.1	4.4
G	信息传输、计算机服务和软件业	51	2030	229.3	64.1	90.2	15.6	1.6	1.3
H	批发和零售业	586	24147	1358.1	1222.8	3152.4	1316.4	5.8	15.5
I	住宿和餐饮业	50	1053	40.7	82.6	18.8	28.4	1.4	3.6
J	金融业	0	0	0.0	0.0	0.0	0.0	0.0	0.0
K	房地产业	390	3623	1093.7	758.1	391.6	112.9	1.9	5.8
L	租赁和商务服务业	28	5562	235.5	1252.2	15.6	140.2	1.3	8.5
	其它行业	71	4094	57.5	375.6	13.3	55.6	1.2	4.3

2012年大连市民营经济主要经济指标表

单位：个、人、万元

甲	企业个数	从业人员年末数	增加值	总产值	营业收入	利润总额	上交税金	劳动者报酬
	1	2	3	4	5	6	7	8
总 计	284921	2377949	49724333	151712765	152822672	9166913	4846995	6694734
一、按登记注册类型分组								
1. 内资企业小计	283327	2259511	46222971	140761235	142066065	8572596	4489143	6305296
其中：(1)集体企业	1088	64705	737348	2496712	2509374	190337	102560	180579
(2)股份合作企业	1725	26760	435884	565451	1231714	81594	109250	18341
(3)联营企业	146	1723	134602	397487	442025	22326	15132	28034
(4)有限责任公司	15616	272180	7953573	23841441	24338019	1526618	966667	920886
(5)股份有限公司	11176	222629	3420745	6943673	8280752	621925	569728	722793
(6)私营企业	43420	925211	20457521	65558957	63681297	3477880	1825837	2732297
(7)个体工商户	210156	746303	13083298	40957514	41582884	2651916	899969	1702366
2. 港、澳、台商投资企业	423	16165	916368	2756843	2961495	134778	109422	80932
3. 外商投资企业	1171	102273	2584994	8194687	7795112	459539	248430	308506
二、按国民经济行业分组								
1. 工业	58429	1055377	27757339	89748076	83694969	4298858	1983874	2930216
其中：采矿业	413	17136	264124	809816	747523	53070	19741	32074
制造业	57538	1025253	27185871	88160585	81761061	4192932	1947140	2862461
电力、燃气及水的生产和供应业	478	12988	307344	777675	1186385	52856	16993	35681
2. 建筑业	6883	258996	4269513	14269400	15562033	1102768	539750	753985
其中：资质等级企业	698	88419	1592721	5588188	5255572	380765	155416	275290
3. 交通运输仓储业	34889	109891	2230498	7494206	7696462	454623	185156	297520
4. 批发零售业	93574	435189	5632082	16476703	19201097	1317305	789774	1183363
5. 住宿及餐饮业	28645	165903	2065198	5551509	6412831	532089	304973	404679
其中：餐饮业	9737	60731	750986	2490460	2644483	197577	63346	119957
6. 居民服务、其他服务业和娱乐业	26567	197009	3822420	7899087	9457523	713459	569317	643572
7. 其他	35934	155584	3947283	10273784	10797757	747811	474151	481399

2012年宁波市规模以下中小企业及个体经营主要经济指标

指标	单位	总计
总计		
企业（单位）数	个	117426
期末从业人员	人	1539373
工业总产值	万元	35551071
资产总计	万元	27476363
企业主要经济指标		
企业数	个	41555
期末从业人员	人	911498
工业总产值	万元	21096005
主营业务收入	万元	20887134
出口产品销售收入	万元	4016785
主营业务成本	万元	17953504
税金总额	万元	1091024
所得税	万元	189441
营业利润	万元	1036287
应付职工薪酬	万元	2653859
本年折旧	万元	702108
资产总计	万元	21420947
负债合计	万元	11553302
固定资产原值	万元	8227381
固定资产净值	万元	5382694
应收帐款	万元	3980118
利息支出	万元	339578
银行借款利息	万元	319432
民间借款利息	万元	20146
期末剩余订单额	万元	1092005
生产能力（设备）利用率	%	79.53
个体工业主要经济指标		
单位数	个	75871
期末从业人员	人	627875
营业收入	万元	14455065
生产支出	万元	10744744
应付职工薪酬	万元	1843641
资产总计	万元	6055416

历年宁波市中小企业主要经济指标

年份	总产值（当年价）	固定资产原值	固定资产净值	主营业务收入	利税总额	利润总额	全部从业人员年平均人数
1978	15.79	7.07	—	—	4.29	2.59	—
1979	18.11	8.25	6.28	18.71	4.73	2.86	—
1980	23.73	9.59	7.35	24.89	6.17	3.93	—
1981	29.67	11.38	8.76	30.05	6.94	4.26	—
1982	29.99	13.53	10.49	32.36	7.99	4.86	—
1983	35.23	15.84	12.17	38.98	9.07	5.57	—
1984	50.93	21.09	16.67	54.57	11.30	6.53	—
1985	68.63	32.55	26.43	76.16	14.62	7.65	65.48
1986	81.96	38.43	30.49	86.67	15.86	7.94	68.69
1987	102.16	52.61	41.79	110.96	18.54	9.92	71.29
1988	132.17	62.81	48.85	147.85	23.24	12.00	72.06
1989	159.41	74.80	56.60	162.81	23.64	11.47	69.05
1990	200.00	89.31	64.39	167.35	20.99	8.21	67.71
1991	261.62	107.17	79.45	218.15	25.27	11.79	72.02
1992	341.42	128.57	95.03	282.90	31.65	14.82	73.15
1993	491.07	192.06	147.38	430.65	45.15	22.68	73.94
1994	642.18	276.98	225.18	480.46	53.56	26.06	71.53
1995	837.80	357.05	281.28	664.70	62.61	29.46	66.08
1996	843.48	407.73	312.70	722.15	66.57	28.63	64.60
1997	842.62	496.05	374.92	747.51	78.60	33.32	55.88
1998	940.59	567.09	423.50	835.24	88.00	37.52	50.78
1999	1062.29	668.71	490.07	985.32	118.65	61.21	52.38
2000	1427.70	829.69	601.93	1350.52	153.26	88.11	58.42
2001	1629.66	926.49	648.50	1538.70	213.72	115.95	66.90
2002	2000.16	1058.90	727.01	1945.02	267.09	152.34	77.22
2003	2630.29	1251.24	854.79	2604.90	322.01	189.30	91.96
2004	3815.04	1602.75	1113.37	3660.69	417.63	241.31	128.94
2005	4890.97	1926.51	1337.30	4698.16	446.13	262.36	140.82
2006	6187.91	2469.35	1755.66	5930.59	525.65	312.63	159.64
2007	7789.01	2886.87	2013.56	7456.24	639.84	387.31	174.24
2008	8746.36	3422.49	2363.23	8283.18	489.32	221.25	178.59
2009	8272.85	3908.81	2633.33	7824.88	867.35	462.11	168.67
2010	10853.55	4431.40	2920.36	10396.63	1160.55	657.77	181.09
2011	12044.77	4543.83	—	11803.24	1193.21	631.66	152.25
2012	12155.08	4792.65	—	11795.98	1112.86	553.21	147.06

注：1997 年以前为乡及乡以上独立核算中小企业。1998 年及以后为规模以上中小企业。

2012 年宁波市各县（市）、区规模以上中小企业总产值（现行价格）

指标	全市	市区	余姚	慈溪	奉化	象山	宁海
工业总产值	121550760	81133945	11275033	16089841	3536980	4351251	5163711
按轻重工业分							
轻工业	34049449	18132831	4078814	7093185	1250908	1515349	1978361
重工业	87501311	63001113	7196219	8996655	2286072	2835901	3185350
按注册登记类型分							
国有企业	8547018	5404435	573999	555996	148717	668189	1195683
集体企业	111059	59477	23294	16551	5386	—	6350
股份合作企业	137049	75316	—	38974	—	20752	2008
联营企业	9128	9128	—	—	—	—	—
有限责任公司	12142989	9044875	831502	1383345	148496	322912	411860
股份有限公司	17252477	15147526	800775	679829	28353	414527	181467
私营企业	32872411	12741034	5032766	8968559	1797271	1874964	2457818
港澳台商投资企业	28862744	21785497	2563336	2642892	975936	447457	447625
外商投资企业	21553507	16825322	1449361	1786946	432822	598157	460900
在总计中：亏损企业	13314051	9697922	755802	1425591	364110	439855	630771
在总计中：国有及国有控股	30369003	26890591	686638	562468	160185	752792	1316329
按规模分							
大型企业	40247278	33049287	1360706	3233520	688447	337096	1578222
中型企业	36402444	21784977	3858200	6039932	1009554	2158679	1551102
小型企业	43739373	25381251	5939526	6748031	1811981	1830013	2028571
按工业行业分							
黑色金属矿采选业	—	—	—	—	—	—	—
非金属矿采选业	2600	2600	—	—	—	—	—
农副食品加工业	1542863	704391	306329	170564	69186	280052	12341
食品制造业	806733	236032	394319	20677	39920	57370	58415
酒、饮料和精制茶制造业	302647	177746	44625	—	37036	17653	25588
烟草制品业	1197910	1197910	—	—	—	—	—
纺织业	3592043	2401782	406003	524842	45592	125013	88811
纺织服装、服饰业	5904017	4361552	36807	131864	491218	795265	87311
皮革、毛皮、羽毛及其制品和制鞋业	130099	71954	12250	19800	15772	—	10324
木材加工及木、竹、藤、棕、草制品业	159035	94763	26871	19740	17662	—	—
家具制造业	724544	416321	217441	51900	9283	13513	16087
造纸及纸制品业	1688271	1142986	119469	258174	41477	43437	82729
印刷和记录媒介复制业	634497	530472	55734	27955	18029	—	2307
文教、工美、体育和娱乐用品制造业	2254277	1175154	110325	270097	45507	11845	641350

续表

指标	全市	市区	余姚	慈溪	奉化	象山	宁海
石油加工、炼焦和核燃料加工业	15207781	15196637	—	—	6755	4389	—
化学原料和化学制品制造业	12688180	11154026	463059	885610	73667	29986	81832
医药制造业	502382	356068	15078	49994	53083	13297	14864
化学纤维制造业	1732548	231616	170330	1266372	17787	43229	3215
橡胶和塑料制品业	3481399	1641391	733092	604708	139061	79023	284125
非金属矿物制品业	1887257	1059562	343189	183072	46229	133469	121736
黑色金属冶炼和压延加工业	5589887	4020814	541077	618648	274398	86391	48561
有色金属冶炼和压延加工业	5227581	2916604	799136	1132338	176970	17782	184752
金属制品业	3621538	2155540	521209	538655	158651	34145	213338
通用设备制造业	6785764	3712307	676668	1175964	457563	356811	406451
专用设备制造业	3376023	2151868	604854	213399	34611	191247	180044
汽车制造业	5902229	3528778	221587	1030696	111802	594722	414643
铁路、船舶、航空航天和其他运输设备制造业	1678644	602429	36963	357023	462607	196962	22660
电气机械和器材制造业	14185855	5180337	2695107	4681184	292406	516623	820198
计算机、通信和其他电子设备制造业	8635925	7224046	587712	555520	173156	16259	79232
仪器仪表制造业	1694974	714253	460019	452686	34700	—	33316
其他制造业	484230	171655	57653	204090	29707	—	21124
废弃资源综合利用业	986543	966574	—	15460	—	4510	—
金属制品、机械和设备修理业	60797	14007	—	—	2872	35064	8853
电力、热力的生产和供应业	8491271	5354213	587859	575098	154214	643479	1176409
燃气生产和供应业	159250	134358	5360	19532	—	—	—
水的生产和供应业	231166	133201	24912	34180	6062	9715	23097

2012年宁波市各县（市）、区规模以上中小企业销售产值

指标	全市	市区	余姚	慈溪	奉化	象山	宁海
工业销售产值	117880641	79629068	10819371	15100371	3226056	4135862	4969914
按轻重工业分							
轻工业	33104213	17987838	3932912	6643404	1193009	1474203	1872848
重工业	84776428	61641230	6886459	8456968	2033047	2661659	3097066
按注册登记类型分							
国有企业	8536128	5393545	573999	555996	148717	668189	1195683
集体企业	111743	58509	22411	19017	5532	—	6275
股份合作企业	131655	75115	—	34564	—	19975	2000
联营企业	9125	9125	—	—	—	—	—
有限责任公司	11928565	8952060	807026	1324973	142301	307533	394671
股份有限公司	16889319	14891589	774152	642274	25321	388167	167817
私营企业	31394168	12352713	4819880	8399808	1708280	1772565	2340922
港澳台商投资企业	28044561	21522089	2459537	2463068	778223	402901	418742
外商投资企业	20772067	16332094	1362365	1643882	417682	572239	443804
在总计中：亏损企业	13013311	9567491	739626	1346644	354881	411759	592909
在总计中：国有及国有控股	30125079	26660146	681536	562225	160084	747490	1313598
按规模分							
大型企业	38897059	32097238	1313334	3130572	486462	303362	1566090
中型企业	35321924	21589760	3673035	5572702	966619	2059319	1460489
小型企业	42512942	25033923	5721150	6329674	1744239	1746321	1937636
按工业行业分							
黑色金属矿采选业	11094	11094	—	—	—	—	—
非金属矿采选业	2200	2200	—	—	—	—	—
农副食品加工业	1525889	743965	292586	152574	65357	259094	12315
食品制造业	741303	217769	370533	18700	36502	50082	47717
酒、饮料和精制茶制造业	298524	174415	44591	—	36548	17485	25484
烟草制品业	1190021	1190021	—	—	—	—	—
纺织业	3565545	2420314	397252	491614	42700	129681	83984
纺织服装、服饰业	5699778	4207363	36561	124805	467670	779117	84262
皮革、毛皮、羽毛及其制品和制鞋业	127137	70942	11413	19263	15400	—	10120
木材加工及木、竹、藤、棕、草制品业	155307	93390	25269	19249	17399	—	—
家具制造业	686804	397312	203165	47882	8534	14145	15766
造纸及纸制品业	1728459	1208005	115820	242959	41879	41904	77892
印刷和记录媒介复制业	614684	511755	54751	27658	18213	—	2307
文教、工美、体育和娱乐用品制造业	2213575	1175121	109751	256506	42092	11013	619092

续表

指标	全市	市区	余姚	慈溪	奉化	象山	宁海
石油加工、炼焦和核燃料加工业	15059499	15049536	—	—	6230	3733	—
化学原料和化学制品制造业	12535511	11072976	438402	846988	72527	28980	75637
医药制造业	487554	351817	13424	46440	49145	13270	13459
化学纤维制造业	1572594	212407	164313	1133863	16416	42359	3235
橡胶和塑料制品业	3382890	1631791	714271	563059	129095	76792	267882
非金属矿物制品业	1854644	1037826	338874	175460	45516	134074	122895
黑色金属冶炼和压延加工业	5429335	3940677	534657	571869	257602	80448	44083
有色金属冶炼和压延加工业	5073020	2891681	745821	1065198	178002	17088	175231
金属制品业	3494421	2101917	502062	501322	153763	32894	202462
通用设备制造业	6527493	3632244	645039	1078947	440266	339418	391580
专用设备制造业	3245333	2088140	573851	195295	32497	185489	170061
汽车制造业	5721172	3466038	209717	1001364	105121	537213	401720
铁路、船舶、航空航天和其他运输设备制造业	1390043	564266	34302	336393	275021	157981	22081
电气机械和器材制造业	13670259	5153787	2584956	4402295	281141	475751	772328
计算机、通信和其他电子设备制造业	7886065	6577051	546802	507527	165825	16246	72615
仪器仪表制造业	1633966	694458	444876	430301	33519	—	30812
其他制造业	470284	168354	53285	199852	29062	—	19731
废弃资源综合利用业	970356	951919	—	14431	—	4006	—
金属制品、机械和设备修理业	60451	13796	—	—	2738	35064	8853
电力、热力的生产和供应业	8468212	5337155	582757	574855	154214	642822	1176409
燃气生产和供应业	159242	134358	5360	19524	—	—	—
水的生产和供应业	227979	133209	24912	34180	6062	9715	19901

2012 年宁波市规模以上中小企业主要经济指标

指标	企业个数（个）	亏损企业	资产合计	流动资产小计	固定资产小计	固定资产原价	本年折旧	负债小计	所有者权益
总计	6804	1034	106434700	63776216	31430321	47926527	3094874	66017051	40255941
按轻重工业分									
轻工业	2801	473	35962583	23523381	8007508	12354156	773457	23098235	12730095
重工业	4003	561	70472117	40252835	23422813	35572371	2321417	42918815	27525845
按注册登记类型分									
国有企业	36	3	7338212	2129664	4756465	7639254	468607	4257149	3081063
集体企业	23	3	122698	91233	20944	38102	2003	76808	45887
股份合作企业	25	3	122781	86972	25845	50952	3816	80266	42515
联营企业	1	—	2068	1940	128	554	54	665	1403
有限责任公司	546	80	12613660	6518603	4527297	7104620	416051	8427955	4163567
股份有限公司	109	11	10406525	5400604	3577124	4947058	305957	5338136	5068389
私营企业	3958	492	30034821	20228124	6379014	9103695	664986	21686719	8289977
港澳台商投资企业	1118	236	27392006	17777259	6657187	10089492	620760	15724874	11592023
外商投资企业	983	206	18360991	11505834	5483297	8945872	612012	10410158	7944500
在总计中：亏损企业	1034	1034	17238922	9845346	5853272	8288350	506510	13241548	3953886
在总计中：国有及国有控股	97	14	18685538	6280869	11108951	17685543	1040726	11116052	7569486
按规模分									
大型企业	107	8	29357660	15348288	10778829	16347361	1051960	16899585	12448075
中型企业	1005	126	32159397	19943290	8393911	12937318	823114	19976579	12179587
小型企业	5539	859	43337464	27660034	11777579	17688144	1177706	28217233	15109805
按工业行业分									
黑色金属矿采选业	1	1	222007	218131	2744	6273	421	170898	51109
非金属矿采选业	1		1891	351	1540	1985	175	2036	-145
农副食品加工业	85	14	1424989	886266	301869	458675	26113	892698	531003
食品制造业	46	5	709136	435372	216654	255238	10505	445091	264045
酒、饮料和精制茶制造业	21	4	406844	209433	132735	228193	11181	316465	90379

续表

指标	企业个数（个）	亏损企业	资产合计	流动资产小计	固定资产小计	固定资产原价	本年折旧	负债小计	所有者权益
烟草制品业	1	—	1103606	775139	182359	321924	23451	191864	911741
纺织业	289	57	3963749	2583844	970915	1727266	112170	2106385	1857363
纺织服装、服饰业	575	106	5803290	4206109	1027187	1591849	93449	3510622	2221220
皮革、毛皮、羽毛及其制品和制鞋业	31	4	145687	105557	30138	47294	3010	107102	35585
木材加工及木、竹、藤、棕、草制品业	29	2	133246	92612	29542	50634	2797	82093	49744
家具制造业	97	23	841037	583007	185818	252292	14387	656104	184932
造纸及纸制品业	104	19	3180368	1777550	848579	1526242	73189	1999201	1181106
印刷和记录媒介复制业	65	11	795540	506153	196228	300829	20933	441060	354480
文教、工美、体育和娱乐用品制造业	197	33	2014688	1307307	433971	641742	40496	1246328	768140
石油加工、炼焦和核燃料加工业	12	1	4653161	2161410	2421082	3477323	209209	2493274	2159887
化学原料和化学制品制造业	216	38	10567171	5379224	4219931	5726137	373324	6339158	4227637
医药制造业	36	8	529782	303774	146207	180745	10432	253173	276080
化学纤维制造业	68	17	1653652	1222559	326807	512136	42561	1372594	281058
橡胶和塑料制品业	456	61	3404795	2199940	743774	1144771	85461	2278415	1123138
非金属矿物制品业	173	20	2069524	1348413	486449	765572	56118	1440979	618077
黑色金属冶炼和压延加工业	229	42	4782299	2284565	2148672	3178362	191258	3727315	1053938
有色金属冶炼和压延加工业	179	37	2820498	1939064	527298	732433	62167	1731550	1088714
金属制品业	477	65	3248760	2233867	710322	1046158	72320	2118927	1117056
通用设备制造业	839	110	7086201	4712019	1653545	2522299	179842	4318729	2768136
专用设备制造业	345	47	3959375	2687649	924156	1357111	94828	2062352	1895832
汽车制造业	401	38	6479115	4076897	1265717	1802107	135737	3598018	2877872

续表

指标	企业个数（个）	亏损企业	资产合计	流动资产小计	固定资产小计	固定资产原价	本年折旧	负债小计	所有者权益
铁路、船舶、航空航天和其他运输设备制造业	103	17	2037493	1284257	554605	754202	42906	1492056	545622
电气机械和器材制造业	1062	133	14275765	9559908	2743122	3635131	248417	9563580	4659985
计算机、通信和其他电子设备制造业	324	46	6090694	4357043	1251397	2314466	195978	3667770	2423126
仪器仪表制造业	144	9	2236031	1479978	336083	504381	35600	1078645	1157386
其他制造业	64	13	450563	314010	87034	141063	10369	338773	111747
废弃资源综合利用业	63	42	382282	355957	16883	26120	2745	368229	14053
金属制品、机械和设备修理业	6	—	124877	75883	41792	54993	2374	66671	58207
电力、热力的生产和供应业	41	4	6775459	1255356	5312988	9333546	541916	4191965	2583495
燃气生产和供应业	5	—	487608	302636	129972	163440	8374	269006	218601
水的生产和供应业	19	7	1573517	554976	822206	1143597	60661	1077922	495595

2012年宁波市各县（市）、区规模以上中小企业主要财务指标

指标	全市	市区	余姚	慈溪	奉化	象山	宁海
企业单位数（个）	6804	3240	1111	1155	437	403	458
亏损企业	1034	585	104	121	64	74	86
工业总产值（现价）	121550760	81133945	11275033	16089841	3536980	4351251	5163711
工业销售产值	117880641	79629068	10819371	15100371	3226056	4135862	4969914
出口交货值	26216535	14935589	3337310	4230430	1180587	1151474	1381144
资产合计	106434700	64479643	10954797	15480565	3568571	5814293	6136831
流动资产小计	63776216	37273508	7535628	10030321	2312770	3299844	3324146
固定资产小计	31430321	20554966	2481555	3311169	1009362	1849695	2223574
本年折旧	3094874	2056528	243469	395674	93402	133960	171842
负债合计	66017051	37051977	7760215	10776264	2576077	3812310	4040208
流动负债小计	59019651	32317308	7176977	10144615	2509747	3411951	3459053
所有者权益合计	40255941	27304732	3157996	4703821	992494	2001983	2094914
实收资本	21763062	15650572	1546791	2084593	540431	993327	947348
主营业务收入	117959823	79846596	10773592	14910131	3451265	4112333	4865906
主营业务成本	101644982	69233058	9239785	12832029	2964564	3478374	3897174
主营业务税金及附加	2588652	2442030	38443	43728	19347	17224	27881
销售费用	2252981	1347648	237384	361152	76723	100248	129828
管理费用	5363924	3153009	618904	847101	234040	201551	309319
税金	251073	133276	42709	41297	10513	8810	14468
财务费用	1791067	836632	251695	331389	84442	134043	152865
利息支出	1981588	964835	265650	355320	84265	139516	172003
营业利润	5038691	3375441	454342	563377	85121	193270	367141
利润总额	5532121	3685660	510053	660388	95397	208463	372160
应交所得税	1121135	762231	81936	121843	23432	44263	87430
亏损企业亏损总额	692635	501832	41047	58294	15457	25134	50870
利税总额	11128603	8121659	792102	1080992	203732	348206	581911
本年应付职工薪酬	6379515	3554474	719870	1107766	339731	290161	367513
本年应交增值税	3007829	1993970	243605	376877	88988	122520	181870
本年进项税额	14508554	9729114	1310411	1976012	380635	530998	581383
本年销项税额	15528189	10929496	1209356	1895725	368846	538576	586191
全部从业人员年平均人数（人）	1470578	755759	187615	279410	87629	68795	91370

2012年宁波市各县（市）、区规模以上中小型工业企业主要财务指标

指标	全市	市区	余姚	慈溪	奉化	象山	宁海
企业单位数（个）	1112	533	154	232	71	53	69
亏损企业	134	66	14	33	9	6	6
工业总产值（现价）	76649722	54834264	5218907	9273453	1698000	2495775	3129324
工业销售产值	74218982	53686998	4986370	8703274	1453081	2362681	3026578
出口交货值	16204944	9765010	1622388	2758785	707581	608101	743079
资产合计	61517058	38648955	4626416	8805081	1900522	3581402	3954682
流动资产小计	35291578	21743241	3146280	5497088	1192697	1820143	1892129
固定资产原价	29284679	20278819	1561778	2717521	795456	1700673	2230433
累计折旧	11955168	8840782	597783	1035593	253713	584016	643283
负债合计	36876164	21739273	3095136	5788710	1429012	2281803	2542231
流动负债小计	32553150	18754273	2966733	5421367	1398420	1965032	2047326
所有者权益合计	24627662	16896505	1531280	3016371	471510	1299600	1412397
实收资本	12571286	9358880	723392	1136791	228198	566103	557923
主营业务收入	74087179	53535718	4976610	8583663	1691432	2311649	2988107
主营业务成本	63468659	46099530	4310398	7330911	1450387	1927217	2350215
主营业务税金及附加	2431413	2348807	16582	25815	11779	9790	18639
销售费用	1341101	841898	99893	229579	36814	59491	73427
管理费用	2933153	1767425	277509	515288	112117	98216	162598
财务费用	891060	406041	98839	169315	41439	79696	95730
营业利润	3370782	2316752	204120	356576	47009	144209	302117
利润总额	3707534	2523855	248383	428963	50118	152011	304203
亏损企业亏损总额	238932	166410	10573	24769	7126	9875	20178
本年应付职工薪酬	3540457	2079678	315823	646398	156675	150179	191704
本年应交增值税	1974920	1414876	102624	228176	35635	74670	118939
本年进项税额	8925270	6326573	639583	1133324	159631	311479	354680
本年销项税额	9859587	7400077	568229	1072271	138271	318290	362449
全部从业人员年平均人数（人）	767494	419122	77118	157957	39299	31429	42569

2012年宁波市各县（市）、区规模以上中小企业综合能耗及产值能耗

指标	全市	市区	余姚	慈溪	奉化	象山	宁海
综合能耗（吨标准煤）	31031654	21503662	1070227	913605	207935	2645023	4691202
黑色金属矿采选业	23	23	—	—	—	—	—
农副食品加工业	104388	72633	8674	9471	4994	7590	1026
食品制造业	102572	13795	74441	4120	3230	3876	3110
酒、饮料和精制茶制造业	32483	16892	730	—	7772	271	6818
烟草制品业	11920	11920	—	—	—	—	—
纺织业	644770	385508	96173	84968	5162	66296	6663
纺织服装、服饰业	148298	94849	988	2616	18070	23693	8082
皮革、毛皮、羽毛及其制品和制鞋业	6831	4144	318	590	247	—	1532
木材加工及木、竹、藤、棕、草制品业	12370	6442	724	2644	2444	—	116
家具制造业	17079	10907	3723	1313	61	376	699
造纸及纸制品业	816747	707163	12106	54026	6796	12641	24015
印刷和记录媒介复制业	14751	10223	3187	348	792	—	201
文教、工美、体育和娱乐用品制造业	52766	26333	3840	9210	1006	605	11772
石油加工、炼焦和核燃料加工业	6361280	6359748	—	—	1485	47	—
化学原料和化学制品制造业	2470538	2353867	12016	85506	5084	2376	11689
医药制造业	31421	21074	487	5095	2396	1281	1088
化学纤维制造业	322707	112087	49792	156735	1521	2503	19
橡胶和塑料制品业	180166	81597	41389	34347	6325	2969	13539
非金属矿物制品业	366350	149684	137284	17885	6251	18840	36406
黑色金属冶炼和压延加工业	3009670	2813717	78363	55992	48451	6409	6738
有色金属冶炼和压延加工业	235758	128628	37951	45327	8931	122	14799
金属制品业	192638	110398	31172	25602	10126	1565	13775
通用设备制造业	225070	110273	23599	54739	16103	4649	15707
专用设备制造业	83211	51614	15082	6113	979	4238	5185
汽车制造业	197420	131760	8998	25882	3047	13240	14493
铁路、船舶、航空航天和其他运输设备制造业	65801	34067	1069	10828	14204	5036	597
电气机械和器材制造业	278421	80574	54428	109945	7443	6773	19258
计算机、通信和其他电子设备制造业	118959	99122	5294	9734	1895	280	2634
仪器仪表制造业	28825	8549	13653	4037	1323	—	1263
其他制造业	20102	5299	2113	9215	3202	—	273
废弃资源综合利用业	5926	5034	77	789	—	26	—
金属制品、机械和设备修理业	272	44	—	—	227	—	1
电力、热力的生产和供应业	14858714	7478227	351179	83504	18300	2458229	4469275
燃气生产和供应业	400	232	—	168	—	—	—

续表

指标	全市	市区	余姚	慈溪	奉化	象山	宁海
水的生产和供应业	13007	7236	1377	2805	70	1090	429
产值能耗（吨标煤/万元）	0.2596	0.2682	0.0971	0.0584	0.0610	0.6234	0.9311
黑色金属矿采选业	—	—	—	—	—	—	—
农副食品加工业	0.0678	0.0968	0.0283	0.0646	0.0750	0.0293	0.1027
食品制造业	0.1253	0.0588	0.1888	0.0990	0.0871	0.0743	0.0532
酒、饮料和精制茶制造业	0.1443	0.1678	0.0171	—	0.2098	0.0154	0.2528
烟草制品业	0.0100	0.0100	—	—	—	—	—
纺织业	0.1868	0.1635	0.2392	0.1884	0.1201	0.5930	0.0790
纺织服装、服饰业	0.0254	0.0219	0.0230	0.0199	0.0380	0.0304	0.1011
皮革、毛皮、羽毛及其制品和制鞋业	0.0404	0.0369	0.0226	0.0310	0.0184	—	0.1484
木材加工及木、竹、藤、棕、草制品业	0.0857	0.0693	0.0292	0.2724	0.1589	—	0.0753
家具制造业	0.0246	0.0262	0.0185	0.0295	0.0103	0.0343	0.0435
造纸及纸制品业	0.4899	0.6182	0.1076	0.2148	0.1610	0.3031	0.3195
印刷和记录媒介复制业	0.0239	0.0195	0.0552	0.0177	0.0524	—	0.0871
文教、工美、体育和娱乐用品制造业	0.0270	0.0231	0.0344	0.0278	0.0216	0.0483	0.0378
石油加工、炼焦和核燃料加工业	0.4055	0.4057	—	—	0.2198	0.0107	—
化学原料和化学制品制造业	0.2148	0.2241	0.0754	0.1276	0.0782	0.0822	0.1617
医药制造业	0.0649	0.0617	0.0323	0.1019	0.0481	0.0983	0.0732
化学纤维制造业	0.1469	0.4839	0.1072	0.1093	0.0775	0.0579	0.0057
橡胶和塑料制品业	0.0523	0.0518	0.0603	0.0488	0.0512	0.0396	0.0477
非金属矿物制品业	0.1886	0.1607	0.4195	0.0469	0.1550	0.1338	0.2998
黑色金属冶炼和压延加工业	0.5370	0.6928	0.1476	0.0948	0.1729	0.0719	0.1301
有色金属冶炼和压延加工业	0.0453	0.0433	0.0482	0.0428	0.0448	0.0115	0.0844
金属制品业	0.0539	0.0522	0.0557	0.0509	0.0586	0.0659	0.0692
通用设备制造业	0.0317	0.0303	0.0350	0.0438	0.0377	0.0127	0.0215
专用设备制造业	0.0257	0.0239	0.0313	0.0300	0.0275	0.0224	0.0309
汽车制造业	0.0339	0.0382	0.0274	0.0265	0.0280	0.0224	0.0390
铁路、船舶、航空航天和其他运输设备制造业	0.0387	0.0541	0.0308	0.0301	0.0307	0.0266	0.0263
电气机械和器材制造业	0.0205	0.0162	0.0201	0.0252	0.0312	0.0132	0.0239
计算机、通信和其他电子设备制造业	0.0145	0.0140	0.0122	0.0236	0.0124	0.0172	0.0296
仪器仪表制造业	0.0185	0.0125	0.0305	0.0112	0.0381	—	0.0375
其他制造业	0.0402	0.0321	0.0410	0.0384	0.1078	—	0.0198
废弃资源综合利用业	0.0059	0.0052	0.0479	0.0394	—	0.0058	—
金属制品、机械和设备修理业	0.0106	0.0031	—	—	0.0790	—	0.0001
电力、热力的生产和供应业	1.7507	1.3980	0.5974	0.1452	0.1187	3.7935	3.8112
燃气生产和供应业	0.0029	0.0019	—	0.0086		—	—
水的生产和供应业	0.0583	0.0577	0.0553	0.0821	0.0115	0.1122	0.0186

2012 年厦门市 12 月主要经济指标汇总

指标	单位	12 月	11 月	环比（%）	1～12 月	去年 1～12 月	同比（%）
企业数	个	416	405	—	—	—	—
其中：亏损	个	54	72	—	—	—	—
亏损面	%	12.98	17.78	—	—	—	—
工业总产值	千元	—	—	—	29672338.70	28452599.97	4.29
出口交货值	千元	—	—	—	7026393.91	6768493.20	3.81
用电量	万度	—	—	—	52277.39	50753.27	3.00
营业收入	千元	—	—	—	39202365.14	36087994.76	8.63
营业成本	千元	—	—	—	31383343.38	29191962.28	7.51
利润总额	千元	—	—	—	2851418.87	2709603.42	5.23
亏损企业亏损额	千元	—	—	—	209465.27	97325.20	115.22
应交税费	千元	—	—	—	1739224.63	1512059.26	15.02
期末借款余额	千元	—	—	—	6687337.75	6533301.63	2.36
财务费用	千元	—	—	—	580949.40	465668.72	24.76
应收账款	千元	—	—	—	8767185.34	7283289.90	20.37
产成品	千元	—	—	—	2567077.28	2089843.41	22.84
从业人员	人	—	—	—	84697.00	81311.00	4.16
应付职工薪酬	千元	—	—	—	3818405.54	3258695.95	17.18
资产总计	千元	—	—	—	43517489.65	38803637.17	12.15
负债总计	千元	—	—	—	20944135.33	19205792.61	9.05
固定资产投资额	千元	—	—	—	1713675.33	2352535.36	-27.16

2012 年厦门市 12 月统计

	企业个数（个）			工业总产值（千元）			出口交货值（千元）		
	12 月	亏损企业数	亏损面（%）	1～12 月	去年 1～12 月	累计同比（%）	1～12 月	去年 1～12 月	累计同比（%）
合计	416	54	12.98	29672338.70	28452599.97	4.29	7026393.905	6768493.20	3.81
一、按经济类型									
公有经济	24	4	16.67	2152811.06	2047082.07	5.16	46638.000	47212.00	-1.22
国有控股	13	1	7.69	1120374.00	1032382.00	8.52	46287.000	43120.00	7.34
集体控股	11	3	27.27	1032437.06	1014700.07	1.75	351.000	4092.00	-91.42
非公有经济	363	48	13.22	25896248.64	24930090.90	3.88	6319901.905	6094250.07	3.7
外商控股	20	2	10.00	2249925.63	2141654.31	5.06	1495980.400	1427367.70	4.81
港澳台商控股	28	6	21.43	3265611.30	3624579.87	-9.9	826807.000	886269.00	-6.71
私人控股	315	40	12.70	20380711.71	19163856.72	6.35	3997114.505	3780613.37	5.73
二、按企业规模									
大型	1		0.00	456993.00	429695.00	6.35	310004.000	277745.00	11.61
中型	126	11	8.73	17321202.00	16350994.74	5.93	4559909.604	4378189.51	4.15
小型	282	40	14.18	11883769.99	11659761.57	1.92	2156480.301	2112558.69	2.08
微型	7	3	42.86	10373.71	12148.66	-14.61	0.000	0.00	0
三、按地区									
厦门市	416	54	12.98	29672338.70	28452599.97	4.29	7026393.905	6768493.20	3.81
思明区	111	16	14.41	3488021.07	2902781.05	20.16	1043332.344	890364.38	17.18
海沧区	33	4	12.12	3618069.44	3485246.70	3.81	1106728.351	1047381.27	5.67
湖里区	74	9	12.16	3545274.91	3164923.65	12.02	1445805.650	1373158.10	5.29
集美区	55	9	16.36	4516832.58	5273611.47	-14.35	901111.000	986772.80	-8.68
同安区	78	7	8.97	8503674.81	7559586.01	12.49	1611905.000	1599335.50	0.79
翔安区	65	9	13.85	6000465.89	6066451.09	-1.09	917511.560	871481.15	5.28
四、按大行业									
第二产业 1（工业）	305	32	10.49	29672338.70	28452599.97	4.29	7026393.905	6768493.20	3.81
第二产业 2（建筑业）	11		0.00	0.00	0.00	0	0.000	0.00	0
第三产业	96	22	22.92	0.00	0.00	0	0.000	0.00	0
第一产业	4		0.00	0.00	0.00	0	0.000	0.00	0

数据分类汇总

用电量（度）			应交税费（千元）			从业人员平均数（人）		
1～12月	去年1～12月	累计同比（%）	1～12月	去年1～12月	同比（%）	1～12月	去年1～12月	同比（%）
522773928.28	507532692.31	3	1739224.626	1512059.258	15.02	84697	81311	4.16
33884836.00	37081409.00	-8.62	261220.556	184615.991	41.49	5777	5260	9.83
19075896.00	17352535.00	9.93	168085.356	102612.381	63.81	2846	2561	11.13
14808940.00	19728874.00	-24.94	93135.200	82003.610	13.57	2931	2699	8.6
461133870.51	444676958.31	3.7	1385700.440	1243851.817	11.4	74007	71238	3.89
41568978.10	37504586.40	10.84	90925.700	66911.050	35.89	6037	5570	8.38
107554327.24	109769926.92	-2.02	155895.400	132774.380	17.41	9860	10569	-6.71
312010565.17	297402444.99	4.91	1138879.340	1044166.387	9.07	58110	55099	5.46
9292117.00	8305520.00	11.88	10220.000	12410.000	-17.65	1226	1195	2.59
339356435.84	336216939.32	0.93	1053651.500	941270.540	11.94	53066	50322	5.45
174059088.94	162955741.39	6.81	673599.946	556614.418	21.02	30218	29630	1.98
66286.50	54491.60	21.65	1753.180	1764.300	-0.63	187	164	14.02
522773928.28	507532692.31	3	1739224.626	1512059.258	15.02	84697	81311	4.16
41342977.10	36754920.90	12.48	474556.356	413974.471	14.63	19755	16777	17.75
75126224.00	67411978.70	11.44	151504.267	130564.597	16.04	9444	9438	0.06
31936085.39	29949141.62	6.63	292502.683	206548.850	41.61	13126	12557	4.53
103018776.35	112394177.00	-8.34	306692.810	253046.810	21.2	13785	14856	-7.21
98321441.41	90949986.37	8.1	235726.450	219452.420	7.42	14938	14245	4.86
173028424.03	170072487.72	1.74	278242.060	288472.110	-3.55	13649	13438	1.57
522773928.28	507532692.31	3	1155731.160	1065617.770	8.46	67499	66605	1.34
0.00	0.00	0	65709.116	56887.081	15.51	5446	4797	13.53
0.00	0.00	0	499118.010	372518.237	33.98	11601	9768	18.77
0.00	0.00	0	18666.340	17036.170	9.57	151	141	7.09

	营业收入（千元）			营业成本（千元）			利润总额（千元）		
	1～12月	去年1～12月	同比（%）	1～12月	去年1～12月	同比（%）	1～12月	去年1～12月	同比（%）
合计	39202365.144	36087994.756	8.63	31383343.384	29191962.278	7.51	2851418.868	2709603.424	5.23
一、按经济类型									
公有经济	2572870.530	2560531.460	0.48	1954577.070	2023185.930	-3.39	183416.250	205190.000	-10.61
国有控股	1353397.310	1308442.990	3.44	969430.150	1019503.500	-4.91	143060.720	131836.370	8.51
集体控股	1219473.220	1252088.470	-2.6	985146.920	1003682.430	-1.85	40355.530	73353.630	-44.98
非公有经济	34679417.884	31750258.926	9.23	27986177.144	25826665.318	8.36	2434543.598	2308761.634	5.45
外商控股	2349872.890	2225157.540	5.6	1919879.500	1869582.020	2.69	189191.130	155350.790	21.78
港澳台商控股	3302296.950	3681414.970	-10.3	2795219.080	3204406.070	-12.77	96448.070	119307.010	-19.16
私人控股	29027248.044	25843686.416	12.32	23271078.564	20752677.228	12.14	2148904.398	2034103.834	5.64
二、按企业规模									
大型	455209.000	427111.000	6.58	335285.000	331216.000	1.23	30452.000	28292.000	7.63
中型	23908097.694	20884901.760	14.48	18924135.248	16661002.930	13.58	1973663.647	1796503.750	9.86
小型	14802232.130	14735534.716	0.45	12094262.456	12170988.208	-0.63	851042.381	883307.884	-3.65
微型	36826.320	40447.280	-8.95	29660.680	28755.140	3.15	- 3739.160	1499.790	-349.31
三、按地区									
厦门市	39202365.144	36087994.756	8.63	31383343.384	29191962.278	7.51	2851418.868	2709603.424	5.23
思明区	8568267.304	7321249.220	17.03	6127590.108	5299316.040	15.63	989859.767	868531.100	13.97
海沧区	3488842.469	3335762.316	4.59	2575637.303	2562947.978	0.5	297282.346	264449.404	12.42
湖里区	6245404.931	5823792.720	7.24	4952196.765	4748683.400	4.29	495922.115	400360.470	23.87
集美区	5395599.820	5315674.360	1.5	4471224.800	4424657.320	1.05	326595.580	347388.150	-5.99
同安区	8575859.370	7788417.630	10.11	7431566.000	6673356.140	11.36	355213.900	361479.180	-1.73
翔安区	6928391.250	6503098.510	6.54	5825128.408	5483001.400	6.24	386545.160	467395.120	-17.3
四、按大行业									
第二产业1（工业）	29554323.354	27909380.369	5.89	24148493.388	22915968.091	5.38	1801802.647	1863597.710	-3.32
第二产业2（建筑业）	1676889.580	1241169.180	35.11	1319191.960	993802.600	32.74	175225.790	96895.880	80.84
第三产业	7769679.640	6737909.537	15.31	5740229.526	5112363.957	12.28	864251.641	737353.364	17.21
第一产业	201472.570	199535.670	0.97	175428.510	169827.630	3.3	10138.790	11756.470	-13.76

续表

亏损企业亏损额（千元）			期末借款余额（千元）			财务费用（千元）		
1～12月	去年1～12月	同比（%）	1～12月	去年1～12月	同比（%）	1～12月	去年1～12月	同比（%）
209465. 27	97325. 20	115. 22	6687337. 745	6533301. 626	2. 36	580949. 403	465668. 719	24. 76
40987. 53	2153. 34	1803. 44	455816. 000	353910. 000	28. 79	51764. 580	39743. 960	30. 25
2482. 00	1441. 00	72. 24	201786. 000	142082. 000	42. 02	32976. 390	22531. 420	46. 36
38505. 53	712. 34	5305. 5	254030. 000	211828. 000	19. 92	18788. 190	17212. 540	9. 15
165704. 57	94982. 86	74. 46	5890962. 745	5878215. 626	0. 22	503771. 933	407631. 939	23. 59
531. 15	777. 00	-31. 64	316327. 000	358482. 000	-11. 76	32274. 750	18289. 550	76. 47
77478. 00	67450. 00	14. 87	702442. 000	821505. 000	-14. 49	89253. 430	82911. 670	7. 65
87695. 42	26755. 86	227. 76	4872193. 745	4698228. 626	3. 7	382243. 753	306430. 719	24. 74
0. 00	0. 00	0	115945. 000	157098. 000	-26. 2	5316. 000	1426. 000	272. 79
137409. 17	65720. 80	109. 08	3761174. 470	3648927. 510	3. 08	318055. 543	234412. 830	35. 68
66799. 48	31496. 40	112. 09	2752987. 275	2660797. 176	3. 46	252781. 229	225300. 870	12. 2
5256. 62	108. 00	4767. 24	57231. 000	66478. 940	-13. 91	4796. 631	4529. 019	5. 91
209465. 27	97325. 20	115. 22	6687337. 745	6533301. 626	2. 36	580949. 403	465668. 719	24. 76
29399. 76	7343. 20	300. 37	1025600. 860	890059. 210	15. 23	67865. 494	45303. 739	49. 8
8111. 00	2485. 00	226. 4	907872. 245	843711. 856	7. 6	59249. 319	49957. 550	18. 6
28589. 51	4341. 00	558. 59	771618. 640	714658. 000	7. 97	101862. 720	67266. 310	51. 43
45142. 00	4997. 00	803. 38	717510. 000	721612. 000	-0. 57	68291. 600	70626. 840	-3. 31
4790. 15	929. 00	415. 62	1877239. 170	1881958. 800	-0. 25	145760. 080	130432. 100	11. 75
93432. 85	77230. 00	20. 98	1387496. 830	1481301. 760	-6. 33	137920. 190	102082. 180	35. 11
166301. 28	75674. 07	119. 76	5634220. 230	5473017. 830	2. 95	468814. 064	391373. 719	19. 79
0. 00	0. 00	0	163812. 750	143284. 000	14. 33	11401. 450	9638. 750	18. 29
43163. 99	21651. 13	99. 36	865384. 765	899199. 796	-3. 76	98788. 729	63528. 470	55. 5
0. 00	0. 00	0	23920. 000	17800. 000	34. 38	1945. 160	1127. 780	72. 48

	应收账款（千元）			产成品（千元）			应付职工薪酬（千元）		
	1～12月	去年1～12月	同比（%）	1～12月	去年1～12月	同比（%）	1～12月	去年1～12月	同比（%）
合计	8767185.340	7283289.899	20.37	2567077.276	2089843.41	22.84	3818405.536	3258695.951	17.18
一、按经济类型									
公有经济	950746.820	823065.440	15.51	352114.470	197068.54	78.68	334048.920	284467.421	17.43
国有控股	638464.970	547625.600	16.59	213916.000	112519.00	90.12	166015.200	136060.791	22.02
集体控股	312281.850	275439.840	13.38	138198.470	84549.54	63.45	168033.720	148406.630	13.23
非公有经济	7202279.520	5962391.199	20.8	2135238.806	1831095.87	16.61	3242581.956	2770366.710	17.05
外商控股	432042.290	395633.330	9.2	116628.030	122856.35	-5.07	255337.070	213830.480	19.41
港澳台商控股	766331.920	536046.550	42.96	243534.130	227587.53	7.01	382071.780	391564.550	-2.42
私人控股	6003905.310	5030711.319	19.35	1775076.646	1480651.99	19.88	2605173.106	2164971.680	20.33
二、按企业规模									
大型	81622.000	76443.000	6.77	21322.000	22869.00	-6.76	74526.000	62182.000	19.85
中型	4746515.323	3656292.230	29.82	1677453.280	1299212.44	29.11	2469190.110	2106217.531	17.23
小型	3905024.917	3471746.099	12.48	861946.710	761619.31	13.17	1269422.426	1086146.876	16.87
微型	34023.100	78808.570	-56.83	6355.286	6142.66	3.46	5267.000	4149.544	26.93
三、按地区									
厦门市	8767185.340	7283289.899	20.37	2567077.276	2089843.41	22.84	3818405.536	3258695.951	17.18
思明区	2043807.223	1638957.160	24.7	315323.756	204272.70	54.36	1067437.890	835168.595	27.81
海沧区	848141.157	739575.709	14.68	450806.110	310362.94	45.25	433848.296	380470.806	14.03
湖里区	1835089.670	1499885.900	22.35	365372.060	263402.35	38.71	661413.220	535885.540	23.42
集美区	1116757.050	876867.710	27.36	380128.410	417299.16	-8.91	589218.930	599170.760	-1.66
同安区	1241169.430	1092806.900	13.58	473800.940	411392.31	15.17	541199.670	476543.490	13.57
翔安区	1682220.810	1435196.520	17.21	581646.000	483113.95	20.4	525287.530	431456.760	21.75
四、按大行业									
第二产业1（工业）	6344201.363	5261563.280	20.58	2567077.276	2089843.41	22.84	2804104.550	2469402.424	13.55
第二产业2（建筑业）	446537.630	365937.450	22.03	0	0	0	272608.520	199596.370	36.58
第三产业	1913317.977	1630669.929	17.33	0	0	0	737668.686	586124.067	25.86
第一产业	63128.370	25119.240	151.31	0	0	0	4023.780	3573.090	12.61

续表

资产总计（千元）			负债总计（千元）			固定资产投资额（千元）		
1～12月	去年1～12月	同比（%）	1～12月	去年1～12月	同比（%）	1～12月	去年1～12月	同比（%）
43517489.650	38803637.173	12.15	20944135.325	19205792.612	9.05	1713675.331	2352535.359	-27.16
4104313.680	3625191.560	13.22	2095361.940	1789221.890	17.11	122774.440	132703.570	-7.48
2079664.600	1765382.650	17.8	1264969.960	946351.580	33.67	57835.440	47097.450	22.8
2024649.080	1859808.910	8.86	830391.980	842870.310	-1.48	64939.000	85606.120	-24.14
37330092.170	33303359.273	12.09	17846883.985	16487004.072	8.25	1455776.541	2088545.579	-30.3
2233104.550	2064055.050	8.19	1042838.990	1022513.050	1.99	69246.870	316782.820	-78.14
3937143.750	3754496.140	4.86	2073772.640	1958063.860	5.91	151392.380	175655.480	-13.81
31159843.870	27484808.083	13.37	14730272.355	13506427.162	9.06	1235137.291	1596107.279	-22.62
451058.000	441464.000	2.17	238422.000	255407.000	-6.65	38110.000	151510.000	-74.85
26755039.858	23095724.240	15.84	12568230.648	10987852.160	14.33	1053815.142	1521152.160	-30.72
16070902.462	15018968.893	7	7962991.327	7779693.642	2.36	617114.769	625951.309	-1.41
240489.330	247480.040	-2.82	174491.350	182839.810	-4.57	4635.420	53921.890	-91.4
43517489.650	38803637.173	12.15	20944135.325	19205792.612	9.05	1713675.331	2352535.359	-27.16
10173046.188	8875192.590	14.62	4286011.848	3748981.640	14.32	430046.452	519737.620	-17.26
4461639.194	3954454.803	12.83	2289696.002	2047652.635	11.82	193623.269	391712.739	-50.57
6287178.738	5230657.400	20.2	3768832.815	3225916.417	16.83	164797.280	150281.350	9.66
5798827.010	5846687.150	-0.82	2298965.580	2773277.560	-17.1	199825.320	201801.210	-0.98
7349839.380	6228341.640	18.01	4060686.770	3444066.460	17.9	400042.890	540252.480	-25.95
9446959.140	8668303.590	8.98	4239942.310	3965897.900	6.91	325340.120	548749.960	-40.71
32885400.518	29717290.390	10.66	15807922.848	14769678.220	7.03	1372448.282	1981910.363	-30.75
1681420.560	1186013.280	41.77	952662.260	645633.290	47.55	28441.270	46516.120	-38.86
8767089.902	7735946.423	13.33	4114664.507	3726995.502	10.4	309406.589	323749.086	-4.43
183578.670	164387.080	11.67	68885.710	63485.600	8.51	3379.190	359.790	839.21

2012 年青岛市中小企业有关数据

序号	指标	单位	数额	增减%	占规上%
1	私营企业户数☆	万户	14.6	10.6	—
2	注册资本☆	亿元	3573.3	17.8	—
3	投资者人数☆	万人	29.6	12.1	—
4	规上工业中小企业户数	个	4683.0	3.8	97.9
5	规上工业中小企业资产总额	亿元	4009.2	7.9	53.6
6	规上工业中小企业期末职工人数	万人	79.9	-3.4	71.9
7	规上工业中小企业总产值	亿元	10199.7	20.5	70.7
8	规上工业中小企业销售产值	亿元	9980.2	20.7	70.1
9	规上工业中小企业利税额	亿元	902.4	15.6	71.9
10	规上工业中小企业利润额	亿元	464.4	15.5	69.2
11	规上工业中小企业税金总额	亿元	438.1	15.8	74.9
12	规上工业中小企业主营业务收入	亿元	9204.0	19.3	66.9
13	规上工业中小企业成本费用总额	亿元	8512.3	19.2	—
14	规上工业中小企业负债总额	亿元	2238.1	11.1	—
15	规上工业中小企业期末所有者权益	亿元	1771.1	4.1	—
16	规上工业中小企业亏损企业数	户	491.0	10.1	97.4
17	规上工业中小企业亏损额	亿元	42.6	9.7	71.0
18	规上工业中小企业亏损面	%	10.5	—	—

第六篇

政策法规

一、相关法律、法规、部门规章及规范性文件

工业和信息化部 教育部关于联合举办2012年全国中小企业网上百日招聘高校毕业生活动的通知

工信部联企业〔2012〕49号

各省、自治区、直辖市及计划单列市、新疆生产建设兵团中小企业主管部门、教育厅（教委、教育局），有关省（区、市）人事厅（局）：

为促进中小企业改善人才结构，缓解高校毕业生就业压力，工业和信息化部、教育部决定继续联合举办全国中小企业网上百日招聘高校毕业生活动。现将2012年活动有关事项通知如下：

一、举办本次百日招聘活动既是贯彻国务院关于做好高校毕业生就业工作精神，加强和改善就业信息服务的一项重要举措，也是促进中小企业健康发展的一项重要工作。各级中小企业主管部门和高校毕业生就业主管部门（以下简称主管部门）要高度重视，做好活动的宣传和组织工作，确保活动的规模和效果。

二、百日招聘活动由北京中小在线信息服务有限公司（中国中小企业信息网，www. sme. gov. cn）、全国高等学校学生信息咨询与就业指导中心（全国大学生就业公共服务立体化平台，www. ncss. org. cn）承办。活动期间，中小企业的招聘信息和高校毕业生的求职信息将在中国中小企业信息网和全国大学生就业公共服务立体化平台免费发布、免费浏览。

三、百日招聘时间为2012年3月1日至6月8日。请中小企业主管部门及时将招聘活动信息通知中小企业，积极组织一批中小企业于2月29日前登录中国中小企业信息网参加招聘活动（活动期间企业可以继续提交和发布信息）。请高校毕业生就业主管部门及时通知各高校，安排专人负责组织应届毕业生上网求职与应聘。

四、各级主管部门要加强监督与管理，坚决杜绝虚假信息。中小企业主管部门要有分管领导负责网上招聘工作，并安排专人审核招聘信息的真实性。中小企业上网有困难的，可填好《2012年全国中小企业网上招聘人才需求登记表》（从中国中小企业信息网下载），交由中国中小企业信息网或其地方分网代为发布。

五、请各省（区、市）中小企业主管部门于2012年1月18日前将百日招聘活动工作联系人及联系方式告知中国中小企业信息网。此外，招聘活动期间，中国中小企业信息网将推出“省市招聘活动专题”等活动，具体形式和要求详见该网站公告。

六、联系方式

1. 中国中小企业信息网
联系人：蒲文宜 王 征
电 话：010－68576102、68575152（传真）
E－mail：info@ sme. gov. cn

2. 全国大学生就业公共服务立体化平台
联系人：代遐 赵国楗
电 话：010－66097183－612、66097072
传 真：010－66097332
E－mail：myjobedit@ moe. edu. cn

工业和信息化部 教育部
二〇一二年一月二十日

关于进一步做好国家新型工业化产业示范基地创建工作的指导意见

工信部联规〔2012〕47号

各省、自治区、直辖市及计划单列市、新疆生产建设兵团工业和信息化主管部门、财政厅（局）、国土资源厅（局）：

为全面贯彻落实科学发展观，加快推进中国特色新型工业化进程，自2009年起，工业和信息化部在全国组织开展了国家新型工业化产业示范基地（以下简称示范基地）创建工作。实践证明，开展示范基地创建工作，是提高工业园区发展水平、促进产业集群转型升级的重要途径，也是加快产业结构调整、推动工业发展方式转变的重要举措。为进一步做好示范基地创建工作，加强对示范基地的支持、引导和服务，特制定以下意见：

一、总体要求

（一）总体思路。示范基地创建要坚持走中国特色新型工业化道路，以科学发展为主题，以加快转变发展方式为主线，按照“布局合理、特色鲜明、集约高效、生态环保”的要求，改造提升传统产业，培育壮大战略性新兴产业，加快发展生产性服务业，完善产业配套和服务环境，提高现有工业园区发展质量和水平，增强产业核心竞争力，使示范基地加快成为带动工业转型升级、推动工业由大变强的重要载体和骨干力量。

创建工作的基本要求是：

一是坚持创新引领、内涵发展。发挥集群创新优势，促进产学研结合，增强企业技术创新和升级改造能力，着力突破制约产业发展的共性关键技术，促进主导产业向价值链高端跃升。

二是坚持集约高效、清洁安全。发挥规模优势和集聚优势，促进生产要素的集约、节约、高效利用。推进污染集中治理、资源综合利用和循环经济发展，促进清洁生产、安全生产，努力构建可持续发展的长效机制。

三是坚持突出特色、提升品牌。立足示范基地自身优势，促进产业特色发展与错位发展。将打造产业特色、知名企业和知名产品结合起来，不断提升示范基地的区域品牌和行业品牌形象，优化产业空间布局。

四是坚持完善配套、优化环境。充分发挥市场配置资源的基础性作用，提高产业配套能力，延伸和完善产业链条。健全公共设施、服务平台和服务体系，不断完善政策措施，营造更加良好的发展和服务环境。

（二）总体目标。力争经过5年发展，到“十二五”末形成300个左右产业特色鲜明、创新能力强、品牌形象优、配套条件好、节能环保水平高、产业规模和影响居全国前列的国家新型工业化产业示范基地，使之成为带动我国工业转型升级的重要载体，推动区域经济发展的重要引擎，参与国际产业竞争的重要力量，培育形成30家左右具有较强国际竞争优势和影响力的产业基地。

二、主要任务

（一）加强自主创新和技术改造，提升产业层次。整合区域创新资源，加强企业联合技术攻关，推动形成产学研密切结合的创新战略联盟和知识产权联盟，集中突破一批制约产业发展的核心技术。每年推进一批重大科技成果项目在示范基地的工程化和产业化，加大现有企业技术改造力度。推动国家技术创新示范企业建设，加强技术创新服务平台和企业技术中心建设。积极探索示范基地知识产权集群管理模式，加强知识产权保护。引导示范基地加大研发投入，力争“十二五”期间示范基地研发投入占销售收入比重提高1个百分点，到2015年企业发明专利申请量增加一倍。加强新兴科技与现有产业的融合，使示范基地成为战略性新兴产业培育发展的重要策源地和主要承载地，战略性新兴产业实现增加值占比提高到20%以上。

（二）促进绿色低碳发展，增强可持续发展能力。引导示范基地内企业加快实施节能、节水、清洁生产和污染防治技术改造。加强电力需求侧管理和重点用能企业能源管理中心建设，推进能效对标达标，开展共性、关键清洁生产技术应用示范，提高工业“三废”集中处理和循环利用能力，开展资源节约型和环境友好型企业创建试点。力争到2015年，示范基地单位工业增加值能耗及用水量处于全国领先水平。推动开展产品再制造试点，建设循环经济园区。促进企业提高本质安全生产水平，提升园区安全生产管理水平和事故应急救援能力。

（三）壮大龙头企业，提升中小企业专业化协作配套水平。鼓励龙头企业牵头重组，创新管理机制和发展模式，提高规模化经营能力和水平，培育一批竞争优势突出、带动性强的大企业、大集团，发挥其在品牌辐射、技术示范、信息传播和销售网络中的带动作用。鼓励大企业与中小企业通过专业分工、服务外包、订单生产等多种方式，提高企业间专业化协作配套水平。支持符合园区主导产业发展方向、配套服务能力强的中小企业向“专精特新”方向发展，支持一批小企业创业基地建设。对达到国家中小企业公共服务示范平台条件的，同等条件下优先支持服务于示范基地发展的平台建设。

（四）促进产业融合，大力发展生产性服务业。大力发展第三方工业设计及研发服务，培育发展一批专业化研发服务平台和机构。扶持一批由制造企业中剥离形成的专业化信息服务企业、工业软件企业和外包服务企业。鼓励发展合同能源管理、清洁生产审核、绿色产品认证评估、环境投资及风险评估、安全生产技术咨询和工程建设、管理咨询等专业服务。加强工业物流和供应链管理，加快电子商务服务体系建设。引导有条件的制造企业从提供设备向提供总集成总承包服务转变，推动制造企业发展社会化专业服务，促进由“生产型”制造向“服务型”制造转变。

（五）积极培育自主品牌和区域品牌。引导示范基地重点依托特色产业、龙头企业和主导产品，积极实施品牌战略，形成一批国内著名的自主品牌和具有世界影响力的国际品牌。支持以品牌共享为基础，大力培育集体商标、原产地注册、证明标志等区域产业品牌。以食品、医药基地为重点，引导示范基地内企业加强质量诚信体系建设，健全和完善以产业链为基础的产品质量跟踪和安全检验检测体系。鼓励有条件的示范基地发展工业旅游，提高区域品牌的知名度和美誉度。支持中西部地区承接产业转移，推动产业合作园区建设。

（六）提高“两化”融合和军民融合式发展水平。深化信息技术在研发设计、生产制造、经营管理、市场营销、节能减排、安全生产等关键环节的集成应用和渗透。发展一批面向工业行业的信息化服务平台，建设一批“两化”融合的集成、咨询和服务中心，健全信息网络基础设施，加快发展和完善园区信息化服务体系。力争到2015年，示范基地内大中型企业数字化设计工具普及率超过90%，关键工艺流程基本实现数控化。支持军民结合项目建设，推动军工与民用技术相互转化，加强军民结合产业基地建设，促进军民结合产业发展壮大。

（七）加强公共服务平台建设，完善配套服务环境。以满足示范基地内企业共性需求为导向，以提升公共服务能力为目标，以关键共性技术研发应用及公共设施共享为重点，着力发展一批运作规范、支撑力强、业绩突出、信誉良好的公共服务平台。整合各方资源，加大对示范基地重点公共服务平台建设发展的支持力度，重点增强公共服务平台在研究开发、工业设计、检验检测、试验验证、科技成果转化、设施共享、知识产权服务、信息服务等方面的服务支撑能力，逐步形成社会化、市场化、专业化的示范基地公共服务支撑体系。

（八）加强土地管理，提升土地节约集约利用水平。示范基地的发展要纳入土地利用总体规划和城市总体规划并实行统一管理。坚持十分珍惜和合理利用土地、切实保护耕地的基本国策，严格依据土地利用总体规划和城市总体规划进行开发建设，严格执行土地利用规划和年度计划，依法审批和供应土地。示范基地建设用地必须以产业用地为主，从严控制商业房地产开发。合理设置企业准入条件，严格执行各类工业用地标准，积极引进科技含量高、投资规模大、经济效益好、土地集约度高、污染程度低的项目，大力引导现有企业增容改造、深度挖潜；建立低效用地退出机制，逐步淘汰占地多、效益差的企业；探索建立土地集约利用经济调节机制，加强标准化厂房建设，进一步提升土地使用效率。力争到2015年，示范基地单位土地平均投资强度4000万元/公顷以上，平均产值5000万元/公顷以上。

三、主要举措

（一）加强规划和政策引导。国家工业和信息化各类规划要加强对示范基地创建工作的指导和支持，规划内重点项目布局优先向示范基地集中。根据实际需要，指导各示范基地做好创建工作方案及产业发展规划的调整和完善。加强部省合作，支持将示范基地创建工作纳入所在地经济社会发展总体规划及工业和信息化发展规划中，成为各地发展和支持重点。指导、推动各地制定和完善推进示范基地创建发展的政策措施，在人才引进、土地规划、环境保护、配套服务建设等方面加大支持力度。支持工业用地、用水指标等要素配置优先向示范基地倾斜。支持国家重点行业、领域的改革创新和试验示范在示范基地内先行先试。大力支持热电联产配套项目建设和直购电试点。

（二）加大资金支持力度。国家在技术改造基建专项、工业转型升级等资金安排上，对符合条件的示范基地重点企业予以支持。发挥各级政府资金引导作用，整合利用现有资源，加强示范基地公共服务平台建设，加快提升研发设计、检验检测、试验验证、质量标准认证、信息服务、污染治理等公共服务平台的服务能力，逐步形成支撑示范基地良性发展的长效机制。鼓励地方安排资金支持示范基地“三废”集中处理、公共动力、产业链接管网、信息基础设施、标准化厂房等公共设施的建设和升级改造，以及示范基地公共服务平台建设。鼓励国家安排的资金和地方资金，优先支持示范基地内符合条件的项目建设。

（三）引导社会资源支持创建发展。支持和推动示范基地加强与金融机构的合作，逐步扩大对示范基地创建发展的金融支持。引导金融机构支持示范基地公共基础设施、重大项目和融资担保体系建设，提高中小企业贷款规模和比重。支持和推动行业协会、科研机构、部属高校、直属事业单位在科研、咨询、市场开发等方面加强与示范基地的合作，依托示范基地建设分支机构。

（四）加强高层次人才队伍建设。鼓励和支持示范基地与高校、专业性服务机构等开展合作，建立人才公共服务平台，加强示范基地重点行业科技、管理、技能等方百的高层次人才队伍建设。加大对人才工作资金支持力度，保障人才工作的健康发展。完善人才引进、培养和使用的配套政策，形成鼓励、支持人才干好事业、干成事业的良好环境。

四、保障机制

（一）健全和理顺管理机制。各级工业和信息化主管部门要将示范基地创建工作作为重要职责和重点工作，明确主管领导和责任部门，健全和理顺工作机制，加强与财政、国土等部门的协商合作，共同推动国家级和省级示范基地创建的各项工作。各地工业和信息化主管部门根据实际情况，制定本地区推进示范基地创建工作的目标和任务，落实分工和责任，形成部省两级创建、联动推进的工作机制。各示范基地要切实按照创建工作方案和产业发展规划，提高创建工作水平。

（二）完善评价、考核机制。建立和完善示范基地创建发展情况动态报送机制，加强对示范基地创建发展情况的跟踪研究，定期编制、发布示范基地创建发展报告。研究制定示范基地创建质量评价体系，逐步开展对示范基地创建的评估评价工作。省市工业和信息化主管部门结合实际，定期对本地区示范基地创建发展情况进行评估。工业和信息化部每三年组织开展一次复核工作，对于不符合条件的示范基地予以摘牌。

（三）加强宣传和交流。工业和信息化部通过部门户网站、新闻媒体等加强对示范基地创建工作的宣传，定期组织开展示范基地创建工作交流，通过政策通报、报告和信息发布、定期交流和培训等方式，推广先进经验，扩大示范基地创建工作的社会影响。探索建立区域性或全国性的交流机制。协助示范基地开展产业链招商和投资推介活动。各地工业和信息化主管部门要创新方式方法，扩大示范基地创建工作的社会宣传和影响，并将创建工作情况及时报告工业和信息化部与所在地人民政府。

二〇一二年一月二十九日

关于印发2012年中小企业服务体系发展专项资金项目申报指南的通知

各省、自治区、直辖市及计划单列市、新疆生产建设兵团中小企业主管部门、财政部门：

为做好2012年中小企业服务体系发展专项资金（以下简称“专项资金”）项目申报工作，现将《2012年中小企业服务体系发展专项资金项目申报指南》印发给你们，请遵照执行。

2012年专项资金继续支持中小企业服务平台网络建设，包括2011年10省市服务平台网络项目续建和新开部分省市服务平台网络项目。请各地加强组织领导，按照申报指南的要求，认真做好续建和新开项目的申报工作。

工业和信息化部办公厅 财政部办公厅

二〇一二年一月三十日

附

2012年中小企业服务体系发展专项资金项目申报指南

一、支持重点

（一）支持2011年度已批复的10省市中小企业公共服务平台（以下简称服务平台）网络建设方案的项目续建（以下简称续建项目）。

（二）支持服务平台建设基础好的省、自治区、直辖市、计划单列市（以下简称“省”）统筹建设服务平台网络（以下简称新开项目）。

以上所述服务平台网络是指由一个统筹全省服务资源的枢纽服务平台（以下简称省平台）与若干个“窗口”服务平台（以下简称窗口平台）通过互联互通、资源共享，共同构成的中小企业服务体系骨干架构和基础环境。窗口平台包含两种类型，一是建立在城市，提供信息、咨询、代理服务，依据区域中小企业需求，组织带动资源提供直接服务的综合服务平台；一是建立在产业集群，依据产业中小企业发展需求，组织提供信息、技术、质量、人才、市场和融资等直接服务的产业服务平台。窗口平台具有区域唯一性，即一个城市或一个产业集群只支持建设一个窗口平台。

二、主要建设内容

（一）省平台。统筹建设全省统一的在线服务和呼叫服务系统、服务平台网络运营管理系统、共享数据资源中心等，实现枢纽功能所需硬件设备、服务软件的购置与开发，服务场地及相关设施改造等。

（二）窗口平台。组织提供直接服务所需硬件设备、服务软件的购置与开发，服务场地及相关设施改造；与省平台互联互通所需设备和服务软件的购置；根据省服务平台网络建设要求，提供服务平台网络共享使用的特色专业服务系统相关配套设施、服务软件的购置与开发。

三、建设要求

（一）布局及目标要求。各省根据本地区产业布局和中小企业发展要求，以重点产业和中小企业集聚的区域为重点，充分利用现有基础条件，用3~5年的时间，统筹规划、分步建设全省服务平台网络，基本形成信息畅通、功能完善、服务协同、资源共享、供需对接便捷、具有较强社会影响力的中小企业服务体系骨干架构。

（二）功能要求。资源统筹功能。省平台、窗口平台分别组织带动本地服务资源，省平台统筹协调省外、省本级和各窗口平台的服务资源，畅通信息渠道，促进资源共享、优势互补，提升平台网络的服务能力和水平。

协同服务功能。服务平台网络统一的呼叫、网络在线服务系统与统筹实体服务资源系统相互支撑，协同服务；省平台与窗口平台，窗口平台与其所带动的服务资源相互支撑，协同服务。

快速响应功能。窗口平台发挥贴近中小企业的优势，及时根据需求，提供便捷的服务。窗口平台无法满足或数量不足的服务需求，服务平台网络发挥资源统筹优势，及时补充调节。

（三）技术要求。省平台运用现代信息和通信技术，建立统一的网络在线服务和呼叫服务系统、服务平台网络运营管理系统、共享数据资源中心等，具有便捷的信息分类检索、网络在线交互、呼叫接转、服务导航、特色专业服务、在线服务测评等功能，设计科学、技术先进、安全可靠，满足服务平台网络统一管理、分级维护、快速响应、共享及扩展专业化服务等要求。

（四）运行要求。建立健全服务平台网络统一的服务规范、服务流程、服务标准，建立服务协同、服务评价与激励机制，创新服务模式，培育服务品牌，通过不断扩大服务规模，提供有效服务产品，提高服务质量，实现可持续发展。

（五）建设主体选择要求。省平台、窗口平台建设单位须具有独立法人资格，有固定的服务场所、必要的服务设施和从事中小企业服务业务的资历与基础条件；从业人员不少于20人，其中从事中小企业专业服务人员、大专及中级以上职称人员比例占60%以上；具有与所承担的平台建设项目相匹配的服务资源组织带动能力、资金筹措能力和项目管理能力；愿意承担公共服务事务。

省平台建设单位还应具有较强的组织协调与管理能力，有较好的技术基础、技术实力或有较强的技术合作伙伴和开发团队。

窗口平台应具有良好的软、硬件基础服务条件，服务场地面积不少于500平方米，有较强的服务能力和特色服务功能，良好的服务业绩和服务声誉，内部管理规范。鼓励处于良好运营状态的服务平台参与服务平台网络建设，共享服务资源。不支持新建窗口平台。

（六）建设期限。服务平台网络建设期限原则上不超过4年，其中省平台和各窗口平台建设期限原则上不超过2年。

（七）预期效果。服务平台网络首期联通的窗口平台应不少于10个，带动的服务资源不少于50家，提供的专业服务功能不少于20项，年服务中小企业1万家以上。窗口平台每年组织开展的服务对接活动不少于10次，提供的特色服务品种不少于5项，年服务中小企业不少于1000家，服务满意率达到90%以上。

四、支持方式及标准

服务平台网络建设项目采取财政补助的支持方式，补助比例最高不超过项目建设投资的50%。补助资金一次核定，分年度安排，支持年限原则上不超过3年。征地和土建等基本建设费用支出，不计入项目投资补助范围。

五、申报材料

专项资金申报材料包括正文和附件两部分。正文包括省级中小企业主管部门、财政部门向工业和信息化部、财政部报送的服务体系发展专项资金申报文件及2012年服务平台网络建设项目汇总表（表式见附件1，请用EXCEL格式制作），附件为单项材料。具体包括：

（一）续建项目。申报2011年服务平台网络项目建设情况及2012年项目建设安排报告。主要内容包括：

1. 2011年服务平台网络项目建设情况：服务平台网络总体建设目标；2011年主要建设任务与经费安排、省平台和窗口平台建设情况、资金匹配及使用情况、项目管理情况，取得的阶段性成果等。

2. 2012年项目建设安排：

（1）省平台续建项目计划。包括：2012年服务平台建设项目基本情况表（表式见附件2）、年度建设内容、投资估算（含与建设内容相对应的投资估算明细表）、资金来源、建设进度、拟实现的建设目标和预期效果。

（2）2012年拟支持窗口平台的建设方案概要。包括：2012年服务平台建设项目基本情况表（表式见附件2）、项目建设单位基本情况、现有服务基础条件和主要服务业绩、本地中小企业或产业集群发展情况、中小企业重点服务需求、服务供需配置情况等；主要建设内容、投资估算（含与建设内容相对应的投资估算明细表）、资金来源、建设期限、拟实现的主要服务功能、预期效果、运营模式及保障措施等。省级中小企业主管部门与窗口平台建设单位签订的项目建设责任书。

（二）新开项目。申报服务平台网络建设方案。主要内容包括：

1. 建设服务平台网络的必要性。全省中小企业发展情况、产业分布、重点服务需求；中小企业服务机构、公共服务平台发展状况；现有服务基础及存在的主要问题等。

2. 服务平台网络建设思路。建设目标、建设原则、规划布局、重点任务等。

3. 技术可行性。保证服务平台网络高效运转、资源共享、服务协同的技术实现方式（可绘制技术流程与路线图）。

4. 重点建设内容。分年度建设重点、建设内容、进度安排、分期联通窗口平台的时间和数量、实现的主要服务功能等。

5. 投资预算及资金来源。分年度投资预算、投资主要用途、资金筹措方式等。

6. 运营模式及保障措施。服务平台网络管理和运营方式、运营经费来源、保障平台网络顺畅运营的具体措施等。

7. 预期效果。服务平台网络分期联通后预期实现的主要服务功能和服务效果；建成后的主要服务功能、预期服务效果和经济社会效益。

8. 2012年重点建设项目概要（按省平台、窗口平台排列）。包括：2012年服务平台建设项目基本情况表（表式见附件2）；建设单位基本情况、现有服务基础条件和主要服务业绩，窗口平台还应包括当地中小企业或产业集群发展情况、中小企业重点服务需求等；主要建设内容、投资估算（含与建设内容相对应的投资估算明细表）、资金来源、建设期限、拟实现的服务功能、预期效果、运营模式及保障措施等。

9. 服务平台网络建设方案专家论证意见。

10. 省级中小企业主管部门与服务平台网络建设单位签订的项目建设责任书。

以上省平台和窗口平台项目申报材料中，有关承建单位资格条件、项目建设具体方案、项目建设条件及相关证明材料等，由省级中小企业管理部门统一规定，并由省级中小企业管理部门留存备查。

六、申报管理与程序

（一）管理要求。各省级中小企业主管部门和财政部门负责本地区服务平台网络建设项目的申报和管理工作。省级中小企业主管部门负责对服务平台网络项目进行管理和检查；省级财政部门负责对专项资金的使用情况实施监督与检查。

省级中小企业主管部门负责组织编制全省3～5年服务平台网络建设方案，会同财政部门组织专家对建设方案进行可行性论证；按照建设方案要求，采取招标或委托等方式，选择服务平台网络项目总承建单位和各窗口平台建设单位，与其签订项目建设责任书，明确建设任务和考核要求。

（二）申报程序。各省级中小企业主管部门、财政部门联合向工业和信息化部、财政部提交申报材料，并对申报材料的真实性负责。

工业和信息化部、财政部组织专家对各省上报项目材料进行论证，择优选择方案合理可行、中小企业数量较多、服务体系建设基础较好、具备服务平台网络建设条件的省，纳入2012年度专项资金项目计划。

（三）申报方式和申报时间。申报材料采取纸质文件与电子文件同时上报方式。纸质文件与电子文件必须一致，应做到数据准确、资料齐全。各省级中小企业主管部门、财政部门于2012年3月20日前，将专项资金申报材料报送至工业和信息化部（纸质文件一式二份、电子文件1份）。电子文件需刻制成光盘（不可用U盘）或发送电子邮件至dsme@sme.gov.cn。

（四）其他要求。

1. 各省及中小企业主管部门要加强对服务平台网络建设工作的组织指导，会同财政部门组成项目管理小组，建立必要的工作协调机制和保障措施，加强项目的跟踪管理与考核评估。

2. 项目建设单位要认真按照建设方案组织实施，定期向省级中小企业主管部门和财政部门报告项目建设进度和情况。要严格遵守国家有关财务与会计制度，并按有关财务规定妥善保存有关原始票据及凭证备查。

3. 不能如期完成建设任务和需要调整原建设方案的项目，由省级中小企业主管部门会同财政部门向工业和信息化部、财政部提出书面申请和说明理由，并提出调整方案及下一步工作计划，限期完成建设任务。否则，财政部将收回已安排的专项资金，并暂停对其所在地区服务平台项目的支持。

4. 各省级中小企业主管部门要指定专人负责专项资金项目的联系工作，请将联系人的姓名、所在处室、办公电话和手机、传真号码加盖本单位公章后，于2月29日前传真至工业和信息化部中小企业司，传真电话：010－68205319，66017331。

七、联系单位与通讯地址

工业和信息化部中小企业司 010－68205322
北京市西城区西长安街13号 邮政编码 100804

关于印发中小企业服务年活动方案的通知

工信部企业〔2012〕121号

各省、自治区、直辖市及计划单列市、新疆生产建设兵团中小企业主管部门：

为进一步促进中小企业特别是小型微型企业健康发展，营造全社会关注支持中小企业发展的良好氛围，我部决定在2012年开展中小企业服务年活动。现将《中小企业服务年活动方案》印发给你们，请结合本地区实际，对本地区中小企业服务年活动计划进行细化、完善，落实分工，明确责任，认真组织开展本地区中小企业服务年活动。请将修改确定后的活动计划（方案）于4月10日前报我部。

（联系电话：010－68205322）

工业和信息化部
二〇一二年三月二十一日

中小企业服务年活动方案

根据工业和信息化部的工作部署和转型升级行动计划安排，决定开展中小企业服务年活动，方案如下：

一、总体思路

（一）指导思想。贯彻落实全国工业和信息化工作会议部署，围绕“十二五”工业转型升级规划和中小企业成长规划确定的目标，以落实国务院扶持小型微型企业健康发展政策措施，改善企业发展环境为核心，以“服务企业、助力成长”为主题，以中小企业服务年活动为载体，以完善政策法规体系、构建公共服务体系为支撑，以促进创新型、创业型、劳动密集型中小企业（以下简称三型企业）特别是小型微型企业发展为工作重点，进一步转变政府职能，依靠有关部委、依靠各地中小企业主管部门、依靠社会力量，集聚资源，为中小企业送政策、送服务、送温暖，全面提升中小企业自身素质和水平，营造全社会关注、服务中小企业的良好氛围，推动中小企业实现平稳健康发展。

（二）工作目标。充分发挥各方面的积极性和创造性，通过贯彻落实各项扶持政策和组织开展全方位的服务活动，初步形成全社会关注、服务中小企业特别是小型微型企业的良好氛围，力争实现工商登记中小企业户数增长8%，中小企业增加值增长8%以上。

二、工作方式

中小企业服务年活动遵循政府倡导、社会参与、协同推进的原则，全面推动中小企业工作迈上新台阶。一是充分发挥国务院促进中小企业工作领导小组（以下简称领导小组）成员单位的作用，加快制定贯彻落实国务院扶持小型微型企业健康发展政策措施的各项配套政策，推动现有各项政策的落实，为中小企业发展提供良好的政策环境；强化部门之间合作，依照各自职能，为中小企业提供多方位的支持；推动促进民间投资健康发展政策的落实，进一步完善公平竞争、平等准入的市场环境；推动建立和完善中小企业分类统计、监测、分析制度，及时掌握中小企业运行动态及存在问题，为政策制定调整提供依据。二是加强协同配合，按照工业和信息化部转型升级行动计划统一部署，将服务年活动与其他专项行动紧密结合起来，使促进中小企业发展工作融入到工业转型升级工作的每一个环节。三是发挥有关协会组织和部属单位优势，在重点领域带头开展服务活动。四是积极组织地方各级中小企业主管部门，根据服务年活动总体方案和本地区中小企业发展实际，制定细化政策措施，推动各项政策措施落实，进一步优化发展环境，组织开展各项服务活动。五是加强政策和宣传引导，调动各类社会服务资源参与服务年活动，形成全社会为中小企业提供优质服务的长效机制。

三、活动内容

（一）政策咨询服务。以推动国务院扶持小型微型企业健康发展政策措施的贯彻落实和“十二五”中小企业成长规划实施为重点，建立完善的多层次宣贯体系。一是抓好配套政策文件制定出台。加强与领导小组成员单位沟通协调，保证各单位按照分工要求和计划进度完成相关工作。二是抓好政策落实。发挥领导小组办公室的作用，共同推动各项政策措施的贯彻落实；加强监督检查，确保已出台的各项政策措施落到实处。三是抓好政策宣传服务。通过新闻媒体宣传、现场宣讲、印发手册、网络在线解读等方式，开展全方位的政策宣传活动，做到政策宣传全覆盖；组织开展政策大讲堂活动，组织专家团队深入集群和园区，提供现场政策咨询宣讲服务；各地因地制宜开展政策咨询服务，促进各项政策落到实处。四是实施企业减负专项行动。联合减轻企业负担部际联席会议成员单位和有关部门共同推动解决中小企业反映较为集中的乱收费、乱摊派、索要赞助等问题；组织开展减轻中小企业负担政策宣传活动周、现场经验交流及监督检查活动；加快推进《企业负担监督条例》立法工作。

（二）投资融资服务。以缓解中小企业融资难为重点，促进中小企业间接融资环境优化，继续落实工业和信息化部与工、农、中、建四大银行签署的合作备忘录，务实推进与建行、交行、国开行等银行签署的合作协议，加快中小企业融资第三方平台建设。依托地方中小企业主管部门和有关机构，开展中小企业上市、“三集”发行等中小企业直接融资培训和咨询服务。促进担保机构扩大对小型微型企业的服务，力争2012年新增担保业务额1.5万亿元，新增服务企业25万户。推动开展中小企业信用担保机构信用评级工作，向金融机构推荐信誉优良、经营规范、服务中小企业业绩突出的100家担保、再担保机构，建立稳定的银担合作关系。

（三）创业创新服务。以支持三型企业为重点，细化三型企业标准，加大支持力度。在创业服务方面，发挥国务院就业工作部际联席会议机制的作用，改善创业环境、强化创业辅导培训，加强政策引导，培育和支持600家创业基地建设；开展创业辅导走基层活动，组织专家和服务机构为创业者和创业企业提供咨询和培训；会同教育部，继续组织开展大学生网上招聘活动，免费为中小企业提供网络招聘信息服务；各地中小企业主管部门在本地区组织开展大型创业咨询服务活动。创新服务方面，着力培育和扶持创新型中小企业，与科技部签定战略合作协议，共同推动创新型中小企业发展；发挥各级中小企业发展专项资金的引导作用，支持劳动密集型企业技术进步，创新发展；开展携手推进信息化活动，推动信息化服务联盟、大型IT企业、电信企业、信息安全企业为100万户以小型微型为主的中小企业开展培训和技术服务；落实“宽带普及提速工程”，实施中小企业宽带应用提升计划；与知识产权局共同实施中小企业知识产权战略推进工程，指导地方开展知识产权服务行活动，由专家和服务机构深入产业集群为中小企业提供知识产权现场咨询；配合“百项技术创新推进计划”，根据各地中小企业特点，组织高校、科研院所等开展产学研对接和成熟适用技术推广活动。

（四）转型升级服务。以改善中小企业公共服务、帮助企业开拓市场为重点，组织带动服务资源，提升中小企业公共服务水平，促进中小企业转型升级。支持建立和完善800家中小企业公共服务平台，认定第二批200家国家中小企业公共服务示范平台；中小企业公共服务平台建设和示范平台认定与产业基地公共服务能力提升工程有机衔接，能力提升工程重点支持中小企业服务平台建设，中小企业示范平台认定重点向产业示范基地的公共服务平台倾斜；组织开展公共服务示范平台为中小企业提供优质服务的承诺签字活动，带动当地服务机构，为中小企业提供人才、技术、信息等服务；组织遴选百家安全生产中介服务机构，为中小企业进行安全生产援助示范、咨询服务；促进军工企事业单位与中小企业开展交流合作，推动军民融合发展；配合“两化融合深度行”“工业质量品牌建设年”等专项行动开展相关活动。继续办好第9届中国国际中小企业博览会和第7届APEC中小企业技术交流暨展览会，为中小企业提供新产品新技术展示、推介、对接和国际采购等服务；办好在德国汉诺威工业博览会期间举办的中德中小企业合作论坛，对中小企业在博览会期间签订的技术经贸合同，优先支持申请国开行20亿欧元专项贷款；支持各地举办专业展会，鼓励、支持中小企业积极参加境内外专业展览展销活动。

（五）管理提升服务。以实施管理提升计划为重点，组织开展人员培训和管理咨询等服务活动，帮助中小企业培养人才，提高管理水平。继续实施国家中小企业银河培训工程，通过远程网络、短期集中面授等方式，为中小企业提供营销、质量、安全生产、财务（重点是《小企业会计准则》）等管理培训，预计全年培训50万人次；实施企业经营管理人才素质提升工程，组织部属高校、事业单位及社会服务机构为中小企业提供经营管理领军人才培训服务；开展第二期中德政府合作培训项目，选派部分中小企业经营管理者赴德国免费培训；指导开展中小企业履行社会责任试点工作；开展知名专家走进中小企业活动，通过服务机构组织财会、管理、法律、营销等方面的专家，为中小企业提供企业诊断、管理咨询服务。

（六）舆论宣传服务。加大宣传力度，营造良好舆论氛围，提升全社会对中小企业的认识，形成扶持、促进中小企业发展的共识，提振中小企业信心，扩大中小企业服务年活动的社会影响。配合中央宣传部，与中央电视台等媒体继续开展“中小企业巡礼”系列活动；与新华社合作开展“转型铸造品牌”宣传活动；与经济日报合作，开辟“中小企业之窗”，宣传中小企业工作；开展食品安全周宣传活动；各地充分利用当地报刊、广播、电视、网络等媒体，配合开展服务年活动的相关宣传；发挥《中小企业简报》和部属媒体的作用，及时反映中小企业发展情况；组织汇编和宣传百家创业、创新、转型升级的优秀中小企业典型案例，弘扬创业精神和企业家精神。

四、活动安排

（一）服务年重点活动安排。服务年活动期间，在全面做好中小企业工作的基础上，邀请有关部委、行业协会参加，组织开展系列重点活动（见附件1）。各地中小企业主管部门在已制定的服务年活动计划基础上，根据印发的总体方案进行细化完善，组织开展本地区的各项活动。

（二）主题宣传活动安排。六项服务内容贯穿服务年始终。为加大宣传力度，扩大影响，从3月份起，每两个月通过媒体集中宣传一项重点服务内容，并安排相应的一至两项重点活动（见附件2）。

五、组织保障

（一）加强领导，明确分工。印发中小企业服务年活动总体方案。成立中小企业服务年活动领导小组，由部党组成员、总工程师朱宏任同志任组长，部内中小企业工作小组成员司局负责同志参加，负责服务年活动的组织领导，定期会商，研究、落实服务年活动安排，考评各地活动开展情况等。中小企业司承担具体的组织、协调工作。各省（区、市）中小企业主管部门将服务年活动纳入年度工作计划，明确本地区服务年活动领导责任主体和任务分工，保证各项活动顺利完成。

（二）加强合作，协同推进。充分动员政府有关部门、行业协会、服务机构等社会各方面力量，汇聚各方面的智慧与资源优势，加强合作，共同开展服务中小企业活动。建立定期沟通机制，召开协调会，加强与有关部门、单位的沟通和协调，听取意见建议。根据区域特点和中小企业需求，加强工作引导，创新方式方法，务实开展服务活动。

（三）加强考评，保证实效。加强调研，及时了解各地活动组织开展情况，发现典型、树立典型、宣传典型。利用《中小企业简报》，不定期编发服务年活动专刊，及时总结、交流推广地方好的经验和做法。建立考评机制，对服务年活动开展评估问效，对活动开展好、成效突出、中小企业满意度高的地区和单位给予表扬。

附件1

中小企业服务年工业和信息化部重点活动安排

活动名称	重点活动内容	牵头司局	参加单位
政策咨询	部领导做客央视解读支持小型微型企业发展政策（3月） 政策大讲堂全国巡讲（全年） 企业减负专项行动（全年，6月宣传周，8月现场会）	办公厅、企业司 企业司 运行局	政法司、规划司、财务司、产业司、运行局、科技司等有关司局、有关部委、中国中小企业发展促进中心等有关单位
投资融资	我部与建设银行等金融机构签定合作协议 中小企业直接融资培训咨询（全年） 融资网络平台建设经验交流（6月）	企业司 企业司 企业司	办公厅、政法司、规划司、财务司、信息化司等有关司局，银监会、证监会、人民银行、有关金融机构、赛迪集团等有关机构
创业创新	与科技部签定合作协议 中小企业信息化新闻发布会（4月） 中小企业信息化推进大会（5月） 中小企业信息化论坛（9月） 中小企业宽带应用提升计划（全年） 中小企业知识产权战略推进工程实施及服务（全年） 创业辅导走基层（全年） 大学生百日网上招聘（3-6月）	企业司、科技司 企业司、信息化司 信息化司 企业司、信息化司 通信司、企业司 企业司、科技司 企业司 企业司	办公厅、规划司、产业司、科技司、企业司、节能司、军民结合司、原材料司、装备司、消费品司、信息化司、通信司、电子司、软件司、人教司、国际司等，科技部、教育部、国家知识产权局等，中国中小企业信息网等有关服务机构

续表

活动名称	重点活动内容	牵头司局	参加单位
转型升级	公共服务示范平台服务承诺活动（9月） 第二批公共服务示范平台认定（11月） 汉诺威中德中小企业合作论坛（4月） 第七届 APEC 技展会（6月） 第九届中博会（9月） 山西、浙江中小企业履行社会责任试点（全年） 遴选百家安全生产服务机构（8月） 军工技术、项目推介对接活动	企业司 企业司 企业司、国际司 企业司、国际司 企业司、办公厅、国际司 政法司 安全司、企业司 企业司、军民结合司	办公厅、政法司、规划司、科技司、产业司、节能司、安全司、原材料司、装备司、军民结合司、消费品司电子司、软件司、通信司、信息化司等，有关部委，中国中小企业发展促进中心等有关服务机构
管理提升	中小企业管理咨询经验交流会（5月） 银河培训（全年） 小企业会计准则培训（全年） 中小企业经营管理领军人才培训（全年） 第二期中德政府合作培训 知名专家走进中小企业活动（全年）	企业司 企业司 企业司 企业司 企业司、国际司 企业司	财政部，规划司、人教司、国际司等有关司局，工业和信息化部人才交流中心、中国中小企业发展促进中心等有关机构和大学
舆论宣传	中小企业巡礼系列活动（全年） 转型铸造品牌宣传活动 “中小企业之窗”专栏宣传 百家创业创新优秀企业典型案例汇编 开展食品安全宣传周活动（6月）	企业司 企业司 企业司 企业司 消费品司	办公厅等有关司局，中央电视台、新华社、经济日报等媒体，工业和信息化部人才交流中心等有关服务机构
	服务年总结表扬大会（2013年1月）	企业司	

附件 2

中小企业服务年工业和信息化部主题宣传活动安排

活动主题	3～4月份	5～6月份	7～8月份	9～10月份	11～12月份	2013年1月份
政策咨询	部领导做客央视政策大讲堂－北京					
投资融资		地方与交行对接融资网络平台宣传				
创业创新			大型创业活动信息化新闻发布			
转型升级				示范平台服务承诺第九届中博会		
管理提升					小企业会计准则培训知名专家走进中小企业	
舆论宣传						服务年总结表扬

注：以上安排可视情况作出调整

关于进一步扶持新型显示器件产业发展有关税收优惠政策的通知

财关税〔2012〕16号

各省、自治区、直辖市、计划单列市财政厅（局）、国家税务局、新疆生产建设兵团财务局，海关总署广东分署、各直属海关：

为进一步鼓励和促进新型显示器件产业的发展，经国务院批准，现将有关进口税收政策通知如下：

一、自2012年1月1日至2015年12月31日，新型显示器件（包括薄膜晶体管液晶、等离子、有机发光二极管）面板生产企业进口国内不能生产的自用生产性（含研发用）原材料和消耗品，免征进口关税，照章征收进口环节增值税；进口建设净化室所需国内尚无法提供（即国内不能生产或性能不能满足）的配套系统以及维修生产设备所需零部件免征进口关税和进口环节增值税。具体免税办法依照《关于新型显示器件面板生产企业进口物资税收政策的暂行规定》（以下简称《暂行规定》，见附件）执行。

二、对符合国内产业自主化发展规划的彩色滤光膜、偏光片等属于新型显示器件产业上游的关键原材料、零部件的生产企业，经财政部会同有关部门共同确定后，可享受进口国内不能生产的自用生产性原材料、消耗品免征进口关税的优惠政策。该政策的操作程序比照上述面板生产企业的《暂行规定》执行。

三、“十二五”期间财政部将会同相关部门根据国内配套产业的发展情况，适时调整新型显示器件产业相关免税进口商品清单。

财政部 海关总署 国家税务总局
二〇一二年四月九日

附件

关于新型显示器件面板生产企业进口物资税收政策的暂行规定

一、根据国务院批准的保留并调整新型显示器件生产企业进口物资免征进口税收政策的精神，特制定本规定。

二、本规定中所指新型显示器件包括薄膜晶体管液晶显示器件面板（TFT－LCD）、等离子显示面板（PDP）、有机发光二极管显示面板（OLED）3类。

三、在2011年12月31日前经财政部会同有关部门认定，已取得新型显示器件生产企业进口物资免税资格的企业，在2012年1月31日至2015年12月31日，按本规定第六款至第九款享受进口物资税收优惠政策。企业名单另行下发。

四、尚未取得免税资格的新型显示器件生产企业，在有关项目通过投资主管部门核准或备案后，可通过省级人民政府或同级财政部门向财政部提出免税申请。申请文件中应说明企业性质、项目建设情况（包括项目进度、产品类型、产能和初期产量、投产和量产时间等）、进口物资情况（包括进口物资类别、进口时间、进口金额及相应的免税金额等，格式附后），同时还应附投资主管部门出具的关于该项目的核准（或备案）文件以及国家鼓励发展的内外资项目确认书。

五、财政部会同海关总署、税务总局等有关部门对上述申请集中予以审核。

六、取得免税资格的生产企业进口规定范围内的生产性（含研发用）原材料和消耗品免征进口关税，进口建设净化室所需的规定范围内的配套系统免征进口关税和进口环节增值税。财政部会同有关部门负责制定上述原材料、消耗品和净化室配套系统的免税商品清单，具体清单另行公布。企业进口超出免税商品清单范围的，应予以照章征收。

七、取得免税资格的生产企业进口维修规定范围内的生产设备、在经核定的年度进口金额内所需零部件，免征进口关税和进口环节增值税。零部件年度免税进口金额根据企业所进口生产设备的总价及设备使用年限，按照相应的维修经验公式计算确定。财政部会同有关部门负责制定生产设备的清单以及计算零部件进口额度的公式，具体清单及公式另行公布。企业超出免税额度进口的维修用零部件，予以照章征税。企业应在规定的免税进口额度内将实际零部件进口清单报海关审核备案，以利于海关后续监管。

八、新型显示器件生产企业根据本规定免税进口的物资只能用于本企业的生产建设，不得擅自转让或移作他用。违反政策规定的企业将被取消享受该政策的资格，同时按照相关规定予以处罚。

九、取得免税资格新型显示器件生产企业应于每年1月向财政部关税司报告上一年度进口原材料、消耗品、配套系统以及零配件的实际免税情况（包括进口商品清单、进口金额和免税金额以及政策执行效果等内容），并抄送海关总署关税征管司和税务总局货物和劳务税司。

十、财政部将会同相关部门根据国内配套产业的发展情况，适时调整新型显示器件产业相关免税进口商品清单。新型显示器件面板生产企业以及相关原材料、零配件的供应企业，可通过省级财政部门或相关行业主管部门或协会向财政部提出调整上述进口物资免税范围的具体建议。

十一、本规定由财政部会同海关总署、税务总局负责解释。

十二、本规定执行时间为2012年1月1日至2015年12月31日。

关于中小企业信用担保机构有关准备金企业所得税税前扣除政策的通知

财税〔2012〕25号

根据《中华人民共和国企业所得税法》和《中华人民共和国企业所得税法实施条例》的有关规定，现就中小企业信用担保机构有关税前扣除政策问题通知如下：

一、符合条件的中小企业信用担保机构按照不超过当年年末担保责任余额1%的比例计提的担保赔偿准备，允许在企业所得税税前扣除，同时将上年度计提的担保赔偿准备余额转为当期收入。

二、符合条件的中小企业信用担保机构按照不超过当年担保费收入50%的比例计提的未到期责任准备，允许在企业所得税税前扣除，同时将上年度计提的未到期责任准备余额转为当期收入。

三、中小企业信用担保机构实际发生的代偿损失，符合税收法律法规关于资产损失税前扣除政策规定的，应冲减已在税前扣除的担保赔偿准备，不足冲减部分据实在企业所得税税前扣除。

四、本通知所称符合条件的中小企业信用担保机构，必须同时满足以下条件：

（一）符合《融资性担保公司管理暂行办法》（银监会等七部委令 2010 年第 3 号）相关规定，并具有融资性担保机构监管部门颁发的经营许可证；

（二）以中小企业为主要服务对象，当年新增中小企业信用担保和再担保业务收入占新增担保业务收入总额的 70% 以上（上述收入不包括信用评级、咨询、培训等收入）；

（三）中小企业信用担保业务的平均年担保费率不超过银行同期贷款基准利率的 50%；

（四）财政、税务部门规定的其他条件。

五、申请享受本通知规定的准备金税前扣除政策的中小企业信用担保机构，在汇算清缴时，需报送法人执照副本复印件、融资性担保机构监管部门颁发的经营许可证复印件、具有资质的中介机构鉴证的年度会计报表和担保业务情况（包括担保业务明细和风险准备金提取等），以及财政、税务部门要求提供的其他材料。

六、本通知自 2011 年 1 月 1 日起至 2015 年 12 月 31 日止执行。

财政部 国家税务总局
二〇一二年四月十一日

国家税务总局关于小型微利企业预缴企业所得税有关问题的公告

国家税务总局公告 2012 年第 14 号

为贯彻落实《财政部 国家税务总局关于小型微利企业所得税优惠政策有关问题的通知》（财税〔2011〕117 号）有关规定，现就小型微利企业预缴企业所得税有关问题公告如下：

一、上一纳税年度年应纳税所得额低于 6 万元（含 6 万元），同时符合《中华人民共和国企业所得税法实施条例》第九十二条规定的资产和从业人数标准，实行按实际利润额预缴企业所得税的小型微利企业（以下称符合条件的小型微利企业），在预缴申报企业所得税时，将《国家税务总局关于发布〈中华人民共和国企业所得税月（季）度预缴纳税申报表〉等报表的公告》（国家税务总局公告〔2011〕64 号）中华人民共和国企业所得税月（季）度预缴纳税申报表（A 类）第 9 行“实际利润总额”与 15% 的乘积，暂填入第 12 行“减免所得税额”内。

二、符合条件的小型微利企业“从业人数”“资产总额”的计算标准按照《国家税务总局关于小型微利企业所得税预缴问题的通知》（国税函〔2008〕251 号）第二条规定执行。

三、符合条件的小型微利企业在预缴申报企业所得税时，须向主管税务机关提供上一纳税年度符合小型微利企业条件的相关证明材料。主管税务机关对企业提供的相关证明材料核实后，认定企业上一纳税年度不符合规定条件的，不得按本公告第一条规定填报纳税申报表。

四、纳税年度终了后，主管税务机关应核实企业纳税年度是否符合上述小型微利企业规定条件。不符合规定条件、已按本公告第一条规定计算减免企业所得税预缴的，在年度汇算清缴时要按照规定补缴企业所得税。

本公告自 2012 年 1 月 1 日起施行。

特此公告。

国家税务总局
二〇一二年四月十三日

关于印发《企业减负专项行动方案》的通知

工信厅运行〔2012〕84 号

各省、自治区、直辖市减轻企业负担领导小组（联席会议）、工业和信息化主管部门：

为落实国务院统一部署和要求，进一步减轻中小企业特别是小型微型企业负担，促进中小企业健康发展，结合部开展的中小企业服务年活动，决定组织开展 2012 年企业减负专项行动。现将《企业减负专项行动方案》印发给你们，请结合本地区实际，制定具体行动方案并组织实施。各地单设减轻企业负担机构的，由减轻企业负担领导小组（联席会议）牵头；未没的由工业和信息化主管部门牵头，结合中小企业服务年活动积极开展减负专项行动。请将本地区开展减负专项行动方案于 5 月 10 日前报我部。

（联系电话：010－68205294）

二〇一二年四月十三日

企业减负专项行动方案

根据 2012 年全国工业和信息化工作会议部署，结合中小企业服务年活动安排，决定组织企业减负专项行动，方案如下：

一、总体思路

贯彻落实中央经济工作会议精神和 2012 年《政府工作报告》要求，紧紧围绕促进经济平稳较快发展这一中心任务，充分发挥国务院减轻企业负担部际联席会议作用，依靠各级企业减负工作机构、中小企业主管部门和各种社会力量，以中小企业特别是小型微型企业为重点，以“优化成长环境、服务企业发展”为主题，把企业减负与经济运行、结构调整和转型升级等相结合，进一步转变政府职能，创新企业减负工作内容，畅通企业负担反映渠道，开展多种形式的专题行动和宣传活动，督促惠企政策落实，推动涉企收费行为清理规范，协调解决企业反映突出的乱收费、乱罚款以及各种形式的不合理摊派，凝聚合力，整合资源，切实减轻企业负担，积极营造全社会关心中小企业成长发展的良好氛围。

二、主要内容

（一）以中小企业特别是小型微型企业为重点，组织企业减负专题调研和现场交流活动

开展企业负担情况调查研究，组织国务院减轻企业负担部际联席会议各成员单位和有关部门、各地减负工作机构以创新型、劳动密集型、创业型中小企业特别是小型微型企业为重点，集中开展一次企业负担现状调研活动，针对当前企业承担的各种不合理负担，通过召开座谈会、发放调查问卷、现场考察和调阅各种资料等形式，收集整理企业反映突出的问题及相关政策措施建议。调研报告报国务院领导参阅，并送部际联席会议成员单位。

完善企业负担反映渠道，在工信部网站开辟企业负担反映和咨询服务直通车专栏，广泛收集企业反映的负担问题，提供减负政策咨询服务。组织力量对反映问题进行梳理，供有关部门参考，对反映较为集中的问题形成专报供领导参阅。

组织企业减负经验交流，做好部门和地方在推动减轻企业负担方面的经验总结，组织召开有国务院减轻企业负担部际联席会议成员单位、地方减负机构、受惠中小企业、部分行业协会社团参加的现场交流会，推广成功做法和经验，现场考察学习相关中小企业和地方减负机构，提高企业减负机构和人员业务能力和水平。

（二）以服务企业为宗旨，组织开展减轻企业负担部际联合行动

认真落实国务院工作部署，联合减轻企业负担部际联席会议成员单位和有关部门认真贯彻国务院关于支持小型和微型企业健康发展常务会议精神，推动部际联席会议成员单位和有关部门加快财税支持、缓解融资难等方面的惠企政策出台。

共同组织有关重大活动，联合减轻企业负担部际联席会议成员单位和有关部门开展专题治理活动，进一步倡导减少对小型微型企业的收费、罚款行为，加大涉企收费行为清理规范力度，整治向企业摊派、索要赞助和无偿侵占企业人财物等行为。

协调解决突出问题，针对各种渠道反映的较为集中的不合理负担问题，特别是轻工、纺织等劳动密集型行业存在的负担，按照“谁负责、谁落实”的原则，加快推动问题解决。

（三）以优化企业发展环境为主题，组织开展减轻企业负担系列宣传活动

开展惠企政策梳理，组织国务院减轻企业负担部际联席会议成员单位和有关部门，对国际金融危机以来出台的、目前仍在执行的惠企政策进行梳理，汇编成册并印发，组织专题发放和宣传活动。

组织减轻企业负担政策宣传活动周，邀请媒体针对焦点问题开展专题采访宣传，通过内部渠道向上反映；召开专题新闻发布会，介绍近年来企业减负工作；印发政策宣传海报，宣传重要政策和典型问题；组织领导、专家等不同层面的专题采访，开展新发布政策解读，举办专题研讨会或论坛，努力营造社会各界参与减轻企业负担专项行动工作的良好舆论氛围。

加大新闻宣传力度，广泛发动媒体，加强与中央电视台、新华社、经济日报等国内主要媒体以及中国工业报、经济和信息化刊物等主要行业媒体的联系，通过专刊等形式不定期报道减轻企业负担政策落实效果，及时宣传减轻企业负担经验和做法，曝光典型问题和案件。

（四）以开展专项行动为契机，探索建立减轻企业负担长效机制

建立企业负担监测分析制度，依托工业经济运行监测网络，建立中小企业负担监测点，跟踪监测分析企业负担状况，加快研究建立企业负担指数评价体系，根据工作进展情况定向发布地方、行业企业负担情况测评结果。

推进企业减负工作法制化建设，进一步修改完善《企业负担监督条例》征求意见稿，广泛听取地方、部门和企业的意见和建议，尽快形成送审稿，协调并督促国务院法制办加快立法进程。

完善企业负担监督机制，广泛发动新闻媒体、协会和社团、企业以及相关领域的专家学者参与企业减负，加快建立多层次、多角度的企业减负监督机制，推动形成维护企业合法权益的工作合力。

三、活动安排

4～5月 召开全国减负系统电视电话会议。组织开展专题调研。启动减轻企业负担部际联合行动。组织惠企政策梳理。工业和信息化部网站开辟企业负担反映专栏。

6月 集中组织减轻企业负担政策宣传活动周活动。

7～10月 就企业反映突出的负担问题，协调推动减轻企业负担部际成员单位和有关部门按职责分工专题解决。

8月 组织减轻企业负担现场经验交流活动。发布惠企政策汇编。

10月 对专项行动工作情况开展全面检查。

12月 专项行动总结表彰。

上述进度安排根据进展可做适当调整，重点行动安排见附件。各地企业减负工作机构根据本方案进行细化完善，组织开展本地区各项行动。

四、组织保障

（一）加强组织领导

印发企业减负专项行动方案。成立企业减负专项行动领导小组，由部党组成员、总工程师朱宏任同志担任组长，部内运行监测协调局、中小企业司、驻部纪检组监察局、办公厅、财务司、政策法规司等相关司局和部中小企业发展促进中心的有关负责同志参加，负责专项行动的组织领导，督查主要任务落实情况等。运行监测协调局承担具体组织协调工作。建立减轻企业负担政策咨询专家组，聘请税收、财政、金融、法律、监察等领域的专家学者参加，为减轻企业负担工作提供决策咨询服务。各地减轻企业负担领导机构要将专项行动纳入年度重点工作计划，明确本地区专项行动任务分工，领导本地区减轻企业负担工作机构做好督促协调，确保各项任务顺利实施。

（二）强化协作配合

减轻企业负担工作涉及面宽，难度大，工业和信息化部作为国务院减轻企业负担部际联席会议日常工作承担单位，将充分发挥国务院减轻企业负担部际联席会议成员单位作用，调动地方工业和信息化、中小企业主管部门的积极性，发动行业协会、新闻媒体、企业、专家学者等积极参与，凝聚各方面的智慧和资源优势，创新工作方式方法，相互配合，共同推进专项行动。加快完善部际联席会议工作的程序、机构和规则。每季度组织召开一次由部际联席会议成员单位和有关部门参加的专项行动工作协调会议，按地区组织召开专项行动工作进展推进会，交流情况，推动工作。

（三）加大督查力度

建立重点任务落实情况督查制度，对出现的问题不回避，及时提出调整和改进意见，对行动开展好、效果突出的，企业满意度高的地区将给予通报表扬。建立专项行动工作信息交流制度，利用《工业和信息化动态信息》，不定期编发专项行动专刊，交流部际联席会议成员单位、地方工作进展情况。组织专项行动实施情况专项检查，督促各地将确定任务落到实处，确保专项行动取得实效。

减轻企业负担专项行动重点活动安排

活动内容	时 间	参加单位
中小企业负担调研	4～5月	运行局、企业司、驻部纪检组、财务司、政法司等，部际联席会议成员单位和有关部门
企业负担反映和咨询服务专栏启动	5月	运行局、办公厅等
惠企政策梳理和发布	4～8月	运行局、企业司、财务司等，部际联席会议成员单位和有关部门
减轻企业负担政策宣传活动周	6月	运行局、企业司、驻部纪检组、财务司、办公厅、政法司等，部际联席会议成员单位和有关部门
企业减负现场交流会	8月	运行局、企业司等，部际联席会议成员单位和有关部门
企业减负专项行动工作情况检查	10月	运行局、企业司、驻部纪检组、财务司、办公厅、政法司等，部际联席会议成员单位和有关部门
专项行动总结	12月	运行局等，部际联席会议成员单位和有关部门

国务院关于进一步支持小型微型企业健康发展的意见

国发〔2012〕14号

各省、自治区、直辖市人民政府，国务院各部委、各直属机构：

小型微型企业在增加就业、促进经济增长、科技创新与社会和谐稳定等方面具有不可替代的作用，对国民经济和社会发展具有重要的战略意义。党中央、国务院高度重视小型微型企业的发展，出台了一系列财税金融扶持政策，取得了积极成效。但受国内外复杂多变的经济形势影响，当前，小型微型企业经营压力大、成本上升、融资困难和税费偏重等问题仍很突出，必须引起高度重视。为进一步支持小型微型企业健康发展，现提出以下意见。

一、充分认识进一步支持小型微型企业健康发展的重要意义

（一）增强做好小型微型企业工作的信心。各级政府和有关部门对当前小型微型企业发展面临的新情况、新问题要高度重视，增强信心，加大支持力度，把支持小型微型企业健康发展作为巩固和扩大应对国际金融危机冲击成果、保持经济平稳较快发展的重要举措，放在更加重要的位置上。要科学分析，正确把握，积极研究采取更有针对性的政策措施，帮助小型微型企业提振信心，稳健经营，提高盈利水平和发展后劲，增强企业的可持续发展能力。

二、进一步加大对小型微型企业的财税支持力度

（二）落实支持小型微型企业发展的各项税收优惠政策。提高增值税和营业税起征点，将小型微利企业减半征收企业所得税政策，延长到2015年底并扩大范围；将符合条件的国家中小企业公共服务示范平台中的技术类服务平台纳入现行科技开发用品进口税收优惠政策范围；自2011年11月1日至2014年10月31日，对金融机构与小型微型企业签订的借款合同免征印花税，将金融企业涉农贷款和中小企业贷款损失准备金税前扣除政策延长至2013年底，将符合条件的农村金融机构金融保险收入减按3%的税率征收营业税的政策延长至2015年底。加快推进营业税改征增值税试点，逐步解决服务业营业税重复征税问题。结合深化税收体制改革，完善结构性减税政策，研究进一步支持小型微型企业发展的税收制度。

（三）完善财政资金支持政策。充分发挥现有中小企业专项资金的支持引导作用，2012年将资金总规模由128.7亿元扩大至141.7亿元，以后逐年增加。专项资金要体现政策导向，增强针对性、连续性和可操作性，突出资金使用重点，向小型微型企业和中西部地区倾斜。

（四）依法设立国家中小企业发展基金。基金的资金来源包括中央财政预算安排、基金收益、捐赠等。中央财政安排资金150亿元，分5年到位，2012年安排30亿元。基金主要用于引导地方、创业投资机构及其他社会资金支持处于初创期的小型微型企业等。鼓励向基金捐赠资金。对企事业单位、社会团体和个人等向基金捐赠资金的，企业在年度利润总额12%以内的部分，个人在申报个人所得税应纳税所得额30%以内的部分，准予在计算缴纳所得税税前扣除。

（五）政府采购支持小型微型企业发展。负有编制部门预算职责的各部门，应当安排不低于年度政府采购项目预算总额18%的份额专门面向小型微型企业采购。在政府采购评审中，对小型微型企业产品可视不同行业情况给予6%～10%的价格扣除。鼓励大中型企业与小型微型企业组成联合体共同参加政府采购，小型微型企业占联合体份额达到30%以上的，可给予联合体2%～3%的价格扣除。推进政府采购信用担保试点，鼓励为小型微型企业参与政府采购提供投标担保、履约担保和融资担保等服务。

（六）继续减免部分涉企收费并清理取消各种不合规收费。落实中央和省级财政、价格主管部门已公布取消的行政事业性收费。自2012年1月1日至2014年12月31日三年内对小型微型企业免征部分管理类、登记类和证照类行政事业性收费。清理取消一批各省（区、市）设立的涉企行政事业性收费。规范涉及行政许可和强制准入的经营服务性收费。继续做好收费公路专项清理工作，降低企业物流成本。加大对向企业乱收费、乱罚款和各种摊派行为监督检查的力度，严格执行收费公示制度，加强社会和舆论监督。完善涉企收费维权机制。

三、努力缓解小型微型企业融资困难

（七）落实支持小型微型企业发展的各项金融政策。银行业金融机构对小型微型企业贷款的增速不低于全部贷款平均增速，增量高于上年同期水平，对达到要求的小金融机构继续执行较低存款准备金率。商业银行应对符合国家产业政策和信贷政策的小型微型企业给予信贷支持。鼓励金融机构建立科学合理的小型微型企业贷款定价机制，在合法、合规和风险可控前提下，由商业银行自主确定贷款利率，对创新型和创业型小型微型企业可优先予以支持。建立小企业信贷奖励考核制度，落实已出台的小型微型企业金融服务的差异化监管政策，适当提高对小型微型企业贷款不良率的容忍度。进一步研究完善小企业贷款呆账核销有关规定，简化呆账核销程序，提高小型微型企业贷款呆账核销效率。优先支持符合条件的商业银行发行专项用于小型微型企业贷款的金融债。支持商业银行开发适合小型微型企业特点的各类金融产品和服务，积极发展商圈融资、供应链融资等融资方式。加强对小型微型企业贷款的统计监测。

（八）加快发展小金融机构。在加强监管和防范风险的前提下，适当放宽民间资本、外资、国际组织资金参股设立小金融机构的条件。适当放宽小额贷款公司单一投资者持股比例限制。支持和鼓励符合条件的银行业金融机构重点到中西部设立村镇银行。强化小金融机构主要为小型微型企业服务的市场定位，创新金融产品和服务方式，优化业务流程，提高服务效率。引导小金融机构增加服务网点，向县域和乡镇延伸。符合条件的小额贷款公司可根据有关规定改制为村镇银行。

（九）拓宽融资渠道。搭建方便快捷的融资平台，支持符合条件的小企业上市融资、发行债券。推进多层次债券市场建设，发挥债券市场对微观主体的资金支持作用。加快统一监管的场外交易市场建设步伐，为尚不符合上市条件的小型微型企业提供资本市场配置资源的服务。逐步扩大小型微型企业集合票据、集合债券、集合信托和短期融资券等发行规模。积极稳妥发展私募股权投资和创业投资等融资工具，完善创业投资扶持机制，支持初创型和创新型小型微型企业发展。支持小型微型企业采取知识产权质押、仓单质押、商铺经营权质押、商业信用保险保单质押、商业保理、典当等多种方式融资。鼓励为小型微型企业提供设备融资租赁服务。积极发展小型微型企业贷款保证保险和信用保险。加快小型微型企业融资服务体系建设。深入开展科技和金融结合试点，为创新型小型微型企业创造良好的投融资环境。

（十）加强对小型微型企业的信用担保服务。大力推进中小企业信用担保体系建设，继续执行对

符合条件的信用担保机构免征营业税政策，加大中央财政资金的引导支持力度，鼓励担保机构提高小型微型企业担保业务规模，降低对小型微型企业的担保收费。引导外资设立面向小型微型企业的担保机构，加快推进利用外资设立担保公司试点工作。积极发展再担保机构，强化分散风险、增加信用功能。改善信用保险服务，定制符合小型微型企业需求的保险产品，扩大服务覆盖面。推动建立担保机构与银行业金融机构间的风险分担机制。加快推进企业信用体系建设，切实开展企业信用信息征集和信用等级评价工作。

（十一）规范对小型微型企业的融资服务。除银团贷款外，禁止金融机构对小型微型企业贷款收取承诺费、资金管理费。开展商业银行服务收费检查。严格限制金融机构向小型微型企业收取财务顾问费、咨询费等费用，清理纠正金融服务不合理收费。有效遏制民间借贷高利贷化倾向以及大型企业变相转贷现象，依法打击非法集资、金融传销等违法活动。严格禁止金融从业人员参与民间借贷。研究制定防止大企业长期拖欠小型微型企业资金的政策措施。

四、进一步推动小型微型企业创新发展和结构调整

（十二）支持小型微型企业技术改造。中央预算内投资扩大安排用于中小企业技术进步和技术改造资金规模，重点支持小型企业开发和应用新技术、新工艺、新材料、新装备，提高自主创新能力、促进节能减排、提高产品和服务质量、改善安全生产与经营条件等。各地也要加大对小型微型企业技术改造的支持力度。

（十三）提升小型微型企业创新能力。完善企业研究开发费用所得税前加计扣除政策，支持企业技术创新。实施中小企业创新能力建设计划，鼓励有条件的小型微型企业建立研发机构，参与产业共性关键技术研发、国家和地方科技计划项目以及标准制定。鼓励产业技术创新战略联盟向小型微型企业转移扩散技术创新成果。支持在小型微型企业集聚的区域建立健全技术服务平台，集中优势科技资源，为小型微型企业技术创新提供支撑服务。鼓励大专院校、科研机构和大企业向小型微型企业开放研发试验设施。实施中小企业信息化推进工程，重点提高小型微型企业生产制造、运营管理和市场开拓的信息化应用水平，鼓励信息技术企业、通信运营商为小型微型企业提供信息化应用平台。加快新技术和先进适用技术在小型微型企业的推广应用，鼓励各类技术服务机构、技术市场和研究院所为小型微型企业提供优质服务。

（十四）提高小型微型企业知识产权创造、运用、保护和管理水平。中小企业知识产权战略推进工程以培育具有自主知识产权优势小型微型企业为重点，加强宣传和培训，普及知识产权知识，推进重点区域和重点企业试点，开展面向小型微型企业的专利辅导、专利代理、专利预警等服务。加大对侵犯知识产权和制售假冒伪劣产品的打击力度，维护市场秩序，保护创新积极性。

（十五）支持创新型、创业型和劳动密集型的小型微型企业发展。鼓励小型微型企业发展现代服务业、战略性新兴产业、现代农业和文化产业，走“专精特新”和与大企业协作配套发展的道路，加快从要素驱动向创新驱动的转变。充分利用国家科技资源支持小型微型企业技术创新，鼓励科技人员利用科技成果创办小型微型企业，促进科技成果转化。实施创办小企业计划，培育和支持3000家小企业创业基地，大力开展创业培训和辅导，鼓励创办小企业，努力扩大社会就业。积极发展各类科技孵化器，到2015年，在孵企业规模达到10万家以上。支持劳动密集型企业稳定就业岗位，推动产业升级，加快调整产品结构和服务方式。

（十六）切实拓宽民间投资领域。要尽快出台贯彻落实国家有关鼓励和引导民间投资健康发展政策的实施细则，促进民间投资便利化、规范化，鼓励和引导小型微型企业进入教育、社会福利、科技、文化、旅游、体育、商贸流通等领域。各类政府性资金要对包括民间投资在内的各类投资主体同等对待。

（十七）加快淘汰落后产能。严格控制高污染、高耗能和资源浪费严重的小型微型企业发展，防止落后产能异地转移。严格执行国家有关法律法规，综合运用财税、金融、环保、土地、产业政策等手段，支持小型微型企业加快淘汰落后技术、工艺和装备，通过收购、兼并、重组、联营和产业转移等获得新的发展机会。

五、加大支持小型微型企业开拓市场的力度

（十八）创新营销和商业模式。鼓励小型微型企业运用电子商务、信用销售和信用保险，大力拓展经营领域。研究创新中国国际中小企业博览会办展机制，促进在国际化、市场化、专业化等方面取得突破。支持小型微型企业参加国内外展览展销活动，加强工贸结合、农贸结合和内外贸结合。建设集中采购分销平台，支持小型微型企业通过联合采购、集中配送，降低采购成本。引导小型微型企业采取抱团方式“走出去”。培育商贸企业集聚区，发展专业市场和特色商业街，推广连锁经营、特许经营、物流配送等现代流通方式。加强对小型微型企业出口产品标准的培训。

（十九）改善通关服务。推进分类通关改革，积极研究为符合条件的小型微型企业提供担保验放、集中申报、24小时预约通关和不实行加工贸易保证金台账制度等便利通关措施。扩大“属地申报，口岸验放”通关模式适用范围。扩大进出口企业享受预归类、预审价、原产地预确定等措施的范围，提高企业通关效率，降低物流通关成本。

（二十）简化加工贸易内销手续。进一步落实好促进小型微型加工贸易企业内销便利化相关措施，

允许联网企业“多次内销、一次申报”，并可在内销当月内集中办理内销申报手续，缩短企业办理时间。

（二十一）开展集成电路产业链保税监管模式试点。允许符合条件的小型微型集成电路设计企业作为加工贸易经营单位开展加工贸易业务，将集成电路产业链中的设计、芯片制造、封装测试企业等全部纳入保税监管范围。

六、切实帮助小型微型企业提高经营管理水平

（二十二）支持管理创新。实施中小企业管理提升计划，重点帮助和引导小型微型企业加强财务、安全、节能、环保、用工等管理。开展企业管理创新成果推广和标杆示范活动。实施小企业会计准则，开展培训和会计代理服务。建立小型微型企业管理咨询服务制度，支持管理咨询机构和志愿者面向小型微型企业开展管理咨询服务。

（二十三）提高质量管理水平。落实小型微型企业产品质量主体责任，加强质量诚信体系建设，开展质量承诺活动。督促和指导小型微型企业建立健全质量管理体系，严格执行生产许可、经营许可、强制认证等准入管理，不断增强质量安全保障能力。大力推广先进的质量管理理念和方法，严格执行国家标准和进口国标准。加强品牌建设指导，引导小型微型企业创建自主品牌。鼓励制定先进企业联盟标准，带动小型微型企业提升质量保证能力和专业化协作配套水平。充分发挥国家质检机构和重点实验室的辐射支撑作用，加快质量检验检疫公共服务平台建设。

（二十四）加强人力资源开发。加强对小型微型企业劳动用工的指导与服务，拓宽企业用工渠道。实施国家中小企业银河培训工程和企业经营管理人才素质提升工程，以小型微型企业为重点，每年培训50万名经营管理人员和创业者。指导小型微型企业积极参与高技能人才振兴计划，加强技能人才队伍建设工作，国家专业技术人才知识更新工程等重大人才工程要向小型微型企业倾斜。围绕《国家中长期人才发展规划纲要（2010～2020年）》确定的重点领域，开展面向小型微型企业创新型专业技术人才的培训。完善小型微型企业职工社会保障政策。

（二十五）制定和完善鼓励高校毕业生到小型微型企业就业的政策。对小型微型企业新招用高校毕业生并组织开展岗前培训的，按规定给予培训费补贴，并适当提高培训费补贴标准，具体标准由省级财政、人力资源和社会保障部门确定。对小型微型企业新招用毕业年度高校毕业生，签订1年以上劳动合同并按时足额缴纳社会保险费的，给予1年的社会保险补贴，政策执行期限截至2014年底。改善企业人力资源结构，实施大学生创业引领计划，切实落实已出台的鼓励高校毕业生自主创业的税费减免、小额担保贷款等扶持政策，加大公共就业服务力度，提高高校毕业生创办小型微型企业成功率。

七、促进小型微型企业集聚发展

（二十六）统筹安排产业集群发展用地。规划建设小企业创业基地、科技孵化器、商贸企业集聚区等，地方各级政府要优先安排用地计划指标。经济技术开发区、高新技术开发区以及工业园区等各类园区要集中建设标准厂房，积极为小型微型企业提供生产经营场地。对创办三年内租用经营场地和店铺的小型微型企业，符合条件的，给予一定比例的租金补贴。

（二十七）改善小型微型企业集聚发展环境。建立完善产业集聚区技术、电子商务、物流、信息等服务平台。发挥龙头骨干企业的引领和带动作用，推动上下游企业分工协作、品牌建设和专业市场发展，促进产业集群转型升级。以培育农村二、三产业小型微型企业为重点，大力发展县域经济。开展创新型产业集群试点建设工作。支持能源供应、排污综合治理等基础设施建设，加强节能管理和“三废”集中治理。

八、加强对小型微型企业的公共服务

（二十八）大力推进服务体系建设。到2015年，支持建立和完善4000个为小型微型企业服务的公共服务平台，重点培育认定500个国家中小企业公共服务示范平台，发挥示范带动作用。实施中小企业公共服务平台网络建设工程，支持各省（区、市）统筹建设资源共享、服务协同的公共服务平台网络，建立健全服务规范、服务评价和激励机制，调动和优化配置服务资源，增强政策咨询、创业创新、知识产权、投资融资、管理诊断、检验检测、人才培训、市场开拓、财务指导、信息化服务等各类服务功能，重点为小型微型企业提供质优价惠的服务。充分发挥行业协会（商会）的桥梁纽带作用，提高行业自律和组织水平。

（二十九）加强指导协调和统计监测。充分发挥国务院促进中小企业发展工作领导小组的统筹规划、组织领导和政策协调作用，明确部门分工和责任，加强监督检查和政策评估，将小型微型企业有关工作列入各地区、各有关部门年度考核范围。统计及有关部门要进一步加强对小型微型企业的调查统计工作，尽快建立和完善小型微型企业统计调查、监测分析和定期发布制度。

各地区、各部门要结合实际，研究制定本意见的具体贯彻落实办法，加大对小型微型企业的扶持力度，创造有利于小型微型企业发展的良好环境。

国务院

二〇一二年四月十九日

关于印发《国家中小企业公共服务示范平台认定的管理办法》的通知

各省、自治区、直辖市及计划单列市、新疆生产建设兵团中小企业主管部门：

为贯彻落实国务院促进中小企业发展的政策措施，推动公共服务平台建设，支持中小企业健康发展，现将《国家中小企业公共服务示范平台认定的管理办法》印发给你们，请遵照执行。

二〇一二年五月三日

国家中小企业公共服务示范平台认定的管理办法

第一章 总 则

第一条 为贯彻落实国务院促进中小企业发展的政策措施，推动公共服务平台建设，支持中小企业健康发展，根据《中华人民共和国中小企业促进法》的相关规定，制定本办法。

第二条 国家中小企业公共服务示范平台（以下简称示范平台）是指由法人单位建设和运营，经工业和信息化部认定，为中小企业提供信息、技术、创业、培训、融资等公共服务，业绩突出、公信度高、服务面广，具有示范带动作用的服务平台。

第三条 工业和信息化部负责示范平台的认定管理工作。各省（自治区、直辖市及计划单列市、新疆生产建设兵团）（以下简称“省级”）中小企业主管部门协助工业和信息化部对所辖区内示范平台进行认定管理。

第四条 示范平台的认定遵循公开、公平、公正的原则，对认定的示范平台实行动态管理。

第五条 工业和信息化部对示范平台予以重点扶持。

第二章 主要功能

第六条 示范平台具有多种服务功能或在某一方面具有特色服务功能，具有开放性和资源共享的特征。

（一）信息服务。提供法律法规、政策、技术、人才、市场、物流、管理等信息服务。

（二）技术服务。提供工业设计、解决方案、检验检测、质量控制和技术评价、技术开发、技术转移、信息化应用、设备共享、知识产权和品牌建设等服务。

（三）创业服务。为创业者和创办三年内的小企业提供创业辅导、项目策划、政务代理、创业场地等服务。

（四）培训服务。为中小企业提供经营管理、市场营销、技术和创业等培训服务。

（五）融资服务。提供融资信息、组织开展投融资推介和对接、信用征集与评价等服务。

第三章 认定条件

第七条 示范平台应同时具备以下基本条件：

（一）具有独立法人资格及从事相关服务的资质或能力。运营两年以上，资产总额不低于300万元，财务收支状况良好，经营规范，具有良好的发展前景和可持续发展能力。

（二）主要为产业集聚区内中小企业提供服务。

（三）服务业绩突出。年服务中小企业100家以上，用户满意度在80%以上；近两年服务企业数量增长10%以上，在专业服务领域或区域内有一定的声誉和品牌影响力。

（四）有固定的经营服务场所和必要的服务设施、仪器设备等；有组织带动社会服务资源的能力，集聚服务机构5家以上。

（五）获得省级示范平台认定或国家部委、全国性行业协会的相关认定。

（六）有健全的管理制度，规范的服务流程、合理的收费标准和完善的服务质量保证措施；对小型微型企业的服务收费要有相应的优惠规定，提供的公益性服务或低收费服务要占到总服务量的20%以上；有明确的发展规划和年度服务目标。

（七）有健全的管理团队和人才队伍。主要负责人要诚信、守法，具有开拓创新精神、丰富的实践经验和较高的管理水平；从事为中小企业服务的人员不少于20人，其中大专及以上学历和中级及以上技术职称专业人员的比例占80%以上。

属于享受西部大开发政策区域内的服务平台，上述（一）、（三）和（七）的条件可适度放宽。

第八条 示范平台应满足相关功能要求：

（一）信息服务。充分利用信息网络技术手段，形成便于中小企业查询的、开放的信息服务系统；具有在线服务、线上线下联动功能，线下年服务企业数量100家以上；年组织开展的相关服务活动4次以上。

（二）技术服务。具有组织技术服务资源的能力，并建立良好的协同服务机制；具有专家库和新产品、新技术项目库等；具备条件的应开放大型、精密仪器设备与中小企业共享；年开展技术洽谈、项目推介和知识产权等服务活动4次以上。

（三）创业服务。具有较强的创业辅导能力，建有创业项目库、《创业指南》、创业服务热线等；开展相关政务代理服务；年开展创业项目洽谈、推介活动4次以上。

（四）培训服务。具有培训资质或在中小企业主管部门备案，具有远程培训能力，有完善的培训服务评价机制，年培训2000人次以上。

（五）融资服务。年组织银企对接活动4次以上；年组织融资知识讲座4次以上；组织开展融资产品咨询、企业融资策划、推荐和融资代理等服务；建立融资超市。

第四章　认定程序

第九条　省级中小企业主管部门按照本办法第七条、第八条规定的条件和要求，负责本地区示范平台的推荐工作。

第十条　省级中小企业主管部门对推荐的示范平台运营情况、服务业绩、满意度等进行测评，填写《国家中小企业公共服务示范平台推荐表》（见附件1），并附被推荐示范平台的申请材料，报工业和信息化部。

第十一条　被推荐为示范平台的单位需提交下列材料：

（一）国家中小企业公共服务示范平台申请报告（见附件2）；

（二）法人证书或营业执照副本（复印件）；

（三）上一年度审计报告及服务收支情况的专项审计；

（四）固定的经营服务场所证明复印件（房产证、租赁合同）；

（五）开展相关服务的证明材料（通知、照片、总结等）；

（六）省级示范平台认定或国家部委、全国性行业协会的相关认定的文件；

（七）国家颁发的从业资格（资质）、网站备案、许可证等证明（复印件）；

（八）能够证明符合申报条件的其他材料和对申报材料真实性的声明。

第十二条　工业和信息化部对申报材料进行评审，评审结果在工业和信息化部门户网站及有关媒体公示15个工作日。

第十三条　工业和信息化部对评审合格的示范平台授予“国家中小企业公共服务示范平台”称号。

第十四条　示范平台的评审工作每年开展一次，具体时间按照当年申报工作通知要求进行。

第五章　认定管理

第十五条　示范平台名单及时在工业和信息化部门户网站及有关媒体公布。并在工业和信息化部门户网站建立示范平台信息数据库，方便社会公众查询。

第十六条　示范平台要不断提高服务能力和组织带动社会服务资源的能力，主动开展公益性服务，积极承担政府部门委托的各项任务，每年将工作总结报省级中小企业主管部门，并自觉接受社会监督。

第十七条　工业和信息化部对示范平台每三年复核一次。复核与年度申报同时进行，由示范平台将三年工作总结、上一年度审计报告和服务收支专项审计报告，以及《国家中小企业公共服务示范平台年度运营情况测评表》（见附件3）报省级中小企业主管部门。省级中小企业主管部门组织测评后，填写测评情况及意见，经工业和信息化部复核，对合格的示范平台予以确认；对不合格的予以撤销。

第十八条　省级中小企业主管部门负责对所辖区内示范平台的服务质量、服务收费情况以及服务满意度等进行定期检查，每年底将示范平台工作总结汇总报告和检查情况报告报工业和信息化部。工业和信息化部将委托中国中小企业发展促进中心组织专家不定期对示范平台的服务情况进行测评，结果在工业和信息化部门户网站公布。

第十九条　示范平台认定工作接受审计、监察部门和社会的监督。

第六章　附　则

第二十条　省级中小企业主管部门可参照本办法，组织开展省级示范平台的认定工作，并对省级及以上示范平台给予相应的扶持。

第二十一条　全国性行业协会可按照本办法的相关规定，直接向工业和信息化部推荐。

第二十二条　本办法由工业和信息化部负责解释。

第二十三条　本办法自印发之日起施行。2010年工业和信息化部印发的《国家中小企业公共服务示范平台管理暂行办法》同时停止执行。

附件：1. 国家中小企业公共服务示范平台推荐表（略）

2. 国家中小企业公共服务示范平台申请报告（略）

3. 国家中小企业公共服务示范平台年度运营情况测评表（略）

关于印发《中小企业发展专项资金管理办法》的通知

财企〔2012〕96号

各省、自治区、直辖市、计划单列市财政厅（局）、中小企业主管部门，新疆生产建设兵团财务局、工业和信息化委员会：

为促进中小企业特别是小型微型企业健康发展，进一步规范和完善中小企业发展专项资金管理，财政部、工业和信息化部对《中小企业发展专项资金管理办法》进行了修改。现将修改后的《中小企业发展专项资金管理办法》印发给你们，请遵照执行。

附件

中小企业发展专项资金管理办法

第一章　总则

第一条　为促进中小企业健康发展，规范中小企业发展专项资金的管理，提高资金使用效率，根据《中华人民共和国预算法》、《中华人民共和国中小企业促进法》和财政预算管理的有关规定，制定本办法。

第二条　中小企业发展专项资金（以下简称专项资金）由中央财政预算安排，主要用于支持中小企业特别是小型微型企业技术进步、结构调整、转变发展方式、扩大就业，以及改善服务环境等方面。

第三条　专项资金按照因素法分配，地方根据中央财政下达的预算指标，按照有关要求安排使用。

第四条　本办法所称中型、小型、微型企业的划分标准，按照国家规定执行。

第五条　专项资金的使用和管理应当符合国家宏观政策、产业政策和区域发展政策，并向中西部地区倾斜，遵循公开透明、定向使用、科学管理、加强监督的原则，加强对社会资金的引导，扩大政策受惠面，确保资金使用规范、安全和高效。

第六条　专项资金由财政部、工业和信息化部共同管理。

财政部负责专项资金的预算管理和资金拨付，会同工业和信息化部制定资金分配方案，并对资金的使用情况进行监督检查。

工业和信息化部会同财政部确定专项资金年度支持重点，印发年度工作通知，建立专项资金项目管理系统，审定实施方案，并对项目实施情况进行评价和监督。

第二章　支持内容及方式

第七条　专项资金主要用于以下方面：

（一）促进中小企业特别是小型微型企业结构调整和优化。重点支持中小企业技术进步和技术改造，创建和保护自主知识产权及加强品牌建设，提升“专精特新”发展能力，加强与大企业协作配套，稳定和扩大就业，开展节能减排和安全生产，挖掘和保护特色传统工艺和产品，发展国家重点培育的产业，提升经营管理水平等。

（二）改善中小企业特别是小型微型企业服务环境。重点支持高技术服务业、商务服务业、现代物流业等生产性服务业企业，以及中小企业服务机构等提升服务能力和服务质量，加强和改善中小企业创业、创新、质量、管理咨询、信息服务、人才培养、市场开拓等服务。

第八条　专项资金采取无偿资助、贷款贴息方式进行支持，每个企业或单位（以下简称项目单位）只能选择其中一种支持方式。

第九条　专项资金无偿资助的额度，每个项目一般不超过200万元。专项资金贷款贴息的额度，按照项目贷款额度及人民银行公布的同期贷款基准利率确定，每个项目一般不超过200万元。

对改善中小企业特别是小型微型企业服务环境项目的支持额度最多不超过400万元。

第十条　同一年度，每个项目单位只能申请一个项目，已通过其他渠道获取中央财政资金支持的项目，专项资金不再重复支持。

第三章　申请条件及申报材料

第十一条　项目单位根据各省、自治区、直辖市、计划单列市及新疆生产建设兵团中小企业主管部门和同级财政（财务）部门（以下简称省级中小企业主管部门和省级财政部门）有关项目申报工作要求，向本地区中小企业主管部门和财政部门提出项目申请。

第十二条　项目单位必须同时具备下列资格条件：

（一）具有独立的法人资格；

（二）成立1年以上（含1年）；

（三）财务管理制度健全、规范，及时向财政部门报送企业财务会计报告和有关信息；

（四）生产经营或业务开展情况良好；

（五）会计信用、纳税信用和银行信用良好；

（六）申报项目符合专项资金年度支持重点；

（七）近3年没有因财政、财务及其他违法、违规行为受到县级以上财政部门及相关监管部门的处理处罚。

（八）应当具备的其他条件。

第十三条　项目单位应同时提供下列资料：

（一）营业执照副本及章程（复印件）；

（二）经会计师事务所审计的年度会计报表和审计报告（复印件）；

（三）项目可行性研究报告或项目申请说明；

（四）项目单位对申报资料真实性负责的声明；

（五）其他需提供的资料。

第十四条　项目单位应按要求将项目信息及时录入专项资金项目管理系统。

第四章　组织申报、审核及资金拨付

第十五条　省级财政部门和中小企业主管部门按照本办法及年度工作通知，结合本地区国民经济发展总体规划、产业发展规划以及小型微型企业数量等，研究提出本地区年度实施方案，包括支持重点、支持计划、资金需求等，其中用于小型微型企业和改善服务环境的资金规模不得少于申请额的80%，在每年2月底前上报财政部、工业和信息化部。

第十六条　工业和信息化部会同财政部对各省上报的实施方案进行审核，综合考虑各地区实施方案、经济社会发展指标、区域特点、以前年度工作情况等因素，研究提出专项资金项目年度实施方案。

第十七条 财政部根据预算规模、项目年度实施方案，确定资金分配方案，并及时向省级财政部门下达预算指标。

第十八条 省级中小企业主管部门会同财政部门按照本办法和年度工作通知等要求，在本地区范围内公开组织项目申请工作，并纳入专项资金项目管理系统进行管理。

省级中小企业主管部门会同财政部门在项目组织申报文件中公布廉政信息反馈专线电话和电子邮箱，全面接受社会监督。

第十九条 省级中小企业主管部门会同财政部门聘请具有相关专家资源的资产评估、中小企业服务等专业机构对申请项目进行评审，并出具有法律效力的评审意见书。项目评审费用在专项资金中列支，按照不超过下达各地区专项资金额度的0.5%控制。

第二十条 省级中小企业主管部门根据评审意见书，提出项目和资金支持计划，具体包括计划支持单位和项目名称、支持内容、支持方式及金额、企业规模等，经省级财政部门审定后，向社会公示，接受监督，公示期不少于7个工作日。

第二十一条 公示期结束后，省级财政部门和中小企业主管部门将本地区专项资金工作情况、公示无异议的项目和资金支持计划，上报财政部、工业和信息化部备案。备案后，省级财政部门按照预算管理的有关规定，在1个月内将资金拨付至项目单位。

第二十二条 工业和信息化部、财政部发现备案资料存在问题的，应及时通知有关省级中小企业主管部门和财政部门予以调整，必要时收回已拨付资金，并列入下年度专项资金分配的扣减因素。

第二十三条 项目单位收到专项资金后，应在10日内将资金到位时间、额度以及账务处理等信息以书面形式向省级财政部门反馈。

第五章 监督检查

第二十四条 财政部、工业和信息化部对各地区专项资金组织申报、项目评审、资金使用和管理等工作进行不定期抽查。财政部驻各地财政监察专员办事处对专项资金的拨付使用情况及项目实施情况进行不定期的监督检查。

第二十五条 省级财政部门负责对专项资金的使用情况进行管理和监督；省级中小企业主管部门负责对项目实施情况进行管理和监督。

项目单位应在项目建成后两个月内向当地中小企业主管部门和财政部门报送项目建设及专项资金使用情况，不能按时完成或未达到预定建设目标的项目，需在原定项目建成期到期前书面说明原因和预计完成日期。

第二十六条 财政部建立专项资金使用情况绩效评价制度，工业和信息化部建立项目实施情况绩效评价制度，分别对专项资金使用情况、项目实施情况及效果进行考核评价，适时向社会公布评价结果。

第二十七条 省级财政部门和中小企业主管部门按照财政部、工业和信息化部要求，对本地区专项资金使用和项目实施情况进行绩效评价，并将专项资金实施效果、存在问题及政策建议等，于每年3月底前上报财政部、工业和信息化部。

第二十八条 专项资金必须用于规定的支持方向和重点，对违反本办法规定使用、骗取资金的行为，依照《财政违法行为处罚处分条例》（国务院令第427号）的规定进行处理。

第六章 附则

第二十九条 省级财政部门会同中小企业主管部门根据本地实际情况，按照本办法制定具体的实施办法，及时上报财政部、工业和信息化部备案，并向社会公布。

第三十条 本办法由财政部会同工业和信息化部负责解释。

第三十一条 本办法自印发之日起施行。《财政部、工业和信息化部关于印发〈中小企业发展专项资金管理暂行办法〉的通知》（财企〔2008〕179号）同时废止。

财政部 工业和信息化部
二〇一二年五月二十五日

关于印发《中小企业信用担保资金管理办法》的通知

财企〔2012〕97号

各省、自治区、直辖市、计划单列市财政厅（局）、中小企业主管部门，新疆生产建设兵团财务局、工业和信息化委员会：

为进一步规范和完善中小企业信用担保资金管理，财政部、工业和信息化部对《中小企业信用担保资金管理暂行办法》进行了修改。现将修改后的《中小企业信用担保资金管理办法》印发给你们，请遵照执行。

财政部 工业和信息化部
二〇一二年五月二十五日

中小企业信用担保资金管理办法

第一章 总则

第一条 为规范和加强中小企业信用担保资金管理，提高资金使用效率，根据《中华人民共和国预算法》《中华人民共和国中小企业促进法》等法律、法规的有关规定，制定本办法。

第二条　中小企业信用担保资金（以下简称担保资金）是由中央财政预算安排，专门用于支持中小企业信用担保机构（以下简称担保机构）、中小企业信用再担保机构（以下简称再担保机构）增强业务能力，扩大中小企业担保业务，改善中小企业特别是小型微型企业融资环境的资金。

第三条　本办法所称中型、小型、微型企业的划分标准，按照国家规定执行。

第四条　担保资金的使用和管理应当遵循公开透明、定向使用、科学管理、加强监督的原则，确保资金使用规范、安全和高效，并向中西部地区倾斜。

第五条　财政部负责担保资金的预算管理及资金拨付，会同工业和信息化部确定项目资金分配方案，并对资金的使用情况进行监督检查。

工业和信息化部会同财政部确定担保资金的年度支持重点，建立担保资金项目管理系统，组织项目申报和审核，并对项目实施情况进行监督检查，在担保机构业务信息报送工作基础上开展担保（再担保）项目储备工作。

第二章　支持方式及额度

第六条　担保资金采取以下几种支持方式：

（一）业务补助。鼓励担保机构和再担保机构为中小企业特别是小型微型企业提供担保（再担保）服务。对符合本办法条件的担保机构开展的中型、小型、微型企业担保业务，分别按照不超过年平均在保余额的1%、2%、3%给予补助。对符合本办法条件的再担保机构开展的中型和小型微型企业再担保业务，分别按照不超过年平均在保余额的0.5%和1%给予补助。

（二）保费补助。鼓励担保机构为中小企业提供低费率担保服务。在不提高其他费用标准的前提下，对担保机构开展的担保费率低于银行同期贷款基准利率50%的中小企业担保业务给予补助，补助比例不超过银行同期贷款基准利率50%与实际担保费率之差，并重点补助小型微型企业低费率担保业务。

（三）资本金投入。鼓励担保机构扩大资本规模，提高信用水平，增强业务能力。特殊情况下，对符合本办法条件的担保机构、再担保机构，按照不超过新增出资额的30%给予注资支持。

（四）其他。用于鼓励和引导担保机构、再担保机构开展中小企业信用担保（再担保）业务的其他支持方式。

第七条　符合本办法条件的担保机构、再担保机构可以同时申请以上不限于一项支持方式的资助，但单个担保机构当年获得担保资金的资助额最多不超过2000万元，单个再担保机构当年获得担保资金的资助额最多不超过3000万元（资本金投入方式除外）。

第三章　申请条件及要件

第八条　申请担保资金的担保机构必须同时具备下列条件：

（一）依据国家有关法律、法规设立和经营，具有独立企业法人资格，取得融资性担保机构经营许可证。

（二）经营担保业务2年及以上，无不良信用记录。

（三）担保业务符合国家有关法律、法规、业务管理规定及产业政策，当年新增中小企业担保业务额占新增担保业务总额的70%以上或当年新增中小企业担保业务额10亿元以上。

（四）对单个企业提供的担保责任余额不超过担保机构净资产的10%，对单个企业债券发行提供的担保责任余额不超过担保机构净资产的30%。

（五）东部地区担保机构当年新增担保业务额达平均净资产［即：（年初净资产+年末净资产）/2，下同］的3.5倍以上，且代偿率低于2%；中部地区担保机构当年新增担保业务额达平均净资产的3倍以上，且代偿率低于2%；西部地区担保机构当年新增担保业务额达平均净资产的2.5倍以上，且代偿率低于2%。

（六）平均年担保费率不超过银行同期贷款基准利率的50%。

（七）内部管理制度健全，运作规范，按规定提取准备金，并及时向财政部门报送企业财务会计报告和有关信息。

（八）近3年没有因财政、财务或其他违法、违规行为受到县级以上财政部门及其他监管部门的处理处罚。

（九）应当具备的其他条件。

第九条　申请担保资金的再担保机构必须同时具备下列条件：

（一）依据国家有关法律、法规设立和经营，具有独立企业法人资格。

（二）以担保机构为主要服务对象，经营中小企业再担保业务1年及以上。

（三）再担保业务符合国家有关法律、法规、业务管理规定及产业政策，当年新增中小企业再担保业务额占新增再担保业务总额的70%以上。

（四）当年新增再担保业务额达平均净资产的5倍以上。

（五）平均年再担保费率不超过银行同期贷款基准利率的15%。

（六）内部制度健全，管理规范，及时向财政部门报送企业财务会计报告和有关信息。

（七）近3年没有因财政、财务或其他违法、违规行为受到县级以上财政部门及其他监管部门的处理处罚。

（八）应当具备的其他条件。

第十条　申请担保资金的担保机构、再担保机构应按要求及时报送业务信息。

第十一条　申请担保资金的担保机构、再担保机构应提交担保资金申请报告，同时提供下列资料：

（一）营业执照副本及章程（复印件）。

（二）经会计师事务所审计的会计报表和审计报告（复印件）。

（三）经会计师事务所专项审计的担保业务情况（包括担保业务明细、风险准备金提取及担保业务收费等）。

（四）对申请资料真实性负责的声明。

（五）其他需提供的资料。

第四章 资金申请、审核及拨付

第十二条 工业和信息化部、财政部每年按照本办法规定，联合下发申报通知，明确当年担保资金支持重点、资助比例、具体条件、申报组织等内容。

第十三条 各省、自治区、直辖市、计划单列市及新疆生产建设兵团财政（财务）部门和同级中小企业主管部门（以下简称省级财政部门和省级中小企业主管部门）依据本办法规定和当年申报通知的要求，负责本地区担保资金的申请审核工作。

第十四条 省级中小企业主管部门会同同级财政部门在本地区范围内公开组织担保资金的项目申报，建立专家评审制度，结合业务信息报送情况，对申请项目进行评审，并纳入担保资金项目管理系统进行管理。

第十五条 省级财政部门会同同级中小企业主管部门依据专家评审意见确定申报的项目，并在规定时间内，将担保资金申请报告及其他相关资料上报财政部、工业和信息化部。

第十六条 工业和信息化部会同财政部对各地上报的申请报告及项目情况进行审核，并提出项目计划。

第十七条 经工业和信息化部、财政部审核批准后，项目计划向社会公示，接受监督，公示期不少于7个工作日。

对项目公示期内提出异议的项目，工业和信息化部会同财政部及时组织调查核实。

第十八条 项目公示期结束后，工业和信息化部将公示期内没有异议和经调查核实没有问题的项目列为支持项目，向财政部提出资金使用计划。

第十九条 财政部对资金使用计划进行审定，将预算指标下达到省级财政部门，并根据预算管理规定及时拨付担保资金。

省级财政部门按照规定程序，及时、足额将资金拨付至担保机构、再担保机构。

第二十条 担保机构、再担保机构收到担保资金后，应在10日内将资金到位时间、额度以及账务处理等信息以书面形式向省级财政部门反馈。

第五章 监督检查

第二十一条 省级财政部门和中小企业主管部门对担保资金申报、审核及使用共同实施管理和监督。财政部驻各地财政监察专员办事处，对担保资金的拨付使用情况进行不定期监督检查。

第二十二条 获得担保资金支持的担保机构、再担保机构应按财务规定妥善保存有关原始票据及凭证备查，积极配合各级财政部门、财政部驻各地财政监察专员办事处和中小企业主管部门的专项检查。

第二十三条 获得担保资金支持的担保机构、再担保机构应于每年2月底前向省级中小企业主管部门和省级财政部门报送上一年度有关资产财务、担保资金使用、绩效等材料。

第二十四条 省级中小企业主管部门和财政部门应建立担保资金使用跟踪问效和绩效评估机制，综合评估资金的经济效益和社会效益，并于每年3月底前向工业和信息化部、财政部上报上年度资金使用汇总报告及本地区中小企业信用担保机构发展报告。汇总报告应包括担保机构、再担保机构反馈的资金到位时间、额度及账务处理等信息。

第二十五条 担保资金必须专款专用，对违反规定使用、骗取担保资金的行为，依照《财政违法行为处罚处分条例》（国务院令第427号）的规定进行处理。

第六章 附则

第二十六条 省级财政部门和省级中小企业主管部门可根据本办法并结合实际，制定具体的实施办法。

第二十七条 本办法由财政部会同工业和信息化部负责解释。

第二十八条 本办法自印发之日起施行。《财政部 工业和信息化部关于印发〈中小企业信用担保资金管理暂行办法〉的通知》（财企〔2010〕72号）同时废止。

国家税务总局关于进一步贯彻落实税收政策促进民间投资健康发展的意见

国税发〔2012〕53号

各省、自治区、直辖市和计划单列市国家税务局、地方税务局：

根据国务院关于鼓励和引导民间投资健康发展的有关精神和工作部署，结合税收工作实际，就进一步贯彻落实税收政策促进民间投资健康发展提出如下意见：

一、充分认识进一步贯彻落实税收政策促进民间投资健康发展的重要意义

民间投资是促进我国经济发展、调整产业结构、繁荣城乡市场、扩大社会就业的重要力量。进一步鼓励和引导民间投资健康发展，对于增强经济发展活力、改善民生和促进社会和谐具有重要意义。中

央高度重视民间投资发展，国务院于2010年5月发布了《关于鼓励和引导民间投资健康发展的若干意见》（国发〔2010〕13号），2012年3月批转发展改革委《关于2012年深化经济体制改革重点工作意见的通知》（国发〔2012〕12号）将“抓紧完善鼓励引导民间投资健康发展的配套措施和实施细则”列为一项重要任务。税收政策是国家宏观调控的重要工具，在鼓励和引导民间投资中发挥着重要作用。各级税务机关要充分认识发展民间投资的重要性，坚决贯彻执行中央决策部署，认真落实好有关税收政策，积极发挥税收职能作用，促进民间投资健康发展。

二、不断加大税收政策落实力度

为便于各级税务机关全面贯彻落实鼓励和引导民间投资健康发展的税收政策，国家税务总局对现行税收政策规定中涉及民间投资的优惠政策进行了系统梳理，汇总形成了《鼓励和引导民间投资健康发展的税收政策》（见附件，以下简称《税收政策》）。各级税务机关要以《税收政策》为指引，采取切实有效措施，认真抓好贯彻落实。要牢固树立不落实税收优惠政策也是收过头税的理念，绝不能以收入任务紧张等为由不落实税收优惠政策。凡是符合政策规定条件的，要不折不扣地执行到位，确保纳税人及时足额享受税收优惠。对民间资本和国有资本享受税收优惠政策，要做到一视同仁，营造公平竞争的税收环境。

三、切实加强税收政策宣传辅导

《税收政策》涵盖引导和鼓励民间资本进入基础产业和基础设施领域等六大类33项，涉及面广，政策内容多。各级税务机关要进一步加强学习培训，使广大税务干部熟悉和掌握《税收政策》的有关内容。要加强对纳税人的宣传辅导，通过办税服务厅、税务网站、12366纳税服务热线等多种途径向纳税人广泛宣传《税收政策》。要根据纳税人的特点，细分纳税人类型，突出政策解读、办税流程等方面的宣传，帮助纳税人准确理解和及时享受相关税收政策。

四、认真抓好税收政策落实情况的督促检查和跟踪问效

为确保《税收政策》落实到位，各级税务机关主要负责同志要高度重视，分管领导要具体负责，有关部门要加强协调和指导，基层要认真落实，形成长效工作机制。要加强督促检查，定期对落实情况进行通报。要跟踪税收政策执行情况和实施效应，定期开展分析评估。要加强调研反馈，及时了解执行中遇到的问题，研究提出调整和完善税收政策的建议，更好地促进民间投资健康发展。

国家税务总局
二〇一二年五月二十九日

附件

鼓励和引导民间投资健康发展的税收政策

一、鼓励和引导民间资本进入基础产业和基础设施领域的税收政策

（一）企业从事《公共基础设施项目企业所得税优惠目录》内符合相关条件和技术标准及国家投资管理相关规定，自2008年1月1日后经批准的公共基础设施项目，其投资经营的所得，自该项目取得第一笔生产经营收入所属纳税年度起，第一年至第三年免征企业所得税，第四年至第六年减半征收企业所得税。

（《财政部 国家税务总局关于执行公共基础设施项目企业所得税优惠目录有关问题的通知》，财税〔2008〕46号）

（二）凡是在基建工地为基建工地服务的各种工棚、材料棚、休息棚和办公室、食堂、茶炉房、汽车房等临时性房屋，不论是施工企业自行建造还是由基建单位出资建造交施工企业使用的，在施工期间，一律免征房产税。

（《财政部 税务总局关于房产税若干具体问题的解释和暂行规定》，（1986）财税地字第8号）

（三）单位和个人提供的污水处理劳务不属于营业税应税劳务，其处理污水取得的污水处理费，不征收营业税。

（《国家税务总局关于污水处理费不征收营业税的批复》，国税函〔2004〕1366号）

（四）对水利设施及其管护用地（如水库库区、大坝、堤防、灌渠、泵站等用地），免征土地使用税。

（《国家税务局关于水利设施用地征免土地使用税问题的规定》，（1989）国税地字第14号）

（五）销售自产的再生水免征增值税。再生水是指对污水处理厂出水、工业排水（矿井水）、生活污水、垃圾处理厂渗透（滤）液等水源进行回收，经适当处理后达到一定水质标准，并在一定范围内重复利用的水资源。再生水应当符合水利部《再生水水质标准》（SL368—2006）的有关规定。

（《财政部 国家税务总局关于资源综合利用及其他产品增值税政策的通知》，财税〔2008〕156号）

（六）对污水处理劳务免征增值税。污水处理是指将污水加工处理后符合GB18918—2002有关规

定的水质标准的业务。

（《财政部 国家税务总局关于资源综合利用及其他产品增值税政策的通知》，财税〔2008〕156 号）

（七）销售自产的以垃圾为燃料生产的电力或者热力实行增值税即征即退的政策。垃圾用量占发电燃料的比重不低于 80%，并且生产排放达到 GB13223—2003 第 1 时段标准或者 GB18485—2001 的有关规定。所称垃圾，是指城市生活垃圾、农作物秸秆、树皮废渣、污泥、医疗垃圾。

（《财政部 国家税务总局关于资源综合利用及其他产品增值税政策的通知》，财税〔2008〕156 号）

（八）销售自产的利用风力生产的电力实现的增值税实行即征即退 50% 的政策。

（《财政部 国家税务总局关于资源综合利用及其他产品增值税政策的通知》，财税〔2008〕156 号）

（九）属于增值税一般纳税人的县级及县级以下小型水力发电单位生产销售自产的电力，可选择按照简易办法依照 6% 征收率计算缴纳增值税。小型水力发电单位，是指各类投资主体建设的装机容量为 5 万千瓦以下（含 5 万千瓦）的小型水力发电单位。

（《财政部 国家税务总局关于部分货物适用增值税低税率和简易办法征收增值税政策的通知》，财税〔2009〕9 号）

二、鼓励和引导民间资本进入市政公用事业和政策性住房建设领域的税收政策

（十）开发商在经济适用住房、商品住房项目中配套建造廉租住房，在商品住房项目中配套建造经济适用住房，如能提供政府部门出具的相关材料，可按廉租住房、经济适用住房建筑面积占总建筑面积的比例免征开发商应缴纳的城镇土地使用税、印花税。

（《财政部 国家税务总局关于廉租住房、经济适用住房和住房租赁有关税收政策的通知》，财税〔2008〕24 号）

三、鼓励和引导民间资本进入社会事业领域的税收政策

（十一）对非营利性医疗机构按照国家规定的价格取得的医疗服务收入，免征各项税收（2008 年 1 月 1 日以后，不包括企业所得税）。

对非营利性医疗机构自产自用的制剂，免征增值税。

对非营利性医疗机构自用的房产、土地，免征房产税、城镇土地使用税。

（《财政部 国家税务总局关于医疗卫生机构有关税收政策的通知》，财税〔2000〕42 号）

（十二）医院、诊所和其他医疗机构提供的医疗服务免征营业税。

（《中华人民共和国营业税暂行条例》第八条，国务院令第 540 号）

（十三）符合条件的非营利组织的收入，为免税收入。

（《中华人民共和国企业所得税法》第二十六条）

（十四）对从事学历教育的学校提供教育劳务取得的收入，免征营业税。

对学校从事技术开发、技术转让业务和与之相关的技术咨询、技术服务业务取得的收入，免征营业税。

对托儿所、幼儿园提供养育服务取得的收入，免征营业税。

企业办的各类学校、托儿所、幼儿园自用的房产、土地，免征房产税、城镇土地使用税。

对学校、幼儿园经批准征用的耕地，免征耕地占用税。

（《财政部 国家税务总局关于教育税收政策的通知》，财税〔2004〕39 号）

（十五）对规定的科学研究机构和学校，以科学研究和教学为目的，在合理数量范围内进口国内不能生产或者性能不能满足需要的科学研究和教学用品，免征进口关税和进口环节增值税、消费税。

（《财政部 海关总署 国家税务总局关于科学研究和教学用品免征进口税收规定》，财政部 海关总署 国家税务总局令第 45 号）

（十六）养老院、残疾人福利机构提供的育养服务，免征营业税。

（《中华人民共和国营业税暂行条例》第八条，国务院令第 540 号）

（十七）养老院占用耕地，免征耕地占用税。

（《中华人民共和国耕地占用税暂行条例》第八条，国务院令第 511 号）

（十八）对政府部门和企事业单位、社会团体以及个人等社会力量投资兴办的福利性、非营利性的老年服务机构自用的房产暂免征收房产税。

（《财政部 国家税务总局关于对老年服务机构有关税收政策问题的通知》，财税〔2000〕97 号）

（十九）纪念馆、博物馆、文化馆、文物保护单位管理机构、美术馆、展览馆、书画院、图书馆举办文化活动的门票收入，免征营业税。

（《中华人民共和国营业税暂行条例》第八条，国务院令第 540 号）

（二十）广播电影电视行政主管部门（包括中央、省、地市及县级）按照各自职能权限批准从事电影制片、发行、放映的电影集团公司（含成员企业）、电影制片厂及其他电影企业取得的销售电影拷贝收入、转让电影版权收入、电影发行收入以及在农村取得的电影放映收入免征增值税和营业税。

出口图书、报纸、期刊、音像制品、电子出版物、电影和电视完成片按规定享受增值税出口退税政策。

文化企业在境外演出从境外取得的收入免征营业税。

在文化产业支撑技术等领域内，依据《关于印

发〈高新技术企业认定管理办法〉的通知》（国科发火〔2008〕172号）和《关于印发〈高新技术企业认定管理工作指引〉的通知》（国科发火〔2008〕362号）的规定认定的高新技术企业，减按15%的税率征收企业所得税；文化企业开发新技术、新产品、新工艺发生的研究开发费用，允许按国家税法规定在计算应纳税所得额时加计扣除。

出版、发行企业库存呆滞出版物，纸质图书超过五年（包括出版当年，下同）、音像制品、电子出版物和投影片（含缩微制品）超过两年、纸质期刊和挂历年画等超过一年的，可以作为财产损失在税前据实扣除。

为生产重点文化产品而进口国内不能生产的自用设备及配套件、备件等，按现行税收政策有关规定，免征进口关税。

（《财政部 海关总署 国家税务总局关于支持文化企业发展若干税收政策问题的通知》，财税〔2009〕31号）

（二十一）纳税人从事旅游业务的，以其取得的全部价款和价外费用扣除替旅游者支付给其他单位或者个人的住宿费、餐费、交通费、旅游景点门票和支付给其他接团旅游企业的旅游费后的余额为营业额。

（《中华人民共和国营业税暂行条例》第五条，国务院令第540号）

四、鼓励和引导民间资本进入金融服务领域的税收政策

（二十二）金融企业根据《贷款风险分类指导原则》（银发〔2001〕416号），对其涉农贷款和中小企业贷款进行风险分类后，按照规定比例计提的贷款损失专项准备金，准予在计算应纳税所得额时扣除。

（《财政部 国家税务总局关于金融企业涉农贷款和中小企业贷款损失准备金税前扣除政策的通知》（财税〔2009〕99号），《财政部 国家税务总局关于延长金融企业涉农贷款和中小企业贷款损失准备金税前扣除政策执行期限的通知》（财税〔2011〕104号））

（二十三）《国家税务总局关于发布〈企业资产损失所得税税前扣除管理办法〉的公告》（国家税务总局公告2011年第25号）

（二十四）自2009年1月1日至2013年12月31日，对金融机构农户小额贷款的利息收入，免征营业税；对金融机构农户小额贷款的利息收入在计算应纳税所得额时，按90%计入收入总额。对保险公司为种植业、养殖业提供保险业务取得的保费收入，在计算应纳税所得额时，按90%比例减计收入。

自2009年1月1日至2015年12月31日，对农村信用社、村镇银行、农村资金互助社、由银行业机构全资发起设立的贷款公司、法人机构所在地在县（含县级市、区、旗）及县以下地区的农村合作银行和农村商业银行的金融保险业收入减按3%的税率征收营业税。

（《财政部 国家税务总局关于农村金融有关税收政策的通知》（财税〔2010〕4号），《财政部 国家税务总局关于延长农村金融机构营业税政策执行期限的通知》（财税〔2011〕101号））

（二十五）列名的中小企业信用担保机构，按照其机构所在地地市级（含）以上人民政府规定标准取得的担保和再担保业务收入，自主管税务机关办理免税之日起，三年内免征营业税。

（《工业和信息化部 国家税务总局关于公布免征营业税中小企业信用担保机构名单及取消名单的通知》（工信部联企业〔2010〕462号），《工业和信息化部 国家税务总局关于公布免征营业税中小企业信用担保机构名单有关问题的通知》（工信部联企业〔2011〕68号））

五、鼓励和引导民间资本进入商贸流通领域的税收政策

（二十六）试点企业将承揽的运输业务分给其他单位并由其统一收取价款的，应以该企业取得的全部收入减去付给其他运输企业的运费后的余额为营业额计算征收营业税。

试点企业将承揽的仓储业务分给其他单位并由其统一收取价款的，应以该企业取得的全部收入减去付给其他仓储合作方的仓储费后的余额为营业额计算征收营业税。

（《国家税务总局关于试点物流企业有关税收政策问题的通知》，国税发〔2005〕208号）

六、推动民营企业加强自主创新和转型升级的税收政策

（二十七）《国家税务总局关于印发〈企业研究开发费用税前扣除管理办法（试行）〉的通知》（国税发〔2008〕116号）

（二十八）企业开发新技术、新产品、新工艺发生的研究开发费用可以在计算应纳税所得额时加计扣除。

（《中华人民共和国企业所得税法》第三十条）

（二十九）企业的固定资产由于技术进步等原因，确需加速折旧的，可以缩短折旧年限或者采取加速折旧的方法。

（《中华人民共和国企业所得税法》第三十二条）

（三十）企业从事公共污水处理、公共垃圾处理、沼气综合开发利用、节能减排技术改造、海水淡化等环境保护、节能节水项目的所得，自项目取得第一笔生产经营收入所属纳税年度起，第一年至第三年免征企业所得税，第四年至第六年减半征收企业所得税。

（《中华人民共和国企业所得税法实施条例》第

八十八条，国务院令第512号）

（三十一）企业以《资源综合利用企业所得税优惠目录》规定的资源作为主要原材料，生产国家非限制和禁止并符合国家和行业相关标准的产品取得的收入，减按90%计入收入总额。

前款所称原材料占生产产品材料的比例不得低于《资源综合利用企业所得税优惠目录》规定的标准。

（《中华人民共和国企业所得税法实施条例》第九十九条，国务院令第512号）

（三十二）企业购置并实际使用《环境保护专用设备企业所得税优惠目录》、《节能节水专用设备企业所得税优惠目录》和《安全生产专用设备企业所得税优惠目录》规定的环境保护、节能节水、安全生产等专用设备的，该专用设备的投资额的10%可以从企业当年的应纳税额中抵免；当年不足抵免的，可以在以后5个纳税年度结转抵免。

（《中华人民共和国企业所得税法实施条例》第一百条，国务院令第512号）

（三十三）《财政部 国家税务总局关于资源综合利用及其他产品增值税政策的通知》（财税〔2008〕156号）、《财政部 国家税务总局关于资源综合利用及其他产品增值税政策的补充的通知》（财税〔2009〕163号）、《财政部 国家税务总局关于调整完善资源综合利用产品及劳务增值税政策的通知》（财税〔2011〕115号）规定的有关资源综合利用、环境保护等优惠项目。

财政部办公厅关于做好2012年中小企业发展专项资金有关工作的通知

工信厅联企业〔2012〕122号

各省、自治区、直辖市及计划单列市中小企业主管部门、财政厅（局），新疆生产建设兵团工业和信息化委员会、财务局：

近年来，中小企业发展专项资金（以下简称专项资金）在推动中小企业结构调整、产业升级、专业化发展、节能减排、增加就业以及改善中小企业发展环境等方面发挥了积极作用。为贯彻落实《国务院关于进一步支持小型微型企业健康发展的意见》（国发〔2012〕14号）精神，改进资金管理方式，提高资金使用效率，财政部、工业和信息化部修订印发了《中小企业发展专项资金管理办法》（财企〔2012〕96号，以下简称《专项资金管理办法》）。根据《专项资金管理办法》，现将2012年专项资金有关工作通知如下：

一、指导思想

深入落实科学发展观，围绕转变经济发展方式，进一步发挥财政资金的引导作用，推动中小企业结构调整和创新发展，支持创业型、创新型和劳动密集型中小企业发展，改善对中小企业的公共服务，努力实现《“十二五”中小企业成长规划》确定的任务和目标。专项资金安排向小型微型企业和中西部地区倾斜。

二、支持重点

（一）促进中小企业结构调整和优化

1. 技术进步项目。重点支持中小企业采用新技术、新工艺，形成新产品的技术改造（简称新产品、新技术、新工艺项目）；开发和申请专利（简称专利补助项目）；购置研发设备、仪器、软件，改造相关场地及设施，提升研发能力（简称提升研发能力项目）。

2. 专业化发展项目。重点支持中小企业增强为装备、汽车、船舶、钢铁、有色金属、石化等行业以及军工企业的协作配套能力，提高专业化发展水平的技术改造项目。

3. 节能减排和安全生产项目。重点支持中小企业应用、生产节能减排产品，或者为改善安全生产条件而进行的技术改造项目。

4. 增加就业岗位项目。重点支持产品有市场的劳动密集型企业增加就业岗位的填平补齐技术改造项目；增加就业岗位的农产品深加工项目；中西部地区承接东部地区产业转移项目；挖掘和保护民族特色传统工艺和产品项目。

5. 战略性新兴产业项目。重点支持中小企业围绕节能环保、新一代信息技术、生物技术、高端装备制造、新能源、新材料和新能源汽车等，发展新兴产业及其配套企业的建设项目。

6. 提升企业管理水平项目。支持中小企业在日常办公、财务、库存、生产过程控制、销售等方面应用宽带和信息技术，提高企业管理水平。

（二）改善中小企业服务环境

1. 小企业创业基地建设项目。重点支持为满足小企业创业发展所需场地，改造现有厂房以及相应的公用工程、公共服务设施，新建、扩建小企业创业标准厂房等。

2. 服务企业和机构改造项目。重点支持为中小企业提供技术、质量、信息、集中治污减排等专业服务的服务企业和机构进行改造升级；支持主要为中小企业提供服务的物流企业仓储条件改造和物流信息平台建设。

3. 中博会补助项目。指我国境内及港澳台中小企业参加2012年中国国际中小企业博览会（简称中博会）的展位费补助项目。

三、申报条件

申报专项资金的项目单位必须符合《专项资金管理办法》有关要求，每个项目单位只能申报一个项目。此外，申报“支持重点”“（一）促进中小企业结构调整和优化”项下各类项目以及“（二）改善中小企业服务环境”项下“中博会补助项目”的，项目单位须具有独立企业法人资格，而且符合现行国家中小企业划型标准规定；申报其他项目的，项目单位须具有独立法人资格。

（一）中小企业结构调整及优化项目

1. 项目基本条件。项目须按固定资产投资项目管理规定进行核准或备案（专利补助项目、提升研发能力项目、提升企业管理水平项目除外），属于2013年底前建成且建设期不超过2年的在建项目。核准或备案文件未明确建设期的，项目建设起始日期为核准或备案时间。

申请无偿资助的项目，固定资产投资规模不超过2500万元；申请贷款贴息的项目，固定资产投资规模不超过3000万元。项目建筑工程投资不得超过固定资产投资的30%。

2. 其他条件。

（1）新产品、新技术、新工艺项目要求企业采用与项目相关的有效期内的国家专利（其中购买技术应提供相关购买证明），或者具有2009年以来国家重点新产品证书、省部级新产品鉴定证书。

（2）专利补助项目，企业在2009年至2011年期间获得国家知识产权局受理和授权的专利个数超过10项（其中发明专利超过5项），且专利已在生产中应用。

（3）提升研发能力项目，2012年底前建成且建设期不超过2年、固定资产投资不超过2500万元的在建项目，且技术人员占企业总人数比例不低于15%，连续三年研发投入不低于企业销售收入的2%，新产品销售收入不低于企业全部销售收入20%。

（4）专业化发展项目，要求企业2011年协作配套产品销售额应占全部销售收入50%以上。

（5）节能减排和安全生产项目中的节能产品是指列入《国家重点节能技术推广目录》、《工业领域节能减排电子信息应用技术导向目录》，且已进入推广应用阶段的产品。

（6）增加就业岗位项目完成后，企业新增就业人数须超过现有职工人数的15%。

（7）提升企业管理水平项目，要求项目在2010年底前建成，2011年运行良好；与项目相关的存贷周转率、应收账款周转率、营业利润率、销售增长率等指标显著提高。

（二）改善中小企业服务环境项目

项目须按照固定资产投资项目管理规定进行核准或备案（中博会补助项目、单纯购置设备的服务企业和机构改造项目除外），属于2013年底前建成且建设期不超过2年的在建项目。核准或备案文件未明确建设期的，项目建设起始日期为核准或备案时间。

申请无偿资助的项目，固定资产投资规模不超过2500万元；申请贷款贴息的项目，固定资产投资规模不超过3000万元。小企业创业基地建设项目，固定资产投资规模可放宽到4000万元。

小企业创业基地建设项目不得涉及新征用土地。新建、扩建标准厂房的，小型微型企业入住户数的比率不低于80%。将投资规模较大的项目拆分为小项目的，不予支持。

四、支持方式和支持额度

（一）中小企业结构调整及优化项目

1. 提升研发能力项目和提升企业管理水平项目。资金支持方式为无偿资助，支持金额不超过项目实际投资额（软、硬件）的30%，单个企业最高支持金额不超过200万元。

2. 专利补助项目。资金支持方式为无偿资助，对企业2009年至2011年期间获得的专利（含已受理专利），每个专利补助不超过5万元，单个企业最高补助额不超过200万元。

3. 其他中小企业结构调整及优化项目。资金支持方式分无偿资助和贷款贴息两种，其中，贷款贴息额度根据项目贷款额及人民银行公布的同期贷款基准利率确定。对单个项目支持金额不超过200万元，且支持金额不超过项目固定资产投资额的10%，不超过企业已投入自有资金总额的50%。

（二）改善中小企业服务环境项目

小企业创业基地建设项目、服务企业和机构改造项目的资金支持方式分无偿资助和贷款贴息两种，其中，贷款贴息额度根据项目贷款额及人民银行公布的同期贷款基准利率确定。对单个项目支持金额不超过400万元，且支持金额不超过该项目固定资产投资额的30%，不超过企业已投入自有资金总额的50%。

中博会补助项目的资金支持方式为无偿资助，由广东省中小企业局和财政厅统一提出申请。对境内及港澳台参展中小企业的补助标准为每个标准展位补助3000元，补助标准展位数不超过4500个。各参展中小企业据此相应减交展位费。

（三）已通过其他渠道获取中央财政资金支持的项目，专项资金不再重复支持

五、工作安排

（一）提出实施方案

各省、自治区、直辖市及计划单列市、新疆生产建设兵团财政（财务）部门会同中小企业主管部门（以下简称省级财政部门和中小企业主管部门）根据《专项资金管理办法》和本通知的规定，研究提出本地区2012年专项资金实施方案，提出本地区支持重点、支持计划和资金需求等，于2012年6月30日前报财政部、工业和信息化部审核。自2012年起，黑龙江省农垦总局所属中小企业纳入黑龙江省实施方案一并考虑，安排相应的资金额度。财政部及时向省级财政部门下达预算指标。

（二）项目申报

省级中小企业主管部门和财政部门应根据《专项资金管理办法》和本通知的规定，在本地区范围内公开组织本年度专项资金项目申报工作，并下发项目申报通知。项目申报通知中要公布本地区廉政信息反馈专线电话和电子邮箱。项目单位根据项目申报通知，按照属地管理原则向地方中小企业主管部门和财政部门提交资金申请报告及相关资料，并登录“国家中小企业专项资金项目管理系统”的专项资金端口（简称“项目管理系统”，网址为：www. sme. gov. cn)，填报相关信息。

（三）项目审核

省级中小企业主管部门和财政部门按照《专项资金管理办法》规定开展项目审核工作，根据财政部下达的专项资金规模，提出项目和资金支持计划，并向社会公示。公示时间不少于7个工作日。项目和资金支持计划中，改善中小企业服务环境项目的个数不少于20个，对小型微型企业和改善中小企业服务环境项目的资助额占全部项目资助额的比重不得低于80%。省级中小企业主管部门应保存全部项目资料以及专家评审意见原件备查。

（四）支持计划备案

省级财政部门和中小企业主管部门将本地区专项资金工作情况、公示无异议的项目和资金支持计划（详见附件1）报财政部、工业和信息化部备案。同时，将备案项目电子版资料（详见附件2）通过项目管理系统上报。备案后，省级财政部门按照预算管理的有关规定，在1个月内将资金拨付至项目单位。上述工作应于2012年9月30日前完成。

六、其他

省级财政部门、中小企业主管部门于2012年6月25日前向财政部（企业司）、工业和信息化部（中小企业司）报送专项资金工作联系人及电话（含手机），并获取项目管理系统有关专项资金管理的帐号及初始密码。

本通知未尽事宜按照《专项资金管理办法》执行。

工业和信息化部

电 话：010－68205311 68205319

电子邮箱：zcgh@ sme. gov. cn

财政部

电 话：010－68552427

企业司廉政信息反馈电话及邮箱：010－68552809

czbqys@ 126. com

附件：1. 中小企业发展专项资金项目和资金支持计划（略）

2. 备案项目电子版资料要求

二〇一二年六月十四日

附件2

备案项目电子版资料要求

省级财政部门和中小企业主管部门需根据项目单位申报项目类别的不同，通过“项目管理系统”将备案项目电子版资料上报财政部、工业和信息化部。具体资料要求如下：

（一）中小企业结构调整和优化项目（不含专利补助项目、提升研发能力项目和提升企业管理水平项目）、改善中小企业服务环境项目（不含中博会补助项目）

1. 中小企业发展专项资金申请及审核意见表。

2. 企业基本情况表。

3. 营业执照副本扫描件。

4. 项目核准或备案文件扫描件（单纯购置设备的服务企业和机构改造项目不要求提供）。

5. 环保部门出具的环保评价意见扫描件（单纯购置设备的服务企业和机构改造项目不要求提供）。

6. 固定资产投资估算表。

7. 新增主要设备表。

8. 中小企业结构调整及优化项目项下的各类项目需提交其申报条件第2项“其他条件”要求的相关证明。改善中小企业服务环境项目项下的小企业创业基地建设项目，属于新建、扩建标准厂房的，需提供入驻小型微型企业个数比率不低于80%的说明。

9. 申请无偿资助的项目，提供已投入自有资金凭证汇总表。申请贷款贴息的项目，提供已发生贷款的“借款凭证”（银行贷款进账单）汇总表，或金融机构出具的固定资产投资贷款合同。

10. 生产许可证（国家实行生产许可证管理的产品）扫描件。

（二）专利补助项目、提升研发能力项目和提升企业管理水平项目

1. 中小企业发展专项资金申请及审核意见表。

2. 营业执照副本扫描件。

3. 项目简介

提升企业管理水平补助项目简介：项目名称、承担管理信息系统开发单位名称、项目的主要内容（体系结构、功能模块）、投资规模、实施进度、效果评价（如：存贷周转率、应收账款周转率、营业利润率、销售增长率等指标）、经验教训等。

提升企业研发能力补助项目简介：研发机构概况（基础条件、人员结构、研发能力、运行模式、创新成果及应用等），项目情况（项目名称、投资规模、主要改造内容）。

专利补助项目简介：简要介绍企业专利技术及其在企业应用情况。

4. 提升企业管理水平补助项目和提升企业研发

能力补助项目需提供项目单位已投入项目建设的软、硬件投资凭证汇总表。

5. 专利补助项目需提供 2009 年至 2011 年国家知识产权局已受理或授权专利明细表。

（三）中博会补助项目

广东省财政厅会同省中小企业局上报本地区专项资金实施方案时，一并提出中博会补助项目预算申请，并于中博会结束后 1 个月内在“项目管理系统”中填报项目实施情况。

工业和信息化部办公厅 财政部办公厅关于做好 2012 年中小企业信用担保资金项目申报工作的通知

工信厅联企业〔2012〕121 号

各省、自治区、直辖市及计划单列市中小企业主管部门、财政厅（局），新疆生产建设兵团工业和信息化委员会、财务局：

近年来，财政部、工业和信息化部运用中小企业信用担保资金政策，鼓励担保机构开展中小企业信用担保业务，对缓解中小企业融资难发挥了积极作用。为贯彻落实《国务院关于进一步支持小型微型企业健康发展的意见》（国发〔2012〕14 号）精神，引导加强对小型微型企业的信用担保服务，财政部、工业和信息化部修订印发了《中小企业信用担保资金管理办法》（财企〔2012〕97 号，以下简称《担保资金办法》）。根据《担保资金办法》，现将 2012 年中小企业信用担保资金（以下简称担保资金）项目申报事项通知如下：

一、支持重点和申报条件

对符合条件的中小企业信用担保机构（以下简称担保机构）、省级及跨省区中小企业信用再担保机构（以下简称再担保机构）2011 年度在保的单笔 1500 万元（含）以下的中型、小型、微型企业贷款担保业务、再担保业务给予补助，重点补助对小型微型企业的贷款担保业务、再担保业务和低担保费率的贷款担保业务。

申请担保资金的担保机构、再担保机构须符合《担保资金办法》第八条、第九条的规定，并按第十条的规定和有关要求及时通过“中小企业信用担保业务信息报送系统”填报业务信息。

二、支持方式和支持额度

（一）担保业务补助项目。对担保机构开展的中型、小型、微型企业贷款担保业务按照 2011 年平均在保余额的一定比例给予补助。2011 年平均在保余额根据每笔担保贷款的 2011 年实际在保天数按年折算。其中，对小型企业单笔担保贷款 500 万元（含）以下的，折算成年平均在保余额后的补助比例（以下简称折算后的补助比例）不超过 2%；对微型企业单笔担保贷款 100 万元（含）以下的，折算后的补助比例不超过 3%，单笔担保贷款 100 万元至 500 万元（含）的，折算后的补助比例不超过 2%；其他担保业务，折算后的补助比例不超过 0.5%。

（二）再担保业务补助项目。对再担保机构开展的一般责任保证业务，按照不超过 2011 年平均在保余额的 0.1% 给予补助；对再担保机构开展的比例风险分担业务，分别按照不超过中型、小型微型企业 2011 年平均在保余额的 0.5%、1% 给予补助。

（三）保费补助项目。对 2011 年在保的担保费率低于银行同期贷款基准利率 50% 的中型、小型、微型企业贷款担保业务进行补助，补助比例不超过银行同期贷款基准利率 50% 与实际担保费率之差。重点补助低担保费率的微型、小型企业贷款担保业务。

以上三类补助项目中，已获得担保资金补助的担保机构和再担保机构在 2011 年度以前发生且 2011 年在保的担保业务和再担保业务，不再重复补助。

对单个担保机构、再担保机构的最高资助金额不超过《担保资金办法》规定的最高限额。

三、项目申报、审核和上报

（一）项目申报。各省、自治区、直辖市及计划单列市、新疆生产建设兵团中小企业主管部门和财政（财务）部门（以下简称省级中小企业主管部门和财政部门）根据《担保资金办法》和本通知要求，公开组织项目申报。符合项目储备工作要求的担保机构、再担保机构按属地化管理原则，向注册地中小企业管理部门和财政部门提出资金申请报告，并提供项目申报资料（详见附件 1）。同时，使用“中小企业信用担保业务信息报送系统”的用户名和密码，登录“国家中小企业专项资金项目管理系统”的担保资金端口（以下简称“项目管理系统”，网址：www.sme.gov.cn），按使用说明填报相关信息。

（二）项目审核。省级中小企业主管部门和财政部门根据《担保资金办法》要求组织项目审核，对项目申报资料的一致性、完整性以及真实性提出审核意见。省级中小企业主管部门应保存项目单位提供的全部资料以及专家评审意见原始资料备查。

（三）项目上报。省级财政部门会同中小企业主管部门于 2012 年 7 月 15 日前将担保资金申请报告、中小企业信用担保资金项目汇总表（详见附件 2）上报财政部、工业和信息化部。同时，将项目申报资料（1 份）作为附件上报工业和信息化部，并通过项目管理系统提交项目电子文件。

各省、自治区、直辖市上报项目数不超过40个，各计划单列市、新疆生产建设兵团上报项目数不超过20个。

四、其他

省级财政部门、中小企业主管部门于2012年6月25日前向财政部（企业司）、工业和信息化部（中小企业司）报送担保资金工作联系人及电话（含手机），并获取项目管理系统有关担保资金管理的帐号及初始密码。

本通知未尽事宜按照《担保资金办法》执行。

工业和信息化部

电 话：010－68205311 68205319

电子邮箱：zcgh@ sme. gov. cn

财政部

电 话：010－68552427

企业司廉政信息反馈电话及邮箱：

010－68552809

czbqys@ 126. com

附件：1. 项目申报资料要求

2. 中小企业信用担保资金项目汇总表（略）

二〇一二年六月十四日

附件1

项目申报资料要求

担保机构、再担保机构提出中小企业信用担保资金申请报告的同时，需提供以下项目申报资料，并按照顺序装订成册。

一、中小企业信用担保资金申请书封面（项目管理系统生成）。

二、中小企业信用担保资金申请和审核意见表（项目管理系统生成）。

三、担保机构（再担保机构）基本情况表（项目管理系统生成）。

四、营业执照副本（复印件）。

五、担保机构提供融资性担保经营许可证（复印件）

六、担保机构提供经协作银行盖章确认的2011年度在保（在保包括2011年初结转和2011年新增两个部分）的贷款担保情况明细表，再担保机构提供经被再担保的担保机构盖章确认的2011年度在保的再担保情况明细表（原件，项目管理系统生成）。

七、担保机构（再担保机构）2011年度审计报告和项目专项审计报告。年度审计报告包括会计报表（含担保余额变动表）和附注。项目专项审计报告包括2011年增加的贷款担保（再担保）业务额，其中为中小企业担保贷款额及其占比；平均贷款担保（再担保）费率；代偿率；风险准备金提取情况等。年度审计报告已列明项目专项审计报告内容的，可不再提交项目专项审计报告。

八、担保机构（再担保机构）2011年度完税证明汇总表（项目管理系统生成）及完税（免税）证明。

九、对上述文件真实性负责的声明（须加盖项目单位公章）。

中国银监会办公厅关于农村中小金融机构实施富民惠农金融创新工程的指导意见

银监办发〔2012〕189号

为推动农村中小金融机构建立健全农村金融服务创新体系，立足“三农”需要，坚持市场导向，兼顾发展差异，积极创新“量体裁衣”式的金融产品和服务方式，全面提升农村金融服务水平，帮助广大农民群众发展生产，改善生活，加快实现富民惠农奔小康，现就实施富民惠农创新工程提出以下指导意见。

一、工作目标

顺应农村金融市场竞争格局和农村金融服务需求变化，围绕富民惠农目标，全面推进农村金融产品服务创新，积极创新符合农村经济特点，低成本、可复制、易推广的金融产品和服务方式，提升农村金融服务质量和效率，提高风险防控水平，持续满足多元化、多层次的农村金融服务需求，促进农业增产、农民增收和农村经济发展。

二、基本原则

（一）需求导向原则。坚持以客户为中心，以“三农”金融服务需求为导向，积极创新“量体裁衣”式的金融产品和服务方式，持续提升创新工作的针对性。

（二）因地制宜原则。要立足区域经济发展水平，兼顾不同主体服务需求的差异性，不断适应“三农”金融服务需求新变化，积极创新易于为百姓理解接受、操作性强的金融产品和服务方式。

（三）成本合理原则。坚持市场化原则，紧扣国家和地方出台的强农惠农富农政策有效开展。加强创新产品服务的成本核算，实行保本微利，保证业务开展的商业可持续性。

（四）风险可控原则。妥善处理金融创新与风险防控的关系，严格落实风险防范措施，做到制度先行，强化人员培训，有效防范各类风险。

三、工作内容

（一）理念创新。农村中小金融机构要将富民惠农金融创新作为提升核心竞争力和履行社会责任的重要途径，不断创新和丰富服务“三农”和社区的经营理念。以专业化的经营、特色化的产品、差异化的服务、精细化的管理作为农村金融理念创新的基本原则。

（二）组织创新。按照“流程银行”要求构建以农村金融服务为核心的组织架构，建立健全跨部门、跨层级的良好信息沟通和紧密业务协作机制，鼓励通过专业支行或事业部方式，加强对区域支柱行业和特色产业的金融服务。

（三）产品创新。根据农村金融服务对象、行业特点、需求差异，细分客户群体，积极开发符合农村经济特点和农户消费习惯的金融产品。加强融资产品创新，满足不同客户的融资需求，科学运用微贷管理等先进技术，开发多样化有特色的农户、商户贷款产品，积极扩大小额信用贷款和联保贷款覆盖面，探索与银行卡授信相结合的小额信贷产品；创新涉农科技金融产品，切实加大对农业技术转移和成果转化的信贷支持；立足区域经济特点，围绕地方支柱行业、特色产业及其核心企业、产业集群开发产业链信贷产品，促进区域经济发展；开发促进农业产业化经营和农民专业合作社发展的信贷产品，促进农业规模化发展和产业升级；加快结算产品创新，根据农村金融客户的融资特点创新结算产品，开发适合农村客户需要的结算工具，提高农村客户结算效率，降低资金在途成本。

（四）担保方式创新。在有效防范信用风险的前提下，创新开办多种担保方式的涉农贷款业务，有效解决担保难问题。扩大抵押担保范围，鼓励法律法规不禁止、产权归属清晰的各类资产作为贷款抵质押物；要因地制宜灵活创新抵押、共同担保、产业链核心企业担保、专业担保机构担保、应收账款质押、商铺承租权质押、自然人保证、信用、联保和互保等贷款担保方式；积极鼓励以政府资金为主体设立的各类担保机构为涉农业务提供融资担保；加强与保险机构合作，探索开展涉农贷款保证保险业务等业务品种。在全面调查农户信用状况等“软信息”基础上，适当降低担保门槛和抵押贷款比重。

（五）商业模式创新。着力打造适应农村金融服务特点的商业模式，以全面满足“三农”客户需求、实现客户价值最大化为目标，整合内外部金融服务资源，探索“信贷工厂”“金融管家”等不同形式，形成完整、高效、具有独特核心竞争力、可持续经营的运行系统，实现对农户、商户、农企的标准化、批量化、规模化的营销、服务和管理。

（六）业务流程创新。积极开展流程再造，合理配置审批权限，简化审批手续，实行限时审批，动态管理授信额度，建立透明高效的信贷流程。探索推行在线审批等方式，对专业化市场商户、农民专业合作社社员等风险特征类似的客户群体可以探索采用集中授信方式。

（七）服务渠道创新。拓宽授信业务申请渠道，利用通讯、网络、自助终端等科技手段广泛受理客户申请。鼓励有条件的农村中小金融机构推广农户贷款“一站式”服务，开办自助循环贷款业务。加快推进农村地区支付服务基础设施建设，积极探索电话银行、手机银行、网上银行等灵活、便捷的服务方式，逐步扩展服务功能，延伸服务范围。

（八）信用体系建设创新。完善区域信用评价体系，创新农户信息采集方式，建立农户信用信息共享机制。建立健全农户经济档案，全面记录农户贷款还款情况，加强各类信用信息的收集管理工作，引导增强农户信用意识，为开展产品服务创新打造良好外部信用环境。

四、保障措施

（一）组织保障。省级联社应成立由主要负责人牵头负责，各相关业务部门参加的富民惠农金融创新工程领导小组，组织制订金融创新规划，指导开展相关培训和经验交流，定期进行工作总结，及时为县域农村合作金融机构金融创新提供全方位的业务指导以及IT系统等技术支持，研发推广区域性的农村金融服务产品。农村中小金融机构由主要负责人牵头负责本机构富民惠农金融创新组织实施工作，制订切实可行的实施方案，分解、细化工作任务，明确各项工作的牵头与协办部门。

（二）制度保障。农村中小金融机构要围绕富民惠农金融服务创新，积极引进、吸收国内外先进成熟的业务管理技术和经验，对各业务条线的管理制度进行全面梳理、总结和优化。对于新推出的金融创新产品和服务，制定相应的操作规程和内部管理制度，条件成熟的应制定产品手册。

（三）机制保障。一是创新风险机制。坚持“内控先行、简便有效”原则，采取“人防＋技防”方式，创新风险管理技术方法，规避道德风险和操作风险。通过创新担保方式、银保合作等，有效缓释和转移信用风险。二是创新定价机制。要按照收益全面覆盖风险和成本的原则，根据农村经济发展需要，针对不同客户群体及其风险特征，实行灵活的差别定价，实现商业可持续发展。对信用记录良好的“三农”客户，可采取贷款利率优惠方式进行正向激励。三是创新激励机制，建立富民惠农金融创新专项奖励制度和免责机制，充分激发员工创新潜能。监管部门要从实际效果出发，建立农村金融创新科学评价机制，并将考核结果作为支农服务评价和监管评级的重要内容。

（四）人才保障。积极引进、培养创新人才，建立高效实用的营销队伍，在人力资源方面对金融创新工作予以倾斜，为构建可持续发展的金融创新体系奠定基础。省级联社要加强对全省农村合作金融机构创新业务培训，集中辖内创新人才资源，建立一支熟悉“三农”和现代金融业务的复合型创新专家团队，充分发挥省级联社的金融创新平台作用。

（五）科技保障。要建立先进的客户信息管理系统，开展数据分析与挖掘，细分客户群体，提供差异化的金融服务。要建立健全与内部控制相适应的创新型业务信息管理系统，保证新业务顺利推广，风险监控及时到位。

二〇一二年六月十八日

中国银监会办公厅关于农村中小金融机构实施阳光信贷工程的指导意见

银监办发〔2012〕191号

为有效缓解农村融资难题，解决农村中小金融机构和“三农”客户双方信息不对称问题，更好支持社会主义新农村建设，促进农村中小金融机构提升农村金融服务水平，提高农村金融服务的可得性和满足度，现就推行阳光信贷工程提出如下意见。

一、工作目标

通过实行信贷过程公开化、透明化管理，提高信贷业务透明度，让客户了解金融机构办理贷款的全过程，推动农村中小金融机构更加贴近客户，打造一条公开透明、规范高效、互惠互利的支农绿色通道，切实保证信贷全过程公开、公平、公正，促进信贷管理规范化，调动社会参与积极性，充分满足涉农信贷需求，真正实现富民惠农。

二、基本原则

（一）公开透明，实惠便捷。向社会公开贷款条件和承诺，确保客户知情权，让客户放心与农村中小金融机构打交道，切实享受优惠便利的信贷服务。

（二）服务优化，风险可控。再造信贷流程，提升贷款易得性，走群众路线，让社会参与监督评价，有效防范信贷风险。

（三）公平普惠，兼顾效率。坚持广覆盖、普惠性的市场定位，提高贷款覆盖面，在承担社会责任基础上追求经济效益。

（四）因地制宜，务实创新。在总体原则指导下，农村中小金融机构可以结合本地区农村经济社会实际情况，对阳光信贷具体规则进行调整，鼓励进行多种形式的探索和实践，重在实效。

三、主要内容

（一）推行公示制度。全面公开贷款条件、流程、利率、收费标准、办结时限和监督方式。

一是推进服务透明化，让客户对能否贷款、能贷多少、利率多高、如何办理、向谁投诉等心中有数。根据实际情况，在服务辖区的村部、乡镇集市等人群聚集地设立信贷承诺服务公示栏，向社会公开信贷业务服务承诺内容，扩大服务承诺知晓面。

二是在官方网站和营业网点醒目位置向群众公开贷款种类、对象、条件、程序等，将信贷人员姓名、照片、联系方式、工作职责、服务范围等内容上墙。

三是根据客户意愿和商业保密需要，将客户信用等级、授信额度等以手机短信、寄送信函等适当的形式告知农户，确保每个客户公开透明地接受信贷服务。

（二）开展社会评议。探索实施社会公开授信评议，解决金融机构与农户之间信息不对称问题。

一是按照行政村（或自然村）组成授信评议小组，在调查的基础上，对所有建档农户开展信用评议工作。

二是通过外部咨询村干部、向具有公信力的村民调查了解、实地走访等多种方式，对辖区农户进行深入广泛的摸底调查；在以我为主前提下，有选择地吸收威望高、人品好、情况熟并在当地有一定知名度和影响力的群众代表等参与授信评议。

三是结合群众评议意见，确定客户授信范围和授信额度，并筛选出暂缓授信对象，实行名单式管理。

（三）实行阳光操作。将信贷业务的建档、营销、受理、调查、评级、授信、审批、放款等各个环节实行阳光化操作，保障信息的客观性和准确性。

一是在当地政府部门支持下，开展拉网式、广覆盖建档。

二是可采取逐村连片受理申请方式，畅通贷款咨询、申请渠道，或在网点设立阳光信贷办贷大厅、信贷服务专门窗口等，指定专人负责解疑答惑，积极推行“首问负责制”“一次性告知制”“一站式服务”等服务方式，切实改变客户往返多次“跑”贷款的状况。

三是统一审查农户授信档案的合规性和完整性，在信贷管理系统中锁定经阳光信贷授信的农户名单和金额，未经批准不得随意调整农户授信额度。在情况熟悉、个人信用良好的前提下，适当简化用信手续。

（四）承诺办理时限。对每一笔贷款申请，同意受理的应根据申请的贷款类别，从受理申请、贷前调查到贷中审查、审批、发放的每个环节均要合理确定办结时间，及时告知客户，提高办贷效率。不符合受理条件的要在限定的时间内通知申请人，并说明原因，做好记录备查。

（五）公开定价标准。根据公开透明、提高社会参与度的要求，公开贷款定价标准。

一是公开在办理贷款业务中应严格遵守的各项规定：不得以贷转存、不得存贷挂钩、不得以贷收费、不得浮利分费、不得借贷搭售、不得一浮到顶、不得转嫁成本。

二是公开贷款利率定价方法，对不同的行业、资产负债率、担保方式以及综合贡献度设置利率浮动系数。

三是公开优惠政策，根据信用程度、贷款用途、经济实力、行业、偿债能力等方面综合评分，对优秀客户实行差别扶持，享受利率优惠、额度放宽、手续简化等各种优惠政策。

四是公开对特定对象减费让利的原则，明确界定小微企业、“三农”、弱势群体、社会公益等领域相关金融服务的优惠对象范围，公布优惠政策、优惠方式和具体优惠额度，切实体现扶小助弱的社会责任。

（六）强化社会监督。充分发挥社会监督作用，有效监督违规放贷、不作为行为，杜绝吃、拿、卡、要等不良行为。

一是结合当地实际，建立健全投诉受理和争议协调机制，在营业网点、村和乡镇集市等人群聚集地设立信贷监督箱，公布举报电话或网络投诉渠道，对客户投诉做到件件有回音、事事有答复。

二是选聘符合条件的群众代表担任阳光信贷监督员，帮助开展舆情监督和宣传等工作。定期召开阳光信贷监督员座谈会，利用其密切联系群众的有利条件，广泛听取他们的意见和建议。

三是充分发挥群众的知情作用，将信用观念差、有不良行为的人员剔除出授信名单，在筛选优秀信用客户时，也要广泛听取群众意见，接受群众监督。

四是对于经群众举报查实不文明办贷、不廉洁办贷的，或未按贷款限时服务承诺办理业务的，按照规定严肃处理、追究责任。

四、工作要求

（一）加强组织领导，精心推动实施。省（区）联社要结合当地实际制定本省（区）推进阳光信贷工程的方案，开展检查监督，建立阳光信贷工程评价机制，推广好的做法和先进经验，及时解决出现的新情况和新问题，不断促进阳光信贷工程深入推进。农村中小金融机构要从明确自身发展战略的高度，提高对阳光信贷工程重要性的认识，明确牵头部门，制定实施方案，明确工作思路和工作目标，探索建立符合自身特色的阳光信贷制度和流程、绩效考评体系。在总体原则指导下，科学规划，重在实效，树立标杆和典型，在取得经验和试点成效后逐步推广。

（二）广泛宣传动员，争取各界支持。各相关单位要充分运用新闻媒体及会议、标语、横幅、海报、传单、卡片、宣传册等多种形式，开展全方位、多层次的宣传活动，取得广大客户的理解、支持和配合，让阳光信贷深入人心、家喻户晓。农村中小金融机构要及时向地方政府汇报工作推进情况，寻求帮助解决工作中遇到的问题与困难。同时要注意加强与当地党政有关部门、乡（镇）的联动，互通信息，共同推动。

（三）强化监督指导，净化经营环境。监管部门要开展监督评价，督促农村中小金融机构改造信贷流程，转变经营理念，对于阳光信贷支农效果明显的机构，要在增设机构、开办新业务和监管评级等方面予以倾斜。对于不公开、不透明，侵害金融消费者权益的机构，要严格依法依规问责。

二〇一二年六月十八日

工业和信息化部关于鼓励和引导民间资本进一步进入电信业的实施意见

为贯彻落实《国务院关于鼓励和引导民间投资健康发展的若干意见》（国发〔2010〕13号）“鼓励民间资本参与电信建设。鼓励民间资本以参股方式进入基础电信运营市场。支持民间资本开展增值电信业务。加强对电信领域垄断和不正当竞争行为的监管，促进公平竞争，推动资源共享”的要求，促进电信业持续健康发展，结合电信行业特点，提出如下实施意见：

一、指导思想

鼓励电信业进一步向民间资本开放。引导民间资本通过多种方式进入电信业，积极拓宽民间资本的投资渠道和参与范围。加快推进电信法制建设，坚持依法行政，为民间资本参与电信业竞争创造良好的发展环境。

二、鼓励和引导的重点领域

（一）鼓励民间资本开展移动通信转售业务试点，通过竞争促进服务提升和资费水平下降，为用户提供更便捷、优惠和多样化的移动通信服务。

（二）鼓励民间资本开展接入网业务试点和用户驻地网业务，促进宽带发展。完善相关监管制度和手段，保障企业实现平等接入，用户实现自由选择，推动提高宽带接入性价比。

（三）鼓励民间资本开展网络托管业务。引导电信企业将自有或租用的国内的网络、网络元素或设备，委托民营企业第三方进行管理和维护服务，促进专业化分工，提升服务水平。

（四）鼓励民间资本开展增值电信业务。支持民间资本在互联网领域投资，进一步明确对民间资本开放因特网数据中心（IDC）和因特网接入服务（ISP）业务的相关政策，引导民间资本参与IDC和ISP业务的经营活动。

（五）鼓励符合条件的民营企业申请通信工程设计、施工、监理、信息网络系统集成、用户管线建设以及通信建设项目招标代理机构等企业资质。凡具有相应资质的民营企业，平等参与通信建设项目招标，不得设立其他附加条件。

（六）鼓励民间资本参与基站机房、通信塔等基础设施的投资、建设和运营维护。引导基础电信企业积极顺应专业化分工经营的趋势，将基站机房、通信塔等基础设施外包给第三方民营企业，加强基础设施的共建共享。

（七）鼓励民间资本以参股方式进入基础电信运营市场。鼓励基础电信企业在境内上市，通过降低上市公司的国有股权比例或增资扩股的方式引入民间资本。支持基础电信企业引入民间战略投资者。

（八）鼓励民营电信企业“走出去”，积极参与国际竞争。支持民营电信企业开展国际化经营，开拓国际市场。

三、保障措施

（一）推动电信法制建设，完善维护国家安全、用户信息保护、网络与信息安全、规范市场竞争秩序等相关立法。加快出台试点办法和规章制度。抓紧研究出台鼓励和引导民间资本进一步进入电信业的具体事项和试点办法，以及电信业务的申请条件、期限和程序等配套政策和规定，通过多种形式和渠道及时发布，不断提高政策透明度。

（二）加强对电信业的监管制度和能力建设。保护企业和用户的合法权益，培育和维护公平竞争的市场环境。加强对电信领域垄断和不正当竞争行为的监管，促进公平竞争，推动资源共享。加强对增值电信业务的应用示范和引导，鼓励中小电信企业创新。

（三）完善对民间资本投资电信业的服务。积极履行行业管理服务职责，加强政策宣传，搭建与民间投资主体交流沟通的平台。进一步发挥行业协会等组织的作用，为民间资本提供政策咨询和服务，推动民间资本在电信领域健康发展。

（四）加强对民营电信企业“走出去”的支持和服务。通过多种渠道和形式，为民营电信企业“走出去”争取公平的投资、贸易和优惠政策，积极为企业解决实际困难和问题。

（五）加强指导和监督。督促电信企业遵守电信业相关法律法规，指导民营电信企业完善内部规章制度建设，提高自身素质和能力，依法经营，诚实守信，积极履行企业社会责任。

进一步支持小型微型企业健康发展重点工作部门分工方案

一、进一步加大对小型微型企业的财税支持力度

（一）落实支持小型微型企业发展的各项税收优惠政策

1. 加快推进营业税改征增值税试点，逐步解决服务业营业税重复征税问题。（财政部、税务总局负责）

2. 结合深化税收体制改革，完善结构性减税政策，研究进一步支持小型微型企业发展的税收制度。财政部、税务总局负责）

（二）完善财政资金支持政策

3. 充分发挥现有中小企业专项资金的支持引导作用，2012年将资金总规模由128.7亿元扩大至141.7亿元，以后逐年增加。（财政部负责）

4. 专项资金要体现政策导向，增强针对性、连续性和可操作性，突出资金使用重点，向小型微型企业和中西部地区倾斜。（财政部会同工业和信息化部、科技部、商务部负责）

（三）依法设立国家中小企业发展基金

5. 中央财政安排资金150亿元，分5年到位，2012年安排30亿元。基金主要用于引导地方、创业投资机构及其他社会资金支持处于初创期的小型微型企业等。（财政部、工业和信息化部会同发展改革委、科技部等部门负责）

6. 利用税收政策鼓励企事业单位、社会团体和个人等向基金捐赠资金。（财政部、税务总局负责）

（四）政府采购支持小型微型企业发展

7. 安排不低于年度政府采购项目预算总额18%的份额专门面向小型微型企业采购。在政府采购评审中，对小型微型企业产品可视不同行业情况给予6%～10%的价格扣除。鼓励大中型企业与小型微型企业组成联合体共同参加政府采购，小型微型企业占联合体份额达到30%以上的，可给予联合体2%～3%的价格扣除。（财政部、工业和信息化部会同有关部门负责）

8. 推进政府采购信用担保试点，鼓励为小型微型企业参与政府采购提供投标担保、履约担保和融资担保等服务。（财政部、工业和信息化部负责）

（五）继续减免部分涉企收费并清理取消各种不合规收费

9. 落实中央和省级财政、价格主管部门已公布取消的行政事业性收费。自2012年1月1日至2014年12月31日三年内对小型微型企业免征部分管理类、登记类和证照类行政事业性收费。清理取消一批各省（区、市）设立的涉企行政事业性收费。规范涉及行政许可和强制准入的经营服务性收费。继续做好收费公路专项清理工作，降低企业物流成本。加大对向企业乱收费、乱罚款和各种摊派行为监督

检查的力度，严格执行收费公示制度，加强社会和舆论监督。完善涉企收费维权机制。（财政部、发展改革委、工业和信息化部、审计署、交通运输部、农业部等国务院减轻企业负担部际联席会议成员单位负责）

二、努力缓解小型微型企业融资困难

（六）落实支持小型微型企业发展的各项金融政策

10. 银行业金融机构对小型微型企业贷款的增速不低于全部贷款平均增速，增量高于上年同期水平，对达到要求的小金融机构继续执行较低存款准备金率。商业银行应对符合国家产业政策和信贷政策的小型微型企业给予信贷支持。鼓励金融机构建立科学合理的小型微型企业贷款定价机制，在合法、合规和风险可控前提下，由商业银行自主确定贷款利率，对创新型和创业型小型微型企业可优先予以支持。建立小企业信贷奖励考核制度，落实已出台的小型微型企业金融服务的差异化监管政策，适当提高对小型微型企业贷款不良率的容忍度。优先支持符合条件的商业银行发行专项用于小型微型企业贷款的金融债。（银监会、人民银行负责）

11. 进一步研究完善小企业贷款呆账核销有关规定，简化呆账核销程序，提高小型微型企业贷款呆账核销效率。（财政部、人民银行、银监会负责）

12. 积极发展商圈融资、供应链融资等融资方式。（商务部、银监会负责）

13. 加强对小型微型企业贷款的统计监测。（人民银行、银监会负责）

（七）加快发展小金融机构

14. 在加强监管和防范风险的前提下，适当放宽民间资本、外资、国际组织资金参股设立小金融机构的条件。（银监会、人民银行负责）

15. 适当放宽小额贷款公司单一投资者持股比例限制。（银监会、人民银行负责）

16. 支持和鼓励符合条件的银行业金融机构重点到中西部设立村镇银行。强化小金融机构主要为小型微型企业服务的市场定位，创新金融产品和服务方式，优化业务流程，提高服务效率。引导小金融机构增加服务网点，向县域和乡镇延伸。（银监会、人民银行负责）

17. 符合条件的小额贷款公司可根据有关规定改制为村镇银行。（银监会、人民银行负责）

（八）拓宽融资渠道

18. 搭建方便快捷的融资平台，支持符合条件的小企业上市融资。加快统一监管的场外交易市场建设步伐，为尚不符合上市条件的小型微型企业提供资本市场配置资源的服务。（证监会负责）

19. 支持符合条件的小企业发行债券，推进多层次债券市场建设，发挥债券市场对微观主体的资金支持作用。积极稳妥发展私募股权投资和创业投资等融资工具，完善创业投资扶持机制，支持初创型和创新型小型微型企业发展。（发展改革委牵头）

20. 逐步扩大小型微型企业集合票据、集合债券、集合信托和短期融资券等发行规模。（人民银行、发展改革委、银监会按照职责分工负责）

21. 支持小型微型企业采取知识产权质押、仓单质押、商铺经营权质押、商业信用保险保单质押、商业保理、典当等多种方式融资。鼓励为小型微型企业提供设备融资租赁服务。（银监会、人民银行、科技部、财政部、工业和信息化部、商务部、工商总局、知识产权局按照职责分工负责）

22. 积极发展小型微型企业贷款保证保险和信用保险。加快小型微型企业融资服务体系建设。（保监会牵头，人民银行、银监会参加）

23. 深入开展科技和金融结合试点，为创新型小型微型企业创造良好的投融资环境。（科技部、人民银行、银监会、证监会、保监会负责）

（九）加强对小型微型企业的信用担保服务

24. 加大中央财政资金的引导支持力度，鼓励担保机构提高小型微型企业担保业务规模，降低对小型微型企业的担保收费。继续执行对符合条件的信用担保机构免征营业税政策。（财政部、工业和信息化部、税务总局负责）

25. 引导外资设立面向小型微型企业的担保机构，加快推进利用外资设立担保公司试点工作。（发展改革委、银监会、商务部、工业和信息化部负责）

26. 积极发展再担保机构，强化分散风险、增加信用功能。（银监会、工业和信息化部负责）

27. 改善信用保险服务，定制符合小型微型企业需求的保险产品，扩大服务覆盖面。（商务部、保监会负责）

28. 推动建立担保机构与银行业金融机构间的风险分担机制。（银监会、人民银行、工业和信息化部、人力资源社会保障部负责）

29. 加快推进企业信用体系建设，切实开展企业信用信息征集和信用等级评价工作。（人民银行、发展改革委牵头，工商总局、银监会、税务总局等部门参加）

（十）规范对小型微型企业的融资服务

30. 除银团贷款外，禁止金融机构对小型微型企业贷款收取承诺费、资金管理费。开展商业银行服务收费检查。严格限制金融机构向小型微型企业收取财务顾问费、咨询费等费用，清理纠正金融服务不合理收费。（发展改革委、银监会按照职责分工分别牵头，人民银行、纠风办等部门参加）

31. 有效遏制民间借贷高利贷化倾向以及大型企业变相转贷现象，依法打击非法集资、金融传销等违法活动。严格禁止金融从业人员参与民间借贷。（银监会、人民银行、工商总局负责）

32. 研究制定防止大企业长期拖欠小型微型企业资金的政策措施。（工业和信息化部、工商总局、商务部、国资委负责）

三、进一步推动小型微型企业创新发展和结构调整

（十一）支持小型微型企业技术改造

33. 中央预算内投资扩大安排用于中小企业技术进步和技术改造资金规模，重点支持小型企业开发和应用新技术、新工艺、新材料、新装备，提高自主创新能力、促进节能减排、提高产品和服务质量、改善安全生产与经营条件等。（发展改革委、工业和信息化部负责）

（十二）提升小型微型企业创新能力

34. 完善企业研究开发费用所得税前加计扣除政策，支持企业技术创新。（财政部、税务总局牵头，科技部、发展改革委、工业和信息化部参加）

35. 实施中小企业创新能力建设计划。（工业和信息化部负责）

36. 鼓励有条件的小型微型企业建立研发机构，参与产业共性关键技术研发、国家和地方科技计划项目以及标准制定。鼓励产业技术创新战略联盟向小型微型企业转移扩散技术创新成果。支持在小型微型企业集聚的区域建立健全技术服务平台，集中优势科技资源，为小型微型企业技术创新提供支撑服务。鼓励大专院校、科研机构和大企业向小型微型企业开放研发试验设施。（发展改革委、科技部、工业和信息化部、农业部、教育部按照职责分工负责）

37. 实施中小企业信息化推进工程，重点提高小型微型企业生产制造、运营管理和市场开拓的信息化应用水平，鼓励信息技术企业、通信运营商为小型微型企业提供信息化应用平台。（工业和信息化部负责）

38. 加快新技术和先进适用技术在小型微型企业的推广应用，鼓励各类技术服务机构、技术市场和研究院所为小型微型企业提供优质服务。（工业和信息化部、科技部、发展改革委、农业部按照职责分工负责）

（十三）提高小型微型企业知识产权创造、运用、保护和管理水平

39. 中小企业知识产权战略推进工程以培育具有自主知识产权优势小型微型企业为重点，加强宣传和培训，普及知识产权知识，推进重点区域和重点企业试点，开展面向小型微型企业的专利辅导、专利代理、专利预警等服务。（知识产权局、工业和信息化部、工商总局、商务部负责）

40. 加大对侵犯知识产权和制售假冒伪劣产品的打击力度，维护市场秩序，保护创新积极性。（全国打击侵犯知识产权和制售假冒伪劣商品工作领导小组办公室牵头）

（十四）支持创新型、创业型和劳动密集型的小型微型企业发展

41. 鼓励小型微型企业发展现代服务业、战略性新兴产业、现代农业和文化产业，走“专精特新”和与大企业协作配套发展的道路，加快从要素驱动向创新驱动的转变。（发展改革委、工业和信息化部、科技部、商务部、农业部按照职责分工负责）

42. 充分利用国家科技资源支持小型微型企业技术创新，鼓励科技人员利用科技成果创办小型微型企业，促进科技成果转化。（科技部、发展改革委负责）

43. 实施创办小企业计划，培育和支持3000家小企业创业基地。（工业和信息化部、人力资源社会保障部、商务部、农业部按照职责分工负责）

44. 大力开展创业培训和辅导，鼓励创办小企业，努力扩大社会就业。（人力资源社会保障部、工业和信息化部、商务部、农业部按照职责分工负责）

45. 积极发展各类科技孵化器，到2015年，在孵企业规模达到10万家以上。（科技部负责）

46. 支持劳动密集型企业稳定就业岗位。（人力资源社会保障部负责）

（十五）切实拓宽民间投资领域

47. 尽快出台贯彻落实国家有关鼓励和引导民间投资健康发展政策的实施细则，促进民间投资便利化、规范化，鼓励和引导小型微型企业进入教育、社会福利、科技、文化、旅游、体育、商贸流通等领域。各类政府性资金要对包括民间投资在内的各类投资主体同等对待。（发展改革委会同相关部门负责）

（十六）加快淘汰落后产能

48. 严格控制高污染、高耗能和资源浪费严重的小型微型企业发展，防止落后产能异地转移。严格执行国家有关法律法规，综合运用财税、金融、环保、土地、产业政策等手段，支持小型微型企业加快淘汰落后技术、工艺和装备，通过收购、兼并、重组、联营和产业转移等获得新的发展机会。（工业和信息化部牵头，发展改革委、环境保护部、财政部等淘汰落后产能工作部际协调小组成员单位参加）

四、加大支持小型微型企业开拓市场的力度

（十七）创新营销和商业模式

49. 鼓励小型微型企业运用电子商务、信用销售和信用保险，大力拓展经营领域。支持小型微型企业参加国内外展览展销活动，加强工贸结合、农贸结合和内外贸结合。建设集中采购分销平台，支持小型微型企业通过联合采购、集中配送，降低采购成本。引导小型微型企业采取抱团方式“走出去”。（商务部牵头，发展改革委、工业和信息化部、财政部、农业部、工商总局、质检总局参加）

50. 研究创新中国国际中小企业博览会办展机制，促进在国际化、市场化、专业化等方面取得突破。（工业和信息化部、发展改革委、财政部、商务部、工商总局、质检总局、银监会负责）

51. 培育商贸企业集聚区，发展专业市场和特色商业街，推广连锁经营、特许经营、物流配送等现代流通方式。（商务部牵头，发展改革委参加）

52. 加强对小型微型企业出口产品标准的培训。（商务部、质检总局负责）

（十八）改善通关服务

53. 推进分类通关改革，积极研究为符合条件

的小型微型企业提供担保验放、集中申报、24 小时预约通关和不实行加工贸易保证金台账制度等便利通关措施。扩大"属地申报，口岸验放"通关模式适用范围。扩大进出口企业享受预归类、预审价、原产地预确定等措施的范围，提高企业通关效率，降低物流通关成本。（海关总署牵头，商务部、质检总局参加）

（十九）简化加工贸易内销手续

54. 进一步落实好促进小型微型加工贸易企业内销便利化相关措施，允许联网企业"多次内销、一次申报"，并可在内销当月内集中办理内销申报手续，缩短企业办理时间。（海关总署负责）

（二十）开展集成电路产业链保税监管模式试点

55. 允许符合条件的小型微型集成电路设计企业作为加工贸易经营单位开展加工贸易业务，将集成电路产业链中的设计、芯片制造、封装测试企业等全部纳入保税监管范围。（海关总署牵头，工业和信息化部参加）

五、切实帮助小型微型企业提高经营管理水平

（二十一）支持管理创新

56. 实施中小企业管理提升计划，重点帮助和引导小型微型企业加强财务、安全、节能、环保、用工等管理。开展企业管理创新成果推广和标杆示范活动。（工业和信息化部、财政部、科技部负责）

57. 实施小企业会计准则，开展培训和会计代理服务。（财政部牵头）

58. 建立小型微型企业管理咨询服务制度，支持管理咨询机构和志愿者面向小型微型企业开展管理咨询服务。（工业和信息化部、财政部负责）

（二十二）提高质量管理水平

59. 落实小型微型企业产品质量主体责任，加强质量诚信体系建设，开展质量承诺活动。督促和指导小型微型企业建立健全质量管理体系，严格执行生产许可、经营许可、强制认证等准入管理，不断增强质量安全保障能力。大力推广先进的质量管理理念和方法，严格执行国家标准和进口国标准。加强品牌建设指导，引导小型微型企业创建自主品牌。鼓励制定先进企业联盟标准，带动小型微型企业提升质量保证能力和专业化协作配套水平。充分发挥国家质检机构和重点实验室的辐射支撑作用，加快质量检验检疫公共服务平台建设。（质检总局牵头，工业和信息化部、农业部参加）

（二十三）加强人力资源开发

60. 加强对小型微型企业劳动用工的指导与服务，拓宽企业用工渠道。指导小型微型企业积极参与高技能人才振兴计划，加强技能人才队伍建设工作，国家专业技术人才知识更新工程等重大人才工程要向小型微型企业倾斜。围绕《国家中长期人才发展规划纲要（2010～2020 年）》确定的重点领域，开展面向小型微型企业创新型专业技术人才的培训。（人力资源社会保障部会同相关部门负责）

61. 实施国家中小企业银河培训工程和企业经营管理人才素质提升工程，以小型微型企业为重点，每年培训 50 万名经营管理人员和创业者。（工业和信息化部、国资委按照职责分工负责）

62. 完善小型微型企业职工社会保障政策。（人力资源社会保障部、财政部负责）

（二十四）制定和完善鼓励高校毕业生到小型微型企业就业的政策

63. 对小型微型企业新招用高校毕业生并组织开展岗前培训的，按规定给予培训费补贴，并适当提高培训费补贴标准，具体标准由省级财政、人力资源和社会保障部门确定。对小型微型企业新招用毕业年度高校毕业生，签订 1 年以上劳动合同并按时足额缴纳社会保险费的，给予 1 年的社会保险补贴，政策执行期限截至 2014 年底。（人力资源社会保障部、财政部负责）

64. 改善企业人力资源结构，实施大学生创业引领计划，切实落实已出台的鼓励高校毕业生自主创业的税费减免、小额担保贷款等扶持政策，加大公共就业服务力度，提高高校毕业生创办小型微型企业成功率。（人力资源社会保障部、税务总局负责）

六、促进小型微型企业集聚发展

（二十五）统筹安排产业集群发展用地

65. 规划建设小企业创业基地、科技孵化器、商贸企业集聚区等，地方各级政府要优先安排用地计划指标。（国土资源部负责）

66. 经济技术开发区、高新技术开发区以及工业园区等各类园区要集中建设标准厂房，积极为小型微型企业提供生产经营场地。（商务部、科技部、工业和信息化部、发展改革委、农业部按照职责分工负责）

67. 对创办三年内租用经营场地和店铺的小型微型企业，符合条件的，给予一定比例的租金补贴。（人力资源社会保障部、商务部按照职责分工负责）

（二十六）改善小型微型企业集聚发展环境

68. 建立完善产业集聚区技术、电子商务、物流、信息等服务平台。发挥龙头骨干企业的引领和带动作用，推动上下游企业分工协作、品牌建设和专业市场发展，促进产业集群转型升级。（工业和信息化部、商务部、工商总局按照职责分工负责）

69. 以培育农村二、三产业小型微型企业为重点，大力发展县域经济。（农业部牵头）

70. 开展创新型产业集群试点建设工作。（科技部、工业和信息化部按照职责分工负责）

71. 支持能源供应、排污综合治理等基础设施建设，加强节能管理和"三废"集中治理。（发展改革委、工业和信息化部、环境保护部、能源局按照职责分工负责）

七、加强对小型微型企业的公共服务

（二十七）大力推进服务体系建设

72. 到2015年，支持建立和完善4000个为小型微型企业服务的公共服务平台，重点培育认定500个国家中小企业公共服务示范平台，发挥示范带动作用。（工业和信息化部、科技部、商务部、质检总局按照职责分工负责）

73. 实施中小企业公共服务平台网络建设工程，支持各省（区、市）统筹建设资源共享、服务协同的公共服务平台网络。（工业和信息化部、财政部负责）

（二十八）加强指导协调和统计监测

74. 充分发挥国务院促进中小企业发展工作领导小组的统筹规划、组织领导和政策协调作用，明确部门分工和责任，加强监督检查和政策评估，将小型微型企业有关工作列入各地区、各有关部门年度考核范围。（工业和信息化部会同国务院促进中小企业发展工作领导小组成员单位、政府绩效管理工作部际联席会议成员单位负责）

75. 进一步加强对小型微型企业的调查统计工作，尽快建立和完善小型微型企业统计调查、监测分析和定期发布制度。（统计局牵头，工商总局、农业部、人民银行、银监会、工业和信息化部参加）

国务院办公厅
二〇一二年八月二日

关于印发《工业转型升级资金管理暂行办法》的通知

财建〔2012〕567号

各省、自治区、直辖市、计划单列市财政厅（局）、工业和信息化主管部门，新疆生产建设兵团财务局、工业和信息化主管部门：

为支持工业转型升级，我们在整合电子信息产业发展基金、集成电路产业研究与开发专项资金等专项的基础上，设立了工业转型升级资金。为规范工业转型升级资金的管理和使用，提高资金使用效益，财政部、工业和信息化部制定了《工业转型升级资金管理暂行办法》，现予印发，请遵照执行。

附件：工业转型升级资金管理暂行办法

财政部 工业和信息化部
二〇一二年八月三日

附件

工业转型升级资金管理暂行办法

第一章　总则

第一条　为规范工业转型升级资金的管理和使用，提高资金使用效益，根据《中华人民共和国预算法》和国家有关法律法规的规定，制定本办法。

第二条　本办法所称工业转型升级资金是指中央财政安排的，用于支持转变工业发展方式、促进工业结构优化升级的资金。

第三条　工业转型升级资金由工业和信息化部、财政部按职责分工共同管理。

第二章　使用安排原则

第四条　工业转型升级资金的使用和安排应当坚持以下原则：

（一）统筹协调，集中财力，重点突破。通过协商机制，加强对工业转型升级资金的统筹管理，集中资金支持薄弱环节，并将工业转型升级资金的使用与其他相关资金相衔接，形成合力。

（二）市场基础性作用与政府引导相结合。尊重市场经济规律，通过体制机制创新，调动全社会的积极性，共同推进工业转型升级。

（三）创新财政资金支持方式。针对工业转型升级目前存在的薄弱环节和突出问题，并根据每个环节的特点，创新财政资金的支持方式，充分发挥财政资金使用效益。

（四）“科学、公开、公正”，并接受社会监督。

第三章　支持范围

第五条　工业转型升级资金支持范围包括：

（一）公共服务平台建设。支持符合国家宏观经济政策、产业政策和区域发展政策，为工业行业、领域或区域提供研发设计、检验检测、试验验证和质量认证服务、信息服务，以及提高资源综合利用水平等的公共服务平台建设。

（二）信息化和工业化深度融合。支持企业信息化综合集成创新、产品信息化和服务型制造、面向产业服务和行业管理的信息化服务等项目。

（三）提升工业产品质量及加强自主品牌培育。支持质量保障和安全管理体系建设、关键共性质量问题攻关、工业产品质量控制和技术评价能力建设、工业企业自主品牌培育等。

（四）工业领域自主创新。支持软件、集成电路产业，以及计算机、通信、网络、数字视听、测试仪器和专用设备、电子基础产品等电子信息产业核心领域技术与产品研究开发、产业化和加大电子信息技术推广应用。

（五）工业企业知识产权能力培养。支持工业企业知识产权创造与运用能力培育、产业知识产权风险评估与预警、工业行业知识产权综合数据服务平台建设等。

（六）中药材扶持。支持规范化、规模化、产业化中药材生产基地建设，中药材生产技术服务平台、生产信息服务平台、供应保障平台建设等。

（七）行业标准体系建设。支持工业和通信业行业标准制修订和复审、国际标准研制、行业标准管理。

（八）中小企业服务体系建设。支持各类社会服务机构为中小企业发展构建具有平台式公共服务功能的服务体系。

（九）工业和信息化部商财政部确定的工业转型升级的其他领域。

第四章 资金管理及项目申报审核程序

第六条 由工业和信息化部直接承担的工业转型升级任务，所需资金编入工业和信息化部部门预算，按照部门预算及相关规定执行。

第七条 由地方承担的工业转型升级项目，所需资金在中央对地方转移支付预算中安排。按本办法第九条至第十三条的规定办理。

第八条 工业和信息化部商财政部每年下半年发布工业转型升级资金下一年度项目申报指南。

第九条 省级（含计划单列市）工业和信息化主管部门负责按照本办法规定和项目申报指南要求将本地区符合条件的项目报工业和信息化部。

第十条 工业和信息化部组织专家对申报材料进行评审论证。

第十一条 工业和信息化部根据专家评审意见提出工业转型升级资金安排建议，报财政部批复。

第十二条 财政部根据工业和信息化部申报情况，结合年度预算安排，在与其他相关专项资金“对表”后，批复年度工业转型升级资金分配方案。

第十三条 项目单位收到工业转型升级资金后，按国家有关规定进行财务会计处理，规范资金使用。

第五章 监督和检查

第十四条 工业和信息化部会同财政部对工业转型升级资金的使用情况和项目的执行情况实施监督和检查。

第十五条 工业转型升级资金必须专款专用，严禁截留、挤占和挪用。对违反本办法规定的，除将工业转型升级资金全额收回外，按照《财政违法行为处罚处分条例》（国务院令第427号）等有关法律法规追究有关单位和人员的责任。

第十六条 对弄虚作假、骗取、套取工业转型升级资金的项目单位，财政部将扣回工业转型升级资金，并由工业和信息化部责令地方有关部门进行整改，同时该项目单位三年内不得申报工业转型升级资金。

第六章 附则

第十七条 本办法由财政部、工业和信息化部负责解释。

第十八条 本办法自2012年8月10日起实施。

工业和信息化部办公厅关于组织开展国家级信息化和工业化深度融合示范企业评定工作的通知

工信厅信函〔2012〕794号

各省、自治区、直辖市及计划单列市、新疆生产建设兵团、副省级省会城市、黑龙江省农垦总局工业和信息化主管部门，有关行业协会、中央企业，有关单位：

为总结和推广信息化和工业化深度融合（以下简称两化深度融合）典型经验，引领和提升全国两化深度融合整体水平，促进工业转型升级和发展方式转变，按照我部推进两化深度融合工作的总体部署，决定组织开展国家级两化深度融合示范企业（以下简称示范企业）的评定工作。现将有关事宜通知如下。

一、示范企业涵盖的行业和领域

示范企业分行业和领域进行评定，包括27个行业（领域），分别为：钢铁、有色金属、稀土、石化、建材、机械、汽车、航空、船舶、轻工、纺织、食品、医药、家电、烟草、民爆、集成电路、电子基础、信息通信、视听、应用电子、工业物流、工业电子商务、节能减排、安全生产、需求侧管理、能源电力等。

二、示范企业的基本条件和评价标准

示范企业应为具有独立法人资格的国内大中型骨干企业；在行业内具有代表性和较强的市场竞争力；企业两化融合工作的组织机构健全、资金保障有力、管理制度完善。

示范企业的评价标准为：具有行业领先性和代表性、信息化应用较为全面、综合集成水平高、模式创新突出、融合程度高、效益明显、保障能力强、具有较高推广价值。

三、示范企业的推荐

各省（区、市）工业和信息化主管部门负责本地企业的推荐；计划单列市、新疆生产建设兵团、副省级省会城市、黑龙江省农垦总局负责当地企业推荐，其推荐的企业数量不计入所在省（自治区）的企业数量；有关行业协会、中央企业集团负责组织本行业（集团）的企业推荐。

每省（区、市）推荐的企业总量不超过27家，计划单列市、新疆生产建设兵团、副省级省会城市、黑龙江省农垦总局推荐数量不超过15家，每个地方同一行业（领域）推荐的企业不超过2家；每个行业协会推荐不超过5家；每个中央企业集团推荐不超过1家。一家企业只能通过一个渠道申报。

四、示范企业的评审

我部遵循公平、公开、公正以及开放的原则组织评审。评审工作将充分发挥行业协会和专家的作用，以书面评审为主，对确实有需要的企业将组织现场答辩。

五、示范企业的批复

为坚持高标准和严要求，充分体现示范企业的行业代表性和领先性，根据企业申报情况，每个行业（领域）确定的示范企业原则上不超过10个。我部将以文件形式授予示范企业“国家级信息化和工业化深度融合示范企业（2012年）”称号。

六、推荐材料

为简化工作程序，请采用电子版形式报送推荐材料，不需单独提供纸质版材料。推荐材料主要包括：

（一）相关地方工业和信息化主管部门、有关行业协会、有关中央企业集团出具的《国家级信息化和工业化深度融合示范企业（2012年）推荐表》（附件1）；

（二）申报企业填报的《国家级信息化和工业化深度融合示范企业（2012年）申报书》（附件2）；

（三）请申报企业登录工业信息化运行形势监测系统（www.miitirpc.com）进行注册；然后根据《工业企业“信息化和工业化融合”评估规范（试行）》（工业和信息化部2011年第39号公告）的要求，在企业两化融合评估服务网站（www.miit-iii.org）填报评估数据，自行自愿开展评估，并作为评审参考。

七、工作要求

（一）请相关地方工业和信息化主管部门、有关行业协会、中央企业集团于11月19日前将申报材料的电子版（包括推荐表、申请报告、加盖公章的推荐表扫描件）发送至Liyingxin@miit.gov.cn。超过规定时间的不予受理。

（二）申报材料应言简意赅、突出重点，能真实、充分反映企业两化融合情况和实效（控制在1万字以内）。

（三）请认真审慎组织推荐，质量为先，不增加企业负担。

联 系 人：李颖新

电 话：010-68208249

电子邮件：Liyingxin@miit.gov.cn

地 址：北京市海淀区万寿路27号院

邮 编：100846

附件：1. 国家级信息化和工业化深度融合示范企业（2012年）推荐表（略）

2. 国家级信息化和工业化深度融合示范企业（2012年）申报书（略）

工业和信息化部办公厅

二〇一二年十月十七日

关于报送工业转型升级公共服务平台项目进展情况的通知

各地工业和信息化主管部门：

为了解工业转型升级公共服务平台工作进展情况，规范公共服务平台项目及资金管理，做好2013年公共服务平台项目管理工作，现就有关事项通知如下：

一、根据我部下发的《关于2012年工业转型升级公共服务平台项目的批复》（工信部规〔2012〕365号）要求，请各地填写《2012年工业转型升级公共服务平台项目进展情况表》（见附件），并提出下一步工业转型升级公共服务平台项目工作的意见和建议，包括支持的方向和重点、支持范围、支持方式等，于12月7日前报送我司（投资计划处），电子版（非涉密）发送至tzjhc@miit.gov.cn。

二、从2013年起，各地按季度填写《工业转型升级公共服务平台项目进展情况表》，并于每年的1月、4月、7月、10月的10日前报送我司（投资计划处）。

联系人及电话：张晓辉（010）68205132

附件：工业转型升级公共服务平台项目进展情况表（略）

工业和信息化部规划司

二〇一二年十一月二十二日

二、地方性法规、规章及规范性文件

北京市人民政府关于进一步支持小型微型企业发展的意见

京政发〔2012〕40号

各区、县人民政府，市政府各委、办、局，各市属机构：

为贯彻落实《国务院关于进一步支持小型微型企业健康发展的意见》（国发〔2012〕14号）精神，切实解决小型微型企业经营和发展中遇到的突出问题，优化发展环境，促进小型微型企业健康发展，现结合本市实际，提出如下意见：

一、充分认识促进小型微型企业发展的重大意义

1. 高度重视促进小型微型企业发展工作。小型微型企业是数量最大、最具活力的企业群体，是建设中国特色世界城市的重要基础，是落实“人文北京、科技北京、绿色北京”战略、推动全市经济社会发展的重要力量，在稳定就业，促进经济增长、科技创新与社会和谐稳定等方面具有不可替代的作用。市有关部门、单位和各区县政府要高度重视促进小型微型企业发展工作，充分认清此项工作的复杂性和长期性，加强政策研究，努力形成合力，切实解决小型微型企业发展中的诸多矛盾和问题，创造良好的发展环境，共同促进小型微型企业健康发展。（牵头单位：市经济信息化委；参与单位：市促进中小企业发展工作领导小组成员单位和各区县政府）

二、加大对小型微型企业的财税支持力度

2. 增强财政专项资金支持作用。将现有的北京市中小企业发展专项资金由每年5亿元增至8亿元，使用重点向小型微型企业倾斜。建立科学的中小企业发展专项资金统筹协商机制，提高资金使用效率，重点支持小企业创业基地建设和中小企业公共服务体系建设、创新融资、科技创新、结构调整、民生服务、稳定就业等方面工作，逐步提高用于改善中小企业服务环境方面的资金比例。

设立北京市中小企业发展基金，主要用于引导社会资本等各类资金支持初创期、成长期的小型微型企业。基金规模初期定为20亿元。基金来源为财政等多渠道筹措，今后采取基金收益充实本金、吸收社会资本参股等方式逐步扩大基金规模。（牵头单位：市财政局、市经济信息化委；参与单位：市发展改革委、市科委、市商务委）

3. 加强对小型微型企业产品的政府采购。落实国家政府采购支持小型微型企业发展的各项政策，制定实施细则。预算金额在300万元（含）以下的政府采购项目，应当从小型微型企业采购；预算金额超过300万元的政府采购项目，在同等条件下优先从小型微型企业采购。无法从小型微型企业获取货物、工程和服务的，可从大型中型企业采购。（牵头单位：市财政局、市发展改革委、各区县政府；参与单位：市经济信息化委、市科委、市商务委）

4. 落实小型微型企业税收优惠政策。认真贯彻落实国家各项扶持小型微型企业发展的税收优惠政策。优化管理流程，加强对小型微型企业纳税工作的政策宣传和服务指导，完善相关政策，健全服务监督制度，强化权益保护，严格执行纳税服务投诉管理办法，及时公正地解决小型微型企业在享受优惠政策和服务措施等方面的合理诉求，确保各项税收政策和服务措施落实到位。（牵头单位：市财政局、市国税局、市地税局；参与单位：市发展改革委、市科委、市经济信息化委、市商务委）

5. 减免清理部分涉企收费。落实中央及本市财政、价格主管部门已公布取消的、部分免征的行政事业性收费。深入开展治理乱收费、乱摊派、变相增加企业负担等行为。建立投诉举报机制，设立投诉举报热线，接受中小企业对各类侵犯其合法权益行为的投诉、举报。（牵头单位：市发展改革委、市经济信息化委；参与单位：市财政局、市监察局、市审计局）

三、缓解小型微型企业融资困难

6. 落实金融扶持政策。引导金融机构制定实施细则，贯彻落实国家出台的一系列支持小型微型企业发展的金融政策措施，增强政策措施的可操作性。加快中小型金融机构建设；根据小型微型企业分布特点，促进金融机构合理布局；推出新的适合小型微型企业的金融服务产品，不断拓宽融资渠道，为小型微型企业提供差异化金融服务；加大政策宣传力度，帮助小型微型企业充分享受金融扶持政策。（牵头单位：人民银行营业管理部、北京银监局；参与单位：市金融局、市经济信息化委、市财政局、市发展改革委）

7. 完善市、区县两级投融资服务体系。发挥政府主导作用，整合社会服务资源，形成银行融资、集合融资、融资租赁、创业投资、上市融资等全方位的投融资服务体系，强化对小型微型企业的融资

服务。形成以市中小企业投融资服务平台为核心，16个区县投融资服务平台为支撑，在京金融服务机构参与的中小企业投融资服务体系。（牵头单位：市经济信息化委；参与单位：市财政局、人民银行营业管理部、北京银监局、北京保监局、北京证监局、市金融局、各区县政府）

8. 创新小型微型企业融资产品。稳步推进小型微型企业集合债券、集合票据、集合信托、短期融资券和中小企业私募债券等创新融资产品，扩大发行规模和范围。支持小型微型企业采取融资租赁、知识产权质押、仓单质押、商铺经营权质押、商业信用保险保单质押、商业保理等多种方式融资。鼓励金融机构围绕小型微型企业的生产周期、市场特征及企业不同发展阶段，创新适用金融产品。（牵头单位：市经济信息化委、市财政局；参与单位：北京银监局、北京保监局、人民银行营业管理部、市金融局）

9. 完善小型微型企业信用担保体系。促进担保机构健康发展，鼓励其为小型微型企业提供低费率担保服务。创新担保业务品种，加大对小型微型企业的融资担保力度。综合运用资本注入、风险控制、资金补偿和考核奖励等多种方式，提高担保机构对中小企业特别是小型微型企业的融资担保能力，扩大对小型微型企业的担保规模。逐步提高再担保资金使用效益。（牵头单位：市财政局、市金融局；参与单位：市经济信息化委）

10. 拓宽小型微型企业融资渠道。完善小型微型企业创业投资扶持机制，鼓励更多创业投资机构与中小企业创业投资引导基金合作，引导民间资金进入创业投资领域，鼓励有条件的区县设立创业投资引导基金。支持各类股权投资、担保、典当、产权交易等机构利用新型融资手段，多渠道扩充小型微型企业资金来源。鼓励小型微型企业运用商业保险机制转移经营风险，辅助融资。（牵头单位：市财政局、市经济信息化委；参与单位：市发展改革委、市金融局、各区县政府）

11. 积极发展小额贷款公司。鼓励各类社会资本在本市设立小额贷款公司。鼓励小额贷款公司增强服务能力，创新服务模式。支持内控机制完善、资产优良、社会效益突出的小额贷款公司增资扩股。（牵头单位：市金融局、市财政局；参与单位：市经济信息化委、人民银行营业管理部）

12. 加大对小型微型企业的信贷支持。商业银行应努力实现对小型微型企业贷款增速不低于全部贷款平均增速，增量高于上年同期水平，并重点加大对单户授信总额在500万元（含）以下小型微型企业的信贷支持。结合实际情况制定小型微型企业贷款不良率的容忍度，推动客户经理拓展小型微型企业业务。合理确定中小企业贷款利率，对小型微型企业适当降低利率上浮幅度。规范小型微型企业金融服务收费。除银团贷款外，商业银行不得对小型微型企业贷款收取承诺费、资金管理费；严格限制对小型微型企业收取财务顾问费、咨询费等费用。（牵头单位：人民银行营业管理部、北京银监局；参与单位：市经济信息化委、市金融局）

四、推动小型微型企业分类发展创新发展

13. 实施小型微型企业分类发展战略。建立并定期发布鼓励产业分类发展指导目录，支持小型微型企业从事科技、文化等符合首都城市功能定位和资源禀赋条件的产业，推进产业结构调整，提升自主创新能力，促进小型微型企业健康发展。在政策和资金方面向有利于保障民生、稳定就业、科技创新及符合北京产业政策的小型微型企业倾斜。（牵头单位：市经济信息化委、市发展改革委、市财政局；参与单位：市科委、市商务委、市人力社保局、市环保局）

14. 加大技术创新支持力度。充分利用市科技型中小企业技术创新资金，重点支持小型微型企业技术改造、结构调整和产业升级，引导小型微型企业向“专、精、特、新”方向发展，加快从要素驱动向创新驱动的转变。鼓励各类技术服务机构、技术市场和研究院所为小型微型企业提供优质服务，促进技术创新要素向小型微型企业集聚流动。支持科技企业孵化器、大学科技园等小型微型企业创业服务机构为小型微型企业创新创业提供市场化、专业化服务。引导和支持小型微型企业与高等院校、研究机构开展技术合作，定期组织开展技术交流活动，共建产学研联合体，组建技术创新联盟。鼓励高等院校、研究机构筛选可转化和可产业化的科研成果，向小型微型企业推介，促进科技成果转化。市级各类科技计划在同等条件下对科技型小型微型企业的项目予以优先立项和支持。（牵头单位：市科委、市教委；参与单位：市经济信息化委、市发展改革委、中关村管委会）

15. 推动科技服务平台建设。推动面向中小企业的公共科技基础条件平台、行业技术创新平台和成果转化平台建设，充分发挥首都科技条件平台作用，支持高等院校、科研院所、企业技术中心、工程技术研究中心及各类公共技术服务平台开放科技资源，向中小企业开放共享实验室，为小型微型企业产品研制、技术开发提供便捷优惠的服务。（牵头单位：市科委、市教委；参与单位：市经济信息化委、市发展改革委）

16. 发挥中关村国家自主创新示范区辐射带动作用。对示范区出现的新型企业孵化模式、科技投入机制、融资支持方式等进行总结，对示范区试点的人才、科技、财税、土地等政策进行评估，尽快将一些实施效果好、适于推广的政策措施扩大惠及范围，支持全市小型微型企业创新创业。（牵头单位：中关村管委会；参加单位：市经济信息化委、市科委、市教委、市人力社保局）

五、支持小型微型企业开拓市场

17. 积极拓展国际市场。利用各类专项资金，

支持小型微型企业参加新产品和新技术推介活动，支持拥有自主知识产权、自主品牌的中小企业积极开拓国际市场。鼓励和引导企业通过认证，应用先进标准和管理方法，促进国际互认，提高产品质量和管理水平。对小型微型企业在境外投资设厂、建立营销渠道产生的前期费用、启动资金、贷款等方面给予支持。鼓励小型微型外贸企业投保出口信用保险，并按有关规定给予保费补贴。（牵头单位：市商务委、市财政局、市经济信息化委；参与单位：市质监局、市知识产权局、北京保监局）

18. 搭建交流合作平台。发挥本市电视、网络、报纸等媒体资源优势，为小型微型企业品牌、产品搭建推广平台。建立大型中型企业和小型微型企业之间的供需交流平台，鼓励大型中型企业与小型微型企业合作配套，建立稳定的产销协作关系，引导企业加强配套协作和产业集聚。支持在京龙头企业延伸产业链条，带动小型微型企业发展，优先支持为在京大企业配套的小型微型企业技术改造。支持小型微型企业抱团开拓市场。（牵头单位：市委宣传部、市国资委、市商务委、市经济信息化委；参与单位：市财政局、市工商联）

六、鼓励创办小型微型企业

19. 适当放宽小型微型企业登记注册条件。支持符合法律法规规定条件的各类人员自主创业，以多种形式设立市场主体，进入法律法规未明确禁止准入的行业和领域。鼓励投资者依法以股权、债权、知识产权等非货币形式评估作价出资和增资，支持以不需要办理权属登记的自有技术作为公司股东的首次出资。（牵头单位：市工商局；参与单位：市知识产权局）

20. 健全创业服务体系。建立市、区县、乡镇（街道）一体化的创业服务体系，根据城乡创业者的需求，引入社会优势创业服务资源，以购买服务的方式组织开展创业项目开发、方案设计、风险评估、开业指导、企业诊断、融资服务、创业扶持等“一条龙”的专业化服务。建立创业信息和政策发布平台，搭建创业者交流互助的有效渠道。充分发挥中小企业服务机构、高校毕业生就业指导机构和各类创业咨询服务机构的作用，共同做好创业服务工作。建立由企业家、创业者、专家学者及政府部门工作人员共同组成的创业服务指导专家队伍，为创业人员提供咨询服务和业务指导。（牵头单位：市人力社保局；参与单位：市教委、市经济信息化委）

21. 加大创业培训力度。逐步将有创业愿望和培训需求的劳动者全部纳入创业培训对象范围，实现创业培训全覆盖。鼓励和引导社会各类优质教育培训资源参与创业培训。通过案例剖析、知识讲座、互动教学、模拟训练和导师帮扶等多种培训方式，增强创业培训的针对性和实用性。鼓励新登记注册2年以内的创业企业的法定代表人或主要负责人参加创业培训，提高创业成功率；对参加培训的创业者，按有关政策规定给予职业培训补贴。（牵头单位：市人力社保局；参与单位：市教委、市经济信息化委）

22. 支持小型微型企业吸纳大学生就业。对小型微型企业新招用毕业年度的北京生源高校毕业生，签订1年以上劳动合同并按时足额缴纳社会保险费的，给予1年的社会保险补贴，政策执行期限截至2014年。（牵头单位：市人力社保局；参与单位：市经济信息化委）

七、拓展小型微型企业发展空间

23. 提高工业土地使用效率。对于已按协议方式出让的工业用地，在出让期限内，受让人在符合规划、不改变土地用途的前提下增加容积率的，经核准后，不再增收土地价款。对于已按招拍挂方式出让的工业用地，在出让期限内，受让人在符合规划、不改变土地用途的前提下增加容积率的，招拍挂文件和出让合同相关条款有约定的，按相关约定办理；没有约定的，经核准后，不再增收土地价款。（牵头单位：市国土局、市规划委、市住房城乡建设委；参与单位：市经济信息化委、各区县政府）

24. 保障小企业创业基地用地。市和区县规划、土地等部门在制定土地利用年度计划和城乡建设规划时，充分考虑小企业创业基地建设用地需求，优先安排小企业创业基地用地指标，为小型微型企业预留发展空间。对现有园区内闲置厂房、仓库进行摸底排查，向急需解决用地的小型微型企业提供租赁信息。（牵头单位：市规划委、市住房城乡建设委、市国土局；参与单位：市经济信息化委、各区县政府）

25. 支持小企业创业基地建设。鼓励重点产业集聚区和功能区建设配套小企业创业基地，鼓励小型微型企业入园发展。支持各类投资主体投资建设小企业创业基地和标准厂房，出租给小型微型企业使用。鼓励各类专业服务机构进驻小企业创业基地提供服务。“十二五”期间，支持建设100家功能完备、运作规范、业绩突出的小企业创业基地。对符合有关规定的小企业创业基地给予政策和资金支持，搭建发展平台和空间载体，降低小型微型企业创新创业成本。（牵头单位：市国土局、市规划委、市财政局、市经济信息化委；参与单位：市环保局、各区县政府）

26. 研究解决镇村小型微型企业聚集区用地问题。在符合相关规划要求的前提下，探索集体建设用地支持小型微型企业、小企业创业基地建设发展的新模式，有序开展试点工作。研究解决符合本市产业发展政策且经济效益、社会效益较好的农民就业基地、工业大院的规划、用地等遗留问题。（牵头单位：市国土局、市规划委、市经济信息化委；参与单位：市环保局、各区县政府）

八、加强中小企业服务体系建设

27. 加快中小企业公共服务平台网络建设。对各部门面向中小企业的服务职能进行研究和整合，加快建设功能完备、统一规范、政策集成、高效便利的中小企业服务平台。在中关村国家自主创新示范区展示中心的会议中心建设1万平方米的市级公共服务平台，设立服务大厅，汇聚服务资源，建设分布式呼叫中心、共享数据资源中心、服务体系运营管理系统和北京中小企业网在线服务系统，形成综合共享的信息服务体系。建设16个区县和多个产业集群平台。实现市级平台网络统一运作、16个区县和多个重点产业集群全覆盖，带动社会各类服务平台、机构为中小企业开展服务。“十二五”期间，重点培育认定100家北京市中小企业公共服务平台，对服务业绩突出、示范作用显著的服务平台建设项目和服务项目给予政策和资金支持。支持国家级和市级中小企业公共服务平台向小型微型企业提供公益或低收费的相关服务。（牵头单位：市经济信息化委、市财政局；参与单位：各区县政府）

28. 建立小型微型企业法律服务体系。市和区县司法行政部门会同中小企业工作主管部门及行业协会、商会，组织法律服务机构和专业人员为小型微型企业提供法律服务，为符合法定条件的小型微型企业从业人员提供法律援助。设立法律服务热线，拓展“12348”专线业务，为切实维护小型微型企业合法权益提供法律保障。（牵头单位：市司法局、市经济信息化委；参与单位：市工商联、各区县政府）

29. 鼓励行业协会、商会等社会组织参与中小企业服务体系建设。引导行业协会、商会等吸纳小型微型企业参加行业组织，为小型微型企业提供行业信息发布、咨询指导、宣传培训、政策建议、权益保障等服务，并加强行业自律。（牵头单位：市民政局；参与单位：市经济信息化委、市科委、市商务委、市工商联）

九、提高小型微型企业经营管理水平

30. 实施中小企业信息化应用推广工程。引导中小企业利用信息技术提高研发、生产、管理、营销和服务水平。推进中小企业信息化管理、电子商务知识普及。推动大型IT企业、中小企业信息化应用服务商在“十二五”期间免费为本市优秀中小企业建设网站超过2万家；扶持4万家小型微型企业开展网络营销；对6万家小型微型企业进行培训，培养互联网营销领域专业人才。（牵头单位：市经济信息化委；参与单位：市商务委、市人力社保局）

31. 加大人才培训力度。开展小型微型企业信息化管理、现代企业管理制度、企业发展战略、企业管理案例、市场开拓、安全生产、小企业会计准则、劳动关系、质量认证、质量管理方法、食品安全、节能减排、小型微型企业素质提升等系列主题培训，每年培训10万人次。充分整合社会资源，逐步建立起政府认定，企业自主选择培训机构，公益与市场相结合的日常培训体系。（牵头单位：市经济信息化委；参与单位：市促进中小企业发展工作领导小组成员单位、各区县政府）

32. 实施中小企业知识产权推进工程。积极培育具有自主知识产权优势的中小企业聚集区，同时发挥聚集区的辐射、带动作用，进一步提升中小企业聚集区知识产权保护能力和自主创新能力。开展中小企业知识产权问题会诊，针对中小企业聚集区企业共性和个性问题，提供知识产权解决方案。加强知识产权知识普及，提高中小企业知识产权创造、运用、保护和管理水平，整体带动本市中小企业自主知识产权水平的提高。（牵头单位：市知识产权局；参与单位：市经济信息化委、市科委）

十、加强小型微型企业工作协同推进

33. 加大舆论宣传力度。积极引导市属新闻媒体大力宣传扶持小型微型企业的政策措施，鼓励其免费设立中小企业宣传专栏、专刊、专题，增强报道力度，成为小型微型企业政策宣传的主要渠道和重要平台。创造有利于小型微型企业发展的舆论环境和文化氛围，增强小型微型企业的发展信心。（牵头单位：市委宣传部、市经济信息化委；参与单位：市促进中小企业发展工作领导小组成员单位、各区县政府）

34. 加大政策措施落实力度。各区县要于2012年底前组建完成促进中小企业发展工作领导小组；2013年6月底前设立中小企业发展专项资金，建立健全中小企业服务中心，确保中小企业服务机构、人员、办公场所落实；2013年底前建成面积不少于1000平方米的中小企业公共服务平台。（牵头单位：各区县政府；参与单位：市经济信息化委、市财政局）

35. 完善中小企业统计监测体系。统计及有关部门要进一步加强对小型微型企业的调查统计工作，继续完善小型微型企业统计调查、监测分析制度，定期发布统计数据及报告。（牵头单位：国家统计局北京调查总队、市统计局；参与单位：市经济信息化委、市工商局、市人力社保局、市质监局）

36. 加强协调监督。充分发挥市促进中小企业发展工作领导小组的统筹规划、组织领导和政策协调作用，明确部门分工和责任，确保工作落到实处。（牵头单位：市经济信息化委；参与单位：市促进中小企业发展工作领导小组成员单位和各区县政府）

各区县政府和市有关部门、单位要切实抓好本意见的贯彻落实，尽快制定配套实施办法。

北京市人民政府

二○一二年十一月三十日

关于大力支持小型微型企业发展的若干意见

津政发〔2012〕4号

各区、县人民政府，各委、局，各直属单位：

为深入贯彻落实国务院关于支持小型微型企业发展的有关政策，加快转变经济发展方式，调整优化经济结构，促进我市小型微型企业加快发展，现提出以下意见：

一、切实重视小型微型企业的发展。小型微型企业，是按照工业和信息化部、国家统计局、国家发展改革委、财政部《关于印发中小企业划型标准规定的通知》（工信部联企业〔2011〕300号）划定的小型企业和微型企业。大力发展小型微型企业特别是其中的科技型、创业型、劳动密集型企业，是我市推动经济增长、增加就业、改善民生、促进科技创新与社会和谐稳定的重要举措。各区县、各部门、各单位要高度重视小型微型企业发展，积极履行职责，强化措施，优化服务，落实政策，为全市小型微型企业营造优良的经营发展环境。

二、引导金融机构加大对小型微型企业的信贷支持。银行业金融机构对小型微型企业贷款的增速不低于全部贷款平均增速，增量高于上年同期水平，对达到要求的小金融机构继续执行较低存款准备金率，并为符合条件的小金融机构优先办理再贴现。将地方法人金融机构支持小型微型企业情况纳入差别存款准备金动态调整参数予以考虑和倾斜。各银行业金融机构要根据小型微型企业的生产周期、市场特征和资金需求，进一步优化贷款期限结构，在适当维持中长期贷款需求的同时，积极增加短期贷款；要综合考虑小型微型企业成长周期、信用状况和盈利水平等因素，完善小型微型企业利率定价机制，合理确定小型微型企业利率浮动幅度，对信用等级高的小型微型企业，减少上浮幅度或执行基准利率。支持我市地方法人银行机构发行专项用于小型微型企业的金融债，拓宽小型微型企业信贷资金来源渠道。

三、建立小型微型企业贷款风险补偿奖励机制。从2012年1月1日至2014年12月31日，银行业金融机构、小额贷款公司发放贷款，融资租赁机构发放融资租赁额，专业保理机构发放保理业务额，专业保险机构办理融资保险额，凡是面向我市小型微型企业的，由市财政按当年年末余额比上年末余额增加部分（上年末余额若低于2011年末余额，则按当年年末余额超过2011年末余额计算增加额）对以上机构给予奖励。奖励标准为年末余额每增加1亿元，市财政奖励30万元。从2011年11月1日至2014年10月31日，对金融机构与小型微型企业签订的借款合同免征印花税。将金融企业中小企业贷款损失准备金税前扣除政策延长至2013年底。将符合条件的农村金融机构金融保险收入减按3%征收营业税的政策延长至2015年底。

四、实行小型微型企业金融服务差异化监管政策。鼓励金融机构设立小型微型企业专营部门和特色分支机构，实行差别授权管理，下放授信审批权限。对小型微型企业贷款余额和客户数量达到规定比例的商业银行，允许其批量筹建同城支行和专营机构网点。对商业银行发放金融债所对应的单户500万元（含）以下的小型微型企业贷款，可不纳入存贷比考核。商业银行可将单户授信500万元（含）以下的小型微型企业贷款视同零售贷款计算风险权重，降低资本占用。适当提高对小型微型企业贷款不良率的容忍度。

五、创新小型微型企业融资产品。加快信用体系建设，完善小型微型企业征信服务体系，为商业银行和小型微型企业提供信息对接的桥梁。引导金融机构及小额贷款公司针对小型微型企业抵押物不足和资金需求“短、频、急”特点，完善抵质押物评估体系建设，扩大利用动产、知识产权、股权、应收账款、仓单质押等方式贷款规模，开展免担保免抵押的流动资金小额贷款业务，简化贷款流程，加速企业贷款资金周转循环频率和利用效率。鼓励金融机构结合小型微型企业经营周期、现金流量等特征，灵活设计不同还款方式、还款周期的金融信贷产品。

六、拓宽小型微型企业融资渠道。区县人民政府、功能区管委会、行业协会、商会等要发挥作用，鼓励各类资本参与设立小额贷款公司、村镇银行等面向小型微型企业的金融服务机构。利用天使基金、股权投资、风险投资、集合性债券、短期融资券、信托、典当、租赁、产权交易市场以及其他新型融资手段，多渠道扩展小型微型企业资金来源。建立企业融资中心、融资超市等一站式综合服务平台，发挥其金融创新功能，大力开发金融衍生品；进一步完善服务内容，通过金融服务日、对接会和推介会等活动，展示推广各类金融产品，进行点对点的现场对接服务。从2012年1月1日至2014年12月31日，对在天津股权交易所挂牌交易的本地企业，初始融资额达到500万元以上的，市财政给予50万元的一次性专项补助。

七、建立完善小型微型企业多层次担保服务体系。加强市级政策性担保机构建设，综合运用资本注入、风险补偿和奖励补助等多种方式，提高担保能力，发挥主导作用。鼓励各类合规资本发起或参与设立融资性担保机构，指导监督担保机构规范财务管理，提高担保资金使用效率，增强风险控制和融资担保能力，扩大对小型微型企业的担保规模。发挥保险公司在小型微型企业融资中的风险分担作用，积极采用借款保证保险和应收账款保险等方式，为小型微型企业融资提供担保，降低贷款风险，激发银行贷款的积极性。加快信用共同体建设，鼓励企业特别是缺乏抵质押物的小型微型企业自愿结合，采用联保、互保等方式，建立箱式、伞式和街区式等形式的信用共同体，按照一次核定、随用随贷、余额控制、周转使用的原则，解决一批聚集经营小型微型企业的融资需求。

八、落实小型微型企业担保业务补助政策。继续对区县担保基金给予支持，提高对担保机构开展小型微型企业担保业务的补助标准，补助资金专项用于风险补偿。落实好国家对符合条件的担保机构免征营业税、准备金提取和代偿损失税前扣除政策，支持担保机构为小型微型企业提供贷款担保或再担保。

九、降低小型微型企业融资成本。清理纠正金融服务不合理收费，除银团贷款外，禁止商业银行对小型微型企业贷款收取承诺费、资金管理费，严格限制商业银行向小型微型企业收取财务顾问费、咨询费等费用。降低小型微型企业抵押评估登记费用，除登记费和工本费外，登记部门不得收取其他费用；继续使用同一抵押物申请贷款抵押登记，距上一次登记未满2年的，登记费减半收取。

十、加大对小型微型企业的财政资金支持力度。积极争取国家财政资金，逐步扩大市中小企业发展专项资金规模，重点支持信息服务、业务培训、创业辅导、法律服务、市场开拓等中小企业服务体系建设。充分利用郊区工业技术改造贷款贴息专项资金，集中整合市和区县财力，重点支持小型微型企业发展和服务体系建设。

十一、支持建立小型微型企业创业示范基地。制定配套扶持政策，整合改造提升现有创业载体资源，鼓励支持利用闲置的厂房、场地以及在现有各类工业园区、商务楼宇、经济技术开发区、高新技术产业园区、大学科技园区、创业园区、商品交易市场等，建立小型微型企业创业基地，为创业者提供生产经营场所，开展创业指导和综合服务，提高小型微型企业创业成功率。重点培育和支持一批功能完备、运作规范、业绩突出的小型微型企业创业示范基地。

十二、支持小型微型企业加快结构调整转型升级。重点扶持纺织服装、机械制造、冶金钢铁、服务业等传统产业和劳动密集型产业的小型微型企业，鼓励支持企业开展科技创新、技术改造、成果转化、产品开发、市场开拓、协作配套、品牌建设、节能减排、管理创新等，推动企业向技术含量高、经济效益好、资源消耗低的产业方向转型升级。鼓励支持高等院校、科研院所、企业技术中心、工程技术研究中心及各类公共技术服务平台开放科技资源，加强共性关键技术研究，提供技术支持。重点在轻工、纺织、电子信息等行业领域和若干园区、商务楼宇，建设一批小型微型企业技术创新、产品研发、检验检测、技术推广等公共服务平台。

十三、鼓励连锁加盟行业小型微型企业发展。简化投资小型微型连锁经营企业登记程序。凡不需要前置审批的，或设立配送中心和连锁经营门店的，可持总部的连锁经营相关文件和登记材料，直接到门店（中心）所在地工商行政管理机关申请办理登记手续。对连锁经营企业和各类经济功能区需一次性申请设立（变更、改制）多个企业的，提供统一时间、统一地点、统一要件、统一程序、统一办结的团体化登记服务。支持下岗职工和高校毕业生以连锁加盟的方式创业发展。

十四、进一步减轻小型微型企业税费负担。落实好国家对小型微型企业税收扶持政策。2015年底前，对年应纳税所得额低于6万元（含）的微利小型微型企业，其所得减按50%计入应纳税所得额，按20%的税率缴纳企业所得税。提高个体工商户和个人增值税、营业税起征点，其中按期纳税的调整为2万元，按次纳税的调整为500元。将符合条件的国家中小企业公共技术服务示范平台纳入科技开发用品进口税收优惠政策范围。继续清理行政事业性收费，整顿强制、垄断性经营服务性收费，取消不合理收费项目，降低收费标准，严肃查处乱收费、乱罚款及各种摊派行为，切实保护企业合法权益，缓解企业生产经营成本压力。

十五、着力解决小型微型企业劳动力资源和结构问题。充分利用国内外和我市职业院校教育资源，搭建小型微型企业的劳动力资源对接平台，开展有针对性的订单培训和定向培训，重点培养紧缺人才。进一步加强与劳动力资源丰富省份的衔接，强化劳务协作，吸引更多的外来劳动力到我市中小企业就业，建立我市稳定的用工输入基地。

十六、强化小型微型企业基础管理。加强对小型微型企业培训，提高企业经营者素质，通过免费提供政策咨询、专家讲座、专业辅导等，引导企业学习采用国内外先进的管理理念、方法和手段，完善治理结构，规范财务制度，强化风险控制，实行精细化管理，提高经营管理水平。加强“依法经营、诚实守信”宣传教育，培育和树立一批“守合同、重信用”的示范小型微型企业。分区县开展对小型微型企业不同层次人员的融资知识培训，规范企业的财务行为；对有一定实力的企业，推广股权和债券融资计划书，为企业融资提供标准化的便捷通道。

十七、完善小型微型企业运行监测体系。市中小企业局会同统计部门，研究建立和完善对小型微型企业的分类统计、监测、分析和发布制度，有关部门要及时向社会公开发布发展规划、产业政策、行业动态等信息，逐步建立小型微型企业市场监测、风险防范和预警机制。继续加强对小型微型企业生产经营和面临困难问题的调研分析，及时掌握并准确反映企业运行情况，为科学决策提供可靠依据，为广大企业及时调整经营策略提供参考信息。

十八、改善对小型微型企业的服务环境。进一步减少、合并行政审批事项，简化程序、缩短时限、提高效率，为小型微型企业设立、生产经营等提供便捷服务。健全以技术支持、管理咨询、信息服务、创业指导、人才培训为主要内容的社会化服务体系，建立各级中小企业综合服务机构，完善财政补助机制。加强政府系统中小企业发展促进工作人员特别是领导干部和中层干部的金融知识培训，提高对企业的金融服务能力和水平。

十九、营造艰苦创业勇于创新的浓厚氛围。充分发挥各类媒体作用，宣传促进小型微型企业发展的扶持政策，营造全社会关心支持小型微型企业发展的舆论环境。大力宣传表彰一批科学管理、自主创新、转型升级、开拓市场的优秀企业典型，弘扬创业精神，激发创业热情，引导广大企业进一步坚定信心、攻坚克难、开拓创新、做大做强。

二十、建立小型微型企业工作监督考核机制。各区县人民政府和市有关部门、单位要切实抓好本意见的贯彻落实，尽快制定配套实施办法。市人民政府对各区县和市有关部门、单位的落实情况进行督查。市中小企业局负责牵头组织市有关部门，加强对发展小型微型企业工作的组织领导、统筹规划和政策协调，制定相关检查、考核和验收标准，开展季度讲评和年度考核工作，加大组织推动力度，抓紧抓实抓出成效。

二〇一二年四月十七日

河北省人民政府关于支持小型微型企业发展的实施意见

冀政〔2012〕14号

各设区市人民政府，省政府各部门：

为贯彻落实国务院关于支持小型和微型企业（以下简称小微企业）发展的金融、财税政策措施，切实缓解小微企业经营难、融资难和税费负担偏重问题，更好地扶持我省小微企业发展，制定如下实施意见：

一、加大信贷支持力度

（一）信贷投放向小微企业倾斜。各银行业金融机构要认真贯彻落实国务院的要求，强化社会责任，改进和提升金融服务，不断增加信贷投放，大力支持小微企业发展，确保对小微企业信贷增速不低于全部贷款平均增速，增量高于上年同期水平。人民银行石家庄中心支行要安排专项再贴现资金，对产、供、销经营稳定的小微企业签发的单笔500万元以下的商业汇票给予再贴现支持。专项安排支农再贷款资金用于农村金融机构增加县域小微企业信贷需求。“十二五”期间，力争全省小微企业贷款占全部贷款的比重每年提高2个百分点以上。

（二）实施差异化的监管政策。银行业监管部门要优先受理和审核与小微企业金融服务有关的市场准入事项，提高行政审批效率。对银行业金融机构发行金融债所募集的资金，用于发放单户500万元以下小微企业贷款的，在考核存贷比时可不纳入计算范围。允许银行业金融机构将单户500万元以下的小微企业贷款视同零售贷款计算风险权重。对小微企业贷款不良率容忍度，可在原定基础上提高1至3个百分点。

（三）降低小微企业融资成本。各银行业金融机构要及时对相关内部制度进行梳理，清理影响和制约小微企业发展的不合理制度，降低小微企业融资成本。对小微企业的贷款利率在风险定价的基础上合理浮动，降低小微企业贷款利率。对支农再贷款资金利率上浮幅度不得超过基准利率的30%。除银团贷款外，禁止银行业金融机构对小微企业贷款收取承诺费、资金管理费。严格限制银行业金融机构对小微企业收取财务顾问费、咨询费等。

（四）鼓励金融服务创新。各银行业金融机构要探索开展小微企业贷款模式、产品和服务创新，加强对新型融资方式、服务手段、信贷产品及抵（质）押方式的研发和推广。在法律法规允许范围内，探索动产、权利和现金流质押等新的担保方式。保险机构要创新服务方式，搭建小微企业增信平台。创新出口信用保险服务方式，加强小微外贸企业的资信调查、承保理赔和便利融资服务。积极开展小微企业贷款信用保险和保证保险业务。银行与保险公司建立风险共担机制，按比例分摊贷款本金的损失风险。

二、拓宽直接融资渠道

（一）推进小微企业上市融资。积极培育上市资源，支持规模较大、技术领先、发展前景好的小微企业在同行业或上下游企业实施兼并重组，进一步做大做强。紧紧抓住国家扩大“新三板”试点范围的有利时机，推动石家庄、保定、唐山、燕郊国家级高新技术开发区申请试点资格。

（二）推进小微企业债券融资。金融、发展改革、商务、工业和信息化等部门在各自系统内筛选有债券融资意向、接近发债条件的优势企业作为债券融资后备企业进行重点培育，积极搭建企业与中介机构对接平台，发挥承销团、财务顾问、审计机构、信用评级机构等债券融资中介机构的作用，加快推进小微企业申请发行集合债券、集合票据，进一步提高企业的直接融资水平。

（三）推进小微企业股权融资。充分利用天津股权交易所及其分市场的小额、多次、快速、低成本融资优势，组织推动符合条件的小微企业挂牌融资。全面落实省产权交易中心和北京产权交易所签订的《战略合作协议》，为小微企业提供股权交易平台。

（四）促进股权投资基金发展。各设区市政府和有条件的开发区都要出资设立创业投资引导基金，建立科学规范的运行机制，引导社会资金设立更多创业投资基金；落实和完善既有扶持和奖励政策，鼓励发展其他类型股权投资基金。通过支持设立和引进各类股权投资基金，为小微企业提供股权融资及增值服务。

三、发展小型金融机构

（一）发展小额贷款公司和村镇银行。积极稳妥地推进小额贷款公司试点工作，加强监管，规范运作，使之成为小微企业融资的重要渠道。鼓励支持省内外银行到我省发起组建村镇银行等新型农村金融机构。

（二）支持银行开设专营小微企业的分支机构。鼓励各银行业金融机构加强小微企业专营机构建设，充实人员力量，并向分支机构和基层营业网点延伸业务。最近一年为我省中小企业贷款余额占企业贷款余额达到70%以上的银行，单户500万元以下的小微企业贷款余额占各项贷款余额的比例达到80%以上的银行，允许其批量筹建多家同城小微企业专营支行。

（三）大力发展融资担保机构。鼓励银行业金融机构与融资性担保机构开展合作，为小微企业融资增信。支持省级担保公司做大做强，发挥担保和再担保职能；支持市级小微企业融资性担保机构发展，每个设区市至少要成立一家资本金规模1亿元以上的区域性担保机构，在所属县（市、区）小微企业融资性担保机构中发挥辐射带动作用；做实县级小微企业融资性担保机构，使资本金达到5000万元以上。

四、加大政策支持力度

（一）加大财政支持力度。各市、县（市、区）政府要按照《河北省人民政府关于进一步加快民营经济发展的意见》（冀政〔2011〕36号）要求，设立小微企业发展专项资金，并逐年扩大规模，加大对小微企业的财政扶持力度。进一步整合现有小微企业发展和管理专项资金，调整资金使用方向，重点用于对符合国家产业政策的小微企业的无偿补贴、贷款贴息和担保机构的风险补偿。

（二）放宽登记注册条件。申请注册公司的，允许公司股东分期缴纳出资，全体股东首次出资合计达到注册资本的20%即可办理，其余部分可以在2年内缴足，投资公司可以放宽到5年内缴足；除法律法规和规章另有规定外，允许股东以股权出资、股权质押、商标专用权、知识产权、土地使用权等作价出资设立公司，其出资比例可占注册资本总额的70%。鼓励支持企业办理股权出资登记。

（三）减轻税费负担。对符合规定条件的小微企业，年应纳税所得额低于3万元（含3万元）的小微企业，其所得减按50%计入应纳税所得额，按20%的税率缴纳企业所得税；对小微企业缴纳城镇土地使用税确有困难的，可按有关规定向主管地方税务机关提出减免税申请。小微企业因特殊困难不能按期纳税的，可依法申请在3个月内延期缴纳；至2015年底前对符合条件的农村金融机构收入按3%征收营业税。到2014年10月31日前，对金融机构与小微企业（指符合工信部联企业〔2011〕300号规定的小微企业）签订的借款合同免征印花税。工商、房管、公安、评估机构要降低小微企业股权出质登记、资产抵押登记以及资产评估费用，压缩办理抵押、评估、担保手续时限，原则上在3天内完成。自2012年1月1日起至2014年12月31日，对依照《工业和信息化部国家统计局国家发展改革委财政部关于印发中小企业划型标准规定的通知》（工信部联企业〔2011〕300号）认定的小型和微型企业，免征管理类、登记类和证照类等行政事业性收费。

（四）支持小微企业加快技术改造。小微企业的固定资产由于技术进步原因需加速折旧的，可按规定缩短折旧年限或者采取加速折旧的方法。推进小微企业节能减排和清洁生产。对纳入环境保护、节能节水企业所得税优惠目录的投资项目，按规定给予所得税优惠。

（五）建立风险补偿机制。各设区市政府要设立小微企业贷款风险补偿专项资金，用于弥补金融机构对小微企业贷款形成的一些风险，引导金融机构加大对小微企业的信贷投入。将小额贷款公司、典当行、村镇银行、资金互助社等金融机构对“三农”和小微企业的贷款纳入风险补偿范围，提高小型金融机构支持小微企业的积极性。

（六）构建民间借贷监管协调机制。省金融办要会同人民银行石家庄中心支行、河北银监局、省公安厅等省有关部门，构建民间借贷监管协调机制，建立民间借贷统计指数。按照国家对大中小企业新的划型标准，统一小微企业各项指标口径，为民间借贷双方提供信息汇集与发布、借贷合约公证和登记、交易款项结算、资产评估登记和法律咨询等综合服务。

五、进一步优化发展环境

（一）强化组织领导。各地各部门要高度重视，把支持小微企业发展列入重要议事日程，切实加强领导，强化督导，改进监管方式，确保支持小微企业的金融财税等政策落实到位。政府相关部门、小微企业及银行业金融机构要定期举办各种形式的银企对接会、产品推介会、政策培训会等，促进小微企业发展。加强宣传推介，主要新闻媒体要开辟小微企业金融服务专刊或通过专题报道的方式，宣传、推介对小微企业金融服务的举措和经验，每年评选“十佳小微企业专营机构”和“十大小微企业金融服务产品”。

（二）发挥行业协会的作用。充分发挥银行业协会、小额贷款协会等行业组织的作用，建立业务备案制度，及时掌握小微企业发展动态。设立小微企业金融服务奖励资金，每年通过监测、评比和考核，确定并奖励小微企业金融服务工作突出单位和个人。

（三）加强金融生态环境建设。整合信贷、环保、工商、纳税、用电量、法律等信用信息，建立健全企业综合征信系统，量化中小企业信用。严厉打击逃废债行为，提高案件执行率。将地方政府、金融机构为小微企业融资工作成效作为评选金融贡献奖和金融生态市、县的主要依据，按照新增融资额和风险控制等给予奖励。

河北省中小企业局关于印发《开展“百千万”技术支持小微企业转型升级活动方案》的通知

冀企产〔2012〕5号

各设区市工业和信息化局：

为贯彻落实《国务院关于进一步支持小型微型企业健康发展的意见》，促进小微企业转型升级，营造全社会关注小微企业发展的良好氛围，省局研究决定在全省开展“百个技术平台，千名技术人员，服务万家企业”，技术支持小微企业转型升级活动。现将《开展“百千万”技术支持小微企业转型升级活动方案》印发给你们，请结合本地实际，制定本地公共技术服务平台支持小微企业转型升级活动工作计划，明确分工，落实责任，认真组织本辖区公共技术服务平台技术支持小微企业转型升级活动。活动计划和工作开展情况请及时向省局产业指导处反馈。

二〇一二年六月四日

开展“百千万”技术支持小微企业转型升级活动方案

为贯彻落实《国务院关于进一步支持小型微型企业健康发展的意见》，根据国家工信部转型升级行动计划和开展中小企业服务年活动安排，帮助小微企业提振信心，解决部分企业科技水平低、创新能力弱、管理粗放等问题，促进企业转型升级，省局研究决定在全省开展“百个技术平台，千名技术人员，服务万家企业”技术支持小微企业转型升级活动。现制定如下方案：

一、活动主体

100个省级以上公共技术服务平台，1000名技术人员，为产业集群内10000个小微企业开展技术服务，促进小微企业转型升级。

二、活动目标

通过开展“百千万”技术支持小微企业转型升级活动，服务10000家小微企业，培育省级中小企业名牌200个，参与制定国家、行业、企业标准200个，获国家专利200项，研发推广新技术500项，改进工艺600项，开发新产品1000个，检测产品10000项次，引进科技人才2000名，培训技术人员9000人次，培训员工60000人次，促进所在产业集群新增销售收入30亿元。

三、活动内容

1. 政策咨询服务：以推动国家和省扶持小微企业发展政策措施贯彻落实和中小企业成长规划实施为重点，开展全方位的政策宣传服务，搞好政策宣讲解读，使企业了解政策、用好用足政策。

2. 技术研发服务：帮助企业技术研发，开发新产品，组织新产品鉴定，引进、推广、应用新技术，转化科技成果、解决企业共性技术需求。

3. 工艺设计服务：帮助企业产品设计（打样）、工艺改进、模具设计制作。

4. 技术指导服务：组织技术专家开展技术咨询、技术诊断，进行技术指导，解决技术难题。

5. 标准制定服务：帮助企业制定企业标准，参与国家标准、行业标准制定。

6. 知识产权服务：指导帮助企业发明创造，申报国家专利、购买专利技术，加强知识产权管理，保护企业知识产权。

7. 产品检测服务：为中小企业提供原材料性能测试、新产品实验、产品检疫检测、检测数据分析，提出改进意见。

8. 管理提升服务：为企业提供基础管理、生产管理、现场管理、质量管理、设备管理、安全管理、物资管理、营销管理、财务管理、成本管理、风险管理、人力资源管理、精细化管理等企业管理培训，搞好管理咨询，提高企业管理水平。

9. 品牌创建服务：组织2012年度河北省中小企业名牌产品申报，认定一批中小企业名牌产品，推荐一批河北省著名商标。

10. 信息交流服务：通过信息交流平台，为中小企业提供信息查询、信息发布、信息交流、网上展示、网上招商、电子商务服务。

11. 人才培训服务：通过人才培训平台，为中小企业提供技术培训、技能培训、岗前培训、贯标对标培训、管理培训等。

12. 产学研合作服务：通过产学研合作平台，为企业与大专院校、科研单位沟通信息、牵线搭桥，实现产学研对接，帮助企业引进人才、引进技术。

四、活动方式

1. 搞好调查研究。通过问卷调查、深入企业走访、召开座谈会等方法，了解中小企业共性技术需求。按照需求内容分类梳理，提出技术服务对接方案，增强技术服务的针对性和有效性。

2. 服务双方对接。平台所在市、县工信局，组织产业集群公共技术服务平台及技术人员和有技术需求企业代表，召开技术服务对接会。介绍技术服务方案，公示技术服务内容、服务时间、服务方式和收费标准，按照企业技术需求，分别进行面对面、点对点洽谈和服务对接。省局会同有关市、县工信局组织省级公共技术服务示范平台开展面向重点产业集群的对接服务活动。

3. 开展技术服务。根据洽谈对接意向，由提供服务的公共技术服务平台为有技术服务需求企业开展政策咨询、技术研发、工艺设计、技术指导、标准制定、知识产权、产品检测、管理提升、品牌创建、信息交流、人才培训、产学研合作等项技术服务，有长期合作意向的企业，可与技术平台签订技术服务协议，建立平台服务企业转型升级的长效机制。

4. 加强督导协调。市、县两级工信局要加强督导，及时了解技术服务开展情况，帮助解决技术服务过程中出现的问题。对技术平台解决不了的问题，由县级工信局协调有关部门解决；需要聘请外地专业咨询机构和专家解决的问题，由市、县级工信局出面协调；需要省中小企业局帮助解决的问题，可以及时沟通联系。

五、活动安排

1. “百千万”技术支持小微企业转型升级活动时间为2012年7月至12月。活动启动仪式拟定于6月底或7月初进行（具体时间另行通知），设区市主管局长、科长、省级平台负责人参加。启动仪式后，举办公共技术服务平台专题培训班，观摩辛集河北省皮革研究院和国际皮革城。

2. 各设区市工信局负责组织本辖区县（市、区）开展“百千万”活动，并及时向省局反馈有关信息。省局将利用《民营经济简报》和中国中小企业河北网及时总结交流活动开展情况。省局将对活动情况进行督导检查，年底进行总结表彰。

3. 省局成立“百千万”技术支持小微企业转型升级活动领导小组，分管副局长任组长，产业指导处承担具体组织、协调工作。各设区市工信局也要明确分管领导、责任科（处）室抓好这项工作，扎实推进活动顺利进行。

4. 省中小企业局专项资金将对“百千万”活动予以适当支持。

联系人：王立杰

联系电话：0311—87903836

河北省中小企业局关于印发《中小企业订单式服务工作流程》的通知

冀企创〔2012〕9号

各设区市、县（市、区）工业和信息化局及全省公共服务平台网络窗口单位、各类中小企业创业辅导基地：

订单式服务是近年来我省着力打造的一项为中小企业服务的创新模式和服务品牌，受到国家工信部中小企业司的充分肯定，并在全国推广。目前已经举办100多场次，取得很好的效果，受到普遍欢迎。根据各地要求，为将此项服务向设区市、县延伸，更好地按照规程开展订单式服务，增强服务的针对性和实效性，经进一步修改完善，现将《中小企业订单式服务工作流程》予以印发。请各地结合实际，按照订单式服务要求，主动开展服务活动。

请各设区市局将此文件转发至所辖县（市、区）中小企业主管部门以及列入全省中小企业公共服务平台网络的各窗口单位、各类中小企业创业辅导基地，并指导其开展好订单式服务活动，尤其是今年获得省专项资金（订单式服务专项）支持的唐山、张家口、衡水、邯郸市局所属综合窗口单位必须按照目标要求独立开展订单式服务活动。各单位举办的订单式服务活动要注意存档活动现场影像、服务内容（具体地点、服务项目、专家等）、参加人员名单（姓名、单位、电话等）、费用支出凭证。同时，年底前将所有资料复制报送省中小企业服务中心1份，并以此作为省订单式服务专项资金支持的重要依据。

二〇一二年八月七日

附件

中小企业订单式服务工作流程

一、承办及申请

1. 订单式服务承办单位为省、设区市两级中小企业综合服务机构及全省40个窗口平台。

2. 县（市、区）中小企业主管部门、各类中小企业创业辅导基地等根据本区域企业需求向承办单位提出订单式服务书面申请，承办单位接到服务申请后在三个工作日内给予答复。

二、服务需求调查

订单式服务需求调查是采取多种形式对拟接受服务的企业开展问卷调查，以便承办单位收集和汇总相关服务需求，确定服务内容和方式。

1. 申请单位按照要求，采取多种形式向有关企业发放和收集《订单式服务需求调查表》（见附表1），并及时报送承办单位。

2. 承办单位对申请单位服务需求调查资料进行整理汇总，并电话抽查企业服务需求的真实性，根据共性需求确定服务内容。

3. 承办单位填写《订单式服务受理表》（见附表2），并及时通知申请单位。

三、选定服务机构和专家

1. 承办单位根据服务内容，比选并确定具有相关资质和经验的专业机构和专家，通过充分沟通协商，签订服务委托订单。

2. 市级综合服务机构及平台网络窗口单位当地服务资源不足时，可直接联系省中小企业服务中心予以协同支持。

四、服务实施

1. 承办单位与申请单位协商确定活动时间、地点、程序等有关事项，并向申请单位发送《订单式服务公函》及行程安排，做好活动准备工作。

2. 申请单位负责活动现场的组织工作，包括人员报到、会场布置、影像拍摄等会务工作。现场会标统一为“河北省中小企业订单式服务（＊＊专场）”，“＊＊”为所在地的县（市、区）名称。

3. 订单式服务结束后，申请单位组织现场填写《订单式服务企业评价意见表》（见附表3），对本次订单式服务给予评价。

4. 申请单位将参会人员名单（姓名、单位、电话）、影像资料、《订单式服务企业评价意见表》等资料汇集存档，并报送承办单位1份。

五、服务回访

订单式服务回访是指向已接受服务企业通过网络或电话等形式对服务活动的要求和企业的进一步需求所做的跟踪调查，是向企业提供延伸服务的基础工作。

1. 服务结束后，由承办单位对接受服务企业进行回访，填写《订单式服务回访情况登记表》（见附表4），对已提供服务的效果及企业的延伸服务需求进行记录。

2. 被回访企业如有延伸服务需求，承办单位负责全程跟进服务机构与企业间的供需合作，监控合同价格、服务质量，协调双方关系。

六、资料档案归档

订单式服务结束后，承办单位和申请单位应归档资料包括：《订单式服务公函》《订单式服务需求调查表》《订单式服务受理表》《订单式服务企业评价意见表》《订单式服务回访情况登记表》以及申请单位印发的通知、参会人员名单、服务机构及专家情况、影像资料等。

附表1 订单式服务需求调查表

<table>
<tr><td colspan="3">企业名称：</td><td>注册时间　　　年　　月</td></tr>
<tr><td colspan="3">地址：</td><td>所属行业</td></tr>
<tr><td>职工人数：</td><td>上年销售额万元</td><td>上年资产总额</td><td>万元</td></tr>
<tr><td>联系电话</td><td></td><td>E－mail：</td><td></td></tr>
<tr><td>法人/负责人</td><td></td><td>移动电话：</td><td></td></tr>
<tr><td colspan="4">人员培训服务 □市场营销 □财会统计 □电子商务 □经济管理 □政策法规 其他：
市场开拓服务 □形象设计 □产品设计 □产品推广 □展览展销 □政府招标 其他：
创业辅导服务 □项目诊断 □市场营销 □财税管理 □筹资融资 □管理制度 □编制商业计划书 □创业培训 □创业信息 其他：
法 律 服 务 □资产重组 □股权转让 □债权债务 □知识产权保护 □劳动人事 □商务合同□涉外业务 □法律诉讼 其他：
管理咨询服务 □发展战略策划 □人力资源 □财务管理 □营销管理 □投资融资 □兼并重组 □上市辅导 □审计统计 □行政许可申报代理 其他：
质量管理服务 □质量检验检测 □质量体系认证 □安全、卫生体系认证 □产品认证 □质量评奖 其他：
技术创新服务 □工业设计 □新工艺、新材料推广 □技术诊断 □新产品鉴定 □软件技术服务 □节能优化技术服务 □物流电子商务 其他：
信息咨询服务 □政策法规 □产业规划 □市场行情 □政府采购 □项目申报 □展览展销 □经贸洽谈 □招商引资 其他：
人才服务（请详细说明所需人员情况及条件）：

企业所需要的其他服务：</td></tr>
<tr><td colspan="4">承办单位：　　　联系人：　　　地址：
电话：　　　传真：　　　电子邮箱：</td></tr>
</table>

附表 2　订单式服务受理表

申请单位		行业类别	
负责人		电话邮箱	
服务内容		受理日期	
订单式服务受理	受理人： 年　月　日 承办人： 年　月　日		
承办单位意见	领导签字： 年　月　日		
档案交接	交件人：　　收件人： 年　月　日		
备注			

附表 3　订单式服务企业评价意见表

企业名称		所属行业	
评价人		联系方式	
机构或专家			
服务内容			
内容评价	非常满意□　满意□　一般□　不满意□ 如不满意请说明原因：		
机构或专家			
服务内容			
内容评价	非常满意□　满意□　一般□　不满意□ 如不满意请说明原因：		
机构或专家			
服务内容			
内容评价	非常满意□　满意□　一般□　不满意□ 如不满意请说明原因：		
建议： 接受服务企业（盖章）			

附表4 订单式服务回访情况登记表

<table>
<tr><td colspan="2">服务企业名称</td><td colspan="3"></td></tr>
<tr><td colspan="2">被回访人</td><td></td><td>回访人</td><td></td></tr>
<tr><td>服务跟踪及回访情况</td><td colspan="4"></td></tr>
<tr><td rowspan="3">延伸服务收费情况</td><td>合同价款：</td><td colspan="3"></td></tr>
<tr><td>企业支付：</td><td colspan="3"></td></tr>
<tr><td>补贴数额：</td><td colspan="3"></td></tr>
<tr><td>省中小企业服务中心审核意见</td><td colspan="4"></td></tr>
</table>

山西省人民政府办公厅关于印发扶持小型微型企业加快发展若干政策措施的通知

晋政办发〔2012〕42号

各市、县人民政府，省人民政府各委、办、厅、局：

《扶持小型微型企业加快发展的若干政策措施》已经省人民政府同意，现印发给你们，请认真贯彻执行。

二〇一二年六月十日

扶持小型微型企业加快发展的若干政策措施

小型微型企业在增加就业、促进经济增长、科技创新与社会和谐稳定等方面具有不可替代的作用，对国民经济和社会发展具有重要的战略意义。为贯彻落实《国务院关于进一步支持小型微型企业健康发展的意见》（国发〔2012〕14号），进一步促进全省小型微型企业健康发展，实现“十二五”期间新创办5万户小型微型企业、新培育500户营业收入亿元以上“小巨人”企业的目标任务制定以下政策措施。

一、切实减轻小型微型企业负担

1. 严格执行涉企收费减免规定。认真落实国家及我省关于免征减征缓征小型微型企业部分行政事业性收费和其它涉企收费的规定，公示收费目录和标准，实行小型微型企业缴费登记制度，清理取消各种不合理收费。

2. 切实降低融资成本。除银团贷款外，省内各银行不得对小型微型企业贷款收取承诺费、资金管理费，严格限制对小型微型企业收取财务顾问费、咨询费等费用。

3. 落实税收优惠政策。对从事国家非限制和禁止行业，并符合条件的小型微利企业减按20%的税率征收企业所得税。自2012年1月1日至2015年12月31日，对年应纳税所得额不超过6万元的小型微利企业，其所得减按50%计入应纳税所得额，按20%的税率缴纳企业所得税。自2011年9月1日起，对个体工商户业主、个人独资企业和合伙企业自然人投资者的生产经营所得依法计征个人所得税时，投资者本人的费用扣除标准统一确定为42000元/年（3500元/月）。营业税起征点提高到最高标准，自2011年11月1日起，按期纳税的，为月营业额20000元；按次纳税的，为每次（日）营业额500元。将增值税起征点提高到最高标准，即销售货物和销售应税劳务的增值税起征点统一为月销售额20000元；按次纳税的，为每次（日）销售额500元。

二、努力缓解小型微型企业融资困难

4. 加大信贷支持。省内各银行业金融机构，对小型微型企业贷款的增速应不低于全部贷款平均增速，增量高于上年同期水平，并重点加大单户授信总额500万元（含）以下小型微型企业的信贷支持。要积极研究和探索适合小型微型企业的多种贷款模式，不断推出适应小型微型企业需求的金融产品。支持符合规定的商业银行发行专项用于小型微型企业贷款的金融债。鼓励和支持各类担保机构开展小型微型企业担保业务。

5. 积极支持企业直接融资。鼓励和支持省内小型微型企业通过股权融资、企业债券、短期融资券、集合票据、集合债券、项目融资及信托产品等形式直接融资。支持符合条件的小企业上市融资。搭建小型微型企业与创业投资机构、风险投资机构对接

的平台，引导国内外投资基金和社会资本参与我省小型微型企业发展。

6. 鼓励和引导民间资本进入金融服务领域。在加强有效监管、促进规范经营、防范金融风险的前提下，放宽对金融机构的股比限制。支持民间资本与其他资本按同等条件进入银行业，支持民间资本以入股方式参与商业银行的增资扩股，参与农村信用社的改制工作。鼓励民间资本发起或参与设立村镇银行、贷款公司、农村资金互助社等金融机构，放宽村镇银行或社区银行中法人银行最低出资比例的限制。鼓励民间资本发起设立金融中介服务机构，参与证券、保险等金融机构的改组改制。允许小额贷款公司按规定改制设立村镇银行。

7. 扩大金融服务网点覆盖面。鼓励和支持商业银行在已开设分支行的地区加快建设小型微型企业金融服务专营机构分中心，将小型微型企业金融服务专营机构向县城、乡镇和社区延伸。对于小型微型企业授信客户数占所有企业授信客户数60%以上，最近6个月月末平均小型微型企业授信余额占全部企业授信余额达到10%以上的商业银行，在综合评估其风险管控水平、IT系统建设水平、管理人才储备和资本充足状况的基础上，可允许其一次同时筹建多家同城支行，但每次批量申请的间隔期限不得少于半年。鼓励商业银行新设或改造部分分支行为专门从事小型微型企业金融服务的专业分支行。

三、加大财政支持小型微型企业力度

8. 扩大财政扶持资金规模。2012年起，省级财政扶持中小企业发展专项资金由1亿元增加到1.5亿元，主要用于支持创业型、创新型、劳动密集型小型微型企业的技术创新、专业化生产、与大企业的协作配套，以及小型微型企业集群发展、服务体系建设、小企业创业基地建设、中小企业融资风险分担和风险补偿、小型微型企业贷款贴息等。各市、县（市、区）也要设立中小企业发展专项资金。

9. 增加中小企业成长工程扶持资金。2012年起，将省煤炭可持续发展基金扶持中小企业成长工程的资金总规模由5500万元增加到1亿元，重点支持转型发展、技术改造、规模扩张、增加就业等方面具有导向性、示范性、带动性的项目。

10. 政府采购支持小型微型企业发展。负有编制部门预算职责的各部门，应当安排不低于年度政府采购项目预算总额18%的份额专门面向小型微型企业采购。在政府采购评审中，对小型微型企业产品可视不同行业情况给予6%～10%的价格扣除。鼓励大中型企业与小型微型企业组成联合体共同参加政府采购，小型微型企业占联合体份额达到30%以上的，可给予联合体2%～3%的价格扣除。各银行业金融机构和专业担保机构应当优先为获得政府采购合同的小型微型企业提供信贷支持。

四、有效解决小型微型企业用地问题

11. 多渠道解决小型微型企业生产经营用地。通过节地挖潜、盘活存量、城乡建设用地增减挂钩等多种途径，切实解决小型微型企业用地。在符合总体规划的前提下，为占用农村集体建设用地实际建厂5年以上的小型微型企业依法办理用地手续。对不改变土地用途，利用自有土地，增加容积率的，不再增收土地价款。对创办三年内租用经营场地和店铺的小型微型企业，符合条件的，给予一定比例的租金补贴。

12. 大力建设小企业创业基地。把小企业创业基地纳入当地城乡建设规划，“十二五”期间，每个县（市、区）至少建设一个小企业创业基地。每年从市县预留新增建设用地指标中安排小企业创业基地建设用地计划。充分利用企业闲置土地、商务楼宇、各类园区等，建设新型工业和现代服务业为主的各类小企业创业基地。鼓励创业基地和各类园区建设标准厂房，为小型微型企业提供生产经营场地。

五、加快推动小型微型企业技术进步和结构调整

13. 支持小型微型企业加快技术改造。充分利用政府扶持中小企业发展资金，鼓励和支持小型微型企业走“专精特新”的道路。鼓励和支持小型微型企业采用新技术、新工艺、新设备、新材料，进行技术改造，淘汰落后产能，推进产业升级。支持和引导小型微型企业发展现代服务业、战略性新兴产业、现代农业和文化旅游产业。积极发展各类科技孵化器，推动产学研成果转化与应用。鼓励大型企业积极向小型微型企业提供技术、人才、设备、资金支持，通过专业分工、服务外包、订单生产等方式，加强与小型微型企业的协作配套。

六、进一步完善小型微型企业公共服务

14. 加快服务体系建设。到“十二五”末，基本建成覆盖全省的“1+150”（1个省级枢纽平台、150个窗口平台）中小企业公共服务平台网络，为小型微型企业提供政策法律、创业辅导、产业引导、人才培育、管理咨询、知识产权、检验检测、技术创新、市场开拓、融资担保、运行监测、信息宣传等方面的服务。开展公益性双代理服务，即开展小型微型企业政务代理服务，对创办企业涉及的相关手续提供一站式免费政务代理服务；开展小型微型企业维权代理服务，对企业经济合同、企业维权等提供公益性法律咨询和代理服务。

15. 帮助小型微型企业开拓国内外市场。支持

小型微型企业积极参加中国中小企业国际博览会等国内国际经贸洽谈会和产品展销会，并给予展位补贴。鼓励和支持小型微型企业积极开拓国际市场。

16. 提升企业管理水平。实施“企业素质提升”工程，加大对经营管理者、创业者和技术工人的培训力度。支持专业的管理咨询机构和管理咨询志愿者开展小型微型企业管理咨询活动，帮助小型微型企业改善管理，鼓励有条件的小型微型企业积极开展管理创新和体制创新。对小型微型企业新招用应届高校毕业生，签订1年以上劳动合同并按时足额缴纳社会保险费的，给予1年的社会保险补贴，政策执行期限截至2014年底。

七、强化扶持小型微型企业发展的保障措施

17. 加强指导协调。建立中小微企业运行监测统计制度，及时掌握情况，做好预警分析。建立领导帮扶联系小型微型企业制度，协调解决发展中的重大问题和具体困难。建立小型微企业发展评价机制。研究制定清理大企业拖欠小型微型企业资金的办法。

各市、各有关部门要结合实际，研究制定具体贯彻落实办法。各级中小企业管理部门要进一步加强对小型微型企业的统筹规划、综合协调和指导服务，创造有利于小型微型企业健康发展的良好环境。

二〇一二年七月十八日

内蒙古自治区人民政府关于促进小型微型企业持续健康发展的意见

内政发〔2012〕88号

各盟行政公署、市人民政府，各旗县人民政府，自治区各委、办、厅、局，各大企业、事业单位：

为深入贯彻落实《国务院关于进一步支持小型微型企业健康发展的意见》（国发〔2012〕14号）精神，改善小型微型企业（以下简称小微企业）发展环境，引导和帮助小微企业不断增强盈利能力和发展后劲，促进小微企业持续健康发展，提出如下意见。

一、提高对促进小微企业健康发展重要性的认识

（一）小微企业是国民经济的重要组成部分，在推动经济增长、开展技术创新、扩大城乡就业、促进民生发展和社会稳定等方面具有不可替代的作用，促进小微企业健康发展具有全局性和战略性的重要意义。当前，国内外复杂多变的经济形势，给小微企业发展带来新的挑战和困难，部分小微企业融资难、用工难、创业难、盈利难等问题更加突出。各级人民政府、各有关部门要切实提高认识，把促进小微企业健康发展作为提高居民收入水平、促进民生发展的有效途径，作为推动经济结构战略性调整和社会结构成功转型的蓄水池和减震器，作为形成橄榄型收入分配结构、减轻二次分配压力的关键环节，作为奠定和谐社会相应企业组织结构和经济基础的重要举措，加大金融、财税支持力度，优化小微企业发展环境，促进全区小微企业做专、做精、做强，推进非资源型产业、中小微企业、富民工程一体化发展，形成大、中、小、微型企业协调发展的良好企业生态。

二、优化小微企业发展环境

（二）通过开展“中小企业政策落实年”“中小企业服务年”等主题年活动，推动各级政府部门增强服务意识，强化服务功能，把政府职能切实转变到为市场主体服务和创建良好发展环境上，全面提升综合服务能力、质量和效率。

（三）各部门要将涉及中小企业法定审批、收费、检查、标准等项目和支持企业发展的服务措施进行公示，并实行服务承诺制度。鼓励各级政府有关部门开展为小微企业办实事活动，每年都要制定为小微企业办实事计划，并报同级促进中小企业发展领导小组办公室。

（四）各新闻媒体要加强小微企业宣传工作，营造全社会重视、支持、宽容、帮助小微企业的良好氛围，增强企业发展信心。

（五）落实中央和自治区财政、价格主管部门已公布取消的行政事业性收费。自2012年1月1日至2014年12月31日，3年内对小微企业免收部分管理类、登记类和证照类行政事业性收费。各地各有关部门对国家和自治区取消和停止征收的行政事业性收费项目不得以任何理由拖延、拒绝执行或变相收费。严禁各种形式的乱摊派、乱集资、乱罚款。各地区要在监察部门和中小企业主管部门设立小微企业维权投诉电话，鼓励有条件的地方成立小微企业维权中心，对不作为或刁难、损害小微企业合法权益的行为，一经核实，严肃查处。

（六）统计及有关部门要依据《工业和信息化部国家统计局国家发展和改革委员会财政部关于印发中小企业划型标准规定的通知》（工信部联企业〔2011〕300号）的有关规定，进一步加强对小微企业的调查统计工作，尽快建立和完善中小微型企业分类统计体系和监测分析、信息发布制度，为宏观决策和企业生产经营提供参考依据。

（七）部门预算编制单位编制政府采购计划时，在满足机构自身运转和提供公共服务基本需求的前提下，应当预留本部门年度政府采购项目预算总额的18%以上专门给小微企业。对于非专门面向小微企业的项目，采购人或者采购代理机构应当在招标

文件或者谈判文件、询价文件中作出规定，对自治区内小微企业产品的价格给予6%～10%的扣除，用扣除后的价格参与评审。大中型企业和其它自然人、法人或者其它组织与小微企业组成联合体共同参加非专门面向小微企业的政府采购活动，小微企业的协议合同金额占到联合体协议合同总金额30%以上的，可给予联合体2%～3%的价格扣除。

（八）引导大企业与小微企业开展多种形式的经济技术协作，构建良好的利益机制，主动让渡产业链条有关环节给小微企业，实现互利双赢。研究制定防止大企业长期拖欠小微企业资金的政策措施。

（九）统筹安排产业集群发展用地。“十二五”期间，自治区重点培育50个小微企业创业基地，各级政府要优先安排用地指标。确有困难的地区，自治区在调剂计划时给予适当倾斜。各类园区要集中建设标准厂房，积极为小微企业提供生产经营场地。对创办三年内租用经营场地和店铺的小微企业，符合条件的，给予一定比例的租金补贴。

三、加快中小企业公共服务体系建设

（十）建设全区中小企业公共服务平台网络。争取用2～3年时间基本建成以自治区中小企业公共服务中心为核心的“枢纽”平台，以12个盟市、2个计划单列市中小企业公共服务中心为区域“窗口”平台，以工业园区和产业集聚区服务机构为信息共享平台的“信息畅通、功能完善、服务协同、资源共享、供需对接便捷”的中小企业公共服务平台网络，涵盖信息、融资、电子商务、创业、人力资源、法律、技术支持、政务服务和交流合作服务功能，为企业提供“找得着、用得起、有保障”的全程一站式、综合性、公益性服务。

（十一）支持工业园区和产业集聚区建设投融资、信用担保、信息咨询、人才交流、技术研发、检验检测、第三方物流、信息化服务等综合服务平台。

（十二）加强小微企业信息化技术应用服务。实施中小企业信息化推进工程，重点提高小微企业生产制造、经营管理和市场开拓的信息化应用水平，开展多元化、多渠道、多形式的小微企业信息化技术应用培训，鼓励信息技术企业、通信运营商为小微企业提供信息化应用平台。

（十三）结合实施国家中小企业银河培训工程和企业经营管理人才素质提升工程，以小微企业为重点，切实加强对经营管理人员和创业者的培训。国家专业技术人才知识更新工程等重大人才工程向小微企业倾斜。鼓励和支持各类专业协会、大专院校加强小微企业创新型专业技术人才和技能人才培训。

（十四）鼓励社会力量创办面向小微企业的服务机构。自治区有关扶持服务业发展的政策措施，要向服务小微企业的服务机构倾斜。鼓励各类行业协会（商会）发展，充分发挥协会（商会）在政策咨询、信息沟通、引资引智、合作交流等方面的积极作用。

四、鼓励扶持创业创新

（十五）适当放宽小微企业注资、出资条件和时限，注册资本为10万元以下的有限责任公司（1人有限责任公司除外），可申请免缴首期注册资本，但须在法定期限内缴足；对守法经营，因资金暂时紧张无法按期出资的小微企业，允许其申请延长出资期限，但延长期限不得超过2年；属外商投资企业的，须经外资审批机关批准。

（十六）缩短证照办理时间，除食品流通许可以外，各类企业登记许可申请在7个工作日内办结。申请办理企业设立登记、变更登记，符合条件的，审批时限缩短为5个工作日；申请名称登记的，实行当天受理当天核准当场办结制。

（十七）小微企业项目环评审批除涉重金属和危险化学品项目外，全部由项目所在盟市具有环评审批权限的环境保护行政主管部门办理，并须简化环评审批程序。其中，对环境影响小、不需要进行环境影响评价的，填报环境影响登记表，3个工作日内办结；可能造成轻度影响的，编制环境影响报告表，在5个工作日内办结；可能造成较重环境影响的，编制环境影响报告书，在15个工作日内办结。

（十八）下放或委托下放安全生产行政审批事项。对小型露天采石（砂）场和粘土矿的安全生产行政许可、二三类非药品类易制毒化学品生产经营备案证明、烟花爆竹经营（零售）行政许可、社会加油站经营行政许可、三级以下尾矿库行政许可等事项下放或委托下放至盟市级安全监管部门。

（十九）将冶金、有色、建材、机械、轻工、纺织、烟草、商贸、地勘等行业建设项目安全设施“三同时”审核审查事项调整为登记备案。对规模较小、工艺流程简单的危险化学品建设项目实行简易程序；小型非煤矿山办理安全生产许可事项时不再开展安全条件论证；安全生产许可期间未发生事故的企业在变更、延期、换发安全生产许可证时不再进行安全评价评审；小型露天采石（砂）场、粘土矿在安全生产许可证有效期内，不再进行现场验收。对安全生产行政许可事项在申请资料齐全的情况下，在10个工作日内办结。

（二十）小微企业新招用城镇登记失业人员、农村转移就业劳动者、毕业年度高校毕业生、城乡未继续升学的应届初高中毕业生，与企业签订6个月以上期限劳动合同，在劳动合同签订之日起6个月内，由企业依托所属培训机构或政府认定的培训机构开展岗前就业技能培训的，根据培训后继续履行合同情况，按照我区职业培训补贴标准的70%对企业给予定额补贴。对小微企业招收就业困难高校毕业生、签订劳动合同并缴纳社会保险费的，按规定给予社会保险补贴。

（二十一）继续加大小额担保贷款担保基金的投入力度，增加小额担保贷款担保基金总量，确保每年新创办小微企业2万户，带动就业10万人。对符合条件的劳动密集型小企业小额担保贷款给予全额贴息，贴息资金在中央负担25%的基础上，其余部分由地方人民政府负担。

（二十二）对当年新招用符合小额担保贷款申请条件的人员达到企业现有在职职工总数30%（超过100人的企业达到15%）以上，并与其签订1年以上劳动合同的劳动密集型小企业，经办金融机构根据企业实际招用人数合理确定小额贷款额度，最高不超过人民币200万元，贷款期限不超过2年。

（二十三）对各类小微企业招用就业困难人员、签订劳动合同并缴纳社会保险费的，在相应期限内给予基本养老保险、基本医疗保险和失业保险补贴，补贴资金从就业专项资金中支付。

（二十四）积极支持符合条件的小微企业申报国家和自治区星火计划项目、火炬计划项目和科技型中小企业技术创新基金项目，通过科技项目的形式扶持科技型小微企业发展。

（二十五）对新获得国家驰名商标和新获得自治区著名商标的小微企业，由自治区中小企业发展专项资金给予适当奖励。

（二十六）鼓励小微企业开拓国际市场。鼓励小微型外贸企业投保出口信用保险，并享受保费补贴。优先支持符合条件的小微企业申报中小企业国际市场开拓资金项目，鼓励支持小微企业参加境外展会和对其产品进行国际认证许可和质量认证。小微企业申请与国际接轨的相关体系认证、专利、商标等发生的费用，给予一定比例的补助。小微企业参加境外展会，给予参展的企业展位补贴，同时给予参展人员境外费用补贴。对进出口小微企业在区内为发展新兴产业、开展节能降耗、淘汰落后产能所实施的技术改造等项目，按进出口额和固定资产投资额给予补助。

五、加大对小微企业的财政资金支持力度

（二十七）进一步改进各类专项资金使用管理办法。自治区通过整合现有各类支持中小企业发展专项资金，加大投资力度，积极鼓励、支持和引导小微企业发展。随着自治区财政实力的不断壮大，进一步加大支持小微企业发展的各项专项资金规模。已建立的中小企业发展专项资金和中小企业技术进步贴息资金要有较大幅度增加，并逐年增长。强化各盟行政公署、市人民政府，旗县（市、区）人民政府扶持小微企业发展的主体责任，在年度预算中分别安排不低于5000万元和2000万元的小微企业发展专项资金，支持本地区小微企业发展。积极争取国家中小企业发展基金，形成全方位、多层次、大力度支持中小企业特别是小微企业健康发展的长效机制。

（二十八）根据促进小微企业发展的迫切需要，自治区财政预算从2012年开始设立亿元以上的中小企业公共服务体系建设专项资金，对列入国家试点范围的公共服务平台建设项目，自治区给予配套投资，提高各级政府部门为小微企业提供公共服务的能力，带动社会化专业服务组织发展；设立小微企业创业基地建设专项资金，重点用于对工作成绩突出、小微企业发展快的盟市以以奖代补方式进行奖励，对各地创办小微企业创业园和小微企业创业基地给予补助，引导小微企业集群化发展；设立融资性担保机构小微企业贷款风险补偿资金，用于融资担保机构对单户授信500万元以下的小微企业贷偿损失补贴，形成小微企业贷款风险循环管控和分担机制。

（二十九）依法设立中小企业发展基金。基金的资金来源包括财政预算安排、国家基金投入、基金收益、捐赠等。基金主要用于引导地方、创业投资机构及其他社会资金支持处于初创期的小型微型企业等。鼓励向基金捐赠资金，对企事业单位、社会团体和个人等向基金捐赠资金的，企业在年度利润总额12%以内的部分，个人在申报个人所得税应纳税所得额30%以内的部分，准予在计算缴纳所得税税前扣除。

六、认真落实小微企业税费优惠政策

（三十）增值税和营业税起征点执行国家规定的上限。

（三十一）小型微利企业，其所得减按20%的税率征收企业所得税；2012年1月1日至2015年12月31日，对年应纳税所得额低于6万元（含6万元）的小型微利企业，其所得减按50%计入应纳税所得额，按20%的税率缴纳企业所得税，并免征其中地方分享部分。

（三十二）自2011年11月1日至2014年10月31日止，对金融机构与小微企业签订的借款合同免征印花税。

（三十三）对经国家有关认证并符合条件的担保机构从事中小企业信用担保或再担保业务取得的收入（不包括信用评级、咨询、培训等收入）3年内免征营业税，免税时间自担保机构向主管税务机关办理免税手续之日起计算。

（三十四）创业投资企业采取股权投资方式投资于未上市的中小高新技术企业2年以上（含2年），凡符合规定条件的，可按其对中小高新技术企业投资额的70%抵扣该创业投资企业的应纳税所得额；创业投资企业按上述规定计算的应纳税所得额抵扣额，符合抵扣条件并在当年不足抵扣的，可在以后纳税年度逐年延续抵扣。

（三十五）将符合条件的国家中小企业公共服务示范平台中的技术类服务示范平台纳入现行科技开发用品进口税收优惠政策范围，对其在2015年12月31日前，在合理数量范围内进口国内不能生产或者国内产品性能尚不能满足需要的科技开发用品，免征进口关税和进口环节增值税、消费税。

（三十六）对企业主管部门或企业集团中的核心企业等单位（以下称统借方）向金融机构借款后，将所借资金分拨给下属单位（包括独立核算单

位和非独立核算单位），并按支付给金融机构的借款利率水平向下属单位收取用于归还金融机构的利息不征收营业税。

（三十七）小微企业经认定为高新技术企业的，减按15%的税率征收企业所得税。

（三十八）小微企业为开发新产品、新技术、新工艺发生的研发费用，未形成无形资产计入当期损益的，在按照规定据实扣除的基础上，按照研发费用的50%加计扣除；形成无形资产的，按照无形资产成本的150%摊销。

（三十九）一个纳税年度内，小微企业从事技术转让、技术开发业务及与之相关的技术咨询、技术服务业务取得的收入，不超过500万元的部分，免征企业所得税；超过500万元的部分，减半征收企业所得税。

（四十）小微企业从事农、林、牧、渔项目所得，按规定免征、减征企业所得税。

（四十一）对符合西部大开发政策规定条件，进入国家《西部地区鼓励类产业目录》的鼓励类旅游产业企业，经认定减按15%税率征收所得税，对"农家乐"、"牧家乐"免征企业所得税地方分享部分。响应国家节能减排，投入设施改进的小微星级饭店、景区点，给予不低于25%的政府补贴。

（四十二）将金融企业（包括小额贷款公司）涉农贷款和中小企业贷款损失准备金税前扣除政策延长至2013年底。

七、改进和完善对小微企业的金融服务

（四十三）综合运用再贷款、再贴现和差别存款准备金动态调整等货币政策工具引导金融机构加大对小微企业的信贷支持，确保小微企业贷款增速不低于全部贷款平均增速，增量高于上年同期。鼓励各银行业金融机构新增信贷优先支持小微企业，不断提高小微企业贷款比重。各银行业金融机构对小微企业贷款单列信贷规划。人民银行呼和浩特中心支行依据中小企业信贷政策、导向效果评估结果，对小微企业信贷支持力度大、金融服务好的银行业金融机构给予奖励。

（四十四）支持银行业机构建立适应小微企业特点的信贷管理和贷款评审制度。提高小微企业不良贷款容忍度至5%，由当地政府和银行按一定比例建立风险共担机制。建立符合小微企业贷款机制的呆坏帐核销制度，放宽各商业银行呆坏帐核销自主权。

（四十五）各银行业金融机构要设立小微企业贷款专营窗口，开辟小微企业贷款"绿色通道"，为小微企业提供快捷、便利的金融服务。在企业正常生产经营情况下，确保不压贷、不抽贷，对符合条件的续贷项目一般在7个工作日内放款，对新增贷款项目一般在1个月内完成审批，切实加快审批速度。

（四十六）各有关银行业金融机构要按照有关规定将小微企业贷款审批权限适度下放给盟市、旗县级分支机构。

（四十七）加强金融产品和服务创新，不断探索支持小微企业的新方式。鼓励各银行业金融机构积极试办动产质押、应收账款质押融资、设备按揭贷款等，努力开发知识产权质押贷款、企业联保贷款、矿产开采权质押贷款等，积极开办票据承兑贴现、供应链融资、保理业务、出口押汇等非贷款融资。

（四十八）支持商业银行发行用于小微企业的金融债，对商业银行发行金融债所对应的单户授信额在500万元以下的小微企业贷款，不纳入存贷比考核范围。

（四十九）建立小微企业贷款定期监测制度，及时通报分地区、分机构小微企业贷款增量、增幅及工作开展情况。对工作进展不大、排名靠后的地区和银行机构，金融监管部门通过窗口指导、约见谈话、公开通报等方式加以督促，切实为小微企业创造良好的金融环境。

（五十）清理纠正不合理收费项目。各商业银行不得将新增贷款作为全额保证金以开具承兑汇票的方式对企业进行融资贷款，不得强制贷款企业购买理财产品，不得与企业存款挂钩，不得变相收取企业手续费。

（五十一）支持商业银行进一步扩大小微企业金融服务网点覆盖面，鼓励针对小微企业的服务专营机构向社区、县域和乡镇等基层延伸。对于小微企业客户数占企业授信客户数及连续6个月月末平均小微企业授信金额达到一定比例的商业银行允许其一次同时筹建多家同城支行，充分发挥专营机构的作用和效能。

（五十二）鼓励融资性担保机构、小额贷款公司加大对小微企业的融资支持力度，按对小微企业的贷款发放量确定财政扶持额度。鼓励资产管理公司等非银行业金融机构发挥资金、专业集聚优势，充分利用各种金融产品为小微企业提供融资、增信等服务。加强对小微企业服务的融资性担保机构的培训、补贴和扶持，使符合条件的担保机构享受中小企业信用担保资金支持。

（五十三）引导和支持符合条件的小微企业通过上市融资、发行债券、私募股权投资、股权转让、集合信托、融资租赁和发行中期票据、中小企业集合票据、短期融资券等多种方式进行直接融资。推动各类股权投资与小微企业的对接，鼓励和引导风险投资、创业投资及其他社会资金对小微企业的投资。鼓励金融机构支持小微企业以商标专用权、有限责任公司或非上市股份有限公司的股权、动产抵押等作为担保标的，进行贷款融资。鼓励各地政府与金融机构通过"区域集优"等融资模式为符合条件的中小微企业发行集合票据。对于直接融资首笔达到500万元以上的小微企业，地方政府要给予适当奖励。

（五十四）加强企业征信系统建设。完善企业信用信息基础数据库，推动小微企业加入征信系统。实施中小微企业云服务平台建设工程，集合政府有关部门、金融机构和社会优质服务资源，实现信息、

资源共享，打造中小微企业网上融资服务平台。

（五十五）举办多种形式的政府、银行、担保机构、小微企业及其他投资机构共同参与的供需对接会、项目洽谈会、产品推介会和政策培训会等，增强小微企业和金融机构的联系、沟通和认知，提高信息对称水平和银企对接成功率。持续开展送金融服务进旗县、进园区、进企业活动。

（五十六）积极引导民间资金投向新兴金融业态。通过政策引导，鼓励民间资金进入财务公司、信托公司、金融租赁公司、村镇银行、贷款公司、农村资金互助社、小额贷款公司、融资性担保公司、风险投资基金、创业投资基金和典当行等新兴金融业态。加强对民间借贷的规范管理，依法打击非法集资、金融传销等违法活动，在民间借贷比较活跃的地区增加设立村镇银行等新型地方金融机构。

八、加强组织领导

（五十七）各级人民政府要把小微企业发展作为长期性战略任务列入地区经济社会发展总体规划，定期听取中小企业主管部门的工作汇报，研究解决小微企业发展中的问题。各地区各有关部门根据本实施意见，制定配套的实施办法。要建立健全责任机制，确保各项扶持小微企业发展的政策措施落到实处。

（五十八）各级中小企业主管部门负责对全区小微企业工作进行业务指导、日常督查、运行监测和综合协调。各盟市成立与自治区上下一致的中小企业管理机构，配备相应的人员、保障一定的工作经费。

（五十九）加强工作考核和督查。将小微企业有关工作列入各地区、各有关部门年度考核范围。开展专项督察，对各盟市、各部门落实中小企业政策情况每年进行检查和通报。本意见所指的小微企业依据《工业和信息化部国家统计局国家发展和改革委员会财政部关于印发中小企业划型标准规定的通知》（工信部联企业〔2011〕300号）有关规定认定。

二〇一二年七月三十日

吉林省人民政府关于进一步促进小型微型企业发展的意见

吉政发〔2012〕22号

各市（州）人民政府，长白山管委会，各县（市）人民政府，省政府各厅委办、各直属机构：

为贯彻落实国务院关于支持小型微型企业（以下简称小微企业）发展的有关政策措施，引导和帮助小微企业克服困难，稳健经营，增强发展能力，在落实以往政策的基础上，结合实际，就进一步促进全省小微企业发展提出以下意见：

一、切实缓解小微企业融资困难

（一）加强银企保合作。扩大为小微企业融资担保服务，建立和完善省、市、县三级银企保合作联动机制，提高小微企业融资服务能力。引导政策性担保机构加大对小微企业担保服务力度，各地要对政府出资的信用担保机构逐年增加资本金，不断提升政策性担保机构担保能力。实施县域担保机构提升计划，鼓励县域政策性担保机构引入民间资本实施股份制改造，提高为县域小微企业担保服务能力。完善担保机构业绩奖励机制，对担保机构为小微企业担保贷款额超过上年的给予业绩奖励。发挥省融资平台作用，建立小微企业“互保池”，积极争取银行对小微企业集合授信，实行联保联贷。鼓励银行和担保机构，扩大小微企业知识产权质押和动产、不动产抵押信贷业务，在集体土地使用权抵押及各类权利质押、动产抵押、企业联保等方面有所突破，并在风险可控的前提下积极推进信用贷款方式，提高小微企业贷款能力。

（二）实施差异化的金融监管政策。加大对小微企业的信贷支持，对商业银行进行差异化考核，允许商业银行将单户授信500万元（含）以下的小微企业贷款视同零售贷款计算风险权重。对商业银行发行金融债所对应的单户500万元（含）以下的小微企业贷款，可不纳入存贷比考核范围。适当提高小微企业贷款不良率的容忍度。开展小微企业信贷政策导向效果评估工作，对政策执行成效良好的金融机构优先办理再贴现、再贷款。进一步落实小微企业金融服务“四单”管理原则，单列小微企业信贷计划，单独配置人力和财务资源，单独客户认定与信贷评审，单独会计核算，确保小微企业贷款增速高于全部贷款平均增速，增量占比高于上年同期水平。对为小微企业发放贷款的金融机构给予贷款增量奖励。对于小微企业贷款余额占企业贷款余额达到一定比例的商业银行，在满足审慎监管要求的条件下，优先支持其发行专项用于小微企业贷款的金融债，同时，严格监控所募集资金的流向，确保资金全部用于发放小微企业贷款。简化小微企业信贷审批流程，开辟“绿色通道”，提高信贷审批效率。对市场前景良好，短期出现资金困难的小微企业不抽贷、不压贷，保持必要资金支持力度。

（三）完善小微企业金融服务网络。积极引进省外中小商业银行在吉设立分支机构，增加小微企业信贷供给。对小微企业贷款余额和客户数量超过一定比例的商业银行放宽准入限制，允许其批量筹建同城支行，支持小微企业发展。鼓励商业银行新设或改造部分分支行为专门从事小微企业金融服务的专业分支行或特色分支行。在审慎监管的基础上促进农村新型金融机构组建工作，引导小金融机构增加服务网点，向辖内县域和乡镇地区延伸机构。积极稳妥发展小额贷款公司，还未成立小额贷款公司的县（市、区）要抓紧组建。合理布局典当企业，鼓励典当企业增资做大，拓展业务领域。对以小微企业为服务对象的融资性担保机构、小额贷款公司，优先接入人民银行征信系统。

（四）切实降低小微企业融资成本。对小微企业贷款利率上浮比例在国家政策范围内可适度下调，有担保公司介入的信贷项目利率尽量执行基准利率，不上浮或少上浮。清理纠正金融服务不合理收费，除银团贷款外，禁止商业银行对小微企业贷款收取承诺费、资金管理费，严格限制商业银行向小微企业收取财务顾问费、咨询费等费用。继续使用同一抵押物申请贷款抵押登记，距上一次登记未满2年的，登记费减半收取。评估机构收取的小微企业贷款抵押物评估费不得高于现行有关规定收费标准的50%；贷款抵押物登记期满后需再评估的，评估费用按不超过规定收费标准的30%计收。

（五）推进小微企业直接融资。发挥省创业投资引导基金的作用，大力开展小微企业股权融资业务。各地要设立扶持小微企业发展的创业投资引导资金和股权投资基金，引导各类风险投资、创业投资、券商直投、股权投资资金投向小微企业。依托吉林股权交易所，为小微企业股权融资和交易提供有效平台，为技术产权、科技项目成果和非上市创新创业企业股权转让提供高效融资、交易服务。推进小微企业发债和信托融资，鼓励小微企业在银行间债券市场运用短期融资券、中期票据等债务性融资工具进行融资。支持成长性好、经营管理规范、信用度较高的小微企业发行集合票据、集合债券，扩大融资租赁业务范围，对小微企业直接融资业务发生的中介费用给予适度补贴，降低融资成本。鼓励信托公司通过发行中小企业集合资金信托计划，为小微企业提供信托融资服务。推进成长型企业上市融资。

（六）引导民间借贷规范健康发展。鼓励民间资本依法进入融资性担保行业、设立小额贷款公司和村镇银行。加强对民间借贷管理，防止高利贷化倾向，依法打击违规借贷、非法集资、金融传销和诈骗等违法活动。

二、加大税收优惠政策支持

（一）自2012年1月1日至2015年12月31日，对年应纳税所得额低于6万元（含6万元）的小型微利企业，其所得减按50%计入应纳税所得额，按20%的税率缴纳企业所得税。将符合条件的国家中小企业公共服务示范平台中的技术类服务平台纳入现行科技开发用品进口税收优惠政策范围。

（二）自2011年11月1日至2014年10月31日，对金融机构与小微企业签订的借款合同免征印花税。将金融企业中小企业贷款损失准备金税前扣除政策继续执行至2013年12月31日。将符合条件的农村金融机构金融保险业收入减按3%的税率征收营业税的政策延长至2015年12月31日。

（三）符合条件的小微企业纳税确有困难的，可向主管税务机关申请减免房产税和城镇土地使用税。因有特殊困难，不能按期缴纳税款的，经省地税局批准，可延期3个月缴纳税款。继续对创业孵化基地实施税收优惠政策，对经省工业信息化厅认定的创业孵化基地，并达到入孵率标准的，其自用或通过出租方式提供给在孵企业使用的房产和土地，经税务部门审核，在原享受房产税和城镇土地使用税免征3年政策的基础上，再延长2年。对进入省级以上创业孵化基地和特色园区的小微企业，当年上缴地方税收留成部分以2011年年底为基数，到2013年年底，超基数部分由当地政府通过专项资金补助方式给予支持。

（四）确有特殊困难无法按时足额缴纳社会保险费的小微企业，经同级工业信息化、财政、社保部门共同认定，除职工个人正常缴纳的社会保险费外，企业应缴纳的社会保险费可与当地社会保险部门签订缓缴协议，缓缴期限一般不超过一年，免收缓缴期间的滞纳金。

三、努力改善小微企业创业环境

（一）鼓励创办小微企业，降低小微企业市场准入门槛。注册资本在50万元以下的小微企业，允许注册资本零首付，6个月内注册资本到位20%，其余部分2年内到位。对符合条件的小微企业实行网上年检。

（二）鼓励政府机关工作人员和事业单位科技人员从事创业活动。政府机关工作人员创办企业的，按管理权限，经批准同意，允许一段时间内保留原职务级别、编制、人事关系及工资福利待遇，但最长不超过2年，超过2年的要办理相关辞职手续。辞去公职的，辞职前工作年限，视为社会保险缴费年限，所需养老保险个人账户补助资金部分由同级财政按规定予以安排。省属科研机构、高校和事业单位科技人员离岗留职创办高新技术小微企业的，离岗期间由原单位继续为其缴纳养老、失业和医疗三项保险费，并允许5年内回原单位竞争上岗，竞争上岗后，享有与连续工作的人员同等的福利待遇。

（三）鼓励小微企业进入创业孵化基地发展。鼓励大学生创办小微企业，特别是创办高科技小微企业。对毕业3年以内的大学生及3年内未就业的复员转业军人入驻创业孵化基地创办小微企业的，优先给予创业资金接济，3年内在厂房租金上给予30%的补贴。

（四）鼓励科技人员创办高科技小微企业。支持创办小微企业和到小微企业工作的各类人才申报吉林省“双百千万”人才计划，经申报评审纳入计划的给予重点扶持。着力推进小微企业人才培训规范化和系统化，参加“万名创业者、万名小老板”培训人员每人补贴标准由300元提高到500元，参加高技能工人培训人员每人补贴标准由1200元提高到1500元。以县域创业服务指导中心为主体，依托大专院校，建立县域小微企业培训基地，加强对小微企业的创业指导和职业技能培训。

（五）对小微企业实行预警制度。小微企业因非主观故意且没有造成危害后果的违章违规行为，工商、税务、质监、环保、安监等行政执法部门应实行“首次不处罚”预警制度，以教育为主，不予行政处罚。

（六）支持小微企业服务体系建设。加强省、市、县三级中小企业服务平台网络建设，提高为小微企业服务能力。把为小微企业服务数量与质量作为对服务平台和服务中心的考核指标，对于为小微企业服务达到考核标准以上的单位，加大专项资金扶持力度。

（七）对以小微企业为服务对象、符合条件的中小企业信用担保机构可按照相关规定申请享受3年免征营业税政策。

（八）全面清理整顿涉及小微企业的收费，严禁地方和部门越权设立行政事业性收费项目，不得擅自将行政事业性收费转为经营服务性收费；凡未按规定权限和程序批准的行政事业性收费项目和政府性基金项目，一律取消。

四、加大财政扶持力度，支持中小企业进入政府采购体系

（一）适当增加省财政预算扶持中小企业发展专项资金规模。新增部分主要用于设立小微企业创业周转扶持资金和增加小微企业创业投资引导基金规模。各市（州）、县（市）也要建立扶持小微企业专项资金，与省级扶持小微企业专项资金配套使用。

（二）发挥省级中小企业贷款风险补偿资金的作用，将小微企业纳入到省级中小企业贷款风险补偿资金的补偿范围。对担保机构开展小微企业担保业务，给予一定比例的补助。

（三）全面落实财政部、工业信息化部《政府采购促进中小企业发展暂行办法》（财库〔2011〕181号）。预算编制部门在编制政府采购计划时，应当统筹确定面向中小企业（含微型企业，下同）采购的项目，在满足机构自身运转和提供公共服务基本需求的前提下，应当预留本部门年度政府采购项目预算总额的30%以上，专门面向中小企业采购，其中，预留给小型和微型企业的比例不低于60%。对于非专门面向中小企业的项目，采购人或者采购代理机构应当在招标文件或者谈判文件、询价文件中作出规定，对小微企业产品的价格给予6% ~10%的扣除，用扣除后的价格参与评审。鼓励采购人允许获得政府采购合同的大型企业依法向中小企业分包。鼓励大中型企业和其他自然人、法人或其他组织与小微企业组成联合体共同参加非专门面向中小企业的政府采购活动。联合协议中约定，小微企业的协议合同金额占到联合体协议合同总金额30%以上的，可给予联合体2% ~3%的价格扣除。任何单位和个人，不得阻挠和限制中小企业自由进入本地区和本行业的政府采购市场，政府采购活动不得以注册资本金、资产总额、营业收入、从业人员、利润、纳税额等供应商的规模条件对中小企业实行差别待遇或者歧视待遇。

二〇一二年六月一日

关于促进我省融资性担保机构规范发展的实施意见

省金融办 黑龙江银监局 省发改委 省工信委
省财政厅 省商务厅 省地税局 省工商局
省政府法制办 省国税局
人民银行哈尔滨中心支行

为贯彻落实《国务院办公厅转发银监会发展改革委等部门关于促进融资性担保行业规范发展意见的通知》（国办发〔2011〕30号）精神，促进我省融资性担保机构规范发展，现提出如下实施意见：

一、健全监管机制，加强科学监管

（一）建立和完善审慎有效的监管机制，完善监管手段，寓监管于服务中，提高监管有效性，防范系统性风险和区域性风险。加强对政府出资设立或控股的融资性担保机构的监管，强化出资人监管职责，防止融资性担保风险转化为财政风险。

（二）实行差别化监管政策，主要监管指标逐步到位。对新设立的融资性担保机构，对外投资占比等主要指标可在5年内逐步达到监管要求。根据国家货币政策变化，适时、适当调整对外投资比例。

（三）建立融资性担保机构非现场监管和信息服务系统，根据国家有关规定，实行融资性担保机构高级管理人员任职资格管理制度。

（四）建立风险提示、诫勉谈话、公开谴责、限期整改等制度，促进融资性担保机构规范发展，依法合规经营。对从事非法吸收存款、非法集资和高利贷等活动的融资性担保机构，由相关部门按照职责分工依法查处。

（五）逐步建立融资性担保机构信用评级的长效机制，加强信用评级结果与准入许可制度的有机结合，促进融资性担保机构管理水平逐步提升。

（六）加强监管队伍建设，各级政府要加强对融资性担保机构监管工作的组织领导，从人员、经费等方面保障监管部门有效履行职责。

二、推动行业建设，优化外部环境

（七）各级政府可以参股方式对融资性担保机构给予资本金注入支持，扩大担保能力和规模。

（八）在不违反国家法律、法规、规章规定的前提下，融资性担保机构担保费收取可根据市场情况自由议价确定。

（九）按照国家有关规定，鼓励和支持融资性担保机构实行高级管理人员薪酬管理制度，建立对

高级管理人员的激励和约束机制。加强对融资性担保机构从业人员的培训，提升融资性担保行业从业人员道德素质和业务素质。

（十）鼓励和支持民营融资性担保机构参与政策性融资担保业务，享受政策性融资担保机构开展政策性担保业务同样的政策。

（十一）各级房地产、土地、工商、公安部门在融资性担保机构办理抵（质）押登记等业务时，给予融资性担保机构金融机构待遇，并对属于本级政府的行政事业性收费予以适当减免，具体减免政策由当地政府制定。

（十二）各级政府对金融机构给予的考核奖励政策，可适用于融资性担保机构。

（十三）积极推进融资性担保机构接入人民银行征信系统。融资性担保机构在取得被担保人或关联主体书面授权后，可向当地人民银行申请查询被担保人或关联主体的信用报告。

（十四）建立融资性担保机构、银行机构定期信息沟通和业务恳谈机制，逐步构建平等、互利、共赢的合作模式。建立以省级政策性担保机构为龙头的再担保体系，鼓励省内各担保机构积极加入再担保体系，合作开展再担保业务。

（十五）引导融资性担保机构按照“安全性、流动性、收益性”原则，坚持以融资性担保业务为核心主业，稳妥开展非融资性担保业务。同时鼓励融资性担保机构建立和完善符合自身特点、市场化运作的可持续审慎经营模式，不断提高承保能力。进一步推动融资性担保机构加强公司治理、内部控制和风险管理等方面的制度建设，完善信息披露制度，依法合规经营，提升融资性担保机构可持续发展能力。

三、鼓励和支持融资性担保机构面向中小企业和“三农”提供融资服务

（十六）进一步完善现有对融资性担保机构的财政补贴政策，对符合《黑龙江省中小企业担保机构贷款担保代偿风险省级财政补助办法》的，以及为科技型中小企业提供贷款担保的担保机构，按上年度日均担保责任额的5‰比例对担保机构补助；为非科技型中小企业贷款担保的，按上年度日均担保责任额的4‰比例对担保机构补助。补助资金应用于担保机构充实风险准备金；对担保机构按规定提取的风险准备金和获得各级财政的风险补助资金转为风险准备金累计达到注册资本金30%以上部分，可转增资本金。

（十七）经国家税务总局批准，对融资性担保机构为小型企业、微型企业、农民专业合作社、农民融资担保取得的担保费收入，3年内免征营业税。

（十八）优化融资性担保机构布局。优先支持在县域和农村地区设立融资性担保机构。鼓励和支持具备条件的融资性担保机构在县域和农村地区设立分支机构或开展业务。

上海市人民政府贯彻《国务院关于进一步支持小型微型企业健康发展的意见》的实施意见

沪府发〔2012〕98号

各区、县人民政府，市政府各委、办、局：

小型微型企业是国民经济和社会发展的重要力量，是上海实现创新驱动、转型发展的重要基础。进一步支持小型微型企业健康发展，是党中央、国务院的一项重要决策。为全面落实国家扶持小型微型企业发展的各项政策，切实改善小型微型企业发展环境，更好地促进小型微型企业健康发展，现就贯彻《国务院关于进一步支持小型微型企业健康发展的意见》（国发〔2012〕14号）提出如下实施意见：

一、加大对小型微型企业的财税扶持力度

（一）继续落实国家及本市支持小型微型企业发展的税收优惠政策。在2015年年底前，对年所得额低于6万元（含6万元）的小型微利企业，减按50%计算应纳税所得额。对符合规定减免条件的小型微型亏损企业，减免其城镇土地使用税。对符合产业导向的小型微型企业，因经营困难不能按时缴纳税款的，在向主管税务部门提交申请并按照相关规定审批通过后，可以在3个月内缓缴税款。（市地税局负责）

（二）适时设立上海市中小企业发展基金。在市中小企业发展专项资金中安排一定资金，适时设立上海市中小企业发展基金，主要用于引导社会资金，支持中小微型企业融资增信，参与小型微型企业集合信托计划发行等。鼓励向该基金捐赠资金，对企事业单位、社会团体和个人等向该基金捐赠资金的，企业在年度利润总额12%以内的部分，个人在申报个人所得税应纳税所得额30%以内的部分，准予在计算缴纳所得税税前扣除。（市经济信息化委、市财政局负责）

（三）鼓励区县加大对小型微型企业的资金扶持力度。各区县设立小型微型企业发展专项资金，加大对小型微型企业发展和中小企业服务体系建设的支持力度。区县设立的其他扶持企业的专项资金进一步向小型微型企业倾斜。（各区县政府负责）

（四）进一步减轻小型微型企业负担。落实中央和本市财政、物价部门已公布的取消行政事业性收费的规定，在2014年年底前，对本市小型微型企业免征12项行政事业性收费。严格执行收费公示制度，按照市财政局、市物价局公布的行政事业性收费目录所列项目、标准及范围收费。规范涉及行政

许可和强制准入的经营服务性收费，按照政府信息公开的要求，进一步推进经营服务性收费信息公示工作。开展企业减负检查，重点检查不合理涉企收费，清理取消一批涉企行政事业性收费。（市财政局、市发展改革委负责）

二、加大对小型微型企业的金融支持力度

（五）扩大小型微型企业信贷规模。银行业金融机构对小型微型企业贷款在实现银监会提出的“两个不低于”的基础上，对单户授信总额500万元以下（含500万元）小型微型企业贷款的增速不低于全部贷款平均增速。支持商业银行发行专项用于小型微型企业贷款的金融债，扩大资产证券化试点。完善科技信贷风险补偿和小型微型企业信贷风险补偿机制，对商业银行向小型微型企业贷款按规定比例给予风险损失补偿。建立小型微型企业信贷业务奖励考核机制，对小型微型企业信贷工作成绩突出的商业银行实施专项奖励。推广使用“上海银行业小微企业信贷产品信息查询平台”，发挥市、区县中小企业服务中心和其他服务机构的作用，开展集中推荐信贷对象的工作，支持商业银行实施小型微型企业信贷业务批量化操作。（上海银监局、市财政局、市经济信息化委、市金融办负责）

（六）加快发展小金融机构。深入推进差异化准入政策，实施小型微型企业专营支行批量准入，支持商业银行设立小型微型企业专营支行、科技特色支行。稳步推动小额贷款公司发展，对符合条件的小额贷款公司，其主发起人持股比例可在30%的基础上适度提高，探索有条件的小额贷款公司跨区县经营，支持符合条件的小额贷款公司根据有关规定改制为村镇银行。坚持小额贷款公司“小额、分散”的贷款原则，确保50万元以下的借款人所占比例达到50%以上。（上海银监局、市金融办负责）

（七）拓宽小型微型企业融资渠道。支持小型微型企业运用中小企业集合票据、中小企业集合债和中小企业私募债券等债务融资工具，发行债券类融资产品，对成功发行集合票据和集合债的小型微型企业给予中介费用补助。鼓励小型微型企业在各类交易市场挂牌，对改制培育阶段发生的中介费用予以一定补助。发挥创业投资引导基金、风险救助和税收优惠的作用，支持创投企业加大对小型微型企业的支持力度。组建政府、银行、创投企业、担保公司多方联动的“投贷”“投担”运作平台，开展“投贷担”融资服务创新。运用货币信贷评估工具，支持开展知识产权质押贷款等担保创新类贷款业务。（市经济信息化委、市发展改革委、人民银行上海分行、市金融办、市知识产权局按照职责分工负责）

（八）加强对小型微型企业的担保服务。进一步完善中小企业融资担保机制，逐步扩大担保资金规模，提高专业化运作水平，提升政策性担保效率。完善商业性担保机构风险补偿制度，进一步扩大市级国有投资公司投资参股的总量和范围，鼓励和支持本市各类商业性融资担保机构进一步扩大资本规模，切实提升商业性担保机构为中小企业服务的能力。加大对小型微型企业担保业务的补助力度，将小型企业和微型企业担保业务的补助比例上限分别提高到2%和3%。鼓励银保合作，大力发展小型微型企业贷款保证保险，由银行和保险公司共同分担小型微型企业贷款风险。（市财政局、市经济信息化委、市金融办、市商务委、上海银监局、上海保监局按照职责分工负责）

（九）推进小型微型企业信用建设。推进人民银行融资租赁登记公示系统、应收账款质押登记公示系统和中小企业信用档案系统建设，探索以区县为单位发展中小企业信用体系实验区。加快推进法人信息共享与应用系统建设，建设上海市公共信用信息服务平台，进一步完善企业和个体工商户信用分类监管，发挥信用信息在小型微型企业融资中的作用。探索建立统一的动产抵押登记平台，营造更加良好的小型微型企业金融服务市场环境。推进小额贷款公司、融资性担保机构等接入人民银行征信系统，逐步扩大金融领域信用信息共享与应用范围。加强诚信教育，引导小型微型企业加强信用管理，使用信用产品与服务。（人民银行上海分行、市经济信息化委、市工商局、市金融办等按照职责分工负责）

三、鼓励小型微型企业创业创新

（十）鼓励创办小型微型企业。落实促进创业带动就业的相关政策举措，将小额贷款担保和贴息政策的适用范围从创业3年以内的小型微型企业扩大到所有小型微型企业。支持小企业创业基地、科技创业孵化器、创业苗圃、商贸企业集聚区、各类专业市场等载体建设，鼓励小型微型企业集聚发展。（市人力资源社会保障局、市经济信息化委、市科委、市商务委负责）

继续推进实施大学生创业注册资本“零首付”等政策。放宽小型微型企业经营场地限制。区县政府指定场地，允许从事工业设计、软件和信息服务、网络技术、翻译服务、电子商务、摄影摄像或设计、咨询等不扰民、不影响周边环境和公共安全的创新型、文化创意类小型微型企业集中登记。鼓励具备条件的个体工商户转型升级为小型微型企业，在名称登记上给予支持，允许沿用原前置许可办理登记。对符合条件的小型微型企业实行网上年检。（市工商局、各区县政府负责）

（十一）帮助小型微型企业稳定就业岗位。对初创期小型微型企业吸纳就业并稳定就业岗位的，按照规定给予经营场地房租补贴、社会保险费补贴等政策扶持。鼓励小型微型困难企业采取轮岗培训、岗位共享等措施，稳定职工队伍，依法调整和合理安排职工的工作与待遇，渡过经营难关。做好稳定岗位的政策储备，在严峻经济形势的条件下，研究出台给予小型微型困难企业岗位补贴或社会保险补贴等阶段性政策。对小型微型企业新招用高校毕业

生并符合规定条件的，给予培训费补贴和社会保险补贴。（市人力资源社会保障局、市财政局负责）

（十二）支持小型微型企业创新发展。加快构建技术创新服务体系，帮助小型微型企业落实企业研发费用税前加计扣除、高新技术成果转化等相关扶持政策，支持小型微型企业技术改造和技术创新活动。加强产学研合作，加快发展创新驿站、技术转移机构、技术经纪机构，组织开展形式多样的技术交流和对接活动，引导大专院校、科研机构向小型微型企业转移技术成果，提供技术创新服务。实施中小企业信息化应用推广工程，提高小型微型企业信息化水平。培育具有自主知识产权的优势小型微型企业，加大知识产权保护力度。（市科委、市地税局、市经济信息化委、市教委、市知识产权局按照职责分工负责）

（十三）支持小型微型企业开拓市场。深化实施电子商务“双推”工程，扶持小型微型企业依托第三方平台开展电子商务应用，发展网络营销。对小型微型企业参加境内外展会与合作交流等给予资金扶持。不断完善上海市“走出去”信息服务平台，发挥行业协会的组织作用，引导小型微型企业抱团“走出去”。加大专项资金的扶持力度，支持有关担保机构为中小微型外贸企业开拓国际市场提供融资担保服务。深化小型微型企业跨境贸易人民币结算和外汇资金管理方式改革，提高贸易结算便利度，规避汇率波动风险。鼓励保险公司为小型微型企业开拓市场提供商业信用保险和出口信用保险。加大政府采购支持小型微型企业发展的力度，各级政府年度采购项目预算预留不少于18%的比例给小型微型企业。积极开展小型微型企业政府采购融资担保试点，委托专业担保机构为政府采购项目中标小型微型企业向银行融资提供担保，进一步增强小型微型企业参与政府采购的能力。（市商务委、市财政局、市经济信息化委、人民银行上海分行、上海保监局按照职责分工负责）

（十四）帮助小型微型企业提高经营管理水平。支持小型微型企业管理创新，实施中小企业管理提升计划，加强对小型微型企业经营管理人员的培训。实施中小企业知识产权工作托管计划，提高小型微型企业知识产权管理水平。发挥上海市质量金奖的标杆引领作用，引导小型微型企业提升质量管理水平。帮助小型微型企业提高标准化水平，引导小型微型企业创建自主品牌和著名商标。加强对小型微型企业海外商标注册维权的指导，提升企业参与国际市场竞争的能力。加强小型微型企业人力资源开发，以小型微型企业为重点，开展知识更新继续教育。对小型微型企业职工通过职业技能等级考核的，按照规定予以培训费补贴。鼓励高技能人才培养基地积极为小型微型企业的技能人才开放培训资源，提供技能培训服务。（市经济信息化委、市知识产权局、市质量技监局、市工商局、市人力资源社会保障局按照职责分工负责）

四、加强对小型微型企业的公共服务

（十五）加强对促进小型微型企业发展工作的领导。进一步发挥市促进中小企业发展工作领导小组的统筹规划、组织领导和政策协调作用，明确部门分工和责任，加强监督检查和政策评估，将小型微型企业工作列入各区县、各有关部门的年度考核范围，由市促进中小企业发展工作领导小组办公室负责具体落实。市有关部门在各自职责范围内，加强对小型微型企业的指导和服务，制定、宣传、解读和落实有关政策措施。（市经济信息化委会同市促进中小企业发展工作领导小组各成员单位负责）

各区县政府建立相应的工作协调机制，加强对本区域小型微型企业工作的指导和服务。（各区县政府负责）

（十六）进一步完善中小企业服务体系。发挥市、区县中小企业服务中心的主渠道作用，为小型微型企业提供政策咨询、信息传递等公共服务。各区县将中小企业服务网络延伸至乡镇（街道）、产业园区，并给予一定的工作经费保障。（市经济信息化委、各区县政府负责）

推进中小企业公共服务平台建设。到2015年，培育300家中小企业公共服务平台，重点培育100家国家和市级中小企业公共服务示范平台，各示范平台单位要面向小型微型企业提供免费或低收费的优质服务。（市经济信息化委牵头，市发展改革委、市科委、市财政局、市人力资源社会保障局、市环保局、市质量技监局等部门参加）

（十七）优化对小型微型企业的行政服务。继续推进并联审批工作，不断优化并联审批流程，提高行政服务效率。进一步完善中小企业诉求处理机制，维护小型微型企业的合法权益。行政执法部门对小型微型企业加强指导，督促企业守法经营。（市工商局、市经济信息化委、各行政执法部门按照职责分工负责）

（十八）加强对小型微型企业的统计监测。建立小型微型企业统计体系，加强小型微型企业统计分析。建立和完善全市小型微型企业库，重点选取一批具有行业、区域代表性的小型微型企业，建立统计调查、监测分析和定期发布制度。市、区县中小企业服务中心负责加强跟踪监测和服务协调，及时了解运行状况，研判发展趋势，加强预警，有针对性地采取相关举措。依托人民银行利率管理信息系统，加强对小型微型企业贷款规模、贷款利率的统计监测。加强对小额贷款公司利率和担保机构担保费率的监测。（市统计局牵头，市经济信息化委、市工商局、市地税局、人民银行上海分行、市金融办、市商务委等部门参加）

上海市人民政府

二〇一二年十一月二十日

江苏省政府办公厅关于开展中小企业服务年活动的通知

苏政办发〔2012〕69号

各市、县（市、区）人民政府，省有关部门和单位：

中小企业是经济发展、科技创新、改革开放的生力军，是促进就业的主渠道，是推动经济社会发展的重要力量。为进一步落实相关政策措施，努力改善服务环境，促进全省中小企业又好又快发展，经省人民政府同意，决定在全省开展中小企业服务年活动。现就有关事项通知如下：

一、总体要求和主要目标

（一）总体要求。以“聚焦中小企业，服务提档升级”为主题，以开展中小企业服务年活动为载体，以创新型、创业型、劳动密集型中小企业为工作重点，以实施“百千万”中小企业服务行动计划为主要措施，加快形成全社会关注、服务中小企业特别是小微企业的良好氛围，推动中小企业加快转型升级和平稳健康发展，为全省经济社会又好又快发展作出新的更大贡献。

（二）主要目标。创建300家中小企业公共服务示范平台，建设300家小微企业创业基地，培育2000家小微企业进规模，服务10万家以上中小企业，培训20万名中小企业管理人员。

二、加强对中小企业的财税金融支持

（三）加大专项资金支持力度。进一步扩大省级中小科技型企业专项引导资金和省级中小企业发展基金规模。加强项目申报辅导培训服务，帮助中小企业争取国家和省专项资金扶持项目。发挥省新兴产业创业投资引导基金作用，吸引民间资本投资成长潜力较大的中小创新型企业。符合条件的国有创业投资机构和国有创业投资引导基金，投资于未上市中小企业形成的国有股，报经国务院批准，可申请豁免国有股转持义务。

（四）减轻中小企业税费负担。严格执行《省政府关于治理规范涉企收费的政策意见》（苏政发〔2011〕168号），深入开展规范涉企收费专项治理行动。加强中小企业享受优惠政策登记备案管理，3年内对失业人员、大中专毕业生创立的注册资本不超过10万元的小微企业免征部分管理类、登记类和证照类行政事业性收费，确保符合条件的中小企业享受收费优惠政策。认真落实收费登记卡和收费项目公示制度，杜绝变相收费和隐形收费。2014年12月31日前，对小微企业免征税务发票工本费。2015年12月31日前，对年应纳税所得额低于6万元（含6万元）的小型微利企业，其所得减按50%计入应纳税所得额，按20%的税率缴纳企业所得税。扩大“同城通办”地域范围和办税事项，优化办税辅导和纳税服务，对中小企业开展个性化、专业化税收服务。

（五）改善金融支持环境。引导金融机构对小微企业加大信贷支持，支持辖区内金融机构发行小型微型企业贷款专项金融债券，增强地方金融机构小微企业信贷投放能力。金融机构对中小企业的贷款利率上浮不超过30%，杜绝不合理的金融服务项目和收费。鼓励金融企业对中小企业贷款，对按规定比例计提的贷款损失专项准备金，凡符合条件的允许在企业所得税税前扣除。2014年10月31日前，对金融机构与小型微型企业签订的贷款合同免征印花税。积极发展各类新型金融组织，力争全年全省村镇银行实现县域全覆盖，农村小额贷款公司新增120家左右，科技小额贷款公司新增40家左右。

（六）加强中小企业融资服务。开展小微企业融资对接，争取全年全省小微企业贷款增幅不低于全部贷款增幅。支持中小企业通过发行短期融资券、集合票据、集合债券拓展直接债务融资渠道。积极推广区域集优债务融资模式，扩大试点范围，力争区域集优债务融资试点市增加到3个以上，融资的中小企业数不少于50家，融资总额不低于30亿元。发挥小企业贷款风险补偿制度的激励作用，省级财政对各银行业金融机构年度新增小企业贷款余额给予5‰的风险补偿。健全省、市、县三级担保服务网络，扩大中小企业融资担保规模，完善信用担保风险补偿机制，提高风险防范能力，力争全年全省融资担保机构在保余额增长10%以上。制订鼓励中小企业争取上市的奖励办法，推动中小企业加快股份制改造，扶持有条件的中小企业上市，力争全年全省新增上市中小企业40家。

三、鼓励中小企业创新创业

（七）引导中小企业科技创新。落实中小企业科技创新扶持各项政策，组织人才引进、技术成果转化等对接活动，推动创新资源向中小企业集聚。培育和认定省中小企业创新能力建设示范企业、高成长型中小企业、科技创业优秀民营企业和优秀民营企业家各100个以上，宣传先进典型，发挥示范作用。实施高新技术企业培育计划，培育一批科技型中小企业成长为高新技术企业。

（八）强化科技创业服务。加强创业辅导服务，培育“专精特新”中小企业和特色产品，在战略性新兴产业领域扶持一批科技创业企业和企业家，打造引领产业发展、具有国际竞争力的创新型领军企业。鼓励中小企业加强创业投资，创业投资企业采取股权投资方式投资于未上市的中小高新技术企业2年以上，符合条件的，可以按照对中小高新技术企业投资额的70%，在股权持有满2年的当年抵扣该创业投资企业的应纳税所得额，当年不足抵扣的，可以在以后纳税年度结转抵扣。

（九）支持中小企业创业。加强中小企业注册登记服务，通过实地走访、问卷调查、组织座谈等形式，了解企业服务需求，在全省推行网上远程名称核准和网上年检，为中小企业注册登记提供方便快捷的绿色通道。

四、引导中小企业集约集聚发展

（十）培育特色产业集群和中小企业产业集聚区。以国家和省产业政策为导向，立足不同地区资源禀赋和产业基础，推动中小企业特色产业集聚发展，培育一批省级中小企业产业集聚示范区。支持特色产业集群和中小企业产业集聚区加快基础设施建设，完善产业配套功能，健全公共服务平台，创建区域特色品牌。力争到2012年年底，全省新增5个百亿级特色产业集群，中小企业产业集聚区年营业收入同比增长12%。

（十一）鼓励中小企业集约利用土地。支持重点中小企业集聚区新增标准厂房1500万平方米，吸引5000家中小企业入驻。对在中小企业产业集聚示范区内建设4层以上标准厂房的，优先安排土地指标。对于中小企业在初创期租赁标准厂房的，给予一定补贴。

五、帮助中小企业开拓市场

（十二）发挥中小企业展会的平台作用。支持我省中小企业参加第9届中国国际中小企业博览会、第7届亚太经济合作组织（APEC）中小企业技术交流暨展览会等国内外重点和专业品牌展示展销会，增强江苏中小企业产品和品牌的影响力与辐射力，对中小企业开拓国内、国际市场，给予50%展位费补贴。提升本省中小企业品牌展会的办会水平，为我省中小企业市场开拓、技术交流创造条件。

（十三）支持中小企业“走出去”。鼓励、引导我省中小企业到省外、境外建立生产、研发、营销基地，开展并购等投资业务，收购先进技术和知名品牌，带动产品和服务出口。组织我省中小企业参加“台湾周”“江苏产品万里行”等活动，与日本、德国、意大利、澳大利亚、东南亚等国家和地区的企业开展经贸合作，帮助我省中小企业开拓国际市场。建立“走出去”重点支持和联系企业制度，加大对中小企业“走出去”在融资、资讯和风险防范等方面的支持力度。建立境外产业集聚区，为我省抱团“走出去”的中小企业在对外投资方面搭建更多平台。

（十四）扩大政府对中小企业的采购。进一步落实国家和省支持中小企业参加政府采购的政策措施，清理不合理限制，明确中小企业参与政府采购中标份额的比例标准，举办专门面向中小企业的政府采购活动，推动中小企业在同等条件下优先获得政府采购合同。

六、提升中小企业经营管理水平

（十五）深化中小企业内部管理。开展中小企业管理素质提升活动，设立“中小企业管理创新奖”，认定100家管理创新示范企业，引导中小企业进一步提高管理水平。开展中小企业质量承诺活动，加强中小企业质量诚信自律，支持中小企业取得质量管理体系认证、环境管理体系认证和产品认证等国际标准认证。

（十六）加快中小企业信息化建设。依托中国电信等运营商在网络、技术、服务、人才方面的资源优势，为企业提供基础通信网络、业务流程、运行监管等信息化应用解决方案，引导中小企业运用现代信息技术和信息化产品，提高经营管理的科学化、网络化、智能化水平。大力推进“数字企业”创建活动，开展“百场万企”数字企业培训，认定百家省“星级数字企业”。实施“百千万”电子商务应用计划，举办百场电子商务培训，支持千家中小企业成为电子商务平台会员并开展电子商务活动。

（十七）加强中小企业专业培训。依托各级中小企业服务中心、专业学校、企业大学和网络平台，为中小企业提供营销、质量、安全生产、财务、上市服务等培训。举办省暨南京市高层人才交流洽谈会，加强企业经营管理人才市场体系建设，鼓励各地以市场机制配置企业经营管理人才，为优秀人才的使用、管理和合理流动搭建良好平台。继续在清华大学、北京大学、中国人民大学等知名高校举办科技企业家专题高级研修班。省经济和信息化委（省中小企业局）联合有关高校，共同举办高层管理人员工商管理硕士（EMBA）学位班、EMBA课程研修班、中小企业主研修班、中小企业竞争力大讲堂、网络在线培训，帮助中小企业培养经营管理人才、提高员工专业素质。

七、健全中小企业服务体系

（十八）完善中小企业服务体系。到2012年年底，全省基本建立以公益性服务机构为主导、商业性服务机构为支撑的省、市、县三级中小企业服务体系。支持有条件的地区将中小企业服务中心延伸到乡镇（街道）和工业园区（集中区）。开展中小企业服务中心提档升级活动，建设在线服务系统和共享数据中心，整合服务资源，提高服务水平，为中小企业提供找得着、用得起的服务。引导各类社会服务机构为广大中小企业提供信息、培训、技术、创业、检测、咨询、管理等优质服务。

（十九）建设小微企业创业基地。在全省开发区（工业园区、集中区）建设300家小微企业创业基地。开展小微企业创业基地巡诊活动，组织创业辅导、管理咨询等活动，集中咨询诊断，持续跟踪辅导，为小微企业成长提供专业化建议，全年推动2000家小微企业上规模。

（二十）推进公共技术服务平台建设。依托大专院校和重点产业集群，在新兴产业集聚区和工业园区建立一批为中小企业提供研发设计、检验检测、新技术推广、人才培训、信息咨询等服务的公共技术服务平台，支持其进一步完善服务功能、提高服务能力，全年至少为10万家中小企业提供服务。

（二十一）加强中小企业用工服务。引导中小企业依法规范用工，签订劳动合同，缴纳社会保险。对规范用工的中小企业及时提供有效的政策咨询、职业介绍等用工服务，对符合条件的中小企业及时落实各项就业扶持政策。

八、营造有利于中小企业发展的良好环境

（二十二）加强组织领导。省人民政府成立促进中小企业发展联席会议，加强对中小企业发展工作的组织领导和政策协调。联席会议办公室设在省经济和信息化委（省中小企业局）。各地也要抓紧建立相应的组织机构和工作机制，健全责任机制，加大督查力度，提高对中小企业工作的组织领导水平。

（二十三）狠抓政策落实。近年来，省人大修订了《江苏省中小企业促进条例》，省人民政府制定了《关于促进中小企业平稳健康发展的意见》（苏政发〔2008〕89号）、《关于进一步促进中小企业发展的实施意见》（苏政发〔2010〕90号）、《关于改善中小企业经营环境的政策意见》（苏政发〔2011〕153号），提出了一系列支持中小企业发展的政策措施。各地、各有关部门要把落实相关政策措施作为中小企业服务年活动的重点，逐项梳理执行情况，采取有效措施，确保落实到位。

（二十四）强化运行监测。认真执行国家《中小企业划型标准规定》（工信部联企业〔2011〕300号），在进一步加强规模以上中小工业企业运行监测分析的基础上，建立小微企业分类统计调查、监测分析和定期发布制度，抓好重点县（市）和重点企业运行监测分析，全面准确把握全省中小企业的运行情况。及时加强煤、电、油、气、运等生产要素的协调和企业用工对接，保障中小企业正常生产经营。

（二十五）开展政策宣传。通过新闻媒体宣传、现场宣讲、印发手册、网络在线解读等方式，开展全方位的中小企业政策宣传活动。举办中小企业政策大讲堂系列活动，组织专家团队深入产业集群和园区，提供现场政策咨询宣讲服务。汇编近年来国家及省出台的扶持和促进中小企业发展的政策，免费向中小企业发放。

二〇一二年四月十六日

福建省人民政府关于金融服务实体经济发展十一条措施的通知

闽政〔2012〕26号

各市、县（区）人民政府，平潭综合实验区管委会，省人民政府各部门、各直属机构，各大企业，各高等院校，各金融机构：

为坚持金融服务实体经济的本质要求，更好地发挥金融支持福建科学发展、跨越发展的功能作用，现提出如下措施：

一、加大实体经济信贷投入。认真落实省政府与各总行、总部及集团公司签订的战略合作协议，努力向上争取“海西专项信贷规模”、新增信贷规模、总行直贷项目或单列信贷指标和相关政策。大力拓展资产转让、行内银团、海外代付、内保外贷、进口保理、融资保函等业务，综合运用“信贷＋租赁”“信贷＋产业基金”“信贷＋信托”等融资方式，拓宽表内外融资渠道。积极运用差别存款准备金率、再贷款、再贴现等货币政策工具，引导金融机构加大对实体经济的信贷投入，力争2012年全省各项贷款增速比GDP增速高出5个百分点、比全国平均增速高出2个百分点，银行业通过表外业务等融资方式募集资金不低于500亿元。

二、扩大实体经济直接融资规模。积极推动福建特色产业、新兴产业、文化产业以及科技型、创新型、农业龙头型等各类上市后备企业首发上市。支持上市公司优化重组，推动具备条件的上市公司通过增发、配股等方式再融资。大力发展股权投资基金，提高海峡产业和省级创业投资资金的使用效率，抓紧组建总规模不低于10亿元的战略性新兴产业创业投资基金，支持中央财政参股的创投基金发展。推动福州、厦门、泉州高新园区进入代办股份转让系统首批扩大试点范围。积极帮助有关企业解决发行短期融资券、中期票据、中小企业集合票据、企业债券、公司债券所需的增信、担保等问题，由相关专项资金给予扶持。2012年，力争全省首发上市和再融资规模达200亿元以上，企业债务融资工具发行量超过上年。

三、加强中小微企业金融服务。加强中小微企业专营服务机构建设，对小微企业实行单列信贷计划、单独配置人力和财务资源、单独客户认定与信贷评审，加大小微企业信贷投入。开辟中小微企业贷款审批“绿色通道”，对中小微企业实行标准化、专业化、简约化的贷款审批流程。推动建立小微企业助保金贷款“风险池”，为无法提供足额有效抵押物或担保的小微企业提供增信支持。将2012年小微企业贷款不良率的容忍度提高至3%。对月度或季度小微企业贷款增加较多的地方中小法人金融机构，适度调增信贷规模，2012年力争实现小微企业贷款余额增幅高于20%。

四、保障重点领域资金需求。加大对电子信息、装备制造、石油化工、海洋产业、生物医药、新能源、新材料、节能环保、物联网、现代服务业等重点产业、战略性新兴产业以及文化产业的信贷投入，争取将福建省重点产业、新型工业化产业示范基地、龙头企业确定为总行级战略性客户或重点客户，在贷款审批、利率定价、资源配置等方面给予优惠。支持房地产业健康发展。加强对产值超千亿元产业集群的供应链金融服务，适时推出重点产业的供应链专业金融服务方案。支持采用大型设备厂商租赁、中长期固定资产回租、信托资产融资等创新金融产品，扩大重点产业的资金供给。大力开展并购融资业务，促进重点产业优化升级。扩大对重点项目的银团贷款等信贷供给，加大贷款期限与重点项目建设周期和达产期限相衔接力度，适度提高中长期贷款投放比例，力争2012年省级重点项目融资新增额不低于500亿元，全省中长期贷款新增额不低于800亿元。

五、改进“三农”金融服务。继续推进“金融服务不出村工程”建设，改善农村地区金融服务环境。出台支持设施农业发展的政策措施，加大农业科技企业研发、推广、应用过程中的信贷投入，引导金融机构将新增“三农”贷款着重投向农林牧渔业、农田水利基础设施建设等领域。建立金融支持“三农”差别化监管政策，对涉农贷款投放同比多增较多的地方中小法人金融机构调增信贷规模，优先办理支农再贷款授信。扩大农村有效担保物范围，探索农村房屋、土地承包经营权抵押贷款的有效办法。结合涉农贷款的季节性特点，实施弹性存贷比，对涉农不良贷款给予更大的容忍度，确保实现涉农贷款增量不低于上年、增速不低于各项贷款平均增速的“两个不低于”工作目标。

六、支持平潭综合实验区开放开发。支持金融机构加快赴平潭设立分支机构，力争年底前完成中信银行、招商银行、平安银行、浦发银行等平潭支行的设立工作。采取单列信贷规模、提升机构级别等方式，扩大银行业平潭分支机构的业务权限，加大对平潭基础设施、产业园区、新兴产业等重点项目和重点行业的信贷倾斜力度。支持各金融机构与平潭综合实验区建立战略合作关系；认真落实省政府与国家开发银行签订的《共同推进平潭综合实验区开发建设开发性金融合作备忘录》，做实项目借款主体，加快规划、立项、环评、土地等“四项”审批进度，力争年底前完成200亿元重点项目评审工作。支持金融监管部门制定出台对平潭实施差别化、先行先试的金融监管措施。争取在平潭新设一家闽台合资的股份制商业银行，适当提高台湾金融机构持股比例。积极推动海峡股权交易所建设。加快推进闽台合资全牌照综合类证券公司设立工作。积极探索推进对台离岸金融业务等创新试点工作。

七、推动泉州国家金融服务实体经济综合改革试验区建设。支持泉州市在国家批准设立国家金融服务实体经济综合改革试验区之前自行先行先试，推动在福建设立机构的金融机构全部在泉州设立分支机构，引导已在泉州设立机构的金融机构扩大在县域的网点覆盖面；推动外资银行在泉州设立营业性机构或代表处；支持泉州开展“区域集优债务融资模式”试点，扩大泉州债券融资规模，发展各类股权投资基金；试点开展民间融资登记管理制度，适时出台民间融资管理办法，服务泉州民营企业二次创业。

八、增强实体经济保险保障。拓展财产保险、责任保险、信用保险等业务，有效分散、转移实体经济的经营风险。推动科技保险产品创新，加大对企业自主创新和产业转型升级的保险支持力度，继续对省内符合条件的高新技术企业投保给予适当的财政补贴。继续推进农业保险工作，逐步增加保险品种，完善保费补贴政策，探索建立农业大灾风险分散机制。用好用足出口信用保险政策，继续对出口信用保险实施保费补贴和保单融资贴息政策，增强出口信用保险的保险保障作用，提升出口信用保险的贸易融资功能。落实省政府与国内保险集团签订的战略合作协议，探索保险资金支持我省实体经济发展的有效途径，推动保险资金参与我省重点项目建设、未上市企业股权投资和债券投资。

九、完善服务实体经济发展的金融机构体系。加大对我省促进总部经济和金融业发展优惠政策的宣传力度，积极争取境内外金融机构来闽设立分支机构。2012年力争从省外引进2家外资银行、1家股份制银行在闽设立分行，新增各类银行网点230家、自助银行840家。推动有条件的农商行设立异地支行和发起组建村镇银行，“十二五”期间各县（市）至少组建1家村镇银行，支持开业一年以上的村镇银行向小微企业数量多、金融服务不充分的乡镇和行政村增设分支机构。支持符合条件的县（市、区）再设立1～2家小额贷款公司。推动金融机构向金融服务薄弱的县域、乡镇和中小企业集中地区延伸。

十、规范发展民间融资。鼓励和引导民间资金进入基础产业、社会事业、商贸流通、医疗教育等行业和领域，支持民间资本发起设立小额贷款公司或参股村镇银行、农村信用社、商业银行等金融机构。大力宣传“依法合规、自愿互助、诚实信用”的民间融资观念，促进民间融资健康发展。探索建立方式灵活、运作合规、监管有力的民间融资管理长效机制。

十一、维护区域金融稳定。推动社会信用体系建设，提高社会诚信意识，改善金融发展环境。认真开展各类金融风险压力测试，增强风险监测评估的前瞻性和有效性，建立健全非法金融活动应急处置机制。密切监控融资性担保公司、典当行、投资公司等机构运行状况，防范非正规金融及其他相关领域风险向金融体系传导。切实加强金融机构的风险防范，防止信贷资金违规进入民间借贷、股市等领域。严厉打击非法集资、地下钱庄等非法金融业务，切实保护金融消费者权益，努力维护金融发展秩序，为建设更加优美更加和谐更加幸福的福建创造良好的金融运行环境。

二○一二年五月三日

福建省人民政府办公厅关于缓解企业用工短缺做好用工服务八条措施的通知

闽政办〔2012〕109 号

各市、县（区）人民政府，平潭综合实验区管委会，省政府各部门、各直属机构，各大企业，各高等院校：

为帮助企业缓解用工短缺，做好用工服务，促进企业发展，经省政府研究，特提出如下措施：

一、促进企业进一步稳定职工队伍。根据我省经济发展水平，适时调整各地最低工资标准结构，全省“十二五”期间最低工资标准年均增长 13% 以上。推动各地深入开展“诚信用工承诺”活动，引导企业诚信用工，对职工流动性较大的企业，推荐使用简易劳动合同文本。各地可根据具体情况对推行工资集体协商的小微企业予以适当奖励；出台促进员工稳定就业（指企业与员工签订一年以上劳动合同，使员工在企业实际工作满一年以上）的奖励政策。上述两项奖励资金可从各级就业专项资金中列支。

二、切实帮助企业引进劳动力。各地要进一步完善劳动力引进激励机制，提高对相关机构（单位、组织）和个人的奖励幅度，鼓励各类大中专院校、职业技术院校、职业中介机构、培训机构、劳务协作基地、企业老员工个人为辖区企业引进劳动力。鼓励沿海与山区县（市、区）对口开展山海劳务协作，对通过山海劳务协作协议对口引进到企业就业的劳动者予以一次性奖励，具体奖励标准和办法由各地研究确定，所需资金从各级就业专项资金中安排。各地要继续做好企业用工公共服务，保障必要的工作经费，持续开展企业用工招聘活动，加大远程见工系统在劳务协作省份的布设力度，同时进一步挖掘省内劳动力潜力。

省级就业专项资金统筹安排 5000 万元专项对各地落实上述措施以及开展企业用工服务工作绩效进行以奖代补。具体奖励办法由省财政厅、人力资源和社会保障厅另行规定。

三、支持小微企业开展岗位技能培训。全面推行培训经费直补企业政策，小微企业组织本企业职工参加规定工种或职业的职业技能培训，职工当年取得国家职业资格证书后，企业可获得财政培训经费补贴。对各级公共就业服务机构与小微企业联手，采取按项目运作培训模式组织新招收劳动力培训的，可视同按项目运作农业富余劳动力转移就业培训补贴政策享受培训补贴。小微企业主可免费参加各地人社部门组织的“创办和改善你的企业”（英文简称“SIYB”）创业培训。

四、鼓励就业困难人员到企业就业。各类企业（单位）招用就业困难人员，在相应的劳动合同期限内缴纳社会保险费的，其为就业困难人员实际缴纳的基本养老保险费、基本医疗保险费和失业保险费，可按规定享受社保补贴。对当年新招用符合小额担保贷款申请条件的人员达到企业现有在职职工总数 30%（超过 100 人的企业达 15%）以上，并与其签订 1 年以上劳动合同的小微企业，可按规定享受最高不超过人民币 200 万元的小企业贴息贷款。贴息期限最长不超过 2 年，贴息利率在中国人民银行公布的贷款基准利率基础上上浮 3 个百分点以内，由财政给予全额贴息。所需资金从各级就业专项资金中安排。

五、鼓励企业通过技术进步提高劳动生产率。支持企业采用先进适用的技术、工艺和设备，提升企业生产过程自动化、装备智能化和管理信息化水平，引导劳动密集型企业通过技术进步，降低对劳动力的过度依赖。从 2012 年起，五年内省科技厅、经贸委、发展改革委要对工业机器人、自动化、智能化生产装备等产品和关键技术的研发和产业化的项目给予重点扶持。对列入省“百项千亿”计划并提高劳动生产率 30% 以上的技术改造项目，按投资额的 5% 给予补助。

六、积极为外来务工人员提供公共租赁住房。各级政府要加大公共租赁住房建设力度，鼓励各类企业和其他机构投资建设和运营公共租赁住房，将在城镇稳定就业的外来务工人员纳入公共租赁住房保障范围。在符合土地利用总体规划、城乡规划的前提下，经依法批准，企业可利用自有土地自筹资金建设公共租赁住房。在外来务工人员集中的开发区、工业园区，鼓励集中建设面向用工单位或园区就业人员出租的公共租赁住房。开发区和工业园区的生活设施用地用于公共租赁住房等保障性住房建设应不低于 30%.

七、进一步解决好外来务工人员随迁子女就学问题。对处于义务教育阶段的外来务工人员子女，可在暂住地就近入学，并在接受教育、参加团队组织、评优评先、参与文体活动及实行奖励等方面与当地学生享受同等待遇。鼓励支持各地放开外来务工人员子女报考普通高中学校。外来务工人员子女在入读各类中等职业学校和技术学校，享受国家助学金、免学费政策等方面与当地学生享有同样待遇。在我省中职学校有一年及以上学习经历，且已毕业的外省务工人员随迁子女，今年可以报考“高职单招”，符合条件的可以推荐免试入读高等职业院校。从 2014 年起，在我省高中有 3 年完整学习经历的外省务工人员随迁子女，可在我省参加普通高考，参加本科、专科录取，并与我省考生享受同等的录取政策。

八、合力营造外来工稳定就业大环境。各级各有关部门要继续深入开展“情暖外来工 就业在福建”等活动，进一步做好对外来务工人员的公共服务，加强对外来务工人员人文关怀；进一步采取措施提升职工生活后勤保障水平，引导企业实现食堂管理规范化、集体宿舍标准化、文娱活动普及化、医疗帮扶常态化。各地社区服务机构和文化活动设施要向外来务工人员均等开放，丰富外来务工人员精神文化生活。加大在外来务工人员居住集中地段的基础设施投入，进一步改善公共交通和环境卫生状况。在有条件地方推行流动人口居住证制度，让持有居住证的外来人员享有当地居民同等的公共服务，有效促进流动人口融入当地社会。要充分发挥各级工会组织作为职工利益代表者、维护者的作用，通过开展“送温暖”“金秋助学”“平安返乡”等活动，更好服务外来务工人员。

二〇一二年六月一日

江西省人民政府办公厅转发省中小企业局等四部门关于在全省工业园区创建中小企业信用示范区实施意见的通知

赣府厅发〔2012〕39 号

各市、县（区）人民政府，省中小企业局、省政府金融办、人民银行南昌中心支行、江西银监局：

省中小企业局、省政府金融办、人民银行南昌中心支行、江西银监局《关于在全省工业园区创建中小企业信用示范区的实施意见》已经省政府同意，现转发给你们，请认真贯彻执行。

二〇一二年六月六日

关于在全省工业园区创建中小企业信用示范区的实施意见

省中小企业局 省政府金融办
人民银行南昌中心支行 江西银监局

为规范中小企业管理，培育企业信用意识，健全企业财务制度，构建良好银企关系，缓解企业融资难、融资贵问题，现就在全省工业园区创建中小企业信用示范区提出如下实施意见。

一、创建主体

原则上以工业园区为单位，以园区内中小企业为对象，以促进企业苦练内功、改善管理、增信升级、集约发展为目标，以政策支持、融资服务为动力，开展中小企业信用示范区创建活动，打造一大批管理规范、诚实守信的中小企业，为产业集群发展提供坚实支撑。对产业集中度高、园区空间相连的个别地区，可以地区为创建单位。

二、创建标准

中小企业信用示范区按园区规模总量、产业集群程度、企业信用情况设定标准，具体包括：工业园区或产业集群符合国家产业政策，产业集群内部产业配套能力强、产业链相对完整，工业园区年主营业务收入 50 亿元以上或工业园区内单个产业集群年销售收入 10 亿元以上；当地政府或工业园区设立了中小企业发展专项资金，建立起以协会、商会或担保机构为载体的融资担保平台；依托人民银行企业信用信息基础数据库，研发中小企业信用信息辅助管理系统，构建起守信受益、失信惩戒的信用激励与约束机制，园区内或产业集群内相关企业信用等级达到 BBB 级以上的不低于 60%，其中 A 级以上的不低于 40%。

三、创建内容

中小企业信用示范区应在充分听取各方信用信息需求的基础上，建立中小企业信用信息采集和更新的长效机制，研发中小企业信用信息辅助管理系统，逐步完善人民银行信用信息基础数据库；利用中小企业信用信息服务功能，构建适合中小企业特点的信用评价体系和优秀中小企业筛选推荐机制；完善中小企业信用担保体系，优化中小企业发展环境；广泛开展信用知识宣传，引导中小企业规范经营管理，增强信用意识，建立信用激励与惩戒制度，有效改善中小企业信用环境。

四、政策扶持

工业园区达到中小企业信用示范区标准，经验收认定合格的，由省中小企业局、省政府金融办、人民银行南昌中心支行、江西银监局授予“中小企业信用示范区”称号，并给予相应的政策支持：鼓励新设立的小额贷款公司将营业场所设在注册地工业园区并在工业园区开展小额贷款业务，帮助园区内小额贷款公司向银行业金融机构融资；批准在工业园区新设中小企业信用担保公司；落实主办银行或立足产业集群设立特色银行，为工业园区或产业集群企业提供贷款支持；建立中小企业贷款风险补偿机制；鼓励主办银行或特色银行对 A 级以上信用企业提供 300 万元以下的无抵押信用贷款；对 BB 级以上信用企业灵活开展应收账款质押融资、股票股权质押、保单质押以及知识产权、专利技术、商标品牌质押等多种金融服务，对企业新购设备和新建厂房实行按揭贷款；支持产业集群企业技术改造中长期融资，重大项目贷款可组建担保联盟为其融资担保；优先安排省工业园区产业发展专项资金，由工业园区作为贷款风险保证金存入主办银行，鼓励担保机构按 1：10 的比例提供信用担保。

五、实施步骤

第一步：先行试点。有创建意愿的工业园区提出创建申请、制定创建方案，经当地政府批准后报省中小企业信用示范区创建工作办公室。创建工作办公室在受理申请、调查研究的基础上，选择 3—5 个基础条件好、产业集聚度强、创建积极性高的园区进行试点。

第二步：扩大范围。在试点取得成效的基础上，筛选 10—15 个园区开展创建活动，逐步覆盖全省各设区市，充分发挥其示范效应。

第三步：全面推广。总结经验，完善细则，规范操作，形成机制，全面开展创建活动。

六、加强领导

成立省中小企业信用示范区创建工作办公室，成员单位包括省中小企业局、省政府金融办、人民银行南昌中心支行、江西银监局，办公室设在省中小企业局，主要负责联络、协调工作。创建工作办公室建立联席会议制度，会商创建工作中遇到的重大问题。

江西省中小企业局关于印发《创建省级小微企业创业园实施办法（试行）》的通知

赣中小企发〔2012〕2 号

各设区市中小企业主管部门：

为贯彻落实《关于贯彻落实国务院支持小型微型企业发展若干政策的实施意见》（赣府发〔2011〕30 号），进一步在我省扶持一批小型微型企业和项目，加快打造创业服务平台，改善创业环境，提高创业成功率，壮大我省实体经济，特制定《创建省级小微企业创业园实施办法（试行）》，现印发给你们。请你们务必高度重视，结合当地实际，坚持“高起点、高品质、高效益”标准，认真组织实施，努力创建符合当地产业规划和创业需求的品牌创业园。

附件：创建省级小微企业创业园实施办法（试行）

江西省中小企业局办公室
二〇一二年三月七日

附件

创建省级小微企业创业园实施办法（试行）

为落实省政府《关于贯彻落实国务院支持小型微型企业发展若干政策的实施意见》（赣府发〔2011〕30 号），省中小企业局决定，在全省省级小企业创业基地建设基础上，创建一批具有示范带动作用的江西省省级小微企业创业园（以下简称创业园）。特制定如下实施办法：

一、指导思想、基本原则和任务目标

（一）指导思想

按照“以培育初创企业为主、以提高企业承载量为主、以发展楼宇经济为主”总体要求，依托现有工业园区、经济技术和高新技术开发区、特色产业集聚区、省级小企业创业基地以及人口集中的城镇，创建高品质创业园，为创业者提供“保姆式”服务，扎实促进小微企业健康成长，为推动我省经济发展，缓解就业压力，构建富裕和谐秀美江西做贡献。

（二）基本原则

创业园是小微企业孕育和成长的摇篮，是培育创业者，有效降低创业成本、创业风险，提高创业成功率的重要载体。创建要遵循如下原则：

1. 统筹规划、合理布局。各地要把创业园建设纳入当地经济社会发展总体规划，与推进经济结构调整、发展非公有制经济、扩大城乡就业紧密结合起来。

2. 整合资源、突出主业。充分利用现有条件，通过整合、改造、新建等措施，建设适合当地特点且主业突出的创业园。

3. 政府推动、市场运作。建立政策用地扶持、政策资金引导、市场机制调节和各方面广泛参与的运行机制，加快创业园基础及配套设施建设。

4. 服务配套、讲求实效。建立健全创业园创业公共服务平台，为创业者提供全方位服务，帮助创业者降低创业成本，提高创业成功率。

（三）任务目标

从江西实际出发，县（市、区）重点培育以返乡创业为主的劳动密集型创业园；设区市重点培育以科研创新为主的科技型创业园。力争用 5 年时间，在全省建成 100 个创业园，培育企业达 10000 家以上，初步形成布局合理、功能齐全、管理规范、运作高效的创业孵化体系。

二、创业园的认定标准

1. 创业园运营单位应具有独立法人资格、固定办公场所和专职服务人员，且经营规范，财务收支状况良好；制定了中长期发展规划和建设实施方案，发展目标明确，具有良好的发展前景和可持续发展能力。

2. 创业园管理制度和服务措施完善，建立了管理、服务台帐和详细的租金、税费减免台帐；引进了专业服务机构，能够为创业者提供社会化、专业化的服务；拥有较完善配套设施，可为企业或职工提供会议、培训、文化娱乐等场所。

3. 创业园必须相对集中在一个区域。创业园内企业一般不少于50家；占地面积一般不少于30亩或建筑面积不少于15000平方米；厂房和办公用房应以四层以上的楼宇为主，建筑密度≥36%，容积率≥1。

4. 孵化企业必须是初创的小型微型企业，以营业收入300万元以下或从业人员20人以下的微型企业为主，符合当地产业延伸规划，能形成较完整的产业链，产业配套率达80%以上。

三、创业园的申报与认定

1. 申报。每年上半年由设区市中小企业主管部门统一向省中小企业局申报。申报材料包括：

（1）设区市中小企业主管部门上报文件；

（2）创业园所在县（市、区）政府提交的省级创业园申请报告；

（3）创业园总体规划及建设进度；

（4）有关图表、证照。主要包括：创业园申请（备案）表、入驻企业情况登记表、服务机构统计表以及创业园平面设计规划图、建设用地规划许可证、运营单位法人证书、营业执照副本、创业园工作人员学历职称证书复印件；

（5）当地扶持创业园相关政策文件；

（6）要求提供的其它材料。

2. 认定。省中小企业局组织有关人员，对申报创业园进行实地考察评估。经审核符合条件的创业园，认定为“省级小微企业创业园”。对建设规划科学合理，且建设用地、建设项目、建设资金、拟入驻企业已落实到位的新建创业园，经考察评估，可先认定为“省级小微企业创业园重点建设项目”，待项目建好后再正式命名。

四、创业园的扶持政策

1. 财政扶持政策。省级财政在扩大中小企业发展专项资金规模基础上，每年统筹安排资金用于支持创业园建设。市县政府也应在扩大中小企业发展专项资金规模基础上，加大创业园的资金支持力度。符合条件的，优先申报国家小企业创业环境改造项目。

2. 建设用地扶持政策。每年从省、市预留新增建设用地指标中安排1000亩以上用于新建或扩建创业园。各地应积极配合做好创业园建设用地的规划利用工作。

3. 融资担保扶持政策。凡在创业园内的创业者，初创期间因自筹资金不足，均可向创业项目所在地的小额贷款担保中心申请小额担保贷款，个人贷款最高额度为5万元，合伙经营的人员贷款最高额度为20万元，企业贷款最高额度为200万元。上述贷款按规定享受财政贴息扶持（具体扶持办法由省中小企业局、省人社厅另行制定）。

4. 创业服务扶持政策。鼓励和支持创业园建立公共服务平台，引进社会服务机构为企业提供政务代理、融资担保、信息及管理咨询和政策、法律、财务等专业服务。对操作规范、价格优惠、成效显著的服务项目给予一定的资金补助。

5. 税费扶持政策。根据赣地税发〔2012〕25号文件精神，创业园内小微企业享受国家和我省相关税收优惠政策。对年应纳税所得额低于6万元的小型微利企业，减按50%计入应纳税所得额，按20%的税率缴纳企业所得税。对在一个纳税年度内，小型微型企业技术转让所得不超过500万元的部分，免征企业所得税；超过500万元的部分，减半征收。对从事符合条件的环境保护、节能节水项目的小型微型企业，所得税享受“三免三减半”政策；被认定为高新技术的小型微型企业，减按15%税率征收企业所得税。

6. 考核奖励政策。每年组织一次全面考核，对创业环境好、服务质量优、入驻企业多、企业成长快、孵化成功率高的创业园给予表彰和奖励，通过先进典型的示范带动作用，推动全省创业园健康发展。各设区市应制定相应的奖励办法。

山东省人民政府关于贯彻国发〔2012〕14号文件进一步支持小型微型企业健康发展的实施意见

鲁政发〔2012〕28号

各市人民政府，各县（市、区）人民政府，省政府各部门、各直属机构，各大企业，各高等院校：

为进一步优化发展环境，促进我省小型微型企业健康发展，根据《国务院关于进一步支持小型微型企业健康发展的意见》（国发〔2012〕14号），结合我省实际，现提出以下实施意见：

一、明确小型微型企业发展目标

小型微型企业是技术创新的源头、社会就业的主体，对经济和社会的发展具有重要战略意义。要按照省第十次党代会的总体要求，抓住小型微型企业发展的战略机遇期，攻坚破难，开拓进取，在未来5年实现以下奋斗目标：

1. 加快实现由粗放发展向小而精、小而专、小而特的转变。工业、服务业等各个行业门类的小型微型企业，都要发挥自己的技术、品牌、特色优势，突出新、特、优、专、精，在提高增长质量和水平上取得新突破。到2016年，全省小型微型企业要有1000个产品成为自主品牌，万家厂店成为特色企业；3000家企业实现"一企一技术"，科技创新型小型微型企业达到1万家，5万家企业实现管理水平提升。

2. 推进全民创业兴业，形成小型微型企业发展新局面。到2016年，全省小型微型企业达到100万家，容纳就业1000万人，其中，新增商业服务业、餐饮休闲旅游业、文化产业小型微型企业7万家。从现有企业中培植100家小企业成长为大企业，1000家小企业成长为中型企业，1万家微型企业成长为小企业，10万家个体工商户通过公司制改造进入小型微型企业行列。

3. 加快产业集群壮大提升，增强小型微型企业配套能力。中小企业产业集群、特色产业镇与工业园区、高新区建设四位一体同步推进，打造100个由大企业引领、产业链式集聚、生产要素高效配置、公共服务功能完善、市场竞争优势明显、区域品牌优势突出、年营业收入过200亿元的高等级产业集群。发挥大企业、主导产品的辐射带动作用，形成一批专为制造业大企业、外资企业和工业集成产品配套零部件的小型微型企业群；发挥生活服务性消费对经济增长的拉动作用，实现服务业小型微型企业的快速崛起，尽快形成大小企业互为依托、交相呼应、三次产业小型微型企业协调配套发展的新格局。

二、加大财政支持力度

4. 扩大中小企业发展专项资金规模。充分发挥现有中小企业专项资金的支持引导作用。2012年省级财政预算安排用于支持中小企业发展的专项资金增加到3.97亿元，比上年增长21.4%，今后应随着财力增长逐步增加。各市和有条件的县（市、区）都要在本级财政预算中安排中小企业发展专项资金，并随着财力增长扩大专项资金规模。

5. 研究设立省中小企业发展基金。基金来源包括财政预算安排、基金收益和捐赠等，基金管理模式、运作机制和向基金捐赠资金的税前扣除政策参照国家办法，基金投向重点支持各类处于初创期的高成长性、科技创新型、劳动密集型小型微型企业。

6. 增加中小企业政府采购份额。负有编制部门预算职责的各部门，在满足机构自身运转和提供公共服务基本需求的前提下，要预留年度政府采购项目预算总额的30%以上，专门面向中小企业采购，其中预留给小型微型企业的比例不低于60%。对于非专门面向中小企业的项目，采购人或者采购代理机构应对小型微型企业产品价格给予6%～10%的扣除，用扣除后的价格参与评审。自2012年1月1日至2013年12月31日，在全省范围内开展政府采购信用担保试点工作。试点期间，对政府采购中小企业供应商融资需求给予费率优惠，对同时采用投标、履约和融资担保的中小企业供应商，免收投标担保费或给予费率更大优惠。大中型企业与小型微型企业组成联合体共同参加政府采购，小型微型企业占联合体份额达到30%以上的，可给予联合体2%～3%的价格扣除。

三、为小型微型企业减税减负

7. 积极落实小型微型企业结构性减税政策。自2011年11月1日起，将销售货物和应税劳务的增值税起征点提高至月销售额2万元，按次纳税的提高至每次（日）销售额500元，小规模纳税人执行3%的增值税征收率，营业税起征点提高至月营业额2万元，按次纳税的提高至每次（日）销售额500元；自2012年1月1日至2015年12月31日，年应纳税所得不超过6万元（含6万元）的小型微利企业减半征收企业所得税；国家级技术类公共服务示范平台进口科技开发用品给予税收优惠；自2011年11月1日至2014年10月31日，免征金融机构与小型微型企业借款合同印花税；延长中小企业贷款损失准备金税前扣除政策至2013年年底；农村金融机构金融保险收入减按3%税率征收营业税政策延至2015年年底。省国税局、地税局对以上税收优惠政策，要加强指导，搞好服务，确保落实。

8. 减免和清理涉企行政事业性收费。自2012年1月1日至2014年12月31日，免征全省小型微型企业注册登记费、税务发票工本费等19项行政事业性收费。自2012年2月1日起，取消浅海滩涂资源费等19项省级批准设立的行政事业性收费。今后，凡未经国务院和省政府及省财政、物价主管部门批准设立的行政事业性收费项目一律取消，坚决禁止超标准、超范围收费和搭车收费。

四、加强融资支持与服务

9. 增加对小型微型企业的信贷支持。各金融机构要按照《山东省人民政府关于加大金融财税支持力度促进小型微型企业持续健康发展的意见》（鲁政发〔2011〕43号）中关于金融支持小型微型企业的要求，针对小型微型企业贷款抵押保证物少和资金需求短、少、急、频的特点，创新金融产品和服务方式，扩大贷款抵质押范围，增设小型微型企业专贷机构，确保小型微型企业贷款增速不低于全部贷款平均增速，增量高于上年同期水平，重点支持符合产业政策和信贷政策、有市场、有效益的小型微型企业。银监部门要对支持小型微型企业的金融服务实行差异化监管。对商业银行发行金融债所对应的单户500万元以下的小型微型企业贷款，不纳入存贷比考核范围；允许商业银行将单户授信500万元以下的小型微型企业贷款视同零售贷款计算风险权重，降低资本占用；指导金融机构和企业防范融资风险。各商业银行要根据监管部门适当放宽对小型微型企业贷款不良率的容忍度的要求，各自确定不良贷款控制比率，报监管部门备案。对信用等级高的小型微型企业，要降低利率上浮幅度或执行基准利率，坚决制止在贷款过程中对小型微型企业以贷转存、存贷挂钩、上浮到顶和转嫁收费、额外收费、擅自增加收费项目等违规行为。银监、物价等有关部门要定期进行监督检查。

10. 加快发展村镇银行、小额贷款公司、农村资金互助组织等小金融机构。专门面向小型微型企业的小金融机构要由现在的300多家，3年内发展到500家，实现全省县域小额贷款公司、村镇银行全覆盖。鼓励民间资本发起或参与设立村镇银行、小额贷款公司、农村资金互助社等小金融机构。村镇银行主发起行的最低持股比例由20%降低为15%。对小额贷款公司放宽单一投资者持股比例限制，允许主发起人持股比例不低于注册资本总额的20%，不超过注册资本总额的49%；允许其余单个自然人、企业法人、其他社会组织及其关联方原则上持股比例不超过注册资本总额的15%。

11. 拓宽融资渠道。各级金融办、中小企业主管部门要会同人民银行、银监部门搭建方便快捷的融资平台，解决银企信息不对称问题，指导和推动小型微型企业通过信托融资、租赁融资、典当融资、股权融资以及发行集合票据、集合债券、集合信托、短期融资券、商圈融资、供应链融资等多种融资方式融通资金。加快建设全省性的股权交易市场，为小型微型企业提供股权交易平台。工商部门要积极做好有关物权、产权、股权、使用权的确权登记工作。凡是法律不禁止、评估价值合理、权属清楚的财产，都可以作为贷款担保抵押。为支持小型微型企业通过集合债和集合票据、信托方式融资，从中小企业发展专项资金中安排一定比例的资金，对发行企业给予费用补助，对相关金融机构和信用担保机构给予奖励。各市每年筛选3～5家高成长性小型微型企业列入省级上市后备资源库，加强上市前的培育辅导工作，发挥企业上市扶持专项资金的激励引导作用，推动小型微型企业上市融资。到2015年每个市争取有2～3家小型微型企业上市。加强对具有核心竞争力、发展前景好、但暂时不具备上市条件的小型微型企业提供资本市场配置资源的服务，支持其到符合监管要求的场外股权交易市场挂牌交易，实现股权融资和其它形式融资，并逐步改造发展为规范的股份有限公司，为上市创造条件。

12. 加强对小型微型企业的信用担保服务。用足用好中央财政贴息政策，不断扩大小额担保贷款发放规模。对个人发放小额担保贷款的最高额度提高到10万元，对符合条件的劳动密集型小企业发放小额担保贷款的最高额度提高到300万元。各级中小企业信用担保补助资金要加大对单户授信500万元以下小型微型企业的支持力度。各级政府要增加对担保机构的资本金注入，鼓励担保机构扩大资本规模，不断加强和完善以政策性担保为主体、以商业担保和互助担保为两翼的中小企业信用担保体系建设，增强担保能力，提高信用水平。积极推广政银企合作的助保金贷款业务。加快发展再担保业务，强化分散风险、增加信用功能。通过增资扩股、国有资本注入、引入战略投资者等多种方式，支持省再担保集团做强做大，2015年资金规模力争达到30亿元，再担保体系成员达到100家以上，平均担保放大倍数提高到5倍以上。推进担保机构与银行业金融机构风险共担。对管理规范、信用度高的担保机构，银保之间按“一九”比例分担风险。加强对融资性担保机构的监管，促其规范经营，确保行业健康稳定发展。小型微型企业信用保险工作，要搞好试点，取得经验，加快推进。

13. 完善小企业贷款风险补偿奖励机制。扩大小企业贷款风险补偿资金规模，修订完善资金管理办法，对银行业金融机构新增的小型微型企业贷款加大补偿力度，引导银行业金融机构重点加大对单户授信500万元以下的小型微型企业的信贷支持力度。将小额贷款公司纳入小企业贷款风险补偿资金支持范围，对其开展的小型微型企业贷款业务，按贷款平均余额的一定比例给予风险补偿。

14. 建立信贷应急周转资金。各市、县（市、区）都要建立“过桥还贷”资金，为基本面好、符合国家产业政策和信贷政策、产品有订单、市场前景比较好、资金周转暂时出现困难的小型微型企业按时还贷续贷提供垫资服务。

五、推动创业兴业

15. 放开准入，降低门槛。积极推动国家法律未禁止民间资本进入的领域全面向民间资本开放。简化初始出资50万元及以下企业注册验资手续，放宽注册资本和出资比例限制。注册资本10万元以下的微型企业登记注册可申请暂时减缴或缓缴首期注册资本，但须在法定期限内缴足。对守法经营、因资金暂时紧张而无法按期出资的小型微型企业，允许申请延长出资年限，但延长期不得超过2年。对高校毕业生、登记失业人员、军队退役人员、返乡农民工、残疾人等初次创业申办企业的，允许其自领取营业执照后3年内缴足出资人认缴的注册资本。申请办理个人独资企业、合伙企业登记的，一律不受出资金额限制。全面清理和规范现行有关涉企审批事项，进一步减少前置行政性审批，下放权限，优化流程，提高审批效能。

16. 加强创业主体的孵化、培育、辅导、服务。各地新增建设用地指标，要重点支持依托城区、高新区、工业园区、产业集聚区建设一批小型微型企业创业园和创业孵化基地。每年用中小企业发展专项资金，支持一批中小企业创业基地、高新园区孵化器的创业、孵化能力建设。到“十二五”末，累计培育、孵化企业1万家以上。各县（市、区）每年要优选100名创业带头人，成就1000个创业“小老板”。对一些长期从事创业辅导的企业成功人士、工程技术人员及高管人员授予创业辅导师称号，不断壮大创业者队伍，掀起全民创业热潮。

17. 扶持初创期小型微型企业起步。要为创业者兴办的各类小型微型企业，创造良好发展环境，对乱检查、滥摊派的，企业有权拒绝，也可向上级主管部门或监察机关举报，一经查实，从严处理。对企业发展中的过失要宽容，并及时纠正。小型微型企业从事农业机耕、排灌、病虫害防治、植物保护等农业服务免征营业税；小型微型企业从事国家规定的农、林、牧、渔业项目的所得，可以免征、减征企业所得税；从事符合条件的环境保护、节能节水项目所得，自项目取得第一笔生产经营收入所属纳税年度起，给予第一年至第三年免征企业所得税、第四年至第六年减半征收企业所得税；从事住宿餐饮服务业的小型微型企业享受一般工业企业同等的用水用电价格政策。对小型微型企业新招用高校毕业生并组织开展岗前培训的，按规定给予培训费补贴，并适当提高培训费补贴标准，具体标准由各级财政、人力资源社会保障部门确定；新招用毕业年度高校毕业生、签订1年以上劳动合同并按时足额缴纳社会保险的，落实每人1年的社会保险补贴，执行期限截至2014年年底。

六、促进技术创新和结构调整

18. 广泛开展“一企一技术”创新活动。对经认定的省级“一企一技术”研发中心和“一企一技术”创新企业，在中小企业专项资金安排上优先支持。小型微型企业为开发新产品、新技术、新工艺发生的研发费用，未形成无形资产计入当期损益的，在按照规定据实扣除的基础上，按照研发费用的50%加计扣除；形成无形资产的，按照无形资产成本的150%摊销。对小型微型企业的技术转让所得，在一个纳税年度内不超过500万元的部分，免征企业所得税；超过500万元的部分，减半征收企业所得税。鼓励具有专利技术的小型微型企业参与国家、行业和地方标准制订，其发生的费用，可给予一定比例的补助。积极推进产品创新、服务创新或“产品＋服务”的商业模式创新，以更新的产品、更专业有效的服务来更好地满足消费者需求和产业升级需求。

19. 用有保有抑、区别对待的政策，优化小型微型企业产业产品结构。要以大力发展服务业、文化创意产业小型微型企业为基本政策取向，以工业设计、金融、信息、会展、科技、教育培训、现代物流、工程设计与咨询等生产服务型小型微型企业为优先支持的重点，积极发展社区服务、便民商业、旅游休闲、体育卫生等提升生活品质的生活服务型小型微型企业，努力使三产服务业的产业结构比重有明显提升。运用中央切块安排的中小企业技术改造专项资金，重点支持传统产业小型微型企业的技术改造，不断提高加工深度，提高产品附加值，并通过产业链的延伸和拓展进入战略性新兴产业领域。运用差别电价、差别水价、提高排污费用标准等经济手段，抑制小型微型企业一般生产能力的扩张，形成落后产能的退出机制。以淘汰冶炼、造纸、水泥、制革、化工、化纤、电镀等高耗能高污染行业为重点，用市场前景好、技术工艺先进的产能，逐步取代一批不具有能源资源优势、产品附加值较低的相对落后产能，实现转型升级。

20. 充分发挥现有高新园区和孵化器等载体的作用，大力发展科技型、创新型小型微型企业。全省高新区的科技孵化器在孵企业要达到5000家以上，每年力争孵化毕业科技型企业500家。要组织一些关联性较强的科技型、创新型企业向高新园区集中，综合运用产、学、研等各种技术资源，对一些共性技术进行联合攻关研发，解决单个小型微型企业技术研发力量不足的问题，并通过产业链上下游延伸和横向关联集成，形成技术集聚优势。科技型中小企业创新发展专项资金，要重点支持集聚优势明显的科技型小型微型企业产业群。要针对轻资产的科技型、创新型及文化创意产业小型微型企业，积极开展知识产权质押融资试点。银行业金融机构要拓展面向这些小型微型企业的知识产权质押融资业务。对担保机构开展的小型微型企业知识产权质押融资担保业务，要用中小企业信用担保财政扶持政策给予支持。

七、实现集约集聚发展

21. 加快产业集群壮大升级。按照“布局合理、特色鲜明、集约高效、生态环保”的原则，继续采取集中资金、集约投入的方式，统筹中小企业专项资金、科技型中小企业创新发展专项资金、地方特色产业中小企业专项资金，对列入全省规划的重点产业集群和特色产业镇加大财政资金支持，促进产业集群转型升级。今后四年再对各市进行一轮重点支持，并以产业链为纽带、资源要素集聚的产业集群为支持重点，推动小型微型企业进入以大企业为龙头的产业链配套体系。遵循中小企业发展规律，依托各类园区的信息网络、污染治理、事故预防处理设施及创业孵化、研发检测等公共服务平台，积极引导小型微型企业向各类产业功能区和中心镇集聚，形成集群规模化、集约化优势，提高产业聚集度。

22. 统筹安排产业集群发展用地。各市、县（市、区）在制定年度用地计划时，要统筹安排小型微型企业发展用地。经济技术开发区、高新技术开发区以及工业园区等各类园区要集中建设标准厂房，积极为小型微型企业提供生产经营场地。政府实施城市规划进行旧城区改建，需要搬迁的小型微型工业企业符合国家产业政策的，经市、县（市、区）国土资源主管部门审核并报市、县（市、区）政府批准，收回原国有土地使用权，可以协议出让或租赁方式在确定的工业集中区内重新安排工业用地。对现有小型微型企业工业用地，在符合规划、不改变用途的前提下，进行加层改造、增加容积率的，不加收土地价款。支持小型微型企业在城市商务区设立管理总部、研发中心和销售窗口，发展楼宇经济，形成小型微型企业主体发展载体，提高土地集约利用度。

八、向管理要效益

23. 加强管理咨询服务。引导小型微型企业通过加强管理，提高自身素质，实现人、财、物等各类要素的最佳配置，化解成本上升压力。从2012年开始，在全省开展管理提升“百千万”活动，即每年组织百家管理咨询和信息化服务机构，为千家企业提供管理咨询和信息化服务，带动万家企业管理水平提升。全省每年从小型微型企业中认定一批管理示范企业，对管理咨询服务先进单位利用省中小企业发展专项资金给予资金补助。各类小型微型企业要认真实施2013年生效的《小企业会计准则》，建立以财务管理、成本核算为中心的技术、生产、安全、质量等基本管理制度，提升信息化应用能力，实现由粗放管理向规范管理转变。

24. 加强质量管理和品牌建设。支持小型微型企业取得质量管理体系认证、环境管理体系认证和产品认证等国际标准认证，建立健全质量管理体系，严格执行生产许可、经营许可、强制认证等准入管理，增强产品质量安全保障能力。组织实施创品牌、育名牌工程，建立小型微型企业的品牌培育、工作评价、奖惩激励机制，强化企业对维护品牌信誉的自我约束。支持小型微型企业品牌和产业集群品牌在省内主要媒体进行宣传推介，扩大影响力，提高美誉度。

25. 引导小型微型企业诚实守信、依法经营。加快以信用征集、信用评价、信用公布、信用监督、信用奖惩为主要内容的信用体系建设，推动小型微型企业增强信用意识，强化职业道德，依法生产经营，自觉履行社会责任。省中小企业办会同有关部门每年组织一次中小微企业的征信活动，并将信用记录情况进行公示公布。对信用记录良好企业，在信用贷款、项目申报、财政扶持、建设用地、政府采购等方面予以优先安排。

九、加强公共服务

26. 加快构建公共服务平台。按照“政府支持中介，中介服务企业”的原则，尽快形成公共服务平台网络，连接信誉度高的社会化服务机构，为小型微型企业提供全覆盖、无缝隙的网络服务，形成具备政策、咨询、创业、培训、法律、事务代理、融资、商务等多种服务功能的社会化服务体系，为小型微型企业发展提供保障和支撑。全省每年对社会化公共服务机构和平台进行资格认定。“十二五”期间，重点培育500个运作规范、支撑力强、业绩突出、信誉度高的公共服务平台。山东中小企业公共服务平台网络2012年建成并投入运行。

27. 为小型微型企业开拓市场创造条件。支持小型微型企业积极开拓境内外市场，对小型微型出口企业参加商品展览、开展境外商标注册和专利申请、进行国际市场宣传推介等国际市场开拓活动给予补助。将符合条件的小型微型企业纳入跨境人民币结算范围，鼓励银行业金融机构创新出口项下人民币收汇的金融产品，帮助小型微型企业应对境内人民币和离岸人民币市场结售汇风险。海关要采取担保验放、集中申报、预约通关等便利措施，提高通关效率，降低通关成本，为小型微型企业境外参展和进出口提供服务。简化小型微型企业加工贸易内销手续，对加工贸易内销企业“即时申报，即时出单”，提高审批效率。加强同中国出口信用保险公司的合作，对参保小型微型企业按照大型投保企业标准给予费率优惠，扩大出口信用保险的承保范围，保障小型微型企业的出口收汇安全。

28. 加强小型微型企业管理者的培训工作。以对创业带头人、领军人物、企业法人代表的培训为重点，按照就近培训和短期培训为主的原则，组织实施国家银河培训和企业经营管理人才素质提升工程，并用中小企业专项资金给予补助。全省每年培训小型微型企业管理者3万人次，其中高级研修培训1000人次。

十、着力优化小型微型企业发展环境

29. 改善政府服务，加强组织领导。按照《山东省人民政府关于加强和改进政府服务促进企业转型升级的意见》（鲁政发〔2011〕37号）要求，各级政府要加强组织领导，强化服务扶持，切实为小型微型企业健康发展创造良好氛围。要充分发挥省促进中小企业发展领导小组的统筹规划、组织领导作用，督导协调各级、各部门加大措施，落实责任。进一步加强中小企业管理机构和人员队伍建设，不断创新服务模式，提高对小型微型企业的服务水平。

30. 加强工作考核。将小型微型企业发展纳入各级政府的年度考核范围，建立小型微型企业工作绩效考核和奖惩激励机制。省中小企业主管部门会同省监察厅等有关部门尽快研究制定考核评价指标体系，把发展目标逐级分解，并加强监督检查和绩效评估。省政府将对各级、各部门小型微型企业政策落实情况开展专项督查。

31. 建立小型微型企业分类统计制度。要根据企业划型标准，进一步改进完善中小企业统计指标体系和办法。除对规模以上工业中型、小型、微型企业分类统计并按月公布外，要建立限额以上商业、服务业中型、小型、微型企业统计月报。要进一步完善小型微型企业抽样调查制度，按季度公布调查结果。各级政府要建立完善小型微型企业运行监测分析制度，每季度公布运行监测情况，及时、准确、全面地反映小型微型企业发展和运行情况。

附件：落实支持小型微型企业政策任务分工表

二〇一二年七月九日

附件

落实支持小型微型企业政策任务分工表

序号	工作任务	责任部门
1	落实小型微型企业发展目标	
	(1) 发展工业小型微型企业、创新型企业和产业集群	省经济和信息化委、科技厅、工商局、中小企业办
	(2) 发展服务业、旅游休闲、文化产业小型微型企业	省服务业办、商务厅、文化厅、旅游局、工商局、中小企业办
	(3) 发展农业种植养殖小型微型企业	省农业厅、海洋与渔业厅、畜牧兽医局、工商局、中小企业办
2	落实支持小型微型企业财税政策	省财政厅、国税局、地税局、监察厅、中小企业办
3	落实金融支持政策	省金融办、财政厅、物价局、中小企业办、人行济南分行、山东银监局、山东证监局、山东保监局
4	落实支持创业政策	省发展改革委、工商局、国土资源厅、人力资源社会保障厅、科技厅
5	落实支持技术创新政策	省经济和信息化委、国税局、地税局、科技厅、中小企业办
6	落实支持产业集群政策	省经济和信息化委、财政厅、科技厅、国土资源厅、中小企业办
7	落实支持企业加强管理政策	省经济和信息化委、财政厅、中小企业办
8	落实支持公共服务政策	省经济和信息化委、财政厅、质监局、商务厅、中小企业办
9	落实优化发展环境政策	省经济和信息化委、监察厅、统计局、中小企业办

河南省人民政府关于进一步促进小型微型企业健康发展的若干意见

豫政〔2012〕81号

各省辖市、省直管试点县（市）人民政府，省人民政府各部门：

为贯彻落实《国务院关于进一步支持小型微型企业健康发展的意见》（国发〔2012〕14号）精神，破解小型微型企业发展难题，促进全省经济社会又好又快发展，结合我省实际，现就进一步促进小型微型企业健康发展提出如下意见，请认真贯彻落实。

一、充分认识促进小型微型企业发展的重要意义

（一）提高对促进小型微型企业发展重要性的认识。小型微型企业，是指按照工业和信息化部、国家统计局、国家发展改革委、财政部《关于印发中小企业划型标准规定的通知》（工信部联企业〔2011〕300号）划定的小型企业和微型企业。目前，我省小型微型企业占全省企业总数的93%以上，已成为构建现代产业体系的重要组成部分、扩大就业的主要途径、促进科技创新最活跃的生力军，在国民经济发展中起着不可替代的作用。但我省小型微型企业发展还不充分，每千人拥有企业数不足全国平均数的一半。尤其是当前受国内外复杂多变的经济形势影响，小型微型企业经营压力大、成本上升、融资困难和税费偏重等问题突出。为此，必须站在全局的高度，深刻认识小型微型企业在中原经济区建设中的基础性作用，完善政策，优化环境，形成合力，进一步支持和促进小型微型企业健康发展，为建设中原经济区、加快中原崛起河南振兴奠定更加坚实的基础。

二、推动企业创新发展和结构调整

（二）明确小型微型企业发展方向。大力发展创新型、创业型和劳动密集型小型微型企业，引导小型微型企业从低价格、数量型的粗放式发展向专业化、精细化、特色化、高附加值质量效益型发展转变，鼓励“专精特新”发展。引导小型微型企业发展新兴产业，通过产业链的延伸和拓展，发展科技含量高、产品竞争力强的新兴制造业；兴办养老服务、社区服务、信息服务、文化创意、现代物流等新兴服务业，加强业态创新和商业模式创新；发展高效生态农业，推动农产品加工小型微型企业向精深加工方向发展。引导小型微型企业实现集约发展，加强与龙头企业的配套链接，形成产业集群，增强竞争力。引导小型微型企业向园区集中布局，加强园区公共服务能力建设。

（三）支持企业技术改造。鼓励支持小型微型企业采用信息技术和先进适用技术改造提升传统产业，开发和应用新技术、新工艺、新材料、新装备，提高自主创新能力，促进节能减排，提高产品和服务质量，改善安全生产与经营条件等。各类中小企业扶持资金要加大对小型微型企业技术改造和转型升级的支持力度，推动企业向技术含量高、经济效益好、资源消耗低的产业方向转型升级。实施小型微型企业信息化普及工程，开展“数字企业”建设活动，着力培育一批以“两化”（工业化和信息化）融合为特征的示范企业。

（四）提升企业创新能力。落实支持小型微型企业科技创新的政策。鼓励支持小型微型企业加强

与高校、科研院所的产学研合作，加快研发中心建设，对新获批的国家级研发中心，省财政给予一定的财政补贴。对小型微型企业通过知识产权质押获得银行贷款的，按最高不超过50%的比例给予贷款贴息。落实企业研究开发费用所得税前加计扣除政策，对经认定的小型微型高新技术企业，减按15%的税率征收企业所得税。对企业用于研究开发的固定资产，符合税法规定的，可以采取加速折旧的方法。鼓励小型微型企业开展技术开发和转让服务，一个纳税年度内，对符合税法规定的企业技术转让所得不超过500万元的部分，免征企业所得税；对超过500万元的部分，减半征收企业所得税。

（五）加快淘汰落后产能。严格控制高污染、高耗能和资源浪费严重的小型微型企业发展，防止落后产能异地转移。支持企业改善工艺和装备，积极采用先进的安全、卫生、环保、能耗、可靠性等标准，提高产品质量。严格执行国家有关法律、法规，综合运用财税、金融、环保、土地、产业政策等手段，支持小型微型企业加快淘汰落后技术、工艺和装备，通过收购、兼并、重组、联营和产业转移等获得新的发展机会。淘汰落后产能主管部门要制订并实施落后产能淘汰计划和方案，定期淘汰一批落后产能，为先进的小型微型企业发展腾出资源、土地、环境容量、市场等发展空间。

三、促进企业创业成长和集聚发展

（六）支持各类群体创办小型微型企业。贯彻非禁即入政策，方便市场主体准入。拓宽创业出资方式，鼓励投资者依法以股权、债权、知识产权等非货币形式评估作价出资和增资，支持以不需要办理权属登记的自有技术作为公司股东的首次出资。降低小型微型企业市场准入门槛，注册资本在50万元以下的小型微型企业，允许注册资本零首付，其余部分2年内到位。放宽对经营场所的限制，允许创业者将家庭住所、租借房、临时商业用房等作为创业经营场所。对毕业3年内的大学生及3年内未就业的复员转业军人入驻创业孵化基地创办小型微型企业的，优先给予创业资金补助，3年内对厂房租金给予补贴。小型微型企业吸纳失业人员、安置残疾人达到规定条件的，要及时足额落实国家有关税收优惠政策。鼓励和促进社会各类资本特别是民间资本进入小型微型企业创业风险投资领域。

（七）建设小型微型企业创业基地。各级政府要将小型微型企业用地纳入年度土地利用计划，依托产业集聚区规划建设小企业创业基地、科技孵化器、商贸企业集聚区等。中小企业发展专项资金重点支持小企业创业基地建设和创业兴业项目，将资金总规模的80%以上用于发展小型微型企业和改善服务环境。“十二五”期间，重点支持100家小企业创业基地建设。鼓励小型微型企业主要通过购买或租赁标准化厂房等方式解决生产经营和发展用地，对购买标准化厂房的小型微型企业，缴纳房产税和城镇土地使用税确有困难的，按规定可减免或延期缴纳。对创办3年内租用经营场地和店铺的小型微型企业，符合条件的，给予一定比例的租金补贴。

（八）推动小型微型企业集聚发展。按照“布局合理、特色鲜明、集约高效、生态环保”的原则，引导小型微型企业园区式布局，实现空间上的集中发展，形成主导产业明确、关联产业集聚、资源设施配套、公共服务共享、污染集中治理的小型微型企业产业园区。鼓励小型微型企业与大企业协作配套，建设以龙头企业带动、小型微型企业集聚为特征的80个特色产业集群。深入推进产业集聚区投融资平台、担保平台和土地收储平台建设，扩大融资规模，增补担保资本金，增强土地保障能力，加强对小型微型企业的公共服务。发挥城镇的资源、市场、信息、基础设施、公共服务等综合优势，引导小型微型企业向商务中心区和特色商业区集聚，大力发展低耗、环保的现代都市产业和楼宇经济。

四、提高经营管理水平

（九）帮助企业开拓市场。积极推动大中型企业与小型微型企业分工协作和产销对接，支持大中型企业开展产品和服务外包，拓展小型微型企业市场空间。引导支持小型微型企业依托行业协会和骨干企业组建产业联盟，开展技术对接、产品对接和信息交流活动。积极组织小型微型企业参加国内外大型产品销售、会展活动，对参加省级以上会展活动的给予展位费补助。联合电子商务龙头企业，组织实施助推中小企业市场开拓翔计划，推进中小企业电子商务建设，3年内帮助3万家中小企业建立电子商务营销网络。发挥支持中小企业开拓国际市场资金作用，促进小型微型企业扩大出口，省财政对小型微型企业出口信用保险保费给予全额补贴。

（十）支持企业管理创新。实施小型微型企业管理提升计划，引导小型微型企业加强财务、安全、节能、环保、用工等管理。开展企业管理创新成果推广和标杆示范活动。实施小企业会计准则，开展培训和会计代理服务。落实小型微型企业产品质量主体责任，加强质量诚信体系建设，开展质量承诺活动。督促和指导小型微型企业建立健全质量管理体系，严格生产许可、经营许可、强制认证等准入管理，不断增强质量安全保障能力。鼓励支持企业创建自主品牌，培育名牌产品。对获得中国名牌、中国驰名商标的，一次性给予50万元的奖励。对获得省级和省级以上知名品牌产品、优质工程、优质服务品牌的企业，各级政府要给予奖励。

（十一）加强人力资源开发。实施人才素质提升工程，将小型微型企业经营者和员工培训纳入省人力资源培训整体规划。实施中小企业经营管理领军人才培训计划，每年培训100名中小微企业家；实施中小企业经营管理骨干人才培训计划，每年培训10000人次以上；实施创业辅导培训计划，每年培训5000人次以上。大力推行国家职业资格证书制度，对组织开展新录用人员技能培训、职业技能鉴定和在岗职工岗位技能提升培训的小型微型企业，给予培训补贴和职业技能鉴定补贴。

（十二）鼓励支持高校毕业生到小型微型企业就业。建立完善就业服务机构与小型微型企业固定联系制度，适时安排招聘活动，做好企业用工服务。对在工商部门登记注册且具备相应资质的职业中介机构，介绍应届高校毕业生到小型微型企业就业并签订1年以上劳动合同的，经审核确认后，由同级财政按每人200元的标准给予职业介绍补贴。当年新招用登记失业高校毕业生达到企业现有在职职工总数15%以上（超过100人以上的企业达10%）的劳动密集型小型微型企业，可按规定申请最高不超过200万元的小额担保贷款，并享受财政贴息。高校毕业生到小型微型企业就业的，在专业技术职称评定、科研项目经费申请、科研成果荣誉称号申报等方面，享受与国有企事业单位同类人员同等待遇。

五、加大财税支持力度

（十三）落实税收优惠政策。贯彻国务院和国家有关部门支持小型微型企业发展的各项财税优惠政策，提高小型微型企业增值税和营业税起征点，将小型微型企业减半征收企业所得税政策延长至2015年年底并扩大范围；将符合条件的国家中小企业公共技术服务示范平台纳入科技开发用品进口税收优惠政策范围；自2012年1月1日至2015年12月31日，对年应纳税所得额低于6万元（含6万元）的小型微型企业，其所得减按50%计入应纳税所得额，按20%的税率征收企业所得税；自2011年11月1日至2014年10月31日，对金融机构与小型微型企业签订的借款合同免征印花税，将金融企业涉农贷款和中小企业贷款损失准备金税前扣除政策的执行时限延长至2013年年底，将符合条件的农村金融机构金融保险收入减按3%的税率征收营业税的政策延长至2015年年底。全省各级财政和税务部门要及时梳理和公布国家针对小型微型企业的税收优惠政策，加强税收优惠政策宣传，提供便捷、高效的纳税服务，确保优惠政策落实到位。各级政府要支持税务部门落实小型微型企业优惠政策。

（十四）加强财政资金支持。继续用好扶持中小企业发展的财政政策，设立省中小企业发展专项资金，纳入财政预算，并建立稳定增长机制，主要用于促进中小企业特别是小型微型企业的政策支持、条件改进和环境优化。由省财政厅、工业和信息化厅根据财政部、工业和信息化部《关于印发中小企业发展专项资金管理办法的通知》（财企〔2012〕96号）研究制定我省中小企业发展专项资金管理办法。省工业结构调整资金、科技型中小企业技术创新基金、节能减排专项资金应向小型微型企业倾斜。县级以上政府要在本级财政预算中安排扶持中小企业发展专项资金。

（十五）扩大政府采购份额。负有编制预算职责的部门要安排不低于年度政府采购项目预算总额20%的份额专门面向小型微型企业采购。在政府采购评审中，对小型微型企业产品可视不同行业情况给予6%～10%的价格扣除。鼓励大中型企业与小型微型企业组成联合体共同参加政府采购，小型微型企业占联合体份额达到30%以上的，可给予联合体2%～3%的价格扣除。政府采购不得以注册资本金、资产总额、营业收入、从业人员、利润、纳税额等供应商的规模条件对小型微型企业实行差别待遇或歧视待遇。由省财政厅、工业和信息化厅根据财政部、工业和信息化部《关于印发政府采购促进中小企业发展暂行办法的通知》（财库〔2011〕181号）制定实施办法。

（十六）切实减轻企业负担。严格落实中央和省级财政、价格主管部门已公布取消的涉企行政事业性收费项目和规定减免政策。全面清理取消一批省级设立的涉企行政事业性收费项目，规范行政事业性收费和强制准入的经营服务性收费，对涉及小型微型企业的行政事业性收费和强制准入的经营服务性收费一律按下限标准收取。免征小型微型企业注册登记费、税务发票工本费、海关监管手续费和货物原产地证明书费等行政事业性收费。严格执行收费公示制度，加大督导检查力度，严明纪律，防止变相收费和隐性收费，严肃查处乱收费、乱罚款及各种摊派行为，着力优化小型微型企业发展环境。

（十七）强化社会保险扶持。对参加社会保险的小型微型企业，可以依法暂缓缴纳一定期限的社会保险费，期限一般不超过1年。在核准暂缓缴纳期间，免收滞纳金，职工缴费年限连续计算，不影响职工依法享受社会保险待遇。2012年12月31日前，可适当降低参保困难企业医疗、失业、工伤、生育保险费率，单位缴费费率降幅不低于30%。具体降幅、执行期限由统筹地区政府根据当地经济发展水平和各险种基金结余情况确定。在同等条件下，优先受理审批小型微型企业稳定就业岗位的社会保险补贴和岗位补贴的申请。

六、加强企业融资服务

（十八）加强信贷支持。鼓励国有商业银行和中小银行业金融机构设立小型微型企业金融服务专营机构，在年度经营计划中单列小型微型企业信贷规模，确保小型微型企业贷款增速高于全部贷款平均增速，增量高于上年。适当提高对小型微型企业贷款不良率的容忍度。建立贷款审批“绿色通道”，创新信贷产品，积极扩大贷款抵押物范围，支持小型微型企业采取知识产权质押、仓单质押、商铺经营权质押、商业信用保险保单质押、商业保理、典当等多种方式融资。深入实施“小巨人”企业信贷培育计划，加强对成长型小型微型企业的信贷支持，确保“小巨人”企业贷款增速明显高于全部贷款增速。积极创造条件，发行专项用于小型微型企业贷款的金融债。

（十九）降低融资成本。严格加强银行业金融机构服务小型微型企业收费监管，除银团贷款外，禁止对小型微型企业贷款收取承诺费、资金管理费。严格限制向小型微型企业收取财务顾问费、咨询费等费用。继续使用同一不动产抵押物申请贷款抵押登记，距上一次登记未满2年的，登记费减半收取。

对小型微型企业贷款利率上浮比例在国家政策范围内可适度下调。不得以贷转存，不得存贷挂钩，不得以贷收费，不得借贷搭售，不得一浮到顶，不得转嫁成本，不得将新增贷款作为全额保证金以开具承兑汇票的方式对企业进行融资贷款。

（二十）拓宽融资渠道。支持符合条件的小企业在银行间市场发行集合票据、集合债券等直接债务融资工具，加大企业发债主体培育力度，支持有条件的省辖市加快发行“区域集优”融资票据。对小企业发行集合票据、集合债券的，由当地政府按发行额的0.5%对发行企业实行担保费用补贴。对承销团队按最低收费标准收取发行企业相关费用的，按每只票据发行总额的0.1%进行一次性奖励。支持地方法人银行业金融机构通过发行专项金融债扩大中小企业信贷投放规模。加快设立省级创业投资引导基金，吸引更多社会资金投入小型微型企业。积极推动股权投资机构和创业投资机构与小型微型企业进行融资对接，扩大小型微型企业股权融资比例。积极稳妥地推进小额贷款公司试点工作，鼓励支持小额贷款公司按规定改制设立为村镇银行。

（二十一）加强融资性担保体系建设。积极推进以政策性担保机构为主体的省、市、县三级融资性担保体系建设，鼓励支持大型企业集团发起、设立融资性担保机构，为小型微型企业提供融资担保服务。认真落实国家和我省扶持融资性担保机构的各项优惠政策，积极发展再担保机构，鼓励符合条件的再担保机构开展再担保业务。加强融资性担保行业监管，促进担保业规范有序健康发展。

七、切实加强公共服务

（二十二）建立工作机制。充分发挥省政府促进中小企业发展工作领导小组统筹规划、组织领导和政策协调作用，定期召开促进中小企业发展工作会议，及时研究解决小型微型企业发展中的重大问题。建立健全政府领导负责、部门分工明确、责任到位、合力扶持小型微型企业发展的工作协调机制。充分发挥各级工会、共青团、妇联、工商联等群团组织的作用，全面发动，积极扶持。各地要加强中小企业工作部门机构建设，充实力量，增强服务能力，加强部门联动，推动各项政策措施贯彻落实。

（二十三）推进服务体系建设。鼓励支持各类社会资源建设完善创业辅导、公共技术、管理咨询、法律维权、信息服务、检验检测、人才培训、市场开拓等社会化服务体系。实施中小企业公共服务平台建设工程，到2015年，支持建立和完善150个省中小企业公共服务平台，重点培育认定70个省中小企业公共服务示范平台，争创30个国家中小企业公共服务示范平台，逐步建立以省级平台为枢纽，以综合服务平台和产业服务平台为依托，以社会化专业化服务机构为基础的资源共享、服务协同、覆盖全省的中小企业公共服务平台，为中小企业提供及时便捷的服务。充分发挥行业协会（商会）的桥梁纽带作用，提高行业自律和组织水平。

（二十四）加强统计监测。把小型微型企业纳入省经济发展统计监测体系。统计及有关部门要进一步加强对小型微型企业的调查统计和监测分析工作，逐步建立和完善反映小型微型企业发展情况的分类统计、监测分析指标体系和定期发布制度，并实现数据、信息共享。各有关部门要搞好信息引导和跟踪服务，及时向社会公布发展规划、产业政策、行业动态等信息，逐步建立小型微型企业市场监测、风险防范和预警机制。

（二十五）营造良好氛围。各级、各部门要进一步强化服务意识，坚决杜绝“吃拿卡要”，着力解决小型微型企业办事难、效率低、成本高等问题。有效利用各类媒体，加强政策宣传和解读，促进小型微型企业用足用好各类政策。加强舆论引导，弘扬创业创新精神，营造崇尚创业、积极创业、创业有功的良好氛围。结合每两年一次的全省民营企业表彰大会，对发展速度快、社会贡献突出的小型微型企业给予表彰奖励。

（二十六）强化工作考核。把促进小型微型企业发展列入省政府年度考核范围，建立评价体系和考核办法，加强监督检查和绩效考核，并作为对各级政府、各有关部门年度考核的重要内容。

各地、各部门要认真抓好国家、省扶持政策的贯彻落实工作，结合实际，抓紧制定相应的实施细则或配套政策，加大对小型微型企业的扶持力度，创造有利于小型微型企业发展的良好环境。

河南省人民政府
二〇一二年九月三日

河南省工业和信息化厅关于印发《河南省小额贷款公司试点管理暂行办法》的通知

豫工信〔2012〕525号

各省辖市、省直管试点县（市）工业和信息化主管部门、公安局、财政局、工商局、政府金融服务办公室，人民银行各市中心支行、郑州辖区各支行：

《河南省小额贷款公司试点管理暂行办法》已经河南省小额贷款公司试点工作联席会议通过，现印发给你们，请认真组织实施。实施中如有什么问题，请与河南省小额贷款公司试点工作联席会议办公室联系。原《河南省中小企业服务局、河南省财政厅、河南省工商行政管理局，中国人民银行郑州中心支行、中国银行业监督管理委员会河南监管局关于印发＜河南省小额贷款公司试点管理暂行办法＞的通知》（豫中小企〔2009〕13号）自本办法公布之日起作废。

联 系 人：赵普选 吴奇锋

联系电话：0371－65507629 65509973

二〇一二年七月二十七日

附件

河南省小额贷款公司试点管理暂行办法

第一章 总则

第一条 为缓解中小微型企业融资难问题，促进“三农”经济发展，维护小额贷款公司、股东和债权人的合法权益，引导、规范、促进我省小额贷款公司持续健康发展，根据《中华人民共和国公司法》、《中国银行业监督管理委员会 中国人民银行关于小额贷款公司试点的指导意见》（银监发〔2008〕23号，以下简称《指导意见》）和《河南省人民政府办公厅关于开展小额贷款公司试点工作的意见》（豫政办〔2008〕100号，以下简称《试点工作意见》）的精神，结合我省实际，制定本暂行办法。

第二条 本办法所称小额贷款公司，是指在河南省行政区域内，由企业法人、自然人与其他社会组织投资依法设立，不吸收公众存款，经营小额贷款业务，经工商登记注册取得营业执照的有限责任公司或股份有限公司。

第三条 小额贷款公司是企业法人，有独立的法人财产，享有法人财产权，以全部财产对其债务承担民事责任。小额贷款公司股东依法享有资产收益、参与重大决策和选择管理者等权利，以其认缴的出资额或认购的股份为限对公司承担责任。

小额贷款公司应执行国家金融方针和政策，在法律、法规规定的范围内开展业务，自主经营，自负盈亏，自我约束，自担风险，其合法的经营活动受法律保护，不受任何单位和个人的干涉。

第四条 省工业和信息化厅会同省公安厅、财政厅、工商局、省政府金融办、人行郑州中心支行和河南银监局建立河南省小额贷款公司试点工作联席会议制度，河南省人民政府分管副秘书长为召集人，负责审定试点管理暂行办法，指导省辖市、县（市、区）政府及相关部门做好监督管理和风险处置工作，协调处理试点工作中出现的重大问题。

河南省工业和信息化厅为全省小额贷款公司试点工作主管部门，会同有关部门制定具体明确的试点管理暂行办法，负责对小额贷款公司的设立、变更和终止等事项进行核准，指导与督促省辖市、县（市、区）政府加强对小额贷款公司的监管，制定明确的金融风险防范措施，落实相应的处置责任，建立小额贷款公司的动态监督系统，及时识别、预警、防范和处置风险等，实施日常监督管理。

各级主管部门要会同公安、财政、工商、金融办、人行、银监等有关部门按照各自职责对小额贷款公司进行监督管理，积极引导小额贷款公司为“三农”、中小微型企业提供融资服务；公安机关对移送的案件依法进行查处，严厉打击各种金融违法活动；财政部门做好小额贷款公司的财务监督管理，协助有关部门做好风险识别与预警工作；工商部门做好准入把关工作，加强监督管理，强化年度检验；金融办要协助主管部门对涉嫌非法集资等违规线索进行分析、研判，并做好非法集资处置工作的组织协调和监督指导；人行分支机构加强对小额贷款公司利率、资金流向的动态监测，并将小额贷款公司纳入信贷征信系统，查处洗钱等违法行为；银监部门协助主管部门积极开展小额贷款公司的培训工作，有针对性的对小额贷款公司及其客户进行相关培训。

第五条 各省辖市、省直管县（市）政府及相关部门负责本地小额贷款公司的政策宣传和协调指导工作，统筹安排小额贷款公司的布局，审报县（市、区）政府有关试点方案，监测、分析、防范本地小额贷款公司的风险。

第六条 省直管县（市）政府组织开展小额贷款公司的试点工作，确定试点对象，审定小额贷款公司组建方案，做好小额贷款公司申报材料审核工作，承担小额贷款公司监督管理和风险处置责任，组织主管部门、公安、财政、工商、金融办、人行、银监等职能部门跟踪监管资金流向，严厉打击非法集资、非法吸收或变相吸收公众存款、发放高息贷款等金融违法活动。

第七条 各级房产、国土、车管等相关部门，对于小额贷款公司的贷款业务，要及时办理抵（质）押登记手续。

第八条 在试点期间，按照省政府的统一部署，各省辖市、省直管县（市）政府要认真选择试点对象，积极稳妥地推进试点工作。各级政府和监管部门要建立分工明确、各负其责、多方联动、协调一致的监管机制，认真做好风险管理、防范和处置工作。

第二章 机构的设立

第九条 小额贷款公司的名称应由行政区划、字号、行业、组织形式依次组成。

行政区划指小额贷款公司所在的县（市）级行政区划的名称。小额贷款公司设立在设区的市辖区的，其行政区划应当由设区的市行政区划名称与市辖区名称连用。行业是指“小额贷款”。组织形式是指“有限责任公司（有限公司）”或“股份有限公司（股份公司）”。设立股份有限公司（股份公司）应采取发起设立的方式。

第十条 设立小额贷款公司应当具备下列条件：

（一）有符合《公司法》《指导意见》和《试点工作意见》规定的章程；

（二）有限责任公司应由不高于50个股东出资设立，其中有一个出资最多的第一大股东；股份有限公司发起人人数不超过200人，其中有一个出资最多的主发起人，且有半数以上的发起人在中国境内有住所；

（三）注册资本为货币资本，且应一次缴足。小额贷款公司设立为有限责任公司的，注册资本不得低于人民币5000万元；设立为股份有限公司的，注册资本不得低于人民币10000万元；

（四）有具备相应专业知识和业务工作经验的高级管理人员和从业人员；

（五）有健全的组织机构、良好的公司治理结构和有效的管理制度；

（六）有与业务经营相适应的营业场所、安全防范措施和办公设施；

（七）省主管部门规定的其它审慎性条件。

第十一条 小额贷款公司第一大股东（主发起人）要从管理规范、信用优良、实力雄厚的企业中选择并符合以下条件：

（一）在工商行政管理部门登记注册，具有企业法人资格；

（二）净资产人民币10000万元以上，资产负债率不高于65%；除国务院规定的投资公司和控股公司外，出资额度不得超过企业净资产的40%；由第一大股东（主发起人）为主协商选择其他股东，其他股东应在诚信记录、经营管理上符合相应的条件；第一大股东（主发起人）出资、持股比例不得超过公司注册资本的50%，不得低于注册资本的30%，其他自然人、企业法人、其他社会组织及其关联方出资、持股比例不得超过20%，但不得低于5%；

（三）企业法定代表人无犯罪记录；

（四）有良好的社会声誉、诚信记录，企业无不良信用记录；

（五）财务状况良好，出资、入股前3个会计年度连续盈利，且利润总额在人民币1000万元以上；

（六）经营管理良好，近3年无重大违法违规经营记录；

（七）第一大股东（主发起人）具有较强的经济实力，有投资金融行业两年以上经历，符合上述条件且实收资本在人民币10亿元以上的，经批准可适当放宽出资比例；

（八）对有丰富小额贷款管理经验的央企金融机构出资设立的小额贷款公司进行省主管部门直管试点，以简化审批环节，调动投资我省小贷的积极性。其申请设立的小额贷款公司注册资本应不低于人民币1.5亿元，在核定的经营区域内开展业务，名称不受本暂行办法第九条的限制；

（九）境外金融机构、小额信贷企业（或同类机构）作为第一大股东（主发起人）的，除应符合上述有关规定条件外，还应满足以下条件：

1. 总资产不低于等值人民币20亿元（合并会计报表口径）；

2. 从事金融类相关业务且持续经营不少于10年，对国内小额贷款市场有充分的分析和研究；

3. 具有丰富同业经验且在业内声誉良好；

4. 投资行为符合国家外商投资管理和外汇管理的有关法律法规和政策；

5. 按审慎性原则要求的其他条件；

（十）对设立行业小额贷款公司进行试点。该行业省级行政主管部门应对设立的行业小额贷款公司出具风险承担防范与处置责任承诺书，并与省工业和信息化厅共同对设立的小额贷款公司进行监管，在核定的经营范围和区域内开展业务，名称不受本暂行办法第九条的限制。

其他社会组织作为小额贷款公司出资人，应当符合国家有关法律、法规规定的条件。

第十二条 自然人投资入股小额贷款公司的，应符合以下条件：

（一）有中华人民共和国国籍；

（二）有完全民事行为能力；

（三）无犯罪记录和不良信用记录；

（四）有较强的风险防范意识和资金实力；

（五）具备一定的经济金融知识。

第十三条 小额贷款公司的股权可依法转让，但小额贷款公司第一大股东（主发起人）持有的股权自公司成立之日起3年内不得转让，其他出资人持有的股权自公司成立之日起2年内不得转让。

第十四条 设立小额贷款公司，申请人应向所在地县（市、区）政府提出申请，审核合格后报省辖市政府审查，经省辖市政府审查同意后报省工业和信息化厅核准。省直管县（市）可直接上报省工业和信息化厅核准，同时报所在省辖市政府备案。

申请人申请设立小额贷款公司应当向县（市、区）政府报送以下材料：

（一）设立小额贷款公司申请书；

（二）工商行政管理机关核发的《企业名称预先核准通知书》；

（三）出资人承诺书。出资人应承诺自觉遵守国家、省有关小额贷款公司的相关规定，遵守公司章程，参与管理并承担风险，不从事非法金融活动，保证入股资金来源合法，不得借贷资金入股，不得以他人资金入股；

（四）出资人协议书。股东之间关于出资设立小额贷款公司的协议；

（五）可行性研究报告；

（六）公司章程；

（七）法定验资机构出具的验资报告；

（八）拟任职高级管理人员名单及任职资格证明材料；

（九）股东为企业法人或其他社会组织的，应提供最近3年的财务审计报告；

（十）律师中介机构出具的小额贷款公司出资人关联情况的法律意见书；

（十一）营业场所所有权或使用权的证明材料；

（十二）公安、消防部门分别对营业场所出具的安全、消防设施合格证明；

（十三）公安、人民银行分别对股东出具的无犯罪记录和信用记录证明；

（十四）公司内部管理制度；

（十五）省主管部门规定的其它材料。

第十五条 县（市、区）政府对小额贷款公司申请材料应进行认真审核把关，并拟定小额贷款公司试点申报方案，内容包括：

（一）县（市、区）政府小额贷款公司试点申请书；

（二）县（市、区）政府对小额贷款公司风险承担防范与处置责任的承诺书；

（三）本办法第十四条规定的申请材料。

第十六条 经上下沟通协商，省工业和信息化厅对同意上报的申请材料，自受理之日起20个工作日内做出核准意见。对不同意核准的申请材料，应当自受理之日起20个工作日内做出核驳意见。

第十七条 小额贷款公司应当自省工业和信息化厅批复之日起30日内，凭批复意见向公司登记机关申请设立登记。

试点期间，小额贷款公司暂不允许设立分支机构。

第十八条 小额贷款公司在当地税务部门办理税务登记，并依法缴纳各类税费。

第十九条 小额贷款公司在当地质量技术监督部门办理组织机构代码证。

第二十条 小额贷款公司应当自领取营业执照之日起3个月内开业。开业前15日内向省主管部门提出开业申请，开业后30日内向当地公安机关、中国人民银行分支机构和中国银行业监督管理委员会派出机构报送相关备案资料。

第三章 组织机构与经营管理

第二十一条 小额贷款公司应按照《公司法》要求建立健全公司治理结构，明确股东、高级管理人员之间的权责关系，制定稳健有效的议事规则、决策程序和内审制度，提高公司治理的有效性。

第二十二条 小额贷款公司可在核定的县（市、区）行政区域内经营下列业务：

（一）办理各项小额贷款；

（二）办理中小企业发展、管理、财务等咨询业务；

（三）经省主管部门批准可与银行、金融资产管理公司、信托公司等金融机构合作开展信贷资产转让业务；

（四）经省主管部门批准的其他业务。

第二十三条 小额贷款公司的主要资金来源为股东缴纳的资本金、捐赠资金以及来自银行业金融机构的融入资金。小额贷款公司不得进行任何形式的非法集资，包括向内部或外部集资；不得非法吸收或变相吸收公众存款，不得发放高息贷款，不得变相提高贷款利率，禁止账外经营，不得从工商企业获取资金，不得向其股东、高级管理人员发放贷款，不得对外担保，不得开展经营范围以外的业务，不得在核定的县（市、区）行政区域外从事经营活动。从银行业金融机构融入资金的余额，不得超过公司资本净额的50%。融入资金的利率、期限由小额贷款公司与相应银行业金融机构自主协商确定，利率以同期“上海银行间同业拆放利率”为基准加点确定。鼓励符合条件的小额贷款公司通过境内外资本市场上市融资。

银行业金融机构向小额贷款公司提供融资时，应该认真审查是否符合上款规定，违反上款规定的，不得给予融资。

小额贷款公司应向注册地中国人民银行分支机构申领贷款卡。向小额贷款公司提供融资的银行业金融机构，应于融资行为发生之日起15个工作日内将融资信息及时报送所在地中国人民银行分支机构和中国银行业监督管理委员会派出机构，并应跟踪监督小额贷款公司融资的使用情况。

第二十四条 坚持按照“小额、分散”的原则发放贷款，同一借款人的贷款余额不得超过小额贷款公司资本净额的5%。鼓励发放单笔人民币50万元以下的小额贷款。贷款发放和回收主要通过转帐或银行卡等结算渠道，减少现金交易。

第二十五条 小额贷款公司按照市场化原则进行经营，贷款利率上限放开，但不得超过司法部门规定的上限，具体浮动幅度按照市场原则自主确定。有关贷款期限和贷款偿还条款等合同内容，均由借贷双方在公平自愿的原则下依法协商确定。

第二十六条 小额贷款公司应建立完善的贷款管理制度、科学的授权授信制度、信贷管理流程和内部控制体系，明确贷前调查、贷时审查和贷后检查业务流程和操作规范，切实加强贷款管理。

第二十七条 小额贷款公司应建立风险控制管理制度。参照金融企业的有关规定，建立审慎规范的资产分类制度和拨备制度，准确进行资产分类，充分计提减值准备金，资产损失准备充足率不低于100%。

第二十八条 小额贷款公司应建立规范的财务制度。按照《会计法》《金融企业会计制度》及《金融企业财务规则》（中华人民共和国财政部令第42号），建立健全企业财务会计制度，真实记录和全面反映其业务活动和财务活动，规范财务行为，防范财务风险。小额贷款公司从事信贷业务，执行《金融企业呆账核销管理办法》（财金〔2010〕21号）和《银行抵债资产管理办法》（财金〔2005〕53号）等相关金融财务管理制度。

第二十九条 小额贷款公司应建立信息披露制度。小额贷款公司按季向省工业和信息化厅、中国人民银行当地分支机构、中国银行业监督管理委员会派出机构提交财务报表、业务经营情况报告和其他相关统计信息资料，并按中国人民银行当地分支机构要求，向信贷征信系统提供借款人、贷款金额、贷款担保和贷款偿还等业务信息。每年4月30日前，小额贷款公司负责向公司股东、有关主管部门、提供融资的银行业金融机构、有关捐赠机构披露上一年度财务审计报告和业务经营情况、融资情况、重大事项等信息，必要时应向社会披露。

第四章 高级管理人员的任职资格

第三十条 小额贷款公司高级管理人员，是指公司董事（执行董事）、监事和总经理、副总经理、财务负责人、风控负责人。

担任小额贷款公司高级管理人员，应当具备以下基本条件：

（一）具有完全民事行为能力；

（二）具有良好的职业道德、操守、品行和声誉，熟悉并遵守法律、行政法规和规章，无犯罪记录和不良信用记录；

（三）具备履职所需的专业知识、技能、从业经验，确保履职所需的时间和精力，在行为及决策上有较好的判断和管理能力，有良好的从业记录；总经理应具备从事金融工作3年以上，或从事相关经济工作5年以上，具备大专以上（含大专）学历；董事应具备与其履行职责相适应的金融知识，具备大专以上（含大专）学历，从事相关经济工作3年以上；

（四）具备履职所需的独立性。

第三十一条 有以下情形之一者，不得担任小额贷款公司的高级管理人员：

（一）无民事行为能力或者限制民事行为能力；

（二）因贪污、贿赂、侵占财产、挪用财产或者破坏社会主义市场经济秩序，被判处刑罚，执行期满未逾5年，或者因犯罪被剥夺政治权利，执行期满未逾5年；

（三）担任破产清算的公司、企业的董事或者厂长、经理，对该公司、企业的破产负有个人责任的，自该公司、企业破产清算完结之日起未逾3年；

（四）担任因违法被吊销营业执照、责令关闭的公司、企业的法定代表人，并负有个人责任的，自该公司、企业被吊销营业执照之日起未逾3年；

（五）个人所负数额较大的债务到期未清偿；

（六）被金融监管机构取消高级管理人员任职资格或禁止从事金融行业工作的期限未满的；

（七）法律、行政法规规定不得担任公司高级管理人员的其他情形。

第五章 变更与终止

第三十二条 小额贷款公司变更名称、法定代表人和高级管理人员、股东或调整股权结构、注册资本、经营范围、住所、公司类型，以及修改公司章程，应按照设立审批程序报省主管部门核准。省主管部门对同意核准变更的申请材料，应当自受理之日起20个工作日内做出核准意见。对不同意核准变更的申请材料，应当自受理之日起20个工作日内做出核驳意见。小额贷款公司凭省主管部门的核准意见向公司登记机关申请办理变更登记或备案。

第三十三条 小额贷款公司变更后，应当符合本办法规定的相关要求。

第三十四条 小额贷款公司持续经营6个月以上，可以申请变更注册资本。

第三十五条 小额贷款公司变更住所仅限于同一县（市、区）行政区域范围的迁址，不得进行异地迁址。

第三十六条 小额贷款公司法人资格的终止，包括解散和破产两种情况。小额贷款公司终止，应按照设立审批程序报省主管部门核准。

小额贷款公司可因下列原因解散：

（一）公司章程规定的营业期限届满或者公司章程规定的其他解散事由出现；

（二）股东会或者股东大会决议解散；

（三）因公司合并或者分立需要解散；

（四）依法被吊销营业执照、责令关闭或者被撤销；

（五）人民法院依法予以解散；

（六）严重违反省主管部门监管要求造成重大风险被取消试点资格。

小额贷款公司解散，依照《公司法》进行清算。清算结束后，凭省主管部门的核准意见，向公司登记机关申请办理注销登记。

小额贷款公司可因下列原因破产：

（一）不能清偿到期债务，并且资金不足以清偿全部债务或者明显缺乏清偿能力，自愿或应其债权人要求申请破产；

（二）已解散但未清算或者未清算完毕，依法负有清算责任的机构发现小额贷款公司资金不足以清偿债务，应当申请破产。

小额贷款公司拟破产，应在向法院申请破产前，向省主管部门提交申请并获得核准。小额贷款公司被依法宣告破产，依照《破产法》的有关规定实施破产清算。

第三十七条 小额贷款公司在完成公司变更登记或注销登记后5个工作日内，应当向省主管部门、当地公安机关、中国人民银行分支机构和中国银行业监督管理委员会派出机构报送相关备案材料。

第三十八条 小额贷款公司依法合规经营，没有不良信用记录的，可在股东自愿的基础上，按照《村镇银行组建审批指引》和《村镇银行管理暂行规定》规范改造为村镇银行。

第六章 监督管理

第三十九条 省级有关部门要指导和督促各级政府加强对小额贷款公司的监管，建立小额贷款公司动态监测系统，及时识别、预警和防范风险，协调处理试点工作中出现的重大问题，指导省辖市、县（市、区）政府处置和防范风险。

第四十条 省辖市、县（市、区）政府要建立小额贷款公司金融风险防范机制，督促有关部门建立管理制度，落实相应的监管责任和处置机制，及时识别、预警风险，切实防范和处置风险。

第四十一条 省主管部门应建立非现场监管和现场检查相结合的监督检查制度，相关部门依其职能定期或不定期地对小额贷款公司实施检查。根据监管需要，省主管部门可聘请具有相应业务资格的中介机构，对小额贷款公司进行专项审计或稽核，有关费用由小额贷款公司承担。

第四十二条 建立小额贷款公司行业年审制度。小额贷款公司每年4月30日前向当地主管部门报送上一年度的工作报告，经县（市、区）、市两级主管部门签署意见后报省主管部门进行行业年审。小额贷款公司进行工商年度检验时，应当提交省主管部门出具的行业年审意见。

小额贷款公司行业年审时应提供以下资料：

（一）营业执照副本复印件（加盖公司印章）；

（二）资产负债表、损益表、现金流量表（加盖公司印章）；

（三）股东、发起人名称（姓名）及出资额；

（四）公司经营情况；

（五）公司年度工作总结；

（六）省主管部门要求的其它材料。

第四十三条　小额贷款公司在经营过程中，若出现下列情形之一，由省主管部门会同有关部门责令改正；情节特别严重的，由省主管部门取消当地小额贷款公司试点资格，会同有关部门提请工商行政管理部门及其他相关部门对其依法进行罚款、责令停业整顿或者吊销营业执照等行政处罚，构成犯罪的，依法追究刑事责任。

（一）营运期间抽逃注册资本；

（二）擅自设立分支机构；

（三）未经核准擅自变更、终止；

（四）超出核准登记的经营范围，擅自从事应当取得许可证或者其他批准文件方可从事的经营活动的违法经营行为；

（五）超出核定县（市、区）行政区域从事经营活动；

（六）存在非法集资或变相集资、吸收或变相吸收公众存款、暴力收贷、违反利率政策等金融违法违规行为；

（七）拒绝或者阻碍非现场监管或者现场检查；

（八）不按照规定提供报表、报告等文件、资料，提供虚假或隐瞒重要事实的报表、报告等文件、资料；

（九）未按照规定进行信息披露；

（十）其他违反国家有关法律、行政法规、政策规定及本办法的违法、违规行为。

第四十四条　小额贷款公司应建立行业自律机制，组建行业协会，实施行业自律管理，共同抵制行业内不正当竞争行为，维护合理有序、公平竞争的市场环境。加强对从业人员的教育和培训，提高从业人员的业务水平和整体素质。

第四十五条　建立社会监督机制，充分利用和发挥社会监督力量，加强对小额贷款公司经营行为的约束、监督，畅通投诉举报渠道，提高监督实效。

第七章　附则

第四十六条　本办法未尽事宜，按照《公司法》《合同法》《指导意见》和《试点工作意见》等法律、法规和政策规定执行。

第四十七条　本办法中的“以上”均含本数或本级。

第四十八条　本办法由河南省小额贷款公司试点工作主管部门负责解释。

第四十九条　本办法自发布之日起施行。原《河南省小额贷款公司试点管理暂行办法》（豫中小企〔2009〕13号）同时废止。

湖北省人民政府关于大力推动民营经济跨越式发展的意见

鄂政发〔2012〕82号

各市、州、县人民政府，省政府各部门：

为进一步促进全省民营经济跨越式发展，加快实现富民强省的奋斗目标，现提出如下意见：

一、总体要求

（一）指导思想。深入贯彻落实科学发展观，坚持和完善公有制为主体、多种所有制经济共同发展的基本经济制度，毫不动摇地鼓励、支持和引导民营经济发展。进一步解放思想，坚决破除妨碍民营经济发展的体制机制；进一步优化环境，保障各类所有制企业平等竞争；进一步激发活力，鼓励全民创业，支持做优做强，促进民营经济发展壮大总量、提升质量，使民营经济成为我省经济内生增长和构建战略支点、实现富民强省的重要支撑。

（二）主要目标。全省民营经济规模不断扩大，结构不断优化，质量不断提升，创新能力和品牌竞争力不断增强，吸纳就业、创造利税和保护环境等社会贡献度不断提高。到2015年，个体工商户数量达到220万户以上，民营企业50万家，规模工业企业1.2万家；年营业收入过100亿元的企业超过20家，进入全国民企500强的企业超过20家，拥有湖北名牌产品600个以上；民营经济增加值达到1.65万亿元，年均增长16%以上，对GDP增长的贡献率达到63%以上。

二、推动创业兴业

（三）鼓励全民创业。鼓励和引导城乡居民宜农则农、宜工则工、宜商则商、宜旅则旅，创业致富。鼓励大专院校、科研院所科技人员，利用自己的科技成果入股或创办科技企业；鼓励下岗失业人员、退役军人和大中专院校毕业生、归国留学生自主创业；鼓励省外、国（境）外资本和人员来鄂投资创业；鼓励个体工商户变更、改制为企业法人，扩大生产规模；允许大专院校、科研院所科技人员到民营企业兼职、任职。

（四）推进创业基地建设。依托工业园区、产业集群区、专业市场，大力推进创业基地建设，构建良好的创业平台。完善创业基地基础设施，增强创业基地吸纳和集聚生产要素的能力，吸引创业项目向基地集中。政府投资建设的小企业创业基地和微型企业孵化园，实行低价租赁或政府财政补贴等方式降低企业创业成本；鼓励民间资本投资创业基地建设，满足初创型民营小企业发展需求。

（五）加大创业扶持力度。对城乡劳动者自主创业的，按规定落实税费减免政策，并提供不超过10万元的小额担保贷款；对合伙经营或创办小企业的，可按每人10万元以内、总额不超过50万元的额度实行“捆绑式”贷款；对符合贷款条件的劳动密集型小企业，可提供额度不超过200万元的贷款。

三、放宽经营条件

（六）实行注册资本“零首付”制度。在全省境内设立注册资本在50万元以内的内资有限责任公司（一人有限责任公司除外），均允许注册资本“零首付”，公司应在注册登记之日起6个月内缴足符合法定比例和限额的首期出资。

（七）简化登记手续。允许全部由自然人以货币出资设立、注册资本在10万元以下的内资有限责任公司，可依公司全体股东共同申请，直接以银行出具的开户证、入资进账单、余额对账单、股东出资承诺书作为实收资本证明材料办理登记，免予提交验资报告。

（八）放宽出资类型。允许以高新技术成果、实物、商标权、专利权、著作权、土地使用权、拥有的其他公司股权等作价出资，兴办有限责任公司或股份有限公司，其比例最高可占注册资本的70%。

（九）放宽中小企业出资期限。实行分期出资的内资有限责任公司，投资人确有合理理由不能按期出资，经公司全体股东一致同意并书面承诺的，可延期一年缴足。

（十）实行生产经营筹建制。对县级以上人民政府确定的重点建设项目和招商引资项目，因筹建期间暂时无法提交前置审批文件和证件的，经核实后，工商部门可先行核发一定期限的筹建营业执照。企业筹建完成后，再凭有关前置许可证件换发正式营业执照，开展生产经营活动，但涉及公共安全前置审批的除外。

（十一）放宽公司股东资格限制。自然人身份的各类创业人员的居民身份证可作为申办各类经济实体或个体工商户登记的主体资格证明。留学归国人员的中国护照即可作为投资主体资格证明。允许个人独资企业、合伙企业、社区（村）集体经济组织作为股东或者发起人投资设立公司（不含一人有限责任公司）。

（十二）放宽企业住所、个体工商户经营场所登记要求。允许能有效划分的同一地址登记为多家企业或个体工商户的住所或经营场所。允许企业和个体工商户将居民住房用作住所、经营场所登记。支持家庭服务业的发展。

（十三）支持市场主体转型升级。允许个体工商户用原经营场所、原前置许可有效证件转型升级为企业，在不与他人重名的前提下，允许沿用原字号申请企业名称；个人独资企业、个体工商户转型升级为有限责任公司的，符合小型微型企业条件的，自2012年1月1日至2014年12月31日三年内免征部分管理类、登记类和证照类行政事业性收费，同时凭工商部门的转型证明，有关部门按变更办理产权过户、前置许可等有关手续。

四、拓宽投资领域

（十四）全面落实《关于进一步鼓励和引导民间投资健康发展的实施意见》（鄂政发〔2011〕30号），鼓励和引导民间资本进入法律法规未明确禁止准入的行业和领域。规范设置投资准入门槛，创造公平竞争、平等准入的市场环境。市场准入标准要公开透明，对各类投资主体同等对待，不得单独对民间资本设置附加条件。

（十五）鼓励民间资本参与能源建设。支持投资风能、太阳能、生物质能等新能源产业；支持参与水电站、火电站建设，进入油气勘探开发领域，支持参与建设原油、天然气、成品油的储运和管道输送设施及网络；支持投资大型煤炭经营物流、储备基地建设。

（十六）鼓励民间资本参与交通基础设施建设。支持以独资、控股、参股等多种方式投资建设公路、铁路、水运、港口码头、通用机场、民用机场、综合运输枢纽、物流园区等项目。

（十七）支持民间资本与其他资本按同等条件进入银行业。民营企业可通过发起设立、认购新股、受让股权、并购重组等多种方式投资银行业金融机构。支持民营企业参与商业银行增资扩股，鼓励和引导民间资本参与城市商业银行重组，支持民营企业参与农村信用社股份制改造或参与农村商业银行增资扩股。支持民营企业参与村镇银行发起设立或增资扩股。支持民营企业投资信托公司、消费金融公司、小额贷款公司和融资担保公司等。

（十八）鼓励民间资本参与电信建设。支持以参股方式进入基础电信运营市场，开展增值电信业务。对投资行业性、专业性、综合性企业信息化公共服务平台建设的信息服务商申请省内第二类增值电信业务许可的，适当降低实收资本门槛。加强对电信领域垄断和不正当竞争行为的监管，促进公平竞争，推动资源共享。

（十九）鼓励民间资本参与市政公用事业建设。支持参与城镇供水、供气、供热、污水和垃圾处理、城市道路、公共交通、园林绿化等设施建设及市政公用事业领域的运营和养护。已建成项目通过公开拍卖经营权方式鼓励参与运营管理。

（二十）鼓励民间资本参与水利工程建设。支持各类民营投资主体参与农田水利基本建设、农村饮水安全工程建设、农村“四荒”资源治理开发和城乡供水、引调水等工程建设。

（二十一）鼓励民间资本参与高标准农业板块基地建设。支持投资中低产田改造、高标准基本农田、粮食生产基地、标准化规模养殖基地等项目建设。

（二十二）鼓励民间资本发展医疗卫生事业。支持兴办各类医疗机构，参与公立医院改革改制，允许有实力的民营医疗机构托管公立医疗机构。对承担公共卫生服务、基本医疗服务和医疗保险定点服务的民营医疗机构与公立医疗机构一视同仁，调整和新增医疗卫生资源优先考虑民营资本。

（二十三）鼓励民间资本发展教育事业。鼓励和引导民间资本以多种方式进入教育领域，兴办各种类别和层次的民办学校；重点支持举办学前教育、职业教育，参与职业技能培训和继续教育。对办学规范、特色鲜明的民办高校，在专业设置、招生计划、教育教学等方面给予重点支持和倾斜。

（二十四）鼓励民间资本发展文化、旅游产业。支持进入政策许可的文化创意产业，从事出版发行、影视制作、演艺娱乐、文博会展、动漫游戏、网络服务以及建设和经营有线电视接入网、参与有线电视接收端数字化改造等。支持合理开发旅游资源，全面参与旅游基础设施及配套设施建设。

（二十五）鼓励民间投资进入物流领域。支持民间资本投资从事社会化物流服务；支持民间资本进入快递、城市配送（含冷链）、医药物流、再生资源物流、汽车及家电物流、特种货物运输、大宗物资、多式联运、集装箱、危化品物流、供应链管理、国际物流和保税物流等物流业重点领域；支持民间资本进入物流基础设施领域。

五、支持做优做强

（二十六）大力推进中小企业成长。深入开展“市场主体增量行动”，完善“创办、培育、成长”三位一体的“中小企业成长工程”推进机制，加强分类指导，推动协调发展。支持中小企业围绕大企业配套协作，向“专精特新”方向发展；支持科技型中小企业向电子信息、新能源、新材料、生物医药、节能环保、高端制造业、农产品深加工等新兴产业和现代服务业发展；提升中小企业信息化水平，促进工业化、信息化融合和信息技术的深度应用。对创新能力强、发展前景好的成长性中小企业加强重点扶持，每年促进1000家骨干中小企业成长升级，重点扶持100家龙头企业进入全国各行业第一方阵。

（二十七）加快调整升级。坚持把改造提升传统产业作为民营经济转变发展方式的重要内容，抓好一批先进适用技术、节能减排技术和信息化提升改造项目，加快淘汰落后产能，推动传统产业调整升级；支持民营企业发展战略新兴产业、现代服务业和现代农业；以各类园区为载体，促进民营企业集聚化，形成一批配套完善的产业集群。

（二十八）推动企业创新。引导和支持民营企业加大科技投入，支持民营企业建立企业技术中心、工程（技术）研究中心、实验室。积极支持民营企业科技成果产业化。支持骨干民营企业牵头承担国家、省、市各级各类技术创新计划项目。鼓励民营企业与高等院校和科研院所联合开发新产品新技术。支持实施一批产业关联度大、技术水平高、市场前景好的重点技术改造项目。支持民营企业申报专利、名牌名标、驰名商标和原产地标识。支持民营企业培养技术研发和创新人才，引进国内和海外高端人才。对民营企业专门人才的职称评审、专业技术资格和职业资格考试，可以组织专场评审或专项评审。

（二十九）支持兼并重组和对外合作。积极推进民营企业联合重组，引导生产要素向优势骨干企业集中，加快培育和发展带动力强、辐射面广的民营骨干企业，形成一批跨地区、跨行业、跨所有制的大型民营企业集团。鼓励科技型民营企业出资兼并和重组传统国有企业。搭建法律咨询、金融保险、外汇管理、质检通关等境外服务平台，积极支持民营企业“走出去”，开展对外合作，开拓国际市场。

（三十）支持民营企业上市。继续贯彻《省人民政府关于推进企业上市的若干意见》（鄂政发〔2008〕42号）和《省人民政府关于进一步加快资本市场发展的若干意见》（鄂政发〔2011〕20号），对于在境内外成功上市的企业，以及我省企业在省内买“壳”上市或在外省买“壳”并将上市公司注册地迁至省内的，省财政一次性给予每户企业200万元奖励。

（三十一）培养造就领军企业家。在民营企业中实施“123”企业家培育计划，从2012年起，每年选拔一批45周岁以下、思想素质好、有发展潜力的优秀民营企业家进行重点培育和跟踪服务，培养一支高素质的民营企业家队伍。

六、创新金融服务

（三十二）创新服务机制。鼓励银行业金融机构建立“金额可大可小、利率可高可低、期限可长可短、押品可有可无”的全新企业信贷文化和信贷机制，适应民营企业贷款的特点，优化审批流程，提高审批效率。对符合条件的民营企业可以发放信用贷款；加快建立低风险业务快速审批的“绿色通道”；对只办理低风险信贷业务的客户，可不必评定信用等级，直接进入贷款程序。

（三十三）创新组织体系。积极引进外省支持民营经济有品牌、有特色的商业银行来我省设立分支机构。大力支持各政策性银行、国有商业银行和城市商业银行批量化发起组建新型农村金融机构。大力组建中小企业金融服务专营机构。

（三十四）创新服务范围。进一步扩大支持民营企业服务主体。加大涉农、小微、高科技民营企业信贷支持力度，确保三类贷款增速不低于平均贷款增速，增量不低于上年。加大对龙头型、科技型、生态型等具有高附加值和带动效应的农业产业化民营企业给予信贷倾斜。推动引导银行业机构创新科技金融服务平台，加强和政府部门、风投、担保、保险等机构的业务合作，提高民营高科技产业链不同阶段、不同金融产品的一揽子解决方案，提升科技金融服务效率。

（三十五）创新金融产品。鼓励银行贴近市场创新符合民营企业特点和需要的金融产品。提供方便快捷的融资途径。通过发放封闭贷款、打包贷款、贴息贷款、出口退税账户托管贷款及保险保证贷款等，积极支持民营中小企业的发展。加强各项融资产品收费管理。禁止对民营小微企业贷款违规收取承诺费、资金管理费等。

（三十六）创新担保方式。探索权利和现金流质押等新的担保方式，包括存货、可转让的林权和土地承包权等抵押贷款，以及商标权、专利权、著作权、商业信用保险等质押贷款，推进股权质押贷款。鼓励金融机构加强与担保机构的合作，合理确定担保资金的放大倍数和双方的风险责任。支持金融机构和风险控制能力强、信用好的中小企业担保机构建立风险比例分担机制。

（三十七）创新融资渠道。综合运用各种金融工具和产品，开展信贷、投资、债权、信托、保险等各种工具整合的一揽子金融服务。鼓励民营企业直接融资，积极推动直接融资工具创新，逐步扩大民营企业集合票据、集合债券、集合信托和短期融资券发行规模。

七、降低企业税负

（三十八）全面落实西部大开发、三峡库区、民族地区、开发区税收优惠政策。民族自治地区的民营企业，经省级人民政府批准，可定期减征或免征企业所得税地方分享部分。符合国家规定的，可执行西部大开发税收优惠政策。

（三十九）2015 年 12 月 31 日前，对年应纳税所得额低于 6 万元（含 6 万元）的小型微利企业，其所得减按 50% 计入应纳税所得额，按 20% 的税率缴纳企业所得税。

（四十）微型企业、个体工商户和其他个人营业税按期纳税的起征点上调到月营业额 20000 元，按次纳税的起征点上调到每次（日）营业额 500 元。

（四十一）各类企业实际融资成本、固定资产折旧、技术开发费、技术转让费及用于社会公益事业捐款等，按税法规定予以税前扣除。

（四十二）在资产重组过程中，通过合并、分立、出售、置换等方式，将全部或部分实物资产以及与其相关联的债权、债务和劳动力一并转让给其他单位和个人的行为中涉及的不动产、土地使用权转让不征收营业税。

八、加大财政支持

（四十三）省政府建立重大产业发展基金，通过资本金投入、股权投资、财政补助或贴息、资金调度等方式，支持包括民营经济在内的重大产业发展。省政府安排的县域经济发展调度资金，重点用于支持龙头骨干民营企业及知名品牌民营企业。整合及统筹使用各级政府支持企业发展的各类专项资金，加大对民营企业的支持力度。各级政府性资金对各类投资主体同等对待。

（四十四）省级及以上开发区（园区）内新建的工业生产性建筑物减免城市基础设施配套费。

（四十五）对上一年未拖欠农民工工资的建设施工民营企业，保障金降低 50% 收取；连续两年未拖欠的再降低 10% 收取；连续三年未拖欠的，免交保障金。

（四十六）政府采购产品、服务和工程对各类企业一视同仁。专门面向小型和微型企业的采购项目应当不低于年度政府采购预算总额的 18%。对于非专门面向中小企业的采购项目，采购评审中对小型和微型企业产品可给予6% -10% 的价格扣除。鼓励小型和微型企业参加联合体投标，联合体协议中约定小型和微型企业的协议合同金额占到联合体协议合同总金额 30% 以上的，可给予联合体 2%—3% 的价格扣除。

（四十七）支持民营企业参加各类洽谈会、展销会、博览会，对组织参加境内外大型展销活动的民营企业和展会服务机构，其展位费、公共布展费等给予适当补助。

九、优化发展环境

（四十八）营造重商文化环境。牢固树立“产业第一，企业家老大”的理念，培育亲商、敬商、懂商、悦商的重商文化，营造公平公正的市场环境和有利于民营经济健康发展的良好舆论氛围，让一切合法经营并为湖北发展作出贡献的民营企业家在社会上有地位、政治上有荣誉。开展“湖北省优秀民营企业”评选表彰活动。

（四十九）切实维护企业合法权益。全面贯彻落实促进企业发展、优化经济发展环境的法律法规，加强对民营企业的法律服务，营造和维护平等竞争的法制环境。禁止滥用行政权力任意干涉企业合法生产经营活动，严厉查处利用行政权力对民营企业乱摊派、乱检查、乱收费、乱处罚等违法行为，规范执法行为，约束自由裁量权。充分发挥各级民营企业投诉中心作用，畅通民营企业反映诉求的渠道。

（五十）提高政务服务水平。改进行政审批方式，公开审批程序和审批时限，提高行政审批效率，优化审批服务。深入开展大企业直通车服务工作，对招商引资和企业发展中的重大事项一事一议，特事特办。健全追责机制，对故意刁难、妨碍企业生产经营造成严重影响的单位和个人依法依规处理。

（五十一）建立健全社会化服务体系。建立以政府公共服务为引导、公益性服务为基础、商业性服务为支撑的中小企业社会化服务体系，形成创业辅导、融资担保、人才培训、技术创新、信用评价、信息咨询、法律维权、协会商会等八大服务平台，培育一批受中小企业欢迎的服务示范机构。

（五十二）完善统计监测发布制度。对民营经济的经济总量、企业成长、结构调整、技术创新、节能减排、社会贡献等主要指标进行统计和监测，及时公布民营经济发展规划、投资政策、产业布局、财政税收、统计数据等信息，引导民营经济健康发展。

（五十三）加强统筹协调。省经信委要发挥牵头作用，各有关部门要各负其责，不断改进和加强对民营经济发展的指导、协调和服务。省工商联要充分发挥桥梁纽带作用和政府管理民营经济的助手作用。各群团组织、个私协会、各类行业协会、商会要发挥各自优势，密切配合。将民营经济发展指标纳入各地区和各有关部门工作考核的目标体系。

二〇一二年九月二十九日

湖南省人民政府关于进一步支持中小微企业发展的实施意见

湘政发〔2012〕18号

各市州、县市区人民政府，省政府各厅委、各直属机构：

中小微企业是我省全面推进“四化两型”的重要力量。为进一步促进我省中小微企业发展，根据《国务院关于进一步促进中小企业发展的若干意见》（国发〔2009〕36号）和《国务院关于进一步支持小型微型企业健康发展的意见》（国发〔2012〕14号）精神，提出以下实施意见：

一、进一步加大对中小微企业的财税支持力度

1. 认真落实国家有关支持中小微企业发展的各项税收优惠政策。切实做好对中小微企业的纳税辅导工作，优化“减、免、缓”办税流程。对缴纳房产税、土地使用税确有困难的中小微企业和创业基地，经审批，可减征或免征房产税、城镇土地使用税。对符合政策规定的有特殊困难的中小微企业，经批准可以延期缴纳，但最长不得超过三个月，缓缴期间免收滞纳金。中小微企业公共服务平台建筑设施竣工投入运营之日起，其经营单位缴纳房产税、土地使用税确有困难的，可向主管地税机关提出申请，经审批，给予减免税照顾。高校毕业生自主创业享受法定税收优惠、小额担保贷款等扶持政策。

2. 加大中小微企业财政支持力度。根据财力情况，逐步增加中小企业发展专项资金规模。从2013年起，中小企业贷款贴息资金全部合并到中小企业发展专项，资金从1.4亿元增加到1.6亿元。重点支持中小微企业转型升级等项目建设，以及改善对中小微企业的公共服务和创业基地建设。省财政设立的其他专项资金，向符合条件的中小微企业倾斜。支持小型微型企业扩大出口，加大小型微型外贸企业出口信用保险工作支持力度，按其实际缴纳的出口信用保险费的75%给予资助，降低小型微型外贸企业出口外汇风险。新建中小微企业公共服务平台建筑设施报建费按综合费率不超过40元/平方米征收，利用闲置场所改造建设公共服务平台建筑设施，免征各项报建费。

3. 完善中小微企业融资激励机制。从2013年起，省财政将省级银行业金融机构支持中小企业融资考核奖励资金在现有基础上适当增加，鼓励银行业金融机构扩大对小型微型企业信贷投入。

4. 完善政府采购支持中小微企业制度。各有关部门编制年度政府采购项目预算时，要安排预算总额30%以上的份额专门面向中小微企业，其中预留给小型微型企业的比例不低于60%。同等条件下，优先采购本省产品，对于非专门面向中小微企业的项目，采购人或者采购代理机构要在招标采购文件中作出规定，对于小型微型企业产品的价格给予6%～10%的扣除，用扣除后的价格参与评审。鼓励大中型企业和其他自然人、法人或者其他组织与小型微型企业组成联合体，共同参加非专门面向中小企业的政府采购活动，凡联合协议中约定，小型微型企业的协议合同金额占联合体协议合同金额30%以上的，可给予联合体2%～3%的价格扣除。

二、进一步加大对中小微企业的金融支持力度

5. 努力扩大信贷投入。省内银行业金融机构对小型微型企业贷款的增速不低于全部贷款平均增速，增量高于上年同期水平。省内各银行业金融机构应建立服务小型微型企业的专营机构或部门，完善小型微型企业信贷考核体系，提高小企业贷款呆账核销效率，健全信贷人员尽职免责机制。细化小型微型企业金融服务差异化监管政策，对小型微型企业贷款不良率的容忍度可放宽至5%。充分发挥再贴现资金的作用，人民银行长沙中心支行对产供销经营稳定的小型微型企业签发的单笔500万元以下的商业汇票，优先给予再贴现支持。安排一定规模的支农再贷款资金，支持农村金融机构增加县域小型微型企业信贷需求。支持符合条件的商业银行发行专项用于小型微型企业贷款的金融债。

6. 积极推进信贷产品创新。省内各银行业金融机构要根据小型微型企业多样化资金需求特点，积极向上争取创新受权和试点，支持建立上下联动的产品研发和推广应用机制。积极探索农村土地承包权和经营权、林权、矿权、商标权、专利权、股权、仓单和农业保险保单等权利类抵质押物贷款和不动产等资产类抵质押物贷款。在风险可控前提下，推动银证、银保、银担、保担等不同金融业态之间的合作，发展跨行业、跨市场的交叉型金融业务和产品创新。

7. 建立健全金融服务体系。加快组建新型金融机构，引导商业银行作为发起人在湘设立村镇银行等新型中小金融机构；放宽小额贷款公司单一投资者持股比例限制，扩大小额贷款公司试点范围、经

营区域和资本金上限，尽快实现小额贷款公司在全省县市区全覆盖，推动符合条件的小额贷款公司改制为村镇银行。进一步推进金融服务空白乡镇和农村支付环境建设全覆盖。在长株潭两型社会试验区、湘南承接产业转移示范区、高新技术开发区、农业大县和专业镇（街）鼓励探索发展专门的特色科技银行、社区银行等中小微企业融资服务机构。

8. 拓宽中小微企业资本市场融资渠道。加大中小微企业上市培育力度，优先支持高科技、高成长中小微企业进入省重点上市后备企业资源库，享受各级政府重点上市后备企业的优惠政策。有条件的市州要设立扶持企业上市专项引导资金，按照企业上市的步骤，分阶段分批次给予有潜力的小型企业资金支持。引导私募股权投资基金投资中小微企业，利用湖南省创业投资引导基金，吸纳社会资本，设立天使投资基金，引导天使投资基金、创业投资基金、风险投资基金等投资初创期的小型微型企业。规范发展区域性股权交易市场，建立非上市公司股权流转平台和登记托管平台。支持中小微企业进入区域性股权交易市场定向私募融资、股权质押融资，实现股权的流动。推动和引导符合条件的中小微企业发行集合债券、集合票据和集合信托计划。鼓励市州政府、人民银行市州分支机构等有关部门通过区域集优模式为中小微企业提供融资服务。有关部门要储备和培育一批中小微企业，在条件成熟时发行私募债券。

9. 加强中小微企业信用担保体系建设。加大对中小微企业信用担保机构的财政支持力度，综合运用资本注入、风险补偿和奖励补助等方式，提高中小微企业信用担保机构对中小微企业的融资担保能力。重点对融资性担保机构新增中小微企业担保贷款一定比例的代偿给予风险补偿。加强中小微企业信用担保机构与银行业金融机构业务合作，推动建立中小微企业信用担保机构与银行业金融机构间的风险分担机制。积极发展以湖南担保有限责任公司为龙头的再担保服务，强化其分散风险、增加信用等功能。加强对融资性担保机构的监管，推动开展融资性担保机构信用评级，引导其规范发展。

10. 规范对中小微企业金融服务。银行业金融机构应建立科学合理的中小微企业贷款定价机制，根据中小微企业贷款的筹资成本、风险程度，在确保收益覆盖风险的前提下，尽量给予利率优惠。除银团贷款外，禁止银行业金融机构对小型微型企业贷款收取承诺费、资金管理费，严格限制金融机构向小型微型企业收取财务顾问费、咨询费等费用。对符合条件的续贷项目争取在7个工作日内放款，对新增贷款项目原则上1个月内审批完成。开展商业银行服务收费检查，清理纠正金融服务不合理收费。

11. 充分发挥民间资金的作用。积极支持与引导民间资金投入实体经济、支持中小微企业发展。支持有条件的市州先行先试，引导民间资本依法设立专业资产管理机构，探索搭建民间融资备案管理制度，建立民间融资监测体系，拓宽民间资本投资渠道，为借贷双方提供资金供求信息、借贷合约公证和登记、交易结算、资产评估、法律咨询等综合服务，促使民间融资行为合法化、规范化，引导民间资本投向符合国家产业政策导向的中小微企业。

12. 发挥保险的风险分担作用。在风险可控的前提下，鼓励发展国内贸易信用保险和小额贷款保证保险，探索建立保险公司与银行、小额贷款公司风险共担机制，提升中小微企业信用风险管控能力；鼓励保险机构创新产品和服务，为中小微企业银行贷款、担保贷款、集合产品发行等提供保险服务；支持中小微外贸企业开展信用保险项下贸易融资业务。相关部门要按政策规定对中小微外贸企业投保出口信用保险给予财政保费补贴和项下贸易融资贴息，通过发挥保险增信作用，帮助企业获得及时、便捷的融资服务。

13. 优化中小微企业金融服务环境。加强“湖南省中小企业融资超市”建设，大力发展供应链融资和商圈融资服务平台，建立银企对接的长效机制。小型微型企业在银行贷款、担保贷款、直接融资需要进行抵质押登记时，公安、国土资源、建设、房产交易管理、工商、金融、林业、知识产权等有关部门要按照有关法律法规和政策文件，在10个工作日内办结，不得强行要求对抵押物进行评估，也不得指定评估机构。进一步规范土地、房产等动产、不动产的抵（质）押、担保、评估、审计、验资、登记备案等中介服务，引导各类中介机构依法、公平、公正服务。进一步完善以“三库一网一平台”为核心的社会信用体系建设，完善中小微企业信用档案，支持村镇银行、小额贷款公司、担保机构等各类机构接入征信系统，实现信息共享。各级各有关部门要建立和健全守信激励和失信惩戒机制，督促和引导中小微企业守信用、重合同。

三、推动中小微企业转型发展

14. 实施中小微企业“百千万”成长工程。围绕加速推进新型工业化，构建多点支撑产业发展新格局，以实施“小巨人”计划和“创业”计划为载体，促进中小微企业集群集聚发展，不断壮大我省经济总量，提升发展质量。从2012年至“十二五”末，每年新增营业收入过4亿元的大企业100户以上，新增营业收入过亿元的中型企业1000户以上，新创办小型微型企业30000户以上。

15. 提升中小微企业自主创新能力。鼓励、支持中小微企业在技术、工艺、产品、管理、营销、市场等方面不断创新；支持中小微企业建设技术中心、工程中心、研发中心，鼓励有条件的中小微企业，参与产业共性关键技术研发、国家和地方科技计划项目以及标准制定；鼓励大专院校、科研机构、技术服务机构和大企业向中小微企业开放研发试验设施、承担课题和项目研究、技术转让、技术培训、技术推广；鼓励产业技术创新战略联盟向中小微企业转移扩散技术创新成果。

16. 加快推进中小微企业信息化。加强分类指导，广泛组织信息化服务资源，针对中小微企业的发展需求，加强信息化服务产品的开发和推广应用。进一步发挥信息化服务商的优势和作用，构建信息化服务网络平台，促进中小微企业的研发协同化、管理数字化、营销网络化。积极探索运用云计算，移动商务等新一代信息技术，提高中小微企业信息、融资和培训服务水平。

17. 实施中小微企业知识产权战略推进工程。加快培育拥有自主知识产权、知名品牌、专利产品的中小微企业。广泛开展知识产权的宣传、培训和推广。加强品牌建设指导，引导中小微企业创建自主品牌。支持开展地理标志产品保护、集体商标认证、注册和推广。开展面向中小微企业的专利辅导、专利代理、专利预警等服务。大力支持创新型中小微企业向战略性新兴产业和生产性服务业发展。

18. 加快淘汰落后产能。禁止新上高污染、高耗能和资源浪费严重的中小微企业，防止落后产能异地转移；鼓励企业使用国家规定的环境保护、节能节水、安全生产等专用设备。综合运用财税、金融、环保、土地、产业政策、市场准入等手段，支持中小微企业加快淘汰落后技术、工艺和装备，通过收购、兼并、重组、联营和产业转移等获得新的发展机会。

四、完善对中小微企业的公共服务

19. 加强公共服务平台建设。加大支持力度，统筹建设市、县和产业园区窗口服务平台、专业服务平台，加快建成全省响应快速、资源共享、服务协同的全省中小微企业公共服务平台网络。积极培育和引进优质服务资源，建立服务评价与补助、奖励机制，引导和支持大专院校、科研院所、行业协会（商会）和专业服务机构为中小微企业提供服务。重点支持在产业园区建立面向中小微企业的设计研发、实验推广、检验检测、市场开拓、信息咨询、创业辅导等公共服务平台。充分发挥国家级检验检测中心和重点实验室的辐射支撑作用，加快质量监督检验检疫公共服务平台建设。

20. 实施中小微企业管理提升计划。引导和推动中小微企业明晰产权，完善法人治理结构。加强管理培训和指导，促进中小微企业健全和改善安全、环保、节能、质量、财会、营销等基础管理。积极推广、交流现代管理理论、方法和手段，推动中小微企业管理创新。组织开展以中小微企业为主体、以管理咨询专业机构和专家为支撑的管理升级活动，帮助企业突破管理瓶颈。鼓励和支持管理咨询机构开展管理咨询服务。

21. 支持中小微企业开拓市场。积极组织省内产需对接，促进中小微企业与大企业建立稳定的协作配套关系。发挥异地湖南商会作用，落实省际战略合作协议，着力打造中国·湖南中小微企业产品产销洽谈会平台，支持中小微企业参加国际性、区域性产品展览展销会，促进湘品出湘。支持电子商务、集中采购与分销配送平台、专业市场、物流园区、服务外包基地建设，引导中小微企业创新营销和商业模式，提高市场开拓能力。

22. 加强人力资源开发。建立健全企业用工需求预测制度，积极鼓励人力资源市场为中小微企业提供服务。建立中小微企业与大学、职业院校定向、定单式人才培养机制，推动校企“招生、教学、就业”全程合作，实现技能人才培养与企业需求的紧密对接。建立中小微企业员工在城市落户、子女上学、保障性住房、政治荣誉、个人档案等方面的优惠政策。实施中小微企业银河培训工程和企业经营管理人才素质提升工程。

五、大力推动全民创业

23. 鼓励各类社会群体创办中小微企业。适当放宽中小微企业注资、出资时限。在首期出资到位的情况下，可申请将其余注册资本到资期限延长1年。除法律法规和规章另有规定外，允许股东以股权、债权、专利技术、高新技术成果、商标专用权、土地使用权等非货币资产作价出资设立公司，其出资比例可占注册资本总额的70%。鼓励具备条件的个体工商户、合伙企业、农民专业合作社、个人独资企业转型升级为有限责任公司或股份有限公司，涉及相关前置许可事项工商部门可凭其原取得的前置许可证办理登记，并在收费等方面提供便利或优惠。缩短证照办理时间，各类符合条件的企业登记许可申请在7个工作日内办结，其中下岗失业人员、高校毕业生、城镇退役士兵、残疾人等符合“绿色通道”条件的申请人创办企业的，原则上在3个工作日内办结。

24. 加大创业基地建设力度。支持以工业园区为依托、以优化服务为手段、以标准厂房为重点创办中小微企业创业基地。“十二五”末，省级中小微企业创业示范基地达到100个以上。从中小企业发展专项资金中安排部分资金，对创业基地按当年在孵和上一年度成功孵化小型微型企业的个数给予一定补助；对创业基地降低或减免小型微型企业的厂房租金，开展日常管理、孵化服务的运营性费用给予一定补贴。鼓励各级政府投入财政资金建设公益性创业基地。《湖南省中小微企业创业基地管理办法》由省经信委会同财政、国土等相关部门制定。

25. 统筹解决中小微企业和创业基地的用地需求。支持中小微企业、创业基地项目及时落地，在年度土地利用计划安排上重点保障，优先安排；项目选址应当符合土地利用总体规划，以进园区（工业集中区）为原则，个别对环境有特殊要求的项目可以选址在独立工矿区。对列入《工业转型升级投资指南》及省里确定的新兴产业项目且用地集约的中小微企业，在确定土地出让底价时可按不低于所在地土地等别相对应《全国工业用地出让最低价标准》的70%执行。对国家、省级创业示范基地等公共服务示范平台建筑设施建设用地，符合土地划拨目录的采取划拨方式供给土地；不能采取划拨方式的，按同等别工业用地最低价优惠30%供给土地。对符合国家产业政策的中小微企业项目用地申请开辟“绿色通道”，在申请资料齐全、依法依规的情况下，及时办理相关用地审核手续。

六、优化发展环境

26. 加强组织领导。加强对非公经济和中小微企业工作的统筹规划、组织领导和政策协调。调整和成立湖南省促进非公有制经济和中小企业发展工作领导小组，领导小组办公室设在省经信委。省经信委承担省促进非公有制经济和中小企业发展工作领导小组的日常工作；省直相关部门要在各自职能范围内做好服务、协调和监管工作。省政府金融办会同省直有关部门加强对金融支持中小微企业发展工作的统筹规划、政策协调，制定相关检查、考核标准，开展年度考核工作。充分发挥各级工商联组织在政府管理非公有制经济和中小微企业的助手作用。各市州、县市区要成立相应领导机构，并明确办公室设在政府中小微企业主管部门。

27. 切实减轻中小微企业负担。积极开展减轻企业负担专项行动。切实落实《湖南省规范涉企检查若干规定》，精简各类检查。加大企业周边的治安环境治理力度，为企业营造良好的治安环境。加大对侵犯知识产权和制售假冒伪劣产品的打击力度，维护市场秩序，保护创新积极性。严格执行税收征收管理法律法规，不得违规向中小微企业提前征税或者摊派税款。对小型微型企业，按照省有关政策规定，免征部分行政事业性收费。落实鼓励高校毕业生到小型微型企业就业的各项优惠政策。按有关政策规定，对困难中小微企业实行社会保险补贴和培训补贴。

28. 改善通关服务。推进分类通关改革，积极研究为符合条件的中小微企业提供担保验放、集中申报等便利通关措施。对特殊监管区域内的企业和AA类企业不实行加工贸易保证金台账制度，对除D类以外的加工贸易企业实行加工贸易保证金台账空转制度。探索扩大“属地申报、口岸验放”通关模式适用范围。完善预审价、预归类、原产地证预确定等通关措施，实行每天24小时预约通关制度；加大“税费电子支付”力度，推行自动进口许可证联网核销。

29. 建立中小微企业运行监测体系。改进和完善现行统计制度，建立中小微企业信息数据库和统计调查、监测分析、定期发布制度，完善运行体系，及时、准确反映中小微企业发展情况和特点。中小微企业发展情况列入政府绩效考核内容。

30. 营造浓厚社会氛围。充分运用报刊、广播、电视、网络等新闻媒体和传播媒介，广泛宣传国家和省扶持引导中小微企业发展的政策措施、中小微企业发展的先进典型和成功经验，客观报道中小微企业发展情况和遇到的困难，正确引导社会预期，增强发展信心，营造社会共同关注和推动中小微企业发展的良好氛围。

各市州、县市区、各有关部门要结合实际，研究制定贯彻落实的具体办法，加大对中小微企业的扶持力度，促进我省中小微企业健康发展。

二〇一二年六月十日

印发2012年扶持中小微企业发展若干政策措施的通知

粤府〔2012〕15号

各地级以上市人民政府，各县（市、区）人民政府，省政府各部门、各直属机构：

现将《2012年扶持中小微企业发展的若干政策措施》印发给你们，请认真贯彻执行。执行中遇到的问题，请径向省经济和信息化委反映。

广东省人民政府

二〇一二年二月一日

2012年扶持中小微企业发展的若干政策措施

为贯彻落实国务院关于扶持中小企业特别是小型微型企业发展的部署，加大对中小微企业的扶持力度，进一步减轻企业负担，积极应对国际金融危机的影响，促进广东省经济平稳健康可持续发展，现提出以下政策措施。

一、充分发挥财政资金支持引导和放大作用

1. 省财政安排中小企业发展专项资金2.5亿元，重点支持中小企业自主创新、转型升级，推动中小企业服务体系及融资服务体系建设。（省经济和信息化委、财政厅负责）

2. 省财政安排5000万元专项资金，支持科技型中小企业从事高新技术产品的研制、开发和服务等技术创新活动。（省科技厅、财政厅负责）

3. 省财政安排5000万元设立小额贷款风险补偿专项资金，对小额贷款公司发放给小企业、微型企业、个体工商户及涉农贷款发生的损失给予适当风险补偿。（省金融办、财政厅负责）

4. 省财政安排外向型民营企业发展专项资金2000万元，资助民营企业开拓国际市场和参加境内国际性展览会。（省外经贸厅、财政厅负责）

5. 利用产业转移相关资金对产业转移工业园区内符合条件的中小企业给予贷款贴息、补助。（省经济和信息化委、财政厅负责）

6. 对保证不裁员或少裁员的困难中小微企业，可使用就业专项资金为其在岗职工支付社会保险、

岗位补贴和职业培训补贴。（省人力资源社会保障厅负责）

7. 统筹省财政现有的产业技术研究与开发、重大科技专项、结构调整、扶持战略性新兴产业、促进进口等专项资金，对符合条件的中小微企业给予大力支持。（省财政厅负责）

二、认真落实扶持中小微企业发展的税收优惠政策

8. 对从事国家非限制和禁止行业，并符合下列条件的小型微利企业减按 20% 的税率征收企业所得税：工业企业，年度应纳税所得额不超过 30 万元，从业人员不超过 100 人，资产总额不超过 3000 万元；其他企业，年度应纳税所得额不超过 30 万元，从业人数不超过 80 人，资产总额不超过 1000 万元。（省国税局、地税局负责）

9. 对年应纳税所得额不超过 6 万元的小型微利企业，其所得减按 50% 计入应纳税所得额，按 20% 的税率缴纳企业所得税。（省国税局、地税局负责）

10. 被认定为高新技术企业的中小企业，减按 15% 的税率征收企业所得税。（省国税局、地税局负责）

11. 对金融企业涉农贷款和中小企业贷款进行风险分类后，按税收政策规定比例计提的贷款损失专项准备金，准予在计算应纳税所得额时按税收政策扣除。（省国税局、地税局、广东银监局负责）

12. 对中小企业的技术转让所得，在一个纳税年度内不超过 500 万元的部分，免征企业所得税；超过 500 万元的部分，减半征收企业所得税。（省国税局、地税局负责）

13. 对中小企业为开发新产品、新技术、新工艺发生的研发费用，未形成无形资产计入当期损益的，在按照规定据实扣除的基础上，按照研发费用的 50% 加计扣除；形成无形资产的，按照无形资产成本的 150% 摊销。（省国税局、地税局负责）

14. 创业投资企业采取股权投资方式投资于未上市的中小高新技术企业 2 年以上的，可按其投资额的 70% 在股权持有满 2 年的当年抵扣该创业投资企业的应纳税所得额；当年不足抵扣的，可在以后纳税年度结转抵扣。（省国税局、地税局负责）

15. 中小企业从事农、林、牧、渔项目所得，按规定免征、减征企业所得税。（省国税局、地税局负责）

16. 将增值税起征点提高到最高标准，即销售货物和销售应税劳务的增值税起征点统一为月销售额 20000 元；按次纳税的，为每次（日）销售额 500 元。（省国税局负责）

17. 将营业税起征点提高到最高标准，即按期纳税的为月营业额 20000 元；按次纳税的为每次（日）营业额 500 元。（省地税局负责）

18. 对纳入全国试点范围的非营利性中小企业信用担保、再担保机构，按照其机构所在地标准取得的担保和再担保业务收入（不包括信用评级、咨询、培训等收入），自主管税务机关办理免税手续之日起 3 年内免征营业税。（省地税局、金融办负责）

19. 对中小企业从事技术转让、技术开发业务及与之相关的技术咨询、技术服务业务取得的收入，免征营业税。（省地税局负责）

20. 对企业集团中的核心企业等单位按金融机构的借款利率水平向下属单位收取用于归还金融机构的利息，不征收营业税。（省地税局负责）

21. 对金融机构与小型、微型企业签订的借款合同，免征印花税。（省地税局负责）

22. 对符合条件的中小企业，经有权限的税务机关审批，可减征或免征房产税、城镇土地使用税。（省地税局负责）

23. 符合条件的中小企业，经有权限的税务机关审批，可延期缴纳税款，但期限最长不得超过 3 个月，缓缴期间免予加收滞纳金。（省地税局负责）

三、依法给予中小微企业行政收费、社会保险缴费、土地价格优惠

24. 认真落实《转发财政部国家发展改革委关于免征小型微型企业部分行政事业性收费的通知》（粤财综〔2011〕262 号）要求，切实减轻小型微型企业负担。深入开展治理乱收费、乱摊派行为。（省物价局、财政厅、人力资源社会保障厅、国土资源厅、交通厅、质监局、口岸办、广东出入境检验检疫局负责）

25. 降低小型微型企业办理强制性产品认证费用。（省质监局负责）

26. 结合基本养老保险省级统筹统一费率的要求，目前养老保险费率较高地区的单位缴费比例可逐步降至 15%。（省人力资源社会保障厅负责）

27. 各地级以上市在确保参保人医疗保险待遇水平不降低、基金累计结余足以支付 9 个月以上待遇的前提下，可按规定对困难中小微企业阶段性适当降低职工基本医疗保险单位缴费费率（最长不超过 6 个月），如发生医疗保险基金支付不足等情况，由县级以上人民政府给予补贴。（省人力资源社会保障厅负责）

28. 2011 年度工伤保险基金结余率超过 30% 以及滚存结余可支付月数超过 36 个月的统筹地区，可按规定适当下调包括中小微企业在内的各类用人单位的工伤保险缴费费率，具体下调幅度由统筹地区人民政府根据各类用人单位的行业内费率档次确定，并报省人力资源社会保障厅备案。（省人力资源社会保障厅负责）

29. 依法参加养老保险、按规定履行缴费义务，目前生产经营暂时困难的中小微企业，可缓缴基本养老保险费，缓缴期最长不超过 6 个月。（省人力资源社会保障厅负责）

30. 对经认定的困难中小微企业，减半征收 6 个月的使用流动人员调配费。（省人力资源社会保障厅负责）

31. 统一规划产品质量监督抽查，质监部门与

检验检疫部门互认内外销产品的检验标准和结果。（省质监局、广东出入境检验检疫局负责）

32. 对列入《广东省优先发展产业目录》且用地集约的中小微工业企业项目，在确定土地出让底价时可按不低于所在地土地等别相对应《全国工业用地出让最低价标准》的70%执行。（省国土资源厅负责）

四、加大对中小微企业的融资支持力度

33. 运用再贷款、再贴现和差别准备金动态调整等货币政策工具引导金融机构加大对中小企业的信贷支持。支持银行机构建立适应中小企业特点的信贷管理和贷款评审制度。（中国人民银行广州分行、广东银监局、省金融办负责）

34. 推进小额贷款保证保险试点工作。（省金融办、广东保监局、广东银监局负责）

35. 支持中小企业投保相关信用保险，进一步提高企业信用保险的覆盖率。（省金融办、广东保监局负责）

36. 加强企业征信系统建设，完善企业信用信息基础数据库，推动中小企业加入征信系统。（中国人民银行广州分行负责）

37. 培育一批素质优良、成长性好的中小企业上市融资。（省金融办、经济和信息化委、广东证监局负责）

38. 鼓励各地政府与金融机构通过“区域集优”等融资模式为符合条件的中小企业发行集合票据。（省经济和信息化委、金融办、中国人民银行广州分行负责）

39. 开展融资担保机构信用评级。（省金融办、中国人民银行广州分行、省经济和信息化委负责）

40. 适当放宽中小微企业注资、出资时限，注册资本为10万元以下的有限责任公司（一人有限责任公司除外），可申请免缴首期注册资本，但须在法定期限内缴足；对守法经营，因资金暂时紧张无法按期出资的中小微企业，允许其申请延长出资期限，但延长期限不得超过2年；属外商投资企业的，须经外资审批机关批准。（省工商局、外经贸厅负责）

五、积极帮助中小微企业开拓国内外市场

41. 省财政安排中国国际中小企业博览会专项资金3000万元以上，并继续争取中央财政展位费补助，统筹使用企业缴纳的展位费、广告费等，切实办好第九届中国国际中小企业博览会。（省经济和信息化委、财政厅负责）

42. 实施190项广货市场开拓活动，积极拓展国内二线城市市场。（省经济和信息化委负责）

43. 依托省财政安排的“走出去”专项资金，对中小微企业在境外投资设厂、建立营销渠道产生的前期费用、启动资金、贷款等方面给予支持。（省外经贸厅、财政厅负责）

44. 积极组织中小企业参加在东盟、南美、南非等新兴市场国家举办的国际性展览会，帮助广东省中小企业加快开拓国际市场步伐。（省外经贸厅负责）

45. 大力办好广东外商投资企业产品（内销）博览会，不断拓宽外商投资企业产品内销渠道。（省外经贸厅负责）

46. 加强国际标准和国外技术性贸易措施咨询服务，为中小微企业参与国际竞争提供保障。（省质监局、广东出入境检验检疫局负责）

六、强化对中小微企业的公共服务

47. 进一步转变政府职能，为中小微企业提供优质服务。积极开展“中小企业服务年”活动，认真办好中小企业服务日活动，加强日常咨询服务。（省经济和信息化委负责）

48. 缩短证照办理时间，各类企业登记许可申请在7个工作日内办结，其中下岗失业人员、高校毕业生、城镇退役士兵、残疾人等符合“绿色通道”条件的申请人创办中小微企业的，原则上在3个工作日内办结。（省工商局负责）

49. 对符合国家产业政策的中小微企业项目用地申请开辟“绿色通道”，在申请资料齐全、质量保证的情况下，在10个工作日内办结用地预审、农用地转用及土地征收的审核手续。（省国土资源厅负责）

50. 支持具备条件的个体工商户转型为企业，工商登记及相关前置许可事项均依变更手续办理，并在收费等方面提供便利或优惠。（省工商局、国税局、地税局、物价局、国土资源厅负责）

51. 对中小加工贸易企业实行合同电子化监管，启动以合同为单元的关、贸、企“三方联网管理”，简化中小加工贸易企业的合同审批、备案手续。（海关总署广东分署、省外经贸厅负责）

52. 加快中小企业公共服务平台建设。实施中小企业公共服务平台网络建设工程，按期建设“1+22”（1个省级平台和21个地级以上市、顺德区窗口服务平台）的国家中小企业窗口服务平台项目，建设一批中小企业融资服务合作平台、科技型中小企业服务平台、检验检疫公共技术服务平台、中小企业法律服务平台和小企业创业基地。（省经济和信息化委、科技厅、司法厅、广东出入境检验检疫局负责）

53. 对10000家左右中小微企业管理人员免费开展质量培训。（省质监局负责）

七、加强组织领导

54. 各地各部门要进一步加强组织领导，建立健全责任机制，确保国家和省的各项扶持中小微企

业发展的政策措施落到实处。省政府每年开展专项督察，对执行政策不力、落实政策不到位的地区和部门给予通报批评，并视情况追究领导责任。（各地级以上市、顺德区政府，省监察厅、经济和信息化委及各有关职能部门负责）

55. 新闻媒体要大力宣传扶持中小微企业的政策措施，以及各地各部门贯彻落实政策措施的好经验、好做法，营造落实政策措施的良好氛围，增强中小微企业发展信心。（省政府新闻办、经济和信息化委负责）

八、其他有关问题

56. 本通知所列扶持政策措施，国家和省有规定实施年限的，按国家和省的规定执行。

印发广东省中小微企业综合服务体建设实施意见的通知

粤府〔2012〕52号

各地级以上市人民政府，各县（市、区）人民政府，省政府各部门、各直属机构：

现将《广东省中小微企业综合服务体系建设实施意见》印发给你们，请认真贯彻执行。执行中遇到的问题，请径向省经济和信息化委反映。

广东省人民政府

二○一二年四月二十八日

广东省中小微企业综合服务体系建设实施意见

中小微企业是广东省加快转型升级和增强发展内生动力的重要力量，支持中小微企业发展是一项长期的战略任务。为建立健全中小微企业综合服务体系，切实提升中小微企业综合服务水平，为中小微企业提供更优质、高效、全面的服务，促进企业持续健康发展，提出如下实施意见。

一、建立健全政务服务体系

（一）建立便捷服务通道。建立省、市、县三级政府部门中小微企业工作协调联动机制，定期研究解决中小微企业面临的共性问题。各级经济和信息化、科技、人力资源社会保障、国土资源、外经贸、环境保护、交通运输、税务、工商、质监、电力等部门要设立“绿色通道”，支持同级中小企业服务中心等服务机构开展综合服务代办业务。

（二）强化政务公开和政企互动。进一步清理减少中小微企业审批事项。加快电子政务建设，及时更新和完善政务信息、办事流程指引、服务承诺等信息，坚持以信息化手段提高服务中小微企业的效率和水平。建立健全以移动互联网为依托的政企互动平台，加大全省中小企业信息网和广东民企之窗网建设力度，主动向中小微企业传递政策信息。

（三）积极开展服务推广活动。各涉企部门要建立中小微企业服务接待日制度。中小企业主管部门要继续办好“中小企业服务推广日”等品牌活动。鼓励各地、各有关部门整合各类服务机构资源，开展专题培训、服务展示、对接洽谈等活动，深入产业集群、工业园区、创业基地为中小微企业提供面对面服务。

（四）总结推广先进服务经验。开展服务评价活动，每两年评选100家广东省服务中小微企业优秀单位和100名广东省服务中小微企业优秀工作者并给予表彰。加快推进省市共建中小企业服务体系工作，建立一批中小企业服务体系创新示范区，探索服务新机制、新模式，总结推广行之有效的服务经验。

二、建立健全投融资服务体系

（五）改善中小微企业信贷服务。推动金融机构落实国家和省支持小微企业的信贷政策，安排一定比例的信贷资金，对符合国家产业政策的中小微企业加大信贷支持。积极创新适合小微企业的金融产品和融资服务模式。稳步推进小额贷款公司和村镇银行建设。大力发展融资租赁业，推动符合条件的民间资本设立金融租赁、融资租赁公司。建立统一的中小微企业征信系统，实现公安、人力资源社会保障、国土资源、税务、统计、工商、海关等相关部门与人民银行等金融机构的信息对接，加快完善小微企业信用体系。

（六）拓宽中小微企业投融资渠道。积极发挥南方联合产权交易中心等产权交易市场的资源配置作用，支持高成长性企业以股权登记、托管、融资及退出等方式，促进民间资本与实体经济对接。开辟“绿色通道”，加快推进中小企业改制上市。实施上市梯度培育工程，建立上市培育奖励机制，鼓励各地根据实际制定上市培育奖励办法。支持中小企业发行集合债券、集合票据、集合信托和短期融资券。积极稳妥发展私募股权投资、知识产权投融资和创业投资等融资工具，设立创业投资引导基金，支持战略性新兴产业及创新型中小微企业发展。积极开展信用保险保证服务业务。鼓励为小微企业开办一站式金融服务，推进小微企业贷款网络在线审批。

（七）健全中小企业担保体系。省有关单位要加快开展中小企业信用担保机构信用评级工作。统筹用好省中小企业发展专项资金，设立省中小企业信用担保基金，充分发挥融资再担保机构的职能作用。鼓励各地市设立担保基金或政策性担保机构，支持省级融资担保机构、珠三角合作共建地级以上市（含顺德区）与省产业转移工业园重点园区联合建立融资担保平台。鼓励担保机构为东西北地区中小微企业提供融资担保服务。支持省信用担保协会开展从业人员资格培训。

（八）推进政银会企合作。建立政府、银行、担保机构、协（商）会、企业合作机制，积极开展多方对接活动，鼓励各地设立由政银会企共同出资的小微企业风险资金池。用好省财政已设立的小额贷款公司风险补偿专项资金，对符合条件的小额贷款公司给予贴息补助或风险补偿；对以优惠利率为小额贷款公司融资提供贷款的银行业金融机构，以优惠担保费率为小额贷款公司融资提供担保服务的融资担保机构，分别按当年贷款额度和担保责任额度给予适当补助。支持各地搭建中小企业融资服务平台，扶持中小企业融资服务示范机构发展壮大，支持金融机构、融资中介机构等建立区域性融资服务平台。

三、建立健全自主创新服务体系

（九）引导中小微企业加强自主创新。以推进传统产业转型升级、加快新兴产业发展为重点，加强示范引导和典型宣传，认定和扶持一批技术创新和改造示范企业。支持中小微企业申报技术创新项目、专利、名牌名标、驰名（著名）商标、地理标志商标、原产地标识，以及新产品、新领域的国家、行业和地方标准。继续组织实施一批中小微企业自主创新和转型升级项目，引导企业向“专、精、特、新”方向发展，支持大中小微企业配套协作共同发展。建立完善国外技术性贸易措施研究应对机制，帮助中小微企业有效规避国际贸易风险。

（十）加快科技创新成果转化。进一步完善科技特派员制度，鼓励中小微企业以项目委托、知识产权托管，科研机构、高等院校、职业院校以技术入股、新产品提成等方式，共建研发机构和技术联盟、联合开发项目、增加知识产权积累、共同培养专业技术和创新型高技能人才，拓宽产学研协同创新的市场空间，建立产学研长期合作机制。大力发展技术中介机构，鼓励各地建立检测服务中心、工业设计中心、技术展示中心、技术交易平台等，积极向中小微企业推广先进、成熟技术。

四、建立健全中介服务体系

（十一）加强公共服务平台建设。在中小微企业集聚区域和行业建立完善公共服务平台，为中小微企业提供信息咨询、科技研发、检验检测、技术支持、人才培训、管理咨询、创业辅导、市场开拓、知识产权、法律维权、就业服务、职业开发评价等服务。鼓励服务机构通过股权联合、连锁经营等方式，建立协作关系，增强服务能力。打造一批信誉高、实力强的品牌服务商，每年认定和扶持一批中小企业公共服务示范平台。建立健全信息登记、信用评价和激励机制，加强对服务市场的指导和监管。

（十二）规范和提升行业协（商）会服务。加快推进行业协（商）会管理体制改革，引导行业协（商）会加强自身建设。将行业协（商）会服务中小微企业的质量和数量作为等级评估的重要内容。认真清理政府职能转移项目，逐步将政府职能中技术性、专业性较强的事务依法移交给行业协（商）会。发挥各类社会组织服务中小微企业的作用，完善政府购买服务制度，明确政府购买服务的具体规则、范围。

五、建立健全专业服务体系

（十三）加强信息化服务。建立信息化服务联盟，支持中小微企业应用电子商务、物联网、云计算等现代信息技术，提升技术创新、管理创新、营销模式创新水平。实施中小企业信息化推进工程，开展中小微企业信息化测评。支持中小微企业信息化服务商开展行业或产业的信息化诊断服务，建立信息化服务商信用评估制度。

（十四）改善管理培训服务。引导中小微企业落实会计准则和小企业会计准则，加强基础管理，完善治理结构，促进中小微企业规范发展。组织实施强企工程，支持管理咨询服务机构与中小微企业合作，对中小微企业开展质量培训，推广管理创新成果。加强与国内外高等院校的交流与合作，建立以中小微企业高级管理人员为主要对象的区域培训基地。

（十五）优化创业服务。各地政府要在土地利用年度计划指标中安排部分指标，用于支持建设小企业创业基地、科技企业孵化器等。鼓励在省产业转移工业园、经济技术开发区、高新技术开发区、工业园等各类园区建设标准厂房，为小微企业提供生产经营场所。每年认定和扶持一批小企业创业基地。加强创业辅导队伍建设，鼓励各地建立创业辅导中心等创业服务机构，建立和完善创业辅导体系。

（十六）深化市场开拓服务。支持中小微企业参加“广货全国行”、各类展会、项目推介会和促销洽谈会等活动。完善市场化办展机制，继续办好中国国际中小企业博览会。支持社会力量建立中小微企业驻外服务点、广东商贸城、会展中心等产品展示、交易平台，拓宽中小微企业营销网络。支持中小微企业建立产业联盟，应用特许经营、自由连锁等模式，扩大品牌影响，提高协同开发市场能力。大力宣传原产地优惠政策，引导中小微企业用足用好国家、省相关优惠政策，积极开拓新兴国际市场。

六、建立健全政策扶持体系

（十七）加大财政扶持力度。逐步增加省中小企业发展专项资金规模。有条件的市、县（区）可设立中小企业服务体系建设专项资金，加大对中小企业服务体系建设的资金投入。

（十八）落实税收优惠政策。加强督促检查，落实国家小微企业、担保机构及国家中小企业技术类公共服务示范平台税收优惠政策。广泛宣传税收优惠政策，简化税收征管手续。依据国家相关政策，将增值税、营业税等税种的起征点提高到政策许可的最高限。

（十九）减轻中小微企业负担。落实国家和省对小微企业的行政事业性收费减免政策，全面规范涉企行政事业性收费管理。重点清理利用行政权力设置前置条件强制服务并收取的涉企中介服务收费，以及具有垄断性的涉企经营服务性收费。开展对中小微企业乱收费、乱罚款和各种摊派的专项治理。除法律法规另有规定外，相关部门和行业对其他部门和行业的鉴定检验结果予以承认，不得要求重复鉴定检验。

（二十）降低政府采购准入门槛。构建公平竞争的招投标环境，积极探索引入政府采购担保手段，增加中小微企业参与政府采购机会。贯彻落实《政府采购促进中小企业发展暂行办法》（财库〔2011〕181号），在满足机构自身运转和提供公共服务基本需求的前提下，面向中小企业的政府采购预算额应占预算总额的30%以上，其中预留给小型和微型企业的比例不低于60%.

七、加强综合服务重点工程建设

（二十一）实施中小企业公共服务平台网络建设工程。积极争取中央财政补助资金，统筹用好中小企业服务体系建设中央财政专项资金，“十二五”期间，建立“1+33”个（1个省级平台和33个地方窗口服务平台）国家中小企业公共服务平台网络建设项目，认定和扶持500家省级中小企业公共服务示范平台，构建覆盖全省的中小企业公共服务平台网络。

（二十二）实施自主创新能力提升工程。“十二五”期间，扶持建立10个以上省地共同实施民营企业自主创新能力提升工程基地、150家中小企业公共（技术）服务示范平台和300家民营企业（中小企业）创新产业化示范基地。

（二十三）实施企业家素质提升工程。积极发挥高等院校作用，加强对中小微企业经营管理人员的培训，提升其综合素质。实施全省民营骨干企业高层经营管理人员轮训计划，每年轮训1万人次。推动粤港澳中小微企业交流合作，每年资助100名民营企业家到境外学习培训。建立企业家培训学院，培养企业家创业创新精神。

（二十四）实施上市梯度培育工程。选择一批素质优良、成长性好、具备上市条件的中小企业和民营企业作为培育对象，分类指导、梯度培育，由省民营经济发展服务局参与上市培育对象的筛选、推荐工作。“十二五”期间，上市后备资源库保持300家以上企业的储备，其中80家企业进入上市辅导程序，30家企业进入发行申报程序。

（二十五）实施产融对接工程。“十二五”期间，由省中小企业局会同粤财投资控股有限公司整合银行、券商、非银行金融机构、中介机构等资源，遴选并重点扶持500家高成长性民营企业，以产权交易平台为依托，以股权登记、托管、融资及退出为手段，加快产业资本与金融资本对接，打造一批具有较强带动作用的民营企业。

（二十六）实施两化融合牵手工程。在集成电路设计、工业软件和行业应用解决方案、云计算、移动互联网增值服务等重点领域建立产业应用联盟。组织省内优秀软件和信息服务企业开展“百场千企”交流对接活动。认定20个牵手工程示范项目、10家优秀中介服务机构、10家优秀服务商、100家应用标杆企业。

八、加强服务组织保障

（二十七）强化技术支持。建立全省中小微企业数据库、服务机构数据库和服务专家库。充分发挥广东省南方民营企业发展研究院的作用，组建中小微企业专家顾问团，进一步落实决策咨询与协商制度。建设中小微企业运行监测体系，健全服务直通车制度。鼓励各地设立统一的中小微企业服务热线。

（二十八）加强组织领导。强化省促进中小企业发展工作领导小组对中小企业工作的统筹协调作用，进一步落实各成员单位职责分工。在省中小企业局增加服务微型企业职能，强化小微企业的指导和服务。各级政府要完善中小微企业服务机制，建立健全中小微企业综合服务机构（服务中心），落实人员编制，保证经费投入，构建省、市、县（市、区）中小微企业综合服务网络。中小微企业服务体系建设情况要纳入各地民营经济工作考核。

关于实施抓大壮小扶微工程的意见

桂发〔2012〕10号

为全面贯彻落实《中共中央、国务院关于深入实施西部大开发战略的若干意见》（中发〔2010〕11号）、《国务院关于进一步促进广西经济社会发展的若干意见》（国发〔2009〕42号）精神，根据自治区第十次党代会提出的“翻两番、跨两步、三提高”的奋斗目标和推进“五区”建设的战略部署，着力打造“14＋10”现代产业体系，坚持走广西特色新型工业化道路，努力实现富民强桂新跨越，自治区决定组织实施抓大壮小扶微工程，即实施“千亿元企业工程”、“百亿元工业企业工程”（培育发展年营业收入1000亿元以下、100亿元以上工业企业）、“十亿元工业企业工程”（培育发展年营业收入100亿元以下、10亿元以上工业企业）、“亿元工业企业工程”（培育发展年营业收入10亿元以下、1亿元以上工业企业）、“万家小型企业上规模工程”（培育发展年营业收入2000万元以上工业企业）、“扶持微型企业发展工程”等6个工程。现提出如下意见。

一、指导思想

以邓小平理论和“三个代表”重要思想为指导，以科学发展为主题，以加快转变经济发展方式为主线，以“转方式、调结构、上规模、促融合、提质量、增效益”为总体要求，坚持“以空间换时间、以资源换产业、以存量换增量”的战略思维，紧紧抓住和利用好国家实施西部大开发等战略机遇期，加快推进新型工业化，着力发展壮大实体经济，实现大中小企业协调发展，保持和扩大我区工业良好的发展势头，做大做强做优我区工业。

二、基本原则

——加快发展原则。坚持以发展为第一要务，走广西特色新型工业化道路，突出强基础、上规模，着力优化产品结构，加大市场开拓力度，推动企业不断做大做强做优。

——创新驱动原则。引导企业加快推动技术创新、管理创新和品牌创新，不断增强企业自主创新能力，加大技术改造力度，提高资源综合利用和精深加工水平，促进企业由主要依靠物质资源消耗向主要依靠技术进步、高素质人力资源和管理创新转变，推动企业裂变式发展。

——市场导向原则。充分发挥市场的基础性作用和产业政策的引导作用，优化提升资源型工业，大力发展先进制造业，积极培育壮大战略性新兴产业，引导企业根据市场需求调整产品结构，大力开发市场适销对路的工业产品，推动企业跨越式发展。

——优化服务原则。充分发挥产业资金的引导作用，大力发展战略性新兴产业；加大政策扶持力度，打造优质高效的融资担保体系、信息网络体系和中小企业及微型企业服务平台体系，营造企业良好发展环境，确保企业用足用好用活各项政策。坚持政府主导、多方联动，定向扶持、全程服务，激发创业热情，大力促进微型企业健康发展。

——集群发展原则。加大工业园区建设力度，以园区为平台，充分发挥大企业的辐射带动作用，引导中小企业为大企业配套，形成紧密产业链，增强产业集聚效应，引领中小企业聚集发展。

——开放合作原则。围绕我区“两区一带”总体产业布局，大力实施“以空间换时间、以资源换产业、以存量换增量”发展战略，加大企业战略重组力度；充分发挥我区独特的资源优势和战略区位优势，积极承接产业转移，大力实施“引进来”和“走出去”双重战略，推动企业持续发展。

三、主要目标

到2015年，力争实现千亿元企业8家，实现百亿元工业企业30家以上，实现十亿元工业企业320家以上，亿元工业企业3500家以上，规模以上工业企业达到1万家以上，发展微型企业10万家以上，形成大中小企业协同发展的格局，促进我区工业经济又好又快发展，加快推动我区工业做大做强做优。

四、建立健全工作机制

（一）加强组织领导

强化自治区产业发展领导小组及自治区微型企业发展工作领导小组的沟通协调机制，成立自治区促进中小企业发展工作领导小组，建立健全抓大壮小扶微工程联动工作机制，进一步统一各成员单位思想，提高认识，加强统筹协调，形成工作合力。加强监测分析，做好专项行动信息统计和进展情况通报，及时研究解决企业发展过程中遇到的重大问题，确保抓大壮小扶微工程顺利推进。

（二）强化责任落实

自治区将抓大壮小扶微工程年度指标任务分解下达到各

市，各市要将培育、发展、引进百亿元、十亿元、亿元、规模以上工业企业以及发展微型企业工作列入年度经济发展计划并纳入绩效考评范畴，实施分类指导，实行目标管理，分解落实责任。各市各部门要加强跟踪监测和督促检查，指导企业做好发展战略规划的编制实施，及时掌握企业生产经营动态，认真分析推进工作中的新情况、新问题并提出解决的办法和措施。

（三）加大政策扶持力度

建立工业发展扶持资金稳定增长机制，“十二五”期间自治区财政每年按新增不低于15%的比例逐年增加工业发展专项资金。根据抓大壮小扶微工程年度目标任务，每年安排1亿元用于“万家小型企业上规模工程”并逐年提高，安排不少于1.5亿元专项资金用于“扶持微型企业发展工程”。建立工业发展用地保障机制，每年国家下达我区的年度用地计划中，安排不少于20%的新增建设用地指标用于保障工业项目用地。加强融资担保平台建设，积极打造中小企业及微型企业服务平台体系 和中小企业及微型企业信息网络体系，破解企业发展难题。

（四）优化企业发展环境

积极推行并联审批、网上审批、联合审批、现场审批，提高行政审批和服务效能。进一步精简审批事项，规范审批程序，提高审批效率。强化生产要素配置，有效运用项目核准、煤电 油运、项目用地、用电优先、财政补助、贷款贴息、人才培育 引进等手段，营造企业发展的良好运营环境，迅速壮大企业群体。

（五）进一步加大宣传力度

充分利用电视台、电台、网络、报刊等媒体，大力宣传抓大壮小扶微工程目标任务及发展成果，重点宣传做大做强做优我区工业的重大举措和重大项目的进度情况，开展“微型企业宣传月”活动，实施全民创业，引全社会重视和支持企业发展 ，努力营造加快企业发展的良好舆论环境和社会氛围。

（六）做好总结表彰工作

各市要根据本地区的实际情况，研究制定相关政策，建立工作推进机制和激励机制，加大工作力度，鼓励扶持本地企业发展壮大，落实好新办微型企业资本金补助资金，大力扶持微型企业发展，并对首次达到规模以上的工业企业给予适当奖励。自治区每年召开抓大壮小扶微工程总结交流大会，开展表彰相关工作由自治区促进中小企业发展工作领导小组按程序报批 。

中共广西壮族自治区委员会办公厅
二〇一二年二月二十九日印发

海南省中小企业成长性奖励资金管理暂行办法

第一条 为培育新的经济增长点，保持财力持续稳定增长，激发企业创收增税积极性，促进中小企业成长壮大，制定本办法。

第二条 中小企业的划分标准，按照工业和信息化部、国家统计局、国家发展和改革委员会、财政部联合下发的《中小企业划型标准规定》（工信部联企业〔2011〕300 号）执行。

第三条 中小企业成长性奖励资金（以下简称奖励资金）是省政府批准从省级财政一般预算安排的，用于奖励全省中小企业在规定年度内上交税收 3 年环比增长排在行业前 10 位的中小企业的专项资金。奖励资金每年安排 1000 万元。

第四条 本办法所指年度上交税收是指企业一个会计年度内上缴入库的除稽查查补、罚款、滞纳金、代扣代缴和委托代征以外的各项税款，扣除当年度退税后的全部纳税金额。

第五条 奖励资金的管理和使用应当符合国家和我省宏观经济政策、产业政策和区域发展政策，坚持公开、公正、公平的原则，确保资金的规范、安全和高效使用。

第六条 奖励资金由省工业和信息化厅和省财政厅负责管理。

省工业和信息化厅会同省财政厅、省国家税务局、省地方税务局组织资金申报，确定资金安排，上报和下达资金奖励计划。

省国家税务局和省地方税务局负责审查企业纳税情况。省财政厅负责奖励资金的预算管理和资金拔付，并对奖励资金的使用情况进行监督检查。

第七条 奖励资金安排和奖励方式。年度奖励资金按本办法第八条规定的 5 个行业平均分配，每个行业安排奖励资金 200 万元。各行业分别设一、二、三等奖。一等奖 1 名，奖励资金 35 万元；二等奖 3 名，每名奖励资金 25 万元；三等奖 6 名，每名奖励资金 15 万元。

第八条 奖励资金重点奖励以下 5 个行业：

（一）机械电子行业，包括机械设备制造、电子产品制造、信息传输、软件和信息技术服务等；

（二）农副产品行业，包括农副产品生产加工、渔业捕捞加工、食品生产加工等；

（三）商贸服务行业，包括批发、零售、交通运输、仓储物流、住宿、餐饮、租赁及其它商业服务等；

（四）生物医药行业，包括生物技术产品研制、规模化生产，药品的研发、生产及其销售等；

（五）新能源、新材料及节能环保行业，包括太阳能电池、工业沼气、工程塑料、碳纤维、塑料光纤、高品质特殊钢、高级膜材料、高性能汽车动力电池的生产制造，各种节能产品制造，生活垃圾、建筑垃圾、工业废弃物的回收利用等。

第九条 申报奖励资金的中小企业必须同时具备以下条件：

（一）在海南省内办理工商注册登记，具有独立法人资格；

（二）财务管理制度健全；

（三）依法在海南省内纳税，没有税收违规行为，没有欠缴税款行为；

（四）基期年度缴税金额达到规定奖励标准，且缴税额逐年递增；

（五）符合海南生态、环保要求；

（六）诚信经营，积极承担社会责任；

（七）企业正常发放职工工资，按国家规定给职工缴纳各项社会保险。

第十条 省工业和信息化厅、省财政厅、省国家税务局、省地方税务局每年按照本办法规定，联合下发申报通知。

第十一条 奖励资金实行申报制。符合支持行业范围及申报条件的企业，根据年度申报通知的要求进行申报，逾期未申报视为自动弃权。

第十二条 省工业和信息化厅建立专家评审制度，依据本办法规定和当年申报通知的要求，对申请企业进行评审。

第十三条 评审成绩按百分制计算。企业第一年度缴税额相对于基期年的增长率占总分值的 20%，第二年缴税额相对于第一年的增长率占总分值的30%，第三年缴税额相对于第二年的增长率占分值的50%（纳税未满4年的按2年税收环比增长计算，第一年缴税额相对于基期年的增长率占总分值的40%，第二年缴税额相对于第一年的增长率占总分值的60%）。企业奖励排名按总分值从高到低确定。

第十四条 省工业和信息化厅会同省财政厅、省国家税务局、省地方税务局等部门在申报期满后30个工作日完成对申请材料的联合审查，初步确定入围企业名单后，在10个工作日内组织专家评审，并出具评审意见。省工业和信息化厅会同省财政厅、省国家税务局、省地方税务局等部门根据专家评审意见，确定年度奖励企业排名并公示。

公示期满后，未发现不符合第九条规定奖励条件的，省工业和信息化厅会同省财政厅、省国家税务局、省地方税务局提出奖励方案报经省政府批准后，省财政厅会同省工业和信息化厅、省国家税务局、省地方税务局下达奖励资金计划。

第十五条 奖励资金计划下达后，省财政厅将奖励资金拨付到企业。企业要按照有关财务会计规章制度进行财务处理，将奖励资金支付给管理团队。

第十六条 对获得奖励的企业，省工业和信息化厅将通过省内新闻媒体进行通报表彰。

第十七条 由省财政预算每年安排工作经费30万元，用于组织申报、企业评审、信息发布、通报表彰等。

第十八条 本办法由省工业和信息化厅会同省财政厅、省国家税务局、省地方税务局负责解释。

第十九条 本办法自公布之日起施行，2008年12月20日发布的《海南省中小企业成长性奖励资金管理暂行办法》（琼府办〔2008〕89号）同时废止。

贵州省人民政府关于大力扶持微型企业发展的意见

黔府发〔2012〕7号

各市、自治州人民政府，各县（市、区、特区）人民政府，省政府各部门、各直属机构：

微型企业是一种雇员人数少、产权和经营权高度集中、产品服务种类单一、经营规模微小的企业组织，具有创业成本低、使用资源少、创办速度快和成果见效快等特点，可以让更多的大中专毕业生和就业困难人员有机会创业和参与发展，缓解社会就业压力，增强经济发展内生动力。为大力扶持我省微型企业发展，现提出如下意见：

一、总体要求。

坚持以科学发展观为统领，创业带动就业为核心，按照“政府促进、社会支持，市场导向、自主创业，就业为先、定向扶持，加强监管、防范风险”的原则，全面落实全省城乡居民收入倍增计划和民营经济三年倍增计划，推动加快发展与改善人民生活协调同步。从2012年起，全省每年扶持创办2万户微型企业，新增就业人员10万人以上，孵化一批具有稳定成长前景的微型企业，培育一批具有创业经验和较强经营管理能力的企业家队伍。

二、扶持对象及范围微型企业创业扶持对象应。同时具备下列条件：

（一）不属于国家禁止经商办企业的人员；

（二）具有本省户籍（含集体户口）；

（三）无在办企业。

扶持对象创办微型企业，可采取个人独资企业、合伙企业、有限责任公司中的任一组织形式。扶持对象与他人创办合伙企业或有限责任公司，其出资比例不得低于全体投资人出资总额的50%。创办的微型企业应符合《关于印发中小企业划型标准规定的通知》（工信部联企业〔2011〕300号）微型企业划分标准，并安排5人及以上人员（含创业者）就业，且实际货币投资达到10万元。结合我省实际，重点扶持从事加工制造、科技创新、创意设计、软件开发、民族手工艺品加工和特色食品生产等行业的微型企业。从事国家限制类、淘汰类产业的微型企业不列入扶持范围。

三、扶持政策。

从我省实际出发，采取“3个15万元”的扶持措施大力扶持微型企业发展。即投资者出资达到10万元后，政府给予5万元补助，15万元的税收奖励，15万元额度的银行贷款支持。

（一）财政补助政策。创办的微型企业，在实际货币投资达到10万元，并经审核合格后，由县级人民政府财政部门给予5万元补助。补助资金按省、市、县7：1：2的比例分担，各级财政按承担比例年终清算。

（二）税收奖励政策。符合扶持条件的微型企业除享受国家和我省对微型企业及特定行业、区域、环节的税收优惠政策外，县级财政部门按照微型企业实际缴付的所有税收中省级及以下地方留存部份总额进行等额奖励，总计不超过15万元。

（三）融资与担保政策。符合扶持条件的微型企业有贷款需求的，可以自有财产抵押、税收奖励为质押或信用贷款等方式，到当地银行或担保机构申请15万元额度的银行贷款或担保支持，有财政出资的担保机构的县由县级财政出资的担保机构进行担保，没有财政出资的担保机构的县由市级财政出资的担保机构担保。鼓励和支持民间资本出资的担保机构为符合条件的微型企业提供微利担保。金融机构要积极创新金融产品和服务，为扶持对象提供贷款和担保支持。

（四）其它扶持政策。符合扶持条件的微型企业，享受行政事业性零收费政策，即所有涉及微型企业创办的管理类、登记类、证照类等行政事业性收费全部免收。创办的微型企业符合国家有关部门政策支持的，可依据相关规定进行申请。

四、操作办法

（一）资格审查。扶持对象创办微型企业，需向创业所在地乡（镇）人民政府或街道办事处提出申请，由乡（镇）人民政府或街道办事处出具同意推荐材料，创业所在地工商分局进行初审。县级扶持微型企业发展工作领导小组办公室会同人力资源社会保障等部门对扶持对象进行创业培训，县级扶持微型企业发展工作领导小组评审委员会进行审核。审核合格后，扶持对象到创业所在地工商分局办理微型企业注册登记后享受扶持政策。

（二）财政资金补助。通过资格审核并取得注册登记的微型企业，持营业执照向县级扶持微型企业发展工作领导小组办公室申请财政资金补助，县级财政部门按规定额度从财政设立的专项扶持资金中支付。财政资金补助按已审定的投资计划书中明确的用途进行支付，不得交由微型企业自由支配，并实行全过程监管。

（三）税收奖励。符合扶持条件的微型企业，在次年年初向县级扶持微型企业发展工作领导小组办公室提出税收奖励申请，经县级扶持微型企业发展工作领导小组办公室、财政、税务等部门审核后，由财政部门按规定给予奖励。

（四）银行贷款和担保支持。微型企业如有贷款需求的，可向县级扶持微型企业发展工作领导小组办公室提出15万元额度的贷款申请。县级扶持微型企业发展工作领导小组办公室对申请人的资格进行审查合格后，推荐给贷款银行和担保机构按照有关规定办理贷款和担保手续。

（五）信息公开。各级扶持微型企业发展工作领导小组办公室要定期公示财政资金补助、税收奖励资金、银行贷款和担保支持的的情况，并在每年的第一季度发布上一年度微型企业创业投资扶持计划推进报告。

五、组织领导成立省扶持微型企业发展工作领导小组（以下简称领导小组），由省人民政府分管领导任组长，工商、财政、金融办、经济和信息化、人力资源社会保障、审计、国税、地税、人行、银监等部门和单位负责人为成员，负责微型企业发展工作的指导、协调和监督。领导小组办公室设在省工商局，具体负责扶持微型企业发展的有关工作。各级政府、各有关部门要将扶持微型企业发展作为一项民生工程和富民工程来抓，切实加强组织领导。市（州）、县（市、区）人民政府要建立扶持微型企业发展工作领导小组。省直各相关部门和市（州）、县（市、区）人民政府要按照本意见和职责分工，尽快制定具体的配套政策和实施办法。各地政府要建立目标责任考核制度，将微型企业发展工作纳入年度考核和干部考核的内容。省人民政府督查室要会同领导小组办公室对本意见确定事项进行分解、督办，确保各项政策措施落实到位。

二〇一二年四月十五日

陕西省人民政府关于支持小型微型企业健康发展的实施意见

陕政办发〔2012〕36号

各市、县、区人民政府，省人民政府各工作部门、各直属机构：

为贯彻落实《国务院关于进一步支持小型微型企业健康发展的意见》（国发〔2012〕14号），结合我省实际，就进一步支持小型微型企业健康发展提出如下实施意见。

一、充分认识支持小型微型企业健康发展的战略意义。小型微型企业是实体经济的重要基础，在增加社会就业、促进经济增长、科技创新与社会和谐稳定等方面具有不可替代的重要作用。各级政府和有关部门要充分认识支持小型微型企业健康发展，是培育和壮大市场主体，实施全面建设西部强省战略、富裕三秦百姓、实现经济新跨越的重要战略举措。各级政府要像抓“三农”一样，抓小型微型企业发展；像抓招商引资一样，抓市场主体培育。

二、加大各级财政支持力度。省级财政要结合财力增长情况，逐年扩大中小企业发展专项资金规模。专项资金要重点向小型微型企业和贫困地区倾斜。市、县财政都要设立中小企业发展专项资金，并根据实际情况逐步扩大规模。省财政、省中小企业局要建立政府采购扶持机制，并制定具体实施办法。每年安排不低于年度政府采购项目预算总额20%的份额，专门面向小型微型企业采购。设立省级中小企业发展基金。基金的资金来源包括财政预算安排、基金收益、捐赠等。其中省财政通过省级中小企业发展专项资金安排5亿元，从2013年起，分5年拨付到位。鼓励向基金捐赠、吸纳民间资本参股等方式扩大基金规模，力争5年将基金规模扩大到30亿元。基金主要用于引导地方、创业投资机构及其他社会资金支持处于初创期的小型微型企业等。

三、落实并加大税费政策扶持。各级税务部门要加强对小型微型企业税费减免和优惠政策的执行力度。要逐步减轻小型微型企业税费负担。对具备查账征收企业所得税条件的小型微型企业实行查账征收办法。对符合国家《产业结构调整指导目录（2011年本）》《西部产业指导目录》鼓励类目录的新办、现有微型企业，实行三年内企业所得税地方留成部分分别逐年按60%、40%、20%列支返还；对新办、现有小型企业，每年按新增所得税地方留成部分税收的30%列支返还，从2013年起，执行到2015年。为优化全省小微企业发展环境，在全省推行小型微型企业“清费返税”试点，由财税和有关部门拟定方案，尽快实施。

四、规范对小型微型企业收费罚款。认真落实中央和省级财政、价格主管部门已公布取消的行政事业性收费。自2012年1月1日至2014年12月31日三年内对小型微型企业免征部分管理类、登记类和证照类行政事业性收费。省级有关部门要全面清理和取消一批涉企行政事业性收费，绝不允许以其他名目或转为经营性服务收费继续收取。省物价等部门要重新规范涉及行政许可和强制准入的经营服务性收费项目和标准。严格规范涉及行政许可、限制进入和具有垄断性的行政事业性收费及经营收费行为，凡收费标准有上下限的，按下限或低于下限标准收取。对符合规定的涉企收费，收费单位必须出示收费证和相关收费文件，在收费场所公示收费项目和标准。省非公经济联席会议办公室建立省级中小企业收费、罚款公示网，收费、罚款实行网上公开，接受社会监督。

五、改善加强金融支持与服务。各银行业金融机构要在确保“两个不低于”的基础上，加大信贷投放力度。不断创新小型微型企业金融产品、信贷模式和服务方式。落实已出台的小型微型企业金融服务的差异化监管政策。优先支持符合条件的银行业金融机构发行专项用于小型微型企业的金融债券。禁止金融机构对小型微型企业贷款收取承诺费、资金管理费、财务顾问费和咨询费等费用。引导金融机构增加服务网点，向县域和乡镇延伸。支持和鼓励民间资本参股设立村镇银行、小额贷款公司等机构，支持符合条件的小额贷款公司按有关规定改制为村镇银行。中小企业工作部门，要搭建方便快捷的融资平台，不断拓宽多元融资渠道。支持符合条件的中小企业上市融资、发行债券。逐步扩大中小企业集合票据、集合债券、集合信托和短期融资券等发行规模。积极稳妥发展私募股权投资和创业投资等融资工具，完善创业投资扶持机制。支持小型微型企业采取知识产权质押、仓单质押、商铺经营权质押、商业信用保险保单质押、商业保理、典当等多种方式融资。鼓励为小型微型企业提供设备融资租赁服务。积极发展小型微型企业贷款保证保险和信用保险。

六、继续加强信用担保体系建设。各级中小企业工作部门，要继续推进中小企业信用担保体系建设和加强业务指导，重点扶持一批省市县三级信用担保机构，加强对小型微型企业的信用担保服务。继续执行税收优惠政策，不断加大财政资金对信用担保机构的业务补助及风险补偿，全面提高对小型微型企业的信用担保业务规模。改善和拓展信用保险服务，定制符合小型微型企业需求的保险产品，扩大服务覆盖面。加快推进利用外资设立担保公司试点工作，引导外资设立面向小型微型企业的担保机构。建立信用担保机构与银行业金融机构的风险分担机制。积极开展企业信用信息征集和信用等级评价工作。

七、切实拓展民间投资领域。要全面贯彻落实国家及各部门出台的有关鼓励和引导民间投资健康发展的各项政策及实施细则，促进民间投资便利化、规范化。支持引导民营经济和小型微型企业进入非义务教育服务行业、社会福利、科技、文化、旅游、体育、商贸流通领域。各类政府性资金要对包括民间投资在内的各类投资主体同等对待。继续组建和扶持一批民营投资公司，建立民间投资服务体系，并加强对民间资本和民营经济的引导与服务。

八、放宽市场准入培育市场主体。除法律、法规另有规定外，允许新设立的小微企业全体股东缴纳不低于注册资本20%的出资额，其余部分在2年内缴足，其中投资公司可在5年内缴足。除行业有明确要求外，对注册资本在50万元以下的小型微型企业（涉及前置许可特别是从事易燃、易爆、危险化学品等高危行业，食品、药品等涉及安全行业除外），允许注册资本零首付，6个月内注册资本到位20%，其余部分2年内到位。鼓励以货币、实物、土地使用权、股权、债权、知识产权等多种出资方式投资创办小微企业，推广林权出资方式，非货币出资金额最高可占公司注册资本的70%。申请人办理各类企业登记许可，凡提交材料齐全、符合法定形式的，能当场办结的当场办结，不能即时办结的，原则上在受理后一周内办结。个体工商户申请转变为企业，其名称符合企业名称登记管理规定的，允许继续使用原个体工商户名称、字号，并保持工商登记档案资料延续性。运用科技创新成果和专利技术创办科技型小微企业的，知识产权可按50%—70%的比例折算为企业股份。对符合条件的小型微型企业实行网上年检。按照“催生一批、培育一批、引进一批、衍生一批”的发展要求，加大小型微型企业培育力度。制定实施“个转企”具体办法，鼓励、支持有条件的个体工商户做大做强后转变为企业。

九、加强技术改造支持结构调整。严格控制高污染、高耗能和资源浪费严重的小型微型企业发展。综合运用财税、金融、环保、土地、产业政策等手段，支持小型微型企业加快淘汰落后技术、工艺和装备，通过收购、兼并、重组、联营和产业转移等获得新的发展机会。省财政安排的中小企业技术进步和技术改造资金应不低于60%用于小型微型企业；省级有关部门安排的企业技术进步和技术改造资金应不低于30%用于小型微型企业，重点扶持小型微型企业开发和应用新技术、新工艺、新设备、新材料，对现有设施、工艺条件及生产服务等进行改造提升，增强自主创新能力、促进节能减排、提高产品质量和竞争能力，推进结构调整，加快产业升级。

十、加强诚信建设提升创新能力。实施中小企业管理提升计划，加强诚信建设，严格规范管理，坚持诚信守法，。重点帮助和引导小型微型企业加强财务、安全、节能、环保、用工等管理。开展小型微型企业管理创新示范企业活动，推广先进管理理念和管理模式。督促和指导小型微型企业建立健全质量管理体系，严格执行生产许可、经营许可、强制认证等准入管理，不断增强质量安全保障能力。加强品牌建设指导，鼓励符合条件的小型微型企业争创地方特色品牌。完善企业的研究开发费用所得税前加计扣除政策，支持企业技术创新。鼓励小型微型企业以灵活方式建立研发机构，对研发成果和研发机构，开展省级认定、政府补贴，力争到2015

年中小企业省级研发中心达到500家。鼓励产业技术创新战略联盟向小型微型企业转移扩散技术创新成果。实施小型微型企业信息化应用推进计划和实施中小企业知识产权战略推进工程。

十一、加强小型微型企业人力资源开发。落实国家中小企业银河培训工程和企业经营管理人才素质提升工程，以小型微型企业为重点，每年培训3万名经营管理人员和创业者。支持社会化培训机构开展小微企业高技能人才、经营管理人才和专业技术人才培训提升。提高小型微型企业新招用高校毕业生培训费补贴标准，由现在的每月800元提高到1200元。对小型微型企业新招用毕业年度高校毕业生，签订1年以上劳动合同并按时足额缴纳社会保险费的，给予1年的社会保险补贴，政策执行期限截至2014年底。对到小微企业从事技术研发、成果转让的事业单位高层次人才，经本单位申报，主管部门同意，报人力社保部门备案，其人事关系5年内可保留在原单位。省内高校、科研院所科技人员在完成本职工作的前提下在职创业的，其收入归个人所有。

十二、提升小型微型企业职工社会统筹能力。结合基本养老保险省级统筹统一费率的要求，目前养老保险费率较高地区的小型微型企业缴费比例可逐步降至20%。对缴纳养老保险费确有困难的灵活就业人员，可按规定缴费基数的40%～100%缴纳基本养老保险费，由个人根据本人经济状况选择确定。目前生产经营暂时困难的小型微型企业，可缓缴基本养老保险费，缓缴期最长不超过6个月。对困难的小型微型企业职工基本医疗保险单位缴费，以所在统筹地区上年度在岗职工平均工资为基数，具体标准由各统筹地区按照不低于在岗职工平均工资的60%确定。对新参加工伤保险的小型微型企业，其初次缴费费率可适当下调，具体下调幅度由统筹地区人民政府根据用人单位行业内费率档次确定，报省人力资源社会保障厅备案。

十三、加快县域工业集中区发展。在发展与规范并重，以提高质量为主的前提下，不断完善县域工业集中区；配套发展各具特色的家庭工业、小型微型企业聚集区，鼓励设立小型微型企业科技创业园和劳动密集型产业创业园。在县域工业集中区规划建设小企业创业基地、科技孵化器、商贸企业集聚区，引导小型微型企业集聚发展。鼓励对工业集中区交通、供水、绿化、能源供应及排污综合治理等基础设施建设给予支持。优化整合土地资源，优先支持县域工业集中区等各类园区配建一定比例的标准厂房，积极为小型微型企业提供生产经营场地。对创办三年内租用经营场地和店铺的小型微型企业，符合条件的，给予一定比例的租金补贴。

十四、大力推进服务体系建设。实施中小企业公共服务平台网络建设工程，重点抓好省级服务平台枢纽、11个市级中小企业综合“窗口”服务平台和15个产业集群“窗口”服务平台建设。认定支持一批为小型微型企业服务的公共服务平台，重点培育一批省级和国家级中小企业公共服务示范平台。支持行业、商会等社会服务机构，发挥产业联盟自身的科技、人才优势和桥梁作用，为小型微型企业提供服务。

要建设省级小型微型企业电子商务平台，构建陕西省中小企业电子商务体系。重点建设在先进制造与配套加工、农产品加工、医药制造、高新技术、能源化工等领域培育一批集交易、物流、支付等服务于一体的行业电子商务平台。引导帮助中小企业开展搜索营销经营方式，利用搜索引擎拓展市场。各类服务平台要为小型微型企业提供优惠服务。由财政投入支持形成的各类科技创新服务平台应向小微企业开放仪器设备、科学数据、科技文献等科技条件资源。凡是申报和评为国家级和省级中小企业公共服务示范平台的技术、检测、工业设计等技术类服务平台和国家级、省级示范生产力促进中心，要面向小微企业提供优质科技服务。

十五、加强领导强化考核。各地要建立健全政府领导负责、部门分工明确、责任落实到位、合力扶持小型微型企业发展的工作协调机制。要把中小企业特别是小型微型企业发展纳入“三位一体”目标责任考核体系，加大考核督查力度。进一步落实市县发展中小企业的责任，每年向社会公布全省各市县区中小企业发展目标考核和县域工业集中区考核综合测评结果。省统计局、省中小企业局要进一步建立健全小型微型企业统计指标，加强对小型微型企业以及生产运行情况的统计调查、监测分析和定期发布。

各地、各部门要采取有效措施，结合实际，抓紧制定相应的实施细则或配套政策，认真抓好本意见的贯彻落实，切实促进小型微型企业持续健康快速发展。

陕西省人民政府办公厅
二〇一二年七月三十一日

甘肃省人民政府关于促进小型微型企业发展的指导意见

甘政发〔2012〕39号

各市、自治州人民政府，省政府各部门，中央在甘各单位，省属各企业：

小型微型企业是提供新增就业岗位的主要渠道，是企业家创业成长的主要平台，是科技创新的重要力量。为切实解决当前部分小型微型企业资金链绷紧，经营发展比较困难和发展中突出的问题，引导和帮助小型微型企业稳健经营、增强盈利能力和发展后劲，根据国务院的部署要求，制定如下意见。

一、进一步健全完善对小型微型企业的金融扶持政策

（一）加大对小型微型企业的信贷支持。银行业金融机构加大对小型微型企业的贷款增速不低于全部贷款平均增速，增量高于上年同期水平。商业银行重点加大对单户授信500万元以下小型微型企业的信贷支持。人民银行兰州中心支行加大对再贷款、再贴现的支持力度，增加中小金融机构信贷资金实力。（责任单位：甘肃银监局、人行兰州中心支行、各政策性银行及商业银行）

（二）实行小型微型企业金融服务差异化监管。对小型微型企业贷款余额和客户数量超过一定比例的商业银行，允许其多筹建同城支行和专营机构网点。对商业银行发行金融债所对应的单户500万元以下的小型微型企业贷款，在计算存贷比时可不纳入考核范围。允许商业银行将单户授信500万元以下的小型微型企业贷款视同零售贷款计算风险权重，降低资本占用。适当提高对小型微型企业贷款不良率的容忍度。（责任单位：甘肃银监局、人行兰州中心支行、各银行业金融机构）

（三）清理纠正金融服务不合理收费。严格控制贷款利率上浮幅度，对符合产业政策的小型微型企业，按照风险定价原则，银行业金融机构的贷款利率不得一浮到顶，浮利分费，并不得与企业存款挂钩，不得强制贷款企业购买理财、保险、基金等金融产品，不得强制符合贷款条件的企业再到相关担保机构办理担保。除银团贷款外，禁止商业银行对小型微型企业贷款收取承诺费、资金管理费；严格限制商业银行向小型微型企业收取财务顾问费、咨询费等费用。（责任单位：甘肃银监局、人行兰州中心支行、各政策性银行及商业银行）

（四）拓宽小型微型企业融资渠道。逐步扩大小型微型企业集合票据、集合债券、短期融资券发行规模，积极稳妥发展私募股权投资和创业投资等融资工具。支持符合宏观政策和产业政策导向、具备发债融资条件的企业利用银行间市场拓宽融资渠道，重点支持兰州银行发行50亿元小型微型企业金融债券。整合社会各类资源，引导民间资本分地区、分产业、多层次搭建融资服务平台，对小型微型企业进行集中化经营、专业化管理，通过打包推介、批量审查、集中授信、快捷融资的方式，帮助小型微型企业获得直接、间接融资支持。（责任单位：省工信委、省政府金融办、人行兰州中心支行）

（五）加大对小金融机构的扶持。在审慎监管的基础上，适当放宽民间资本、外资和国际组织资金参股设立小金融机构的条件，放宽小额贷款公司单一投资者持股比例限制，鼓励参与村镇银行和小额贷款公司支持符合条件的小额贷款公司改制为村镇银行。（责任单位：省政府金融办、甘肃银监局、人行兰州中心支行）

（六）加大资金投入力度。广泛吸纳社会资本，积极组建和扶持各类担保机构发展，稳步推进担保机构与小型微型企业的合作，不断扩大担保覆盖面。鼓励担保机构开展小型微型企业小额贷款银保业务，对担保机构为小型微型企业提供的担保费率在3%以下、10万元以内的小额贷款担保，给予0.5%～2%的保费补贴。担保机构为小型微型企业提供的担保费率在3%以下的，可按规定申请担保资金补助。设立再担保机构，充分发挥再担保公司作用，为中小微型企业提供融资服务平台，构建企业、金融、担保、再担保机构四位一体的信用担保体系。（责任单位：省工信委、省财政厅）

二、加大各项财税扶持政策的落实力度

（七）加大财政资金扶持力度。2012年省级财政预算安排中小企业发展专项资金中的80%以上要用于支持小型微型企业应用新技术、新工艺、新装备及服务体系建设等，以后逐年加大投入力度。2012年省级财政预算安排的工业发展“六大行动”专项资金中，安排一定比例的资金，用于支持小型微型企业发展。2012年省级财政预算安排的中小企业和小型微型企业担保体系建设资金中，安排一定资金用于培育发展小型微型企业担保机构、建立风险补偿机制等。（责任单位：省工信委、省财政厅）

（八）对贷款增长较快的金融机构给予奖励。建立完善考核评价体系，从省长金融奖励资金中，安排一定比例，对中小企业特别是小型微型企业贷款增长较快的金融机构给予奖励。（责任单位：省政府金融办、省工信委、省财政厅、甘肃银监局、人行兰州中心支行）

（九）进一步清理取消和减免部分涉企收费。严格落实税收优惠政策，通过提高个人经营者起征点幅度等措施，进一步促进小型微型企业发展。将小型微利企业减半征收企业所得税政策，延长至2015年底并扩大范围。将金融企业中小企业贷款损失准备金税前扣除政策延长至2013年底。2015年底前对符合条件的农村金融机构金融保险收入减按3%征收营业税的政策。（责任单位：省发展改革委、省财政厅、省国税局、省地税局、省工信委）

三、严格执行支持小型微型企业发展的公共服务政策

（十）深化行政审批制度改革。规范收费行为，对小型微型企业三年内免征部分管理类、登记类和证照类行政事业性收费。各级工商、税务、质监、环保、国土资源等部门要简化程序、缩短时限、提高效率，为小型微型企业设立、生产、经营、用地等方面提供便捷服务。（责任单位：省工商局、省国税局、省地税局、省质监局、省环保厅、省国土资源厅、省工信委）

（十一）对吸纳毕业生就业的小型微型企业给予补贴。对小型微型企业招用就业困难人员和登记

失业的各类毕业生并签订劳动合同的，按规定给予企业社会保险补贴。补贴标准为企业应负担的基本养老保险、基本医疗保险和失业保险费。补贴期限与劳动合同期限一致，最长不超过3年；对经营困难的小型微型企业，实行阶段性缓缴社会保险费政策；对大中专毕业生通过小额担保贷款实现成功创业，按时足额还清贷款并带动3人以上就业的，提供二次小额担保贷款扶持。（责任单位：省人社厅、省财政厅、人行兰州中心支行）

（十二）建立公共服务体系和创业基地。按照政府支持中介、中介支持企业的模式，重点发展创业孵化、公共技术、管理咨询、法律维权、信息服务、人才培训等社会化公共服务体系。2012年重点培育和支持15家小型微型企业创业基地，对认定的小型微型企业创业基地，给予不超过100万元的补助，创业基地每孵化培训1家规模以上企业给予5万元奖励。（责任单位：省工信委、省财政厅）

（十三）大力扶持中介服务机构发展。要围绕有色冶金、石油化工、装备制造、特色农产品加工等行业的配套服务和产业链延伸，加快公共技术服务平台建设，对每年为小型微型企业提供技术服务达到50户以上的服务平台，给予一定的资金补助。要大力扶持管理咨询、法律维权、信息服务、人才培训等中介服务机构，对为小型微型企业提供价格低廉、针对性强、便捷优良服务的中介机构，给予适当的资金补助。（责任单位：省工信委、省财政厅）

（十四）健全完善统计制度。按照国家《中小企业划型标准规定》，建立我省中小微企业统计制度，分中型、小型、微型企业进行分类统计，加强中小微企业分类统计管理。要针对中小微企业的生产运行特点，建立监测预警发布制度，定期向社会公布全省中小微企业运行监测情况，分析其存在的困难和问题，为制定政策意见提供依据。（责任单位：省统计局、国家统计局甘肃调查总队、省工信委）

四、鼓励小型微型企业加快技术改造，提升创新能力

（十五）鼓励小型微型企业自主创新。创建自有品牌，不断提高品牌的知名度，开发自主知识产权新产品，培育竞争力强、知名度高的名牌产品，加大驰（著）名商标培育扶持力度。对获得中国驰名商标、甘肃省著名商标的小型微型企业给予一定的奖励。（责任单位：省科技厅、省质监局、省工商局、省商务厅、省工信委）

（十六）鼓励小型微型企业参加技能培训。支持对小型微型企业员工实施在岗技能培训和职业技能鉴定。鼓励大专院校、职业技能培训机构、大企业、大集团培训基地面向小型微型企业开展培训服务，帮助小型微型企业培养人才。（责任单位：省工信委、省人社厅）

（十七）鼓励小型微型企业参加招商引资活动。对参展企业的展位及宣传费用给予适当补贴。鼓励大中型企业与小型微型企业合作配套，建立稳定的产销协作关系。支持小型微型企业利用电子商务开拓市场。（责任单位：省工信委、省财政厅、省商务厅）

（十八）充分发挥商会和协会的桥梁纽带作用。依托各类商会和协会，进一步密切小型微型企业与银行及政府部门间的联系沟通，努力为小型微型企业排忧解难。鼓励各类商会和协会经常性地组织开展宣传教育、培训学习、融资服务等活动，增强小型微型企业发展活力。（责任单位：省工商联、省民政厅、省工信委）

各市州人民政府和各责任部门根据本意见尽快制定相应实施细则和具体办法，确保各项政策落实到位。

二〇一二年三月二十三日

青海省人民政府关于印发青海省支持小型和微型企业发展的若干政策措施的通知

青政〔2012〕16号

西宁市、各自治州人民政府，海东行署，省政府各委、办、厅、局：

《青海省支持小型和微型企业发展的若干政策措施》已经省人民政府同意，现印发给你们，请认真贯彻落实。

青海省人民政府
二〇一二年三月二日

青海省支持小型和微型企业发展的若干政策措施

为深入贯彻落实国务院关于进一步支持小型和微型企业（以下简称“小微企业”）健康发展的政策措施，改善小微企业发展环境，促进小微企业健康快速发展，根据我省实际，制定以下政策措施。

一、加大财政资金扶持力度

（一）设立青海省小微企业发展专项资金。从2012年起，省财政每年安排8000万元资金，优先扶持符合国家产业政策的科技型、创新型小微企业。重点支持新材料、新能源、电子信息、生物医药、

装备制造、特色农牧业、新型建材及文化旅游等小微企业增强创新能力，扩大生产规模，提高产品质量；重点扶持一批科技型、成长型、发展前景好的小微企业。各州（地、市）在年度预算中安排小微企业发展专项资金，支持本地区小微企业健康快速发展。

（二）整合优化存量资金，提高专项资金的综合使用效益。整合中小企业发展、地方特色产业发展、产业调整和振兴、节能技术改造、企业技术创新、外经贸、金融业跨越发展、商贸流通服务业等各类政府专项资金，提高支持小微企业资金的比例，并力争支持规模每年有所增长。重点支持小微企业技术创新、产业升级、结构调整、综合利用、节能减排、开拓市场和产业配套等。加大对小微企业服务平台建设支持力度，建立和完善各类专业公共服务平台，加快工业集中区、创业园和孵化器服务设施建设。支持省内各银行业金融机构和担保机构向小微企业提供快捷高效的融资服务，扩充融资担保机构的融资担保能力。设立风险补偿基金，对产生不良贷款的，在一定比例范围内给予补偿。

（三）省级财政预算中安排专项资金，设立青海省中小企业发展基金，主要支持中小企业特别是初创小微企业发展，并根据财力增长情况，逐年增加资金规模。基金的具体使用管理办法由省财政厅商省经委等部门制定。

二、认真落实税费优惠政策

（四）不折不扣地贯彻落实国家和我省关于西部大开发、高新技术企业发展、科技创新、技术转让、信用担保等各项涉及小微企业减征、免征、税前加计扣除、减计收入的相关税收优惠政策。

（五）对年应纳税所得额低于6万元（含）的小微企业，其所得减按50%计入应纳税所得额，按20%的税率缴纳企业所得税，地方税务部门自2012年1月1日至2015年12月31日，免征企业所得税地方分享部分。对年应纳税所得额6万元以上，30万元以下的企业，按20%的税率缴纳企业所得税。

（六）符合信用担保机构免税条件且列入免税名单的中小企业信用担保机构，自担保机构向主管税务机关办理免征营业税之日起，3年内免征企业所得税地方分享部分。

（七）小微企业为开发新产品、新技术、新工艺发生的研发费用，未形成无形资产计入当期损益的，在按照规定据实扣除的基础上，按照研发费用的50%加计扣除；形成无形资产的，按照无形资产成本的150%摊销。

（八）销售货物和销售应税劳务的增值税起征点统一提高到月销售额20000元；按次纳税的，为每次（日）销售额500元。

（九）营业税起征点按期纳税的提高到月营业额20000元；按次纳税的提高到每次（日）营业额500元。对符合国家标准的小微企业，在缴纳营业税时，在3年内按每户每年24万元的限额扣减营业额。

（十）银行业金融机构与小微企业签订的借款合同，免征印花税。

（十一）对符合认定标准的小微企业，免征管理类、登记类和证照类等有关行政事业性收费。免征的行政事业性收费项目包括：税务部门收取的税务发票工本费；海关部门收取的海关监管手续费；商务部门收取的手工制品证书费、纺织品原产地证明书费；质检部门收取的签发一般原产地证书费、一般原产地证工本费和组织机构代码证书工本费；贸促会收取的货物原产地证明书费、ATA单证册收费；国土资源部门收取的土地登记费；文化新闻出版部门收取的计算机软件著作权登记费；农业部门收取的农机监理费（含牌证工本费、安全技术检验费、驾驶许可考试费等）、新兽药审批费和已生产兽药品种注册登记费；林业部门收取的林权证工本费；旅游部门收取的星级标牌（含星级证书）工本费、A级旅游景区标牌（含证书）工本费、工农业旅游示范点标牌（含证书）工本费；中国伊斯兰教协会收取的清真食品认证费。自2012年3月起，连续三年免收小微企业设立、变更登记费，营业执照、食品流通许可证等证照工本费以及企业年检费；相关部门按照管理权限批准设立的管理类、登记类和证照类行政事业性收费等。

（十二）对小微企业继续使用同一抵押物申请贷款抵押登记，距上一次登记未满2年的，登记费减半收取。评估机构收取的小微企业贷款抵押物评估费不得高于现行有关规定收费标准的50%；贷款抵押物登记期满后需再评估的，评估费用按不超过规定收费标准的30%计收。

（十三）自2012年3月起，连续三年免收小微企业工业产品生产许可证和食品生产许可证省级发证审查费。对小微企业免费开展标准、计量、质量管理、食品安全、特种设备等知识培训工作。统筹产品质量监督管理，质监部门与检验检疫部门相互认可内外销产品的检验结果。

（十四）小微企业项目用地符合当地土地利用总体规划，项目须进入城、镇、村及工业园（区）或工业集中区建设用地规划范围内，年度土地利用计划指标予以保障。开发（园）区或产业园区内的工业项目，同一宗地只有一个用地意向者的，可采用协议出让方式供地。企业投资代建代管的生态绿化用地，可按划拨方式供地。基准地价按当地基准地价的80%执行，其中占用国有未利用地的，基准地价按当地基准地价的60%执行。土地出让金可按不低于《全国工业用地出让最低价标准》的30%执行。

（十五）对列入国家《鼓励进口技术和产品目录》的重要原材料、节能环保设备、零部件、关键技术、主要设备给予进口贴息。对特色产业发展需要的先进技术、专用设备进口，但未列入《鼓励进口技术和产品目录》范围，无法享受国家进口贴息或享受贴息少的企业，根据《青海省人民政府办公厅关于印发青海省对外贸易发展指导意见的通知》（青政办〔2011〕305号）规定，从外经贸区域协调发展促进资金中给予进口贴息支持。

三、有效缓解融资难问题

（十六）省内各银行业金融机构加大对小微企业的融资支持，确保小微企业贷款增速不低于全部贷款平均增速，增量不低于上年增量。对发展前景好且信用较好的小微企业，贷款利率最高上浮幅度不超过基准利率的15%。各银行业金融机构不得向小微企业发放贷款时附加不合理的贷款条件，包括不得违规搭售理财、基金、保险等产品；不得变相提高贷款利率；不得收取不合理的贷款咨询、财务顾问等中间业务费用；不得将吸存费用转嫁给贷款企业。各银行业金融机构对小微企业贷款单列信贷规模，加大对符合产业政策、增加就业、科技、服务及加工业等小微企业的信贷投放，并对具有比较优势和产业链条中的载能企业和项目给予积极的信贷支持。

（十七）省内各银行业金融机构要设立小微企业贷款专用窗口，开辟小微企业贷款“绿色通道”，提供快捷、便利的金融服务。对符合条件的续贷项目在7个工作日内放款，对新增贷款项目原则上在1个月内审批完成。省内各金融机构下放审批权限，根据不同地区资金需求，及时调整审贷规模，增加资金投放力度。支持商业银行发行用于小微企业的金融债，对商业银行发行金融债所对应的单户授信额在500万元（含）以下的小微企业贷款，不纳入存贷比考核范围。

（十八）积极拓展小微企业金融服务范围。各金融机构充分发挥各自优势，努力构建符合小微企业融资特点的金融服务体系。政策性银行发挥导向作用，大力发展适合小微企业特点的贷款业务；股份制银行优化结构，扩大增量，增加专项信贷规模；邮政储蓄银行加大对小微企业的信贷支持力度；城市商业银行强化“服务地方、服务小微企业”的市场定位，新增小微企业贷款占比高于上年；农村合作金融机构新增小微企业和涉农贷款占比不低于70%；村镇银行切实加强对涉农小微企业、农牧业产业化龙头企业、农村专业合作社等当地农村客户的信贷支持力度。

（十九）综合运用再贷款再贴现、差别存款准备金率等货币信贷政策工具，支持银行业金融机构增加对小微企业的信贷投放。银行业金融机构年度对小微企业贷款总额同比每增加5000万元，给予10万元奖励，单户奖励最高不超过50万元。小额贷款公司年度对小微企业贷款总额同比每增加1000万元，给予10万元奖励，单户奖励最高不超过50万元。人行西宁中心支行在全省筹集安排10亿元再贴现资金周转使用，对产、供、销经营稳定的小微企业优先办理再贴现，安排20亿元支农再贷款资金与信贷调控措施捆绑使用，用于农村金融机构增加县域小微企业信贷需求，并给予优惠利率支持。年末小微企业贷款增速和增量达到要求的地方法人金融机构，根据人民银行政策规定，执行更加优惠的存款准备金率。

（二十）支持商业银行进一步扩大小微企业金融服务网点覆盖面，鼓励针对小微企业的服务专营机构向社区、县域和乡镇等基层延伸，充分发挥专营机构的作用和效能。商业银行加强制度、产品和服务创新，不断探索支持小微企业的新方式。

（二十一）建立小微企业贷款定期监测制度，及时通报分地区、分机构小微企业贷款增量、增幅及工作开展情况。对工作进展不大、排名靠后的地区和银行机构，金融监管部门通过窗口指导、约见谈话、公开通报等方式加以督促，切实为小微企业创造良好的金融环境。

（二十二）鼓励融资性担保机构、小额贷款公司加大对小微企业的融资支持力度，按对小微企业的业务量确定财政扶持额度。鼓励以新设或增资扩股方式增加融资性担保机构、小额贷款公司资本规模，增强担保能力和放贷能力。鼓励资产管理公司等非银行金融机构发挥资金、专业集聚优势，充分利用各种金融产品为小微企业提供融资、增信等服务。

（二十三）加大对企业上市的培育力度，积极推动企业上市融资，鼓励符合条件的企业到中小板、创业板和境外上市融资。大力发展股权投资，推动各类股权投资与小微企业的对接，鼓励和引导风险投资、创业投资及其他社会资金对小微企业的投资。

（二十四）鼓励金融机构支持小微企业以商标专用权、有限责任公司或非上市股份有限公司的股权、动产抵押等作为担保标的，进行贷款融资。引导小微企业通过私募股权投资、股权转让、信托、融资租赁和发行中期票据、集合债券、短期融资券等多种方式进行融资。

（二十五）加强企业征信系统建设，完善企业信用信息基础数据库，推动小微企业加入征信系统。引导信用中介机构加强对小微企业信用制度的建设，逐步建立和完善各行业、企业和个体经营者信用档案，实现信用信息共享，为企业间信用信息查询提供平台，降低交易风险；完善守信激励和失信惩戒机制，对信用等级高的企业在产品宣传、融资授信、财税扶持、年度检验、招投标、报关通关等方面予以优先支持。

（二十六）通过举办政府、银行、企业共同参与的供需对接会、项目洽谈会、产品推介会和政策培训会等，增强小微企业和银行业金融机构的联系、沟通和认知，提高银企对接成功率。

四、切实增强市场开拓能力

（二十七）鼓励小微企业参加在国内外举办的各类展览会。小微企业参加省级以上政府举办的国家级大型会展或国外知名会展的，给予参展的企业每个标准展位2000元补贴，单个企业每次可补贴两个展位。

（二十八）依托省财政安排的专项资金，支持小微企业在境内外开拓市场，建立营销渠道。小微企业开拓国际市场，申请与国际接轨的相关体系认证、专利、商标等所发生的费用，给予一定比例的补助。

（二十九）支持进出口小微企业进行产品技术升级改造。对企业在省内为发展新兴产业、开展节能降耗、淘汰落后产能所实施的技术改造等项目，按进出口额和固定资产投资额给予补助。鼓励企业开展高原特色产品出口、特色文化产品及服务外包等贸易，根据出口实绩给予适当补助。

（三十）开展对进出口小微企业的国际标准和国外技术性贸易措施咨询指导，为小微企业参与国际竞争提供服务。

五、积极推进政府采购政策

（三十一）任何单位和个人不得阻挠和限制小微企业自由进入本地区和本行业的政府采购市场，政府采购活动不得以注册资本金、资产总额、营业收入、从业人员、利润、纳税额等供应商的规模条件对小微企业实行差别待遇或者歧视待遇。

（三十二）部门预算编制单位，要加强政府采购计划的编制工作，制定向小微企业采购的具体方案，统筹确定本部门（含所属各单位）面向小微企业采购的项目。在满足机构自身运转和提供公共服务基本需求的前提下，应当预留本部门年度政府采购项目预算总额的30%以上，专门面向中小企业采购，其中，预留给小微企业的比例不低于60%。

（三十三）对于非专门面向小微企业的项目，采购人或者采购代理机构应当在招标文件或者谈判文件、询价文件中作出规定，对本省小微企业产品的价格给予6%～10%的扣除，用扣除后的价格参与评审，具体扣除比例由采购人或者采购代理机构确定。

（三十四）鼓励大中型企业和其它自然人、法人或者其它组织与小微企业组成联合体共同参加非专门面向小微企业的政府采购活动。联合协议中约定，小微企业的协议合同金额占到联合体协议合同总金额30%以上的，可给予联合体2%－3%的价格扣除。

六、加快公共服务平台建设

（三十五）推动小微企业公共服务平台网络建设。充分利用国家“十二五”期间推行中小企业平台网络建设的有利契机，在积极争取国家资金支持的同时，加大地方投入，整合现有资源，统筹建设省级服务平台与主要地区服务平台，尽快形成互联互通、资源共享的平台网络。在小微企业集聚的区域和重点行业建设20个省、州（地、市）级服务平台。对业绩突出、信誉良好、公信度高的服务平台给予奖励。

（三十六）支持创业基地和大学生创业园建设，鼓励发展各具特色的创业孵化园和创业基地，努力为小微企业聚集发展搭建平台。加快创业辅导、融资担保、管理咨询、人才培养、技术创新、检验检测、信息服务等公共服务平台建设。鼓励各类专业服务平台为种子期、创业期和成长期的科技型、创新型小微企业提供优质高效服务，增强核心竞争力。对认定为省级科技企业孵化器、大学科技园的机构和省级科技服务平台，一次性资助100万元。每年安排500万元，通过科技项目的形式扶持科技型小微科技企业，并积极组织符合条件的企业申报国家中小企业创新基金初创期项目。

七、进一步加强服务工作

（三十七）以促进小微企业快速发展和项目建设为目标，切实转变政府职能，认真组织实施好各项服务活动，全面提升综合服务能力、服务质量和服务效率。

（三十八）创新服务机制。健全服务规范，引导小微企业服务机构加强内部管理，提高质量意识，建立服务质量保证制度，鼓励开展ISO9001等质量管理体系认证。创新运营模式，鼓励服务平台开展特色服务，拓展服务领域，降低服务成本。建立服务监督评价机制和客户回访制度，主动听取被服务企业的意见，提高服务水平。

（三十九）鼓励和支持各类中介服务机构开展面向小微企业的信息、投融资、创业、人才培训、技术创新、管理咨询、市场开拓、法律和财务会计等服务。鼓励和引导各州（地、市）建立小微企业服务机构。鼓励各类行业协会（商会）发展，充分发挥协会（商会）在政策咨询、信息沟通、引资引智、行业整合、合作交流等方面的积极作用。

（四十）缩短证照办理时间，除食品流通许可以外，各类企业登记许可申请在7个工作日内办结，其中下岗失业人员、高校毕业生、城镇退役士兵、残疾人等符合“绿色通道”条件的申请人创办小微企业的，原则上在3个工作日内办结。申请办理企业设立登记、变更登记，符合条件的，审批时限缩短为5个工作日；申请名称登记的，实行当天受理当天核准当场办结制。

（四十一）对小微企业融资需办理抵押土地使用权登记的，在符合相关规定条件的基础上，在10工作日内办结。

（四十二）对小微加工贸易企业实行合同电子化监管，启动以合同为单元的关、贸、企“三方联网管理”，简化小微加工贸易企业的合同审批、备案手续。

（四十三）推进品牌战略工作，支持小微企业实施品牌战略。建立品牌激励机制，对名牌产品、驰名商标，按照《青海省品牌建设发展专项资金管理办法》给予奖励。保护现有优势品牌，支持和引导其利用品牌效应提高资本运营能力和市场销售能力。

（四十四）小微企业项目环评审批除涉重金属

和危险化学品项目以外，全部由项目所在县（市）环境保护行政主管部门办理。对环境无影响和影响轻微的小微企业项目执行备案登记制度，并当日办结；对环境有一定影响的小微企业项目，简化项目环评审批程序，执行环境影响报告表制度，并在3个工作日内办结。

（四十五）下放或委托下放安全生产行政审批事项。对小型露天采石（砂）场和粘土矿的安全生产行政许可、二三类非药品类易制毒化学品生产经营备案证明、烟花爆竹经营（零售）行政许可、社会加油站经营行政许可、三级以下尾矿库行政许可等事项下放或委托下放至州级安监部门。

（四十六）将冶金、有色、建材、机械、轻工、纺织、烟草、商贸、地勘等行业建设项目安全设施“三同时”审核审查事项调整为登记备案。对规模较小、危险程度较低、工艺流程简单的危险化学品建设项目实行简易程序；小型非煤矿山办理安全生产许可事项时不再开展安全条件论证；安全生产许可期间未发生事故企业在变更、延期、换发安全生产许可证时不再进行安全评价评审；小型露天采石（砂）场、粘土矿在安全生产许可证有效期内，不再进行现场验收。对安全生产行政许可事项在申请资料齐全的情况下，在10个工作日内办结。

（四十七）支持从事城乡公交、农村客运等社会公益性事业的小微企业发展，研究建立城乡公交、农村客运新购置车辆定额补助和农村客运班线运营补偿机制。

（四十八）加强对小微企业的规范管理，引导和督促企业加强基础管理，健全完善规章制度，实现管理规范达标，全面提升管理层次和水平。

八、强化人力资源保障

（四十九）小微企业新增就业岗位每吸纳一名高校毕业生或残疾人，签订一年以上劳动合同并按规定参加社会保险的，按照合同期限给予企业岗位补贴、社保补贴和一次性奖励，补贴的期限不超过3年。岗位补贴标准为每人每月200元，社保补贴标准按单位应缴基本养老、基本医疗和失业保险费计算，每人每年一次性奖励1000元。

（五十）劳动密集型小微企业当年新招用符合小额担保贷款申请条件的人员达到职工总数30%（超过100人的企业达到15%）以上，并与其签订一年以上劳动合同的，可给予最高不超过200万元的小额担保贷款。达不到比例的，按吸纳符合贷款条件人数总和确定贷款数额。

（五十一）对各类小微企业招用就业困难人员、签订劳动合同并缴纳社会保险费的，在相应期限内给予基本养老保险、基本医疗保险和失业保险补贴，补贴资金从再就业资金中支付。

（五十二）小微企业要依法参加养老保险、按规定履行缴费义务。对生产经营暂时困难的小微企业，经当地社会保险经办机构初审后，由当地人社部门会同经委、地税、财政等部门研究确定，可缓缴基本养老保险费，缓缴期最长不超过6个月。缓缴期间免收滞纳金。

（五十三）凡已参加失业保险，并履行缴费义务满一年以上，且近两年无较大裁员行为的小微企业，可在一定期限内给予企业岗位补贴和在岗职工培训补贴，补贴从失业保险基金中支付。企业岗位补贴人数按照小微企业实际参加失业保险职工人数的30%计算，补贴标准为现行失业保险金平均标准每人每月530元，补贴期限最长不超过6个月。企业在岗职工培训补贴人数为在岗职工培训总人数的50%，补贴期限最长不超过4个月，补贴标准每人每月600元。同一企业，只能享受岗位补贴和在岗职工培训补贴的其中一项。企业岗位补贴和在岗职工培训补贴全省执行统一标准。

（五十四）加强小微企业经营者和员工培训工作。建立政府引导、行业指导、社会参与和企业自主相结合的培训机制。充分发挥高等院校、技工院校、职业学校和各类培训机构的作用，重点开展法律法规、产业政策、经营管理、职业技能和应用技术等方面的培训。大力推行国家职业资格证书制度，鼓励在岗职工参加职业技能鉴定。对小微企业新招收人员，由企业或培训机构进行岗前培训的，按规定标准给予培训补贴。

九、加强组织领导

（五十五）加强指导协调。成立青海省促进小微企业发展协调工作小组，加强对小微企业工作的统筹规划、组织领导和政策协调。协调工作小组办公室设在省经委。

（五十六）各州（地、市）、各部门要加强组织领导，建立健全责任制，上下努力，形成合力。各地要结合本地区实际，制定扶持小微企业健康发展的具体意见，加大对小微企业的资金支持力度，充分发挥市、县（区）和街道办事处责任主体作用，强化辅导培训工作，确保扶持小微企业发展的各项政策措施落到实处。相关部门要完善资金使用和项目评审、公示、验收、绩效评价等管理制度。省政府每年开展专项督察，对执行政策不力、落实政策不到位的地区和部门给予通报批评，并视情况追究领导责任。

（五十七）省政府相关部门要及时向社会公开发布发展规划、产业政策、行业动态等信息，加快建立小微企业市场监测、风险防范和预警机制，为各级政府制定促进小微企业发展的政策措施提供决策依据。统计和调查部门要尽快建立和完善对小微企业的分类统计、监测和信息发布制度，加强统计分析工作。

（五十八）省内新闻媒体要大力宣传支持小微企业的各项政策措施和各地各部门贯彻落实政策措施的好经验、好做法，以及小微企业自立自强、创业奋斗的事迹，营造全社会重视、支持、宽容、帮助小微企业的良好氛围，增强企业发展信心。

十、施行和解释

（五十九）凡以往我省有关小微企业政策、规定与本政策措施不一致的，自本政策措施实施之日起一律停止执行。国家和省对本政策措施有关条款有规定实施年限的，按国家和省的规定执行。本政策措施执行期内，若国家和省出台优于本政策措施的新政策，按从优原则执行，不重复享受。

（六十）本政策措施自发布之日起实施。本政策措施由省政府相关部门负责解释。

二〇一二年三月

宁夏回族自治区人民政府办公厅转发自治区科技厅等部门关于促进科技和金融结合加快科技型中小微企业发展实施意见的通知

宁政办发〔2012〕225号

各市、县（区）人民政府，自治区政府各部门、直属机构：

自治区科技厅、经济和信息化委、财政厅、国资委、金融办、地税局、宁夏国税局、人行银川中心支行、宁夏银监局、宁夏证监局、宁夏保监局《关于促进科技和金融结合加快科技型中小微企业发展的实施意见》已经自治区人民政府同意，现转发给你们，请认真贯彻执行。

宁夏回族自治区人民政府办公厅
二〇一二年十二月二十七日

关于促进科技和金融结合加快科技型中小微企业发展的实施意见

为认真贯彻全国科技创新大会精神，积极落实科技部等八部委《关于促进科技和金融结合加快实施自主创新战略的若干意见》（国科发财〔2011〕540号）和《自治区人民政府关于采取优惠政策措施启动实施中小企业“百家成长千家培育”发展工程的意见》（宁政发〔2010〕181号）精神，推动我区科技资源和金融资源有效对接，缓解科技型中小微企业融资困难，扶持科技型中小微企业发展，加速科技成果产业化，促进我区经济发展方式转变，加快创新型宁夏建设，现提出本实施意见。

一、建立科技金融协调推进机制

创新科技金融工作管理方式，推动科技部门与金融管理部门、财税部门、国资监管部门全面合作，建立自治区科技厅牵头召开的定期联席会议机制，签订面向科技型中小微企业金融服务合作备忘录，加强工作联动，统筹协调科技和金融资源，搭建科技和金融合作平台，引导金融资源投向科技领域。针对科技型中小微企业成长过程中不同阶段的融资需求，共同构建多元化、多层次、多渠道的科技投融资体系。重点围绕科技型中小微企业技术创新、技术引进、科技成果转化和生产扩大等方面，通过创新政策环境和加强金融服务，有效改善科技型中小微企业、科研机构创新发展的融资环境，不断培育新的经济增长点。

二、创新财政科技投入方式

推进自治区科技计划和科技经费管理改革，综合运用无偿资助、偿还性资助、风险补偿、贷款贴息、保费补贴、建立科技引导基金等多种方式，强化财政科技资金的引导带动作用。自治区科技和财政部门协调存量和增量资源，共同设立自治区科技成果转化引导基金，与国家科技成果转化引导基金紧密联动，通过分设风险补偿基金、担保基金和绩效奖励资金等方式，引导带动银行业、证券、保险、担保、小额贷款等金融资本和社会资本服务于科技型中小微企业发展。自治区本级财政及各市、县（区）设立的中小企业发展专项资金对科技型中小微企业的贷款、担保涉及的贴息补助和风险补偿给予重点倾斜。

三、落实企业技术创新等税费优惠政策

各地要全面落实国务院第174次常务会议关于小型微型企业的税收优惠政策，自治区各级税务部门要切实落实国家发展改革委、财政部、科技部等部门《关于支持中小企业技术创新的若干政策》（发改企业〔2007〕2797号）关于高新技术企业所得税减免、研发费用加计扣除、因技术进步原因仪器设备的加速折旧、设备进口等税收优惠政策，进一步优化科技型中小微企业的税收服务环境。

四、建立科技型中小微企业融资需求信息库

自治区科技部门要进一步强化自治区科技型中小企业的定期认定工作，通过优选技术含量高、市场潜力大、成长性好的科技型中小微企业，建立优势科技型中小微企业融资需求信息库，定期向银行、

证券、保险等金融机构和创业投资机构发布推荐。建立科技部门和金融机构、创业投资机构之间的“互荐”机制，对已取得银行贷款或创投支持的科技型中小微企业，科技部门将优先给予科技立项支持。对已承担各类科技计划项目的科技型中小微企业，银行、证券、保险等金融机构及创业投资机构在融资方面给予优先支持。各市、县（区）科技部门也要积极向当地金融机构推荐科技型中小微企业的自主知识产权项目、产学研合作项目、科技成果转化项目、企业信息化项目、品牌建设项目等，促进地方经济发展。

五、培育和发展创业投资

各地要认真落实《自治区党委人民政府关于加强自主创新建设创新型宁夏的决定》（宁党发〔2006〕49号），支持创业投资企业发展。自治区科技、财政部门设立创业投资引导资金，通过政府引导和市场运作方式，以阶段参股、风险补助、投资保障等形式，引导创业投资机构向初创期科技型中小微企业投资，促其快速发展。支持国有投资企业对初创期科技型中小微企业开展创业投资，其投资可依法自主进退；国有及国有控股企业可以科技成果转化项目引入私募股权基金、风险资本等各类社会资本，组建科技型企业实体，实现投资主体多元化。凡外埠创业投资机构在我区设立分支机构开展业务的，在正式开业后，对其购置的办公用房，由自治区财政给予房屋买价10%的一次性补助，最高不超过100万元。

六、加大对科技型中小微企业的信贷支持

鼓励银行业金融机构建立适合科技型企业特点的贷款风险评估、尽职免责和考核奖励制度，适当放宽对中小微科技型企业贷款不良率的容忍度。银行业监管部门细化对科技型中小微企业金融服务的差异化监管政策。对具有稳定物流和现金流的科技型中小微企业，可发放信用贷款、应收账款质押和仓单质押贷款。对无抵押、无担保的科技型中小微企业实施科技计划项目与银行贷款相结合的打包贷款工作。推行高新技术企业股权质押贷款业务和科技型中小微企业知识产权质押贷款业务。鼓励商业银行新设或改造部分分（支）行作为专门从事科技型中小微企业金融服务的专业分支机构，加大对科技型中小微企业的信贷支持，确保科技型中小微企业贷款增速不低于全部贷款增速。对我区银行业金融机构按银行同期基准利率向科技型中小微企业融资需求库企业发放的贷款，由自治区财政给予贷款银行2.5%（年利率）的利息补助。以自治区科技成果转化引导基金中的风险补偿基金为引导，形成政府、银行、企业以及中介机构多元参与的贷款风险分担机制。对银行业金融机构增加科技型中小微企业贷款的，按照贷款增加额给予一定比例的资金补助。设立自治区科技金融专项资金，用于支持科技型中小微企业贷款贴息、知识产权质押贷款、担保贷款、科技保险等费用补贴，在自治区科技金融专项未设立前，从自治区有关科技计划中筹资安排。

七、鼓励建立科技小额贷款公司

依托银川国家高新区、银川国家经济技术开发区等科技型中小微企业聚集地区，在统筹规划、加强监管、防控风险的基础上，推动银行业金融机构与民间资本深入合作，在符合《宁夏回族自治区小额贷款公司管理暂行办法》的前提下，建立面向科技型中小微企业的科技小额贷款公司。鼓励科技小额贷款公司积极探索适合科技型中小微企业的信贷管理模式，促进民间资本投向科技创新创业。自治区金融管理部门对科技小额贷款公司的成立给予优惠政策支持。对于银行业金融机构给科技小额贷款公司的批发贷款，给予批发银行0.1%（年利率）的利息补助。科技小额贷款公司贷款利率不得超过基准利率的2倍，由自治区财政按照贷款增长额的2%给予补贴。

八、积极发挥各类担保机构作用

积极发挥自治区国有政策性担保机构、商业性担保机构作用，逐步完善科技型中小微企业融资担保体系，为科技型中小微企业提供担保服务。自治区政策性再担保公司要积极为科技型中小微企业担保业务提供再担保服务，推动建立科技型中小微企业贷款风险多方分担机制。鼓励科技型中小微企业建立多户联保、互保，共同融资。对于向科技型中小微企业提供贷款担保的担保机构，各银行业金融机构可以在国家规定范围内适当提高担保放大倍数。对年度内给予科技型中小微企业信用担保累计达到一定金额的担保机构，自治区财政给予相应的保费补助。鼓励科技型中小微企业相互支持，建立信用互助担保基金，发挥杠杆作用，促使企业做大做强。

九、支持科技型中小微企业直接融资

进一步完善债务融资工具发行机制，支持符合条件的科技型中小微企业通过发行公司债券、企业债、短期融资券、中期票据、集合债券、中小企业集合票据等方式直接融资。探索符合条件的高新技术企业发行高收益债券融资。各级中介机构要积极辅导科技型中小微企业进一步完善公司治理与财务结构，促其直接债务融资。进入科技型中小微企业融资需求库的企业，经辅导培育成功实现直接上市融资的，由自治区财政给予50万元—100万元的一次性奖励。对成功上市的高新技术企业，由自治区

财政给予200万元的一次性奖励。

十、加快科技资源产权交易机构建设

依托现有机构，加快建设我区股权报价交易系统等场外科技资源产权交易市场，不断完善产权交易体系，提高交易效率，为科技型中小企业的产权（股份）转让、知识产权质押物流转、资产处置、招商引资等提供服务。建立统一的科技型中小微企业信息披露系统，为科技成果流通和科技型中小微企业通过非公开方式进行股权融资提供服务。

十一、积极推动科技保险发展

加快培育和发展科技保险市场。在现有工作基础上，自治区有关保险机构根据科技型企业的特点，进一步拓宽科技保险服务领域，积极开发适合科技创新的保险产品，积累科技保险风险数据，科学确定保险费率，在科技型中小微企业自主创业、并购以及战略性新兴产业等方面提供保险支持。支持开展自主创新首台（套）产品的推广应用、科技型企业融资以及科技人员保障类保险。对一些技术含量高、创新能力强、拥有自主知识产权并易于实现市场化的优质创新项目，保险机构应在风险可控的前提下给予一定的保费优惠。

十二、加强科技金融中介服务体系建设

依托现有科技中介机构，建立科技金融服务中心，为科技型中小微企业提供创业风险投资、银行信贷、产品保险、贷款担保、金融产品推介、企业上市等一站式咨询服务。制订相关制度性文件，规范贷前审查、贷后管理以及不良资产处置等程序及方法。加强科技型企业信用体系建设，建立统一规范的信用评价体系，实施星级管理。同时，帮助企业建立现代企业制度，更新投融资观念，为科技和金融结合奠定基础。

十三、建立科技金融结合效果评估机制

加强科技和金融结合实施成效监测评估。制订科技金融发展水平和服务能力评价指标，建立相应的统计制度和监测体系，并在监测基础上建立评估体系，对科技和金融结合实施成效进行动态评估。根据评估结果，对促进科技和金融结合、支持企业创新表现突出的人员、机构予以表彰。

二〇一二年十二月

宁夏回族自治区人民政府关于金融支持小型微型企业和“三农”发展的若干实施意见

宁政发〔2012〕72号

各市、县（区）人民政府，自治区政府各部门、直属机构：

小型微型企业是国民经济的重要组成部分，在推动经济增长、开展科技创新、扩大城乡就业、促进社会和谐稳定等方面发挥着不可替代的作用，农业在我区经济社会发展中仍居基础地位，支持小型微型企业和“三农”又好又快发展不仅是经济问题，而且是政治问题和民生问题，具有全局性和战略性的重要意义。为贯彻落实全国金融工作会议精神，进一步加强和改进金融服务，促进小型微型企业和“三农”发展，推动全区转方式、调结构战略的实施，结合我区实际，提出以下意见：

一、创新金融支持小型微型企业和“三农”发展模式

（一）实施信贷资金专项切块支持。各银行要对小型微型企业和涉农贷款单列信贷规模，政策性银行、国有商业银行、股份制银行支持小型微型企业和“三农”的贷款不少于信贷总量的20%，宁夏银行、石嘴山银行要将绝大部分贷款用于支持小型微型企业，农业银行宁夏分行、邮政储蓄银行宁夏分行、黄河农村商业银行和县（市、区）农商行、农信社及村镇银行要将绝大部分贷款用于支持“三农”和小型微型企业，确保小型微型企业和涉农贷款增量和占比每年都要有明显上升。

（二）实行财政性资金存放与金融机构对地方经济支持度挂钩。发挥财政性资金存放导向作用，对国库资金、专项资金、社保资金、住房公积金、非税收入等各类财政性资金，依据支持小型微型企业、“三农”和向小额贷款公司批发贷款的额度、数量，均衡安排存放。对达不到贷款规模计划的，按比例减少财政性资金存放；对超出贷款规模计划的，按比例调增财政性资金存放。具体由自治区金融办、财政厅组织实施。

（三）地方金融机构必须把资金用于当地。存贷比达不到75%的地方金融机构，不得向区外金融机构存放同业款项，已办理的存放资金限期回笼；不得办理区外贷款业务，已办理的限期收回，用于当地贷款；鼓励地方金融机构之间、以及与村镇银行之间相互拆借融通资金。

（四）合理确定贷款期限和利率。各银行要根据小型微型企业生产周期、市场特征和资金需求，进一步优化贷款期限结构，积极增加短期贷款，优

先匹配额度办理票据融资，努力满足其合理的流动资金贷款需求。要合理确定小型微型企业和涉农贷款利率浮动幅度，对发展前景好且信用较好的小型微型企业，要减少上浮幅度或执行基准利率，贷款利率最高上浮幅度不超过基准利率的15%。人民银行银川中心支行要加强对银行落实小型微型企业和涉农贷款利率政策情况的监督检查。

（五）增设服务专营机构。各金融机构要增设服务小型微型企业和“三农”的专营机构，延伸服务网点，开辟小型微型企业和涉农贷款“绿色通道”，为小型微型企业提供针对性、差异化的贷款、贸易融资、贴现、贷款承诺、保证、信用证、票据承兑等在内的表内外授信和融资业务，要明确由一名领导负责，配备专人，简化程序，跟进服务，提高贷款审批发放效率。

（六）设立“小额贷款服务超市”。银川、石嘴山、吴忠、固原、中卫市要试点设立“小额贷款服务超市”，建立信贷统一平台，实行全区联网，集中办理信贷业务。各银行、小额贷款公司要到“超市”设专柜、派专人，为小型微型企业和“三农”提供公开透明和方便快捷的融资服务。自治区财政安排资金搭建小额贷款服务平台，各市负责提供办公、经营场所，自治区金融办做好指导推动工作。

二、拓宽小型微型企业和“三农”发展的多元化融资渠道

（七）深化农信社改革。稳步推进基层农信社改制农商行工作。黄河农村商业银行要按照国务院有关规定，淡出对县（市、区）农商行和农信社的行政管理职能，履行好股东职责，尊重其独立法人地位和经营自主权，按照市场化原则，为其提供科技支持、风险管理、产品研发等服务职能。自治区金融办要承担行政管理职能，加强对重大关联交易、对外投资、薪酬分配等重要事项的管理和监督。自治区政府派驻地方金融机构特派监督员要做好监督和指导工作。县（市、区）农商行、农信社要坚持“三农”市场定位，依法合规经营，任何单位和个人不得干涉其正常经营活动。

（八）扶持发展村镇银行。人民银行银川中心支行和各银行要积极支持村镇银行加强支付结算、信息科技建设。银监部门要放宽对组建村镇银行、开办新业务和有关审慎监管指标的限制，对从发起行和区外拆借的资金，按存款计算考核存贷比；进一步放宽村镇银行设立分支机构的条件，允许满足审慎监管要求的村镇银行在开业半年后设立分支机构，按照行政区划支持向下设立机构网点，增强金融服务功能，扩大服务覆盖面。各市、县（区）要对村镇银行建设用地和办公、营业场所给予协调安排。发起行要严格执行《村镇银行管理暂行规定》，尊重村镇银行的独立法人地位和经营自主权。自治区金融办要做好村镇银行的管理服务和组建推动工作。

（九）做大做强小额贷款公司。各银行要加大对小额贷款公司的信贷支持力度，原则上按上年末贷款余额的1%切块用于小额贷款公司批发贷款，增强小额贷款公司对小型微型企业和“三农”贷款投放能力。监管部门要积极支持各银行开展批发贷款业务。有关部门要认真落实对小额贷款公司支持小型微型企业及涉农业务实行与村镇银行同等的2%定向补贴政策；对设立在中部干旱带、南部山区和对口帮扶生态移民的小额贷款公司，自注册登记之日起5年内免征企业所得税地方留成部分，比照农村金融机构减按3%的税率征收营业税。建立小额贷款公司审慎规范的资产分类制度和税前拨备制度。支持符合条件的小额贷款公司改制为村镇银行。发挥好小额贷款同业协会的作用，加强对小额贷款公司的规范化管理和服务。

（十）完善融资性担保体系。优化整合现有担保公司，进一步完善以宁夏担保集团公司为龙头，市、县担保机构和民营担保机构为支撑的融资性担保服务体系。各级财政要继续加大对担保业的投入，做大做强宁夏担保集团公司，增强宁夏银行业批发贷款担保公司和宁夏再担保集团公司实力，力争培育1~2家注册资金10亿元以上的融资性担保公司，5市各培育1~2家注册资金1亿元以上的融资性担保公司，切实放大担保倍数，提升担保质量，增强其撬动银行、小额贷款公司与支持小型微型企业和“三农”的担保规模和能力。对符合条件的信用担保机构继续执行免征营业税政策，鼓励担保机构提高小型微型企业担保业务规模，降低对小型微型企业的担保收费。

（十一）推动小型微型企业直接融资。探索设立自治区企业上市、发债引导基金，支持小型微型企业在中小企业板和创业板上市融资，加快多层次资本市场体系建设。支持小型微型企业发行企业债、集合票据和短期融资券；积极参与场外交易市场；设立股权投资企业；鼓励创业投资、股权投资等机构投资小型、微型企业；引进战略投资组建金融租赁公司；各金融机构要争取发行专项用于小型微型企业贷款的金融债。

（十二）增强保险服务实体经济能力。支持各类保险公司到我区设立分支机构；积极发展小型微型企业贷款保证保险和信用保险；鼓励保险机构与融资性担保机构合作开展小型微型企业融资担保（保险）服务；完善农业保险巨灾风险防范体系和农业再保险体系，探索组建农业保险公司等区域性保险法人机构，不断扩大政策性农业保险的覆盖面；促进县域保险市场发展，满足群众日益增长的保险需求；规范承保和理赔服务，提高保险服务水平。

（十三）支持民间资本兴办金融机构。贯彻落实《国务院关于鼓励和引导民间投资健康发展的若干意见》，支持民间资本进入金融服务领域，鼓励民间资本发起或参与设立村镇银行、金融中介服务等机构，参与银行、证券、保险等金融机构改制和增资扩股；加强地方金融机构股权管理，放宽村镇银行主发起行最低出资比例的限制，保持村镇银行股权结构的相对稳定，激发民营资本的活力，维护小股东的合法权益。

三、落实扶持小型微型企业和“三农”发展优惠政策

（十四）落实财税扶持政策。认真落实国家扶持小型微型企业和“三农”的各项财税优惠政策。自2011年11月1日至2014年10月31日，对金融机构与小型微型企业签订的借款合同免征印花税；将金融企业涉农贷款和中小企业贷款损失准备金税前扣除政策延长至2013年底；将符合条件的农村金融机构（包括在农村设立的分支机构和农商行、农信社、村镇银行等）金融保险收入减按3%的税率征收营业税的政策延长至2015年底；对向农户的小额贷款金额在5万元以下的利息收入免征营业税，其利息收入按90%计入应纳税所得额；简化金融机构呆账核销手续和程序，及时化解小型微型企业和“三农”贷款形成的不良资产。

（十五）对设立网点和引进机构进行补贴。各金融机构（包括村镇银行、保险公司等）在金融服务空白乡（镇）和生态移民区设立分支机构和营业网点的，所设网点装修费用经自治区金融办审核后，由自治区财政给予20万元的一次性补贴；对引进金融机构设立分支机构或发起组建村镇银行的，享受宁夏招商引资政策，对其正式开业后，除落实按购置办公营业用房买价10%、最高不超过100万元的一次性补助外，由自治区财政给予50万元开办费补贴。

（十六）落实降低企业融资成本的收费政策。房产、土地等部门为金融机构办理贷款抵押鉴证登记手续时，不得将房产、土地评估作为硬性条件，是否评估及有相应资质评估机构的选择，由金融机构自主决定；法院等部门在办理金融机构贷款诉讼案件时，要简化程序，可采用支付令方式，立案后直接转入执行程序，免予金融机构提供货币与实物担保手续，加快立案、审理、执行速度；清理纠正金融服务不合理收费，除银团贷款外，禁止金融机构对小型微型企业贷款收取承诺费、资金管理费。切实降低企业融资成本；各金融机构要推行普惠性金融服务，对小型微型企业的服务和信贷人员享受与大、中型企业同等的待遇。

四、营造有利于小型微型企业和“三农”发展的金融环境

（十七）规范金融监管行为。各监管部门要结合我区实际，处理好监管与发展的关系，转变工作作风，增强服务意识，规范检查行为，优化监管环境。监管人员到金融机构、企业检查，必须经主要领导和分管领导签批。各市、县（区）监管部门要制订检查计划，报上级监管部门批准后，按计划进行检查，严禁过度、无序、重复检查，杜绝监管检查的随意性。监管部门要向社会公开监管工作举报电话，主动接受社会监督。

（十八）提升监管服务水平。小型微型企业和涉农贷款经营风险大，各监管部门要提高监管容忍度，对小型微型企业和“三农”贷款出现非主观责任形成不良贷款的责任人，实行尽职免责，免予追究相关责任。人民银行银川中心支行要灵活运用再贷款、再贴现、差别存款准备金率等货币信贷政策工具，加强窗口指导，引导金融机构增加对小型微型企业和“三农”贷款的投放规模。宁夏银监局要实行差异化监管，大力支持、引导金融机构向小额贷款公司批发贷款，支持金融机构增设专营机构和营业网点，每年至少要消灭10个金融服务空白点。宁夏证监局要做好拟上市企业的辅导监管和政策引导，积极推动企业上市和上市公司再融资，争取每年融资不少于50亿元。宁夏保监局要加强保险市场体系建设，推动发展贷款保证保险和信用保险，扩大“三农”保险覆盖面。

（十九）推进信用体系建设。继续发挥好自治区建设“信用宁夏”工作领导小组办公室协调服务职能和宁夏社会信用体系建设促进会等行业协会的桥梁纽带作用，建立社会信用信息数据库和服务平台，推动信用文化建设，促进小型、微型企业和农户诚信经营。引导民间借贷阳光化、规范化发展。严厉打击非法集资、地下钱庄、非法证券等非法金融活动。加强对典当行、寄卖行和各类投资公司、交易所等机构的有效监管。全力打造金融支持小型微型企业和“三农”发展的良好社会信用环境。

（二十）建立长效工作机制。建立金融支持小型微型企业和“三农”发展联席会议制度，定期研究解决金融支持小型微型企业和“三农”发展中的重大问题。成立金融机构行风评议小组，对各金融监管部门、各金融机构的服务水平、办事效率等进行问卷调查、测评打分，将测评结果排名在自治区主要媒体公告，并向“一行三会”和各银行总行通报。加大对金融监管部门和各金融机构支持小型微型企业、“三农”和地方经济发展的考核力度，对做出贡献的进行表彰奖励，对支持地方经济发展不力的，建议“一行三会”和各银行总行进行人事调整。自治区金融办具体做好以上联席会议、行风评议、考核奖励等制度的建立和落实。

本意见适用于我区城乡包括个体工商户在内的各类小型微型企业和涉农领域。国家和自治区对本意见有关条款有规定实施年限的，按国家和自治区规定执行。各地、各有关单位要高度重视金融支持小型微型企业和“三农”发展工作，加强组织领导，抓好协调推动，结合本地、本单位实际研究制定具体政策措施，促进全区小型微型企业和“三农”持续健康发展。

二〇一二年五月四日

新疆维吾尔自治区中小企业公共服务示范平台认定的管理办法

新经信企业〔2012〕442 号

伊犁哈萨克自治州经信委，各地州（市）经信委（经贸委、经委）、自治区各行业管理办公室，各相关行业协会：

为贯彻落实工信部关于《国家中小企业公共服务示范平台认定的管理办法》（工信部企业【2012】197 号）精神，做好自治区中小企业公共服务示范平台的认定管理工作，加快我区中小企业公共服务平台建设，我们制定了《新疆维吾尔自治区中小企业公共服务示范平台认定管理办法（试行）》，现印发你们，请贯彻执行。

附：《新疆维吾尔自治区中小企业公共服务示范平台认定管理办法（试行）》

二〇一二年八月十五日

新疆维吾尔自治区中小企业公共服务示范平台认定管理办法（试行）

第一章　总则

第一条　为推进我区中小企业公共服务平台建设，支持中小企业发展，根据《新疆维吾尔自治区实施<中华人民共和国中小企业促进法>办法》和《自治区促进中小企业发展实施意见》（新政发〔2010〕92 号）等有关规定，贯彻落实《国家中小企业公共服务示范平台认定的管理办法》（工信部企业〔2012〕197 号）精神，结合自治区实际，制定本办法。

第二条　自治区中小企业公共服务示范平台（以下简称示范平台）是指由法人单位建设和运营，经自治区经济和信息化委员会（以下简称自治区经信委）认定，为中小企业提供信息、技术、创业、培训、融资、咨询等公共服务，业绩突出、公信度高、服务面广，具有示范带动作用的服务平台。

第三条　自治区经信委负责示范平台的认定管理工作。

各地州（市）中小企业主管部门协助自治区经信委对所辖区内示范平台进行推荐和管理。

自治区各行业管理办公室（以下简称自治区各行办）、各相关行业协会协助自治区经信委对行业内示范平台进行推荐和管理。

第四条　示范平台的认定遵循公开、公正、公平的原则。对国家和自治区认定的示范平台予以重点扶持。

第二章　主要功能

第五条　示范平台具有多种服务功能或在某一方面具有特色服务功能，具有开放性和资源共享的特征。

（一）信息服务。提供法律法规、政策、技术、人才、市场、物流、管理等信息服务。

（二）技术服务。提供工业设计、解决方案、检验检测、质量控制和技术评价、技术开发、技术转移、信息化应用、设备共享、知识产权和品牌建设等服务。

（三）创业服务。为创业者和创办三年内的小企业提供创业辅导、项目策划、政务代理、创业场地等服务。

（四）培训服务。为中小企业提供经营管理、市场营销、技术和创业等培训服务。

（五）融资服务。提供融资信息、组织开展投融资推介和对接、信用征集与评价等服务。

（六）咨询服务。为中小企业提供发展战略、财务管理、人力资源、市场营销等咨询服务。

第三章　认定条件

第六条　示范平台的承建单位应同时具备以下基本条件：

（一）具有独立法人资格及从事相关服务的资质或能力。运营两年以上的独立法人单位，资产总额不低于 200 万元，财务收支状况良好，经营规范，具有良好的发展前景和可持续发展能力。

（二）有固定经营服务场所和必要的服务设施、仪器设备等；有组织带动社会服务资源的能力，集聚服务机构 2 家以上。

（三）有健全的管理制度，规范的服务流程、合理的收费标准和完善的服务质量保证措施；对小型微型企业的服务收费要有相应的优惠规定，提供的公益性服务或低收费服务要占到总服务量的 20% 以上；有明确的发展规划和年度服务目标。

（四）有健全的管理团队和人才队伍。主要负责人要诚信、守法，无偷漏税等不良记录，具有开拓创新精神、丰富的实践经验和较高的管理水平；从事为中小企业服务的人员不少于 10 人，其中大专及以上学历和中级及以上技术职称专业人员的比例占 80% 以上。

（五）主要为产业集聚区内中小企业提供服务。

（六）服务业绩突出。年服务中小企业 30 家以上，用户满意度在 80% 以上；近两年服务企业数量逐年增长，在专业服务领域或区域内有一定的声誉和品牌影响力。

南疆三地州（和田、喀什、克州）推荐的示范平台，上述（一）、（四）、（六）规定的条件可适当放宽。

第七条　示范平台应满足以下相关功能要求：

（一）信息服务。充分利用信息网络技术手段，形成便于中小企业查询的、开放的信息服务系统；具有在线服务、线上线下联动功能，线下年服务企业数量30家以上，鼓励采用云计算技术，建立中小企业云服务平台；年组织开展的相关服务活动3次以上。

（二）技术服务。具有组织技术服务资源的能力，并建立良好的协同服务机制；具有专家库和新产品、新技术项目库等；具备条件的应开放大型、精密仪器设备与中小企业共享；年开展技术洽谈、项目推介和知识产权等服务活动3次以上。

（三）创业服务。具有较强的创业辅导能力，建有创业项目库、《创业指南》、创业服务热线等；开展相关政务代理服务；年开展创业项目洽谈、推介活动3次以上。

（四）培训服务。具有培训资质或在中小企业主管部门备案，具有远程培训能力，有完善的培训服务评价机制，年培训1000人次以上。

（五）融资服务。年组织银企对接活动2次以上；年组织融资知识讲座3次以上；组织开展融资产品咨询、企业融资策划、推荐和融资代理等服务；建立融资超市。

（六）咨询服务。开展面向中小企业的咨询服务，设立咨询服务热线；免费为小型微型企业服务不少于3家；年组织企业开展管理咨询服务活动3次以上。

第四章　认定程序

第八条　各地中小企业主管部门、自治区各行办、各相关行业协会按照本办法第六条、第七条规定的条件和要求，负责本地区、本行业内示范平台的推荐工作。

第九条　各地州（市）中小企业主管部门、自治区各行办、各相关行业协会对推荐的示范平台运营情况、服务业绩、满意度等进行测评，填写《自治区中小企业公共服务示范平台推荐表》（见附件1），并附被推荐示范平台的申请材料，报自治区经信委。

第十条　被推荐为示范平台的单位需提交下列材料：

（一）自治区中小企业公共服务示范平台申请报告（见附件2）；

（二）法人证书或营业执照副本（复印件）；

（三）上一年度审计报告及服务收支情况的专项审计；

（四）固定的经营服务场所证明复印件（房产证、租赁合同）；

（五）开展相关服务的证明材料（通知、照片、总结等）；

（六）地州（市）级示范平台认定或自治区以上部门、全国性行业协会的相关认定的文件；

（七）国家颁发的从业资格（资质）、网站备案、许可证等证明（复印件）；

（八）能够证明符合申报条件的其他材料和对申报材料真实性的声明。

第十一条　认定方式。

自治区经信委对申报材料通过专家评审、现场考察、公示认定等程序进行评审，评审初步结果在自治区经信委网站公示7个工作日。

对公示无异议的，自治区经信委认定为“新疆维吾尔自治区中小企业公共服务示范平台”。

第十二条　示范平台的评审工作每年开展一次，具体时间按照当年申报工作通知要求进行。

第五章　认定管理

第十三条　示范平台名单在自治区经信委网站及有关媒体公布，并在自治区经信委网站及新疆中小企业信息网站建立示范平台信息数据库，方便社会公众查询。

第十四条　示范平台需不断提高服务能力和组织带动社会服务资源的能力，主动开展公益性服务，积极承担政府部门委托的各项任务，每年将工作总结报自治区经信委，并自觉接受社会监督。

第十五条　自治区经信委对示范平台的单位实行动态管理，示范平台有效期三年，每三年复核一次，复核与年度申报同时进行。由示范平台的单位将三年工作总结、上一年度审计报告和服务收支专项审计报告，以及《自治区中小企业公共服务示范平台年度运营情况测评表》（见附件3）报当地中小企业主管部门、自治区各行办，并由当地中小企业主管部门、自治区各行办组织测评后，填写测评情况及意见报自治区经信委，经自治区经信委复核，对合格的示范平台予以确认，不合格的予以撤销。

第十六条　对有下列情形之一的，取消认定的示范平台：

（一）受到有关行政机关处罚、行业协会处分的；

（二）被司法机关处罚的；

（三）一年内无正当理由不参加由中小企业主管部门组织的中小企业服务活动的；

（四）多次被中小企业投诉并经查证属实的；

（五）一年内不向中小企业主管部门报送信息的。

第十七条　各级中小企业主管部门、自治区各行办负责对所辖区内、行业内示范平台的服务质量、服务收费情况以及服务满意度等进行检查，每年底将示范平台工作总结汇总报告和检查情况报告报自治区经信委。

第十八条　示范平台认定工作接受审计、监察部门和社会的监督。

第六章　附则

第十九条　各地州（市）可参照本办法，组织开展本地示范平台的认定管理工作，并给予相应的扶持。

第二十条　本办法由自治区经济和信息化委员会负责解释。

第二十一条　本办法自发布之日起施行。

关于进一步促进中小企业发展的若干意见

大工商〔2012〕36 号

各区市县局，各有关直属分局，市局机关有关部门：

根据国家工商总局、辽宁省工商局有关政策精神，结合大连实际，现就进一步促进我市中小企业健康快速发展提出如下意见。

一、放宽市场准入条件

1. 下放企业名称登记核准权限。金州新区、高新技术产业园区、保税区、长兴岛临港工业区、花园口经济区和普湾新区的企业冠“大连”名称，可由当地登记主管机关直接核准。

2. 放宽企业集团成员冠名条件。除母公司和子公司外，经母公司同意，允许集团其他成员冠集团名称或者简称。

3. 支持法人企业、集团、农民专业合作社和合作联社申报“辽宁”行政区划名称。符合下列条件之一的，即可申报：

（1）以自有驰名商标作为企业名称字号的；（2）从事服务外包的公司制企业；（3）从事第一产业、生产制造、高新技术研究和技术服务、经济鉴证中介服务，注册资本（金）100 万元以上的；（4）注册资本（金）500 万元以上的商贸企业；（5）有 3 个以上子公司，母子公司注册资本（金）总额 5000 万元以上的企业集团；（6）出资总额 100 万元以上的农民专业合作社；（7）成员跨三个以上省辖市，出资总额 100 万元以上的农民专业合作联社。

长兴岛临港工业区和花园口经济区的企业，名称可在其区域前直接冠“辽宁”字样。

4. 进一步放宽企业名称用语限制。经营范围跨国民经济行业 3 个大类且注册资本 500 万元以上的企业，名称中可使用“实业”、“发展”等综合用语，不需体现具体的行业特点。

5. 放宽公司股东资格。允许农民专业合作社、民办非企业单位成为公司股东；具备条件的村民委员会、居民委员会亦可成为除一人有限公司外的公司股东。

6. 放宽法定代表人资格限制。允许外国及港澳台地区自然人担任各类企业法定代表人或负责人。

7. 简化认缴注册资本变更登记手续。注册资本分期缴付的公司制企业申请减少注册资本，在实缴注册资本无变化的情况下，可免于提交验资证明。

8. 放宽企业出资方式。允许符合规定的公司制企业以股权、海域使用权作价出资；允许公司制企业债权人将其对公司享有的合法债权转为股权；允许注册资本分期缴付的公司制企业股东，变更未缴付注册资本的出资方式。

二、放宽企业经营条件

9. 放宽企业出资期限。注册资本未能按规定期限缴纳的公司，可以延长出资期限一年，其中外商投资企业应经审批机关同意。

10. 放宽公司制企业股东股权转让条件。除专项规定外，公司注册资本未足额缴纳情况下，允许股东转让股权。

11. 放宽对未经营企业的吊销处理。对成立后超过六个月未开业或开业后自行停业连续六个月以上的企业，两年内可免于吊销处理。

12. 企业年检免于提交年度审计报告。除股份有限公司、一人有限公司以及注册资本实行分期缴付未全额缴齐的公司等特定公司外，其他企业年检可免于提交审计报告。

13. 放宽企业广告发布条件。符合规定的广告经营者，自企业成立之日起即可申请发布固定形式印刷品广告。

14. 支持个体工商户转型升级。不重名情况下，个体工商户转型登记为个人独资企业或合伙企业的，允许使用原名称；转型登记为公司制企业的，允许原名称后直接缀以组织形式。有效期内，经所有权人同意，原住所或经营场所可继续使用；经审批单位同意，原批复或许可文件仍然有效。

15. 支持农民专业合作社拓宽经营领域。允许具备经营条件的农民专业合作社，增加农机服务、土肥植保服务等业务。

三、支持农业、文化产业和其他现代服务业发展

16. 支持农村金融机构发展。支持农村信用社改组改制为公司制企业；支持小额贷款公司改制为村镇银行；为各类投资主体设立小额贷款公司、村镇银行等涉农服务金融机构提供便利。

17. 支持农业产业化龙头企业组建集团。对农业产业化母公司注册资本 500 万元以上，并有 3 个以上子公司，母子公司注册资本总额达 1000 万元的，允许其组建集团。

18. 支持农业企业发展。支持农民、农民专业合作社以及具备条件的农业基层站所投资兴办农业企业和农业服务企业。支持投资人以商标专用权、农业专利技术、非专利技术等知识产权出资。

19. 支持文化体制改革。文化单位改制为公司制企业的，除原名称中包含主管部门外，允许其沿用原名称。

20. 放宽外商投资文化企业名称限制。注册资本达到 3000 万元人民币，且使用外国（地区）出资企业字号的外商独资企业、外方控股的外商投资文化企业，允许其申报中间使用“中国”字样的名称。

21. 支持现代服务业发展。允许从事信息网络、生命科学、生物医药、电子支付、文化等现代服务业企业，在其名称和经营范围中使用能准确表示其经营特点的行业用语。

22. 支持私募股权投资和创业投资企业发展。允许非基金类股权投资企业和股权投资管理企业名称中的行业用语和经营范围分别表述为“股权投资”和“股权投资管理”。

23. 支持总部经济发展。从事协调管理下属各机构的企业，允许其名称中使用“总部”、“管理中心”等字样。

24. 支持服务外包企业发展。允许从事服务外包的企业使用“服务外包”作为名称行业用语，经营范围可表述为“以服务外包方式从事经营”。

25. 支持企业开展电子商务业务。允许符合条件的实体店铺经营企业从事网上经营。允许从事网上经营的企业名称使用“电子商务”字样。

以上意见自公布之日起30日后施行，有效期五年。

大连市工商局
二〇一二年四月十三日

大连市人民政府关于组织开展中小微企业融资促进行动的实施意见

大政发〔2012〕13号

各区、市、县人民政府，各先导区管委会，市政府各委办局、各直属机构，各有关单位：

为贯彻落实全国金融工作会议精神，积极应对当前经济金融形势，进一步加大对中小微企业的金融支持力度，切实缓解中小微企业融资难题，现提出如下实施意见。

一、充分认识改善中小微企业融资的必要性和紧迫性

中小微企业数量众多，是经济发展中最具活力和潜力的群体。大力支持中小微企业发展，是支持创业和就业、培育创新体系的重要途径；是扩大税收、实施富民工程的重要渠道；是我市实现经济结构调整、转变发展方式的重要任务。有效的资金支持是中小微企业良性发展的重要前提。由于成长期短、信用积累不足、经营管理不够规范、缺少可靠抵押物等因素制约，融资难始终是制约中小微企业发展的瓶颈。尤其是在当前国际金融危机的影响尚未消退、世界经济复苏不确定因素增多、中小微企业面临较大生存压力的情况下，加大政策扶持力度，采取有效措施切实帮助中小微企业破解融资难题，助推中小微企业和民营经济良性发展，对我市有效应对国际金融危机不利影响，稳中求进，稳中求快，推进全市经济社会可持续发展具有重要的现实意义。

二、综合实施破解中小微企业融资难题的对策措施

为有效应对当前国际国内错综复杂的经济形势，帮助中小微企业打通融资瓶颈，切实缓解融资难、融资贵问题，在各部门原有工作的基础上，市政府决定从2012年初至2015年末，在全市范围内组织开展为期4年的中小微企业融资促进行动，进一步加强组织领导，强化扶持政策，集中各类金融资源，不断完善中小微企业融资服务体系，创新融资产品，拓宽融资渠道，搭建融资平台，优化融资环境，综合运用信贷、债券、基金、保险、上市融资、股权投资、融资租赁等各类融资工具，有效引导金融资金、民间资金和社会资金加大对中小微企业的投入。

三、加快发展中小微企业融资服务体系

（一）鼓励发展专业服务。支持和鼓励各类银行机构针对中小微企业融资特点，设立中小微企业融资服务专门部门或窗口，开辟绿色通道，减少审批环节，为中小微企业提供一站式金融服务。

（二）鼓励发展中小银行。加大力度引进和设立中小银行、社区银行、村镇银行等专门服务中小微企业的金融机构，引导中小金融机构明确市场定位，突出经营特色，增加服务网点，强化服务功能。

（三）推动金融租赁公司发展。推动设立和引进金融租赁公司，搭建金融租赁信息平台，促进金融租赁与信托公司合作，发展委托租赁，利用多种金融工具进行金融创新。

（四）规范发展民间融资。鼓励设立小额贷款公司，支持小额贷款公司增资扩股，增强资本实力；引导和督促小额贷款公司规范经营，提高服务质量和水平，切实成为中小微企业融资的重要补充。

（五）规范发展融资担保体系。加大监督管理力度，引导和规范担保机构合规经营、健康发展；鼓励银行与担保公司合作，推动成立再担保公司，发展再担保体系，探索建立风险共担机制。

（六）鼓励发展综合服务集团。支持区市县政府、先导区管委会出资设立政策性的融资服务集团，鼓励企业和各类民间资本出资设立商业性服务集团，为中小微企业提供股权投资、小额贷款、融资担保、融资租赁、上市指导等一条龙综合融资服务。

四、鼓励创新中小微企业融资产品

（七）加强中小微企业信贷政策指导。落实定向宽松货币政策，引导银行机构调整信贷结构，加

大对中小微企业，尤其是小微企业的信贷支持。中小微企业贷款增幅应高于全市信贷平均增速，增量应高于上年水平。

（八）鼓励银行机构研发针对中小微企业特点的融资产品，探索发展产业链融资、“市场+商户”、保理等新型融资模式，支持符合条件的商业银行发行专项用于小型微型企业贷款的金融债。

（九）创新中小微企业贷款质押方式。积极探索专利权、知识产权、股权、林权、海域使用权、矿产开采权、流动资产等贷款质押方式，降低中小微企业、尤其是科技创新型中小微企业融资门槛。

（十）鼓励保险机构针对中小微企业特点开发融资保险产品，积极发展信用保险、短期抵押贷款保证保险、小额贷款保证保险，积极争取科技保险试点，支持出口信保公司开展信保融资。探索“银行+保险”“担保+保险”“出口+保险”“租赁+保险”模式，创新保险业服务中小微企业融资的有效途径。

五、不断拓宽中小微企业融资渠道

（十一）积极鼓励、引导中小微企业在境内外中小板、创业板上市融资，加大力度推进新三板试点工作，开辟科技创新型企业股权融资新渠道。

（十二）加快实施“1+10+N”股权投资发展计划，鼓励设立创业投资基金、“天使基金”等各类私募股权投资基金和风险投资、创业投资机构，并加大对中小微企业的股权投资。

（十三）鼓励金融机构帮助中小微企业组织发行并承销中小微企业集合债和集合票据等，拓宽中小微企业债券、票据融资渠道。

（十四）积极引进和推动设立融资租赁公司，针对中小微企业经营特点开展融资租赁服务。

六、积极搭建中小微企业融资平台

（十五）积极推进各银行机构与行业协会、商会等组织合作，搭建融资平台，帮助中小微企业增信。探索设立中小微企业融资超市等新型中介模式，探索中小微企业融资整体解决方案。

（十六）加快股权交易市场建设，鼓励中小微企业进入股权交易市场进行股权托管、挂牌转让，促进股权流动。培育中小微企业融资顾问等专业群体，提高中小微企业融资服务专业水平。

（十七）加强中小微企业融资指导与对接，定期举办中小微企业融资产品推介会、融资和上市专题报告会、专题讲座等，指导中小微企业融资活动。定期组织银行、创业投资和风险投资等机构与中小微企业对接，搭建中小微企业融资平台。借助在线访谈、中小微企业融资网、大连金融网等网络平台，宣传推介中小微企业融资产品。

（十八）建立民间借贷登记服务平台，探索建立民间借贷登记服务中心，为民间借贷双方提供信息、公正登记、交易结算、评估和法律咨询等综合服务。

七、不断优化中小微企业融资环境

（十九）建立适合中小微企业特点的贷款评审标准和体系。支持和鼓励各类银行机构针对中小微企业融资特点和条件，研究出台适用于中小微企业的贷款评审标准和体系，使更多中小微企业获得贷款支持。

（二十）改革金融机构内部考核制度。要针对中小微企业贷款特点，改变金融机构内部考核制度与支持中小微企业发展脱节的问题，提高金融机构信贷人员做好中小微企业融资工作的积极性。

（二十一）降低中小微企业融资成本。在满足相关监管条件的前提下，对于符合国家产业和产品政策，经营和产品市场正常的中小微企业，其贷款循环使用。

（二十二）细化对中小微企业金融服务的差异化监管政策，对达到要求的小金融机构执行较低存款准备金率，适当提高对小型微型企业贷款不良率的容忍度。

（二十三）金融监管部门要强化监督工作。严格落实国务院关于禁止商业银行对非银团贷款类小型微型企业贷款收取承诺费、资金管理费，严格限制商业银行向小型微型企业收取财务顾问费、咨询费、贷款额度使用费等费用，以及强制借款企业将一定比例贷款资金返存贷款银行，并严肃查处上述违规行为。

（二十四）推进中小微企业信用制度建设，加快社会信用信息征信系统建设，提高征信系统对中小微企业的覆盖率。鼓励发展征信、评估机构，加强信用管理，培育中小微企业信用意识和诚信文化。

八、进一步优化政策措施

（二十五）继续实施《大连市支持中小企业稳定健康发展若干政策措施》（大政发〔2008〕95号文件印发）、《大连市促进金融业发展政策措施》（大政发〔2008〕96号文件印发）、《大连市人民政府关于加快股权投资业发展的实施意见》（大政发〔2011〕21号）关于中小微企业信贷、小额担保贷款、股权投资等奖励补贴政策。将《大连市企业上市补贴专项资金管理办法》（大财企〔2010〕688号文件印发）中企业上市最高补贴金额由200万元提高到300万元（具体办法由市财政局与市金融局研究制定）。对金融机构为中小微企业提供租赁融资、票券融资、股权融资、保险融资等多渠道融资，参照中小企业信贷奖励标准进行补贴和奖励。各区市县政府、先导区管委会可根据实际制定相应的配套政策。

（二十六）进一步扩大和完善中小微企业贷款

风险补偿机制，调动金融机构支持和服务中小微企业的主动性。

二〇一二年三月一日

厦门经济特区中小企业促进条例

（2012年10月25日厦门市第十四届人民代表大会常务委员会第五次会议通过）

第一章　总则

第一条　为了改善中小企业经营环境，促进中小企业健康发展，遵循《中华人民共和国中小企业促进法》等法律、行政法规的基本原则，结合厦门经济特区实际，制定本条例。

第二条　本条例所称中小企业，是指在本市依法设立，符合国家中小企业划型标准规定的各种所有制和各种组织形式的企业，包括中型企业、小型企业和微型企业。

第三条　市、区人民政府应当把发展中小企业纳入国民经济和社会发展规划，并制定促进中小企业发展的政策措施。

第四条　市人民政府负责中小企业工作的部门（以下简称市主管部门），对全市中小企业工作进行指导、综合协调和服务，并履行下列职责：

（一）组织实施有关中小企业发展的法律、法规、政策；

（二）研究中小企业发展现状，拟订促进中小企业发展的具体措施，协调解决中小企业发展中的重大问题；

（三）指导、协调中小企业创业、融资、创新、培训等工作，引导中小企业转型升级，提升企业经营管理水平，推进建立现代企业制度；

（四）会同市有关部门，负责市中小企业发展专项资金的使用管理；

（五）定期发布有关中小企业发展的产业政策、行业动态等信息；

（六）依法维护中小企业合法权益的其他职责。

区人民政府负责中小企业工作的部门在市主管部门指导下对中小企业进行指导和服务。

其他有关部门在各自职责范围内对中小企业进行指导和服务。

第五条　中小企业促进工作应当纳入政府绩效评估的内容，进行评估和考核。

第六条　行业协会、商会等社会组织应当加强对中小企业的行业指导和自律管理，积极开展宣传培训、政策建议等活动，促进中小企业发展。

鼓励和支持融资服务、技术支持、管理咨询、技能培训、创业指导、法律服务等各类中介服务机构为中小企业提供专业化服务。

第二章　公共服务

第七条　市、区人民政府建立中小企业服务体系，健全中小企业综合服务机构，完善中小企业公共服务平台网络，设立中小企业服务专线。

第八条　市人民政府及其有关部门推进中小企业信用制度建设，建立信用信息征集体系和评级发布、信用信息共享制度，推行守信受益、失信惩戒机制。

鼓励中小企业参与信用评级，对参与信用评级的中小企业依照规定予以资助。

第九条　市、区人民政府设立中小企业发展专项资金，并根据年度财政收入增长情况适度增加，专项用于促进中小企业成长、融资服务、服务体系建设等项目。

市、区人民政府扶持企业发展的其他专项资金，除另有规定外，用于中小企业的资金比例不得低于三分之二。

市人民政府应当统筹规划扶持中小企业发展的各类资金和基金的使用，加强对各类资金和基金使用效益的评估和监管。

各类资金和基金重点扶持成长型小型、微型企业技术创新、经营创新、服务创新及循环经济、节能减排和清洁生产等活动。

第十条　市、区人民政府及其有关部门应当通过集中宣讲、媒体发布、咨询服务等方式，加强相关法律、政策的宣传贯彻。

市、区人民政府及其有关部门应当定期组织中小企业管理者及从业人员参加提升中小企业经营管理水平和业务技能等方面的免费培训。

第十一条　市统计部门会同市主管部门、工商等部门，定期对本市中小企业进行统计调查、分析监测并按规定发布相关信息。

第十二条　市人力资源和社会保障部门应当完善中小企业人力资源和用工信息网络，建立健全中小企业用工需求预测和发布制度。

第十三条　市、区人民政府及其有关部门可以采取购买服务等方式委托行业协会、商会、中介服务机构等为中小企业提供公共服务。

第三章　创业扶持

第十四条　市、区人民政府每年安排创业扶持专项资金，扶持本市户籍人员创办中小企业。

符合条件的本市户籍人员在本市创办中小企业的，可以申请小额担保贷款，并享受创业扶持、创业奖励等有关优惠政策。

第十五条　市人民政府设立创业投资引导基金，通过参股和提供融资担保等方式扶持创业投资企业的设立与发展。

第十六条　市、区人民政府及其有关部门应当统筹规划、合理安排中小企业建设用地，加强中小企业创业园区和创业孵化基地的规划和建设，并采取引导中小企业进入工业园区和利用原有存量建设用地、闲置厂房等形式，为中小企业提供生产、经营场所。

对社会资金投资建设的创业基地依照规定予以资助。

第十七条 对吸纳应届高校毕业生、本市户籍的就业困难人员，并签订一定期限的劳动合同、缴纳社会保险费的中小企业，给予有关社会保险费补贴。

第十八条 对小型、微型企业减征、免征部分管理类、登记类、证照类以及其他有关行政事业性收费。具体项目由市人民政府制定并公布。

第四章 市场开拓

第十九条 市、区人民政府制定支持中小企业参与政府采购的有关制度。在满足政府自身运转和提供公共服务基本需求的前提下，专门面向中小企业采购货物、工程和服务的比例应当不低于年度政府采购项目预算总额的百分之三十。

规定预算金额内的政府采购项目，中小企业能够提供并符合采购要求的，采购人应当从中小企业采购；超出规定预算金额的政府采购项目，在同等条件下，采购人应当优先从中小企业采购。

第二十条 在政府采购评审中，对小型、微型企业产品按规定给予一定比例的价格扣除。小型、微型企业与大中型企业组成联合体共同参加政府采购且占联合体份额达到百分之三十以上的，按规定给予联合体一定比例的价格扣除。

第二十一条 对参加政府采购的中小企业，应当降低政府采购保证金、履约保证金和招标代理服务费的交纳比例，并按照合同约定按时足额支付采购资金。

第二十二条 市、区人民政府及其有关部门和有关社会组织应当定期组织中小企业开展产品推介和展览展销活动。在政府主办的展览展销活动中，应当为中小企业提供适当比例的展位或者专门展馆，并减免参展费用。

鼓励中小企业举办产品订货会、产品发布会和参加国内或国际展览展销活动，对符合条件的予以资助。

第二十三条 中小企业开拓国际市场符合条件的，由中小企业国际市场开拓资金及其他有关资金予以资助。

第二十四条 鼓励中小企业创立品牌，实施品牌发展战略。对获得市级以上名优产品、驰（著）名商标的中小企业，依照规定予以奖励和扶持。

第五章 融资促进

第二十五条 市人民政府应加强与金融监管机构的沟通与协调，引导金融机构创新产品、减少环节、简化程序、提高效率、改革和完善服务机制，为中小企业的发展营造良好的金融生态环境。

第二十六条 建立中小企业融资工作联席会议制度，负责协调解决中小企业融资问题。

第二十七条 鼓励金融机构增加对中小企业的信贷投入，开发适应中小企业发展的金融产品。

第二十八条 设立小型、微型企业还贷应急周转资金，为符合国家产业政策和贷款政策、发展前景良好、贷款即将到期而资金周转暂时出现困难的小型、微型企业按期还贷、续贷提供短期资金周转服务。

第二十九条 建立中小企业信贷风险补偿机制，对金融机构因中小企业信贷产生的风险，依照规定予以补偿。

第三十条 建立中小企业融资担保机构风险补偿机制，鼓励融资担保机构为中小企业融资提供服务。

第三十一条 市人民政府设立政策性中小企业融资担保机构，为中小企业提供融资担保等服务。

设立中小企业融资再担保机构，为中小企业的融资担保提供再担保服务。

第三十二条 市、区人民政府加强中小企业上市资源培育和分类指导，引导和支持符合条件的中小企业上市融资。

对进入拟上市企业资源库的上市后备企业和在境内外资本市场上市的企业，依照规定予以奖励。

第三十三条 支持中小企业发行集合债券、集合票据、短期融资券、私募债券或者通过集合信托、融资租赁等方式进行融资。

第三十四条 支持建立服务非上市公众公司的股权交易市场，为中小企业股权托管、股权交易、股权融资等提供服务。

第三十五条 鼓励小额贷款公司及其他新型非银行业金融组织为中小企业提供金融服务。为中小企业提供金融服务的小额贷款公司及其他新型非银行业金融组织，由市主管部门会同其他有关部门依照规定实行风险补偿及奖励。

第三十六条 鼓励典当行业为中小企业融资提供服务，对促进中小企业发展成绩显著的典当企业予以奖励。

第六章 创新推动

第三十七条 鼓励中小企业实施技术改造和创新。对符合条件的中小企业技术改造项目，予以贷款贴息或项目补助；对科技型中小企业及其项目，依照有关规定给予贷款贴息、无偿资助或资本金投入；对为科技型中小企业实施科技性项目贷款提供担保的担保机构，予以担保奖励或风险补偿。

第三十八条 中小企业建立或者合作建立的研发机构，经有关部门认定为市级以上研发机构的，予以资助。

第三十九条 政府全额出资建设的公共技术服务平台应当为中小企业提供免费服务。

政府资助建设的公共技术服务平台为中小企业提供服务的，按照保本微利原则收费。

企业自主建设的技术服务平台向中小企业开放的，有关部门依据其开放程度和收费标准予以资助和奖励。

第四十条 管理专利工作的部门应当对中小企业申请专利加强指导，为中小企业办理专利检索提供便利。

中小企业申请专利的，依照规定予以资助。中小企业以专利权质押贷款的，依照规定予以贴息。

第四十一条 市主管部门会同教育、科技等部门，每年组织中小企业与高等院校和科研机构开展产学研项目交流合作。

第四十二条 市主管部门每年应当举办中小企业创新推荐会，向创业投资企业、金融机构和融资担保机构推荐中小企业自主知识产权项目、产学研合作项目、科技成果产业化项目等，推动创新成果产业化。

第四十三条 市主管部门每年定期组织中小企业开展交流研讨、咨询辅导等活动，引导中小企业管理模式实行制度创新。对成绩显著的，市主管部门予以奖励。

第七章 成长推进

第四十四条 市主管部门根据企业的销售收入、利润的增长以及信用等级状况等要素，每年在符合国家、省、市产业导向的领域确定一批成长型中小企业，在管理咨询、科技创新、市场开拓、资金需求等方面予以优先支持。

第四十五条 市主管部门会同有关部门建立健全中小企业信息化应用服务平台，支持和引导各类中介机构开展中小企业信息化服务，加快信息技术在中小企业的普及推广和深化应用。

第四十六条 鼓励中小企业开展标准化工作，参与国内外标准化活动。对从事标准研制、承担标准化科研项目、承担标准化专业技术组织秘书处工作、建设标准化示范项目和获得标准化荣誉等项目的中小企业，依照规定予以资助或奖励。

第四十七条 中小企业开展质量管理体系认证、环境管理体系认证、产品质量认证、社会责任标准认证以及测量管理体系认证等有关国际标准认证的，依照规定予以资助。

中小企业获得市级以上政府质量奖、被评为市级以上质量管理先进企业的，予以奖励。

第四十八条 中小企业组织在职职工参加职业培训的，可以根据培训项目等申请相应职业培训补贴。

第四十九条 市主管部门应当根据我市产业发展需要，制定中小企业急需人才培训计划。

中小企业引进的专业人才，在住房、落户和子女入学等方面依照规定享受本市有关优惠政策。

第八章 权益保护

第五十条 市、区人民政府及其有关部门应当履行职责，落实法律、法规和有关政策对中小企业的优惠措施，并建立和完善中小企业咨询、投诉和举报制度，依法查处各类侵犯中小企业合法权益的行为。

第五十一条 市、区人民政府及其有关部门在制定有关市场准入、收费等涉及企业利益的重大决策时，应当召开听证会或者以其他形式听取中小企业、行业协会、商会的意见和建议，并以适当形式反馈。

第五十二条 禁止下列干扰中小企业正常生产经营活动或者其他侵害中小企业合法权益的行为：

（一）强制或者变相强制参加考核、评比、评优、达标、升级、排序等活动；

（二）强制或者变相强制参加指定培训、指定服务、购买指定产品或者法律、法规规定以外的保险；

（三）强制或者变相强制接受有偿新闻、征订报刊；

（四）强制或者变相强制参加各类社会团体、提供赞助或者捐赠；

（五）越权收费、超标准收费、对同一收费项目在法定期限内重复收费；

（六）在政府采购活动中，限制参与公平竞争；

（七）缺乏法律、法规、规章依据或者没有明确监督检查事项的检查。

对前款所列行为，中小企业有权向市主管部门或者其他有关部门举报、投诉。对前款第（一）项至第（五）项和第（七）项行为，中小企业有权拒绝。

市主管部门及其他有关部门应当在法律、法规、规章规定的期限内，对中小企业的举报、投诉予以受理并答复。

第五十三条 市主管部门、有关部门及其工作人员有下列行为之一，由上级部门或者监察机关责令改正；情节严重的，对直接负责的主管人员和其他直接责任人员依法追究责任：

（一）不履行本条例规定职责的；

（二）贪污、截留、挪用专项资金或者其他财政扶持资金的；

（三）不按规定发放或者故意拖延发放专项资金或者其他财政扶持资金的；

（四）违反本条例第五十二条规定的；

（五）其他侵犯中小企业合法权益的行为。

第九章 附则

第五十四条 本条例规定的鼓励、奖励事项，由市、区人民政府及其有关部门制定具体的措施。

第五十五条 本条例自 2013 年 1 月 1 日起施行。

厦门市人民政府关于进一步支持小型微型企业健康发展的实施意见

厦府〔2012〕403 号

各区人民政府，市直各委、办、局，各有关单位：

为落实国家和省政府有关扶持小型微型企业发展的政策措施，进一步加大对小型微型企业的扶持力度，根据《国务院关于进一步支持小型微型企业健康发展的意见》（国发〔2012〕14号）和《福建省人民政府办公厅关于进一步落实小型微型企业发展政策措施的意见》（闽政办〔2012〕71号）精神，结合我市实际，提出如下实施意见。

一、加大对小型微型企业的财税支持力度

（一）增加中小企业发展专项资金规模。要充分发挥中小企业发展专项资金引导和杠杆作用，根据地方级财政收入增长情况，逐年增加中小企业发展专项资金规模。中小企业发展专项资金主要用于支持中小微型企业融资、技术创新、专业化生产、与大企业的协作配套、中小微型企业服务体系建设，以及推行循环经济、节能减排和清洁生产等，其中用于小型微型企业的比重要逐年提高。

（二）政府采购支持小型微型企业发展。预算编制部门应当安排不低于年度政府采购项目预算总额18%的份额专门面向小型微型企业采购。在政府采购评审中，对小型微型企业产品可视不同行业情况给予6%～10%的价格扣除。鼓励大中型企业与小型微型企业组成联合体共同参加政府采购，小型微型企业占联合体份额达到30%以上的，可给予联合体2%～3%的价格扣除。同时，降低小型微型企业政府采购保证金和履约保证金交纳比例，并加快货款审核支付进度。各银行业金融机构和专业担保机构应当优先为获得政府采购合同的小型微型企业提供信贷和担保支持。

（三）落实小型微型企业税收优惠政策。税务部门要认真落实支持小型微型企业发展的各项税收优惠政策，加大宣传力度，简化办税程序。要将小型微型企业税收优惠政策执行情况纳入执法督查的范围，确保小型微型企业税收优惠政策全面、及时落实到位。

（四）支持小型微型企业开拓市场。鼓励小型微型企业创新营销和商业模式，运用电子商务、信用销售和信用保险，大力拓展经营领域。积极培育商贸企业集聚区，大力发展专业市场和特色商业街，推广连锁经营、特许经营、物流配送等现代流通方式。加大财政扶持力度，支持小型微型企业参加国内外展览展销活动。要充分发挥中小企业市场开拓资金、出口信用保险和出口信贷的引导作用，支持小型微型企业开拓国内外市场。加强对小型微型企业出口产品标准的培训。

（五）切实减轻中小微型企业负担。严格执行国家和省政府有关免征减征缓征小型微型企业部分行政事业性收费和其它涉企收费有关规定，继续清理取消各种不合理收费，实行小型微型企业缴费登记制度。严格执行收费公示制度，公布收费项目及标准，加强社会和舆论监督。

二、加大对小型微型企业融资支持力度

（六）鼓励支持金融机构对小型微型企业贷款。要完善金融机构小型微型企业贷款考核评价机制，用足用好2012年安排的小型微型企业金融服务专项资金1亿元，促进银行业金融机构提高对小型微型企业贷款比重和规模。要完善小型微型企业贷款统计监测制度，开展中小微企业信贷政策导向效果评估，确保金融机构对小型微型企业贷款“两个不低于”——小型微型企业贷款增速不低于各项贷款平均增速，小型微型企业贷款新增额占各项贷款新增额的比重不低于上年同期水平。

（七）完善小型微型企业融资风险补偿机制。适度扩大小企业贷款风险补偿金、中小企业融资担保机构风险补偿资金规模，专门用于补偿金融机构和融资性担保机构为中小微企业提供融资服务产生的部分损失。引导金融机构和融资性担保机构拓展金融产品，提高对小型微型企业服务水平。鼓励支持设立再担保机构，并享受担保风险补偿政策。

（八）鼓励支持设立地方性准金融机构。要抓紧做好融资性担保机构等地方性准金融机构审批权下放厦门的有关衔接工作，加快推进小额贷款公司设立审批等相关工作。鼓励支持小额贷款公司开展业务，小额贷款公司对小型微型企业贷款，可比照金融机构对小型微型企业贷款享受有关优惠政策。

（九）鼓励支持小型微型企业直接融资。对于小型微型企业发行企业债券、集合票据、集合债券予以贴息或奖励。对于小型微型企业以专利权、商标等质押贷款并符合条件的，予以贴息等方式支持。支持小型微型企业上市融资，对进入培训辅导期的拟上市小型微型企业给予财政补贴，对成功上市的给予一次性扶持资金。

三、加大对小型微型企业技术创新支持力度

（十）实施小型微型企业成长工程。根据企业的销售收入、利润增长和信用等级等，每年在符合国家、省、市产业导向的领域确定一批成长型小型微型企业，优先予以支持。

（十一）支持创新创业型小型微型企业发展。要充分利用国家科技资源支持小型微型企业技术创新，鼓励科技人员利用科技成果创办小型微型企业，促进科技成果转化。

（十二）加大对小型微型企业技术改造项目支持。对小型微型企业技术改造专项，按项目固定资产投资额的10%予以补助。

（十三）加大对小型微型企业节能减排项目支持。对列入市级节能项目的财政奖励标准从每吨250元标准煤提高到每吨500元标准煤，合同能源管理项目按项目节能量给予每吨标准煤500～800元的奖励，对新建节能项目及新能源、清洁能源应用项目

按投资总额给予一定比例的财政补助。

四、完善小型微型企业公共服务体系

（十四）完善中小微企业公共服务平台。依托市中小企业服务中心，完善中小微企业公共服务平台功能，提高信息化服务水平，力争在政策咨询、创业创新、知识产权、投资融资、管理诊断、检验检测、人才培训、市场开拓、财务指导、信息服务等方面提供更加优质服务。

（十五）提升中小微企业服务博览会。要进一步扩大活动规模，拓宽服务领域，创新服务手段，不断提升中小微企业服务博览会的知名度和影响力。

（十六）加强小型微型企业统计分析。统计部门要建立小型微型企业基础数据库，并牵头组织相关部门和行业协会、商会开展小型微型企业统计分析工作，为政府更好地服务小型微型企业提供决策参考依据。

厦门市人民政府

二〇一二年十月十五日

关于印发厦门市中小企业信贷风险资金管理办法的通知

厦经企〔2012〕365 号

各有关单位：

为更好地发挥厦门市中小企业贷款风险补偿资金作用，进一步调动银行和担保机构为中小企业，特别是为小微企业融资服务的积极性，改善厦门市中小企业融资环境，促进厦门市中小企业的持续发展，市经发局、市财政局联合对《厦门市经济发展局 厦门市财政局关于印发厦门市中小企业贷款风险补偿资金管理暂行办法的通知》（厦经企〔2007〕34 号）（以下简称《办法》）的有关内容进行了修订，为更准确地突出《办法》的适用对象及性质，《办法》修订后更名为《厦门市中小企业信贷风险资金管理办法》，现印发你们，请遵照执行。

厦门市经济发展局 厦门市财政局

二〇一二年八月十七日

附件

厦门市中小企业信贷风险资金管理办法

第一章　总则

第一条　为改善厦门市中小企业融资环境，调动银行和担保机构为中小企业融资服务的积极性，促进我市中小企业的持续发展，特制定本办法。

第二条　本办法所指的中小企业信贷风险资金（以下简称风险资金）是指：由市财政预算安排，专项用于补偿银行与信用担保机构为中小企业提供融资服务产生风险的专项资金。

第三条　本办法所称中型、小型、微型企业的划分标准按照国家规定执行。

第四条　本资金实行专户管理，专款专用，原风险补偿资金专户转为信贷风险资金专户。由厦门市财政局、经发局监督管理，委托厦门市中小企业服务中心（以下简称“服务中心”）负责组织实施。

第二章　资金的主要来源

第五条　资金的主要来源：

（一）原风险补偿资金专户结余资金 1200 万元。

（二）市财政每年根据需求的增加而增补资金。

（三）信贷风险资金专户的银行利息收入。

（四）其他资金（上级补助或拨款，资金投资收益等）。

第三章　申请条件

第六条　由银行和担保机构为中小企业共同提供，且满足以下任一条件的融资服务项目，经批准可由风险资金给予本金部分最终损失 10% 的补偿：

（一）由担保机构承担 100% 风险、银行不承担风险，且担保综合费率不超过银行基准利率 50%、银行利率维持基准利率或下浮的贷款项目。

（二）由担保机构承担 90% 风险、银行承担 10% 风险，且担保综合费率不超过银行基准利率 40%、银行利率上浮不超过 10% 的贷款项目。

（三）由担保机构承担 80% 风险、银行承担 20% 风险，且担保综合费率不超过银行基准利率 30%、银行利率上浮不超过 20% 的贷款项目。

单个企业由风险资金给予补偿的融资贷款项目贷款总额上限为：

（一）销售总收入在 3000 万元以下的企业，上限为 300 万元。

（二）销售总收入在 3000 万元～1 亿元的企业，上限为 500 万元。

（三）销售总收入在 1 亿元～3 亿元的企业，上限为 800 万元。

第七条　由市财政局、市经发局确认的承办银行为小微企业单独提供的，且满足以下条件的融资服务项目，经批准可由风险资金先行给予本金损失 40% 的补偿：

（一）融资服务项目为免抵押信用贷款。

（二）承办银行由市财政局、经发局每年综合各银行信用贷款规模、贷款利率、贷款程序等融资服务条件确定一家或几家。

（三）银行需严格按照申请风险资金承办银行时的承诺条件执行。

单个企业由风险资金给予补偿的融资贷款项目

贷款总额上限为300万元。

第八条　贷款期限设定：由风险资金承担补偿的贷款期限原则上不超过一年。

第九条　由风险资金承担补偿的贷款总额度设定：原则上风险资金承担风险的贷款总额度控制在10个亿以内，具体额度可随风险资金总额的增加及补偿情况而调整。

第四章　资金支付的申请、审核流程

第十条　银行和担保机构共同为中小企业提供融资服务的，当贷款逾期后，由担保机构按其承担风险的比例先行代偿。银行和担保机构应在7个工作日内提交"厦门市中小企业贷款代偿呈报表"及"贷款逾期成因分析"报告。

银行和担保机构应在有效诉讼期内采取一切必要的经济、行政和法律手段进行催收；当贷款真正形成损失后，提交"厦门市中小企业贷款损失补偿申请表"。

第十一条　单独为小微企业提供融资服务的承办银行，当企业贷款逾期1个月未还时，可以向服务中心申请补偿，提交"厦门市中小企业贷款损失补偿申请表"。

第十二条　申请单位还应提供以下资料：

（一）贷款企业执照副本复印件。

（二）银行与贷款企业签署的贷款协议复印件。

（三）担保机构与贷款企业签署的担保协议复印件（免抵押贷款的不需要提供）。

（四）银行与担保机构签署的合作协议复印件（免抵押贷款的不需要提供）。

第十三条　服务中心应详细审查有关单据、凭证、数据和资料是否真实、完整、准确，并签署意见后附上相关贷款资料上报市财政局和市经发局审核批准。

第十四条　服务中心根据财政局审核批准的支付金额，将资金划转至担保机构或银行指定的账户。

第五章　资金的管理与监督

第十五条　在确保资金安全和保值增值的前提下，暂时闲置的资金经市财政局批准，可用于投资国债等无风险项目，收益用于补充风险资金。

第十六条　实施补偿后，服务中心委托担保机构或银行进行债务追偿。追索回的资金或企业恢复还款收回的资金在抵扣追索费用后，按补偿比例补回风险资金。

第十七条　服务中心应按年度向市财政局和市经发局报告当年银行和担保机构向中小企业贷款发放情况和风险资金的使用情况。

第十八条　市财政局和市经发局将定期或不定期对资金的使用情况进行检查和监督，对违反有关规定的行为进行检查和纠正。对弄虚作假、截留挪用，违反资金使用规定的，追究有关人员责任。

第六章　附则

第十九条　本办法自发文之日起实施，有效期5年，《厦门市经济发展局 厦门市财政局关于印发厦门市中小企业贷款信贷风险资金管理暂行办法的通知》（厦经企〔2007〕34号）同时作废。

第二十条　本办法由市经发局、市财政局负责解释。

青岛市人民政府关于贯彻落实国发〔2012〕14号文件进一步支持小型微型企业健康发展的意见

各区、市人民政府，市政府各部门，市直各单位：

为贯彻落实《国务院关于进一步支持小型微型企业健康发展的意见》（国发〔2012〕14号），进一步加大对我市中小微企业的扶持力度，改善小微企业发展环境，促进小微企业健康发展，结合我市实际，制定本意见。

一、加大对小微企业的财税支持力度

（一）各级政府随财力增长逐步增加中小企业发展专项资金规模，重点支持中小微企业自主创新、转型升级，推动公共服务体系及融资服务体系建设。进一步突出财政资金的普惠制原则，向小微企业倾斜。（市经济信息化委、市财政局、各区市政府负责）

（二）创新财政支持小微企业发展投入机制。注重财政与金融相结合、与科技相结合，充分发挥财政资金的引导和杠杆作用，综合运用贴息、资助、风险补偿、担保补助、创业投资等多种方式，引导银行及社会资本加大对小微企业的投入。（市经济信息化委、市发展改革委、市科技局、市金融工作办、市财政局负责）

（三）政府采购支持小微企业发展。落实财政部、工业和信息化部《关于印发政府采购促进中小企业发展暂行办法的通知》（财库〔2011〕181号）规定，部门预留年度政府采购预算总额的30%以上，专门面向中小企业采购，其中预留给小微企业的比例不低于60%。对于非专门面向中小企业的项目，采购人或者采购代理机构应对小微企业产品的价格给予6%～10%的扣除，用扣除后的价格参与评审。对采购金额在一定限额以下的项目，允许对小微企业实施定向采购。（市财政局、市经济信息化委负责）

（四）提高增值税和营业税起征点。将增值税起征点提高到最高标准，即销售货物和销售应税劳务的增值税起征点统一为月销售额20000元；按次纳税的，为每次（日）销售额500元。将营业税起征点提高到最高标准，即按期纳税的为月营业额20000元；按次纳税的为每次（日）营业额500元。（市国税局、市地税局负责）

（五）将小型微利企业减半征收企业所得税政策延长至2015年底，并扩大范围。对从事国家非限制和禁止行业，并符合下列条件的小型微利企业减按20%的税率征收企业所得税：工业企业，年度应纳税所得额不超过30万元，从业人员不超过100人，资产总额不超过3000万元；其他企业，年度应纳税所得额不超过30万元，从业人数不超过80人，资产总额不超过1000万元。对年应纳税所得额低于60000元（含60000元）的小型微利企业，其所得减按50%计入应纳税所得额，按20%的税率缴纳企业所得税。（市国税局、市地税局负责）

（六）被认定为“高新技术企业”的中小企业，减按15%的税率征收企业所得税。（市国税局、市地税局负责）

（七）小微企业因特殊困难不能按期纳税的，可依法申请在3个月内延期缴纳，缓缴期间免收滞纳金。对小微企业缴纳房产税、城镇土地使用税确有困难的，可按有关规定向主管地方税务机关提出减免税申请。（市国税局、市地税局负责）

（八）对小微企业符合条件的技术转让所得，在一个纳税年度内不超过500万元的部分，免征企业所得税；超过500万元的部分，减半征收企业所得税。（市国税局、市地税局负责）

（九）小微企业、市级以上中小企业技术服务平台，从事技术转让、技术开发业务和与之相关的技术咨询、技术服务业务收入，免征营业税。（市地税局负责）

（十）对金融企业涉农贷款和中小企业贷款进行风险分类后，按税收政策规定比例计提的贷款损失专项准备金，准予在计算应纳税所得额时按税收政策扣除。对金融机构与小微企业签订的借款合同免征印花税。（市国税局、市地税局、青岛银监局负责）

（十一）创业投资企业采取股权投资方式投资于未上市的中小高新技术企业2年以上的，可按其投资额的70%在股权持有满2年的当年抵扣该创业投资企业的应纳税所得额；当年不足抵扣的，可在以后纳税年度结转抵扣。（市国税局、市地税局负责）

（十二）对符合条件的担保机构信用担保和再担保业务取得的收入（不含信用评级、咨询、培训等收入），自担保机构向主管税务机关办理免税手续之日起三年内免征营业税。至2015年底前，对符合条件的农村金融机构收入按3%征收营业税。（市地税局、市经济信息化委负责）

（十三）对符合条件的国家中小企业公共技术服务示范平台，落实科技开发用品进口税收优惠政策。（市国税局、市财政局、青岛海关、市经济信息化委负责）

二、减轻企业负担，支持创办小微企业

（十四）加大收费公示和收费政策宣传力度。编制《青岛市涉企行政事业性和经营服务性收费目录》，并向社会公布，印制成册免费发放给企业，提高收费政策透明度。全面落实企业缴费登记卡和企业物价联络员制度，完善涉企收费维权机制。（市物价局负责）

（十五）在落实国家、省已出台的各项涉企行政事业性收费减免优惠政策的基础上，自2012年7月1日起在全市范围内暂停征收4项涉企行政事业性收费，将免征小微企业的7项涉企行政事业性收费进一步对所有企业暂停征收（暂执行至2014年底）。进一步完善投资项目落地审批涉及的7项收费征缴环节。降低建设项目前期工作咨询费等16项经营服务性收费标准。落实省降低高速公路车辆通行费最低收费标准政策，开展收费公路专项清理工作，坚决取缔违法收费。按照“能减则减、能免则免”的原则，进一步研究减免涉企行政事业性收费和经营服务性收费的措施。（市财政局、市物价局负责）

（十六）缩短证照办理时间，各类企业登记许可申请在7个工作日内办结，其中下岗失业人员、高校毕业生、城镇退役士兵、残疾人等符合“绿色通道”条件的申请人创办中小微企业的，原则上在3个工作日内办结。（市工商局负责）

（十七）放宽中小微企业注资、出资时限，注册资本50万元以下的内资公司（一人有限公司除外），可申请免缴首期注册资本，但股东须在公司成立之日起3个月内缴付不低于20%的注册资本，且不低于法定注册资本最低限额，余额在公司成立之日起2年内缴清。对守法经营，因资金暂时紧张无法按期出资的中小微企业，允许申请延长出资期限，但延长期限不得超过1年。属外商投资企业的，须经外资审批机关批准。（市工商局、市商务局负责）

（十八）支持小微企业转型升级。具备条件的个体工商户（含个体独资企业、合伙企业）转型为公司制企业，工商登记及相关前置许可事项均依变更手续办理，并在收费等方面提供便利或优惠。（市工商局、市国土资源房管局、市环保局、市质监局、市食品药品监管局、市公安消防局等有关前置许可审批部门负责）

（十九）对涉及质检业务的小微企业免费开展标准、计量、质量管理、食品安全、特种设备等知识培训工作。统筹产品质量监督管理，质监部门与检验检疫部门相互认可内外销产品的检验结果。降低小型微型企业办理强制性产品认证费用。（市质监局、青岛检验检疫局负责）

（二十）对毕业年度内高校毕业生参加职业培训，按规定给予培训补贴。对企业新招收毕业年度高校毕业生，并与其签订6个月以上劳动合同，自合同签订之日起6个月之内开展岗前培训且培训合格并取得相应职业资格证书的，按规定给予企业职业培训补贴，培训补贴标准最高不超过每人600元。

（市人力资源社会保障局负责）

（二十一）青岛市行政区域内各类用人单位2011年12月1日后，招用本市户籍经认定的就业困难人员和就业困难高校毕业生，签订1年（含）以上劳动合同，按规定为招用人员缴纳社会保险费（不含补缴），并办理享受政策招用人员备案的，根据实际招用人数和时间，给予用人单位社会保险补贴和岗位补贴。社会保险补贴和岗位补贴期限，除对距法定退休年龄不足5年的就业困难人员可延长至退休外，其余人员累计最长不超过3年。补贴期限以初次核定其享受社会保险补贴、岗位补贴并缴纳社会保险的当月作为补贴开始计算时间。对小微企业新招用毕业年度高校毕业生，签订1年以上劳动合同并按时足额缴纳社会保险费的，给予1年的社会保险补贴，政策执行至2014年底。（市人力资源社会保障局负责）

（二十二）实施大学生创业引领计划。切实落实已出台的鼓励高校毕业生自主创业的税费减免、小额担保贷款、自谋职业扶持金、创业带动就业补贴等扶持政策，加大公共就业服务力度，提高高校毕业生创办小型微型企业成功率。实行财政奖励政策，对创业孵化基地内高校毕业生创办企业，根据经营收入、纳税情况、吸纳高校毕业生就业情况，由所在区市给予一定的奖励补贴。（市人力资源社会保障局负责）

三、加大对小微企业融资支持力度

（二十三）各银行业金融机构加大对小微企业的融资支持，确保小微企业贷款增速不低于全部贷款平均增速，增量不低于上年增量。各银行业金融机构不得在向小微企业发放贷款时附加不合理的贷款条件，包括不得变相提高贷款利率，不得收取不合理的贷款咨询、财务顾问等中间业务费用，不得将吸存费用转嫁给贷款企业。对小微企业贷款单列信贷规模，加大对符合产业政策、增加就业、科技、服务及加工业等小微企业的信贷投放，并对具有比较优势产业链条中的企业和项目给予积极的信贷支持。（人民银行青岛市中心支行、青岛银监局、市金融工作办、市财政局负责）

（二十四）推进中小企业融资信用担保体系建设。加大市级财政资金的引导支持力度，鼓励担保机构开展中小企业担保业务，降低对中小企业特别是小微企业的担保收费。对担保机构开展的中小企业担保业务，按照不超过业务额1.5%的比例给予风险补助。对担保机构小微企业担保业务比上年多增部分再给予不超过1%的补助。对担保收费低于银行同期贷款基准利率50%的差额部分给予保费补助，并重点补助小微企业低费率担保业务，每家机构最高补助不超过300万元。建立再担保机制，为担保机构增加信用、分担风险。探讨建立银行与担保风险共担机制。（市经济信息化委、人民银行青岛市中心支行、青岛银监局、市金融工作办、市财政局负责）

（二十五）畅通抵质押渠道。各级各部门要建立完善担保抵押质押登记办法，及时为融资性担保机构办理抵押登记手续，切实解决担保抵押质押难问题。（各区市政府、各相关部门负责）

（二十六）扩大小微企业低收费贷款周转金服务规模。鼓励符合条件的投融资机构在控制风险的前提下按要求开展中小微企业低收费贷款周转金业务。市财政按贷款周转金0.3%的比例将补助资金拨付投融资机构，由投融资机构将补助资金支付给中小微企业。银行业金融机构要积极支持企业利用政策性贷款周转金，建立中小微企业贷款续贷审批情况及时通报制度，严防银行工作人员参与企业贷款民间过桥谋利活动。（市经济信息化委、市财政局、人民银行青岛市中心支行、青岛银监局负责）

（二十七）完善小微企业贷款风险补偿政策。按照市政府《关于进一步加强财源建设工作的意见》（青政字〔2012〕58号），将对金融机构的专项资金支持作为风险补偿金，用于购买金融机构的预期新增不良贷款。市财政筹集3亿元信用保证金，用于金融机构小微企业贷款风险补偿。对蓝色、高端、新兴板块及其他市政府重点支持发展领域的新增信用贷款，市财政将承诺风险补偿比例提高至5%。（市经济信息化委、人民银行青岛市中心支行、市财政局负责）

（二十八）加快小微企业融资服务体系建设。以政府增信方式鼓励各银行与担保机构、银行与小微企业间建立组团担保、小企业互保、小企业互助资金池等多种形式的低息贷款平台。用活小企业贷款风险补偿指标，对已下达的小企业贷款风险补偿指标可直接拨付用作中小微企业贷款平台增信资金。发挥政府部门信息优势，建立小微企业资信情况交流平台。鼓励行业协会、重点园区、创业基地、企业互助组织等设立面向小微企业的互助基金，开展小微企业互保业务，其中由独立法人机构负责运营的，视同担保机构予以相应补助。鼓励发展社会化融资服务平台，引导社会融资机构、产业园区、行业协会和龙头企业建立区域性、行业性、专业化的小微企业综合融资服务平台和融资服务站点。（市经济信息化委、人民银行青岛市中心支行、青岛银监局、市金融工作办、市财政局负责）

（二十九）完善政府增信资金补充机制，扩大低息统借统还贷款平台贷款规模，降低企业融资成本。（市经济信息化委、市财政局负责）

（三十）鼓励小微企业通过融资租赁方式融资。建立融资租赁业务补助机制，对通过融资租赁渠道融资的小微企业，经审核确认，按不超过实际融资额的2%给予补助，降低小微企业融资成本。（市经济信息化委、市财政局、青岛银监局负责）

（三十一）加快推进企业信用体系建设，开展企业信用信息征集和信用等级评价工作。继续实施小微企业免费信用评级，推动信用信息征集，完善市级企业信用数据库和信用信息查询平台。每年小微企业信用信息更新不低于300家。（市经济信息化委、人民银行青岛市中心支行、市财政局负责）

（三十二）鼓励中小企业通过集合票据等实现

债券融资。其中，对中小企业发行集合债券免收反担保费，反担保由市担保中心承担，市财政每年按反担保额的1%（单户企业不超过100万元），以注入资本金方式拨付市担保中心。鼓励大企业带动中小企业发行集合债券，同支票据中，若中小企业发行总额超过50%，大型企业可享受反担保费补助政策。市财政按照集合债券发行总额度的5%承诺设立风险缓释金，进一步为中小企业发行集合债券增信，在风险缓释金承诺额度内，实际发生的违约风险由各级财政按照财政体制与市担保中心各负担50%。（市经济信息化委、人民银行青岛市中心支行、市财政局负责）

（三十三）支持符合条件的小额贷款公司根据有关规定转制为村镇银行。加快推进新型农村金融机构法人机构组建和分支机构设立工作，加强存量村镇银行风险评估和业务指导，鼓励并引导其在乡镇设立分支机构。按照银监会要求，适当放宽民间资本参股设立村镇银行。（青岛银监局、人民银行青岛市中心支行、市金融工作办负责）

（三十四）鼓励各银行机构针对小微企业融资需求特点，创新信贷审批管理体制，优化信贷流程，简化审批程序，缩短审批时限。各银行业金融机构要设立小微企业贷款专用窗口，开辟小微企业贷款“绿色通道”，提供快捷、便利的金融服务。对符合条件的续贷项目允许展期或借新还旧创新融资产品与服务模式，支持小微企业采取知识产权质押、仓单质押、商铺经营权质押、商业信用保险保单质押等多种方式融资。积极发展商圈融资、供应链融资等融资方式。加大对服务小微企业发展的各类金融产品的宣传力度，积极发展小微企业贷款保证保险和信用保险。（人民银行青岛市中心支行、青岛银监局、市金融工作办负责）

（三十五）适当放宽小额贷款公司单一投资者持股比例限制。小额贷款公司主发起人持股比例不得低于注册资本总额的20%，不超过注册资本总额的49%。实力雄厚、信誉良好、经营优秀的优质大型企业发起设立小额贷款公司，经批准，其持股比例上限可适度放宽。适度提高单一持股者持股比例上限，除主发起人外，其余单个自然人、企业法人、其他经济组织及其关联方持股比例原则上不超过15%。（市金融工作办、人民银行青岛市中心支行、青岛银监局、市工商局负责）

（三十六）开展银行业金融机构服务收费专项检查。重点检查商业银行在贷款过程中的强制收费、只收费不服务、不执行政府指导价、政府定价，以及不明码标价等行为。规范商业银行中间业务收费。在严格检查的基础上，督促商业银行对中间业务收费进行清理，取消不符合法律、法规规定的收费项目，降低过高的收费标准。（青岛银监局、市金融工作办、人民银行青岛市中心支行、市物价局负责）

四、促进小微企业创新发展

（三十七）实施成长型中小微企业培育计划。推进中小企业“百家专精特新企业升级工程”“千家高成长小企业成长工程”和“万家初创型小微企业培育工程”。在资金扶持、融资担保、土地供应、税收减免、创业服务、教育培训、市场开拓、中介服务等各方面予以倾斜。对每年认定的“专精特新”产品（技术）和企业，从市中小企业专项发展资金中给予一定的资金扶持，并优先申报国家中小企业发展专项资金。推动小微企业的技术进步和结构调整，支持更多小微企业进入战略性新兴产业、高新技术产业领域，引导中小企业走“专精特新”的发展道路，打造细分行业领军企业成长梯队。（市经济信息化委负责）

（三十八）加大创新型中小企业培育计划项目资金支持力度，对高成长型的科技型小微企业采取滚动支持的方式进行重点培育，进一步拓宽种子期企业（成立时间在18个月以内）科技创新项目的支持范围，鼓励小微企业参与市科技发展关键技术攻关计划、公共领域科技支撑计划技术标准研制项目实施。（市科技局负责）

（三十九）促进中小企业结构优化和产业升级。积极争取国家各类专项资金支持，主要采取贷款贴息方式引导信贷资金投向，支持中小企业技术改造、结构调整和产业升级，研发中心建设和专利开发及申请活动，提高中小企业技术创新能力。（市经济信息化委、市财政局负责）

（四十）对中小企业为开发新产品、新技术、新工艺发生的研发费用，未形成无形资产计入当期损益的，在按照规定据实扣除的基础上，按照研发费用的50%加计扣除；形成无形资产的，按照无形资产成本的150%摊销。（市国税局、市地税局、市经济信息化委负责）

（四十一）支持小微企业实施品牌战略。落实市政府《关于加快我市品牌经济新一轮跨越式发展的意见》（青政发〔2012〕19号），设立品牌培育引导资金，完善知名品牌奖励政策，重点培育引导小微企业创建自主品牌。构筑品牌培育培训平台，通过多种形式对小微企业负责人进行培训，在全市小微企业中推广先进质量管理方法，提高质量保证能力。引导小微企业主动对接品牌大企业，围绕产业链配套调整产品结构。（市经济信息化委负责）

五、支持小微企业多渠道开拓市场

（四十二）帮助小微企业拓展国际市场。加大对企业开拓国际市场的引导、支持力度，通过举办跨国采购会，邀请国际零售巨头来青进行“一对一”对口采购洽谈，参加国际知名专业展会等形式，帮助企业开拓国际市场。在产业链和配套体系较为完善的产业集聚区推进出口基地建设工作，加大出口信用保险支持力度，推进落实小微企业出口信用保险简易承保方案，增强企业的出口风险抵御能力，帮助企业用好自贸区关税优惠政策，扩大对新兴市场出口份额。（市商务局、市经济信息化委、青岛检验检疫局负责）

（四十三）引导小微企业开拓国内市场。选择国内有影响的城市，通过组织企业走出去参加展销会、推介会和举办展会等形式，为企业扩大品牌影响和产品销售开拓渠道。提高小微企业开拓市场财政资金补贴，增加小微企业参加行业性专业展会的展位、特装等补贴项目。（市经济信息化委、市财政局负责）

（四十四）充分发挥国家电子商务示范基地聚集优势，鼓励小微企业使用电子商务降低成本、拓展市场。加强与第三方电子商务平台合作，支持电子商务的公共平台建设，完善“青岛国际电子商务平台”功能，帮助企业利用电子商务手段开拓市场。积极争取参与国家电子商务示范城市的相关试点专项，推动电子商务在我市重点区域和特色领域的创新发展，支持小微企业利用第三方电子商务平台拓展营销渠道。（市经济信息化委、市商务局、市财政局负责）

（四十五）改善通关服务。在全面推进分类通关的基础上，开展随附单证电子化试点，加快监管证件联网核查，实现企业全程无纸化通关。实行“5+2”工作制和24小时预约通关，为小微企业提供全天候通关服务，研究探索为符合条件的小微企业提供担保验放、集中申报和不实行加工贸易保证金台账制度等便利通关措施。扩大进出口企业享受预归类、预审价、原产地预确定等措施的范围，加大对企业的宣传、引导、服务力度，切实提高企业通关效率，降低物流通关成本。帮助小微企业用足用好区域性优惠原产地政策，增强优惠政策宣传的有效性、针对性。（青岛海关、青岛检验检疫局负责）

（四十六）简化加工贸易内销手续。进一步促进加工贸易内销便利化，支持企业有效开拓国际国内两个市场，在各业务现场设置内销征税专人专岗，简化内销征税审批手续，为企业提供商品归类指导及商品参考价格资料信息，允许符合条件的企业先行内销，在内销当月内集中办理内销征税审批手续，可分多次完成报关申报手续。（青岛海关负责）

（四十七）开展集成电路产业链保税监管模式试点。积极争取开展集成电路产业链保税监管模式试点工作，允许符合条件的小型微型集成电路设计企业作为加工贸易经营单位开展加工贸易业务，将集成电路产业链中的设计、芯片制造、封装测试企业等纳入保税监管范围。（青岛海关负责）

六、帮助小微企业提高经营管理水平

（四十八）实施中小企业管理提升计划，重点帮助和引导小微企业加强财务、安全、节能、环保、用工等管理。规范企业治理结构，开展企业管理创新成果推广和标杆示范活动，对小微企业管理创新成果进行扶持或奖励。引导鼓励小微企业利用管理咨询机构提高管理水平，支持管理咨询机构和志愿者面向小微企业开展管理咨询服务。制定贯彻《小企业会计准则》实施意见，对小企业负责人、会计人员进行系统培训。（市经济信息化委、市财政局负责）

（四十九）引导小微企业依法落实产品质量安全主体责任。开展质量信用体系建设，大力推广先进质量管理理念和方法。加强对小微企业行政许可申请的预先指导帮助，提高受理和审批实效。加大检验技术咨询服务力度，为小微企业提供技术支撑服务。（市质监局、市经济信息化委负责）

（五十）整合高校、专业培训（咨询）机构等社会资源，做好中小企业特别是小微企业的管理人员培训工作，建立企业管理人员轮训机制，以成长型中小企业管理人员为对象，举办中长期工商管理知识培训和专题培训。依托中小企业公共服务中心、企业家联合会等机构，对接国内高校和专业培训机构，搭建面向初创期小微企业的巡回培训课堂。按照工业和信息化部有关工作部署，组织好小微企业经营管理人员培训工作。对来青创办小微企业的国内外高层次优秀人才，按照市委、市政府《关于印发〈青岛市引进高层次优秀人才来青创新创业发展的办法〉的通知》（青发〔2008〕19号）及相关规定办理。（市经济信息化委等部门负责）

七、促进小微企业集聚集约发展

（五十一）加快小微企业产业园（基地）建设。引导、支持建设小微企业集聚园区，缓解企业用地难。鼓励支持各类投资主体按照全市统一规划，在产业集聚区内以“园中园”的形式，集中建设标准厂房，租赁或出售给小微企业用于生产经营。市、区（市）政府在制定年度用地计划时，要统筹安排小微企业发展用地，优先安排小微企业产业园（基地）土地指标。根据园区（基地）规模、多层标准厂房比例、配套公共服务、容纳小微企业数量等情况，经认定后给予补助或股权投资扶持，其中，补助方式最高不超过50万元，股权投资方式最高不超过500万元。（市经济信息化委、市国土资源房管局、市规划局、市财政局、各区市政府负责）

（五十二）优化小微企业集聚发展环境。选择重点中小企业聚集区、产业园区服务平台进行扩建升级，培育社会化技术、信息、物流、检测及创业孵化等专业公共服务平台，引导小微企业向工业园区和产业集聚区集聚。支持小微企业入园发展，对进驻市级以上产业基地（园区）的初创小微企业，按其当年支付的租金给予适当补贴。（各区市政府负责）

（五十三）根据产业布局和区域特色，研究制定各区域孵化器建设方向、规划布局和建设方案，5年内孵化面积达到1200万平方米，制定孵化器扶持政策，引导创新要素向孵化器聚集。（市科技局负责）

八、强化对小微企业的公共服务

（五十四）全面提升中小企业服务能力。对市级平台进行升级改造，重点建设网上服务平台和资源数据中心。分期分批组织对中小企业聚集区、产业园区平台进行配套和规范建设。加大培育社会化专业平台和产业聚集区技术服务平台力度，构建完善全市三级公共服务平台网络。加强协同服务体系建设，构建中小企业服务联盟，发挥各类行业协会的作用。（市经济信息化委负责）

（五十五）整合利用科研院所、检验检测机构、企业技术中心等资源，构建面向企业技术创新的综合性和专业性服务平台，满足中小企业共性需求。进一步完善大型仪器共享服务平台，有针对性地指导小微企业应用大型仪器共享平台。建设综合性知识产权公共服务平台，为小微企业提供“一站式”知识产权服务。（市科技局负责）

（五十六）通过政府购买服务等方式，鼓励和支持各类中介服务机构开展面向小微企业的信息、投融资、创业、人才培训、技术创新、管理咨询、市场开拓、法律和财务会计等服务。鼓励和引导建立小微企业服务机构。鼓励各类行业协会（商会）积极发挥在政策咨询、信息沟通、引资引智、行业整合、合作交流等方面的作用。（市经济信息化委等部门负责）

（五十七）统计及有关部门要进一步加强对小微企业的调查统计工作，建立和完善小微企业每季度、分行业统计监测制度，定期发布统计数据和情况分析。（市统计局负责）

（五十八）建立定点联系帮扶制度。政府有关部门和各区市政府要选取一定数量的小微型企业作为定点联系企业，进行重点帮扶，帮助企业解决发展中的困难和问题。（各区市政府、各有关职能部门负责）

（五十九）加强指导协调。充分发挥市促进小企业发展工作领导小组的统筹规划、组织领导和政策协调作用，加强监督检查和政策评估，将小微企业有关工作列入各区市、各有关部门年度考核范围。各区市、各部门要进一步加强组织领导，建立健全责任机制，充分发挥区市和街道办事处责任主体作用，确保国家、省、市扶持小微企业发展的各项政策措施落到实处。（市经济信息化委、各区市政府负责）

（六十）畅通投诉举报渠道。加大明查暗访力度，及时受理并严肃查处通过行政手段强行或变相收取管理费、会员费、向企业索要“赞助”“搭车”收费，以及占用依法应当划拨或退还给企业的税金、收费、罚款和补助金的行为。加大行政责任追究力度。严肃查处行政机关及其工作人员违反规定利用企业年检搭车收费等不作为、乱作为，损害中小企业发展环境的行为，并按照有关规定追究责任单位、责任人相关责任。给企业生产经营造成损失的，依法予以赔偿。（市监察局负责）

（六十一）加强宣传和舆论引导。有效利用各类媒体，做好重点政策的宣传和解读，促使企业用足用好现有各类政策。大力宣传扶持中小微企业的政策措施和贯彻落实政策措施的好经验、好做法，营造落实政策措施的良好氛围，增强中小微企业发展信心。（市政府新闻办、市经济信息化委负责）

（六十二）凡以往我市有关小微企业政策、规定与本意见不一致的，以本意见为准。本意见的相关政策国家和省有规定且有实施年限的，按国家和省的规定执行。本意见执行期内，若国家和省出台优于本意见的新政策，按从优原则执行，不重复享受。

本意见自发布之日起实施。本意见各项政策由相应的责任部门负责解释。

青岛市人民政府
二〇一二年九月一日

第七篇

调研与实践

北京市创新融资模式缓解中小企业融资难成效显著

近年来，北京市中小企业发展十分迅速。目前，全市中小企业25.2万户，占全市企业总数99.7%，营业收入占56.6%，营业利润占68.2%；从业人员占72.6%；税收占全市税收的62.1%。中小企业在确保经济稳定发展、缓解就业压力、增加财政收入、优化经济结构、推进技术创新等方面具有十分重要的地位和作用。在促进中小企业发展工作中，北京市坚持以解决融资难问题为突破口，不断创新融资产品和服务方式，积极探索缓解中小企业融资难的途径，切实解决制约中小企业发展的实际问题，取得了较好效果。

一、中小企业“打包”贷款，破解抵押难题

大部分中小企业，特别是处于初创期的，由于信用级别较低、没有实物抵押等原因，无法满足银行贷款和担保机构的要求。为此，北京市推出了“北京中小·成长之星中小企业集合资金信托计划”，将多家中小企业联合起来作为一个整体“打包”，取长补短，统一组织、统一担保，通过信托公司统一募集资金，分配到各家企业。参与创新融资的金融机构从最初的1家信托公司、6家担保机构，发展到6家信托公司、16家担保机构（其中8家为民营），除政府部门外，行业协会、孵化器、开发区等也积极组织企业参与集合信托发行。例如，北京中科海讯数字信号处理技术有限公司是一家注册资本金只有50万元的高新技术企业，在集合信托的支持下，近两年融资3000万元，企业年订单增长率超过20%。该模式弥补了单个企业融资能力不足的缺陷，极大地降低了融资门槛和成本，融资服务成本下降2%至5%。截至6月份，我市共发行集合信托总计49.9亿元，在全国处于领先地位。

二、聚集民资设创投基金，服务初创期中小企业

为改变财政资金对企业进行直接补贴的方式，北京市建立了中小企业创业投资引导基金，引导更多民间资金以股权投资的方式入股创投基金，更好地发挥了财政资金的杠杆放大效应。该基金规模达9.2亿元，目前已有22家创投企业参股，注册金额达到35亿元，财政资金放大倍数将近4倍。截至目前，引导基金已对战略性新兴产业、文化创意产业类的70家中小企业进行了股权投资，投资额约9.48亿元。其中，世纪瑞尔、太空板业两家企业已成功上市，德鑫泉、诺思兰德等公司登陆中关村“新三板”。

三、加大财政支持政策引导，合理控制各类金融风险

北京市综合运用资本金注入、风险控制、资金补偿和考核奖励等方式，提高担保机构对中小企业特别是小微企业的融资担保能力，逐步扩大再担保资金规模和使用范围。2012年，市财政对中关村、首创、再担保等3家政策性担保机构注入资本金10.4亿元，并对符合条件的中小型信用担保机构实行担保业务收入3年内免征营业税的优惠政策。同时，制定《北京市支持中小企业创新融资资金管理实施细则》，对成功发行创新融资产品的中小企业提供不超过2年、每年2%的贴息补助资金；对积极开展创新融资服务，且收费标准低于行业通行标准的金融服务机构，给予适当资金奖励。此外，石景山、西城、丰台等区县还提供了配套贴息支持。石景山区的阿尔西制冷工程技术（北京）有限公司发行信托产品综合成本为8.6%，经过市财政贴息补助和区财政配套支持后，融资成本仅为4.2%左右，公司营业收入当年达到1.8亿元，同比增长12.5%。

四、完善投融资服务体系建设，不断提升服务能力

北京市积极完善市区两级中小企业投融资服务体系建设，形成以市中小企业投融资服务平台为核心，16个区县投融资服务平台为支撑，带动100家金融服务机构的“1+16+100”融资服务体系。充分发挥北京市中小企业投融资服务平台和金融服务平台作用，整合社会资源，建立协调机制，推动企业与银行、担保机构等金融机构的对接，进一步拓宽了企业融资渠道，提高了企业融资效率，有效降低了中小企业融资服务成本。近三年来，中小企业投融资服务平台共组织开展融资培训近百场，服务企业上万家，累计促成企业融资近百亿元。

（北京市经济和信息化委员会中小企业处　黄涛）

内蒙古自治区人民政府关于促进小型微型企业持续健康发展的意见

内政发〔2012〕88号

各盟行政公署、市人民政府，各旗县人民政府，自治区各委、办、厅、局，各大企业、事业单位：

为深入贯彻落实《国务院关于进一步支持小型微型企业健康发展的意见》（国发〔2012〕14号）精神，改善小型微型企业（以下简称小微企业）发

展环境，引导和帮助小微企业不断增强盈利能力和发展后劲，促进小微企业持续健康发展，提出如下意见。

一、提高对促进小微企业健康发展重要性的认识

（一）小微企业是国民经济的重要组成部分，在推动经济增长、开展技术创新、扩大城乡就业、促进民生发展和社会稳定等方面具有不可替代的作用，促进小微企业健康发展具有全局性和战略性的重要意义。当前，国内外复杂多变的经济形势，给小微企业发展带来新的挑战和困难，部分小微企业融资难、用工难、创业难、盈利难等问题更加突出。各级人民政府、各有关部门要切实提高认识，把促进小微企业健康发展作为提高居民收入水平、促进民生发展的有效途径，作为推动经济结构战略性调整和社会结构成功转型的蓄水池和减震器，作为形成橄榄型收入分配结构、减轻二次分配压力的关键环节，作为奠定和谐社会相应企业组织结构和经济基础的重要举措，加大金融、财税支持力度，优化小微企业发展环境，促进全区小微企业做专、做精、做强，推进非资源型产业、中小微企业、富民工程一体化发展，形成大、中、小、微型企业协调发展的良好企业生态。

二、优化小微企业发展环境

（二）通过开展“中小企业政策落实年”“中小企业服务年”等主题年活动，推动各级政府部门增强服务意识，强化服务功能，把政府职能切实转变到为市场主体服务和创建良好发展环境上，全面提升综合服务能力、质量和效率。

（三）各部门要将涉及中小企业法定审批、收费、检查、标准等项目和支持企业发展的服务措施进行公示，并实行服务承诺制度。鼓励各级政府有关部门开展为小微企业办实事活动，每年都要制定为小微企业办实事计划，并报同级促进中小企业发展领导小组办公室。

（四）各新闻媒体要加强小微企业宣传工作，营造全社会重视、支持、宽容、帮助小微企业的良好氛围，增强企业发展信心。

（五）落实中央和自治区财政、价格主管部门已公布取消的行政事业性收费。自2012年1月1日至2014年12月31日，3年内对小微企业免收部分管理类、登记类和证照类行政事业性收费。各地各有关部门对国家和自治区取消和停止征收的行政事业性收费项目不得以任何理由拖延、拒绝执行或变相收费。严禁各种形式的乱摊派、乱集资、乱罚款。各地区要在监察部门和中小企业主管部门设立小微企业维权投诉电话，鼓励有条件的地方成立小微企业维权中心，对不作为或刁难、损害小微企业合法权益的行为，一经核实，严肃查处。

（六）统计及有关部门要依据《工业和信息化部国家统计局国家发展和改革委员会财政部关于印发中小企业划型标准规定的通知》（工信部联企业〔2011〕300号）的有关规定，进一步加强对小微企业的调查统计工作，尽快建立和完善中小微型企业分类统计体系和监测分析、信息发布制度，为宏观决策和企业生产经营提供参考依据。

（七）部门预算编制单位编制政府采购计划时，在满足机构自身运转和提供公共服务基本需求的前提下，应当预留本部门年度政府采购项目预算总额的18%以上专门给小微企业。对于非专门面向小微企业的项目，采购人或者采购代理机构应当在招标文件或者谈判文件、询价文件中作出规定，对自治区内小微企业产品的价格给予6%～10%的扣除，用扣除后的价格参与评审。大中型企业和其他自然人、法人或者其他组织与小微企业组成联合体共同参加非专门面向小微企业的政府采购活动，小微企业的协议合同金额占到联合体协议合同总金额30%以上的，可给予联合体2%～3%的价格扣除。

（八）引导大企业与小微企业开展多种形式的经济技术协作，构建良好的利益机制，主动让渡产业链条有关环节给小微企业，实现互利双赢。研究制定防止大企业长期拖欠小微企业资金的政策措施。

（九）统筹安排产业集群发展用地。“十二五”期间，自治区重点培育50个小微企业创业基地，各级政府要优先安排用地指标。确有困难的地区，自治区在调剂计划时给予适当倾斜。各类园区要集中建设标准厂房，积极为小微企业提供生产经营场地。对创办三年内租用经营场地和店铺的小微企业，符合条件的，给予一定比例的租金补贴。

三、加快中小企业公共服务体系建设

（十）建设全区中小企业公共服务平台网络。争取用2～3年时间基本建成以自治区中小企业公共服务中心为核心的“枢纽”平台，以12个盟市、2个计划单列市中小企业公共服务中心为区域“窗口”平台，以工业园区和产业集聚区服务机构为信息共享平台的“信息畅通、功能完善、服务协同、资源共享、供需对接便捷”的中小企业公共服务平台网络，涵盖信息、融资、电子商务、创业、人力资源、法律、技术支持、政务服务和交流合作服务功能，为企业提供“找得着、用得起、有保障”的全程一站式、综合性、公益性服务。

（十一）支持工业园区和产业集聚区建设投融资、信用担保、信息咨询、人才交流、技术研发、检验检测、第三方物流、信息化服务等综合服务平台。

（十二）加强小微企业信息化技术应用服务。实施中小企业信息化推进工程，重点提高小微企业生产制造、经营管理和市场开拓的信息化应用水平，开展多元化、多渠道、多形式的小微企业信息化技术应用培训，鼓励信息技术企业、通信运营商为小

微企业提供信息化应用平台。

（十三）结合实施国家中小企业银河培训工程和企业经营管理人才素质提升工程，以小微企业为重点，切实加强对经营管理人员和创业者的培训。国家专业技术人才知识更新工程等重大人才工程向小微企业倾斜。鼓励和支持各类专业协会、大专院校加强小微企业创新型专业技术人才和技能人才培训。

（十四）鼓励社会力量创办面向小微企业的服务机构。自治区有关扶持服务业发展的政策措施，要向服务小微企业的服务机构倾斜。鼓励各类行业协会（商会）发展，充分发挥协会（商会）在政策咨询、信息沟通、引资引智、合作交流等方面的积极作用。

四、鼓励扶持创业创新

（十五）适当放宽小微企业注资、出资条件和时限。注册资本为10万元以下的有限责任公司（1人有限责任公司除外），可申请免缴首期注册资本，但须在法定期限内缴足；对守法经营，因资金暂时紧张无法按期出资的小微企业，允许其申请延长出资期限，但延长期限不得超过2年；属外商投资企业的，须经外资审批机关批准。

（十六）缩短证照办理时间，除食品流通许可以外，各类企业登记许可申请在7个工作日内办结。申请办理企业设立登记、变更登记，符合条件的，审批时限缩短为5个工作日；申请名称登记的，实行当天受理当天核准当场办结制。

（十七）小微企业项目环评审批除涉重金属和危险化学品项目外，全部由项目所在盟市具有环评审批权限的环境保护行政主管部门办理，并须简化环评审批程序。其中，对环境影响小、不需要进行环境影响评价的，填报环境影响登记表，3个工作日内办结；可能造成轻度影响的，编制环境影响报告表，在5个工作日内办结；可能造成较重环境影响的，编制环境影响报告书，在15个工作日内办结。

（十八）下放或委托下放安全生产行政审批事项。对小型露天采石（砂）场和粘土矿的安全生产行政许可、二三类非药品类易制毒化学品生产经营备案证明、烟花爆竹经营（零售）行政许可、社会加油站经营行政许可、三级以下尾矿库行政许可等事项下放或委托下放至盟市级安全监管部门。

（十九）将冶金、有色、建材、机械、轻工、纺织、烟草、商贸、地勘等行业建设项目安全设施“三同时”审核审查事项调整为登记备案。对规模较小、工艺流程简单的危险化学品建设项目实行简易程序；小型非煤矿山办理安全生产许可事项时不再开展安全条件论证；安全生产许可期间未发生事故的企业在变更、延期、换发安全生产许可证时不再进行安全评价评审；小型露天采石（砂）场、粘土矿在安全生产许可证有效期内，不再进行现场验收。对安全生产行政许可事项在申请资料齐全的情况下，在10个工作日内办结。

（二十）小微企业新招用城镇登记失业人员、农村转移就业劳动者、毕业年度高校毕业生、城乡未继续升学的应届初高中毕业生，与企业签订6个月以上期限劳动合同，在劳动合同签订之日起6个月内，由企业依托所属培训机构或政府认定的培训机构开展岗前就业技能培训的，根据培训后继续履行合同情况，按照我区职业培训补贴标准的70%对企业给予定额补贴。对小微企业招收就业困难高校毕业生、签订劳动合同并缴纳社会保险费的，按规定给予社会保险补贴。

（二十一）继续加大小额担保贷款担保基金的投入力度，增加小额担保贷款担保基金总量，确保每年新创办小微企业2万户，带动就业10万人。对符合条件的劳动密集型小企业小额担保贷款给予全额贴息，贴息资金在中央负担25%的基础上，其余部分由地方人民政府负担。

（二十二）对当年新招用符合小额担保贷款申请条件的人员达到企业现有在职职工总数30%（超过100人的企业达到15%）以上，并与其签订1年以上劳动合同的劳动密集型小企业，经办金融机构根据企业实际招用人数合理确定小额贷款额度，最高不超过人民币200万元，贷款期限不超过2年。

（二十三）对各类小微企业招用就业困难人员、签订劳动合同并缴纳社会保险费的，在相应期限内给予基本养老保险、基本医疗保险和失业保险补贴，补贴资金从就业专项资金中支付。

（二十四）积极支持符合条件的小微企业申报国家和自治区星火计划项目、火炬计划项目和科技型中小企业技术创新基金项目，通过科技项目的形式扶持科技型小微企业发展。

（二十五）对新获得国家驰名商标和新获得自治区著名商标的小微企业，由自治区中小企业发展专项资金给予适当奖励。

（二十六）鼓励小微企业开拓国际市场。鼓励小微型外贸企业投保出口信用保险，并享受保费补贴。优先支持符合条件的小微企业申报中小企业国际市场开拓资金项目，鼓励支持小微企业参加境外展会和对其产品进行国际认证许可和质量认证。小微企业申请与国际接轨的相关体系认证、专利、商标等发生的费用，给予一定比例的补助。小微企业参加境外展会，给予参展的企业展位补贴，同时给予参展人员境外费用补贴。对进出口小微企业在区内为发展新兴产业、开展节能降耗、淘汰落后产能所实施的技术改造等项目，按进出口额和固定资产投资额给予补助。

五、加大对小微企业的财政资金支持力度

（二十七）进一步改进各类专项资金使用管理办法。自治区通过整合现有各类支持中小企业发展专项资金，加大投资力度，积极鼓励、支持和引导小微企业发展。随着自治区财政实力的不断壮大，进一步加大支持小微企业发展的各项专项资金规模。已建立的中小企业发展专项资金和中小企业技术进步贴息资金要有较大幅度增加，并逐年增长。强化

各盟行政公署、市人民政府，旗县（市、区）人民政府扶持小微企业发展的主体责任，在年度预算中分别安排不低于5000万元和2000万元的小微企业发展专项资金，支持本地区小微企业发展。积极争取国家中小企业发展基金，形成全方位、多层次、大力度支持中小企业特别是小微企业健康发展的长效机制。

（二十八）根据促进小微企业发展的迫切需要，自治区财政预算从2012年开始设立亿元以上的中小企业公共服务体系建设专项资金，对列入国家试点范围的公共服务平台建设项目，自治区给予配套投资，提高各级政府部门为小微企业提供公共服务的能力，带动社会化专业服务组织发展；设立小微企业创业基地建设专项资金，重点用于对工作成绩突出、小微企业发展快的盟市以以奖代补方式进行奖励，对各地创办小微企业创业园和小微企业创业基地给予补助，引导小微企业集群化发展；设立融资性担保机构小微企业贷款风险补偿资金，用于融资担保机构对单户授信500万元以下的小微企业贷偿损失补贴，形成小微企业贷款风险循环管控和分担机制。

（二十九）依法设立中小企业发展基金。基金的资金来源包括财政预算安排、国家基金投入、基金收益、捐赠等。基金主要用于引导地方、创业投资机构及其他社会资金支持处于初创期的小型微型企业等。鼓励向基金捐赠资金，对企事业单位、社会团体和个人等向基金捐赠资金的，企业在年度利润总额12%以内的部分，个人在申报个人所得税应纳税所得额30%以内的部分，准予在计算缴纳所得税税前扣除。

六、认真落实小微企业税费优惠政策

（三十）增值税和营业税起征点执行国家规定的上限。

（三十一）小型微利企业，其所得减按20%的税率征收企业所得税；2012年1月1日至2015年12月31日，对年应纳税所得额低于6万元（含6万元）的小型微利企业，其所得减按50%计入应纳税所得额，按20%的税率缴纳企业所得税，并免征其中地方分享部分。

（三十二）自2011年11月1日至2014年10月31日止，对金融机构与小微企业签订的借款合同免征印花税。

（三十三）对经国家有关认证并符合条件的担保机构从事中小企业信用担保或再担保业务取得的收入（不包括信用评级、咨询、培训等收入）3年内免征营业税，免税时间自担保机构向主管税务机关办理免税手续之日起计算。

（三十四）创业投资企业采取股权投资方式投资于未上市的中小高新技术企业2年以上（含2年），凡符合规定条件的，可按其对中小高新技术企业投资额的70%抵扣该创业投资企业的应纳税所得额；创业投资企业按上述规定计算的应纳税所得额抵扣额，符合抵扣条件并在当年不足抵扣的，可在以后纳税年度逐年延续抵扣。

（三十五）将符合条件的国家中小企业公共服务示范平台中的技术类服务示范平台纳入现行科技开发用品进口税收优惠政策范围，对其在2015年12月31日前，在合理数量范围内进口国内不能生产或者国内产品性能尚不能满足需要的科技开发用品，免征进口关税和进口环节增值税、消费税。

（三十六）对企业主管部门或企业集团中的核心企业等单位（以下称统借方）向金融机构借款后，将所借资金分拨给下属单位（包括独立核算单位和非独立核算单位），并按支付给金融机构的借款利率水平向下属单位收取用于归还金融机构的利息不征收营业税。

（三十七）小微企业经认定为高新技术企业的，减按15%的税率征收企业所得税。

（三十八）小微企业为开发新产品、新技术、新工艺发生的研发费用，未形成无形资产计入当期损益的，在按照规定据实扣除的基础上，按照研发费用的50%加计扣除；形成无形资产的，按照无形资产成本的150%摊销。

（三十九）一个纳税年度内，小微企业从事技术转让、技术开发业务及与之相关的技术咨询、技术服务业务取得的收入，不超过500万元的部分，免征企业所得税；超过500万元的部分，减半征收企业所得税。

（四十）小微企业从事农、林、牧、渔项目所得，按规定免征、减征企业所得税。

（四十一）对符合西部大开发政策规定条件，进入国家《西部地区鼓励类产业目录》的鼓励类旅游产业企业，经认定减按15%税率征收所得税，对“农家乐”、“牧家乐”免征企业所得税地方分享部分。响应国家节能减排，投入设施改进的小微星级饭店、景区点，给予不低于25%的政府补贴。

（四十二）将金融企业（包括小额贷款公司）涉农贷款和中小企业贷款损失准备金税前扣除政策延长至2013年底。

七、改进和完善对小微企业的金融服务

（四十三）综合运用再贷款、再贴现和差别存款准备金动态调整等货币政策工具引导金融机构加大对小微企业的信贷支持，确保小微企业贷款增速不低于全部贷款平均增速，增量高于上年同期。鼓励各银行业金融机构新增信贷优先支持小微企业，不断提高小微企业贷款比重。各银行业金融机构对小微企业贷款单列信贷规划。人民银行呼和浩特中心支行依据中小企业信贷政策、导向效果评估结果，对小微企业信贷支持力度大、金融服务好的银行业金融机构给予奖励。

（四十四）支持银行业机构建立适应小微企业特点的信贷管理和贷款评审制度。提高小微企业不良贷款容忍度至5%，由当地政府和银行按一定比例建立风险共担机制。建立符合小微企业贷款机制的呆

坏帐核销制度，放宽各商业银行呆坏帐核销自主权。

（四十五）各银行业金融机构要设立小微企业贷款专营窗口，开辟小微企业贷款“绿色通道”，为小微企业提供快捷、便利的金融服务。在企业正常生产经营情况下，确保不压贷、不抽贷，对符合条件的续贷项目一般在7个工作日内放款，对新增贷款项目一般在1个月内完成审批，切实加快审批速度。

（四十六）各有关银行业金融机构要按照有关规定将小微企业贷款审批权限适度下放给盟市、旗县级分支机构。

（四十七）加强金融产品和服务创新，不断探索支持小微企业的新方式。鼓励各银行业金融机构积极试办动产质押、应收账款质押融资、设备按揭贷款等，努力开发知识产权质押贷款、企业联保贷款、矿产开采权质押贷款等，积极开办票据承兑贴现、供应链融资、保理业务、出口押汇等非贷款融资。

（四十八）支持商业银行发行用于小微企业的金融债，对商业银行发行金融债所对应的单户授信额在500万元以下的小微企业贷款，不纳入存贷比考核范围。

（四十九）建立小微企业贷款定期监测制度，及时通报分地区、分机构小微企业贷款增量、增幅及工作开展情况。对工作进展不大、排名靠后的地区和银行机构，金融监管部门通过窗口指导、约见谈话、公开通报等方式加以督促，切实为小微企业创造良好的金融环境。

（五十）清理纠正不合理收费项目。各商业银行不得将新增贷款作为全额保证金以开具承兑汇票的方式对企业进行融资贷款，不得强制贷款企业购买理财产品，不得与企业存款挂钩，不得变相收取企业手续费。

（五十一）支持商业银行进一步扩大小微企业金融服务网点覆盖面，鼓励针对小微企业的服务专营机构向社区、县域和乡镇等基层延伸。对于小微企业客户数占企业授信客户数及连续6个月月末平均小微企业授信金额达到一定比例的商业银行允许其一次同时筹建多家同城支行，充分发挥专营机构的作用和效能。

（五十二）鼓励融资性担保机构、小额贷款公司加大对小微企业的融资支持力度，按对小微企业的贷款发放量确定财政扶持额度。鼓励资产管理公司等非银行业金融机构发挥资金、专业集聚优势，充分利用各种金融产品为小微企业提供融资、增信等服务。加强对小微企业服务的融资性担保机构的培训、补贴和扶持，使符合条件的担保机构享受中小企业信用担保资金支持。

（五十三）引导和支持符合条件的小微企业通过上市融资、发行债券、私募股权投资、股权转让、集合信托、融资租赁和发行中期票据、中小企业集合票据、短期融资券等多种方式进行直接融资。推动各类股权投资与小微企业的对接，鼓励和引导风险投资、创业投资及其他社会资金对小微企业的投资。鼓励金融机构支持小微企业以商标专用权、有限责任公司或非上市股份有限公司的股权、动产抵押等作为担保标的，进行贷款融资。鼓励各地政府与金融机构通过“区域集优”等融资模式为符合条件的中小微企业发行集合票据。对于直接融资首笔达到500万元以上的小微企业，地方政府要给予适当奖励。

（五十四）加强企业征信系统建设。完善企业信用信息基础数据库，推动小微企业加入征信系统。实施中小微企业云服务平台建设工程，集合政府有关部门、金融机构和社会优质服务资源，实现信息、资源共享，打造中小微企业网上融资服务平台。

（五十五）举办多种形式的政府、银行、担保机构、小微企业及其他投资机构共同参与的供需对接会、项目洽谈会、产品推介会和政策培训会等，增强小微企业和金融机构的联系、沟通和认知，提高信息对称水平和银企对接成功率。持续开展送金融服务进旗县、进园区、进企业活动。

（五十六）积极引导民间资金投向新兴金融业态。通过政策引导，鼓励民间资金进入财务公司、信托公司、金融租赁公司、村镇银行、贷款公司、农村资金互助社、小额贷款公司、融资性担保公司、风险投资基金、创业投资基金和典当行等新兴金融业态。加强对民间借贷的规范管理，依法打击非法集资、金融传销等违法活动，在民间借贷比较活跃的地区增加设立村镇银行等新型地方金融机构。

八、加强组织领导

（五十七）各级人民政府要把小微企业发展作为长期性战略任务列入地区经济社会发展总体规划，定期听取中小企业主管部门的工作汇报，研究解决小微企业发展中的问题。各地区各有关部门根据本实施意见，制定配套的实施办法。要建立健全责任机制，确保各项扶持小微企业发展的政策措施落到实处。

（五十八）各级中小企业主管部门负责对全区小微企业工作进行业务指导、日常督查、运行监测和综合协调。各盟市成立与自治区上下一致的中小企业管理机构，配备相应的人员、保障一定的工作经费。

（五十九）加强工作考核和督查。将小微企业有关工作列入各地区、各有关部门年度考核范围。开展专项督察，对各盟市、各部门落实中小企业政策情况每年进行检查和通报。本意见所指的小微企业依据《工业和信息化部国家统计局国家发展和改革委员会财政部关于印发中小企业划型标准规定的通知》（工信部联企业〔2011〕300号）有关规定认定。

关于江西创业大学建设情况的报告

中小企业是推动经济社会发展的有生力量，而企业家素质的高低又决定了中小企业发展的快慢。

为了培养我省优秀的中小企业家群体和培育企业家精神，根据《国家中长期人才发展规划纲要》以及国务院和我省支持小型微型企业发展若干政策意见的要求，我省在总结以往中小企业管理人员培训经验的基础上，积极探索中小企业培训新模式，创造性地搭建了江西创业大学这一企业培训公共服务平台。它是以省市两级中小企业培训中心为基础，以与清华、浙大等省内外知名高校合作办学为手段，专门以培养创业者和企业家为宗旨的公益性创业大学。通过这一平台，我省上下联动，深入推进中小企业管理提升，形成了助推企业成长的良好氛围，受到了社会各界特别是广大中小企业主的普遍欢迎。借此机会，现将江西创业大学发展情况做个简要汇报。

一、创业大学培训基本情况

一是省市联动，办学规模不断扩大。从2009年我省第一所创业大学——新余创业大学创办以来，目前，我省已有南昌、赣州、九江、宜春、萍乡、景德镇、抚州等八个设区市创办了公益性的创业大学，覆盖了全省2/3以上的设区市，其他3个设区市也在积极筹备中。2010年，全省创业大学拥有企业学员1366人，到2012年扩大到2837人，加入创业大学培训的企业数量翻了一番，常设特色教学班级21个，累计年培训规模近2万人次。

二是招募创业导师，师资队伍不断充实。除了与清华大学、浙江大学、江西财大、财智名家论坛等进行合作，邀请国内外知名专家进行授课外，创业大学主要是利用省内外尤其是本地成功企业家的资源，通过组织招募和聘请等形式，组建以企业家为主体的创业导师队伍，对企业进行集中培训和面对面的创业辅导。其中，南昌市已经聘请80名已退休的国有企业领导、专家教授以及上市企业家等作为创业导师组建创业大学导师团，切实加强对本地区中小企业的综合服务。同时通过创业导师帮扶结对子、开展咨询诊断等辅导方式，帮助学员企业提升管理和经营水平，提高创业成功率。例如，赣州创业大学2011年累计培训学员5049人次，其中有713位学员注册了公司，1540位学员注册了个体工商户，176位学员的企业进行了增资扩改，新增就业岗位5000多个。

三是开展创业服务，培训方式丰富多样。创业大学在办学过程中，不仅仅是课堂教学和培训，更重要的教学任务就是进行创业辅导，帮助学员企业解决创业发展过程中的实际问题，同时搭建学习交流平台，实现企业互帮互助，合作发展。因此，创业大学主要采取开放式的培养模式，培训形式灵活多样。首先是“量身定制”培训课程，按照企业“小而强、强而大”的成长路径和初级、中级、高级不同阶段的成长规律，有针对性地进行课程设计，努力把学员的知识储备转化为创业和企业经营的技能。其次是将“创业沙龙活动”引入教学，定期举办沙龙活动，邀请学员代表、专家、银行及担保机构负责人、法律顾问等相关人员，到学员企业现场参观，倾听企业的发展情况，感受企业面临的问题，然后围绕企业进行全方位分析研讨，挑毛病、提建议，最后由企业家组成的专家组进行点评，让所有参加沙龙的企业激发智慧、感受教育和启迪，实现了“一家诊断、多家受益”的创业服务，取得了良好的效果。据新余市创业大学对120名创业大学学员企业进行调查显示，企业经济效益明显提升，2011年学员企业主要经济指标增幅都在30%以上，其中有43个学员企业年均增幅在40%以上，企业人才和员工流失仅为1.2%。

四是强化教学管理，培训体制日益完善。按照科学合理、特色鲜明的办学要求，为进一步提升创业大学办学质量和效果，建立了创业大学考评机制，要求全省各级中小企业主管部门负责做好对创业大学的指导、协调、服务工作，明确提出了创业大学发展规划、培训任务，制定了《江西省创业大学考核评价及奖励补助办法》，通过工作量化，分阶段、分层次对全省创业大学进行考核，并从省级中小企业专项资金中安排专项资金奖励支持各地创业大学建设。创业大学办学条件也不断得到改善，各地创业大学不仅有自己的培训教室、实训基地，有的还单独建立了创业培训基地。新余创业大学在美丽的仙女湖畔建立了占地10多亩的教学培训基地，分设了企业家学院、工商管理学院和文化创意学院三个创业大学分院。

二、创业大学培训主要特点

经过近三年来的实践探索，江西创业大学的办学模式主要体现了公益性、系统性、连续性和实践性四大特点。

一是公益性的社会大学。创业大学办学主要由各级中小企业主管部门组织，通过政府购买服务的方式体现公益性质，实行免费创业教育和免费创业服务，教学突出针对性和实践性，是一所“无围墙、无学历限制、无收费项目”的专门培养创业者和企业家的公益性社会大学，主要是针对创业者、小企业主和民营企业家以及企业高管人员，按照企业“成长路线图”以及发展的不同阶段开展培训辅导。免费创业教育树立了良好的政府服务形象，使广大中小微型企业感受到了政府的关心和支持，增强了创业大学的公信力和吸引力。

二是系统性的培训大学。在教学内容上，根据中小微型企业的成长规律，进行系统化的课程设计。省级课程根据企业各阶段出现的共性问题和实际需求，建立中小企业成长讲坛培训课程体系。各设区市根据本地实际情况，建立相适应的培训课程为中小企业解决实际问题。在教学层次上初步形成了初级、中级、高级三个系统化的培训类型。省级层面主要培训企业高管人员，举办了工业园区拟上市企业总裁、非公有制企业高管、担保公司总裁以及旅游企业高层管理人员等4个高级研修班，在全省优选一批企业老总进行为期一年的培训辅导。依托九江旭阳雷迪高科技股份有限公司等省内优秀企业，建立中小企业实训基地，将培训层次延伸至企业中基层以及高层管理人员。2011年累计举办了10期培训活动，组织了602个企业1035名车间主任、班组长开展管理实训，深受企业欢迎。2012年又有600名企业高层管理人员接受培训。根据创业者的不同，有些地方还分行业举办农业创业班、现代服务业创业班、返乡农民工创业班、女性创业班、小企业二次创业班等多种类型的创业辅导。

三是连续性的合作大学。创业大学以一年制学习为主，既可以系统性开展培训，又可以加强学员企业之间的交流与合作，还能发挥政府联系企业的桥梁和纽带作用。政府领导通过创业大学这一平台，以"早餐会""午餐会"等形式听取企业的意见，反映企业的诉求，传递政府的声音。南昌创业大学的学员还组建了"南昌创业商会"，着力搭建"企业合作互动"平台。有些学员通过学习交流沟通，开始了项目合作，例如九江创业大学的瑞昌人民冲压厂生产电信行业机箱，在创业大学中交流信息，与九江恒泰电子和山水电信公司开展合作，形成了产业链。同时，采取"学员转会员"的办法，将毕业后的创业大学学员吸收为各级中小企业协会的会员，由各设区市组建中小企业协会或促进会，整体加入省中小企业协会，在此基础上按产业类别组建产业专业委员会，形成条块结合、上下协同的组织网络，进一步深化学员企业之间的合作与交流，形成"永不毕业"的学员增值服务机制。

四是实践性的企业大学。创业大学坚持依托地方特色，结合当地发展实际，实行开放式、特色化办学，将企业的个性成长与地方的产业发展为培训的着力点，形成了极富特点、极具实践性的培训模式。按照"成长阶段配导师"的要求，聘请当地成功企业家和专业管理人才为导师，他们熟悉和了解企业的需求，对中小企业能产生示范和激励作用。比如，赣锋锂业有限公司就是从本土走出来、从小到大逐步发展起来的上市公司，董事长李良彬长期义务担任新余创业大学的导师。南昌创业大学在常规培训的基础上，强化学员行业间的走访和调研，充分利用行业优势，建立一条龙的企业人才培养模式。新余创业大学把培训、辩论、沙龙、实践紧密结合，根据企业活动规律，固化创业沙龙模式，形成新余特色，以致每期创业沙龙活动都吸引了市领导参加。萍乡创业大学依托蓝翔职业培训学校和大富汽车培训学校，打出技能培训特色牌，仅技能培训企业学员就达到2000人次。

三、创业大学培训初步成效

培训是一种需要，也是一个平台。江西创业大学办学以来也取得了一定的成效，主要体现在以下几方面：

一是政府搭台，企业受益。在办学效果上，我们力争打造三个平台：第一，提升提高的平台，学员通过创业大学学到了自己想要的知识和案例，提升提高自身的综合素质和企业家素养；第二，交流交友的平台，学员通过创业大学，不但扩大了自己生活生产的圈子，而且通过创业导师的引领，更多地感知了企业的社会责任，加强了合作交流；第三，创新创业的平台，学员通过创业大学，通过交流学习，加速了自己创新创业的进程。

二是视野拓宽，成长迅速。学员通过创业大学的学习，发展企业的视野、思路发生了深刻的变化。例如，江西赣锋锂业公司董事长李良彬是新余创业大学MBA班第一批学员，他率领他的团队开始以国际视野和战略眼光来发展自己的企业，力争打造成世界一流的锂电企业，其企业于2010年8月成功登陆中小企业板，成为中国锂电行业第一家上市公司。南昌的煌上煌集团食品股份有限公司在2012年9月5日也已成为中国酱卤肉制品行业第一家上市公司。

三是智力提升，效果明显。创业大学学员通过各班级系统针对性的培训后，创业和发展企业的信心更足、办法更多，学员管理企业的水平和创新能力也明显提升。很多企业开始更加注重走内涵式发展之路，更重视企业文化与品牌建设。据新余创业大学对50家学员企业的统计，2011年用于文化和品牌建设的投入就达9200万元，其中献爱心做公益事业捐赠达1000多万元；近两年来学员企业利税平均年增幅达31.6%，高于全省中小企业的平均水平。

四是创新作为，使命增强。通过创业大学的学习，企业社会责任感和团队合作精神明显增强。南昌创业大学的一位学员谈到，正是创业大学的学习，使他认识到自己对社会应有的责任，由此从一个无所事事的富二代，变成了一个勇于带领更多的人走向共同富裕的企业家。创业大学为企业家搭建了交流与合作的平台，学员之间通过这个平台建立了友谊，增强了信任度，不少学员还联合开办了新的企业。据不完全统计，到2012年，全省创业大学已经有110个学员正在共同合作开发项目，而且有不少是专利产品、节能产品和文化创意产品等新兴产业项目。

当前，中小企业发展面临很多困难和挑战，特别是小型微型企业，自身规模小、实力弱，抗风险能力低，其领头人更需要通过培训辅导了解当前经济发展的大背景，找准自己的发展定位，实现新的突破和发展。创业大学的创办转变了政府职能，建立了支持和服务小型微型企业发展的培训辅导体系，形成了集创业教育、创业服务、创业基地建设为一体的新型中小企业培训体系，促进了中小企业的发展壮大。很多企业向我们反映，自从上了创业大学，就犹如找到了自己的"娘家"，深切感受到政府真实的关怀和温暖。下一步，我们将结合本省实际，继续深入推进江西创业大学培训品牌建设，进一步提高办学质量和层次，建立完善创业导师队伍，按照不同层次、不同专业对企业开展培训，形成既有分工、又有合作的多层次、全方位的培训辅导体系，创造性开展中小微型企业培训服务工作，努力促进全省中小企业健康快速发展。

（江西省中小企业局　徐星龙）

关于山东省进一步扶持小微企业、民营经济发展问题研究

民营经济是社会主义市场经济的重要组成部分，小微企业是民营经济的主体，扶持小微企业，壮大民营经济对国民经济和社会发展具有重要的战略意义。经过多年努力，我省小微企业、民营经济发展取得了长足进步，为繁荣城乡经济、增加财政收入、扩大社会就业、改善人民生活发挥了不可替代的重要作用。据统计，仅在工业领域，2011 年我省就有小微工业企业 17.1 万户，其中小型企业 4.8 万户、微型企业 12.3 万户，解决就业 795.4 万人，营业收入达到 46234.7 亿元；工业个体户 42.5 万户，解决就业 182.4 万人，营业收入达到 1795.5 亿元；规模以上非国有工业企业 3.5 万户，占全部规模以上工业企业户数的 98.4%。在商贸流通领域，小微企业主要集中在零售、餐饮、居民服务、商务服务等行业，占了全行业企业总数的 90% 以上。但是，我省小微企业、民营经济发展与浙江、广东、江苏等省份相比仍有不少差距，存在着资本规模小、管理水平低、创新能力弱、经济效益差等问题，特别是受当前国内外经济形势影响，无论是小型微型还是大中型民营企业，经营压力大、成本上升、融资困难和税费偏重等问题非常突出。

按照省委、省政府的统一部署，省政府研究室会同省委政研室、省中小企业办，组织省有关部门单位采取到外省考察学习、到本省实地调研、座谈讨论等多种形式，就进一步扶持小微企业、民营经济发展问题进行了专题研究。同时，省政府专门组织了一次小微企业生存状态及发展诉求问卷调查，调查区域涵盖了全省 14 个市 50 多个县（市、区），涉及第一、二、三产业内的 10 多个重点行业，共收集有效问卷 457 份。总的看法是：2010 年以来国家和我省连续出台一系列扶持小微企业、民营经济发展的政策措施，各级各部门认真推动政策落实，在加大财政支持、优化金融环境、减轻企业负担、提供公共服务等方面做了大量工作，取得了积极成效，全省小微企业、民营经济发展环境得到明显改善；但也暴露出一些问题，突出表现在有的政策措施力度不够，有的政策措施落实困难，各项政策措施的实施效果与扶持小微企业、民营经济发展的目标要求之间还存在一定差距。本着“深入分析现状，找准存在问题，查找与先进省市差距，研究进一步扶持小微企业、民营经济发展政策措施”的目的，从市场准入、资金融通、税费减免、财政支持、政策落实五方面具体分析如下：

一、市场准入方面

从调查情况看，我省市场准入方面的各项政策落实良好，只有 2.4% 的企业认为在创立初期遇到的最大困难是市场准入障碍。2009 年以来，我省先后出台了《关于促进和支持民间投资发展的意见》（鲁政发〔2009〕68 号）和《关于促进全省民营经济加快发展的意见》（鲁政发〔2010〕76 号），为民间投资发展创造了良好的外部环境。在全国范围内率先实行了“零首付”“免登记”“免收费”等扶持政策，对注册资本 50 万元以下的内资公司（一人有限公司除外）可以申请免缴首期注册资本登记；对个人从事修鞋、修自行车、缝纫、水果摊等生活便利行业的个体工商户免予办理营业执照；对注册资本（金）50 万元以下的小微企业免收登记注册费用等。对高校毕业生、下岗失业人员、农村转移劳动力等七类就业困难群体从事个体经营的，自首次注册 3 年内免收登记类证照类费用；对其初次申办公司的，允许自领取营业执照后 3 年缴足出资人认缴的注册资本。鼓励个体工商大户转型升级为个人独资企业、合伙企业或公司制企业，在不影响其他企业名称权、不违反法律法规的情况下，允许个体工商户转型后继续使用原名称或字号；对经营范围涉及许可经营项目的，经原登记机关确认，允许转型后承继使用。今年 1～7 月份，全省民间投资完成 12748 亿元，同比增长 21.9%，高于国有投资增速 2.7 个百分点，占全部完成投资的 80.2%。全省有 6000 余户个体工商户升级为小微企业，自 2008 年以来已累计引导 3.8 万户个体工商户转型升级为小微企业。

但当前，民间投资仍然存在有效投资领域不宽、增长后劲不足等问题，制约民间投资发展的体制机制性障碍仍然存在。一是投资领域受到限制。在电力、金融、水利、卫生等一些传统垄断行业和领域，仍然存在着制约民间投资进入的“玻璃门”或“弹簧门”问题。二是投资结构升级缓慢。民间投资主要集中在批发零售、住宿餐饮以及传统制造业等“下游”产业，高耗能、高污染、低技术、低水平行业成为民间资本的主要投资领域。三是创业资金筹措困难。调查中，64.8% 的企业反映，在创立初期遇到的最大困难是资金筹措问题。在当前经济下行压力较大的背景下，这个问题更加突出，严重阻碍了民间资本转化为民间投资的步伐。为更好地鼓励和引导民间投资平稳健康发展。我们建议：

第一，进一步明确和细化民间投资的准入领域。特别要细化交通、能源、水利、市政公用事业、社会事业、金融服务和商贸流通等民间投资关注的市场准入领域，明确民间资本可以通过多种形式参与法律法规未明确禁止的各领域项目建设，不设定任何歧视性条件。

第二，大力提升民间投资发展的质量和层次。支持民间资本全面进入新能源和可再生能源产业，鼓励民间资本通过多种方式投资发展战略性新兴产业，引导具备条件的民营企业以多种形式参与国有企业股份制改革和资产重组，帮助有实力的民营企业有重点、有步骤地开展境外投资。

第三，积极完善民间投资发展的配套扶持政策。应统筹考虑法规、规章、审批、金融、财政、税收等方面的配套措施，努力为民间投资发展创造良好的环境。对各类投资主体提出的建设项目和政府性

资金申请，在审核内容、审核标准、审核程序、审核规则等方面的具体要求一视同仁。

第四，酌情解决创业资金问题。可以借鉴重庆市的成功经验，采取“自己出一点、财政补一点、税收返一点、金融机构贷一点”的做法，解决小微企业的注册资本金和创业启动资金问题。

二、资金融通方面

目前，工、农、中、建四大国有银行及招商、民生等部分股份制银行已分别在省级分行设立小微企业金融服务管理部门，并设立了二级行营销中心及特色支行。全省城市商业银行县域支行覆盖面达到82%，有10个市实现县域机构全覆盖。全省村镇银行数量已达56家，在县域的覆盖率达到46%。小额贷款公司试点总数达到287家，在县域的覆盖率达到87%。全省融资性担保公司总量达到519家，在保责任余额1064.9亿元，县域覆盖率达到90%。今年上半年，全省小微企业贷款余额6812.8亿元，比年初增加813.6亿元，占全部企业贷款余额和增加额的26%和45.3%。其中微型企业贷款余额539.4亿元，比年初增加0.5亿元，仅占全部贷款余额和增加额的2%和0.02%。

尽管当前各项政策措施缓解了部分小微企业的融资难题，但仍有55.6%的被调查企业认为融通资金是企业发展中遇到的最大困难。主要表现：一是渠道单一。从调查情况看，有81.4%的小微企业把银行和小额贷款公司等金融机构作为主要的融资渠道；二是融资难。小微企业自身规模小、缺少抵（质）押物，信用度低，很难从金融机构获得贷款。今年经济下行压力加大，金融机构对小微企业放贷更加谨慎。上半年，省中小企业办对1641家小微企业调查显示，在有贷款需求的企业中，能在银行贷到款的只占36.9%，大部分企业贷不到款或只贷到很少部分款；三是融资贵。调查反映，金融机构对小微企业的贷款利率一般都上浮50%~70%，高的达到120%。除此之外，还收取名目繁多的财务顾问费、咨询费、保证金等费用，进一步加重了小微企业的融资负担。在发行集合债券融资方面，票面利率过去一般在5%~6%，今年一般在7%~8%左右，加上担保、中介等费用，综合成本在11%~13%左右；四是贴现率高。现在银行给企业贷款开承兑汇票，企业之间货款结算也多为汇票结算。小微企业采购原材料、发放工资、缴税、缴电费等等都要用现金，而承兑汇票贴现率一般在6%左右，高的达到10%以上，仅承兑汇票一项，企业利润损失高达10%左右；五是出现催贷、抽贷、压贷现象。有的金融机构看到企业出现生产经营不景气的苗头，便抓紧收贷，加重了企业的资金紧张程度。企业主关门跑路躲债在我省已经出现。今年莱芜市钢城区有5家企业主跑路，都是因为这种情况造成的；六是“三角债”问题严重。大企业效益下滑，长时间拖欠为其配套的小微企业货款。小微企业本身资金短缺，为保证销路又不得不接受赊欠，造成周转资金紧张。企业间相互拆借，原本双方债务关系，变成了相互串联、交叉的三角债关系。借鉴其他省市在解决小微企业融资问题上的成功经验，我们建议：

第一，简化贷款流程。省内各银行机构将小微企业贷款审批权限适度下放给市、县级分支机构。县域及以上银行业金融机构都要设立中小微企业金融服务专营机构或专柜，对小微企业贷款申请优先受理、简化流程、加快审批。对符合条件的续贷项目一般在7个工作日内放款，对新增贷款项目一般在1个月内完成审批。

第二，降低融资成本。要严格控制贷款利率上浮幅度，对符合产业政策的小微企业，金融机构的贷款利率上浮最高不得超过30%，并不得与企业存款挂钩，不得强制贷款企业购买理财、保险、基金等金融产品，不得强制符合贷款条件的企业再到相关担保机构办理担保，不得变相收取企业手续费和承诺费、资金管理费，严格限制收取财务顾问费、咨询费等费用。

第三，发挥财政资金引导作用。对国库资金、专项资金、社保资金、住房公积金、非税收入等各类财政性资金，依据各类金融机构对小微企业发放贷款的额度、数量，均衡安排存放。对达不到贷款规模计划的，按比例减少财政性资金存放；对超出贷款规模计划的，按比例调增财政性资金存放。

第四，鼓励银行开设专营分支机构。允许最近一年小微企业贷款余额占企业贷款余额达到70%以上或单户500万元以下的小微企业贷款余额占各项贷款余额的比例达到80%以上的银行，一次性同时申请筹建多家同城小微企业专营支行。对小型微型企业贷款余额和客户数量超过一定比例的商业银行，放宽机构准入限制，允许其批量筹建同城支行和专营机构网点。促进农村新型金融机构组建工作，引导中小金融机构向辖内县域和乡镇地区延伸服务网点。

第五，规范发展民间融资。小微企业发展过程中往往与民间借贷存在着千丝万缕的关系。随着经济下行压力加大，小微企业赢利空间缩小，资金链风险有所上升，一些不规范的民间借贷风险开始显现。建议高度重视民间融资风险，探索完善民间融资管理体制，规范发展民间融资活动。

三、税费减免方面

我省较好地贯彻执行了国家对小微企业的一系列税收优惠政策。一是提高小微企业增值税和营业税起征点至国家规定的最高限，全省有11万个体工商户不再缴纳增值税或营业税，全年减轻纳税人税收负担6.78亿元。二是将小型微利企业减半征收企业所得税政策延长至2015年底并扩大范围，今年上半年小型微利企业减轻所得税负担约5.8亿元。三是落实免征蔬菜流通环节增值税政策，上半年对全省从事蔬菜流通业务的3396户纳税人免征增值税2.8亿元。四是落实减免小微企业收费政策。自2012年1月1日至2014年12月31日，对全省区域内的小微企业免征企业注册登记费、税务发票工本费等19项行政事业性收费。同时，自2012年2月1日起，取消浅海滩涂资源费等19项省级批准设立的行政事业性收费。以上38项清理收费政策，每年可减轻小微企业负担3.79亿元。

但是，税费虽有减免，负担仍然偏重，小微企业"挣得不多，缴得不少"，各种税、费以及为应对各类检查而付出的隐性成本，让小微企业承担不起。一是享受政策难。小型微利企业减半征收所得税政策优惠数额小，前置条件多，审批手续繁杂，企业积极性不高。优惠政策只有帐证健全、查账征收的小微企业才能享受，大量实行核定征收所得税的小微企业被拒之门外。核定征收企业要达到查账征收条件，一年大约需要增加支出1至2万元，远高于6000元的最大优惠数额。而符合享受条件的小微企业由于查账征收的隐性成本高，多数企业也选择了主动放弃优惠。二是缴费负担重。小微企业要缴法定的增值税、营业税和所得税，还要与大中型企业一样缴纳水资源费、社会保险费、土地使用税、城建税、地方水利建设基金、工会费等。有些地方的税务部门按照上年度企业赢利水平核定征收小微企业所得税，即使企业无利润也要缴纳所得税。三是减费力度小。目前对小微企业实行的一些费用减免政策，大多是管理类、登记类和证照类等行政事业性收费，在小微企业承担的各项费用中占的数额较小，而那些数额较大的费种，如水资源费、劳动保险费等，没有实质性减少。特别是近几年不断增长的社会保险费，也成为小微企业的沉重负担。四是隐形收费多。虽然三令五申不得乱检查乱罚款收费，但各地普遍存在着捆绑收取会员费、报刊杂志费和各类赞助费等的"隐形收费"，名目繁多的各种检查、罚款，让企业不堪重负。据烟台对391小微企业的调查，上缴税金占企业利润总额的比重高达62.9%，有211家企业的实际上缴税金比纯利润高，大体持平的有10家。我们认为，应突出小微企业的就业和社会保障功能，大力淡化其纳税功能，因此建议：

第一，建议国家将税收优惠权限适当下放至省级税务机关。由于我国目前税收政策制定权为国务院、财政部及国家税务总局，省级及以下税务机关没有制定政策而只有执行政策的权限。近几年，国家已出台的支持小微企业、民营经济优惠政策多是涉及营业税和企业所得税的税收优惠，地方其他税种优惠政策较少，应建议国家适当将地方税种优惠权限下放至省级，由各省根据自身实际情况制定更为优惠的税收政策，以加大对小微企业、民营经济的扶持力度。

第二，切实落实好现有各项税收优惠政策，扩大政策的受惠面。对目前实行的年应纳所得额低于6万元小型微利企业所得税优惠政策，应取消各种前置条件，不论查账征收还是核定征收，本着宜宽不宜严的原则，改申请审批制为备案制，减少企业申请手续，降低企业享受优惠政策的成本和税务机关的税收征管成本。对实行核定征收所得税、增值税的企业要根据宏观形势和盈利水平，对税率及时进行调整，避免企业亏损还要缴所得税。

第三，进一步加大小微企业税收优惠力度。小微企业低税率优惠设定了应纳税所得额、从业人数、资产总额三个限制性适用条件，企业要想享受优惠，必须同时符合三个条件，条件较为严格，优惠力度小。应建议国家适时修改《企业所得税法》，对符合三个条件的小微企业予以全额免征企业所得税；或者提高减半征收企业所得税的应纳税所得额至30万元等等，以充分发挥税收优惠政策的作用，积极支持小微企业的发展。对新设立初创期的小微企业，可参照我国原《外商投资企业和外国企业所得税法》对外商投资企业所得税"两免三减半"优惠政策，实行前2年所得税全免，后3年减半征收政策。

第四，下大气力清理不合理收费。应尽快启动新一轮清理涉企收费工作，对涉企行政事业性收费、政府基金、经营服务性收费、中介机构收费等进行清理规范，严格控制新出台行政事业性涉企收费项目，现有收费标准一般不得提高，大力整治向企业摊派、索要赞助、强制企业参加评比并收取费用、重复鉴定检验、无偿侵占企业人财物、公路"三乱"等行为，切实优化小微企业发展环境。

四、财政支持方面

目前，我省对小微企业、民营经济的财政支持，主要是借助原有的支持中小企业发展的资金渠道，通过设立专项资金、财政贴息、贷款风险补偿奖励、融资担保风险补偿、公益性培训等多种途径，加快推进小微企业、民营经济发展。据统计，2012年，我省省级预算安排用于支持中小企业发展方面的专项资金达3.97亿元，比去年增长21.41%，支持重点进一步向小微企业倾斜。主要渠道，一是统筹省中小企业发展专项资金、科技型中小企业创新发展专项扶持资金6000万元，对济南、莱芜等6市10个中小企业产业集群进行重点扶持，如期完成了3年内对16市轮流扶持一遍的目标任务。二是统筹中央和省级相关专项资金1.75亿元，以中小企业公共服务平台和重点企业关键技术改造项目为着力点，按每个产业集群不低于500万元的标准，对33个地方特色产业集群进行重点扶持。三是拨付科技型中小企业创新发展专项扶持资金4000万元，对143个科技创新项目和8个创业项目进行扶持，促进科技型中小企业创新创业。四是落实资金1330万元，支持农业科技型企业开展农业科技成果试验、示范，促进农业科技成果向现实生产力转化。五是落实省级担保资金3200万元，对70家担保机构开展的中小企业信用担保业务给予风险补偿。六是加快省级创业投资引导基金运作步伐，拨付资金2460万元补充引导基金规模，完成了第二批10家引导基金参股创投公司的资金拨付工作。七是落实资金4280万元，对中小出口企业到境外参展、开展市场考察和宣传推介等国际市场开拓活动给予了支持。八是安排资金2100万元，加大对中小企业管理者培训、素质提升、品牌建设和融资方式创新的支持力度，促进中小企业社会化服务体系健全完善。截至7月底，已累计落实支持中小企业发展方面的资金（含中央专款）4.83亿元。另外，我省认真落实政府采购支持小微企业发展政策。规定各部门预留年度政府采购项目预算总额的30%以上专门面向中小企业采购，其中预留给小微企业的比例不低于60%。在全省范围内开展了政府采购信用担保试点工作，已对11家企业提供融资担保1.12亿元。

目前看，我省扶持小微企业的财政资金分散在各相关主管部门，存在资金总量小、管理头绪多、成本高等特点。而且政府直接投资导致投资主体缺位，投资风险和损失承担的主体往往难以界定，容易导致投资效率低下。另外，财政资金毕竟有限，与全省小微企业庞大的资金需求相比，财政拨付资金规模偏小，在短期内大量增加资金拨付也不现实。从实际情况出发，我们建议：

第一，持续加大资金扶持力度。扶持小微企业发展是一项长期的战略任务，财政资金的激励导向作用不可或缺。应进一步落实鲁政发［2012］28号文件有关加大财政支持力度的要求，明确省、市、县各级支持中小企业发展的专项资金每年增长的最低比例，并在各项支持中小企业发展的专项资金中明确用于扶持小微企业发展资金所占的比例。应增加各级“过桥还贷资金”规模，缓解小微企业资金周转困难，防止因资金链断裂而出现小微企业大面积停产歇业，甚至倒闭破产现象发生。

第二，大力整合资金投放渠道。目前财政支持小微企业发展的资金有很多项，涉及财政、发改、科技、农业、商务、中小办等诸多部门单位，资金类别虽多但发力点分散，应把各种支持小微企业发展的资金进行统一整合，研究设立扶持小微企业发展专项资金，集中财力办大事，使有限的财政资金发挥出最大的作用。

第三，努力增加资金管理透明度。建立健全财政引导资金评审机制，对财政资金的投入规模、形式进行评估论证。将财政支持资金管理纳入政府信息公开范围，建立小微企业使用财政资金信息库，企业使用财政性资金情况一律进行网上公示，增加财政资金管理的透明度。

第四，切实提高资金使用效益。建立健全财政支持资金绩效评价机制，对企业使用财政资金情况及企业新增销售收入、利润、税金等经济效益情况进行考核评价，考评结果作为小微企业以后年度申报资格和资金安排的重要依据，切实保证财政资金的安全，提高财政资金使用效益。

第五，加快设立省中小企业发展基金。目前，省财政正在研究设立省级中小企业发展基金。应进一步加快基金运作步伐，坚持政策性与市场化相结合，以创业投资机构、产业投资基金和融资担保等社会中介机构为参股扶持重点，更多运用间接手段，充分引导社会资金投向，重点支持各类处于初创期的高成长性、科技创新型、劳动密集型小微企业。

五、政策落实方面

据国家统计局山东调查总队调查，2011年以来国家连续出台了一系列促进小微企业发展的政策措施，小微企业生存环境得到了改善，但仍有55.1%的企业认为有措施但效果不明显，22.2%的未感受到有措施；享受到政府财税减免征收政策的只有33.6%，39.9%的企业认为此项政策力度不大；而在获得贷款的企业中也只有37.7%的获得了信贷费用减免。

究其原因，除了有些政策本身存在力度不够、吸引力不强等原因外，在政策执行上也还存在一些问题。一是宣传不到位。据调查，小微企业对“国9条”“国4条”“国发〔2012〕14号文”“鲁政发〔2011〕43号文”“鲁政发〔2012〕28号文”的了解率仅在50.3%至58.4%之间。究其原因，一方面是因为有些小微企业主本身对政策的关注度不够，另一方面也说明扶持政策的宣传力度和传播渠道存在问题。二是缺乏小微企业基础数据，不知策落谁家。因为小微企业数量大、规模小、运营不规范等原因，目前有关小微企业的各种统计数据非常缺乏，很多地方没有将小微企业纳入经济数据跟踪范围，也就无法对它们的经营状况等各种数据及时更新，导致各级政府在落实政策时无从着手。三是扶持小微企业发展的优惠政策涉及部门多，牵涉层面广，协调难度大，部门间的协调配合机制尚未形成。特别是在执行过程中，缺乏有效的管理监督机制，广大小微企业的权益难以从根本上得到保障。四是扶持小微企业发展的优惠政策，都有严格的程序、制度和规定，比如有的政策需要提前报计划、作登记，小微企业大多“埋头生产”，对相关规定不甚熟悉，一旦错过相关登记备案，就无法享受政策。五是有的地方反映，国家出台小微企业扶持政策虽然意义重大，但当前基层财力薄弱，新兴财源不多，财政增收压力非常大，有的县剔除刚性支出外，用于中小企业发展的资金非常有限，心有余而力不足，在涉及税费优惠政策落实上也会打折扣。

小微企业处在产业链的最低端，但却承担着解决就业、创造财富、稳定社会的重要职能。目前小微企业发展明显处于弱势、被动地位，必须消除政策歧视，真正重视、尊重小微企业，让它们能公平地与大企业分享各种社会资源。我们建议：

第一，加大政策宣传。利用媒体及各种渠道，加大对各种小微企业扶持政策的宣传，不搞突击式，而是深入、持久地宣传，传播形式、渠道要多样化，注重利用微博、网络等现代媒体手段，应更具针对性，有利于更多小微企业了解并享受政策。

第二，尽快建立统一的小微企业信息系统。全面反映各地小微企业的经营、财务及信用状况，实现小微企业信息集中管理查询，解决信息不对称问题，为各种扶持政策的落地提供基础信息。

第三，建立政策效果反馈机制，督察政策的落实情况。政策出台后，应要求执行部门定期、按时进行政策反馈，以促使优惠政策执行到位、贯彻到底，防止出现上有政策、下有对策的现象。另外，扶持政策出台不宜过于密集，应给地方政府留出更多细化操作的时间和空间。调研发现，政策出台过于密集，会对政策的落实和实际作用的发挥产生不利影响。第一个政策出台后还没落实，第二个又紧跟着出台，不仅无法追究未落实第一个政策者的责任，而且会导致人们观望等待第三个政策出台的情况发生。

第四，从促进就业、稳定社会的角度看，改变优惠政策"偏优、偏大"的实施倾向。调查显示，在各种优惠政策的执行过程中，很多地方以税收高低作为扶持对象选择的标准，哪家小微企业交税多、贡献大，就把优惠政策用到哪家上。这是一些小微企业抱怨扶持政策"看不到，看到了也享受不到"的重要原因。"扶优扶大"本无可厚非，但若从解决就业、稳定社会的角度看，数量众多、规模更小的小微企业更需要政策阳光。

第五，扶持政策应更具针对性、力度更大，不仅回应小微企业当前最强烈的关切，也可增强政策吸引力。比如，调研中，50.8%小微企业认为劳动力成本上升是当前生产经营中面临的最大问题，33.3%的企业最希望政府为它们做的事情是抑制劳动力成本，而社保缴费已成小微企业劳动力成本中仅次于工资的第二大项。因此，应探索改革社保缴费体系，实行大中小微企业有差别的、弹性社保缴费制度，适当降低小微企业的缴费比率，对季节性用工和临时用工按实际工资收入实行弹性缴费。

调研中了解到，目前全省各级中小企业管理部门普遍存在着机构不健全、人员编制少、职能和服务手段弱等问题，远远不能适应和满足小微企业发展和管理服务的需要。张德江副总理去年11月在全国部分地区中小企业工作座谈会上强调："要进一步加强中小企业管理机构和人员队伍建设"。为此，建议我省在机构和人员队伍建设方面进一步加大力度，省、市、县三级设立独立的中小微企业管理机构，省中小企业办改名为省中小企业局（设为省政府直属机构），增加处室和人员编制，强化部门职能和服务手段，更好地适应我省中小微企业快速发展的需要。

关于扶持小微企业发展政策落实情况调研报告

"扶持小微企业发展政策落实情况调研"是第119次省政府常务会议确定的2012年度全省政府系统重大调研课题。省政府研究室与省中小企业办公室组成联合调研组，于3月下旬开始，先后到9个市（济南、烟台、济宁、泰安、威海、日照、莱芜、德州、菏泽）及14个县（市、区）、50多家企业进行了调研。调研组通过座谈、实地考察、现场问卷等多种形式，对扶持小微企业发展政策落实情况及存在问题进行了深入了解。现将有关情况报告如下：

一、政策落实情况

去年以来，国务院和省委、省政府相继出台了一系列扶持小型微型企业发展的政策措施，各地积极响应，在加大财政支持、优化金融环境、减轻企业负担、提供公共服务等方面做了大量工作，取得了积极成效，全省小微企业发展环境得到明显改善。

（一）积极创新融资模式，多渠道解决小微企业融资难问题。融资难、融资贵是困扰小微企业发展壮大的关键问题，也是国家和省委、省政府各项扶持政策力求解决的核心问题。调研中了解到，各级政府和金融机构都在想方设法，从企业实际需求出发，积极探索和创新中小企业融资新模式，取得了丰硕成果。比如：建设银行与省中小办联合推出的"集合贷""集群贷"，实行打包推荐、集中授信以及"绿色通道"快捷审批的做法，2011年为257家中小企业贷款34亿元。烟台、威海、济南、滨州、潍坊等5市发行中小企业集合票据9支，为46家企业筹集资金37.7亿元，发行集合信托2支，为4家企业融资1.2亿元。威海市2011年11月份成立了全省首家科技支行，建立起"政府扶持，多方合作，集群运作"的"政府+银行+担保+创投"全新运营模式，通过扩大知识产权、股权、动产等抵质押范围，解决了科技型中小企业缺少抵质押物的矛盾，已为24家试点科技型中小企业授信3.4亿元，贷款余额2.7亿元。莱芜钢城区与建设银行合作，由区政府注资2000万元，有关中小企业各注助保金200万元，形成了"助保金贷款"互助池。济宁市建成联保融资体85个，参加联保的企业1098家，累计贷款21.6亿元。其中济宁农信社组建"中小企业信用联盟"14个，吸纳企业200余户，授信10亿元。济宁银行引进德国先进的小微贷款技术，于2010年10月创新推出了5000元至50万元的"小微信贷工厂"特色产品，无需抵押、无需任何手续费、审批迅速，有效对接了小微企业、个体工商户的融资需求，到2011年末已累计发放贷款3.1亿元，支持小微企业2760户。各地通过这些创新性的融资模式，有效解决了部分小微企业的融资问题。同时，我省注重发挥省级财政资金的引导和杠杆作用，构建了缓解中小企业特别是小型微型企业融资困难的财政激励机制。一是中小企业信用担保机制。通过省级预算安排、争取中央支持等渠道，2011年落实资金1亿元，对100家担保机构开展的中小企业融资担保业务给予风险补偿，对全省"十佳"担保机构进行奖励，引导中小企业信用担保机构为1.8万户中小企业提供贷款担保573亿元。二是小企业贷款风险补偿机制。落实资金5000万元，对省内24家银行业金融机构的小企业贷款业务进行补偿奖励，调动了金融机构对小企业贷款投放的积极性。2011年末全省小企业贷款余额达7130亿元，比年初增加1124亿元，增长18.7%。三是小额担保贷款促就业财政贴息机制。全年实际发放小额担保贷款8735笔，贷款金额

11.42亿元，其中，发放小企业贷款421笔，贷款金额1亿元，对支持小微型企业发展、促进社会就业发挥了积极作用。

（二）加大财政扶持力度，“真金白银”帮扶小微企业。各地均加大了财政资金支持力度，通过设立专项资金、财政贴息、贷款风险补偿奖励、融资担保风险补偿、公益性培训等多种途径，加快推进小微企业发展，特别是在支持小微企业科技创新能力建设方面发挥了重要作用。一是对处于种子期、起步期的中小高新技术企业，通过设立创业投资引导基金进行引导支持。省创业投资引导基金不断扩大规模，加快运作，已完成了第二批参股创业投资企业的评审、公示等工作，拟出资1.7亿元，支持发起设立山东大众创业投资有限公司、山东蓝色经济创业投资有限公司等12家创业投资企业，带动社会资本和地方政府出资13.7亿元，实现8倍以上放大效应。安排配套资金1亿元，争取中央参股资金1亿元，支持设立2支黄河创投、乐义赛伯乐新能源创投2支规模均为2.5亿元的产业投资基金，有效引导和带动了社会资本促进新兴产业中小企业发展。邹城市建立了科技创业种子基金，财政出资2000万元作为专项引导基金，重点扶持初创企业和科技型高新技术企业。二是对符合年度扶持重点的科技型中小企业，通过贷款贴息、投资补助等方式进行直接支持。省里落实科技创新资金1.65亿元，支持科技型中小企业自主研发具有带动作用的关键技术和创新产品，提高了我省科技型中小企业的技术创新能力。三是对战略性新兴产业等领域的中小企业，通过调整优化专项资金投向进行重点支持。省里落实企业自主创新及技术进步资金、中小企业发展专项资金2亿元，重点支持战略性新兴产业和十大调整振兴重点行业的中小企业技术改造、结构调整和专业化发展项目，对引导中小企业转方式、调结构发挥了积极作用。各市、县（市、区）都依法设立了中小企业发展专项资金，加大了财政资金的扶持力度，今年各市专项资金的额度较往年都将有较大幅度的提高，烟台市今年新增中小企业发展专项资金1000万，济宁市新增中小企业专项资金2000万，重点投向扶持小微企业发展。

（三）落实各项税费优惠政策，优化小微企业发展环境。从全省范围看，一是各级、各部门都认真贯彻落实国家结构性减税政策，延长小微企业所得税优惠政策，提高增值税和营业税起征点至国家最高标准，积极推进增值税转型改革，继续实施软件和集成电路产业税收扶持政策。据不完全统计，2011年我省落实各项税收优惠政策，减轻企业和纳税人负担1568亿元。二是清理规范涉企行政事业性收费。自2011年2月1日起，在全省范围内统一取消中小学阅读图书评审费等31项涉企行政事业性收费，减轻企业负担4000万元。确定自2012年1月1日至2014年12月31日，对全省区域内的小型微型企业免征企业注册登记费、税务发票工本费等19项行政事业性收费，年减免额达3.19亿元。自2012年2月1日起，取消浅海滩涂资源费等19项省级批准设立的行政事业性收费，可减轻企业负担6000余万元。威海市对行政许可审批事项进行了全面清理改进，对12个系统（部门）的24项行政事业性和经营性涉企收费项目进行了取消、暂停征收和降低标准征收调整，有效降低小微企业经营成本。三是认真落实政府采购支持中小企业政策。省财政确定，自2012年1月1日至2013年12月31日，在全省范围内开展政府采购信用担保试点工作。试点期间，对政府采购中小企业供应商融资需求给予费率优惠，对同时采用投标、履约和融资担保的中小企业供应商，免收投标担保费或进一步给予费率优惠。认真落实财政部、工业和信息化部《政府采购促进中小企业发展暂行办法》，增加中小企业参与政府采购活动的机会。2011年，全省846.99亿元的政府采购规模中，中小企业采购合同额为692.16亿元，占合同总金额的81.7%，比上年提高9个百分点。

（四）打造小微企业服务平台，促进公共服务体系建设。抓好公共服务平台建设是解决小微企业生存发展的有效举措，也是各级政府部门服务小微企业的重要抓手。山东省中小企业公共服务平台网络建设项目列入了工信部、财政部首批支持计划，获得中央专项资金额度5600万元，其中当年支持3100万元。同时，省财政落实资金1600万元，支持中小企业公共服务平台网络建设、人才培训、管理咨询等，有力地促进了中小企业社会化服务体系建设。省里还整合了中小企业发展专项、科技型中小企业专项资金6000万元，实行统筹规划，突出重点，集约投入，按每市1000万元的额度，对6个市的11个重点产业集群进行了集中扶持。到今年底，用三年时间把全省16市（不含青岛）轮流扶持一遍的目标将如期实现。同时，积极争取中央财政切块资金支持，本着“加大强度、集约投入、竞争择优、重点扶持”的原则，经过三轮严格评审，按每个特色产业不低于500万元的额度，对40个重点特色产业进行了集中支持。为有效放大财政资金引导效应，2011年，省财政与中国民生银行济南分行、省再担保集团开展战略合作，进一步完善财、银、保资金联动机制，通过财政资金带动，引导民生银行对产业集群内中小企业新增贷款逾20亿元，形成了共同推动特色产业集群发展的合力，对发展地方特色产业集群发挥了重要作用。邹城市投资1亿多元，高标准规划建设了集科研、试验、孵化、生产为一体的大学科技创业园，与清华科技园签署战略合作协议，设立了1亿元的产业创新引导基金。德州市出台了《加快小企业创业辅导基地建设的意见》，积极引导县市区在各类开发区、工业园区建造多层标准厂房，建设中小微企业创业基地，完善创业基地功能。2011年全市新增小微企业创业辅导基地面积20.4万平方米，新入驻企业965家，成功孵化企业425家，带动就业16765人。

二、存在的主要问题

尽管国家和省委、省政府的各项政策措施发挥了积极作用，取得了明显成效，但受国内外复杂的经济形势影响，小微企业的生存环境依然艰难。

（一）优惠政策虽好，但企业难得实惠。一是小型微利企业减半征收所得税政策优惠数额小，前置条件多，审批手续繁杂，企业积极性不高。优惠政策只有帐证健全、查账征收的小微企业才能享受，大量实行核定征收所得税的小微企业被拒之门外。核定征收企业要达到查账征收条件，一年大约需要增加支出1至2万元，远高于6000元的最大优惠数额。而符合享受条件的小微企业由于查账征收的隐性成本高，多数企业也选择了主动放弃优惠。二是国家规定对民间资本实行“非禁即入”，但由于缺乏具体的实施细则，某些领域和行业对小微企业仍然采取歧视性政策，“玻璃门”“弹簧门”现象依然存在，限制了企业市场准入和公平竞争。三是扶持小微企业发展的优惠政策涉及部门多，牵涉层面广，协调难度大，部门间的协调配合机制尚未形成。特别是在执行过程中，缺乏有效的管理监督机制，广大小微企业的权益难以从根本上得到保障。

（二）税费虽有减免，但负担仍然偏重。小微企业“挣得不多，缴得不少”，各种税、费以及为应对各类检查而付出的隐性成本，让小微企业承担不起。一是小微企业要缴法定的增值税、营业税和所得税，还要与大中型企业一样缴纳水资源费、社会保险费、土地使用税、城建税、地方水利建设基金、工会费等。有些地方的税务部门按照上年度企业赢利水平核定征收小微企业所得税，即使企业无利润也要缴纳所得税。二是减费力度小，成效不明显。目前对小微企业实行的一些费用减免政策，大多是管理类、登记类和证照类等行政事业性收费，在小微企业承担的各项费用中占的数额较小，而那些数额较大的费种，如河道工程维护管理费、水资源费、劳动保险费等，没有实质性减少。特别是近几年不断增长的社会保险费，也成为小微企业的沉重负担。三是检查多，“收费陷阱”多。虽然三令五申不得乱检查乱罚款收费，但各地普遍存在着捆绑收取会员费、报刊杂志费和各类赞助费等的“隐形收费”，名目繁多的各种检查、罚款，让企业不堪重负。据烟台对391家小微企业的调查，上缴税金占企业利润总额的比重高达62.9%，有211家企业的实际上缴税金比纯利润高，大体持平的有10家。

（三）融资难虽有所缓解，但尚未得到有效解决。尽管当前各项政策措施缓解了部分小微企业的融资问题，但对绝大多数小微企业来说，仍是杯水车薪，资金短缺依然是当前小微企业面临的最大问题。一是贷款难。小微企业自身规模小、缺少抵（质）押物，信用度低，很难从银行获得贷款。二是融资贵。调查反映，银行对小微企业的贷款利率一般都上浮50%～70%，高的达到120%。除此之外，银行还收取名目繁多的财务顾问费、咨询费、保证金等费用，进一步加重了小微企业的融资负担。三是大银行贷款难，小银行不健全，小微企业处于贷款无门境地。当前能够向小微企业贷款的基本上是城商行、农信社等小型金融机构。据对40户有贷款的小微企业问卷调查，小型金融机构占85%以上，国有大银行占不到15%。企业普遍反映，国有大银行贷款门槛高、程序繁杂、审批时间长，一笔贷款一般需要两三个月，甚至半年才能贷下来，放到企业时，“黄瓜菜都凉了”。即使能从大银行借到款，往往不能足期使用，无疑增加了贷款的成本。譬如一笔一年期贷款，使用时间大约10个月，约2个月的时间企业无法支配和使用。相对而言，城商行和农信社的贷款虽然利息稍高，但发放速度快，一般一周左右就能办下来，适应小微企业贷款“短、小、频、急”的特点。

（四）宏观经济形势不稳，小微企业面临困境。当前各类增支减收因素增加，小微企业生产经营出现困难。一是用工、能源原材料等要素成本过快上涨，使许多原本就处于产业链低端的小微企业盈利空间被挤压殆尽，小微企业生存艰难。二是招工难，影响小微企业正常生产。我省不仅东部地区小微企业用工难，西部地区也存在着同样的情况。传统行业小微企业由于劳动强度大，工资待遇低，缺乏吸引力，缺工现象非常普遍，特别是纺织服装、农副产品加工等劳动密集型行业，用工形势更加严峻。三是流动资金紧张。造成小微企业资金周转困难的因素很多，当前承兑汇票占款时间长、贴现率高成为小微企业资金紧张的一大因素。现在银行给企业贷款开承兑汇票，企业之间货款结算也多为汇票结算，小微企业采购原材料、发放工资、缴税、缴电费等等都要用现金，而承兑汇票贴现率一般在6%左右，高的达到10%以上，仅承兑汇票一项，一些中小企业利润损失高达10%左右。

三、对策建议

当前小微企业发展形势严峻，部分企业已经是举步维艰，难以为继。进一步加大扶持力度，改变发展环境，已成为小微企业生存和发展的迫切要求。针对目前小微企业面临的新情况、新问题、新矛盾，以贯彻落实国务院新出台的“29条”为契机，尽快研究出台实实在在的、“管用解渴”的新政策、新措施，对确保小微企业健康发展具有十分重要的意义。

（一）尽快研究制定我省《关于大力发展小微企业的若干意见》。下大气力提高各级政府及全社会对发展小微企业重要性的认识，把小微企业发展纳入政府重要工作议程，从解决民生问题出发，牢固树立小微企业优先发展的理念，努力营造适宜小微企业生存和发展的良好环境。积极贯彻落实“国9条”“国4条”和新出台的“国29条”中的各项政策措施，从我省实际出发，在加大财税扶持力度，缓解企业融资难题，加快健全公共服务体系，促进小微企业集聚发展，支持企业加大市场开拓力度，提高经营管理水平，推动企业创新发展和结构调整等方面，研究制定加快我省小微企业发展的若干政策意见。

（二）进一步加强财税扶持，扩大政策受惠面。进一步深化公共财政和税收体制改革，整合财政资源，加强对小微企业的财税扶持。一是逐年增加中小企业发展专项资金规模。县（市、区）都要根据自己的情况，设立支持小微企业发展的专项基金，加大对小微企业创业创新、促进就业和转型升级的财政资金支持。二是不断增加支持小微企业“过桥还贷资金”规模，提高资金使用效率，缓解小微企业资金周转困难，防止因资金链断裂而出现小微企业大面积停产歇业，甚至倒闭破产现象发生。三是切实落实各项税收优惠政策，让小微企业应享尽享，扩大政策的受惠面。对目前实行的年应纳所得额低于6万元小型微利企业所得税优惠政策，要取消各种前置条件，不论查账征收还是核定征收，本着宜宽不宜严的原则，改申请审批制为备案制，减少企业申请手续，降低企业享受优惠政策的成本和税务机关的税收征管成本。四是对实行核定征收所得税、增值税的企业要根据宏观形势和盈利水平，对税率及时进行调整，避免企业亏损还要缴所得税。五是加快结构性减免税步伐，突出小微企业的就业和社会保障功能，淡化其纳税功能，对小微企业进一步采取减税政策，参照我国原《外商投资企业和外国企业所得税法》对外商投资企业所得税“两免三减半”优惠政策，对新设立初创期的小微企业实行前2年所得税全免，后3年减半征收政策。

（三）进一步加快金融创新，改善融资环境。一是大力发展村镇银行、小额贷款公司、资金互助组织等小型金融机构，明确为小微企业服务的市场定位，放宽村镇银行、小额贷款公司设立条件和区域个数限制，争取全省每个县都要设立2个以上的村镇银行和多个小额贷款公司。二是继续加大中小企业集合债、集合票据、集合信托和区域集优债发行力度，争取每个市每年发行2到3支以上。大力推进设备融资租赁和股权融资，提高直接融资比重。三是加快建立山东省中小企业信用融资服务平台和金融超市，支持金融服务外包机构发展，构建多渠道、多元化融资服务体系。四是继续推动国有大银行和各商业银行到县（市、区）设立商业机构、特色支行或科技支行，到经济发达镇或产业聚集区设立小微企业专营机构，重点为小微企业提供信贷服务，并大幅下调和限定利率上浮空间。五是各银行机构对小微企业贷款要单列信贷规模，确保小型微型企业贷款增速高于全国小型微型企业贷款增速，高于全省全部贷款平均增速，增量高于上年同期水平，并实行单独考核。六是鼓励、引导和规范民间资本进入金融领域，跟踪和借鉴温州金融综合改革试验区经验，加快建立民间资本融资服务平台，健全民间资本市场，探索民间资本服务小微企业的新途径。七是坚决清理银行不合理收费和保证金存款要求，切实降低小微企业融资成本，并把对小微企业贷款不良率的容忍度提高至3%。八是进一步完善金融稳定工作机制，规范发展政府投融资平台，加强对融资性担保公司、投资公司、小额贷款公司的监督管理，正确引导民间借贷行为，严厉打击金融欺诈行为，注重防范金融风险。

（四）下大气力健全和完善社会服务支撑体系。建立健全公共服务体系是市场经济条件下政府扶持小微企业的主要方式。一是抓好全省公共服务平台网络建设。各地要根据国家、省《中小企业服务体系建设“十二五”规划》和全省中小企业公共服务平台网络建设方案，研究制定与本区域产业及中小微企业发展规划相衔接的综合性和专业化服务平台建设计划，争取用3~5年时间，基本建立起以省级平台为中枢、以100个市县综合平台和50个产业集群专业平台为窗口、吸收各类优质专业服务机构共同参与的中小微企业服务体系，为小微企业提供找得着、用得起、可依靠、有保证的全方位服务。二是推动创业辅导和孵化基地建设。加快建设创业辅导基地，壮大小企业创业辅导师队伍，不断提高小微企业的培育能力。根据小微企业需要，建设配套厂房、办公用房等基础设施，使小微企业入住即能运营，集中精力发展生产。鼓励开发区、工业园区为小微企业提供完善的基础设施和相关服务，引导小微企业进驻各地开发区、工业园等企业集中地区，实现集约、节约用地，走集群发展的路子。加大创业扶持力度，健全和完善创业投资引导机制，使用好省级创业投资引导基金，引导社会资本进入创业投资领域，培育更多初创期小微企业。三是进一步加大培训力度。抓好小微企业经营管理者培训，不断提高“小老板”的整体素质和管理水平。大力发展职业培训，提高职工技能水平。要根据小微企业发展需求，制定培育计划，加大财政投入，开展各种形式的管理者培训、职业技能培训和创业培训，建立政府支持、市场运作、多元化发展的用工和人才服务体系。

（五）下大气力清理不合理收费，减轻企业负担。规范政府行为，严格依法行政，坚决纠正损害小微企业合法权益的各种不正之风，坚决查处企业反映强烈的乱收费、乱评比、乱检查，进一步清理和规范涉企收费，降低收费标准，切实减轻企业负担。探索改革社会保险费缴纳体系，实行大中小微企业有差别的、弹性社会保险费缴费制度，适当降低小微企业的缴费比率，对季节性用工和临时用工按实际工资收入实行弹性缴费。

调研中了解到，目前全省各级中小企业管理部门普遍存在着机构不健全、人员编制少、职能和服务手段弱等问题，远远不能适应和满足小微企业发展和管理服务的需要。张德江副总理去年11月在全国部分地区中小企业工作座谈会上强调：“要进一步加强中小企业管理机构和人员队伍建设。”为此，建议我省在机构和人员队伍建设方面进一步加大力度，省、市、县三级设立独立的中小微企业管理机构，省中小企业办改名为省中小企业局（设为省政府直属机构），增加处室和人员编制，强化部门职能和服务手段，更好地适应我省中小企业快速发展的需要。

（山东省政府研究室省中小企业办公室）

实施“百千万”成长工程 促进中小微企业转型发展

中小微企业是我省经济社会发展的微观基础，是活跃在各个经济角落的毛细血管，在增加就业、促进经济增长、科技创新、实现社会和谐稳定等方面具有不可替代的作用。促进中小微企业发展对我省全面推进“四化两型”，加快转变经济发展方式具有重要的战略意义。近日，省经信委出台了《湖南省中小企业“百千万”成长工程实施方案》，标志着专门针对促进我省中小企业发展的“百千万”成长工程正式实施，中小企业将进入转型发展的新阶段。

实施中小企业“百千万”成长工程正当其时

无论是从经济发展的规律、还是从我省中小企业发展实际看，无论是从创造外部发展环境、还是从中小企业自身转型发展的现实需要看，实施中小企业“百千万”成长工程都十分必要和及时。

实施中小企业“百千万”成长工程是适应经济社会发展新形势的必然要求。一是实施中小企业“百千万”成长工程是湖南经济发展现阶段的必然要求。步入新型工业化中期的湖南，依然还是速度效益型经济，也就是说没有一定的速度就没有一定的效益，或者是说要实现总体效益，速度起着很关键的作用。在促进中小微企业实现转型升级、转变发展方式的前提下，加快中小企业成长步伐显得尤其紧迫。“十二五”时期，要把不断增加企业数量作为加速推进新型工业化的重要举措。二是实施中小企业“百千万”成长工程面临良好的机遇。从经济形势看，世界经济缓慢复苏，新兴经济体国家不断崛起，有利于中小企业扩大出口；发达国家经济转型，新技术革命、新产业的兴起，有利于中小企业承接产业转移，提升在全球产业链分工的位置。在后危机时期，全球产业结构调整和产业转移将为中小企业发展提升，获取国际平台和拥有先进技术提供重要机遇。从政策层面看，党中央、国务院高度重视中小企业健康发展。特别是去年以来，国务院先后2次召开常务会议，研究促进小型微型企业健康发展的政策措施，今年4月19日，出台了《国务院关于进一步支持小型微型企业健康发展的意见》（国发〔2012〕14号）。省政府今年的1号文件中，明确了加强融资服务、提倡全民创业、加大公共服务体系建设等政策措施。近日，又出台了《关于进一步支持中小微企业发展的实施意见》。这些都为中小企业发展提供了良好的机遇，此时实施中小企业“百千万”成长工程可谓正逢其时。三是实施“百千万”成长工程已经具备基础。一方面，具备发展基础。近几年来，我省中小企业在省委、省政府的高度重视和各级各部门的大力支持下，实现平稳较快发展。2011年末，我省中小企业共有18.49万户，占全省企业总数的99.8%，完成增加值占全省GDP的41.5%，完成各种税收占全部企业税收的51.8%，吸纳从业人员占全部企业从业人员的82.8%。中小企业已成为加速推进新型工业化的重要力量，保障和改善民生的重要方面，促进科技进步的重要主体，壮大县域经济的重要依托。另一方面，具备工作基础。在促进中小企业发展的工作上，由省经信委负责组织实施的“小巨人”计划和“创业”计划一直以来都是促进中小企业发展的标志性工作。中小企业“百千万”成长工程是2个计划的延续、拓展和提升，是在2个计划的基础上形成的更加完整的、深入的工作体系。

实施中小企业“百千万”成长工程是构建多点支撑产业发展新格局的基础。多点支撑产业发展新格局需要大企业的带动，也需要大量中小企业的支撑。在我省经济社会发展中，中小企业不仅是提供就业、保障和改善民生、构建和谐稳定的重要基础，更是培育特色经济、提升产业水平、发展战略性新兴产业的重要支撑。首先，产业的发展离不开数量众多、门类齐全、分布面广的中小企业，与“一枝独秀”产业格局相比，“多点支撑”产业格局更需要量大面广的中小企业的广泛参与。在工业领域中，我省除147户大型企业之外全是中小企业，分布在工业39个行业大类、400多个行业小类中。其次，中小企业是为优大企业开展配套协作的主力军，是延伸和融合产业链的重要环节，是形成和提升产业集群的主体力量，是培育产业龙头企业的后备梯队，在产业发展中扮演着重要角色，发挥着重要作用，是构建多点支撑产业发展新格局的中坚力量。另外，中小企业是我省县域经济的主体，大量中小企业集中在食品、有色金属、烟花爆竹、陶瓷业等传统特色产业中，这为打造和挖潜新的支撑点提供了坚实基础。因此，只有中小企业得到了良好的发展，构建多点支撑产业发展新格局才具备牢固的基础，才能保持可持续发展。中小企业“百千万”成长工程就是要构建多点支撑产业体系的大中小微相融合的科学企业组织结构和持续发展的格局。

实施中小企业“百千万”成长工程是推动中小企业转型发展的重要举措。一是推动中小企业转型发展需要一个标志性工程。促进大企业发展有“四千工程”这一重要标志，推动中小企业发展也同样需要一面旗帜，一个行动纲领。作为行动纲领，也为企业和市场传递了政府引导产业发展的导向。二是实施中小企业“百千万”成长工程是实现“十二五”中小企业发展规划目标的重要工作举措。无论是贯彻落实国家《“十二五”中小企业成长规划》，还是实现我省《中小企业和非公有制经济“十二五”发展规划》目标，其核心都在于促进中小企业成长。中小企业“百千万”成长工程的主要内容与“十二五”中小企业发展规划是一脉相承、相互衔接的，是实现发展目标的现实途径和工作举措。三是中小企业“百千万”成长工程与加速推进新型工业化“四千工程”互相呼应，相得益彰。近年来，省委、省政府更加高度重视工业经济发展，始终将加速推进新型工业化作为富民强省的第一推动力。2009年，以打造大产业、大企业、大集群和大园区为主的

“四千工程”全面启动实施，目前已经取得阶段性成果，全省涌现出机械、食品等8个千亿产业，长沙工程机械、岳阳石化2个千亿集群，长沙高新区、长沙经开区、株洲高新区3个千亿园区，五矿有色成为省内首家千亿企业。中小企业是我省工业经济的重要组成部分，是加速推进新型工业化的重要力量，中小工业企业增加值已占到全部工业增加值的60%以上。在此基础上，更需要中小企业“百千万”成长工程来延伸和补充，在促进我省工业经济整体发展上，形成更加完整、更加全面的工作体系。

中小企业“百千万”成长工程的核心内涵

中小企业“百千万”成长工程，简而言之即3句话——从2012年至“十二五”末，每年新增营业收入过4亿元的大企业100户以上；每年新增营业收入过1亿元的各类企业1000户以上；每年新创办各类小型微型企业30000户以上。看似简单的3句话内涵丰富，既点明了目标，又体现了思路。其核心内涵是按照“培育大企业、发展壮大中型企业、创办小型微型企业”3个层次来促进全省中小企业发展，实现扩大全省经济总量和促进中小企业转型发展的目标。

新增100户以上营业收入过4亿元大企业。如果将全省中小企业这个庞大的队伍比喻成一座“金字塔”，那么营业收入接近4亿元的这部分企业就是“金字塔”的顶尖层，侧重于做强做大。以工业企业为主体，促进农业、建筑业、服务业等各类企业全面发展。以营业收入过亿元的中小企业为培育重点，突出战略性新兴产业、现代农业和生产性服务业，通过引导、鼓励企业加快技术改造和科技创新步伐，支持中小企业兼并重组，承接“两型”产业转移等途径，培育一批支撑优势产业发展的大企业，带动县域经济发展的龙头企业。

新增1000户以上营业收入过亿元中型企业。这部分企业是“金字塔”的中间部分，侧重于又好又快。以营业收入在2000万元以上的高成长性中小企业为培育重点，引导和支持企业加快转型升级步伐，提高自主创新能力和经营管理水平，走“专、精、特、新”发展道路。培育一大批具有较强核心竞争力的科技型、创新型和劳动密集型中小企业。

创办30000户以上小型微型企业。这部分企业在“金字塔”的底部，是源源不断向上输送新鲜血液的基础力量，是“金字塔”顶尖层和中间层的后备军，侧重于又多又优。以创业基地、工业园区等为依托，鼓励、支持、引导大专院校科研院所科技人员、企业管理人员、高校毕业生、退伍转业军人、返乡“能人”等开展以创办工业企业为主体的、形式多样的自主创业，提高全省中小微企业总量，为培育大中型企业提供源源不断的后备力量，为吸纳就业、改善民生打下坚实的基础。

把握实施中小企业“百千万”成长工程的3个关键点

中小企业“百千万”成长工程并不是一个简单的目标，也不是一个空洞的口号，更不是概念炒作，而是一个具有发展目标、工作思路、措施手段的完整的体系。在实施中小企业“百千万”成长工程的过程中，要着重把握好3个关键点。

转型升级贯穿主线。新形势下，中小企业面临转型升级的任务更加艰巨。目前我省多数中小企业集中在传统行业，处于产业链低端，产品附加值低。特别是小型微型企业普遍自身素质较低，资本不雄厚，自主创新能力弱，缺少技术、品牌、销售渠道等竞争优势，生命力很脆弱，如不加快转型升级的步伐，将很快被市场淘汰。在实施中小企业“百千万”成长工程中，要把转型升级作为始终贯穿主线。在确定“100户营业收入过4亿元大企业”和“1000户营业收入过亿元中型企业”重点培育企业的名单时，首先要坚持符合国家产业政策方向，体现我省区域发展特色和优势，以此来引导和促进企业转型升级。对于新创办的小型微型企业，将从初创开始，就着力引导创业者按照新型工业化的要求创办企业，避免企业刚刚创办，又面临一个转型升级的问题，确保国家产业政策的有效传递，确保企业健康、持续发展。

分类扶持，梯度发展。对于促进大企业大集团发展来说可以做到“点对点”、一企一策，企业的具体困难和问题也可以一个一个地帮助协调解决，而对于数量众多、涉及面广的中小企业来说，在工作思路和方法上要有所不同，我们采取的是分类扶持，梯度发展的思路。对于即将迈入大企业行列的中型企业来说，主要侧重于帮助企业做强做大，迅速扩大规模；对于营业收入过亿元的中小企业来说，主要侧重于培养企业的成长性，提高其核心竞争力，引导和支持企业走“专、精、特、新”的发展道路，实现又好又快发展；对于创办小型微型企业来说，主要侧重于在“多生”的基础上实现“优生”。在扶持方式上，要按照“政府扶持平台，平台服务企业”的工作思路，更多地扶持创业基地和公共服务平台，通过服务机构为点多面广的小型微型企业开展服务。

精心组织，全力推进。要实现“百千万”成长目标，必须精心组织，狠抓落实。首先要切实提高认识，充分认识到实施中小企业“百千万”成长工程是贯彻落实促进中小微企业健康发展的政策措施，加快构建具有湖南特色的现代产业体系的重要举措，推动中小微企业转型升级的重要抓手。各地要高度重视，加强组织领导，明确目标，制订工作计划，细化工作措施，切实抓好落实。其次，要实行定期监测和动态管理制度，加大政策支持力度，大力推动全民创业，加强协调和服务，营造良好的发展环境，确保中小企业“百千万”成长工程顺利推进，取得实效。

（湖南省经济和信息化委员会主任　谢超英）

缓解中小企业融资难题的思考

中小企业融资难是个世界性难题。与其他市场经济国家相比，我国金融市场化改革步伐过度稳健谨慎，中小企业特别是小型微型企业投融资机制不完善、渠道不通畅，融资问题更显突出。

基本情况

从我省来看，9月末，全省小型企业贷款余额2354.2亿元，微型企业贷款余额251.7亿元，分别占全省企业贷款余额10108.2亿元的23.3%、2.5%。1~9月份，小型企业新增贷款356.3亿元，微型企业新增贷款21.2亿元，分别占全省新增贷款1093.5亿元的32.6%、1.9%。这其中还包括因为银行统计标准（500万元以下的贷款为小型微型企业贷款）被划入小型微型企业贷款的部分中型企业贷款。从数据反映的情况看，当前我省小型微型企业，特别是微型企业融资，仍然面临较大困难。

主要问题

融资难，大量小型微型企业被“挤出”，难以从正规金融渠道获得资金。据人民银行长沙中心支行反映，当前我省与银行建立了信贷关系的小型微型企业不到10%，而小型微型企业贷款需求却提高了70%左右。而票据融资只适用于大型企业和规模实力较大的中型企业；股权投资机构大多关注拟上市公司，初创企业和种子期的小型微型企业得不到股权投资机构的支持；上市融资只有极少数的优秀中型企业才有机会，而且难度很大。因此，大量的小型微型企业的融资需求只能通过民间融资的方式来解决。

融资贵，正规金融利率上浮，小型微型企业资金成本压力不堪重负。从人民银行长沙中心支行8月份的数据看，63.3%的企业贷款有上浮，而小型企业达到80%以上，最高上浮达到基准利率的2倍以上，大部分上浮在10%~50%。加上中间业务、咨询等费用，以及银行扣留贷款额的10%~20%作为保证金，实际贷款成本更高。银行贷款利率上浮，使得民间借贷利率趋高，小型微型企业资金成本压力不堪重负。

融资乱，资金配置格局失序和失范，加剧了“民资热钱化”风险。各类资金的无序流动进一步加大了金融市场监控的难度，扰乱了金融市场的秩序，加剧了资金资源配置的混乱格局，影响了配置效率。有调查显示，当前小型微型企业利润率不足5%，从事实体经济的企业很难长期支付高利贷本息，面临资金链断裂风险；而民间借贷利率超过同期法定贷款利率4倍以上即不受法律保护，借贷方也存在权益受损的风险。

对策建议

扩大对小型微型企业的信贷支持。一是鼓励设立政策性中小企业银行。建立专门面向小型微型企业的银行，降低授信门槛，抵押和信用相结合，抵押和担保贷款利率不上浮，信用贷款采取风险定价方式实行市场化利率，给予较高的贷款不良率容忍度，并以此来带动商业银行改善对小型微型企业的金融服务。二是大力发展小银行机构，特别是区域性股份制民营银行。大力发展小额贷款公司，在审慎有序、风险可控的原则下，放宽小额贷款公司转制为村镇银行的限制。三是建立小型微型企业信贷风险补偿机制。让商业银行在商业目标与社会责任之间找到平衡点，促使商业银行扩大小型微型企业的贷款规模。四是完善小型微型企业风险定价机制，降低小型微型企业融资成本。建议国家完善小型微型企业风险定价机制，对足额抵押贷款或足额担保贷款应采取基准利率或优惠利率；对信用贷款部分，根据风险定价原则，利率适度上浮。

加强中小企业信用担保体系建设。政府出资的担保机构是为小型微型企业开展融资担保服务的主要力量，在规范市场、降低担保费率、扩大对小型微型企业服务方面发挥着积极的引领作用。因此，政府要进一步加大对中小企业信用担保机构的投入，建立中小企业信用担保基金，明确担保机构的市场主体地位，进一步改善担保机构的经营环境，更好地发挥中小企业信用担保机构为中小企业融资担保服务的功能。

加大金融创新力度，拓宽小型微型企业资本市场融资渠道。一是国家层面上，要研究出台小型微型企业集合票据、集合债券、短期融资券发行政策，逐步扩大小型微型企业集合票据、集合债券、短期融资券发行规模。二是改进上市审批机制，提高中小企业上市的成功率。建议国家改进中小企业上市审批机制，引入市场化的发审机制和监管手段，让证券市场真正成为中小企业投资和融资的乐土。三是发挥省信托投资公司的融资平台功能，建立小型微型企业通过中小企业信托计划融资的长效机制。

以法律制度引导民间金融规范发展。一是加快民间金融的立法。建立一个规范民间融资活动的秩序框架，将其纳入法制化轨道，引导民间金融规范发展。二是建立民间融资登记制度。明确第三方机构对民间融资进行登记，确保民间融资行为的规范，保护借贷双方的合法权益。三是鼓励中小企业信用担保机构为民间借贷提供担保服务。凡是经过第三方登记机构登记的，可以比照为银行机构提供的贷款担保，符合有关政策要求的，可以纳入中小企业信用担保资金补助范围。四是要大力发展私募股权投资和创业投资。鼓励民间资本通过PE（股权投资）、VC（风险投资）和天使投资等方式进入战略性新兴产业和有市场潜力的实体经济，扩大小型微型企业直接融资渠道。

优化小型微型企业金融服务环境。一是加强“湖南省中小企业融资超市”建设，着力解决小型微型企业与银行机构、股权投资机构和担保机构之间信息不对称问题，建立银企对接的长效机制。二是加强小型微型企业信用体系建设，推动建立小型微型企业信用档案。三是鼓励融资服务中介机构规范开展为小型微型企业提供各类投融资服务。

提升小型微型企业自身融资能力。一是加大对小型微型企业税收优惠力度，减轻企业负担，提高其自身发展能力。二是通过财税政策、产业政策，引导小型微型企业加快转变发展方式，坚持自主创新，加大技术改造和升级，改善企业管理，推进品牌建设，加强企业诚信，增强市场竞争能力。通过提高小型微型企业发展水平、管理水平来增强其融资能力。

（湖南省中小企业局融资服务处）

黑龙江省非公有制经济（中小企业）发展情况报告

一、总体情况

近几年，我委紧紧围绕省委、省政府建设“八大经济区”和实施“十大工程”的总体部署，以加快发展为主题，以重点项目和产业为主攻方向，努力营造良好的发展环境，完善非公有制经济发展的社会化服务体系，推进非公有制经济产业结构调整，坚定不移地发展非公有制经济，实现非公有制经济健康快速发展。2012 年全省非公经济完成增加值达到 7000 亿元以上，同比增长 14% 以上，占全省 GDP 的 50% 以上。发展非公经济（中小企业）的措施主要包括：

（一）创造宽松发展环境。我委全面落实国家及我省促进非公经济（中小企业）发展的相关政策措施，营造宽松发展环境。一是宣传贯彻《黑龙江省促进中小企业发展条例》等政策措施。会同省财政厅、省税务局、省工商局等部门围绕我省相关配套政策、非公有制经济“十二五”发展规划、黑龙江省促进中小企业发展条例、非金融企业债务融资工具进行宣传解读与贯彻实施。二是组织实施《我省中小企业活动年活动方案》。2012 年是国家确定的中小企业服务年，按照工信部的工作部署，结合我省实际编制了《我省中小企业活动年活动方案》并组织实施，围绕政策咨询、投融资、创业创新、管理提升、改善环境五方面开展 31 项活动。三是积极协调中省直部门贯彻落实国发 14 号文件。省工信委牵头在省电视台、省电台开展了国发 14 号文件解读宣讲活动，并赴哈尔滨、齐齐哈尔、大庆等地进行宣讲和组织贯彻实施。

（二）实施中小企业成长工程。大力中小企业成长工程，促进企业快速、健康成长，推出管理咨询、电子商务、编制规划、“直邮服务企业”、中小企业云管理信息化等服务成长型企业工作，旨在帮助企业提升素质，成长壮大。一是针对中小企业发展规划不清晰、主业不突出问题组织专家指导有条件的成长型中小企业编制三年成长规划，给予企业编制补贴。二是帮助企业开拓市场，搭建了中小企业电子商务平台，采取网上商城和地面连锁店相结合的形式，帮助中小企业开拓市场，在网上注册了“龙江第一商城”，已在外省建立了 10 家地面连锁店，主要产品达到 30 多种，短短 8 个月实现销售额 8.1 亿元，为小微企业节省销售费用 1000 多万元。同时为进入平台销售的小微企业，提供不用资产用在途产品作抵押的流动资金贷款，结合我省已开展的 9 种融资模式，多渠道帮助中小企业解决市场开拓资金。与省邮政管理公司合作，推广直邮服务。通过企业广告信函邮寄，帮助中小企业拓展市场份额。三是针对中小企业管理粗放问题开展管理咨询诊断活动，并对开展管理咨询的中小企业进行补贴。四是推进中小企业云智慧管理工作，利用手机终端云平台，对企业生产全过程、销售、财务、人力资源等方面实现移动办公，推动中小企业信息化建设。

（三）建设公共服务平台网络。我省中小企业公共服务平台网络建设项目列入全国第一批 10 个省份之一，并获得国家资金支持。按照工信部的工作部署，计划用三年时间，建设 1 个省枢纽平台、13 个市地综合窗口平台、19 个产业集群窗口平台的一体化平台网络体系。经过 1 年的努力，我省平台网络取得了阶段性成果，平台网络总体架构基本形成。全省第一批中小企业公共服务平台网络已正式开通运营，第二批窗口平台正在建设中，第三批窗口平台已列入国家重点支持计划。在建设中我们注重从中小企业实际需求出发，在平台网络上创新推出电子商务、行业服务、智慧云、融资担保、成长服务等五大特色平台，突出特色化、个性化服务，用心为广大中小企业打造“找得着、用得起、有保证、就近就地”的服务平台。平台网络调动、整合全省中介服务机构、服务资源，统筹为中小企业、非公经济提供服务。截至 2013 年 1 月底，五大特色平台和第一批“窗口”平台，共为中小企业监测产品 186 个，解决技术难题 68 个，接听电话和受理咨询 327 余次，举办各类服务活动 82 项，处理各种诉求 31 项，中小企业满意率达到 90% 以上。

（四）破解企业融资难题。针对我省中小企业融资难问题，我委积极采取有效措施帮助企业融资，解决中小企业贷款难题。一是开展政银企对接活动。为解决企业资金紧缺难题，帮助企业融资，2012 年，我委组织全省 13 个市（地）开展了 20 余次银企对接活动，近 1100 多户参加对接活动，达成贷款意向 160 亿元。二是巩固扩大工业企业助保金试点工作。在哈尔滨、齐齐哈尔、鹤岗、绥化 4 市及肇东和萝北 2 县（市）开展助保金试点。目前，助保金贷款风险补偿金总额已达 3.81 亿元，预计 2012 年全年助保金贷款总额可达 28 亿元，试点两年来，各试点市、县（市）助保金管委会与助保金贷款合作平台协作共为 501 户企业发放助保金贷款 49 亿元。三是开展知识产权抵质押活动。在哈尔滨市开展全省中小企业知识产权质押融资试点。截至到 2012 年 10 月末，哈尔滨市企业信用融资担保中心知识产权质押融资平台为9户企业发放知识产权（商标权、专利权等）质押组合贷款17笔，金额2.05亿元。

（五）开展创业辅导工作。培育和扶持创业，为非公经济注入新生动力。一是实施万名创业小老板培育计划。通过培育万名创业小老板，推动创办、扶持更多的小企业，打造全省企业的第三梯队，推动非公经济发展。截至2012年10月末，全省扶持新创办和扶持创业初期的小企业9836户，创业企业完成增加值14.91亿元，安置就业8.2万人。预计2012年全年，全省扶持新创办和扶持创业初期的小企业10000户，创业企业完成增加值28.3亿元，安置就业8.5万人。二是推进中小企业创业基地建设。目前，全省省级创业基地管理人员达2000多人，入驻企业2590户，就业人数19432人。累计毕业企业300多户，创业基地针对入驻企业开展创业服务736次，服务受益企业4475户，企业服务受众23151人。同时，指导各地创建市级创业基地，全省各级创业基地已达到145家，其中省级创业基地达87家。

（六）实施企业人才服务保障。努力推进全省人才服务对接活动，为企业发展不断输入人才。重点活动包括：一是联合省教育厅、省人社厅、省农垦总局和省广播电台等多家单位，在黑龙江职业学院成功举办了“2012年黑龙江院校学生就业与企业用工合作对接会”，参会企业262家，提供1.52万个用工岗位，参会院校101家，参会毕业生1.8万人，签订用工协议6484人，签订校企合作意向性协议68份。二是开展职业技术教育进工业园区、入企业活动。优选黑龙江职业学院、黑龙江信息技术职业学院、黑龙江煤炭职业技术学院和黑龙江农垦职业学院四所院校为先行试点单位，四所院校共设置19个专业，年培养960人。三是在全省开展了“2012年全省中小企业网上百日招聘高校毕业生活动”，为223户企业发布招聘信息，点击浏览量达数万人次。我委2012年全年培训各类企业人才8.69万人次，为企业提供和推荐18.6万个用工信息，帮助企业解决1.08万人的用工问题。

二、存在的主要问题

从发展态势看，我省非公有制经济发展比较健康稳定，但在发展中还存在着一些不可忽视的问题。一是成长难度大。企业素质较差、管理水平低、缺少核心技术、市场品牌少、营销渠道单一。二是资金链条不畅。由于抵押资产少、资信水平低，获得贷款难度大；绝大多数企业缺少直接融资手段，特别是一些大企业拖欠小微企业货款占比较大。三是市场抗风险能力差。材料、能源、用工、物流等成本持续上升，由于应对成本上升的消化能力弱，经营效益明显下滑；四是发展环境仍不够宽松。发展环境虽有所改善，但企业负担和服务环境仍需改善。

三、2013年发展思路

2013年是实施“十二五”规划的关键一年。总体发展思路是：全面贯彻党的十八大精神，深入贯彻落实科学发展观，按照省委、省政府的决策部署，以“服务企业、助力成长”为主题，以改善企业发展环境为核心，以完善政策法规体系、构建公共服务体系为支撑，深入落实党中央、国务院扶持中小企业发展的政策措施，为中小企业特别是小型微型企业送政策、送温暖、送服务，全面提升中小企业自身素质和水平，营造全社会关注、服务中小企业的良好氛围，推动非公经济、中小企业实现平稳健康发展。全省非公经济增加值同比增长13%以上。重点抓好以下工作：

（一）全力优化发展环境。一是继续落实国家及我省促进非公经济（中小企业）发展的各项政策措施，不断加大《黑龙江省促进中小企业发展条例》的宣传贯彻力度。二是继续开展包扶重点企业活动，针对企业发展中的难点问题，按照职能组织中省直有关部门包扶解决。三是进一步减轻企业负担，严肃查处对企业乱收费、乱罚款、乱摊派的各种侵权行为，切实保护企业及其职工的合法权益。四是充分发挥全省发展非公有制经济（中小企业）工作领导小组成员单位的作用，加强部门间协调配合，形成工作合力，创造宽松政策环境。

（二）大力实施企业成长工程。全面贯彻落实小微企业发展政策措施，扶持小微企业发展。继续开展成长型中小企业评价扶持工作，在信用评价、贷款担保、信贷支持等方面给予支持，重点在专项资金上予以扶持，帮助其做大做强。组织成长型企业编制三年发展规划，指导企业明确发展思路，提出发展战略，引导各类社会资源予以扶持，在全省打造一批成长型品牌企业。

（三）多渠道帮助企业开拓市场。通过四方面措施帮助企业开拓市场，增强市场竞争力。一是采取电子商务模式。充分发挥全省中小企业电子商务运营中心引导作用，通过网上商城加地面连锁店互动运营模式，帮助中小企业拓宽销售渠道。二是采取店中店直营模式。通过搭建小微企业产品展示合作平台，集中展示我省名优特新产品，帮助小微企业拓展市场发展空间，提升竞争能力。三是推广直邮服务模式。与省邮政管理公司合作，采取广告信函邮寄帮助中小企业拓展市场份额。四是采取分销模式。与省邮政管理公司合作，通过邮政各级系统开展分销活动，帮助中小企业拓展市场份额。

（四）引导企业提升管理水平。开展管理咨询活动，围绕成长型中小企业开展管理咨询诊断活动。以先进的管理方式和专家辅导相结合，对企业发展进行“健康体检”“把脉诊断”“规范提升”“强筋壮骨”“助力成长”，帮助企业解决发展难题。进一步推进中小企业云管理平台，助力中小企业成长，提升中小企业的市场竞争能力。继续实施好中小企业培训工程，开展职业经理人培训工作。

（五）开展服务机构下企业活动。组织综合平台、技术平台及社会中介机构巡回市（地）、县（市），深入企业开展丰富多彩的咨询服务活动。通过举办培训、专题讲座，开展解难题、技术成果对接等项活动，集聚社会资源，为中小企业特别是小型微型企业送政策、送温暖、送服务，全面提升中小企业自身素质和水平。

（六）探索推进中小企业总部经济。优化产业分布结构。支持中小企业在科技研发、工业设计、技术咨询、软件和信息服务、现代物流等生产性服务业领域发展；鼓励中小企业文化创意、总部经济等新兴领域，形成总部集聚效应，集群布局，拓展发展空间。探索建设全省中小企业总部经济发展平台，助力全省有发展前景的中小企业集聚发展，实现企业、总部所在区域、生产加工基地所在区域“三方”共赢。

（黑龙江省工业和信息化委员会中小企业局）

黑龙江省中小企业直邮服务活动试点工作总结

一、直邮服务活动概述

直邮是传媒行业中重要的媒介之一，是通过邮政网络建立企业与客户之间一对一直复式营销的国际流行模式，它以企业和邮政精准目标受众信息数据库为基础，以信件为载体，将企业产品促销等宣传信息，直接传递到目标客户手中，被誉为“带瞄准器的宣传媒体”。在美国等发达国家深受中小企业的认知和认可，是企业进行客户关系维护、产品促销推广等企业营销活动首选的宣传方式之一。在我国，直邮媒体在东南沿海发达地区，由于企业市场意识和效益意识较成熟，已经被广大中小企业所认可和使用，直邮理念深入到企业整体营销策划活动之中。目前包括河南、山东、内蒙、甘肃等多个省份都在开展直邮服务中小企业项目，帮助中小企业进行市场拓展，深受当地中小企业主的欢迎。

目前，直邮服务活动已经开展了两批试点工作，现将有关试点工作情况总结如下：

二、首批中小企业直邮服务试点活动开展情况

（一）活动基本情况

为推动我省非公经济更好更快发展，2011 年省工信委与省邮政公司联合开展了“直邮服务中小企业”活动，下发了《关于开展直邮服务中小企业试点工作的通知》，并制定了《全省直邮服务中小企业试点工作实施方案》。按照《通知》、《方案》要求，通过企业自主申报、市地推荐、审核，最终确定在全省选取 23 家中小企业为首批直邮服务试点企业，每户企业邮寄 1 万封商业信函，共邮寄商业信函 23 万封。

省邮政公司负责活动整体策划和活动实施工作，并承担部分印制费用。经过直邮推介、企业沟通、材料上报、方案设计、信函制作、邮寄、效果反馈等多个环节的工作，首批中小企业直邮服务试点活动于 2012 年 4 月中旬圆满结束。

在我省，中小企业由于受营销理念成熟度和资金紧张等主客观因素影响，对直邮这种宣传媒体的认知度还不高，还没有广泛应用。不过从首批 23 户企业试点活动来看，参与活动的中小企业普遍感到有所收获，效果比较理想。收到直邮信函的消费者也感到此项活动所推荐中小企业和产品都是比较优秀的，对直邮活动给予肯定和支持，参与积极性较高。

（二）活动回访情况

2012 年 4 月底至 11 月初，我们和省邮政公司组织直邮服务活动回访团队，对参加首批直邮活动试点的 23 户中小企业采取上门走访和抽样调查的方式进行回访，了解和掌握活动的反馈效果，据反应，宣传活动期间大部分企业的咨询电话、企业网站点击数量明显增加，部分收到信函的客户持有信函和宣传单到企业门店咨询，部分企业通过直邮服务活动，结识了一些新的客户，并与客户签订了意向性合作协议。与上年度同期相比，大部分企业在电话咨询、门店销售、同期销售收入都有不同程度提高。

（三）活动效果分析

据统计，截至 2012 年 10 月末，参加直邮服务活动的企业接到的电话咨询数量增加了 5400 多个，到企业门店咨询的数量增加了 1151 人次，企业网站点击数量增加了 30000 余次，企业收到 E－mai 的数量增加了 2481 件。企业合作客户增加 503 个，企业订单增加 460 余单，首批直邮服务活动企业销售额增加 500 余万元，同比增 15.7%。其中直邮服务活动直接增加的销售额度为 300 余万元，通过直邮服务活动拉动、企业配合专项促销活动增加的销售额度为 200 余万元。

其中，富锦龙江拖拉机有限责任公司：电话咨询增加 860 个，网站点击增加 1100 次，实现销售收入增加 200 万元，与去年同期相比增长 45%；黑龙江克东先腐乳有限公司：电话咨询增加 155 个，到门店咨询增加 150 人次，实现销售收入增加 130 万元，与去年同期相比增长 35%；大兴安岭百盛蓝莓科技开发有限公司：电话咨询增加 101 个，到门店咨询增加 105 人次，新增客户 26 个，销售收入增加 90 万元，与去年同期相比有较大提升；大庆九州玉米有限公司：电话咨询明显增加，到门店咨询增加 50 多人次，实现销售收入增加 18 余万元；野宝药业：电话咨询增加 540 个，到门店咨询增加 118 人次，与去年同期相比销售收入增加 15 万元；黑龙江冰峰亚麻有限公司：电话咨询增加 200 个，新增订单 5 个，销售收入同比增加 10 余万元；铁力市四宝生物科技有限公司：电话咨询增加 560 个，网站点击只增加 1800 余次，销售收入同比增加 3 万余元。

总之，通过回访调查了解到许多企业在活动中都不同程度的获益。特别是那些积极参与活动，做好营销配合的企业取得了效果更好。首批直邮服务活动中参加试点的中小企业家们纷纷表示：直邮项目针对性强，效果明显，是政府为中小企业搭建了一个优势的促销宣传平台，帮助企业拓展了市场渠道，创造了更多商机，为企业办了一件好事、实事。

三、第二批中小企业直邮服务活动开展情况

在首批试点工作取得较好效果的基础上，经省工信委研究决定扩大“直邮服务中小企业”活动范围，进行第二批直邮服务试点工作。2012 年 10 月第二批直邮服务试点工作正式启动，在全省选择了 150 家优秀的中小企业开展第二批直邮服务推广活动，2011 年参加首批试点活动的 23 家企业中有 10 家积极主动参与到第二批直邮服务活动中来。截至 2012 年 11 月 25 日，全面完成了企业遴选、文件方案制定下发、企业需求对接、信函内页设计、名址数据分析筛选、部分企业信函打印制作、邮寄等全部工作，150 万件直邮信函全部实现邮寄，150 户企业面向省内外潜在客户源共发放 150 万封信函，共带动近 500 万人关注这 150 户企业及其主打产品。

（一）活动基本情况

1. 直邮服务企业遴选工作及分布情况。2012 年 10 月，在省工信委的正确指导下，各市地工信委的密切配合下，全省上报了参加第二批直邮服务活动的企业共计 170 家，我们与省邮政公司共同对上报的 170 家企业逐一进行了研究分析，根据直邮服务的特点、企业的基本情况、所属行业及地区等情况，最终确定 150 户企业参加第二批直邮服务活动。按行业分布，涵盖了机械制造、化工、冶金、纺织、服装、食品加工、医药、包装等 28 个行业。按地区分布，涵盖了全省十三个市地（含农垦系统），其中：哈尔滨 23 家、齐齐哈尔 15 家、牡丹江 15 家、佳木斯 18 家、大庆 22 家、鸡西 5 家、双鸭山 6 家、伊春 10 家、七台河 3 家、鹤岗 10 家、绥化 13 家、黑河 3 家、大兴安岭 7 家。

2. 制定活动工作方案，下发有关文件，指导工作顺利开展。为了保证直邮服务活动顺利开展，我们与省邮政公司研究制定了活动工作方案，确定了工作程序，各方配合有序，明晰了各自的职责范围和各项工作时间节点。2012 年 10 月 17 日，由省工信委、省邮政公司联合下发了《关于开展直邮服务中小微企业工作的通知》（企业联发〔2012〕474 号），文件中明确此次活动的运作模式、时间安排、各方工作职责及其他相关要求，文件下发至各地市中小企业主管部门和邮政部门，并要求将通知发送给入选的中小企业，为整个活动工作具体实施提供保证。

3. 加强组织领导搞好企业需求对接。需求对接是做好直邮工作关键环节，重点是要关注和了解到企业的营销需求，明晰企业的经营特点、产品特性、受众对象和宣传的重点，为后期商业信函设计、名址数据库筛选、信函邮寄等工作打下基础，有的放矢，针对性强的做好直邮宣传工作。为此省邮政公司成立了专门的项目组，对整体工作进行了精心研究和周密部署，并于 2012 年 10 月 18 日召开了 13 个地市县邮政局的电视电话会议，对整体工作进行部署。要求各地市邮政局成立项目组，函件局长亲自上阵把关，下设工作小组，内设专职企业负责人，与企业进行一对一的沟通对接，了解需求，进行名址的挑选和宣传品的设计。

同时，各地市邮政局项目组第一时间与当地工信委进行了汇报和对接，就如何做好此次活动进行讨论和研究，佳木斯、七台河、齐齐哈尔等地市还召开了由工信委、企业、邮政公司参加的项目研讨会，会上邮政部门做了直邮业务介绍，与会企业踊跃发言，反映热烈，为整体工作的开展打下了良好基础。

4. 精心设计制作信函，精准选取名址数据。在与企业成功对接后，邮政公司项目组着手对企业宣传需求进行了信封内页设计工作。信封采用了 2011 年首批试点成功发寄的样式，在文字和形式上做了微调。内页设计上最大程度的满足了企业的要求，在颜色、配图、文字、诱因设计等方面，邮政方面与企业做了深入的沟通和研究，有的内容与企业进行了多次修改，在得到企业认可之后，才进行设计完稿。为使活动效果凸显，调动参与人员的积极性。在每封信中，增加了一封致企业、消费者的告知信，明晰活动的内容、意义，并在文案的写作上，以温情文字请受众客户支持龙江中小微企业的发展，共创和谐发展环境。

在信函内页设计的同时，市地邮政公司的项目组对企业宣传对象（即发寄名址数据）进行了研究，按照企业的规模、销售半径、行业划分、产品类别等条件，根据专业数据分析和企业自身实际需求相结合的原则，从邮政庞大的数据库中精选了针对性比较强的名址数据。重点发寄目标是省内外市场推广相关联的企业目标客户，辅之以本地区终端消费人群。所有数据分析筛选完毕后，省邮政公司项目组对各地上报数据进行了抽样检查，保证数据覆盖面和准确率。

在信函设计完成、企业确认后，省邮政公司项目组分两批（第一批 6 个地市 85 家、第二批 7 个地市 65 家）把信函样稿传至省工信委审核。

5. 信函制作与邮寄工作。哈尔滨市邮政公司制作中心负责全省直邮信函的打印制作、邮寄工作，哈尔滨邮政公司为了此项目制定了生产制作排期，通过增加夜班、停休、人休机器不停等方式抢抓进度，项目组每天在工作群中通报印刷、打印、发寄的进度表，截至 2012 年 11 月 25 日，150 万封直邮宣传信函全部成功发寄。同时把信函已经邮寄的信息及时告知相关企业，提醒企业做好信息反馈等工作。

（二）活动具体流程及过程管控工作

为了保证直邮服务工作的质量，按时完成邮寄工作，我们与省邮政公司制定了具体的工作流程及管控措施，详细内容见下表。

序号	工作项目	完成时间	负责单位	主要工作
1	入围企业宣传材料收集整理	2012. 10. 26	省、市地工信委、各市地邮政局、中小企业	地市邮政部门与当地工信委安排活动事宜，其中佳木斯、七台河、齐齐哈尔等地市召开了由工信委、入围企业、邮政参加的项目研讨会。邮政部门实行专人一对一的对接企业的需求。详细了解企业现状和宣传方向，为企业按照销售区域、产品属性等内容挑选筛选发寄目标和人群
2	信封、宣传页设计和确认	2012. 10. 31	省工信委、省邮政公司、哈尔滨市邮政局	信封的设计整体风格仍沿用大气正统，增加活动公信力。内页设计上以满足企业需求为主，并适度增加诱因等内容，将设计稿设计精美、实用，易于受众阅读。同时在每封信中增设一封致消费者的信，以温情文字邀广大龙江人民支持微小企业和本次活动。
3	信封、宣传页印刷	2012. 11. 2	哈尔滨市邮政局	邀请浙江印厂印制信封，哈尔滨市本埠两家印厂共同印制内容，保证和印制效果和质量，于11月初全部印制回货。
4	打印、制作、封发	2012. 11. 25	哈尔滨市邮政局	全省由省局会同哈局统一打印发寄，并为保证工期，制定了生产制作排期表，采取了加班、停休、科学调配的人工与机器的作业方式，按时完成。
5	第一次反馈	2012. 12. 13	省、市地工信委、各市地邮政局、中小企业	按照工作安排表，信件发寄15天之后，各局开始陆续对企业进行信息的反馈安排。
6	第二次反馈	2013. 3. 7	省、市地工信委、各市地邮政局、中小企业	邮寄后3个月后，各局对中小企业进行信息反馈走访工作。
7	第三次反馈	2013. 10. 28	省、市地工信委、各市地邮政局、中小企业	邮寄后11个月后，各局对中小企业进行信息反馈走访工作。

（三）企业信息反馈情况及活动效果分析

1. 企业信息反馈情况。

（1）第一期效果反馈工作。2012年12月13日对150家企业进行了信件邮寄15天后的反馈工作，共有141家企业完成了效果反馈，比例为94%。其中，有116家企业反馈本次活动效果较好，比例为77.3%；有18家企业反馈效果一般，比例为12%；有7家企业反馈效果较差，比例为4.7%；有9家企业没有反馈信息，比例为6%。

（2）第二期效果反馈工作。2013年3月7日对150家中小企业邮寄后3个月进行了电话回访和上门拜访的方式进行信息反馈。其中：有135家企业反馈本次活动较好（其中有65家反馈情况为“好”），占比为90%；有15家企业反馈效果一般，占比为10%。

（3）第三期效果反馈工作。2013年10月28日对150家中小企业邮寄后11个月进行了电话回访和上门拜访的方式进行信息反馈。其中：有143家企业反馈本次活动较好（其中有86家反馈情况为“好”），占比为95.3%；有7家企业反馈效果一般，占比为4.7%。

（4）活动服务热线反馈情况。活动服务热线共接到各类咨询电话7600条，咨询内容包括本次活动的具体情况、入围企业的详细情况及直邮服务的具体模式等。中心和邮政公司项目组对咨询电话均给予了详细准确的解答。

2. 活动效果统计分析。

截至2013年10月28日，这150户企业与未开展直邮服务前相比累计增加销售收入1.58亿元。其中：电话咨询数量32836个、网站访问量19046个、代理商增加3103个、销售渠道拓展1105个、电子邮件咨询增加11739个、门店客流量增加8996人次、企业签订订单18799单，合作客户19667个。经过统计分析，整体效果如下：

（1）企业对邮政需求对接满意度100%

（2）企业对设计、印刷满意度100%、

（3）企业对名址数据分析满意度100%

（4）电话咨询数量：有数字统计的平均数为288个；

（5）网站访问量：有数字统计的平均数为340个；

（6）订单增加数量：有数字统计的平均数为190个；

（7）销售额增加数量：有数字统计的平均数为161万元；

（8）代理商增加数量：有数字统计的平均数为51个；

（9）销售渠道拓展数量：有数字统计的平均数为16个；

（10）电子邮件咨询数量：有数字统计的平均数为119个；

（11）门店客流量增加数量：有数字统计的平均数为375人；

其中大庆九洲玉米加工有限公司，电话咨询160个，网站访问量235个，到门店咨询1956人次，订单增加89单，实现销售收入额度提高了十五个百分点，销售收入565万元；黑龙江省克东腐乳有限公司，电话咨询320个，订单增加700单，销售收入500万元；黑龙江省宝泉岭农垦宝泉酱业有限公司，电话咨询150个，网站访问量120个，到门店咨询

150人次，订单增加56单，实现销售收入350万元；伊春市美江木艺有限责任公司，电话咨询800个，网站点击900次，实现销售收入200万元，与去年同期比增长45%；哈尔滨方正源泉粮油工业有限公司，电话咨询300个，网站访问量5400个，订单增加量20个，销售代理商增加了50个，到门店咨询600人次，活动期间实现销售收入150万元，与去年同期比增长35%；野宝药业，电话咨询131个，到门店咨询153人次，订单增加124单，同期比销售收入增加112万元；西林钢铁集团有限公司，电话咨询782个，邮件咨询576个，到门店咨询105人次，客户新增26个，销售收入100万元。

（四）具体案例分析

A. 大庆九州玉米加工有限公司直邮案例

1. 市场概述。大庆九洲玉米加工有限公司成立于2009年6月，是一家专业从事玉米油及玉米深加工衍生产品的科研开发与工业化生产的民营企业。公司位于大庆市大同区新河工业园区，占地面积22000平方米，是省内首家玉米胚芽深加工企业，年产值过亿元。但在当前，食品加工行业中产品服务同质化，竞争激烈，普遍存在找客难等的问题。该企业希望通过营销创新，提高对现有客户业绩捆绑，挖掘潜在客户，寻找业务增长点。

2. 直邮营销过程。大庆九州玉米加工有限公司是省内首家玉米胚芽深加工企业，全省玉米加工示范基地，玉米半成品及深加工品在省内市场享有一定知名度，但由于企业相对规模小，宣传费用有限，缺乏有效营销手段，现阶段重点拓展的原生玉米胚芽油系列产品在省外销售状况较差，限制了产品的拓展。为帮助该公司进一步拓展市场销售渠道，打开产品销路，并以此为标杆，推动大庆市其它食品、土特产业客户开展直邮业务。为此，大庆市邮政局于2012年11月份专门成立了由市、县相关人员组成的项目组，进行亲历式营销服务。项目组经过与九州玉米加工有限公司的深入沟通、交流，结合公司产品特点及销售渠道组织状况，有针对性地在辽宁、吉林、山东内陆地区精选了4940条全国超市、连锁店数据——即食品、土特产品的主要零售渠道；60条土特产协会数据——即针对农业类或相关行业的协会，协调并且开展行业产品的推介与展会，促进产品的销售；5000条代理商、经销商数据——即食品、土特产品的主要代理渠道。对10000个目标客户寄发“诚邀加盟 共创大业”客户邀请函10000封。

3. 直邮服务效果。此次直邮服务活动，取得了令客户较为满意的效果。直邮寄发后的一段时间，该公司的网站点击率快速上升，网站访问量235个，业务咨询电话160个，到门店咨询1956人次，订单增加89单，据公司对回复客户的情况统计，截至2013年10月底，销售收入达到565万元，通过直邮的宣传，比去年同期提高了十五个百分点。尝到甜头后，该公司拟定再次与邮政合作，选择邮政的数据库商和中邮DM进行2014年两节期间的宣传。

B. 北大仓酒业直邮项目案例

1. 市场背景。北大仓酒业是黑龙江省西部地区最大的白酒企业，其产品在东北地区以及沿海地区知名度较高。由于较高的知名度和品牌价值，在产品质量较高的同时价格也在同类产品中处于中上等价位。北大仓酒便被誉为“北国茅台”而声震大江南北、长城内外，成为黑土地上绽开的一朵香飘北国的美酒之花。

2. 市场挑战。

（1）市场竞争激烈，有富裕老窖、黑土地等全国知名品牌，更有许多本地品牌价格较低。如何在保持现有市场占有率的同时，提高市场份额是最大的挑战。

（2）零售商超的终端零售销售基本发展趋于稳定，无太大提升空间；而企业团购的销售空间巨大。如何能打动客户、产生合作意向是最大的营销挑战。

3. 目标受众选择。

（1）政府、事业单位、企业、医院等普遍具有年末年货采购需求。

（2）北大仓作为齐齐哈尔特色，是返乡人群的最佳首选。

4. 营销策略。考虑到货运成本以及产品已有知名度，首先针对东北地区宣传。筛选政府、事业单位、学校、医院及大型企业政企单位名。以直邮套装的形式，包含宣传单张、订购表格以及实物样板等。宣传单张简介大方，突出新年红色喜庆，基于已有产品的知名度仅介绍重点推介产品的团购价格等信息，同时以硬纸做成异形可折叠样式，可摆放于台面作为台历，提升了宣传的长期效果。为了突出主打产品是白酒，设计了利是封样式，将小瓶放入其中，可以收藏。同时让客户亲身体验口感，起到直观的宣传效果。

5. 营销效果。截至2013年10月底，电话咨询数量320个，电子邮件咨询量278个，订单增加数量700个，活动期间销售收入500万元，其中直邮活动增加收入15万元。

C. 克东腐乳直邮项目案例

1. 市场背景。黑龙江省克东腐乳有限公司是中华老字号企业，经过近百年的发展，公司已成为年综合生产能力超万吨，位居全国行业十强绿色食品生产加工企业。同时拥有中国驰名商标，黑龙江省著名商标及黑龙江省名牌的品牌产品等多项殊荣。

2. 市场挑战。克东腐乳有限公司是我省地方特色企业，其产品在东北地区一直销量很好，但在近年来受到多个来自其他品牌的冲击，市场占有率有所下降，对于新客户的获取和老客户的维系存在困难，传统的与其他竞争对手相似的宣传方式已经无法满足需求，亟待通过新的宣传渠道获取客户，扩大市场占有欲，而直邮的保密性高、目标客户明确等优势，成为其最佳选择。

3. 目标受众的选择。克东腐乳食品有限公司，受众群体多为家庭消费主导者。我们将数据选取放在以家庭为单位选取，或基于大型超市或商圈附近的住户、以小区，楼盘进行新客户数据的选取。

4. 直邮策划及创意。为克东腐乳设计的DM是横向三折邮筒的形式，封口的位置是一个方形形状的异性设计，代表克东腐乳的独特性，让人更有开拆的兴趣；信封标语既加入了克东腐乳的广告用语，又拉近了与收信客户之间的距离；中联设计的是一张可以直接邮寄出去的回执单，收到本邮简的家庭可以在填写回执单后直接邮寄，参与我们的抽奖活动，另外也是我们收集反馈信息的渠道之一。末联为“生活小贴士”，可以因为时间的改变而作不同的设计。

5. 营销成果。反馈情况：活动期间共接到电话咨询数量13027个，响应率为5.5‰；销售金额500万元，其中直邮活动实现销售收入30万元。同时东北地区的销售额较去年同期增长10%。

6. 企业对活动的意见和建议。

（1）部分企业认为每个企业发寄1万份邮件过少，建议下次能增加单个企业发寄量；

（2）部分企业希望以后还能参加类似的直邮推广活动；

（3）部分企业反馈外省直邮服务效果比省内好，希望下次邮寄加大外省的数据比例。

（4）部分企业反馈本次活动时间有点紧张，希望下次活动能留有更加充分的时间进行策划和准备。

四、活动工作保障措施

1. 加强直邮服务工作宣传力度。直邮是传媒行业中重要的媒介之一，被誉为“带瞄准器的宣传媒体”。在国际上已经成为企业进行客户关系维护、产品促销推广等企业营销活动首选的宣传方式之一。在我国东南沿海发达地区已被广大中小企业所认可和使用，直邮理念深入到企业整体营销策划活动之中。目前包括河南、山东、内蒙、甘肃等多个省份都在开展直邮服务中小企业项目，帮助中小企业进行市场拓展，深受当地中小企业主的欢迎。但在我省直邮服务模式引入较晚，一些企业对直邮服务的概念、模式和作用还不太清楚。为了搞好直邮服务试点活动，我们加大了直邮服务的宣传力度，多次组织培训和讲座，对企业营销人员进行培训，力求让企业了解直邮服务的理念、模式和作用，使直邮服务理念深入企业家的头脑中，直邮模式深入到企业。2012年5月22日，省工信委专题组织培训班推介直邮，得到参会企业的高度评价和认可；2012年6月8日，省工信委第二次组织全省600家中小企业进行培训，邀请省邮政公司的专业人员讲解直邮业务；2012年6月29日，在双鸭山举办的第五届双鸭山市十大杰出企业颁奖盛典暨学习型企业高层论坛再次对直邮服务进行推介；同时在齐齐哈尔、大庆市等市也专门进行了直邮服务专场宣讲活动。

通过培训和宣讲活动，使企业对直邮服务活动有了新的全面认识，明确了直邮服务的目的和意义，提高了企业参加活动的积极性，更多的企业自愿、主动积极参加到活动中来。

2. 精心组织、周密安排。细节是决定活动成功的关键。省工信委与省邮政公司为保证活动的有效开展，使中小企业在活动中得到实惠，对整个流程细节都进行了科学安排，严格按照流程来操作和组织实施；同时省邮政公司为本次活动设置了服务热线信息反馈通道。据统计，活动服务热线共接到各类咨询电话7600条，咨询内容包括本次活动的具体情况、入围企业的详细情况及直邮服务的具体模式等。工作小组对咨询电话均给予了详细的解答，收到了较好的效果。如针对巴彦县苏城酿酒有限公司，在直邮推广活动中，邮政直邮人员利用直邮理念，在企业的企业文化、宣传理念的前提下，制定了一套针对性强，媒介推广力度大的宣传计划。双方首先确认直邮宣传以发展主打品牌将军酒为主，精心对数据名址进行筛选。针对宣传的主题和主旨，确认了目标客户群的分布区域、人群的购买属性、人群的购买力等。再根据挑选的人群做好创意的设计，切实提高了广告发布有效性，得到企业的好评。企业负责人表示，这次活动既享受到了省工信委给予的扶持政策，更是一次难得的为企业把脉的好机会，对企业今后的发展提供了科学的依据，并表示将继续通过直邮的方式推销企业产品。

3. 加强沟通联系、及时解决问题。本次活动的企业数量多、分布广，操作环节多，项目的时间节点非常紧张。在前期对接工作中，工作人员发现入围企业对活动认知度不高，配合工作有待提升。如：部分企业对整个活动的意义和目了解不够；部分企业把这次活动只看做是一次简单的宣传活动，主动性与参与度不够；部分企业的成熟度和发展模式相对较弱，不能清晰的表述企业产品的市场定位、市场细分、受众群等，导致在名址数据的筛选和内页设计不够准确清晰等问题。针对这些存在的问题，省工信委和省邮政公司抓紧时间对症下药开展工作。一是由省邮政公司组织专家团队深入市地和企业，为讲解直邮业务，解决工作中存在的问题。二是耐心挑选，细致对接。项目组前期通过直邮的理念的宣传，协助各市地工信部门开展企业遴选工作，一定程度上过滤掉某些特殊行业企业、外向型企业、对直邮营销不感兴趣、营销周期不匹配等企业，确保入围企业有积极性。在活动开展过程中，组织工作人员深入企业，与企业保持较长时间的磨合对接，帮助企业策划促销活动、分析筛选名址数据、做好文案平面设计、设计诱因及反馈渠道等基础性工作，确保为企业提供更完整的直邮服务。

五、存在的问题及不足

1. 入围企业对活动认知度不高，配合工作有待提升。一是部分企业在对接过程中，对整个活动的意义和目了解不够，邮政部门上门对接不畅，导致时限出现问题。本次活动的企业数量多、分布广，操作环节多，项目的时间节点非常紧张。对接时间过长，势必影响的设计素材整理和制作发寄等工作的安排。二是部分企业把这次活动只看做是一次简单的宣传活动，不提供诱因设计，在文字材料上逻辑错误、主题不突出、内容生硬，并对于后续反馈的跟踪也没有安排专人做好统计工作，造成后续分析和总结比较困难。三是部分企业的成熟度和发展模式相对较弱，不能清晰的表述企业产品的市场定位、市场细分、受众群等，导致在名址数据的筛选和内页设计不够准确清晰，影响反馈效果。

2. 入围企业的筛选与直邮贴合度需进一步强化。直邮作为一种精准的宣传媒介，需要在一定的受众群体中间进行传播。而在对接过程中，发现部分入围企业的产品过于专业，产品属于行业直供，或者受众范围相对较窄，不适合直邮推介，造成临时更换企业。即使部分企业勉强发寄，也会导致直邮服务效果不佳。

3. 部分邮政对接人员能力有待提高。部分邮政对接人员因能力原因，在对接的过程中对企业所处行业的发展现状、市场环境、产品特点、销售渠道等不能做出有价值的分析，导致在后期的制作中，出现了偏差。同时在后续跟进服务、反馈跟踪环节的与企业沟通的不到位，导致企业的反馈信息笼统，不精细。

六、下一步的工作措施和计划

1. 继续做好本次活动的收尾及分析总结工作。组织项目组继续跟踪各企业的信息反馈工作，更加深入的讨论和总结本次活动经验和不足，分析出现的问题，总结经验和办法，为今后的直邮服务推广活动奠定基础。

2. 邮政公司项目组全面参与到活动的整个环节中。邮政项目组前期可以根据直邮理念和模式，协助市地工信部门做好企业遴选工作，滤掉某些特殊行业企业、外向型企业、对直邮营销不感兴趣、营销周期不匹配企业等。项目组提早介入也可以用较长时间与企业进行磨合对接，帮助企业更好的策划促销活动、分析筛选名址数据、做好文案平面设计、设计诱因及反馈渠道等基础性工作，为企业提供更完整的直邮服务。

3. 加大直邮活动的宣传力度。可适度增加一些大众媒体的宣传活动安排，推广和宣传省工信委开展此项活动的目的和意义。在社会上营造出政府出资、企业宣传、消费者和采购商受益的良好氛围，并将此项活动作为一种长期的品牌性活动来搞，让消费者和采购商更加关注活动推荐的企业，为企业的企业形象宣传造势，吸引更多的企业家们自愿的、积极参加到活动中来。

4. 邮政项目对接人员要提高直邮服务能力。部分邮政对接人员还需要加强培训，提升能力，提高为企业服务的整体水平。

（黑龙江省中小企业服务中心）

开拓“二次创业”新局面，争创广东发展新优势

——优化广东中小微企业创业环境研究

“二次创业”是知识经济发展的最高阶段，其实质是推动信息产业、知识产业与传统产业之间由分离走向以知识产业为中心的统一。对一个地区而言，“二次创业”意味着突破“一次创业”中过多依赖资源、环境等传统发展方式的束缚，主要依靠现代经济中知识科技第一生力产和金融资本第一推动力，以知识运营为核心，以资本运营为纽带，引导产业资本更多地投向符合经济发展趋势，符合国家战略导向的产业领域，推动中小微企业更多依靠科技创新、知识、人才、资本等高端要素，积极投向先进制造业、战略性新兴产业、幸福导向型产业、现代服务业等高增值产业，实现经济转型和产业升级。

为全面掌握广东省中小微企业“二次创业”需求现状和发展动态，完善和推进中小微企业综合服务体系和创业基地建设，探索推进“二次创业”的新思路和新模式，优化中小微企业创业和发展的新举措和新优势，广东省经济和信息委（省中小企业局）联合广东省社会科学院成立课题组，对优化中小微企业创业环境，推进“二次创业”进行了研究，并撰写此调研报告。报告综合分析了广东省推进“二次创业”的现状特征、比较优势和现实困境，提出推进“二次创业”的总体思路、产业选择及政策建议。

一、广东省正处于“二次创业”的关键时期

（一）发展方式转变及市场机制倒逼广东必须进行“二次创业”

改革开放30多年，广东开全国创业风气之先，成为全国经济第一大省，形成以土地、环境、资源、廉价劳力等生产要素消耗为特征、高度依赖外部市场的经济结构。但当前，受全球金融危机的深层次影响，外需放缓甚至萎缩呈长期化、常态化趋势，宽松的外贸环境早已不复存在，又面临着内需不足，资源、环境、劳力成本上升尤其是人才、技术等诸多瓶颈和约束因素，必须顺应经济发展阶段性转变的要求和新的外部发展形势，不断优化中小微企业的创业环境，加快推进“二次创业”步伐。调查显示，55.67%的中小微企业有“二次创业”的意向。

（二）继续当好“排头兵”、争创发展新优势的战略任务呼吁广东开展“二次创业”

广东是全国经济发展和体制机制创新的试验区，但随着改革领域的不断扩大和改革程度的持续加深，广东原有的特权政策早已不复存在。当好科学发展的“排头兵”的角色，增创经济发展新优势、增添体制机制新活力，是当前和未来时期广东推动发展的战略任务。优化中小微企业创业环境，推进“二次创业”，就是要不断的解放思想，破解阻碍中小微企业创业和发展的体制机制障碍，意味着突破传统发展方式的束缚，更多依靠知识、资本等高端要素实现经济转型升级，为先行先试的广东再造新优势。

（三）提振实体经济、实现稳定增长的经济形势要求广东推动“二次创业”

面对复杂多变的发展形势和经济下行压力，中央将“稳增长”放在重中之重，而作为经济第一大省的广东，在“稳增长”当中扮演关键角色，完成

"稳增长"这一根本任务，关键在于做强处于"顶天立地"地位的实体经济，关键在于搞活处于"铺天盖地"发展状况的中小微企业，突破口在于优化中小微企业的创业环境，利用知识、资本等现代经济要素，以知识运营为核心，以资本运营为纽带，引导金融资本和民间资本投向实体经济和新兴产业，做强实体经济。扶持中小微企业二次创业已成为解决当前经济下行压力，提振实体经济，实现稳定经济增长的关键举措。

二、推进"二次创业"的比较优势与现实困境

广东省正处于推进二次创业的关键时期，具备四大比较优势，存在四方面突出困境。

（一）比较优势

优势之一：高端集聚的产业优势，具备雄厚的制造业基础及完善的产业链配套

2011年广东省第二产业增加值26205.30亿元，先进制造业增加值11521.44亿元。已形成纺织服装、食品饮料、建筑材料、电子信息、电器机械及专用设备、石油化工、森工造纸、医药、汽车等九大工业支柱产业。与此配套的金融、会展、物流、信息等生产性服务业也得到长足发展，这将为中小微企业创业提供产业链配套支撑。

优势之二：雄厚的民间资本优势，民间投资快速发展，融资服务体系逐步健全

广东民间投资从2003年的1633亿元增长至2011年的10053亿元，平均增长25.5%，占全社会固定资产投资比重从2003年的32.5%增加至2011年的59.4%。全省创业基地累计投资的420亿元中，有将近290亿来自民间投资，占总投资额的69.8%。随着广东多渠道、多元化融资服务体系的构建，面向中小微企业的融资大门也在变宽。

优势之三：开放高效的市场优势，具备毗邻港澳的市场意识和服务效率

广东省利用毗邻港澳的地理条件，积极推进创业环境建设，树立了国际化的视野、市场观念和服务意识，近年以来，又出台了一系列措施扶持中小微企业创业的政策，大力改善商务环境，简化工商审批程序，大力推行联合审批、一站式服务，办事效率和服务水平不断提高。

优势之四：先行探索的创业载体优势，创业基地初具规模，创业辅导功能不断增强

自从2010年开始，广东省启动小企业创业基地建设，引导各地在产业转移园区尤其是重点区域、重点园区、重点产业建立小企业创业基地，对小微企业创业进行了有益探索。到目前为止，据初步统计，全省68家省级小企业创业基地，共入驻8700多家中小微企业和49000多名创业人员，带动就业人员约27万。

（二）现实困境

困境之一：特殊的优惠政策不复存在，原有的创业优势面临严峻挑战

改革开放初期，广东依靠先行一步的政策优惠和区位优势，兴起了第一次创业热潮，但现在，特殊的优惠政策早已不复存在，调研结果显示，有43%的企业表示对各种政策不清楚，无法评价，有3.5%的企业对政策的有效性给予否定；在对广东省整体创业政策环境的评价中，35%的企业认为广东整体创业政策环境一般，13%的企业对创业政策环境不太满意。

困境之二：宽松的外贸环境不复存在，外向型战略和传统发展模式面临严峻挑战

外需放缓甚至萎缩呈长期化、常态化趋势，"三来一补"的发展方式难以为继，调查显示：86%的企业认为劳动力成本上升是当前企业发展面临的重要挑战；73%的企业认为原材料价格上涨是企业面临的主要问题；34%的企业认为国际经济环境的恶化成为企业发展的外部挑战；59%的企业认为市场竞争异常激烈是导致利润空间缩小的主要原因。

困境之三：创新能力不足，高素质人才短缺

广东2011年科学研究与试验发展（R&D）经费支出约980亿元，研发投入占GDP的比重仅1.85%，虽然略高于全国1.83%的平均水平，但低于上海3.1%，江苏2.2%、浙江1.96%，低于主要发达国家和新兴工业化国家3%的国际标准。在广东中小微企业对技术环境评价的调查中发现，50%的企业认为广东技术环境一般，甚至有4%的企业认为较差，改善中小微企业技术环境显得尤为重要。2011年底，全省技能人才缺口约600万人，全省高技能人才占技能人才比例只有17.8%，低于上海的23%、山东的25%和湖南的20%。其中每万名劳动者中从事研发的人员仅35名，低于上海的135人和江苏的45人。调查数据显示，66%的企业认为缺乏所需人才是创业的重要障碍。

困境之四：资本运营能力不足，金融信贷不适应产业发展需要

与江苏、浙江和山东等东部省份相比，广东的信贷增长传统上主要以中长期贷款为主，短期流动性贷款增长通常慢于中长期贷款，而且明显少于江苏、浙江和山东等东部省份。调研数据显示，抽查的400多家中小微企业中，61%的企业认为广东整体融资环境一般，18%的企业对广东的融资环境不太满意。对金融机构在开发适应中小微企业的金融产品方面的评价中，高达43.7%的企业表示一般，剩余8.2%认为较差或者很差。

三、"二次创业"的总体思路与产业选择

（一）总体思路

广东推动"二次创业"的总体思路是：以推动"二次创业"为重要抓手，进一步完善创业政策环境，弘扬创业精神，培育创业主体，拓展创业空间，加强创业服务，鼓励开展各种类型的创业活动，激发全社会的创业活力，强化资金、技术及人才支撑，充分发挥创业基地的资源集聚和扩散带动的作用，引导建立中小微企业创业的重要产业集聚区，大力

发展战略性新兴产业、幸福导向型产业及现代服务业，形成产业链配套。

（二）产业选择

未来一段时期内，广东中小微企业应在充分的市场调研基础上，认清自身优势，可涉入以下产业：

1. 高端新型电子信息、新能源汽车、LED产业、生物产业、高端装备制造、节能环保、新能源、新材料等战略性新兴产业；

2. 健康服务、休闲旅游、文化创意、智慧信息服务等幸福导向型产业；

3. 现代物流业，研发设计、工程咨询、检验检测等科技服务业。

在服务外包业有关现代服务业的产业链增值环节、关键领域或细分行业，寻求发展空间。

四、推动“二次创业”的政策建议

（一）实施中小微企业创业工程，加强对创业基地建设的宏观指导与服务

推动出台实施中小微企业创业工程若干意见等配套政策，优化中小微企业的“二次创业”的政策环境。设立中小微企业创业专项资金，加大对小微企业创业基地的资金扶持。加强创业服务队伍建设，完善创业基地配套服务，提升创业辅导能力。制定中小微企业创业鼓励行业目录，强化中小微企业创业分类指导与服务。积极开展创业教育，形成赞赏创业、支持创业的社会氛围。

（二）鼓励金融创新，改善中小微企业融资环境

引导金融机构落实对中小微企业创业的金融支持政策，扩大对中小微企业的贷款规模和比重。支持金融机构加快金融服务改革与创新，建立和完善有别于大企业的中小信贷审核制度。支持开展民间商业性小额贷款公司试点工作，完善中小微企业信用担保体系，形成覆盖省、市、县的融资担保网络。组织银行、小额贷款公司、担保公司、融资中介机构深入创业基地开展对接与交流活动。

（三）完善综合服务体系，提升公共支撑能力

建立健全自主创新服务体系，组织实施一批中小微企业自主创新和转型升级项目，引导企业向“专、精、特、新”方向发展。加快科技创新成果转化，鼓励中小微企业以项目委托、知识产权托管，科研机构、高等院校、职业院校以技术入股、新产品提成等方式，共建研发机构和技术联盟、联合开发项目、增加知识产权积累、共同培养专业技术和创新型高技能人才，拓宽产学研协同创新的市场空间。建立健全中介服务体系，建立完善公共服务平台，为中小微企业提供信息咨询、科技研发、检验检测、技术支持、人才培训、管理咨询、创业辅导、市场开拓、知识产权、法律维权、就业服务、职业开发评价等服务。发挥各类社会组织服务中小微企业的作用，完善政府购买服务制度，明确政府购买服务的具体规则、范围。

（四）推进行政审批制度改革，完善税收和政府采购政策，优化中小微企业营商环境

简化中小微企业审批环节，推行网上审批、并联审批和服务质量公开承诺等做法，不断提高行政审批服务水平。落实扶持中小微企业发展政策，落实国家和省清理收费各项政策，大力减轻企业负担。完善政府采购扶持中小微企业的政策，降低中小微企业参与政府采购的准入门槛，提高中小微企业参与政府采购的竞争意识、产品质量和服务能力。

（向晓梅，广东省社会科学院产业经济研究所所长、研究员，广东省南方民营企业发展研究院首席专家）

贵州民营经济发展状况调研报告

根据省政府的统一安排，贵州省民营经济局、贵州省工商局、贵州省政府发展研究中心组成联合调研组前往9个市（州）调研民营经济情况。同时，贵州省民营经济局成立提高民营经济比重课题组，对贵州省内外民营经济进行研究。在此基础上，课题组、调研组认真剖析全国和贵州省民营经济发展状况，形成以下调研报告。

改革开放以来，非公有制经济经历了从限制发展到作为公有制经济有益补充，再到社会主义市场经济重要组成部分的演变，对推动中国特色社会主义市场体系建设，对中国基本经济制度的完善起到至关重要的作用。每一次经济总量的快速增长，都伴随着经济结构的不断调整和民营经济活力的释放。贵州经济社会走后发赶超之路，离不开民营经济的有力支撑，贵州的发展，希望和潜力在民营经济。

一、民营经济的重要地位和作用

民营经济是经济活力所在，也是东部地区经济腾飞的成功经验。民营企业数量和创造就业越来越多，对经济社会的影响也越来越明显，其地位和作用已经发生了历史性变化。

（一）民营经济快速发展，成为经济社会主力军。近20年全国个体私营经济呈跨越式增长（见图1）。2012年，民营经济增加值占全国生产总值的60%，民间投资占全国固定资产投资的61.4%，民间资本占全国企业资本的60%，民营企业占全国企业法人数的97%，民营经济就业占全国非农就业的85%，城镇就业的70%，缴税占全国税收的60%。民营经济已经成为国民经济的重要组成，在完善社会主义市场经济体制、扩大全社会投资、促进企业发展、保障民生和创造就业岗位以及增加税收等方面发挥不可替代的作用。

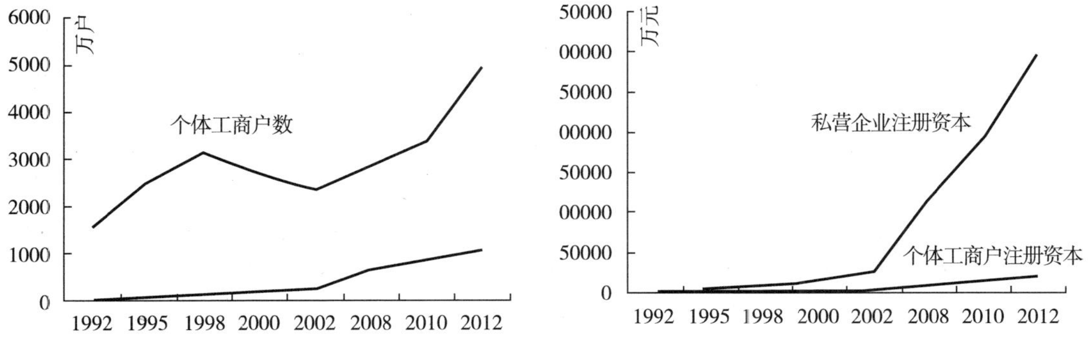

图1　1992～2012 年全国私营企业、个体工商户

（二）东部民营经济体量庞大，中西部地区发展不足。据不完全统计，江苏、浙江、广东的民营经济规模超过 2 万亿（见图 2），福建、河北、辽宁、四川、湖南超过 1 万亿，湖北、天津、山西超过 5000 亿元，云南接近 4000 亿元，而我省不足 3000 亿。从比重上看，也呈“东高西低、外高内低”的格局，福建、河北、浙江、辽宁的民营经济比重超过 60%，四川、湖南、湖北、江苏比重过半。我省民营经济的规模和比重两项指标，在全国排名均相对靠后。浙江省是民营经济大省，民营经济发达是浙江经济的显著特征和突出优势，该省民营企业已达 72 万户（不含个体户），解决 90% 劳动力就业问题，并形成以民营为主干的块状经济新型载体。

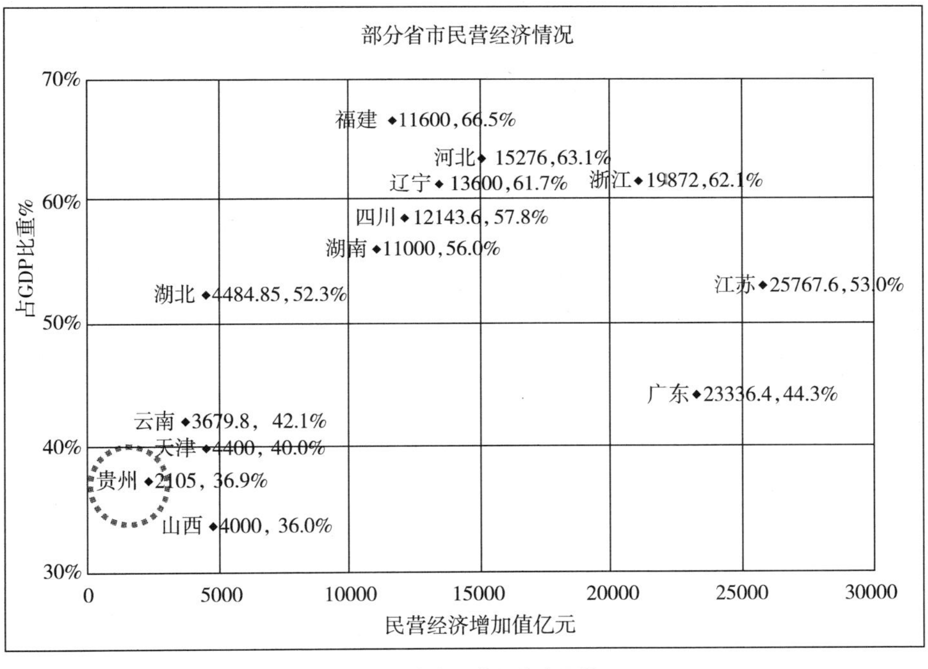

图2　部分省市民营经济发展状况

说明：因全国大部分省市尚未公布 2012 年民营经济发展情况，为保持数据的可比性，图中均采用 2011 年数据进行比较。

（三）大型民企异军突起，实力大幅提升。全国民企 500 强中，2010 年排名最末的企业营业收入为 36.6 亿元，2011 年提高到 50.5 亿元，2012 年再提高到 65.7 亿元，门槛逐年加高。大型民营企业规模也越来越大，2010 年营业收入达到 1000 亿元的民企为 3 家，2011 年为 4 家，2012 年达到 7 家，500～1000 亿元规模的民企也从 2010 年的 1 家增加到 2012 年的 20 家（见图 3）。2012 年民企 500 强营业收入共计 9.31 万亿元，对国民经济的贡献增强。排名前 5 的企业分别是江苏 2 家，北京、山东、广东各 1 家。东部省市中，山东入围企业 24 家、广东 8 家、江苏 62 家、浙江 58 家。西部省市入围企业 48 家，占比 9.6%，其中：四川 13 家，内蒙古 14 家，重庆 10 家，陕西 4 家，云南 4 家，新疆、宁夏、贵州各 1 家。我省入围民企为宏立城，排名为第 381 位。同时，全国民营企业制造业 500 强名单中，排名最末企业的年营业收入 41.2 亿元，贵州民营制造企业仍达不到门槛条件。

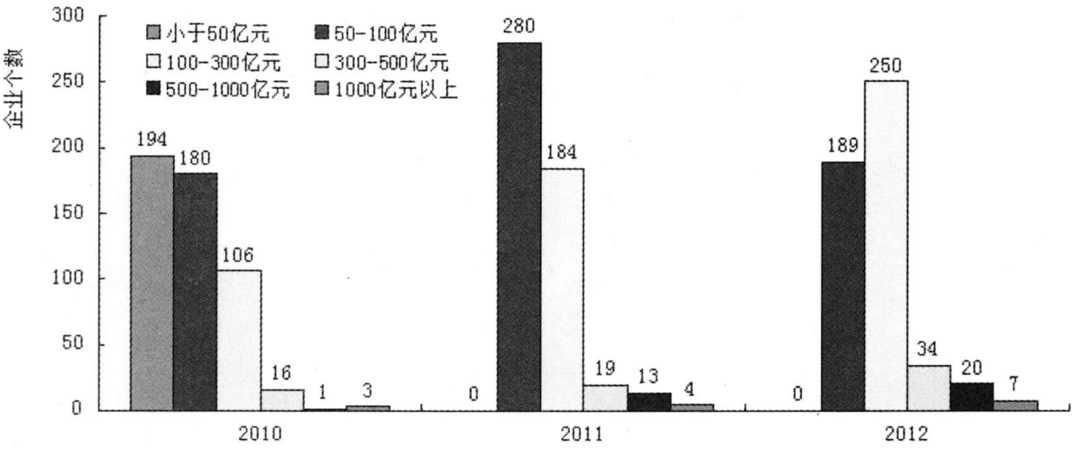

图3　2010～2012 全国500 强民企按营业收入分布情况

（四）民营经济走向多元，各行各业开放速度加快。国务院鼓励民间投资健康发展的新36 条意见出台后，市场准入条件的宽松为民营经济进入特定行业打开了方便之门，民营经济以各种方式参与到各行各业中，逐渐进入重大基础设施、信息行业、金融等诸多“高层次”领域，发挥的作用越来越大，国有资本的垄断地位开始有所转变。而且，越来越多的民营企业表现出转型热情，与传统行业相比，民营企业更愿意向附加值高的高端科技领域靠拢，一时间全国各地涌现出大批科技型中小企业。据统计，2012 年全国民间固定资产投资达到22.4 万亿元，同比增长24.8%，制造业、农林牧渔、采矿、交通运输整体向民企开放较大（见图4），水利、教育、卫生等加快向民企放开，但仍存在结构性问题，如石油天然气民间投资仅163 亿元，铁路运输民间投资只有156 亿元。

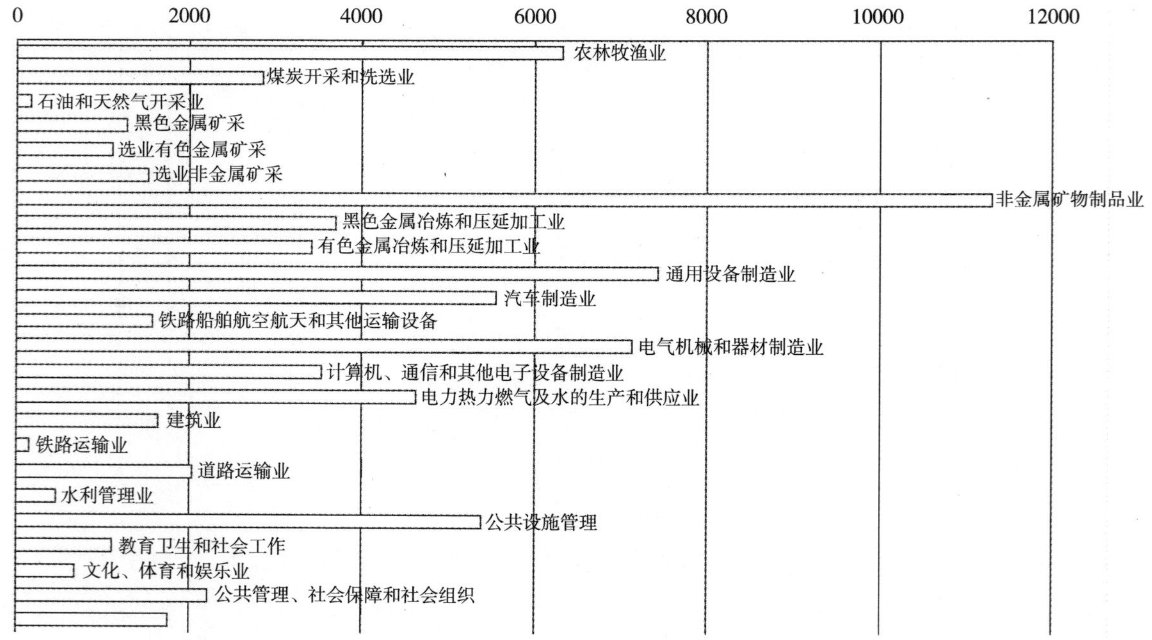

图4　2012 年全国民间投资分行业情况

二、贵州民营经济发展的现状和问题

随着全国和贵州经济的快速增长，贵州民营经济也取得了长足进步，尤其是2011年省委、省政府召开全省加快民营经济发展大会以来，贵州民营经济综合实力迅速迈上新台阶，为全省后发赶超做出积极贡献，成为了活跃经济、增加就业、稳定社会的主力军。这一时期，是全省民营经济攻坚克难、快速发展的时期；是发展环境、投资环境和市场环境改善最明显的时期；是思想观念转变、政府服务提升最快的时期；是增强市场竞争力、促进市场主体培育和创业带动就业最好的时期。

（一）随着民营经济整体实力增强，投资不足成为制约发展关键因素。近年来，我省民营经济名义增速持续以每年高出全省GDP平均增速8～12个百分点的趋势迅猛增长，“十一五”期间的年平均增速达到23.1%，“十二五”开局以来的年平均增速达到29.5%（见图5）。至2012年全省民营经济增加值首次突破2000亿元大关，达到2700亿元，占全省生产总值比重为40%。其他各项主要指标也取得长足进步，个体、私营等民营经济市场主体达到104.3万户（见表1），超过企业总数的99.98%以上；从业人员276.64万人，新增60.78万人，占全省新增就业人数的80%以上；上缴税金600.73亿元，占全省税收45%以上。

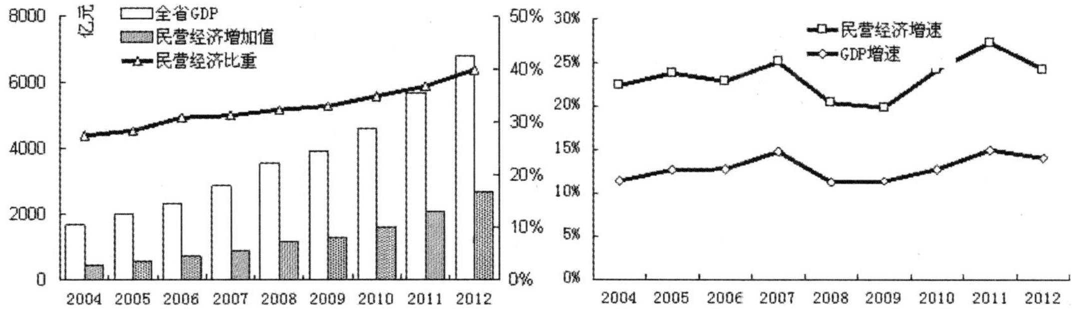

图5　2004－2012年贵州民营经济与GDP的关系

表1　2005－2012年贵州私营企业、个体工商户情况（万户、万人）

年	私营企业		个体工商户		合计	
	户数	从业人员	户数	从业人员	户数	从业人员
2005	4.14	50.65	43.16	59.66	47.3	110.31
2006	3.61	36.77	43.30	63.07	46.91	99.84
2007	5.48	43.22	50.76	76.79	56.24	120.01
2008	6.38	64.93	54.97	80.174	61.35	145.104
2009	7.17	51.97	59.78	88.61	66.95	140.58
2010	7.77	55.53	64.72	95.46	72.49	150.99
2011	9.46	74.05	75.51	120.13	84.97	194.18
2012	14.39	121.60	89.91	155.04	104.3	276.64

当前，我省经济仍属投资拉动型，增加投资是民营经济的关键，2012年全省民间投资3400亿元，增长67%，占全省的比重47.1%，增速虽高但投资占比仍低于全国61.4%的平均水平，规模量更与其他省份不可同日而语（见图6）。

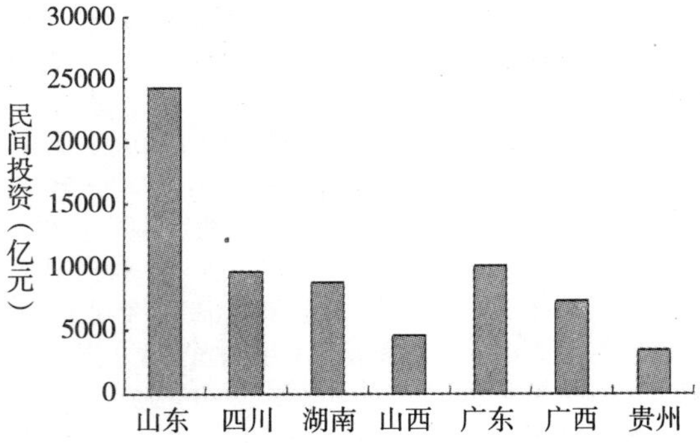

图6 2012年部分省市民间投资

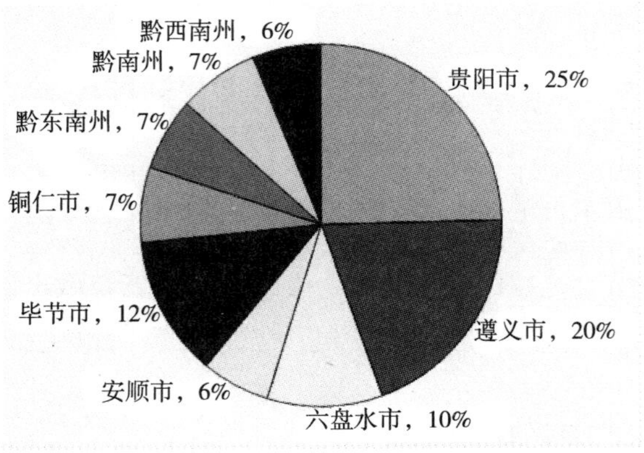

图7 9个市州民营经济占全省的比例

（二）民营经济与县域经济交互促进，提高县域民营经济比重空间广阔。县域经济是民营经济的最优载体，民营经济是县域经济的动力和引擎。2012年，贵阳、遵义、毕节民营经济总量全省排名前3，分别达810亿元、651亿元和410亿元，按可比口径计算合计占全省的比例为57.7%，充分体现了“金三角”的战略意义（见图7）。安顺民营经济占当地GDP比重最高，达到57%；黔西南州比重最低，为38.4%（见图8）。民营经济对市州经济形成正向拉动（见图9）。

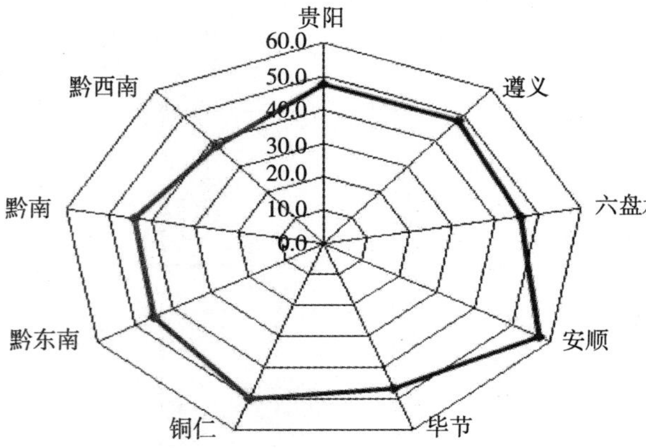

图8 9个市州民营经济的比重

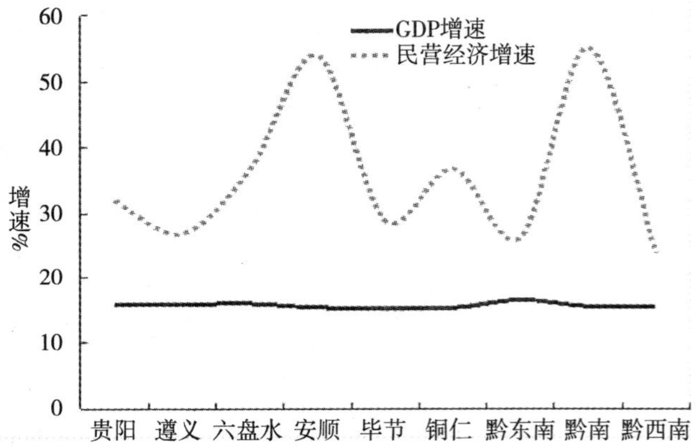

图9 9个市州民营经济增速与GDP的关系

从县区分布格局分析，规模较大县和比重较高县仍然数量过少（见图10）。比重的分布呈“中间高、两头低”的现象，有遵义县、桐梓县、湄潭县、大方县、江口县、惠水县等7个县的民营经济占比超过70%。民营经济规模的分布表现为“左高右低”形态，大量县区的民营经济规模处于10～30亿元、30～50亿元的小体量区间，超过100亿元的仅有贵阳市南明区、遵义市遵义县、仁怀市、六盘水市盘县、钟山区6家，超过200亿元更是只有贵阳市云岩区1家。提高比重，就是要使曲线波峰从左向右运动，努力争取“左低右高”的布局。

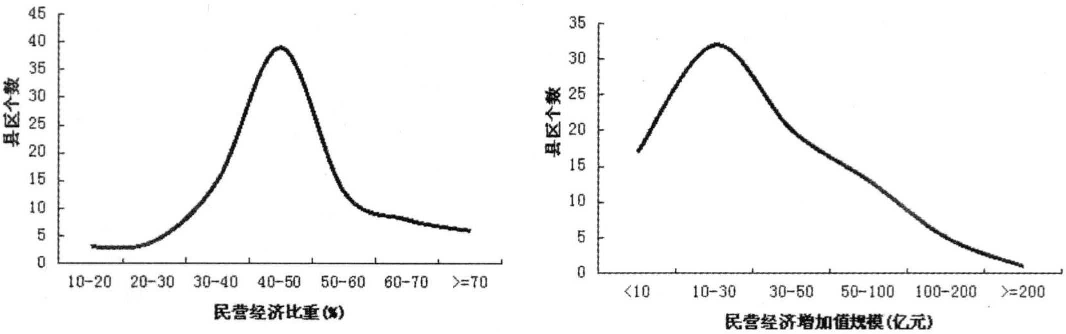

图10 2012年贵州88个县区民营经济比重、规模分布

（三）民营经济促进经济转型，加快民企进园区进标准厂房是重要着力点。民营企业是优良的市场主体，适应市场变化、主动调整结构是其显著特征，总体来说，民营经济三次产业结构逐渐优化，一产比重下降，二产、三产实力增强，从2004年的15.4：44.2：40.4，调整为2012年的9.4：43.3：47.3。民营经济对全省工业的贡献加强，2011年民营规模以上工业企业2916户（见图11），占全省规上工业户数的80%，增加值786.48亿元，占全省规上工业的45.6%。民营经济成为建筑业支撑，全省资质以上建筑企业中65.1%为民营企业，达到378户，民营建筑企业从业人员10.83万人，占全部建筑从业人员的1/3。民营经济是“五张名片”特色轻工产业的主要载体，全省绝大多数的白酒企业、医药企业、茶叶企业、食品企业、旅游商品企业都是民营经济。我省三大军工集团与民营企业开展外包和订单协作，关联带动起一批民营企业。丹寨金钟工业园、惠水长田工业园、平坝夏云工业园等引入民间资本成效明显。巢已筑就，只待凤来。当前，在工业强省的大好形势下，民营经济发展的首要问题是进园区进标准厂房，向园区要空间、要服务、要配套、要环境，形成产业集聚态势。

（四）重点企业重点项目加速推进，引领作用还需增强。老干妈用16年时间从小型食品加工厂发展成为全国调味品行业的领军企业，2012年营业收入超过30亿元。朗玛信息在深圳创业板成功上市，市值达到40亿元。益佰制药、百灵制药、神奇制药、百强集团、永红食品、长通集团、宏立城、中天城等一批本地成长起来的重点民营企业规模不断扩大，发展后劲增强。省外民营资本成为贵州省引进投资的重要来源和拉动投资增长的强劲力量。云南力帆骏马、浙江娃哈哈、江苏苏宁、江苏雨润、四川新希望、北京国美、安徽奇瑞、香港鸿基伟业、民生银行、天津天士力、江苏维维、广东芭田等全国知名民营企业前来我省投资。2012年贵州民间投资项目新开工807个，新投产277个。重点企业重点项目成为贵州民营经济的重要支柱，其发展潜力成为贵州后发赶超的主力军、生力军，当前，既需要加快重点企业重点项目的成长步伐，又需要着手引导中小企业围绕大企业大项目关联集聚，提高产业集中度，形成大企业引领、中小企业协作共生的产业态势。

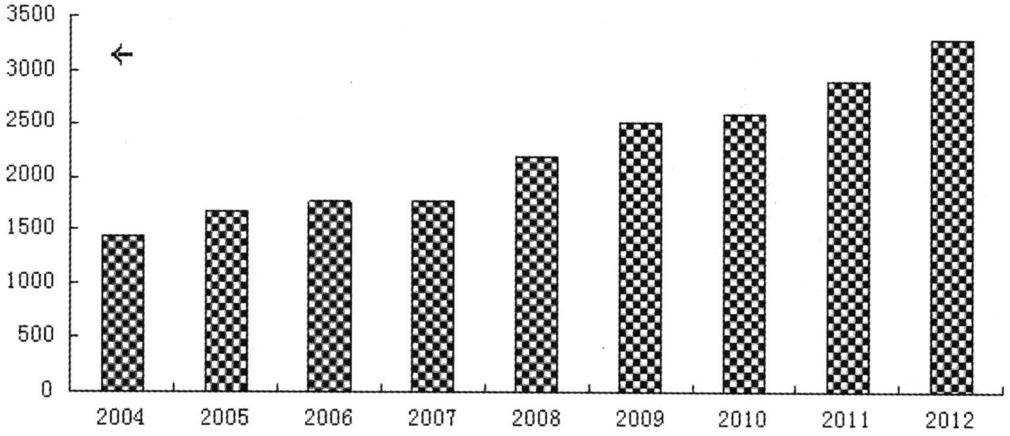

图11　2004～2012年贵州民营规模以上工业企业数

三、促进民营经济发展的做法及经验

全国从中央到地方包括我省，在发展民营经济的过程中，采取了一系列的工作举措，其中主要的经验有：

（一）政策先行，鼓励引导促民企。全国人大2002制定《中小企业促进法》明确中小企业发展任务及工作措施。国务院2004年投资体制改革确立了企业投资主体地位，又于2010年出台鼓励民间投资的“新36条”，使“非禁即入”原则深入人心。东部地区率先拆除民企藩篱，大力发展乡镇企业和多种经济。邓小平同志称赞说：“我们完全没有预料到的最大收获是乡镇企业发展起来了，搞商品经济，搞各种小型企业，异军突起。”我省也出台了一揽子发展民营经济的政策（见图12）。

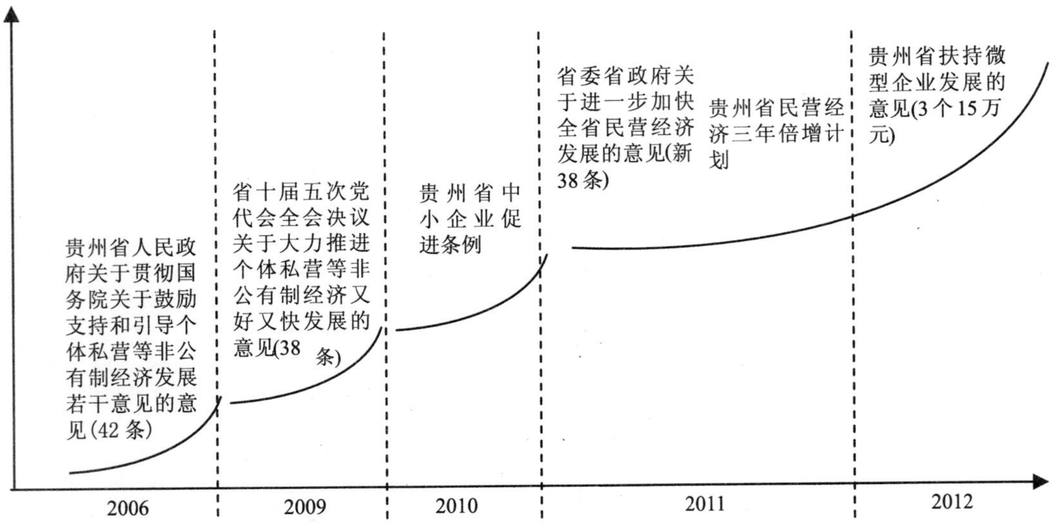

图12　近年来我省出台的扶持民企政策

（二）举省会战，誓师鼓劲促民企。2004年时任浙江省委书记习近平主持召开浙江民营经济大会，他指出“民营经济是浙江经济的发动机”，2012年浙江再次召开民营经济万人大会。广东（2006）、山东（2010）、河北（2010）、山西（2010）、四川（2011）、贵州（2011）、重庆（2012）、安徽（2013）、吉林（2013）也举行了类似大会。企业在参加贵州民营经济大会之后纷纷感叹“贵州民营经济的春天到了”。

（三）机制保障，合力推进促民企。国务院于2009年成立了国务院促进中小企业发展工作领导小组，张德江同志任组长，办公室设在工信部。全国各省市根据自身实际，有的设立领导小组，有的建立联席会议，同时也都明确一个政府部门牵头负责民营经济工作，机构名称各有不同，有的是中小企业局（厅），有的是民营经济局，有的是非公经济办。贵州省推动非公经济中小企业发展工作联席会议是统筹协调民营经济工作的重要抓手，成立于2000年，2007、2013年两次对成员单位进行了增补。近期，省联席会议被撤销，不利于民营经济工作的开展。2012年，省政府在原省中小企业局的基础上加挂省民营经济发展局牌子。各市州及有条件的县也成立了领导小组或联席会议。遵义市、黔东南州成立市（州）政府直管的非公经济办。六盘水市、安顺市、黔西南州成立了民营企业局或中小企业局，由市（州）工信（经信）委管理。贵阳市云岩区长期把民营经济放在战略地位，四大班子形成合力。安顺市平坝县成立由书记、县长为召集人的非公经济领导小组。

（四）经贸搭台，招商引资促民企。全国各省市高规格举办系列经贸活动，搭建民营经济大平台、大载体。江苏省2001年承办第6届世界华商大会，今年的第12届世界华商大会将在四川举办，安徽省2011年举办全国知名民营企业合作发展会议，山东省每年举行海内外知名企业家齐鲁行活动，浙江省2011年举办世界浙商大会，福建省2004、2007、2010举办3届世界闽商大会。2011年我省举办全国民营企业助推贵州发展大会，集中签约项目500个（见图13），总投资5835.6亿元，单笔项目投资额平均达到11.67亿元。今年全国两会期间，又在北京举办面向全国优强民营企业招商项目推介会。

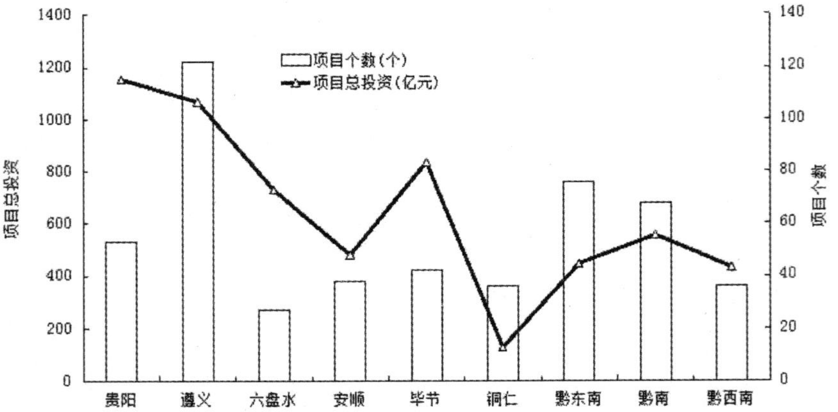

图13　2011年全国民营企业助推贵州发展大会主会场签约项目

（五）资金引导，助力腾飞促民企。国家工信部从2004年开始设立中小企业发展专项资金，2012年总资金盘子超过30亿元，每年安排我省6000多万元，今年将采取切块安排的方式进行申报。财政部2009年设立地方特色产业中小企业发展资金，近3年每年支持我省的额度为7000余万元。发改委设立中小企业工业技改专项，近3年每年支持贵州9000万元。天津市设立规模为200亿元专项资金扶持科技型中小企业的发展。上海设立“3个10亿元”财政专项资金用于扶持中小企业。重庆、北京、陕西、云南、湖南、广西中小企业发展专项资金的规模分别为20亿元、8亿元、1亿元、2亿元、2亿元。我省于2004年设立省中小企业发展专项资金，多年来对民营经济发展起到巨大作用，后于2010年并入省工业和信息化专项资金。按照省委黔党发〔2011〕10号文规定，“省级财政逐年增加省级工业和信息化发展专项资金，其中单列省中小企业发展专项资金用于发展民营经济。今年省级工业和信息化发展专项资金60%以上要用于民营经济发展，在此基础上，省级财政连续三年递增20%。其他支持企业发展的专项资金用于支持民营企业发展的比例原则上不低于三分之一”。但实际上省民营经济局掌握可实际用于民营企业的资金2010年为1.3亿元，2013年为8000万元。

（六）扩权强县，环境至上促民企。东部地区经济迅猛发展的一条很重要的经验，就是发展环境的宽松和优越，使民营经济充分享受到政策的阳光雨露。各级政府对民营经济不仅不歧视，反而是将民营经济摆在异常重要位置，像尊重科学家一样尊重企业家，像尊重老师一样尊重老板。浙江省首创扩权强县、强镇，从1992年以来先后经过四轮放权，将地市级、县级的经济管理权限下沉一级，分别赋予强县、强镇，民营经济的蓬勃活力迅速释放出来。我省也于2012年出台了进一步推进扩权强县工作的实施意见。广东省大幅度简政放权，提出到2015年，各级行政审批事项压减40%以上，办结时限总体缩短一半左右；实现各级行政审批事项网上办理率达90%以上，社会事务网上办理率达80%以上，成为中国行政审批项目最少、行政效率最高、行政成本最低、行政过程最透明的先行区。

（七）企业为基，服务为王促民企。贵州与各省市既有合作也有竞争，区域间的经济竞争实质上最终体现为企业间的竞争，体现为企业在国际国内市场的角逐，企业有活力，经济就有活力。在联合国公布的全球100大经济体中，51个是公司，49个是国家。工信部将2012年作为中小企业服务年，今年又开展扶助小微企业专项行动，为中小企业健康发展保驾护航。为解决企业服务机构不健全的问题，工信部从2010开始在全国各省市规划建设中小企业公共服务平台网络，整合各类服务资源，打造中小企业公共服务的高速公路，为全省中小企业提供看得见、摸得着、用得起的服务。贵州省中小企业公共服务平台网络将按照“1个省平台+15个窗口平台”进行规划布局，其中：全省9个市（州）各建1个区域性综合服务窗口平台，6个重点产业集群（白酒产业、旅游商品产业、特色食品产业、茶产业、装备制造业、民族制药产业）各建1个产业服务窗口平台，项目总投资1.1亿元，拟向国家申请补助资金5200万元。全国工商联从2010年以来每年发布一次全国民营经济500强名单，2012年又新增加全国民营经济制造业500强名单、服务业100强名单。同时，工信部每年采取措施推进中小企业信用担保服务、中小企业人才培训银河工程，以缓解企业融资和人才方面的困难。

四、存在的主要问题及难点

总的来看，贵州民营经济规模小、市场主体少、大企业大集团少，产业集中度低，国民经济主导行业及基础设施领域民营经济进入慢，政府服务、金融服务力度不够，吸引民间投资的环境有待改善。困难和问题主要有：

（一）思想认识的问题。有些部门认识不够，对民营经济仍存在惧私、疑私、防私的情况，工作“不放心”、“不放手”，不能帮助解决民营经济发展中的实际困难。

（二）资源配置的问题。在生产要素及政府资源配置方面，民企及民企项目仍受到土地、金融、基层服务、进入市场的门槛过高等方面的制约。

（三）政府服务的问题。很多领域没有真正把民营经济纳入政府规划和工作范围，如：政府采购、公共教育、公共服务、职称评定等。

（四）财税支持的问题。对民营经济“放水养鱼”的财税政策还不多、还不灵活，甚至出现征收“过头税”的情况，特别是针对小微企业仍需要进一步加大财税扶持力度。

（五）融资的问题。融资难、贷款难、担保难仍是民营经济发展的最大瓶颈。

（六）管理体制的问题。省、市、县均把民营经济管理机构设在经信委（工信委、工能委），但由于民营经济横跨一、二、三产，故存在行业指导和管理困难。经信部门只能调度民营企业中的工业企业，对各地民营企业中的一产和三产企业无法行使职责。全省仅六盘水、安顺、黔东南3个地区设立了民营经济局，88个县区民营经济工作主要由工业部门主抓，人手紧、事务重，存在无人办事、无钱办事的困难。同时，现有民营经济统计体系不健全，不能覆盖到县，各市、县民营经济统计口径不统一，数据不可比。

（七）政策落实的问题。鼓励民营经济发展的政策措施没有完全落实，无论是政府部门，还是垄断行业、公用事业和基础设施领域都还存在着“玻璃门”、“弹簧门”现象。

五、加快发展民营经济的建议

结合上述分析以及调研中发现的问题，提出以下建议：

（一）提高思想认识，确立民营经济主体地位。提高民营经济比重，客观上要求提高民营经济占工业的比重、占县域经济的比重、占园区经济的比重、占大型企业的比重、占在建项目的比重，必然带动工业经济、城镇化率和县域经济比重的提高。各地各部门必须从提高民营经济地位做起，赋予县域经济更大的经济自主权，把抓民营经济作为县域经济的第一要务。

（二）降低民企财政增收速度，涵养民企税源基础。如前所述，民营经济已成为纳税的主体，从我省来看，释放民营经济活力，首先就要从财税上想办法，减轻企业压力。一是适当调低民企税收预算计划；二是让企业充分享受税收优惠，应免则免、应减则减；三是坚决杜绝“过头税”现象，无论是时间上的过头，还是幅度上的过头均坚决制止；四是积极争取我省进入全国“营改增”试点名单；五是研究出台税收地方留成部份，向小微企业、科技型企业返还奖励的政策。

（三）加强要素保障，帮助解决经营困难。与东部沿海地区以及省内大型企业相比，我省民营经济99%以上为中小企业，具有规模小、起点低、技术实力弱、自身发展资金不足的特点，在要素保障方面遇到的困难相对较大，主要体现在融资难、土地办证难、用工难等方面，建议采取更加有力的措施予以保障，促进其快速成长壮大。

（四）落实“非禁即入”政策，实现“放水到田”。中央和省明文规定要放开的行业，如国防军工、交通水利、通信、医疗卫生等，各地各部门从自身利益出发，不细化不落实，重国有轻民营，重审批轻服务，对民企设置大量的前置条件。据了解，当前我省涉企前置审批达160余项。“非禁即入”“放宽准入”应先从“取消前置”入手。

（五）加强政府服务，形成良好氛围。政府服务着力点从出台政策转到落实政策，强化执行力，使政策效用最大化。健全民营经济工作机制，充实和加强民营经济工作部门力量，完善职能，配齐配强干部队伍。按《中小企业促进法》和《贵州省中小企业促进条例》的规定恢复设立省中小企业发展专项资金，并逐年递增。加快推进全省中小企业公共服务平台网络建设。建立全省民营经济统计制度，覆盖到县。进一步优化和规范涉企事项，改进作风，提高效率。以小册子、网络等灵活多样的方式加强扶持政策宣传。

六、当前需要立即解决的几项具体工作

（一）省政府成立民营经济工作领导小组，请省长、分管副省长任组长、副组长，领导小组办公室设在省民营经济局。各市（州）、县比照成立相应工作机构。

（二）恢复设立省中小企业发展专项资金。

（三）加强和规范民营经济统计，建立全省民营经济统计制度。

（四）将民营经济工作责任作为硬任务下达给各部门、各地区，确保政令畅通。

（贵州省民营经济局提高民营经济比重课题组
贵州省政府民营经济联合调研组）

五个狠抓助推市场主体焕发新活力

陕西省中小企业促进局局长、
党组书记　丁义安

近年来，在省委、省政府高度重视和正确领导下，我们按照省委提出的“催生一批、培育一批、引进一批、衍生一批”的发展要求，在培育市场主体，提升总量规模方面，不断总结新经验，大胆尝试新举措，全省中小企业发展潜能得到释放，对全省经济贡献率逐年增加。继2011年全省中小企业总资产突破万亿之后，2012年，全省中小企业营业收入突破2万亿，达到20218亿元，增长24.8%；增加值7128亿元，增长18.3%。全省规模以上中小工业销售增长29.9%，增速位居全国前列；中小工业总产值已占到全省工业总产值的57%。中小企业、非公经济增加值分别占全省GDP的49%和51%，上交税金占全省税收的46%，从业人数占全省企业人数的75%，进出口额占全省外贸的65%。全省中小企业数量达到143.8万户，其中小微型企业124万户，新增小微型企业3.4万户。

一、狠抓育小壮大，“三大战略”扩大总量

实施小企业创业、成长企业支撑、小巨人培育“三大战略”。加大小企业创业基地建设力度，加强创业辅导培训，激活民间资本，推动小企业创业；加大对主业突出、业内领先的企业的重点扶持，壮大规模、提升水平，通过政策支持、技术创新和资产重组，加速企业成长；围绕我省大型骨干企业和主导产品，发展专业化水平高、配套能力强、产品特色明显的“专、精、特、新”“小巨人”企业，推进产业集群发展和升级。同时配合实施“三大工程”，即“百千万成长工程、创新工程、远程创业培训工程”，多渠道、多层次培育和发展市场主体，打造企业家队伍。根据成长工程中新增的“百家升级、千家成长、万家培育”的工作内容，在中小企业中积极开展争创“创业之星”、“科技之星”和“行业之星”活动，鼓励大学毕业生和返乡农民工以及有自主创业愿望的人自主创业；鼓励中小企业在节能减排、低碳、绿色环保等方面争当经济示范企业；鼓励中小企业在创新、品牌和产业延伸方面成为行业龙头企业。“十一五”以来，全省中小企业数量年均递增2.5万户（含个体经营户），每年培育200户成长型企业，发展100户“小巨人”企业。杨凌

本香集团、西安福景米业、咸阳天成科技等一批中小企业成长为行业龙头企业。

二、狠抓项目引进，以大带小互生共赢

近年来，我们狠抓项目引进，不断加大对各地中小企业技改项目、科技创新项目的支持力度；减化项目审批程序，使每个项目和每项工作快落地、快推进、快见效；鼓励大企业通过专业分工、服务外包、订单生产和引资设厂等方式，优先与省内中小企业开展配套协作；拓展延伸产业链条，提高配套率和成套化水平，培育一批与大企业专业化配套的中小企业，形成以大企业为龙头，衍生众多星型小企业的新格局。充分发挥项目的引擎拉动作用，走出一条大带小、小促大，配套协作，共生共荣的发展道路。安康高新区10万吨金属镍、500万吨硫酸项目、汉滨区石煤综合利用项目，定边县众源绿能20亿立方米天然气存储调峰液化项目、苏里格50亿六方米天然气处理厂项目等一大批重点项目的建成投产，都成为当地县域经济新的经济增长点。2012年，在西洽会举办的重点建设县域工业集中区项目推介会上，现场集中签约24个项目，项目总投资66.57亿元，合同引资56.23亿元；在第九届中博会召开的陕西县域工业园区项目推介会上，推介了28个项目，签约金额达50亿元；积极配合省政府实施“央企进陕”“民企进陕”活动，引进700多家企业投资陕西1.5万亿元，掀起新一轮投资“陕西热”。

三、狠抓园区建设，集聚配套增添动力

截至2012年底，全省100个重点建设县域工业集中区，营业收入超100亿元、50亿元、30亿元的工业集中区分别达到4个、17个和26个；重点建设县域工业集中区实现营业收入超过3200亿元，同比增长30%，成为全省经济稳增长的重要拉动力量。近几年，我们抓住东部产业转移有利时机，加大县域工业集中区建设力度，立足区域资源优势和产业优势，以大集团、大公司为依托，以工业集中区为载体，以产业链为轴心生产配套产品，科学规划、统筹协调、合理集聚。促成一个大型企业带动一群中小企业，进而带活一方区域经济的集群式发展格局。关中发挥比较优势，做大做强传统产业。泾河工业园形成了以陕重汽为龙头的汽车零部件加工产业集群；临潼旅游商贸开发区围绕陕鼓、标缝，积极发展鼓风机和缝纫机零部件配套加工产业，以银桥、伊利泰普克等骨干企业为龙头，聚集发展乳品加工产业集群；蓝田县西北家具工业集中区形成了以家具生产加工及仓储物流一条龙的家具业产业集群。陕北依托能源化工、现代农业等优势特色产业，拉长产业链，发展配套产业，榆林、延安的能源化工综合利用产业园区、中小企业创业园区、光伏产业园和现代商贸物流园区，以及现代农业示范园等园区，成为陕北转型发展先锋队。陕南大力发展循环经济，农、林、畜、水产品加工、运输、仓储、销售以及旅游、餐饮等现代服务业，安康循环工业园区、旬阳生态工业园区等一批工业园区成为陕南实现突破发展的主力军。

四、狠抓政策落实，清障减负放水养鱼

《陕西省实施〈中华人民共和国中小企业促进法〉办法》《陕西省人民政府关于进一步促进中小企业发展的实施意见》《陕西省人民政府关于进一步鼓励民间投资健康发展的实施意见》等政策措施不断完善，财税支持力度不断加大，市场准入逐步放宽，企业创业创新热情日益高涨。尤其是2012年，为贯彻落实国务院扶持小型微型企业发展一揽子举措，制定出台了我省《关于支持小型微型企业健康发展的实施意见》，出台“清费返税”、“资本零注册”、鼓励“个转企”和“建立收费罚款公示网”等新的政策。“清费返税”政策明确对全省符合国家《产业结构调整指导目录（2011年本）》《西部产业指导目录》鼓励类目录的新办、现有微型企业，实行三年内企业所得税地方留成部分分别逐年按60%、40%、20%列支返还；对新办、现有小型企业，每年按新增所得税地方留成部分税收的30%列支返还，从2013年起，执行到2015年。在全省推行小型微型企业“清费返税”试点。对小微企业返税，三年返还税收约10亿元惠及企业；清理和规范涉企收费，减轻小微企业负担，对初创和困境中的小微企业可谓“雪中送炭”。

五、狠抓服务体系，强化功能排忧解难

我们坚持“政府扶持中介、中介服务企业”的发展思路，整合社会资源，加快建立完善中小企业和非公经济社会化、专业化、市场化的服务体系。重点建设人力资源、融资担保、技术支持、管理咨询、创业培训、信息服务六大体系，在信息咨询、市场营销、投资融资、产权交易、技术支持、人才培训、对外合作、法律咨询等方面，为中小企业和非公经济提供全方位、多层次、低成本的专业化服务，满足中小企业和非公经济发展需求。2012年，在省政府高度重视支持下，省级财政列支950万元，建成了省中小企业服务平台，引进社会服务机构20多家，多形式服务企业。省局从中小企业资金中安排600万元，支持11个市在年底前建成市级中小企业服务平台。加快推进网络平台建设。经工信部批准，我省省级平台、11个市级综合“窗口”和15个产业集群“窗口”平台列入建设计划。同时，中小企业产品技术展示中心也正在建设之中。2012年，我们以中小企业服务年为契机，以省中小企业服务平台为载体，依托社会机构，服务中小企业。

陕西贝易达现代科技有限公司、启迪科技园发展有限公司、西安时代光华管理咨询服务有限公司、陕西彼岸管理咨询有限公司等入驻平台的服务机构开展了形式多样、内容丰富的服务活动，共开展服务活动91余项，200余场次，培训人数近5万人，共举办创业培训22期，有5000多位创业者及大学毕业生得到免费培训。省中小企业在线公司及90多个中小分网开展信息咨询服务。省中小企业服务中心、中小企业协会、技术服务站开展人员培训、职称评定及技能鉴定服务，今年组织银河培训12期，培训人员1460人次，有707人评定为初、中、高专业技术职称，有3000多人通过初、中级技能鉴定。

青海省中小企业服务体系建设与完善的思考

中小企业是我省国民经济的重要组成部分和促进社会发展的重要力量，在吸纳就业、技术创新、树立品牌、丰富市场、满足多样化需求、提高竞争力、促进区域经济发展等方面发挥着重要作用。大力发展中小企业、构建完善的中小企业服务体系对推进我省构建和谐社会，实现全面小康社会具有十分重要的意义。“十一五”以来，我省以实施中小企业成长工程、服务中小企业成长为着力点，努力扶中小企业服务机构发展，搭建服务平台，不断健全服务功能，全面提升服务质量和服务水平，中小企业服务体系建设取得较大进展，为推动全省中小企业健康快速发展发挥了积极作用。

一、中小企业服务体系建设基本情况

近年来，随着国家和我省支持中小企业服务体系建设的一系列政策不断出台，中小企业主动寻求服务的意识不断增强，中小企业公共服务体系建设逐渐走上快车道，涌现了青海省中小企业技术创新服务中心等一批素质较高、服务优良的公共服务机构。截至2011年底，全省先后成立了青海省中小企业技术创新服务中心、西宁市企业技术创新服务中心、青海省生产力促进中心、西宁市生产力促进中心、资信调查评估中心、信用调查评估中心、质量认证咨询中心、投资担保、创业服务基地、律师服务中心、会计事务所、融资担保、再就业服务中心、行业协会及科研监测机构等百余家从事中小企业服务的机构。此外，我省还建立健全了中国中小企业青海网、中小企业信息库、中小企业信用基础数据库、中小企业培训师资库、中小企业服务专家库等，为中小企业及时提供政策、市场等信息服务。在组织形式上有事业单位、企业法人和社团法人等，在服务过程中以“政府支持中介、中介服务企业”的方式，广泛开展技术服务、技术推广、管理咨询、信息服务、事务代理、质量认证、信用评价、融资担保、人才引进、企业培训、创业辅导等服务工作，有效地促进了中小企业经营管理水平和技术创新能力的提高，为完善我省中小企业服务体系奠定了基础。

但从整体上看，我省中小企业存在增长方式粗放，结构不合理，区域发展不平衡，企业创新能力弱，技术装备水平低，生产工艺落后，产品市场竞争能力弱等诸多问题，同时，大多数中小企业普遍存在资金、人才短缺，技术、管理水平不高，整体素质偏低，中小企业服务体系尚不能满足企业的发展及服务需求，企业与服务机构之间缺少完善的信息交流、沟通、互动的平台，服务机构对中小企业的支持和帮助作用有限。随着社会经济的快速发展，众多中小企业在创业及发展过程中，已经更加注重利用外部服务资源，对企业发展的技术、信息、资金、市场、管理等需求不断增强，突出表现在以下几个方面：

（一）信息服务需求

随着电子政务、电子商务及信息管理等工程的发展，信息化逐渐深入，信息技术应用水平不断提高，中小企业对信息化的需求日益明显。由于青海省中小企业信息化起步较晚，50%以上的中小企业信息化建设还处在基础应用阶段，其中19%仅仅通过单机应用实现“无纸化办公”，搭建基础网络的有31%；真正实现信息化与业务系统整合，并从信息化中收获管理效益的只占13%，远低于全国平均水平，因此迫切需要借助管理软件和IT服务向成熟应用阶段升级。

（二）创业辅导需求

由于相对缺乏技术优势，生产管理效率低下，资金、土地、运营成本不断攀升等因素，大多数处于创业之初的中小企业存在创新能力不足、管理水平不高、竞争能力不强等问题，企业生命力十分脆弱。这些企业急切需要专业权威机构为其开展包括创业策划、经营管理、融资担保、人才管理、政策反馈等辅导服务。

（三）技术和质量服务需求

由于产业相对单一，信息技术相对闭塞，我省的中小企业普遍存在资产规模小、技术力量弱等劣势。面对激烈的市场竞争，很多中小企业对技术创新虽有强烈需求，但由于自身因素限制，技术创新资金不足、技术基础薄弱，创新能力差、企业竞争能力弱等原因，很难吸引或留住高水平的技术研发人员，不具备进一步研发和自主创新的能力。另一方面，我省中小企业主要以金属、矿石、化工及毛纺产品生产加工为主，对产品检测的需求巨大，但由于我省专业检测机构分布散乱、不均衡，产业集群往往缺少相应的检测机构，导致中小企业产品检测成本高、难度大。

（四）融资服务需求

融资难一直是制约中小企业发展的瓶颈问题，主要原因：一是中小企业自身资信度偏低，难以获得贷款，金融机构仍然是中小企业融资的主渠道。中小企业普遍存在着资产数量少、质量差的问题，导致中小企业资信度的降低，这一突出问题使得中小企业的贷款变得更加困难。同时，中小企业在抵押资产不高，与金融机构的贷款条件有一定的差距，导致银行贷款意愿不高；二是一些有发展潜力但目前状况并不十分好的中小企业，往往受到银行方面冷落，难以获得银行贷款；三是直接融资渠道狭窄，通过发行上市融资的资本市场准入门槛较高。虽说我国股票设立了中小企业板块，但是只能在短期内解决少数高新技术中小企业的融资问题，大多数渴望长期利益性资金的中小企业对此仍然望而却步。

（五）人力资源服务需求

对于中小企业来说，人才是一个企业发展的动力和源泉，引进人才、提高人才素质、提高员工满意度一直是中小企业普遍面临的难点问题。我省中小企业人力资源服务机构相对偏少，高级人力资源管理人才缺失，中小企业普遍缺乏包括人才引进、教育培训、薪酬体系、绩效考评等相关人力资源服务。

（六）市场开拓服务需求

我省很多中小企业市场开拓观念相对淡薄，还停留在销售员加传单的粗放模式营销方式上，没有真正了解到市场开拓对企业发展的重要性。同时对生存发展的外部环境了解不透彻，加之自身经济实力弱，导致中小企业在市场推广过程中难以与大企业和知名品牌竞争，在市场竞争中往往处于劣势。因此，中小企业需要借助外部力量，或者通过政府搭建的市场平台和途径等方式寻求有效的市场推广服务，需要通过中小企业服务平台促进中小企业的合作交流，帮助中小企业寻求发展商机和新的市场空间。

（七）管理咨询服务需求

我省大多数中小企业没有建立规范的现代企业制度，企业“一言堂”、“家长式管理”现象严重，缺乏系统的管理制度约束，员工管理无章可循，企业从上到下组织纪律涣散。据有关机构统计，98%的中小企业失败源于管理的缺失，因此，管理是关系到中小企业健康快速发展的关键因素。对中小企业进行专业的经营管理服务指导，培养中小企业经营管理意识，提高中小企业经营管理水平，帮助中小企业建立现代企业管理制度，带动企业由小变大，由弱变强，提高中小企业生存能力是十分必要和迫切的。

（八）法律法规及政策服务需求

法律纠纷是中小企业常见的问题之一。中小企业特别是小型、微型企业由于处于初创和成长阶段，由于资本较小，人员较少，往往重市场、轻管理，重效益、轻制度，忽略法律风险的存在。但当遭遇到法律纠纷时，过于昂贵的法律服务支出让许多中小企业望而却步。法律保障对中小企业发展起着至关重要的作用，对中小企业进行系统的法律培训和服务，使中小企业了解生产、经营过程中面临的诸多法律问题，并增强企业的法律风险防范意识，帮助企业树立运用法律手段保护自身合法权益的理念，引导中小企业规范和依法经营，维护中小企业企业合法权益，解决中小企业维权难和法律风险问题，可以有效改善中小企业发展环境。

二、存在问题

我省中小企业服务体系建设虽然取得了一定的成效，但中小企业总体发展水平较低，正面临着创业难、融资难、创新能力弱、信息不畅等诸多方面的制约；此外，面向中小企业的社会化服务机构少、服务市场不规范、服务范围窄、服务水平低，严重影响着中小企业的健康快速发展。依托社会各类服务资源，走专业化分工合作道路，是中小企业降低成本费用，提高核心竞争力的重要途径。目前，我省中小企业服务体系建设存在的主要问题有：

（一）管理体制机制不顺。中小企业的管理体制及其运行机制尚未完全理顺，政出多门、多头管理、职责不明等问题仍然存在。如各职能部门为了推动中小企业发展，从部门角度出台了大量扶持中小企业发展政策，但在实际操作中往往出现政策交叉、重复、撞车现象，限制了政策效应的充分发挥。以扶持中小企业发展的各项资金使用为例，这些资金分散在财政、经委、农牧、科技等多个职能部门，资金渠道多、使用分散、条块分割等现象十分突出，降低了资金使用效率。同时，从各类扶持资金使用用途来看，直接发放给企业的多，支持中小企业服务体系建设的资金少，制约了资金整体效益的发挥。由于资金来源渠道相对单一，投资体系不完善，资金来自不同渠道、不同部门，难以集中调配运用，阻碍了平台基础设施及服务体系建设完善，多数服务机构规模不大，结构不合理，服务能力不强。

（二）共享机制不完善。由于沟通体制滞后，运行管理不顺，导致服务机构资源配置效率偏低，机构之间缺乏有效的沟通渠道，共享机制不能充分发挥，无法满足企业对服务日益增长的需求。

（三）平台服务功能不强。多数平台建成时间短，导致服务体系规模偏小，功能偏弱，缺乏基本规范和标准，个性化、特色化、专业化服务不足，针对性不强，服务领域和内容有待拓展，服务质量有待提高。

（四）发展不平衡。从总体上看，服务体系建设区域间发展不平衡。市、县（区）以下地区观念相对保守，对中小企业服务体系建设的重要性认识不足，重视不够，支持不到位。专业科研监测机构分布松散、各自为政，同时由于资金等原因不能在产业集群中设立专门的监测机构，企业产品检测较为困难，无法享受就近服务。

（五）人才匮乏矛盾突出。中小企业服务的内容十分宽泛，涉及金融、贸易、管理、信息等多方面，需要各类专门人才，而我省服务体系尚未能成为组织和聚集人才资源的主导力量，现有人员在知识结构、业务水平等方面尚不能满足要求。尤其在融资担保、技术服务等专业性较强的领域，人才矛盾更为突出。

三、加快中小企业服务体系建设的对策与建议

中小企业点多面广、行业复杂、对外部环境依赖性强，加强中小企业社会化服务体系建设是提升中小企业竞争力的迫切需要，也是转变政府职能、保证社会和经济各项事业持续稳定协调发展的重要条件。完善健全的社会化服务体系是保证中小企业健康发展的关键。近年来，我省在建立面向中小企业的社会化服务体系方面做了有益的探索，但由于来自政府的扶持缺少一贯性和系统性，服务体系建设总体上仍处于盲目和无序状态。加快服务体系建设应从以下几个方面着手：

（一）坚持政府引导和市场主导结合，虽然中小企业多分布在充分竞争的行业，构建中小企业服务体系必须充分贯彻市场配置资源的基础性作用，但政府的组织、推动和引导至为关键，必须充分发挥政府引导和市场机制的双重作用，一方面要下决心整合政府资源，通过规划、政策等多种途径和手段，把更多的政府资源和公共资源投向中小企业的服务体系建设，另一方面要大力开发社会资源和市场资源，调动社会力量和市场力量参与中小企业服务体系建设，最大程度地提高资源配置效率。

（二）要坚持公益性和经营性有机结合，中小企业服务体系建设必须坚持和体现一定的公益性，政府的投入应主要面向公益性服务机构，以社会化、专业化、市场化为方向，形成以公益性服务机构为主导、经营性服务机构为主体的网络骨架，增强服务功能，拓展服务领域，规范服务行为，形成完善的服务体系。

（三）加强顶层设计和鼓励基层探索结合，既要继续鼓励各级各地从实际出发大胆探索和实践，充分尊重和发挥基层的首创精神，又要加强顶层的系统设计和推动，在国家层面加强宏观规划和指导，自下而上整合服务资源尤其是政府资源，利用规划、法规和政策等多种手段和途径，优化服务资源配置，培育服务市场，增强服务功能，加快建立健全由政府组织监管，社会多方参与的全方位、多层次社会化服务体系，为中小企业创业与发展创造良好的外部环境

（四）加大专项资金扶持力度。当前各地政府扶持中小企业发展上普遍存在着资金投入量小、分散、低效的倾向，有限的资金掌握在不同的部门手中，资金的使用效率不能充分发挥出来。提高政府资源的使用效率，是当前构建面向中小企业服务体系的重大课题，应突出“政府扶持中介、中介服务企业”的扶持原则，不断加大对服务中小企业的各类中介机构扶持力度。培育具有一定创业服务基础和地方配套能力的中小企业创业基地或集中区，对其中的服务机构开展的服务择优予以资金和政策支持。各级设立的中小企业发展专项资金应重点用于支持如孵化器、创业园、集中区、中小企业信息平台、担保公司、培训基地等中小企业服务机构建设。

（五）鼓励民间资本参与服务体系建设。要利用市场机制合理配置资源，从观念、政策设计、体制建设等多方面动员、组织和引导民间资本参与中小企业服务体系建设。要开放中小企业服务市场，引入竞争机制，保证各类服务机构享有公平参与中小企业服务的权利。要发挥财政资金的导向作用，吸引民间投资进入服务体系建设领域，逐渐形成资金来源广泛、数量充足、重点明确、互补配套、成效明显的中小企业服务体系资金支持网络。

（六）有效解决中小企业融资难问题。加快构建面向中小企业的金融组织体系。一是大力发展中小金融机构，尤其是民营的中小金融机构。解决中小企业融资难题，必须依靠中小金融机构，走鼓励民间银行、中小银行健康发展的道路。二是鼓励金融创新。针对中小企业的特点，开展股权质押、知识产权质押、存货抵押贷款、商会联保互保贷款等多种新型融资方式。积极组织开展银企融资对接活动，充分发挥各方的职能作用和信息优势，加强信息共享力度，形成推动中小企业贷款业务的合力，进一步拓宽中小企业融资渠道。三是积极推动中小企业在证券市场直接融资。但大多数中小企业缺乏上市能力和经验，急切盼望政府的帮助和指导。建议有关部门进一步加大工作力度，搞好宣传培训，摸排企业情况，培育上市企业后备队伍，让我省更多的中小企业到证券市场融资。

（七）发挥示范平台效应。鼓励和支持各类服务平台加强服务能力建设，健全服务规范，不断开发特色服务产品，为中小企业提供质优价惠服务。通过认定一批业绩突出、信誉良好、公信度高的示范平台，发挥示范带动作用，形成服务样板，促进全省中小企业服务体系的不断完善和健康发展。

（八）建立健全中小企业统计监测体系。建立健全中小企业统计监测体系和统计发布机制，可以全面、完整、系统、及时地反映中小企业发展状况，科学分析中小企业发展总量、速度、结构和区域运行情况，客观分析出现的新情况新问题，为各级政府提供科学决策依据，及时为中小企业发展提供预警。

（青海省经委中小企业发展局）

宁夏推动中小企业开拓国际市场对策研究

开拓国际市场，让更多的优势中小企业走出去，参与国际竞争，是克服金融危机、生产下降、市场低迷等困难的有效手段和路径之一。为了更好地助力中小企业开拓国际市场，扎实推动中小企业平稳较快发展，宁夏充分利用自身优势，抓住打造向西开放国家平台的有利时机，积极主动采取一系列有效措施，努力开拓中小企业的国际市场。

一、宁夏开拓国际市场的基础

宁夏是全国唯一的省级回族自治区，成立于1958年10月，是全国五个少数民族自治区之一。全区现辖5个地级市、22个县、市（区），面积66400平方公里，人口640万，其中回族人口占35.8%，是我国最大的回族聚居区。宁夏虽然小，经济发展相对落后，但其具有的独特的自然和发展优势，使其在开拓国际市场具有一定的优势和基础。

一是自然优势。宁夏位置居于我国地理位置中心，海拔不高不低，气候不热不冷。二是农业优势。位于宁夏北部引黄灌区是中国十大新天府，西部地区五大平原灌区之一，人均土地在全国排第三位，人均产粮排第四位。三是人文优势。宁夏是一个移民地区，不排外、不保守，又是回族自治区，信仰伊斯兰教，与中东阿拉伯国家和世界穆斯林国家有天然的联系。四是能源优势。宁夏煤炭的储量在全国排第五位，人均产煤第三位，人均发电第一位。五是旅游文化优势。宁夏历史悠久，文化灿烂，形成了很多自然景观和人文景观。六是发展优势。区内青铜峡水利枢纽等一批重点水利工程相继建成，铁路、公路通车里程逾1.8万公里，高速公路通车里程突破1500公里，航线开通至几十个大中城市，建成了覆盖全区的数字通讯微波网、移动通讯网，实现了“村村通”。七是基础设施优势。近年来，世界穆斯林城、银川河东机场三期工程以及一批五星级涉外宾馆开工建设，中国穆斯林国际商贸城一期工程、惠农陆路口岸投入使用，银川经济技术开发区等升格为国家级园区等，为宁夏开拓国际市场打造了基础。

在党中央、国务院的正确领导和国家有关部委的大力支持下，宁夏改革开放和社会主义现代化建设取得了新的成就。2011年，实现地区生产总值2060亿元，增长12%；财政一般预算总收入371亿元，增长29.5%，其中地方财政一般预算收入220亿元，增长43.2%；全社会固定资产投资达1640亿元，增长30%；城镇居民人均可支配收入17490元，增长14%；农民人均纯收入5380元，增长15%，连续6年保持两位数增长。2012年1~9月，宁夏地区生产总值1605亿元，居全国第29位，西部第10位，同比增长11%。这些成就的取得，为宁夏开拓国际市场奠定了坚实的物质基础。

二、宁夏中小企业开拓国际市场的基本情况

近年来，宁夏主要通过举办中阿经贸论坛，组织企业参加各类国际性展会，夯实对外开放的基础和条件，落实中小企业国际市场开拓资金为着力点，促进中小企业开拓国际市场。

（一）通过举办中阿论坛，开拓国际市场

中国（宁夏）国际投资贸易洽谈会暨中国·阿拉伯国家经贸论坛（简称“宁洽会暨中阿经贸论坛”），是经国务院批准，由中国商务部、中国贸促会和宁夏回族自治区人民政府共同主办，宁夏回族自治区人民政府承办的国家级、国际性经贸盛会。从2010年以来，已成功举办了3届。论坛以“传承友谊、深化合作、共同发展”为主题，集中阿经贸论坛高峰会议、主题论坛、商品展览、经济合作、文化交流于一体，为嘉宾提供了全面了解投资贸易政策，获取重点项目信息，开展经贸往来和产业发展的良好机会，并已逐步发展为由中国和阿拉伯国家及穆斯林地区共同参与，面向全球开放的国际性重要平台。

三届中阿经贸论坛，共签订项目协议478个，合同投资2500多亿元，使宁夏“向西开放”的集聚效应逐步增强，其中，相当一部分受益企业为中小企业。三届中阿经贸论坛，共有18位中外领导人，200多位中外部长级官员，110多位外国驻华使节，70多个国家、地区和国际机构参加，使宁夏聚积了众多国际人脉。三届中阿论坛，有5000多家国内外企业，3万多名客商参会参展。吸引的投资合作涉及新能源、装备制造、清真食品、穆斯林用品加工等各个领域，使宁夏众多中小企业有了扩展国际市场的方向。

（二）通过参加各类国际性展会，开拓国际市场

自治区非常重视引导中小企业走出去，只有让外面的世界了解宁夏的企业，让宁夏的企业了解外面的世界，才能更好地加强对外合作。自治区经信委组织区内中小企业积极参加每年在广州举办的“中国国际中小企业博览会”，每两年在成都举办的“APEC（亚太经合组织）中小企业技术交流暨展览会”，以此来促进我区中小企业走出去，并对参展企业的展位费予以全额补助。据统计，几年来，参加的10多次展会上，宁夏共有200余家优秀中小企业参展，充分展示了宁夏枸杞及深加工产品、绿色环保及降解制品、风能发电等我区优势特色产业及产品。

在2012年第九届中博会上，宁夏就组织了25家具有地方优势特色企业参展，取得了一定成效。中博会期间，宁夏代表团在广州琶洲会馆举办了“宁夏工业重点项目投资推介会”，对宁夏的249个项目（其中重点推介项目57个）做了重点推介，涉及新型煤电化、金属新材料、新能源、装备制造、生物加工、羊绒深加工、农副产品加工等产业。宁粤两地的11家企业在推介会上签订了投资及合作协议，合作金额近9亿元，为宁夏企业走出去搭建了平台。

（三）通过积极走出去，开拓国际市场

通过努力，宁夏不断加快直接走出去的步伐，特别是向阿拉伯国家，对外交流合作实现务实共赢，有效实现了国际市场的开拓。宁夏在阿联酋、埃及等6个阿拉伯国家及穆斯林地区建立了境外销售中心，近千人在阿联酋、沙特、埃及等阿拉伯国家从事商贸、餐饮等服务业。在沙特举办的2012中国宁夏（沙特）经贸活动签署了46亿美元的项目投资。截至目前，宁夏特色产品远销92个国家和地区，23种新能源、新材料产品打入国际市场，一批世界知

名企业入驻宁夏。

2001～2010年，宁夏全区出口额总值由3.5亿美元增长为11.7亿美元，有75家企业实现了产品出口的“零”突破，有10家中小企业的出口额超过1500万美元，具有比较优势的产业得到全面快速发展，钽及钽制品、生物制药、羊绒制品、饲料添加剂、清真商品、穆斯林用品、农副产品、机电和高新产品等优势产品出口额逐年提升，2010年出口达到7.5亿美元，占全区出口总值的64%，首次超过高载能产品出口占比。

（四）通过加大资金支持力度，开拓国际市场

为了扩大外贸出口，推动中小企业参与国际竞争，2001年下半年，原外经贸部、财政部共同设立了中小企业开拓国际市场开拓资金。中小企业开拓国际市场开拓资金主要是在“境外展览”“各类认证”“国际市场宣传推介”“开拓新兴市场”“培训与研讨”“境外投（议）标”等六方面对企业申请的一些项目予以支持，降低企业经营风险。自2001年中小企业国际市场开拓资金在宁夏实施以来，自治区制定了具体实施细则，积极支持企业利用好这项资金。10年来，中小企业市场开拓资金共支持各类项目4305个，支持金额1633万美元；共惠泽宁夏企业1500多户，涉及到15个大类行业，对宁夏地区外贸发展起到了积极作用。宁夏在“中小资金”支持下的出口总值由10年前的2.8亿美元增长为6.2亿美元。

三、宁夏中小企业开拓国际市场存在的主要问题和下一步思路

宁夏虽然在开拓国际市场方面取得了一些成绩，但与发达省区相比，还有相当大的差距，还存在许多因难和问题。一是宁夏深处西北内陆，既不沿边又不靠海，自然地理条件给宁夏发展外向型经济带来了制约。二是经济基础相对薄弱，社会发展相对滞后。宁夏经济欠发达，要素市场不完善，民间融资能力弱，缺乏拓展国际市场的人才、经验、资本和运作的平台，渠道狭窄，缺乏具有较大影响力的出口企业。三是受国家宏观调控政策影响较大。由于宁夏出口产口重型化特征明显，今年1～9月，全区，受宏观经济不振的影响，我区重点出口商品出口额8亿美元，同比下降13%，其中，轮胎、金属镁、碳化硅、铁合金和味精出口降幅超过45%。

下一步，宁夏要充分利用自身优势，借助宁夏打造国家内陆开放试验区的战略机遇，加快开拓国际市场的步伐。

（一）充分利用中阿经贸博览会，为开拓国际市场搭建平台

国务院在第三届中阿经贸论坛期间，正式宣布将中阿经贸论坛更名为中阿博览会，使之成一个推动中阿经贸交流高层对话的全新平台和促进双方互利合作的重要载体，具有巨大的战略意义和现实利益。中阿博览会已选址宁夏银川作为永久举办地，将更能发挥宁夏在中阿经贸交往中的特殊历史地位，延续和传承中阿经贸往来的历史传统。宁夏要以此为契机，进一步推动西北地区整体面向中东、西亚、北非等国家和地区开放，以大开放促进大开发，为实现西部大开发战略目标注入强劲动力。

在今年的第三届中阿经贸论坛期间，工业和信息化部、自治区政府与阿拉伯工业发展和矿业组织共同签订了《关于共同举办“中国－阿拉伯国家中小企业合作论坛”的会谈纪要》。纪要提出，从2013年中国（宁夏）国际投资贸易洽谈会暨第四届中阿经贸论坛开始，每年在宁夏合作举办“中国－阿拉伯国家中小企业合作论坛”，论坛将邀请中国和阿拉伯国家政府部门官员、演讲嘉宾、中小企业代表、有关商（协）会代表、有关专家学者和新闻媒体参加。论坛内容包括与中小企业相关的市场信息、投资融资、法律和政策、建立合作伙伴关系、拓展合作领域、人员培训和管理提升等领域。欢迎国内处中小企业来参加，共同开拓国际市场，促进共赢。

（二）充分借助宁夏内陆开放区和银川综合保税区建设，助推企业对外开放

在2012中国（宁夏）投资贸易洽谈会暨第三届中阿经贸论坛举行期间，国务院正式批复了《宁夏内陆开放型经济试验区规划》，标志着宁夏内陆开放型经济试验区正式设立，宁夏成为国家第一个内陆开放试验区，也是唯一覆盖整个省级区域的试验区。国务院还同时批准设立银川综合保税区，使之成为国家在内陆设立的首个综合保税区。这是继《关于进一步促进宁夏经济社会加快发展的若干意见》文件之后，国家出台的又一个支持宁夏发展的关键文件。“两区”建设将推动宁夏加速融入全球一体化，直接与世界最前沿的理念、最先进的技术、最科学的管理方式接轨，更深入地参与世界分工和国际经济合作；将加快宁夏拓展新兴国家市场步伐，拉近与阿拉伯国家和穆斯林地区的距离，促进双方交流合作，真正形成向西开放的“宁夏渠道”。

宁夏将借助“两区”建设，努力建设清真食品和穆斯林用品认证、研发、设计、生产加工、展示交易和集散中心，连接中东中亚地区和我国中东部地区的区域性物流中心，国际穆斯林商品展示交易中心，面向阿拉伯国家及世界穆斯林地区国际医疗和技术人才交流中心，清真食品和穆斯林用品综合交易中心，钽铌铍钛稀有金属材料研发生产中心等六大中心；努力建设承接产业转移示范区，西部地区特色农业示范区，六盘山生态补偿示范区，全国防沙治沙综合示范区，风能、太阳能、光伏产品生产及综合利用示范区“五大示范区”；努力建设中阿博览会，中阿文化艺术节，能源开发特别是新能源研发创新平台，宁夏与阿拉伯国家及世界穆斯林地区双边国际合作平台，清真食品穆斯林用品国际展销会“五大平台”；努力建设国家大型综合能源化工基地，西部地区承接产业转移基地，区域战略性新兴产业基地，国内重要的铝、镁合金及铍铜生产基地以及碳基材料基地，特色农产品生产加工、农业产业化经营示范、清真食品生产加工基地，贺兰山东麓百万亩葡萄长廊和加工基地，国际旅游目的地，阿语人才培训基地，固原煤电铝一体化产业

基地和盐化工循环工业产业基地“十大基地”。通过对内陆开放经济试验区的建设，将宁夏打造成开拓国际市场的坚实基础。

（三）加大政策和资金支持力度，为开拓国际市场提供保障

根据据我区中小企业发展现状，及时更新、制定适应中小企业发展的政策方针，为我区中小企业的发展营造良好环境，争取国家财政扶持中小微企业的各项专项资金进一步向宁夏倾斜，支持优势特色企业成为外向型中小企业。充分利用中小企业市场开拓资金，不断完善《宁夏回族自治区中小企业国际市场开拓资金管理办法实施细则》，鼓励更多的中小企业开拓国际市场。继续积极组织区内优势特色产业参加各类国内、国际性展会，为企业走出去拓宽渠道，对参展企业参展费用予以补助。组织中小企业赴阿拉伯国家进行参观考察，开拓思路，争取在优势特色产业进行合作，拓宽市场，寻找商机。

（宁夏回族自治区经济和信息化委员会中小企业处）

中小企业集群的“洼地效应”

——宁夏中小企业产业集群发展报告

中小企业产业集群是以中小企业为主体、特色产业为支柱、网络结构为基础的一种介于企业与市场之间的新型产业组织形式。发展产业集群，能够最大限度地挖掘资源潜力，发挥比较优势，实现资源配置空间布局的优化和各种生产要素的有效集中，促进企业向优势地区聚集，不断扩大生产规模，提高标准化、专业化生产水平，形成科学合理的生产力布局，在不同地区形成不同特色的优势产品和主导产业。走集群化发展的道路，是新型工业化发展和工业升级转型的基本要求，也是中小企业可持续发展的必由之路，更是中小企业快速健康发展的重要载体。改革开放30多年，民营企业在产业经济发展中所扮演的产业集聚或产业集群的角色发挥了巨大的作用，这一过程又形象而生动地证明了产业集群是中小企业赖以生产和发展的生命之舟。

一、产业发展集群化，集群发展园区化

我区中小企业经过多年的创业与发展，在全区经济社会发展中的地位与作用更加凸显，已开始步入集群化发展道路。“产业发展集群化，集群发展园区化”的发展格局正在逐步形成。目前，全区在建工业园区35个，其中经国务院及国家相关部委核准公告的16个，自治区批准的11个，各市县批准的8个，建成了以“五大十特”为代表，辐射高端装备制造、能源化工、电力和新型煤化工、生物发酵与医药、羊绒深加工、金属新材料及机械装备、循环经济、造纸轻纺、农副产品深加工等特色产业园区，形成了独具优势的“五优一新”产业集群：能源产业集群、煤化工产业集群、新材料产业集群、装备制造业产业集群、特色农副产品加工业产业集群、高新技术产业集群。截至2011年底，共有入园工业企业2154家，完成工业总产值1726.95亿元，占全区的69%；实现主营业务收入1631.31亿元，占全区的75%；上缴税金72.06亿元，占全区的72%。其他各项指标的增幅均高于全区平均水平。2012年前三季度，全区工业园区完成工业总产值1480亿元，同比增长19.1%，实现工业销售产值1377亿元，同比增长18.2%。一批主导产业突出，辐射带动功能强，产业聚集度高的中小企业产业集群，成为我区区域竞争力与经济发展的重要支撑。银川经济技术开发区的高端装备制造、新材料、精细化工、信息产业，自主创新能力不断提高；石嘴山工业园区以节能降耗、减排治污为突破口，大力发展循环经济，提升了现有能源、冶金、化工、新材料等优质产业发展的质量；中卫工业园区加快发展造纸、酿酒及特色农副产品加工、冶金、化工、装备制造、建材等产业，使枸杞产品、数控机床、造纸工业研究开发能力达到国内领先水平；吴忠金积工业园区的清镇市品和穆斯林用品，永宁工业园区的生物发酵与制药，灵武、同心工业园区的羊绒深加工，固原经济开发区的农副产品加工等特色产业进一步发展壮大。“五优一新”“林纸一体化”等一批特色产业集群在园区迅速聚集，并呈现出强劲的发展势头。在当前承接东部产业带整体转移的历史进程中，推进园区建设，实现配套产业集聚，带动区域经济发展发展，成为我区工业经济发展的重要突破口。

二、中小企业产业集群发展的“洼地效应”

迈克尔·波特在其《国家竞争优势》一文中指出，自然禀赋、需求状况和相关及辅助产业的带动都能给一个区域带来竞争优势。在经济发展过程中，人们把“水往低处流”这种自然现象引申为一个新的经济概念，叫“洼地效应”。从经济学理论上讲，“洼地效应”就是利用比较优势，创造理想的经济和社会人文环境，使之对各类生产要素具有更强的吸引力，从而形成独特竞争优势，吸引外来资源向本地区汇聚、流动，弥补本地资源结构上的缺陷，促进本地区经济和社会的快速发展。宁夏作为内陆省区，得天独厚的能源禀赋和自然条件成为发展的基本条件，然而经济发展先天落后和技术革新不足成为发展的最大掣肘。为此，我区近几年来一直致力于打造外来投资建设的理想之地，适合创业的西部高地，集聚产业的西部热土，营造出适宜中小企业发展壮大的风清气正环境，已成为西部大开发和向西开放中最具活力、最具人气、最具魅力的热土。在政策、服务、社会化体系和产业文化平台建设中具备了产业集群发展的土壤。

（一）政策聚集引领发展趋势。自治区党委、自治区人民政府先后出台了《关于加快转变经济发展方式的意见》（宁党发〔2010〕29号）、《关于与

加快发展方式转变推进工业结构调整的意见》（宁政发〔2010〕163号）、《关于进一步加快工业园区发展的指导意见》（宁政发〔2010〕195号）、《工业发展和转型“十二五”规划》（宁政发〔2012〕119号）等政策文件，各地工业园区细化普惠性措施，认真谋划我区中小企业产业集群发展思路，把加快工业园区发展作为转变发展方式、调整工业结构的重要抓手。将工业园区作为引领中小企业产业集群发展的示范基地，通过大力实施“园区提质工程”，不断加大园区基础设施投入，全区工业园区累计完成基础设施投入达212.35亿元，成为各地招商引资、承接产业转移和产业聚集的重要平台。2011年，全区入园的规模以上企业达500户，占全区的66.5%。依托龙头企业、做强主导产业、壮大产业集群已成为各界共识。积极支持各地工业园区、产业集中区建设中小企业创业基地，支持永宁县人和小企业创业基地、开发区中小企业创业园等创业基地项目18个，支持资金2700万元。各园区围绕特色产业、“五大十特”等一批工业园区产业集聚发展、快速发展。

（二）服务聚集带动环境优化。2010年，在自治区党委、人大、政协有关领导的关心支持下，《宁夏回族自治区促进中小企业发展条例》正式颁布实施，成为我区促进中小企业发展的里程碑。国务院《关于进一步支持小型微型企业健康发展的意见》（国发〔2012〕14号）出台后，自治区出台了贯彻落实〈国务院关于进一步促进小型微型企业健康发展的意见〉分工方案》，自治区财政厅出台了《关于促进小微企业健康发展的财政政策》，不断拓展财政扶持措施。在积极争取中央各项扶持中小企业专项资金的同时，地方财政也多方筹资，对中小微企业给予支持，2011年累计争取和安排中小企业发展专项资金1.65亿元，另外还安排中小企业服务体系建设资金1000万元，科技型中小企业创新基金1000万元，工业园区建设资金9300万元，切实减轻了中小微企业负担。今年地方财政又争取资金5600多万，对中小企业发展、技术改造和中小企业进行以奖代补。在营造风清气正发展环境活动中，全区削减审批事项1490个，取消和停止涉及小微企业行政事业性收费项目37项；为中小微企业新增贷款195亿元，累计减免税费6亿元以上。

（三）社会化体系集聚创新配套协作模式。加快社会化服务体系建设，是促进中小企业产业集群内部融合、外部扩张的有效保障。2011年底，自治区经信委联合科技、财政、人力资源社会保障、国税等多个部门联合下发了《自治区中小企业公共服务体系建设指导意见》，把公共服务平台建设作为“十二五”时期推进中小企业发展的重要抓手，目前我区已初步建立自治区、市、县三级联动的中小企业综合服务机构体系。累计认定27个自治区中小企业公共服务示范平台，并推荐13个平台向国家申请认定国家级中小企业公共服务示范平台，为中小企业提供培训、管理、技术、融资等方面的专门服务。在改造建设宁夏中小企业服务大厦的基础上整合全区中小企业服务资源，建设全区中小企业公共服务综合平台，以宁夏中小企业为门户网站和共享数据资源中心，共同建立我区中小企业公共服务网络平台体系，开发服务中小企业的在线服务系统、呼叫系统、运营管理系统、共享数据资源中心系统，并建立五市和重点产业集群（行业）、工业园区“服务窗口”，实现互联互通、资源信息共享。积极构建中小企业融资服务体系，签订政银企战略合作协议，达成支持中小企业共识。成立担保机构和小额贷款公司230多户，为各类中小企业提供担保、融资服务。

（四）对外合作平台集聚塑造“宁夏通道”。我区已连续三年成功举办了中国阿拉伯国家经贸论坛，共签订项目协议478个，合同投资2500多亿元，使宁夏“向西开放”的集聚效应逐步增强，吸引的投资合作涉及新能源、装备制造、清真食品、穆斯林用品加工等各个领域。2012年9月，在第三届中阿经贸论坛期间，工信部、自治区人民政府、阿拉伯工业发展和矿业组织签订了《关于共同举办“中阿中小企业合作发展论坛”会谈纪要》，约定每年举办“中国－阿拉伯国家中小企业合作论坛”，主要内容包括与中小企业相关的市场信息、投资融资、法律和政策、建立合作伙伴关系、拓展合作领域、人员培训和管理提升等领域。通过“全国中小企业宁夏行”活动，来自全国近200家非公企业的230多名企业家对我区的煤化工、新能源、新材料等9个优势产业进行了投资对接和考察。9月在第九届中国中小企业博览会上举行“宁夏工业重点投资项目推介会”，对全区各工业园区249个项目（其中重点推介项目57个）做了重点推介，项目涉及新型煤电化、金属新材料、新能源、装备制造、生物加工、羊绒深加工、农副产品加工等产业。宁粤两地11家企业在推介会上签订了投资及合作协议，合作金额近9亿元。这些活动的成功举行，都对我区中小企业产业集群对外宣传、扩大影响起到了十分积极的作用。

三、我区中小企业产业集群发展的瓶颈

从产业集聚角度看，我区中小企业产业比较集中的机电行业已发展成为国内大型炼钢企业、风力发电企业的重要配套部分。灵武和同心的羊绒加工、永宁的生物发酵、吴忠的乳制品、中卫的枸杞深加工、石嘴山的高载能产品、西吉的马铃薯加工惠农的脱水蔬菜、平罗和泾源的清真肉制品等，基本上都是中小企业一统天下。然而与东部经济发达地区相比，我区中小企业产业集群在规模、层次、效益等方面还存在很大差距，主要表现在：一是工业园区产业关联度偏低。受区域因素制约，我区工业企业以资源密集型、劳动密集型和中低层次技术为主，整体规模较小，产品的技术含量和附加值偏低，工业园区内企业专业化生产配套能力不强，缺乏上下能结合的产业链条，许多功能部件、标准件、配套件等需要要区外购入，没有形成真正意义的耦合产业集群。二是产业集群培育力度不够。中小企业融

资手段单一，间接融资多，直接融资少，担保部门门槛高，多层次金融市场不完善；创业投资机制不健全，价格和税收政策不配套，市场环境有待改善。三是产业集群品牌优势不明显。全区产业集群拥有区级以上名牌产品、驰名商标、著名商标的区域品牌寥寥无几，2012 年中国名牌仅有 6 个，宁夏名牌 235 个。缺少自主品牌，产业集群中的企业市场竞争力不强。四是社会化服务不足。围绕产业集群发展所需的各类产业市场、现代物流、行业协会、信息咨询、人才培训、公共技术平台等社会化服务体系不完善。五是技术创新能力不强。我区企业的技术装备、产品研发、人才储备相对薄弱，科技进步和品牌带动效应尚不明显。科技投入不足，科研条件差，科技研发投入平均不到 0.5%。使用引进先进技术、消化和在创新能力不足，具有自主知识产权的高新技术成果储备稀缺。

四、打造中小企业产业集群发展新优势

随着市场竞争的全球化，经济发展也凸现出区域集中化趋势，特别是参与全球产业链分工的地方企业集群化。以中小企业为主的企业集群，由于能够快速适应市场变化、满足顾客个性化需求而日益得到迅速发展。美国硅谷的繁荣、意大利经济的振兴、我国东部沿海乡镇的迅猛发展在很大程度上归结于当地企业集群的发展。培育中小企业产业集群是我区壮大规模经济，提升产业竞争力的有效措施，对于提高专业化分工和协作配套、存进生产要素有效集聚和优化配置、解决就业、降低创业成本以及节约社会资源等方面具有重要作用。为此，要站在构建和谐社会、建设西部强区、建设内陆开放试验区的战略高度，增强做好中小企业产业集群发展工作的紧迫感和使命感，积极推进中小企业产业集群发展。

一是加强规划规范引导。结合我区中小企业产业集群发展特点和发展“五优一新”特色产业集群优势，制定中小企业产业集群发展规划及配套子规划。规划将以国家产业政策为指导，遵循产业集群发展规律，立足现有产业基础，坚持高起点、高标准，布局合理、适度超前的原则，一次规划、分步实施，确保产业集群发展与工业化、城镇化的发展相协调，结合各地区经济结构调整，规划发展一批具有地方优势和特色的产业集群，增强集聚效应，引导企业向集群化方向发展。力争到 2015 年，培育 3 个产值超 500 元的产业集群、10 个产值超 100 亿元的产业集群，20 个产值超 50 亿元的产业集群。

二是加大政策扶持力度。围绕中小企业产业集群发展，不断完善和建立相关配套政策和措施，营造良好的投资和发展环境。要积极鼓励民间资本通过参股、联合、购并、独资等方式，参与园区建设、项目开发、企业重组、改造等，除法律规定外，任何部门和单位不得以任何理由设置不合理限制条件。对国家鼓励类创业项目，要开辟中小企业创业“绿色通道”，在证照办理、项目审批、劳动用工、技术培训、法律事务、质量认证等方面简化办事手续，提高办事效率。

三是增加资金投入总量。对于重点培育的示范产业集群、龙头骨干企业、专业化示范园区和专业市场，以及国家名牌和省级名牌产品，每年从科技创新工程、重大项目投资以及中小企业发展专项资金、贷款贴息、基础设施建设及培训资金中列支给予扶持，并积极争取国家有关部委的支持，引导更多的社会资金投入。积极协调各级金融机构，加大对重点产业集群的支持力度，提供更多的金融品牌服务。

四是实施名牌带动战略。培育大型龙头企业，实施名牌带动战略，带动配套产业发展，是发展产业集群的基本路径。重点培育 100 家成长性好，示范带动作用强、产业分工协作好的龙头骨干企业，努力争创中国品牌和中国驰名商标，形成一批在国际、国内市场三叫得响的知名品牌，发挥名牌企业在技术、信息、市场等方面的带动作用，催生一批相关配套小企业，形成企业推动产业，产业形成集群，集群构筑基地的发展模式。

五是转变产业集聚方式。充分发挥循环经济推进产业集聚的转化作用，优化和加大对循环经济的资金扶持和投入。按照产业链的有机联系，形成“资源—产品—废弃物—再生资源”的物质循环绿色系统，在上中下游物流与能量逐级传递和循环使用中，实现产品延伸—产业链延长—集群化发展的目标，形成园区内产业关联发展、成链发展、聚集发展、集约发展、合作发展的格局。

六是开展全方位招商引资。采取“引进来”与“走出去”相结合的方法，进一步拓展招商范围和渠道，加强国内、国际之间项目对接与投资合作。依托我区中阿经贸论坛、中小企业合作发展论坛及各种节会契机，积极参与国内外博览会，每年组织 2～3 次较大规模的招商推介活动，使更多国内外投资商了解宁夏产业优势。

七是加快服务平台创新建设。加快信用担保体系建设，解决产业集群发展中的融资难、融资贵问题；加快创业与创业培训基地建设，为中小企业产业集群发展提供技术人才支持和服务人才；加快建立中小企业维权中心，为产业集群发展提供政策法规和维权服务；充分发挥高等院校、科研院所等技术服务平台作用，加强产学研结合，积极开发和培育具有自主知识产权的新产品和新技术，加快社会化、开放式中小企业公共技术平台建设，不断提升产业集群的核心竞争力。

八是加强人才队伍建设。积极引导中小企业、工业园区组织树立发展是“硬道理”，人才是“硬家当”的意识，使企业自觉从需要出发，合理引进、使用和培养人才。自治区将制定工业企业人才培训规划，大力培养具有现代企业精神和素质的企业家，引进各类技术专门人才，同时积极发挥我区已有特色产业技术培训机构的优势，广泛培养技术型专门人才队伍。

（宁夏回族自治区经信委中小企业处）

新疆小微型企业发展的对策研究

小微企业是小型企业、微型企业、家庭作坊式企业、个体工商户等的统称，在扩大社会就业、增加城乡居民收入、增强经济发展活力等方面发挥着不可替代的作用。当前，我区小微企业数量多，吸纳就业能力大，社会贡献突出，但也面临生产成本高、税负重、融资难、用工难等问题。因此，必须大力扶持和发展小微企业，促进全区经济平稳较快健康发展。

一、新疆小型微型企业发展的主要特点

1. 中小微企业对经济贡献不断扩大。截至2011年末，2011年新疆国民经济结构中工业总产值为6721.68亿元，其中：国有工业占工业总产值的8.6%；集体工业占工业总产值的0.4%；其它类型工业（主要是中小型企业）占工业总产值的91%。共完成工业增加值2764.14亿元，比上年增长11.4%，其中中小微工业企业（主营业务收入2000万以上）完成增加值717.47亿元，比上年增长20.7%，高于规上工业9.3个百分点，占全部工业增加值的比重为28.6%；中小微工业企业从业人员36.33万人，占规上工业从业人员的61.6%；实现利润总额占规上工业利润总额的28.2%；实现利税占规上工业利税总额的27.3%。

今年以来，我区中小企业工业增加值增速加快。1～11月，全区中、小型企业同比增长9.3%和32.2%，大型企业增长9.1%，中小企业增速明显快于大型企业。

2. 中小微企业成为吸纳就业的重要场所、社会稳定的重要基础。2011年全区企业法人单位中小微企业就业率是68.5%，吸纳从业人员165万人，占全部从业人员48%，占非公经济从业人员96%。中小微企业是吸纳从业人员的重要场所，不仅安置了大量的城市下岗职工，还吸收了大批农村剩余劳动力，有效解决了农村剩余劳动力的转移和就业问题，缩小城乡和区域之间的差距，从而促进了社会稳定和经济发展。

3. 小微企业量大面广，行业集中度高。截至2011年底，全疆实有私营企业10.7万户，从业人员75.8万人；个体工商户56.3万户，从业人员95.8万人，合计非公经济囊括67万户私营企业及个体工商户，累计为171.6万人解决了就业问题。据自治区统计局统计，全区法人企业共计52364家，占全区私营企业49%。其中工业企业占30%、批发和零售业53.7%、房地产业企业占8.5%、建筑业占5.2%、住宿餐饮业2.6%，共41386家，占全区企业法人的79%，在五大行业中，大型企业法人占0.4%，中小微企业占99.6%。

以工业为例：截至2011年末，全区营业收入在500万元以上中小微法人工业企业共计2705户，占全区500万元（以下均采用其口径）以上工业法人的97.5%。其中，中型企业，占10.8%；小型企业占74.5%；微型企业占12.2%。工业大型企业全区69户，仅占全区的2.5%。

4. 小微企业以农业原料为主，地区分布差异较大。我区销售收入在500万以上中小微企业中，涉农企业占30.6%，涉及到农副食品加工业、烟草制品业、纺织业、鞋帽制造业、皮革、毛皮制品业、木材加工、化学原料及化学制品制造业等。中小微企业主要分布在城乡结合部，多数以农业原料为主，依靠农村剩余劳动力的中小微企业，在完成订单农业合同、吸纳农村劳动力，提供农闲岗位、促进农业、农村经济发展中起着重要作用。

从全区15个地州来看，企业主要分布在乌鲁木齐、昌吉、兵团、伊犁、阿克苏、巴州等地区，这6个地区中小微企业占全部中小微企业比重约为75%。中小微企业中批发、零售、餐饮业主要集中在乌鲁木市，分别占到38.4%、28.8%、38.2%；住宿业主要集中分布在新疆建设兵团占44%，建筑业、房地产业、工业分布相对平衡。

二、存在问题

目前，我区中小企业发展在自治区党委政府的高度重视下，得到了积极发展，但据国家有关部门发布的数据，今年上半年全国中小微企业的成长性指数有所上升，为102.9%，其中，华南地区上升，西南和西北地区的中小微企业成长指数仍低于100。总体看，目前我区小微企业仍存在“一重、二难、三缺”问题。

1. 税费重。现行税收政策不利于小微企业的发展。一是增值税和营业税起征点适用范围限于个人，个人独资企业不能享受起征点税收优惠，使得同一地段经营同一项目仅仅因为登记注册类型的不同而享受不同的税收待遇。二是凡纳税人的年销售额达不到规定标准的（新企业除外），不管其会计核算是否健全，一律不得认定为一般纳税人。三是未达起征点的个体工商户不能代开增值税专用发票，不利于小微企业发展。四是组织形式不同，适用税种有区别，但却承担不同的税负。同为微型企业，如果注册为个体工商户则只缴纳个人所得税，不缴纳企业所得税；如果注册为公司，则企业要缴纳企业所得税，企业主还要缴纳个人所得税及缴纳残保金、工会经费等社会其他单位收缴的各种费用，因组织形式的区别，税费负担就不同。根据有关部门调查显示，有71%的小企业税收总额占利润的比重在10%，24%的小企业税收总额占利润的比重在15%～20%，各项收费占企业利润的20%。五是缴税额度小、手续复杂。部分小微企业对实行“两免三减半”政策感到很好，但额度小、申报手续繁琐，不愿申报。

2. 融资难。据调查，小微企业扩大再生产的主要资金来源是原始资金积累、亲戚朋友借款、小额贷款公司借款。但多数小微企业的资金缺口较小，在10万之内，94%的企业资金短缺额不超过50万，

因此习惯通过亲友借款。通过银行借贷的比例很低，仅占10%左右。贷款担保方式中80%是设备抵押和股东私有财产抵押、质押。在获取银行贷款过程中困难较大。一是综合融资成本高，普遍在10%以上，民间小额借贷综合成本高达30%～40%。信用社、商业银行对小微企业的贷款利率普遍上浮30%以上。同时还要支付0.6%～1.5%的资产评估和抵押登记费用，1.5%～3%的担保费用。二是小企业本身规模较小、实力不强，信用度低，财务制度不健全、内部管理不规范而达不到银行贷款准入条件，企业自有可抵押资产不足（这类企业占97%），使银行对小企业普遍存在“惜贷”或“慎贷”现象。三是中小微企业负债率高，资金回笼弱，偿债能力低。2011年，中小微企业的资产负债率高于大型企业11.9个百分点，两项资金占比达到流动资金的50%多，资金的使用效率低。大型企业变现能力是中小微企业的6倍，其周转次数、偿债能力及盈利能力都明显高于小微企业，这也是中小微企业融资较难的一方面。

3. 用工难。表现在劳动力供需结构失衡，“招工难”与“就业难”并存。一方面经济快速发展，企业缺员现象十分突出，另一方面城镇富余劳动力、下岗失业职工和农村劳动力找不到合适就业岗位，呈现结构性失业，特别是专业型、技术型的劳动力较少，不能满足市场需要，随着劳动力工资上涨，为了降低成本，部分企业不给工人缴纳“五金”甚至有部分企业不与工人签订劳动合同，使得劳动用工特别是农民工的社会保障缺乏，也使劳动力流失加剧。如对南疆三地州调查，由于小微企业投入少，供需诉求上的矛盾加剧了用工紧张且不稳定，招工已经成为多数企业一年中不间断的工作。招人难，再加上小微企业成长环境和发展空间也不具吸引力，这就造成员工流动快，“跳槽”频繁，留人难，不想培养人，结果又难以发展，许多小微企业陷入了这个怪圈。

4. 缺技术。小微企业由于受规模和资金方面的限制，设备陈旧、工艺和技术水平较为落后，产品科技含量低、起点低、导致企业成本高，效益低，从而生产效率和产能比较低，难以适应市场需求的发展。

5. 缺人才。据对我区124户中小企业抽样调查，影响小微企业发展的主要问题除资金外，缺乏技术人才问题占居第二位。其中缺技工人员占39%，缺高层技术人才占40%。企业管理者和员工之间管理和被管理界限明显，家族式管理，导致企业员工对企业认同度不高，企业人才流失严重。而且小企业由于规模小，实力不强，不能解决人才的落户、职务晋升、子女入学、未来发展等问题，难以吸引人才，也难以支付人才的高额待遇，使小微企业不仅严重缺乏高级人才，而且缺乏素质好的一般管理人员，人才匮乏制约了企业的发展。

6. 缺管理。从发展历程看，我区小微型企业往往带有家族式、小作坊式的个体经营的烙印，在形式上具备了一个企业的架构，但在经营决策中容易出现家长式的一言堂、随意性的情况，通过调查，企业管理层中来自本家族的人员比例达43%，而且62%的小企业管理人员都是家族成员，造成企业内部管理粗放，财务制度和用人制度混乱，管理无制度、劳动和材料消耗无定额、成本无核算，对生产和产品缺乏必要的科学决策，增大了企业的生产经营风险，造成企业效率低下。

三、促进小微企业发展的对策建议

破解小微企业目前面临的困境，帮助小微企业长期健康成长，必须坚持充分发挥市场机制作用与政府因势利导相结合，用足用活国家优惠政策与解决突出问题相结合，加大政策扶持力度与提高企业自身素质相结合，提高政策针对性、实用性、有效性。加大工作力度，重在鼓励创新，重在吸纳就业，重在扶小扶微，促进全区小微企业又好又快发展。

1. 进一步优化中小微企业发展环境。一是落实各项优惠政策。近年来国家自治区先后出台了一系列扶持小微企业发展的政策措施，这是前所未有的，要认真贯彻落实各项政策，使众多中小微企业用足用好政策。二是不断完善政策体系。根据我区小微企业发展的新情况、新问题，有针对性地出台加大自治区小微企业在财税政策、融资服务、创业就业、科技创新、平台建设等方面的扶持力度，促进企业健康稳定发展。三是形成合力。各级中小企业主管部门要主动与相关部门加强沟通协调，形成合力，千方百计解决当前小微企业遇到的新问题，落实中小微企业的公平待遇，提高它们的社会地位。保障他们与大企业、大项目一样，享有平等的政策支持和权益保障。四是扩大宣传。进一步加大国家、自治区促进中小微企业发展的各项政策的宣传力度，通过电视、广播、报纸、网络等新闻媒体，广泛深入、系列地宣传国家、自治区促进中小微企业发展的各项政策措施、各地加快中小微企业发展的经验和做法，让全社会关心、关爱、关注中小微企业发展，为中小微企业发展创造良好的舆论支持环境、政策保障环境、法制公平环境。

2. 加大对小微企业的财政支持力度。自治区要每年从中小企业发展专项资金中，切块安排资金支持小微企业发展。一是重点扶持小微企业技术改造，开展技术创新投资和贷款贴息奖励或补助。二是支持各地加快产业集聚区小微企业孵化园建设，完善园区各项基础配套设施，为产业集聚区内小微企业发展打造良好的发展载体和平台。三是奖励为小微企业贷款担保成绩显著的担保机构。四是按照政府支持中介，中介服务企业的思路，支持中小企业服务机构、公共服务平台为小微企业开展的信息服务、融资服务、管理咨询服务、培训服务等各种综合性与专业性服务。五是引导各地州市根据实际情况设立配套资金，充分发挥自治区、地市、县三级联动扶持小微企业发展的积极作用。

3. 积极探索小微企业的税收优惠政策。一是用足用活国家税费优惠政策。认真落实国家、自治区扶持小微企业的有关税收优惠政策，使小微企业都能充分享受到财政、税收优惠政策，降低小微企业负担。二是研究对小微型企业实行简税制政策。减少征收税种，将小微型企业主要负担的增值税、营业税、企业所得税、个人所得税、城乡维护建设税及教育费附加合并为一个税种，征收按销售收入的一定比例覆盖所有税费，并由一个税务机关征收，简化手续，减少征收成本。三是研究探索小微企业的免税制。据了解，我区小微企业纳税额少，比重低，分税种缴税较科学，但手续繁琐，建议税务部门研究出台小微企业实行三年免税的具体措施及操作程序，以便切实减轻小微企业税负。

4. 积极缓解小微企业融资困难。缓解中小微企业融资难。一是落实现行政策。把中央和自治区出台的支持小微企业发展的金融措施落实到实处。金融机构要在争取信贷规模的同时，加大对中小企业的信贷资金倾斜，确保中小企业贷款增速高于全市贷款平均增速，对中小企业不抽贷、不压贷；二要提高工作的针对性、灵活性和前瞻性，研究制订我区中小企业急需的贷款政策，增加对中小企业的中长期贷款额度，简化中小企业、特别是大量小微企业的应急贷款手续；三要降低企业融资成本，对小微企业贷款利率原则上不上浮，并禁止存贷挂钩，禁止一切不合理收费，禁止搭售金融产品，确保信贷资金流入实体经济小微企业；四要创新金融产品和金融服务。鼓励金融机构创新小微企业贷款担保与保证方式，支持企业采取动产、应收账款、承包合同、仓单、股权和知识产权质押等方式进行融资。鼓励小微企业联合进行债券融资，推进小微企业集合票据发行，提高小微企业融资成功率。五要积极推进银企合作。各级小微企业主管部门要积极搭建银企合作平台，向金融机构大力推介小微企业的重点项目、重点企业，促进银企合作。

5. 加大对中小微企业创业就业政策的扶持力度。学习内地的做法，对生产经营困难的企业实施社会保险“五缓四减三补贴”优惠政策，从制度上解决用工难、招工难的问题。“五缓”，即允许暂时生产经营困难的企业提出社会保险（应由企业缴纳的基本养老保险、基本医疗保险、失业保险、工伤保险、生育保险等五项社会保险费）缓缴申请。“四减”，是指集中对依法参加我区社会保险、履行社会保险缴费义务的困难企业和在经济结构调整、转型升级过程中需要大力扶持的企业及有雇工的个体工商户临时性减征一定时期应由企业（用人单位）缴纳的基本医疗、失业、工伤和生育保险费。“三补贴”，即对困难中小企业实行社会保险补贴、岗位补贴、培训补贴。

6. 提升小微企业管理水平。各级经信委要以实施管理提升计划为重点，开展送政策、送服务、送温暖活动。一是加强人才培养。将小微企业经营者和员工培训纳入自治区人才培训整体规划，充分发挥行业协会（商会）、中小企业培训机构的作用，继续实施国家中小企业银河培训工程，通过远程网络、短期集中面授等方式，为中小企业提供企业战略管理、市场营销、人力资源开发管理、投融资知识等管理培训。二是开展管理提升服务。组织开展中小企业管理咨询活动，组织财会、管理、法律、营销等方面的专家，为中小企业提供企业诊断、管理咨询服务，提高中小企业综合竞争力。三是建立重点企业直通车服务制度。在全区择优选取重点地（市）、县及100家高增长、有自主品牌、市场竞争力强、自主创新能力强的企业，实施小微企业提升计划，继续开展中小企业服务年活动，建立重点小微企业联系制度。各级有关职能部门要设立重点小微企业直通车服务窗口，送政策、送服务、送温暖，为其提供业务申请、咨询、指导、监督及投诉受理等服务。四是大力发展小微企业电子商务。以电子商务为重点，加快推进小微企业电子信息化建设。支持小微企业通过电子商务拓展市场，支持小微企业利用信息化产品、管理工具完善内部管理，提高经营效率。

（新疆自治区经济和信息化委员会）

瞄准“专精特新”的发展方位

中小企业作为国民经济重要组成部分，在促进经济发展、推动技术进步、增加财政收入、扩大社会就业、改善人民生活等方面，都发挥着越来越重要的作用。以大连为例，全市有中小企业12.3万户，占全市企业总数的99%以上；实现增加值4071.8亿元，占全市经济总量的62.3%；对全市科技进步的贡献率达70%；上交税金404亿元，各区市县财政收入的85%以上都是由中小企业提供的；安置就业10万人（次）以上，占全市就业总人数的85%以上。

但也应当看到，由于经营理念、技术装备、管理水平、研发能力等方面的先天不足，许多中小企业长期在步履维艰的经营困境中度日。国际金融危机的爆发及其迅速蔓延传导并累及我国经济，使原本已经处于困境的中小企业更是雪上加霜，生产经营状况更趋艰难。尤其是那些市场主要在国外、没有自主知识产权、没有自主品牌、劳动密集型的加工贸易企业，遭受的打击更为严重。帮助中小企业走出发展困境是当前有效应对危机冲击的关键所在，也是保持经济增长和社会稳定所面临的一项重要任务。因此，自去年下半年以来，中央审时度势，在加强宏观调控的同时出台了一系列政策措施扶持中小企业发展，帮助中小企业渡过难关。但是也应认识到，中小企业所遇到的困难，并不都是由外部环境造成的，也有企业自身存在的问题。例如，有些中小企业经营管理不善、创新能力不强、产品没有市场等等，这些问题依靠政府帮助或政策扶持都是无法从根本上得以解决的。面对当前中小企业发展的严峻形势，要战胜危机走出困境，必须从战略上寻求新的突破，找准中小企业自身的市场定位，瞄准“专精特新”的发展方位。

今年4月出台的《国务院关于进一步支持小型微型企业健康发展的意见》就曾提出，鼓励小型微型企业走“专精特新”和与大企业协作配套发展的道路，加快从要素驱动向创新驱动转变。国家《“十二五”中小企业成长规划》，也把坚持“专精特新”之路作为促进中小企业成长的重要途径。危机当中总是隐含和孕育着新的发展机遇，关键时刻中央为中小企业指明了新的发展方位，带来了新的发展希望。中小企业能否渡过难关，关键取决于是否能够根据自身特点，在危机中把握机遇，瞄准新的发展方位，加快结构调整和技术升级，转变企业发展方式。只有把克服困难的立足点放在自救上，以质量求生存，以管理求效益，以创新求发展，走“专精特新”的发展新路子，广大中小企业才能最终走出困境。而且，这不仅是当前在国际金融危机中应对各种挑战的有效措施，也是中小企业谋求长远发展和不断成长的根本之策。

一是要坚持专业化发展。首先，要确立专业化发展的企业战略，中小企业由于自身特点，如果采取多元化的发展战略，通常很难形成市场上的竞争优势，坚持专业化发展战略才是中小企业市场制胜的良策。其次，要在专业化战略的基础上采用专项技术或工艺，通过专业化生产制造专业特点明显的产品，做到产品用途的专门性、生产工艺的专业性、技术的专有性和产品在细分市场中具有专业化的优势。再次，要在加强企业分工协作中提高专业化水平，尤其要做好为大企业的配套服务，成为大企业的配套服务“专家”。

二是要坚持精细化发展。首先，要树立精益求精的管理理念，建立高效精细的管理制度和生产流程，提高企业管理的精细化水平。其次，要采用先进实用技术，设计精良的产品，打造精深的工艺，提供精致的产品和服务，走“人无我有、人有我精”发展道路。例如，大连大森数控研制的高智能绣花机，12 种基色的线可以在不停机的状态下自动更换，并能绣出绚丽逼真的各种图案，其精密和精细程度堪称世界一流，就连目前世界上在这一领域最具优势的日本也不能与之相比。

三是要坚持特色化发展。首先，要采用独特的工艺、技术、配方或特殊的原材料，生产具有特殊功能的产品。例如，大连精密轴有限公司，从企业创立起就一直致力于各种特殊工业用精密轴的研发制造，这次国际金融危机由于许多欧美同类企业破产倒闭，大量国际订单纷纷涌向这家企业，也给他们带来了“走出去”实施购并的天赐良机。其次，要大力发展地方特色产业，从满足不同层次、不同消费群体的需求出发，形成具有区域特色的产品或服务。

四是要坚持新颖化发展。首先，要依靠自主创新或联合创新，特别是通过产学研结合，使企业拥有自主知识产权或专有技术。例如，大连的达明科技、连城数控、华阳密封、三垒机械、百亿欧粉笔、荣科储能、智云股份等一批企业，就是通过产学研结合，实现了技术创新的突破，开创了新颖化发展的道路。其次，要在提升创新能力的基础上实现产品和服务创新，以“新”取胜，以“新”提高企业的核心竞争力。

中小企业最终能否走上“专精特新”的发展道路，关键在企业自身，只有把握新的发展机遇，瞄准新的发展方位，才能摆脱困境，走向蓬勃发展新境地。当然，政府也不是“看客”。这次在大连举办的“中国东北及环渤海地区中小企业‘专精特新’产品技术展览洽谈会”，就是由各级政府搭的台。在中小企业向“专精特新”发展的新方位转轨过程中，政府不仅要扶持、帮助和搭台，还需要清除多年来对中小企业不公平的待遇和规则，为中小企业搭建起公平竞争的市场平台。我们相信：借助于各级政府搭起的各种有形和无形的平台，中国的中小企业经过自身的努力拼搏，定能登上“专精特新”的发展新平台。

（中共大连市委党校教授　张道航）

关于中小企业用工情况的研究对策

近几年，在市委、市政府的正确领导下，我市认真贯彻落实党的十七大精神，高度重视中小企业发展，始终将发展中小企业作为富民强市的重要战略，努力改善中小企业发展环境，形成了“鼓励全民创业、支持企业创新”的良好氛围。全市中小企业紧紧抓住振兴东北老工业基地和辽宁沿海经济带开发开放战略机遇，战胜诸多挑战和困难，呈现出持续、快速、健康的发展态势。目前，大连市中小企业总户数达 12. 3 万户，占全市企业总户数的 99% 以上。实现增加值占全市 GDP 的比重从“十五”末的 53. 2% 上升到目前的 62. 3%，增长 9. 1 个百分点。各区市县财政收入的 85% 以上都是由中小企业创造的。中小企业年接收就业和再就业人员超过 10 万人（次）以上，安置就业人数占全市就业总人数的 85% 以上。中小企业现已成为支撑大连市经济建设的重要推动力量，已成为科技创新和县域经济发展的主力军，安置就业的主渠道，城乡居民收入的主要来源。

虽然我市中小企业整体运行态势良好，但一部分企业，特别是小型、微型企业在多重压力的制约下，发展步履艰难，特别是在用工方面存在一些问题，主要表现在：

（一）用工需求增加，招工难现象明显。大多属于流失性缺工，主要集中在纺织、服装、食品、机械加工等劳动密级型的企业。

（二）劳动力短缺，企业开工不足。在影响企业开工不足的因素中：劳动力不足占 38%，排第一位；资金短缺占 30%，排第二位；产品销路不畅占 26%，排第三位；原材料供应短缺占 6%，排第四位。

（三）劳动力成本占制造成本的比例上升。随着普通劳动力和技术人员的薪酬增加，职工的“五险一金”比例逐年上调，今年的劳动力成本占制造成本的比例较去年同期增加，增加的幅度达 20% －50%。

主要原因是：

一是经济发展加快，企业用工数量增多。去年，全市新办企业 1. 5 万户，新上项目也明显增多，企业的用工数量迅速增加，致使部分企业和行业出现用工缺口。

二是科技进步速度加快，招工条件随之提高。企业为了提高竞争力，竞相采用新技术、新工艺、新设备，开发新产品，提供新服务。由于符合条件的高素质劳动力相对较少，必然出现招工难的问题。从招聘会上看，大部分企业在招聘技工和高层人才。

三是企业规模小，缺乏吸引力。许多中小企业没有核心竞争力，生产形势不稳定，随着市场变化而波动。企业发展前景渺茫，职工就业稳定性差。因此，有一定知识和眼光的年轻人，不愿意到这样的企业做工。

四是工资水平低，发放不及时。部分中小企业的盈利水平不高，给工人定的工资标准较低，其中还有少数企业不能按时发放工资，个别企业甚至恶意拖欠工人工资，出现“讨薪难”的问题。许多中小企业都没有为职工办理医疗、工伤、失业等项保险，有的甚至不给工人签订劳动合同，就业人员缺乏安全感，不愿进这样的企业工作。

五是育才用人脱节。学校培育的普通人才企业用不上，企业需要的专业人员学校未培养。

针对招工难问题，特提出以下建议：

一是以人为本，实行科学的人性化管理。中小企业要以人为本关爱职工，建立合理的招人、用人、育人、留人机制。要用良好的企业形象吸引人，努力改善用人条件，让职工在生产中感到安全，在生活中感到舒适，觉得进厂务工不是单纯卖苦力，也可以实现人的尊严和价值。要为职工的成长发展创造条件，技术上能提高，知识上能长进，职位上能提升，树立归属感、安全感和成就感。要善待职工，保证他们的合法权益，没有后顾之忧。

二是教育培训要以用人需求为宗旨。职业学校要根据经济社会和企业发展的需要，分门别类地培养技能型人才。企业也可与学校签订委托培养合同、学校主动找企业签订毕业生输送合同，有计划地培育自己所需的专门人才。

三是整合政府资源为企业用工服务。整合社会资源，形成合力，建立根据中小企业成长需求，有计划、有目标、有针对性的科学培训机制，提高培训质量和效果。

四是制定确保职工合法权益的政策。对在中小企业就业的职工子女入学上，废除一切不平等的规定，实行户籍制度改革，没有住房，但连续几年在当地工作有稳定职业者，就应入当地居民户口等等。

五是规范企业用工行为，加强监管和查处力度。政府劳动部门对《劳动法》的全面贯彻要加大监察力度，规范企业的用工管理和用工行为，坚决查处因违反劳动法律法规、侵犯员工合法权益的企业。

六是建立教育培训机构体系。应构建普通教育、职业教育、特种教育和短期培训相结合的教育培训机构体系，共同培育各种职业、企业需要的不同人才，尤其要培育大量的专业技能型人才。

七是建立人才信息服务体系。搭建人才信息平台，让育人单位与用人单位之间、用人单位与求职者之间、政府各有关部门之间的信息能够及时传递。以此来提高育人的针对性、用人的指向性和求职的便利性。

八是职业介绍服务体系。以政府搭建的人才市场和劳务市场为主体，以民间职业介绍机构为补充，构建规范、完善、高效、便民的职业介绍服务体系。政府建的主体市场要力求实效，同时要着力规范民间职业介绍服务行为，重点打击以职业介绍为名行骗取钱财之实的“黑职介”。

九是农民工维权服务体系。一是法律援助服务。农民工的合法权益受到侵犯，他们往往打不起官司，也不知道如何打官司，法律援助中心可以免费为他们提供服务；二是伤病困难服务。政府财政可考虑拿出一定资金，建立农民工救助基金，专门救助这类特困打工者。

（大连市中小企业局）

促进厦门市中小微型企业发展对策研究

摘要：《中小企业促进法》的颁布实施近10年来，我市在促进中小微型企业发展方面的工作力度越来越大，中小微型企业呈现蓬勃发展的良好态势，并在社会经济中扮演着越来越重要的角色。但是随着经济危机影响的不断深入，中小微型企业也首当其冲地面临生存与发展的困境。本课题小组回顾总结了我市服务中小企业发展工作，通过密集走访我市中小微企业，开展网上专题调查，召开专家学者、企业代表座谈会等形式，结合每月开展的中小企业运行监测工作，深入研究我市中小微型企业发展情况，分析企业发展困难与瓶颈问题，有针对性地提出促进我市中小微型企业发展的具体对策建议，形成本调研报告。

关键词：小微企业，经济发展，调研报告

一、厦门市中小微型企业总体发展情况

根据工商、统计部门公开数据显示，截至2012年底，我市中小微型企业总数约10.1万户，占全市企业数的99.5%，其中：小微企业约7.3万户，占总企业数的72%。据不完全统计，中小微型企业创造的增加值占全市GDP的60%，提供就业岗位占全市就业总数的80%，全市65%的技术创新成果、50%的税收和40%的出口也是由中小微型企业完成。今年来，面对复杂多变的外部环境和经济下行压力，市委市政府政府加大力度支持中小微企业发展，我市实体经济特别是制造业企业基本面较好，民营经济较为活跃，中小微企业没有出现大面积停产关闭，保持较强竞争力和生存能力，成为推动全市经济发展、增加就业、保持稳定的重要力量。

根据本次专题调研的情况，结合我市每月405户样本企业的实时监测显示，今年我市中小微企业

生产经营运行总体比较平稳，但受劳动力成本原材料成本上升、市场需求萎缩以及人民币汇率变动幅度较大等诸多因素影响，企业的盈利能力不断下降。中小微型企业生产经营收入全年保持平稳增长，但利润总额增速小幅度下滑，其中：工业企业工业总产值增速低速平稳运行，1～11 月 299 家工业监测企业累计完成工业总产值 260.72 亿元，比去年同期低 10.7 个百分点，但较 1～10 月上升 1.0 个百分点；营业收入增速企稳向好，1～11 月 405 家监测企业实现营业收入 340.24 亿元，同比增长 8.2%；利润下滑和亏损的企业数略有减少，亏损额增长速度有所下降，1～11 月 405 家监测企业实现利润总额 22.75 亿元。我市的中小微型企业正随着经济形势不断明朗开始企稳发展。

405 户样本企业的监测数据分析图

2012 年企业收入、成本、利润统计表

月份	营业收入		营业成本		利润总额		亏损额	
	累计（亿元）	同比（%）	累计（亿元）	同比（%）	累计（亿元）	同比（%）	累计（亿元）	同比（%）
1 月	16.10	-10.5	13.22	-10.2	0.21	-73.58	0.66	114.49
1～2 月	33.38	11.62	27.49	12.22	0.97	-26.51	0.69	51.25
1～3 月	54.81	16.68	44.71	17.02	2.49	-3.03	0.67	50.19
1～4 月	92.88	13.87	74.39	13.54	5.57	7.97	1.00	61.81
1～5 月	119.54	13.77	95.56	13.67	7.65	10.74	1.26	106.82
1～6 月	160.92	12.08	128.76	10.98	10.87	14.09	1.60	76.06
1～7 月	192.64	8.39	153.47	6.61	12.65	10.01	2.00	82.9
1～8 月	222.60	7.8	177.87	6.65	14.80	9.4	1.88	72.29
1～9 月	254.99	7.43	203.80	6.56	17.18	7.17	2.08	95.19
1～10 月	288.40	7.58	231.53	6.69	19.16	3.9	2.23	115.38
1～11 月	340.24	8.16	273.31	7.12	22.75	3.47	2.30	96.33

厦门市中小微型企业发展总体呈现如下特点：

（一）企业数量快速增长，但总体规模偏小。

近年来，我市中小微型企业数呈现出逐年增长、不断加快的态势。我市现有的中小微型企业中，2009～2012 年注册的企业有 4.95 万户，占企业总数的 48.81%。从注册资本金的规模上看，500 万元成为绝大多数中小企业规模体量的上限，而 100 万元则占据了中小企业注册规模的半壁江山，其中：注册资本在 500 万元以下的企业约占 82.49%（其中 100 万元以下的约占 52.67%，100～500 万元的占 29.82%），500～1000 万的占 7.67%，1000 万以上的占 9.84%。随着政府支持创业、扶持小微企业政策措施的逐步落实，今后我市小微企业的数量占比将越来越大。

（二）行业布局紧跟政策导向，投资领域快速拓展。

我市中小企业不仅广泛活跃在电子、化工、机械等我市支柱性产业领域，而且在提供商务配套、生产性服务业、社区管理、旅游服务等我市重点支持发展的战略性新兴产业领域也逐步占据了越来越重要的地位。批发和零售业、制造业、租赁和商务服务业是我市中小企业的主体，约占 73.51%，其中：批发和零售业约占 40.13%，制造业约占 18.82%，租赁和商务服务业约占 14.56%；另外，建筑业、科学研究及技术服务和地质勘查业、信息传输及计算机服务和软件业、居民服务和其他服务业、房地产业、交通运输及仓储和邮政业等行业所占比例均在 3% ~5%。

（三）企业经营优势明显，转型升级步伐加快。与民营经济发展互为主体的中小微型企业，由于民间资本投资体制与中小企业灵活经营机制的先天优势，在资本逐利以及快速决策的有效驱动下，企业经营灵活，在适应产业导向和市场变化方面优势明显。近年来，新成立的中小企业大部分以各类型园区为空间载体集聚发展起来，更是电子信息、光电技术、新材料应用、生物医药等新技术成果转化以及大企业配套项目在厦门落地的组织载体。在 2008 年金融危机暴发以及近期欧债危机持续发酵，导致国内外经济形势复杂多变的情况下，中小企业主动发挥自身优势，积极适应市场变化，努力转化生存危机为转型机遇，通过调整产品结构，推进产业结构调整和优化升级，逐步形成了一批拥有自主知识产权、知名品牌和市场竞争力较强的优势企业，有效地提升了我市产业竞争力。

二、当前中小微企业发展过程中存在的主要困难和问题

随着金融危机和欧债危机持续蔓延，全球经济复苏步伐缓慢，市场需求持续低迷，国内经济增长回落，经济下行风险压力加大，我市中小微企业经营压力增加，一些深层次、结构性问题已显现。

（一）外部发展环境依旧艰难

1. 税负重、优惠政策门槛高。我市中小微企业要缴纳、承受各种种类繁多的税费或“隐性”负担。税，包括增值税、营业税、所得税等；费，包括教育费附加、水资源费、社会保险费等，据估算，通常交 1 元税，就要交 0.5 ~0.7 元的费。实际上，中小微企业的综合税费负担已经超过 30%，负担比大企业更重。首先是相比于大企业在垄断性行业的丰厚利润，中小微企业竞争激烈，利润微薄；其次，在经营环境恶劣、高成本、利润微薄的情况下，税制结构不合理，比如增值税、营业税等流转税占税收比重超过 60%。而且，税费征收方式难以灵活调整等也加剧了中小微企业的税费负担，造成经营困难。

此外，政府制定的优惠政策门槛过高，从而导致很多企业没有真正享受到政策扶持。有些政策操作性不强，如“对确实无法建立健全帐证实行核定征收的小微企业，在 2012 年底前可在国家税务总局规定的应税所得率幅度范围内从低核定”的规定，在实际工作中难操作；大多财税政策惠及的企业是以帐证齐全为前提，而小微企业特别是微型企业的财务制度不够健全，造成政策受益面小，企业积极性不高。还有就是一些不符合国家产业和环保政策的企业，更加无法享受到任何税收和贷款方面的优惠。这些“门槛”使中小微企业很难能够在各方面同时达到相应的政策条件。同时，小微企业经营者往往忙于生产经营，不关心政策、不研究政策、不了解政策，也难以充分享受政策优惠。

2. 财税支持力度相对不足。国家工信部中小企业司每年安排 100 多亿元的专项资金，支持中小企业的固定资产投资、技术创新、市场开拓以及地方中小企业服务体系建设，但下达到厦门的资金规模仅有 2000 万元左右。我市从 2003 年设立厦门市中小企业发展专项资金，在中小企业贷款贴息、担保风险补助、社会化服务体系建设等多方面发挥了重要作用，2012 年资金规模已上升到 4400 万元，但相对于深圳、武汉等城市仍有一段差距，支持力度有待进一步增强。

3. 扶持政策落实执行亟待改进。虽然政府出台了扶持中小企业发展的各项政策，但具体执行中难免打了折扣。社会对于民营企业的认同度远远低于国企或外企，政府管理经济的各种政策措施和方法受传统计划经济的影响，或从有利于政府管理的角度出发，使得政府政策和措施客观上不利于中小企业的发展。这种体制背景下，使得中小企业备受歧视，只能在夹缝中生长，他们所得到的政策和各种服务层次无法满足发展的需要。中小企业发展遇到的具体困难存在较大的差异，需要政府的帮助也不尽相同，需要政府能够提供差异化的服务。

4. 社会化服务体系不健全。虽然我市目前已经建立了比较完善的中小企业公共服务体系，但是中小微企业的发展还需要广大的社会化中介组织从教育培训、管理咨询、市场营销、技术开发和法律支援等方面提供专业化、个性化的服务。而事实上，社会上大量的中介机构服务能够真正提供企业高质量的专业服务的并不多，而且，大多数中介机构规模较小，服务层次低，无法真正满足中小企业的发展服务需求。

（二）企业自身经营管理问题

1. 资金不足，融资难，融资贵。2010 年以来，资金不足成为制约中小微企业发展壮大的重要因素。据调查显示，银行信贷基本覆盖了全部大型企业和 80% 的中型企业，而 80% 规模以下的小企业则无缘银行信贷。同时融资成本偏高增加了小微企业的负担，目前中小企业融资成本一般包括：一是贷款利息，浮动幅度一般在基准利率的 20% 以上；二是抵押物登记评估费用，一般占融资成本的 20%；三是担保费用，一般年费率在 3%；四是其他一些小额手续费。

2. 成本上升、赢利空间缩小。一是劳动力成本、生产运营成本上升明显，有关部门通过对 155 份重点工业企业和成长型中小企业《企业生产经营情况调查表》分析发现，企业认为生产环节成本（制造费用）和用工成本是影响企业净利润的重要

因素，半数以上企业生产环节成本占销售收入6%以上，53%中小企业用工成本占销售收入比重超过8%，职工薪酬同比增长13.8%，“五金”合计约占工资比重35%，如果加上住房公积金，则达50%左右。企业利息支出18亿元，增长56.1%。二是人民币升值对企业影响较大。今年以来，人民币持续升值，进入9月份以来，人民币升值明显加速。9月至11月中旬，人民币对美元汇率由6.3484升至6.2252，升值幅度达1.9%。人民币升值进一步压缩了企业盈利空间。很多小微企业由于产品缺乏竞争力，无法把增加的成本向产品终端传递转移，同时也难以通过管理创新降低成本，致使生产处于微利甚至亏损状态。

3. 人才短缺。我市中小企业存在较大的人力资源缺口，将近70%的民营企业缺乏高级技术人员和高级管理人员。究其原因，在于民营企业的落后的用人机制，在高级管理人员的聘用上，厦门企业的家族化倾向十分明显，68.18%的企业高级管理人员由投资者兼任，另外有9.09%的企业高级管理人员由董事会推荐家族人员担任，而从市场上招聘的高级管理人员不到30%。这种封闭式的家族型组织结构，形成了家庭成员对最高权力的垄断，限制了高素质人才的发展空间，并因此导致营中小企业高级管理人才的流失。另外，企业为留住人才的激励机制也甚为落后，并且系统性的培训仅占微小比例，人力资本的积累水平远不如外资企业和国有企业。

4. 技术创新能力弱。中小企业多属于劳动密集型，技术含量低，缺乏核心竞争力、核心科技技术，由于设备、技术、生产工艺较大型企业落后，高能耗，低产值的现象较严重，企业急需加大研发力度，提高生产效率。然而在研发、技改时，需要大量的资金、人才做支撑，小微企业往往缺少这方面的支持。目前，我市的出口产品一般处于产业价值链的低端，缺乏自主品牌和核心竞争力，贴牌生产是大部分出口企业普遍采用的方式，企业在生产运营过程中扮演加工者的角色，准入门槛低，技术含量低，产品附加值低，获利空间很小，进而影响了企业在科技研发上的投入。

三、进一步扶持中小微企业发展的意见和建议

促进中小微企业的发展，需要政府和企业两方面的共同努力。针对中小微企业发展存在的困难与问题，应重点通过政策宣传落实、资金扶持、人才培养、专业化服务以及促进企业自主创新、产业转型升级、提升经营管理水平等方式为中小微企业发展注入活力，保持企业可持续发展。

（一）加强政策宣传，营造良好的发展环境

1. 要加大扶持中小微企业发展政策的宣传。对国家、省、市关于鼓励、支持和引导中小企业发展的法律法规、政策措施及与中小微企业相关的重要活动，要通过报纸、广播、电视和新闻网站等各种载体广泛宣传，通过中小企业政策宣讲会等形式有针对性宣传，及时、深度解读政策；要通过走访企业等形式一对一宣传，送政策上门，切实帮助企业了解掌握政策、用好用活政策，发挥政策对中小微企业发展的促进作用。

2. 要大力促进《厦门经济特区中小企业促进条例》落实工作。《厦门经济特区中小企业促进条例》于2013年1月1日正式实施，针对当前中小微型企业发展的热点、难点和重点问题，《条例》从公共服务、创业扶持、市场开拓、融资促进、创新推动、成长推进、权益保护等方面规定了具有操作性的扶持措施，成为我市中小微型企业发展的根本制度保障。相关政府部门、服务机构要积极贯彻落实《条例》各项规定，发挥《条例》对我市中小微型企业发展政策的促进作用。

3. 完善促进中小企业发展的政策措施。2011年以来，我市制定出台《厦门市人民政府关于进一步支持小型微型企业健康发展的意见》《厦门市小企业贷款风险补偿金暂行管理办法》《厦门市中小企业融资担保机构风险补偿资金管理办法》《厦门市鼓励民间投资导向目录》《厦门市中小企业信贷风险专项补偿资金管理办法》《厦门市小微企业还贷应急资金管理暂行办法》等政策，全方位、多举措地支持中小微企业发展。在贯彻执行好现有政策的基础上，要深入开展“走基层、解民忧、办实事、促发展”活动，围绕企业生产经营中遇到的热点难点问题，制定出台配套政策，进一步完善中小微企业扶持政策，为中小微企业创造良好的发展环境。

（二）加大融资促进，谋求企业生存之本

1. 完善银行业金融机构小微企业贷款统计监测制度和评价机制。加强银行业金融机构小微企业贷款评价工作，开展银行业小微企业贷款考核和评比表彰，提高银行业金融机构对小微企业贷款增速和规模。完善小微企业贷款金融统计监测制度，开展中小企业信贷政策导向效果评估，督促小微企业信贷政策落到实处。

2. 完善小微企业融资风险补偿机制。扩大厦门市小微、企业贷款风险补偿金、厦门市中小企业融资担保机构风险补偿资金规模，用于补偿银行和融资性担保机构为小微企业提供融资服务产生的部分损失，引导金融机构和融资性担保机构拓展金融产品，加大对小微企业信贷支持。

3. 加快设立小额贷款公司工作，加强小额贷款公司监管和风险处置工作，促进小额贷款公司规范运作，发挥小额贷款公司为小微企业提供融资服务“生力军”的功能。

4. 大力发展各类融资服务机构。完善融资性担保机构监管机制，鼓励典当行创新业务品种，推进股权投资、创业投资等工作，积极发挥各类融资服务机构为小微企业融资服务作用。

5. 鼓励小微企业直接融资。鼓励支持小微型企业通过股权融资、企业债券、集合票据、集合债券、项目融资及信托产品等形式直接融资。对于小微企业以专利权、商标等质押贷款并符合条件的，予以贴息。积极支持符合条件的小企业开展上市工作，对进入培训辅导期的拟上市小微企业给予财政补贴，

对成功上市的企业增加性扶持资金的力度。

（三）加大财税支持，切实减轻企业负担

1. 增加中小企业发展专项资金规模。充分发挥市级中小企业发展专项资金的支持引导作用，逐年增加中小企业发展专项资金规模，重点用于支持中小微型企业的融资、技术创新、专业化生产、与大企业的协作配套、推行循环经济和节能减排及清洁生产、中小微型企业服务体系建设等。积极争取国家、省级专项资金加大对厦门市中小微企业的扶持力度，增加补助规模。

2. 政府采购向小微企业倾斜。每年安排不低于年度政府采购项目预算总额33%的份额专门面向小型微型企业采购。鼓励大中型企业与小型微型企业组成联合体共同参加政府采购，小型微型企业占联合体份额达到30%以上的，可给予联合体2%－3%的价格扣除。同时降低小微企业政府采购保证金交纳比例和履约保证金支付比例，加快小微企业政府采购中标货款支付进度。

3. 落实小微企业税收优惠政策。当前要着重全面落实各项税收优惠政策，提高小微企业增值税和营业税起征点，对小微企业减半征收企业所得税。对经营困难、符合转型升级要求的中小微企业，给予减免中小微企业水利建设专项资金等，城镇土地使用税、房产税实行即征即奖。小额贷款公司缴纳的所得税地方留成部分和营业税在一定年限内由同级财政给予全额补助。

4. 切实减轻中小微型企业负担。严格执行国家和省关于免征减征缓征小微企业部分行政事业性收费和其它涉企收费的规定，切实减轻企业负担；公示收费目录和标准，实行小微企业缴费登记制度；清理取消各种不合理收费。

（四）完善社会化服务体系，助力企业提高竞争力

1. 建设全市统一、互联互通的公共服务平台网络。建设市中小企业公共服务平台网络，与各区、各部门、各系统门户网站互联互通，实现政策信息共享、数据库共享，提高小微企业信息化服务水平，为全市中小微企业提供政策咨询、创业创新、知识产权、投资融资、管理诊断、检验检测、人才培训、市场开拓、财务指导、信息化服务等方面的服务。

2. 加强中小企业公益培训服务。建立中小微企业培训制度，建立长效机制，结合企业需求，定期举办公益性培训班，帮助中小微企业开发和培训人才，提升企业经营管理能力；开展“百企千场万人”公益培训工程，利用信息化手段为小微企业提供网上公益培训服务。

3. 加强公共技术服务平台建设。鼓励小微企业建立或者合作建立的研发机构建设公共技术服务平台，经有关部门认定为市级以上研发机构的并予以资助。政府全额出资建设的公共技术服务平台为小微企业提供服务的，予以优惠。政府资助建设的公共技术服务平台为小微企业提供服务的，按照保本微利原则收费；企业自主建设的技术服务平台向小微企业开放的，有关部门依据其开放程度和收费标准予以资助。

4. 整合调动各类资源服务中小企业发展。大胆创新、转变观念，树立政府购买服务的意识，坚持“政府引导、社会参与”基本原则，加强财政支持社会化服务体系的进一步健全完善，通过公共服务与市场化运营相结合的方式，引导、带动社会专业服务机构积极参与服务体系建设，服务我市中小企业培育与发展。

5. 推进电子商务应用。培育、扶持区域性和行业性电子商务服务平台，根据地方税收归属，对其实现的销售（营业）收入、利润总额形成的地方财力新增部分，可由同级财政给予补助。推动中小微生产企业与本省电子商务企业深度合作，以去库存化等为契机，通过开展让利促销等活动，降低交易成本，增加市场开拓能力。

（五）推进技术创新和转型升级，力促企业大发展

1. 加大技术创新资金扶持力度。进一步加大技术改造、产业结构调整、节能减排、质量进步、循环经济等相关资金的扶持力度，重点扶持企业研发新产品、改革新技术、提高新工艺、使用新材料，提高自主创新能力，提高产品质量。

2. 提升小微企业创新能力。鼓励产业技术创新战略联盟向小型微型企业转移扩散技术创新成果。支持在小微企业集聚的区域建立健全技术服务平台，集中优势科技资源，为小微企业技术创新提供支撑服务。加快新技术和先进适用技术在小微企业的推广应用，鼓励各类技术服务机构、技术市场和研究院所为小微企业提供优质服务。

3. 提高小微企业知识产权创造、运用、保护和管理水平。推进中小企业知识产权战略工程，以培育具有自主知识产权的中小微企业为重点，加强宣传和培训，普及知识产权知识，推进重点区域和企业试点，开展面向小微企业的专利辅导、专利代理、专利预警等服务。加大对侵犯知识产权和制售假冒伪劣产品的打击力度，维护市场秩序，保护创新积极性。

4. 支持创新型、创业型小微企业发展。鼓励小微企业发展现代服务业、战略性新兴产业、现代农业和文化产业，走“专精特新”和与大企业协作配套发展的道路，加快从要素驱动向创新驱动的转变。实施创办小企业计划，大力开展创业培训和辅导，鼓励创办小微企业，努力扩大社会就业。

5. 提高企业协作配套水平。鼓励小微型企业与大、中型企业开展多种形式的经济技术合作，建立稳定的供应、生产、销售等协作关系。鼓励大型企业通过专业分工、服务外包、订单生产等方式，积极向中小微型企业提供技术、人才、设备、资金支持，逐步形成以优势企业为龙头、联合产业链上下游核心企业的产业联盟。

（六）促进企业自身建设，提高经营管理水平

1. 实施中小微企业成长工程。开展成长型中小微企业评选活动，加大对有市场、有效益、有发展前景重点企业的扶持，培养一批快速健康成长的示范企业，带动更多企业发展。

2. 开展管理咨询活动。鼓励管理咨询机构开展中小微企业管理咨询、诊断活动，重点帮助和引导小型微型企业加强财务、安全、节能、环保、用工等管理，开展企业管理创新成果推广和标杆示范活动。

3. 推动企业信息化进程。全面开展中小微企业的信息化普及工程和培训工程，积极推进在内部管理、产供销、开发设计、电子商务、网络推广等领域的信息化进程，提升小微企业信息化水平。鼓励信息服务业机构开发适合小微企业应用的信息技术产品和解决方案，加快信息技术在小微企业核心业务环节的应用。

4. 推动小微企业加快建立现代企业制度，帮助企业完善内部管理机制，提高经营管理水平，加强企业文化建设、品牌建设、诚信建设。鼓励小微企业开展管理体系认证，提高计量管理水平，实施标准化战略。

（厦门市经济发展局）

2012年度厦门市成长型中小企业生产运行监测样本企业分析报告

截至12月31日，厦门市监测的成长型中小企业样本共计416家，按三次产业结构划分，工业企业305家，占73.3%；第三产业96家（其中软件和信息服务业41家，批发零售业28家）；其他产业企业15家。按企业规模划分，中型企业127家，占30.5%，小微企业289家，占69.5%。

2012年，国际市场萎缩，国内市场竞争激烈，融资难、融资贵，经营成本不断上涨等一系列不利因素困扰下，我市中小工业企业工业总产值、营业收入保持低速平稳运行，但盈利能力持续下滑；第三产业营业收入、利润总额则保持快速增长，利润总额增速高营业收入增速1.9个百分点，但亏损面较去年提高10.4个百分点。

一、经济运行主要指标

（一）工业总产值累计同比增长4.3%

12月份，305家工业企业完成工业总产值32.52亿元，同比增长10.2%；累计完成工业总产值296.72亿元，同比增长4.3%，比去年同期低10.2个百分点。2012年，实现增产的企业186家，占监测工业企业总数的61.0%，累计增产39.54亿元；减产20%以上的企业56家，占监测工业企业总数的18.4%，累计减产22.66亿元，占总减产量的82.9%；累计减产上千万的企业57家，占监测工业企业总数的18.7%，累计减产25.11亿元，占总减产量的91.8%。

12月份，监测企业工业用电4647万度，同比增长16.2%；累计用电5.23亿度，同比增长3%。

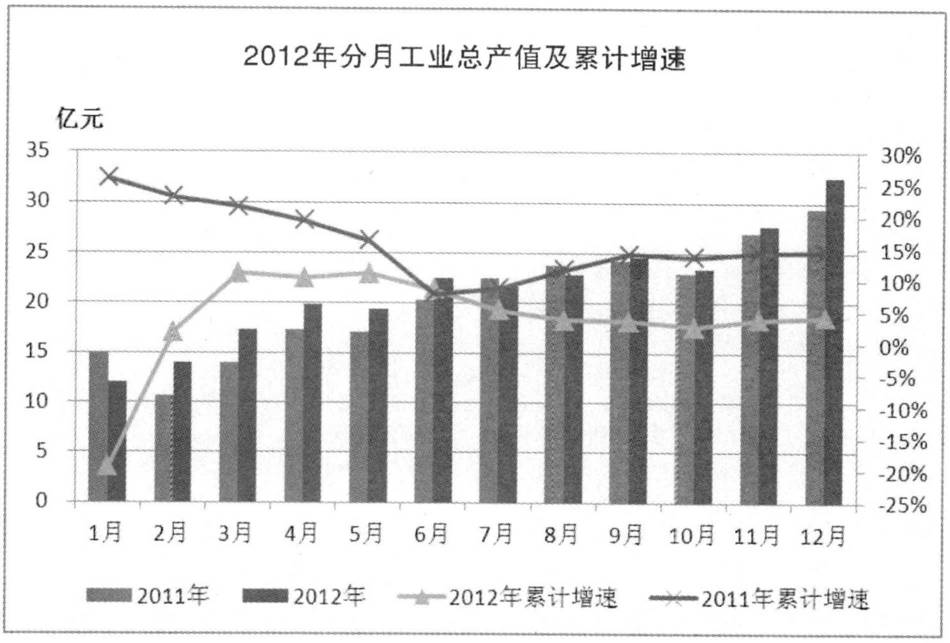

（二）出口交货值同比增长3.8%

12月份，工业企业完成出口交货值6.81亿元，同比增长2.7%；累计完成出口交货值70.26亿元，同比增长3.8%。2012年，出口交货值占销售收入的23.8%，比去年同期低0.5个百分点。

（三）利润总额同比增长5.2%

2012年，416家监测企业实现营业收入392.02亿元，同比增长8.6%，其中：工业企业实现营业收入295.54亿元，同比增长5.9%；第三产业实现营业收入77.70亿元，同比增长15.3%。

2012 年，监测企业实现利润总额 28.51 亿元，同比增长 5.2%；亏损企业数 54 家，亏损面 13.0%，比去年同期扩大 6.7 个百分点；亏损额 2.09 亿元，同比增长 115.2%。其中，工业企业实现利润总额 18.02 亿元，同比下降 3.3%，亏损企业数 32 家，亏损面 10.5%，比去年同期扩大 5.9 个百分点，亏损额 1.66 亿元，同比增长 119.8%；第三产业实现利润总额 8.64 亿元，同比增长 17.2%，亏损企业数 22 家，亏损面 22.9%，比去年同期扩大 10.4 个百分点，亏损额 4316 万元，同比增长 99.4%。

2012 年，监测企业营业成本 313.83 亿元，同比增长 7.5%，其中，工业企业营业成本 241.48 亿元，同比增长 5.4%；第三产业营业成本 57.40 亿元，同比增长 12.3%。

2012 年，监测的工业企业每百元营业收入的成本 81.71 元，比去年同期低 0.40 元；收入利润率 6.1%，比去年同期低 0.6 个百分点。

2012 年企业收入、成本、利润统计表

月份	营业收入		营业成本		利润总额		亏损额	
	累计（亿元）	同比（%）	累计（亿元）	同比（%）	累计（亿元）	同比（%）	累计（亿元）	同比（%）
1 月	16.10	-10.5	13.22	-10.2	0.21	-73.58	0.66	114.49
1～2 月	33.38	11.62	27.49	12.22	0.97	-26.51	0.69	51.25
1～3 月	54.81	16.68	44.71	17.02	2.49	-3.03	0.67	50.19
1～4 月	92.88	13.87	74.39	13.54	5.57	7.97	1.00	61.81
1～5 月	119.54	13.77	95.56	13.67	7.65	10.74	1.26	106.82
1～6 月	160.92	12.08	128.76	10.98	10.87	14.09	1.60	76.06
1～7 月	192.64	8.39	153.47	6.61	12.65	10.01	2.00	82.9
1～8 月	222.60	7.8	177.87	6.65	14.80	9.4	1.88	72.29
1～9 月	254.99	7.43	203.80	6.56	17.18	7.17	2.08	95.19
1～10 月	288.40	7.58	231.53	6.69	19.16	3.9	2.23	115.38
1～11 月	351.84	8.59	282.86	7.63	23.32	3.89	2.30	96.63
1～12 月	392.02	8.63	313.83	7.51	28.51	5.23	2.09	115.22

（四）重点产业链培育情况

1. 农副产品和食品加工产业链 26 家。2012 年完成工业总产值 43.04 亿元，同比增长 17.6%；实现营业收入 43.12 亿元，同比增长 16.1%；实现利润总额 1.44 亿元，同比增长 21.4%。

2. 输配电及控制设备产业链 28 家。2012 年完成工业总产值 23.47 亿元，同比增长 7.4%；实现营业收入 23.04 亿元，同比增长 8.6%；实现利润总额 1.72 亿元，同比增长 5.1%。

3. 工程机械产业链 17 家。2012 年完成工业总产值 12.45 亿元，同比下降 26.6%；实现营业收入 12.60 亿元，同比下降 24.6%；利润总额亏损 199.62 万元，同比下降 103.4%。

4. 软件和信息服务业 41 家。2012 年实现营业收入 28.47 亿元，同比增长 15.8%；实现利润总额 5.85 亿元，同比增长 11.2%。

5. 批发零售业 28 家。2012 年实现营业收入 32.62 亿元，同比增长 28.6%；实现利润总额 1.59 亿元，同比增长 34.0%。

（五）企业流动资金情况

2012 年，工业企业应收账款 63.44 亿元，同比增长 20.6%，库存产成品资金 25.67 亿元，同比增长 22.8%；第三产业应收账款 19.13 亿元，同比增长 17.3%。

2012 年，监测企业期末借款余额 66.87 亿元，同比增长 2.4%，财务费用 5.81 亿元，同比增长 24.8%。工业企业期末借款余额 56.34 亿元，同比增长 3.0%，财务费用 4.69 亿元，同比增长 19.8%；第三产业期末借款余额 8.65 亿元，同比下降 3.8%，财务费用 0.99 亿元，同比增长 55.5%。

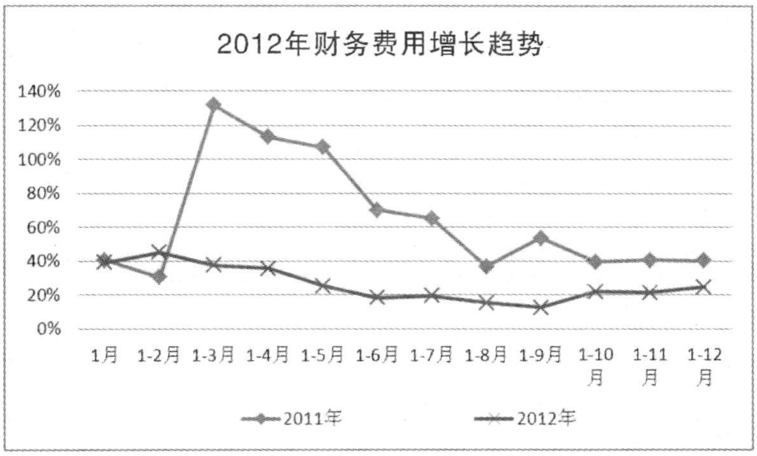

（六）固定资产投资同比下降 27.2%

2012 年，监测企业完成固定资产投资 17.14 亿元，同比下降 27.2%。工业企业完成固定资产投资 13.72 亿元，同比下降 30.8%，其中：投资 500 万以上 65 家（中型企业 36 家，小型企业 29 家），投资 1000 万以上 32 家（中型企业 19 家，小型企业 13 家），投资 5000 万以上 4 家（均为中型企业）。第三产业完成固定资产投资 3.09 亿元，同比下降 4.4%。

二、经济运行主要特点

（一）工业总产值低速平稳增长，增速低于去年

2012 年，一方面受全球经济下行压力增大的影响下，国内外市场订单减少，市场竞争激烈，挤压产品低附加值的企业；另一方面，国内基建和房地产投资的减少，与之相对应的主要产业进入“寒冬期”。受以上两方面等各种不利因素的影响，监测的工业企业工业总产值低速平稳运行，比上年同期低 10.2 个百分点。剔除两家减产额超过 2 亿元的中型企业，工业总产值同比增长 7.0%，高于 1～11 月 1.4 个百分点。从减产情况来看，减产面 39%，比 1～11 月低 2.8 个百分点；减产量比 1～10 月增加 1.58 亿元，增加额有所减少，其中减产 20% 以上的企业增加 4 家，减产量占总减产量比重回升 2.8 个百分点；减产 1000 万以上的企业减少 1 家，减产量占总减产量比重回落 0.2 个百分点。以上数据显示：监测的企业有回暖迹象，但形势不容乐观。

（二）国外市场订单减少困扰我市出口型生产企业

今年以来，受国外市场需求疲软的影响，我市出口型生产企业出口交货值低速运行，增速在 3.7% 左右徘徊。在 305 家工业企业中，出口交货值超过 100 万元的企业有 144 家，占比 47.2%。在 144 家企业中，出口交货值占销售收入 46.3%，比上年同期低 1.7 个百分点；出口交货值同比负增长的企业数 66 家，占出口企业总数的 45.8%，而出口交货值和营业收入同时下滑的企业数 39 家，占比 59.1%，减少金额比值达 71.2%，其中减少金额比值超过 50% 的企业数 28 家；出口减少、收入增加的企业 27 家，占比 40.9%。可以看出，四成多的出口生产企业出口下滑，收入下滑的主要原因是出口下滑的企业占到四成。

（三）工业经济利润负增长，亏损面缩小

2012 年，工业企业营业收入增速比 1～11 月回落 0.2 个百分点，下半年基本保持在 5.5 左右；利润总额累计增速已连续 4 个月负增长。在 305 家工业企业中，利润下滑的企业共计 141 家，比重 46.2%，其中：下滑 50% 以下的企业 75 家，下滑 50%－100% 的企业 39 家，下滑 100% 以上的企业 27 家；利润总额下滑的企业数占比略有缩小，下滑 100% 以上的企业数较上个月减少 6 家。亏损企业数较上个月减少 11 家，亏损面缩小 3.2 个百分点；亏损额继续增加，增速继续保持 100% 以上。总体上来看，亏损面虽处于一个较低水平，但利润较去年下滑面偏高，随着企业经营成本的不断上涨，企业利润越来越微薄。

（四）第三产业营业收入继续向好，利润总额快速回升

2012 年，第三产业总体保持平稳较快发展。营业收入比 1～11 月上升 3.2 个百分点；利润总额开始回升，较 1～11 月上升 6.4 个百分点；利润总额增速高营业收入增速 1.9 个百分点。2012 年，亏损企业亏损额虽环比下降 36.4%，但同比增长 99.4%；亏损企业数较减少 7 家，亏损面缩小 6.4 个百分点，但较去年扩大 10.4 个百分点。软件和信息服务业营业收入增速高于第三产业 0.5 个百分点，但利润总额低于第三产业 6.0 个百分点；亏损企业数 7 家，比去年增加 5 家；利润下滑的企业数 24 家，比重 58.5%。批发零售业营业收入、利润总额快速增长，营业收入高出第三产业增速 13.3 个百分点，利润总额高出第三产业 16.8 个百分点，但利润下滑的企业数 17 家，比重 60.7%，亏损企业数 10 家，亏损面 35.7%。

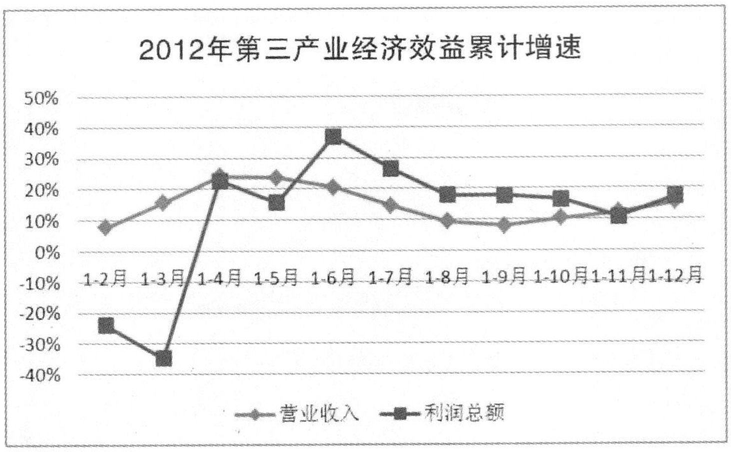

（五）平均工资上涨较快，超六成企业未超平均线

2012年，监测企业从业人员8.47万人，同比增长4.2%；应付职工薪酬38.18亿元，同比增长17.2%；平均工资3757元，比去年增加417元，同比增长12.5%，比全市地区生产总值增速高0.4个百分点。工业企业从业人员6.75万人，同比增长1.3%；应付职工薪酬28.04亿元，同比增长13.6%；平均工资3462元，比去年增加372元，同比增长12.0%，比全市第二产业增加值增速低0.6个百分点。第三产业从业人员1.16万人，同比增长18.8%；应付职工薪酬7.38亿元，同比增长25.9%；平均工资5299元，比去年增加299元，同比增长6.0%，比全市第三产业增加值增速低5.7个百分点。从工资水平分配结构来看，有63.9%的企业工资水平在平均线以下，其中工业企业占62.0%，第三产业占78.1%。

工资水平统计分布　　单位：个

工资	工业企业	第三产业
2000元以下	21	4
2000－3000元	110	19
3000－4000元	98	24
4000－5000元	43	22
5000－6000元	15	14
6000－7000元	13	6
7000元以上	5	7
合计	305	96

三、存在的问题

2012年，监测的企业中有6家因为流动资金问题而被迫停产或者倒闭。融资难、融资贵一直是悬在小微企业头顶的两把“尖刀”，在目前经济环境不景气的背景下更是雪上加霜。今年以来，在市政府及相关部门的努力下，不断加强与银行和企业的沟通，推出一系列帮助中小企业融资的扶持政策，取得了一定的成效，但也存在一些不足。

1. 无有效抵押物的企业仍无法满足资金需求。今年，政府部门与农商银行、厦门银行、民生银行厦门分行、兴业银行厦门分行、建设银行厦门分行合作，政府安排5000万风险资金实施免抵押、免担保或放大抵押物价值贷款试点，惠及了一部分小微企业，但由于缺乏畅通的协调和有力的监督机制，部分银行未能把该扶持政策全面推广至各支行，导致基层工作人员对业务不熟悉，资质不理想的企业仍无缘该项扶持政策。

2. 政策宣传面不够宽。企业不知道政策或者不知道通过哪条渠道深入了解政策，这需要政府、银行、相关协会、担保机构等加大宣传力度。

通过对176家中小企业进行融资调查（2012年累计融资2.89亿元，2013年资金需求2.92亿元），企业融资的主要途径依然是银行，占83.5%；信用担保机构占21.0%；向股东或者其他公司借款占17.0%；向亲朋借款占10.2%。而在融资过程中遇到的主要问题有：

1. 融资难。银行给中小企业的贷款额度不足，信贷紧张；拒绝贷款给无抵押物、抵押不足、企业信用等级不够或找不到担保人的企业；办理手续繁琐，等待放款时间长。

2. 融资贵。通过调查显示，50%的企业向银行贷款实际年利率在7.2%～8.4%，而企业的利润率仅6.1%，在目前这种微利的经营环境下银行贷款对于企业经营没发挥有效的杠杆作用。

向银行贷款实际利率统计分布

上浮幅度	贷款企业	
	数量（个）	比重（%）
0～10%	14	12.5
10%～20%	17	15.2
20%～30%	32	28.6
30%～40%	25	22.3
40%～50%	15	13.4
50%～60%	5	4.5
70%以上	4	3.6
合计	112	100.0

企业认为，在改善厦门市中小企业融资环境方

面，起决定性作用的主要是政府、银行、信用担保机构。希望政府今后能够从以下方面进一步加大工作力度：

1. 进一步建立和完善中小金融机构体系，利用政策引导金融机构更多地向中小企业贷款，并加快发展中小企业资本市场。

2. 加强与中小企业沟通，针对企业的融资问题出台相应更具操作性的扶持措施。

3. 建立和完善统一的企业征信体系，简化贷款审批手续，提高放贷效率。

（厦门市中小企业运行监测平台）

关于加快培育“专精特新”中小企业　增强经济转型发展动力的调研报告

当前，随着国内制造业发展进入新的阶段，产业链条大大延长，生产环节不断细化，外包需求日益增长，为具有较高研发、配套能力的中小企业提供了广阔市场空间，走“专精特新”之路已成为中小企业发展的必然趋势。特别是我市正处于制造业十条千亿级产业链、现代服务业十大千万平米工程建设的关键时期，加快培育一批专业化、精细化、有特色、能创新的中小企业，是今后一个时期产业转型发展的重要推动力。对此，市政府研究室会同市经信委开展了专题调研，提出有关对策建议，供领导参阅。

一、培育“专精特新”中小企业是推动青岛转型发展的重要动力

目前我市规模以上工业企业中，中小企业占98.9%，实现主营业务收入、利润、税金分别占67.9%、69.2%和72.5%。全市经认定的405家高新技术企业中有322家为中小企业，占总数的79.5%。2010年以来，我市每年约投入2000万元专项资金、争取4000万元国家专项资金，对260户拥有专利技术、标志性产品的“专精特新”企业进行扶持。一批中小企业通过“专精特新”之路实现了创新驱动，占据细分行业的领先地位，并在推动全市经济转型发展方面发挥了举足轻重的作用。

1. 带动制造业产业升级。一些拥有较强科研力量的中小企业围绕提升产业配套水平和关键设备技术开展研发，成果斐然。如由中组部“千人计划”专家、留德博士尹学军创办的青岛科而泰环境控制技术公司，拥有近60项减震降噪技术专利，目前已是国内业界首屈一指的行业领军企业。其研发的“迷宫式约束阻尼轮轨”技术攻克了轨道车辆运行降噪方面的世界性难题，达到国际领先水平，获得2011年“国家科技进步二等奖”，在国内各大城市地铁工程中得以广泛应用。

2. 促进传统产业提升。一些老企业借助传统优势，转型进行高端“精、特、新”产品研发生产，逐步成为行业领军企业。始建于1922年的青岛花边厂是我国第一家、也是最大的绳带专业制造企业，但在上世纪90年代末曾一度濒临破产。改制成立海丽公司后，企业借助生产设备和技术研发优势，在专一主业的前提下，转型进行技术含量高、附加值高的深海勘测绳索、登山绳、救生缓降器等高端产品研发生产，凭借90年的绳索生产经验，日渐成为特种绳缆领军企业。公司每年将年产值3%的资金用于研发，已拥有各项专利1600余项，其中深海勘测用绳先后成为国家海洋科考船“大洋一号”和“蛟龙”号深潜器绳缆专业用品。

3. 推动战略性新兴产业发展。一批“专精特新”中小企业围绕海洋开发、新一代信息技术、节能环保、生物、新材料等战略性新兴产业加大研发力度，多项产品和技术国际领先。如青岛创想机器人制造有限公司自主研发的国内第一台高速捡拾机器人能够在高速运动中完成装配、捡拾、包装等标准流水作业，技术已与国际同步。公司量产后能够满足国内市场该领域90%的需求。盛瀚色谱进行的高精度高灵敏度电路产品研发获国家科技部立项并提供4000万元的资金支持，产品研发成功后将完全替代进口产品，使企业确立国内行业龙头地位。

4. 助力服务型经济建设。信息技术服务是“专精特新”中小企业中的特色行业。成立于2008年的禾软科技一直致力于为企业提供软件与信息服务，成立以来年销售收入保持60%以上的增长，市场前景广阔。2012年，公司与中科院软件所合作进行“蓝色公共云服务平台”研发，瞄准蓝色经济领域，将该领域内的成熟软件产品筛选出来进行数据整合和底层测试，为全市涉蓝企业的发展提供科技服务，通过对蓝色产业的细分，对海洋生物、海洋装备制造、海洋化工、现代海洋渔业、海洋运输物流、文化旅游业等提供在线管理服务，帮助涉蓝企业解决管理提升与产业协作等难题，以信息化推动新型工业化。

二、“专精特新”中小企业面临的现实困难

2012年，市政府先后两次出台支持小微企业发展的意见，都明确提出支持小微企业向科技型、创新型方向发展，走“专精特新”之路。同时，市政府出台了《青岛市中小企业“专精特新”产品（技术）认定办法》，初步建立起发现、培育、认定、扶持、服务工作体系。但总体看，中小企业走“专精特新”之路，起点高、要求高，企业发展中仍面临一系列困难和制约因素。

1. 研发期长，需要稳定持续的资金扶持。“专精特新”型中小企业在初创期需要一个较长的时间进行科技研发和中试，这一过程对绝大多数中小企业来说都是一段危险期。如盛瀚色谱公司成立以来主要力量用来进行各类检测仪的研发，直至成立七

年后才结束亏损状态，这期间还要保持每年200万元以上的研发经费。企业反映，若非对这一市场始终抱有信心，一直用其他业务利润支撑检测仪的研发和运转，公司根本无法坚持到赢利。目前市场上虽然不乏各种类型和规模的风险投资、股权投资等，但都是在企业发展已见成效之时才肯进入，许多专精特新型小企业在最需要扶持的成长期难以得到融资支持。

2. 研发中试场地受限。科技型中小企业通常选址在市区，但产品的中试同样需要一定的生产用地。随着研发项目的增多，中试环节规模在不断扩大，生产场地受限情况日益严重。调研中，位于崂山区的几家企业无一例外地提出了中试场地急需扩大的愿望。囿于用地规划的严格限定，生产用地扩大的需求在市内各区很难得到满足。

3. 专业人才缺乏。调研发现，目前许多“专精特新”中小企业不愁市场，却受制于人才的短缺。一是管理人才。“专精特新”中小企业的创始人往往都是专业技术人才，需要既懂经营又会管理，还要有一定专业素养的人来负责企业管理。如科而泰公司2007年成立时，董事长尹学军一边带领团队研发，一边主持公司对外联系和经营管理业务，直到两年后找到合适的总经理人选，才开始各安其位，公司各项业务顺畅运转。二是研发人才。如博宁福田从2011年就开始全国范围内寻找轨道交通售检票系统（AFC）的软件研发人员，虽然引进待遇优厚，但相中的人才担心项目开发仅是一时的企业行为，难以持续，不肯贸然前来。科而泰急需的既有专业技术又适应营销工作的销售工程师也一直严重缺乏，甚至几年都物色不到一个合格者。我市每年都有各种层次的人才引进计划，由于人才目录征集大多通过各级主管部门下达，很容易将小企业挡在门外。

4. 本地配套能力低。精密机械加工等配套能力是高端制造业发展的重要基础，也恰恰是我市的一大弱势。盛瀚色谱和博宁福田有十几家配套企业，涉及精密加工的环节都集中在江浙一带，青岛本地只有提供泡沫、纸箱等低端装配的小企业。作为有着百年历史的工业城市，青岛有四方机厂、青岛纺机这样既有熟练工人，又有现代设备的机械加工企业，但大企业规模化量产模式不适应小批量的订单生产，因此需要有更多具备较高机械加工能力的中小企业进行配套。

三、有关建议

十八大报告提出：“要着力激发各类市场主体新活力，支持小微企业特别是科技型小微企业发展。”先进地区经验证明，大量“专精特新”中小企业的带动与协作，是高端制造业发展的基础和必要支撑。今后一个时期，应积极创造良好条件，推动中小企业更多更快地走上“专精特新”之路，为青岛实现创新驱动、转型发展奠定重要保障。

1. 将支持中小微企业走“专精特新”之路纳入全市产业发展主战略。一是进一步提高小企业地位。将推动中小微企业，特别是“专精特新”型中小微企业发展上升到地方经济发展内生动力的高度，作为全市产业发展战略之一，作为推动科技创新、创造社会财富的源泉精心培育，使其尽早成为支撑青岛经济社会发展的长效动力。二是树立“做强”核心目标。借鉴发达地区经验，引导“专精特新”型企业，不盲目求大，不勉强扩张，始终以提升并保持核心竞争力为首要任务，逐步打造一批细分行业领军企业。

2. 完善工作机制，强化政策和金融扶持。一是整合部门力量。围绕“专精特新”企业培育，建立部门分工合作机制，合力推进企业加速转型发展，如成长阶段由经信部门负责，研发阶段由科技部门负责，市场开拓由商务、经合等部门负责，保持各项工作和政策支持的连续性，尽快做强核心技术企业，培养形成一批后续梯队。二是创新金融产品。建立“专精特新”品牌和政府采购信用担保制度。对已获认定的“专精特新”中小企业，银行可给予信用贷款。在政府采购中中标的“专精特新”企业可凭中标（成交）通知书和政府采购合同直接向银行贷款。三是成立天使基金。坚持政府引导、市场化运作的原则，由政府在初期投入部分引导资金，吸引放大社会资本进入，为种子期、初创期的“专精特新”型小企业提供更多融资机会。

3. 支持企业集聚发展。为解决“专精特新”中小企业发展用地困难，一方面可将已列入重点扶持的“专精特新”中小企业，优先安排入驻各类千万平服务业园区、孵化器集聚发展。另一方面可选择我市在全国具有优势的新兴产业建立产业集聚园区，引导小微企业向园区集聚发展并研究具体政策给予重点支持。

4. 建立面向中小微企业的协同创新体系。一是建立设备共享平台。推动大企业、高校市级以上重点实验室开放，面向中小企业开放仪器设备，节约中小企业技术研发的实验成本。二是引导高校和科研机构主动服务企业技术创新。积极创造条件让科研人员到中小企业挂职、兼职从事项目开发、提供技术支持，或指导学生结合企业项目需求开展研究等。三是加强科技中介服务体系建设，做好社会化科技中介服务机构的培育、引进工作。如鼓励科研院所、高校立足人才和技术优势成立科技中介机构，借助我市千万平米科技企业孵化器建设培育骨干科技中介力量，更多面向科技中介机构进行政府服务采购等，建立起多层次、多功能、全方位的咨询服务网络。

5. 加强与大企业配套协作。通过“专精特新”中小企业成果展等形式加强中小微企业与大企业对接，促进本地配套。积极推广供应链管理，引导大企业增加业务外包，支持其将本地中小微企业纳入链条或自行培育配套企业，通过稳定的交易关系为配套企业实现技术、资金积累，为大企业提供更多技术、成本优势。建立中小企业协作配套对接机制或网上对接平台，为中小企业间的协作配套做好服务，提高总体配套水平。

6. 加大对行业协会扶持力度。一是赋予服务职能。将以往多由政府负责的服务职能向行业协会转移，如融资、咨询、人才培育等，扩大行业协会的职能平台。政府向行业协会购买服务，委托行业协会进行市场调查、产业发展研究等，进一步提升其为企业、为社会服务的能力。二是进行前期扶持。设立政府引导资金，帮助行业协会启动工作。对成功建立行业协会并依法注册的给予一次性经费补贴，并在年底对运转良好、作用到位、贡献突出的行业协会进行表彰奖励，激发协会工作热情，提高社会地位。

7. 加强中小微企业人才培育和管理。一是加强企业管理人才培养。借鉴公务员培训模式，建立起中小企业高、中层管理人员培训的常态机制。根据培训对象的不同层次采取不同培训方式，每年分别组织3～4期，不仅为中小微企业搭建起长效的人才培训通道，也在政企、校企和各类企业之间建立起沟通交流的平台，形成信息沟通、资源共享、合作共赢的局面。二是畅通引才渠道。定期通过各种公共媒体平台发布全市引进人才计划和信息，了解中小微企业急需人才情况，为企业和人才建立供需的双向通道。三是支持企业实现管理创新。充分发挥社会管理咨询机构为中小微企业服务职能，选择部分社会管理咨询机构，有针对性地为中小微企业开展管理咨询服务，提升管理水平。

（执笔人：陈丽、王健根）

“资源整合”在中小企业培训咨询行业的实践

随着我国市场化进程的不断成熟，中小企业经历了迅猛发展的阶段。中小企业不仅在GDP、税收、进出口贸易额、创造就业机会等方面占据了高份额，还在增强市场活力、高效创新等方面有不可替代的调节和促进作用。近年来，中小企业已成为国民经济发展和社会发展的生力军，不但成为国民经济的支柱，并逐步成为对外贸易和吸引外资的重要主体，受到世界各国的重视。

但与此同时，自前年宏观调控的大环境袭来，中国经济面临转型，优势资源向央企、国企等靠拢，中小企业只能生存在底层空间，众多中小企业因劳动力成本上升、原材料价格上涨、租金增加、少人才、缺管理、税负重、融资代价巨大、行业前景不明、转型无门等诸多因素发展困难，甚至面临生存考验。面对这些问题，许多中企业主们都试图通过找协会、找组织、找培训来解决其问题。

培训与咨询行业伴随着中国经济的一路成长，如雨后春笋般发展起来。近年来，中小企业竞争压力加大，他们试图寻找各种途径提高自身的竞争力，应运而生的中小企业培训及咨询产业呈现出强大的生命力。

现有的培训与咨询机构，按其主体性质，大致分为以下几种：一是政府部门、行业协会纷纷成立相关部门；二是中外联合，国内外院校或培训机构合作；三是企业自主办培训，甚至开始出现企业大学；四是民营力量办培训搞咨询，实力悬殊，参差不齐。

据风投公司的调查，培训与咨询行业的产业规模在2011年已突破千亿，于是民营力量大举进入，目前在全国有据可查的培训与咨询公司就已超过2万余家，然而行业现状却是鱼龙混杂，缺乏一个专门机构为其统一思想、建立规范、有效管理。目前杂乱的局面轻则令行业混乱不堪，重则被居心叵测之辈利用，后果不堪设想。已暴露出的问题列举如下：

问题一，缺乏行业指导，企业需求难满足

上千亿的市场份额表明中国中小企业在培训与咨询服务上存在着巨大的需求，然而他们在面对自己的需求时，却因行业的不规范而束手无策。企业不清楚培训与咨询需求，绝大多数的中小企业不做需求分析，或是简单填写一下调查表而流于形式。由于需求分析的不规范，往往导致中小企业不会分析，而盲目依据未经审核其真实性的天花乱坠的广告来选择培训或咨询机构。企业主怀着一份求知、求助，甚至求救的心态寻求帮助，最后却到处撒钱，而收效甚微，打击了企业对整个培训与咨询行业的信心，甚至令其感觉到求助无门。这就是缺乏行业管理机构为企业进行指导而造成巨大损失的表现之一。

一篇来自清华领导力班的精英论文道出了许多企业的心声：随着竞争越来越激烈，很多企业开始重视给员工进行培训，却不知道如何选择培训公司？他从对培训公司道德的考查、师资、专业化、培训形式、价格、后期调查等六个方面给出了建议。另外，一些资深的人力资源经理通过网络发布选择培训机构的数十条心得，堪称达人。然而像这样有用的资讯，需要行业管理机构将其整理并予以推广，才能真正在企业选择服务机构时派上用场，而不是封存在一纸空文里。

问题二，专家不设门槛，服务质量没保障

由于我国的培训与咨询行业起步较晚，尚未培养出大量真正优秀的专家，目前活跃在行业中的培训师、咨询师大致可分为海归派、实战派和学院派，然而无论是哪一派，从事了培训或咨询行业，便自封为师，没有官方管理机构对其审察考核。这个行业也需要培养和囤积人才，于是大量讲师被一种“模具”复制出来，便将他们也推上舞台。这无异于一名无照便载人上路的司机，甚至无异于不持证便动刀的医生。这就是缺乏行业管理机构建立从业标准而引起的重要隐患之一。

问题三，思想自由无度，为人师表何来

由于目前竞争激烈，培训师、咨询师绞尽脑汁让自己形成一种独有的幽默风格，以吸引一群老板粉丝。这正迎合了众多中小企业主的胃口，他们被繁重恼人的经营压力压迫着，在寻求外脑解决困境的同时，更希望是以一种轻松的方式获得。于是台上的老师什么话刺激讲什么，尤其是国际问题、中央机密、腐朽之风、双规趣事，都成为师生之间快速拉近距离的不二之选，台下的听众阵阵哗然更助长了这股硝烟，有的课堂现场甚至在某些敏感问题的探讨上变成了对国情现状的声讨会。缺乏行业管理机构，一个本应起正面教育带头作用的领域将会反向染上“怪病”。

问题四，借正能量之名，歪曲道德信仰

目前市场上能见的培训与咨询机构，按其提供的内容，可谓各树一帜。岗前培训、职业技能、营销策略、企业管理、甚至细分到专业领域的小众服务都已繁荣起来，然而偌大的市场需求已不仅仅止步于解决这些实际问题，而是逐步向国学、玄学、宗教、信仰等心灵领域延伸。常有身家数亿的企业主说，他没有太多问题要解决，只想获得心灵释放，只要内心强大了，正能量场就强大了，一切难题自然迎刃而解。我们不禁毛骨悚然，倘若培训领域有如此大的能量场，是否汶川不会地震？玉树不会颤抖？海啸不会发难？核辐射不会蔓延？

据悉，有某知名培训与咨询机构领导人即以间谍罪被捕入狱，有某知名培训机构在佛教圣地举办大型活动因涉嫌歪曲宗教而被迫叫停。如此，若不强加管理，非法集会传教的邪术之徒将会利用了企业对培训的美好愿望而大当其道。缺乏行业管理机构，宋教信仰也会为人利用而成为不法分子的垫脚石。

问题五，行业成果匮乏

关于企业培训与咨询机构的研究报告目前鲜有，从能查到的文献中，只有隶属于政府部门的少量文献。在政府部门中，经（贸）委及经（贸）干院因明文规定其担负着培训职能，于是便还沉淀了少量的研究成果，而民营力量开办的培训与咨询机构，均属经营行为，以利益导向，缺乏思想和理论高度，加之又没有行业管理机构代劳，于是在行业研究成果上尚交不出任何答卷。长此以往，中国培训与咨询行业发展的前数十年将在历史上留下空白，当后人忆起，恐怕早已丢失了最初的凭证。缺乏行业规范，缺乏行业道德准则，将使推动行业理论成果发展留下重大遗憾。

以上不完全列举的问题，有如管中窥豹，仅能略见一斑。实际上任何缺乏道德规范的行业必不能持久健康发展。一系列的挑战和机遇非常需要有人为其创造一个健康的平台，一个专门为中小企业开放的、诚信的、公平的、强有力的资源平台为之服务。

盛世纵横研究团队于2005年即开始研究在培训与咨询服务中推广“资源整合”理论，并于2010年开展针对中国民营企业的“资源整合”服务实践。历经两年的考验，盛世纵横已在全国20个城市建立了近千人的专业服务团队，截止目前已对1万余家民营企业提供了“资源整合”服务，帮其达成大大小小共计数百亿金额的意向合同。依照过去两年的经验，未来接受“资源整合”服务的企业将以每年约5千家的数量递增。

盛世纵横目前以资源整合为核心，形成了“整合天下赢”课程、“资源整合联盟”、“资源整合同学会”、“资源整合之家”会所、“资源整合网站”五大平台，实现短期与长期，线上与线下，虚与实的资源整合。通过此五大平台帮助客户整合资源、快速轻松达成目标；通过“替客户省钱”、“帮客户赚钱”、“协助客户解决疑难杂症”三件工作来为客户创造利润。

在服务会员的过程中，许多企业用“资源整合”的方法解决了资源问题、瓶颈问题、业绩问题，甚至起死回生，但却难以大规模摆脱中小企业生存能力低下的现状。目前中国中小企业的数量已占到全国企业总量的99 %以上，解决着全国80%的就业岗位，上缴着国家50%的税收，但其平均寿命还不足3年。缺乏方向指引、缺乏行业指导、缺乏种类繁杂的优势资源，依然是阻碍其健康发展的绊脚石，使其在成长路上举步维艰。

“资源整合”是帮助民营企业整合资源，快速轻松达成目标的专业顾问工具。其方式有以下几点：

1. 教方法——帮助中小企业学会如何整合资源以实现共赢的全套思路和方法。包括资源整合的前提、流程、关键、系统、策略。资源整合让你更轻松、快速地整合到所缺的资源。资源整合颠覆你的思维模式，从一个埋头创造资源的人，变成一个灵活整合资源的人。资源整合让你有更高更远的业绩目标。资源整合成就你多年未能达成的梦想。

2. 做服务——建立平台为中小企业提供从学会到整回的完整的资源整合系统服务。通过整合天下赢课程传播资源整合策略与方法；成立资源整合同学会增进会员相互了解，建立信赖；建立资源整合创业联盟，建立优互信人脉、开发推广渠道；搭建“整合联盟网”线上资源整合平台，提供发布资源、搜索资源、结交人脉等多项功能。

3. 搭平台——共享所有中小企业的资源，建成免费开放的资源库，整合大家的资源来帮大家整合资源。这个平台对中小企业非常有帮助。这里聚集了各行各业的企业家，你需要什么资源、你有什么资源都可以在这里直接发布，现场就能直接对接，这种方式，帮助了很多中小企业主。

案例一

淡旺季整合，解决人员闲置问题，让企业每年省下 170 万

整合方式：淡旺季整合

整合前情况：在哈尔滨做水上运输公司、水上旅游公司的付总，一直以来有一个困扰：在东北，一年中几乎有半年是冬季，河水结冰，水上生意根本没法去做。但是，公司的很多工作人员，尤其是船上的技术人员又必须继续发工资雇佣，因为一旦流失了这些技术人员，来年再找人就非常难。可即便是这种不干活拿工资的做法，也经常会让一些闲不住的人员离职另寻高就。

整合过程：付总把资源整合理论与自己公司的业务挂上了勾。他想，自己的公司业务是一个非常明显的淡旺季业务，夏天生意好得人不够用，冬天根本没生意还要白养一群工作人员。如果能很好的运用淡旺季整合，这个困扰了自己多年的问题就有可能解决。

那么，能和自己进行淡旺季整合的企业，有些什么类型的呢？首先，自己需要解决的是冬天人员闲置的问题，那么现在要找一个能在冬天帮助他分忧的企业，这类型的企业，在东北这里最多的就是滑雪场了。而且滑雪场也有一个问题，冬天生意好，人不够用，夏天没生意，工作人员大量闲置。正好和自己的水上企业需求相反。

付总回到哈尔滨以后，开始了与多家滑雪场商谈人员整合的事宜。其中有一家滑雪场的老总听完付总的想法后，非常认同。无雪季节的人员闲置导致的工作人员流动性过大问题也一直都困扰着滑雪场，每年招聘新员工、重新培训、使其适应工作环境，耗时又耗力。

但是付总的办法却能解决这个困扰两位老总多年的难题：付总的企业业务主要集中在一年中的无冰季节，这个季节，天气温暖，旅游和水上运输生意好，但是人员却紧缺。这个季节，付总整合滑雪场的闲置人员，由付总的公司开工资，滑雪场可以撒手不管工资的事情，员工在紧张充实的工作中，即能得到更多的酬劳，又能全心全意投入工作。到了结冰期，也到了哈尔滨的雪季，付总公司的工作人员闲了下来，又可以被急缺人手的滑雪场聘用过去，同样付总也不需要支付人员工资，因为他们可以在滑雪场的工作中拿到全额的工资。这样，两家工资的人员都做到了全年无闲置，全年都有全额工资。如果两家长期合作的话，各自公司的人员也熟悉了对方公司的业务流程和技能，对双方的业务开展也会更加有利。

整合后情况：双方都解决了各自在淡季时的人员薪酬支付问题。工作人员的流失率大大降低。

整合成果：据付总初步估计，光是淡季闲置人员的薪酬支付这一项，付总就省下了至少 170 万人民币。

案例二

合纵连横，同业整合，依附强者，弱者变强

整合方式：合纵连横

整合前情况：在广州做了十多年奶牛生意的李总，规模和产值方面一直没有突破，十几年来，奶牛总共也就 400 头，年产值也只有 600 万。多年来，他多次去银行想要贷款扩大规模，可是银行嫌他的企业太小，偿债能力较差，多次尝试都吃了闭门羹。这年，蒙牛集团来广州建基地，如果和蒙牛签订供销合同，不仅牛奶销路有了保证，而且收奶的价格也比一般奶厂每吨多出 200 元。这个千载难逢的机会李总是志在必得。但是蒙牛的要求是农场养殖规模至少要在 1000 头牛才能签订合同。只有 400 头奶牛的李总再次陷入困境，自己一时间根本拿不出那么多钱去再买 600 头奶牛，眼看机会要失之交臂，这可怎么办呢？难道像他这样的小企业就命中注定了不能做强做大吗？

整合过程：在学习了资源整合理论后，李总打开了思路，开始分析：我的目的是什么？和蒙牛签约；我有什么，有场地；我缺什么，缺奶牛。分析到这里，李总豁然开朗，以前总是把所有问题都归结到钱上，以前虽然知道自己缺奶牛，却只知道用钱去买，不知道能用一系列的整合方法把奶牛整合回来。他运用整合中最基础的方法合纵连横，先联合弱者，把周边一些零散的养牛农户整合到自己的农场，为他们免费提供场地，而且保证他们的牛奶销路，但是要求他们的牛在自己的农场实行统一管理，很多散户都非常愿意以这种方式与李总的大农场合作，仅用了一个多月的时间，李总就从散户手里整合了 600 多头奶牛，达到了蒙牛要求的数量。接着他运用依附强者的做法，积极与蒙牛方面沟通，最后顺利与蒙牛签订了供销合同。

整合后情况：与蒙牛签订了供销合作合同以后，李总的农场很快突破了过去十几年来一直没有突破的年产值。不仅如此，好事接二连三地降临到农场：以前拒绝李总的银行听说李总的农场规模翻了一番多，而且还与蒙牛这样的大企业签了合同，自动找上门来要求以很低的利息贷了 400 万元给他；当地政府也给他这种规模的农场予以了大力支持，无条件为他的农场提供了 150 万元的扶持资金。

整合成果：这样一来，李总多年来的夙愿终于实现了：第一、农场规模扩大了；第二，多年来困扰他的资金困难解决了。经历了这次成功的整合，李总的目标更远大了，对资源整合的信心也更加足了。

案例三

借天下智慧—局部整合顶级专家，实现年产值翻 3 倍

整合方式：向专家借智慧

整合前情况：在接触到资源整合理念之前，南海步依内衣厂的曹总经营着一家 60 多人的内衣加工企业。企业一直面临着资金不足、销售不畅两大困境。当时，内衣厂每月的营业额只有 100 万左右，而影响企业不能很好发展的因素，主要存在于人才、管理、资金这几个方面。

整合过程：曹总在学习了资源整合课程后，系统地整理了关于整合人才、局部整合的方式，并且很快就将这些理论应用到了自己的企业当中。他分析了自己企业的情况：规模小、产能低下，自己是销售人员出身，对内衣厂的专业技能和管理才能都跟不上步调。现在缺的，一是技术类的专家来指导、二是管理类的人才来管理。于是，他使用借智慧的方法，聘用了内衣业顶级的管理和技术专家，作为他的顾问。由于两位专家的顾问费用都比较昂贵，曹总就将整合理念中的“借”与“分”相结合，一方面只占用专家很少的时间作为自己的顾问，另一方面，曹总把自己企业的利润分红分一部分给专家，平时只支付较少的顾问费。一旦与企业利润分红联系在一起，专家的积极性也高了，每周都会有3天的时间呆在厂里指导工作，大大提高了工作效率和产品质量。

整合后情况：一旦与企业利润分红联系在一起，专家的积极性也高了，每周都会有3天的时间呆在厂里指导工作，大大提高了工作效率和产品质量。通过整合专家，借用他们的智慧，仅仅一年不到的时间，企业的年营业额就翻了3倍。

整合成果：至此，企业曾经长期面临着的人才、管理和资金瓶颈也全部都解决了。尝到整合的甜头后，曹总对资源整合更加热衷了，他把企业交给专人打理，自己则专门负责企业在人脉、渠道等方面的资源整合。如今，曹总还用低成本或零成本整合了多家内衣加工企业，使自己企业的规模扩大到了400多人。目前曹总已经拥有2家品牌销售公司，2家电子商务公司，还有4个销售中心，30多家经销商。

第八篇 附录

工业和信息化部中小企业司

根据《国务院办公厅关于印发工业和信息化部主要职责内设机构和人员编制规定的通知》，中小企业司主要职责是：承担中小企业发展的宏观指导，会同有关方面拟订促进中小企业发展和非国有经济发展的相关政策和措施；促进对外交流合作；推动建立完善服务体系；协调解决有关重大问题。

（一）具体职责

1. 负责中小企业和非国有经济的宏观指导、综合协调和服务；拟订并组织实施促进中小企业、非国有经济发展的政策措施。

2. 拟订中小企业发展规划，监测分析中小企业发展动态，发布相关信息；协调解决发展中的重大问题。

3. 引导中小企业转变发展方式，推动结构调整优化；协调建立完善市场准入及退出机制；制定并实施创业扶持政策措施；提出产业集群发展战略规划及政策措施；参与指导和协调中小企业节能减排。

4. 提出中小企业专项资金年度预算建议；拟订和组织实施中小企业专项资金年度计划和固定资产投资计划；推动建立中小企业发展基金。

5. 指导中小企业和非公有制经济改革发展，推动管理创新；维护中小企业和职工合法权益。

6. 提出中小企业技术创新政策措施，建立和完善中小企业技术创新支持体系；指导中小企业公共技术平台建设；指导推进中小企业信息化。

7. 提出改善中小企业融资环境的政策建议；承担中小企业在境内外上市融资审核等相关工作；推进中小企业信用制度建设，引导和规范中小企业担保行业发展；指导中小企业产权及相关要素市场建设。

8. 拟订促进中小企业服务体系发展的政策措施，指导中小企业服务体系建设，规范中小企业服务市场；指导中小企业开拓市场；协调落实中小企业获得政府采购份额的有关工作。

9. 指导和推动中小企业对外经济技术合作；推动建立与外国政府和国际组织间的中小企业合作交流机制。

10. 承办部领导交办的其他事项。

（二）内设处室

中小企业司设6个处室。

1. 综合处。

拟订促进中小企业人力资源开发的政策措施，指导建立中小企业培训体系；指导中小企业信息网等信息服务体系建设；负责司内文秘、行政事务和综合协调工作。

2. 政策规划处。

提出促进中小企业发展及服务体系建设的法规政策及相关标准的建议，监督检查有关中小企业法律法规的贯彻实施情况；提出中小企业发展战略和中长期规划、中小企业发展专项资金年度预算建议；推动建立中小企业发展基金，确定基金使用方向。

3. 非国有经济处。

拟订促进非国有经济改革发展的政策措施，提出中小企业结构优化、产业转移政策；监测分析各类中小企业发展动态；推动市场环境建设；指导工业园区建设，组织建立产业集群示范和公共服务平台，推动产业优化升级；参与指导中小企业节能减排；组织开展管理咨询，指导企业加强管理。

4. 融资担保服务处。

提出中小企业融资的政策建议；负责监督和管理中小企业信用担保行业，推动中小企业信用担保体系和信用制度建设，完善信用征集与评价体系；推动中小企业集合发债和投资公司发展；承担中小企业境内外上市融资审核等相关工作；指导产权交易市场建设。

5. 创新服务处。

提出促进创业、创新等中小企业服务体系建设相关政策措施并组织实施；负责推动中小企业社会化服务体系建设；建立和完善创业辅导体系；指导创业基地、公共服务平台建设；推动中小企业信息化建设；促进新技术、新产品开发应用、专业化生产及为大企业配套；协调中小企业获得政府采购份额的有关工作。

6. 交流合作处。

提出中小企业对外交流合作、市场开拓等政策措施；推动建立和落实政府间合作协议和项目；推动中小企业扩大出口和引进外资、技术和智力等合作；协调区域间中小企业的交流合作。

（三）联系方式

联系电话：010－68205326

电子邮件：dsme@miit.gov.cn，
dsme@sme.gov.cn

通信地址：北京市西长安街13号3号楼

邮政编码：100804

工业和信息化部中小企业发展促进中心

工业和信息化部中小企业发展促进中心是工业和信息化部专门从事中小企业服务的直属事业单位，是国家层面综合性中小企业服务机构，对外称“中国中小企业发展促进中心”（以下简称“中心”）。

一、成立背景

自1978年我国实行改革开放政策以来，中小企业迅猛发展，成为国民经济和社会发展的生力军，逐步成为对外贸易和吸引外资的重要主体，受到世界各国的重视。

为加强对中小企业对外合作工作的宏观指导，1985年8月21日国务院领导批示成立中小企业对外合作协调（指导）小组。协调小组于1986年3月30日正式成立，由时任国家经委党组副书记、副主任的朱鎔基同志担任组长，成员包括原国家经委、原对外经济贸易部及上海市有关单位的领导同志。协调小组设立中小企业对外合作协调办公室，对外名称为“中国中小企业对外合作协调中心”。中心的主要任务是协调各地区及各主管部门有关中小企业的对外合作业务，为国内外中小企业合作开辟渠道，调查研究国外中小企业的基本情况，向国内外中小企业提供服务。

2010年1月，为顺应发展变化的形势和中心实际工作情况，经工信部审核并报中编办批准，中心正式更名为“中国中小企业发展促进中心”。

二、发展目标

中心是在国务院领导直接关怀下成立的一个专司中小企业服务工作的事业单位。经过20多年的发展，形成了一支经验丰富、熟悉政策、了解规则、精于谋划、善于协调、踏实做事的干部队伍。面对新的机遇和挑战，中心将坚持以邓小平理论、三个代表重要思想为指导，深入贯彻科学发展观，适应新型工业化发展要求，坚持眼前与长远结合，国际与国内结合，服务政府与面向市场结合，业务发展与职工福祉结合，坚持以需求为导向，以服务为核心，以能力为基础，以制度创新为前提，以资源整合为手段做好各项工作。努力成为政府认可、企业满意、国内领先、国际知名的国家层面综合性中小企业服务机构。

三、主要业务范围

（一）宣传落实国家有关促进中小企业发展的法律法规、政策措施，承担政府委托的相关工作。

（二）开展国内外中小企业法律法规、政策措施及发展状况的调查研究，承担相关课题研究任务。

（三）组织实施或受政府委托具体执行中外中小企业交流合作项目。

（四）受政府委托，承担有关中小企业服务体系建设事项。

（五）组织实施或受政府委托开展国内外中小企业商务洽谈及产品展览活动。

（六）开展管理及技术人员培训、信息、咨询、技术创新及融资服务。

（七）负责《中国中小企业》杂志、《中国中小企业年鉴》编辑、出版、发行。

（八）承办工业和信息化部交办的其他事项。

各地中小企业主管部门

北京市经济和信息化委员会中小企业处

一、主要职责

指导和促进本市中小企业发展；会同有关部门拟订促进中小企业发展和非公有制经济发展的相关政策和措施，指导城镇集体企业改革，协调解决有关重大问题；推动建立完善中小企业服务体系；推动中小企业信息化建设；会同有关部门负责北京市中小企业创业投资引导基金使用的决策、监督和管理；指导中小企业开展国内外合作与交流。

二、领导班子成员

梁　胜　市经济信息化委副主任

荆甫智　处　长

三、联系方式

办公地点：北京市朝阳区慧新东街6号

邮政编码：100029

电　　话：010－57587756

传　　真：010－57587761

网　　址：www. bjsme. gov. cn

天津市中小企业发展促进局

一、主要职责

天津市中小企业发展促进局负责全市中小企业和非国有经济发展统筹规划、综合协调、组织推动、指导服务工作的市政府派出机构，规格为正局级。主要职责：

（一）贯彻落实国家和我市有关发展中小企业、民营经济的法律法规和方针政策，起草或拟定我市有关促进中小企业、民营经济发展的地方性法规和规章，研究提出扶持中小企业发展的政策；负责对全市中小企业的综合协调、指导和服务。

（二）制定全市中小企业、民营经济发展战略，负责编制全市中小企业中长期规划和产业布局规划并组织实施；负责制定中小企业的经济发展目标和固定资产投资指导性计划；负责中小企业、民营经济的统计和经济运行分析，负责统计报表制度的制定和统计资料的收集、审核、汇总工作，协调解决经济运行中的重大问题。

（三）引导中小企业进行产业、产品和组织结构调整；组织中小企业开展科技创新、技术改造、市场开拓、对外经济交流与合作和招商引资工作；协助有关部门做好中小企业的安全生产、节能减排和环境保护工作，负责组织有关部门对鼓励型小企业的认定工作。

（四）负责中小企业发展专项资金、技术改造、区县示范工业园区和科技创新等专项资金的年度预算和使用管理。

（五）负责区县重大建设项目的协调服务和推动，建立区县大项目库，指导区县做好项目的论证、筛选、立项等工作，加强在建项目宏观调控管理，完善监督考核机制，提高投资效益。

（六）引导中小企业集聚发展，指导和扶持区县示范工业园区、乡镇工业区、都市工业园以及小企业创业基地发展；指导中小企业服务体系建设，改善中小企业创业环境，联系、指导和规范为中小企业提供服务的各类中介组织工作。

（七）负责编制中小企业科技、质量以及教育培训发展规划和年度指导性计划，协调有关部门做好名牌产品、驰名商标和著名商标的推荐和评审工作。负责全市中小企业、民营经济的融资服务工作，指导中小企业担保机构建设，建立中小企业信用评价体系。

（八）负责全市民营经济的综合调研与协调服务工作。组织有关部门督察有关促进民营经济发展的政策落实情况。

（九）指导中小企业、民营经济的信息化建设工作，推动电子政务、电子商务加快发展。

（十）承办市政府交办的其他事项。重点包括：

负责推动、协调和指导区县示范工业园区建设和亿元楼宇发展及招商引资，并做好招商人员培训工作。牵头组织布全市中小企业运行情况。搭建网上直报平台，对我市小微企业进行月度监测。负责区县示范工业园区和亿元楼宇经济运行数据的统计分析工作。

二、内设机构

天津市中小企业发展促进局设办公室、调研处、工业发展处、服务业发展处、经济合作处、综合服务处、科技创新服务处和人事处8个内设机构。

三、班子成员（6人）

局长、党组书记：尉永久

巡视员、党组副书记、副局长：蒋颖

副局长：薄云（党组成员）

副局长：任鹏

副巡视员：王云齐

副巡视员：司志强

四、对外联络方式及网址

地址：天一经路88号

邮编：300171

电话：02224305108　传真：02224305108

网址：www. smetj. gov. cn

河北省中小企业局

一、主要职能

（一）负责对全省中小企业和民营经济的宏观指导、综合协调；会同有关部门拟定全省发展中小企业、民营经济的地方性法规、规章草案和扶持政策并组织实施；负责中小企业行政执法。

（二）拟订中小企业、民营经济的发展规划并组织实施；监测、分析中小企业、民营经济发展动态，发布相关信息；协调解决发展中的重大问题。

（三）指导和推进中小企业转变发展方式，推动结构优化；拟订中小企业产业集群发展规划及政策措施，并组织实施；提出鼓励中小企业技术创新措施，指导中小企业强化质量管理，实施品牌战略；参与指导、协调中小企业节能减排。

（四）提出中小企业融资的政策措施，组织多种形式的企业融资；组织推进中小企业信用担保体系建设；实施对融资性担保机构的监督管理，落实相关支持政策；负责推进中小企业信用制度建设。

（五）拟定推进全民创业的政策措施草案并组织实施，负责企业创业辅导的规划、建设和管理，负责创业辅导基地的规划、建设及机构和辅导队伍建设；推动建立中小企业创业风险投资引导资金，确定资金使用方向。

（六）负责中小企业人才培训体系建设。

（七）指导中小企业对外开放、经济技术交流与合作。

（八）推动建立完善中小企业服务体系，引导各类中介组织为中小企业提供服务。

（九）拟定和组织实施中小企业发展专项资金年度计划和固定资产投资计划，提出省级中小企业发展专项资金年度预算建议，实施对中小企业发展专项资金使用的监督检查；指导市、县（市、区）中小企业专项资金的设立和使用。

（十）承办省政府及省工业和信息化厅交办的其他事项。

二、处室设置

（一）办公室。负责机关文电、综合文字、信访、保卫、机要、保密、信息、宣传、督查督办、政务公开、后勤和固定资产管理；负责拟订中小企业、民营经济发展的地方性法规、规章草案和政策措施；负责省民营经济领导小组办公室的日常工作。

（二）规划统计财务处。负责拟定中长期发展规划和年度指导性计划；监测、分析发展动态和运行态势，定期提出统计分析报告和发布相关信息；负责省级年度中小企业发展专项资金、固定资产投资计划和部门经费预决算编制及资金监管；组织申报国家专项资金项目；指导市、县（市、区）专项资金的设立和使用；负责机关财务工作；推动信息化建设。

（三）融资担保处。提出中小企业融资的政策措施；推动银保、银企合作，组织多种形式的企业融资，实施信贷补偿；组织推进中小企业信用担保体系建设；实施对融资性担保机构监督管理和政策支持；组织信用征集、信用评价和信用信息发布，推动中小企业信用制度建设；参与中小企业境内外上市融资的培训等相关工作。

（四）产业指导处。负责指导和推进中小企业转变发展方式，推动结构调整优化；支持产业集群公共技术服务平台建设，促进专业化生产及为大企业配套；指导中小企业强化质量管理，实施品牌战略；参与指导、协调中小企业节能减排；负责烟花爆竹企业的新建、扩建、改建的审批。

（五）创新服务处。负责提出推进中小企业技术创新的政策措施草案并组织实施；负责中小企业创业辅导基地建设和管理；推动建立中小企业创业风险投资引导资金，确定资金使用方向；指导中小企业科技创新，促进新技术、新产品的开发应用；负责省鼓励创业工作领导小组办公室的日常工作。

（六）市场开发处。拟定鼓励中小企业开拓国内外市场的政策措施，并组织实施；指导中小企业对外开放、经济技术交流以及区域间、企业间的协作、配套与联合；负责机关外事工作。

（七）人事人才处。负责机关和直属事业单位的机构编制和人事管理；完善人才培训服务体系，指导中小企业人才引进、使用和培养；拟订促进中小企业人才开发的政策措施建议，组织开展职业技能鉴定和民营经济从业人员专业技术职务资格评审。

三、局领导班子成员

河北省中小企业局局长　孙际林
河北省中小企业局副局长　王雅君
河北省中小企业局副局长　贾胜忠
河北省中小企业局副局长　毛庆军

山西省中小企业局

山西省负责指导、管理、服务中小企业的政府职能部门是省中小企业局。2003 年政府机构改革中，中共山西省委、山西省人民政府下发了《关于印发山西省人民政府机构改革方案的通知》（晋发〔2003〕27 号），根据文件精神，山西省乡镇企业管理局（民营经济发展局）改组为山西省中小企业局（保留山西省乡镇企业管理局的牌子），为正厅级建制，是省人民政府指导、管理、服务中小企业、乡镇企业和非国有经济的直属机构。2004 年 4 月，山西省中小企业局正式挂牌。

2009 年政府机构改革，根据《中共山西省委、山西省人民政府关于印发 <山西省人民政府机构改革方案> 的通知》（晋发〔2009〕13 号），设立山西省中小企业局，副厅级建制，由山西省经济和信息化委员会管理。

2009 年 9 月，山西省人民政府办公厅印发了《关于印发山西省中小企业局主要职责内设机构和人员编制规定的通知》（晋政办发〔2009〕147 号），方案规定：

一、职责调整

1. 取消国务院及省人民政府已公布取消的行政

审批事项。

2. 将省中小企业局承担的农产品加工及质量监督管理职责划入省农业厅。

二、主要职责

1. 贯彻执行国家和省有关中小企业和非公有制经济（以下统称为中小企业）的法律法规和方针政策；指导、服务中小企业；研究提出扶持全省中小企业发展的政策，组织或参与起草有关中小企业的地方性法规和规章，并组织实施。

2. 贯彻执行国家及省的产业政策，研究拟定全省中小企业的发展战略和发展规划，指导和推进中小企业产业结构的调整，指导全省中小企业发展园区建设。

3. 监测、分析、预测全省中小企业运行态势，编制并组织实施中小企业近期发展调控目标和措施，协调解决中小企业发展中的重大问题。

4. 指导全省各类中小企业的改革、改组、改造，推进现代企业制度的建立；指导中小企业融资上市工作；促进建立和发展中小企业产权及相关要素市场，指导中小企业的股份制改造。

5. 对全省各种经济成分的中小企业实行宏观指导、协调和服务，规范企业行为；研究提出中小企业技术进步的政策，指导中小企业技术改造和新技术、新设备、新产品开发等工作；建立完善中小企业技术创新支撑体系，指导中小企业创新基地建设，推动中小企业信息化工作；参与指导、管理民营科技企业，向有关部门推荐、申报符合资格认定条件的民营科技企业和科技型中小企业创新基金项目。

6. 研究提出改善中小企业融资环境的政策措施，协调解决中小企业融资的有关重大问题；提出政府扶持中小企业资金的筹集、管理、使用建议，负责省级中小企业发展基金和省级财政对中小企业扶持资金的管理使用，并向有关部门推荐、申报其他相关资金项目。

7. 指导全省中小企业经营管理人员和职工的教育培训及人才、智力引进工作；指导全省中小企业外事、外经、外贸工作；组织中小企业开展国内外经济技术交流与合作；指导中小企业外资引进、利用工作。

8. 指导中小企业服务体系建设，建立和完善创业辅导体系，改善创业环境；协调落实中小企业获得政府采购份额的有关工作。

9. 配合有关部门做好中小企业环保节能、环境监测、安全生产、劳动用工、职业卫生、质量管理、社会保障等工作。

10. 对非公有制经济发展进行规划、指导、监督、协调和服务。保护非公有制经济的合法权益，鼓励、支持和引导非公有制经济的发展。

11. 提出促进县域经济发展的具体政策和措施，指导各县（市）确定符合本地实际的经济发展思路，研究县域经济发展中遇到的问题，推动县域经济发展。

12. 配合有关部门做好全省中小企业党建、工会等工作和精神文明建设工作；指导本系统各类协会、学会和社团工作。

13. 承担省人民政府及省经济和信息化委员会交办的其他事项。

三、内设机构

根据上述职责，省中小企业局设 8 个内设机构和离退休人员工作处。

1. 办公室（省推动非公有制经济办公室）。

综合协调机关日常工作；负责机关文电、会务、信息、宣传、督查、档案、机要、信访、提案、保密、保卫、财务、行政、后勤等工作。提出促进非公有制经济发展的政策措施和改革方案，对全省非公有制经济发展提出近期规划和远景目标，并在实施中进行指导和督促。协调工商、金融等部门支持非公有制经济诚信守法经营。

2. 人事处（机关党委）。

负责机关和直属单位的人事工作和机构编制工作；承担本系统出国人员的政审工作；配合有关部门做好全省中小企业党建、工会等工作和精神文明建设工作；负责机关和直属单位的党群工作。

3. 政策法规处。

起草有关中小企业的地方性法规、规章草案；承办规范性文件的合法性审核工作；监督检查有关法律法规的执行情况；研究提出扶持中小企业改革与发展的综合性政策建议；承办行政复议、行政应诉、行政赔偿及其他法律事务；指导各类中小企业改革，引导中小企业建立现代企业制度；促进建立和发展中小企业产权及相关要素市场，指导中小企业的股份制改造和上市工作；指导中小企业服务体系建设；指导本系统各类协会、学会和社团工作。

4. 发展规划处。

研究提出中小企业发展战略、中长期规划和年度目标；负责省级中小企业发展基金和省级财政对中小企业扶持资金的管理使用；负责本系统基建项目管理；指导中小企业的外事、外经、外贸工作；组织中小企业开展国际经济合作与交流，参与组织中小企业国际市场开拓资金项目的申报工作。

5. 管理指导处。

贯彻执行国家和省的产业政策，研究提出中小企业的产业发展方向、重点和有关政策，指导中小企业的产业结构和布局结构调整，指导全省中小企业发展园区建设；指导地区间、企业间的协作联合，协助有关部门开展招商引资；组织产品展销等活动；负责中小企业类型划分和认证工作；指导中小企业诚信建设工作；配合有关部门做好中小企业环保节能、安全生产、劳动用工等工作。

6. 经济监测处。

监测、分析、预测全省中小企业运行态势，组织对中小企业经济运行中出现的重大问题进行调查研究，并提出对策和建议；会同有关部门研究制定中小企业统计制度并组织实施；负责中小企业统计数据、报表的汇总、分析工作；负责中小企业经济信息的收集、整理、分析和发布工作；研究提出中小企业创业辅导服务体系建设的政策措施，建立和完善创业辅导体系，配合有关部门做好再就业工作；根据城镇化进程提出县域经济发展的具体政策和措施，指导县域经济走新型工业化道路，推动发展特色经济和民营经济；承担县域经济发展的监测和统计工作。

7. 科教质量处。

指导全省中小企业人才开发、引进以及教育培训、职称评审、技术进步、产品开发等工作；建立完善中小企业技术创新支撑体系，指导中小企业创新基地建设，参与中小企业新技术、新产品鉴定的有关工作和重大科技成果的推广应用；组织开展国际、国内技术交流与合作，推进中小企业的产学研联合工作；参与指导、管理民营科技企业，负责民营科技企业的申报工作和科技型中小企业创新基金项目的申报；配合做好中小企业质量管理工作。

8. 融资财务处。

研究提出改善中小企业融资环境的政策措施，协调解决中小企业融资的有关重大问题；指导中小企业直接融资工作，引导、推动民间资金和风险投资机构投资中小企业；负责推进中小企业信用制度建设，会同有关部门建立和完善信用征集及评价体系；指导中小企业信用担保体系建设工作，引导和规范信用与担保行业发展，制定并实施中小企业信用担保支持计划；协调落实中小企业获得政府采购份额的有关工作；负责局直属单位的财务管理工作。

离退休人员工作处负责机关离退休人员管理服务工作，指导直属单位离退休人员管理服务工作。

纪检监察机构按晋办发〔2005〕17 号文件执行（行政编制 3 名已划转省纪委统一管理）。

四、人员编制

省中小企业局机关行政编制为 45 名（含离退休人员工作处编制 4 名）。其中：局长 1 名，副局长 3 名；正副处级领导职数 19 名（含机关党委专职副书记 1 名、离退休人员工作处领导职数 2 名）。

五、其他事项

1. 省中小企业局不再保留省乡镇企业管理局的牌子。

2. 所属事业单位的设置、职责和编制事项另行规定。

六、领导班子

胡荣华　局党组书记、局长
赵志杰　局党组成员、副局长
王怀荣　副局长
闫龙江　局党组成员、纪检组长
武晨阳　局党组成员、副局长

七、对外联系方式及网址

联系电话：0351－5607078（7109）
传真电话：0351－5607109
网址：http：//www. sxsme. gov. cn/

另外：

2012 年，根据山西省机构编制委员会办公室《关于省中小企业局增设服务体系建设处的通知》（晋编办字〔2012〕156 号），山西省中小企业局增设服务体系建设处，正处级建制，核定处级领导职位 1 正 1 副。

服务体系建设处的主要职责是：研究中小企业服务体系建设的保障措施，培育服务队伍，规范中小企业服务市场；指导省级中小企业公共服务示范平台的建设；负责省级服务体系建设资金的管理和使用；总结推广服务体系建设典型经验和发展模式；协调中小企业获得政府采购份额的工作。

内蒙古自治区中小企业局

2010 年 6 月 21 日，内蒙古自治区人民政府办公厅印发《关于自治区中小企业局主要职责内设机构和人员编制规定的通知》（内政办发〔2010〕60 号），自治区中小企业局正式成立，在自治区经济和信息化委员会的领导下，负责组织推动全区中小企业及非公经济的管理工作。

一、主要职责

（一）贯彻落实国家和自治区制定的产业政策，组织起草中小企业及非公经济发展的地方性法规草案和规章；研究提出自治区扶持中小企业及非公经济发展政策的建议。

（二）拟订自治区中小企业及非公经济部长期发展规划及调控目标，强化中小企业及非公经济产业结构和布局结构调整；指导中小企业及非公经济建立现代企业制度。

（三）负责统计监测分析全区中小及非公经济运行态势，审核监督国家和自治区扶持中小企业专项资金和中小企业技术进步贴息资金的使用。

（四）会同有关部门做好全区中小企业的融资担保工作及中小企业信用担保项目资金的申请审核、监督管理工作。

（五）拟订自治区中小企业服务体系建设的相关政策措施，指导中小企业公共服务平台建设。推动中小企业及非公经济信息化建设和新技术、新产品开发应用；承担与有关部门配合做好中小企业的融资担保工作及中小企业信用担保项目资金的申请审核、监督管理工作。

二、内设机构及领导班子

内 3 个处室：综合处、发展规划处、服务体系指导处。

人员编制 23 名，其中：局长 1 名（副厅级），副局长 2 名（正处级）、处长 3 名、副处长 4 名。

领导班子成员名单：局长张金亮、副局长刘宝森、马强。

三、联系方式

电话：0471－4825120
传真：0471－4824953
网址：nmgjxw. gov. cn
邮编：010098
地址：内蒙古自治区呼和浩特市敕勒川大街 1 号党政综合楼
电子邮箱：nmgzxj@126. com

辽宁省中小企业厅

一、主要职责

（一）贯彻落实国家发展中小企业、乡镇企业、民营经济和城镇集体经济的法律、法规和政策；拟订促进全省中小企业、乡镇企业、民营经济和城镇集体经济发展的地方性法规、规章和政策。

（二）制定并组织实施全省中小企业、乡镇企业、民营经济和城镇集体经济发展的中长期规划；组织全省中小企业、乡镇企业、民营经济和城镇集体经济运行监测和分析工作，协调解决中小企业、乡镇企业、民营经济和城镇集体经济发展中的重大问题。

（三）会同有关部门拟订中小企业发展专项资金年度预算建议，依照相关文件负责中小企业发展专项资金项目的实施和管理。

（四）指导全省中小企业、乡镇企业、民营经济和城镇集体经济的企业制度改革和管理创新；推动中小企业、乡镇企业、民营经济和城镇集体经济的产业结构、产品结构调整；指导和推进中小企业产业集群的建设发展。

（五）组织实施全省中小企业创办的扶持工作；拟订创业扶持政策，推进创业辅导孵化基地建设，协调落实创办中小企业所需要的场地和设施，落实创业辅导、孵化和信息、咨询服务工作。

（六）指导和推动中小企业、乡镇企业、民营经济和城镇集体经济的科技创新，协调落实中小企业技术创新项目的各项支持政策，构建中小企业技术创新服务体系。

（七）推进中小企业、乡镇企业、民营经济和城镇集体经济融资担保工作，组织开展融资服务；指导中小企业信用担保机构开展融资担保业务，构建中小企业融资担保体系，配合有关部门协调中小企业上市、发债、租赁等多渠道融资工作。

（八）协调和推动中小企业、乡镇企业、民营经济和城镇集体经济的区域性合作和对外经贸、合资合作，帮助中小企业开拓市场。

（九）推进中小企业社会化服务体系建设；支持创业辅导、技术支持、融资担保、信息服务、市场开拓等中小企业服务机构发展。

（十）承办省政府交办的其他事项。

二、处室设置

（一）办公室（离退休干部处）。负责协调厅机关日常工作；负责综合、文秘、信息、督察、保密、会务、档案、财务、信访、后勤和保卫工作；负责厅机关和直属事业单位人事、劳资工作；负责机关离退休干部的管理和服务工作。

（二）政策法规处。贯彻落实国家和省有关中小企业、乡镇企业、民营经济和城镇集体经济的法律法规和方针政策；构建全省中小企业、乡镇企业、民营经济和城镇集体经济政策支持体系；组织和参与起草有关促进全省中小企业、乡镇企业、民营经济和城镇集体经济发展的地方性法规、规章和政策措施。

（三）发展规划处。拟订全省中小企业、乡镇企业、民营经济和城镇集体经济中长期发展规划；负责中小企业发展专项资金的年度支持方向、支持重点以及项目的组织申报工作，会同有关部门对项目进行审定，并对项目实施进行监督检查；编制中小企业社会化服务体系建设规划；指导全省小企业创办工作；推进创业辅导基地建设，构建中小企业创业辅导（孵化）体系；组织引导创业辅导机构为创业者提供创业服务。

（四）经济运行处。承担中小企业、乡镇企业、民营经济和城镇集体经济运行状况的监测工作；拟订经济运行分析报告，协调解决经济运行中存在的主要问题；指导和推进中小企业信息化建设和信息服务体系建设；协调中小企业信息服务机构为中小企业提供信息服务。

（五）科技创新处。指导全省中小企业、乡镇企业、民营经济和城镇集体经济的科技进步工作；构建中小企业技术创新服务体系；指导全省中小企业、乡镇企业、民营经济和城镇集体经济质量管理、品牌创建、知识产权保护工作；指导协调中小企业、乡镇企业、民营经济和城镇集体经济人才队伍建设及人才、智力引进工作。

（六）产业指导处。指导中小企业、乡镇企业、民营经济和城镇集体经济的产业结构调整工作；推动中小企业、乡镇企业、民营经济和城镇集体经济的区域经济合作；促进中小企业与大型企业的协作配套；编制和组织实施中小企业产业集群发展规划；配合有关部门做好中小企业、乡镇企业、民营经济和城镇集体经济安全生产、环境保护、职业卫生工作。

（七）国际合作处。指导全省中小企业、乡镇企业、民营经济和城镇集体经济的对外开放工作；推动中小企业、乡镇企业、民营经济和城镇集体经济与国外企业的合资合作；构建经贸合作服务体系，帮助中小企业开拓国际市场；指导中小企业、乡镇企业、民营经济和城镇集体经济的产品出口工作。

（八）融资担保处。指导全省中小企业、乡镇企业、民营经济和城镇集体经济的融资工作；研究提出促进中小企业、乡镇企业、民营经济和城镇集体经济发展的金融扶持政策建议；会同有关部门管理使用中小企业信用担保机构贷款风险补偿资金；指导全省中小企业信用担保机构业务工作，构建中小企业信用担保体系；协调金融机构与信用担保机构的合作；配合有关部门协调中小企业上市、发债、租赁等多渠道融资工作。

（九）研究拟定维护民营企业合法权益工作计划，指导、协调全省各级民营企业维权机构工作；负责受理民营企业的维权投诉案件，提供非诉讼侵权调节、仲裁和行政诉讼等服务；负责民营企业有关维护企业合法权益方面法律、政策的咨询；开展维护民营企业合法权益投诉工作的宣传、培训活动。

机关党委负责厅机关及直属单位的党群工作。

三、领导班子成员名单

辽宁省中小企业厅党组书记厅长　赵连生
辽宁省中小企业厅党组成员副厅长　李秀林
辽宁省中小企业厅党组成员副厅长　修海峰
辽宁省中小企业厅党组成员副厅长　周英俊
辽宁省中小企业厅党组成员副厅长　金东海

四、对外联系方式

厅办公室电话：024－86906658

传真电话：024－86896059
办公地点：沈阳市皇姑区北陵大街45－1号
邮政编码：110032

吉林省工业和信息化厅（吉林省中小企业局）

一、主要职责

负责中小企业发展的宏观指导，会同有关部门拟订促进中小企业发展和非国有经济发展的相关政策和措施，协调解决有关重大问题。

二、涉及中小企业工作处室设置

中小企业处：

负责中小企业的宏观指导，会同有关方面拟订促进中小企业发展和非国有经济发展的相关政策和措施；协调解决有关重大问题。具体职能：一是负责中小企业宏观指导，会同有关方面拟定促进中小企业、非国有经济发展的相关政策措施，编制中小企业中长期发展规划；二是负责统计监测中小企业发展情况及运行趋势。主要内容包括国家直调300户企业季调度、千户成长型企业半年调度、全省中小企业主要指标（统计、工商、税务提供）季调度。三是组织申报国家中小企业专项资金扶持项目，审核省中小企业发展专项资金扶持项目。根据每年专项资金预算额度，制定申报要求下发各地，并完成项目的审核工作；同时积极争取国家中小企业专项扶持资金，额度每年都有所增加。四是拓宽中小企业市场合作渠道，引导中小企业加快“走出去”步伐。组织企业参加中博会、东博会、APEC技展会以及香港美食节等大型展洽会，拓宽市场销售渠道。五推进中小企业信息化建设。开展电子商务推广应用。六是做好中小企业发展相关宣传报道工作。编辑印发《吉林中小企业》杂志和《民营经济腾飞简报》

融资服务处：

提出改善工业企业和中小企业融资环境的政策措施，协调解决工业和中小企业融资的有关重大问题；负责提出企业发行债券的初审意见，引导和推动民间资金和风险投资机构投资中小企业；促进中小企业信用担保体系建设。

创业服务处：

负责指导全民创业工作；指导中小企业广泛吸纳社会人员就业工作；指导中小企业加强经营管理；负责服务体系建设，整合社会资源为中小企业、非国有经济发展服务。

三、领导班子成员名单

厅长：常明（党组书记）

副厅长：马军、张毅、白绪贵（分管中小企业）、高志国、步民（纪检专员）、孙大维、宫毓刚

四、对外联系方式及网址

联系电话：0431－88904518
网址：http：//gxt.jl.gov.cn

黑龙江省工业和信息化委员会

（一）主要职责

负责中小企业发展的宏观指导，会同有关部门拟订促进中小企业发展和非国有经济发展的相关政策措施，协调解决有关重大问题；指导和推动全省中小企业创业、融资、担保、创新、培训、配套服务体系建设。承担省发展非公有制经济工作领导小组的日常工作。

（二）处室设置及其职责

黑龙江省工业和信息化委员会是中小企业的管理部门，其内设机构中有中小企业局、对外合作处、创业处、融资服务处、培训与交流处等五个处室具体负责全省中小企业管理工作。

1. 中小企业局。研究提出扶持乡镇企业发展的政策措施，指导乡镇企业布局及结构调整；协调解决中小企业、乡镇企业和非公有制经济发展中的重大问题；规划指导中小企业产业集群、园区和公共服务平台工作，负责中小企业、非有公制经济统计、分析及成长性企业认定工作；会同财政部门组织国家中小企业专项资金申报、评审工作。承担省发展非公有制经济领导小组的日常工作。

2. 对外合作处。组织开展工业、信息化的对外合作与交流，推动经济技术协作；参与拟定工业、信息化企业利用外资的有关政策及工业利用外资的重点领域、重点项目规划，并组织实施；负责外商投资工业和信息化项目以及工业、信息化企业境外投资项目有关管理工作；协调解决外商投资工业企业运行过程中的有关问题；指导企业市场营销，组织协调工业企业参加重要产品展销活动。

3. 创业处。负责组织开展创业服务工作，指导创业（孵化）基地建设；建立和完善创业辅导体系；制定并组织实施支持创业、创新相关政策；争取相关资金支持企业创业工作，培育微小企业向规模企业发展。

4. 融资服务处。提出改善各类企业融资环境的政策措施，协调解决企业融资的有关重大问题；推动中小企业集合发债和投资公司发展，引导民间资本和风险投资机构投资各类企业；负责中小企业信用担保行业发展的指导、综合组织和协调服务工作，参与中小企业信用担保机构的培训、信用评级、备案工作；组织开展企业上市融资的相关工作；指导中小企业产权交易市场建设。

5. 培训与交流处。负责全省工业和信息化系统管理干部、企业中层以上管理者和专业技术人员的教育培训，组织落实国家和省有关中长期培训规划和年度培训计划；负责企业经营管理人员职业资格管理及人员素质的调查研究；指导企业职业技能培训，负责开展人才合作与交流，指导企业开展校企对接和引进国外智力工作；指导培训基地建设工作；负责本委所属院校的管理工作。

（三）黑龙江省工业和信息委员会领导班子成员名单

赉起利 党组书记、副主任
孙 珅 主任、党组副书记
庞光明 副主任、党组成员
赵 磊 副主任、党组成员
高玉学 副主任、党组成员
陈 杰 副主任、党组成员
郭 禄 副主任、党组成员
方安儒 副主任、党组成员
刘爱丽 副主任、党组成员
王 涛 纪检组长、党组成员
李 会 副主任
林 克 副巡视员

（四）对外联系方式及网址

黑龙江省工业和信息化委员会门户网站
http：//www.hljiic.gov.cn/public/AA/index.jsp

上海市促进中小企业发展协调办公室

上海市促进中小企业发展协调办公室。隶属上海市经济和信息化委员会，是上海市人民政府批准设立的专司全市中小企业发展事务的行政机构。

一、主要职责

根据2011年6月1日施行的《上海市促进中小企业发展条例》规定，市人民政府负责促进中小企业发展工作的主管部门应当履行下列职责：

（一）组织拟订本市促进中小企业发展规划和有关政策措施；

（二）综合协调、督促本市有关部门落实国家和本市促进中小企业发展的各项政策措施；

（三）发布相关政策信息，指导、促进中小企业发展，协调处理中小企业发展中遇到的困难和问题；

（四）推动建立和完善中小企业服务体系，扶持中小企业服务机构发展；

（五）会同市有关部门负责市中小企业发展专项资金的使用管理；

（六）市人民政府赋予的其他职责。

二、部门设置

行政秘书部
综合规划部
政策法规部
信用服务部

三、领导班子成员名单

市经济和信息化委主任：李耀新
市经济和信息化委副主任：傅新华
市中小企业办主任：吴文
市中小企业办副主任：宋晓辉、葛东波

四、对外联系方式及网址

上海市促进中小企业发展协调办公室
地址：上海市徐汇区大木桥路108号7楼
邮编：200032
电话：（8621）64225699
传真：（8621）64220924
网址：http：//www.ssme.gov.cn

江苏省经济和信息化委员会

根据《中共中央办公厅国务院办公厅关于印发〈江苏省人民政府机构改革方案〉的通知》（厅字〔2009〕21号）和《中共江苏省委江苏省人民政府关于印发〈江苏省人民政府机构改革实施意见〉的通知》（苏委〔2009〕252号），设立省经济和信息化委员会，为省政府组成部门，挂省中小企业局、省乡镇企业局牌子。

一、涉及中小企业工作的主要职责

制定贯彻国家产业政策的实施意见，推进产业结构调整和优化升级。研究提出产业发展方向和重点行业发展的政策措施。提出优化产业结构、所有制结构和企业组织结构的政策建议。负责信息产业园区、乡镇工业和中小企业集中区规划建设的指导与服务。参与各类工业园区的业务指导工作。联系和指导有关行业协会及其他社会中介组织的工作。

负责中小企业（含民营经济、乡镇企业，下同）发展的综合指导与协调。拟订发展中小企业的地方性法规、规章和政策措施并组织实施。拟订全省中小企业发展专项规划并组织实施。监测分析中小企业运行态势，协调解决中小企业发展的重大问题。指导创业基地建设，推进中小企业自主创新，促进产业结构和产品结构调整。指导中小企业开展国内外经济技术交流与合作，推进中小企业与大企业协作配套发展。指导和推进中小企业服务体系与融资担保体系建设。促进金融机构建立与中小企业的融资渠道，承担或参与中小企业发展基金、担保基金的建立和管理方面的有关工作。负责融资性担保机构的监管。

二、主要领导及分管领导

徐一平省经济和信息化委员会党组书记、主任。

张乐夫省经济和信息化委员会党组成员、省中小企业局副局长、省乡镇企业局副局长。

郗同福省经济和信息化委员会党组成员、省中小企业局副局长、省乡镇企业局副局长。

陆元刚省经济和信息化委员会党组成员、省中小企业局副局长、省乡镇企业局副局长。

三、涉及中小企业工作的主要处室

中小企业综合协调处（省民营经济投诉中心）：负责全局业务综合协调工作；落实国家和省有关中小企业法规、方针、政策；拟订促进和扶持中小企业发展的地方性法规及政策；承担中小企业系统的行政复议工作；组织中小企业发展与改革中重大问题的调查研究，提出中长期发展战略和规划；承担中小企业发展扶持资金的预算、管理与监督工作；承担民营经济投诉工作。

中小企业改革发展处（融资担保处）：指导中小企业改革和制度创新，提高经营管理水平，组织企业家队伍培训工作；推进中小企业服务体系建设；研究提出中小企业融资、担保的政策措施；承担全省融资性担保机构的设立与变更审批、关闭和日常监管；开展中小企业创业辅导，指导创业基地建设。

中小企业科技创新处：承担中小企业经济信息的统计、汇总、分析与发布工作，监测中小企业发展态势；指导中小企业信息化建设，推动中小企业应用信息技术化；指导中小企业科技进步、技术创新工作；指导中小企业的财务、会计和内部审计工作。

中小企业产业与合作处（省中小企业国际合作协调中心）：指导中小企业调整产业、产品和布局结构；指导乡镇工业和中小企业集中区规划建设，推动产业集聚；指导中小企业与大企业配套发展；推进中小企业开展国内外经济技术交流与合作；配合有关部门组织和指导中小企业劳动、卫生、环保及节能等方面的工作。

四、对外联系方式

单位地址：南京市北京西路16号苏兴大厦

邮政编码：210008

联系电话：025－86637126

传真电话：025－83398217

电子邮箱：jsmyjj@ sina. com

网　　址：www. jste. gov. cn

安徽省经济和信息化委员会暨中小企业局

一、安徽省经济和信息化委员会是省政府组成部门，其主要职责：

（一）贯彻执行国家有关经济、信息化和无线电管理的方针政策和法律法规，拟订相关地方性法规规章草案；拟订并组织实施经济和信息化的发展规划，推进产业结构战略性调整和优化升级，推进信息化与工业化融合。

（二）制定并组织实施工业、信息化相关行业的规划、计划和产业政策，提出优化产业布局、结构的政策建议；拟订行业技术规范与行业标准并组织实施，指导行业质量管理和安全生产管理工作。

（三）监测、分析经济运行态势，调节经济日常运行；制定和实施近期经济运行调控目标和政策措施，提出解决经济运行中重大问题的意见和建议；收集、整理、分析和发布经济信息；承担工业、信息化相关行业应急管理、产业安全和国防动员有关工作。

（四）负责提出工业、信息化技术改造投资规模和方向的建议，提出行业投资布局建议；按照规定权限，审批、核准国家和省规划内及年度计划规模内工业和信息化固定资产投资项目，并对重点项目进行监管和督查。

（五）拟订并组织实施高技术产业中涉及生物医药、新材料等的规划、政策和标准；组织推动企业技术创新；指导企业技术进步、技术引进和重大技术装备研制，推进高新技术与传统工业改造结合；推动产学研联合。

（六）拟订并组织实施工业、信息化相关产业的能源节约、资源综合利用、清洁生产促进政策；参与拟订能源节约和资源综合利用、清洁生产促进规划；组织协调示范项目和新产品、新技术、新设备、新材料的推广应用；指导和协调工业环境保护和节能环保产业的发展；负责墙体材料革新和建筑材料节能管理、散装水泥推广等工作。

（七）承担煤炭和非煤矿山安全生产监督管理责任，负责煤炭工业生产管理和非煤矿山行业管理工作；负责煤炭固定资产投资规划和年度计划规模内有关技术改造投资年度计划编制工作，衔接平衡煤炭重点企业发展规划和生产建设计划；编制和实施年度煤炭计划，协调煤炭生产和安全管理中的重大问题；指导检查非煤矿山标准化建设和安全生产管理工作。

（八）拟订并组织实施煤电运等要素保障的政策措施，协调重要物资的紧急调度和综合运输；承担电力工业管理与运行监测工作，监督指导电力调度，指导电力生产安全管理，协调电力生产的重大问题；负责全省盐业行政管理和省级医药储备管理。

（九）负责中小企业和非公有制经济发展的宏观指导，拟订促进中小企业和非公有制经济创业创新的政策措施，协调解决有关重大问题。

（十）统筹推进全省信息化工作，组织拟订相关政策措施并协调信息化建设中的重大问题，促进通信网、广播电视网和计算机网融合发展，指导协调电子政务发展，推动跨行业、跨部门的互联互通和重要信息资源的开发利用、共享。

（十一）承担信息安全管理的责任，指导和监督政府部门、重点行业的重要信息安全系统与基础信息网络的安全保障工作，协调全省信息安全保障体系建设，指导信息安全防范工作；协调处理网络与信息安全重大事件。

（十二）负责无线电频率资源管理，依法监督管理无线电台（站）；负责无线电监测、检测和干扰查处，维护空中电波秩序；协调军地无线电管理相关事宜，协调处理无线电干扰事宜，依法组织实施无线电管制。

（十三）承办省政府交办的其他事项。

根据上述职责，省经济和信息化委员会内设机构：办公室综合处规划处产业处技改处科技处经济运行局中小企业局企业服务处民企合作发展处节能处运输处原材料处信息化推进处电子信息处信息资源处软件处信息安全处无线电处安全生产处装备处项目督查办电力处消费品处财务处人教处煤炭办非煤办监察室离退休局机关党委

二、省经信委主要负责人：

党组书记、主任牛弩韬

党组副书记、副主任张德山

委办公室电话：0551－2871726、2871122

作为委内设机构安徽省经济和信息化委员会中小企业局，由原省经委中小企业局和创业指导处合并组建。其主要职能：会同有关方面拟订促进中小企业发展、全民创业和非公有制经济发展的政策措施；拟订改善中小企业融资环境的政策建议，协调解决有关重大问题；指导中小企业和非公有制经济创业、创新，推动建立完善中小企业社会化服务体

系；承担省发展非公有制经济推进全民创业领导小组办公室和企业服务处的日常工作。

分管副主任：王春生

中心企业局局长（副厅级）：陈冬克

中心企业局常务副局长（正处级）：刘成全

企业服务处处长：刘成全（兼）

联系电话：0551－2871126、2871701

福建省经济贸易委员会

一、主要职责：

（一）贯彻执行国家新型工业化发展战略和政策；贯彻执行国家工商领域法律法规和产业政策；起草并组织实施我省有关工业、内贸方面的地方性法规、政府规章；拟订并组织实施全省工业、内贸方面的规划、计划、导向目录等政策措施，推动产业结构调整和优化布局；牵头拟订并组织实施现代物流产业发展战略和规划；参与拟订全省国民经济和社会发展战略、中长期规划和年度计划。

（二）负责监测分析工业、内贸运行态势，并发布相关信息；拟订并组织实施工业、内贸运行调控目标、政策和措施；协调解决经济运行中的有关问题；建立并组织实施重点行业、重点企业、重点产品运行调度机制和经济运行应急调度机制；拟订并组织实施全省重点支农产品、重要工业品、重要生产原材料等的调控方案；牵头协调各种交通运输方式；建立工业企业服务机制。

（三）负责组织实施我省产业结构调整和优化升级；负责提出工商领域固定资产投资方向；按规定负责管理工商领域企业投资项目；拟订并组织实施工商领域企业投资项目利用政府资金的政策和使用管理办法；指导、协调我省工业企业与央属企业合作；指导、协调闽台产业对接有关工作；拟订产业集群建设发展意见和政策措施，按规定统筹、规划、指导、协调全省工业产业园区建设。

（四）负责能源行业管理；负责监测分析能源运行情况并发布能源信息；衔接能源生产和供需平衡，协调解决能源运行中的重大问题；培育和监管能源市场；提出能源价格调整建议；负责煤炭等能源产品的应急保障工作；负责全省电网运行与调度管理；依法负责全省发电企业并网运行条件审查。

（五）负责节能监督管理工作；组织协调、监督管理循环经济发展工作；组织协调清洁生产促进工作；指导资源综合开发和合理利用。

（六）负责原材料工业、装备工业、消费品工业、国防科技工业（不含军工电子产品）及民爆器材等行业管理工作；拟订并组织实施行业技术规范和标准；指导行业质量和品牌工作；协调解决行业运行发展中的重大问题；按规定负责盐业行政管理；依法归口负责农药、民爆等工业产品生产、经营许可证的发放和管理；依法管理稀土资源综合开发和合理利用。

（七）负责研究流通体制改革并提出建议；负责推动流通产业结构调整和连锁经营、物流配送、电子商务等现代流通方式的发展；负责培育发展城乡市场；承担有关商贸服务业和典当业、融资租赁业的行业管理；负责建立健全生活必需品市场应急管理机制；负责组织实施主要消费品、应急商品市场调控和重要生产资料流通管理；负责全省城市副食品生产基地建设和生猪储备管理工作；负责畜禽屠宰、酒类流通、成品油流通的监督管理；负责牵头协调全省整顿和规范市场经济秩序和社会信用体系建设工作，推动商务领域信用建设；负责食品安全综合协调工作和省食品安全委员会的日常工作。

（八）负责指导和服务中小企业；牵头拟订促进中小企业发展的政策措施；负责建立和完善中小企业服务体系和融资担保体系；负责指导、推动创业投资业发展；引导和支持企业提升经营管理水平；指导推动企业信用体系建设；负责指导和服务全省乡镇企业的有关工作；依法指导企业法律顾问工作。

（九）负责拟订并组织实施企业技术创新的政策措施；指导引进重大技术装备的消化创新；承担指导协调企业技术创新公共服务平台建设有关工作；指导和推动产学研联合，组织实施重大产业示范工程；会同有关部门统筹、规划、协调工业化和信息化的融合工作。

（十）组织开展省际、区际间的区域性横向经济技术协作活动；指导协调省际、省内、区域、企业的经济技术协作；联系外省政府驻闽办事机构；承担省政府有关对口支援工作。

（十一）负责组织协调有关部门做好支前工作，承担省国防动员委员会支前办公室的具体工作。

（十二）承办省委、省政府交办的其他事项。

二、处室设置

25 个内设机构

（1）办公室

（2）综合处

（3）政策法规处（省减轻企业负担办公室）

（4）计划财务处

（5）投资和规划处

（6）产业协调处

（7）技术进步处

（8）企业处

（9）中小企业处

（10）能源处

（11）环境和资源综合利用处

（12）商贸管理和市场体系建设处

（13）市场运行调节处（省副食品基地办公室）

（14）市场秩序处

（15）装备工业处（省国防科技工业办公室）

（16）原材料处（省履行禁止化学武器公约事务办公室、省稀土办公室）

（17）消费品工业处

（18）经济技术协作处（省政府对口支援办公室）

（19）支前工作处

（20）食品安全工作处

（21）人事处

（22）机关党委

（23）离退休干部工作处
（24）经济运行局
（25）监察室

三、领导班子成员名单

周联清　省经贸委党组书记、主任；省国资委党组副书记、主任
卢增荣　省经贸委党组副书记、副主任；省信息化局党组书记、局长
陈炎生　省经贸委党组副书记、副主任；省安监局党组书记、局长；省煤监局党组书记、局长
钟安平　省经贸委党组副书记、副主任（正厅级）、省支前办主任
郭恒明　省经贸委党组成员、副主任（正厅长级）兼省经济技术协作办公室主任
曹建平　省经贸委党组成员、副主任
李长根　省经贸委党组成员、省纪委驻省经贸委纪检组长
郑李亭　省经贸委党组成员、副主任
徐铁骏　省经贸委党组成员、副主任
吴秉成　省经贸委党组成员、副主任
艾来提．木合买提　福建省经贸委党组成员、副主任（挂职）
唐亚非　省经贸委党组成员、总工程师
胡渡南　省经贸委巡视员
王　怡　省经贸委副巡视员

四、对外联络方式及网址

办公地点：福建省政府大院8号楼二、三、四层
通讯地址：福州市华林路76号
邮　　编：350003
传真/电话：0591－87857032/87833668
87832776
网　　址：www. fjetc. gov. cn

江西省中小企业局

根据《中共江西省委江西省人民政府关于印发〈江西省人民政府机构改革实施方案〉的通知》（赣发〔2009〕5号），保留江西省中小企业局，为省工业和信息化委员会管理的副厅级行政机构。

一、主要职责

（一）在全省经济社会发展总体规划的框架内，制定全省中小企业和非公有制经济发展规划，指导全省中小企业发展，会同有关部门拟订促进中小企业和非公有制经济发展的相关政策和措施，监测分析全省中小企业和非公有制经济运行态势，进行预测预警和信息引导，协调解决运行发展中的有关问题并提出政策建议，负责中小企业成长工程和国家扶持中小企业发展专项资金项目的组织实施，承担省促进非公有制经济发展领导小组办公室的工作。

（二）在全省经济社会发展总体规划的框架内，拟订并组织实施工业园区发展规划，提出促进工业园区发展的法规、规章和政策建议，负责组织、指导特色产业园区、生态工业园区及数字化园区建设，负责对全省工业园区的分类管理、经济运行分析，承担省工业园区工作领导小组办公室的工作。

（三）负责指导和推动中小企业信用担保体系建设。负责对中小企业信用担保机构设立的前期审核、日常业务监管工作。提出改善中小企业、非公有制企业融资环境的政策措施建议，促进建立和拓宽企业融资渠道，协调解决企业融资有关问题，承担省中小企业信用担保指导协调小组办公室的工作。

（四）承办省人民政府交办的其他事项；承办省工业和信息化委员会交办的其他事项。

二、内设机构

根据上述职责，省中小企业局内设6个职能处室（正处级）。

（一）办公室。负责文电、会务、机要、档案等机关日常运转工作；承担信息、安全、保密、信访、政务公开、机关财务管理等工作。

（二）工业园区处。拟订全省工业园区发展规划；监测分析工业园区运行态势；提出促进工业园区发展法规、政策及措施的初步建议；具体承担工业园区的组织、协调和服务以及省工业园区工作领导小组办公室的日常工作。

（三）非公有制经济处。监测分析全省非公有制经济发展态势；提出促进非公有制经济发展的政策措施建议；指导非公有制企业加强管理；承担小企业创业基地建设和省促进非公有制经济发展领导小组办公室的日常工作。

（四）信用担保处。负责对中小企业信用担保机构设立的前期审核、日常业务监管工作，协调解决中小企业融资问题和处置风险，提出改善中小企业融资环境的政策建议；承担省中小企业信用担保指导协调小组办公室的日常工作。

（五）企业发展指导处。负责全省中小企业的综合协调、指导服务和经济运行分析，提出发展规划和政策措施建议；承担中小企业成长工程的具体实施、服务体系建设工作。

（六）人事处。负责机关及直属单位的人事管理、机构编制及机关离退休人员管理；指导中小企业教育培训及队伍建设等工作。

机关党委。负责机关和直属单位的党群工作。

三、人员编制

省中小企业局机关行政编制34名。其中，领导职数：局长1名、副局长3名；正处级7名、副处级5名。

处级纪检员（监察员）1名。

四、领导班子成员名单

党组书记、局长吴治云
党组成员、副巡视员李文美
党组成员、副局长李增学
党组成员、副局长万俊明
党组成员、副局长涂赞洁

五、对外联系方式及网址

办公地点：南昌市省府大院北二路92号
邮政编码：330046
办公电话：0791－6212771
网址：http：//www. jx968969. cn

山东省中小企业局（乡镇企业局）

一、机构概况

根据《中共山东省委、山东省人民政府关于山东省人民政府机构改革实施意见》（鲁发［2000］9号），在省经济贸易委员会内设立山东省中小企业办公室，同时挂山东省乡镇企业办公室牌子，负责全省乡镇企业、个体私营企业的规划、指导、协调、服务工作。2012 年 12 月，山东省中小企业办公室（挂山东省乡镇企业办公室牌子）更名为山东省中小企业局（挂山东省乡镇企业局牌子）。

二、主要职责

（一）贯彻国家有关发展中小企业的方针、政策和法律法规，研究提出全省中小企业的发展战略、规划和政策法规，会同有关部门监督实施。

（二）根据国家的产业政策，指导中小企业合理布局和产业、产品结构调整，提高产品质量和经营管理水平。

（三）指导中小企业体制改革，对全省中小企业发展中的重大问题提出政策建议。

（四）指导全省个体私营经济的发展，研究拟定有关发展规划、鼓励政策和管理办法。

（五）指导中小企业的财务会计、内部审计、质量、安全、环境保护、资产管理和资产评估等工作；组织指导中小企业对外经济技术交流与合作，协调和指导中小企业利用外资和出口创汇工作。

（六）负责全省中小企业统计工作；研究掌握中小企业的生产动态，汇集、分析和发布有关经济技术信息，提供信息咨询服务。

（七）组织指导中小企业的科技进步和技术创新，负责乡镇企业技术改造项目审核申报工作；指导中小企业的职工教育培训工作。

（八）组织指导直属企事业单位的改革，推动直属事业单位逐步走向社会、进入市场；组织实施机关人员分流工作。

（九）承办省经济贸易委员会交办的其他事项。

三、领导班子成员名单

分党组书记、局长：刘新风

分党组成员、副局长：徐田军

分党组成员、副局长：邢亚民

对外联络方式：0531－82037297

河南省工业和信息化厅中小企业服务局

一、主要职责

根据《河南省人民政府办公厅关于印发河南省工业和信息化厅主要职责内设机构和人员编制规定的通知》（豫政办〔2009〕115 号）规定，省工业和信息化厅中小企业服务局负责中小企业发展的宏观指导，会同有关方面拟订促进中小企业发展和非公经济发展的相关政策和措施；推动完善中小企业创业辅导、信用担保等社会化服务体系；提出中小企业发展专项资金安排建议；协调解决有关重大事项。

（一）贯彻落实国家发展中小企业、非公经济的法律、法规和政策；拟订并组织实施促进全省中小企业、非公经济发展的地方性法规、规章和政策，监督检查执行情况，优化企业发展环境。

（二）负责中小企业、非公经济的宏观指导、综合协调和服务；协调解决发展中的重大问题。

（三）引导中小企业转变发展方式，推动中小企业、非公经济产业和产品的结构调整；提出产业集群发展战略及政策措施。

（四）负责中小企业专项资金项目的推荐、申报和审定工作。

（五）指导中小企业改革，促进制度和管理创新；促进中小企业加强经营管理，提高经营者素质。

（六）指导中小企业开展科技进步、新产品开发，提出中小企业技术创新政策措施，建立健全中小企业技术创新支持体系；组织实施中小企业技术改造；指导中小企业公共技术平台建设。

（七）拟订改善中小企业、非公经济融资环境的政策措施，协调中小企业、非公经济享受政府贴息贷款政策的落实；引导和推动民间资本、风险投资机构和金融机构投资中小企业、非公经济；推进中小企业、非公经济信用制度建设，推动和规范中小企业信用担保行业和小额贷款公司发展。

（八）指导中小企业、非公经济服务体系建设；建立和完善创业辅导体系，改善创业环境，组织实施中小企业的人才培训工作；引导各类社会中介机构为中小企业、非公经济提供服务。

（九）指导中小企业开拓市场；协调落实中小企业获得政府采购份额的有关工作。

（十）承办省工业和信息化厅领导交办的其他事项。

二、处室设置

根据上述职责，中小企业服务局设 2 个处：发展指导处、融资担保处

三、领导班子成员名单

沈超　省工业和信息化厅党组成员、中小企业服务局局长负责中小企业服务局工作。

鞠亚　中小企业服务局副局长兼任发展指导处处长。

张树岭　中小企业服务局副局长兼任融资担保处处长。

四、对外联系方式及网址

发展指导处：

联系电话：0371－65507621　65507565

传真：0371－65507615　65507565

融资担保处：

联系电话：0371－65507631（传真）

通讯地址：郑州市花园路 144 号信息大厦

邮码：4500C8

网址：http：//www. iitha. gov. cn/

湖北省经济和信息化委员会

一、主要职责

（一）贯彻落实国家和省关于新型工业化和信息化的方针、政策和法规，拟订相关地方性法规、政府规章；提出新型工业化发展战略和政策建议，协调解决新型工业化进程中的重大问题，推进信息化和工业化融合。

（二）拟订并组织实施工业行业规划、计划和产业政策，提出优化产业布局、结构的政策建议，拟订行业技术规范和标准并组织实施，指导行业质量管理工作，负责企业负担监督工作。

（三）监测分析工业经济运行态势，进行预测预警和信息引导，协调解决行业运行发展中的有关问题并提出政策建议；组织重要物资的紧急调度和参与紧急运输协调工作，协调日常经济运行中的突出和重大问题；负责工业应急管理、产业安全和国防动员有关工作。

（四）负责提出工业和信息化固定资产投资规模和方向的意见，按省政府规定权限审核、批准省政府规划内和年度计划内固定资产投资项目。

（五）承担振兴装备制造业组织协调的责任；依托国家和省重点工程建设协调有关重大专项的实施，推进重大技术装备国产化，指导引进重大技术装备的消化创新。

（六）主管电力行政工作；负责编制全省年度电力电量平衡计划并组织实施；履行《电力法》授予的电力监督检查权和行政执法权。

（七）提出企业技术进步政策的建议，组织推动企业技术改造、技术创新；推进产学研结合，促进相关科研成果产业化，推动软件服务业和新兴产业发展。

（八）组织拟订县域经济发展规划和政策，指导县域培育发展特色产业和产业集群；监测分析县域经济发展动态，协调解决县域经济发展中的重大问题；负责县域经济目标考核工作。

（九）负责中小企业发展的宏观指导，会同有关部门拟订促进中小企业发展和非公有制经济发展的相关政策和措施，推进中小企业服务体系建设，协调解决有关重大问题；负责编制中小企业发展资金使用计划和中小企业统计工作。

（十）拟订并组织实施工业能源节约和资源综合利用、清洁生产促进政策，参与拟订能源节约和资源综合利用、清洁生产促进规划，组织协调相关重大示范工程和新产品、新技术、新设备、新材料的推广应用。

（十一）负责机械、汽车、石化、信息、轻工、纺织、冶金、建材、磷化、盐业、食品、医药、煤炭、包装等工业行业管理和医药储备管理，指导相关行业加强安全生产管理；承担省履行《禁止化学武器公约》工作领导小组的日常工作。

（十二）统筹推进信息化工作，拟订信息化发展战略、政策；负责信息化建设的统一规划、组织协调和监督管理；指导和促进信息技术在国民经济和社会各领域的推广应用；负责规划和组织电子政务建设，协调电子商务发展，协调推动跨地区、跨行业、跨部门的互联互通和重要资源的开发利用、共享；承担省信息化领导小组、省电子政务工作领导小组的日常工作。

（十三）负责协调维护信息安全和网络与信息安全保障体系建设；指导监督政府部门、重点行业的重要信息系统与基础信息网络的安全保障工作；协调处理网络与信息安全的重大事件；承担省网络与信息安全协调小组的日常工作。

（十四）拟订并组织实施信息资源开发利用和信息基础设施建设中长期规划和年度计划，参与制定相关的支持政策；协调推进通信、广播电视和计算机网络融合发展，跟踪推进信息基础设施重大项目建设；协调通信市场涉及社会公共利益的重大事宜。

（十五）负责无线电和电子电器产品维修行业管理工作。

（十六）为大企业提供“直通车”服务，承担省大企业“直通车”服务领导小组的日常工作。

（十七）承办上级交办的其他事项。

二、处室设置

（一）办公室（财务处）
（二）政策法规处（企业负担监督办公室）
（三）规划和技术改造处
（四）产业政策处
（五）科学技术处
（六）经济运行处
（七）中小企业发展处
（八）融资担保服务处
（九）节能与综合利用处
（十）县域经济处
（十一）运输协调处
（十二）电力处
（十三）煤炭管理处
（十四）机械汽车产业处
（十五）重化产业处
（十六）轻工纺织产业处
（十七）医药产业处
（十八）电子信息产业处
（十九）软件和信息服务业处
（二十）信息化推进处
（二十一）电子政务处
（二十二）信息安全协调和基础设施管理处
（二十三）对外经济合作处
（二十四）人事处
（二十五）机关党委
（二十六）监察室
（二十七）离退休干部工作办公室

三、对外联系方式

地址：湖北省武汉市武昌水果湖省委大院
邮编：430071
电话：027—87233838
网址：http：//www.hbeitc.gov.cn

湖南省经济和信息化委员会内设中小企业局

一、主要职责：

承担中小企业的综合管理、指导、协调和服务工作；研究提出促进全省中小企业和非公有制经济发展的政策措施；拟订中小企业发展战略、中长期发展规划和年度计划并组织实施；监测与分析中小企业、非公有制经济的运行；拟订鼓励创业政策、措施并抓好落实，指导创业基地建设，推动创业工作；指导县域工业经济发展；指导中小企业工业园区建设；负责中小企业社会化服务体系建设；做好中小企业融资和融资担保的服务于协调工作；拟订政府重点扶持中小企业的项目及资金投入方向，会同有关部门管理中小企业发展专项资金；指导中小企业法律援助工作，维护中小企业合法权益；指导全省非公有制经济的发展；承担非公有制经济工作领导小组办公室和中小企业发展工作领导小组办公室的日常工作。

二、中小企业局下设处室：

发展促进处

服务指导处

融资服务处

三、中小企业局领导名单：

中小企业局局长　　黄学工

中小企业局副局长　黄朱向

中小企业局副局长　谢应钦

四、对外联系方式及网址：

电话：0731－8895551

网址：www.hnjxw.gov.cn

广东省中小企业局（广东省民营经济发展服务局）

根据广东省人民政府办公厅于2009年9月11日印发的《广东省经济和信息化委员长会（广东省国防科学技术工业办公室）主要职责内设机构和人员编制规定的通知》（粤府办［2010］101号），在广东省经济和信息化委员会内设副厅级机构——广东省中小企业局。根据广东省机构编制委员会办公室于12月21日印发的《关于设立广东省民营经济发展服务局的函》（粤机编办［2010］284号），同意设立广东省民营经济发展服务局，与广东省中小企业局合署办公。

一、职责。贯彻实施国家有关中小企业的政策、法规，协调相关部门对中小企业进行指导和服务；提出促进中小企业发展的政策措施，协调解决有关重大问题；指导中小企业改革与创新，推进中小企业服务体系建设和担保体系建设；指导创业基地建设；指导中小企业与大企业协作配套发展；指导中小企业提高自主创新能力，促进产学研结合、产业结构和产品结构优化调整；推动中小企业信用担保行业发展。

二、内设处室。广东省中小企业局内设三个处，分别是改革发展处、服务与指导处、技术进步处。

三、领导班子成员名单。

局长：张文献（广东省经济和信息化委员会党组成员、省中小企业局、民营经济发展服务局局长）

副局长：蔡锦洲、官维平、何佐贤

改革发展处处长：陈慧君

服务与指导处处长：朱晓东

技术进步处处长：孟辉

四、对外联系方式

改革发展处

联系电话：020－83133334；传真：83133308

服务与指导处

联系电话：020－83135852；传真：83135859

技术进步处

联系电话：020－83135986；传真：83135851

网址：

1. 广东省经济和信息化委员会
   www.gdei.gov.cn
2. 广东省中小企业信息网
   www.gdsme.com.cn
3. 广东民企之窗
   www.gdmq.gov.cn

广西壮族自治区工业和信息化委员会（中小企业局）

根据《广西壮族自治区人民政府办公厅关于印发广西壮族自治区工业和信息化委员会主要职责内设机构和人员编制规定的通知》（桂政办发〔2010〕173号）文件精神，广西壮族自治区中小企业的行政管理部门为广西壮族自治区工业和信息化委员会，增挂自治区中小企业局和自治区乡镇企业局牌子。

一、工信委主要职责

（一）提出全区新型工业化发展战略和政策，协调解决新型工业化进程中的重大问题，拟订并组织实施全区工业、信息化的发展规划，推进产业结构战略性调整和优化升级，推进信息化和工业化融合发展。

（二）拟订并组织实施全区工业、信息化的行业规划、计划和产业政策，提出优化产业布局、结构调整的政策建议，研究起草相关地方性法规、规章草案，组织实施行业技术规范和标准，指导行业质量管理工作。

（三）监测、分析全区工业和信息化相关产业运行态势，统计并发布相关信息，进行预测预警和信息引导，协调解决行业运行发展中的有关问题并提出政策建议，建立煤、电、油等重要物资的运行调控机制并组织实施；负责工业和信息化相关行业应急管理、产业安全和国防动员有关工作。

（四）负责提出工业和信息化固定资产投资规模和方向（含利用外资和境外投资）、财政性建设资金安排的意见，负责全区工业和信息化相关产业投资的组织实施，按规定权限审批、核准和备案规划内和年度计划规模内固定资产投资项目及节能项目评估，指导工业和信息化投资项目的招标管理工作。

（五）拟订高技术产业中涉及生物医药、新材料、信息产业等的规划、政策并组织实施，指导行业技术创新和技术进步，以先进适用技术改造提升传统产业，组织实施有关国家和自治区科技重大专项，推进相关科研成果产业化；推动软件业、信息服务业和新兴产业发展。

（六）承担振兴全区装备制造业组织协调的责任，组织拟订技术装备发展和自主创新规划、政策，依托国家和自治区重点工程建设协调有关重大专项的实施，推进重大技术装备国产化；指导引进技术装备的消化创新。

（七）拟订并组织实施全区工业和信息化相关产业的能源节约、资源综合利用、清洁生产、循环经济规划和促进政策；组织协调相关重大示范工程和新产品、新技术、新设备、新材料及散装水泥的推广应用。

（八）推进工业和信息化相关行业体制改革和管理创新，提高行业综合素质和核心竞争力，指导相关行业加强安全生产管理。

（九）负责全区中小企业、乡镇企业发展的宏观指导，会同有关部门拟订促进中小企业、乡镇企业以及非国有制经济发展的相关政策和措施，协调解决有关重大问题；推进农产品加工业发展；负责组织协调减轻企业负担工作。

（十）统筹推进全区信息化工作，拟订相关政策并协调信息化建设中的重大问题，促进电信、广播电视和计算机网络融合，指导协调电子政务发展，推动跨行业、跨部门的互联互通和重要信息资源的开发利用、共享。

（十一）依法统一配置和管理无线电频谱资源、依法监督管理无线电台（站），负责无线电发射设备的管理，协调处理军地无线电管理相关事宜，负责无线电监测、检测、干扰查处，维护空中电波秩序，依法组织实施无线电管制。

（十二）承担相关信息安全管理的责任。负责协调全区信息安全和信息安全保障体系建设，指导监督政府部门、重点行业的重要信息系统与基础信息网络的安全保障工作，协调处理网络与信息安全的重大事件。

（十三）负责全区工业和信息化相关行业的管理工作，研究提出电力工业发展建议，负责全区茧丝绸管理工作，负责电力、煤炭、石油天燃气的工业行业管理，负责无线电管理执法监管工作，负责全区铁路、公路、水路、航空、邮电年度运输和生产的综合协调。

（十四）负责全区国防科技工业的综合协调和管理，承担全区国防科技工业、民用船舶工业、盐业行业的管理，负责民用爆破器材生产、经销的安全生产监督管理，负责拟订烟花爆竹行业规划和有关标准、规范，承担国家国防科技工业局和各军工部门需要地方政府办理的业务，联系自治区二轻城镇集体工业联合社。

（十五）负责全区工业园区管理，牵头研究拟订全区工业园区的布局规划和发展规划，组织拟订全区工业园区管理办法和奖惩措施并组织实施，指导、协调、督促工业园区建设，指导全区承接产业转移工作。

（十六）承办自治区人民政府交办的其他事项。

二、内设机构

办公室、政策法规处、综合处、规划处、科技处、投资处、经济运行处、中小企业发展处、节能与循环经济处、能源处、原材料工业处、装备工业处、轻纺工业处、食品医药工业处、自治区国防科学技术工业办公室、工业园区处、电子信息和软件处、信息化推进处、信息安全协调处、人事处、教育培训处等职能处室。其中，中小企业发展处具体负责对全区中小企业、民营企业发展实行宏观指导和管理。

三、领导班子成员名单

委党组书记、主任：束华

委党组成员、副主任：李万富、蓝红星、潘峰、邱东、侯刚、戴翔

委党组成员、总工程师：陈清

委党组成员、纪检组长：张慧

巡视员：汪春伟

副巡视员：王萍、康润生、崔工伟

四、对外联系方式

地　　址：广西南宁市民族大道 113 号工信大厦

联系电话：0771－8095219、8095050（委办公室）

传　　真：0771－2800166（委传真室）

邮　　编：530028。

网　　址：http：//www. gxgxw. gov. cn

中小企业发展处

联系电话：0771－8095252

传　　真：8095070

地　　址：南宁市民族大道 113 号工信大厦

邮　　编：530028。

Email：xqjgx@163. com

海南省工业和信息化厅中小企业处（海南省中小企业局）

经省政府批准，2006 年 7 月，省级中小企业行政管理职能明确归口于海南省工业经济与信息产业局，2009 年 7 月，海南省中小企业局（正处级）正式挂牌成立，职能隶属海南省工业和信息化厅，核定编制 5 人。

一、主要职责

承担全省中小企业发展的宏观指导，会同有关方面拟订并组织实施促进中小企业和非国有经济发展的相关政策措施；指导和推动全省中小企业的对外交流合作；推动建立完善服务体系；协调解决全省中小企业和非国有经济发展中出现的有关重大问题。

二、成员名单

海南省中小企业管理机构为海南省工业和信息

化厅，业务处室为中小企业处（海南省中小企业局）。联系方式为：

网址：www. iitb. hainan. gov. cn

领导：韩勇厅长

廖强副厅长

海南省中小企业局人员、分工和联系方式：

序号	姓名	性别	职务	承办业务工作	电话
1	陈雄涛	男	局长	主持全面工作	0898－65306160
2	蔡胤彦	女	副局长	分管中小企业专项资金、中小企业融资担保等工作	0898－65357884
3	符亚宁	男	调研员	主办中小企业专项资金业务、重点项目跟踪等工作	0898－65357230
4	吴才武	男	副调研员	主办中小企业培训、信息平台管理等工作	0898－65362210
5	鄱晋晓	女	副主任科员	主办法规文秘、外协展览、信息联络、综合等工作	0898－65357230
6	张婷婷	女	副主任科员	主办法规文秘、外协展览、信息联络、综合等工作	0898－65357230

重庆市中小企业发展指导局

重庆市中小企业发展指导局，简称重庆市中小企业局。另挂：重庆市乡镇企业局、重庆市非公有制经济发展领导小组办公室两块牌子。实行三块牌子一套班子的管理体制。

一、主要职责

贯彻执行有关中小企业、乡镇企业发展的法律、法规、规章和方针政策；起草相关地方性法规、规章和政策并组织实施；负责拟订全市中小企业、乡镇企业的发展战略、规划和年度指导性计划并组织实施；承担全市中小企业、乡镇企业统计分析、预测监测的责任，提出近期调控目标、政策和措施；协调解决运行中的重大问题；指导中小企业、乡镇企业建立现代企业制度以及投资方向、产业和产品结构的调整；负责推进全市都市工业园（楼宇）建设；负责小企业创业基地建设；指导中小企业的特色产业集群建设；负责国家和市对中小企业专项扶持资金项目的管理，协调有关专项资金的组织和安排；指导中小企业、乡镇企业的科技创新、人才建设和信息化建设；指导和规范中小企业社会化服务体系建设，组织、协调行业协会和社会化服务机构向中小企业、乡镇企业提供服务；负责全市农产品加工业的发展并承担相应责任；负责三峡库区淹没工矿企业的关闭、破产和迁建及结构调整工作；承担重庆市三峡库区淹没工矿企业结构调整办公室工作；指导中小企业开展国内外经济技术合作交流及市场开拓工作，指导协调区县（自治县）开展中小企业招商引资工作；负责指导全市中小企业、乡镇企业的融资工作，参与信用担保体系建设；负责中小企业、民营企业的维权投诉工作，依法维护其合法权益；负责协调减轻中小企业、乡镇企业负担工作并承担相应责任；承担重庆市非公有制经济发展领导小组办公室的日常工作；承办市政府交办的其他事项。

二、领导班成员名单及人员编制

局党组书记、局长马发骧，局党组成员副局长谢卫东、马其昌、周奎，副局长王任林，局党组成员、局长助理朱建，纪检组组长呙生泽，副巡视员刘大文。

机关行政编制为64名。其中：局长1名、副局长4名，处级领导职数20名（含机关党委专职副书记1名、离退休人员工作处领导职数1名）。纪检组长和机关党委书记按市委有关规定配备。机关后勤服务人员事业编制为6名。

三、内设机构名称及负责人名单

（一）办公室。主任：刘群生；副主任：黄长宝、徐新意。

（二）经济运行处。副处长：石少林。

（三）产业发展处（三峡库区淹没工矿企业结构调整办公室）。处长：冯庄；副处长：彭光荣、陶世坤。

（四）对外经济合作处。处长：郭平；副处长：付宗伦

（五）政策法规处（重庆市人民政府民营企业维权投诉中心）。处长：廖冰；副处长：张云波。

（六）融资服务处（发展基金管理办公室）。处长：代修超；副处长：敬儆。

（七）科技处。处长：将纪群；副处长：刘洪林。

（八）人事教育处（引进智力工作办公室）。处长：魏学林。

（九）机关党委。专职副书记：王晓龙。

（十）离退休人员工作处。处长：向旭。

（十一）监查室。副主任：彭东志。

四、对外联系方式及网址

联系电话：023－67638766

联系人：刘群生

单位地址：重庆市江北区红黄路九号

邮编：400020

网址：http：//www. cqsme. com/

贵州省民营经济发展局（贵州省中小企业局）

一、主要职责

履行全省民营经济、中小企业发展工作管理、

协调和服务职责。贯彻落实国家和省有关推动民营经济、中小企业发展的法律法规及政策，对民营经济、中小企业实行宏观管理和指导；制定全省民营经济、中小企业发展战略规划；提出对民营经济、中小企业的扶持政策及配套措施；对民营经济、中小企业发展有关政策、法规执行情况进行监督；推进民营经济、中小企业信用体系建设；负责信用担保、融资性担保、小额贷款等行业的管理和指导；管理和使用国家和省财政下拨的中小企业发展专项资金；探索对民营经济高科技项目股权投资和管理模式的有效途径；负责和指导建立、健全全省民营经济、中小企业服务体系；协调和指导全省各类为民营经济、中小企业服务中介组织的工作；组织和指导全省民营经济、中小企业开展对外交流合作；负责全省旅游商品产业推进工作；负责“多彩贵州旅游商品设计大赛、能工巧匠选拔大赛和旅游商品展销大会”省组委会办公室工作；承担全省非公有制经济、中小企业发展工作联席会议办公室工作。局长由省经信委党组成员、副主任龙超亚同志兼任。

二、领导班子

龙超亚　贵州省经济和信息化委员会副主任、贵州省民营经济发展局（贵州省中小企业局）局长

周航　贵州省民营经济发展局（贵州省中小企业局）副局长

王庆祝　贵州省民营经济发展局（贵州省中小企业局）副局长

三、处室设置

下设民营经济处、中小企业发展处、融资服务处三个处。

（一）民营经济处

研究制定推动民营经济、中小企业发展的政策措施，协调、督促和检查民营经济、中小企业政策的贯彻落实，协调民营经济、中小企业发展中的重大问题；研究和制定全省民营经济、中小企业发展战略规划；负责对全省民营经济、中小企业运行和发展情况的统计调度分析；负责局重要报告和文件的起草工作；组织和协调综合性的调研活动；负责推动全省民营经济、中小企业社会化服务体系建设；负责民营经济、中小企业的人才培训工作；负责指导各类小企业创业基地的建立和规范；负责全省民营经济、中小企业信息化建设；协调民营经济投诉等工作；负责文秘、会务、机要、保密、督办、目标考核、行政事务及接待工作；承担全省民营经济、中小企业发展工作联席会议办公室工作。

（二）中小企业处

会同有关部门研究制定促进民营经济、中小企业发展的产业政策及投资方向；促进民营经济、中小企业技术进步和新兴产业发展；促进民营经济、中小企业集聚发展、集群发展；负责全省旅游商品产业推进工作；引导和推动民营经济、中小企业依法经营，加强企业管理，提高经营管理者素质，提高管理水平；组织和指导全省民营经济、中小企业开展对外交流与合作；促进民营经济、中小企业以创业带动就业；管理、使用国家和省级财政用于民营经济、中小企业发展的中小企业发展专项资金及对外招商引资的组织及协调工作；负责指导各类中小企业公共服务平台的建立和规范；负责“多彩贵州旅游商品设计大赛、能工巧匠选拔大赛和旅游商品展销大会”省组委会办公室工作。

（三）融资服务处

会同有关部门研究制定促进民营经济、中小企业投融资服务的政策，探索民营经济、中小企业投融资的有效途径；探索对民营经济高科技项目股权投资和管理模式的有效途径；协调金融机构建立民营经济、中小企业融资渠道，搭建融资服务平台；负责推进民营经济、中小企业信用体系建设；负责促进中小企业信用担保体系建设，会同有关方面拟订促进中小企业信用担保体系发展的相关政策和措施；负责支持中小企业信用担保机构、小额贷款公司扶持资金的管理。

四、联系方式

地点：贵州省贵阳市中华北路省政府大院5号楼
邮编：550004
电话：0851－6864035
传真：6864029
网址：http：//www.smegz.gov.cn

陕西省中小企业促进局（陕西省乡镇企业局）

根据《中共中央办公厅国务院办公厅关于印发〈陕西省人民政府机构改革方案〉的通知》（厅字〔2008〕23号），设立省中小企业促进局（省乡镇企业局），为省政府直属机构。

一、职责调整

（一）强化促进全省县域工业化的工作职责。

（二）强化协调和推进全省非公有制经济发展的职责。

二、主要职责

（一）贯彻执行国家发展中小企业、乡镇企业和非公有制经济的法律、法规和方针政策。实施产业引导、政策扶持，培植经济主体。

（二）负责拟订并组织实施全省中小企业、非公有制经济规划和县域工业化、县域工业园区发展规划。

（三）承担全省非公有制经济、民营企业的发展工作，协调解决发展中的有关问题；指导非公有制经济建立现代企业制度，推进生产要素市场化建设。

（四）负责中小企业的信息化建设；负责企业经济运行的监测、统计和分析；建立小企业的预警机制；为企业和社会提供相关的信息服务。

（五）负责全省中小企业服务体系建设，推进创业辅导、信息咨询、科技创新、信用担保、法律援助等专业服务体系建设；联系、指导相关的中介机构和社会团体。

（六）指导中小企业和非公有制经济的自主创新和技术创新，组织开展企业家培训和人才交流，促进职业经理人队伍建设；协调企业与科研教学机

构的合作，加快科技项目的产业化，增强企业自主创新能力。

（七）指导中小企业的直接融资和间接融资工作；负责中小企业信用担保业的发展和融资担保机制的建立。

（八）负责中小企业和非公有制经济招商引资与合作交流；指导企业开展对外经济技术合作，发展外向型经济。

（九）促进创业、催生小企业；依法维护中小企业和非公有制企业的合法权益。

（十）负责全省乡镇企业改革与发展的协调和服务工作。

（十一）承办省政府交办的其他事项。

三、内设机构

根据上述职责，省中小企业促进局（省乡镇企业局）设9个内设机构：

（一）办公室：负责局机关的综合协调、制度建设、机要保密、文秘档案、信访接待、安全保卫等工作；负责机关和直属单位的财务、资产管理等行政事务工作；负责重要工作的督办；承办有关会议组织工作。

（二）政策法规处：负责起草有关中小企业和非公有制经济的地方性法规、政府规章草案和综合性、政策性重要文件；监督检查相关法律、法规、规章和政策的贯彻落实情况；调查研究企业发展问题，提出政策建议和措施；承担行政复议和行政应诉工作；组织开展法制教育，提供政策法规咨询服务；负责对外宣传和新闻发布工作。

（三）人事处：负责局机关及直属单位的机构编制、人事管理工作；承担局党组管理的领导班子考核和领导干部选拔任用等具体工作；承担中小企业、非公有制企业人才培训、专业技术职称的评审和职业经理人队伍建设工作。

（四）发展规划处：研究拟订中小企业、非公有制经济中长期发展规划和年度计划；扶持、发展龙头企业，带动和推进产业结构调整；负责中小企业、乡镇企业和非公有制经济专项资金的安排、监督管理，负责有关固定资产投资和基本建设项目的协调和促进工作。

（五）企业经济运行处：负责中小企业、乡镇企业和非公有制经济的统计与信息化工作；动态监测并分析研究企业经济运行情况，负责小企业预警机制的建立和完善；指导统计、信息服务体系的建设，拟订统计制度并监督检查其执行情况；负责中小企业、乡镇企业和非公有制经济运行情况的汇总、分析和发布。

（六）县域工业处：负责拟订全省县域工业园区发展规划并组织实施；指导产业集群的发展和工业园区的建设；建立完善工业园区的协调管理机制，承担省县域工业园区建设领导小组办公室的日常工作；指导企业开展国内外经济技术交流与合作；推介招商引资项目。

（七）非公经济发展处：拟订全省非公有制经济的发展战略和发展规划；提出全省发展非公有制经济目标责任考核工作的意见和措施；承担有关先进评选、表彰的组织工作；指导企业的改革、改制、改组工作；建立企业维权工作机制，依法维护企业和企业家的合法权益；承担省促进非公有制经济发展联席会议办公室的日常工作。

（八）创业与技术创新处：负责创业与企业科技创新服务体系的建设；指导企业的技术创新工作；组织企业品牌建设，增强企业产品的竞争力；指导服务创业与催生小企业工作；负责农产品加工业发展，促进农业产业化经营；指导乡镇企业的改革与发展。

（九）融资服务处：改善中小企业和非公有制企业的融资环境，组织指导中小企业直接融资和间接融资，建立企业与金融机构、担保机构的信贷合作机制；负责中小企业信用担保服务体系建设；推动和引导民间资本和风险投资机构与企业合作。

机关党委负责机关和所属单位的党群工作。

离退休人员服务管理处负责机关离退休人员服务管理工作，指导所属单位离退休人员服务管理工作。

纪检组、监察室按有关规定设置。

四、人员编制

省中小企业促进局（省乡镇企业局）机关行政编制50名。其中：局长1名、副局长3名，总经济师1名（副厅级），处级领导职数22名（含机关党委专职副书记1名）。

五、附则

本规定由省机构编制委员会办公室负责解释，其调整由省机构编制委员会办公室按规定程序办理。

甘肃省工业和信息化委员会（中小企业局）

一、主要职责

中小企业处

“三定方案”中规定的主要职责是：负责全省中小企业和非公有制经济发展的综合协调、指导和服务，拟订相关政策、规划并组织实施；负责中小企业社会化服务体系建设及服务机构的市场准入、资质认证等管理工作；会同有关部门负责中小企业专项资金、基金的管理使用；负责监测分析全省中小企业和非公有制经济发展动态；指导和组织企业开展招商引资。

融资服务处

“三定方案”中规定的主要职责是：拟订促进中小企业融资业务发展的政策措施，拟订融资性业务监督管理制度，会同金融机构解决融资性业务监管中的重大问题；协调金融机构建立企业融资体系，引导民间资金和风险投资机构投资中小企业；负责中小企业融资试点工作，指导中小企业产权交易、股权融资，推动中小企业发行债券和上市。

信用担保体系建设处

“三定方案”中规定的主要职责是：拟订中小企业信用担保行业的规划和政策措施并组织实施；负责审批中小企业信用担保机构设立与变更，建立完善风险补偿和防范机制；会同财政部门负责中小企业信用担保项目审核和相关扶持资金的监督管理；负责中小企业信用体系建设，建立和完善信用信息征集及评价体系，指导担保行业自律组织建设和中小企业内部信用管理制度建设。

二、处室设置

中小企业处融资服务处信用担保体系建设处

三、领导班子成员名单

分管副主任：姜义德

四、对外联系方式及网址

中小企业处：0931－8818361（电话兼传真）

网址：http：//www. gsec. gov. cn

青海省经济委员会中小企业发展局

主要职责：中小企业发展局前身为中小企业处，成立于2000年5月，从成立到2003年底，主要围绕省属国有企业结构调整和指导、促进全省中小企业改革与发展等职能开展各项工作。随着政府职能转变和机构改革的需要，2004年4月，将原省乡镇企业局相关职能划入中小企业处，成立了中小企业指导局，编制由5人扩大为8人，2008年经省编办同意更名为中小企业发展局，并挂非公有制经济服务局牌子。主要职能为：组织实施全省非公有制经济、中小企业、乡镇企业经济发展战略和中长期发展规划；起草扶持非公有制经济及中小企业、乡镇企业的法规规章和政策；提出中小企业结构调整、产业升级的指导意见，指导推动中小企业跨地区、跨行业的交流与合作；推动完善服务体系，参与中小企业发展资金的使用管理，负责乡镇企业统计工作。

领导班子：

局长：陶兴德 0971－6138763

副局长：马新洲 0971－6151750

办公室：0971－6150716（传真）

邮箱：6151750@163. com

网址：www. smeqh. gov. cn

宁夏回族自治区经济和信息化委员会中小企业处

一、主要职责

承担中小企业和非国有经济的宏观指导、综合协调和服务工作；会同有关部门拟订并组织实施促进中小企业、非国有经济发展的政策措施，引导中小企业转变发展方式，推动结构调整优化；指导中小企业开展对外经济交流与合作，承担中小企业服务体系建设，协调解决有关重大问题。

二、成员名单

自治区经济和信息化委员会主任：张作理

自治区经济和信息化委员会副主任：高重瞳（分管中小企业工作）

中小企业处：

处长：郭聿维

副处长：郑生金

副处长：张学斌

调研员：王昌明

主任科员：马莉

主任科员：马伟

副主任科员：杨阳

三、对外联系方式

电话：0951－6038459、6038526、6038921

传真：0951－6038459

地址：宁夏银川市解放西街361号区政府6楼602室

E－mail：nxzxqy@126. com

四、各市县机构设置情况

宁夏各地级市均设有工业和信息化局，其中内设中小企业科。各县、区在工业商务局和发展改革局内设置中小企业管理职能，无单独设置机构。

新疆维吾尔自治区经信委企业处（新疆维吾尔自治区中小企业局）

一、主要职责

负责对自治区各类经济成份企业的宏观指导和服务；组织推进自治区大企业大集团战略的实施；拟订促进自治区重点企业、中小企业和非国有经济发展的政策措施；监测分析各类企业发展态势，发布相关信息；引导企业转变发展方式，推动结构调整优化和管理创新；拟订促进自治区中小企业服务体系发展的政策措施，指导中小企业服务体系建设；负责推进自治区中小企业信用制度和担保体系建设，引导和规范中小企业担保行业发展；负责自治区中小企业专项资金的使用和管理；负责推进自治区企业信息化建设工作；负责促进中小企业对外交流合作，协调解决中小企业和非国有经济发展中的重大问题。

二、领导班子成员

王永明　自治区政协副主席、经信委党组书记、主任

周超　自治区经信委党组副书记、副主任（厅长级）

苏国平　自治区经信委党组副书记、副主任（厅长级）

朱立　自治区经信委党组成员、副主任（厅长级）

贺建军　自治区经信委党组成员、纪检组长

王晓宁　自治区经信委党组成员、副主任、石化行办党组书记、主任

蒙志鹏　自治区经信委党组成员、副主任

贺晓江　自治区经信委党组成员、秘书长

李石新　自治区经信委党组成员、副主任

毕开春　自治区经信委党组成员、副主任

梁勇　自治区经信委副主任

三、对外联系方式及网址：

通讯地址：新疆乌鲁木齐市友好南路179号

邮编：830000
网址：http：//www. xjetc. gov. cn

大连市经济和信息化委员会（中小企业局）

一、主要职能

（一）贯彻国家新型工业化发展战略和政策，协调解决新型工业化进程中的有关问题；拟订工业和信息化的发展规划并组织实施；推进产业结构调整和优化升级，推进信息化和工业化融合。

（二）制定并组织实施工业、信息产业的行业规划、计划和产业政策，提出优化产业布局、结构的政策建议，起草相关法规和规章草案；拟订行业技术规范和标准并组织实施；负责工业行业管理。

（三）分析工业经济发展趋势，提出调节政策建议和调控目标；负责日常工业经济的调控；监测分析工业运行态势，发布相关信息，进行预测预警和信息引导；协调解决工业运行发展中的有关问题并提出政策建议；负责工业应急管理、产业安全工作。

（四）承担工业和信息化固定资产投资管理相关工作，提出市级财政性建设资金安排的意见，依照有关规定，管理项目建设和资金使用。

（五）拟订高技术产业中涉及工业和信息产业的规划、政策和标准并组织实施；指导行业技术创新和技术进步；指导企业新产品开发和新技术推广工作；组织实施科技重大项目，推进相关科研成果产业化，推动软件业、信息服务业和工业设计产业等新兴产业发展。

（六）承担振兴装备制造业组织协调的责任；拟订重大技术装备发展和自主创新规划、政策，协调重大专项的实施；推进重大技术装备国产化，指导引进重大技术装备的消化和再创新。

（七）拟订工业和信息化的能源节约和资源综合利用、清洁生产促进政策、规划并组织实施，组织相关重大示范工程和新产品、新技术、新设备、新材料的推广应用；负责组织企业节能监察和合理用能评估、审查工作。

（八）开展工业和信息化的对外合作与交流，依照有关规定，实施工业企业合资合作项目和境外投资项目管理，推进企业开展招商引资、技术引进、国际化经营和开拓国际市场。

（九）依照有关规定，组织制定和实施委（局）属企业改革方案，协调解决改革中重大问题和遗留问题；负责对企业实行宏观管理和指导，规范企业行为；宏观指导企业法律顾问工作；参与指导企业融资工作。

（十）依法行使全市电力、煤炭行业行政管理、行政执法和监督工作；负责经济运行资源保障工作，优化资源配置。

（十一）依法行使全市盐业行政管理，负责全市食盐专营、食盐生产企业管理和行政稽查；负责黄金行业管理工作。

（十二）负责制定全市中小企业、民营经济发展规划；拟订促进其发展的法规、政策和措施，协调解决发展中的重大问题；指导全市集体企业、乡镇企业改革与发展。

（十三）推进全市信息化工作，贯彻国家相关政策并协调信息化建设中的重大问题；指导、协调、促进电信、广播电视和计算机网络融合；指导协调电子政务发展，推动跨行业、跨部门的信息化工程项目建设和重要信息资源的开发利用、共享。

（十四）负责信息安全工作，协调推进信息安全和信息安全保障体系建设；指导监督政府部门、重点行业的重要信息系统与基础信息网络（除公共电信网）的安全保障工作。

（十五）依照有关法规，管理无线电频率资源，依法监督管理无线电台（站）；依法组织实施无线电管制，协调无线电干扰事宜，维护空中电波秩序；协调处理军地间无线电管理相关事宜。

（十六）贯彻执行国家有关国防科技工业的方针、政策；负责军工单位与地方之间的服务协调工作；拟订地方性有关发展国防科技工业的配套政策与法规；协调推进军民结合的武器装备科研生产体系建设。

（十七）承办市委、市政府交办的其他事项。

二、内设机构

根据上述职责，设置26个职能处室。

（一）办公室
（二）综合法规处
（三）财务处
（四）投资与规划处
（五）产业政策处（大连市行业协会办公室）
（六）经济运行处
（七）科学技术处
（八）资源节约和综合利用处
（九）中小企业处
（十）企业发展协调指导处
（十一）工业园区项目协调处
（十二）国际合作处
（十三）电力煤炭处
（十四）机械装备处
（十五）交通运输装备处
（十六）军工处
（十七）原材料工业处（大连市履行禁止化学武器公约工作领导小组办公室、大连市黄金管理办公室）
（十八）消费品工业处（大连市盐业管理办公室）
（十九）电子信息产品管理处
（二十）半导体产业处
（二十一）软件与信息服务管理处
（二十二）信息化推进处
（二十三）信息安全与网络业务协调处
（二十四）无线电台站管理处
（二十五）无线电监督检查处
（二十六）党委办公室（人事处、机关党委）

三、领导班子成员

靳国卫：大连市经济和信息化委员会主任、大

连市中小企业局局长

刘一丁：大连市经济和信息化委员会书记、大连市中小企业局书记

毕长泉：大连市经济和信息化委员会副主任、大连市中小企业局副局长、大连市国防科工办副主任

刘刚：大连市经济和信息化委员会副主任、大连市中小企业局副局长、大连市国防科工办副主任

唐忠德：大连市经济和信息化委员会副主任、大连市中小企业局副局长、大连市国防科工办副主任

刘江军：大连市经济和信息化委员会副主任、大连市中小企业局副局长、大连市国防科工办副主任

刘志凯：大连市经济和信息化委员会副主任、大连市中小企业局副局长、大连市国防科工办副主任

于德虎：大连市经济和信息化委员会装备办副主任

网址：http：//www.jxw.dl.gov.cn/

联系电话：83635164

厦门市经济发展局

厦门市经济发展局是厦门市政府下设一级局，内设办公室、综合和法规处、经济运行处、投资和技术进步处、行业处、企业处、能源处、环境和资源综合利用处、生产性服务业处、外经处、市场处、协作联络处、对口支援处、区域经济合作处、人事处、离退休班干部工作处等16个处室，主要职责为：

（一）贯彻执行国家新型工业化发展战略和政策；贯彻执行国家工业领域法律法规和产业政策；起草并组织实施我市有关工业方面的地方性法规、规章；拟订并组织实施全市工业方面的规划、计划、导向目录等政策措施，推动产业结构调整和优化布局；参与拟订全市国民经济和社会发展战略、中长期规划和年度计划。

（二）负责监测分析工业运行态势，并发布相关信息；拟订并组织实施工业运行调控目标、政策和措施；协调解决工业经济运行中的有关问题；建立并组织实施重点行业、重点企业、重点产品运行调度机制和经济运行应急调度机制，建立工业应急体系，健全应急管理、预案防范和培训体系；拟订并组织实施全市重要工业品、重要生产原材料等的调控方案；建立工业企业服务机制；负责煤、电、油、气、运的调度和保障工作。

（三）负责组织实施我市产业结构调整和优化升级，拟订和修订产业结构调整目录的相关内容；指导、协调我市工业企业与央属企业合作；指导、协调与台湾产业对接有关工作；拟订培育发展产业链、产业集群意见和政策措施；统筹、规划、指导、协调全市产业布局及工业产业园区建设。

（四）负责提出工商领域固定资产投资规模和导向，指导工商领域固定资产投资、结构调整工作；组织推动重大工业项目建设；按规定审批、核准、备案全市工商领域的企业投资项目；拟订并组织实施工商领域企业投资项目利用政府资金的政策和使用管理办法；负责编报支持工业企业各专项资金的预算，会同财政部门提出专项资金使用计划和投资计划并组织实施与监督落实。

（五）负责全市电力、煤炭、石油、天然气、新能源和可再生能源等能源的行业管理和监测；指导能源结构调整，逐步推广使用清洁能源，推动工业企业使用天然气以取代现有燃煤燃油锅炉；负责监测分析能源运行情况并发布能源信息；衔接能源生产和供需平衡，协调解决能源运行中的重大问题；培育和监管能源市场；提出能源价格调整建议；负责煤炭等能源产品的应急保障工作；负责成品油流通的监督管理；负责全市电力设施和石油、天然气管道设施保护的监督管理工作。

（六）负责全市节能监督管理工作，拟订全市节能评价考核办法并组织实施，负责全市固定资产投资的节能评估与审查；组织协调、监督管理循环经济、低碳经济发展工作；组织协调清洁生产促进工作；指导全市资源综合开发和合理利用工作。

（七）负责电子信息产业、装备工业、消费品工业、原材料工业、工业设计等工业领域生产性服务业、计算机信息系统集成、物联网等行业管理工作；承担市重点发展产业和战略性新兴产业培育工作；拟订并组织实施行业技术规范和标准；指导行业质量和品牌工作；协调解决行业运行发展中的重大问题；负责盐业管理，贯彻执行国家有关盐业管理的法律法规和政策规定；负责有关军品管理的职责，承担我市军品生产任务企业的基本建设、技术改造、科研开发、新产品研制等的审核工作；负责促进军工技术转民用的工作。

（八）负责指导和组织工业企业开拓国内外市场，拟订工贸结合的政策，开展工业产品市场分析调研；负责牵头协调全市整顿和规范市场经济秩序工作，参与社会信用体系建设工作。

（九）负责指导、协调和服务民营、中小企业；牵头拟订促进民营、中小企业发展的政策措施；负责建立和完善中小企业服务体系和融资担保体系，组织协调政银企合作；引导和支持企业提升经营管理水平；指导推动企业信用体系建设；负责指导和服务全市乡镇企业的有关工作。

（十）承担有关担保业、典当业的行业管理；受理我市融资性担保机构、典当行的设立与变更申请，负责有关担保业、典当业的日常监督管理。

（十一）负责拟订并组织实施企业技术创新、产学研联合的政策措施；指导引进重大技术装备的消化创新；协调指导企业技术创新体系建设，负责组织企业技术中心认定、评价、管理工作；开展工业产品质量控制和技术评价实验室认定；指导和推动产学研联合，组织实施重大产业示范工程；会同有关部门统筹、规划、协调工业化和信息化的融合工作；协调组织市新产品新技术鉴定验收及市优秀新产品奖的评审工作。

（十二）负责全市重要工业品进出口管理工作，拟订并实施促进全市工业企业扩大出口的有关政策措施，组织指导地产工业品出口，推动工业企业开拓国际市场；协调解决工业企业进出口过程中的重大问题；指导工业企业开展对外经济技术合作与交流，开展国际化经营。

（十三）负责全市机电产品进出口管理工作，拟订扶持我市机电产品进出口的政策措施；组织机电产品出口生产体系建设；负责机电产品招标工作的实施和管理。

（十四）负责制定全市国内合作交流工作规划，指导、协调我市有关经济部门和各区及企业开展国内合作交流工作，实施省、市际政府间的经济技术协作计划，协调解决协作中遇到的重大问题；负责国家部委机关、外省市政府在我市设立的办事机构的联络、服务工作；负责指导全市异地商会的筹备和成立工作，对全市异地商会进行业务指导和监督管理；联系全国各地闽商商会，建立对外联络制度；承担市人民政府对口支援工作领导小组的日常工作；协调闽西南五市、闽粤赣十三市区域经济合作办公室工作。

（十五）承办市委、市政府交办的其他事项。

办公地点：厦门市湖滨北路 61 号市府东楼 7、8、9 楼

邮编：361022，联系电话：0592－5054285

网址：www. xmjfw. gov. cn

厦门市民营经济工作领导小组办公室

厦门市民营经济工作领导小组办公室（以下称民营办），是全市民营经济工作领导小组的办事机构，依托市经发局办公。民营办设主任 1 名，由市经发局局长担任；设常务副主任 1 名，由市经发局分管局长担任；设副主任若干名，由市委办公厅、市政府办公厅、政法委、计划发展委、财政局、工商局、总商会等部门领导担任；成员由领导小组各成员单位和相关职能单位指派的 1 名处级干部组成；民营办的日常工作由市中小企业管理办公室承担。工作职责：

1. 认真贯彻厦门市民营经济工作领导小组的议定事项，向领导小组报告工作；

2. 宣传贯彻有关民营经济的政策法规，督查各相关职能部门执行民营经济政策法规的情况，宏观指导和管理民营企业，培育、建立和完善民营企业的社会化服务体系，建立、完善市领导和民营企业的联系和沟通渠道，研究、提出解决影响民营企业经营和民营经济发展的重大问题的意见、建议和政策措施；

3. 协调各相关职能部门共同消除对民营经济的不平等待遇，规范并监督实施各部门扶持民营经济发展的配套实施细则和办事程序，推动有利于民营经济发展的法治环境、政务环境、舆论环境的形成；

4. 贯彻执行国家和我市产业政策，以产业政策为导向，及时收集、整理、分析和发布经济信息，定期公布项目投资目录，引导民营经济健康有序发展；

5. 承办领导小组全体成员会议和专题会议的相关工作；

6. 承办领导小组交办的其他事项。

办公地点：厦门市湖滨北路 61 号市府东楼九层 911 室

联系电话：0592－5052399

邮编：361022

厦门市中小企业管理办公室

根据厦委发〔2003〕14 号文精神和市政府常务会研究意见，为整合政府管理中小企业职能，顺应中小企业提出的有关政府工作部门协调管理中小企业工作，在市经济发展局增挂“厦门市中小企业管理办公室”（简称中小办）。中小办作为全市负责中小（民营）企业管理工作的机构，根据《中小企业促进法》的有关精神，综合考虑全市贯彻实施《中小企业促进法》的工作进展情况，进一步调动和依托经发局企业处“宏观协调和管理各经济成分企业”的职能，以及直接与工信部中小企业司对口争取国家扶持中小企业发展专项资金等优惠政策对全市中小（民营）企业的扶持。

办公地点：厦门市湖滨北路 61 号市府东楼九层 911 室

联系电话：0592－5052399，邮编：361022

青岛市经济和信息化委员会 中小企业发展局

一、规划发展处

职能：拟订促进中小企业发展的政策措施并组织实施；监测分析中小企业发展态势，发布相关信息；提出中小企业发展专项资金年度预算建议，并参与组织实施；推动建立中小企业发展基金；组织实施中小企业成长工程；负责全市中小企业的统计；负责促进小企业发展领导小组办公室日常工作。

电话：0532－85912658　85912657

传真：0532－85912659

网址：www. qdeic. gov. cn

邮箱：85912659@163. com

二、创业服务处

职能：组织完善中小企业发展的服务体系建设；建立中小企业公共服务平台，为中小企业创业、发展提供政策咨询和信息服务；指导中小企业创新发展，鼓励其参与大企业配套合作；推进中小企业特色产业基地建设和转型升级；推进中小企业信息化建设；参与组织中小企业开展国内外经济技术交流合作。

电话：0532－85912662　85912830

传真：0532－85912830

网址：www. qdeic. gov. cn

邮箱：qd85912662@126.com

三、领导班子成员

分管领导：董德义巡视员

协管领导：朱祥庆副巡视员

深圳市中小企业服务中心

一、主要职责：

1. 贯彻落实国家和省、市有关发展中小企业的法律法规和方针政策，配合相关部门拟订发展中小企业的地方性法规、规章与政策。

2. 掌握中小企业运行态势，为相关部门制定调控目标和措施提出意见建议；承担有关信息收集与发布等工作。

3. 促进中小企业发展和建立现代企业制度；根据产业发展政策及投资导向目录，引导中小企业调整产业结构和产品结构，推进技术创新；推动中小企业与大型企业开展协作配套。

4. 协助主管部门与财政部门管理市民营及中小企业发展专项资金和专项基金；负责组织中小企业申报国家扶持中小企业发展的各类专项资金及专项基金。

5. 协调联系行业协会、相关部门及其他机构，推进为中小企业提供融资担保、市场开拓、人才培训、创业创新、科技孵化、信息化应用、技术支持、品牌培育、经营管理以及信息咨询等多方面、多层次的服务体系建设。

6. 协助促进完善中小企业投融资市场，牵头引导和推动中小企业改制上市。

7. 扶持中小企业拓展国内外市场；鼓励和扶持中小企业加强技术进步、信息化应用、人才培育和经营管理等工作。

8. 负责中小企业投诉受理工作，维护中小企业合法权益。

9. 承办主管部门等交办的其他事项。

二、内设机构：

综合部、上市与融资服务部、监测与市场服务部、创新与创业服务部。

三、领导班子成员名单：

顾宏伟、杨宇清、冯德崇、李光文。

四、对外联系方式及网址：

地址：深圳市福田区新洲路4009号七楼

电话：82975925

传真：82975804

网址：www.szsmb.gov.cn

各地中小企业服务机构

北京市中小企业服务中心

中心于2000年12月成立，是北京市经济和信息化委员会直属机构，由北京市财政预算拨款，为北京地区中小企业、民营企业提供政策指导、改制重组、融资担保、创业投资、高管培训、国际合作、专家咨询、企业信息化等全方位服务。

中心设有六部一室：政策指导部、融资担保部、创业投资引导基金管理部、会展培训部、国际合作部、信息开发部和办公室。中心致力于为北京地区中小企业提供政府服务、专业化服务、社会化服务，在三大服务体系建设中务实创新，促进中小企业、民营企业的快速成长。

地址：北京市朝阳区工体北路6号
邮编：100027
联系电话：010－84018989
传真：010－64065056
网址：www. BeijingSME. org
E－mail：Bjsme2005@ sina. com

北京市农民就业服务指导中心

北京市农民就业服务指导中心（以下简称中心）是北京市经济和信息化委员会直属的全额拨款事业单位，内设企业综合服务部、职业技能鉴定部、就业服务指导部和办公室等4个部门。中心主要面向郊区15万家中小企业（镇村企业），依托区县经信委、乡镇政府、镇村产业基地、技能鉴定站，开展各项公益性服务工作，主要为郊区中小企业（镇村企业）提供经济运行统计分析、企业经营管理者培训、职业技能培训鉴定、用工招聘、政策信息、市场开拓等服务工作。

中心具有人力资源和社会保障部和农业部核准颁发的《职业技能鉴定许可证》，是北京市唯一的农业行业特有工种职业技能鉴定机构，为北京中小企业（镇村企业）职工和非农就业农民开展职业技能培训和鉴定考核，鉴定考核合格者将获国家人力资源和社会保障部、农业部联合颁发的《中华人民共和国职业资格证书》。

中心积极为企业招聘职工和城乡劳动者求职提供公益性中介和信息服务。中心主办的就业信息网（www. jiuyexinxi. cn）为企业发布招聘信息，为劳动者发布求职信息。目前，网站可提供电工、缝纫工、保安、保洁、财务、司机等上百个工种供求职者选择，已经成为北京郊区企业用工招聘和城乡劳动者求职的重要信息来源平台。

地址：北京市朝阳区工体北路6号
邮编：100027
联系电话：010－85235995（兼传真）
网址：www. jiuyexinxi. cn
E－mail：nongminjiuye@ 126. com

北京国融工发投资咨询有限公司

北京国融工发投资咨询有限公司（以下简称“公司”）成立于1994年，注册资本1000万元，法定代表人及董事长石幼文，总经理王建军。该公司是一家国有控股企业，控股股东为北京工业发展投资管理有限公司，占股比例为94%。

公司拥有一支包括注册咨询工程师、中关村科技园区信用评级分析师、注册会计师、注册造价工程师、注册资产评估师、注册房地产估价师、注册土地估价师及高级工程师、高级经济师，各领域专家在内共计67人的专业人才队伍。

公司经营范围：投资咨询；企业资信等级评估、企业财务资信评估、企业固定资产资信评估及其它资信评估、企业固定资产投资、贷款的可行性评估、金融业务咨询、房地产价格评估；编制建筑（含房地产开发）、轻工、机械、商业、旅游、建议书、可研。

公司拥有国家发展改革委批准的甲级综合工程咨询资格，专业涉及机械、轻工、建筑（房地产开发）、商物粮、综合经济、公路、化工、医药、电子、市政公用工程（环境卫生）、节能。可为企事业单位编制项目建议书、项目可行性研究报告、项目申请报告、资金申请报告和评估咨询。公司拥有人民银行批准的企业信用评级资格，可为各企事业单位进行信用评级。

公司受北京市经济和信息化委员会、北京市财政局委托承建和运营北京市中小企业投融资服务平台，为中小企业提供银行融资、风险融资、上市融资等投融资服务。

该公司本着“客观、公正、科学、高效”的工作理念，在科学发展观指导下力争打造出拥有一流的团队和一流的服务的投资咨询公司，为广大客户提供更加快捷和有效的服务。

地址：北京市朝阳区惠新东街6号
邮编：100029
联系电话：010－57587440
网址：www. bjgyrz. comwww. bjsidic. com

天津市中小企业生产力促进中心

天津市中小企业生产力促进中心和天津市中小

企业发展促进中心（2011 年 12 月 23 日由天津市中小企业人才交流服务中心更名）系天津市中小企业发展促进局直属事业单位，是天津市中小企业发展促进局为解决中小企业“两难”（融资难、创业难）和“三缺”（缺人才、缺技术、缺管理）问题，切实加强中小企业发展促进服务工作的一大举措。中心以为中小企业“创业、创新、转型、发展”提供全程服务为宗旨，联合多家进驻中心的服务机构，为中小企业在金融、法律、信息、创业、科技创新、市场开拓、人力资源培训、诚信等方面提供全程全方位服务，加快中小企业的技术进步，提高市场竞争能力，打造具有公信力的天津市中小企业的服务平台。

主要工作职能：协助政府部门贯彻落实国家和本市中小企业发展的法律法规和方针政策；整合社会资源，推进并落实天津市中小企业八大服务平台建设；负责中小企业信息收集和发布，协助主管部门掌握中小企业经济形势；协调和组织中小企业开展国内外经济技术合作与交流，促进国内外先进技术的推广应用；协助中小企业组织开展各类专项资金的申报工作。

联系电话：022 – 58689200

地址：天津市河西区洞庭路 20 号陈塘科技商务区服务中心 408 – 7

邮编：300220

天津市中小企业协会

天津市中小企业协会是天津市中小企业、企业经营者及为中小企业服务的机构自愿组成的联合性、非营利性的社会团体。天津市中小企业协会现有会员单位 1084 家，由来自不同行业、不同所有制中小企业及其他相关单位组成。接受天津市中小企业发展促进局的业务指导和市社团局的监督管理。

协会自成立以来，本着“搭建平台、服务企业、合作共赢、创新发展”的宗旨，团结带领广大会员单位，认真贯彻执行党和国家的政策、法规，积极配合政府部门开展各项工作，努力维护企业和企业家的合法权益，及时提供信息、人才、教育培训、创业、科技、管理咨询、金融、出国考察、法律等方面服务及交流合作活动，连续十年（四次）被天津市政府授予“先进社团组织”称号，2011 年在中国中小企业协会、中国企业创新成果案例审定委员会主办的“中国创新成果征集活动”中被评为“中国中小企业创新服务先进机构”，2012 年被天津市中小企业发展促进局授予“天津市中小企业公共服务示范平台”称号。

联系电话：24305128

电子邮箱：tjzxqyxh@ tjzxqyxh. com

传真：24303412　24220039

协会网站：www. tjzxqyxh. com

天津市中小企业服务中心

天津市中小企业服务中心是经天津市人民政府批准设立，于 2001 年 6 月正式成立的。隶属于天津市经济和信息化委员会，业务指导单位是天津市中小企业发展促进局，专门为中小企业提供全面服务和沟通中小企业与政府间联系的非营利性事业单位，是全市中小企业社会化服务体系的核心机构，是国家和我市中小企业公共服务示范平台。

中心秉承公益服务的宗旨，为全市中小企业搭建中小企业公共服务平台。近三年来培训人员上万人次，培训对象涉及各个行业，培训范围覆盖全市各个区县；组织法律顾问团为中小企业提供了法律咨询服务、法律讲座等，免费发放《中小企业法律案例集》《中小企业政策百问百答》等普法资料；组织专家入户为企业进行管理咨询服务和日常咨询服务；充分发挥中小企业服务网的作用，定期刊登最新的中小企业新闻信息，及时登载政府扶持中小企业的政策和措施；为促进我市中小企业对外交流与合作，根据会员以及部分中小企业的意愿，采用多方法、多渠道组织中小企业进行商务考察。

联系电话：32352152　32352752　3235276

传真电话：23235215

邮政编码：300202

E – mail：tjsme23235215@ 126. com

网址：http：//www. tjsme. com. cn（中国天津中小企业服务网）

地址：天津市河西区解放南路富裕广场 4 号楼 4 门 9 层

天津市企业联合会

天津市企业联合会（简称天津企联）由天津市经济和信息化委员会主管，是天津市政府授权的雇主组织代表。主要工作职能如下：开展课题研究，为企业做好人才测评服务；开展信息安全、企业自主创新、工业工程等方面的咨询；组织全国管理咨询师报考、劳动关系协调师认证工作；落实工业系统“十二五”人才规划目标，实施经营管理人才素质提升工程，建设企业家、职业经理人培育基地，举办“天津经济大讲堂”活动；承办天津市中小企业培训项目，开设“精细化管理”、“管理创新”等内容的课程，全年培训近 5000 人次；以构建和谐劳动关系为目标，以劳动关系三方关系机制为抓手，推进雇主工作；推动我市企业管理现代化创新成果的开发工作，开展优秀企业家评选表彰和天津市百强企业排序及分析工作；与国内其他省市及国外相关企业协会组织建立沟通渠道，举办招商引资说明会、洽谈会，宣传天津工业布局、产业规划、投资环境和政策；以企业家为重点，开展高端活动；以个性化为目标，开展高质化服务；建设企业家数据库、联络员数据库、活动数据库，建设会员管理信息服务系统，使会员管理信息化规范化；加强网络建设，宣传、扩大旅游示范企业的影响力，重点培育、开发新的工业旅游示范点；依托《经营与管理》杂志、《天津企联简报》和天津企联网站，提升企业的社会知名度和影响力。

联系方式：电话23359692，23525167；

网址：www. tjql. org；

邮箱：tjpeixunbu@ 163. com。

天津市城市集体经济联合会

天津市城市集体经济联合会始建于1992年8月，是由多种形式集体经济组织和中小企业及其服务人员自愿组成的联合性、非营利性社会组织，为独立社团法人，主管机关是天津市经济和信息化委员会。目前拥有会员2000家，理事366人，常务理事93人。

联合会先后创办《联合与创新》（2006年前）、《天津中小企业》（2007～2010年）、《企业成长》（2011～2013年）刊物，先后创办《天津中小企业成长网》（2008～2012年）、《集体经济创新网》（2009～2013年）、(企业成长网）（2013年），及时传播政策法律、调研成果、典型经验，发展趋势、成长规律、成长案例、成长知识以及转型升级、企业文化、团队建设等方面信息。联合会从2003年开始实施国家和天津市中小企业银河培训项目，10年来，先后举办入世、改制、营销、转型升级、企业文化、修炼提升、财务税收等各类培训班121个，培训中小企业经营管理骨干18000多人（次）。享受政府补贴200余万元。联合会从2001年开始对中小企业免费开展政策法律、改革改制及经营管理方面的咨询服务。从2004年开始实施政府支持的公益性半公益性管理咨询服务项目，先后实施了战略、营销、财务、重组、品牌建设、转型升级等48个管理咨询服务项目。

联系电话：23329470　23304892

地址：天津市和平区建设路青岛道13号

邮编：300040

电子邮箱：tucea@ 163. com

河北省中小企业信用担保服务中心

河北省中小企业信用担保服务中心，是省政府投融资体系（四公司一中心）建设的重要组成部分，是省政府出资设立的专门为中小企业融资服务的政策性担保机构，现注册资本金2. 2亿元人民币。

省担保中心按照“政策性导向，市场化运作，企业化管理”的经营模式，以支持民营经济、中小企业发展和促进全省信用担保体系建设为宗旨，以信用支撑和资金支持为手段，为符合国家和省产业政策，有产品、有市场、有效益、有发展前景的成长型中小企业提供融资担保，对市、县担保机构进行再担保，为中小企业财务管理、投融资、资信评估提供咨询服务。省担保中心在邯郸、保定、衡水、沧州、廊坊、秦皇岛设有办事处，专门受理中小企业融资担保业务和投融资咨询服务。目前，省担保中心与18家银行机构签订了合作协议，协议放大倍数10倍，累计授信超过50亿元，在保责任余额突破14亿元，是省内合作银行最多、资本金放大倍数最高、财政资金杠杆作用发挥最优的融资性担保机构。

地址：河北省石家庄市中华北大街50号军创国际6层

电话：0311－85366288

传真：0311－85366388

邮编：050000

网址：www. hebdb. com. cn

河北省中小企业服务中心

河北省中小企业服务中心是河北省中小企业局支持建立的正处级事业单位，是全省中小企业服务体系的龙头。近年来伴随着中小企业、民营企业、乡镇企业的发展脚步，结合中小企业运营发展中的需求，服务中心不断调整开发服务产品，拓展服务领域，创新服务手段，逐步成为以公益性服务为主导，以项目资金支撑服务为手段，以延伸化服务为补充，以职能化、专业化服务为品牌，针对中小企业不同需求开展服务活动的综合性服务机构。

河北省中小企业服务中心编制35人，内设办公室、综合服务部、创业辅导部、技能开发部、人才培训部、合同能源管理办公室、网络服务部。

服务内容和范围：根据中小企业的需要，以全省中小企业为服务对象，以订单式服务活动为载体，为中小企业提供创业辅导、管理咨询、专业培训、法律咨询、财税筹划、认证管理、事务代理、技能培训与鉴定、节能产品推介、合同能源管理等内容的综合性、专业性服务。

服务方式、方法：聚合社会各类专业服务机构、专家，创建全省综合公共服务平台，以河北省中小企业服务联盟为依托，按照不同企业的个性需求，为企业提供针对性、专业化的服务。以送课下乡培训、订单式服务、合同化个性服务等为基本模式，推动服务工作开展。

服务理念：坚持公益性的服务原则，坚持市场化的服务方向、坚持用专项资金撬动的办法，坚持助推企业成长。

服务中心理念：勤奋团结真诚热情

地址：石家庄市师范街138号

邮编：050051

办公室：89631287 王焜

传真：89631287

网址：www. hbsme. net

邮箱：hbsme@ 126. com

河北省中小企业信息中心

河北省中小企业信息中心是隶属于河北省中小企业局的处级事业单位，主办的中国中小企业河北网和民企在线电子商务网站是省内中小企业关注度高、访问量大的中小企业综合信息服务平台。

“中国中小企业河北网”（http：//www. smehb. gov. cn）是集政府公共服务、非营利机构公益服务和中介机构商业化服务为一体的信息服务网络。为我省各级中小企业主管部门和广大中小企业、民营企业提供政务信息、商务信息，大学生网上招聘，中小企业生产运行监测数据收集与分析，各类供需信息对接，中小企业信息化应用，国际中小企业博览会网上展示和宣传等服务，为推动全省中小企业发展发挥了重要作用。

网站主要提供以下特色服务：

1. 发布中小企业发展相关的法律、法规、政策信息；

2. 中小企业发展专项资金项目申报查询；

3. 发布产业政策和行业发展动态信息；

4. 免费发布企业、产业集群宣传信息；

5. 发布中小企业人才招聘和人才求职信息；

6. 发布中小企业融资、信用担保机构信息；

7. 发布中小企业创业辅导基地项目建设、创业培训和业务指导信息；

“民企在线”（http：//www. hebmq. com）中小企业电子商务平台为我省中小企业提供大量新的市场机会。通过“民企在线”，企业可以发布自己的产品信息，宣传与企业有关的形象资料；可以加强企业同供应商、客户的联系，收集商品供求信息，提高企业反应能力。“民企在线”使中小企业提高经济效益。通过“民企在线”可将市场需求与销售、采购、生产制造等环节结合起来，使企业管理和业务开支大大降低，从而提高企业经济效益。

“民企在线”主要提供以下服务：

1. 为无条件独立建设企业网站的中小企业提供简单、便捷、快速的自助建站服务。只需通过浏览器，企业就可以自助式地建立属于自己的网站。我们也可以帮助无条件上网企业建设本企业自己的网站。

2. 为中小企业提供快捷的项目信息发布功能。

3. 法律专家或相关处室在线解答企业的法律法规等问题。

4. 相关专家在线回答企业提出的劳保、税收、工商、质检、合同书写等问题。

5. 中小企业电子商务咨询。

6. 中小企业信息化应用咨询。

信息发布联系人：高晓莉
电话：0311－87906848
E－mail：gaoxl@ smehb. gov. cn
QQ：59506041
电子商务、自助建站联系人：王鸿泉
电话：0311－87906848　QQ：405481992

河北省新技术推广站

河北省新技术推广站于1991年3月经省编委批准成立，为正处级事业单位，隶属于河北省中小企业局。其主要职能是：参与新技术推广计划的制订与实施；协助主管部门建立国家重点项目示范点；提供新技术咨询与推广、技术信息与交流、技术服务与开发等服务。随着我国经济建设的发展和广大中小企业对技术服务的需求，2001年和2004年相继增挂了“河北省企业技术创新服务中心”和“河北省中小企业模具技术中心”的牌子，在原来职能的基础上增加了技术成果转让，技术创新项目咨询、论证，组织新产品鉴定和模具技术等服务职能。

现有从业人员42人，其中在职人员7人，聘用人员35人。大专以上专业技术人员38人，占人员总数的90.4%，中级技术职称以上人员32人，占人员总数的76.2%，其中高级职称13人，占人员总数的31%。主要具有机械、自动化、电子、化工、机电、法律、财务管理等专业技能。其中大部分是从基层选拔聘用的，具有丰富的专业知识和娴熟的技能实践经验。

推广站现有比较完备的服务设施和技术设备，拥有精密的加工中心等数控设备和大型铣、车、钻床等加工设备，有先进的振动时效和电刷镀设备；有成熟的涂装前处理技术和成套的化验、检测仪器；有厂房（租用）630多平方米，以及设计、检测、化验、信息网站等办公服务用房600多平方米，每年可为400多家中小企业提供综合性技术服务。

建站二十年来，始终坚持“技术为本，服务为天”的服务宗旨，在为全省企业特别是广大的中小企业服务过程中，积累了丰富的服务工作经验，取得了很好的工作业绩。1997年荣获国家经贸委“国家技术创新新技术推广优秀项目奖”；2004年被全国电刷镀协会确定为理事单位，是河北省表面工程协会牵头单位；2006年和2010年分别被省中小企业局确定为省级中小企业服务机构、河北省中小企业公共服务示范平台；2011年被确定为首批国家中小企业公共服务示范平台。

新技术推广与应用负责人：
薛钰显（0311－83050468）
信息服务负责人：路赛（0311－83022393）
网址：www. cithe. com

山西省中小企业服务中心

山西省中小企业服务中心是政府设立的为全省中小企业提供公益性、扶持性等综合服务的机构。为正处级全额事业单位，隶属山西省中小企业局。系国家工信部首批命名的“国家中小企业公共服务示范平台”

中心的主要工作职责是：配合政府相关部门贯

彻落实中小企业扶持促进政策；反映中小企业的呼声，维护中小企业合法权益；联系引导各类中介机构为中小企业提供优质服务，在全省中小企业公共服务体系中发挥核心和引领作用。

综合部职责：负责本中心文秘、行政事务、财务管理和综合协调工作；掌握全省中小企业运行情况，配合相关部门落实中小企业扶持政策；建立和完善政府与企业、企业与企业之间的对话沟通制度，反映中小企业诉求，维护中小企业合法权益；负责对外宣传工作。

协同部职责：负责全省中小企业公共服务平台网络建设、运营工作；负责对为企业提供服务的各类社会中介服务机构的评价、筛选、指导工作；联系和引导各类服务机构为全省中小企业提供信息查询、投资融资、创业辅导、人才与培训、技术创新、质量管理、管理咨询、市场开拓、法律维权等服务。

联系人：石宏伟
联系电话：0351－7032532
传真：0351－7860067
邮箱：shw324@163.com
　　　sxsme@163.com
网址：www.sme8718.com
地址：太原市长治路303号大生科技楼

内蒙古自治区中小企业公共服务中心

内蒙古自治区中小企业公共服务中心隶属于自治区经济和信息化委员会，系由自治区中小企业局指导的全额拨款事业单位，现有工作人员35名，大专学历及中级职称以上专业技术人员占77%以上。中心内设综合办公室、工业经济研究室、运行监测科、网络信息科、融资担保部、技术创新部、咨询培训科。主要承担自治区中小企业服务体系建立和服务平台网络建设、管理、维护工作；为全区中小企业提供信息、创业、法律、政务、商务、人力资源、技术支持等服务；承担自治区中小企业运行的监测、分析工作。

内蒙古自治区中小企业公共服务中心是内蒙古中小企业公共服务平台网络的龙头平台和枢纽中心。中心定位于打造内蒙古“中小企业之家”，建设国内一流、面向全区中小企业的全程一站式、综合性、公益性公共服务平台网络。主要以集中方便解决中小企业共性需求为重点，成为中小企业反映诉求、掌握信息、学习交流、提升素质，获得公益性服务或非盈利性服务的主要渠道和场所，在内蒙古中小企业局的领导下，积极组织和整合各类社会资源为全区中小企业服务。

中心具有一支结构合理、团结有力、朝气蓬勃的服务团队，有较强的信息采编、发布、交流、技术支撑能力和较齐全的网络设备及现代化办公设施。与相关信息化技术服务机构保持深度合作，具有信息化建设、软件开发、业务拓展、技术创新等全套互联网解决方案和技术支持能力。开展工业经济项目调研工作，建立了由技术、经济、管理、金融等各领域专家近300人组成的专家库，具有较强的项目论证、咨询、管理、技术合作能力。内蒙古中小企业协会、装备制造协会设在该中心，已吸纳400多家会员，协会与有关中小企业咨询管理公司、行业商协会、律师事务所、金融机构等建立了战略合作关系，具备优势服务资源和为中小企业提供政策宣传、信息咨询、投资融资、项目对接、企业诊断、人才培训、合作交流等服务条件。

地址：内蒙古呼和浩特市大学西路长兴大厦
联系电话：0471－4967190
传真：0471－4962460
网址：http://www.nmgsme.gov.cn
邮箱：nmgzxqyggfwzx@126.com

内蒙古工大华远化学工程有限责任公司

内蒙古工大华远化学工程有限责任公司是内蒙古中小企业公共服务平台网络的呼和浩特市“窗口”平台。公司成立于2003年，是内蒙古工业大学校办产业，公司注册资金600万元，现有员工65人，其中专业技术人员占公司从业人数的90%以上。公司内设对外办事大厅、呼叫中心、技术中心、信息中心、综合事务中心。公司专业从事工程咨询、安全评价、能源审计、节能评估、压力容器设计、压力管道设计等综合性工程技术服务工作；可开展信息服务、融资服务、电子商务、创业担保、人力资源、法律服务、技术支持、企业培训、专利咨询等专业服务。2011年，中心被认定为自治区级中小企业公共服务示范平台。

地址：呼和浩特市赛罕区大学东路巨海商厦十楼
联系电话：0471－2231171
网址：http://www.hhhtzxqyck.com
邮箱：463265081@qq.com

包头市中小企业服务中心

包头市中小企业服务中心是内蒙古中小企业公共服务平台网络的包头市“窗口”平台。包头市中小企业服务中心成立于2003年，系事业单位，现有从业人员21人，其中专业技术人员18人。中心下设百佳担保公司、百佳典当公司、百佳公物拍卖行、百佳破产咨询中心。百佳典当公司为自治区、包头市典当行业协会会员单位；百佳公物拍卖行为国家、自治区拍卖行业协会会员单位、包头市拍卖行业协会会长单位，获得内蒙古拍卖行业协会评定的A级资质；百佳破产咨询中心依据内蒙古自治区高级人民法院企业破产案件管理人名册（第一批）公告，获得破产管理人资质。中心按照政策性扶持和市场化运营相结合的原则，以包头市中小企业为服务主体，积极开展服务，取得了良好效果。2012年，中心被认定为自治区级中小企业公共服务示范平台。

地址：包头市昆都仑区市府西路八号
联系电话：0472－5148265
邮箱：guli_ 302@ yahoo. com. cn

呼伦贝尔市中小企业投资担保有限公司

呼伦贝尔市中小企业投资担保有限公司是内蒙古中小企业公共服务平台网络的呼伦贝尔市“窗口”平台。公司系呼伦贝尔市政府控股的政策性担保机构，成立于2005年，现有从业人员35人，其中专业技术人员占比90%以上。公司以支持中小企业和非公经济发展为工作出发点，在发展担保融资主业的基础上，适度扩大业务服务范围，创新服务内容，完善服务机制，增强服务功能，为中小企业提供融资、技术、信息服务。目前，已形成以担保贷款为主业，以信用评级、产权交易、风险投资、咨询培训、信息化服务与电子商务应用为有效补充的中小企业服务系统。公司被认定为国家级和自治区级中小企业公共服务示范平台。

地址：呼伦贝尔市海拉尔区海东工业园区
联系电话：0470－2218770
邮箱：yrs@ hlbedb. com

通辽市工业经济技术服务管理中心

通辽市工业经济技术服务管理中心是内蒙古中小企业公共服务平台网络的通辽市“窗口”平台。中心隶属于通辽市经济和信息化委员会，系事业单位，现有职工71人，其中专业工程技术人员44人。中心是以应用开发研究、中小企业培训服务、工程咨询、技术服务为主的专业服务机构，具备工程咨询国家甲级资质，能源审计、节能评估、清洁生产自治区级资质，开展了工业经济、工业技术、节能监察、节能监测、节能技术、清洁生产、工业经济信息网络建设、机械设计、自动化设计等技术服务、中小企业培训服务及编制发展规划、项目建议书、项目可行性研究报告、项目申请报告、项目资金申请报告、项目评估咨询等咨询服务。2007至2009年，在中国企业创新成果（案例）评选中，连续3年被评为“促进中小企业创新发展成果显著中介机构”。中心承办了通辽市中小企业网（www. nmtlsme. com）、内蒙东部地区节能网（www. nmdb. jnw. com）。成功举办了中小企业经营管理人员培训班、能源管理师培训班、清洁生产审核师培训班及下岗职工技能培训班等一系列培训班。近几年共服务中小企业439家，完成项目科研和节能专篇160项，开展了14家企业的能源审计工作，完成了50个固定资产投资项目节能评估报告和节能评估报告，自动化技术服务8项，清洁生产审核15项，为企业在节能、减排工作上提出并实施各类方案310余项。2011年，中心被认定为自治区级中小企业公共服务示范平台。

地址：通辽市科尔沁区东顺路73号
联系电话：0475－6399863
网址：http：//www. nmtlsme. com
邮箱：tladw@ sina. com

鄂尔多斯市中小企业服务中心

鄂尔多斯市中小企业服务中心是内蒙古中小企业公共服务平台网络的鄂尔多斯市“窗口”平台。中心隶属于鄂尔多斯市中小企业局，系全额拨款事业单位。中心成立于2012年，现有员工28人，其中专业技术人员26人。内设综合服务部、金融服务部、信息服务部、创业服务部、管理咨询部。中心相关资质健全，可从事QMS质量管理体系认证、OHSMS职业健康安全管理体系认证、HACCP食品安全体系咨询认证、Q/E/OHSMS体系认证、Q/H/卫生注册体系认证、Q/HACCP/有机体系认证、全程管理咨询、环境体系咨询、安全体系咨询、绿色食品咨询、企业规范化管理体系解决方案、QS认证咨询，具备可行性研究报告编制资质、企业能源审计报告和节能规划编制资质、安全预评价报告编制资质、清洁生产审核报告编制资质、环境友好企业咨询、上市公司环境核查资质、会计报表审计资质、企业资产评估资质、企业整体经济效益评价。先后荣获了中国十大创意策划机构、2011年度著名策划机构、2010中国十大创意策划专家等荣誉称号。中心为中小微型企业提供服务咨询热线、法律援助、审计验收、知识产权保护、项目可行性研究、环评、安评、能评报告、节能检测、银企对接、融资担保、企业上市前期咨询、电子商务、信息服务、域名注册、网站服务、网络广告、软件开发、技术研发合作、市场开拓、中小企业经验交流、“品牌培育”项目、各类认证咨询、人力资源管理咨询、财务咨询、市场营销策划、整合品牌推广等服务，是鄂尔多斯市服务中小微企业的主渠道。

地址：鄂尔多斯市康巴什新区市政府政务服务中心三楼
联系电话：0477－8588158
网址：http：//www. ordoszxqy. com
邮箱：jwqye2008@ 163. com

乌兰察布市中小企业公共服务中心

乌兰察布市中小企业公共服务中心（乌兰察布市项目咨询论证办公室）是内蒙古中小企业公共服务平台网络的乌兰察布市“窗口”平台。中心隶属于乌兰察布市经济和信息化委员会，系全额拨款事业单位，现有从业人员20人。其中专业技术人员占比达90%。中心可为乌兰察布市中小企业提供项目咨询论证、项目建议书编制等服务。目前，服务中心已引进各类中介机构15家，在服务功能方面已初具规模，在为中小企业搭建融资平台、项目咨询论证、环评能评、法律咨询等方面成效显著。

地址：乌兰察布市集宁新区乌兰察布西路

联系电话：0474 - 8321642

网址：http：//www. wlcbjxw. gov. cn

邮箱：qyk8321642@ 163. com

赤峰市中小企业服务中心

赤峰市中小企业服务中心是内蒙古中小企业公共服务平台网络的赤峰市“窗口”平台。中心成立于2010年，为非盈利性社会化服务组织，具备独立法人资格。中心注册资金6.3万元。目前拥有工作人员20名，其中管理人员5名，大专及中级以上职称人员比例占16名，另有外聘专家41名。中心内设综合部、信息咨询部、技术项目部、专家顾问部和网络信息部。中心承办了中国中小企业赤峰网（www. smecf. gov. cn），建立了赤峰市中小企业的信息档案，可协助主管部门监测、分析中小企业经济运行态势，为中小企业提供创业扶持、融资担保、技术支持、信息咨询、安全评价、能源评价、市场开拓和人才培训等社会化服务。中心组织中小企业参加了国际中小企业博览会，搭建对外交流平台；与银行签署了合作协议，开展银企座谈会、推介会，累计向金融机构推荐优质融资企业120多家，服务企业670余次；组织专家对赤峰市中小企业提供行业和专业技术咨询服务共270多次，通过专家巡诊等形式免费为中小企业解决21项技术难题；举办了中小企业培训班，对236名中小企业管理、技术、营销等从业人员进行了培训，服务效果显著。2012年，中心被认定为自治区级中小企业公共服务示范平台。

地址：赤峰市新城区

联系电话：0476 - 8288981

网址：http：//www. smecf. gov. cn

邮箱：cfzxqy@ 163. com

内蒙古广电网络资讯传播有限公司

内蒙古广电网络资讯传播有限公司是内蒙古中小企业公共服务平台网络的“窗口”平台，系经自治区广电局批准成立的国有控股企业。公司成立于2008年，注册资金300万元，办公场所800平米，现有专业技术人员36人。公司下辖综合部、财务部、编播部、市场部、培训部，拥有包头、赤峰、通辽、乌兰察布4个盟市工作服务站。公司内部制度完善，财务制度健全，有较规范的信息发布管理办法及相关服务流程。公司拥有广播电视经营制作许可证、文化经营许可证、境外节目服务安装许可证、数据广播、电视购物运营批复文件、内蒙古首批中小企业公共服务平台批复文件等相关资质。公司以覆盖内蒙古地区13，200多公里的广播电视光纤干线网为依托，通过“阳光视讯”品牌的三个图文信息频道及采用遥控器点击查询的资讯平台，为全区320万有线数字电视家庭用户提供政务和生活服务资讯的多媒体资讯平台。

2012年4月，利用内蒙古有线数字电视62频道开办了内蒙古中小企业公共服务频道。与北京、上海、杭州等地的培训类节目供应商共同开展中小企业电视培训活动；与自治区人力资源保障厅、自治区工商局、自治区地税局、自治区经信委、内蒙古电视台、内蒙古日报社、北方新报、北方网络电视台、手递手杂志、内蒙古人才网、呼和浩特人才交流中心等单位合作开展中小企业政策解读、中小企业访谈、中小企业政策法规的宣传活动。目前，已开办了中小企业资讯、中小企业动态、中小企业培训大讲堂、政策解答、园区企业风采、精彩内蒙古、奋斗等栏目，成为内蒙古乃至全国唯一利用有线数字电视专业频道开展中小企业培训、宣传、节目制作、播出的专业化窗口平台单位。截至2012年底，公司利用数据广播信息平台，面向全区中小企业和个体工商户发布各类服务资讯130万条，累计播出中小企业培训类节目2485小时，远程培训30万人（次）；开展中小企业负责人管理培训3次，培训300人（次）。参与拍摄的工业园区银企对接6次。2011年，公司被认定为自治区级中小企业公共服务示范平台。

地址：呼和浩特市兴安北路88号

联系电话：0471 - 6607977

网址：http：//www. 96066. tv

邮箱：tvgdxx_ chen@ 163. com

吉林省促进中小企业发展服务中心

吉林省促进中小企业发展服务中心是2009年3月10日经省编委批准设立的副厅级建制全额拨款事业单位，是政府政策扶持的公益性的大型综合服务机构，隶属于吉林省工业和信息化厅。现有事业编制60人。内设6个县处级部门，即综合部、融资服务部、创业服务部、技术服务部、市场服务部、管理咨询与维权部。中心集聚一批法律、经济、管理、计算机、英语、会计等专业人才，拥有一支高素质、专业化的服务团队。为广大中小企业提供创业、融资、人才、技术、信息、市场、咨询和维权等综合服务。中心的主要职责是：

一、协助主管部门贯彻落实国家和省有关促进中小企业发展的法律法规和方针政。

二、负责开展创业服务，即整合社会资源，提供创业咨询、创业培训、创业指导、创业孵化和创业代理等服务。

三、负责开展融资服务，即整合社会资源，提供融资咨询、融资策划、贷款担保、银企保对接、上市咨询与培育、多渠道融资与完善投融资市场、信用征集与评价等服务。

四、负责开展人才服务，即整合社会资源，提供人才开发、创业者和企业经营管理者培训、人才培育、人力资源配送等服务。

五、负责开展技术服务，即整合社会资源，构建中小企业公共技术服务平台，提供技术设计、研发、试验、检测、咨询、培训、产学研合作、科技创新、技术改造、科技成果转化与应用等服务。

六、负责开展信息服务，即负责中国中小企业吉林信息网建设，提供政策、市场等各类信息的采集、分析、加工、传播和企业信息技术支持等服务。

七、负责开展市场服务，即提供展览展销、贸易洽谈、产需衔接、国内外经济技术交流与合作等市场开拓服务。

八、负责开展管理咨询服务，即整合社会资源，提供管理咨询、管理诊断、管理创新等服务。

九、负责开展维权服务，即整合社会法律资源，提供法律咨询、法律顾问、法律维权、法律援助等服务。

十、承担全省中小企业服务联盟秘书处工作；负责对全省市、县两级中小企业服务中心的业务指导。

中心系全国中小企业服务联盟执委会副主任单位，组建伊始即坚持以服务企业、促进发展为宗旨，坚持高起点起步、高标准要求、高效率工作、高质量服务，努力打造全国一流的公益性的综合服务机构。

对外联络：综合部，联系人：张东武

电话：0431－81151161　138431113

传真：0431－81151159　81151161

邮箱：cjfwzx@126. com

地址：长春市朝阳区建设街2838号

邮编：130021

网址：http：//www. smejl. gov. cn

黑龙江省中小企业服务中心

（一）中心情况简介

黑龙江省中小企业服务中心（加挂黑龙江企业技术创新中心牌子）隶属于黑龙江省工业和信息化委员会，是财政全额预算拨款公益性事业单位，按处级事业单位管理，核定编制15名。办公地点分别在黑龙江省政府第二办公区和哈尔滨市宣化街412号，使用面积820平方米，其中办公用房9间（180㎡），会议室1间（60㎡），服务大厅580（㎡）。现有工作人员23人，其中：正处级和副处级各1名，正科级干部9名，副科级干部1名，一般干部3名，聘用人员8人。具有正高级职称5人，副高级职称6人，中级职称9人，初级职称2人。博士1人，研究生学历6人，本科10人，大专5人。

（二）主要承担的工作

1. 在全省范围内推广应用和实施国家级重大新技术，指导企业开展重大的新技术推广，接受政府和有关部门的委托整合社会资源为企业技术创新提供支持。

2. 利用我中心“黑龙江省技术创新网”，加强产、学、研之间的联合，促进科研成果向生产力转化，为企业提供政策法规，科技成果，技术需求，企业管理，市场营销，行业发展等信息服务。

3. 建立了“黑龙江省企业资源库”和“黑龙江省科技人才资源库”。以省内外高校、科研院所、大中型企业技术研发中心的专家、教授和科技人员为依托，成立了专家咨询委员会，为企业解决各种难题。

4. 为中小企业提供各种有效服务，如开展工业设计、技术研发、知识产权保护、信息化应用、产品性能和质量检测等工作；为企业提供各种信息服务。

5. 组织承办全省车用乙醇汽油推广使用工作。主要负责乙醇汽油宣传工作；组织技术培训和咨询服务；统计分析乙醇汽油的使用情况；协助工商等行政执法部门对市场运行进行监管；协调乙醇汽油在销售和使用过程中出现的相关问题。

6. 受省工信委委托开展全省优秀新产品评审工作，每两年组织一期评审工作，目前，已完成4期评审工作。

7. 开展全省企业技术工程中心的评审认定工作，协助委科技处对全省企业技术工程中心进行管理。

8. 协助省工信委开展黑龙江省中小企业科技成果推广应用奖评审工作。

（三）联系方式和网址

联系人：周大伟

电话：0451－82513238

传真：0451－82513238

Email：zdw29@163. com

网址：www. hljeis. com. cn

黑龙江省中小企业技术创新服务中心

（一）单位基本情况

黑龙江省中小企业技术创新服务中心（原黑龙江省乡镇企业技术开发中心）是1984年由原国家科委和黑龙江省编委批准成立的，为中小企业提供公益性服务的财政全额拨款的事业单位。按处级事业单位管理，核定编制15名，实有在编14人。下设3个部门：综合部、网络信息部、培训鉴定部。其中：高级技术人员4人，中级技术人员5人，初级技术人员和工勤人员5人。办公地点在黑龙江省工信委第四办公区大楼二楼，办公室7间，办公场所300多平方米。

（二）单位目前承担的主要工作

1. 网站信息服务工作。以中国中小企业黑龙江网（www. smehlj. gov. cn）为龙头，市（地）、县（区）分网为支撑，骨干企业网站为网点，面向全省中小企业、非公有制企业以及中小企业服务机构为重点服务对象的政府公益型信息网络平台。

2. 中小企业生产运行监测平台工作。2009年11月，按照国家工信部中小企业司关于建立中小企业生产运行监测平台的部署、受省工信委委托，黑龙江省中小企业技术创新服务中心承担全省中小企业生产运行监测数据收集、平台管理和数据录入工作。

3. 全国农产品（大豆）加工预警工作。2008年，经农业部乡镇企业局批准，中心成为全国农产品（大豆）加工预警项目承建单位。为农业部农产品加工所按时提供准确的大豆加工企业预警信息，为农产品加工企业提供及时的市场走势及价格浮动等信息

4. 技术推广和咨询服务。一是开发技术交流服务系统，为技术项目供求双方搭建平台。开发建设中小企业新技术新项目数据库，建立技术成果网上交易平台。二是积极开展科技成果推广服务，利用宣传资源优势，采取网络发布、开办和参加展会、搭建展厅等各种方式为企业提供科技成果推广服务，促进产学研对接。三是整合资源，积极开展技术咨询服务。联合大专院校、科研院所，组建专家组，根据企业实际需求为企业提供各种项目技术咨询服务。

5. 职业技能培训鉴定工作。

2004年经农业部乡镇企业局批准建立黑龙江省中小企业职业技能鉴定站，中心为原国家劳动部核准的22个农业工种五个等级进行职业技能鉴定。

（三）联系方式

电话：0451－53630946　0451－53637478－19

传真：0451－53630946

Email：53637478@163.com

网址：www.smehlj.gov.cn

鹤岗市中小企业服务中心简介

鹤岗市中小企业服务中心是按照国家工信部和黑龙江省工信委的总体要求，借鉴先进地区的经验和作法，结合鹤岗市中小企业实际，经市政府批准成立的市级综合性服务机构。中心定位于“鹤岗市中小企业之家”，面向全市中小企业提供一站式综合性服务，重点在“小企业催生、保姆式服务”两个方面发挥作用，以补充和完善各职能部门为企业服务缺失和断层问题。是我市集中解决中小企业共性需求、获取信息、提升素质、融资担保、人力资源、技术支持、法律服务等综合性服务平台，为全市中小企业平稳快速发展起到助推作用。

（一）基本情况

鹤岗市中小企业服务中心成立于2012年8月，是经市政府批准设立的综合服务性事业法人单位，位于鹤岗市南山区铁西路，隶属于市工信委。服务中心平台面积800平方米，其中：办公区300平方米，服务大厅内设培训中心及信息服务、融资服务、创业服务、投资合作、法律援助、政务服务等6个窗口和综合办公区。培训中心设有投影仪配套的音响设备，中心门前设有条形滚动字幕式电子显示屏，一楼大厅和6楼大厅设有大型电子显示屏等，办公设施配套齐全。

（二）主要职责

1. 贯彻执行国家和省有关中小企业和非公制经济（以下统称为中小企业）的法律法规和方针政策；指导、服务中小企业；研究提出扶持全市中小企业发展的政策，起草有关中小企业的地方性规章草案。

2. 贯彻执行国家及省的产业政策，研究拟定全市中小企业的发展战略和发展规划，指导和推进全市中小企业产业结构的调整，指导全市中小企业发展园区建设。

3. 监测、分析、预测全市中小企业运行态势，编制并组织实施中小企业近期发展调控目标和措施，协调解决中小企业发展中的重大问题。

4. 指导全市各类中小企业的改革、改组、改造，推进现代企业制度的建立；指导中小企业融资上市工作；促进建立和发展中小企业产权及相关要素市场，指导中小企业的股份制改造。

5. 对全市各种经济成份的中小企业实行宏观指导、协调和服务，规范企业行为；研究提出中小企业技术进步的政策，指导中小企业技术改造和新技术、新设备、新产品开发等工作；建立完善中小企业技术创新支撑体系，指导中小企业创新基地建设，推动中小企业信息化工作；参与指导、管理民营科技企业，向有关部门推荐、申报符合资格认定条件的民营科技企业和科技型中小企业创新基金项目。

6. 研究提出改善中小企业融资环境的政策措施，协调解决中小企业融资的有关重大问题；提出政府扶持中小企业资金的筹集、管理、使用建议，负责市级中小企业发展基金和市级财政对中小企业扶持资金的管理使用，并向有关部门推荐、申报其它相关资金项目。

7. 指导全市中小企业经营管理人员和职工的教育培训及人才、智力引进工作；指导全市中小企业外事、外经、外贸工作；组织中小企业开展国内外经济技术交流与合作；指导中小企业外资引进、利用工作。

8. 指导中小企业服务体系建设，建立和完善创业辅导体系，改善创业环境；协调落实中小企业获得政府采购份额的有关工作。

9. 配合有关部门做好中小企业环保节能、环境监测、安全生产、劳动用工、职业卫生、质量管理、社会保障等工作。

（三）内部机构及职能

服务中心下设“六部一办一中心”，即信息服务部，融资服务部、人力资源服务部、创业服务部、交流合作部、政务服务部、法律咨询服务部、综合办公室和培训中心。

1. 信息服务部。负责建立项目库，推介专家团为中小企业提供国家、省、市重点扶持项目申报系统的技术支持和服务，推介重点支持项目，为中小企业开发项目建设提供前期市场预测服务；负责设立中小企业服务热线，开展政策发布、咨询解答、企业投诉等服务工作；负责建立企业信息化体验中心，系统介绍各类信息化技术和产品，普及相关信息化技术，搭建信息化和产品供需桥梁。

2. 融资服务部。负责帮助企业拓展融资渠道，策划融资方案，寻找融资机构，协助融资谈判，落实抵押、质押或担保条件，实现融资贷款；负责为中小企业提供专业化的融资顾问、财务顾问、管理

顾问服务；其他融资业务。

3. 人力资源与创业服务部。负责开展各类人员工培训工作；负责组织企业进行用工招聘和人才库建设工作。

负责为中小企业提供有关项目建设前期咨询、立项和相关行政许可的申报，指导企业编制项目可研，定期发布工业和信息化投资指导目录和项目信息；负责企业入驻创业基地工作；为中小企业提供创业辅导、管理咨询、催生小企业等智力服务。

4. 交流合作部。负责发布技术供求信息，开展产学研交流活动。负责建立中小企业之间的技术交流、对接、合作平台，建立以对俄贸易为重点的中小企业经贸合作服务平台。

5. 政务服务部。负责发布政策信息，受理中小企业政策咨询和投诉求助，组织政企恳谈。负责与纪检监察部门联合组织“中小企业评议涉企部门”活动，优化经济发展环境。

6. 法律咨询服务部。与司法局合作，为中小企业提供民商经济纠纷、合同争议、知识产权保护法律咨询服务，优惠帮助中小企业维权和诉讼服务。

7. 综合办公室。负责综合协调本单位日常工作，负责本单位文电、会务、督查、档案、机要、信访、提案、保密、保卫、行政、后勤等工作。

根据服务窗口和实际工作需要，中心设主任1人，工作人员22人，大专以上学历为100%。

（四）发展目标

以电子信息技术为手段，以网络为平台，以知识管理为核心，有效整合各类社会资源，全面建设服务于中小企业的网络工作平台。为广大中小企业提供政策法律和技术经济信息咨询，项目合作服务，融资担保服务，国际交流/合作服务、人才培训/招聘、信息化建设、管理咨询诊断、新产品设计开发、市场开发/推广等信息资源和业务服务，建成具有综合性、开放性特点的一站式综合性信息服务系统。

将服务平台打造成贯彻执行国家及省、市关于中小企业的发展方针、政策和法律法规的中心；打造成研究企业发展战略、发展规划，研究企业发展中的问题并提出相应对策、建议和措施的中小企业之家；打造成推动全民创业，促进扩大就业，提供融资服务，改善企业运行质量，提供法律援助，保护企业及职工合法权益的职工活动之家。切实为企业解决实际问题，让企业得到实惠，最大限度地发挥服务平台的作用。

（五）服务基础条件

1. 服务场地。为满足中小企业快速发展的需要，按照国家和省工信委的要求，2012年鹤岗市中小企业服务中心承建了中小企业服务平台项目，项目已于2012年8月完工并运行。平台服务场所面积800平方米，其中服务大厅及培训室500平方米，办公区300平方米。服务大厅设立六个服务窗口，即信息服务，融资服务、创业服务、投资合作服务、政务服务、援助诉求服务、综合办公室。多功能培训室可容纳70人进行培训。

2. 服务设施。购置安装“窗口”服务所需的软、硬件设备59台（套）。主要用来满足网络接入、信息查询与发布、项目发布、产品展示、商务交流、培训等服务。

3. 人员设置及人员结构

主任：1人、工作人员22人。年龄结构：30岁以下3人，占12%，30岁以上的8人，占32%，40岁以上的6人，占24%，45岁以上的8人，占32%。知识结构：大专以上学历100%。

4. 合作资源。服务中心以不同的形式与相关中介机构合作，有6家金融机构、9家律师事务所、5家会计师事务所分别与中心鉴定合作协议。遇到重大项目，还可以咨询鹤岗市专家顾问组。除此之外，还广泛联系政府部门、大专院校、科研院所等，中心具备强大的技术业务后援。服务中心不仅拥有一支高级的管理人才和专业的技术人才队伍，并且有完善的激励机制，保证了服务中心运营发展的长期性和稳定性，为全市中小企业提供优质、高效的综合性服务。

齐齐哈尔市中小企业服务中心

齐齐哈尔市中小企业服务中心，是经齐齐哈尔市政府正式批准成立的事业单位，隶属于齐齐哈尔市工业和信息化委员会，是为中小企业、微企业及社会各界人士提供公益性服务的政府机构。

服务宗旨：整合一切资源，为中小企业提供全方位服务。

业务范围：信息服务、人力资源、融资担保、政府服务、交流合作、法律咨询援助、中介服务、扶持项目咨询、创业指导、商务代办、会展服务、企业并购、专家服务、项目对接等服务。

齐齐哈尔市中小企业服务中心分为服务窗口和办公场所两部分，服务窗口设在齐齐哈尔市党政办公中心的政务大厅内，包括：服务窗口和会议中心；办公场地包括：中心人员办公室和中心机房，主要有主任办公室、副主任办公室、办公室、财务室、档案管理室、信息处理部、技术支持部、金融服务部、综合业务部、外联部、培训中心等。中心实行主任负责制，设有主任1名、副主任1名、其他工作人员多名，均为大学以上学历。

在市委市政府的指导下，在市工信委的具体领导下，齐齐哈尔市中小企业服务中心联合政府相关部门，整合社会服务机构，搭建综合性服务平台，以市场化运作和信息化保障为手段，重点突出对中、小、微企业及社会各界提供服务的持续性、准确性、全面性。在企业的创业、发展、壮大的每个阶段，提供公益、免费的帮扶服务，推动中小企业的健康、快速发展，提升企业竞争力，帮助企业解决发展中的瓶颈，促生更多新企业，推动中、小、微企业成为我市经济发展中的重要力量。

佳木斯市中小企业公共服务中心

佳木斯市中小企业公共服务中心是经市政府批

准成立的综合类公益性事业单位，定位于“中小企业之家”，面向全市中小企业提供一站式、综合性服务平台。按照开放性和资源共享性的原则，为中小企业提供信息查询、技术创新、融资担保、政策法规、管理咨询、创业指导、市场开拓、人员培训和农机协作配套等服务，是集中解决中小企业共性需求的综合性服务中心。按照开放性和资源共享性的原则，为佳木斯市区内以及所辖十个县（市）区的中小企业提供信息查询、技术创新、融资担保、政策法规、管理咨询、创业指导、市场开拓、人员培训和农机协作配套等服务，是集中解决中小企业共性需求的综合性服务中心。

服务功能：佳木斯市中小企业公共服务平台建设以“政府引导、无偿服务、市场运作”为发展思路，最大限度地发挥政府服务功能和商业服务功能作用。在组建初期突出重点，按照总体规划、分阶段实施的原则，先行启动“信息网络、融资担保、人力资源、催生创业、农机协作、政务窗口、法律咨询”7个服务平台和18家中介服务机构，并逐步向“9+1”服务平台领域扩展，形成“以服务中心为主体，以中小企业协会和入驻中介部门为两翼，以各职能部门联动为助推”的多角度、多方位、多层次的运营模式。

主要职能：集中解决中小企业共性需求，中小企业反映诉求、获取信息、学习交流、催生企业、提升素质、融资担保、人力资源、技术支持、政务窗口、法律咨询等综合性服务，逐步建立超市式、全过程、系列化的服务体系平台，与有关部门联系向全市中小企业推介金融服务、创业指导和开展各类专业技术人员的培训服务，服务中心将成为企业家与政府的桥梁、企业与市场的纽带，为全市的中小企业健康发展起到助推作用。

需求服务程序：企业或创业者可以通过电话、书面和网络申请需求服务，本中心接到申请后协调办理登记服务手续，程序简便、快捷。

从事中小企业服务的26名工作人员均为大学以上学历，组成了一支高级的管理人才和专业的技术人才队伍。服务中心还广泛联系政府部门、大专院校、科研院所、授权投资主体等，具备强大的技术业务后援，为全市中小企业提供优质、高效的综合性服务。

伊春市中小企业服务中心

伊春市中小企业服务中心，成立于2005年1月20日，是隶属于伊春市工业和信息化委员会科级事业单位，单位性质为全民所有制事业单位，单位地址伊春市新兴西大街（伊春市行政服务中心一楼）。伊春市中小企业服务中心是伊春市中小企业综合性、公益性服务机构，现有人员23人，其中管理人员3人，技术服务人员20人。其中从事中小企业信息化服务技术人员、大专及中级以上职称人员19人，占全员比例78.3%以上。中小企业服务中心现在服务场，配套条件包括交通、供电、供热、通讯、通风、消防、环保、国际互联网络服务平台等设施条件齐备。

伊春市中小企业服务中心现有办公及服务场所500平方。服务中心实行主任负责制，设主任1人、副主任2人、高级专职网管1人，专业服务工作人员20人。中小企业服务中心现下设企业策划服务部、培训部、信息服务部、法律咨询和服务部、产业技术公共服务部，各业务部门负责相应服务业务。

项目实施前，伊春市中小企业服务中心依托伊春市工业和信息化委员会网站，伊春市行政服务中心网站，承担伊春市行政管辖区内的中小企业服务网络业务，到目前为止，为全市中小企业提供融资、信息等各项窗口服务100次，服务企业13000户，服务人数26000人次，为中小企业协调解决融资贷款累计8.5亿元，有力促进了项目建设的进程。

伊春市小企业服务中心是不以营利为目的窗口单位，可以为全市中小企业提供各项法律咨询、政策、技术等方面的综合服务，是伊春市政府指导联系和推动伊春市中小企业技术创新工作的纽带和桥梁。为促进全市中小企业的发展开辟了新的服务领域和强有力的支持。

目前伊春市中小企业7.9万户、规模以上企业183户和八大工业园区企业93户，伊春市中小企业和规模以上企业的创业和发展亟需解决整合服务资源、畅通信息渠道、改善经营管理、提高发展质量、增强市场竞争实力、实现创新发展等共性需求，需要在政务、创业、人力资源、信息来源、企业发展、创新与合作、财经服务、法律咨询和服务、金融、市场发展和公共技术支持等公共服务方面提供直接、全面、优质、免费的综合服务。

目前，伊春市为中小企业和规模以上企业提供综合服务的机构较少、能力较弱，而且没有专职的中小企业窗口平台。伊春市中小企业服务中心只有通过市工信委、伊春市行政服务中心、市科技局等网站，扶持市内少数企业，这些信息平台主要为规模以上企业提供研究开发等技术类服务，面向中小企业开展多方位、多种类的综合性服务还很不够。

伊春市中小企业窗口平台的建立，将极大地解决伊春市中小企业发展中的管理升级、产业升级和效益升级的问题，解决中小企业发展的难题，如企业管理、人才招聘、企业认证、专利代理、科技成果推广、工程项目咨询、财务会计审计、产品检测和计划统计等方面的实际问题。

“十二五”期间，是实现全面建设小康社会目标承前启后的关键时期，是深化改革、加快转变经济发展方式的攻坚时期，也是工业和信息化发展的加力提速期。加速建设中小企业窗口平台，对于保持全市工业快速发展的良好态势，提升工业发展水平，构筑现代产业体系至关重要。按照科学发展观和新型工业化的要求，依据《伊春市国民经济社会发展及生态建设第十二个五年规划纲要》，围绕调整和优化结构、进一步扩大总量规模、提高自主创新能力、实现可持续发展做好基础的窗口平台建设。

上海市中小企业发展服务中心

2010年11月，经上海市编制委员会批准，撤并原有的上海市小企业（生产力促进）服务中心和上海市小企业（贸易发展）服务中心，组建成立上海市中小企业发展服务中心。中心为市财政全额拨款的非盈利性事业单位，是本市专司中小企业发展的综合性服务机构。服务中心隶属于市经济信息化委，业务指导单位为上海市促进中小企业发展协调办公室。人员编制定为80名。

上海市中小企业发展服务中心体现为中小企业发展提供综合服务的特性，面向各种所有制、各行业中小企业，协助落实政府部门政策举措，发挥中小企业服务主渠道作用，引领各类社会服务机构为中小企业服务。

上海市中小企业发展服务中心的基本职责和主要任务是：推动政策落实、反映企业诉求、建设服务体系、提供公共服务。近年来，在市中小企业办直接指导下，服务中心做了大量服务工作，主要有：

1. 推动政策落实

自国家《中小企业促进法》颁布以来，国家和地方政府各个部门相继出台了一系列的扶持政策。服务中心组织人员收集整理中小企业各类政策，发布中小企业政策排片表；开通市级和17各区县中小企业服务热线，开通“中小企业诉求直通车”，受理中小企业个性化需求；开展中小企业发展资金的项目申报、初审和后期跟踪问效工作。

2. 建设服务体系

推动全市17个区县建立了中小企业服务中心，在各区县建立了中小企业服务联络员队伍，指导区县服务体系向乡镇街道、主要园区等延伸，与二十多个行业协会建立了合作服务机制，在本市100多个都市产业园区设有工作站，与40多个信息化软硬件供应商建立了战略合作伙伴关系，在17个区县设立了50多家中小企业信息化推进服务站，与本市十多个委办局和行业协会共建中小企业品牌建设推进委员会。

3. 提供公共服务

组织推进中小企业品牌建设；支持中小企业人力资源开发；开展管理咨询和法律援助服务活动；办好“上海中小企业”网、《上海中小企业信息速递》和《上海中小企业》杂志；帮助中小企业科技创新和产业升级；促进中小企业的经贸合作与国际交流，组织开展中小企业主题服务活动，组织企业参加中博会等展会；推进都市产业集聚发展；推进中小企业信息化建设；开展中小企业融资服务。

4. 反映企业诉求

服务中心建立了中小企业与政府部门、服务机构间的诉求传导机制。调研分析本市中小企业经济运行的基本态势和发展需求，对已有政策落实情况开展问效和评估，及时反映共性的困难和问题，反映中小企业关注的热点问题和新动向、新模式，并提出建议。

服务中心设立了咨询热线电话和专门工作窗口。及时反映和协调解决影响中小企业经营和发展的政策措施和工作环节，维护企业合法经营权利，帮助企业解决实际困难。

地址：上海市徐汇区大木桥路108号6楼
邮编：200032
电话：（8621）54521128，传真：64165939
网址：http：//www.ssme.gov.cn

上海市中小企业上市促进中心

2012年4月，经批准将原有的上海市小企业综合服务事务所变更为上海市中小企业上市促进中心。中心为市财政全额拨款的非盈利性事业单位，隶属上海市经济和信息化委员会。其主要职能是对本市中小企业经济运行和发展趋势进行监测、分析和研究，以及对拟上市中小企业进行改制培育服务等。

目前中心下设三个部门，分别为运行监测部、上市促进部和综合部。其主要职能包括：

1. 上市促进工作

通过开展“百家中小企业改制上市培育”系列公益培训活动，帮助企业及时了解和掌握资本市场的最新动态和规则；梳理和研究促进中小企业上市的相关政策和法规，做好政策咨询和协调服务；组建专家服务团队，对企业的改制上市工作进行专业指导等工作，引导和推动中小企业借助资本市场实现快速发展。

2. 运行监测工作

重点围绕“专精特新”中小企业、小型微型企业的运营情况和发展状况，在相关部门指导下，开展运行监测和统计分析工作，帮助协调企业困难问题，及时反映企业发展过程中遇到的共性问题。

3. 政策研究工作

收集整理国内外中小企业发展服务情况及政策法规，针对热点难点问题开展调研，前瞻性开展中小企业工作研究，提出相应政策建议。

地址：上海市徐汇区大木桥路108号7楼
邮编：200032
电话：（8621）64221590
网址：http：//www.ssme.gov.cn

江苏省中小企业发展中心

江苏省中小企业发展中心是江苏省经济和信息化委员会、省中小企业局、省乡镇企业局下属的全民事业单位。为全省中小企业发展服务。负责调研提出我省中小企业服务体系建设发展规划，为我省中小企业提供政策指导、创业导向、金融支持、对外交流、法律咨询、信息沟通及培训等服务。中心下设综合发展部、咨询培训部、对外合作协调部和研究室。

联系电话：025－83737871

地址：南京市广州路199号天诚大厦9楼
邮编：210009

江苏省中小企业协会

江苏省中小企业协会是经江苏省民政厅核准成立，并注册登记的、具有独立法人资格的社团组织。协会接受业务主管部门江苏省经济与信息化委员会（江苏省中小企业局）和江苏省民政厅的业务指导与监督管理。协会的业务范围：贯彻《中华人民共和国中小企业促进法》《国务院关于鼓励支持和引导个体私营等非公有制经济发展的若干意见》和《江苏省中小企业促进条例》，宣传国家和省扶持中小企业发展的政策措施，促进中小企业健康发展。引导中小企业遵纪守法，诚信经营，发展经济，提升职业道德，加强自律管理，承担社会义务；组织会员交流和总结发展经验，开展中小企业发展的理论研究和学术交流活动，提高会员综合素质和经营管理水平；为会员提供各种信息、培训、咨询、论坛、考察、市场开拓和经贸洽谈等多种服务；发挥纽带、桥梁作用，促进会员企业与政府部门之间、会员与高校和科研单位之间、会员与其他企事业之间，以及会员之间的沟通联系与广泛合作；维护会员企业和企业家的合法权益，反映中小企业建议、呼声和诉求。

地址：南京市西康路1－8号河海大厦2楼
邮编：210024
电话：025－83205664

福建省中小企业服务中心

福建省中小企业服务中心于2005年9月正式成立，是隶属于福建省经济贸易委员会的财政全额拨款的事业单位，是国家级、省级中小企业公共服务示范平台。

一、中心的主要职责

1. 宣传和贯彻落实国家和省有关发展中小企业的法律法规和方针政策，配合政府有关部门落实中小企业扶持政策，向政府有关部门反映中小企业情况，针对中小企业发展中的突出问题提出政策建议，为政府部门提供决策依据。

2. 协助主管部门对全省中小企业服务体系建设工作进行协调与指导，制定全省中小企业服务体系建设长期和阶段规划方案，提出年度服务体系建设工作重点，推动市县中小企业服务机构建设，对福建省中小企业公共服务示范平台和省级小微企业创业基地进行动态管理，构建全省中小企业社会化服务体系。

3. 联系和引导各类社会中介服务机构为中小企业的创立、生存和发展提供全面的社会服务，包括创业扶持、融资担保、技术支持、信息咨询、市场开拓、法律服务和人才培训等多方面、多层次的服务，在全省中小企业服务体系中发挥核心和引领作用。

4. 协助主管部门组织和协调为中小企业提供综合信息服务平台的规划与建设，建立健全面向全社会开放的信息服务系统，构建全省中小企业公共服务平台网络；受省经贸委委托，负责中小企业生产经营运行监测及分析工作；负责我省乡镇企业统计调查与信息直报工作。

5. 组织中小企业开展国内外经济技术合作与交流，促进国内外先进技术的推广应用；帮助中小企业拓展国内外市场。

6. 承办主管部门等交办的其他事项。

二、2012年中心主要活动及成效

1. 新增300家中小企业纳入工信部生产运行监测体系，目前共有500家左右的中小企业报送生产运行监测数据，开展中小企业生产运行监测培训会4场，培训企业468家，其中小微企业309家；同时免费开展3场中小企业服务年管理提升培训。

2. 开展了5场政策宣讲活动，共培训企业500多家，其中小微企业约占93%。

3. 编印1万册《中小企业政策问答》，赠送给中小微企业。

4. 组织了234家中小企业及108家服务机构填写《中小企业促进法》有关制度立法后评估问卷调查工作。

5. 组织300多家小微企业参加福建银行业小微企业金融服务宣传月主题活动，共有117家企业、25位个人分别与20家银行签订授信意向协议金额达26.1亿元。依托“福建中小企业融资服务网”共为387户中小微企业牵线搭桥，帮助中小微企业获得贷款52.7亿元。

6. 组织近100家中小微企业参加了第七届APEC技展会、全国农治会、第九届中博会等展会。

7. 在中小企业福建网、中心等网站发布各类信息近50000条，共收集企业反映的各类问题601个，已经协调解决586条，答复率为97.5%。

8. 协助认定45个示范平台和26个创业基地，组织示范机构赴港学习先进服务体系建设理念、经验等。

9. 牵头建设全省中小企业服务平台网络项目，承建省级服务平台，协调做好服务平台网络的顶层设计。协助组织各地经贸部门、服务机构赴浙江、山东等地学习服务平台网络建设经验。

电话：0591－88023380，88016036（传真）
邮箱：zxqyfwzx@fjetc.gov.cn
网址：www.fujiansme.com

江西省中小企业服务中心

一、概况

根据《赣府厅字〔1986〕488号》、《赣编办文〔2012〕31号》文件，江西省中小企业服务中心为江西省中小企业局管理的正处级全额财政拨款公益性事业单位。

二、主要职责

（一）在省中小企业局领导下，负责全省中小企业运行监测，预测预警运行动态，负责分析研究重大中小企业问题，为省局决策提供服务。

（二）在省中小企业局领导下，负责全省中小企业公益类教育培育工作，负责江西创业大学（公益性）日常工作，负责全省创业大学指导和服务，为打造全省一流的企业家和中高层管理队伍提供服务。

（三）在省中小企业局领导下，负责全省中小企业公共服务体系建设运营工作，负责建设运营维护省本级中小企业公共服务体系，指导规范帮助省以下中小企业公共服务体系建设运营，为改善优化全省中小企业发展基础环境提供服务。

（四）在省中小企业局领导下，负责全省中小企业信息化服务工作，负责建设运行维护省本级公共服务平台网络建设，负责指导服务省以下综合窗口平台和产业窗口平台建设运行，负责全省中小企业电子商务平台建设服务，负责指导帮助省以下中小企业电子商务平台建设，为全省中小企业信息化推进提供服务。

（五）承担省中小企业局交办的其他事项。

三、内设机构

根据上述工作职能，省中小企业服务中心内设5个科室（正科级）。

（一）综合科。负责文电、会务、机要、档案、人事编制、工青妇团等机关日常运转工作；负责机关财务管理、资产管理、车辆管理、工作接待工作；负责安全、保密、信访稳定等工作。

（二）运行研究科。负责全省中小企业运行数据库建设；负责监测分析中小企业运行，并进行预测预警；负责研究中小企业重大重点问题；负责产业分析平台建设运行维护。

（三）技术服务科（体系运营科）。负责全省中小企业服务体系运营工作，负责为中小企业提供人才、技术、融资、管理咨询等实体服务，负责整合服务资源，建设运行维护省本级中小企业服务体系，负责指导规范省以下服务体系建设运行。

（四）教育培训科。负责全省中小企业培训；负责江西创业大学日常管理；负责指导服务省以下创业大学。

（五）信息服务科。负责建设运行维护省本级中小企业服务网络平台；负责指导帮助省以下综合窗口服务平台和产业窗口服务平台建设运行，负责建设运行省本级中小企业电子商务平台建设运行维护，负责指导帮助省以下中小企业电子商务平台建设运行。

四、人员编制

省中小企业服务中心事业编制39名。其中，领导职数：主任1名、副主任2名；正科级5名、副科级5名。

五、部分表彰情况

（一）2011年“国家中小企业公共服务示范平台”（国家工信部）

（二）2011年“优秀综合服务机构”（中国中小企业发展促进中心）

（三）2009年“服务体系建设先进集体”（江西省中小企业局）

（四）省中小企业局创先争优“红旗党支部”（省中小企业局机关党委）

（五）2012年创先争优“先进基层党支部”（省直机关工委）

六、联系方式

地址：江西省南昌市高新大道8号
电话：0791－82136656；82136680
传真：0791－82136753
网址：http：//www.jx968969.cn/

新余创业大学

中小企业人才培养模式的成功探索。

江西省新余创业大学创办于2009年3月，是全国第一所公益性社会创业大学，四年以来，新余创业大学坚持以学员需求为导向，搞活办学体制，创新培养模式，不断总结、探索和完善办学新途径，开辟了我国企业人才培养新模式和政府公共服务的新方式，实现了为创业者引路、为企业家加油的办学目的。新余创业大学下设3个学院，共开设了20多个班次，其中两年期MBA班5个，在校企业家和创业学员共2200余人，累计培训企业各类人员8000多人次。通过学习培训，学员的视野、理念、素质等诸多方面都发生了深刻变化，创业的成功率明显提高。四年间，全校学员企业年实现经营收入突破120亿元，年实现税利超过15亿元，安排就业4万多人，主要经济指标年均增幅普遍在30%以上；有20家企业在全国同行业争得了第一或重要荣誉，有近百位青年创业者显露出了巨大的发展潜能和企业家的雏形。

新余创业大学的成功创办，赢得了领导、专家和企业的充分肯定。得到全国人大副委员长桑国卫、国家工信部、财政部和江西省委、省政府的充分肯定，是全国唯一一所列入国务院创业教育研究课题和中组部人才工作联系点的社会创业大学。经济日报、全国政协报、中国中小企业、江西日报等媒体先后进行了报道。

一、围绕学员需求，搞活办学机制，始终保持创大的生机与活力

一是实行“民办公助”的办学体制。新余创业大学选择了“社团登记、民办公助、走向市场”的办学方向，位于仙女湖九龙湾的新校园项目总投资近1亿元，全部是由民间投资完成。新余创业大学新校园有独特的自然风光和人文景观，不仅是企业家学习交流的平台，已逐步成为社会性、开放式的学习、观光、休闲的好地方。新余创业大学影响力不断扩大，正在成为区域性企业家的学习培训和交流与合作的好平台，广东东莞、广西梧州、湖北襄樊、湖南长沙等全国十多个地市领导带队前来参观考察。

二是面向社会选聘优秀师资。新余创业大学充分利用和整合社会优质教育资源，面向社会不拘一格选拔教师，而且全部实行聘任制，共聘请了50多位大学教授、企业家、银行和教育专家以及创业成功人士为客座教授和创业导师。教师虽然都不在编，但经验丰富、责任心强，深受学员喜爱。

三是根据实际需求设置班次。新余创业大学实行启发性教学、互动式教学、实践式教学，学员需要什么就教什么，办企业需要什么就教什么，带着问题学，帮着解决问题。针对企业家和创业者的实际需要，开设了普通创业班、创业强化班和创业成长班，并分行业开设了农业创业班、女性创业班、大学毕业生创业班、服务业创业班、融资担保班和小企业二次创业班等。与此同时，新余创业大学投入近百万元资金与江西财经大学、浙江大学联合开办了两年期MBA研究生班和企业高管研修班等。各类班次期期满员，学员学习积极性之高，学习成效之明显，超出了我们的预期。

四是免费培训树立政府形象。新余创业大学各类创业班全部免费，由市中小企业局自筹资金，这一作法与现实生活中还存在着向企业"索、拿、卡、要"现象相比形成明显反差，让所有的学员感动，他们非常珍惜学习机会，都表示要办好企业回报政府和社会。免费创业教育及免费服务为政府树立了良好的形象，增强了创业大学的公信力和吸引力。

二、创新培养模式，"教"与"扶"并举，探索出一条新型创业人才和企业家培养之路

新余创业大学既搞教育培训，又帮助学员解决实际问题，将解决问题作为教学任务，"寓教于扶，寓扶于教"，推出了"十项"服务措施，在全国率先建立起集"创业教育、创业服务、创业基地"三位一体的企业培育模式，显著提高了创业的成功率和企业的成长率。2012年以来就帮助学员解决各类问题160多个，帮助学员企业融资3.8亿元，为70多个学员购买了会计、法律、管理咨询等公共服务。

一是建立学员实训制。挑选10家管理规范、发展良好的优秀企业为"新余创业大学实训企业"；分期分批安排学员到这些企业中去挂职锻炼。

二是实行创业导师制。在全市聘请了30位企业、金融、教育和法律等方面的专家作为学员创业导师，每名导师负责指导3至5名学员创业，，使学员少走弯路。

三是开展结对帮扶活动。开展市内百家企业家与百名创业者"手拉手"结对帮扶活动，实行以大带小、以老扶新、以强助弱。

四是组建专家服务组。组建"决策与管理"和"文化与品牌"两个专家服务组，深入学员企业现场指导，为创业者和中小企业"把脉会诊"并现场释疑解难。

五是建立创业孵化基地。创建多个小企业创业基地，为学员创业项目提供孵化服务，为初创业学员解决土地、厂房等问题。

六是打造融资服务平台。市局充分利用政府公共服务资源，先后成立、引进和整合了专门为创大服务的信用担保公司、小额贷款公司、风险投资公司，并与多家银行签订了融资协议，到目前，累计解决各类融资达12亿元。

七是举办"创业沙龙"活动。每半月举行一次"创业沙龙"，请来学员代表、专家、银行及担保机构负责人、法律顾问等相关人员，围绕一个学员企业进行全方位分析研讨，提出解决问题的具体方案，让所有参加沙龙的人激发智慧，并受到教育和启发，还先后请来了多位市委、市政府领导全程参与，"创业沙龙引入教学"起到了其它教学方式不可替代的作用。

八是购买公共服务。市中小企业局通过政府购买服务的方式，每年与市内有实力的法律、会计事务所签订为学员企业服务的协议，免费为学员开展"会计与法律"服务。

九是开展技术服务活动。新余创业大学联合市产品质量检测中心、江西赣锋锂业公司、新钢公司技术中心等，为相关学员企业开展产品检测、新产品开发、技术咨询等服务。

十是开展年度表彰活动。每年开展"十佳创业之星""十佳学习标兵""十佳创业女性"和"十大爱心学员"等评选等活动，激励学员学习和创业的热情，表彰爱心学员，培养学员的社会责任感。

"投之以桃，报之以李"。通过创业培训和服务，学员的管理水平和创新能力明显提升，他们更加注重走内涵式发展之路，更加重视企业文化与品牌建设。据对100家学员企业的统计，四年来这些企业的主营业务收入、利税平均年增幅分别为26.6%和25.9%，均高于全市中小企业的平均水平；而且人才和员工流失率仅为1.2%；品牌价值增幅更为明显，品牌价值在5000万元以上的有11家，过亿元的有4家。江西赣锋锂业公司董事长李良彬是创业大学MBA班最早的学员，现在成为创业大学最受学员喜爱的客座教授之一，他率领他的团队致力于打造世界一流的锂电企业，于2010年8月成功在深圳证券交易所挂牌交易，登陆中小企业板，成为中国锂业企业第一家上市公司。

三、改进管理方式，干部积极参与，打造昂扬向上的校园文化

机关干部亲自参与。我们市中小企业局将服务创业大学作为服务中小企业的一个主要载体，全局机关干部积极投身创业大学工作，都在创业大学兼了职，有的兼处长、有的当班主任，有的热心教务工作、有的忙于后勤服务，真心实意为学员企业服务，通过"零"距离服务，干部亲身感受到了学员创业的艰辛，并从中增长了服务企业的本领，同时与学员这间建立了深厚的感情。现在学员普遍尊称机关干部为"老师"，全体干部在服务学员中体会到了工作的乐趣和人生的价值。

学员以自我管理为主。新余创业大学制定了以"三大纪律、八项要求"为主要内容的校纪校规，各班实行班委会负责制，学员管理以班级为主。如为保证上课纪律，实行乐捐制度，缺课的学员要乐捐，乐捐款用于班级开展活动。

打造丰富的校园文化。新余创业大学之所以能保持长久的活力，主要是因为建立了内涵丰富、生动活泼的校园文化。新校园不仅有独特的自然风光，而且有着浓厚的文化氛围。为打造特有的人文精神，新余创业大学成立了学员联谊会、创业研究会、学员俱乐部、文体兴趣小组等学员活动组织，经常组织异地教学、自驾游、企业参观互访等活动，丰富了教学内容和文化生活。新余创业大学还创办了《新余创业大学报》、《新余创业大学校园网》等校园媒体，让学员有了属于自己的文化陈地和交流平台。

联系方式：0790－6442147　0790－6420676

网址：WWW. xycydx. cn

江西省钨与稀土研究院

江西省钨与稀土研究院建成以来，坚持“服务经济发展”第一要义，按照“国内领先、世界一流、国际互认”的发展目标，抢先机、抓创新、谋跨越，走出了一条与国内先进技术同步、向世界一流水平迈进的跨越式创新发展之路，为服务地方经济发展和产业转型升级做出了新贡献、取得了新成效。目前，研究院已建设成为一个为全国钨与稀土企业提供产品检测、标准制定、技术研发、成果转化、教育培训和信息服务等为一体的多功能技术服务平台，在帮助企业提升产品质量与科技附加值，推动产业结构调整与转型升级等方面发挥了重要作用，被国家商务部、国家工信部分别评为“全国优秀公共服务平台”和“国家中小企业公共服务示范平台”。

（一）概况。江西省钨与稀土研究院是于2009年9月经江西省机构编制委员会批准成立的具有独立法人资格的事业单位。主要从事钨与稀土及其它有色金属资源综合利用及其深加工产品的应用开发和研究；承担钨与稀土及其它有色金属产品委托检验；承担国家、地方和行业标准的制（修）订；研究相关产品质量检验技术方法；为钨与稀土产业发展和进出口贸易提供技术平台；为政府行政部门对资源配置、开发、利用和可持续发展决策提供技术支撑等职能等。

研究院位于“国家新型工业化产业示范基地”、“国家科技兴贸创新基地”、“国家火炬计划特色产业基地”、“江西省省级钨和稀土产业基地”的江西省赣州市国家级经济技术开发区内，实验室面积5000多平方米，配备了包括ICP－Mass、ICP、激光粒度仪等一批具有国际先进水平的大型仪器设备。通过国家级认证的检测能力有19类80个产品278个参数，通过省级认证的检测能力有120个产品1292项参数，检测能力和关键检验项目的能力和水平达到国内领先水平，服务范围覆盖了国内几乎所有的钨稀土主产地及美国、英国、日本等20多个国家和地区，已经成为赣州对外提供优质服务的窗口和名片。

研究院建设了多个功能实验室，引进了博士3人，硕士17人，教授和高级工程师4人等一批高素质人才，在稀土新能源应用研究、钨稀土二次资源综合利用研究、稀土深加工应用研究等邻域开展研究。目前，研究院主持省部级和地方科研项目30多项，获得省、市科技进步奖各1项，通过省、市科技成果鉴定各1项，申请国家发明专利2项，发表科技论文20余篇。参与验证国家及行业标准18个，制定省级地方标准13个。

研究院还获批建设“钨与稀土采冶及深加工技术国家地方联合工程研究中心”、“国家离子型稀土资源高效开发利用工程技术研究中心”、“全国稀土标准化技术委员会离子型稀土工作组”等国家级平台；建设“江西省钨与稀土工程技术中心”、“江西省稀土标准化技术委员会”、“江西钨与稀土产品质量司法鉴定中心”、“江西省离子型稀土工程技术研究中心”等省级平台，以及“赣州市有色金属学会”等服务平台，具备了检验检测、科技研发、技能培训、标准制（修）订与信息咨询等多种服务功能。

（二）检验检测。为了满足国内钨与稀土企业产品快速增长的检测需求，研究院近年来先后投入资金2000余万元，持续不断的购置先进检测仪器设备，扩大产品的检验检测范围。目前，研究院检测能力不仅覆盖钨、稀土、铜铝、氟盐化工等多个江西支柱产业，还涉及锌、镍、钴等几十种其它有色金属产品，以及地矿、土壤、水质等样品的检测分析。与此同时，研究院还非常注重检测能力的提升，不仅在钨、稀土原矿及冶炼加工初级产品的检测上做到精益求精，还在精深加工中高端产品的检测上打造了系列“拳头检测项目”和“精品检测参数”，形成了“你无我有、你有我新、你新我优、你优我特”的服务能力。特别是研究院连续几年多次参加的全国重点实验室国际能力验证中，每次的测定结果和能力评价均为满意，是少数验证结果全部为满意的实验室，它标志着中心的检测能力、技术团队、管理体系和软硬件设施等均已达到国内外先进水平。

为了避免中小企业投入大量资金进行重复性的实验室建设和设备购置，研究院面对企业全面开放实验室，使研究院成为众多钨、稀土企业自己的“工厂实验室”，在原材料进厂把关、质量控制、产品出厂检验、市场交易等方面享受最为快捷高效和价格低廉的检测服务，每年仅此就能为中小企业节省设备购置资金及产品检测费用5000余万元。研究院还对一些重点企业专门建立了检测数据库，对企业的杂样、个样从检测标准、检测方法、检测试剂都单独进行技术攻关，使钨、稀土企业不出赣州就能解决检测方面所有的“疑难杂症”。目前，研究院已为2500多家企业提供优惠检测服务30万多批次，减免企业检测费用4000多万元，节省企业重复购置检测设备和实验室建设资金约1.3亿元。

（三）科技研发。为了服务钨、稀土产业转型发展和企业技术改造与产品升级等科研需求，研究根据需要重点在新型能源、新型功能材料以及资源的高效综合利用、循环经济、节能环保等方面开展研究，现已建成新型能源研究室、新材料制备研究室、循环经济研究室、环境保护研究室、标准研究室等5个研发实验室，在锂动力电池研究、二次资源综合回收利用及循环经济技术研究、合金材料制备、检测新方法研究及标准制修订等方向开展了科学研究，每年为钨与稀土企业解决生产领域关键性技术难题50多项，创造经济效益近亿元。

研究还十分注重与科研院校的交流与合作，先后与清华大学分析测试中心、上海交大、中南大学、南昌大学、江西理工大学等院校签订了战略合作协议书，与北京有色金属研究院总院、湖南稀土金属材料研究院、广州有色金属研究院等科研单位建立了开放共享的综合性研究平台以及人才培养与交流平台，共同开展与钨、稀土有关的前瞻性、原创性、互补性和长期性的应用型研究与科研合作。同时，研究还先后邀请了10余名国内科研院校的专家到赣州考察调研和现场指导，为赣州钨与稀土企业“把脉、问诊、医病”，解决钨、稀土企业技术难题及瓶颈问题。

（四）标准服务。在标准研制服务上，研究院针对稀土产业链的延伸和产品的更新换代而导致检测方法严重滞后的现状，聘请了30多名来自高等院校、科研院所、重点企业和质检机构的知名教授、高级工程师等稀土领域权威专家，成立了“全国稀标委离子型稀土矿工作组”、“江西省稀土标准化技术委员会”等标准化服务平台。同时，中心还专门组建了标准研究室，参加国家标准制定与验证项目18项，牵头开展《稀土陶瓷刀》《钕铁合金化学分析方法》《钐钴永磁合金粉化学分析方法》等20多个产品标准和检测方法标准的研究，其中，5项标准已经被作为江西省地方标准颁布实施，8项标准已作为江西省地方标准予以立项。

（五）信息服务。在信息咨询服务上，研究院通过建设专业网站形式，向钨与稀土中小企业提供专业技术信息、市场信息等产业最新前沿信息咨询服务。目前，研究院的技术标准数据库、市场交易信息数据库、企业信息数据库、科研成果及文献资料数据库，专利信息数据库等都在紧锣密鼓的建设中，涵盖了赣州有色金属产业从采掘、冶炼、应用到研发的完整产业链的所有信息，并已经取得初步成果。目前，“钨与稀土标准体系及信息服务系统”和“专利服务系统”已实现了对外服务功能，免费为企业提供钨与稀土标准信息、产业信息、科研信息、市场信息等10万多条，提供国家和行业标准3000多份，有效地提高了相关企业利用产业前沿信息进行技术改造、产品升级的效率与质量。

（六）培训服务。在技术培训服务上，研究积极探索菜单培训、订单培训、网络培训多种方式，通过技术比武、知识竞赛、专题研讨等多种形式，在质量管理体系、技术标准方法、检测技术开发、生产工艺改进等方面组织了20多次企业技术骨干培训，为企业培训一线生产和检测技术人才2000多人次。研究院还邀请了有色金属产业的相关专家与学者300多人，举办了3期稀土方面的研讨会，就加强赣州在稀土科研与应用方面的研究，推动技术创新，突破制约产业升级的核心技术、关键技术、共性技术等方面展开了研究讨论，提出了许多建设性意见和建议。

检测电话：0797－8308020
科研电话：0797－8086486
办公室电话：0797－8081528
网址：www.wxt.gov.cn

鹰潭市生产力促进中心

（一）单位基本情况

鹰潭市生产力促进中心是具有独立法人资格的副县级公益服务性事业单位，主要工作职能是：充分利用市内外科技资源，运用现代信息与网络技术，为市政府及其科技主管部门进行科技、经济与社会发展重大决策和战略规划提供科技信息咨询和调研服务；为企业和其他社会经济组织提供科技与经济信息、科技及其产业化咨询和科技立项申报代理等服务。重点在扶持中小企业技术创新、培育高新技术产业、促进科技成果转化、推进产业化等方面开展多种形式的科技服务工作。

中心现有固定资产366.137万元，资产负债率8%。自2007年以来，共投入近651万元进行铜产业公共平台的建设，其中地方政府投入98万元，单位投入83万元，创新基金补助资金70万元，其它协作投入400万元，实现技术服务收入63万余元，上交税金近2万元。

中心现有员工26名，外聘两名技术人员，其中高级技术职称4人，中级技术职称9人，初级技术职称8人，专业技术人员占员工总数的81%，拥有服务场地1300平方米，配置了3台24口网络交换机、1台16口网络交换机、1台基于IP语音交换机、3台专业服务器、4台笔记本电脑、23台台式电脑等电子设备，已纳入协作的铜产品研发与检测仪器设备69台件、铜产品模具设计与加工仪器设备10台件。中心在开发新产品、技术转让和科学技术研究方面具有优势，能够为企业提供多方面的技术服务，特别是铜产业公共信息服务。同时，中心拥有相关专业技术人员较多，年龄结构相对合理，具备较强的专业技术知识、工作经验和业务能力，在人才储备与服务功能保障上具有优势。

中心充分发挥自身资源优势，创建了鹰潭铜产业公共服务平台，并以平台为基础对中小企业积极开展政策与市场、科研与技术等系列信息服务活动，取得了较好的社会效益和经济效益。参与完成了鹰潭市新材料产业化基地建设规划的前期调研和《鹰潭市铜产业发展规划》编制工作，并组织专家为我市铜工业企业进行技术培训、企业技术诊断和技术难题攻关指导等技术服务工作；先后承担了江西首批窗口服务平台建设项目“鹰潭市铜产业窗口服务平台”、国家科技创新基金铜平台项目“鹰潭市铜产业共性技术研发平台”、商务部“铜平台铜产业公共技术服务项目”、“江西省制造业信息化示范市工程”等多项国家、省部级科技计划项目实施工作，为企业提供科技项目申报等各类技术信息咨询专项服务1000余项次。

（二）平台主要服务业绩及对区域经济和中小企业健康发展的贡献

鹰潭铜产业公共服务平台既是全市中小企业服

务体系的基础平台，也是中小企业提供各类服务的工作手段。平台的建设，充分发挥了信息技术和互联网络的快速方便和海量存贮的优势，将各类为中小企业服务工作与信息化紧密结合，更好地促进我市中小企业健康有序地发展。

近年来中心服务企（事）业单位500余户，服务达1000多项次，先后举办高校与企业科技对接会、铜产业发展形势分析会19期，组织专家深入企业开展技术诊断和咨询服务120多人次，有力促进了铜产业的快速发展，2010年鹰潭铜产业实现收入突破1000亿元，是江西省设区市中首个“千亿元产业”。同时中心积极做好各类项目的设计、策划和材料包装等服务，先后为企业申报国家科技部科技型中小企业技术创新基金项目50余项，国家发改委、工信部技改、省市科技支撑计划等项目近百项，获国家、省无偿资助经费达3261万元（其中国家无偿资助经费2180万元）。开展了铜产业技术攻关课题103项，其中列入省部级攻关课题60项，荣获各级科技进步奖项27项。有力促进了我市科技型中小企业的技术创新。

（1）信息服务。建成开通的中国铜产业网，容括了“铜产业新闻、资源信息、行业检测、铜产业贸易、铜产业数字图书馆、专家库、信息库、科技金融入园、产学研合作”九大栏目，收集信息3000余条，30万多字；鹰潭市铜业研究会专页“最新公告、研究会动态、机构与会员、学术交流”四大栏目，收集信息30余条，1万多字，鹰潭市铜业信息与科技咨询服务系统容括了“鹰潭市生产力促进中心简介、平台简介、项目申报须知、项目受理中心简介、项目指南、发展规划与政策法规、服务咨询机构简介”七大栏目，收集信息30余条，1.5万多字。总体上建成了以“中国铜产业网”及其数据库为核心的鹰潭市铜业经济技术信息咨询服务系统，并对外提供信息服务。网站开通以来服务人次达15126人次。

（2）信息推介对接服务。通过与江西理工大学、市内相关单位合作，中心面向市内铜企业组织开展了信息对接服务。近年来先后举办了主题分别为“铜产业项目”“节能技术”“知识产权网络培训平台”等信息推介会多期，召开产学研对接活动多次，铜企业管理及技术人员活动参与三百余人次。

（3）项目信息咨询服务。中心组织专业技术人员，建立规范的管理制度和服务规程，为全市企事业单位申报市本级科技计划提供技术信息咨询服务，为申报省以上科技计划提供网上申报服务，累计服务企业500余家，服务项次达1000多次，组织专业技术人员，为全市企事业单位申报项目提供技术咨询信息服务，2012年实现服务收入29.35万元，实际获得项目支持总金额达3261万元，代理成功率67%，这些项目的立项和实施取得了较好的经济与社会效益。

（4）科技入园、科技金融入园信息服务。2011年鹰潭市生产力促进中心被江西省科技厅列为首批科技金融入园的试点单位，中心已经鹰潭市高新产业园区内租用了场地，添置有关软硬件和服务设施，建立了科技金融服务中心，积极为企业项目的实施提供全程的跟踪信息服务，及时的掌握企业项目的执行进度、执行成果及其它企业在研的项目，做好项目验收相关服务，确保市中小企业项目服务得到顺利实施，同时开展了科技金融服务信息活动，先后对我市多家中小企业开展信贷评级进行了调研，为省科技金融担保公司为我市中小企业融资提供依据。

（5）信息宣传、交流服务。中心与鹰潭市文化事业发展中心签订合作协议，共同推出“鹰潭科技天地”栏目，重点做好全市铜产业企业服务，通过制作铜产业企业专题节目，积极宣传铜产业企业发展动态、科技创新、产品信息等服务，截至2012年底共制作节目15期。

在进一步加大在报刊、网络等媒体的科技宣传力度的同时，进一步发挥政府行政协调作用，中心与主管部门创办“鹰潭科技动态”月刊，全方位地营造科技创新的浓厚氛围，大力促进我市铜产业等特色优势产业发展。现月刊发行已经开办了5年，共出刊60余期。

通过铜产业科技创新研究会，同鹰潭市铜企业加强联系，开展技术交流和研讨，组织高校专家深入企业开展开展技术诊断和咨询服务60余人次。举办了以“创新基金申请须知”、“低碳技术与材料产业发展研讨暨成果展示会”等交流活动。

联系电话：0701－2165128

传真：0701－2165123

网址：www.zgtcy.com

樟树市中药服务平台

樟树市中药产业服务平台的承建单位是江西中药生产力促进中心，成立于2004年6月，位于中国药都樟树，其前身是我国26家重点中成药生产企业，有着36年技术开发史的江西樟树制药厂中药研究所整体改制而成，是民办非企业单位，是江西省唯一一个为中小中药企业提供中药新药及中药保健品的研发、中药材种植、中药检测、中药提取新技术、技术咨询服务、培训服务、信息服务等的公共服务平台。本服务平台管理先进，体系完整、实力雄厚，设有行政人事部、信息服务部、中药研发部、质量检测部、项目注册部、培训部等六个部门；服务场所面积达3000余平方米，其中技术开发场所2000平方米，技术培训面积1000平方米，技术开发和信息服务设备仪器100台套，现有员工110人，其中拥有博士、硕士学位人员3人，高、中级技术人员15人，大专以上学历人员55人，大专及中级以上职称人员比例达66%。团队先后承担完成了国家863计划、国家重大科技型中小企业创新基金项目、国家火炬计划等多项科技计划项目，具有较强的技术开发能力和服务企业的经验，自2006年起连续五年被评为樟树市科技局先进单位。2009年9月被国家科技部认定为国家级示范生产力促进中心，2010年被国家科技部评为优秀国家级示范中心，

2010～2012年连续三年被江西省科技厅评为科技人园先进单位。

一、平台特色

（一）专业化的服务

本平台专门为中小企业提供中药新药及中药保健品的研发、中药材种植、中药检测、中药提取和中药制剂新技术服务、技术咨询服务、培训服务、信息服务等专业化特色服务。

（二）先进的运营模式

1. 本平台开展的服务业务内容是：中药新药开发，保健食品的研发，制药新技术推广应用，技术创新，中药经营项目咨询，中药栽培及饮片炮制，中药标准提取物研究，中药检测等。

2. 本平台服务功能定位：通过孵化器、交钥匙工程为中药中小企业提供技术、咨询、培训等服务。提升企业技术创新能力，减轻企业开发成本，共享高新技术成果，提高企业产品科技附加值，增加社会就业。

3. 服务平台已建立服务规范，实行服务标准、服务流程、服务功能、服务收费和服务办理时限“五公开”，建立健全了服务质量、服务客户回访、服务评价等管理制度，培育服务品牌。服务平台通过有效运用共享资源，完善服务功能，提供有市场需求的优质服务，实现自身可持续发展。

（三）整合资源、完善服务机构

本平台整合现有的中药种植加工技术性能测试评价平台、中药新产品开发及技术推广平台、中药保健品工程技术研究中心、中药产业集成及企业创新信息化服务平台等资源，利用中心5000平方米的研发场所及微波萃取设备、膜分离设备、中药提取机组、三效节能浓缩罐、喷雾干燥机组、超微粉碎机组、微波协助萃取机组、质谱仪多能提取设备、降膜浓缩设备、原子吸收设备、高效液相色谱仪、气相色谱仪、紫外分光光度计等100多台套先进的提取分离、制剂设备和分析检测仪器应用于中药新产品开发。

根据园区产业集群特点中心联合中国中医科学院、北京中医药大学、中科院药用植物研究所、湖南中医药大学、江西中医学院、江西省药物研究所、江西中医学院、南昌大学、江西师范大学、宜春学院等多家高等学院及研究所合作，为平台科技创新提供技术、人才支持，平台拥有20名专职从事中药新产品研发工作且具备20年以上研发经验的高级专业人才服务质量有保障。

二、平台服务成效

（一）平台为企业开发的中药新产品情况

为了提升中小中药生产企业的自主创新能力和产品的科技含量，本平台先后为100多家中小企业研发了156个中药新产品，其中获中药新药证书和生产批件40个，保健食品生产批件23个，食品、卫生用品、医疗器械产品等产品生产批件93个。

（二）平台为企业提供的中药制剂技术服务情况

为帮助企业提升中药技术创新能力，平台先后与中国中医科学院、北京中医药大学、中科院药用植物研究所、湖南中医药大学、江西中医学院合作，进行了中药凝胶剂、中药滴丸、中药软胶囊剂、中药擦剂、中药贴膜护肤品等现代中药制剂的研究，采用提取—浓缩耦合技术、陶瓷膜分离技术、蒸汽动力泵双效浓缩技术、微波真空干燥技术、超微粉碎技术、沸腾干燥技术等先进的中药提取和制剂技术为企业提供中药提取和制剂技术服务，提高了中药制剂的技术含量、产品质量和附加值。

（三）产品检测服务情况

目前，国家规定对部分中药材中铅、砷、汞等重金属检测指标及DDT、六六六等农残检测指标进行限量控制，而测定上述各项指标的仪器—原子吸收光谱仪和气相色谱仪价格昂贵，很多中小企业买不起，更不会操作，针对这一现象，服务平台利用已有的检测设备，为企业提供检测服务，每种药材检测仅收取成本费用。现已为江西省1000多家中药材种植企业（户）和樟树市中药城200多家药材经销企业进行中药材检测5000多批次，中药产品检测1000多批次，为企业减少检测费用100多万元，产生了很好的社会效益和经济效益。

（四）平台种植技术推广服务情况

为提高中药材种植企业（户）的种植技术水平，服务平台分别在樟树市昌傅镇和新干县大洋洲镇建立了两个总面积为2000亩的符合GAP要求的中药材种植基地，专门为需求企业提供中药材优质种子、种苗，提高了中药材的产量和质量，并提供专业的中药材种植技术服务，服务企业和种植户数量达200多家。目前已为樟树扩大中药材种植面积2万亩，新增中药材种植户537家，为樟树中药产业的发展提供了优质的中药材资源。

（五）平台为企业提供的信息咨询服务情况

本平台信息咨询服务项目为：信息平台、门户网站、公众网站、商务平台、技术支持、数据中心、互助平台、管理平台、设计平台等，信息平台服务功能强大。本平台以信息技术提升传统产业的自主创新能力，从信息资源、企业决策、企业管理、产品设计、企业协作、企业营销和服务等方面提升企业自主创新能力，为中药生产企业提供低成本低风险的信息化全面解决方案，目前已为全省1000多家中药企业提供了信息服务。

（六）平台为企业提共技术培训服务情况

服务平台拥有一支由2个博士生、5个高级工程师组成的富有教学经验的师资队伍，技术培训场所面积达1000平方米，技术书籍2000册。专门为中小中药生产企业提供中药材种植、中药炮制、中药提取、中药制剂新技术等方面的技术培训服务，目前已为樟树市200多家中药企业提供了技术培训服务，共计2472人次，提高了企业的人员素质。

（七）平台为企业提供科研项目申报服务情况

为提升中小型中药企业的科技创新水平，增强企业的自主创新能力，平台利用承担过国家重大科技专项863计划项目、国家火炬计划项目、国家重大创新基金项目的申报和实施工作的丰富经验，多次与企业合作或帮助中小型中药生产企业申报国家和省级科技项目，目前本平台与企业合作承担科研项目56项；其中：国家项目26项，省部级项目

30项。

平台建设单位：江西中药生产力促进中心

电话：0795－7161675

网址：http：//www.jx968969.cn/2703326003651/2712164487659/index.html

河南省中小企业发展服务中心

一、概况

河南省中小企业发展服务中心是根据河南省机构编制委员会办公室《关于河南省工业和信息化厅所属事业单位清理规范意见的通知》（豫编办〔2012〕313号）的文件精神，由原省技术交流站（省中小企业技术创新服务中心）、省乡镇企业造纸产品质量监督检验站（省中小企业技术服务中心）和省中小企业信用担保服务中心合并成立的全省综合性中小企业服务机构，中心已于2013年2月组建完成。隶属于河南省工业和信息化厅。

二、主要任务及目标

河南省中小企业发展服务中心主要工作任务：在省工业和信息化厅的领导下，为中小企业提供创业辅导和投资融资、贷款担保、产权交易等方面的金融服务；为中小企业提供技术支持、人才引进、人员培训、网络平台建设等方面的人才和技术服务；为中小企业提供市场分析、成果转让、经济运行监测、对外合作、展览展销等方面的市场运营服务以及企业维权和政策法规服务。

专项业务服务方面，一是做好产品质量检验检测及计量器具的检定工作。在全国范围内开展纸及纸制品质量监督检验；质量仲裁检验与鉴定；质量委托检验；新产品样品委托检验；产品技术标准委托验证试验；政府委托产品质量监督检验；检测技术方法与标准手段研究；承担农业系统造纸企业升级、升级残品检验和产品质量分等分级检验，为企业提高和改善产品质量提供数据和技术改进措施；纸产品继续使用性能与条件评价；相关技术培训、技术指导与咨询服务等质量监督与检验工作；积极向有关部门和领导反映纸及纸制品质量信息及技术标准执行情况；随着中心不断向前发展，中心还为中小企业提供检验检测、质量管理、人员培训等公共服务。二是努力开展职业技能鉴定及培训工作。为更好开展中小企业各类人才技能培训服务工作，中心在全省建立了48个工作站和16个技能培训基地，并统一配置部分仪器设施。针对不同人员的需求提供对口培训，并对各类职业技能开展鉴定服务工作，已取得了较好地效果，深受广大中小企业从业人员的好评。三是建立中小企业公共服务平台。为使我省中小企业健康快速发展，根据《关于促进中小企业公共服务平台建设的指导意见》（工信部联企业［2010］175号）、《河南省工业和信息化厅关于开展省级中小企业公共服务平台认定工作的通知》（豫工信〔2010〕330号）精神，按照全省中小企业公共服务平台建设总体方案，河南省中小企业发展服务中心（原河南省中小企业职业技能鉴定指导中心）认定为河南中小企业技术服务平台（《河南省工业和信息化厅关于公布2010年度河南省中小企业公共服务平台名单的通知》（豫工信〔2010〕658号））。具体承担省平台的运营工作。为中小企业提供研发设计、试验试制、检验检测、共性技术推广、知识产权服务、质量管理、设备共享、信息咨询、人员培训等公共服务，在解决中小企业共性需求，畅通信息渠道，改善经营管理，提高发展质量，增强市场竞争力，实现创新发展等方面发挥示范带动作用。四是承担2012年河南省中小企业公共服务平台网络建设工作。在我省搭建中小企业公共服务平台是落实促进中小企业发展的扶持政策，成为沟通政府与中小企业之间的桥梁与纽带，实现服务平台网络各节点资源共享、服务协同的核心枢纽。平台的建立将为我省中小企业提供综合性服务，并确保实现：为企业服务达到每年开展服务不少于5000项/次；开展各种项目的服务对接不少于50项；每年完成为我省造纸企业提供产品质量的检验检测服务不少于100家；每年达到完成1万人次的各适用项目的培训；利用金融服务平台每年为100家企业提供融资服务，并实现为我省中小企业提供信用担保100亿元。

联系电话：0371－65721132

通讯地址：河南省郑州市红专路98号

网址：http：//www.hnzxzx.org/

中国中小企业河南网

河南中小在线信息服务有限公司是根据国家发展和改革委员会发改办企业〔2004〕1465号文件的要求于2004年9月成立的政府公益性网站（中国中小企业河南网－www.smehen.gov.cn），隶属于河南省工业和信息化厅。具有独立法人资格及从事相关服务的资质和能力，是经工业和信息化部认定（豫工信〔2010〕658号）的国家中小企业公共服务示范平台。网站隶属于工业和信息化部中小企业司政府门户网站体系，坚持政府公益性网站的办网原则，目前已建立市、县分站169家，建成面向41万家河南中小企业及广大网民提供免费信息查询、自助信息发布、培训、企业服务、人才招聘及在线咨询等服务的综合性公共服务平台。

一、主要职责

（一）担负着国家中小企业公共服务示范平台和省级信息化服务平台的建设及维护工作，并为全省41万家中小企业及社会公众提供免费信息查询、自助信息发布、法律、在线咨询及网络融资等公共服务。

（二）负责全省中小企业统计分析及重点中小企业运行监测工作。对全省中、小、微企业进行基础数据统计和分析，并印发中小企业统计月季年报刊物，初步建立中小企业统计、监测分析和定期发布制度，为各级政府制定相关政策提供依据。

（三）负责河南省企业服务网的建设和运行维

护等工作，保障网络的安全平稳运行。

（四）负责各级工业和信息化部门门户网站的后台管理及技术支持工作，并承担中小企业统计系统、双百企业直报系统等14个厅相关处室业务系统的管理维护工作。

二、发展现状

根据中小企业关注的热点和需求，开设一级栏目102个，二级栏目246个，为企业提供政策法规、办事服务、行业要闻、安全环保、行业标准等资讯以及最新研究、市场行情、会展信息等最新动态信息，还整合资源建立了中小企业统计分析、中小企业生产运行监测平台、专项资金申报、工业能源利用监测与信息管理、担保机构业务监管报送系统、自助信息发布等十余个公共服务平台。

目前，平台每天发布各类信息达3000余条，上万家中小企业访问网站，日均点击率稳定在25万次以上，ALEXA国际排名稳居全国省级中小企业网站前列，企业库收录的企业信息达9万余家，注册的企业会员数已突破22万家，已成为河南省最具代表性的中小企业公共服务平台集群之一。

平台下设办公室、信息采编部、技术培训部、融资服务部、市场开发部等5个部门，人员24人。其中大专及以上学历占总人数的100%，主要管理人员和技术人员均为相关专业本科及以上学历，拥有中级及以上技术职称专业人员比例占80%以上。平台拥有固定的服务场所和必要的服务设施及设备，租用网通百兆光纤，累计购置19台高性能服务器、4台交换机、2台网络防火墙、1套入侵监测系统和磁盘阵列、服务器负载均衡、若干办公电脑等设备承载网站内容管理系统、中小企业统计、企业服务网、双百企业直报、融资性担保业网上诉求及协同办公系统、网络融资等各类应用系统。以保证平台安全、稳定、高效的运转，为中小企业各类服务的开展提供更强有力的支撑。

联系电话：0371－65749597
地址：河南省郑州市红专路98号
邮编：450008
网址：www.smehen.gov.cn

湖北省中小企业服务中心

湖北省中小企业服务中心于2003年经省中小企业发展局批准成立，属自筹自支事业单位。中心资产总额4280万，服务场地2100平方米，现有工作人员35人。下设技术服务部、信息服务部、综合服务部、融资服务部、培训服务部、综合服务部、办公室等部门；服务中心是面向全省中小企业进行信息服务、创业辅导、融资担保、人才培训、技术创新、企业诊断、市场开拓及节能减排等的综合性公益型服务机构。被工信部认定为“国家银河培训工程湖北培训机构”和“国家中小企业公共服务示范平台”；被湖北省人民政府表彰为“湖北省就业创业先进单位”；被湖北省经委授予“湖北省中小企业综合性服务示范机构”和“中小企业服务体系建设示范单位”；是中国中小企业信息网发展服务联盟的常务理事单位、湖北省中小企业协会理事单位、湖北省信息协会理事单位和湖北省中小企业服务联盟的牵头单位。

武汉市企业信息化推进中心

武汉市企业信息化推进中心是武汉市经信委下属专司企业信息化推进工作的事业单位。“中心”现有各类人员26人，全部为大专以上学历，设有研发部、推广部、网络部等业务部门。“中心”技术力量雄厚，服务设施齐备，建设运维“武汉工业物流信息化服务平台”和“武汉企业信息化云服务平台”，并组建了武汉中小企业信息化服务联盟，为数千家中小企业提供了信息化相关服务，在我市工业企业中享有盛誉。“中心”先后被省、市经信委认定为中小企业服务体系示范单位，并被授予“湖北省中小企业信息化共性技术研发推广中心”和“湖北省‘两化’融合试点示范单位”。

武汉市中小企业服务中心

武汉市中小企业服务中心是武汉市经济和信息化委员会（武汉市中小企业发展局）直属公益性事业单位，其主要职能为：为中小企业提供创业创新、融资担保、管理咨询、技术推广、协作配套、人员培训、信息交互、事务代理等对接服务。

武汉市中小企业服务中心现有各类人员35人。大专以上学历占94.3%。其中研究生学历7人、高中级专业技术人员15人。“中心”作为公益性服务机构，拥有多年服务企业经验，目前已与包括融资服务、管理咨询、法律服务、技术服务、产品设计、企业培训和会展策划等215多家专业服务机构结成中小企业服务联盟，整合社会资源，为武汉地区中小企业提供各类专业化服务。具有较强的服务资源整合力、公信力和号召力。

武汉市中小企业服务中心先后被国家工信部认定为“国家级中小企业公共服务示范平台”、“国家银河培训工程武汉培训机构”、“全国重点支持的创业服务机构”；被湖北省经济和信息化委员会（湖北省中小企业发展局）确定为“中小企业服务体系建设示范单位”和“流程材料过程优化控制系统研发推广中心”，被中国中小企业协会评选为“中国中小企业创新服务先进机构”；现为APEC中小企业服务联盟中国委员会副主任单位、全国中小企业服务中心联合体副主任单位。

孝感市翔业中小企业服务中心

孝感市翔业中小企业服务中心成立于2007年9月，注册资本200万元，位于孝感市长征路241号，于2011年3月被国家工信部认定为首批“国家中小企业公共服务示范平台”。现有服务场所面积1700平方米，入驻中介机构15个，工作人员21名，其中本科毕业生9名，专科毕业生10名。

今年以来，孝感市翔业中小企业服务中心以公共服务平台为载体，以中小微企业为主要对象，开展了系列服务活动。

一是举办了培训咨询活动。共举办咨询培训活动6场次，参加企业480家，其中小微企业320家；人员730余人。

二是开展进企业对接服务。组织进企业接洽会7场次，帮助解决资金、用工、降耗、营销等问题10件，资金3000余万元，5家企业用工550余人。

三是开展信息服务，推进信息化与工业化融合。承办了孝感市2013年信息化与工业化深度融合推进会，特邀工信部信息化研究与促进中心主任周剑博士作专题讲座。

宜昌市中小企业服务中心

宜昌市中小企业服务中心。是经宜昌市编委批准成立的全民所有制事业单位，现有人员20人，其中大专以上人员占90%以上，是全市中小企业综合服务机构。2006年被授予全省中小企业服务示范机构，是全国中小企业服务中心联合体成员单位。

根据工信部和湖北省经信委关于建设中小企业公共服务平台的统一要求，以及宜昌市电子政务办关于建设中小企业服务平台的安排，宜昌市中小企业服务中心，于2011年开始制定《宜昌市中小企业公共服务平台建设方案》，并正式启动了平台建设。2012年9月，市政府常务副市长宋文豹和市经信委主任陈敏仁为宜昌市中小企业公共服务平台揭牌。现建设有窗口服务大厅，包括窗口服务区、呼叫应答区、信息化体验区、信息发布与培训中心等四大功能服务区及配套服务设施。建成网络服务平台并投入使用，主要功能有信息咨询、创业辅导、项目招商、人才培训、信息化集成服务等服务功能，开通融资服务、电子商务、产学研、工商税务财务法律、工业设计等在线咨询及在线撮合系统。窗口大厅服务面积1000平方米，培训中心服务面积300平方米，提供的服务功能不少于15项，每年组织服务中小企业达到1000户以上。

湖南省中小企业服务中心

成立于2004年12月30日，为湖南省经济委员会直属事业单位。中心业务职能：向政府有关部门反映中小企业情况，配合政府有关部门落实中小企业扶持政策，依法维护中小企业合法权益；为中小企业的创立、生存和发展提供信息指导、投融资指导、人才培养、技术支持、创业辅导、市场开拓、咨询、培训等方面的信息与服务；受湖南省经济委员会委托，联系行业和社会服务组织为中小企业提供服务。

中心成立于2004年12月，是湖南省经济和信息化委员会直属事业单位，总资产8.4亿元，拥有中小企业服务基地1个，固定服务场所4处，总面积达1.7万平方米。2010年至2012年省经信委将省企业技术创新服务中心和省企业经营人才培训中心归并到中小企业服务体系中，与省中小企业服务中心整合资源开展业务。中心目前共有员工42人，设有综合部、融资服务部、平台建设部、教育培训部、创业辅导部、网络技术部、信息技术推广部、技术咨询服务部和节能技术推广部9个部门。法人代表：王曙

联系人：张青

联系电话：0731－88955411

地址：长沙市天心区新韶路467号

邮政编码：410015

单位网址：www.smehn.gov.cn

湖南省企业技术创新服务中心

成立于2002年，现有编制15人，是湖南省经委的直属二级事业单位，是为推进湖南省中小企业技术创新的服务机构。

中心主要工作：推进湖南省中小企业技术创新，新技术推广，加速提高湖南省中小企业的竞争能力，促进湖南省中小企业产业结构调整和升级，帮助中小企业提高市场预测和快速反应能力，提高管理水平，为中小企业技术创新、信息化建设，有效的组织和利用各种社会资源，创造良好的技术支撑环境；为中小企业的发展，提供科技成果、政策法规、行业发展趋势、人力资源、技术培训等多种服务工作。

中心推广应用了“CAD”“PDM”“数控技术”“变频调速”“电机无功补偿”“振动焊接”等技术。组织开展各种技术培训和技术咨询活动，开展技术合作交流，推动市场前景好、技术含量高、经济社会效益显著的技术向我省中小企业转移和扩散。是中国技术创新湖南信息网的建设和承办单位。

法人代表：王曙

地址：长沙市天心区新韶路467号

邮政编码：410015

联系人：喻小明

联系电话：0731－88955412

单位网址：www.hncti.com.cn

湖南省中小企业信用与担保协会

湖南省中小企业信用与担保协会成立于2005年12月，经省民政厅批准，省经济委员会主管，由湖南省境近百家机构和从事与信用担保业务相关的单位及从事信用担保工作的有关人士自愿结成的群众性非营利性社会组织，是依法注册登记的行业社会

团体法人。协会现由蒋志方同志任会长，张宇同志任秘书长，现有会员单位近100家。

本协会的主要业务范围：引导本会会员自觉遵守党和国家的方针、政策、法规、恪守职业道德、履行社会责任；制定、组织实施信用担保行业行规、行约，建立健全行业自律机制；反映会员的要求和意愿，维护会员的合法权益；开展中小企业信用与担保理论研究和学术探讨，促进信用与担保资源的开发、利用和共享；促进会员之间，会员与有关事业、企业等单位的协作，组织会员与境内外同行业的合作与交流；为本会会员单位提供政策法规、科技创新、国际合作等信息、咨询和培训服务；联合有关信用评级机构，开展对担保机构和中小企业的信用评级工作，提供信用升级服务；接受政府有关部门委托，开展有关活动。

法人代表：蒋志方

地址：长沙市五一大道351号省政府机关二院机关印刷厂5楼506室

邮政编码：410008

联系人：陈浩

联系电话：0731－88641798

单位网址：www. hnrzdb. com

湖南省中小企业协会

湖南省中小企业协会成立于2012年10月，由省经济委员会主管，是依法注册登记的行业社会团体法人。协会现由傅雪梅同志任会长，谢剑锋同志任秘书长，现有会员单位近500家。

省中小企业协会的主要业务：发挥中小企业和政府之间的桥梁作用，协助政府及主管部门宣传贯彻促进中小企业发展的法律法规和方针政策，及时反映中小企业的建议和要求，为政府决策提供科学依据；收集和发布中小企业所需要的各种信息，提供信息咨询、人才培训、管理提升、投资融资、技术支持、市场开拓、法律援助、创业指导等服务；组织开展中小企业发展理论研讨和高层论坛，研究探讨共同关心的重大问题；推介典型，表彰先进，组织开展中小企业发展经验交流；推动中小企业之间、地区之间、中小企业与大企业之间以及国际国内多种形式的交流与合作；维护中小企业和企业家的合法权益；推动诚信建设，引导中小企业诚实守信，积极承担社会义务；承办主管部门及有关部门委托的各项工作。

法人代表：傅雪梅

地址：长沙市天心区新韶路467号

邮政编码：410015

联系人：宋持健

联系电话：0731－88955408

广东省中小企业服务中心

广东省中小企业服务中心是依据《中华人民共和国中小企业促进法》，经广东省机构编制委员会办公室批准，于2002年12月挂牌成立的中小企业综合服务机构，是省财政核拨经费的事业单位，直属广东省经济和信息化委员会。广东省中小企业服务中心内设办公室、经信活动科、项目推广科、信息技术科、培训交流科、企业服务科、物业管理科、老干后勤科、财务科等九个科室，共有编制47人，80%以上为专业技术人员，其中，高级职称员工5人，中级职称员工12人，大专以上学历员工46人。主要职能是：为中小企业开发新技术、新产品提供信息、资金等方面的咨询服务；推广先进、成熟、适用技术，促进中小企业的技术创新；联系和引导社会各类中介机构为中小企业提供服务。

在广东省经济和信息化委员会的领导下，广东省中小企业服务中心认真贯彻落实国家“十二五”中小企业成长规划，结合广东实际，充分发挥省级中小企业综合服务机构的各项功能和优势，不断完善广东省中小企业服务体系，为促进广东省中小企业平稳健康发展服务。近年来，广东省中小企业服务中心获得了工信部认定的首批99家“国家中小企业公共服务示范平台”，广东省经济和信息化委认定的“广东省中小企业公共服务十佳单位”、广东省中小企业局认定的“广东省中小企业综合服务机构示范单位”“广东省中小企业培训示范机构”等荣誉称号。

广东省中小企业服务中心负责广东省中小企业公共服务平台网络省级平台建设、广东省中小企业生产经营运行监测平台的运行和维护等工作，是广东省小微企业服务机构联合会执行委员会主任单位。每年协助省经信委开展各类展览展示等经信工作，为广大中小微企业提供技术创新、人才培训等公益性服务。

联系电话：020－83353339

网址：www. gdsme. com. cm

地址：广州市连新路11号

广东省中小企业发展促进会

广东省中小企业发展促进会（以下简称促进会）于2005年12月28日成立，以“服务社会、服务企业、服务政府”为宗旨，着力构建中小企业社会化服务体系，搭建政府、企业与社会之间的桥梁，整合社会资源，在服务的过程中不断促进政府发展、推动体制改革、推进社会进步。

自成立以来，促进会成功组织策划了各类面向全省中小企业服务的大型活动，如岭南商道、中小企业服务日、工商领袖峰会、中博会高峰论坛、投融资峰会、成长型上市培育班、工业旅游等，得到了政府、企业与社会的高度评价，并迅速成为系统内举办各种活动频度较强、活动质量较高、影响力较大、市场化程度较高的社团组织。

促进会累计连续举办5届珠三角工商领袖、投融资、国际咨询等大型论坛，轮回举办中小服务日活动10余场，举办岭南商道论坛80多期，各种小型培训活动百场以上，培训服务中小企业10万之多。促进会还创造了参会免费的会展经济模式，成为华南地区举办各种活动频度最强、活动质量较高的协会，并迅速成长为省内最具影响力的社会团体之一，具有策划组织大型活动的资源、经验和能力，推动华南地区会议经济的发展。

促进会所做的工作，是愿意成为一道桥梁，沟通政府、企业和社会，并实现一个使命：做一个让人尊敬的新型社团，使社团工作成为一份备受社会尊敬的职业，努力使企业家成为最受尊重的社会群体。未来，促进会将秉承一贯的服务宗旨，沉淀资源，聚集能量，塑造文化，开辟疆野，创建更多无形无境的桥梁。建立优秀社团文化，打造优秀团队，成就优秀的社团组织，继续“汇集智慧、相伴成长”。

联系方式：

电话：020－83484768

传真：020－83484400

邮编：510030

地址：广州市越秀区建设大马路3号大院（省委党校）45栋6楼H房

网址：www. gdsme. org

广东省民营企业合作交流协会

广东省民营企业合作交流协会（Guangdong Associationfor Cooperationand Exchangesof Private Enterprises，缩写GACEPE，简称民企会）是在政府鼓励发展中小企业服务机构，助力民营经济发展的形势下应势而生。为了更好的服务广东省民营企业、中小企业，在广东省民营经济发展服务局具体指导下，并经民间组织管理局批准成立的社团组织。目前企业会员总数达四千多。

服务领域主要有以下内容：

高端企业培训：帮助广东省企业提高管理知识，促进与国内外企业间的交流与学习。与国际知名商学院——长江商学院联合开办（粤商领军企业总裁班），学制一年半。

国际合作和国际关系：与意大利、巴西、阿根廷、印尼等多个国家的商协会组织建立友好联系，致力于服务广东省的经济活动体，提升该地区的国际知名度和影响力，促进双边合作。

具体实施项目如下：

与意大利意中基金会合作开展粤意中小企业高管人员培训合作项目（GIT项目），推荐20多家广东企业与意大利企业对接，并组织一对一互访驻企学习，充分发掘对方的优势和互补性，取长补短。该项目得到广东省委书记胡春华认可，被意大利外交部评价为中意合作的品牌项目。

开展广东民营企业家考察活动，并与巴西巴中商会、智利商务部进行项目对接，使广东企业对海外市场有了更深的了解，对中小企业开拓南美新兴市场非常有帮助。

产业集群和竞争力中心：搭建全球大数据网络，促进广东省产业集群、民营企业和竞争力中心的全球化。开展电子商务应用巡回培训，并挑选试点企业进行重点培育，组织专家团队进驻试点企业进行一对一的服务，为企业提供个性化运营策略与策划方案。

投融资：为国际投资商提供个性化的解决方案，落实其在广东省的投资和进驻计划，举办大型投融资论坛，为企业出口推荐最佳融资方案，帮助其赢得国际公开招标项目。

具体实施项目如下：

与瑞士富德林咨询有限公司、意大利Gianni，Origoni，Grippo，Cappelli&Partners（GOP）开展海外并购、公司法和商法、房地产和商业合同等方面的业务合作，并开设推介会深度讲解中小企业走向海外市场面临的跨境投资的财务、法律及税务结构等问题，向有实力和有意向在海外拓展市场的企业提供配套服务，鼓励中小企业走向海外。

经贸交流：组织境内外经贸、资本市场考察、培训、投资项目洽谈会、各类专题高峰论坛、讲座等活动；组织企业参加国内外各类大型展会，为会员单位争取企业、产品进行项目对接及品牌推广宣传机会。

政策咨询：开展政企高峰对话，与政府有关部门直接面对面交流、解读政策，向政府反映企业实际问题和困难，寻求政府支持和帮助。为企业提供产业发展、资金扶持、项目申报等政策、信息、咨询方面的服务，争取国家和广东省项目扶持基金。

出口：为广东省企业的出口发展以及进驻国外计划提供量身定做的服务。

电话：020－83057662　83057663

传真：020－83057162　邮编：510030

协会网址：www. gdmqh. org. cn

邮箱：gdsmqh@163. com

QQ群号码：160024664

地址：广东省广州市越秀区北京路374号之二瑞安广州中心11层1107—1108

广西中小企业网

中小企业网是《中华人民共和国中小企业促进法》颁布以后，国家建立的专门为中小企业提供信息服务的网络平台。中小企业网全国联网，国家有中国中小企业信息网（www. sme. gov. cn），各省、自治区有各自的中小企业网，部分市县也有中小企业网，目前中小企业网已经形成一个庞大的服务中小企业的信息服务体系。

广西中小企业网（www. smegx. gov. vn）是广西壮族自治区工业和信息化委员会服务中小企业的门户网站，2008年2月28日正式开通运营，开通至今，得到中小企业管理部门以及广大中小企业的好评。

主管单位：国家工业和信息化部中小企业司

广西壮族自治区工业和信息化委员会

广西壮族自治区中小企业局

承办单位：广西中小在线信息服务有限公司

广西中小企业信息网自开通成立以来，一直围绕全区中小企业开展信息服务工作，2012 年主要做的工作：

1. 网站信息采编，按时按质完成工作

经过五年的建设，广西网的信息采编发布流程逐步的完善，信息发布流程经过不断总结改善，现在，在中小企业心目中创造了“广西中小企业服务第一平台”的品牌形象，构建了“政府背景、五年经验、三支团队、一个数据库”的重要广西中小企业服务资源，并形成了“网站（广西中小企业网）+刊物（《桂企快报》手机报/邮件/微刊、《广西融资快讯》邮件/微刊+活动（中小企业融资创新论坛、中小企业融资开放日、信息化巡展/培训活动、中小企业座谈会、企业调研等）”三位一体的立体信息服务体系，组建了一支专业的信息体系建设和服务队伍，担负着“传递中小企业扶持政策、捕捉中小企业资讯商机、帮助中小企业开拓市场、提供中小企业公共服务”等重要使命，是政府与中小企业沟通的信息桥梁。从 2008 年 7 月网站正式上线到今日截止，共采编发表 4 万篇文章，发表专题文章 6 千篇。2012 年平均每天上传信息约 50 条，及时发布公告通知、中小企业相关政策法规、北部湾新闻、东盟资讯，成为及时传达政策到中小企业的窗口，为中小企业广西的发展做指导。在全国中小企业网评选中，获得过“2010 年度中国中小企业信息网组织工作优秀奖”“2012 年度中国中小企业信息网优秀新闻采集奖”提名等荣誉。

2. 建立多种信息采编渠道，完善信息服务

五年时间，广西网建立了多种信息采编渠道，信息资讯及时丰富。每天定时按量按质在全国各网站上收集中小企业关注的新闻、政策信息，第一时间发布给中小企业。主要信息来源媒体有：国家中小企业网以及全国各兄弟中小企业网；中华人民共和国政府网以及国家各部委网站；广西政府网、广西各政府厅局网站，以及广西 14 个地市政府网站；广西新闻网、广西日报、南国早报、南宁日报、南宁晚报、桂林晚报、柳州日报等。

3. 开通运行微博和微信平台

为给中小企业提供更全面的服务，广西网陆续开通了官方微博和微信公众平台，并每天持续更新内容，已在区域中小企业之间形成良好的品牌效应。

4. 重点打造服务平台

广西网为了更好地为各中小企业解决答企业贷款、企业资金申报等问题，本着为中小企业提供“最快捷、最方便的咨询服务”理念，2012 年，我网正式设立了网络在线客服人为广大中小企业答疑解惑，解决企业的很多盲点，做到有问必答，即问即答。以“让企业融资变得简单”为已任，以打造帮助中小企业迅速找到资金的金融信息服务平台为定位，将金融、互联网、电子商务相结合，整合中小企业的融资政策和渠道，集约化受理中小企业融资请求，为企业提供融资咨询、融资比较、融资设计、融资撮合等多层次个性化服务，建成集政府、银行、担保、小贷、典当、保险、创投、风投为一体的新金融服务模式。截止 2012 年底，广西融资在线已有融资合作伙伴 26 家，融资产品超过 80 个，接受区内中小企业来自客服电话咨询、网上在线咨询、企业当面拜访咨询共 17356 次，正式受理企业申请 432 笔，涉及金额 13.2 亿元，申请企业覆盖全区 14 个市及各个行业，以小微企业为主，资金需求从 2 万元到 1 亿元不等。

5. 多种多样的服务活动

2012 年 3 月 16 日，融资服务平台在线改版上线，开通企业在线融资申请服务，开始受理企业融资申请，为企业开展融资咨询、融资比较、融资设计、融资撮合等服务。

2012 年 5 月 2 日，与广西国税，广西地税，中国银行广西分行等合作的“税贷通”产品正式发布，广西网作为这个产品的网上唯一指定受理渠道，接受企业对该款产品的申请。

2012 年 5 月 21 日，开通“融资商学院”栏目上线，至此，广西融资在线拥有“融资产品”“融资政策”“融资商学院”“融资专题”“常见问题”五大栏目，从政策传达、资讯传递、在线辅导、产品推介、电话分析等多方面服务及指导企业开展融资工作。

举办 2012 年 9 月 28 日，泛北部湾中小企业融资创新论坛在第九届中国－东盟博览会上成功举办，这次论坛由广西融资在线与广西北部湾股权托管交易所联合组织承办。

2012 年 12 月 21 日，泛北部湾私募股权投资研讨会成功举办，研讨会探讨了广西股权私募投资的发展；帮助中小企业股权（私募）融资成为广西融资在线 2013 年重点工作之一。

2012 年 12 月 25 日，“个人经营贷产品”栏目上线，接受个人经营贷款业务申请。为以个体工商户为代理的微型企业开通网上融资服务通道。

2012 年 12 月 26 日，“股权融资”栏目上线，接受企业股权融资意向申请。

6. 继续发展区域电子商务

广西网今年还开通了广西中小企业网子商务平台（桂商网），经过一年多的运行，目前在各大搜索引擎的“广西电子商务”关键词排名靠前，下一步将作为广西网的重点服务平台推出，打造成广西中小企业本地电子商务主流服务平台，同时为区域中小企业提供电子商务服务。

广西中小企业网由广西中小在线公司负责运营和维护，公司地址和联系方式如下：

会员热线/云建站热线：

0771－5884905/5884904

融资热线：0771－5888480/5888481

信息化咨询服务热线：18077106605

传真：0771－4967508

地址：广西南宁市石柱岭二路 4 号（广西工人报社）207 室（邮编：530031）

编辑部投稿邮箱：tg@ smegx. gov. cn

企业服务邮箱：smegx@ smegx. gov. cn

广西中小企业联合会

经广西壮族自治区工业和信息化委员会审核，自治区民政厅批准，广西中小企业联合会于2009年2月25日正式成立。

广西中小企业联合会是由广西中小企业自愿组成的非营利行业性企业社团，会员以工业企业为主，兼顾其他行业企业。本会宗旨：合作共赢，做强做大。具体表现为：坚持以邓小平理论和“三个代表”重要思想为指导，全面贯彻落实科学发展观，全心全意为会员企业服务，以实现整合资源，共谋发展，推动广西中小企业持续健康发展为目的，遵照国家法律、法规，参照国际规则，维护会员企业合法权益，进行行业自律和管理，加强企业诚信体系建设，促进广西中小企业的持续蓬勃发展，提升广西中小企业市场竞争能力、自主创新能力和自我发展能力，提高会员企业经营管理水平，针对会员企业提出的建议和要求而开展各项活动，并在政府等单位与会员企业之间发挥桥梁和纽带作用，为会员企业开拓国内外市场和加强国际交流与合作提供有效服务。

该会以围绕推动广西中小企业持续健康、快速发展为总体目标，开展以下业务：

1. 协助政府宣传贯彻《中华人民共和国中小企业促进法》、《国务院关于鼓励支持和引导个体私营等非公有制经济发展的若干意见》和自治区政府关于促进中小企业发展等相关法律、法规和政策；

2. 研究和探讨广西中小企业发展方向、目标、体制、政策、管理等理论和实际问题，调查了解并反映中小企业的建议和要求，为政府决策和制定政策提供建议和依据；

3. 为广西中小企业提供创业辅导、企业诊断与管理咨询、投资融资、技术支持、企业信息化、人员培养与人才引进、对外合作、展览展销和法律咨询等服务；

4. 维护广西中小企业和中小企业家的合法权益；

5. 促进广西中小企业与政府、金融、工商、税务等有关部门的交流沟通，帮助广西中小企业融资贷款、招商引资、增资扩股、寻求担保和申请政府专项扶持资金，帮助中小企业拓展市场，协调解决会员企业相关问题，促进企业相互间的交流与合作；

6. 组织推广广西优秀中小企业发展经验，开展评选、表彰、宣传优秀中小企业活动，促进广西中小企业品牌建设与自主创新工作；

7. 通过中小企业诚信体系与信用体系建设，引导广西中小企业守法诚信，遵守国家法律法规，提升职业道德，加强行业自律，积极承担社会责任；

8. 编辑、出版、发行会刊和年鉴等出版物；

9. 在政府委托和指导下，开展广西中小企业资质与资格认证，开展中小企业管理升级、中小企业信息化建设等业务；

10. 承办政府主管部门及有关部门委托的其它工作。

2012年联合会会员企业达到594家，其中会长单位1家，荣誉会长单位2家，常务副会长单位11家，副会长50家，理事单位85家、普通会员单位445家。

地址：南宁市双拥38号广西国际金融投资大厦8楼
邮编：530023
秘书处电话：
0771－5883811、5802377、5851369
传真：0771－5802379
电子邮箱：gxsme888@163.com

广西壮族自治区乡镇企业培训中心

广西壮族自治区乡镇企业培训中心，于1986年经自治区人民政府批准，由自治区编委确定编制，定为正处级事业单位，编制15人，财政全额拨款。系原自治区乡镇企业管理局直属单位。

2003年4月，广西壮族自治区乡镇企业培训中心，获得国家安全生产二级培训机构资格。2004年11月23日，经农业部人事劳动司审查批准，获得“农业行业特有工种职业技能鉴定站”资质证书。

2004年，由于机构改革，撤销广西壮族自治区乡镇企业管理局，归广西壮族自治区经济委员会建制，是广西壮族自治区经济委员会直属二层机构。

2010年，自治区党委、自治区人民政府对自治区人民政府个别机构进行调整，设立自治区工业和信息化委员会，为自治区人民政府组成部门。原自治区经济委员会（自治区中小企业局）的职责划给自治区工业和信息化委员会。原自治区信息产业局的职责划给自治区工业和信息化委员会。自治区工业和信息化委员会增挂自治区中小企业局牌子和广西壮族自治区乡镇企业局牌子。广西壮族自治区乡镇企业培训中心归为自治区工信委直属二层机构。

培训中心现有干部职工10人（在职10人、退休9人）。其中具有研究生学历2人、大学本科学历3人、大专学历4人及高中学历1人；高级职称1人、中级职称5人及高级技工职称1人；教师相关专业有法学、机械制茶、食品工程、电子声像、工业自动化、电子商务及计算机应用等，并且具有丰富的教学经验和专业的管理能力。

百年大计，教育为本，企业发展，人才第一。广西壮族自治区乡镇企业培训中心自成立以来，牢固树立为机关、为企业服务的思想，根据广西中小企业适应现代经济转型的需要，积极承担中小企业培训服务的责任和义务，努力创新培训服务的方式方法，拓展培训空间和培训内容，取得了显著的工作成果。据统计，该中心平均每年举办各种培训班35期，为各市、县乡镇企业主管部门和企业培训领导干部、管理人员及特种作业员工近2000人。我们主动围绕区党委、政府及乡镇企业主管部门的工作重点，充分发挥为基层、为企业培训服务的职能和作用，并在今后争取为广西中小企业的健康发展提供更有效、更显著的支持和保障。

二十多年来，该中心主要开办了水泥标准、化学检验，砖瓦生产技术、建筑系列工程职称、企业领导骨干，贫困地区乡、镇、村企业骨干，政策法规、产业政策、烟花爆竹、企业经营管理、安全生产、职业健康、环保、食品检验、WTO、农产品加工、企业创新、信息化管理等培训班，旨在努力提高主管部门领导和企业厂长、管理人员的法律意识，社会责任感、办公业务素质、经营管理能力及技术创新能力，并使中小企业从业人员充分认识和努力发挥自身经营灵活、转型负担少的优势，促进企业转型升级，创造更多的经济效益和社会效益。

培训服务对于中小企业生存和发展具有基础性引导作用。培训中心将坚持解放思想、实事求是、与时俱进，积极调查研究中小企业的问题和需求，不断完善培训服务工作，为实现中小企业的健康发展而努力奋斗！

地址：广西南宁市星湖路43号

邮编：530022

联系电话：0771－5854739。

广西壮族自治区建材产品质量监督检验站

1. 组织机构

广西壮族自治区建材产品质量监督检验站（简称：建材站，下同）是根据广西壮族自治区人民政府桂编［2000］76号批准成立的事业单位。广西乡镇企业建材产品质量监督检验站（简称：乡镇建材站，下同）是根据广西壮族自治区编制委员会桂编［1987］71号批准成立的事业单位。两站都是经过广西壮族自治区质量技术监督局资质认定授权的省级建材产品质量监督检验机构。

建材站同时是中国合格评定国家认可委员会认可实验室、广西出入境检验检疫局认可分包实验室、全国工业产品生产许可证办公室批准的水泥产品生产许可证检验机构。

建材站的前身是广西建材产品检测中心，于1982年在广西建筑科学研究所内成立。1984年9月，根据桂编［1984］99号文件，建材站随广西建筑材料科学研究设计所从广西建筑科学研究所分出。于1989年12月通过广西技术监督局和广西建筑材料工业局共同审查认可，更名为广西技术监督局建材产品质量监督检验站。2000年12月通过省级法定质检机构换证审查，获得继续授权，开始使用广西壮族自治区质量技术监督局建材产品质量监督检验站的名称。2004年2月，广西质量技术监督局桂质监发［2004］27号文，将上述名称更名为广西壮族自治区建材产品质量监督检验站。

乡镇建材站成立于1987年3月31日。依据广西质量技术监督局1993年桂监字（1993）第121号，乡镇站曾经以广西壮族自治区建材产品质量监督检验二站的名义开展检验业务工作。2007年4月28日，广西质量技术监督局桂质监发［2007］78号，将上述名称更名为广西乡镇企业建材产品质量监督检验站。

2006年8月10日，广西壮族自治区经济委员会以桂经人事［2006］311、312号文件，将建材站和乡镇建材站合并运作，两站同一个领导班子。2013年2月26日，广西壮族自治区机构编制委员会桂编［2013］80号文件调整机构，本站是广西壮族自治区工业和信息化委员会管理的相当正处级财政全额拨款事业单位，广西乡镇企业建材产品质量监督检验站事业机构及人员编制并入广西壮族自治区建材产品质量监督检验站，在广西壮族自治区建材产品质量监督检验站增挂广西乡镇企业建材产品质量监督检验站牌子。

本单位申明，除了必需以乡镇建材站名义开展业务和出具检测报告外，都以建材站的名义运行管理体系和出具检测报告。

2. 职责任务

承担全区建材产品质量监督检验及建材生产企业的节能环保检测的技术性和事务性工作。

3. 质量方针

诚实守信，科学规范，客观公正，开拓创新。

具体的含义就是坚持诚实守信的职业道德，以科学的态度严格执行标准及规范，实事求是、客观、公正地为客户提供满意服务，牢固树立创新理念，不断开拓社会及客户需求的新的检测项目。

4. 人力资源

本单位共有人员37人。其中技术人员35人，高级工1人。技术人员中高级工程师8人，工程师14人，经济师1人，会计师2人，馆员1人，助理工程师9人。

5. 场所及设施、设备的配备情况

办公和检验场所：

广西南宁市星湖路南二里6号，广西南宁市星湖路43号。

本单位在广西南宁市星湖路南二里6号与广西建筑材料科研设计院共处一栋大楼，本单位使用相对独立的该楼的地下室、一楼、二楼、三楼、2栋3单元1楼33号房共计1715㎡的办公和检验场地。在广西南宁市星湖路43号使用办公楼的地下室、三楼、十三楼及办公楼附属场地等共计733㎡的办公和检验场地，两处场地面积合计2448㎡。

本单位配备有建材产品质量检验的各种先进精良仪器设备500多台（套）。固定资产1800多万元。

6. 业务范围

检测（验）产品及项目包括：水泥、水泥熟料、水泥包装袋、水泥助磨剂、粘土、煤、掺合料、石灰、墙体材料、建材产品能耗测试、瓦、路面砖、陶瓷砖、卫生陶瓷、石材、钢材、混凝土管、井盖、集料、混凝土、砂浆、建筑节能保温材料、土工、建筑涂料、建筑防水卷材、管材管件、室内空气质量、水和废水、环境空气和废气、噪声与振动以及其它新型建材产品。

7. 检验（测）技术及科研成果

本站经过二十多年的建设与发展，已形成技术力量雄厚、检测设备先进，具有检测和提高产品质量开发科研能力的建材专业质检站。经广西质量技术监督局计量认证和授权认可，是中国合格评定国家认可委员会（CNAS）认可的检测实验室和广西出入境检验检疫局认可的分包实验室，出具的检验报告得到中国及与其签署多边互认协议的国家和地区的承认。本站水泥品质指标检验水平位居全国前列，多次获全国品质指标检验大对比特等奖。本站还注重检测、科研与服务相结合，为建材企业提供提高产品质量、降低能耗技术服务，主持或参与了“研制水泥分散剂”“用高新检测技术装备中小水泥企业实现增产、高质、降耗、减排”“广西建筑主体材料放射性调查与研究”等科研项目，其中“研制水泥分散剂”项目获广西科技进步二等奖。本站建筑材料放射性核素检测使用了美国CANBERRA生产的GC3018高纯锗γ谱仪，检测精度居广西领先水平。在广西率先开展窑炉热平衡测试项目，填补了广西空白，该项目处于全国先进水平。由我站主编的广西工程建设地方标准DBJ45/011－2012《烧结砖单位产品能耗限额标准》经广西壮族自治区住房和城乡建设厅批准并公告（桂建标［2013］12号）已于2013年3月30日发布，2013年4月30日实施。该标准是在本站对广西众多烧结砖企业能耗监测的基础上，参考了国家有关标准和其他省市地方标准，经广泛征求意见，反复修改完善后制定完成的，是符合广西实际的烧结砖能耗限额标准，对推动广西节能减排有重大意义。2013年本站作为参编单位，参加国家标准《烧结墙体屋面材料单位产品能源消耗限额》的制定，该项目正在实施过程中。

8. 相关资质情况

（1）中国合格评定国家认可委员会证书编号：No. L0249；

（2）广西质量技术监督局资质认定计量认证，证书编号：2012201643Z；

（3）广西质量技术监督局资质认定授权认可，证书编号：（2012）（桂）质监认字023号；

（4）广西质量技术监督局资质认定计量认证，证书编号：2012201642Z（乡镇建材站）；

（5）广西质量技术监督局资质认定授权认可，证书编号：（2012）（桂）质监认字022号（乡镇建材站）；

（6）广西出入境检验检疫局认可分包实验室，证书编号：GLAC01/14；

（7）广西建设厅建设工程质量检测机构，证书编号：桂建检字第4501239号；

（8）全国工业产品生产许可证办公室批准的水泥产品生产许可证检验机构；

（9）国家普通硅酸盐水泥标准样品的定值单位。

（注：上列资质除标明外，其余均为建材站。）

质检站地址：广西南宁市星湖路南二里6号，
广西南宁市星湖路43号；
邮政编码：530022；
电话（传真）：0771－5314042（站长室）
0771－5332188（业务室）
电子邮箱：gxjczjz@163. com。

海南省中小企业服务中心

一、简介

海南省中小企业服务中心（以下简称“中心”）是海南省政府为改善对中小企业的服务，带动社会服务资源共同构建的服务中小企业的公共服务平台，是海南省中小企业公共服务体系的核心机构，在海南省中小企业管理部门指导下，带领全省各类服务机构，为全省中小企业提供各类服务的综合服务中心。其性质为非企业的、非营利的、公益性的社团组织。中心实行理事会领导下的法人负责制。

二、中心基本架构

（一）中心理事会

中心理事会是中心的决策机构，负责中心法人任免、人事任免、项目管理、任务调配等重大事务的决策。

（二）内部机构设置

1. 综合服务部

负责综合协调、文秘、行政财务等综合事务；为中小企业提供专业人才培训，就业培训；完成省中小企业管理部门组织的各类博览会、展览会、研讨会等会议事务。

2. 发展规划部

负责中心及全省中小企业公共服务项目的管理和协调工作，统筹全省的专业服务机构，指导相关中小企业专业服务机构为各行业中小企业提供专业服务；协助省中小企业管理部门负责国家和省的相关资金项目组织申报工作；为中小企业提供创业指导。

3. 信息服务部

为全省中小企业提供法规、政策、信息服务，推进中小企业信息化，为中小企业提供法律咨询服务。承接中国中小企业信息网海南省业务。

4. 融资服务部

帮助中小企业规范财务管理，指导中小企业融资和资本运作。

5. 信用与担保服务部

为中小企业提供担保、小额贷款等各项融资服务，创新中小企业担保产品，指导企业开展信用建设。

三、基本职能

“中心”通过视频网络、平面媒体和网下具体服务三位一体的形式，提供各类涉及中小企业的政策和信息咨询服务；事务代理与创业辅导服务；人员培训与人才培育服务；质量检测、技术支持与信息化服务；管理诊断咨询服务；投融资、信用担保和信用服务；法律咨询服务；市场开拓服务等。具体包括：

（一）为全省中小企业提供法规、政策、信息服务；

（二）帮助中小企业申报各类资助项目；

（三）为中小企业提供融资服务，帮助企业解决融资难题，指导中小企业的资本运作；

（四）帮助中小企业进行规范的财务管理，指导中小企业申请免税、合理避税；

（五）为企业提供信息服务，指导企业信息化工作；

（六）为中小企业提供专业人才培训，创业培训；

（七）为中小企业提供创业服务；

（八）为中小企业提供专业质检服务；

（九）统筹全省的专业服务机构，指导相关中小企业专业服务机构为各行业中小企业提供专业服务；

（十）完成省中小企业管理部门委托的各类博览会、展览会、研讨会等会议事务。

联络地址：海口市国贸滨海大道南洋大厦2楼

电话：0898－68522019，

传真：0898－68522016；

网址：http：//www. smehi. gov. cn/

重庆市中小企业发展服务中心

重庆市中小企业发展服务中心（以下简称“中心”）是经重庆市编委批准成立的具有独立法人的经济实体。隶属于重庆市中小企业局，主要从事全市中小企业信息化建设与中介服务。中心成立多年以来在重庆市中小企业局和各级政府的支持下，坚持政企分开，自主经营、自负盈亏、自我发展。充分发挥联络、组织、协调三大功能，承担重庆市中小企业局及其它部门委托的为企业服务的事项。同时，根据企业的实际需要，按市场化运作的方式，为企业提供服务。

接受重庆市中小企业局和其它政府部门委托，履行以下职能：

1. 技术服务。开展技术市场信息查询、信息发布、信息定制和网上在线专家技术咨询技术交流。建立企业与专家之间的沟通对接机制，组织专家服务团与企业技术难题诊断咨询活动。开展技术推广。培育面向中小企业的“技术孵化器”。

2. 构建中小企业信息服务网络化体系。全力推进小企业信息服务网络工程建设，拓展服务功能，更好地为中小企业排忧解难。以建设“重庆中小企业网”为重点，实现全市各级中小企业管理部门互连，和国家中小企业管理部门政务系统互连，实现政务信息交流与共享。帮助企业建立网站，进而推动中小企业信息化，推动各区县建立分网站42个和个专业网站。建立中小企业信息化推进工作联盟，联盟成员可以由政府机构、IT供应商、软件开发单位、网络接入服务商和新闻媒体组成，共同以最低的价格和最优的服务为中小企业量身制作信息化解决方案。

3. 融资咨询服务。为中小企业筹资的提供政策建议。为中小企业，特别是高科技型中小企业引进和开辟直接融资渠道，为中小企业技术创新，提供竞争创造条件。运用电子计算机网络，建立信用和信息记录档案体系，将中小企业的经营业绩、发展态势、实践成约、遵守诺言评价的原始信息记录在档，由有关部门设立系列信用评价标准条例，在此基础上，对中小企业开展信用度评价。

4. 法律服务。整合律师事务所等各种法律资源，为企业维权提供服务，反映企业呼声，提供法律咨询。

5. 市场服务。积极组织企业积极参加各种展会等经贸活动，为企业扩大外向度，充分利用国际国内两种资源、两个市场拓展发展空间提供服务。举办各种招商引资洽谈会。

6. 创业服务。一是充分利用各种社会资源，组织创业辅导和创业培训；二是引导一批中介机构共同对创业者创办企业进行全程服务；三是组织协调把企业把闲置的厂房和设施改造成为创业辅导基地，为下岗职工再就业和农村富余劳动力转移拓宽新的就业领域

7. 培训服务。采取多层次、多形式的培训方式，加快各类专业人才、经营管理人员培训，提高企业整体素质。

8. 当好行政部门的助手，做好协调服务。协调与科研院所、大专院校等知识型，技术型部门的关系；协调与国内外各类企业之间的关系，例如技术交流，技术转让，内联外引项目和考察访问等；协调与市中小企业有关的民间团体，行业协会，中介服务机构关系；协调现有服务资源，提高服务效率。

搞好服务平台建设，为企业以下服务：

1. 开展市中小企业发展专项资金、国家工信部服务体系建设资金、国家中小企业发展专项资金、机电产品技改贴息、乡镇企业发展专项资金、都市工业（楼宇）专项资金企业申报前期的考察、推荐和申报资料整理工作。

2. 组织企业参加国内外投资贸易洽谈会及经济技术交流与合作。

3. 组织开展专题培训；

4. 负责组织中小企业参加各种展会；

5. 开展有关政策法规、市场分析的专题调研；

6. 建立中小企业项目储备库、科技成果库、人才库、统计信息库和政策法规库；

7. 负责重庆市中小企业网的建设与维护；

8. 参与企业融资担保前期咨询服务工作；

9. 开展统计、人才、项目申报等内容的软件开发；

10. 其他委托服务。

联系地址：重庆市江北区红黄路9号帝豪丽都302室

联系电话：67515758

网址：http：//www. smecq. gov. cn

贵州省中小企业服务中心

贵州省中小企业服务中心是为中小企业提供各类服务的社会性、综合性的中介服务机构，指导单位是贵州省中小企业局。贵州省中小企业服务中心是政府与中小企业之间的桥梁与纽带，是配合政府

落实中小企业扶持政策的有利助手，同时也是中小企业服务体系的重要组成部分。贵州省中小企业服务中心下设综合部、市场部、培训部、信息部四个服务部门，紧紧抓住服务中小企业这个宗旨，不断提高服务质量、积极为企业排忧解难，为中小企业在资金、人才、市场、信息、技术、管理等方面提供各类相关的服务项目。贵州省中小企业服务中心将紧紧围绕国家发改委中小企业司的宏观政策，积极配合贵州省经信委为贵州中小企业所做的各项工作，不断地拓展服务内容，推出更多的服务项目。为中小企业服务、助力中小企业发展是贵州省中小企业服务中心的经营理念。

服务中心网站：http：//service. smegz. gov. cn

服务中心负责人：刘川

联系人：景蓉蓉。

联系电话：0851－5807491

贵州省经济和信息化委员会中小企业发展促进中心

贵州省经信委中小企业发展促进中心（以下简称“中心”）是贵州省经济和信息化委员会的直属事业单位，是由贵州省中小企业局负责管理的公益性服务机构。前身为成立于1986年的贵州省经贸委经济技术市场发展中心及成立于1984年的贵州省新技术交流推广站。2010年为适应全省中小企业和民营经济发展需要更名为贵州省经信委中小企业发展促进中心。

按照黔编办发〔2010〕177号文件规定，中心的工作宗旨：为全省中小企业创新发展提供相关服务。业务范围：提供技术创新等公共服务；提供开拓国内外市场服务；开展新产品开发、科技成果转化与融资、技术交流与推广、技术培训与信息化建设等工作；参与产学研的协调服务工作。

目前，中心经过近30年的发展，已具有较强的经济技术服务能力和丰富的服务资源。自有6000平方米的办公场地并拥有省内一流的服务设施和服务队伍，服务流程规范，知名度较高。中心常年为企业提供技术创新、质量管理、品牌建设咨询、信息、技术培训、组织对外考察学习交流、市场营销咨询、知识产权保护等服务。每年服务中小企业500家以上，提供各类服务达2000次以上。

另外，中心目前还拥有4个技术创新示范基地，主要从事信息化、新材料、软包装、节能技术、原生态绿茶的研究开发，成果转化和产业化。

中心的网址：http：//www. jxwzxzx. com

联系方式：电话及传真：

0851－6822884；6822274

贵阳市中小企业服务中心

贵阳市中小企业服务中心是贵阳市政府根据《中华人民共和国中小企业促进法》和《贵阳市人民政府关于鼓励支持和引导个体私营等非公有制经济发展的实施意见》成立的公益性财政全额拨款、具有独立法人资格的事业单位，是政府面向全市中小企业提供各种服务的执行机构，为贵阳市中小企业提供全方位、多层次综合服务。2011年成立了贵阳市中小企业服务大厅，分为五个功能区：即项目建设前期服务区、企业运行管理服务区、融资服务区、财税服务区、后勤保障区。其中业务服务区开设19个服务类别，43个服务窗口。2011年服务企业3650户，政府给予企业业务补助资金675万元。

联系电话（传真）：0851－6581236

地址：贵阳市金阳新区金阳大道金元国际新城42－46#

负责人：姚勇

邮箱：gysme@ 163. com

贵州省旅游商品产业综合服务平台

“贵州省旅游商品产业综合服务平台”是一个致力于服务全省旅游商品创业者、中小企业的全面价值服务提供者。是首批全国中小企业公共服务示范平台，是按旅游商品产业及产业发展概念、产业链节点和价值曲线设计的综合性服务平台。

“平台”在服务的阶段根据实际情况创新了价值服务方式，重点在服务客户需求和建立产业渠道上下功夫，应用市场手段与价值交换等创新方式提供基础性与增值服务，实践中取得了较好的效果。

点轴突破：以贵州名、特、优产品或知名企业作为突破的“点”，用贵州民间的传统工艺作辅助的“轴”，形成点轴联动，相互配套研发出最具贵州特色的商品。研发过程中坚持四点原则即：以强带弱，重点突破的原则、以名优产品带动小产品的发展为原则、以特色产品带动民间工艺发展为原则、以民间工艺带动特色产品发展为原则。

价值互换：根据旅游商品中小企业（作坊）特质、支付能力、技术能力等不同，平台采用分期付款、以货易服务、OEM定制3种特殊的技术扶持的服务方式。

垂询热线：4006555717

联系地址：贵州省贵阳市南明区小碧乡（龙洞堡机场）210国道甘庄

联系人：刘先生 13908510089

黔西南州中小企业服务中心

黔西南州中小企业服务中心成立于2007年11月，注册地位于兴义市遵义路预师炮团608室，法人代表：贺世刚。性质是从事非营利性社会服务活动的社会组织，业务主管单位是黔西南州工业和信息化委员会。

黔西南州中小企业服务中心主要全州中小企业、

非公有制企业开展教育培训、信息咨询、市场开拓、法律政策、会计统计、创业辅导、代理代办、资料编撰、就业、技术、企业策划咨询、信用等公共服务。服务中心不断完善服务理念和方式，积极维护中小企业的合法权益，为黔西南州中小企业生产经营的规范做了大量的工作。

联系地址：贵州省兴义市遵义路预备师炮团内608室

联系电话：0859－3222271

电子邮箱：zzxqyj@163.com

邮编：562400

贵州晶田食品产业发展有限公司

贵州晶田食品产业发展有限公司是一个以食品资源的整合和运用为业务主旨，集新产品开发与上市、管理咨询、市场拓展与托管、会议与会展推广、物流运输与产区直递、投融资及孵化、园区开发等功能于一体的综合性食品产业开发公司。

公司自成立以来一直与百事可乐、娃哈哈、康师傅等国内外知名企业合作与服务，形成了一套完善的市场营销服务体系，制定了“一个整合、二个推进、三市场层次、五类产品拉动”的市场规划与运作形式。一个整合是贵州的茶叶、五谷杂粮、贵州山珍、风味食品、地方特产品、生鲜（肉、菜）等5大类特产；二个推进是媒体拉动和VIP人员专销直递，推进产品与市场广泛接触与完整体验，三市场层次是主打广东市场（泛珠三角），拓展（宁沪杭）长三角，延伸北京、东北、华中等地。将贵州食品打包“集小舢板成大舰队”，进行宣传、推广销售。

目前，本公司在广东市场有300亩仓储基地、200多辆的物流运输车辆。通过报纸、媒体、户外LED屏等宣传，现有178人VIP服务与6000人的直递，覆盖30000个客户。

历经多年的发展，本公司目前成功运营与开设的专业性全资子公司和机构有：

1. 贵州特色食品产业服务平台；
2. “云上农庄”珠三角地区广州运营总部
3. 贵州特色食品产业服务平台贵阳运营总部；
4. 贵州特色食品产业综合服务网（www.gzspcy.com）；
5. 贵州晶田食品研发与试制基地；

“贵州特色食品产业服务平台”是围绕贵州省“十二五”规划和“工业强省战略”搭建的，是“贵州省级示范平台”试点单位。

目前，本公司正计划将平台内整合的食品资源类企业按照产业集群与配套协作的规律筹建占地3000亩、投资约90亿元的“贵州食品五张名片试点示范园区”。

联系电话：13985555315 罗先生

网址：www.gzspcy.com

陕西省中小企业服务中心

陕西省中小企业服务中心是陕西省中小企业主管部门直属的具有事业法人性质的经济实体，注册资本100万元人民币。陕西省中小企业服务中心的主要职责是，全面承担为陕西省中小企业提供融资担保、策划咨询、创业辅导、人才培训、信息服务、市场开发、产品认证、法律援助、技术支持、资产重组、信用管理和国际合作与交流等服务工作。目前，该中心共有工作人员12名，其中大学以上文化的8名，全部能从事网络技术支持、信息采编和信息服务。随着工作的不断深入，服务内容逐步拓展，服务水平不断提高，将在加快陕西省中小企业服务体系建设中发挥重要作用。

电话：029－86231816（办公室）

传真：029－86231816

电子邮箱：rose666@yeah.net

通信地址：西安市长安北路1号会展国际大厦2601室

陕西省中小企业人力资源服务中心

经省编办批准成立，陕西省中小企业促进局（乡镇企业局）直属事业单位。是为中小企业提供公益性、扶持性服务的综合性人力资源服务机构。服务功能主要包括：完善陕西省中小企业人才市场；创业服务和创业培训；为中小企业、非公企业、乡镇企业提供专业技术职务任职资格的申报评审；输送中、高级人才；大中专学生就业安置；技工交流，劳务输出等、建立中小企业、非公企业、乡镇企业人才资源库及人才交流协作网；组织信息发布，供需见面、为中小企业、非公企业、乡镇企业开展人才培训；智力引进，国际人才智力资源交流。中小企业人才市场主要是为企业提供人事档案管理，接转人事关系，代办三金缴纳；为企业提供管理咨询、培训、策划；为企业和个人提供招聘、应聘岗位及人才派遣业务。

电　话：02987234055

传　真：02987234055

地　址：西安市西七路203号2号楼2层西户

陕西省中小企业协会

陕西省中小企业协会，是致力于为中小企业提供公益性扶持服务的社团组织。基本职能是：向政府反映中小企业情况，配合政府有关部门落实中小企业扶持政策，维护中小企业合法权益，联系社会中介服务组织为中小企业提供信用担保、业务辅导、策划咨询、信用管理、信息服务、人才培训等各类专业服务。

电 话：02985201876
传 真：02985201921
地 址：西安市长安北路1号会展国际大厦2707室

甘肃省轻工研究院

甘肃省轻工研究院（原甘肃省轻工业科学研究所）始建于1959年。是甘肃省最早成立的以轻工、化工研究开发为主的科研院所，2001年9月转制为科技型企业。目前是集科研开发、技术服务、成果转化、工程咨询、工程设计、产品检验、人员培训为一体的应用开发研究单位，是甘肃省重点科研院所。在职职工93人，其中高级工程师20人，中级职称28人；甘肃省农产品加工行业领军人才2名，省级学科带头人1名；相关农产品加工、食品、发酵、造纸等轻化工行业知名专家8名，注册咨询工程师11名。内设机构有食品发酵研究室、分离中心、工艺设计室、造纸室、轻工产品质检站、中试车间及华瑞新技术开发公司和行政职能部门。甘肃省特色农产品（食品）加工行业科技创新服务平台、天然产物提取科技创新团队、甘肃省天然产物萃取分离工程技术研究中心，甘肃省农副产品深加工中小企业服务平台都设在我院。具有工程咨询甲级资质、工程设计乙级资质、清洁生产审核资质等。拥有办公、科研、中试车间面积7500平米，拥有超临界CO2萃取设备、亚临界萃取设备、分子蒸馏设备、液相色谱仪、气相色谱仪、生化培养箱等天然产物提取、食品发酵、精细化工、产品检测等试验和中试科研仪器设备400多台套。可开展天然产物的提取分离、农副产品加工、食品、发酵、造纸、日化、香精香料等轻工行业的科研及新产品开发、成果转化、技术推广、工程咨询、工程设计、技术服务、产品检测等工作。是西北民族大学、甘肃农业大学、兰州理工大学研究生和大学生联合培养及实习基地。

对外联系方式及网址：
联系电话：0931－8126511　0931－8126510
网址：http：//www.gsqgyjy.com/

甘肃省化工研究院

甘肃省化工研究院的前身是创建于1962年的第五机械工业部第五研究所，现有职工175人。其中，博士1人、硕士16人，大学专科学历以上126人，高级专业技术职称21人，中级职称专业技术人员35人。现国务院政府特殊津贴专家1人，甘肃省领军人才1人，省属科研院所学科带头人2人，西北师范大学硕士研究生兼职导师2人，“西部之光”访问学者3人。

甘肃省化工研究院先后完成省部级科研项目80余项，获得甘肃省科学技术进步奖二等奖4项、甘肃省科学技术进步奖三等奖2项、甘肃省优秀新产品新技术奖4项、兰州市科学技术进步奖二等奖1项，兰州市科学技术进步奖三等奖1项，获得14项授权专利技术，累计发表学术论文202篇。

甘肃省精细化学品合成工艺和工程技术创新平台2012年被评为国家中小企业公共示范平台，拥有综合有机合成实验室、多功能中试车间、检测中心（取得CMA认证）、技术开发中心、工程咨询中心。

对外联系方式及网址：
联系电话：0931－8692809
网址：www.gsrici.com.cn

嘉峪关市中小企业服务中心

嘉峪关市中小企业服务中心于2010年5月13日注册成立，隶属于嘉峪关市工业和信息化委员会管理。为全市中小企业及创业者提供“多功能＋全天候＋一站式”的综合服务，中心设有政务代理、创业辅导、人员培训、信息咨询、融资担保、技术支持、市场开拓、法律服务8个咨询服务台，是甘肃省工信委认定的我市唯一一家中小企业公共服务示范平台单位，也是全省中小企业服务平台建设体系示范样板企业。在职员工29人，其中高级工程师20人，中级工程师3人。我中心办公面积1178.51平方米，设有综合服务大厅、工商咨询服务大厅、呼叫中心、多媒体培训教室、大型阶梯培训厅等硬件服务场所，另有创业孵化基地，为我市小微企业提供全方位一条龙的服务，扶助他们转型成长。嘉峪关市中小企业信用担保中心、嘉峪关市鑫鼎商务服务有限公司、嘉峪关市鑫鼎担保有限责任公司、嘉峪关市立帮节能环保服务有限公司、嘉峪关市华威传媒广告有限公司、酒泉市神舟评估师事务所、甘肃河西律师事务所、甘肃正和企业管理咨询服务中心、甘肃优胜教育咨询有限公司、甘肃中强税务师事务所、甘肃天一会计师事务有限公司等企业均已在我中心设有服务平台。可依托多媒体会议室、教学培训区、呼叫中心，与中介机构合作，建立网络平台，实现资源网络共享，提升服务中心服务能力。是我市集中便捷解决中小企业的共性需求，中小企业获取信息、学习交流、企业培训的主要渠道和场所。

青海省中小企业技术创新服务中心

青海省中小企业技术创新服务中心是经青海省经济委员会批准，于2006年3月成立的省级中小企业综合咨询服务机构，2011年被工信部认定为全国首批99家“国家中小企业公共服务示范平台”之一。中心实行“政府指导、市场运作”的运营方式，下设有项目咨询部、信息服务部、管理咨询部、综合服务部等多个部门。中心注册资本100万元，现有专业服务团队36人，其中：副研3人、高工8

人、工程师13人、助理工程师及技术员8人、注册咨询工程师4人，大专及以上人员比例为95%。中心营业面积560平方米，各类办公设施齐全：包括pc机、独立服务器、培训服务及信息服务所需的各类硬件设备及配套软件256台（套）。

中心主要业务是面向青海省中小企业开展政策指导、技术咨询、信息服务、企业培训、管理咨询以及创业指导等服务。中心设有外部专家顾问委员会，有50余名省内外科研、院校、企业的专家加入了平台服务。中心与青海大学、青海民族大学、青海省化工研究所、青海省轻工业研究所、中国科学院西北高原生物研究所、兰州大学、清华大学继续教育学院、上海德名管理咨询有限公司、北京中小企业在线信息有限公司、北京中科辅龙计算机技术服务有限公司、金蝶软件西宁分公司、青海高原机械研究所、中国高新技术项目研究中心、青海藏毯检测中心等机构已建立了伙伴关系，为项目的建设提供了强有力的技术支撑，成为中小企业公共服务平台资源共享机构。

经过多年的发展及努力，特别是2011年被工信部认定为全国首批99家“国家中小企业公共服务示范平台”之一以来，中心年服务企业数量增至1500户以上，其中：技术咨询服务年服务量150户以上，信息服务760多户，培训服务量600户以上，年服务收入占营业收入的85%以上。目前，中心组织机构健全、员工及专家队伍稳定，并建立了规范的内部管理制度，内部各项经营管理行为规范合理，相关服务收费合理低廉。由于具有较突出的服务业绩和较强的影响力，目前，中心在青海省内中小企业及服务体系中已经拥有了较好的知名度、信誉度和用户满意度。在促进省内中小企业提升技术创新能力、解决共性需求、改善经营管理、增强市场竞争力、实现创新发展等方面发挥了良好的示范带动作用，为省内重点中小企业提升技术水平、创新能力、品牌创造力、产品质量提升等方面提供了较好的支撑作用。

2011年以来，中心在原有制度的基础上，先后完善了财务管理规章制度、公司内部细则、考核办法、中心员工提成奖励办法、中心保密制度、中心网络管理规定、中心人事管理制度、互联网络安全责任书等多项规章制度，使平台各项制度进一步得到完善。同时，中心依托信息网络技术平台，为广大中小企业提供便捷、顺畅的信息服务。中心是中国中小企业青海网的建设和运营单位，该网也是我省中小企业的唯一政府公益性服务网站，网站在发布省内外中小企业发展动态、产业政策信息和技术信息的同时，向中小企业提供发展需要的其他各类信息服务。中心以“中国中小企业青海网”作为青海省中小企业提供一个信息服务的综合信息平台，每年免费为企业做宣传并发布技术信息近万条，积极配合总站及政府有关部门开展了“中博会”“青洽会”“国际藏毯博览会”及“中国国际清真食品博览会”等相关活动的连接、文件发布和相关报导。

我们以“中国中小企业青海网”这个信息平台优势为基础，先后开发了青海省中小企业发展专项资金申报系统、企业网上产品展示系统、中小企业金融服务平台、中小企业网址导航、企业邮件系统、青海中小企业办事指南、青海中小企业网络展示系统、青海省重点中小企业生产运行监测系统、中小企业海东网、中小企业信用担保业务信息报送系统，并购置应用了中小企业人才招聘系统、农产品加工预警系统等。在对广大中小企业提供信息服务以外，实现了培训、信用、招商、融资、创业、项目申报、技术创新、科技推广与转让及人才招聘等服务的信息化。目前，中国中小企业青海网经过多次改版后，其点击量从初开通的100人次/日上升到了目前1000人次以上/日，位居全国中小企业信息网站的中列，得到了广大中小企业和社会各界的肯定。

今后，我们将按照服务主体多元化、运营市场化、分布网络化、服务标准化和便捷化的要求，建设结构合理、功能健全、服务规范、运转高效，满足中小企业不同发展阶段服务需求青海省中小企业综合服务平台，积极提供技术服务、人才培训、信息服务、创业辅导、融资服务、管理咨询等多元化服务。将服务示范平台建设成为在青海省内具有开放性、资源共享性、公共服务性的综合平台，发挥综合服务平台的区位辐射优势和服务支撑作用，规范、有序推进中小企业服务工作。

地址：青海省西宁市胜利路青旅大厦

联系电话：0971－6164238

网址：www. smeqh. gov. cn

青海生科中小企业创业园

青海生科中小企业创业园（以下简称：生科创业园）位于青海（国家级）高新技术开发区内经四路，2006年5月经西宁经济技术开发区生物科技产业园区管理委员会批准设立，由青海生物产业园开发建设有限公司投资建设，青海生科中小企业创业有限公司承担运营管理。2009年被青海省经委认定为“省级中小企业发展创业基地”；2010年被青海省科技厅认定为“省级高原动植物与藏药科技企业孵化器”、同年被西宁市人力资源和社会保障局确定为“西宁市中小企业孵化基地”；2011年12月通过国家科技部评审认定，正式升级为“国家级科技企业孵化器”。

生科创业园作为“省级中小企业发展创业基地”和“国家级科技企业孵化器”，围绕高新区的产业定位，在生物医药、特色资源、绿色食品、高新、精轻工业产品、包装、印刷等行业，不仅承担着自主创新成果“转化”、“培育”为更多更好的高新技术企业的功能，同时还承担着扶持小微企业的发展壮大，不断创造产值，增加税收的功能，生科创业园的定位是：“创造产值+增加税收+专业孵化”。园区占地146亩，建筑面积12.5万平方米，其中：“一期”占地面积63亩，建筑面积4.5万平方米，建有5幢标准化厂房、1幢五层办公楼、2幢仓储用房及配套锅炉房、配电室等；“二期”占地83亩，建筑面积7.9万平方米，建有1幢11层的主办公楼、13幢标准化厂房、仓储主体及配套锅炉房、食堂等设施。

园区正式投入运营以来，企业入驻率已达100%，生产型企业47户，贸易企业34户。其中，科技型企业38户，中介机构4户，产业配套型企业22户，其他类型企业17户。成功孵化毕业企业累计达18户，在孵企业申请专利17项，获得青海省著名商标企业2户。入园企业共安置从业人员达1500余人，引进各类各级专业技术人员102人（中、高级职称以上46人）。生科创业园“二期”项目，已正式批准入驻24户，呈现出良好的发展势头。

青海生科中小企业创业有限公司是承担生科创业园运营和管理职能的法人实体。公司成立于2006年5月，由青海生物产业园开发建设有限公司控股，注册资本5000万元，目前实行董事会下的总经理负责制，下设综合办公室、财务部、物业服务部三部室。现有员工40人，其中管理人员9人，占总人数的22.50%；大专以上文化程度8人，占管理人员总数的88.89%；初级以上技术人员16人，占总人数的40.00%。

生科创业园对入驻企业及时给予享受省、市及开发区创业优惠政策，同时按《青海生科中小企业创业园入驻企业扶持办法》，对自主创业留学生、大学毕业生、残疾人创业、发展良好等符合扶持条件的创业者及时兑现园内承诺扶持政策。不仅如此，生科创业园还从以下方面给予企业大力扶持：一是帮助企业制定创业方案，进行创业培训；二是为企业融资牵线搭桥，推动企业发展壮大；三是积极引导中小企业走“专、精、特、新”发展道路，帮助企业申请发明专利；四是促进企业与大专院校、科研院所的技术合作；五是新增就业岗位，设立大学生创业见习基地。在提供政策和采取积极措施同时，不断完善基础设施服务，积极为企业提供证照代办、项目申报、技术培训等各种服务，为企业排忧解难。

地址：青海省西宁市城北区经四路22

联系电话：0971－5366040

青海高新技术产业开发区

青海高新技术产业开发区（以下简称高新区）位于西宁市城北区，前身为西宁经济技术开发区生物科技产业园区，2002年4月经青海省政府批准设立。2010年11月，经国务院批准升级为（国家级）青海高新技术产业开发区。

高新区依托青藏高原得天独厚的动植物资源优势和地理优势，汇聚了青海省高新工业发展的资源、资本、技术、信息、人才等生产要素，是青海省和西宁市高新技术产业的重要聚集地。高新区距西宁市曹家堡机场20公里，距火车西站仅8公里，距市中心5公里，交通十分便捷。

目前，高新区规划管理面积为4.03平方公里，重点发展生物技术、中藏药、高原绿色食品加工等高新技术产业。形成了生物科技产业园、装备制造园、大学科技园、农业科技园等“一区多园、一域多能”的功能区块。高新区的产业结构为“四大中心一个中心”。实现了软、硬环境两个“七通一平”。辖区内居民由最初的3000人上升为10000人。

高新区设区9年来，先后经历了艰难困苦的创业期、蓬勃发展的成长期，逐步进入了规范、有序的发展阶段。高新区认真贯彻国家“三为主一致力”办区方针，在青海省委、省政府；西宁市委、市政府和西宁经济技术开发区管委会的正确领导下，自觉以科学发展观为统领，以加快持续健康发展及构建和谐园区为宗旨，紧密围绕“调结构、转方式、促发展”这条主线，提出了“打造青海高新技术产业聚集区”的发展愿景，确定了生物技术、中藏药加工、高原绿色食品加工、装备制造为主导的优势产业集群，实施了创新强区、环境立区、人才兴区、文化凝区等战略，形成了近、中、远相结合的发展思路和目标定位，开启了新时期科学发展的新思路。

高新区创新管理服务，按照“统一、精简、高效”的原则，努力完善服务体系，改善投资环境，实行“一门式服务”；创新投资促进体系，建立了较为完备的扶持政策，较为健全的服务机构，较为完善的招商网络；创新投融资体系，建设银行、农业银行、工商银行、青海银行等10余家金融保险机构落户，初步形成资产运营、项目融资、小额贷款、信用担保等较为独立完备的投融资体系。强调行政效能化，引入了建设竞争机制；创新城市管理模式，全面建设国家创新型城市；创新干部人事制度，为富民强区提供人才支撑；倾力建设全国知名文化强区，建成了青海藏药文化博物馆、青藏高原自然博物馆、青海昆仑玉博物馆三大特色博物馆，较大力度提升了高新区的软实力。

随着高新区产业结构和投资软硬环境的不断优化，目前园区入驻企业339户，其中工业项目108个，投资额超过5000万元的工业企业21户，外资和中外合资企业6户。娃哈哈、华东医药、西安大唐、青海三普、晶珠藏药、昆玉集团、西旺高新等知名企业的入园，使园区的综合实力不断增强。目前已有25户企业实现工业产值过亿元，具有特色优势的产业集群正在形成，人才集聚、资源深加工的基地作用逐步显现。

高新区创立9年来，主要经济指标以50%以上的年均速度增长。特别是“十一五”期间，园区主要经济指标都保持了较快的增长。2010年园区实现地区生产总值39.8亿元，较“十五”末增长6倍，年均增长57%；完成工业增加值34.6亿元，较“十五”末增长13.9倍，年均增长74%；实现技工贸收入135亿元，较“十五”末增长7.7倍，年均增长53%；完成工业销售收入82.6亿元，较“十五”末增长15.5倍，年均增长70%；实现一般预算收入3.5亿元，较“十五”末增长5.1倍，年均增长55%；实现地方财政一般预算收入1.4亿元，较“十五”末增长2.8倍，年均增长51.8%。

高新区加强环境保护基础设施投入，加大工业污染治理力度，单位万元工业增加值能耗持续下降，实现达标排放，努力创建新型工业化生态园区。2010年园区万元产值能耗0.0137吨标煤，GDP万元产值能耗0.0328吨标煤，实现了绿色发展，循环发展的目标。

目前区内拥有高新技术企业10户，占区内投产工业企业总数的16.9%。2010年园区高新技术企业完成工业产值26.3亿元，占园区工业产值的30%。园区高新技术企业和科技型企业中，拥有省级以上研发中心的有6户，获得专利技术700余项，形成了科研、生产、市场一体的新型科技园区。

“十二五”是高新区实现跨越式发展的一个重要时期。通过大量调研、科学谋划，高新区制定了“十二五”发展规划，主要指标是到2015年末，地区生产总值达到208亿元，年均增长38.8%；技工贸收入600亿元，年均增长34.6%；工业销售收入500亿元，年均增长44.2%，其中高新技术企业销售收入达到300亿元，占园区销售收入总额的60%；工业增加值达到200亿元，年均增长42%，其中高新技术企业工业增加值达到120亿元，占园区工业增加值总额的60%；一般预算收入达到14.2亿元，年均增长32.3%；累计完成固定资产投资达到207亿元；建成创业服务中心孵化场地面积达到10万平方米，达到“十一五”末的5倍；拥有上市企业数量达到10家；园区万元产值综合能耗达到0.21吨标煤/万元，单位增加值综合能耗达到0.2吨标煤/万元；区内就业人数达到4万人。力争使高新区成为全省高新技术产业的集聚区、工业经济的引领区和科技创新的示范区，为青海经济腾飞做贡献。

地址：青海西宁生物园区经2路20号
联系电话：0971－5319375

宁夏中小企业服务中心

宁夏回族自治区中小企业服务中心是自治区经信委直属具有独立法人资格的全额拨款事业单位，2010年5月被自治区经信委认定为自治区第一批中小企业公共服务平台（宁经信中小发［2010］278号），2010年7月经自治区编办正式批复成立自治区中小企业服务中心（宁编办发［2010］114号），实行“两个机构、一套人马”合署办公的运行方式。中心始终以服务自治区中小企业为已任，面向全区中小企业长期开展人才培训、政策宣贯、管理咨询、法律服务、技术支持、投资融资、创业服务、展览展示等服务，是我区集中方便解决中小企业共性需求、反映诉求、获取信息、学习交流、提升素质、享受公益性或非盈利性服务的主要渠道和场所。主要业务资质有：2001年11月，被原国家经贸委审定为工商管理培训资格院校；2002年2月，被自治区人事厅确定为自治区公务员、专业技术人员继续教育培训基地；2003年12月，被自治区人事厅批准为自治区经济管理干部培训教育基地；2004年，被自治区党委组织部确定为承担我区企业经营管理人员培训的定点院校；2005年10月，自治区安监局授予安全生产培训资格；2006年1月，被国家安监局化学品登记中心认定为自治区危险化学品登记办公室；2007年11月，被自治区安监局认定为自治区危险化学品从业单位安全标准化考核机构；2008年8月，发起成立了由自治区经信委作为业务主管单位的“宁夏企业和企业家联合会”；2010年，自治区安监局授予职业健康安全培训资格；2011年，国家工信部确定为首批国家中小企业公共服务示范平台。2012年，开始建设宁夏中小企业大厦，目前已编制完成《宁夏中小企业公共服务平台网络体制建设实施方案》。结合宁夏中小企业公共服务体系实际情况，自治区经信委择优选择宁夏中小企业服务中心作为省级服务平台，联合国家中小企业信息网宁夏分网共同建设宁夏中小企业服务平台网络，并签订了相关委托协议。

地址：宁夏银川市西夏区学院西路296号
邮编：750021
电话：（0951）7888905
传真：（0951）7888912
电子信箱：njgpzhx@126.com

银川方达电子系统工程有限公司

银川方达电子系统工程有限公司成立于1999年，是一家专业从事应用软件开发、系统集成的高新技术企业，公司业务涉及中小企业信息化服务、电子商务、软件与服务外包、职业教育，以及医疗、社保、企业、文化创意等行业的应用软件及信息服务，拥有自主知识产权产品40余种，员工182人，技术人员占70%以上，资产4812万，年销售收入5000余万。公司自2001年承担国家科技攻关计划《西北地区中小企业信息技术应用的研究》课题以来，一直从事宁夏中小企业信息化服务工作，并先后开发了《方达电子文档及产品数据安全管理信息系统》和《方达中小企业迅捷商务平台》等中小企业信息化软件产品。

2004年在自治区科技厅批复下，组织筹建宁夏中小企业信息化工程技术研究中心，并承担了银川市中小企业信息化公共服务平台的建设工作，2012年，公司积极开展银川中小微企业服务超市建设、在市工信局的牵头下公司承担建设银川中小微企业服务超市整合优秀的服务机构，通过优质优价、服务团购、服务补贴以及免费赠送的创新模式支持中小微企业的发展。服务窗口平台自成立以来，已有两百多家企业积极地投递了服务申请表，通过审核的有175家企业，最终通过网络平台服务的企业有128家。分别需要法律顾问服务、信息化建设、招聘服务、企业宣传服务及财税代理服务。公司还结合自治区政府“自治区百家成长千家培育工程”，开展企业的信息化应用工作，帮助企业提高信息化应用能力。公司将在已有中小企业服务体系基础上，对公司原有中小企业服务体系服务环境、服务团队及服务内容进行升级改造，进一步提升中小企业服务能力。在整合自身优势的基础上，发挥平台作用，甄选优质、专业服务机构，为自治区中小企业提供由信息化服务、融资服务、财税代理服务、法律顾问服务、管理咨询服务、培训服务、技术创新服务、中介评估服务等等诸多方面服务组成的中小企业公共服务体系。并实现“十二五”内，年服务中小企业（含微型企业）1000 家，年实现服务收入 2000 万元的目标。

地址：宁夏银川市金凤区软件动漫园
邮编：750002
电话（传真）：0951－5699324
电子邮箱：fd5699324@163.com

宁夏轻纺企业公共服务中心

宁夏轻纺企业公共服务中心，是按照国家工信部《关于促进中小企业公共服务平台建设的指导意见》（工信部联企业〔2010〕175 号）精神，于 2011 年 5 月经自治区工商行政管理局核准成立，隶属自治区轻纺工业局管理的国有独资企业，注册资本 500 万元人民币。我中心按照开放性和资源共享性原则，为全区范围内的轻纺企业提供技术创新、质量检测、法规标准、管理咨询、市场开拓、人员技能培训与鉴定、信息查询、设备共享等方面的服务，在推进轻纺企业畅通信息渠道，改善经营管理，提高产品质量，增强市场竞争力，实现创新发展等方面发挥了积极作用。中心现有宁夏轻纺企业技术公共服务平台、宁夏轻纺企业公共信息服务平台、宁夏葡萄酒产业产地品牌宣传培训服务平台、宁夏纺织行业特有工种职业技能鉴定站、宁夏食品和造纸产品质量监督检验站五个工作机构。2012 年 7 月被自治区经信委认定为第三批自治区中小企业公共服务中心示范平台。

中心秉承“助力企业成长、打造企业之家”的服务理念，依托中小企业公共服务中心示范平台，为区内外的轻纺企业在技术支持、人员培训及技能鉴定、食品及纸制品检测方面提供大量服务，并且积极承担社会责任。根据国务院工业和信息化部“2012 年中小企业服务年”的活动安排部署以及自治区经信委关于成立宁夏轻纺企业公共服务中心的相关文件精神，为促进我区中小轻纺企业技术创新，推动轻纺行业结构升级，帮助全区轻纺行业实现转型升级和发展，我中心决定于 2012 年年底建立宁夏轻纺企业专家项目服务平台，组建了第一批宁夏轻纺企业服务专家，能够满足轻纺企业发展的技术需求。2012 年中心组织了羊绒、服装加工专业职业技能培训 192 人；包装工职业技能鉴定 380 名，食品检验人员 100 多名，检验食品各类样品近 4000 个。

地址：宁夏银川市金凤区紫荆花商务中心 AB 座 420
邮编：750002
电话（传真）：0951－7606329
电子邮箱：649313496@qq.com

盐池青年创业园服务平台

盐池青年创业园是宁夏三木创业园服务有限公司建设的，一个为青年创业项目培训开发、信息、融资、项目、管理等综合性的创业服务平台。项目总占地面积 47 亩，总建筑面积 20000 平米，包括生产车间、商贸中心、库房、科技服务中心和综合办公楼。可吸收容纳创业企业 300 余户。目前已入驻企业 180 余家，解决就业 1500 余人。公司有从业人员 83 人，中小企业服务人员 45 人，其中大专及以上学历和中级及以上职称的专业人员 37 人。2011 年 12 月，园区一期工程开工，2012 年 3 月，二期工程开工，一、二期工程共建成商贸中心、生产车间，建筑面积共计 11000 ㎡，创业园内的水、电、路、热等基础设施配套基本齐全。为进一步适应创业需求，完善服务功能，扩大建设规模，提高建设水平，2012 年 10 月开工建设了三期工程。除此之外，许多配套设施也在积极规划建设之中：建设 3000 ㎡的科技服务中心，更好地为企业提供科研平台、科技咨询和科技服务；建设 3000 ㎡的生活服务中心，解决职工后顾之忧，稳定职工队伍；建设 3000 ㎡的综合写字楼，满足入驻企业办公、接待需要。在此基础上，逐步提高综合服务水平，完善创业园的“软件设施”，加强对创业者的创业辅导、管理咨询、融资担保、人才培训、技术指导、市场开拓等服务，使创业园内的企业不断发展壮大。目前，园区主要对入驻园区的 180 余家创业者及园外 140 余家中小企业提供相关培训服务，以及对有创业梦想而无法创业的创业者提供发展平台，为下岗职工解决就业机会，为外来打工者子女解决上学难问题。2012 年，为创业者节省资金 332 万元；库房、生产车间及物流中心节省资金共计 800 余万元。

地址：宁夏吴忠市盐池县 307 国道以南东顺路以东交汇处
邮编：751500
电话（传真）：0953－6748888　6021999
电子邮箱：nxsmgs@126.com

石嘴山高新技术产业园区中小企业公共服务平台

石嘴山高新技术产业园区中小企业公共服务平台是由石嘴山市尉元科技开发有限公司建设，位于宁夏石嘴山高新技术产业园区内，是石嘴山高新技术产业园区打造的综合服务体系“一园三中心”示范服务平台，即中小企业孵化园、中小企业融资担保中心、生产力促进中心、中小企业创业中心。截至 2012 底：平台中小企业孵化园累计完成项目投资 6000 万元。完成建成标准化厂房建设 3.3 万㎡，完善了园内水、电、天然气、厂区地坪、道路等配套设施建设。该孵化园已于 2011 年 11 月被宁夏科技厅认定为五家自治区级科技孵化器之一，已有 5 家企业入驻。中小企业融资担保中心现有担保资金一千万元，准备增加担保资金至一亿元，可实现 5 至 8 亿的担保金额，满足众多中小微企业的贷款担保需求。创建的生产力促进中心，已被宁夏科技厅认定为宁夏生产力促进中心五家分中心之一，可为中小微企业在成立初期、成长中期、后期发展始终提供全方位、多层次、高品质服务。

服务平台主为服务对像目前为石嘴山高新区内的中小企业。石嘴山高新技术产业园区内中小企业主要以装备制造、新能源、新材料、产业为主，截止目前入园企业有204家。2012年实现工业总产值138亿元，实现税收6.2亿元。石嘴山高新技术产业园区内90%以上是中小企业。主要以机械加工、新材料、太阳能光伏产业、汽车零配件制造为主。平台将本着“聚一流人才、连万家企业、促生产力发展”的服务宗旨，加强服务能力建设，扩大服务领域，围绕广大中小微企业需求，提高咨询、中介、项目对接等系列服务，进一步推进资源整合，完善协调服务机制，为中小企业提供更多更完善服务。

地址：宁夏石嘴山市大武口区世纪大道南566号

邮编：753000

电话（传真）：0952－5899866　5899811

电子邮箱：saibei－a@163.com

大连市中小企业服务中心

1. 服务中心宗旨是：创建服务平台，发展中小企业。基本职能为：落实政府扶持中小企业和民营经济健康快速发展，营造政府支持中介、中介服务企业的良好发展环境。

2. 服务中心共设立5个部门，分别为培训部、信息部、协调部、投诉部及综合部。

3. 职能：为全市中小、民营企业在创业辅导、人才培训、网络信息、信用评级、管理咨询、产权交易、融资担保、法律服务、市场开拓、技术创新等方面提供十大平台服务。

联系电话：84507299

网址：http：//www.smedl.gov.cn/

厦门市中小企业服务中心

厦门市中小企业服务中心（以下简称“中心”）是厦门市中小企业综合服务平台的建设运营单位，该中心是依据《中小企业促进法》，经厦门市编委批准设立的财政核拨经费事业单位，主要职责有：①制定全市中小企业服务体系建设发展规划，提出政策建议。②为中小企业直接提供融资担保、信息、培训、市场开拓、技术创新、信用评价、政务代理和法律维权等服务。③联系、引导各类社会中介机构为中小企业提供服务；沟通与政府的联系，反映情况，提供信息，促进服务机构良好运作。④组织各类中介机构间交流与协作，指导和促进其开展业务活动，提高服务水平。

中心下设综合部、监测与市场服务部、融资与上市服务部、创新与创业服务部等内设机构，现有职工29名，其中高级职称9名，中级职称10名，大专以上学历和中级以上职称人员占全体工作人员的96.55%，现有办公、服务场所面积2300平方米，硬件服务设施齐全。

中心成立后努力加强自身建设，不断创新工作机制，积极整合社会服务资源，想方设法解决中小企业共性需求问题，采取灵活多样的方式，为全市中小企业提供融资、信息化、管理提升、技术创新、公益培训、创业等服务工作。是国家级、省级（福建省）、市级（厦门市）“中小企业公共服务示范平台”。

单位地址：厦门湖滨南路86号之一8楼

联系人：梁兴全联系电话0592－2237763

邮箱：LXQ361@126.COM

网址：www.xmsme.cn

厦门中小在线信息服务有限公司

厦门中小在线信息服务有限公司是按照工信部中小企业司关于建设运营中小企业公共信息服务平台的统一部署，由厦门市中小企业服务中心（厦门市经发局下属事业单位）与中国中小企业信息网（工信部中小企业司下属机构）联合投资设立的企业实体。公司成立于2004年9月，主要承担厦门中小在线网（中国中小企业厦门网）建设，为中小企业提供信息服务、以及推进中小企业信息化建设等。

“厦门中小在线网”（www.xmsme.gov.cn）是厦门市民营经济工作领导小组办公室（市中小企业管理办公室）的官方网站，是工信部认定的首批“国家中小企业公共服务示范平台”、国家发改委确认的中国中小企业信息网首批一级地方分网（发改办企业〔2004〕1465号）、科技部火炬高技术产业开发中心认定的“中国创新驿站厦门基层站点”（国科火字〔2012〕164号），也是福建省经贸委、财政厅认定的“福建省中小企业公共服务示范平台”和厦门市经发局、财政局认定的“厦门市中小企业公共服务示范平台”。

公司主要以“厦门中小在线网”和《厦门中小企业》杂志为载体，借助于网络平台，着力为中小企业解决政策信息不对称、获取专业服务不便捷、市场开拓能力不强、人力资源匮乏等问题，为全市范围内的中小企业提供政务政策咨询、投融资、信息化、人员培训与招聘、技术对接、法律维权等“一站式”信息服务。目前，“厦门中小在线网”日均访问量达7万次以上，是厦门市规模最大、服务最全面的中小企业公共信息服务平台，已经成为厦门市中小企业第一门户网站。

联系方式：

公司地址：厦门湖滨南路86号之一5楼

联系人：杨双，电话：0592－2207107

邮箱：info@xmsme.gov.cn

网址：www.xmsme.gov.cn

厦门邑通软件科技有限公司

“中小企业云计算管理综合服务平台”（www. etomweb. com）是首批福建省中小企业公共服务示范平台之一，承建单位厦门邑通软件科技有限公司成立于2008年，公司是集科研、开发、应用、服务于一体的综合性民营高新企业；2010年取得“邑通”商标注册证书；公司是“2012最受厦门中小企业欢迎信息化服务机构”；“福建省中小企业公共服务示范平台”；“2013～2014年度厦门市具有成长潜力小微企业”。

该平台以云计算技术为手段，以网络为平台，以中小微企业信息化应用需求为核心，有效整合社会资源，为广大中小企业提供ERP云应用、市场开拓、管理咨询诊断、法律服务、企业个性化定制服务。

该平台提供的ERP云应用服务是厦门市中小企业信息化推进工程项目，它以“e管通”云平台（http：//app. xmsme. gov. cn）为依托，为企业用户的人力资源、信息资源、财力资源、物力资源、供应链资源等提供全方位的在线管理整体解决方案。用户只需登录到服务器即可使用，无需安装、无需升级和无需IT维护人员投入。系统套件包括：销售管理、采购管理、仓库管理、客服管理、物流管理、生产管理、财务管理、人资管理、办公管理、合同管理、门店管理等11个子系统软件，基本涵盖了企业资源管理的各项功能。与电脑应用相匹配的ERP手机端应用服务也已经推出，它实现了随时随地随身的企业管理与沟通。

附件：

公司地址：厦门软件园望海路57号之一901

联系人：任惠群

电话：0592－5022902　13906048641

传真：0592－8260478

客服电话：4000490499

邮箱：etomsoft@ 163. com

网址：www. etomweb. com

厦门万策智业科技有限公司

厦门万策智业科技有限公司成立于2006年，位于厦门软件园二期，注册资金500万元，总投资额超过2000万元，属厦门市高科技企业、双软认定企业，厦门市及福建省重点软件及IT营销人才实训基地。主营业务为“大学生实训”，包括“软件实训”和“IT营销实训”。在大学生实训业务的基础上拓展增值业务，目前已形成包括BPO（业务流程外包）、软件产品研发及销售、软件及营销证书三大增值业务体系。从而形成了万策智业实训业务与实训增值业务之间共同发展、优势互补的良好局面。

万策智业为海西经济发展过程中的人才建设做出了重要贡献，万策智业得到了福建省信息化局、厦门市商务局、厦门市教育局、厦门市人力资源及社会保障局、厦门市经发局、厦门市财政局、厦门市软件园、厦门市软件行业协会等政府部门及协会的大力支持。授予万策智业“福建省软件适用人才重点培训基地”“厦门市外包人才实训基地”“厦门市中小企业公共服务示范平台”称号。

单位地址：厦门软件园二期望海路25号701

联系人：张孝平

联系电话：13950015580

邮箱：zxp9009@ 163. com

网址：www. wanczy. com

厦门中开信息技术有限公司

厦门中开信息技术有限公司成立于2007年5月，由两位股东林国海、辜永民投资创建，注册资金为人民币900万元，是专注服务于“中小企业创新服务体系建设”的高科技民营企业。公司位于厦门海沧区内，现使用办公场所占地面积11000平方米，四层办公综合楼总建筑面积2714. 29平方米。

公司主营科易网（www. 1633. com），科易网作为处于技术贸易领域领军地位的门户网站，率先提出并建设了真正意义上的全国技术交易市场平台。

平台聚合了专利技术在线市场、专家在线工作平台、第三方服务平台、在线会展等四大核心平台，并对技术交易过程中各个关键环节进行深入研究的基础上，自主开发出完善的技术交易全流程服务体系，包括信用管理体系、对接交流体系以及在线交易体系等，实现从项目匹配、对接洽谈、技术评估、关联服务、合同签订、技术转移直至款项支付的一站式全流程服务，打通技术交易的绿色通道。为全国中小企业及专利技术拥有者提供社会化服务，解决企业技术创新、难题解决以及其他各类科技服务相关问题。

目前，科易网拥有专业服务人员75人，大部分具有本科以上学历，大都为拥有5年以上经验的高级科技服务人才、技术人才，公司在中小企业创新服务领域取得了卓越的成绩，得到各级领导高度肯定，并获得了“国家现代服务业创新发展示范企业”“国家科技成果转化服务（厦门）示范基地”“国家技术转移示范机构”“中国创新驿站区域站点”“中国技术市场协会金桥奖”等多个国家级荣誉。

单位地址：厦门市海沧新阳工业区阳明路728号

联系人：厉雪雯

联系电话：0592－3908678

邮箱：lixuewen@ k8008. com

网址：www. k8008. com

网址：www.legal51.com

方圆标志认证集团厦门有限公司

方圆标志认证集团厦门有限公司（以下简称“厦门方圆”）是经国家认证认可监督管理委员会批准，由方圆标志认证集团在福建设立和管理的具有独立法人资格的子公司，成立于1999年。目前拥有独立的面积约600平方米的办公场所，包括面积约120平方米的培训、会议多功能教室。

厦门方圆拥有各类专业技术及管理人员150多人。国家注册审核员教师1名；国家注册质量工程师2名；国家注册高级审核员20多名；国家注册审核员30多名；国家注册实习审核员、专家90多名；硕士学历7名，大学本科学历121名，大专学历20名；高级职称人员（含高级工程师）35名，中级职称人员40名。

公司业务广泛。依托集团开展和承接：各类管理体系认证和产品认证，国家注册审核员、内审员、质量工程师培训，各类管理技术培训，卓越绩效管理培训等。是厦门唯一的具有国家注册质量工程师考前培训资格的培训机构。

单位地址：厦门市思明区后埭溪路皇达大厦

联系人：万石

联系电话：0592－2699211

邮箱：ws@xmcqm.com.cn

网址：www.xmcqm.com.cn

厦门易法法务信息管理有限公司

厦门易法法务信息管理有限公司面向中小企业推出的信息化法律服务外包服务，凭借先进的互联网信息技术为中小企业提供专业化、集约化、便捷化和低成本的一站式法律服务解决方案。

易法法务成立于2008年，由北大法意发起人创立，是中国第一家以法律信息化平台为载体的在线法律风险管理外包提供商。公司依托具有自主知识产权的中小企业法务信息自助咨询系统、企业法务管理系统等信息化管理系统，以互联网集中式呼叫中心为载体，覆盖全国的服务网络为通路，建立高度系统化管理与协作的法律公共服务平台，实现法律服务的标准化与系统化，法务管理系统服务化的全新法律服务模式。易法法务为众多的中小企业提供各类法律顾问咨询，各类法律文书的审核与草拟，为项目投资提供法律保障方案，为平息纠纷设计解决方案，保障企业合法经营，预防各类潜在法律风险，有效降低企业的以营成本，帮助企业在竞争日益激烈的环境中获得竞争优势。

单位地址：厦门火炬高新园区软件园华讯楼C区4F－A、B

联系人：林新莉

联系电话：0592－3322865

邮箱：linxinli@lega151.com

集美大学食品科技研发检测中心

集美大学食品科技研发检测中心于2008年11月经大门市科技局批准，由集美大学组建。该项目为2008年厦门市重大科技项目，获市科技资助1000万元。该中心定位为：厦门同安现代食品产业基础（厦门轻工食品园）的技术服务平台，厦门食品科技企业孵化园的技术服务平台，同时也是面向全市及海西区域内食品行业的公共专业技术平台。主要任务是食品、农产品、动植物及其加工产品等的研发和检测，以及检测技术开发、咨询、培训等工作。主要业务包括：食品安全检测，食品科技项目的策划及培育，提供食品科技成果信息促进产学研合作，食品安全检测，食品科技项目的策划和培育，提供食品科技成果信息促进产学研合作，食品检测技术开发、咨询和培训；国际先进的食品研发及检测技术的引进、消化、合作与创新等。中心座落于同安轻工食品园区内，总面积4000平方米，包括行政办公室、综合业务室、食品研发部、3个专业检测科室和开放性的基地。

单位地址：厦门市同安区美禾九路170号

联系人：江锋

联系电话0592－7019058

邮箱：xmfood@126.com

网址：www.xmspfhy.com

厦门优数科技有限公司

厦门优数科技有限公司是一家专注于节能应用、智能控制和设施管理系统开发为信心的高科技企业，该公司成立于2006年4月，注册资本500万元。公司目前具有双软论证、传述贸易资格证、ISO9001、ISO14000认证证书。

公司依托核心团队在信息技术、LED照明、公共事业行业管理领域的专业知识，在保障现有客户、现有系统得到巩固和服务的同时，重点发展“智能、节能”产业，将IT、自动控制、智能化、LED、太阳能等高科技术应用研究于城市建设、公共事业的产品和服务。公司将通过EPCS的经营模式，倡导“高科技为客户人际创造价值”的经营理念，努力建设成学习型的现代企业。

单位地址：厦门火炬高新园区火炬楼1号南一楼

联系人：严永贵

联系电话：0592－5080688

邮箱：yyd@ussoo.cn

网址：www.ussoo.cn

青岛市中小企业公共服务中心

青岛市中小企业公共服务中心（以下简称“中心”），是青岛市市级中小企业综合公共服务平台，由青岛市经济和信息化委员会主管，定位于打造青岛“小企业之家”，建设国内一流、面向全市中小微企业的一站式、综合性服务平台。是企业反映诉求、获取信息、学习交流、提升素质，享受公益性和低费优质服务，集中快捷解决中小微企业共性需求的主要渠道和场所。

“中心”主要为中小微企业提供政策、政务、融资担保、电子商务、创业、人力资源、法律、技术、管理、信息化建设和市场开拓等服务。通过专业化服务机构联盟，以及55585558青岛市中小企业服务热线、青岛市中小企业信息网、短信平台和青岛市中小企业云服务平台，实现集聚集成、专业快捷的特色服务，已成为功能齐全、影响力广、辐射力强的国家首批中小企业公共服务示范平台。

在市级实体平台和全市平台网络建设国内领先的基础上，2013年启动实施了市级云服务平台建设工程。按照实体中心与网上中心相结合、公益性服务与市场化服务相结合、政务服务与专业化服务相结合、自主服务与整合社会服务资源相结合的原则，云服务平台设置了政务服务、技术、融资、培训、信息化、电子商务、法律、管理、认证认可、检验检测、会展、人力资源等十二项服务功能，细化为100余个服务分项，以满足中小企业多元化的服务需求。今年以来，先后完成了云服务平台技术方案和实施方案的编制及审批、云服务平台建设招标采购、重点合作服务商对接洽谈、服务热线系统和专项资金管理系统升级方案编制等工作。目前，云服务平台建设进入软件开发、系统集成、服务联盟组建，原有系统和服务场地升级改造新阶段。整个项目计划年底试运行，项目全部完成后，预计可以整合政府部门和专业机构服务资源200家以上，各方面专家2000人以上；可提供5万人同时在线的承载能力和年服务20万人次的服务能力。

电话：55585558（青岛市中小企业服务热线）

网址：www.smeqd.gov.cn

深圳市商业联合会

（一）简介

深圳市商业联合会（以下简称：深商联）是深圳市商业服务业领域各类企业、事业单位和个人自愿参加的综合性商会。深商联通过直接服务和间接服务的形式，积极推进国内外商贸信息、技术和经验的交流，促进深圳商贸企业资源和社会资源的有效配置，积极主动地为企业牵线搭桥、排忧解难，为会员提供各种资讯、培训、宣传、投融资、展会、人才推介等服务，致力打造为国内外具有较高社会知名度、公信度的有较强的组织能力、创新能力和资源配置能力，致力于推动会员企业成长，让会员及社会满意的现代商会。

深商联是代表深圳商贸流通领域行业的主导力量，目前拥有国内外行业协会团体会员近30家，各类会员近1000家，是深圳市商贸流通领域的权威自律和自治机构，是深圳市商贸流通企业对外交流与合作的重要桥梁。

（二）对外联络方式

电话：0755－83643486

传真：0755－83643450

网址：http：//www.sz－gcc.cn。

深圳市中小企业发展促进会

（一）简介

深圳市中小企业发展促进会（以下简称：促进会）是1999年5月经深圳市人民政府批准，在市民政局注册登记的具有法人资格的社会团体，属于综合性协会。2009年7月被民政局授予“深圳5A级社会组织”称号，2010年1月被国家民政部评为全国先进社会组织。促进会共有会员3000家，遍及IT、电子、通讯、医药、化工、建材、印刷、服装、钟表、食品、工艺礼品、咨询、贸易、拍卖、租赁等70个行业，副会长和常务理事单位均是该行业的龙头企业，在业界起着推动行业发展的先进表率作用。促进会是全市乃至全国第一家通过ISO9001质量体系认证的协会，拥有一支专业素质高、忠诚敬业的精英队伍，内设秘书处、行政人事部、会员服务部、国际事务部、信息编辑部等部门，另下属两个机构：深圳市中小企业决策管理研究院、深圳中小企业投融资联盟。促进会自成立以来，本着“为中小企业献全面服务”的理念，努力发挥政府和企业间的桥梁和纽带作用，在政策咨询、市场开拓、融资服务、信息传递、企业培训以及管理水平提升等方面提供专业化、综合性的系列配套服务，促进了深圳市中小企业的发展壮大。

（二）对外联络方式

电话：0755－82821654　82821669　82821653　82821670

传真：0755－83288453

网址：http：//www.szsme.com

2012 年中小企业工作大事记

1 月

1 月 10 日，工业和信息化部党组成员、总工程师兼国务院促进中小企业发展工作领导小组办公室主任朱宏任主持召开 2012 年国务院促进中小企业发展工作领导小组办公室第一次会议并讲话。

1 月 11 日，工业和信息化部党组成员、总工程师朱宏任在民营经济发展形势分析会上讲话。

1 月 11 日～12 日，工业和信息化部党组成员、总工程师朱宏任到辽宁省调研非公有制经济组织创先争优活动开展情况。部中小企业司司长郑昕等陪同调研。

1 月 16 日，中德中小企业合作推动工作小组第一次会议在北京召开。工业和信息化部党组成员、总工程师、工作小组组长朱宏任出席会议并讲话。朱宏任在讲话中全面总结了中小企业工作取得的成绩，分析了当前中小企业发展面临的国内外形势。

2 月

2 月 1 日，国务院总理温家宝主持召开国务院第 190 次常务会议，研究进一步支持小型微型企业发展的政策措施。工业和信息化部部长苗圩出席会议并作汇报。部党组成员、总工程师朱宏任、中小企业司司长郑昕列席会议。

2 月 7 日，工业和信息化部《关于报请印发进一步支持小型微型企业健康发展意见的请示》（工信部企业〔2012〕69 号）上报国务院。

2 月 9 日，工业和信息化部党组成员、总工程师朱宏任听取中小企业司中小企业服务年工作汇报，对服务年工作方案提出修改要求。

2 月 11 日，工业和信息化部党组成员、总工程师朱宏任出席重庆扶持小微企业发展工作座谈会，重庆市政协副主席吴家农等相关部门领导参会，会议由部中小企业司司长郑昕主持。

2 月 11 日，工业和信息化部党组成员、总工程师朱宏任出席西南地区中小企业发展情况座谈会并讲话。会议由部中小企业司司长郑昕主持。

2 月 16 日，工业和信息化部党组成员、总工程师朱宏任在新加坡会见了新加坡标准、生产力与创新局副局长陈德钧。双方就两国中小企业发展情况、支持政策及双边合作等进行了交流。

2 月 17 日，工业和信息化部部长苗圩一行到百度公司调研。在百度公司董事长兼首席执行官李彦宏的陪同下，参观了百度公司历史和产品展厅，亲自体验了百度人性化办公设施，并听取了百度公司关于互联网和云计算发展、推助中小企业成长等方面的工作介绍。

2 月 22 日，工业和信息化部党组成员、总工程师朱宏任主持召开专题会议，研究中小企业服务年工作方案，部内 23 个司局的相关负责同志参会。

2 月 29 日，工业和信息化部党组成员、总工程师朱宏任、总经济师周子学主持召开会议，研究国家中小企业发展基金设立有关问题，部中小企业司司长郑昕、副司长许科敏、财务司司长王占甫及有关同志参会。

2 月 29 日，财政部部长助理刘红薇召集会议，研究设立国家中小企业发展基金有关问题。工业和信息化部党组成员、总工程师朱宏任出席会议，部中小企业司长郑昕参加会议。

3 月

3 月 1 日，工业和信息化部党组成员、总工程师朱宏任出席中国女企业家协会 2012 年度工作会议并致辞。

3 月 16 日，工业和信息化部与中国建设银行在京共同签署《中小企业金融服务战略合作协议》。工业和信息化部部长苗圩、中国建设银行股份有限公司董事长王洪章出席了签约并致辞。工业和信息化部党组成员、总工程师朱宏任和中国建设银行行长张建国代表双方签署协议。

3 月 21 日，工业和信息化部印发关于中小企业服务年活动方案的通知（工信部企业〔2012〕121 号）

3 月 22 日，工业和信息化部中小企业服务年电视电话会议在北京召开，会议部署了在全国开展中小企业服务年的各项工作。会议在北京设立主会场，在各省、自治区、直辖市和计划单列市设立 34 个分会场。各省市区经贸委、中小企业局（办）和相关服务机构、工业和信息化部相关司局共 1700 人参加了主会场和分会场会议。苗圩部长出席主会场会议并作重要讲话，部党组成员、总工程师朱宏任主持会议。

3 月 24 日，由中国企业联合会、国资委企业改革局、工业和信息化部产业政策司和中小企业司共同主办的 2012 年全国企业管理创新大会在北京召开，部党组成员、总工程师朱宏任出席会议并讲话。

4 月

4 月 18 日，2012 中小企业服务年中小企业政策大讲堂全国巡讲启动仪式暨首讲式在北京举办。工业和信息化部党组成员、总工程师朱宏任和有关司局负责人出席仪式。

4 月 19 日，国务院印发《关于进一步支持小型微型企业健康发展的意见》（国发〔2012〕14 号）。

4 月 24 日，工业和信息化部部长苗圩在德国汉诺威会见了德国副总理兼经济和技术部部长罗斯勒。

会见后，苗圩与罗斯勒共同签署了《中华人民共和国工业和信息化部与德意志联邦共和国联邦经济和技术部关于电动汽车领域合作的谅解备忘录》、《中华人民共和国工业和信息化部与德意志联邦共和国联邦经济和技术部关于中小企业合作的谅解备忘录》等文件。

4月24日，由工业和信息化部、德国联邦经济和技术部共同主办，中国中小企业发展促进中心、德国国际合作机构承办的中德中小企业合作论坛在德国汉诺威展览中心举行。工业和信息化部副部长刘利华、德国联邦经济和技术部副部长卡尔·布劳诺出席论坛并致辞。

5 月

5月3~6日，全国非公有制企业党组织书记示范培训班在北京举办。工业和信息化部党组成员、总工程师朱宏任出席开班式，并在5日上午做了《加大政策支持力度促进非公有制经济和中小企业发展》的专题辅导报告。

5月3日，工业和信息化部印发关于《国家中小企业公共服务示范平台认定的管理办法》的通知（工信部企业〔2012〕197号）

5月7日，2012年国务院促进中小企业发展工作领导小组办公室第二次会议召开，工业和信息化部党组成员、总工程师、国务院促进中小企业发展工作领导小组办公室主任朱宏任主持会议并讲话。

5月7日，工业和信息化部在北京举办中小企业信息化服务信息发布会。工业和信息化部党组成员、总工程师朱宏任出席会议并讲话。

5月8日，由中组部、工业和信息化部和国家行政学院举办的“省部级领导干部中小企业发展研讨班”举行，来自各省（区、市）和有关单位34位省部级领导参加专题研讨班。工业和信息化部部长苗圩出席开班式并讲话，部党组成员、总工程师朱宏任出席开班式。

5月8日，部党组成员、总工程师朱宏任在由中组部、工业和信息化部和国家行政学院共同举办的“省部级领导干部中小企业发展研讨班”上做“优化中小企业发展环境，促进中小企业健康发展”专题报告。部中小企业司司长郑昕参加开班式，并与学员进行座谈。

5月14日，由中组部、工业和信息化部和国家行政学院共同举办的“省部级领导干部中小企业发展研讨班”举行结业式暨中小企业工作座谈会。34位专题班学员和国务院促进中小企业发展工作领导小组成员单位参加会议。国务院国务委员马凯出席会议并讲话。工业和信息化部部长苗圩、部党组成员、总工程师朱宏任出席会议。

5月17日，贯彻落实国务院支持小微企业发展意见工作座谈会在天津召开。工业和信息化部部长苗圩出席会议，工业和信息化部党组成员、总工程师朱宏任主持会议并作总结讲话。

5月23日，工业和信息化部信息化推进司、中小企业司在深圳市召开“全国电子商务和物流信息化推进大会暨全国中小企业信息化和产业集群两化融合推进大会”。工业和信息化部党组成员、总工程师朱宏任出席大会并讲话。

5月25日，工业和信息化部印发《关于做好贯彻落实<中小企业金融服务战略合作协议>工作的通知》（工信部企业〔2012〕234号）。

5月25日，财政部、工业和信息化部印发关于《中小企业发展专项资金管理办法》的通知（财企〔2012〕96号）

5月25日，财政部、工业和信息化部印发关于《中小企业信用担保资金管理办法》的通知（财企〔2012〕97号）

5月31日，工业和信息化部办公厅印发关于推荐第二批国家中小企业公共服务示范平台的通知（工信厅企业函〔2012〕427号）

6 月

6月1日，工业和信息化部办公厅会同国家知识产权局办公室联合发出通知，对中小企业知识产权战略推进工程首批32个试点城市的实施情况进行中期总结。

6月12日，第七届APEC中小企业技术交流暨展览会新闻发布会在北京召开。技展会组委会副主任、工业和信息化部党组成员、总工程师朱宏任，组委会执行主任、四川省副省长甘霖出席会议。会议由组委会秘书长、工业和信息化部中小企业司司长郑昕主持。

6月15日，工业和信息化部、财政部、海关总署、国家税务总局印发关于公布享受科技开发用品进口税收优惠政策的国家中小企业公共服务示范平台名单的通知（工信部联企业〔2012〕287号）

6月21日，四川省中小企业公共服务平台落成揭牌仪式在成都隆重举行。工业和信息化部党组成员、总工程师朱宏任，中小企业司司长郑昕，中国中小企业发展促进中心主任秦志辉，四川省经信委党组副书记、副主任伍丕光等出席仪式并为平台揭牌。仪式由四川省经信委副主任张国斌主持。

6月21日，“推动中小企业发展‘两会’代表委员座谈会”在四川省成都市召开，部党组成员、总工程师朱宏任出席会议，并与来自四川、山东、湖南、重庆等地的部分全国人大代表、政协委员进行了座谈交流。

6月22日，第七届APEC中小企业技术交流会暨展览会在成都开幕，工业和信息化部部长苗圩、全国人大副委员长桑国卫、四川省委书记刘奇葆等出席了开幕式。

6月23日，全国中小企业厅（局）长圆桌会议暨中小企业特色产业现场会在四川省成都市召开。工业和信息化部党组成员、总工程师朱宏任出席了会议并讲话。会议由部中小企业司司长郑昕主持。

6月28日，《工业和信息化部报请印发贯彻落实国务院关于进一步支持小型微型企业健康发展意见部门分工方案的请示》（工信部企业〔2012〕309号）上报国务院。

6月29日，工业和信息化部信息化与工业化融合成果展在北京国家会议中心开幕。展览专设了中小企业信息化服务展区，工业和信息化部党组成员、总工程师朱宏任参观了展览。

7月

7月6日，全国部分地区中小企业信用担保工作座谈会在江苏省南京市召开。工业和信息化部党组成员、总工程师朱宏任出席会议并作重要讲话。部中小企业司司长郑昕主持会议。

7月12日，工业和信息化部、财政部、国家工商行政管理总局印发关于大力支持小型微型企业创业兴业的实施意见（工信部联企业〔2012〕347号）。

7月16日，由中国民主建国会中央委员会、工业和信息化部、新疆维吾尔自治区人民政府共同主办的2012中国（新疆）非公有制经济发展论坛在乌鲁木齐市隆重开幕。全国人大常委会副委员长、民建中央主席陈昌智出席论坛并做主旨演讲。工业和信息化部党组成员、总工程师朱宏任出席开幕式并发表演讲。

7月20日，工业和信息化部党组成员、总工程师朱宏任到廊坊市中小企业公共服务平台考察调研。部中小企业司司长郑昕、中国中小企业发展促进中心主任秦志辉及河北省工信厅副厅长、河北省中小企业局局长孙际林的陪同调研。

7月30日，财政部部长助理刘红薇、工业和信息化部党组成员、总工程师朱宏任主持召开会议，讨论《国家中小企业发展基金管理暂行办法（征求意见稿）》，工业和信息化部、发展改革委、科技部有关同志以及5家创投公司负责人参加会议。

8月

8月2日，国务院办公厅关于印发进一步支持小型微型企业健康发展重点工作部门分工方案的通知（国办函〔2012〕141号）。

8月3日，第19次APEC中小企业部长会议在俄罗斯圣彼得堡市召开。工业和信息化部党组成员、总工程师朱宏任出席会议并作题为“大力扶持小型微型企业发展，进一步加强对创业和青年企业家支持”的发言。

8月10日，工业和信息化部党组成员、总工程师朱宏任到青岛市中小企业公共服务中心考察调研。青岛市委常委、副市长牛俊宪、青岛市政府副秘书长陈勇、青岛市经信委副主任董德义和部中小企业司副司长田川等陪同调研。

8月20日，由工业和信息化部主办的全国减轻企业负担政策宣传周启动仪式在北京举行。部党组成员、总工程师朱宏任出席并讲话。

8月21日，工业和信息化部党组成员、总工程师朱宏任出席全国工商联与吉林省人民政府共同举办的2012年中国民营经济发展（长白山）论坛。

8月25~26日，工业和信息化部党组成员、总工程师朱宏任带队赴浙江省就丝绸行业发展情况进行了专题调研。

8月27~31日，工业和信息化部总经济师周子学带队赴山东、湖南就小型微型企业发展情况进行了专题调研。

8月30日，推动中小企业发展全国人大代表座谈会（广东）在广东省东莞市召开，工业和信息化部党组成员、总工程师朱宏任出席会议，并与广东省的部分全国人大代表进行了沟通交流。

9月

9月7日，工业和信息化部党组成员、总工程师朱宏任率中小企业司、中小企业发展促进中心、中国中小企业信息网有关负责同志，参观考察用友软件园。

9月10日，工业和信息化部党组成员、总工程师朱宏任一行在贵阳和贵州部分中小企业、服务机构代表进行了座谈，听取了汇报并作重要讲话。

9月14日，财政部部长助理刘红薇、工业和信息化部党组成员、总工程师朱宏任召开会议，研究修订后的《国家中小企业发展基金管理暂行办法（征求意见稿）》。工业和信息化部、发展改革委、科技部负责同志参加会议。

9月21日，财政部部长助理刘红薇、工业和信息化部党组成员、总工程师朱宏任再次召开会议，讨论修改《国家中小企业发展基金管理暂行办法（征求意见稿）》。

9月21日，全国非公有制经济组织创先争优活动总结大会在京召开。全国非公有制经济组织创先争优活动指导小组组长，中央统战部副部长，全国工商联党组书记全哲洙、工业和信息化部党组成员、总工程师、全国非公有制经济组织创先争优活动指导小组副组长朱宏任等出席了会议。

9月22日，全国中小企业工作座谈会在广州召开。来自全国各省、自治区、直辖市及计划单列市、新疆生产建设兵团经济和信息化、中小企业主管部门主要负责同志共130多人参加了会议。工业和信息化部部长苗圩、总工程师朱宏任出席会议。苗圩在听取了广东、辽宁、湖南、陕西、重庆、山东、浙江等地发言后作了重要讲话。

9月22日，第九届中国国际中小企业博览会在广州开幕。中共中央政治局委员、广东省委书记汪洋出席开幕式，宣布中博会开幕，并参观中外展馆。中博会组委会主任、工业和信息化部部长苗圩，厄瓜多尔工业生产部副部长胡安·弗朗西斯科·巴彦，越南工业贸易部副部长阮成边先生分别致辞。开幕式由中博会组委会副主任、广东省副省长刘志庚主持。

9月22日，工业和信息化部党组成员、总工程师朱宏任出席第九届中国国际中小企业博览会中国中小企业高峰论坛，并作了题为“服务企业、助力成长，营造健康发展环境”的主旨演讲。

9月24日，第四次中欧中小企业政策对话会议在广州举行。受朱宏任总工程师委托，会议由工信部中小企业司司长郑昕与欧盟企业和工业总司司长乔安娜·德瑞克共同主持。

9月24日，由中国工业和信息化部、欧盟委员会企业与工业总司共同主办，工业和信息化部中小企业发展促进中心、中欧世贸项目（二期）承办的中欧中小企业国际化发展论坛在广州举行。部中小企业司郑昕司长和欧盟企业与工业总司司长德瑞克女士参加论坛并致辞。

9月24日，由工业和信息化部、河南省人民政府共同主办的“2012中国（郑州）产业转移系列对接活动”开幕式在河南郑州举行。中共河南省委书记、省人大常委会主任卢展工，河南省人民政府省长郭庚茂，工业和信息化部副部长杨学山，工业和信息化部党组成员、总工程师朱宏任，国务院台办主任助理李亚飞出席开幕式并共同启动开幕装置。会议由河南省省委常委、常务副省长李克主持。

9月29日，科技部和工业和信息化部联合举行促进中小企业技术创新合作协议签字仪式。全国政协副主席、科技部部长万钢和工业和信息化部部长苗圩签署了《科学技术部工业和信息化部促进中小企业技术创新合作协议》并发表重要讲话。

10 月

10月12日，工业和信息化部办公厅印发《关于落实进一步支持小型微型企业健康发展重点工作部内工作安排的通知（工信厅企业〔2012〕218号)》

10月12日，工业和信息化部党组成员、总工程师朱宏任在武汉中小企业公共服务平台考察调研。武汉市经信委主任余信国、总工程师王振陪同考察。

10月17日，工业和信息化部党组成员、总工程师朱宏任主持召开专题会议，研究落实国发14号文件部内工作安排，部内16个司局有关负责同志参加会议。

10月18日，工业和信息化部公示第二批国家中小企业公共服务示范平台名单。

10月19日，工业和信息化部党组成员、总工程师朱宏任在江苏省太仓市会见江苏省委常委、苏州市委书记蒋宏坤，苏州市副市长浦荣皋，江苏省经济和信息化委员会党组成员、中小企业局副局长陆元刚，朱宏任和蒋宏坤、浦荣皋、陆元刚、德国驻沪总领事共同出席中德（太仓）中小企业合作示范区揭牌仪式，并为中德中小企业工业园奠基。

10月21日，国务院促进中小企业发展工作领导小组办公室印发《关于进一步支持小型微型企业健康发展部门重点工作安排的通知》（工信厅企业〔2012〕229号）。

10月23日，《工业和信息化部关于进一步支持小型微型企业健康发展有关政策贯彻落实情况的报告》（工信部企业〔2012〕527号）上报国务院。

10月25日，中小企业服务平台网络工作交流会在杭州召开。工业和信息化部党组成员、总工程师朱宏任发表书面讲话。

10月26日，全国中小企业培训工作座谈会在西安召开。工业和信息化部党组成员、总工程师朱宏任出席会议并作重要讲话。陕西省人民政府副省长祝列克出席会议并致辞。

10月26日，工业和信息化部党组成员、总工程师朱宏任一行视察陕西省中小企业服务平台，省中小企业促进局局长、党组书记丁义安、省局总经济师尤战存等陪同参观。

11 月

11月1日，全国政协提案委员会办公室和经济委员会办公室联合举办“金融支持小微企业发展主题座谈会”。全国政协副主席李金华出席座谈会并讲话，工业和信息化部党组成员、总工程师朱宏任出席座谈会并做专题发言。部分全国政协委员、民主党派中央、国务院有关部委、专家学者和小微企业代表、新闻媒体等近200人参加了座谈会。

11月2日，上海市促进中小企业发展领导小组召开上海市推进中小企业服务体系建设工作会议，工业和信息化部党组成员、总工程师朱宏任同志，上海市委常委、副市长艾宝俊同志出席会议并讲话。

11月18~19日，工业和信息化部党组成员、总工程师朱宏任同志赴江苏省常州市考察小企业创业基地和中小企业公共服务平台。部中小企业司司长郑昕、消费品司副司长吴海东，江苏省中小企业局副局长陆元刚陪同考察。

11月28日，工业和信息化部印发关于公布第二批“国家中小企业公共服务示范平台”名单的通告（工信部企业〔2012〕566号）

11月30日，工业和信息化部部长苗圩在福建省副省长张志南地陪同下，在厦门调研社区信息化建设情况。工业和信息化部党组成员、总工程师朱宏任参加调研。

12 月

12月1日，工业和信息化部党组成员、总工程师朱宏任一行在厦门市经济发展局局长柯志敏、副局长邓建华等陪同下考察厦门市中小企业服务中心、厦门中小在线，调研指导厦门市中小企业发展服务工作。

12月4日，工业和信息化部党组成员、总工程师朱宏任出席全国个体劳动者第四次代表大会暨全国先进个体工商户表彰大会。

12月6日，工业和信息化部印发《关于减轻小型微型企业负担情况的报告》（工信部企业〔2012〕578号）。

12月6日，工业和信息化部党组成员、总工程师朱宏任出席第11届优秀女企业家国际论坛并致辞。

12月11日，第十三届全国中小企业信用担保再担保机构负责人联席会议在南京召开，工信部党组成员、总工程师朱宏任出席会议并作重要讲话。

12月10~16日，工业和信息化部党组成员、总工程师朱宏任分别对江苏、四川两省鼓励和引导民间投资发展情况进行督促检查。进一步督促地方人民政府认真贯彻落实“新36条”及国务院有关部门制定的民间投资实施细则，消除制约民间投资发展障碍，降低准入门槛，创造公平竞争环境，推动民间投资取得实质性进展。

12月27日，十一届全国人大常委会第30次会议审议《中华人民共和国中小企业促进法》有关制度立法后评估工作情况的报告。

工业和信息化部中小企业发展促进中心 2012年工作大事记

2012年中小企业发展促进中心（以下简称中心）紧紧围绕中小企业服务年确定的各项工作任务，积极发挥支撑服务作用，加强规章制度和人才队伍建设，取得了较好的成绩

（一）积极落实《中小企业促进法》后评估相关工作。按照要求，中心积极参与评估方案部署、文献资料查阅收集、问卷调查、实地调研、报告撰写等各阶段工作，以在线方式分别在全国人大、工信部网站发布问卷，共收回答卷13938份；汇总整理7个部门和10个省市关于《中小企业促进法》的实施报告；参加在10个省市开展的实地调研活动；提交了22万字的评估总报告和4万字的主报告，克服困难，按时完成了交办任务。此项工作得到了部领导、司领导和全国人大法工委的好评。同时，也为进一步修订和完善《中小企业促进法》打下了基础。完成编辑出版《促进中小企业发展的政策法规汇编》工作。

（二）认真开展政策咨询服务活动。举办中小企业政策大讲堂全国巡讲，组建中小企业政策咨询团，编印了《中小企业政策百问百答》《工业和信息化部就国务院支持小微企业发展答问》《中国中小企业政策法规文件汇编》《创办小型微型企业政策百问百答》等宣讲手册；在《中国中小企业》杂志上开辟“政策咨询专栏”；4月18日中小企业服务年中小企业政策大讲堂全国巡讲启动仪式暨首讲式在北京举行。2012年全年中小企业政策大讲堂遴选中小企业政策咨询团专家113人，已在全国组织了105场，现场接受宣讲咨询2.5万人次，印发宣传手册近15万册。

（三）扎实推进“中德合作项目”。按照部里要求，认真组织实施第二期（2011－2013）中德政府合作培训项目，已选派213名中小企业经营管理人员赴德培训；成功组织“2012年德国汉诺威工业博览会暨中德中小企业合作论坛”；落实中德中小企业合作园区（连云港、太仓）建设事宜；组织首期德国中小企业经理来华交流班赴北京、上海和江苏考察、培训。利华副部长高度重视“中德合作项目”，多次作出重要批示，对中心的工作也给予了肯定和鼓励。

（四）成功举办第七届APEC中小企业技展会。本届技展会按照着眼经济外交、突出针对科技型小微企业的要求，围绕专业化、市场化和国际化办展方向，认真组织实施。共设展位1892个，接待境内外专业观众超过3.5万人次；全国人大常委会副委员长、农工党中央主席桑国卫和印度尼西亚地方代表理事会主席伊尔曼·古斯曼等众多境内外嘉宾应邀到会，并出席有关活动；新闻媒体进行了深度报道。

（五）精心组织“中国－瑞典中小企业创新论坛”。刘利华副部长和瑞典企业、能源和交通部工商大臣安妮·吕芙女士出席论坛并致辞；中瑞两国有关部委领导以及中小企业和服务机构代表等200多人参加了论坛。此前，与瑞典企业、能源和交通部工商大臣安妮·吕芙女士签署了《中华人民共和国工业和信息化部与瑞典王国企业能源和交通部关于中小企业合作的行动计划》。

（六）策划实施“2012中国品牌领袖峰会”。为积极落实我部关于开展“工业质量品牌建设年”活动部署，中心于2012年8月25日在北京国际会议中心举办了“中国品牌领袖峰会”。您高度重视此次峰会，批示：“做好中国品牌指数的发布工作对于强化品牌意识，提高企业竞争力等都是很有意义的一件大事，应认真地抓紧抓好”；杨学山副部长出席会议并致辞；朱宏任总工对会议组织提出要求并就有关事项给予协调。

（七）协助做好“关闭小企业”工作。受财政部企业司和部产业政策司委托，中心协助做好关闭小企业的前置性、基础性工作，配合发放评审材料，整理、归类、保管申报资料和评审材料；为做好此项工作，中心成立了项目组，认真学习有关文件和领导同志讲话，参加产业政策司组织召开的关闭小企业工作座谈会，学习了解情况。

（八）配合落实“企业减负专项行动”。企业减负主要是中小企业减负，为此，中心积极配合运行局实施企业减负专项行动，组织开展减轻中小企业负担政策宣传活动周、现场经验交流等活动；编印了《减轻企业负担政策百问百答（2008－2012》，已面向全国发放3万册，并向多个地方中小企业部门提供了电子版文稿；8月20日，协助举办“全国减轻企业负担政策宣传周启动仪式”，朱宏任总工出席会议并作动员讲话。在12月9日召开的部长办公会上，您对企业减负相关工作及“地方企业负担评价报告”给予了充分肯定，认为具有重要的实践意义。

（九）正式启动中小企业经理人证书考试项目。2012年5月进行了试点省市考试；8月24日，部办公厅下发了《工业和信息化部办公厅关于将中小企业经理人证书考试项目纳入国家中小企业银河培训工程的通知》；10月23日，举行了“中小企业经理人证书考试项目”正式启动新闻发布会。目前，已出版18本系列教材。该项目对于规范中小企业培训市场，推动中小企业实现转型升级具有十分重要的意义。

（十）努力做好“全国中小企业服务联盟”工作。全国中小企业服务联盟已有75家成员单位，4家集体会员；2012年4月和8月分别在北京和贵州召开了联盟工作会，与会代表认真准备发言材料，

并进行大会交流，推动了各级服务机构间的经验分享和服务机构的能力建设；中小企业司对联盟工作非常重视，相关司领导分别出席会议，并对联盟工作提出要求。目前，联盟工作得到越来越多中小企业服务机构的认可，已成为推动中小企业服务工作的重要平台和抓手。

（十一）认真完成各项课题研究。中心成立了专门从事政策研究的部门，新进2名博士后，同时聘请一批外部专家，进一步增强了研究力量。2012年，中心共承担相关政府部门委托课题14项，如“中小企业国际市场开拓和对外合作途径及需求分析”“中德中小企业合作示范园建设研究”“培育发展战略型新兴产业与中小企业发展研究”“电子商务发展趋势及对策”“中小企业安全生产职业健康手册”等，并研究发布《中国中小企业健康发展报告（2012）》。组织力量重点开展了“劳动密集型小微企业研究”。研究工作既对部相关司局工作提供了有力支撑，同时又锻炼了干部队伍，提升了中心工作水平和影响力。

（十二）协助做好平台认定和测评工作。协助中小企业司做好中小企业公共服务示范平台认定工作，安排评审专家生活起居，发放、收集、整理评审意见，撰写示范平台服务绩效摘要；提出示范平台服务情况测评标准和工作方案，并多次向中小企业司相关处室汇报沟通；同时，加强对示范平台LOGO宣传、指导、管理、服务工作，制订了管理办法。此外，还配合制订了《中小企业公共服务示范平台管理办法》。

（十三）大力加强舆论宣传工作。以《中国中小企业》杂志、《中国中小企业年鉴》以及中心网站等为主要载体，配合开展服务年活动的相关宣传；发布“中国品牌力指数”，宣传优秀品牌企业。

此外，中心还承担了商务部援外培训项目，与地方政府共同举办了“第八届武汉赶集会”“第九届玉博会”，承办了“中国－东盟中小企业信息化国际研讨会”“中小企业国际合作论坛”和“中欧世贸项目二期”项目，开展“节能减排培训”，创建“南昌（国家）小微企业产业发展示范园”等，为中小企业提供新产品新技术展示、推介、对接和国际采购等服务，推动了中小企业转型升级。

各地中小企业工作大事记

北京市

1月12～13日，市经济信息化委组织召开了2012年区县中小企业工作会议。会上，各区县结合2011年工作总结及2012年工作思路计划，重点汇报了如何贯彻落实《市政府关于进一步促进中小企业发展若干意见的实施意见》的情况及取的工作成效。中小企业处对2011年全市中小企业工作进行了总结，对2012年工作任务进行了部署和安排。

市经济信息化委姜贵平副主任及各区县中小企业主管单位的副主任、中小企业主管部门负责人参加了会议。

2月8日，工信部中小企业司狄娜巡视员一行来我市调研中小企业融资情况。部分银行、担保机构、信托公司及小额贷款公司等金融机构参加会议，市经济信息化委姜贵平副主任、中小企业处荆甫智处长及相关负责同志陪同调研。

在听取了各金融机构对中小企业融资情况的汇报后，狄娜巡视员对北京市中小企业融资工作给予了肯定，并指出继去年10月12日，国务院常务会提出支持小型微型企业九项措施后，今年2月1日国务院常务会又一次专题研究支持小型微型企业发展政策，各金融机构应认真落实国家各项金融政策，针对中小微企业融资特点，创新金融产品，切实有效缓解中小微企业融资难题。

3月14日，市经济信息化委研究出台了《北京市中小企业公共服务平台管理暂行办法》和《北京市小企业创业基地管理暂行办法》，规范、引导、支持我市中小企业公共服务平台、小企业创业基地建设，加强对中小企业，尤其是小型、微型企业的服务。

3月15日，市经济信息化委、市财政局组织召开北京市中小企业创业投资引导基金合作创投机构座谈会。姜贵平副主任出席会议。北京红土嘉辉创业投资有限公司、北京赛伯乐创业投资公司、北京临空创业投资有限公司等15家引导基金参股创投企业参加会议，介绍了各自公司运营的基本情况以及对政府服务的建议和需求。

4月18日，北京市中小企业服务年活动之一“青云计划——扶助中小企业成长”系列活动隆重启动。该活动由北京市经济和信息化委员会指导，北京市工商联与百度公司合作推进。百度公司将在2012年投资5000万元，为5000家企业免费建设网站，为20000家企业提供推广补助资金，帮助中小企业，特别是小微企业降低经营成本，拓展营销渠道，切实服务中小企业发展。

全国工商联专职副主席庄聪生、北京市经济和信息化委员会副主任姜贵平、北京市工商联常务副主席郑默杰、郑勇男及百度公司主要领导出席了启动仪式。

5月30日，市促进中小企业发展工作领导小组组织召开了“北京市服务中小企业工作推进大会”。工业和信息化部党组成员、总工程师朱宏任，北京市副市长、市促进中小企业发展工作领导小组组长苟仲文出席会议并发表重要讲话。

会上，市经济信息化委副主任靳伟代表市促进中小企业发展工作领导小组向全社会发出倡议，号召政府部门、社会服务机构和大型企业，履行社会职责，发挥各自优势，共同服务中小企业健康发展。市经济信息化委副主任姜贵平代表市促进中小企业发展工作领导小组办公室介绍了我市中小企业服务年活动内容和时间安排。昌平区政府、人民银行营业管理部就服务中小企业发展进行了主题发言。市促进中小企业发展工作领导小组成员单位、各区县政府、中小企业服务机构、金融机构和中小企业近300名代表参加了本次会议。

7月20日，市经济信息化委召开北京市扶持小微企业政策座谈会。会上，市经济信息化委姜贵平副主任介绍了北京市促进中小微企业发展工作的相关情况。各委办局结合自身工作，介绍了扶持中小微企业的各项政策。工信部中小司、市科委、市财政局、市人力社保局、市国税局、市地税局、市金融局、北京银监局等参会单位就北京市扶持小微企业及劳动密集型企业发展的金融、财税、就业等政策措施进行了研讨。

8月24日，市促进中小企业发展工作领导小组办公室召开了中小企业服务年新闻发布会。会上，市经济信息化委、人民银行营业管理部、市银监局、市地税局和市知识产权局介绍了服务中小企业发展相关工作情况并回答了记者的提问。

会上，市经济信息化委姜贵平副主任代表市促进中小企业发展工作领导小组总结了前一阶段各相关部门在服务中小企业发展工作中取得的成绩，对下一步的工作中，提出了各领导小组成员单位要继续加强部门间合作与协调，充分动员社会各方面力量，努力解决影响和制约中小企业发展的突出问题，切实促进我市中小企业平稳健康发展。

9月6日～8日，我委组织10家郊区农产品加工企业组成北京代表团参加了由农业部在河南省驻马店市举办的“2012年全国农产品加工业投资贸易洽谈会”（以下简称“农洽会”）。代表团由委领导陈志峰同志带队，在核心展区设立了占地100平方米的特装展位参展，取得丰硕成果。同时我委获得“农洽会”最佳组织奖。

10月23日和10月30日，北京市经济信息化委分别在顺义区和门头沟区成功举办了两期2012年中小企业经营管理人员培训会。两期培训共有238家企业386人参加。

通过培训，进一步提升了中小企业经营管理者素质，不断帮助中小企业，特别是小型微型企业提振信心、稳健经营，提高盈利水平和发展后劲，增强中小企业的可持续发展能力。

11 月 20 日，北京市经济和信息化委员会同市国土局组织召开北京市土地政策支持小型微型企业发展座谈会。市国土局、市规划委、市住房城乡建设委、市工商局、市环保局、大兴区经信委、西红门镇政府、青云店镇政府相关负责同志及 8 位企业代表参加了座谈。

会上，8 位企业代表分别介绍了各自企业在土地、房屋、工商注册等方面遇到的问题，并就如何解决这些问题提出了建议，相关政府部门当场给予了答复和解释。这些企业反映的问题，大部分属于历史遗留问题，严重制约了小型微型企业的发展空间。会议进行了深入分析和热烈讨论，最终达成多项共识：一是坚决贯彻市委市政府要求，积极解决中小企业发展空间问题；二是以大兴区为试点，对小型微型企业进行调研，针对不同情况，制定不同解决方案；三是以一些发展良好的工业大院为试点，探索研究解决方案；四是原则上要尊重历史事实，并结合北京实际，分类分时段进行解决；五是进一步完善相关土地政策，形成一整套支持小型微型企业的政策措施。

11 月 23 日，北京市经济信息化委与市财政局共同举行北京市中小企业创业投资引导基金第五批合作创投机构签约仪式。经公开征集、专家评审、社会公示和政府决策等程序，市经济信息化委与市财政局共同选定了启迪创业投资有限公司等合作机构，将共同出资成立 5 家引导基金参股创投企业，协议出资金额 8.64 亿元，其中引导基金协议出资 2.2 亿元，合作机构协议出资 6.44 亿元。

北京市中小企业服务中心代表政府作为引导基金的名义出资代表，与启迪创业投资有限公司、上海力鼎投资管理有限公司等创投机构签订了《投资人协议》等文件。

12 月 12 日，市经济信息化委举办了“2012 年北京市中小企业公共服务平台、北京市小企业创业基地授牌仪式暨新闻发布会”。

会上对北京北航科技园有限公司、北京嘉捷美锦科技发展有限公司等 19 个“北京市中小企业公共服务平台”和汇龙森国际企业孵化（北京）有限公司、北京瀚海智业投资管理有限公司等 20 个“北京市小企业创业基地”进行了授牌。北京国融工发投资有限公司和北京嘉捷美锦科技发展有限公司的领导分别代表服务平台和小企业基地进行了发言。市经济信息化委领导姜贵平副主任参加会议并讲话，向各位媒体单位介绍了我市服务体系建设情况以及下一步的工作重点，对认定的服务平台和基地提出了要求。

各区县中小企业工作主管部门同志、拟申报服务平台或基地的企业代表及新华通讯社、北京电视台、北京日报等多家媒体参加了会议。

12 月 12 日 ~15 日我委组织部分中小农加工企业组成北京代表团参加了由农业部、海南省政府在海口市联合举办的“2012 年中国（海南）国际热带农产品冬季交易会”。通过组展，一方面有效提升了北京市京郊中小企业（镇村企业），特别是农加工企业的市场知名度和品牌影响力，进一步加强了我市中小企业（镇村企业）与兄弟省市企业间的交流与合作。

天津市

1 月 3 日 ~12 日，市中小企业局副局长任鹏为团长一行 6 人，赴奥地利、波兰、瑞典、芬兰招商。分别在维也纳、华沙、斯德哥尔摩和赫尔辛基共举办了四场推介活动，与 100 多家欧洲企业接触洽谈。

1 月 5 日 ~2 月 1 日市中小企业局牵头与市政府督查室、市发改委、市规划局、市环保局等部门组成联合考核组，对 2011 年度 31 个示范工业园区规划建设、招商引资、经济运行、综合经济指标等情况进行了考核检查，评定东丽华明工业区等 10 个园区为 2011 年度优秀示范园区，海河工业区等 17 个园区为 2011 年度达标园区，并对被评为优秀的园区给予奖励。

1 月 5 日 ~2 月 22 日，市中小企业局会同市有关部门，对第一批 94 个亿元楼宇项目进行了年度考核。其中，国际大厦等 32 个楼宇被评为优秀楼宇，麦购国际等 40 个楼宇被评为良好楼宇，华文商务园等 16 个楼宇被评为达标楼宇，金融物流总部等 6 个楼宇尚未达标。

1 月 30 日，按照《关于加强我市小型微型企业监测及有关基础工作的通知》要求，我市小型微型企业监测工作正式启动。市中小企业局责成全市 16 个区县，筛选代表性行业 1000 余家小微企业，通过我局中小企业运行监测系统定期网上报表，市中小企业局对企业上报的数据信息定期汇总分析，及时发布小微企业运行动态和趋势。

2 月 3 日，在天津市“调结构、惠民生、上水平”活动动员大会上推出“天津市第八批区县重大建设项目”。

2 月 9 日，市政府召开全市科技型中小企业发展工作推动会。市长黄兴国出席了会议并作重要讲话。市科技型中小企业发展领导办公室汇报了 2011 年工作进展及 2012 年重点工作安排，部分区县做了典型发言，各区县政府递交了目标责任书。

2 月 16 日，在东丽区华明镇召开天津市亿元楼宇工作推动会。会上总结了 2011 年楼宇工作并布置安排了 2012 年楼宇工作。副市长李文喜、市政府副秘书长于忠诚出席会议，市中小企业局局长尉永久、副局长蒋颖参加会议。

2 月 17 日，市委常委、统战部部长刘长喜，副市长李文喜，就落实市委书记张高丽在全市民营经济发展座谈会的重要讲话精神，研究下一步促进民营经济发展的措施，到市中小企业局进行调研。召开了处级以上干部参加的座谈会，并看望慰问局机关干部职工。市政府副秘书长于忠诚、市委统战部常务副部长刘剑英陪同并参加调研。

2 月 20 日，市中小企业局在武清京滨工业园组织召开全市示范园区现场推动会。市长黄兴国出席并作重要讲话；副市长李文喜主持会议。市中小企业局有关领导、各区县主要负责同志及31个示范工业园区负责人参加会议。

2月22日，市中小企业局制定下发《关于完善示范工业园区安全生产工作制度的通知》，制定了园区安全生产基本规章制度目录样本，包括园区安全生产基本规章制度样本，园区安全工作台账样本，企业安全工作台账样本。

2月28日~3月3日，市中小企业局副局长任鹏带队赴上海、苏州、无锡、常州招商，期间与日本亚恭亚、远东租赁、厚泽资本、常州联力等企业确定了合作事项。

3月7日、8日、14日、30日，为贯彻2月20日示范园区现场会议精神，市中小企业局局长尉永久带队先后到北辰医疗器械工业园、武清自行车产业园、东丽航空产业园、太平工业区、汉沽茶淀工业区、滨海物流加工区进行调研，进行工作推动。

3月15日，为贯彻2月20日现场会精神，市中小企业局副局长、巡视员蒋颖带队到津南区、西青区示范工业园区召开座谈会，进行调研推动。

3月16日，市中小企业局召开圆梦津城中小企业管理提升工程推动会，正式启动中小企业管理提升工程。市政府副秘书长于忠诚出席会议并讲话。会议由市中小企业局局长尉永久主持。各区县分管区县长及中小企业主管部门负责人，中介机构、中小企业代表及相关新闻媒体共150余人参加会议。会后，副市长李文喜会见了来津进行中小企业调研的日本中小企业诊断协会常务理事、著名诊断士安井哲雄一行。

3月25日~4月3日，市中小企业局副局长任鹏带队赴日本、韩国开展专项招商，促进了津南区日本工业园招商以及森精机等项目的落户。

3月29日，市政府召开"坚持不懈把楼宇经济做强做大"新闻发布会。市政府新闻发言人刘剑刚介绍天津加快发展楼宇经济的进展和成效；市中小企业局局长尉永久和副局长蒋颖介绍我市加快发展楼宇经济的具体工作情况和下一步措施。

4月1日，由中共天津市委统战部、天津市工商业联合会和市中小企业发展促进局主办的天津民营经济发展论坛在梅江会展中心举行。市委副书记、市长黄兴国出席并讲话。市委常委、常务副市长杨栋梁，市委常委、副市长崔津渡，市委常委、市委统战部部长刘长喜，副市长李文喜和市政府秘书长袁桐利等出席。市人大常委会副主任、市工商联主席张元龙致辞。市中小企业局局长尉永久介绍此次论坛背景和天津市发展民营经济和中小企业情况。

4月5日，市中小企业局会同市高级人民法院，召开司法服务楼宇工作座谈会。市内六区30多名楼宇方代表参加会议，会上就《天津市高级人民法院司法服务楼宇经济调查问卷》中存在的司法问题，进行了现场解答。

4月9日~4月10日，市中小企业局局长尉永久赴深圳与深圳投资商会策划组织了天津市投资环境恳谈会，市委常委苟利军书记出席。

4月10日，环渤海区域中小企业发展联盟在太原市召开工作会议，研究落实2012中日韩（环渤海）中小企业绿色产业峰会各项筹备工作，联盟各成员单位相关领导参加了会议。会议就2012中日韩（环渤海）中小企业绿色产业峰会各项工作进行了细化和落实，提出了时间节点和工作进度。

4月16日~18日，由市中小企业局巡视员、副局长蒋颖带队，市内六区分管楼宇工作的副区长和市发改委、市财政局、市国土房管局等单位的相关领导组成考察团赴上海学习考察当地楼宇经济工作经验和好的做法。

4月17日，市人民政府出台《关于大力支持小型微型企业发展的若干意见》（津政发〔2012〕4号），提出了加大财政支持、改善金融环境、减轻税费负担、拓宽投资领域、完善公共服务等方面20条政策措施。

4月18日，市中小企业局举办示范工业园区（亿元楼宇）招商引资技能提升培训班，共300人参加。培训班采取总结表彰会、经验交流会和技能培训会"三会合一"形式，围绕"招商体制、产业定位、区域定向、目标选择、渠道开拓、跟踪服务"等内容进行，同时对招商引资有功人员进行了表彰，对全年招商工作进行了安排部署。

4月19日，在天津礼堂召开"天津市区县重大项目推动会"，副市长李文喜出席会议并讲话，市政府副秘书长于忠诚出席，市中小企业局局长尉永久主持会议，巡视员、副局长蒋颖通报了区县重大项目建设情况，并对工作进行了部署。市政府督察室、市发展改革委、市农委、市规划局、市国土房管局有关负责同志参加会议并发言，有关区县的主管区县长在会上汇报了本区县重大项目建设情况。

5月10日，按国家有关标准市中小企业局全面系统的完成了对我市中小微企业的类型划分。

5月11日，认定首批专利试点园区。为加快区县特色产业发展，提升竞争力，培育一批具有较强竞争力的专利密集型企业，发展一批拥有核心技术的专利密集型产品，加速科技型中小企业发展，促进经济发展方式转变，市中小企业局与市知识产权局共同研究决定，认定天津专用汽车产业园、天津自行车王国产业园区（京津科技谷）、天津宝坻九园工业园区（低碳工业区）、天津西青汽车工业区（中北示范园）四家示范工业园区为首批专利试点园区。试点工作时间自2012年开始，试点期限为3年。

5月11日~12日，2012中日韩（环渤海）中小企业绿色产业峰会在天津梅江会展中心举行。市委常委、统战部部长刘长喜，市政府副秘书长于忠诚，国家工信部中小企业司副司长许科敏出席。峰会由环渤海区域中小企业发展联盟、日中中小企业共同机构及韩国中小企业贸易活性化协会共同举办，以"聚焦绿色产业、助推转型成长"为主题，主要活动包括高峰论坛、产品展示、项目对接及签约、实地考察等。天津市中小企业局局长尉永久介绍了本市绿色产业、园区建设、扶持政策以及发展成果等情况。中日韩企业家、绿色产业园区代表介绍各自的先进经验及做法。来自日本、韩国和环渤海区域的400余名政府部门、专业机构、企业代表和嘉宾参加了活动，120余家企业参加了产品展示，12个单位进行了项目发布。

5月17日，国家工信部在天津迎宾馆召开贯彻落实国务院支持小微企业发展意见工作座谈会。市政府与工信部“共同推进战略性新兴产业发展，促进天津工业转型升级战略合作框架协议”签约仪式同日举行。期间，市委书记张高丽16日晚会见来津出席会议的工信部部长苗圩。市委副书记、市长黄兴国出席签约仪式。工信部总工程师朱宏任，副市长李文喜、王治平，市政府秘书长袁桐利及市有关方面负责同志分别出席上述活动。市中小企业局局长尉永久介绍了天津市中小企业工作经验。重庆市、辽宁省、山东省、广东省、陕西省中小企业工作主管部门代表作了典型发言。

5月20日，在市科学技术信息研究所召开亿元楼宇工作视频会议，会上市中小企业局副局长蒋颖通报2011年度亿元楼宇项目考核情况，市中小企业局局长尉永久同志参会并讲话。

6月15日，市政府在天津礼堂召开“天津市区县重大项目示范工业园区推动会”。会议听取区县重大项目和示范工业园区进展情况的汇报，研究部署下一步工作任务。副市长李文喜出席会议并讲话。会议由市政府副秘书长于忠诚主持，市中小企业局尉永久局长和蒋颖副局长分别通报了示范工业园和区县重大项目的进展情况，部署了下一步的工作任务。市发改委、农委、财政局、国土房管局、中小企业局、国税局等负责同志和涉农区县分管区县长参加会议。

同日市中小企业局在天津礼堂小剧场南开厅召开“天津市亿元楼宇工作推动会”，局长尉永久传达市长黄兴国同志调研河东区经济工作的讲话，副局长蒋颖通报全市亿元楼宇项目进展，副市长李文喜出席并讲话。

同日中小企业政策宣讲活动在本市中小企业发展促进中心举行。市中小企业局局长尉永久率局领导班子全体成员以及各处负责同志参加了会议。全国中小企业政策咨询专家童有好博士对《国务院关于进一步支持小型微型企业健康发展的意见》（国发〔2012〕14号）及相关扶持政策进行解读。市财政局、科委、金融办、工商局等部门负责同志讲解了天津市扶持中小企业相关政策。

7月3日~7月6日，我市与中联部共同主办的第三届“中国—西亚北非中小企业合作论坛”在天津宾馆成功举办。论坛主题为“积极把握中国与西亚北非地区发展契机，共同促进中小企业务实合作”。尉永久局长带领企业投资促进中心、相关区县招商人员与来访外宾围绕“中小企业与经济社会发展”“合作面临的机遇与挑战”分议题进行了探讨。

7月10日~12日，天津市人大常委会组织在津的全国人大代表听取天津市楼宇经济工作情况汇报，并视察了和平、河西两区的部分典型楼宇，市中小企业局局长尉永久、副局长蒋颖陪同。

7月20日，《天津市中小企业发展白皮书》编印发行。

7月23日，市中小企业局在津南区八里台工业区召开示范工业园区安全工作现场会。市中小企业局巡视员、副局长蒋颖出席会议并总结了示范工业园区安全工作，对下一步重点工作进行了部署。市安监局副局长矢智峰、津南区副区长葛汝凯出席。有关区县工经委和31个园区负责人参加了会议。津南区八里台工业区管委会、宝坻区经信委、西青区汽车工业区在会上交流了安全管理工作经验。

7月31日，市人大常委会副主任李泉山到市中小企业局调研，重点听取关于修改《天津市实施〈中华人民共和国中小企业促进法〉办法》的工作情况。市人大常委会法工委主任高绍林、市工商联副主席杨蔚东、市政府法制办副主任雷颖君参加调研。市中小企业局局长尉永久、副巡视员王云齐分别汇报了全市中小企业发展现状、重点工作成效和立法工作进展情况。巡视员、副局长蒋颖，副局长薄云、任鹏，副巡视员司志强参加座谈。

7月31日，市中小企业局联合市政府驻济南办事处、市内六区政府在山东省济南市山东大厦举办了“津鲁楼宇经济合作共赢恳谈会”。市中小企业局副局长任鹏带队参加，130多家山东企业参加了会议。

8月1日，为加快推进31个示范工业园区拓展区建设，市中小企业局会同市国土房管局、市规划局、市财政局，召开示范工业园区拓展区建设工作座谈会，尉永久局长主持会议，蒋颖副局长参加座谈。会议听取了各园区拓展区建设情况、存在问题，对下步工作做出了明确要求和安排。

8月20日，市委副书记何立峰到市中小企业局调研，听取了中小企业工作情况汇报，充分肯定了取得的成绩，对下一步工作提出要求。市中小企业局局长尉永久汇报工作，局领导班子全体成员参加座谈。

8月24日，市中小企业局联合市合作交流办公室在迎宾馆召开了“天津市与异地商会发展楼宇经济对接会”。市中小企业局尉永久、副局长任鹏，市合作交流办公室副主任张建军，市内六区亿元楼宇分管区领导及其他区县亿元楼宇主管部门负责同及120余名异地商会负责人及商会企业代表出席会议。

8月30日，市中小企业局和市政府驻上海办事处联合主办的“天津—长三角楼宇经济合作共赢恳谈会”在上海国际会议中心举行。市中小企业局副局长任鹏带队，市内六区及津南区、滨海新区相关领导及楼宇经济负责同志参加了会议，达成合作项目30多个。

9月11日~13日，利用2012天津夏季达沃斯论坛召开之际，市中小企业局局长尉永久、副局长任鹏、副巡视员王云齐与义乌市代表团举办了民营经济发展交流座谈会，学习借鉴义乌市的民营经济发展经验。

9月初~11月，底市中小企业局在全市示范工业园区和乡镇工业园区开展了安全生产攻坚战专项行动。成立了安全生产攻坚战专项行动领导小组，市中小企业局局长尉永久任组长，巡视员、副局长蒋颖、副局长任鹏、副巡视员司志强任副组长，制定了《安全生产攻坚战专项行动大检查安排表》，分四个小组，组织专门人员，分片进行检查。

9月13日，天津市人大代表、政协委员中小企业立法工作座谈会在天津大礼堂和平厅召开。市政府副秘书长于忠诚代表副市长李文喜出席会议并讲话。部分市人大代表、政协委员应邀出席座谈会，并就中小企业立法工作发表意见。市中小企业局局长尉永久主持会议；副巡视员王云齐作立法工作说明。市人大常委会常委、市工商联副主席杨蔚东，市人大常委会财经委副主任孙增民，市人大常委会法工委、市政府法制办、市财政局、市政协经委等有关部门负责同志参加会议并发言。

9月14日，副市长李文喜到市中小企业局调研，听取了重点工作情况汇报，充分肯定了取得的成绩，对下一步提出要求。市中小企业局局长尉永久和巡视员、副局长蒋颖汇报情况。

9月22日，第九届中国国际中小企业博览会在广州国际会议展览中心隆重举行。以市中小企业局巡视员、副局长蒋颖为团长的天津代表团参加了此次展会。天津展区面积640平米，11个区县的近40家优秀中小企业参展。展会期间，天津代表团还参加了全国中小企业工作座谈会。

9月26日，在静海县召开“区县重大项目建设现场推动会”。副市长李文喜出席会议并讲话，市政府副秘书长于忠诚主持会议。会上，市中小企业局局长尉永久通报了区县重大项目建设情况，并就下一步工作进行了具体部署；巡视员、副局长蒋颖通报了新一批区县重大项目情况，并提出了具体要求。市政府督查室、市发改委、市农委等有关部门负责同志，滨海新区及涉农区县分管领导参加会议。

9月28日，市中小企业局召开全市亿元楼宇工作现场交流会。各区汇报了2012年亿元楼宇工作进展情况、存在的问题及进一步工作思路，与会者还参观了赛顿大厦、君隆广场，副局长蒋颖出席并讲话。

10月17日，市中小企业局在山西省太原市召开了“津晋经济合作交流恳谈会”，宣传推介我市示范工业园区和亿元楼宇相关政策。副局长任鹏带队参加了此次活动。

10月31日环渤海区域中小企业发展联盟在大连市召开2012年第二次工作会议，市中小企业局副局长薄云主持会议。会议审议通过了鞍山市中小企业局、滨州市中小企业局、晋中市中小企业局、秦皇岛市工业和信息化局、赤峰市经济和信息化委员会作为环渤海区域中小企业发展联盟新的会员单位；会议期间，薄云副局长还率队参加了由辽宁省中小企业厅、大连市人民政府主办的“2012中国东北及环渤海地区创新型中小企业“专精特新”产品展洽会”。

11月5日，市中小企业局巡视员、副局长蒋颖带队一行4人，赴成都市进行楼宇经济考察。四川省工信委全面介绍了四川省和成都市的经济运行情况，并详细地介绍了成都市楼宇经济的发展情况。

11月8日，“圆梦津城”第二届全民创业大会在天津梅江会展中心召开，副市长李文喜会见了来津出席活动的中国中小企业协会会长李子彬、国家工信部中小企业司副司长许科敏一行，以及环渤海中小企业联盟成员单位客人，并共同出席开幕仪式。市政府副秘书长于忠诚主持了开幕式。会上，举行了天津市小企业创业基地授牌仪式和天津中小企业创业成长学院揭牌仪式、“创业零距离”全民创业大赛以及创业巡讲和创业沙龙等活动。市中小企业局局长尉永久宣布了天津市2012年度小企业创业基地名单，对20家小企业创业基地进行授牌。大会期间，推出了500个创业项目以及中小企业创业创新最新扶持政策和金融服务产品项目等内容的《创业宝典》，并在大会现场布置展板进行展示。市有关部门、各区县分管领导及中小企业主管部门、市中小企业协会、市中小企业生产力促进中心、市中小企业发展促进中心等单位负责人，部分企业、机构、创业人员代表，以及新闻媒体等共1000多人参加活动。

11月7日～9日，市中小企业局副局长任鹏带队，组织河北区、津南区、武清区相关招商负责同志赴海西地区开展招商引资工作。

11月14日，市中小企业局在南开区今晚传媒大厦召开“天津市楼宇经济工作现场推动会”，尉永久局长通报全市楼宇项目进展情况，各区汇报今年以来楼宇经济工作情况，李文喜副市长出席并讲话。

11月14日，市中小企业局副局长任鹏带队参加在深圳召开的第十四届中国国际高新技术成果交易会，并联合市科委在深圳召开“天津－深圳科技企业恳谈会”。天津市副市长王治平、市政府副秘书长袁树谦出席会议。深圳40余家高科技企业负责人就来津投资发展进行了交流对接。

11月19日，我市召开“中小企业服务年－创新中国行（天津站）”推动会议。按照工业和信息化部中小企业司有关“中小企业服务年”活动的总体部署，市中小企业局与中国中小企业网合作，在津南区双港高科技产业园区管委会召开了“中小企业服务年－创新中国行（天津站）”推动会议。会上，尉永久局长通报了天津中小企业信息化工作的总体情况，部署了下一步工作。工信部中小企业司相关负责同志致辞并对天津的工作给予肯定。

12月3日，市中小企业局、市国土房管局、市规划局联合印发《关于同意天津市双港工业区等4个园区开展拓展区建设的批复》（津中小企〔2012〕30号），双港工业区等4个示范园区被批准纳入第二批开展拓展区建设的园区名单。

12月15日，经市统计局批准，市中小企业局印发了2012年度《天津市中小微企业经济运行监测报表制度》。《制度》规定对天津市行政区域内，涉农区县年主营业务收入500－2000万元工业企业、区县示范工业园区及园区内全部企业、竣工投产的区县重大建设项目等运行情况进行统计监测。

12月15日～24日，市中小企业局副局长薄云带队，市合作交流办、宁河县政府、静海镇政府有关同志一行6人，赴法国、波兰考察推动投资项目。期间，召开了专题推介活动，有针对性地拜访企业、洽谈推动了相关项目。

12月17日，市中小企业局巡视员、副局长蒋颖带队，市政府督查室、市发改委、市财政局、市国土房管局参加，对全市楼宇项目进行年度考核。

12月20日，市中小企业局召开2012年度区县经济运行工作会议，巡视员、副局长蒋颖出席会议并讲话。会议总结了我市中小企业年度经济运行情况，对2013年的经济运行形势作了分析。

12月21日，市中小企业局召开示范工业园区工作会议，通报了示范园区统计监测年度工作情况，提出了明年工作要求，布置了示范园区2012年度考核工作。

12月25日，市中小企业局印发了《关于印发天津市区县示范工业园区年度考核办法的通知》（津中小企〔2012〕59号），制定了2012年度示范园区考核标准和考核办法，并将根据《通知》中规定的标准和办法对31个区县示范工业园区2012年度建设、招商、运行情况进行考核。

河北省

1月12日，省民营办召开帮扶民营大企业（集团）工作调度会议。省工信厅副厅长、省中小企业局副局长王雅君主持会议。会上，省国土资源厅、省环保厅、省人力资源和社会保障厅、省科技厅、省水利厅、省旅游局、省地税局、省金融办等有关部门汇报了落实《关于帮扶民营大企业（集团）责任分工的意见》（冀民经办〔2011〕19号），帮扶民营大企业（集团）情况。

1月16日，我局在开展“双十双百”争创活动的中表现突出的6个基层党支部、15名党员分别被省工信厅授予“支部先锋旗”和“党员先锋岗”。同时分别被授予“先进基层党组织”和“优秀共产党员”。

1月18日，河北省人民政府办公厅印发《关于印发民营经济“十二五”发展规划的通知》（冀政办函〔2012〕9号），正式印发由我局起草的《河北省民营经济“十二五”发展规划》。

2月7日，省中小企业局召开“强服务、解难题、帮企业、保增长”主题活动动员大会。主要目的是以落实科学发展观为指导，贯彻国家工信部开展“中小企业服务年”和省委、省政府加快发展民营经济的决策部署，以更有力的举措落实好全省工业和信息化工作会议精神，切实解决中小企业、民营经济发展中的突出困难和问题，努力促进全省中小企业、民营经济平稳较快发展。省工信厅副厅长、省中小企业局局长孙际林，省工信厅副厅长、省中小企业局副局长王雅君，省中小企业局副局长贾胜忠出席动员大会。局机关全体干部和局属事业单位领导班子成员参加大会。会议由王雅君副局长主持。

3月7日，全省中小企业民营经济信息宣传工作座谈会召开。省工信厅副厅长、省中小企业局局长孙际林，省中小企业局副局长贾胜忠出席会议并讲话。各设区市主管信息宣传工作的副局长、科（处）长、信息宣传联络员；扩权县（市）、省局重点联系县（市）中小企业主管部门局长和有关单位主要负责人；省局机关各处室、直属事业单位兼职信息宣传联络员和省内主要新闻媒体记者参加座谈会。此次会议的主要内容是总结工作，部署任务，统一思想，提高素质，动员全系统更加扎实、更加主动、更高质量地做好信息宣传工作。

3月7日，省中小企业局邀请河北日报、河北经济日报、河北广播电台、河北青年报、河北法制报等媒体新闻工作者召开全省中小企业民营经济新闻媒体座谈会。省中小企业局副局长贾胜忠出席座谈会。省中小企业局办公室主任高英华、省中小企业信息中心主任李善斌、省中小企业管理与科技杂志社社长苏向军和各设区市主管信息宣传工作的副局长参加座谈会。

3月8日，厦门市人大常委会杨金兴副主任带队，厦门市人大财经委、法制委和经济发展局、法制局等一行13人来我省学习考察中小企业立法工作。省工信厅副厅长、省中小企业局孙际林局长主持召开了座谈会，就我省《中小企业促进条例》起草过程和实施效果以及我省中小企业服务体系建设情况做了详细说明和系统介绍；省中小企业局贾胜忠副局长介绍了我省中小企业、民营经济发展的相关情况。厦门市人大常委会杨金兴副主任、人大财经委黄清河主任和经济发展局李新民巡视员也就中小企业立法的有关问题进行了交流探讨。

3月30日，由河北省中小企业局、石家庄市人民政府主办，由石家庄工业和信息化局、石家庄信息工程职业学院承办的2012年全国中小企业网上百日招聘高校毕业生活动河北专场暨河北省第六届中小企业高校毕业生人才招聘会在石家庄举行。工业和信息化部中小企业司司长郑昕，教育部全国高校学生信息咨询与就业指导中心主任张凤有出席开幕式并分别发表讲话。河北省工业和信息化厅副厅长、省中小企业局局长孙际林宣布招聘会开幕。开幕式由省教育厅副厅长杨勇主持。石家庄市人民政府副市长刘明轩在开幕式上致辞。石家庄信息工程职业学院党委书记刘志辉，石家庄市工业和信息化局局长吴飞及部分企业、学生代表参加开幕式。本届招聘会吸引了来自全省的500余家企业以及2万余名高校毕业生，提供就业岗位一万多个。

3月，省中小企业信用担保中心被省政府办公厅授予“2011年度金融稳定奖”。

4月6日，省民营经济领导小组办公室印发《关于表彰2011年度民营经济发展先进市县（市）、百强民营企业、优秀民营企业家和创业功臣的决定》。授予唐山、廊坊和石家庄市“2011年度河北省民营经济发展先进市”称号；授予宽城满族自治县、迁安市、青龙县、滦平县、三河市、平泉县、固安县、滦县、遵化市、武安市“2011年度河北省民营经济发展先进县（市）”称号。授予长城汽车股份有限公司等100家民营企业“2011年度河北省百强民营企业”称号。授予长城汽车股份有限公司董事长魏建军等100名同志“2011年度河北省优秀民营企业家”称号。授予河北畅达集团有限公司总裁王贵玉等100名同志“2011年度河北省创业功臣”称号。

4月16日，全省民营经济工作会议在河北会堂电视电话会议厅举行。会议主要内容是总结部署民营经济工作，表彰先进，分析形势，动员全省上下进一步解放思想、开拓奋进，努力开创民营经济发展新局面。省委书记、省人大常委会主任张庆黎作出重要批示。省长张庆伟出席会议并讲话。省委常委、常务副省长杨崇勇主持大会。省委常委、省委统战部长田向利，省人大常委会副主任黄荣，副省长张杰辉，省政协副主席崔江水，省长助理、省政府秘书长尹亚力，省长助理、省金融办主任江波出席会议。会上，省长助理、省政府秘书长尹亚力宣读了省委书记、省人大常委会主任张庆黎同志重要批示。张庆黎在批示中指出：“民营经济是国民经济的重要组成部分。改革开放以来特别是近年来，我省民营经济蓬勃发展，在推动经济发展、扩大城镇就业、满足社会需求、促进社会和谐等方面发挥了重要作用。希望各级党委、政府认真贯彻落实省第八次党代表大会精神，毫不动摇地鼓励、支持和引导民营经济发展，进一步优化民营经济发展环境，努力提高服务水平。广大民营企业家要发挥聪明才智，积极投身调结构、转方式主战场，诚信经营，勇创佳绩，回报社会，努力把我省民营经济发展提高到一个新水平，为建设经济强省、和谐河北作出新的更大的贡献！祝全省民营经济工作会议圆满成功！”省人大副主任黄荣宣读了《河北省民营经济领导小组关于表彰2011年度民营经济发展先进市县（市）、百强民营企业、优秀民营企业家和创业功臣的决定》。副省长张杰辉对全省民营经济工作进行了全面总结和安排部署。会议对2011年度民营经济发展先进市县、百强民营企业、优秀民营企业家和创业功臣进行了表彰，对前3名的市、前10名的县和前10名优秀民营企业家、创业功臣进行奖励。各设区市主管副市长、市工业和信息化局局长，省政府有关部门主要负责同志，部分中直驻冀金融机构负责同志、部分国资委监管企业负责同志，受表彰奖励的民营经济发展先进县（市）、百强民营企业、优秀民营企业家和创业功臣代表参加会议。

4月23日，工信部中小企业司融资担保处处长王海林一行到省中小企业信用担保中心调研，省工信厅副厅长、省中小企业局局长孙际林，融资担保处处长刘明敬一同参加调研。

4月，省中小企业局认定鹿泉市职业教育中心等32家培训服务机构为“河北省民营企业人才培训基地”。

5月7日，省中小企业局档案保密年鉴工作会议在石家庄召开。会议由局办公室副主任周会军主持。局机关各处室及局属事业单位相关人员参加会议。会议传达学习了全省档案工作会议和省委保密委员会全体（扩大）会议精神，总结安排了全局档案整理、保密及年鉴编写工作。

5月10日，省民营经济领导小组办公室组织召开落实张杰辉副省长批示要求研究制定相关工作措施座谈会。省发改委、省监察厅、省财政厅、省国土厅、省工商局、省金融办等省直有关部门参加座谈会。座谈会由省工信厅副厅长、省中小企业局局长孙际林主持。会上，各有关部门就如何落实张杰辉副省长批示要求研究制定相关工作措施提出意见、建议。

5月15日，向农业部乡镇企业局上报了我省民营经济、乡镇企业系统从事部门统计工作三十年以上31人情况，国家统计局颁发了荣誉证书。

5月16日，省中小企业局印发《关于中小企业专项资金项目绩效评价工作情况总结报告》（冀企财〔2012〕5号）向省财政厅报送了2011年专项资金绩效评价报告。

5月28日，省中小企业局印发《河北省中小企业公共服务示范平台认定管理办法》（冀企创〔2012〕5号）。

6月6日~8日，省工信厅副厅长、省中小企业局局长孙际林、省工信厅副厅长、省中小企业局副局长王雅君带队，组成专题调研组于到衡水市就支持特色产业集群发展的政策措施进行专题调研。调研期间实地走访了衡水市景县橡塑胶管、安平县丝网、桃城区工程橡胶3个特色产业集群，欧亚管业公司、恒宇橡胶制品有限公司、宇通特种胶管有限公司、安平聚成国际物流产业园区、天泽金属制品有限公司、国威滤制有限公司、华瑞工程橡胶、中铁建等12家企业。分别在景县、安平县、衡水市召开了由市、县政府领导，发改、工信、财政、金融、税务、土地、人社、电力等部门以及集群管理机构、公共服务平台、龙头企业负责人参加的专题座谈会，听取了进一步发展特色产业集群的意见和建议。衡水市政府市长杨慧出席由市有关部门参加的专题座谈会，副市长马福华、市政府副秘书长马凤民、市工信局局长王新国陪同调研。

6月19日，省中小企业局会同邢台市工信局、任县工信局共同组织的任县机械制造产业集群发展规划论证会在任县召开。河北工业大学机械学院副院长关玉明、中小企业管理专家姜翰奇、河北工业职业技术学院高级工程师张文灼等专家出席论证会，省工信厅副厅长、省中小企业局副局长王雅君，邢台市工信局副局长葛建国，任县政府领导和任县工信局及任县重点企业代表参加了论证会。

6月14日，河北省中小企业品牌建设培训班在藁城市举办。石家庄、邯郸、邢台、衡水、沧州、保定等六个设区市工信局主管局长、科（处）长、企业代表共230人参加了此次培训。培训班上，省工业和信息化厅副厅长、省中小企业局副局长王雅君出席了开班仪式并致辞。

6月22日，第七届APEC中小企业技术交流暨展览会在成都隆重开幕。以省工信厅副厅长、省中小企业局局长孙际林为团长，省工信厅副厅长、省中小企业局副局长王雅君为副团长的河北省中小企业代表团120人参加了会议。河北展区共36个展位参展，展出面积400平方米。参展行业包括汽车及汽车配件、机械制造、新型建材、环保节能产品、电子信息技术、特色农副产品和工艺品等。

6月29日，省中小企业局办公室党支部被省直工委表彰为省直机关创先争优先进基层党组织。

7月4日，全省融资性担保机构高管人员培训班在秦皇岛开班。孙际林局长出席开班仪式并讲话，举办本次培训班目的是深入学习贯彻全国融资担保业务监管工作会议精神，学习领会国家关于融资性担保机构监管的相关政策，分析融资性担保业务面临的新形势，增强担保机构的依法经营、规范经营意识。培训开始前，还举行了河北省中小企业局北戴河培训基地揭牌仪式，工信部总工程师周子学和孙际林共同为河北省中小企业局北戴河培训基地揭牌。

7月5日～11日，国家工信部中小企业司主办由我省承办的创办小企业巡讲活动分别在石家庄和巨鹿县举办，共有初创小微型企业经营者、高校毕业生以及创业辅导基地管理服务人员140人参加。本次巡讲内容主要是国家支持创业的政策措施、创业过程要求、创业操作技能、创业模拟演练等。省中小企业局副局长贾胜忠到会致辞讲话，省局创新服务处和省中小企业服务中心参加了活动。

7月16日，省中小企业局印发《河北省中小企业公共技术服务平台管理暂行办法》（冀企产〔2012〕8号）。

7月17日，河北省中小企业局创新服务处被国务院授予“全国就业先进工作单位”荣誉称号，表彰其在中小企业创业辅导基地建设和创新开展“订单式”服务等方面做出的突出成绩。河北省中小企业局创新服务处是由国家工信部在全国比选后选拔推荐的，也是全国工信部系统唯一一个受到国务院表彰的全国就业先进工作单位。创新服务处处长王中朝作为获奖代表参加了全国就业创业工作表彰大会，并受到国务院总理温家宝、副总理李克强等国家领导人的接见。

7月18日，河北省“百个公共平台，千名技术人员，服务万家企业”技术支持小微企业转型升级活动启动仪式在辛集市举行。省工业和信息化厅王昌厅长作了书面讲话，国家工信部中小企业司向本次活动发来贺信，省工业和信息化厅副厅长、省中小企业局局长孙际林出席启动仪式。全省11个设区市工信局主管局长、科（处）长和省级公共技术服务平台负责人参加了启动仪式。仪式由省工业和信息化厅副厅长、省中小企业局副局长王雅君主持。

7月20日，省中小企业局局长孙际林陪同工信部党组成员、总工程师朱宏任在工信部中小企业司司长郑昕、中国中小企业发展促进中心主任秦志辉，到廊坊市中小企业公共服务平台考察调研。朱总工程师首先听取了廊坊市工信局关于中小企业公共服务平台建设情况的汇报，对廊坊市中小企业服务体系建设取得的成绩给予了充分肯定。然后实地察看了明达担保公司、德鸿小额贷款公司、瑞泰税务师事务所、大童保险公司和中小企业法律维权中心等服务机构，座谈询问了服务工作开展情况，对每个机构的服务工作提出了具体指导意见。

7月21日，省工业和信息化厅副厅长、省中小企业局局长孙际林带领廊坊市工信局融资担保科、创新服务科负责同志到大厂县调研工业企业生产运行情况。孙际林局长一行先后到富邦德石油机械制造项目、大厂城市规划馆、康师傅食品工业园进行了走访调研，详细了解了企业当前生产运行情况、存在的困难，以及需要解决的问题，对大厂县经济社会快速发展、工业企业生产健康运行的良好发展态势给予高度评价。

7月23日，省中小企业局会同省财政厅联合转发了财政部、工业和信息化部新修订的《中小企业发展专项资金管理办法》，并结合我省实际提出六点工作要求。

7月26日，省中小企业局机关为洪水受灾地区举行捐款活动。共捐款9300余元。这些捐款通过有关部门及时送往灾区，为灾区人民送去一份爱心。

8月17日，“金色阳光行动”石家庄行正式启动。此次活动由省中小企业局、省司法厅、省总工会、省工商联联合举办，旨在为我省中小企业提供多方面的法律服务，切实维护中小企业的合法权益。省工信厅副厅长、省中小企业局副局长王雅君，省工商联副主席李纯勇出席启动仪式并讲话，省司法厅法制宣传处处长赵立卿、省总工会法律部部长万小明、石家庄市工业和信息化局副局长徐东出席启动仪式。石家庄各县（市、区）工信局主管局长、省级中小企业法律服务基地的律师和河北经贸大学中小企业研究中心的专家等出席启动仪式。省中小企业局副局长贾胜忠主持启动仪式。

8月20日，省中小企业局召开机关标准化管理体系文件发布实施暨培训大会。省工信厅副厅长、省中小企业局局长孙际林出席会议并讲话。

8月22日，河北省中小企业银企对接洽谈会在石家庄市太行国宾馆召开。本次银企对接会由省中小企业协会和石家庄市工业和信息化局共同主办，中国银行河北省分行等8家银行、省中小企业担保中心等9家担保机构、以及来自石家庄、邯郸、衡水、邢台、廊坊等地的企业家200余人参加了此次会议。

8月31日，省中小企业局召开全省融资性担保机构监管和风险排查工作调度会。省工信厅副厅长、省中小企业局局长孙际林出席会议并讲话，省中小企业局副局长贾胜忠出席会议。各设区市工业和信息化局主管融资性担保机构监管工作的局领导和科（处）长及部分县级监管部门主管负责同志参加会议。会上，各设区市工业和信息化局主管局领导汇报了融资性担保监管工作和风险排查的进展情况。

9月22日～25日，第九届中国国际中小企业博览会（以下简称“中博会”）于在广州琶洲国际会议展览中心举办。我省组成以工信厅副厅长、中小企业局副局长王雅君为团长的河北省中小企业参展团，来自邢台、石家庄、廊坊、唐山及有关县中小企业主管部门和企业130多人参会，42家企业参展，展出面积500平方米。会议期间，我省参展参会人员还参加了其他有针对性的专业化活动。

10月10日，根据中介机构评审结果，商财政厅同意，省中小企业局印发《关于2012年省级中小微企业扶持资金项目补助的通知》（冀企财〔2012〕14号），对252个中小微企业项目补助资金合计

3500万元。

10月12日，全省融资性担保机构监管工作会议在石家庄市召开。省工信厅副厅长、省中小企业局局长孙际林出席会议并讲话。各设区市融资性担保机构监管部门主管处室的主要负责同志，省融资性担保业协会人力资源教育培训委员会主任和各成员单位负责同志参加会议。会上，传达学习了全国融资性担保机构监管现场会议精神，研究讨论了融资性担保机构教育培训方案和融资性担保机构从业人员资格认证等有关问题。

10月18日，全省中小企业公共服务平台网络建设工作会议在廊坊市召开。省工信厅副厅长、省中小企业局副局长王雅君出席会议并讲话。省中小企业局项目主要负责同志、省级平台承建单位项目负责人，各设区市工信局主管局长、科（处）长，各设区市综合窗口和县（市、区）产业窗口承建单位的项目具体负责人，产业窗口单位所在县（市、区）中小企业主管部门负责人参加会议。会上，王雅君副局长就平台网络建设工作进行了具体部署，省中小企业局就平台网络建设的有关问题进行了解释说明，廊坊、邯郸等5个窗口承建单位做了典型发言。

10月，省中小企业局办公室被省直工委授予省直文明处室荣誉称号。

11月20日，省中小企业局与省工商联联合印发《关于评选认定2012年度河北省诚信守法示范企业的通知》（冀企〔2012〕30号），决定在省市县工商联会员单位中开展2012年度“河北省诚信守法示范企业”评选认定工作。

11月26日，省中小企业局印发《关于公布2012年度中小企业创业辅导基地星级认定结果的通知》（冀企创〔2012〕14号），公布星级创业辅导基地名单，其中五星级6家，四星级11家，三星级13家，二星级2家。

11月28日，省中小企业局印发《关于公布2012年省局备案创业辅导基地名单的通知》（冀企创〔2012〕15号），经省中小企业局审定，河北方大科技有限公司等43个创业辅导基地通过了省局备案。

12月11日，省中小企业信用担保中心被全国中小企业信用担保再担保机构负责人联席会议授予“全国最具公信力中小企业信用担保机构”称号。

12月13日，省中小企业局制定并印发了《河北省中小企业局公务卡管理办法（试行）》（冀企〔2012〕35号），从2013年2月1日开始实施。

12月24日，省中小企业局局以省民营办名义就12月份张庆伟省长赴保定望都、顺平调研时要求解决企业问题，召开了协调会。孙际林局长、王雅君副局长、贾胜忠副局长出席会议，省国土厅、省住建厅和河北银行有关负责同志，顺平县、望都县政府主要领导和县工信局、国土局、规划局等县直部门、相关企业负责人，以及局办公室、融资担保处参加了会议。会上，通过沟通交流，研究提出了解决河北辣都食品、华北金龙建材和顺平肠衣基地提出问题的工作措施。

12月26日，根据中介机构评审结果，省中小企业局与省财政厅联合印发《关于呈报2012年国家中小企业专项资金项目和资金支持计划的报告》（冀财企〔2012〕171号），将2012年国家支持项目专家评审意见、网上公示情况呈报国家财政部、工业和信息化部备案，共支持项目147个，支持资金5923万元。

12月27日，省直“三下乡”集中服务活动在邢台市巨鹿县举行。省中小企业局副局长毛庆军带领创新服务处、局属担保中心、服务中心和新技术推广站负责同志参加了此次活动。我局“三下乡”服务队通过展板向现场群众展示了新能源技术成果、创业辅导服务活动简介、融资担保项目简介等；现场发放中小企业法律法规汇编、创业扶持政策汇编、五项服务活动内容介绍材料等近千份，受到了当地群众的热烈欢迎。

12月29日，省中小企业局局印发《关于公布2012年度河北省中小企业名牌产品的通报》（冀企产〔2012〕17号），认定石家庄惠田机械有限公司生产的惠田牌秸杆粉碎还田机等274项产品获得2012年度河北省中小企业名牌产品称号。

12月31日，省中小企业局局印发《关于公布河北省中小企业公共技术服务平台的通报》（冀企产〔2012〕18号），认定河北省皮革研究院等115个公共技术服务平台为“河北省中小企业公共技术服务平台”。

2012年，河北中小企业发展名家讲坛分别在威县、任县、山海关区、滦南县、张北县、曲阳县、行唐县、藁城县、衡水市成功举办，清华大学特聘教授专题讲座，共3600多名中小企业管理者和相关行政人员参加了讲坛。

2012年，省中小企业局与石家庄市、廊坊市、宁晋市、承德市、衡水市、张家口市各市人民政府联合举办的河北省中小企业高层经营管理者清华特训班分别在清华大学成功举办。360名中小企业高层经营管理人员参加了培训。

山西省

1月16日，第五届中国定襄法兰节举行签约成果发布会，定襄县锻造企业共签订引资和融资项目238个，资金总额107.23亿元。

2月1日，山西省晋中市人民政府召开全市金融系统总结表彰暨新春座谈会，晋中市中小企业局荣获“扶持中小企业股权融资突出贡献奖”。

2月10日，山西省人民政府任润厚副省长到省中小企业局调研指导工作。

2月10日，山西省长治市高新区与天津14家电助力自行车配套企业签署合作协议，天津14家电助力自行车配套企业入驻长治市高新区自行车产业园。

2月13日，中共山西吕梁市委新农村帮建工作会上，吕梁市中小企业局荣获2011年新农村帮建“先进单位”。

2月份，山西省忻州市中小企业局和市银监分局决定共同建立中小企业融资信息快捷通平台，制定了《忻州市银企融资信息快接通工作制度》。

2月份，山西（吕梁）宏特化工有限公司引进全球最大的碳材料制造公司——德国西格里集团作为战略合作伙伴，共同出资40亿元人民币合作针状焦和超高功率石墨电极两个项目。

2月20日，山西省晋城市命名乐百利特科技责任有限公司等13家单位为首批“晋城市海内外高层次人才创新创业基地”。

2月21日，山西省运城市人民政府印发《关于实施标志性产业项目建设和中小企业发展规划的意见》（运政发［2012］4号），大力实施标志性产业项目建设和中小企业发展规划，培育新的经济增长点。

2月21日，山西省太原市委常委会研究决定，太原市委、市政府正式建立四大班子领导帮扶企业推进项目制度。

2月27日，由华润电力、山西焦煤和岚县人民政府合作建设，总投资400亿元吕梁岚县煤电基地循环经济项目正式签约。

2月27日，山西省柏图啤酒有限公司10万吨有机啤酒生产项目在长治沁县奠基，在全国首推小米啤酒规模生产与销售，这是山西省首个自主品牌有机啤酒项目。

2月28日，山西省运城市2011年度“十大贡献人物”“十大经济人物”“十大杰出女性”系列评选活动揭晓，29名民营企业家分获殊荣。

2月29日，山西省运城市中小企业局与山西中联钢担保股份有限公司运城分公司“共同推进中小企业融资担保合作框架协议”成功签约，推进中小企业融资担保工作。

3月1日，山西省孝义市与省社科院签订战略合作框架协议，成立全国首个“县域发展研究院”。

3月5日，山西省召开全省中小企业服务体系建设工作会议，确定力争用3至5年的时间，全省基本建成不少于150个中小企业公共服务平台的网络体系。

3月12日，山西省中小企业局召开党风廉政建设干部大会暨开展保持党的纯洁性学习教育活动动员会。

3月24日，山西省省级转型发展标杆项目，总投资159.3亿元的介休市青云通用航空基地项目全面奠基开工建设。

3月27日，山西省中小企业局建立了机关干部联系中小企业制度，局机关处级以上干部每人确定一个“小巨人”企业作为联系点，进行一对一帮扶指导。

3月28日，山西省晋城市沁水县助保金管理办公室和中国建设银行沁水县支行集中为首批12家中小企业发放助保金信贷7200万元，此举添补了省内助保金信贷产品空白。

3月29日～31日，山西省中小企业局组织30家企业、70余种产品，参加了第十二届中国（重庆）金属冶金展，达成各类销售合同及协议8250万元。

4月11日，山西省运城市启动“小微企业金融服务宣传月”活动，围绕推进小微企业金融服务政策的落实、小微企业金融服务特色产品和服务创新等内容开展宣传。

4月17日，山西省太原市政府制定出台了《关于支持中小企业融资实施意见》，提出了七个方面的具体意见。

4月18日～19日，国家中小企业银河培训工程——第十四期“银河讲坛”在太原举办，这是山西省中小企业局开展“中小企业服务年”的首场大型公益培训。

4月19日，国家工信部政策法规司就中小企业社会责任建设工作深入长治市亨德宜食品有限公司进行专题调研。

4月25日，山西省晋城市人大举行动员大会，正式启动中小企业“一法一办法”执法检查工作。

4月27日至5月3日，山西省晋中市中小企业局与共青团晋中市委以“勇于先行先试、投身转型跨越”为主题，联合举办了晋中市首届青年创业成果展。

4月28日，山西省运城市召开工业强市动员大会，“阳光”等11户和“华鑫源”等27户民企获“运城市突出贡献企业”“优秀企业”光荣称号。

4月28日，山西省孝义市召开首届创业项目推介会，2000余名创业者参加，176个项目亮相，涵盖服装饰品、餐饮加盟、居民服务、特色农产业、科技信息产品等多个行业和领域。

4月29日，山西省忻州市制定出台了《忻州市人民政府关于进一步加快民营经济发展的意见》（忻政发［2012］10号），提出了七个方面36条具体意见。

5月份，中煤平朔特大型轮胎再生翻新项目投产，此举填补了国内大型轮胎修复空白。

5月份，山西省晋中市制定出台了《关于进一步促进中小企业发展的意见》（市政发〔2012〕26号），从七个方面提出了29条意见。

5月10日，山西省太原市召开中小企业信息化工程促进会，太原市“百家中小企业信息化工程”正式开始实施。

5月14日，由运城市牵头申报的“晋陕豫黄河金三角承接产业转移示范区”经国家发改委正式批准设立，这是全国唯一跨省设立的承接产业转移示范区。

5月16日，山西臣丰食业有限责任公司苦荞饮料加工项目开工奠基，该项目填补了山西省苦荞饮料行业空白。

5月25日，山西省中小企业局制定印发《山西省培育“小巨人”企业实施意见》，明确提出“十二五”期间，全省每年新培育100户销售收入达亿元的“小巨人”企业，到2015年，全省新增500户“小巨人”企业。

5月28日，在“第四届中国国际穆斯林企业高峰论坛”大会上，中德集团董事长程田青当选为“2012年中国穆斯林企业家十大年度人物”。

5月29日，山西省运城市举办第八届银保企洽谈会，签署融资协议1097项，协议融资551.3亿元。其中，民营企业与银行及担保公司签约协议融资351.3亿元，占协议融资总额的60%。

6月5日，由吕梁中阳钢铁集团董事长袁玉珠捐助5亿元建设的中阳县第一人民医院奠基施工。

6月6日，山西省在长治市召开扶持小型微型企业加快发展座谈会。

6月8日，山西省太原市举办重点科技成果发布与项目对接会，签订项目合作意向28个，投资金额达6.4亿元。

6月10日，山西省政府办公厅印发了《关于扶持小型微型企业加快发展的若干政策措施》（晋政办发〔2012〕42号），提出了七个方面17条支持小型微型企业发展的政策措施。

6月13日，山西省长治市组织召开中小微企业健康发展推进大会。

6月14日~15日，山西省组织中小企业系统领导干部能力素质提升专题培训班。

6月15日，山西运城（广州）经济合作暨招商推介会在广州召开，初步达成合同或意向项目18项，总投资170.5亿元。

6月22日~25日，山西省组织88家企业、150余种产品参加了第七届APEC中小企业技术交流暨展览会，签约项目116个，其中合资合作项目36个，总投资约80.04亿元，引进资金35.38亿元；技术引进项目8个；人才引进项目2个；销售项目70个，销售金额20.36亿元。

6月26日，山西（晋中）榆缆线缆集团股份有限公司在天津股权交易所成功挂牌上市。

6月份，山西省侯马经济开发区电子商务产业园被商务部授予首批山西省唯一一家国家电子商务示范基地。

7月3日，天津自行车研究院、天津自行车技术工程中心、山西潞安巨成车业新型锂电电动自行车生产研发基地揭牌仪式在长治高新区举行。

7月3日，山西省汾阳市乐龙核桃专业合作社、临县大禹乡鸿运养殖专业合作社、柳林县天王农产品农民专业合作社，被农业部授予“全国农民专业合作社示范社”称号。

7月3日~4日，山西省中小企业局在曲沃县举办了第一期全省中小企业实用技术技能培训班。

7月10日，山西省晋城市委常委会议研究并讨论通过了《晋城市委市政府关于加快中小微企业发展的实施意见》，提出了九个方面30条加快中小微企业发展的政策措施。

7月份，山西省汾阳市汾州裕源土特产品有限公司通过美国伊斯兰食品和营养协会的HALAL（清真）认证，成为山西省第一个获此认证的民营企业。

7月份，山西省运城市制定出台了《运城市人民政府关于稳增长促发展的若干意见》（运政发〔2012〕28号），提出了35条保持全济平稳较快发展的政策措施，其中支持中小微企业加快发展10条。

7月17日，山西省稷山县稷峰益民农村资金互助社正式投入运营。

8月5日，中国楹联学会为山西省闻喜县东方新闻纸业有限公司授予“中国楹联文化企业”光荣称号。

8月9日，山西省朔州市制定出台了《关于扶持小型微型企业健康发展的实施意见》，提出了九个方面的具体意见。

8月份，山西省长治市编制出《长治市小企业创业基地建设“十二五”规划》，明确“十二五”期间，全市将建设14－20个小企业创业基地。

8月份，由山西省柳林县高家沟乡南阳山农民专业合作社社员李金龙研制成功上市的“枣芽茶”被世界华商协会指定为全球华商500强俱乐部指定用茶，填补了中国北方无产茶的空白。

8月份，山西省临汾市“双百”重点项目惠建电子液晶显示器项目一期工程投产，该项目填补了山西省电子液晶显示器生产空白。

8月22日，中国轻工工艺品进出口商会玻璃器皿分会十周年大会在山西晋中祁县召开。

8月29日，由山西省运城市政府主办的首届创业就业服务交流大会召开，13县（市、区）集中展示了创业孵化基地建设和“优秀创业者风采”。

9月4日，山西省太原市启动首届中小企业品牌设计大赛。

9月6日，山西省召开《孝义市千万吨级焦化工业生态园区总体规划》初步论证会。孝义市梧桐焦化工业园将作为山西4个千万吨级焦化园的试点。

9月14日，山西省晋城市召开发展壮大民营经济推进大会，会议表彰命名了“晋城市十佳民营企业”“晋城市十佳民营企业家”和“晋城市民营企业50强”。

9月17日，山西省运城市举行“百企千人诚信宣誓和万人诚信大签名”活动，对解州特种潜水电泵制造有限公司等13家荣获2011年度“山西省守合同重信用企业”进行表彰。

9月17日，山西省忻州市召开民营经济表彰会，对2011年以来全市经营规模大、市场占有率高、上缴税收多的民营企业和在转型发展中作出突出贡献的民营企业家进行表彰。

9月22日~25日，山西省组织124家中小企业、268种产品参加第九届中国国际中小企业博览会，签约38个项目，投资总额74.99亿元。其中，合作投资类项目23个，投资总额71.64亿元，引进资金23.69亿元；贸易类项目11个，销售金额3.35亿元。

9月24日，省政府与民生银行在太原签署战略合作协议，胡荣华代表省中小企业局与民生银行太原分行签署了银企战略合作协议。

9月26日，山西省第十一届人民代表大会常务委员会第三十一次会议举行第二次全体会议。省中小企业局胡荣华局长代省政府作了《关于全省中小企业发展情况的报告》。

10月17日，我国第一条中美合作高强度导爆管生产线在长治壶化集团通过国家科技成果鉴定，该生产线填补了国内民爆产品和爆破技术的多项空白。

10月19日，山西省汾阳市核桃苗木商会挂牌成立。

10月23日，山西省太原市启动了“送政策、送服务、送专家”活动，贯彻落实国家、省、市关于支持小型微型企业健康发展的政策措施。

10月25日，山西省运城市首届“德孝之星”评选活动，薛安民等10位中小企业负责人获“乐善好施企业家”殊荣。

10月29日，山西省首家新型肥料研究中心揭牌仪式在曲沃举行，该中心由山西迈乐肥业有限责任公司与中国农业科学院农业资源与农业区划研究所合作成立。

10月31日，山西（晋中）斯普瑞机械制造股份有限公司在天津股权交易所成功挂牌上市。

11月15日至16日，山西省运城市局举办了首届河东企业文化论坛。

11月21日，山西省中小企业局与民生银行太原分行，在交城县举行了加强政银企合作、支持县域经济发展活动启动仪式，为交城县50家小微企业提供1亿元贷款授信额度。

11月21日，首场“山西省中小企业创业大讲堂”进高校活动在山西工商学院百家讲坛举行。

11月21日~22日，山西省运城市举行第12届产学研活动暨镁合金深加工应用研讨会。

11月23日，首届山西中小微文化企业博览会在太原煤炭博物馆开幕，共吸引省内外90余家中小微文化企业参展。

11月28日，山西省青年创业指导服务中心、太原市中小企业创业服务中心、阳泉市不定形耐火材料研究所，被认定为第二批“国家中小企业公共服务示范平台”。

11月30日，山西省人民政府任润厚副省长赴太原市山西兴源精密铸造有限公司、山西润世华集团有限公司、太原六味斋实业有限公司、山西和信文化传媒有限责任公司等4户女企业家领军的中小企业调研。

12月4日，山西省中小企业局、山西省财政厅认定山西青年创业孵化基地等29个创业基地为“山西省中小企业创业基地”。

12月10日，山西省推进中小企业“小巨人”工作现场会在长治召开。

12月12日~20日，山西省朔州市人大常委会执法检查组深入六县区就《中华人民共和国中小企业促进法》和《山西省实施〈中小企业促进法〉办法》贯彻实施情况进行了执法检查。

12月21日，由山西省中小企业发展促进会、山西省民营经济联合会、山西省中小企业服务中心共同组织开展的“2011年度山西最具社会责任中小企业”评价排序活动表彰大会在太原召开，101家中小企业入选“2011年度山西最具社会责任中小企业”。

12月31日，山西汾酒集团“汾”商标被国家工商总局商标局认定为中国驰名商标，汾酒集团成为全省唯一一家拥有三件中国驰名商标的企业。

内蒙古自治区

一、自治区中小企业局会同有关部门组织召开了全区中小企业金融服务工作座谈会。2012年3月12日，由自治区政府金融办牵头，自治区中小企业局、人民银行呼和浩特中心支行、内蒙古银监局联合组织召开了全区中小企业金融工作座谈会。自治区经信委副主任、中小企业局局长张金亮分析了当前我区中小企业发展的特点并提出了中小企业发展的思路；介绍了我区中小企业服务工作的开展情况和中小企业局的工作目标，提出了改进和完善中小企业金融服务的建议。

二、我区在全国中小企业服务年电视电话会议上介绍自治区中小企业服务年活动情况。为全面贯彻落实党中央国务院对中小企业工作总体部署，帮助小型微型企业积极应对国际金融危机，工业和信息化部把2012年定为中小企业服务年，在全国范围深入开展以“服务企业，助力成长”为主题的中小企业服务年活动。2012年3月22日，工业和信息化部中小企业服务年电视电话会议在北京召开，会议部署了在全国开展中小企业服务年的各项工作。苗圩部长出席主会场会议并作重要讲话，部党组成员、总工程师朱宏任主持会议。内蒙古自治区中小企业局局长张金亮在会上发言，介绍了我区开展中小企业服务年活动的经验和下一步开展落实好中小企业服务年活动的工作安排。张局长表示2012年我区将深入推进“3610”行动计划。即：深入实施“三项示范工程”、落实完善“六项政策措施”，切实办好“十件实事”。以实际行动开展落实好中小企业服务年各项活动。

三、自治区中小企业局在乌兰察布市开展送金融服务进旗县进园区进企业活动。2012年3月28日，自治区中小企业局会同七家金融机构在乌兰察布市开展了银企对接活动，拉开了2012年送金融服务“进旗县、进园区、进企业”活动的序幕。在活动中共推荐项目43个，签订意向协议项目31个，协议额达16.79亿元。

四、自治区中小企业局在鄂尔多斯市鄂托克旗开展送金融服务进旗县进园区进企业活动。2012年4月23至25日，自治区中小企业局会同28家金融机构，赴鄂尔多斯市鄂托克旗开展了银企对接活动，这一活动被誉为“鄂尔多斯经济暖春之旅”。活动共推荐项目88个，对其中部分项目进行了实地考查，各金融机构在对接会上介绍了中小企业金融服务产品，通过银企一对一对接签订意向协议58个，协议金额80.24亿元。

五、自治区中小企业局协调企业参加贫困家庭大学生专场招聘会。2012年4月26日，自治区中小企业局积极协调满洲里市组织3户有用人需求的企业参加了“内蒙古自治区实施贫困家庭大学生就业促进计划”专场招聘会。

六、自治区经信委、百度公司在呼和浩特市启动“翔计划”。2012年5月10日，自治区经信委、百度公司在呼和浩特市喜来登大酒店举办2012年百度公司助推中小企业成长“翔计划”启动仪式，自治区经信委党组书记、主任牙萨宁，副主任（中小企业局局长）张金亮参加了启动仪式。“翔计划”由内蒙古自治区经济和信息化委员会和百度公司共同组织落实。百度公司从2012年开始至2015年止，每年投入1000万元资源和服务，用于推进实施“翔计划”扶持中小微企业开展电子商务工作，同时从人力资源方面向内蒙古自治区倾斜。自治区经信委每年负责组织1000家成长型中小企业和1000家小微企业加入“翔计划”。到“十二五”期末，公共搜索营销服务平台可覆盖全区所有县级以上城市，让全区70%以上的中小微企业享受到本地化的搜索营销服务及技术指导。

七、自治区中小企业局在锡林郭勒盟开展了送金融服务进旗县进园区进企业活动。2013年6月7日至12日，自治区中小企业局组织27家金融机构赴锡林郭勒盟开展了银企对接活动。全盟13个旗县区，261户中小企业提出了金融需求，204户企业参加了对接活动。共与129户中小企业签订意向协议75.72亿元。

八、内蒙古自治区组团参加第七届APEC中小企业技术交流暨展览会。2012年6月22日，第七届APEC中小企业技术交流暨展览会在四川成都召开。自治区中小企业局代表内蒙古自治区政府参加了本届博览会。全区12个盟市27个企业共120余人参展、参会。

九、自治区中小企业公共服务平台网络项目建设方案获工信部审批通过。2012年6月22日，自治区中小企业公共服务平台网络建设项目通过工信部审批。这标志着我区中小企业公共服务平台网络建设进入了实施期。首批服务平台将于2015年建成，届时将建成自治区中小企业公共服务“枢纽”平台和12个盟市、2个计划单列市中小企业公共服务“窗口”平台及10个产业集聚区共享平台，具备信息、融资、电子商务、创业、人力资源、法律、技术支持、政务服务和交流合作服务功能，为小微企业提供“找得着、用得起、有保障”的全程一站式、综合性、公益性服务。

十、内蒙古自治区人民政府印发中小企业服务年主题活动方案。为巩固和深化全区促进中小企业政策落实年（2011年）活动成果，进一步优化中小企业发展环境，形成全社会扶持服务中小企业发展的合力，根据工业和信息化部《关于印发中小企业服务年活动方案的通知》（工信部企业〔2012〕121号）精神，2012年7月2日，自治区人民政府决定在全区开展中小企业服务年主题活动，为此印发了中小企业服务年活动方案，以确保服务年主题活动扎实有效开展。

十一、自治区中小企业局在呼和浩特市开展送金融服务进旗县进园区进企业活动。2013年7月4日至6日，自治区中小企业局会同19家驻区金融机构，在呼和浩特市开展送金融服务进旗县进园区进企业活动。此次活动中，各金融机构与呼和浩特市126家企业达成意向融资201亿元，自治区中小企业局将继续跟踪落实资金的到位情况。

十二、内蒙古自治区人民政府出台《促进小型微型企业持续健康发展的意见》。为进一步缓解部分小型微型企业融资难、用工难、创业难、盈利难的问题，引导和帮助小微型企业不断增强盈利能力和发展后劲，促进小微型企业持续健康发展，2012年7月30日，自治区人民政府发布了《关于促进小型微型企业持续健康发展的意见》（内政发〔2012〕88号），在国家《关于进一步支持小型微型企业健康发展的意见》（国发〔2012〕14号）的基础上，结合自治区小微型企业发展实际，在优化小微企业发展环境、加快中小企业公共服务体系建设、鼓励扶持创业创新、加大对小微企业的财政资金扶持力度、认真落实小微企业税费优惠政策、改进和完善对小微企业的金融服务、加强组织领导等方面，提出了59条政策措施。

十三、我区在第九届中小企业博览会上取得丰硕成果。9月22日至9月25日，第九届中博会在广州召开。本届中博会我区组织10个盟市的20家企业，在180平方米的20个标准展位采用特装方式参展，设计新颖的内蒙古展厅充分展示了我区工业经济特别是中小企业发展现状、特点和内蒙古大草原特色，吸引了众多客商前来参观、洽谈，部分企业还与国内外一些客商达成了合作意向。

十四、我区召开推进中小企业服务年活动电视电话会议。10月23日下午，内蒙古自治区推进中小企业服务年活动电视电话会议召开。内蒙古自治区副主席王波出席会议并讲话。会议就贯彻落实好刚刚结束的全区经济形势分析会精神、继续深入推进中小企业服务年活动进行了安排和部署。王波指出，今后一个时期，各地区、各部门，尤其是各级促进中小企业发展工作领导小组成员单位，要以全区中小企业服务年活动为契机，形成合力，力争使我区中小企业工作迈上新台阶。要对符合条件的中小企业落实好保增长的各项措施，进一步减轻企业负担，切实做好缓解企业融资难工作，不断优化小微企业发展环境。通过实施“三大示范工程”，落实对小微企业创业基地建设奖励补助等扶持措施，分类引导中小微企业科学发展、集群化发展。各地区、各部门要把深入开展中小企业服务年主题活动作为“为民服务创先争优”的重要内容，加强组织领导，强化新闻宣传，改进工作作风，加强监督检查，逐步形成服务中小企业的长效机制，不断开创我区中小企业工作新局面。内蒙古自治区及各盟市促进中小企业发展工作领导小组成员单位负责人参加了会议。

十五、我区组团参加2012中国东北及环渤海地区中小企业“专精特新”产品技术展览洽谈会。10月30日，2012中国东北及环渤海地区中小企业“专精特新”产品技术展览洽谈会在大连召开，我区共11个盟市的27家企业、86人赴大连参展。期间宣传展示了我区中小企业“专精特新”产品技术成果，提升了内蒙古产品和技术品牌的知名度和影响力，并获得组委会颁发的“最佳组织奖”。

十六、自治区中小企业局在呼和浩特市举办了全区中小企业信用担保机构主要负责人培训班。

2013 年 12 月 1 日 ~2 日，为提高全区中小企业信用担保机构管理人员的政策水平和业务能力，促进全区中小企业信用担保体系健康发展，自治区中小企业局在呼和浩特市举办了全区中小企业信用担保机构主要负责人培训班。自治区经济和信息化委副主任、自治区中小企业局局长张金亮出席开班仪式并作了重要讲话，他要求中小企业信用担保机构抓住自治区促进小微企业发展的良好机遇，发展中小企业信用担保业务，提升担保机构实力。自治区中小企业局副局长马强主持了开班仪式。全区 120 家信用担保机构和银行业中小企业专营机构的负责人等共计 200 余人参加了培训。培训期间，国家工信部中小企业司巡视员狄娜、建设银行内蒙古分行中小企业部业务经理唐仲尧、北京尚衡律师事务所主任王玉琳分别就中小企业融资与担保、银行信贷中的担保业务和当代担保业务开拓及风险防控等问题进行了专题讲座，五家信用担保机构负责人作了典型经验交流。

十七、全区中小企业经营管理人员培训班在呼和浩特市举办。按照国家银河培训工程和《关于下达 2012 年京蒙对口帮扶合作自治区专项资金人才培训计划的通知》（内发改外经字〔2012〕248 号）精神，2012 年全区中小企业经营管理人员培训班于 2012 年 12 月 3 日至 5 日在呼和浩特市举办。这次培训班也得到了国家工信部中小企业司的大力支持。工业和信息化部中小企业司田川副司长、机械信息中心白涌如和王宇静两位处长以及内蒙古党校安静赜教授就现行中小企业发展政策和十八大以来中小企业发展前景方面做了专题讲座。

辽宁省

1 月 6 日，澳大利亚国际商会首席代表麦克果先生一行 3 人专程来我厅访问，赵连生厅长会见了代表团一行，省厅国际合作处相关同志参加了会见。

1 月 10 日，全省中小企业矿业建材行业工作会议暨产业政策培训班，在沈阳军区金星宾馆召开，省中小企业厅陈铁城副厅长，曾放处长，省中小企业厅信息中心赵昌明主任，省经信委建材处王世明处长等出席会议并讲话。沈阳冀东水泥有限公司，抚顺罕王傲牛矿业股份有限公司等 120 余位企业代表，全省 14 个市，两个省直管县的 30 多位中小企业工作部门领导和同志出席了本次会议，并参加了培训。

1 月 18 日，省中小企业厅召开了 2011 年度总结表彰大会，对一年来取得了突出成绩的优秀公务员，优秀共产党员，先进工作者，优秀党支部和文明处室进行了表彰。厅党组书记、厅长赵连生出席会议并做了重要讲话。

2 月 9 日，省中小企业厅厅长赵连生会见了中国移动辽宁公司总经理高步文。两位领导听取了省成长型中小企业信息化百千万工程工作组的工作汇报。审阅了由双方联合编撰出版的《辽宁省中小企业信息化百千万工程案例集 2011》。

2 月 22 日，省维护民营企业合法权益工作座谈会在辽宁大厦召开，省中小企业厅副厅长金东海，省中小企业联合会副会长马琳，省中小企业培训中心主任张常谦出席会议。各市中小企业局分管领导和维权机构负责同志等 60 余人参加了会议。

2 月 23 日，省厅在阜新召开了 2011 年统计年报汇总工作会议。陈铁城副厅长及阜新市中小企业局的主要领导出席会议，各市负责民营经济运行监测工作的处（科）长及统计人员参加了会议。

2 月 24 日，全省中小企业培训工作会议在沈阳召开。会议的中心议题是总结全省中小企业培训工作，交流各地培训工作经验，研究部署 2012 年全省中小企业培训工作任务，表彰 2011 年培训工作先进单位和先进个人。各市以及绥中县、昌图县主要培训工作的副局长、烟花爆竹质量监督检测中心、中小企业联合会、中小企业发展促进会相关人员参加会议。单成繁副厅长出席会议并讲话。

3 月 21 日，由省中小企业厅李秀林副厅长带队，组织省建行、上海一品堂设备租赁有限公司沈阳分公司，天智汇丰（辽宁）投资基金有限公司等机构走进鞍山达道湾经济开发区，与鞍山市中小企业局共同举办了“金融服务进园区”活动。鞍山市中小企业局曹宏良副局长，达道湾经济开发区管委会，建行鞍山市分行行长出席了活动。来自开发区的 15 家中小企业负责人与银行和投资机构进行了洽谈对接。

3 月 29 日，在辽宁大厦，辽宁省中小企业厅和辽宁省人民政府国有资产监督管理委员会联合主办了 2012 辽宁大企业与中小企业协作配套对接活动。本溪钢铁集团有限责任公司等大企业的领导和采购部门负责同志参加了本次活动。来自全省沈阳等 13 个地市以及绥中县、昌图县的 130 余家中小企业及服务机构代表，省、市（县）中小企业工作部门和国资委的相关工作负责同志。新华社辽宁分社、辽宁广播电视台、辽宁日报、时代商报、华商晨报等新闻单位的记者，共 200 余人参加了会议。

3 月 29 日，省中小企业厅组织省建行、省工行、兴业银行沈阳分行，中国长城资产管理公司沈阳办事处、辽宁瑞银投资担保有限公司等金融机构走进阜新高新技术产业开发区（阜新国家液压装备高新技术产业化基地）与阜新市中小企业局共同组织开展了“金融服务进园区”活动。

3 月 30，全省民营经济对外开放工作会议在沈阳召开。动员部署今后一个阶段的对外开放工作。各市和绥中县、昌图县经信委分管对外合作与交流工作的领导和分管部门负责同志，各市中小企业服务中心负责同志 40 余人参加了会议。

4 月 16 日，省政府第 57 次常务会议审议通过了《辽宁省人民政府关于支持小微型企业发展的若干意见》（以下简称《意见》），并于 5 月 2 日以省政府辽政发［2012］19 号文件正式印发。这是我省为贯彻落实国务院关于支持小微型企业发展的一系列政策措施，帮助小微型企业克服当前困难，促进我省经济平稳较快发展而制定出台的一份重要文件。

4 月 19 日，辽宁省中小企业厅青工委及辽宁省烟花爆竹产品质量监督检验中心（下称检验中心），携手举办了“绿化植树活动”。省中小企业厅副厅长修海峰，正厅级巡视员陈铁城，各处室处长及青工委成员参加了此次“绿化植树活动”。

4月23日至26日，由赵连生厅长带队一行8人，学习考察了四川省中小企业服务体系建设工作。四川省经信委副主任张国斌介绍了四川省中小企业发展工作情况，陪同考察团考察了四川省中小企业发展中心，改造建设中的四川省中小企业公共服务平台，天府新谷创业社区，成都硅宝科技股份有限公司，四川通威集团和汶川地震灾区的恢复重建进展情况。

5月4日，在“五四运动”九十三周年和中国共产主义青年团成立九十周年之际，省中小企业厅召开“五四”青年座谈会，厅党组领导和机关党委负责同志在全厅33名青年同志一起座谈，厅党组书记赵连生同志在会上作了重要讲话。

5月9日，辽宁省中小企业厅党组书记、厅长赵连生同志到鞍山调研小微型工业企业销售贷款被拖欠情况。鞍山市中小企业局局长姜洪潮就鞍山市大企业拖欠中小微工业企业货款情况进行了专题汇报，全面总结了鞍山市大企业拖欠中小微企业欠款的基本情况，就大企业拖欠中小微型企业货款的原因进行了分析，并提出了应对措施和建议。鞍山市副市长张世超、副秘书长王广彦、中小企业局副局长曹洪良、冯义等人参加了座谈会。

5月15日，“2012年辽宁省创办小企业服务年”活动启动仪式在铁岭举行，辽宁省中小企业厅党组书记、厅长赵连生同志主持并致辞，工信部中小企业司司长郑昕、省政府副秘书长上官炜星、铁岭市市长吴野松及创业者代表分别在启动仪式上讲话和发言。会议代表在启动仪式后参观了铁岭市高新区创业中心等。

5月15日，省中小企业厅在人民会堂举行新闻发布会，副厅长李秀林就省政府出台的《辽宁省人民政府关于支持小微型企业发展的若干意见》向媒体进行详尽的说明。

5月30日，由省企业联合会、省中小企业联合会主办的辽宁省创建劳动关系和谐企业高级研讨班在辽宁工会大厦开班。

6月6日，日本驻沈阳新任总领事田九和宏先生在经济领事佐伯岳先生的陪同下来我厅访问。赵连生厅长、周英俊副厅长率省厅国际合作处会见了田九先生一行。

6月20日，中小企业金融服务进园区活动，在朝阳市经济开发区举行，此次活动由省中小企业厅和朝阳市中小企业局联合举办。省建行、朝阳市建设银行、上海一品堂设备租赁有限公司沈阳分公司以及朝阳市经济开发区管委会组织的11家中小企业参加了融资对接活动。

6月27日，全省中小微企业创业基地建设现场经验交流会在营口召开，省中小企业厅厅长赵连生出席会议并做重要讲话。

6月28日，全省中小企业局长座谈会在营口召开，厅党组书记、厅长赵连生同志、厅党组成员、副厅长李秀林、修海峰、副巡视员宋维国，营口市政府副市长杨华和市政府副秘书长周建军同志出席了会议。全省14个市和44个县中小企业主管部门，省中小企业厅机关各处室及直属单位主要负责人参加了会议。厅党组成员、副厅长李秀林同志主持了会议。

7月5日，由省中小企业厅和韩国证券期货交易所北京代表处共同举办的“辽宁省民营企业韩国省市推介暨洽谈会”。在沈阳市皇冠假日酒店召开，韩交所北京代表处赵长炫首席代表和韩国产业银行沈阳代表处韩国有利投资证券。韩国律村律师事务所，安永会计师事务所等韩方上市团队代表以及北京盈科（沈阳）律师事务所，国泰世纪投资管理有限公司，沈阳日亚创业投资管理有限公司北京融通四海投资有限公司辽宁分公司等投融资机构的代表前来与会，全省十余家有境外上市意向的民营企业到会。韩交所北京代表处赵长炫代表和辽宁省中小企业厅副厅长李秀林分别致辞。

7月5日，2012中国东北及环渤海地区中小企业“专精特新”产品技术展览洽谈会筹备工作会议在大连市召开。出席这次会议的领导有辽宁省中小企业厅厅长赵连生，大连市经信委副主任刘一丁，东北及环渤海地区6个省市中小企业主管部门的领导及省内15个市中小企业主管部门负责“展洽会”工作的同志参加了会议。会议由辽宁省中小企业厅副厅长周英俊主持。

7月6日，2012年辽宁省民营企业维权服务月启动仪式在辽宁大厦举行。此次活动由辽宁省中小企业主办，省政府纠风办、省政府法制办、省政府减负办、省律师协会、省中小企业联合会大力支持。省内100多家民营企业代表，多家律师事务所律师，及各市县中小企业主管部门相关人员共200余人参加了启动仪式。

7月17日，辽宁省财政厅和中小企业厅、在沈阳联合举办了“辽宁省促进中小企业发展政府采购推介会暨纪念《中华人民共和国政府采购法》颁布实施十周年活动”。省财政厅副厅长朱建中，省中小企业厅副厅长李秀林出席会议并讲话。大企业和中小企业的代表，新闻单位记者等共230人参加了会议。

9月3日，省中小企业厅召开政德教育动员大会，对在厅领导班子和处级干部队伍中开展政德教育活动进行动员和部署，厅全体机关干部参加了会议，厅党组书记、厅长赵连生做了重要讲话。厅党组成员、副厅长修海峰做了动员讲话。

9月28日，省中小企业厅在沈阳召开了全省第三季度民营经济运行分析会，各市中小企业局，绥中、昌图县等负责经济运行工作部分局领导，处长参加会议。与会代表就各市第三季度民营经济运行情况进行了认真的分析和总结，客观反映了当前民营经济、中小企业发展的基本情况和经济运行的基本走势。省中小企业厅赵连生出席会议并做总要讲话，会议由李秀林副厅长组织。

10月31日，省中小企业厅和省国资委联合举办了辽宁（大连）大企业与中小企业协作配套项目对接活动。大连船舶重工集团有限公司等23家大企业的领导和采购部门负责同志参加了本次活动。来自全省14各市及绥中、昌图的132家中小企业及服务机构代表，省市（县）中小企业工作部门和国资委的相关工作负责同志，新华社辽宁分社、辽宁时报、时代商报、大公报等新闻单位的记者，共200余人参加了本次活动。

11月7日，省中小企业厅党组按照“中国辽宁省委办公厅关于组织全省党员领导干部集中观看《失德之害—领导干部从政道德警示录》和《苏联亡党亡国20年祭》的通知”要求和部署，组织全厅处级以上党员干部集中观看了上述警示教育专题片，厅党组成员和厅机关及直属单位的处级党员干部31人参加了活动。

11月8日上午，倍受全国及全世界瞩目的中国共产党十八次全国代表大会在北京人民大会堂召开。上午9时整，省厅全体机关干部及直属单位领导在省中小企业创业基地内集中通过电视实时收看和收听了开幕式电视直播盛况。聆听了胡锦涛总书记代表第十七届中央委员会所做的《高举中国特色社会主义伟大旗帜，以邓小平理论，“三个代表”重要思想，科学发展观指导，解放思想，改革开放，凝聚力量，攻坚克难，坚定不移沿着中国特色社会主义道路前进，为全面建成小康社会而奋斗》的报告工作报告。

11月30日~31日，由辽宁省中小企业厅和大连人民政府共同主办的“2012中国东北及环渤海地区创新型中小企业‘专精特新’产品展洽会”在大连世界博览广场成功举办。本届“展洽会”得到了工业和信息化部中小企业司的大力支持，得到了来自东北三省及环渤海地区的北京市，河北省，内蒙古自治区，山东省，吉林省，黑龙江省，青岛市及太原市中小企业主管部门的积极支持与合作。“展洽会”开幕式由辽宁省中小企业厅副厅长周英俊主持，大连市人民政府副市长曲晓飞向大会致欢迎辞，工业和信息化部中小企业司郑昕司长和辽宁省中小企业厅赵连生厅长分别做了重要讲话。

12月13日，省中小企业联合会常务理事扩大会议在沈阳召开，此次扩大会议是为了深入贯彻党的十八大会议精神，进一步促进省中小企业联合会各项事业的发展。帮助企业理解和掌握国家及省有关扶持政策，抓住机遇，创新发展。省中小企业厅副厅长修海峰参加了会议并讲话。

黑龙江省

1月16日，佳木斯市中小企业公共服务中心正式成立，标志着该市中小企业“孵化器”组建完成，实现了中小企业培育成长在政府全面服务上的零突破，中小企业有了自己的“娘家”。

1月19日，黑龙江省第三批成长型中小企业评价结果揭晓。为促进全省中小企业加快发展，省工业和信息化委员会、省统计局联合银行和担保公司等金融机构共同开展了2010年度成长型中小企业评价扶持工作。按照《黑龙江省成长型中小企业评价方法》，省工信委会同省统计局对全省连续三年进入省统计局数据库规模以上中小型工业企业和部分规模以下中小型工业企业，从企业发展状况、盈利水平等十个方面22项指标进行测算评价，经过实地考察，确定出黑龙江华信家具有限公司等600户成长性好、市场潜力大的中小企业为第三批黑龙江省成长型中小企业。银行和担保公司等金融机构将优先为这些成长型企业提供贷款和担保支持，国家及省级中小企业专项资金也将对这些成长型中小企业予以倾斜，扶持其做大做强，努力为实现全省经济又好又快发展做出更大的贡献。

1月20日，扶持成长型中小企业尽快做大做强。龙江银行自成立以来，确定了“面向农业产业、面向中小企业、面向地方经济发展”的市场定位，达到了为企业授信的平均审批时间在3~5天。仅两年的时间，已为3万多户小微企业提供了优质、高效、贴心的服务，累计投放资金210亿元，贷款余额达到121亿元，占全行信贷资产总额的48.98%。

1月20日，十企业入选“百名农民创业之星”。2011年佳木斯市共有10家企业入选全省“百名农民创业之星”评选活动。经过细致的评选，佳木斯联喜畜牧有限公司、佳木斯市宏伟淀粉有限公司、抚远县抚远镇河西村卢飞渔业养殖有限公司等10家企业榜上有名。

2月1日，南岗工业园区开启新征程。作为哈南工业新城的重要组成部分，南岗工业园区集中规划发展的区域属于红旗满族乡辖区。为科学谋划，统筹发展，新一届南岗区委、区政府对南岗工业园区建设和发展作出了战略调整——将南岗工业园区建设和红旗满族乡城乡一体化进程紧密结合，并提出“三产领军、二产跟进，做大做强园区”。为此，南岗区委、区政府与市城乡规划设计研究院共同启动了园区总体规划和核心区控详规划调整，启动了红旗乡城乡一体化的发展规划调整，目前，已经完成了初步概念性规划。

2月1日，2011年12月8日黑龙江省第十一届人民代表大会常务委员会第二十九次会议通过黑龙江省促进中小企业发展条例。条例自2012年2月1日起施行。

2月5日，黑龙江省农信社力促黑龙江经济跨越发展。2011年，黑龙江省农村信用社各项业务保持快速发展，支持地方经济发展能力实现新跨越，贷款规模突破千亿元大关，达到1026.2亿元，成为黑龙江省屈指可数的几家贷款超千亿元的金融机构，充分发挥了农村金融主力军作用，有力助推了我省农业增效、农民增收、农村经济和城镇中小微企业发展。对信用农户的有效需求满足率达100%，各项贷款余额从2004年末的240亿元发展到2011年末的1026.2亿元，增长3.28倍。农村信用社农业贷款纯增额占全省金融机构农业贷款纯增额的90%以上。农户贷款增量、增幅位列全国农信系统前列。

2月8日，《黑龙江省促进中小企业发展条例》2月1日起实施为中小企业发展撑起“保护伞”。2011年我省非公经济发展进入快车道，占全省

GDP51%，撑起全省国民经济“半壁江山”。但占非公经济主体的我省中小企业依然饱受创业难、融资难、招工难等难题困扰。2月1日，《黑龙江省促进中小企业发展条例》正式实施，这是黑龙江省历史上第一次为中小企业发展制定地方性法规，旨在鼓励、引导和规范中小企业发展。

2月9日，培育2800名创业小老板。哈市2012年将继续开展创业小老板培育工作，全年培育2800名创业小老板，扶持新创办和创业初期（三年以内）的小企业2800户，安置就业22400人，实现增加值5.6亿元。

2月14日，黑龙江省中行服务中小企业融资招数多。针对中小企业融资难题，近两年来，省中行坚持不懈地探索和实践，推出“信贷工厂”新模式，先后为500余户急需资金的中小企业提供贷款158亿元，为黑龙江省中小企业的发展注入了生机与活力。

3月1日，产学研合作促企业创新。哈尔滨市召开的产学研合作创新大会，目前哈市产学研合作促进会已组建了先进复合材料分会、生物医药分会等七个分会，拥有会员单位140余个，极大地促进了哈市高新技术产业的发展。

3月6日，黑龙江省高院为中小企业解决执行难题省高级人民法院与黑龙江省中小企业协会举行座谈会，征求中小企业对法院执行工作的意见和建议，现场协调解决中小企业涉及法院执行的难题。

3月21日，300余外埠企业将聚我省求合作。黑龙江省与外埠企业项目交流合作会于3月21日至23日在哈尔滨举行。有300余户外埠企业家齐聚龙江，与我省进行项目洽谈，寻求合作，共谋发展。

3月21日，农民创业培训班开班。哈尔滨市首届农民创业培训班开班，来自哈市各区、县（市）农村的110名农民创业者参加了培训。来自哈市金融、农业等部门的专家，将就农业金融产品及服务范例、农产品电子商务及品牌塑造、手机短信在创业中的作用和商业前景、创业项目推介等方面的内容进行讲解，并就农民创业项目进行研讨。哈市农业部门还将组织开展农业专家志愿团与农民创业典型结对帮扶活动。届时，农业专家们将采取“上门”服务和“网上”服务等方法，为哈市农民创业典型提供培训、政策法规、项目推介等方面的指导。

3月24日，牡丹江精心扶持强壮小微企业。牡丹江市积极打造国家级创业型城市，通过扶持创业、转企升级、辟建园区等方式，积极扶持小微企业成长为“小巨人”。2011年，该市投放小额贷款1.1亿元，扶持自主就业4000人；目前，该市非公经济占全市经济的比重提高到63%，成为全省民营经济最具活力的地区之一。2012年，牡丹江市还创新小额贷款发放模式，在公务员担保贷款的基础上，重点改革房屋抵押式贷款，使小额担保贷款更加快捷方便。为帮助创业者破解“缺技术”“无门路”难题，该市还建成了创业指导服务中心，集创业培训、项目开发、创业指导、政策扶持、融资信贷、创业服务为一体，积极开展下岗失业人员自主创业、妇女巾帼创业、大学生青春创业、返乡农民工回乡创业、高技能人才科技创业和中小微企业二次创业活动，并以低收入人群为特定对象，开展2万元至10万元小本创业行动。

3月24日，近十六亿元贷款助力妇女“打天下”。在“百名创业妇女千万贷款扶持”现场发放仪式上，哈尔滨市平房镇哈达村农民赵金荣获得了10万元的妇女创业小额担保贴息贷款。

4月9日，黑龙江小微企业金融服务宣传月启动。为认真贯彻落实国务院关于大力支持小微企业发展的有关要求，全面落实中国银监会关于加强小微企业金融服务的工作部署，在省、市有关部门的大力支持下，黑龙江银监局携辖内各银行业金融机构在全省范围内开展“黑龙江小微企业金融服务宣传月”活动。通过媒体宣传、会议研讨、工作成果展、总结表彰等多种形式，广泛推进小微企业金融服务的政策、小微企业金融服务取得的成绩、小微企业金融特色产品和服务创新及小微企业融资案例等，营造良好的社会舆论氛围，建立持续的小微企业金融服务宣传工作机制，努力提升小微企业金融服务水平。

4月9日，哈尔滨银行破解小微企业融资难，400亿贷款助力小微企业。为破解小微企业融资难，哈尔滨银行独创了“铁三角”信贷评审模式、识别小企业风险的专业化技术和小企业信贷系统等三大“高招”，率先走出了一条独具特色的“小微”业务发展之路，目前已经累计为6.5万户小微企业发放贷款400亿元，有效带动45万多人实现就业和再就业，业务覆盖了我国的东北、华北、西南等六大行政区域。

4月18日，着力提升小微企业金融服务能力。中行黑龙江省分行把服务中小企业发展作为履行国有银行社会责任、支持实体经济的重要职责，在大型银行小微企业金融服务模式上做出了较大创新。针对小微企业融资难、尤其是大型银行经营方式不适应小微企业服务需求的问题，该行于2010年借鉴新加坡等先进国家的成熟经验、经总行批准成功引进并在全辖复制了中小企业“信贷工厂”新模式，成立了中小微企业业务专营机构。截至3月30日，该行累计投放中小微企业贷款超过186亿元，客户数量超过600户，覆盖农副产品深加工、装备制造、对俄贸易等重点行业。

4月25日，黑龙江省检察院护航非公经济。黑龙江省检察院召开服务龙江非公有制经济发展座谈会，出台服务非公有制经济发展措施，并向广大民营企业家征求意见。

5月2日，省检察院出台服务非公经济意见。省检察院围绕深入贯彻落实省第十一次党代表大会精神，结合司法工作实际，出台了《黑龙江省人民检察院关于服务非公有制经济发展的意见》。

5月2日，哈市启动小微企业融资“保速贷”。在哈尔滨市举行的小型微型企业融资“保速贷”业务推介暨签约仪式上，哈尔滨市企业信用担保中心与哈尔滨银行正式签约启动小微企业融资“保速贷”业务，并现场为10户小微企业发放贷款3050万元。

5月10日，哈尔滨工业企业服务网正式开通，为哈市工业企业提供快捷的诉求受理渠道、信息发布载体、问题答复窗口和数据报送平台。2012年2月，哈市工信委组织专业技术人员筹划建立该网站。目前该网站已具备开通条件，完成了一期建设目标，实现了在线办事、经济运行监测、工业投资项目管理及公共服务四大功能。网站可提供重要政策、文件、通知、公告的及时准确发布，方便社会公众、各行业企业及时获得所需信息；企业用户在线提交办事及咨询诉求，工信委有关处室在线受理、答复，整个办事过程公开、透明。

5月29日，为进一步拓宽企业融资渠道，解决哈市工业企业融资难题，哈市工信委已开始筹备发行哈尔滨市中小企业2012年度第二期集合票据。目前，相关部门已开始对企业进行初步摸底调查、筛选。一批财务状况优良、经营稳健、发展前景良好和募集资金投资项目切实可行的工业企业有望通过集合票据的发行获得融资。中小企业集合票据是中国银行间市场交易商协会在银行间市场推出的创新金融产品，具有发行期限较长、发行利率较低、为中小企业融资增信等方面的特点，为广大优质中小企业提供了新的融资渠道。

6月19日，《黑龙江省减轻企业负担专项行动工作方案》出台。该方案以“优化成长环境、服务企业发展”为主题，以着力解决损害企业利益的不合理负担问题为主线，以清理规范涉企收费行为为重点，旨在充分发挥减负工作部门的合力作用，切实减轻企业负担，积极营造企业成长发展的良好环境。

6月20日，为助力松北区小微民企融资发展，加强银企之间的沟通与对接，松北区成功举办了银企联盟信贷推介会。此次银企联盟信贷推介会，是由松北区工商局联合哈尔滨市农村信用社联合社等多家金融机构共同举办的。旨在以提供银企面对面交流为契机，加强银企之间的沟通与对接，助力小微民企融资发展，推动银企携手共同发展、互惠共赢。

7月2日，为不断改进和完善小型微型企业金融服务，拓宽融资渠道，努力缓解小微企业融资困难，人民银行哈尔滨中心支行出台了《金融支持黑龙江省小型微型企业加快发展的指导意见》。全省银行业金融机构将进一步优化信贷资源配置，把更多信贷资金投向符合条件的中小企业，力争小微企业贷款规模和贷款覆盖面有较大提高，确保小微企业贷款增速高于全部贷款平均增速，增量高于上年同期水平。

7月2日，哈尔滨平房区私营业主争相入党。一年前，哈尔滨市平房区新伟街道创业者协会刚一成立，当地不少个体私营企业主便加入并积极向党组织靠拢。7月2日又有6名个体私营业主光荣成为中共预备党员。

7月12日，助推科技型中小企业融资。日前，省财政厅结合我省实际，出台了《黑龙江省科技型中小企业专利权质押担保贷款风险补偿金管理暂行办法》，首次设立科技型中小企业专利权质押担保贷款风险补偿金，由省级财政每年从省发展高新技术产业专项资金中安排，专项用于对担保机构专利权质押担保或有损失的补偿，以助推科技型中小企业融资。

8月10日，黑龙江省争取中小科技企业创新基金获历史性突破，国家立项171项支持金额超亿元。有技术、没资金，是绝大多数科技型中小企业发展的“瓶颈”。为缓解科技型中小企业融资难题，省科技厅深入挖掘项目源，加大申报指导力度，我省争取科技型中小企业技术创新基金取得历史性突破。

8月10日，黑龙江省中小企业协会工作会议在富锦召开。来自省内的200余位中小企业家代表、中介机构、法律机构、银行代表等参加了此次会议。

8月15日，全省发展非公有制经济（中小企业）工作领导小组8月15日召开会议，听取黑龙江省中小企业和非公经济发展情况汇报，贯彻落实国务院关于扶持中小微型企业发展政策措施，部署下一步工作。

8月23日，《哈尔滨市小微企业贷款担保暂行管理办法》正式出台。根据该办法，凡是哈市有固定生产经营场所、依法纳税、合法经营的小微企业，都可得到哈市企业信用融资担保服务中心的贷款担保支持。该办法适用于哈市区域内的劳动密集型、合伙经营、个体工商户等各类小微企业，只要有稳定的销售渠道，现金流稳定可持续，符合产业政策和环保要求，均可通过各种反担保措施，解决小规模企业无法提供有效担保而“融资难”的困扰。

8月28日，由辽宁、吉林、黑龙江省和内蒙古自治区政协共同主办，黑龙江省政协承办的“2012·东北老工业基地区域发展论坛”，8月28日在哈尔滨开幕。

8月29日，由省政府主办，七台河市政府、省工业和信息化委员会承办的第五届中国·七台河家具节开幕式举行。29日~31日家具节期间，举办家具产业发展论坛、广场文艺演出、产业推介会、产品展销评奖、经贸合作项目签约仪式等多项活动。

9月6日，企业缴费减免，发展环境优化，20万小微企业半年减负3000万。哈尔滨城投置业发展有限公司派员到哈市财政局，办理其开发建设的南岗区征仪路-跃兴街地段经济适用住房建设项目减免公共消防设施建设费审核手续。经审核，该公司申报减免材料齐全，哈市财政局根据国家规定，为其减免公共消防设施建设费129万元。

10月9日，双鸭山市召开小微企业金融服务推进暨金融产品大集启动会议，旨在整合该市金融资源，提升金融机构对小微企业在金融服务和信贷上的支持力度，推动小微企业健康快速发展。该市自开办小微企业贷款以来，目前全市小微企业贷款余额达89.99亿元，占该市贷款总额的23.13%。会后，21家小微企业与金融机构进行了签约，签约金额达17100万元。

10月11日，小微企业贷款实现网上申请。借助电脑、ipad甚至手机，上网输入小微企业的基本情况、贷款需求、贷款用途等简单的信息，就能立即完成贷款的申请，前后耗时不超过1分钟。交行推出的全新网络贷款申请渠道——小企业“e贷在线”已在黑龙江省正式开通。

10月12日，自省财政厅与省工信委在全省开展工业企业助保金贷款风险补偿试点工作以来，截至今年8月，7个试点市县共为205户企业提供助保金贷款18.6亿元。助保金贷款风险补偿金是指由省和试点市、县（市）政府出资的风险补偿专项资金。企业缴纳的助保金在贷款前存入合作银行或担保机构专户，企业贷款出现风险需要代偿时，企业缴纳的助保金、风险补偿金和银行业金融机构分别承担风险。

10月17日，安达市纪检委在安达市非公企业组织开展了“学先进、颂清廉、献爱心”主题实践活动，弘扬大美、大爱，建设诚信、守法经营的良好氛围。此次活动把廉政文化与企业文化、企业管理和时代精神结合起来，企业安全意识进一步提高，切实保证非公企业健康发展，有效推进非公经济又好又快发展。在活动中，贝因美乳业公司、安瑞佳化工公司等企业结合实际组织公司员工向张丽莉老师爱心捐款5.3万元，举办先进人物主题报告会、座谈会，在企业中形成了学先进、赶先进、当先进，诚信、守法经营的良好氛围。

11月8日，非公企业有了“护航指南”。安达市企业纪检组织通过带头执行公司的管理标准，协助企业业主抓好对人、财、物、基建、采购、销售等关键岗位、关键环节的监管，成了企业发展的“护航指南”。

11月9日，为优化黑龙江省中小企业发展环境，完善服务措施，支持中小企业科技创新、管理创新、品牌创新，实现中小企业跨越式发展，省人力资源和社会保障厅决定自今年起，连续五年开展中小企业经营管理者和高级专业技术人才赴瑞士系统培训工作，该培训项目于日前启动。

11月22日，科技企业孵化器服务创新联盟成立。为营造创新创业环境，加快企业高新技术成果转化，省科技企业孵化器服务创新联盟在哈尔滨成立。科技企业孵化器是培育和扶植高新技术中小企业的服务机构。省科技企业孵化器服务创新联盟经省科技厅批准，由哈尔滨龙计电子技术创业中心、哈尔滨高新技术产业开发区、哈尔滨理工大学科技园等我省各高新区、大学科技园、科技企业孵化器及相关服务机构50家单位组成。联盟将通过整合资源、优势互补、联合创新以实现合作共赢，推动“创业投资+专业孵化+创业导师”行动，打造创业导师品牌，为企业营造优质服务的创新环境，培育具有高成长性科技型中小企业和创新人才，加快我省高新技术产业发展。

12月3日，由省政府22个委办厅局等中省直28家单位主办、省品牌战略促进会等联办的首届黑龙江品牌培育表彰大会12月3日召开，会上对首批培育的45个龙江品牌进行了表彰。省人大常委会副主任符凤春致辞并为获奖单位颁奖。

12月11日，哈尔滨市正式下发《关于进一步加强科技体制机制创新，推进创新型城市建设的若干意见》，并出台具体政策，确定2013年哈市政府将增加科技投入1亿元，扩大哈市应用技术研究与开发资金规模。哈市提出，确保各级政府财政科技投入实现法定增长，到2015年地方财政科技投入占地方财政支出比重达到2.7%。哈市除要求各级政府增加财政科技投入外，还将加大政府科技信贷支持。对具有自主知识产权、产品市场前景好的科技型企业，根据其贷款项目的具体情况，贷款担保期限可放宽到一年以上，贷款担保额可放宽到2000万元以上，担保费可降低0.1～0.5个百分点。对符合条件的银行机构，按其科技成果转化贷款总额，通过市科技成果转化引导基金给予最高2%的风险补偿。

12月17日，哈市动漫企业挺进海外市场，动漫作品输出到40多个国家。《云奇飞行日记》在韩国播出时收视率曾一度排名榜首；《酷酷小吉正传》在伊朗受到欢迎……这些名扬海外的动漫作品都产自黑龙江动漫产业发展基地。截至目前，该基地产出的动漫作品已经输出到40多个国家，动漫企业的国际化之路越走越宽。

12月21日，招商银行与黑龙江雨润实业有限公司在哈市南极国际食品交易中心签署了全面战略合作协议。根据协议，招商银行将为在南极国际食品交易中心经营的业主提供总额5亿元的综合授信。同时，为解决小微企业融资难题，还推出了一种专门服务于小微企业主，融贷款、结算、生活支出等功能于一身的银行卡。此银行卡是该行紧贴小微企业主需求，为客户度身打造的专属银行卡，基本囊括了小微企业主的金融需求，客户可自主完成贷款、还款、支付等各种金融业务，充分体现了现代金融服务的科技与便捷。为切实解决小微企业主融资难题，招行还赋予了该卡高达180%的房产综合抵押率。同时，提供的贷款按日计息，随借随还，循环使用，最大限度地帮助企业节约财务成本。

上海市

政策法规

2月20日，上海市财政局、市地税局印发《关于本市单位纳税人城镇土地使用税困难减免有关问题的通知》，对符合本市产业发展方向的中小企业，发生亏损的，可以申请城镇土地使用税减免。

5月～11月，制订印发本市贯彻“国发14号文件”的实施意见。根据4月19日《国务院关于进一步支持小型微型企业健康发展的意见》（国发〔2012〕14号）要求，市促进中小企业发展工作领导小组办公室牵头各委办局制订本市实施意见，开展调研，征求各方意见并修改完善后提交市政府常务会议审议。10月22日，上海市政府第155次常务会议审议并通过了《上海市人民政府贯彻〈国务院关于进一步支持小型微型企业健康发展的意见〉的实施意见（送审稿）》；11月20日，《上海市人民政府贯彻<国务院关于进一步支持小型微型企业健康发展的意见>的实施意见》（沪府发〔2012〕98号）正式印发。

6月19日，上海市财政局、市金融办、上海银监局印发《上海市小型微型企业信贷风险补偿办法》通知。

6月~9月，在沪全国人大代表开展了“支持小微企业发展”重点课题调研，形成了提交全国人大的课题调研报告，市人大常委会主任刘云耕、市人大常委会秘书长姚明宝全程参与，市经信委等部门做好调研配合工作。6月20日市人大举行了课题启动仪式。多次召开政府及中小企业座谈会，并赴江苏常熟考察，征询专家对课题报告的意见建议。

7月11日，上海市经信委印发“上海市促进中小企业发展十二五规划”（沪经信企（2012）416号）。

科技创新

2月27日，市经信委、市教委组织在奉贤举办高校与中小企业需求对接会。奉贤、金山、松江三个区50家提出技术需求的中小企业与16所高校54位教授进行面对面对接交流。38家企业与16所高校建立了联系通道。已有46个项目达成了初步合作意向。

4月16日，市经信委、市教委在中科院上海学术中心联合组织本市高校与小企业技术需求对接会，本市17所高校参加与企业组织对接。

4月27至28日，市中小企业发展服务中心与工信部人才交流中心在春申文化广场联合举办国家银行培训工程“企业知识产权信息化管理与专利诉讼实务高级培训班”。

7月3日，工信部中小企业司和国家知识产权局在沪召开开展试点城市中小企业知识产权推进工作调研座谈会并赴企业实地考察调研。

10月23至24日，市中小企业办、市中小企业发展服务中心召开区县中小企业服务中心技术创新、产学研工作会议，讲解本市产业技术创新“十二五”规划，解读扶持政策。

12月4日，市经信委、市教委联合召开了“上海高校服务本市中小企业政策支持研讨会”。会议回顾了2012年高校与中小企业产学研对接活动的情况

融资服务

2月7至9日，市、区县中小企业服务中心及相关金融服务机构赴浙江杭州、绍兴开展融资考察学习。对浙江公布的9项中小企业创新融资服务模式进行实地了解。

5月10日，市中小企业办、市中小企业发展服务中心和虹口区联合主办“2012上海中小企业融资对接会”。

6月11日，上海青浦中小企业集合票据通过注册，2家企业发行2.33亿元。

7月4日、13日，市中小企业发展服务中心分别举办中小企业多渠道融资交流会和中小企业私募债推介会，帮助中小企业服务机构、中小企业等了解上海股权交易市场和中小企业私募债的相关内容。

7月16日，市经信委举办了“融资产品推介会”，与建设银行上海市分行、交通银行上海市分行、招商银行小企业信贷中心、上海农村商业银行和中国出口信用保险公司上海分公司5家金融机构签订了《服务中小企业融资产品推介协议》，联手推出一批针对中小微企业的金融产品。

12月4~5日，市中小企业发展服务中心与黄浦区服务中心共同举办融资服务对接会。近50家中小企业与近20家专业服务机构进行了“一对一”的服务需求洽谈。

全年市中小企业办、市中小企业上市促进中心共举办“百家中小企业改制培育系列培训”活动6场，培训企业300家次。3月1日、9月19日举办了2期拟上市公司发行审核要点专题培训，4月12日~14日、7月5日~7日、10月26日~28日、11月23日~25日举办了4期“百家中小企业改制培育系列培训”活动。截至2012年底，纳入全市培育企业信息资源库的有372家，其中已完成股份制改造的有88家。

全年市经信委、市金融办、上海银监局、人行上海分行联合按季度召开中小企业信贷工作例会。3月28日、6月28日、10月16日、12月26日分别召开了中小企业信贷工作例会，20多家本市商业银行参会。四季度信贷例会上，以商业银行为主，开展了“中小企业融资服务最佳合作伙伴”评选活动，25家单位获奖，其中，5家、7家、13单位分别获得中小企业“最佳”“杰出”“优秀”合作伙伴称号。

市场拓展

1月10日，本市开始在人民广场来福士、兰生大厦LED，外滩震旦大厦大屏为“专精特新”中小企业品牌产品（服务）做为期一个月的宣传广告。

4月17日，市中小企业发展服务中心组织区县服务中心品牌工作人员赴山西中小企业局进行品牌建设交流对接。

5月23日，市中小企业发展服务中心与百度公司联合举办“百度翔助中小企业成长”启动仪式及峰会。

6月7日，市中小企业发展服务中心在虹口区与瑞典驻沪总领事馆举办“中瑞中小企业产业对接活动”。

6月22至25日，本市组织了48家企业（66个展位）参加了第七届APEC中小企业技术交流暨展览会。现场贸易成交金额50余万，合作意向金额200余万。

7月31日，市中小企业发展服务中心组织20多家企业参加香港特区政府投资说明会——“立足香港·迈向国际”消费产品行业介绍会。

9月5日，组织86家“品牌中小企业”参加“翔计划—电子商务搜索技术”首次培训。

9月14日，在浦东新区举办中小企业走向海外系列之欧洲投资项目推介会。

9月22至25日，上海组织47家企业共有83个展位参加了第九届中国国际中小企业博览会。

服务体系

2月2日，市中小企业办召开中小企业公共服务平台网络项目建设工作通气会。会上，传达了工信部郑昕司长在北京“首批中小企业公共服务平台网络建设项目协调会”上的讲话；听取了关于上海市中小企业服务云建设的情况汇报，关于窗口服务平

台建设情况的汇报；并明确中小企业公共服务平台网络建设工作机制。

4月12日，上海市中小企业上市促进中心正式挂牌。工信部中小企业司狄娜巡视员和市经信委傅新华副主任共同为上市促进中心揭牌。来自相关职能部门、区县政府、中介机构和50多家改制后备企业近200人参加了揭牌仪式。

7月10日，上海市共推荐10家市级示范平台申报国家示范平台，其中信息服务平台4个、技术服务平台3个、创业服务平台2个、培训服务平台1个。

11月2日，市政府召开市推进全市中小企业服务体系建设工作会议，市委常委、市政府副市长艾宝俊、工信部党组成员、总工程师出席会议。会议深化推进中小企业服务网络向下延伸工作，明确了中小企业服务体系建设向园区、街镇、楼宇延伸等工作。

11月22～24日，市中小企业办、市中小企业发展服务中心组织本市园区窗口平台建设单位和相关园区负责人30多人赴浙江杭州和绍兴学习考察中小企业公共服务平台网络建设工作。

全年编印发放《上海市中小企业信息速递》。1月份，召开专题工作会议，明确分工。全年《中小企业信息速递》发行12期，编发近90万份。目前面向11万家中小企业免费推送政策、市场、融资、技术创新等各类信息。

全年根据工信部确定2012年为“中小企业服务年”。上海市共组织了445项针对中小微企业需求的服务活动，超过22000家中小微企业直接参与面对面的活动，各类服务活动覆盖10万多家中小微企业。

“专精特新”培育

1月7日，市经信委、市工商联在上海经济管理干部学院举办“专精特新”中小企业专家大讲堂—“宏观经济分析”报告会，著名经济学家、市工商联主席王新奎，国务院发展研究中心金融研究所副所长巴曙松分别作主题报告。300多名中小企业高管人员参加报告会。

3月23日，“2012年上海市中小企业领军人才（信息技术产业）培训班”在上海交通大学开班。全市信息技术产业中有代表性的30家中小企业的负责人和技术总监共计60人参加培训班。

5月4日，市经信委在复旦大学举办2012年上海市中小企业领军人才培训班（投融资方向）开学典礼，30家“专精特新”中小企业负责人和财务总监共计60人参加培训班。

5月12日，举办“专精特新”中小企业人才系列招聘会。招聘会共举办四场，近200家“专精特新”中小企业参加，提供工作岗位1000多个。

5月13日，市经信委举办“专精特新”中小企业专家大讲堂—“宏观经济形势分析”报告会。著名经济学家清华大学教授魏杰作主题报告，100多名中小企业高管参加报告会。

7月13日，“专精特新”领军人才班（汽车零配件方向）开班仪式在上海交通大学举办，30家“专精特新”中小企业负责人和技术总监共计60人参加培训班。

8月17日，“专精特新”领军人才班（投融资方向）开班仪式在复旦大学举办，65家“专精特新”中小企业负责人参加培训。

12月3日，召开2013年上海服务中小企业行动专题会。决定于2013年开展“关注小微企业发展专精特新”主题服务活动。

其他

2月21日，全国工商联党组书记全哲洙率团来沪调研小微企业发展情况，召开了市政府有关部门等参加的小型微型企业相关情况专题调研座谈会。副市长艾宝俊介绍了上海市支持小微企业发展工作推进情况。

3月～6月，市中小企业办、市中小企业上市促进中心做好全国大学生百日招聘工作。由国家工信部、国家教委牵头组织的第9届中国中小企业网全国白纸网上招聘工作每年3月1日开始，6月8日结束，组织了上海参加招聘的企业9670家，提供岗位229个，需求人数2404名。

3月6日，韩国中小企业综和支援中心组织了全国14个地区的中小企业服务中心代表团来市中小企业发展服务中心进行友好访问，双方以中韩两国中小企业服务为主题进行了友好交流，并签订了合作协议，以加强中韩两国中小企业间的合作交流。

5月11日，由市中小企业办、市中小企业上市促进中心举办的2012年上海市小型微型企业复合人才培训班（第一期）在上海财经大学商学院开班。

江苏省

1月10日，新一届省中小企业信息化推进工程咨询专家组成立仪式在南京举行。省经信委党组成员、省中小企业局副局长张乐夫为23名咨询专家组成员颁发了聘书，并作了重要讲话。专家组成员、各市分管处长等参加了成立仪式。

3月22日，工信部在北京召开全国中小企业服务年电视电话会议。省经信委党组书记、主任徐一平，省经信委党组成员、中小企业局副局长张乐夫、郗同福、陆元刚，省经信委党组成员、机关党委书记周频以及省经信委各处室（局）负责同志，各市经信委（中小企业局）分管领导、部分县（市、区）中小企业主管部门分管领导和部分服务机构代表100余人在江苏分会场参加了会议。

4月24日，中德中小企业合作论坛在德国汉诺威举行。本届论坛由中国工业和信息化部与德国联邦经济和技术部共同举办。工业和信息化部副部长刘利华、德国联邦经济和技术部副部长卡尔·布劳诺到会并分别致辞。

5月4日，全省中小企业服务年活动启动仪式在宁举行。仪式由省政府副秘书长王志忠主持。史和平副省长，省经信委徐一平主任，省有关部门和单位分管负责人，省中小企业局副局长张乐夫、郗同福、陆元刚，各市政府分管副秘书长，市经信委（中小企业局）主要负责人、中小企业服务机构代表参加了启动仪式。

5月30日，为研究中小企业发展过程中突出难点问题，创新理论、预测未来，服务中小企业。经过近一年多筹备和建设，江苏省中小企业研究院在太仓正式揭牌。江苏省经济和信息化委党组成员、省中小企业局郗同福副局长，中国中小企业合作协会、太仓市人民政府，中小企业研究院合作方上海复旦大学、江苏大学领导同志出席了揭牌仪式。仪式上向社会发布了江苏中小企业研究院2012年研究课题公告。

6月22日，第七届APEC中小企业技术交流暨展览会在成都市隆重开幕，由江苏省经信委组织的江苏中小企业展团在展会精彩亮相。江苏有94个展位，展览面积1000平方米，共64家企业参展，规模为历届最大，也是除东道主四川省外展位数最多的省份。

9月21日，为高起点、高水平推进中小企业公共技术服务平台建设，打造支撑江苏产业创新转型最有效载体，省经信委、省教育厅在南京共同举办"推进高校中小企业公共技术服务平台建设合作备忘录签约仪式"。省经济和信息化委徐一平主任和省教育厅沈健厅长签定合作备忘录并分别作重要讲话。

10月19日，中德（太仓）中小企业合作示范区授牌仪式在我省太仓市举行。工信部党组成员、总工程师朱宏任出席仪式并讲话。省委常委、苏州市委书记蒋宏坤到会祝贺。德国驻沪总领事芮悟峰，省经信委党组成员、省中小企业局副局长陆元刚，苏州市副市长浦荣皋分别代表德国驻沪总领馆，省经信委（中小企业局）和苏州市委市政府致辞；工信部中小企业司、国际合作司和中小企业发展促进中心负责同志，德国驻沪总领馆、商会代表，省经信委有关处室负责同志，苏州市经信委领导，太仓市委市政府领导，太仓市德资企业代表参加了授牌仪式。中德（太仓）中小企业工业园奠基仪式与中德（太仓）中小企业合作示范区授牌仪式同期举行。

11月12日，"e企云"数字企业云服务平台上线发布暨云计算应用展示基地授牌电视电话会在中国电信江苏公司隆重举行。省政府副省长史和平出席会议并亲自启动了数字企业云服务平台上线发布按钮。省政府王志忠副秘书长、省经信委徐一平主任、省电信公司高同庆总经理分别在会上讲话。徐一平主任为《数字企业创建的故事》正式出版发行揭彩。龚怀进副主任代表省经信委向中国电信江苏公司未来信息馆授予"江苏省云计算应用展示基地"。省经信委党组成员、中小企业局副局长张乐夫主持会议。

11月18～19日，工信部党组成员、总工程师朱宏任考察调研了常州市中小企业公共服务平台，小企业创业基地建设情况，工信部中小企业司郑昕司长、创新服务处叶定达处长，江苏省中小企业局陆元刚副局长、省经信委中小企业改革发展处吴强处长以及常州市经信委领导陪同调研。

11月26～27日，省经信委（中小企业局）在南京举行江苏省创业创新领军企业家赴美培训班开班典礼及国内预培训。省经信委徐一平主任出席开班典礼并作重要讲话，省经信委党组成员、中小企业局副局长张乐夫主持开班典礼。

12月14日，我委在南京举办全省产业集聚工作培训班，全省各市、县（市）经信委（中小企业局）负责产业集聚工作的同志参加了培训班。省经信委党组成员、省中小企业局副局长陆元刚在培训班作了重要讲话，就我省产业集聚的发展历程和现状、对产业集聚问题的认识及推进产业集聚发展的途径等作了讲课。

12月4日，为深入贯彻落实国务院和省政府关于进一步支持中小微企业健康发展的政策意见，大力提升中小微企业经营管理素质与管理水平，推动中小微企业加强管理创新，我委于10月22日至25日、12月1日至4日分两次在清华大学举办"江苏省经信委－清华大学中小企业管理创新高级研修班"。来自省级中小企业管理创新示范企业、重点培育优秀企业的高管近80人参加了培训。委党组成员、副局长张乐夫参加了开班仪式和结业典礼并作重要讲话。

山东省

1月11日，全省中小企业工作会议在济南召开。省委常委、副省长王军民出席会议并讲话。

2月6日，工业和信息化部副部长苏波率领的工业和信息化部调研组来山东调研。省委副书记、省长姜大明在济南会见了调研组一行。

2月27日，台湾中华两岸企业发展协进会张晁祥理事长一行到省中小企业办进行考察交流，曲荣先副巡视员及有关人员与客人进行了座谈。

3月13日至3月16日，徐田军副主任和政策调研处有关负责同志分别率队到日照、莱芜、菏泽、泰安对小微企业金融财税政策和重点产业集群情况进行调研。

3月16日，山东省中小企业公共服务平台网络一期项目实施启动会，这标志着山东省中小企业公共服务平台网络建设项目正式进入实施阶段。

4月9日，省中小企业办、省财政厅在济南组织召开2012年重点支持市产业集群项目对接会。

4月10日～4月14日，省中小办与省政府研究室联合组成两个调研组，分别到烟台、威海、济宁、德州四市开展省政府系统重大调研课题之一"小微企业发展政策落实情况"的调研工作。

4月11日～14日，由全国人大常委会法工委备案审查室主任杨明仑、工业和信息化部中小企业司副司长王建翔带队，中国银行业监督管理委员会等部门组成的调研组，到山东对中小企业促进法有关制度立法后评估调研。

4月17日，省经信委、省中小企业办、中国出口信用保险公司山东分公司在济南举行促进中小企业发展战略合作协议签署仪式。省经信委主任郭述禹、省中小企业办主任刘新风、中信保山东分公司总经理陈刚签署合作协议并讲话，省经信委巡视员李建生主持签约仪式。

4月26日下午，省中小企业办公室、交通银行山东省分行在济宁举行中小企业金融服务战略合作协议签署仪式。省中小企业办公室刘新风主任与交通银行山东省分行叶宁副行长签署了《中小企业金融服务战略合作协议》。

5月18日上午，在广发银行济南分行成立仪式上，省中水企业办与广发银行济南分行举行了全面加强中小企业融资服务合作框架协议签约仪式。

7月11日上午，省中小企业办与大众日报社联合召开贯彻落实小微企业政策座谈会。省中小企业办公室主任刘新风，大众报业集团编委、经济新闻采编中心主任刘明洋出席会议，省中小企业办公室副主任徐田军主持座谈会。

8月8日，张建国副省长专门听取了省中小企业办刘新风主任关于全省中小企业发展情况的汇报，对近年来省中小企业办的工作和提出的下半年中小企业稳增长的九项具体措施给予充分肯定。

8月30日，省中小企业办刘新风主任到胶州市调研小微企业发展情况。

8月30日~31日，省中小企业办公室在潍坊临朐县召开全省中小企业“一企一技术”创新工作现场推进会。

9月5日，省中小企业办刘新风主任到菏泽市看望省办驻帮包扶贫村“第一书记”

11月12日，全省落实小型微型企业政策工作会在济南南郊宾馆隆重举行。会上，举行了山东省中小企业公共服务平台启动仪式。

12月6日，山东省机构编制委员会以鲁编〔2012〕34号文件，批复山东省中小企业办公室更名为山东省中小企业局，原挂省乡镇企业办公室牌子改为挂山东省乡镇企业局牌子。

河南省

2月27日下午，河南省政府在郑州召开全省工业大会，省长郭庚茂出席大会并作重要讲话，省委常委、常务副省长李克主持会议，副省长陈雪枫对2012年全省工业工作作了具体部署，河南省政府秘书长郭洪昌、河南省工业和信息化厅厅长杨盛道出席会议。会上，郭庚茂为河南省企业服务网开通揭幕。会议通报表彰了2011年度企业服务先进单位和个人，向2012年度“百强百高”企业和国家第三批新型工业化产业示范基地授牌。各省辖市政府向省政府递交了2012年承接产业转移目标责任书。

3月10日，河南省工业和信息化厅印发了《助推中小企业成长“翔计划”实施方案》（豫工信企业〔2012〕120号），联合百度公司在全省开展了助推中小企业成长“翔计划”活动。以“政府倡导、企业主体、通力协作、强化应用”为原则，以提高中小企业信息化水平和市场拓展能力为目标，利用百度搜索营销服务平台优势，为全省中小企业提供成本低、见效快、效益好的百度推广服务。全年，共举办55场“翔计划”应用培训会，免费为1513家企业提供了网络营销服务，免费为5701家企业建设网站，8000多家企业从中受益。

3月30日，河南省政府成立了由陈雪枫副省长任组长，19个省直部门领导为成员的河南省促进中小企业发展工作领导小组，设立了领导小组办公室，建立了部门联席会议制度，进一步完善了河南省促进中小企业发展工作的组织领导机制。逐步形成了政府领导负责、部门分工明确、责任到位、合力扶持中小企业发展的良好局面。

3月1日~6月8日，河南省工业和信息化厅组织河南网积极参与“全国中小企业网上百日招聘高校毕业生活动”，开辟了“百日招聘河南专场”，共组织1000余家企业成功参与了网上招聘活动，提供就业岗位13000余个，组织企业数和提供就业岗位数均稳居全国第一。

4月19日，河南省在郑州隆重举行了全省中小企业服务年活动启动仪式，各级中小企业主管部门、各类中小企业服务机构、中小企业代表及境内外媒体2000余人参加启动仪式，陈雪枫副省长率领省政府促进中小企业发展工作领导小组成员出席启动仪式并作重要讲话，在全省引起强烈反响。按照工信部要求，制定下发了《河南省中小企业服务年活动行动计划》，在全省开展了以“服务企业，助力成长”为主题的中小企业服务年活动。以政策咨询、投资融资、创业创新、转型升级、管理提升和舆论宣传等六大服务领域为主要内容，以创业型、创新型和劳动密集型中小企业特别是小型微型企业作为服务的重点对象，从企业最关心的问题抓起，从企业最能受益的工作做起，开展了14项主题服务活动，积极主动地帮助企业解决发展难题。一年来，各级促进中小企业发展工作领导小组成员单位、全省平台网络和服务机构共开展各类服务活动31项，服务企业65300家次，参加人数68.76万人次，有力地促进了中小企业的健康发展。

4月~7月，为缓解中小企业融资难题，河南省工业和信息化厅与人行郑州中心支行组织开展了省市两级工信、金融部门联手助推中小企业贷款项目系列对接活动。采取省市结合、政企联动、银企联手、银担合作与小贷互动的方式，通过项目推介、项目对接和项目协调，共推荐中小企业贷款项目1300余项，银行业金融机构、融资性担保公司和小贷公司与贷款企业共签订贷款合同240亿元，已发放贷款180亿元，其中，银担业务87亿元。7月3日，河南省工业和信息化厅、人行郑州中心支行联合召开全省金融机构与中小企业贷款项目对接会议。陈雪枫副省长率驻豫18家银行行长出席会议，河南省工业和信息化厅与国家开发银行河南省分行等8家银行业金融机构签订了“打造融资合作平台，助推中小企业发展”合作协议；18家银行业金融机构、18家融资性担保公司、18家小额贷款公司分别代表所属行业与72家贷款企业进行了现场集中签约，共签订贷款合同8.05亿元。通过活动开展，进一步促进了全省银行业金融机构、融资性担保公司和小额贷款公司与中小企业的广泛对接，带动了全省各类金融机构为15719家中小企业授信727亿元，签订贷款合同423亿元，目前已发放贷款356亿元。

5月，河南中小企业网络融资服务平台正式开通，这是继浙江、四川后全国开设的第三家网络融资平台。融资平台通过整合资源、简化手续、缩短流程，突破了中小企业传统的融资模式，将中小企业、互联网、融资服务三个要素有机结合，做到了与银行系统的全流程实时对接，有效解决了金融机构与中小企业的信息不对称问题，为中小企业融资难开辟绿色通道，实现“多方共赢”。截至2012年底，共收到企业融资申请1112家，银行已受理405家，其中，授信及放贷企业33家，放贷总额达7.1亿元。

5月~8月，为深化企业服务、强化市场开拓，河南省工业和信息化厅等9部门组织上下游企业广泛开展了产销对接、项目洽谈和市场开拓工作。8月1日，在郑州市举办了五大产业链产销对接大会，来自全省钢铁、装备（汽车）、煤电铝、纺织服装、光伏五大产业链的458家企业通过前期对接洽谈，当天签订合同367个，签约金额757.35亿元。

7月27日，河南省工业和信息化厅印发了《河南省小额贷款公司试点管理暂行办法》（豫工信〔2012〕525号），明确了小额贷款公司的设立、组织机构与经营管理、高级管理人员的任职资格、变更与终止、监督管理等事宜。

9月3日，为贯彻落实《国务院关于进一步支持小型微型企业健康发展的意见》（国发〔2012〕14号）精神，河南省政府下发了《关于进一步促进小型微型企业健康发展的若干意见》（豫政〔2012〕81号），这是河南省出台的第一个促进小型微型企业发展的综合性政策。81号文综合吸纳了河南省已有的扶持中小企业政策，注重衔接和延续，并广泛参考借鉴了外地已出台的支持小型微型企业发展的政策措施，分别从财政扶持、税收优惠、降费减负、融资支持、市场准入、创业创新、市场开拓、企业管理和公共服务等方面提出了符合本省实际的具体意见。制定过程中，注重细化量化具体政策，对原则性政策进行了细化、对具体性措施进行了量化，力求让广大小型微型企业看得懂、用得上、得实惠。81号文涉及面广、针对性强、可操作性强，对优化我省小型微型企业发展环境、鼓励支持小型微型企业创业创新发展，具有十分重要的意义。

9月22日~25日，河南省工业和信息化厅组织50家企业300余人到广州市参加第九届中国国际中小企业博览会，通过参展，共有11家企业与102家客商签订了供货合同，有7家企业找到代理商，其中35个项目当场签订了代理合同，意向协议金额4.28亿元，合同金额达3.61亿元；达成合作投资协议51个，合同金额达6.13亿元，取得了丰硕的成果。

10月17日下午，河南省政府召开新闻发布会，对《河南省人民政府关于进一步促进小型微型企业健康发展的若干意见》（豫政〔2012〕81号）进行发布和解读。中央驻豫新闻媒体，省直新闻媒体和省会新闻媒体等共计40家媒体参加了发布会。省中小企业服务局局长沈超对81号文出台的背景、指导思想、主要特点及政策内容等进行了详细的讲解，并就记者关注的热点问题一一解答。新华社、人民网、大河网、河南电视台等诸多媒体以及中国日报、河南日报、大河报、光明日报、河南商报、郑州日报等主流报纸都进行了大量报道和解读，营造了全社会关心关注小型微型企业发展的浓厚氛围。

11月2日，河南省政府办公厅下发了《关于评选表彰全省优秀民营企业和优秀民营企业家的通知》（豫政办明电〔2012〕193号），评选表彰为当地经济社会做出突出贡献的100家优秀民营企业和50名优秀民营企业家，评选类别分规模效益型企业和成长型企业。193号文明确了评选标准：规模效益型企业要求连续2年（2010、2011）营业收入达10亿元以上，利润总额6000万元以上，年纳税1000万元以上；成长型企业要求2011年营业收入达5000万元以上，连续2年（2010、2011）营业收入年均增长30%以上，利润总额年均增长25%以上，纳税额年均增长20%以上。通过评选表彰，激励广大民营企业和民营企业家积极投身中原经济区建设，营造崇尚创业、创业有功的良好氛围。

12月，河南省工业和信息化厅领导带队组成了六个工作组，对全省各省辖市（省直管试点县）承接产业转移工作及签约承接项目落实情况进行了专项督导调研和跟踪服务，协调推动相关协议落实和项目落地。至12月17日，全省已落地的承接项目895个，承接项目落地率为75.3%；总投资3937.73亿元，实际已到位资金1364.84亿元，资金到位率为34.7%；开工在建承接项目494个，已竣工投产承接项目282个，拟开工承接项目119个，落地项目的开工率为86.7%。

湖北省

3月30日~31日，全省县域经济工作会议在仙桃、随州两地召开。会议总结县域经济发展成绩，交流县域经济发展经验，分析当前经济形势，部署下一步工作，要求全省各地各部门进一步振奋精神，再鼓干劲，再添措施，以“三化”协调发展推动县域经济新跨越。省委书记李鸿忠，省委副书记、省长王国生在会上讲话。省政协主席杨松出席会议。省委副书记张昌尔主持会议。省委常委、常务副省长王晓东宣读了《省委、省政府关于表彰2011年度全省县域经济发展先进县（市、区）的决定》。

4月27日，省政府在武汉召开全省中小企业成长工程暨银企合作工作会议。会议总结了2011年全省实施中小企业成长工程工作和银企合作工作情况，表彰了先进单位和先进工作者，研究部署了2012年全省中小企业成长工程和促进银企合作工作。会上，欧阳万坤主任与市州经信委主任签订了2012年度全省中小企业成长工程工作目标责任书，6家银行和部分企业代表现场签订贷款意向协议，会上金融机构承诺对2884家重点中小企业给予351亿元贷款支持。各市、州、直管市、林区政府分管工业的市（州、区）长、省直相关部门、省级金融机构负责人，各市州经信委主任、中小企业科（处）长和县（市、区）经信局局长、部分担保机构负责人参加了会议。

5月17日~18日，全国中小企业直接融资湖北培训班在武汉举办。主讲专家就中小企业政策性融资渠道及申报技巧、股权及财务融资、上市融资、新三板融资及中小企业集合票据、集合债券、集合信托融资等专题内容进行了详尽讲解，并为企业拓展融资渠道提出了许多解决的思路和方法。培训班是落实工信部中小企业服务年活动计划，深入开展国家银河培训工程，为中小企业拓展直接融资渠道、解决融资难题而办的实事之一，也是全省中小企业服务年系列活动的一项重要内容。工信部中小企业司、省经信委、武汉东湖高新技术开发区管委会领导出席开班仪式并讲话。

6月22日以欧阳万坤主任为团长，胡树华副主任、黎力副巡视员为副团长，市州直管市林区、部分县（市、区）经信委（局）和30家企业及我委相关处室负责人共140多人为成员的我省代表团参加了成都第七届APEC中小企业技术交流暨展览会。技展会期间，委领导出席了“第七届APEC中小企业技展会开幕式”“APEC中小企业对话世界500强财富论坛”和“全国中小企业厅局长圆桌会议”等活动，并在“全国中小企业厅局长圆桌会议”上作为5个重点发言的省市之一，介绍了我省促进中小企业发展和加强中小企业技术交流与合作的经验。

7月7日，被誉为“中国的达沃斯”的中国企业家论坛2012年夏季高峰会在湖北武汉东湖国际会议中心正式开幕。刘明康、郭广昌、陈东升、张维迎、辜胜阻等300多位全国知名企业家、经济学家和社会知名人士云集武汉，围绕峰会主题“中国大市场——从珠三角、长三角到中三角”，纵论中国大市场的形成和培育，畅谈中国区域经济的协调和发展，同时，对当前经济民生热点话题，深入探讨、深刻诠释。亚布力中国企业家论坛轮值主席郭广昌致开幕词，湖北省省长王国生、省委副书记张昌尔分别在开幕仪式上致辞。

7月31日~8月2日，省政协主席杨松率省政协常委视察团赴襄阳市、孝感市视察我省中小微企业发展情况。在襄阳、孝感两市，视察团一行听取有关情况介绍，与有关部门、企业负责人座谈，分3组视察了两地以非公为主的宇清电动车、大禹电气等30余家中小微企业。省政协秘书长王树华，省政协常委邬剑刚、刘冬娇、江利平、杜耘、李燕萍、何忠琦、余元九、张静、张华容、范永康、胡爱娣、钟国伟、袁鑫昌、曾宪初，部分驻鄂全国政协委员，在襄阳、孝感的部分省政协委员，省发改委、经信委、省工商联负责人赵晓勇、路策、胡树华等参加视察。

9月17日，第八届中国·湖北产学研合作项目洽谈会昨日在武汉科技会展中心隆重举行，全国10多个省市的2519项科研成果、565项企业技术需求信息集中亮相。全国政协副主席、科技部部长万钢宣布洽谈会开幕，省委书记李鸿忠出席开幕式，省委副书记、省长王国生致辞。工信部副部长杨学山，中科院副院长施尔畏，中科院院士、建设部原副部长周干峙，省领导张昌尔、王晓东、任世茂、郭生练、段轮一、仇小乐等出席开幕式。前七届中国·湖北产学研洽谈会累计推出科技成果2.22万项，签约项目3060个。通过这一平台，全省产学研合作的深度和广度不断拓展，合作模式由单一技术咨询、技术转让、合作开发逐步向共建研发机构和实验室、技术入股共建实体、联合培养人才等领域拓展。

9月29日，为进一步推动民营经济跨越式发展，省政府出台《关于大力推动民营经济跨越式发展的意见》（鄂政发〔2012〕82号），共53条，涉及推动创业兴业、放宽经营条件、拓宽投资领域、支持做优做强、创新金融服务、降低企业税负、加大财政支持和优化发展环境八个部分。《意见》的出台，旨在进一步解放思想，破除妨碍民营经济发展的体制机制；大力优化发展环境，保障各类所有制企业平等准入、公平竞争；支持鼓励创业兴业，扶持民营企业做优做强，不断壮大总量、提升质量，把民营经济打造成为我省经济内生增长和构建战略支点、实现富民强省的重要支撑。

10月10日，为进一步加强对全省民营经济发展的指导，省经信委报省政府同意，出台了《湖北省民营经济发展“十二五”规划纲要》，全文共分为四章，包括民营经济发展现状及面临的形势，“十二五”期间我省民营经济发展的总体思路、主要任务和保障措施。这对于认清当前民营经济发展形势，把握未来发展走向具有重要的指导意义。

10月11日，全省民营经济工作会议在武汉召开。会议要求全省各地各部门继续深入解放思想、优化发展环境、强化扶持措施，推动全省民营经济在新的起点上进一步壮大规模、提升质量，为我省科学发展、跨越式发展，加快构建促进中部地区崛起重要战略支点，实现富民强省目标提供重要支撑。省委书记李鸿忠，省委副书记、省长王国生出席会议并讲话。省委常委、常务副省长王晓东宣读省委、省政府关于表彰“湖北省优秀民营企业”的决定。省委常委、副省长、省委统战部部长张岱梨，省委常委、省委秘书长傅德辉，省人大常委会副主任林志慧，省政府资政段轮一，省政协副主席陈柏槐出席会议。与会领导共同为“湖北省优秀民营企业”代表授牌。省政府秘书长王祥喜，全省各市州、直管市、神农架林区和省直各部门负责同志，民营企业家代表等参加会议。襄阳市、大冶市、稻花香集团、民生银行武汉分行负责人在会上发言。

11月4日，湖北省重大人才工程“123企业家培育计划”首批培养人选集中培训班在华中科技大学管理学院（湖北省企业家培训基地）开班。省委组织部副部长、省人社厅党组书记、省委人才办主任翟天山，省经信委主任、党组书记欧阳万坤，省国资委党委副书记、副主任孙振声，华中科技大学副校长段献忠及有关部门同志参加了开班仪式。“123企业家培育计划”民营企业首批培养人选44位企业家将接受为期三年的培训，期间省委组织部、省经信委将采取理论集中授课、专家结对指导，企业岗位挂职、国内外高端交流，高级学位攻读、典型专业考察，跟踪回访服务、政策项目支持等措施对首批培养人选实施培养。

11 月 2 日，“2012 中小企业服务年—创新中国行”湖北首站活动在黄石磁湖山庄成功举办。本次活动由工业和信息化部中小企业司、湖北省经济和信息化委员会共同指导，中国中小企业信息网、湖北省中小企业服务中心、黄石市经济和信息化委员会、中国联合网络通信集团有限公司联合举办，省经信委副主任胡树华，黄石市委书记王建鸣，市委常委、组织部长、统战部长冯艳飞，副市长刘圣华，中国联通湖北分公司、黄石市经信委及中小企业

湖南省

3 月 17 日，北京大学—湖南省民营及中小企业高级工商管理研修班（第四期）在北京大学举行开学典礼。来自全省 85 名民营及中小企业高管参加了开学典礼，并参加为期一年的学习。

3 月 18 日，清华大学—湖南省重点民营及中小企业家领导力提升高级研修班（第三期）开学典礼在清华大学举行。89 名湖南民营及中小企业家参加了开学典礼并参加为期一年的学习。

3 月至 6 月，湖南省经信委在岳阳、株洲、常德、长沙、湘潭等 5 市的 5 个国家级工业园区举办“中小企业融资服务进园区活动”。以湖南省中小企业融资超市为平台，组织省内 21 家银行机构，50 余家股权投资机构，30 余家中小企业信用担保机构以及其他金融服务机构，将融资能力培训与融资需求对接相结合，为园区及周边地区的 1200 余户中小微企业开展“贴身融资服务”。

4 月 21 日，“2012 年国家中小企业银河培训工程湖南省（岳阳市）中小企业领导者管理能力提升培训班”在岳阳开班，来自全省 14 个市州 200 多名企业家学员参加培训。

6 月 9 日，由湖南省经信委、湖南省中小企业服务中心主办的以“服务中小企业，助力品牌发展”为主题的“湖南中小企业品牌发展之路启动仪式暨企业品牌形象汇展”举行。湖南省经信委、14 市州主管部门的有关领导、部分著名品牌营销专家，以及 120 多家中小企业的代表共 200 多人出席活动。中小企业代表在企业品牌形象汇展现场交流企业品牌建设经验。

6 月 10 日，湖南省人民政府出台《湖南省人民政府关于进一步支持中小微企业发展的实施意见》（湘政发〔2012〕18 号）。

6 月 13 日，由国家工信部主办，省经信委、省中小企业局承办，省中小企业服务中心、长沙市推进创业富民工作领导小组办公室协办的国家中小企业服务年活动之首期创业巡讲暨湖南省创业辅导平台启动仪式在长沙举行。各市州经信委、长株潭地区创业基地负责人，新创办小微企业，拟创业人员等共 180 多人参加了启动仪式和创业培训。启动仪式上正式开通了湖南省中小企业创业辅导平台。

6 月 18 日，全省第一支中小企业集合票据成功发行，此次票据由华夏银行长沙分行主承销，为恒天九五重工有限公司、长沙金盾机动车辆救援服务有限公司 2 家中小企业融资 3.2 亿元，期限为三年，利率 5.5%。10 月 17 日，湖南裕华化工集团有限公司、衡阳恒飞电缆有限责任公司和衡阳市新鑫电力特种变压器有限公司 3 家中小企业的集合票据成功发行，北京银行长沙分行主承销，衡阳市企业信用担保投资有限公司担保，发行金额 1 亿元，期限为两年，票面利率为 5.6%，债项评级为 AAA。

6 月 22 日 ~25 日，第七届 APEC 中小企业技术交流暨展览会在四川成都举行。湖南省经信委组织了 35 家企业 127 名代表参会。湖南省 10 家企业签约金额约 8000 万元。

7 月 23 日，湖南省经济和信息化委员会与中国银行湖南省分行签署战略合作框架协议，加强推进新型工业化、推动两化融合、促进中小企业成长等方面的合作。

8 月 20 日，湖南省中小企业协会第一次会员大会在长沙召开。来自湖南省各行各业的 400 多名中小企业会员参加了会议。会议表决通过了《湖南省中小企业协会章程》、《湖南省中小企业协会财务管理制度》、《湖南省中小企业协会收取会费标准及管理办法》，选举产生了第一届理事会、会长、副会长、常务理事和秘书长。10 月 18 日经省民政厅决定同意成立登记湖南省中小企业协会。

8 月 21 日，湖南中小微型企业产品产销洽谈会在长沙红星国际会展中心开幕。洽谈会由省政府主办，省经协办、省中小企业局、省乡镇企业局和怀化市人民政府承办。省内外近 1000 家企业免费参展，汇集了粮油食品、轻纺服装、酒类茶叶、医药保健、电子信息等行业的 4000 多种名优特新展品。21 日，湖南异地商会西北、东北、华北、华东协作区及怀化、岳阳、邵阳 3 市分别举行了专场签约仪式，签订产销合作项目 485 个。

9 月 13 日，为进一步促进中小企业发展，在原湖南省非公有制经济工作领导小组的基础上成立了湖南省促进非公有制经济和中小企业发展工作领导小组。省委常委、省人民政府副省长陈肇雄任组长，省人民政府副省长何报翔任常务副组长。省人民政府副秘书长刘岳辉、省经信委主任谢超英、省财政厅厅长史耀斌任副组长。领导小组办公室设在省经信委。

9 月，湖南省代表团参加了第九届中国国际中小企业博览会。湖南省 35 家中小企业与 110 家商家签订了销售合同，20 家企业与代理商达成长期合作意向，共实现合同金额 1.8 亿元，意向协议合同金额 9.5 亿元。

11 月 3 日，省经信委组织举办的“2012 年国家中小企业银河培训工程湖南省中小企业人力资源管理培训班”在湘府国际酒店开班。60 名民营及中小企业董事长及人力资源管理负责人参加为期 2 天的培训学习。

11 月 20 日，湖南省经信委举办以“牵手同行，合作共赢”为主题的 2012 年湖南软件信息服务企业与中小企业“牵手行动”对接活动，推介中小企业

信息化解决方案，促进中小企业信息服务体系建设。各地市州经（工）信委、中小企业代表和软件信息服务商共约200余人参加了会议。

会上，省经信委发布了湖南省软件企业产品（服务方案）及中小企业应用需求调查报告。会上还发布了40多项2012年湖南软件和信息服务业典型产品和解决方案。

实施湖南省中小企业“百千万”成长工程。在实施湖南省“小巨人”计划和“创业”计划的基础上，实施中小企业“百千万”成长工程，即至“十二五”末，全省每年培育新增营业收入过4亿元的大企业100户以上，新增营业收入过亿元的中型企业1000户以上，新创办小型微型企业30000户以上。

截至2012年底，全省融资性担保机构发展到194家，比上年增加35家；注册资本金总额208亿元，比上年增长18%，户均资本金达到1.07亿元；资本金3亿元以上大型担保机构有5家。其中，开展中小企业信用担保业务的担保机构99家，全年累计为15813户中小微企业提供贷款担保573亿元，同比分别增长20%和22.7%。其中，新增贷款担保324.3亿元，新增担保企业7855户，同比分别增长14%和21.4%；年末担保责任余额313.3亿元，年末在保企业户数10038户，同比分别增长21%和27%。从2012年起，省中小企业信用担保资金规模增加到6000万元。

加强再担保体系建设。湖南省经济和信息化委员会、湖南省财政厅共同指导湖南担保有限责任公司对主营业务结构进行适当调整。湖南担保有限责任公司母公司专营再担保业务，再担保发展模式进一步明确。截止2012年底，湖南担保有限责任公司已与10家银行机构、20余家中小企业信用担保机构建立了再担保业务合作关系，为中小企业融资开展一般保证责任再担保，年末再担保责任余额达到110亿元。

2012年，深入开展中小企业服务年活动。开展了“送政策到企业”活动，组织举办了首届2012湖南中小微型企业产品产销洽谈会，组织全省300多家中小企业参加国际中小企业博览会、APEC中小企业技术交流展览会、民营经济投资洽谈会、名特优农产品拓展市场合作洽谈会等省外展销洽谈活动，开展了“中小企业融资服务进园区”活动，举办了“湖南2012创富大赛”，开展了“腾飞杯”中小企业管理升级竞赛活动。

2012年，湖南省中小企业公共服务平台网络建设有序推进。湖南省共有1个省平台、7个市州窗口平台、11个产业窗口平台，共19个平台项目在建。19个项目总投资达8540万元。带动服务机构569户，开展服务活动7524次，服务企业15451户，服务人数达103910人次。

广东省

（一）建立中小微企业运行监测数据直报点，加强与统计部门的合作，与省统计局签署《共同推进中小微企业统计工作合作备忘录》，在全省建立了32个数据直报点，覆盖21个地市区，月上报1100多家中小企业运行数据。

（二）组织实施“创新帮扶中小企业行动计划”、“落实民企招商成果行动计划”等省委省政府重点工作，受到了省委省政府主要领导的批示表扬。

（三）开展中小微企业扶持政策宣讲活动，在广州、湛江、阳江、顺德、江门、中山、茂名、汕头等地举办了近10场政策解读会。

（四）牵头开展全省民营经济工作考核，推动中小微企业扶持政策的落实。

（五）组织实施“暖企行动”，举办100场“中小企业服务年”重点活动。

（六）在广州、佛山发行集合票据，并启动顺德集合票据发行工作。

（七）举办中小企业服务联盟成立大会，推动成立中小企业服务机构联盟，完善中小企业公共服务平台网络。

（八）推动成立顺商学院、客商学院、潮商学院等区域性专业培训机构。

（九）搭建省地共建平台，建立省地共建中小企业服务体系创新试点模式。

广西壮族自治区

2月21日，自治区工信委召开《广西中小企业公共服务平台建设项目工作会议》，侯刚总工程师出席会议并作指示，各市工信委、中小企业局分管领导、科长和自治区工信委有关业务处室负责人及各市中小企业服务机构代表约70人参加会议。会议提出了建设“1+3+14”的广西中小企业公共服务平台的实施方案，即1个中小企业公共服务中心平台+3个自治区级专业窗口服务平台，包括：培训与咨询窗口服务平台、投融资窗口服务平台、广西中小企业信息网窗口服务平台+14个市级中小企业窗口服务平台的实施方案。要求各市尽快拿出建设方案。

3月21日，自治区工信委和自治区财政厅在南宁联合举办《2012年自治区中小企业发展专项资金和农产品加工企业扶持资金项目评审对接会》，工信委中小企业发展处处长张杰、财政厅企业处处长梁宝敏，各市工信委、中小企业局分管副主任、科长和有关企业负责人共计600多人参加会议；梁宝敏处长和张杰处长分别就有关事项发表讲话；随后各市企业与会议工作人员就项目评审材料进行了分组对接。

4月20日，自治区抓大壮小扶微工程经验交流会暨中小企业服务年活动启动仪式在玉林市举行，自治区工信委主任束华、自治区工信委总工程师侯刚、自治区工信委副巡视员康润生，玉林市市长韩元利、副市长禤甲军等领导出席，全区各市、县（区）工信委、各市、县（区）统计局代表、有关媒体记者共约300人参加会议。

束华主任作了题为《引育并举优化服务全力推动我区工业企业上规模上水平》的会议主旨报告，韩元利市长致词。随后，举行了以“服务企业、助力成长”为主题的全区中小企业服务年启动仪式。会上，玉林、梧州、钦州、南宁、柳州、桂林等市还先后作了相关经验介绍发言。与会人员还进行了分组讨论，交流开展抓大壮小扶微工作的经验，研究新形势下加快推进各类企业发展壮大，特别是扶持小型企业尽早上规模的对策措施。

4月26日上午，防城港市中小企业服务中心举行成立揭牌仪式，揭牌仪式由防城港市工信委赵华文副主任主持，防城港市副市长陈可猛、自治区工信委处长张杰、防城港市工信委张祖广主任、市有关部门领导及有关业务科室负责人、服务中心全体员工等约50人参加了揭牌仪式。防城港市中小企业服务中心是我区成立的第8家市级中小企业服务中心，成立市级中小企业服务中心也是我区开展“中小企业服务年”的一项具体措施，它必将对提高各市工信系统服务中小企业的能力和水平发挥重要的作用。

5月10～11日，由国家工信部中小企业司组织召开的“全国中小企业管理咨询工作经验交流会”在厦门市金沙湾宾馆举行，国家工信部中小企业司副司长田川，福建省经贸委副主任郑李亭、厦门市政府陈永茂副秘书长、厦门市经济发展局副局长邓建华，中国企业联合会管理咨询委员会秘书长赵天乐、全国31个省（市）工信（经贸）委、中小企业局（办）、中小企业服务中心代表以及中小企业管理咨询公司共100多人参加了会议。广西工信委及桂林市中小企业服务中心派员参加会议。

5月16日上午，广西壮族自治区人民政府召开《第一届广西名特优农产品交易会总结表彰暨第二届广西名特优农产品交易会动员会议》，自治区副主席陈章良、自治区政府副秘书长蒋家柏，自治区农业厅、工信委、商务厅、财政厅、水产畜牧兽医局、新闻办、粮食局、供销社、质监局等部门领导，工信委领导王萍副巡视员、张杰处长，各市相应部门负责人及获奖企业代表约180人参加会议。会议对获得第一届广西名特优农产品交易会产品金、银奖的108个产品的生产企业进行了表彰颁奖，并布置了召开第二届广西名特优农产品交易会的有关工作。

5月21日，广西工信委会同中国人民银行南宁中心支行举办广西万家成长型小企业信贷扶持工程启动仪式。

自治区主席马飚、自治区副主席杨道喜、自治区政府秘书长王跃飞、自治区政府办公厅副巡视员黄敏，自治区工信委主任束华、总工程师侯刚、中国人民银行南宁中心支行行长杨小平、自治区人大财经委副主任梁崎峰、自治区政协经济委副主任吴南征、自治区财政厅副厅长曾纪芬等领导出席了启动仪式。各市工信委、中小企业局领导，中小企业科科长；人民银行各市分行领导，各银行业金融机构负责人及有融资需求的企业代表共计约300人参加了启动仪式。

启动仪式由自治区秘书长王跃飞主持，杨道喜副主席讲话，束华主任，杨小平行长，曾纪芬副厅长致辞，马飚主席见证信贷合同签约，19家银行业金融机构与19家小企业代表签订信贷合同，总金额达2.1亿元。年内，将对2137家成长型小企业投放信贷额度1055亿元。

6月15日，广西工信委召开上半年中小企业工作座谈会，委领导戴翔副主任、中小企业发展处领导和工作人员，14个市工信委、中小企业局分管领导和科长，各市中小企业服务中心主任，各乡镇企业统计直报点负责上报信息工作的统计人员约60余人参加会议。会议主要议程有：

（一）汇报实施万家小型企业上规模工程的具体工作举措、出台配套政策文件情况及目标任务完成进度；

（二）汇报万家成长型小企业信贷扶持工程的开展落实情况；

（三）汇报中小企业服务年活动开展情况；

（四）汇报中小企业服务体系建设情况，包括“1+3+14”广西中小企业服务平台网络建设项目各市方案编制进度和建设情况，以及各市中小企业服务中心的建设情况等。

6月21日，广西工信委领导戴翔副主任在玉林市参加自治区人民政府召开的《广西第二届广西名特优农产品交易会筹备协调会议》。自治区政府副秘书长蒋家柏、自治区农业厅厅长张明沛、副厅长谢东、玉林市副市长邓长球、自治区工信委副主任戴翔、自治区商务厅副巡视员赵涛、自治区水产畜牧兽医局副巡视员梁师华等领导出席会议。自治区有关厅局、全区各市有关部门的代表共约260参加会议。

6月22～25日，广西工信委领导侯刚总工程师为团长的广西代表团赴成都参加工信部组织召开的第七届APEC中小企业技术交易暨展览会，广西团由各市工信委委（中小企业局）领导、中小企业科长及有关企业组成；自治区工信委中小企业处负责组织工作并派一副处长参加会议。

6月28日，广西工信委领导王萍副巡视员等有关人员到玉林市参加自治区政府在该市举办的广西第二届广西名特优农产品交易会。

6月29日，广西工信委全体党员参加的《自治区工信委庆祝中国共产党成立91周年暨创先争优表彰大会》，委领导束华主任、李万富副主任、戴翔副主任、王萍副巡视员等出席会议。会议宣读了《关于表彰自治区工信委直属机关创先争优先进基层党组织先进个人的决定》（桂工信直党［2012］9号），中小企业发展处处长张杰等同志荣获“自治区工信委直属机关创先争优先进个人”荣誉称号。

7月30～8月1日，广西工信委主任助理魏名山带队，中小企业发展处、广西中小企业联合会、中国联通广西分公司和广西中小企业信息网共七人组成联合考察组赴江苏、浙江考察两省中小企业公共服务平台网络项目建设情况。

9月21～25日，广西工信委有关同志随广西代表团赴广州参加第九届中博会（以下简称“中博会”）。第九届中国国际中小企业博览会于9月22日上午在广州隆重开幕。中共中央政治局委员、广东省委书记汪洋，国家工业和信息化部部长苗圩出席开幕仪式并致辞。本届中博会我区以“抓大壮小扶微，龙头企业带动发展”为主题，重点组织汽车及零部件企业参展，参展的还有六堡茶和食品加工等企业。本届中博会我区共有各市县和中小企业代表等300多人参会参展，参展企业83家，布展展位78个。中博会期间，柳州延龙汽车有限公司与广州永高国际能源科技有限公司进行了钩臂垃圾车（纯电动车）、翼开启厢式车代理出口事项的洽谈；桂林锚顿汽车保险箱科技有限公司分别与河北坤宝商贸有限公司、中山品佳贸易有限公司等两家公司现场签订销售合同7000万元，签订产品意向销售协议5000万元。广西工信委中小企业发展处负责广西中小企业参会参展的组织工作。

11月21日上午，广西工信委中小企业发展处处长等同志参加工信部在南宁召开的推动中小企业开拓国际市场课题研讨会，自治区工信委戴翔副主任作主旨发言；

下午，戴翔副主任陪同工信部中小企业司副司长田川参观考察了南宁市企业。

12月25～28日，广西工信委与交行广西区分行举行《广西壮族自治区工业和信息化委员会交通银行股份有限公司广西壮族自治区分行中小企业金融服务战略合作协议》签字仪式，工信委领导戴翔副主任和交行领导出席；随后工信委与交行联合举办《2013年中小企业项目申报和验收材料编写人员培训班（一期）暨让金融更好的服务企业专题活动》和《2013年中小企业项目申报和验收材料编写人员培训班（二期）暨“与沃共赢”中国联通广西分公司中小企业信息化解决方案研讨会》，各市中小企业科长、有关企业代表共530多人参加活动和培训。

海南省

4月，海南省开展“中小企业服务年活动”。活动的主题是围绕“服务企业、助力成长”，有关政府部门和服务机构为中小企业业主提供政策咨询、投资融资、创业创新、转型升级、管理提升和舆论宣传等6项服务活动。活动持续至年底。

6月，海南省工信厅组织评定海口市新华信息产业孵化园等首批4家企业为“海南省小企业创业基地”。

6月22日～25日，组团参加工信部举办的第七届APEC中小企业技展会。

7月，海南省工信厅经过组织评审，认定首批海南省发展和改革委员会培训中心等19家单位为“海南省中小企业公共服务示范平台”单位。

8月11日，海南省人民政府成立海南省促进中小企业发展工作领导小组，该领导小组是促进全省中小微企业发展工作的综合协调议事机构。领导小组由17个省政府相关职能部门的负责人组成，李国梁副省长担任组长。

9月18日，海南省公布《关于深入推进小额贷款公司改革发展的若干意见》。

9月22日～25日组团参加工信部举办的第九届中国国际中小企业博览会。

10月，海南生态软件园投资发展有限公司、海南省医药保健品行业协会获得国家工业和信息化部授予第二批“国家中小企业公共服务示范平台”。

12月8日，由中国国际贸易促进会、海南省人民政府、APEC工商咨询理事会共同主办的2012年亚太经合组织（APEC）中小企业第五届峰会在海南澄迈举行，来自国内外的600多名嘉宾出席峰会，海南省也组织部分中小企业负责人出席会议。

12月15日，海南大学经济科学研究会、海南产业经济研究院会议中心、北京中经蓝山文化交流有限公司等单位联合在海口市举办“2012年中小企业发展国际研讨会”，海南省也组织部分中小企业负责人出席会议。

重庆市

1月4日，2012年第一次局党组会议在局小会议室召开，马发骧局长主持会议，会议总结了2011年工作，并安排部署2012工作。

1月17日，市中小企业局2012新春团拜会暨工作总结表彰大会在东和花园酒店举行，会议表彰了先进集体和个人，随后进行了职工会议汇演，局长马发骧祝全体职工过一个祥和快乐的春节。局领导谢卫东、马奇昌、王任林、朱建、周奎、廖静、刘大文出席团拜会。

1月19日，市委、市政府举行的新春团拜会在重庆国际会展中心举行，局长马发骧参加团拜会。

2月11日，工信部在重庆金源饭店主持召开重庆市扶持小微型企业发展工作座谈会，会议就重庆发展扶持小微型企业的做法、经验等问题进行了座谈。工信部总工程师朱宏任、中小企业司司长郑昕，市政协副主席吴家农，局领导马发骧、谢卫东、马奇昌、王任林、朱建及部分中小企业代表、担保机构参加会议。

同日，西南地区中小企业发展座谈会在金源饭店举行，工信部总工程师朱宏任出席会议并讲话，四川、云南、贵州中小企业主管部门负责人及局领导马发骧、马奇昌参加会议。

2月12日，工信部党组成员、总工程师朱宏任一行赴重庆中小企业服务平台、曙光都市工业园及中国汽车工程研究院考察调研，局领导马发骧、马奇昌陪同调研。

2月23日，市管领导干部年度考核测评会议在局机关大会议召开，局领导马发骧、谢卫东、马奇昌、王任林、朱建、周奎、冉生泽、刘大文出席会议，并进行述职发言。

2月28日，2012年全市中小企业工作会议在东和花园酒店举行，会议总结了2011年全市“三类经济”工作，并对2012年工作进行了安排部署，会议还对先进单位和个人进行了表彰。市政府副秘书长郜展；局领导马发骧、谢卫东、马奇昌、王任林、朱建、周奎、呙生泽、廖静、刘大文出席会议。

2月29日，局副处级领导干部竞争上岗民主测评会议在局机关大会议室举行，局领导马发骧、谢卫东、马奇昌、王任林、朱建、周奎、呙生泽、廖静、刘大文参加测评会。

3月5日，副局长马奇昌陪同市发改委王平副主任一行到市创业服务中心调研中小企业服务平台建设情况。

3月29日，黔江区中小企业局领导一行来局汇报工作，并进行座谈，局领导马发骧、马奇昌、朱建、周奎、呙生泽、廖静、呙生泽参加座谈会。

同日，全市中小企业对外经济工作会议在创世记宾馆召开，会议就"走出去"等政策就行了解读，并对有关工作进行了安排部署，部分民营企业代表参加会议并发言。

4月6日，局长马发骧率办公室赴永川三教镇出席市中小企业局支援永川区三教镇玉峰村道路建设捐赠仪式。

4月18日，市长黄奇帆主持召开全市民营企业和小微企业发展专题会议，会议就中小微企业发展面临的问题和困难进行了讨论，并研究了下一阶段的目标任务，局长马发骧残参加专题会议。

4月17日，全市一季度"三类经济运行"分析会在垫江县召开。

4月27日，局领导马发骧在、马奇昌在君豪酒店出席2012年全国中小企业家活动日开幕式暨论坛活动。

5月3日，局长马发骧在市委办公厅参加市政府支持民营经济发展政策解读专题会议。

6月8日，全市民营经济大会在市人民大礼堂召开，重庆市委书记张德江在会上作重要讲话，局长马发骧参加会议。

6月15日，局长马发骧在局机关主持局党组民主生活会和局中心组学习，会议传达学习全市民营经济大会精神，在家局领导参加学习。

6月17日~22日，重庆市第四次党代会在重庆大礼堂召开，局相关领导参加会议。

6月29日，重庆市中小企业局庆祝七一表彰大会暨文艺汇演在局大会议举行，会议对局先进支部和个人进行了表彰。局领导马发骧、谢卫东、马奇昌、王任林、朱建、呙生泽、廖静、刘大文出席表彰大会。

7月3日，2012首届中小企业服务博览会在江北区观音桥广场开幕，局长马发骧出席开幕式。

7月19日，重庆市中小企业局2012年处级干部竞争上岗民主测评会议在局大会议举行，局领导马发骧、谢卫东、马奇昌、王任林、朱建、周奎、呙生泽、廖静、刘大文出席会议。

7月27日，2012年重庆市中小企业半年工作会议在合川区召开，会议总结上半年工作，部署下半年任务，并对新认定的小企业创业基地和企业研发中心进行了授牌，局领导马发骧、谢卫东、马奇昌、王任林、朱建、周奎、呙生泽、廖静、刘大文；合川区政府领导谢东及区县中小企业局主要负责人出席会议。

7月31日，市中小企业局庆祝"八一"建军节退伍军人座谈会在局小会议室举行，局领导马发骧、马奇昌出席会议。

8月23日，重庆.山东中小企业交流座谈会在局机关小会议室举行，局领导马发骧、谢卫东、马奇昌、山东中小企业办主任刘新风出席座谈会。

8月27日，市人大常委会副主任胡健康一行来局调研中小企业发展情况，局长马发骧就当前中小企业现状、面临困难等问题进行汇报，局领导谢卫东、王任林、马奇昌、周奎、呙生泽、廖静、刘大文参加座谈会。

9月21日~9月23日，局领导马发骧、周奎赴广东省参加第九届中国中小企业国际博览会和全国中小企业工作座谈会。

10月30日，荷兰驻华使馆官员来局访问，局领导马发骧、周奎出席座谈会。

11月8日，中国共产党第十八次代表大会开幕，全局干部职工在局大会议集中收看了开幕式直播。

12月6日，全市"三类经济"统计年报工作会议在渝北区召开，局有关领导参加会议。

12月8日，诗仙太白首届中国品牌管理论坛在重资大厦召开，论坛就民企发展、品牌管理进行了讨论。

贵州省

1月8日~11日，为贯彻落实省委"凤冈会议"精神，省民营经济发展局（省中小企业局）率队到务川、道真、正安、余庆、凤冈进行实地调研。调研组深入工业园区、民营企业生产现场和建设现场，详细了解企业生产经营情况、项目进展情况，存在的困难和问题，讨论了进一步加快发展的措施和方向。

2月3日，省经信委副主任、省中小企业局（省民营经济发展局）局长龙超亚在贵阳召开贵州省旅游商品产业团队工作座谈会，研究部署2012年加快贵州旅游商品产业发展工作。

2月20日，贵州省经济和信息化委员会与中国银行贵州省分行在贵阳签订《银政战略合作协议》，双方将围绕做好做足民营经济、中小企业的金融服务工作，共同推动贵州民营经济、中小企业实现更大发展。

2月27日，全省民营经济统计监测工作会在贵阳召开。贯彻省委、省政府《关于进一步加快全省民营经济发展的意见》精神，落实"尽快建立完善我省民营经济统计监测制度，开展民营经济统计监测工作，进一步加快全省民营经济发展"的要求，对《贵州省民营经济统计监测制度（试行）》进行沟通研究并安排部署相关工作。

3月20日，召开金融投融资工作座谈会。会议总结分析了在当今金融形势下贵州的优势和贵州金融界发展的方向。

4月23日，全省民营经济三年倍增计划推进会暨中小企业工作座谈会在贵阳召开。宣传贯彻贵州省第十一次党代会精神；总结交流“民营经济三年倍增计划”的执行提出跟进措施；分析当前中小企业发展面临的新情况、新问题，提出下一阶段中小企业、民营经济发展的工作目标及工作措施，进一步落实国发2号文件，推动全省民营经济和中小企业奋发图强，走科学发展，后发赶超之路。

4月26日，贵州省经信委和中国工商银行贵州省分行就贯彻落实国发2号文件和省党代会精神举行座谈暨战略合作备忘录签署仪式，进一步加强银政合作、提升金融机构服务能力。

5月22日，召开贵州省“推动非公有制经济中小企业发展工作联席会”通报我省民营经济三年倍增计划执行情况；各地、各有关部门工作交流；孙国强副省长做了《落实新政策，促进新发展》为主题的重要讲话，用“五个到位”“三个新”“七个抓”高度概括了今年我省推动非公经济和中小企业发展工作。

6月7日，召开的特色食品企业专题座谈会。通报了我省特色食品产业的发展情况，对特色食品产业的发展前景和存在的有关问题进行了分析。

6月8日，贵州省经济和信息化委员会与招商银行贵州分行及国内5家私募基金，在贵阳联合召开了“千鹰展翅”创新成长型中小企业综合项目对接会，力促银行和企业、私募密切合作，多形式、多渠道增加中小企业资金供给。

6月22日，组织我省50多户企业参加“第七届APEC中小企业技术交流暨展览会”，集中展示贵州中小企业生产的节能环保产品、汽车及配件、新型建材、电子产品及零部件、新型专用机械、自主知识产权产品及专利产品等，并开展贸易洽谈、商品交易及招商等活动，充分展示我省中小企业的新面貌，树立新形象。被组委会授予“最佳组织奖”。

7月19日，省民营经济发展局（省中小企业局）与省政府发展研究中心共同召开全省民营企业人才建设座谈会。听取民营企业在人才队伍的建设方面的情况，在引进人才、培养人才、留住人才等方面存在问题，并对下一步我省出台加强人才队伍建设的政策措施提出了建议。

8月16日，2012中小企业服务年的重要活动之一，“中小企业政策大讲堂全国巡讲”贵州行活动在贵阳举办。“中小企业政策大讲堂全国巡讲”活动将大力帮助贵州省广大中小企业、民营企业正确认识形势、准确把握政策、瞄准市场需求、解决自身问题、坚定发展信心、找对成长道路。大讲堂专题讲授国家支持中小企业的有关税收、财政政策，帮助贵州中小微型企业进一步熟悉、消化和运用政策。

9月10日，贵州部分中小企业调研工作座谈会在贵阳召开。工业和信息化部党组成员、总工程师朱宏任一行在贵阳和贵州部分中小企业、服务机构代表进行了座谈，朱宏任听取汇报和座谈后作重要讲话。

9月25日，重点组织我省白酒、装备制造、电子、新材料、特色食品、中医药、旅游商品等行业中的“专、精、特、新”中小企业参加“第九届中国国际中小企业博览会”，本次展会设置了贵州中小企业旅游商品和特色产品的贵州综合馆和突出贵州的白酒产的酿酒行业馆。获得组委会颁布发的“最佳组织奖”。

9月26日，由省民营经济发展局与省工商联共同举办主题为“同力凝聚力量，助力后发赶超”的贵州省非公有制经济人士国庆中秋茶话会。会上，省民营经济发展局与省工商联签署了《战略合作框架协议》。

11月5日，贵州省经信委、省民营经济发展局、省中小企业局与省农村信用联社签订2000亿元战略合作协议，双方将充分发挥各自优势，建立起担保联动机制、诚信共建机制和信息沟通互动机制，全力支持我省中小微企业发展。

11月6日，全省“政银企担”融资对接会暨“黔贷通”网络融资平台开通仪式在贵阳举行。“黔贷通”网络融资平台是在贵州中小企业网开通的专门针对中小企业融资的服务平台，将利用网络信息技术推动和整合政府、银行、企业、担保等融资服务机构开展有效对接，解决企业与金融机构之间信息不对称等问题，降低企业融资成本，简化融资程序和提高融资效率。

11月17日，召开部分融资担保机构代表和各地州市及部分县监管部门领导共40多人参加的座谈会，会议就如何建设和加强我省融资担保工作、如何将省市地州担保机构延伸到县区、如何加大融资担保力度和信用体制建设、如何进一步深化银企合作、如何发挥融资担保联席会议制度和作用等问题以及实践中遇到的实际操作问题进行了广泛和深入的探讨。

11月22日～24日，2012“多彩贵州”旅游商品设计大赛、旅游商品能工巧匠选拔大赛、旅游商品展销大会在贵阳举行。全省9个分赛区共推选出274名代表贵州手工艺最高级别的能工巧匠选手和575件（套）代表贵州设计水平最高级别的旅游商品（包装）设计作品参加总决赛，最终评选出“贵州名创”55件（套），“贵州名匠”90名。展销大会共设183个展位，邀请了来自全省88个县（区、市）的197家企业在展销大会进行了现场销售。

11月22日，贵州省旅游商品协会于正式成立。通过政府指导协会、协会服务企业，充分发挥行业自我管理的作用，从而引领行业发展方向。

11月22日，在两赛一会活动期间举办了“多彩贵州旅游商品国际论坛——贵州与世界的对话”活动，论坛邀请了俄罗斯、印度、韩国、伊朗、以色列、日本、中国台湾等国家和地区的专业协会及民间工艺研究专家，与我国、我省专家、学者、工艺美术大师、贵州名创、贵州名匠就旅游商品和民族工艺为切入点进行对话交流。

12月6日，重点组织旅游商品、工艺品、中医药、特色食品、装备制造、电子信息、新材料等等行业中的“专、精、特、新”中小企业参加由香港贸易发展局主办的“香港国际中小企业博览会及设计创新科技博览会”，充分展示我省中小企业的特色商品。

12 月 19 日，贵州省中小企业局主办的 2012 贵州省星光培训工程中小企业信用担保机构业务培训及座谈会在贵阳举行。工信部中小企业司对于中小企业信用担保机构发展的扶持政策进行了解读。

陕西省

1 月 16 日，省局召开年度总结表彰大会，在全面总结分析 2011 年局工作和机关建设中取得的成绩和不足的基础上，为进一步解放思想，转变作风，创新思路，凝聚共识，促进我省中小企业、非公经济实现新突破，决定在全局系统开展“双提、双比、一争创”活动，即组织全局同志开展“提升学习水平、提高工作能力，比和谐、比实干，争创一流业绩”活动。

2 月 10 日，省级中小企业服务平台启动仪式在西安会展国际大厦举行。李金柱副省长为中小企业服务平台揭牌，省政府副秘书长孙安会、省政府办公厅副巡视员张宗科，省中小企业促进局局长丁义安、工信部中小企业司处长叶定达，省财政厅副厅长周彬县共同启动服务平台开业。

3 月 15 日，省局召开动员大会，安排部署开展“三问三解”活动。丁义安局长在动员讲话中强调，开展“三问三解”活动，要坚持以人为本、执政为民理念，坚持工作重心下移，主动深入实际、深入基层、深入群众，做到知民情、解民忧、暖民心，真正解决好群众最关心、最直接、最现实的利益问题，把广大群众最广泛地团结起来，把各方面力量最大限度地凝聚起来，把一切积极因素调动和凝聚到“培植市场主体、服务中小企业”的工作主线上来，为迎接党的十八大和省第十二次党代会的胜利召开营造良好社会氛围。

4 月 5 日，陕西省中小企业促进局和陕西省知识产权局联合主办的第十六届西洽会东西部专利技术推介融资对接会在西安举行。陕西省副省长朱静芝出席会议并讲话。陕西省中小企业局、陕西省知识产权局、陕西银监局等部门负责人出席会议。中国银行陕西省分行、西安银行、北京银行西安分行、宁夏银行西安分行等 30 余家金融机构及我省部分知识产权优势企业、科技型中小企业、中介服务机构、发明人代表共 200 余人参加会议。

4 月 26 日，省中小企业法律服务团启动“百名律师与百家中小企业对接”活动。省中小企业法律服务团分成 11 个小组分赴 11 个地市，选派了百名律师为全省百家企业开展全方位的法律服务，通过座谈讨论，企业法律体检，举办法律讲座等形式，宣传政策法规、普及法律知识，为企业“送法律、送政策、送服务”。省司法厅和省中小企业促进局还精心准备了法律书籍 8000 余册，中、省及各部门制定的中小企业政策汇编 500 余册赠送企业。

4 月 26 日，全省非公有制经济人才工作座谈会暨人才工作培训会议在西安召开，今年全省将通过依托高校，为非公有制企业培训 1000 名经营管理人员；依托省级创业培训基地，为非公有制企业培训 4000 名专业技术人员等举措，逐步完善创业培训体系，实现全省 20 万人次接受创业技能培训的目标。

5 月 25 日，全省中小企业服务年工作推进会议在西安召开。会议就贯彻落实国发 14 号文件、国务院支持小微企业发展座谈会议和省政府经济工作座谈会等会议精神做出部署。

6 月 22 日，省中小企业促进局局长丁义安率团参加工信部和四川省政府共同举办的第七届 APEC 中小企业技术交流暨展览会，全省共有装备制造、电子信息、医药化工、建筑建材等行业 32 个企业 60 种先进适用技术和产品参加了会展。

8 月 8 日 ~12 日，工业和信息化部中小企业司许科敏副司长率调研组来陕调研，了解了省中小企业服务平台建设的规模水平和运行模式；走访了部分中小企业，组织召开了“推进中小企业发展‘两会’代表座谈会”。

8 月 13 日，全省中小企业信用担保机构业务培训班在西安举办，培训班上省中小企业局主管领导总结了近一年全省信用担保体系建设工作情况，有关专家就担保机构信息报送、项目库建设及项目申报等问题进行了答疑解惑。

8 月 31 日 ~9 月 1 日，全省中小企业家“红色管理”培训班在延安成功举办。中国红色巡讲委员会主讲孙军正老师作主旨演讲。

9 月 5 日，省委“科学发展成就辉煌”系列新闻发布会第十六场——中小企业局专场发布会在省政府新闻办公室举行。省中小企业局党组书记、局长丁义安围绕“发展中小企业，促进全民就业增收”主题，向省内及中央驻陕各大媒体记者介绍了“十一五”以来的六年时间里我省中小企业发展的有关情况，并回答媒体记者提问。

10 月 14 日 ~20 日，全省中小企业市县局长培训班在江苏成功举办，全省 51 名市县中小企业局长、副局长参加了培训。

10 月 23 ~24 日，全省县域工业集中区创新发展现场会在咸阳兴平市召开。李金柱副省长出席会议并作重要讲话。咸阳市市长姜锋致辞，省中小企业局局长丁义安通报全省县域工业集中区发展情况。省政府副秘书长孙安会主持会议。

10 月 26 日，全国中小企业培训工作座谈会在陕西召开。局党组书记、丁义安局长代表我省在大会上作了交流发言。

10 月 26 日下午，工信部党组成员、总工程师朱宏任在省中小企业局丁义安局长、尤战存总经济师、省中小企业服务中心负责人陪同下，专程到省中小企业服务平台检查指导工作。

11 月 21 日，全省中小企业集合债券发行工作推进会在西安召开。会议介绍了国家中小企业集合债券发行工作的背景，特别是我省债务融资发展的现状；安排部署了我省首批中小企业集合债券发行推进工作以及全省下一步债务融资工作；对参会企业进行了集合债券、私募债等新型融资方式的培训。

12 月 16 日 ~18 日，省局西安举办了全省中小企业培训工作座谈会议暨企业经营管理能力建设培训班。

甘肃省

3月12日，根据工业和信息化部《关于加快推进中小企业服务体系建设的指导意见》（工信部联企业〔2011〕575号），结合我省实际，我委联合省科技厅、省财政厅、省人社厅、省国税局、省地税局等出台了《关于加快推进中小企业服务体系建设的指导意见》（甘工信发〔2012〕150号），《意见》的出台将加快建立全省中小企业服务体系，进一步促进全省中小企业转变发展方式。截至年底已认定省级示范平台79户，其中国家级示范平台7家。建立了全省中小企业服务机构统计监测库，启动建设以省级综合服务平台为“枢纽”，14个市州及7个产业集聚区服务平台为“窗口”、重点县（市、区）综合服务平台为“触角”的全省中小企业公共服务体系网络平台。临夏州和嘉峪关市“窗口”平台已正式挂牌运营。

3月30日，虞海燕省长主持召开了由各市州分管领导、市州工信委主任等参加的全省加快民营经济发展工作座谈会，对全省今年非公经济发展工作进行了安排部署。我处会同政策法规处起草了《关于促进非公有制经济跨越发展意见》（征求意见稿），于4月20日报省政府。此项工作，按省政府安排已移交省工商局全面负责。

3月26，为贯彻落实国务院2次关于支持小微企业发展的常务会议精神和《国务院关于进一步支持小型微型企业健康发展的意见》（国发〔2012〕14号），出台了《甘肃省人民政府关于促进小型微型企业发展的指导意见》（甘政发〔2012〕39号）。

5月15日，我委联合省财政厅印发了《关于印发甘肃省中小企业专项资金项目竣工验收暂行办法的通知》（甘工信发〔2012〕374号），从验收条件、验收内容、验收程序、监督管理等方面做了进一步完善。

5月，依据工信部《“十二五”中小企业成长规划》和全省工业和信息化“十二五”规划的总体部署，制定并印发了《甘肃省“十二五”中小企业成长规划》。

6月4日，根据工业和信息化部《关于印发中小企业服务年活动方案的通知》（工信部企业〔2012〕121号）要求，结合我省实际，印发了《关于印发中小企业服务年活动方案的通知》（甘工信发〔2012〕404号）。成立了中小企业服务年活动领导小组，确定了以政策咨询、投资融资、创业创新、转型升级、管理提升、舆论宣传6个方面为主要内容的20项具体活动并认真组织开展相关活动。

6月22日，积极参加四川成都举办的第7届APEC中小企业技术交流暨展览会甘肃代表团参展及有关招商工作。共推介项目220个，签约项目合同引资总额达71.3亿元，2次获得组委会最高奖“最佳组织奖”和“最佳设计奖”。

8月20日，我委印发了《关于成立甘肃省企业投诉中心的通知》（甘工信发〔2012〕691号），成立甘肃省企业投诉中心。受理企业各类投诉，及时提出处理意见或转有关部门处理，定期向省政府汇报投诉处理情况。落实各项减轻企业负担政策，对企业反映突出的负担问题开展清理整顿。

9月，我委在甘肃日报、甘肃经济日报对《甘肃省促进中小企业发展条例》《国务院关于进一步支持小型微型企业健康发展的意见》（国发〔2012〕14号）、《甘肃省人民政府关于促进小型微型企业发展的指导意见》等进行整版专栏宣传；会同工信部中小企业司组织编印了国务院《支持小微企业发展答问》《中小企业政策百问百答》《创办小微企业政策百问百答》和《甘肃省促进小型微型企业发展指导意见解读》发放给各市州、县区及企业。

9月25日，为深入贯彻工信部“服务企业、助力成长”为主题的中小企业服务年活动，我委组织了“中小企业政策大讲堂全国巡讲甘肃站”活动，邀请国务院发展研究中心专家为全省各市州、县区中小企业部门负责人、1200多位企业家就扶持政策、发展环境等方面进行了宣传和解读。

9月26日，我委在平凉召开全省中小企业工作座谈会。深入贯彻《国务院关于进一步支持小型微型企业健康发展的意见》，传达工信部有关会议精神；进行了座谈交流，了解各市州的工作开展情况；表彰全省中小企业运行监测统计工作先进集体和先进个人；回顾总结今年以来全省中小企业工作开展情况，并对下一步的工作进行安排部署。各市州工信委分管领导及相关科室负责人、国家级中小企业公共服务示范平台、省级网络窗口承建单位等约110人参加了座谈会。

11月9日，为贯彻落实《中共甘肃省委甘肃省人民政府关于推动非公有制经济跨越发展的意见》（甘发〔2012〕19号）精神，我委出台了《甘肃省工业和信息化委员会关于印发推动非公有制经济跨越发展实施意见的通知》（甘工信发〔2012〕899号），制定了《非公经济产业提升工程实施方案》。

12月19日，根据工业和信息化部11月21日召开的全国中小企业运行监测工作会议要求，为更好地完成重点企业运行监测工作，建立起国家、省、市（州）、县（区）一体的运行监测体系，我委印发了《关于举办全省中小企业运行监测培训班暨中小企业项目管理培训班的通知》（甘工信发〔2012〕1057号），对各市州、县区工信委（局）中小企业运行监测人员进行业务培训并下达监测任务。

青海省

1月7日~8日，青海省工业和信息化工作会议在西宁召开。会议总结了去年的工作，分析把握新形势新要求，安排部署了2013年的任务，表彰了2012年度全省工业经济运行、工业投资、技术创新和“两化”融合示范先进单位。省委常委、副省长骆玉林到会讲话，省人大常委会副主任桑杰、省政协副主席李忠保出席会议并颁奖。

3月2日，由省经委牵头起草的《青海省支持小型和微型企业发展的若干政策措施》（青政

〔2012〕16号），经省政府批准，印发各地贯彻执行。同时，省政府办公厅印发了《关于贯彻落实支持小型和微型企业发展的若干政策措施的实施意见》（青政办〔2012〕68号）。

3月14日，青海省经济委员会召开企业减负电视电话会议。传达落实《国务院关于进一步支持小型微型企业健康发展的意见》和工信部安排《减轻企业负担专项行动方案》。

3月18日，省政府在胜利宾馆召开全省促进小型微型企业加快发展工作会议，省委常委、副省长骆玉林，副省长高云龙出席会议并做了重要讲话，省政协副主席马志伟、省政府相关部门、各州地市政府及经贸部门负责人，部分区县政府负责人以及小微企业代表260余人参加了会议。

3月18日上午，根据省政府工作安排，省经委举办《政策措施》解读培训会。青海省促进小微企业发展协调工作小组的27个省直部门成员单位，各州、地、市政府负责人，有关区、县政府负责人，各州、地市经（商、发）委主要负责人，60余家各地小微企业负责人参加了此次小微企业政策措施解读培训会。培训会上，由省经委、省金融办、省财政厅、省人力资源保障厅、省地税局、省工商局和省安监局等7个主要部门的相关人员就省政府出台的《青海省支持小型和微型企业发展的若干措施》（青政〔2012〕16号），结合各部门职能进行了详细解读。

4月10日，制定印发了《青海省中小企业服务年活动方案》（青经中〔2012〕116号），安排七项重点活动，全面开展中小微企业服务活动。

4月28日，青海省经委、青海省银监局在西宁中心广场组织了金融支持小微企业发展集中宣传活动。省内12家银行业金融机构和西宁市7家担保公司开展了广泛宣传，发放宣传材料一万多份。

6月9日至12日，工业和信息化部部长苗圩率部办公厅、规划司、原材料工业司、产业政策司、通信管理局司（局）长到青海进行专题调研。

6月10，工业和信息化部和青海省人民政府在西宁举行《关于加快推进青海省工业和信息化发展战略合作框架协议》签字仪式。工业和信息化部部长苗圩、青海省人民政府省长骆惠宁共同出席并签署协议，省委常委、副省长骆玉林主持会议。

6月22日，为全面贯彻落实国务院和我省支持小微企业政策措施，加快我省小微企业"走出去"、"引进来"步伐，帮助企业宣传推介产品，开拓国内外市场。省经委组织9家小微企业参加第七届APEC中小企业技术交流暨展览会。

7月17日，由省经委领导主持召开青海省小微企业发展协调工作交流会，青海省促进小微企业发展协调工作小组成员单位及部分州县领导参会。

7月9日~13日，工业和信息化部党组成员、驻部纪检组长郭炎炎带队，部总经济师周子学陪同，来我省就工业经济运行、中药材产业和中小企业发展情况进行专题调研。

8月11日，青海省促进小微企业发展协调工作小组根据省政府统一安排，组织协调小组成员单位、省内各银行业金融机构和中小企业信用担保机构等54个部门和单位，在西宁市中心广场举办以"创新服务，加快发展"为主题的青海省小微企业政策宣传活动，省委常委、副省长骆玉林应邀出席活动，对活动的成功举办给予了高度评价，同时对各地各部门积极贯彻落实国务院和我省扶持小微企业政策措施取得的阶段性成效给予了充分肯定。

9月22日，由国家工信部等八部委共同举办的第九届中国国际中小企业博览会在广州国际会展中心隆重开幕，我省组织了由省委常委、副省长骆玉林任团长，省经委、省财政厅、西宁（国家级）经济技术开发区、省工商局、省工商联等相关单位负责人和青海电视台、青海日报等省内主要媒体的记者组成的政府代表团和参展企业代表组成的经贸团50余人参会参展。

11月28日，青海生科中小企业创业有限公司等3家服务平台被国家工信部授予国家中小企业公共服务示范平台称号，至此我省经认定的国家中小企业公共服务示范平台已达到5家。

11月，我省本级财政预算安排中小企业发展专项资金5000万元和工业产业升级专项资金（中小企业）1196万元，重点支持中小企业固定资产投资、服务体系和担保体系建设项目，并对符合条件的中小企业流动资金贷款给予贴息补助。

11月，累计争取国家专项资金5656万元，比上年增长12.45%，我省62个中小企业项目和4户中小企业信用担保机构获得资金支持，其中对小微型企业和改善中小企业服务环境项目的资助额占比达到82%。

12月17日，根据《青海省中小企业服务机构示范单位认定管理办法》（青经中〔2011〕489号）要求，认定青海省中小企业技术创新服务中心、青海生科中小企业创业有限公司等11户服务机构符合相关条件，授予"青海省中小企业服务示范单位（平台）"称号。

12月19日，根据青海省经济委员会<关于印发《青海省中小企业信用担保机构管理暂行办法》的通知>（青经中〔2009〕20号）和《关于开展中小企业信用担保机构备案工作的通知》（青经中〔2011〕536号）要求，青海四维信用担保有限公司等29家担保机构符合备案条件，并核发备案证。

宁夏回族自治区

1月5日~7日，组织相关部门，到沈阳和青岛中小企业服务中心调研，考察当地中小企业公共服务体系建设和中小企业公共服务平台网络建设。

2月14日，制定并印发《宁夏回族自治区中小企业公共服务示范平台管理暂行办法》，开始组织评定自治区级中小企业公共服务示范平台。

2月28日，自治区经信委联合科技厅、财政厅、人力资源和社会保障厅、国税局下发《自治区关于加快推进中小企业服务体系建设的指导意见》，全面推进自治区中小企业公共服务平台网络建设。同时，启动2012年国家中小企业服务体系发展专项资金“窗口”服务平台建设项目申报工作。

2月29日，组织召开2012年百家成长企业工作暨培训会议，部署自治区“百家成长千家培育工程”工作，对自治区百家成长企业进行发展战略、两化融合和直接融资方面的专题培训。

3月13~21日，自治区经信委主任王永耀、副主任高重瞳赴工信部，向工信部专题汇报举办中阿中小企业合作论坛的基本情况和设想，随后同中小企业司、国际合作司及中国中小企业发展促进中心领导进行蹉商，研究具体事宜；并参与工信部拜会阿拉伯工业发展和矿业组织总干事尤素福一行，表达了请该组织作为阿方主办方参与论坛的邀请。

3月19日，组织评审、汇总宁夏中小企业公共服务平台网络建设项目14个，申请国家中小企业服务体系发展专项资金4360元。

3月26日，宁夏中小企业协会正式成立，自治区政协主席、原自治区副主席齐同生、中国中小企业协会会长李子彬为协会揭牌，首期会员300多家。

4月初，汇编整理全区促进中小企业发展政策法规，集结成7册，向各地中小企业免费发放。

4月14日，联合招商银行举行“千鹰展翼”融资产品推介会，推介适合中小企业的融资新产品。

4月17日，上报工信部《开展中小企业服务年活动实施方案》的报告，印发《中小企业服务年活动实施方案》，正式在全区范围内开展“中小服务年”活动。

5月8日，自治区经信委与建设银行宁夏分行、招商银行银川分行、宁夏银行、石嘴山银行签订支持中小企业发展合作协议，通过采取逆向贴息、加大贷款规模、拓宽服务业务等方式，承诺对“百家成长千家培育企业”融资超过100亿元。

5月9日~20日，自治区经信委副主任高重瞳带队，博览局、外事办及相关机构人员组成考察团，赴阿拉伯工业发展和矿业组织总部所在地摩洛哥、阿拉伯国家联盟坐在地埃及等阿拉伯国家进行考察和访问。

6月8日，2012年全国中小企业网上百日招聘高校毕业生活动宁夏专场圆满结束，我区累计发布招聘企业数为403家，提供工作岗位1343个，需求人数10115人。

6月13日，组织自治区财政厅、审计厅、中小企业协会、会计师事务所等相关部门，对2012年我区中小企业服务体系发展专项资金服务业务项目进行评审，最终推荐自治区中小企业服务中心等4家服务机构请求国家支持。

6月20日，组织金融、担保等部门，配合委工业经济提速增效和下基层活动，深入中卫、吴忠、石嘴山、固原及灵武市“百家成长”企业进行调查研究，了解企业需求和发展中存在的问题，有针对性的提出相关对策建议，强化服务力度。

6月25日，组织申报第二批国家中小企业公共服务示范平台，筛选、推荐10家企业及机构向国家申请认定。

6月28日~7月1日，与中国中小企业协会、中国石油和化学工业联合会举办“全国中小企业宁夏行”活动，来自全国近200家优势企业的230多名企业家对我区的煤化工、新能源、新材料等9个优势产业进行了考察。中国中小企业协会会长李子彬、秘书长金德本，中国石油和化学工业联合会副会长赵俊贵，自治区领导崔波、齐同生、何学清、解孟林，自治区主席助理刘小河出席启动仪式。

7月6日，认定宁夏交通国际物流港、宁夏轻纺企业公共服务中心等14个机构的公共服务平台为第三批自治区中小企业公共服务示范平台。

7月11日，联合财政厅申报2012年国家中小企业信用担保资金项目，共有4家担保机构，申请补助资金1329万元。

7月10日~14日，自治区优化中小企业发展环境工作小组对30多个成员单位和相关部门开展优化中小企业发展环境工作进行了集中督查，督促各地、各部门继续强化工作措施，创新工作方式，切实为中小企业服务，为深入推进全区进一步营造风清气正的发展环境活动推波助澜。

7月16日，联合自治区相关部门及宁夏企业文化协会、宁夏中小企业协会启动首届“宁夏中小企业50强”排序发布活动。

8月初，在《宁夏日报》开辟优化中小企业发展环境宣传专版，多角度、多方面报道中小企业发展环境的重要性；同时，制作“优化环境促根基”专题片在宁夏电视台滚动播放。

8月20日，工信部发文下达我区2012年中小企业服务体系发展专项资金服务业务项目资金，宁夏经济管理干部培训中心、固原银海科技、银川方达电子、银川中小在线4家机构共获得专项资金120万元。

9月6日，联合党委宣传部等16各部门，在银川举行“2012宁夏企业100强发布大会暨宁夏领军企业高峰论坛”中国企业联合会、中国企业家协会副理事长李建明，自治区政协副主席解孟林，自治区主席助理刘小河出席会议，自治区经信委主任张作理担任评论嘉宾。

9月11~16日，工业和信息化部副部长刘利华、阿拉伯工业发展和矿业组织总干事穆罕默德·本·尤素福参加第三届中阿经贸论坛开幕式，并同自治区副主席齐同生在自治区政府共同签订了《关于共同举办“中国－阿拉伯国家中小企业合作论坛”的会谈纪要》，提出从2013年开始每年举办“中国－阿拉伯国家中小企业合作论坛”。并到宁夏宁东能源化工基地、阅海商务区考察。

9月20~24日，组织15家企业组成的宁夏代表团参加在广州市举行的第九届中小企业博览会，签约意向项目11个，涉及金额9亿元。

9月27~28日，联合财政厅、轻纺工业局等部门对申报2012年国家中小企业发展专项资金项目进行评审；共评审110个项目。

10月8日，参加全区进一步营造风清气正发展环境总结表彰

大会，并荣获“全区先进单位”，委党组书记、主任张作理在大会上做了题为《为企业着想，为企

业分忧，不断优化企业发展环境》交流发言。

10月9日，召开全区发展民营经济大会筹备工作会议，并征求各部门、单位关于《自治区加快发展民营经济的实施意见》的意见。

10月12日，配合委监察室完成对吴忠市、中卫市、固原市开展2011年度中央和自治区工业化发展专项资金效能监察，共监察40家企业、单位的43个项目，对进展缓慢、资金使用不当的企业提出整顿意见。

10月18日，第七届APEC中小企业技术交流暨展览会组委会授予我委“组织奖”。

10月22日，对吴忠市30户重点中小企业融资难问题进行调研和协调，积极向有关金融机构进行推荐，争取资金和贷款支持，加快吴忠仪表、宁夏机械研究院、大河数控机床3家企业集合票据发行工作，发行额度1.75亿元。

10月24日，自治区经济和信息化委联合宁夏银行举行支持中小微企业融资优惠政策发布会。自治区主席助理刘小河、自治区政府副秘书长李建功出席发布会。宁夏银行发布了6条扶持中小微企业发展优惠政策。

10月25日~26日，参加工信部在陕西西安举行的全国中小企业培训工作座谈会。

11月2日，参加宁夏天人和年产8万吨清真豆制品生产线建成投产暨在天津股权交易所挂牌上市典礼，这是我区首家在天津股权交易所挂牌交易的企业，为我区中小企业开展股权融资开辟了新渠道。

11月6日，自治区副主席对自治区中小企业百家成长千家培育工程考核进行批示，要求对各地、各部门进行简化考核。

11月12日，工信部下达2012年中小企业信用担保项目资金，我区广元担保和恒大信用担保公司共获得500万元资助金额。

11月20日~27日，自治区经信委高重瞳副主任带领部分工信局、企业负责人，前往广西参加中小企业开拓国际市场博览会，后到广州市同广东省侨商会洽谈来宁投资，并前往往浙江、上海考察中小企业服务体系建设。

11月20日，按照自治区党委办公厅、政府办公厅通知要求，由自治区经信委牵头开始组织全区评选优秀民营企业家、优秀民营企业和发展民营经济工作先进单位。

11月21，参加在山东省枣庄市举行的全国中小企业运行监测工作会议。

11月22日，联合自治区财政厅下发2012年国家中小企业发展专项资金项目和资金支持计划，共有67个项目获得支持，金额4728万元。

11月26日，上报工信部我区开展中小企业服务年活动总结报告。

11月29日，“宁夏中小企业50强”排序暨中小企业高峰论坛在银川举行。

12月4日，原自治区党委书记张毅深入银川市部分中小微企业调研，现场督办自治区政协九届五次会议第138号提案《关于促进宁夏小微型发展的建议》。

12月5日，上报工信部我区贯彻落实《中小企业促进法》情况的报告。

12月12日，张作理主任、高重瞳副主任参加自治区人民政府127次政府常务会议，汇报全区民营经济大会筹备情况和拟受表彰的全民优秀民营企业家、优秀民营企业、优秀个体工商户、工作先进单位评选情况。

12月15~19日，在《宁夏日报》公示拟受表彰的全区优秀民营企业家、优秀民营企业、优秀个体工商户和工作先进单位（共275名）。

12月20日，自治经信委高重瞳副主任一行到天津股权交易所进行实地考察，商谈在宁建立分支机构，推动宁夏中小企业上市融资工作。

12月25日，张作理主任参加自治区党委常委会议，汇报全区民营经济大会筹备情况。

新疆维吾尔自治区

2月~11月，积极组织开展中小企业银河培训，免费为3437名中小企业经营管理者及服务机构从业人员开展了工商管理、项目投资、上市融资及赛飞创业辅导等培训。

3月~8月，印发《自治区中小企业公共服务示范平台认定的管理办法》，对自治区中小企业公共服务平台（小企业创业基地）进行认定，并对已获得国家及自治区中小企业公共服务示范平台的15家服务机构进行授牌表彰。

4月，组织我区31名中小企业管理人员赴内地进行为期一个月的挂职培训。课程内容涉及理论学习、实地考察、深入企业挂职锻炼等，拓宽了我区中小企业管理人员视野，创新了企业培训模式，取得了良好的效果。

4月，召开中小企业服务年活动电视电话会议，制定并印发了《自治区中小企业服务年活动方案》。

4月~9月，在新疆日报开辟专版，开展《中小企业促进法》实施十周年纪念、《自治区促进中小企业发展实施意见》、《实施意见细则》等宣贯活动。集中宣传近年来国家、自治区促进中小企业发展的政策、自治区中小企业发展取得的成就、宣传推广典型企业的经验等，使广大中小企业充分了解政策，用好、用足政策。

6月5日，与人民银行乌鲁木齐中心支行于联合举办了银企座谈会。国家开发银行新疆分行、工商银行新疆分行等6家银行与新疆13家中小企业签订了总额为1.06亿元的贷款协议。我委重点推荐了524户企业，需解决银行贷款249.5亿元，占资金需求总额的60%左右。

6月22日~25日，组织我区40余家企业参加了在成都市举行的第七届APEC。参展产品涉及石油、化工、建材、通信、矿产、农用机械、电力产品及特色林果、农产品深加工、民族手工艺品等10多个领域。

6~12月，为认真贯彻落实《国务院关于进一步支持小型微型企业健康发展的意见》（国发

〔2012〕14号），促进小型微型企业健康发展，按照自治区人民政府努尔主席的批示，自治区各相关部门对该意见进行了细化分解。我委在汇总整理各相关部门细则并借鉴兄弟省市意见的基础上，形成了《自治区关于支持小型微型企业健康发展的实施意见》（征求意见稿），并征求各相关部门意见，已报自治区人民政府待批。

7月，组织申报国家2012年中小企业服务体系发展专项资金补助，为我区中小企业服务中心等三家单位申请到国家项目资金补助70万元。

7月～11月，对2011年全疆融资性担保机构业务运行情况进行了统计、汇总、上报工作；对我区担保机构办理了免税事宜。

8月，制定并向国家上报了《自治区中小企业公共服务平台网络建设方案》，启动自治区中小企业服务中心“枢纽”平台项目建设。

9月22日～25日，自治区成立了王永明主席任团长、周超副主任任副团长的新疆代表团，率领我区70余家中小企业200多人赴广州参加第九届中国国际中小企业博览会，成交协议12.6亿元，新疆代表团被中博会组委会授予“最佳组织奖”。

2012年全年会同自治区财政厅，对全区申报的中小企业发展专项资金项目按照《自治区中小企业发展专项资金管理办法》进行了认真的审核审批，分两批对其中符合申报条件的固定资产建设类、中小企业信用担保业务补助类、中小企业服务类、金融机构补助类等274个项目给予了资金支持，共计支持资金1.4亿元；在安排自治区中小企业发展专项资金的同时，我们积极争取国家中小企业发展专项资金的支持，争取到国家扶持项目87个，资金5156万元。

2012年全年为乌市3户企业成功发行1.7亿元集合票据，并对发行费用予以补助，引导企业通过发行“集合票据”缓解融资难问题。

2012年全年为全面了解中小企业生产经营状况，为领导宏观决策提供数据依据，搭建了中小企业统计数据库。截至年底，入库企业共715家，其中100户成长型企业中有48家。

大连市

一、成功举办“2012中国东北及环渤海地区创新型中小企业‘专精特新’产品展洽会”。由我局承办的“2012中国东北及环渤海地区创新型中小企业‘专精特新’产品展洽会”于2012年10月30日至10月31日在我市成功举办。“展洽会”期间，共有全国10省市62个市县的400余家中小企业参展，5000人次观展、洽谈；中小企业达成合作意向24项，签订中小企业为大企业配套项目和科技合作项目15项，签约合同金额20亿元。通过本届展洽会，充分宣传展示了我市中小企业“专精特新”产品技术的辉煌成果，进一步提升了中小企业产品技术品牌的知名度和影响力，进一步推动了中小企业服务年活动的深入开展，进一步加快了一批高新技术成果产业化进程，进一步加强东北及环渤海区域中小企业在科技创新领域的交流与合作。在“展洽会”举办期间，我局在会务接待、活动场地安排布置、新闻宣传、安全保障等方面做了大量细致周到的工作，为参会的领导、嘉宾和代表们提供了很好的条件、优质的服务，确保了本届“展洽会”开幕式及各项配套活动取得圆满成功，赢得国家工信部、省政府领导以及参会的嘉宾、各省市代表的满意和肯定。大家一致认为：本届“展洽会”内容好，组织工作好，接待工作好，有实效、有成果。

二、大连市中小企业局荣获第九届中国国际中小企业博览会优秀组织奖和辽宁省优秀融资单位称号。

三、两个平台获国家工信部首批“国家中小企业公共服务示范平台”称号。

四、成功举办大连市中小企业投融资服务平台开通仪式暨大连市中小企业银企对接洽谈会。一是宣传“大连市中小企业投融资服务平台”。二是实施银企业对接活动，为中小企业颁发了贷款支票。通过此项活动，38家企业与金融机构达成合作意向。

五、举办第二届“百千万工程”企业家论坛。5月16日～17日在大连香洲花园大酒店成功举行，为我市中小企业家隆重地邀请到全国最知名的营销系统专家——荆涛老师及为首长们进行养生保健服务的，毛泽东保健医王鹤滨的嫡传弟子闫珉川老师，分别带来《创新营销模式》和《中医养生智慧》的最新理论，帮助企业打造顶级的营销模式，为企业家的身体保驾护航，吸引我市中小企业家200余人参加。

六、成功举办“苗圃杯”第四届中国青年创业新领军者大赛。8月6日，“苗圃杯”第四届中国青年创业新领军者大赛决赛在大连广播电视中心1500平米演播大厅举行。共有352支创业团队申请参赛，经过初赛、复赛、决赛，共评选出61个获奖项目。

七、在国内率先开通“96366”中小企业维权法律服务平台。

八、6月16日，由大连市中小企业局、大连市金融发展局共同举办的中小企业服务年系列活动启动暨“中小企业融资项目管理精英培训月”开班仪式在大连国际金融会议中心隆重举行。国家工信部中小企业司副司长王建翔、市政府副市长曲晓飞、市长助理刘岩、市金融发展局副局长左振平以及美国英丰玛集团（ESI国际）亚太地区总裁瑞艾德、各区市县（先导区）中小企业局负责人和各家担保机构、金融机构高管人员等150多人参加了活动仪式。

九、成功举办中法经贸交流暨欧洲商贸中心项目对接会。

十、成功举办“印象·大连”首届文化创意设计大赛新闻发布会。

厦门市

2月10日，厦门市中小企业公共服务平台网络项目建设研讨会在宏都饭店举行。

3月1日，2012年中小企业网上百日招聘活动启动。

3月1日，市经发局召开主要领导交接大会。柯志敏同志任市经发局党组书记、局长。

3月29日，市经发局柯志敏局长莅临中小企业服务中心考察调研。

5月9日，市经发局副局长张世照陪同市纪委领导深入各区开展中小微企业经营发展状况调研。

5月11日，2012厦门中小企业服务博览会在会展中心开幕，为厦门9万多家中小微企业提供一席“专业化、一站式”的服务盛宴。

5月11日晚，2012厦门市中小企业服务博览会“鹭岛中小企业之夜”在厦门国际会议中心举行。建行厦门市分行与市经发局签署战略合作协议，计划未来两年内为我市成长型中小企业提供200亿元授信额度。

5月21日，促进工业经济稳定增长政策宣讲会在人民会堂召开。

6月6日，市经发局召开企业减负兼职监督员工作座谈会。

7月10日起，市经发局连续在我市六区开展六场“2012年厦门市成长型中小企业扶持政策宣讲会”。

7月19日，市经发局柯志敏局长参加全国工业和信息化主管部门负责同志座谈会。

7月23日，市经发局牵头召开厦门市融资担保机构监管工作座谈会。

7月31日上午，市经发局企业处召开小额贷款公司准入审核专家评审会。

8月2日，市经发局邓建华副局长赴厦门中小在线调研我市中小企业公共信息服务平台的建设运营情况。

8月30日，由厦门市经发局主办，厦门市中小企业服务中心、厦门反倾销咨询服务中心承办的“厦门市贸易救济与产业安全业务培训班”在白鹭洲大酒店开班。

9月3日，由厦门市经济发展局、厦门市财政局、厦门农商银行共同主办的“厦门市政银合作扶持小微企业发展签约仪式暨厦门农商银行小微企业绿荫计划发布会”在金雁酒店举行。

9月22日，市经发局组织13家企业参加第九届中国国际中小企业博览会，现场成交金额约40万元，合作意向金额约3000万元。

10月25日，厦门市十四届人大常委会第五次会议表决通过了《厦门经济特区中小企业促进条例》，将从明年1月1日开始实施。

12月6日，市经发局柯志敏局长率团参加香港国际中小企业博览会，并出席博览会开幕式。

12月25日，市经济发展局组织召开《厦门经济特区中小企业促进条例》颁布施行座谈会，探讨《条例》的宣传贯彻落实问题。

根据中共福建省委、福建省人民政府关于贯彻实施《厦门市深化两岸交流合作综合配套改革实验总体方案的若干意见（闽委2012〔18〕号）和福建省人民政府关于支持厦门建设两岸区域性金融服务中心的若干意见（闽政2012〔49〕号）有关精神，省政府下放小额贷款公司的审批权限，厦门市人民政府于12月28日出台了《厦门市小额贷款公司管理暂行办法》，支持小额贷款公司发展。

青岛市

2月，以市政府名义在全国率先出台《关于进一步支持小微企业发展的若干意见》（青政发〔2012〕7号），提出了22条支持小微企业发展的政策措施，配套出台了《青岛市“十二五”中小企业成长规划》、《青岛市中小企业“专精特新”产品（技术）认定办法》等6个配套文件，进一步完善了中小企业政策体系。

2月29日，青岛市促进小企业发展领导小组暨中小企业工作会议在青岛市中小企业公共服务中心召开。市委常委、副市长牛俊宪同志出席会议并作重要讲话，各区（市）分管区、市长，市促进小企业发展领导小组各成员单位分管领导，各区（市）中小企业主管部门和有关单位负责同志参加会议。会议总结交流了2011年中小企业工作开展情况，安排部署了2012年的重点工作任务。

2月，启动“2012中小企业服务年”活动。以“稳增长、促转型、抓服务”为主题，通过整合政府部门服务资源，发挥平台网络载体优势，动员全社会服务力量，全力为中小企业提供找得到、用得起的普惠性服务，集中解决一批中小企业在创业创新发展中遇到的共性需求和个性诉求。

2月，推动首批小企业园区试点，出台《关于加快全市小企业产业园和创业基地建设的意见》，为探索解决小企业用地难和推动实现产业集聚开辟的新的有效途径。

5月4～8日举办了全市首届“青岛市中小企业专精特新成果展”，全面展示了中小企业创新发展成果。展会期间通过融资对接、技术对接、产学研合作、供需洽谈、政策宣讲等系列服务，服务参展企业。现场实现交易额3200余万元，达成采购意向1.7亿元，22家服务机构与近150家企业达成服务合作意向。

8月7日，市人大常委会组织住青全国、省和市人大代表到我委，专题调研促进中小企业创新发展工作情况。全国人大代表、市十四届人大常委会主任张若飞，市人大常委会副主任吴淑玲和杨绵绵、许振超、杨伟程、陈玉兰等20余名全国、省和市人大代表参加了此次调研活动。

8月10日上午，国家工信部党组成员、总工程师朱宏任及中小企业司副司长田川，在市委常委、副市长牛俊宪等领导陪同下视察了青岛市中小企业公共服务中心。朱宏任总工程师听取了市经信委促进中小企业创新发展工作情况的工作汇报并讲话，他对青岛市中小企业工作给予“方向明、力度大、工作实、效果好”的高度评价。

8月29日，工信部总经济师周子学一行10人来我市调研小微企业发展情况，调研组先后参加部门座谈会、小微企业座谈会，并实地考察了亿和海丽高强力安全防护用品有限公司。

9月，根据国务院文件精神和市政府领导指示，会同有关部门制订了市政府《关于贯彻国发14号文件进一步支持小型微型企业健康发展的意见》，提出8个方面62条具体内容，是我市近年来出台的涉及面最广、优惠政策最多的支持小微企业的政策。

9月4日下午，市委副书记、市长张新起到市中小企业公共服务中心调研我市小微企业发展工作。察看了市中小企业公共服务中心的服务大厅、法律援助中心、中小企业服务热线、融资通服务平台、信息化体验中心、在线外贸交易平台、工业设计平台和工业设计展示中心等，详细了解了中心运行情况，召开座谈会。

10月29日，青岛市担保行业联盟成立大会成功举办，28家联盟成员单位共同签署青岛市担保行业联盟《青岛协定》，联盟分别与交通银行、国开行、四川信托等合作单位签订合作协议。联盟是在青岛市经济信息化委等部门倡导下，由青岛担保中心等10家担保机构发起，以拓展青岛市中小企业融资渠道。

在市级实体平台和全市平台网络建设水平国内领先的基础上，启动市级云服务平台建设，设置了政务服务、技术、融资、培训、信息化、电子商务等十二项服务功能，细化为94个服务分项，以满足中小企业多元化的服务需求。

年度推荐企业

北京大北农科技集团股份有限公司

北京大北农科技集团股份有限公司于1993年创建，秉承“报国兴农、争创第一、共同发展”的企业理念，致力于创建世界级农业高科技企业。

大北农集团以饲料、动保、种业、植保产品研发、生产、推广为主业务，现有1万多名员工，拥有80名博士、250余名硕士等专家组成的研发团队，其中引进海外高层次领军人才4人。在全国设立40多家生产基地、73家子公司、500多家专营店、1000多个县级科普服务站。在怀柔建有亚洲最大的预混料生产基地，连续5年预混料销量全国领先，市场占有率达4.5%。大北农种业（金色农华）为全国种业十强，水稻种子市场占有率居全国第二。2011年集团销售额78.35亿元，净利润5.27亿元，总资产达47.36亿元，净资产达35.9亿元，纳税达1.62亿元。

大北农集团是我国领先的农业高科技企业，在国内农业科技产业中具有重要地位。大北农集团拥有2家农业产业化国家重点龙头企业，是国家高新技术企业、国家认定企业技术中心、国家创新型企业、中关村“十百千”企业。2006年10月设立“中关村科技园区海淀园博士后工作站分站”，2010年获批筹建“饲用微生物工程国家重点实验室”，同年设立“企业院士专家工作站”，还建立了“作物生物育种北京市工程实验室”和“饲料安全生物调控北京市工程技术研究中心”。截止到2012年6月共申请发明专利261项，授权52项；植物新品种权申请187项，授权32项，在我国农业行业中遥遥领先。

大北农集团是全国企事业知识产权试点单位，中国畜牧兽医学会副理事长单位，中国农学会农业产业分会理事长单位，中国畜牧业协会副会长单位，中国饲料工业协会副会长单位，中国动物保健品协会副会长单位，中国种业协会副会长单位。

大北农集团自1999年设立大北农科技奖，目前已举办七届，共有188位专家获得奖金资助。2003年受中国农业科学院邀请主办中国农民大学，为农民提供职业技术培训。

北京海兰信数据科技股份有限公司

北京海兰信数据科技股份有限公司成立于2001年，立足于航海电气与信息化领域，主要从事航海电气与信息化产品的研发、生产、销售及服务。拥有自主品牌的船载航行数据记录仪（VDR）、船舶远程监控管理系统（VMS）、船舶操舵仪（SCS）、雷达（RADAR）、电子海图显示与信息系统（ECDIS）、电罗经（GYRO）、桥楼航行值班报警系统（BNWAS）、综合船桥系统（IBS）、全球海上遇险和安全系统（GMDSS）等民用航海电子领域系列产品。

目前，海兰信已在欧洲、美国、加拿大、印度等全球30多个国家和地区设立了70多个服务网点，拥有完善的全球服务网；在上海、广州、烟台、香港及越南等重点地区设立了多个营销中心，构建了完整的营销网络，成为海兰信跻身国际市场的核心竞争力。

海兰信在不断提升技术研发水平、拓展自主产品线的同时，积极建立与船舶制造企业的战略合作关系，通过提供系统设计、采购管理、供应管理、系统安装、系统调试、全球服务等一揽子解决方案降低客户的采购成本，提高客户的竞争能力，成为客户利益共享、合作共赢的战略合作伙伴；同时，海兰信充分发挥在军品业务方面的既有优势，并将该业务领域提升到战略高度，全力推进军品业务的发展，不断加大投入，为我国国防和军工事业做出持续的贡献；此外，海兰信适时开展环境监测业务，为企业的持续发展提供保证。海兰信已经初步形成了海事业务模块、军品业务模块、环保业务模块三大业务模块并重的产业布局，企业正在实现从创业期向扩张期的历史性跨越。

海兰信核心管理团队从2001年组建以来，一直保持较高的稳定性。公司实际控制人申万秋和魏法军共同创业，并分别担任董事长和总经理至今，其中申万秋主要定位于公司发展规划的制定和调整、重要客户关系的建立和维护、国际合作及国际技术资源的整合，魏法军一直担任公司总经理，坚持“持续创新，尽职尽责”的企业理念，逐步构建公司的研发、市场、服务、生产体系，并建立起一支稳定、专业的人才队伍。海兰信核心团队中，负责市场、技术、工程服务的三名核心人员均于2003年以前加入公司，团队人员能够充分理解公司的发展理念和客户需求特性，成为公司实施其发展战略的重要支撑。

海兰信拥有董事会、监事会、审计委员会及公司高管组成的经营层，管理体制健全、制度规范严格，能够在公司内部控制及整体运营方面进行全方位的治理，保障公司高效运行。

海兰信自创立以来，经过十余年的不懈努力，填补多项国内空白，在行业内树立了良好的品牌形象。此外，公司凭借持续良好的经营情况，成为行业内唯一一家上市企业，加强了社会影响力，为振兴民族航海电气与信息化领域的“中国梦”增添了资本之翼。

由于公司产品技术性能达到国际标准，加之其丰富的产品线、良好的产品品质、规范的管理体系以及快速的市场响应速度，并有服务和成本等方面的优势，不断取得了海内外客户的认同，在细分市场上取得明显优势。目前公司的主要客户有国内大型航运企业集团，包括：中远集团、中海集团、长江航运集团；国内大型石油企业集团，包括中海油、中石油等；国内大型船厂，包括：黄埔船厂、渤海重工船厂、扬子江船厂、武昌船厂等；政府部门，包括：交通部救捞局、国家海事局等；国际航运企业，包括：台塑集团、地中海海运公司（MSC）等；公司还是中国海军的制定供应商之一。不断拓展的大客户关系为公司系列新产品的推出提供了市场保障。

海兰信成立十余年来，一贯重视技术及产品的创新，积累了强大的船舶电子领域软硬件研发实力，拥有的核心技术处于国内外同行业前列。海兰信是北京市高新技术企业以及首批中关村国家自主创新示范区创新型试点企业，获得北京市企业技术中心、北京市工程实验室资质。公司的技术优势和强大的自主研发和持续的技术创新能力体现在以下方面：

＊技术团队经验丰富，产品不断创新

海兰信的所有产品均为自主研发形成，产品种类丰富、性能稳定、功能全面，核心产品 VDR 通过多个国际船级社的认证（包括中国、英国、美国、日本、欧盟、俄罗斯等）及德国 BSH 实验室的检验，已安装在上千条远洋船上，并不断创新和发展。公司在国内首家自主研发满足国际标准的 SCS 产品，填补了同行业领域的空白。目前，公司多个产品已经通过了行业权威机构中国船级社、德国 GL 船级社的认证。

＊数量众多的高质量的专利技术

海兰信的技术研发创新能力在专利数量及专利的质量上得到一定程度的展现。截至 2011 年 12 月 31 日，通过海兰信技术中心与知识产权管理部门的努力，拥有国家知识产权局正式授权的专利 17 项；另外公司还持有计算机软件著作权登记证书 35 件。

＊研发团队的人才优势和研发经费的持续不断投入

海兰信强大的软硬件技术实力，源于其拥有一支高素质、高技能、经验丰富、人员结构稳定的技术团队，目前公司拥有一支 133 人的研发队伍，占公司员工总数的 45%，核心研发人员具有 5 年以上的研发经验，具有较强的研发能力，为公司保持行业领先、实现快速发展和持续经营提供了有力的人力资源保障。

此外，公司高度重视技术创新和科研投入，为满足日益扩大的市场需求，公司不断加大产品研发投入力度，连续五年研发费用占营业收入比重超过 8%，为产品研发提供了物质、人力、资金等全方位支持。

＊曾经承担多个科研工程转化任务

2006 年～2008 年底，承担科技部科技支撑计划项目—远洋船舶货物和航行安全在线监控系统任务（与北航、大连海大合作）；

2006 年～2009 年底，承担科技部科技支撑计划—船舶压载水控制系统研发任务（与清华大学合作）；

2007～2008 年底，承担国家保密专项中的任务；

承担国家保密项目任务——神七海上应急搜救任务；

承担国家工信部 2012 船舶科研项目研制任务

＊具备科研条件及技术开发保障

海兰信经过多年的发展，已经具有一定的技术积累，尤其在系统集成技术、软件技术、模块化设计技术、数据采集和传输技术等方面具有较强的优势，同时在合作研发、产品从研发向生产的转化、船用产品批量化生产管理、市场开拓、国际服务等方面具有非常丰富的经验。

综上，公司稳定且高素质的研发团队、长期的技术积累和数量众多专利技术保护，有承担科研工程转化任务的丰富经验，彰显并确保了公司强大的自主研发能力和持续技术创新能力。

北京佳讯飞鸿电气股份有限公司

北京佳讯飞鸿电气股份有限公司成立于 1995 年初，是一家专注于通信、信息领域的新技术及新产品的自主研发与生产，并实现规模销售的通信设备及解决方案提供商，为用户提供技术支持、产品销售、售后跟踪服务以及系统技术保障等服务，是用户可信赖的合作伙伴。

十余年来，佳讯飞鸿以交换技术、CTI 技术、无线技术、语音视频通信技术为依托，自主研发出了数字指挥调度、应急通讯、综合监控、人工话务、数字录音、CTI 与信息服务六大系列、数十余个适应客户需求的产品线，被广泛应用于国内外市场，涉及铁路、国防、轨道交通、石油、石化、煤炭、冶金、电力、金融等多种行业，尤其在国内铁路、轨道交通、国防等领域佳讯产品占据了非常领先的市场份额。

凭借扎实的技术功底和优秀的创新能力，佳讯飞鸿已经成为国内最具实力的专业指挥调度产品提供商之一，先后承接了国家“863”课题、国家火炬计划、国家发改委重大专项、科技部技术创新基金、信息产业部电子信息产业发展基金、北京市工业发展基金、中关村重大专项资金支持的数十项国家和北京市的重大科研项目。在祖国 60 年华诞庆典阅兵指挥部通信保障、北京奥运会安保、上海世博会安保、“神六”升空、“神七”飞天、“天宫一号/神舟八号”交会对接、“十七大”召开、“嫦娥一号”发射、“长城 2 号”国家反恐怖指挥系统演习、北京市非紧急救助服务中心系统以及青藏铁路建设等国家重大事件中，佳讯飞鸿的产品表现优异，赢得广大客户的高度赞誉。

作为高科技企业，佳讯飞鸿坚持走自主创新之路。截止目前佳讯飞鸿掌握了多网络混合组网技术、电路交换及 IP 交换技术、回波抵消和噪音抑制技术、大容量音视频会议技术以及高可靠性冗灾技术等指挥调度通信领域的核心技术，并同时参与主要应用领域指挥调度通信产品标准的制订。在同业竞争中，佳讯飞鸿多次与国内外竞争厂家同台竞争并获得优势。

在巩固并纵深拓展国内市场的同时，佳讯飞鸿积极开拓海外市场，使产品成功应用在非洲及东南亚等国的基础建设中，并陆续与俄罗斯、乌兹别克斯坦、越南等境外客户建立了良好的合作关系。

多年来，佳讯飞鸿在追求优质、高效、科技领先的成长中，坚持与国内知名高校、科研院所进行“产、学、研”合作，并引入 ERP、CRM、HRM、OA、CALLCENTER 等信息化系统，从管理、技术、市场、生产等方面，加强内部信息化的规范化管理，不断提升公司的整体实力，并先后通过了 ISO9001 质量体系认证；同时，佳讯飞鸿积极组建和完善公司党工团组织和职工代表大会，秉承“协作进取、务实创新、快乐工作、健康生活”的核心价值观，创建学习型、民主型和友好型企业，建立了具有佳讯飞鸿特色的和谐企业文化。

佳讯飞鸿关注自身成长的同时，更注重企业承担的社会责任。南方雪灾、汶川地震、非典防护、西南旱灾等危急时刻，从未退缩，在第一时间捐赠物资与设备，与国家、与人民携手面对。在发展的十几年中，公司多次为军队捐赠设备、向“山里孩子教育基金”捐款、捐资建立“希望小学”。佳讯飞鸿不仅将这种社会责任溶入使命，更将之赋予未来，努力为促进企业与社会的和谐发展积极努力。

十几年的发展历程中，佳讯飞鸿也获得了诸多的社会肯定和认可：国家优秀火炬计划项目承担单位、全国“双爱双评”活动先进企业、AAA 级资信等级企业、北京市技术创新先进企业、北京市守信企业、北京市专利试点优秀企业、北京市第七届“科技之光”评选中荣获优秀企业奖……此外，更在 2008 和 2009 年度连续被《福布斯》评选为“中国最具潜力企业”。

通过多年不懈的努力，佳讯飞鸿已经成长成为总资产超两亿元，员工过 300 人，在指挥调度通信领域以自主研发、技术领先、优质服务著称的创新型科技公司。目前公司已作为首批“中关村国家自主创新示范区创新型企业”进驻中关村环保科技示范园，并于 2011 年 5 月 5 日成功登陆深圳创业板。佳讯飞鸿将借助资本运作和技术优势，整合内外部资源，驶入企业发展快车道。

北京科锐配电自动化股份有限公司

北京科锐配电自动化股份有限公司（以下简称“北京科锐”或“公司”）前身为成立于 1993 年 7 月 17 日的北京科锐创新电力技术有限公司，1997 年 6 月更名为北京科锐配电自动化技术有限公司。截至目前，公司注册股本为 12，840 万元。

北京科锐主营业务为 12kV 配电及控制设备的研发、生产和销售。公司坚持以技术创新为经营特色，曾率先引进、推广和研发户外环网柜、美式箱变、永磁机构真空开关设备、故障指示器、重合器、GRC 箱壳等多种新型配电设备及技术。目前公司的主营业务方向有两个，一是配电网故障处理，主要产品包括故障指示器、智能型环网柜和重合器；二是模块化变电站，主要产品包括箱式变电站、永磁机构真空开关设备等。公司现为国家火炬计划重点高新技术企业、北京市高新技术企业、中关村国家自主创新示范区十百千工程重点培育企业、海淀区重点企业。公司自成立起即从事配电及控制设备的开发与生产，是国内最早从事配电自动化设备开发与生产的企业之一，在行业内处于领先地位。

北京科锐具有完善的法人治理结构。公司在武汉、深圳、上海、郑州、西安等地设有 9 家子公司。截至 2011 年 12 月 31 日，公司共有员工 1138 人，其中生产人员 407 人，销售人员 124 人，技术人员 319 人，具有大专及以上学历的 698 人。截至 2011 年 12 月 31 日，公司及控股子公司已累计获得专利授权 36 项，其中发明专利 3 项，实用新型 33 项。

2011 年，公司借助国家大力投资智能电网的发展机遇，通过客观分析市场情况、调整经营策略、发挥竞争优势等多项措施，业绩获得大幅增长，超额完成了年初董事会制定的经营计划，实现合同额 13.077 亿元，比 2010 年增长 65.23%；实现营业收入 92，225.50 万元，比 2010 年增长 62.86%；实现归属于上市公司股东的净利润 8，623.38 万元，比 2010 年增长 73.60%。

2011 年北京科锐公司在新产品研发、对外技术合作、专利技术申报方面均取得了一定的进展。2011 年，北京科锐及控股子公司申请专利 20 项，其中发明专利 3 项，实用新型 17 项；已获得专利授权 12 项，其中发明专利 1 项，实用新型 11 项。2011 年底，公司累计获得专利授权 36 项，其中发明专利 3 项，实用新型 33 项。

小米公司基本情况介绍

一、小米公司基本介绍

小米公司是 2010 年 4 月在北京成立的一家专注于移动互联网行业的高新技术公司。小米主要由前 Google、微软、摩托、金山等知名公司的顶尖人才组建，截止到 2012 年 12 月底，约有近 2000 名员工。本着“软件 + 硬件 + 互联网服务”的“铁人三项”发展战略，小米前后推出了深度定制的 Android 手机操作系统 MIUI、专为移动终端设计的社交通讯工具“米聊”，截止现在，MIUI 用户已经超过 1000 万，米聊用户 2000 万以上。

长期以来，手机终端市场尤其是智能手机市场，高端品牌长期被诺基亚、三星、苹果等国外品牌占有，国内厂家无论从品牌影响力、市场份额及利润都差距甚远。小米手机坚持“为发烧而生”的设计理念，于 2011 年 8 月 16 日对外正式发布了顶级配置高性价比的高端发烧手机“小米手机”1 代，并采用渠道成本最低的电子商务模式销售。凭借“专注、极致、口碑、快”的创业理念，小米在短短一年半时间内已成为在技术、产品、商业模式等方面都具有颠覆性创新的移动互联网明星公司。受到消费者热烈追捧，小米手机1代在第一次开放销售预订34个小时就预订出30万部手机。2012年11月11日25万台小米手机1s仅用时4分05秒即被抢购一空，破3.5亿销售额。2012年12月24日，15万台小米2仅用3分08秒抢购一空。小米手机神话般的销售记录被小米自己一次次的超越。

2011年12月20日，中国联通和小米正式结成战略伙伴，并签订了百万台小米手机定制的框架合作协议。2012年4月6日，又和中国电信签订了百万台小米电信定制机的框架合作协议。

百度风云榜上，自今年8月，小米手机品牌度进入了前5名，单款手机关注度仅次于iphone排名第二名。根据摩根斯坦利的报告，小米手机全球品牌影响力排名第9，已经超过了华为、中兴、联想成为国产品牌的第一名。

在2012年6月份，小米公司成功完成第三轮2.16亿美元融资，估值达40亿美元。小米公司的估值在中国上市互联网网公司中，仅次于腾讯、百度和网易；而放在世界市场上，这一估值接近了传统手机厂商黑莓49亿美元的市值，相当于诺基亚市值的一半。

2012年下半年，小米公司全资收购多看公司，开始进军智能电视机顶盒和电子书阅读市场。小米公司依托终端设备的“技术，产品，服务”上的经验和优势，利用互联网和移动互联网的优势构建一个基于用户终端的商业平台。通过相关政策，市场，技术积累，最终研发出新的移动互联网终端，2013年初正式对外发售。

2012年小米公司累计销售719万台小米手机，2012年销售额达到126.5亿人民币，创造工业产值103.9亿，实现纳税19亿元。

二、小米的核心优势及创新

苹果只用了四年时间就凭借手机产业的垂直整合颠覆并引领了整个智能手机产业，而谷歌也只用了两年时间凭借安卓系统的开放，在智能手机领域份额超过苹果。在以智能移动终端为平台的“新世界”中，小米正在以挑站者的姿态，以全部自主技术、产品和服务创新，探索最适合中国特色的移动互联网生态体系。

1. 全球首创了互联网手机模式。

小米采用互联网的营销方式，又通过电子商务的渠道方式，开创了互联网手机模式，通过模式的创新来改变传统手机的成本结构，达成最高的性价比。互联网销售的扁平化，去除了线下多极渠道的盘剥。除了成本结构的改变，小米在定价方面也有独到之处。根据摩尔定律和传统手机厂家的策略，小米的定价就是反其道行之，按照发布时的成本定价—我们的定价基本都是同行的一半，一步到位。这种定价方式前期可能亏钱，最终通过互联网的营销和品牌的溢价实现后期的盈利。

2. 铁人三项。

“铁人三项”就是硬件、软件和互联网服务的一体化。苹果公司iPhone的高利润来自于苹果公司持续的和卓越的技术和设计领域的创新，更来自于其优秀的软硬件及应用服务的一体化能力。2012年手机行业73%的利润被苹果拿走也很好的诠释了“铁人三项”的意义。软件的文化、硬件的文化和互联网的文化，这三种文化的冲突是非常严重的，真正实现融合的具有相当的挑战性。小米通过MIUI手机操作系统、小米手机、米聊等多种互联网应用很好的融合，同时引入互联网开发模式，将硬件和软件面向公众的开放平台，在不断的探索和实践中，逐渐打造出最适合中国特色的移动互联网生态体系。

3. 打开手机的黑盒子，将手机配置透明化、PC化。

作为一家初创企业，小米手机从一开始就颠覆了传统手机的模式，把手机的黑盒子打开，强调真材实料，小米手机元器件也基本上都采用苹果的顶级供应商，并实现全球化采购。面向消费者，让手机参数和配置透明化。打造顶级配置、高性价比的发烧级智能手机，推动整个手机产业PC化、智能化。

4. 独特的粉丝文化。

传统的手机企业和消费者的关系就是买卖关系，而小米与消费者是朋友关系。粉丝经济的启发，MIUI每周迭代更新几十甚至上百个功能，其中有三分之一的需求是由来自全球23个国家的数百万米粉。小米的互联网开发模式给了上百万米粉开发者互动参与的机会。除了让米粉参与硬件和软件的研发，小米还借鉴了车友会的模式，把他们的消费方式变成聚会娱乐方式。2012年小米官方在全国举办23场“爆米花”线下活动，米粉自发组织的各种技术研讨会、沙龙、同城米粉会超过了1000场。

北京旋极信息技术股份有限公司

北京旋极信息技术股份有限公司始创于1997年11月，为专业从事嵌入式系统领域的高科技公司。公司总部设在北京中关村高科技园区，在上海、深圳、成都、西安、香港、广州、杭州等地设有子公司和办事处。2012年6月8日，公司成功登陆深圳证券交易所创业板，股票简称：旋极信息，股票代码：300324。

公司是2008年第一批国家级高新技术企业、北京市双软认定企业、中关村信用联盟星级会员、北京市守信企业、国内首家通过国家军用标准GJB9001B质量体系认证的企业、军工保密资格认证单位、商用密码产品生产定点单位、国家密码管理局的商用密码产品销售许可单位、武器装备科研生产保密资格认证单位、武器装备科研生产许可单位、中关村物联网产业联盟优秀企业和首都文明单位。

公司自成立以来，一直专注于嵌入式产品的开发、生产、销售和技术服务。公司主要致力于提供面向国防军工的嵌入式系统测试产品及技术服务、嵌入式信息安全产品和嵌入式行业智能移动终端产品及技术服务。

公司主营业务发展经历了由国防军工领域向民用领域拓展的历程。公司自成立初期即涉足军工领域的嵌入式系统测试业务，积累了丰富的技术储备、行业经验和品牌影响力。近年来，公司依托自己在国防军工领域积累的技术优势，将业务进一步拓展到民用领域，取得良好的成效，为公司经营业绩的快速稳定发展提供了足够的推动力。

公司以人为本、励精图治，管理水平不断跃上新的台阶。公司对人才十分重视，并把人才的吸引、培养和使用看成公司健康稳定发展的根本。公司建立了一支以高学历、高素质、年富力强的多方面人才为骨干的专业研发技术服务团队，队伍稳定且工作高效。公司目前拥有几十项软件著作权和专利技术。

基于积极的自主创新和市场拓展，公司业绩持续高增长。最近三年，公司营业收入及利润增长率达50%以上。

在过去的发展过程中，公司凭借着自身的技术优势，走出了一条可持续发展的道路，为航空、航天、兵器等国防军工单位，为民用研发机构、大中型企业、金融机构、烟草公司、物流公司、铁路交通等单位提供了大量的产品和技术服务。旋极信息也在载人航天、探月工程等国防众多关键性项目上提供了设计、开发、测试和咨询等产品和服务。

博奥赛斯（天津）生物科技有限公司

一、企业概况

博奥赛斯（天津）生物科技有限公司成立于2010年，注册资金为1000万元人民币，员工105人，总资产6500万元，是一家集研发、生产和销售临床、科研和实验研究产品并提供相关技术服务的高新技术企业。公司成立以来，已获得药监局3项仪器和44项化学发光定量检测试剂盒的产品注册证。产品化学发光免疫分析仪和配套的化学发光检测试剂盒达到国际一流产品水平。

二、成功经验

公司致力于具有世界前沿水平的生物诊断试剂和技术的研发，以高科技、高效益、规模化作为长远的发展战略，以技术创新为依托，强化现代化经营管理。

一是注重科研管理。公司拥有一支由多名相关专业的博士、硕士组成的研发队伍，与国内多所知名高校重点实验室建立科研战略伙伴关系。

二是注重产品管理。企业从产品立项、研发、注册报批、三批试生产到规模化生产，每一个阶段严格按医疗器械质量管理体系要求进行，保证了产品出厂质量的可靠性和稳定性。

三、对外联系方式

公司名称：博奥赛斯（天津）生物科技有限公司
电话：86－022－84849080/81/82
传真：86－022－84849080－800
邮编：300300
地址：天津市东丽开发区四纬路10号201
网址：www. Bioscience－tj. com
电邮：Bioscience001@163. com

天津华韵乐器有限公司

一、企业概况

天津华韵乐器有限公司始建于1950年，注册资金1400万元，固定资产1.3亿元，现有员工360人，其中高级工程师18名，专业技师48名，坐落于静海县经济开发区和中旺镇工业园区，是中外驰名的鹦鹉牌手风琴生产基地。鹦鹉牌手风琴是第一批“中华老字号”企业，获得“中国驰名商标”等多项荣誉。

二、成功经验

鹦鹉手风琴始终坚持“在传承中发展，在发展中创新”的经营理念，不断进行技术创新、工艺改进。

一是加强自主研发。鹦鹉手风琴的音簧采取自主研发的新工艺，并从意大利引进了音簧专用磨床，从日本引进了电子闪光音准仪，从德国引进了音簧弧度检测表，并购置了具有现代化水平的国产自动点焊机等先进的设备仪器，从而提高了生产工艺及检测手段，保证了核心部件簧片的质量。

二是注重日常管理。公司从抓制度建设入手，制定了一系列的品牌管理制度；坚持以人为本，招聘高素质的外部人才，注重“栓心”“留人”；细化质量管理，取得ISO－9001、ISO－9002等国际质量管理体系认证；完善售后服务，在全国300多个营销点实施优质服务，多项措施并举，形成了核心竞争力。

三、对外联系方式

公司名称：天津华韵乐器有限公司
地址：天津市静海县中旺镇
电话：022－59591659
传真：022－59591653
网址：www. ywyueqi. com

天津芦阳化肥股份有限公司

一、企业概况

天津芦阳化肥股份有限公司前身为宁河县磷肥厂，始建于1980年，2000年注册为天津芦阳化肥股份有限公司，注册资金为4500万元，占地面积15万平方米，现有职工300人，是天津市最大的磷复肥基地。公司经过33年的发展，产品主要为硫基、尿基、缓释肥料三大系列、50多个品种，产品全态氮型速效缓释复合肥料填补了国内空白。

公司近年来先后荣获“国家免检产品荣誉证书”、“国家化肥行业50强”。注册商标“芦阳”获得“中国化肥行业十大知名品牌”“天津市名牌产品”“天津市著名商标”“中国驰名品牌”等荣誉称号。

二、成功经验

公司重视企业自主创新、产品研发能力。建有专门的研发中心，从事土肥研究工作的技术科研人员达10名，主持、承担了十几项火炬项目、星火项目、重点新产品项目、科技推广项目、农业攻关项目等。针对不同作物，每年在东北、西北、中原地区及长江流域等省市进行新型肥料应用试验和示范推广，年均研发、试验、示范应用投入费用占营业收入的6%。

三、对外联系方式

公司名称：天津芦阳化肥股份有限公司

地址：天津市宁河县经济开发区

电话：022－69566102

传真：022－69566102

网址：www. lyhf. com

天津市宝涞精密机械有限公司

一、企业概况

天津市宝涞精密机械有限公司是一家高新技术企业，成立于2004年8月，坐落于天津市宝坻区牛家牌建设路，企业员工400人，拥有注册商标“宝涞”。公司拥有国际先进的加工中心、数控车床等高精密加工设备200余台，能够自主设计、研发、制造自动化高精密专用设备及机械零部件，特别是汽车制冷设备用高端“缸体”“曲轴”系列产品为奥迪、奔驰等高档汽车配套。

二、成功经验

公司走“以科技为先导、以创新为动力”的创新发展之路，不断加大科研力度及研发投入，提高持续创新能力。累计申报专利133项，已申请发明专利65项，已授权实用新型专利69项。2012年研发费730万，占销售收入的4.05%。同时，不断加大信息化建设，大力推进系统深化应用，利用ERP管理系统健全财务制度管理，由资源计划、经营管理逐渐向经营分析、决策支持、技术开发、市场分析调研、可行性调研等纵深方向延伸，为公司技术创新发展提供有力支撑。

三、对外联系方式

公司名称：天津市宝涞精密机械有限公司

地址：天津市宝坻区牛家牌建设路8号

电话：022－29636000

传真：022－29636889

网址：www. cnbaolai. com

天津市通洁高压泵制造有限公司

一、企业概况

天津市通洁高压泵制造有限公司是专业生产高压水射流成套设备的科技型中小企业，坐落于天津市西青区经济开发区赛达工业园，注册资本1000万元，企业人员249人。核心产品是高压泵，主营业务为多系列高压泵及成套清洗设备的研发、销售、制造、维修、租赁及工业清洗劳务服务。

二、成功经验

公司始终坚持走科技创新的道路，积极发展新技术、新工艺，创新思维，持续积累和提升产品技术含量。在科研方面，公司与科研院所、高校合作，已经申报国家及天津市各类科研项目4项。2011年成为美国水射流技术协会（WJTA）会员，实现水射流技术与国际接轨，同年参与了《高压清洗机》的国家标准制定。目前，已取得了11项实用新型专利，在申专利9项，其中3项发明专利。通过技术创新，公司市场份额不断扩大，国内工业清洗行业的主流产品为1500公斤压力的高压清洗机组，目前公司产品占市场份额的80%。

三、对外联系方式

地址：天津市西青经济开发区赛达工业园10号B座

联系人：郑辉

联系电话：022－23964540

传真电话：022－23964750

邮箱：tongjie@ tongjie. cn

网址；http：//www. tongjie. cn

承德市本特生态能源技术有限公司

承德市本特生态能源技术有限公司（以下简称公司）是集技术创新、生产制造、市场营销、技术服务于一体的科技型企业。企业主要从事地温中央空调系统、水源热泵机组、太阳能应用技术产品、光电应用技术产品、中央空调节能控制系统的生产以及相应产品的配套工程施工、设备安装等服务。公司成立于2002年10月，类型为有限责任公司，注册地址是承德市上板城镇卸甲营电子工业园区，公司占地11658.14平方米（合17.49亩）。生产厂房总建筑面积6048平方米。公司2012年资产合计3059万元，负债合计798万元，资产负载率26%，销售收入合计1167万元，利润总额25万元，2012年签订销售合同合计1800万元。

公司以科技发展为中心，1999年就与清华大学合作开发了具有自主知识产权的地源热泵供热制冷技术，是最早在国内将此项技术成功应用于实际工程的企业之一，从开始应用至今已有十多年的时间，是河北省唯一一家具有生产许可、施工许可、供热许可的水源热泵供暖服务的企业。公司拥有专业的技术研发队伍，专业涉及暖通、空调、机械、电子、自动化等各种专业，公司共有员工65名，其中大专以上学历占35名，占公司员工总数的53.84%，人均年龄29岁。其中，管理人员占12%，安装售后服务人员占10%，技术开发人员占23%，生产人员占35%，销售人员占20%。公司拥有专业生态能源产品生产、安装调试人员，机加工、焊工、钳工、电工、暖通工等技术工人均经承德市劳动局培训考核合格具备资格后上岗。公司最初成立就依据质量管理体系建立完善的管理制度，使企业组织结构及产品生产过程职责明确、清晰。

公司已与清华大学、波兰克拉克夫科技大学签订了合作框架协议，建立了产学研相结合的技术创新体制，为公司的可持续发展提供了有力的技术保障。公司还建立了经国家权威机构认证的“热泵检测中心”，截至目前已经有近百万平方米的建筑采用该技术用于取暖或制冷，拥有一整套完整的供热运营体制。几年来被国家建设部四次评定入选全国推广技术目录。2006 年被评定入选建设部节能省地型建筑推广应用技术目录；2007 年被国家建设部编入建设事业“十一五”技术公告、技术与产品选用手册；2009 年被国家住房和城乡建设部编入全国建筑节能项目汇总与新技术、新产品选用手册，并被评为“建筑节能推荐品牌”。2011 年 6 月被国家十二五建筑节能推广技术专家评审委员会推荐为“十二五”可再生能源建筑工程重点推广产品。由国家住建部推选的同类节能技术，每年全国只推荐五家。本公司从“十一五”到“十二五”期间连续成为国家在地源热泵行业推广的五家企业之一，产品应用水平在同行业中均属国内领先地位。

此外我公司针对我国地区生物质资源丰富但开发利用不足的现状，研发出的新型、经济“生物质能源直燃锅炉供暖系统”。其核心技术是基于波兰 AGH 科技大学“逆流燃烧技术和二次燃烧技术”及 MetalERG 公司成熟的生物质直燃锅炉制造技术，结合承德地区生物质资源的实际情况，开发的适合我国国情的高效环保型系列生物质直燃锅炉，其热效率高达 80%，并且操作简单，可以说是生物质能源利用技术的突破和创新，产品处于国内领先水平，填补了国内空白。2013 年与 MetalERG 公司正式签订排他性的《生产许可协议》，本特公司拥有中国境内独家专利技术使用权。本项目还获得国家科技部国际科技合作专项资金的支持。

公司全体员工牢固树立“环保节能——人类共同的责任”的企业理念。以“保护生态环境，开发利用可再生能源，以最低的能耗代价，换取高质量人类生活品质”为企业宗旨，把每一个工程，每一个项目都当作示范工程，真正做到把用户利益贯穿于工程的全部过程，通过精细的工程设计、精湛的制造工艺、精心的施工组织、精确的系统控制，努力为用户节省每一分钱的投资，降低每一分钱的运行费用，提供用户满意的全程交钥匙服务。

单位名称：承德市本特生态能源技术有限公司
联系人：刘广华
邮箱：btst@ vip. 163. com

河北畅达集团

河北畅达集团位于拥有中国十大风景名胜、世界文化遗产、素有“紫塞明珠”美称的历史文化名城——承德，企业创建于 2002 年，是一家综合型民营企业集团，到目前为止拥有 9 个子公司，注册资金 1. 8 亿元，资产总额 9 亿元，员工 1200 余人，生产经营范围涉及钒钛资源开发，油松花粉系列营养保健品、护肤品、饮品的研发利用，文化产业、印刷器材、信用担保、运输、餐饮、旅游景区等多个行业，已迅速发展成长为充满生机和活力的地方骨干企业。

在企业升级转型的征程中，畅达集团在战略制定设计上勇于突破，敢于创新，实现了由依托资源优势升级为依托产品为核心竞争力的蝶变。畅达高层深深地懂得了“坐吃山空”的道理，富有远见卓识的王贵玉董事长未雨绸缪，根据承德地区所独有的文化历史背景和天然资源优势，把眼光放在寻找新的、更具潜力的绿色健康产业及文化旅游项目上。

油松花粉，是食疗珍品和多种药品、保健营养品、化妆品的主要原料。以其丰富的营养价值被世界营养学家誉为“花粉中的黄金粉”“天然营养库”。该项目被我国著名营养学家于若木称之为“造福人民的事业”。

2004 年，畅达集团选择了在当地有着丰富资源并可持续利用，且可带动农民致富的项目——油松花粉的开发。并于同年组建了承德畅达生物科技有限公司。

2005 年以来，集团投资 5000 多万元建成 4000 平米综合科研办公楼、800 平米食品生产车间、1600 平米 GMP 车间。先后研制开发了 6 个系列 18 个单品上市，特别是解酒护肝保胃的“松花葆”产品的推出，使松花粉的价值得到了进一步开发和利用。产品受到国内以及新加坡、日本、韩国、法国、英国、澳大利亚、俄罗斯等国客户的广泛认可，有的已经签订了合作协议。

2007 年，集团与天津科技大学合作，成立了产品研发项目组，解决了原料和产品生产中的关键工艺、技术问题，项目通过了省级科学技术成果鉴定。研发的“油松花粉小肽”和“油松花粉精”被河北省科技厅认定为河北省高新技术产品，该产品被香港白兰国际有限公司作为“畅姿”牌化妆品的主要原料投入生产，由于油松花粉提取精华特有的保湿、滋润、修护、营养等功效，产品上市后得到客户一致好评。

进入 2012 年，随着公司的不断发展壮大，全新的畅达生物科技产业园已经破土动工，该项目占地 107 亩，总投资 5. 3 亿元，开发生产超微粉碎油松花粉及系列食品、保健食品、化妆品等，预计投产后年工业产值可达 6. 5 亿元，该项目作为河北省重点建设项目，必将为企业拓展市场，打造品牌，最终将为公司建成“百年老店”提供坚实的保证。

承德畅达生物科技有限公司被省科技厅确定为“高新技术企业”，被评为“承德农业产业化龙头企业 30 强”，省、市、县林果产业、农业产业化龙头企业，并有三项核心技术已经通过了国家专利审核，“畅达”牌松花粉（片）荣获“中国优质产品”证书；松花粉系列产品获“中国保健品公信力产品”称号，被市委、市政府授予“承德农产品十大优质暨绿色（有机）产品”荣誉证书。

油松花粉项目，使原来的用材林变成了经济林，不仅带动了 4 万多户山区农民直接增收，而且极大调动了农民种植和保护油松林的积极性，荒山被茁壮、挺拔的油松林所覆盖，它展现的不仅是畅达蓬勃的现在，更昭示着畅达美好的未来。

抓主导产业，抓持续发展，畅达集团从来没有满足于已有的成果，而是把目光放得很远、更远。

承德天成印刷器材有限公司，原属由城镇集体改制的全员持股企业，由于资金及体制等方面因素，企业无法运营，停产放假，陷于困境。当政府找到畅达董事长王贵玉时，出于一种对社会的责任，也因为在机遇面前的敏感，2005 年 4 月份集团毅然出资重组了承德天成印刷器材有限公司，使这个濒于破产的企业迅速恢复了正常生产。2006 年实现扭亏为盈，公司生产的 PS 版、CTP 版等产品已经销往海外多个国家和地区，销售收入和利税连续三年平均增长 75%。随着版材技术的快速应用，新上高端生产线、实现产品转型刻不容缓，2012 年初集团投资近亿元对天成公司实施异地扩建项目，现新厂区已基本建设完成，预计年生产力超过 1000 万平方米，天成公司作为集团的又一支柱企业脱颖而出。

2007 年 4 月，集团又把眼光对准了承德县朝阳洞旅游度假村，委托北京达沃斯巅峰旅游规划设计院进行总体规划和详规设计，征用 10 亩土地扩建了停车场，加宽了道路，恢复修建了望月亭，还征用了天桥山景区周边荒山边界，对景区景点进行了修建、改造、装饰，计划将朝阳洞景区建设成承德市一流的集生态旅游、文化体验、休闲娱乐于一体的高级旅游度假城，景区已先后被评为市级“平安景区”“和谐宗教活动场所”和国家“AA 级旅游景区”。

2010 年集团注册成立了河北畅达旅游文化产业开发有限公司，投巨资在承德避暑山庄德汇门前建成河北省“十二五”重点文化产业规划项目——承德展演基地，其核心区承德大剧院可容纳 1100 多名观众，是主题剧目大型原创多媒体皇家歌舞诗《帝苑梦华》的长期固定演出场所。另外基地内包括四个数字影院，还有装修装饰古朴典雅的茶店、茶室，以及创意设计超凡脱俗的皇家永乐豪华主题 KTV 歌城，还有时尚精品购物场所、承德特色产品展陈、休闲食品等，成为集多功能大型综合文艺展演、会议会展、时尚娱乐、休闲购物、餐饮服务于一体的国内一流文化娱乐集聚区，是交友、商洽、休闲的理想场所。填补了承德市区高档文化娱乐硬件和演艺精品的空白。

中国首部大型原创多媒体皇家歌舞诗《帝苑梦华》由国内顶级编剧、作曲、舞美等创作团队创作，在畅达艺术团 160 多名专业演员的演绎下，将传统与现代、古典与时尚相结合，在突出承德皇家文化和民族特色的前提下，充分利用现代高科技手段，呈现了一场堪称完美的视觉、听觉盛宴。

承德展演基地以皇家文化为主线，建设与承德避暑山庄清文化一脉相承的文化历史长廊，为提升承德历史文化名城形象和建设承德旅游城市服务，塑造展演基地与众不同的品牌特色。作为国内一流水准的现代化演出场馆承德大剧院，是承德市的标志性文化建筑，被誉为“承德市第三大人文景观”。自 2011 年投入运营，截至目前，《帝苑梦华》已顺利演出 300 余场，加上会议会展、文娱演出及影院的放映等等，共吸引二十余万人入场观看，得到了国家、省、市领导及各界同仁的一致好评。

畅达集团坚持回馈社会与企业发展同步，热心社会公益事业，关注弱势群体，履行社会责任，解决 800 多名农民工、下岗职工和大学生劳动就业问题，几年来累计向社会捐款捐物 1800 多万元。

集团先后荣获了中国优秀企业、中国最具发展潜力企业、中国创新型示范企业、河北省名牌企业、著名商标企业、黑色金属矿采选业排头兵企业、优秀民营企业、诚信企业，承德市、县优秀企业等多种荣誉称号，并分别通过了 ISO9001 质量管理体系、ISO22000 食品安全管理体系、保健食品良好生产规范（GMP）以及 ISO14001 环境管理体系四个认证，为地方经济发展做出了积极的贡献。

河北畅达集团官方网址：www. bssz. cn
地址：河北省承德市双桥区工商联大厦 22 层畅达集团
邮箱：changdazb@ 126. com

承德华威涂装机电设备有限责任公司

一、企业概况及经济指标

承德华威涂装机电设备有限责任公司是在承德市节能设备总厂、承德三杰涂装环保工程公司改制基础上组建的股份制企业，成立于 2003 年 10 月 22 日，注册资金：518 万元。注册地点是承德市开发区西区。2012 年主要经济指标如下：工业产值：815 万元，主营业收入：600 万元，利润：60 万元，税收：25 万元。

二、企业成功经验、先进设备、获奖情况、取得的荣誉和成绩

承德华威涂装机电设备有限责任公司是从事低温烘干设备、涂装成套设备开发研制、生产制造的专业化工厂。拥有国企管理的功底，精良齐备的加工手段，高素质的职工队伍，快速的产品开发能力，民营企业的灵活机制。多年来与国内外科研单位、大专院校建立了广泛的合作关系，为我国低温烘干领域研制开发了多项新产品。大到航空、小到民用，填补了多项国家空白。公司职工总数 158 人，其中具有高级技术职称 3 人，中级技术职称人员 5 人，初级技术职称 8 人。公司总资产 762 万元。

1. 主要加工制造设备

序	设备名称	规格、加工范围、数量	序	设备名称	规格、加工范围、数量
1	开式固定压力机	JB21－160A2 台	9	摇臂钻床	ZA3050×162 台
2	折边机	W62－4×20002 台	10	立式钻床	Z5140A1 台
3	剪板机	Q11－13×2500A2 台	11	万能铣床	XA6132/12 台
4	液压板料折边机	PPN90/302 台	12	四柱液压机	Y132－5001 台
5	冲型剪板机	Q21－5B2 台	13	等离子切割机	ICK－1002 台
6	直流氩弧焊机	LGW300－A2 台			
7	数控车床	CJK61402 台			
8	数控铣床	TOM－1060B1 台			

2. 主要计检设备

序	设备名称	检验项目	检测精度
1	多功能测试台	三相同步测试	±0.5%
2	多功能校准仪	智能化交、直流标准电压电流	±0.3%
3	蒸汽流量测试仪	气体流量、饱和蒸汽流量	1.5%
4	数字温度测试仪	温度	±1.0℃
5	数字湿度测试仪	湿度	+5RH

（1）专职检验人员数：5 人

（2）主要计量设备检验周期：12 个月

3. 公司的主打产品衣物连续烘干机有 3 项实用新型专利、雨靴清洗机和雨靴烘干机各有 1 项实用新型专利。公司 2012 年获得开发区管委会技术创新奖。公司的主要客户为中国五百强企业的煤矿集团公司。神华集团海矿公司、神华集团宁煤公司、山西焦煤集团、大同煤矿集团、潞安集团、晋城煤业集团、阳泉煤业集团、山东鲁能集团、山东能源公司、冀中能源集团、开滦集团、淮南矿业集团、徐州矿务集团、河南煤化工集团、北京昊华集团等。

三、公司联系方式

单位名称：承德华威涂装机电设备有限责任公司

法定代表人：张士荣

网址：www.cdhwjd.cn

邮箱：huawei_ 01@163.com

承德市五岳电子技术有限公司

承德市五岳电子技术有限公司座落于风景秀丽的皇家避暑胜地——河北承德，是致力于工业计量、工业测控、大型衡器的研发与制造，集科研开发、工程设计、生产安装、调试服务于一体的高科技企业。

公司成立于 1996 年，注册资本 1500 万元，现有总资产为 6000 万元，拥有省级企业技术中心 1 个，是河北省优秀软件企业。

公司视质量为企业的生命，视创新为发展的前提，坚持“品质服务、质量第一、持续创新”的理念，不断推出一系列性能卓越的大型衡器产品及工业计量集成管理系统软件，已通过 ISO9001 质量体系认证，具有系列的衡器制造资质，拥有几十个软件产品，十余项专利产品。公司在大型衡器产品研发中的机械制造、仪表生产、新技术开发等方面达到国内领先水平，多项产品及技术填补了国内空白。公司的衡器产品在同类产品制造领域和应用领域已树立了品牌，产品全部自主研发，已被广泛应用于电力、石油化工、冶金、矿山、煤炭、铁路、港口等领域；产品已覆盖了除海南、西藏以外的所有省、市、自治区，部分产品出口海外。

公司建立了完善的销售、研发、生产和售后服务体系，与清华大学、河北科技大学、河北工业大学等院校建立了长期稳定的技术合作关系，使产品技术始终处于行业领先地位，曾承担多项省级科技项目；建立了一支专业强、水平高的技术队伍，可根据用户的不同称重需求，设计开发各种方案，解决用户的称重难题。

近年来公司围绕产品技术创新、品牌建设、合作开发、管理水平提升和管理手段信息化、生产流程智能化等主题，把公司打造成了开放、创新、学习、合作型的高科技企业。公司先后派中高层到清华大学学习，建立了符合公司实际的企业管理体系；与京津等地的高校及中科院的多个院所建立合作开发关系，开发了多项技术水平领先的工业计量衡器产品；投资购置了信息化 OA 办公系统、金蝶财务管理系统、开发库存及采购管理系统，实现了企业管理流程化、信息化，数字化，让一切管理和决策都有数据支撑，有效促进了效率提升和成本降低。

五岳公司是国家火炬计划承德仪器仪表产业基地骨干企业，河北省计量器具制造行业技术创新型示范企业，河北省著名商标企业，河北省名牌产品企业，河北省标准化良好行为 AAA 级企业，承德市开发区对标先进企业，多次被评为承德市优秀私营企业。

公司的发展宗旨是“秉承创新、服务、品质为上的经营理念，依托经验丰富的专业研发团队和大量的成功案例，向国内外大中型企业客户提供系统称重解决方案，以帮助其实现‘精准、高效’的称重目的，从而使客户提升计量管理水平，保证运输安全，获得管理效益”。

公司的发展规划是“持续创新，加强交流合作，逐步向工业全过程工艺计量及信息化管理领域迈进，成为称重解决方案的提供商；采取合资合作、产品定制的方式与传感器制造商形成紧密的战略合作伙伴关系，向称重上游迈进，完善产业链”。

企业的发展目标是“致力成为一家在称重领域最受客户尊重的合作伙伴，成为受业界认可并推崇的称重解决方案提供商，为我国工业计量技术发展做出贡献”。

公司联系方式：

名称：承德市五岳电子技术有限公司

地址：河北省承德市东开发区

网址：www. cdwuyue. com

邮箱：cdwuyue@163. com

承德市新龙物联设备制造有限公司

一、企业概况

承德市新龙物联设备制造有限公司是集生产制造、软件开发、产品整合、信息服务为一体的现代化高新技术企业。承德市新龙物联设备制造有限公司是承德市新龙电子有限责任公司的全资子公司，公司前身是军工企业，于1996年组建成立为有限责任公司，厂区位于承德市高新技术开发区电子工业园区，总占地面积25400多平方米，注册资本500万元，现有固定资产3600多万元，职工105人，其中各类专业技术人员67人。是河北省电子系统14个重点企业之一，河北省高新技术企业，省级企业技术中心，承德市高科技示范企业，河北省双软认证企业，承德市唯一的三级系统集成（IT）企业，是河北省2009年唯一一家承担国家拉动内需项目的民营企业。

二、最新经济指标

企业2012年销售额达到4700多万，利税1100多万，未来五年计划打造一个专业的团队，销售额每年以30%的速度递增，力争五年内达到一个亿。

三、企业成功经验

致力于节能产品的研发，符合国家政策发展的需要，为节能减排做出了贡献，公司研发的节能产品：组合式无负压供水设备、智能恒温、恒压混水器、IC卡水表、电表、一表多卡水表、远传热能表，校园一卡通系列，GPRS无线远传抄表系统，水、电表无线集抄系统等一系列科技含量高的节能产品。

企业从长远的发展考虑，从事了5年物联网基础产品的研发工作，研发了无线远传热量表及相关检测设备。

四、先进设备

1. 智能恒温恒压供水设备

本设备采用微电脑控制技术，利用先进的温度传感器，探测闭环反馈方式，控制电磁阀实现自动调整输出水温的机电一体化设备，不仅添补了国内的空白，而且具有较高的节水效果，可以有效地缓解我国水资源短缺的现状，同时也满足了人们对恒温控水的需求，具有广泛的社会意义和良好的经济效益。

2. 变频无负压供水设备

变频无负压供水设备是一种理想的节水设备，结构紧凑，供水压力可调，流量可大可小，高线水箱及各种气压式供水设备，安全并可以取代小塔，可以彻底免除水质的二次污染，变频无负压供水设备亦用于改造原有老水泵房设备，改造后同样可以起到高效节能，自动恒压供水的目的。

3. 热量表检定装备

热量表鉴定装备具有高度的自动化功能、完备的检测功能、高精度及高度的可靠性能，标志着我国在热量表检定装置的研制方面迈进了一个新阶段，是国内质量最好、技术最先进的热量表检定设备。该设备具有独特的十大功能特点：

（1）流量点的全自动化精确设置。

（2）流量点和温度点的检定过程全部实现自动化。

（3）计算公式的自动化选择。

（4）标准表法使用，质量法校准。

（5）检定过程全部实现了自动化。

（6）强大完备的系统自诊断功能。

（7）完备的修正系数，大大提高了系统的精度，同时为用户将来的标定工作，确保系统的长期稳定和高精度提供了保障。

（8）一台设备，多功能使用。

（9）独特的保温管路设计系统。

（10）整体设计最优化，简节高效。

五、获奖情况及取得荣誉成绩

1. 拥有13项国家专利（其中1项发明专利、12项实用新型专制），11项软件注册产品。

2. 多次获得省市科技进步奖、优秀新产品奖及振兴河北经济奖。

3. 公司已通过ISO9001体系认证。

4. 公司先后承担了河北省首批知识产权专利战略引导项目《城市管网监控系统》，国家拉动内需项目《智能远传热能表及其检测装置》产业化项目，国家工信部物联网项目《基于M2M平台的城市户用仪表智能监控系统的研究及产业化》项目。

5. 公司开发研制了智能混水器，其输出水温控制精度达到了0.5℃，填补了我国恒温供水方面的空白，目前该产品通过了省级鉴定，并获得了一项发明和一项实用新型专利，连续2年连续获得了国家级优秀新产品奖。

六、公司联系方式

地址：承德市上板城电子工业园区龙志达路3号

邮编：067411

邮箱：xlongcd@126. com

内蒙古宇航人高技术产业有限责任公司

内蒙古宇航人高技术产业有限责任公司成立于1995年，位于呼和浩特市和林格尔盛乐经济园区，法人代表邢国良，注册资本8085.08万元，现有资产2.8亿元。是一家以沙棘及内蒙古特色植物资源综合开发利用为主，集产品研究开发、生产加工、市场营销于一体的科技型中小企业。公司现拥有超临界CO2萃取、大孔树脂吸附、生物酶工程、膜渗透超滤等20多项国际水平的专利和专有技术，产品包括以沙棘为主原料的药品、保健食品、化妆品、普通食品、药用原料及沙棘良种的培育和种植，对沙棘的叶、果、种子全方位开发利用，形成原料基地、产品研发与市场推广共同发展的良性模式，已经成为中国乃至全球最大的沙棘开发研究基地，是目前国内外沙棘行业中，综合开发利用程度最高、技术最全面、基础设施最完善、产品最多的龙头企业，年销售额已经达到2亿元。企业产权明晰，股权结构合理，建立了现代企业管理制度，是农业发展银行评定的AA级信用客户。

企业下设宇航人化妆品公司、宇航人药业公司、宇航人生态建设发展公司、北京宇航人生物工程公司、承德宇航人高山植物有限公司等子公司。公司先后被认定为国家农牧业产业化重点龙头企业、国家农产品加工业出口示范企业、全国生态建设先进单位、内蒙古自治区高新技术企业、林业产业化龙头企业、专利试点企业、星火外向型企业、创新型企业、内蒙古自治区10强高新技术企业。

宇航人公司应用超临界CO2萃取、大孔树脂吸附、膜技术、生物技术等高新技术手段，开发出十个类别，近百种沙棘系列产品。目前企业具备年加工1万吨沙棘果的生产能力，30t/n超临界二氧化碳萃取沙棘油、5000t/n沙棘果汁（浆）、10000t/n沙棘饮料、10t/n中药植物提取物、200t/n化妆品膏体、3亿粒片剂、3000万袋颗粒剂、10亿粒滴丸的生产能力。宇航人牌沙棘产品已经通过中国绿色食品发展中心、卫生部、美国FDA严格检测及认证，现已通过保健食品、国家重点新产品、QS、HACCP等多项认证，被新加坡卫生部批准为中成药，获得美国自由销售证书和有机食品ZOP认证、欧盟EU有机食品、日本有机食品JAP认证证书。其中宇航人牌沙棘油被内蒙古自治区人民政府授予“2004年内蒙古名牌产品”称号，2005年被评为自治区“十佳诚信产品”。

宇航人公司应用超临界CO2萃取、生物工程、大孔树脂纯化、膜过滤等高新技术加工沙棘果，在营养保健食品、药品、化妆品、饮品、药用原料等高附加值行业，相继研制生产出沙棘油胶囊、沙棘清汁、沙棘天然营养补充剂、沙棘黄酮滴丸等数十种高科技含量的沙棘系列产品，已进入高品位、多系列、大批量的发展阶段，在国内和国际市场上取得了突出的业绩。在国内，产品已进入全国主要市场，并在京津唐、沪宁杭、珠三角等地设立营销机构。国际市场上，产品已大批量进入东南亚、日本、德国、美国、意大利等市场，成为十分高档的保健消费品。

宇航人公司十分注重技术创新对企业发展的支撑和促进作用，长期致力于对沙棘及内蒙古特色植物资源的营养和药用功能的深层次开发研究。公司的技术中心及实验室内蒙古沙棘工程技术研究中心、内蒙古自治区重点实验室是经认定的自治区级科研机构，自治区沙棘工程研究最具权威的技术机构，也是国内最大一家从事沙棘专业研究的机构，具有较完备的工程技术综合配套试验条件，为公司的技术进步和科研项目攻关做出了重要贡献。公司先后承担了50多项国家和地方各类科技项目，其中包括国家科技部的科技攻关、火炬计划、科技支撑计划、星火计划、中小企业创新基金、科技人员服务企业等项目十项，以及国家发改委高新技术项目，国家标准委、商务部的工程技术项目5项。以上项目均已完成了项目任务书要求的内容，并取得了非常好的成绩。项目成果获得内蒙古自治区科技进步一等奖2项，国家石油化工行业科技进步三等奖1项，呼和浩特市科技进步一等奖3项、二等奖2项、三等奖3项。同时在国家核心期刊发表研究论文15篇。

宇航人公司高度重视知识产权对企业发展的促进作用，申请注册商标98个，在内蒙著名商标的基础上，“宇航人”商标2009年被国家认定为驰名商标，成为国内外市场上最著名的沙棘品牌。到目前为止已申报技术专利20项，其中发明专利12项，获得发明专利授权6项，掌握专有技术近30项。获得国家食品药品监督管理局两项沙棘新药、四项保健品的批文。制定备案企业产品标准近30项，参与了《沙棘籽油》、《沙棘果油》的内蒙古自治区地方标准的制定工作，目前还承担《沙棘籽油》、《沙棘果汁》两项国家标准的制定工作。在宇航人公司的技术成果中，绝大多数都拥有自主的知识产权，在世界沙棘综合开发利用方面处于领先水平。

内蒙古汉森酒业集团有限公司

汉森公司成立于2001年，注册资金2.3亿元，总资产约9亿元，现有员工700人。是集科研、育苗、种植、加工、销售为一体的大型私营企业。十二年来，公司植根乌海，立足莎草产业，以品质为基础，以国家产业政策为导向，以科学发展观为指导，以可循环经济模式为核心，锚定国家产业政策和有机葡萄酒市场前景。在自治区和乌海各级主管部门的指导与支持下，组建团队，拓展基地、大力发展沙产业、设施农业。已经取得了迅速的发展，产生了较强的“造血”功能，成为今后发展的良好契机。

公司从2001年开始，先后在治理难度最大的乌兰布和沙漠东部边缘风口处和黄河东岸入手，首先对乌海市生态安全构成极大威胁的风积流动沙地进行了集中治理。按照钱学森院士提出的“多采光，少用水，新技术，高效益”的沙草产业技术路线，公司组成技术与专家团队，因地制宜，顺天利民，苦战多年，探索出一套科学、创新的沙地葡萄种植模式，把沙地葡萄产业与生态建设相结合，走“林、草、农三结合”的循环经济模式，把沙地葡萄产业从单一的种植业发展成为集种植、酿酒、旅游文化于一体的生态文化型复合产业。

汉森酒业以国际先进的酿酒技术与设备为基础，以有机健康的葡萄酒事业为平台，汇集了一批国内外优秀的酿酒师、品酒师、葡萄种植专家和工程师、技术员团队。目前汉森酒业的年生产能力为2万吨，为内蒙古最大的葡萄酒生产企业。

汉森酒业始终坚持科学发展与可持续发展，倡导循环经济与减碳经济模式，在乌海高效农业园区和宁夏红寺堡区分别建立了“3+1”模式的国际化酒庄。这里不仅是高档葡萄酒的生产基地，还是葡萄酒主题休闲农业、红酒文化观光旅游和现代文化产业的平台。2008年“汉森”牌商标被评为内蒙古自治区著名商标，公司被认定为“国家级农牧业产业化重点龙头企业”及“国家级扶贫龙头企业”、“自治区林业龙头企业”和“沙草产业先进企业”。2010年“汉森葡萄酒”被评为内蒙古自治区名牌产品，2010年公司成功通过国家出口食品卫生注册评审，为内蒙古首家具有国际出口通行资格的干白干红系列葡萄酒生产企业。2011年，乌海的汉森酒庄被命名为“国家AAA级旅游景区”及“全国休闲农业试验示范区”。2012年被评为内蒙古自治区诚信企业，2012年又获内蒙古自治区主席质量奖，同年被国家工商总局授予中国驰名商标。

公司现有汉森干红系列、窖藏系列、典藏系列、珍藏系列等六大系列100余个品种。产品畅销全国并远销马来西亚、美国、荷兰、丹麦等世界十几个国家和地区。2006年“汉森四星干红葡萄酒”荣获第二届亚洲葡萄酒质量大赛金奖；2008年内蒙自治区酒业协会经调查，评定我公司在自治区葡萄酒行业中排名第一位。2009年汉森葡萄和葡萄酒再次获得中绿华夏有机食品认证证书和中国绿色食品发展中心颁发的绿色食品AA级证书。2010年4月，在第四届亚洲葡萄酒质量大赛上，公司选送的四款产品获三金一银；2010年成为上海世博会DVNET馆的唯一指定用酒；2012年4月，在第五届亚洲葡萄酒质量大赛上，我公司选送的6款产品均获大奖，其中窖藏梅鹿辄葡萄酒、窖藏蛇龙珠葡萄酒、窖藏赤霞珠葡萄酒获得金奖，窖藏特制葡萄酒、典藏蛇龙珠葡萄酒、珍藏梅鹿辄葡萄酒获得银奖，我公司总工程师蝉联“亚洲优秀酿酒师”称号。

目前，汉森葡萄酒已销售到全国15个省、直辖市、自治区，销售网络形成了以呼和浩特为中心的内蒙古自治区市场，以及以福建为中心的东南市场，以成都为中心的西南市场，以广州为中心的华南市场。随着2011年公司启动国际化战略，汉森产品已完成对丹麦、比利时、法国、澳大利亚等国家的出口。两年里，我们参加过两届法国波尔多国际葡萄酒博览会，先后获得多个德国柏林金奖，多次获得法、英等国的金奖和银奖。2012年，汉森出口欧洲的三款葡萄酒分别获得了德国、英国和法国的七项葡萄酒金奖和银奖；2012年上半年这三款酒在“丹麦酒报网”上名列前茅，其中一款酒曾与拉菲不分伯仲。2013年3月，在柏林国际葡萄酒质量大赛上，汉森选送的三款葡萄酒全部获得金奖，其中，“汉森2010沙漠城堡赤霞珠干红葡萄酒”获得金奖，“汉森2010五星干红葡萄酒”获得金奖，“汉森2008典藏蛇龙珠干红葡萄酒”获得金奖。

汉森酒业通过自己的企业发展，充分体会到一个企业，尤其是像葡萄酒产业这样的依托沙资源、走可持续发展的企业，绝对离不开国家的产业政策的扶持和资金的支持。在今后的发展过程中，汉森酒业一定继续以科学发展观为指导，深入贯彻国家的产业政策，发展企业，造福社会，服务百姓，着眼未来，把汉森酒业发展成为真正的行业典范，为自治区、乌海市的绿色产业贡献自己应有的力量。

内蒙古金沙苑生态集团公司

一、企业简介

内蒙古金沙苑生态集团公司是以沙漠生态综合治理、农林牧业综合开发加工为主的产业化生态集团公司，旗下公司有内蒙古金沙葡萄酒业有限公司、内蒙古金沙堡地旅游有限公司、内蒙古金沙泓泰畜牧有限责任公司。自2005年以来，以土地流转、企业投资的形式从事生态治沙产业，是内蒙古自治区农牧业产业化重点龙头企业、自治区扶贫龙头企业、第二批全国农产品加工业示范企业。项目设计建设总规模158213亩，总投资约20亿元，主要以现代高效葡萄种植、种草种树、产业化养殖、葡萄酒酿造以及牛羊肉冷冻加工销售、葡萄酒销售、生态观光旅游作为项目建设的主要内容和载体。

二、项目基本情况及未来规划

生态治理项目区主要建设内容包括5万亩葡萄种植基地、3万吨葡萄酒厂加工基地、畜牧业现代化舍饲养殖基地（30000只羊、10000头牛、10万羽特色家禽）、3万亩梭梭林嫁接苁蓉基地、4万亩防风固沙生态林基地、3万亩优良牧草高效农业种植基地以及休闲度假生态旅游基地。以上项目建成后，将使项目区植被覆盖率达到90%以上，彻底改变当地生态环境。目前已经平整沙漠7万多亩，修筑作业道路120公里，配套输变电线路110公里，打成配套机电井63眼，栽植防护林10000亩，建设节能日光温棚34亩，利用大型喷灌种植牧草15000亩，修建人工湖6处，投放鱼苗20万尾。累计投入资金6亿多元。

内蒙古金沙苑生态集团公司按照“人与自然、和谐发展”的生物链模式，强调项目间的循环利用和相互依存，通过优良牧草、高效农作物种植以及葡萄种植产生的枝条茎叶为畜牧业产业化提供优质蛋白饲料。牲畜产生的粪便通过发酵制作沼气，为园区提供热能和电能，沼气渣为葡萄种植和高效农业种植提供优质有机肥料，葡萄种植、畜牧养殖为人类提供优质的葡萄酒和冷冻肉食品。

葡萄种植基地

引进栽培国际驰名的赤霞珠、蛇龙珠、霞多丽、雷司令、黑比诺、美乐等优良葡萄品种，经过几年的种植试验，已经适应了当地的立地条件和气温气候，目前栽植葡萄20000亩，今后将逐年推广种植，最终达到50000亩的设计规模，为葡萄酒加工提供优质酿酒葡萄原料。为了给退牧搬迁农牧民提供就业机会，内蒙古金沙苑生态集团有限公司决定吸纳退牧搬迁农牧民进入葡萄园从事葡萄种植养护管理工作，可安置1600多人就业。

葡萄酒加工基地

内蒙古金沙苑生态集团公司年产3万吨葡萄酒生产线，引进意大利维洛公司葡萄酒生产设备以及意大利波的拉索葡萄酒罐装生产线，进口法国圣哥安橡木桶公司优质橡木桶，由英国阿特金斯设计公司提供葡萄酒庄的总体规划设计，形成发酵、酿酒、罐装、储酒为一体的现代化生产线。为了坚持“原料基地化，基地品种化，品种区域化”的原则，按照种、养、深加工的生态循环模式，种植优良牧草、建设大型养殖基地，以牧草饲养牛羊，以牛羊粪为葡萄种植提供有机肥料，葡萄加工的下脚料和葡萄枝条经过加工处理又是良好牛羊饲料，形成沙漠种植、养殖、葡萄加工的沙漠综合治理良性循环体系，生产的葡萄均为优质安全、健康、无污染的绿色有机食品。产品已顺利通过ISO9001质量管理体系认证、ISO14001环境管理体系认证、HACCP食品安全体系认证。成为消费者信得过单位、中国消费者满意名特优品牌、第十二届中国呼和浩特昭君文化节唯一指定葡萄酒、第六届中国民族商品交易会唯一指定葡萄酒、2012年第二届包头百姓最满意品牌葡萄酒。

金沙臻堡国际葡萄酒庄由英国阿特金斯总体规划设计，引进意大利VELO（维洛）公司和BERTO-LASO（波的拉索）公司年产能3吨葡萄酒酿制设备，打造离地10米的地下酒窖5000多平方米，进口法国优质橡木桶2000多个，集葡萄酒贮藏、品鉴、研讨、展示、旅游参观等多种功能于一体，展示出浓郁的异域风情。酒庄荣获《中国葡萄酒》2012年度百大葡萄酒评选“魅力酒庄”奖，并与中国农业大学合作创建“中国农业大学葡萄酒科技发展中心金沙酒业分中心”，与意大利品酒师协会合作创建“意大利品酒师协会中国培训中心金沙酒业培训基地”。形成了集种植、酿酒、地下储酒、葡萄酒文化传播、研讨、生态观光旅游为一体的现代化沙漠国际酒庄。

畜牧业现代化舍饲养殖、加工基地

内蒙古金沙苑生态集团公司规划建设的畜牧业现代化舍饲养殖基地，利用产业化舍饲养殖技术，计划养殖优质本地肉羊30000只，肉牛10000头。现已完成养殖规模肉羊6000只，肉牛1000头。

为了充分利用当地资源，配套标准化养殖项目，促进养殖业的深加工，投资3000万元建设无公害猪牛羊屠宰场项目。可供给乌海市、阿拉善经济开发区以及周边市场，为人们生活所需提供猪、牛、羊肉约60000吨。根据市场需要一部分通过流通渠道为食品加工业提供原材料。

内蒙古金沙苑生态集团公司始终坚持以“发展养殖事业，带动农牧民致富”为己任，以促进农业产业结构调整，推动农业经济发展和增加农牧民收入为基本出发点，严格按照“统一规划、统一饲料、统一防疫、统一技术、统一回收”的五统一原则，采用“公司＋基地＋农户”的模式，发展养殖事业，使与公司合作的养殖户经济收入大幅度提高，带动一大批农牧民走上致富之路。

现代高效农业种植基地

现代高效农业种植基地规划种植面积为30000亩，种植内容为优良牧草和饲料玉米，总投资7000多万元，配套先进的大型圆形喷灌机，现已种植优质牧草15000亩，成为阿拉善盟高效农业示范基地。

梭梭林嫁接苁蓉基地

寄生于梭梭根系的肉苁蓉是一种名贵的中药材，具有与人参相同的药用价值，近几年，肉苁蓉的人工接种已引起国内外专家的广泛关注，成为阿拉善盟的新兴热门产业。内蒙古金沙苑生态集团公司规划建设的30000亩人工肉苁蓉接种栽培基地，现已完成梭梭林种植面积12000亩，将即开展人工肉苁蓉嫁接技术。

防风固沙生态林基地

在项目地的迎风面，计划建设3万亩的防风固沙生态林基地，形成以乔木、灌木、牧草相结合的生态固沙屏障。乔木树种主要选择：胡杨、柽柳、沙枣、山桃、沙冬青、四合木、梭梭、蒙古扁桃、沙柳、山杏、绵刺、霸王、沙地柏、花棒、沙棘、杨柴、绵刺、四翅槟黎等。灌木树种和牧草主要选择：籽蒿、沙拐枣、杨柴、花棒、紫花苜蓿、沙打旺等。现已完成建设规模10000亩。防护林的建设，不仅可以降低风速，防止土壤风蚀，还可为牧草、经济林的种植创造良好的生长环境。

休闲度假生态旅游基地

内蒙古金沙苑生态集团公司计划利用由国家水利部批准建设的海渤湾黄河水利枢纽工程建成后形成的沙湖岛屿景观，发展生态观光旅游，建设金沙苑休闲度假生态旅游基地，建设内容包括五星级观光度假豪华酒店、滨河高尔夫球场、养鱼池、垂钓区、滑沙区、骑马场、狩猎场、原始景观区，并结合葡萄园主题采摘和葡萄酒庄风情，特色养殖工艺区展示，形成独具特色的大漠生态观光旅游景区，目前已进入项目实施阶段。另外计划建设的五星级度假酒店，将与香格里拉、希尔顿等知名酒店合作连锁，将乌兰布和沙漠北滩地区打造成又一处旅游秘境。

内蒙古王爷地苁蓉生物有限公司

内蒙古王爷地苁蓉生物有限公司创立于2006年，注册资金3300万元，以肉苁蓉为主的沙产业作为发展载体，在乌兰布和沙漠治沙十余年，创建了集“种植资源＋生物科技＋电子商务＋健康产业市场＋资本＋沙文化＋荒漠化治理”于一体的健康产业经济体系，依托自主知识产权，以缔造沙产业为使命，形成了从基地种植、生产加工、技术研发、仓储物流、市场营销、电子商务到终端会员一体化整合的健康全产业链运营平台。王爷地的追求是在沙产业领域实现为人类提供原生态养生产品的梦想，打造世界级生命健康产业的领军企业。

一、基地建设

王爷地从2003年开始进军沙产业，在乌兰布和沙漠规划建设30万亩沙产业示范基地，已建成5万亩肉苁蓉有机原料基地，形成以肉苁蓉种植为主体，甘草、锁阳、文冠果、苦豆籽、黄芪、沙漠羊、沙漠鸡等为辅助的沙生动植物种养链。2009年5月通过了中绿华夏有机食品认证中心有机认证。目前基地已投资7000多万元，栽植梭梭林3万亩，人工接种肉苁蓉2.5万亩，渠路林水电基本配套。基地被列为中国治理荒漠化基金会示范基地、国家发改委高技术产业化示范基地、中国农业大学中药材研究中心试验基地、北京大学现代中医药研究中心肉苁蓉研究基地、自治区沙草产业协会试验示范基地、内蒙古中蒙药材种植科技示范基地、磴口县肉苁蓉人工接种示范基地。与国内各大科研院校合作科研项目20多项，培训农牧民3000多人/次，先后接待国家、自治区、市县级领导参观检查200多/次，为沙产业发展起到了示范引领作用。

二、精深加工

公司按现代化企业管理，实行集团化运营，相继成立三个控股子公司。2010年投资3000万元在磴口工业园区建成中药饮片厂，2012年生产车间、仓储、化验室均通过GMP认证。建设深加工厂、生物技术研发、产品检测为一体的产品科技转化链；相继推出以“王爷地”“北国荣”“漠元”品牌为主的有机、原生态系列沙漠养生食材健康产品线。

组建营销中心，依托电子商务平台，打造线上产品、会员与线下渠道、产业基地互动，辐射中草药材交易市场及健康养生市场的全产业链。公司相继推出了御品苁蓉茶、中药饮片、苁蓉纳米粉、苁蓉饮料、苁蓉礼品等五大系列20多个产品。围绕健康、原生态养生主题，陆续开发饮品、保健品、药品、礼品、药膳、苁蓉有机奶、高端食材等产品链。在拓展市场的同时，产品品牌影响力不断扩大，目前“王爷地”品牌被认定为内蒙古著名商标。

公司自主研发的肉苁蓉种子营养块、肉苁蓉种植机械等七项专利已获得国家知识产权局专利证书。肉苁蓉鲜品榨汁提取工艺和鲜切片工艺两项深加工专利技术，已向国家知识产权局申请专利。

三、交易市场

2011年在磴口县建设内蒙古王爷地肉苁蓉特色农产品交易市场，总投资1.5亿元，占地面积约118046平方米，打造一条从贺兰路至朝霞路长500米的仿古商业街，市场规划分为深加工区、养生食材交易区、旅游商品展示交易区、电子商务服务区、仓储物流区、肉苁蓉博物馆，5年内力争将磴口县打造成为中国以肉苁蓉为主的养生食材交易港。

王爷地公司经过多年坚持不懈的努力，取得了以下主要成绩：

1. 2008年被内蒙古自治区认定为首批林业产业化重点龙头企业；2010年被评为内蒙古自治区光彩事业国土绿化先进民营企业；2011年被推选为第三届中国治沙暨沙业学会常务理事单位，获得“中国科技创新型中小企业100强”荣誉称号；2012被评为绿色财富（中国）十大新锐企业；唯一参与自治区肉苁蓉地理标志性产品认证的企业。

2. 中国首家认证5万亩有机肉苁蓉人工种植基地——乌兰布和沙漠（中国肉苁蓉种植最适宜区）磴口县王爷地苁蓉种植基地。

3. 成功开发中国第一款无糖苁蓉饮料；第五届中国肉苁蓉及沙生药用植物学术研讨会暨沙产业产品展示会指定饮品；2008内蒙古年度经济人物、创业人物颁奖大会唯一指定饮品。

4. 苁蓉产业的领军企业，创建了苁蓉产业与生态环境治理沙产业可持续发展的新模式。

5. 开创了沙漠中每亩超过3000元收益的产业纪元。

6. 通过王爷地公司对苁蓉产业的示范和引领，2011年苁蓉产业列入市、县两级“十二五”发展规划，全市发展50万亩苁蓉原料基地；2009年5月11日~13日在磴口县成功承办第五届中国肉苁蓉及沙生药用植物学术研讨会暨沙产业产品展示会，使苁蓉产业成为乌兰布和沙区经济发展和生态治理的新兴支柱产业。

四、发展思路

1. 沙生动植物种养链：根据道地药材品种，制定王爷地原生药材种植环境标准、种质资源标准、栽培标准、采收加工标准，全面实施中药材种植质量管理规范。按照中药材种植标准规范要求，以道地、特色中药材为重点，优先抓好肉苁蓉、甘草、锁阳、黄芪等道地中药材种植示范基地建设，并取得GAP认证，形成以肉苁蓉种植为主体，甘草、锁阳、文冠果、苦豆籽、黄芪、沙漠羊、沙漠鸡等为辅助的沙生动植物种养链。通过“公司+基地+农户”等模式，发挥其在药源基地建设上的示范带动作用，实现规范化种植、规模化生产。中药材种植基地面积达到30万亩，2017年中药材农业产值达12亿元。

2. 精深加工产品链：在现有加工厂基础上，扩大生产规模，运用先进技术、引进先进设备和先进工艺，实施精深加工，新建5000平方米提取、灌装洁净生产车间，新上制粒、压片、灌装生产线，年处理中药材达10000吨。加大产品研发力度，围绕健康、原生态养生主题，陆续开发饮品、保健品、药品、礼品、药膳、苁蓉有机奶、高端食材等产品，打造3个市场竞争力强、具有内蒙特色的知名品牌和拳头产品，申请四个保健食品批号。2015年争取中药材初加工、中药饮片、精深加工产品工业产值达1亿元。

3. 电子商务营销链：建立和完善中药材专业市场体系，利用王爷地养生食材港物联网交易平台，打造线上产品、会员与线下渠道，将实体店与网络有机结合，整合休闲养生、医疗保健、生活服务、社区、餐饮、团购等线下渠道；设立“荒漠化治理专项基金”，实现产品、渠道、消费者、公益治沙无缝链接；通过“互联网-渠道连锁网-物联网”三网互动营销模式，构建中国最大的订购式健康产业整合运营平台，争取中药材及产品年交易总额达10亿元。

4. 沙漠环保休闲旅游：利用基地内沙漠、天然水面、丰富的肉苁蓉资源和茂盛的林草植被等资源优势，深度挖掘苁蓉文化，以回归大自然、绿色环保、生态文明的理念为出发点，以蓉文化为内涵，以低碳生态为理念，以养生为主题，开展图片实物展示、野营度假、休闲旅游、康复养生度假、美术写生、摄影创作、沙漠探险、野外生存训练、乘驼大漠游等特色休闲旅游，构建集健康养生、度假餐饮、休闲娱乐、运动健身、游览观光等多种功能于一体的沙漠环保休闲旅游链。

地址：内蒙古磴口工业园区

网址：www. wangyedi. com

E－mail：wangyedi_ cn@ sohu. com

新宇力藻业集团有限公司

鄂尔多斯市新宇力藻业集团有限公司是集螺旋藻相关产品研发、养殖、深加工、营销为一体的现代化产业集团。集团公司位于鄂尔多斯市鄂托克旗乌兰镇，注册资本8162万元，由核心企业鄂尔多斯市新宇力藻业集团有限公司和4家控股公司25家成员企业组成。集团公司组织架构由企管部、财务部、生产部（包括养殖厂、GMP生产车间）、内蒙古自治区螺旋藻工程技术研究中心、供应部、营销中心、策划部等七大部门组成。公司高薪聘请国内一流的管理人才和技术人才，引进先进的生产技术和管理经验。目前已发展成为一个拥有一批多元化高级人才、大量现代信息化办公及螺旋藻生产、科研、加工设备的大型集团，规模资质位居中国螺旋藻行业前列。集团一直秉承“绿色食品，造福人类”的客户理念，恪守承诺，务实诚信，生产的优质螺旋藻系列产品，已经远销日本、美国、欧洲等发达国家及国内主要城市，并赢得了广大客户的高度赞誉。

集团公司本着“科学技术为第一生产力”的创新精神，组建了以国内螺旋藻行业知名专家乔辰教授和王志忠博士为领军的科研团队，建成了国内第一家由内蒙古科技厅认定的自治区级的功能齐全的专门研发螺旋藻的工程技术研究中心和质检中心。同时集团公司与中国科学院武汉植物研究所、北京林业大学、内蒙古大学、内蒙古农业大学、内蒙古科技大学建立了长期的技术支撑和技术协作关系，使集团形成了集生产、科研、教学实践为一体的大型高新技术企业。集团公司在螺旋藻藻蓝蛋白提取、螺旋藻多肽制备、螺旋藻多糖提取纯化、螺旋藻SOD提取，螺旋藻饮料、化妆品及复合食品加工等领域都拥有成熟的技术和工艺，这些都将为集团的发展插上腾飞的翅膀。同时，集团组建了全方位的策划营销团队，通过国内外各大媒体的大量广告宣传，全力打造中国乃至世界螺旋藻的知名品牌。随着品牌营造和市场的开拓，核心企业对成员企业产品进行市场调控，使鄂托克旗螺旋藻产业园区成为我国最大的螺旋藻集散地。

截至目前，集团公司获得了ISO9001质量体系认证、螺旋藻QS生产许可认证、绿色食品认证、HACCP认证、GAP认证、GMP认证等；并被内蒙古自治区人民政府认定为“内蒙古自治区农牧业产业化重点龙头企业”，被鄂尔多斯市政府命名为“农牧业产业化重点龙头企业”；被中国科协与财政部联合授予“全国科普惠农兴村先进单位”的称号；被鄂尔多斯市“讲理想，比贡献”活动领导小组授予鄂尔多斯市“讲理想，比贡献”活动先进集体称号。被鄂尔多斯市人民政府授予“创业之星”称号；被内蒙古科协认定为内蒙古自治区科普示范基地；获得了“中国现代农业科技创新十大标杆企业”及“中国螺旋藻行业十大领先品牌”荣誉称号等。

在新宇力藻业集团有限公司的大力带动下，2012年鄂托克旗螺旋藻产业园区被自治区科技厅评定为“内蒙古自治区农业科技示范园区”，并被国家质检总局认定为内蒙古自治区第一个国家级出口示范园区。

展望未来，新宇力藻业集团在董事长李新华先生的带领下，将不断开拓进取。我们的目标是：利用5—10年时间，带动成员企业将园区建成中国最大的螺旋藻养殖加工基地，打造世界“螺旋藻之都”。项目建成后，年产优质藻粉6000吨，系列产品4000吨，创造产值100亿元。产值、产量占世界总产值、产量的50%以上，安置剩余劳动力3000多人；建成中国第一个螺旋藻养殖观光生态园，建成国家级螺旋藻工程技术研究中心，以高精尖技术，打造高技术含量、高质量产品，占领国际国内市场；创建中国循环经济、节能环保的典范，建设节约型社会，促进人与自然的和谐统一。

地址：内蒙古鄂尔多斯市鄂托克旗乌兰镇螺旋藻产业园区

“绿豆大王”的传奇

——记吉林省洮南市物资粮油贸易有限公司董事长马金来

马金来今年52岁，18岁当兵入伍，在部队干了16年。1980年在部队考入国防科技大学深造，毕业后分配到祖国西北某核试验基地从事国防科技工作，6次参加核试验任务，多次立功和受到嘉奖。1992年转业回家乡工作，评定为九级伤残军人，1995年辞职下海经商，如今资产过亿，是我省著名的民营企业家。

当年从部队转业时，本来可以安排一份理想的工作，可是马金来不会处理微妙的人事关系，那份可心的工作被人顶替后，军人的耿直劲一上来，他对民政部门军转办人员说：你们随便安排吧！最终被分配到洮南市物资局所属经营单位做行政工作。工作没到3年，单位经营亏损，每月的工资都不能按时发放，在这种情况下他毅然地选择辞职下海经商。单位领导佩服他的勇气和魄力，说没什么能力帮助和支持你，仓库里有200条旧麻袋送给你了，也算表表我们的心意。1995年8月1日建军节这天，马金来创办了自己的公司。

一个有着多年军旅生涯经历的人，一步跳进茫茫无际的商海之中，心中的苦闷与孤独可想而知。一次，马金来与几个战友在一起吃饭喝酒，战友问你们那里有哪些优势资源？他回答说，除了风沙什么也没有。喝了几杯酒之后，他无意中和战友谈到了洮南的黑土地，谈到了黑土地盛产的绿豆、红豆、芸豆和大豆。一起吃饭的一位战友说，这不就是特色优势资源吗！这次聚会后，他心里敞亮起来，开始像在部队搞科研那样认真研究起洮南的杂粮杂豆。绿豆在古籍中称作小青豆，品质温和，功效清热解毒，集食用与药用价值于一身，是粮食品种之中的上品品种。而且，洮南这个地方历来盛产绿豆，洮南的绿豆籽粒饱满，颜色纯正，微量元素含量高，保存期长。同时，洮南还是全国四大绿豆和杂粮杂豆集散地之一。经过一番研究之后，马金来确定了自己今后经营方向。

俗话说：经商要有道。这个“道”是什么？当时的马金来不可能说清楚。但他曾经是一名军人，军人骨子流淌出来的精神，就是认准目标就一往无前。他经商与别人不一样，一般民营企业白手起家，是从一点一滴干起。他的经营理念是，一定要选最有实力的客户进行合作，这是一条捷径，这样才能把生意做起来，并且能够做大做强。按着这种理念，他只身一人来到北京，四处找战友帮忙，寻求与中央直属大型企业建立业务关系。经介绍他见到一位中粮集团老总，他说，我拿来的绿豆样品有各种检验数据，我可以先发货，如果绿豆质量与检验数据不符我不要钱，全部费用我自己负担。如果质量符合标准，绿豆价格由你们定。对方一看马金来做生意这么实在，同意签订了60吨绿豆买卖合同。这批绿豆挣了10000元，这也是他投身商海淘到的“第一桶金”。

转过年来1996年，马金来拿到了一个3000万元的绿豆购销合同大单。为了保证绿豆质量符合合同要求，他雇人一粒一粒精心挑选出2000吨准备发货。这时，绿豆市场发生波动，绿豆价格大幅上涨，几个省的客商找上门来要买这批绿豆，只要马金来松口，转眼之间就可以多挣300万元。马金来不为所动，坚持一定要履行兑现已经签订的合同约定。签约厂家不相信马金来还能执行合同，星夜兼程赶到洮南，下车后直接到仓库查看验货，当看到仓库里堆放的2000吨绿豆，麻袋上的尘土没有一点动过的痕迹时非常激动。这位企业老总回去后不但给马金来追加60万元利润，而且还追了几千万元订购绿豆合同。短短几年时间，马金来销售绿豆数量稳步上升，如今他把绿豆生意已扩展到美国、日本等几十个国家。马金来成为名符其实的“绿豆销售大王”。

经销绿豆形成了规模，建立起稳定的国内外营销网络体系，作为一名经营者，马金来已经是一名成功者，但他没有止步，开始更深层次地研究从经销商转变为生产商的发展之路。2000年以后，马金来把大部分精力转向寻求与大专院校和科研单位进行合作，注册设立了洮南市百群食品科技有限公司，把与中国农业大学联合研制的绿豆系列专利饮料产品投入生产。为了保证绿豆饮品的产品质量，自2004年以来，公司先后通过了有机产品认证、环境管理体系认证、质量管理体系认证、食品安全管理体系认证。为了从源头上保证绿豆质量，2008年公司在安定镇成立了农民协会，发展绿豆和杂豆订单种植面积3000多垧，为当地4000多户农民增产增收建立了稳定的销售渠道。目前，马金来已在谋划把绿豆系列饮品做成国内外知名品牌，让中国的绿豆在世界范围的饮食与健康革命中大放异彩。

商海搏击勇站潮头

——吉林恒誉塑料有限公司董事长王成君创业事迹

王成君，今年45岁，吉林省蛟河市新站镇人，肢体残疾，现任吉林恒誉塑料有限公司董事长。他身残志坚，自强创业，以坚韧不拨的毅力和自强不息的精神，在人生和事业旅程上走出了一条成功的创业之路。

一、身残志坚，找到人生坐标。

王成君小时候曾经生活在一个非常幸福的家庭里。然而，4岁时一场突如其来的灾难降临在他身上。因注射青霉素造成小儿麻痹症，给右腿带来了终身的残疾。但在他成长的过程中，父母亲友和老师对他无微不至的关怀，帮助他树立了生活的信心，对他后来事业的发展起到了关键作用。

1981年，对于王成君来说，是人生的第一个转折点。母亲所在单位蛟河市第二塑料厂招工，通过自己的积极努力，他幸运地成为该厂的一名工人。厂里领导充分考虑到他的特殊情况，安排他从事电器维修工作。他非常珍惜这份来之不易的工作，虚心向老工人学习请教，苦心钻研业务。在很短的时间内就掌握了电器维修技术。由于他脑子活、能吃苦、肯钻研，厂里还多次派他到上海、北京等地学习，使他对电器维修非常精通，并且成为厂里的技术骨干，连续多年被评为“先进生产者”。

正是在塑料厂工作的这段时间里，他找到了自己人生的坐标，并为自己确定的目标默默地耕耘着。他想：“我虽然是残疾人，但我决不比正常人差，只要不断努力奋斗拼搏，就一定能干出一番事业，为社会做出自己的贡献。”他是这样想的，也是这样做的。同时，也与塑料这个行业结下了不解之缘。

二、勇闯商海，踏上创业之路

随着改革开放的不断深入，王成君经过充分的市场调查和分析论证，感觉到塑料制品行业具有广阔的发展空间和市场潜力，便萌发了创建属于自己的塑料制品厂的念头。1992年9月，他毅然决然的向厂子提出了辞职申请，在亲属朋友的资助下，他筹资近5万元，购买了一台小型60克塑料成形注射机，并聘请了本厂的2个下岗职工和4个工人，建立了小型制塑厂，红红火火地干了起来。当时，厂子主要是生产吉林市吉诺尔冰箱厂的配件产品。可是，第一批货就出现了差错。当他把价值4万元的产品送到厂家时，因大部分产品质量不合格，厂家拒绝接收。他眼看着摆放成堆的产品，心中非常着急上火，但他并没有马上放弃。因为产品中还有一部分是合格产品，他极力说服厂家来收购。而且提出自己派工人和厂家的工人共同挑选的想法，得到了厂家的同意。经过2天的挑选，终于使厂家收购了合格产品。虽然，他第一笔生意赔了2万余元，但是，由于他诚实守信的精神深深感动了厂家领导，得以建立了长期合作关系。

1996年，他又上了一台设备，厂里用工达到10人，产品也扩大到民用塑料制品和药品包装物等十几个品种，远销到吉林、舒兰等地，年收入达到五十余万元。他一步一个脚印地苦心经营着自己的厂子。到2002年初，已基本完成了初级的原始积累，个人资产达360万元。

三、抢抓机遇，发奋图强创大业

由于受市场经济大潮的冲击，1995年王成君原来所在的第二塑料制品厂因经营管理不善，正式倒闭破产。2002年6月，蛟河市工商银行决定委托省拍卖行对第二塑料制品厂向社会公开拍卖。原厂下岗职工知道消息后，积极要求以入股的方式把厂子买了下来，通过努力运作，共筹53个股，融资346.8万元，将工厂买了下来。仅王成君一个人就入股236万元，占全部股份的68%，并当选为公司的董事长。

厂子虽然保留下来，但大家意见始终不能统一，直到年底也未能投入生产，大家便纷纷要求退股。王成君经过深思熟虑后，毅然决定买下所有的股份，并以3厘的利息连本带息返还给大家，使所有的人深受感动。

他把企业买进后，朝着更高的目标发展。2003年初，他又购进了7台160克塑料成形注射机，扩大原来厂子的规模。同时，积极筹措资金，想方设法地把买断的企业盘活。

他把目光放在了药品塑料包装物上。通过同行的引荐介绍，与哈药集团、修正药业建立了合作关系。但对方提出企业达到一定的标准和规模才能合作。为此，他暗下决心，一定要把企业做大做强。

为了使企业达标，他几乎找遍了所有的亲属、朋友和同学，筹集了700多万元，用于厂房的扩建改造和前期准备工作。生产药品塑料包装物的标准和要求非常严格，必须通过省药监局审批和环保测评，才能上马投入生产。在施工期间，他吃住在厂里，不分昼夜地工作，确保施工质量。在新站镇党委、政府的支持下，2003年10月，扩建改造工程全部结束，厂区占地面积6600平方米，厂房面积4000平方米，并且实现了绿化。2003年11月初，顺利地通过了省药监局的检查验收和环保测评，成立了吉林恒誉塑料有限公司。2004年5月初正式投入生产，年产值达到1000多万元，安置下岗职工73人，其中残疾人37人。2006年，在企业不景气，缺少流动资金的情况下，蛟河市残联为企业提供了20万元的无息贷款，帮助企业度过了难关。企业规模大了，效益好了，但王成君并没有忘记自己是一名残疾人，他能够理解残疾人的疾苦和创业艰辛，便想方设法地通过各种形式广泛安置残疾人就业，目前企业残疾人用工多达46人。安置残疾人虽然多了，也达到了福利企业的标准，但王成君却没有享受福利企业退税优惠，他说："这么多年来，各级政府给我这么多的帮助，现在企业效益好了，我也应该回报一下社会了。"据统计，多年来企业共计上缴税金90余万元。

公司经过多年来的苦心经营，企业现已全面通过国家食品药品监督管理局认证，并成为吉林省唯独三家具备塑料药品包装资质的企业之一。目前公司现有产品品种规格78种，年销售收入1400万元，利税50万元，总资产突破1600万元，并与省内10几家大型制药企业达成长期合作伙伴关系。

2004年，王成君被蛟河市委、市政府评为"蛟河市创业先锋"，同年被蛟河市政府残工委评为"残疾人十佳创业明星"；2005年5月，被吉林市政府残工委、吉林市人事局、吉林市残联授予"自强模范"称号；2006年2月，吉林省人事厅、吉林省劳动和社会保障厅、吉林省残联授予"吉林省残疾人自强创业（就业）优秀个人"称号。2007年11月当选为蛟河市政协委员；2008年11月当选为蛟河市政协常委。

谈起将来，王成君对自己企业的发展前景非常乐观，充满信心。他已制定好两个"五年计划"。从2008年起，第一个五年计划期间，将边生产边规划高质量厂区厂房，使公司固定资产增值到3200万元左右，年销售额4000万元，产值达到4800万元。第二个五年计划，力争使厂区扩大到2万平方米，使各项指标比前五年计划翻一番，进一步提高公司的综合能力。

创造奇迹的不竭动力

——施慧达药业集团（吉林）有限公司创新发展纪实

施慧达药业集团（吉林）有限公司是民族制药企业的创新先锋，其生产的降血压药"施慧达"（通用名：苯磺酸左旋氨氯地平片），是中国科学院九五重大科研项目，是我国首例手性拆分的光学纯药物，它的问世填补了我国手性药物拆分的空白，先后获得中国化合物专利和拆分方法专利及美、英、德、法、澳、加的拆分方法专利授权。在10年的发展历程中，创新作为企业坚强的脊梁，支撑着企业不断发展壮大，成为企业永恒的理念、不竭的动力和进步的源泉。

10年里，企业创造了多个骄人的第一——研发了世界上第一个左旋氨氯地平片，作为企业主导产品的"施慧达"，第一个获得国家和政府支持推广、第一个入选国家3个重大科研项目、第一个被SFDA批准上市、第一个荣获世界6国专利并创立左旋氨氯地平国家药典标准的手性拆分降压药。

10年里，企业创造了无数骄人的成绩——"施慧达"是国家发改委投资2.2亿元建设的"高技术示范工程"项目，2001年被国家经贸委评为"国家级新产品"，2002年荣获国家经贸委"九五"技术创新奖、"吉林省科学技术进步"奖。被吉林省政府列为“高技术产业化示范工程”企业和“高新技术”企业；被授予吉林省创新型企业、白山市科技十强等多项殊荣。2006年，施慧达商标被评为吉林省著名商标；2008年，施慧达商标被国家工商总局认定为“中国驰名商标”。

坚定不移地走自主创新之路，施慧达药业集团（吉林）有限公司从一个名不见经传的小公司，凭借研究创新、临床创新、推广创新、开发创新和质量创新，一举突破我国高品质降压药被外企垄断的局面，打造出中国名牌降压药“施慧达”，从而成为民族制药企业自主研发的典范、不断创新的样板。

走研究创新之路，施慧达不断改进拆分工艺，完善工艺流程，提高药效，降低副作用，其研究成果被中科院评价为“该项目及技术达到和超过了世界先进水平”。经过几年来的深入研究，已经有了初步的工艺改进方案，对影响拆分收率的关键技术逐步掌握，并计划用两年时间将拆分收率提高6个百分点。公司始终把研究创新和新产品研发放在决定企业可持续发展的重要位置，逐渐加大对自主研发的投资力度，累计进行250多项学术临床等方面的研究。

走临床创新之路，施慧达的疗效经受住实践的考验。经过北京大学、首都医科大学等10家大型医院开展的多中心、随机双盲大型对照研究证明，其有效性、安全性均优于发达国家的世界王牌降压药，特别是经过教育部“211”夜间高血压研究工程、卫生部“十一五”高血压预防研究工程和科技部863中青年高血压预防研究工程的临床科研，进一步证明该药对心脑肾的保护作用和显著的降压效果。2009年，50多名医学药学“大腕”齐聚北京，为施慧达“会诊”，达成共识：施慧达的降血压有效率比进口的氨氯地平高7.46%，不良反应发生率则降低了60%。在降压类药品中，施慧达是响当当的中国名牌、是叫得响的民族品牌。

走推广创新之路，施慧达在研究中推广，在推广中研究，周而复始，良性循环。公司通过各种学术会议，将产品推荐到医生患者中去，听取意见，改进提高。同时，每年都要派出大量人员参加国际国内顶级的学术研讨会，沟通交流，吐故纳新。充分发挥公司专业人员的作用，在国内外发表学术文章430余篇，让世界和市场充分认识、了解施慧达，从而为我国创新药物的推广使用开创了先河，为民族制药工业的创新做出了榜样。

走开发创新之路，施慧达不断开发新产品，向技术密集型产业的方向发展，在产品研发上基本形成了“生产一代、储备一代、研发一代”的梯形产品开发结构。目前，该药正在做深度开发，申请七个一类复方降压药，并申请了国内外的专利，使该药的产品创新迈上一个新台阶，为中国的自主创新品牌做出了新贡献。百尺竿头，更进一步。公司并不满足于单一品种的开发，目前具有独立知识产权的一类新药一个，二类新药二个，正在开发的一类新药一个、三类新药四个；已获得美国、德国、法国、英国、韩国、澳大利亚国外专利的新药二个，形成了治疗“高血压”“高血脂”“高血糖”的“三高”药品结构，新上的治疗高血压二类新药替米沙坦和治疗高血糖的二类新药那格列奈已获生产批件并已生产出合格产品，治疗高血脂的二类新药和治疗偏瘫的一类新药已进入临床阶段。

走质量创新之路，施慧达在生产中精益求精，严格控制把关。从原料上，药品的主要原料和辅料以及拆分溶剂均为进口高质产品，虽然价格昂贵却从源头保证了产品质量，被誉为“国产进口药”；从工艺上，独家拆分专利和工艺特点保证原料药和片剂在制备中的质量；从管理上，实行质量一票否定制。正是这三点保障了产品质量，施慧达历经全国22个省的1千余次检验，从未出现任何质量问题。产品目前覆盖全国30个省市、1万多家医院和8千多家社区医院及9万多家零售药店，累计销售12亿多片，有2千多万高血压患者12亿多次服用从未因质量问题引起患者投诉。

创新，赋予施慧达药业集团蓬勃的生命力，使其成为民族制药工业的骄傲，振兴民族医药产业的希望！

“长春三鼎”——7个“中国第一台”的创造者

长春三鼎变压器有限公司是原机械部定点生产厂——长春变压器厂转制而来的股份制企业，经过数十年的发展，目前已培养出了一批同行业的科技领军人物，一批企业优秀管理人才和一流的员工队伍，成为具有先进管理模式和设计手段，完整的产品研发、制造、营销体系的现代化生产企业。现具备年产变压器6000兆伏安的生产能力，其工艺水平、检测手段和质量水平均居全国变压器的先进行列，与国际先进水平相当，产品远销越南、印尼、伊朗、阿尔巴尼亚、巴基斯坦、新加坡、韩国、乌克兰、缅甸、南非、澳大利亚等国家，并受到外商的好评。

需要特别提及的是，该公司还是国内电炉变压器行业标准的主要起草单位，目前国内的6个电炉变压器行业标准均是以该公司为主起草的，从而标志着其在电炉变压器的技术水平上正在引领整个行业的发展。

但就在九年前，我国超高功率电弧炉变压器市场却一直被发达国家垄断，国内需求几乎全部依靠进口，其主要方式是随外购的电炉成套引进。不但价格高，动辄几千万人民币；交货期长，至少一年以上；而且服务很难做到快速及时，费用更是高达每天2000美元。针对这一现状，作为我国电炉变压器行业的“龙头企业”，“长春三鼎”多年来一直在苦练内功，倾力在方方面面培育、发展和壮大自身，并决心改变这一不利局面。2002年，无锡锡钢集团需要一台3万千伏安的大型长弧电弧炉变压器，虽然这一产品当时我国不能生产，但鉴于“长春三鼎”在行业中的名气和地位，更是出于成本、服务和需求紧迫等多方考虑，他们找到了“长春三鼎”，而公司更是勇于接受了这一具有使命感的任务。为此，他们动员全厂上下合力攻关，先后攻克了电场、磁场和热力场等多方面的诸多技术难题，仅用了6

个月的时间就成功研发出这一当时我国首台大型电炉变压器，不但质量和水平不逊于国外产品，而且价格还低了60%，交付使用后，运行一直良好，为此用户非常满意。而后，他们又再接再厉，研发出了3.5万千伏安的长弧电炉变压器，先后应用于越南太原钢厂、河南永通钢厂等十几家钢铁企业，从此基本取代了同类型的国外产品。

2003年，福建国际钢铁制品有限公司进口的一台4万千伏安的长弧电炉变压器在运行了几年后损坏且无法再用，需更换一台新的。这一型号当时国内也不能生产，再从国外买他们又不认可，为此又是“长春三鼎”通过攻关研发出了该类大型电炉变压器的“中国第一台”，而价格仅是国外同类产品的一半。这之后，“长春三鼎”又先后研发出了均为“中国第一台”的6.3万、6.6万、9万千伏安超高功率电弧炉变压器，可一次结晶450吨钢的电渣炉变压器，分别应用于中冶京诚股份有限公司、上海重型机器厂等国内用户，并出口到印尼、伊朗等国家。以上产品除价格至少比国外同类产品低一半，交货期至少缩短一半，产品性能已与国际知名厂家一致，可靠性甚至等同或高于国际同行，更让用户满意的是，“长春三鼎”的售后服务均为免费，而且在大陆24小时内服务人员即可上门。

2010年6月9日，中冶东方江苏重工有限公司正式宣布，长春三鼎变压器有限公司中标其为炼钢车间220吨康斯迪电炉配套的14万千伏安超高功率电弧炉变压器。招标会上，为“中冶江苏重工”提供世界顶级水平康思恩电炉的外方专家，对“长春三鼎”研发、制造超高功率电弧炉变压器的能力、技术、质量和服务等均给予了高度评价。而“长春三鼎”也不负众望，按用户的要求提前完成了这一我国首台国内生产史上容量最大，而且是世界第三大容量的超大型电炉变压器。

目前，“长春三鼎”研发、制造超高功率电弧炉变压器的水平已达到国际一流，在国内的市场占有率达到70%以上，不但为自身创造了良好的经济效益，而且创造了更高的社会效益。由于大量替代进口产品，九年来，据保守估计，该公司为用户节约的资金也达数亿元。

精细化管理助“辽源方大”超常规发展

2005年时，辽源方大锻造有限公司的产值和销售收入仅为5700万元，利税450万元，在全国同行业中属中下等水平。其管理费用竟占到企业总费用的20%，凸显出内部管理存在着很大的差距。2006年，公司开始积极探索强化内部管理的新途径，全面推行精细化管理。随后的几年辽源方大产值、利税翻了四番。2011年，辽源方大11项主要经济技术指标再创历史新高，实现产值2.2亿元、利税3095万元。大家都说，是精细化管理让辽源方大实现了超常规发展。

废除粗放管理模式

2005年末到2006年初，针对发展过程中的种种弊端，经过深入调查和剖析，辽源方大发现原有的粗放型管理制度存在三方面问题：一是有的管理制度没有及时按照现代化企业管理的要求进行更新，始终没有突破计划经济模式下的管理藩篱。二是陈旧的管理方式和流程缺乏规范性和时效性，纵向管理和横向制约不到位，导致出现问题相互推诿，没有使责任和利益相互挂钩。三是在一些方面还没有建立起管理制度，干部在处理一些问题时往往“推着干”或“干着看”。这些问题严重制约了公司在市场经济条件下的快速发展，使广大员工，尤其是部分管理人员产生了自我感觉良好的满足心态，人浮于事，缺乏责任心，潜在的损失和浪费非常严重。而实行精细化管理，就是注重以人为本，用严细的责任和利益关系调动人人参与管理的积极性和创造性，提升管理水平，全员树立“时时处处精打细算，方方面面节约挖潜”的理念，为企业长足发展练就内功。

为此，公司立足制造业企业的特点，积极围绕企业制定的“十一五”发展规划，学习借鉴外部先进的管理手段，开始创新实施精细化管理，主要做法包括：

加强组织领导，建立精细化管理体系。公司专门成立了精细化管理领导小组，并下设办公室。领导小组吸纳了经营管理、安全生产、技术工艺、市场营销、物资供应等各部门人员，负责各项管理制度的制定、指标责任划分、精细化管理日常监督考评等具体工作。同时建立并完善了《辽源方大锻造有限公司精细化管理考评制度》，从而使精细化管理工作更具有实效性和可操作性。

开展学习培训，带动全员参与。为使精细化管理扎实有效开展，公司坚持每月1次的班组长以上管理人员学习制度，在学习先进成功经验的同时，不断与本单位、本部门的精细化管理工作进行对比，及时弥补缺憾和不足，务求取得实效性进展。在学习培训过程中，重点解决中层干部学以致用、提高执行力、发挥创造力等关键问题。同时每季召开1次管理干部精细化管理经验交流会，采取“以点带面”的形式促进精细化管理不断向纵深发展。在此基础上，本着全员参与的原则，将13种精细化管理办法印刷装订成册，下发到生产车间、机关部室和班组，力求让每名员工打烙印、感兴趣、知标准、懂要求、做楷模，人人参与到精细化管理的创新实践中。

优化精细化管理方法，实现降本增效。结合生产经营实际情况，公司在8个方面实行并推广了成本、费用旬核算管理制度，制定了13项精细化管理办法、322条考核措施，各车间、部室还分别制定了具体的实施细则。

七项精细化管理实现降本增效

指标提升分解力促效益提升。自2006年，根据上级下达的各项经济考核指标，辽源方大为实现科学快速发展，每年都采用成本倒算的方式，将产值和销售收入目标计划提高1000万元以上，以此确保利润指标、员工收入、技改资金投入和上缴税金连年提高。公司并将指标和责任层层分解落实，与各基层单位签订目标责任状，每月进行严格考核。为促进总量增长，公司确定了“做大做强锻造，发展铆焊和铸造”的发展思路，将原来铆焊和铸造2个生产班组分别升格为2个生产车间，加大了技术设备改造力度，结果铆焊车间三年产值翻三番，而且产品毛利润均在30%以上；铸造车间产量也由不足千吨猛增到3000吨以上。通过实施目标精细化管理，公司总产值从2006年的5700万元一跃飙升到2008年的1亿元，提前2年实现了公司制定的“十一五”规划发展目标；而到2011年，公司已实现产值2.2亿元、利税3095万元，每年经济总量实现了30%以上的增长。

靠成本和费用精细化管理降成本。2007年，公司开始制定并实行《成本、费用包干管理办法》，将所有产品都分型号和工序制定了人工、材料、电力、设备配件消耗定额，由分管部门根据各生产单位当月交付的合格产量，计算定额总成本。各单位实际成本超过定额，按超出额度的10%减发当月计件工资。结果仅当年全公司就节约成本50万元。这之后，在2007年基础上，公司每年都将总成本定额下浮5%，同时提高奖罚比例。通过包干管理，公司2008年节约成本80万元，2009年节约成本100万元，2011年节约成本已超过200万元。在费用管理方面，公司实行预算定额管理办法，结果实施头3年就累计节约管理费用50多万元，同时每年在修旧利废上亦创收40万元以上。

靠原材料精细化管理降本。辽源方大物资采购严格执行招议标采购制度，并成立了公司招议标领导小组和物资验收小组，招议标小组由公司主要领导任组长。每月5日前，公司都要召开材料采购招议标会议，主要材料原则上要求在专业厂家采购，并提供3个以上正规厂家同类产品报价单。同时严格执行材料入库验收制度，对验收不合格或在生产使用过程中发现属防冒伪劣的，由采购员负责退货，公司不予报销差旅费；无法退货的，采购员负责赔偿全额材料款。

在原材料使用上，公司强化工艺改革，尽量提高材料利用率。为此下料车间坚持“大材不小用，长材不短用，物尽其用”的精细化下料原则，每年都能累计利用料头下料200吨左右，节约原材料成本70万元；技术工艺部会同锻造车间通过下料工艺改革改变料径，原材料利用率由原来的79.4%提高到88.1%，每年节约钢材60吨，节约原材料成本30万元以上。与此同时，公司还相继在营销、节能、质量等方面全面实施了精细化管理，致使综合电价从原来的0.608元降到目前的0.304元，仅此一项年节约电费就超过百万元；产品的出厂合格率已达到100%；还先后开发了630/180、764/630刮板输送机，大型刮板和大型汽车前轴锻件等新产品32种，新产品累计创产值已突破1亿元。前不久，该公司总投资20亿元，国内最大、世界先进的锻造中心项目又开工建设。该项目将于“十二五”期间建成投产，达产后预计年销售收入可达35亿元、利税6.5亿元。

大庆东华油气开发股份有限公司

大庆东华油气开发股份有限公司（简称：大庆东华集团）是黑龙江省较大的股份制企业，创建于1984年10月。主要从事石油钻井工程服务、路桥工程施工、石油专用管具加工、糠醛化工生产、水泥建材制造、道路专营。

创业二十多年来，大庆东华集团坚持科学发展，紧紧依托石油钻井、油气开发产业优势，不断穷实产业发展要素，实施主体牵动多元并进战略，快速推进企业发展。固定资产达30亿元，年产值突破15亿多元，员工队伍壮大到3000多人，成为黑龙江省中小企业快速发展的典范。先后荣获大庆市重合同守信用企业、大庆市文明单位、黑龙江省文明单位、黑龙江省抗洪抢险先进集体标兵、黑龙江省中小企业纳税大户、东北三省优秀企业、全国百佳中小企业形象单位、全国中小企业管理先进单位等称号，荣列国家采掘业中小企业第8名，同时跻身中国中小企业500强行列，实现了经济效益与社会效益的双赢。2009年，被列为黑龙江省重点扶持的百家企业之一。增强主导产业实力，提升专业品牌价值。集团所属主导产业钻井公司的技术服务、自主创新、机械装备、运输保障能力不断增强，现有钻机总装配43部。重型运输车辆、重型吊车400多台辆，爬行机械、装载机械200多台，并拥有随钻测斜车六台和进口固井车30多台。可独立完成开发井、调整井、定向井、探资井、水平井、深层气井等油气水井的施工，具备固井、测井作业和搬迁能力，年钻井能力在1000口、进尺达200万米以上。

公司不仅在大庆油田站稳了市场，还挺进了辽河、吉林、长庆、海拉尔等油田区块，取得了较好的施工业绩。

大庆东华油气开发股份有限公司将认真遵循坚持科学发展增强竞争实力，推进管理创新构建品牌优势的经营理念，秉承"服务至上、甲方第一"的施工宗旨，不断提高施工质量和服务水平，努力强化队伍素质提升，着力打造中国石油钻探和矿藏开采行业的知名品牌企业。

公司地址：大庆市让胡路区喇嘛甸东华园区
邮政编码：163713
热线电话：0459－6721014
业务传真：0459－6721029
公司网址：www.dqdonghua.com

哈尔滨百润油晶集团有限公司

哈尔滨百润泊品集团有限公司创建于1987年，占地面积12万平方米，各类专业精英人才120人，拥有固定资产4000余万元，是集科研、制造、营销为一体的综合性实业公司，经过二十多年的励精图治，已发展成为黑龙江省润滑油、润滑脂及特种泊生产的现代化企业。拥有国内先进的润滑油生产工艺、一流合成调配生产线、新加坡进口全自动车用小包装灌装线、国内先进水平接触器法制造润滑脂生产线及特种泊生产线等多种装置。产品达十一大系列160余种，覆盖电力、机械、煤矿、林业、农业等领域，其生产技术先进，检测设施完善，科研实力雄厚。

公司始终坚持以严谨的科学态度和专业的工作作风为客户提供高质量的产品和全方位的技术服务，以先进技术打造卓越品质。完善的IS09001：2000质量保证体系和严格的检测程序，确保我公司出厂的产品全面达标。"百润牌"润滑油、润滑脂产品，连续十多年获黑龙江名牌产品，树立了鲜明的品牌形象。公司多项产品被哈尔滨轴承集团、哈尔滨三大动力、十大军工企业定为配套专用泊。以创新的经营理念、专业化的技术支持和高水准的服务质量，赢得了广大客户的信任与支持。主要产品远销朝鲜、俄罗斯等国家。

地址：哈尔滨市道外区先锋路7号

邮编：150056 传真：0451－82468822

销售热线：0451－82461104　0451－82432375

哈尔滨宾州电器有限公司

哈尔滨宾州电器有限公司始建于1979年，原是宾县电业局直属的集体企业，公司原名宾县光华电器有限公司，于2003年更名为哈尔滨宾州电器有限公司。公司座落在宾县县政府所在地：公司占地面积50000余平方米，建筑面积21000平方米，现有固定资产5000余万元，注册资金1050万元，现每年实现产值4000万元以上，利税超百万元。公司现有职工156人，其中工程技术人员25人，下设五部一办，分别为：财务部、生产部、质检部、技术部、营销部和综合办。

公司生产设备配套，检测设备齐全，能满足生产、工艺需要。主要设备有数剪、数折；通用设备有冲床、车床、刨床、铣床、摇臂钻、剪板机、折弯机、硅钢片纵剪线和横剪线、绕线机等：检测设备有数显试验台、高压试验台、耐压变压器CPT）、感应试验变压器、大容量调压器等。

公司是以电器制造及安装为主的民营企业。产品制造方面有：KYN型中置柜、XGN2型高压开关柜、高压/低压预装式变电站、S9、SII型电力变压器、GGD型低压配电柜、GCS、MNS型低压抽出式开关柜：安装方面有国家电监委颁发的五级承装电力设施许可证。现有十四种产品均做了型式试验并通过了两部、两厅局的产品鉴定。公司的产品均在省电力局和哈尔滨电业局入网，公司产品均已通过IS0900 1：2000国际质量体系认证，低压电器产品已通Ji3C国家安全强制性认证，变压器、高压柜、低压柜、箱变每年都有国家相关权威部门的检测。高压/低压预装式变电站已在沈阳变压器研究所注册。

公司的产品主要销往黑龙江、吉林、辽宁、内蒙等地，在98年开始的农网、城网改造中一直参与招标，为电力部门电网改造做出了积极的贡献，我们的产品也深受广大用户的欢迎和好评。

公司地址：哈市宾县宾州镇健康路18号

邮政编码：150400

联系电话：0451－53970383

牡丹江富通汽车空调有限公司

牡丹江富通汽车空调有限公司的前身是军转民企业——牡丹江空调机厂，1988年开工建设，1997年通过验收。1998年2月20日加入一汽集团；2002年6月与潍柴动力、一汽集团重组。2008年公司被评为国家高新技术企业。

公司占地11.17万平方米，现有员工521人，其中高级工程师26人，工程师83人，从事产品设计和研发的人员共计98人，占公司员工总人数的19%，其中80%的人员具有10年以上工作经验。总工程师于源俊为中国汽车空协会主任委员、一汽汽研所原副总工程师。

公司引进德尔福公司V－5可变排量和SP系列汽车空调压缩机生产技术和装配生产线，购进国内外的先进设备建有机加、压铸、热处理、表面处理生产线。公司建有研发中心、技术开发部、试验中心。日本佐竹公司设计的产品性能、寿命、热环境模拟和噪声试验室。利用当地闲置资产招商引资建成有30户配套企业的压缩机零部件配套基地，盘活资产1.2亿元，融资8000多万元，安置就业1443人。

公司通过了ISO9001、QS9000、VDA6.1、TS16949质量体系认证。拥有丹麦的X射线机、美国的直读光谱仪和三座标测量机等检测设备，具备零部件探伤、金属分析、高精度尺寸检测等完善的检测能力。

公司现为一汽－大众、一汽轿股、天汽、海汽、一汽青岛、东风贝洱/日产、上汽五菱、福特－江铃、华晨金杯、奇瑞、长安、吉利、湖南长丰、陕重汽等20多个车厂的30多种车型配套并出口到北美、东欧和中东地区。

2009年公司产销压缩机60万台，销售收入3.5亿元，利税36C0万元。

公司通过自主创新和技术改造积蓄发展后劲，先后开发了V－5逆转压缩机、V－5固定排量压缩机、CV162、SC/10S系列压缩机、CVC压缩机，目前与中科院、上海交大、西安交大合作开发电动压缩机、涡旋、混合动力压缩机。公司规划2014年产销量达210万台，产品40%出口。产品由两种变为八种，生产线由三条增加为八条。

单位地址：黑龙江省牡丹江市西十二条路

联系电话：0453－6173012

销售热线：0453－6173050

传 真：0453－6421779

网 址：www.fotonac.com

齐齐哈尔瑞盛食品制造有限公司

齐齐哈尔瑞盛食品制造有限公司创建于1992年，注册资本3000万元，总资产8400万元，固定资产4450万元。员工240人，占地6万m2，总建筑面积2.2万m2。公司拥有现代化厂房、国际一流设备，公司先后获得："国家高新技术企业"、国家民委"全国民族用品定点生产企业"、农业部"农产品加工企业技术创新机构"等诸多殊荣。是中国北方较大型的绿色、有机食品加工基地。

瑞盛调味品享有盛誉；瑞盛谷物休闲食品为传统意义上的休闲食品增加入了健康元素；谷瑞金玉粒煨饭米在保证玉米营养的同时改变了玉米粒大、部分营养物质难于吸收等缺点；瑞盛大豆组织蛋白以黑龙江非转基因大豆为原料，是追求健康、低碳、环保的时代的最佳选择。大豆组织蛋白及玉米膨化产品被黑龙江省科技厅评为生物工程产品和高新技术产品。

公司以"企业+基地+农户"的产业链模式打造"瑞盛"绿色品牌。在确保产品原料健康的同时保证了农民的利益，瑞盛产品以其绿色健康的品质受到人们的欢迎，目前公司在省内有代理商238家，国内其他地区516家，并在北京、大连等大中城市设立了办事处和专营市场。产品远销俄罗斯、韩国、阿拉伯和香港、澳门等国家和地区，瑞盛人用行动诠释着自己"为耕者谋利，为食者健康"理念！

地 址：黑龙江省齐齐哈尔市建华区通源路1号
邮 编：161000
座 机：0452－2653002
传 真：0452－2653002
信 箱：rssy2006@163.com
网 址：www.rssy.com.cn

上海儒竞电子科技有限公司

上海儒竞电子科技有限公司成立于2003年，是上海市高科技企业，专注于暖通行业建筑节能和机器人自动控制领域的电子产品的研发、生产和销售；属于《国家重点支持的高新技术领域》规定的第八大类高新技术改造传统行业中的第三类先进制造技术中第4种电力电子技术领域；属于国民经济行业中电气机械和器材制造业中的电力电子元器件制造行业。

公司拥有一支颇具竞争力的核心高管团队和研发团队，公司高管全部具有全日制博士、硕士学位，平均在该行业有15年以上从业经验，在创业10年中核心人员无一人退出。公司重视研发投入，拥有自主研发的核心知识产权，自己培养的核心研发工程师团队120多人，每年研发投入占销售收入的10%左右，公司拥有授权发明专利7项，授权实用新型专利20项，申请发明专利进入实审阶段20项，正在申请的专利20多项。公司与许多知名大客户建立了战略合作伙伴关系，如中国的海尔、TCL、志高等，美国的艾默生、江森自控（YORK）、特灵（TRAN）、Nordyne、德国博世、日本的大金（麦克维尔）、三菱等。

公司2003年成立时注册资金只有150万元，经过10年的发展，年销售达到2亿多元，公司净资产1亿多元，公司年净资产增长率60%以上。公司资本市场估值10亿元左右。2008年被福布斯评为《2008年中国最具潜力中小企业榜》第四十名。先后获得"上海市高新技术企业"、"上海市科技小巨人培育企业"、上海市"专精特新"企业、"上海市创新型企业"称号。公司长期目标定位于在电力电子与智能制造行业成为世界知名品牌。

地址：上海市闸北区广中西路777弄14号楼3楼
邮编：200072
电话：021－56650765

上海施耐德日盛机械（集团）有限公司

上海施耐德日盛机械（集团）有限公司是集设计研发、生产、销售为一体的专业化空压机制造企业。公司成立于2000年1月，注册资本15000万元，是引进国际先进技术和设备的企业集团。生产基地位于上海市沪樊路53号施耐德工业园，占地面积约60000平方米，总投资超亿元。公司规模"十二五"末将达到5亿元人民币，园区规划产值为10亿元人民币。

公司主要从事压缩机系统制造及压缩机技术推广，产品系列有单螺杆空压机、双螺杆空压机、冷干机、制氮机、制氧机、永磁机、汽轮机、高压机、无油机、余热回收、余压利用、合同能源管理、物联网等。产品广泛应用于机械、轻工、纺织、食品、石油、化工、冶金、矿山、铁路、电力、城建、医学研究和国防科研等各行业中。

公司生产能力强大，拥有多台大型专用加工机床、知名品牌数控设备和高精度检测设备等，引进意大利TMC先进的生产工艺和管理方法，有独立的核心主机加工技术及制造能力，目前公司具备可从1－100立方产品的设计制造能力。其中，超小型1立方以下机器填补了同行业微型机器空白，超100立方机器填补了国际空白，且优质的产品还被2010年世博会石油馆选用为指定供应商。

公司与湖北大学，西安交大，上海交大等建立了产、学、研多院校合作体系。逐步形成以空压机产品为主体，辐射上下游产品的加工制造，并建立以售后服务为盈利目标的战略规划。并不断加强自主创新管理，使其成为企业发展主旋律。

地址：上海市沪太路9088号沪樊路53号施耐德工业园
邮编：200949
电话：021－56875458

上海高通半导体有限公司

上海高通半导体有限公司（以下简称高通）是一家专注于“智能显示芯片与显示标签”开发应用的高科技企业。依托在半导体科技领域近30年的行业经验与科技储备，高通完成了从“智能中外文显示芯片”到“智能显示电子标签”的战略升级。目前的中国高通已经是全球知名科技品牌，中国民族科技企业的代表品牌，公司旗下拥有三块核心自主研发的产品：高通中外文显示芯片，基于高通电子标签的超市和物流配送系统，基于高通数码产品的电子教育系统。

在智能显示芯片领域，高通已获得30多项技术专利以及国家部委科技贡献奖。高通成功研制的GT60智能曲线矢量字库芯片，首次实现汉字字体无极缩放，填补了国内科技空白，让非PC产品具有激光打印的标准汉字字型。凭借绝对领先的产品技术优势，高通中外文显示字库芯片占据了打印机、传真机、手机、平板电视、液晶显示等半壁江山。在行业内“高通”几乎成了“智能芯片”的代名词。

在智能显示终端与方案领域，高通更是厚积薄发，组织近50人的专家科研团队，进行了长达3年的科研技术攻关，成功开发出了拥有自主知识产权的“高通电子货架标签”，并将高通的技术优势成功延伸到物流配送系统和超市应用中，让高通的智能显示终端产品性能获得革命性提升。目前，高通和苏宁电器、易迅、华联超市等物流与零售商业巨头正进行初步的合作磋商。高通的智能标签产品将在物流、零售、电商企业的智能化建设中发挥更大的作用，不断地推动物联网技术蓬勃发展。

地址：上海市徐汇区虹梅路2005号2号楼2层
邮编：201103
电话：021－54451000

上海亚泽新型屋面系统股份有限公司

上海亚泽新型屋面系统股份有限公司成立于2004年，是一家致力于提供建筑屋面系统全面解决方案的公司，专注于公共建筑屋面系统、光伏建筑一体化集成系统、支架系统、节能一体化集成屋面系统、雨水收集＆绿化屋面系统、老旧屋面保温防水改造系统等建筑屋面的节能环保领域。

至2013年，亚泽取得了适应市场发展需求的22项实用新型专利。亚泽拥有多项国际/国内第一，其中包括国内第一个10MW量级太阳能电站与建筑屋面一体化集成系统项目——武汉新国际博览中心、国内首家适配并完全掌握国际最尖端三维建模软件；国内首家适配精确到2mm的美国GPS定位测量系统；国内首家完美实现单块扇板多半径连续性弯弧工艺博物馆——鄂尔多斯博物馆；国内首家完美实现立边测弯和单块扇板多半径连续性弯弧工艺的体育中心——南昌国际体育中心；国内首家实现屋面与采光装饰有机结合深化设计与解决方案——武安体育中心，国内首次实现绿色植物与金属屋面相结合案例：世博轴。

亚泽公司以上海为销售总部，成立了武汉销售中心、北京销售中心，以华东为基础，辐射至中西南、华北、东北地区，建立了完善的销售网络。历年来亚泽本着专注建筑之巅的理念打造了众多精品工程：如世博主题——中国馆、世博轴、国家电网馆、铁路馆、万科馆等，得到了客户的广泛好评。

全体亚泽人将本着“团结协作、勇于承担、求真务实、持续创新”的精神打造科技亚泽，将“专精特新”作为公司持续的战略目标！

地址：上海市宝山区逸仙路1485号综合楼一楼
邮编：200439
电话：4006－523－888

上海国富光启云计算科技有限公司

上海国富光启云计算科技有限公司成立于2012年，座落于漕河泾高科技园区，占地面积约为4000平米。公司致力于云计算与大数据相关技术的研究与开发，具有强大的研发实力和持续的创新能力。目前公司已在教育云、IDC机房业务、带宽加速业务、远程智能交互式媒体实时转播系统Tele－task、云操作系统业务、大数据业务、视频搜索技术、协同工作平台等方面有所建树。同时公司也是规模较大的电信互联网基础设施服务提供商之一，并且与国内外著名科研院所合作，共同研发基于云计算和大数据技术的系统管理和应用软件，并为行业提供相应的解决方案。

公司成立以来，教育云、桌面云系统、云电脑、大数据等具有核心技术产品相继投入市场，在云计算、大数据、IDC等领域形成了一大批诸如中国长城、奇虎360、中国电信、SAP、HPI等国内外知名企业客户。

典型案例：公司成功与上海市虹口区教育局达成教育云开发合作协议，将为广大师生提供如下服务：一是综合网络环境：提供足够的带宽、优质的服务器、存储等设备和品牌操作系统、大数据库等基础环境；二是在线学习管理平台：以满足广大学生在线学习、在线答疑、在线互动、在线交流；三是网络安全防护：大型IDC机房、防火墙和入侵检测系统，确保数据安全，万无一失；四是数字化教材：实现纸质内容转换为数字化教材资源的根本性革命；五是课程录制和转换：录制现场课件，制作多媒体交互课程，以期提高学习效果；六是教学基础服务：包括基础数据管理，学员报名导入、短信通知、证书打印和邮寄等，给用户提供专业的保障服务；七是结算服务：即时线上、线下购买和结算，以及发票的申请和配送。

地址：上海市徐汇区桂箐路7号3号楼A108
邮编：200233
电话：021－64956128

上海瑞派机械有限公司

上海瑞派机械有限公司成立于1992年，作为一家高新技术企业，公司多次被评为“中国食品、生物制药机械名优产品”企业。在生物/制药、化工、环保、果蔬汁（浆）、食品、酿造、添加剂等行业有着20多年的项目管理及全案工程实施的成熟经验。涉及的服务范围包含项目策划、工艺技术策划、成套设备研发选型、专业的单机设备制造等相关领域。全面倡导、推行行业领先的“一条龙”交钥匙工程集成项目服务。

瑞派依托先进的设备和制造技术，及丰富的产品加工经验，并不断消化吸收国内外先进技术和科研成果，产品全面符合HACCP/GMP以及QS标准，是行业内最专业、加工装备最先进、规模最大的高新技术企业之一。在产品研发、设计、制造、安装、调试、培训等方面具有雄厚的技术力量，在国内同行业和用户中具有很高的知名度：扬子江药业、哈药、伊利、光明、娃哈哈、双汇、可口可乐、太太乐、海天味业、汇源果汁、海健堂、雀巢、上海梅林等知名企业为常年合作战略伙伴单位。在国际上享有较高美誉度：日本味之素等为其常年合作企业；成套生产线或单机设备并远销到美国、澳大利亚、加拿大、哈萨克斯坦、泰国、印度、越南、韩国、瑞典、朝鲜、斯里兰卡等发达及发展中国家。除了为国内外终端客户服务、还长期为国际知名企业：德国GEA、日本中川、瑞典利乐、日本三菱等公司提供OEM战略合作服务。

地址：上海市工业综合开发区沪杭公路1377号瑞派工业园
邮编：201401
电话：021－57433777

景德镇华玉轩陶瓷有限公司

景德镇华玉轩陶瓷有限公司位于景德镇昌江上游美丽的青塘村，距市中心10公里，交通便利。公司于2005年成立，总面积达200多亩，建筑均采用古韵文化的徽派风格，给人清新文雅的古镇美的享受。

其公司旗下所开发的项目有：华玉陶瓷研究院、丽馨华御陶瓷艺术酒瓶等。

华玉陶瓷研究院：

华玉陶瓷研究院主要研发柴窑仿古陶瓷、现代艺术陶瓷、陶瓷礼品，是集陶瓷文化创意、陶瓷展品展示、销售、文化交流的综合平台，广受收藏人士欢迎。

景德镇华玉陶瓷研究院的成立标志着景德镇首家以推广陶瓷文化为主题的陶瓷文化园的诞生，她的成立为我市推广与弘扬景德镇千年陶瓷文化注入了新的活力，也为提升现代艺术价值搭建起创新与交流的崭新平台。

丽馨华御陶瓷艺术酒瓶：

丽馨华御是专业打造景德镇陶瓷艺术酒瓶设计领域的领导者。陶瓷酒器是集酒艺、酒史、陶艺、瓷艺、绘画、书法、诗词、雕刻、民俗等为一体的特殊工艺品。陶瓷酒瓶的优点：原材料无毒、无味，符合作为生活用具的基本要求；具有一定的透气性，在陈酿过程中，对酒有很好的催陈效果；渗透性小，密封性好，耐腐蚀性强，可以避免酒的挥发和化学反应；陶瓷导热慢，可以保持适当的酒温。

我们力争将华玉轩陶瓷有限公司打造成景德镇第一家综合性、服务人性化的生态陶瓷文化园。

企业文化：

我们的作风是：奉献、诚信、感恩。

我们的愿景是：做中华陶瓷艺术领航者，成为全球陶瓷行业知名品牌。

我们的使命是：弘扬陶瓷文化，提升现在艺术价值，品味生活，美化人类，为使中华文化美誉全球而倾情奉献。

公司地址：江西省景德镇市青塘华玉会所

公司网址：www. 798jdz. com

赣州科睿特软件技术有限公司

一、企业概况：

赣州科睿特软件技术有限公司于2009年正式运营，注册资金500万元，位于赣州市级工业园区——沙河工业园。是赣州地区唯一同时获得“双软”证书、获得ISO9001：2008标准质量体系认证证书、获得国家高新技术企业认定证书的高新技术企业。我公司主要在高新技术应用领域中专业从事应用系统开发、信息安全服务、技术咨询、方案解决。是赣州市委、市政府指定的高校大学生就业、创业、见习基地。公司目前拥有一支技术成熟、经验丰富、富于创新精神、效率精进的软件研发和服务团队，形成了技术、管理、售后培训于一体的完善服务体系。

企业长期专注于中小企业ERP管理、电子政务管理、公共资源交易管理、农村事业管理、苏区振兴发展、行业OA管理、各类网站建设等相关领域，凭借多年在应用系统开发、信息安全服务等领域的经验积累，科睿特软件已经成为众领域中著名的应用系统解决方案提供商。

目前公司自主研发的产品达30多项，其中获得国家版权局颁发的软件著作权的产品有16项，服务的客户群体达5000多家，客户覆盖赣州地区，同时部分产品延伸周边省市。

二、成功经验：

四年来，科睿特软件筹划不断秉承以用户需求为中心，在专注赣州地区本地市场开辟的同时，优质、用心的服务与质量博得了众多用户的信任和好评，在赣州地区逐步树立起公司良好品牌。公司不仅提供专业的应用系统、网站建设解决方案，同时还树立了完善的售后服务体系，为广大用户操作中遇到的困难和问题提供服务协助。

（一）公司主要项目成功经验如下：

*2010 年 2~7 月，《政府采购信息管理系统 V1.0》《评审专家随机抽取及管理系统 V1.0》《招标文本及合同管理系统 V1.0》《建设工程管理系统 V1.0》《建设工程网上报名系统》《公共资源交易中心业务管理系统》在市本级试运行成功，18 个县（市、区）正式启用；

*2010 年 12 月，公司与江西理工大学（原南方冶金学院）建立产学研结合，成为该校大学生实习基地。

*2011 年 1 月，公司为市纪委开发《公车定点维修管理系统 V1.0》，在市本级与于都县试运行；

*2011 年 3 月，公司开发《企业小型 ERP 管理系统 V1.0》，部分功能已启用试点，同时，公司被赣州市政府批准为第五批赣州市高校大学毕业生就业创业见习基地；

*2011 年 4 月，公司启动应用软件服务外包业务，先后为市发改委、工信委、重点办、物价局、老龄委、开发区等单位开发应用软件，并成功上线使用；

*2011 年 6 月，公司为市财政局、市公共资源交易中心开发完成《评审专家抽取管理及语音通知系统 V1.0》，在全市 18 个县（市、区）全面启动建设工程、政府采购电子化招投标系列软件；

*2012 年 2 月，公司为县纪委开发《行政监察电子监管系统》（“廉盾”电子监管系统 V1.0）、《在线民主测评管理系统 V1.0》、《工程考勤追踪系统 V1.0》、《农村集体三资管理系统 V1.0》并于 6 月成功完成 6 个试点单位试运行；

*2012 年 7~9 月，公司为赣州市苏区振兴工作助力，承接并顺利完成了涵盖十八县市区的《赣州市农村危旧土坯房改造信息管理系统 V1.0》的开发和运行服务；

*2012 年 9 月，在赣州章贡区中、小学校全面启用《图书馆管理系统 V1.0》；

*2013 年 4 月，公司与中国移动赣州分公司签署全面战略合作协议，联合开发面向中小企业提供基于移动互联网的信息化管理软件，部分软件已测试成功并投入试运行阶段，实现智能化的掌上工作；

*2013 年 5 月，顺利完成《赣州市干部直接联系服务群众工作管理系统 V1.0》（“三送”工作管理系统）的研发，并于 9 月在全市正式上线运行。

*2013 年 8 月，公司为部分县市完成政府网站的改版工作，个性化的设计及优质的服务赢得客户的一致好评，顺利通过用户的验收；

*2013 年 9 月，公司完成《赣州市数字社区》的研发工作，并在章贡区成功完成社区信息数据的采集工作，为社区数字化管理加快前进步伐。

（二）团队构建成功经验：

1. 公司的软件研发团队：项目研发中积累大量经验，不断超越自我，推陈出新，保证公司产品在技术上的先进性及实用性，减少了重复返工的错误，保证了软件项目的进度和质量，培养出一支效率精进的团队。

2. 公司的售后服务团队：专业从事项目的技术服务和维保服务项目，根据不同区域客户要求，不断升级和扩展，统一调整、统一解决，建立完善的客户服务管理流程，通过电话支持、远程协助、现场服务等方式，为客户提供方便、快捷、高质量的本地化服务，建立了一套完善的客户服务管理流程，为客户有效地降成本创效益、提效率增质量、促进用户管理能力等方面起到了较为深远的意义。

我们将带着成熟的技术、经验和资质开拓企业管理软件市场，面对企业信息化建设广阔的领域，我们信为人的目标是：立足赣州地区，推动和加快中国企业管理信息化建设，用五年时间，把科睿特建设成为江西省企业信息化应用软件与咨询产业基地。

三、联系方式：

网址：www.cnkrt.com

地址：赣州市沙河工业园沙河大道人和路（软件研发中心）

江西龙天茶业有限公司

江西龙天茶业有限公司创建于 2010 年，是一家集种植、加工、研发、生产、销售为一体的综合性现代化茶业企业。公司总资产 6500 万元，现有员工 256 名，拥有联盟和整合有机茶园近万亩，拥有现代化初、精制加工生产基地 80 余亩，办公生产面积 20000 余平方米。公司自主设计、研发、生产的全球首创的“全自动智能泡茶机”已通过“江西省重点新产品”技术认证。公司拥有全省首条全自动精制商务袋泡茶生产线，并具有年产 3000 吨精制商务袋泡茶的生产能力，可生产红茶、绿茶、乌龙茶、花茶、保健茶五大类三十多个系列的袋泡茶产品，还成功开发出具有地方特色的“弋阳红茶”“南岩古茶”“龟峰绿茶”“黄金凉茶”等与弋阳红色旅游相适应的系列产品，深受消费者喜爱，与“泡茶机”相配套的各类商务茶、餐前茶、休闲茶、保健茶系列产品通过拼配技术得以实现，进入量产阶段，确保了“泡茶机”市场的消费需求。

公司目前已通过 ISO22000：2005 食品安全管理体系认证、绿色食品认证，“龙天国茶”被评为“江西省著名商标”和“江西省名牌产品”称号，“智能全自动泡茶机”已取得六项“实用新型专利”证书，是江西省 AAA 级企业、江西省茶业联合会团体会员单位、江西省农业产业化省级龙头企业。

公司的发展致力于“做全球茶行业不断创新的领跑者”的奋斗目标！杰出的创新将是公司经营成功的保证，产品创新、理念创新、技术创新、模式创新则是龙天的经营亮点和宝贵的成功经验：

一、产品创新

1. 公司董事长李委纹先生长期从事企业发展规划和茶行业多年，对中国传统茶的了解和认识有着深厚的底蕴，凭借对中国茶行业和世界茶产业的充分认识，带领公司研发团队成功研发出具有六项专利技术并通过“江西省重点新产品”认证的“智能全自动泡茶机”，只需轻轻一键真正实现“自动上水、自动识别茶叶品种、自动烧水、自动推茶包、自动泡茶、自动保温、自动更换茶包等”自动泡茶技术，使传统的泡茶方式一键式搞定。该泡茶机的发明成功，把中国传统手工泡茶的几大冲泡要素，通过智能电脑芯片和科技创新来实现，解决了目前全世界都无法解决的泡茶自动化、智能化、标准化和程序化得问题，彻底颠覆传统创造了一种新的饮茶方式。自主研发了全自动餐饮泡茶机机、全自动休闲泡茶机、全自动商务泡茶机、全自动自助投币泡茶机以及台式泡茶机和双口泡茶机等系列产品。

2. 公司同时还创新拥有全省首条全自动精制商务袋泡茶生产线，并具有年产3000吨精制商务袋泡茶的生产能力，具有精制商务袋泡茶的研发、拼配、生产加工能力，应用先进的食品安全管理体系、绿色食品认证体系来保证茶叶的质量安全，确保了“泡茶机”市场的消费需求。并根据市场的需求和泡茶机的专用专属性能，开发出餐前茶、休闲茶、商务茶、黄金凉茶等全新的品类。

二、理念创新

1. 公司提出的“科技让饮茶更健康”的理念，通过科技创新的成果将传统的茶行业进行了有机的结合，同时，带给消费者一种更方便、更快捷、更健康的泡茶方式，让茶真正回归到普通大众的日常生活中来。

2. 倡导“好茶不贵、好喝才对”的健康理念。随着人民生活水平的不断提高，喝茶健康已经成为消费者的首要诉求，人们越来越关注喝茶健康。柴米油盐酱醋茶，茶在人们生活中的消费理念中不断增强，需求与日俱增。自动泡茶机的问世使广大消费者更能喝上一杯方便、快捷、安全环保的健康茶水，更贴近顾客，从而更方便顾客，国内外市场潜力巨大。

三、技术创新

公司把产品开发和技术创新工作放在重要位置上来抓，技术上大胆创新，资金上加大投入，人才上培养引进，采取自主研发和引进相结合的发展战略，与南昌大学建立了紧密的合作关系，在泡茶机研发生产，商务茶研发、拼配等技术上先后引进了具有大专以上学历、中高级技术职称的技术人员56名，占研发部门员工90%以上，长期聘请五名南昌大学教授和省内外机械、电子技术方面的著名专家为技术顾问，成立了强有力的技术研究开发队伍，技术创新从无到有，技术力量从弱到强，技术项目不断创新，保证了项目实施的技术要求。“智能全自动泡茶机”已取得六项“实用新型专利”证书，五项发明专利已在受理之中。

四、营销模式创新

公司创新了全国首创，全球唯一的茶业商业营销模式：“袋泡茶＋泡茶机”茶产业链整合营销模式，即以其独特的送泡茶机购商务茶的捆绑销售模式，依靠方便、快捷、安全环保的泡茶机带动龙天商务袋泡茶的使用。我们龙天商务袋泡茶的营销客户定位于服务接待、休闲、商务类用茶客户，这些客户长期持续的消费龙天的商务茶，这些客户用茶量大，几乎每天都在消费茶叶，所以，为龙天商务茶带来了稳定的终端渠道，从而获得大量的现金流及利润。在全国首推送泡茶机购商务接待用茶的模式，市场空间极为广阔，公司的销售收入从当初的几百万元增至现在的八千多万元，使企业快速度过起步期，进入快速发展的轨道。

公司运用独创的商业营销模式，依靠智能泡茶机来带动龙天商务袋泡茶的消费，为此在全国各个城市建立起自有分公司和连锁营销网络，为龙天商务袋泡茶带来更多稳定的终端消费群体。

公司在以“袋泡茶＋泡茶机”整合营销模式的同时，采用“袋泡茶和传统茶”两手抓的原则，充分利用公司在福建武夷山和江西的自有茶园基地，生产销售具有武夷山和江西地方特色的传统武夷岩茶——大红袍、水仙、肉桂、正山小种、金骏眉等，使公司在传统茶的销售这块占据了一定的市场份额，为公司品牌的创建和销售业绩的提升扩大了升值空间。

总之，公司自创建以来，秉持“传承、创新、务实、共赢”的企业精神，“敢为先天下”的创新精神，以丰富的茶品和高质量冲泡技术不断满足客户需求，成就自已在茶行业不断创新的领跑者的愿景，让龙天茶业立足中国，走向世界，成为全球茶行业不断创新的领跑者。

地址：江西省上饶市弋阳县城南工业园区旭光大道175号
网站：www. longtiantea. com
邮箱：ltnieshenghua@ 126. com

江西省铜鼓县二源化工有限责任公司

江西省铜鼓县二源化工有限责任公司是一家研发生产聚酯催化剂的专业厂家，从最初引进中国科学院90年代最新开发的等离子体法生产工艺，生产纳米级催化剂三氧化二锑，到2001年初开发新型环保聚酯催化剂乙二醇锑，公司积累了20余年的生产经验；一直引领着行业前沿发展方向，生产满足客户需求的三氧化二锑、醋酸锑、乙二醇锑及其它聚酯催化剂。是全国聚酯生产技术协作组成员单位，中石化“三剂”协作网成员单位，江西省重点科技型企业。

公司注册资金600万元，占地面积50000余平方米，拥有净资产2000余万元，员工120余人。公司技术力量雄厚，设备先进，生产的“格灵”品牌聚酯催化剂，催化活性高，纯度高，杂质低，品质稳定，系列产品销往全面各地远销海外，深受用户欢迎和信赖，同类产品国内市场占用率为30%以上。其中：超细三氧化二锑列为2000年国家火炬项目（已完成），曾获“三新”博览会金奖、江西省科技进步三等奖等；乙二醇锑产品评为“江西省优秀重点新产品”和“国家重点新产品”。目前公司年产聚酯催化剂5000余吨，其中三氧化二锑2000余吨，乙二醇锑3000个余吨；工业阻燃剂2000余吨，能极大地满足聚酯客户的需求。

一直以来，为适应市场经济发展，不断提高企业管理水平和产品质量，推动企业的发展，公司2000年通过了ISO9001：2008质量体系认证；正在进行ISO14002：2004环境体系认证；“格灵”品牌连续十年为江西省著名商标。我们秉承客户提供优质产品和二源化工式的优质服务理念，致力于创造聚酯催化剂“格灵”品牌，与客户共创双赢，共同成长。

网址：www. jxtgeyhg. com

地址：铜鼓县城南东路418号

邮箱：jxtg@ jxtgeyhg. com

江西新远健集团有限公司

江西新远健集团有限公司地处南昌市长堎工业区内，拥有江西新远健药业有限公司、江西天一生态农业科技有限公司、江西大药谷医药有限公司和江西安正立康生命科技有限公司四家子公司，是一家集医药研发、生产、销售、医药物流及天然植物药种植为一体的现代化综合性企业集团；公司连续十三年荣获企业信用AA等级企业，2012年集团销售3个亿。公司秉持为人们提供安全健康高品质的中药健康产品的理念，立志在中药大健康领域成为一家令世人尊敬的伟大公司，在稳步发展的同时不断开拓创新、锐意进取，坚持在中药大健康领域持续创新的发展方向，积极与国内外科研院校产学研合作，为公司持续健康发展提供坚强的技术支撑。已经成功地开发了6个新产品，先后承担了国家创新基金项目2项，省级科技支撑计划项目1项，市级科技支撑计划项目1项，取得1项科技成果进步奖三等奖。

集团子公司江西新远健药业有限公司系一家民营高科技制药企业，位于南昌市长堎工业区属省级开发区，注册资本3000万元。占地46620平方米，建筑面积20069平方米，公司坚持“质量第一”的质量信念，按照国家药品行业生产规范建立标准的质量管理体系，实行层层落实的三级质量控制体系，真正做到了将质量工作制度化、标准化，于2005年10月通过GMP认证，并取得药品生产GMP证书。公司每年提取不低于销售额5%的资金作为新产品开发基金，用于企业新产品的开发、技术人员的培养和技术交流。

集团子公司江西大药谷医药有限公司主要经营中药材、中药饮片、中成药、化学原料药、化学药制剂、抗生素原料药及其制剂、生化药品、生物制品、含麻黄碱类复方制剂、各类医疗器械、保健食品、消杀用品等，系一家大型股份制药品流通企业。公司已通过了江西省食品药品监督管理局的GSP认证。

公司致力于打造一个全新的药品电子商务平台，利用先进的信息技术，集药品物流、仓储和配送于一体，整合药品产、供、销社会资源，优化资源配置，创建新的药品流通运营模式，满足新形势下社会大众对药品的需求。规划建设当中的“新远健大药谷医药物流园项目”建设用地400亩，是以政府为主导、相关政府部门为主管、医药为专营、厂商为主体、仓储物流配送为主业的大规模、新理念、主题式、智能化、专业型的健康产业现代物流项目，可成为省市重点工程、行业龙头项目。

集团子公司江西天一生态农业科技有限公司是中药材GAP和中药农业产业化经营形成产、学、研合作发展“一条龙”的中药科技型企业。根据中药材GAP的要求以及市场需求，进行中药材种植和加工，实现企业经济效益和社会效益的同步增长。

集团子公司江西安正利康生命科技有限公司位于江西广昌县工业园，占地90亩，主要从事广昌白莲有机绿色食品加工及原花青素（OPC）提取，并以其为主要原料生产、销售系列功能性食品和保健食品，按该产品的技术优势和价格优势发展趋势可替代从葡萄籽中提取原花青素。三至五年以后国内外市场需求预计15亿以上。该产品发展前景远大，是新远健集团新的规模以上利润增长点。

整个集团公司以市场为导向，近年来生产经营业绩大幅提高，销售额和利润稳步增长，使企业进入了良性的成长阶段。

集团公司近年来取得的荣誉：

①2013年9月被认定为江西省农业产业化龙头企业。

②2011年、2012年2013年连续被南昌市政府列为南昌市40户重点扶持企业。

③2011年6月公司被入选首批南昌市成长型中小企业；2011年5月公司被南昌市总工会评为四星级劳动关系和谐企业。

④2010年5月被南昌市总工会评为南昌市三星级和谐企业。

⑤2010年2月远健牌商标被认定为南昌市知名商标。

⑥2010年1月公司经省工信委、省科技厅、省资委、省总工会共同审查被确定为2009－2010年江西省创新型试点企业。

⑦2009年5月公司被新建县总工会评为新建县星级和谐企业。

⑧2009年3月远健牌商标被认定为江西省著名商标。

今后五年的发展计划：

①优化与整合优秀人力资源，培育企业自身的职业经理人，打造一支优秀的专业化团队。

②持续走产学研相结合科技创新的道路，提高科技创新能力的同时，提升远健品牌知名度与美誉度。

③进一步加大市场营销投放力度，培养一支专业化的市场营销队伍，为人们提供安全健康高品质的中药健康产品。

④引进战略投资进行股份制改造，推进新远健集团成功上市，实现立志在中药大健康领域成为一家令世人尊敬的伟大公司的企业理念。

奉献爱心、回报社会：

公司的发展离不开政府的支持，省市县各级领导多次来我公司调研指导，并已被列入地方重点扶持企业。

公司在致力于企业发展的同时，时刻不忘参与社会公益活动，坚持以实际行动积极回报社会。近几年来，不管是当地的新农村建设事业，还是帮助受灾地区重建家园；不管是贫困学子求学受阻，还是职工家庭遭遇困难，公司都会伸出援助之手。在5·12汶川大地震援助行动中，整个公司累计向灾区捐赠现金和药品25万余元。在我省抗洪救灾援助行动中公司向灾区捐赠药品近8万元。

山东神力索具有限公司

山东神力索具有限公司是生产制造中高档索具的国家高新技术企业。近几年，在政府相关部门的支持下，神力索具紧抓市场导向，狠抓自主创新和品牌建设，使神力索具从一个二轻集体企业发展成为国内索具重要的研发生产出口基地和中国索具出口的领军企业，索具产品产销量、出口量位居亚洲第一位、世界第三位。2007年，公司新上专用锻件生产线技术改造项目获得国家中小企业专项资金支持，使企业项目不但加快进度，提前达产增效，而且使公司更加坚定按国家支持重点领域发展的信心，坚定不移地通过结构调整和创新发展方式，加快企业转型升级。

（一）大力实施双轮驱动战略，提升企业市场开拓能力。近几年，为应对金融危机、后金融危机时期及欧债危机，神力索具果断调整市场战略，建立市场调研与商情沟通系统，着力改变以出口为主要的单一市场模式，采取以国内、国外连个市场同时驱动的双轮驱动战略。在国际市场上，强化公司国际市场部职能作用，加强对老客户回访、保护，对新客户研究、开发。连续多年组团参加广交会、美国拉斯维加斯、德国科隆国际五金展、迪拜国际五金展等国内外大型专业展会，在30多个国家（组织）注册了“神力索具”英文及英文缩写商标，在西班牙、德国设立办事处，成为国内首家在国外设立办事处的索具企业，并取得了明显的经济效益。在国内市场上，新建国内市场部，充分发挥100级高档索具技术优势，对国内市场进行定位分析，近年来连续投入1000多万元，加大在国内宣传力度。同时，努力开拓了国内（煤）矿山、油田、高铁城轨、载重汽车配件等专业市场，进一步拓展市场发展空间。通过果断转变市场战略，神力索具国内外产品销售比重由1：9调整到5：5，国内市场份额大幅提升，企业抵抗市场风险能力明显增强，使企业一跃成为全国最大的索具生产企业。

（二）不断提高研发投入，提升企业自主创新能力。神力索具公司逐年增加研发投入，研发投入占比达到6%。通过大力实施“精品工程”，每年开发新产品230多种，现拥有国家专利25项，均为国内首创，填补国内空白。先后被命名为省级企业技术中心、济宁市十佳小巨人，先后荣获80级链条调节器技术创新项目荣获济宁市科学技术三等奖、山东省中小企业技术创新示范企业、山东省中小企业节能示范企业、中国专利山东明星企业、山东省索具工程技术研究中心、国家认可实验室等称号，同时被山东省人民政府授予全省先进民营企业荣誉，成为国际级高新技术企业。同清华大学、西北工业大学等高等院校共同建立产学研中心，设立了山东大学机械工程教学实验基地。通过加强产品研发，以具有神力特色的高新技术和高端产品使神力索具始终处于国内外同行业的前沿，从而使公司核心竞争力得到显著提升。目前，公司有80级链接双环扣、安全吊钩、链条调节器、强力（子母）环、80级索具配件等产品4000余品。

（三）突出质量保障和品牌建设，提升企业核心竞争能力。神力公司始终坚持以质量第一、品牌第一的发展思路。连续3年开展“管理效益年”活动，打造神力品牌核心，连续多年被认定为“山东省现场管理样板企业”。一是严格按照国外先进的欧盟EN1677标准、架构和模式组织企业的生产活动。依据国外先进技术标准定购原材料，对每炉每批次原材料必须经严格的化学成份、物理强度检验合格方可进厂投入生产。二是采用先进而适用的2500吨摩擦压力机、模锻锤等工艺装备，确保在关键设备和工艺上在国内外同行业处于领先地位和整个工艺流程各项技术参数的达标。三是依靠“三检”制度对生产全过程实行质量控制和质量“红牌”一票否决，严把质量关。四是狠抓质量管理体系建设和6S管理。在国内同行业率先通过了国际质量体系认证和环境管理体系认证，取得了欧盟CE、德国GS质量安全认证认可，并连续六次通过了认证公司的监督审核。五是加大品牌宣传力度。近年来，累计投资上千万元用于品牌建设，连续多年组团参加世界各类展会，加大品牌推广力度。六是打造知名品牌。神力索具产品（商标）先后被认定为“山东名牌”、“山东省著名商标”、“中国驰名商标”，入选山东省向商务部申报的“中国出口名牌”名录。

（四）深化节能减排，提升企业可持续发展能力。为实现企业又好又快发展，按照长远发展战略，企业持续加大在节能降耗的投入力度，通过节能降耗降低生产成本，提高经济效益。公司累计投资1.45亿元实施大规模技术改造，新上符合国家节能、环保标准的高、中频感应加热炉59台、国际先进的网带炉热处理炉10余套，彻底改变了企业燃煤加热的落后生产工艺，实现了零排放。年节约标煤近3万吨，水重复利用率98%，节约用水28万立方米，年节约资金2055万元。企业在大力实施节能减排的基础上，还结合企业实际努力拉长产业链，连年上马精密铸造、金属钢帽等技术改造项目，在充分利用钢铁角料生产高强度汽车配件和机械配件的基础上，大力发展素具配套产品，实现循环可持续发展。

洛阳市全福食品有限公司

洛阳市全福食品有限公司创建于1996年5月，是一家以生产烘焙食品和承办政府放心早餐工程为主，兼营宾馆、餐饮、酒业销售、饼店连锁的综合性集团公司。主要生产面包、西点、牡丹饼、牡丹燕菜、月饼、馅料、粽子、馒头、政府放心早餐等九大系列300余种食品，是河南省大型农产品深加工企业，其牡丹饼、牡丹燕菜等系列产品已成为洛阳旅游业的一张璀璨名片。

公司以“做受人尊敬的百年全福”为发展目标，以“提供高品质健康食品，让人们享受美好生活”为使命。经过十几年艰苦奋斗，现已发展成为占地50亩，建筑面积2万余平方米，员工935人，日产各类糕点、主食9万多斤，产品畅销省内外30多个地市，拥有10条烘焙、6条烘焙包装、2条全自动仿生馒头、1条豆浆、1条粥灌装、2条包子等生产线的现代化生产车间和设备，1000多个销售网点和连锁店的知名品牌企业。

公司始终坚持“追求卓越、不断进取”的经营理念；秉承“以诚信第一为本，效率第一为纲，人才第一为尊，发展第一为先”的经营宗旨；贯彻“发展就是硬道理”的经营方针；倡导“让员工、客户与企业一起成长”的企业文化。努力把企业团队打造成一支有责任、有爱心、能战斗、凝聚力强的队伍。

一、技术领先是全福发展的根

为做行业技术带头人，引领消费者口味，公司结合时令特点、消费人群，专门成立了以董事长为首的科研团队，并联袂洛阳知名营养专家王朝霞共同研制开发了早餐面包系列、牡丹饼系列、老八件糕点系列等家喻户晓、老少皆宜的放心食品。为保证全福产品始终处于行业领先地位，公司研发团队一个月至少研发5种以上新品种，确保推广上市2种新品以上。

为更好地树立、推广洛阳牡丹的品牌形象，公司先后开发了牡丹饼、牡丹酥、牡丹燕菜、牡丹酒等系列牡丹产品，并将其作为公司的拳头产品推广上市，上市后立即受到广大消费者热捧。2013年，公司研发人员又对牡丹饼系列产品再次研发升级，新研制的牡丹果、牡丹糕、高钙牡丹饼、红枣牡丹饼、山药牡丹饼等新型牡丹产品已上市推广，口味多样、营养丰富的全福牡丹饼已成为洛阳食品行业的引领者。

二、诚信经营是企业发展的魂

食品工程是良心工程，我们始终秉承“民以食为天，食以安为先，安以治为本，治以诚为根”的宗旨，用心做好全福的每一件产品，真正做到“全福食品，吃着放心”。

一是严把源头采购关，杜绝不合格原材料流入公司。对于公司采购的原材料，公司遵循“三不”原则，即不符合质量标准的绝不采购、不是大企业的绝不采购、没有“三证”的绝不采购。二是严把质量控制关，对每个产品制定严格的生产工艺标准、对每个质量关键控制点设立监控流程表、对进入车间的操作人员做好个人及各自工序内设备、责任区卫生，避免污染。三是严把出厂检验关，公司质检部负责产品抽样检验工作，出厂产品批批检验，出具产品化验合格单后方可入库发货。目前我公司产品在国家及省级市级专项抽查中全部检验合格。

在生产运营过程中，我公司严格按照职业道德标准来规范自身生产、经营和销售。如在面包类的烘焙产品的销售上，公司实行当天产品当天销售，确保仓库零库存，杜绝隔夜产品流通市场。对牡丹饼、牡丹酥等系列产品，为保证口感和品质，坚决在保质期内进行销售，对临近保质期的除采取活动处理外，对需调换的产品一律实行无害化销毁，绝不让过期产品流入市场。由于公司严格质量管理，严格规范生产，受到了质量监督部门的肯定。2009年，公司通过ISO9001：2008质量管理体系认证；2013年，通过复审。公司还被国家标准委确定为国家AAA级标准化良好行为企业。

三、品牌呵护是企业发展的本

品牌有了，后期的维护与发扬是至关重要的。为保护洛阳旅游特色食品品牌，公司投入10余万元注册与牡丹产业相关的商标，防止假冒伪劣产品影响本市特产形象。一是申请5个外包装专利，保护包装盒的标识。二是申请5大类10余个注册商标，保护企业对外形象。三是积极参加省市各类博览会和政府名优产品的评比，确保产品知名度。四是积极配合工商部门的维权打假活动，维护洛阳特产品牌。

在各级政府的关怀和支持下，在全福人的共同努力下，公司获得了不菲的成绩。先后荣获“河南省文明诚信私营企业”“河南省优秀民营企业”“河南省粮油食品安全道德诚信企业”“河南省名牌产品”“河南省主食示范厨房”“洛阳市政府放心早餐工程建设示范企业”“洛阳市首批诚信示范企业”“洛阳市小巨人企业培育对象”“洛阳市最具责任感企业”“洛阳市A级纳税人”“洛阳市质量信得过产品”“洛阳市公示安全食品”等称号。

河南省政府副省长李克在视察全福公司时说：“食品行业一定要做良心工程，要始终用战战兢兢、如履薄冰的心态做安全放心的食品，你们要做省内食品行业的领军企业。”这是领导的寄语，也是我们企业的发展目标，更是我们全福人共同的愿景。我们有信心、更有决心去实现食品行业领军企业的奋斗目标。

安阳市翔宇医疗设备有限责任公司

安阳市翔宇医疗设备有限责任公司（以下简称翔宇医疗）成立于2002年，位于河南省安阳市内黄县产业集聚区，是一家致力于康复理疗设备和创伤治疗设备的研制、生产、销售的高新技术企业，拥有560多名员工，在国内外各大城市设立办事处，拥有上千家合作伙伴。翔宇医疗产品目前已经获得授权的专利77项，产品在业内通过CMD认证、ISO13485、ISO9001和YY/T0287医疗器械质量管理体系认证，部分产品通过了欧盟CE认证。主要产品涵盖：声疗、光疗、电疗、磁疗、冷疗、热疗、蜡疗、汽疗、音乐疗法、压力疗法、按摩疗法、牵引疗法、PT运动疗法、OT作业疗法、ST语言疗法、康复评测产品及进口高端康复产品，共有产品630

多种，所有产品均为卫生部康复中心建设要求配置的品种；产品遍布全国各级医疗单位，并已出口到欧洲、非洲、澳洲、中东及东南亚等国家。翔宇医疗愿竭诚为康复治疗中心、疼痛治疗中心提供整套的规划设计方案、设备及技术培训支持。

翔宇医疗被河南省发改委认定为河南省省级企业技术研发中心和河南省十佳科技型最具成长力企业、安阳市五十高企业、河南省最佳（先进）单位、河南之星最佳企业，被河南省工信厅认定为河南省技术创新示范企业，并被河南省科技厅认定为国家高新技术企业，经河南省科技厅批准并支持建立了河南省智能康复设备工程技术研究中心，进一步提升了翔宇医疗的研发能力，其后建立的河南省省级康复理疗设备重点实验室、博士后研发基地，使从基础实验开始研究康复理疗设备有了突破性进展，翔宇商标被河南省工商局续评为河南省著名商标。

翔宇医疗与天津大学、天津科技大学、郑州大学、上海理工大学、无锡软件科技园、上海医疗器械高等专科学校、河南省机电高等专科学校、安阳市师范学院共同建立产、学、研基地及大学生实践教学基地。

翔宇医疗受国家中医药管理局的委托，起草了中医诊疗设备生产示范基地的标准，2012 年 9 月份，翔宇医疗初步通过了国家中医药管理局的国家级中医诊疗设备生产示范基地的评审，被认定为国家中医药管理局中医诊疗设备生产示范基地建设单位。

2012 年上半年，翔宇医疗有 26 个品种列入了国家中医药管理局 2011 版推荐产品目录；2012 年 7 月，翔宇医疗又有 12 个产品通过了国家中医药管理局的“三个一批”（即关于中医诊疗设备“开发一批、提升一批、改造一批”）项目的评审，这样翔宇医疗的 38 个产品品种为国家中医药管理局重点扶持推广的中医诊疗设备品种，位居全国第一。

2012 年翔宇医疗投资 3.6 亿元，新征土地 160 亩，目前 10 万平方的标准化车间部分已经交工使用，翔宇医疗致力打造国内最大的康复理疗设备制造中心和全国最大的中医诊疗设备生产示范基地。2013 年投资翔宇中医诊疗康复设备产业园，产业园致力于康复事业发展，为中医界提供全方位、系列化、高科技的康复理疗设备及诊疗技术。计划入驻 3 家医疗器械生产公司，形成规模化生产；5 家专业营销公司，实现产业化销售；3 家专业配件、机壳制造企业，完善产业链；打造一家康复设备体验中心，和国内高等科研机构合作，建立产学研基地。

“国内向我看齐，我向世界看齐”一直是翔宇人孜孜不倦追求的目标。公司遵照翔宇宣言，以人类健康事业为己任，不懈努力，注重技术开发及良好的售后服务，赢得了用户的信赖。我们通过设立在国内中心城市及国外代理的分支机构，为上万家医院提供优质的产品和服务。

公司联系方式

地址：河南省安阳市内黄县帝喾大道中段（原西环路中段）
E－mail：info@ xyylsb. com
heyongzheng999@ 163. com
网址：www. xyyl. com　www. xyylsb. com

濮阳市东昊机械电子有限公司

濮阳市东昊机械电子有限公司成立于 2005 年，位于濮阳市濮东产业集聚区内，占地 112 亩，公司目前员工 280 人，注册资金 2100 万元，总资产 5384 万元，2012 年，销售产值 1.2 亿元，利税 1186 万元。

公司主营业务涉及采油设备与环保设备的开发和技术服务，是一家从事井下工具、水处理设备研发、生产及销售一体的公司。目前，公司主导产品包括各类井下隔采、水平压裂工具、钻井固井工具及采油辅助工具等多种先进的井下工具；高低压计量加注装置、深度过滤器及气浮机等各种水处理设备。

公司是中石化集团物资装备总公司的一级网络成员单位，也是濮阳市重点民营企业、省级企业技术中心。2013 年初通过了美国石油协会 API11D1 产品认证。2013 年 5 月，被省委、省政府授予“河南省优秀民营企业”荣誉称号。

一、抓制度建设，实施精细管理

管理是企业的永恒主题，是提高经济效益最显著的途径。为确保公司政令畅通，各项工作顺利进行，公司注重培养严细管理的工作作风，要求各项制度不折不扣地执行，工作有部署、有检查、有考核，责任到人，奖罚到位。在公司考核中，上至经理，下至普通员工都在考核范围之内。同时在一般管理人员工作失误时，还要追究相关单位部门领导的连带责任。每月公司召开考核会，通报公司考核情况，对工作不履责、不认真、不严细导致的失误进行考核并与每月工资收入挂钩。公司从加强培训开始，实施岗前培训，岗中教育，使企业文化理念、管理规章制度深入人心。收到了良好的经济效益和社会效益，公司呈现出前所未有的生机与活力。

二、抓人才管理，提供智力支持

管理人才和高技术人才是企业不断发展壮大、长盛不衰的不竭动力，公司高度重视人才问题，不惜重金聘请和吸纳人才。目前，公司职工中，博士顾问 2 人，高级工程师 12 人，工程师 28 人，技术员 36 人，高级技工 112 人，各类技术人才占公司总人数的 60% 以上。中专以上文化程度的员工达 100%。

公司逐步完善培训体系，制定多形式、多渠道的培训制度和行之有效的考核制度，为员工在经营销售、生产管理、社交礼仪等方面提供了各种培训机会，大大提高了员工的生产技术、业务水平和综合管理能力。近几年来，组织各类培训活动 12 次，培训员工达到 2350 多人次，参加职业培训人数占职工总数的 99% 以上。使公司的技术人员、操作工人都持证上岗，持证上岗率达到 100%。通过培训有效提高了员工的综合素质和专业技能。使得公司生产的产品从质量到服务都得到了用户的好评，对企业形象和市场占有率都有很大的提升。

三、抓科技创新，拓宽销售市场

东昊公司十分重视科技创新与产品研发，始终把技术创新、新产品研发应用作为公司发展的重点，专门成立了技术开发研究中心，进行技术攻关和产品研发，并且与多家科研单位建立了广泛的联系和合作。通过技术人员的努力，先后研制了：封隔器、水力锚、丢手、固体防垢器、固体防蜡器、油管阴极保护器、套管阳极保护器、旋流式井下气液分离器、自洁式防堵防砂管、离心式高效旋流井下沉砂器、旋转式泄油器等井下工具及采油辅助工具。水处理环保产品有：过滤器、加药装置、污水处理装置、斜板沉降罐、收油罐等。沉降罐抽排装置（排泥器）等产品获得国家18项专利，获得河南省高新技术产品奖。自主研发的自验封封隔器、气井压裂桥塞、水平井压裂工具、直井压裂工具、振动筛等产品，填补了国内本行业的空缺。公司生产的极地发电机房随我国南极长城科考站落户南极。

公司坚持"服务为先、诚信为主、质量为本、科技兴业"的企业宗旨，大力提升产品质量和服务质量，不断拓展国内外市场。目前，产品已深入到油田、电厂、钢厂、煤矿等多个领域，销售网络已覆盖全国各大油田及美国、加拿大、哈萨克斯坦、乌兹别克斯坦、阿曼等外部市场。

四、抓安全生产，加强保障工作

"省什么都不能省安全"，为加强安全生产工作，公司成立了安全生产委员会，总经理李栋亲自担任公司的安全委员会主任，监督公司各项安全管理规定的实施情况。一是按时给职工发放各种劳动保护用品，确定每一个员工都能在有安全保障的前提下工作。二是生产厂区配备必要的消防器材，并派专人负责消防器材的维护工作；三是不定期检查公司安全管理工作的落实情况，发现不安全隐患及时处理。正是因为我们的严格管理，公司多次获得"安全企业"、"安全生产先进单位"称号。

五、抓企业文化，夯实发展基础

一个有凝聚力、战斗力的企业，离不开企业文化的作用。为营造协作、和谐、竞争、进取的企业环境，建立一支高素质的员工队伍，提高持续发展变化的竞争能力，公司高瞻远瞩提出"内聚人心，外树形象"的企业文化战略。一是通过形象大讨论、"青春年华"征文、征集"员工格言"、员工文体比赛等，充实了员工的业余生活，丰富了企业文化的内容，员工在活动中也受到了思想教育，增强了对事业的责任感和自信心。二是建立宽松灵活、相互协作的组织结构，鼓励和提倡每个员工在不同的岗位吸收知识，共同迎接挑战并获得事业发展。三是建立了一套良性有序的竞争和干部选拔机制，通过科学的激励政策促进发展，共同提高。四是大力弘扬爱岗敬业、开拓进取、无私奉献的精神，积极鼓励员工在岗位上争创一流业绩，努力营造学习先进、崇尚先进、争当先进的良好氛围，增强了企业的凝聚力和向心力，成为企业发展壮大的重要保证。五是开展奖优罚劣和各种奖项的评比活动，每年开展销售业绩"优秀奖""优秀员工"的评选活动。六是公司始终把维护职工利益、关爱职工放在重要位置。职工月工资、各项福利待遇限期如数发放不拖欠；职工婚、丧大事，公司领导亲自到家向其表示祝贺或慰问；对有突出成绩的员工，进行提高薪资或者安排度假游等奖励；为公司符合参保条件的职工全都参加社会保险。

联系方式：

网址/Web：www. pydhjd. com

邮箱/E－mail：dhjxdzgs@163. com

地址/Add：濮阳市濮东产业集聚区锦田路与惠西路交叉口

邮编/P. C：457001

河南万里运业有限责任公司

河南万里运业有限责任公司是一家集物流业务实施、技术研发与产业推广为一体的高新技术企业。公司位于河南省许昌市南外环东路万里物流园。拥有4A级综合服务型物流企业、全国物流先进企业、全国交通运输行业节能减排先进企业、河南省优秀民营企业、河南省低碳交通运输试点企业、河南省节能减排示范单位和许昌市创新型示范企业等荣誉称号，公司通过ISO9001：2008质量管理体系认证。公司拥有各类检测、分析手段和工艺设备452（套），总值达到559.6万元。建有两个工程技术研究中心，一个博士后研发基地，中试基地面积2400平方米，培训场地面积700平方米，办公、物流信息交易大厅面积3800平方，公司人才力量雄厚，现有专业技术人员98人。公司下辖河南万里物流有限公司、许昌万里物流有限公司、平顶山万里运业有限公司、许昌万里客运有限责任公司等6家全资子公司。

公司始终坚持走"立足中原、辐射全国、走向世界"的经营之路，借力物流新技术，着力转变运输组织模式，精心打造道路运输行业的龙头企业。物流业务网点覆盖全国23个省市，在北京、广东、上海、浙江、山东、武汉、西安、南京、深圳、乌鲁木齐等国内各大物流枢纽城市知名物流园区内设有136个物流分支机构，辐射全国的"米"字型物流专（干）线运输网络基本完成。在河南省内拥有148个物流配送网点。在郑州、许昌、平顶山等地投资3.7亿元建设了集物流专线、仓储、物流信息、配载、甩挂运输、仓单质押、停车、汽车维修、商住和办公等功能于一体的河南万里物流园、许昌万里物流园和平顶山万里物流园，总占地面积超过630亩，仓储面积达15万平方米。

一、企业成功经验

公司一直致力于物流信息技术及道路运输行业相关软硬件产品的研发和应用，针对我国目前普遍存在的货运车辆找货难，空载率高、交通事故率高，多数市、县级客运场站处于传统人工管理的状况，以物流企业、道路运输企业和社会个体客、货营运车辆为主要服务对象，自主研发并推广了一系列包括GPS定位系统、汽车站联网售票系统、万里物流信息网系统、万里物流配送系统等软件产品。

1. 以“万里交通运输业 GPS 调度指挥系统”为物流企业及个体客户提供定位服务、货物追踪、最优化配货及路线选择等专业的技术服务。此产品是基于互联网和3S 技术（GPS + GIS + GPRS），实现对各种道路运输车辆科学、系统的综合监管，对运输车辆及场地等资源合理配置、调度、优化，提高管理效率、降低运营成本，并为公众安全提供了有效的手段，该产品获得 2009 年许昌市科技进步奖一等奖。

2. 以“基于物联网的区域物流信息综合管理系统”为技术支撑，为中小型物流企业提供运营管理服务。该系统是物流快递企业的生产运营和管理系统，主要实现收货、发货、提货、现金银行对接转存以及业绩量统计、分析和物流货物的状态跟踪配送等功能的物流信息系统。系统架构采用多层 B/S + C/S 架构，该系统通过了 2500 用户的压力测试，支持最大 4000 用户同时在线工作，系统平台运行时对用户操作的响应时间在 2 秒以内，数据库处理数据达到每秒钟 500 条以上。且与银行系统直接对接，时效性强、报表完整性强，可以实行模块化定制，界面友好，可每天实行业绩通知。通过河南省软件评测中心评测，各项测试指标全部通过，具有较强的可靠性、可移植性。

3. 以“汽车客运票务网络管理系统”为技术支撑为省内 20 多家客运场站提供专业的技术服务，为疏通人流，降低客运场站运营效率做出了不可估量的贡献。该项目针对目前我国公路客运票务管理的现状，提出了一个网络化公路客运票务管理的整体解决方案，该系统基于多层 C/S 架构的合理设计，全面覆盖了车站站务管理的各个方面，系统总体设计达到了国家标准的客运管理系统要求，能够满足汽车客运站生产的需求，实现对车站客运班车的科学、系统、综合的监管，对客运车辆及场地等资源进行合理配置、调度、优化，提高管理效率、降低运营成本，适用于专业客运车站。客运场站采用网上售票，避免乘客来回去车站购买车票，也大大缓解了城市交通的压力。该系统获得 2009 年许昌市科技进步奖二等奖。

二、两化融合，创新发展

近年来随着两化融合的深入开展，信息技术已广泛应用到了企业生产、经营、管理的各个环节，促进业务创新和管理创新。公司通过省级中小企业公共服务平台为省内外中小物流企业提供信息技术及产业政策的咨询服务，对带动本地区行业发展起到了巨大的促进作用。

1. 根据国家物流产业振兴规划和有关产业结构调整政策，重点研究利用信息化技术、网络技术和自动化技术，建立物流信息化服务平台，着力交通运输行业信息化管理的研究和应用，实现科技成果向现实生产力转化，以提高物流运输效率，降低运输成本。

2. 以政府为导向，以市场需求为目标，依托高校科研单位，吸取众长，研究开发市场急需、技术含量高的交通运输业交通运输信息系统产品，推动公司健康发展和持续快速增长。

3. 引进人才，促进人才队伍的建设。充分利用现代科学技术及本公司省级工程技术研究中心的技术优势，对行业内的员工实施技术培训。设立博士后流动工作站，将高校的人才带到企业。

4. 大力发展甩挂运输，提升物流运输业的运营效率，以科技带动物流业的发展，降低运输成本，实现自身的转型升级。

地址：河南省许昌市南环东路万里物流园

河南科信电缆有限公司

一、科信发展

河南科信电缆有限公司（以下简称：科信电缆）是一家集架空导线、电力电缆、电器装备用电缆、通信电缆、通信器材研发、生产、销售与出口贸易为一体的股份制高新技术企业。公司成立于 2005 年，注册资金 3000 万元，企业法人代表韦强启。工厂座落于河南省周口市经济开发区内的科信工业园区，厂区占地面积 305 亩，建筑面积 60000 多平方米，公司现有员工 660 人，其中专业技术人员 190 人，从事科研工作的有 63 人。

2009 年，科信电缆成功实现完全由我国自主研发的碳纤维复合芯铝绞线，从材料到工艺均为自主研发。并首次在河南省 110 千伏太康高朗荷谢线顺利通过验收投产使用，它的成功投产对我国大幅提升输电能力做出了巨大的贡献。

2010 年，科信电缆围绕我国打造坚强智能电网的发展战略，新上 10 万吨碳纤维裸线类产品项目，其中：1000KV 特高压产品已成功应用于国家重点项目：哈郑线、淮上线、浙溪线；智能输电系统集成暨碳纤维光电复合产品（功能为：输电的同时，实现通信、测温、测应力、测载流量），已成功通过国家电网公司真型实验基地挂网一年的试验。世界首条 110KV 智能输电线路，目前正在周口川西线施工。

科信电缆经过六年的高速发展，目前已在全国 26 省设立了销售服务机构，今年底省级销售服务机构将覆盖全国 31 省（直辖市），同时在印度和迪拜设立办事处。

科信电缆始终坚持走“品牌 + 规模”的差异化发展战略。在充分运用我省、我市良好的环境和政策的基础上，全力以赴发展高新技术产品。科信电缆现正稳步实现，由传统的电线电缆制造商向智能输电系统集成服务商进行战略转型。以确保在 2015 年底前，发展成为我国电缆行业裸线类产品的龙头企业，力争在 2020 年发展成为世界电缆行业裸线类产品的龙头企业、智能输电系统集成的领军企业。同时，实现企业“四个一”的战略目标：利税一年一个亿，人均收入一月一人一万元，安置一千个就业岗位，资助一百位贫困学生。

二、企业资质

科信电缆于 2006 年通过了 3C 国家强制性产品认证，同年通过了 ISO90001 质量管理体系认证；2012 年通过了 ISO14001 环境管理体系和 OH-

SAS18001 职业健康安全管理体系认证，且严格按体系标准有效运行。

三、科技创新成果及优势

2010 年、2011 年、2012 年连续三年被认定为我省百家高成长企业；2008 年至今已获国家发改委、科技部批准建立：电力应用碳纤维复合材料国家地方联合工程实验室，中原碳纤维产业化推广服务中心，碳纤维复合材料河南省工程实验室，河南省碳纤维倍容导线工程技术研究中心。

科信电缆充分运用科研创新平台，先后研发了三大系列产品：碳纤维复合材料系列产品、智能输电系统集成系列产品、节能环保高导铝合金系列产品。至 2013 年 4 月底，科信电缆拥有专利 243 项，其中实用新型专利 168 项，发明专利 67 项，国际专利 8 项。连续两年被评为国家电网公司优秀供应商，全国电缆行业裸线类产品综合实力排名前 3 强，碳纤维倍容导线产、研、销名列全国第一。

科信电缆现正与国家电网公司所有的中国电力科学研究院、中航复合材料有限责任公司、河南永煤碳纤维有限公司联合申报“电力应用碳纤维复合材料国家工程实验室”，与国家电网公司所有的中国电科院联合建设 T700/T800 碳纤维铝合金电中试基地。

四、企业荣誉

公司先后被评为：国家电网抗灾恢复重建先进集体，河南省电力抗冰救灾功勋集体，河南省名牌企业，河南省高新技术企业，河南省企业技术研究中心，河南省碳纤维倍容导线工程技术研究中心，河南省碳纤维复合材料工程实验室，河南省高技术工业 60 强企业，河南省 2010、2011、2012 年度高成长性百高企业，中国优质名牌产品，中国知名品牌，中国优质产品，全国质量达标消费者满意产品，西部大开发优质品牌，消费者喜爱产品，权威检测合格产品，用户满意产品，全国用户满意产品，重质量、守信誉、创品牌优秀企业，河南省希望工程支持单位奖等；陆续被授予周口市市长质量奖、2012 年度工业经济发展优秀企业称号。

五、慈善事业

科信人始终围绕“创造价值回馈社会”的企业使命主动行动。2006 年至今，科信电缆持续资助贫困学生 42 人，已被二本以上院校录取 36 人，其中罗慧慧同学和赵成金同学，分别以优异的成绩被中国政法大学和中国人民大学录取。安置残疾人员 39 名。5·12 地震、青海玉树地震、四川雅安地震科信人累计捐款捐物达 40 余万元。

六、发展规划

科信电缆将持续一流的管理、一流的人才、一流的技术、一流的设备、一流的服务，秉承“搭建发展平台、创造和谐共赢”的经营理念，践行“创造价值，回馈社会”的企业使命。通过“打造百年科信、创造世界名牌”的过程，营造企业与个人共同发展的人文环境，引领企业与客户、股东、员工及社会实现和谐共赢，为我省暨我市的经济和社会发展贡献绵薄之力！

联系地址：河南省周口市经济开发区中原路 6 号

湖南省映鸿科技有限公司

湖南省映鸿科技有限公司。公司是一家集科、工、贸于一体的国家火炬计划重点高新技术企业、湖南省知识产权培育工程示范企业、湖南省首批国家知识产权管理规范试点单位、湖南省知识产权优势培育企业、湖南省“小巨人”计划企业、湖南省“四化两型”建设十佳明星单位、湖南省最具发展潜力的十大“三机”企业，中南大学、湖南大学新材料产学研基地及实习教学基地，中国重型机械工业协会散料装卸机械与搬运车辆分会会员单位。公司始建于 1997 年，股改于 2010 年，占地面积 6.6 万平方米，现有注册资本 6305 万元。公司现有职工 390 余人，其中工程技术人员 98 人，高中级 68 人。公司总部座落在新化县向红工业园内，交通运输便利。

公司主要生产经营三大类三百余种产品，一类是新型复合陶瓷材料及其制备产品：其中“映鸿牌”新型复合陶瓷托辊获国家发明专利、湖南省科技进步三等奖和“湖南名牌产品”称号并成为国内首批获得国家矿用产品安全标志（《煤安证》）的托辊产品。二类是皮带输送机系列：其中“映鸿牌”皮带自动纠编装置、螺旋滚动清扫器等产品，带式输送机整机通过国家矿用产品安全标志（《煤安证》）认证；三类是特种陶瓷系列。

公司 2007 年通过了 ISO9001 质量体系认证，公司现获国家专利 59 项，其中发明专利 3 项，近年来加大科技投入和优势资源组合，依托中南大学、湖南大学等知名高校在公司建立产学研基地，以研究新材料为主导，注重新产品研发，形成了一系列具有自主知识产权的高新技术产品，多项通过了科技成果鉴定。映鸿运机以创新打造轻型起重输送设备龙头企业，以新材料的研发与应用引领行业未来。

地址：湖南省新化县向红工业园一区

电话：0738－3537338（总机）3537399（采购专线）3537938（销售热线）

衡阳市铭艺特种钢化玻璃有限公司

衡阳市铭艺特种钢化玻璃有限公司。公司创建于 2006 年 9 月。公司座落于衡阳市蒸湘区衡祁路 78 号，是一家集研发、生产、安装、销售、服务为一体的综合性专业从事中高档建筑安全玻璃深加工特种玻璃企业；并将陆续投入大量资金进行设备购置、科技研发、人才培养、市场开拓等。预计年产值在 1000 万左右。力争做强、做大、做稳，努力创建成为湖南地区最大的特种玻璃深加工企业。

公司主要以各种安全玻璃为主导产品，拥有国内生产特种玻璃一流设备配置：最先进的大型自控电脑玻璃钢化炉生产线，中空玻璃生产线，夹胶玻璃生产线和玻璃直线双边磨边机生产线；同时还拥有玻璃直线圆边磨边机，玻璃异型磨边机，玻璃立式钻孔机，玻璃内外圆磨边机，玻璃斜边磨边机，玻璃多角磨边机，玻璃清洗机等诸多设备。

主要生产加工的产品有：钢化玻璃、钢化镀膜玻璃、中空玻璃、夹胶玻璃、夹丝玻璃、弯钢玻璃、玻璃大理石、防火玻璃、工艺玻璃等多种玻璃系列产品。充分满足湘南地区玻璃经销商、建筑商的市场需求。公司将以专业的技能、优质的服务、过硬的质量、优惠的价格赢得市场。

地址：衡阳市蒸湘区呆鹰岭鸡市村工业聚集区
电话：0734－8815779（办公）8815778（业务）
传真：0734－8815776
邮编：421001

株洲市达能科技有限公司

株洲市达能科技有限公司。公司成立于1996年，坐落于美丽的湘江之滨——湖南省株洲国家高新技术产业开发区栗雨工业园橡树园（高科技生态工业园）内，是一家以变流变频技术、电子信息技术和现代控制技术等综合应用技术为产业发展方向，专业从事电力电子装备和计算机控制系统产品的研究开发、生产、经营和服务的民营高新技术企业，同时也是湖南省信息产业厅认定的高新软件企业。经过多年的发展，公司内部拥有一批老中青技术专家和一流的开发手段，建立和完善了产品质量保证体系，在同行业中率先取得ISO9001：2000国际质量体系认证；公司外部拥有良好的经济发展环境和良好的配套服务设施。在长期的应用中，达能科技凭借雄厚的技术力量和独特的企业经营理念，为我国铁路机务和车辆系统用户、轻轨和地铁系统用户、电力系统用户，以及欧美国家、东南亚国家、中东地区国家的客户，提供了无数堪称经典的产品和应用解决方案，提供了安全的、可靠的、实用的、先进的、绿色环保、高效节能的网络化电力电子装备、人性化的计算机控制系统产品及良好的服务。随着技术和产品应用领域的不断扩大和延伸，达能科技还为用户奉献了许多适应用户个性化需求的精品和服务。

公司坚持“科技与人的完美结合”的和谐性原则，广泛地开展了与顾客、员工的互动性合作，同时还与国内外知名高校、科研院所、学术团体广泛地开展了学术前沿性研究合作。因此，在广大客户、学术专家的多年支持下和公司员工的辛勤耕耘下，公司相继开发了中频电源产品系列、充放电机产品系列、直流调速系统产品系列、高低压无功自动补偿装置系列等智能型网络化的电力电子装备；开发了铁路机务车辆行业的电机类、电器类、电子类配件的计算机控制型检测与试验设备等。

联系人：唐小吧
联系地址：株洲市河西栗雨工业园
固定电话：0731－22609065

湘潭三峰数控机床有限公司

湘潭三峰数控机床有限公司。公司成立于2006年12月，注册资金930万元。公司地处湖南省湘潭九华国家级经济技术开发区，占地面积33570平方米（其中生产车间15648平方米），拥有进口龙门刨铣、镗铣加工中心、龙门导轨磨、三坐标测量仪、表面轮廓测量仪、圆柱（度）仪等加工、检测设备200多台套。现有员工160余人，其中各类机械、液压、电气、软件中高级技术人员占27%以上，是国内精密坐标磨床、内存式卧轴矩台平面磨床、多功能全数控磨床和高速电主轴的专业生产厂家，是一家集研发、生产、销售于一体的高新技术企业，为湖南大学国家高效磨削工程技术研究中心最主要的生产研发基地。

公司以国家高效磨削工程技术研究中心为依托，并与桂林桂北磨床和湘潭大学、湖南科技大学等多家高校形成战略联盟的关系，具备雄厚的产品研发能力和先进的制造工艺，拥有湖南省著名商标“三湘”自主品牌，产品全部拥有自主知识产权，是国内精密磨削装备制造的重点企业之一。公司研发生产的多功能全数控磨床、双主轴磨削加工中心、对称式坐标数控磨床均属国内首创，获得了多项国家发明专利和实用新型专利，软件著作权和国际PCT，并且有5项新技术正在美国、德国、日本申请专利，其中多功能全数控磨床和磨削加工中心的工艺智能应用系统软件填补了国内空白。公司的产品获得了湖南省技术发明二等奖和湘潭市科技进步二等奖，多个项目获得了国家及省、市级重点支持。

公司产品有：MLK7160多功能全数控磨床系列，双主轴对称式磨削加工中心系列，M7140、M7150、M7163、M7180内存式卧轴矩台平面磨床系列，MM7130、MM7132、MM7140精密坐标数控磨床等。产品销售已覆盖辽宁、山东、上海、天津、广东、浙江、河南、湖南、湖北等20多个省市。

公司地址：湘潭市九华经济区大众西路3号
电话：0731－58686977
传真：0731－58686977
邮编：411200

株洲日望电子科技有限公司

株洲日望电子科技有限公司。公司是专业生产、研制钽电解电容器的高科技企业。公司是由一批多年从事钽电解电容器研究、生产和管理的专业人员按高标准、高起点组建而成，并在钽电解电容器的生产、研制过程中沉积了深厚的底蕴。公司拥有军用高能钽混合电容器的技术专利（专利号为：2004200357237），在国内属于独家生产，产品技术和质量处于领先水平。公司有生产、试验设备110多台套，其中关键设备达到国际先进水平，特别是液体钽电解电容器的组装和灌液设备更为先进。公司的生产工艺在此基础上得以发展，形成了我公司特有的先进、成熟和稳定的生产工艺，尤其在生产军用大容量钽电解电容器和高能钽混合电容器方面，公司技术人员经过长期的探索、学习，并吸取了国外厂家的先进生产工艺，解决了国内不能生产超大容量钽电解电容器的难题，填补国内空白。

公司有完善的质量保证体系，通过了ISO9002认证。公司先后有两名质量工程师具有国家注册审核员资质。公司按国军标建立了两条国军标生产线，并已取得了总装国军标认证委员会的立项。公司以军工技术、军人精神，提供高质量的军用产品。

先进的设备、精湛的工艺、高素质的职工队伍和完善的质量保证体系，必将会生产出高品质的产品。高标准，高品质，精益求精，是我们永远追求的目标。严格的制度管理，丰富的人文精神，是我公司的发展壮大的保证。

地址：株洲市天台工业园科瑞路8号
企业邮箱：rw@ riwang. com. cn
销售部电话：0731－22395088
传真：0731－22395099

广州尚品宅配家居股份有限公司

广州尚品宅配家居股份有限公司在2004年成立于广州，是一家依托IT信息技术创新实现“C2B＋O2O”先进商业模式的现代家具服务企业。尚品宅配下辖广州、北京、上海、南京、佛山五地6家全资子公司及数十家分公司，在上述五地拥有近50家直营店，并在全国300多个城市拥有超过800家加盟店。公司营业收入已连续5年保持100%以上的高速复合增长率，预计未来3年内仍将保持50%－80%的高速增长态势。2012年公司营业营业收入达到10亿元，员工总人数超过3000人。

尚品宅配的创新商业模式可以概括为以下4个关键词。①C2B，即消费者需求驱动厂家，以消费者对家具的个性化需求为起点，驱动尚品宅配提供个性化的家具产品设计、制造、安装等服务；②O2O,即线上对线下，尚品宅配新居网线上营销获取商业机会，与线下800家门店体验互动，网与店一体化经营，新居网成为实体门店线下交易的前台；③大规模定制生产，即以大规模生产的成本和速度，为每一个客户定制生产个性化的产品；④云计算和大数据的研发及应用，家具行业首个利用云计算技术大幅提升设计能力，结合大数据挖掘及分析技术研发应用，是未来高速发展双引擎。

尚品宅配实现了个性化营销、柔性化生产、社会化物流的业务运作模式，被《哈佛商业评论》誉为“C2B模式的中国样本”。

邮箱 hyb@ spzp. com。

佛山市集成金融集团

佛山市集成金融集团是广东省首家、也是目前唯一一家民营金融集团。集团下属集成融资担保、集成小额贷款、集成期货、集成保险经纪、集成创投、中小企业产权交易所、集成资信评估、嘉友黄金理财、佛商卡、嘉友网络科技等10家成员公司。

多年来集成金融集团始终坚持围绕“区域领先的中小微企业投融资综合服务商”这一战略定位，努力搭建覆盖中小微企业全套非银行金融功能的综合性金融服务平台。

如今集成金融集团已发展成为拥有400多人的金融行业专业管理、服务团队，管理超过50亿元金融资产。据不完全统计，集成金融集团成员企业累计为近1800家企业提供融资担保服务，融资担保额累计突破80亿元；为近400家企业提供小额贷款服务，累计贷款规模突破20亿元；为近100家企业提供直接或间接股权投资服务；为近1000家企业提供套期保值服务。集成金融集团先后获得“2012年广东省金融创新奖”“广东省中小企业融资服务示范机构”“全国2011小额信贷最佳创新贡献奖”等多项殊荣。

联系地址：佛山市禅城区汾江南路37号财富大厦B座13/14楼
服务网址：www. jcw999. com/www. 51jili. com

广东四会互感器厂有限公司

广东四会互感器厂有限公司是国家高新技术企业，专业设计生产销售互感器、干式电力变压器等系列产品。中国机械500强企业，广东省自主创新100强企业，广东省中小企业创新产业化示范基地，广东省500强企业，广东省制造业百强企业，国内互感器5强企业。

公司产品畅销全国各地出口欧盟、美国、俄罗斯和东南亚各国。高原型互感器被用于中国酒泉卫星发射中心，为神舟5号、6号、7号、8号和天宫一号目标飞行器实现航天飞行作出了贡献。四互牌“互感器”“干式电力变压器”和“电子式互感器”均为“广东省名牌产品”，四互注册商标为“广东省著名商标”，荣获肇庆市首届政府质量奖。

有省级企业技术中心、省级工程技术研究开发中心、广东省院士专家企业工作站等研发机构。近几年开发的新技术新产品达100多项，获国家授权专利20多项，其中发明专利5项，品牌核心技术产品17项。获中国优秀民营科技企业创新奖和奉献奖等国家级殊荣47项。获广东省自主创新标杆企业等省级荣誉81项。2009年5月25日，中共中央政治局委员、省委书记汪洋对企业创新业绩高度赞扬并批示“重视自主创新就有竞争力。这样的典型要多发现，多宣传。”

在全国同行业中率先通过 ISO9001/ISO14001/OHSAS18001 质量/环境/职业健康安全管理体系认证，还通过俄罗斯 GOST 认证，中国环境标志产品和广东省节能标志产品认证。各项技术和经济指标处在国内同行业的先进水平。

广东达诚机械有限公司

广东达诚机械有限公司系一家集研发设计、制造、营销、服务于一体的国家高新技术企业。公司座落于美丽的海滨城市——汕头市，毗邻港口、机场、火车站及汽车总站，交通便捷。公司始建于 1993 年，目前已有厂房 4 万多平方米，在职员工 200 余人，其中中高级职称技术员 50 余人。

公司专业研发和生产塑料（胶）机械，主要包括片材机、热成型机、全生物降解机械、包装机械及模具。公司拥有多项自主知识产权的专利科技成果，产品技术含量高，实用性强，品质位于亚洲前列，客户口碑良好。

目前产品已畅销国内三十多个省市，并出口美洲、英国、希腊、独联体、保加利亚、埃及、韩国、台湾、泰国、阿联酋、伊朗、印尼、马来西亚、菲律宾、越南、中东等四十多个国家及地区。公司与喜之郎集团、顶新集团（康师傅）、亲亲集团、浙江新天力、北京万容、日本中央化学、台湾统奕公司（统一集团）、台湾安捷、泰国东方等知名大型企业缔结良好的长期合作伙伴关系。

公司一贯坚持诚信、平等、客户利益第一的经营理念，产品全面实行 GB/T19001 - 2000idt ISO 9001：2000质量体系管理。公司拥有优秀的设备加工能力（美国哈斯加工中心、台湾高速高精度数控铣床及 CNC 雕铣机等）及高效的售后服务，并为客户提供强大的技术支援和人员技术培训。

珠海健帆生物科技股份有限公司

珠海健帆生物科技股份有限公司创建于 1989 年，注册资金人民币 7500 万元，是一家专业从事生物材料医学应用研究及医疗器械产品的研发、生产和销售的国家级高新技术企业。珠海健帆目前已成长为国内最大的血液吸附材料生产企业，是国内血液吸附材料行业的领军企业，血液灌流产品畅销全国。主营产品“DNA 免疫吸附柱”和“树脂血液灌流器”的市场占有率一直稳居行业首位。

珠海健帆先后被认定为国家火炬计划重点高新技术企业、国家高新技术企业（GR200944000874），广东省知识产权优势企业、广东省创新型企业、广东省民营科技企业、“两个密集型”企业、广东省质量信用 A 类医疗器械生产企业、广东省医药行业科技质量工作先进单位、广东省医药产业医疗器械设备及器械制造卫生材料及医药用品 10 强企业等。企业已通过 ISO9001 和 ISO13485 质量管理体系认证，2011 年 6 月份通过医疗器械生产质量管理规范（简称 GMP）检查，成为广东省首批、珠海市首家通过医疗器械 GMP 检查的企业。

珠海健帆研发中心是省级企业技术中心、广东省血液净化工程技术研究开发中心、珠海市重点企业技术中心、珠海市血液净化工程研究开发中心。中心承担了两项国家级火炬计划项目、两项国家重点新产品计划项目、一项国家中小企业创新基金项目和多项省市级科技计划项目，公司开发的技术先后获得过国家科技进步奖、天津市科技进步奖、珠海市科技进步奖等，具备扎实的开发血液净化材料的工作基础，已掌握血液净化材料开发的核心技术。公司拥有血液净化领域的 20 多项专利技术，被评为广东省知识产权优势企业。

广西三环企业集团股份有限公司

广西三环企业集团股份有限公司是一家科工贸一体化的现代化大型民营企业集团。集团以广西三环企业集团股份有限公司为母公司，下辖分公司 12 家、控股子公司 5 家，企业总资产 6 亿元，员工 8000 多人，2007 年产品销售收入 8 亿元，实现利税 8000 多万元，出口创汇 6000 多万美元。三环集团公司已入选全国日用陶瓷企业 50 强，其中产量、销售收入和出口创汇自 2003 年起已连续六年在全国同行业中排名第一位。

集团公司获得 ISO9001：2000 国际质量管理体系认证，拥有自治区级企业技术中心和广西唯一的日用陶瓷工程技术研究中心及陶瓷研究所。主导产品有九大系列 2000 多个品种，年生产日用陶瓷近 2 亿件，90% 以上销往欧美、中东、东南亚等 80 多个国家和地区。三环瓷器先后荣获“全国用户满意产品”“国家免检产品”“中国名牌产品”称号。“三环”品牌被评为“中国陶瓷行业十大品牌”“中国知名出口品牌”。

广西北流市老田瓷业有限责任公司

广西北流市老田瓷业有限责任公司创建于 2000 年，现已发展为一家固定资产 2000 多万元，资产总额为 5000 多万元，拥有日用瓷生产线三条、贴花生产线六条、烤花生产线五条、纸箱厂一个、水力发电站一座，在岗员工 1700 多人的集科研、生产、贸易于一体的大型出口企业，先后获得国家颁发的《出口产量质量认证许可证》《出口企业资格证书》《ISO9001：2000 国际标准认证证书》和自营进出口权。2007 年生产白瓷 6666 万标件，1 - 3 级品率 84.12%、1 - 4 级品率 92.59%，销售总额 1.10 亿元，纸箱产值 880 万元，创汇 930 万美元，公司上缴税金 1100 万元。

广西北流仲礼瓷业有限公司

广西北流仲礼瓷业有限公司创立于1997年，经过11年的发展，现公司拥有年产日用细瓷8000多万件的先进设备和技术力量，拥有固定资产7000多万元，拥有自营进出口权、输美陶瓷认证和ISO9001国际质量体系认证。公司主要生产中高档细瓷系列，现已形成中餐具、西餐具、欧式餐具、中西餐具、航空瓷具、酒店瓷具、礼品瓷具、微波专用餐具等八大系列300多个品种。公司一直保持创新的作风，使企业能在激烈的国际竞争中保持并增加市场份额。2007年，销售收入11970万元，上交税金1137万元，出口创汇1195万美元。

广西北流市铭超瓷业有限公司（含铭祥）

广西北流市铭超瓷业有限公司（含铭祥）建成于1998年，公司占地面积120多亩。目前已拥有6条日用陶瓷生产线，员工3200多人，固定资产3100多万元，总资产6000多万元，管理人员220多人，大专生120多人，中高级技术人员161人。2003年进入全国陶瓷行业自营出口50强，排名28位，并被列为国家级重点出口企业，2002年以来，先后取得出口产品质量许可证，美国FDA认证和ISO9001：2000质量管理体系认证。2007年铭超牌日用陶瓷餐具被评为广西名牌产品。2007年实现产量8709万件，产值12739万元，质量比去年相应提高，上缴税金1118万元，出口创汇886.7万美元，销售收入1.32亿元。

海南元创机械有限公司

海南元创机械有限公司成立于2004年1月，为外商投资企业。公司注册资金为1600万元人民币，主要设计、制造、销售汽车、机车的模具、夹具以及制造、销售汽车、机车的零部件等，是海口保税区内海南马自达的专业配套生产企业。公司从日本引进的数控高性能机械人焊接系统，该系统通过电脑输入程序，全自动完成组焊工作。公司引进“丰田”式生产管理，严格按汽车行业的ISO/TSl6949国际品质体系运行。公司共开发承制46个汽车零部件，完全取代了从日本进口件，实现汽车零部件国产化。公司年产量为8万台套，年产值1.2亿人民币。2006年6月起，该公司在海马工业园的30亩土地上，建设一座冲压、焊接一条龙的工业标准厂房，以满足海马年产15万台的需求。公司成立研发中心，并以营业额的5%作为研发经费，不断从国外引进先进的设备和技术，提高车身的自主开发与设计能力，提高汽车关键零部件的系统开发能力，成为汽车零部件模、夹、检具及汽车车身的设计、制造、销售为一体的企业。

海南椰国食品有限公司

海南椰国食品有限公司成立于1996年12月，位于海南省海口市秀英区的海南省扶贫开发区内。企业现有生产厂房面积20000平方米。公司主要从事高纤椰果的生产、深加工、销售及其新产品研究开发，拥有自主开发的“将椰子水发酵制作的食用纤维及其生产方法”，并获得国家专利；在2005年12月中央电视台的公示的专利创新榜上，该公司的这项专利被列为中国原创技术，排在海南省的第一位。

至2012年，公司已形成一支专业技术人才队伍，拥有自己优化的醋酸杆菌菌种库及生物发酵法生产细菌纤维素的核心技术。公司的产品广泛应用于国内罐头行业、果冻行业、饮料行业、乳制品行业、冷饮冰淇淋行业、烘焙行业、餐饮业、珍珠奶茶行业等。企业生产的系列产品有——芒果系列、柠檬系列、西番莲系列、木瓜系列、椰子系列及其姜茶固体饮料系列等产品。其中姜茶系列产品采用海南岛五指山腹地特有的生姜，添加上等茶叶、优质蔗糖等多种原料，运用民间传统工艺和现代科学相结合的方法提练精制而成。

海南长安医药销售有限公司

海南长安医药销售有限公司成立于1993年，是专业化从事医药原料和制剂研发、生产、营销推广的生物化学制药公司，是国家重点高新技术企业，也是国家发改委高技术产业化示范工程项目企业。公司始终坚持产品创新战略，1993年独家转化了国家生化工程技术研究中心研发的果糖二磷酸钠（FDP），一举打破了进口产品在国内的垄断，成为目前国内生产和销售果糖系列产品规模最大的生物化学制药企业。2003年公司又与德国爱斯达制药公司合作，拥有洛铂原料和制剂在中国生产和经营的专利，开创了中国中小制药企业引进、消化、吸收和再创新国际新药之先河。经过多年的市场培育，该公司已与国内近千家医药商业企业和医疗单位建立了长期稳定的合作关系，形成了专业、高效、辐射全国的营销网络。2009年8月贵州益佰医药集团成功控股海南长安医药销售有限公司，为海南长安医药销售公司注入新鲜血液。

海南海神药业集团股份有限公司

海南海神药业集团股份有限公司是海南医药行业崭露头角的一支新军，于2000年7月成立。2001年3月公司成功收购丹东联盛制药有限公司，同年8月完成改造并通过GMP认证；2001年10月成功收购海南海神同洲制药有限公司，2002 年 12 月完成改造并通过 GMP 认证；先后设立海南海神启迈药物开发有限公司、海神药品营销公司、海神同联生物科技开发有限公司等。2003 年 10 月，海南海神药业集团有限公司成立，实现集团化管理，完善法人治理结构。2004 年海南海神药业集团被评为“海南省质量信得过企业”“海南省重合同守信用企业”“海南省中小企业最具竞争力 50 强”。2006 年公司产品商标被评为“海南省著名商标”；公司产品——国家二类新药“硝酸舍他康唑软膏（立灵奇）”被列入“2006 年国家重点新产品计划”，并获得《国家重点新产品证书》；海南海神药业集团有限公司荣获 2006 年度“中国最具成长力新徽商企业奖”。2007 年 10 月 9 日，经海南省工商行政管理局批准，海南海神药业集团股份有限公司正式成立。

海南蓝岛环保产业股份有限公司

海南蓝岛环保产业股份有限公司成立于 2006 年 11 月，是海南最大的资源综合利用节能环保型企业，是海南 40 家优秀企业之一，位居海南企业 100 强。公司总资产 4 亿元，年销售收入超过 5 亿元。公司秉持“科技 + 环保”的经营理念，先后建成企业技术研发中心、蓝岛固体废弃物综合利用工程研究中心、环境与材料研究所，致力于工业固体废弃物的资源化处置和综合利用；拥有固废“减量化、无害化、资源化”循环再生的成套核心技术，形成 6 项发明专利。公司生产的“蓝岛”牌复合粉煤灰、矿渣微粉、复合水泥、矿渣水泥、普硅水泥、商品混凝土、蒸压灰砂砖、复合墙体材料、特种高性能胶凝材料等新产品、新材料是海南省内公认的优质产品。该公司拥有 4 家全资子公司，立足海南，面向全国，在工业废弃物综合利用的上下游产业大规模发展，具备了 200 万吨的工业废弃物处理能力。公司于 2009 年通过 ISO9001 质量体系认证，2012 年通过 ISO14001 环境管理体系认证、OHSAS18001 职业健康安全管理体系认证。公司在海南省节能减排工作、省市工程重点保障上作出突出贡献，获得海南省新能源、新材料及节能环保行业中小企业成长性一等奖。目前该公司在海南、广西和福建大型固体废物处理中心，建成后可实现年 800 万至 1000 万吨工业固废处置和新材料生产能力。

贵州长通集团

贵州长通集团成立于 1993 年，系贵州省内大型民营集团、省级诚信私营企业，2011、2012 年贵州省工业 100 强企业，民营经济 50 强，拥有近 600 亩工业园区，员工上千人，工业总产值达数亿元。主要从事电力线路器材设备、电线电缆、电气成套设备、新型节能建材、纳米钙业，都匀毛尖绿茶产业等，贵州长通集团是贵州 100 强企业，贵州民营 50 强企业。经过多年的发展，长通集团已经成为多元化经营的企业集团，在龙里县谷脚工业园区内，除了贵州长通电力线路器材有限公司以外，还建立了贵州新曙光电线电缆有限公司和贵州长泰源节能建材有限公司。

企业曾获国家级“工人先锋号”“全国民族团结进步集体”“省级守合同重信用单位”“诚信私营企业”“贵州百强企业”“省著名商标”“省劳动和谐企业”“希望工程爱心企业”“优秀吸纳农民工先进企业”“五五普法先进单位”“工资集体协商示范企业”“五四红旗团支部”“先进党支部奖”等荣誉。

目前，集团与中国综合制造业排头兵重庆机电集团合作，在贵阳金阳高新区落户的项目顺利投产。与中国茶业行业 30 强企业——湖南湘丰茶业有限公司合作，在长通中小企业科技发展孵化园区成立了贵州龙原都匀毛尖茶业有限公司，完成了厂房建设任务，确保今年春茶生产。同时，还着手合作生产销售茶叶加工机械的项目。

网址：www. ctdl. cn

贵州味美食品工业有限公司

贵州味美食品工业有限公司成立于 2001 年，是一家专业从事天然调味品、食用调和油和功能性食品的研究、开发、生产及销售的民营高新科技实体，公司拥有自己的研发中心——贵州博达医药保健品研究所。公司成立至今，先后荣获“工企业技术创新机构”“贵阳市食品调味油研发工程技术中心”“全国民营企业思想政治工作先进单位”“贵州省 50 家诚信民营企业”“贵州省百家重点支持乡镇企业”“贵阳市农业产业化重点龙头企业”“贵州省名牌产品”“贵阳市名牌产品”“贵州省著名商标”“贵阳市消费者协会诚信单位”等殊荣，并成为贵州大学科研教学基地，是阿里巴巴网站的主要发起人和形象代言企业，连续三年被中国粮油网评为网上营销先进企业，康师傅控股公司优秀供应商，并获得首届“中国十大网商”的荣誉称号。

公司现已发展成为中国国内市场、东南亚市场以及欧美等市场上调味油及食品添加剂的主要供应商之一。主要客户有顶新集团（“康师傅”方便面）、华龙集团（“华龙”方便面）、新加坡志成（私人）油脂有限公司、日本日清食品株式会社（“日清”方便面）、爱芬食品（“德芙”巧克力）、瑞士奇华顿等国际知名食品企业，产品远销到新加坡、日本、匈牙利、英国、法国、澳大利亚、美国、以色列、等十几个国家。

网址：http：//www. wmfood. com

http：//aboveall. cn. 1688. com

松桃梵净山苗族文化旅游产品开发有限公司

贵州省松桃梵净山苗族文化旅游产品开发有限

公司于 2008 年 12 月成立，是借助于“多彩贵州”旅游商品“两赛一会”搭建的平台发展起来的。公司以传承和弘扬苗族优秀文化为己任，以市场为导向，荟萃了一批苗族文化专家学者及民间艺人，并与大专院校长期合作，致力于苗族文化的深度研发与手工艺术品的开发，主要产品有苗族服饰、刺绣、织锦、银饰、印染、雕刻、编织、苗族文化影视、苗族歌舞、苗族饮食等。公司产品创意独特，做工精修，形态美观，内涵丰富，具有很高的观赏价值、使用价值和收藏价值。产品远销韩国、日本、欧美等国家，深受中外旅游消费者的青睐，产品供不应求。2011 年，实现销售收入近 900 万元，比上年增长 2.65 倍，共带动松桃县 28 个乡镇的 3100 名各族妇女就业，得到了中央领导及省市县领导的充分肯定。

国家“十二五”规划将文化产业提高到了国民经济蜘蛛侠产业的高度，进一步加强对非物质文化遗产的保护，公司将立足松桃苗族文化资源，紧紧抓住苗族刺绣这个贵州旅游商品“名片”产品，打造苗绣高端产品走向国际化。同时，拉动少数民族县域经济发展，提供更多的就业岗位，带动更多的农村妇女脱贫致富。

地址：贵州松桃苗族自治县东城新区

网址：www. gzstmx. com

贵州匠心多彩文化产业发展有限公司

贵州匠心多彩文化产业有限公司成立于 2006 年 7 月，主要经营工艺饰品的设计和销售、旅游项目的咨询服务、广告及会展业务、办公文具及二三类机电、食品茶叶等食品的销售等。贵州匠心多彩文化产业有限公司是一家立足于发展和传承“多彩贵州”文化，保护和开发贵州原生态资源，着力发展和体现丰富、多元化旅游产品资源，从事于咨询、策划、培训、品牌建立、创意研发、试制加工、信息交流、宣传推广等专业性服务公司，本公司既服务于贵州省内旅游商品能工巧匠、手工作坊、万户小老板、中小企业，又服务于省内各级政府职能部门，并致力于从旅游商品产业链发展的链结上提供技术性服务。公司先后获得 2010 年国家工业与信息化部首批 99 家技术服务示范性服务平台、贵州省旅游商品创意研发与配套加工平台、贵州省旅游商品体验中心、贵州省旅游商品营销采购中心等荣誉称号。

贵州匠心多彩文化产业有限公司成功策划和执行了 2006～2012 年多彩贵州旅游商品两赛一会等重大活动，积累和收集了大量旅游商品资源，建立了全省旅游商品产业服务基地。匠心公司是一个充满朝气并富于求知、创新的企业。

地址：贵州省贵阳市南明区小碧乡（龙洞堡机场）210 国道甘庄

金义磨料有限公司

金义磨料有限公司位于革命圣地贵州省遵义市，是 2005 年开工建设的生产经营磨料、磨具制销、铝矾土系列产品加工销售的民营企业。公司成立以来，充分利用遵义县丰富的电力、高铝钒土矿产资源，发挥企业生产、技术和销售网络优势，扩充人力，加大研发力度，企业逐渐壮大，公司年产值达 2 亿元。公司主要从事冶炼加工，耐火、防火材料，磨料，其他非金属矿物制品，矿物代理加盟，硅铁等，主要产品有棕刚玉号砂，棕刚玉段砂，棕刚玉块，硅铁，二级砂等产品。

地址：尚稽镇毛坪村

邮编：563135

天水华天电子集团

天水华天电子集团也有自己的“华天梦”，即通过 10 年的努力，不断创新，产业升级，形成半导体封装产业链配套体系，掌握关键核心技术，2015 年实现销售额 45 亿元、利税 4 亿元，到 2020 年建成国际封装业知名企业、中国封装业第一品牌，销售额突破 100 亿元，税金 8 亿元。

一个曾经负债经营、频临倒闭的特困企业何以快速崛起，成为我国集成电路生产十强企业，工信部重点监控企业，国内模拟集成电路重点供货商之一？

华天电子集团的发展得益于企业体制改革、科技创新、产业升级、项目建设。华天电子产品广泛用于航空、航天、兵器、船舶、军用电子整机、电子信息、工业自动化控制、计算机、网络通讯和各种消费电子产品领域，为“长二捆”火箭、“风云一号”卫星、“神舟 5 号”、“神舟 8 号”、“嫦娥三号”、“天宫一号”提供了高品质产品。

华天电子集团每年用于产品研发的投入超过 1 亿元，占销售收入的 5%，去年达到了 6.2%，远远超过了国家对高新技术产业科技投入不低于 3% 的规定。主研发的 104 项成果中 12 项达到国际先进水平，89 项填补了国内空白。去年研发项目 110 多项，其中有 31 项通过了省新产品与新技术鉴定，7 项达到国际先进水平，获得国家专利授权 71 项。今年华天电子仍将投入研发经费 1.2 亿元，研发项目 160 项，计划申报专利 93 项，29 项要通过省新产品与新技术鉴定，5 项要达到国际领先水平，集团还将继续承担国家 02 科技重大专项项目，目前已经有 5 个项目在实施，主要解决电子产品集成电路封装中的高密度、小型化、低散热等方面的技术难题，进一步促进产业升级，促进企业大发展。

对新技术的不断追求，不仅让华天成为同行中的佼佼者，也带来了丰厚的效益，去年华天电子销售收入 20.5 亿多元，比上年增加 4.4 亿元，进出口总额居全省第五位，占天水的60%。

华天产业升级的决心远不止这些，正在建设中的总投资36亿元的天水华天电子科技园，6项重点建设内容中，4项是产品升级项目，研发资金占总投资额的近96%。分两期建设的科技园，要形成以天水为本部，西安、昆山为前沿的产业结构格局和发展布局，到2020年建成具有完整半导体产业链条的产业研发生产基地，产品涵盖集成电路、电源模块、MEMS传感器以及集成电路封测设备、材料、备件等各个领域，形成具有持续竞争力的产业集群，实现"华天梦"。

甘肃赫原生物制品有限公司

甘肃赫原生物制品有限公司于2007年入驻甘肃武威工业园区，是中国西部第一家木糖、木糖醇现代化生产企业，至今已具备年产5000吨木糖生产规模。企业总资产15060万元，其中固定资产8680万元，资产负债率32%，企业信用等级为AA级。公司占地86000平方米，其中建筑面积16500平方米。现有员工210余名，其中大专以上技术人员58名，具有中高级技术职称人员15人，中共党员9人。

几年来，该公司始终把"团结敬业、创新进取"作为企业文化的核心，不断促进企业发展壮大，努力提高企业效益和员工收入。下一步公司将开发木糖醇功能食品，形成循环经济产业链，谋求企业的长期、稳定、健康发展，把企业做强做大，力争成为国内领先的生物制造企业。

今年以来，受欧债危机、人民币升值及国内原材料价格和用工工资普遍上涨等宏观经济影响，1－4月份该公司生产木糖1106吨，较去年同期增长19.4%，但销售仅120吨，销售收入264万元，较去年同期分别减少750余吨和1370余万元。目前企业的突出问题是产品单一，对市场的应变抵御能力不够强；本糖及木糖醇产品市场主要还是依靠国外，使企业发展受到制约。

在销售严重下滑的情况下，该公司积极拓展融资渠道，加大技术创新力度，采用色谱分离、生物发酵等先进技术应用，不断提升生产技术水平，坚持废水循环利用，大幅降低水、电、煤等能源消耗，同时，大力发展循环经济，积极开发废渣利用新途径，加快木糖和木糖醇功能食品项目的建设进度，延长产业链，以技术进步降低生产成本，努力提高企业经济效益。

随着人们对木糖和木糖醇功能食品降血糖、防龋齿、护肝、调节肠胃功能等方面功效的认知，该公司将进一步加快开发国内市场的步伐，逐步使企业步入快速发展的轨道。

天水二一三电器：从"制造"向"智造"进发

天水二一三电器有限公司，在市场激烈的竞争中积极应对挑战，从引进吸收国际先进技术、优化产品结构，到自主开发高新产品，成功实现了"三级跳"，稳步走上良性发展之路，跨入"中国电器工业100强""中国机电行业影响力100强"行列，位居天水市"10强50户"企业第6位。去年完成工业总产值6.1亿多元，同比增长14.01%；工业增加值1.6亿多元，同比增长14.27%；销售收入5.9亿多元，同比增长4.33%；实现利润4197.49万元，同比增长36.66%。

天水二一三电器有限公司，坚持技术创新，从"制造"向"智造"的跨越。公司开发的C3系列新产品是原来的C1系列以及国内市场上销售的第四代低压电器交流接触器产品的更新换代产品，解决了C1、C2系列产品体积大、被使用场所限制的难题，主要用于军事、船舶行业的电路控制、设备切换等领域。C3系列交流接触器系列产品获国家专利11项，其中发明专利1项，实用新型5项，外观5项，还有一个特点就是实现了节能，功耗比原来大幅度降低；所有的零件都符合欧盟的指标，将用3到5年时间替代C1、C2系列产品。

对于企业的发展，二一三人更是充满了信心，以"建立一流的低压电器研发制造基地"为战略目标，瞄准低压电器行业技术发展趋势，开发大容量、智能化接触器，电动机智能保护器等智能化低压控制与保护器，实现产品结构调整和技术升级，形成年产170万件智能化控制与保护电器产品的产业化生产能力，推动企业快速发展壮大。据介绍，今年企业的重点是实施好"智能化低压控制与保护电器技术升级及产业化项目"建设，确保工业总产值7亿多元，工业增加值1.8亿多元，销售收入6.6亿多元。

天祝玉通碳化硅有限责任公司

天祝玉通碳化硅有限责任公司位于甘肃省天祝县华藏寺镇，成立于2007年8月，是一家以生产、加工、销售碳化硅为主的民营企业，公司占地面积300余亩，现有员工160名，厂区位于华藏寺镇水泉工业园内（新建厂区在宽沟工业园），距离省城兰州136公里，距中川机场80公里，丝绸之路重镇武威140公里，312国道和兰新铁路自厂区西侧通过，运输条件便捷，地理位置优越。

公司目前已建成2条12500KVA的碳化硅生产线和6条加工线，年生产能力4万吨，碳化硅深加工3万吨，2012年实现工业总产值18943万元，上缴税金923.73万元。荣获"2009～2010年度市级重合同、守信用企业""甘肃省诚信守法民营企业"称号，被中国农业银行评为AA级信用企业。2012年通过ISO9001：2008质量管理体系和ISO14001：2004环境管理体系认证。甘肃省企业质量信用等级A级企业。同年获得货物进出口权。2012年由甘肃省工信委等六部门批复成立了天祝玉通碳化硅有限责任公司省级技术中心。中心联合西安交通大学等科研院所，建立甘肃省新型碳化硅陶瓷材料工程技术研究中心，为甘肃省发展碳化硅先进陶瓷材料高新技术产业提供研发和科技成果转化平台，促进我省碳化硅产业步入一个新的发展阶段。企业依托天祝资源优势，汇集了众多的碳化硅生产技术及管理人才，是国内最大生产碳化硅产品的企业，“玉通牌”品牌是甘肃的名牌产品，也是国内同行业知名品牌。本企业主要实施以质量竞争为主的市场营销战略，依托技术优势和品牌影响力，同类产品均价高于其他企业产品。

近年来，天祝玉通碳化硅有限责任公司以西安交通大学为技术依托，通过自主开发与对外合作，引进消化吸收的手段相结合，在引进设备和技术的同时，不断消化吸收这些设备和技术，并且不断提高自身的能力，进而提升产品的档次，扩大产品创新的可能范围。通过以项目为载体，开展人才培养，开展基础技术的研究及产品的开发，促进科技成果向生产力的转化。目前技术中心重点开发了碳化硅陶瓷制品项目。它具有耐高温、抗氧化、高强度、耐极冷极热、抗热震性好、高温变小、热传导性好、耐磨、耐腐蚀等特点。作为节能耐火材料在卫生陶瓷、日用瓷、电瓷、磁性材料、微晶石、粉末冶金、钢铁热处理等行业的高温窑炉中被广泛应用，由它制成的各种部件也逐渐应用在发电、造纸、石油、化工、机械密封、水泵、表面处理、热交换、选矿、航天等领域，日益受到人们的重视。

公司坚持以科学发展观为指导，按照县上提出“工业强县”战略目标和发展抓项目的工作思路，充分发挥资源优势，加大以商招商引资力度，抢抓市场机遇，2012 年投资 3000 万元在宽沟工业园区建设 30000KVA 黑碳化硅生产线一条。届时我公司在水泉上滩工业园区和宽沟工业园区建成年产 10 万吨碳化硅生产基地，深加工能力达到 8 万吨以上，力争在“十二五”期间实现工业总产值 6 亿元以上，上交税金 3000 万元以上，安排就业人员 700 多人。

公司在努力打造 10 万吨碳化硅生产基地的同时，不断改进生产工艺，做好循环经济，提高产品附加值，延伸碳化硅产业链条，根据市场需求加工不同规格的段砂、粒度砂和细粉。推动和扩大产品的销售。诚信赢得市场，善待赢得口碑，由于为社会发展做出了贡献，近几年公司先后多次被省、市、县授予“先进私营企业”“纳税先进企业”“先进党支部”等 20 多项殊荣。2009 年被县委、县政府评为“天祝县十强企业”。2010 年被武威市、天祝县委县政府评为“功勋企业”和“武威市纳税快速增长企业”“统战工作先进集体”，被甘肃省工商局授予“甘肃省十佳文明诚信民营企业”“诚信守法企业”“甘肃省私营企业 100 强”等荣誉称号。公司生产的“玉通牌”碳化硅段砂、细粉为甘肃省名牌产品。

经过多年的努力拼搏，天祝玉通公司现已经成为天祝县规模以上工业企业，逐步形成了具有自身特色的工业经营体系。公司多年来坚持以人为本的科学发展理念，诚实守信、求真务实、与时俱进、客户至上、奉献社会的企业精神。关心职工生活，不断提高员工收入，积极从事公益事业。我们将进一步解放思想，攻坚克难求突破，奋力赶超促跨越，努力提高经济效益和社会效益，为天祝藏区经济跨越式发展做出积极贡献。

甘肃正阳农工贸（集团）有限责任公司

甘肃正阳公司成立于 2001 年 11 月，是一家以农业开发、特种养殖、农副产品加工、销售、建筑安装、房地产开发为一体的集团化公司，也是是武威市农业产业化龙头企业之一。该公司现拥有资产 1.75 亿元，现有员工 196 人，其中：高级工程师 3 人，高级经济师 1 人，工程师 12 人，会计师 3 人，助理工程师及其他各类专业技术人员 36 人。

公司在发展中看到西北地区马铃薯资源丰富、产量大，但还没有一家大型马铃薯加工企业，于是紧抓这一机遇，利用外国政府贷款，从荷兰、美国引进世界先进水平的马铃薯生产设备，建成了国内一流的高原无公害年产万吨马铃薯雪花全粉及马铃薯休闲食品生产线，该生产线成为西北地区最大的马铃薯加工生产线，技术含量高，生产的产品品质好。生产线于 2010 年底建成，2011 年正式投入运行。

目前，已形成了以马铃薯产业加工、研发、育种、扩繁、贮藏、休闲食品开发为一体的纵向循环经济产业链。公司现与中国食品工业集团携手合作，共同研发马铃薯雪花全粉及深加工产品。公司主导产品“正阳”牌马铃薯雪花全粉，广泛应用于复合薯片、复合薯条、膨化食品、婴幼儿营养食品、薯泥、快餐、面包等食品领域。

公司在发展中始终坚持“以质量求生存，以信誉求发展”的经营理念，相继通过了 ISO9001 食品质量安全体系认证、ISO14001 环境管理体系认证和 HACCP 食品安全管理体系认证，并连续 3 年被交通银行甘肃分行评定为 AAA 企业。

公司注重技术交流合作，推进企业技术进步和技术创新能力，积极学习世界先进工艺水平，不断进取，努力使产品质量达到国际领先水平。公司计划在“十二五”期间，以年产万吨马铃薯雪花粉生产线为依托，按照国家、省、市关于大力发展循环经济的要求，建设马铃薯循环经济产业园区。

金河藏药股份有限公司

金河藏药股份有限公司成立于 1992 年，主要经营范围：药材种植、收购、加工、销售，藏药、藏成药的生产、销售，出口藏药、藏成药、保健食品产品和生产技术，进口本企业生产科研所需的原辅材料、仪器仪表、机械设备及零配件和技术经营进料加工和“三来一补”业务。

公司具备规模生产 8 大剂型 64 个品种 74 个规格国药准字号藏药产品的能力，其中 25 个为公司独家专利产品，6 个国家级新产品，12 个国家中药保护品种。4个青海省高新技术产品。先后获得国家科学技术进步二等奖1项，青海省科学技术进步奖3项，取得发明专利24项，列入国家级非物质文化遗产名录2项，为全国“重合同，守信用”企业，青海省财务诚信十佳单位，青海省诚信单位，青海省利税大户，青海省文明诚信民营企业。公司是国家科技创新型企业，国家高新技术产业化示范企业，全国少数民族用品指定生产企业，青海高新技术企业，青海省科技型企业。“金诃”商标为中国驰名商标。

金诃藏药股份有限公司依托藏医药资源优势和厚重的藏医药文化底蕴，无论从生产剂型、生产品种、质量管理、疾病治疗谱系，还是在生产规模、经营业绩、品牌价值拓展等多方面向国内一流藏医药企业的方向迈进，力争三年内在全国主要大中城市建立金诃藏药馆500家。

地址：青海省西宁市生物产业园纬二路22号

青海诺蓝杞生物科技开发有限公司

青海诺蓝杞生物科技开发有限公司是于2012年10月成立的股份制企业，位于青海省西宁市国家级经济开发区生物科技产业园，专业从事青藏高原植物资源研发、生产、销售为一体的科技型企业。服务网络遍布我国东南沿海各地及东南亚部分国家地区，企业在有机食品行业积累了丰富的经验并取得了一定成绩。

青海诺蓝杞生物科技开发有限公司主要是以青藏高原特色生物资源为依托，以野生黑枸杞和白刺资源的保护和可持续发展为目的，以高科技的精深加工为突破口，依托中国高原生物研究所和中国军事医学科学院的技术平台，引进一流的现代化加工设备，打造高科技含量的纯天然高原特色优势产业。企业利用现代化提取技术高值化利用青藏高原特色生物资源，提高资源的附加值，开发生产高值化的产品投放市场，科学合理利用青藏高原特色生物资源，创立具有资源优势和地域优势的独特品牌，带动青藏高原地区的特色资源产业的全面发展。

公司目前已经投资千万余元，建成了食品加工生产车间（符合GMP车间）2600平方米，产品检验中心300平方米以及植物提取物压片生产线两条。在海西州都兰县和海西州德令哈地区建设有10万亩的野生黑果枸杞和唐古特白刺野生资源保护抚育基地。企业现有员工36人，其中大专以上学历26人，硕士4人，博士1人，从事技术开发和创新人员8人。2012实现销售收入500万元，利税85万元。2013年预计实现销售收入3000万元。

青海诺蓝杞生物科技开发有限公司专门组建了一支由多名教授和专家带头，长期从事青藏高原特色生物资源研究和开发的科研队伍，同时与中科院高原生物研究所、中国军事医学科学院等权威机构建立了长期良好的合作关系。目前在青藏高原特色资源研究开发领域取得了两项专利，已研发出6种可供规模化生产的特色产品。青海诺蓝杞的发展目标是：用五年时间将“诺蓝杞”品牌打造成青海省野生资源深加工领域的领先品牌。用十年左右时间，建成中国品质卓越、自然领先的高原野生植物天然提取产业基地。

公司愿举全员之力，创新无限，再谱新篇，为建设新青海，创造新生活做出更大的贡献！

地址：青海省西宁市生物产业园经四路2号

青海福田装备制造有限公司

青海福田装备制造有限公司位于青海省西宁市经济开发区装备制造园，于2009年8月经青海生物科技产业园工商行政管理分局登记注册；法定代表人：王延强；注册资本：4000万元整；企业类型为有限责任公司；经营范围：专用车的生产制造及销售等。

公司年产5000台专用汽车改装项目，是基于青海省经济建设及汽车工业的战略发展需要。由青海省政府牵头，青海洁神装备制造集团有限公司与中国北京福田汽车股份有限公司，于2008年10月签署了合作协议后正式确定。项目占地面积167881平方米，固定资产投资14000万元，建成后达到各类专用车年产5000台生产能力，实现销售收入121354万元，利润总额11209万元，上缴税金3100万元，可实现就业人数1308人，具有较好的经济效益和社会效益。青海福田装备制造有限公司将致力于先进的生产技术水平，充分发挥投融资、技术、管理、营销等优势，力争成为福田汽车西北四省的销售中枢，同时努力促进青海省属地汽车装备产业的发展，真正为青海省经济发展做出贡献。

地址：青海省西宁市经济开发区装备制造园

青海康普生物科技股份有限公司

青海康普生物科技股份有限公司成立于2002年5月，是专业从事以沙棘、枸杞等系列产品为主的高原特色植物的提取和深度开发的国家级高新技术企业、农业产业化国家重点龙头企业、全国农产品加工示范基地、国家级质量诚信企业、省级科技型企业、省级农牧业产业化重点龙头企业、省级产业化扶贫重点龙头企业，形成超临界萃取、喷雾干燥、超微粉碎和有效成分提取等四大产业化平台，分别建成了符合美国、欧盟国际有机标准的沙棘和枸杞有机原料基地。

公司在行业内拥有雄厚的技术研发力量，目前在天然植物有效成份的提取、纯化、分子修饰、酶应用等现代生物技术领域已具备较强的竞争优势，公司研发中心被确定为国家级重点实验室、省级工程技术研究开发中心和省级工程重点实验室、省级特色浆果资源利用质量与安全控制重点实验室等。目前公司拥有国内领先水平的技术成果和专利技术28项。

公司建立了完善的质量保证体系，先后通过了国家质检总局食品出口卫生注册、HACCP 食品安全管理体系认证，ISO9001：2008 质量管理体系认证，保健食品 GMP 认证，美国食品及药物管理局（FDA）的卫生注册，KOSHER 认证（犹太洁食食品认证），沙棘、枸杞系列产品取得中国、美国及欧盟有机产品认证。

主要产品有沙棘籽油、沙棘果油、沙棘总黄酮、沙棘多糖、沙棘原花青素、沙棘黄色素、沙棘膳食纤维、沙棘果粉，枸杞多糖、枸杞籽油、枸杞果粉，白刺红色素等植物功能活性成分提取物，还有沙棘籽油胶囊、沙棘果油胶囊、沙棘藏蜜、沙棘咀嚼片、沙棘木糖口服液、枸杞干果等终端产品。

公司经营指导思想："为世界一流的企业供应原辅料，为人类健康奉献优质产品"。

地址：青海省西宁市生物科技产业园区经 2 路 20 号

娃哈哈西宁工业园区

杭州娃哈哈集团有限公司成立于 1987 年，前身为杭州市上城区校办企业经销部，公司从 3 个人、14 万元借款起家，现已发展成为中国规模最大、效益最好的饮料企业。目前在全国 29 省市建有 58 个基地 150 余家分公司，拥有总资产 300 亿元，员工 30000 人。24 年来，公司以一流的技术、一流的设备，一流的服务，打造出一流的品质，先后投资 100 多亿元从美国、法国、德国、日本、意大利等国引进 400 条世界一流的自动化生产线，主要生产含乳饮料、饮用水、碳酸饮料、果汁饮料、茶饮料、保健食品、罐头食品、休闲食品等 8 大类 100 多个品种的产品。

娃哈哈西宁工业园区是娃哈哈集团 58 个生产基地之中，由一期青海西宁娃哈哈启力饮料有限公司和二期青海娃哈哈食品有限公司二个公司组成，位于西宁经济技术开发区生物科技产业园区，占地 103 亩。一期注册资本 640 万美元，投资总额 1600 万美元，为超净热灌装生产线，设备主要从德国引进，主要包括瓶胚机、吹瓶机、杀菌机、灌装机、冷瓶机、纸箱成型机、装箱机、封箱机、喷码机、配料系统、两台 6T 燃汽锅炉及相应环保设施，平均日生产能力 37800 箱，主要生产果蔬饮料、茶饮料、咖啡饮料、含乳蛋白饮料等产品，于 2009 年 11 月底正式投产，2010 年销售收入 1.4 亿元。二期注册资本 5000 万元人民币，主要环绕青稞、大麦等做深加工产品，目前生产线已完成调试。二条果奶生产线于 2011 年 11 月底投入生产，届时将建成超净、青稞、奶线、麦片等 5 条生产线，员工总数将达到 250 人左右，年销售收入在 4 亿以上，年利税 0.8 亿以上。

地址：青海省西宁市生物科技产业园纬五路

银川原源食用油有限公司

银川原源食用油有限公司于 1998 年 9 月 21 日组建并注册成立。公司位于银川经济技术开发区经天东路 6 号，占地面积 36669 平方米，注册资金 1170 万元，总资产 6563 万元，现拥有职工 170 人。是一家专业从事食用油生产和销售的企业，在继承传统榨制技术的基础上，采用独特的精炼技术对我国西北地区有几百年食用习惯的胡麻油生产进行了大胆的革新和工艺改造，开创了"广林子"系列胡麻油，销量位居全区第一，已成为本地消费者食用小包装胡麻油的首选品牌，产品同时远销到甘肃，内蒙古等周边省区。本公司始终坚持以产品质量为本，开拓进取，务实创新，经营业绩年年上升，2012 年营业收入 2.5 亿，被银行评为信用等级 AA 级。先后被自治区品牌战略推进委员会授予"宁夏名牌产品"称号，被中国绿色食品发展中心认定为"绿色食品"、"宁夏著名商标"、银川市"小巨人企业"，商务部"农产品流通骨干企业"、"自治区放心粮油示范加工企业称号"，自治区"第六批自治区农业产业化重点龙头企业"，穆斯林用品企业"清真品牌大众口碑奖"、"宁夏安全放心消费品牌企业"。"诚信经营，互惠互利"是企业经营发展过程中始终坚持的原则，也是企业坚定信心努力实现更大发展的不懈动力。在竞争日益激烈的行业中，公司以品质与诚信赢得了市场的认可，站在行业的前沿，我们始终坚持"诚信为本、品质至上"的企业理念，始终将消费者的利益同企业的可持续发展联系在一起，来答谢广大消费者的青睐，把我们的企业做大做强，并为地方经济发展做出贡献而努力。

地址：银川市西夏区经天东路 6 号

电子邮箱：glzsyy@163.com

宁夏新科动漫产业有限公司

宁夏新科动漫产业有限公司于 2009 年 5 月由中央新闻纪录电影制片厂、宁夏高新软件动漫发展有限公司、宁夏荧屏天天传媒广告有限公司共同投资组建，注册资金 1500 万元，是"CCTV—新科动漫频道银川制作基地"的唯一实体公司，是西北地区第一家通过文化部、财政部、国家税务总局联合认定的国家动漫企业，2011 年成为宁夏回族自治区经济和信息化委员会认定的自治区级软件企业，同年成为宁夏回族自治区文化厅首批认定的四星级文化企业。2012 年公司进入了第三年的快速增长期，6 月成为银川市"小巨人"企业，获得第十届中国国际软件和信息服务交易会"2011～2012 中国软件和信息服务业"最具潜力奖；7 月获得国家广电总局和中国动画学会第三届"中国十大卡通形象"国家级大奖；9 月宁夏新科动漫产业有限公司被文化部正式授予第五批"国家文化产业示范基地"，成为宁夏第三家获此殊荣的企业；10 月自治区文化体制改革工作小组授予公司“全区文化体制改革工作先进单位”称号。公司成立三年时间，在动画片原创生产、版权授权、动画片发行和专业人才培训等方面积累了丰富的经验。目前拥有自主知识版权的原创动漫作品有动画系列片《薯仔历险记》、全动漫电视栏目《马兰花动漫广场》、二维动画片《启蒙星》等，年生产量 1790 分钟。

地址：银川市金凤区动漫软件园

邮箱：312670396@ qq. com

宁夏厚生记食品有限公司

宁夏厚生记食品有限公司是生产加工当地优势特色农产品的大型清真食品生产企业，是国家级农业产业化重点龙头企业，全国少数民族特需商品定点生产企业，全国农产品骨干流通企业，全国就业与社会保障先进民营企业，宁夏食品工业十强企业，“厚生记”商标是中国驰名商标。“厚生记”乡村豆、乡螺菜等系列清真产品畅销全国市场。

“厚生记”近 17 万亩绿色原料基地建在自然条件良好的六盘山区和贺兰山麓，其中乡村豆系列产品的种植基地设在六盘山国家级生态保护区，乡螺菜基地受国家地理标志保护认定。“厚生记”研发服务机构设在上海，凸现东西部各自的地域、自然和资源优势，“厚生记”产品被中国绿色食品发展中心认定为“绿色食品”。2011 年 11 月，厚生记日产 30 吨绿色无公害豆芽菜正式投产，实现了全自动现代化，而且全部包装上市，翻开了宁夏豆芽菜市场崭新的一页，厚生记公司已成为西北地区第一家大规模生产绿色无公害豆芽菜的企业。

“厚德载物、生生不息”“忠厚存世远、勤俭持家昌”是“厚生记”人的不懈追求和立业之本。占地百余亩的“厚生记”食品工业园以五万多平方米的现代建筑和现代化的工艺设备奉献给世人一份诚挚的爱和火热的情。“厚生记”热忱欢迎中外客商齐心携手，努力实现让全国消费者每人每年消费一包厚生记产品的宏伟目标!

地址：银川德胜工业园区新胜西路 1 号

网站：http：//www. houshengji. com. cn

宁夏巨能机器人系统有限公司

宁夏巨能机器人系统有限公司是国内零部件加工领域规模最大的工业机器人研发和制造基地，是西北第一家独立开发和制造智能机器人的专业公司，是真正拥有自主知识产权和核心技术的高科技企业。公司在宁蒙陕甘毗邻地区装备制造业首届联席会议中被评为“银川精加工中心”。2011 年被评为“小巨人”企业、“守合同，重信用”企业。产品具有“高可靠性、短交货期、高性价比”的优势，向客户提供最优的零部件加工自动化单元、自动生产线以及少人化、无人化加工工厂的解决方案。公司发展之初即建立了自治区级“工业机器人研发中心”，并在 2011 年承担了国家发改委十二五战略新兴产业—工业机器人示范项目；公司以“共同努力，共享美好”为企业的核心价值观，不断开创自动化的新时代。公司主导产品为应用于数控机床自动化的门式工业机器人和关节式工业机器人。公司目前拥有各类专业管理技术人员 147 人，从事企业技术中心研发人员共计 35 名，占员工总数 24%。大专以上学历人员共计 133 名，合计占员工总数的 90%。公司产品销售重点配套客户：宁夏小巨人机床有限公司、日本 MAZAK 公司、韩国大宇、韩国起亚及其高端客户群。产品定位服务中高端数控机床消费群体。同时对国内具有影响力的重庆机床集团，沈阳机床集团，大连机床集团，新瑞长城机床等各个行业主流机床厂家进行配套销售，根据这些机床主机厂家的运用，带动一批配套厂商的自动化产品的使用。客户遍及汽车制造，齿轮加工，电子航空等各个行业。公司建立的自治区级“工业机器人研发中心”也将不断引领数控机床工业机器人的市场方向，与您共创自动化的新时代!

地址：银川经济技术开发区同心南街 296 号

网址：http：//www. jnrobot. com. cn/

石嘴山市凝力机械设备有限公司

石嘴山市凝力机械设备有限公司是一家具有现代化管理的煤矿专用机械设备制造企业，是宁夏天地奔牛实业集团有限公司的参股子公司，是中国机械工业企业管理协会会员。公司始建于 1979 年，位于宁夏大武口秀美的贺兰山“脚下”。公司主要生产中、小型刮板输送机及大型刮板输送机配件，是集研发设计、生产制造、销售服务于一体的专业设备制造公司。公司占地面积 6 万平方米，建筑面积 2.6 万平方米，现有员工 200 余人，其中各类技术人员 50 余人。公司在同行业中率先通过 ISO9001：2000 质量体系认证，主要产品均获得国家煤矿安全检查监督局颁发的煤矿产品安全证书。公司为确保产品的高品质，一方面抓硬件配备，先后购置了一批国内最先进的 HQCS 数控高效率高速精细等离子切割机、TX6213A－X4Y2 数控落地铣镗床、B2010B 龙门刨、B1012－6 型悬臂刨铣床、CO_2＋Ar 气体保护焊、全位置焊接小车等设备。另一方面抓质量管理建设，持续改进质量管理体系，加强产品质量全过程控制，认真实施管理评审计划，对内部质量信息反馈明确处理时间、执行“首问制”，发现问题及时采取预防和纠正措施，加强供方质量控制，培养长期稳定的合格供方。公司始终不渝地遵循“质量追求极限，服务力求完美”的质量方针，做大做强，为宁夏的经济腾飞添砖加瓦。

地址：石嘴山市大武口区工宁路 1 号

电子邮箱：ningliga@ 126. com

博州万力源科技开发有限责任公司

在经济全球化和新科技革命突飞猛进的大背景下，面对日益激烈的市场竞争，科技创新、自主知识产权已经越来越成为企业发展壮大的重要支柱。博州万力源科技开发有限责任公司（以下简称公司）自成立以来，通过不断的科技创新形成一系列自主知识产权，并将成果应用在产品中实现产业化，将技术优势转化为产品优势。2012 年 11 月成为博州地区唯一一家“高新技术企业”

1997 年身为博州三台林场副厂长的杨永顺辞职创办博州万力源科技开发有限责任公司，经过十多年来的发展壮大，注册资金已由最初的 10 万元增加到 100 万元，拥有“开门红”注册商标。公司主要从事常压锅炉、热交换器、太阳能热水器、热风炉生产、销售安装和水暖建材经营、电脑制图、金属铸造及金属加工等业务。现拥有生产用地 16675 平方米，生产厂房 1200 平方米，办公用房 600 平方米，目前正在建设生产厂房及库房 8400 平方米，已成为博州锅炉生产的龙头企业。公司拥有液压剪板机、折弯机、仿型切割机、车床、钻床、开平机、压力机、叉车、雕铣机、雕刻机、写真机、刻字机、彩色打字复印一体机等设备。“开门红”锅炉以其优良的性能、精美的外观、优质的售后服务赢得了广大的消费者的青睐。

公司现有员工 50 人，其中管理人员 6 人，研发人员 8 人，营销人员 6 人，生产工人 30 人。员工平均年龄 34 岁，大中专以上学历的人员占职工总数的 30% 以上。公司注重培养和引进创新意识强、理论水平高的大学毕业生充实研发队伍，公司的首要目标是不断研发新技术，开发新产品，为将来可能出现锅炉市场逐渐萎缩的状况做好准备，尽快实现企业转型。经营宗旨是“科技创新，打造精品”。

一、开创博州锅炉行业新纪元

90 年代末，随着广大用户生活水平的提高和居住条件的不断改善，冬季以家庭为单位的锅炉水暖系统安装已经成为一种趋势。公司的主导产品“家用炊暖炉”获得多项专利。以“一种改进的家用炊暖炉”（专利号 ZL9921 3103.0）和专利产品“家用聚火反烧炊暖炉”（专利号 ZL98216712.1）为例，这两项产品技术设计合理，性能优良、节能高效、外型美观、使用方便，融煤碳、柴草和农作物桔梗为一炉，集炊事、取暖为一体，经济实用，是目前博州各乡镇、农牧团场解决冬季取暖问题的首选产品。该项专利产品是一种家用锅炉的更新换代产品，自投放市场以来深受用户好评，已连续 5 年博州销量第一，产品供不应求。目前，公司生产的“开门红”锅炉已覆盖博州各乡镇农牧团场，并分别在伊犁地区、阿勒泰地区设立了经销点，销售情况良好。

二、废弃秸秆、变废为宝

从 2006 年 4 月，公司开始着手研究秸秆气化技术，通过到北京、山东等地的调研，根据新疆农作物秸秆丰富的优势，研制成功适合新疆地区的秸秆与煤炭两用半气化炉“双炉排易封火家用炊暖炉”（专利号 ZL200620133242.9）。2007 年 9 月 –10 月公司投入 20 万元购进 250、550 拖拉机各一台及方捆机，用于研制专门用于采收棉花秸秆的农机具，通过反复改造将两者结合起来，试验出就地采收棉杆并打捆的“收割打捆一体机（专利号 ZL20072018 3153.X）。新疆地区是全国棉花的主产区，大量的棉秆因其回收费时、费力、不便存放、又极不耐烧，基本上都是就地焚烧或粉碎还田处理。通过对棉花秸秆压缩成块，将其体积压缩到原来的十分之一，便于运输和存放，在棉花产区，逐步实现以棉花秸秆压缩块替代化石能源燃煤，来解决人们做饭取暖问题。在产棉区广泛采用此技术，可以节约大量不可再生的燃煤，有很好的经济和社会效益。2007 年实用新型专利“秸秆压块机”（专利号 ZL20062012 1529.X）和“使用燃煤或秸秆燃料的家用炊暖炉”（专利号 ZL200620133238.2）试验成功。

2009 年 9 月 26 日实用新型专利“双炉排易封火家用炊暖炉”（专利号 ZL200620133242.9）、外观设计专利“家用炊暖炉”（专利号 ZL200630147352.6）、地暖专用炉“家用锅炉”（专利号 ZL200730160742.1）、2008 年 3 月 12 日实用新型专利“带加油计量装置的油箱”（专利号 ZL200720142781.3）相继获得国家专利局授权。

2011 年根据博州温室大棚设施的需要，研发出可使用秸秆和燃煤的地下燃烧炉“一种便于加料的地下燃烧炉”（专利号 ZL201120342276.x）与热风炉产品“煤秸两用炉”（专利号 ZL201020149324.9）相结合，生产出了一种新型的大棚采暖设备。产品技术设计合理、性能优良、节能高效、外型美观、使用方便，熔煤碳、柴草、农作物桔秆于一炉，集炊事、采暖为一体，经济实用，是目前博州各乡镇农牧团场解决冬季取暖问题的首选产品。

三、节支环保、促社会和谐

“科技创新，打造精品”是博州万力源科技开发有限责任公司取得成功的至胜法宝。公司在不断发展壮大企业规模的同时，也为当地的经济发展和社会和谐稳定做出了一定的贡献。从 2009 年至 2012 年公司已累计上缴各项税金 100 余万元，年提供就业岗位 50 余个，安置下岗工人 20 人。

博州地区没有煤炭资源，近年来煤价一直呈现上涨态势，使蔬菜大棚种植户的负担逐年在加重。据测算，使用秸秆压缩块来替代燃煤，该系列锅炉单台每年可为用户节约开支 1000 –1500 元，而且一次投入多年受益。农作物秸秆进行简单压缩处理作为燃料使用后可有效降低二氧化硫、氮氧化物等污染物质 80% 以上。燃用生物质所产生的二氧化碳，又可被等量生长的植物光合作用所吸收，实现二氧化碳“零”排放。这对降低“温室效应”，减少大气中的二氧化碳含量极为有利。

锅炉产品的实施构建了博州农牧区良好的环境，2006 至 2008 年公司在周边地区进行调研时发现，由于生物质秸秆没能得到合理利用而乱堆乱放，经过长时间的雨淋日晒，大量秸秆腐朽，散发出臭味，并有大量蚊虫寄生在里面。使用燃煤或秸秆的家用炊暖炉推广实施后，秸秆将得到充分利用，有效减少病菌及蚊虫的栖息环境，从而有效控制了疾病的传播源及传播途径，可有效地改善农村人民群众的生活环境。

喀什浩翔光电科技有限公司

喀什浩翔光电科技有限公司成立于2011年8月，占地28.2亩。发展方向是专业从事LED照明产品的研发、生产的经济实体。主要产品有：LED光管、LED射灯、LED台灯、LED手电、LED遥控应急节能灯、LED遥控应急节能光管、LED路灯、LED隧道灯、LED广告灯、LED城市美化亮化景观照明、三维技术LED显示屏、LED植物生长照明等半导体照明项目。是一家集研发、生产、销售、安装服务为一体的专业LED照明光电生产企业。LED照明又称半导体照明，主要由封装好的高亮度大功率LED光源、高效率电源、散热结构、光学结构、外壳等组成，涉及电子技术、光学技术、新结构散热设计技术以及新工艺水平等大量高新技术。LED照明具有节能环保、寿命长、耐振动等特点，被列为国家“十二五”规划中七大国家战略性新兴产业之首。LED照明由于属于半导体发光因而功耗很低，与白炽灯相比节能80%，与荧光灯相比节能60%；色彩丰富，不同的制造工艺能够发出各种颜色的波长即光色，不含汞、银、有毒气体和放射性元素，被誉为真正的绿色照明，在全球能源紧张的今天，LED照明应用迫在眉睫，也是必然趋势，是第四代照明光源。

公司的投资思维和战略方向一直朝着节能、环保、高新科技产品的方向投资开发，务实高效的为创造节约型社会、构建和谐社会而努力工作。本公司积极响应国家产业政策，向老少边穷地区投资的理念，决定在伽师县建设投资总规模为6000万元的LED照明光电企业，厂区占地28亩，位于伽师县工业园区内，设计年生产24000套高亮LED灯，建成后年产值将达到1.2亿元。截至目前公司第一期已投入资金2150万元，2013年计划投资2200万元，完成第二期规划目标。2014年第三期完成总投资规划。公司计划用工350人，其中中坚技术人员50人。将为伽师解决一部分富余劳动力，也为当地农民的致富增收创造条件。

2012年11月通过公开投标分别获得伽师县工业园区LED高杆灯亮化工程、伽师县团结西路和伽师县广场南路LED高杆灯亮化工程。2013年通过公开投标获得麦盖提县英买里路LED路灯亮化工程。

根据《关于拨付2013年第一批中小企业发展专项资金的通知》（喀地财企〔2013〕22号）文件规定，喀什浩翔光电科技有限公司申报的LED生产检测设备项目第一批中小企业发展资金60万元如期到位，公司严格按照申报要求使用资金，虽然与预期构想有距离，但公司还是多方筹资前往厂家购买检测设备。

我公司有信心在伽师县委、县人民政府的关心帮助和正确领导下实现公司经营目标，有信心在实现企业发展的同时，积极承担社会责任，为实现伽师县工业园区的经济战略布局发挥自身力量。伽师县对在园区落户企业的优惠扶持政策将会使本公司获得长足发展，有了上级政策和资金层面的扶持，我们对公司的发展前景充满信心和期望，在满足南北疆市场的基础上，拓展中南亚国家，充分发挥“五口通八国一路连欧亚”经济圈优势，做大做强LED照明产业。我们坚信凭着政府的大力支持和喀什得天独厚的地理优势，我们的产品在满足本地市场的需求外，也必将走出国门！

新疆钵施然农业机械科技有限公司

光明似箭，日月如梭，转眼2013年金秋即将来临，听到企业轰轰鸣鸣的机器声，看到整齐崭新的设备，有序忙碌的生产，一件件加工品流水下线，一台台产品装配成型，漆光闪闪，在阳光下红艳耀目，在严格的质量检验后入库出厂，这生机勃勃的喜人场景，公司管理者都清楚记得。2012年政府扶持资金的注入，减缓了企业资金紧张的压力，有效地支持了公司设备采购、原材料采购和质检设备的采购，为公司从样机生产到批量生产争取了时间，缩短了周期，为2013年新年度的生产打下了坚实的基础。

公司2009年8月注册开业，经营活动以新型农机产品研究开发和园林机械经营为主，由于原厂房和环境条件的限制，2011年搬入乌苏化工园区，同年厂建工作全面启动，公司三管齐下，一方面广泛开展园林机械的经营，另一方面狠抓厂区工程建设，再一方面加快研发的产品向生产转化，通过外协做零部件加工，利用厂区空地搭建凉棚组装生产，同时供电供水供暖设施建设、机械加工设备采购、职工生活设施建设等多个项目聚集开展，一度出现周转资金紧张的状态，我们几次求助银行贷款，由于我们没有固定资产作抵押，贷款无门，正当一筹莫展困惑之际，经信委中小企业发展专项资金《农牧业机械项目》扶持资金到位的消息，如甘露滋润禾苗般悄然而至，这无疑给企业注入了勇往直前的推进剂，就是这笔资金，给定购的部分机械加工设备支付了定金，为样机打造购置了急用材料，配置了部分试验设备，及时有效地缓解了资金紧张的被动局面，2013年春节后，购买的机械加工设备陆续到位，原来的外协加工项目全部停止，开始自主加工，大大降低了生产成本，缩短了生产周期，目前公司在奎屯、乌苏、独山子金三角地区属设备最新、配置最全、功能最精的机械加工企业。在满足自我生产的同时，已对外加工，开展社会服务性经营。农机产品也由零部件组装进入全自主生产加工整装，主要产品有4MQ－1水平摘锭采棉机、4MZ－3水平摘锭采棉机，1LFT－435（535）液压翻转调幅犁、2BMJ一膜六行播种机（二模十二行播种机），这些产品今年已全部投入市场，预计2013年实现产值3500万元，比2012年增加141%，预计利润520万元，比2012年增加100%，预计纳税240万元，比

2012 年增加 110%。

随着公司生产形式的快速推进，也带动了相关产业的发展，钢材消耗 2012 年 160 吨，2013 年为 760 吨；机电贸易类产品采购涉及发动机、液压设备元件，电器设备元件，风机设备紧固件、生产工具、电线电缆，型料制品、轮胎轴承等行业，2012 年资金流动 200 多万元，2013 年达近 1000 万元。农业农村大马力拖拉机的推广，调幅犁的需求大增，形势喜人，为乌苏社会安置和转移劳动力就业 60 多人，GDP 增长，纳税增加，实实在在支持者乌苏的社会和经济的发展。

企业的发展离不开政府的引导和支持，面对竞争激烈的农机市场，我们坚持以科技创新为先导，高质量生产加工为根本，全力打造“钵施然”品牌，争做在新疆具有一定影响力的农机企业。

新疆帕戈郎清真食品有限公司

一、企业概况

新疆帕戈郎清真食品有限公司（原泰昆禽肉加工有限公司）位于高新北区工业园区，隶属于新疆泰昆股份有限公司的全资子公司，是一家以绿色养殖和健康食品为核心的全产业链食品企业，主要从事现代化规模健康养殖、禽肉制品深加工、冷链配送销售一体化的生态农业产业链条。公司于 2006 年 7 月 18 日奠基，建设总资产 5260 万元，按照欧盟标准建设日屠宰加工规模 6 万羽的不锈钢屠宰加工生产线，是西北地区规模最大且唯一一家取得出口认证的清真食品企业；公司拥有 12 个自属及合作养殖基地，年出栏活鸡 1200 万羽，公司利用集团一条龙产业规模，在养殖环节采用“五统一”养殖方式（即统一供苗、统一免疫、统一饲料、统一用药、统一出栏），确保鸡只的健康、安全。目前公司年生产清真健康的鸡肉产品生产规模已达到 35000 吨，产值可达 3.0 亿，出口产品达到 2000 吨，出口创汇 400 万美元，解决近 400 名各民族员工就业。

健康养殖和特色加工是食品产业发展重点，公司依托新疆泰昆集团相互关联的三条产业线，以食品产业为主导，依托集团产业优势和新疆地源优势，以“打造顶尖农牧企业，制造绿色健康食品”为使命，以创建中国第一鸡肉“清真”品牌为目标，从健康养殖、现代屠宰加工、精深鸡肉制品加工、冷藏冷链配送、健康餐桌首选，建立了从农场到餐桌健康安全的全球范围可追溯体系，是 2007 年以来唯一一家新疆地产鸡肉产品出口中亚国家的企业，出口量每年增量达到 50% 以上，打开了潜力巨大的中亚市场。并且针对中亚市场及其它伊斯兰地区，在原“泰昆”品牌基础上，打造了“帕戈郎”清真品牌，实施双品牌运作模式，在中亚及全疆范围建立了 6 个配送中心、近 1500 家终端冷链配送销售网络，并在中心区域形成了符合新疆消费特点的大盘鸡块、辣子鸡块、白条整鸡及各类分割冰鲜品的规模化生产、冷藏、集中配送销售的产业模式，产品受到广大消费者认可尤其受到穆斯林消费者充分信赖。在产业链延伸方面公司自建了 9 个出口备案养殖基地并积极与农民合作，形成“公司 + 农户 + 标准化”“公司 + 基地 + 标准化”的多种家禽产业发展模式，从源头确保了鸡肉产品货源和品质，提升了产品品牌价值，并逐步形成了辐射中亚的现代化、规模化绿色家畜养殖、禽肉制品深加工、冷链配送、“放心肉”连锁销售于一体的鸡肉食品一条龙农业产业化企业。公司未来将借助“帕戈郎”清真品牌优势，使公司网络覆盖全疆乃至疆外伊斯兰地区的同时，着力打造中亚市场并积极寻求与周边伊斯兰国家合作机会，通过不断探索和发展形成国内唯一“清真”鸡肉优势品牌及各方面的产业优势。

二、发展优势

（一）产业链及规模优势

公司上游产业拥有饲料原料加工基地 5 个、饲料加工厂 7 个、现代化种鸡场 7 个、孵化中心 2 个，年产鸡苗 2200 万羽、出口备案养殖基地 9 个，年出栏无公害商品鸡 1000 万羽，为鸡肉制品加工提供了充足的绿色健康原料保障。食品加工环节，公司陆续投入近 3000 万元不断引进先进设备工艺及检测设备，进行设备改造、环保及无害化设施建设，不断提升产能，完善检测手段，形成了最具规模的清真冷冻、冰鲜鸡肉产品养殖、生产加工及冷链配送终端销售体系的产业化企业。

（二）“清真”品牌优势

公司充分利用新疆优势资源，创建了公司“帕戈郎”清真品牌，“帕戈郎”清真品牌是维吾尔语“清洁、干净”之意，实施“泰昆”及“帕戈郎”双品牌运作，满足了疆内外各民族消费者的需求，产品市场占有率不断提高，在国内外市场树立了良好的口碑和品牌效应，公司推出的“帕戈郎”品牌产品完全按照清真食品要求加工，得到中亚国家和全疆穆斯林消费者的充分信赖和认可，同时获得了“新疆名牌”和新疆“著名商标”称号，奠定了泰昆打造清真特色食品产业的基础，成为打造国内第一“清真”禽肉品牌的优势企业，实现了经济效益和社会效益的协调发展，并且公司通过几年的沉淀，进一步了扩大国内外市场份额，提升了企业核心竞争力，获得了企业可持续发展的动力和更大的生存空间。

（三）遍布全疆及周边地区的销售网络优势

新疆以及中亚地区，传统上就是人均肉制品消费较高的区域，随着经济的不断发展、消费需求量不断提升，在清真基础上，广大消费者对食品安全的要求也不断提升。伴随牛羊肉价格的节节攀升，对清真、质优、价廉的肉制品的需求也更为迫切。鸡肉因价格低廉、蛋白营养好吸收而成为牛羊肉的理想替代品。公司推出的“帕戈郎”清真品牌在国内、外伊斯兰地区有着巨大潜力，已成为众多连锁饭店、连锁专卖、连锁超市、农贸市场、团体消费的绿色合作伙伴，并出口吉尔吉斯斯坦、塔吉克斯坦。市场覆盖面广、占有率高，对行业重点市场及吉尔吉斯、塔吉克市场有着举足轻重的影响力。

目前公司已形成包括中亚市场在内的布局全面的市场销售网络，除供给商超、品牌型食品公司、大盘鸡、辣子鸡新疆特色鸡肉餐饮企业及大型农贸之外，已具有150多家“放心肉”品牌连锁专营店、1000家以上终端专柜。公司计划2012年起3年内形成300家“放心肉”品牌连锁专营店、2055个专销点，实施农餐结合，不仅提高城乡消费者的便利性，更能带动更多人员就业，拉动新疆鸡肉产业发展，更是很好的民生工程，同时具备了开拓潜力巨大的中亚市场和周边伊斯兰国家市场的优势资源。

（四）稳定的货源保障

借助泰昆集团完善的产业优势，公司所生产的鸡肉产品，80%来自于产业链已具备出口备案的自属养殖基地及农民合作养殖基地。基地年出栏无公害白羽肉鸡1200万羽，是自治区目前唯一的绿色、无公害规模化肉禽养殖基地。基地通过新疆出入境检验检疫局出口备案和国家“无公害”农产品认证，养殖全过程按照绿色、无公害饲养标准，采用“五统一”管理模式（即统一供苗、统一免疫、统一饲料、统一用药、统一回收）。基地采取科学的免疫及禽病控制技术以及科学的饲养方式，成鸡出栏时由驻场兽医和当地兽医部门检疫合格的毛鸡才允许出栏，确保未来年产30000－35000吨安全放心的鸡肉产品供应保障。

（五）完善的农产品质量追溯体系

欧盟、美国和日本等发达国家纷纷通过立法等手段，建立畜禽产品可追溯管理系统，以提高食品安全监控水平，要求对所有食品强制实施可追溯管理。针对这一形势及未来中国畜禽产品更高的食品安全要求，泰昆集团综合分析我国畜禽企业生产流程与管理现状，基于鸡肉产品批次记录与逐级编码方式，积极推进和完善产品质量追溯体系建设，将家禽养殖、鸡肉生产、产品加工、物流销售等与鸡肉产品安全有关的信息串连起来，建立电子文档记录，构建鸡肉安全生产质量监控可追溯系统，消费者可通过该系统在全球范围根据包装物上的追溯条码经网上、语音查询方式，查询产品的来源、投入品的合法性及检测结果等多项可追溯内容，达到监控禽肉食品安全的目的，并借助国家对食品安全监管力度的逐步加强，通过追溯体系建设和应用，使消费者能够放心的食用本公司的产品，增加消费者对泰昆清真鸡肉产品的认可度，提升销售容量，提升附加值，实现清真放心鸡肉第一品牌的建设目标。

（六）先进、卫生的屠宰、加工和完善的质量保障及检验检疫体系

公司生产设备采用中德合资SSK（艾斯克）公司全套不锈钢自动化机械设备，“生产线、预冷消毒、配电、污水处理等工艺技术”达到国际先进水平，加工过程达到欧盟出口标准，并具有严格的检验检疫制度和完善的质量保证体系，分别取得了HACCP、ISO9001体系的认证、出口卫生注册认证、对外贸易经营权、清真食品等认证，产品原料白羽肉鸡获得国家无公害鸡肉认证、绿色食品认证、及新疆出入境检验检疫局卫生注册认证及基地出口备案认证。2011年公司“泰昆牌”“帕戈郎”品牌鸡肉产品分别获得新疆“著名商标”及“名牌产品”称号，2012年又荣获乌鲁木齐高新区（新市区）“知名商标”称号。同时，公司投入60万元完善实验室药残、微生物及其它配套项目检测设备，并阶段进行品管体系检验、检疫人员培训，加强检测能力，实施严格的检验检疫制度，为公司生产鸡肉食品安全提供有力保障，确保鸡肉产品的健康安全。

（七）完善的冷链储藏和配送系统

根据中亚及疆内鸡肉市场消费特点，通过规模化运作在全疆范围建立了配送中心和高水平的物流队伍，形成一套覆盖全疆、辐射西北省区以及中亚国家的冷链物流网络。目前拥有厂区2000吨冷冻、冷藏库，在南北疆建设的二级配送平台6座及1500家销售网点，合作的冷链配送车辆30辆以上，满足从养殖、屠宰加工、终端连锁的产业链配送能力，物流配送量达到35000吨。为新疆地区及周边国家冷冻及鲜活农产品的市场流通，提供有力保障。

（八）产业带动作用

产业化服务模式建立及产业链延伸，在种禽养殖孵化、运输和销售等环节，可以直接解决约1200人的就业，其中种禽基地直接安排农业就业人口约530人，物料和产品运输以及销售可增加约670人就业。在商品鸡养殖环节直接辐射带动养殖户13500户，约55000人就业和增收。在食品加工、物流配送环节，解决就业工人400人，解决运输、物流配送人员150人就业及增收，同时中亚及全疆网点建设解决穆斯林人员就业人数达1000人左右，人均年增收5万元。

新疆旺源驼奶实业有限公司

新疆旺源驼奶实业有限公司于2012年七月获得中小企业发展专项资金（专利补助项目）45万元，为加快企业科学发展提供了资金保障，加速了企业产业化生产步伐。企业产业化发展，对优化边疆地区产业结构、提高牧区经济发展具有重要意义。

一、企业基本情况简介

新疆旺源驼奶实业有限公司始建于2007年，注册资金1000万元，拥有总资产4837万元。公司位于福海县环城东路，厂区占地面积100亩，是中国第一家对骆驼乳品开发且唯一具有自主知识产权的驼奶系列产品研发和深加工高科技企业。公司拥有三项国家发明专利技术、13项已申请受理国家发明专利，拥有先进的现代化设备和高素质员工队伍。公司长期与内蒙古农业大学乳品生物技术与工程教育部重点实验室、上海交大及国内多家大型科研医疗机构合作，以先进技术设备和最新科研成果为支撑，生产高品质产品。

目前产品销售市场日益扩大，已经遍布全国各地大中城市，与北京、上海、广州等一线城市和杭州、成都、福州、西安、重庆等省会城市以及温州、大连、马鞍山、佛山等地级城市等200余家代理商签订了合作协议，产品常常出现供不应求的局面。

2010年企业被评为福海县“先进企业”，2011年被阿勒泰地区评定为农牧业“龙头企业”和“知识产权试点单位”，2012年，被自治区扶贫开发小

组评为“新疆维吾尔自治区扶贫龙头企业”，被自治区农业产业化领导小组审定为“自治区农业产业化重点龙头企业”。

企业已累计投资4800余万元，建成了日处理20吨生鲜驼奶的生产线。公司计划投入2亿元、分四期研发骆驼产品。一期投入5000万元已建成液态驼乳、益生菌发酵驼乳等生产线，生产出四个系列二十余种产品并全面上市；二期投入2000万元建设驼奶化妆品生产线，目前正在建设中，产品将于2014年面市；三期投入3000万元研发驼肉保健食品，产品将于2015年面市；四期将在2016年前后投入1亿元，建设生物制药厂，研发口服胰岛素及生物药品。与此同时，公司将加快组建集团公司，做优做强骆驼产业，力争5年之内实现在证券市场上市。

二、专利技术及其应用情况

2010年公司获得三项国家专利，分别为：“一种软质发酵型驼乳奶酪的制备方法”“一种酸驼奶制品及其制备方法”及“一种风味酸驼乳及其制备方法”。分别应用于益生菌驼乳粉、酸驼奶片及驼乳益生活性片中。

2011年国家知识产权局受理了公司十三项双峰驼蛋白科技专利，分别为：“双峰驼血型糖蛋白的蛋白编码序列”“双峰驼A－FABP蛋白编码序列”“双峰驼原肌球蛋白的蛋白编码序列”“双峰驼H－FAPB蛋白编码序列”“双峰驼GHR蛋白编码序列”“双峰驼pepsinA蛋白编码序列”“双峰驼PPARγ蛋白编码序列”“双峰驼UCP2蛋白编码序列”“双峰驼α－乳蛋白的蛋白编码序列”“双峰驼过氧化氢酶的蛋白编码序列”“双峰驼乳铁蛋白的蛋白编码序列”“双峰驼溶菌酶的蛋白编码序列”及“双峰驼内收蛋白的蛋白编码序列”。以上专利主要应用与开发生产驼乳化妆品及生物制药。

三、经济、社会效益显著

企业以高科技应用性技术和优、新、特产品研发生产，对填补国内驼乳产品发展的空白，满足社会需求，增加社会财富，实现骆驼产业的可持续发展意义重大，具有巨大的经济、社会和生态效益。

依托新技术、新设备和阿勒泰地区得天独厚的骆驼资源，项目的实施对优化边疆地区产业结构、提高牧区经济发展具有重要意义。一峰奶驼按每天产奶3公斤、每公斤15元出售、产奶14个月计算，剔除饲养成本，每峰奶驼饲养效益在10000元以上。养殖奶驼风险低、效益明显，是牧区经济发展的新产业，有利于改变农牧区经济结构和发展水平不平衡的问题。

自2010年驼奶系列产品试生产以来，当年收购鲜驼奶300余吨、发放奶款480余万元，2011年收购鲜驼奶500余吨、发放奶款800余万元，2012年收购鲜驼奶800余吨、发放奶款1200余万元，有效带动了阿勒泰地区和塔城地区以及昌吉州等周边区域的奶驼养殖户增收致富。

环宇阳光集团公司

环宇阳光集团组建于2006年8月，其前身为大连环宇通信设备有限公司，始创于1991年6月，是国内最早从事大型数字程控交换设备的研发、生产和销售的企业之一。20年来，环宇阳光集团已发展成为以现代信息通信技术为主业、股权多元化的高科技企业集团。业务涵盖固定通信、移动通信、数据通信、三网融合、物联网等多个领域，是我国东北地区最大的网络通信技术与产品提供商。

长期以来，集团坚持走自主创新和产学研联盟合作的道路，技术与产品方向集中在基于三网融合的互动新媒体网络设备、物联网关键技术及应用工程、移动通信系统、移动网安全、集群通信、应急通信、特种通信终端、综合接入媒体网关、千兆比特无源光网络、通信嵌入式软件等方面。主要市场覆盖公网（国内及海外电信运营商）及公安、检察院、煤矿、铁路等专网。2011年实现销售收入45.12亿元。

集团建立了完整的质量控制与质量保证体系，通过了ISO9001等质量管理体系认证。通过了软件企业和高新技术企业认定。2010年12月被辽宁省经济和信息化委员会认定为省级企业技术中心，近五年连续入选中国电子信息百强企业、中国软件业务收入前百家企业。

展望未来，环宇阳光集团将高举民族产业的旗帜，秉承“创新、融合、绿色、安全”的经营理念，坚持走可持续发展的道路，积极实施自主创新和差异化战略，围绕主业发展、自主创新能力培育和整体优势发挥，面向新一代网络通信技术，全力打造“环宇阳光”品牌，力争在新一代通信产品市场上壮大民族产业阵地，实现环宇人以通信和网络技术造福人类的梦想。

大连创新零部件制造公司

一．大连创新零部件制造公司基本情况

*注册成立时间：1998年8月21日

*注册资本：13042万元

*股份合作制

*企业总资产138908万元

*占地面积37万平方米

*建筑面积12万平方米

*2011年实现营业收入44395万元、利润1479万元、

*交纳税金1743万元。

二．公司技术创新能力

1．公司“十二五”战略指导方针

为了使公司持续发展，贯彻落实科学发展观，以提高企业自主创新能力为核心，公司制定了弘扬公司文化，坚持市场为导向，产品为核心，人才为

根本，通过管理变革和技术创新，提升存量、发展增量，实现跨越式发展的“十二五”战略指导方针。

2. 创新体系

为实现技术创新，提高企业自主创新能力，公司不断加强企业技术中心建设，已形成一个具有超前思维、较强开拓能力和较高专业知识的创新团队，公司研发部门设有技术副总、技术总监、研发总监、运营总监、部门经理，有电动助力转向系统研发室、汽车转向泵研发室、产品工艺室、专项技术室、综合管理室。公司有研发人员 102 人，有高级职称人员 13 人，中级职称人员 22 人。公司研发部门有办公、试验场地 1600 多平方米。公司技术中心人员计算机操作系统、应用软件实施标准化管理，统一配有 Office 办公软件、CAD 二维设计软件、CAITA、Pro/E 三维设计软件、PDM 产品数据管理系统、CAPP 工艺设计系统、计算机安全管理系统等。

公司研发部门有产品试验室和工艺试验室。产品试验室有模拟试验台、疲劳试验台、总成试验台、高低温交变试验台等 10 余台试验设备，可进行汽车电动助力转向装置和汽车助力转向泵等产品的综合性能试验、疲劳试验、模拟试验、故障分析、可靠性试验、气密试验等；工艺试验室有立式加工中心、卧式加工中心，立式数控车床、卧式数控车床等设备，可进行模拟加工、刀具试验、工装验证等工艺研究试验。公司计量理化室通过了大连市技术监督局的认定，可以进行金属材料的化学成分检验、金相组织分析、金属材料机械性能测定等。2010 年公司技术中心被认定为大连市企业技术中心。

3. 创新投入

公司非常重视科技创新投入，三年累计投入研发费用 3886 万元，占三年营业收入的 3.63%。三年来在技术改造方面累积投入 4500 多万，扩大了企业生产能力。

4. 创新成果

三年来公司在技术创新方面取得了丰硕的成果，开发出非接触式扭矩传感器并成功并运用到 EPS 上，开发管柱式汽车电动助力转向装置 2 种，并开始批产开发汽车转向泵 4 个系列 14 种，在转向泵产品研发过程中形成了 5 项企业专有技术，均已获得专利授权，并且这些专有技术在产品中得到了应用，其中“顺序控制双联转向泵”填补了国内空白，现正在北奔重卡车型上进行验证。

为康明斯美国、英国、日本公司等客户开发发动机飞轮壳 18 种，为德国克诺尔公司等客户开发的制动系统空压机箱体 9 种，工程机械液压件 23 种，硅油减震器零件 10 种。三年来获得国家专利局授权的专利 28 个，并全部转化成产品。取得了较好的经济效益。公司与大连海事大学、大连理工大学、重庆汽车工程研究院等建立了联合研发平台，使企业又具备了新原理、新结构等研究能力，以及测试仿真分析技术的应用能力。2010 年公司技术中心被评为大连市企业技术中心。汽车电动助力转向系统被评为 2012 年辽宁省中小企业“专精特新”产品。公司在技术创新的驱动下，在政府的大力支持下，必将实现跨越式发展的战略目标.

大连金玛精细工程陶瓷有限公司

大连金玛精细工程陶瓷有限公司是以碳化硼为龙头产品的企业，是亚洲最大的碳化硼生产加工中心之一。公司是集技术研发、工艺设计、生产制造、对外销售于一体的民营企业，先后与清华大学核研院、东北大学、中国科学院上硅所共建技术研究中心。主要经营以碳化硼为主导的硼化物产品，产品主要应用于化工、军工、航空、机械、核工业等多个领域。

一、公司现有规模

公司注册资本 5000 万元，总资产 7450 万元，员工 240 人，其中技术人员 24 人。

二、今后三年的发展战略

以人才建设、产品创新、技术研发和扩大销售为工作重点，以建设国内最大的硼产业园、国家级技术研究中心和成为军工产品生产企业为突破口，同步开拓国内外两个市场、同步开发民用和非民用产品，全力推动公司股票的上市工作，成为全亚洲名副其实的硼业领军企业。

三、技术创新能力

（一）槽形板防弹装甲板设计获得成功。槽形板防弹装甲板是军方产品，要求质量非常高，国内同行业都没有试验成功。

（二）公司抓住影响产品质量关键部件：碳件模具的加工，自行设计制造了具有很高技术含量的双坐标自动定心，自动分度的碳件模具加工工艺装备，解决了合格率低的问题，同时也提高了生产效率，合格率由 30% 提高到生产效率也提高了 2 倍以上。

（三）槽形板防弹装甲板需要加工六个面，每个面都要求对称，这是一个非常难的问题。针对对称的要求，公司设计、制造了弹性随型自动定心装置。不论产品外形尺寸如何变化，采用此装置都能自动准确保证产品的对称性，合格率由 50% 提高到 95%，生产效率提高 5 倍以上。

（四）碳化硼超细粉体全自动分选设备改造。

根据生产的需要，公司自行研制了超细粉体全自动分选机。此设备采用电脑全自动控制，在产品质量控制方面，生产效率方面都得到了很大的提高，可节省人力 5 倍以上，是我公司自主知识产权的产品，在同行业中遥遥领先。

（五）人体防护装甲复合设备添补国内空白。

人体防护装甲以前没掌握复合技术，只能单纯的销售碳化硼胸板毛坯原料，附加值很低，通过研究设计、制造出具有独立知识产权的复合设备，通过国家有关鉴定，其产品已到达最高的美国四级人体防护标准，掌握了国内同行业最先进的技术，达到了国际先进水平，添补了国内空白。

目前，公司与上海硅酸盐研究所、清华大学等科研院校进行项目合作开发，已有多项发明专利和实用新型专利。公司通过了 ISO9001：2000 质量管理体系认证。产品远销欧美、亚太等地区，深受国内外用户的青睐。

近年来，公司通过对外技术合作，使公司的产品产业链得以延伸，核工业用碳化硼产品“碳化硼芯块”“碳－碳化硼吸收球及含硼石墨棒”等产品的开发按计划进行；国防军工用产品“高性能碳化硼防弹材料”的研制向复合方向延伸；农业领域用肥料产品“中微量元素肥”等项目已批量生产，为公司形成了新的经济增长点。

四、管理团队

公司具有一支高素质的管理团队，公司高层管理人员全部具有本科以上学历，公司董事长王延和同志曾先后获得“第五届中国十大改革杰出人物”、2006年度“中国管理创新杰出人物”、“中国优秀民营企业家”、“辽宁省优秀企业家”、大连市“五一”劳动奖章等荣誉称号。公司总经理曹仲文在多年的实践工作中积累了丰富的经验，既是业务方面的专家也是管理方面的高手。曹仲文总经理是研究员级高级工程师、省优秀中青年专家、博士生导师、新材料产业学科带头人。他在实际工作中一直把产品创新、技术创新列在企业发展之首，并作为企业经营发展的核心战略决策人，在他的领导下公司建立了较完善的技术创新体系和创新文化，实现了产品收入及利润几何数量级的增长。为加快企业技术创新体系建设，提高企业的技术创新能力，增强企业核心竞争力，他亲自主持重点在研项目的实施，制定出多项鼓励政策确保技术中心的研发人员进行技术创新。他的重视和支持极大促进了公司自主创新。

他注重科学的管理方式在企业中的运用，繁忙工作之余，他利用休息时间翻阅大量管理书籍，自主学习先进企业的管理模式，带领公司中层以上领导编制符合公司自身发展需要的规章、制度、流程等，并号召部级领导组织开展培训工作，将公司的规范制度层层落实到基层、落实到实处。公司在他的带领下公司技术创新步伐不断加快，公司积极开展自主创新小改小革活动。对吸收球、防弹板、复合材料等已确定的重大研发项目按计划推进。实施创新课题和小改小革有效项目26项，并对项目进行评审并予以表彰奖励，极大地鼓舞了全员创新的能力。

大耐泵业有限公司

一、企业简介

大耐泵业有限公司，前身为大连耐酸泵厂，始建于1953年。是中国石油化工流程泵和各类耐腐蚀泵领域的开创者，是中国最为领先的泵设计和制造者之一，是中国最具规模的耐腐蚀泵业生产和出口基地。拥有辽宁省省级企业技术中心、大连市工程实验室。旗下商标荣膺“中国驰名商标”认证，并连续数年蝉联中国机械工业500强。

进入2012年以来，世界经济复苏进程放慢，国内经济环境趋紧，但大耐通过一系列举措，使得各项经济指标不降反升，同比增长44%；其中最能反映公司经济效益的经济效益综合指数增长近一倍，这个指标在大连市装备制造业2012年上半年排名中名列第4位。有了这样稳健的经济增长，企业在研发创新中才能大力投入。

二、技术创新的针对领域

大耐泵业近几年的技术创新以及产品研发重点针对当前各重大装置的关键用泵，成功研制了多项国内技术一流、国际技术先进的新产品，实现了大型石化装置和核电装置关键泵的设计及制造水平的新跨越，产品弥补了国家重大技术装备配套用泵的空缺，替代了进口，最大程度地实现了关键设备的自主化，成为国内市场的先导者。

随着国家引进AP1000国际上最新的第三代技术标准，国家发改委确定大耐泵业为“第三代核电关键设备引进技术和承担国产化任务企业”之一。

三、技术创新的近年成果

目前公司已获得专利15项，2012年申报专利30项。同时获得了很多奖项和荣誉：企业拥有辽宁省技术中心资质，实验室被评为“大连市高端石化泵实验室”，获大连市信息化推广应用优秀项目二等奖，诸多产品通过辽宁省省级新产品鉴定，或并被认定为国家级节能产品、辽宁省专精特新产品、金州新区高新技术产品，获辽宁省优秀新产品二等或三等奖。

四、技术创新机制情况

1. 参照大连市和辽宁省技术中心的规定，保证充足的研发经费投入，不断建设实验室及人才梯队的建设。近年来，公司均能每年提取销售收入约5%作为科研开发经费。

2. 建立和完善各项制度，如新产品开发项目管理制度、内部技术职称聘任及津贴发放标准、技术职务聘任年薪制、科技人员项目绩效挂钩分配标准、技术开发经费管理标准、保密制度、QC/QA活动管理制度、创新管理制度等一系列的规章制度，覆盖了产品开发、技术研究、评审等技术活动的各个环节，明确了各科技活动的职责和流程，形成了中心运行的制度化和规范化；同时在晋级、培训、福利、收入分配政策上，对科技人员予以倾斜，政策明确，营造了良好的技术创新环境。

3. 公司还设立技术委员会，聘请国内、外行业专家、公司高级技术专家、内部相关部门代表组成，其职责是对技术中心的发展方向、课题选项、重大技术问题的解决及项目的进展情况进行技术指导、咨询和评估。

五、技术创新的整体规划

大耐泵业将加强创新人才建设，完善企业的软硬件设施，与国际领先的技术水平接轨；研制重大技术装备的配套产品，弥补国家重大技术装备配套用泵的空缺；实现从领先销售拉动的外延式增长向内涵式增长的转变；推动大耐泵业成为具有国际一流水平的集科研开发、技术设计、生产制造于一体的世界泵行业技术先导型企业。

大连大高阀门股份有限公司

大连大高阀门股份有限公司（原大连高压阀门厂），始建于1956年，于2002年7月5日转制为大连大高阀门有限公司，2011年7月5日更名为大连大高阀门股份有限公司，是具有自行研发、设计、制造和销售的股份制企业，注册商标“DV”并被国家评为“中国驰名商标”。目前公司已经成为我国阀门行业的领军企业，并于2010年3月被评选为中国阀门行业协会理事长单位。

公司固定资产10400万元，公司占地13.5万平方米，公司现有正式职工407人，工程技术人员77人。拥有制造及检测设备300余台，具有年产各类锻钢阀门80万套、铸钢阀门10万套的生产能力，年产值6亿元人民币。公司的主要产品有十大类产品，500多种型号，4000多个规格，产品主要服务于石油、石化、化工、船舶、冶金、电力、军工以及核工业等领域，在百万千瓦核电、石油天然气长输管线、煤液化、武器装备等国家重点工程项目上有着骄人的业绩和成就，被国家发改委指定为重大装备国产化依托单位。同时，产品还大量出口到美国、加拿大、日本、欧洲、中东等海外市场，是美国埃克森·美孚等国际知名石油公司的合格供应商。

公司紧跟国家的能源发展战略，集中公司的优势资源，加强对核电、石油天然气管道输送、石化产品加氢改造以及煤化工等领域高端阀门的研发，积极参与国家重点装备的国产化依托项目，坚持科技创新，走“产、学、研、用”相结合的联合研发道路，取得了突破性的进展。公司凭借高端阀门的研发能力，承担了多项国家重大科技专项阀门的研制任务。

在核电领域，公司是国家核安全局认可的第一批具备核一级阀门设计和制造资质的企业，也是国内第一家取得美国“ASME”核设备钢印资质认证的企业。在百万千瓦核电项目上，一举打破了国外在核电高端阀门上的垄断地位，将国产化率由不到4%提高到60%，并实现了高压大口径核一级阀门的首台套国产化，有力地推动了我国自主发展核电的进程。

公司坚持以质量、创新的理念，在积极为国内百万千瓦核电建设工程提供高可靠性核级阀门的同时，与国家核电技术公司、美国西屋公司、清华大学等单位合作，开展产学研相结合的研发模式，积极开展了以AP1000为代表的第三代核电站核级阀门的研发，公司已经同国家核电技术公司、上海核工程研究设计院以及清华大学签订了研发协议和合同，确定了自主研发、具有自主知识产权的思路，于2010年进行爆破阀等一批高端核级阀门的立项和研发工作，并于2011年9月在绵阳试制成功。以高温气冷堆核电站为代表的第四代核级阀门是核电站核级阀门中最高端的阀门，是我国未来安全、高效发展核电站发展目标，经考评，国家科技部、国家能源局将此项研发课题列入国家核电项目重大科技专项，交给了大连大高阀门股份有限公司，并给予研发经费的支持，并于2012年6月完成了样机制造。这些产品的研发对于我国发展先进核电技术，保证核电站安全可靠发展具有重大意义。

近年来，随着环保法规日益严格和燃料规格指标越来越苛刻，石油化工行业升级改造的加氢技术是当前世界炼油行业技术创新的重点。但高温、高压、临氢是加氢装置阀门需要面对的三个恶劣工况，如果加氢阀门不能满足这样的工况条件，我国的石化装置就必须依赖进口，受制于人。我公司知难而进，依靠科技创新，认真组织，积极攻关，在不到一年的时间里，完成了高压加氢阀门的研制工作，经过鉴定试验，满足工况使用要求。在中石化的全部七套加氢装置工程中，所用的锻造阀门全部采用了公司的新研制产品，有力地保证了中石化今年重点工程的进展。由于顺应市场需求，经过近年来的探索和积累，在加氢成套阀门国产化具有领先优势并取得了市场领先地位，在国内石化加氢锻钢成套阀门的市场占有率排名第一。

公司为了不断引领高端阀门的发展，在不断依靠科技创新研发自主品牌的新产品同时，不断增加投入，实施技术改造，近三年来，公司的固定资产投资增加一倍，对传统设备进行大范围的技术改造，新购置了6300吨压力机、数控加工中心、高精度检测设备等，新建了2万平方米的专用生产厂房。公司每年科技研发投入成倍增加，2012年科技研发投入达到3600万元，占销售收入的4.6%。公司的销售收入每年以30%的速度增加，特别是在国家的重点工程和重点项目上，大连大高阀门始终走在替代进口、实施国产化的前头，新产品产值占总产值的一半以上，成为国内阀门行业最具竞争力的企业。

为进一步增强公司的发展后劲，保持公司的行业领先地位，将公司打造成具有国际水平的阀门国家队，公司先后与大连理工大学、清华大学、国家核电技术公司、中石油寰球工程公司、中石化工程建设公司、中国舰船研究设计院等单位签订了合作协议和技术支持协议，就爆破阀、高温主蒸汽隔离阀、长输管线球阀、LNG液化低温天然气阀门、过热蒸汽调配阀组等研发开展深入合作。同时公司不断开展国际合作，同世界著名石油、能源等公司开展技术合作，引进国际上先进的技术和经验，在不断提高国内高端阀门市场占有率的同时，积极将产品打入国际市场，目前已经同世界最大的阀门经销商签订了长期的供货合同。

青岛海丽花边织带有限公司

青岛海丽花边织带有限公司，其前身是始建于1922年的青岛花边厂，为我国建厂最早的花边织带专业制造厂家。公司历史悠久，文化灿烂，是花边织带行业的“江北第一家”，为行业内的龙头企业。

公司主要生产各种功能性织带，特种绳缆，中高档弹性、非弹性电脑提字带等产品，是阿迪达斯、沃尔玛等国内外众多知名品牌的定点供应商。2009

年为“大洋一号”海洋科考船研发出“深海勘探高强力特种绳缆”，替代了国外进口产品，该产品被认定为青岛市“专、精、特、新”产品，并列于国家科技创新基金项目；2011年至2013年为我国自主研发的载人潜水器“蛟龙号”研发“国家运载科学专用绳缆”，其产品性能达到了国际先进水平，并成为“大洋一号”海洋科考船和“蛟龙号”潜水器的绳缆指定供应商。由此，公司被设为“青岛市功能性特种绳缆研发专家工作站”。

公司以安全、价值、专业作为核心价值观，为创建“百年海丽、创新海丽、人文海丽”，走好“专、精、特、新”之路而努力拼搏，不懈努力。

网址：www. qingdaohaili. com. cn

公司地址：青岛市北区大沙路2号

工业园地址：青岛市城阳区双元路182号-1

青岛盛瀚色谱技术有限公司

青岛盛瀚色谱技术有限公司成立于2002年11月，是中国仪器仪表学会分析仪器分会、中国离子色谱专业委员会理事单位，是一家通过ISO9001质量管理体系认证的高新技术企业。公司专业从事离子色谱仪及相关配件的自主研发、生产和销售，并拥有完善的6S售后服务体系。公司现有员工70余名，技术研发人员占总数的2/3，公司与中科院、浙江大学等高校保持着长期技术交流与合作关系。

公司致力于研发高精度、高灵敏度和高智能的离子色谱仪，不断更新设计、提高质量，先后推出了CIC-100型、CIC-200型、CIC-300型离子色谱仪。所有产品拥有自主知识产权，公司已获发明专利2项，实用新型专利32项，软件著作权3项，正在受理的发明专利50余项。公司产品广泛应用于军事军工、核工业、石油化工、水文地质、环境保护、质量检验、卫生防疫、电子电力等多个领域，远销至非洲、南美洲、中东、越南、香港等地。

11年来，公司以“付出、创新”为企业核心价值，以“做世界一流的分析仪器”为奋斗目标，以“提供专业的技术和服务、传播专业的价值和精神”为企业使命，以“成为最具有专业价值的企业机构”为企业愿景，一直坚持走专业化的道路。公司立志于做出世界一流的离子色谱仪，打造国产离子色谱仪民族品牌。

网址：www. sheng-han. com

邮箱：sunyangyang@ qdsrd. com

博宁福田智能通道设备（青岛）有限公司

博宁福田智能通道设备（青岛）有限公司，是一家致力于楼宇智能通道和轨道交通售检票系统（AFC）、自动门的研发、生产、销售的中德合资企业。1993年5月注册成立，注册资金1486万元，位于山东省青岛市崂山区科苑经四路5号，占地面积27亩，现有员工200余人，总资产6300万元。2012年销售收入4130万元，上缴税金480万元，纳税同比增长7.9%。

博宁福田在智能通道行业经营了二十年，凭借与日本松下电工、德国GU集团和博宁公司的合作，自动门产品已经位列国内三甲，拥有专利近三十项，在中国自动门市场成为知名品牌，产品通过德国TUV颁发的CE认证、挪威船级社颁发的ISO9001管理体系认证等。

博宁福田近几年参加了奥运会、全运会、世博会等国家重点工程建设，并于2013年1月份成功中标青岛地铁3号线自动售检票机（AFC）项目，被评为“青岛市高新技术企业”、“首届中国门业品牌十大金奖”、“中国专利山东明星企业”、“青岛市光彩事业先进单位”等，被青岛市列为培育进入新三板上市企业。

地址：青岛市崂山区科苑经四路5号

网址：http：//www. bnfortune. com

青岛圣视投影屏幕有限公司

青岛圣视投影屏幕有限公司成立于2010年9月，是国内拥有高清投影屏幕专利技术的碳晶纳米高清投影屏幕专业制造商。

公司以“碳晶纳米真彩高清投影屏幕”为核心产品，具有超大整屏的制造工艺及图像融合系统、多点触控系统、视频会议系统、监控系统及全息3D系统等高端系统集成技术。为客户提供国内尺寸最大技术最稳定的光学CCD超大触控屏技术、交互式光子触控技术及碳晶纳米真彩高清电动幕、画框幕、工程幕、多媒体Videologo、互动广告、互动橱窗、数字虚拟现实展示柜等系列产品及政务公开系统软件。

公司经过三年的发展，目前产品已广泛应用在企事业单位会议室、政府行政大厅、监控中心和指挥调度中心，学校多媒体教学，大型演出、展厅、企事业单位、家庭等多个行业的产品展示及信息发布，数字化新农村建设等多个领域。且已在大屏幕领域占有领先地位。

网址：www. qdshengshi. com

邮箱：qdshengshi666@ 163. com

青岛道一空优科技有限公司

青岛道一空优科技有限公司，坐落于青岛美丽的后花园莱西市，是一家集研发、生产、销售、服务发展五位一体，专注为行政办公、商务办公、休闲娱乐、养生美容、私人会所等各种高端领域打造健康呼吸空间的科技型企业。

道一公司旗下产品系列众多，包括中央空优、家用空优、高原空优、便携式空优、特种空优等，并根据市场需求进行创新研发。公司在业内率先创立了“5＋1”呼吸美学标准，即“最佳呼吸空气、最佳呼吸节奏、最佳呼吸节奏、最佳呼吸运动、最佳生活态度、最佳生活方式”，实现深层次的尊贵生活享受，以产品优势，引领健康呼吸潮流。

道一公司不仅仅拥有强大的资源整合能力、研发生产能力，而且拥有一批优秀的营销团队、完善的售后服务体系和准确定位的发展中心。公司时刻以行业领导者的要求审视自身，不断优化行业标准、不断挑战技术极限、源源不断地给尊贵人士缔造精彩无限的产品。

网址：www. daoyi. cn

地址：山东省青岛莱西市龙口中路8号

新疆优秀制药企业华世丹药业有限公司

新疆华世丹药业有限公司是西北现代化高新技术制药企业，属国有中型企业，成立于1996年，位于乌鲁木齐市高新技术开发区，占地10万平米，是新疆最早按照国家GMP标准建造和管理的药企，也是集研发、生产、销售为一体的新锐制药企业之一。

公司主要生产和销售片剂、软（硬）胶囊剂、颗粒剂、口服液剂等40多种中、西药制剂，主导产品有阿胶钙口服液、阿胶牡蛎口服液、感丹、复方蔷薇红景天口服液、阿胶鹿胎胶囊、茸参咀嚼片等产品，年销售达6000万元以上。

华世丹始终以“造好药，为人类”的宗旨服务于社会和广大消费者，坚持“品牌战略”，利用自有知识产权，以科研开发为起点，辅以完善的营销体系，提供优质的服务。目前公司已经建立了科学的“哑铃型”发展架构，近年来承担了40余项国家及地方的产业化及研发项目，其中有“国家科技支撑计划”、“国家创新基金”等国家级项目7项，“火炬计划”、“技改项目”、“科技攻关”、高新技术研究、产业化等兵团及区级项目26项，市级及其他项目11项。

一、企业专业化发展

华世丹从建厂伊始极其重视研发，不仅成立了药物研究公司，还建立了博士后科研工作站，其核心研究人员20余位，其中有博士5人，硕士8人。目前，已形成由技术研发中心和中国药科大学、沈阳药科大学、新疆医科大学、广州中山大学等国内几十所科研院所共同组成的横向研发网络。

华世丹立足于西北特色资源及民族传统医药文化，以此形成企业的核心竞争力，每年投入的研发费用超过销售收入的5%，已有的自主知识产权的产品4个，专利产品3个。目前公司在研的项目有：RH－治疗心血管疾病药物1个（原二类），其它涉及抗感冒、抗乙肝、消化系统用药（原四类及五类）及保健产品若干个。

华世丹药业公司从2001年开始，先后被评为自治区高新技术企业、自治区重点扶持的30户成长型企业、乌鲁木齐市小巨人企业，目前已成为兵团的工程技术中心、自治区的企业技术中心和产学研联合开发示范基地。

二、企业发展中的产、销创新

产品创新——华世丹通过多年的经营及对产品品牌的管理，已形成了以专利产品、独家产品为主的产品线。

从市场上看，高端滋补类保健品并不多，而公司研发的鹿产品则是对市场补空。如2013年新上市的阿胶鹿胎胶囊、茸参咀嚼片二款产品，是针对高档礼品市场的产品，阿胶鹿胎胶囊以鹿胎、阿胶为主要组方，运用先进的双酶解工艺技术，针对女性美容养颜、益气补血及延缓衰老有良好的滋补功效；茸参咀嚼片则针对男士补肾填精、抗疲劳及提高免疫力效果显著；产品上市后即取得了良好的市场效益，为企业经营销售注入新的活力。

市场营销模式创新——在竞争激烈、不断变化的医药市场，适应市场、科学变通才是制胜之道。基药是国家医改的重中之重，一方面在医改方向上对基药有较多的惠民政策，特别是广大农村医药市场；其次，农村居民的消费水平逐步提升，对治疗用药的药物品质、效果有了更高的标准，同时也逐渐注重日常保健。

2012年4月始公司针基药市场重点开拓，组建了专门的营销团队，在公司全力促营销，一线重点抓基药的营销指导思路下，2013年公司基药产品的销售上半年即完成往年全年的指标，在基药市场领域探索出一套崭新的营销模式。

三、企业在业内的特色化经营

企业长远发展不能只依靠现有的产品和管理，更重要是的在行业内是否具备“人无我有、人有我新、人新我精”的专有性特点。华世丹紧紧抓住西部大开发、中药现代化以及新疆医药科技产业行动计划这一机遇，着手于特色经营规划，其一，华世丹立足于新疆特色驴资源，打造“西胶——华阿”品牌；其二，华世丹立足于新疆独特的马鹿资源，与兵团农二师马鹿养殖基地订立10000头的产供、科研项目的深度合作；其三，已经向国家正式审批的企业“工程研究中心”，在疆内促进特色药物资源的新药研发能力，整合疆内医药、人才、技术资源，带动新疆农业、养殖业及医药包装业的联动发展。

四、企业的精细化管理

在企业管理上，公司有着现代化的管理理念与机制：在生产质量管理方面全面实施GMP管理标准；在计财、供应上导入ERP管理模式，系统、全面、及时地反映各项财务数据，为管理者、决策者提供正确决策及行动依据；在营销管理方面，通过营销网络的区域细分，以及每年营销执行的各种整合方案、管理模式、信息化网络构建等，使营销管理科学化、系统化、规范化；在人力资源管理方面实施绩效考核和激励约束机制，调动和发挥企业员工的能动性和积极性。

华世丹在十多年的企业发展中，创立了独特企业的文化，如华世丹人素质模型、二四六工作模式、华世丹人十条行为准则等具有华世丹特色的优秀企业文化。通过学习、实践，为企业的规范管理注入了新的活力。

企业名称：新疆华世丹药业有限公司
联系地址：新疆乌鲁木齐市河南东路 169 号
邮编：830011

新疆科赛德薯业有限公司

新疆科赛德薯业有限公司座落于兵团六师奇台总场工业园，占地面积 180 亩，公司注册资金 3800 万元，固定资产投资 1.2 亿元。主要产品有：马铃薯雪花全粉、马铃薯精制原淀粉、马铃薯水晶粉丝、粉皮。公司现高级技术人员 18 人，专科以上学历人员占企业总人数的 60%。是一个集种植、贮藏、加工为一体的马铃薯加工企业。

专业化的种植和储藏是企业产品质量的保障，近几年，新疆科赛德薯业有限公司大力发展马铃薯原料基地建设，依托奇台地区海拔高、昼夜温差大、耕地面积多、种植经验丰富等优势，采用“公司＋农户（团场）＋基地＋专业马铃薯合作社”等种植模式，实施“五统一”严格管理，引进国内外先进的设备、技术和管理经验，采取集中连片，配备大型滴灌和机械化作业设备，在种植技术上采用高垄栽培、平衡施肥、病虫害综合防治技术措施，使产量和效益明显增加。从 2010 年至今，公司累计投资 4000 余万元在当地建成了 20000 亩的马铃薯原料种植基地，可年自产马铃薯原料 7 万吨。所有基都通过了“有机食品”认证，确保了原料的质量与公司产品的品质。

由于新疆特定的气候条件，马铃薯收获到封冻仅有一个多月的时间，大量鲜薯需要通过储藏后根据工厂车间加工需求均匀供给。因此建设储窖势在必行。近年来公司先后建设贮藏库作为一项重要工作全力抓好，投入大量人力及资金，引进国外先进的马铃薯保鲜技术，建设马铃薯保鲜库两栋，面积 30000 平方米，年贮藏马铃薯 60000 吨，保鲜库的建设为企业正常生产和确保优质的原料提供了保障。

企业健全的内控管理制度是公司发展的重要根本，精细化的流程环节是现代企业制度的根本要求。新疆科赛德薯业有限公司已初步建立完善了一套靠制度管人、靠制度管事、靠制度管权的综合保障管理体系。实现了制度明晰化、岗位明确化、责任一体化，构建了精细化制度的管理平台，切实把“管理上精益求精，经营上精打细算，操作上精准严细，质量上精准严明”的要求落实到实处。

企业依靠科技进步，不断提高科技自主研发和核心竞争力。新疆科赛德薯业薯业公司企业技术研发中心，拥有专职研究及试验人员 7 人，技术研发仪器设备 242 万元。并与新疆农业大学、新疆轻工设计院合作，建立合作项目试验，目前已获得了两项实用新型专利。

由于马铃薯特有的营养价值和我国人民传统的食用习惯，马铃薯的需求量在不断提高，在这种情况下，合理开发利用马铃薯资源，探讨马铃薯加工技术，多元化的马铃薯下游产品，越来越受到人们的喜爱。马铃薯雪花全粉是马铃薯加工食品中不可缺少的中间原料。由于其能够长期保存，且能够保持鲜马铃薯的风味，便于制作各种食品，因此它作为马铃薯深加工的基本产品在国外得到迅速发展。2012 年新疆科赛德薯业有限公司投资 8000 余万元，将由原来的马铃薯淀粉延伸至马铃薯雪花全粉，使公司抗风险的能力增大，利润点增高，核心竞争力增强。

公司成立以来，在兵、师（团）各级领导的大力支持下，公司全体员工的共同努力下，形成跨越式发展，取得了良好的社会和经济效益。2010 年通过了 ISO9001 质量管理体系认证；2012 年被奇台县和昌吉州政府分别授予“守合同重信用企业”、“先进企业”称号及种植基地通过了“有机食品”认证。2013 年公司获得“兵团农业产业化龙头企业”称号。

“十二五”期间新疆科赛德薯业有限公司计划依托当地丰富的马铃薯资源，继续加大投入力度。深入开发马铃薯下游产品，到“十二五”末，将实现年加工马铃薯 20 万吨，年销售收入 4 亿元。成为新疆基础条件最好、技术最先进、加工能力最大、产品种类最多的马铃薯加工企业。

E－mail：qfb1973@163.com

新疆蓝天七色建材有限公司

新疆蓝天七色建材有限公司成立于 2012 年 3 月 8 日，坐落于新疆建设兵团农六师国家级工业园区，占地面积 180 余亩。一期投资已达 9000 万元，计划总投资 1.6 亿元。该公司系招商引资项目，总部为东昌集团，下属多个行业，如：水泥、焦化、铝塑板、铝单板等各类建材产品，年销售额逾 30 亿，位于美丽的“江北水城”山东聊城地区。

目前在新疆地区，为满足该地区的市场需要和响应国家提倡的“低碳经济”、“节能环保”等要求，新疆蓝天七色建材有限公司主要生产各类保温板、保温装饰一体板、屋面系统及各类 pvc 产品。其产品曾被评为中国名牌，其中“七色”牌为中国驰名商标。

产品主要用于各类建筑物的外墙装饰、装修及保温作用，在其功能上同时具备保温和装饰的效果，并且相比较于其他类，耐候性强，使用年限很高，基本上与建筑同期。

公司产品的主要特点主要分为四大项：专、精、特、新。

1. 专业化

公司的企业文化精髓是“诚实做人、专业做事、业绩之上”，所以从企业的生产设备到企业一线的生产员工都做到专业化、产业化。设备采用国家乃至国际最先流水线，达到低耗能、高产出的节能高产模式。人员中技术人员和管理人员从总部调遣专业人员进行调试和生产，利用优厚的条件和人文关怀留住人才，让他们长期服务于企业，扎根在新疆。

2. 精细化

产品质量是公司追求的目标，生产环节的控制同样是我们提升潜力发展的空间。在国际化、市场化的经济发展状况下，我们更是在产品的质量和细节狠下功夫，力争把产品做到极致，同时控制好各个生产环节，提高资源利用率，杜绝材料浪费。

3. 独特化

公司所研发的各类保温材料及一体装饰板都走在同行业的前列，内部有专门的研发队伍，针对各种生产及现场施工细节，研发出各类产品新技术及安装新技术，有效地解决生产和施工中的各类难题。同时把这些独特有效的设备升级及产品升级积极地向同行业进行推广，目的是把行业做好，把该类产品做成熟。

4. 新型化

保温装饰一体板为国家新型建材，目前尚无国家标准及行业标准，但该产品确实有广阔的开发前景及市场前景，尤其是在现在倡导节能减排的浪潮下，该产品脱颖而出，提高了国家节能要求，是利国利民的好事。做好新产品、为行业做好榜样同时也是义不容辞的义务。

目前企业已从蹒跚学步的婴儿渐渐地成长为一个壮小伙，企业也步入了高速发展的时期，短短不到两年的时间，在疆内乃至全国做了大大小小几十个项目，其中在自治区单位获得过“天山杯”工程，在兵团中也获得一致好评，我们将一如既往将我们的优势发扬下去，同时也积极改正我们的不足，向着一个健康的企业发展下去。

我们也渴望强强联合，把我们的行业做好，把产业做规模化。希望社会上有识之士到我公司考察、洽谈、合作。

新疆石河子圣果生物科技有限公司

水果蒸馏酒是采用水果为原料，经破碎或压榨取汁、发酵等工序，再经过蒸馏、调配、贮存陈酿而成的蒸馏酒。发展水果蒸馏酒具有资源丰富、可塑性强、成本低、税赋低、产品利润空间大等优势。新疆石河子圣果生物科技有限公司是集果蔬研发、技术转让和服务、生产、销售于一体的生物科技型企业，公司加强科技创新，以人为本，研制出多品种、多类型的水果蒸馏酒，从而丰富和提高了新疆烈性酒产品的结构，开拓了酿酒行业新局面。

一、区域位置得天独厚，三年迈上三个台阶

圣果公司位于北纬44度，新疆兵团第八师石河子143团花园镇工业开发园区51号，占地面积28000平方米。公司地处欧亚大陆中心，远离海洋，属温带大陆性干旱气候，春秋短，冬夏长，四季分明，光照充沛，热量丰富，干燥少雨，蒸发量大，昼夜温差悬殊。有玛纳斯河、清水河、金沟河水引入，地下水矿化度低，水质好，极宜于酿造水果蒸馏酒。公司东距石河子市15公里，北依312国道，南靠北疆铁路、“乌奎”高速公路，距石河子飞机场（在建）仅10公里。公司地处天山北坡经济带腹地，交通便利，地缘优势明显，而且与中国蟠桃之乡——143团阡陌相连，产品加工原料充足，企业发展前景广阔。正是基于这种优势，公司从2011年6月开始，投资2493万元，用了三年时间，就完成了建厂项目，截至2012年底，生产各类水果蒸馏酒吨，主营收入966万元，利润72万元。产品深受消费者欢迎。

二、用科技的翅膀放飞梦想

圣果公司的创始人有一个梦想，那就是生产出新疆最具影响力的水果蒸馏酒。在此之前，当地酿酒业主要是靠传统的粮食酿酒，产品单一，为了开拓酒业，他们大胆创新，认清了未来的酒业发展趋势，就是低碳环保、天然健康的水果蒸馏酒。以新疆特色果蔬为原料，以现代生物技术为依托，研究开发高附加值的功能性产品，实现果蔬综合利用，他们主要依托新疆特色果蔬资源，如143团万亩蟠桃园、5000亩葡萄园等，独享无污染的天然水资源，开发蟠桃、葡萄、杏子、红枣等果酒及蒸馏酒，以及蟠桃、葡萄、杏子等果醋产品，同时对废弃物进行综合利用，提取葡萄皮色素、蟠桃香精、果胶物质、膳食纤维、蛋白饲料等产品。

为此，公司注重“产、学、研”相结合，与石河子大学、江南大学、新疆农业大学等高等学府有密切的联系和交流，成立了占地9000m的研发中心，有了硬件设施，并不等于就有了一切，以人为本，研制出多品种、多类型的水果蒸馏酒，必须要有一大批科研人员，科技人员总数12人（其中，博士生2人，在读研究生4人），占企业从业人员总数40%，每年用于科技活动的经费达62万，占企业总支出的5.5%。目前，公司现已拥有1项知识产权，还有3项已受理，注册商标5个。

三、文化与旅游并举，努力打造先进的企业文化

圣果公司的所在地——143团是石河子市的“后花园”，地缘优势和交通优势突出，因此他们在发展旅游业和文化产业上动起了脑筋。建立“圣果（蟠桃）文化（旅游）产业园”，是他们的创举，在当地还没有企业这么做。在圣果文化产业园，文化氛围十分浓厚，内容包含：蟠桃文化（故事、传说），蟠桃种植（蟠桃园观光、休闲），蟠桃加工（高端酒、饮料、食品）。为了充分展示企业文化，他们建成了一座文化成果体验馆，总面积约4000平方米，在体验馆里不仅可以体验公司产品的高端、大气，还能够享受一场文化饕餮盛宴。

桃木文化在我国历史悠久，而且桃木工艺品在国民心中认知程度很高。每年，143团蟠桃园的果农都要修剪、嫁接桃树，废弃的桃木很多，把这些桃木利用起来，加工出趣味生动、文化内涵深厚的工艺品，具有很高的经济价值和社会文化价值，另外，蟠桃系列产品生产剩下的桃核也很多，用桃核为原料，经精雕细琢而成的精细小工艺品，开发这些产品，具有不可复制性，而且有一定的文化收藏价值，圣果公司看重的也不仅仅是商机，而是为了打造出有着深刻内涵的企业文化。

新疆西域金锄生物工程有限公司

新疆西域金锄生物工程有限公司成立于2010年10月，注册资本1500万元，配建厂房7000平方米。依托兵团规模化农业的产能优势，公司整合万亩有机农场优质原料供应链资源，致力于打通从田间到餐桌的绿色有机食品产业链；业务涉及种植、深加工、仓储、配送、流通等各产业环节，做绿色有机食品全产业链运营商。

公司引进了新疆独家的日产1500吨的物理冷榨生产线。该生产线通过物理冷榨、头道榨取的先进工艺，生产新疆特色资源油脂如：亚麻油、核桃油、南瓜籽油等。

公司3＊500L二氧化碳超临界萃取生产线，为新疆同行业最大产能，主要用于从植物的根茎叶果中萃取生物活性物质如：番茄红素、白藜芦醇、原花青素等，提供药品、保健品、化妆品的中间体加工，也可直接加工有益于人体健康的终端产品。

公司以科研为先导，通过农业生物科技创新，建设性介入兵团农业产业链，提升产业链盈利能力，造福团场职工，为国民供应提供天然、营养、健康的绿色有机食品。

公司在如下领域加强技术核心竞争力：

一、新技术及产品研发

公司目前通过物理低温压榨生产线开发了亚麻油低温压榨技术及产品、核桃油低温压榨生产技术及产品、南瓜籽油低温压榨生产技术及产品。

这些产品既实现了实验室技术的工业化生产工艺转化，又填补了市场空白，为企业奠定了市场竞争的技术壁垒。

二、科研技术工业化实验

我们目前利用最前沿的生物工程技术——二氧化碳超临界萃取，从事新疆特色资源产品深加工，开发番茄红素、葡萄籽油、沙棘籽油、枸杞子油。

三、产学研联盟

公司与国内及疆内大学科研院所建立起深度合作的产学研联盟，致力于最前沿的生物科技成果的市场转化，既培养技术人才梯队，又兼顾市场效益及社会效益，实现双赢。

未来，新疆西域金锄生物工程有限公司将坚持技术创新驱动产品创新的经营理念，来推动兵团的农业科技产业化升级，为建设繁荣的兵团经济贡献力量。

中小企业融资服务案例

“中银信贷工厂”授信余额突破3000亿元

中国银行

中国银行积极贯彻落实国家关于支持小企业发展的各项政策要求，致力于向小企业客户提供高效、便捷的金融服务，中小企业业务新模式（中银信贷工厂）服务流程日趋完善，产品体系不断丰富，风险控制能力逐步提升，客户数和贷款规模健康快速增长。截至2013年9月末，中国银行“中银信贷工厂”业务发展迅速，人民币贷款余额3091亿元，较年初增长28%。授信客户数54512户，增速22%。不良余额30.76亿元，不良率1%，资产质量保持良好。

打造“中银信贷工厂”升级版。2008年中国银行率先在大型商业银行总行层面设立独立的中小企业业务部门，负责全辖小企业业务的规划管理、业务发展和风险管理，推广“中银信贷工厂”新模式，把原来分散在各部门的贷前调查、审批、贷后管理职能逻辑集中到一个部门，以提高小企业金融服务效率。五年多来，信贷工厂业务发展和经济效益良好。2013年，我行从制度、流程、工具、网络金融等方面对“中银信贷工厂”模式进行升级完善，进一步提升了信贷工厂运行效果，更好地批量支持小企业客户发展。

截至2012年底，中国银行已在全国30家一级分行复制“中银信贷工厂”模式，并在辖内分支机构成立小企业营销中心等专营机构。中国银行总行正进一步开展推广复制，预计在2013年年底将“中银信贷工厂”基本覆盖到全国各一级分行。“中银信贷工厂”模式得到政府、客户、同业及社会各界的广泛认可。2013年5月，“中银信贷工厂”服务模式荣获《亚洲银行家》杂志颁发的“2013年度中国优秀品牌建设”奖项。在2012年外部客户满意度调查中，“中银信贷工厂”中小企业客户满意度为94.2%，连续多年处于较高水平。

发挥中国银行综合经营优势，提供全产品服务。中国银行针对小企业担保难的问题，积极创新担保方式，先后开发了应收账款、供应链、存货抵押、知识产权质押、担保机构担保、小额保证保险、信用保证等多种担保方式，满足不同客户的融资需求。同时，中国银行还积极发挥集团综合经营优势，向小企业提供包括账户、授信、结算、贸易融资、国际结算、财务顾问、上市中介推荐、上市后资金管理等在内的全生命周期服务，延伸服务链条，拓宽服务领域，为小企业提供全面专业高效的服务体系。

关注民生，不唯担保、抵押支持“三农”经济发展。中国银行重视民生领域小企业客户的融资需求，积极对全国三农行业的小企业融资特点进行研究，开发“中银新农通宝”产品体系，积极通过担保方式创新，支持“三农”领域小企业发展。山东分行推出“农贷通宝”系列产品，盘活了广大涉农小企业的存货资产；黑龙江分行创新“大米通宝”产品解决农民资金周转难题；苏州分行“蟹贷通”产品创新采用商标专利权质押，有效扶持区域特色经济；福建分行“林权抵押贷款”实现林业资源变资本的突破；广西分行“黑茶通”产品积极缓解农户季节性收购造成的资金短缺；河南分行“双汇通宝”产品利用核心企业的信用实力和控制力有效解决上下游小企业的融资难题。

模式探索为先导，打造科技金融新模式。为破解科技型小企业融资难题，中国银行以中关村为试点，在吸收传统信贷模式和“中银信贷工厂”模式优势的基础上，推出了“中关村科技型中小企业金融服务模式”，并在充分总结实践经验基础上，积极将“中关村模式”在武汉东湖、上海张江、天津滨海等国家自主创新示范区复制推广，让更多科技型小企业客户受益。此外，中国银行积极与第三方电子商务平台合作，以浙江分行为试点，推出“网络通宝”业务，利用电子化渠道和标准化审批模式进一步优化流程、缩短审批时间，节约人力成本，提升小企业金融服务的响应效率。

文化与金融结合，推动文化企业做大做强。中国银行紧紧围绕推动金融资本与文化产业有效对接，积极创新服务于文化产业中小企业的融资产品。浙江分行推出“影视通宝”“龙泉通宝”产品，以影视作品的版权，青瓷、宝剑等艺术品交易的应收账款作为抵质押品，向小企业提供贷款和授信支持。江西分行“陶瓷通宝”产品，创新采用政府平台、存货、保险权益等方式，服务当地特色经济。苏州分行“文贷通宝”产品聚焦地方传统工艺，将艺术品质押、保险、托管融为一体，支持苏绣、古建、红木雕刻等非物质文化遗产小企业业务发展。北京、天津、上海等地区加强与政府和文化主管部门的合作，以文化示范基地、文化市场为突破口，助力文化类小企业发展壮大。

搭建小企业网络金融蓝图。我们清醒地认识到，未来互联网经济发展将深刻影响中小企业金融服务的形式与内涵。本行正在研究制定中小企业网络金融服务方案，致力于将信息技术与金融核心业务深度融合，打造“移动式、电子化、智能化”的信贷工厂模式，为中小企业提供7×24小时、自助式、全方位金融服务，不断改善客户体验。

构建立体化，全方位的金融服务网络。中国银行依托遍布全球的业务平台，努力为小企业客户构建立体化、全方位的金融服务网络。设立专门服务于小企业客户的专营机构和特色支行，并通过网点渠道向客户延伸，提供就近服务、贴身服务。根据客户分布的区域特点，中国银行加快筹建村镇银行，专注服务县域小企业、个体工商户等，持续扩大小企业金融服务的辐射范围。目前，中国银行为小企业提供全面金融服务的网点已超过5000家。

网络通宝：银行与小企业结“空中情缘”

中国银行

为保持经济平稳较快发展，促进经济结构调整，金融机构把大力支持小型微型企业创业兴业作为进一步优化结构、满足实体经济需求的切入点，加大了金融产品和服务模式的创新力度，为小微企业的发展提供了有力支持。本报今起推出“金融创新服务小微企业”系列报道，通过生动鲜活的典型事例，向读者介绍金融机构在服务小微企业方面的探索和创新。

“我以前从来没跟银行打过交道，这次也只是抱着试试看的心态，但没想到这么快，速度太快了。”一落座，严斌就搓着双手兴奋地说。

作为浙江省嘉善新沪渝电器科技有限公司的负责人，严斌的企业今年获准首批入驻嘉善科技园。但买土地、造房子、进原料都需要钱，这可使严斌犯了难。严斌是阿里巴巴诚信通的会员，大约一周前的一天，他在网上浏览时无意中看到阿里巴巴网站上有一个关于扶持中小企业贷款的介绍，上面说贷款200万元以内无须抵押、无须担保等，底下还列出很多银行。虽说有点半信半疑，但严斌还是试着选择了中国银行，并提交了一份贷款100万元的申请。

“我是头一天下午三四点钟提交的申请，没想到第二天杭州那边（即中行浙江省分行的网络金融中心）就跟我联系，问了我一些情况，第三天他们就来了。”严斌指了指坐在他斜对面的中行嘉善支行中小企业团队主管王宇婴。

严斌所说的这个贷款模式，正是中国银行浙江省分行与阿里巴巴公司合作推出的“网络通宝”。中行将嘉兴、温州和丽水作为这一创新模式的先行试点地区，严斌的企业也因此成了第一批受益者。记者近日从中行浙江省分行了解到，截至2013年5月底，“网络通宝”已有新客户886家，贷款金额15.5亿元。

空中牵手：银企不再“躲猫猫”

其实，这是王宇婴和同事第二次来到严斌的企业，这次他们是来收集相关贷款材料。王宇婴说，如果材料全部收集齐全的话，最快两三天就能申请下贷款来。闻听此言，严斌非常高兴：“这可解了我的燃眉之急了。新厂房的规划图纸已全部做好，3月18日正式动工开建，计划9月18日完工，总造价近400万元，总面积4000多平方米，相当于现在的两倍。”

严斌现在的公司办公场所是租来的，总面积2400平方米。严斌说，嘉兴的创业氛围很好，虽然他是外地人，但当地政府一视同仁，提供的都是保姆式服务。“现在你们来了，融资渠道也打通了，我们干起来也更有劲头了。”严斌说。

在中小企业占经济主导地位的浙江，金融服务实体经济，说到底就是金融服务中小企业，甚至是小微企业。为了更好地服务小微企业，帮助更多小微企业解决融资难的问题，2012年中行浙江省分行在现行中小企业服务模式基础上，结合网络经济和电子商务的新发展，通过业务营销手段、风险管理技术和产品服务形式的创新，向在第三方电子商务平台上经营的中小企业提供综合金融服务方案——“网络通宝”。

这意味着，小微企业注册成为阿里巴巴、淘宝等会员后，可以很方便地通过这些第三方电子服务平台，从网上直接提出贷款申请。第三方电子服务平台收集到信息后，工作人员通过电话与申请人进行初步沟通后，将符合条件的企业推荐到中行浙江省分行的网络金融中心，由网络金融中心工作人员对第三方合作平台推荐上来的企业进行初审，通过初审的企业名单将下发到各地区分支行，而后客户经理会在3个工作日之内联系客户，一周内上门拜访并收集相关贷款申请资料。

“很多小微企业都不擅长跟银行打交道，资金有困难，他们往往想不到也不知道银行有专门针对小微企业的金融扶持业务。而对银行来说，我们有责任扶持小微企业，但苦于找不到人。‘网络通宝’的推出则很好地解决了这一问题，在小微企业与银行之间搭了一座桥。”据中行浙江省嘉兴市分行中小企业业务中心吴主任介绍，自试点开始，仅3个月，该行就叙做贷款78笔，贷款额达1.3亿元。

据了解，随着“网络通宝”业务不断推开，今年中行浙江分行又成功接入中小企业综合金融服务平台——全球网，这将使更多的原本融资无门的小微企业成为中行座上客。

“网络通宝”：你有信用我就贷

公司授信服务可以为小微企业提供单户总量最高500万元的融资，信用融资单户最高额度可达200万元。换句话说，就算你无抵押、无担保，仅凭你的信用，也有可能贷到200万元资金，这正是“网络通宝”的最大亮点。

事实上，正像严斌所说的那样，在浙江各地，政府部门为小微企业创造了良好的发展环境。然而与严斌一样，不少小微企业仍然遇到了资金短缺的困扰。

采访中，一些企业负责人表示，对于尚处创业阶段的高科技企业来说，融资难问题尤为突出。高科技企业一般来说可抵押物少，知识产权质押在具体操作上又存在一定难度，而他们短期资金需求量又往往较大，希望银行方面能帮忙解决一下这个问题。

杭州ZK微电子有限公司就是一家典型的科研型小微企业。为实现从单纯科研向科研生产转变，公司计划将已研发成功的多模多频射频芯片投入量产，但这需要筹集大量资金。苦于企业自身缺乏可抵押资产，更无法找到合适的担保，没有银行愿意为其提供融资。

一次偶然的机会，这家公司的总经理在报纸上看到中行"网络通宝"业务的报道，便试着登录中行业务平台递交了贷款申请。随后，公司便有了与中行的"亲密接触"，并最终获得了200万元信用贷款。

"随着对小微企业服务模式的升级，现在，那些并没有在阿里巴巴官方、淘宝网、全球网等第三方电子商务平台上经营的小微企业也可以通过'网络通宝'申请到贷款了。"记者从中行浙江分行了解到，有需求的小微企业可以到当地的中行网点进行申请，或者登录中行浙江省分行的官方网站，直接在网上发起申请。

只要依法合规经营满2年、年销售收入3000万元以下、净资产不超过1000万元的企业，无论是公司、个人独资企业、合伙企业，还是个体工商，只要企业及其经营者信用记录良好，都可以向中国银行申请"网络通宝"业务。

服务小微企业提效率防风险两不误

严斌从网上提交申请到网络金融中心初审批复，用了1天的时间，这个速度对于认为银行门槛高、打交道难，从来没打过交道的严斌来说，可能是够快、够出乎意料的。但这还不是最快的，据了解，最快的一笔从发起到网络金融中心批复仅耗时46分钟。目前，"网络通宝"业务平均审批耗时2.5个工作日。

之所以能够有如此快的审批速度，这主要得益于借助网络平台、电子商务的优势，"网络通宝"业务在调查环节引入视频、影像等新技术手段，提高了业务前端对客户信息的调查能力；在业务审批上采用电子资料和网络通道形式，提高了审批时效。

众所周知，小微企业融资难的最大原因就在于风险。而银行出于风险防范的审慎考虑，往往导致信贷审批难以通过或效率低下。不过，记者在采访中看到，"网络通宝"较好地解决了这个难题。

据介绍，"网络通宝"业务在贷后管理上联合中国电信等供应商研发了"远程视频集中监控"系统。通过该系统可实现对全部授信客户生产、库存情况的实时监控，其专门的企业负面信息搜索引擎，可定时定期自动通过互联网平台搜索授信企业有无涉及诉讼、有无环保不达标、有无拖欠员工薪水等信息。

当然，作为风险防范的一个方面，"网络通宝"业务也不是向所有中小企业都开放的。中行浙江分行有关负责人告诉记者，《国家产业结构调整目录》中明确为限制类和淘汰类的行业及项目，房地产业、金融业、租赁业、商务服务业中的投资与资产管理业等不适用于中小企业授信的行业，产能过剩行业以及法律、法规及相关政策禁止或限制银行准入的行业都不在"网络通宝"的服务范围之内。

值得一提的是，高起点、高效率、风险可控的特点，也让"网络通宝"业务为中行带来了高收益。截至2013年5月底，"网络通宝"业务的平均贷款利率为9.5%，比全辖对公贷款平均利率约高出2.5个百分点；与此同时，把线下信贷作业流程转入线上操作，还大大降低了银行信贷业务发展和风险管理的成本。

截至2013年6月末，中行金华市分行专门针对小微企业的创新融资产品——"网络通宝"客户数达286户、贷款余额突破4亿元，其中当年新增客户近40户，新增贷款投放超6000万元，均居全省中行系统前列，用实际行动兑现了金融支持金华实体经济发展的承诺。

"网络通宝"是中国银行在网络经济和电子商务迅猛发展的大背景下，运用高科技手段，向在第三方电子商务平台注册会员的小微企业提供高效、便捷融资服务的一款革命性创新产品。

近年来，中行金华市分行依托"中银信贷工厂"新模式优势，着力加强产品与服务创新，推出了十余款专为小微企业量身定做的"通宝"系列融资产品，并率先为科技型小微企业引入贷款保证保险业务。

同时，该行不断完善专业化服务团队建设，截至目前，全辖48家分支机构均可办理中小企业授信业务，并组建了18支钻石团队，近80人专门为小微企业提供金融服务。截至上月末，中行金华市分行小微企业贷款余额突破80亿元，小微企业客户数突破900户。

8月13日，浙江省分行举行省行中小企业业务部、营业部"全国金融五一劳动奖状"揭牌仪式。分行陈石行长和孙鲁伟纪委书记共同为两部门揭牌，分行领导、资深风险经理、各部门负责人，杭州城区直属支行员工代表参加揭牌仪式。

近年来，浙江省分行从战略高度重视发展中小企业和网络金融业务，坚持科技引领下的产品创新和管理创新，精心雕琢以"网络通宝"为代表的"通宝"系列融资产品，大力推进"钻石团队"独立成军规划，不断完善风险管控手段，"信贷工厂"新模式实现健康快速发展，业务规模始终保持系统内首位。省行中小企业业务部作为分行深化金融创新、支持实体经济发展的先进典型，在"服务'三农'、服务中小微企业"主题竞赛中表现突出，荣获"全国金融五一劳动奖状"。

省行营业部是浙江省分行积极践行"服务为善"理念的典范，倡导"把小事做成精品，每天进步一点点"，努力打造精细服务文化，以一流服务擦亮中行"百年老店"的金字招牌，继去年以综合得分第一的佳绩被评为"中国银行业文明规范服务百佳示范单位”后，今年又荣获“全国金融五一劳动奖状”。

揭牌仪式上，分行领导要求两部门员工珍惜荣誉，激流勇进，切实发挥示范带头作用，继续引领全行发展。同时要求辖内各级机构以先进为榜样，紧密围绕总行“做最好银行”的战略思路，认真贯彻“守土有责”“弯道超车”等要求，坚定落实分行“四惟”方针，坚持“服务为善”理念，不断提高经营管理水平。

揭牌仪式现场红旗招展，身着统一制服、整齐列队的省行中小企业业务部、营业部员工英姿飒爽、斗志高昂，大家慷慨激扬地表示有信心、有决心在总行和省行党委正确领导下勇往直前、攻坚克难，不断取得业务发展和经营管理的新胜利，为即将迈入新百年征程的浙江省分行增光添彩，为把中国银行办成最好的银行做出更大贡献。

8 月 28 日，浙江省分行中小企业业务部与丽水分行中小企业条线相关人员共赴丽水缙云壶镇支行召开“网络通宝”产品推广会。

据统计，国内现有 14 个大型的“淘宝村”，年总销售额超过 50 亿元，其中丽水市的壶镇北山村便榜上有名，“北山模式”现已成为全省农村电子商务典范。省市中小企业条线相关人员赴壶镇开展电子商务调研及产品推广活动，与当地的电子商务新兴企业家进行了面对面的交谈，深入了解企业在经营过程中遇到的关于融资方面的问题，适时推出了网络通宝“风险池”概念，获得了企业家们的极大兴趣关注，并当场表示将在网商协会中进行前期摸底，促成新产品的尽快落地。

同时，省行中小企业业务部给分行中小企业条线授信从业人员进行了小微信贷智能终端（简称 C－PAD）培训，该智能机的使用将进一步解放客户经理的案头工作，实现“网络通宝”业务更高层次的科技化。

新模式中小企业业务实现跨越式发展

中国银行山东省分行

授信新增过百亿，新增客户数系统内第一……看着业绩报表上一串串亮眼的数据，山东省分行中小企业部总经理徐林的内心无比欣喜。该行中小企业业务依托“中银信贷工厂”模式不断探索业务增长点，以多样化的产品创新中小企业业务批量化发展路径，取得了显著的成效。截至 9 月末，该行新模式下中小企业表内授信余额当年新增已突破百亿大关，达 133.3 亿元，新增量较去年同期增长达 121.2%；客户数较年初新增 2039 户，新增量同比去年同期增长达 33.6%，新增授信余额及新增客户数均位列系统内第一名。

观念为先，“小”企业做出“大”平台

“新模式下我们服务的客户虽然‘小’，但发展空间很‘大’，业务带动能力很强，中小企业市场是块大宝藏，我们就用五个抓手来掘金。”一谈起这个话题，徐林总经理兴致颇高，“我们摒弃轻视中小企业业务的旧观念，通过抓人员配置、抓机制建设、抓信任建设、抓产品创新、抓简政放权，力争建设山东省内最具竞争力的中小企业银行。”

在这一理念下，该行在辖内大力复制推广“二级信贷工厂”，并充分下放权限，让审批决策端不断贴近市场、贴近客户，提高在当地中小企业细分市场的综合竞争力。同时，该行将新模式业务作为中小企业客户关系管理的“大”平台，不断扩大“信贷工厂”的内涵及外延，与国际/国内结算、资金业务等产品部门展开有效联动，满足新模式中小企业客户全方位的金融服务需求。

经过近四年的发展，该行从 2009 年的仅青岛、济南两家信贷工厂，发展到拥有青岛、济南、烟台、潍坊、济宁、东营、威海、淄博 8 家信贷工厂，初步形成了有重点、有支撑、有带动的持续发展格局。

产品为媒，引来客户一片叫好之声

滨州市沾化县是有名的“中国冬枣之乡”，为有效支持当地企业发展，山东省分行适时推出了存货质押类惠农产品“中银枣贷通宝”，专门为当地的冬枣加工企业提供资金支持。

“我们在中行贷了 1000 万元，有了这笔钱，我们的冬枣收购资金充裕了，销售收入和利润也提升了。这不，公司去年的销售收入就比 2011 年增长了 50% 多。真没想到库存也能循环起来，‘死水’还能变成‘活水’。”沾化县百果食品有限公司董事长王培军是“枣贷通宝”的受益者之一，而“中银枣贷通宝”也仅仅是山东省分行新模式中小企业产品创新的一个小小的缩影。

“围绕产品创新，我们做了很多的工作。”徐林总经理介绍道，“我们以‘中银农贷通宝’为代表的货押融资产品种类涵盖石油、粮食等 20 多种货物，并实现了全省 17 个地市的全覆盖；在供应链融资模式方面，形成了以‘中银易贷通宝’为代表的‘1＋N 供应链’融资产品，已围绕核心企业叙做了 100 余款子产品。”

丰富的产品同样受到了来自政府的赞誉。该行围绕政府信誉开发的“中银银政通宝”，通过引入政府“种子基金”，利用政府增信减少企业抵押负担，为广大急需资金支持的优质企业开拓了一条新型融资之路。

“这个产品将政府的优惠政策和银行的贷款资金有效结合起来，很好地支持了我们区内的中小企业做大做强，有力地带动了当地产业经济的快速发

展。”作为该产品的首次投放地，菏泽牡丹区政府王处长给予了充分肯定。

这样的案例在该行中小企业金融服务的过程中不胜枚举。截至目前，山东省分行陆续推出“中银货贷通宝”“中银易贷通宝”“中银结信通宝”“融易贷”“融保贷”“融信贷”等十几款标准化产品模式，逐渐形成了跨条线、多品种的中小企业金融服务产品体系。

网点为基，增加持续发展之力

该行发挥新模式中小企业业务在网点转型中的排头兵作用，开展“网点破冰”行动，推进产品下沉与业务下沉，锻炼基层对公营销队伍，将网点打造为新模式中小企业业务市场拓展的高效堡垒。实现转型升级后的网点又为新模式中小企业业务的持续发展夯实了渠道、打下了基础，“两者相互推动，形成了‘新模式助力网点破冰，网点转型推动新模式发展’的良性循环。”刚参加完业务培训的东营分行中小企业部万海涛主任说，“新模式业务的下沉让基层拿到了拓展市场的有力武器，有需求的企业我们就敢干敢抢，在营销中感受到了切切实实的变化。”

截至9月末，山东分行新模式中小企业业务授信客户5911户，授信金额367.18亿元。按全辖618家机构统计，网均户数10.4户，较年初新增3.8户；网均授信余额5941万元，较年初新增2157万元，网点转型成果初步显现。

互惠贷助力小微企业发展

中国邮政储蓄银行

小微企业作为我国经济中最具生机和活力的群体，已成为我国经济增长的重要动力之一，在产品的技术创新、产业结构调整、区域经济的崛起、解决就业和农村劳动力的转移等方面发挥着重要的作用。但是，由于我国还处于小微企政策体系建立完善期，资金问题已成为制约小微企业发展的主要瓶颈。

为贯彻落实国务院关于进一步促进中小企业发展的政策措施，进一步加大对小微企业的金融支持力度，解决小微企业融资难题，邮储银行不断优化思路，开拓创新，研发了符合小微企业主实际需求，并能有效把握小微企业信贷风险的小微企业互惠担保贷款产品，全面助力小微企业发展。

互惠贷，是指在市场管理方、行业协会、商会、核心企业等平台的组织下，由不低于一定数量（一般为30户）的个体工商户、小微企业（主）组成互助合作组织，各自缴纳一定数额的保证金设立集合基金，并委托专门的管理机构进行管理，为各基金成员在邮储银行互惠贷提供担保。当某个成员贷款出现逾期时，其他成员以各自认缴金额为限，承担有限担保责任。除基金担保外，一般情况下无需提供任何其他抵质押物。

截至2013年11月底，邮储银行已在北京、河北、福建等地试点开办互惠贷业务，目前已为近百户小微企业批量发放贷款2.81亿元。同时，邮储银行大力响应监管机构为小微企业提供综合金融服务的号召，为80%的互惠贷客户，提供了包括网上银行、手机银行、POS装机、现金管理、结算服务等在内一揽子金融支持方案。

邮储银行互惠贷产品一经推出，便受到了广大小微企业和监管部门的重视和欢迎。2013年10月14日，中国邮储银行小微企业互惠担保贷款产品荣获中国中小企业协会颁发的2013年度最具成长性金融产品奖。2013年10月，中国银监会在《小微企业金融服务工作月报》“机构动态”栏目发表了题为《邮储银行组建“互惠贷”基金，缓解小微企业贷款担保难问题》的报道，重点介绍互惠贷产品的优势特征。

具体来说，互惠贷产品具有以下特点：

一是互助共赢。除共同获得融资外，“互惠贷”为成员搭建了合作平台，可促进成员之间的相互交易，真正实现“互助共赢”。

二是三关考核。第一关由市场管理方、行业协会、商会、核心企业等组织平台利用自身对某一集群、市场、行业或产业链中的企业（主）的了解，筛选出一批优质企业（主）作为备选成员。第二关由邮储银行通过自身的信贷技术，审核备选成员的授信资格和偿债能力。第三关利用成员之间的熟悉程度相互监督，对成员准入进行公示，施行“一票否决”。

三是有限责任担保。成员的担保责任存在封顶上限，阻断了担保连锁反应，不因某一借款人“跑路”引发其他成员代偿责任增加。

四是软性道德约束。互助基金成员的经营均依托于某一集群、市场、行业或产业链，成员贷款违约将导致其在整个集群、市场、行业或产业链内造成恶劣影响，不利于其未来发展。

五是获得成本低。借款人不需要向担保公司提供反担保措施，缴纳的费用显著低于担保公司担保费，缴纳的保证金在一定条件下可以返还，最终利益由基金成员共享。

六是银行资产保障。可有效防范基金成员逆向选择的道德风险，基金代偿机制实际上在基金内部构建了拨备和核销体系，可有效保障贷款质量，是一项与小微企业合作双赢的贷款产品。

七是网点多，申办便捷。目前，邮储银行共有网点3.9万家，覆盖了全国超过98%的县，有效填补了212个乡镇的金融空白。客户申办邮储银行互惠贷产品，可以就近选择网点，免受长途奔波之苦。

八是信贷技术全面。邮储银行深耕小微信贷，经过近六年发展和积累，形成了一套囊括了产业筛选（industry screen）、目标市场挖掘（target market）、方案制定（project constitution）、客户准入

(access)、批量开发(development)与贷后管理(supervision)的"It－Pads"信贷技术。借助此套信贷技术，邮储银行不断优化互惠贷流程，切实服务广大小微企业主。

邮储银行将以互惠贷为抓手，大力服务小微企业，助力小微企业发展。

邮储银行增信贷倾力扶持小微企业

小微企业作为我国国民经济重要的组成部分，是市场经济中最活跃的细胞，占我国企业总数的95%以上，广泛分布于各行各业和各地区，在增加就业、促进经济增长、科技创新与社会和谐稳定等方面具有不可替代的作用，对国民经济和社会发展具有重要的战略意义。但是，由于小微企业多处于原始积累期，金融服务体系不健全、金融服务方式单一，已成为制约其发展的主要瓶颈。

为进一步贯彻国务院发布《关于金融支持小微企业发展的实施意见》，推进经济结构的战略性调整，支持小微企业发展。邮储银行解放思想，拓宽思路，在稳步推动传统业务的基础上，通过业务创新、能力培养，促进从"不动产抵押"业务向"非不动产抵押"业务的升级，在存量房地产抵押贷款基础上，研发了符合小微企业客户实际需求、风险可控增信贷产品，全面助力小微企业发展。

增信贷，是指邮储银行向符合授信条件的存量房地产抵押贷款（含个人商务贷款、小企业贷款、个人一手住房贷款、个人二手住房贷款）借款人发放的，用于经营实体合法生产经营活动的短期人民币流动资金贷款。为增强对借款人的约束力，借款人应按照贷款金额的一定比例缴纳保证金，或至少追加一名符合邮储银行准入条件的第三方保证人提供连带责任保证担保。

截至2013年11月份，邮储银行已在辽宁、北京、陕西、山东、湖北试点开办增信贷业务。试点初期，邮储银行辽宁省分行首先实现了一笔220万元的放款。此外，邮储银行大力响应监管机构为小微企业提供综合金融服务的号召，以增信贷为桥梁业务，积极推动小微企业结算、理财、现金管理等综合金融服务体系建设。

目前，增信贷在邮储银行试点地区深受借款人欢迎，开展增信贷业务后有效解决了之前借款人想要追加授信额度必须解除现有的授信重新追加抵押物进行审批的问题，无论从效率还是额度上都极大满足了小微企业客户。此外，增信贷也具有以下优势特征：

具体来说，增信贷具有以下优势特征：

一是增信贷业务时信用贷款或保证贷款。若为信用贷款，为增强对借款人的约束力，借款人应在贷款发放前，按照贷款金额的一定比例，向邮储银行缴纳保证金，为增信贷提供质押担保。若为保证贷款，借款人应提供至少一名符合邮储银行准入条件的第三方连带责任保证人。

二是强化单个客户在邮储银行现金流的覆盖作用。为有效防范部分信用风险敞口，增信贷业务将该风险敞口限于邮储银行存量优质结算客户适用。同时，随着增信贷金额的提高，客户在邮储银行现金流覆盖将一并提高。

三是能有效控制一抵双贷的整体实际抵押率。通过与存量房地产抵押贷款有机结合，增信贷部分的授信金额是基于抵押物原评估价值而非抵押物现时价值测算的。

四是留住优质存量客户，实现降本增收。增信贷业务针对邮储银行优质存量客户量身设计，既满足了客户的资金需求，完善邮储银行产品体系，提升小微金融产品的市场竞争力，又可降低分支行的客户营销成本。同时，增信贷业务利率定价较高，与风险相对较低的房地产抵押贷款对比而言，收益将显著提升。

五是增信贷业务与结算业务有机结合，相辅相成，既通过监测客户在邮储银行现金流情况进而监测客户还款能力，又促使客户通过邮储银行进行结算，推动综合金融服务。

邮储银行将以增信贷为突破口，大力发展弱担保业务，更好的服务小微企业，助力小微企业发展。

实心实意，助力企业共同成长

河北永强铸造有限公司（化名），成立于2003年，位于沧州市献县乐寿镇高码头，法定代表人王永强（化名），注册资本50万元，企业主营玛钢扣件、球墨铸铁生产销售。2011年以前，企业年均销售额5640万元，年均净利润383万元。企业产品主要用于楼房建设时搭建围栏。依托献县当地建筑器材租赁行业的发展，通过近10年的努力，永强铸造不断拓宽销售渠道，在全国10余个省份均有稳定下游客户。伴随企业规模不断扩大，产品市场不断扩充，为进一步抢占市场，扩大市场占有率，提高生产力就成为企业的当务之急。

邮储银行河北分行于2009年年底开办小企业贷款业务。为积极拓展业务，帮助小微企业发展，早在2010年年初，河北分行便成立了以一级支行行长带队，信贷部主任作为中坚力量的营销队伍，献县支行亦不例外。

2010年11月份，献县支行行长及信贷部主任多次现场走访河北永强铸造有限公司，通过与企业主王永强深入交流，分析了解企业财务大致情况，邮储银行了解到企业未来很可能会出现资金周转困难的问题。发现该问题后，献县营销人员积极与邮储银行小企业信贷中心沟通，力求在企业出现资金周转困难前，提前为企业提供一份科学可行的融资方案。

2010年12月份，邮储银行小企业信贷中心人员与企业主进行了现场洽谈，在综合了解河北永强铸造有限公司经营现状及未来资金需求情况后，为其量身定制出一份针对性很强的授信方案。在现场交流中，企业主也表示目前企业的流动资金越来越少，资金周转越来越困难，对邮储银行能想在企业前面，实心实意为企业提供金融服务的工作热情给予了高度赞誉。

最终，经过详细的现场调查，业务审查、审批，邮储银行于2011年2月为河北永强铸造有限公司提供了500万元的资金支持。获得贷款资金后，企业于2011年增设了一条生产线，产成品日增1.67万件，销售收入月增近300万元，基本满足了彼时的市场需要，为后期进一步扩大市场打下了坚实基础。

随着河北永强铸造有限公司不断做强、做大，下游客户对其产品的要求也越来越高。永强铸造的老厂区建于2003年，厂房布局结构不尽合理，而先进精密仪器无论对厂房结构还是厂区空间都有严格的要求，老厂区已不能适应企业目前的生产状况，搬迁厂址、建设新的厂区就成为永强铸造发展的“必经之路”。

邮储银行对该企业发放贷款后，在后续的贷后检查中，通过对河北永强铸造有限公司的经营情况、财务数据进行分析，了解到企业流动资金大部分用于日常经营，如过抽调资金进行固定资产投资，势必会产生新的流动资金周转困难，所以在企业提出增加贷款额度前，邮储银行又一次为企业量身打造了增信方案。

2012年2月份，为应对扩大企业规模产生的资金需求，邮储银行将河北永强铸造有限公司原有的500万元贷款额度增加至1000万元，有效解决了企业改建后产生的流动资金不足问题。企业扩建完毕后，为进一步助推企业发展，帮助企业在全国市场中占据更大的市场份额。

2013年，邮储银行将企业的贷款额度提高至2000万元，用于解决购进先进设备、高新技术研发及增加生产规模后产生的流动资金不足等问题。

目前，河北永强铸造有限公司新厂区已全面建设完毕，新的生产设备已全面上线并开始运营。

从2011年到2013年不到三年的时间，河北永强铸造有限公司在邮储银行的全力支持下，实现了质的飞跃。目前，已实现年销售额增长1000万元以上，预计2013年年底可增至4000万元；产品出厂合格率100%，扣件铸造合格率95%，扣件机加工合格率98%；产品销售覆盖范围由原来的10余个省份扩展到目前的20多个省份，基本遍布全国。

低融资成本，高服务效率

中小企业作为我国经济发展的重要组成部分，其解决就业，促进民生的作用越来越突出，解决好中小企业发展的问题已经不仅仅是个经济问题，更是解决发展过程中出现的一系列问题的核心关键。

作为河南省民营经济发展比较活沃的地区，许昌全市有2000多家中小企业正在蓬勃发展。中小企业在当地经济发展中的地位举足轻重，邮储银行许昌市分行认真践行社会责任，大力扶持中小企业发展，在中小企业取得发展的同时，邮储银行也跟企业实现了共同进步。

立足中小企业与企业共成

中国邮政储蓄银行许昌市分行自成立以来，充分发挥网络优势、品牌优势和资金优势，主动贴近小微企业，发掘区域内小微企业需求，为小微企业发展提供了强有力的金融支持，实现社会效益和经济效益的双赢，获得了各级政府、监管部门和社会各界的积极好评。

当许多银行纷纷逐“大”之时，邮储银行立足于“小”，始终对服务中小企业保持高度的政治责任感和社会责任感，将金融服务重心确定为中小型企业，探索出一套符合中小企业需求的授信服务模式，先后推出一系列贷款品种。针对中小企业“短、频、急、快”的贷款需求特点，邮储银行小企业信贷产品“特色”鲜明，一次授信，两年内循环使用，可以像信用卡一样随借随还。

2010年底，许昌市分行小企业贷款中心成立，小企业信贷经理多次深入企业，开展面对面服务，了解企业资金需求。一直以来，面对复杂多变的经济金融形势，邮储银行许昌市分行向小微企业倾斜信贷资源，保证小微企业资金需求，为企业雪中送炭，帮扶企业走出资金困境。成立两年多来，小企业贷款中心的工作人员，走访了辖区内将近2000户的中小企业，为辖区内120多户企业发放贷款4.39亿元，为中小企业的发展提供了有力支撑。

经过两年多的发展，许昌市分行小企业贷款中心的人员素质不断提升，业务处理能力更加迅速，为中小企业提供的服务更加优质。信贷业务品种也更加丰富，目前增加了组合担保、保理、存货质押、应收账款质押等贷款业务品种，满足了小微企业差异化融资需求，为中小企业提供了更加多样的服务。

由点到面全面支持实体经济发展

河南姚花春酒业有限公司是较早使用邮储银行小企业贷款的企业。河南姚花春酒业有限公司始建于1975年，前身为国营鄢陵县酒厂，2004年改制为“河南姚花春酒业有限公司”，拥有国家质量管理体系认证。公司生产工艺主要以引进四川五粮液生产工艺为主；生产的新产品“姚花春酒”通过国家鉴定，曾被授予“2008河南产品质量管理卓越企业100强”荣誉称号。

但是企业在2010年底至2011年初时却遇到了融资困难，因粮食等原材料价格和包装物价格一路攀升，公司流动资金一度出现缺口。当时正赶上年国家金融政策的调整，金融机构的贷款都处于紧控状况，贷款不到位，错失了部分订单，给企业的经营造成了一定的影响。

邮储银行许昌市分行小企业贷款中心经过市场调研后，客户经理主动上门询问企业的难处，向姚花春酒厂的管理层介绍了邮储银行的经营理念、小企业信贷政策和产品优势等，传递了邮储银行积极服务中小企业的诚恳态度与决心。姚花春酒厂的管理层对邮储银行小企业贷款产品产生了浓厚兴趣。

这笔贷款，从受理调查、到上报审批，再到办理房地产土地的评估抵押，到最后放款，只用了15天，在业务办理的过程中，邮储银行工作人员严守信贷“八不准”铁律，送贷上门，到企业现场办理业务收集材料，不让企业来往奔波，节省企业的时间。虽然多次到企业了解情况，但邮储银行信贷人员从没有喝过企业一口水，抽过企业一支烟，整个办理流程中，除了正常的贷款利息外，邮储银行不收取其他任何杂费，邮储银行信贷人员敬业精神和良好作风，深深感动了企业。

由于贷款办理的及时，企业有充足的资金采购原材料和包装，推出了新的产品，每月收入增加50万元，实现了很好的经济效益。通过这次合作，企业切实感到邮储银行是中小企业的好帮手，是企业家的知心人。他们逢人就讲：“邮储银行贷款手续便捷、服务热情，一定会越办越好，下次我们有贷款需求，一定还来找邮储银行。”

除了针对单一企业的贷款支持外，邮储银行许昌分行还对当地发制品加工、长葛机械制造等行业进行全行业的资金支持，截至目前，邮储银行许昌市分行小微企业贷款结余达到13.63亿元。

不等不靠只用心，敢创敢为多动脚

老侯：一个企业家从愁到乐的变化

愁出心病了——2013年以来，老侯的心里一直搁着一块心病。老侯的公司近年投资3000多万元，建设一个颇具规模的新厂区，大量固定资产的投入，导致今年上半年原材料采购的资金吃紧，加上企业贷款办理速度慢、成本高，这可把老侯给难住了，眼看公司资金周转的问题日益突出，老侯整日愁思，焦虑万分。

意外之客来了——2013年4月下旬的一天，老侯的难题似乎开始有了转机，他紧缩的眉头有些舒展开了。这一天，邮储银行兴安县支行副支行长王岚带着信贷员队伍亲自登门拜访老侯，这让他既惊讶又惊喜，他说道：“我们与很多家银行有过合作，但都是我们自己去找银行办业务，没想到今天邮储银行的领导会亲自上门为云峰排忧解难！真的是意外啊！”

问题终于解决了——经过一番了解分析，根据该企业的具体情况，邮储银行的信贷员向老侯推荐了邮储银行的小企业流动资金贷款，该产品具有办理速度快、利率优惠、还款灵活等优点，这些优点正符合了老侯的需要，加上信贷员们诚恳踏实、认真负责的工作态度最终打动了这位精明企业家的心，老侯当即决定放弃与社用合作银行合作的原计划，与邮储银行商洽具体的办理流程。信贷员将老侯公司的贷款材料收集完整后立即上报，桂林市分行次日便安排了人员赶赴云峰公司，桂林市分行行长助理蒋祖淋全程参与了实地调查，与老侯进行面对面交流，进一步加强沟通，深入了解、掌握该公司的发展情况。为确保该笔贷款能尽快发放，以解云峰燃眉之急，信贷员们从受理、调查、撰写调查报告到查审、审批各岗位全程加班加点，成功为云峰发放500万元的流动资金贷款。

脸上露出笑容了——2013年6月，当兴安县支行信贷经理再次来到云峰公司时，大车装载的原材不时地运到厂区，车间内一片忙忙碌碌的生产景像。老侯满脸微笑，表示这次与邮储银行的合作，他非常满意，了结了一块心病。目前，老侯公司大量的货款资金都流向了其在邮储银行开立的对公账户，同时老侯表示，往后要加大与邮储银行的合作，逐步将把员工工资代发、公司水电代收等转到邮储银行来办理。

信贷员：心到，脚勤，机会来临

看似一次简单的营销经历，其实是信贷员们前期多次上门拜访、多次沟通了解的成果。我们深知，坐等别人来找我们贷款，这种思想是要不得的，要用心抓住每一次认识、了解客户的机会，寻找突破，敢为人先，多看多思多动脚，机会是留给有心人的。与云峰公司认识后，信贷员们先后拜访企业主老侯三四次，当获悉老侯的公司因为新建厂区而资金收紧时，信贷员意识到机会来了，这正是小企业贷款切入的最好机会！如果能够争取到与云峰公司的合作，这将给我们小企业贷款在兴安当地的发展带来深远的影响。王岚，在得知这一消息后，亲自带队上门拜访，最终打动了企业主侯德云先生。

“心到市场大，脚勤市场宽”是邮储银行的市场理念，正是这种理念的支撑，促使我们一次又一次的主动与企业进行沟通、联系，时常上门拜访走动，多与客户进行交流，深入了解当地企业的资金需求情况，及时掌握客户的心理状态及变化，不断促进双方良好合作关系的发展。

2011年3月，桂林市分行开办了小企业贷款；2013年2月，桂林市分行将小企业贷款业务从信贷业务部剥离独立，成立小企业金融服务部，将小企业金融服务部逐步建设成面向小企业客户提供综合金融服务的前台部门，并组建了由7位小企业信贷经理组成的小企业信贷团队，在全州、兴安、荔浦、灵川县支行分别设有1名专职信贷经理，新配置的专职信贷经理都已能独立上岗，为小企业贷款的加快发展搭好平台、夯实基础。今年6月末，小企业贷款放款3.14亿元，净增1.18亿元，净增全区排名第二。

云峰：携手邮储，明天更好

老侯，全名侯德云，1951年出生在桂林兴安县一户普通农民家庭，朴实、勤劳的他经过多年的摸、爬、滚、打，成了当地知名的企业家，大家都尊称他为老侯。

1998年6月16日，老侯创立了广西桂林云峰食品有限公司，座落在山水甲天下的桂林兴安湘江河畔，至今已有15个年头，企业主导产品蜜饯、糕点等产品，是一家设备齐全、工艺先进、技术力量雄厚，具有一定规模的综合型食品及食品原辅料生产企业。云峰公司在老侯的带领下，专营生产“食全食美”牌、“云峰”牌各种食品及食品原辅料7大系列60多个品种，产品畅销全国30多个省、市、自治区，目前年销量在3000万元以上。公司在10多年的迅猛发展中，取得了可喜的业绩，多次被评为省、市、县“十佳企业”“先进单位”“优秀企业”。产品获得“广西壮族自治区质量技术监督局重点保护产品”“广西著名商标”等荣誉称号。

经过这次合作，老侯乐滋滋告诉我们，因为与邮储银行的合作，云峰公司及时抓住了近千万元的商机，2013年还能节约8万元的融资成本，相信云峰公司的明天会更好。

小微金融的“扫街”式服务

武汉农村商业银行

潜心扫街“做加法”——坚守小微服务理念

什么是“扫街”？简单地说，就是打破银行传统的等客上门营销方式，客户经理主动走出去，根据门牌号对城区、郊区的主次干道、商业区、街道、社区、市场、集镇等，采取走街串巷、挨家挨户实行“地毯式”的营销宣传，主动地进市场、进园区、进社区、进商会、进楼宇，把金融服务送到小微客户门前。

“扫街”是我们在实践中总结出的服务小微行之有效的好办法。因为大城市不缺大银行，唯独缺少为小微和三农服务的小银行。武汉农商行因农而生，因小而长，不与大银行拼规模、争项目、抢客户，潜心服务其他银行不做的、甚至被遗忘的三农和小微客户，这是我们长期以来坚定不移的发展战略，这些年我们支持的客户群也就是三农、小微这些客户。

在“扫街”服务中，我们坚持做到金额可大可小，我们扫街的对象和范围更广，从中心城区扩展到城、郊两个市场；从支持就业扩展到城镇化进程中的“失地农户”、下岗失业人员、大学生创业等。针对这些客户，我们支持的额度最小是5000元，最大的是200万元不等。期限可长可短，根据客户需要期限最短3个月、最长2年。押品可有可无，重点关注还款能力和还款意愿，不注重抵质押品，基本上就是信用贷款。利率可高可低，实行差别利率，合理定价，既符合小微企业的承受能力，又有效覆盖经营风险，保证合理收益。实行“五专”服务，专门的机构、专门的团队、专门的流程、专门的考核机制和专门的信贷计划。通过“扫街”，填补了大银行不做的金融“空白点”，客户经理灵活主动，对分片辖区情况像社区“片警”一样烂熟于心，主动地为小微企业和个体工商户提供周到贴心的金融服务，引导他们了解金融、运用融资、发展自己。

简化流程“做减法”——畅通小微服务通道

对小微企业和个体工商户，我们坚持“六看三知”：一看账本，二看产品，三看人气，四看人品，五看成效，六看存货；“三知”即，“知行”就是要知道经营者的发展思路和发展方向，“知底”就是要知道他的品性和对企业的发展驾驭能力，“知实”就是企业实际情况的逻辑交叉判断。通过“六看三知”真实还原客户的资产负债表、损益表、现金流量表，不需要客户再提供其他证明和材料。

在流程模式上，全行建立“评级、授信、支用”同步申报“三位一体”的操作流程。1天内完成贷前调查并提出上会申请，15分钟内决策，20万元以下的贷款3个工作日内办完，50万元以上贷款3～5个工作日内上账。

创新产品“做乘法”——丰富小微服务功能

我行研发了“融城富业贷”“农易富业贷”“微小富业贷”等系列“产品库”。在动产抵（质）押和权利质押等方面不断探索，推出提货单、仓单、存货、应收账款、保函、股权等20余种质押方式。根据小企业需要，既可以采取传统融资方式，也可以采用“知识产权质押＋实际控制人”模式、“第三方担保＋知识产权”质押、“知识产权质押＋第三方担保＋园区担保”等有效的模式，取得了良好效果。“融城富业贷”获得“2011年度中国银行业服务小企业及三农十佳特优金融产品”荣誉称号，“三权”贷款参加今年银监会全国农村中小金融机构“三权”抵押贷款业务座谈会。

减免负担“做除法”——提升小微服务质效

除费用。我行通过“扫街”直接受理审批，减免了一系列如担保手续费、评估费、保险费、公正费等中介费用和交易成本，借款客户除支付利息外没有任何附加费用，确保了微小富业贷产品相较市场上其他同类小贷业务融资成本最低。

除困境。客户经理“扫街”模式挨家挨户，走街串巷，主动向小微企业介绍我行“服务小微”的理念，宣讲办贷流程和准入条件。免费提供行业分析、信息建议等咨询服务，通过各种形式为有融资需求的客户提供贷前辅导。

除担忧。我们的微小富业贷摒弃了传统的抵、质押担保方式，用“现金流”代替“抵押物”为还款能力重要依据，坚持实地调查，重视真实财务分析和企业自身价值，免除客户无标准抵押物、无正规财务报表的担忧。

通过“扫街”，我们发现了客户，累计扶持了1.89万户小微企业和个体工商户，共扶持了4503家农业企业，342家农业专业合作社，农户43万余户，收获了源源不断的三农和小微客户群；获得了收益，全行存款、贷款、利润均较成立之初实现了“三年翻一番”，纳税当地金融机构排名第一；赢得了信赖，我行连续三年荣获武汉市政府颁发的“支持武汉经济发展突出贡献奖”“支持全民创业先进单位”等荣誉称号。2013年6月1日，中央政治局委员、国务院副总理马凯视察武汉，亲临我行网点，对我行“微小富业贷”业务充分肯定，给我们以极大的鞭策和鼓舞。

我们将再接再厉，始终坚持“改制不改向，更名不改姓”，坚定不移地沿着支持“三农、小微和民生”的方向走下去，继续扎扎实实地“扫街”，不断扫出我们经营发展的“一片蓝海”！

融资融智　合力共赢

——贸易融资担保模式

成都合力创业融资担保有限公司

成都WM化工有限公司，是一家主营基础化工原料、溶剂油、加油站便利店商品供应的贸易型企业。公司成立于2005年，注册资本100万元人民币，实际控制人和股东为夫妻，职工近20人，成立初期主要从事基础化工原料贸易，下游客户是油漆厂、橡胶厂、制鞋厂、制药厂、彩印厂等传统的制造型企业，前几年受制于资本金实力、客户资源等因素，整体发展速度较慢，作为专业的大宗商品贸易企业，年销售收入仅为7000多万。

随着公司化工贸易稳定增长，2009年，该企业为拓展业务领域，与中石油四川非油公司签订了合作协议，成为中石油西南片区加油站便利店核心供应商之一，进而取得怡宝纯净水、康师傅食品、粤华罐头、银鹭八宝粥、蒙牛饮品等在中石油四川片区便利店的一级代理资质，主要在成都周边各中石油加油站便利店（昆仑好客）销售。

由于上游供应商的结算方式是现款现货，而下游中石油非油公司则是每个月25号结算上个月的货款，加上在途等因素，实际上占用了客户近2个月的账期，客户开展此项业务，资金压力很大，需要外部融资补充流动资金。但因为传统贸易企业都是轻资产企业，客户利润积累主要体现在存货、应收账款、预付账款上，固定资产积累较少，并且之前没有信贷记录，所以向多家银行申请贷款都未获批，后找到合力担保申请融资担保。

合力担保对该客户进行尽职调查后，认为客户主体合规，管理和经营运转正常，合同协议真实，回款和利益有保障，只要做好流程监控，业务风险可控，故决定采用“贸易融资、流程监控”的担保方案为其提供担保。

“贸易融资”需要上游供应商有稳定的供应能力，下游付款方有强大的付款能力，该客户上下游都是知名的大型企业，供应、付款能力较强，信誉良好，不会随意更改合同内容。客户申请的银行贷款授信均采用贸易融资的流程监控方式，客户获得银行授信后，资金并不存放在客户账上，必须在签订购销合同后，贷款银行才会根据采购合同，向客户发放采购所需资金，并在银行监管下支付给供货商，供应商发货不经过客户的仓库，而是直接发往中石油四川非油品公司的仓储调度中心，且销售回款必须在规定时间内汇入发放贷款的主办支行开设的账户，该银行账户需在借款合同中明确，唯一且不可随意更改。

在保后管理过程中，合力担保遵循的原则是定期与银行客户经理沟通，中石油按时支付了上一笔或几笔业务的货款后，再根据客户提供的采购合同，直接向上游供应商打款发货，如此循环。

这一方案的好处主要体现在三个方面。一是流程监控，用途明确，客户挪用资金的可能性很小；二是真实的贸易往来，给银行带来丰厚的流水回报，能够调动起银行监控流程的积极性；三是客户不需要额外提供抵押物，也不需要给银行再做回报而支付高额的财务成本。

按照这个方案，客户成功地从银行获得第一笔300万贷款，帮助其实现中石油便利店业务板块的销售额在两年内达到4000多万。

后续合作中，又将这一做法运用到客户的化工产品板块，帮助客户获得了第二笔700万贷款，极大地加快了其贸易流通的速度。

有了充足的资金保障，客户又相继拓展了化工领域多家具有很强付款能力的下游客户，包括延长石油上游供应商爱生泽尔等大型企业，重庆恒利化工等，销售额近几年来快速增长。2012年客户实现年贸易额2亿元，通过增资扩股资本金也增加到500万，某些细分产品在成都市场具有了很强的话语权。

随着利润积累的增加，2012年客户新购置了办公楼，充实了人员，在洪安、德阳均租赁了化工储罐，企业形象、管理水平等方面均上了新的台阶。

在管理客户的过程中，我们一直践行“融资融智”的方针，不但为客户融资，更为客户后期的经营管理提供有针对性的财务咨询和融资方案，这不仅有利于客户的持续发展，对合力而言，通过提供财务咨询和融资方案，可以对客户经营情况增进了解，又能挖掘更多的后续业务机会，最终实现客户与公司利益的双赢。在合力担保的建议下，客户在坚持开展主营业务的同时，不断拓展经营范围，依靠担任加油站站长积累的管理经验，客户开始投资建设加油站，先后拿到了两个加油站的批文，并于2012年成功建成并试运行一座加油站，形成了“贸易+实业”的发展模式，改变了原来纯贸易的单一业态。

客户今后的发展思路是：不断壮大主营业务，同时计划投资3－5个加油站，形成资产包，并且逐渐发展一些成品油零售业务。贸易与实体产业结合，并形成上下游产业链。而合力担保见证了客户的成长，也将更加深入地与客户合作，合力共赢。

中小企业信息化服务案例

领航相伴 应用添翼

——中国电信“智慧企业”助力中小企业信息化建设

中国电信

2011年开始，中国电信以“数字企业”建设为切入点，系统整合优势产品与服务，为中小企业在基础建设、内部管理、外部服务三个层面提供“十个一”信息化服务。2013年4月22日，为了继续发挥中国电信在“强化服务”和“促进应用”上的支撑作用，中国电信在数字企业基础上填充和延伸智慧化要素，正式发布了“智慧企业”解决方案。

“智慧企业”解决方案以“智慧应用引领”为核心，按照“光纤宽带＋企业网关＋应用服务＋智能手机”标准四件套的组合模式，适配中小企业客户的信息化网络和应用需求，为中小企业在生产管理、客户关系管理、人才培训等方面提供产品和服务，从而帮助企业减少资金浪费，提高管理效率，更有效地开拓市场并做好营销工作。

在网络接入和服务层面，中国电信实施宽带提速计划，面向中小企业提供光纤到户和光纤宽带升级提速服务，按需提供远程管理、带宽管理、虚拟专网、WIFI等企业网关服务。在企业应用层面，中国电信统一开发并提供满足企业办公、生产管理、销售管理等基础需求的翼机通、综合办公、外勤助手等标准应用。在智能终端提供层面，中国电信精选双模双待机、高端明星机、千元大屏机等主流机型，全面满足中小企业管理人员和员工的信息化应用从桌面向移动终端平移的需要。针对中小企业细分市场的个性化需求，中国电信将依托中国电信在云计算、大数据、移动互联网等方面的技术优势，并充分整合社会专业公司应用能力，提供云主机、手机看店、律师助手、车管专家等特色行业应用。同时，通过移动支付、3G个人应用实现中小企业从业人员在工作、家庭和生活的全面信息需求。

一、标准应用简介

1. 翼机通：

翼机通是面向中小企业提供的，以RFID UIM卡和智能手机客户端为载体，实现考勤、消费、会议签到、门禁、企业福利、移动支付等功能的综合信息服务。翼机通向客户提供智能企业通讯录、智能考勤、内外消费、智能会议签到、智能门禁、企业福利、通知、公告等功能，通过智能手机客户端向用户提供用户管理、资讯管理、信息查询等功能。对于翼机通的客户来说，可以实现考勤、门禁、消费的信息智能化管理，提高工作效率，提升了企业的信息化水平。对于用户来说，一部智能手机可以实现消费、考勤、门禁等传统一卡通的功能，避免了携带各种证件的麻烦。且可依托3G智能机实现各项使用信息查询，提高了使用的方便性和灵活性。

2. 综合办公：

是采用移动互联网等技术，基于中国电信的宽带互联网、3G移动通信网络以及集中部署的综合办公（网络版）业务平台，为政企客户提供的在PC机和智能手机等终端使用的融合型办公服务，可满足客户随时随地进行信息共享、交流沟通和协同办公需求。

3. 外勤助手：

外勤助手是依托中国电信CDMA移动通信网络及定位、GIS、短信等能力，通过联网PC和移动终端，为外销、外巡、外送、外修等中小企业管理者及外勤人员提供基于位置服务的标准信息化应用产品，特别适用于外销、外巡、外修、外送等中小企业的管理人员对外勤人员在工作时间内进行定位监控和任务调度管理。

二、中小企业信息化应用案例

（一）宜庭家纺尝信息化甜头，管理效率实现质的飞跃

安徽省宜庭家纺有限公司近年来成长迅速，已拥有纺织厂、印染厂、家纺制品厂等完整的自主产业链。因为企业规模不断扩大，宜庭家纺遭遇管理难的问题，希望借助信息化手段提升管理效率，为此，选择了与中国电信安徽滁州分公司（以下简称“滁州电信”）合作进行信息化建设。滁州电信为宜庭家纺提供了一揽子的信息化解决方案，翼机通、全球眼、网络无忧等“智慧企业”相关应用使其享受到信息化带来的效益和效率。

1. 诸多问题困扰宜庭家纺规模发展

宜庭家纺有限公司专业从事床上用品设计开发、规模生产与品牌营销，羽绒类床上用品产销规模在全球同行业中位居前三强。

今年以来，受国际金融危机影响，宜庭家纺主动开展内部整合，兼顾国际、国内两个市场同步发力。将原有纺织厂、印染厂、家纺制品厂管理权、经营权回收至总部，计划三年内将进一步扩大直销网点，并将统一整合总部和分部间的通信和信息化应用，上马新的ERP系统，对于各厂区视频监控进行升级。

由于宜庭家纺的快速扩张，管理方面的问题日益突出。车间管理方面，不能及时发现货物流转中的问题，消防通道是否堵塞不能及时获知，车间日常生产情况不能实时了解，存在羽绒原材料偷盗现象；员工管理方面存在代打卡、工时记录不准确等问题；经营管理方面，门店销售数据主要通过电话、传真、邮件等方式传送，不仅速度较慢甚至还可能出现统计错误。另外，现在很多企业的销售经理和企业关键管理人员手机产品归个人所有，一旦跳槽，走的不仅仅是人，还有关键联系人和渠道资源，损失不言而喻。

2. 滁州电信提供“智慧企业”综合信息化解决方案

滁州电信为宜庭家纺量身定制了包括全球眼视频监控、翼机通、销售管家等一揽子“智慧企业”综合信息化应用。通过视频监控系统，领导可随时在电脑、手机等终端上查看工厂运转以及员工的工作情况。另外，当有外商来考察时通过全球眼就能清楚地看到车间的情况，而不需要进入生产线。全球眼视频监控实现了跨区域、全国范围内的统一监控、统一存储、统一管理、资源共享，不仅提升了内部管理水平，而且降低了企业管理成本。

在员工管理方面，翼机通帮助宜庭家纺加强对员工出勤、用餐等方面的管理。翼机通的应用，解决了企业以下问题：企业人员多，人工考勤费时费力，代打卡等现象；厂区大，无法实现全厂统一考勤；人工统计考勤结果，效率低、不准确；食堂使用现金、餐票，不方便、有漏洞；人员流动大，钥匙发放不安全等问题。

销售管家的应用使宜庭家纺实现了销售数据的及时传送，辅助领导进行原料供应等决策。在数据更新方面，相比于传统的打电话、发传真、传邮件等方式，不仅节省了时间，提高了生产效率，而且实现了实时传输，为企业的盈利立下汗马功劳。

此外，滁州电信在宽带服务方面提供了“网络无忧”应用，通过无线局域网（WLAN）或3G等方式进行企业内部的无线信号覆盖、随时随地接入高速互联网，在此基础上帮助宜庭家纺提升数字化水平。

3. 中国电信高质量服务加速企业“智慧化”进程

据了解，宜庭家纺有限公司管理层以上人员已经全部使用总机服务并开通ECP协同通信、驻场管理人员全部使用翼机通。下一步，将与滁州电信就员工宿舍区域电信服务点的建设进行合作，以进一步提升企业对于员工的服务水平。

宜庭家纺总裁表示，宜庭家纺的信息化水平在全行业处于领先地位。与滁州电信合作一年多来，我们尝到了信息化的甜头。尽管企业在推进信息化建设过程中遭遇不少阻力，但信息化的潮流不可阻挡，且对企业自身长远发展有利，目前信息化使企业在管理效率的提高方面受益匪浅。

滁州电信良好的服务给宜庭家纺管理带来很多益处。同时，通过推进“智慧企业”建设，充分展示了中国电信的综合实力以及高水平的服务。

（二）中国电信牵手Camel骆驼，合作见证品牌奇迹诞生

从第一家专卖店到第3600家专卖店，从实体鞋服行业的王者到中国首个成功电商化的代表，从首月15个订单到单日销量突破亿元大关。拓荒到一个帝国，Camel骆驼品牌和其运营团队仅用了短短7年时间。而面对行业竞争态势的加剧与电商领域的飞速发展，骆驼深知为继续保持稳定的上升态势，品牌升级已然势不可挡。

1. 帝国升级之路的拦路虎

从鞋服工厂发家的骆驼，刚开始并不需要什么，只需要一个制鞋工艺高超的工厂，足够多能销售产品的专柜，或者连续不断的大量外销单。而当见识到Made in China与独立品牌巨大价值落差的现状后，骆驼决定开始经营自己的独立品牌，因为只有品牌才是支撑价格、销量和抵抗风险的有力武器。由此，骆驼开始10年的品牌创建之路，直到第一家Camel骆驼北京专卖店的开业，才开始了一段7年不断扩张的品牌奇迹创造之旅。

但任何发展都不是一帆风顺的，2009年骆驼首家淘宝店铺开业，2010年天猫官方旗舰店的相继诞生，并迅速开设男装、皮具、女鞋、户外旗舰店及BTOC官方商城，2012年11月，“双十一”大促销，CAMEL骆驼更是创下单店铺日销1亿奇迹，目前已连续3年荣登全网男鞋、服装、户外类目销量第一。这些耀眼成绩的背后，带来的不仅是漂亮的销量数字，更有支撑这个电商巨头日常运营的巨大压力——宽带网络。俗话说“电商行业一刻也离不开网络”，骆驼店铺不仅是“双十一”活动期间，就是日常的聚划算、品牌团等活动，都会瞬间涌入巨大流量。如果所用的网络宽带无法正常承受，就极易造成旺旺挂掉、店铺无法登录、订单无法审核的诸多问题。那给企业带来的不仅是巨大的流量损失，同时更会损坏忠实客户对骆驼的信赖之心。因此选择一家能够支撑公司电商业务运营的宽带，是骆驼一直在执着考虑的问题。

2. 中国电信解决了骆驼的后顾之忧

面对宽带网络的巨大压力，骆驼多次与通信运营商洽谈，虽然其他运营商多次登门以低价作为吸引条件，但骆驼始终没有放弃对中国电信的信任，一直选择网络和服务最稳定可靠的中国电信。中国电信也没有辜负期望，用优质、可靠、稳定的服务回报了骆驼的信任。

如今，广东骆驼服饰有限公司所有的宽带业务全部选择了中国电信。短短的三年多时间，骆驼的宽带业务从最初的一条10M城域网光纤到现在一条100M、两条50M还有多条数据专线，从最初的月消费三千多元到现在月消费突破十万元。大型活动期间，电信公司还为骆驼安排网络特别保障计划，临时调高网络带宽等措施。而这些也保障了骆驼现今1000多人运营团队，近300人客服呼叫中心日常工作的有序进行。即使在去年“双十一”日销量破亿的流量面前，也没有发生因网络故障影响客户正常运营的事情。

3. 强强联手创造奇迹

正是日常工作中一点一滴、踏实可靠的服务，以及稳定的网络质量，让中国电信成为了骆驼服饰唯一的电信宽带业务服务商。骆驼的品牌发展需要转型创新，凶猛的扩张姿态拥有无限力量。而除宽带网络之外，中国电信在天翼3G、移动办公等行业应用方面的巨大优势，则让更多的升级换代成为可能。一场强者之间的持久合作，必将鉴证更多的品牌奇迹诞生。

（三）红狮集团插上信息化的翅膀，把简单的事情做好就是不简单

红狮控股集团有限公司是一家专业生产高标号水泥的大型企业，是国家重点支持十二家全国性大型水泥企业和浙江省工业行业龙头骨干企业之一。截至2013年1月底，总资产约157亿元，员工约1万人，拥有30多家全资或控股子公司，分别列2012中国制造业企业500强第323位、2012浙江省百强企业第60位。

1. 企业发展遭遇诸多难题

红狮集团是浙江兰溪电信分公司的长期重点服务的大客户，总部和所有分支机构一直使用电信固定电话和光纤，并建有大型数据中心，使用用友OA和ERP系统，信息化水平在行业中具有典型性、代表性和标杆作用。伴随企业近几年扩展较快，对信息化需求逐步提高，在生产、管理、销售、通信、服务等方面的需求尤为突出。

红狮集团属于总部型经济，以“加强协同办公、提升服务能力、强化人员管理、增强总部纽带，最终为企业效益服务”的理念进行信息化建设和改造，并希望通过总部信息化水平的提升，形成标准智慧企业建设模型，在所有分支机构推广。随着集团的发展壮大，问题也随之出现了。公司的规模在不断地扩大，分支机构也变得越来越多，但总部与分支机构之间缺乏一个统一的管理和综合办公系统；随着新生产线建设的不断完成和投入运营，客户规模不断扩大，公司需要建设统一的客户服务平台及呼叫中心；销售人员遍布全国各地，这就导致对外勤管理有一定的需求；目前，中小企业“招工难”是一个普遍现象，而制造工厂地处偏僻，更增加了招聘的难度。企业需要为员工提供良好的居住环境，进一步丰富他们的业余文化生活，以缓解“招工难”问题。

2. 智慧企业的尝鲜者和受益者

信息经济时代，企业亟需信息化与工业化的深度融合，中国电信兰溪分公司为红狮集团提供了一揽子的解决方案，涉及了红狮生产、管理、销售、通信、服务各个环节，具体包括了外勤助手、全国总机服务、4008、机房改造、视频会议系统、ITV网络电视、企业闪讯等全业务覆盖。

外勤助手业务实现了对营销人员以及服务人员的有效管理，将人员的利用效率提高到最大，达到精确化管理的目的，轻松实现对终端工作人员的巡访管理和对工作绩效的量化考核；4008商务一码通，帮助企业搭建了经济型、低成本的客服呼叫中心；机房改造为客户提供了更好的IDC支撑服务，保证了客户办公环境的稳定性；基于企业宿舍区的现状，宽带及网络电视已经覆盖到了每一家宿舍，搭建了集中播控平台，有效降低了使用成本，丰富了员工的日常生活。

3. 电信服务带动企业信息化腾飞

随着浙江电信解决方案的逐步实施，红狮集团的信息化水平得到了飞速的提升，公司原本经营无序，对外出人员以及销售人员无法管理的情况得到了改变，

有效地降低了人工成本，大大提高了管理效率。信息化平台建成以后，迅速被树立为全县行业应用标杆企业，多次接受本地大型企业的参观和访问。兰溪电信通过信息化促进企业生产经营管理的科学化、网络化和智能化，帮助企业达成降本增效的目标。

信息化助力中小企业成长发展

中国联通

一、中国联通概况

中国联合网络通信股份有限公司（简称“中国联通”）成立于2008年，在原中国网通和原中国联通的基础上合并组建而成，在国内31个省（自治区、直辖市）和境外多个国家和地区设有分支机构，是中国唯一一家同时在纽约、香港、上海三地上市的电信运营企业，连续多年入选“世界500强企业”。中国联通坚持以用户为中心，通过不断创新提升通信保障能力和服务水平，全面满足广大用户的信息服务需求，致力于成为信息生活的创新服务领导者，在国民经济和社会信息化进程中发挥主力军作用。

二、大力开展“创新中国行”信息化培训活动

积极响应工信部“扶助小微企业专项行动”的号召，组织开展“创新中国行”中小企业信息化宣传培训活动，2013年中国联通总部组织3场、省分公司组织160场、全国共组织1600场培训推广活动，参与培训的中小企业人员近20万。2013年4月22日中国联通受邀在工信部主办的“2013中小企业信息化服务信息发布会暨中小企业信息化培训启动会”上展示了创新的情景剧培训模式。

结合各省中小企业的不同情况，各省分公司开展了形式多样的宣传培训活动，展示了丰富多彩的中小企业信息化产品。在活动过程中，推广2012年创新培训形式的经验，信息化产品展示以生动活泼的情景剧表演代替枯燥的PPT讲解，提高活动效果。例如北京站活动，以信息化企业的一天为背景，展示企业老板、新老员工、客户等几位企业典型角色的工作内容，有机地将移动视频会议、移动展业、销售管家、挂机短信、手机一卡通、外勤管家、车辆管家、联通

智讯、移动刷卡、3G小卫士等信息化应用植入情景短剧中，使观众更直观的理解信息化应用产品的功能、使用场景和使用效果，帮助中小企业走进信息化、使用信息化。例如在西安站活动，以大家耳熟能详的《武林外传》同福客栈为场景，通过古装佟湘玉、白展堂等客栈内角色的诙谐幽默演绎，有机的将e信通、移动办公、随e行、沃眼、管油宝、商务管家、集团彩宣、智慧农业、智慧城管等信息化应用串联在情景短剧中，起到了很好的宣传推广效果。采用这种培训推广方式，参会企业人员纷纷表示对联通所介绍的信息化业务印象很深刻。

三、正式推广中国联通“宽带商务”平台

针对中小企业的信息化需求特点，中国联通在2005年开始建设中国联通宽带商务平台，近两年为适应云计算、移动互联网等技术发展，宽带商务平台进行了整合和扩容升级。2013年中国联通宽带商务平台正式推广，联合产业链上下游各环节，共同为中小企业提供“以租代建”模式的信息化服务，使广大中小企业无需专门投资和专人维护，即可以通过云计算技术获得如同大型企业集团一般的信息化平台。同时宽带商务平台面向广大信息化应用开发者与合作伙伴开放，并为其提供良好的产品孵化环境，平台可提供更为弹性的资源扩展，更为安全的数据保障以及更为专业的服务体系，开发者按需动态使用云主机、云存储资源，开发成本更为低廉。

宽带商务平台是一级架构平台，通过顶层设计，可以实现产品一点接入，全国发布。宽带商务平台将聚集大批合作伙伴和开发者，对中小企业信息化需求深度挖掘，开发适合中小企业的信息化产品，提高中小企业信息化水平，帮助中小企业解决当前困难和问题，有效地为中小企业降低经营成本，提高生产效率和效益，增强创新能力、管理水平和竞争力。

为了切实贯彻落实工业和信息化部年中工作会《信息化和工业化深度融合专项行动计划》，做好中国联通宽带商务平台面向合作伙伴和中小企业用户的宣传推广工作，中国联通联合中国通信学会，10月11日在广州举办了“中国联通宽带商务开发与使用者大会”，并后续在沈阳和重庆开展了“中国联通宽带商务平台服务中小企业地方行”系列活动。活动中介绍了中国联通中小企业信息化解决之道并宣讲了宽带商务平台巨大的功能和优惠政策，展示了CAXA电子图板、CAXA实体设计、换号炫铃、e信、外勤通、商户通、协同管理等近20项中小企业信息化应用产品。

四、中国联通宽带商务信息化应用案例

应用案例一：商户通助力出租车公司

（一）客户简介及需求分析

利源达出租公司是黑龙江黑河市最大的出租车公司，拥有全市327台出租车，从业人员530人。繁多的司机信息和车辆信息需要利源达进行科学的管理。日常工作中公司和司机主要通过电话进行沟通，存在着员工活动地理范围覆盖广、突发性需求多的现象。因此，通过电话快速响应、提升工作效率是出租车公司面临的重要问题。

（二）联通商户通功能简介

“商户通”是一种结合了通信技术与软件的信息化应用产品，通过web方式、手机客户端或PC客户端方式，为客户提供客户资料管理、促销推广、话务管理、挂机短信、统计查询等应用服务。

（三）产品解决方案

商户通的客户资料管理功能可以将出租车司机的个人信息和驾驶车辆信息全部记录，结合来电弹屏功能，每当司机拨打公司电话，接线员都可以在第一时间识别出来电司机和车辆的信息，更快更有效的为司机解决问题；通过短信群发功能，公司可以将每日的天气信息及道路信息及时的告知给司机，保障司机的出行顺畅，用低廉的沟通成本提升了司机对公司的满意度与忠诚度，也方便了公司日常通知的传达。

（四）使用效果

商户通的来电弹屏和客户资料管理功能，方便了出租车公司快速识别来电司机信息，调取来电报路况等情况查询，提高了公司运营效率；通过短信群发功能向司机发送油补通知、天气路况等信息，在提升司机工作满意度的同时，也降低了30%左右的信息沟通成本。

应用案例二：e信助企业提升客户服务水平

（一）客户简介及需求分析

杭州华辰国际饭店是一家四星级商旅会议型绿色饭店，饭店集住宿、餐饮、娱乐于一体，服务设施一应俱全，同时还设有各类宴会厅可同时容纳600人就餐。需求情况如下：

1. 以往华辰饭店通过客户入住登记时向客户征求是否有成为VIP会员的意向，客户感知差，效果不佳。

2. 饭店自有会员积分管理系统，会员消费后会有积分累加，且可通过酒店前台或网上进行积分礼品兑换，不过由于兑换方式过于繁琐，客户实际没有享受积分权利。

3. 华辰饭店为进一步提升服务质量，会定期向客户电子邮箱发送服务质量调查表，调查表样本回收有限；同时也在客房内摆放纸质调查表，但实际效果均不理想。

（二）联通“e信”功能简介

“e信”产品依托移动互联网技术，通过短/彩信+链接的展现形式，为集团客户提供e信信息发布和回收统计的双向互动服务，实现信息群发、信息互动、信息共享。“e信”产品以WAP链接方式，图文并茂地向企业客户群体展示企业传递的信息，使企业用户更直观了解客户群体所反馈的信息详情。

（三）解决方案

1. VIP会员招募

华辰饭店通过向新老客户发送e信，详细展示

介绍酒店特色以及会员特权，客户可通过手机轻松点击了解详情，并直接在手机页面上登记开通会员，客户下次入住时只需出示手机号码即可享受会员折扣待遇。

2. VIP 会员积分管理

华辰饭店借助 e 信定期向客户推送积分信息，VIP 会员可在手机页面上直接参与积分兑换活动，酒店可在系统中实时查看礼品兑换情况，极大地提升了会员客户感知。

3. 客户满意度调查

华辰饭店将客户满意度调查表制成 e 信，当客户在前台办理退房手续时，自动向客户手机触发一条 e 信，轻松完成满意度调查问卷并提交，酒店工作人员第一时间获取到客户的意见反馈，便于提升酒店服务水平。

（四）客户使用效果

1. e 信平台为杭州华辰国际饭店有限公司分配专属接入号，大大提升了杭州华辰国际饭店信息化服务形象，酒店宣传成本降低 18%，宣传工作效率提升 15%。

2. 该客户自从使用了联通 e 信业务，通过 e 信访问留痕，发掘意向客户。潜在意向客户挖掘率提升 20%，并快速、准确的了解入住客人的喜好、习惯，便于工作人员下次针对性服务。

3. 华辰饭店通过 e 信平台，筛选出休眠会员以及活跃会员。帮助酒店针对活跃会员客户，进行精准营销与服务。

4. 帮助企业实现了 VIP 会员管理，华辰饭店通过会员生日管理，实现 e 信生日祝福预约发送。向会员发送生日祝福以及生日当天优惠的信息由原来需要提前 1 天人工筛选的准备工作，通过 e 信平台自动完成。

5. 华辰饭店通过 e 信积分兑换活动以及满意度调查，拉近了与入住客户的距离，客户忠诚度和满意度提高 30%。

应用案例三：移动办公提升管理水平

（一）客户简介及需求分析

淄博汽车制造厂有限公司始建于 1956 年，自 1971 年开始生产汽车，是国家定点汽车生产企业，现有员工 1500 名，其中工程技术人员 160 人。企业计划采用信息化手段，提升公司的生产经营管理水平。

（二）移动办公功能简介

“移动办公中小企业版”是中国联通根据中小企业特点，有针对性地推出的移动办公类产品及服务，客户在宽带和 3G 网络覆盖的任何地方，通过任何智能终端就可以高效地进入办公系统，处理相关事务。

（三）解决方案

“移动办公中小企业版”基于联通的 WCDMA3G 高速网络，提供了标准 OA 系统和基于标准 OA 的移动办公产品。可提供以下功能：

1. 建立内部通讯平台，如：通知、公告、短信平台等；

2. 实现工作流转和事务处理的自动化，如：公文，会议，事项的申请、审批等；

3. 建立信息发布平台，如：信息的编辑、审核、发布；

4. 实现文件管理的自动化，如：可使各类文档（包括各种文件、知识、信息）能够按权限进行保存、共享、查找和使用。

5. 辅助办公，如：个人办公、会议管理、办公用品管理等；

6. 实现分布式办公，如：员工可在家中、城市各地甚至世界各个角落通过网络连接随时办公。

（四）使用效果

1. 满足企业全面协同管理需要：共享式办公平台的功能完全实现了多人、多部门的协同办公新模式。OA 系统更是涵盖了包括企业公文管理、资料管理、短信、信息发布、自助服务、电子邮箱以及任务中心等功能在内的全方位立体式协同管理功能

2. 大大提高企业运转效率：通过 OA 系统所实施的交换式网络应用，组织机构内部的人员可跨越时间、地点协同工作，使信息的传递更加快捷和方便，从而极大地扩展办公手段，实现了办公的高效率。

3. 节约企业人力成本和日常运营成本：使用 OA 系统后，组织行为更高效，过去企业行政部分需要十几人才能做好的事情，现在由 2、3 个人在电脑上操作就能完成，人力成本大大降低。

IT 革新一步到位 引入虚拟一举两得

戴尔（中国）有限公司

客户简介

客户名称　黄石市第五医院

所属行业　医疗

所属国家　中国

客户人数　500－600 人

客户网站　www. hssdwyy. com

业务需求

进行 IT 架构革新，全面精简 IT 服务系统的总体规模，提升医院信息化综合水平

实现 IT 服务的高效化、资源调配的灵活化、资源利用的合理化、IT 发展的持续化

为提高医护人员服务效率，需要建立一个高效、灵活的 IT 终端平台

要以较少的人力资源投入，获取较高的运营维护效率，确保 IT 平台始终保持良好稳定的运行状态数百万的点击可能影响到网络性能与盈利

解决方案

借鉴国内外先进经验，通过与戴尔 IT 团队的反复探讨，黄石市第五医院最终决定引入戴尔综合虚拟化解决方案，一步到位，完成桌面虚拟化、服务器虚拟化、存储虚拟化三位一体的 IT 架构革新。在提升 IT 服务效率的同时，推动医院信息化建设迈入可持续发展的新轨道。

项目收益

- IT综合服务效率提升了600%
- 服务端虚拟化使得医院缩减了80%的IT机房物理设备总规模，IT资源利用率提升5倍
- 终端虚拟化使得医院的工作站购买成本缩减了80%，IT人员的维护工作效率提升5-8倍
- 在业务层面，通过IT革新，医院管理效率提升了30%，医护人员的工作效率提升了20%
- 在简化IT方面，技术人员的IT维护工作量减轻了80%，机房空间节省了80%，仅一年电力消耗成本就可节约数十万元

方案特色

- 服务器虚拟化
- 桌面虚拟化

客户引言

"我们是湖北二甲医院中第一家实施了服务器和桌面双虚拟化的医疗机构，IT综合服务效率提升了600%，项目收益远超预期，项目的成功经验非常值得在医疗行业进行推广普及。"

——黄石市第五医院信息中心技术主任 张庆先生

"服务器虚拟化使得医院IT物理设备总规模缩减了80%，IT资源利用率提升5倍有余；终端虚拟化使得医院医生工作站的投入成本缩减了80%，IT人员的维护工作效率提升500%。可以说我们通过虚拟化之举措，获得了IT服务端和终端应用效率的双提升，可谓一举两得。"

——黄石市第五医院信息中心技术主任 张庆先生

"通过IT革新，我们黄石市第五医院信息化服务水平获得全面提升，在相应国家节能降耗要求的同时，既充分满足了医院现阶段业务发展的要求，又为我院未来的'数字化医院'建设打下了坚实的基础。"

——黄石市第五医院副院长 丁皓先生

技术详情

服务

- 5年戴尔专业支持服务
  - 7*24电话技术支持的售后服务
  - 当日4小时相应的带设备上门服务
  - 客户经理（TAM）单一联络人
- 戴尔服务器虚拟化和平台优化服务
  - 服务器虚拟化设计与规划
  - 服务器虚拟化实施
  - 桌面虚拟化设计与规划
  - 桌面虚拟化实施

软件

- VMware vShpere 5.1 服务器虚拟化软件
- VMware View 桌面虚拟化软件

硬件

- 1*戴尔 PowerEdge M1000E 刀片服务器机箱
- 6*戴尔 PowerEdge M910 刀片服务器（配置英特尔至强 E7-4820 处理器）
- 1*戴尔 PowerVault MD3620f 光纤存储系统

黄石市第五医院引入戴尔桌面与服务器虚拟化方案，IT综合服务效率提升600%

黄石市第五医院位于风景秀丽，素青"东楚第一山"之称的东方山脚下，占地面积71亩，是一家集医疗、护理、科研、急救、保健、康复和教学于一体的综合性二级甲等医院。在创立至今的五十余年里，该医院始终奉行"专科兴院、科技立院"的治院方针。在几代人的共同努力下，该院专科特色显著，享誉黄石乃至全省。医院现设有16个临床科室和6个医技科室，配有国内外高、精、尖诊疗设备，年门诊诊疗人次达15万余人，住院人次上万人。

IT革新势在必行，要在IT规模缩减的前提下，将IT综合服务效率提升至少300%

黄石市第五医院深刻认识到随着我国医疗卫生体制改革的深化，医疗卫生事业将逐步走向标准化、规范化和市场化，医院传统的管理模式已不能适应新时代的发展形势，信息技术在医疗卫生行业的应用升级势在必行。为开创医院建设发展新篇章，加强医院的现代化、科学化、规范化管理，提高医院的工作效率，更好的为患者提供医疗服务，黄石市第五医院站在推动医院信息化科学发展的战略高度，决定对医院信息系统基础平台进行升级改造。

信息基础平台升级改造的现实依据来源于医院严谨科学、认真负责的工作作风。在具体的信息化工作中，黄石市第五医院对自身的信息系统体系进行了全面的分析，并从中发现了一些新的问题。首先，医院总体构架越来越大，IT规模亟待精简；其次，IT维护工作繁琐且庞杂，IT效率亟待提升；第三，IT资源不能实现科学调配，电力消耗、人力消耗、空间消耗等持续增加，IT架构亟待革新。

综上所述，无论从医院科学发展的战略层面，还是从IT信息化发展的战术层面，IT架构革新，IT系统升级势在必行。为此，黄石市第五医院决定一步到位完成桌面虚拟化、服务器虚拟化、存储集中化三位一体的IT架构革新。在IT规模缩减的前提下，将IT综合服务效率提升至少300%，推动医院信息化建设迈入可持续发展的新轨道。

从可持续发展的角度，选择现代化、科学化、规范化、人性化的解决方案，促使IT资源利用率提升5倍

为了满足医院发展的需要，使医院在IT信息管理、医疗服务质量上有新突破，黄石市第五医院在借鉴国内外先进经验的基础上，结合自身实际需求，从可持续发展的角度，提出了真正适合医院需求，即现代化、科学化、规范化、人性化的虚拟化解决方案，以便将IT资源利用率提升5倍有余，具体要求如下：

首先，IT方案要切实提高医院管理和医疗工作的效率和水平，使医院能够以较小的投入获得更好的社会效益与经济效益。信息系统一方面要支持医院的行政管理与事务性业务处理，减轻事务处理人员的劳动强度，为管理现代化和领导决策的准确化打下坚实的基础，促进医院管理和运行的规范化、现代化、人性化。另一方面，要支持医院医护人员的临床活动，收集和处理病人的临床医疗信息，并提供临床咨询、辅助诊疗、辅助临床决策，提高医护人员的工作效率，为病人提供更多、更快、更好

的服务。而且，要实现整个医院的人、财、物等各种信息的顺畅流通和高度共享。

其次，要合理简化IT，注重节能环保。医院的IT系统在基础设施架构方面，不仅面临着规模大、维护难等一系列问题，同时机房已无太多空间放置新的IT设备。IT持续发展面临挑战，IT平台电力消耗更是日益增大，IT调配灵活性差，IT资源利用率低等问题也亟待解决。因此，IT合作伙伴所提供的解决方案必须要帮助医院合理简化IT架构，减轻技术人员的维护工作负担，同时落实节能环保的可持续发展理念。

第三，系统安全性、稳定性、扩展性要高。安全、稳定的系统不仅对医院业务的正常开展至关重要，同时能大大降低系统维护的时间和成本也势在必行。因此，新的信息系统必须拥有良好的冗余性构架、可靠性设计、发展性规划，在实现系统功能的同时兼顾系统的安全性、稳定性、扩展性等需求，防止出现因系统使用时间过长，或并发用户增多而出现的IT系统不能正常访问和运行的状况。

采用戴尔桌面虚拟化、服务器虚拟化、存储集中化三位一体方案，仅项目建设成本就节约60%

通过借鉴国内外先进经验，并与戴尔技术团队的反复探讨，黄石市第五医院最终决定引入戴尔综合虚拟化解决方案，一步到位地完成桌面虚拟化、服务器虚拟、存储集中化三位一体的IT架构革新。戴尔在方案中提供了配置有英特尔至强E7－4820处理器的戴尔PowerEdge M910刀片服务器、VMware虚拟软件系统、PowerVault存储系统、专业技术支持等产品及服务。

在服务器虚拟化方面，黄石市第五医院利用戴尔PE M910刀片服务器和VMware虚拟软件组成的虚拟化平台，虚拟出20多台虚拟主机，使物理服务器实现了10∶1的高效精简。虚拟主机分别承担了门诊管理、住院管理、药品管理、物资管理、人事管理、财务管理、OA管理系统、医嘱处理、病房护士站、医生工作站等多个重要医疗系统的运行任务，满足了各个部门的业务信息处理和信息共享上的需求。

● 服务器虚拟化提高了系统的稳定性和灵活性

服务器虚拟化大大提升了数据中心物理服务器的利用率，让数据中心将所有服务器作为一个资源池统一进行管理，并按需自动进行资源调配，提高了服务的稳定性和灵活性。

在故障修复万面，服务器虚拟化实现了虚拟机在故障发生时的自动化迁移，即某台物理服务器出现故障后，无需技术人员的人为干预，物理服务器上的虚拟系统就可以完成快速迁移，实现应用级的故障修复，从而保证信息服务的连续性。

● 桌面虚拟化提高医护人员工作效率

在桌面虚拟化方面，客户端统一使用低功耗的瘦客户机，其使用的操作系统及应用软件均由数据中心服务器托管，并由管理员统一调配。桌面虚拟化在提高IT资源利用率的同时，给一线医务人员带来了方便、快捷、安全、灵活的应用体验，同时最大限度的节省了空间，避免了传统PC的噪音污染，降低了功耗，落实了节能环保的理念。

● PowerVault MD3620f集中存储，让数据管理重简单

黄石市第五医院建立了以PowerVault MD3620f为核心的光纤SAN存储架构，不仅实现了数据的集中存储，而且可以做到快速高效的数据备份与恢复，这对于医院提升医疗数据的管理水平至关重要。PowerVault MD3620f采用模块化设计，成熟度高，不仅扩展方便，而且易于维护，尤其是其特有的快照虚拟磁盘高级功能和虚拟磁盘备份功能，可以让用户采用简单路径创建快照虚拟盘，并快速完成系统的备份任务。

● 虚拟终端产品使管理和维护简单、高效

在维护方面，虚拟终端即医生工作站，因其本身没有各种可拆卸部件，IT技术人员在进行日常维护时，只需对机房的终端主机进行维护即可，即便是重装系统、程序升级、软件安装等工作也只需对终端服务器主机进行部署即可，维护效率比传统方式提高了5—8倍，减少了大量的客户端维护时间及售后维护成本。同时终端虚拟化的实施降低了产面的损坏率，避免了由于未来的应用扩展、产品更新换代快等问题导致的大面积产品更换。

项目收益超预期2倍，IT综合服务效率提升了600%

目前，黄石市第五医院的信息系统虚拟化升级工作已顺利完成，相关应用系统也已完成了由物理平台向虚拟平台的迁移，虚拟系统已经运行了一段时间，且表现出了良好的工作状态。作为湖北地区第一家完成三位一体信息系统升级的二甲医院，黄石市第五医院开创性的实施了服务器和桌面双虚拟化的医疗解决方案，项目收益远超预期，IT综合服务效率提升了600%，有效地推动了医院综合管理和服务迈入现代化、智能化、规范化、人性化的发展新轨道，项目的成功经验值得在医疗行业进行推广普及。

从业务方面上看，通过IT革新，黄石市第五医院信息化服务水平获得全面提升，医院的管理效率提升了30%，医护人员的工作效率提升了20%。具体来说，医护人员用数字身份在客户端登录后，就可以在任何工作站平台上延续工作，此漫游功能大大强化了临床医生在位置转移时的系统交互性，大大提高了工作效率和灵活性。总之，IT虚拟化为业务操作的简单化、管理工作的高效化提供了最为得力的IT工具和信息化手段。

黄石市第五医院信息中山技术主任张庆先生介绍说："从IT方面来看，服务器虚拟化使得医院IT物理设备总规模缩减了80%，IT资源利用率提升5倍有余；终端虚拟化使得医院医生工作站的投入成本缩减了80%，IT人员的维护工作效率提升500%，技术人员的IT维护工作量减轻了80%，机房空间节省了80%，仅一年的电力消耗成本就可节约数十万元。可以说我们通过虚拟化之举措，获得了IT服务端和终端应用效率的双提升，可谓一举两得。"

浏览更多戴尔案例：dell. com/casestudies

＊戴尔服务的提供情况和条款因地区而异。详

细信息请问 dell. com/servicedescriptions

• 2013 年 9 月，Dell，Inc. Dell 是 Dell Inc. 的商标。超极本、赛扬、Celeron Inside、Core Inside、英特尔、英特尔标识、英特尔凌动、Intel Atom Inside、英特尔酷睿、Intel Inside、Intel Inside 标识、英特尔欢跃、英特尔博锐、安腾、Itanium Inside、奔腾、Pentium Inside、vPro Inside、至强、至强 Phi 和 Xeon Inside 均是英特尔公司在美国或其他国家的商标。本案例分析仅供参考。戴尔不对本案例分析提供任何明示或默示的担保。10012996

在线化妆品零售商巩固市场地位

乐蜂网部署了可扩展的虚拟化平台来满足消费者对产品的庞大需求并节省 200 万人民币

戴尔（中国）有限公司

客户概况

公司名称　乐蜂网

行业　零售

国家/地区　中国

员工人数　2 200

网站　www. lefeng. com

业务需求

作为在线化妆品零售商，乐蜂网在销售高峰期需要确保高可用性和一致的用户体验，因为数百万的点击可能影响到网络性能与盈利。

解决方案

乐蜂网与戴尔携手部署了高性能的端到端解决方案，包括戴尔 PowerEdge 服务器和戴尔 PowerVault 存储阵列、戴尔 Latitude 平板电脑、戴尔 Precision 工作站和戴尔 OptiPlex 台式机。

收益

- 一致的零售体验使 50% 的客户成为回头客
- 通过节省两百万人民币为消费者提供价值
- 可用容量增加 15 倍改善网站的稳定性
- 高品质的服务帮助降低宕机风险
- 端到端的解决方案助力实现长远目标

采用的解决方案

- 数据中心虚拟化
- 桌面计算
- 配置服务
- 部署服务
- 终端用户计算
- 企业咨询 – 数据中心
- 企业咨询 – 工作负载
- 支持服务

客户引言

“根据桃花节促销期的成功例子，我们现在可以处理数百万的注册用户在同一时间内点击乐蜂网进行网购，并提供高度个性化的用户体验。有了戴尔 PowerEdge 服务器所提供的性能，我们有信心能够继续大规模地扩展业务。”

——乐蜂网运营和维护经理 周秋野

“据我们所知，超过 50% 的客户都是回头客，他们信任我们的网站可以提供一个美妙的购物体验。目前我们拥有一个非常稳定的平台，它将会随着消费者的不断增长而实现我们的销售目标。”

——乐蜂网运营和维护经理 周秋野

“我们只需打电话给戴尔，四小时内一个工程师和可更换的设备将会到达现场。这种程度的支持对必须保持高可用性的网站是至关重要的。”

——乐蜂网运营和维护经理 周秋野

应用的技术

服务

- 戴尔支持服务
  - 戴尔 ProSupport 关键任务 4 小时上门服务

硬件

- 戴尔 Latitude 10 平板电脑
- 戴尔 Optiplex 7010 台式机
- 采用英特尔 Xeon 处理器 E5 – 2600 系列的戴尔 PowerEdge R720 服务器
- 采用英特尔 Xeon 处理器 5500 和 5600 系列的戴尔 PowerEdge R710 服务器
- 戴尔 PowerVault MD3200 阵列
- 戴尔 Precision T1650 工作站

乐蜂网是一个 B2C 的线上化妆品零售网站，拥有 2000 多万名注册用户。除了销售知名品牌，乐蜂网还拥有 20 类自创品牌占 2012 年 19 亿人民币销售额的 40%。由于推广期间访问人数激增，乐蜂网因此需要一个高性能、可扩展的平台来满足与预测销售额相匹配的访客流量。

网上化妆品市场近年来异常火爆，并创纪录地上升了两倍，相比起来，传统的零售店仅增长了 18.7%。美妆类在线零售商为了争取更大的市场份额，需要向用户提供比竞争对手更多的价值和更极致的购物体验，并因此承受了巨大的压力。乐蜂网意识到必须通过优化基础设施，不断提高化妆品网站的性能。由于利润微薄，用户众多，任何延误都可能对用户体验造成严重影响。

乐蜂网的流量在促销期间会增加 10 倍。一年一度的桃花节促销活动期间，数百万访客流量将对网站造成较大的压力。因此，乐蜂网需要一个解决方案来支持并应对活动高峰。乐蜂网运营和维护经理周秋野说，“推广前，由于数百万的注册用户和庞大的广告活动，我们估计至少得把基础设施扩展至现有能力的 15 倍，才能实现预测的销售量。”

通过节省 200 万人民币为消费者提供价值

公司考虑了来自 IBM，惠普和戴尔的解决方案。为了研发专有软件，乐蜂网希望找到一个对基础设施平台拥有开放标准的合作伙伴。此外，每个解决方案的性价比、服务能力以及响应时间也是乐蜂网选择合作伙伴的重要标准。“我们正在寻找一个拥有开放标准并以高性价比提供高性能解决方案的长期合作伙伴。经过数轮性能和稳定性测试，我们发现戴尔虚拟化基础设施在节省空间的同时，提供稳定性，高密度记忆，以及软件应用程序所需的快速处理，”周秋野说。乐蜂网部署了采用英特尔 Xeon 处理器 E5－2600 系列的戴尔 PowerEdge R720 服务器与采用英特尔 Xeon 处理器 5500 和 5600 系列的 PowerEdge R710 服务器连接到戴尔 PowerVault MD3200 阵列，以满足数百万的用户同时在线购买的极限需求。周秋野说，“目前我们可以通过虚拟化在一两个小时内扩展系统，而不是之前所需的三天。由于基础设施的效率提升，我们已经通过实施戴尔的端到端解决方案节省了 200 万人民币。”

可用容量增加 15 倍改善了网站的稳定性

桃花节期间乐蜂网处理激增访客人数的能力与去年相比提升了 15 倍。在 24 小时促销期间，乐蜂网成功处理一百万份订单，创造了一亿两千两百万人民币的收入。不管用户使用哪一种设备，网站依然可以提供一致稳定的用户体验。“根据桃花节促销期的成功例子，我们现在可以处理数百万的注册用户在同一时间内点击乐蜂网进行网购，并提供高度个性化的用户体验。有了戴尔 PowerEdge 服务器所提供的性能，我们有信心能够继续大规模地扩展业务，”周秋野说。

即时获取数据有助决策

通过部署戴尔 Latitude 10 平板电脑，高级管理人员现在可以快速获取网站的各类数据，确保在高压情形下及时作出决策。在信息安全方面，Latitude 10 配有企业级的安全保护和数据加密功能，有效保障信息安全。在可维护性方面，Latitude 10 平板电脑采用大容量的可更换电池，大大延长整机寿命从而降低整体拥有成本。在北京办事处工作的公司员工使用戴尔 Precision T1650 工作站和戴尔 Optiplex 7010 台式机进行开发和测试。周秋野说：“通过与戴尔合作，我们使用其推出的新款产品，我们可以提前规划，确切地知道什么最适合我们，何时需要更新现有设备。”

一致的零售体验使 50% 的客户成为回头客

坐拥超过 2000 万用户，乐蜂网可以利用其在线零售网站赢取更多消费者，并满足顾客对自创品牌的需求。然而，为了实现公司的销售目标，价格竞争日益激烈并对基础设施造成额外的压力。乐蜂网可以通过一个最佳的性价比降低成本并提高性能，使更多的人可以轻松访问网站，扩大销售额。“据我们所知，超过 50% 的客户都是回头客，他们信任我们的网站可以提供一个美妙的购物体验。目前我们拥有一个非常稳定的平台，它将会随着消费者的不断增长而实现我们的销售目标。周秋野说。

高品质的服务帮助降低宕机风险

对于一个在线零售商来说，高可用性对长期业务的持续发展和盈利至关重要。乐蜂网通过戴尔 ProSupport 的关键任务 4 小时上门服务，确保正常运行。“我们只需打电话给戴尔，四小时内一个工程师和可更换的设备将会到达现场。这种程度的支持对必须保持高可用性的网站是至关重要的。周秋野说。

端到端的解决方案助力实现长远目标

乐蜂网正在筹备首次公开招股（IPO），同时发展与戴尔的长期合作伙伴关系以支持未来计划。乐蜂集团的创办人李静说，“我们对未来以及乐蜂网如何继续扩大网上零售空间充满信心，戴尔端到端的解决方案以及为每个客户所提供的个性化体验使我们比竞争对手拥有创新优势。随着自创品牌的增加以及上千万的消费者因便利和物美价廉移到在线购物，戴尔是我们业务扩展值得信赖的一个合作伙伴。”

要查看所有案例分析，请访问：
dell. com/casestudies

＊戴尔服务的提供情况和条款因地区而异。详细信息请访问：dell. com/servicedescriptions

其 它

长沙市中小企业服务中心

一、中心简介

长沙市中小企业服务中心（简称服务中心）成立于2008年4月，是长沙市工业和信息化委员会（简称市工信委）主管的长沙市中小企业服务体系核心机构，主要承担：向政府反映全市中小微企业的发展情况，配合落实中小微企业扶持政策，提出中小微企业服务工作建议；维护中小微企业合法权益；为中小微企业的创立、成长和发展提供创业辅导、管理咨询、投资融资、人才引进、市场开拓、信息服务、信用评价、法律咨询等服务；统筹建设全市中小企业公共服务平台网络等职能。服务中心现有人员30名，其中8人具有硕士及以上学历，9人具有高级职称，88%的人员年龄在50周岁以下，是一支年龄结构合理、综合素质高、业务能力强的工作团队。长沙市中小企业服务中心位于长沙高新区麓谷企业广场科技金融大厦3楼，拥有服务场地1200平方米，包括中小企业公共服务大厅、中小企业融资超市等。长沙市中小企业公共服务平台为整合社会中介服务资源、服务全市中小企业创造了优越的条件，具有服务场地宽阔、服务机构众多、服务门类齐全、服务内容充实、服务对接便捷、服务资源优质等特点，不仅在湖南省是唯一的高端综合性中小企业服务平台，在整个中南地区同样处于领先地位，并致力于通过3～5年的运行和发展，成为我国中小企业服务的知名品牌。

根据长沙市委、市人民政府“整合社会资源、搭建服务平台”的指示精神，针对广大中小微企业普遍面临的管理差、融资难、成本高、营销弱、人才缺等问题，2010年以来，服务中心立足于中小微企业的转型升级，按照“贯穿企业全生命周期、覆盖企业全发展流程”两个维度和企业在孵化期、初创期、成长期、成熟期等不同时期的共性需求，“以管理升级为手段，以技术升级为核心，以产业升级为目标”，先后研发了中小企业“管理升级”“上市对标评估”“协同创新”“与创业同行”“转型升级大讲堂”等系列公共服务产品，并在市工信委的指导和支持下，承担了具体的组织实施工作，取得了明显的成效，受到中小微企业的广泛好评。为了搭建中小企业融资服务平台，自2011年起，服务中心协助市工信委按照“一体两翼”（以中小企业金融服务中心为主体，以中小企业金融服务联盟和中小企业信用促进会为两翼）的组织架构，建立了长沙市中小企业金融服务中心（简称金融服务中心），并负责金融服务中心的管理运营工作。经过认真筹建，金融服务中心已于2012年7月5日正式授牌运营。目前，组织银企对接、开展中小微企业融资技能培训等线上线下的融资服务工作均在有序进行，企业的受益面正在日益扩大，为缓解中小微企业融资难发挥了重要作用。经过坚持不懈的努力，金融服务中心一定能够实现搭建全市中小微企业“一体化、一站式、全方位”的综合性金融服务窗口平台，建设成为中小微企业融资信息的聚集基地、中小微企业融资技能的培训基地、创新金融服务和金融产品的实践基地等“三大基地”的目标。

服务中心上述各项创新服务活动得到了政府部门的肯定和企业的欢迎，在探索转变政府职能、依托市场为企业提供公共服务等方面走在了全国前列，形成了中小企业服务的“长沙模式”。2010年8月，服务中心由湖南省人民政府授牌为首批“湖南省中小企业核心服务机构”；2011年8月，被中共湖南省委、湖南省人民政府授予“湖南省非公有制经济服务先进单位”荣誉称号；2012年11月，被湖南省经济和信息化委员会评为湖南省“中小企业服务年”活动先进单位；2013年12月5日，湖南省委副书记、省长杜家毫，省委常委、长沙市委书记易炼红，湖南省副省长、长沙市委副书记、市长张剑飞等领导来到服务中心调研，对服务中心的工作给予了肯定。服务中心已被批准为“国家中小企业服务公共示范平台”。

二、服务中小微企业的主要做法

自2010年以来，服务中心针对中小微企业的共性需求，研发了“管理升级”“上市对标评估”“协同创新”“与创业同行”“转型升级大讲堂”等系列服务产品，并整合国内知名服务机构，在全市部分中小微企业中组织实施，收到了明显的成效，积累了一定的经验。其主要做法是：

1. 在服务内容上，主推三大升级。三大升级指的是：“以创业辅导为基础，以管理升级为手段，以技术升级为关键，全面促进全市产业升级”。据此，在小微企业创业上，针对小微企业底子薄、对接外部资源能力弱的问题，近两年组织开展了“与创业同行”活动。该项活动以筛选创业扶持对象为主线，以集聚创业服务资源为核心，围绕“智力、金融”两个对接，开展“征信、辅导、评选”三项工作，提供“信用支持、智力支持、资金支持、荣誉支持”四大支持。两年中共有200家小微企业参加上述活动，其中138家优胜企业获得了创业富民专项资金扶持。在企业管理升级上，针对中小企业基础管理薄弱的问题，服务中心以“市场营销”“供应链管理”“精益生产”为主题，开展“管理升级主题瓶颈突破系列训练营”“管理升级大讲堂”“管理升级系列沙龙”活动，导入管理升级工具和方法，不断推动企业瓶颈突破，实现持续发展；在技术升级上，针对企业创新管理问题，开展了“协同创新”示范活动，通过海选、创新大讲堂、专题训练营、对接沙龙等形式，引导企业提前对接“政产学研金智媒用”等创新资源，帮助企业掌握简捷、有效、系统的创新方法，培养创新管理人才，解决创新管理难题；在上市培育上，以高新技术企业和行业龙头企业为重点，开展了“上市对标评估”活动，组织券商、律师事务所、会计事务所、法律事务所、税务事务所为企业做上市前的指导协调和服务。通过上述系列服务活动，有力推动了长沙产业升级工作。

2. 在服务对象上，筛选择优扶持。为了将有限的服务资源优先配置给有强烈参与意愿和提升潜力的企业，让企业将学到的知识内化复制成为自己的DNA，服务中心在开展服务的过程中坚持择优扶持的原则。如在与创业同行活动中，通过五大环节层层筛选，2012年从近300家报名的小微企业中筛选出100家企业参加“与创业同行”活动，最终评选出30家优秀企业和30家优胜企业，给予一定创业奖励资金；并依托服务机构帮助这些企业梳理创业思路，完善商业模式，对接金融资源，从而激活了创业激情，复制了成功基因。

3. 在组织实施上，推动协同服务。为此，在“上市对标评估”活动中，服务中心将律师、保荐人、会计师、税务师等各路人马整合进来，开展上市孵化工程，按照企业的规模大小、行业类别等进行梯度培育。在“与创业同行”活动中，服务中心集合了商业银行、风投机构、咨询专家开展协同服务。在服务提供上，服务中心改过去简单的一对一服务为集合式服务，既有利于形成规模效应，又化解了服务机构对服务单个中小企业费用低的顾虑。

4. 在服务方式上，注重授人以渔。为中小微企业提供服务，关键是要提升企业的核心竞争力。为此，服务中心在服务活动中十分注重授人以渔。如在管理升级活动中导入突破瓶颈的方法，帮助企业解决交付瓶颈、营销瓶颈、生产瓶颈、人力资源瓶颈等难题。在活动安排上还注重引入竞争机制，激发企业的内生动力。在“管理升级”活动中，服务中心精心设计了入门海选PK、集中训练PK、方案制作PK、方案定案PK、方案执行PK和结果验收PK等“六步PK”。通过这种擂台赛的方式，使企业与企业、企业内部之间进行PK，形成竞争机制，给企业增添了活力。

5. 在服务重点上，提升能力对接资源。服务中心将企业需求分成政策服务、要素协调、能力提升三类。在政策服务方面，服务中心主要是通过多种形式向中小微企业进行政策宣传，通过服务中心创办的“长沙市中小企业网”向企业提供相关政策信息。在要素协调方面，当前主要是突出融资服务和竞争情报信息服务，前者通过设立“应急互助资金”和“金融服务中心”等途径，建立贷前贷中贷后金融服务链来支撑，后者主要是聘请湖南省科技信息研究所等机构为企业上门培训。在帮助企业提升能力方面，近4年，服务中心通过开展“管理升级”等5大服务活动做了大量的工作。如通过管理升级活动突破企业管理瓶颈；借助协同创新活动提升企业技术创新能力；开展上市对标活动，促使企业提升自身素质，缩短上市进程；举办与创业同行活动，帮助小微企业梳理创业思路，提升商业模式，对接资金资本和智力资本，提振创业者的信心和能力。上述各项服务，对于提升企业竞争力发挥了重要作用，受到中小微企业的广泛好评，初步形成了服务中小企业的“长沙模式”。

盛世纵横国际资讯集团

盛世纵横企业顾问有限公司是一家帮助民营企业整合资源，快速轻松达成目标的专业顾问公司。它与资源整合国际研究中心共同组成了盛世纵横国际资讯集团。

盛世纵横目前以资源整合为核心，形成了“整合天下赢”课程、“资源整合联盟”、“资源整合同学会”、“资源整合之家”会所、“资源整合网站”五大平台，实现短期与长期，线上与线下，虚与实的资源整合。通过此五大平台帮助客户整合资源、快速轻松达成目标；通过“替客户省钱”、“帮客户赚钱”、“协助客户解决疑难杂症”三件工作来为客户创造利润。

盛世纵横正式成立于2011年，但其团队于2005年即开始研究“资源整合”，并于2010年开展针对中国民营企业的“资源整合”服务实践。历经两年的考验，盛世纵横已在全国20个城市建立了近千人的专业服务团队，截止目前已对1万余家民营企业提供了“资源整合”服务，帮其达成大大小小共计数百亿金额的意向合同。依照过去两年的经验，未来接受“资源整合”服务的企业将以每年约5千家的数量递增。

盛世纵横所服务的企业以中国中小民营企业为主，其经营规模集中在1千万至2亿之间，5千万以下的约占50%，5千万至1亿的占30%，1亿以上的占18%，十亿以上的占2%。

由于盛世纵横所提供的服务已在全国展开，因此其服务过的企业在地域上分布较广，其中会员数量较为集中的有：北京、天津、四川、重庆、广东、广西，同时哈尔滨、沈阳、西安、上海、南京也为数不少，其余各地均有会员，人数相对其他地区较为零散。

盛世纵横的会员企业在行业分布上也相当广泛，除大型央企、国企垄断的领域外，他们几乎顽强地存活于各行各业，服装、纺织、美容、珠宝、餐饮、服务、零售、商贸、电子、通讯、传媒、互联网、石油化工、原材料、机械、汽配、建筑、加工、钢铁、新能源、证券等，他们在产业链的每一个链环上彰显着生命力与创造力。

盛世纵横本着一个开放的态度，与多家优秀的服务平台、协会团体等进行合作。在服务国内企业的同时，盛世纵横还积极开展对外合作，目前已与工信部中小企业发展促进中心达成战略协议，协助其向各国政府派出的亲华官员进行资源整合理念的传播，挖掘双方资源并组织中外资源对接。截止目前，盛世纵横与亚非拉美多国进行了多次深度的合作接洽，已在矿产、太阳能、交通工具、水利工程等多个领域达成合作共识，并已着手开展对接落地工作。

在服务会员的过程中，许多企业用“资源整合”的方法解决了资源问题、瓶颈问题、业绩问题，甚至起死回生，但却难以大规模摆脱中小企业生存能力低下的现状。目前中国中小企业的数量已占到全国企业总量的99%以上，解决着全国80%的就业岗位，上缴着国家50%的税收，但其平均寿命还不足3年。缺乏方向指引、缺乏行业指导、缺乏种类繁杂的优势资源，依然是阻碍其健康发展的绊脚石，使其在成长路上举步维艰。

盛世纵横正在努力通过借力于有关部门，加快服务步伐，帮助企业清晰政策导向、洞察行业未来、明确发展思路，有思想、有指导、有方法地跨越困难，健康发展。同时不断提升“资源整合”平台的服务品质，让企业从中受益获利，不再因为缺少各种资源而四处奔走，让这个占我国企业数量99%的庞大群体更加给力地成为我国经济发展的支柱力量！

纯情孝心系沂蒙“蝎”就健康中国梦

山东沂源恒健蝎制品有限公司

人物档案：孙纯孝，山东沂源恒健蝎制品有限公司总经理，淄博沂蒙技术开发研究所所长，高级工程师

企业理念：防治疾病健康永恒

人生格言：发展养蝎事业，造福人类健康。

孙纯孝是一个传奇人物。

孙纯孝还有很多头衔：

——中华蝎王

——中华养蝎第一人

——中国科学家协会副理事长

——中国行业百名突出贡献人物

——中医药行业最具影响力人物

——中国医疗卫生事业发展突出贡献个人

——“恒温塔式仿生快速”养蝎技术发明人

——“龙蝎酒”“蝎毒素”“沂源焙全蝎”“蝎多肽”“蝎精口服液”等产品发明人

9月26日，记者带着一种崇敬和激动的心情，采访了孙纯孝所长。

纯情孝心系沂蒙　健康永恒中国梦

孙纯孝 现年65岁，中庄乡中庄村人。孙纯孝高中毕业后务农四年，1973年山东工学院学习期间入党，1976年被分配到武汉钢铁公司工作三年，1979年调回沂源县科委工作。他在工作期间，深知靠山吃山的道理，他先后承担了“食用菌种植”、“长红枣增产技术实验”、“红富士苹果苗木快速繁育推广”、“巨峰葡萄、草莓、佛手瓜”等项目的引进和推广工作，分别获省、市、县十几项科技成果奖。进入1985年，孙纯孝对全蝎养殖产生浓厚的兴趣。沂源全蝎因品种好、产量高，有十足全蝎美誉，蝎毒因被中国科学院检验“毒力为全国之首”而驰名，这些使孙纯孝对蝎子痴迷起来，他翻阅了关于蝎子的大量书籍，特别是《本草纲目》中记载：全蝎具有熄风镇痉、攻毒散结、通络止痛之功效，对“小儿惊风、抽搐痉挛、皮肤病、炎症、乙肝、脑血栓、肿瘤”等病有着独特的疗效，蝎子养殖与开发有着重要的意义。

潜心研究塔式养殖

带着对事业的一腔热情，孙纯孝踏上了养蝎的艰难历程。孙纯孝说，养蝎子的价值在于：一是保护开发山区资源，二是为农民脱贫致富，三是造福人民的健康事业。根据县科委分工孙纯孝负责“沂源全蝎”养殖实验，然而，在农民追求“温饱”的年代，要接受一项新鲜事物，需要有一个漫长的过程，特别是在养蝎项目上，需要掌握温度、湿度和光照等技术，使一些农民对这望而生畏的小昆虫兴趣黯淡、毫不动心，于是，他便自己动手、外地考察、亲临实践，一干就是二十多年。

功夫不负有心人。孙纯孝创造出“塔式仿生快速养蝎技术”，并推出十大要点（温度、湿度、营养、空气、光照、养土、垛体、密度、卫生、分类饲养）和五个关键（温度关、湿度关、营养关、产仔关、幼蝎蜕皮关），使母蝎一年可产三胎，幼蝎当年长成蝎，一平方米可养成蝎3－5千只，一人可管理几十万只，且生长快，成活率高，获得国家专利，成为国内养蝎的新技术。

科技开发　提取蝎毒

1994年，孙纯孝将提取的蝎毒带到中国科学院动物研究所进行检测，毒力居全国之首，蝎毒除含有蝎毒蛋白外，还有透明质酸酶，生物胺等成分。毒素占总蛋白的60—70%，临床疗效蝎尾是全蝎的2、5—3倍，因此可以确定蝎子的药用价值主要在蝎毒，蝎毒主要是神经毒素和细胞毒素。根据已有的研究报告，蝎毒有以下几方面的治疗记录：癫痫、风湿、半身不遂、脑淤血。也有报导将蝎毒与某些药物配合治疗癌症。可以预料蝎毒将在医学临床上发挥巨大作用。

孙纯孝深知全蝎不仅是餐桌上的美味佳肴，也是人类健康的“灵丹妙药”。孙纯孝指出：健康长寿一直是人们追求的目标，人们身体健康受损主要是由毒素和病菌引起的。蝎毒“以毒攻毒”是多种疾病的克星。可以预料，全蝎产品的问世，将会给人类医疗保健事业发挥巨大作用。

二十年来，孙纯孝在搞好全蝎养殖的同时，成功开发出焙全蝎、蝎精口服液、龙蝎酒、蝎精胶囊、蝎

毒素、蝎多肽等产品，填补了国内空白。该系列产品，改变了传统“油炸食用”、“盐渍药用”的方法，有效的保持了全蝎的营养、保健、医疗功能。经过多年临床证明，对防治风湿、心脑血管系统、神经系统、皮肤病、癌症、各类炎症等有着显著效果，特别是对危害人类极大的各种病毒有预防和抑制作用。目前，全蝎系列产品得到了国家科技部、中科院、中国医师协会等有关部门的高度重视和肯定，已成为“治未病”重点推广产品，也得到了中外广大消费者的充分认可。特别是“龙蝎酒”用蝎毒配伍穿山龙、虫草、何首乌、丹参、枸杞等多味中药，具有祛湿通络、消炎、止痛、降血压、降血脂、抗癌、抗衰老等功效，荣获“中国消费者满意特优品牌”、1999 年获得全国食品博览会金奖，2004 年获人民大会堂中国农业大会指定用酒和重点推荐产品，2008 年被中央机关老干部康乐文化指导中心指定为共和国老部长、老将军特供酒，2009 年为中国医师协会重点推荐产品、中国医促会中老年健康指导委员会推荐产品，并获得中国著名品牌。

展望未来，信心满怀

孙纯孝 20 多年来自强不息，敬业有恒，志存高远，以德为范的精神，赢得了事业的成功和发展。也赢得了社会各界的敬佩和信任，获得了数不清的荣誉和称号，他曾先后被评为中国科技之星，劳动模范和拔尖人才，被誉为“中华蝎王”，被评为中国医疗卫生著名专家，中国国际权威专家，中国管理科学院研究员，被聘为香港国际科学院院士，中国医师协会“治未病”讲师，中国医促会中老年健康指导委员会委员，2007 年度中国十大领军人物，共和国 60 华诞著名爱国功臣勋章，被入编《中国贡献》《科技引领未来》《当代影响力人物金典》《中国世纪专家》《世界名人大典》《中华魂》《迈向世界中国科技》等文献，人民日报、科技日报、农民日报、大众日报、淄博日报、中央电视台、山东电视台、山东广播电视台、台湾东森电视台、cctv7 每日农经等多家媒体进行了报道。

“沂源全蝎”已获农业部颁发的地理标志。标志产品是指产自特定区域，所具有的质量、声誉和其他特定的本质上取决于该产品产地的自然因素和人文因素，进行命名的产品。目前，现已开发的系列产品已具有国际领先水品，积极搞好全蝎系列产品开发，对于弘扬沂蒙精神，振兴当地经济有着重要意义。目前，全蝎制品的研究开发，已引起国务院经济开发研究中心、国家发改委、国家科技部、农业部的高度重视，发展潜力巨大。孙纯孝踌躇满志的说：“我相信在各级政府，各界朋友的大力支持下，一定会把全蝎制品的研究开发形成规范化、规模化、商品化、产业化的格局，这是社会发展的需要和人类健康的需要，欢迎各界有志之士为了自己的健康和人民的健康事业，为了一个健康、和谐、繁荣、美好的明天而努力奋斗！”